U0871713

唐宋小说鉴赏辞典

赵朴初题

上海辞书出版社文学鉴赏辞典编纂中心编

蒋星煜 孙逊 陈大康 周先慎 萧相恺 沈伯俊 等撰

上海辞书出版社

《唐宋小说鉴赏辞典》

撰稿人（以姓氏笔画为序）

于天池	马珏玶	牛景丽	王　燕	王汝梅	王学钧	王恒展
韦凤娟	石　麟	卢润祥	宁俊红	宁稼雨	白振奎	刘　辉
刘　蕾	刘水云	刘勇强	刘跃进	孙　逊	孙丽华	孙菊园
朱　萍	纪德君	齐裕焜	吴圣昔	宋莉华	张　兵	张　英
张　虹	张成全	张进德	张国风	张彩丽	张慧琼	张蕊青
李永祥	李时人	李希霞	李剑国	杨绪容	沈伯俊	沈宗维
芦　茜	邹自振	陈　诏	陈大康	陈建华	陈惠琴	周先慎
欧阳健	竺洪波	苗　壮	苗怀明	赵东丽	侯　会	侯忠义
姚品文	柳岳梅	徐时仪	唐若石	涂秀虹	顾春芳	曹光甫
曹炳建	梁晓萍	梅显懋	萧相恺	黄　霖	康俊平	储卫忠
曾　良	曾庆雨	董乃斌	蒋松源	蒋星煜	韩传达	韩怡勤
鲁德才	路成文	雷　勇	潘建国	颜邦逸	戴建国	魏崇新

原书审订：董乃斌

原书责任编辑：沈伟麟

原书助理编辑：李　宾

修订者：祝振玉

责任编辑：吴艳萍

目　录

出版说明

本书是我社中国文学鉴赏辞典系列之一。原名《古代小说鉴赏辞典》(上册)。

2004年,我社出版了《古代小说鉴赏辞典》(上、下册),上册收录先秦两汉魏晋南北朝唐宋元代小说,下册收录明清近代小说,一直备受读者欢迎。在经历了十多年后,伴随当今国家学术文化事业的发展,读者审美趣味的提升,本书也到了应该修订改版的时候。

作为鉴赏辞典系列整体改造工程之一,这次改版修订,首先是将《古代小说鉴赏辞典》(上、下册),分别易名为《唐宋小说鉴赏辞典》《明清小说鉴赏辞典》。中国古代小说源远流长,也是一个堪与古典诗歌媲美的文学宝库。它的发展,经历了从记载实录为主到虚构幻设为主的发展道路。小说史也可按此分为前后两个阶段:唐宋文言小说的出现与发展,使小说文体摆脱了子史的附庸身份而获得独立地位;而宋元话本的出现到明清白话章回小说的繁荣兴盛,则标志着中国古代小说达到又一个前所未有的发展高峰。此两个阶段无论从质量数量上来说,均可谓双峰并峙,代表着中国古代小说的最高成就。保留原书篇目内容,而将上下册分别改易其名,正可反映中国古代小说史的发展流变,突出重点,使图书的特色更加鲜明。其次是对书中的内容做了适当的修订。包括调整了与古地名对应的今地名、改正了个别文字词句资料的错讹、增加注释、补充读音、改写了个别稍嫌单薄的鉴赏文章,增加或更新了参考资料的出版信息等等。再次是扩大开本,调整版面,放大字体,改进装帧设计。

原书上册前有三篇序文,除章培恒先生之序是笼盖全书上下册的,董乃斌先生与黄霖先生之序则各有重点,现正好分别置于易名后的二书之前。章培恒教授生前曾对本书出版不仅大力支持且赞誉有加。本书易名分开出版后,章先生之序将分置二书卷首,以志纪念。

不当之处,尚祈读者指正。

上海辞书出版社

二〇一八年三月

凡　例

一、本书选收先秦至唐、宋、元代小说330余篇。

二、本书正文包括小说原文、注释、赏析文章三部分。小说版本择善而从，并作适当校注，同一分句中有多个需注释的，合用一个注码。

三、正文的排列，大体以朝代先后为序，分为先秦两汉、魏晋南北朝、隋唐五代、宋辽金元四个时期。同一时期一般以作家年代先后为序。佚名作品按大体产生年代插入。

四、本书使用简化字，在可能产生歧义时，酌用繁体字或异体字。所收原文尽可能保持底本原貌，但对原文中明显影响文意表达的错别字、俗字等，或径改，或用（　）注明正确的字。对据上下文意能够补出的缺字，用〔　〕标出。原文墨丁、空白用“□”表示。

五、本书涉及古代部分的历史纪元，一般用旧纪年，夹注公元纪年。括注内的公元纪年，省略“年”字。

六、本书部分篇目配有插图。

七、本书附录有小说书目、小说名词术语、篇目笔画索引、小说作者笔画索引等。

凡　例

一、本书选收先秦至唐、宋、元代小说300余篇。

二、本书正文包括小说原文、注释、赏析文章三部分。小说原文有的篇幅过长,则作适当删节。同一分篇中有多个需注释的,合用一个注码。

三、正文的排列,大体以朝代为序,分为先秦两汉、魏晋南北朝、隋唐五代、宋辽金元四个时期。同一时期一般以作者年代先后为序。佚名作品按大体产生年代插入。

四、本书使用简化字,在可能产生歧义时,酌用繁体字或异体字。原校勘文字尽可能保持版本原貌,但对原文有明显错讹的,[illegible]括出[illegible]字;对[illegible]补出的缺字,用[illegible]括出,置于[illegible]下,与引用[illegible]区分。

五、本书涉及的部分古历史纪年,一般用旧纪年,必要时括注公元纪年。括注的公元纪年,省略“年”字。

六、本书部分篇目配有插图。

七、本书附录有小说书目、小说名词术语、篇目笔画索引、小说作者笔画索引等。

序（一）

章培恒

中国之有文学鉴赏辞典，还是上世纪80年代的事；不过我在这里仅是就大陆而言，台湾的情况我不清楚，不好乱说。最先问世的，就是上海辞书出版社出版、由汤高才先生担任责任编辑的《唐诗鉴赏辞典》。此书一出，很快就引起了轰动，而且成为持续多年的畅销书。虽然也听到过一些“文学鉴赏不应称为辞典”之类的议论，然而庄周先生到底是聪明人，他早就懂得了“名者实之宾也”的道理，管它名称是否“规范”，既然读者如此欢迎，其他出版社就纷纷效尤，辞书出版社自然更不会放弃自己所首创的这一名牌产品。于是就有了各色各样的鉴赏辞典：就文学门类而言，诗、词、曲、小品、古文……体裁繁多；从时代来说，自先秦直至元明清，应有尽有。这样地热了十多年，然后慢慢地冷下去了。时至今日，出版界的这种空前盛况犹历历在我辈之目，肯出文学鉴赏辞典的却已很少了。

然而，上海辞书出版社在此际又推出了其以前尚未出过的《中国古代小说鉴赏辞典》，因为出版社的负责人早就决心使其以前出过的文学鉴赏辞典成为一个完整的系列；虽然此类书籍的热销时期已经过去了。

我想，这是值得佩服的。

文学鉴赏辞典在上世纪80年代之所以热销，一方面固是经过多年的思想禁锢之后，人们迫切地需要精神食粮，以致艰深的哲学理论著作、专门而枯燥的人物年谱，当时也都曾一印几万册，更不要说像文学鉴赏辞典这样读来兴味盎然的书籍了；但更主要的，则是由于其本身确具创意，与读者在文学鉴赏方面的要求相切合。

大致说来，文学作品可以分为两类：一类是能吸引人的，一类是经得起咀嚼的；其二者兼而有之的，那就更为广大读者所喜爱。当然也还有既不能吸引人也经不起咀嚼的，这里只好不管它了。这种经得起咀嚼的，人们在咀嚼时就往往渴望对话——心灵的交流。不但与作者交流，也与另一位咀嚼者交流。而文学鉴赏辞典则正担起了交流者的责任。通过这种交流,既帮助读者解决了若干阅读中的难点,更与读者进行了坦率的交谈。读者可以赞同他的看法,从中受到启发,也可以不同意他的意见。但如使读者在读了以后,无论是赞之为“深得我心”“金针度人”,还是评之为“未必如此”、甚至加以反拨,都能从中感到精神上的愉悦,那就是鉴赏的上品。

也正因此,写鉴赏辞典的条目实在是一项高难度的工作。写作者不仅要有鉴赏能力、对其所鉴赏的具体作品确有心得,还要善于表达,能与读者娓娓而谈,既不居高临下,也不给人以曲意迎合之感。在“鉴赏热”时,曾看到过一些像中学教师讲解课文那样的鉴赏辞典,真有哭笑不得之感。

所谓“确有心得”,倒也不是指其能见到作者的衷曲,而是确能具有由作品所引发的、并能打动别人的真情实感。至于其是否与作品原作者的感受相一致倒不是主要问题。例如《红楼梦》里的薛宝钗,曹雪芹对她的感情究竟如何,是爱是憎,抑或爱中有憎、憎中有爱?这是谁都不能确知的。但写鉴赏条目者只要对这一人物确具某种感情,而这又确是由作品的某些描写所引发的,并能将这种感情表达得深切动人,即使不能令读者产生共鸣,也能使读者无从轻易拒绝,就是要反对也得好好花一番心力,就可算是达到要求了。能得如此,也就让读者获得了对话之乐。

作为一种精神享受,读者对这样的鉴赏辞典是需要的;而在《唐诗鉴赏辞典》之前又还没有出现过。是以该书一出,读者就趋之若鹜了。现在,一则由于社会的变化,愿意咀嚼文学作品的人较前大为减少,再则文学鉴赏辞典已经司空见惯,读者对它的热情自也相应低落,何况不少读者又已被粗制滥造的此类读物败坏了胃口,其销路之较前缩减正是很自然的事。然而,这绝不意味着此一要求已经消失,更不意味着这一工作已没有意义。恰恰相反。在当前的情况下仍然对鉴赏辞典有所期待的读者,其要求实在是更高了;如能满足他们的要求,也就成了更有意义的事。

所以,我以为辞书出版社要把这工作继续做下去、使之成为一个完整的系列的决心和行动,既是不畏艰巨、对读者负责的表现,也是眼光远大、富于事业心的象征,是很值得佩服的。而且,这次推出的小说鉴赏辞典,乃是在这一系列中的别开蹊径之作,其难度是更大了。

虽然都名之为小说,但以真正的文言写成的小说与白话小说(《三国演义》那样以杂有白话的浅近文言写成的小说实与白话小说为同一类型)又有很大区别。前者叙事简略而有意境,作者对诗、词及文言的抒情、写景之文都应深具功力;后者则需要细致显示人物的内心世界与语言神情，作者既需洞明世事，在写作上又要能化俗为雅，使日常琐语皆具诗情画意。因而，要鉴赏小说、领会其好处，实在并非易事。加以原作繁富，鉴赏文字却要极简略，与诗词的原作甚短而鉴赏文字则相对甚长，恰恰相反。怎样在如此短小的篇幅内，将自己的丰富感受以生动的文字表达出来，并使读者能很感兴趣地与自己交流，乃是一种严峻的考验。

我没能通读此书全稿，但就我所读过的部分文言短篇小说的词条而论，我以为是相当出色的。虽然数量很少，不能据此评估全书的水平，但好在此书分别经过董乃斌教授和黄霖教授的审订，两位都是各自领域内的一时之选，我相信这将是文学鉴赏辞典中的一项经受得起考验的最新成果。

序（二）

董乃斌

小说在现代文学观念中与诗歌、散文、戏剧并列，为四大文体之一，在整个文学体系中地位可谓显赫。可是中国古人所谓的小说，虽在名称上与西方近代文论所指的小说相同，但其具体概念并不是一回事。中国古代视小说为“小道”，小说也者，不过是诸多不入流、甚至是邪辟不正的“小家珍说”之一种，它来自乡野里巷，来自稗官、方士和“闾里小知者”，是一些“街谈巷语，道听途说”和“齐东野语”式的东西，论形体乃是不成规模的“短书”和“丛残小语”，论功用则至多是表现“刍荛狂夫之议”，使在上者得广闻听，藉以了解下层百姓的感受和议论而已，因此既无从赖以“致远”，更与成就“大达”（即大道）无缘。[①]这种观念深入人心，所以小说在中国古代，无论从主流文化看来，还是在一般人心目中都颇受轻视，被认为是一些可有可无的闲书。

然而，中国古代小说的源头却实在非常悠远。东汉班固编写《汉书・艺文志》，于“诸子略”中列出十家，即儒、道、阴阳、法、名、墨、纵横、杂、农及小说家。虽将小说家置于其中，但班固又马上声明：“诸子十家，其可观者九家而已”，从而把小说家排除出“可观”之列。原来，九家可观的理由是在于他们都有一套治国安邦的道术，虽然宗旨不同，互不服气，但毕竟各有长短，“合其要归，亦《六经》之支与流裔”，九家之徒如遇明主圣君，那一个个“皆股肱之材已”，而人主若能“观此九家之言，舍短取长，则可以通万方之略矣”。至于小说家和他们的作品，是根本不能与九家相提并论的。对小说家评价如此之低，是否可将他们的作品弃之不顾呢？《论语・阳货》：“子曰：‘道听而途说，德之弃也。’”按儒家观点，那些来自道听途说的小说，本来是不妨弃去的。不过，班固对此比较理智慎重，面对从《伊尹说》《鬻子说》到《虞初周说》《百家》这十五家、一千三百八十篇作品，他没有采取一笔抹杀、不予理睬的态度。于是，在他手编的《艺文志》中，就有了“小说家”这个类别。所以实在说来，中国古代最早的小说乃是一批有相当数量、在书籍分类时不能无视却又难以安放的作品，是一批本可舍弃而幸被保存的“弃书”。班固把它们置于诸子类中，单立一家，又特地强调其无价值，这无可奈何的办法却恰恰成了书籍分类和目录学上具有深远历史意义的创造。此后，小说类作品数量和品种与日俱增，使人更不能无视其存在，正史的经籍、艺文志和许多公私书目，也就收留它们，只是仍然没有固定的位置，只能根据编者的不同理解，或把它们附在子部，或把它们赘于史部，待遇并未有所改善。然而不管怎么说，小说和小说家毕竟从此正式跻身著作之林了。

小说从《汉书·艺文志》起，才算有了“名分”，但若论其真正起源，当然是要遥远得多。

按照笔者的看法，诗歌和小说是人类生活发展到一定程度的文化产物。从客观方面言之，人类生活中不能不发生种种“事”，这些“事”引起人们的不同感受和处置方法，或歌咏感叹之，或叙述播闻之，也就产生了不同的文学类别：诗歌、小说。从主观方面言之，诗歌植根于人的抒情本能，小说则植根于人的叙事本能，诗歌和小说都是人类本能在一定社会条件下成长为一种能力并获得外化表现的结果，而其所依托的载体则是人的语言和语言的书面形式——文字。单就小说而言，它有一个孕育、产生和发展的过程，在它作为一种文体尚未充分形成、尚未取得独立之前，它的一些基本要素，它的胚胎形态乃至萌芽和雏形，都早已存在。小说也和诗歌一样，在以文字和书面形式为主存在之前，有一个漫长的口头创作和口头流传的阶段；即使在文字成为小说创作的主要工具之后，口头的创作和流传，也并未消歇，二者并行不悖，相辅相成，甚且相互促进。而最初的小说，其实就是对于口头传播之“事”的文字载录。中国古代小说正是走过了从以记载实录为主到以虚构幻设为主的道路，小说史也就可以按此分为前后两段。大致以唐传奇的出现为标志，文人作家较多懂得了“有意为小说”，并积极自觉地付诸实践，小说写作中作者超越记录而独立创思、勇于幻设的成分从此日益加重，小说文体终于摆脱子、史附庸的地位而获得独立。但唐以后，以记录传闻为小说的风气仍然很盛，其产品就是名目繁多的笔记野史类作品。从作者的写作态度来分，不妨把中国古代小说分为记录传闻和意想虚构两大类。虽然这种区分并不是绝对的，但大体的界限尚称明确。[②]而无论是记录传闻，还是意想虚构，只要是小说，其本质就都在于叙事——从最简单短小的记述直到编织极复杂极庞大的故事体系——也正是在这一点上，源于先秦的“小说”二字，才能够与西方的 story、novel 和 fiction 对应，并得到中外人士的认可与使用(当然是有条件、有限制的)。

若从小说的载体——文字——的性质而言,中国古代小说可以大致分为文言和白话两大类。上面所说的记录传闻和意想虚构两种小说,基本上都是用文言写成,直到宋末元初,才出现了用接近当时口语(白话,但与现代白话不同)的文字创作的小说,那就是小说史上艳称的话本小说。在话本小说之前,无论记录传闻还是意想虚构,小说的文字和通行的语言都有较大差距,所以即使作者有意忠实地记录传闻,由言到文的转换也总会使所记与实事存在某种程度的差距。话本小说的出现,使得这种差距的减少有了一定程度的可能,从而也就是使得小说表现“事”(其实质乃是表现生活和刻画人物)的能力大为增强。话本小说的产生,遂成为中国古代小说发展史的又一个里程碑。当然,以古代白话为载体的新型小说产生之后,传统的文言小说并没有销声匿迹,而是形成了双轨并行、互为滋养的关系。元明以后,话本小说一系因得传媒通俗普及之利发展迅速,数量激增,新品种、新体式层出不穷,读者面遍及社会各阶层,渐渐成为小说创作的主流,文言小说则因其自身的局限性,逐步退居边缘,但文言小说,特别是其中的传奇一支,也在随时而变,直至清末,仍不断有好作品产生,说明其生命力并未丧失殆尽。中国小说的古代、现代之分野,要到“五四”新文化运动兴起,新型的白话文不但取代了文言,而且取代了旧式的白话文之时,才表现得比较清楚和充分。这也就大致规定了本鉴赏辞典所选作品的时间断限和涵盖范围——我们所选的是自上古到晚清用文言或古代白话写成的各类小说。上册以文言居多,但也包含白话的宋元话本,下册以话本、拟话本和长篇白话小说的选段为主,但也包含明清时代的文言小说。两册侧重有所不同,这是小说发展历程的客观反映,合而观之,则可大致显示中国古代小说的基本面貌和演进轨迹。

以上从文体特征略述中国古代小说之性质、形成及发展演变,并从体式的角度对古代小说做了粗略分类,所论尚未涉及小说内容。中国古代小说的内容极为丰富,极为复杂,然大体言之,是走过了从叙述超现实内容为主到以描绘人间生活为主的历史途程。早期的地理博物类、神仙鬼怪类小说,如《山海经》《穆天子传》《神异经》《十洲志》《博物志》《搜神记》《拾遗记》之类,虽作者大抵持实录态度来写作,而所述故事则多为荒诞谬悠、神怪不可思议者。魏晋时期,此类作品尤多,作者们且多持“明神道之不诬”[3],乃至所谓神道设教之动机,研究者遂按其内容倾向称之为“志怪”,以与《世说新语》这样录载名人轶事的“志人”小说对举。唐人小说的“志怪”成分仍然很重。有些从书名一望即知,如《冥报记》《定命录》《玄怪录》《灵怪集》《广异记》,而审其性质,也确乎颇近魏晋志怪;也有许多单篇传奇,以搜奇征异、谈仙灵述鬼魅为主,如《古镜记》《补江总白猿传》《梁四公记》《东阳夜怪录》之类；就是那些讲述人间悲欢离合故事的传奇作品，也常杂有神奇成分或披着神奇外衣，前者如《离魂记》《枕中记》《任氏传》《李章武传》，后者如《游仙窟》《南柯太守传》《柳毅传》等。唐宋传奇虽非一味志怪，但奇与怪本难截然区分，既称传奇，岂能绝无传述奇闻怪事的成分？所以宋人吴自牧《梦粱录》和罗烨《醉翁谈录》记述当时的说话艺术，除了烟粉、公案、朴刀、杆棒、征战、讲史、发迹变泰和说佛书诨经等类外，就都标出灵怪、传奇、神仙、妖术之类名目。当然，唐宋传奇的根本贡献，还是在于把关注的重点和描写的笔触从虚无缥缈的超现实世界拉回到人间生活和各色人等的命运遭际，因而大大地发展了现实主义创作精神，为中国古代小说开拓出一片新的疆土和一个新的时代。像现实题材的《吴保安》《裴伷先》《李娃传》《莺莺传》《谢小娥传》《霍小玉传》《谭意歌传》《王幼玉记》《王魁传》以及历史题材的《长恨歌传》《东城老父传》《杨太真外传》《梅妃传》《李师师外传》等，虽成就高下不等，而反映时代生活的深广程度和浓郁的历史感，人物刻画的细腻生动和感动读者的审美力量，都有超迈前人之处，而且可以说具备着永恒的艺术魅力。到了宋元话本小说，作者队伍有所变化，文化层次较低的书会才人大批加入，所著小说不但可阅读，主要还是用于听赏，听众加上读者，小说的消费面和接受面也就大为扩展。这当然与语言文字传媒的通俗化趋势分不开，而通俗化趋势又并不限于语言文字传媒，还深入到题材的撷取，人物、特别是主人公的选择和艺术风格和情调的营造等方面。与传奇相比，宋元话本小说的题材面进一步拓宽，人物队伍也壮大了许多，社会上的三教九流都获得入书的资格，而且无论现实生活题材，还是历史人物故事，作品所表现的思想感情倾向都是正统色彩明显减弱，而更多地体现了市井平民的价值取向和审美好尚。尤其值得重视的，是市井世俗生活本身的形形色色和光怪陆离被堂而皇之、津津有味地写入了作品，并日益占据了主体地位。与此同时，在艺术手段上，从情节安排、悬念设置，到人物刻画、细节描写乃至对话声口等等，均做了许多新的探索，而且不同的作者，也逐步形成了各自的个人风格，这些都使小说艺术达到了一种新的境界。这一类别的优秀作品很多，如《风月瑞仙亭》《碾玉观音》《杨思温燕山逢故人》《闹樊楼多情周胜仙》《快嘴李翠莲》《张生彩鸾灯传》等，都脍炙人口而且影响深远。这些作品的出现，表明了中国古代小说的成熟，也预示了中国古代小说即将到来的辉煌。今人编著小说史，从内容的角度进行分类，往往有历史、社会、人情(或称世情)、神怪、侠义公案诸种，而实际上每一种里面，又还包含了许多分支和小类。综合地看，说中国古代小说是中国古代历史、社会和人情世故的百科全书，是毫不过分的。今天，我们即使不再像民主革命的先驱和启蒙者那样过于夸大小说的“新民”作用,[4]对于古代小说的认识价值、陶情悦性、增益智慧的审美娱乐价值和民族文化传承的价值,还是应该给予足够的估计,对此作出持久深入的发掘和阐释。

中国古代小说的形体,也有一个从小巧到庞大的发展过程。志怪志人小说一般篇幅很短,几句话,讲清一桩事而已。后世以记录传闻轶事为宗旨的笔记小说,基本也是如此,作者往往声明自己是实录传闻,故而不宜多作加工渲染,所以篇幅大都不长。传奇作品不同,“小小情事,凄婉欲绝”,“鸟花猿子,纷纷荡漾”[5],故事复杂了,人物丰富了,有了描写和对话,作者又特重辞章的丰润华美,篇幅自然要比志怪志人和笔记小说为长。但传奇毕竟还是以文言为载体,距实际口语颇远,所以无论怎样挥洒曼衍,篇幅总还有限。只有通俗化趋势明显的、与艺人口头表演相联系的新型小说,如唐代的变文、俗赋和宋元的话本,这才能够放开手脚,反复尽情地铺叙缕说。如果按现代文艺学的标准来大致衡量,许多话本、拟话本是达到了中篇小说的长度,而后世数十回上百回的章回体或某些演义小说,便是真正的长篇了。从形体的角度看,中国古代小说也是色色齐备的。本书限于容量,对于篇幅较短的文言小说、传奇小说和话本小说,以选录全篇为主,而对于长篇作品,就只能择其精彩段落,作尝鼎一脔式的赏析,读者若想领略其全貌,就需再找全书来读了。其实,无论对于长篇,还是对于中短篇,小说赏析都只具有举例和导读的作用,读者完全可以见仁见智,发挥主体性和想象力,独立地从小说文本获得感知和体悟。如果读者看了这本赏析,对书中讲到的那些小说增加了一些了解,油然而生继续广泛深入阅读和探索的愿望,那我们的目的就达到了。

中国古代小说是一个堪与古典诗歌媲美的文学宝库,让我们踩过“赏析”所铺设的径路,接过“赏析”所提供的线索,大踏步走进宝库之中,用自己的手眼去享受探索和发现的乐趣吧。

〔注〕 ① 以上叙述主要依据以下文献:《论语·子张》:“子夏曰:‘虽小道,必有可观者焉;致远恐泥,是以君子不为也。’”《庄子·外物》:“饰小说以干县令,其于大达亦远矣。”《孟子·万章上》孟子答咸丘蒙所问孔子论舜南面听治之事语,曰:“否,此非君子之言,齐东野人之语也。”《荀子·正名》:“故知者论道而已矣,小家珍说之所愿皆衰矣。”班固《汉书·艺文志》:“小说家者流,盖出于稗官。街谈巷语,道听途说者之所造也。……闾里小知者之所及,亦使缀而不忘。如或一言可采,此亦刍荛狂夫之议也。”桓谭《新论》:“若其小说家,合丛残小语,近取譬论,以作短书,治身理家,有可观之辞。” ② 此节论述请参阅拙著《中国古代小说的文体独立》,中国社会科学出版社,1994。 ③ 干宝《搜神记序》。 ④ 此指以梁启超《论小说与群治之关系》为代表的激进观点。 ⑤ 桃源居士《唐人小说序》引洪迈、刘攽语。

篇目表

先秦两汉

魏晋南北朝

隋唐五代

宋辽金元

先秦两汉

先秦两汉

【典籍介绍】

《山海经》

地理著作。十八卷。作者不详，各卷著作时代亦无定论，显然不是出于一时一人之手，其中十四卷是战国时作品，四卷为西汉初年作品。前半部是《南山经》《北山经》等五篇，称为《五藏山经》，简称《山经》；后半部为《海外》《海内》《大荒》等十三篇，简称《海经》。内容为古代民间故事和传说中的地理知识，包括山川、道里、民族、物产、药物、祭祀、巫医等。不仅对研究中国古代历史、地理、文化、民俗、中外交通有参考价值，更被人视为中国"小说之最古者"。其中"黄帝战蚩尤""鲧禹治水""精卫填海""夸父逐日""刑天舞干戚"等著名神话传说，是后代作家和文学史家所珍视的材料。晋郭璞作注，并为《图赞》，今图佚而赞存；其后考证注释者有清代毕沅《山海经新校正》和郝懿行《山海经笺疏》、今人袁珂《山海经校注》等。

夸父逐日

《山海经》

夸父与日逐①走，入日②。渴，欲得饮。饮于河、渭③，河、渭不足，北饮大泽。未至，道渴而死。弃其杖，化为邓林④。

〔注〕 ① 逐：赛跑。 ② 入日：接近太阳。 ③ 河、渭：黄河、渭水。 ④ 邓林：桃林。

这是一篇表现华夏民族战天斗地、死而后已悲壮精神的著名神话。

故事一上来就开门见山，突发奇笔："夸父与日逐走"。这里没有交代夸父与太阳竞走的理由，但在《山海经·大荒北经》和《列子·汤问》中提到此事都有夸父"不量力，欲追日影"的记载。给人感觉他是异想天开，自寻烦恼。但看看各国古代神话中因太阳酷热给人类带来灾难而产生的人与太阳搏斗的各种传说，便会使人联想到夸父此举实际上是这种早期人类与自然搏斗精神的抽象和概括。所以，他的异想天开就不是一种无聊，而是一首人类无畏与自信精神的壮丽赞歌。

"入日"说明他已经接近了太阳——他与太阳竞走的目的达到了。这是他以生命为代价而实现的伟大目标。然而，物质生命的结束并不意味着一个人全部生命的终结。"弃其杖，化为邓林"。他给后人留下的这一片绿荫不仅为其继往开来者提供了休憩的场所，更重要的是向人们展示了夸父顽强不屈、死而不朽的拼搏精神，激励人们为战胜自然，造福人类而永远奋进。 （宁稼雨）

夸父逐日

——明万历刻本《山海经》插图

精卫填海　　《山海经》

又北二百里，曰发鸠之山①，其上多柘木②。有鸟焉，其状如乌，文首③、白喙④、赤足，名曰精卫，其鸣自詨⑤。是炎帝⑥之少女，名曰女娃。女娃游于东海，溺而不返，故为精卫，常衔西山之木石，以堙⑦于东海。

〔注〕 ① 发鸠之山：山名。郭璞注曰在上党郡长子县。今属山西省。 ② 柘(zhè)木：常绿灌木，叶可饲蚕。 ③ 文首：头上有花纹。文：花纹。 ④ 喙(huì)：嘴。特指鸟兽的嘴。 ⑤ 自詨(xiāo)：自叫其名。詨：叫。 ⑥ 炎帝：传说中的神农氏。 ⑦ 堙(yīn)：堵塞。

在这篇仅有一百多字的故事中，作者首先为精卫鸟画出了一幅美妙绝伦的图像。她的形状好像乌鸦，但其花色却十分美丽。在带有美丽花纹的头上，镶嵌着晶莹洁白的小嘴，下面是一双艳红的脚。这只美丽的鸟平常总是在柘木间悲哀地呼喊着自己的名字："精卫""精卫"。她在哀叹自己的不幸，因为当年她曾是炎帝的女儿，一位漂亮的少女。然而不幸的是，一次东海之游使她葬身大海，永远失去了少女的婀娜身姿。但这位倔强的少女并没有向命运低头，她虽然变成了一只小鸟，却仍然顽强地向夺取自己生命的东海复仇。

令人最为感动的是，辽阔无际的大海和力量微弱的精卫之间在形体、气势和能量上形成巨大的反差。精卫对大海的抗争显然是徒劳的，但正因为精卫敢于以弱抗强，人们才如此敬佩和赞美她。因为形体庞大并不是强者的证明，意志的坚强才是强者的本质。精卫填海的顽强意志遂作为中华民族的自强精神而流传千古。

有人从史实的角度猜想精卫故事可能是炎帝氏族一支在向东南沿海迁徙时遇上自然灾害或是被其他部族吞并过程的写照。这样猜想未尝不可，但从美学的角度看，从象征的角度来理解精卫的顽强精神，或许更能给人以力量和鼓舞。

（宁稼雨）

鲧禹治水　　《山海经》

洪水滔天，鲧窃帝之息壤①以堙洪水，不待帝命。帝命祝融杀鲧于羽郊②。鲧复③生禹。帝乃命禹卒布土以定九州④。

〔注〕 ① 鲧(gǔn)：传说中黄帝的孙子(一说为曾孙)。息壤：神土，可自身无限增长，故可用来堵塞洪水。 ② 祝融：火神。传说为炎帝玄孙，或说为黄帝六世孙。羽郊：羽山之郊，

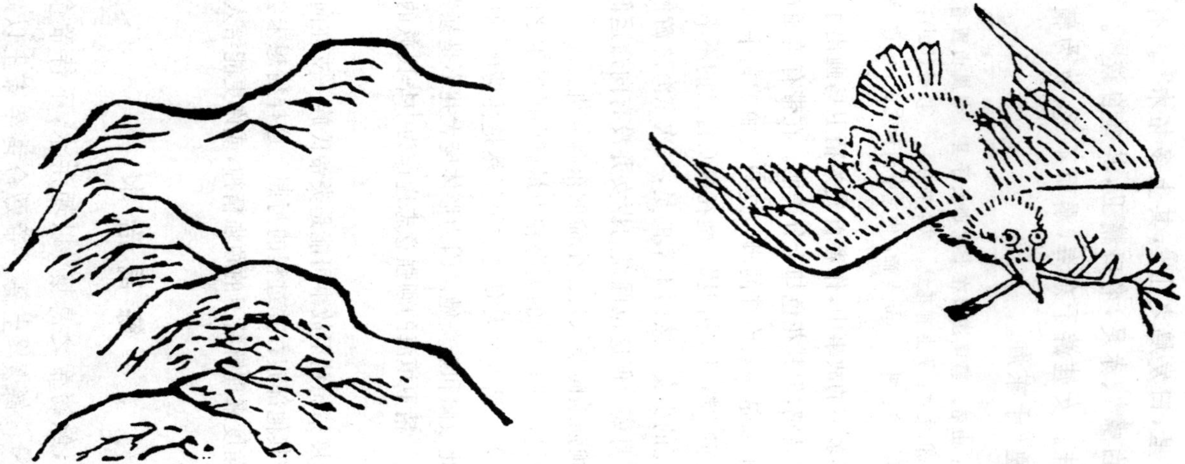

精　卫

——明万历刻本《山海经》插图

在今江苏(连云港市赣榆区)西北。 ③ 复:或作“腹”。 ④ 布土:分布息壤。九州:传说禹定天下为冀、豫、雍、扬、兖、徐、梁、青、荆九州。

搏击洪水是世界各国神话中的普遍题材。神话学者对此类神话的起因、内涵、意义有许多种说法。我们则从文学和美学的角度来欣赏。鲧禹治水故事尽管篇幅短小,但作为中国洪水神话的代表作品,却表现了中国洪水神话的独领风骚之处。

看,在洪水滔天,民不聊生的灾难之时,鲧为了救民于水火之间,来不及得到天帝的允许,便偷来宝贵的神土,堵塞洪水。他没有葬身洪水,却死于天帝的屠刀。这是人类进入氏族社会后部落间矛盾斗争的投影。说明人们已经认识到在与自然斗争的同时,不能忽视人们的社会矛盾可能产生的影响。然而鲧甘愿替人民冒险,为人民的安定幸福而牺牲个人生命的献身精神,却永远成为历代人们赞美的偶像,具有永久的魅力。

将禹写成鲧的腹生子,是本篇的点睛之笔,因为这象征着鲧自我牺牲,造福人类的精神是后继有人的。过去人们一直把鲧和禹的治水说成是两种截然不同的方法,一是堵,一是疏,所以才有两种不同的下场。不过从这篇故事来看,禹所采用的治水方法与鲧并无二致,也是用息壤堵塞的方法。那么微妙之处就应当在于,禹以息壤治水显然是得到了天帝的允许。那么本篇的韵味也就在于,中国古人已经开始注意到在解决人与自然的矛盾的同时,必须理顺人们的社会矛盾。华夏民族注重人际关系和谐的基本性格,于此已经初见端倪。　　(宁稼雨)

刑　天　　《山海经》

刑天[①]与帝至此争神,帝断其首,葬之常羊之山[②]。乃以乳为目,以脐为口,操干戚[③]以舞。

〔注〕 ① 刑天:人名,为炎帝之臣,因被断首而得名。刑:伤害。天:颠、顶,代指首。② 常羊之山:神话中山名,相传为炎帝降生处。 ③ 干:盾。戚:斧。

如果说夸父、精卫、鲧禹的故事主要反映了人类从自然中分离出来后与自然的矛盾的话,那么这篇刑天神话则反映了氏族社会解体之后,人们为争夺权力而进行的惨烈斗争。不过这则神话的象征意义已经远远超出了它的历史所指,给后人以极大的鼓舞和激励。

据学者考证,历史上曾发生过黄帝和炎帝的争斗,而这里的刑天又是炎帝之臣,所以本篇说的是炎帝与黄帝之争的余绪。不幸的是,刑天的力量太小,小得连自己的名字也没有。人们只是因为他被砍下了脑袋才叫他为“刑天”。不过也正是

刑　天

——明万历刻本《山海经》插图

因为他如此渺小，却敢于和黄帝争神，便使他的人格精神充满了积极而悲壮的魅力。

更为感人的是，他的头颅被砍下之后，意志却没有倒下，反而更加坚决。正如晋代大诗人陶渊明《读山海经》诗所云："刑天舞干戚，猛志固常在。"在失去脑袋之后，他竟然以身上的双乳为目，以肚脐为口，继续挥舞武器，战斗不止。这里张扬的身死而意志不死的顽强精神，正是这则神话几千年来流传不衰的原因所在。

（宁稼雨）

西　王　母　　《山海经》

又西三百五十里，曰玉山①，是西王母所居也。西王母其状如人，豹尾虎齿而善啸，蓬发戴胜②，是司天之厉及五残③。（《山海经·西次三经》）

西王母梯几而戴胜杖④，其南有三青鸟，为西王母取食。在昆仑虚北。（《山海经·海内北经》）

〔注〕 ① 玉山：山名。以多玉石而得名。 ② 蓬发：蓬头乱发。胜：玉胜，古时妇女的首饰。 ③ 司：掌管。厉：灾厉。五残：五刑残杀之气。 ④ 梯：依靠。几：小案桌。"杖"字可能是衍文。

由于人类自身不断进化的缘故，世界各国神话中的神祇形象都经历了从动物神变而为人兽同体，再到神人同形的演变过程。西王母形象的变化就是一个典型的例子。

《山海经》中的西王母形象最早，它带有明显的动物特征，是一个形状怪异的凶恶神祇。只是她头上戴的一件首饰，为后来人们将其定位于女性提供了依据（其实并不能据此证明西王母是女性，因为在原始时代，男子与女子同样可以佩戴饰物）。到了《穆天子传》中，西王母就变成了一个雍容华贵的天帝之女，并且能够与周穆王赋诗唱答。在《淮南子》中，羿向她请求不死之药，说明她已从凶神变成吉神。而在《汉武故事》《汉武帝内传》等小说中，西王母的形象又被仙化，并且和汉武帝扯到了一起，变成一位"年三十许""容颜绝世"的美丽仙人；或者是与东王公相提并论，成为古代传说中的一位重要角色。

青鸟传说也随着西王母故事的不断丰富而逐渐发展起来。在本篇故事中，三青鸟只是为西王母取食的鸟。而到了《汉武故事》中，青鸟在西王母来到汉武帝宫殿之前飞来预报消息，所以后代以青鸟作为信使的代称。李商隐《无题》诗："蓬山此去无多路，青鸟殷勤为探看。"正是使用此典。

（宁稼雨）

【典籍介绍】

《穆天子传》

亦称《周王传》《周王游行记》。著者不详，旧题晋郭璞注。为晋太康二年，汲县人盗发魏襄王墓所得古籍(《汲冢书》)之一。六卷。前五卷记周穆王驾八骏西游故事，其中保存有重要的古代中西交通史料；后一卷记盛姬之死及其丧仪。文辞质朴。其中记穆王与西王母宴会酬答及盛姬之死部分，较有小说意味。明胡应麟评为："文极赡缛，有法可观。三代前叙事之详，无若此者。然颇为小说滥觞矣。"(《少室山房笔丛·三坟补逸下》)今所存者多为明刊旧钞。

周穆王见西王母 《穆天子传》

吉日甲子，天子宾于西王母。乃执白圭玄璧[①]以见西王母。好献锦组百纯[②]，□组三百纯。西王母再拜受之。

□乙丑，天子觞西王母于瑶池之上。西王母为天子谣曰：

白云在天，山陵自出。道里悠远，山川间之，将[③]子无死，尚能复来。

天子答之曰：

予归东土，和治诸夏。万民平均，吾顾见汝。比及三年，将复而野[④]。

西王母又为天子吟曰：

徂[⑤]彼西土，爰居其野。虎豹为群，於[⑥]鹊与处。嘉命不迁，我惟帝女。彼何世民，又将去子。吹笙鼓簧，中心翔翔。世民之子，唯天之望。

天子遂驱升于弇山[⑦]，乃纪名迹于弇山之石，而树之槐，眉曰"西王母之山"。

〔注〕 ① 圭(guī)：瑞玉，上圆下方。璧：环形瑞玉，孔与边各约三寸。 ② 好献：献之以结恩好。锦组：彩色丝绦。纯(tún)：丝绵布帛的一股。 ③ 将(qiāng)：愿、请。 ④ 比：等到。而野：你所管辖的区域。 ⑤徂(cú)：往。 ⑥ 於(wū)：古"乌"字。 ⑦ 弇(yǎn)山：即崦嵫山，相传为日出之处。

鉴赏本文的关键，是要搞清楚文中的人物关系。一些外国学者和近年来国

周穆王

——《绘图历代神仙传》

内一些小说词典在谈到这篇故事时，往往将文中周穆王和西王母解释为恋人关系。理由就是二人在一起喝过酒，赋过诗，因此就不免产生一些罗曼蒂克的猜想。而故事中所述的这次周穆王西征也就成了一位风流天子纵佚游猎的韵事。这至少是一个误会，所以顾实先生指斥这种说法为“野鄙之言”。20 世纪 30 年代顾实在《穆天子传西征讲疏》中又对文中“我惟帝女”的“帝”字理解为周穆王，从而将二人的关系定位为父女关系；并认为穆王这次西征的一个目的，是去看望巡视被封在西域的女儿及其领地。这虽然能够自圆其说，但将“帝”理解为周穆王一说仍然为大多数学者所不赞同。因为从晋代郭璞以来，人们一直认为“帝”是指天帝。因而周穆王与西王母是两位国君之间的关系，否则就很难解释周穆王为什么对西王母如此礼遇。

那么这一东一西的两位国君为什么走到了一起，而且又是周穆王主动找到西王母呢？从《山海经》等先秦文献材料来看，西王母本来是神话中的半人半兽的怪物，但后来就成了具有真实性的历史人物。其重要依据之一，就是她和周穆王的历史性会见。《竹书纪年》中提到周穆王于十三年和十七年两次西征见西王母，西王母曾一次东来见周穆王。而在其他一些先秦典籍中，西王母往往是能够给圣王带来智慧和吉祥的保护神。如《荀子·大略》：“尧学于君畴，舜学于务成昭，禹学于西王国。”既然从尧舜的传说时期就有了圣王从学于西王母的故事，那么周穆王去拜访西王母显然是为了寻求治国安邦的策术。这一点，在本篇故事中完全可以得到证明和解释。

在这段文章之前，《穆天子传》卷二的末尾记载周穆王于癸亥日（二十七）来到西王母之邦。本篇开头到“西王母再拜受之”详细介绍了两位国君见面时的正式礼节。“吉日甲子”是指二十八日。对日子的精心选择，表明穆王对这次访问的高度重视。再从穆王带给西王母的礼物“白圭”和“玄璧”中，也可以看出他对西王母的极度礼遇。《周官》和《考工记》中有关于天子执圭以朝诸侯的记载，但只是用圭，没有提到和璧一起用。到了《管子·形势》《墨子·明鬼》《墨子·尚同》中，出现了“圭璧琮璜，币帛牺牲以飨鬼神”的记载。说明人们以圭璧同用的方式表达对鬼神天帝的虔诚，而对诸侯只用其中之一即可。在《穆天子传》其他卷中，虽然也提到穆王见其他诸侯的故事，但都没有提到送礼，更没有提到圭璧同用。而唯有西王母得到了只有人们顶礼膜拜的鬼神才可以得到的圭璧，难怪西王母对此十分感动，“再拜受之”。

第二天二人欢宴瑶池。在西王母给穆王的谣辞中，似乎还隐约地包含着对其作含情脉脉的猜忖，但它却被穆王的答词给冲淡了。穆王明确表示，回到东土以后，要与周边邻国和平相处，并使国泰民安。在最后西王母为穆王的吟辞中，进一步证明了他们之间的政治伙伴协作关系。吟辞凡十二句，六句为一个单元，分为前后两个部分。前一个单元为西王母自述经历。意思是我作为天帝的女儿，奉命来到西土，尽管这里荒漠野悍，与虎豹群居，但我没有辜负天帝的使命，在这里成就了王业。第二个单元为西王母以己推人，说什么时候你那里的臣民能够像我受天帝派遣一样，离你而去，另辟天地。这是我对你的衷心祝福，也是苍天的意志。

从这些应答谣辞来看，他们谈话的主要内容显然和双方的国君地位及其政治前途有关。他们或许有些男女之情，但从这段文字本身来看，至少反映出他们没有因为私情而忘记自己的责任和事业。所以，有些小说词典将这段文字中的周穆王说成是一个淫游佚猎、嗜酒好色、多情多才的风流天子形象，很可能是受了某些咏史诗，如李商隐的《瑶池》的影响，实在是委屈和冤枉了这位雄才大略的圣明君王。

（宁稼雨）

【典籍介绍】

《晏子春秋》

旧题先秦晏婴著，实系后人依托并采缀晏子言行而作。有内外篇共八卷，二百十五章。每章以晏子为中心，记述一事。内容多为晏子或犯颜直谏，或婉言讽喻。对统治者的奢侈腐败、诸侯国间的勾心斗角以及人民的饥寒苦难均有反映。所述晏子的传说故事，颇富文学色彩。如《晏子使楚》《景公夜从晏子饮》《楚王欲辱晏子》等，皆情节生动，形象鲜明，语言个性化。章末多有“君子曰”或借“仲尼”“墨翟”评赞以表明编者观点。不少警句格言发人深省。注释本有清人孙星衍、黄以周《晏子春秋音义校记》，及今人吴则虞《晏子春秋集释》等。

二桃杀三士　　《晏子春秋》

公孙接、田开疆、古冶子事景公，以勇力搏虎闻。晏子过而趋，三子者不起，晏子入见公曰：“臣闻明君之蓄勇力之士也，上有君臣之义，下有长率之伦，内可以禁暴，外可以威敌，上利其功，下服其勇，故尊其位，重其禄。今君之蓄勇力之士也，上无君臣之义，下无长率之伦，内不以禁暴，外不可威敌，此危国之器也，不若去之。”公曰：“三子者，搏之恐不得，刺之恐不中也。”晏子曰：“此皆力攻勍敌[①]之人也，无长幼之礼。”因请公使人少馈之二桃，曰：“三子何不计功而食桃?”公孙接仰天而叹曰：“晏子，智人也！夫使公之计吾功者，不受桃，是无勇也，士众而桃寡，何不计功而食桃矣。接一搏猏[②]而再搏乳虎，若接之功，可以食桃而无与人同矣。”援桃而起。田开疆曰：“吾仗兵而却三军者再，若开疆之功，亦可以食桃，而无与人同矣。”援桃而起。古冶子曰：“吾尝从君济于河，鼋衔左骖以入砥柱之流。当是时也，冶少不能游，潜行逆流百步，顺流九里，得鼋而杀之，左操骖尾，右挈鼋头，鹤跃而出。津人皆曰：‘河伯也!’若冶视之，则大鼋之首。若冶之功，亦可以食桃而无与人同矣。二子何不反桃!”抽剑而起。公孙接、田开疆曰：“吾勇不子若，功不子逮，取桃不让，是贪也；然而不死，无勇也。”皆反其桃，挈领而死。古冶子曰：“二子死之，冶独生之，不仁；耻人以言，而夸其声，不义；恨乎所行，不死，无勇。虽然，二子同桃而节，冶专桃而宜?”亦反其桃，挈领而死。使者复曰：“已死矣。”公敛之以服，葬之以士礼焉。

〔注〕 ① 勍(qíng)敌：实力强大的敌人或对手。亦作“劲敌”。 ② 猏(jiān)：三岁的猪，亦泛指大猪。

本则故事流传甚广，它所包含的人生哲理，足以引发人们的思考。三国时的诸葛亮在《梁父吟》中云：“一朝被谗言，二桃杀三士。谁能为此谋？国相齐晏子。”应该说，晏子是这场悲剧的直接导演者，而引发这场悲剧的起因，则在这三位壮士的恃功而骄。

三位壮士服侍齐景公，均以勇力搏虎而闻名，也以功高盖世而自许，为此而渐渐滋生了傲慢无礼的心理，外化为睥睨一切的举动。因为“无礼”，便藐视了等级社会中君君臣臣的伦理纲常，违忤了人臣所应尽的最起码礼节。若推而广之，便很可能危及专制政体的长治久安。这些，正是晏婴设计加害他们三人的根由。晏婴作为服侍过齐灵公、庄公、景公的三世老臣，一生以关心民事、节俭力行、尽忠尽礼而自命，认为“上有君臣之义，下有长率之伦，内可以禁暴，外可以威敌”。把礼的作用强调到了无以复加的地步。在行动上，他也身体力行：平时走路用“趋”步，即小步快走以示恭敬之意;在景公面前,也常常“修礼以侍”,与三位壮士的见之而“不起”,形同天壤。由于晏婴把三位壮士的无礼行为,上升到治国、禁暴的高度进行分析评判,便得出了三人不除,家国难安的结论,进而亲自导演了“二桃杀三士”的伦理悲剧。可悲的是,三位壮士一方面已经识破了“智者”的计谋;另一方面,为了赢得“勇”“义”的美名,竟也宁愿“杀身以成仁”,因为在他们眼里,“名”比“实”更为重要。

故事以颇为悲壮的笔调,记述了三位壮士“计功分桃”的过程:公孙接的“搏豭而再搏乳虎”,田开疆的“仗兵而却三军”,古冶子的为保护君主而“入砥柱之流”以杀鼋,其勇武与功勋确实非一般勇士可望其项背。但一旦“计功食桃”,便落入了“夸其声”的“不义”和“取桃不让”的贪鄙状态,而不义和贪鄙之名声,又恰恰淹没了他们所孜孜以求的“勇”“义”之美名。于是,为了保存所谓的“仁”“勇”“义”“节”,他们终于一个个自刎而死。应该说他们是落入了晏婴所设的圈套。唐李白《梁甫吟》云:“力排南山三壮士,齐相杀之费二桃。”清程先贞《还山春事》云:“王君自醉竹榻间,三士谁怜桃下坟?”都是既表达了对三勇士的同情、哀怜,又为他们的不智而叹惋。从“二桃杀三士”的故事中,我们既可以看到“仁”“勇”“节”“义”之类的伦理纲常愚蠢有毒的一面;又可以体会到在伴君如伴虎的年代,文人、武士生命在阴谋者面前岌岌可危的生存状态。 (陈建华)

【典籍介绍】

《庄子》

亦称《南华真经》《南华经》。道家经典之一。战国时庄周及其门人著。《汉书·艺文志》著录五十二篇,西晋时已散佚。今传晋郭象注本凡三十三篇,其中内篇七篇,一般认定为庄周著;外篇杂篇可能掺杂有他的门人和后来道家的作品。一说内、外、杂诸篇都反映了庄子的思想。其文章汪洋恣肆,运用大量生动的寓言故事与形象比喻将玄冥的天道描绘得可感可知,又充满丰富的想象与抒情意味。在哲学、文学上都有较高研究价值。历来注解极多,今通行本有晋郭象注,清末王先谦《庄子集解》、郭庆藩《庄子集释》等。

浑沌七窍

《庄子》

南海之帝为儵[1],北海之帝为忽,中央之帝为浑沌。儵与忽时相与遇于浑沌之地,浑沌待之甚善。儵与忽谋报浑沌之德,曰:“人皆有七窍以视听食息,此独无有,尝试凿之。”日凿一窍，七日而浑沌死。

〔注〕 ① 儵(shū)：虚设的神名。以下“忽”“浑沌”同。

本则选自《庄子·应帝王》。故事情节简单，叙说纯用白描，语言通俗浅显，但构思奇特，寓意很深。它首先虚构了三位神道，一南一北一中，居住三处，原无瓜蒂之亲，可谓风马牛不相及。儵、忽二帝各不串门，而时时相聚于浑沌帝所，当然是因为中央之帝所在距离适中，不必远涉，故颇合情理。浑沌“待之甚善”，尽地主之谊，很有人情味。儵、忽因感恩而商议报答，其对话与心理也属常情。而对话中点明浑沌帝的生理特征：头部没有七窍，却成为推动故事发展的力量。没有七窍，怎么“视听食息”，怎么视五色，听五音，食五味，吸空气？在好心人看来，那岂不悲哀？于是乃有为浑沌凿眼耳鼻口七窍之举。至此，除浑沌的模样匪夷所思外，故事描写虽然熨帖细腻，仍然较平淡，尚无惊人之笔；而出人意外的高潮，则在结尾。

以德报善，南、北二帝付诸行动，每天为中央之帝凿出一窍。按理说，七窍凿成，功德圆满，应该皆大欢喜。如果是如此结局，本篇将是味同嚼蜡的平庸之作。出乎意料的是，浑沌本来按其本性生活，活得好好的，却因为被凿出七窍而致死。主观上的感恩图报，变成了客观上的恩将仇报，这一结局令人目瞪口呆，啼笑皆非。这种反讽效果正体现了《庄子》寓言虚幻、夸诞、浪漫之奇。

本篇的寓意也因结尾而显豁。唐成玄英疏云：“凿七窍以染尘，乖浑沌之至淳……是以不终天年，中途夭折。”庄子主张无为而治，任情适性，一切矫情逆性之举，即使自以为充满善意，也会因违背自然而贻患无穷。这则离奇而悲惨的故事，表现了典型的道家思想。

（曹光甫）

【典籍介绍】

《孟子》

儒家经典之一。战国孟轲及其门人著。《汉书·艺文志》著录十一篇，现存七篇。《史记·孟子荀卿列传》谓孟子游说齐、宋、滕、魏等诸侯国君，不成，乃“退而与万章之徒，序《诗》《书》，述仲尼之意，作《孟子》七篇”。全书大旨是“仁义”，主张行“仁政”、讲“王道”，强调“民贵君轻”，重视民心向背。提出“性善论”。其文以雄辩著称，气势磅礴，感情激越，词锋犀利。在记述孟子主张、论辩时，常深入分析对方心理、因势利导，善用排偶句式，层层进逼。又善用譬喻说理，如传诵至今的“揠苗助长”“五十步笑百步”“缘木求鱼”等。现存注本有汉赵岐《孟子章句》、宋朱熹《孟子集注》、清焦循《孟子正义》等。

揠苗助长 《孟子》

宋人有闵[①]其苗之不长而揠[②]之者，芒芒然[③]归，谓其人[④]曰："今日病矣！予助苗长矣！"其子趋而往视之，苗则槁矣。

〔注〕 ① 闵(mǐn)：忧虑，担心。 ② 揠(yà)：拔起。 ③ 芒芒然：疲倦的样子。 ④ 其人：指家人。

本则选自《孟子·公孙丑上》。故事塑造的主人公形象宋人，憨态可掬。这种憨态，是从人物的行动和语言等方面自然流露出来的，作品未加任何评说。宋人最主要的行为是"揠"苗，文章却一笔带过，至于他具体怎么揠法，如在田间劳作时间之长，躬腰辛勤之状，全部略去，留下一大片空白，让读者自去想象，颇得剪裁之妙。宋人揠苗的思想基础是"闵其苗之不长"。这种踧踖不安的期盼心态，一般而言为庄稼人所共有，还不算太出格。出格的是他的行动。作品在正常与反常一对矛盾中开头布局，可谓引人入胜。接着刻画宋人的神态和语言。"芒芒然"，是极度疲劳的样子，可以想见他已干得精疲力尽。这也是对"揠"的补充。那么他是否意识到自己干了蠢事呢？丝毫也没有。他一回家，对家人说了两句话："今天我累坏啦！我帮助禾苗生长啦！"语气中固然有劳累疲惫的感叹，但更多的是溢于言表的不可抑止的兴奋。这种兴奋源于一种大功告成后如释重负的满足感、快慰感，他不啻在向家人自诩自夸。作者在这两句话中所编织的冷嘲热讽，显而不露，趣味盎然。尤其是两个"矣"字，将宋人的"憨"相描绘得如闻如见。

如果文章到此为止，那么读者还不易领悟宋人之愚，所以在篇末又补充了一个"其子"的形象。与宋人自满兴奋情状作鲜明对照的是，他的儿子"趋而往视之"。一个"趋"字写出他慌忙匆遽的情景，相当生动传神而合乎逻辑。果然不出他的所料，从他的眼里，反映出田间一片惨象：禾苗都干枯了。篇末的虚字"矣"与前面宋人两句话中的"矣"都借虚传实，颇有含意，富于表现力。凭借这句话，不仅交待了宋人揠苗的后果，直写宋人之愚，而且透射出儿子内心许多复杂的潜台词。诸如痛惜焦虑之情：劳动白费，血本无归，再说误了农时今年将颗粒无收、生计无着啊！抱怨责怪之情：父亲这一把年纪，竟会干出这一种傻事！这也是作者对宋人所作的无言的谴责。篇末一句话，真可谓收到"含不尽之意见于言外"的艺术效果。在这则寓言故事之后，孟子紧接着说："天下之不助苗长者，寡矣！以为无益而舍之者，不耘苗者也。助之长者，揠苗者也，非徒无益，而又害之。"点明题旨，非常警策。

宋人揠苗助长为千古独创，也因而成为千古话柄。后人常非笑宋人，但后人有意或无意步宋人后尘的言行是不是有呢？有。应当说是史不绝书。宋人作为虚构的艺术典型，他的形象却"万古长青"。诚然，护苗之心，人人有之。但首先要顺其自然，而后才谈得上精心呵护。如果违反客观规律，光凭主观意志去揠苗助长，那么效果必适得其反。如以培养下一代为例，就有不少人步入宋人的误区。近代教育家陶行知在《敲碎儿童的地狱并创造儿童的乐园》一文中说："忽视则任其像茅草样自生自灭，期望太切不免揠苗助长，反而促其夭折。"确为肯綮之谈，值得世人引以为戒。

（曹光甫）

【典籍介绍】

《列子》

道家著作。旧题战国郑人列御寇著。今人多疑为魏晋人伪托。原书佚。今本为东晋张湛辑注。共八卷。学说接近庄周。唐天宝后，《列子》列为道教经典之一。多宣扬道家虚无思想，兼言佛儒及神仙之说，尤有先秦流传之民间故事、寓言和神话传说。如《愚公移山》《杞人忧天》，以及《歧路亡羊》《纪昌学射》等，形象生动，想象丰富，有较高文学意义和思想价值。其中《汤问》篇不仅故事曲折，且首尾联贯情节完整，已有从寓言衍变为小说之迹象。注释本有东晋张湛《列子注》、宋刻宋元递修本《冲虚至德真经注》八卷、今人杨伯峻《列子集释》。

愚公移山

《列子》

太形①、王屋②二山，方七百里，高万仞，本在冀州③之南，河阳④之北。北山愚公者，年且九十，面山而居。惩山北之塞，出入之迂也，聚室而谋，曰："吾与汝毕力平险，指通豫南⑤，达于汉阴⑥，可乎？"杂然相许。其妻献疑曰："以君之力，曾不能损魁父⑦之丘，如太形、王屋何？且焉置土石？"杂曰："投诸渤海之尾⑧，隐土⑨之北。"遂率子孙荷担者三夫，叩石垦壤，箕畚⑩运于渤海之尾。邻人京城氏⑪之孀妻有遗男⑫，始龀⑬，跳往助之。寒暑易节，始一反焉。

河曲⑭智叟笑而止之，曰："甚矣，汝之不惠⑮！以残年余力，曾不能毁山之一毛⑯，其如土石何？"北山愚公长息曰："汝心之固，固不可彻[17]，曾不若孀妻弱子。虽我之死，有子存焉。子又生孙，孙又生子，子又有子，子又有孙，子子孙孙，无穷匮也；而山不加增，何苦而不平？"河曲智叟亡[18]以应。

操蛇之神[19]闻之，惧其不已也，告之于帝。帝感其诚，命夸娥氏[20]二子负二山，一厝[21]朔东[22]，一厝雍南[23]。自此，冀之南、汉之阴无陇[24]断焉。

〔注〕 ① 太形(háng)：山名。即太行山。位于山西高原与河北平原之间。 ② 王屋：山名。在今山西省阳城、垣曲两县之间。山有三重，其状如屋。 ③ 冀州：我国古代九州之一。在今河北、河南、山西的黄河以北和辽宁的辽河以西地区。 ④ 河阳：古县名。治所在今河南省孟州西。 ⑤ 豫南：豫州南部。即今河南黄河以南一带。 ⑥ 汉阴：汉水南边。汉水也称汉江，源出陕西省西南部，在武汉注入长江。 ⑦ 魁父：小土山名。在今河南省开封市境内。 ⑧ 渤海之尾：渤海的边上。 ⑨ 隐土：古地名。地处中原的东北。 ⑩ 箕畚(běn)：即畚箕。用草绳或竹、木制成的盛物器具。此用作动词。 ⑪ 京城氏：姓氏。 ⑫ 遗男：指父亲死后遗下的男孩。 ⑬ 龀(chèn)：儿童换齿。即脱去乳齿，长出恒齿。借指童年。 ⑭ 河曲：黄河迂曲处。 ⑮ 惠：通"慧"。聪明。 ⑯ 毛：小草。 ⑰ 彻：贯通。 ⑱ 亡：通"无"。 ⑲ 操蛇之神：山神。传说山神手里握着蛇。 ⑳ 夸娥氏：传说中的大力天神。 ㉑ 厝：通"措"。安置。 ㉒ 朔东：朔方东边。朔方，古地。在今山西北部、内蒙古自治区一带。 ㉓ 雍南：雍州南边。雍州，我国古代九州之一，在今山西、陕西一带。 ㉔ 陇：通"垄"。土丘。

《愚公移山》出自《列子·汤问》。

"愚公"形象体现了中国人民自古以来艰苦卓绝改天换地的精神，因而受到历代志士仁人的讴歌。宋辛弃疾《玉楼春·用韵答傅岩叟叶仲洽赵国兴》词："青山不解乘云去，怕有愚公惊着汝。"清黄宗羲《张苍水墓志铭》："愚公移山，精卫填海，常人藐为说铃，圣贤指为血路。"毛泽东也撰有著名的《愚公移山》。这些都是对不朽典型愚公的高度肯定。

愚公耄耋高龄，"年且九十"，按理应当静心息虑，颐养天年。然而老愚公因苦于大山堵塞交通，迂曲绕道，出行不便，就毅然下决心要搬掉门前挡道的太形、王屋两座大山，这种"老骥伏枥，壮心不已"的冲天豪情和气魄，充满浪漫色彩，令人惊叹。他不是孤军奋战或一意孤行，而是有勇有智，"聚室而谋"，提出"毕力平险"的目标。由此赢得家人的"杂然相许"。"杂然"二字，使七嘴八舌各抒己见的热烈情景跃然如见；"相许"说明愚公提议深得人心，因而调动了全家人的积极性。说干就干，愚公当即率领并指挥家中丁壮，敲石挖土，用畚箕肩挑手提将土石运往"渤海之尾"。想想当时的情景："方七百里，高万仞"的两山是那样巍峨高大，用最简单原始劳动工具的几个人与大山比较显得那样渺小。这是多么不可思议的图景！“傻。”常人定会这么想。这就是小说给愚公取名的表层原因吧。然而“锲而不舍，金石可镂”，愚公没有畏葸退却，他们干得热火朝天，穿梭往来，繁忙有序，这种气吞山河的壮志令人肃然起敬！所以愚公的“愚”，它的实际含义是不达目的誓不罢休的坚定执着精神。“只要功夫深，铁杵磨成针。”这种对事业执着追求的“愚”劲和韧性，是应当弘扬提倡的。最终山神惧怕屈服，天帝派遣大力神背负二山移置他方。从此道路畅通，“冀之南、汉之阴无陇断焉”。愚公奏响了一曲人定胜天的凯歌，他的形象在历史长河中永远熠熠生辉。

如果故事像上述那么平顺简单，那么愚公形象和精神还显得单薄，所以本篇在情节上还有波澜起伏，在人物形象上还有映衬对照。在情节上，故事先后两次设置悬念：文章开首说两山“本在冀州之南，河阳之北”，令人对“本在”觉得好奇，有弄清原委的愿望。中间其妻献疑，提出两项难题，家人只解答了其中一项，而对于“以君之力，曾不能损魁父之丘，如太形、王屋何”的关键问题却故意先搁置一边，使读者心生疑惑。这些都使小说情节有了跌宕曲折。为了突出愚公形象，小说还精心设置了一个“智叟”形象。一“智”一“愚”，相映成趣。中国古典小说人物的命名往往寓有褒贬或讽刺意味，这也是一个先例。智叟的语言泼辣尖锐，劈头一句“甚矣，汝之不惠！”好像居高临下、理直气壮，显得智愚泾渭分明似的。接着提出一个萦绕读者心头不解之结的棘手问题：“以残年余力，曾不能毁山之一毛，其如土石何？”这个问题与“其妻献疑”之一相类似，不过同中有异，其妻的语言是恳挚的、实事求是的，智叟则语带夸张，满含讥刺。智叟与其妻也是一种映衬关系。与智叟相对照的，还有一个“始龀”即刚换牙的“遗男”。这孩子“跳往助之”，一个“跳”字将男孩欢蹦跳跃前去帮助愚公移山的童真情状描绘得活灵活现。“寒暑易节，始一反焉”，说明劳动之艰巨认真，并非儿戏。智叟与遗男，一老一少，一止一助，对照得趣味盎然。这些不同角色的出场，其主要创作意图是为了更好地塑造愚公形象。

最能体现愚公形象精髓的莫过于愚公对答智叟的一番宏论。他不仅针尖对麦芒，首先呵斥智叟顽固，而且提出人力资源“无穷匮”的理由，充分论证了大山可移的前景。这番话看似有些唠叨，有如绕口令，却音节浏亮，逻辑严密，辞锋犀利，驳得智叟哑口无言。孰智孰愚，至此真相大白。“风物长宜放眼量”，愚公由自己做起，又瞻望到子孙万代的前景，不愧是位具有远见卓识大智大勇的人物。从结构上看，愚公这番话贯串了全篇血脉，提供了化解悬念的钥匙，直接导致山神惧怕而有完满的结局，实是整篇故事不可或缺的重要环节。其艺术匠心堪称是独有造诣。

（曹光甫）

【典籍介绍】

《韩非子》

先秦韩非著，并加入他人有关论述编成。共五十五篇，二十卷。提出了“法”“术”“势”相结合的法治主张。是先秦法家学说的集大成者。其说理文风格独特，思想锐利，文字冷峻，逻辑严密，说服力强。常先提论据，再论证，后得出符合逻辑的结论，如《五蠹》即为范例。善于运用寓言故事来增强形象性和说服力，挥洒自如，如“郢书燕说”“守株待兔”等，已成为众人熟知的成语典故。注释本有清王先慎《韩非子集解》和今人梁启雄《韩非子浅解》、陈奇猷《韩非子集释》等。

守株待兔　　《韩非子》

宋人有耕田者。田中有株①，兔走触株，折颈而死。因释其耒②而守株，冀复得兔。兔不可复得，而身为宋国笑。

〔注〕① 株：树桩。 ② 耒(lěi)：古代翻土的农具。

《韩非子》中寓言荟萃，“守株待兔”是其《五蠹》中的名篇。

本篇故事短小，层次清晰。首句为第一层次，作背景交待，有地点，有人物，有场景，有活动，为情节展开搭建了舞台。宋人是正在耕田的农夫。士农工商作为古代四民，农人的地位本来不贱，理应受人尊敬。那么宋人缘何会转变成被嗤笑的对象呢？这句也已暗中埋下伏笔。开首很简约的六字，包含着相当丰富的内涵，这正是韩非行文的特色。

第二层共二句，第一句写飞奔的兔子不慎撞上树桩，折断颈脖而死，倒在田间。寥寥十二字将故事起因叙说得清清楚楚。兔子的悲剧，连用“走”“触”“折”“死”四个动词，如电影中快速跟踪的长镜头，神完气足。株是造成兔子悲剧的根源；令人意想不到的是，这又成了宋人悲剧的根源。第二句起即写故事的经过和结果。宋人捡到了死兔，既可吃美味的兔肉，又能卖兔皮而得利，他得意忘形，于是有了以下利令智昏的三部曲：释耒——守株——冀兔。种田手足胼胝，日晒雨淋，太艰辛，远不如拾兔捡便宜轻松。“释”字不仅写他丢弃农具，任其锈蚀，其实也写他丢弃了庄稼汉勤劳的本色。“守”字特别生动，既传形，也传神。他苦苦地、死死地守着株，内心是焦灼的，痴心妄想有接二连三的兔子来触株。“守”字集中体现了宋人的愚、贪、妄。“冀”则表现了他的心理活动：垂涎欲滴。可见他的形体虽然很安逸，内心却似翻江倒海般地在受煎熬。真是心劳日拙，妄想成空。日日守株的结果，必然是田地荒芜，颗粒无收。故事到此戛然而止，留下令人想象的空间。

末句议论是第三层，宋人由“耕田者”转变为“守株者”的愚行遭到国人的嘲笑，隐隐与篇首相照应。兔走触株而死，事属偶然，死得冤枉；宋人守株而绝望，事属必然，可谓活该。故事的寓意相当精警。

“株”有有形的，有无形的，如旧日的思想意识、政策法令都是无形的“株”。如果像宋人那样“守株待兔”，其结果是可笑的、可悲的。韩非在本篇之后紧接着尚有一句：“今欲以先王之政，治当世之民，皆守株之类也。”亮出了贵今贱古的题旨，这与先秦诸子除法家外大抵荣古虐今论调形成鲜明对照，这无疑是哲学观念上的一大进步。

后人常用“守株待兔”“守株”“株守”等语词形容那些思想凝固僵化、不知变通的抱残守缺者。如冯梦龙《古今小说》中《杨八老越国奇逢》有云：“妾闻治家以勤俭为本，守株待兔，岂是良图？”不过也有反用其意，将“守株”作为坚持操守不易的典故来活用的，如唐末罗隐《自贻》诗：“衰老应难更进趋，药畦经卷自朝晡。纵无显效亦藏拙，若有所成甘守株。”他生在乱世，不求苟进，甘愿守身如玉，如此化用“守株”，倒也颇有新意。

(曹光甫)

郑人买履 《韩非子》

郑人有且置①履者，先自度其足而置②之其坐。至之市而忘操之。已得履，乃曰：“吾忘持度③。”反归取之。及反，市罢，遂不得履。人曰：“何不试之以足？”曰：“宁信度，无自信也！”

〔注〕 ① 置：购买。 ② 度(duó)：计算，测量。置：放置。 ③ 度(dù)：此指长短尺寸。

古代寓言大抵有人物，有情节，篇幅短小，内含哲理，其中不乏脍炙人口的佳作，是我国古代小说的雏形。《韩非子·外储说左上》中《郑人买履》就是一则优秀的古代寓言。

郑人是个愚人形象。他的“愚”并非让人一览无遗，而是通过故事情节的展开而逐步展现出来。本篇的情节安排看似平铺直叙，波澜不惊，其实细加体会，倒是刻意增枝生节，故弄曲折，在曲折中透出浓浓的兴味。

郑人要买鞋，事情本来很简单。古代集市又称赶集，每月朔望或节庆佳日等即聚集成市，要买鞋，只要择日去集市就成。但郑人把这桩事弄得很复杂。他先细心地量量自己脚的尺寸,购物前做到胸中有数,这无可厚非。量好的尺寸顺手搁在坐凳上,这暗示他做事有点丢三落四,但也还没有明显地与"愚"沾上边。以上"度足""置坐""之市""忘操"诸情节,构成郑人并不愚的形象,这是第一层次。郑人在摊位上选中了心爱的鞋子,却突然意外地说:"糟!我忘了带尺寸!"急忙放下鞋子,匆匆奔回家,匆匆奔回市,手中拿着尺寸,买鞋已成泡影:市散人空。这一阵子,他显得有点愚憨,看他那么卖力,那么认真,结果事与愿违,真有点愚得可笑,憨得可爱。以上"得履""乃曰""反归取之""及反""市罢",是郑人初露"愚"状的第二层次。

龙已画成,睛尚未点。如果寓言就此打住,有起因,有结局,也算首尾完整。但总没有叫人思索回味的余韵。所以作者用一问一答作为点睛之笔,特别是郑人振振有辞的回答让人叫绝:"宁信度,无自信也!"不相信自己的脚,只相信用脚量下的尺寸。世间荒谬事,宁有过于此者?至此,第三层次的郑人"愚人"形象才得以丰满。"睛"的点成,使龙身通体皆活。回过头来看第一、二层次的郑人,没事找事,看似不愚,实质是愚,让人悟到这个郑人实在是"全盘皆愚"。本篇的情节一步一步"逼"出郑人的愚人形象,使人忍俊不禁,哑然失笑,手法相当高明巧妙。

韩非编造这则寓言的用意,他在《外储说左上·经三》中说得很明白:"夫不适国事而谋先王,皆归取度者也。"也就是说不适合国情,只是效法先王之道,那就无异于"归取度"买履落空的郑人。时移世变,万象日新月异,岂能因循守旧,抱残守缺?"郑人买履"寓言告诉我们,办事要根据实际情况,不要只相信教条。本篇寓言是献给君王看的,所以寓讽刺揶揄于诙谐幽默的笔调中,让人易于接受。语言浅显通俗,也让人易于理解。这都体现了作者撰写时的匠心。　（曹光甫）

【典籍介绍】

《燕丹子》

古小说。著者不详。最早著录于《隋书·经籍志》。一卷,分上、中、下三篇。为现存唯一较完整的汉人小说。写秦时民间流传的荆轲刺秦王故事。其基本线索与《战国策·燕策》《史记·刺客列传》大体相合。同时又虚构"乌白头""马生角""黄金投蛙""决秦王耳"等小说情节,并结合各种传闻,塑造了不同类型人物,使故事起到感染激励作用,为我国古代小说之雏形。胡应麟谓其为"古今小说杂传之祖"(《少室山房笔丛》卷三二)。有《平津馆丛书》本、《岱南阁丛书》本、《丛书集成初编》本、今人程毅中点校本。

燕 丹 子 佚 名

燕太子丹[①]质于秦,秦王[②]遇之无礼,不得意,欲求归。秦王不听,谬言曰:令乌白头、马生角[③],乃可许耳。丹仰天叹,乌即白头,马生角。秦王不得已而遣之,为机发之桥[④],欲陷丹。丹过之,桥为不发。夜到关,关门未开。丹为鸡鸣,众鸡皆鸣,遂得逃归。深怨于秦,求欲复之[⑤]。奉养勇士,无所不至。

丹与其傅[⑥]麴武书,曰:"丹不肖,生于僻陋之国,长于不毛之地,未尝得睹君子雅训、达人之道也。然鄙意欲有所陈,幸傅垂览之。丹闻丈夫所耻,耻受辱以生于世也;贞女所羞,羞见劫以亏其节也。故有刎喉不顾、据鼎不避者[⑦],斯岂乐死而忘生哉,其心有所守也[⑧]。今秦王反戾[⑨]无常,虎狼其行,遇丹无礼,为诸侯最。丹每念之,痛入骨髓。计燕国之众不能敌之,旷年[⑩]相守,力固不足。欲收天下之勇士,集海内之英雄,破国空藏[⑪],以奉养之,重币甘辞[⑫]以市于秦。秦贪我赂,而信我辞,则一剑之任,可当百万之师;须臾之间,可解丹万世之耻。若其不然,令丹生无面目于天下,死怀恨于九泉。必令诸侯无以为叹,易水之北[⑬],未知谁有。此盖亦子大夫之耻也。谨遗书,愿熟思之。"麴武报书曰:"臣闻快于意者亏于行,甘于心者伤于性[⑭]。今太子欲灭悁悁[⑮]之耻,除久久之恨,此实臣所当麋躯碎首而不避也。私以为智者不冀侥幸以要功,明者不苟从志以顺心。事必成然后举,身必安而后行。故发无失举之尤,动无蹉跌之愧也[⑯]。太子贵匹夫之勇,信一剑之任,而欲望功,臣以为疏。臣愿合纵于楚,并势于赵,连衡于韩、魏,然后图秦,秦可破也。且韩、魏与秦,外亲内疏。若有倡兵,楚乃来应,韩、魏必从,其势可见。今臣计从,太子之耻除,愚鄙之累解矣。太子虑之。"太子得书,不说,召麴武而问之。武曰:"臣以为太子行臣言,则易水之北,永无秦忧,四邻诸侯必有求我者矣。"太子曰:"此引日缦缦[⑰],心不能须也!"麴武曰:

“臣为太子计熟矣。夫有秦，疾不如徐，走不如坐。今合楚、赵，并韩、魏，虽引岁月，其事必成。臣以为良。”太子睡卧不听。麴武曰：“臣不能为太子计。臣所知田光[18]，其人深中有谋。愿令见太子。”太子曰：“敬诺！”

田光见太子，太子侧阶而迎，迎而再拜。坐定，太子丹曰：“傅不以蛮域而丹不肖，乃使先生来降弊邑。今燕国僻在北陲，比于蛮域，而先生不羞之。丹得侍左右，睹见玉颜，斯乃上世神灵保祐燕国，令先生设降辱焉。”田光曰：“结发[19]立身，以至于今，徒慕太子之高行，美太子之令名耳。太子将何以教之？”太子膝行而前，涕泪横流曰：“丹尝质于秦，秦遇丹无礼，日夜焦心，思欲复之。论众则秦多，计强则燕弱。欲曰合从，心复不能。常食不识位，寝不安席。纵令燕秦同日而亡，则为死灰复燃，白骨更生。愿先生图之。”田光曰：“此国事也，请得思之。”于是舍光上馆[20]。太子三时[21]进食，存问不绝。

如是三月。太子怪其无说，就光辟左右，问曰：“先生既垂哀恤，许惠嘉谋。侧身倾听，三月于斯，先生岂有意欤？”田光曰：“微太子言，固将竭之[22]。臣闻骐骥之少，力轻千里，及其罢朽，不能取道。太子闻臣时已老矣。欲为太子良谋，则太子不能；欲奋筋力，则臣不能。然窃观太子客，无可用者。夏扶，血勇之人，怒而面赤；宋意，脉勇之人，怒而面青；武阳，骨勇之人，怒而面白。光所知荆轲，神勇之人，怒而色不变。为人博闻强记，体烈骨壮，不拘小节，欲立大功。尝家于卫，脱贤大夫之急十有余人，其余庸庸不可称。太子欲图事，非此人莫可。”太子下席再拜曰：“若因先生之灵，得交于荆君，则燕国社稷长不为灭。唯先生成之。”田光遂行。太子自送，执光手曰：“此国事，愿勿泄之！”光笑曰：“诺。”遂见荆轲，曰：“光不自度不肖，达足下于太子。夫燕太子，真天下之士也，倾心于足下，愿足下勿疑焉。”荆轲曰：“有鄙志，常谓心向意投身不顾，情有异一毛不拔。今先生令交于太子，敬诺不违。”田光谓荆轲曰：“盖闻士不为人所疑。太子送光之时，言此国事，愿勿泄，此疑光也。是疑而生于世，光所羞也。”向轲吞舌[23]而死。轲遂之燕。

荆轲之燕，太子自御虚左[24]，轲援绥不让[25]。至，坐定，宾客满坐，轲言曰：“田光褒扬太子仁爱之风，说太子不世之器，高行厉天[26]，美声盈耳。轲出卫都，望燕路，历险不以为勤，望远不以为遐。今太子礼之以故旧之恩，接之以新人之敬，所以不复让者，士信于知己也。”太子曰：“田先生今无恙乎？”轲曰：“光临送轲之时，言太子戒以国事，耻以丈夫而不见信，向轲吞舌而死矣。”太子惊愕失色，歔欷饮泪曰：“丹所以戒先生，岂疑先生哉！今先生自杀，亦令丹自弃于世矣！”茫然良久，不怡民氏日[27]。

太子置酒请轲，酒酣，太子起为寿。夏扶前曰：“闻士无乡曲之誉，则未可与论行；马无服舆之伎[28]，则未可与决良。今荆君远至，将何以教太子？”欲微感之。轲曰：“士有超世之行者，不必合于乡曲；马有千里之相者，何必出于服舆。昔吕望[29]当屠钓之时，天下之贱丈夫也；其遇文王，则为周师。骐骥之在盐车，驽之下也；及遇伯乐[30]，则有千里之功。如此在乡曲而后发善，服舆而后别良哉！”夏扶问荆轲：“何以教太子？”轲曰：“将令燕继召公[31]之迹，追甘棠之化；高欲令四三王[32]，下欲令六五霸[33]。于君何如也？”坐皆称善。竟酒，无能屈。太子甚喜，自以得轲，永无秦忧。

后日与轲之东宫，临池而观。轲拾瓦投龟，太子令人奉盘金。轲用抵[34]，抵尽复进。轲曰：“非为太子爱金也，但臂痛耳。”后复共乘千里马。轲曰：“闻千里马肝美。”太子即杀马进肝。暨樊将军[35]得罪于秦，秦求之急，乃来归太子。太子为置酒华阳之台。酒中，太子出美人能琴者。轲曰：“好手琴者！”太子即进之。轲曰：“但爱其手耳。”太子即断其手，盛以玉槃奉之。太子常与轲同案而食，同床而寝。

后日，轲从容曰：“轲侍太子，三年于斯矣，而太子遇轲甚厚，黄金投龟，千里马肝，姬人好手，盛以玉槃。凡庸人当之，犹尚乐出尺寸之长,当犬马之用[36]。今轲常侍太子之侧,闻烈士之节,死有重于泰山,有轻于鸿毛者,但问用之所在耳,太子幸教之!”太子敛袂,正色而言曰:“丹尝游秦,秦遇丹不道,丹耻与之俱生。今荆君不以丹不肖,降辱小国。今丹以社稷干[37]长者,不知所谓。”轲曰:“今天下强国莫强于秦。今太子力不能威诸侯,诸侯未肯为太子用也。太子率燕国之众而当之,犹使羊将狼,使狼追虎耳。”太子曰:“丹之忧计久,不知安出?”轲曰:“樊於期得罪于秦,秦求之急。又督亢[38]之地,秦所贪也。今得樊於期首、督亢地图,则事可成也。”太子曰:“若事可成,举燕国而献之,丹甘心焉。樊将军以穷归我,而丹卖之,心不忍也。”轲默然不应。

居五月,太子恐轲悔,见轲曰:“今秦已破赵国,兵临燕,事已迫急,虽欲足下计,安施之?今欲先遣武阳,何如?”轲怒曰:“何太子所遣往而不返者,竖子也!轲所以未行者,待吾客耳。”于是轲潜见樊於期曰:“闻将军得罪于秦,父母妻子皆见焚烧,求将军邑万户、金千斤。轲为将军痛之。今有一言,除将军之辱,解燕国之耻,将军岂有意乎?”於期曰:“常念之,日夜饮泪,不知所出。荆君幸教,愿闻命矣!”轲曰:“今愿得将军之首,与燕督亢地图进之,秦王必喜。喜必见轲,轲因左手把其袖,右手揕[39]其胸,数以负燕之罪,责以将军之仇。而燕国见陵[40]雪,将军积忿之怒除矣。”於期起,扼腕执刀曰:“是於期日夜所欲,而今闻命矣!”于是自刭,头坠背后,两目不瞑。太子闻之,自驾驰往,伏於期尸而哭,悲不自胜。良久,无奈何,遂函盛於期首与燕督亢地图以献秦,武阳为副。

荆轲入秦,不择日而发。太子与知谋者皆素衣冠,送之于易水之上。荆轲起为寿,歌曰:

风萧萧兮易水寒,壮士一去兮不复还!

高渐离击筑,宋意和之。为壮声则发怒冲冠,为哀声则士皆流涕。二人皆升车,终已不顾也。二子行过,夏扶当车前刎颈以送。

二子行过阳翟[41]，轲买肉，争轻重，屠者辱之，武阳欲击，轲止之。西入秦，至咸阳，因中庶子蒙白曰[42]："燕太子丹畏大王之威，今奉樊於期首与督亢地图，愿为北蕃臣妾。"秦王喜。百官陪位，陛戟[43]数百，见燕使者。轲奉於期首，武阳奉地图。钟鼓并发，群臣皆呼万岁。武阳大恐，两足不能相过[44]，面如死灰色。秦王怪之。轲顾武阳，前谢曰："北蕃蛮夷之鄙人，未见天子。愿陛下少假借[45]之，使得毕事于前。"秦王曰："轲起，督亢图进之。"秦王发图，图穷而匕首出。轲左手把秦王袖，右手揕其胸，数之曰："足下负燕日久，贪暴海内，不知厌足。於期无罪而夷其族。轲将海内报仇。今燕王母病，与轲促期[46]，从吾计则生，不从则死。"秦王曰："今日之事，从子计耳！乞听琴声而死。"召姬人鼓琴，琴声曰："罗縠单衣，可掣[47]而绝；八尺屏风，可超而越；鹿卢之剑[48]，可负而拔。"轲不解音。秦王从琴声负剑拔之，于是奋袖超屏风而走，轲拔匕首擿之，决秦王，刃入铜柱，火出。秦王还断轲两手。轲因倚柱而笑，箕踞[49]而骂，曰："吾坐轻易，为竖子所欺。燕国之不报，我事之不立哉！"

〔注〕 ① 燕太子丹：战国末年燕王喜之子，名丹。生幼时曾与秦公子嬴政同在赵国充当人质。嬴政为秦王，太子丹又到秦国充当人质，后逃归燕国。 ② 秦王：嬴政，即后来的秦始皇。 ③ 乌白头、马生角：乌鸦头白，马生出角来。以不可能发生的事刁难太子丹。 ④ 机发之桥：设有使人陷落的机关的桥。 ⑤ 复之：报复秦国。 ⑥ 傅：师傅、老师。 ⑦ 刎喉不顾：刀放在脖子上而若无其事。据鼎不避：面对鼎烹之刑而不退避。 ⑧"斯岂乐死"句：他们难道喜欢死而不喜欢活吗？是他们心中有其坚定的操守啊。 ⑨ 反戾：乖戾，反常。 ⑩ 旷年：旷日持久。 ⑪ 破国空藏：用尽国库的所有财物。藏：府库。 ⑫ 重币甘辞：丰厚的礼物，甜蜜的言辞。 ⑬ 易水之北：泛指燕地。易水：河名。在今河北省西部，当时在燕国境南。 ⑭"臣闻快于意者"句：只求一时痛快就会有碍以后的行动，单求适合心意就会有伤性情。 ⑮ 悁悁(yuān yuān)：忧闷的样子。 ⑯"故发无失举"二句：二句意同，大意谓做事要有成功的把握，以免事后后悔。 ⑰ 引日缦缦：时间拖得很长。 ⑱ 田光：燕国侠士。 ⑲ 结发：古代男子从成年开始束发，因谓童年或年轻时为结发。 ⑳ 舍光上馆：把田光安排在高级宾馆住下。 ㉑ 三时：指早、中、晚三时。 ㉒ 微太子言，固将竭之：即使太子不说，我本来也要将看法全部陈述出来。微：即使。竭：尽。 ㉓ 吞舌：咬掉舌头吞下。 ㉔ 自御虚左：自己驾车，空出左边的座位。古人乘车以左为尊。 ㉕ 援绥不让：攀绳上车毫不谦让。绥：上车攀登用的绳。 ㉖ 高行厉天：品行像天一样高。厉：通"戾"，达到的意思。 ㉗ 民氏日：疑为"昏昏"之误。 ㉘ 服舆之伎：驾车的本领。 ㉙ 吕望：即姜子牙，吕为氏。曾在朝歌屠牛，渭水之滨钓鱼，及遇周文王，方请为太师，号"太公望"。 ㉚ 伯乐：春秋中期秦穆公

之臣，善于相马。当时骐骥被作为驽马去拉盐车，被伯乐发现，痛哭惋惜，待为良驹。事见《战国策·楚策》。　㉛ 召(shào)公：姬奭(shì)，周武王弟，助武王灭殷，封于燕，巡视南国传布文王之政，常理讼就宿于甘棠树下。后人怀其德政，爱及甘棠。事见《诗经·召南·甘棠》。　㉜ 四三王：与三王并列而为四。三王：指夏禹、商汤、周文王。　㉝ 五霸：指齐桓公、晋文公、宋襄公、秦穆公、楚庄王。六五霸是说合于五霸而成为六霸。　㉞ 抵：投掷，即以黄金掷龟。　㉟ 樊将军：即下文樊於期。战国末人。秦将。因得罪秦王政而亡命燕国。　㊱“凡庸人”句：这句是说就是庸人得到这样的礼遇，也愿意贡献自己的微薄之力，效犬马之劳。　㊲ 干：拜托、请求。㊳ 督亢：古地名。燕国拒马河流域的肥沃平原，包括今河北省涿县、定兴、新城、固安等县地。㊴ 揕(zhèn)：击刺。　㊵ 见陵：受到欺凌。按“见陵”二字后似脱“之耻”二字。　㊶ 阳翟：韩国都城，在今河南禹县。　㊷“因中庶子”句：这句是说，通过中庶子蒙嘉的引荐对秦王说。中庶子，官名。蒙，蒙嘉，秦王宠臣。　㊸ 陛戟：指持戟侍立在殿阶两旁的宫廷卫士。　㊹ 相过：移动。　㊺ 假借：通融、宽大。　㊻ 促期：订下急迫的期限。　㊼ 掣：牵拉。　㊽ 鹿卢之剑：剑柄端作辘轳形的一种长剑。　㊾ 箕踞：坐时把两腿叉开，形似簸箕，表示轻慢。

本篇以历史上著名的“荆轲刺秦王”传说为基础，叙述了燕太子丹质秦受辱，历经艰辛返回燕国后处心积虑，物色刺客复仇的故事；描写了太子丹对刺客荆轲的礼遇之深和荆轲行刺未果、功亏一篑的结局，从而歌颂了荆轲等侠客愿为知己者死的献身精神，表现了太子丹礼贤下士、急于复仇的性格特征。

本篇的审美艺术风格是突出了悲壮之美。为了达到这个目的，作者安排了三个层次，逐渐地把悲壮气氛所产生的美感推向高潮。首先，作者以太子丹的不幸遭遇作为整个故事悲剧的基础。小说详细交代了太子丹在秦国为人质时所受到的屈辱和回国途中受到秦王的一系列迫害。这些以强凌弱的残暴行为引起人们在道义上的愤慨和对被迫害者的同情。接着，作者又围绕太子丹物色复仇人选和荆轲出征，一连写出几位为正义而主动捐躯的英雄人物。田光为避嫌吞舌而死，樊於期自刎，以自己的头颅作为荆轲进见秦王的礼物，夏扶则于车前刎颈为荆轲送行。这些侠肝义胆的英雄壮举具有震撼人们心灵的冲击作用，也把故事的悲壮气氛推向一个较高的峰峦。然后，作者以排山倒海之势，尽情宣泄了荆轲出征和行刺失败的悲壮气势。荆轲出征是千古传颂的悲壮图画。在小说里，作者以深情的笔墨，再现了这感人肺腑的历史画面。一曲“风萧萧兮易水寒，壮士一去兮不复还”，不仅把人们带到一个萧瑟冷风、生离死别的悲壮氛围中，也使读者对这位大义凛然、义无反顾的英雄肃然起敬，徜徉于崇高的美感陶冶中。接下去，人们还没有从崇高的美感中拔出，就立即被接踵而至的行刺场面的紧张气氛所吸引。从咸阳宫中敌视的百官，林立的陛戟，写到秦武阳的惊惶失措。在即将大功告成之时，却又形势突转，功亏一篑。最后，作者将一幅断掉双手、倚柱笑骂的英雄形象，定格于读者的激情翻滚的情绪和无限可能的想象中，进而把故事的悲壮气氛渲染到极致。

形成这种美学风格的基础，是小说中一系列艺术手法的成功运用，诸如情节的跌宕起伏，大起大落；人物性格的栩栩如生，篇幅的宏大，构思的缜密，等等。在小说发展的初期，这么多艺术上的成就无疑是十分难能可贵的。所以明代胡应麟在《少室山房笔丛·四部正讹》中把它称为“古今小说杂传之祖”。 （宁稼雨）

【典籍介绍】

《吕氏春秋》

亦称《吕览》。杂家代表著作。为秦相吕不韦集门客三千编成。二十六卷。由十二纪、八览、六论组成，共一百六十篇。内容以儒、道思想为主，亦取墨、法、名、农、阴阳等诸家学说，总结了春秋战国时百家争鸣之成果，为秦统一天下服务。书中保存有许多古代失传的思想史资料。全书体例一致，结构完整，常以议论发端，再以事实及比喻为例证，最后回复立论。语言简洁、生动、形象，说理极富逻辑性。有《刻舟求剑》等寓言故事流传至今。注释本有东汉高诱注，以及清毕沅《吕氏春秋新校正》等。

刻舟求剑 《吕氏春秋》

楚人有涉①江者，其剑自舟中坠于水，遽契②其舟曰：“是吾剑之所从坠。”舟止，从其所契者入水求之。舟已行矣，而剑不行，求剑若此，不亦惑乎？

〔注〕 ① 涉：渡。 ② 契：同“锲”，刻。

本篇选自《吕氏春秋·慎大览·察今》。其情节很简单：涉江、坠剑、刻舟、求剑，却也有头有尾。文字简净，白描式的平铺直叙，不作任何渲染。然而“楚人”作为愚人形象还是跃然纸上，给读者留下深刻印象。

楚人当时的行动、语言，他自以为是不愚笨的，甚至是合理的。剑掉在河里了，他马上在船舷刻上记号。“遽”字写他不失时机，反应敏捷，当属聪明之举。刻舟后，他还自言自语：千万别忘记，我的剑是从这儿掉下水的。及时叮嘱提醒自己，牢记刻舟记认的重要性。在他以为，这句话也是很明智的。最后船过江靠岸，楚人特意从刻记号的地方跳下水去寻剑，说明他对刻舟的目的、意义，自始至终明确无误。虽然他在水底下执着地寻求，但结果能与这位自作聪明者的愿望相符吗？当然不。那么毛病出在什么地方呢？作品末尾有四句议论：“舟已行矣,而剑不行,求剑若此,不亦惑乎?”画龙点睛地点出了楚人“惑”(亦即“愚”意)的关键所在。也即是说,他的一切行动、语言,再认真,再卖力,也是事与愿违,因而是徒劳的。小说将楚人主观上的自作聪明,与客观上的愚昧可笑作了生动对照,形成一种启人思省的强烈的艺术效果。

在本文之后,作者还有几句话概括了创作的实际意图:“以故法为(治)其国,与此同。时已徙矣,而法不徙,以为治,岂不难哉!”强调制订政策、法令,应随时代变迁而改变,不应死守故法。如果将“剑”比作“治”,那么彼时彼地的“治”,世移时变后再用同样方法去求之,就与楚人刻舟求剑别无二致了。推而广之,地球如舟,时间如历史长河,一切旧思想、旧观念,一切陈规陋习,不也如同刻在舟上的记号吗?拘泥旧迹而不思变通,人类就难以求治,难以进步。楚人刻舟的可笑,是有形的,其损失也毕竟有限。人们头脑中的旧烙印是无形的,弄得不好也会重蹈“刻舟求剑”的覆辙,而其损失就有可能极其惨重。明·李贽《藏书·世纪列传总目后论》云:“受人家国之托者,慎无刻舟求剑,托名为儒,求治反以乱。”这就是作品留给后人的深刻启示。

此则故事后世凝固成富于表现力的成语,广为应用。宋陆游《谢梁右相启》:“刻舟求剑,固匪通材。”《红楼梦》第一百二十回:“似你这样寻根究底,便是刻舟求剑、胶柱鼓瑟了。”都是其例。

(曹光甫)

【典籍介绍】

《战国策》

简称《国策》。国别体史书。一般认为由秦汉间人杂采各国史官或策士的史料、笔录编纂而成。西汉末刘向编订为三十三篇。记载春秋以后至楚汉之起的二百余年间史事。内容主要为当时策士、谋臣纵横捭阖的外交活动和有关主张、言辞。广泛地反映了战国时代错综复杂的历史。所记多有夸张失实处,但艺术成就却为世所公认。其文长于记事,善夸张渲染;说辞气势磅礴,旁征博引,条分缕析,颇具说服力;善以对话刻画人物形象;大量运用寓言、比喻、典故,生动活泼;语言铺张扬厉,富于文采。对汉以后的辞赋、散文均有深远影响。对后世小说、戏剧创作之作用巨大。东汉末高诱为之作注,流传至唐以后残缺,北宋曾巩曾予辑补。又有鲍彪作《战国策注》。近人金正炜有《补释》,今人缪文远有《战国策新校注》。1972 年湖南长沙马王堆出土西汉帛书记述战国时事,定名《战国纵横家书》,与本书内容相似。

狐假虎威 《战国策》

虎求百兽而食之，得狐。狐曰："子无敢食我也。天帝使我长百兽，今子食我，是逆天帝命也。子以我为不信，吾为子先行，子随我后，观百兽之见我而敢不走乎?"虎以为然，故遂与之行。兽见之皆走。虎不知兽畏己而走也，以为畏狐也。

《狐假虎威》是《战国策·楚策一》中名篇，几乎妇孺皆知，是古代寓言的经典之作。亦作"虎威狐假""狐藉虎威"。

作品首句写虎。"求"字，写虎主动搜索、寻求、出击，目空一切，气势威猛。凡遇上的"百兽"，无一例外地"食之"了事。一"求"一"食"，动作简捷而干脆，于平淡字面中，极写虎高踞百兽之上的王者气概。为虎作势，意在为下文反跌顿挫作色。文章开局，妙有深意。"得狐"，为文章埋下了转机。顺理成章地看，虎逮住了狐，只要吞噬果腹就可完事。结果却出人意表，文章顿生波澜。

接着写狐。狐以狡猾善变著称，在虎口下的狐，临危不惧，方寸不乱，极力设法保全自己。狐所凭仗的是机智和口才。它劈头一句"子无敢食我也"，语气从容不迫，非常自信。"无敢"二字，不仅说不敢，而且说不可以，含意婉转而丰富，大有不卑不亢风采。这句写狐从心理上、气势上先震慑住对方，使虎惊愕之余骤然被懵，不得不再听狐的分说，以便探知底细。俗话说："拉起虎皮当大旗。"这是用以吓唬他人的，在虎面前则无用。狐的高招是"拉起天帝当大旗"。天帝主宰下界万物，狐说我奉天帝之命来统治百兽，你胆敢逆天帝命令而吃我？言下之意，叫虎考虑考虑可能导致的严重后果。以天帝为幌子的这一招，也果然灵验，狐在生死之际能想出这一绝招，可谓工于心计。

"天帝"说毕竟比较虚浮，倘若虎不深信，要以实力来决一雌雄，那狐计岂不落空？狐揣度虎的心理，索性打开天窗说亮话，在心理战上打主动，要让虎看看实据。这么一来，虎的疑虑顿失，"以为然"，终于上当受骗，帖然随狐而行。百兽见狐背后有虎，纷纷逃窜。虎目睹这一事实，当然不敢再任意胡行，狐也因此保全了性命。由此看来，狐不仅妙于辞令，把话说得婉转恳挚，层层推进，辞理俱足，滴水不漏；而且善于设计运谋，使"天帝"说显得天衣无缝。狐的辞令，正表现了《战国策》中策士言辞辩丽横肆的特点。

寓言的末句写虎在心理上服输，以为狐威胜于虎威，其实只是受懵后的错觉。虎之失策有两点：一是慑于天帝之命，二是暗于审察实情。这是作者借虎议论，点出题旨，手法巧妙。篇末与篇首的虎在强弱上形成鲜明对照，同时也照应了狐假虎威的大获成功。以此句收束全文，结构完密。又因为论而不断，含意不尽，体现了文心的妙用。

《狐假虎威》中的虎显得诚厚笃实，狐则机智狡诈。出于求生的本能，狐的言行无可非议，它的形象也并不可厌可恶。不过后世在运用此则寓言时，狐多含贬义，因而予以揭露、嘲讽和鞭笞。这时的狐，通常借指凭借主子的威势而作恶多端的小人。如庾信《哀江南赋》所云"隼翼鷃披，虎威狐假"、《宋书·恩幸传序》所云"曾不知鼠凭社贵，狐藉虎威"即是。 （曹光甫）

南辕北辙 《战国策》

魏王①欲攻邯郸②，季梁闻之，中道而反，衣焦不申，头尘不去，往见王曰："今者臣来，见人于大行③，方北面而持其驾，告臣曰：'我欲之楚。'臣曰：'君之楚，将奚为北面？'曰：'吾马良。'臣曰：'马虽良，此非楚之路也。'曰：'吾用④多。'臣曰：'用虽多，此非楚之路也。'曰：'吾御者善。'此数者愈善，而离楚愈远耳。今王动欲成霸王，举欲信于天下⑤。恃王国之大，兵之精锐，而攻邯郸，以广地尊名⑥，王之动愈数⑦，而离王愈远耳。犹至楚而北行也。"

〔注〕 ① 魏王：指安釐王圉。 ② 邯郸：赵国都城。故址在今河北省邯郸西南。 ③ 大行：大路。 ④ 用：资费，路费。 ⑤ 举欲信于天下：要一举取信于天下。 ⑥ 广地尊名：扩充领土，抬高声誉。 ⑦ 数(shuò)：频繁。

本篇选自《战国策·魏策四》。

寓言纯属虚构。故事中的赶车人蠢得可以，愚得可笑。楚国本在南方，他却驾车在大道上向北疾驶，车轮的痕迹深深印在了北国的路上。他背道而驰，在古代那样原始的条件下，他能如愿到达目的地楚国吗？他岂不在自我作梗、自讨没趣、自寻麻烦吗？南辕北辙，这是他的可笑点之一。

如果是无意识或不自觉的南辕北辙，那也情有可原。毕竟谁也免不了有时会迷途，会错失方向，会走冤枉路，但只要经人指点迷津，迷途知返，还是能够预期抵达彼岸的。可那位赶车人呢？当季梁再三告诫他"此非楚之路也"的错误后，他的思路却没有丝毫转弯，他的回答简短有力，充满自信，一连串地强调自己的优势："吾马良""吾用多""吾御者善"。这种愚昧盲目的自信，拒绝旁人忠告的固执,明知方向不对而仍要一味蛮干的犟劲,恰恰暴露了他的顽固与执拗。有意的南辕北辙,这是他的可笑点之二。

赶车人是愚蠢可笑的,因为他的马跑得越快,旅费越多,车夫驾车本领越大,他就"离楚愈远"。寓言只是通过三言两语的对话,就活脱画出了他的可笑嘴脸,讽刺得相当辛辣。当然,现实中这样"吃饱了撑着"的糊涂蛋,正常情况下可能不会有。赶车人的可笑点显然被作者渲染夸大了,被漫画化了,因而才格外引人注目。凡事经过放大镜的观照透视,往往更能显山露水,让人看得真切清楚。这也是文学创作中一种常用的艺术手法。

项庄舞剑,意在沛公。魏臣季梁即兴编造这一则寓言故事的真正意图在于讽刺魏王的可笑。魏安鳌王圉是否真的出兵攻打赵国都城邯郸,史书上似无明确记载。但出于掠地兼并和称王称霸的目的,魏王这种自恃"王国之大,兵之精锐"而欲攻占邯郸的意图肯定不会是虚构。南辕北辙的赶车人,也无疑是"动愈数,而离王愈远"的魏王形象的真实写照。外交策略、战争形势,是很复杂微妙而难以一下子透彻讲说清楚的,季梁通过一则寓言,深入浅出地剖析了魏王意图的利害得失、是非智愚,既让人醒悟,也让人充分领略到了战国策士的论辩风采。

魏王同赶车人一样是可笑的,后世无数南辕北辙的思想、言行也是可笑的。做任何一件事,小到个人的各种人生安排举措,大到统治驾驭整个国家的方针策略,如果浑浑噩噩,没有把握明确的方向,甚至拒谏饰非,任性蛮干,那么都可能南辕北辙,事与愿违,使个人或国家命运失控,酿成种种悲剧。故事教育人们,应当避免重蹈南辕北辙者的覆辙。由此可见,这则警世意味深长的寓言,在艺术生命上是亘古常新的。

(曹光甫)

【典籍介绍】

《括地图》

亦称《括地图记》。汉代小说。著者不详。不见诸书著录,《北堂书钞》《艺文类聚》《初学记》《太平御览》等类书引有佚文。清王谟《汉唐地理书钞》辑为一卷,凡三十余条。《晋书·裴秀传》引裴氏《禹贡地域图序》言汉有《舆地》及《括地》诸杂图,既不备载名山大川,又多荒外迂诞之言。可见《括地图》原本有图,且内容多记叙殊方异类,显系仿照《山海经》。今王谟辑本所述,或本自《山海经》而有所增益创新,可谓后出转精,更具诡谲夸饰色彩。后来《外国图》、张华《博物志》、郭璞《玄中记》和《山海经注》皆引用《括地图》,亦可见其在小说发展史上的影响。

化　民　　《括地图》

化民食桑，三十七年，以丝自裹，九年生翼，十年而死。其桑长千仞[①]，盖蚕类也。去琅琊[②]二万九千里。

〔注〕 ① 仞：古代长度单位，七尺(一说八尺)为一仞。 ② 琅琊(yá)：郡名，琅又作“瑯”，琊又作“邪”。秦时治琅邪(今山东胶南琅邪台西北)，西汉移治东武(今诸城)，以后又移治开阳(今临沂北)、即丘(今临沂东南)。

本篇出自《括地图》。《括地图》是约出于西汉的一部志怪小说，作者失考。它受《山海经》影响，专记殊方绝域的远国异民、禽兽怪物，反映出古人的地理观念，充满荒怪古朴之趣。

化民传说是个关于蚕的古老传说。蚕的传说还有两个也很有名，一个记载在《山海经·海外北经》中：“欧(呕)丝之野……一女子跪据树欧丝。”把蚕想象成一个靠在桑树上吐丝的女子。另一个是蚕马神话，记载在《搜神记》，说是马皮卷女子化为蚕。这两个传说的相同处都是把蚕与女子联系起来，《荀子·蚕赋》说“身女好而头马首”，也是用女子的白腻肌肤来形容蚕的身体。化民传说不同，它把蚕纳入远国异民传说系统，设想出一个蚕国——化民，就像《山海经》中的羽民国，是以鸟为国一样。这个蚕国远在琅琊二万六千里之外，荒渺遥远。

化民的习性和蚕全同：食桑、吐丝作茧、化蛾生翼，最后死去。但又不是完全等同于自然状态的蚕，它三十七年才吐丝作茧，过九年才化蛾生翼，再过十年才死亡，一生经历五十六年，显然是有意夸张，以见其异。与之相配，它所食的桑也被大大夸张了——“其桑长千仞”。这种夸张手法是为了充分表现化民之异乎常蚕，实际上反映出远古蚕民对于蚕的美妙幻想。中国蚕桑业至少在五六千年以前就已出现，远古蚕民以蚕为生，依照原始崇拜的一般规律，必有对蚕的崇拜，蚕神必是异常硕大的，化民传说恐怕正包含着这种原始蚕崇拜的影像。

化民传说又记载在《神异经》《博物志》《玄中记》中，见《太平御览》卷八二五、卷八八八引。

(李剑国)

【典籍介绍】

《淮南子》

亦称《淮南鸿烈》。西汉淮南王刘安及其门客苏非、李尚、伍被等著。《汉书·艺文志》著录内二十一篇，外三十三篇。内篇论道，外篇杂说。现只流传内二十一篇。杂采先秦诸子之说，以阴阳五行和道家天道自然观立论，杂糅儒、墨、法、刑、名诸家学说，反映了作者"澹泊无为，蹈虚守静"的黄老无为思想(见高诱《淮南鸿烈解序》)。书中保留了许多先秦以来的原始资料，其中神话传说和史事，如"女娲补天""后羿射日""姮娥奔月""夏禹治水""共工怒触不周山"等，均有很高的文学、史料价值。注本有东汉高诱《淮南鸿烈解》。今通行有清庄逵吉校本、近人刘文典《淮南鸿烈集解》。

女娲补天　　《淮南子》

往古之时，四极废，九州裂，天不兼覆，地不周载。火爁炎①而不灭，水浩洋而不息。猛兽食颛②民，鸷鸟攫③老弱。于是女娲炼五色石以补苍天，断鳌④足以立四极，杀黑龙以济冀州⑤，积芦灰以止淫水⑥。苍天补，四极正，淫水涸⑦，冀州平，狡虫⑧死，颛民生。

〔注〕①爁(lǎn)炎：大火熊熊燃烧。　②颛(zhuān)：善良。　③鸷(zhì)鸟：凶猛的鸟。攫(jué)：用爪抓取。　④鳌(áo)：传说中海里能负山的大鳖或大龟。　⑤冀州：我国古代九州之一。此指黄河流域古代中原地带，亦可泛指四海之内。　⑥淫水：泛滥的洪水。⑦涸(hé)：干枯。　⑧狡虫：凶猛的鸟兽。

女娲是我国古代传说中的伟大女神。相传她蛇身人首，与伏羲由兄妹而结为夫妻，继而代伏羲治理天下，算得上是我国最早的女皇。又相传女娲抟黄土制造出人类，李白诗曾咏此事："女娲抟黄土，化作愚下人。"因此，她也堪称中华民族的造物主。在鸿蒙初辟的太古时期，"天地玄黄，日月洪荒"，生存环境十分险恶，幸亏女娲挺身而出整治天地，拯救人类，才使民生得以安居乐业，繁衍生息。所以，她也可视为中华民族的救世主。《淮南子·览冥训》中的《女娲补天》，就是颂扬这位救世主丰功伟绩的不朽神话。

本篇神话分三个层次：一、渲染弥天大灾。二、女娲补天平灾。三、灾后天下太平。

第一层，以较长篇幅多角度地渲染人类面临的灾难。天柱废折，九州断裂，烈火熊熊燃烧，洪水滔滔不绝。自然灾害如此残酷，人类生存濒于绝境。不光如此，由于生态环境急剧恶化，导致猛兽咆哮，鸷鸟怪鸣，乘机肆虐，吞噬人命。这幅恐怖的灾难图，被渲染得有声有色。“沧海横流，方显出英雄本色”，这是一种烘云托月的艺术手法，为塑造女娲形象作了重要铺垫。这场大灾难是否全属虚构想象？恐怕不是。它很可能是当时曾发生大规模强烈地震造成天崩地塌、水深火热的现实投影。

第二层，女娲亮相。虽然没有形貌与心理描写，但四个排比句及连用八个动词，将女娲刚敢果决、举重若轻的大无畏形象描绘得很有气势。天裂了，她居然能妙手补天，这是何等瑰丽的想象与浪漫的夸张！难怪唐诗人李贺咏出“女娲炼石补天处，石破天惊逗秋雨”的奇句予以赞叹。清诗人赵翼也在《古诗二十首》之二诠释五色石道：“女娲辨物性，炼之以火德。其色恰有五，青黄赤白黑。”唐卢仝诗更推测女娲“捣炼五色石，引日月之针，五星之缕把天补”（《与马异结交》）。可见女娲补天的神话传说引起后人多少推崇与奇思异想。此外，为使已修补的天不再下塌，女娲断鳌足立四极用以支撑。看她干得如此利索，好像很轻松，其实这过程想来是十分惊心动魄的。据《列子·汤问》记载，渤海东有五座仙山，常随潮波上下漂流。天帝怕仙山漂走，群仙失去住所，于是命十五巨鳌轮番“举首而戴之”，才使五山峙立不动。可见巨鳌有超乎寻常的伟力，岂是等闲能予斩杀？下面杀黑龙也是如此。高诱注《淮南子》：“黑龙，水精也。”是呼风唤雨、兴风作浪的神物。由于它对民生有害，被女娲毫不留情除掉。泛滥的洪水，女娲用芦灰予以克灭。看女娲从容不迫，不知疲倦地一件紧接一件干着那么多惊天动地的大事，其目的是为了兴利除害，天下太平。这一层描写女娲，采用的是高度浓缩提炼的手法，留干删叶，笔墨凝炼，无数可歌可泣的情事与细节，留待读者去想象回味。

第三层是第二层的结果，也与第一层内容作明显对比照应，用整齐划一的六个排比句，表明天下被治理得井井有条，进一步颂扬女娲的伟大功绩。

本篇层次清晰，处处照应，层层递进。尤其值得称道的是它的丰富想象与非凡气势，使女娲这一女神形象深深烙在千秋万代人们的心里。（曹光甫）

后羿射日 《淮南子》

逮至尧之时，十日并出，焦禾稼，杀草木，而民无所食。猰貐①、凿齿②、九婴③、大风④、封豨⑤、修蛇⑥，皆为民害。尧乃使羿诛凿齿于畴华⑦之野，杀九婴于凶水⑧之上，缴大风于青丘⑨

之泽，上射十日而下杀猰貐，断修蛇于洞庭，禽封豨于桑林[10]。万民皆喜，置尧以为天子。

〔注〕 ① 猰貐(yà yǔ)：怪兽名。传说状若龙首。或说像貍，行走飞快，能食人。叫声似婴儿啼哭。 ② 凿齿：怪兽名。齿长三尺，像凿子，露在下巴外。能操戈持盾。 ③ 九婴：传说是长着九个脑袋的害人怪物，能喷水吐火。 ④ 大风：传说中的凶猛大鸟，飞时伴随大风，能毁坏房屋。 ⑤ 封豨(xī)：大野猪。楚人称猪为豨。 ⑥ 修蛇：长大的蟒蛇。 ⑦ 羿(yì)：即后羿。畴(chóu)华：南方湖泽名。 ⑧ 凶水：北方河流名。缴(zhuó)：系在箭上的丝绳。此用作动词，谓以丝绳系箭而射。 ⑨ 青丘：东方湖泊名。 ⑩ 禽：同"擒"。桑林：古地名。在中原地区，相传为殷汤祈雨的地方。

后羿是我国神话传说中的著名射神。先民在"茹毛饮血"的原始时期，狩猎是最重要的谋生手段。弓箭的发明，无疑使狩猎如虎添翼。而善射者也当然成为人们崇敬膜拜的英雄，由此创造出无与伦比的射神形象。

有关后羿的故事，大抵与"射"有关。《山海经·海内经》载，后羿本为天神，天帝俊赐他彤弓素缯，命他去人间"恤下地之百艰"。后羿由此下凡，佐尧治理天下。又据宋罗泌《路史·后纪十三·夷羿传》注引《括地象》说，后羿五岁时被父母遗弃在深山老林。他二十岁时思念双亲不已，举箭向天喃喃祈祷说："天帝保佑，我将射四方，矢至吾门止。"而后"嗖"地一箭，那箭穿林披草远去，不偏不倚地落在家门口，后羿得以与家人团聚。凡此均可见他的神射天授。后羿善射的最著名故事是"射日"，早在屈原《楚辞·天问》就有提及："羿焉弹日？"可见这一传说的源远流长。而最早完整记录此事的则数《淮南子·本经训》中的此篇。

从语法角度看，本篇主角应是"尧"，他的名字出现三次之多，且是主动者；"羿"名仅出现一次，而且是被动者。但从内容上着眼，全篇叙述映衬的重点和核心行为的主体却都是羿。是喧宾夺主，抑是借主定宾？姑且不论。《后羿射日》的实际主角是羿却毋庸置疑。

本篇写后羿在人间"恤百艰"。"十日"是"百艰"之源，"射日"是"恤百艰"之本。当时十日并出，大地如洪炉，禾稼烤"焦"，草木枯"杀"。"焦""杀"二字如闻焦味，如见惨状，于拟人笔法中寓痛惜之情，生动传神。民以食为天，"民无所食"，可谓濒临绝境。不仅如此，也因为"十日并出"，导致动植物锐减，于是怪物异兽、毒蛇鸷禽纷纷出笼，残害人类。雪上加霜，民生面临空前浩劫。这场大灾难当不是凭空虚构，恐是远古时期发生大旱灾的真实折光。关于"十日"，古人倒能自圆其说。《山海经·海外东经》："汤谷上有扶桑，十日所浴。在黑齿北。居水中有大木,九日居下枝,一日居上枝。"在正常情况下,十日轮番"居上枝"值日,一旦反常十日并"居上枝",人间自然要遭殃。古人解释旱灾成因的想象力,真是匪夷所思。

故事前部是渲染,是铺垫,险恶环境映衬出人物不同凡响。后羿出场,略去形貌、心理,着重刻画他的行动。这是中国早期文言小说的传统特色。叙述极简略,内涵极丰富,每一句话都能演绎出一则惊心动魄的故事,文章却点到即止,惜墨如金。上述"皆为民害"的因素,并非存在于一时一地,上至天,中至地,下至水,范围非常宽广。即以地而论,几乎涉及神州中原及四方所有地域。故事以此广阔舞台展现人物的艰苦卓绝与辉煌业绩。一连串动词的准确运用,更表现出后羿举重若轻,神勇无俦。其实传说中所述的每一道难题,对常人而言几乎都是难以逾越的鸿沟,后羿却能势如破竹,连续作战,无往而不胜。后羿的主要武器是弓矢,"射"与"缴"是显证。而据《山海经·海外南经》记载:"羿与凿齿战于寿华之野,羿射杀之。"可以推想,他的除诸害,大抵与神射有关。其中最奇特的,莫过于"上射十日"。射十日并非射下十日,《淮南子》高诱注得对:"十日并出,羿射去九。"这种恢宏奇瑰的想象,正是人类童蒙时期奇思异想的产物,成熟而理性的现代人,虽科技发达较弓箭不可同日而语,可有谁会想到去用火箭、导弹射下太阳?这就是上古神话留给后世的永久魅力。　　(曹光甫)

共工触山　　《淮南子》

昔者共工与颛顼①争为帝,怒而触不周之山②,天柱③折,地维④绝。天倾西北,故日月星辰移焉;地不满东南,故水潦⑤尘埃归焉。

〔注〕 ① 共(gōng)工:炎帝后裔。《山海经·海内经》:"炎帝之妻,赤水之子听訞生炎居,炎居生节并,节并生戏器,戏器生祝融。祝融降处于江水,生共工。"颛顼(zhuān xū):传说中的五帝之一。黄帝的孙子。 ② 不周之山:传说中在西北的一座有缺口的山。《山海经·大荒西经》:"大荒之隅,有山而不合,名曰不周。" ③ 天柱:古代神话中的支天之柱。《神异经·中荒经》:"昆仑之山有铜柱焉,其高入天,所谓天柱也。围三千里,周圆如削。" ④ 地维:维系大地的绳子。古人以为天圆地方,天有八柱支撑,地有四维系缀。 ⑤ 水潦(lǎo):积水。

共工与颛顼,分别是炎帝与黄帝的后裔。炎黄曾于涿鹿大战,驱虎豹,杂神魔,道法兼施,天昏地暗,战争场面纷繁壮观。最终炎帝败北。共工与颛顼争帝,是炎黄之战的续篇。我国古史大抵以成败论英雄,成则为王,败则为寇,从颛顼后来作为五帝之一载入《帝王世纪》来看,其后默默无闻的共工无疑是失败者。

当然，他败得很壮烈，不愧为失败的英雄。透过这些神化的荒诞不经的争战，使人们窥见上古时期部落大酋长之间为争夺统治权而展开的生死激烈较量，折射出历史的真实。

本篇选自《淮南子·天文训》，在描写战争上可谓独树一帜，不写场面，不写规模，甚至不写经过和结果，但同样使人感觉到这是一场惊天动地的超级“争帝”战。双方主角的出场，战争的目的和过程，首句一笔轻轻带过。这种略写，意在尽量淡化习见的战争情事，以便于宁静中迸出一声炸雷，使人震惊，使人意外。其后用浓墨重彩对共工“怒”的特写，果然收到了预期效果。共工发“怒”，说明他不顺心，演绎下去，可见是打输后的心理状态的表现。怒而用头去“触”不周山，这一奇特的形体动作真是匪夷所思。更令人咋舌的是，它居然造成极大的破坏性的后果：支撑苍穹的擎天柱折断，维系大地四角的巨絙绝裂。古人想象天圆地方，八根硕柱顶着天，四条粗索缆着地。如此一来岂不要地动天摇？共工触山的宏伟气势，是浪漫奇特与瑰丽想象的结晶。共工如此神勇，他与颛顼争斗的激烈程度，自可不言而喻。所以后面这一特写，极大地填补和充实了前面的略写，使略写的内容顿时变得丰富多彩。当然，需用想象去补充。

神话后半篇写共工触山破坏了旧世界的平衡，却迎来了新世界的改观。不周山在西北，由于天柱被撞断，所以天宇向西北倾斜，日月星辰因而由东向西溜滑下去。撞山猛烈，也震断了东南的地维，因而东南方地势偏低，河流均由西向东泻下。很明显，这是先民对神州地域所见天象地理作出的最为大胆的合理的假设。在科技发达的今天看来未免可笑，但对并不知晓“坐地日行八万里”的古人而言，能对宏观现象作出如此生动形象的解释，体现了先民对揭示宇宙奥秘的强烈欲望和求索精神，是十分难能可贵的。这部分内容也是对共工英雄形象所表现的伟力的神化和讴歌，极具浪漫主义色彩。希腊神话中的英雄赫拉克勒斯(Herakles)，他完成了十二项英雄事迹，如擒狮斩龙、驱妖除怪、解救普罗米修斯等，但其英雄业绩能望共工触山使天地改观之项背么？猗欤，伟哉！（曹光甫）

【作者小传】

东方朔

（前 154—?） 西汉文学家。字曼倩。平原厌次（今山东惠民）人，一说南阳步广里（今河南南阳）人。博通诗书、兵法，出语幽默滑稽。官至太中大夫。作有小说集《神异经》《十洲记》等。

东王公　　东方朔

东荒山中有大石室,东王公①居焉。长一丈,头发皓白,人形鸟面而虎尾,载②一黑熊,左右顾望。恒与一玉女投壶③,每投千二百矫④。设有入不出者,天为之噫嘘⑤;矫出而脱误不接者⑥,天为之笑。

〔注〕① 东王公:传说中西王母的配偶。 ② 载:乘坐。 ③ 玉女:仙女。投壶:古代宴会礼制,亦为娱乐活动。宾主依次用矢投向盛酒的瓶口,以投中多少决定胜负,负者饮酒。见《礼记·投壶》。至汉代改为以竹为矢,矢入壶中反激出者方为胜,见《西京杂记》卷五。这里东王公即用此法。 ④ 矫(jiǎo):投矢跃出壶外。此句意谓投壶者以先至千二百矫者为胜。⑤ 噫(yī)嘘:叹息。为矢不出而惋惜。 ⑥"矫出"句:投壶虽然矫出但没有接住。

此篇选自《神异经》。

东王公是《山海经》之后模仿西王母而新出的神话人物,而《神异经》则是这个新出人物的最早记载。除了本篇以外,《神异经·中荒经》中还记载了昆仑山铜柱上有一只名叫希有的巨鸟。其左翼覆东王公,右翼覆西王母,明显是把两者作为配偶关系来设想的。再联系本篇对东王公形象的描写,更是可以看出对《山海经》中西王母形象模仿的痕迹。所以《神异经》中东王公形象的出现,为西王母传说增加了新的色彩。

尽管东王公作为西王母的陪衬人物而出现,但故事充满了生活气息。尤其是东王公和玉女投壶时苍天对中与不中的不同表情,非常传神地写出了生活中人们对某些竞技项目的强烈好奇心和对此未加掩饰的情绪变化。和汉代以前的神话小说故事相比,本篇明显显示出神话由神怪而向人间过渡的社会化趋势。

从汉代开始,东王公就与西王母一起,逐渐被道教徒塑造成为道教中的神祇,以自神其教。如陶弘景《真诰·甄命授》就写到他们是凡人不识的金母和木公,只有仙人才"拜王公,揖王母"。但这些描写大都弥漫着浓烈的宗教气氛,缺乏文学色彩,反不如早期的东王公故事清新和质朴。 (宁稼雨)

十　洲　记　　东方朔

祖洲在东海　　瀛洲在东海
炎洲在南海　　玄洲在北海
长洲在东海　　元洲在北海

流洲在南海　生洲在东海

凤麟洲在东海　聚窟洲在西海

汉武帝既闻王母说八方[1]巨海之中，有祖洲、瀛洲、玄洲、炎洲、长洲、元洲、流洲、生洲、凤麟洲、聚窟洲，有此十洲，乃人迹所稀绝处。又始知东方朔非世常人，是以延之曲室[2]，而亲问十洲所在，所有之物名，故书记之。方朔云："臣，学仙者耳，非得道之人。以国家之盛美，将招名儒墨于文教之内，抑绝俗之道于虚诡之迹。臣故韬隐逸而赴王庭，藏养生而侍朱阙矣。亦由尊上好道，且复欲抑绝其威仪也。曾随师主履行，比至朱陵扶桑蜃海冥夜[3]之丘，纯阳[4]之陵，始青之下，月宫之间，内游七丘，中旋十洲。践赤县[5]而遨五岳，行陂泽[6]而息名山。臣自少及今，周流六天[7]，广陟天光[8]，极于是矣。未若凌虚之子[9]，飞真之官，上下九天[10]，洞视百万。北极勾陈而并华盖[11]，南翔太册而栖大夏[12]。东之通阳之霞，西薄[13]寒穴之野。日月所不逮，星汉所不与。其上无复物，其下无复底。臣所识乃及于是，愧不足以酬广访矣。"

祖洲近在东海之中，地方五百里，去西岸七万里。上有不死之草，草形如菰苗，长三四尺，人已死三日者，以草覆之，皆当时活也，服之令人长生。昔秦始皇大苑中，多枉死者横道，有鸟如乌状，衔此草覆死人面，当时起坐而自活也。有司闻奏，始皇遣使者赍草以问北郭鬼谷先生[14]。鬼谷先生云："此草是东海祖洲上，有不死之草，生琼田[15]中，或名为养神芝。其叶似菰苗，丛生，一株可活一人。"始皇于是慨然言曰："可采得否？"乃使使者徐福发童男童女五百人，率摄楼船等入海寻祖洲，遂不返。福，道士也，字君房，后亦得道也。

瀛洲在东海中，地方四千里，大抵是对会稽，去西岸七十万里。上生神芝仙草。又有玉石，高且千丈。出泉如酒，味甘，名之为玉醴泉，饮之，数升辄醉，令人长生。洲上多仙家，风俗似吴人，山川如中国也。

玄洲在北海之中，戌亥之地[16]，方七千二百里，去南岸三十六万里。上有太玄都[17]，仙伯真公[18]所治。多丘山，又有风山，声响如雷电。对天西北门上，多太玄仙官宫室，宫室各异，饶金芝玉草[19]。乃是三天[20]君下治之处，甚肃肃也。

炎洲在南海中，地方二千里，去北岸九万里。上有风生兽，似豹，青色，大如狸。张网取之，积薪数车以烧之，薪尽而兽不然[21]，灰中而立，毛亦不焦。斫刺不入，打之如灰囊。以铁锤锻其头，数十下乃死。而张口向风，须臾复活；以石上菖蒲塞其鼻，即死。取其脑和菊花服之，尽十斤，得寿五百年。又有火林山，山中有火光兽，大如鼠，毛长三四寸，或赤，或白，山可三百里许，晦夜即见此山林，乃是此兽光照，状如火光相似。取其兽毛，以缉[22]为布，时人号为火浣布，此是也。国人衣服垢污，以灰汁浣之，终无洁净。唯火烧此衣服，两盘饭间，振摆，其垢自落，洁白如雪。亦多仙家。

长洲一名青丘，在南海辰巳之地[23]。地方各五千里，去岸二十五万里。上饶山川及多大树，树乃有二千围者。一洲之上，专是林木，故一名青丘。又有仙草灵药，甘液玉英，靡所不有。又有风山，山恒震声。有紫府[24]宫，天真仙女游于此地。

元洲在北海中，地方三千里，去南岸十万里。上有五芝[25]玄涧，涧水如蜜浆，饮之长生，与天地相毕。服此五芝，亦得长生不死，亦多仙家。

流洲在西海[26]中，地方三千里，去东岸十九万里。上多山川积石，名为昆吾。冶其石成铁，作剑光明洞照，如水精状，割玉物如割泥。亦饶仙家。

生洲在东海丑寅之间[27]，接蓬莱[28]十七万里，地方二千五百里。去西岸二十三万里。上有仙家数万。天气安和，芝草常生。地无寒暑，安养万物。亦多山川仙草众芝。一洲之水，味如饴酪。至良洲者也。

凤麟洲在西海之中央，地方一千五百里。洲四面有弱水[29]绕之，鸿毛不浮，不可越也。洲上多凤麟[30]，数万各为群。又有山川池泽，及神药百种，亦多仙家。煮凤喙及麟角，合煎作膏，名之为续弦胶，或名连金泥。此胶能续弓弩已断之弦、刀剑断折之金，更以胶连续之，使力士掣之，他处乃断，所续之际终无断也。武帝天汉三年[31]，帝幸北海，祠恒山[32]。四月，西国王使至，献此胶四两，吉光毛裘，武帝受以付外库，不知胶裘二物之妙用也。以为西国虽远，而上贡者不奇，稽留使者未遣。又，时武帝幸华林园[33]射虎，而弩弦断。使者时从驾，又上胶一分，使口濡以续弩弦。帝惊曰："异物也！"乃使武士数人，共对掣引之，终日不脱，如未续时也。胶色青如碧玉。吉光毛裘黄色，盖神马之类也。裘入水数日不沉，入火不焦。帝于是乃悟，厚谢使者而遣去，赐以牡桂[34]干姜等诸物，是西方国之所无者。又益思东方朔之远见。周穆王时，西胡献昆吾割玉刀及夜光常满杯。刀长一尺，杯受三升。刀切玉如切泥，杯是白玉之精，光明夜照。冥夕，出杯于中庭以向天，比明而水汁已满于杯中也。汁甘而香美，斯实灵人之器。秦始皇时，西胡献切玉刀，无复常满杯耳。如此胶之所出，从凤麟洲来，剑之所出，必从流洲来，并是西海中所有也。

聚窟洲在西海中，申未之地[35]。地方三千里，北接昆仑二十六万里，去东岸二十四万里。上多真仙灵官，宫第比门，不可胜数。及有狮子辟邪，凿齿天鹿，长牙铜头，铁额之兽。洲上有大山，形似人鸟之象，因名之为神鸟山。山多大树，与枫木相类，而花叶香闻数百里，名为反魂树。扣其树，亦能自作声，声如群牛吼，闻之者，皆心震神骇。伐其木根心，于玉釜中煮，取汁，更微火煎，如黑饧状，令可丸之。名曰惊精香，或名之为震灵丸，或名之为反生香，或名之为震檀香，或名之为人鸟精，或名之为却死香。一种六名，斯灵物也。香气闻数百里，死者在地，闻香气乃却活，不复亡也。以香薰死人，更加神验。征和三年[36]，武帝幸安定[37]。西胡月支[38]国王遣使献香四两，大如雀卵，黑如桑椹[39]。帝以香非中国所有，以付外库。又献猛兽一头，形如五六十日犬子，大似狸，而色黄。命国使将入呈帝见之，使者抱之，似犬，羸细秃悴[40]，尤怪其之非也。问使者："此小物可弄，何谓猛兽？"使者对曰："夫威加百禽者，不必系之以大小。是以神麟故为巨象之王，鸾凤必为大鹏之宗。百足之虫，制于螣蛇[41]。亦不在于巨细也。臣国去此三十万里，国有常占东风入律，百旬不休，青云干吕，连月不散者。当知中国时有好道之君，我王固将贱百家而贵道儒，薄金玉而厚灵物也。故搜奇蕴而贡神香，步天林而请猛兽，乘毳车[42]而济弱渊，策骥足以度飞沙。契阔途遥，辛苦蹊路，于今已十三年矣。神香起夭残之死疾，猛兽却百邪之魅鬼。夫此二物，实济众生之至要，助政化之升平。岂图陛下反不知真乎？是臣国占风之谬矣。今日仰鉴天姿，亦乃非有道之君也。眼多视则贪色，口多言则犯难，身多动则淫贼，心多饰则奢侈。未有用此四者而成天下之治也。"武帝恧然不平。又问使者："猛兽何方而伏百禽？食啖何物？膂力何比？其所生何乡耶？"使者曰："猛兽所出，或生昆仑，或生玄圃[43]，或生聚窟，或生天路。其寿不穷，食气饮露，解人言语，仁慧忠恕。当其仁也，爱护蠢动不犯虎豹；当其威也，一声叫发千人伏息。牛马百物，惊断絙系[44]，武士奄忽，失其势力。当其神也，立兴风云，吐嗽雨露，百邪迸走，蛟龙腾骛。处于太上之厩，役御狮子，名曰猛兽。盖神光无常，能为大禽之宗主，乃玃天之元王，辟邪之长帅者也。灵香虽少，斯更生之神丸也。疫病灾死者，将能起之。及闻气者，即活也。芳又特甚，故难歇也。"于是帝使使者令猛兽发声，试听之。使者乃指兽，命唤一声。兽舐唇[45]良久，忽叫，如天大雷霹雳。又两目如礠磹[46]之交光，光朗冲天，良久乃止。帝登时颠蹶，掩耳震动，不能自止。侍者及武士虎贲，皆失仗伏地，诸内外牛马豕犬之属，皆绝绊离系，惊骇放荡，久许，咸定。帝忌之,因以此兽付上林苑,令虎食之。于是虎闻兽来,乃相聚屈积如死虎伏。兽入苑,径上虎头,溺虎口,去十步已来,顾视虎,虎辄闭目。帝恨使者言不逊,欲收之。明日失使者及猛兽所在,遣四出寻讨,不知所止。到后元元年[47],长安城内病者数百,亡者太半。帝试取月支神香烧之于城内,其死未三月者,皆活。芳气经三月不歇,于是信知其神物也。乃更秘录余香,后一旦又失之,检函,封印如故,无复香也。帝愈懊恨,恨不礼待于使者。益贵方朔之遗语,自愧求李君之不勤,惭卫叔卿于阶庭矣。明年,帝崩于五柞宫。已亡月支国人乌山震檀却死等香也。向使厚待使者,帝崩之时,何缘不得灵香之用耶? 自合命殒矣。

沧海岛在北海中,地方三千里,去岸二十一万里。海四面绕岛,各广五千里。水皆苍色,仙人谓之沧海也。岛上俱是大山,积石至多。石象八石,石脑石桂,英流丹黄子石胆之辈百余种,皆生于岛。石服之神仙长生。岛中有紫石宫室,九老仙都所治,仙官数万人居焉。

方丈洲在东海中心,西南东北岸正等,方丈方面各五千里。上专是群龙所聚,有金玉琉璃之宫,三天司命所治之处。群仙不欲升天者,皆往来此洲,受太玄生箓,仙家数十万。耕田种芝草,课计顷亩,如种稻状。亦有玉石泉,上有九源丈人宫主,领天下水神,及龙蛇巨鲸阴精水兽之辈。

扶桑在东海之东岸,岸直,陆行登岸一万里,东复有碧海。海广狭浩汚,与东海等。水既不咸苦,正作碧色,甘香味美。扶桑在碧海之中,地方万里。上有太帝[48]宫,太真东王父所治处。地多林木,叶皆如桑。又有椹树,长者数千丈,大二千余围。树两两同根偶生,更相依倚。是以名为扶桑仙人。食其椹而一体皆作金光色,飞翔空玄。其树虽大,其叶椹故如中夏之桑也。但椹稀而色赤,九千岁一生实耳,味绝甘香美。地生紫金丸玉,如中夏之瓦石状。真仙灵官,变化万端,盖无常形,亦有能分形为百身十丈者也。

蓬丘，蓬莱山是也。对东海之东北岸，周回五千里。外别有圆海绕山，圆海水正黑，而谓之冥海也。无风而洪波百丈，不可得往来。上有九老丈人，九天真王宫，盖太上真人所居。唯飞仙有能到其处耳。

昆仑，号曰昆崚，在西海之戌地，北海之亥地，去岸十三万里。又有弱水周回绕匝。山东南接积石圃，西北接北户之室，东北临大活之井，西南至承渊之谷。此四角大山，实昆仑之支辅也。积石圃南头，是王母宫[49]，王母告周穆王云：咸阳去此四十六万里，山高，平地三万六千里。上有三角，方广万里，形似偃盆[50]，下狭上广，故名曰昆仑山三角。其一角正北，干辰之辉，名曰阆风巅；其一角正西，名曰玄圃堂；其一角正东，名曰昆仑宫；其一角有积金，为天墉城，面方千里。城上安金台五所，玉楼十二所。其北户山、承渊山，又有墉城。金台、玉楼，相鲜如流，精之阙光，碧玉之堂，琼华之室，紫翠丹房，锦云烛日，朱霞九光，西王母之所治也，真官仙灵之所宗。上通璇玑，元气流布，五常玉衡。理九天而调阴阳，品物群生，希奇特出，皆在于此。天人济济，不可具记。此乃天地之根纽，万度之纲柄矣。是以太上名山鼎于五方，镇地理也；号天柱于珉城，象纲辅也。诸百川极深，水灵居之。其阴难到，故治无常处。非如丘陵而可得论尔。乃天地设位，物象之宜，上圣观方，缘形而著尔。乃处玄风于西极，坐王母于坤乡。昆吾镇于流泽，扶桑植于碧津。离合火生，而光兽生于炎野；坎总众阴，是以仙都宅于海岛。艮位名山，蓬山镇于寅丑；巽体元女，养巨木于长洲。高风鼓于群龙之位，畅灵符于瑕丘。至妙玄深，幽神难尽，真人隐宅，灵陵所在。六合之内，岂唯数处而已哉！此盖举其摽末尔。臣朔所见不博，未能宣通王母及上元夫人圣旨。昔曾闻之于得道者，说此十洲大丘灵阜，皆是真仙隩墟，神官所治。其余山川万端，并无觌者[51]矣。其北海外，又有钟山[52]。

在北海之子地，隔弱水之北一万九千里，高一万三千里，上方七千里，周旋三万里。自生玉芝及神草四十余种，上有金台玉阙，亦元气之所舍，天帝居治处也。钟山之南，有平邪山，北有蛟龙山，西有劲草山，东有束木山。四山，并钟山之枝干也。四山高钟山三万里，官城五所，如一登四面山下望，乃见钟山尔。四面山乃天帝君之城域也。仙真之人出入，道经自一路，从平邪山东南入穴中，乃到钟山北阿门外也。天帝君总九天之维，贵无比焉。山源周回，具有四城之高，但当心有观于昆仑也。昔禹治洪水既毕，乃乘蹻车[53]，度弱水，而到此山，祠上帝于北阿，归大功于九天。又禹经诸五岳，使工刻石，识其里数高下。其字科斗书，非汉人所书。今丈尺里数，皆禹时书也。不但刻劖五岳，诸名山亦然。刻山之独高处尔。今书是臣朔所具见，其王母所道诸灵薮，禹所不履，唯书中夏之名山尔。臣先师谷希子者，太上真官也。昔授臣昆仑钟山、蓬莱山及神洲真形图。昔来入汉，留以寄知故人。此书又尤重于岳形图矣。昔也传授年限正同尔。陛下好道思微，甄心内向，天尊下降，并传授宝秘。臣朔区区，亦何嫌惜而不止所有哉！然术家幽其事，道法秘其师。术泄则事多疑，师显则妙理散。愿且勿宣臣之意也。

武帝欣闻至说，明年遂复从受诸真形图。常带之则候八节，常朝拜灵书[54]，以书求度脱焉。朔谓滑稽逆知，预观帝心，故弄万乘，傲公侯，不可得而师友，不可得而喜怒，故武帝不能尽至理于此人。

〔注〕 ① 八方：四方和四隅。《汉书·司马相如传》："是以六合之内，八方之外，浸浔衍溢。"颜师古注："四方四维谓之八方也。" ② 曲室：密室、内室。又作"曲房"。枚乘《七发》："往来游宴，纵恣于曲房隐间之中。" ③ 朱陵：即朱陵洞天，道教三十六洞天之一，在湖南衡山县。后借指神仙居所。扶桑：神话中树名。蜃海、冥夜：神话中地名。 ④ 纯阳：纯一的阳气。古代以为阴阳二气合成宇宙万物。火为纯阳，水为纯阴。 ⑤ 赤县：赤县神州的省称，借指中国大地。出战国邹衍"大九州"学说，见《史记·孟子荀卿列传》。五岳：我国五大名山的总称，一般指东岳泰山、南岳衡山、西岳华山、北岳恒山、中岳嵩山。见《周礼·春官·大宗伯》及郑玄注。但道教所谓五岳是指五座仙山，即东岳广乘山、南岳长离山、西岳丽农山、北岳广野

山、中岳昆仑山。见明杨慎《丹铅总录·地理》引《道经》。 ⑥ 陂泽：偏僻的湖泽，以与后文“名山”相对。 ⑦ 六天：古代“六天”有数说。汉代纬书附会五帝传说和五微官内五星为五帝座之说，谓天帝有六，即天皇大帝与五方之帝，是谓“六天”，见《春秋纬》。佛教也有欲界六天之说。然道教谓上天分六，即赤虚天、泰玄都天、清皓天、泰皓天、泰玄苍天、泰清天。见《云笈七籤》卷八。 ⑧ 天光：自然的智慧之光。见《庄子·庚桑楚》“宇泰定者，发乎天光”句成玄英疏。 ⑨ 凌虚之子：飞上空际的人。 ⑩ 九天：指天之中央及八方。见《楚辞·离骚》及王逸《楚辞章句》等。 ⑪ 勾陈：即“钩陈”。星官名，紫微官外营陈星。见《文选》扬雄《甘泉赋》李善注引服虔语。华盖：古星名，属紫微垣，共十六星，在五帝座上，今属仙后座。传说华盖七星杠九星如盖有柄下垂，以覆大帝之座。见《宋史·天文志二》。 ⑫ 大夏：大厦，大屋。⑬ 薄：迫近。 ⑭ 赍草：带上那种草。赍(jì)：携带。鬼谷先生：即鬼谷子，战国时楚人，以隐于鬼谷而自号。长于养性持身和纵横捭阖之术。 ⑮ 琼田：传说中能生长灵草的田地。⑯ 戌亥之地：西北方从偏西到偏北的范围。古代阴阳五行家以十二地支与四方相配，子在正北，酉在正西。戌在子酉之间偏西，亥在子酉之间偏子。所以戌亥之地就是从子酉之间偏西到偏北的范围。 ⑰ 玄都：传说中神仙居住的地方。 ⑱ 仙伯：仙人之长。真公：传说中仙人名。 ⑲ 金芝：传说中的仙药。玉章：道经。 ⑳ 三天：道教称清微天、禹余天、大赤天为三天。 ㉑ 然：通“燃”。 ㉒ 缉(qī)：一种缝法，一针一线地缝。 ㉓ 辰巳之地：东南方。古代阴阳五行家以十二地支与四方相配，辰巳在卯午之间，于位为东南方。 ㉔ 紫府：道教称仙人居所为紫府。 ㉕ 五芝：五种灵芝。道教称服用其中某一种均可达到某种仙界。 ㉖ 西海：传说中西极之海，西方神山昆仑所在。 ㉗ 丑寅之间：东北方。古代阴阳五行家以十二地支与四方相配，丑寅在子卯之间，于位为东北方。 ㉘ 蓬莱：古代传说中的神山名。后泛指仙境。 ㉙ 弱水：传说中西方水名。 ㉚ 凤麟：传说中神鸟与神兽，为百鸟之王及百兽之长。㉛ 天汉三年：前98年。天汉：汉武帝刘彻的年号之一。 ㉜ 北海：北海郡。汉景帝中元二年(前148)分齐郡置，治营陵(今山东昌乐东南)。祠：祭祀。恒山：五岳中北岳。汉初避文帝讳，改常山，在今河北曲阳西北，即大茂山。清顺治中始以山西浑源之玄岳为北岳，改称恒山。㉝ 华林园：当作“上林园”。华林园本为东汉芳林园，魏齐王芳时避讳改华林园，在洛阳。武帝时并无此园。《续谈助》及《太平御览》卷七六六引并作“上林园”为是，当据改。上林园本秦宫，汉武帝时扩建，为射猎之处，位于今西安市西。 ㉞ 牡桂：桂之一种，其木芳香，叶似枇杷。㉟ 申未之地：西南方。古代阴阳五行家以十二地支与四方相配，申未在午酉之间，于位为西南方。 ㊱ 征和三年：前90年。征和：汉武帝刘彻的年号之一。 ㊲ 安定：县名，西汉置，在今甘肃泾川河北岸。唐代起改名保定。 ㊳ 月支：多作“月氏”，古族名，曾于西域建月氏国。汉文帝时遭匈奴攻击，西迁塞种故地(今新疆伊犁河流域及其迤西一带)，称大月氏。未西迁者入南山(今祁连山)，与羌人杂居，称小月氏。 ㊴ 桑椹：或作“桑葚”，中药名，桑树果实晾干而成。 ㊵ 羸(léi)细秃悴：瘦弱而毛稀。羸：衰病瘦弱。 ㊶ 螣蛇：或作“腾蛇”，传说中一种能飞的蛇。 ㊷ 毳(cuì)车：或作“橇车”，古代在泥里行走的车，形如船而短小，两头翘起。㊸ 玄圃：传说昆仑山顶的神仙居处，中有奇花异石。 ㊹ 絙系(gēng jì)：牲口的绳套。㊺ 舐(shì)唇：以舌舔唇。舐：以舌取食状。 ㊻ 礹磹(xiàn tán)：电光。 ㊼ 后元元年：前88年。后元为汉武帝的年号之一。 ㊽ 太帝：天帝。 ㊾ 原文脱“王母宫”三字，据《云笈七籤》本补。 ㊿ 匽盆：倒置的盆。匽：倒置。 ⑤① 并无觌(dí)者：并没有人见到。觌：见。⑤② 钟山：神话传说中的山名，地处极北，为苦寒之地。 ⑤③ 跷车：本为上古传说中的交通工具，后被方士道士神化为赖以乘游六天的道法。 ⑤④ 则候八节：原作“肘后八节”。常朝拜：原作“当朝拜”，据《云笈七籤》本改。

《十洲记》又名《海内十洲记》，历代书目皆题为东方朔撰，这已经为今天大部分学者所否定，并认为这是后人伪托。但它的真实作者是谁，现在还没有一个统一的意见。不过从书中误将汉武帝时的“上林园”写成魏王曹芳时才出现的“华林园”这一情况来看，作伪者的时间应当在曹芳以后。而南北朝时《洞仙传》等道教书中已经有因袭《十洲记》的痕迹，所以作伪者的时间大约在两晋时期。

《十洲记》是一部道教色彩浓郁的志怪小说，所以对这篇作品应当从道教的内容和小说的手法两个方面去把握。

十洲传说是道教教理的重要内容，但它的形成有一个漫长的过程，而《十洲记》则在这个过程中具有里程碑意义。它的前身，是上古神话传说中的海外仙山传说和秦汉之际方士纬书中的河图地理书。如《史记·封禅书》提到的海外三山和河图类的古谶纬书都曾以虚幻的手法勾勒出中原之外的海外仙山。不过这些描绘还比较零散，缺乏系统性。而《十洲记》则将这些零散的洲岛传说加以系统化，整合为一个整严有序、条理清晰的海外神仙世界。

《十洲记》的结构形式分为两大部分：首尾为汉武帝和东方朔的对话，为以东方朔为主角的自述体；中间部分是主体，罗列海内洲岛，先叙十洲，次叙三岛。其中每洲都独立记事：先列洲岛所在位置，次叙该洲所有异产及其神效，包括动物、植物和矿物等，最后介绍该山栖集的神仙等。从它描述的十洲顺序来看，它是按照中国人的方位观念，认为中国是一个被海环绕的陆地，其上有四岳或五岳；陆地之外的瀛海，则是东、南、西、北的顺序。古代中国人的思维习惯是讲究秩序化、条理化，常常将宇宙大地按照顺时针，亦即北半球的地球自转所形成的运转习惯，分为东、南、西、北；或者按照《山海经》的排列，按照南、西、北、东的顺序。今本《十洲记》大体上是按照前一种方法进行，但在东海之后，却将北海的玄洲、元洲提前，杂厕于南海、西海和北海之间。有人认为这是作伪者在根据残缺不全的纬书重新组合所造成的散乱情况。从古籍中反映的古人方位观念的常理上来看，这种猜测有一定道理。

十洲的方位，长洲、生洲、聚窟洲以及昆仑、钟山等，都有一个共同特点，就是强调其以十二地支名所列的位置。这是汉代《易》学的八卦、十二辰与四方配合观念的反映。两汉《易》学将原本的“卜数易”“哲理易”复杂化，成为一套繁复的解释宇宙和人生的神秘之学。原本单纯指示方位的东、南、西、北，早在战国时期已与金、木、水、火及土搭配，而八卦又以运转灵活的方式在不同的象数易学家手中变化运用。《十洲记》中将离卦与南方、火配，以与坎卦的北方、水相对；又出现坤卦置于西、巽卦置于东南。十二辰位则北方坎为子，顺时针而排列，丑寅为生洲、辰巳为长洲、申未为聚窟洲、戌亥为玄洲，恰好是东北、东南、西南、西北，这是以辰位辅助说明方位的方法。至于昆仑、钟山在辰位指示下，正好确定其海外的位置。可见《十洲记》这种组合四方、五行、八卦、十二辰的繁复形式所构成的宗教性舆图的玄秘色彩，正是道教上清经系的特征。

作为地理博物体小说，《十洲记》还受到两汉纬书中地理说的影响，反映出当时流行的神仙思想，具体表现之一就是保留了很多汉晋之际比较朴素的芝草传说：祖洲有不死之草，服之令人长生；瀛洲有神芝仙草，玄洲有金芝玉草，长洲有仙草灵药，元洲有五芝，服之亦得长生不死；生洲也有仙草众芝，凤麟洲有神药百种，聚窟洲则多有与枫木相似的返魂树，其根心可制成返生香。仙岛上也是如此：方丈洲有仙家数十万，耕种芝草；扶桑岛因种扶桑而得名，此草九千岁一生实，仙人食之而一体皆作金光色；钟山也自生玉芝及神草四十余种。除返魂树、扶桑外，芝草为最多见的仙药。可能芝草的形状和药性使得古人相信它能够使人服后长生不老。

那些矿物性仙药或山石中流出的泉水，也被联想为具有神奇的功效：瀛洲有玉石出泉如酒味甘，名为玉醴泉，饮之令人长生；沧海岛有石象、八石、石脑、石桂英、流丹、黄子、石胆之类百余种，服之神仙长生。还有那些动物性仙药如炎洲的风生兽，取其脑和菊花服之，得寿五百年。这里提到的以服食而得高寿或变化成仙的思想，为比较早期的神仙思想。

《十洲记》中的仙真府治观念也反映了汉晋时期尚未被道派化的仙真观念。当时神仙说的主流为三品仙说，即天仙、地仙、尸解仙。天仙居于紫府，为上仙界；地仙则栖集于名山，其中又以东海的蓬莱仙岛及西海的昆仑仙山为尚未升天前的栖止之所。至于尸解仙，则因不同的解法，脱却形骸以成仙真。《十洲记》由于以灵仙洲岛为主，所以其仙品几乎全为地仙。书中所载仙家很多，如方丈洲上群仙不欲升天者皆住此洲，受太玄生箓，仙家数十万种芝如稻，快乐逍遥，反映出地仙的隐逸性格。

为了把人们吸引到道教的乐土上来，《十洲记》又借助于已有的神仙传说，对笔下的洲岛仙境作了十分夸张而又令人神往的渲染和描写。几乎每一个洲岛，都附以“多仙家”的招牌，而仙家的居所性能，又各不相同。东海的方位与掌管水域有关，为滨海地域传说特点，并把东王公称为东王父作为扶桑之王，反映出道教将两汉盛行的东王公传说纳入其神化谱系，进而将神话转变为仙话的轨迹；西方仙境的昆仑、钟山也是如此。其中包括了中央圣山说和西王母传说。中国古代神话中的昆仑或钟山，为升天的必经之路。它在纬书、笔记等杂书中有许多记载。但又随时间地点的不同而呈现不同色彩。《十洲记》正是集中了汉晋时期有关传说，重新组合为神仙道教化的圣山说。首先是表现北半球的天地之中的信仰，强调昆仑是“天地之根纽，万度之网柄”，又说钟山为“仙真之人出入道经”，为升登天界的必经名山，乃是登天圣山的同一构想。其次是山上的宫府，也由飘渺云海的虚幻描述，落实为人间宫殿的美景：昆仑山上的五城十二楼与墉城中，有流精之阙、光碧之堂、琼华之室、紫翠丹房，为西王母所治；钟山上有金台玉阙，亦为元气之所舍，乃天帝君的治处。

值得注意的是，在《十洲记》问世以后，历代道教徒又根据当时社会情况，将十洲传说融入各自的道教学说中。如唐宋时期杜光庭、李思聪等人将十洲传说纳入洞天福地的天地结构构想中；宋元时期新道教又以内丹修炼方法解说三岛十洲，结合身心医学，成为十洲传说中新的变异。总之，十洲传说是道教教理的重要内容，而《十洲记》则是十洲传说中承上启下的关键所在。所以，宋代王洙《分门集注杜工部诗·玉台观》注云：“道书中有《十洲记》，皆言神仙境土。”晚清陆绍明《月月小说发刊词》也说：“《海内十洲记》好言神仙，字字脉望”，乃“道家之小说”（《晚清文学丛钞·小说戏曲研究卷》）。

从小说艺术的角度看，本篇文字缛丽，颇富文采。如“祖洲”条记秦始皇求不死之药事，从东海祖洲起笔，写到不死草形状及奇效，经鬼谷先生介绍，始皇乃派徐福率童男童女五百人入海寻找不返。其中张逞神境，恍惚迷离。又如“沧海岛”条写仙石仙宫、“昆仑”条写金台玉楼，均铺张错彩，穷妍极态，为中国早期小说之以文采见长者。

然而文中最具小说特征者，是作者为宣扬道教神异而设计的富有悬念和曲折变化的情节故事。如“凤麟洲”介绍续弦胶一节，叙述当西国王派人向武帝贡献此胶时，武帝因为不了解此胶的妙用，十分随意而轻蔑地将其“受以付外库”。可是当他在上林园射虎将弩弦折断，使者用此胶将弩弦续粘时，武帝才惊呼道：“异物也！”“乃使武士数人，共对掣引之，终日不脱，如未续时也。”这样就把续弦胶的妙用渲染得淋漓尽致。

本篇最为精彩的段落是“聚窟洲”关于惊精香和微型猛兽的描写。当西胡月支国的使者将此二宝献给武帝时，武帝照例将香“以付外库”，对那个“形如五六十日犬子”的微型猛兽，也是疑从心出：“此小物可弄，何谓猛兽？”尽管使者陈述了半天两种宝物的好处，可是武帝还是“惭然不平”，并且要当场试验一下猛兽的能量。“于是帝使使者令猛兽发声”，万万没有想到的是，当“使者乃指兽，命唤一声”后，只见“兽舐唇良久，忽叫，如天大雷霹雳”，竟然使“帝登时颠蹶，掩耳震动，不能自止”。那些“侍者及武士虎贲，皆失仗伏地”，连那些“诸内外牛马豕犬之属，皆绝绊离系，惊骇放荡，久许咸定”。不仅如此，当武帝令人将此兽付上林园，打算让那里的老虎吃掉此兽时，没有想到那些不争气的老虎“闻兽来，乃相聚屈积如死虎状。兽入苑，径上虎头，溺虎口，去十步已来，顾视虎，虎辄闭目”。经过这一系列的事实教育，终于使武帝“愈懊恨，恨不礼待于使者。益贵方朔之遗语，自愧求李君之不勤，惭卫叔卿于阶庭矣”。这样，这段扣人心弦而出人意外的精彩描写，也就出色地达到了让世人信奉道教、服从道教的目的。尽管它是为道教的说教服务的，但仅从小说艺术发展的角度而言，这一部分的艺术水准在魏晋时期是罕有其比的。

（宁稼雨）

【作者小传】

刘　向

（前77—前6）　西汉经学家、文学家。本名更生，字子政。沛（今江苏沛县）人。仕宣、元、成、哀四朝，官至光禄大夫、中垒校尉。作有小说集《列仙传》等。

叶公好龙　　刘　向

叶公子高[1]好龙，钩[2]以写龙，凿以写龙，屋室雕文以写龙。于是夫龙闻而下之，窥头于牖[3]，拖尾于堂。叶公见之，弃而还走，失其魂魄，五色无主。是叶公非好龙也，好夫似龙而非龙者也。

〔注〕 ① 叶公子高：《吕氏春秋·职分篇》高诱注：“叶公，楚叶县大夫沈诸梁，字子高也。”叶，音shè。 ② 钩：钩子，如帐钩之类。富家每于钩上镂刻花纹，镶金嵌银作为装饰。③ 牖（yǒu）：窗。

本篇出自《新序·杂事五》。

《叶公好龙》是一篇带有强烈讽刺意味的寓言小说。小说的结构相当简单：一、好龙；二、畏龙；三、议论。内容环环相扣，一气呵成，读来使人忍俊不禁而又回味无穷。作者刻画叶公形象，用的是穷形极相、前后比照的手法。叶公好龙好到极点，俨然是个“龙癖”。三个排比句，写出他在屋里处处都画着、刻着精美的龙的形象，似乎寝卧饮食时时离不开矫首昂藏的龙。这种痴迷的程度，使人感到他的情有独钟而顿生敬意。天上或海底的真龙也因此大受感动，于是亲自造访，试图与他亲近。龙的形体庞大，小说用“窥头于牖，拖尾于堂”八个字进行描写，活脱写出巨龙婉转游动、热切欲见主人而又无法入门的灵气，形神兼备，异常生动。好龙的叶公见到了灵气十足的真龙，顺理成章的感受应当是欣喜若狂，可是文章陡地逆转反折，让叶公从沸点一下跌到冰点。叶公怕真龙怕得要命，似乎得了“恐龙症”。他不仅不前去亲迎，反而“弃”龙，而且狼狈地逃进里屋。尔后，他的神态是“失其魂魄，五色无主”，丧魂落魄，脸上一阵青、一阵白，一副惊魂不定的样子。“好龙”与“畏龙”前后形成如此强烈反差，讽刺挖苦意味十足，不能不令人捧腹大笑，这笑声也彻底埋葬了始初对他的一片敬意。作者最后用一句话归纳全篇，简赅而又鞭辟入里：叶公并不喜欢真龙，他喜欢的只是似龙非龙的玩意啊！这个结论，将整篇小说提到了思辨的、理性的哲学高度，可用于解释许多社会现象，因而引人深思。小说寓理于笑，戛然而止，余韵悠然。

叶公表面上喜欢的东西，骨子里是害怕的，这具有普遍意义。历代帝王口头上都褒奖崇尚忠臣，然而当真忠臣犯颜极谏、为民请命而批逆鳞时，那班昏庸无度之君还不是赫然震怒，将忠臣驱逐贬谪或处以极刑而后止？倒是那些见风使舵、阿谀奉承的假忠臣，往往能得君王欢心，被标榜，被宠爱。“叶公好龙”现象太多，后世就成为极具警世意义的成语，被广泛运用。如《后汉书·崔骃传》：“公爱班固而忽崔骃，此叶公之好龙也。”

（曹光甫）

江妃二女　　刘 向

江妃二女者，不知何所人也。出游于江汉之湄，逢郑交甫。见而悦之，不知其神人也。谓其仆曰：“我欲下，请其佩。”仆曰：“此间之人，皆习于辞，不得，恐罹悔[①]焉。”交甫不听，遂下，与之言曰：“二女劳矣！”二女曰：“客子有劳，妾何劳之有！”交甫曰：“橘是柚也，我盛之以笥[②]。令附汉水，将流而下。我遵其旁，采其芝而茹[③]之。以知吾为不逊也，愿请子之佩。”二女曰：“橘是柚也，我盛之以筥[④]。令附汉水，将流而下。我遵其旁，采其芝而茹之。”遂手解佩，与交甫。交甫悦，受而怀之，中当心。趋去数十步，视佩，空怀无佩，顾二女，忽然不见。

《诗》曰:"汉有游女,不可求思。"此之谓也。

〔注〕 ① 罹悔:后悔。 ② 笥(sì):盛放书籍衣物或食品的竹器。 ③ 茹:吃。 ④ 筥(jǔ):圆形竹器。

这篇故事原载于汉初韩婴的《韩诗外传》,今本不载,见引于《文选》卷四《南都赋》李善注和《初学记》卷七。引文较简,郑交甫遇二女处是在汉皋,所请之佩是佩珠。《韩诗外传》是解释《诗经》之作,特点是先讲一个小故事,然后引几句《诗》中的诗句为证,其实故事和诗意只是字面上的比附,并无实际上的关联。拿这个故事说吧,先讲江妃二女游江滨遇郑交甫的故事,最后引《诗经·周南·汉广》"汉有游女,不可求思"二句,说这两句诗说的正是这件事。这当然是穿凿附会,但撇开这一点,单看这故事倒是蛮优美的。估计这本是一个民间的传说,韩婴用来证《诗》,而到西汉末刘向便用来证仙了。

刘向好仙,相信神仙不死之说和黄白之术,曾为汉宣帝炼金,金没炼成差点被砍掉脑袋,到晚年又效仿秦大夫阮仓《列仙图》作《列仙传》二卷,写了七十多个仙人的故事。神仙之说虽然荒唐,但由于它充满丰富的想象,因此许多故事瑰丽奇妙,《江妃二女》即是书中的一篇佳作。

江妃二女本是二人,在作品中是当成一个整体描写的。依照古代史传体的基本叙事方式,是先交待人物姓氏名号及出身来历,而江妃二女无名无姓,且来历不明——"不知何所人也",这就隐隐透出神秘性,结尾二女"忽然不见"也正与此相应。下文写二女出游江汉之滨,引出作品所描写的这场情感游戏的男主人公郑交甫,并极为简洁地写出郑交甫一见钟情的情感活动。这里边,从对二女出游地点的点明实际还包含着对二女得名——即江妃——之由的交待,而郑交甫由于"不知其神人也"而贸然求爱,也正点出二女的神人身份,为下文的郑交甫求爱由于人神非匹而失败埋下伏笔。

郑交甫的求爱方式是向二女索取信物,即"请其佩"。何以独请其佩?必是见二女身佩饰物。《文选》注引《韩诗外传》佚文写二女"佩两珠,大如荆鸡之卵",《太平广记》卷五九引《列仙传》也有二女"皆丽服华装,佩两明珠,大如鸡卵"的描写,何者系原文已不好确认,但如今本略去对二女佩物的描写则是运用省笔,以求简洁。郑交甫请佩是全文最精彩的笔墨。他与二女的对话采用类似《诗经》比兴的表达方式:橘柚盛笥,漂浮汉水,是说以此为求爱礼物;沿着水岸采芝草而食,是说希望获得二女的爱情。末两句则正面说明目的。二女的六句答词与之相同,只是把笥换成了筥,而其含义则是"投桃报李"之意,表明对郑求爱的接受,故而下文有解佩之举。一对一答,含蓄婉转,增添了作品的韵味。从情节发展上说,郑交甫用橘柚比兴请佩,是因为此前仆人有“此间之人,皆习于辞”的警告,所谓“习于辞”就是指这种含蓄婉转的语言表达方式。而郑之所以用橘柚、汉水、芝草比兴,因为都是眼前景物,以此景切此情,亲切生动。郑交甫作为故事的主体,其情感活动的过程描写得很真切,而且形象具有个性特征。他自作多情,爱美心切,不顾仆人劝阻决然下车请佩,表现得极为自信;问候二女言辞得体,一副彬彬有礼的模样,随即直入正题,委婉请佩,显示出他的聪颖机敏、温文尔雅。得佩而悦,珍藏怀中,透出得意之状。而怀中佩不翼而飞,二女忽然不见,请佩终归化为泡影,可以想见郑交甫的无奈惆怅之态。

得佩失佩,这个结尾极富戏剧性,表明郑交甫经历的不是一场浪漫的人神艳遇,而是一场感情游戏,我们似乎可以听到二女在冥冥中的窃笑。这里自然包含着人神非匹的宗教含义,甚至也可能包含着《太平广记》引文中所说的“言其以礼自防,人莫敢犯,况神仙之变化乎”那样的儒家礼范,但故事本身显示出的更多的是少男少女的善意调弄,富于人情味。透过二女的狡黠之举,也似乎可以感受到她们“道是无情却有情”的细微情意。正因为如此,所以这个故事才成为后世文人喜欢用的典故,给他们留下发挥想象的天地。

根据神话传说,江妃二女是舜妃娥皇、女英,帝尧之女。《山海经·中次十二经》载:“洞庭之山……帝之二女居之,是常游于江渊。”晋郭璞注:“天帝之二女而处江为神,即《列仙传》江妃二女也。《离骚》《九歌》所谓湘夫人,称帝子者是也。”相传舜南巡,崩于苍梧,二女溺湘江为水神,“神游洞庭之渊,出入潇湘之浦”(《水经注·湘水》)。江汉之滨临近洞庭,故二妃来游。后人附会出襄阳万山即郑交甫见二妃处(《续汉书·郡国志四》注),还立庙纪念(《水经注·沔水》),表明这个故事是多么受后人欢迎。

(李剑国)

萧史　　刘向

萧史者,秦穆公[①]时人也。善吹箫,能致孔雀、白鹤于庭。穆公有女字弄玉,好之,公遂以女妻焉。日教弄玉吹箫作凤鸣,居数年,吹似凤声,凤凰来止其屋。公为作凤台,夫妇止其上,不下数年。一旦[②],皆随凤凰飞去。故秦人为作凤女祠于雍宫[③]中,时有箫声而已。

〔注〕①秦穆公:春秋时秦国君主,姓嬴名任好,前659—前621年在位。②一旦:原

萧 史

——《绘图历代神仙传》

作“一日”，据《道藏》本校改。 ③ 雍宫：秦国宫殿，秦自德公始都雍（今陕西凤翔南）。

此篇出自《列仙传》。

在古代神仙传说中，萧史弄玉故事极为著名，流传极广，这主要是因为它的想象优美动人，在男女主人公的爱情和求仙生活描写中交织着箫、箫声、凤凰、凤声这些美丽意象，充满魅力。男女主人公的姓名也是美丽浪漫的，萧姓谐箫，而《艺文类聚》卷四四、《初学记》卷一〇等引作箫史，更是直接以箫为姓；弄玉之名也颇隽秀。

萧史无疑是求仙修道者，但作品并未明确交待，只是突出他“善吹箫”的特点，其箫声具有神奇力量，可以召来孔雀、白鹤。接下叙弄玉爱之，秦穆公以女妻之，属过程的交待，极为简略。而在下文则着意描写这对夫妇异乎常人的行为，即“日教弄玉吹箫作凤鸣”，一直进行了好几年。所谓“吹箫作凤鸣”，就是教弄玉吹箫模仿凤凰的声音，以便召来凤凰。果然，待到弄玉“吹似凤声”时凤凰飞来了。这一段描写与前文“善吹箫，能致孔雀、白鹤于庭”相切，而改孔雀、白鹤为凤凰，不仅避免了字面上的重复，也因凤凰为百鸟之王更能与弄玉的身份相配，并衬托出弄玉的美丽和尊贵。以下写夫妇居凤台，好几年不下来，由凤而增凤台，造成意象的丰富，而夫妇在台中所为没有点出，可以想象是夫妇一起修道。结局是夫妇“一旦皆随凤凰飞去”——成仙而去，凤凰成为这对幸运夫妇的美丽坐骑。结末是以后情事的补叙，写秦人在秦宫作凤女祠纪念弄玉和萧史，祠中“时有箫声”的描写足可引发遐想——萧史、弄玉常常乘鹤而归，一起吹箫。据《水经注·渭水》载，雍县确有凤台、凤女祠，只是“今台倾祠毁，不复然矣”。

故事表现的是学仙成仙，但全无道术气，读者体味到的是由箫声和凤凰交织成的美丽景象和浪漫气息。

故事在后世流传很广，晋皇甫谧《帝王世纪》、五代杜光庭《墉城集仙录》和《仙传拾遗》、元赵道一《历世真仙体道通鉴》卷三《萧史》和后集卷二《嬴女》等都记有萧史弄玉故事，故事在长期流传中已发生了很大演变。明清杂剧《秦楼萧史引凤》《吹箫引凤》《跨凤乘龙》都是根据这个故事改编的。萧史、弄玉是古代诗文常用的典故，比如著名的唐词《忆秦娥》（相传李白作）即是。唐代著名诗人和小说家沈亚之写了篇《秦梦记》，虚构了自己梦人秦宫娶弄玉的故事，用的也是这个故事的素材。唐代妇女用水银腻粉饰面，相传就是萧史炼丹炼出来给弄玉涂面用的（《玉泉子》）。唐代终南山有座寺院叫仙游寺，据说是弄玉“习仙升云之所”（《续高僧传》卷一四《释童真传》）；而洪州（今江西南昌）西山绝顶有萧史石仙坛和石室，有萧史的画像（《太平广记》卷四引《仙传拾遗》）。 （李剑国）

齐杞梁妻　　刘　向

齐杞梁殖之妻也，庄公[①]袭莒[②]，殖战而死。庄公归遇其妻，使使者吊之于路，杞梁妻曰："令[③]殖有罪，君何辱命[④]焉？若令殖免于罪，则贱妾有先人之弊庐在，下妾不得与郊吊。"于是庄公乃还车诣其室，成礼然后去。杞梁之妻无子，内外皆无五属[⑤]之亲。既无所归，乃就其夫之尸，于城下而哭之，内諴[⑥]动人，道路过者莫不为之挥涕，十日而城为之崩。既葬，曰："吾何归矣！夫妇人必有所倚者也，父在则倚父，夫在则倚夫，子在则倚子。今吾上则无父，中则无夫，下则无子，内无所依以见吾诚，外无所倚以立吾节，吾岂能更二哉，亦死而已。"遂赴淄水[⑦]而死。君子谓杞梁之妻贞而知礼，《诗》云："我心伤悲，聊与子同归。"[⑧]此之谓也。

颂曰：杞梁战死，其妻收丧。齐庄道吊，避不敢当。哭夫于城，城为之崩。自以无亲，赴淄而薨。

〔注〕 ① 庄公：齐庄公，前553—前548年在位。 ② 莒(jǔ)：诸侯国名，都莒(今山东莒县)，前445年为楚所灭。 ③ 令(líng)：假如。 ④ 辱命：辱赐恩命。 ⑤ 五属：五服(高祖父、曾祖父、祖父、父亲、自身五代)内的亲属。 ⑥ 諴(xián)：诚意。 ⑦ 淄水：在齐国都城临淄东。 ⑧ 这两句诗出自《诗经·桧风·素冠》，原文句末皆有"兮"字。

《齐杞梁妻》选自《列女传》第四卷《贞顺传》。这个故事非常著名，因为它和孟姜女故事密切相关，杞梁妻乃孟姜女的原型。杞梁妻是真实人物，《左传》襄公二十三年(前550)有记载，其时也就是齐庄公四年。《左传》载，这年齐侯偷袭莒，"伤股而退"，明日又派杞殖(即杞梁)、华还战之，结果杞梁被获。大概杞梁是在负重伤的情况下被俘获的，很快就死了，所以齐侯归，遇杞梁妻迎丧，遂有齐侯郊吊之事。杞梁妻对齐侯说的话与《列女传》大致相同，且亦记"齐侯吊诸其室"，但再无下文。《礼记·檀弓下》引曾子语，称赞杞梁之妻"知礼"，情事略同。《孟子·告子下》也提到"杞梁之妻善哭其夫"。以上都没有说到杞梁妻哭城投水之事。刘向在《说苑·立节篇》中也记及杞梁战死后"其妻闻之而哭，城为之阤而隅为之崩"，并详细记载了杞梁、华舟(即华还)随齐庄公伐莒及战死的过程，杞梁是位忠勇之士，杀敌二十七人而死。

《列女传》没有叙述杞梁战死的过程，重点在对杞梁妻的描写。描写分三个层次，首先从杞梁妻迎丧写起。庄公战败而归，杞梁灵柩亦运回，路上遇见闻讯前往迎丧的杞梁妻。庄公命令使者在路上祭吊，杞梁妻感到这样做不合丧礼，她说："假如杞梁有罪，君主何必这样屈尊纡贵地加恩于一位败将呢？假如赦免了杞梁的罪过，那么我还有先人留下的破房子，应当在我家设灵堂祭奠，我是不能参加这种郊吊的。"结果庄公只好回车去杞梁家行吊礼。郊吊之非礼，庄公不会不知道，因此这一情节不仅在于表现杞梁妻的"知礼"，同时也是对于蔑视为国捐躯者的昏庸寡情君主的批判，这场关于礼的争论毋宁是杞梁妻对丈夫和自己尊严的捍卫，这一点比前者更重要。接着写哭夫，这当是在出殡的路上，她感于夫君之亡和自己的无依无靠，手抚灵柩而痛哭不已。作品写到听者的反应——"道路过者莫不为之挥涕"，见出哭得何等悲哀。《孟子》所说"杞梁之妻善哭其夫"，大约就是指她哭夫之哀。一连哭了十日，这当然是夸张，"十日而城为之崩"更是极度的夸张，生动表现出杞梁妻那种感天动地的巨大悲哀，后世孟姜女哭倒长城就是从这里演化出来的。最后写杞梁妻投水，自杀殉夫。她的自杀基于两个观念：一个是"妇人必有所倚"，一个是妇人不能"更二"。既然无父无夫无子可倚，而又不能再嫁以求获得新的依靠对象，那么只有自尽一途了。这两个观念也属于礼的范畴，所以君子——也就是曾子之辈——赞扬她"贞而知礼"。《列女传》把她列入《贞顺传》，要给妇女们树立一个"天下之俊"的样板，看重的正是这"终不更二"的礼数。以今日观点来看，这当然抹杀了妇女人格的独立和自主，反映了封建社会的男权思想，杞梁妻的殉夫理论和行为实在是迂腐不过的。但这正好也启示我们，杞梁妻最终是个悲剧人物，如果说杞梁之死是诸侯穷兵黩武、争权夺利造成臣下流血的悲剧的话，那么杞梁妻之死则是礼观念扼杀妇女的悲剧。

篇末引《诗》为证，属断章取义，春秋战国人引《诗》都是如此。故事和《桧风·素冠》了不相干，只是取其字面意思，说"我（杞梁妻）太悲伤了，就让我跟你一起去吧"。不过这两句诗正好给杞梁妻的殉夫注入感情因素，倒不只是纯理性的"克己复礼"了。

（李剑国）

珠崖二义　　刘 向

二义者，珠崖令之后妻及前妻之女也。女名初，年十三。珠崖多珠，继母连大珠以为系臂①。及令死，当送丧。法，内珠入于关者死。继母弃其系臂珠，其子男年九岁，好而取之，置之母镜奁中，皆莫之知，遂奉丧归。至海关，关候②士吏搜索，得珠十枚于继母镜奁中。吏曰:"嘻!此值法[3],无可奈何,谁当坐[4]者?"初在左右顾心[5],恐母去[6]置镜奁中,乃曰:"初当坐之。"吏曰:"其状何如?"对曰:"君[7]不幸,夫人解系臂弃之,初心惜之,取而置夫人镜奁中,夫人不知也。"继母闻之,遽疾行问初,初曰:"夫人所弃珠,初复取之,置夫人奁中,初当坐之。"母意亦以初为实,然怜之,乃因谓吏曰:"愿且待,幸无劾[8]儿,儿诚不知也。此珠妾之系臂也,君不幸,妾解去之,而置奁中。迫奉丧道远,与弱小俱,忽然忘之,妾当坐之。"初固曰:"实初取之。"继母又曰:"儿但让[9]耳,实妾取之。"因涕泣不能自禁。女亦曰:"夫人哀初之孤,欲强活初耳,夫人实不知也。"又因哭泣,泣下交颈。送葬者尽哭,哀动旁人,莫不为酸鼻挥涕。关吏执笔书劾,不能就一字。关候垂泣,终日不能忍决[10],乃曰:"母子有义如此,吾宁坐之,不忍加文[11]?且又相让,安知孰是?"遂弃珠而遣之。既去后,乃知男独取之也。君子谓二义慈孝。《论语》曰:"父为子隐,子为父隐,直[12]在其中矣。"若继母与假女推让争死,哀感旁人,可谓直耳。

颂曰:珠崖夫人,甚有母恩。假继相让,维女亦贤。纳珠于关,各自伏愆[13]。二义如此,为世所传。

〔注〕①系臂:手镯之类。②关候:守望关口的长官。③值法:犯法。④坐:犯罪,定罪。⑤顾心:内心暗自踌躇。⑥去:弃。⑦君:对珠崖令的尊称,犹言老爷。⑧劾:定罪,判罪。下文的"劾"是指罪状。⑨让:指主动揽罪。⑩忍决:狠心判决。⑪文:文饰,掩盖。⑫直:正直。⑬伏愆(qiān):伏罪。

《珠崖二义》选自《列女传》卷五《节义传》。《节义传》的内容是表彰"必死无避","诚信勇敢"的节义行为。本篇故事发生在珠崖郡,即现在的海南岛东北部一带。西汉元鼎六年(前111)置珠崖郡,初元三年(前46)废,故事就发生在这一期间。珠崖产珍珠,朝廷为防止走私,设立海关,严禁私带珍珠出关,违者论死,这是故事发生的历史背景。珠崖令死后,妻女送丧回乡。经过海关时,灾难来了,关吏从随身带的行李中搜出了珍珠——这是年幼无知的小儿子无意中种下的灾祸。以下是令人感泣的场面,面对死亡,母女争揽罪名。感人之处在于她们都以为珍珠确实是对方藏起来的,因此她们的主动揽罪就显示出强烈的目的性,保护对方，牺牲自己。于女儿来说是体念母亲，于母亲来说是惜怜女儿，她们都不愿看到对方遭难，把生留给对方，把死留给自己。而且感人至深的，是这对母女并无血缘关系，这里迸发出的是人世间的至真至深之情，一种伟大的爱。终于这爱这情不仅感动了旁观者——“莫不为酸鼻挥涕”，也感动了关候关吏——“弃珠而遣之”。作品用孔子“父为子隐，子为父隐”的伦理模式来框定母女行为的含义，用“义”用“慈孝”来确立其伦理特征，在那个时代也只能如此评价，但更为本质的是人性是感情，故事就是一曲美好人性和伟大情感的赞歌。

这里有一个困惑，关候是否渎法？是否以情代法？或许让关候查明事实真相后再宣布母女无罪更合乎现代人的法律观念。但在汉代关候这样的处理也是合法的，“父为子隐，子为父隐”的伦理原则也是一条法律原则，凡此法律不予追究。但我们倒也无须书呆子气十足地去追究汉代法律，我们感受到的是关候的善良，冷冰冰的律条被人情的温柔所取代，这个世界可真美好！

作品在艺术表现上也有一些特色，行文生动，用笔曲折，而且善于营造气氛。写母女相让反复再三，生动表现出母女的深情笃意和自我牺牲的决绝态度。笔墨尤佳者是气氛的渲染——母亲“涕泣不能自禁”，女儿“泣下交颈”，“送葬者尽哭，哀动旁人，莫不为酸鼻挥涕”，“关候垂泣”，在这众人哀痛的气氛中洋溢着人间真情。对关吏关候的简洁描写颇能见出人物的心理活动——怜悯、哀伤、矛盾，也是绝好的笔墨。

（李剑国）

伯夷叔齐　　刘 向

武王伐纣，夷、齐不从，隐于首阳山①，采薇②而食。王摩子入山，难之曰：“君不食周粟，而隐周山，食周薇，奈何？”二人遂不食薇。经七日，天遣白鹿乳之。二人私念：“此鹿食之必美。”鹿知其意，不复来，二子遂饿而死。

〔注〕 ① 首阳山：山名。地点旧说不一，《论语》何晏集解引汉马融曰：“首阳山在河东蒲坂。”蒲坂故城在今山西永济南。 ② 薇：菜名，也称“野豌豆”。

此篇出自《列士传》。

在中国历史上，伯夷、叔齐是大名鼎鼎的节义之士，他们以不食周粟、饿死于首阳山而名载史册。关于伯夷、叔齐的故事，记载得比较完整的是司马迁的《史记·伯夷列传》。伯夷、叔齐是商朝的诸侯国孤竹国国君的儿子，他们因互让王位而先后出逃。周武王讨伐商纣王的时候，他们前往“叩马而谏曰：‘父死不葬，爱及干戈，可谓孝乎？以臣弑君，可谓仁乎？”劝周武王不要讨伐商纣王。可是周武王不听他们的，还是把商朝灭掉了。身为商朝的臣子，伯夷、叔齐不愿意做周朝的臣民，“义不食周粟，隐于首阳山，采薇而食之”，最后饿死。《列士传》叙述的伯夷、叔齐的故事则与《史记》的记载有所不同，首先，在周武王讨伐商纣王的时候，他们的态度只是“不从”，不随从周武王去讨伐商纣王，而没有去劝谏周武王，爱国心并不那么强烈。其次，故事中出现了王摩子这个人物，他专门去首阳山责难伯夷、叔齐：“你们虽然不吃周朝的粮食，却隐居在周朝的山上，吃着周朝的薇菜，怎么办呢？”王摩子的责难使伯夷、叔齐很难堪，他们只好连薇菜也不吃。第三，当上天怜悯他们派白鹿以乳汁救活他们的生命时，伯夷、叔齐却产生了不良的念头，想吃美味的鹿肉。鹿知道了他们的恶念，就不再来了，伯夷、叔齐也就饿死了。从描写中我们可以看出，这篇故事中的伯夷、叔齐的形象和《史记》中的形象有了很大的不同，他们没有那么高尚的节操，相反却贪图虚名，具有私欲，知恩不报，反而有恩将仇报的企图，最后自食其果，饥饿而死。可见这篇故事对伯夷、叔齐持反讽的态度，尤其是作者虚构了王摩子这一人物，使故事的反讽意味更加明显。从中国小说发展史的角度看，这是一篇比较早的讽刺“名士”行为的小说。在艺术上也颇具特色，它虽然短小，却有虚拟人物，有人物的行为和语言，还有天遣神鹿的奇特想象，它已经开始摆脱史书的叙述规范，有意识地虚构故事情节，具有了小说的因素。

（魏崇新）

【作者小传】

扬　雄

（前53—18）　一作杨雄。西汉文学家、哲学家。字子云。蜀郡成都（今属四川）人。仕成、哀、平三朝，官给事黄门郎。作有小说《蜀王本纪》等。

杜宇化鹃　　扬雄

蜀王之先名蚕丛，后代名曰柏濩[①]，后者名鱼凫。此三代各数百岁，皆神化不死。其民亦颇随王化去。鱼凫田于湔山[②]得仙，今庙祀之于湔。时蜀民稀少。

逮蒲泽、俾明，是时人萌椎髻左言，不晓文字，未有礼乐。从俾明上到蚕丛，积三万四千岁。

后有一男子，名曰杜宇，从天堕止朱提③。有一女子名利，从江源④地井中出，为杜宇妻。宇自立为蜀王，号曰望帝。治汶山下邑曰郫⑤，化民往往复出⑥。

望帝积百余岁。荆⑦有一死人名鳖灵，其尸亡去，荆人求之不得。鳖灵尸随江水上至郫，复生。与望帝相见，望帝以为相。时玉山⑧出水，若尧之洪水。望帝不能治水，使鳖灵决玉山，民得陆处。鳖灵治水去后，望帝与其妻通。惭愧。帝自以德薄，不如鳖灵，委国授鳖灵而去⑨，如尧之禅舜。鳖灵即位，号曰开明帝。帝生卢保，亦号开明。下至五代有开明尚，始去帝号复称王也。

望帝去时子规⑩鸣，故蜀人悲子规鸣而思望帝。宇死，俗说云宇化为子规——子规，鸟名也。蜀人闻子规鸣，皆曰望帝也。

〔注〕 ① 柏濩(hù)：或作"折权""伯雍"。 ② 田：狩猎。湔(jiān)山：山名。今名为玉垒山。在四川汶川县西南绵虒镇。下文玉山亦指此山。 ③ 朱提(shū shí)：山名。在今四川宜宾市西南。 ④ 江源：地名。在今四川崇州市东南。 ⑤ 汶山：即岷山，在今四川松潘县北。余脉一支为青城山(在都江堰市)。这里的汶山指青城山。郫(pí)：地名。在今四川成都郫都区北。 ⑥ 化民：即前述追随蜀先王神化而去之民。 ⑦ 荆：古代楚国别称，在今湖南、湖北一带。 ⑧ 玉山：即前述玉垒山。 ⑨"委国"句：该句谓将国家交给鳖灵治理而自身离去。 ⑩ 子规：杜鹃鸟的别称，也叫杜宇。

这篇传说选自《蜀王本纪》，可分前后两个部分，前半部分可视为蜀地传说化的历史；后半部分则描述了望帝的悲剧传说。

很多神话传说都表现出人类在与自然奋斗的过程中自身的进化，这篇故事就是一个例子。在蜀的先王名字上，似乎可以看出他们生产方式和生活内容的发展变化。比如甲骨文中的"蜀"字就很像一条蚕的样子，而蜀的先王名字恰恰就叫做"蚕丛"。这说明蜀人早先是以养蚕业为主。在后来柏濩和鱼凫的名字上，都可以看出他们在生产及生活方式方面的变化。而飞鸟化身的杜宇和来自井中的利的结合，似乎又意味着林间生活方式和渔猎生活方式的结合。至于鳖灵之所以能够取代杜宇，就是因为人们意识到以往那几种方式在凶猛洪水面前的无力，因而让能够治水的神鳖来担此重任。这或许就是远古时期人们推举氏族首领的共同原则。

然而更为动人心魄的还是故事后半部分望帝的悲剧传说。耐人寻味的是这一部分文章没有写得很明确，而是闪烁其辞。如文章只写到“鳖灵治水去后，望帝与其妻通”。至于二人为什么私通，是不可饶恕还是情有可原，都没有交代清楚。而这些都给今天的读者留下了丰富的想象空间。一位稍有才能的小说家就可以据此敷演出一篇缠绵悱恻的罗曼蒂克故事。然而从望帝自惭让位的举动中，我们似乎可以断定，望帝是一位敢作敢当的男子汉。单凭这一举动，就足以让人对他和鳖灵妻子之间不正当关系的起因作出令人同情的猜测。人们通常都认为中国古代小说中的人物性格往往单一化、类型化。这里望帝的性格却从反面告诉我们，早期中国小说雏形中的人物故事实际上蕴含着复杂人物的因子，只是这一因素由于儒家思想的笼罩而没有得到充分的发展而已。

故事结尾写得凄婉欲绝。杜鹃的哀鸣为望帝的离去蒙上凄凉的气氛，更令人感伤的是，从此以后，蜀人每当听到杜鹃的哀鸣便不由自主地思念起曾经给他们带来幸福生活的望帝。因而，“杜宇化鹃”的故事也就成为后代骚人墨客的常用典故。

（宁稼雨）

【作者小传】

赵　晔

东汉散文家、经学家。字长君。会稽山阴（今浙江绍兴）人。曾任县吏，后弃职而去。作有《吴越春秋》等。

越　女　　　赵　晔

越王问相国范蠡曰：“孤有报复之谋，水战则乘舟，陆行则乘舆。舆、舟之利，顿①于兵弩。今子为寡人谋事，莫不谬者乎？”范蠡对曰：“臣闻古之圣君，莫不习战用兵，然行阵、队伍、军鼓之事，吉凶决在其工②。今闻越有处女，出于南林③，国人称善。愿王请之，立可见。”越王乃使使聘之，问以剑戟之术。

处女将北见于王，道逢一翁，自称曰袁公，问于处女：“吾闻子善剑，愿一见之。”女曰：“妾不敢有所隐，惟公试之。”于是袁公即拔箖箊④竹。竹枝上枯槁，末折堕地，女即捷⑤末。袁公操其本而刺处女。处女应，即入之，三入，因举杖击袁公。

袁公即飞上树，变为白猿。遂别去，见越王。

越王问曰："夫剑之道则如之何？"女曰："妾生深林之中，长于无人之野，无道不[6]习，不达诸侯。窃好击之道，诵之不休。妾非受于人也，而忽自有之。"越王曰："其道如何？"女曰："其道甚微而易，其意甚幽而深。道有门户[7]，亦有阴阳[8]。开门闭户，阴衰阳兴。凡手战之道：内实精神，外示安仪；见之似好妇，夺之似惧虎；布形候气[9]，与神俱往；杳之若日，偏如滕[10]兔；追形逐影，光若佛彷；呼吸往来，不及法禁；纵横逆顺，直复不闻。斯道者，一人当百，百人当万。王欲试之，其验即见。"越王大悦，即加女号，号曰"越女"。乃命五校[11]之队长、高才习之，以教军士。当此之时，皆称越女之剑。

〔注〕① 顿：通"钝"，不锋利。此指不便利。 ② 工：《仪礼·燕礼》"席工于西街上"注："凡执技艺者称工。"此指具有特长的人。 ③ 南林：元徐天祐说："《越旧经》：'南林，在山阴县南。'" ④ 箖箊（lín yū）：竹名。 ⑤ 捷：疾取。 ⑥ 无道：无从。不：语助词，无实义。 ⑦ 门户：门，指正确的大道；户，指歪门邪道。 ⑧ 阴阳：古人认为事物的构成都有正反矛盾的两个因素，即阴阳；阴阳是相待而变的，阴盛则阳衰，阳盛则阴衰，循环不已。 ⑨ 候气：看体气而定。 ⑩ 偏：通"媥"。《说文》："媥，轻貌。"滕：当作"腾"。 ⑪ 五校：泛指各军队。校，军营，又指军队。

《越女》选自《吴越春秋》，是作者在民间传说的基础上加工而成的。它通过越女试剑、袁公变猿的描述和越女关于"一人当百，百人当万"的精辟见解，说明习战用兵必须具备有特长的人才；同时，故事一反周秦以来的女人祸水论，表现了巾帼不让须眉的进步思想。

故事从头至尾都充满着神奇色彩，紧紧地抓住读者。当范蠡提出于"行阵、队伍、军鼓之事"有特长的人才时，没想到他向越王推荐的竟是本国一南林女子，给人留下奇特之感。在越女应聘途中，作者又特地安排了越女试剑和袁公化猿的情节：袁公拔起一根箖箊竹，而越女赤手空拳；干枯的竹梢断掉在地，越女便立即拾起；袁公握住竹竿便刺，越女让他刺了三下，却丝毫未伤；越女举起竹梢还击袁公，袁公飞跃上树，变成了白猿。至于击剑的方法，尚未交待，留下悬念。在神秘色彩中，渲染了越女出神入化的剑术，留给读者广阔的想象空间。更为奇特的是，越女生于深林之中，长于无人之野，又无师授，其精湛的剑术全凭自己长期练习而成。直到最后，故事才借越王之问，由越女交待击剑之道：体内要充足精神，外表却显示出安稳的仪表；看去如温顺的美女，但交锋时要像受惊的猛虎；如太阳那样高远莫测，似飞兔一般轻快敏捷；横冲直撞，攻守自如；达到如此境界后，即可“一人当百，百人当万”。其大胆的想象，奇特的故事情节，堪称六朝志怪、佚事小说之权舆。（曾　良）

【作者小传】

伶　玄

西汉小说家。字子干。潞水（今山西长治）人。官淮南相。作有小说《赵飞燕外传》等。

赵飞燕外传　　伶　玄

赵后飞燕，父冯万金。祖大力，工理乐器，事江都王[①]，为协律舍人[②]。万金不肯传家业，编习乐声，亡[③]章曲，任为繁手[④]哀声，自号凡靡之乐，闻者心动焉。江都王孙女姑苏主[⑤]，嫁江都中尉[⑥]赵曼。曼幸[⑦]万金，食不同器不饱，万金得通赵主。主有娠，曼性暴妒，且早有私病，不近妇人。主恐，称疾居王宫，一产二女，归之万金。长曰宜主，次曰合德，然皆冒姓赵。宜主幼聪悟，家有彭祖方脉之书[⑧]，善行气术。长而纤便[⑨]轻细，举止翩然，人谓之飞燕。合德膏滑，出浴不濡，善音辞，轻缓可听。二人皆出世色。

万金死，冯氏家败，飞燕姊弟流转至长安，于时人称赵主子，或云曼之他子[⑩]。与阳阿主家令[⑪]赵临共里巷，托附邻。屡为组文刺绣献临，临愧受之，居临家，称临女。临常有女事宫省[⑫]，被病归死，飞燕或称死者。飞燕姊弟事阳阿主家，为舍直[⑬]，常窃效歌舞，积思精切，听至终日不得食。待直贳服疏苦财[⑭]，且颛[⑮]事膏沐澡粉，其费亡所爱[⑯]，共直者指为愚人。飞燕通邻羽林[⑰]射鸟者。飞燕贫，与合德共被。夜雪期射鸟者于舍旁，飞燕露立[⑱]，闭息顺气，体温舒，亡疹栗[⑲]，射鸟者异之，以为神仙。

飞燕缘主家大人得入宫召幸，其姑妹樊嫕为承光司帟者[20]，故识飞燕与射鸟儿事，为之寒心[21]。及幸，飞燕瞑目牢握，涕交颐[22]下，战栗不迎帝。帝拥飞燕三夕不能接，略无谴意。宫中素幸者从容[23]问帝，帝曰："丰若有余，柔若无骨，迁延谦畏，若远若近，礼义人也，宁与女曹婢胁肩者比[24]邪？"既幸，流丹浃藉[25]。嬺私语飞燕曰："射鸟者不近女邪？"飞燕曰："吾内视[26]三日，肉肌盈实矣。帝体洪壮，创[27]我甚焉。"飞燕自此特幸后宫，号赵皇后。

帝居鸳鸯殿便房省宫簿[28]，嬺上薄，嬺因进言："飞燕有女弟合德，美容体，性醇粹可信，不与飞燕比。"帝即令舍人吕延福，以百宝凤毛步辇[29]迎合德。合德谢[30]曰："非贵人姊召不敢行，愿斩首以报宫中。"延福还奏，嬺为帝取后五采组文手藉为符[31]，以召合德。合德新沐，膏九回沉水香，为卷发，号新髻，为薄眉，号远山黛，施小朱，号慵来妆，衣故短绣裙，小袖，李文袜。帝御云光殿帐，使樊嬺进合德。合德谢曰："贵人姊虐妒，不难[32]灭恩，受耻不爱死。非姊教[33]，愿以身易耻，不望旋踵[34]。"音词舒闲清切，左右嗟赏之啧啧，帝乃归合德。宣帝时披香博士[35]淖方成，白发教授宫中，号淖夫人，在帝后唾曰："此祸水也，灭火必矣！"帝用樊嬺计，为后别开远条馆，赐紫茸云气帐、文玉几、赤金九层博山炉[36]，令嬺讽[37]后曰："上久亡子，宫中不思千万岁计邪？何不时进上，求有子？"后德[38]嬺计，是夜进合德。帝大悦，以辅[39]属体，无所不靡[40]，谓为温柔乡。谓嬺曰："吾老是乡矣，不能效武皇帝求白云乡[41]也。"嬺呼万岁贺曰："陛下真得仙者。"上立赐嬺鲛文万金锦二十四匹。

合德尤幸，号为赵婕妤[42]。婕妤事后，常为儿拜。后与婕妤坐，后误唾婕妤袖，婕妤曰："姊唾染人绀[43]袖，正似石上华[44]。假令尚方[45]为之，未必能若此衣之华。"以为石华广袖。后在远条馆，多通侍郎[46]、宫奴多子者，婕妤倾心翊护[47]。常谓帝曰："姊性刚，或为人构陷，则赵氏无种矣。"每泣下凄恻。以故白[48]后奸状者，帝辄杀之。侍郎、宫奴鲜绔[49]蕴香，恣纵栖息远条馆,无敢言者。后终无子。

后浴五蕴七香汤,踞通香沉水坐[50],燎降神百蕴香。婕妤浴豆蔻汤,傅[51]露华百英粉。帝尝私语樊嫕曰:“后虽有异香,不若婕妤体自香也。”江都易王故姬李阳华,其姑为冯大力妻。阳华老,归冯氏。后姊弟母事[52]阳华,阳华善贲饰[53],常教后九回沉水香泽雄麝脐[54],内[55]息肌丸。婕妤亦内息肌丸,常试若为妇者,月事[56]益薄。他日,后言于承光司剂者[57]上官妩,妩拊膺[58]曰:“若如是,安能有子乎?”教后煮羊花涤之,终不能验。

真腊[59]夷献万年蛤、不夜珠,光彩皆若月,照人亡妍丑皆美艳,帝以蛤赐后,以珠赐婕妤。后以蛤妆五成金霞帐,帐中常若满月。久之,帝谓婕妤曰:“吾昼视后不若夜视之美,每旦令人忽忽如失。”婕妤闻之,即以珠号为枕前不夜珠,为后寿,终不为后道帝言。后始加大号,婕妤奏书于后曰:“天地交畅,贵人姊及此令吉[60]光登正位,为先人休[61],不堪喜豫[62],谨奏上二十六物以贺:金屑组文茵一铺,沉水香莲心碗一面,五色同心大结一盘,鸳鸯万金锦一匹,琉璃屏风一张,枕前不夜珠一枚,含香绿毛狸藉一铺,通香虎皮檀象一座,龙香握鱼二首,独摇宝莲一铺,七出菱花镜一奁,精金彄环[63]四指,若亡绛绡单衣一袭,香文罗手藉三幅,七回光雄肪发泽一盎,紫金被褥香炉三枚,文犀辟毒箸[64]二双,碧玉膏奁一合。使侍儿郭语琼拜上。”后报以云锦五色帐、沉水香玉壶。婕妤泣,怨帝曰:“非姊赐我,死不知此器。”帝谢[65]之,诏益州留三年输[66],为婕妤作七成锦帐,以沉水香饰。

婕妤接帝于太液池[67],作千人舟,号合宫之舟。池中起为瀛洲[68],榭高四十尺。帝御流波文縠[69]无缝衫,后衣南越[70]所贡云英紫裙、碧琼轻绡广袖,坐榭上。后歌舞《归风送远》之曲,帝以文犀簪击玉瓯,令后所爱侍郎冯无方吹笙,以倚[71]后歌。中流歌酣,风大起,后顺风扬音,无方长噏细嫋[72],与相属。后裙髀[73]曰:“顾我!顾我!”后扬袖曰:“仙乎!仙乎!去故而就新，宁忘怀乎？”帝曰：“无方为我持后。”无方舍吹持后履。久之风霁[74]，后泣曰：“帝恩我，使我仙去不得。”怅然曼啸，泣数行下，帝益愧爱。后赐无方千万，入后房闼[75]。他日，宫姝幸者或襞[76]裙为绉，号曰留仙裙。婕妤益贵幸，号昭仪。求近远条馆，帝作少嫔馆，为露华殿、含风殿、博昌殿、求安殿，皆为前殿，后殿又为温室、凝缸室、浴兰室，曲房连槛[77]，饰黄金白玉，以璧为表里，千变万状，连远条馆，号通仙门。

后贵宠，益思放荡，使人博求术士，求匪安却老[78]之方。时西南北波夷致贡，其使者举茹一饭[79]，昼夜不卧偃。典属国[80]上其状，屡有光怪。后闻之，问何如术，夷人曰：“吾术天地平，生死齐，出入有无，变化万象，而卒不化[81]。”后令樊嫕弟子不周遗千金，夷人曰：“学吾术者，要不淫与谩言[82]。”后遂不报[83]。他日，樊嫕侍后浴，语甚欢，后为樊嫕道夷言，嫕抵掌笑曰：“忆在江都时，阳华李姑蓄斗鸭水池上，苦獭啮鸭，时下朱里芮姥[84]者求捕獭狸献，姥谓姑曰：‘是狸不他食，当饭以鸭。’姑怒，绞其狸。今夷术真似此也。”后大笑曰：“臭夷何足污吾绞乎？”

后所通宫奴燕赤凤者，雄捷能超[85]观阁，兼通昭仪。赤凤始出少嫔馆，后适来幸。时十月五日，宫中故事[86]，上灵安庙，是日吹埙[87]击鼓歌，连臂踏地，歌《赤凤来曲》。后谓昭仪曰：“赤凤为谁来？”昭仪曰：“赤凤自为姊来，宁为他人乎？”后怒，以杯抵昭仪裙曰：“鼠子能啮人乎？”昭仪曰：“穿其衣见其私[88]足矣，安在啮人乎？”昭仪素卑事后，不虞[89]见答之暴，熟视[90]不复言。樊嫕脱簪叩头出血，扶昭仪为拜后。昭仪拜，乃泣曰：“姊宁忘共被夜长，苦寒不成寐，使合德拥姊背邪？今日幸得贵皆胜人，且无外搏，我姊弟其忍内相搏乎？”后亦泣，持昭仪手，抽紫玉九雏钗，为昭仪簪髻，乃罢。帝微闻其事，畏后不敢问，以问昭仪，昭仪曰：“后妒我尔，以汉家火德，故以帝为赤龙凤。”帝信之，大悦。

帝尝早猎，触雪得疾，阴缓弱不能壮发。每持昭仪足，不胜至欲辄暴起[91]。昭仪常转侧，帝不能长持其足。樊嫕谓昭仪曰："上饵方士大丹，求盛大不能得，得贵人足一持畅动。此天与贵妃大福，宁转侧俾[92]帝就邪？"昭仪曰："幸转侧不就，尚能留帝欲；亦[93]如姊教，帝持则厌去矣，安能复动乎？"

后骄逸，体微病辄不自饮食，须帝持匕[94]箸；药有苦口者，非帝为含吐不下咽。昭仪夜入浴兰室，肤体光发，占灯烛[95]。帝从帏中窃望之，侍儿以白昭仪，昭仪览[96]巾，使撤烛。他日，帝约赐侍儿黄金，使无得言。私婢不豫[97]约，中出帏值帝，即入白昭仪，昭仪遽隐避。自是帝从兰室帏中窥昭仪，多袖金，逢侍儿、私婢辄牵止赐之。侍儿贪帝金，一出一入不绝，帝使夜从帑[98]益，或至百余金。

帝病缓弱，太医万方不能救。求奇药，尝得昚血卹胶[99]遗昭仪，昭仪辄进帝，一丸一幸。一夕，昭仪醉进七丸，帝昏夜拥昭仪，居九成帐，笑吃吃不绝。抵明，帝起御衣，阴精流输不禁，有顷绝倒裛[100]衣，视帝，余精出涌，沾污被内，须臾帝崩。宫人以白太后[101]，太后使理[102]昭仪。昭仪曰："吾持人主如婴儿，宠倾天下，安能敛手与掖庭令[103]争帷帐之事乎？"乃拊膺呼曰："帝何往乎？"遂欧[104]血而死。

〔注〕 ① 江都王：汉景帝子刘非，景帝二年(前155)封汝南王，不久徙江都，在位二十八年薨，是为江都易王。子刘建嗣，元狩二年(前121)谋反自杀，国除。 ② 协律舍人：王府掌管音乐的属官。 ③ 亡：通"无"。 ④ 繁手：复杂多变的弹奏方法。 ⑤ 姑苏主：江都王孙女的封号。西汉时天子女称公主，诸王女称翁主，皆简称主。 ⑥ 中尉：王府属官，负责维持治安。 ⑦ 幸：宠爱。 ⑧ 彭祖方脉之书：假托彭祖名义的方术医药书，相传彭祖寿八百岁，后成为神仙。 ⑨ 便(pián)：轻盈。 ⑩ 他子：非亲生子，指妻与他人所生私生子。 ⑪ 家令：官名，王侯公主家的总管。 ⑫ 常：通"尝"，曾经。官省：官禁。 ⑬ 舍直：值勤，当差。 ⑭ 赀服：钱财衣物，"赀"通"资"。苦财：苦于没有钱财。 ⑮ 颛：通"专"。 ⑯ 爱：可惜，心疼。 ⑰ 羽林：即羽林骑，汉武帝始设的禁卫军。 ⑱ 露立：露天站立。 ⑲ 疹栗：鸡皮疙瘩。 ⑳ 姑妹：姑表妹。疑应作姑姊，即姑表姊。嫕：读 yì。承光司：设于承光台的宫中官署。帟(yì)者：在宫中掌管皇帝所用帷幕的女官。 ㉑ 寒心：惊心，担心。 ㉒ 颐：腮。 ㉓ 素幸者：旧日被皇帝召幸过的官人。从(cōng)容：盘桓，逗留。 ㉔ 女曹：你们。女同"汝"。胁肩：缩敛肩膀，形容献媚讨好的样子。比：一样，相同。 ㉕ 浃藉：湿透了垫子。 ㉖ 内视：蓄神心视体内，道家的一种修炼功夫。 ㉗ 创：伤。 ㉘ 省(xǐng)：审阅，检查。宫簿：宫中账簿、登记簿之类。 ㉙ 步辇：用人抬的车子，皇帝、后妃所乘。 ㉚ 谢：推辞。 ㉛ 手藉：

用作铺垫的手巾。符：凭信。　㉜ 难：怕。　㉝ 非姊教：要没有姊姊教诲的话。姊，对樊嫕的称呼。　㉞ 旋踵：转身。形容极短的时间。　㉟ 宣帝：刘询，前74—前49年在位。披香：即披香殿，汉代后宫的宫殿。博士：汉代教授经学的教官，此为后宫教授宫人的女官。　㊱ 博山炉：汉代出现的一种香炉，铜制，铸为山形，共九层。　㊲ 讽：婉言劝说。　㊳ 德：感激。㊴ 辅：面颊。　㊵ 靡：通“摩”，接触。　㊶ 白云乡：指仙人居处。　㊷ 婕妤(jié yú)：汉武帝时始立的嫔妃称号，位在皇后、昭仪之下。　㊸ 绀(gàn)：黑红色。　㊹ 华：同“花”。　㊺ 尚方：官署名，掌制造供应皇宫所用器物。　㊻ 侍郎：西汉郎官的一种，为皇帝近侍。　㊼ 翊(yì)护：保护、维护。　㊽ 白：报告，禀告。　㊾ 绔：裤。　㊿ 踞(jù)：坐。沉水坐：用沉香木制作的坐具，坐同“座”。　51 傅：搽。　52 母事：当成母亲对待。　53 贲(bì)饰：修饰。54 雄麝脐：即麝香。　55 内：同“纳”。　56 月事：月经。　57 剂者：掌药剂的医官。58 拊膺：抚摩胸口。　59 真腊：即今柬埔寨。　60 令吉：吉日。　61 休：吉庆。　62 喜豫：喜悦，快乐。　63 彄(kōu)环：指环。　64 箸：筷子。　65 谢：道歉，赔罪。　66 益州：汉武帝所置十三刺史部之一，辖境主要包括今四川、重庆，也包括贵州、云南、陕西、甘肃、湖北部分地区。输：交纳的税。　67 太液池：汉武帝时在长安建章宫北开凿的人工池，故址在今西安西北。　68 瀛洲：传说中的海外仙山。　69 文縠(hú)：带花纹的绉纱。　70 南越：今广东广西一带，为古越族地区。　71 倚：伴奏。　72 长噏(xī)细嫋(niǎo)：形容吹笙声音细微悠扬。73 裙髀(bì)：下裳绕着大腿旋转。　74 霁：停止。　75 闼(tà)：门。　76 襞(bì)：折叠。77 槛(jiàn)：栏杆。　78 却老：长生不老。　79 举茹一饭：每天只吃一顿饭。举，皆。茹，吃。80 典属国：官名，掌管少数民族事务。　81 化：死。　82 谩言：说谎话。　83 报：答复。84 姥(mǔ)：老妇。　85 超：越过。　86 故事：旧俗。　87 埙(xūn)：一种古乐器。　88 穿：咬穿。私：阴部。　89 不虞：不料。　90 熟视：注目细看。　91 暴起：阴茎勃起。　92 俾(bǐ)：使。　93 亦：假如。　94 匕：匙。　95 占灯烛：在灯光下察看自己。　96 览：同“揽”。97 私婢：家婢，家中带入宫的婢女，有别于宫中侍女。豫：同“预”。　98 帑(tǎng)：金库。99 昚卹(shèn xù)胶：一作昚卹膏，一种春药。　100 裛(yì)：沾湿。　101 太后：元帝皇后，成帝母，姓王，乃王莽之姑。　102 理：治，审问。　103 掖庭令：掌管后宫嫔妃宫人的官员。汉武帝时改秦永巷为掖廷，设掖庭令一人，由宦官充任。　104 欧：同“呕”。

此篇原题汉江东(应为“河东”)都尉伶玄撰。篇末原有伶玄自序，自序说伶玄字子于，潞水人。“学无不通，知音善属文，简率尚真，朴无所矜，扬雄独知之”，但他不满意扬雄“贪名矫激”而不与之交，深受扬雄诋毁。子于由司空小吏历三署，刺守州郡，为淮南相。哀帝时年老退休，买妾樊通德，乃樊嫕弟子不周之女。通德为子于详说赵飞燕姊弟故事，子于“怅然有荒田野草之悲”，通德请其作传，于是撰《赵后别传》。

伶玄曾官都尉国相，地位不算低，但《汉书》无伶玄其人，亦不见其他载籍，这是很可疑的。自序后还有一段话，似是他人所附，说是子于为河东都尉时，班躅为决曹，“多所取受”，受到子于捽辱，所以班躅从兄子(堂侄)班彪在续司马迁《史记》时“绌子于，无所收录”。班彪作《后传》续《史记》，未完而由其子班固续之，此即《汉书》，这可以解释《汉书》何以无伶玄传。但传后又附桓谭的一段话，称更始二年(24)赤眉过茂陵,刘恭入卞理庐,在金藤漆匮中得伶玄书。建武二年(26)贾子翊以书示桓谭,说伶玄是卞理琴师。这是把伶姓解释为优伶之伶,与伶玄自序身份颇不合,愈发使伶玄其人变得扑朔迷离。而从《赵飞燕外传》的记叙看,文中人物有"祸水灭火"和"汉家火德"的话,而事实是汉代秦后以"五德终始"学说确定汉德,或火或水或土,终西汉之世一直未能确定,直到东汉光武帝才确定下火德。如果传文确为西汉末年伶玄作,绝不会有这样的话。所以古今学者多以为此传是后人伪托,伶玄不过是伪托者的杜撰。传末附有荀勖校书奏,称:"右伶玄《赵后传》,竹简磨灭,文义交错,不可具晓。谨与臣勖书同校定相证,别删去其不可详者,合为一篇。其赵后、樊嫕无所终,疑玄之阙文也。"荀勖晋初领秘书监,校定群书。若此奏不伪,则传出东汉三国间,不过也有人认为荀奏和自序、桓谭语一样也都是伪托。总之此传的作者、产生时代都有疑问,从南朝诗文(如徐陵《杂诗》:"宫中本造鸳鸯殿")已引用其事典来看,大约是东汉至晋宋间的作品。

赵飞燕《汉书·外戚传》有传,原出长安宫人(官婢),其父赵临。长大后在阳阿主家学歌舞,成帝在主家见而悦之,召入宫,有女弟复召入,俱为婕妤。后立飞燕为皇后,而绝幸其妹,为昭仪,居昭阳殿。成帝暴卒,归罪赵昭仪,昭仪自杀。哀帝立,尊赵皇后为皇太后。哀帝崩,被贬为孝成皇后,徙居北宫,不久又废为庶人,遂自杀。《西京杂记》也记有飞燕姊妹事多条,如昭仪居昭阳殿,昭仪赠宝物庆飞燕为后,二赵擅宠后宫,赵后淫乱等。《西京杂记》原出西汉末刘歆,记载比较可靠。《外传》所记与《汉书》《西京杂记》情事多不同,看来是传闻异辞。不过《西京杂记》写到昭阳殿建成后昭仪"向其姊子樊延年说之",这个樊延年似与《外传》的樊嫕有某种关系。因此即便《外传》非出伶玄之手,也必定有较早的原始材料作依据。

《外传》是以宫闱秘闻为题材的一部杂传体小说,在题材的选择上具有开创性,后世文言小说中宫闱小说很多,如唐宋时期隋炀帝、唐明皇等都成为小说描写的热门题材,这不能不说是《外传》影响的结果。它以杂传之体详述宫闱香艳之事,文长两三千字,描写细微真切,闺闱媟亵之状有若目睹,人物性格鲜明生动,而在客观描述中又不动声色地寄寓着作者冷峻的理性批判和对盛衰枯荣、"万物变态"的沉重历史感喟——即所谓"荒田野草之悲"。凡此都在唐传奇同类小说中得到继承和发扬,因此明人胡应麟曾说"《飞燕》,传奇之首也"(《少室山房笔丛·九流绪论下》),正确指出它在小说史上以鲜明的艺术形式和深邃的艺术旨趣成为唐传奇的先声。

在艺术表现方面,《外传》最突出的特点表现在人物描写上。作品最重要的人物是赵飞燕姊妹和汉成帝三人，围绕三人的关系编织材料，构成一帝二妃的三角关系，其包容的基本内容都集中在物欲和情欲方面，通过人物之间在欲望驱动之下互相依附又互相冲突的关系，生动展现出人物形象和人物性格。从人物地位上说成帝虽为驾驭二赵的主体，但在作品中并不占主导地位，这位荒淫纵欲的帝王实际只是个配角，他沉湎于“温柔乡”的淫欲好色成为二赵尽情表演的背景。

二赵形象的共同特征是淫荡和争宠，对此作品有丰富的情节描写。但二赵又明显有别，其行为方式和情感脾性显示出各自鲜明的独特性。

《西京杂记》载赵后与十五岁的侍郎庆安世同居处，以求有子，又“以軿车载轻薄少年，为女子服，入后宫者日以十数，与之淫通，无时休息，有疲怠者，辄差代之，而卒无子”，这当是实录。《外传》中的赵后恰也是这样的。她的情欲较之其妹尤为旺盛，胆大妄为，淫乱后宫，是个极不安分的主儿。她在入宫前就与射鸟者私通，但能在临幸之际运用“内视盈肌”法伪装成处女，骗过成帝获宠，赢得个“礼义人”的赞誉，当上皇后。此后不改前愆，变本加厉地行淫乱之事，以皇后之尊却在远条馆私通侍郎宫奴之辈。值得注意的是所通多为“多子者”，就是儿女多的人，很显然，她是为了借助这些生育能力旺盛的男人来使自己怀孕产子。可见她的淫乱不仅为情欲的满足，还有更深远的目的，就是希冀凭着一男半女来固定自己在后宫的尊崇地位。可是事与愿违，由于她为驻颜却老而滥用方药，闹得丧失生育能力，这实在是对她淫乱纵欲的天罚。

在后宫赵后唯一的争宠者是妹妹赵合德，成帝虽对赵家姊妹同样宠爱，但受合德妖惑尤深。太液池歌舞一节描写笔墨精彩：赵后紫裙广袖，在成帝和情郎伴奏下迎风歌舞，“顾我顾我”的卖弄风情，“仙乎仙乎”的忸怩作态，“去故而就新，宁忘怀乎”的满腹醋意和哀怨，“帝恩我，使我仙去不得”的装腔作势，把这个艳后与妹妹争宠的那种复杂心态抒写得淋漓尽致。还须指出，作品开头部分描写飞燕“纤便轻细，举止翩然”，这是她的形体特征，这节歌舞描写恰是这一特征的具体显现。作品还描写了她和昭仪的一次由情郎燕赤凤所引起的正面冲突，她把一肚子妒忌和怨恨都撒在昭仪身上。昭仪曾说“姊性刚”，从这里确实可以看出她倔强任性的个性。她的这种刚硬性情，连成帝也害怕，作品中说他“畏后”，是个怕老婆的软主儿，赵后病了，他得亲自尝药喂药。

较之浅薄任性头脑简单的赵后，昭仪在争取人主宠爱及处理和姐姐的关系上显得极有心术，作品对此有十分成功的描写。她的入宫就是颇有一番算计的，当成帝令人前后两次召其入宫时，一方面她表示“非贵人姊召不敢行”，甚至以死相拒，一方面在面见成帝时又精心打扮以撩起成帝欲心。这分明是对成帝暗施欲擒故纵之计,同时又陷姐姐于不义,一开始就把自己在今后与姐姐的争宠中置于有利地位。老到的淖夫人一眼便识破她的心术,骂她是灭火的祸水。果然她一入宫便逗得成帝情欲大发,宁愿老死在她设置的温柔乡中。这里有一个意味深长的对比:当初飞燕入宫时伪装成羞羞答答的"礼义人",合德却从煽情上手,她毕竟更了解好色纵欲的风流皇帝,于是从此"合德尤幸",在二赵争宠中她分明占了上风。但她对锋芒毕露的"贵人姊"一直采取避让态度——"婕好事后,常为儿拜",百般掩盖赵后的秽行,送重礼贺姊登大位,甚至衣袖被其姊唾沫所污也要肉麻地吹捧一番。她看准姐姐虚荣浅薄的性格弱点,百般讨好而以求主动。她和飞燕的那场冲突,起初一改平素"卑事后"的态度竟出口不逊,但在樊嫕劝阻下很快改变对抗态度,声泪俱下地对姐姐动之以情,晓之以理,化解了矛盾,并又在成帝面前巧妙地掩盖了姊妹二人私通宫奴燕赤凤的丑事。昭仪这样做,一方面是因为姊为皇后己为昭仪,地位低了一等,而且皇后姐姐生性"虐妒",不能不避其锋芒,同时她也明白毕竟是双胞胎姊妹,一损俱损,一荣俱荣,应当顾全大局,用她的话说"我姊弟其忍相搏乎",可见她是很有点头脑的。但她毕竟也是争强好胜之人,暗中时时和贵人姊一比高低,只因她得知成帝赐给了赵后她所没有的东西,便哭闹着硬是从成帝那里讨了来,比姐姐的还好。

如果说赵后一味和侍郎宫奴鬼混以淫乱为事的话,昭仪虽然也放纵情欲,也曾和燕赤凤有一手,但她的主要性对象却是成帝。实际上纵欲过度的成帝常常阳痿不起或自泄,她便设法对其进行挑逗,激发和维持成帝的性欲,昭仪夜浴兰室的描写极为生动地表现了她对成帝的挑逗——顺便说昭仪灯下入浴显示其"肤体光发",也正和开头一段"合德膏滑,出浴不濡"的描写相照应。对于已经不能满足其性欲的成帝她始终不肯放弃,这是因为她懂得"持人主如婴儿"才是自己荣华富贵的唯一依靠,她把尊贵地位看得比情欲更重要,比起不问张三李四只求风流快活的赵后,这也是她精明过人的地方。应当说她的一切算计都获得成功,她同时把两位主子都牢牢控制住了。但是她终于不配有好的命运,甚至比其姊更差,她为满足成帝也为满足自己的肉欲把主子给害死了,在太后追究下呕血而死。据《汉书》记载,昭仪阴毒嫉妒,中宫史曹宫得成帝幸生儿,昭仪逼曹宫及其婢六人自杀,所生儿被人取走下落不明。许美人亦产儿,昭仪和成帝大闹一场,害死新生儿。掖庭令吾丘遵曾对掖庭狱丞籍武说,"掖庭中御幸生子者辄死,又饮药伤堕者无数",都是昭仪所为。《外传》中没有这方面的描写,但她工于心计,百般邀宠,"持人主如婴儿",专擅后宫,与历史上的赵昭仪性格是一致的。

《外传》还有一个较重要的人物樊嫕——和赵家姊妹有亲属关系的后宫女

官。她处在成帝二赵之间，对他们的种种淫乱纵欲持维护怂恿推波助澜的态度，也是二赵矛盾的调和者。因此，从叙事结构上来说这是个关键人物，她的活动推动着许多事件的发生和发展，如合德的进宫，二赵的分馆而居等等，借助她的参与也使分散的事件获得整体性。另外，她也是作为宫闱秘闻的知情者和传播者出现的，这样就使鲜为外人所知的后宫艳事获得真实性。

《外传》是十分优秀的小说作品，取得多方面的艺术成就。作品的语言比较浅俗流畅，琐事细情娓娓道来。作者善于运用多种描写手段，笔触细腻，情态毕现。精彩的笔墨很多，除飞燕太液池歌舞、昭仪夜浴兰室的描写外，如二赵冲突一段也是有声有色的绝佳文字。其中关于赤凤的双关、鼠子的比喻，调侃讥讽，意味深长。又如昭仪夜进春药，成帝帐中行幸"笑吃吃不绝"，描摹情态，含意无穷。北宋秦醇曾模仿它另作《赵飞燕别传》，其中昭仪入浴、昭仪进药等情节都是根据《外传》，其中"初夜绛帐中拥昭仪，帝笑声吃吃不止"更是明显的抄袭。连《金瓶梅》也袭用了昭仪进药的情节，用在潘金莲和西门庆身上。《外传》的色情描写受到后人的喜爱和模仿，但它并不是渲染色情的色情小说，这是应当说明的。《外传》在艺术表现上也有缺陷，主要是没有交待赵飞燕和樊嫕的结局，荀勖校书奏也指出了这一点，这就显得结构不够完整。　（李剑国）

【作者小传】

班　固

(32—92)　东汉史学家、文学家。字孟坚。扶风安陵（今陕西咸阳）人。博览众籍，九流百家之言，无不穷究。任兰台令史。作有小说《汉武故事》《汉武帝内传》等。

王母降武帝　　班　固

东郡①送一短人，长七寸，衣冠具足。上②疑其山精，常令在案上行。召东方朔问，朔至，呼短人曰："巨灵，汝何忽叛③来？阿母④还未？"短人不对，因指朔谓上曰："王母种桃，三千年一作子，此儿不良，已三过偷之矣。遂失王母意，故被谪来此。"上大惊，始知朔非世中人。短人谓上曰："王母使臣来，告陛下求道之法：唯有清净，不宜躁扰。复五年，与帝会。"言终不见。

王母遣使谓帝曰："七月七日，我当暂来。"帝至日，扫宫内，然⑤九华灯。七月七日，上于承华殿斋。日正中，忽见有青鸟从西方来，集殿前。上问东方朔，朔对曰："西王母暮必降尊像，上宜洒扫以待之。"上乃施帷帐，烧兜末香。香，兜渠国所献也。香如大豆，涂宫门，闻数百里。关中尝大疫，死者相系⑥，烧此香，死者止。

是夜漏七刻⑦，空中无云，隐如雷声，竟天紫色。有顷，王母至，乘紫车，玉女夹驭，载七胜⑧，履玄琼凤文之舄⑨。青气如云，有二青鸟如乌，夹侍母旁。下车，上迎拜，延母坐，请不死之药。母曰："太上之药，有中华紫蜜、云山朱蜜、玉津金浆；其次药，有五云之浆、风实云子⑩、玄霜绛雪。上握兰园之金精，下摘圆丘之紫柰⑪。帝滞情不迁，欲心尚多，不死之药未可致也。"因出桃七枚，母自啖二枚，与帝五枚。帝留核着前，王母问曰："用此何为？"上曰："此桃美，欲种之。"母笑曰："此桃三千年一著子，非下土所植也。"留至五更，谈语世事，而不肯言鬼神，肃然便去。东方朔于朱鸟牖⑫中窥母，母谓帝曰："此儿好作罪过，疏妄无赖，久被斥退，不得还天。然原心无恶，寻当得还，帝善遇之。"母既去，上惆怅良久。

后上杀诸道士妖妄者百余人，西王母遣使谓上曰："求仙信邪？欲见神人而先杀戮，吾与帝绝矣！"又致三桃曰："食此可得极寿。"使至之日，东方朔死。上疑之，问使者，曰："朔是木帝精，为岁星，下游人中，以观天下，非陛下臣也。"上厚葬之。

〔注〕 ① 东郡：治濮阳，今河南濮阳西南。 ② 上：指汉武帝。 ③ 叛：背离。此指背着王母。 ④ 阿母：指王母。 ⑤ 然："燃"的本字。此指点燃。 ⑥ 系：连接。 ⑦ 夜漏七刻：古代以漏壶计时，一昼夜分为一百刻，夜漏七刻乃刚入夜不久的时分。 ⑧ 胜：妇女插在头上的一种首饰。 ⑨ 舄(xì)：鞋。 ⑩ 云子：一说是菰米，一说是碎云母，一说是云子石，状如米粒。 ⑪ 圆丘：又作员丘、环丘、圜丘，传说中的山名。《山海经·海外南经》郭璞注："有员丘山，上有不死树，食之乃寿；亦有赤泉，饮之不老。"柰(nài)：即林檎，又叫沙果，古以为仙品。 ⑫ 朱鸟牖(yǒu)：指饰有朱鸟的南窗。朱鸟又作朱雀，南方七宿之总称，以其星象似鸟，故名。

汉武帝

——《绘图历代神仙传》

本篇从《汉武故事》中节选。

《汉武故事》又称《汉武帝故事》《汉孝武故事》,旧题班固撰,不可信。或又谓南齐王俭造,也没有确切根据。《说郛》本《汉孝武故事》中称:“长陵徐氏号仪君,善传朔术,至今上元延中已百三十七岁矣,视之如童女。”元延乃西汉成帝年号(前12—前9),作者既称“今上”,明为成帝时人,书作于元延间。但有不少人认为“今上”乃作伪者故弄狡狯,以为出魏晋或六朝人手,尤无确据。原书散佚不完,今存有一卷《说郛》本和鲁迅《古小说钩沉》等辑本。本书杂记武帝一生逸闻,主要是有关武帝求仙以及与后妃们的故事,而求仙之事是全书中心。武帝“颇信鬼神事”,身边人物许多早已传说化,本书以其为中心,把东方朔、刘安、李少君、李少翁、栾大、钩弋夫人等一干被神仙化或异人化了的人物组织在一起,构成了一个内容丰富的武帝传说系统。

最值得注意的是在武帝传说中引进了西王母。西王母传说来源很古,战国时的《穆天子传》《山海经》等书中都有记载。西王母本是西方一原始部族,大约以豹为图腾,其部族首领也称作西王母。据《竹书纪年》,在西周穆王时西王母和周王朝有过交往,《穆天子传》描写了周穆王西征与西王母相见的历史传说。而在以后的流传中西王母被神化和巫术化了,这突出反映在《山海经》中,西王母被描绘成“其状如人,豹尾虎齿而善啸,蓬发戴胜”的半人半兽之神,其职“司天之厉及五残”,是一位瘟神和凶杀之神,穴居于玉山或昆仑山,有三青鸟为之取食。随着神仙思想在战国秦汉间的流行,西王母由恶神一变而为得长生之道的西方神仙,受到道术之士和世人的普遍景仰,言神仙者必称西王母,以为仙灵之最。由于汉武帝惑溺神仙,汉武帝传说的内容必然要充满神鬼之事,这就不能不和当时盛行的西王母传说结合起来,再加上穆王见西王母传说的影响,于是便产生了西王母降武帝的传说。在本书中,西王母降武帝的传说实际是以东方朔传说为中介,东方朔是天上木星精,因偷王母桃被谪人间为武帝之臣,这样一来便引出王母七月七日降武帝的故事,从而实现了武帝传说和西王母传说的合流。而这一段描写成为书中最精彩的内容,文字非常生动优美。

故事从东郡短人写起。身长七寸的短人是王母所派使者,但武帝肉眼凡胎不认识,疑为山精,只好召来东方朔。在东方朔传说中言其博识是一宗内容,这里显然也是就此入手,从而引出了东方朔。东方朔管短人叫巨灵——在神话传说中开山辟水的河神名巨灵胡(《文选·西京赋》注引《遁甲开山图》),还有一女神也叫巨灵,为武帝所宠爱(《洞冥记》卷四),东方朔以之呼七寸小人则不免显出滑稽感,名实构成反讽效果。当东方朔拿小矬子巨灵开心,责问他为什么偷跑出来时,这小人不理不睬,反过来对武帝揭出东方朔的老底子——偷王母桃的小偷。在这种轻松幽默的笔调中作者既达到了叙事目的,为下文王母之降作出铺垫,又交待出东方朔的真实身份——与王母有特殊关系的"非世中人",并生动描绘出他诙谐幽默的性格。

以下又写王母第二次遣使来告降真日期和武帝的准备工作。这里特别写到七月七日这天中午青鸟从西方来,自从《山海经》为西王母创造出"三青鸟为西王母取食"以来,青鸟就成为与王母须臾不离的美丽意象。飞来的青鸟应当是一只,所以下文写二青鸟夹侍母旁。青鸟给王母打前站,这时又写了"上问东方朔",借以再次引出东方朔,通过"非世中人"东方朔博识再引出王母之降。可见,从叙事结构上说,东方朔起着沟通武帝和王母的中介作用。在叙述武帝的迎接准备工作时,顺便又介绍了兜末香,这是忙里偷闲之笔。

以下转入对王母降武帝的描写,这是叙事的中心所在。写王母之降,笔墨见繁。先写天象变化,"隐如雷声,竟天紫色",这是暗寓王母紫车之行;再写真降车舆随从和王母服饰,派头十足——果真是神仙之象不同凡俗。对王母头戴七胜的描写值得注意,这是从《山海经》西王母"蓬发戴胜"发挥出来的,而再加上对履舄的夸饰,虽只一头一脚,但华贵之状已出。王母武帝之会,对话内容围绕不死之药展开,王母一口气说出十一种仙药。此间又加入王母出仙桃的描述和对话,是前面短人说桃的印证和呼应。最后再次牵出东方朔,王母的话又是短人的话的印证和呼应。这里,东方朔的出场是从窗户偷看王母——总离不开一个偷字,一副顽皮模样,到此为东方朔形象彻底定了型。其形象性格颇具戏剧性,所以成为后世戏曲的绝好关目,明清戏曲《偷桃记》《偷桃献寿》《偷桃捉住东方朔》《方朔偷桃》等都是表现这个淘气的偷儿的,《西游记》偷王母蟠桃的齐天大圣身上也凝聚着东方朔的影像。

求仙心切的武帝虽是主角,但无疑是一个被否定的人物。王母降真相会毋宁是对他求仙的一点安慰,并不肯给他成仙的好运气——不死之药讲了个天花乱坠,却又嫌他竖子不可教,朽木不可雕,扯了一气家长里短,对鬼神事避而不谈,然后便走,惹得武帝"惆怅良久"。"帝滞情不迁,欲心尚多,不死之药未可致也",这是王母看不上武帝的地方。早在五年前王母就托巨灵告诫武帝"求道之法,唯有清净,不宜躁扰",可是他太贪图享受人间富贵,实在难得清心寡欲。作者通过这一点分明在讲述求仙之道——光有求仙之心不行,光到处找什么不死之药不行,关键是去尘欲之心,守清净之道,舍此别无他途。

以下便是余笔了,顺着武帝的"躁扰"写他对道士大开杀戒——这一定是道士们既搞不来不死药,也请不来神仙,只会装神弄鬼,就像秦始皇为此而坑方士一样;于是再由此引出王母遣使绝交送桃,把王母写得既有原则性又有人情味。到此对武帝的批判算是基本结束了,但还留了一点余绪。就在这一天东方朔突然死了——应着王母那句话:“寻当得还。”这里有两重用意:一是通过使者的话交待出东方朔的木帝精本相,给东方朔的形象画上句号。二是应着王母那句话“帝善遇之”,以“上厚葬之”作结,潜台词还是前边那句“上惆怅良久”。王母绝交之日便召回东方朔,至此我们才算明白,原来东方朔是王母派到武帝身边来“观”他的。东方朔一死,武帝和王母的联系便彻底断了,武帝之非仙才也就成为定案。不过作者对武帝还算客气些,毕竟是本朝的皇帝老子,所以还是叫他一睹王母仙颜。以求仙之切而论,秦始皇比汉武帝有过之而无不及,但因为他太残暴,神仙家和方士之徒从不给他这等荣幸。

这段故事的叙事结构颇可玩味。第一节短人之出如同楔子或序幕,是主要情节的前奏和铺垫,对武帝、东方朔的形象内涵和特征作了定性,确定了故事的风格基调。然后有条不紊地展开情节,由武帝、王母、东方朔三人的明确关系确定了叙事的情节框架,既实现了对武帝的批判,也实现了对东方朔形象的塑造。还应注意的,是王母桃意象的前后三次出现。王母桃和紫车、青鸟、玉女这些美丽意象对王母的形象起到很好的烘托作用,同时以其作为仙家神品的奇妙和意象的鲜丽也浓化和美化了作品的神仙氛围,而且因其与东方朔的特殊关系成为描写东方朔形象的紧要关目。作品的语言平易雅洁,对话生动传神。

(李剑国)

汉武帝内传(节选)　　班　固

孝武皇帝,景帝①子也。未生之时,景帝梦一赤彘从云中下,直入崇芳阁。景帝觉而坐阁下,果有赤龙如雾,来蔽户牖。宫内嫔御,望阁上有丹霞蓊蔚②而起,霞灭,见赤龙盘回栋间。景帝召占者姚翁以问之。翁曰:“吉祥也。此阁必生命世③之人,攘夷狄而获嘉瑞,为刘宗盛主也。然亦大妖。”景帝使王夫人④移居崇芳阁,欲以顺姚翁之言也。乃改崇芳阁为猗兰殿。旬余,景帝梦神女捧日以授王夫人,夫人吞之,十四月而生武帝。景帝曰:“吾梦赤气化为赤龙,占者以为吉,可名之吉。”至三岁,景帝抱于膝上,抚念之,知其心藏洞彻⑤。试问:“儿乐为天子否?”对曰:“由天不由儿。愿每日居宫垣,在陛下前戏弄,亦不敢逸豫[6],以失子道。”景帝闻而愕然,加敬而训之。他日,复抱置几前,试问:“儿悦习何书?为朕言之。”乃诵伏羲[7]以来群圣所录阴阳诊候[8],及龙图龟策[9]数万言,无一字遗落。至七岁,圣彻过人,景帝令改名彻。

及即位,好长生之术,常祭名山大泽,以求神仙。元封元年[10]正月甲子,祭嵩山,起神宫。帝斋七日,祠[11]讫乃还。至四月戊辰,帝夜闲居承华殿,东方朔、董仲君[12]侍。忽见一女子,著青衣,美丽非常。帝愕然问之,女对曰:“我墉宫[13]玉女王子登也,向为王母所使,从昆山[14]来。”语帝曰:“闻子轻四海之禄[15],寻道求生;降帝王之位,而屡祷山岳。勤哉!有似可教者也。从今百日清斋,不闲[16]人事,至七月七日,王母暂来也。”帝下席,跪诺。言讫,玉女忽然不知所在。帝问东方朔:“此何人?”朔曰:“是西王母紫兰室玉女,常传使命,往来扶桑[17],出入灵州[18],交关常阳[19],传言玄都[20]。阿母昔以出配北烛仙人,近又召还,使领命禄[21],真灵官[22]也。”

帝于是登延灵之台,盛斋存道,其四方之事,权委于冢宰[23]焉。至七月七日,乃修除[24]宫掖之内,设座殿上,以紫罗荐[25]地,燔[26]百和之香,张云锦之帐,然九光之灯,设玉门之枣,酌蒲(葡)萄之酒,躬[27]监肴物,为天官[28]之馔。帝乃盛服立于陛下,敕端门[29]之内,不得妄有窥者。内外寂谧,以俟云驾。

至二唱[30]之后,忽天西南如白云起,郁然直来,径趋宫庭间。须臾转近,闻云中有箫鼓之声,人马之响。复半食顷,王母至也。县[31]投殿前,有似鸟集。或驾龙虎,或乘狮子,或御白虎,或骑白麐,或控白鹤,或乘轩车,或乘天马,群仙数万,光耀庭宇。既至,从官不复知所在。唯见王母乘紫云之辇,驾九色斑龙,别有五十天仙,侧近鸾舆,皆身长一丈,同执彩毛之节[32],佩金刚灵玺,戴天真之冠,咸住殿前。王母唯扶二侍女上殿,年可十六七,服青绫之袿[33],容眸流眄[34],神姿清发,真美人也。

王母上殿，东向坐，著黄锦袷襡[35]，文采鲜明，光仪淑穆。带灵飞大绶，腰[36]分头之剑。头上大华结[37]，戴太真晨婴之冠，履玄琼[38]凤文之舄。视之可年卅许，修短得中，天姿掩蔼[39]，容颜绝世，真灵人也。下车登床[40]，帝拜跪，问寒温毕，立如[41]也。

因呼帝共坐，帝南面，向王母。母自设膳，膳精非常。丰珍之肴，芳华百果，紫芝萎蕤[42]，纷若填樏[43]。清香之酒，非地上所有，香气殊绝，帝不能名也。又命侍女索桃，须臾，以盘盛桃七枚，大如鸭子，形圆，色青，以呈王母。母以四枚与帝，自食三桃。桃之甘美，口有盈味。帝食辄录[44]核。母曰："何谓[45]？"帝曰："欲种之耳。"母曰："此桃三千岁一生实耳，中夏[46]地薄，种之不生如何！"帝乃止。于坐上酒觞数过，王母乃命侍女王子登弹八琅之璈[47]，又命侍女董双成吹云龢[48]之笙，又命侍女石公子击昆庭之钟，又命侍女许飞琼鼓震灵之簧[49]，侍女阮凌华拊五灵之石[50]，侍女范成君击洞庭之磬，侍女段安香作九天之钧[51]。于是众声澈朗，灵音骇空。又命侍女安法婴歌《玄灵》之曲。其词曰：

大象[52]虽寥廓，我把[53]天地户。
披云沉灵舆，倏忽[54]适下土。
空洞[55]成玄音，至灵不容冶[56]。
太真嘘[57]中唱，始知风尘苦。
颐神三田[58]中，纳精六阙[59]下。
遂乘万龙辅[60]，驰骋眄九野。

二曲曰：

玄圃遏[61]北台，五城[62]焕嵯峨。
启彼无涯津，泛此织女河[63]。
仰上升绛庭[64]，下游月窟阿。
顾眄八落[65]外，指招九云遐。
忽已不觉劳，岂寤[66]少与多。
抚璈命众女，咏发感中和。

妙畅自然乐，为此玄云歌。

韶[67]尽至韵存，真音辞无邪[68]。

歌毕，帝乃下地叩头，自陈曰："彻受质不才，沉沦流俗，承禅先业，遂羁世累。政事多阙，兆民不和，风雨失节，五谷无实。德泽不建，寇盗四海。黔首劳毙，户口减半。当非其主，积皋[69]丘山。然少好道，仰慕灵仙，未能弃禄委荣，栖迹山林，思绝尘饵，罔知攸向[70]。且舍世寻真，钻启无师。岁月见及，恒虑奄忽[71]。不图天颜顿集，今日下臣有幸得瞻上圣，是臣宿命合得度世[72]。愿垂哀怜，赐诸不悟，得以奉承切己之教。"

王母曰："女[73]能贱荣乐卑，耽虚味道，自复佳耳。然女情恣体欲，淫乱过甚，杀伐非法，奢侈其性。恣则裂身之车，淫为破年之斧，杀则响对[74]，奢则心烂，欲则神陨，聚秽命断。以子蕞尔[75]之身，而宅[76]灭形之残；盈尺之材，攻以百仞之害。欲此解脱三尸[77]，全身永久，难可得也。有似无翅之莺，愿鼓翼天池[78]；朝生之虫[79]，而乐春秋者哉！若能荡此众乱，拨秽易韵，保神炁于绛府[80]，闭淫宫而开悟，静奢侈于寂室，爱众生而不危。守兹道戒，思乎灵味，务施惠和，练惜精气，弃却浮丽，令百竞速游[81]。女行若斯之事，将岂无仿佛[82]也。如其不尔，无为抱石而济长津矣。"帝跪受圣戒："请事斯语。"

于是王母言粗毕，啸命灵官，使驾龙严车[83]欲去。帝下席叩头，请留殷勤。王母乃止。王母乃遣侍女郭密香，与上元夫人相问，云："王九光母敬谢，但不相见四千余年。天事劳我，致以愆面[84]。刘彻好道，适来视之，见彻了了[85]，似可成进。然形慢神秽，脑血淫漏，五藏不淳，关胄彭勃[86]，骨无津液，浮反外内，宍[87]多精少，瞳子不夷[88]，三尸狡乱，玄白失时，语之至道，殆恐非仙才。吾久在人间，实为臭浊。然时复可游望以写细念[89]。庸主对坐，悒悒不乐。夫人肯暂来否？若能屈驾，当停相须[90]。"帝不知上元夫人何神人也，又见侍女下殿，俄失所在。

须臾,郭侍女返,上元夫人又遣侍女答问云:“阿环再拜,上问起居。远隔绛河[91],扰以官事,遂替颜色[92],近五千年。仰恋光润,情系无违。密香至,奉信,承降尊于刘彻处,闻命之际,登当颠倒[93]。先被大帝君敕,诣玄洲[94],校定天元[95],正尔暂往。如是当还,还便束带,须臾少留。”

帝因问上元夫人由。王母曰:“是三天真皇之母,上元之官,统领十方玉女之名录者也。”当二时许,上元夫人至,来时亦闻云中箫鼓之声。既至,从官文武千余人,皆女子,年同十八九许,形容明逸,多服青衣,光彩耀日,真灵官也。夫人年可廿余,天姿清辉,灵眸绝朗,服赤霜之袍,云彩乱色[96],非锦非绣,不可名字。头作三角髻,余发散垂之至腰,戴九灵夜光之冠,带六出火玉之珮,垂凤文琳华之绶,腰流黄挥精之剑。上殿向王母拜,王母坐而止之,呼同坐,北向。夫人设厨,厨之精珍,与王母所设者相似。王母敕帝曰:“此真元之母,尊贵之神,女当起拜。”帝拜,问寒温,还坐。夫人笑曰:“五浊之人,耽湎荣利,嗜味淫色,固其常也。且彻以天子之贵,其乱目者,倍于常人焉。而复于华丽之墟,拔嗜欲之根,愿无为[97]之事,良有志也。”王母曰:“所谓有心哉!”

上元夫人谓帝曰:“女好道乎?闻数招方士,祭山岳,祠灵神,祷河川,亦为勤矣。而不获者,实有由也。女胎性暴,胎性奢,胎性淫,胎性酷,胎性贼,五者恒舍于荣卫[98]之中,五藏之内,虽锋铓良针,固难愈矣。”

须臾,殿南朱雀窗中,忽有一人来窥看仙官。帝惊问:“何人?”王母曰:“女不识此人耶?是女侍郎东方朔,是我邻家小儿也。性多滑稽,曾三来偷此桃。此子昔为太上仙官,太上令到方丈山助三天司命收录[99]仙家。朔到方丈,但务山水游戏,了不共营和气[100],擅弄雷电,激波扬风,风雨失时,阴阳错迕。致令蛟鲸陆行,山崩境坏,海水暴竭,黄鸟宿渊。妨农芸田,沉湎玉酒,失部御之和,亏奉命之科[101]。于是九源丈人廼[102]言之于太上，太上遂谪斥，使在人间，去太清之朝[103]，令处臭浊之乡。近金华山二仙人及九疑君[104]，比[105]为陈乞，以行原[106]之。”于是帝乃知朔非世俗之徒也。

时酒酣周宴，言请粗毕，上元夫人自弹云林之璈，鸣弦骇调，清音灵朗，玄风四发，乃歌《步玄》之曲，辞曰：

昔涉元真道，腾步登太霞。
负笈造天关，借问太上家。
忽过紫微垣[107]，真人列如麻。
绿景清飙起，云盖[108]映朱葩。
兰宫敞琳阙，碧空启璚沙。
丹台结空构，晔晔[109]生光华。
飞凤踶甍[110]峙，烛龙倚委蛇[111]。
玉胎来绛芝，九色纷相拏[112]。
挹景[113]练仙骸，万劫方童牙。
谁言寿有终，扶桑不为查[114]。

王母又命侍女田四飞答歌曰：

晨登太霞宫，挹此八玉兰。
夕入玄元阙，采蕊掇琅玕。
濯足匏瓜河[115]，织女立津盘。
吐纳挹景云，味之当一餐。
紫微何济济，璚轮复朱丹。
朝发汗漫府[116]，暮宿句陈垣[117]。
去去道不同，且如体所安。
二仪设[118]犹存，奚疑亿万椿[119]。
莫与世人说，行尸言此难。

歌毕，因告武帝仙官从者姓名，及冠带执佩物名，所以得知而纪焉。至明旦，王母别去。上元夫人谓帝曰：“夫李少君[120]者，专念精进，理妙微密，必得道矣。其似未有六甲灵飞之文，女当可以示之。”帝曰：“诺。”于是夫人与王母同乘而去。临发，人马龙虎，威仪如初来时。云气勃蔚，尽为香气。极望西南，良久乃绝。

〔注〕①景帝：刘启，前157—前141年在位。②蓊(wěng)蔚：草木茂盛的样子。③命世：治世。④王夫人：初嫁为金王孙子妇，生一女，刘启为太子时纳之，生三女一男。后景帝立王夫人为皇后，刘彻(武帝)为太子。元朔三年(前126)崩。⑤心藏洞彻：心地聪明开悟，藏同"脏"。⑥逸豫：安乐。⑦伏羲：上古神话中的人物，相传发明八卦。⑧诊候：对吉凶的占验。⑨龙图龟策：即河图洛书，相传龙负图出于黄河，龟负书出于洛水，皆为神秘的图谶。⑩元封元年：前110年，元封乃武帝年号。⑪祠：祭祀。⑫董仲君：方士，《神仙传》有传。原作董仲舒，据《太平广记》校本改。⑬墉宫：道教传说，昆仑山有墉城，中有金台玉楼，乃王母所居，见《十洲记》。⑭昆山：即昆仑山。⑮四海之禄：天子的禄位。⑯闲：习。⑰扶桑：神话中有扶桑树，日之所出。据《十洲记》，扶桑树在东方大海中的仙山，其山亦称扶桑，乃西王母之偶东王父所居之所。⑱灵州：神仙传说中的地名。⑲交关：交通往来。常阳：又作"常羊"，传说中的山名，在西方大荒中，日月所入。相传炎帝生于此，刑天葬于此。见《山海经》《宋书·符瑞志》。⑳玄都：在北海玄洲，神仙之居，见《十洲记》。㉑命禄：官禄。㉒灵官：仙官。㉓权：暂时。冢宰：执政大臣。㉔修除：整理打扫。㉕荐：铺。㉖燔(fán)：烧。㉗躬：亲自。㉘天官：天上的仙官。㉙端门：皇宫南面的正门。㉚二唱：二更。古代夜间打更人高声报时，称作唱漏、唱筹。㉛县：同"悬"。㉜节：符节，汉代官员的凭证，以竹为之，饰以牦牛尾。㉝袿(guī)：妇女上衣。㉞流眄(miǎn)：目光流转。㉟袷襡(jiá shǔ)：夹长腰衣。㊱腰：腰佩。㊲华结：插花的发髻。华同"花"，结同"髻"。㊳琼：美玉。㊴掩蔼：艳丽。㊵床：古代供坐卧的器具，与后世专供睡觉的床不同。㊶如：语气助词，无实义。㊷萎蕤(ruí)：华盛的样子。㊸樏(lěi)：器具名，似盘，中有隔，分隔成若干部分。㊹录：留下，收起。㊺谓：通"为"(wéi)。㊻中夏：中国。㊼璈(áo)：一种古乐器。㊽龢：同"和"。㊾簧：笙竽之类乐器，皆有簧片。㊿拊(fǔ)：击打。石：石磬。51钧：乐调。52大象：宇宙。53把：把守，看守。54倏忽：疾速。55空洞：玄虚空邈。56冶：销熔。57嘘：吐气。58三田：道教谓两眉间为上丹田，心为中丹田，脐下为下丹田，合称三田。59六阙：指神仙所居住的宫阙。60辅(chūn)：车。61玄圃：台名，在昆仑山西角，见《十洲记》。遏：阻隔。62五城：昆仑山有天墉城，城上有金台五所，见《十洲记》。63织女河：银河。64绛庭：指天庭。绛，红色。65八落：八方极远之地。66寤：同"悟"。67韶：传说中的舜乐，此指仙乐。68无邪：指俗世歌曲。《论语·为政》："《诗》三百，一言以蔽之，曰思无邪。"69辠：同"罪"。此指犯罪案件。70攸向：所向。71奄忽：光阴迅速。72度世：超脱尘世。73女：通"汝"。74响对：响应，反响。75蕞(zuì)尔：渺小。76宅：处于。77三尸：道教认为人体内有三虫，称"三尸"，又称"三彭"。通过修炼除掉三尸则可长生。78天池：即南冥，也就是南溟(海)。《庄子·逍遥游》说北冥有鱼名鲲，化为鸟名鹏，张翼若垂天之云，徙于南冥，水击三千里。79朝生之虫：蜉蝣，一种小虫，朝生夕死。80炁：同"气"。绛府：道教术语，即心，又称绛宫。81百竞：种种竞逐。游：离去。82仿佛：差不多。83严车：整理好车驾。84愆(qiān)面：久违。85了了：聪明伶俐。86彭勃：迅猛不衰。87宍：同"肉"。88夷：平。89游望：游目遥望。写：同"泻"。细念：细密的思念(指对上元夫人)。90须：等待，等候。91绛河：银河。92替颜色：不见面。颜色，容貌。

⑬ 登当：立即，当即。颠倒：颠倒衣裳的意思，形容临动身前匆匆忙忙穿衣装束的兴奋慌乱情景。语本《诗经·齐风·东方未明》："东方未明，颠倒衣裳。" ⑭ 玄洲：十洲之一，在北海，见《十洲记》。 ⑮ 天元：历法。 ⑯ 乱色：斑驳陆离的颜色。 ⑰ 无为：清净无为。 ⑱ 荣卫：血气的循环周流。 ⑲ 方丈山：海上三仙山之一，又称方丈洲，在东海。三天司命：据《十洲记》，治所在方丈洲，管理群仙，方丈洲有仙家数十万。收录：捉拿，逮捕。 ⑩ 共营和气：同心协力办事。 ⑩ 科：准则。 ⑩ 九源丈人：仙官，主领天下水神，见《十洲记》。廼：同"乃"。⑩ 太清之朝：天帝的朝廷。 ⑩ 金华山：在浙江金华北，相传赤松子成仙于此。九疑君：九疑山神仙。九疑山在今湖南宁远南。 ⑩ 比：一同。 ⑩ 原：恕免。 ⑩ 紫微垣：星座名，古以为天帝所居。 ⑩ 云盖：状如车盖的云。 ⑩ 暐暐(wěi wěi)：光彩耀眼的样子。⑩ 踶(dì)：踢，踏。甍(méng)：屋脊。 ⑪ 烛龙：神话传说中的神，在北方，人面蛇身而赤，瞑目则晦，开目则明，可以照亮日光射不到的九阴。委蛇：长蛇。 ⑫ 拏(ná)：连接。 ⑬ 挹(yì)景：吸取日光。 ⑭ 查：同"楂"，木筏。 ⑮ 匏瓜：星名，在河鼓星东，临近银河。河：指银河。 ⑯ 汗漫府：仙人之府。 ⑰ 句(gōu)陈垣：句陈又作钩陈，星名，在紫微垣内北极之处，乃天帝之后宫。 ⑱ 二仪：天地。设：假设，假如。 ⑲ 奚：何。亿万椿：生长亿万年的椿树。《庄子·逍遥游》："上古有大椿者，以八千岁为春，八千岁为秋。" ⑳ 李少君：武帝时方士，后传为神仙。

《汉武帝内传》又称《汉武内传》《汉孝武内传》《汉武帝传》，旧题班固撰，不可信。前人或又以为东晋葛洪伪造，亦缺乏确证。古今学者大都以为魏晋或六朝人撰，今按：本书记事以《汉武故事》为本，景帝梦赤彘抄自东汉初郭宪《洞冥记》，又多取《十洲记》中人物地名，因袭痕迹甚明，自应出此三书之后，而此三书学者多以为六朝人伪托，故亦以为本书出于六朝，其实皆为两汉书。考西晋张华《博物志》卷八记武帝会王母事，文字多与本书合，两晋间郭璞《游仙诗》"汉武非仙才"句用本书王母谓武帝"殆恐非仙才"典，故疑本书实应为东汉末至曹魏间作品。其时道教兴盛，故有斯作。

本书内容敷演《汉武故事》中王母降武帝的故事，原故事不足四百字，此传则增饰墉宫女子王子登传王母命，诸侍女奏乐唱歌，上元夫人应命来降，王母和上元对武帝论服食长生、神书仙术、授以仙书神符等情事，人物由武帝、王母、东方朔三人增至十数人。在艺术表现上采用汉赋铺张手段，又吸收东汉兴起的五言诗形式，夹诗于文，洋洋万言，文辞华美，竭尽渲染夸饰之能。前人称其"文采绚烂，辞章家承用不废"(清钱熙祚《汉武帝内传校勘记》)。但雕缋满眼，不免损伤作品的生动性，而且着意宣扬道术，许多地方枯燥无味，难以卒读，此其大弊。这里是节选，删去大量谈论道术的枯燥内容以及王母、上元降武帝以后发生的事情，但主要内容都保留了。

内容可分为三大段。第一段写武帝的神奇出生和不凡的幼年。后者不必多说；关于前者，主要是通过汉景帝的两个奇梦表现的，一个是梦赤彘入阁，一个是梦王夫人吞日,很显然这都是在证明武帝是真命天子,占者姚翁的话——“命世之人”“刘宗盛主”——正揭示出这一点。大凡神圣不凡之人都是禀天命而生,是天上神人神物降凡,这是古人的观念。武帝作为汉代最负盛名的一代雄主,其来历出生自应被涂上神秘色彩。《汉书·外戚传》已载王夫人“梦日入其怀”而生武帝,表明这一传说出现很早,只不过传闻异辞,略有不同。梦赤彘入阁,本《洞冥记》所载:“景帝梦一赤彘,从云中直下,入崇兰阁。帝觉而坐于阁上,果见赤气如烟雾,来蔽户牖,望上有丹霞,蓊郁而起,乃改崇兰阁为猗兰阁。后王夫人诞武帝于此殿。”不过也有不同。主要是景帝所见原为赤气,也就是赤彘之气,但在《内传》中说成赤龙,由此便出现了彘龙之异,前后不一。其实仔细玩味,那赤彘也正是赤龙——猪首龙。猪龙非龙之正——据说唐代安禄山也是猪龙,故而姚翁预言武帝以后不仅是“刘宗盛主”,也将是产生祸乱的“大妖”。这里分明给武帝的形象定了性,作品并不写他作为“刘宗盛主”的雄才大略、文治武功,而赋予他妖祸性质,把他定位于被否定的地位,仍旧秉承了《汉武故事》的基调。

二三段写王母、上元夫人降会武帝,是作品的中心。“及即位,好长生之术”云云是铺垫性、背景性的交待,叙述简略,点到为止。然后进入正题,而以王母侍女王子登的出场为过渡,这与《汉武故事》以短人巨灵为过渡人物颇为不同,但又牵出东方朔,由他交待王子登身份,则和《汉武故事》用意全似。改“三寸丁谷皮”般的小矬子巨灵为漂亮玉女是有讲究的,作者有意在王母周围设计出一大批美丽侍女,就是要竭力渲染王母的富丽,使作品的氛围充满豪华感,王子登不过是露面的头一个。

写武帝的迎接准备工作笔墨铺陈,写到香帐灯酒肴等,这也是铺垫笔墨,像是开场锣鼓,一切全为了王母的到来——一次场面浩大富丽堂皇的降真活动。王母的出场,笔墨繁富,有条不紊。先写白云之起、箫鼓之声、人马之响,声色并茂;再写群从仙官,用七个或字句排比从官坐骑,用笔张扬;再写王母车驾近侍。这一方面描写出王母出行的排场、场面的宏丽,同时也表现出出行队伍由远到近的过程和视觉上由近到远的律动。当王母露面后,并未急于对王母展开描写,而是先描写二侍女,最后才描写王母。对侍女和王母的肖像描写笔法相似,都描写年龄、服饰、气度神情,但描写侍女只用了五句,以“真美人也”作结,描写王母用了十三句,描写愈加细致,文辞愈加华美,以“真灵人也”作结,显然对侍女的描写是有意衬托王母形象,突出王母的尊贵、豪华、美丽、端庄。接下去是描写王母设膳、食桃和侍女奏乐作歌,其中歌乐描写最为详细,作者一连列出八位侍女,用铺叙手段描写歌乐之繁富。安法婴所歌《玄灵》二曲(两首五言诗),歌词全录,以王母口气抒写仙家之情。

与《汉武故事》相比,《内传》增添了上元夫人下降的情节。上元夫人始见于《十洲记》,然未言其为何仙官,此则以其为三天上元之官,是玉女的总班头,地位显赫。作品对上元夫人的描写,用笔全似王母,也写云中箫鼓之声、文武从官、侍女容服,而对上元仪容服饰的描写规格几同,表明了这位年轻美丽仙官的尊贵地位。王母、上元临归前作品描写了上元弹璈作歌和王母令侍女田四飞答歌,这又是两首充满神仙家言和美妙想象的五言诗,仍起着渲染气氛、烘托主题和丰富文本的作用。

作品的其余内容,主要是王母和上元夫人对武帝讲修仙之道,冗长乏味,纯为道家言。但值得注意的是,其中始终贯穿着对武帝的批评。本来王母见武帝求仙心切,意欲传以至道,见面后经一番观察,才发现这位"形慢神秽"的"庸主"根本不是什么"仙才",未免失望。因此王母对武帝的教诲是以批评和告诫的形式出现的,告诫其力戒恣、淫、杀、奢、欲。上元夫人也是这样,严厉批评武帝"胎性暴,胎性奢,胎性淫,胎性酷,胎性贼"。王母和上元对武帝的批评和告诫各拈出五字,发聋振聩,语重心长,直指武帝的病根,实际上已宣布了武帝修仙之为不可能,诚如王母所云是"抱石而济长津"的事情。在作品的最后,写到了武帝的一系列表现,他一方面"乃信天下有神仙之事",却又与王母、上元教诲背道而驰,"淫色恣性,杀伐不休,兆人怨于劳役,死者怨于无辜",甚至还自以为"神真见降,必当度世",变本加厉地行杀虐之事,"劳弊百姓,坑杀降卒,远征夷狄",结果两位神仙再也不来了。作品对武帝的批评是符合史实的,《汉书》说武帝"雄材大略",但缺乏文景二帝之恭俭济民,评价基本一致。作品通过武帝给求仙者树立了一个反面样板,启示世之求仙者光有求仙之心求仙之行远远不够,重要的是去欲修心。这个道理是道教的基本思想,是被反复强调着的。可见在道教的修仙理论中融汇着儒家的道德观和政治观,武帝正是从这一角度被批判被否定的,这算是作品在思想上的一点点积极意义。

和《汉武故事》一样,东方朔在作品中是一个特殊角色,他是武帝和王母之间的中介人物。作品也穿插了东方朔朱雀窗窥看的描写,和前文汉武问东方朔王子登之事形成照应。对武帝揭东方朔偷桃的老底子,在《故事》中是短人巨灵的事,此则改为王母,而出自王母之口尤可见王母惜爱之情。《故事》只说东方朔"久被斥退,不得还天",未言其故,此则根据《十洲记》的素材增饰方丈山贪玩好酒误了大事而被贬斥,内容丰富多了。《内传》后文也写到东方朔之归天,说:"其后,东方朔一旦乘云龙飞去,同时众人见从西北上冉冉,仰望良久,大雾覆之,不知所在,帝愈懊恼。"较之《故事》"东方朔死"四字要生动详明。东方朔之弃武帝而去,是因为王母对武帝已彻底绝望,武帝的求仙愿望算是彻底破灭了。

《内传》的语言华丽铺张,大量运用排偶笔法,具有汉赋的语言特点,具有强烈的形式美。在文言小说的发展过程中,赋曾对小说的题材、主题、文体、语言产生过影响,《内传》便是一例。《内传》属杂传体小说,西晋张敏和东晋曹毗的同类作品《神女传》《杜兰香传》写神女下降,其叙事结构和语言与《内传》有许多近似处,可能受到《内传》的影响;东晋王嘉的志怪小说集《拾遗记》也具有华丽铺张的语言特点,可能也受到《内传》的影响。　　(李剑国)

【作者小传】

郭　宪

东汉小说家。字子横。汝南宋(今安徽太和)人。东汉初召为博士,迁光禄勋。作有小说集《洞冥记》等。

东　方　朔　　郭　宪

东方朔,字曼倩。父张夷,字少平,妻田氏女。夷年二百岁,颜如童子。朔母田氏寡居,梦太白星临其上,因有娠。田氏叹曰:"无夫而娠,人将弃我。"乃移向代郡东方里为居。五月旦[①]生朔,因以所居里为氏,朔为名。朔生三日而田氏死,时景帝三年[②]也。邻母拾而养之。年三岁,天下秘谶,一览闇[③]诵于口,常指扮[④]天下空中独语。

邻母忽失朔,累月方归,母笞之。后复去,经年乃归。母忽见,大惊曰:"汝行经年一归,何以慰我耶?"朔曰:"儿至紫泥海,有紫水污衣,仍过虞渊湔浣[⑤]。朝发中返,何云经年乎?"母问之:"汝悉是何处行?"朔曰:"儿湔衣竟,暂息都崇堂。王公饴儿以丹栗霞浆,儿食之太饱闷,几死。乃饮玄天黄露半合[⑥],即醒。既而还,路遇一苍虎,息于路旁。儿骑虎还,打捶过痛,虎啮儿脚伤。"母悲嗟,乃裂青布裳裹之。朔复去家万里,见一枯树,脱向来布裳挂于树,布化为龙,因名其地为布龙泽。

东方朔

——《绘图历代神仙传》

朔以元封中游濛鸿[7]之泽，忽见王母采桑于白海之滨。俄有黄眉翁，指阿母以告朔曰："昔为吾妻，托形为太白之精，今汝此星精也。吾却食吞气，已九千余岁。目中瞳子，色皆青光，能见幽隐之物。三千岁一反骨洗髓，二千岁一刻肉伐毛，自吾生已三洗髓五伐毛矣。"

〔注〕①月旦：农历的每月初一，又称朔。②景帝三年：前154年。③闇：通"暗"。④指扐：同"指挥"，用手指点挥动。⑤仍：乃。虞渊：传说中的渊名。《楚辞·离骚》王逸注："崦嵫，日所入山也。下有蒙水，水中有虞渊。"湔(jiān)浣：洗衣。⑥合：盒子。⑦元封：汉武帝年号，前110—105年。濛鸿：又作"鸿濛"，传说中地名。《淮南子·俶真训》注："鸿濛，东方之野，日之所出"。

本篇选自《洞冥记》，写的是东方朔的故事。东方朔(前154—前93)是汉武帝近臣，著名辞赋家。他为人滑稽多辩，《汉书》本传说他"口谐辞给"，深得武帝爱幸。可能在他生前已流传着关于他的传说，死后传说更多更奇，《汉书》本传说东方朔的传说"行于众庶，童儿牧竖莫不炫耀，而后世好事者因取奇言怪语附著之朔"。汉以降小说杂传如《汉武帝故事》《列仙传》《洞冥记》《十洲记》《汉武帝内传》《东方朔别传》等等记其传说极多，而且常常和汉武帝传说结合在一起，东方朔成为汉武帝传说系统中一个主要角色，一个箭垛式的人物。

传说往往是对事实的背离，如《汉书》本传在介绍东方朔身世时说他是平原厌次(今山东惠民东桑落墅)人，"少失父母，长养兄嫂"。《洞冥记》则说东方朔本姓张，由于生于代郡(治今河北蔚县西南)东方里，故以东方为姓，出生三日而母死，由邻母养大。关于他的姓氏，《汉武帝故事》《东方朔别传》则说生时东方始明，故以为姓，《论衡·道虚篇》又说他姓金，"变易姓名，游宦汉朝"。大凡传说出于众口，自多异辞。

东方朔传说的特点，一是炫耀他的博识；二是张皇其神仙之事，这自然和武帝好仙有密切关系，《汉武故事》《洞冥记》《十洲记》《汉武内传》等书所记东方朔传说基本上集中在这一方面。在《洞冥记》中，首先神化了东方朔的出生，说其母田氏梦太白星临其上，"无夫而娠"，暗示东方朔是太白星精下凡。太白星又称金星，《论衡》之所以说东方朔姓金，大约即缘乎此。而从后文黄眉翁所言来看，西王母托形为太白星，临田氏之上的太白星该就是西王母了，因此他实际又是西王母之子。黄眉翁是西王母丈夫，也就是东王公，这样东方朔也是东王公的儿子。《汉武故事》就很明确地说东方朔是采桑老母和黄眉翁之子。对此还有不同说法，《汉武故事》说东方朔是木帝精也就是岁星精"下游人中"，《列仙传》也有这种说法。不管是太白星还是岁星，都表明了东方朔的神圣性，正如《汉武故事》所说“非世中人”。上古神话中有所谓感生神话，如简狄吞玄鸟卵而怀孕生契，姜原践巨人足迹而怀孕生后稷，这反映了“民知有母而不知有父”的母系社会的祖先崇拜。到后世这种感生形式被利用来神化帝王和其他特殊人物，拿汉武帝来说，《汉武故事》说汉景帝的王皇后“梦日入怀”而生武帝，《洞冥记》说景帝梦赤彘从云中直下而王夫人生武帝，这种感天而生的神秘出身是有意制造帝王的神圣性，《说文》云：“古之神圣人，母感天而生子，故称天子。”东方朔其母感太白星而生，也正应作如是观。

下文的叙述都以东方朔不同凡俗的神圣性为焦点。先是写他三岁时的不凡——天下秘谶过目成诵，常常独自一人神经兮兮地对着天空指手画脚，一副神秘莫测的模样。接着写他幼时的三次神秘出走。第一次没有细言，第三次也较简略，第二次颇详，且不同于另两次的叙述方式，采用东方朔归来后的追叙方法，见出章法变化。这次去的是紫泥海、虞渊、都崇堂，吃了王公的丹栗霞浆，喝了王公的玄天黄露，然后骑虎而还，挨了母亲一顿揍。写得很有趣，玩水不小心弄脏了衣服，丹栗霞浆吃得太贪嘴差点撑死，骑老虎不老实，被挨打急了眼的老虎咬伤了脚，全然是顽皮孩子的举动。东方朔所到之处，紫泥海、虞渊、都崇堂都是神仙之境，丹栗霞浆、玄天黄露都是神仙之食，那位神仙王公自然正是东王公——西王母之夫、东方朔之父了。由于去的是仙境，所以时间空间呈现出不同于凡世的属性，仙境中的一日等于凡世的一年，时间维度大大缩短，此亦正后世谓“山中方一日，世上已千年”；空间维度也大大缩短，以小儿之弱，万里之遥举足即至。

最后一节也写出游，时在元封中，应当是东方朔成年后的事情。这回游濛鸿之泽，与西王母、东王公相见，点出了东方朔的真实身份——本是太白星精，与开头相呼应；本是东王公、西王母这对老神仙的儿子，前文的王公至此也有了着落。主要内容是黄眉翁自言其道行之深，活了九千余岁，一生经过了八次脱胎换骨，凡气全去。这既是对东方朔的说道，也借以显示东方朔之不凡，可谓有其父必有其子。

（李剑国）

【作者小传】

陈　寔

（104—187）　东汉小说家。字仲弓。颍川（今河南许昌）人。初为县吏，后辞归乡里。作有小说集《异闻记》等。

张广定女 陈 寔

郡人张广定者，遭乱常避地。有一女年四岁，不能步涉，又不可担负。计弃之固当饿死，不欲令其骸骨之露。村口有古大冢，上巅先有穿穴，乃以器盛缒[①]之，下此女于冢中，以数月许干饭及水浆与之而舍去。

候世平定，其间三年，广定乃得还乡里。欲收冢中所弃女骨，更殡埋之。广定往视，女故坐冢中，见其父母，犹识之，甚喜。而父母犹初恐其鬼也，入就之，乃知其不死。问之从何得食，女言粮初尽时甚饥，见冢角有一物，伸颈吞气，试效之，转不复饥。日月为之，以至于今。父母去时所留衣被，自在冢中，不行往来，衣服不败，故不寒冻。广定乃索女所言物，乃是一大龟耳。

女出，食谷。初，小腹痛，呕逆，久许乃习。

〔注〕 ① 缒(zhuì)：用绳索悬挂住往下放。

本篇取自《异闻记》。

亲子爱子乃人之常情，可人在战乱之际，却不得已将年仅四岁的女孩放入古墓之中，这足可以说明战乱给民生造成疾苦之深。然而本篇的笔意却并非在此，其操觚之意在于宣扬道教导引之术的神异。令人称道的是故事采用的叙述手段。

本篇故事叙述上的成功之处主要在于其一系列悬念手法的运用。首先，从故事的背景开始，作者把一个战乱中即将被父亲不得不忍痛丢弃的四岁女孩的命运推到读者面前。一个四岁的女孩，即将独自一人在墓穴中接受命运的挑战，这是怎样的令人难以想象！所以，作者在交代张广定作出这个决定时的前提是按照女儿必死无疑的结局来考虑的。因为女儿既“不能步涉，又不可担负”，所以只能丢下不管了。而他之所以把女儿放在古冢里是出于保全尸首和多活几天的考虑，并没有寄托能够生还的希望。这样，作者一方面告诉读者女孩必死，同时又拨动读者善良的心灵，使他们期待奇迹的发生。然而奇迹如何发生，就成为读者急于了解下文的引线。

果然，三年战乱之后，张广定回到故里，准备收拾女儿尸首时，发现女儿竟然还活在人间。如果说此前人们的悬念是在女孩的死活的话，那么这时的悬念就变成女孩何以能够在古墓中活上三年。从女孩的嘴里，人们知道她是因为模仿冢角一异物“伸颈吞气”，练导引之术所致。这时，作者已经把故事的主旨大体呈现出来，但这异物为何物，直到张广定“索女所言物”时，人们才将目光投向那角落中的大龟。不免对这道行颇深的怪物产生几分敬意。至此，作者宣扬道教灵异神通之效的目的也就达到了。

（宁稼雨）

【作者小传】

蔡　邕

(133—192)　东汉文学家、书法家。字伯喈。陈留圉(今河南杞县)人。好辞章，通音律。任河平长、郎中、议郎、左中郎将等。作有小说集《琴操》等。

聂政刺韩王曲

蔡　邕

《聂政刺韩王》者，聂政之所作也。政父为韩王治剑，过期不成，王杀之。时政未生。及壮，问其母曰：“父何在?”母告之。政欲杀韩王，乃学涂[①]入王宫，拔剑刺王，不得，逾城而出。去入太山，遇仙人，学鼓琴。漆身为厉，吞炭变其音[②]。七年而琴成，欲入韩，道逢其妻。从置栉[③]，对妻而笑，妻对之泣下。政曰：“夫人何故泣?”妻曰：“聂政出游，七年不归。吾尝梦想思见之。君对妾笑，齿似政齿，故悲而泣。”政曰：“天下人齿尽政齿若耳，胡为泣乎!”即别去，复入山中，仰天而叹曰：“嗟乎!变容易声，欲为父报仇，而为妻所知，父仇当何时复报!”援石击落其齿，留山中三年习操。持入韩国，人莫知政。政鼓琴阙下，观者成行，马牛止听。以闻韩王，王召政而见之，使之弹琴。政即援琴而歌之，内[④]刀在琴中。政于是左手持衣，右手出刀，以刺韩王，杀之。曰：“乌有使者生不见其父，可得使乎?”政杀国君，知当及母，即自犁剥面皮，断其形体，人莫能识。乃枭磔政形体于市，悬金其侧，“有知此人者，赐金千斤。”

遂有一妇人，往而哭曰："嗟乎！为父报仇邪？"顾谓市人曰："此所谓聂政也，为父报仇，知当及母，乃自犁剥面。何爱一女之身，而不扬吾子之名哉！"乃抱政尸而哭，冤结陷塞，遂绝行脉⑤而死。故曰"聂政刺韩王"。

〔注〕①学涂：学习涂抹、修缮。《史记·刺客列传》谓豫让变易姓名，"入宫涂厕"，寻机刺杀赵襄子。　②漆身为厉，吞炭变其音：用漆涂身，使皮肤生疥癞，以改变外貌；吞食热炭，使嗓音喑哑，以改变声音。参见《史记·刺客列传·豫让传》。　③置栉：购买梳子。　④内(nà)：同"纳"。藏。　⑤行脉：脉搏。

本文选自《琴操》。《琴操》是一本谈音乐的笔记小说。书中收入古琴曲题解五十则，内容多是与琴曲相关的故事传闻，大多为先秦题材，也有少量西汉故事。书的作者有汉代蔡邕(133—192)及晋代孔衍(268—320)两说，通常认为是前者。

《琴操》所叙故事往往与正史有出入，例如说介子推死在五月五日，便与通常的说法不同；后世学者常以此论证《琴操》作者改篡史实、不够严谨，不知这正是小说创作的特点之一。本篇《聂政刺韩王曲》便突出体现了这一特点。

聂政事迹见《史记·刺客列传》：严仲子与韩相侠累有隙，于是重金收买聂政做刺客。聂政直待老母死后才实践诺言。行刺毕，又怕连累自己的姐姐，于是毁容自尽。姐姐却来主动认尸，为弟弟扬名。传记中洋溢着感人的人伦亲情。本文虽然承袭聂政行刺的主题，却对本事大动"手术"。首先，刺杀的对象，由韩相变成韩王；其次，刺杀的原因由受人之托，变为替父报仇；其三，又增加了学琴七年、漆身为厉、吞炭变音及落齿易容等种种细节；其四，替聂政死后扬名的，由姐姐换为母亲。

细按此文，有不少情节似曾相识。如聂政之父为韩王铸剑、误期被杀，是从流传民间的《干将莫邪》故事移植来的。漆身为厉、吞炭变音，则借鉴了《刺客列传》中的豫让故事。至于因鼓琴而接近韩王，并藏刀于琴中的情节，则约略与《刺客列传》中击筑刺秦的高渐离相似。作者几乎把《刺客列传》中所有的生动情节都融汇到聂政故事中来。当然，篇中也有作者自创的情节，如写聂政改容后，几乎因牙齿而暴露身份；于是仰天长叹，援石击齿，彻底毁弃旧容。其替父报仇的决绝态度，让人肃然起敬；而于中流露出的夫妻深情，也同样令人感动。至于文中还增加了聂政学琴七年、习操三载的情节，则是为了将他附会为琴曲作者，也是题中应有之义。

这篇《聂政刺韩王曲》，大概还反映了民间文学传播嬗递的一些规律。学者往往将民间故事中的最小情节单位称之为"母题"，这些母题如同积木块，可以任意拆分、组合。类似“铸剑被杀”“替父报仇”“漆身吞炭”“献艺行刺”等,都可视为独立的母题,能反复出现在不同的故事里。面对这篇被改造的聂政故事,喜欢考据的人可能不以为然、嗤之以鼻;熟悉民间文学的读者自会会心一笑,明白这是故事母题的重新组合、传统题材的二度创作,十分自然,不足为怪。　（侯　会）

【作者小传】

应　劭

东汉学者。字仲远。汝南南顿(今河南项城)人。少笃学,后拜太山太守。作有《风俗通义》等。

李冰斗江神　　应　劭

秦昭王听田贵之议,遣李冰为蜀郡太守,开成都两江,溉田万顷,无复水旱之灾,岁大丰熟。江水有神,岁取童女二人以为妇,不然,为水灾。主者白出钱百万以行聘,冰曰:“不须,吾自有女。”到时,装饰其女,当以沉江水,径至神祠,上神坐,举酒酹曰:“今得傅九族,江君大神,当见尊颜,相为进酒。”冰先投杯,但澹澹不耗,冰厉声曰:“江君相轻,当相伐耳。”拔剑,忽然不见,良久,有两苍牛斗于岸旁,有间,冰还,流汗,谓官属曰:“吾斗大极①,当相助也,若欲知我,南向腰中正白者,我绶也。”主簿乃刺杀北面者,江神遂死,后无复患。蜀人慕其气决,凡壮健者,因名冰儿。

〔注〕 ① 极:困惫;疲倦。

本篇出自《风俗通义》(又名《风俗通》)。

李冰的故事,古籍多有记述,汉司马迁《史记·河渠书》云:“蜀守冰凿离堆,辟沫水之害,穿二江成都之中。”《汉书·沟洫志》所记与《史记》大同小异,但于“冰”前添一“李”字。东汉末年应劭《风俗通义》第一次提出李冰治水的年代,即他于秦昭王时为蜀郡郡守。从1974年都江堰所发现的东汉李冰石像来看,此说是可信的。

作为郡守,李冰功绩卓著:他兴修水利,建都江堰,开郫江、检江,令蜀人至今受惠。其治水三字经:“深淘滩、低作堰”,八字诀:“遇弯截角,逢正轴心”,至今仍是我国水利工作者所尊奉的信条,在生产实践中具有深远的指导意义。

关于李冰治水过程中所流传的民间故事,除了《风俗通义》所记载的这一则以外,还在《太平御览》《北堂书钞》《艺文类聚》《太平广记》等中可以检得。其斗法的传说,有所谓斗岷江江神、斗蛟、斗孽龙等。这里所选李冰斗杀江神的故事,展现了这位郡守无私无畏、坚毅果敢、聪明机敏的风采。

李冰的语言是斩钉截铁的:当他听说江神每年要“取童女二人以为妇”,百姓生活得不到安宁和保障时,便毫不犹豫地把一切责任包揽到自己身上。其“吾自有女”,到时“装饰其女,当以沉江水”的言行,表面看起来似乎冷酷得不近人情,但实际上正表现了他为保护人民而不惜牺牲亲生女儿的献身精神。届时,李冰先礼后兵,与江神相约:“当见尊颜,相为进酒。”在始终等不到江神的音讯后,李冰便向江神宣战:“江君相轻,当相伐耳。”随即拔剑隐身,化为苍牛,与江神苦苦相斗于岸。小说把李冰写成一位善于变化、具有超凡力量的神灵,很自然让我们想起大禹变化为熊,辟山开道、疏治洪水的传说。大凡传说中的古代英雄,多被神化。这种神化,凸显出英雄的完美,寄托着人民美好的理想。

小说的结尾,写李冰令其主簿出手援助,并提醒南向腰中缠着白色绶带的苍牛才是自己的化身。显示了李冰处事的机智和伏魔的艰苦性。

据宋人高承《事物纪原》所载,由于李冰故事的深入人心,秦时我国已有斗牛的习俗。其间所寄托的人文理想,无疑是相当丰富深邃的。（陈建华）

李君神　应劭

谨按①:汝南南顿②张助,于田中种禾,见李核,意欲持去,顾见空桑中有土,因植种,以余浆溉灌。后人见桑中反复生李,转相告语。有病目痛者,息阴下,言李君令我目愈,谢以一豚③。目痛小疾,亦行自愈。众犬吠声④,因盲者得视,远近翕赫⑤其下车骑常数千百,酒肉滂沱⑥。间一岁余,张助远出来还,见之,惊云:“此有何神?乃我所种耳。”因就斫也。

〔注〕①谨按:用在首卷,以示所叙之事有根有据。②汝南南顿:汉代汝南郡南顿县(今河南项城)。③豚(tún):小猪。④众犬吠声:比喻不辨真伪,随声附和。汉王符《潜夫论·贤难》:“一犬吠形,众犬吠声。”⑤翕(xī)赫:聚合。⑥滂沱:本形容雨下得很大,此指堆积得很多。

本篇选自《风俗通义》(又名《风俗通》)。

这篇小说叙述一个极为平常的故事,但寓意却十分深刻。因“空桑中有土”而植以李核所长出的李树,竟成了能治愈眼病的神灵,远近之人随声附和,纷纷前来祈祷,以致“其下车骑常数千百,酒肉滂沱”。封建时代的不少迷信鬼神之事就是这样造成的。

古代小说中的类似故事还可举《平妖传》第十一回对圣姑的描写:圣姑被杨巡检敬之若神,供养在西园,县里不少人去拜她为师;后来因四处闻名,人越去越多,便闭门不接外人。一日杨奶奶偶感风寒,诸医无效,故求圣姑赐圣水。“那老狐精那里有甚么圣水,魆地里到卧室中把个磁碗撒一泼尿”,杨奶奶便把尿水认做仙丹妙药吞了下去,到半夜果然清爽了许多。“原来药性本草上有一款狐尿,主治寒热瘟疟,偶然暗合了。”杨巡检喜从天降,称赞不绝。后来又请圣姑做道场,那些男男女女,源源而至,人山人海,那圣姑“骗得这些愚夫愚妇眼红鼻塞,不住的拭泪”。岂不悲哉!

生活中“众犬吠声”,捕风捉影,而根本不去辨别事物真相之事屡有发生,与此类故事中所描述的何其相似。本篇《李君神》最后写种树人张助远出归来,非常吃惊地说:“此有何神?乃我所种耳。”然后将李树砍掉。可见作者对这种恶俗的批判态度。小说语言简洁,形象生动,寓批判于叙述之中,对今人颇有启发意义。

(曾 良)

魏晋南北朝

【作者小传】

邯郸淳

三国魏文学家。一名竺,字子叔。颍川(今河南许昌)人。博学多能,以作曹娥碑文知名。作有笑话集《笑林》等。

汉世老人　　邯郸淳

汉世有人,年老无子。家富。性俭啬。恶衣蔬食①。侵晨②而起,侵夜而息,营理产业,聚敛无厌,而不敢自用。或人③从之求丐者,不得已而入内取钱十④,自堂而出,随步辄减⑤。比至于外,才余半在,闭目以授乞者。寻复嘱云:"我倾家赡⑥君,慎勿他说,复相效而来。"老人俄死,田宅没官⑦,货财充于内帑⑧矣。

〔注〕①恶衣蔬食:衣食粗劣。②侵晨:天快亮时。侵:接近。③或人:有人。④钱十:十枚铜钱。⑤随步辄减:边走边往下扣减。⑥赡:资助。⑦没官:被官府没收。⑧内帑(tǎng):旧时指国库。帑:国库所藏金帛。

这篇志人体笑话选自《笑林》。笑话以幽默传神的笔法,深刻讽刺了生活中那些家财万贯而一毛不拔的铁公鸡。其在艺术上的成功之处有两点——

一是以强烈的对比来揭露这位吝啬鬼的悭吝。一方面是他的万贯家财。对此文中虽然没有从正面交代,但从他从早到晚地忙于"营理产业,聚敛无厌"的投入精神和"田宅没官,货财充于内帑"的声势上,足可以推想他的富有程度。另一方面,与之形成鲜明对照的是他包括对自己在内的吝啬。对自己他是"恶衣蔬食",虽然"聚敛无厌,而不敢自用";对人则更为严格,助人十钱已经是少得可怜了,可是这还是他"不得已"所做的痛苦决定,以致于几步之内,他又往下减了一半,而且唯恐他人再步求丐者之后尘,一再叮嘱不要外传。最精彩的妙笔是"倾家赡君"四字,把一个富有而吝啬的伪君子写到了极处。

第二个长处是细节描写的生动传神。尤其是后半部分对老人不得已作出施舍时的描写,"随步辄减",字字千钧,把每一步中吝啬鬼的心理活动都囊括在内。其点睛之笔是"闭目以授乞者"一句,"闭目"二字把老人痛苦难舍的真实心理写得活灵活现。而且这一笔又与前面"随步辄减"遥相呼应,一气呵成,把一个吝啬鬼的形象描写得栩栩如生。文末写明老人死,田宅财产全部充公,则是对吝啬者

的辛辣嘲讽。 （宁稼雨）

【作者小传】

曹 丕

(187—226) 三国魏文学家。字子桓。沛国谯县(今安徽亳州)人。曹操次子。延康元年(220)代汉自立,为魏文帝。作有小说集《列异传》等。

谈 生

曹 丕

谈生者,年四十,无妇。常感激[①]读《诗经》。夜半,有女子年可十五六,姿颜服饰,天下无双,来就生为夫妇,乃言:“我与人不同,勿以火照我也。三年之后,方可照。”为夫妻,生一儿,已二岁;不能忍,夜伺其寝后,盗[②]照视之,其腰已上生肉如人,腰下但有枯骨。妇觉,遂言曰:“君负我,我垂生[③]矣,何不能忍一岁而竟相照也?”生辞谢[④]。涕泣不可复止,云:“与君虽大义永离,然顾念我儿。若贫不能自偕活者,暂随我去,方遗[⑤]君物。”生随之去,入华堂,室宇器物不凡。以一珠袍与之,曰:“可以自给。”裂取生衣裾,留之而去。后生持袍诣市,睢阳王家买之,得钱千万。王识之,曰:“是我女袍,此必发墓。”乃取考之,生具以实对。王犹不信,乃视女冢,冢完如故。发视之,果棺盖下得衣裾。呼其儿,正类王女,王乃信之。即召谈生,复赐遗衣,以为主婿。表其儿以为侍中[⑥]。

〔注〕 ① 感激:感奋激发。 ② 盗:偷偷地。 ③ 垂生:快要复生。 ④ 辞谢:表示道歉。 ⑤ 方遗:将赠与。 ⑥ 表:上表申请。侍中:官名。

本篇采自《列异传》。

这是一篇人鬼相恋的故事。书中自有颜如玉。这样的故事多见于清代蒲松龄的《聊斋志异》。而产生于魏晋时期的《谈生》可以说是这类故事的鼻祖。这篇志怪的特异之处,更在于两情相依之后发生的波澜起伏的故事情节,可谓一波三折,颇引人入胜。

首先,这位鬼女一开始就非常坦率地告诉谈生:她与人不同,千万不要用火相照,三年以后才可以。这就为下文作了伏笔。谈生坚持了两年多,终究没有忍住自己的好奇心,半夜用火照视,结果使他大吃一惊:她的上半身已经长肉,而腰下竟然还是枯骨。原来,她是一个重返人间的死魂灵,只要过满三年的夫妇生活,就可以获得新生。但是,这一切,由于谈生的好奇,都成为了泡影。

这是全篇的第一个层次,是情节的展开,悬念非但没有解决,又生出新的疑点——他们生下的小孩如何处理,便成了第二层次中的悬念。这个死魂灵知道自己将与谈生永远离别,但是,顾念儿子的前程,领着谈生来到一间华丽的房间,特别拿出了一件珠袍相赠。临别之际,又裂取谈生衣裾作为信物。相赠的珠袍有什么特殊的意义?裂取谈生衣裾又有何用意?这是作者埋下的第三重悬念。

谈生与死魂灵相恋已经成为过去,回到了现实生活中来。由于生活所迫,将珠袍卖掉。偏偏这珠袍又被睢阳王家买去,而且,偏偏睢阳王认识这件珠袍是亡女所披,从而引出了谈生与王府亡女的一段生死之恋的故事。尽管谈生如实禀告,王爷依然不信,只能开冢查视。果然棺材盖下压着谈生的衣裾,从而将上述悬念一一释解。故事的结局是圆满的:王爷将亡女的珠袍还给谈生,召为主婿;又上表朝廷,赐谈生与亡女的儿子为侍中。

这三重情节的特别处理,淡化了本篇描写人鬼相恋故事的诡异之处,给读者留下了美好而难忘的印象。

（刘跃进）

宗定伯捉鬼　　曹　丕

南阳[1]宗定伯年少时,夜行逢鬼。问曰:“谁?”鬼曰:“鬼也。”鬼曰:“汝复谁?”定伯诳之,言:“我亦鬼也。”鬼问:“欲至何所?”答曰:“欲至宛市[2]。”鬼言:“我亦欲至宛市。”共行数里。鬼言:“步行太亟[3]。可共迭[4]相担也。”定伯曰:“大善。”鬼便先担定伯数里。鬼言:“卿太重!将非鬼也?”定伯言:“我新鬼,故身重耳。”定伯因复担鬼,鬼略无重。如是再三,定伯复言:“我新死,不知鬼悉何所畏忌?”鬼曰:“唯不喜人唾。”于是共道遇水,定伯令鬼先渡;听之了无声。定伯自渡,漕漼[5]作声。鬼复言:“何以作声?”定伯曰:“新死不习渡水故耳,勿怪吾也。”行欲至宛市,定伯便担鬼至头上,急持之,鬼大呼,声咋咋然,索[6]下,不复听之。经[7]至宛市中,着地化为一羊,便卖之。恐其变化,乃唾之,得钱千五百。乃去。于时言:“定伯卖鬼,得钱千五百。”

〔注〕① 南阳：郡名，治所相当于今河南省西南部和湖北省北部一带。② 宛市：南阳郡的治所，今河南南阳。③ 亟：当是“极”字的省借，“极”是当时的俗语词，意为“疲惫”“疲倦”。④ 迭：更替，轮流。担：背负，负载。⑤ 漕漼：象声词。形容水声。⑥ 索：求，求取。⑦ 经：通“径”。径直。

本篇是有名的不怕鬼的故事，采自曹丕《列异传》，干宝《搜神记》采录时文字略同，只是“宗定伯”作“宋定伯”，《法苑珠林》引《列异传》亦为“宋定伯”。

“鬼”这个词，本指死者及其灵魂，后引申转指一般的亡故之人和祖先，又进而用以称呼妖怪变化。汉魏时人们相信人死后变成鬼，鬼因而成为当时人们从日常生活感觉中想象出来的东西，往往带有当时人们对于不可思议之事物或不明原因之怪物的一种恐惧心理。

这篇小说可以说既反映了人们对于鬼怪的恐惧心理，又表现了人们敢于制服鬼怪的探索精神。全文虽仅两百多字，却情节完整，一波三折，富有戏剧性色彩。

小说由宗定伯夜行逢鬼开始，继而展开了人与鬼之间的一系列矛盾冲突。宗定伯猝然遇鬼，心里自然惊恐，脸上却能不露声色，反而情急智生，引己与鬼为同类，解除了鬼的戒备心理。然而人鬼毕竟迥异，鬼在背他时发现他太重，不像是鬼；又见他渡河时发出响声，也不像鬼所为，因而怀疑他非鬼，于是冲突陡起，波澜迭生。当此危急之际，宗定伯处危不惧，方寸不乱，巧以“新死”掩饰，不仅消除了鬼的疑窦，而且探得了鬼的机密。小说经此两度曲折后遂进入矛盾冲突的高潮，宗定伯洞悉鬼所畏忌的事后，原先压抑着的恐惧心理一下子化为乌有，由被动地搪塞应付转为主动地出击取胜，一举捉住了鬼。至此，小说本已入尾声，岂料作者又出人意料地引出宗定伯卖鬼一事，戏剧性地点出宗定伯凭着他的勇敢机智不仅未为鬼所害，反而唾鬼卖之，获钱而得利。

小说以时语结尾，一方面赞颂了宗定伯智勇双全，胆大心细，由不怕鬼到战胜鬼，从而卖鬼得钱，具有幽默意味，表明了鬼并不可怕，只要有勇气和智慧，就能制服邪恶，取得胜利；另一方面也反映了现实生活中世事人情的复杂性，轻信人言往往导致受骗上当，具有哲理意味。当然，鬼是虚幻的，然而鬼往往是现实生活中某种人格和人情的幻化反映，尤其是鬼在唐以前的志怪小说中往往被想象为和人一样具有感情，富有生活的趣味性。事实上这篇小说不仅成功地塑造了宗定伯这个不怕鬼的少年英雄形象，而且也成功地塑造了鬼的形象。一般来说，鬼总是与凶残狡诈联系在一起的，可是这篇小说中的鬼却显得幼稚单纯，胸无城府。他与宗定伯素不相识，仅凭宗定伯自称也是鬼，即不存戒心，坦诚相待，虽发现宗定伯非鬼的一些破绽，也不作深究，不以歹意度人，一味轻信，毫不戒备，甚至将己之大忌告之路人，招致化羊被卖的悲剧结局。这一形象可以说是现实生活中初涉人世而不知人心莫测一类人物的生动写照。

值得一提的是小说中鬼化为羊的情节。羊是一种温良驯顺的动物，为六畜之一。《说文》释“羊”为“祥”，“祥”则是“福”或“善”，因而“吉祥”又可写作“吉羊”，“羊”成为中国传统文化中“吉祥福善”的语源和字根。小说中鬼化为羊的情节实际上在某种程度上可以说暗示了鬼的坦诚友善与宗定伯的遇凶化吉、得利呈祥。

（徐时仪）

望夫石　　曹丕

武昌新县北山上有望夫石，状若人立者。传云：昔有贞妇，其夫从役，远赴国难；妇携幼子饯送此山，立望而形化为石。

本篇采自《列异传》。

望夫石，各地均有类似的传说：过去有一位妇人，思念从役在外的丈夫，伫立眺望，日久化为石，人们便称此石为望夫石。不过，从现存较早的文献来看，这篇记载应当是较早的一种。《初学记》卷五引南朝宋刘义庆《幽明录》亦载此事，背景也在武昌：“武昌北山有望夫石，状若人立。古传云：昔有贞妇，其夫从役，远赴国难，携幼子饯送北山，立望夫而化为立石。”文字与此相近，可见早期望夫石的故事传说是在武昌。但是后来又与孟姜女联系起来，如辽宁兴城市西南望夫山上的望夫石，就相传是孟姜女望夫所化。这个历史传说后来几乎家喻户晓，并被历来的文学家作为熟典写进文学作品中。如明代朱有燉《香囊怨》：“凭着我志诚身端正，便化作望夫石也，坚等到河清。”明谢谠《四喜记·翠阁耽思》：“仰望惟君子，无邪不害思。甘为望夫石，何日是归期?”清人孙枝蔚《甲申春日纪事》诗：“楼中身化望夫石，狱里声如啼夜鸟。”

望夫石本身的故事情节非常简单，但是它所蕴涵的文化意义却给后人留下宝贵的精神财富。

（刘跃进）

【作者小传】

皇甫谧

(215—282)　西晋医学家、文学家。幼名静，字士安，号玄晏先生。安定朝那(今甘肃平凉)人。郡举孝廉、相国征辟，不就，终身不仕，以著述为务。作有小说集《高士传》等。

梁 鸿

皇甫谧

梁鸿,字伯鸾,扶风平陵人也。遭世乱,受业太学[①],博览不为章句[②]。学毕,乃牧豕上林苑中,曾误遗火,延及他舍。梁乃寻访烧者,问其所去失,悉以豕偿之。其主犹为少,鸿又以身居作,执勤不懈。邻家耆老,见鸿非恒人[③],乃共责让主人,而称鸿长者,于是始敬异焉。悉还其豕,鸿不受而去,归乡里,执家慕其高节,多欲女之。鸿并绝不娶。同县孟氏有女,状丑,择对不嫁,父母问其故,女曰:“欲得贤如梁伯鸾者。”鸿闻而聘之。及嫁,始以装饰入门,七日,而鸿不答。妻乃下请,鸿曰:“吾欲裘褐[④]之人,可与俱隐深山者尔。今乃衣绮缟,傅粉墨,岂鸿所愿哉?”妻曰:“以观夫子之志耳。妾自有隐居之服。”乃更为椎髻,著布衣,操作而前,鸿大喜曰:“此真梁鸿妻也。能奉我矣。”字之曰:“德曜,[名]孟光。”

居有顷,乃共入霸陵山中,以耕织为业,咏诗书弹琴以自娱,仰慕前世高士,而为四皓[⑤]以来二十四人作颂。因东出关,过京师,作《五噫之歌》。肃宗求鸿不得,乃易姓远期,名耀,字侯光,与妻子居齐鲁之间。有顷,又去适吴,居皋伯通庑下,为人赁舂。每归,妻为具食,举案齐眉。伯通察而异之,乃方舍之于家。鸿潜门著书十余篇。疾,且告主人曰:“昔延陵季子葬于嬴博之间,不归乡里,慎勿令我子持丧归去。”及卒,伯通等为求葬地于吴要离冢旁。

〔注〕 ① 太学:古代校名,即国学。 ② 章句:分析古书的章节和句读。 ③ 恒人:常人,普通人。 ④ 裘褐:粗陋的衣服。 ⑤ 四皓:汉初商山四个隐士,须眉皆白,故称四皓。

本篇选自《高士传》。

梁鸿为东汉著名的隐士诗人,《后汉书》有传。在这篇简短的文字中,作者通过几件小事生动地刻画了梁鸿的操守和学识。前半部分写梁鸿的操守。作者选取两件事来写,一是在上林苑放猪,遗火烧毁别人宅舍,他不仅照常赔偿,而且亲自为人打工作为补偿。另一件事是娶妻孟光,重德轻色,传为佳话。后半段写梁鸿的学识,一是为四皓以来二十四人作颂,一是过京师洛阳作《五噫之歌》。

关于梁鸿的事迹，可写的一定很多，与其面面俱到，不如截取典型事例加以刻画。这是文学创作的一般规律。与《后汉书》的记载相比较，这篇文字显然短了许多，但是，梁鸿的形象更为鲜明生动。而且，作者对于史书也作了必要的改动，比如《五噫之歌》，史书记载全文，而且说汉章帝对于这首诗很不满意。梁鸿因此才改名换姓，隐居齐鲁间。而这里仅用"肃宗求鸿不得，乃易姓远期，名耀，字侯光，与妻子居齐鲁之间"数语将这段史实掩盖起来，这是本篇作品不及史书的地方。这首《五噫之歌》为什么会使汉章帝大为不满呢，我们不妨读一读这篇作品：

陟彼北芒兮，噫！顾瞻帝京兮，噫！宫阙崔巍兮，噫！

民之劬劳兮，噫！辽辽未央兮，噫！

这是作者路过洛阳时所作。北芒（又作"北邙"）在洛阳城北，又称芒山或北山。头一句写作者登高望远，见到帝王过着奢侈的生活，嗟叹人民无穷无尽的劳苦，于是写下这首诗加以抨击。全诗感叹全在五个"噫"字中。

读了这首诗，我们就会知道，梁鸿绝非过去作家笔下所描写的那样，是一个完全的隐士，而是对于国事家事非常关心的一个志士。正是因为对于现实的不满，他才会愤而遗世独立；正因为没有完全忘却现实，他才会创作出像《五噫之歌》这样的作品。从这个意义上说，皇甫谧将其收入《高士传》中是非常合适的，他是高士，而非简单意义上的"隐士"。

（刘跃进）

【作者小传】

张　华

（232—300）　西晋文学家。字茂先。范阳方城（今河北固安北）人。历任长史、中书郎、司空等。赵王司马伦篡位遇害。作有小说集《博物志》等。

八月浮槎　　张　华

旧说云天河与海通。近世有人居海渚[①]者，年年八月有浮槎[②]去来，不失期，人有奇志，立飞阁于查上，多赍[③]粮，乘槎而去。十余日中犹观星月日辰，自后茫茫忽忽亦不觉昼夜。去十余日，奄至一处，有城郭状，屋舍甚严。遥望宫中多织妇，见一丈夫牵牛渚次饮之。牵牛人乃惊问曰："何由至此？"此人具说来意,并问此是何处,答曰:"君还至蜀郡访严君平④则知之。"竟不上岸,因还如期。后至蜀,问君平,曰:"某年月日有客星犯牵牛宿⑤。"计年月,正是此人到天河时也。

〔注〕 ① 渚:水中的小洲。 ② 槎:又作查、楂,指木筏。浮槎,传说中往来于海上和天河之间的仙舟。 ③ 赍(jī):带着。 ④ 严君平:名遵,汉蜀郡人,相传他常在成都市上算卦,非常灵验。 ⑤ 牵牛宿:指牛宿。古人把天空能看得到的星星分成二十八组,叫二十八宿。东西南北四方各七宿,牛宿是北方玄武七宿的第二宿。

此篇采自《博物志》。

这是一篇异常美丽的神话传说,反映了古代中国人民渴望了解自然奥秘的强烈愿望。关于浮槎至天河的幻想,在同时稍后的王嘉《拾遗记》中亦有记载,但是没有牛郎织女的神话故事,就大为逊色。关于牛郎织女的故事,在汉代就被赋予了极为浪漫的神话色彩,我们看《古诗十九首》《四民月令》及应劭《风俗通义》等书中均有或详或略的记载和描述。但是,汉代的记述多还没有超出想象的范围,而这篇则将这种想象给以看似真实的描绘:"有人"居海上多年,忽发奇想,愿乘浮槎至天河,十余天的路程,他到了天界,这里没有昼夜的区分;再走十余日的路程,便到了仙境;而这种天上仙境,其实仍不过是人们对于美好理想的一种幻想而已,因为这里的人们过着男耕女织的平静的生活,这与陶渊明笔下的《桃花源记》有异曲同工之妙,所不同者,一是在地上,一是在天上。

关于浮槎,《拾遗记》中描述了一种巨查(槎)与之类似:"尧登位三十年,有巨查浮于西海,查上有光,夜明昼灭,海人望其光,乍大乍小,若星月之出入矣。查常浮绕四海,十二年一周天,周而复始,名曰贯月查,亦谓挂星查。羽人栖息其上,群仙含露以漱,日月之光则如暝矣。虞、夏之季,不复记其出没。游海之人,犹传其神伟也。"这个传说反映了古人企盼飞行宇宙的美妙幻想。

这里,乘槎人未有姓氏,后人则将此篇中之无名氏敷衍成张骞。《太平御览》卷八引刘义庆《集林》云:"昔有一人寻河源,见妇人浣纱,以问之,曰:'此天河也。'乃与一石而归。问严君平,云:'此织女支机石也'。"而同书卷五十一引宗懔《荆楚岁时记》则径云是:"张骞寻河源。"所不同的是张骞问的是东方朔,而不是严君平。可见这个故事到了南朝以后已被赋予了更丰富的内容,而且成为诗人笔下常用的典故。宋之问有《明河篇》云:"明河可望不可亲,愿得乘槎一问津。更将织女支机石,还访成都卖卜人。"杜甫有《有感》云:"乘槎断消息,无处觅张骞。"李义山也有《海客》诗云:"海客乘槎上紫氛,星娥罢织一相闻。只应不惮牵牛妒,聊用支机石赠君。"

(刘跃进)

猴玃　　张　华

蜀山南高山上，有物如猕猴，长七尺，能人行，健走，名曰猴玃[①]，一名化，或曰猳玃。同[②]行道妇女有好者，辄盗之以去，人不得知。行者或每遇其旁，皆以长绳相引，然故不免。此得男女[③]气，自死，故取男也[④]。取去为室家，其年少者终身不得还。十年之后，形皆类之，意亦迷惑，不复思归。有子者辄俱送还其家，产子皆如人，有不食养者，其母辄死，故无不敢养也。乃[⑤]长，与人无异，皆以杨为姓，故今蜀中西界多谓杨，率皆猳玃、[马]化之子孙，时时相有玃爪也。

〔注〕 ① 猴玃(jué)：兽名。猴类。《尔雅·释兽》："玃父，善顾。"郭璞注："猳玃也，似猕猴而大，色苍黑，能攫持人，好顾眄。" ② 同：《法苑珠林》引作"伺"，即伺机而动也，似更符合原意。 ③ 男女：《稗海》本引作"男子"，是。 ④ 故取男也：《太平寰宇记》引此文作"故取女不取男"，于义较胜。 ⑤ 乃：《搜神记》引作"及"。

这个故事选自《博物志》。同时代稍后的干宝《搜神记》、唐代道世《法苑珠林》、宋代《太平御览》等均有引录，可见影响之大。玃盗妇人的传说，汉代即有记载。譬如《焦氏易林》卷一《坤》之《剥》云："南山大玃，盗我媚妾。怯不敢逐，退而独宿。"这个传说似乎就是此篇所本。所谓"玃"，在传说中已经被神化了。崔豹《古今注》卷中《鸟兽》说："猿五百岁化为玃也。"而《抱朴子·对俗篇》引《玉策记》又有新说："猕猴寿八百岁变为猿，猿寿五百岁变为玃，玃千岁。"由此来看，猕猴与玃似乎并不相同。玃乃猿之变种。既善变化，又喜攫人，而且专攫妇人。这里均没有什么新鲜的事，只不过汉代以来陈陈相因的传说而已。本篇特别值得注意的似有两点：一是对于"猴玃"的形象化描写；二是在最后一句对猿玃与人所生后代的说明。这个古老的传说，很可能是有所指的。唐初《补江总白猿记》与之有相通之处，不妨参看。

宋初徐铉《稽神录》"老猿窃妇人"条、《清平山堂话本》中的《陈巡检梅岭失浑家》，明代瞿佑《剪灯新话》中的《申阳洞记》等，均沿用了猿盗妇人的情节。

（刘跃进）

秦青韩娥　　张　华

薛谭学讴于秦青[①]，未穷青之旨，于一日遂辞归。秦青乃饯于郊衢，抚节悲歌，声震林木，响遏行云。薛谭乃谢求返，终身不敢言归。秦青顾谓其友曰："昔韩娥东之齐，遗粮[2]，过雍门[3]，鬻歌假食而去，余响绕梁，三日不绝，左右以其人弗去。过逆旅[4]，凡人辱之，韩娥因曼声[5]哀哭，一里老幼喜欢抃舞[6]，弗能自禁，乃厚赂而遣之。故雍门人至今善歌哭，效娥之遗声也。"

〔注〕 ① 秦青：与下文韩娥均为秦国善歌者。 ② 遗粮：《列子·汤问》作"匮粮"。③ 雍门：地名，齐国城门。 ④ 逆旅：驿站、旅社。 ⑤ 曼声：长引。 ⑥"一里"句：此处似有脱误。《列子·汤问》作："过逆旅，逆旅人辱之。韩娥因曼声哀哭，一里老幼悲愁，垂涕相对，三日不食。遽而追之。娥还，复为曼声长歌，一里老幼喜跃抃舞，弗能自禁，忘向之悲也。"

这则故事经常为后代文人作为典故写进诗文中。较早见于西晋初年的陆机《拟今日良宴会》诗："哀音绕栋羽，遗响入汉云。"此诗已收入《文选》。李善注引《列子·汤问》，以为陆机用的是此典。

读这则故事，令人联想到《聊斋志异》中的"劳山道士"：王生赴劳山学道，但是"娇惰不能作苦"，总想走捷径，一举成仙。略得小技，便得意忘形，回家向妻展示钻墙之术，结果碰壁，"额上坟起，如巨卵焉"。薛谭学唱，起初也是浅尝辄止，幸好他后来有所改变。这两则故事有相通之处，都是主张艺无止境的。

这则故事蕴涵着极高妙的艺术魅力。故事写到秦青"抚节悲歌"，竟然可以"声震林木，响遏行云"。韩娥作歌也是"余响绕梁，三日不绝"。我们不能不惊异于作者高度的文字修饰能力。音乐之美妙，是一种听觉形象，往往妙不可言。而作者却巧妙地将这种难以言传的美感换作视觉形象：林木为之震动，行云为之滞留，并用听众的反应加以渲染，使人易于理解和把握。 （刘跃进）

【作者小传】

陆 氏

（？—303） 西晋小说家。吴郡吴县华亭（今上海松江）人。为陆云之侄，陆机之子。陆机二子名蔚、夏，此当为其一。作有小说集《异林》等。

钟 繇

陆 氏

钟繇[1]尝数月不朝会，意性异常。或问其故，云："常有好妇来，美丽非凡。”问者曰：“必是鬼物，可杀之。”妇人后往，不即前，止户外。繇问何以，曰：“公有相杀意。”繇曰：“无此。”乃勤勤呼之，乃入。繇意恨恨②，有不忍之心，然犹斫之，伤髀③。妇人即出，以新绵拭血，竟路。

明日，使人寻迹之。至一大冢，木中有好妇人，形体如生人，著白练衫，丹绣裲裆④，伤左髀，以裲裆中绵拭血。叔父清河太守⑤说如此。

〔注〕 ① 钟繇(151—230)：字元长，颍川长社(今河南长葛)人，仕汉魏，官至太傅，精书法。 ② 恨恨：惆怅。 ③ 髀(bì)：股部；大腿。 ④ 裲裆(liǎng dāng)：背心。 ⑤ 清河太守：指陆云。清河，郡名，汉置，治所在清阳(今河北清河东南)。

本篇选自陆氏《异林》。《搜神记》《幽明录》皆采此事，文字稍异。

小说描写了一段人鬼之间的恋情。故事说的是钟繇有一阵子与一位美丽非凡的女人来往，性情发生变化。朋友得知后，断定这是一个鬼怪，要钟繇杀了她。当美女再来造访时，钟繇心怀不忍地举刀砍伤了她。第二天寻着血迹找去，果然在一个大坟墓中发现了那个受伤美人的尸体。

这篇作品反映了古人的鬼怪观念以及讲究保精养血的中国男子的性恐怖意识。小说中妖鬼祟人的故事可以说举不胜举。直到清代蒲松龄《聊斋志异》中的《画皮》，情节与本篇仍极相似。只不过在蒲松龄笔下，王生执迷不悟，终于被女鬼所害。

其实，人鬼之恋也是当时小说家津津乐道的。《列异传·谈生》中委身于谈生的女鬼就善良温顺，十分动人。就本篇而言，它所描写的女鬼也并不是那么可怖可憎的，至少作者没有渲染这一点。她实际上没有加害钟繇。在明知钟繇有相杀之意时，仍经不住钟的勤勤呼唤，表现得似乎很多情，其内心活动在作者简约的笔墨中隐隐流出。另外，在传统的鬼观念中，鬼是无影无形的，本篇的女鬼不但形体如生人，而且也能受伤流血。一个孤栖于荒冢的女鬼为了享受生人的幸福，终于付出了血的代价，也是令人叹惜的。

因此，本篇作品的感情心态，在晋人，当是偏于不为媚人鬼怪所惑一面的；在后人，却不能不生出些异样的同情和遐想来。人鬼殊途固然是造成悲剧结局的原因，但人之好色薄情、致使懦弱女子遭到伤害，又让人寒心。鬼怪故事的文化内涵总是一言难尽的，这也为小说家提供了发挥的余地。　（刘勇强）

【作者小传】

王 浮

西晋小说家。官祭酒。作有小说集《神异记》等。

银 杖

王 浮

陈敏，孙皓之世为江夏[①]太守。自建业[②]赴职，闻宫亭[③]庙验，过乞在任安稳，当上银杖一枚。年限既满，作杖拟以还庙。抚捶铁以为干，以银涂之。寻征为散骑常侍[④]，往宫亭，送杖于庙中讫，即进路。

日晚，降神巫宣教曰："陈敏许我银杖，今以涂杖见与，便投水中，当送以还之。欺蔑之罪，不可容也。"于是取杖看之，剖视，中见铁干，乃置之湖中。杖浮在水上，其疾如飞，遥到敏舫前，敏舟遂覆也。

〔注〕 ① 孙皓(hào)：三国时吴国的皇帝(264—280年在位)。江夏：郡名，晋置，治所在安陆(今湖北安陆)。 ② 建业：吴国的都城，在今江苏南京。 ③ 宫亭：湖名，即鄱阳湖的南湖，在今江西省北部。 ④ 散骑常侍：官名。在皇帝左右，入则规谏过失，以备顾问；出则骑马散从。

本篇选自《神异记》。

这篇短文，观其本意，似在借宫亭庙神惩治食言者以宣扬诚信。人应该守信用，尤其是对神祇不能说假话，否则就要受到惩罚。那个江夏太守陈敏食言自肥，岂能不取其咎？试想，连神都敢骗的人，你还指望他诚信，或者对辖下的老百姓好吗？他能够骗神，他在江夏任上之政绩就可想而知。其实，也不必从他骗神这件事知其为人，就冲他上任时乞"在任安稳"，是保官位而非求国泰民安，其人品即不足论。不过，假如陈敏不是贪得发昏，肆无忌惮，老虎头上捋须，而是分清对象，对神履行诺言，银杖一枚，按量按质奉上，那么陈敏的结局可就大不一样。不仅外放"在任安稳"，其内转升迁也会安稳得很。

在旧中国数千年封建社会中，老百姓向来轻如草芥，他们的喜怒对官吏的升迁沉浮不起任何作用。"上台喜便是好官"，把上台糊弄好了，就会"在任安稳"，否则就会翻船。上台，在本篇其实就是宫亭庙神，这是官场腐败，贿赂公行，虽主政者不断肃清吏治而贪酷依旧，成为痼疾的根本原因。

小说篇幅虽短，却极完整：以许诺银杖始，以寡信受惩为结。小小银杖的始末，深刻揭示了一个贪鄙寡信太守的丑恶灵魂。（于天池　王　燕）

【作者小传】

郭　璞

（276—324）　西晋文学家。字景纯。河东闻喜（今属山西）人。官著作佐郎、尚书郎。作有小说集《玄中记》等。

姑　获　鸟　　郭　璞

姑获鸟夜飞昼藏，盖鬼神类。衣毛为鸟，脱毛为女人。名为天帝少女，一名夜行游女，一名钓星，一名隐飞鸟。无子，喜取人子养之以为子。今时小儿之衣不欲夜露者，为此物爱以血点其衣为志①，即取小儿也。故世人名为鬼鸟，荆州②为多。

昔豫章③男子，见田中有六七女人，不知是鸟，扶匐④往，先得其所解毛衣，取藏之，即往就诸鸟。各走就毛衣，衣此飞去。一鸟独不得去，男子取以为妇，生三女。其母后使女问父，知衣在积稻下，得之，衣之而飞去。后以衣迎三女，三女儿得衣飞去。

〔注〕①志：标志，记号。　②荆州：汉置，辖境约当今湖南、湖北。　③豫章：郡名，汉置，治所在今江西省南昌市。　④扶匐：爬行，或作"匍匐"。

本篇选自郭璞所撰《玄中记》。干宝《搜神记》卷一四"豫章男子"条，与本篇后半相同。

这是一个在世界各地广泛流传的民间故事。国外的民间文学学者把它概括为天鹅处女型。多半是讲述一个男子见到几只仙鸟，飞到湖中洗浴，遂窃取其中之一的羽衣，迫使她嫁给自己。过了若干年，她找到了羽衣，飞返故乡。

本篇所记的毛衣女，是公认的世界上最早见于文字记载的天鹅处女型故事。它叙述简洁，粗陈梗概，给人一种古朴纯正之美感。据有的研究者认为，这类故事的羽衣女，不过是以飞鸟作为图腾的氏族或部落的女子；男子以窃取羽衣的手段强迫成婚，乃是抢亲习俗的象征性反映；而女子寻得羽衣即飞，包含着女性对母系氏族或部落生活的留恋。如果不追溯得那么远，把它仅仅看作贫苦农民渴望家庭生活的幻想也是说得通的。也就是说，它与同样著名的“田螺女”之类传说（如《搜神后记》中的《白水素女》）一样，只不过取了毛衣的外形而已。

从本篇前半段的描写来看，毛衣女还有“喜取人子养之为子”的特点，这又反映了另一种民俗信仰或禁忌。实际上，各地风物不同，生活习俗有别，信仰与传说也有差异。荆州的“姑获鸟”与豫章田中之鸟就不尽相同。

由此可见，魏晋小说的意义远不止于文学，它记录了当时的民间信仰、风俗的方方面面，对研究民族文化心理的形成与特点，也是重要的资料。（刘勇强）

【作者小传】

葛 洪

(283—343) 东晋医学家、道教理论家、术士。字稚川，号抱朴子。句容（今属江苏）人。少好学，博览群籍，崇信道教，兼通医术。作有小说集《西京杂记》《神仙传》等。

相如死渴 葛 洪

司马相如初与卓文君①还成都，居贫愁懑，以所着鹔鹴裘就市人阳昌贳②酒，与文君为欢。既而文君抱颈而泣曰：“我平生富足，今乃以衣裘贳酒。”遂相与谋于成都卖酒。相如亲着犊鼻裈③涤器，以耻王孙。王孙果以为病，乃厚给文君，文君遂为富人。文君姣好，眉色如望远山，脸际常若芙蓉，肌肤柔滑如脂。十七而寡，为人放诞风流，故悦长卿之才而越礼焉。长卿素有消渴疾④，及还成都，悦文君之色，遂以发痼疾。乃作《美人赋》，欲以自刺，而终不能改，卒以此疾至死。文君为诔⑤，传于世。

〔注〕 ① 司马相如(？—前118)：字长卿，蜀郡成都人，汉代著名辞赋家。卓文君：临邛（今四川邛崃）富人卓王孙之女。司马相如到卓家赴宴，正值卓文君新寡，司马相如用琴曲加以挑逗，她乘夜私奔，与司马相如同回成都。 ② 鹔鹴(sù shuāng)裘：用鹔鹴鸟羽毛制成的皮衣。贳(shì)：赊。 ③ 犊鼻裈(kūn)：小牛皮围裙。 ④ 消渴疾：中医病名，即糖尿病。⑤ 诔：一种祭悼文体。

本篇选自《西京杂记》，其事亦见于《史记》等书。

传说司马相如赴卓王孙家宴，用琴曲挑逗卓王孙之女文君，文君乘夜私奔相如，又同归成都。这是一个很有名的爱情故事，堪称后世“才子佳人”理念的先声。历代文人经常题咏其事，宋元以来还出现了不少以此为题材的戏曲，“琴挑”也因之成了情人互通款曲的优美意象。

作为小说，本篇略去了《史记·司马相如列传》中详述的二人相悦私奔的具体过程，而从他们回成都写起。当时，他们生活陷于贫困，竟不得不用鹔鹴鸟羽毛织成的衣裳向酒店赊酒喝。本意是要寻开心，谁知却勾起满腹忧愁来。尤其是文君由富而贫，为爱情承受了更大的牺牲。这一细节是《史记》中没有的，应是“小说家言”，却极生动地表现了二人的心境，也很自然地过渡到开酒店的决策。这是二人的主动进攻。文君掌勺，相如洗盘子，以此刺激卓王孙。卓王孙果然觉得有辱门庭，就送了许多钱给文君。所谓“厚给文君”而不是“厚给二人”，用语很有意思。看来他还是不认相如这个女婿的。

如果放在今天，自由恋爱，自食其力，都没有什么可耻的。但在司马相如、卓文君所处的时代，就有所不同了，这些都是需要勇气的。作为寡妇的文君，本当从一而终，却“为人放诞风流”，做出“越礼”之事；相如因为爱慕文君，以致恋色伤身。在作者看来，自然是很可惋惜的。不过，魏晋时期，人们的思想束缚还不像后来那么严重。所以，篇中没有什么道貌岸然的教训，作者基本上是把这当作一件风流韵事来记述的。只是在喜剧情味中，又带有一种挥之不去的忧伤。

在艺术上，本篇采用倒叙手法，先述“贳酒”和“卖酒”，然后才介绍二人一见钟情的原委。这样的叙述突出了他们的真情挚爱。当然也便于引出相如因色伤身的结果，结构自然紧凑。文笔亦绝佳，如写文君容貌姣好，“眉色如望远山，脸际常若芙蓉，肌肤柔滑如脂”，造语工巧，比拟不俗。

（刘勇强）

画工弃市　　葛　洪

元帝[①]后宫既多，不得常见，乃使画工图形，案图召幸之。诸宫人皆赂画工，多者十万，少者亦不减五万，独王嫱[②]不肯，遂不得见。匈奴入朝求美人为阏氏[③]，于是上案图以昭君行。及去，召见，貌为后宫第一，善应对，举止闲雅。帝悔之，而名籍已定，帝重信于外国，故不复更人。乃穷案其事，画工皆弃市[④]。籍[⑤]其家，资皆巨万。画工有杜陵[⑥]毛延寿，为人形，丑好老少，必得其真。安陵[⑦]陈敞，新丰[⑧]刘白、龚宽，并工为牛马飞鸟，亦肖人形，好丑不逮[⑨]延寿。下杜[⑩]阳望亦善画，尤善布色。樊育亦善布色。同日弃市。京师画工，于是差稀。

〔注〕 ① 元帝：刘奭(shì)，公元前49年至前33年在位。 ② 王嫱：字昭君，南郡秭归(今属湖北)人，竟宁元年(前33年)，匈奴呼韩邪单于入朝求和亲，她自请嫁匈奴。 ③ 阏氏(yān zhī)：匈奴君主的正妻的称号。 ④ 弃市：在闹市处死刑，并暴尸街头。 ⑤ 籍：抄没。 ⑥ 杜陵：古县名，在今陕西西安附近。 ⑦ 安陵：古县名，在今陕西咸阳附近。 ⑧ 新丰：古县名，在今陕西临潼东北。 ⑨ 不逮：不及。 ⑩ 下杜：地名，在杜陵附近。

本篇选自《西京杂记》。

旧时帝王，宫妃成群，佳丽三千。这篇小说中“不得常见”一语，对帝王来说，不过是欲壑难填的遗憾。对宫女来说，却是青春虚度、生命浪掷的痛苦。所以，历来关于宫女不幸的故事很多。宫怨诗甚至演变为一类特殊的题材。在这样的背景下来阅读本篇，就会有更强烈的感受。

汉元帝为了避免遗珠之憾，命画家为宫女画像，以便挑选。这自然是宫女得近天颜的良机。于是，她们纷纷出重资贿赂画家，希望能把自己画得美一点。唯有王嫱即王昭君不肯屈身求宠，这几乎就是选择了自绝于君王的道路，也可以说是以生命为代价的。元帝轻易地把她打发到匈奴去，就是这种选择的结果。

不知出于什么动机，元帝在王昭君临行前召见了她。这才发现她貌为后宫第一。其实，美貌原无所谓绝对的第一。王昭君是以才华气质取胜的。元帝在后悔之余，下令严惩京师画家。画家犯了欺君之罪，自然罪不当赦。由此而遭弃市，以致造成整个京城都无人敢作画了。其实元帝无法明白，悲剧的根源正在于帝王的专制。

昭君出塞事，最早见于《汉书》之《元帝纪》《匈奴传》。史书中她本是自愿去的，意在“和蕃”，故少悲凉。同时也无“案图召幸”和“画工弃市”之说。这些当是随后民间传说附会上来的。虽然这篇小说只是粗陈梗概，但它却包孕着丰富的内涵。王昭君的特立独行，使她的美丽带有一种凛然高洁的品格。因此，她很快就从“画工弃市”的故事中凸显出来，成为历代文人墨客咏赞的对象。王安石《明妃曲》赞叹：“意态由来画不成，当时枉杀毛延寿。”元杂剧《汉宫秋》则是这一题材的集大成者，它不但继承了以前同类作品对王昭君崇高人格的褒扬，更强化了作为一国之主的汉元帝竟连自己宠爱的妃子也保护不了的情境，从而使这一题材的政治意义和感情色彩发挥到了极致。

（刘勇强）

麻 姑 葛洪

汉孝桓帝[①]时，神仙王远[②]，字方平，降于蔡经[③]家。将至一时顷，闻金鼓箫管人马之声，及至，举家皆见。王方平戴远游冠，着朱衣、虎头鞶囊[④]，五色之绶，带剑。少须黄色，中形人也。乘羽车，驾五龙，龙各异色。麾节幡旗，前后导从，威仪奕奕，如大将军，鼓吹皆乘麟。从天而下，悬集于庭。从官皆长丈余，不从道行。既至，从官皆隐，不知所在，唯见方平，与经父母兄弟相见。

独坐久之，即令人相访麻姑，经家亦不知麻姑何人也。言曰："王方平敬报姑，余久不在人间，今集在此，想姑能暂来语乎？"有顷，使者还，不见其使，但闻其语云："麻姑再拜，不见忽已五百余年，尊卑有叙，修敬无阶，烦信来承在彼，登山颠倒[⑤]。而先受命，当按行蓬莱，今便暂往，如是当还。还便亲觐，愿未即去。"如此两时间，麻姑至矣。来时亦先闻人马箫鼓声，既至，从官半于方平。麻姑至，蔡经亦举家见之。是好女子，年十八九许，于顶中作髻，余发垂至腰。其衣有文章而非锦绮，光彩耀目，不可名状。入拜方平，方平为之起立。坐定，召进行厨，皆金盘玉杯，肴膳多是诸花果，而香气达于内外。擘[⑥]脯行之，如貊炙[⑦]，云是麟脯也。麻姑自说云："接侍以来，已见东海三为桑田，向到蓬莱，水又浅于往者会时略半也，岂将复还为陵陆乎？"方平笑曰："圣人皆言海中复扬尘也。"

姑欲见蔡经母及妇侄。时弟妇新产数十日，麻姑望见乃知之，曰："噫！且止勿前。"即求少许米，得米便撒之掷地，谓以米祛其秽也，视其米，皆成真珠矣。方平笑曰："姑故年少，吾老矣，了不喜复作此狡狯[⑧]变化也。"方平语经家人曰："吾欲赐汝辈酒。此酒乃出天厨，其味醇酿，非世人所宜饮，饮之或能烂肠。今当以水和之，汝辈勿怪也。"乃以一升酒，合水一斗搅之，赐经家饮一升许。良久酒尽，方平语左右曰："不足远取也。”以千钱与余杭姥[9]相闻，求其沽酒。须臾信还，得一油囊酒，五斗许。信传余杭姥答言：“恐地上酒不中尊饮耳。”

又麻姑鸟爪，蔡经见之，心中念言：“背大痒时，得此爪以爬背当佳。”方平已知经心中所念，即使人牵经鞭之。谓曰：“麻姑神人也，汝何思谓爪可以爬背耶？”但见鞭着经背，亦不见有人持鞭者。方平告经曰：“吾鞭不可妄得也。”

是日，又以一符传授蔡经邻人陈尉，能檄召鬼魔，救人治疾。蔡经亦得解蜕之道，如蜕蝉耳。经常从王君游山海，或暂归家。王君亦有书与陈尉，多是篆文，或真书[10]，字廓落而大，陈尉世世宝之。

宴毕，方平、麻姑命驾升天而去，箫鼓道从如初焉。

〔注〕 ① 汉孝桓帝：刘志，公元146—167年在位。 ② 王远：《神仙传》卷二《王远》载：“远字方平，东海人，东海中散大夫，弃官入山修道，桓帝连征不出，后仙去，常住昆仑，主天曹事。” ③ 蔡经：《神仙传·王远》载：经吴小民，住胥门，王远过经家，以其骨相当仙，授以要言，经遂得道。 ④ 鞶(pán)囊：古时官员用以盛印绶之革囊。 ⑤ 颠倒：颠倒衣裳之谓，形容迎客急促，忙乱中穿错衣裳。语出《诗经·齐风·东方未明》：“东方未明，颠倒衣裳。” ⑥ 擘(bò)：剖也。 ⑦ 貊炙：《释名释饮食》：“貊炙，全体炙之，各自以刀割，出于胡貊之为也。”貊：北方少数族。 ⑧ 狡狯：游戏、戏耍。 ⑨ 余杭姥：后世亦传为仙人。余杭今属浙江杭州。 ⑩ 真书：楷书。

本篇选自《神仙传》，记叙仙人王远、麻姑降吴地小民蔡经家事。

叙述手法之特异体现在两方面。一是叙述聚焦于麻姑其人其异，但作者并不直叙麻姑，而是在麻姑出场前设置双重障碍：王远欲与麻姑叙旧，而在场者无一识麻姑，此一重莫知其人的心理障碍；使者前往，麻姑并不立至，信往信还，又一重礼义周旋的行为障碍。“来时亦先闻人马箫鼓声”，加一番威仪奕奕、古乐仙声的气氛渲染，而后麻姑才姗姗来迟。作者通过叙事的延耽刺激读者阅读兴趣，增强了对仙人麻姑的好奇。

其次，叙述空间不是仙人出没的仙源府第，而就在凡人济济的尘世之家。试想，俗世百姓接待入籍仙界的神人，是何等异想天开。叙述视角则先由人观仙，再由仙及人。从人观仙是仰视视角，只见其乘羽车，驾五龙，浮游于俗世之上；着彩衣，食仙膳，何其富贵尊严；所论则沧海桑田、蓬莱陵陆，又何其博识宏远。这表现的是俗人对仙人的惊慕。由仙看人便是俯视视角，仙人或弹指间化米为珠、祛妇身秽；或赐天厨玉酒，世人偏难享其醇，需化之以水；或授符书秘诀、降魔治

麻　姑

——《绘像列仙传》

疾。世人的无奈与多灾衬托着仙人的优越和灵异。在此,作者以视角的来回转换保证着眼光的新鲜感和情感的层次感,其慕仙心态渗透于字里行间。

人仙共聚一堂,作者唯恐仙人轻易做客于平民百姓家而有损于为仙者的尊严,于是趣笔横生,开了个小小玩笑,以泾渭分明地划清人仙界线。麻姑鸟爪,蔡经见之,以现世务实致用的逻辑忖度其功用,“背大痒时,得此爪以爬背当佳”,真乃痴人妄想,玷污良材美质,难怪赚得一顿好打。“吾鞭不可妄得也”,王远亦幽默得可以,所谓打你之“吾鞭”尚“不可妄得”(怕沾染凡人秽气,抑或怕凡人沾去仙气),何况以仙爪爬汝之背?俗人的妄念与仙人的恶趣在此碰撞出诙谐而慧黠的火花,令你读之忍俊不禁。

麻姑事,先见于《列异传》,《神仙传》卷二《王远》亦记,然无单篇《麻姑》。《绿窗女史·神仙·仙姬》《五朝小说·魏晋小说》杂传家以及《说郛》卷一二三有葛洪单篇《麻姑传》。关于麻姑身世说法不一:唐王悬河《三洞珠囊》卷八引《神仙传》云:“仙人麻姑,侍从女子”,乃王远侍从;《集仙录》云:“麻姑者,乃上元真君之亚也”;《真仙通鉴》后集卷三《麻姑》云:“麻姑,乃王方平之妹。”后世小说、戏曲亦多取麻姑形象。《聊斋志异》《镜花缘》等均叙及麻姑,清许善长《茯苓仙》传奇《碧声吟馆六种》演麻姑事。

(王 燕 于天池)

壶 公　　葛洪

壶公者,不知其姓名也。今世所有召军符、召鬼神治病玉府符,凡二十余卷,皆出自公,故总名“壶公符”。时汝南①有费长房者,为市掾②。忽见公从远方来,入市卖药,人莫识之。卖药口不二价,治病皆愈。语买人曰:“服此药必吐某物,某日当愈。”事无不效。其钱日收数万,便施与市中贫乏饥冻者,唯留三五十。常悬一空壶于屋上,日入之后,公跳入壶中。人莫能见,唯长房楼上见之,知非常人也。长房乃日日自扫公座前地,及供馔物,公受而不辞。如此积久,长房尤不懈,亦不敢有所求。

公知长房笃信,谓房曰:“至暮无人时更来。”长房如其言即往。公语房曰:“见我跳入壶中时,卿便可效我跳,自当得入。”长房依言,果不觉已入。入后不复是壶,唯见仙宫世界,楼观重门阁道,公左右侍者数十人。公语房曰:“我,仙人也。昔处天曹③,以公事不勤见责,因谪人间耳。卿可教,故得见我。"长房下座顿首曰:"肉人无知,积罪却厚,幸谬见哀悯,犹入剖棺布气,生枯起朽。但恐臭秽顽弊,不任驱使,若见哀怜,百生之厚幸也。"公曰:"审尔大佳。勿语人也。"

公后诣长房于楼上,曰:"我有少酒,相就饮之,酒在楼下。"长房使人取之,不能举盎,至数十人,莫能得上。乃白公,公乃下,以一指提上,与房共饮之。酒器如拳许大,饮之至暮不竭。告长房曰:"我某日当去,卿能去乎?"房曰:"欲去之心,不可复言。欲使亲眷不觉知去,当有何计?"公曰:"易耳。"乃取一青竹杖与房,戒之曰:"卿以竹归家,便可称病,以此竹杖置卿所卧处,默然便来。"房如公言。去后,家人见房已死,尸在床,乃向竹杖耳,乃哭泣葬之。

房诣公,恍惚不知何所。公乃留房于群虎中。虎磨牙张口,欲噬房,房不惧。明日又内于石室中,头上有一方石,广数丈,以茅绹悬之,又诸蛇来啮绳,绳即欲断,而长房自若。公至,抚之曰:"子可教矣。"又令长房啖屎兼蛆,长寸许,异常臭恶。房难之,公乃叹谢遣之,曰:"子不得仙道也,赐子为地上主者,可得寿数百岁。"为传封符一卷,付之曰:"带此可主诸鬼神,常称使者,可以治病消灾。"房忧不得到家,公以一竹杖与之,曰:"但骑此,得到家耳。"

房骑竹杖辞去,忽如睡,觉已到家。家人谓是鬼,具述前事。乃发棺视之,唯一竹杖,方信之。房所骑竹杖,弃葛陂[④]中,视之乃青龙耳。初去至归谓一日,推问家人,已一年矣。

房乃行符,收鬼治病,无不愈者。每与人同坐共语,常呵责嗔怒,问其故,曰:"嗔鬼耳。"时汝南有鬼怪,岁辄数来郡中,来时从骑如太守,入府打鼓,周行内外,尔乃还去,甚以为患。房因诣府厅事,正值此鬼来到府门前,府君驰入,独留房。鬼知之,不敢前,房大叫呼曰:"便捉前鬼来!"乃下车伏庭前,叩头乞曰:"改过。"房呵之曰:"汝死老鬼,不念温良,无故导从,唐突官府,自知合死否?急复真形!"鬼须臾成大鳖,如车轮,头长丈余。房又令复人形。房以一札符付之,令送与葛陂君,鬼叩头流涕,持札去。使人追视之,乃见符札立陂边,鬼以头绕树而死。

房后到东海,东海大旱三年,谓请雨者曰:"东海神君前来淫葛陂夫人,吾系之,辞状不测,脱然忘之,遂致久旱。吾今当赦之,令其行雨。"即便有大雨。房有神术,能缩地脉,千里存在,目前宛然,放之复舒如旧也。

〔注〕 ① 汝南:郡名,治所在今河南上蔡西南。 ② 市掾(yuàn):管理市场的官员。③ 天曹:道家所谓天上的神官。 ④ 葛陂:古湖泊名,在今河南新蔡北。

本文选自《神仙传》,记述两位神仙——壶公和费长房的故事。费长房于史有载,《后汉书·方术列传》录入本篇大部分内容,略加补充。壶公于正史无载,但在道教典籍中亦不乏有记。《真仙通鉴》卷二十有《壶公传》。《三洞群仙录》卷四引《丹台新录》曰:"谢元一号谢公,即孔子三千弟子之数也。"《御览》卷六六四亦言其姓谢名元,历阳人也。而《水经注》卷二十一《汝水》云为王壶公,虽多有异辞,所谓"壶公"并不专指一人,而其神奇道行则大体与《神仙传》所载相类。

本文散发着浓郁的道教气息。壶公开启的首先是壶天世界。人入壶中,杂史、神怪小说不乏此类小中见大的空间幻想。《洞冥记》卷四云"唯有一女人爱悦于帝,名曰巨灵。帝旁有青珉唾壶,巨灵乍出入其中。"古印度《旧杂譬喻经》载梵志吐壶,壶有女子,《灵鬼志》之《外国道人》篇所叙故事与此相似,后《续齐谐记》改写成更具中国本土色彩的《阳羡书生》。壶中别有洞天,可谓神思妙想。《云笈七籤》卷二十八云:"(施存)学大丹之道……后遇张申为云台治官,常悬一壶如五升器大,变化为天地,中有日月,如世间。衣宿其内,自号'壶天',人谓曰'壶公'。"道教仙境也有壶天之称。《神仙传》这一空间意识实得益于道教空间思维的影响。

葛洪《抱朴子·仙道篇》认为:"修至道,决在于志。"仙可学致,只是要经一番痛苦磨难。这是道教收系信徒的惯用手段。壶公考验长房布下三阵,在此,作者以空间的置换结构故事之腾挪跌宕,以造成审美上的陌生感、惊奇感:群虎噬之,而长房不惧;茅绳悬石,诸蛇啮绳欲断,而长房自若。此二者见出长房胆量、耐力,似常人亦堪忍受,而命"啖屎兼蛆,长寸许,异常臭恶"就有些谑而近虐、不近人情了,长房终于未能过关、功亏一篑,只做得寿数百余岁的"地上主者"。长房拜师求仙之道,似蕴含"吃得苦中苦,方为人上人"之俗谚,这也是道教思维留给人们的生活启示。

壶 公

——《绘图历代神仙传》

道教是土生土长的生活化宗教，诸如符箓驱邪、炼丹延寿都与世俗生老病死密切牵连，所以壶公之卖药治病、长房之收鬼驱疾，无不显示其医巫渊源之道教当行本色。而长房干涉东海神君与葛陂夫人之“桃色事件”，就未免管得宽了些，恐是作者欲神其教而画蛇添足了。

（王 燕 于天池）

【作者小传】

干 宝

东晋史学家、文学家。字令升。新蔡（今属河南）人。勤学博闻，任著作郎，封关内侯。作有小说集《搜神记》等。

韩凭夫妇

干 宝

宋康王[①]舍人韩凭，娶妻何氏，美，康王夺之。凭怨，王囚之，论为城旦[②]。妻密遗凭书，缪其辞[③]曰：“其雨淫淫，河大水深，日出当心。”既而王得其书，以示左右，左右莫解其意。臣苏贺对曰：“其雨淫淫，言愁且思也；河大水深，不得往来也；日出当心，心有死志也。”俄而凭乃自杀。其妻乃阴腐其衣。王与之登台，妻遂自投台，左右揽之，衣不中手而死。遗书于带曰：“王利其生，妾利其死[④]。愿以尸骨，赐凭合葬。”王怒，弗听。使里人[⑤]埋之，冢相望也。王曰：“尔夫妇相爱不已，若能使冢合，则吾弗阻也。”宿昔之间，便有大梓木生于二冢之端，旬日而大盈抱，屈体相就，根交于下，枝错于上。又有鸳鸯，雌雄各一，恒栖树上，晨夕不去，交颈悲鸣，音声感人。宋人哀之，遂号其木曰“相思树”。相思之名，起于此也。南人谓此禽即韩凭夫妇之精魂。今睢阳[⑥]有韩凭城，其歌谣[⑦]至今犹存。

〔注〕 ① 宋康王：名偃，战国末宋国暴君。 ② 城旦：古时的一种刑罚，白天守卫，夜晚筑城。 ③ 缪其辞：故意把词句写得隐晦曲折。 ④ 王利其生，妾利其死：生对王（指宋康王）有利，死对妾（何氏自称）有益。生和死都是指何氏而言。 ⑤ 里人：与韩凭同乡里的人。 ⑥ 睢阳：即战国宋都商丘，秦置为县，在今河南商丘南。 ⑦ 其歌谣：据《彤管集》载：“韩凭为宋康王舍人，妻何氏，美，王欲之，捕舍人筑青陵之台。何氏作《乌鹊歌》以见志：‘南山有乌，北山张罗，乌自高飞，罗当奈何！’‘乌鹊双飞，不乐凤凰；妾是庶人，不乐康王。’遂自缢。”至今犹存

歌谣，可能指此。

本篇采自《搜神记》。这与其说是一篇志怪小说、民间故事，不如说是一个凄美的爱情神话，是作者以幻想形式写下的至情至性的文字。

《列异传》有“韩凭夫妇”条，《艺文类聚》、《太平寰宇记》、晋袁山松《郡国志》、唐李元《独异志》均有记载，情事大体相类。唐俗赋《韩朋赋》谓韩凭妻何氏被宋康王所夺，发端于其思夫书不幸落康王手中，王爱其文美，遂夺来立为后，似不如《搜神记》本篇载康王贪何氏之貌美而夺之更来得合理。本文的主题似乎不是为揭露暴君。暴君的参与只是强调侵犯来势之劣，而正是一民女面对一国之君，在这种力量悬殊的不平衡对抗中，更见出韩凭妻之胆略和勇毅。《天中记》卷一八载何氏自缢前作《乌鹊歌》以见其志，曰：“南山有乌，北山张罗，乌自高飞，罗当奈何！”“乌鹊双飞，不乐凤凰；妾是庶人，不乐康王。”由此更见出韩凭妻威武不能屈、富贵不能淫的对爱的坚贞与执着。

故事的高潮不是在生前矛盾双方的较量，而是宋康王在其夫妇殉情后，违其志将二人分开埋葬。爱情的感召力恰恰呈现在这以后发生的奇迹中：“宿昔之间，便有大梓木生于二冢之端，旬日而大盈抱，屈体相就，根交于下，枝错于上。”这是爱情不死的灵魂痛苦扭曲合抱而成的朝夕与共、生死不渝的悲壮的爱的化身；“又有鸳鸯，雌雄各一，恒栖树上，晨夕不去，交颈悲鸣，音声感人。”这是爱的精魂至坚至诚的依伴与倾诉。这一曲梦魂萦绕的生死恋，不仅仅是一般的浪漫主义想象，冢间屈体相就的梓木，树上交颈悲鸣的鸳鸯，即是人的变幻化生，所以，悲剧背后还蕴含着神话思维的精魂不灭的幻想。

文中何氏所书的曲折隐晦的爱的誓言“其雨淫淫，河大水深，日出当心”，可谓千古美文，如《诗经》抒情四言体，以韵散交错的形式嵌合在命运多舛的爱情神话中，使叙述闪烁着诗思的灵光，爱情不死的灵魂由此而获得了诗意的升华。其后唐《韩朋赋》谓夫妇死后，为避免康王隔离之卑鄙用心，先后化为青白二石、桂树梧桐，终为双鸳鸯，比肩相伴游。《太平寰宇记》谓韩凭妻登台自尽时，“左右揽之，(腐衣)着手化为蝶”，躯体被迫毁灭时，衣服幻化出自由翩跹的无数精灵。明彭大翼所撰《山堂肆考》云：“俗传大蝶必成双，乃梁山伯、祝英台之魂。又云韩凭夫妇之魂。”这些幻化思维为爱情神话增加了无限诗意的情致。 （王 燕 于天池）

干将莫邪 干 宝

楚干将莫邪[①]为楚王作剑，三年乃成。王怒，欲杀之。剑有雌雄。其妻重身[②]当产，夫语妻曰：“吾为王作剑，三年乃成。

王怒,往必杀我。汝若生子是男,大,告之曰:'出户望南山,松生石上,剑在其背。'"于是即将雌剑,往见楚王。王大怒,使相之:"剑有二,一雄一雌。雌来,雄不来。"王怒,即杀之。莫邪子名赤比,后壮,乃问其母曰:"吾父所在?"母曰:"汝父为楚王作剑,三年乃成。王怒,杀之。去时嘱我:'语汝子:出户望南山,松生石上,剑在其背。'"于是子出户南望,不见有山,但睹堂前松柱下,石低之上,即以斧破其背,得剑。日夜思欲报楚王。王梦见一儿,眉间广尺③,言:"欲报仇。"王即购之千金。儿闻之,亡去。入山行歌。客有逢者,谓:"子年少,何哭之甚悲耶?"曰:"吾干将莫邪子也。楚王杀吾父,吾欲报之!"客曰:"闻王购子头千金,将子头与剑来,为子报之。"儿曰:"幸甚!"即自刎,两手捧头及剑奉之,立僵。客曰:"不负子也。"于是尸乃仆。客持头往见楚王,王大喜。客曰:"此乃勇士头也。当于汤镬④煮之。"王如其言。煮头三日三夕,不烂。头踔⑤出汤中,瞋目⑥大怒。客曰:"此儿头不烂,愿王自往临视之,是必烂也。"王即临之。客以剑拟王,王头随堕汤中。客亦自拟己头,头复堕汤中。三首俱烂,不可识别。乃分其汤肉葬之,故通名"三王墓"。今在汝南北宜春⑦县界。

〔注〕 ① 干将莫邪(yé):古时铸剑工匠,姓干将,名莫邪。一说为夫妻二人名。此从前说。 ② 重(chóng)身:怀孕。 ③ 眉间广尺:两眉间有一尺宽,形容额宽。 ④ 汤镬(huò):煮热水的大锅。 ⑤ 踔(zhuó):跳跃。 ⑥ 瞋(chēn)目:怒目相瞪。 ⑦ 北宜春:县名。在今河南省汝南县西南。

本篇选自《搜神记》。《列异传》《吴越春秋》等亦有类似记载。

作品描写楚王杀死铸剑误期的干将,又想斩草除根杀其子赤比。赤比立志复仇,在侠客的帮助下,他们牺牲了自己,终于报了仇。故事鲜明地体现了中国传统文化的某些特点,约略言之,有以下几方面——

首先是忠臣意识和复仇意志。小说的主题是复仇,但矛盾在国王与臣民间展开,带有更复杂的性质。按照传统观念,臣民对国王要绝对服从和忠诚,任何反抗都视为大逆不道。如果不看到这一点,我们对干将莫邪的有些行为就难以理解。为什么他明知楚王可能要杀他,仍要去见楚王?虽然他隐匿了雄剑,毕竟是冒死献剑。为什么他不逃跑呢？这样的事在春秋战国时期是经常发生的。原因就在于他的忠诚。他受命于楚王，就自认为必须忠于楚王，至少在铸剑这件事上要有所交待。但是，他的儿子不同，没有了这样的义务。所以，他可以复仇。即便如此，这种以下对上的复仇也还是罕见的。这就构成了本篇最具有光彩的地方。

其次是侠客精神。山中侠客与楚王本来无冤无仇，但得知干将莫邪之子的深仇大恨，便主动请求替他报仇。他并不贪图赏金，只是出于一种义愤，就挺身而出。这种见义勇为的行为正是中国传统文化表彰的侠客精神。他也是中国小说中较早出现的侠客形象。

其三是性别观念。中国传统文化一向重男轻女。在本篇中，干将莫邪慷慨赴死，他的妻子却无能为力，不能承担起复仇的重任。莫邪临行前还嘱咐妻子："汝若生子是男，大，告之曰……"如果他妻子生的是女儿，这个悲壮动人的故事也就无从表现了。在器物描写上也是如此。剑分雄雌就是鲜明的例证。

在艺术上，这篇小说也相当成功。这个故事在当时流传很广，不少古籍都有记载，但以本篇为佳。整个作品篇幅不长，内涵却很大。同时，结构也完整精巧，详略得当。小说的重点是莫邪之死及其儿子赤比的复仇，赤比的成长过程只以"后壮"两字带过。贯穿于这种大跳跃中的是两代人一脉相承的复仇意志，而赤比的逃亡则又自然引出了侠客，使得情节的内在线索更为突出。不仅如此，小说中的一些细节也极鲜明。如写到赤比听说侠客愿为他报仇，条件是要他的头和剑时，作品有这样一段文字："儿曰：'幸甚！'即自刎，两手捧头及剑奉之，立僵。客曰：'不负子也！'于是尸乃仆。"这带夸张性的写法，强烈地突出了人物的复仇意志。接下来的"煮头三日三夕，不烂。头踔出汤中，瞋目大怒"，也具有同样的艺术效果。至于"三王墓"之建，可说是侠客所玩"黑色幽默"的结果了。一个路见不平、拔刀相助且工于心计、沉稳干练的大侠形象在作者不动声色的描写中跃然纸上。

（刘勇强）

李　寄　　　　干　宝

东越闽中①，有庸岭，高数十里。其西北隰②中，有大蛇，长七八丈，大十余围，土俗常惧。东治都尉及属城长吏③，多有死者。祭以牛羊，故不得祸。或与人梦，或下谕巫祝，欲得啗童女年十二三者。都尉令长，并共患之。然气厉不息。共请求人家生婢子④，兼有罪家女养之。至八月朝祭，送蛇穴口。

蛇出，吞啮之。累年如此，已用九女。尔时预复募索，未得其女。将乐[⑤]县李诞家，有六女，无男，其小女名寄，应募欲行，父母不听。寄曰："父母无相，惟生六女，无有一男，虽有如无。女无缇萦[⑥]济父母之功，既不能供养，徒费衣食，生无所益，不如早死。卖寄之身，可得少钱，以供父母，岂不善耶？"父母慈怜，终不听去。寄自潜行[⑦]，不可禁止。寄乃告请好剑及咋[⑧]蛇犬。至八月朝，便诣庙中坐。怀剑，将犬。先将数石米餈，用蜜麨灌之，以置穴口。蛇便出，头大如囷[⑨]，目如二尺镜。闻餈香气，先啖食之。寄便放犬，犬就啮咋，寄从后斫得数创。疮痛急，蛇因踊出，至庭而死。寄入视穴，得其九女髑髅，悉举出，咤言曰："汝曹怯弱，为蛇所食，甚可哀愍[⑩]。"于是寄女缓步而归。越王闻之，聘寄女为后，拜[⑪]其父为将乐令，母及姊皆有赏赐。自是东治无复妖邪之物。其歌谣至今存焉。

〔注〕 ① 东越：汉初国名，约有今浙江、福建东南部分地区。闽中：秦时郡名，今福建省中部。 ② 隰(xí)：低湿的地方。 ③ 东治：闽中郡的治所，在今福州市附近。都尉：驻守郡城的军官。长吏：高级县吏。 ④ 家生婢子：奴婢生的女儿。 ⑤ 将乐：县名，在今福建省。 ⑥ 缇萦(tí yíng)：东汉时淳于意的小女儿。父亲下狱时，缇萦上书愿替父赎罪，皇帝怜其孝心，下诏废除肉刑，淳于意因而得免。 ⑦ 潜行：偷偷地去。 ⑧ 咋：咬。 ⑨ 囷(qūn)：圆形的谷仓。 ⑩ 哀愍(mǐn)：可悲可怜。 ⑪ 拜：授以官职。

本篇选自《搜神记》。

中国古代的动物精怪传说很多，这些精怪为妖作祟，常常给人带来恐惧和灾难。这是当时人类受困于自然的反映。本篇所写的淫祀就是人们陷于困苦无助境地的真实写照，而对这种境地的改变则是人们急切的期盼，只是这种期盼没有寄托在神灵身上，甚至也没有寄托在勇武的英雄身上，而是通过一个少女来加以表现，显示出特殊的魅力。

读过《西游记》的人可能记得，小说第四十八回也有一个灵感大王，每年要吃陈家庄一对童男女，孙悟空变作被用于祭赛的小儿，战胜了凶恶的妖怪。在第六十七回，孙悟空又以游戏手段战胜了一条蟒蛇精。合而观之，就是一篇李寄故事。但孙悟空神通广大，本领高强，降妖伏魔，自然不在话下；而本篇所写的，却是一个普普通通的小女孩，她只凭着自己的智慧和胆量，就战胜了巨大的蛇怪，实在不能不让人刮目相看。

小说一开始，概述了蛇怪的凶残。人们原来"祭以牛羊，故不得祸"。大约是因为有求必应，蛇怪更得寸进尺，要求吃人了。而地方官员竟束手无策，只能投其所好。九个不幸的女孩先后都作了牺牲品。这一概述当然是一种铺垫，为下文写李寄作对比。

与前面九女不同，李寄是主动应募而去的。这当中有一个不能忽视的文化背景。李寄在行前对父母说，自己是女孩"虽有如无"，"徒费衣食，生无所益"。所以，她的献身，本意竟是"卖寄之身，可得少钱，以供父母"的孝心。抛开这种对女孩的性别歧视不说，让一个弱小的女孩去干众多男子也为之心惊胆战的事业，无疑是对李寄的极大褒扬。

李寄在朝祭前"告请好剑及咋蛇犬"，可以看出，她是早有准备，成竹在胸的。因此，作者并没有渲染李寄遭遇蛇怪、斩而杀之的紧张场面。相反，一切仿佛都在她的计划中。一条为害深重的大蛇怪，似乎轻而易举地就毙命于李寄之手。唯其如此，当李寄进入蛇穴，指着九女髑髅说的："汝曹怯弱，为蛇所食，甚可哀愍"，才更有一种撼人心魄的力量和胜利者的自豪。李寄确实身手不凡。你看她，斩蛇后"缓步而归"，是那样的轻松。至于她的被越王聘为后，倒是当不得真的。那无非是民间的一种心愿。可惜篇末提到的那首歌谣没有流传下来。否则，也一定如《木兰词》一样脍炙人口吧？

魏晋志怪小说的成功，很大一个原因是它源于民间，具有蓬勃的生机。本篇即是一例。

（刘勇强）

董　永　　　　干　宝

汉董永，千乘①人。少偏孤②，与父居。肆力田亩，鹿车③载自随。父亡，无以葬，乃自卖为奴，以供丧事。主人知其贤，与钱一万，遣之。永行三年丧毕，欲还主人，供其奴职。道逢一妇人曰："愿为子妻。"遂与之俱。主人谓永曰："以钱与君矣。"永曰："蒙君之惠，父丧收藏。永虽小人，必欲服勤致力，以报厚德。"主曰："妇人何能？"永曰："能织。"主曰："必尔者，但令君妇为我织缣④百匹。"于是永妻为主人家织，十日而毕。女出门，谓永曰："我，天之织女也。缘君至孝，天帝令我助君偿债耳。"语毕，凌空而去，不知所在。

〔注〕 ① 千乘：郡名，治所在今山东博兴附近。 ② 偏孤：少年丧母。 ③ 鹿车：小手

车。 ④ 缣：细绢。

本篇选自《搜神记》。

这是一个赞美孝行的故事。原出于刘向《孝子图》，后又曾名列《二十四孝》中。在以忠孝为本的国度里，董永的形象可说是深入人心的。

家贫出孝子，董永就是苦出身。为葬父，他不得不卖身为奴，感动得主人送钱给他，成其大孝。三年丧毕，董永回到主人家，准备打工偿钱。这就进一步感动了天帝，让织女下凡做他的妻子，助其还债。故事可以说简单得不能再简单了，但就是这样一个简单的故事却又感动了后世无数读者。究其原因，恐怕还不只是孝，因为孝的故事史不绝书。董永贫而能孝，诚实无欺，又有仙女为妻，处处表现了民间的理想与愿望。甚至连结尾，仙女的"凌空而去，不知所在"，也反映出一种特殊的冷静，毕竟老实本分的贫苦百姓是不会总是沉溺于幻想的。后来蒲松龄在《聊斋志异·凤仙》中说："吾愿恒河沙数仙人，并遣娇女昏嫁人间，则贫穷海中，少苦众生矣。"冯镇峦就评点道："天上那有许多仙人，恐虚愿难酬。"

董永的故事在后世不断演变。《清平山堂话本》中有《董永遇仙记》对此就大加夸饰，主要是增加了董永封为兵部尚书、仙女还子即董仲舒及其死后封神事。虽然作者的目的仍然要表彰董永孝行的美好结果，却比本事多了一点富贵气，少了一些朴素天真。

宋元以来，董永故事又成为戏曲的热门题材，但作品多已亡佚。直到20世纪50年代，黄梅戏《天仙配》在传统剧目的基础上加工整理，拍成电影，广为流传，董永故事可以说是家喻户晓了。其最突出的地方是强化了戏剧冲突，把傅员外(即本篇中的"主人")和天帝作为董永织女的对立面来处理，这当然也是当时阶级斗争观念的产物。一个简单的故事，穿越近两千年的时空，竟也折射出中国社会文化的变迁，实在是令人深思的。 (刘勇强)

东海孝妇　　干 宝

汉时，东海孝妇，养姑①甚谨。姑曰："妇养我勤苦。我已老，何惜余年，久累年少。"遂自缢死。其女告官云："妇杀我母。"官收系之，拷掠毒治。孝妇不堪苦楚，自诬服之。时于公②为狱吏，曰："此妇养姑十余年，以孝闻彻③，必不杀也。"太守④不听。于公争不得理，抱其狱词，哭于府⑤而去。自后郡中枯旱，三年不雨。后太守至，于公曰："孝妇不当死，前太守枉杀之，咎[⑥]当在此。”太守即时身祭孝妇冢，因表[⑦]其墓。天立雨，岁大熟。长老[⑧]传云：“孝妇名周青。青将死，车载十丈竹竿，以悬五旛[⑨]。立誓于众曰：‘青若有罪，愿杀，血当顺下；青若枉死，血当逆流[⑩]。’既行刑已，其血青黄，缘旛竹而上标，又缘旛而下云。”

〔注〕 ① 姑：婆婆，丈夫的母亲。 ② 于公：《汉书》卷七一《于定国传》称于定国父于公为县狱吏、郡决曹时，极审慎，为人称道并立生祠感念。 ③ 闻彻：名声在外，广为人知。 ④ 太守：郡的最高行政长官。 ⑤ 府：指太守居处。 ⑥ 咎（jiù）：过失。 ⑦ 表：表彰。 ⑧ 长（zhǎng）老：年长辈高的人。 ⑨ 旛（fān）：一种长幅下垂的旗。 ⑩ 逆流：向上倒流。

本篇选自《搜神记》。其事汉时盛传，刘向《说苑》《汉书·于定国传》等亦载。

这个故事因是元杂剧《窦娥冤》的本事之一而历久弥新。比起《窦娥冤》来，它当然很简单。这种简单不只是故事单纯，没有复杂的社会矛盾，而且在叙事上也极为鲜明。开篇就有“东海孝妇”云云，为女主人公周青的品格定下了基调。孝妇杀姑，显然是不合理的。作者实际上一开始就暗示了故事的冤情性质。

东海孝妇终于死于官府的拷掠毒治。因为作者采取的是第三人称全知叙事角度，我们无法确认周青婆婆自缢前说的那番“我已老，何惜余年，久累年少”的话，只是对周青一人说的，还是对其他人也说过。无论如何，在古代法制体系下，周青要想据此自白，实在不是件容易的事。对官府来说，如果查无实据，本来也不应随便定人死罪的。因此，太守的草菅人命就更衬托了狱吏于公的贤明。能为一个非亲非故的普通妇女的冤狱在上司面前力争，“争不得理，抱其狱词，哭于府而去”，确实难能可贵。吏而称“公”，可见作者的尊敬。

中国古代有天人合一的思想，所以，周青死后，当地三年不雨。还是经于公的解释，后任太守为她昭雪了冤案，才迎来了风调雨顺的丰收。至此，整个故事的现实精神都是很强的。但在最后，作者又补上一笔民间传说，周青临刑前立誓于众，如枉死，血逆流而上。后来果真如此。对此神奇现象，我们不当以理格之，它有力地表现了善良的孝妇性格坚强不屈的一面。如果没有这一点，周青终不过是历史上无数冤死者之一罢了。

（刘勇强）

吴王小女　　干　宝

吴王夫差[①]小女，名曰紫玉，年十八，才貌俱美。童子韩重，年十九，有道术。女悦之，私交信问，许为之妻。重学于齐鲁[②]之间，临去，属其父母，使求婚。王怒，不与女。玉结气[③]死，葬阊门[④]之外。三年重归，诘其父母，父母曰："王大怒，玉结气死，已葬矣。"重哭泣哀恸，具牲币[⑤]，往吊于墓前。玉魂从墓出，见重，流涕谓曰："昔尔行之后，令二亲从王相求，度必克从大愿。不图别后，遭命奈何！"玉乃左顾宛颈而歌曰：

南山有乌，北山张罗[⑥]。乌既高飞，罗将奈何！

意欲从君，谗言孔[⑦]多。悲结生疾，没命黄垆[⑧]。

命之不造，冤如之何！羽族[⑨]之长，名为凤凰。

一日失雄，三年感伤。虽有众鸟，不为匹双。

故见鄙姿，逢君辉光。身远心近，何当暂忘。

歌毕，歔欷流涕，要[⑩]重还冢。重曰："死生异路。惧有尤愆[⑪]，不敢承命。"玉曰："死生异路，吾亦知之。然今一别，永无后期。子将畏我为鬼而祸子乎？欲诚所奉，宁[⑫]不相信。"重感其言，送之还冢。玉与之饮宴，留三日三夜，尽夫妇之礼。临出，取径寸明珠以送重，曰："既毁其名，又绝其愿，复何言哉！时节自爱。若至吾家，致敬大王。"重既出，遂诣王，自说其事。王大怒曰："吾女既死，而重造讹言，以玷秽亡灵。此不过发冢取物，托以鬼神。"趣收[⑬]重。重走脱，至玉墓所诉之。玉曰："无忧。今归白王。"王妆梳，忽见玉，惊愕悲喜，问曰："尔缘何生？"玉跪而言曰："昔诸生韩重，来求玉，大王不许，玉名毁义绝，自致身亡。重从远还，闻玉已死，故赍[⑭]牲币，诣冢吊唁。感其笃终[⑮]，辄与相见，因以珠遗之。不为发冢，愿勿推治。"夫人闻之，出而抱之，玉如烟然[⑯]。

〔注〕 ① 夫差：春秋末年吴国国君，公元前495年至前473年在位，越灭吴，自尽。② 齐鲁：春秋时二国名，一般泛指山东、河北一带。 ③ 结气：心情郁结。 ④ 阊门：吴国都城的西门，在今苏州市。 ⑤ 牲币：祭祀用的家畜及玉、帛等物品。 ⑥ 罗：捕鸟的罗网。 ⑦ 孔：很，极。 ⑧ 黄垆(lú)：黄土，黄泉，即埋葬死人的地方。 ⑨ 羽族：鸟类。 ⑩ 要：通"邀"。 ⑪ 尤愆(qiān)：罪过。 ⑫ 宁：难道，为什么。 ⑬ 趣收：催促收捕。 ⑭ 赍(jī)：带着。 ⑮ 笃终：对死者的真挚感情。 ⑯ 如烟然：如轻烟一般。

本篇选自《搜神记》，其事则从《吴越春秋》及《越绝书》脱胎而来。

这是一篇优美伤感的爱情小说。紫玉、韩重两情相好，私订终身，却因紫玉父亲吴王的反对，无法结合。紫玉因此悲痛而死。吴王为何反对不得而知。想来还不仅是因为韩重身份低微——毕竟无人能与君王门当户对。无端地反对才更见出父母之命的威严。于是，一对有情人只有在阴间才得以成眷属。

作品对封建婚姻制度漠视人的感情表现了强烈的不满。值得注意的是，在这篇小说中，紫玉的形象十分突出，是她对韩重"悦之"而主动"许为之妻"；当韩重归来吊唁，她魂从墓出，邀重还家；之后，又留重三日三夜，尽夫妇之礼；当韩重遭吴王误解而受惩治时，紫玉挺身而出，为之辩解。在后来的爱情小说戏曲中，女性形象往往比男性形象显得更勇敢、更富于光彩，看来也是渊源有自的。如明代传奇《牡丹亭》与本篇故事略相符合，杜丽娘也是魂从墓出，引导梦中情人柳梦梅掘坟而复生，得成夫妇。从这一角度看，紫玉堪称先行者。

人鬼相恋在魏晋南北朝志怪小说中并不少见，也是后世小说常见的模式。本篇绝无矜奇尚怪之病，一切描写皆出于平常。宋元话本名篇《闹樊楼多情周胜仙》也有女鬼显形，寻访旧时情人事。但旧情人却认定其为鬼怪而击杀之。相比之下，韩重之于紫玉鬼魂则不然，虽始有疑虑，却很快就为紫玉的真情感动。在超越现实与非现实界线的愿望中，生死不渝的美好爱情得到了更鲜明的表现。

小说在叙述中还插进了一段紫玉的歌唱，情真意切，哀婉动人。这篇歌词单独地看，也是一首声情并茂的诗作。"张罗捕鸟"的起兴，"谗言孔多"的畏惧，"一日失雄"的感伤，"身远心近"的思念，淋漓尽致地表现了女主人公复杂的内心世界，既突出了作品的主题，又强化了叙述的情感力度，为后世小说韵散结合的叙述方式提供了一个成功的范本。

小说的结尾也值得称道，紫玉如烟一般地消失，不只是写出了鬼魂的特性，更为全篇故事笼罩了一层扑朔迷离的气氛，给读者留下了"曲终人不见"的感慨和回味无穷的遐想。

（刘勇强）

杜兰香　　干宝

汉时有杜兰香者，自称南康[①]人氏。以建业四年春，数诣[②]张传。传年十七。望见其车在门外，婢通言："阿母所生，遣授配君，可不敬从！"传先名改硕。硕呼女前视，可十六七，说事邈然久远。有婢子二人：大者萱支，小者松支。钿车[③]青牛，上饮食皆备。作诗曰：

阿母处灵岳，时游云霄际。
众女侍羽仪[4]，不出墉宫[5]外。
飘轮送我来，岂复耻尘秽。
从我与福俱，嫌我与祸会。

至其年八月旦，复来，作诗曰：

逍遥云汉间，呼吸发九嶷[6]。
流汝不稽路，弱水[7]何不之。

出薯蓣子[8]三枚，大如鸡子，云："食此，令君不畏风波，辟寒温。"硕食二枚，欲留一。不肯，令硕食尽。言："本为君作妻，情无旷远。以年命未合，其小乖。大岁[9]东方卯[10]，当还求君。"兰香降时，硕问："祷祀何如？"香曰："消魔[11]自可愈疾，淫祀无益。"香以药为消魔。

〔注〕 ① 南康：郡名，在今江西省于都县境。 ② 诣：前往。 ③ 钿车：饰以金花之车。 ④ 羽仪：仪仗中以羽毛装饰成的旌旗之类。 ⑤ 墉(yōng)宫：神仙所居之地。 ⑥ 九嶷：山名，在今湖南省宁远县南。 ⑦ 弱水：古水名，诸籍记载不一。 ⑧ 薯蓣子：山药。 ⑨ 大岁：当作"太岁"，星名，木星。古时视为岁星，配上干支及方位纪年。 ⑩ 卯：十二时辰之一，五时至七时。 ⑪ 消魔：或作消摩，即道教导引按摩之意，又指药。

此篇选自《搜神记》，写人仙之恋。

人仙之恋，多半充满令人艳羡的诗情画意。本篇仙女杜兰香两次来见张硕，都吟诗作歌。不过，篇中仙家居高临下的意味似乎重了一些。起初丫环的"可不敬从"就有一种不容置疑甚至强加于人的傲慢；后来杜兰香诗中唱出"从我与福俱，嫌我与祸会"，劝诱中带威胁，也是使人不快的吧？张硕算是知趣，所以最后得到了三块山药。

作为爱情小说，本篇显然遗憾甚多。初会有些突兀，再聚也未见甜蜜。男女主人公的感情心态俱未触及。也许，作者的本意只是要显示仙人仙品，所以才忽略人情的表现。不过，仅就宣扬道教而言，它也有不尽如人意的地方。比如结尾提到的山药，仙女称之为"消魔"，且大作广告，说是食之可以不畏风波、辟寒温、愈疾。因为没有写下去，是否灵验，读者就不得而知了。当然，山药是好东西，这是没有问题的。谁知道呢，也许经过仙家点化，更能超凡脱俗吧。因此，这类小说还是有读者的，尤其在当时，抱以信仰的态度去读，是绝不会作上述挑剔的。

（刘勇强）

父喻复活　　干宝

秦始皇时，有王道平，长安[1]人也。少时，与同村人唐叔偕女，小名父喻，容色俱美，誓为夫妇。寻王道平被差征伐，落堕南国[2]，九年不归。父母见女长成，即聘与刘祥为妻。女与道平言誓甚重，不肯改事[3]。父母逼迫不免，出嫁刘祥。经三年，忽忽[4]不乐，常思道平，忿怨之深，悒悒而死。死经三年，平还家，乃诘邻人："此女安在？"邻人云："此女意在于君，被父母凌逼，嫁与刘祥。今已死矣。"平问："墓在何处？"邻人引往墓所。平悲号哽咽，三呼女名，绕墓悲苦，不能自止。平乃祝曰："我与汝立誓天地，保其终身。岂料官有牵缠，致令乖隔[5]，使汝父母与刘祥；既不契于初心，生死永诀。然汝有灵圣，使我见汝生平之面。若无神灵，从兹而别。"言讫，又复哀泣。逡巡[6]，其女魂自墓出，问平："何处而来？良久契阔[7]。与君誓为夫妇，以结终身，父母强逼，乃出聘刘祥，已经三年，日夕忆君，结恨致死，乖隔幽途。然念君宿念[8]不忘，再求相慰，妾身未损，可以再生，还为夫妇。且速开冢破棺，出我即活。"平审言，乃启墓门，扪看其女，果活。乃结束随平还家。其夫刘祥，闻之惊怪，申诉于州县。检律断之，无条，乃录状奏王。王断归道平为妻。寿一百三十岁。实谓精诚[9]贯于天地，而获感应如此。

〔注〕①长安：今陕西省西安市。②南国：泛指南方。③事：侍奉。④忽忽：恍惚，失意的样子。⑤乖隔：分离。⑥逡(qūn)巡：一会儿，片刻。⑦契(qiè)阔：久别。⑧宿念：长久的思念。⑨精诚：真诚。

本篇选自《搜神记》。

这个故事与《吴王小女》有些类似，不过更平民化。《吴王小女》中的紫玉毕竟是位公主。公主得以与童子"私交信问"，总是令人心存狐疑的。所以，《吴王小女》更像一个童话，而本篇的主人公都是普通的村民，内容更加现实。

王道平与父喻相好，私订终身。不久，王道平即被征调参战，一去九年。其间，父喻迫于父命，嫁非所爱。在对王道平的刻骨思念中，悒悒而死。当王道平回来后，得知原委，乃往父喻墓前哭诉。父喻魂自墓出，指示王道平开冢破棺，遂复活。在国王的裁断下，两人结为夫妻。

从内容上看，这篇作品通过男女爱情婚姻的周折，反映了当时兵役、婚姻制度带给人们的不幸，赞美了男女之间的美好爱情。作者把这种爱情置于外部环境的巨大压力下，使之获得了冲破生死界限的力量。如前所述，本篇的内容是现实的，但它的结尾却带有奇特的想象；这也与《吴王小女》略有不同，后者的内容似乎有些超出现实的可能，结尾却并非大团圆的。由此我们也可以看到魏晋时期的小说家已经很善于在理想与现实间寻找一个最能使人产生心灵感动的契合点。

这当然不是说本篇作品已经十全十美。作为小说，它的叙述似乎过于平直，而且有些地方略显累赘。如父母逼婚，就通过作者的正面叙述、邻人的介绍和父喻魂灵的自述，三次提到，虽因角度不同而各有其意，但在不足千余字的篇幅中，终究有重复之感。《搜神记》此条后还有一篇《河间郡男女》，与本篇情事类同，叙述即更简洁。不过，对文人笔记小说来说，简洁往往是基本功，生动传神却是更高的要求。从这一角度看，本篇的叙述又有其独到之处。 （刘勇强）

千 日 酒 干 宝

狄希，中山[1]人也，能造千日酒。饮之千日醉。时有州人姓刘，名玄石，好饮酒，往求之。希曰："我酒发来未定，不敢饮君。"石曰："纵未熟，且与一杯，得否？"希闻此语，不免饮之。复索曰："美哉！可更与之。"希曰："且归，别日当来。只此一杯，可眠千日也。"石即别，似有怍色。至家，醉死。家人不之疑，哭而葬之。

经三年，希曰："玄石必应酒醒，宜往问之。"既往石家，语曰："石在家否？"家人皆怪之，曰："玄石亡来，服已阕[2]矣。"希惊曰："酒之美矣，而致醉眠千日。今合醒矣。"乃命其家人，凿冢破棺看之，冢上汗气彻天，遂命发冢。方见开目张口，引声而言曰："快哉，醉我也！"因问希曰："尔作何物也，令我一杯大醉，今日方醒？日高几许矣？"墓上人皆笑之，被石酒气冲入鼻中，亦各醉卧三月。

〔注〕 ① 中山：郡名，在今河北中部一带。 ② 服已阕：即服阕，穿满三年孝服的意思。

此篇是《搜神记》中的名篇，也是中国酒文化史上值得骄傲的篇章。作者一层层铺垫起"千日酒"之神力：酒尚未发定，即可令人大醉千日，其熟者又将何如？酒不伤人，醉死而能复生，可谓生命活力不死之泉；酒气可穿透土木，余气尚可使闻者醉卧三月。一人刚醒，数人又倒，在三年复三月的酒气缭绕中，生出多少醉话笑谈，这是幽默的中国古人痴迷于酒的趣笔异文。

狄希、玄石之相遇，有类伯牙、子期之闻声知音，一个能造，一个善饮，于酒中各得其所、自享其乐。一个独品"酒之美矣"，醉死尚发"快哉，醉我也"之豪爽慨叹；追问"日高几许？"不知今日何日、今夕何夕，一副忘却世忧的可掬憨态。一个授酒后经三年不忘关照饮者状况，并亲自上门探问，独具仁爱之心，何等可亲可敬，岂不令今日造假酒牟取暴利，将人置之死地的投机商愧煞？

古之作者喜在前说基础上踵事增华。千日酒事，张华《博物志》卷十、左思《魏都赋》以及《杂鬼神志怪》皆有记载，故事立意一脉相承，极言酒之神力无边，而叙述曲折莫过于此篇。清梁章钜《浪迹三谈》卷五《千日酒》条云："是酒名千日者，极言其酿日之久，后人乃附会为一醉千日之说耳。"志怪所言大抵子虚乌有之事，而此梁君煞有介事地考证千日酒之来历，可见"千日酒"醉倒的不只刘玄石一人。

（王 燕 于天池）

【作者小传】

常 璩

东晋史学家。字道将。蜀郡江原（今四川崇州）人。少好学。后为桓温参军。作有《华阳国志》等。

五丁拔蛇

常 璩

周显王三十二年，蜀侯使朝秦。秦惠王数以美女进，蜀王感之，故朝焉。惠王知蜀王好色，许嫁五女于蜀，蜀遣五丁迎之。还到梓潼[①]，见一大蛇入穴中。一人揽其尾掣之，不禁，至五人相助，大呼拽蛇[②]，山崩。时压杀五人，及秦五女并将从。而山分为五岭，直顶上有平石。蜀王痛伤，及登之，因命曰"五妇冢山"；于平石上为望妇堠[③]，作思妻台。今其山或名五丁冢。

〔注〕 ① 梓潼：地名。在今四川省绵阳市东北部、涪江支流梓潼河流域。汉置县。② 拽：亦作"拽"。拖；拉。 ③ 堠：原指瞭望敌情的土堡，这里指候望五妇之处。

这段故事出自《华阳国志·蜀志》。记述蜀国开明王朝的史事，历史久远，多有传说附会之处。这则"五丁拔蛇"的故事就是其中一例。在中国历史上，地处西南的巴蜀故地历来相对独立。特别是在交通极不发达的远古时期，更是一个神秘的国度。由秦入蜀，要经过许多崇山峻岭，李白以为："蜀道之难，难于上青天！"为了打通蜀地，秦惠王特地以美女作为诱饵献给蜀王。这也许是史实，因为蜀王好色，史书多有记载。但是，故事写到五丁迎娶美女时路逢大蛇挡路，而且又有所谓拔蛇拉倒山峰的悲剧结局，显然就是浪漫而又夸张的描写了。作者所以要编写这样一个悲剧故事，也许是想表明蜀地与内地的隔绝以及开通蜀地的艰辛。

五丁拔蛇的故事，后来许多诗人作为典故用在自己的作品中。最著名的首推李白《蜀道难》："噫吁嚱，危乎高哉！蜀道之难，难于上青天！蚕丛及鱼凫，开国何茫然。尔来四万八千岁，不与秦塞通人烟。西当太白有鸟道，可以横绝峨眉巅。地崩山摧壮士死，然后天梯石栈相钩连。"在李白看来，五丁拔蛇虽然是一种神话传说，但是也反映了巴蜀人们渴望与外界交往的良好愿望。试想，如果没有五丁的拔蛇，如果没有五丁的献身，巴蜀与内地的隔绝还不知要持续多长时间呢。五丁拔蛇的故事本身就充满浪漫的色彩，经过李白的点染，更加绚丽多姿。唯其如此，这个故事家喻户晓，尽人皆知，也就不足为奇了。　　（刘跃进）

【作者小传】

祖台之

东晋小说家。字元辰。范阳（今河北涿州）人。祖冲之曾祖。官光禄大夫。作有小说集《志怪》等。

金　铃

祖台之

吴中有一士大夫于都假还，行至曲阿塘上，见一女子甚美，留其宿。士解臂金铃①系女臂，令暮更来。遂不至，使人求，都无此色。过一猪圈，见一母猪臂上系金铃。

〔注〕 ① 铃（qián）：锁。此指带锁扣的饰物。

本篇故事选自祖台之所撰小说集《志怪》。故事极简单，像多数六朝志怪一样，作者略去背景，并没有在故事中渗入很多的社会内容。说的是吴中一位士大夫，和一位女子萍水相逢，男女相悦，春风一度的故事。值得注意的是作品在表现手法上的特点。关键的情节是，男子在女子臂上系了一个金铃，后来他走过猪圈，发现母猪的腿上系着那个金铃。作者借用一个金铃，使情节前后照应。这种手法对于后来的小说家当然是一种启发。吴中那位士大夫与曲阿塘上的美女，一见钟情，春风一度以后，居然不能“忘情”，还要“令暮更来”。谁知与他相好的美女实际上是一个母猪精。这种描写当然包含着作者对于吴中士大夫极妙的讽刺。

（张国风）

【作者小传】

裴　启

东晋小说家。字荣期。河东（今山西永济）人。少有风姿才气，好论古今人物。作有小说集《语林》等。

刘越石[①]婢　　裴　启

桓温[②]自以雄姿风气，是司马宣王[③]刘越石一辈器；有以比王大将军[④]者，意大不平。征苻健[⑤]还，于北方得一巧作老婢，乃是刘越石妓女。一见温入，潸然而泣。温问其故，答曰：“官家甚似刘司空[⑥]。”温大悦，即出外。修整衣冠，又入，呼问：“我何处似司空？”婢答曰：“眼甚似，恨小；面甚似，恨薄；须甚似，恨赤；形甚似，恨短；声甚似，恨雌。”宣武[⑦]于是弛冠解带，不觉惛[⑧]然而睡，不怡者数日。

〔注〕①刘越石：即西晋刘琨，字越石。愍帝时任大将军。以雄豪著名。　②桓温：东晋大臣。握重兵于长江上游。曾废海西公，立简文帝，专擅朝政。　③司马宣王：即司马懿。其孙司马炎废魏称帝，建立晋朝，追赠为宣帝。　④王大将军：即东晋大臣王敦。都督六州军事，握重兵于武昌。曾率军攻克建康，杀戮大臣。日谋篡夺司马氏政权。后来在再次进攻建康时，病死军中。　⑤苻健：十六国时期前秦国君。　⑥刘司空：即刘琨。　⑦宣武：即桓温。⑧惛（mèn）：通“闷”。烦闷之意。

汉末、魏晋时期，社会上形成了评论人物的风气。品评标榜，相扇成风。一经品题,身价倍增。有人把这类事记录下来,集成书籍,流行于世。这就是后人所谓的志人小说。本篇故事即从裴启所撰志人小说《语林》中选来。

桓温在历史上是一个毁誉参半的人物。有人承认桓温的才干,说他北伐中原,立志恢复。有人说他专擅朝政,心怀不轨。北伐中原不过是为了捞取政治资本云云。就今人的眼光去看,这些看法,尤其是后一种看法,都不免带有正统思想的偏见,但当时人的看法就是如此。《语林》中的《刘越石婢》一篇对桓温加以讽刺,就反映了后一种看法。

小说只是选择生活中的一个小镜头,稍加渲染,便写出桓温思想性格的一个侧面。为了突出讽刺的效果,作者先刻画桓温良好的自我感觉:以豪杰自命,将自己比作司马懿、刘琨一流人物。有人不知趣地把他比作野心勃勃、最后以失败告终的王敦,他很不高兴。其实,桓温在内心深处并不小看王敦。《晋书》的桓温本传上说:"(桓温)尝经王敦墓,望之曰:'可人!可人!'其心迹若是。"《晋书》将王敦和桓温放在同一卷里,是把两人看作同一类人物。可是,桓温自己却并不这么认为。至少在表面上不是这样。

桓温北伐时得到一个刘琨的老婢,这个老婢说桓温很像她以前的主人刘琨。桓温十分高兴,他兴致勃勃地要问个究竟。谁知这位老婢说他像刘琨竟是巧妙的讽刺和挖苦:"眼甚似,恨小;面甚似,恨薄;须甚似,恨赤;形甚似,恨短;声甚似,恨雌。"简直可以说是一无"似"处!至多也只是形似而神非。最恶毒的是结末的一比:"声甚似,恨雌",这是说桓温缺乏男子气,没有刘琨那样的英雄气概。难怪"自以雄姿风气"的桓温听了老婢的话,"惛然而睡,不怡者数日"。这篇不到一百五十字的"微型小说"能达到如此强烈的讽刺效果,我们不能不佩服作者剪裁和提炼的功夫。

(张国风)

捉 刀 人

裴 启

魏武[①]将见匈奴使,自以形陋,不足雄远国,使崔季珪[②]代当坐;乃自捉刀立床头。坐既毕,令人问曰:"魏王何如?"使答曰:"魏王信自雅望非常,然床头捉刀人,此乃英雄也。"魏王闻之,驰遣杀此使。

〔注〕 ① 魏武:即魏武帝曹操。 ② 崔季珪:崔琰。三国清河东武城(今山东武城西)人,字季珪。建安初,为袁绍所辟。后归曹操,历任丞相东、西曹掾、魏国尚书。

《捉刀人》是《语林》中的著名篇章。《语林》早已失传,此篇见于《太平御览》

和《太平广记》所引。故事极简单，曹操要接见匈奴的使者，生怕自己相貌平平，不足以威慑对方，便让崔琰当替身，他自己却在一边提刀而立。谁知被来使看出破绽，说那个捉刀人才是真正的英雄呢。曹操听说以后，竟派人将来使给杀了。据《魏氏春秋》上说："武王姿貌短小，而神明英发。"可见曹操并非相貌丑陋，只是个子小一点，但很精神。看来，曹操因为自己个子小，很有一点自卑感。接见使者这样的大事，他居然让崔琰来当替身。据《三国志》崔琰的本传上说："琰声姿高畅，眉目疏朗，须长四尺，甚有威重。"这是当时人心目中的美男子，难怪曹操让他当自己的替身。可是，那位来使并非等闲之辈，他并不在意曹操的"姿貌短小"，而是注意到了曹操的"神明英发"。真是巨眼识得英雄。故事至此已是两番曲折，谁知使者的一语点破却给自己惹来了杀身之祸。曹操最恨的便是窥破他的计谋的人。杨修就是因为屡次点破曹操的用心而送了性命。小小的篇幅中一波三折，曹操的狭隘多疑、诡诈成性、残忍好杀的性格得到了充分的刻画。

（张国风）

【作者小传】

郭澄之

东晋小说家。字仲静。太原阳曲（今山西太原北）人。历任尚书郎、南康相等。作有小说集《郭子》等。

许　允　妇

郭澄之

许允妇是阮德如[①]妹，奇丑，交礼竟[②]，许永（允）无复入理。桓范劝之曰："阮嫁丑女与卿，故当有意，宜察之。"许便入，见妇即出，提裙裾待之。许谓妇曰："妇有四德[③]，卿有几？"答曰："新妇所乏唯容。士有百行，君有其几？"许曰："皆备。"妇曰："君好色，不好德[④]，何谓皆备？"许有惭色，遂雅相重。

〔注〕①阮德如：魏晋间诗人，本名阮侃，字德如。生卒年不详。②交礼：交杯之礼。旧时婚礼，新婚夫妇交换酒杯饮酒。③四德：这里指妇德、妇言、妇容、妇功。④这句话用《论语·子罕》："吾未见好德如好色者也。"

本篇选自《郭子》。

故事的主旨很明显，一面宣扬男子应该好德不好色，一面也渲染了女子的智慧。它写得非常机巧，引人入胜。从女方的背景来看，既然是阮德如之妹，自是名门出身。阮德如的生卒年虽不详，但是，今传《嵇康集》中有嵇康所写《与阮德如书》，则与嵇康同时代，且与嵇康交游，也是名士阶层，至少是准名士阶层的人物。许允妇的文化背景是比较优越的。

女子讲求四德：德、言、容、功。其中"德"最要紧。魏晋名士与当权者司马氏都讲求"德"字，只是理解不尽相同。司马氏以传统的儒教相标榜，故所谓德行，便是名教。而以嵇康为代表的魏晋名士则是"越名教而任自然"，所以，阮籍可以与嫂子送别，为邻家小女哭丧，而这一切与传统的名教完全背道而驰。所以对于一个"德"字如何理解，的确是判断一个人价值取向的分水岭。从许允妇的后来对话中不难看出，她心目中的"德"便是传统的"妇德"，也就是后来概括出来的所谓"三从"，在家从父，出嫁从夫，夫死从子。这便与魏晋名士多少有所区别。但是，许允妇毕竟生活在思想解放的魏晋时代，故其言行具有鲜明的时代特点。其突出的表现就在"言"与"功"上。许允妇"功"如何，本文未写，但是其"言"的确令人难忘。说自己"新妇所乏唯容"，而针砭新夫"君好色，不好德"，可谓一针见血，锋芒毕露，令许允甚有愧色，而不得不对她刮目相看。女子用自己的机智和聪慧捍卫了尊严，取得了幸福。这是一个颇具喜剧意味的故事。 （刘跃进）

【作者小传】

戴 祚

东晋小说家。字延之。江东（今安徽广德）人。任西戎主簿。作有小说集《甄异传》等。

杨 丑 奴

戴 祚

河南杨丑奴，常诣章安湖拔蒲。将暝，见一女子，衣裳不甚鲜洁而貌美，乘船载莼[①]，前就丑奴："家湖侧，逼暮不得返。"乃停舟寄住，借食器以食，盘中有干鱼、生菜。食毕，因戏笑，丑奴歌嘲之。女答曰："家在西湖侧，日暮阳光颓。托荫遇良主，不觉宽中怀。"俄灭火共寝。觉其臊气，又手指甚短，乃知是魅。此物知人意，遽出户，变为獭，径走入水。

〔注〕 ① 莼(chún)：浮生于水面的一种蔬菜。其叶可供食用。

本篇选自《甄异记》。

作者立意何在？很值得思索。历来研究者都认为獭怪的本质还可以，并无害人之心。在这一点上，不存在分歧。

分歧之点在于獭怪究竟有无自知之明？认为有此者，都着眼于獭怪被人发现是“魅”之后，就“遽出户，变为獭，径走入水”了。仅仅根据这一点立论，当然是比较勉强的。

杨丑奴因其食“干鱼、生菜”，就对之加以嘲笑，獭怪居然还用似通非通的诗作答，实在耐人寻味。

我认为也有可能作者是在讥讽自命不凡的拙劣文人，也不去考虑什么场合，自己究竟有多少才华？就贸贸然亮出自己的作品，最后弄得狼狈下场，原形毕露。

（蒋星煜）

【作者小传】

王 嘉

东晋小说家。字子年。陇西安阳（今甘肃渭源）人。以方术著名，隐居于终南山、倒虎山。后因预言不吉遭杀。作有小说集《拾遗记》等。

薛灵芸 王 嘉

文帝[1]所爱美人，姓薛名灵芸，常山[2]人也。父名邺，为酂乡亭长[3]，母陈氏，随邺舍于亭旁。居生穷贱，至夜每聚邻妇夜绩，以麻蒿自照。灵芸年至十五，容貌绝世，邻中少年夜来窃窥，终不得见。

咸熙元年[4]，谷习[5]出守常山郡，闻亭长有美女而家甚贫。时文帝选良家子女，以入六宫。习以千金宝赂聘之，既得，乃以献文帝。灵芸闻别父母，歔欷累日，泪下沾衣。至升车就路之时，以玉唾壶承泪，壶则红色。既发常山，及至京师，壶中泪凝如血。

帝以文车十乘迎之，车皆镂金为轮辋[6]，丹画其毂[7]，轭前有杂宝为龙凤，衔百子铃，锵锵和鸣，响于林野。驾青色骈蹄[8]

之牛，日行三百里——此牛尸屠国所献，足如马蹄也。道侧烧石叶之香——此石重叠，状如云母，其光气辟恶厉之疾，此香腹题国所进也。灵芸未至京师数十里，膏烛之光，相续不灭，车徒咽路[9]，尘起蔽于星月，时人谓为“尘宵”。又筑土为台，基高三十丈，列烛于台下，名曰烛台，远望如列星之坠地。又于大道之旁，一里一铜表，高五尺，以志里数。故行者歌曰：“青槐夹道多尘埃，龙楼凤阙望崔嵬。清风细雨杂香来，土上出金火照台。”——此七字是妖辞[10]也。为铜表志里数于道侧，是“土上出金”之义；以烛置台下，则火在土下之义。汉火德王，魏土德王，火伏而土兴，“土上出金”，是魏灭而晋兴也。

灵芸未至京师十里，帝乘雕玉之辇，以望车徒之盛，嗟曰：“昔者言‘朝为行云，暮为行雨’，今非云非雨，非朝非暮。”改灵芸之名曰夜来。入宫后，居宠爱。外国献火珠龙鸾之钗，帝曰：“明珠翡翠尚不能胜，况乎龙鸾之重。”乃止不进。夜来妙于针工，虽处于深帷之内，不用灯烛之光，裁制立成。非夜来缝制，帝则不服。宫中号为“针神”也。

〔注〕 ① 文帝：魏文帝曹丕，代汉自立，在位七年(220—226)。 ② 常山：郡名，汉初置，治元氏(今河北元氏西北)。 ③ 酂乡：一作郑乡。亭长：秦汉时，每十里为一亭，设亭长管治安、诉讼等事。 ④ 咸熙元年：公元264年。咸熙，魏元帝曹奂的年号(264—265)。按文帝死于226年，可见“咸熙”二字有误。汉献帝建安二十五年三月改元延康，同年十月曹丕篡位，改元黄初，“咸熙”恐是“延康”或“黄初”之误。 ⑤ 谷习：《三国志》无此人。 ⑥ 轮辋(wǎng)：车轮的外周。 ⑦ 毂(gǔ)：车轮中心的圆木，中有圆孔，用以插轴。 ⑧ 骈蹄：二字原无，据《稗海》本及《广记》引补。 ⑨ 车徒咽(yè)路：车辆和人卒堵塞了道路。 ⑩ 妖辞：预示吉凶之言辞。

本文选自《拾遗记》，记叙魏文帝曹丕之嫔妃薛灵芸的身世经历。故事可分为四个片段：第一片段叙述灵芸出身，突出“居生穷贱”和“容貌绝世”两点，强调“美女而家贫”之境况。第二片段，谷习以千金赂聘灵芸，献之于帝，命运由此发生戏剧性转变。第三片段铺叙文帝以隆重礼仪迎娶灵芸入京。第四片段以灵芸娇弱难服明珠翡翠之重，文帝拒收外国所献火珠龙鸾之钗和灵芸妙于针工，文帝非灵芸缝制衣服不穿两件小事，言其“入宫后居宠爱”之殊荣。薛灵芸，陈寿所著《三国志·后妃传》并无其人，王嘉的叙事则富于神采，显示出创造虚幻境界的想象自由感,以及渲染、夸张等一系列修辞技巧。

“灵芸闻别父母,歔欷累日,泪下沾衣。至升车就路之时,以玉唾壶承泪,壶则红色。既发常山,及至京师,壶中泪凝如血。”泪凝为血,其间蕴含着多么巨大深刻的痛苦,又是何等的惊心动魄!这里,作者以极度夸张的幻想形式表达了女子郁结于胸的离愁别恨,为世俗化故事平添了几分神异的艺术神采。

文帝迎灵芸所驾之牛为“青色骈蹄之牛,日行三百里”,乃尸屠国所献也;道侧所烧之香,“状如云母,其光气辟恶厉之疾”,乃腹题国所进也。尸屠国、腹题国自是莫明远近的殊方异域,其叙事落笔比起史家之求实录真就来得更大胆而绚丽。而距京师十里路途,“膏烛之光,相续不灭,车徒咽路,尘起蔽于星月”之“尘宵”,三十丈高之“烛台”下列烛如星之坠地,灵芸踏上的似乎不是去往京师的尘世之路,倒像是进入天帝玉殿之灵光大道。

王嘉耽于方士幻想,突破传统史家叙事成规,还表现在他在叙述中融入不少五行变化、阴阳灾异等神秘观念。“铜表志里数于道侧,是土上出金之义。以烛置台下,则火在土下之义。汉火德王,魏土德王,火伏而土兴,土上出金,是魏灭而晋兴也。”战国时齐人邹衍以五行相克配合朝代更替,创五德始终说,方士们更把这种关于物种生死变异的前逻辑在现世生活中加以理念化,发挥成此生彼亡乃天之定数的玄奥之谈。王嘉处士也将这种特殊思维方式渗透在故事的叙述之中。

可以说本文是方士的幻想和史家笔法错综交融而成的,一方面有着史家叙事的时间意识,一方面有着一般史述所不及的奇丽和诡秘。也许正统史家会责之以“事迹奇诡,十不一真”,但小说史研究者却会肯定它毕竟自成一格地开拓了叙事文学的别一种审美境界。

（王　燕　于天池）

怨　碑　　王　嘉

日南之南,有淫泉之浦。言其水浸淫从地而出成渊,故曰“淫泉”。或言此水甘软,男女饮之则淫。其水小处可滥觞褰涉,大处可方舟沿泝,随流屈直。其水激石之声,似人之歌笑,闻者令人淫动,故俗谓之“淫泉”。时有凫雁,色如金,群飞戏于沙濑,罗者得之,乃真金凫也。当秦破骊山之坟,行野者见金凫向南而飞,至淫泉。后宝鼎元年,张善为日南太守,郡民有得金凫以献。张善该博多通,考其年月,即秦始皇墓之金凫也。昔始皇为冢,敛天下瑰异,生殉工人,倾远方奇宝于冢中,为江海川渎及列山岳之形。以沙棠[①]沉檀为舟楫，金银为凫雁，以瑠璃杂宝为龟鱼。又于海中作玉象鲸鱼，衔火珠为星，以代膏烛，光出墓中，精灵之伟也。昔生埋工人于冢内，至被开时皆不死。工人于冢内琢石为龙凤仙人之像，及作碑文辞赞。汉初发此冢，验诸史传，皆无列仙龙凤之制，则知生埋匠人之所作也。后人更写此碑文，而辞多怨酷[②]之言，乃谓为"怨碑"。《史记》略而不录[③]。

〔注〕 ① 沙棠：木名，其状如棠。 ② 怨酷：极端怨恨。 ③《史记》略而不录：《史记·秦始皇本纪》记载骊山之墓，穷奢极侈，生埋工匠诸事，是此文本事；但汉初发冢，生埋工匠不死之事，《史记》未载，故云"《史记》略而不录"。

本篇采自《拾遗记》。谭献《复堂日记》谓王嘉《拾遗记》乃"艳异之祖，恢谲之尤，文富旨荒，不为典要"。怨碑事实属子虚，自不得载于正史，所谓："《史记》略而不录"。但始皇生殉工匠本事，《史记》《汉书》皆有记载。《史记》卷六《秦始皇本纪》曰："葬既已下，或言工匠为机，臧皆知之，臧重即泄。大事毕，已臧，闭中羡，下外羡门，尽闭工匠臧者，无复出者。"《汉书》卷三六《楚元王传》曰："又多杀宫人，生薶工匠，计以万数。天下苦其役而反之，骊山之作未成，而周章之师至其下矣。"所以本文以镂金错采之文采渲染完始皇墓冢后，点明"后人更写此碑文，而辞多怨酷之言，乃谓为'怨碑'"。

本文叙"秦始皇冢事"间插在《拾遗记》卷五汉武帝时代。先讲"时有凫雁，色如金，群飞戏于沙濑，罗者得之，乃真金凫也"的怪异之事，随之追述骊山秦冢破裂，有金凫飞出，宝鼎元年，日南太守于数百年后，在千里之外考证出郡民猎获金凫是始皇冢中宝物。然后以一个时间副词"昔"，再度逆转时间矢向，追忆始皇筑冢之时，搜敛天下奇器珍物创设地下宫殿。最终把时间凝止于生殉工匠在冢内不死一事上，编织了一个宣传神仙方士的奇闻，怨碑也由此诞生。行文以金凫和怨碑为两个基本意象，切割、折叠和贯穿时间因素，把秦时、三国、盛汉几个时代以及始皇冢内冢外两个空间融会贯通，显示了当时小说相当出色的叙事操作能力。其想象之奇诡、用语之华赡自不待言。 （王　燕　于天池）

昆吾山　　王　嘉

昆吾山，其下多赤金，色如火。昔黄帝伐蚩尤，陈兵于此地，掘深百丈，犹未及泉，惟见火光如星。地中多丹，炼石为铜，铜色青而利。泉色赤。山草木皆劲利，土亦刚而精①。至越王勾践，使工人以白马白牛祠昆吾之神，采金铸之，以成八剑之精：一名“掩日”，以之指日，则光昼暗。金，阴也，阴盛则阳灭。二名“断水”，以之划水，开即不合。三名“转魄”，以之指月，蟾兔②为之倒转。四名“悬翦”，飞鸟游过，触其刃，如斩截焉。五名“惊鲵”，以之泛海，鲸鲵为之深入。六曰“灭魂”，挟之夜行，不逢魑魅。七名“却邪”，有妖魅者见之则伏。八名“真刚”，以切玉断金，如削土木矣。以应八方之气铸之也。

其山有兽，大如兔，毛色如金，食土下之丹石，深穴地以为窟；亦食铜铁，胆肾皆如铁，其雌者色白如银。昔吴国武库之中，兵刃铁器，俱被食尽，而封署依然。王令检其库穴，猎得双兔，一白一黄，杀之，开其腹而有铁胆肾。方知兵刃之铁，为兔所食。王乃召其剑工，令铸其胆肾以为剑，一雌一雄，号“干将”者雄，号“莫邪”者雌。其剑可以切玉断犀，王深宝之，遂霸其国。

后以石匣埋藏。及晋之中兴，夜有紫色冲斗牛。张华使雷焕③为丰城县令，掘而得之。华与焕各宝其一。拭以华阴之土，光耀射人。后华遇害，失剑所在。焕子佩其一剑，过延平津④，剑鸣飞入水。及入水寻之，但见双龙缠屈于潭下，目光如电，遂不敢前取矣。

〔注〕①刚而精：坚硬细密。　②蟾兔：月亮的别称，传说月中有蟾蜍、玉兔。　③张华：字茂先，范阳方城(今河北固安南)人，西晋大臣、文学家。雷焕：西晋豫章人，传说通晓纬象。　④延平津：又称剑津、龙津，在今福建南平东。

本篇出自《拾遗记》。

远古初民的心理是沉重而充满生存忧患的，日月星辰、山川湖海、怪兽异禽、人妖鬼魅无时不在不可理喻地制造着吉凶灾祥，初民们在无法认知和难以把握的焦虑与惶恐中，幻想着创造征服自然的利器。处士王嘉，这个善于恣情迂诞创造奇诡之说的人，虚构了所谓越王八剑之精：曰掩日、转魄，自如地指挥天体运转；曰悬翦、惊鲵，从容处治威胁其生存的飞禽海兽；曰灭魂、却邪，辟邪伏妖、祛除鬼怪；曰断水、真刚，断水断金、克柔克刚。精剑在手，无往而不胜。又虚构了为吴王成就霸业立下赫赫战功的所谓“干将”“莫邪”雌雄双剑。作者以恢弘夸诞的幻想形式，创造了具有超自然神威武力的神剑，同时也创造了震慑人心的含有东方神秘色彩的艺术力度和美感。

为神其剑，作者先神孕育剑之诞生地——昆吾山。“昆吾山，其下多赤金，色如火”，开篇点明山是灵光四射、矿藏丰富的金山，又是华夏战争史上最辉煌也最激烈的鏖战——黄帝伐蚩尤之地，由此使故事层面充溢着野蛮的争杀和狂悍的骚乱。愈把时空推至洪荒旷远之地，就愈给作者奇思妙想以充分的自由度。昆吾山土质坚硬，草木皆利器，漫山遍布着制造精剑的天然优质原料，地泉如火焰沸腾的岩浆，八剑即于此吸纳灵地之精蕴。越王以白马白牛祭祀山神，八剑之精就更增加了一份神赐天物的灵性光环。王嘉虚构的另一对神剑亦来历不凡。一白一黄昆吾山之如兔怪兽，本自以昆吾丹石为食，血肉中融会着山之坚刚之气，又窃食吴国武库兵刃利器，化解了千万钢铁之精髓而成铁胆铁肾，吴王命剖兽内脏以为“干将”“莫邪”，剑于是被赋予一种生命的灵动感，使拥有者自如驱使、所向披靡。作者驰骋想象于大地山川、草木禽兽之间以熔铸剑之精英，何等意气飞扬。

然而，在古代炼铁炼钢技术极其有限的条件下，占有、佩带上乘宝剑的人少之又少，所以至双剑沦落凡夫俗子张华、雷焕手中，化“双龙缠屈于潭下，目光如电”，给人可望而不可求之敬畏感，也就在所难免了。幻想只是幻想，遗憾终不免遗憾。王嘉以方士的虚幻思维满足了一下时人渴求征服自然、拼杀战场的得力武器的心理后，就收拾道具，拂袖而去。然而其融神话巫术思维于一体的艺术境界所勃发的无穷魅力却是不会就此而幻灭的。

（王　燕　于天池）

【作者小传】

陶渊明

(365—427)　东晋文学家。一名潜，字元亮，世号靖节先生。浔阳柴桑(今江西九江)人。曾任州祭酒、彭泽令，后去职归隐。作有小说集《搜神后记》等。

白水素女

陶渊明

晋安帝时，侯官①人谢端，少丧父母，无有亲属，为邻人所养。至年十七八，恭谨自守，不履非法。始出居②，未有妻，邻人共愍念③之，规为娶妇，未得。端夜卧早起，躬耕力作，不舍昼夜。后于邑下[4]得一大螺，如三升壶。以为异物，取以归，贮瓮中。畜之十数日。端每早至野还，见其户中有饭饮汤火，如有人为者。端谓邻人为之惠也。数日如此，便往谢邻人。邻人曰："吾初不为是，何见谢也。"端又以邻人不喻其意，然数尔如此，后更实问，邻人笑曰："卿已自取妇，密著室中炊爨[5]，而言吾为之炊耶？"端默然心疑，不知其故。后以鸡鸣出去，平早潜归，于篱外窃窥其家中，见一少女，从瓮中出，至灶下燃火。端便入门，径至瓮所视螺，但见女。乃至灶下问之曰："新妇从何所来，而相为炊？"女大惶惑，欲还瓮中，不能得去，答曰："我天汉中白水素女[6]也。天帝哀卿少孤，恭慎自守，故使我权为守舍炊烹。十年之中，使卿居富得妇，自当还去。而卿无故窃相窥掩。吾形已见，不宜复留，当相委去。虽然，尔后自当少差。勤于田作，渔采治生。留此壳去，以贮米谷，常可不乏。"端请留，终不肯。时天忽风雨，翕然[7]而去。端为立神座，时节祭祀。居常饶足，不致大富耳。于是乡人以女妻之。后仕至令长[8]云。今道中素女祠是也。

〔**注**〕① 侯官：郡名，今福建福州。 ② 出居：单独居住。《太平广记》引作"始出作居"。 ③ 愍(mǐn)：同情、可怜。 ④ 邑下：城墙脚下。 ⑤ 炊爨(cuàn)：烧火做饭。 ⑥ 天汉：银河。白水素女：银河之女神。明·冯梦龙《情史》卷十九作"白螺天女"。 ⑦ 翕(xī)然：迅疾的样子。 ⑧ 令长：县令，县长。

本篇选自《搜神后记》，是一则叙写人间男子得到超自然女性帮助的神话故事，民间俗称《田螺姑娘》。故事流传甚广，本事出自西晋束皙所作《发蒙记》。另外，《搜神记》《述异记》《舆地广纪》均有记载，唐代皇甫氏《原化记》亦载，情事相类，叙述更为婉曲细密。

白水素女，这位走入孤苦无告而又恭谨自守的未婚男子生活中的女性，或云银河女神，或云水神，或云天仙，或云妖异，总之，忽而为螺，忽而为美妇，可瓮中飘然而出，又可与风雨翕然同去，具有着超自然的神力，其所留螺壳，也是米谷取之不尽、用之不竭的宝物。这种超人的力量具有的神性，给人以恍惚迷离的朦胧美感，而白水素女的勤劳、善良，又赋予她现实的人性，从而更为这一形象增添了迷人的艺术魅力。

就叙事技巧而言，本文为制造真幻错综、以假乱真的神话幻想色彩，并令人领略到更多的人间情味,借助了限知视角,以增强阅读中由惊奇到亲切的心理效应。谢端劳作中拾得大螺带回家,以后下地回来便有做好的饭菜,他怀疑是邻居的好意,邻居却笑他藏妇为灶,这是从谢端的角度展示故事侧面,使人们在一种好奇猜测和生活亲切感中看到一个清新奇特的世界。而后人们又随着谢端的视线揭开谜团,得知少女来历。一种农耕生活理想通过白水素女清新优美的形象和委婉动人的言谈表达出来,写得非常务实而充分。限知视角通过制造悬念引人入胜,以优美的仙话风格表达了人间朴实的生活理想。

本篇小说小小情事而千载不废,见出民间故事丰富的想象力和叙事艺术所勃发的强健而持久的生命力。

（王　燕　于天池）

袁相根硕　　陶渊明

会稽剡县[①]民袁相、根硕二人猎,经深山重岭甚多,见一群山羊六七头,逐之。经一石桥,甚狭而峻。羊去,根等亦随渡,向绝崖。崖正赤,壁立,名曰赤城。上有水流下,广狭如匹布。剡人谓之瀑布。羊径有山穴如门,豁然而过。既入,内甚平敞,草木皆香。有一小屋,二女子住其中,年皆十五六,容色甚美,著青衣。一名莹珠,一名□□。见二人至,欣然云:"早望汝来。"遂为室家。忽二女出行,云复有得婿者,往庆之。曳履于绝岩上行,琅琅然。二人思归,潜去归路。二女追还已知,乃谓曰:"自可去。"乃以一腕囊与根等,语曰:"慎勿开也。"于是乃归。后出行,家人开视其囊。囊如莲花,一重去,一重复,至五盖,中有小青鸟,飞去。根还知此,怅然而已。后根于田中耕,家依常饷之,见在田中不动,就视,但有壳如蝉蜕也。

〔注〕 ① 剡县:西汉置,今浙江嵊州,因剡溪而得名,时属会稽郡。

本篇选自《搜神后记》。

这是一篇入仙窟故事,由同一叙事母题增益润色而来。《列仙传》卷下《邗子》即言邗子随犬入山,得遇仙吏侍卫。而遇仙女,则以《拾遗记》卷十《洞庭山》为早。本篇或受上述故事影响,写猎人于深山重岭逐羊,偶入仙源遇二八姝丽。南朝同类传说更多,如《幽明录》之《黄原》《刘晨阮肇》。清代《聊斋志异》之《翩翩》亦沿袭此一母题。故事模式大抵是设置特异身份人物,如采药人、猎人,总之是出入于人迹罕至之地的，又因迷路等原因由羊、犬或流杯、灯烛等导入，邂逅的又往往是自荐枕席的风情女子，而后物转星移，发一番“洞中方七日，世上已千年”、世事如梦如幻、转瞬即逝的感慨，以人间生老病死的失落感，反衬神仙不老的超凡性，从而别有情致地表达了一种超越俗世生命局限的期盼，而其百演不厌的与仙女的野合，则折射出对超人伦情爱的玩味与渴求。

《袁相根硕》一篇在同类题材中并非上乘之作，而同出此书的《桃花源记》则是千古名篇。两个世外桃源皆设置巧奥隐秘。《袁相根硕》以赤城绝崖为屏、水帘瀑布为障，多些雄壮之美；《桃花源记》则以桃花铺路、溪水为伴，多些阴柔之气。从山口入，《桃花源记》之渔人见土地平旷，屋舍俨然，有良田、美池、桑竹之属，阡陌交通，鸡犬相闻，黄发垂髫并怡然自乐，村人设酒杀鸡作食、盛情款待渔人。风情之美、人物之淳，难与伦比，反衬出时人“先世避秦难，率妻子邑人入此绝境”的对世局变乱的焦虑和对至善至美的人间乐土的渴望。相比之下，《袁相根硕》描写穴内环境，只一句“内甚平敞，草木皆香”，设置唯“一小屋”，仙女居此不亦荒凉简陋乎？一句“早望汝来”，可知等候之良苦。“遂为室家”，不免操之过急。二女出行，往庆“复有得婿者”，令人感到女儿国仙女倒像嫁不出去的老姑娘，不亦可悲乎？袁相、根硕潜归，二女不告而知，以物相赠，不许开启的一囊一重重掩蔽着仙姝的诡秘，打开却只一青鸟倏忽而去。人于是在这失而复得、得而又失中陷入思考：蝉蜕而去的根硕之魂灵，究竟是化青鸟而去？还是重觅仙府别享安乐？抑或因家人私开腕囊怨恨而去？故事戛然而止，留有余韵。不过，袁相下落没个交代，最终给人以残缺之憾。

（王　燕　于天池）

丁 公 化 鹤　　陶渊明

丁令威[①]，本辽东人[②]，学道于灵虚山[③]。后化鹤归辽，集城门华表柱。时有少年，举弓欲射之。鹤乃飞，徘徊空中而言曰：“有鸟有鸟丁令威，去家千年今始归。城郭如故人民非，何不学仙冢垒垒。”遂高上冲天。今辽东诸丁云其先世有升仙者，但不知名字耳。

〔注〕 ① 丁令威：也作“丁令”“令威”。 ② 辽东：初为郡，战国燕置，郡治襄平(今辽宁辽阳)，西晋改国。 ③ 灵虚山：又作灵墟山，在今安徽怀远一带。

本篇选自《搜神后记》。

两汉魏晋求仙之风盛行，神仙道教蛊惑人心处很大程度上得益于其对生命永驻的执着信念。本篇受道教影响,宣传长生不老。《类聚》《事类赋注》《三洞群仙录》均引此文。末句诗又引作:“何不学仙去,空伴冢垒垒?”比之“何不学仙冢垒垒”布道设教之意旨更为明确。

鹤的意象在中古传统文化中,是克享遐龄的吉祥飞禽,本有些仙风道骨的灵异之气,丁令威羽化登仙,与仙鹤互体共生翱翔环宇,以清冷超逸的眼光俯视尘世沧桑,作歌咏叹,悲悯没被仙缘拯救的无数灵魂,相比于荒冢下的枯骨僵尸,是何等自由不拘,令俗人羡慕! 诱人信教之用意,在韵散交叉的抒情叙事艺术中,是不言自明的。

文章巧妙地用了连锁证明法,以虚妄之笔出入于仙凡之间,印证一个乌有故事的确存。你不信这人? 丁公有名有姓有籍贯,有学道成仙的确切地点,有流传千古的通俗歌谣。言之凿凿,不像是作伪的杜撰。你说他已经死了? 遗世的丁姓后裔依旧恍惚惦念着上祖成仙的他。造仙要让人信,选其后代作证当然最为可靠。于是读罢你不得不佩服这位了不起的作者,既天衣无缝地布了教,又给后世留下如此令人向往的传说。

(王 燕 于天池)

【作者小传】

荀 氏

东晋小说家。真实名字与生平事迹均不详。作有小说集《灵鬼志》等。

外国道人

荀 氏[①]

太元十二年,有道人[②]从外国来,能吞刀吐火,吐珠玉金银。自说其受术即白衣[③],非沙门也。

尝行,见一人担担,上有小笼子,可受[④]升余。语担人云:“吾步行疲极,欲寄君担。”担人甚怪之,虑是狂人,便语之云:“自可尔耳,君欲何许自厝[⑤]耶?”其人答曰:“君若见许,正欲入君此笼子中。”担人愈怪之,乃下担:“君能入笼,便是神人也。”即入笼中,笼亦不更大,其人亦不更小,担之亦不觉更重于先。既行数十里,树下住食,担人呼其食。云:“我自有食。”不肯出。止住笼中,饮食器物罗列,肴膳丰腆亦办[⑥]。乃呼担人来食，未半，语担人："吾欲与妇共食。"即复口吐出一女子，年二十许，衣裳容貌甚美，二人便共食。食欲竟，其夫便卧。妇语担人："我有外夫⑦，欲来共食。夫觉，君勿道之。"妇便口中出一年少丈夫，共食。笼中便有三人，宽急之事，亦复不异。有顷，其夫动，如欲觉，妇便以外夫内⑧口中。夫起，语担人："可去。"即以妇内口中，次及食器物。

此人既至国中，有一家大富贵，财巨万，而性悭吝，不行仁义。语担人云："吾试为君破奴悭囊。"即至其家。有一好马，甚珍之，系在柱下，忽失去，寻索不得。明日，见马在五斗瓮中，终不可破取，不知何方得取之。便往语："君作百人厨，以周⑨一方穷乏，马当得出耳。"主人即狼狈作之，既毕，马还在柱下。明旦，其父母在堂上忽复不见，举家惶怖，不知所在。开妆器，忽见父母在泽壶中，不知何由得出。复往请之，其人云："君当更作千人饮食，以饴⑩百姓穷者，乃当得出。"既作，其父母自在床上也。

〔注〕 ① 荀氏：名无考。 ② 道人：通常指和尚。这里指道术高明之人。 ③ 白衣：佛教徒称在家的俗人为白衣。 ④ 受：容纳。 ⑤ 厝：安置。 ⑥ 办：具备。 ⑦ 外夫：情夫。 ⑧ 内(nà)：同"纳"。藏入。 ⑨ 周：指周济。 ⑩ 饴：拿食物给别人吃。

本文选自《灵鬼志》，文中前二段杂取《旧杂譬喻经》"梵志吐壶"。故事说，某国太子见母亲被俘，弃国而去，入山见梵志作术吐一壶，壶中有女人，梵志遂卧，女人复作术吐一壶，壶中有少年男子，与女共卧，已而女便囤壶，梵志起，复纳妇于壶中吞之，拄杖而去。这个梵志显然是外国道人的原型。鲁迅《中国小说史略》称："魏晋以来，渐译释典，天竺故事亦流传世间，文人喜其颖异，于有意或无意中用之。"即指此。据《出三藏记集》等书目记载，《旧杂譬喻经》是三国时的康僧会所译。康僧会系西域康居国人，公元 247 年至建业(今南京)晋见吴主孙权，得到礼遇，开始在江南翻译佛经，佛法由此开始传到吴地。康僧会于西晋初年圆寂。由此可见，这个故事至少在西晋初年已在中土流传。《旧杂譬喻经》"梵志吐壶"故事以太子为主，借以说明女人不可信。到了这篇作品中，荀氏在两个方面作改动：第一，将故事背景改在东晋孝武帝太元十二年(387)，年代确凿，给人以真实之感。第二，将主角改为外国道人。尤其值得注意的是后一段则将这位外国道人中国化，成为儒家中的“道人”，行为标准以“仁义”为本。当然，由于是借鉴佛经故事，所以在叙述过程中尚未完全摆脱原典的痕迹，出现矛盾现象。譬如前半段是自述的口吻，后来又变成第三人称叙述，前后颇不一致。而到了梁代吴均《续齐谐记》中记述“阳羡书生”故事又本于荀氏故事，但是，它已经完全中国化了。段成式《酉阳杂俎》中说：“释氏《譬喻经》云：昔梵志作术，吐出一壶。中有女与屏处作家室。梵志少息，女复作术，吐出一壶，中有男子，复与共卧。梵志觉，次第互吞之，拄杖而去。余以吴均尝览此事，讶其说，以为至怪也。”纪晓岚《阅微草堂笔记》中则说到“阳羡鹅笼，幻中出幻”。

鲁迅《中国小说史略》又说，道人入担中不觉其小，又本于《观佛三昧海经》卷一所记的佛白毫毛内有百亿光事。佛经是这样记载的：观佛苦行时白毫毛相云：“天见毛内有百亿光，其光微妙，不可具宣。于其光中，现化菩萨，皆修苦行，如此不异。菩萨不小，毛亦不大。”

从这些记述中不难看到，汉魏六朝时期的志怪小说，的确受到佛教文化的重大影响。

（刘跃进）

【作者小传】

刘敬叔

南朝宋小说家。彭城（今江苏徐州）人。历任南平国郎中令、骠骑将军、给事黄门郎。作有小说集《异苑》等。

章 沉

刘敬叔

临海乐安[①]章沉，年二十余死，经数日，将敛而苏。云被录到天曹[②]，天曹主者是其外兄，断理得免。初到时，有少年女子同被录送，立住门外。女子见沉事散，知有力助，因泣涕，脱金钏一只及臂上杂宝，托沉与主者，求见救济。沉即为请之，并进钏物。良久出，语沉已论，秋英亦同遣去——秋英即此女之名也。

于是俱去，脚痛疲顿，殊不堪行。会日亦暮，止道侧小窟，状如客舍，而不见主人。沉共宿嬿接，更相问次，女曰：“我姓徐，家在吴县[③]乌门，临渎[④]为居，门前倒枣树即是也。”明晨各去，遂并活。

沉先为护府[5]军吏，依假出都，经吴，乃到乌门，依此寻索，得徐氏舍。与主人叙阔，问秋英何在。主人云："女初不出入，君何知其名?"沉因说昔日魂相见之由。秋英先说之，所言因得，主人乃悟。惟羞不及寝嬿之事，而其邻人或知，以语徐氏。徐氏试令侍婢数人递出示沉，沉曰："非也。"乃令秋英见之，则如旧识。徐氏谓为天意，遂以妻沉，生子名曰天赐。

〔注〕 ① 临海：郡名，吴置，在今浙江省临海市东南。乐安：晋置，在今浙江省仙居县。② 天曹：道家所谓天上的神官。 ③ 吴县：今苏州市。 ④ 渎：沟渠。 ⑤ 护府：护军府。魏晋设护军将军，与领军将军同掌禁军，而以军职选用为专司。

本篇选自《异苑》。

这是一个离奇的婚恋故事。爱情的发生不在人世，而是在阴间；婚姻的成就，却又是在人世。其实，它反映的还是现实社会人们的善良愿望。少年男女，正当婚配，却不幸夭折，当然是令人痛惜的。痛惜之余，就望其复生，望其享受人间的幸福。青年男女在冥界相互帮助，共展情好，是黑暗中格外动人的亮点；而复生后结为鸳侣，更是令人赞叹。从这个角度看，本篇的故事又不足为奇了。

妙就妙在故事的叙述游移于虚实真假之间。死后复苏，叙述垂死经历，是当时不少小说常见的叙事模式，大抵是宣扬阴间地府的恐怖，以警醒世人。本篇则不然，死后所见一如平常，天曹倒别有一种人情味。章沉的外兄主管天曹，遂为之网开一面。在得到贿赂后，更出脱了秋英姑娘。"良久"二字，耐人寻味，其间正不知做了多少手脚呢。后世俗谚"阎王要人三更死，谁敢留人到四更"，只是一句吓人的话，在小说中往往有随机描写，多半是借冥司的贪贿讽刺现实社会吏治的腐败。因为所谓天曹，实际上就是官府的翻版。

接下来的故事就更富于传奇性。徐秋英鬼魂告诉章沉，她家门前有株枣树，章沉在公余依此寻索，竟然找到了徐家，并与秋英结为美满夫妻。明代《情史》卷二载此故事，其末增云："先以幽遘，遂及明婚，较诸寻常恩情，更当十倍。"

在《聊斋志异》中，也多此类描写。如《连城》中就有阴间结为夫妻的情节，《王桂庵》中则有依梦寻树找情人的情节，皆遥承本篇构思。由此亦足见魏晋小说，虽时有草创之陋，却也不乏先声夺人之妙。

（刘勇强）

牛渚燃犀　　刘敬叔

晋温峤至牛渚矶[1]，闻水底有音乐之声，水深不可测。传言下多怪物，乃燃犀角[2]而照之。须臾，见水族覆灭，奇形异状，或乘马车，著赤衣帻。其夜梦人谓曰："与君幽明道隔，何意相照耶？"峤甚恶之，未几卒。

〔注〕 ① 温峤(qiáo)：字太真，东晋时人。成帝时任江州刺史，镇守武昌，中风而卒，年四十二。牛渚矶：即牛渚山，在今安徽当涂县西北，突入江中。 ② 犀角：古传犀角有光，夜间望之如火炬。

本篇选自《异苑》。

一个人由于好奇，以火窥见了水族的秘密，竟因此而死。这个并不复杂的故事在后世却影响极大，流传甚广。文人犹喜用为典故。大概因为它故事虽小，却反映了古人的一个重要观念，即冥冥中的神秘，凡人是不应知道的。即使是温峤这样的风云人物，滥用神物，知所不当知，也难免灾祸。以致唐代李颀《杂兴》诗吟咏其事，还有"百代英威埋鬼府"的感叹。

故事中提到的犀角，就是古时候民间信仰中的神物，据说能败毒、驱邪、辟寒、解暑。正因为是神物，所以燃之可以照见水族，一般的火把恐怕是无此功效的。至于水族，也显得扑朔迷离，作者未细写其规模情状，只提到音乐之声、奇形异状等，大有天机不可泄露的神秘和神龙见首不见尾的趣味。 （刘勇强）

【作者小传】

刘义庆

(403—444) 南朝宋小说家。彭城(今江苏徐州)人。刘宋宗室，袭封临川王，历任平西将军、荆州刺史、都督加开府仪同三司。作有小说集《世说新语》《幽明录》《宣验记》等。

王蓝田性急 刘义庆

王蓝田[1]性急。尝食鸡子，以箸[2]刺之，不得，便大怒，举以掷地。鸡子于地圆转未止，仍下地以屐齿蹍[3]之，又不得，瞋[4]甚，复于地取内[5]口中，啮[6]破即吐之。王右军[7]闻而大笑曰："使安期[8]有此性，犹当无一豪[9]可论，况蓝田邪？"

〔注〕 ① 王蓝田：即王述，字怀祖，东晋时人，袭爵蓝田侯，故称王蓝田。 ② 箸(zhù)：筷子。 ③ 屐(jī)：木制鞋，底部前后各有二齿，名"屐齿"。蹍(zhǎn，旧读 niǎn)：踩、践踏。

④ 瞋(chēn)：同“嗔”，生气、发怒。　⑤ 内：同“纳”，放进。　⑥ 啮(niè)：同“啮”，咬的意思。　⑦ 王右军：晋代著名书法家王羲之，字逸少，曾任右军将军，世称王右军。　⑧ 安期：王蓝田之父王承，字安期，性情冲淡，为政清静，在当时颇有名声。　⑨ 豪：同“毫”。

本文采自《世说新语》。

急躁，是主体对于客体，或者施者对于受者的不尊重乃至轻视的行为表现。

当客体或受体不会由于鲁莽轻率对于主体造成伤害，在你眼中无足轻重，急躁就出现了。反之，当一客体或受体由于鲁莽轻率会给主体带来伤害，在你眼中举足轻重时，主体就会慎重对待它。这个客体是人或是物并不重要，重要的只是利害的权衡。有人说媚上者必骄下，媚上和骄下是人格卑下者一个心灵的两个面孔。同时，急躁与慎重有时也并不是绝对的，有时会在同一人身上对于不同客体或受体表现出不同的行为方式。《世说新语·忿狷篇》载有王蓝田另一则故事：当王蓝田面对“性粗强”，更为忿狷的谢无奕对他“肆言极骂时”，“王正色面壁不敢动，半日，谢去良久，转头问左右小吏曰：‘去未？’答云：‘已去’。然后复坐”。在这则故事中，王蓝田对谢无奕可以说持重谨慎到全无男子汉气的地步。王蓝田对于鸡子的性急和对于谢无奕的屏息以待，反差之大，只有一个解释，那就是鸡子对于王蓝田轻若鸿毛，且无后患。可以刺之，掷之，碾之，啮之，吐之；而谢无奕对于王蓝田来讲，则不好惹，惹之有后患，于是王蓝田只好“面壁不敢动”，装傻装孙子了。

这篇小短文写王蓝田性急，是通过吃鸡子这件小事来表现的，单纯尖锐，贯穿着一系列出乎意料而合乎逻辑的动作，虽无对话类似哑剧，却由于一系列形象的动词，节奏紧促，音韵仄急，把王蓝田的急躁刻画得有声有色，给人留下深刻印象。

（于天池　王　燕）

周　　处　　　刘义庆

周处[①]年少时，凶强侠气，为乡里所患；又义兴[②]水中有蛟[③]，山中有邅迹虎[④]，并皆暴犯百姓。义兴人谓为“三横”，而处尤剧。或说[⑤]处杀虎斩蛟，实冀三横唯余其一。处即刺杀虎；又入水击蛟，蛟或浮或没，行数十里，处与之俱，经三日三夜。乡里皆谓已死，更相庆。竟杀蛟而出。闻里人相庆，始知为人情所患，有自改意。乃自吴寻二陆[⑥]，平原[⑦]不在，正见清河[⑧]，具以情告，并云：“欲自修改而年已蹉跎[⑨]，终无所成。”清河曰：“古人贵朝闻夕死[⑩]，况君前途尚可。且人患志之不立，亦何忧令名不彰邪?”处遂改励,终为忠臣孝子。

〔注〕 ① 周处:字子隐,西晋吴兴阳羡(今江苏宜兴南)人,东吴名将周鲂之子。仕吴任东观左丞,入晋后曾任新平太守、御史中丞。 ② 义兴:东晋郡名,在今江苏宜兴。 ③ 蛟:古代传说是能发洪水的一种龙。 ④ 邅(zhān)迹虎:一作“白额虎”。指追逐人迹而食人的老虎,邅,通“趲”,追逐(据恩田仲任辑《世说音释》说)。 ⑤ 或说(shuì):有人劝说,这里有鼓励、挑动的意思。 ⑥ 吴:吴郡,在今江苏苏州。二陆:陆机、陆云兄弟俩,是当时著名的贤士、文学家。 ⑦ 平原:即陆机(261—303),字士衡,吴郡吴县华亭(今上海松江)人。三国吴名将陆逊的孙子。曾任平原内史,故亦称陆平原。 ⑧ 清河:即陆云(262—303),字士龙,曾任清河内史,故亦称陆清河。 ⑨ 蹉跎(cuō tuó):光阴虚度。 ⑩ 朝闻夕死:语出《论语》:“朝闻道,夕死可矣。”陆云以此劝说周处不必顾虑,只要学业有成,年纪老大也无妨。

本文采自《世说新语》,以记事为主,记叙周处弃恶从善的转变过程。

周处不避艰险杀虎斩蛟为民除害,可谓九死一生,功勋卓著。他凯旋时,见到的竟是乡里为他与虎、蛟的同死而相庆的场面。周处始悟出“为人情所患”,且“有自改意”,但又顾虑“年已蹉跎,终无所成”,在贤士陆云的劝说下,终于改过自新。“里人相庆”与陆云的鼓励,对周处改过都是不可或缺的,然而这只是促其转变的外因,如果没有性格内因作依据,仍然不能实现转变。文章在记事中同时显示了人物转变的性格内因。一方面,猛虎蛟龙皆是恶兽,向它们挑战的人首先应考虑个人安危,而周处在里人挑动性的游说下铤而走险——可见其鲁莽、勇毅、率真的一面;另一方面,面对里人相庆的残酷场面,周处表现的不再是“为乡里所患”的“凶强侠气”,而是陷入沉思与自悔,并行动起来,虚心向贤德之士求教——可见其悔过之诚心、用情之良苦。由此,我们甚至可以推测,周处虽曾暴犯百姓,被冠之以“三横”之首,却是为非而不自觉。勇毅、诚挚才是其性情的底蕴。这些性格内因决定了其弃恶从善的可能。周处,一个曾与食人恶兽相提并论的人从“恶”之彼岸走向“善”之此岸,成为勇于改过的历史人物典范,名流后世,传为佳话。

同时,本篇牵涉对《世说新语》评价问题。余嘉锡《世说新语笺疏》按:“《晋书·周处传》亦有杀猛兽、斩蛟、入吴寻二陆之事”,而周处与二陆“相距二十余载”,所以周处入吴寻二陆“系小说妄传,非事实也”。由于这些不合史实的记载,刘知幾在《史通·杂说》中认为:“临川王义庆著《世说》,上述两汉三国及晋中朝江左事,刘峻注摘其瑕疵,伪迹昭然,理难文饰。而皇家撰晋史多宗此书……以此书事,奚其厚耻!”刘知幾以史家的眼光苛求此书,有些言过其实。《世说新语》是部有关历史人物言行的笔记小说,作者刘义庆非史家的身份,并不需要承担记载史实的义务。《世说新语》在历史与传闻之间任意取舍、游刃有余,它发现和保存的是历史无数次传言之后积淀下来的文学价值,这决定了“世说体”特有的艺术个性。我们在阅读该书时，也不应以纯历史或纯文学的眼光审度其艺术价值。

（王　燕　于天池）

管宁割席　　刘义庆

管宁、华歆[①]共园中锄菜，见地有片金，管挥锄与瓦石不异，华捉而掷去之。又尝同席读书，有乘轩冕[②]过门者，宁读如故，歆废书出看。宁割席分坐曰："子非吾友也。"

〔注〕 ① 管宁：字幼安，北海朱虚（今山东临朐东南）人。先后谢绝魏文帝、魏明帝的征召，长期隐居，聚徒讲学。华歆（huà xīn）：字子鱼，平原高唐（今山东禹城西南）人。东汉桓帝朝任尚书令，入魏，官至太尉，封博平侯。 ② 轩冕：轩，古代大夫以上的官员乘坐的一种有帷幕而前顶较高的车子；冕，天子、诸侯、卿、大夫的礼帽。这里"轩冕"连用，是偏义复词，偏指"轩"。

本篇出自《世说新语》，写管宁与华歆共同生活中的两件小事，委婉地显示两人品格的高下。管宁视金如土，视权贵如无睹。而华歆见金则"捉而掷去之"，虽没有拾而庋藏之，但毕竟在金石之间做了明确分野，"掷去"，也多少显得有些做作；见权贵过门，则"废书出看"，更显其对为福为尊者的无比艳羡。管宁由此而割席分座，耻于以之为友，足见其择友之慎。"管宁割席"或"割席"由此成为诗文中常见成语，表示朋友间因志趣不同而绝交。

本文写作有两个特点：一是撷取生活细节，面对同一事，通过两人细微动作差异，揭示其不同心态，形成对比，不言其优劣而品行高下自见。二是行文简约，如绘画之写意，点到即止，不作纵向展开。这体现了"世说体"采缀综叙、明畅不繁的特点。《世说新语》多数篇目叙事中充分淡化、虚化情节、背景，使内容显示出自身的独立性和主动性；淡化、虚化有利于传神，它省略掉的是无关"神明"的部分，选取人物最富个性的细节，以灵隽的笔墨刻画出来，达到细腻与简约的统一。这是最经济也最有力传达人物特点的简约，也是显示作者笔力，使"世说体"独具魅力之处。

（王　燕　于天池）

谢安围棋闻破贼　　刘义庆

谢公[①]与人围棋，俄尔谢玄淮上[②]信至，看书竟，默然无言，徐向局。客问淮上利害，答曰："小儿辈大破贼。"意色举止，不异于常。

〔注〕 ① 谢公：指谢安。淝水之战时（383），谢安为东晋宰相，兼任征讨大都督，是淝水之

战东晋方面的最高军事指挥者。 ② 谢玄：谢安之侄，淝水之战时，谢玄为前锋都督，是作战的直接指挥者。淮上：淮河上。淝水是淮河上游的支流，在今安徽省西北部，所以称淮上，这里指淝水之战的前线。

本篇选自《世说新语》。

公元383年，北方前秦苻坚率兵九十万，号称百万雄师，大举南侵。东晋朝野震惊。当朝宰相谢安受命为战时征讨大将军，谢玄为前锋都督。《晋书》载："玄入问计，安夷然无惧色，答曰：'已别有旨'。"其临危不乱、成竹在胸之大将风范，由此可见一斑。继而又"与玄围棋赌别墅"，重兵压境不改素日雅兴，显示了谢安超绝的从容不迫、镇定自若。

冯景《解舂集文钞》卷七《题围棋赌墅图》云："尝观古之人当大事，危疑仓卒之时，往往托情博弈，以示镇静。"又云："古人当大哀大乐生死呼吸之际，亦以围棋示度量。"本文即逢大喜而不失态的范例。谢安与人围棋，前线捷报至，依然漠然对弈，直至客追问战况，方安然对曰："小儿辈大破贼"，仿佛是不屑一提的小事，一场关系国家生死存亡的恶战似乎就在悠然对弈的举手投足间胜券在握，可谓运筹帷幄之中、决胜千里之外。这种举重若轻、沉着对付，对一切世事泰然处之的超拔态度和涵养工夫，正是魏晋玄学清谈家们所极力主张和推崇的，后人也常常因此称道谢安的度量。

其实，谢安内心并非没有强烈的冲动，只是善于在人前控制，喜怒不形于色罢了。据《晋书》记载，谢安下完棋，"既罢入内，过户限，心甚喜，不觉屐齿之折"。并感叹"其矫情镇物如此"。当然，这种"矫情镇物"不能理解成一般的虚伪矫饰。作为当朝宰相、军事总督，一言一行都会给国人以很大影响，甚至关系战事之成败。不轻易流露个人感情，就能起到安定、震慑人心的作用。这是杰出的政治家所应具备的一种素质，这种坚毅、沉稳的心理承受力，就在如今而言，也不失为一种有价值的精神品格。

（王 燕 于天池）

韩 寿

刘义庆

韩寿[①]美资容，贾充辟以为掾[②]。充每聚会，贾女于青琐[③]中看，见寿，说[④]之。恒怀存想：发于吟咏。后婢往寿家，具述如此，并言女光丽。寿闻之心动，遂请婢潜修音问[⑤]。及期往宿。寿跻捷绝人[⑥]，逾墙而入，家中莫知。自是充觉女盛自拂拭[⑦]，说畅[⑧]有异于常。后会诸吏，闻寿有奇香之气，是外国所贡，一箸[⑨]人，则历月不歇。充计武帝唯赐己及陈骞[⑩]，余家无此香，疑寿与女通，而垣墙重密，门阁急峻[11]，何由得尔？乃托言有盗，令人修墙。使反[12]曰："其余无异，唯东北角如有人迹。而墙高，非人所逾。"充乃取女左右婢考问，即以状对。充秘之，以女妻寿。

〔注〕①韩寿：字德真，晋南阳赭阳（今河南北城东）人，官至散骑常侍，河南尹。②贾充：字公闾，平阳襄陵（今山西襄汾东北）人。曾参与司马氏代魏密谋，西晋初年任司空、侍中、尚书令。因一女为太子妃，一女为齐王妃，宠信无比。辟（bì）：征召。掾（yuàn）：属官之类的通称。③青琐：青色雕花窗格。④说（yuè）：通"悦"，喜欢。⑤潜修音问：暗通音讯。⑥蹻捷绝人：蹻，同"矫"。矫健敏捷超过常人。⑦盛自拂拭：对自己大大地梳妆打扮起来。⑧说畅：喜悦舒畅。说，通"悦"。⑨箸：同"着"，附着、沾着。⑩陈骞：字休渊，西晋临淮东阳（今江苏金湖西）人，官至大司马。⑪门阁急峻：阁：旁门。急峻：高险。指门户高险严密，不易进去。⑫反：同"返"。

这是界于文史边缘的笔记文学——《世说新语》中更近乎小说的一篇难得的叙事作品。作品情节相对完整，有一定的故事性，可谓唐传奇乃至宋话本之雏形；作品叙事较为细腻，作家以小说家笔法突出了人物性情。韩寿偷香，后来成为典故，传为佳话。

本篇可以说是不待父母之命、媒妁之言，男女逾墙相约、私成匹配的才子佳人小说叙事模式中较早的一篇。首先，文中涉及人物，除男女主角外，女婢、家父，包括外国所贡之奇香这一具有见证性道具，都是后世才子佳人小说结构故事的主要因素。其次，贾女见"韩寿美资容"而"恒怀存想"，韩寿"闻之（女）心动"的契机在于听婢"言女光丽"，贾充觉察女儿"有异于常"也是见其"盛自拂拭"，有"女为悦己者容"的倾向而心生怀疑。这都是着眼于人的体貌之美。在封建社会，"三从四德"是女子行为规范。四德之一的妇容，郑玄解释为"容谓婉娩"，只是女子低首顺眉的样子，而非倾国倾城之貌。女性美尚得不到认可，男性美就更难有立锥之地，而女性对男性私自窥窃以及男性对女性美之思慕又超出"发乎情，止乎礼义"的既定规范，尤其为世所不容。而在此文中，这一切却是顺理成章，并最终得到封建家长的默许。由此见出体貌之美难以抗拒的魅力，也见出魏晋士人"妇人德不足称，当以色为主"的审美倾向，这也为后世才子佳人小说渲染容貌、才情开启了方向。

然而本篇佳话与后世批量生产的才子佳人小说叙事尚有很大差异。文中并不把爱情放在至高无上的理想化位置上，所谓"饮食男女，人生之大欲存焉。干名义，渎伦常，败风俗，皆王法之所禁也。若痴儿呆女，情有所钟，实非大悖于礼者，似不必苛以深文”。作者既不把越礼情爱视为洪水猛兽，也不大加赞誉，比之成熟才子佳人小说把小小情事叙述得缠绵悱恻，本篇更具稳重的现实性，注重情感的清纯、健全。《世说新语》崇尚“风旨各殊，人有兴托”的丰富多彩的才情风致，爱情佳话只算其一，因此在书中分量并不重，篇数也极为有限。

（王　燕　于天池）

华歆王朗　　刘义庆

华歆、王朗[1]俱乘船避难，有一人欲依附，歆辄难[2]之。朗曰：“幸尚宽，何为不可?”后贼追至，王欲舍所携人。歆曰：“本所以疑，正为此耳。既已纳其自托，宁可以急相弃邪?”遂携拯如初。世以此定华、王之优劣。

〔注〕 ① 华歆：见《管宁割席》注①。王朗：字景兴，东海郯(tán)县(今山东郯城北)人。魏文帝时任司空，魏明帝时任司徒。　② 难(nàn)：拒绝。

本篇出自《世说新语》。

王朗在自己宽绰富足时愿助人一臂之力，而一旦危险来临便想舍人保己。华歆则在事前就考虑到多种可能，估计力量不到时不轻易许人，而一旦许诺就信守诺言，反对“以急相弃”。相比于王朗的乐于助人，华歆予人的是一种雪中送炭的赈济，所谓患难见真情，能临危共济，更见出华歆之义士风采。曹植在《辅臣论》中赞其：“处平则以和美德；遭变则以义断事。”

本文写法上采用欲扬先抑、欲褒先贬的曲笔。王朗对人从“幸尚宽，何为不可”走向“欲舍所携人”，使人视见其初始的慷慨救助之经不起考验；华歆从“难之”到“携拯如初”，见其既明且哲的真挚和侠义。这种曲笔使人物性情更加力透纸背。同时，本篇在运用曲笔的同时又伴随着对比，华王二人始终彼此映衬，相反相成，使人物形象更趋鲜明生动。

文末点明“世以此定华王之优劣”，反映了当时从小事中挖掘人性的清议之风气。

（王　燕　于天池）

刘晨阮肇　　刘义庆

汉明帝永平[1]五年，剡县[2]刘晨、阮肇共入天台山[3]取谷皮，迷不得返。经十三日，粮食乏尽，饥馁殆死。遥望山上有一桃树，大有子实，而绝岩邃涧，永无登路。攀援藤葛，乃得至上。各啖数枚，而饥止体充。复下山，持杯取水，欲盥漱，见芜菁④叶从山腹流出，甚鲜新，复一杯流出，有胡麻饭糁⑤。相谓曰："此知去人径不远。"便共没水，逆流行二三里，得度山，出一大溪边。

有二女子，资质妙绝。见二人持杯出，便笑曰："刘、阮二郎捉向所流杯来"。晨，肇既不识之，缘二女便呼其姓，如似有旧，乃相见忻喜。而悉问来何晚，因邀还家。

其家筒瓦屋，南壁及东壁各有一大床，皆施绛罗帐，帐角悬铃，金银交错。床头各有十侍婢。敕云："刘、阮二郎，经涉山岨，向虽得琼实⑥，犹尚虚弊，可速作食！"食胡麻饭、山羊脯、牛肉，甚甘美。食毕，行酒，有一群女来，各持五三桃子，笑而言："贺汝婿来。"酒酣作乐，刘、阮欣怖交并。至暮，令各就一帐宿，女往就之，言声轻婉，令人忘忧。

十日后，欲求还去。女云："君已来是，宿福⑦所牵，何复欲还耶?"遂停半年，气候草木是春时，百鸟啼鸣，更怀悲思，求归甚苦。女曰："罪牵君，当可如何！"遂呼前来女子有三四十人，集会奏乐，共送刘、阮，指示还路。

既出，亲旧零落，邑屋改异，无相识。问讯得七世孙，传闻上世入山，迷不得归。至晋太元八年⑧，忽复去，不知何所。

〔注〕 ① 永平：汉明帝刘庄(公元58—75年在位)年号。 ② 剡(shàn)县：今浙江嵊州。 ③ 天台山：在浙江天台县北。自古传为仙山，道徒多集于此。 ④ 芜菁：植物名，块根可作蔬菜。 ⑤ 胡麻饭糁：用芝麻配料做成的一种饭。 ⑥ 琼实：美好的果实，即前文所说的桃子。 ⑦ 宿福：素有的好运气。 ⑧ 太元八年：太元为东晋孝武帝年号，太元八年即公元383年。

本篇选自《幽明录》。

这是一个非常著名的故事，在后世文学作品中屡经引用。它的情节其实并不复杂，写的是刘晨、阮肇二人进山迷路，遇见仙女，为仙女款待留宿。十天后，二人执意返回。及至回到故乡，却已是七世之后了。

类似这样的遇仙故事在当时有很多。如《拾遗记》之《洞庭山》《搜神后记》之《袁相根硕》等皆是，大约反映了战乱年代人民渴望安宁幸福的愿望。当然，比之陶渊明的"桃花源"梦想，此类洞窟遇仙，又带有一些道家的超凡脱俗气。所

刘晨阮肇

——《绘像列仙传》

以，最耐人寻味的是在人世与仙界的选择。刘、阮入山，迷不得返。偶然遇仙，照理说是有“仙根”的。在仙境，生活美满，也足以让人流连忘返。但他们却“求归甚苦”，毕竟凡心未泯。其实，仙境中的一切，何尝不是这种“凡心”的凝结。从胡麻饭糁到金银交错，处处透着尘俗气。事实上，与《袁相根硕》相比，本篇还流露出一种富贵气。就连仙女的言谈举止，也时时表现出人间情怀。唐代传奇《游仙窟》就由此发端，专注于两性恋情的欢愉与别离的痛苦。因此，人仙的沟通，才是此类作品的命脉所在。由于本篇作者写出了人类在现实束缚与理想超越中的矛盾心态，它才经常为人用为典故，表达这一永恒的苦恼。

本篇作品吸引人的地方还在于它的构思精巧，文辞优美。写景状物，历历在目。从刘阮二人来说，遇仙事出于偶然，先是出生入死，继而是华屋美女，巨大的反差，令他们“欣怖交并”；从仙女来说，则一切仿佛都在她们掌握之中，初次见面开口便道出刘、阮姓氏，而且知道他们吃过了仙桃。这一仙一凡，一明一暗，叙述得曲折迂回，又层次井然，极富情趣。至于仙凡两境的时间差，后来演进成所谓“山中方七日，世上已千年”之类，也成了小说的俗套。本篇创作较早，设想自奇，非效颦者可同日而语。

（刘勇强）

卖胡粉女　　刘义庆

有人家甚富，止有一男，宠恣过常。游市，见一女子美丽，卖胡粉[①]。爱之，无由自达，乃托买粉。日往市，得粉便去，初无所言。积渐久，女深疑之。明日复来，问曰：“君买此粉，将欲何施？”答曰：“意相爱乐，不敢自达，然恒欲相见，故假此以观姿耳。”女怅然有感，乃相许以私，克[②]以明夕。

其夜，安寝堂屋，以俟女来。薄暮果到，男不胜其悦，把臂曰：“宿愿始伸于此！”欢踊遂死。女惶惧，不知所以，因遁去，明还粉店。

至食时，父母怪男不起，往视，已死矣。当就殡殓，发箧笥[③]中，见百余裹胡粉，大小一积。其母曰：“杀吾儿者，必此粉也！”入市遍买胡粉，次此女，比之，手迹[④]如先。遂执问女曰：“何杀我儿？”女闻呜咽，具以实陈。父母不信，遂以诉官。女曰：“妾岂复吝死[⑤]？乞一临尸尽哀。”县令许焉。径往，抚之恸哭曰：“不幸致此。若魂而灵，复何恨哉！”男豁然更生，具说情状。遂为夫妇，子孙繁茂。

〔注〕 ① 胡粉：用来搽脸的一种脂粉。 ② 克：约定。 ③ 箧笥(qiè sì)：小竹箱笼。 ④ 手迹：此处指包装的样式、痕迹。 ⑤ 吝死：怕死。

本篇选自《幽明录》。

这是一篇令人感动的爱情小说。一个富家子弟爱上了一个卖胡粉的女子。为了相见，竟天天去买胡粉，这一片至情和执着的追求，打动了卖胡粉女子，相许以私。幽会之时，男子兴奋之极，欢跃而死。女子临尸尽哀，男子又豁然更生，二人结成美满夫妻。作品反映了普通人的爱情观念，富于生活气息。

作品中两个主人公的性格心理刻画十分鲜明。富家子虽“宠恣过常”，却不骄横。对卖胡粉女子一见钟情，总是得粉便去，并无轻薄言行。因为压抑过久，期盼太甚，才有乐极生悲之死。作者也因此将其志诚痴情渲染到了极点。这种志诚痴情是中国古代爱情小说戏曲男主人公常见的性格特征。清代蒲松龄《聊斋志异》中《阿绣》也描写一少年因爱慕卖杂货女子，不断去购物的情景，显然就是承此而来的。

卖胡粉女子是普通市民，面对富家子的追求，开始“深疑之”。听到富家子诚恳的表白，就“怅然有感”，马上作出了大胆的决定。而情人暴死的意外打击，又使她很“惶惧”。可以想象，当时她的心情是很复杂的。但是，当富家子父母来追问时，她再也控制不住了，哭着承认了全部事实。面对官府，她更坦然地说：“妾岂复吝死？乞一临尸尽哀。”这又表现出一种勇敢。其心理性格的发展，波澜起伏，有迹可循。

一般说来，魏晋南北朝小说多粗陈梗概，人物心理表现得往往不甚清晰。而本篇故事性较强，情节曲折多变，跌宕起伏，特别是能以不足千余字的篇幅，细致入微地描写两主人公复杂的感情及其变化，确实出乎同时作品之上。而这恐怕又与作者创作意识有关，本篇不像当时许多作品那样，刻意点明故事发生的时间、地点和人物的真实姓名，也没有声明是从何处听来的。唯其如此，它更像一篇小说。

（刘勇强）

庞阿 刘义庆

巨鹿有庞阿者，美容仪。同郡石氏有女，曾内睹阿，心悦之。未几，阿见此女来诣。阿妻极妒，使婢缚之，送还石家，中路遂化为烟气而灭。婢乃直诣石家说此事，石氏之父大惊曰：

“我女都不出门，岂可毁谤如此！”阿妇自是常加意伺察之。居一夜，方值女在斋中，乃自拘执以诣石氏。石氏父见之，愕眙[1]曰：“我适从内来，见女与母共作，何得在此？”即令婢仆于内唤女出，向所缚者奄然灭焉。父疑有异，故遣其母诘之。女曰：“昔年庞阿来厅中，曾窃视之。自尔仿佛即梦诣阿，及入后，即为妻所缚。”石曰：“天下遂有此奇事！”夫精情所感，灵神为之冥著，灭者盖其魂神也。

既而女誓心不嫁。经年，阿妻忽得邪病，医药无徵。阿乃授币[2]石氏女为妻。

〔注〕 ① 愕眙（chì）：吃惊地瞪着眼睛。 ② 授币：即订婚下定金。

本篇采自《幽明录》。

小说取名《庞阿》，可是，作者着力要表现的却是一位爱上庞阿的痴情的女孩。这位女孩姓石，她只是因为有一次在闺中偷偷地看到了“美容仪”的庞阿，便深深地爱上了他。可是，庞阿是一个有家室的人。那么，这位女孩如何去实现自己的愿望呢？作者由此展开了一个离奇的爱情故事。

女孩两次主动地登门去见庞阿，庞阿的妻子理所当然地作出了保护自己的反应，把这个“第三者”抓住送给石家。不同的是，第一次“使婢缚之，送还石家”，谁知女孩“中路遂化为烟气而灭”。而女孩的父亲反驳说女儿都没有出门，抗议庞家凭空地诬人清白。看到这儿，读者不免会疑心，女孩是人是妖。第二次，这个“猖狂”的“第三者”又被当场抓住。这一次，庞阿的妻子亲自押着女孩去石家，看样子是非要讨个说法不可。奇怪的是，女孩的父亲说女儿正和母亲在一起，怎么又会去庞家与意中人相会？待到他使婢仆将女儿叫出来，“向所缚者奄然灭焉”。究竟是怎么回事呢？还是女孩自己说了实话，原来是女孩的灵魂化作人身，两次去和庞阿相会。作者一直把这个悬念几乎保持到了最后。至此，真相大白，水落石出。精诚所至，金石为开，对意中人的爱慕之心居然使女孩的灵魂化作了人身。爱情的力量是多么强大！离魂的真相揭示以后，一下子将前面的故事和人物照亮。“夫精情所感，灵神为之冥著”，这句话正是作者的画龙点睛之笔。

女孩的灵魂两次离体而去与意中人相会。在这里，作者实际上写的是一位思想上已经越礼而行动上却并未越轨的痴情女子。但是，作者采用了超现实的离魂的情节，使女孩的痴情表现得格外动人，故事也因此而变得扑朔迷离，曲折多姿。

一个女孩爱上了一位有妇之夫，现实生活中她的愿望难以实现。作者显然十分同情这个女孩，于是，我们看到，庞妻"忽得邪病，医药无徵"，女孩终于如愿以偿，嫁给了庞阿。这种情节当然是有一点勉强的成分。其次，故事始终没有对庞阿的态度有所介绍，这也是六朝志怪常有的粗疏之处。

六朝的另一部志怪小说《灵怪录》中有一篇《郑生》，也有离魂的情节。唐人陈玄祐的爱情名篇《离魂记》，明显地受到了《庞阿》《郑生》一类志怪的启发。

（张国风）

焦湖庙祝　刘义庆

焦湖庙祝有柏枕，三十余年，枕后一小坼孔。县民汤林行贾，经庙祈福。祝曰："君婚姻未？可就枕坼边。"令林入坼内，见朱门、琼宫、瑶台胜于世。见赵太尉，为林婚，育子六人，四男二女。选林秘书郎，俄迁黄门郎①。林在枕中，永无思归之怀，遂遭违忤之事。祝令林出外间，遂见向枕。谓枕内历年载，而实俄顷之间矣。

〔注〕 ① 黄门郎：南朝时掌管机密、传达诏命、备皇帝顾问的侍从官。

本篇选自《幽明录》。

古代的小说中有很多梦的故事，志怪和传奇中写梦的尤其多。这里面当然有多方面的原因。古人没有现代的科学医学知识，他们不能解释梦的成因。在他们看来，做梦是一种十分神秘的现象。梦里的事情常常是超现实的，但又和现实保持着一定的联系。梦里的景象固然是虚幻的，但梦所反映出来的愿望却是非常真实的。对文学创作来说，梦幻中可以容纳许多现实生活里不可能产生的情节。所以，小说家之常常要写到梦的故事就毫不奇怪了。这篇《焦湖庙祝》就是其中的一个例子。

故事并不复杂。县民汤林"经庙祈福"，庙祝给他一个柏枕，汤林就枕睡去。他在梦中历尽荣华富贵，乐不思蜀。谁知好景不长，"遂遭违忤之事"。一觉醒来，原来所谓朱门、琼宫、瑶台，所谓高官厚禄，不过是春梦一场。故事的讽刺意味很明显：荣华富贵像梦一样虚幻，像梦一样的短暂，根本不值得追求，不值得留恋。

这篇小说像一般的六朝志怪一样，只是粗陈梗概，到了唐人李公佐的《南柯太守传》、沈既济的《枕中记》，受《焦湖庙祝》一类作品的启迪，后来居上，腾挪点染，渗入了丰富的社会内容，才把这种人生如梦、富贵无常的构思发挥得淋漓尽致。

（张国风）

阮　德　如　　刘义庆

阮德如尝于厕见一鬼，长丈余，色黑而眼大，著白单衣，平上帻①，去之咫尺。德如心安气定，徐笑而谓之曰："人言鬼可憎，果然！"鬼赧②而退。

〔注〕① 平上帻(zé)：一名"平山帻"，一种头巾。　② 赧(nán)：因羞涩而脸红。

本篇选自《幽明录》。

这是一个不怕鬼的故事。阮德如是何许人，作者略去不讲，却开门见山地介绍阮德如厕中见鬼。接着便是对鬼的描述。俗话说："画鬼容易画人难。"鬼的外貌也没有什么出奇的，不过是高一些，黑一点，眼睛大一点，如此而已。阮德如的反应如何呢？这是故事的重心所在。只见他"心安气定"，慢慢地嘲笑鬼说："人都说鬼长得让人讨厌，果不其然！"结果鬼羞愧脸红、退了下去。真所谓见怪不怪、其怪自败。阮德如不怕鬼，不是自恃有什么法术法宝，完全是凭着一股藐视鬼蜮的浩然正气。短短五十个字，却写得从容不迫。对于恶鬼的外貌描写显然是一种铺垫，到"人言鬼可憎，果然！"一句，一个气度雍容、坦荡磊落、藐视邪恶的人物形象呼之欲出。

（张国风）

鹦 鹉 灭 火　　刘义庆

有鹦鹉飞集他山，山中禽兽辄①相爱重。鹦鹉自念：虽乐，不可久也，便去。后数月，山中大火。鹦鹉遥见，便入水沾羽，飞而洒之。天神②言："汝虽有志意，何足云也！"对曰："虽知不能救，然尝侨居是山，禽兽行善，皆为兄弟，不忍见耳。"天神嘉感，即为雨灭火。

〔注〕① 辄(zhé)：往往，总是。　② 天神：梵语"泥缚多"的意译，指梵天、帝释等。

《鹦鹉灭火》选自《宣验记》。其故事出自吴康僧会译《旧杂譬喻经》，也就是说，它是从西域传入的。反映了佛教普救众生、慈悲为怀的观念。

在中国古代神话传说中，动物形象本来很多，如《山海经》中就有大量的珍禽异兽，其中的精卫填海与本篇所写颇有相似之处。遗憾的是，被记录下来的此类神话传说中的动物，大多不具备人格化的特征及相应的故事。在诸子散文中，也有一些动物形象，但往往只是寓言化的符号形象，同样缺少飞扬生动之致。本篇则不然，它描绘的是一个鲜明活泼的动物世界。在那里，禽兽们相互爱重，其乐融融。这种情谊使得鹦鹉在离开数月后仍不能忘怀。于是就有了令人感动的一幕：当山中发生森林大火时，鹦鹉遥见，便投身水中，用羽毛上沾的一点点水珠，洒向大火。从它与天神的对话中可以看出，它是知道杯水车薪，无济于事的。但“不忍见”情同手足的禽兽葬身火海，才明知其不可而为之。这是多么崇高的情操啊！

中国斥责恶人有一句话叫“禽兽不如”，那是把禽兽看得低人一等的。若与本篇的鹦鹉相比，“禽兽不如”的人就太多了。鹦鹉的行为终于感动了天神，为之降雨灭火。魏晋小说中，天神无所不在，其实正反映了一种信念和愿望。

（刘勇强）

【作者小传】

东阳无疑

南朝宋小说家。东阳(今浙江金华)人。生平事迹不详。作有小说集《齐谐记》等。

薛道询

东阳无疑

太元①元年，江夏郡安陆县薛道询，年二十二。少来了了，忽得时行病，差②后发狂，百药治救不损。乃复病，狂走犹剧，忽失踪迹，遂变作虎，食人不可复数。有一女子，树下采桑，虎往取之食。食竟，乃藏其钗钏著山石间；后还作人，皆知取之。

经一年，还家为人。遂出都仕官，为殿中令史③。夜共人语，忽道天地变怪之事。道询自云：“吾昔常得病发狂，遂化作虎，啖人一年。”中兼便叙其处所并人姓名。其同坐人，或有食其父子兄弟者，于是号哭，捉以付官。遂饿死建康狱中。

〔注〕 ① 太元：东晋孝武帝年号(376—396)。 ② 差：病愈。 ③ 令史：官名，掌管文书。

本篇出自《齐谐记》。

人化为虎，见于《齐谐记》的还有《吴道母居》。此类变异故事的起因、来源、寓意、主旨情况非常复杂，不可一概而论，但本篇的作意如何呢？不妨略作臆测。

儒家经典《礼记》有一篇著名的“苛政猛于虎”的故事：“孔子过泰山侧，有妇人哭于墓者而哀。夫子式而听之，使子路问之曰：‘子之哭也，壹似重有忧者。’而曰：‘然。昔者吾舅死于虎，吾夫又死焉，今吾子又死焉。’夫子曰：‘何为不去也？’曰：‘无苛政。’夫子曰：‘小子识之，苛政猛于虎也。’”这则故事与本篇有无相通之处？似乎颇可联想。

薛道询发病狂走，最后变为虎，“食人不可复数”。这本身已经令人感到不可思议。当然作为志怪，记载这类异事，也无所谓。问题就在后半部分。这位薛道询后来又回变为人。而且还出都做官，“为殿中令史”。吃人的虎成为官吏，这就将官与虎联系起来，并视为二而一的东西了。从这个意义上说，它与孔子所说的“苛政猛于虎”不是有某种相通之处吗？佛教“好生恶杀，省欲去奢，六道轮回，善恶报应”。我们读同时代的《述异记》，其中有一则“太守化虎”：“汉宣城郡守封劭，一日忽化为虎，食郡民。民呼之曰：‘封使君！’因去，不复来。故时人语曰：‘无作封使君，生不治民死食民。’”显然也有将恶官比喻为虎的用意。由此知道，在志怪小说中，这类官虎一体的故事并非仅见于《齐谐记》，说明将官视为虎的同道的想法，并非偶然。　（刘跃进）

【作者小传】

虞通之

南朝宋小说家。会稽余姚(今属浙江)人。任黄门侍郎、步兵校尉。作有小说集《妒记》等。

王丞相曹夫人

虞通之

王丞相曹夫人[①]，性甚忌，禁制丞相不得有侍御[②]，乃至左右小人，亦被检简[③]。时有妍妙，皆加诮责。王公不能久堪，乃密营别馆，众妾罗列，儿女成行。后元会日[④]，夫人于青疏台中望见两三儿骑羊，皆端正可念[⑤]。夫人遥见，甚怜爱之。语婢云：“汝出问此是谁家儿？奇可念。”给使不达旨，乃答云：“是第四、五等诸郎。”曹氏闻惊愕，大恚[⑥]，不能自忍，乃命车驾将黄门及婢二十人，人持食刀，自出寻讨。王公亦遽命驾，飞辔出门。犹患牛迟，乃左手攀车阑，右手捉麈尾[⑦]，以柄助御者打牛，狼狈奔驰，方得先至。蔡司徒闻而笑之。乃故诣王公⑧，谓曰："朝廷欲加公九锡⑨，公知不？"王谓信然，自叙谦志。蔡曰："不闻余物，唯闻有短辕犊车、长柄麈尾尔。"王大愧。后贬蔡曰："吾昔与安期千里共在洛水集处，不闻天下有蔡充儿。"正忿蔡前戏言耳。

〔注〕 ① 王丞相：王导。东晋初年为丞相。 ② 侍御：这里指侍姬。 ③ 检简：检查。④ 元会日：皇帝于元旦朝会群臣称正会，也叫元会。 ⑤ 可念：可爱。 ⑥ 大恚：大怒。⑦ 麈尾：麈，一种鹿。麈尾，即用这种鹿尾作成的一种近似于拂尘的用具。 ⑧ 故诣王公：有意去看望王导。 ⑨ 九锡：古代天子赐给诸侯、大臣的九种器物，是一种最高的礼遇。

本篇选自《妒记》。

东晋名相王导的事迹在史书中多有记载，特别是刘义庆的《世说新语》，几乎就是以王导为主角。陈寅恪在其著名的《王导之功绩》文章中对王导在东晋初年安定江南的功绩给予了极高的评价。但是，对于王导的为人和日常生活，我们所知不是很多。这则故事为我们认识王导的另一侧面提供了感性资料。

故事的主角是曹夫人，开篇以一定的篇幅描写了这位曹夫人的悍妒。其实，作为丞相的王导，权势炙手可热，"众妾罗列，儿女成行"，这在当时并不稀罕。偏偏这位曹夫人绝不能容忍在她眼皮底下发生这样的事，"禁制丞相不得有侍御，乃至左右小人，亦被检简。时有妍妙，皆加诮责"，一旦发现隐情，持刀寻讨便自然而然地发生了。她的妒忌是人之常情，但是，她能够爆发出来，而且令这位丞相"不能久堪"，就有点不合常规而令人惊异。秦汉以来，有关妇道的说法很多，甚至形诸法令固定下来，比如有所谓的"七出"，其中一条就是不允许妇人妒忌，违反这条规定，男方就有权将妻子休掉。而到了魏晋以后，妇女的地位似乎有了改变。《世说新语》记载了许多才女故事，比如谢道韫就对丈夫颇为不满，对此，宋人刘辰翁给予了高度评价，现代人更是津津乐道。曹夫人的"性甚忌"，而且居然叫王丞相有时下不来台，说明当时妇女的社会地位较之以往确乎有了微妙的变化。

为了营造故事的氛围，作品将曹夫人描绘成凶悍异常的样子，又写王丞相既要享受妻妾成群的生活，又要顾及脸面。这就构成了严重的矛盾冲突。在这个矛盾冲突中，王丞相的形象使人感到格外可笑。当曹夫人"命车驾将黄门及婢二十人，人持食刀，自出寻讨"时，我们这位大名鼎鼎的王丞相，"亦遽命驾，飞辔出门。犹患牛迟，乃左手攀车阑，右手捉麈尾，以柄助御者打牛，狼狈奔驰，方得先至。"从描写可以看到，王导出门命驾的是一辆牛车，而不是马车；第二，王导不论处在多么危急的时刻，手中的“麈尾”是时刻不离的，这表明了一种名士的身份和派头。而这两者放在一起，确又有些滑稽。也正因为如此，蔡充用“唯闻有短辕犊车、长柄麈尾尔”来讽刺王丞相。也正是这两点，才构成了这篇故事的富有戏剧性的效果。结尾一句有些出人意表。就因为这样一句笑话，惹得王丞相大为不快，所以在关键时刻，对蔡充作了报复。读者感受到了作者对这位王丞相虚伪之处所作的揶揄和讽刺。

（刘跃进）

京邑有士人妇　　虞通之

京邑有士人妇，大妒忌；于夫小则骂詈，大必捶打。常以长绳系夫脚，且①唤，便牵绳。士人密与巫妪为计：因妇眠，士人入厕，以绳系羊，士人缘墙走避。妇觉，牵绳而羊至，大惊怪，召问巫。巫曰：“娘积恶，先人怪责，故郎君变成羊。若能改悔，乃可祈请。”妇因悲号，抱羊恸哭，自咎悔誓。师妪乃令七日斋②，举家大小悉避于室中，祭鬼神，师祝羊还复本形。婿徐徐还，妇见婿啼问曰：“多日作羊，不乃辛苦耶？”婿曰：“犹忆啖草不美，腹中痛尔。”妇愈悲哀。后复妒忌，婿因伏地作羊鸣；妇惊起，徒跣呼先人为誓，不复敢尔。于此不复妒忌。

〔注〕①且：将要。　②斋：斋戒，迷信的人祭祀前整洁身心。

本篇出自《妒记》。

小说以极其夸张的笔调描写妒忌成性的“士人妇”种种表现：第一，“于夫小则骂詈”；第二，“大必捶打”；第三，“常以长绳系夫脚，且唤，便牵绳”。开篇以寥寥几笔，就通过士人频受肉体与精神上的折磨，将“士人妇”的虐待狂的心理特征勾画得淋漓尽致，也为下文的进一步展开，作了强有力的铺垫。

问题是怎么解决这对矛盾。

士人找到了巫婆，因为在过去，巫婆是唯一可以和先人或鬼神对话的神通广大的人。巫婆果然不负所望，想出了一个只有她才能想出的办法：来个金蝉脱壳之计，以绳系羊。当妇人牵绳时，没有想到牵到的不是郎君，而是一只羊，自然大为惊诧。藉此机会，巫婆说道：“娘积恶，先人怪责，故郎君变成羊。”因为她是巫婆，所以，她的话自然有绝对的权威。“士人妇”诚惶诚恐地斋戒数日，敬祭鬼神，祈盼郎君回到她的身边。为了增加故事效果，这位“士人妇”与士人的对话令人叫绝。妇人叫丈夫回忆作羊后的感觉，而丈夫也煞有其事地说：“还记得作羊时吃草不如意,肚子有些痛。”听到这些,“士人妇”更加相信巫婆的话,由于自己作孽,丈夫真的变成了羊。“愈悲哀”三字说明此妇对丈夫还是有感情的,所以,她后来终于悔过自新,不再妒忌,也就顺理成章。

短短二百余字的故事,一波三折,写出了三个人物,给人留下深刻的印象。

(刘跃进)

【作者小传】

祖冲之

(429—500) 南朝科学家。字文远。范阳蓟(今北京东南)人,一说遒县(今河北涞水北)人。南朝宋时主持华林学省,南齐时官至长水校尉。作有小说集《述异记》等。

比肩人

祖冲之

吴黄龙[①]年中,吴郡海盐有陆东美,妻朱氏,亦有容止。夫妻相重,寸步不相离,时人号为“比肩人”。夫妇云:“皆比翼,恐不能佳也。”后妻卒,东美不食求死。家人哀之,乃合葬。未一岁,冢上生梓树,同根二身,相抱而合成一树。每有双鸿,常宿树上。

孙权闻之嗟叹,封其里曰“比肩”,墓又曰“双梓”。后子弘与妻张氏,虽无异,亦相爱慕,吴人又呼为“小比肩”。

〔注〕 ① 黄龙:吴国孙权的年号(229—231)。

本篇选自祖氏《述异记》。

世上的恩爱夫妻不少,可是,恩爱以至达到“夫妻相重,寸步不相离”的程度就不多见了。而能同生共死,不惜以身殉之的夫妻就更少了。值得我们注意的是这个故事中夫妻关系的那种平等色彩。

在中国的封建社会中,历来都是讲“夫唱妇随”,讲“嫁鸡随鸡,嫁狗随狗”,女子只是男子的附属品。可是,在《比肩人》这个故事中,陆东美和妻子朱氏的关系是完全平等的。妻子亡故以后,陆东美“不食求死”。不是女子为男子殉情,而是男子为他所心爱的女子去死。

故事发展到两人合葬,并未出现超现实的情节,但紧接着关于墓葬的种种描绘,却呈现出浓郁的浪漫主义色彩:"未一岁,冢上生梓树,同根二身,相抱而合成一树。每有双鸿,常宿树上"。这种超乎现实的想象,是对现实中遗憾的一种弥补,也是一曲美满姻缘的热情赞歌。生则比肩、死亦不离的婚姻理想化成了同根相连、紧紧搂抱的梓树、比翼而飞的双鸿。

类似的想象早已出现在《孔雀东南飞》和《搜神记》中《韩凭妻》的故事之中。我们从这里也可以看到同源于民间传说的各种故事的相互影响和吸收。

故事摈弃了一般志怪中常见的怪诞成分,也没有因果报应的色彩。作者以健康的情调、浪漫的想象力,表达了一种美好的婚姻理想。　(张国风)

【作者小传】

沈　约

(441—513)　南朝梁文学家。字休文。吴兴武康(今浙江德清)人。历任尚书度支郎、尚书令等。作有小说集《俗说》等。

李　势　女　　　　沈　约

桓温①平蜀,以李势女为妾。南郡主甚妒,不即知之。后知,乃拔刃往李所,因欲斫之。见李在窗梳头,姿貌端丽,徐徐结发,敛手向主,神色闲正②,辞甚凄惋。主于是掷刀,前抱之曰:"阿子!我见汝亦怜,何况老奴?"遂善之。

〔注〕 ① 桓温,字元子,东晋时人,官至大司马。《晋书·穆帝纪》记桓温以永和二年(346)十一月伐蜀,三年三月,李势降。　② 闲正:娴静端庄。

本篇选自《俗说》。

丈夫在外移情别恋,另筑金屋藏娇,被妻子发现,导致尖锐的矛盾冲突,这是小说经常描写的故事。《红楼梦》中贾琏偷娶尤二姐,王熙凤借剑杀人就是这样的精彩片断。一般来说,在此类故事中,妻子多半是要被冠以"妒"的恶名的。事实上,本篇的另一个更详细的版本就收在南朝虞通之的《妒记》中。

此类故事中的所谓"妒",实际上是妇女对不合理的婚姻制度的一种心理反抗,在过激状态下则表现为心理的扭曲和变态。不过,本篇所写较为别致,不是一个"妒"可以了得的。南郡主气势汹汹地要杀李势女,却被李势女倚窗梳发的美丽画面所打动。这种秀发委地、临窗梳理的美丽后来在唐传奇《虬髯客》中也出现过，小轩窗，正梳妆，是一种很有代表性的女性美。不只如此，李势女“辞甚凄惋”，也别有一种动人的魅力。本篇未写明凄惋之由，联系前面“桓温平蜀，以李势女为妾”的交待，可知李势女实际上是战利品。在《妒记》中，李势女说得更明确：“国破家亡，无心以至今日。若能见杀，实犹生之年。”因此，李势女的悲剧不只是妻妾矛盾而已，而是与当时的社会动乱密切相关的。东晋裴启《语林》中亦记桓温在征前秦后，得一歌妓，其自高自大的心性，遭歌妓辛辣嘲讽。歌妓身处下层，言语犀利，恰与高贵的李势女形成鲜明对比。

南郡主终于受到感动，掷刀而曰：“阿子！我见汝亦怜，何况老奴？”这纯是当时口吻，既写出了李势女的美丽可人，也写出了南郡主的爽快。能够欣赏人的气韵风神似乎是魏晋的时代特征，南郡主肯化干戈为玉帛不失其大家气魄。虽然妻妾矛盾往往如《红楼梦》中林黛玉所说“不是东风压倒西风，就是西风压倒东风”，但也还是因人而异的。比其明清许多小说中的“一夫二妻”描写来，本篇作品更可信些。只一个场面，寥寥数语，就写活了两个人物，魏晋小说的艺术性岂可低估？

（刘勇强）

【作者小传】

王 琰

南朝齐小说家。太原（今属山西）人。仕齐、梁二代。作有小说集《冥祥记》等。

赵 泰

王 琰

晋赵泰，字文和，清河贝丘人也。祖父京兆太守。泰，郡举孝廉①；公府辟②，不就。精思典籍，有誉乡里。当晚乃膺仕，终于中散大夫。泰年三十五时，尝卒心痛，须臾而死。下尸于地，心煖不已，屈伸随人。留尸十日，平旦，喉中有声如雨。俄而苏活。

说初死之时，梦有一人，来近心下。复有二人，乘黄马，从者二人，夹扶泰腋，径将东行，不知可几里，至一大城，崔巍高峻。城邑青黑，状锡。将泰向城门入。经两重门，有瓦屋可数千间；男女大小，亦数千人，行列而立。吏著皂衣，有五六人，条疏姓字，云当以科呈府君。泰名在三十。须臾，将泰与数千人男女，一时俱进。府君西向坐，简视名薄讫，复遣泰南入黑门。有人著绛衣，坐大屋下，以次呼名，问生时所事："作何罪孽？行何福善？谛汝等辞，以实言也。此恒遣六部使者，常在人间，疏记善恶，具有条状。不可得虚。"泰答："父兄仕宦，皆二千石。我少在家，修学而已，无所事也。亦不犯恶。"乃遣泰为水官监作使，将二千余人，运沙裨岸。昼夜勤苦。

后转泰水官都督，知诸狱事。给泰马兵，令案行地狱。所至诸狱，楚毒各殊。或针贯其舌，流血竟体。或被头露发，裸形徒跣，相牵而行。有持大杖，从后催促。铁床铜柱，烧之洞然；驱迫此人，抱卧其上。赴即焦烂，寻复还生。或炎炉巨镬，焚煮罪人，身首碎坠，随沸翻转。有鬼持叉，倚于其侧。有三四百人，立于一面，次当入镬，相抱悲泣。或剑树高广，不知限量。根茎枝叶，皆剑为之。人众相訾，自登自攀，若有欣意，而身首割截，尺寸离断。泰见祖父母及二弟在此狱中，相见涕泣。泰出狱门，见有二人赍文书来，语狱吏，言有三人，其家为其于塔寺中悬幡烧香，救解其罪，可出福舍。俄见三人，自狱而出，已有自然衣服，完整在身。南诣一门，云名"开光大舍"，有三重门，朱采照发，见此三人即入舍中，泰亦随入。前有大殿，珍宝周饰，精光耀目，金玉为床。见一神人，姿容伟异，殊好非常，坐此座上。边有沙门③立侍甚众。见府君来，恭敬作礼。泰问："此是何人，府君致敬？"吏曰："号名世尊，度人之师。有愿，令恶道中人皆出听经。"时云有百万九千人，皆出地狱，入百里城。在此到者，奉法众生也。行虽亏殆，尚当得度，故开经法。七日之中，随本所作善恶多少，差次免脱。泰未出之顷，已见十人，升虚而去。出此舍，复见一城，方二百余里，名为"受变形城"。地狱考治已毕者，当于此城，更受变报。泰入其城，见有土瓦屋数千区，各有坊巷。正中有瓦屋高壮，阑槛采饰。有数百局吏，对校文书，云杀生者当作蜉蝣，朝生暮死；劫盗者当作猪羊，受人屠割；淫泆者作鹤鹜獐麋，两舌者作鸮枭鸺鹠；捍债者为驴骡牛马。

泰案行毕，还水官处。主者语泰："卿是长者子，以何罪过而来在此？"泰答："祖父兄弟，皆二千石。我举孝廉，公府辟，不行。修志念善，不染众恶。"主者曰："卿无罪过，故相使为水官都督。不尔，与地狱中人无以异也。"泰问主者曰："人有何行，死得乐报？"主者言："唯奉法弟子，精进持戒，得乐报，无有谪罚也。"泰复问曰："人未事法时，所行罪过，事法之后，得除以不？"答曰："皆除也。"语毕，主者开縢箧，检泰年纪，尚有余算三十年在，乃遣泰还。临别，主者曰："已见地狱罪报如是，当告世人，皆令作善。善恶随人，其犹影响，可不慎乎？"时亲表内外候视泰者，五六十人，同闻泰说。泰自书记，以示时人。时晋太始五年七月十三日也。

乃为祖父母二弟延请僧众，大设福会。皆命子孙改意奉法，课劝精进。时人闻泰死而复生，多见罪福，互来访问。时有太中大夫武城孙丰，关内侯常山郝伯平等十人，同集泰舍，款曲寻问，莫不惧然，皆即奉法也。

〔注〕 ① 举孝廉：孝指孝子；廉指廉洁之士。孝廉是指汉代选举官吏的两种科目名。② 公府辟：公府，指三公的官府。辟，指征召。 ③ 沙门：和尚。

本篇选自《冥祥记》。

在现实生活中，善恶随处可见。如何处理这些问题，便产生了宗教与道德的说教。道德说教的目的，在于规范个人的感情与行为。行善则良心安适，本身就是一种报偿；行恶则良心受到谴责，本身就是一种惩罚。

宗教的说教既有与道德一致之处，又有自己的特点。《赵泰》就是一篇颇具宗教说教特色的短篇小说。

作品以倒叙的手法叙述赵泰死后游历地狱后又复活的全过程，重点是描写其在地狱的所闻所见。作者将人间的官署搬到地狱，开始就描写赵泰初入地狱时首先要经过的第一关，即简视名簿。在这里，你的身份与处境完全是由你自己以前的行为来确定的。简视官吏就是根据你在人间的善恶表现发配到不同的部门。在这里,任何作假都将受到更严厉的惩治,因为地狱专有六部使者在人间记录所有人的善恶表现,谁也逃脱不掉的。好在赵泰精思典籍,有誉乡里,不曾犯恶,所以被分配为水官监作使。

后转水官都督,知诸狱事,令案行地狱,使赵泰有机会对地狱有更深刻的认识。在这里,他见到诸狱中的各种苦刑:或针贯其舌,流血竟体。或被头露发,裸形徒跣,相牵而行。或炎炉巨镬,焚煮罪人,身首碎坠,随沸翻转……同时,赵泰还亲见祖父母及二弟,也在如此恐怖的地狱中备受煎熬,这无疑给赵泰以强烈的震撼。

接着,作者笔锋一转,将赵泰引到另一令人欣慰的境地:"言有三人,其家为其于塔寺中悬幡烧香,救解其罪,可出福舍。"就是说,你以前诵经烧香,或你的家人为你悬幡烧香,就可以改变命运,不入地狱,而进入福舍。作者神情严厉地告诉读者,地狱中的关口和机遇都不少,如到"百里城",经过"府君"的严格筛选,可以听君得度。或者到"受变形城",根据生前的善恶行为更受变报,投生人世。

作者这样描写,就是要告诫大众,积恶之家必有余殃;积善之家,也不能完全有"余庆",还必须悬幡烧香,同时还必须诵经修志,才可以免受谪罚。作者通过赵泰的幡然醒悟,回到人间为祖父母二弟延请僧众,大设福会,并命子孙改意奉法,课劝精进等行为,宣扬了佛教的苦海无边,回头是岸的理念。

作为一篇宣传佛教思想的文学作品,它的艺术构思比较细密,首尾照应。中间的情节安排,丝丝入扣,层层深入。其次,描写细微动人,具有强烈的刺激效果。特别是描写地狱中受到磨难的众生相,栩栩如生。作者在这里运用了强烈的对比手法,不厌其详,不厌其烦,不厌其细,以至做到毫发毕现的地步。

《聊斋志异》中的《席方平》与此有异曲同工之处。不过,《聊斋志异》中记述席方平在地狱不畏酷刑,据理力争,显示出强烈的独立意识;而这篇作品完全相反。由此可见,同样的题材,由于作者的立意不同,可以有完全不同的处理,自然也会有完全不同的效果。

(刘跃进)

【作者小传】

任 昉

(460—508)　南朝梁文学家。字彦升。乐安博昌(今山东寿光)人。仕宋、齐、梁三朝,官新安太守。作有小说集《述异记》等。

封使君 任昉

汉宣城[①]郡守封邵，一日忽化为虎，食郡民，呼之曰封使君，因去不复来。故时语云："无作封使君，生不治民死食民。"夫人无德而寿则为虎。虎不食人，人化虎则食人，盖耻其类而恶之。

〔注〕 ① 宣城：始置于东汉顺帝时，治宛陵(今安徽宣城)。

本篇出自《述异记》。

这是一篇隐喻小说。本体、喻体都交代得很清楚，小说简短得如同一个叙述句。然而，这毕竟是一篇完整的志怪小说。志怪小说往往以"怪"惊世："汉宣城郡守封邵，一日忽化为虎，食郡民，呼之曰封使君，因去不复来。"到此，作者只是非人格化地叙述了一个人化虎的匪夷所思的故事，情节荒诞离奇。后世小说中，人与虎的变幻往复也不乏其例：唐传奇《申屠澄》，澄妻由贤妻美妇化虎归林；《崔韬》篇，韬妻亦化虎，只是多了食子及夫的酷虐行为；《聊斋志异》中《苗生》《向杲》均有人化虎的情节。各篇作品对呼啸山林、跳踉生风的老虎均有不同描述，显示了不同创作心态。而本文笔锋一转："无作封使君，生不治民死食民。"这不仅描述了人与虎的变幻，更指出了虎与官的同体，由此可见任昉创作旨归之沉重、严肃，言辞犀利，痛快地鞭挞了残暴如虎的官吏。官吏之苛剥于民，正如虎之食民，其凶狠冷酷、毫无人性的狰狞面目宛然纸上。本文讽世讥俗之用意为后世再三演绎，明代杨慎《杨升庵全集》卷六〇载张禺山诗曰："昔者汉使君，化虎方食民；今日使君者，冠裳而吃人"；"昔日虎使君，呼之即惭止；今日虎使君，呼之动牙齿"；"昔日虎伏草，今日虎坐衙，大则吞人畜，小不遗鱼虾"。三首一唱三叹地引典怒斥"今日使君"之食民虎性，讽政之用意，一脉相承。 （王 燕 于天池）

【作者小传】

吴 均

(469—520) 南朝梁文学家。字叔庠。吴兴故鄣(今浙江安吉)人。历任国侍郎、奉朝请。作有小说集《续齐谐记》等。

阳羡书生 吴均

阳羡[①]许彦，于绥安[②]山行，遇一书生，年十七八，卧路侧，云脚痛，求寄鹅笼中。彦以为戏言。书生便入笼，笼亦不更广，书生亦不更小，宛然与双鹅并坐，鹅亦不惊。彦负笼而去，都不觉重。

前行息树下，书生乃出笼，谓彦曰："欲为君薄设。"彦曰："善。"乃口中吐出一铜奁子，奁子中具诸肴馔，珍羞方丈。其器皿皆铜物，气味香旨，世所罕见。酒数行，谓彦曰："向将一妇人自随，今欲暂邀之。"彦曰："善。"又于口中吐一女子，年可十五六，衣服绮丽，容貌殊绝，共坐宴。俄而书生醉卧，此女谓彦曰："虽与书生结妻，而实怀怨。向亦窃得一男子同行，书生既眠，暂唤之，君幸勿言。"彦曰："善。"女子于口中吐出一男子，年可二十三四，亦颖悟可爱，乃与彦叙寒温。书生卧欲觉，女子口吐一锦行障遮书生，书生乃留女子共卧。男子谓彦曰："此女子虽有心，情亦不甚。向复窃得一女人同行，今欲暂见之，愿君勿泄。"彦曰："善。"男子又于口中吐一妇人，年可二十许，共酌戏谈甚久。闻书生动声，男子曰："二人眠已觉。"因取所吐女人，还纳口中。须臾，书生处女乃出，谓彦曰："书生欲起。"乃吞向男子，独对彦坐。然后书生起，谓彦曰："暂眠遂久，君独坐，当悒悒邪？日又晚，当与君别。"遂吞其女子、诸器皿，悉纳口中，留大铜盘，可二尺广，与彦别曰："无以藉君，与君相忆也。"

彦大元③中，为兰台令史④，以盘饷侍中张散。散看其铭，题云是永平三年⑤作。

〔注〕 ① 阳羡：汉吴郡属县，即今江苏宜兴。 ② 绥安：故城在宜兴西南八十里。 ③ 大元：即太元，东晋孝武帝年号(376—396)。 ④ 兰台令史：职官名，掌管文史图籍。 ⑤ 永平三年：永平乃汉明帝年号，永平三年即公元60年。

本篇选自《续齐谐记》。

小说出语惊人，开首即把读者引入一诡异世界：一位十七八岁的书生要求寄身鹅笼。按常理看来，人鹅异类，大小比例又相去悬殊，若非"缩身之法"，断无人入鹅笼之事。但作者的描述却大大超越了常人的想象：书生不仅轻易地进入鹅笼，与鹅并坐相安，而且在入笼之后，"笼亦不更广，书生亦不更小"，"彦负笼而去，都不觉重”，传统的空间观念已被彻底打破，如此奇妙的境界显然不可能存在于人的感知世界，而只能存在于人的感知所触摸不及的超自然空间。

接下去发生的一切，更令人觉得匪夷所思：书生从口中吐出铜盘，中有美酒佳肴，又吐出一个十五六岁的女子；十五六岁的女子背着书生又吐出一个二十三四岁的男子；这男子又背着十五六岁的女子吐出一个二十许的女子……只要假以篇幅，这样的吐法可以无穷无尽地进行下去，其展示的几何图像便是一连串同心圆，仿佛石子在平静的湖面上所击出的阵阵涟漪，大圈套着小圈，小圈又套着比它更小的圈。从表面看来，作者是在用怪异的笔法叙说一个爱的命题：爱与被爱常常是分离的，你是爱你之人心中的一道风景，而你爱的人又是你心中的一道风景，这两道风景藉着时空的差异可以相安无事，各有各的看客。但若从更深的层面上来看，则作者似在探讨生命的构成问题，即男女交媾、阴阳交汇孕育出生命；又是在探讨宇宙的生成模式，即老子所云“道生一，一生二，二生三，三生万物”。如此古奥深邃的道理，却被作者用如此简洁的文字游戏说出，实在令人折服。

故事的结局亦可谓曲终奏雅，书生、十五六岁的女子、二十三四岁男子、二十许女子次第吞没，一切又恢复原样，使人恍如南柯一梦，但作者偏偏又留下一个铜盘“与君相忆”，且说此盘乃是汉永平三年之物，俨然实有其事，令整篇故事在一股浓浓的历史虚无气氛中袅袅而终。

汉魏六朝文学，尤其是志怪小说受佛教的影响很深，《阳羡书生》的题材即来源于佛教典籍《譬喻经》，唐段成式在《酉阳杂俎·续篇·贬误》中早已指出，“吴均尝览此事，讶其说，以为至怪也”，所以才仿作了《阳羡书生》。当然，佛教对志怪小说的影响并不仅仅局限于题材，本篇故事叙说精警动人，语词隐含机锋，这样的艺术风格事实上也是脱胎于佛教文献的。（潘建国）

【作者小传】

殷 芸

(471—529) 南朝梁文学家。字灌蔬。陈郡长平(今河南西华东北)人。历任散骑侍郎、中书舍人、司徒左长史等。作有小说集《殷芸小说》等。

贫人舞瓮　　殷芸

俗说：有贫人止能办只瓮[①]之资，夜宿瓮中，心计曰：“此瓮卖之若干，其息已倍矣。我得倍息，遂可贩二瓮，自二瓮而为四，所得倍息，其利无穷。”遂喜而舞，不觉瓮破。

〔注〕 ① 瓮：陶制盛器。

本篇选自《殷芸小说》。

开篇的“俗说”二字，表明这是一个民间流传的笑话。一个穷人，只有一只瓮。也许是过于珍惜这只瓮，或者别无安身之处，夜晚就睡在瓮中，很自然地盘算开来，卖了身下之瓮，可得一倍的利。这样就能贩到两只瓮，二二得四，如此下去，其利无穷。想到此，禁不住跳起舞来，竟把瓮踏破了。

类似的笑话在世界各地多有流传，比较著名的有“一个鸡蛋的家当”。说的是某人有一个鸡蛋，就算计着用它孵鸡下蛋，循环往复，遂成巨富。兴奋之下，蛋打“鸡”飞。

此类笑话带有很强的寓言性质，它不无夸张地刻画了痴心妄想者的可笑神态。在现实生活中，喜欢打如意算盘的人比比皆是。宋代苏轼《寄诸子侄》诗曰：“他年汝曹笏满床，中夜起舞踏破瓮。”就是据此笑话引申出来的警句。可惜人是不会因为一个笑话而清醒的。否则就不会有那么多同类笑话在世界各地代代相传。在“心想事成”的祝词满天飞的今天，谁知道我们是否有一天也会不自觉地做了笑话中人呢？

（刘勇强）

【作者小传】

颜之推

(531—591?) 北齐文学家。字介。琅琊临沂(今属山东)人。历任散骑常侍、黄门侍郎、平原太守、东宫学士等。作有小说集《冤魂志》《集灵记》等。

弘 氏

颜之推

梁武帝欲为文皇帝陵上起寺，未有佳材，宣意有司，使加采访。先有曲阿人姓弘，家甚富厚。乃共亲族，多赍财货，往湘州① 治生。经年营得一筏，可长千步，材木壮丽，世所稀有。还至南津，南津校尉孟少卿，希朝廷旨②，乃加绳墨。弘氏所卖衣裳缯彩，犹有残余，诬以涉道劫掠所得，并造作过制，非商贾所宜。结正处死，没入其材充寺用，奏遂施行。

弘氏临刑之日，敕其妻子："可以黄纸笔墨置棺中，死而有知，必当陈诉。"又书少卿姓名数十吞之。经月，少卿端坐，便见弘来。初犹避捍，后乃款服，但言乞恩，呕血而死。凡诸狱官及主书舍人，预此狱事署奏者，以次殂殁。未及一年，零落皆尽。其寺营构始讫，天火烧之，略无纤芥。所埋柱木，亦入地成灰。

〔注〕 ① 湘州：州名。南朝梁置。治新化(今湖北大悟东)。 ② 希朝廷旨：迎合朝廷意旨。

颜之推所撰志怪小说集《还冤记》(一名《冤魂志》)，是释氏辅教之书的早期代表作。采择经史，混合儒释，宣扬佛法。不过，同为宣扬神道不诬、因果报应的作品，其思想倾向、艺术成就也得具体分析，不能一概而论。《弘氏》就是《冤魂志》里一篇赞扬反抗黑暗、赞扬正义复仇，暴露统治者的残暴虚伪，达到控诉效果的作品。

故事前面介绍弘氏冤死的经过，后面讲述弘氏的复仇。弘氏遇害的起因竟是梁武帝的佞佛。原来梁武帝要为他的父亲造寺院，因缺少良材，便让下面的官吏用心采访。恰好弘氏"营得一筏，可长千步，材木壮丽，世所稀有"。南津校尉孟少卿，为逢迎梁武旨意，为自己升官积累资本，竟丧尽天良地污蔑弘氏"涉道劫掠"，将弘氏处死。弘氏的上好木材则没收充公，献给皇帝建造寺院。故事写到这里，还没有出现一点超现实的成分。弘氏含恨死去，他临刑时立志复仇的遗言，成为连接这篇小说前后两大内容的桥梁，恰好也是故事由现实向超现实过渡的中介。接着，便是弘氏复仇的生动描写。冤案的直接制造者是孟少卿，所以，作者对弘氏向孟索命的过程写得特别具体："初犹避捍"，这位贪官佞臣还存有侥幸之心；"后乃款服"，实在是迫不得已。冤魂穷追不舍，孟氏"但言乞恩，呕血而死"。弘氏意犹未释，结果在此案案卷上署名的所有官吏"以次殂殁"，无一漏网。作者没有忘记，冤案的起因是梁武帝的"欲为文皇帝陵上起寺"，所以他让一把天火，把寺院烧光，"所埋柱木，亦入地成灰"。

作者的倾向十分鲜明，整个故事不但鞭挞了残民以逞的大小统治者，而且对那个历史上著名的佞佛的皇帝梁武帝进行了辛辣的讽刺和揭露。佛教宣传的是慈悲为怀，普渡众生，梁武帝曾经三次故作姿态，要舍身同泰寺作"寺奴"，每次都是由群臣筹集巨款把他赎回。可原来梁武帝建寺院、做功德所用的财富,竟沾满了民众的鲜血!

这篇小说在复仇一节的描写中表现出丰富的想象力。孟少卿的乞求丑态,跃然纸上。寺院的被烧,写得令人痛快。题材的剪裁也很见匠心。前面弘氏的获祸,交代得层次分明,而又极为简略。后面的复仇,也写得主次得当。

(张国风)

徐 铁 臼　　颜之推

宋东海徐某甲,前妻许氏,生一男,名铁臼,而许亡。某甲改娶陈氏。陈氏凶虐,志灭铁臼。陈氏产一男,生而咒之曰:“汝若不除铁臼,非吾子也。”因名之曰铁杵,欲以杵捣铁臼也。于是捶打铁臼,备诸苦毒,饥不给食,寒不加絮。某甲性暗弱,又多不在舍,后妻恣意行其暴酷。铁臼竟以冻饿病杖而死,时年十六。

亡后旬余,鬼忽还家,登陈床曰:“我铁臼也,实无片罪,横见残害。我母诉怨于天,今得天曹符,来取铁杵。当令铁杵疾病,与我遭苦时同。将去自有期日,我今停此待之。”声如生时,家人宾客不见其形,皆闻其语。于是恒在屋梁上住。陈氏跪谢搏颊①,为设祭奠,鬼云:“不须如此,饿我令死,岂是一餐所能对谢!”陈夜中窃语道之,鬼厉声曰:“何敢道我!今当断汝屋栋。”便闻锯声,屑亦随落,拉然有响,如栋实崩,举家走出。炳烛照之,亦了无异。鬼又骂铁杵曰:“汝既杀我,安坐宅上以为快也!当烧汝屋。”即见火然,烟焰大猛,内外狼狈。俄尔自灭,茅茨俨然,不见亏损。日日骂詈,时复歌云:“桃李花,严霜落奈何!桃李子,严霜早落已!”声甚伤切,似是自悼不得长成也。

于时铁杵六岁,鬼至便病,体痛腹大,上气妨食。鬼屡打之,处处青黯②,月余而死。鬼便寂然无闻。

〔注〕①搏颊:打嘴巴。②黯(àn):深黑色。

本篇选自《还冤记》(一名《冤魂记》)。

小说写徐铁臼遭后母虐待致死，死后复仇，最后向后母之子铁杵索命的故事。其中铁臼横遭虐待而死的经过写得较为简略，而铁臼化作厉鬼复仇的经过却写得非常详细，占了三分之二的篇幅。由此可见，复仇是作品的重心所在。

后母虐待前妻子女致死的事，历代都有，这当然和社会文明程度的低下、法治的缺乏、父母视子女为私产的观念都有密切的关系。陈氏虐待前妻之子铁臼，“饥不给食，寒不加絮”，兼之打骂，致使铁臼“竟以冻饿病杖而死”。可怜他死的时候才十六岁。小说写到这里，陈氏的“凶虐之甚”，铁臼的不幸乃至其父徐甲的“暗弱”，都给读者留下了深刻的印象。接着，作者立即转入复仇的描写。按照现代人的观念，铁臼首先应该诉诸法律。可是，后母也是母亲，儿子告母亲自有今人想不到的许多难处。作者是让铁臼的鬼魂来报仇。这是古代的民众为冤魂所设计的一种常见的复仇模式。这种模式的频频出现，深刻地反映了民众对官吏的不信任和对法治的失望。我们不能以简单的迷信去看待它。以今人的目光去看，铁臼复仇的矛头应该指向陈氏，可是，故事中铁臼复仇的火焰，主要是喷向陈氏的儿子铁杵。其实，铁杵是无罪的，但是，铁臼为了给陈氏以最大的伤害，选择了这样一种方式。铁臼的复仇不是立竿见影，而是采用一种慢性折磨的方式。他先是控诉陈氏，发表复仇的宣言，声称“当令铁杵疾病，与我遭苦时同”，在精神上打击陈氏的气焰，接着便日夜搅扰，使陈氏家无宁日。一会儿威胁陈氏，要把梁锯断。一会儿说要把房子烧了。这里表现出作者丰富的想象力。“便闻锯声，屑亦随落，拉然有响，如栋实崩”，结果却是什么事也没有。“烟焰大猛，内外狼狈”，结果却是“俄尔自灭，茅茨俨然，不见亏损”。最后，铁杵六岁的时候，终于为铁臼索命而死。

这篇作品反映了一个后母虐待前妻子女的社会问题，写来朴实无华，令人唏嘘。冤魂复仇一节的描写，富于想象，虚虚实实，对后世类似的故事无疑有很多的启发。

（张国风）

王　諝

颜之推

王諝[①]，琅邪[②]人也，仕梁，为南康王记室。亡后数年，妻子困于衣食。岁暮，諝见形谓妇曰：“卿困乏衣食？”妻因与之酒，别而去。諝曰：“我若得财物，当以相寄。”后月，小女探得金指环一双。

〔注〕 ① 諝：音 xǔ。 ② 琅邪：也作“瑯琊”。郡名。秦置。治所在琅玡。汉后，治所屡有迁徙，至隋废。地处今山东胶南诸城县一带。

本篇出自《集灵记》，是书作于何时已不可考，书佚于宋代，今仅存此篇《王韶》。

小说描写鬼魂，题材和情节都较平淡，但故事完整有序，感人至深。

早在《左传》等古籍中就有对鬼魂显现的描写。汉魏六朝时，人们特别相信人死后有鬼魂存在，因此描写鬼魂的小说比比皆是。但是鬼也有善恶之分，并非全是恶鬼。曹丕《列异传·宗定伯捉鬼》写鬼的情节，暗示了鬼的坦诚友善。颜之推笔下的王韶之鬼魂显现归家寄财也正是劝善思想的寄托和发挥。王韶死后，守寡的妻子和儿女困乏衣食，无所依靠；亡后数年的王韶却没有忘掉作为丈夫和父亲的责任，特地在岁暮为妻子的衣食而“见形”，别时发愿：“若得财物，当以相寄。”一月后兑现诺言。这种虽死不敢相忘的责任感和真挚情意，着实让人感动，令不负责任的男子汗颜羞愧。作者如怨如慕、如诉如泣的笔墨，如静夜箫声般凄凉的声音，使小说独具艺术魅力。（曾　良）

【典籍介绍】

《录异传》

志怪小说集。著者不详。见于唐宋诸类书引。所记多为鬼神精魅怪异之事，大都捃捡旧书，尤以《搜神记》为多。也有少数不载于他书而较具特色者，如“胡熙女”写鬼子之活泼嬉戏，“邹览”写鬼子之恋母情深，颇生动感人。今有鲁迅《古小说钩沉》辑本，凡二十七则。

胡　熙

《录异传》

吴左中郎、广陵相胡熙，字元光。女名中，许嫁当出，而欻[①]有身。女亦不自觉。熙父信，严而有法，乃遣熙妻丁氏杀之。欻有鬼语腹中，音声啧啧[②]，曰：“何故杀我母？我某月某日当出。”左右惊怪，以白信。信自往听，乃舍[③]之。及产儿，遗地则不见形，止闻儿声在于左右。及长大，言语亦如人。熙妻别为施帐，时自言当见形，使姥见。熙妻视之，在丹帷里，前后钉金钗，好手臂，善弹琴，时问姥及母所嗜[④]欲，为得酒脯枣之属以还。母坐作衣，儿来抱膝缘背，数戏；中不耐之，意窃怒曰：“人家岂与鬼子相随？”即于旁怒曰：“就母戏耳，乃骂作鬼子。今当从母指中，入于母腹，使母知之。”中指即直而痛，渐渐上入臂髀，若有贯刺之者，须臾欲死。熙妻乃设馔祝请之⑤，有顷而止。

〔注〕 ① 欻(xū)：亦作“歘”。忽然。 ② 啧啧：象声词。 ③ 舍：放弃。 ④ 嗜：嗜好。 ⑤ 设馔祝请之：陈设食品请神保佑。

《胡熙》出自《录异传》。

这则故事应取名为“无形小儿”，想象十分奇特：在母腹中即能说话，出生后又不见其形，只闻其声，说话与平常人无异。当然，他也可以还原人形，与家人相见，如篇中所写：“在丹帷里，前后钉金钗，好手臂，善弹琴，时问姥及母所嗜欲，为得酒脯枣之属以还”，颇通情理。也因为如此，才会安排他与母亲相戏撒娇的情节。但是，母亲毕竟与自己的“无形小儿”还有一段相当的隔膜，情急之中说的一席话刺激了自己的儿子。于是儿子发誓“从母指中，入于母腹”，叫母亲知道自己确实是她的骨肉。

故事情节就这么简单，引起我们注意的是作品的语言。“母坐作衣，儿来抱膝缘背，数戏；中不耐之，意窃怒曰：‘人家岂与鬼子相随？’即于旁怒曰：‘就母戏耳，乃骂作鬼子。今当从母指中，入于母腹，使母知之。’”这段描写十分细微生动，将幼儿与母亲撒娇的情景逼真地表现出来，将这个充满神性的儿童所具有的人性的一面，表现得淋漓尽致。此外，对话中的语言，口语的成分很浓，也是语言学上的重要资料。譬如“人家”“鬼子”等，尽管涵义与后来多有变化，但是，至今仍然被广泛使用。

（刘跃进）

【典籍介绍】

《神鬼传》

志怪小说集。著者不详。未见于著录。《文选》李善注、《太平广记》引有数条，多数亦见于《搜神记》《述异记》等书。也有几条不载于他书，如《太平广记》卷二九五引“曲阿神”条，述神之贪婪受贿，俏皮而不失蕴藉。佚文下迄刘宋，多涉晋宋地名，当为南朝人所作。

曲 阿 神

《神鬼传》

曲阿当大埭①下有庙。晋孝武世，有一逸劫②，官司十人追之。劫径至庙，跪请求救，许上一猪，因不觉忽在床下。追者至，觅不见。群吏悉见入门，又无出处，因请曰："若得劫者，当上大牛。"少时劫形见，吏即缚将去。劫因云："神灵已见过度，云何有牛猪之异，而乖前福！"言未绝口，觉神像面色有异。既出门，有大虎张口而来，径夺取劫，衔以去。

〔注〕①曲阿：古县名，治今江苏丹阳市。埭(dài)：土坝。②逸劫：指在逃罪犯，强盗。

此篇出自《神鬼传》。

故事写人与神的权钱交易。被缉拿的强盗和缉拿的公人在追逐的过程中不约而同地想到求取神的帮助。强盗许愿一头猪，公人许愿一头牛，牛大而猪小，强盗自然被神抛弃。但强盗向神提出了抗议，认为自己许愿在前，神已承诺，抛弃自己是违背已诺必信的道德的。故事的结尾出现了一只老虎将已被公人捉拿的强盗衔走。结尾扑朔迷离，很有悬念感，不知是曲阿神恼羞成怒，派老虎把强盗吃了，抑或强盗的抗议触动了曲阿神言必信的神经，借老虎之手把强盗放了。但结尾曲阿神面临二律背反：无论捉放强盗，他都是把公理置诸一边，而出自于维护一己之私。

结局的令人揣想，是作品意味不尽之处，也是作者构思巧妙之处。因为作者所重在过程而不在结局。那过程是令人深思的：强盗逃逸想到求神的庇护，公人缉拿强盗遇到困难立即肯定是神在捣鬼，并出更大价码讨价还价。这一讨价还价的过程，作品写得颇细，颇冷静，颇传神，颇富人情味。而横亘其中的曲阿神依据供品之多寡，上下其手，那不正是人世间居高位，貌似神灵，理应秉公执法，而实则枉法贪赃的官吏之真实写照吗？

（于天池　王　燕）

【典籍介绍】

《穷怪录》

亦称《八朝穷怪录》。志怪小说集。著者不详。未见于著录。《太平广记》《太平寰宇记》《舆地纪胜》共引佚文十条，全系南北朝事。十条佚文中描写文士书生与神女仙姝的艳遇故事者居半，如《萧总》《刘导》《刘子卿》诸篇，文辞清丽、描写细腻、形象生动、颇具情致。其重视文采意象的审美取向已成为唐人传奇的先声，体现了志怪向传奇过渡的轨迹。

萧　总　《穷怪录》

萧总字彦先，南齐太祖[①]族兄瓌之子。总少为太祖以文学见重。时太祖已为宋丞相，谓总曰："汝聪明智敏，为官不必资，待我功成，必荐汝为太子詹事。"又曰："我以嫌疑之故，未即遂心。"总曰："若谶[②]言之，何啻此官。"太祖曰："此言狂悖，慎钤其口。吾专疚于心，未忘汝也。"

总率性本异，不与下于己者交[③]。自建业归江陵。宋后废帝元徽[④]后，四方多乱。因游明月峡，爱其风景，遂盘桓累岁，常于峡下枕石漱流。时春向晚，忽闻林下有人呼"萧卿"者数声。惊顾，去坐石四十余步，有一女，把花招总。总恖异之，又常知此有神女，从之。视其容貌，当可笄年[⑤]，所衣之服，非世所有，所佩之香，非世所闻。谓总曰："萧郎遇此，未曾见邀，今幸良晨，有同宿契[⑥]。"总恍然行十余里，乃见溪上有宫阙台殿甚严。宫门左右，有侍女二十人，皆十四五，并神仙之质。其寝卧服玩之物，俱非世有。心亦喜幸。一夕绸缪，以至天晓，忽闻山鸟晨叫，岩泉韵清。出户临轩，将窥旧路，见烟云正重，残月在西。神女执总手谓曰："人间之人，神中之女，此夕欢会，万年一时也。"总曰："神中之女，岂人间常所望也。"女曰："妾实此山之神，上帝三百年一易，不似人间之官。来岁方终，一易之后，遂生他处。今与郎契合，亦有因由，不可陈也。"言讫乃别。神女手执一玉指环，谓曰："此妾常服玩，未曾离手，今永别，宁不相遗！愿郎穿指，慎勿忘心。"总曰："幸见顾录，感恨徒深。执此怀中，终身是宝。"天渐明，总乃拜辞，掩涕而别，携手出户，已见路分明。总下山数步，回顾宿处，宛是巫山神女之祠也。

他日，持玉环至建邺，因话于张景山。景山惊曰："吾常游巫峡，见神女指上有此玉环。世人相传云，是晋简文奇李后曾梦游巫峡，见神女，神女乞后玉环，觉后乃告帝，帝遣使赐神女,吾亲见在神女指上。今卿得之,是与世人异矣!"

总齐太祖建元末,方征召。未行,帝崩。世祖即位,累为中书舍人。初总为治书御史,江陵舟中遇,而忽思神女事,悄然不乐。乃赋诗曰:

昔年岩下客,宛似成今古。

徒思明月人,愿湿巫山雨。

〔注〕①南齐太祖:指萧道成。②谶:能应验的预言、预兆。③不与下于己者交:不和能力不如自己的人交游。④元徽:刘宋年号。⑤笄(jī)年:笄是古代盘头发的簪子,女子可以插笄的年龄,指成年。⑥宿契:宿指早先。契,投合。宿契,即早先就彼此投合。

本篇选自《穷怪录》。

巫山神女,相传是炎帝之女瑶姬,未嫁而卒,葬于巫山之阳,为巫山之神。楚怀王游高唐,昼寝,梦与神女相遇,神女自称"巫山之女"。见宋玉《高唐赋》:"昔者先王尝游高唐,怠而昼寝,梦见一妇人,曰:'妾巫山之女也,为高唐之客。闻君游高唐,愿荐枕席。'王因幸之。去而辞曰:'妾在巫山之阳,高山之阻,旦为朝云,暮为行雨,朝朝暮暮,阳台之下。'旦朝视之,如言,故为之立庙,号曰朝云。"高唐云雨的佳话即本于此。

本篇故事的主人公虽非帝王,却也是贵族出身,因而,与巫山神女的身份也颇相契合。与《高唐赋》相比,本篇的情节更为具体,也格外优美。描写萧总与神女之相遇、相知、相别,低回要眇,感人至深。特别是临别之际神女以玉指环相赠的情节,一方面与高唐神女的神话传说有了区别,使得这篇故事更具有真实感和现实感;另一方面又为下文作了铺垫,因为据张景山说,神女指上的这只玉环,是晋简文帝李后梦游巫峡时的遗物,这就将历史的传说与当前的历史紧密地联系起来。当萧总后来重过巫山时,想到这些往事,"悄然不乐",乃赋诗一首,诗与文,情与景,有如水乳交融,浑然一体,较之一般的志怪小说,更具有优美的抒情色彩。

（刘跃进）

柳 镇 《穷怪录》

河东柳镇字子元。少乐闲静,不慕荣贵。梁天监[①]中,自司州游上元,便爱其风景。于钟山之西建业里买地结茅[②],开泉种植,隐操如耕父者。其左右居民,皆呼为柳父。所居临江水，尝曳策临眺，忽见前洲上有三四小儿，皆长一尺许，往来游戏。遥闻相呼求食声。镇异之。须臾，风涛汹涌，有大鱼惊跃，误坠洲上。群小儿争前食之。又闻小儿传呼云："虽食大尽，留与柳父。"镇异惊骇，乃乘小舟径捕之。未及岸，诸小儿悉化为獭，入水而去。镇取巨鱼，以分乡里。未几，北还洛阳。于所居书斋柱题诗一首云："江山不久计，要适暂时心。况念洛阳士，今来归旧林。"是岁，天监七年也。

〔注〕①天监：梁武帝年号。 ②结茅：盖茅草屋。

本篇出自《穷怪录》，作者未详。

神灵小儿的故事，在汉魏六朝的志怪小说中也经常出现，往往象征着特别的意义，比如，故事的主人公，身份往往与众不同，出将入相，非同寻常。最有名的故事莫过于陶弘景《真诰》中记载的张良与神灵小儿的故事："昔汉初有四五小儿，路上画地戏，一儿歌曰：'著青裙，入天门，揖金母，拜木公'。到复是隐言也，时人莫知之。唯张子房知之，乃往拜之，此乃东王公之玉童也。所谓金母者，西王母也。木公者，东王公也。仙人拜王公揖王母。"由此来看，柳镇故事乃是一则道教传说。道教传说往往与谶语相联系，这在东汉以迄魏晋之间有许多的例证。

但是，这则故事与道教的传经布道的说教相比给人以更亲切的感觉。首先，故事的主人公并非达官显贵，尽管河东柳氏是南朝高门之一。柳镇不过隐士而已，住着茅屋，"隐操如耕父者"。所以左右居民都亲切地称他为"柳父"。其次，神灵小儿的出现，并没有宣示某种重大的安邦立国方面的提示，只不过为柳父提供一条巨鱼，而柳镇也没有将这点大自然的恩赐独享，而是与乡里共享。这种描写具有强烈的暗示作用。作者要告诉人们，柳镇不仅与邻里乡亲相处友好，连临近的山水神灵也与他相亲相近。生活在这样的天地里，没有仕宦时的勾心斗角和相互倾轧，也没有隐居后的孤独烦恼和落寞惆怅，人与人之间、人与自然之间是那样的和谐，那样的亲切，那样的充实。

后来柳镇北还洛阳，想起过去那段难忘的生活，写下了一首诗，并由此结束全篇，可以说，诗乃点睛之笔。要旨是头两句："江山不久计，要适暂时心。"美丽的山水是永存的，但任何人不可能与它永远共处，要紧的是及时行乐，让一颗心有个安放之地，即使是短暂的也好！"暂时心"三字，表现魏晋南北朝时期士大夫深感生命不能永存，必须任性适情、及时行乐的心理。 （刘跃进）

隋唐五代

【作者小传】

侯　白

隋小说家。字君素。魏郡(今河南临漳西南)人。性滑稽,好学有捷才。官任儒林郎。作有笑话集《启颜录》等。

灵芝寺　　侯　白

高齐[1]初,沙门实公者,嵩山高栖士也。旦从林虑向白鹿山[2],因迷失道。日将禺中[3],忽闻钟声,寻响而进,岩岫重阻,登陟而趣,乃见一寺,独据深林。三门正南,赫奕辉焕。前至门所看额,云灵芝寺。门外五六犬,其犬如牛,白毛黑喙,或踊或卧,以眼眄实。实怖将返。须臾,胡僧外来,实唤不应,亦不回顾,直入门内,犬亦随入。良久,实见无人,渐入次门。屋宇四周,房门并闭。进至讲堂,唯见床榻高座俨然。实入西南隅床上坐。

久之,忽闻栋间有声,仰视,见开孔如井大,比丘前后从孔飞下,遂至五六十人。依位坐讫,自相借问:“今日斋时,何处食来?”或言豫章、成都、长安、陇右、蓟北、岭南、五天竺[4]等。无处不至,动即千万余里。末后一僧从空而下,诸人竞问来何太迟,答曰:“今日相州[5]城东彼岸寺鉴禅师讲会,各各竖义[6]。有一后生聪俊,难问[7]词旨锋起,殊为可观,不觉遂晚而至。”实本事鉴为和上[8],既闻此语,望得参话,希展上流。整衣将起,咨诸僧曰:“鉴是实和上。”诸僧直视。忽隐寺所,独坐磐石柞木之下,向之寺宇一无所见,唯睹岩谷,禽鸟翔集,喧乱切心。

出以问尚统法师,尚曰:“此寺石赵[9]时佛图澄法师所造,年岁久远,贤圣居之,非凡所住。或泛或隐,迁徙无定,今山行者犹闻钟声。”

〔注〕①高齐:即北齐(550—577),因统治者姓高,故称“高齐”。②林虑:即今河南林县。白鹿山:在河南辉县西五十里,接修武县界。③禺中:将近午时。④五天竺:即印度,唐时印度已分裂为五,故称。⑤相州:今河南安阳一带。⑥竖义:指提出、论证自己的主张。⑦难(nàn)问:指禅宗的相互驳诘、论辩。⑧和上:和尚,此处有师傅意。

⑨ 石赵：十六国时羯族军阀石勒据河北邢台建立赵国，史称后赵，又称石赵。

此篇出自《旌异记》。《旌异记》计十五卷（一作二十卷），所收小说多为弘扬佛法、宣传因果报应等内容。今存佚文中间有赵宋故事，显系伪托。

实公是北齐时栖居嵩山的高僧，一次他从河南林虑出发，前往白鹿山，途中迷失道路。一阵钟声，把他引到一座独据深林的山中古寺，寺名“灵芝”。不同寻常的是，寺门外有一群体大如牛的恶犬把门，着实把实公吓了一跳。不过眼看一位神秘胡僧径入寺中，实公也大着胆子进了寺门。在“高座俨然”的讲堂中，实公又领教了更奇怪的事。

实公亲眼见到五六十位和尚从天花板的孔隙中降下；从众僧对话中得知，这些僧人才从四面八方趁食而回，有的远自江西、四川、甘肃、河北；甚至是从万里之外的印度斋罢赶来。最后一位则因在相州彼岸寺刚刚参加了鉴禅师主持的布道会，来得迟了。实公正是鉴禅师的弟子，很想借此机会与众神僧参禅悟道、交流一番。不想他才作自我介绍，群僧都直瞪着他，仿佛刚刚发现这位陌生人的存在似的。于是转瞬之间，寺院、和尚都不见了，实公发现自己独自坐在柞树下的磐石上，周围唯见岩谷深秀、众鸟翔集。最终，知识渊博的尚统法师道出灵芝寺的来历。原来实公是在无意中闯入了佛教的超凡圣境。

这显然是一篇弘扬佛法、宣扬佛教神秘的宗教小说，然而作者的宣传手段却十分高明。他并未喋喋不休地宣讲枯燥的教义、演说玄妙的禅理，而是以形象的画面、神异的情节、缥缈的意境，来展示佛法的精严神奇、不可捉摸。试想，在远离人世的寂静山林中，忽有神秘的古寺出现；寺中的和尚，又都来去倏忽、法力无边；最神奇的是，这座寺院“或泛或隐，迁徙无定”，山行者常常只闻钟声、不见寺影。这一切，怎能不令人感到神秘莫测，从而产生对佛教的崇拜和敬畏？这恐怕也正是小说作者所期待的阅读效果。

然而文学形象有时又像难于驾驭的奔马，往往会摆脱作者的控驭，在读者心目中跑出别样姿态。例如作者为了增强小说的神秘色彩，在寺门前添加了一群恶犬，就为这美好的浮图净土添染了不和谐的色块。此外，寺中由天而降的圣僧，一见面别无所谈，只是争相夸说自己斋食之地的遥远，又给人一种世间托钵僧的庸俗印象。而当一位虔诚的下界和尚要与他们参禅说法、探讨佛法正题时，这群刚才还大谈斋食、兴高采烈的神僧竟大惊失色，顷刻逃遁得无影无踪。这又令人对他们的“圣僧”地位产生疑问。

尽管如此，我们仍不能不对小说在情节构筑、景物描写、气氛渲染上所作出的成绩表示赞叹。侯白是隋朝人，他作《旌异记》时，绝大多数唐传奇作者尚未出世。他独能在“粗陈梗概”的六朝志怪文的包围中，创造出如此生动、形象、意境悠远的叙事小品来，这作品本身，也要算作小说山林中一座飞来禅寺了。

（侯　会）

山　东　人　　侯　白

山东人娶蒲州女，多患瘿①。其妻母项瘿甚大。成婚数月，妇家疑婿不慧。妇翁置酒，盛会亲戚，欲以试之。问曰：“某郎在山东读书，应识道理。鸿鹤能鸣何意？”曰：“天使其然。”又曰：“松柏冬青何意？”曰：“天使其然。”又曰：“道边树有骨骴②何意？”曰：“天使其然。”妇翁曰：“某郎全不识道理，何因浪③在山东？”因戏之曰：“鸿鹤能鸣者颈项长，松柏冬青者心中强，道边树有骨骴者车拨伤。岂是天使其然？”婿曰：“请以所闻见者奉酬，不知许否？”曰：“可言之。”婿曰：“虾蟆能鸣岂是颈项长？竹亦冬青岂是心中强？夫人项下瘿如许大，岂是车拨伤？”妇翁羞愧无以对之。

〔注〕①瘿(yǐng)：中医指长在脖子上的囊状瘤。②骨骴(chū)：指树疖。③浪：空，白白地。

本篇选自《启颜录》。

有关“傻女婿”的笑话，是传统笑话中久传不衰的话题。而本篇中的这位女婿却貌傻实慧，面对丈人的讥讽，反唇相讥、转守为攻，最终令丈人张口结舌、无言以对，落入十分尴尬的境地。文章不及三百字，却几经转折，并不直露平淡。

先是妻子一家经过婚后数月的观察，怀疑女婿“不慧”，这是一折。接着岳父借亲戚盛会之机，当众对女婿出题测验；而所问三题，女婿又都以“天使其然”作答，这又进一步坐实了女婿“不慧”的判断，这又是一折。岳父于是公然指斥女婿“全不识道理，何因浪在山东”；并以半戏谑、半教训的口吻，将“标准答案”公布出来，给女婿一个难堪。至此，在这场翁婿之战中，丈人似乎稳操胜券。这是第三折。不想女婿被逼上绝路后并不惶惑，他先是谦恭有礼地借问一声“请以所闻见者奉酬，不知许否”，接着一口气提出三个反问，有力驳斥了岳丈的谬见。三问中尤其以后一问最有力，他以岳母的“项瘿”病痛为讥刺对象，一下子说到岳丈痛处，致令盛气凌人的岳父在猝不及防中败下阵来，羞愧无言、嗒然若丧。而篇首交代的蒲女“多患瘿”“其妻母项瘿甚大”，此处也有了收束。

这样一则笑话谈不上主题深刻、寓意悠长。鲁迅评价侯白《启颜录》,谓“盖上取子史之旧文,近记一己之言行,事多浮浅,又好以鄙言调谑人,俳谐太过,时复流于轻薄矣”(《中国小说史略》),是切中肯綮的。这位女婿以岳母病痛为讥刺题目,显然有失厚道,更不合儒家尊老敬上的道德传统。但因此非难作者侯白,却也不必。在敦煌变文《孔子项託相问书》中,也有类似的问难内容,可知这是隋唐时民间流行的常见笑话题材,表现的本来就是一种俗人浅趣。

不过《山东人》中包含的另外一层意思,似乎更值得注意: 即隋唐时地域文化间的隔阂与摩擦。山东历来是汉族文化的中心区域;与之相比,山西蒲州在文化优势上则难与匹敌。这位蒲州妇翁在其蒲州亲戚的聚会中与山东女婿斗智斗口,开口便说“某郎在山东读书,应识道理”;闭口又道“某郎全不识道理,何因浪在山东”——他是把地域文化看得很重的,其不服气的神情态度,也随之跃然纸上。论辩最终以蒲人挑战者的失败而告结束,由此可见,隋唐之际山东的文化中心地位还是颇为牢固的。

(侯 会)

简 雍

侯 白

蜀简雍少与先主有旧,随从周旋,为昭德将军。时天旱禁酒,酿者刑。吏于人家索得酿具,论者欲令与造酒者同罚。雍从先主游观,见一男子路中行,告先主曰:“彼人欲淫,何以不缚?”先主曰:“卿何以知之?”雍对曰:“彼有淫具,与欲酿何殊?”先主大笑,而原舍酿者罪。

本篇出自《启颜录》,作者是隋代侯白。据说侯白好学多才,性情滑稽,尤喜俳谐之说,所到之处,人们喜听其言语玩笑,观者如市。相传他常与权臣杨素相嘲谑。隋高祖闻其名,让他与修国史,给五品官俸。但他不久即谢世。

《简雍》应是对真人真事的实录,却又极具诙谐意味和讽刺锋芒。蜀主刘备在这篇小品中形象不佳: 他滥发禁令,执法严苛,百姓家中只不过保存了酿酒工具,就被以造酒罪判罚;臣下竟然无人敢劝谏。比起《三国》故事中那个爱民如子、从谏如流的刘皇叔,历史上的“先主”本人显然要严厉得多。简雍是刘备的同乡,年轻时就与刘备要好;后来随刘备到荆州,进攻益州时还立下大功,一向为刘备所器重。他不满禁酒中的过激举措,却又不敢直言触忌,于是便巧妙地利用“类比指谬”之法加以讽谏。他先举一事实简单、荒谬明显的事例,以此为立论基础,则另一相类事例的荒谬之处,也就不辩自明了。即如此事,简雍先以“有‘淫具'(实指生殖器)者必犯奸淫之罪"这样一个荒谬命题展示其逻辑上的可笑;以此类推,"有酿酒具者必犯造私酒之罪"的判断,也便显得格外荒唐了。这个略带淫亵的笑话引得刘备哈哈大笑;而最终受益的,则是无辜被囚的百姓。简雍聪明机智、正直仁爱的形象,也因此得以树立。

篇幅短小、语言简明,是笑话的必要因素。这篇《简雍》只有百余字,却写得曲折有致,留有悬念。结尾处理很像近代相声艺术中的"抖包袱",令人忍俊不禁。简雍与先主之间的对话极为精简,许多推理步骤全都省略,要靠读者自己去补足、体味。这也正是笑话令人回味不止的原因所在。 (侯 会)

【典籍介绍】

《同贤记》

亦称《贤同记》。志怪小说集。著者不详。未见于著录。唐抄本《琱玉集》卷一二《感应篇》引三条。清王仁俊辑入《玉函山房辑佚书补编》。《琱玉集》为隋唐间书,则是书当为唐前人所作。其中所录杞良妻传说,对后世孟姜女故事的人物、主题均有影响。

杞　良　妻　　《同贤记》

杞良,秦始皇时北筑长城,避苦逃走,因入孟起后园树上。起女仲姿浴于池中,仰见杞良而唤之,问曰:"君是何人?因何在此?"对曰:"吾姓杞名良,是燕人也。但以从役而筑长城,不堪辛苦,遂逃于此。"仲姿曰:"请为君妻。"良曰:"娘子生于长者①,处在深宫②,容貌艳丽,乌为役人之匹?"仲姿曰:"女人之体不得再见丈夫③。君勿辞也!"遂以状陈父,而父许之。夫妇礼毕,良往作所。主典④怒其逃走,乃打杀之,并筑城内。起不知死,遣仆欲往代之,闻良已死,并筑城中。仲姿既知,悲哽而往,向城啼哭,其城当面一时崩倒。死人白骨交横,莫知孰是。仲姿乃刺指血,以滴白骨,云若是杞良骨者,血可流入。既沥血⑤,果至良骸,血径流入。使将归,葬之也。

〔注〕 ① 长者:此处指显贵之人。 ② 宫:此处泛指房舍。 ③ 丈夫:此处泛指男子。④ 主典:主管人,工头。 ⑤ 沥血:滴血。

本篇选自《同贤记》(《琱玉集》录载)。小说以清新朴素的文笔,记录了一对民间夫妇的悲剧性命运,揭示封建暴政施加给普通民众的巨大不幸。

杞良与孟仲姿的邂逅相逢具有很大的偶然性,也颇具戏剧色彩。杞良以逃犯身份潜入孟家后园中的树上,而仲姿此时却正在池中洗浴,可以说,两个人都处于非常状况之中,在这种场合下的晤面自然是紧张而尴尬的。然而聪慧大方的仲姿十分得体地应付了这个意外事件。善解人意的姑娘迅速了解到这个逃亡年轻人的困窘处境,一缕同情、怜惜之情油然而生,她大胆地向杞良抛出爱的红线,要求杞良娶她为妻。但是质朴的小伙子对这种身份悬殊的婚配心存顾虑,姑娘巧妙地援引礼法解除了他的疑惧。两颗年轻的心灵迅速靠拢,他们的爱恋得到父母的支持,两人如愿结为夫妻。然而,这桩幸福的婚姻并不久长,杞良,这个仲姿生命中至关重要的人,他的存在却那么短暂,可谓突兀而来,又倏然而去。婚后,杞良重返筑城工地,被发怒的管事毒打致死,和砖石泥土一起被筑进长城里去了。仲姿悲痛哽咽,她无法接受这残酷的现实——活生生的丈夫竟然从她的世界里消失无踪。一个弱女子的悲啼惊天动地,坚冷的城墙在她面前崩塌了。可是,墙里白骨纵横,无法辨别哪一具是杞良的骸骨,仲姿就咬破指尖一具一具地滴血辨认——她坚信,与她心心相印、生命交融的丈夫,应该毫无保留地接纳从她心中流淌出的血泪。故事至此,达到悲剧性高潮。

可以说,杞良、仲姿两人从相逢、结合到生离死别,都与秦始皇修筑长城之事密切相关。如果不是逃避筑城苦役,杞良不会闯入孟起的庭园;如果不是官吏的残暴肆虐,滥施刑罚,杞良更不会抛下新婚妻子永辞人世,让仲姿椎心泣血、茹痛终生。这样的情节设置,使这篇小说成为控诉秦始皇暴虐统治的有力篇章。一段平凡夫妻的人生悲剧,透射出暴政压迫下民众的深重痛苦,被仲姿所哭倒的城墙中暴露出的纵横交错的累累白骨,则是对暴政为害之广泛酷烈的无言揭示。应该说,这篇作品对封建统治的抨击、声讨是深刻有力的。千载之后,这个故事仍然那么富有震撼力,读来令人惊心动魄,使我们窥见古代小说的动人魅力。

《杞良妻》是民间广为流传的"孟姜女哭长城"故事的早期蓝本之一。同型故事最早见于《左传》,汉代刘向的《列女传》也有类似记载,不同的是题名为"杞梁妻",并且人物、情节都有歧异。杞梁是战国时齐国将领,出征时阵亡,他的妻子枕尸恸哭,一连哭了十天,城墙为之崩塌。安葬了丈夫之后,这位妻子也投水自尽了。这些故事所着重阐发的是贞节观念,而在本篇中,杞良的身份已经变成普通百姓,背景也转换成秦始皇筑长城,这就更鲜明地突出了反抗暴政的主题。小说的又一突出成就是成功地塑造了孟仲姿这样一个热情、勇敢、执著的女性形象，从她的身上，我们已经可以看到后世传说中那位一往情深、刚烈不屈的孟姜女的影子。

（孙丽华）

【作者小传】

王　度

隋唐间文学家。太原祁县（今属山西）人。历任御史、著作郎、芮城令。作有小说《古镜记》等。

古镜记　　王　度

隋汾阴[①]侯生，天下奇士也。王度常以师礼事之。临终，赠度以古镜，曰："持此则百邪远人。"度受而宝之。镜横径八寸，鼻[②]作麒麟蹲伏之象，绕鼻列四方，龟龙凤虎，依方陈布。四方外又设八卦，卦外置十二辰位[③]，而具畜[④]焉。辰畜[⑤]之外，又置二十四字，周绕轮廓，文体似隶，点画无缺，而非字书[⑥]所有也。侯生云："二十四气[⑦]之象形。"承日照之，则背上文画，墨入影内，纤毫无失。举而扣之，清音徐引，竟日方绝。嗟乎！此则非凡镜之所同也。宜其见赏高贤，自称灵物。侯生常云："昔者吾闻黄帝铸十五镜，其第一，横径一尺五寸，法满月之数也。以其相差各校一寸，此第八镜也。"虽岁祀攸远，图书寂寞[⑧]，而高人所述，不可诬矣。昔杨氏纳环[⑨]，累代延庆；张公丧剑[⑩]，其身亦终。今度遭世扰攘[⑪]，居常郁快，王室如毁，生涯何地？宝镜复去，哀哉！今具其异迹，列之于哀哉后。数千载之下，倘有得者，知其所由耳。

大业[⑫]七年五月，度自御史告归河东[⑬]，适遇侯生卒，而得此镜。至其年六月，度归长安，至长乐坡，宿于主人程雄家。雄新受寄一婢，颇甚端丽，名曰"鹦鹉"。度既税驾[⑭]，将整冠履，引镜自照。鹦鹉遥见，即便叩首流血，云："不敢住。"度因召主人问其故。雄云："两月前，有一客携此婢从东来，时婢病甚，客便寄留，云：'还日当取。'比[⑮]不复来，不知其婢由也。"度疑精魅[16]，引镜逼之。便云："乞命，即变形。"度即掩镜，曰："汝先自叙，然后变形，当舍汝命。"婢再拜自陈云："某是华山府君庙前长松下千岁老狸，大行变惑，罪合至死。遂为府君捕逐，逃于河渭之间，为下邽[17]陈思恭义女，思恭妻郑氏蒙养甚厚。嫁鹦鹉与同乡人柴华。鹦鹉与华意不相惬，逃而东，出韩城县，为行人李无傲所执。无傲，粗暴丈夫也，遂劫鹦鹉游行数岁。昨随至此，忽尔见留。不意遭逢天镜，隐形无路。"度又谓曰："汝本老狸，变形为人，岂不害人也?"婢曰："变形事人，非有害也。但逃匿幻惑，神道所恶，自当至死耳。"度又谓曰："欲舍汝，可乎?"鹦鹉曰："辱公厚赐，岂敢忘德。然天镜一照，不可逃形。但久为人形，羞复故体。愿缄于匣，许尽醉而终。"度又谓曰："缄镜于匣，汝不逃乎?"鹦鹉笑曰："公适有美言，尚许相舍。缄镜而走，岂不终恩？但天镜一临，窜迹无路。惟希数刻之命，以尽一生之欢耳。"度登时为匣镜，又为致酒，悉召雄家邻里，与宴谑。婢顷大醉，奋衣起舞而歌曰：

宝镜宝镜，哀哉予命！自我离形，于今几姓[18]？

生虽可乐，死必不伤。何为眷恋，守此一方！

歌讫，再拜，化为老狸而死。一座惊叹。

大业八年四月一日，太阳亏[19]。度时在台直[20]，昼卧厅阁，觉日渐昏。诸吏告度以日蚀甚。整衣时，引镜出，自觉镜亦昏昧，无复光色。度以宝镜之作，合于阴阳光景之妙，不然，岂合以太阳失曜而宝镜以无光乎？叹怪未已。俄而光彩出，日亦渐明。比及日复，镜亦精朗如故。自此之后，每日月薄蚀[21]，镜亦昏昧。

其年八月十五日，友人薛侠者获一铜剑，长四尺，剑连于靶，靶盘龙凤之状。左文[22]如火焰，右文如水波。光彩灼烁，非常物也。侠持过度，曰："此剑侠常试之，每月十五日，天地清朗，置之暗室，自然有光，傍照数丈。侠持之有日月矣。明公[23]好奇爱古，如饥如渴，愿与君今夕一试。"度喜甚。其夜，果遇天地清霁。密闭一室，无复脱隙，与侠同宿。度亦出宝镜，置于座侧。俄而镜上吐光，明照一室，相视如昼。剑横其侧，无复光彩。侠大惊，曰："请内镜于匣。"度从其言，然后剑乃吐光，不过一二尺耳。侠抚剑叹曰："天下神物，亦有相伏之理也。"是后每至月望[24]，则出镜于暗室，光尝照数丈。若月影入室，则无光也。岂太阳太阴[25]之耀，不可敌也乎？

其年冬，兼著作郎[26]，奉诏撰国史，欲为苏绰[27]立传。度家有奴曰豹生，年七十矣。本苏氏部曲[28]，颇涉史传，略解属文。见度传草，因悲不自胜。度问其故。谓度曰："豹生常受苏公厚遇，今见苏公言验，是以悲耳。郎君所有宝镜，是苏公友人河南苗季子所遗[29]苏公者。苏公爱之甚。苏公临亡之岁，戚戚不乐。常召苗生谓曰：'自度死日不久，不知此镜当入谁手？今欲以蓍筮[30]一卦，先生幸观之也。'便顾豹生取蓍，苏公自揲[31]布卦。卦讫，苏公曰：'我死十余年，我家当失此镜，不知所在。然天地神物，动静有征。今河汾之间，往往有宝气，与卦兆相合，镜其往彼乎？'季子曰：'亦为人所得乎？'苏公又详其卦，云：'先入侯家，复归王氏。过此以往，莫知所之也。'"豹生言讫涕泣。度问苏氏，果云旧有此镜。苏公薨后，亦失所在，如豹生之言。故度为《苏公传》，亦具其事于末篇，论苏公蓍筮绝伦，默而独用，谓此也。

大业九年正月朔[32]旦，有一胡僧行乞而至度家。弟勣[33]出见之。觉其神采不俗，便邀入室，而为具食。坐语良久，胡僧谓勣曰："檀越[34]家似有绝世宝镜也，可得见耶？"勣曰："法师何以得知之？"僧曰："贫道受明录[35]秘术，颇识宝气。檀越宅上，每日常有碧光连日，绛气属月，此宝镜气也。贫道见之两年矣。今择良日，故欲一观。"勣出之，僧跪捧欣跃。又谓勣曰："此镜有数种灵相，皆当未见。但以金膏涂之，珠粉拭之，举以照日，必影彻墙壁。"僧又叹息曰："更作法试，应照见腑脏，所恨卒无药耳。但以金烟薰之，玉水洗之，复以金膏珠粉如法拭之，藏之泥中，亦不晦矣。”遂留金烟玉水等法。行之，无不获验。而胡僧遂不复见。

其年秋，度出兼芮城令[35]。令厅前有一枣树，围可数丈，不知几百年矣。前后令至，皆祠谒此树，否则殃祸立及也。度以为妖由人兴，淫祀[37]宜绝。县吏皆叩头请度。度不得已，为之以祀。然阴念[38]此树当有精魅所托，人不能除，养成其势。乃密悬此镜于树之间。其夜二鼓许，闻其厅前磊落有声，若雷霆者。遂起视之，则风雨晦暝，缠绕此树，电光晃耀，忽上忽下。至明，有一大蛇，紫鳞赤尾，绿头白角，额上有“王”字，身被数创，死于树下。度便收镜，命吏出蛇，焚于县门外。仍掘树，树心有一穴，于地渐大，有巨蛇蟠泊之迹。即而坟之，妖怪遂绝。

其年冬，度以御史带芮城令，持节[39]河北道，开仓粮赈给陕东。时天下大饥，百姓疾病，蒲陕之间疠疫尤甚。有河北人张龙驹，为度下小吏，其家良贱数十口，一时遇疾。度悯之，赍此入其家，使龙驹持镜夜照。诸病者见镜，皆惊起。云：“见龙驹持一月来相照，光阴所及，如冰著体。冷彻腑脏。”即时热定，至晓并愈。以为无害于镜，而所济于众。令密持此镜，遍巡百姓。其夜，镜于匣中，泠然自鸣，声甚彻远，良久乃止。度心独怪。明早，龙驹来谓度曰：“龙驹昨忽梦一人。龙头蛇身，朱冠紫服，谓龙驹：‘我即镜精也，名曰紫珍。常有德于君家，故来相托。为我谢王公，百姓有罪，天与之疾，奈何使我反天救物？且病至后月，当渐愈，无为我苦。’”度感其灵怪，因此志之。至后月，病果渐愈，如其言也。

大业十年，度弟勣自六合丞[40]弃官归，又将遍游山水，以为长往之策。度止之曰：“今天下向乱，盗贼充斥，欲安之乎？且吾与汝同气[41]，未尝远别。此行也，似将高蹈[42]。昔尚子平[43]游五岳，不知所之。汝若追踵[44]前贤，吾所不堪也。”便涕泣对勣。勣曰：“意已决矣，必不可留。兄今之达人[45]，当无所不体。孔子曰:‘匹夫不夺其志矣。’人生百年,忽同过隙[46]。得情则乐,失志则悲。安遂其欲,圣人之义也。”度不得已,与之诀别。勣曰:“此别也,亦有所求。兄所宝镜,非尘俗物也。勣将抗志云路,栖踪烟霞[47],欲兄以此为赠。”度曰:“吾何惜于汝也。”即以与之。

勣得镜遂行,不言所适[48]。至大业十三年夏六月,始归长安。以镜归,谓度曰:“此镜真宝物也!辞兄之后,先游嵩山少室[49],降石梁,坐玉坛。属日暮[50],遇一嵌岩。有一石堂,可容三五人,勣栖息止焉。月夜二更后,有两人,一貌胡,须眉皓而瘦,称山公;一面阔,白须眉长,黑而矮,称毛生。谓勣曰:‘何人斯居也?’勣曰:‘寻幽探穴访奇者。’二人坐与勣谈久,往往有异义出于言外。勣疑其精怪,引手潜后开匣取镜。镜光出,而二人失声俯伏。矮者化为龟,胡者化为猿。悬镜至晓,二身俱殒。龟身带绿毛,猿身带白毛。即入箕山,渡颍水,历太和[51],视玉井。井旁有池,水湛然绿色。问樵夫,曰:‘此灵湫耳。村间每八节[52]祭之,以祈福佑。若一祭有阙,即池水出黑云,大雹伤稼,白雨流澍[53],浸堤坏阜。’勣引镜照之,池水沸涌,有雷如震,忽尔池水腾出,池中不遗涓滴。可行二百余步,水落于地。有一鱼,可长丈余,粗细大于臂。首红额白,身作青黄间色。无鳞有涎,蛇形龙角,嘴尖,状如鲟鱼,动而有光。在于泥水,困而不能远去。勣谓鲛[54]也,失水而无能为耳。刃而为炙,甚膏[55],有味,以充数朝口腹。遂出于宋、汴[56],汴主人张琦家有女子患,入夜,哀痛之声,实不堪忍。勣问其故,病来已经年岁。白日即安,夜常如此。勣停一宿,及闻女子声,遂开镜照之。痛者曰:‘戴冠郎被杀。’其病者床下,有大雄鸡死矣。乃是主人家七八岁老鸡也。游江南,将渡广陵扬子江。忽暗云覆水,黑风波涌。舟子失容,虑有覆没。勣携镜上舟,照江中数步,明朗彻底。风云四敛,波涛遂息。须臾之间,达济天堑。跻摄山[57],趋芳岭。或攀绝顶,或入深洞。逢其群鸟环人而噪，数熊当路而蹲，以镜挥之，熊鸟奔骇。是时利涉[58]浙江，遇潮出海，涛声振吼，数百里而闻。舟人曰：'涛既近，未可渡南。若不回舟，吾辈必葬鱼腹。'勣出镜照，江波不进，屹如云立。四面江水豁开五十余步，水渐清浅，鼋鼍[59]散走，举帆翩翩，直入南浦。然后却视，涛波洪涌，高数十丈，而至所渡之所也。遂登天台[60]，周览洞壑。夜行佩之山谷，去身百步，四面光彻，纤微皆见。林间宿鸟，惊而乱飞。还履会稽[61]，逢异人张始鸾，授勣《周髀》《九章》及明堂六甲[62]之事。与陈永同归。更游豫章，见道士许藏秘，云是旌阳[63]七代孙，有咒登刀履火之术。说妖怪之次，更言丰城县仓督[64]李慎家有三女遭魅病，人莫能识，藏秘疗之无效。勣故人曰赵丹，有才器，任丰城县尉，勣因过[65]之。丹命祗承人[66]指勣停处。勣谓曰：'欲得仓督李敬慎家居止。'丹遽命敬为主礼勣。因问其故。敬曰：'三女同居堂内阁子，每至日晚，即靓[67]妆炫服。黄昏后，即归所居阁子，灭灯烛。听之，窃与人言笑声。及其晓眠，非唤不觉。日日渐瘦，不能下食。制之不令妆梳，即欲自缢投井，无奈之何。'勣谓敬曰：'引示阁子之处。'其阁东有窗。恐其门闭，固而难启，遂昼日先刻断窗棂四条，却以物支拄之如旧。至日暮，敬报勣曰：'妆梳入阁矣。'至一更，听之，言笑自然。勣拔窗棂子，持镜入阁照之。三女叫云：'杀我婿也！'初不见一物，悬镜至明，有一鼠狼，首尾长一尺三四寸，身无毛齿；有一老鼠，亦无毛齿，其肥大可重五斤；又有守宫[68]，大如人手，身披鳞甲，焕烂五色，头上有两角，长可半寸，尾长五寸已上，尾头一寸色白，并于壁孔前死矣。从此疾愈。其后寻真[69]至庐山，婆娑[70]数月。或栖息长林，或露宿草莽。虎豹接尾，豺狼连迹，举镜视之，莫不窜伏。庐山处士苏宾，奇识之士也。洞明《易》道，藏往知来。谓勣曰：'天下神物，必不久居人间。今宇宙丧乱，他乡未必可止。吾子此镜尚在足下卫[71]，幸速归家乡也。'勣然其言，即时北归。便游河北，夜梦镜谓勣曰：'我蒙卿兄厚礼，今当舍人间远去，欲得一别，卿请早归长安也。’勣梦中许之。及晓，独居思之，恍恍发悸，即时西首秦路[72]。今既见兄，勣不负诺矣。终恐此灵物亦非兄所有。”数月，勣还河东。

大业十三年七月十五日，匣中悲鸣，其声纤远。俄而渐大，若龙咆虎吼，良久乃定。开匣视之，即失镜矣。

〔注〕① 汾阴：地名，因在汾水之南而得名，在今山西万荣县。 ② 鼻：镜鼻，即镜子的把手。 ③ 十二辰位：即十二生辰之位。 ④ 具畜：全都配有动物。 ⑤ 辰畜：十二生辰及其相对的动物。 ⑥ 字书：即古代的字典。这句是说这些字形无法认识。 ⑦ 二十四气：即二十四节气。 ⑧ 岁祀攸远，图书寂寞：两句意为年代久远，书籍也不见记载。 ⑨ 杨氏纳环：东汉时人杨宝在九岁时曾救过一只受伤的黄雀，后梦一黄衣童子，衔四个白环相赠，说它是西王母的使者，为报救命之恩，会让他子孙显贵，后果然应验。 ⑩ 张公丧剑：西晋人张华，一次看到天上有紫气，问朋友雷焕，雷焕说是丰城地下宝剑的剑气，后果从丰城得到了龙泉与太阿两把宝剑，张华得其一柄。至张被赵王伦所杀，剑即不知去向。 ⑪ 今度遭世扰攘：现在我王度遭遇许多艰难世事。 ⑫ 大业：隋炀帝年号(605—618)。 ⑬ 河东：地名。今山西永济。 ⑭ 税(tuō)驾：即解驾，停车。税：通脱。 ⑮ 比(bì)：近来。 ⑯ 精魅：妖物。⑰ 下邽：地名，在今陕西渭南市东北。 ⑱ 几姓：指换了几个朝代。 ⑲ 太阳亏：即日蚀。⑳ 台直：在御史台值宿。 ㉑ 日月薄蚀：薄为日月的全食与环食；蚀为其偏食。 ㉒ 文：即“纹”。 ㉓ 明公：对权贵长官的尊称。 ㉔ 望：阴历每月的十五日。 ㉕ 太阴：月亮。㉖ 著作郎：官名，专掌国史的编纂。 ㉗ 苏绰：北朝政治家、文人。 ㉘ 部曲：豪门大族的私人军队。 ㉙ 遗(wèi)：赠送。 ㉚ 蓍筮(shī shì)：蓍是一种草，古人用来算卦；而筮就是用蓍占卜的过程。 ㉛ 揲(shé)：即分合蓍草的动作。 ㉜ 朔：阴历每月的初一。 ㉝ 勣(jī)：即王绩，王度之弟，唐初著名的隐逸诗人，有《王无功文集》。 ㉞ 檀越：梵语，即施主。 ㉟ 明录：佛家的符箓。 ㊱ 芮(ruì)城令：芮城的县令。芮城即今山西芮城县。 ㊲ 淫祀：古代对不合礼祭祀的称呼。 ㊳ 阴念：暗地里想。 ㊴ 持节：皇帝所派特使所持的证物。 ㊵ 六合丞：六合，今江苏南京市六合区。丞，县令副职。 ㊶ 同气：指同胞兄弟。 ㊷ 高蹈：指隐居。 ㊸ 尚子平：当为向子平，东汉人。其读《易经》，忽然长叹曰：“吾已知富不如贫，贵不如贱，但未知死何如生耳?”然后便游五岳而去，不知所终。 ㊹ 追踵：踵，脚后跟。追踵就是追随的意思。 ㊺ 达人：旷达的人。 ㊻ 忽同过隙：快得如同白驹过隙一样。 ㊼ 抗志云路，栖踪烟霞：都是说他有隐居的志向。 ㊽ 不言所适：不说到哪里去。 ㊾ 少室：山峰名，在嵩山西面。 ㊿ 属日暮：快到天黑的时候。 [51] 太和：地名，在今安徽省。 [52] 八节：即立春、立夏、立秋、立冬、春分、秋分、夏至、冬至八个节气。 [53] 澍(zhù)：通“注”。 [54] 鲛：古代传说中龙的一种。 [55] 甚膏：油很多。 [56] 宋、汴：地名。宋即今河南商丘，汴即开封。[57] 跻(jī)：攀登。摄山：即栖霞山，在江苏南京市江宁区。 [58] 利涉：顺利渡河。 [59] 鼋鼍(yuán tuó)：鳖与鳄。 [60] 天台：即天台山，在浙江天台县北。 [61] 会稽：隋时县名，治今绍兴市。 [62]《周髀》《九章》：《周髀》即指《周髀算经》，《九章》指《九章算术》，均为古代数学著作。明堂六甲：均为古代五行方术之一，即算命看风水之类。 [63] 旌阳：晋朝人许逊曾作过旌阳县令，故世称之为许旌阳。传说他曾学得仙术，后来白日飞升。 [64] 仓督：主管粮仓的官吏。 [65] 过：拜访。 [66] 祇(zhī)承人：祇，恭敬之意。祇承人即仆人。 [67] 靓(jìng)：打扮。

⑥8 守宫：即壁虎，因它经常守伏在屋檐等处捕食虫蛾，故得名。 ⑥9 寻真：寻访仙人。⑦0 婆娑：此指流连。 ⑦1 足下卫：足以保护自己。 ⑦2 西首秦路：西首，向西走。秦路，即陕西一带，这里即代指长安。

本篇出自《异闻集》。

这是一个古镜传奇故事。就像一部电视系列片，以古镜为中心，以人物为线索，由十二个事件组成一部完整有序、环环相扣的系列故事。

按《古镜记》的内容排列，从侯生赠古镜予王度至王度持镜遇奇事，列述：(1) 诛灭狐妖；(2) 随日月盈亏；(3) 豹生述镜；(4) 胡僧求见；(5) 镜杀妖蛇；(6) 为民除疫。再至王勣借镜漫游回归，述异：(1) 伏龟猿；(2) 除水怪；(3) 治病痛；(4) 渡洪波；(5) 除鼠狼；(6) 遇处士。又至王勣归家还镜予度，古镜不翼而飞。

作品以王度从侯生处获得古镜开始，正式展开了小说的叙述：作者以回顾往事的口吻叙述了古镜诛灭狐妖、随日月盈亏的事迹，然后插叙了王度家奴豹生追述当年在苏绰家为奴时所了解的古镜来历和苏绰对于古镜归属的预卜，这样，叙事视角从王度暂时转向豹生，把作者所本未掌握的前因后果披露出来。这个叙事角度的转换，不仅在小说结构上起到了回溯历史、照应上文的作用，同时也使小说的情节发展显得曲折有致，引人入胜。接着，叙事角度还原，王度的叙述继续进行。三个故事之后，叙事角度再次转换：王度之弟王勣，于大业十年弃官归家，后"又将遍游山水，以为长往之策"，临行求兄赠镜，王度允之。"勣得镜遂行，不言所适。至大业十三年夏六月，始归长安，以镜归"。由此引出王勣向哥哥叙述三年出游的经历以及围绕着古镜奇异功能所发生的种种情事。可见，这个叙事角度的转换，在结构上主要起了深化情节、引出下文的作用。最后，王勣还镜于度，叙事视角再次还原：七月十五日，这面天上神物的古镜在"匣中悲鸣，其声纤远。俄而渐大，若龙咆虎吼"，等声音停歇，再"开匣视之，即失镜矣"，故事情节又回到了全文的开头。

显然，作品是以作者自述古镜由来为起、以豹生再述古镜为承、以王勣借镜出游为转、以宝镜归而复失为合构成叙事结构的，从而将一个单线发展的游历过程构筑得曲折有致，将一件来历邃古、功能奇异的宝物描绘得熠熠生辉，真正达到了小说慑人心目、悦人性情的审美效果。

那么，作为小说，《古镜记》仅仅是为了描写古镜的神奇经历吗？从作者的生活经历和创作意图来看，这面古镜是与作者仕途的沉浮、时代历史的变迁联系在一起的。作者在《古镜记》里表述："昔杨氏纳环，累代延庆；张公丧剑，其身亦终。

今度遭世扰攘，居常郁快，王室如毁，生涯何地？宝镜复去，哀哉！今具其异迹，列之于哀哉后。数千载之下，倘有得者，知其所由耳。”这是作者因失镜而发的忧生伤世之慨叹，因失镜而生的国破家亡之预感。

王度，绛州龙门（今山西河津）人。大业中曾任御史，七年（611）罢归河东，八年（612）冬为著作郎，奉诏撰国史，九年（613）秋，出任芮城令。大业末年，欲撰《隋书》，遭逢丧乱，书未成而逝。故事开始的大业七年，正是作者罢归河东的时间，也是隋炀帝杨广滥用徭役、荒淫无度，农民起义风起云涌的年代。处在这样一个乱世，作者的思想是很矛盾的。对于人民的疾苦，他有救民于水火的强烈愿望。大业九年，“其年冬，度以御史带芮城令，持节河北道，开仓粮赈给陕东。时天下大饥，百姓疾病，蒲陕之间疠疫尤甚”。他曾让手下张龙驹持宝镜“遍巡百姓”，以去疾疫，这时的宝镜就是作者拯救百姓的法宝。可是，当作者面对波澜壮阔的农民起义时，他又有救王朝于丧乱的政治意图。作者在故事中不止一次地发出哀叹，“今天下丧乱，盗贼充斥”，“今宇宙丧乱”等，同时，又把这种对局势的慨叹和宝镜的消除灾异交织进行，希望像消灭灾异那样来平定由农民起义而造成的“丧乱”。于是，这面宝镜又成为作者拯救王朝的法宝。出于这种意图，作者展开想象的翅膀，纵横驰骋，时而让宝镜除异，时而让宝镜灭灾，逢凶化吉，无不灵验。似乎有了这面宝镜，就可以治乱安世，就可以天下太平。可是，正当宝镜的神通充分显示，作者的理想也接近于实现时，宝镜却突然销声匿迹了。这种戛然而止的处理方法，并不是作者对隋王朝的态度突然发生变化，而是他突然从理想的世界中回到现实，意识到宝镜固然可以在幻想中听凭自己的驱使，实现自己的政治理想，而现实中的农民起义，却并不像灵怪那样容易被宝镜降伏，并且隋炀帝也远没有宝镜的神通。相反，在农民起义的风暴中，他只能偏安江都，不思北归。作者让宝镜亡去的时间，也正是隋炀帝决定迁都的日子。显然，这与六朝小说中的谈鬼神、明因果不同，作者是有意把古镜作为一种象征意象贯穿作品的始终。可以说，古镜得而复失的意象，既是作者政治理想由幻想到破灭的象征，也是隋王朝日趋衰亡的象征。虽然作者对农民起义的看法有误，但正是这种象征意义，才使作品的感情色彩显得浓重深沉，让人回味，从而升华了述异作品的思想境界。

《古镜记》不仅有较为完美的结构形式，较为深刻的象征意蕴，同时在形象描写上也有很强的艺术表现力。如叙程雄家婢女鹦鹉异事一节：王度投宿程雄家，引镜自照。程雄家婢女鹦鹉遥见，便叩首流血。度疑精魅，引镜逼之，原来此婢乃华山府君庙前长松下千岁狐狸，变形为人，虽无害人之心，但天镜一照，不免于死。鹦鹉临死，只向王度提出了一个要求："希数刻之命，以尽一生之欢。"王度乃为致酒，悉召雄之邻里，与宴谑，婢顷大醉，奋衣而歌曰："宝镜宝镜，哀哉予命！自我离形，于今几姓？生虽可乐，死必不伤。何为眷恋，守此一方！"歌讫再拜，化为老狸而死。这里，狐精变形的婢女鹦鹉，给人的不是恐怖厌恶之感，而是一种让人悲悯、同情的悲剧美感。她的一生，就是一个不幸的人生悲剧：始为华山府君所捕逐，逃到河渭之间，为下邽陈思恭义女，陈将她嫁给同乡人柴华；鹦鹉与华意不相惬，出逃，为行人李无傲所执。无傲劫鹦鹉游行数岁，来到长乐坡，因鹦鹉病重，就将她弃于雄家为婢。最后，鹦鹉还是逃不出不幸命运的羁绊，悲惨而死。鹦鹉死前起舞而歌，既是对命运的哀叹，又是对生命的决绝，富于人性，悲壮感人。这种精怪形象的描写堪与蒲松龄的《聊斋志异》媲美。　（陈惠琴）

补江总白猿传　　佚　名

梁大同[①]末，遣平南将军蔺钦南征，至桂林，破李师古、陈彻。别将欧阳纥略地至长乐[②]，悉平诸洞，罙[③]入深阻。纥妻纤白，甚美。其部人曰："将军何为挈丽人经此？地有神，善窃少女，而美者尤所难免，宜谨护之。"纥甚疑惧，夜勒兵环其庐，匿妇密室中，谨闭甚固，而以女奴十余伺守之。尔夕，阴风晦黑，至五更，寂然无闻。守者怠而假寐，忽若有物惊悟者，即已失妻矣。关扃如故，莫知所出。出门山险，咫尺迷闷，不可寻逐。迨明，终无其迹。

纥大愤痛，誓不徒还。因辞疾，驻其军，日往四遐，即深陵险以索之。既逾月，忽于百里之外丛篠[④]上，得其妻绣履一只。虽侵雨濡，犹可辨识。纥尤凄悼，求之益坚。选壮士三十人，持兵负粮，岩栖野食。又旬余，远所舍约二百里，南望一山，葱秀迥出。至其下，有深溪环之，乃编木以渡。绝岩翠竹之间，时见红彩，闻笑语音。扪萝引絙，而陟其上，则嘉树列植，间以名花，其下绿芜，丰软如毯。清迥岑寂，杳然殊境。东向石门，有妇人数十，帔服鲜泽，嬉游歌笑，出入其中。见人皆慢视迟立。至则问曰："何因来此？"纥具以对。相视叹曰："贤妻至此月余矣。今病在床，宜遣视之。"入其门，以木为扉。中宽辟若堂者三。四壁设床，悉施锦荐[5]。其妻卧石榻上，重茵累席，珍食盈前。纥就视之。回眸一睇，即疾挥手令去。

诸妇人曰："我等与公之妻，比来久者十年。此神物所居，力能杀人，虽百夫操兵，不能制也。幸其未返，宜速避之。但求美酒两斛，食犬十头，麻数十斤，当相与谋杀之。其来必以正午后。慎勿太早，以十日为期。"因促之去。纥亦遽退。遂求醇醪与麻、犬，如期而往。妇人曰："彼好酒，往往致醉。醉必骋力，俾吾等以彩练缚手足于床，一踊皆断。尝纫三幅[6]，则力尽不解。今麻隐帛中束之，度不能矣。遍体皆如铁，唯脐下数寸，常护蔽之，此必不能御兵刃。"指其傍一岩曰："此其食廪，当隐于是，静而伺之。酒置花下，犬散林中，待吾计成，招之即出。"如其言，屏气以俟。日晡[7]，有物如匹练自他山下，透至若飞[8]，径入洞中。少选，有美髯丈夫长六尺余，白衣曳杖，拥诸妇人而出。见犬惊视，腾身执之，披裂吮咀[9]，食之致饱。妇人竞以玉杯进酒，谐笑甚欢。既饮数斗，则扶之而去。又闻嘻笑之音。良久，妇人出招之，乃持兵而入。见大白猿，缚四足于床头，顾人蹙缩，求脱不得，目光如电。竞兵之，如中铁石。刺其脐下，即饮刃，血射如注。乃大叹咤曰："此天杀我，岂尔之能？然尔妇已孕，勿杀其子[10]。将逢圣帝[11]，必大其宗。"言绝乃死。

搜其藏，宝器丰积，珍羞盈品，罗列几案。凡人世所珍，靡不充备。名香数斛，宝剑一双。妇人三十辈皆绝其色，久者至十年。云色衰必被提去，莫知所置。又捕采唯止其身，更无党类。旦盥洗，著帽，加白袷，被素罗衣，不知寒暑。遍身白毛，长数寸。所居常读木简，字若符篆，了不可识。已，则置石磴下。晴昼或舞双剑，环身电飞，光圆若月。其饮食无常，喜啖果栗。尤嗜犬，咀而饮其血。日始逾午即欻然而逝，半昼往返数千里，及晚必归，此其常也。所须无不立得。夜就诸床嬲戏，一夕皆周，未尝寐。言语淹详[12]，华旨会利[13]。然其状即猳貜类也。今岁木叶之初,忽怆然曰:"吾为山神所诉,将得死罪。亦求护之于众灵,庶几可免。"前月哉生魄[14],石磴生火,焚其简书,怅然自失曰:"吾已千岁而无子。今有子,死期至矣。"因顾诸女,汍澜者久,且曰:"此山复绝,未尝有人至。上高而望,绝不见樵者。下多虎狼怪兽。今能至者,非天假之,何耶?"

纥即取宝玉珍丽及诸妇人以归,犹有知其家者。纥妻周岁生一子,厥状肖焉。后纥为陈武帝所诛。素与江总[15]善,爱其子聪悟绝人,常留养之,故免于难。及长,果文学善书,知名于时。

〔注〕 ① 大同:梁武帝年号(535—545)。 ② 长乐:《太平御览》卷一七二引《十道志》:"昭州平乐郡,秦桂林郡地,两汉属苍梧郡。"长乐可能是平乐之误。 ③ 罙:"深"的古字。 ④ 丛篠(xiǎo):野生细竹丛。 ⑤ 锦荐:锦缎铺垫。 ⑥ 尝纫三幅:环绕三屋。 ⑦ 日晡:申时,即下午三时至四时。 ⑧ 透至若飞:形容一道白光从上飞下之迅速状。 ⑨ 披裂吮咀:指白猿见到犬时,忍不住爪牙并用,露出野兽捕食时的凶猛本相。 ⑩ 其子:指欧阳询。 ⑪ 圣帝:指唐太宗。 ⑫ 言语淹详:从言谈中显露出知识非常渊博,许多事情知道得很详细。 ⑬ 华旨会利:谈吐高雅,流利而准确地所作的表达。 ⑭ 哉生魄:每月初三日。 ⑮ 江总:陈后主时任尚书令,与陈后主游宴终日,尸位素餐,直至亡国。本篇篇名为《补江总白猿传》,似江总曾作《白猿传》。但未见有关记载。可能是作者故弄玄虚也。

《补江总白猿传》是《新唐书·艺文志》收录此文所用标目。《太平广记》亦收此文,题为《欧阳纥》。当各有所据。但流传过程中用《补江总白猿传》篇名较广泛,则为事实。

按欧阳纥实有其人,据说样子很像猕猴。而他的儿子则是唐代大书法家欧阳询,其代表作有《九成宫醴泉铭》。早在宋代就有人认为这是和欧阳询对立的官僚雇用无聊文人写来污蔑欧阳询的;也有人不同意这个说法,都缺乏有力的证据,所以几乎成了悬案。

《补江总白猿传》的故事从欧阳纥从军南征开始,因为带了美貌的妻子偕行,到桂林后,听到了当地有神怪"善窃少女"的传闻,颇为惊恐,即将妻子藏匿,关闭在密室中,并派许多女奴防守,结果仍被取走。欧阳纥失妻,悲痛异常,乃下定决心,不惜任何代价,非将爱妻找回不可。最后终于在与外界隔绝之深山中,发现了一块嘉树茂密、鲜花环抱的天地,而且有一群衣衫华丽的妇女生活其间。这里,果真是那个修炼成精的大白猿的巢穴。欧阳纥去的时候刚巧白猿精外出,

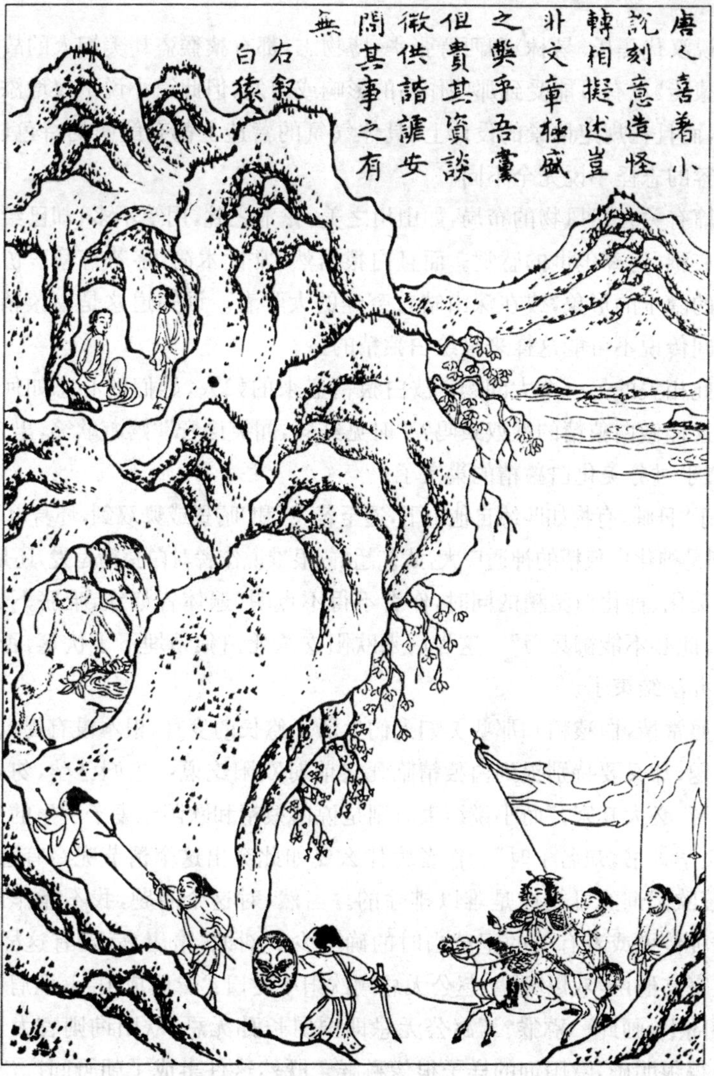

白 猿

——明天启刻本《艳异编》插图

所以见到了被掠夺的妻子，也从众妇人口中，探听到了有关白猿精的一切情况，尤其是对付白猿精的方法。最后，欧阳纥用计杀死了白猿精，救出了爱妻和那一群妇人。

虽说汉代焦氏《易林》和西晋张华《博物志》都有猿猴盗劫美妇人的故事，《补江总白猿传》也有可能受到那些作品的影响或启发，但此篇小说不仅增添许多细节描绘，而且在规定情景的设计上、具体气氛的营造上都有鲜明的特色，与任何类似内容的志怪小说完全不同。

本篇有关自然风物的布局，如山川之美，花木之胜，用笔不多，却已给人以一种古朴典雅、远离尘世的感觉。而且白猿居然"常读木简，字若符篆"，仿佛是不慕虚荣的隐士的形象，或在深山皓首穷经的大学者。谁知道这是白猿精呢？我认为民间传说不可能这样来描绘白猿精的。

与此相关的另一个大问题：被白猿精盗来的妇人，她们的心态如何？甘心情愿就这样做白猿精的性奴隶吗？"时见红彩，闻笑语音""嬉游歌笑，出入其中"等等，似乎过分美化白猿精的巢穴了。

至于"日晡，有物如匹练自他山下，透至若飞"和"晴昼或舞双剑，环身电飞，光圆若月"则是神化白猿精的神通广大，武艺超群，很难说作者对白猿精是爱，还是憎。

在美化、神化白猿精的同时，作者不得不点明"遍体皆如铁，唯脐下数寸，常护蔽之，此必不能御兵刃"。这为后来欧阳纥杀死白猿精埋下了伏笔，否则小说就没有办法结束了。

按照常情，白猿精和那些美妇人们生活了悠长的岁月，根本没有提到是否怀孕的问题，却又要特别提到白猿精临死之前对欧阳纥说："尔妇已孕，勿杀其子。将逢圣帝，必大其宗。"而小说结束时则是说白猿精和欧阳纥妻子所生的儿子"及长，果文学善书，知名于时"。作者为什么要如此突出这个情节呢？有意识地毁谤、诬蔑欧阳询的可能性是难以排除的。当然，对这个问题，我不能作出定论。因为这种传说或者有关的记载当时的确不少。刘悚《隋唐嘉话》有这样一则记载："太宗宴群臣，戏以嘲谑，赵公无忌嘲欧阳率更曰：'耸膊成山字，埋肩不出头，谁家麟阁上，画此一猕猴？'"赵公无忌即国舅长孙无忌，欧阳询则官太子率更。这里说得很明确，欧阳询的样子很像猕猴。既然这件事成了朝野间广泛流行的话题，好事者不一定对欧阳询有什么冤仇，也很可能采用这一题材写小说的，因为以此为题材的故事对读者很有吸引力。

当代的古典小说研究者对《补江总白猿传》评价最高的是张稔穰，他在《中国古代小说艺术教程》(山东教育出版社，1991 年出版)一书中说该作以"传"名篇，显系自觉学习史传的写法;更重要的是,本文的艺术构思也明显受到史传文学惯用的“重事增华”的方法的影响。又说“唐初小说作者多方探索的结果是:学习汉大赋和杂赋、俗赋的,都是后无嗣响,艺术成就也都平平;而学习史传文学的《白猿传》,却取得了非凡的成就”,“唐人传奇的另一早期作品《补江总白猿传》,根据欧阳询的相貌特点构想出这篇文采斐然、想落天外的小说,其主要目的也是为了显示作者的文思才藻”。这些优点应该说也是成立的,或者说有一定的根据。

《补江总白猿传》与《世说新语》中的小说无论在体例上、内容上均有显著的变化。主要是独立成篇,而且以“传”名篇,这对后来的《柳氏传》《李章武传》《霍小玉传》《南柯太守传》《李娃传》等以“传”名篇,其影响是十分明显的。

这篇与《世说新语》中的小说在题材、风格上也有很大差异,虽以“传”名,却非纪实之作,而是情节十分离奇古怪。鲁迅在《中国小说史略》中说:“传奇者流,源盖出于志怪。”那么《补江总白猿传》显然是一篇前承志怪后启传奇的里程碑性质的名作。无论就传奇小说或志怪小说而言都是如此。也许正因为所“传”之事甚奇,于是遂约定俗成“传奇”之称谓。开了传奇小说之先河。

具体地说,后来袁郊的《红线》中“忽闻晓角吟风,一叶坠落,惊而试问,即红线回矣”,“所以夜漏三时,往返七百里,入危邦,经五六城……”与《补江总白猿传》中白猿精“半昼往返数千里,及晚必归”之类的描写如出一辙,不过笔触更为细腻了。再如《南柯太守传》描绘的蚁穴“华木珍果,列植于庭下;几案茵褥,帘帏殽膳,陈设于庭上”,也与《补江总白猿传》中白猿精巢穴“四壁设床,悉施锦荐”“重茵累席,珍食盈前”等描述可以说大体相似,可见《补江总白猿传》对唐代传奇的影响不仅在某篇、某方面,而是相当广泛深远的。

（蒋星煜）

【作者小传】

张　鷟

(约658—730)　唐文学家。字文成,号浮休子。深州陆泽(今河北深州)人。上元二年(675)进士,历任襄乐尉、监察御史、德州平昌令、司门员外郎等。作有小说《游仙窟》《朝野佥载》等。

游　仙　窟

张　鷟

若夫积石山者,在乎金城①西南,河所经也。《书》云:“导河积石，至于龙门。”[2]即此山是也。仆从汧陇[3]，奉使河源[4]。嗟运命之迍邅[5]，叹乡关之眇邈[6]。张骞[7]古迹，十万里之波涛；伯禹[8]遗踪，二千年之坂蹬。深谷带地，凿穿崖岸之形；高岭横天，刀削冈峦之势。烟霞子细，泉石分明。实天上之灵奇，乃人间之妙绝。目所不见，耳所不闻。

日晚途遥，马疲人乏。行至一所，险峻非常。向上则有青壁万寻，直下则有碧潭千仞。古老相传云：“此是神仙窟也。”人踪罕及，鸟路才通。每有香果琼枝，天衣锡钵，自然浮出，不知从何而至。

余乃端仰一心，洁斋[9]三日。缘细葛，泝[10]轻舟。身体若飞，精灵似梦。须臾之间，忽至松柏岩、桃华涧，香风触地，光彩遍天。

见一女子向水侧浣衣，余乃问曰：“承闻此处有神仙之窟宅，故来祇候[11]。山川阻隔，疲顿异常，欲投娘子，片时停歇；赐惠交情，幸垂听许。”女子答曰：“儿家堂舍贱陋，供给单疏，只恐不堪，终无吝惜。”余答曰：“下官是客，触事卑微，但避风尘，则为幸甚。”遂止余于门侧草亭中，良久乃出。

余问曰：“此谁家舍也？”女子答曰：“此是崔女郎之舍耳。”余问曰：“崔女郎何人也？”女子答曰：“博陵王之苗裔，清河[12]公之旧族也。容貌似舅，潘安仁[13]之外甥；气调如兄，崔季珪[14]之小妹。华容婀娜，天上无俦；玉体逶迤[15]，人间少匹。辉辉面子，荏苒[16]畏弹穿；细细腰支，参差疑勒断。韩娥宋玉[17]，见则愁生；绛树青琴[18]，对之羞死。千娇百媚，造次[19]无可比方；弱体轻身，谈之不能备尽。”

须臾之间，忽闻内里调筝之声，仆因咏曰：

自隐多姿则，欺他独自眠。
故故将纤手，时时弄小弦。
耳闻犹气绝，眼见若为怜。
从渠痛不肯，人更别求天。

片时，遣婢桂心传语，报余诗曰：

面非他舍面，心是自家心。

何处关天事，辛苦漫追寻！

余读诗讫，举头门中，忽见十娘半面，余即咏曰：

敛笑偷残靥，含羞露半唇。

一眉犹叵耐[20]，双眼定伤人。

又遣婢桂心报余诗曰：

好是他家好，人非着意人。

何须漫相弄，几许费精神！

于时夜久更深，沉吟不睡，彷徨徙倚[21]，无便披陈[22]。彼诚既有来意，此间何能不答？遂申怀抱，因以赠书曰：

余以少娱声色，早慕佳期，历访风流，遍游天下。弹鹤琴于蜀郡，饱见文君；吹凤管于秦楼，熟看弄玉[23]。虽复赠兰解珮，未甚关怀；合卺[24]横陈，何曾惬意！昔日双眠，恒嫌夜短；今宵独卧，实怨更[25]长。一种天公，两般时节。遥闻香气，独伤韩寿之心[26]；近听琴声，似对文君之面。向来见桂心谈说十娘，天上无双，人间有一。依依弱柳，束作腰支；焰焰横波，翻成眼尾。才舒两颊，孰疑地上无华；乍出双眉，渐觉天边失月。能使西施掩面，百遍烧妆[27]；南国[28]伤心，千回扑镜。洛川回雪[29]，只堪使叠衣裳；巫峡仙云[30]，未敢为擎靴履。忿秋胡之眼拙，枉费黄金[31]；念交甫之心狂，虚当白玉[32]。下官寓游胜境，旅泊闲亭，忽遇神仙，不胜迷乱。芙蓉生于涧底，莲子实深；木栖出于山头，相思日远。未曾饮炭，腹热如烧；不忆吞刃，肠穿似割。无情明月，故故临窗；多事春风，时时动帐。愁人对此，将何自堪！空悬欲断之肠，请救临终之命。元来不见，他自寻常；无故相逢，却交烦恼。敢陈心素，幸愿照知。若得见其光仪，岂敢论其万一！

书达之后，十娘敛色，谓桂心曰：“向来剧戏相弄，真成欲逼人。”余更又赠诗一首，其词曰：

今朝忽见渠姿首，不觉殷勤着心口。
令人频作许叮咛，渠家太剧难求守。
端坐剩心惊，愁来益不平。
看时未必相看死，难时那许太难生。
沉吟处幽室，相思转成疾。
自恨往还疏，谁肯交游密。
夜夜空知心失眼，朝朝无便投胶漆。
园里华开不避人，闺中面子翻羞出。
如今寸步阻天津[33]，伊处留情更觅新。
莫言长有千金面，终归变作一抄尘。
生前有日但为乐，死后无春更著人。
只可倡佯[34]一生意，何须负持百年身？

少时，坐睡，则梦见十娘。惊觉揽之，忽然空手。心中怅快，复何可论，余因乃咏曰：

梦中疑是实，觉后忽非真。
诚知肠欲断，穷鬼故调人。

十娘见诗，并不肯读，即欲烧却，余即咏曰：

未必由诗得，将诗故表怜。
闻渠掷入火，定是欲相燃。

十娘读诗，悚息而起。匣中取镜，箱里拈衣，袨服靓妆[35]，当阶正履。余又为诗曰：

薰香四面合，光色两边披。
锦障划然卷，罗帷垂半欹。
红颜杂绿黛，无处不相宜。
艳色浮妆粉，含香乱口脂。
鬓欺蝉鬓非成鬓，眉笑蛾眉不是眉。
见许实娉婷，何处不轻盈。

可怜[36]娇里面，可爱语中声。
婀娜腰支细细许，𥆧睰[37]眼子长长馨。
巧儿旧来镌未得，画匠迎生摸不成。
相看未相识，倾城复倾国。
迎风帔[38]子郁金香，照日裙裾石榴色。
口上珊瑚耐拾取，颊里芙蓉堪摘得。
闻名腹肚已猖狂，见面精神更迷惑。
心肝恰欲摧，踊跃不能裁。
徐行步步香风散，欲语时时媚子开。
靥疑织女留星去，眉似恒(姮)娥送月来。
含娇窈窕迎前出，忍笑嫈嫇[39]返却回。

余遂止之曰："既有好意，何须却入?"然后逶迤回面，㝠窣[40]向前。

十娘敛手而再拜向下官，下官亦低头尽礼而言曰："向见称扬，谓言虚假；谁知对面，恰是神仙。此是神仙窟也！"十娘曰："向见诗篇，谓非凡俗；今逢玉貌，更胜文章。此是文章窟也！"

仆因问曰："主人姓望何处？夫主何在?"十娘答曰："儿是清河[41]崔公之末孙，适弘农[42]杨府君之长子。既成大礼，随父住于河西。蜀生狡猾，屡侵边境。兄及夫主，弃笔从戎，身死寇场，茕魂莫返。儿年十七，死守一夫；嫂年十九，誓不再醮[43]。兄即清河崔公之第五息，嫂即太原公之第三女。别宅于此，积有岁年。室宇荒凉，家途翦弊。不知上客从何而至?"

仆敛容而答曰："下官望属南阳[44]，住居西鄂。得黄石[45]之灵术，控白水[46]之余波。在汉则七叶貂蝉[47]，居韩则五重卿相。鸣钟食鼎，积代衣缨。长戟高门，因循礼乐。下官堂构不绍[48]，家业沦胥。青州刺史博望侯之孙，广武将军巨鹿侯之子。不能免俗，沉迹下寮。非隐非遁，逍遥鹏鷃[49]之间；非吏非俗，出入是非之境。暂因驱使，至于此间。卒尔干烦，实为倾仰。"十娘问曰:“上客见任何官?”下官答曰:“幸属太平,耻居贫贱。前被宾贡[50],已入甲科;后属搜扬[51],又蒙高第。奉敕授关内道小县尉,见笎[52]河源道行军总管记室。频繁上命,徒想报恩;驰骤下寮,不遑宁处。”十娘曰:“少府[53]不因行使,岂肯相过?”下官答曰:“比不相知,阙为参展,今日之后,不敢差违。”

十娘遂回头唤桂心曰:“料理中堂,将少府安置。”下官逡巡而谢曰:“远客卑微,此间幸甚。才非贾谊,岂敢升堂!”十娘答曰:“向者承闻,谓言凡客,拙为礼贶[54],深觉面惭。儿意相当,事须引接。此间疏陋,未免风尘。入室不合推辞,升堂何须进退。”遂引入中堂。

于时金台银阙,蔽日干云。或似铜雀[55]之新开,乍如灵光[56]之且敞。梅梁桂栋,疑饮涧之长虹;反宇雕甍,若排天之矫凤。水精浮柱,的皪含星;云母饰窗,玲珑映日。长廊四注,争施玳瑁之椽;高阁三重,悉用琉璃之瓦。白银为壁,照耀于鱼鳞;碧玉缘陛,参差于雁齿。入穹崇之室宇,步步心惊;见傥阆[57]之门庭,看看眼磣。遂引少府升阶。下官答曰:“客主之间,岂无先后?”十娘曰:“男女之礼,自有尊卑。”下官迁延而退曰:“向来有罪过,忘不通五嫂。”十娘曰:“五嫂亦应自来,少府遣通,亦是周匝。”则遣桂心通,暂参屈五嫂。

十娘共少府语话,须臾之间,五嫂则至。罗绮缤纷,丹青晧晔[58]。裙前麝散,髻后龙盘。珠绳络翠衫,金薄涂丹履。余乃咏曰:

奇异妍雅,貌特惊新。
眉间月出疑争夜,颊上华开似斗春。
细腰偏爱转,笑睑特宜颦。
真成物外奇稀物,实是人间断绝[59]人。
自然能举止,可念无比方。
能令公子百重生,巧使王孙千回死。
黑云裁两鬓,白雪分双齿。

织成锦袖骐麟儿，刺绣裙腰鹦鹉子。
触处尽开怀，何曾有不佳。
机关太雅妙，行步绝娃婿[60]。
傍人一一丹罗袜，侍婢三三绿线鞋。
黄龙透入黄金钏，白燕飞来白玉钗。

相见既毕，五嫂曰："少府跋涉山川，深疲道路，行途届此，不及伤神。"下官答曰："僶勉王事，色敢辞劳。"五嫂回头笑向十娘曰："今朝闻乌鹊语，真成好客来。"下官曰："昨夜眼皮瞤[61]，今朝见好人。"

即相随上堂。珠玉惊心，金银耀眼。五彩龙须席，银绣绿边毡；八尺象牙床，绯绫帖荐褥。车渠等宝，俱映优昙[62]之花；玛瑙真珠，并贯颇梨之线。文柏榻子，俱写豹头；兰草灯心，并烧鱼脑。管弦寥亮，分张北户之间；杯盏交横，列坐南窗之下。各自相让，俱不肯先坐。仆曰："十娘主人，下官是客。请主人先坐。"五嫂为人饶剧[63]，掩口而笑曰："娘子既是主人母，少府须作主人公。"下官曰："仆是何人，敢当此事！"十娘曰："五嫂向来戏语，少府何须漫怕。"下官答曰："必其不免，只须身当。"五嫂笑曰："只恐张郎不能禁此事。"众人皆大笑。

一时俱坐，唤香儿取酒。俄尔中间，擎一大钵，可受三升已来，金钮铜环。金盏银杯，江螺海蚌。竹根细眼，树瘿蝎唇。九曲酒池，十盛饮器。觞则兕觥犀角，尫尫然置于座中；杓则鹅项鸭头，泛泛焉浮于酒上。遣小婢细辛酌酒，并不肯先提。五嫂曰："张郎门下贱客，必不肯先提，娘子径须把取。"十娘则斜眼佯嗔曰："少府初到此间，五嫂会些频频相弄！"五嫂曰："娘子把酒莫嗔，新妇更亦不敢。"

酒巡到下官，饮乃不尽。五嫂曰："何为不尽？"下官答曰："性饮不多，恐为颠沛。"五嫂骂曰："何由叵耐！女婿是妇家狗，打杀无文。终须倾使尽，莫漫造众诸！"十娘谓五嫂曰："向来正首病发耶？"五嫂起谢曰："新妇错大罪过。"因回头熟视下官曰："新妇细见人多矣，无如少府公者。少府公乃是仙才，本非凡俗。"下官起谢曰："昔卓王之女，闻琴识相如之器量；山涛之妻，凿壁知阮籍为贤人[64]。诚如所言，不敢望德。"十娘曰："遣绿竹取琵琶弹，儿与少府公送酒。"

琵琶入手，未弹中间，仆乃咏曰：

心虚不可测，眼细强关情。
回身已入抱，不见有娇声。

十娘应声即咏曰：

怜肠忽欲断，忆眼已先开。
渠未相撩拨，娇从何处来？

下官当见此诗，心胆俱碎，下床起谢曰："向来惟睹十娘面，如今乃始见十娘心。足使班婕妤扶轮，曹大家[65]阁笔，岂可同年而语、共代而论哉！"请索笔砚，抄写置于怀袖。抄诗讫，十娘弄曰："少府公非但词句妙绝，亦自能书；笔似青鸾，人同白鹤。"下官曰："十娘非直才情，实能吟咏。谁知玉貌，恰有金声。"十娘曰："儿近来患嗽，声音不彻。"下官答曰："仆近来患手，笔墨未调。"五嫂笑曰："娘子不是故夸，张郎复能应答。"

十娘来语五嫂曰："向来纯当漫剧，元来无次第，请五嫂当作酒章[66]。"五嫂答曰："奉命不敢，则从娘子。不是赋古诗云，断章取意，唯须得情，若不惬当，罪有科罚。"十娘即遵命曰：

关关雎鸠，在河之洲。窈窕淑女，君子好逑。[67]

次，下官曰：

南有樛木，不可休息。汉有游女，不可求思。[68]

五嫂即曰：

折薪如之何？匪斧不克。
娶妻如之何？匪媒不得。[69]

又次，五嫂曰：

　　不见复关，泣涕涟涟。既见复关，载笑载言。[70]

次，十娘曰：

　　女也不爽，士二其行。士也罔极，二三其德。[71]

次，下官曰：

　　穀则异室，死则同穴。谓余不信，有如皦日。[72]

五嫂笑曰："张郎心专，赋诗太有道理。俗谚曰：'心欲专，凿石穿。'诚能思之，何远之有！"其时，绿竹弹筝，五嫂咏筝曰：

　　天生素面能留客，发意关情并在渠。

　　莫怪向者频声战，良由得伴乍心虚。

十娘曰：五嫂咏筝，儿咏尺八[73]——

　　眼多本自令渠爱，口少元来每被侵。

　　无事风声彻他耳，教人气满自填心。

下官又谢曰："尽善尽美，无处不佳。此是下愚，预闻高唱。"

少时，桂心将下酒物来：东海鲻条，西山凤脯；鹿尾鹿舌，干鱼炙鱼；雁醢荇葅，鹑臛桂糁；熊掌兔髀，雉膵豺唇。百味五辛，谈之不能尽，说之不能穷。十娘曰："少府亦应太饥。"唤桂心盛饭。下官曰："向来眼饱，不觉身饥。[74]"

十娘笑曰："莫相弄！且取双六局来，共少府公赌酒。"仆答曰："下官不能赌酒，共娘子赌宿。"十娘问曰："若为赌宿？"余答曰："十娘输筹，则共下官卧一宿；下官输筹，则共十娘卧一宿。"十娘笑曰："汉骑驴则胡步行，胡步行则汉骑驴，总悉输他便点。儿递换作，少府公太能生。"五嫂曰："新妇报娘子，不须赌来赌去，今夜定知娘子不免。"十娘曰："五嫂时时漫语，浪与少府作消息。[75]"下官起谢曰："元来知剧，未敢承望。"

局至，十娘引手向前。眼子盱瞜[76]，手子膃腯[77]。一双臂腕，切我肝肠；十个指头，刺人心髓。下官因咏局曰：

　　眼似星初转，眉如月欲消。

　　先须捺后脚，然使勒前腰。

十娘则咏曰：

勒腰须巧快，捺脚更风流。

但令细眼合，人自分输筹。

须臾之间，有一婢名琴心，亦有姿首，到下官处，时复偷眼看。十娘欲似不快。五嫂大语嗔曰："知足不辱，人生有限。娘子欲似皱眉，张郎不须斜眼。"十娘佯作色嗔曰："少府关儿何事，五嫂频频相恼！"五嫂曰："娘子向来频盼少府，若非情想有所交通，何因眼脉朝来顿引？"十娘曰："五嫂自隐心偏，儿复何曾眼引。"五嫂曰："娘子不能，新妇自取。"十娘答曰："自问少府，儿亦不知。"

五嫂遂咏曰：

新华发两树，分香遍一林。

迎风转细影，向日动轻阴。

戏蜂时隐见，飞蝶远追寻。

承闻欲采摘，若个动君心？

下官谓："为性贪多，欲两华俱采。"五嫂答曰：

暂游双树下，遥见两枝芳。

向日俱翻影，迎风并散香。

戏蝶扶丹萼，游蜂入紫房。

人今总摘取，各著一边厢。

五嫂曰："张郎太贪生，一箭射两垛。"十娘则谓曰："遮三不得一，觅两都卢失。"五嫂曰："娘子莫分疏。兔入狗突里，知复欲何如！"下官即起谢曰："乞浆得酒，旧来伸口；打兔得獐，非意所望。"十娘曰："五嫂如许大人，专拟和合此事！少府谓言儿是九泉下人，明日在外处，谈道儿一钱不直。"下官答曰："向来承颜色，神气顿尽；又见清谈，心胆俱碎。岂敢在外谈说，妄事加诸？忝预人流，宁容如此！伏愿欢乐尽情，死无所恨！"

少时，饮食俱到，薰香满室。赤白兼前，穷海陆之珍羞，备川原之果菜。肉则龙肝凤髓，酒则玉醴琼浆。城南雀噪之禾，江上蝉鸣之稻。鸡臛雉臛，鳖醢鹑羹。椹下肥肫，荷间细鲤。鹅子鸭卵，照曜于银盘；麟脯豹胎，纷纶于玉叠。熊腥纯白，蟹酱纯黄。鲜鲙共红缕争辉，冷肝与青丝乱色。蒲桃甘蔗，楩枣石榴。河东紫盐，岭南丹橘。敦煌八子柰，青门五色瓜。太谷张公之梨，房陵朱仲之李。东王公之仙桂，西王母之神桃。南燕牛乳之椒，北赵鸡心之枣[78]。千名万种，不可具论。

下官起谢曰："予与夫人娘子，本不相识，暂缘公使，邂逅相遇。玉馔珍奇，非常厚重，粉身灰骨，不能酬谢。"五嫂曰："亲则不谢，谢则不亲。幸愿张郎，莫为形迹。"下官答曰："既奉恩命，不敢辞逊。"当此之时，气便欲绝，不觉转眼，时复偷看十娘。十娘曰："少府莫看儿！"五嫂曰："还相弄！"

下官咏曰：

忽然心里爱，不觉眼中怜。
未关双眼曲，直是寸心偏。

十娘咏曰：

眼心非一处，心眼旧分离。
直令渠眼见，谁遣报心知。

下官咏曰：

旧来心使眼，心思眼即传。
由心使眼见，眼亦共心怜。

十娘咏曰：

眼心俱忆念，心眼共追寻。
谁家解事眼，副著可怜心？

于时五嫂遂向果子上作机警曰："但问意如何，相知不在枣。"十娘曰："儿今正意密，不忍即分梨。"下官曰："忽遇深恩，一生有杏。"五嫂曰："当此之时，谁能忍柰！"十娘曰："暂借少府刀子割梨。"下官咏刀子曰：

自怜胶漆重，相思意不穷。
可惜尖头物，终日在皮中。

十娘咏鞘曰：

数捺皮应缓，频磨快转多。

渠今拔出后，空鞘欲如何？

五嫂曰："向来渐渐入深也。即索棋局，共少府赌酒。"下官得胜。五嫂曰："围棋出于智慧，张郎亦复太能。"下官曰："智者千虑，必有一失；愚者千虑，亦有一得。且休却。"五嫂曰："何为即休？"下官咏曰：

向来知道径，生平不忍欺。

但令守行迹，何用数围棋！

五嫂咏曰：

娘子为性好围棋，逢人剧戏不寻思。

气欲断绝先挑眼，既得速罢即须迟。

十娘见五嫂频弄，佯嗔不笑。余咏曰：

千金此处有，一笑待渠为。

不望全露齿，请为暂颦眉。

十娘咏曰：

双眉碎客胆，两眼判君心。

谁能用一笑，贱价买千金？

当时有一破铜熨斗在于床侧，十娘忽咏曰：

旧来心肚热，无端强熨他。

即今形势冷，谁肯重相磨！

下官咏曰：

若冷头面在，生平不熨空。

即今虽冷恶，人自觅残铜。

众人皆笑。

十娘唤香儿为少府设乐，金石并奏，箫管间响。苏合弹琵琶，绿竹吹筚篥。仙人鼓瑟，玉女吹笙。玄鹤俯而听琴，白鱼跃而应节。清音咷叨，片时则梁上尘飞；雅韵铿锵，卒尔则天边雪落。一时忘味[79]，孔丘留滞不虚；三日绕梁[80]，韩娥余音是实。十娘曰:"少府稀来,岂不尽乐!五嫂太能作舞,且劝作一曲。"亦不辞惮,遂即逶迤而起,婀娜徐行。虫蛆面子,妒杀阳城;蚕贼容仪,迷伤下蔡。举手顿足,雅合宫商。顾后窥前,深知曲节。欲似蟠龙婉转,野鹄低昂。回面则日照莲花,翻身则风吹弱柳。斜眉盗盼,异种嫱姑;缓步急行,穷奇造凿。罗衣熠耀,似翠凤之翔云;锦袖纷披,若青鸾之映水。千娇眼子,天上失其流星;一搦腰支,洛浦愧其回雪。光前艳后,难遇难逢;进退去来,希闻希见。

两人俱起舞,共劝下官。下官遂作而谢曰:"沧海之中难为水,霹雳之后难为雷。不敢推辞,定为丑拙。"遂起作舞。桂心咥咥然[81]低头而笑。十娘问曰:"笑何事?"桂心答曰:"笑儿等能作音声。"十娘曰:"何处有能?"答曰:"若其不能,何因百兽率舞?"下官笑曰:"不是百兽率舞,乃凤凰来仪也。"一时大笑。五嫂谓桂心曰:"莫令曲误,张郎频顾。"桂心曰:"不辞歌者苦,但伤知音稀。"下官曰:"路逢西施,何必须识。"遂舞,著词曰:

从来巡绕四边,忽逢两个神仙。

眉上冬天出柳,颊中旱地生莲。

千看千处妩媚,万看万种媸妍[82]。

今宵若其不得,刺[83]命过与黄泉!

又一时大笑。

舞毕,因谢曰:"仆实庸才,得陪清赏。赐垂音乐,惭荷不胜。"十娘咏曰:

得意似鸳鸯,情乖若胡越。

不向君边尽,更知何处歇?

十娘曰:"儿等并无可收采,少府公云:'冬天出柳,旱地生莲',总是相弄也。"下官答曰:"十娘面上非春,翻生柳叶。"十娘应声答曰:"少府头中有水,何不生莲花?"下官笑曰:"十娘机警,异同著便。"十娘答曰:"得便不能与,明年知有何处?"

于时砚在床头，下官因咏笔砚曰：

摧毛任便点，爱色转须磨。

所以研难竟，良由水太多。

十娘忽见鸭头铛子，因咏曰：

嘴长非为嗍，项曲不由攀。

但令脚直上，他自眼双翻。

五嫂曰："向来太大不逊，渐渐入深也。"

于时乃有双燕子，梁间相逐飞，仆咏曰：

双燕子，联翩几万回。

强知人是客，方便恼他来。

十娘咏曰：

双燕子，可可事风流。

即令人得伴，更亦不相求。

酒巡到十娘，下官咏酒杓子曰：

尾动惟须急，头低则不平。

渠今合把爵，深浅任君情。

十娘咏盏曰：

发初先向口，欲竟渐升头。

从君中道歇，到底即须休。

下官翕然而起，谢曰："十娘词句，事尽入神，乃是天生，不关人学。"五嫂曰："张郎新到，无可散情，且游后园，暂适怀抱。"

其时园内，杂果万株，含青吐绿；丛花四照，散紫翻红。激石鸣泉，疏岩凿磴。无冬无夏，娇莺乱于锦枝；非古非今，花鲂跃于银池。婀娜蓊茸，清冷飔飕。鹅鸭分飞，芙蓉间出。大竹小竹，夸渭南之千亩；华含花开，笑河阳之一县。青青岸柳，丝条拂于武昌；赫赫山杨，箭干稠于董泽。

余乃咏花曰：

风吹遍树紫，日照满池丹。

若为交暂折，擎就掌中看。

十娘咏曰：

映水俱知笑，成蹊竟不言。

即今无自在，高下任渠攀。

下官即起谢曰："君子不出游言，意言不胜再。娘子恩深，请五嫂等各制一篇。"下官咏曰：

昔时过小苑，今朝戏后园。

两岁梅花匝，三春柳色繁。

水明鱼影静，林翠鸟歌喧。

何须杏树岭，即是桃花源。

十娘咏曰：

梅蹊命道士，桃涧伫神仙。

旧鱼成大剑，新龟类小钱。

水湄惟见柳，池曲且生莲。

欲知赏心处，桃花落眼前。

五嫂咏曰：

极目游芳苑，相将对花林。

露净山光出，池鲜树影沉。

落花时泛酒，歌鸟惑鸣琴。

是时日将夕，摧樽就树阴。

当时，树上忽有一李子落下官怀中，下官咏曰：

问李树，如何意不同？

应来主手里，翻入客怀中？

五嫂即报诗曰：

李树子，元来不是偏。

巧知娘子意，掷果[84]到渠边。

于时，忽有一蜂子飞上十娘面上，十娘咏曰：

问蜂子，蜂子太无情。

飞来蹈人面，欲似意相轻？

下官代蜂子答曰：

触处寻芳树，都庐少物华。

试从香处觅，正值可怜花。

众人皆拊掌而笑。

其时，园中忽有一雉。下官命弓箭射之，应弦而倒。五嫂笑曰："张郎才器，乃是曹植天然；今见武功，又复子南夫也。今共娘子相配，天下惟有两人耳。"十娘因见射雉，咏曰：

大夫巡麦陇，处子习桑间。

若非由一箭，谁能为解颜。

仆答曰：

心绪恰相当，谁能护短长。

一床无两好，半丑亦何妨。

五嫂曰："张郎射长垛如何？"仆答曰："且得不阙事而已。"遂射之，三发皆绕遮齐，众人称好。十娘咏弓曰：

平生好须弩，得挽则低头。

闻君把投快，更乞五三筹。

下官答曰：

缩干全不到，抬头则大过。

若令脐下入，百放故筹多。

于时，日落西渊，月临东渚。五嫂曰："向来调谑，无处不佳。时既曛黄，且还房室，庶张郎共娘子安置。"十娘曰："人生相见，且论杯酒，房中小小，何暇匆匆！"遂引少府向十娘卧处。屏风十二扇，画障五三张。两头安彩幔，四角垂香囊。槟榔豆蔻子，苏合绿沉香。织文安枕席，乱彩叠衣箱。相随入房里，纵横照罗绮。莲花起镜台，翡翠生金履。帐口银虺装，床头玉狮子。十重蛩駏毡，八叠鸳鸯被。数个袍袴，异种娇嫋，姿质天生有，风流本性饶。红衫窄裹小撷臂，绿袂帖乱细缠腰。时将帛子拂，还投和香烧。妍华天性足，由来能装束。敛笑正金钗，含娇累绣褥。梁家妄称梳发缓，京兆何曾画眉曲。

十娘因在后，沉吟久不来。余问五嫂曰：“十娘何处去，应有别人邀？”五嫂曰：“女人羞自嫁，方便待渠招。”言语未毕，十娘则到。仆问曰：“旦来披雾，香处寻花，忽遇狂风，莲中失藕。十娘何处漫行去来？”十娘回头笑曰：“星留织女，遂处人间，月待恒(姮)娥，暂归天上。少府何须苦相怪！”

于时两人对坐，未敢相触，夜深情急，透死忘生。仆乃咏曰：

千看千意密，一见一怜深。

但当把手子，寸斩亦甘心。

十娘敛色却行。五嫂咏曰：

他家解事在，未肯辄相嗔。

径须刚捉著，遮莫造精神。

余时把著手子，忍心不得，又咏曰：

千思千肠热，一念一心焦。

若为求守得，暂借可怜腰。

十娘又不肯，余捉手挽，两人争力。五嫂咏曰：

巧将衣障口，能用被遮身。

定知心肯在，方便故邀人。

十娘失声成笑，婉转入怀中。当时腹里癫狂，心中沸乱，又咏曰：

腰支一遇勒，心中百处伤。

但若得口子，余事不承望。

十娘嗔咏曰：

手子从君把，腰支亦任回。

人家不中物，渐渐逼他来。

十娘曰：“虽作拒张，又不免输他口子。”口子郁郁，鼻似薰穿；舌子芬芳，颊疑钻破。

五嫂咏曰：

自隐风流到，人前法用多。

计时应拒得，佯作不禁他。

十娘曰："昔日曾经自弄他，今朝并悉从人弄。"下官起，谘请曰："十娘有一思事，亦拟申论，犹自不敢即道，请五嫂处分。"五嫂曰："但道，不须避讳。"余因咏曰：

药草俱尝遍，并悉不相宜。

惟须一个物，不道自应知。

十娘答咏曰：

素手曾经捉，纤腰又被将。

即今输口子，余事可平章。

下官敛手而答曰："向来惶惑，实畏参差。十娘怜愍客人，存其死命，可谓白骨再肉，枯树重花。伏地叩头，殷勤死罪。"五嫂因起谢曰："新妇曾闻，线因针而达，不因针而缠；女因媒而嫁，不因媒而亲。新妇向来专心为勾当，已后之事不敢预知。娘子安稳，新妇向房卧去也。"

于时夜久更深，情急意密。鱼灯四面照，蜡烛两边明。十娘即唤桂心，并呼芍药："与少府脱靴履，叠袍衣，阁幞头，挂腰带。"然后自与十娘施绫帔，解罗裙，脱红衫，去绿袜。花容满目，香风裂鼻。心去无人制，情来不自禁。插手红裈，交脚翠被；两唇对口，一臂支头。拍搦奶房间，摩挲髀子上。一啮一意快，一勒一心伤。鼻里痠痹[35]，心里结缭。少时眼花耳热，脉胀筋舒，始知难逢难见，可贵可重。俄顷中间，数回相接。

谁知可憎病鹊，夜半惊人；薄媚狂鸡，三更唱晓。遂则被衣对坐，泣泪相看。下官拭泪而言曰："所恨别易会难，去留乖隔。王事有限，不敢稽停；每一寻思，痛深骨髓。"十娘曰："儿与少府，平生未展，邂逅新交，未尽欢娱，忽嗟别离，人生聚散，知复如何！"因咏曰：

元来不相识，判自断知闻。

天公强多事，今遣若为分！

仆乃咏曰：

积愁肠已断,悬望眼应穿。

今宵莫闭户,梦里向渠边。

少时,天晓已后,两人俱泣,心中哽咽,不能自胜。侍婢数人,并皆歔欷,不能仰视。五嫂曰:"有同必异,自昔攸然,乐尽哀生,古来常事。愿娘子稍自割舍。"下官乃将衣袖与娘子拭泪。十娘乃作别诗曰:

别时终是别,春心不值春。

羞见孤鸾影,悲看一骑尘。

翠柳开眉色,红桃乱脸新。

此时君不在,娇莺弄杀人。

五嫂咏曰:

此时经一去,谁知隔几年!

双凫伤别绪,独鹤惨离弦。

怨起移酲后,愁生落醉前。

若使人心密,莫惜马蹄穿。

下官咏曰:

忽然闻道别,愁来不自禁。

眼下千行泪,肠悬一寸心。

两剑俄分匣,双凫忽异林。

殷勤惜玉体,勿使外人侵。

十娘小名琼英,下官因咏曰:

卞和山未斫,羊雍地不耕。

自怜无玉子,何日见琼英?

十娘应声咏曰:

凤锦行须赠,龙梭久绝声。

自恨无机杼,何日见文成?[86]

下官瞿然,破愁成笑。

遂唤奴曲琴,取相思枕,留与十娘以为记念,因咏曰:

南国传椰子,东家赋石榴。

聊将代左腕,长夜枕渠头。

十娘报以双履,报诗曰:

双凫乍失伴,两燕还相属。

聊以当儿心,竟日承君足。

下官又遣曲琴取扬州青铜镜,留之与十娘,并赠之诗曰:

仙人好负局,隐士屡潜观。

映水菱光散,临风竹影寒。

月下时惊鹊,池边独舞鸾。

若道人心变,从渠照胆看。

十娘又赠手中扇,咏曰:

合欢游璧水,同心侍华阙。

飒飒似朝风,团团如夜月。

鸾姿侵雾起,鹤影排空发。

希君掌中握,勿使恩情歇!

下官辞谢讫,因遣左右取益州新样锦一匹,直奉五嫂,因赠诗曰:

今留片子信,可以赠佳期。

裁为八幅被,时复一相思。

五嫂遂抽金钗送张郎,因报诗曰:

儿今赠君别,情知后会难。

莫言钗意小,可以挂渠冠。

更取滑州小绫子一匹,留与桂心、香儿数人共分。桂心已下,或脱银钗,落金钏,解帛子,施罗巾,皆白送张郎,曰:"好去。若因行李,时复相过。"香儿因咏曰:

大夫存行迹,殷勤为数来。

莫作浮萍草,逐浪不知回!

下官拭泪而言曰:"犬马何识,尚解伤离;鸟兽无情,由知怨别。心非木石,岂忘深恩!"十娘报诗曰:

他道愁胜死,儿言死胜愁。

愁来百处痛，死去一时休。

又咏曰：

他道愁胜死，儿言死胜愁。

日夜悬心忆，知隔几年秋！

下官咏曰：

人去悠悠隔两天，未审迢迢度几年？

纵使身游万里外，终归意在十娘边。

十娘咏诗曰：

天涯地角知何处，玉体红颜难再遇。

但令翅羽为人生，会些高飞共君去。

下官不忍相看，忽把十娘手子而别。行至二三里，回头看数人犹在旧处立。余时渐渐去远，声沉影灭，顾瞻不见，恻怆而去。

行到山口，浮舟而过。夜耿耿而不寐，心茕茕而靡托。既怅恨于啼猿，又凄伤于别鹄。饮气吞声，天道人情，有别必怨，有怨必盈。去日一何短，来宵一何长！比目绝对，双凫失伴。日日衣宽，朝朝带缓。口上唇裂，胸间气满。泪脸千行，愁肠寸断。端坐横琴，涕血流襟。千思竞起，百虑交侵。独颦眉而永结，空抱膝而长吟：

望神仙兮不可见，普天地兮知余心。

思神仙兮不可得，觅十娘兮断知闻，

欲闻此兮肠亦乱，更见此兮恼余心！

〔注〕 ① 金城：地名，在今甘肃皋兰县西北黄河北岸。 ② “《书》云”句：《书》即《尚书》，引句出自《禹贡》。 ③ 汧(qiān)陇：汧，水名，渭河支流，源出甘肃六盘山南麓。陇，六盘山南麓之称谓。 ④ 河源：黄河的发源地。 ⑤ 迍邅(zhūn zhān)：十分不得志的样子。 ⑥ 眇邈(miǎo miǎo)：久远。 ⑦ 张骞(qiān)：西汉人，曾两次出西域，在西北沙漠中曾辗转数十载，后文所云“十万里之波涛”即指沙漠。 ⑧ 伯禹：即大禹，因大禹的父亲鲧为崇伯，故称其为伯禹。 ⑨ 洁斋：即斋戒。 ⑩ 泝：即溯。 ⑪ 祗(zhī)候：恭候，问候。 ⑫ 博陵、清河：均为地名，亦均为崔姓的郡望。 ⑬ 潘安仁：晋代诗人潘岳字安仁，据说他姿容秀美，故有“貌比潘安”之说。 ⑭ 崔季珪：魏时人崔琰，字季珪，《魏志》说他“声姿高畅，眉目疏朗”。这两句说这位女郎的美丽，简直就是潘岳的外甥，崔琰的妹妹。 ⑮ 逶迤(wēi yí)：本指曲折的样子，

这里指身材美丽。 ⑯ 荏苒(rěn rán)：柔弱的样子。 ⑰ 韩娥：古代极善唱歌的人，传说她过齐，唱了一曲悲伤的歌，齐人听了许多天都很悲哀。宋玉：楚国人，曾对楚王说，他东边邻居一个非常美丽的女子偷看了他三年，他也不为所动。这两句说这位女郎极美，连韩娥、宋玉看到她都会因爱而生愁。 ⑱ 绛树青琴：绛树，古代歌女名；青琴，古之神女。 ⑲ 造次：轻易。 ⑳ 叵耐：不可忍耐。 ㉑ 彷徨徙倚：坐立不安，留恋徘徊。 ㉒ 无便披陈：没有机会表达自己。 ㉓ 弹鹤琴于蜀郡，饱见文君：司马相如以琴曲挑逗卓文君。吹凤管于秦楼，熟看弄玉：萧史善吹箫，后娶得秦穆公之女弄玉。此二句其实不过是说他在秦蜀两地见过许多美女。 ㉔ 合卺(jǐn)：古代的结婚仪式。卺，本指瓢。 ㉕ 更：夜间的计时单位。 ㉖ 遥闻香气，独伤韩寿之心：韩寿，晋朝人，贾充任其为司空掾，贾充的女儿爱上了他，他夜间翻墙进去约会，贾女赠他西域奇香，后被贾充知道，便把女儿嫁给了他。这里是说他闻到了香气却又不能接近。 ㉗ 百遍烧妆：即说令西施嫉妒，把衣服都烧了。 ㉘ 南国：曹植《杂诗》云"南国有佳人，容颜若桃李"。此亦指佳人。 ㉙ 洛川回雪：指宓妃。曹植《洛神赋》中曾用"回风舞雪"来形容宓妃的美丽。 ㉚ 巫峡仙云：指高唐神女。宋玉《高唐赋》中说楚襄王梦见的神女自称巫山之女。 ㉛ 忿秋胡之眼拙，枉费黄金：秋胡，春秋时鲁国人，出外求官几年，回家途中见一采桑女，赠金挑之，不从。后方知即其妻。这句是夸十娘如同秋胡的妻子那样坚贞，不为金钱所动。 ㉜ 念交甫之心狂，虚当白玉：《列仙传》记载郑交甫游江滨，遇二神女而不知，二女赠其玉佩，交甫悦，受佩而去，数十步，玉佩便消失了。 ㉝ 天津：与天相通的渡口。 ㉞ 倡佯：即徜徉。 ㉟ 袨服靓妆：袨，即炫。打扮漂亮。 ㊱ 可怜：可爱。 ㊲ 睐聒(lián huà)：当为"睐甛(dān)"，亦云"甛睐"，即目光淫乱的样子。 ㊳ 帔(pèi)：即披肩之类的服饰。 ㊴ 婴嫇(yīng méng)：即新娘子。 ㊵ 宔(yā)寀：当为"宔㛹"，娇媚的样子。 ㊶ 清河：汉郡国名。 ㊷ 弘农：地名，今陕西、河南交界一带。 ㊸ 再醮(jiào)：再嫁。 ㊹ 南阳：张姓之郡望。 ㊺ 黄石：即黄石公，传给张良一卷天书的神仙。此句不过说他姓张而已。 ㊻ 白水：东汉光武帝刘秀出生于南阳白水乡，谶称其为"白水真人"。此句不过说自己生于南阳。 ㊼ 在汉则七叶貂蝉：此指汉时之张汤，其人子孙相继为官。 ㊽ 堂构不绍：即不能继承家业。 ㊾ 逍遥鹏鷃：在《庄子·逍遥游》中，鹏是一种很大的鸟，它可以上飞九万里；而鷃则是一种小鸟，只能飞几尺高。此处作者意指自己在有志与无志之间。 ㊿ 宾贡：古代州郡向朝廷推荐人才，以宾礼对待，贡于京师。 51 搜扬：访求推举。 52 筦：即"管"字。 53 少府：县尉的别称。县令称为"明府"，县尉职位低于县令，故称"少府"。 54 拙为礼贶(kuàng)：没能按礼款待。贶，礼物，赠品。 55 铜雀：即铜雀台，曹操所建。 56 灵光：即灵光殿，汉景帝子鲁恭王所建。 57 傥阆：即"傥朗"，昏暗不明的样子。 58 暐(wěi)晔：光彩照人的样子。 59 断绝：前所未有。 60 娃婔(chái)：娇媚的样子。 61 眴(shùn)：眼跳。 62 优昙：梵语的音译，无花果的一种，意译即"祥瑞花"。 63 饶剧：即善于开玩笑。 64 山涛之妻，凿壁知阮籍为贤人：《世说新语》载山涛与阮籍、嵇康友善。一次，二人来访，留宿，山妻凿壁偷看，第二天对山涛说你都不如他们。 65 班婕妤、曹大家：汉代两个才女。班婕妤为《汉书》作者班彪之姑，曹大家即班昭，为班彪之女。 66 酒章：即酒令。 67 "关关雎鸠"诗：此为《诗经·周南·关雎》四句，十娘吟此诗意思是说美丽的女人，君子都喜欢去追求。 68 "南有樛木"诗：此为《诗经·汉广》四句，作者吟此诗是说虽然有这么好的女人，却无法追求到。此处"樛"当为"乔"字。 69 "折薪如之何"诗：此为《诗经·南山》四句，五嫂吟此诗是说要想追求到这个人，得有媒人。此处"折"当为"析"字。 70 "不见复关"诗：此为《诗经·氓》中四句，意谓，不见他来，非常悲伤，见他来了，极为高兴。 71 "女也不爽"诗：此亦为《诗经·氓》中四句，意谓男子若三心二意就很不好。 ⑫“毅则异室”诗：此为《诗经·大车》中四句，等于是作者在发誓。 ⑬尺八：一种乐器名，有人说即竖笛。 ⑭向来眼饱，不觉身饥：此意为已饱餐了秀色。 ⑮浪与少府作消息：即随便给他递了消息。 ⑯盱(xū)瞜：张目看。 ⑰腽腯(wà tú)：丰腴之意。 ⑱枣：谐音“早”字。下之“梨”谐“离”；“杏”谐“幸”；“柰”即“奈”，李子。 ⑲一时忘味：孔子在齐，闻韶乐，三月而不知肉味。 ⑳三日绕梁：用韩娥过齐之典，见前“韩娥”注。 ㉑咥(xì)然：大笑的样子。 ㉒媥(pián)妍：美好的样子。 ㉓剌：同“刺”字。 ㉔掷果：潘岳美姿容，每出门，妇女掷果满车。 ㉕痠痜(suān nüè)：“痠”，即酸痛；“痜”，即“疟”，疟疾。 ㉖自恨无机杼，何日见文成：此语双关。文，即“纹”，意思是说没有机杼，怎么能织成布呢。但作者张鷟又字文成，又含有何时相见的意思。

本篇《唐人小说》录载。

作者自叙从汧陇奉使河源，因日晚途遥，马疲人乏，遂投宿一个相传为“神仙窟”的第宅。女主人十娘及五嫂殷勤相待，以诗文相酬答，调笑戏谑，宴饮校射，后由五嫂为“媒”，将十娘“嫁”与“我”，两人旦晨洒泪而别。

本篇描写的是作者旅途中的一段感情经历。就基本思想倾向而言，《游仙窟》是浅薄庸俗的。然而，透过题材的表层意义，我们还是可以看到作品所表现的现实风气和作者所抒写的文人情怀。首先，《游仙窟》所描写的爱情是一种没有任何拘束的感情表现。男女主人公的结合既不以婚姻为目的，也没有“贞操”“负心薄幸”之类观念的束缚，只是自然地凭感情潮汐的起落。这在中国的爱情婚姻小说中是很奇特的，反映初唐时期在婚姻爱情观念上的开放风气。其次，作品写的是“人踪罕及，鸟路才通”“香风触地，光彩遍天”的“神仙窟”。然而窟中并非飘飘仙子，而是有名有姓的闺中少妇，她们的笑谈举止毫无仙气可言，全然是现实中青楼女子的模样。这表明作者所要抒写的不是六朝文人那种遇合神女仙姝的向往之情，而是敏锐地察觉到唐代读者对今生现世幸福的关注，试图通过小说把仙境与人境沟通起来。“何须杏树岭，即是桃花源”，寄托更多的是对人间桃源的追慕之意。再次，作品虽然不无轻浮之嫌，但由当事者娓娓叙来，透露出那种瞬息即逝的一夜之欢的怅怨情思，“思神仙兮不可得，觅十娘兮断知闻”，一次感情的投入，一种淡淡的哀伤，使人不能不承认作者那流入轻佻的举止中仍是有着深情在的。这种深情既是对美好感情的留恋，也是对人生离合的感慨。就像苏轼的《和子由渑池怀旧》所云：“人生到处知何似？应是飞鸿踏雪泥。泥上偶然留指爪，鸿飞那复计东西？”在这一层意义上，作品给予我们的启悟实际上已经超过了题材本身。

从艺术表现看，《游仙窟》是有相当魅力的。作品从构思的戏剧化、叙述的情感化及语言的骈俪化方面，真正为我们展现了文备众体、叙事婉转的唐代传奇风貌。

六朝志怪小说基本是写过程的——人物的始末，事件的起止，属于线性叙事模式。唐人小说很多也是如此，把展示线性过程作为叙事的主要方式。而《游仙窟》则是以描写场面为主的，即在相对静止的叙事时间关系中拓展空间，表现空间的人物活动，这是面性叙事模式。它反映着作者进行艺术构思的空间意识，可以说是一种戏剧化的构思。如果我们根据相对静止的叙事时空对《游仙窟》进行分段的话，恰好可以分为序幕、四幕及一个尾声。序幕——初游仙窟。其场景是“深谷带地”，“高岭横天”，“烟霞子细，泉石分明”。其人物活动是“缘细葛，泝轻舟。身体若飞，精灵似梦。须臾之间，忽至松柏岩、桃华涧”。然后由一浣衣女子引出第一幕的场面——草亭相见。这个场面中的人物活动包括听琴赠诗，互申怀抱；逶迤相见，自报家门。接着由十娘“引入中堂”，场景转换，引出第二幕的场面——登堂宴饮。其场景是“水精浮柱，的皪含星；云母饰窗，玲珑映日”，“长廊四注”，“高阁三重”。其人物活动是宴饮咏诗，互传心曲；闻乐起舞，巧语相谑。接着又由五嫂引出第三幕的场面——游园校射。其布置是“杂果万株，含青吐绿；丛花四照，散紫翻红。激石鸣泉，疏岩凿磴”，“水明鱼影静，林翠鸟歌喧”。其人物活动是即景咏诗，园中校射。然后再由五嫂“引少府向十娘卧处”，场景转换，引出第四幕的场面——入室合欢。其布景是“屏风十二扇，画障五三张”，“槟榔豆蔻子，苏合绿沉香”。其人物活动是故作矜持，片刻成欢；泣泪相看，赠物言别。最后是尾声——仙窟遗梦。其人物活动是送者不忍离去，“犹在旧处立”，行者夜不能寐，“抱膝而长吟”。这里，作者集中描写四个场面，由草亭到堂中到园内到卧室，简短的叙述自然引出场面的描写，人物的活动充分展示内心的世界，从而让读者获得一种如临其境、如见其人的戏剧化感受。

然而，在《游仙窟》的场面描写中，并不是以人物活动取胜，主要以人物间的对话、书信、诗歌展开感情的交流与意识的传递，从中活现人物形象和性格特征。在第一幕中，“我”闻十娘在弹琴，便做了一首诗逗她：

　　自隐多姿则，欺他独自眠。故故将纤手，时时弄小弦。

　　耳闻犹气绝，眼见若为怜。从渠痛不肯，人更别求天。

十娘则决绝似地答复道：

　　面非他舍面，心是自家心。何处关天事，辛苦漫追寻！

当“我”窥见了“犹抱琵琶半遮面”的十娘时，便又作了一诗逗她：

　　敛笑偷残靥，含羞露半唇。一眉犹叵耐，双眼定伤人。

十娘又决绝似地答复道：

好是他家好，人非着意人。何须漫相弄，几许费精神。

而当十娘"千呼万唤始出来"时，十娘敛手再拜，"我"亦低头尽礼而言："向见称扬，谓言虚假；谁知对面，恰是神仙。此是神仙窟也！"十娘曰："向见诗篇，谓非凡俗；今逢玉貌，更胜文章。此是文章窟也！"这种带有动作性的对话，就像戏曲中的对白；这种富有趣味性的对诗，更像戏曲中的抒情性唱段。而戏曲中抒情性的唱段，是戏曲作者运用延伸和放大内心活动的办法，来表现人物细致、丰富的感情世界的。《游仙窟》几乎全篇就是在这类似抒情性唱段的描写中，让主人公自剖心曲，自我表演，从而使"我"这个风流才子多情善感、轻佻浮躁的品性跃然纸上，而崔十娘也于佯羞假嗔中流露出奔放的热情，于半俗半雅中表现出孀居少妇的心理状态。

《游仙窟》在语言艺术上有一个显著特色，就是韵散结合，雅俗交融。虽然骈体文很难表现叙事文体的风致，但是《游仙窟》却写得活泼洒脱，逸趣横生。作品第一幕写仙窟形势之险峻，第二幕写十娘屋宇陈设之壮丽豪华，第三幕写崔家后园之美丽清幽，第四幕写十娘卧室之珠围翠绕，以及最后离别之后"我"思念十娘之情景，所有这些描述性的骈俪文本身，并不晦涩难懂，对偶也很自然流畅，确实达到了一种文章与景物相映生辉的艺术效果。况且在这些描述性骈文之后，往往就是人物生动活泼的对话，又使得景物与人物相得益彰。

至于"我"与崔十娘互相酬答的诗句，既有文字典雅、趣味高古的文人趣味，也有受民歌俗语影响，具有浅显明快、大胆俚俗的特色。像第二幕中"我"、十娘、五嫂三人酬答都是《诗经》中的句子，如此博学通文，引用得体，虽然托之于山中俗女，文人的趣味却洋溢其中。而作品中大量一逗一拒、一引一答的诗句，颇使我们想起了民间歌曲中最常见的男女问答的歌辞，宛如见到了山中樵夫与采茶女、水际渔夫与船娘们的"行歌互答"，清新活泼，有浓厚的生活气息，恰与文人趣味相映成趣。

（陈惠琴）

蒋　恒　　　　张　鷟

贞观中，卫州板桥店主张迪妻归宁[①]，有卫州三卫[②]杨真等三人投宿，五更早发。夜有人取三卫刀杀张迪，其刀却内[③]鞘中，真等不之知。至明，店人追真等，视刀有血痕，囚禁拷讯真等苦毒，遂自诬。上疑之，差御史蒋恒覆推[④]。至，总追店人十五已上集，为人不足，且散。惟留一老婆，年八十已上，晚放出，令狱典密觇之，曰："婆出，当有一人与婆语者，即记取姓名，勿令漏泄。"果有一人共语，即记之。明日复尔，其人又问婆："使人作何推勘？"如是者三日，并是此人。恒总追集男女三百余人，就中唤与老婆语者一人出，余并放散。问之具伏，云与迪妻奸杀有实。奏之，敕赐帛二百段，除侍御史。

〔注〕 ① 归宁：已婚女子回家看望父母。 ② 卫：卫士。 ③ 内：同"纳"。 ④ 覆推：复查审核。

张鷟所撰《朝野佥载》，多记隋唐两代朝野遗闻、公案故事。《蒋恒》一篇所记，就是武则天时期的一件谋杀案。

案子并不太复杂。卫士杨真等三人投宿客店。店主张迪夜里被杀，凶手用杨真等人的刀杀了人，却将沾血的刀依然放回到原来的刀鞘里。以现代的侦破技术去看，这件案子并不难破。但当时并没有检验指纹血液之类的技术。尽管如此，审判官只要谨慎从事，做一下调查研究，也不难查明真相。不幸的是，这位审判官非常主观，又迷信棍棒，于是，棰楚之下，何求而不得！杨真等人屈打成招，自诬杀人。接着，御史蒋恒奉命复查。蒋恒设下圈套，诱使真凶暴露。原来这是一桩通奸谋杀案。真相大白，水落石出，杨真等人的冤屈得以平反昭雪。

作者通过这件案子，谴责了问官的主观昏庸、草菅人命，揭露了司法的腐败。赞扬了蒋恒的严肃认真、慎重人命，尤其是赞扬了他的智慧。蒋恒并不相信刑讯逼供所得到的结果。他估计凶手迫不及待地要想打听他破案的设想，便故意将一位老妇留下谈话，然后看谁去向老妇打听情况。凶手果然落入他的圈套。但蒋恒还不放心，他又屡次地找老妇谈话，而那位愚蠢的凶手一而再、再而三地暴露自己，蒋恒由此对自己的判断深信不疑。

作为一篇公案小说，作者很注意前后的照应。写得针脚细密、一丝不乱。事发之日，张迪的妻子恰好归宁，显然是要表示她不在现场，以洗刷自己的嫌疑。杨真等"五更早发"，这就更增加了人们对他们的怀疑。

（张国风）

李畲母　　　　张　鷟

监察御史李畲母清素贞洁，畲请禄米送至宅，母遣量之，剩三石。问其故，令史曰："御史例[①]不概剩。"又问车脚[②]几钱，又曰："御史例不还脚钱。"母怒，令还所剩米及脚钱以责畲，畲乃追仓官科罪[③]。诸御史皆有惭色。

〔注〕① 例：按条文、制度规定的。 ② 车脚：即车脚钱，搬运费的旧称。 ③ 科罪：定罪。

本篇选自《朝野佥载》。

这篇不到一百字的小故事，生动地刻画了李畬之母“清素贞洁”的鲜明形象。作为监察御史的李畬，请人将自己的“禄米”送回家，本为小事一桩，可李母对“禄米”的数量产生了怀疑，即派人量“禄米”，果然多出三石。问其原因，令史说这是规定的俸禄，不会多。李母又问搬运费多少，令史更以“御史例不还脚钱”搪塞。李母不禁大怒，送还了“剩米”和“脚钱”，并责备作御史的儿子。多么正直而果断！其实并非御史的过错，原来是仓官为巴结御史而故意多给的，所以李畬追查其责，给予定罪。李母虽然错怪了儿子，但她那种廉洁的美德、拒贿的节操与知微远虑的身教言传，对李畬的成为清官，不啻起到了榜样与约束作用。最后，作者又以“诸御史皆有惭色”结尾，言简意赅地揭示了当时的官场风气。故事短小精悍，寓意深刻，在今天仍有教育意义。

（曾　良）

【作者小传】

张　说

(667—730)　唐文学家。字道济，又字说之。洛阳(今属河南)人。历任太子校书郎、兵部侍郎、同中书门下平章事、中书令等。作有小说《梁四公》等。

梁　四　公　　　　张　说

梁天监中，有蜀闯、鱳傑、麸黹、仉胥① 四公谒武帝。帝见之甚悦，因命沈隐侯约作覆，将与百寮共射之。时太史适获一鼠，约匣而缄之以献，帝筮之遇蹇䷦之噬嗑䷔②。帝占成。群臣受命献卦者八人，有命待成俱出。帝占决，置诸青蒲，申命闯公揲蓍。对曰：“圣人布卦，其象吉矣。依象辩物，何取异之？请从帝命卦。”时八月庚子日巳时。闯公奏请沈约举帝卦上一蓍以授臣。既撰占成，置于青蒲而退。读帝占曰：“先蹇后噬嗑是其时，内艮外坎是其象。坎为盗，其鼠也。居蹇之时，动其见嗑，其拘系矣。噬嗑六爻，四无咎，一利艰贞。非盗之事。上九荷校灭耳凶，是因盗获戾，必死鼠也。”群臣蹈舞呼万岁。帝自矜其中，颇有喜色。次读八臣占词，或辩于色，或推于气，或取于象，或演于爻，或依鸟兽龟龙，阴阳飞伏。其文虽玄远，然皆无中者。末启闯公占曰：“时日王相，必生鼠矣。且阴阳晦而入文明。从静止而之震动，失其性，必就擒矣。金盛之月，制之必金。子为鼠，辰与艮合体。坎为盗，又为隐伏。隐伏为盗，是必生鼠也。金数于四，其鼠必四。离为文明，南方之卦。日中则昃，况阴类乎？晋之繇曰，死如弃如。实其事也，日敛必死。”既见生鼠，百寮失色。而尤闯公曰：“占辞有四，今者唯一，何也？”公曰：“请剖之。”帝性不好杀，自恨不中。及至日昃，鼠且死矣。因令剖之，果妊三子。是日，帝移四公于五明殿西阁，示更亲近，其实囚之。唯朔望伏腊，得于义贤堂见诸学士。然有军国疑议，莫不参预焉。

大同中，盘盘国[3]、丹丹国、扶昌国、高昌国遣使献方物。帝令有司设充庭法驾，雅乐九阕。百寮具朝服如元正[4]之仪。帝问四公：“异国来廷，爵命高下？”欲以上公秩加之。䵍公曰：“成王太平，周公辅政，越裳氏重译来贡[5]，不闻爵命及之；春秋郝楚[6]之君，爵不加子。设使其君躬聘，依礼经，位止子男。若加以上公，恐非稽古。”帝固谓䵍公更详定之。俄属暴风如旋轮，曳帝裙带。帝又问其事。公曰：“明日亦未果，请他日议之。”帝不怿。学士群诽之。向夕，帝女坠阁而死，礼竟不行。后诘之，对曰：“旋风袭衣，爱子暴殒，更何疑焉。”

高昌国遣使贡盐二颗，颗如大斗，状白似玉。干蒲桃[7]、刺蜜[8]、冻酒、白麦面，王公士庶皆不之识。帝以其自万里绝域而来献，数年方达。文字言语与梁国略同。经三日，朝廷无祇对者。帝命傑公迓之。谓其使曰：“盐一颗是南烧羊山[9]月望收之者，一是北烧羊山非月望收之者。蒲桃七是洿林，三是无半。冻酒非八风谷所冻者，又以高宁酒和之。刺蜜是盐城所生，非南平城者。白麦面是宕昌者，非昌垒真物。”使者具陈实情："面为经年色败，至宕昌贸易填之。其年风灾，蒲桃刺蜜不熟，故驳杂。盐及冻酒，奉王急命，故非时尔。"因又问紫盐磬珀[10]。云："自中路遭北凉所夺，不敢言之。"帝问傑公群物之异。对曰："南烧羊山盐文理粗，北烧羊山盐文理密。月望收之者，明彻如冰，以毡橐煮之可验。蒲桃，洿林者皮薄味美，无半者皮厚味苦。酒是八风谷冻成者，终年不坏，今臭其气酸。洿林酒滑而色浅。故云然。南平城羊刺无叶，其蜜色明白而味甘。盐城羊刺叶大，其蜜色青而味薄。昌垒白麦面烹之将熟，洁白如新。今面如泥且烂，由是知蜜麦之伪耳。交河之间平碛中，掘深数尺，有末盐，如红如紫，色鲜味甘，食之止痛；更深一丈，下有磬珀，黑逾纯漆，或大如车轮，末而服之，攻妇人小肠症瘕[11]诸疾。彼国珍异，必当致贡。是以知之。"

傑公尝与诸儒语及方域云："东至扶桑。扶桑之蚕长七尺，围七寸，色如金，四时不死。五月八日呕黄丝，布于条枝而不为茧。脆如綖。烧扶桑木灰汁煮之，其丝坚韧。四丝为系，足胜一钧。蚕卵大如燕雀卵，产于扶桑下。赍卵至句丽国[12]，蚕变小，如中国蚕耳。其王宫内有水精城，可方一里，天未晓而明如昼。城忽不见，其月便蚀。西至西海，海中有岛，方二百里。岛上有大林，林皆宝树，中有万余家，其人皆巧，能造宝器，所谓拂林国也。岛西北有坑，盘坳深千余尺。以肉投之，鸟衔宝出，大者重五斤，彼云是色界[13]天王之宝藏。四海西北，无虑万里，有女国。以蛇为夫，男则为蛇，不噬人而穴处。女为臣妾官长而居宫室。俗无书契而信咒诅。直者无他，曲者立死，神道设教，人莫敢犯。南至火洲[14]之南，炎昆山之上，其土人食蝑蟹髯蛇以辟热毒。洲中有火木，其皮可以为布。炎丘有火鼠，其毛可以为褐，皆焚之不灼，污以火浣。北至黑谷[15]之北，有山极峻造天，四时冰雪，意烛龙所居，昼无日。北向更明，夜直上观北极。西有酒泉，其水味如酒，饮之醉人。北有漆海，毛羽染之皆黑。西有乳海，其水白滑如乳。

三海间方七百里，水土肥沃。大鸭生骏马，大鸟生人，男死女活，鸟自衔其女，飞行哺之，衔不胜则负之。女能跬步，则为酋豪所养。女皆殊丽，美而少寿，为人姬媵，未三十而死。有兔大如马，毛洁白，长尺余。有貂大如狼，毛纯黑，亦长尺余，服之御寒。”

朝廷闻其言，拊掌笑谑，以为诳妄，曰：“邹衍《九州》、王嘉《拾遗》[16]之谈耳。”司徒左长史王筠难之曰：“书传所载女国之东，蚕崖之西，狗国之南，羌夷之别种。一女为君，无夫蛇之理。与公说不同，何也？”公曰：“以今所知，女国有六。何者？北海之东、方夷之北有女国，天女下降为其君，国中有男女，如他恒俗。西南夷板楯之西有女国，其女悍而男恭，女为人君，以贵男为夫，置男为妾媵，多者百人，少者匹夫。昆明东南、绝徼[17]之外有女国，以猿为夫，生男类父而入山谷，昼伏夜游；生女则巢居穴处。南海东南有女国，举国惟以鬼为夫，夫致饮食禽兽以养之。勃律山之西有女国，方百里，山出台虺之水，女子浴之而有孕；其女举国无夫，并蛇六矣。昔狗国之南有女国，当汉章帝[18]时，其国王死，妻代知国，近百年，时称女国，后子孙还为君。若犬夫、猿夫、鬼夫、水之国，博知者已知之矣，故略而不论。”

俄而扶桑国使使贡方物，有黄丝三百斤，即扶桑蚕所吐、扶桑灰汁所煮之丝也。帝有金炉，重五十斤，系六丝以悬炉，丝有余力。又贡观日玉，大如镜，方圆尺余，明彻如琉璃，映日以观，见日中宫殿，皎然分明。帝令傑公与使者论其风俗、土地、物产、城邑、山川，并访往昔存亡。又识使者祖父、伯叔、兄弟。使者流涕拜首，具言情实。

间岁，南海商人赍火浣布三端。帝以杂布积之，令傑公以他事召。至于市所，傑公遥识曰：“此火浣布也。二是缉木皮所作，一是续鼠毛所作。”以诘商人，具如傑公所说。因问木、鼠之异，公曰：“木坚毛柔，是何别也？以阳燧火山阴柘木爇之，木皮改常。”试之果验。

明年冬，扶南[19]大舶从西天竺国来，卖碧玻瓈镜。面广一尺五寸，重四十斤，内外皎洁。置五色物于其上，向明视之，不见其质。问其价，约钱百万贯文。帝令有司算之，倾府库偿之不足。其商人言：“此色界天王有福乐事，天澍大雨，众宝如山，纳之山藏，取之难得。以大兽肉投之藏中，肉烂粘宝，一鸟衔出，而即此宝焉。”举国不识，无敢酬其价者。以示傑公，公曰：“上界之宝，信矣！昔波罗尼斯国王有大福，得获二宝镜，镜光所照，大者三十里，小者十里。至玄孙福尽，天火烧宫。大镜光明，能御灾火，不至焚爇。小镜光微，为火所害，虽光彩昧暗，尚能辟诸毒物方圆百步，盖此镜也。时王卖得金二千余斤，遂入商人之手。后王福薄，失其大宝，收夺此镜，却入王宫。此王十世孙失道，国人将谋害之，此镜又出，当是大臣所得。其应入于商贾，其价千金，倾竭府库不足也。”因命傑公与之论镜，由是信伏。更问：“此是瑞宝，王令货卖，即应大秦波罗奈国、失罗国诸大国王大臣所取，汝辈胡客，何由得之？必是盗窃至此耳。”胡客逡巡未对。俄而其国遣使追访至梁，云其镜为盗所窃，果如其言。

后有魏使频至，亦言黑貂、白兔、鸭马女国，往往入京。梁朝卿士始信傑公周游六合，出入百代，言不虚说，皆为美谈。故其多闻强识，博物辩惑，虽仲尼之详大骨[20]、子产之说台骀[21]，亦不是过矣。

后魏天平[22]之岁，当大同之际，彼此俗阜时康，贤才鼎盛。其朝廷专对，称人物士流，及应对礼宾，则胥公独预之，为问答，皆得先鸣。所以出使外郊，宴会宾客，使彼落其术内。动挫词锋，机不虚发，举无遗策，胥公之力也。

魏兴和二年[23]，遣崔敏、阳休之来聘。敏字长谦，清河东武城人。博学赡文，当朝第一，与太原王延业齐名。加以天文、律历、医方、药品、卜筮。既至，帝选硕学沙门十人于御对百僚与之谈论，多屈于敏。帝赐敏书五百余卷，他物倍之。四公进曰：“崔敏学问疏浅，不足上黪冲襟。命臣䝨敌之，必死。”帝从之。初，江东论学，有“十二沙门论”，以条疏征核；有“中观论”，以乘寄萧然。言名理者宗仰其术。北朝有“如实论”，质定宗理；有“回诤论”，借机破义。敏总南北，二业皆精。又桑门所专，惟在释氏，若儒之与道，蔽于未闻，敏兼三教而擅之，颇有德色。䝨公尝于五天竺国以梵语精理问论中“分别论”“大无畏论”“因明论”，皆穷理尽妙。䝨公貌寝形陋而声气清畅。敏既频胜群僧，而乃傲形于物。其日，帝于净居殿命䝨公与敏谈论至苦，三光四气、五行十二支、十干八宿、风云气候、金丹玉液、药性针道、六性五蕴、阴阳历数、韬略机权、飞伏孤虚、鬼神情状，始自经史，终于老释。凡十余日，辩扬六艺百氏。与敏互为主客，立谈绝倒，观者莫不盈量忘归。然敏词气既沮于䝨，不自得，因而成病。舆疾北归，未达中路而卒。

〔注〕 ① 蜀（xié）闯（chèn）、𪍿（wàn）傑、𢦏（shǔ）䵎（tuān）、仉（zhǎng）䝨（dǔ）：梁武帝天监年间（502—520）的四位异人。② ䷁、䷝：古代筮法用的符号。 ③ 盘盘国：南海古国，故地在今泰国南部。下文中的丹丹国亦为南海古国，又作单单国。扶昌国，未详何国。高昌国，古西域城国，位于今新疆吐鲁番县东哈拉和卓堡。 ④ 元正：元旦。 ⑤“越裳氏”句：越裳为古南海国名，相传周公时曾献白雉，因语言不通，须经过多重翻译才能沟通，故谓“重译”。⑥ 郏楚：郏为古邑名，后为楚所灭。 ⑦ 蒲桃：即葡萄。 ⑧ 刺蜜：亦称“刾蜜”，草名，可入药。 ⑨ 南烧羊山：地名，不详所在。本段中有不少地名，多在古西域，不详所在，如南、北烧羊山、洿林、无半、八风谷、高宁、盐城、昌垒、南平城等。另有宕昌，为古国名，地在今甘肃宕昌县。交河为古城名，唐时是高昌首府，位于今新疆吐鲁番县西北的雅尔和屯。 ⑩ 瑿珀：黑色的琥珀。 ⑪ 症瘕（jiǎ）：腹中结硬块的疾病。 ⑫ 句丽国：即高句（gōu）丽（lí），又作高句骊。古国名，在今朝鲜境内。 ⑬ 色界：佛教三界之一，在欲界之上。此界诸天，但有色相，无男女诸欲，故名。此处谓宝物来自色界天王的宝藏，显然是傑公的夸张矫饰之词。 ⑭ 火洲：也作火州，相传在南海中，见《三国志》注引《异物志》。下文中的炎昆山不悉所在。 ⑮ 黑谷：不悉何地，疑黑谷与下文中的漆海、乳海都是传说中的地名。而后文中的板楯、蚕崖、狗国、勃律山、台虺水等地名，也多无考。 ⑯ 邹衍《九州》、王嘉《拾遗》：邹衍为战国时齐人，为阴阳家代表人物。所著《邹子》《邹子终始》均已失传；《九州》一书不见传本。王嘉为晋时人，所作《拾遗记》多记上古神话、神仙异闻。 ⑰ 绝徼：羽徼发不到的地方。指极远的边塞之地。 ⑱ 汉章帝：东汉皇帝刘炟，公元 75—88 年在位。 ⑲ 扶南：南海古国名，地在今越南境内，全盛时占有湄公、湄南河下游地区。 ⑳ 仲尼之详大骨：相传吴伐越时，得到一块可装满一辆车的大骨。孔

子认为是山神防风为禹所杀留下的遗骨。事见《国语・鲁语》。　㉑ 子产之说台骀(tái)：台骀是汾水之神。春秋时，子产作为郑国正卿出使晋国，晋侯曾向他询问台骀的情况。事见《左传》。　㉒ 天平：东魏孝静帝年号(534—550)。　㉓ 兴和二年：兴和是东魏孝静年号，二年为公元540年。

本篇出自《梁四公记》，作者是唐代张说(复有卢诜、梁载言、田通诸说)。《梁四公记》原书一卷，已佚。今存佚文三节，分别见于《太平广记》的《梁四公》《五色石》和《震泽洞》。所谓梁四公，是指梁武帝天监年间(502—520)的四位异人：蜀闯、䰠杰、毂𪇖和仉䝟。四人或擅占卜，或广见闻，各有特异的本领，其中又以杰公(即䰠杰)最为突出。如《五色石》一篇，即叙天目山人全文猛发现一块五色奇石，献于梁武帝。一日石忽光照廊庑、有声如雷。经杰公辨识，此石是上界化生龙之石。武帝将其制成石瓯，以盛御膳。后有赤龙飞来，将石瓯攫去。《震泽洞》则叙说洞庭山南有洞极深，有人误落洞中，见有蛟龙守门。武帝询问杰公得知，此洞是东海龙王第七小女的藏珠洞。后杰公遣罗子春兄弟入洞探险，龙女以宝珠相赠，奉与武帝。而这里所选的《梁四公》，是三节佚文中最长的一篇，杰公依然是故事中的主要人物。

本篇先叙闯公(即蜀闯)、𪇖公(即毂𪇖)有占卜异术。武帝命沈约作覆(谜语)，准备与百僚共射(即猜谜)。沈约将一鼠置于匣中。武帝猜中匣内有一只老鼠，十分得意；而闯公却说匣内有四只鼠。后经剖腹探查，果然发现大鼠腹内还有三只小鼠。又一日，武帝召四公议论给外来使者加封之事，议论未定，忽有旋风刮来，吹起武帝裙带。𪇖公已预测到帝女将有灾厄，果然，第二天帝女坠阁而死。

以下为小说的主体部分，专叙杰公"多闻强识，博物辩惑"。高昌国遣使进贡，贡品乃是盐颗、干葡萄、刺蜜、冻酒、白麦面等"王公士庶皆不之识"的罕见之物。独有杰公不但识其名目，还能说出其特点、来历，并能辨识真伪。这一来，逼得高昌贡使不得不供出中途偷换贡品的实情。此外，杰公对域外风物特产几乎无所不知，他向梁朝诸儒描绘扶桑巨蚕，说此种蚕丝极为坚韧，四根丝就可以悬吊一钧(三十斤)的重物。——他的话后来得到了实物印证：扶桑国进贡的黄丝，六根竟可吊起五十斤的金炉，尚有余力。

杰公在其海外奇谈中还特别提到域外女国，并指出女国有六，各有异俗。此外，杰公又擅长辨识海外异宝，一眼就能看出混在杂布中的火浣布，并指出火浣布的成分和特性。他对舶自海外的玻璃宝镜早有了解，不但知道它的神功异性，对它的来龙去脉也了如指掌。后来果如所言，宝镜是被域外商贾盗卖的，最终为大秦国使者追回。傑公的渊博知识赢得了梁朝卿士的敬重，大家公认他“周游六合，出入百代，言不虚说，皆为美谈”，“虽仲尼之详大骨，子产之说台骀，亦不是过矣”。

小说最后记述了㬚公（即仉㬚）的知识渊深、辩才无碍。东魏兴和二年，魏使崔敏等出使梁国。这位北国使者精通佛教义理，对儒、道也有很深的研究，自谓在学识上“打遍天下无敌手”。㬚公与崔敏在御前辩论十余日，论辩内容涉及“六艺百氏”，无所不包。最终崔敏辞穷气沮，成了㬚公的手下败将，竟“因而成病”，死于北还的路上。

梁四公到底是什么人？有人以为是几名道术之士，这是从小说重佛老、轻儒士的倾向推测出来的。据说小说作者张说晚年迷信术士，还因此遭到弹劾；故此种说法，并非空穴来风。然而另一种说法则认为，这四位名号怪诞的异人，很可能是域外来客。他们所具有的广博域外知识，决非坐井观天的道术之士可以闭门造车、凭空捏造的。四公的种种奇谈中，一些事物、地名，乃至神话传说，都有着传自域外的痕迹，试举数例来看。

一是火浣布。这种织物是用石棉纤维织成，晋朝时已由大秦（即罗马帝国）使者携来中国。该布污染后可以用火烧的办法“洗”净；晋人还曾作《奇布赋》予以歌咏。第二种外来事物是“碧玻瓈镜”，那应是一种大型玻璃透镜。中国人当时还未掌握制造如此纯净的大型玻璃器皿的工艺，域外商人趁机哄抬价格，将人工玻璃与玉石珍宝等同起来，在当时是常见的现象。此外，小说中提到的拂林国、波罗尼斯国、波罗奈国、失罗国等也实有其地。有关拂林国的记载最早见于《隋书》，有人以为“拂林”是指君士坦丁堡，也有指为东罗马或耶路撒冷的。还有人认为“拂林”即“法兰克”的译音，泛指欧洲而言。至于波罗尼斯等国，很可能是指古印度及西亚、欧洲的古城。

最令研究者感兴趣的，是小说中两次提到宝石谷故事。一次傑公与诸儒谈天说地，谓拂林国西北有巨坑，“盘坳深千余尺。以肉投之，鸟衔宝出，大者重五斤，彼云是色界天王之宝藏”。另一次是扶南商人夸说碧玻瓈镜，谓色界天王将众宝纳于山谷中，难以取得，“以大兽肉投之藏中，肉烂粘宝，一鸟衔出，而即此宝焉”。——这是个很典型的域外传说，源出于古罗马。公元四世纪时，君士坦丁堡地方主教爱劈法奴斯就曾记述过这个故事，谓大西提亚沙漠中有幽谷，四周高山环绕。周边国王遣使来取宝，杀羊剥皮，自岩上投下。羊肉粘上宝石，被飞鹰自谷中衔出，为求宝者拾取，价值连城。这一故事后来又被阿拉伯文学名著《天方夜谭》（又名《一千零一夜》）中的“辛巴达旅行记”所摭取。

四公为域外来客,还可以从梁武帝对他们的态度推知。梁武帝对四公并不信任,虽然将他们安置在五明殿西阁,以示亲近,"其实囚之"。不过遇上"军国疑议",也常请这几位"外国顾问"来参谋意见,因为他们毕竟见多识广。这多少也体现了中国封建统治者对外来人、事的通常态度和做法。

中华文化历来不是故步自封的,其与外界的交往渠道,北有著名的丝绸之路,南有海路、陆路多条。中国与欧洲的联系,在《史记》中已见端倪。此后,明确见于历史记载的也有不少。如三国时,有大秦商人通过海路来到东吴,孙权还亲自接见他,询问了大秦的风土民俗。晋时大秦使者贡奉火浣布,也是从广州登陆的。梁国地当东吴、东晋故地,有着对外交流的悠久传统和通畅渠道。《梁四公》中浓郁的异国情调,即侧面反映了这种交流的广度和深度。

当然,小说以唐人记述梁事,有关域外的种种传说自不免添枝加叶或走样变形,甚至与佛、道宗教内容相混淆。不过从一些名物、传说中,还能依稀见出海外文化的某些原生形态,这使得这篇小说具有了极为宝贵的资料价值。这一切,又足以抵消小说人物单薄、内容芜杂、结构散乱等种种缺点,使之成为唐小说中与众不同、极富特色的一篇。

(侯　会)

【作者小传】

何延之

唐小说家。开元十年(722)任均州刺史。作有小说《兰亭记》等。

兰　亭　记

何延之

《兰亭》者,晋右军将军会稽内史琅琊王羲之逸少①所书之诗序也。右军蝉联美胄②,兰散名贤③,雅好山水,尤善草隶。以穆帝永和九年④暮春三月三日,宦游山阴,与太原孙统承公、孙绰兴公、广汉王彬之道生、陈郡谢安安石、高平郗昙重熙、太原王蕴叔仁、释支遁道林并逸少子凝、徽、操之等四十一人,修祓禊⑤之礼。挥毫制序,兴乐而书。用蚕茧纸、鼠发笔。遒媚劲健,绝代所无。凡二十八行,三百二十四字,有重者皆构别体。就中"之"字最多,至二十许字,悉无同者。是时殆有神助,及醒后,他日更书数十百本,终不及之。右军亦自爱重,留付子孙传掌。

至七代孙智永[6],即右军第五子徽之之后,俗号永禅师。克嗣良裘[7],精勤此艺,常居永欣寺阁上临写。凡三十年,所临《真草千文》八百余本,禅师年近百岁乃终,其遗书付弟子辩才。才俗姓袁氏,梁司空昂之元孙[8]。博学工文,琴书棋画皆臻其妙。尝于所寝伏梁[9]上,凿其暗槛以贮《兰亭》,宝重过于师在日。

至贞观中,太宗锐意学二王[10]书,访募真迹备尽,唯《兰亭》未获。寻知在辩才处。凡三召之,恩赍优洽[11]。方便善诱[12],确称往日侍奉先师,实尝获见,洊[13]经丧乱坠失,不知所在。竟靳固[14]不出。

上谓侍臣曰:"右军之书,朕所偏宝。求见《兰亭》,劳于梦寐。此僧耆年,又无所用。若得一智略之士,以计取之,庶几必获。"尚书左仆射[15]房元(玄)龄奏曰:"臣闻监察御史萧翼,梁元帝[16]之曾孙,今贯魏州莘县。负才艺,多权谋,可充此使。"上遂召翼。翼曰:"若公然遣往,义无得理。臣请私行,又须得二王杂帖[17]三数通。"上悉依给。

翼遂微服至洛潭,随商舶至越。黄衫宽衷[18]、得山东书生之体。抵寺之夕,阅壁间画,过辩才所居,才适遥见,乃问曰:"檀越何来?"翼因就前致谒云:"弟子是北人,携鬻[19]蚕种,历寺纵观,幸遂一见。"语意投合,延室内,即共围棋抚琴,投壶握槊,间及文史。乃曰:"白头如新,倾盖若旧,今后无复形迹也。"既下榻,复设缸面酒,江东云"缸面",犹河北"瓮头",谓初熟酒也。酣乐之余,分韵赋诗。才探[20]得"来"字,其诗曰:

初酝一缸开,新知万里来。
披云同落莫[21],步月共徘徊。
夜久孤琴思,风长旅雁哀。

非君有秘术，谁照不燃灰？

翼得“招”字，云：

解后[22]款良宵，殷勤荷胜招。

弥天俄若旧，初地岂成遥。

酒蚁[23]倾还泛，心猿躁似调。

谁怜失群翼，良苦业风[24]飘。

妍蚩[25]略同，彼此讽味，恨相知之晚。通宵尽欢，翌日乃去。才云：“檀越闲即更来。”翼继乃载酒赴之，相与酬唱者数四，一日翼示师梁元帝自画《职贡图》，嗟赏不已。因谈及翰墨，翼曰：“家世皆习二王楷法，自幼耽玩。今亦有数帖自随。”才欣然谓曰：“诘旦可携来。”

翼如期而往，出其帖示之。才熟视且曰：“是则是矣，然未佳善也。贫道有《兰亭》真墨迹，颇亦殊常。”翼曰：“数经乱离，真迹岂复在？必是响榻[26]者耳。”才曰：“先师圆寂之际，手手付受，端有源绪，那得参差？”次日乃于梁槛内出以示翼，翼故驳瑕指纇[27]曰：“果响榻书也。”纷竞不已。自尔更不复藏，并翼诸帖并留几格间。才时年余八秩，日于窗下临数遍。其老而笃好也如此。

自是翼往还既密，与其徒略无疑间。未几辩才赴灵汜桥[28]南严迁家斋，翼遂私来，谓其徒曰：“偶遗帛子在案。”童子即为开门。翼因就取《兰亭》及御府所借帖，径赴永安驿，告驿长凌愬曰：“我乃御史，奉命来此，有墨敕[29]可报汝都督。”时都督齐善行。于是善行闻之，驰来拜谒。翼因宣示上命，具告所由。善行走介召辩才。才遽见追，不知所措。继遣散直云：“侍御须见。”及才至，见御史，乃房中萧生也。翼报被命遣取《兰亭》，今得矣。故唤师来取别。才闻语，哽绝倒，良久始苏。

翼即驰驿而发，至都奏御。太宗大悦，以元(玄)龄举得其人，赏锦彩千段。擢拜翼为员外郎，加入五品。赐银瓶一，金镂瓶一，玛瑙碗一，并实以珠。内厩良马二，兼宝装鞍辔，第宅各一区。太宗初怒老僧秘吝，俄以其耄，不忍加刑。数月后，仍赐物三千段，谷三千石，敕越州支给。辩才不以入己，回造浮图，极其精丽，至今犹存。才因惊悸成疾，岁余乃卒。

太宗命供奉拓书人赵模、韩道政、冯承素、诸葛贞等四人各拓数本，以赐皇太子诸王近臣。贞观二十三年，帝不豫，幸玉华宫含风殿。谓高宗曰："吾欲从汝求一物。汝诚孝也，岂能违吾心也。汝意如何?"高宗哽咽流涕，引耳而听受制命。曰："吾欲将所得《兰亭》去。"及弓剑不遗，同轨毕至，随仙驾入元宫㉚矣。

今赵模等所拓本㉛，尚直钱数万也。辩才弟子元素，俗姓杨氏，犹居永欣寺永禅师之故房，亲向吾说。聊以退食之暇，略疏其始末。于时岁在甲寅季春之月上巳日㉜，撰此记。

主上每暇隙留神艺术，迹逾笔圣㉝，偏重《兰亭》，仆开元十年四月二十七日任筠州刺史，蒙恩许拜扫。至都，承访所得委曲，缘病不获诣阙㉞，遣男昭成皇太后挽郎㉟、吏部常选骑都尉永写本进。其日，捧日曜门㊱宣敕，内出绢三十匹赐永。于是负恩荷泽，手舞足蹈，捧戴周全，光骇闾里。仆跼天㊲闻命，伏枕怀欣。殊私忽临，沉疴顿减。辄题卷末，以示后代。朝议郎行职方员外郎上柱国何延之记。

〔注〕 ① 右军：王羲之曾任右军将军，故人称之为"王右军"。逸少：王羲之字逸少。 ② 蝉联美胄(zhòu)：胄，指贵族或爵位。蝉联是连续不断的意思。指王氏家族历任高官显爵。 ③ 兰散名贤：兰散，即懒散。指其对名人贤士亦不屑一顾。 ④ 永和九年：即公元353年。永和，东晋穆帝年号(345—356)。 ⑤ 祓禊(fú xì)：古代民俗，三月上巳日到水边洗濯，拔除不祥，叫"祓禊"。 ⑥ 智永：陈隋间有名的书法家，据说是王羲之的后代，在永欣寺出家。智永是他的法号。 ⑦ 克嗣良裘：《礼记》说"良冶之子，必学为裘"，是说善于冶铁的人家子弟，必先学会补皮衣(因冶铁会烧坏衣服)。克嗣良裘就是恭敬地继承祖业。 ⑧ 元孙：即"玄孙"。 ⑨ 伏梁：横梁。 ⑩ 二王：即王羲之与其子王献之，均是有名的书法家。 ⑪ 恩赍优洽：赏赐十分优厚。 ⑫ 方便善诱：用了多种办法去诱导。 ⑬ 洊(jiàn)：多次。 ⑭ 靳固：吝惜而固守。 ⑮ 尚书左仆射：唐代的尚书省，承皇帝命，掌管中央政务。负责管领尚书省的是尚书左右仆射，也就是实际上的左右相。 ⑯ 梁元帝：南朝梁武帝之子萧绎。 ⑰ 二王杂帖：指王羲之、王献之父子不同字迹的字帖。 ⑱ 裒(bāo)：即"褒"，衣襟宽大之意。

⑲ 鬻(yù)：出卖。 ⑳ 探：古代有韵筒，从中摸出韵字叫“探”。 ㉑ 落莫：即“落寞。” ㉒ 解后：即“邂逅”。 ㉓ 酒蚁：米酒中的浮渣，又称“绿蚁”。 ㉔ 业风：佛教所云地狱中的大风。 ㉕ 妍蚩：妍，漂亮；蚩，丑陋。 ㉖ 响拓：摹写字帖的一种方法。 ㉗ 故驳瑕指颣(lěi)：故意挑毛病。瑕与颣均指缺点。 ㉘ 灵汜桥：地名。严迁，人名。 ㉙ 墨敕：从宫廷直接发出的敕令，未经中书省盖朱印。 ㉚ 元宫：皇帝的陵墓。 ㉛ 拓本：用纸墨拓印出铸刻物上文字或图画的墨本。 ㉜ 甲寅：当为开元二年(714)。上巳日：三月三日。 ㉝ 笔圣：指王羲之。 ㉞ 缘病不获诣阙：因病不能觐见。 ㉟ 挽郎：出殡时的仪仗人员。 ㊱ 日曜门：即黄门，宣布皇帝诏令的地方。 ㊲ 跼天：即跼天蹐地，形容恐惧的样子。

本篇《知不足斋丛书》收录。

作品叙贞观中，唐太宗闻知僧人辩才藏有王羲之书《兰亭序》(即原文中《兰亭》)，几次召见辩才，问及真迹，辩才声称已于战乱中丢失。房玄龄推荐监察御史萧翼设计取之。萧翼扮作书生，私行察访，到越州永欣寺与辩才交往，两人谈说文史，意甚相得。萧翼拿出二王书法给辩才鉴赏，辩才不禁取出自己珍藏的兰亭真帖给萧翼看。一天，萧翼趁辩才不在偷走了《兰亭序》，然后向辩才宣称自己是奉皇命来取的。唐太宗得到《兰亭序》后，宝藏内廷，临死时还遗命用以陪葬。

这是一篇描写名人轶事的传奇小说。作品围绕唐太宗求《兰亭序》这一中心情节，精确地展现了人物的性格风貌。就像一部四幕短剧，通过四个相对集中的场面描写，让人物在事件的矛盾纠葛、时间、地点都相对集中的特定场景中表演故事、表现性格，有较强的戏剧性效果。

第一个场面——太宗询墨宝未得，玄龄荐萧翼智取。

“锐意学二王书”的唐太宗，为了得到《兰亭序》墨宝，下诏把藏有兰亭真迹的僧人辩才召进京师恩赍优洽，甘言利诱，无所不至。辩才推说屡经战乱，不知真帖失落何方。一连三次召见，辩才守口如瓶，吝惜深藏。太宗不胜恼怒。尚书房玄龄奏请御史萧翼智取墨宝，萧翼请求微服私行。这个场面的主要活动地点是京城宫中，主要人物活动是太宗和辩才。太宗是求宝若渴，劳于梦寐。先是善待辩才，甘言利诱，恩宠有加。自信以皇帝之尊向一介僧人求一物，还不是易如反掌的事？不想辩才深秘固拒，推说再三。太宗这才使出“以计取之”的招数。于是，一个“普天之物，莫非王属”的封建帝王形象就显现出来了。而辩才是惜宝如命，竟然冒欺君之险，随机应变，屡次推诿装呆。两人演出了一场三召三拒的绝妙活剧。

第二个场面——萧翼微服赚《兰亭序》，辩才大意失“荆州”。

这个场面主要活动地点是越州永欣寺，主要人物活动是萧翼和辩才。萧翼微服私行，假扮卖蚕种的山东书生，到永欣寺与辩才交往，一起围棋抚琴、谈文说史、饮酒赋诗。一个云“夜久孤琴思，风长旅雁哀。非君有秘术，谁照不燃灰?”一个云“酒蚁倾还泛，心猿躁似调。谁怜失群翼，长苦业风飘。”彼此吟咏，仿佛“同是天涯沦落人”。这里具有戏剧性的是，一个是存心作假，希望博得对方信任；一个是真心相待，希望换得知己真情。后来谈到书法，萧翼又拿出二王法书给辩才鉴赏，辩才高兴之余，脱口说出自己藏有《兰亭序》真迹，萧翼装作不信，辩才就从梁上暗槛里取出真迹。这时萧翼继续作假，辩才认假作真：当辩才很认真地说他有殊常真迹时，萧翼明知故问什么帖；当辩才很认真地说是《兰亭序》时，萧翼假意说遭遇乱世，哪有真迹存在；辩才很认真地解释并拿出真迹时，萧翼又故意指瑕索瘢，彼此争论不休。第一个场面是太宗认真，辩才装呆，这个场面是辩才认真，萧翼装呆。而就在这一真一假的表演中，辩才的真诚厚道、萧翼的精明机智得到了生动的表现。

第三个场面——永安驿萧翼辞行，知上当辩才气绝。

这个场面的主要活动地点是永安驿，主要人物是萧翼和辩才。萧翼骗取了辩才及辩才弟子的信任，就趁辩才外出之时，偷走了《兰亭序》，直奔永安驿，在向驿长、都督说明了始末根由之后，召见辩才。辩才莫名其妙地来到永安驿，没想到要见的御史就是自己禅房中的萧生。萧翼宣称他是奉皇帝的命令来取《兰亭序》的。根本没有心理准备的辩才听了，气结喉塞，哽咽不能成声，当场昏倒在地，很久才苏醒过来。这里，萧翼露出了“庐山真面目”，而辩才的哽咽昏倒，则包含着多少悔恨、多少怨愤、多少失望。

第四个场面——唐太宗赏赐功臣，古墨宝陪葬昭陵。

这个场面的主要地点又回到了京城宫中，主要人物是唐太宗。太宗终于得到梦寐以求的《兰亭序》真迹，高兴得大赏功臣：赏荐举得人的房玄龄，升取宝有功的萧御史，同时也赏给辩才布帛三千段、谷三千石。当这些珍珠玛瑙、锦彩银瓶、良马第宅、布帛米粟的奖品排列出来的时候，人们似乎才明白价值连城的含意。最后，太宗生病，临死时想带走的东西就是《兰亭序》真迹。彼时彼地，江山美人不如一帖真迹，亦可谓惜宝如命、痴迷执着者也。如果不把他作为封建君王，而把他作为一个普通的文物收藏家，那么，他的心情、他的痴迷也是可以理解的。但他毕竟是一个自命风雅又有强烈占有欲的封建君王，因此，人们更愿意把同情和理解给予那位因失宝而死的僧人辩才。

这里，作者好比一位理丝有绪的导演，尽管自己不必出场，但他的创作意图和爱憎感情却在人物的自我表演中得到生动的表现，这正是这篇作品的场面描写富于戏剧性魅力之所在。

（陈惠琴）

【作者小传】

牛　肃

唐小说家。原籍京兆泾阳县，徙居怀州河内县(今属河南沁阳)。贞元、元和间人。官岳州刺史。作有小说集《纪闻》等。

吴保安　　　　牛　肃

吴保安，字永固，河北人，任遂州[①]方义尉。其乡人郭仲翔，即元振从侄也。仲翔有才学，元振将成其名宦，会南蛮作乱，以李蒙为姚州[②]都督，帅师讨焉。蒙临行辞元振，元振乃见仲翔，谓蒙曰："弟之孤子，未有名宦。子姑将行，如破贼立功，某在政事，当接引之，俾其縻[③]薄俸也。"蒙诺之。仲翔颇有干用，乃以为判官，委之军事。至蜀，保安寓书于仲翔曰：

"幸共乡里，籍甚风猷[④]，虽旷不展拜，而心常慕仰。吾子国相犹子，幕府硕才，果以良能，而受委寄。李将军秉文兼武，受命专征，亲绾大兵，将平小寇。以将军英勇，兼足下才能，师之克殄[⑤]，功在旦夕。保安幼而嗜学，长而专经，才乏兼人，官从一尉。僻在剑外[⑥]，地迩蛮陬[⑦]，乡国数千，关河阻隔，况此官已满，后任难期。以保安之不才，厄选曹[⑧]之格限，更思微禄，岂有望焉。将归老丘园，转死沟壑。侧闻吾子急人之忧，不遗乡曲之情，忽垂特达之眷[⑨]，使保安得执鞭弭，以奉周旋。录及细微，薄沾功效。承兹凯入，得预末班，是吾子丘山之恩，即保安名镂之日。非敢望也，愿为图之。惟照其款诚而宽其造次。专策驽蹇，以望招携。"

仲翔得书，深感之。即言于李将军，召为管记。未至而蛮贼转逼。李将军至姚州，与战破之。乘胜深入，蛮覆而败之。李身死军没，仲翔为虏。

蛮夷利汉财物，其没落者，皆通音耗，令其家赎之，人三十匹。保安既至姚州，适值军没，迟留未返。而仲翔于蛮中间关[10]致书于保安曰：

永固无恙。顷辱书未报，值大军已发，深入贼庭，果逢挠败。李公战没，吾为囚俘。假息偷生，天涯地角。顾身世已矣，念乡国窅然。才谢钟仪，居然受絷；身非箕子，且见为奴。海畔牧羊，有类于苏武；宫中射雁，宁期于李陵[11]。吾自陷蛮夷，备尝艰苦，肌肤毁剔，血泪满池。生人至艰，吾身尽受。以中华世族，为绝域穷囚。日居月诸，暑退寒袭，思老亲于旧国，望松槚于先茔。忽忽发狂，腷臆[12]流恸，不知涕之无从！行路见吾，犹为伤愍。吾与永固，虽未披款，而乡里先达，风味相亲，想睹光仪，不离梦寐。昨蒙枉问，承间便言，李公素知足下才名，则请为管记。大军去远，足下来迟。乃足下自后于戎行，非仆遗于乡曲也。足下门传余庆，天祚积善，果事期不入，而身名并全。向若早事麾下，同参幕府，则绝域之人，与仆何异？吾今在厄，力屈计穷。而蛮俗没留，许亲族往赎。以吾国相之侄，不同众人，仍苦相邀，求绢千匹。此信通闻，仍索百缣，愿足下早附白书，报吾伯父，宜以时到，得赎吾还。使亡魂复归，死骨更肉，惟望足下耳。今日之事，请不辞劳苦。吾伯父已去庙堂，难可谘启。即愿足下亲脱石父[13]，解夷吾之骖；往赎华元，类宋人之事。济物之道，古人犹难。以足下道义素高，名节特著，故有斯请，而不生疑。若足下不见哀矜，猥同流俗，则仆生为俘囚之竖，死则蛮夷之鬼耳。更何望哉！已矣。吴君无落吾事！

保安得书，甚伤之。时元振已卒，保安乃为报，许赎仲翔。仍倾其家，得绢二百匹，往，因住巂州[14]，十年不归，经营财物，前后得绢七百匹，数犹未至。保安素贫窭，妻子犹在遂州，贪赎仲翔，遂与家绝。每于人有得，虽尺布升粟，皆渐而积之。后妻子饥寒，不能自立，其妻乃率弱子，驾一驴，自往泸南，求保安所在。于途中粮尽，犹去姚州数百。其妻计无所出，因哭于路左，哀感行人。时姚州都督杨安居乘驿赴郡，见保安妻哭，异而访之。妻曰："妾夫遂州方义尉吴保安，以友人没蕃，丐而往赎，因住姚州。弃妾母子，十年不通音问。妾今贫苦，往寻保安，粮乏路长，是以悲泣。"安居大奇之，谓曰："吾前至驿，当候夫人，济其所乏。"既至驿，安居赐保安妻钱数千，给乘令进。安居驰至郡，先求保安。见之，执其手升堂。谓保安曰："吾常读古人书，见古人行事，不谓今日亲睹于公。何分义[15]情深，妻子意浅，捐弃家室，求赎友朋，而至是乎！吾见公妻来，思公道义，乃心勤伫，愿见颜色。吾今初到，无物助公，且于库中假官绢四百匹，济公此用。待友人到后，吾方徐为填还。"保安喜。取其绢，令蛮中通信者持往，向[16]二百日而仲翔至姚州，形状憔悴，殆非人也。方与保安相识，语相泣也。

安居曾事郭尚书，则为仲翔洗沐，赐衣装，引与同坐宴乐之。安居重保安行事，甚宠之。于是令仲翔摄治下尉。仲翔久于蛮中，且知其款曲[17]，则使人于蛮洞市女口十人，皆有姿色。既至，因辞安居归北，且以蛮口赠之。安居不受，曰："吾非市井之人，岂待报耶！钦吴生分义，故因人成事耳。公有老亲在北，且充甘膳之资。"仲翔谢曰："鄙身得还，公之恩也，微命得全，公之赐也。翔虽瞑目，敢忘大造。但此蛮口，故为公求来。公今见辞，翔以死请。"安居难违，乃见其小女曰："公既频繁有言，不敢违公雅意。此女最小，常所钟爱。今为此女受公一小口耳。"因辞其九人。而保安亦为安居厚遇，大获资粮而去。

仲翔到家，辞亲凡十五年矣。却至京，以功授蔚州录事参军，则迎亲到官。两岁，又以优授代州户曹参军。秩满内忧，葬毕，因行服[18]墓次，乃曰："吾赖吴公见赎，故能拜职养亲。今亲殁服除，可以行吾志矣。"乃行求保安。而保安自方义尉选授眉州彭山[19]丞。仲翔遂至蜀访之。保安秩满不能归，与其妻皆卒于彼，权窆[20]寺内。仲翔闻之，哭甚哀，因制缞麻，环绖[21]加杖，自蜀郡徒跣，哭不绝声。至彭山，设祭酹毕，乃出其骨，每节皆墨记之，盛于练囊。又出其妻骨，亦墨记，贮于竹笼，而徒跣亲负之，徒行数千里至魏郡。保安有一子，仲翔爱之如弟。于是尽以家财二十万厚葬保安，仍刻石颂美。仲翔亲庐其侧，行服三年。既而为岚州长史，又加朝散大夫。携保安子之官，为娶妻，恩养甚至。仲翔德保安不已，天宝十二年[22]诣阙，让朱绂[23]及官于保安之子以报。时人甚高之。

初，仲翔之没也，赐蛮首为奴，其主爱之，饮食与其主等。经岁，仲翔思北，因逃归，追而得之，转卖于南洞。洞主严恶，得仲翔苦役之，鞭笞甚至。仲翔弃而走，又被逐得，更卖南洞中，其洞号菩萨蛮。仲翔居中经岁，困厄复走。蛮又追而得之。复卖他洞，洞主得仲翔，怒曰："奴好走，难禁止邪？"乃取两板，各长数尺，令仲翔立于板，以钉自足背钉之，钉达于木。每役使常带二木行，夜则纳地槛中，亲自锁闭仲翔二足。经数年，疮方愈。木锁地槛，如此七年。仲翔初不堪其忧。保安之使人往赎也，初得仲翔之首主，展转为取之，故仲翔得归焉。

〔注〕 ① 遂州：今四川遂宁。 ② 姚州：今云南姚安。 ③ 縻：系，得到。 ④ 籍甚风猷：指人品风采令人仰慕，名声很大。 ⑤ 克殄(tiǎn)：歼灭。 ⑥ 剑外：四川剑门关以外。 ⑦ 地迩蛮陬：迩，近。陬，边远偏僻之地。 ⑧ 选曹：官名，主铨选官吏事。 ⑨ 特达之眷：特达，特殊的知遇。眷，眷顾，关照。 ⑩ 间关：本指道路崎岖难行，这里有费尽周折意。 ⑪ "才谢"八句：钟仪，春秋时楚人，在战争中被晋人俘虏，操琴作故乡之音，受到对方的尊重。箕子：商纣王之叔，纣杀比干，他佯狂为奴，被纣囚禁。苏武，西汉大臣，出使匈奴被扣，于北海牧羊十九年，不辱使命，终获还朝。李陵，汉将，兵败被俘降匈奴，曾与苏武有交往。 ⑫ 腷(bì)臆：郁结，愤懑。 ⑬ "亲脱"四句：春秋时齐国越石父有贤名，身陷囹圄，晏婴解右骖为他赎身，载归延为上客。事见《史记·管晏传》。这里把解骖说成管夷吾(管仲)所为，似是误记。华元为春秋时宋大夫，被郑人所俘；宋拟以大量赎金赎取，后逃归。 ⑭ 嶲(xī)州：州名。唐治越嶲(今四川西昌)。 ⑮ 分义：谓遵守名分，为所宜为。 ⑯ 向：将近。 ⑰ 款曲：详细情况。 ⑱ 行服：穿孝服居丧。 ⑲ 彭山：县名。今四川彭州。 ⑳ 窆(biǎn)：埋葬。 ㉑ 环绖：古代丧服的一种。 ㉒ 天宝十二年：天宝是唐玄宗年号，天宝十二年为公元 753 年。 ㉓ 朱绂(fú)：本为系在官印上的红色丝带，这里代指官印。

本篇出自唐代牛肃传奇小说集《纪闻》，是一篇著名的写实性小说。文中的吴保安、郭仲翔、杨安居等全都史有其人。宋人宋祁等撰写《新唐书》，将吴保安事迹采入《忠义传》，所据当即牛肃这篇传奇。清人编《全唐文》，收入吴保安、郭仲翔的往来信札，当亦摘自《纪闻》本篇。总之，《吴保安》与《纪闻》中的《裴伷先》等，可以看作最早的“传记文学”范本。

今天的云南大理洱海一带，唐朝时分布着大小不一的少数民族政权，其中以乌蛮六部势力最大，号称“六诏”。玄宗时，六部之一的蒙舍诏首领皮罗阁在唐朝中央政府的支持下统一了六诏，总称“南诏”。此后，中央政府与南诏的关系恨爱交织、多所变化，时而兵戎相见，时而联手对付吐蕃。终唐之世，南诏一直是个敏感的多事之区。本文所述吴保安与郭仲翔的生死交情，正是在这场民族战争中经受陶冶、显现本色的。

小说主人公吴保安和郭仲翔其实只是素昧平生的同乡。郭仲翔羁留“蛮中”十数年，在遇救归来之前，两人竟从未谋面！在两人的友谊交往中，郭仲翔对吴保安的唯一恩义，是他以宰相之侄的身份，替吴保安向征蛮统帅、姚州都督李蒙讨了一个管记的官位。而当吴保安赶去姚州赴任时，李蒙大军已开赴前线；郭仲翔的保举，也便成了一纸“空头人情”。尽管如此，吴保安一旦接到郭仲翔哀婉凄绝的求援信，得知郭氏兵败被俘、翘首望赎的悲惨处境，还是毅然决定倾其所有、救赎朋友。

一个人一时为义气所激，决定毁家纾难、救人困厄，并不是极难做到的事。难的是他为着非功利的目标，十年如一日地付出艰苦努力。吴保安为了获取千匹丝绢的高额赎金，撇家别业，只身前往嶲州，一去十年。他操商贾贱业，靠着一尺布、一升粟的点滴积累，竟在十年间筹集了赎金的大半。而他自己却在贫困线上挣扎，甚至拖累妻儿，使他们流离失所、落到沿路行乞的地步！吴保安的高风亮节，在这种亲疏倒错的对比中，显得格外感人。更令人感叹的是，保安早就知道：郭仲翔那权势显赫的宰相伯父，此时已经辞世。保安做出的牺牲，几乎肯定是得不到任何回报的。这就使他的仗义之举，更染上了一层悲壮动人的色彩。

继任姚州都督杨安居的出现与参预，加快了营救的步伐。十数年的努力一旦有了结果，那场面颇为感人：“向二百日而仲翔至姚州，形状憔悴，殆非人也。方与保安相识，语相泣也。”接下来，作者通过杨安居之口，对吴保安舍己为友、义薄云天的高尚情操，做出高度评价。当郭仲翔以蛮女十名向杨安居报恩时，杨安居拒而不受，回答说：“吾非市井之人，岂待报耶？钦吴生分义，故因人成事耳！……”吴保安的义举，竟然为高官显宦起到榜样作用，足见道义力量之伟大。

杨安居则把靠市井商贾手段聚财救友的吴保安，与见利忘义、施恩图报的市井俗人判然分开，把吴氏推上士人人文理想的峰巅。

以下，作者又以不小的篇幅、近于实录的笔墨，详述了郭仲翔对吴保安的报恩经过。然而不知是有心还是无意，作者笔下的郭氏报恩之举，却显得张扬太过，总不如吴保安来得真诚、实在。其实，郭氏在获救后不急于报答作出巨大牺牲的吴保安，而是买了美女去奉承与伯父有旧的顶头上司的杨安居，已显出贵介公子的世俗气。此后，他又借口养亲，断绝与恩人的联系，任其默默死于远域微官，死后难以归葬。可以说，吴保安在世时，他的付出并没有得到真诚回报。郭氏的“报答”，只是在保安死后才姗姗来迟。尽管郭氏在移葬保安骨殖时又是“哭不绝声”，又是“徒跣亲负之，徒行数千里”，一路上极力张扬，却免不掉矫情作态之嫌。而其厚葬保安、恩养其子，乃至让印推官的举动，也都难辞沽名钓誉的嫌疑。

在中国儒家传统文化中，朋友之义是仅次于“君臣、父子、兄弟、夫妻”等宗法血缘关系的重要人际关系，是支撑封建伦理大厦的“五伦”支柱之一。不过在吴保安身上，倒看不出封建伦理熏陶的过重痕迹。读者更多感受的，是吴保安“受人涓滴、涌泉相报”的真诚，一念既存、万难莫阻的意志，牺牲自我、利他为人的情操。这些品质，是中华民族文化积淀中的最优秀部分，只要人类存在，就永远不会过时。

这篇小说在艺术上的特点，是叙事详明，摹写生动。塑造人物时，则尤善侧笔烘托。如写吴保安“经营财物”、十年苦辛的历程，正面叙述只有“仍倾其家”等十来句；却以十分生动翔实的笔墨，细写其妻儿数百里来奔、流离道路的惨境，以此烘托保安“分义情深，妻子意浅，捐弃家室，求赎友朋”的高义嘉行。这类描写，于史笔中参以小说笔法，破除了文章叙事的平板，人物也因此有了立体感。至于结尾追述郭仲翔在蛮地的悲惨遭遇，看似游离主题，实则仍欲凸显保安拔郭氏于苦海的恩德，是对吴保安形象不露痕迹的进一步烘染。

吴保安弃家赎友的故事，就发生在作者生活的年代，在彼时属于“当代题材”；牛肃以传奇体摹写当世人物，开风气之先，不失为一种大胆尝试。小说中还引述了人物的往来书札，也都辞气恳切，语调铿锵，感人至深。这显然也是经过作者加工润色的文字，甚至完全是作者代拟，也未可知。这个传播一时的故事一经牛肃传写，不但为史书所采，也打动了后世的文学家。明郑若庸的传奇《大节记》、沈璟的传奇《埋剑记》以及《古今小说》卷八的话本故事《吴保安弃家赎友》，也都是据此改编而成。在古代富于伦理教育意义的文学作品中，吴保安的故事以其感人的内容、生动的表述，保持着永恒的魅力。　（侯　会）

裴伷先 牛肃

工部尚书裴伷[1]先，年十七为太仆寺丞。伯父相国炎遇害，伷先废为民，迁岭外。伷先素刚，痛伯父无罪，乃于朝廷封事[2]请见，面陈得失。天后大怒，召见，盛气以待之，谓伷先曰："汝伯父反，干国之宪，自贻伊戚[3]。尔欲何言?"伷先对曰："臣今请为陛下计，安敢诉冤? 且陛下先帝皇后，李家新妇。先帝弃世，陛下临朝。为妇道者，理当委任大臣，保其宗社。东宫年长，复子明辟[4]，以塞天人之望。今先帝登遐[5]未几，遽自封崇私室，立诸武为王，诛斥李宗，自称皇帝。海内愤惋，苍生失望。臣伯父至忠于李氏，反诬其罪，戮及子孙。陛下为计若斯，臣深痛惜。臣望陛下复立李家社稷，迎太子东宫。陛下高枕，诸武获全。如不纳臣言，天下一动，大事去矣。产、禄之诫[6]，可不惧哉！臣今为陛下，用臣言未晚。"天后怒曰："何物小子，敢发此言!"命牵出。伷先犹反顾曰："陛下采臣言实未晚。"如是者三。天后令集朝臣于朝堂，杖伷先至百，长隶攘州[7]。伷先解衣受杖，笞至十而伷先死。数至九十八而苏，更二笞而毕。伷先疮甚，卧驴舆中，至流所，卒不死。

在南中数岁，娶流人庐氏，生男愿。庐氏卒，伷先携愿潜归乡。岁余事发，又杖一百，徙北庭[8]。货值五年，致资财数千万。伷先贤相之侄，往来河西，所在交二千石。北庭都护府城下，有夷落万帐，则降胡也。其可汗礼伷先，以女妻之。可汗惟一女，念之甚，赠伷先黄金马牛羊甚众。伷先因而致门下食客，常数千人。自北庭至东京，累道[9]致客，以取东京息耗。朝廷动静，数日伷先必知之。

时补阙李秦授寓直中书，封事曰："陛下自登极，诛斥李氏及诸大臣。其家人亲族，流放在外者，以臣所料，且数万人。如一旦同心，招集为逆，出陛下不意，臣恐社稷必危。谶曰：'代武者刘。'夫刘者，流也。陛下不杀此辈，臣恐为祸深焉。"

天后纳之，夜中召入，谓曰："卿名秦授，天以卿授朕也，何启予心？"即拜考功员外郎，仍知制诰，敕赐朱绂，女妓十人，金帛称是。与谋发敕使十人于十道，安慰流者。敕既下，伷先知之。会宾客计议，皆劝伷先入胡，伷先从之。日晚，舍于城外，因装。时有铁骑果毅[10]二人，勇而有力，以罪流。伷先善待之。及行，使将马，装橐驰（駞）[11]八十头，尽金帛。宾客家僮从之者三百余人。甲兵备，曳犀超乘[12]者半。有千里足马二，伷先与妻乘之。装毕遽发，料天晓人觉之，已入虏境矣。既而迷失道，迟明，惟进一舍[13]，乃驰。

既明，侯者言伷先走，都护令八百骑追之。妻父可汗又令五百骑追焉，诫追者曰："舍先与妻，同行者尽杀之，货财为赏。"追者及伷先于塞，伷先勒兵与战，麾下皆殊死。日昏，二将战死，杀追骑八百人，而伷先败。缚伷先及妻于橐驰（駞），将至都护所。既至，械系井中，具以状闻。待报而使者至，召流人数百，皆害之。伷先以未报故免。天后度流人已死，又使使者安抚流人曰："吾前使十道使安慰流人，何使者不晓吾意，擅加杀害？深为酷暴。其辄杀流人使，并所在锁项，将至害流人处斩之，以快亡魂。诸流人未死，或他事系者，兼家口放还。"由是伷先得免，乃归乡里。

及唐室再造，宥裴炎，赠以益州[14]大都督，求其后，伷先乃出焉，授詹事丞。岁中四迁，遂至秦州[15]都督，再节制桂广[16]。一任幽州帅，四为执金吾，一兼御史大夫，太原、京兆尹，太府卿。凡任三品官向四十政。所在有声绩，号曰"唐臣"。后为工部尚书东京留守薨，寿八十六。

〔注〕 ① 伷（zhòu）：同"胄"，多用于人名。 ② 封事：密封的奏章。 ③ 自贻伊戚：语出《诗经·小雅·小明》，意为自寻烦恼。 ④ 明辟：谓还政于君。 ⑤ 登遐：对君王之死的婉称。 ⑥ 产、禄之诫：西汉刘邦死后，吕后擅权，封侄儿吕产、吕禄为王，威胁刘氏天下。吕后一死，诸大臣诛杀产、禄，迎立刘恒。这里以诸吕的下场来警告武后及其家族。 ⑦ 攘州：疑当为瀼州，在今越南境内。 ⑧ 北庭：即北庭都护府，是唐六都护府之一，属陇右道，范围大致包括今新疆北部及前苏联部分地区，治所在今乌鲁木齐东北。 ⑨ 累道：诸道；道是唐时地域区划单位，略近于后世的省。 ⑩ 果毅：唐时统领府兵的武官名称。 ⑪ 橐驰（駞）：一作

"槖驼"。即骆驼。 ⑫ 曳犀超乘：披坚甲、乘战车，形容战士装备精良、勇武善战之态。⑬ 舍：长度单位。古时以三十里为一舍。 ⑭ 益州：今四川成都。 ⑮ 秦州：在今甘肃秦安西北。 ⑯ 桂广：桂州、广州，在今广西、广东。

本篇出自《纪闻》。

裴伷先是唐代武则天朝极富传奇色彩的政治人物。他的传记，可以当作一篇惊心动魄的武氏王朝政治斗争史来读。

裴伷先的伯父裴炎是李氏王朝的忠臣贤相，因反对武则天专权，为武则天所杀害。身为太仆寺丞的裴伷先也受到牵连，被罢官远迁。然而他天性刚直，竟敢"太岁头上动土"，公然找上门去与武则天辩理。小说一开篇，作者便笔挟风云，描绘了这场精彩的当廷舌辩。对女皇"盛气以待之"的下马威，裴伷先根本没放到眼里，他一见到武氏，便毫不客气地提醒对方：你的身份是"先帝皇后，李家新妇"，论地位不过是李氏的附庸，根本无权剥夺李家的"天赋"皇权。接着他又历数武氏罪状，其中包括"封崇私室""诛斥李宗""自称皇帝"等等，并强调这些倒行逆施已引来"海内愤惋，苍生失望"的可畏后果。他警告武则天赶快悬崖勒马，否则"天下一动，大事去矣"！裴伷先的斥责言辞犀利、感情激烈，不亚于骆宾王的一篇《讨武瞾檄》。所不同者，当面提出的质问，比骆氏的案头文章更能刺激政敌的神经。裴伷先也因此遭到残酷报复。他最终未被打死，只落得流放攘州，还算是万幸。

敢于当面捋虎须的裴伷先，当然不肯老老实实服从政敌的安排处置。几年之后，他从流放地潜回家乡，但不久又被政敌察觉，遭受杖刑后发往北疆。不过他借伯父的官场关系以及个人的出众才能很快改善了生存环境，不但经商致富，还娶了归附唐朝的胡族首领之女，财势地位得到了进一步巩固。他招致食客千人，又广招坐探，随时刺探朝廷消息，俨然成为独立于中央政府的强有力的反对派人物。当时"流人"（政治流放犯）中的反对派想来不止裴伷先一家，这种现象很快引起武氏王朝的关注。一个诛杀"流人"、以除后患的计划，在武氏君臣中开始酝酿生成。

小说开篇的"面陈得失"一场，虽然激烈火爆，毕竟只是一场"文戏"。至武氏诛杀流人，小说渐渐演为一场"武戏"。裴伷先的武装叛逃引来北庭都护府及裴氏岳父的一场追杀，成千铁骑在塞上大漠驰骋追逐；唇枪舌剑的政治交锋终于演变成金戈铁马的流血战争。在数百人横尸战场之后，伷先寡不敌众，重被抓回。不过幸运再一次光顾他：诛杀流人的使者先到一步，成百流人惨遭杀害；而刚被抓获的裴伷先却因羁押牢中、未及禀报而得以幸免。不久，武则天的赦免诏书传来，裴伷先光明正大地回归乡里。此后事态急转直下：中宗即位、"唐室再造"，裴伷先历经九死一生,终于苦尽甘来。这位李唐忠臣的仕途之路无比辉煌,他最终以八十六岁高龄卒于高官显位。

小说作者在由衷赞扬裴伷先的同时,把武则天描绘成一个狂妄自大、心狠手辣、阴险虚伪的篡逆者;这再清楚不过地表明了作者自己拥护李家王朝的立场态度。《纪闻》作者牛肃生活在武氏刚刚遭受清算的时代,他的态度反映了当时大多数士大夫的观念。不过正因为时代切近、源于生活,我们从这篇"纪实小说"的字里行间,还可读到一点不经意流露的历史信息:武则天即使站在权力的巅峰,也始终未能获得世族旧勋的起码尊重与认可。

从裴伷先的言行态度可以看出,世族对这位"李家新妇"的轻蔑是不加掩饰的,仿佛连诛杀极刑在她手中也失去了几分威慑力量。免职官员裴伷先竟敢从岭南流放地返回京城,对武则天当面羞辱和警告,这并不完全取决于伷先个人的胆识,他其实是世族势力的代言人。他身为流人,却能以"贤相之侄"的身份"所在交二千石"(所到之处,与年俸二千石的大官交往),就证明了这一点。此外,他以一介流徒、两手空空,竟很快发展成养士千人的豪强,没有世族的支持,恐怕是难以办到的。他还假借异族势力以自重,又在边塞与国都之间布置间谍网、刺探朝廷情报。最终竟发展到公然招兵买马、组织私人武装、抗拒追捕、杀伤官兵……他的行为,已无异于武装反叛!裴伷先的所作所为,从侧面反映了世族拥李势力的强大与猖狂。与之相反,武则天却不敢下令诛杀当面侮辱自己的罢职官员;在设计骗杀流人之后,又急忙下诏罪己、嫁祸于人,牺牲走卒以安抚政敌。这一切都表现了她的气薄心虚,势孤力弱。——作为一篇传奇小说,《裴伷先》为我们提供了丰富而细腻的历史信息。其中包含的那种微妙的时代气息,正是正史中所缺乏的。

小说在艺术上也很有特色。其情节曲折的特点,显然来自主人公极富传奇色彩的人生经历。裴伷先在其大起大落的人生历程中,扮演过义士忠臣、流人囚犯、土豪巨贾等反差极大的社会角色,足迹遍及南中、北庭。把他的经历平铺直叙记录下来,已是一篇动人的小说。何况作者出色的文学点染,更使这段题材锦上添花。对裴伷先的个性化描写是小说最出众的地方。他大胆向武后发起挑战,甚至在惹恼对方、被拉出受刑时,"犹反顾曰:'陛下采臣言实未晚!'如是者三。"这种细节点染,对于人物个性的塑造,颇具"颊上三毫"之效。此外,类似"笞至十而伷先死,数至九十八而苏,更二笞而毕"等描述,更带有明显的小说笔法,在写实基调上平添了文学趣味,令人读之不忍释卷。

裴伷先是历史真人,《新唐书》中有他的传记,附于《裴炎传》之后。从内容和文字上看，这篇正史本传正是采自牛肃所撰的此篇传奇。明代传奇作家许三阶、王翃还分别撰有传奇剧本《节侠记》和《留生气》，也都取材于此篇，由此见出后世文人对牛肃其人其文的钟爱。（侯　会）

【作者小传】

唐　晅

唐小说家。晋昌(今属甘肃安西)人。生平事迹不详。作有小说《唐晅手记》等。

唐晅手记　　唐　晅

唐晅者，晋昌人也。其姑适[①]张恭，即安定张轨之后，隐居滑州卫南[②]，人多重之。有子三人，进士擢第；女三人，长适辛氏，次适梁氏，小女姑钟念[③]，习以诗礼，颇有令德[④]。开元中，父亡，哀毁过礼，晅常慕之，及终制[⑤]，乃娶焉，而留之卫南庄。开元十八年，晅以故入洛，累月不得归。夜宿主人，梦其妻隔花泣，俄而窥井笑。及觉，心恶之。明日，就日者[⑥]问之。曰："隔花泣者，颜随风谢；窥井笑者，喜于泉路也。"居数日，果有凶信，晅悲恸倍常。

后数岁，方得归卫南。追其陈迹，感而赋诗曰：

寝室悲长簟，妆楼泣镜台。
独悲桃李节，不共夜泉开。
魂兮若有感，仿佛梦中来。

又曰：

常时华堂静，笑语度更筹[⑦]。
恍惚人事改，冥寞委荒丘。
阳原歌《薤露》[⑧]，阴壑悼藏舟[⑨]。
清夜庄台月，空想画眉愁。

是夕风露清虚，晅耿耿不寐。更深，悲吟前悼亡诗，忽闻暗中若泣声。初远，渐近，晅惊恻，觉有异。乃祝之曰："傥是十娘子之灵，何惜一相见叙也。勿以幽冥，隔碍宿昔之爱。”须臾，闻言曰：“儿即张氏也。闻君悲吟相念，虽处阴冥，实所恻怆。愧君诚心，不以沉魂可弃。每所记念，是以此夕与君相闻。”晅惊叹，流涕呜咽曰：“在心之事，卒难申叙。然须得一见颜色，死不恨矣。”答曰：“隐显道隔，相见殊难，亦虑君亦有疑心，妾非不欲尽也。”晅词益恳，誓无疑贰。

俄而闻唤罗敷取镜，又闻暗中飒飒然人行声，罗敷先出前拜。言：“娘子欲叙夙昔，正期与七郎相见。”晅问罗敷曰：“我开元八年，典汝与仙州康家，闻汝已于康家死矣，今何得在此？”答曰：“被娘子赎来，今看阿美。”阿美即晅之亡女也。晅又恻然。须臾，命灯烛，立于阼阶之北。晅趋前，泣而拜，妻答拜。晅乃执手，叙以平生。妻亦流涕，谓晅曰：“阴阳道隔，与君久别。虽冥寞无据，至于相思，尝不去心。今六合之日，冥官感君诚恳，放儿暂来，千年一遇，悲喜兼集。又美娘又小，嘱咐无人，今夕何夕，再遂申款[10]。”

晅乃命家人列拜起居，徙灯入室，施布帷帐，不肯先坐，乃曰：“阴阳尊卑以生人为贵，君可先坐。”晅即如言。笑谓晅曰：“君情既不易平生，然闻已再婚。新故有间[11]乎？”晅甚怍，妻曰：“论业君合再婚。君新人在淮南，吾亦知甚平善。”因语人生修短，固有定乎？答曰：“必定矣。”又问：“佛称宿因，不谬乎？”答曰：“理端可鉴，何谬之有？”又问佛与道孰是非。答曰：“同源异派耳。别有太极仙品，总灵之司，出有入无之化，其道大哉。其余悉如人间所说。今不合具言，彼此为累。”晅惧，不敢复问。因问欲何膳，答曰：“冥中珍羞亦备，惟无浆水粥，不可致耳。”晅即令备之。既至，索别器摊之而食，向口如尽。及彻[12]之，粥宛然。晅悉饭其从者。有老姥，不肯同坐。妻曰：“倚是旧人，不同群小。”谓晅曰：“此是紫菊奶，岂不识耶？”晅方记念，别席饭。其余侍者，晅多不识，闻呼名字，乃是晅从京回日，多剪纸人奴婢所题之名。问妻，妻曰：“皆君所与者。”乃知钱财奴婢，无不得也。妻曰："往日常弄一金镂合子，藏于堂西北斗栱中，无有人知处。"晅取果得。又曰："岂不欲见美娘乎？今已长成。"晅曰："美娘亡时襁褓，地下岂受岁乎？"答曰："无异也。"须臾，美娘至，可五六岁。晅抚之而泣。妻曰："莫抱惊儿。"罗敷却抱，忽不见。晅令下帘帷，申缱绻，宛如平生，晅觉手足呼吸冷耳。又问冥中居何处，答曰："在舅姑左右。"

晅曰："娘子神灵如此，何不还返生？"答曰："人死之后，魂魄异处，皆有所录，杳不关形骸也。君何不验梦中，安能记其身也。儿亡之后，都不记死时，亦不知殡葬之处。钱财奴婢，君与则知。至如形骸，实总不管。"既而绸缪夜深，晅曰："同穴不远矣。"妻曰："曾闻合葬之礼，盖同形骸，至精神实都不见，何烦此言也。"晅曰："妇人没地，不亦有再适乎？"答曰："死生同流，贞邪各异。且儿亡，堂上欲夺儿志，嫁与北庭都护郑乾观侄明远，儿誓志确然，上下矜闵，得免。"晅闻抚然，感怀而赠诗曰：

峄阳桐半死，延津剑一沉[13]。
如何宿昔内，空负百年心。

妻曰："方见君情，辄欲留答，可乎？"晅曰："曩日不属文，何以为词？"妻曰："文词素慕，虑君嫌猜而不为。言志之事，今夕何爽[14]。"遂裂带题诗曰：

不分殊幽显，那堪异古今。
阴阳途自隔，聚散两难心。

又曰：

兰阶兔月斜，银烛半含花。
自怜长夜客，泉路以为家。

晅含涕言叙，悲喜之间，不觉天明。

须臾，闻扣门声，翁婆使丹参传语，令催新妇，恐天明冥司督责。妻泣而起，与晅诀别。晅修启状以附之，整衣，闻香郁然，不与世同。"此香何方得？"答言："韩寿[15]余香，儿来，堂上[16]见赐。"晅执手曰:"何时再一见?"答曰:"四十年耳。"留一罗帛子,与晅为念,晅答一金钿合子,即曰:"前途日限,不可久留。自非四十年内,若于墓祭祀,都无益。必有相飧,但于月尽日、黄昏时,于野田中,或于河畔,呼名字,儿尽得也。匆匆不果久语,愿自爱。"讫,登车而去,扬袂久之方灭,举家皆见。

〔注〕 ① 适:女子出嫁。 ② 滑州:古地名,在今河南滑县一带。卫南在其境内。 ③ 钟念:眷顾,钟爱。 ④ 令德:美好的品行。 ⑤ 终制:守丧期满。 ⑥ 日者:算命的人。 ⑦ 更筹:古时一夜五更,更筹是计时的竹签。在此指夜晚的时间。 ⑧ 阳原:地名,在今河北省。《薤露》:挽歌。 ⑨ "阴壑"句:《庄子》有"以壑藏舟"句,喻光阴飞逝,生命不居。 ⑩ 申:表露。款:衷情。 ⑪ 间:区别,歧异。 ⑫ 彻:同"撤",取下。 ⑬ "峄阳"句:峄阳,地名。出产梧桐,可制琴。古时以琴瑟和鸣喻夫妻感情和谐,桐半死,喻丧偶之痛;延津:古代津渡名,全称延平津,在今福建省。晋代张华、雷焕得宝剑龙泉、太阿,后雷焕之子佩宝剑过延平津,剑忽出鞘跃入水,化龙而去。又:汉宣帝曾以"故剑"喻发妻,所以此处失剑也隐喻丧妻。 ⑭ 爽:错忤,违心。 ⑮ 韩寿:晋代人。与司徒贾充之女相恋,贾女赠以外国异香,事为贾充察觉,就将女儿嫁给韩寿。 ⑯ 堂上:指父母,此处指公婆。

本篇为唐开元间晋昌人唐晅自作,陈邵辑入《通幽记》,《太平广记》卷三三二载录。

这篇小说以迷离凄艳的文笔描写了一位失去爱妻的丈夫与亡妻的幽灵重会的感伤故事。与通常的人神、人鬼相会故事不同的是,在虚渺的鬼灵世界里,作者试图引入现实生活中人的感情。我们可以看到,尽管那位妻子已成泉下之人,但她的言行举止、所思所感,却完全是人的思想感情。汉魏六朝小说中不乏人与鬼神交往的故事,大都充满怪诞恍惚的仙气、鬼气,作为人类一方从这类交往中不是领受神佑就是遭受鬼祸,大体上都是超常规的体验。到了唐代,小说作者们虽然对于离奇怪诞的故事仍具有描写兴趣,不过已经有相当多的作者更乐于在自己的作品中抒写现实生活的感受。即使是鬼怪故事,也被用来作为沟通现实世界与神秘的彼岸世界的一座桥梁,在这样的故事里,人们完全按照现实生活的格局拟想、虚构出逝者的一方天地,并且幽灵们也会时而来探访现实世界,与久别的亲人小聚片时,共叙思念之情。这简直就是一个美丽而忧伤的梦境,其中含蕴了人类那地老天荒、亘古不变的爱的情感。读来自是十分凄恻感人。

唐晅的姑母家住滑州卫南县,姑母有三个女儿,大的两个已经出嫁,身边这个小女儿性格柔和贤淑,很得姑母疼爱。唐晅也非常喜欢这个表妹,就同她结了婚。婚后暂住岳母家里。后来他有事去洛阳,几个月没回家。一天夜里,他梦见了妻子。不过在梦里,妻子的行为很奇特,她先是远远地躲在花丛后哭泣,后来又俯身照着井水微笑。唐晅从梦中醒来，心情很不好，就去找算命的人解梦。算命的人告诉他，这个梦预示他们夫妻将要诀别了。果然，过了几天，传来了妻子去世的不幸消息，令唐晅悲痛不已。

又过了好几年，唐晅才有机会回到卫南。故地重游，触景生情，他回忆起与妻子共同生活的那些日子，感伤不已，对溘然长逝的亲人心中充满怀念。正在独自一人吟诵悼念的诗句，悲不自胜之时，耳旁仿佛传来一阵阵抽抽噎噎的悲泣声，他觉得这声音很熟悉，就想到会不会是妻子的灵魂回来看望他了呢？来的果然是他妻子的幽灵，她对唐晅说，因为听到他抒发悲伤心情的诗句，自己心里也非常难过，故此极力请求，终于得到冥君的破格允许，前来与唐晅相见，共叙别情。

夫妻两个灯下絮语，亲切又随意，话题从天地至道、生死悬隔到家常琐事。唐晅看到，家里的一些去世的奴仆，依然在妻子身边服役。他还见到了在襁褓中夭折的女儿。奇妙的是在另一个世界里，逝者的人生还在延续，女儿如今已经有五六岁了。妻子还告诉他，冥间各种饭食不缺，只是没有稀饭，唐晅连忙让仆人煮了稀饭给妻子品尝。此情此景，简直就像是人间的夫妻久别重逢。不过，有些地方毕竟还是不同。妻子表现出超常的知解力，似乎对于唐晅的事情全都了如指掌，知道他已经再婚，还知道他的新妻人品很好。唐晅好奇地问冥间的女人可会改嫁？妻子似乎知道丈夫关心的是什么，回答说，人各有志，在这方面也同人世没有区别。她去世后，父母曾想让她改嫁给北庭都护的侄儿，由于她坚决反对而中止。这让唐晅未免既感动又惭愧了。欢聚嫌夜短，生离死别的一对夫妻匆匆相聚一夜，分别的时刻又到了。二人互相赠诗，洒泪而别。

综观小说命意，表达了人们对于离别、死亡等人生中在所难免之事的感伤、不甘顺受的心态。尽管这故事中不乏荒唐可笑情节，对幽冥世界的构想颇多幼稚滑稽之处，但透过这些荒谬外衣，我们仍可感受到作品深层所跃动的一缕执著炽烈的真情。生离死别的一对夫妻仍然彼此恋恋不舍、思念不已，这种眷恋的深情甚至可以驱使他们在想象的虚幻世界中重新聚首，这让人不能不惊异于人类的感情之深沉顽强——它甚至无视生死的阻隔，不休不歇地辐射出惊人能量，虚构出一个令人不可思议的神奇世界。

（孙丽华）

【作者小传】

赵自勤

唐小说家。官秘书监、括州刺史。作有小说集《定命论》等。

卖 䭔 媪 赵自勤

唐马周字宾王，少孤贫，明诗传①，落魄不事产业，不为州里所重。补博州②助教，日饮酒。刺史达奚③怒，屡加咎责，周乃拂衣南游曹、汴④之境。因酒后忤浚仪⑤令崔贤，又遇责辱。西至新丰，宿旅次。主人唯供设诸商贩人而不顾周，周遂命酒一斗，独酌。所饮余者，便脱靴洗足。主人窃奇之。因至京，停于卖䭔⑥媪肆。数日，祈觅一馆客处，媪乃引致于中郎将常何之家。

媪之初卖䭔也，李淳风、袁天纲⑦尝遇而异之，皆窃云："此妇人大贵，何以在此？"马公寻取为妻。后有诏，文武五品官已上，各上封事⑧。周陈便宜二十条事，遣何奏之。乃请置街鼓，及文武官绯紫碧绿等服色，并城门左右出入。事皆合旨。太宗怪而问何所见，何对曰："乃臣家客马周所为也。"召见与语，命直门下省，仍令房玄龄试经及策。拜儒林郎，守监察御史。以常何举得其人，赐帛百匹。

周后转给事中、中书舍人，有机辩，能敷奏，深识事端，动无不中。岑文本见之曰："吾见马君，令人忘倦。然鸢肩火色⑨，腾上必速，但恐不能久耳。"数年内，官至宰相，其媪亦为夫人。后为吏部尚书，病消渴⑩，弥年不瘳，年四十八而卒，追赠右仆射高唐公。

〔注〕 ① 诗传：本指《诗经》与《左传》，但此泛指诗书。 ② 博州：州名，唐代辖境在今山东聊城、高唐一带。 ③ 达奚：复姓。 ④ 曹、汴：曹，即山东曹县，在山东西南，临接河南；汴，即河南开封。 ⑤ 浚仪：唐县名，今开封市。 ⑥ 䭔(duī)：饼类食品。 ⑦ 李淳风、袁天纲：唐代精阴阳推算之术的人。 ⑧ 封事：臣下上书奏事，防有泄漏，用袋封缄，称为封事。 ⑨ 鸢肩火色：肩膀像鸢鸟一样上耸，面色通红如火。 ⑩ 消渴：即糖尿病。

《卖䭔媪》选自《定命录》。

这是一篇叙写文士始于困而终于亨的发迹故事。作品以马周的行踪为线索，按时空的先后顺序叙事，层次清晰，结构完整。马周先于"补博州助教"之时，日饮酒而遭刺史咎责，次乃"拂衣南游曹、汴之境"，又因酒后忤县令遇责辱，再次乃至新丰旅店用酒洗足而使主人奇之，最后至京遇卖䭔媪，媪乃引致于中郎将常何之家，这便成了马周命运由困到亨的转捩点：娶媪为妻，代上封事，官至宰相，后为吏部尚书，四十八岁病卒。在短短的篇幅里，作者在用简练的笔墨叙述马周从孤贫到漂泊到遇时到病卒的一生的同时，又把叙述的重点放在到京遇媪、时来运转上，突出表现了作品的宿命主题。

实际上，马周的发迹原是他的远见卓识所致，马周的生卒也是人的生老病死所然，而作品却通过善相术士李淳风、袁天纲及岑文本对卖䭔媪、马周的看相，预言"此妇人大贵"，马周"腾上必速，但恐不能久耳"，以宿命论的相术对人生际遇作出神秘解释。当然，我们今天对这种解释指出它的荒谬是轻而易举的，但是透过这种解释，我们可以读出潜在宿命论背后的唐代士人的心理和情绪。唐代读书人普遍的愿望是进士及第，做大官，娶五姓女。但事情往往不如人意，主观方面的努力情况暂且不说，政治气候的变化无常，国家的治乱兴衰，复杂的人事关系，突然的变故，偶然的事件，这些足以把每个美梦击碎，当然，它也可能使不起眼的小人物美梦成真。人生命运的这种偶然性、复杂性和不确定性，使得人们开始否定人把握自己命运的可能，正如《前定录·袁孝叔》中所云："事以前定，非智力所及也"。实际上，唐代众多的"定命""前定"小说表达的是唐人这样的心理：对功名富贵、个人命运的关注感，对荣枯沉浮、宠辱得失变幻莫测的迷惘感，对坎坷人生的失落感、痛苦感乃至不平感。所谓"命"者不止是迷信，而是感伤的、无可奈何的、得意的、愤慨的、自慰的情绪的发泄。理解这一点，我们就能比较正确地理解篇中所表现的思想情绪，就能比较正确地理解唐代小说中所表现的宿命主题。

（陈惠琴）

【作者小传】

戴　孚

唐小说家。谯郡（今安徽亳州）人。至德二年（757）进士，官校书郎、饶州录事参军。作有小说集《广异记》等。

宝　珠　　　　戴　孚

咸阳岳寺后，有周武帝[①]冠，其上缀冠珠，大如瑞梅，历代不以为宝。天后时，有士人过寺，见珠，戏而取之。天大热，至寺门易衣，以底[②]裹珠放金刚脚下，因忘收之。翼日，便往扬州收债。途次陈留，宿于旅邸，夜闻胡[③]斗宝，摄衣从而视之。因说冠上缀珠，诸胡大骇曰："久知中国[④]有此宝，方欲往求之。"士人言已遗之。胡等叹恨，告云："若能至此，当有金帛相答。今往扬州，所债几何？"士人云："五百千。"诸胡乃率五百千与之，令还取珠。士人至金刚脚下，珠犹尚存，持还见胡。胡等喜抃[⑤]，饮乐十余日，方始求市。因问士人，所求几何。士人极口求一千缗。胡大笑云："何辱此珠？"与众定其价，作五万缗。群胡合钱市之，及邀士人同往海上观珠之价。

士人与之偕行东海上。大胡以银铛煎醍醐[⑥]，又以金瓶盛珠于醍醐中重煎。甫七日，有二老人及徒党数百人，赍持宝物，来至胡所求赎。故执不与。后数日，复持诸宝山积，云欲购珠，胡又不与。至三十余日，诸人散去，有二龙女，洁白端丽，投入珠瓶中，珠女合成膏。士人问："所赎悉何人也？"胡云："此珠是大宝，合有二龙女卫护，群龙惜女，故以诸宝来赎。我欲求度世，宁顾世间之富耶？"因以膏涂足，步行水上，舍舟而去。诸胡各言："共买此珠，何为独专其利？卿既往矣，我将安归？"胡令以所煎醍醐涂船，当得便风还家。皆如其言，大胡竟不知所之。

〔注〕 ① 周武帝：北周武帝。公元560—578年在位。鲜卑族。 ② 底：似应为"衣"字。③ 胡：中国古代对西方和北方各族的泛称。 ④ 中国：上古时，我国华夏族在黄河流域一带建国，以为地处天下之中，故称"中国"。后泛指中原地区。 ⑤ 喜抃：高兴鼓掌，表示欢欣。⑥ 醍醐：酥酪上凝聚的油。

本篇采自《广异记》。

这是一个胡人买宝珠的故事。所谓"宝"，是人对大自然中价值最高之物的称谓。某物究竟是不是宝，是从人的需要的角度来判定的；而宝又不是那么容易被人发现的，它要么埋藏很深，有待于人的发掘，要么外表粗陋平凡，有待于人的识别。因此，人类有很多英雄寻宝的故事传说。

篇中所写识宝之人乃为胡人。周武帝冠珠本为华夏族所造，但"历代不以为宝"，倒是胡人久知中原地区有此宝，多方寻求。当知士人取得、又漫不经心地遗落在金刚脚下时，便与钱五百千，令还取之。取归，胡人欢欣，饮乐十余日，方始求市，足见胡人对宝物的器重之情。当胡人问士所求几何时，士人"极口求一千缗”,以为是一个极大的数目,不料胡人大笑云:“何辱此珠?”与众定价,一直加价到五万缗,群胡方合钱市之。这里,作者写胡人的慷慨豪爽,是为了反衬宝的价值,从行文需要看,是为了制造悬念。小说最后方揭示出此珠之价值:大胡以醍醐煎宝珠,先有“二老人及徒党数百人,赍持宝物,来至胡所求赎。故执不与”。次乃“复持诸宝山积,云欲购珠,胡又不与”,再至“三十余日,诸人散去,有二龙女,洁白端丽,投入珠瓶中,珠女合成膏”。原来此珠是大宝,合有二龙女卫护,群龙惜女,故以诸宝来赎。耐人寻味的是,当大胡邀士人同往海上观珠之价后云:“我欲度世,宁顾世间之富耶?”因以膏涂足,步行水上,竟不知所往。

可以看出,作品虽然上承六朝志怪的记闻之法,突出表现宝珠之奇异,宝珠之价值,然叙述又重乎情致,发挥藻思,在记宝珠的同时,还通过闻珠大骇、见珠喜抃、笑人辱珠、合钱市珠及海上煮珠、赎珠不与、舍珠而去等一系列描写,表现了识宝之人慷慨、豪爽、重宝爱宝又不为宝累的超然性格,是一篇以传奇法志怪的文学精品。

(陈惠琴)

勤自励　　戴孚

漳浦[①]人勤自励者,以天宝末充健儿,随军安南[②],及击吐蕃[③],十年不还。自励妻林氏为父母夺志,将改嫁同县陈氏。其婚夕,而自励还,父母具言其妇重嫁始末。自励闻之,不胜忿怒。妇宅去家十余里。当破吐蕃得利剑,是晚,因杖剑而行,以诣林氏。

行八九里,属暴雨天晦,进退不可。忽遇电明,见道左大树有旁孔,自励权避雨孔中。先有三虎子,自励并杀之。久之,大虎将一物纳孔中,须臾复去。自励闻有人呻吟,径前扪之,即妇人也。自励问其为谁,妇人云己是林氏女,先嫁勤自励为妻,自励从军未还,父母无状,见逼改嫁,以今夕成亲。“我心念旧,不能再见,愤恨莫已,遂持巾于宅后桑林自缢,为虎所取。幸而遇君,今犹未损。倘能相救,当有后报。”自励谓曰:“我即自励也。晓还至舍,父母言君适人,故杖剑而来相访,何期于此相遇。”乃相持而泣。

顷之虎至,初大吼叫,然后倒身入孔。自励以剑挥之,虎腰中断。恐又有虎，故未敢出。寻而月明，后果一虎至，见其偶毙，吼叫愈甚，自尔复倒入，又为自励所杀。乃负妻还家，今尚无恙。

〔注〕 ① 漳浦：即漳州。治所在漳浦(今福建漳浦)。 ② 安南：今越南北部。 ③ 吐蕃：约当今之西藏、青海一带。

本篇采自《广异记》。

故事叙漳浦人勤自励于天宝末年随军安南，十年不还，自励妻林氏的父母逼她改嫁，林氏不从，于宅后桑林自缢，被虎衔走，恰遇自励回家，杀虎夺妻。

“秦时明月汉时关，万里长征人未还。”唐玄宗追求边功，天宝以来，边衅不绝。士兵连年征战，不得回归，多少闺中少妇在“过尽千帆皆不是，斜晖脉脉水悠悠”的无尽等待中老去、离去、死去。因此，当有人好不容易活着回来时，等待他们的却往往是亲死妻嫁。这篇作品记载的就是一个出征多年的士兵回乡后的遭遇。

在作品中，作者把笔墨集中在“婚夕而自励还”这样一个独特的时空上，演出一幕悲欢离合的人生悲喜剧。一边是林氏因丈夫征战未还，父母逼嫁，婚夕念旧，悬带自缢，而为虎所取；一边是勤自励侥幸生还，杖剑寻妻，避雨树孔，人虎相遇，杀虎救妻而得夫妇团聚。这样切取生活中矛盾交叉的焦点来描写，能使主题表现集中在一个极短的时间和极小的空间里，真可谓“聚时间于一瞬，缩空间于一隅”，好像聚焦镜一般，具有极强的显像作用。

不过，正是这种特殊的艺术构思，使我们在同情出征士兵遭遇，庆幸离散夫妻团聚的同时，也深深地感受到这个故事所表现出来的宿命论观点：人的婚姻、生死、离合都是命中注定，不可改变的。虎之所为不过是这种宿命思想的一种体现。

(陈惠琴)

【作者小传】

郭 湜

唐小说家。太原(今属山西)人。任大理司直、户部员外郎等职。作有小说《高力士外传》等。

高力士外传

郭 湜

高力士[①]于太宗陵寝宫见小梳箱一、柞木梳一、黑角篦一、草根刷子一，叹曰："先帝首建义旗、新正皇极十有余载，方致升平，随身服用，惟留此物。将欲传示孝孙，永存节俭。"具以奏闻。上至陵日，山川雷隐，草木风生，陈千官朝见之仪，具九宾宗祀之礼。礼毕，俯伏流涕，若不自胜。须臾闻鼓声四振，云雾朗清，万岁之声，岂惟于远近，一人之孝，固通于神明，不可得而称也。至寝宫问曰："所留示朕者何在？"力士趋入捧跪上，上跪奉肃敬，如不可胜，曰："夜光之珍，垂棘[2]之璧，将以喻此，曾何足言。"即命史官书之典册。

二十三年后，上忽言曰："朕亲主六合[3]二十余年，两都[4]往来，甚觉劳弊，欲久住关内，其可致焉？"三问群臣卿士，皆云："江淮漕运转输极难，臣等愚蒙，未知为计。"上甚不悦。后李林甫[5]用紫曜之谋，爰兴变造[6]；牛仙客取彭果[7]之计，首建和籴[8]，数年之中，甚觉宽贷。上因大同殿思神念道，左右无人，谓高公曰："朕自住关内，向欲十年。俗阜人安，中外无事，高止黄屋[9]，吐故纳新，军国之谋，委以林甫，卿谓如何？"高公顿首曰："臣自二十年已后，陛下频赐臣酒，往往过度，便染风疾，言辞倒错，进趋无恒。十年已来，不敢言事，陛下不遗鄙贱，言访刍荛[10]，纵欲上陈，无裨圣造。然所闻所见，敢不竭诚？且林甫用变造之谋，仙客建和籴之策，足堪救弊，未可长行。恐变正仓尽即义仓尽，正义俱尽。国无旬月之蓄，人怀饥馑之忧。和籴不停，即四方之利不出公门，天下之人尽无私蓄。弃本逐末，其远乎哉？但顺动以时，不逾古制；征税有典，自合恒规。则人不告劳，物无虚费。军国之柄，未可假人，威权之声，振于中外，得失之议，谁敢兴言？伏惟陛下图之。"上乃言曰："卿十年已来，不多言事，今所敷奏，未会朕心。"乃顿首曰："臣生于夷狄之国，长自升平之代，一承恩渥，三十余年，尝愿粉骨碎身以裨玄化，竭诚尽节，上答皇慈。顷缘风疾所侵，遂使言辞舛谬。今所尘黩，不称天心，合当万死。顿首，顿首。"上曰："朕与卿休戚共同。何须忧虑。"命左右曰："即置酒为乐，无使怀忧。”左右皆称万岁。从此便住内宅，不接人事。

及开元之末、天宝之初，陈希烈[11]上玄元之尊，田同秀[12]献宝符之瑞，贵妃[13]受宠，外戚承恩，罗、吉、张、俞兴党锢之狱，杨、裴、韦、李受无状之诛，五六年间，道路以目，禄山之祸，自此兴焉。至十年，上又言曰：“朕年事渐高，心力有限，朝廷细务，委以宰臣，藩戎不耆[14]，付之边将，自然无事，日益宽闲，卿谓如何？”高公曰：“比在内宅，不知时议。近于阁门外见诸道奏事人说云南频有丧律，陛下何以御之？北兵近甚精强，陛下何以制之？但以皇威远震，圣泽傍流，足以吞食鲸鲵[15]，剪灭封豕[16]，诸余纤介[17]，曾何足云！臣恐久无备于不虞，卒有成于滋蔓，然后禁止，不亦难乎？”上曰：“卿之所疾，渐亦痊除，今日奏陈，雅符朕意。近小有疑虑，所以问卿，卿慎勿言，杜复泄露，应须方便，然可改张。”高公顿首谢曰：“以陛下至圣，微臣至愚，幸契天心，不胜欣庆。”其后杨、李争权，竞相倾夺；王、邢不轨，咸就诛夷。十二年冬，林甫云亡，国忠作相，先酬宿憾，林甫被琢棺之刑；宁俟后图，国忠播宣淫之耻。十三年秋，大雨昼夜六十日，陈希烈罢相，韦见素持衡[18]。上因左右无人，谓高公曰：“自天宝十年之后，朕数有疑，果致天灾，以殃万姓，虽韦、陈改辙，杨、李殊途，终未通朕怀。卿总无言，何以为意？”高公伏奏曰：“开元二十年以前，宰臣授职，不敢失坠；边将承恩，更相戮力。自陛下威权假于宰相，法令不行，灾眚[19]备于岁时，阴阳失度，纵为轸虑[20]，难以获安，臣不敢言，良有以也。”上久而不答。

十四年冬，安禄山作逆，起自范阳[21]，私聚甲兵，假称朝贡。囚李芝于真定[22]，劫光翙[23]于太原。长驱两河，将吞九鼎。蕞尔戎羯[24]，乘我不虞。国家久致升平，不修兵甲，卒征乌合之众，以御必死之军。遂使张介然丧律于陈留[25]，封常清[26]弃甲于汜水。东京已陷，西土犹宁。有诏斩封、高[27]于驿前，镇哥舒[28]于关上。交锋纵镝，向历半年，斩将搴旗，不逾信宿[29]。兵疲师老，众溃亲离。国忠促哥舒之军，务令速进；火拔[30]冀禄山之党，更却先投。烽火遍照于川原，羽书交驰于道路。西京于焉失守，万姓及此骚然。十五载六月十二日，有诏移仗未央宫。十三日有诏幸巴蜀[31]。至延秋门外，上驻马谓高公曰："卿往日之言是。今日之事，朕之历数尚亦有余，不须忧惧。"扈从至马嵬[32]山，百姓惊惶，六军奋怒。国忠方进，咸即诛夷；虢国、太真，一时连坐。肃宗[33]减随驾兵马，复至咸阳。未振军容，师徒小却。长驱卒乘，北至朔方。七日，万人劝进[34]，让不获已，乃即皇帝位于灵武[35]。八月，尊太上皇于成都，改元为至德[36]元年，成都宣赦。上皇谓高公曰："我儿嗣位，应天顺人，改元至德，孝乎惟孝。卿之与朕，亦有何忧？"高公伏奏曰："陛下躬亲庶务，子育黔黎[37]四十余年，天下无事。一朝两京失守，万姓流亡，西蜀、朔方，皆为警跸[38]之地；河南、汉北，尽为征战之场。天下之臣，莫不增痛。陛下谓臣曰：'卿之与朕，复何忧哉？'臣未敢奉诏。臣闻主忧臣辱，主辱臣死，死辱之义，职臣之由。臣不孝不忠，尚存余喘。亲蒙晓谕，战惧伏深。"

初，上过利州[39]，西临蜀郡，往来表疏，道路相望，知两京有克复[40]之期，兆人伫来苏之庆。仍皇情未畅，臣下多虞。及出剑门[41]到巴蜀，井邑气候风云，与中国[42]而颇殊，对偏方而增恨，应沾扈从，皆同此心。赖节度使崔圆以忠恳至诚，恐皇恩轸虑，凡所进奉，不越时宜；应修殿宇，不剿人力。上为之悦，左右皆称万岁。上曰："崔圆可谓大臣欤？"即日拜相。西南之俗，无不欣然。后崔相欲赴行在[43]，未测圣情。上觉其忧惧，谓高公曰："朕观崔圆气宇冲邃，理识弘通，比诸宰臣，无出其右。若得对见，必倍承恩。"后果如上言。且蜀中风土，有异中原，秋热冬温，昼晴夜雨，事之常也。及驾出剑门到巴蜀，气候都变，不异两京。九月十九日，霜风振厉，朝见之时，皆有寒色，诏即令著袍。至二十一日，百官尽衣袍立朝，不依旧式。每奏事人来往两京，动静无不尽知。二年正月，禄山为子庆绪所杀。庆绪伪立,凶谋逆计,主以严庄;伪敕伪书,出于高尚。但置酒为乐,余无所图。上谓高公曰:“皇帝久在凤翔[44],兵威大震,凶徒逆党,即应殄灭。”高公伏奏曰:“逆贼背天地之恩,恣豺狼之性,更相鱼肉,其可久乎?”九月,皇帝在凤翔,元帅广平王、中书令郭子仪驱百万之熊罴[45],吞二京之蚊蚋,不逾旬月,收复两都。庆绪北走于邺[46]中,王师续围于城下。至乾元元年,庆绪为逆贼史思明所杀。王师失利,再陷洛阳。李光弼[47]作镇于河阳,郭英乂次安于虢路。上元[48]元年,为子朝义所杀。至宝应[49]元年,下收洛阳。朝义奔走不知所在。上皇谓高公曰:“安、史二逆贼,父子相次伏诛,岂非天地神明之所殛罚[50]也?”高公曰:“皇帝圣化,人戴无穷;陛下仁德,福流万叶[51]。凡是凶丑,自合诛夷,不胜庆快之至。”

初,至德二年十一月,诏迎太上皇于西蜀。十二月至凤翔,被贼臣李辅国诏取随驾甲仗。上皇曰:“临至王城,何用此物?”悉令收付所司。欲至城,皇帝具仪仗出城迎候。二圣相见,泣涕久之,倾城道路,一时忭舞[52]。便于兴庆宫[53]安置。乾元[54]元年冬,上皇幸温泉宫,二十日却归。因此被贼臣李辅国阴谋不轨,欲令猜阻,更树勋庸。移仗之端,莫不由此。辅国趋驰末品[55],小了纤人,一承攀附之恩,致位云霄之上。圣上属残孽未殄,苍生不安,贪总军戎,冀清海内,不暇拣择左右,屏弃回邪[56],遂使辅国荧惑两宫[57],戕伤万姓,恣行威福,不惧典刑。上元元年七月,太上皇移仗西内安置,高公窜谪巫州,皆辅国之计也。上皇在兴庆宫先留厩马三百匹,欲移仗前一日,辅国矫诏,索所留马,惟留十匹。有司奏陈,上皇谓高公曰:“常用辅国之谋,我儿不得终孝道,明早向北内。”及晓,至北内,皇帝使人起拜云:“两日来疹病,不复亲起拜伏,伏愿且留吃饭。”饭毕,又曰:“且归南内。”行欲至夹城,忽闻戛戛声,上惊回顾,见辅国领铁骑数百人,便逼近御马。辅国便持御马,高公惊下争持,曰:“纵有他变,须存礼仪,何得惊御!”辅国叱曰："老翁大不解事，且去！"即斩高公从者一人。高公即拢御马，直至西内安置。自辰及酉，然后老宫婢十数人将随身衣物至，一时号泣，上皇止之。皆辅国矫诏之所为也，圣上宁得知之乎？上皇谓高公曰："兴庆是吾王地，吾频让与皇帝，皇帝仁孝不受。今虽为辅国所制，正惬我本怀。"进御人令撤肉，便处分尚食："明日已后，不须进肉食。"每日上皇与高公亲看扫除庭院、芟薙[58]草木。或讲经论议，转变说话。虽不近文律，终冀悦圣情。经十余日，高公患疟，敕于功臣阁下避疟。日晚，闻门外有人问，称是谈庭瑶，云："圣人唤阿翁。"问："曾见太上皇未？"曰："见了。"高公亦不敢辞，即随庭瑶至阁门外。日晚见内养将一卷文书状，云使看，略见少多，皆是罢职，却被索将，附奏云："臣合死已久，圣恩含忍容至今日，所看事状，并不曾闻。伏愿得亲辞圣颜，复受戮，死亦无恨。"明日有制："力士潜通逆党，曲附凶徒，既怀枭獍[59]之心，合就鲸鲵[60]之戮。以其久侍帷幄，颇效勤劳，且舍殊死，可除名，长流巫州。"

九月三十日至巫州，随身手力，不越十人；所余衣粮，才至数月。殷忧待罪，首尾三年。经一年，忽见本道观察第五国珍，谪至夷州。与第五相饮，赋诗曰："烟熏眼落膜，瘴染面朱虞。"谓同病曰："宰相犹如此，余何以堪！"左右闻之，皆为挥涕。又于园中见荠菜，土人不解吃，便赋诗曰：

两京称斤买，五溪无人采。
夷夏虽有殊，气味应不改。

使拾之为羹，甚美。或登山临水，以永终日。至元年建辰月，有制："流人一切放还。"至建巳月，二圣升遐[61]，今上即位，改元为宝应元年。六月，巫州二圣遗诏到，号天叩地，悲不自胜，制服持丧，礼过常度。每一号恸，数回气绝，昼夜无时，伤感行路，恨不得亲奉陵寝而使永隔幽明。哀毁既深，哽咽成疾。七月，发巫山至朗州[62]，八月病渐亟[63]。谓左右曰："吾年已七十九，可谓寿矣。官至开府仪同，可谓贵矣。既贵且寿，死何恨焉。所恨者二圣升遐，攀号不逮[64]；孤魂旅榇[65]，飘泊何依？”泣下沾襟，视之尽血。言毕，以宝应元年八月十八日终于朗州开元寺之西院。远近闻之，莫不伤叹。九月，灵梓发朗州，十一月至襄州。有诏令复旧官爵，追赠广州都督。丧事行李，一切官给，陪葬玄宗陵。

高公所生母麦氏，即隋将铁杖曾孙。始与母别时，年十岁。母抚其首泣曰：“与汝分别，再见无时。然汝胸上七黑子，他人云必贵。吾若不死，得重见。记取此言。汝常弄吾臂上双金环，吾亦留看，待见汝伺之，慎勿忘却。”即与诀别。向三十年后，知母在泷州，虽使人迎候，终不敢望见。及到，子母并不相识。母问曰：“与汝别时语记否？”“胸前有黑子？”母曰：“在否？”即解衣视之，母亦出金环示之。一时号泣，累日不止。上闻，登时召见，封越国夫人，便于养父母家安置。十余年后卒，葬东京原。燕公[66]志墓曰：“验七黑于子心，辨双环于母臂。”即此事也。其妻，东平吕氏，故岐州刺史玄悟之女，躬行妇道，有逾常礼。

大理司直太原郭湜曰：“李辅国谬承恩宠，窃弄威权，蒙蔽圣聪，恣行凶丑。所持刑宪，皆涉回邪，即有敬毛裴毕[67]之流，起周代索丘之狱，既无所措，难以图存。使天下之心，自然摇矣。但经推案，先没家资，不死则流，动逾千计。黔中道此一色尤多，则三故相，裴冕、张镐、第五琦是也；一大夫，贺兰进明是也；六中丞，郑叔清、畅灌、韦利见、皇甫锐、张万顷、毛若虚是也；七御史，李融、屈无易、孙昌胤、孙莹、宋晦、严锐、毕曜是也；三员外，张渭、张之绪、李宣是也；一左丞，皇甫铣是也；一郡王，瑀是也；一开府，力士是也。遗、评、补、博、卿、监、司、舍、将军、列卿、州牧、县宰已下，散在诸郡，不可尽纪。从至德至宝应向二千人，及承恩放还，十二三矣。嗟乎！淫刑以逞，谁得无罪？湜同病者，报以志之，况与高公俱婴[68]谴累。每接言论，敢不书绅[69]。岂谓怀辅弼之元勋，当休明之圣代，卒为谗佞所恶，生死衔冤，悲夫！”

〔注〕①高力士：唐玄宗时太监，本姓冯，后为高姓内官收养，遂改姓高。②垂棘：春秋时晋国产美玉的地方。③六合：上下四方曰六合，即天下。此句云其登帝位以来，已有二十余年。④两都：即长安与洛阳。⑤李林甫：唐玄宗时之宰相，其人在相位十九年，权倾朝野，但却妒贤嫉能，欺上罔下，在国史中被列入《奸臣传》。⑥紫曜之谋，爰兴变造：紫曜，即当时的宣州刺史裴耀卿，为了减轻江淮漕运的压力，他于开元十八年上书，请求因地制宜，建造粮仓，以省运力。⑦牛仙客：玄宗时之宰相，其任相数年，独善其身，唯诺而已。彭果：唐人，曾任南海太守，是他给牛仙客建议行和籴之法。⑧和籴(dí)：官府出钱购买民间的粮食以供军用。此名义上是议价而行，事实上按户摊派，为害非浅。⑨黄屋：帝王车盖，用黄绸为里，故称之为“黄屋”。⑩刍荛(chú ráo)：割草的人叫刍，砍柴的人叫荛，此指乡野之人。⑪陈希烈：亦为玄宗时之宰相，安禄山乱时，曾受伪命为中书令，故后被赐死。所谓“上玄元之尊”，是指陈希烈上书给老子奏请封尊号。唐皇皆以老子为自己的远祖，故有此举。⑫田同秀：在唐玄宗改元为天宝时，陈王府参军田同秀上书说，他在空中看到玄元皇帝显灵，并传“天下太平，万寿无疆”八字于玄宗，还告知有灵宝符在尹喜的老宅，人皆以为祥瑞。⑬贵妃：即杨玉环。⑭藩戎不詟(zhé)：周边的附属国若不安宁。詟，恐惧。⑮鲸鲵：即鲸鱼，雄为鲸，雌为鲵。此指极为凶恶的人。⑯封豕：大猪。常用来比喻贪暴的首恶分子。⑰纤介：形容微小的东西。⑱持衡：拿秤称东西，引申为衡量人才。⑲眚(shěng)：灾祸。⑳轸(zhěn)虑：深切的忧虑。㉑范阳：古地名，今河北涿县。㉒真定：地名，今河北省正定县。㉓光翙(huì)：即杨光翙，时为太原尹，被安禄山所劫杀。㉔蕞(zuì)尔戎羯(jié)：小小的胡人。㉕张介然：时为陈留太守，安禄山陷陈留，杀之。陈留，地名，在今开封境内。㉖封常清：时被任命为范阳平卢节度使，兼御史大夫，招兵买马，以御安禄山。然其于成皋大败，仓皇而逃。㉗高：即高仙芝，时镇守陕郡，亦弃关而逃，后与封常清同被斩于潼关。㉘哥舒：即哥舒翰，本为突厥酋长哥舒部后裔，后因战功封为西平郡王。安禄山叛乱时起用为元帅，败，遂降，不久被杀。㉙不逾信宿：休息不超过两夜。这里指战事紧急。㉚火拔：即火拔归仁，蕃将，原为哥舒翰部将，但后劫哥舒翰以降安禄山。㉛幸巴蜀：实即逃往成都。㉜马嵬(wéi)：地名，今陕西兴平马嵬镇。玄宗奔蜀过此地，卫兵杀死杨国忠，玄宗不得已赐死杨贵妃。㉝肃宗：玄宗的儿子李亨。㉞劝进：劝登皇帝位。㉟灵武：地名，今宁夏灵武县西北。㊱至德：唐肃宗年号(756—758)。㊲子育黔(qián)黎：把百姓当作儿子一样抚育。㊳警跸(bì)：帝王出入，左右有人侍卫称“警”，止人清道称“跸”。㊴利州：地名，今四川广元市利州区。㊵克复：收复失地。㊶剑门：地名，今四川剑阁县东北。㊷中国：古时与“中原”等含义相同。㊸行在：行在所的简称，指帝王所在的地方。㊹凤翔：地名，今陕西宝鸡凤翔县。㊺郭子仪：唐著名将领，安史之乱时为朔方节度使，平定安史之乱功推第一。熊罴(pí)：熊与罴本来皆为猛兽，此处指勇士。下文之蚊蚋指敌人的军队。㊻邺：地名，今河北临漳县西。㊼李光弼：契丹人，天宝末任河东节度使，平定安史之乱，与郭子仪齐名。㊽上元：唐肃宗年号(760—762)。㊾宝应：唐肃宗年号，公元762年。㊿殛(jí)罚：即杀死以示惩罚。(51)万叶：万世。(52)汴(biàn)舞：高兴地跳舞。(53)兴庆宫：长安城内的宫殿名，原为玄宗作太子时之住宅。(54)乾元：唐肃宗年号(758—760)。(55)趋驰末品：即被人驱驰的小人物。(56)回邪：回，即乖违；邪，即邪僻。(57)荧惑两宫：使太上皇与皇帝产生罅隙。荧惑，即“迷惑”。(58)芟薙(shān tì)：割去野草。(59)枭獍(xiāo jìng)：传说枭为恶鸟，生而食母，獍为恶兽，生而食父，因以之喻不孝与忘恩负义的人。 ⑥⓪ 鲸鲵：见上注。然此处与上文取义不同，此指身被诛杀者。 ⑥① 升遐：即登仙。 ⑥② 朗州：地名，今湖南常德市鼎城区。 ⑥③ 亟(jí)：急切。 ⑥④ 迨(dài)：等。 ⑥⑤ 榇(chèn)：棺材。 ⑥⑥ 燕公：当指张说，其被封为燕国公。 ⑥⑦ 敬毛裴毕：敬羽、毛若虚、裴昇、毕曜为当时的四个刺史，又都极残暴，人称之为"毛敬裴毕"。 ⑥⑧ 婴：触，缠绕。 ⑥⑨ 书绅：绅为腰带，《论语》云"子张书诸绅"，说孔子的弟子子张要把孔子的话写在腰带上。后世把要牢记别人的话称为"书绅"。

本篇《顾氏文房小说》录载。

作品主要记载高力士的遗闻轶事，通过对唐玄宗与高力士的几次对话及某些事件的记叙，表彰了高力士的忠与孝；通过李辅国专权，高力士窜谪巫州等情节，表达了作者对奸佞当道的不满。作者在小说的最后发表评论说："淫刑以逞，谁得无罪？湜同病者，报以志之。况与高公俱婴谴累，每接言论，敢不书绅。岂谓怀辅弼之元勋，当休明之圣代，卒为谗佞所恶，生死衔冤，悲夫！"彰其事而美其人，悯其遇而悲其心，这便是作者创作这篇小说的中心所在。

司马迁历史传记的卓越之处，在于从历史和现实活动中的人物身上揭示社会的本质特征。唐代许多传奇作品吸收了这种写实精神，把生活现象的真实感进而在一定程度上上升为生活本质的表现。尽管有的作家还不很善于自觉地从大量生活现象中进行概括，还过多地依赖于事实和传闻，但他们懂得选择，懂得表现，尤其注意人——人的情感、性格、命运在文学表现中的主体地位，因而史传中对于人物的描写手段得到较充分的发挥。

《高力士外传》在艺术上的主要特点，是在对话中刻画人物。作者多次描写玄宗以政事询问高力士，并通过高力士的答话，表现高力士的忠诚、直言、不畏谗佞。他不借自己侍奉于皇帝左右的机会，过多地参与朝政，而是有问才答，答必直言，即使不能得到玄宗的欢心，他也直言不讳。一次玄宗对他说："朕自住关内，向欲十年。俗阜人安，中外无事，高止黄屋，吐故纳新，军国之谋，委以林甫，卿谓如何？"高力士于是对李林甫的变造之谋，牛仙客的和籴之策，提出了异议，但玄宗认为他的意见"未会朕心"。而当奸臣误国、天灾殃民之时，玄宗问他："卿总无言，何以为意？"他说："自陛下威权假于宰相，法令不行；灾眚备于岁时，阴阳失度，纵为轸虑，难以获安。臣不敢言，良有以也。"直言其弊的回答竟使玄宗"久而不答"。一个竭诚尽忠而又不失人格的忠臣形象，便在这屡问屡答中妙肖如生地表现出来。

作者还能通过细节描写来辅助人物形象的刻画。当李辅国率铁骑数百人逼近玄宗时，作者这样描写高力士："高公惊下争持曰：纵有他变，须存礼仪，何得惊御!”简单的两个动作,短短的一句话,都很好地体现了高力士处乱不惊的大臣风度和他对玄宗、对朝廷乃至对国家的忠诚。

作者还以富于故事性的情节来表现高力士对母亲的孝、对亲人的爱。他十岁告别母亲,母亲对他说:“汝胸上七黑子,他人云必贵。吾若不死,得重见,记取此言。汝常弄吾臂上双金环,吾亦留看,待见汝伺之。慎勿忘却。”三十年后,知母在泷州,使人迎候,母子以黑子、金环相认,“一时号泣,累日不止”。忠与孝是封建社会衡量人品的两个重要标准,高力士母子相认的情节既协调了全篇议论色彩太浓的问题,又完成了高力士形象的塑造,是小说整体结构中不可缺少的一笔。

当然,由于作者谪黔间与力士交往匪浅,对力士同情颇深,故不免有溢美之词。然而,正是这些地方,体现了小说家与历史家不同的创造特性。

另外,在《高力士外传》中,玄宗的形象也始终处在比较突出的位置,这虽然有喧宾夺主之嫌,却使作品主题具有更深层的意义。

唐传奇的历史主题在唐初就有所表现,而大量出现在中晚唐,盖其盛世已过,唐人把自己的危机感、失落感和历史政治认识,寄托在对往昔的反思上。尤其是盛唐衰微的历史含义,更是成为作家探求的中心。而在这种探求中,备受人们关注的就是唐玄宗。这是一个把伟大和渺小、大功和大过、盛和衰都集中在自己身上的特殊君王。陈鸿的《开元升平源》旨在寻索开元盛世的根源。这“源”全集中在姚崇所上十事中,它意在说明开元之盛不仅由于玄宗任用姚崇这样的贤相,而且更重要的是实行了一系列开明政策的结果。陈鸿祖的《东城老父传》在继续表述类似见解的同时,还通过贾昌的自我反省不无惋惜地批评了玄宗的斗鸡怠政。而《高力士外传》对玄宗的批评更为广泛深刻,批评他轻信奸臣,决策不当,贪图享受,不接人事,居危而不知危,尚在内宅“置酒为乐,无使怀忧”,有如“商女不知亡国恨,隔江犹唱《后庭花》”,致使王师失利,天灾殃民,玄宗移宫,忠臣流放。玄宗朝的繁盛和危机共生在一起,中唐人很敏锐地觉察到这一点,他们竭力揭示盛衰变化中的奥妙,企图从历史教训中寻找理乱之道,以历史针砭现实,所以作家们的历史感是从现实感中生成的。从历史中把握现实,从现实中把握历史。在对高力士与李辅国的对比中,在对盛时武官的地位作用与中唐藩镇割据的对比中,在对辅弼元勋“卒为谗佞所恶,生死衔冤,悲夫”的感喟中,表现出他们对宦官专权和藩镇割据这两大政治问题的深深的忧心。

可见,历史主题中凝聚着唐人的忧患意识——由反思和自省中泛起的履冰临渊式的危机感和痛定思痛的责任感。这就是《高力士外传》给予我们的启示和意义。

（陈惠琴）

【作者小传】

陈玄祐

唐小说家。大历时人,生平事迹不详。作有小说《离魂记》等。

离魂记 陈玄祐

天授[①]三年,清河[②]张镒,因官家于衡州[③]。性简静,寡知友。无子,有女二人。其长早亡,幼女倩娘,端妍[④]绝伦。镒外甥太原[⑤]王宙,幼聪悟,美容范。镒常器重,每曰:“他时当以倩娘妻之。”后各长成,宙与倩娘常私感想于寤寐[⑥],家人莫知其状。

后有宾寮之选者[⑦]求之,镒许焉。女闻而郁抑,宙亦深恚恨[⑧]。托以当调[⑨],请赴京。止之不可,遂厚遣之。

宙阴恨悲恸,决别上船。日暮,至山郭数里。夜方半,宙不寐。忽闻岸上有一人行声甚速,须臾至船。问之,乃倩娘徒行跣足[⑩]而至。宙惊喜发狂,执手问其从来,泣曰:“君厚意如此,寝梦相感。今将夺我此志,又知君深情不易,思将杀身奉报,是以亡命来奔[⑪]。”宙非意所望,欣跃特甚。遂匿倩娘于船,连夜遁去。倍道兼行[⑫],数月至蜀。

凡五年,生两子,与镒绝信。其妻常思父母,涕泣言曰:“吾曩日不能相负,弃大义而来奔君。向今[⑬]五年,恩慈[⑭]间阻,覆载[⑮]之下,胡颜独存也?”宙哀之曰:“将归,无苦。”遂俱归衡州。

既至,宙独身先至镒家,首谢[⑯]其事。镒曰:“倩娘病在闺中数年,何其诡说也?”宙曰:“见在舟中。”镒大惊,促使人验之。果见倩娘在船中,颜色怡畅。讯使者曰:“大人安否?”家人异之,疾走报镒。室中女闻,喜而起,饰妆更衣,笑而不语,出与相迎,翕然[⑰]而合为一体,其衣裳皆重。其家以事不正,秘之。惟亲戚间潜有知之者。后四十年间,夫妻皆丧。二男并孝廉擢第[18]，至丞尉[19]。

玄祐少常闻此说，而多异同，或谓其虚。大历[20]末，遇莱芜[21]县令张仲规，因备述其本末。镒则仲规堂叔祖，而说极备悉，故记之。

〔注〕 ① 天授：唐武则天年号(690—692)。 ② 清河：唐郡名，即贝州，治所在今河北清河。 ③ 衡州：唐郡名，又称衡阳郡，治所在今湖南衡阳。 ④ 端妍：端庄美丽。 ⑤ 太原：唐府名，治所在今山西太原西南。 ⑥ 寤寐：犹"日夜"。寤，醒时；寐，睡时。 ⑦ 选者：出色的人。 ⑧ 恚(huì)恨：怨恨。 ⑨ 托以当调：借口说临近铨选的日期。调，铨选，即到吏部听候决定授官。 ⑩ 跣(xiǎn)足：赤着脚。 ⑪ 奔：同男子私奔。 ⑫ 倍道兼行：加倍快速地赶路。 ⑬ 向今：到今天。 ⑭ 恩慈：父母。 ⑮ 覆载：天地。 ⑯ 谢：谢罪，承认错误。 ⑰ 翕(xī)然：两物相合貌。 ⑱ 孝廉擢第：经地方推荐，以孝廉的资格考取了明经或进士。 ⑲ 丞尉：县丞、县尉。前者是协助县令处理政务的副行政长官；后者是负责一县治安的官。 ⑳ 大历：唐代宗年号(766—779)。 ㉑ 莱芜：县名。唐置，在今山东莱芜市东北。

本篇《太平广记》录载，题《王宙》。作者陈玄祐，据篇中所记，当为唐代宗大历时人。

在唐人传奇中，以"传"名篇的作品和以"记"名篇的作品，在写法上有所不同。"传"以写人为主，以人系事；"记"以叙事为主，在叙事中写人。《离魂记》就是一篇以叙事写人而对后世影响很大的名作。

这篇小说揭露和批判父母包办婚姻的不合理，肯定和歌颂青年男女真挚的爱情和婚姻自主的要求。

小说在思想内容上有两个显著的特点。其一是，采用浪漫主义的艺术手法，完成了一个喜剧的结局。在封建时代，婚姻由父母包办是普遍的事实，在以家长制为特征的宗法制度下，一个弱女子而能反抗父母之命取得婚姻自主，是非常困难的，因此一般都是悲剧的结局。本篇却通过幻想的形式，使主人公以独特的反抗方式(灵魂脱离肉体而同自己心爱的人结合)，终于取得胜利，过上了美满幸福的生活。小说没有展开直接的矛盾冲突，却在父母不知不觉中造成事实而使其无可奈何。离魂出走而与爱人相结合，完全出于一种幻想，但也有其现实基础，这就是人们常说的两个真挚相爱的人是"梦魂相依"。因此，这一幻想情节真实地表现了倩娘和王宙之间对爱情的执著和坚定。父母的专制和封建礼教，可以束缚和摧残青年男女的肉体，却不能束缚他们的灵魂。灵魂的结合反映了追求爱情的青年男女的自由意志，是无法束缚的，也是不能摧毁的。这个超现实的幻想故事，实质上反映了现实中追求美好爱情的人精神意志的胜利，而且将这种追求升华到了一种理想的境界。这是这个本来带有悲剧色彩的故事，在艺术上表现出一种明朗的美学格调的根本原因。

其二是,小说不仅揭露了包办婚姻的不合理,而且还揭示了造成封建时代包办婚姻的一般的社会特征,因而具有典型意义。严格讲,王宙与倩娘并非自由恋爱,而是由倩娘之父张镒许婚的,但他许婚而又悔婚,原因是“有宾寮之选者求之”,就是他看中了将来可能当大官的杰出人物。这就揭露出他在儿女婚姻问题上的见利忘义、出尔反尔。封建婚姻的一个突出特点,就是家长只考虑家世的利益,而不考虑当事者爱情婚姻的幸福。

这篇小说在艺术表现上的一个突出特点可以概括为一个“简”字,就是简练、简括。小说篇幅短小,但生活容量大,时间跨度很长。从二人年幼时青梅竹马、两小无猜,到成年后彼此相爱;再到张镒悔婚,而导致两人反抗私奔,到蜀中过了五年的幸福生活;再到“后四十年间,夫妻皆丧”。前后写到了两个人一生的生活,至少也有六十多年。同时,小说虽短,情节的发展却并不简单平直,而是相当曲折。从二人“常私感想于寤寐”,到张镒悔婚,是一个大的曲折;倩娘离魂出走,二人在蜀中共同生活了五年,生二子,日子过得美满幸福,但倩娘突然思念父母,两人“遂俱归衡州”,情节的发展又生出波澜。篇幅短小,而情节又如此曲折多变,在艺术上当然不可能恣意铺陈,也不可能婉曲精细地描绘生活,而只能力求简练。在情节的处理安排上,作者善于提炼,善于剪裁,恰到好处地处理了详与略的关系,虚与实的关系。在二人一生中,一头一尾写得简,中间即成年以后的五年写得详。而五年中又主要突出私奔离家时的情状和五年后归家时的情状,五年中具体的生活情景却非常简略,只以三句话十个字来加以概括:“凡五年,生两子,与镒绝信。”详写私奔和归家,对倩娘来说也就是离魂和魂合这两个部分,对表现这对情侣的爱情追求和两个人的思想性格,都至关重要。即使详写的这两个部分,本身也是有详有略的:倩娘离魂追赶王宙,见面时的情状详写实写,而对他们相会后赴蜀一路上的情况则略写虚写,以“倍道兼行,数月至蜀”一句带过。对倩娘离魂归家以后的情况详写实写,而归家途中情景则略而不写,仅以“遂俱归衡州”一句交代。

当然,详略也是相对而言的。在本篇中即使是详写部分,也大多只是粗线条的勾勒;但虽粗却又未失于抽象浮泛,而是粗中有细,粗中见细。如写倩娘离魂追赶上王宙时,从王宙的耳中写出倩娘急切追赶的情景,就显得细致而真切:“夜方半,宙不寐。忽闻岸上有一人行声甚速,须臾至船。”从王宙的耳闻来写倩娘,却可以让读者想见女主人公的心情意绪。接下去是:“问之,乃倩娘徒行跣足而至。”“徒行跣足”四字,非常具体形象地刻画出倩娘急切间私奔出逃的情状,而这种情景在封建时代对一个大家闺秀来说是极难想象的，因此又暗伏下文赴蜀的倩娘实乃灵魂的情节。又如写倩娘灵魂归来时也写得很细："室中女闻，喜而起，饰妆更衣，笑而不语，出与相迎，翕然而合为一体，其衣裳皆重。"人物的动作、神态、心情，都写得十分具体，连"衣裳皆重"都作了描绘。有的描写本身极为简略，但揭示出的生活内涵还是精细而深微的。如写倩娘和王宙长大成人后的恋情："宙与倩娘常私感想于寤寐，家人莫知其状。"虽很简略，却能见出两人之间感情的深挚和隐秘。又如写王宙见倩娘赶来时的反应，先是"惊喜发狂"，后是"欣跃特甚"，这八个字也是能于简括中见出人物在特定情境中的内在感情的。

小说在构思上也很有特点。从全篇的基本框架看，作者是将一个虚幻的故事当作实情实景来写的，一切都像真的发生的一样，到故事的结尾才点破。前面倩娘追赶王宙两人一起私奔时，纯为写实，令读者置信不疑；直到故事的后半部分，突然出现两个倩娘，不仅张镒惊诧莫名，就是读者也大惑不解，而当终于得知原来是倩娘离魂出走时，便顿生恍然大悟之感，在回味中就更加领略到小说这种艺术处理的深刻意蕴。

这篇小说对后世的小说戏曲都产生了广泛的影响。元代郑光祖的《倩女离魂》，就是根据这个故事改编的；明代汤显祖的《牡丹亭》，在艺术处理上也显然受到它的影响；蒲松龄的《聊斋志异》中也有离魂型的爱情故事，如《阿宝》等。

（周先慎）

【作者小传】

沈既济

（？—786?） 唐小说家。吴（今江苏苏州）人。官左拾遗、史馆修撰、礼部员外郎。作有小说《枕中记》《任氏传》等。

枕 中 记

沈既济

开元七年，道士有吕翁者，得神仙术。行邯郸[①]道中，息邸舍，设榻施席，摄帽弛带，解囊而坐。俄见旅中少年，乃卢生也。衣短褐，乘青驹，将适于田，亦止于邸中，与翁共席而坐，言笑殊畅。久之，卢生顾其衣装敝亵，乃长叹息曰："大丈夫生世不谐，困如是也。”翁曰：“观子形体，无苦无恙。谈谐方适，而叹其困者，何也？”生曰：“吾此苟生耳，何适之谓？”翁曰：“此不谓适，而何谓适？”答曰：“士之生世，当建功树名，出将入相，列鼎而食，选声而听，使族益昌而家益肥，然后可以言适乎。吾尝志于学，富于游艺，自惟当年，青紫可拾。今已适壮，犹勤畎亩，非困而何？”言讫而目昏思寐。时主人方蒸黄粱为馔，共待其熟。翁乃探囊中枕以授之，曰：“子枕吾枕，当令子荣适如志。”

其枕青瓷，而窍其两端。生俯首就之，见其窍渐大，明朗，乃举身而入，遂至其家。数月，娶清河崔氏[②]女。女容甚丽，生资愈厚。生大悦，由是衣装服驭，日益鲜盛。明年，举进士，登第。释褐秘校[③]。应制[④]，转渭南尉。俄迁监察御史。转起居舍人，知制诰。三载，出典同州，迁陕牧[⑤]。生性好土功，自陕西凿河八十里，以济不通，邦人利之，刻石纪德。移节汴州，领河南道采访使，征为京兆尹。是岁，神武皇帝[⑥]方事戎狄，恢宏土宇。会吐蕃悉抹逻及烛龙莽布支攻陷瓜沙[⑦]，而节度使王君㚟[⑧]新被杀，河湟[⑨]震动。帝思将帅之才，遂除生御史中丞、河西道节度。大破戎虏，斩首七千级，开地九百里，筑三大城以遮要害。边人立石于居延山[⑩]以颂之。归朝册勋，恩礼极盛。转吏部侍郎，迁户部尚书兼御史大夫。时望清重，群情翕习，大为时宰所忌，以飞语中之，贬为端州刺史。三年，征为常侍。未几，同中书门下平章事。与萧中令嵩[⑪]、裴侍中光庭[⑫]同执大政十余年，嘉谟密命，一日三接。献替启沃，号为贤相。同列害之，复诬与边将交结，所图不轨。下制狱。府吏引从至其门而急收之。生惶骇不测，谓妻子曰：“吾家山东，有良田五顷，足以御寒馁。何苦求禄？而今及此，思衣短褐、乘青驹，行邯郸道中，不可得也。”引刃自刎，其妻救之，获免。其罹者皆死，独生为中官保之，减罪死，投驩州[⑬]。数年，帝知冤，复追为中书令，封燕国公，恩旨殊异。生五子，曰俭、曰传、曰位、曰倜、曰倚，皆有才器。俭进士登第，为考功员外；传为侍御史；位为太常丞；倜为万年尉。倚最贤，年二十八，为左襄⑭。其姻媾皆天下望族，有孙十余人。两窜荒徼，再登台铉。出入中外，徊翔台阁，五十余年，崇盛赫奕。性颇奢荡，甚好佚乐。后庭声色，皆第一绮丽。前后赐良田、甲第、佳人、名马，不可胜数。后年渐衰迈，屡乞骸骨，不许。病，中人候问，相踵于道。名医上药，无不至焉。将殁，上疏曰：

臣本山东诸生，以田圃为娱。偶逢圣运，得列官叙。过蒙殊奖，特秩鸿私。出拥节旌，入升台辅。周旋中外，绵历岁时。有忝天恩，无裨圣化。负乘贻寇，履薄增忧。日惧一日，不知老至。今年逾八十，位极三公，钟漏并歇，筋骸俱耄。弥留沉顿，待时益尽。顾无成效，上答休明，空负深恩，永辞圣代。无任感恋之至，谨奉表陈谢。

诏曰：

卿以俊德，作朕元辅。出拥藩翰，入赞雍熙。升平二纪，实卿所赖。比婴疾疹，日谓痊平。岂斯沉痼，良用悯恻。今令骠骑大将军高力士就第候省。其勉加针石，为予自爱。犹冀无妄，期于有瘳。

是夕，薨。

卢生欠伸而悟，见其身方偃于邸舍，吕翁坐其傍，主人蒸黄粱尚未熟，触类如故。生蹶然而兴，曰："岂其梦寐也？"翁谓生曰："人生之适，亦如是矣。"生怃然良久，谢曰："夫宠辱之道，穷达之运，得丧之理，死生之情，尽知之矣。此先生所以窒⑮吾欲也。敢不受教。"稽首再拜而去。

〔注〕①邯郸：地名，在今河北省。　②清河崔氏：清河为崔氏郡望，清河崔氏为唐著名大姓。　③释褐(hè)秘校：褐为麻布衣。释褐，脱去布衣，指入仕做官。秘校，秘书省校书郎的简称。此谓卢生科举及第后入秘书省做官。　④应制：应制科考试，由皇帝亲自出题选拔。　⑤迁陕牧：指升迁为陕州刺史或陕西观察使之类以"牧民"为职的地方长官。　⑥神武皇帝：指唐玄宗，他于先天二年十一月上尊号为"开元神武皇帝"。　⑦瓜沙：瓜州和沙州，辖境在今

甘肃酒泉、敦煌一带。 ⑧ 王君㚟(chuò)：唐河西节度使，开元十五年(727)遭回纥人袭击，被杀。 ⑨ 河湟：黄河与湟水之间的地区，在今青海一带。 ⑩ 居延山：指居延泽附近的山，在今甘肃额济纳旗一带，汉初为匈奴聚居处，唐时为属地。 ⑪ 萧中令嵩：指中书令萧嵩，中书令是中书省长官。 ⑫ 裴侍中光庭：指侍中裴光庭，侍中为门下省长官。 ⑬ 驩(huān)州：州名，地在今越南境内，是隋唐时发配罪犯之处。 ⑭ 左襄：唐时一种官职的俗称，可能指左补阙、左拾遗之类官。 ⑮ 窒(zhì)：遏止。

本篇《文苑英华》录载。

此作是唐传奇早期名篇，作者沈既济，约生活于唐代宗至德宗时代。为宰相杨炎赏识，被荐为官，由协律郎而左拾遗、史馆修撰，在当时以史才著名。后因杨炎在政坛失势而遭贬谪，数年后才被任为礼部员外郎，并终于此位。

也许因为饱尝和熟知政坛官场的险恶，《枕中记》表现出对仕宦之途的深刻失望和厌倦。这篇小说利用了前人创作中的某些因素和大体框架，加入大量唐代生活内容，并将其充分小说化，成为一个全新的作品，其思想意义和艺术价值大大超过了前人。

南朝宋人刘义庆所编《幽明录》有个焦湖庙祝的故事，写到庙祝有一个神奇的枕头，枕上有条小缝，人着此枕，便会进入小缝，去到另一个世界，实现自己好婚美宦的愿望。当然，梦醒之后，是一切皆空，在面前的仍然是那个有条小缝的枕头。

《枕中记》的构思显然与焦湖庙祝故事有关，但敷演得更为自然细腻、有声有色。作为创作主体，沈既济已超越了以往作家单纯记录的模式，发挥了更大的艺术创造性，以致把自己的生活感受、遭际经历和个性气质都熔铸于小说的字里行间。

小说中最早出场的人物是道士吕翁，作者把他设计成一个"得神仙术"的老者，他的形象是"摄帽弛带，隐囊而坐"，俨然一个有道高人。他与卢生偶然相会于邯郸道上的旅舍中，在请卢生入枕做梦之前，二人有一番对话作为导引和铺垫。卢生因"衣装敝亵"而叹息，吕翁却说他身体"无苦无恙"，够舒适的了，由此引出卢生对志向的阐述："士之生世，当建功树名，出将入相，列鼎而食，选声而听，使族益昌而家益肥，然后可以言适乎。"而卢生的这一心声，正是发生以下情节的根本推动力，有此一笔，就把小说描写的整个事件放到了较高的思想起点上，为加强卢生理想破灭时心灵震撼的强度作好了准备。等到吕翁拿出枕头来，小说又对枕头和卢生入枕过程描写道："其枕青瓷，而窍其两端。生俯首就之，见其窍渐大，明朗，乃举身而入，遂至其家。"凡此种种都是焦湖庙祝故事所没有的，而写出了这些，叙述就有了层次，变得具体充实而丰满。传奇和志怪的文体差别，于此等处可见一斑。

从卢生入枕成梦到他“欠伸而悟，见其身方偃于邸舍”这一大段，写卢生梦中的一生，是小说的中心部分。此段的特色是以史笔出之，用史书人物本传的笔致语调，叙述卢生在官场的浮沉穷通。值得注意的是，其中提及的史事和历史人物，如吐蕃攻陷瓜沙、节度使王君㚟被杀，萧中令嵩、裴侍中光庭等，全是开元年间的人事，也就是于史有据的。而用来描写卢生政绩的“自陕西凿河八十里，以济不通”“筑三大城以遮要害”等，虽是借用他人事迹，但在唐朝却也都实有其事。而且作者所用的是纯熟的史笔，这就大大地加强了小说给人的真实感和历史凝重感。一些研究者忍不住要拿小说所写的卢生事迹和真的历史人物比对，试图考证卢生的原型究竟是谁，就与小说的这一特色有关。

另一点值得注意的是，在叙述卢生事业顺达的同时，作者总是立刻写到他的被猜忌、被诬陷和被打击。他边功卓著，一面固然是“时望清重，群情翕习”，一面则是“大为时宰所忌，以飞语（谣言）中之，贬为端州刺史”。他拜相执政，号称贤明，引来的是“同列害之，复诬与边将交结，所图不轨”，结果是“下制狱”。抓他的人来得极快，逼得他差点“引刃自刎”。与他有瓜葛的人都被杀，他幸运免死，但被发配驩州。这样的写法，不但揭示了同僚的妒忌，还揭示了皇帝的无情，对于揭示封建统治和官场的冷酷和黑暗，无疑是相当痛切深刻的。

小说概括卢生“出入中外，徊翔台阁，五十余年，崇盛赫奕”，又写“前后赐良田、甲第、佳人、名马，不可胜数”，而且五个儿子都已入仕做官，“其姻媾皆天下望族，有孙十余人”，应该说卢生当初的愿望已超额实现了。然而，有了这一切又怎样呢？老病和死亡是任何人都无法逃避的，人死之后还不是一场空吗？小说充分渲染卢生的生荣死哀，让一般士人所可能有的欲望得到彻底满足，然后让他醒来，也就是从理想世界回到平淡的现实。这时，他才发现，吕翁仍坐在他身边，店主人“蒸黄粱尚未熟”，他刚才只是做了一场梦。这种写法就像把人推向巅峰，然后放手让他直摔下来，那分量自然格外结实而沉重。

事实已是如此，作者再让吕翁及时地指出：“人生之适，亦如是矣。”话虽简短，对一切企求功名利禄者，却不啻当头棒喝。但作者觉得还不够，便再借卢生之口点出主题：“夫宠辱之道，穷达之运，得丧之理，死生之情，尽知之矣。此先生所以窒吾欲也。敢不受教。”很清楚，作者之意是在于教人们（主要是读书士子）面对利禄的诱惑而坚持少欲、窒（扼制、封杀）欲乃至无欲，因为“欲”乃一切痛苦的根源，乃万恶之首。这才是《枕中记》这篇小说的核心思想。小说提出了一种修养自身以缓解调和人与现实的矛盾的办法。在宦海中历尽沧桑或具有坎坷曲折人生经验者，往往会有此想法。这当然有明显的消极色彩，让人联想到宗教的说教。汪辟疆说："唐时佛道思想，遍播士流，故文学受其感化；篇什尤多。本文于短梦中忽历一生，其间荣悴悲欢，刹那而尽；转念尘世实境，等类齐观。出世之想，不觉自生。影响所及，逾于《庄》《列》矣。"（《唐人小说·枕中记叙录》）确是有道理的。

《枕中记》的影响在唐代和整个封建时代都很大。在它之后，唐传奇有同一主题的《南柯太守传》和《樱桃青衣》。宋人话本、宋元明清的戏文之中，以"黄粱梦"为题材者数量甚夥，最著名的当然要数大戏剧家汤显祖"临川四梦"中的《邯郸记》。至于一般文人诗家在作品中将卢生故事引为典实，更是不胜枚举。在河北邯郸甚至出现了"吕翁祠""黄粱店"这样因小说而附会的景物（参李剑国《唐五代志怪传奇叙录》上册）。我们不能不叹服《枕中记》这篇小说思想艺术的魅力。

（董乃斌）

任　氏　传　　沈既济

任氏，女妖也。

有韦使君[①]者，名崟[②]，第九，信安王祎[③]之外孙。少落拓，好饮酒。其从父妹[④]婿曰郑六，不记其名，早习武艺，亦好酒色。贫无家，托身于妻族，与崟相得，游处不间[⑤]。

唐天宝[⑥]九年夏六月，崟与郑子偕行于长安陌中[⑦]，将会饮于新昌里[⑧]。至宣平之南，郑子辞有故，请间去，继至饮所。崟乘白马而东。郑子乘驴而南，入升平之北门。偶值三妇人行于道中，中有白衣者，容色姝丽。郑子见之惊悦，策其驴，忽先之，忽后之，将挑而未敢。白衣时时盼睐，意有所受。郑子戏之曰："美艳若此而徒行，何也？"白衣笑曰："有乘[⑨]不解相假，不徒行何为？"郑子曰："劣乘不足以代佳人之步，今辄以相奉。某得步从，足矣。"相视大笑。同行者更相眩诱[⑩]，稍[⑪]已狎暱。郑子随之东，至乐游园[⑫]，已昏黑矣。见一宅，土垣车门[⑬]，室宇甚严。白衣将入，顾曰："愿少踟蹰[⑭]。"而入。女奴从者一人，留于门屏间，问其姓第[⑮]，郑子既告，亦问之。对曰："姓任氏，第二十。"

少顷延入。郑絷驴于门,置帽于鞍。始见妇人,年三十余,与之承迎,即任氏姊也。列烛置膳,举酒数觞[16]。任氏更妆而出,酣饮极欢。夜久而寝。其妍姿美质,歌笑态度,举措皆艳,殆非人世所有。将晓,任氏曰:“可去矣。某兄弟名系教坊[17],职属南衙[18],晨兴将出,不可淹留。”乃约后期而去。

既行,及里门,门扃[19]未发。门旁有胡人鬻饼之舍,方张灯炽炉。郑子憩其帘下,坐以候鼓[20],因与主人言。郑子指宿所以问之曰:“自此东转,有门者,谁氏之宅?”主人曰:“此隤墉弃地[21],无第宅也。”郑子曰:“适过之,曷以云无?”与之固争。主人遽悟,乃曰:“吁!我知之矣。此中有一狐,多诱男子偶宿,尝三见矣。今子亦遇乎?”郑子赧而隐曰:“无。”质明,复视其所,见土垣车门如故。窥其中,皆蓁荒及废圃耳。既归,见崟。崟责以失期。郑子不泄,以他事对。然想其艳冶,愿复一见之心,尝存之不忘。

经十许日,郑子游,入西市[22]衣肆,瞥然见之,曩女奴从。郑子遽呼之。任氏侧身周旋于稠人中以避焉。郑子连呼前迫,方背立,以扇障其后,曰:“公知之,何相迫焉?”郑子曰:“虽知之,何患?”对曰:“事可愧耻。难施面目[23]。”郑子曰:“勤想如是,忍相弃乎?”对曰:“安敢弃也,惧公之见恶耳。”郑子发誓,词旨益切。任氏乃回眸去扇,光彩艳丽如初。谓郑子曰:“人间如某之比[24]者非一,公自不识耳,无独怪[25]也。”郑子请之与叙欢。对曰:“凡某之流,为人恶忌者,非他,为其伤人耳。某则不然。若公未见恶,愿终己以奉巾栉。”郑子许与谋栖止。任氏曰:“从此而东,大树出于栋间者,门巷幽静,可税[26]以居。前时自宣平之南,乘白马而东者,非君妻之昆弟乎?其家多什器,可以假用。”是时崟伯叔从役[27]于四方,三院什器,皆贮藏之。

郑子如言访其舍,而诣崟假什器。问其所用。郑子曰:“新获一丽人,已税得其舍,假其以备用。”崟笑曰:“观子之貌,必获诡陋[28]。何丽之绝也。"崟乃悉假帷帐榻席之具,使家僮之惠黠者,随以觇之。俄而奔走返命,气吁汗洽。崟迎问之:"有乎?"曰:"有。"又问:"容若何?"曰:"奇怪也!天下未尝见之矣。"崟姻族广茂[29],且夙从逸崟,多识美丽。乃问曰:"孰若某美?"僮曰:"非其伦也!"崟遍比其佳者四五人,皆曰:"非其伦。"是时吴王之女有第六者,则崟之内妹[30],秾艳如神仙,中表[31]素推第一。崟问曰:"孰与吴王家第六女美?"又曰:"非其伦也。"崟抚手大骇曰:"天下岂有斯人乎?"遽命汲水澡颈,巾首膏唇而往。

既至,郑子适出。崟入门,见小僮拥帚方扫,有一女奴在其门,他无所见。征于小僮。小僮笑曰:"无之。"崟周视室内,见红裳出于户下。迫而察焉,见任氏戢[32]身匿于扇间。崟引出就明而观之,殆过于所传矣。崟爱之发狂,乃拥而凌[33]之,不服。崟以力制之,方急,则曰:"服矣。请少回旋[34]。"既从,则捍御如初,如是者数四。崟乃悉力急持之。任氏力竭,汗若濡雨。自度不免,乃纵体不复拒抗,而神色惨变。崟问曰:"何色之不悦?"任氏长叹息曰:"郑六之可哀也!"崟曰:"何谓?"对曰:"郑生有六尺之躯,而不能庇一妇人,岂丈夫哉!且公少豪侈,多获佳丽,逾某之比者众矣。而郑生,穷贱耳。所称惬者,惟某而已。忍以有余之心,而夺人之不足乎?哀其穷馁,不能自立,衣公之衣,食公之食,故为公所系耳。若糠糗[35]可给,不当至是。"崟豪俊有义烈,闻其言,遽置之。敛衽而谢曰:"不敢。"俄而郑子至,与崟相视咍乐。

自是,凡任氏之薪粒牲饩[36],皆崟给焉。任氏时有经过,出入或车马舆步,不常所止[37]。崟日与之游,甚欢。每相狎崟,无所不至,惟不及乱[38]而已。是以崟爱之重之,无所吝惜,一食一饮,未尝忘焉。任氏知其爱己,因言以谢曰:"愧公之见爱甚矣。顾以陋质,不足以答厚意。且不能负郑生,故不得遂公欢。某,秦[39]人也,生长秦城,家本伶伦[40],中表姻族,多为人宠媵[41],以是长安狭斜[42],悉与之通。或有姝丽,悦而不得者,为公致之可矣。愿持此以报德。"崟曰:"幸甚!"

廛[43]中有鬻衣之妇曰张十五娘者,肌体凝洁,崟常悦之,因问任氏识之乎。对曰:"是某表娣妹,致之易耳。"旬余,果致之。数月厌罢。任氏曰:"市人易致,不足以展效[44]。或有幽绝之难谋者,试言之,愿得尽智力焉。"崟曰:"昨者寒食[45],与二三子游于千福寺。见刁将军缅张乐于殿堂。有善吹笙者,年二八,双鬟垂耳,娇姿艳绝。当识之乎?"任氏曰:"此宠奴也。其母即妾之内姊[46]也。求之可也。"崟拜于席下。任氏许之。乃出入刁家。月余,崟促问其计。任氏愿得双缣以为赂。崟依给焉。后二日,任氏与崟方食,而缅使苍头[47]控青骊,以迓任氏。任氏闻召,笑谓崟曰:"谐矣。"初,任氏加宠奴以病,针饵莫减。其母与缅忧之方甚,将征诸巫。任氏密赂巫者,指其所居,使言从就为吉[48]。及视疾,巫曰:"不利在家,宜出居东南某所,以取生气。"缅与其母详[49]其地,则任氏之第在焉。缅遂请居。任氏谬辞以偪狭,勤请而后许。乃辇[50]服玩,并其母偕送于任氏。至,则疾愈。未数日,任氏密引崟以通之,经月乃孕。其母惧,遽归以就缅,由是遂绝。

他日,任氏谓郑子曰:"公能致钱五六千乎?将为谋利。"郑子曰:"可。"遂假求于人,获钱六千。任氏曰:"鬻马于市者,马之股有疵,可买以居[51]之。"郑子如市,果见一人牵马求售者,眚[52]在左股。郑子买以归,其妻昆弟皆嗤之,曰:"是弃物也。买将何为?"无何,任氏曰:"马可鬻矣。当获三万。"郑子乃卖之。有酬[53]二万,郑子不与。一市尽曰:"彼何苦而贵买,此何爱而不鬻?"郑子乘之以归,买者随至其门,累增其估[54],至二万五千也,不与,曰:"非三万不鬻。"其妻昆弟聚而诟之。郑子不获已[55],遂卖,卒不登[56]三万。既而密伺买者,征其由,乃昭应县[57]之御马疵股者,死三岁矣,斯吏不时除籍[58]。官征其估[59],计钱六万。设其以半买之,所获尚多矣。若有马以备数[60],则三年刍粟[61]之估，皆吏得之。且所偿盖寡，是以买耳。

任氏又以衣服故弊[62]，乞衣于崟。崟将买全彩[63]与之。任氏不欲，曰："愿得成制者。"崟召市人张大为买之，使见任氏，问所欲。张大见之，惊谓崟曰："此必天人[64]贵戚，为郎所窃。且非人间所宜有者，愿速归之，无及于祸。"其容色之动人也如此。竟[65]买衣之成者而不自纫缝也，不晓其意。

后岁余，郑子武调[66]，授槐里府果毅尉[67]，在金城县[68]。时郑子方有妻室，虽昼游于外，而夜寝于内，多恨不得转其夕。将之官[69]，邀与任氏俱去。任氏不欲往，曰："旬月同行，不足以为欢。请计给粮饩[70]，端居以迟[71]归。"郑子恳请，任氏愈不可。郑子乃求崟资助。崟与更劝勉，且诘其故。任氏良久曰："有巫者言某是岁不利西行，故不欲耳。"郑子甚惑也，不思其他，与崟大笑曰："明智若此，而为妖惑，何哉！"固请之，任氏曰："倘巫者言可征[72]，徒为公死，何益？"二子曰："岂有斯理乎？"恳请如初。任氏不得已，遂行。崟以马借之，出祖[73]于临皋，挥袂别去。信宿[74]，至马嵬。任氏乘马居其前，郑子乘驴居其后，女奴别乘，又在其后。是时西门圉人教猎狗于洛川[75]，已旬日[76]矣。适值于道，苍犬腾出于草间。郑子见任氏歘然[77]坠于地，复本形而南驰。苍犬逐之。郑子随走叫呼，不能止。里余，为犬所获。郑子衔涕出囊中钱，赎以瘗[78]之，削木为记。回睹其马，啮草于路隅，衣服悉委于鞍上，履袜犹悬于镫间，若蝉蜕然。惟首饰坠地，余无所见。女奴亦逝矣。

旬余，郑子还城。崟见之喜，迎问曰："任子无恙乎？"郑子泫然对曰："殁矣。"崟闻之亦恸，相持[79]于室，尽哀。徐问疾故。答曰："为犬所害。"崟曰："犬虽猛，安能害人？"答曰："非人。"崟骇曰："非人，何者？"郑子方述本末。崟惊讶叹息不能已。明日命驾，与郑子俱适马嵬，发瘗视之，长恸而归。追思前事，惟衣不自制，与人颇异焉。

其后郑子为总监使[80]，家甚富，有枥马十余匹。年六十五，卒。大历[81]中,沈既济居钟陵[82],尝与崟游,屡言其事,故最详悉。后崟为殿中侍御史[83],兼陇州[84]刺史,遂殁而不返。

嗟乎,异物之情也有人道[85]焉!遇暴不失节,徇人[86]以至死,虽今妇人,有不如者矣。惜郑生非精人[87],徒悦其色而不征[88]其情性。向使渊识之士[89],必能揉变化之理,察神人之际,著文章之美,传要妙[90]之情,不止于赏玩风态而已。惜哉!

建中[91]二年,既济自左拾遗于金吾将军[92]裴冀,京兆少尹[93]孙成,户部郎中[94]崔需,右拾遗陆淳,皆谪居[95]东南,自秦徂吴[96],水陆同道。时前拾遗朱放,因旅游而随焉。浮颍涉淮[97],方舟[98]沿流,昼宴夜话[99],各征[100]其异说。众君子闻任氏之事,共深叹骇,因请既济传[101]之,以志异云。沈既济撰。

〔注〕 ① 使君:对州郡长官的尊称。 ② 崟(yín):韦崟,曾任陇州刺史。 ③ 信安王祎:姓李名祎,信安王是他的封号。 ④ 从父妹:即堂妹。从父,指伯父或叔父。 ⑤ 间(jiàn):离开。 ⑥ 天宝:唐玄宗年号(742—756)。 ⑦ 陌中:大街上。 ⑧ 新昌里:长安里名,在长安城东。下文的"宣平""升平"等也是里名。 ⑨ 乘(shèng):坐骑,这里指驴。 ⑩ 眩诱:以目光引诱。 ⑪ 稍:一会儿的工夫。 ⑫ 乐游园:即乐游原,唐代长安的游览胜地。 ⑬ 车门:可供车马出入的大门。 ⑭ 踟(chí)蹰(chú):徘徊不进的样子。这里是等一会儿的意思。 ⑮ 第:排行。 ⑯ 数(shuò)觞:再三举杯劝酒。 ⑰ 教坊:唐代管理乐工倡优的机构。 ⑱ 南衙:唐代禁卫军分为南北两衙,教坊设禁中,归南衙管辖。 ⑲ 门扃(jiōng):门闩。 ⑳ 鼓:这里指解除宵禁的晨鼓。 ㉑ 隤(tuí)墉弃地:断墙荒地。 ㉒ 西市:长安城内有东西两个规模很大的市场,西市有衣铺、绢行等行业。 ㉓ 难施面目:无颜见面。 ㉔ 比:一类。 ㉕ 怪:惊异。 ㉖ 税:租。 ㉗ 从役:做官。 ㉘ 诡陋:容貌丑陋。 ㉙ 姻族广茂:亲戚很多。 ㉚ 内妹:舅表妹,或指妻妹。 ㉛ 中表:古称母亲兄弟姊妹的子女为内(中)兄弟姊妹,称父亲兄弟姊妹的子女为外(表)兄弟姊妹,合称为中表。 ㉜ 戢:隐藏。 ㉝ 凌:侮辱,强迫求欢。 ㉞ 回旋:松手。 ㉟ 糠粞(qiǔ):粗粮。 ㊱ 薪粒牲饩:柴米肉食。 ㊲ 不常所止:所到的地方不固定一处。 ㊳ 不及乱:没有发生淫乱行为。 ㊴ 秦:古指陕西一带地方。 ㊵ 伶伦:优伶一类人物。 ㊶ 媵(yìng):妾。 ㊷ 狭斜:妓院。 ㊸ 廛(chán):市场。 ㊹ 展效:施展为您效劳的本事。 ㊺ 寒食:清明前两天为寒食节,不举炊火,人们多外出游赏。 ㊻ 内姊:舅表姐。 ㊼ 苍头:奴仆。 ㊽ 从就为吉:搬到那里(指任氏家)病就会好起来。 ㊾ 详:察看。 ㊿ 辇:用车子送。 [51] 居:居奇,留着等待高价。 [52] 眚(shěng):微伤,这里指斑痕。 [53] 酬:出价。 [54] 累增其估:一再加价。 [55] 不获已:不得已。 [56] 登:达到。 [57] 昭应县:唐时属京兆府,故治在今陕西临潼。 [58] 不时除籍:不久就要被解职。 [59] 官征其估:官府向他征收赔偿马匹的折价。 [60] 备数:充数。 [61] 刍粟:马饲料。 [62] 故弊:破旧。 [63] 全彩:整匹的彩缎。 [64] 天人:天上的神仙。 [65] 竟:究竟。 [66] 武调:铨选武职。 [67] 果毅尉:唐武官名,又称果毅都尉。 [68] 金城县:古县名,西汉时置,治所在今甘肃兰州西北。 [69] 之官:赴任。 [70] 粮饩:生活费用。

⑪ 迟(zhí)：等待。 ⑫ 可征：可信。 ⑬ 出祖：饯行。 ⑭ 信宿：连过两夜。 ⑮ 圉(yǔ)人：养马的人。洛川：县名，即今陕西洛川。 ⑯ 旬日：十天。 ⑰ 歘(xū)然：忽然。 ⑱ 瘗(yì)：埋葬。 ⑲ 相持：互相拉着手。 ⑳ 总监使：唐官名，主管盐池、宫苑、养牧等事。 ㉑ 大历：唐代宗年号(766—779)。 ㉒ 钟陵：旧县名，在今江西进贤西北。 ㉓ 殿中侍御史：官名，主管宫殿礼仪及京城巡察等事。 ㉔ 陇州：旧州名，故治在今陕西千阳。 ㉕ 人道：人性，人的思想感情。 ㉖ 徇(xùn)人：以死来表示对人的真挚感情。 ㉗ 精人：精细而有思想识见的人。 ㉘ 征：问，引申为考察、理解。 ㉙ 渊识之士：学问渊博，见解深刻的人。 ㉚ 要妙：同"要眇"，精微美好。 ㉛ 建中：唐德宗年号(780—783)。 ㉜ 左拾遗：官名，职责是对皇帝进行劝讽。分左右两职。金吾将军：官名，掌管巡查宫内和京城，并侍从皇帝出行。 ㉝ 京兆少尹：官名，唐以雍州长史为京兆尹，少尹为副职。 ㉞ 户部郎中：官名，尚书省户部某司的主官。 ㉟ 谪居：被贬官后的住所。 ㊱ 自秦徂(cú)吴：从今陕西一带到今江苏一带。 ㊲ 浮颍涉淮：经过颍水和淮水。 ㊳ 方舟：船只相并。 ㊴ 昼宴夜话：白天夜晚在一起宴饮闲谈。 ㊵ 征：这里是提供的意思。 ㊶ 传(zhuàn)：记载。

本篇《太平广记》录载。这是一篇人狐相恋的故事。小说的主人公任氏是一个狐仙，但却是一个具有人的思想感情的精魅形象。作者的创作目的非常明确，是要通过带有幻想性的狐仙形象来写人，表现现实人生。

任氏的形象带有现实性和幻想性相结合的特点。小说开篇就提明："任氏，女妖也。"作为一个精魅形象，她既具有超现实的非人的特点，又具有现实的普通人的特点。她行踪诡秘飘忽，居住在蓁荒废圃之中，能幻化出住宅；她又能预测未来和洞察别人之事，等等，都表现出超人的特点。但更为重要的是，作者写出了她身上具有现实生活中普通人的思想感情。她希望得到并执着地追求真挚坚贞的爱情；她对加之于她的横暴凌辱坚决反抗；她不忘别人对她的帮助，能感恩报德；她对爱情忠贞不贰；她温柔多情，明知有危险，也要满足自己心爱的人对自己的请求，而终于献出了自己的生命。

不过，篇中以现实生活本身的形式写出的任氏的活动和特点，也带有某种明显的理想成分。如她第一次在长安大街上遇到郑六时，就同郑六互相调笑、传情，表现得是那样大胆、主动、爽朗、大方，无拘无束，看不出当时妇女(即使是下层妇女)所受到的礼教约束。综观全篇，作者从现实生活中提炼出的任氏的美好品德，既有现实的依据，同时又寄托了作者的理想，而这种理想又是基于对现实生活中人们某些表现的不满才提出的。小说的结尾处，作者对他所写的这个故事发了一段议论，就明确地表现了他的这一思想："嗟乎！异物之情也有人道焉！遇暴不失节，徇人以至死，虽今妇人，有不如者矣。"这里所说的"人道"，就是指的现实的人的思想感情和道德品质，归结起来就是两个字：多情。作者这里所谓"遇暴不失节"的"节"，不是封建道德中贞节观念的"节"，而是指对爱情的忠贞不贰。

任氏与郑六的爱情关系有一个发展过程。开始的时候，不免使人感到带有一种逢场作戏的调笑性质，但越是到后来，就越显出他们关系的纯洁美好。她所追求的是真挚的忠贞的爱情，当她在考验中（自己的狐仙身份暴露后，郑六不后悔、不害怕，仍然一往情深地思念她、追求她，实在是一个不小的考验）确知郑六是真心爱她时，她就将一分同样真挚的爱付与了对方。根据小说对郑六这个人物的介绍，他是既无才华，又无品貌，更无钱财，不过是一个懂一点武艺，仰衣食于别人的武夫，他最终能获得任氏对他真挚的爱，凭借的仅仅是他一片真诚的爱心。他们的爱情，突破了封建社会中青年男女相爱以郎才女貌为前提的一般模式，并且跟唐代社会门阀等级森严条件下追求富贵、仰慕高门成风的普遍倾向背道而驰。这是十分难能可贵的，因而值得肯定和赞美。

作者极力将任氏这个人物创造成一个美的形象，不只是“容色姝丽”，而且具有内在的美好性格和精神风貌。这是一个美丽、聪慧、爽朗、善良，有主见，有独立的人格，性格刚强而又感情丰富的妇女形象。她在爱情的选择上有自己独特的认识和标准；她与当时时代条件下一般妇女依附于男子而生活不同，她可以帮助郑六经商致富，她又可以得到韦崟的衣食之助而又不委身于他。她是一个在封建时代少见的有思想、有能力，能独立自主的女子。

小说的情节曲折生动，丰富完整。开篇介绍人物就为下文伏笔。如任氏女妖的身份，郑六的出身、性格、技艺，韦崟的富有和浮浪落拓的性格等等，都同几个人物关系及其发展密切相关。即如韦“好饮酒”，郑“亦好酒色”这样的介绍，都于不经意中为后文的情节发展伏下重要的一笔。这篇小说的情节发展还有一个突出的特点，就是任氏与郑六，任氏与韦崟是两组不同的人物关系，构成了情节发展的两条线索。这两条线索并不是简单的平行发展，而是互相纠结不可分割。韦崟的插入，是郑六与任氏关系发展过程中的波澜，也是他们爱情关系的一种考验。任氏的抗暴，表现了她机敏刚强的性格和对爱情的忠贞。而以后任氏与韦崟关系的发展（交往密切亲昵，却不及于乱），又反过来进一步表现了任氏与郑六间深挚、执着的爱情关系，因而发展了主要情节线索。又如，任氏对韦崟感恩的情节，不仅基于她要报答韦崟的厚意，更基于她“不能负郑生，故不得遂公欢”——表现了她对郑六的忠贞不贰。因此两条线索又是交织在一起的。最后，郑六赴官要求任氏同行而招致惨剧的发生，也有两点很值得注意：一是郑和韦两个人同时恳求她，韦还借马给郑，为他们饯行，说明三个人的关系到此时已经发展得非常融洽，韦对任、郑间的爱情，不仅不嫉妒、不破坏，而且主动热情帮助；二是任氏明知此行有很大的危险，却为二人的真诚恳求所感，不得已而同行。这样,两条线索终于结合到了一起,以任氏惨死的悲剧结局来表现"徇人以至死"的崇高美德。

小说的细节描写逼真传神,富于生活气息,而且深入细致地表现了人物的性格和人物之间的关系。特别突出的是开始一段关于郑六和任氏在长安街头相遇,互相调笑传情的描写,以极其精练的语言,将人物的动作、神态、心理,包括两个人极其隐微的情感交流活动,都细致入微地表现了出来。又如写任氏反抗韦崟的凌辱,任氏的动作、声音、神色,都写得栩栩如生,跃然纸上,写出了她既慧黠而又多情,有时显得刚劲有力,有时又显得柔婉温顺。她的反抗也写得极有层次,先是拒之以力,然后是晓之以理,最后还动之以情。

小说烘托、映衬手法的运用也是极为出色的。特别是对任氏容色的描写,主要采用虚写的方法,作多侧面的反复烘托,层层映衬,一直写到无以复加,达到美的极致。先是从郑六的眼中写,而后从韦崟的眼中和感受写。韦崟知道郑六得到一个美貌姑娘后,先是不信,后来就派家僮去侦探,家僮回复说"奇怪也,天下未尝见之矣!"见多识广的韦崟提出一个美人来跟她相比,家僮的回答是:"非其伦也。"最后韦以他表姊妹中大家公认为最漂亮的"秾艳如神仙"的吴王第六女来相比,得到的回答仍是:"非其伦也。"到此,可以说是写到了无以复加的地步了,但作者竟于无以复加之处再加一笔,写韦崟亲自到任氏家,"引出就明而观之,殆过于所传矣"。这样经过多层次、多侧面的烘托,小说虽没有作具体的描写刻画,却成功地启发了读者的艺术想象,让一个极为美貌的妇女形象,活在了读者的心中。

小说也存在一些不足之处。一是写任氏与韦崟的关系,虽不及于乱,但她竟为了报恩而帮助韦去占有别的女人。有人批评这是"己所不欲,转施于人",是有损于任氏的形象的。二是任氏最后是被猎犬咬死的,也就是说,悲剧的造成,并不是由于社会原因,而是由于人物本身的狐性(即动物性)造成的,这样悲剧的意义就受到一定的影响。

这篇小说在中国古代小说的发展中具有不可忽视的意义。六朝时期有不少狐仙的故事,但不是纯为精怪,就是虽幻化为人,却徒具人形而缺乏现实的人的思想感情。再者狐仙与人的关系主要还是对立的,不是狐仙作祟于人,就是人捕捉和消灭狐仙。而本篇却在精魅的人化过程中开拓了一个新的境界,使人狐相恋具有浓厚的人间气息,通过人与狐仙之间的融洽和美好的关系,表现出现实的人的思想感情和作者的理想。清代蒲松龄的《聊斋志异》塑造了许多善良可爱的狐女形象,显然受到了这篇作品的影响。　(周先慎)

【作者小传】

张 荐

(744—804) 唐文人。字孝举。深州陆泽(今河北深州)人。任史官、修撰,后官御史中丞。作有小说集《灵怪集》等。

郭 翰　　　　张 荐

太原郭翰,少简贵,有清标[①],姿度美秀。善谈论,工草隶。早孤独处。当盛暑,乘月卧庭中。时有清风,稍闻香气渐浓。翰甚怪之,仰视空中,见有人冉冉而下,直至翰前,乃一少女也。明艳绝代,光彩溢目。衣玄绡之衣,曳霜罗之帔,戴翠翘凤凰之冠,蹑琼文九章之履。侍女二人,皆有殊色,感荡心神。翰整衣巾,下床拜谒曰:“不意尊灵迥降[②],愿垂德音。”女微笑曰:“吾天上织女也,久无主对,而佳期阻旷,幽态盈怀。上帝赐命游人间。仰慕清风,愿托神契[③]。”翰曰:“非敢望也。”益深所感。女为敕侍婢净扫室中,张霜雾丹縠之帏,施水晶玉华之簟。转会风之扇,宛若清秋。乃携手升堂,解衣共卧。其衬体轻红绡衣,似小香囊,气盈一室。有同心龙脑之枕,覆双缕鸳文之衾。柔肌腻体,深情密态,妍艳无匹。欲晓辞去,面粉如故,为试拭之,乃本质也。翰送出户,凌云而去。

自后夜夜皆来,情好转切。翰戏之曰:“牵郎[④]何在,那敢独行?”对曰:“阴阳变化,关渠[⑤]何事?且河汉隔绝,无可复知。纵复知之,不足为虑。”因抚翰心前曰:“世人不明瞻瞩耳。”翰又曰:“卿已托灵辰象[⑥],辰象之门,可得闻乎?”对曰:“人间观之,只见是星,其中自有宫室居处。群仙皆游观焉。万物之精,各有象在天,成形在地。下人之变,必形于上也。吾今观之,皆了了自识。”因为翰指列宿分位,尽详纪度。时人不悟者,翰遂洞知之。

后将至七夕,忽不复来。经数夕方至。翰问曰:“相见乐乎?”笑而对曰:“天上那比人间。正以感运当尔,非有他故也。君无相忌。”问曰:“卿来何迟?”答曰:“人中五日,彼一夕也。”又为翰致天厨⑦,悉非世物。徐视其衣并无缝。翰问之,谓翰曰:“天衣本非针线为也。”每去,辄以衣服自随。

经一年,忽于一夕,颜色凄恻,涕流交下。执翰手曰:“帝命有程⑧,便可永诀。”遂呜咽不自胜。翰惊惋曰:“尚余几日在?”对曰:“只今夕耳。”遂悲泣,彻晓不眠,及旦,抚抱为别。以七宝碗一留赠,言明年某日,当有书相问。翰答以玉环一双。便履空而去,回顾招手,良久方灭。

翰思之成疾,未尝暂忘。明年至期,果使前者侍女,将书函致。翰遂开封,以青缣为纸,铅丹为字。言词清丽,情意重叠。书末有诗二首。诗曰:

河汉虽云阔,三秋尚有期。
情人终已矣,良会更何时?

又曰:

朱阁临清汉,琼宫御紫房。
佳期情在此,只是断人肠。

翰以香笺答书,意甚慊切⑨。并有酬赠诗二首。诗曰:

人世将天上,由来不可期。
谁知一回顾,交作两相思。

又曰:

赠枕犹香泽,啼衣尚泪痕。
玉颜霄汉里,空有往来魂。

自此而绝。

是年,太史奏织女星无光。翰思不已,凡人间丽色,不复措意。复以继嗣,大义须婚,强娶程氏女,所不称意。复以无嗣,遂成反目。翰后官至侍御史而卒。

〔注〕 ① 清标:俊逸,清美出众。 ② 迥降:远来。 ③ 神契:高层次的精神交往,神交。 ④ 牵郎:即牵牛星。 ⑤ 渠:第三人称他或它。 ⑥ 辰象:天象,指日、月、星。 ⑦ 天厨:天庭的庖厨,此处指天上的食物。 ⑧ 程:期限。 ⑨ 慊(qiǎn)切:极度怨苦。

此篇出自《灵怪集》。作者张荐，系传奇名篇《游仙窟》作者张鹫之孙。《灵怪集》共二卷，已失传，有佚文十余则收入《太平广记》，《郭翰》是其中最著名的一篇。

文士与神女交往是个古老的文学话题，宋玉的《高唐赋》《神女赋》，曹植的《洛神赋》，都以诗一样的优美文笔，描摹了人神相恋的朦胧瑰奇的故事。《郭翰》则承其余韵，用小说形式把这一题材表现出来。

才华出众、姿容秀美的贵家子弟郭翰忽然交了好运，天上的织女背弃牛郎，下凡来与他幽会交好。这看似荒诞的情节，却被作者铺叙得绘声绘色，仿佛亲历亲闻。时当盛暑，主人公郭翰在月色中当庭而卧，清风徐来，香气渐浓，在这神异的气氛中，一位“明艳绝代，光彩溢目”的美女飘飘然自天而降。神女落落大方、自我介绍，原来她就是天上织女，而下凡的原因，竟是由于“久无主对，而佳期阻旷，幽态盈怀”；她是奉上帝之命来人间寻求欢乐的。

动机如此光明磊落，男欢女爱的描写自然也无须遮遮掩掩。作者不吝笔墨，运用了骈俪句式及辞赋手法，对神女的衣、衫、冠、履，密室的帏、簟、枕、衾，作了极尽铺排的描摹；连幽会时的情调气氛、柔情密态，也都做了富于诗意的敷写渲染。从这些地方，还可看出《神女赋》《洛神赋》对小说的影响。

更有意思的是，小说在描写郭翰与织女的交往时，还不断提到织女的神界伴侣——牛郎。郭翰曾戏问织女：“牵郎何在，那敢独行？”后文还特别细写了织女在七夕前后数日不来的情节。而织女对自己的行为毫无愧疚，只是极力淡化天上的神仙之情，反复暗示人间男女之乐、远胜天上。然而终因“帝命有程”，两人在做了长达一年的人间夫妻之后，不得不分手。天高地迥隔绝不断的，只有他们那藕断丝连、托于吟咏的永久思恋。

从宋玉的楚骚、曹植的辞赋，到张荐的传奇，我们注意到一个有趣的现象，即在以男性为中心的儒家文化氛围中，对妇女的热烈讴歌、尽情颂扬，似乎总须附丽于人神之恋的作品。女人也只有被置于神的位置上，处于被男人仰视的角度，才配得上那么多、那么美的颂扬之词。这种对女性的仰视描摹，是否是男性文化对沉隐于民族心理深处的母系文化积淀的一种妥协？抑或，把这理解为男性文化经历了对欲念的过分压抑之后，借神抒情、向自然人格的一种回归，大概也不能算错。

古来一切人神相恋的故事，其实都是人间恋情的折射。小说里的织女除了自天“冉冉而下”之外，与人间女性又有何异？作者对人间男女之乐的描写充满激情、大肆渲染；一涉及天上的阴阳变化、辰象星程，马上换上一副玄奥冷漠的面孔。一热一冷之间，可以看出作者对人世之爱的肯定。作者的先祖张鷟当年写《游仙窟》，其实是借题发挥，记述自己与妓女的一次欢会。其裔孙张荐写郭翰人神相恋的神奇经历，大约也是效法乃祖，用以抒发自己对人间男女之欢的眷恋与肯定。

小说的男主角郭翰实有其人，他曾为御史，后改麟台郎，武后时被贬为巫州司法参军。然而无论这个人物如何真实，他与织女相恋的故事也只能是一篇神话。或许，小说中的神女根本不是什么天上的"织女"，不过是位贵胄之家的姬妾。那些深锁闺中的贵家侍妾，其实又何异于离多聚少的天汉织女？当她们偷尝了婚外恋的禁果，又不得不回归金丝笼时，"情人终已矣，良会更何时"的诗句，正吻合她们的别后情思。

《郭翰》不是唐传奇中最有名的篇章，然而学者认为它在神女与凡人相爱的故事中，是一篇承上启下的作品。宋罗烨《醉翁谈录》已集卷二曾采录其文，作为说话素材。明自好子《剪灯丛话》及秦淮寓客《绿窗女史》也都收录本篇，只是改名《织女星传》，作者也一变而为宋代编辑《云笈七籤》的张君房了。

（侯 会）

【作者小传】

刘 悚

唐史学家、小说家。字鼎卿。彭城（今江苏徐州）人。刘知幾之子。历任集贤院学士、右补阙。作有小说集《隋唐嘉话》等。

尉迟恭拒婚 刘 悚

太宗谓尉迟公曰："朕将嫁女与卿，称意否？"敬德谢[①]曰："臣妇虽鄙陋，亦不失夫妻情。臣每闻说古人语：富不易妻，仁也。臣窃慕[②]之，愿停圣恩。"叩头固让[③]。帝嘉[④]之而止。

〔注〕①谢：推辞。 ②窃慕：暗自、私下里向往。 ③让：辞让。 ④嘉：赞许。

本篇出自《隋唐嘉话》。

常言道："皇帝女儿不愁嫁。"皇帝家的女儿倒未必个个美如天仙，这不愁嫁，多半还是缘于这位天下第一岳父执掌着至高无上的权力，谁如果拥有这样的"泰山"，何愁不获荣华富贵？这样的俗语，应该说是对于某种普泛的社会心态的概括。看来,婚姻在很多时候不免会走味,变成一种政治、经济行为。不过,我们的一个古人,出身于草莽的一介武夫,唐代赫赫有名的开国功臣尉迟敬德,却以他纯真的本性,拒绝了富贵尊荣的诱惑,为婚姻注入了合乎人性的内涵——忠贞纯洁的感情、相濡以沫的情怀,彼此以道义相期许,守望着共同的人生历程。这诚然是一曲优美纯净的天籁,令人为之深深感动。多少人为了在婚姻上攀高结贵,抛弃结发妻、亲生子,把自己的幸福建立在亲人的痛苦之上。这样的势利之徒在尉迟恭面前该是怎样无地自容。

小说的描写是那样简洁、省净。太宗皇帝想把爱女许配深为倚重的功臣,有意思的是他竟不打发媒人去说亲,而是开门见山,直言提亲。可见他自觉对此事很有把握,或许他已经在预想,尉迟恭一定会为这份不同寻常的恩宠感激莫名,欢喜谢恩吧?孰料这位耿直的武夫毫不领情,立即拒绝了皇帝充满友好的动议,还引用古人格言论证自己行为的合理性。在通常情况下,被这样一口回绝,做皇帝的未免会感到下不来台,或许竟会变喜为嗔;妙就妙在这位太宗皇帝大有明君风度,碰了一个硬钉子却一点不嗔怪,更没有恼羞成怒,而是立即认同了尉迟恭的论点,放弃了结亲的念头。

这小说几乎就是一幅线条高度洗练的素描,字数寥寥,却捕捉到人物的风神意态,涵容了许多弦外之音。笔墨不能不说是经济到了极致。它含义深长、耐人寻味,的确是一篇含义隽永而又不乏幽默风趣的古代"微型小说"。

（孙丽华）

乔知之宠婢　　刘　悚

补阙[①]乔知之有宠婢,为武承嗣[②]所夺。知之为绿珠篇[③]以寄之,末句云:

百年离别在高楼,一旦红颜为君尽。

宠者结于衣带上,投井而死。承嗣惊惋,不知其故。既见诗,大恨。知之竟坐此见构陷[④]亡。

〔注〕①补阙:谏官的名称。②武承嗣:武则天之侄。武则天称帝时,他曾被封为魏王。③绿珠篇:晋代石崇有爱妾名绿珠,宗室赵王的家臣孙秀欲强行夺取,派兵包围石崇宅第,绿珠坠楼死。乔知之的诗以绿珠为题,是有感于自己与爱姬的遭遇与石崇、绿珠相同。④见构陷:被诬陷,施加以捏造的罪名。

本篇出自《隋唐嘉话》。

这篇小说堪称是一个"超短篇",只有寥寥几十个字。不过,它的内容并不因篇幅的短小而打折扣，恰恰相反，作品具有非常饱满深曲的涵容。再从通篇格局来看，这篇小说的节奏也相当紧凑，几乎令人目不暇给。一个个矛盾冲突交织激荡，可谓高潮迭起。

故事一开篇，便直奔主题，绝无闲言赘语。乔知之有一名心爱的侍女，此女容貌、气度、才能如何？文中未着一字。然而竟引动了权豪贵介武承嗣的垂涎，出手强夺，就衬出此女的资质美貌必定不同寻常。以武承嗣炙手可热的气焰，一个小小的补阙自然无法与之抗衡，乔知之只有独自吞声饮恨了。但他却偏偏不愿保持沉默，也不知打通了什么关节，竟然向侯门如海的武府投寄了一篇诗词，以抒发自己悲愤不甘的心情。他在诗中援引了绿珠故事，倒也十分符合他的切身遭遇。故事到此，本该告一段落，乔知之倾诉了心中哀怨，以后在漫漫岁月中也只有努力遗忘心爱的人惨遭掠夺的伤痛，淡化这一件不堪回首的往事。然而孰料平地又起风波，这位侍女看来也是一位刚烈女子，看到旧主人那泣血衔悲的诉说，想来她更憎恨武承嗣这种豪门恶霸，再想到从此与深爱着自己的主人天各一方、永不相见，就更是悲愤得无以复加，心中的痛苦憎恨到了无可排解之时，索性奔向那杳不可知的黄泉路。一位柔弱可怜的佳人就这样香消玉殒了，使我们看到强权对善良的人们的尊严、感情的无情践踏。这一幕人间惨剧，令人惟有扼腕叹息。

不幸的女子已经投井身亡，武承嗣如果稍有良心，也该惭愧敛手，有所自谴才是。然而他的天良显然已经丧失净尽，看到这美丽柔弱的猎物竟敢用死来抗争、逃逸，他不由得恼羞成怒了。他发现了女子身上藏着的那首诗，更是怀恨乔知之，于是想法子编造罪名，到底把乔知之摆布得丧了命。

小说到此终结。这个看去描写得简单平淡的故事，却以其密集的内涵、令人震惊的事件引发了读者众多的联想和思索，从这一幕封建特权制下发生的惨剧，我们感受到的是权豪横行不法、肆意践踏普通人的权利和幸福的残酷社会现实。它足以让人对“邪恶”“不人道”等概念获得一个具体而形象的感受。

在这一场势不均力不敌的“情场角逐”中，两个可怜的恋人终于双双毙命，然而武承嗣也绝没有成为胜利者，作者以简洁朴素的行文对武承嗣的凶残和罪行进行了揭露，一个恃权仗势、肆行不义的恶徒已经被永远钉在道义裁判的耻辱柱上。

对于武氏集团的骄奢淫逸之行，唐代人士的作品中不乏描绘，体现出正直士人敢于指斥权贵豪门残暴不仁的勇敢精神。本篇记事甚为概略，在张鷟的《朝野佥载》、孟启《本事诗》里，对此事均有记载，行文更为详尽。　（孙丽华）

【作者小传】

陆长源

(？—799) 唐文学家。字泳之。吴郡(今江苏苏州)人。任汝州刺史、宣武行军司马。作有小说集《辨疑志》等。

裴玄智　　陆长源

武德[①]中，有沙门信义习禅，以三阶[②]为业，于化度寺置无尽藏。贞观之后，舍施钱帛金玉，积聚不可胜计，常使此僧监当。分为三分，一分供养天下伽蓝[③]增修之备；一分以施天下饥馁悲田之苦；一分以充供养无碍[④]。士女礼忏阗咽[⑤]，舍施争次不得。更有连车载钱绢，舍而弃去，不知姓名。贞观中，有裴玄智者，戒行精勤。入寺洒扫，积十数年。寺内徒众以其行无玷缺，使守此藏。后密盗黄金，前后所取，略不知数，寺众莫之觉也。因僧使去。遂便不还。惊疑所以，观其寝处，题诗云：

放羊狼颔下，置骨狗前头。
自非阿罗汉，安能免得偷。

更不知所之。

〔注〕 ① 武德：唐高宗的年号。 ② 三阶：隋代信行创立的佛教宗派名称。 ③ 伽蓝：即佛教寺庙。 ④ 无碍：亦作“无遮”。是佛教所举行的以布施为主要内容的法会。称作“无碍大会”，或“无遮大会”。 ⑤ 阗咽：拥挤的状况。

本篇选自《辨疑志》。

故事写的是唐高宗武德年间，依靠信徒的施舍，化度寺里的钱帛金玉，“积聚不可胜计”。沙门裴玄智“密盗黄金”，“略不知数”。最后携财潜逃。我们首先可以感受到唐代善男信女的那种宗教热。人们争着抢着向寺庙施舍财物。“更有连车载钱绢，舍而弃去，不知姓名”的。具有讽刺意义的是，这些财物却为一个不起眼的沙门裴玄智提供了贪污的机会。故事极富戏剧性。裴玄智在寺庙里十多年“戒行精勤”，是公认的“行无玷缺”的老实人。可是，寺庙里佛教气氛的长期熏陶却未能感化他，他的贪欲反而与日俱增。“积聚不可胜计”的“钱帛金玉”，成了挡不住的诱惑。十多年的修行毁于一旦，裴玄智终于沦落为窃贼。卷财而去倒也罢了，他在临走前竟还无耻地留下了一首为自己辩解的打油诗。在这首诗里，裴玄智振振有辞地说，你们把羊放在狼的嘴边，把骨头放在狗的眼前。除了得道的罗汉，谁能无动于衷呢！我们可以想象得出来，庙里的住持、众沙门看了这首打油诗，会如何的哭笑不得。

纵观全文，作者没有发表一点议论，作者的褒贬完全隐藏在冷静客观的叙述之中。这正是中国史家那种传统的春秋笔法啊。 （张国风）

【作者小传】

李朝威

唐文学家。陇西（今属甘肃）人。为蜀王李湛六世孙，代宗、德宗时在世。作有小说《柳毅传》等。

柳 毅 传

李朝威

唐仪凤[①]中，有儒生柳毅者，应举下第，将还湘滨。念乡人有客于泾阳[②]者，遂往告别。至六七里，鸟起马惊，疾逸道左，又六七里，乃止。见有妇人，牧羊于道畔。毅怪视之，乃殊色也。然而蛾脸不舒，巾袖无光，凝听翔立[③]，若有所伺。毅诘之曰："子何苦，而自辱如是？"妇始楚[④]而谢，终泣而对曰："贱妾不幸，今日见辱于长者。然而恨贯肌骨，亦何能愧避，幸一闻焉。妾，洞庭龙君小女也。父母配嫁泾川[⑤]次子，而夫婿乐逸，为婢仆所惑，日以厌薄。既而将诉于舅姑[⑥]，舅姑爱其子，不能御[⑦]制。迨诉频切，又得罪舅姑。舅姑毁黜[⑧]以至此。"言讫，嘘欷流涕，悲不自胜。又曰："洞庭于兹，相远不知其几多也？长天茫茫，信耗[⑨]莫通，心目断尽，无所知哀。闻君将还吴[⑩]，密[⑪]通洞庭。或以尺书，寄托使者[⑫]，未卜将以为可乎？"毅曰："吾义夫也。闻子之说，气血俱动。恨无毛羽，不能奋飞。是何可否之谓乎！然而洞庭，深水也，吾行尘间，宁可致意耶？唯恐道途显晦[⑬]。不相通达，致负诚托，又乖恳愿。子有何术，可导我耶？"女悲泣且谢，曰："负载珍重[⑭]，不复言矣。脱[⑮]获回耗，虽死必谢。君不许，何敢言。既许而问，则洞庭之与京邑，不足为异也。”毅请闻之。女曰：“洞庭之阴[16]，有大橘树焉，乡人谓之社橘[17]。君当解去兹带，束以他物。然后叩树三发，当有应者。因而随之，无有碍矣。幸君子书叙之外，悉以心诚之话倚托。千万无渝[18]。”毅曰：“敬闻命矣。”女遂于襦间解书，再拜以进，东望愁泣，若不自胜。毅深为之戚。乃置书囊中，因复问曰：“吾不知子之牧羊，何所用哉？神祇岂宰杀乎？”女曰：“非羊也，雨工也。”“何为雨工？”曰：“雷霆[19]之类也。”数顾视之，则皆矫顾怒步，饮龁甚异，而大小毛角，则无别羊焉。毅又曰：“吾为使者，他日归洞庭，幸勿相避。”女曰：“宁止不避，当如亲戚耳。”语竟，引别东去。不数十步，回望女与羊，俱亡所见矣。

其夕，至邑而别其友。月余，到乡还家，乃访于洞庭。洞庭之阴，果有社橘，遂易带向树，三击而止。俄有武夫出于波间，再拜请曰：“贵客将自何所至也？”毅不告其实，曰：“走谒大王耳。”武夫揭水指路，引毅以进。谓毅曰：“当闭目，数息[20]可达矣。”毅如其言，遂至其宫。

始见台阁相向，门户千万，奇草珍木，无所不有。夫乃止毅，停于大室之隅，曰：“客当居此以伺焉。”毅曰：“此何所也？”夫曰：“此灵虚殿也。”谛视之，则人间珍宝，毕尽于此。柱以白璧，砌以青玉。床以珊瑚，帘以水精，雕琉璃于翠楣[21]，饰琥珀于虹栋[22]。奇秀深杳，不可殚言。然而王久不至。毅谓夫曰：“洞庭君安在哉？”曰：“吾君方幸[23]玄珠阁，与太阳道士讲《火经》，少选[24]当毕。”毅曰：“何谓《火经》。”夫曰：“吾君，龙也。龙以水为神，举一滴可包陵谷。道士乃人也，人以火为神圣，发一灯可燎阿房[25]。然而灵用不同，玄化[26]各异。太阳道士精于人理，吾君邀以听焉。”

语毕而宫门辟。景从云合[27]而见一人，披紫衣，执青玉。夫跃曰：“此吾君也。”乃至前以告之。君望毅而问曰：“岂非人间之人乎?”毅对曰:“然。”毅遂设拜,君亦拜,命坐于灵虚之下。谓毅曰:“水府幽深,寡人暗昧,夫子不远千里,将有为乎?”毅曰:“毅,大王之乡人也。长于楚[28],游学于秦。昨下第,闲驱[29]泾水之涘,见大王爱女牧羊于野,风环雨鬓,所不忍视,毅因诘之,谓毅曰:‘为夫婿所薄,舅姑不念,以至于此。’悲泗淋漓,诚怛人心。遂托书于毅。毅许之,今以至此。”因取书进之。洞庭君览毕,以袖掩面而泣曰:“老父之罪,不能鉴听[30],坐贻聋瞽[31],使闺窗孺弱[32],远罹构害。公乃陌上人[33]也,而能急之。幸被齿发[34],何敢负德。”词毕,又哀咤良久,左右皆流涕。时有宦人密侍君者,君以书授之,令达宫中。须臾宫中皆恸哭。君惊,谓左右曰:“疾告宫中,无使有声,恐钱塘所知。”毅曰:“钱塘,何人也?”曰:“寡人之爱弟。昔为钱塘长,今则致政[35]矣”毅曰:“何故不使知?”曰:“以其勇过人耳。昔尧遭洪水九年者,乃此子一怒也。近与天将失意[36],塞其五山[37]。上帝以寡人有薄德于古今,遂宽其同气[38]之罪。然犹縻系于此,故钱塘之人,日日候焉。”

语未毕,而大声忽发,天拆地裂。宫殿摆簸,云烟沸涌。俄有赤龙长千余尺,电目血舌,朱鳞火鬣,项掣金锁,锁牵玉柱,千雷万霆,激绕其身,霰雪雨雹,一时皆下。乃擘[39]青天而飞去。毅恐蹶仆地,君亲起持之,曰:“无惧,固无害。”毅良久稍安,乃获自定。因告辞曰:“愿得生归,以避复来。”君曰:“必不如此。其去则然,其来则不然。幸为少尽缱绻[40]。”因命酌互举,以款人事[41]。

俄而祥风庆云,融融怡怡,幢节玲珑[42],箫韶[43]以随。红妆千万,笑语熙熙中,有一人,自然蛾眉,明珰满身,绡縠[44]参差。迫而视之,乃前寄辞者。然若喜若悲,零泪如丝。须臾,红烟蔽其左,紫气舒其右,香气环旋,入于宫中。君笑谓毅曰:“泾水之囚人至矣。”君乃辞归宫中。须臾,又闻怨苦,久而不已。

有顷,君复出,与毅饮食。又有一人,披紫裳,执青玉,貌耸神溢，立于君左右。君谓毅曰："此钱塘也。"毅起，趋拜之。钱塘亦尽礼相接，谓毅曰："女侄不幸，为顽童所辱。赖明君子信义昭彰，致达远冤。不然者，是为泾陵之土矣。飨德怀恩[45]，词不悉心。"毅抔退[46]辞谢，俯仰唯唯。然后回告兄曰："向者辰[47]发灵虚，巳[48]至泾阳，午[49]战于彼，未[50]还于此。中间驰至九天，以告上帝。帝知其冤，而宥[51]其失。前所遣责，因而获免。然而刚肠激发，不遑[52]辞候。惊扰宫中。复忤宾客。愧惕惭惧，不知所失[53]。"因退而再拜。君曰："所杀几何？"曰："六十万。""伤稼乎？"曰："八百里。""无情郎安在？"曰："食之矣。"君抚然[54]曰："顽童之为是心也，诚不可忍，然汝亦太草草[55]。赖上帝显圣，谅其至冤。不然者，吾何辞[56]焉。从此已去，勿复如是。"钱塘复再拜。

是夕，遂宿毅于凝光殿。明日，又宴毅于凝碧宫。会友戚，张广乐，具以醪醴[57]，罗以甘洁[58]。初，笳角鼙鼓，旌旗剑戟，舞万夫于其右。中有一夫前曰："此《钱塘破阵乐》。"旌铓[59]杰气，顾骤悍栗，坐客视之，毛发皆竖。复有金石丝竹，罗绮珠翠，舞千女于其左。中有一女前进曰："此《贵主还宫乐》。"清音宛转，如诉如慕，坐客听之，不觉泪下。二舞既毕，龙君大悦，锡[60]以纨绮，颁于舞人。然后密席贯坐，纵酒极娱。酒酣，洞庭君乃击席而歌曰：

大天苍苍兮，大地茫茫。
人各有志兮，何可思量。
狐神鼠圣兮，薄社依墙[61]。
雷霆一发兮，其孰敢当。
荷真人[62]兮信义长，令骨肉兮还故乡。
齐言惭愧兮何时忘。

洞庭君歌罢，钱塘君再拜而歌曰：

上天配合兮，生死有途。
此不当妇兮，彼不当夫。

腹心[63]辛苦兮，泾水之隅。

风霜满鬓兮，雨雪罗襦。

赖明公兮引素书，令骨肉兮家如初。

永言珍重兮无时无。

钱塘君歌阕[64]，洞庭君俱起，奉觞于毅。毅踧踖[65]而受爵，饮讫，复以二觞奉二君，乃歌曰：

碧云悠悠兮，泾水东流。

伤美人兮，雨泣花愁。

尺书远达兮，以解君忧。

哀冤果雪兮，还处其休[66]。

荷和雅[67]兮感甘羞。

山家寂寞兮难久留，欲将辞去兮悲绸缪[68]。

歌罢，皆呼万岁。洞庭君因出碧玉箱，贮以开水犀；钱塘君复出红珀盘，贮以照夜玑，皆起进毅。毅辞谢而受。然后宫中之人，咸以绡彩珠璧投于毅侧。重叠焕赫，须臾埋没前后。毅笑语四顾，愧揖不暇。洎[69]酒阑欢极，毅辞起，复宿于凝光殿。

翌日，又宴毅于清光阁。钱塘因酒作色，踞[70]谓毅曰："不闻'猛石可裂不可卷，义士可杀不可羞'邪？愚有衷曲，欲一陈于公。如可，则俱在云霄；如不可，则皆夷粪壤。足下以为何如哉?"毅曰："请闻之。"钱塘曰："泾阳之妻，则洞庭君之爱女也。淑性茂质[71]，为九姻[72]所重。不幸见辱于匪人。今则绝矣，将欲求托高义[73]，世为亲戚。使受恩者知其所归，怀爱者知其所付，岂不为君子始终之道[74]者?"毅肃然而作，欻然[75]而笑曰："诚不知钱塘君孱困[76]如是！毅始闻跨九州，怀五岳，泄其愤怒；复见断金锁，制玉柱，赴其急难[77]。毅以为刚决明直无如君者。盖犯之者不避其死[78]，感之者不爱其生，此真丈夫之志。奈何箫管方洽，亲宾正和，不顾其道[79]，以威加人？岂仆之素望哉！若遇公于洪波之中，玄山[80]之间，鼓以鳞须，被以云雨，将迫毅以死，毅则以禽兽视之，亦何恨哉。今体被衣冠，坐谈礼义，尽五常[81]之志性，负百行之微旨[82]，虽人世贤杰，有不如者。况江河灵类乎？而欲以蠢然之躯，悍然之性，乘酒假气，将迫于人，岂近直[83]哉！且毅之质[84]，不足以藏王一甲之间。然而敢以不伏之心，胜王不道之气。惟王筹之。”钱塘乃逡巡致谢曰：“寡人生长宫房，不闻正论。向者词述狂妄，搪突高明。退自循顾，戾[85]不容责。幸君子不为此乖间[86]可也。”其夕，复欢宴，其乐如旧。毅与钱塘遂为知心友。

明日，毅辞归。洞庭君夫人别宴毅于潜景殿。男女仆妾等，悉出预会。夫人泣谓毅曰：“骨肉受君子深恩，恨不得展愧戴[87]，遂至睽别。”使前泾阳女当席拜毅以致谢。夫人又曰：“此别岂有复相遇之日乎？”毅其始虽不诺钱塘之请，然当此席，殊有叹恨之色。宴罢辞别，满宫凄然。赠遗珍宝，怪不可述。毅于是复循途出江岸，见从者十余人，担囊以随，至其家而辞去。

毅因适广陵宝肆，鬻其所得。百未发一，财已盈兆[88]。故淮右富族，咸以为莫如。遂娶于张氏，亡，而又娶韩氏。数月，韩氏又亡。徙家金陵。常以鳏旷[89]多感，或谋新匹。有媒氏告之曰：“有卢氏女，范阳人也。父名曰浩，尝为清流[90]宰。晚岁好道，独游云泉[91]，今则不知所在矣。母曰郑氏。前年适清河张氏，不幸而张夫早亡。母怜其少，惜其慧美，欲择德以配焉。不识何如？”毅乃卜日[92]就礼。既而男女二姓，俱为豪族，法用礼物[93]，尽其丰盛。金陵之士，莫不健仰[94]。居月余，毅因晚入户，视其妻，深觉类于龙女，而逸艳丰厚，则又过之。因与话昔事，妻谓毅曰：“人世岂有如是之理乎？”经岁余有一子，毅益重之。

既产逾月，乃浓饰换服，召毅于帘室之间，笑谓毅曰：“君不忆余之于昔也。”毅曰：“夙[95]非姻好，何以为忆？”妻曰：“余即洞庭君之女也。泾川之冤，君使得白。衔君之恩，誓心求报。

洎钱塘季父论亲不从，遂至睽违，天各一方，不能相问。父母欲配嫁于濯锦小儿某。惟以心誓难移，亲命难背，既为君子弃绝，分[96]无见期。而当初之冤，虽得以告诸父母，而誓报不得其志。复欲驰白于君子，值君子累娶，当[97]娶于张，已而又娶于韩。迨张、韩继卒，君卜居[98]于兹，故余之父母乃喜余得遂报君之意。今日获奉君子，咸善终世[99]，死无恨矣。”因呜咽，泣涕交下。对毅曰：“始不言者，知君无重色之心。今乃言者，知君有感余之意。妇人匪薄[100]，不足以确厚永心，故因君爱子，以托贱质。未知君意如何？愁惧兼心，不能自解。君附书之日，笑谓妾曰：‘他日归洞庭，慎无相避。’诚不知当此之际，君岂有意于今日之事乎？其后季父请于君，君固不许。君乃诚将不可邪，抑忿然邪？君其话之。”毅曰：“似有命者[101]。仆始见君于长泾之隅，枉抑憔悴，诚有不平之志。然自约其心者，达君之冤，余无及也。初言慎勿相避者，偶然耳，岂思哉？洎钱塘逼迫之际，唯理有不可直[102]，乃激人之怒耳。夫始以义行为之志，宁有杀其婿而纳其妻者邪？一不可也。善素以操真为志尚，宁有屈于己而伏于心[103]者乎？二不可也。且以率肆胸臆[104]。酬酢[105]纷纶，唯直是图，不遑避害。然而将别之日，见君有依然之容，心甚恨之。终以人事扼束[106]，无由报谢。吁，今日，君，卢氏也，又家于人间。则吾始心未为惑[107]矣。从此以往，永奉欢好，心无纤虑也。”妻因深感娇泣，良久不已。有顷，谓毅曰：“勿以他类[108]，遂为无心[109]，固当知报耳。夫龙寿万岁，今与君同之。水陆无往不适。君不以为妄也？”毅嘉之曰：“吾不知国客乃复为神仙之饵[110]。”乃相与覲洞庭。

既至，而宾主盛礼，不可具纪。后徙居南海[111]，仅[112]四十年，其邸第[113]舆马，珍鲜服玩，虽侯伯之室，无以加也。毅之族咸遂濡泽[114]。以其春秋积序[115]，容状不衰，南海之人，靡不惊异。洎开元中，上[116]方属意于神仙之事，精索道术。毅不得安，遂相与归洞庭。凡十余岁，莫知其迹。

至开元末，毅之表弟薛嘏为京畿令[117]，谪官东南。经洞庭，晴昼长望，俄见碧山出于远波，舟人皆侧立，曰："此本无山，恐水怪耳。"指顾之际，山与舟相逼，乃有彩船自山驰来，迎问于嘏。其中有一人呼之曰："柳公来候[118]耳。"嘏省然[119]记之，乃促至山下，摄衣疾上。山有宫阙如人世，见毅立于宫室之中，前列丝竹，后罗珠翠，物玩之盛，殊倍人间。毅词理益玄[120]，容颜益少。初迎嘏于砌，持嘏手曰："别来瞬息，而发毛已黄。"嘏笑曰："兄为神仙，弟为枯骨，命也。"毅因出药五十丸遗嘏，曰："此药一丸，可增一岁耳。岁满复来，无久居人世，以自苦也。"欢宴毕，嘏乃辞行。自是已后，遂绝影响[121]。嘏常以是事告于人世。殆四纪[122]，嘏亦不知所在。

陇西李朝威叙而叹曰：五虫之长[123]，必以灵者[124]，别斯见矣[125]。人，裸也[126]。移信鳞虫[127]。洞庭含纳大直[128]，钱塘迅疾磊落[129]，宜有承[130]焉。嘏咏而不载，独可邻[131]其境。愚义之，为斯文。

〔注〕 ① 仪凤：唐高宗年号(676—679)。 ② 泾阳：唐县名，故治在今陕西经阳东南。 ③ 翔立：一动不动地伫立。 ④ 楚：悲痛貌。 ⑤ 泾川：泾水，源出甘肃，流经陕西入渭水。 ⑥ 舅姑：公婆。 ⑦ 御：管束，制止。 ⑧ 毁黜(chù)：虐待，凌辱。 ⑨ 信耗：音讯。 ⑩ 吴：本指江苏一带，此处借指南方。 ⑪ 密：近。 ⑫ 寄托使者：烦您替我带去。 ⑬ 道途显晦：意思是人和神是两个(一显一晦)不同的世界。 ⑭ 负载珍重：感谢祝愿之词，意思是非常感谢您的恩德，望多多保重。 ⑮ 脱：如果。 ⑯ 阴：水之南为阴。 ⑰ 社橘：老百姓在那里祭土地神的橘树。 ⑱ 无渝：不要改变。 ⑲ 雷霆：指雷神。古代传说雷神的相貌如人间的六畜，故这里说羊为雨工。 ⑳ 数息：呼吸几次，犹言一会儿功夫。 ㉑ 楣：门上横木。 ㉒ 虹栋：颜色如彩虹的栋梁。 ㉓ 幸：古称皇帝所至叫幸。 ㉔ 选：通"须"，等待。 ㉕ 阿房(páng)：秦宫名，秦始皇所建，遗址在今西安市西。 ㉖ 玄化：神奇的变化。 ㉗ 景从云合：形容许多随从像影不离形和白云聚合那样簇拥着龙君。 ㉘ 楚：泛指湖南、湖北一带，此指湖南。 ㉙ 闲驱：随便走到。 ㉚ 鉴听：鉴察了解。 ㉛ 坐贻聋瞽：以致成了聋子和瞎子。 ㉜ 孺弱：年幼的女孩子，指龙女。 ㉝ 陌上人：路人，素不相识而偶然相遇的人。 ㉞ 被齿发：长着牙齿和头发，即人类。 ㉟ 致政：交出政权，即被罢职。 ㊱ 失意：闹矛盾。 ㊲ 五山：即五岳，泰山、华山、衡山、嵩山、恒山。 ㊳ 同气：兄弟。 ㊴ 擘(bò)：分开。 ㊵ 缱绻(qiǎn quǎn)：深厚的情意。 ㊶ 以款人事：以尽款待客人的情谊。 ㊷ 幢(chuáng)节玲珑：仪仗很精致。 ㊸ 箫韶：相传为虞舜时的乐曲，这里泛指音乐。 ㊹ 绡縠(xiāo hú)：这里泛指华贵漂亮的丝绸衣服。 ㊺ 飨(xiǎng)德怀恩：感恩戴德。 ㊻ 㧑(huī)退：谦让。 ㊼ 辰：上午7至9时。 ㊽ 巳：上午9至11时。 ㊾ 午：上午11至下午1时。 ㊿ 未：下

午1至3时。 ㊿ 宥(yòu):原谅。 ⑤② 不遑:来不及。 ⑤③ 不知所失:冒犯失礼,不知如何是好。 ⑤④ 怃然:忧伤不乐的样子。 ⑤⑤ 草草:鲁莽。 ⑤⑥ 辞:推卸责任。 ⑤⑦ 醪醴(láo lǐ):美酒。 ⑤⑧ 甘洁:味美而干净的食物。 ⑤⑨ 铓:字书不载,当为武器一类。 ⑥⓪ 锡:同"赐"。 ⑥① "狐神鼠圣"句:狐狸依靠城墙作窝、老鼠依靠神社作穴,人们要消灭狐鼠怕伤及城墙和神社。薄,迫近。 ⑥② 真人:正直有德行的人,指柳毅。 ⑥③ 腹心:犹"骨肉",指龙女。 ⑥④ 阕(què):乐曲终止。 ⑥⑤ 踧踖(cù jí):恭敬不安的样子。 ⑥⑥ 休:幸福、欢乐。 ⑥⑦ 和雅:形容乐曲的美好。 ⑥⑧ 绸缪(chóu móu):别意缠绵。 ⑥⑨ 洎(jì):到。 ⑦⓪ 踞:蹲着,一种对人傲慢无理的姿势。 ⑦① 淑性茂质:温顺的性格,美好的人品。 ⑦② 九姻:泛指各种亲戚关系。 ⑦③ 求托高义:女方向男方的求婚之辞。高义,赞美柳毅为品德高尚的人。 ⑦④ 始终之道:有始有终的道理。 ⑦⑤ 欻(xū)然:忽然。 ⑦⑥ 孱(càn)困:卑劣无能。 ⑦⑦ 赴其急难:勇敢地救人于危难之中。 ⑦⑧ 犯之者不避其死:对于侵犯自己的人,不避死亡的危险去抵抗和惩治他。 ⑦⑨ 道:这里指上文所说的"丈夫之志"。 ⑧⓪ 玄山:黑黄色的山,这里泛指山岳。 ⑧① 五常:儒家倡导的处理人与人关系的道德准则,即仁、义、礼、智、信。 ⑧② 百行之微旨:各种行为道德的精妙道理。 ⑧③ 直:正直。 ⑧④ 质:这里指身体。 ⑧⑤ 戾:罪过。 ⑧⑥ 乖间(jiàn):隔阂,疏远。 ⑧⑦ 愧戴:感恩戴德的惭愧之情。 ⑧⑧ 盈兆:超过一万亿。 ⑧⑨ 鳏(guān)旷:独身无妻。 ⑨⓪ 清流:今安徽滁县。 ⑨① 云泉:泛指名山大川。 ⑨② 卜日:选择一个好日子。 ⑨③ 法用礼物:结婚仪式中所规定的礼物。 ⑨④ 健仰:十分羡慕。 ⑨⑤ 夙:原来。 ⑨⑥ 分(fèn):料想。 ⑨⑦ 当:当初,开始 ⑨⑧ 卜居:选择住处。 ⑨⑨ 咸善终世:一起好好地过一辈子。 ⑩⓪ 匪薄:同"菲薄",自谦之词。 ⑩① 似有命者:好像是命运注定了的。 ⑩② 理有不可直:道理上说不过去。 ⑩③ 屈于己而伏于心:因自己被压制而心伏。 ⑩④ 率肆胸臆:直率地讲出心里话。 ⑩⑤ 酬酢(zuò):酒席上主客间的劝酒应酬。 ⑩⑥ 扼束:束缚。 ⑩⑦ 惑:迷惑,这里引申为错误。 ⑩⑧ 他类:异类,指龙。 ⑩⑨ 心:这里指人类的感情。 ⑪⓪ "吾不知"句:我没有想到做了一次国宾竟又获得了成仙的机会。 ⑪① 南海:唐郡名,郡治在今广州。 ⑪② 仅(jìn):几乎,将近。 ⑪③ 邸(dǐ)第:王公贵族的府第。 ⑪④ 濡泽:沾光。 ⑪⑤ 春秋积序:年岁一年年增长。 ⑪⑥ 上:皇帝,这里指唐玄宗。 ⑪⑦ 京畿(jī)令:京城附近地方的县令。 ⑪⑧ 候:问候,拜访。 ⑪⑨ 省(xǐng)然:忽然想起的样子。 ⑫⓪ 玄:神秘莫测。 ⑫① 影响:消息。 ⑫② 四纪:四十八年。古以十二年为一纪。 ⑫③ 五虫之长:指人类。虫,动物的通称。五虫即五种动物:倮虫为人类,羽虫为鸟类,毛虫为兽类,鳞虫为鱼类,介虫为龟类。 ⑫④ 必以灵者:必定是富有灵性的。 ⑫⑤ 别斯见矣:区别由此(指是否具有灵性)就可以看出来了。 ⑫⑥ 裸:同"倮",指动物中没有羽、毛、鳞、甲的一类。 ⑫⑦ 鳞虫:指龙。 ⑫⑧ 含纳大直:胸襟宽广而为人正直。 ⑫⑨ 迅疾磊落:行为刚毅而心地光明。 ⑬⓪ 承:禀承,指两位龙君的性情品格来自大自然的洞庭湖和钱塘江。 ⑬① 邻:接近。

本篇《太平广记》录载,注明原出《异闻集》,本题《柳毅》,"传"字为后人所加。一题作《洞庭灵姻传》。

这是一篇以神话为题材的浪漫主义小说。关于这篇小说的主题思想,论者多以为是通过虚构的情节,反映了现实社会中的爱情婚姻问题,揭露和批判了父母包办婚姻的不合理,肯定和歌颂了青年男女爱情自由和婚姻自主的要求。但实际上这是并不完全符合小说艺术描写的实际的。小说描写了爱情婚姻问题,但并不是以爱情婚姻作为主题，而主要是通过柳毅和龙女的爱情婚姻关系，肯定和歌颂了柳毅和相关人物的侠义行为和崇高的品德。小说的作者是从道德的角度来反映和评价生活，而不是从包办婚姻一类社会问题的角度来反映和评价生活的。也就是说，这是一篇道德问题小说，而非一篇一般的社会问题小说。

柳毅是小说艺术构思的中心。作者的笔，犹如摄像机的镜头，始终对准这个人物，围绕着他的活动来展开。小说写他落第归来，在回家的途中遇到了龙女。因同情龙女的不幸遭遇而为她传书到洞庭龙宫，解救了龙女的苦难；随后又写了他在龙宫中的种种见闻，受到的种种礼遇；再后是写他因得到龙王的丰厚馈赠而成为一个富户，连娶两个妻子先后亡故，最后跟范阳卢氏女——原来就是龙女——结婚，两人不仅结为美满的夫妻，而且柳毅也成为神仙中人。对柳毅的描写，主要突出一个"义"字，突出他正直善良、热情助人而不求回报的侠义精神。龙女求他传书时，担心他会不会同意，说："未卜将以为可乎？"柳毅却毫不犹豫地说："吾义夫也。闻子之说，气血俱动，恨无毛羽，不能奋飞。是何可否之谓乎？"一开始就提明一个"义"字。后来他同龙女结为美满的婚姻，他感到非常幸福，但这是他不期然而得到的，并不是他所刻意追求的。他所追求的，只是道德的崇高和完美。钱塘君以极其粗暴的方式为龙女向他求婚，他大义凛然，表现出一种富贵不能淫、威武不能屈的大无畏精神。后来两人结合生子，龙女曾问他两个问题：一是当初为她传书时是否想到过今天会同她结为夫妻？二是叔父请婚，他那样坚决拒绝，是真的认为不可以呢，还是出于一种愤慨呢？柳毅的回答是："仆始见君于长泾之隅，枉抑憔悴，诚有不平之志。然自约其心者，达君之冤，余无及也。……夫始以义行为之志，宁有杀其婿而纳其妻者邪？……善素以操真为志尚，宁有屈于己而伏于心者乎？"这些话充分地展示出柳毅光明磊落的胸怀和正直善良的性格。也就是说，追求道德的完美，是他立身做人的根本。对他来说，无私的"义行"和高尚的"操贞"，是超过一切的，包括对爱情婚姻的追求。与龙女的结合是他所愿的，但不是他所追求的。所以他才说："似有命者。"意思是这是命中注定的姻缘。非常明显，柳毅是从道德的角度来考虑问题并决定自己的行动的。这里作者仅仅以龙女因父母包办婚姻所造成的不幸作为故事的背景，并无意于表现柳毅和龙女在婚姻问题上的自主要求。

不仅柳毅身上表现出义，而且相关的其他几个人物，龙女、洞庭君、钱塘君，都是如此。龙女的义，主要表现在受恩知报上。她在请托柳毅为她传书时就说："脱获回耗，虽死必谢！"以后，她有感于柳毅救她于水火之中的恩义，便钟情于他，而且坚定执着地追求，遭受挫折也不改变，一直到实现自己的愿望。用她对柳毅的话来说，是："泾川之冤，君使得白，衔君之恩，誓心求报。""虽为君子弃绝，分无见期；而当初之心，死不自替。"她追求爱情的过程，就是报恩的过程，也就是表现她的义行和义气的过程。就在他们结为夫妻，柳毅非常高兴地表示"从此以往，永奉欢好"时，龙女仍然强调地对柳毅说："勿以他类，遂为无心，固当知报耳。"两个人都是重义的，有义才有情，可以说，他们两人的爱情是建立在"义"的基础之上的。这一点，从爱情描写的角度看，跟《霍小玉传》和《任氏传》等唐人传奇中描写爱情的名篇有所不同，是很有特色的。柳毅由并无意于爱龙女，发展到后来爱上了龙女，并高兴地同她结合，并不是出于慕色，而是有感于龙女的情义。

洞庭君与钱塘君对于龙女的遭遇，也是同情和充满义愤的。两人性格不同，前者主要表现为悔恨与自责，而后者则表现为狂暴与复仇。这一点，表现形式虽有不同，但与柳毅的态度其实是完全一致的。而且他们对柳毅的侠义行为和高尚品质都是十分感谢和赞扬的。洞庭君一接到柳毅传来的龙女之书，就十分感动地说："公陌上人也，而能急之。幸被齿发，何敢负德！"即便是性情粗暴的钱塘君，求婚时颇有失礼之处，但对柳毅也是"尽礼相待"，而且十分感谢地说："女侄不幸，为顽童所辱。赖明君子信义昭彰，致达远冤……飨德怀恩，词不悉心。"作为一个气性刚烈的人物，逼婚实际上是他感恩戴德的一种特殊表现形式。这些都是洞庭君和钱塘君的义的表现。在这一点上，他们和龙女的态度和品格，都是一致的。

篇末作者发了一段议论，明确地揭示出这篇小说的作意："陇西李朝威叙而叹曰：五虫之长，必以灵者，别斯见矣。人，裸也，移信鳞虫。洞庭含纳大直，钱塘迅疾磊落，宜有承焉。嘏咏而不载，独可邻其境。愚义之，为斯文。"就是说，他是为了表彰歌颂这些人物的"义"才创作这篇小说的。这里的"义"，既包括救人于急难的柳毅，也包括受恩知报的龙女和洞庭君、钱塘君。

作者为了表达对柳毅的侠义精神和高贵品德的热情赞美，在他的笔下，必得使有这样义行和美好品质的人获得最美满幸福的生活，不只让他娶一个美丽的化为人间女子的龙女为妻，享受人间的荣华富贵，还让他成为神仙中人，进入一种幻想中最美妙的理想境界。小说所设置的这种带有迷离缥缈色彩的结局，主要是为了表现作者对主人公的无限赞美之情，而并非出于对逃避现实的消极思想的宣扬。

总之，这篇小说是以由父母包办婚姻造成的妇女的不幸生活为背景，描写和歌颂了美好的人，美好的人的品德，美好的人与人之间的关系，美好的人生。整篇小说闪耀着一种人格美和生活美的理想的光辉。读者读过之后，被一种充满诗意美和理想色彩的人物的高尚优美的道德情操所打动。

小说的人物描写达到了很高的艺术水平。篇中的四个人物，都共同体现了作者所歌颂的“义”，但又各有其不同的性格特征，而且各人所体现的“义”的内容也不完全相同。对柳毅，主要突出他深厚的同情心和强烈的正义感，其次是表现他的正直无私和光明磊落，再次是通过拒婚于钱塘君的动人场面，表现他刚强不屈的凛然正气，他以一介书生，竟凭着“不伏之心”，战胜了凶暴的钱塘君的“不道之气”。对龙女，着重表现的是她的善良、重义和温婉、多情。用墨不多，通过一些有特色的对话就充分地表现出来了。她对柳毅的追求，是一种默默的深沉的韧性的追求。长期的等待和追寻，直到同柳毅结合并为他生子以后才告白自己龙女的身份，这表现了她对柳毅的报恩的执著，也表现了她对柳毅的爱的执著。钱塘君虽是一个次要人物，却写得有声有色，虎虎有生气。小说既写出了他凶暴鲁莽、气性刚烈的一面，又写出了他嫉恶如仇、坦诚直率的一面，写出了这两方面的统一。这是一个虽凶悍却使人感到十分可爱的艺术形象。而洞庭君虽同为龙王，性格却又同他迥然不同。两个人都重义，都对柳毅十分感谢，但洞庭君却主要表现为平正、通达、宽厚、慈祥。这是一个人间的宽厚而又和蔼可亲的长者的形象。

这两个形象还具有一种将大自然人格化的特点。洞庭君的宽厚平正，跟洞庭湖的浩淼博大气象正相适应；而钱塘君的刚烈奋激，又正是著名的钱塘怒潮奔腾激荡的象征。作者在篇末说：“洞庭含纳大直，钱塘迅疾磊落，宜有承焉。”这里概括的，正是神话人物性格特征得自于大自然禀赋的特点。在这里，形象的社会性和自然性是和谐统一的。

这篇小说充满了浪漫主义的特色，这主要表现在两个方面：一是通过浪漫的情节表现理想的人的美好品德，理想的人与人之间的关系。二是在艺术表现上充满奇异的想象，特别是对人物活动的特殊环境——神话世界的描写上，瑰异奇幻，绚丽多彩，极富于艺术魅力。这篇小说还创造了一种诗的意境和气氛。作者是将诗歌和散文的笔法引到小说创作中来，文辞优美而极富文采。如写龙女被救回龙宫后的一段，以四字句为主，节奏鲜明，渲染出浓厚的喜庆、融和、美好的意境和气氛，与前面所描写的龙女牧羊时那种“巾袖无光”“风鬟雨鬓”的憔悴忧伤情景形成鲜明的对照，使人自然地感到这是由柳毅传书的义行带来的结果。

小说典型化的细节描写，在唐人传奇中也是不多见的。如开头写柳毅在路旁看见龙女牧羊于道畔，这样表现柳毅：“怪视之，乃殊色也。”从柳毅的眼中写一句龙女的容貌非常漂亮。但写到了，却仅此一句，不作渲染，不加铺张。这个分寸掌握得恰到好处。而接下来便又从他的眼中描写龙女的衣着神态:“然而蛾脸不舒,巾袖无光,凝听翔立,若有所伺。”这是写龙女,同时也表现了柳毅,他看出了龙女长得很漂亮,但丝毫不为她的“殊色”所动,却注意到她悲戚的表情和破旧的衣着。这是只有对一个不幸的人怀着深厚的同情心,并表示热切关心的心地光明的人才会有的表现。单是这一个小小的细节,就把柳毅这个人物美好的品德充分地表现出来了。

这个故事在唐代和后世有广泛的影响。唐末有根据这个故事写作的《灵应传》,宋代有《柳毅大圣乐》官本杂剧,元代有尚仲贤的《柳毅传书》杂剧,明代有许自昌的《桔浦记》和黄维楫的《龙绡记》传奇,清代李渔改编为《蜃中楼》(与《张生煮海》合并),现代戏曲中也有据此改编的剧目。 (周先慎)

【作者小传】

王 建

(约766—?) 唐诗人。字仲初,一作仲和。颍川(今河南许昌)人。历任昭应县丞、秘书郎、陕州司马。作有小说《崔少玄传》等。

崔少玄传

王 建

崔少玄者,唐汾州[①]刺史崔恭之小女也。其母梦神人,衣绡衣,驾红龙,持紫函,受于碧云之际,乃孕。十四月而生少玄。既生而异香袭人,端丽殊绝。绀[②]发覆目,耳珰及颐。右手有文曰“卢自列妻”。后十八年归于卢陲,陲小字自列。

岁余,陲从事闽中[③],道过建溪。远望武夷山[④],忽见碧云自东峰来,中有神人,翠冠绯裳,告陲曰:“玉华君来乎?”陲怪其言曰:“谁为玉华君?”曰:“君妻即玉华君也。”因是反[⑤]告之。妻曰:“扶桑夫人、紫霄元君果来迎我,事已明矣。难复隐讳。”遂整衣出见神人,对语久之。然夫人之音,陲莫能辨。逡巡,揖而退。陲拜而问之,曰:“少玄虽胎育之人,非阴骘[⑥]所积。昔居无欲天,为玉皇左侍书,谥曰‘玉华君’,主下界三十六洞学道之流。每至秋分日,即持簿书来访志道之士。尝贬落,所犯为与同宫四人退居静室,嗟叹其事,恍惚如有欲想。太上责之,谪居人世,为君之妻二十三年矣。又遇紫霄元君已前至此,今不复近附于君矣。”至闽中,日独居静室,陲既骇异,不敢辄践其间。往往有女真⑦,或二或四,衣长绡衣,作古鬟髻,周身光明,烛耀如昼,来诣其室。升堂连榻,笑语通夕。陲至而看之,亦皆天人语言,不可明辨。试问之。曰:“神仙秘密,难复漏泄。沉累至重,不可不隐。”陲守其言诫,亦常隐讳。洎陲罢府,恭又解印组⑧,得家于洛阳。陲以妻之誓,不敢陈泄于恭。

后二年,谓陲曰:“少玄之父,寿算止于二月十七日,某虽神仙中人,生于人世,为有抚养之恩,若不救之,枉其报矣。”乃请其父曰:“大人之命,将极于二月十七日。少玄受劬劳之恩,不可不护。”遂发绛箱,取扶桑大帝金书《黄庭内景》之书,致于其父曰:“大人之寿,常数极矣。若非此书,不可救免。今将授父,可读万遍,以延一纪。”乃令恭沐浴南向而跪,少玄当几,授以功章,写于青纸,封以素函,奏之上帝。又召南斗注生真君,附奏上帝。须臾,有三朱衣人自空而来,跪少玄前,进脯羞噏酒三爵,手持功章而去。恭大异之,私讯于陲,陲讳之。经月余,遂命陲语曰:“玉清真侣,将雪予于太上,今复召为玉皇左侍书玉华君。主化元精炁,施布仙品。将欲反神,还于无形,复侍玉皇,归彼玉清。君莫泄是言,遗予父母之念。又以救父之事,泄露神仙之术,不可久留。人世之情,毕于此矣。”陲跪其前,呜呼流涕曰:“下界蚁虱,黩污仙上,永沦秽浊,不得升举。乞赐指喻,以救沉痼。久永不忘其恩。”少玄曰:“予留诗一首以遗子。予上界天人之书,皆云龙之篆。下界见之,或损或益,亦无会者,予当执管记之。”其词曰:

得之一元,匪受自天。太老之真,无上之仙。

光含影藏,形于自然。真安匪求,神之久留。

淑美其真,体性刚柔。丹霄碧虚,上圣之俦。

百岁之后，空余坟丘。

陲载拜受其辞，晦其义理，跪请讲贯，以为指明。少玄曰："君之于道，犹未熟习。上仙之韵，昭明有时。至景申年中，遇琅琊先生能达，其时与君开释，方见天路。未闻但当保之。"言毕而卒。九日葬，举棺如空。发榇视之，留衣而蜕。处室十八，居闽三，归洛二，在人间二十三年。

后陲与恭皆保其诗，遇儒道适达者示之，竟不能会。至景申年中，九疑道士王方古，其先琅琊人也。游华岳回，道次于陕郊。时陲亦客于其郡，因诗酒夜话，论及神仙之事。时会中皆贵道尚德，各征其异。殿中侍御史郭固、左拾遗⑨齐推、右司马韦宗卿、王建，皆与崔恭有旧，因审少玄之事于陲。陲出涕泣，恨其妻所留之诗，绝无会者。方古请其辞，吟咏须臾，即得其旨。叹曰："太无之化，金华大仙，亦有传于后学哉。"时坐客耸听其辞，句句解释，流如贯珠。凡数千言方尽其义。因命陲执笔，尽书先生之辞。目曰《少玄玄珠心镜》，好道之士，家多藏之。

〔注〕 ① 汾州：地名，今山西阳曲县。 ② 绀(gàn)：稍许带红的黑色。 ③ 闽中：即福建。 ④ 武夷山：山名，在今福建武夷山市西南。相传汉武夷君曾住于此，因而得名。 ⑤ 反：通"返"。 ⑥ 阴骘(zhì)：骘，评定。本为暗中决定之意，后与阴德同义。 ⑦ 女真：女道士。 ⑧ 印组：印和系印的丝绳，此指为官的印章。 ⑨ 左拾遗：唐代官名，属门下省。

《崔少玄传》叙汾州刺史崔恭之女少玄乃谪居人世之上界神仙，为其母梦神人而生，十八岁嫁于卢陲。卢陲从事闽中，途遇神人，言其妻乃玉华君。少玄出见神人，相互交谈。居闽三年，少玄独居一室，常有女真过从。后居洛阳，少玄为父延寿一纪。被谪期至，少玄留诗一首与卢陲，义理晦奥，说是到景申年遇琅琊先生能为开释，言毕而卒。到元和十一年，果有九疑道士王方古解之。

这是一篇神仙传记小说，情节与民间传说所谓玉女思凡谪落人间的故事相似：崔少玄原居于无欲天，因退居静室时"恍惚如有欲想，太上责之，谪居人世"，这是思凡被谪；少玄托生崔家，嫁于卢陲。因为父延寿，泄露仙术，人世之情，毕于此矣。这是红尘历劫；少玄留诗而卒，葬时"举棺如空"，"发榇视之，留衣而蜕"，又被召回为玉皇左侍书。这是典型的思凡故事模式，我们从中可以看到这类故事的几个基本特征：思凡的发生是因为感叹神界不如人间快乐，是出于红尘的诱惑；思凡总是须经历“出发——变形——回归”三个阶段，构成了一个从哪里来，回到哪里去的循环圆圈；下凡总是暂时性行为，最后还是要回归本源；思凡须得某种神秘力量的帮助和导引，或受天帝、帝后之命，或者通过其他中介，将神人沟通起来。唐人小说中有不少类似的故事，如《续玄怪录》中的《杨敬真》《通幽记》中的《妙女》等，后来大多收入杜光庭的《墉城集仙录》。

不自由的凡夫俗子们向往着神仙的无拘无束，而自由自在的神仙们特别是女仙们倒常向人间寻觅快活——“天上哪比人间”，在天上“佳期阻旷，幽态盈怀”的织女下凡后尝到男女爱情欢乐之后说的这句话，正是许多女仙思凡的动机。道教不同于佛教。佛教禁欲，不能吃肉，不能娶妻；而道教中的神仙是有配偶的。篇中描写人仙结合，固然旨在谈玄说道，但是其中显然包含着对物欲、情欲的追求：居于无欲天的玉皇左侍书却“恍惚如有欲想”，身在仙界，心向红尘，这种意念表现的是发展人性和人欲的人生态度，它同禁欲主义、同禁锢人性的反人性主义发生对立时也就具备了积极意义。（陈惠琴）

【作者小传】

柳宗元

(773—819)　唐文学家。字子厚。河东（今山西永济）人。贞元九年(793)进士，历任校书郎、蓝田尉、柳州刺史。作有小说集《龙城录》等。

赵师雄醉憩梅花下　　柳宗元

隋开皇[①]中，赵师雄迁罗浮[②]。一日天寒日暮，在醉醒间，因憩仆车于松林间酒肆旁舍，见一女人，淡妆素服，出迓[③]师雄。时已昏黑，残雪未消，月色微明。师雄喜之，与之语。但觉芳香袭人，语言极清丽。因与之扣酒家门，得数杯相与共饮。少顷有一绿衣童子来，笑歌戏舞，亦自可观。师雄醉寐，但觉风寒相袭。久之东方已白，师雄起视，乃在大梅花树下。上有翠羽，啾嘈相顾，月落参横，但惆怅而已。

〔注〕①开皇：隋文帝年号(581—601)。　②罗浮：山名，在广东东江北岸。相传晋葛洪曾在此山修道，道教称为“第七洞天”。　③迓：迎。

本篇出自署名柳宗元的志怪小说集《龙城录》。龙城即柳州别称，故《龙城录》很可能是柳宗元在柳州刺史任上所作。但也有人怀疑此书是托名之作。不过书中这篇“赵师雄”故事，在唐代已成为熟典。与柳宗元同时的诗人殷尧藩有“好风吹醒罗浮梦，莫听空林翠羽声”（《友人山中梅花》）等诗句，即是用赵师雄罗浮梦典故。至少，这篇故事是出于唐人之手。

这是一则十分美丽的神话传说。隋朝人赵师雄迁徙到罗浮山居住，在一个冬日的傍晚，来到一座松林边的小酒店旁。师雄此时有酒在腹，半醉半醒，忽见一位淡妆素服的女子出迎。“时已昏黑，残雪未消，月色微明”，在朦胧的雪光月色中，女子的形貌可能已分辨不清，但她身上散发的馥馥香气，以及她那语音清丽的言谈，却令人神驰。良辰美景、佳酿美人，历来是中国文人最为浪漫的生活理想，赵师雄自然不能错过这难得的机会。于是他与女子同扣酒家之门，得酒数杯，相与畅饮。刚好有绿衣童子来凑趣助兴，“笑歌戏舞”；赵师雄不觉喝得大醉。——然而待到东方渐白，赵师雄醒来发现，自己是睡在一株大梅花树下。树间有翠鸟鸣啭，而遥天淡月将落。赵师雄不禁有些怅然若失了。

这一切大约始终只是一个梦，然而这又是多么富于诗情画意的梦！梦中舒缓地展开一种朦胧之美：光线是朦胧的，美人的形象是朦胧的，美酒更增加了朦胧之美；但那阵阵袭来的香气，以及美人清丽的话语，又给人带来温馨亲切的真实感，使人分辨不出是梦是醒。小说结局的绝美图画更令人难忘：一株繁花盛开的大梅花树上，翠羽啁啾；广阔的天宇中淡月将落、红日未出。——那树间鸣叫的翠鸟，该不会就是席间童子所化吧？而那淡妆素服的女人，无疑便是梅花仙子了。

《龙城录》所收作品大多篇幅短小，尚未摆脱志怪小说略陈故事的粗疏形态；然而这一篇却单单以经营意境、脱略情节为特点，更像是一首诗。难怪后世诗人每逢吟咏梅花，总是想到这个美丽的典故。宋代苏轼《十一月二十六日松风亭下梅花盛开》诗就咏道：“罗浮山下梅花村，……耿耿独与参黄昏。”秦少游《和黄法曹梅花诗》也道：“月落参横画角哀，暗香销尽令人老。”均可以看出此篇的影响来。

（侯　会）

【作者小传】

许尧佐

唐文学家。贞元十年(794)贤良方正能言极谏科及第，历任太子校书郎、谏议大夫等。作有小说《柳氏传》等。

柳氏传 许尧佐

天宝中，昌黎[1]韩翊有诗名，性颇落托[2]，羁滞[3]贫甚。有李生者，与翊友善，家累千金，负气[4]爱才。其幸姬曰柳氏，艳绝一时，喜谈谑，善讴咏。李生居之别第，与翊为宴歌之地。而馆其侧。

翊素知名，其所候问，皆当时之彦[5]。柳氏自门窥之，谓其侍者曰："韩夫子岂长贫贱者乎！"遂属意焉。李生素重翊，无所吝惜。后知其意，乃具膳请翊饮。酒酣，李生曰："柳夫人容色非常，韩秀才文章特异。欲以柳荐枕于韩君，可乎？"翊惊栗，避席[6]曰："蒙君之恩，解衣辍食[7]久之。岂宜夺所爱乎？"李坚请之。柳氏知其意诚，乃再拜，引衣接席[8]。李坐翊于客位，引满[9]极欢。李生又以资三十万，佐翊之费。翊仰柳氏之色，柳氏慕翊之才，两情皆获，喜可知也。

明年，礼部侍郎杨度擢翊上第。屏居间岁[10]，柳氏谓翊曰："荣名及亲，昔人所尚。岂宜以濯浣之贱[11]，稽采兰之美[12]乎？且用器资物，足以待君之来也。"翊于是省家于清池[13]。岁余，乏食，鬻妆具以自给。

天宝末，盗覆二京[14]，士女奔骇。柳氏以艳独异，且惧不免，乃剪发毁形，寄迹法灵寺。是时，侯希逸[15]自平卢节度淄青，素藉翊名[16]，请为书记[17]。洎[18]宣皇帝以神武返正，翊乃遣使间行[19]求柳氏，以练囊盛麸金[20]，题之曰：

章台柳，章台柳[21]，昔日青青今在否？

纵使长条似旧垂，亦应攀折他人手。

柳氏捧金呜咽，左右凄悯，答之曰：

杨柳枝，芳菲节[22]，所恨年年赠离别。

一叶随风忽报秋，纵使君来岂堪折！

无何，有蕃将[23]沙吒利者，初立功，窃知柳氏之色，劫以归第，宠之专房。及希逸除[24]左仆射，入觐[25]，翊得从行。至京师，已失柳氏所止，叹想不已。偶于龙首冈见苍头以驳牛驾辎軿[26]，从两女奴。翊偶随之，自车中问曰："得非韩员外[27]乎？某乃柳氏也。"使女奴窃言失身沙吒利，阻同车者[28]，请诘旦[29]幸相待于道政里门。及期而往，以轻素[30]结玉合，实以香膏，自车中授之，曰："当遂永诀，愿置[31]诚念。"乃回车，以手挥之，轻袖摇摇，香车辚辚，目断意迷[32]，失于惊尘。翊大不胜情。

会淄青诸将合乐酒楼，使人请翊。翊强应之，然意色皆丧，音韵凄咽。有虞候[33]许俊者，以材力自负，抚剑言曰："必有故。愿一效用。"翊不得已，具以告之。俊曰："请足下数字[34]，当立致之。"乃衣缦胡[35]，佩双鞬[36]，从一骑，径造沙吒利之第。候其出行里余，乃被衽[37]执辔，犯关排闼[38]，急趋而呼曰："将军中恶[39]，使召夫人！"仆侍辟易[40]，无敢仰视。遂升堂，出翊札示柳氏，挟之跨鞍马，逸尘断鞅[41]，倏忽乃至。引裾[42]而前曰："幸不辱命。"四座惊叹。柳氏与翊执手涕泣，相与罢酒[43]。

是时沙吒利恩宠殊等，翊、俊惧祸，乃诣希逸。希逸大惊曰："吾平生所为事，俊乃能尔[44]乎？"遂献状[45]曰：

> 检校尚书金部员外郎兼御史韩翊，久列参佐[46]，累彰勋效[47]。顷从乡赋[48]，有妾柳氏，阻绝凶寇，依止[49]名尼。今文明抚运[50]，遐迩[51]率化。将军沙吒利凶恣挠法[52]，凭恃微功，驱有志之妾，干无为之政[53]。臣部将兼御史中丞许俊，族本幽蓟[54]，雄心勇决，却夺柳氏，归于韩翊。义切中抱[55]，虽昭感激之诚[56]，事不先闻，固乏训齐之令[57]。

寻有诏，柳氏宜还韩翊，沙吒利赐钱二百万。柳氏归翊，翊后累迁至中书舍人[58]。

然即柳氏，志防闲而不克[59]者；许俊，慕感激而不达[60]者也。向使柳氏以色选，则当熊、辞辇之诚[61]可继；许俊以才举，则曹柯、渑池之功[62]可建。夫事由迹彰，功待事立。惜郁堙不偶[63],义勇徒激,皆不入于正[64]。斯岂变之正[65]乎?盖所遇然也。

〔注〕①昌黎:古郡名,三国时魏治,故治在今河北凌源县境。韩翊(yì):一作韩翃(hóng),字君平,南阳(今河南南阳)人,唐代著名诗人,"大历十才子"之一。韩姓原出昌黎郡,在唐代仍为望族,故虽出生南阳,仍以昌黎为郡望。②落托:同"落拓",性格放荡,不拘小节。③羁滞:流浪在外,不得志。④负气:以讲义气、重友谊自负。⑤彦:俊美之士。⑥避席:离开座位,表示恭敬或客气。⑦解衣辍(chuò)食:用自己的衣服和食物来资助别人。这里指李生在生活上无私资助韩翊。⑧引衣接席:提起衣服,坐到韩翊旁边的座位上。⑨引满:本指斟满酒,这里指尽兴地喝酒。⑩屏(bǐng)居间(jiàn)岁:在家闲居谢绝人事一年。⑪濯浣之贱:洗衣服的地位低贱的人,是柳氏的谦称。⑫稽采兰之美:耽误美好的前程。稽,留止,引申为耽误。采兰,比喻皇帝征用贤士,这里指应考做官。⑬清池:县名,治所在今河北沧县东北。⑭盗覆二京:指安禄山攻陷长安和洛阳。⑮侯希逸:唐营州(今辽宁锦州西北)人,中兴名将。安史之乱后为平卢节度使,后为史朝义和奚族所逼,南保青州,授为淄青节度使,而平卢旧号不废,故云"自平卢节度淄青"。平卢,唐方镇名,治所在营州。淄青,唐方镇名,治所在青州(今山东益都)。⑯素藉翊名:久已仰慕韩翊的盛名。藉与"籍"通,用于人的名声,有喧腾之意。⑰书记:唐代幕僚的一种职称,相当于近世的秘书长。⑱洎(jì):等到。宣皇帝:指唐肃宗,因其死后谥号"文明武德大圣大宣孝皇帝"。神武,歌颂之词。返正:指他即帝位,平定安史之乱,收复二京事。⑲间(jiàn)行:暗地里行动。⑳麸金:碎金。㉑章台柳:章台为汉代长安的一条街名。因当时柳氏独居长安,故以章台柳关合柳氏。㉒芳菲节:花草繁盛的时节,指春天。㉓蕃将:同"番将",唐代多用少数民族的人为将,称番将。㉔除:授官。左仆射(yè):唐代设左右仆射,原为尚书省的副长官,因不设尚书令,实际即为尚书省的最高长官,同侍中、中书令共同主持中央政务,通常为宰相的位置。㉕入觐(jìn):到京城拜见皇帝。㉖龙首冈,长安地名。苍头:仆役。驳牛:杂色的牛。辎軿(zī píng):古代贵族妇女所乘坐的有帷幕的车。㉗韩员外:韩翊曾有一个"检校尚书金部员外郎兼御史"的虚衔,故称为韩员外。㉘阻同车者:碍于有人同车,不便谈话。㉙诘旦:明日早晨。㉚轻素:薄薄的绸子。合:同"盒"。㉛置:安放、保存的意思。㉜意迷:心中茫然,若有所失。㉝虞候:官名,略如后来的侍从武官。㉞数字:写几个字。㉟衣缦胡:穿上军装。缦胡,通写作曼胡。㊱鞬(jiān):马上盛弓箭的器具。㊲被衽:解开衣襟。被,同"披"。㊳犯关排闼:关,大门;闼(tà),小门。㊴中(zhòng)恶:得了急病。㊵辟易:退让。㊶逸尘断鞅(yǎng):马在飞扬的尘土中飞奔,连马颈上的皮带都挣断了。㊷引裾(jū):整理衣襟,表示尊敬。㊸罢酒:中止了宴会。㊹尔:如此,这样。㊺状:向上级写的报告。㊻久历参佐:长久以来担任僚属之职。㊼勋效:功绩。㊽顷从乡赋:顷,前不久;乡赋,唐代由州郡保送士人进京参加科举考试叫乡赋。㊾依止:借居。㊿文明抚运:文教昌盛。51遐(xiá)迩:远近。52挠法:破坏法纪。53无为之政:清明皇帝的德政,意思是不用刑罚,政事简化,天下太平。54幽蓟(jì):幽,即幽州,也称范阳郡,治所在今北京一带;蓟,即蓟州,治所在今天津市蓟州区。相传幽、蓟一带出生的人,多勇武、尚侠义。55义切中抱:怀中充满正义之心。56虽昭感激之诚:虽然表现了激于义愤的心情。57训齐之令:对部下严明训教的命令。58中书舍人:唐代中书省里专门为皇帝起草诏书、诰命等文件的官员。59志防闲而不克:有志于防范外人的非礼行

为，守住自己的节操，而未能做到。 ⑥⓪ 慕感激而不达：倾慕激于义愤的行为而不能明达事理，指许俊事先不禀报就擅自将柳氏夺回。 ⑥① 当熊、辞辇之诚：汉代故事：元帝观斗兽，突然一头熊跑出来，时冯婕妤(jié yú，女官名)当熊而立，保护了汉元帝。汉成帝有一次要同班婕妤同辇(皇帝坐的车子)游园，班婕妤辞谢，说只有亡国之君才沉迷于女色。这都说明皇帝嫔妃的美德。 ⑥② 曹柯、渑池之功：曹柯，春秋时曹沫为国立功之事：鲁国与齐国打仗，鲁国战败，割地求和，在柯地与齐国会盟，鲁将曹沫以匕首胁持齐桓公，使齐国将侵占的土地归还。渑(miǎn)池，战国时蔺相如为国立功之事：秦王与赵王在渑池相会，秦王以强凌弱，当场命赵王鼓瑟，以示羞辱。赵臣蔺相如也胁迫秦王击缶(fǒu，瓦质的打击乐器)，为赵王挽回了面子。 ⑥③ 郁堙(yīn)不偶：埋没而不为人所闻(即不得意)。 ⑥④ 正：指儒家的圣贤之道。 ⑥⑤ 变之正：变改正法。变，暗指中唐时期王道衰、礼义废、政出诸侯等政治上的混乱情况，而正则指王道、礼义、政教等的正道、正法。

本篇选自《太平广记》。孟启《本事诗·情感第一》也载有这个故事，情节及诗句稍异，结尾多出柳氏复归韩翃以后事，但与主体故事无关，反成赘疣。

从篇末作者的议论看，小说主要写两个人物：柳氏和许俊。于柳氏，主要赞其情色；于许俊，主要颂其义勇。而故事的主体则是写韩翃与柳氏悲欢离合的故事，柳氏是小说的主人公。小说通过曲折的情节，描写和歌颂了一个有思想、有识见的妇女柳氏的形象。柳氏是一个没有人身自由的歌伎，得到"家累千金"的李生的宠爱，但她不甘心于做人姬妾的地位，为了追求自己的爱情自由和幸福生活，属意于一个"羁滞贫甚"的书生韩翃，表现了她独立的人格和超卓的见识。受到李生的宠幸而别求所爱，表现了她基于人生追求而产生的不安分；自门窥之即能判断"韩夫子岂长贫贱者乎"，则表现了她过人的眼光。当她知道李生是真心诚意地成全她和韩翃的爱情时，"乃再拜，引衣接席"，毫无忸怩之态，表现得是那样的端庄大方。

当然，以今天的眼光来看，他们的结合只是基于才和色，如李生撮合时所说"柳夫人容色非常，韩秀才文章特异"，不过是传统才子佳人爱情故事中的郎才女貌而已。但柳氏在两人结合以后的表现却值得大大赞扬。她没有沉迷和满足于夫妻间的欢洽生活，宁可忍受离别之苦，并独立支撑孤寂困苦的生活，而真诚地劝勉丈夫去追求功名："岂宜以濯浣之贱，稽采兰之美乎？"这样的认识，大大地高出于当时的一般妇女。安史之乱中，为了忠于韩生，保全自己，"乃剪发毁形，寄迹法灵寺"。当她从韩生派来的使者那里得到送来的麸金和所赠的题诗时，马上回赠一首，表达自己对韩生深情的怀念和离别忧伤。不幸失身于蕃将沙吒利后，于偶然中遇到了韩翃，她在十分困难的条件下，设法向韩透露消息，并暗中约下会面的地址，处处显示出是那样的深情和机智。凡此，无不表现出一个封建社会的妇女难能可贵的思想和性格。

然而,柳氏有独立的人格和思想,封建社会却没有为她提供一个独立做人的条件。李生将她送给韩翊,虽然是出于慷慨好义,成人之美,但毕竟说明,像她那样身份低贱的歌伎,只是男子手中可以任意处置和送人的玩物;而生逢乱世,更成为强暴者劫掠蹂躏的对象。本篇小说的意义还在于:不仅创造了一个具有美好品格的下层妇女形象,而且揭示了她令人同情的不幸遭遇及其社会原因。柳氏的不幸,不只是她个人命运的数奇不济,而是反映了封建社会广大妇女的悲惨命运,具有普遍的意义。

本来是一个悲剧故事,两人却离而复聚,最终是一个团圆的美满结局。情节发展的大转折,在于引入了一个豪侠之士许俊。许俊是唐传奇中最早出现的豪侠形象之一。许俊不仅急人之难,热心助人,具有一副侠肝义肠,而且智勇双全。沙吒利在当时不是一般人物,而是"恩宠殊等"、炙手可热的大将军,而许俊却毫不畏惧,仅"从一骑,径造沙吒利之第",凭着自己过人的机智和勇力,在倏忽之间,轻而易举地就将柳氏夺回,不辱使命,令"四座惊叹"。对这个人物用笔不多,却写得神采飞扬,虎虎然有生气,显然继承了《史记》史传文描写人物的艺术传统。

李生这个人物主要在情节结构上起到作用,还缺少鲜明的性格和独立的形象意义。但他的负气爱才,成人之美,也是作者所赞诩的。在形象塑造上起到了对许俊映照和补充的作用。

小说篇幅不长,而内容丰富,构思精巧,情节曲折,语言精练而富于表现力。开始介绍"昌黎韩翊有诗名",即伏后文以诗传情的情节。而接着介绍他"性颇落托,羁滞贫甚",一句讲性格,一句讲境遇,都跟下文将要揭示的人物关系密切相关。介绍柳氏时称她"善讴咏",不仅暗点出其歌伎的身份,而且巧妙地与韩生的诗才相对应,揭示了两人结合的合理和美满。二人互赠的两首诗,不仅真实地传达了篇中人物深挚的感情,而且营造了浓厚的诗的气氛,推动了情节的发展。这两首诗《全唐诗》中都加以收录,不仅传诵众口,而且还成为词调流行于世。

篇末作者的议论,虽然对柳氏和许俊的容色与才能因为没有机遇得到充分发展而表示惋惜,但却对两人的行为有所批评和保留,认为是"郁堙不偶,义勇徒激,皆不入于正"。这是作者正统儒家礼教思想的流露,跟通过人物形象所传达的思想相比较,不免显得迂腐陈旧。

孟启在《本事诗》中不仅大致相同地记叙了同一个故事,而且还交代了故事的来源,是作者于唐文宗开成年间(836—840)在梧州(在今广西)听到年近九十的岭外刺史赵唯所讲,而据赵唯说这是他亲眼见到的。据此可知,这篇小说是在真人真事的基础上加工写成的。

这个故事对后来的诗歌、词赋、小说、戏曲影响很大。韩柳之悲欢离合成了诗人墨客常用的典故，故事中的诗句“章台柳”还成了词牌名与曲牌名；同时用这一题材写成的作品很多，著名的有元代钟嗣成的杂剧《寄情韩翊章台柳》(佚)，明代吴长儒的传奇《练囊记》(佚)、梅鼎祚的传奇《玉合记》(存)等。 (周先慎)

【作者小传】

白行简

(776—826) 唐文学家。字知退，一作退之。下邽(今陕西渭南)人。白居易之弟。贞元末进士，官司门员外郎、主客郎中。作有小说《李娃传》《三梦记》等。

李 娃 传

白行简

汧国夫人李娃[①]，长安之倡[②]女也。节行瑰奇，有足称者，故监察御史[③]白行简为传述。

天宝中，有常州刺史荥阳[④]公者，略其名氏不书，时望甚崇，家徒甚殷。知命之年[⑤]，有一子，始弱冠[⑥]矣。隽朗有词藻，迥然不群，深为时辈推伏。其父爱而器之，曰：“此吾家千里驹也。”应乡赋秀才举[⑦]，将行，乃盛其服玩车马之饰，计其京师薪储之费，谓之曰：“吾观尔之才，当一战而霸。今备二载之用，且丰尔之给，将为其志也。”生亦自负，视上第如指掌。

自毗陵[⑧]发，月余抵长安，居于布政里。尝游东市还，自平康[⑨]东门入，将访友于西南。至鸣珂曲[⑩]，见一宅，门庭不甚广，而室宇严邃。阖一扉，有娃方凭一双鬟青衣立，妖姿要妙[⑪]，绝代未有。生忽见之，不觉停骖[⑫]久之，徘徊不能去。乃诈坠鞭于地，候其从者，敕[⑬]取之。累眄于娃，娃回眸凝睇，情甚相慕。竟不敢措辞而去。

生自尔意若有失，乃密征其友游长安之熟者，以讯之。友曰：“此狭邪女[⑭]李氏宅也。”曰：“娃可求乎？”对曰：“李氏颇赠[15]。前与通之者多贵戚豪族,所得甚广。非累百万,不能动其志也。”生曰:“苟患其不谐,虽百万何惜!”

他日,乃洁其衣服,盛宾从而往。扣其门,俄有侍儿启扃。生曰:“此谁之第耶?”侍儿不答,驰走大呼曰:“前时遗策郎也!”娃大悦,曰:“尔姑止之。吾当整妆易服而出。”生闻之私喜。乃引至萧墙间,见一姥垂白上偻[16],即娃母也。生跪拜,前致词曰:“闻兹地有隙院[17],愿税以居,信乎?”姥曰:“惧其浅陋湫隘[18],不足以辱长者所处,安敢言直[19]耶?”延生于迟宾之馆[20],馆宇甚丽。与生偶坐[21],因曰:“某有女娇小,技艺薄劣,欣见宾客,愿将见之。”乃命娃出。明眸皓腕,举步艳冶。生遽惊起,莫敢仰视。与之拜毕,叙寒燠[22],触类妍媚[23],目所未睹。复坐,烹茶斟酒,器用甚洁。

久之日暮,鼓声四动。姥访其居远近。生绐[24]之曰:“在延平门[25]外数里。”冀其远而见留也。姥曰:“鼓已发矣。当速归,无犯禁。”生曰:“幸接欢笑,不知日之云夕,道里辽阔,城内又无亲戚。将若之何?”娃曰:“不见责僻陋[26],方将居之[27],宿何害焉。”生数[28]目姥,姥曰:“唯唯。”生乃召其家僮,持双缣[29],请以备一宵之馔。娃笑而止之曰:“宾主之仪,且不然也[30]。今夕之费,愿以贫窭[31]之家,随其粗粝以进之。其余以俟他辰。”固辞,终不许。俄徙坐西堂,帏幕帘榻,焕然夺目,妆奁衾枕,亦皆侈丽。乃张烛进馔,品味甚盛。彻馔,姥起。生娃谈话方切,诙谐调笑,无所不至。生曰:“前偶过卿门,遇卿适在屏间。厥后心常勤念,虽寝与食,未尝或舍。”娃答曰:“我心亦如之。”生曰:“今之来,非直求居而已。愿偿平生之志。但未知命也若何?”言未终,姥至,询其故,具以告。姥笑曰:“男女之际,大欲存焉。情苟相得,虽父母之命,不能制[32]也。女子固陋,曷足以荐君子之枕席[33]?”生遂下阶,拜而谢之曰:“愿以己为厮养[34]。”姥遂目之为郎[35],饮酣而散。及旦,尽徙其囊橐,因家于李之第。

自是生屏迹戢身[36]，不复与亲知相闻。日会倡优侪类[37]，狎戏游宴。囊中尽空，乃鬻骏乘及其家僮。岁余，资财仆马荡然。迩来姥意渐怠，娃情弥笃[38]。

他日，娃谓生曰："与郎相知一年，尚无孕嗣。常闻竹林神者，报应如响[39]，将致荐酹[40]求之，可乎？"生不知其计，大喜。乃质衣于肆，以备牢醴[41]，与娃同谒祠宇而祷祝焉。信宿[42]而返。策驴而后，至里北门，娃谓生曰："此东转小曲中，某之姨宅也。将憩而觐之，可乎？"生如其言，前行不逾百步，果见一车门。窥其际，甚弘敞。其青衣自车后止之曰："至矣。"生下，适有一人出访曰："谁？"曰："李娃也。"乃入告。俄有一妪至，年可四十余，与生相迎，曰："吾甥来否？"娃下车，妪逆访[43]之曰："何久疏绝？"相视而笑。娃引生拜之。既见，遂偕入西戟门[44]偏院。中有山亭，竹树葱茜[45]，池榭幽绝。生谓娃曰："此姨之私第耶？"笑而不答，以他语对。俄献茶果，甚珍奇。食顷，有一人控大宛[46]，汗流驰至，曰："姥遇暴疾，颇甚，殆不识人。宜速归。"娃谓姨曰："方寸乱矣。某骑而前去，当令返乘，便与郎偕来。"生拟随之。其姨与侍儿偶语[47]，以手挥之，令生止于户外，曰："姥且殁矣。当与某议丧事以济其急。奈何遽相随而去？"乃止，共计其凶仪斋祭[48]之用。日晚，乘不至。姨言曰："无复命，何也？郎骤往视之，某当继至。"生遂往，至旧宅，门扃钥甚密，以泥缄之。生大骇，诘其邻人。邻人曰："李本税此而居，约已周[49]矣，第主自收。姥徙居，而且再宿矣。"征徙何处，曰："不详其所。"生将驰赴宣阳[50]，以诘其姨，日已晚矣，计程不能达。乃弛其装服，质馔而食，赁榻而寝。生恚怒方甚，自昏达旦，目不交睫。质明[51]，乃策蹇而去。既至，连扣其扉，食顷无人应。生大呼数四，有宦者徐出，生遽访之："姨氏在乎？"曰："无之。"生曰："昨暮在此，何故匿之。"访其谁氏之第，曰："此崔尚书[52]宅。昨者有一人税此院，云迟[53]中表之远至者。未暮去矣。"生惶惑发狂，罔至所措，因返访布政旧邸。

邸主哀而进膳。生怨懑，绝食三日，构疾甚笃，旬余愈甚。邸主惧其不起，徙之于凶肆[54]之中。绵缀[55]移时，合肆之人共伤叹而互饲之。后稍愈，杖而能起。由是凶肆日假[56]之，令执穗帷[57]，获其直以自给。累月，渐复壮。每听其哀歌，自叹不及逝者，辄呜咽流涕不能自止，归则效之。生，聪敏者也。无何，曲尽其妙，虽长安无有伦比。

初，二肆之佣凶器[58]者，互争胜负。其东肆，车舆皆奇丽，殆不敌，唯哀挽[59]劣焉。其东肆长知生妙绝，乃醵钱[60]二万索顾焉。其党耆旧[61]，共较[62]其所能者，阴教生新声，而相赞和。累旬，人莫知之。其二肆长相谓曰："我欲各阅[63]所佣之器于天门街[64]，以较优劣。不胜者罚直五万，以备酒馔之用，可乎？"二肆许诺。乃邀立符契，署以保证，然后阅之。

士女大和会，聚至数万。于是里胥告于贼曹[65]，贼曹闻于京尹[66]。四方之士，尽赴趋焉，巷无居人。自旦阅之，及亭午[67]，历举辇舆威仪之具[68]，西肆皆不胜，师[69]有惭色。乃置层榻于南隅，有长髯者，拥铎[70]而进，翊卫[71]数人。于是奋髯扬眉，扼腕顿颡[72]而登，乃歌《白马》之词[73]。恃其夙胜[74]，顾眄左右，旁若无人，齐声赞扬之，自以为独步一时，不可得而屈也。有顷，东肆长于北隅上设连榻，有乌巾少年，左右五六人，秉翣[75]而至，即生也。整衣服，俯仰甚徐，申喉发调，容若不胜[76]。乃歌《薤露》[77]之章，举声清越，响振林木，曲度未终，闻者嘘欷掩泣。西肆长为众所诮，益惭耻。密置所输之直于前，乃潜遁焉。四坐愕眙[78]，莫之测也。

先是，天子方下诏，俾外方之牧[79]，岁一至阙下[80]，谓之入计[81]。时也适遇生之父在京师，与同列者易服章窃往观焉。有老竖[82]，即生乳母婿也，见生之举措辞气，将认之而未敢，乃泫然流涕。生父惊而诘之。因告曰："歌者之貌，酷似郎之亡子。"父曰："吾子以多财为盗所害。奚[83]至是耶？"言讫亦泣。

及归，竖间[84]驰往，访于同党。曰："向歌者谁？若斯之妙欤？"皆曰："某氏之子。"征其名，且易之矣。竖凛然大惊，徐往，迫而察之。生见竖，色动回翔[85]，将匿于众中。竖遂持其袂曰："岂非某乎？"相持而泣。遂载以归。

至其室，父责曰："志行若此，污辱吾门。何施面目，复相见也？"乃徒行出，至曲江[86]西杏园东，去其衣服，以马鞭鞭之数百。生不胜其苦而毙。父弃之而去。其师命相狎昵者阴随之，归告同党，共加伤叹。令二人赍苇席瘗[87]焉。至，则心下微温。举之，良久气稍通。因共荷而归，以苇筒灌勺饮，经宿乃活。月余，手足不能自举。其楚挞之处皆溃烂，秽甚，同辈患之。一夕，弃于道周。行路咸伤之，往往投其余食，得以充肠。十旬，方杖策而起。被布裘，裘有百结，褴褛如悬鹑[88]。持一破瓯，巡于闾里，以乞食为事。自秋徂[89]冬，夜入于粪壤窟室，昼则周游廛肆。

一旦大雪，生为冻馁所驱，冒雪而出，乞食之声甚苦，闻见者莫不凄恻。时雪方甚，人家外户多不发。至安邑东门[90]，循里垣北转第七八，有一门独启左扉，即娃之第也。生不知之，遂连声疾呼"饥冻之甚"，音响凄切，所不忍听。娃自阁中闻之，谓侍儿曰："此必生也。我辨其音矣。"连步而出。见生枯瘠疥厉[91]，殆非人状。娃意感焉，乃谓曰："岂非某郎也？"生愤懑绝倒，口不能言，颔颐[92]而已。娃前抱其颈，以绣襦拥而归于西厢。失声长恸曰："令子一朝及此，我之罪也！"绝而复苏。

姥大骇，奔至，曰："何也？"娃曰："某郎。"姥遽曰："当逐之。奈何令至此？"娃敛容却睇[93]曰："不然。此良家子也。当昔驱高车，持金装，至某之室，不逾期[94]而荡尽。且互设诡计，舍而逐之，殆非人行。令其失志，不得齿于人伦[95]。父子之道，天性也。使其情绝，杀而弃之。又困踬[96]若此。天下之人尽知为某也。生亲戚满朝，一旦当权者熟察其本末，祸将及矣。况欺天负人，鬼神不佑，无自贻[97]其殃也。某为姥子，迨今有二十岁矣。计其赀，不啻[98]直千金，今姥年六十余，愿计二十年衣食之用以赎身，当与此子别卜所诣[99]。所诣非遥，晨昏得以温凊[100]。某愿足矣。”姥度其志不可夺，因许之。

给姥之余，有百金。北隅四五家税一隙院。乃与生沐浴，易其衣服。为汤粥，通其肠；次以酥乳，润其脏。旬余，方荐水陆之馔[101]。头巾履袜，皆取珍异者衣之。未数月，肌肤稍腴；卒岁，平愈如初。

异时[102]，娃谓生曰：“体已康矣，志已壮矣。渊思寂虑[103]，默想曩昔之艺业，可温习乎？”生思之，曰：“十得二三耳。”娃命车出游，生骑而从。至旗亭南偏门鬻坟典之肆[104]，令生拣而市之，计费百金，尽载以归。因令生斥弃百虑以志学，俾夜作昼，孜孜矻矻[105]。娃常偶坐，宵分[106]乃寐。伺其疲倦，即谕之缀诗赋。二岁而业大就，海内文籍，莫不该览[107]。生谓娃曰：“可策名试艺[108]矣。”娃曰：“未也，且令精熟，以俟百战。”更一年，曰：“可行矣。”于是遂一上登甲科[109]，声振礼闱。虽前辈见其文，罔不敛衽[110]敬羡，愿女之[111]而不可得。娃曰：“未也。今秀士，苟获擢一科第[112]，则自谓可以取中朝之显职，擅天下之美名。子行秽迹鄙，不侔[113]于他士。当砻淬利器[114]，以求再捷，方可以连衡多士[115]，争霸群英。”生由是益自勤苦，声价弥甚。其年遇大比[116]，诏征四方之隽，生应直言极谏策科[117]，名第一，授成都府[118]参军。三事以降[119]，皆其友也。

将之官，娃谓生曰：“今之复子本躯，某不相负也。愿以残年，归养老姥。君当结媛鼎族[120]，以奉蒸尝[121]。中外婚媾[122]，无自黩[123]也。勉思自爱，某从此去矣。”生泣曰：“子若弃我，当自刭以就死。”娃固辞不从，生勤请弥恳。娃曰：“送子涉江，至于剑门[124]，当令我回。”生许诺。

月余，至剑门。未及发而除书[125]至，生父由常州诏入，拜成都尹[126]，兼剑南采访使[127]。浃辰[128]，父到。生因投刺[129]，谒于邮亭[130]。父不敢认，见其祖父官讳[131]，方大惊，命登阶，抚背恸哭。

移时，曰："吾与尔父子如初。"因诘其由，具陈其本末。大奇之，诘娃安在。曰："送某至此，当令复还。"父曰："不可。"翌日，命驾与生先之成都，留娃于剑门，筑别馆以处之。明日，命媒氏通二姓之好，备六礼[132]以迎之，遂如秦晋之偶。

娃既备礼[133]，岁时伏腊[134]，妇道甚修[135]，治家严整，极为亲所眷[136]尚。后数岁，生父母偕殁，持孝甚至。有灵芝产于倚庐[137]，一穗三秀[138]，本道上闻[139]。又有白燕数十，巢其层甍[140]。天子异之，宠锡加等[141]。终制[142]，累迁清显之任[143]。十年间，至数郡[144]。娃封汧国夫人。有四子，皆为大官，其卑者犹为太原[145]尹。弟兄姻媾皆甲门，内外隆盛，莫之与京[146]。

嗟乎！倡荡之姬，节行如是，虽古先烈女，不能逾也。焉得不为之叹息哉！

予伯祖尝牧晋州[147]，转户部[148]，为水陆运使，三任皆与生为代[149]，故谙详其事。贞元[150]中，予与陇西公佐话妇人操烈之品格，因遂述汧国之事。公佐拊掌竦[151]听，命予为传。乃握管濡翰，疏[152]而存之。时乙亥[153]岁秋八月，太原白行简云。

〔注〕 ① 汧(qiān)国夫人：唐代对妇女的封号。唐制：文武官一品，国公之母和妻，可封为国夫人。汧国，唐郡名，即汧阳郡，治所在今陕西千阳。娃：美女。 ② 倡：通"娼"。③ 监察御史：唐官名，职掌纠察内外，巡按州县狱讼等事。 ④ 荥阳：唐县名，故治在今河南荥阳。 ⑤ 知命之年：五十岁。 ⑥ 弱冠：古对男子二十岁行冠礼，表示已成年。 ⑦ 应乡赋秀才举：由州县推荐到京城参加进士考试。 ⑧ 毗(pí)陵：即唐代的常州郡，治所在今江苏武进。 ⑨ 平康：长安里名，唐时为妓女聚居之处。 ⑩ 鸣珂曲：平康里中的一条小巷。⑪ 妖姿要(yāo)妙：姿容妖艳美好。要妙同"要眇"。 ⑫ 停骖(cān)：停马。骖，原指三匹马驾的车子，这里泛指坐骑。 ⑬ 敕(chì)：命令。 ⑭ 狭邪女：即妓女。 ⑮ 赡：富足。⑯ 垂白上偻(lǚ)：头发花白而驼背。 ⑰ 隙院：空房。 ⑱ 湫(jiǎo)隘：低洼窄小。⑲ 直：同"值"，租金。 ⑳ 迟(zhì)宾之馆：客厅。迟，接待。 ㉑ 偶坐：同坐。 ㉒ 寒燠(yù)：寒暄，主客见面时的应酬话。 ㉓ 触类妍媚：一举一动都妩媚动人。 ㉔ 绐(dài)：欺骗。 ㉕ 延平门：唐代长安西城有三道门，南边的叫延平门，与在东城之平康里相距甚远。㉖ 不见责僻陋：不嫌弃屋子的狭窄简陋。 ㉗ 方将居之：正准备请你住在这里。 ㉘ 数(shuò)目：多次看。 ㉙ 双缣：两匹绢。唐代可以绢绸代货币使用。 ㉚ 且不然也：是不应该这样的。且，副词，加强语气。 ㉛ 贫窭(jù)：贫困。 ㉜ 制：阻止。 ㉝ 荐君子之枕席：给您侍寝，即与您同居之意。 ㉞ 愿以己为厮养：自己愿意为你家做仆役。 ㉟ 郎：女婿。㊱ 屏迹戢身：敛迹藏身。 ㊲ 侪(chái)类：同类。 ㊳ 弥笃：更加深厚。 ㊴ 如响：十分灵验。 ㊵ 荐酹(lèi)：进献瓜果酒食并将酒洒在地上祭神。 ㊶ 牢：猪、牛、羊三牲。醴：酒。

㊷ 信宿：住了两夜。 ㊸ 逆访：迎问。 ㊹ 戟门：在门立戟，为唐代显贵之家的标志。 ㊺ 葱茜(qiàn)：草木繁茂青翠。 ㊻ 大宛(yuān)：古西域国名，盛产名马，因以地名代指名马。 ㊼ 偶语：两人对话。 ㊽ 凶仪斋祭：丧葬和祭奠。 ㊾ 约已周：租约已经到期。 ㊿ 宣阳：长安地名，丹凤门街之第六坊。 ㉛ 质明：天亮。 ㉜ 尚书：官名。唐代尚书省下辖六部(吏、户、礼、兵、刑、工)的长官称尚书。 ㉝ 迟：等候。 ㉞ 凶肆：专门为人办丧事的店铺，即殡仪店。 ㉟ 绵缀：病势很重。 ㊱ 假：借，雇用。 ㊲ 执穗帷：牵引灵帐。 ㊳ 佣凶器：出租办理丧葬的器物。 ㊴ 哀挽：出丧时唱的挽歌。 ㊵ 醵(jù)钱：凑钱。 ㊶ 其党耆旧：挽歌手中的老手。 ㊷ 共较：一起来比较推举。 ㊸ 阅：陈列，展出。 ㊹ 天门街：即承天门街，唐代宫城门外之南北大街。 ㊺ 贼曹：负责治安的官员。 ㊻ 京尹：即京兆尹，唐代首都的地方行政长官。 ㊼ 亭午：正午。 ㊽ 辇舆威仪之具：丧葬时使用的车、轿及仪仗用具。 ㊾ 师：这里指殡葬铺的老板。 ㊿ 铎：大铃铛。 ⑪ 翊(yì)卫：簇拥保护的人。 ⑫ 扼腕顿颡(sǎng)：一种表示得意的动作神情。 ⑬《白马》之词：即《白马歌》，古代祭祀的歌曲。 ⑭ 夙胜：一向擅长。 ⑮ 秉翣(shà)：手里拿着出殡时放在柩车两旁状似掌扇的仪具。 ⑯ 容若不胜：表面上看来好像不能胜任(不会唱歌)的样子。 ⑰《薤(xiè)露》之章：即《薤露歌》，古代送葬的歌曲。 ⑱ 愕眙(chì)：惊诧发愣。眙，直视。 ⑲ 外方之牧：各州郡的地方行政长官。 ⑳ 阙下：京城。 ㉑ 入计：到京城接受考察。 ㉒ 老竖：老仆人。 ㉓ 奚：何，哪里。 ㉔ 间(jiàn)：乘间，找个机会。 ㉕ 回翔：像鸟一样很快转过身去。 ㉖ 曲江：池名，唐代长安的游览胜地。 ㉗ 瘗(yì)：埋葬。 ㉘ 悬鹑：鹑，鸟名，尾秃，像古时敝衣短结，故古人常以"悬鹑"形容衣服破烂。 ㉙ 徂(cú)：到。 ㉚ 安邑东门：唐时长安东城安邑坊的东门。 ㉛ 疥厉(lài)：疥疮。厉同"癞"。 ㉜ 颔(hàn)颐：点头。 ㉝ 敛容却睇：脸色一沉回过头来看。 ㉞ 逾期(jī)：超过一年。 ㉟ 不得齿于人伦：被他的家人、亲戚、朋友看作不是人类。 ㊱ 困踬(zhì)：困顿倒霉。 ㊲ 贻：留给，带给。 ㊳ 不啻(chì)：不止。 ㊴ 别卜所诣：另找住处。 ⑩⓪ 温凊(qìng)：问寒问暖。 ⑩① 荐水陆之馔：进食山珍海味。 ⑩② 异时：某一天。 ⑩③ 渊思寂虑：深入冷静地好好想一想。 ⑩④ 鬻坟典之肆：出售古籍的商店。 ⑩⑤ 孜孜矻(kù)矻：形容勤奋不息，刻苦用功。 ⑩⑥ 宵分：半夜。 ⑩⑦ 该览：全都看过。 ⑩⑧ 策名试艺：报名应考。 ⑩⑨ 登甲科：考中了甲科。唐代进士考试分为甲乙两等，甲科即甲等，成绩优异，授官位品也较高。 ⑪⓪ 敛衽：会客时整理一下衣襟，以表示对对方的尊重。 ⑪① 女(nǜ)之：把女儿嫁给他。 ⑪② 擢一科第：指考中进士。 ⑪③ 侔：同。 ⑪④ 砻淬(lóng cuì)利器：这里把科举艺业比作利器，如像在石上磨、先烧红再浸入水中淬火一样，必须刻苦琢磨钻研。 ⑪⑤ 连衡多士：在众多士子中成为争相结交的人物。 ⑪⑥ 大比：三年举行一次的科举考试，这里指皇帝特命举行的制科考试。 ⑪⑦ 直言极谏策科：制科考试的科目之一，内容为向皇帝的政治措施大胆直率地提出批评建议。 ⑪⑧ 成都府：唐府名，肃宗时改益州为成都府(相当于后世的直辖市)，治所在今四川成都。 ⑪⑨ 三事以降：三公以下的高级官员。唐以太尉、司徒、司寇为三公，是品级最高的官员。 ⑫⓪ 结媛鼎族：跟贵族大家的女儿结婚。 ⑫① 奉蒸尝：做家庭主妇的代称。古时冬天祭祀曰"蒸"，秋天祭祀曰"尝"，而祭祀祖先是家庭主妇的重要职责。 ⑫② 中外婚媾：在中表亲戚关系中连姻。唐代高门望族间世代通婚，因此中外婚媾就等于说在世家大族间结亲。 ⑫③ 自黩(dú)：辱没自己。 ⑫④ 剑门：唐县名，治所在今四川剑阁东北。 ⑫⑤ 除书：授任官职的诏书。 ⑫⑥ 尹：府尹，一府的最高行政长官。 ⑫⑦ 剑南：唐道名，治所在今四川成都。采访使：官名，又称采访处置使，负责掌管和监察州县官吏。 ⑫⑧ 浃(jiā)辰：古以地支记日，从子到亥十二时辰为一周，即十二天。浃，指一个

循环。 ⑫⑨ 刺：名片。 ⑬⓪ 邮亭：驿站。 ⑬① 讳：即名，古时晚辈对长辈不能直呼其名。 ⑬② 六礼：古时结婚的六个程序和礼仪，即纳采（送彩礼）、问名（问对方的名字）、纳吉（占卜吉凶并把结果告知女方，以决定婚约）、纳征（送订婚的礼物）、请期（商量结婚的日期）、亲迎（接新娘过门）。 ⑬③ 备礼：指按正式的礼仪程序完婚。 ⑬④ 岁时伏腊：逢年过节和夏天祭祀（伏）与冬天祭祀（腊），都是妇女婚后尽主妇之责的重要时节。 ⑬⑤ 修：完备，美好。 ⑬⑥ 眷：宠爱。 ⑬⑦ 倚庐：古时守孝所居的草屋。 ⑬⑧ 一穗三秀：谷类一穗上开三朵花是极少见的，古人认为是一种祥瑞。 ⑬⑨ 上闻：向皇帝报告。 ⑭⓪ 甍（méng）：屋脊。 ⑭① 宠锡加等：格外地给予赏赐嘉奖。 ⑭② 终制：守孝期满。古礼父母去世应守孝三年，称为守制。 ⑭③ 清显之任：显赫高贵的官职。 ⑭④ 至数郡：连做几任郡的刺史。 ⑭⑤ 太原：唐府名，即并州，治所在今山西太原西南晋源镇。 ⑭⑥ 莫之与京：没有谁能与之相比。京：大。 ⑭⑦ 晋州：唐州名，治所在今山西临汾。 ⑭⑧ 户部：唐代中央六部之一，掌管全国土地、户籍、税务、财政等事务。 ⑭⑨ 为代：为前后任。 ⑮⓪ 贞元：唐德宗年号（785—805）。 ⑮① 竦：恭敬、严肃。 ⑮② 疏：详细记述。 ⑮③ 乙亥：贞元十一年（795）。

本篇《太平广记》录载，注明出自《异闻集》。

宋曾慥《类说》辑录唐陈翰《异闻集》中，有一篇《汧国夫人传》，篇末注云“旧名一枝花”。说明这个故事原有所本。元稹《酬翰林白学士代书一百韵》，在“翰墨题名尽，光阴听话移”一句下注云：“乐天每与余游，从无不书名屋壁。又尝于新昌宅说‘一枝花话’，自寅至巳，犹未毕词也。”据此可知，这个故事在白行简写作本篇前，已在民间流传。与这篇传文相配传世的，还有元稹的《李娃行》（原诗已佚，仅存残句）。

这篇小说在题材内容上与《霍小玉传》很相近，也是写一个贵族公子与一个妓女的恋爱故事的，但思想意趣却很不相同。不是公子遗弃妓女，而是妓女在公子金尽之后背弃并驱逐了公子，而后又救助了落难的公子，最后是一个大团圆的结局。

篇中的两个主人公，性格都比较复杂。特别是女主人公李娃，同霍小玉不一样，作者并不是将她写成一个令人哀怜同情的人物，而是一个被赞美歌颂的对象。小说一开始就称其“汧国夫人李娃，长安之倡女也。节行瑰奇，有足称者”（学界多认为这几句话非白行简原文，但与小说的作意相符，姑引作参考）。而在讲完故事后又情不自禁地赞叹：“嗟乎！倡荡之姬，节行如是，虽古先烈女，不能逾也。”足见作者对她的热情赞美之情。

但作者赞美她，却并没有将她美化、简单化，写成一个纯洁无瑕的女子，而是从生活出发，写出由生活本身所决定的她思想性格的复杂内容。她是一个久落风尘的烟花巷中的老手，有一套引诱、取悦、玩弄贵族公子的手段。在荥阳公子初到时，她同鸨母一起为了赚取他的钱财而热情地欢迎他，而当他金尽之时，却又以卑劣的手段设计将他驱逐，以致使他流落街头，沦为乞丐。在一系列情节中，包括后来在悔悟之后赎身救助荥阳生时的种种行为，都表现出她非同寻常的精明、老练，富于生活的阅历和经验。小说还通过荥阳生朋友的介绍："李氏颇赡。前与通之者多贵戚豪族，所得甚广。非累百万，不能动其志也。"也可看出她的名声地位，她所交接的人物，她的钱财，她的积蓄和豪华的生活等等，都非一般妓女可比。在作者的笔下，她显然不是一个妓女中的平庸之辈，而是一个老练的、有经验的、有手段的风尘名妓。在同鸨母互设诡计驱逐荥阳生的一段情节中，作者不仅不回避，而且是极力挖掘和表现她性格中丑恶和卑劣的一面。她在愧悔之后曾对鸨母说过："且互设诡计，舍而逐之，殆非人行。"又对荥阳生说："令子一朝及此，我之罪也！"都说明，作者确是有意揭示她性格中不好的一面。不过，这仅仅是一个方面，作者还同时写出了她性格中的另一面，即作为一个被侮辱、被迫害的妓女，她的人性并未完全泯灭，还有纯洁、善良的心地被暂时掩盖起来了。在设计驱逐荥阳生的过程中，作者极细心地表现了她既有与鸨母相同的一面，又有与鸨母不同的一面。当荥阳生"资财仆马荡然"时，小说是这样写的："迩来姥意渐怠，娃情弥笃。"这就说明，她同荥阳生的关系，除了有妓女与嫖客的皮肉与金钱的交易关系以外，还有一定的真实感情。这就是她后来能够转变的基础。

一个妓女对一个贵族公子有一定的感情，这说明她虽然在长期风尘生活中已习惯于这种屈辱污浊的生活，但同时又不甘心于再过这种生活，她有着一种潜在的而实际上又是相当强烈的对正常人的健康幸福生活的向往和追求。只不过这种向往和追求，暂时地被她灵魂中卑劣的另一面所掩盖，同时又被封建社会中的礼教势力以及各种世俗观念(包括门阀观念)所压制和摧残，因而它的表现极其隐蔽，而不易为人所察觉。她的性格的光彩之处，在于她后来在生活的教育之下，终于人性复苏，深自愧悔并毅然赎身以救助荥阳生，帮助他勤奋攻读，终于取得功名而回复到贵族阶级的行列中来。她后来的一系列行动，主要是出于义，但也有情，也有在与荥阳生的感情中所包含的对美好生活的憧憬和追求。瑕不掩瑜，这个性格复杂的人物形象，终于在情节的发展中，放射出了光彩。

而尤其值得注意的是，在她帮助荥阳生功成名就，荥阳生为她的情义所感，恳切地要求同她结合时，她却坚决地拒绝，说："今之复子本躯，某不相负也。愿以残年，归养老姥。君当结媛鼎族，以奉蒸尝。中外婚媾，无自黩也。勉思自爱。某从此去矣。"荥阳生以"自刭以就死"来表示自己的诚意和决心，但娃仍"固辞不从"。她虽然期待着过正常人的健康幸福生活，渴望得到爱情，但并未因为帮助了荥阳生而有求于他，而是功成身退，主动退避，让荥阳公子去另择高门。这与霍小玉的知其不可而为之形成鲜明的对比。她并不是不愿意同荥阳生结合，而是以她的生活经验和聪慧，深知在等级森严的门阀制度下，像她那样身份地位的人要想同一个贵族公子结合是不可能的。因此她虽然有所爱，有所追求，但头脑却十分冷静，终于采取知难而退的态度。这就证明，她并不是为了自己将来的生活有所寄托才去帮助荥阳生的。她是出于自责补过，出于同情心，才这样做的。她的主动退却，虽不免表现了对不合理的门阀制度的妥协和屈服，但也同时表现了她的纯洁和善良的品格，在懦弱中又透出一种特殊的刚强。这一笔是写得很有思想深度的，但同时也反映了作者在思想上的某种局限。我们看到，门阀制度所造成的社会观念，不仅对李娃的人生态度造成某种压力，而且也对她产生某种影响，她不仅主动退却，而且还主动要荥阳生去同高门望族的女子结婚。比较起来，成熟老练的李娃不像霍小玉那样天真幼稚，但却缺少像霍小玉那样向封建门阀制度挑战的勇敢精神。

从小说的结局看，经过曲折的道路，最后李娃终于同荥阳生结合，不仅得到了本来十分顽固的荥阳公的承认，而且还受到皇帝的嘉奖，被册封为汧国夫人。这是作者通过对李娃的行为和结局的描写，来肯定出身低贱的妓女，也可能具有很高的聪明智慧，也可以同贵族公子相匹配，以此来表达对不合理的封建门阀制度的否定。在这点上，应该说它的思想倾向和《霍小玉传》是一致的，但却因表现了适应封建统治者的需要而带有明显的妥协色彩，不如《霍小玉传》那样表现出尖锐的批判锋芒。

荥阳生的思想性格也是复杂而非单一的。他出身于贵族家庭，带有浓厚的浪荡公子气息，一见到漂亮的姑娘，就不惜一切地去追欢买笑。但同时小说也写了他有至诚老实、甚至是痴憨幼稚的一面。正因为如此，他被逐而沦为乞丐时，才能博得读者一定的同情。

小说围绕着两个人物的关系，广泛地展示了都市生活和各种社会世相的描写，涉及到形形色色的各种人物。在李娃方面，写了侍儿、鸨母、李姨，在荥阳生方面，写了荥阳公、老竖、布政里的旅店主人、凶肆(殡仪馆)诸人等。特别值得注意的是对荥阳公的描写，一方面揭露了他对儿子的残暴和冷酷；而另一方面又写他一旦儿子功成名就时，来了个一百八十度的大转弯，竟也能接纳李娃这样的人入门。从他对家族利益的维护中，既看出他的势利，又看出他的虚伪。同小说的主题相一致，通过这个形象的描写，作者表达了对门阀制度的批判态度。

小说的构思奇巧，结构和布局十分严密，情节曲折而又合情合理。全篇以荥阳生和李娃的关系作为中心来组织安排情节，由合而离，又由离而复合。全部情节可划分为五个阶段：院遇、被逐、鞭弃、赎身、团圆。人物的思想性格在情节发展中得到表现。情节的发展，曲折多变，多有出人意料之处，却又都自然细密，完整紧凑，合乎生活的逻辑。在情节的发展中，人物性格出现了大的转变，但都因写出了生活的依据而显得前后一贯，真实可信。荥阳公的两次出现，也都是自然引入，既很好地推动了情节的发展，又很好地揭示了主题。对比映衬手法的运用也极出色。两肆比唱挽歌，先极力渲染西肆长髯者的从容、得意，受到众人的喝彩赞扬，很好地反衬出后来出场的荥阳生的更胜一筹。

李娃故事对后世影响很大。宋元话本中有《李亚仙》，明代话本有《郑元和嫖遇李亚仙记》，元代石君宝有《李亚仙花酒曲江池》杂剧，明代薛近兖有《绣襦记》传奇。京剧及一些地方戏中都有改编本演出。（周先慎）

三梦记　　白行简

人之梦，异于常者有之：或彼梦有所往而此遇之者，或此有所为而彼梦之者，或两相通梦者。

天后[①]时，刘幽求为朝邑[②]丞。常奉使，夜归。未及家十余里，适有佛堂院，路出其侧。闻寺中歌笑欢洽。寺垣短缺，尽得睹其中。刘俯身窥之，见十数人，儿女杂坐，罗列盘馔，环绕之而共食。见其妻在坐中语笑。刘初愕然，不测其故。久之，且思其不当至此。复不能舍之，又熟视容止言笑无异。将就察之，寺门闭不得入。刘掷瓦击之，中其罍洗[③]，破迸走散，因忽不见。刘逾垣直入，与从者同视，殿庑皆无人，寺扃[④]如故。刘讶益甚，遂驰归。比至其家，妻方寝。闻刘至，乃叙寒暄讫，妻笑曰："向梦中与数十人游一寺，皆不相识，会食于殿庭。有人自外以瓦砾投之，杯盘狼籍，因而遂觉。"刘亦具陈其见。盖所谓彼梦有所往而此遇之也。

元和[⑤]四年，河南元微之为监察御史[⑥]，奉使剑外[⑦]。去逾旬，予与仲兄乐天[⑧]，陇西李杓直同游曲江[⑨]。诣慈恩佛舍[⑩]，遍历僧院，淹留移时。日已晚，同诣杓直修行里第[⑪]，命酒对酬，甚欢畅。兄停杯久之，曰："微之当达梁[⑫]矣。"命题一篇于屋壁。其词曰：

春来无计破春愁，醉折花枝作酒筹[13]。

忽忆故人天际去，计程今日到梁州。

实二十一日也。十许日，会梁州使适至，获微之书一函，后记《纪梦》诗一篇，其词曰：

梦君兄弟曲江头，也入慈恩院里游。

属吏唤人排马[14]去，觉来身在古梁州。

日月与游寺题诗日月率[15]同。盖所谓此有所为而彼梦之者矣。

贞元[16]中，扶风窦质与京兆韦旬同自亳入秦[17]，宿潼关逆旅[18]。窦梦至华岳祠，见一女巫，黑而长，青裙素襦[19]，迎路拜揖，请为之祝神。窦不获已[20]，遂听之。问其姓，自称赵氏。及觉，具告于韦。明日至祠下，有巫迎客，容质妆服，皆所梦也。顾谓韦曰："梦有征[21]也。"乃命从者视囊中，得钱二环[22]，与之。巫抚掌大笑，谓同辈曰："如所梦矣！"韦惊问之，对曰："昨梦二人从东来，一髯而短者祝酹[23]，获钱二环焉。及旦，乃遍述于同辈。今则验矣。"窦因问巫之姓。同辈曰："赵氏。"自始及末，若合符契[24]。盖所谓两相通梦者矣。

行简曰：《春秋》及子史[25]，言梦者多，然未有载此三梦者也。世人之梦亦众矣，亦未有此三梦。岂偶然也，抑亦必前定也？予不能知。今备记其事，以存录焉。

〔注〕 ① 天后：指武则天(625—705)。刘幽求：武强人，武后圣历年间登制科，授朝邑县尉，睿宗时任中书舍人、尚书右仆射，玄宗时任尚书左丞相，后贬官，忧愤而死。谥文献。② 朝邑：唐县名，治所在今陕西大荔东南。 ③ 罍(léi)洗：这里泛指盛酒的壶和杯。 ④ 扃(jiōng)：锁闭。 ⑤ 元和：唐宪宗年号(806—820)。 ⑥ 元微之：即元稹，唐代著名诗人，与白居易友好，文学史上以"元白"并称。监察御史：唐代中央监察和司法机关御史台的属官。⑦ 剑外：剑阁以南称剑外，主要指今四川剑阁以南地区。 ⑧ 仲兄乐天：二哥白乐天(白居易的号)。 ⑨ 陇西李杓(biāo)直：陇西，唐郡名，辖境约相当于今甘肃东南地区。李杓直，名建，白居易的好友，德宗时官至刑部侍郎。曲江：长安城东南的游览胜地。 ⑩ 慈恩佛舍：即著名的慈恩寺，在曲江附近。 ⑪ 修行里第：在修行里的住宅。修行里是长安的坊名。⑫ 梁：梁州，今陕西汉中一带。 ⑬ 酒筹：饮酒时用以计数的木(或竹)棍。 ⑭ 排马：放马列队，准备启行。 ⑮ 率：完全。 ⑯ 贞元：唐德宗年号(785—805)。 ⑰ 扶风：唐郡名，辖境在今陕西凤翔一带。京兆：唐代以首都长安为京兆府。自亳(bó)入秦：从亳州(州治在今安

徽阜阳一带）到古秦地（指今陕西关中一带）。⑱逆旅：旅店。⑲襦（rú）：短上衣。⑳不获已：不得已。㉑征：应验。㉒二环：两贯钱。古时钱币中有孔，每一千钱穿在一起称为一贯。㉓祝酹（lèi）：洒酒在地，向神祝告。㉔若合符契：完全符合。符契是古代在政治军事活动中用以取信的凭证，各执一半，以完全相合为信，称为合符契。㉕《春秋》及子史：《春秋》是孔子所著东周时鲁国的编年史，子是指各家学派的著作，史指历代史籍，全句概指历代各种文字记载。

本篇《说郛》录载。

这篇小说在写法上与其他唐人传奇作品有所不同，全篇不是由一个统一的故事构成，而是将三个人物、情节各不相涉的小故事并列地放在一起。可以说，这篇小说的三部分并没有统一的主题，有之，或可以说是“记异”。因此小说的开篇也迥异于常格，不是由叙事入题，而是以议论的方式提出一种类似议论文章的命题：“人之梦，异于常者有之”，接着便列出三种异梦的类型。一个“异”字统摄全篇，引出三个梦的故事。

古人的梦观念相当复杂，但大多带有神秘主义色彩，因此多探求“梦征”，相信梦的应验，常以梦来预卜吉凶祸福。但尽管如此，也还具有积极意义的另一面，即将梦境与现实人生，特别是与人的思想感情沟通，使虚幻的梦具有一定的现实内容。如从古流传下来，至今仍活在人们口头上的俗语“日有所思，夜有所梦”即是。以此来看，这三个故事（主要是前两个）就还有它不可忽视的社会内容，加上艺术表现上的精致，读来也还颇富人情味。

第一个故事反映了夫妇之情。刘幽求奉使夜归，途中于佛堂所见所遇的各种情景，回家后得知竟与妻子所梦完全相符。所以作者称之为“盖所谓彼梦有所往而此遇之也”。小说以梦境写夫妻间的情感，主要是通过叙事和描写，含蓄地透过人物的心理来表现的。刘幽求回家时路经佛堂院，看见妻子竟然与一群陌生男女杂处共食，而且谈笑风生，这使他大吃一惊；但镇定下来经过冷静的思索，以他平日与妻子的感情和对妻子德行人品的了解，以为绝不至于如此，因此又心生怀疑。可是，经过仔细观察，又确确实实是自己的妻子。他于是情不自禁地掷瓦中罍。这一动作传达的正是一种复杂的感情心理：惊异、生气、怀疑、矛盾，以至于想立刻去寻根究底。幻景忽然不见，刘幽求的心中留下了一个悬念：所见那么真切，到底是不是自己的妻子呢？“刘讶益甚，遂驰归”，他正是带着这一悬念急切地回到家里的。这里的一个“驰”字，也是极富于心理特征的，急不可耐地要探寻个究竟，正揭示出他对妻子的行为还是在疑信之间：不敢相信，但亲眼所见又不能不信，最终还是疑信参半，而又以不信为主。这种复杂矛盾的心情，让读者能想见出他们夫妻平日情感的笃厚。值得注意的是，一回到家，还没有等他发问，在略事寒暄之后，妻子就笑着向他谈到她所历的那个不太雅的梦境。那么主动，那么自然，那么轻松，心无芥蒂，没有半点怕引起丈夫不快的疑惧之感。至此，现实生活中夫妻间融和深挚的感情，就已十分含蓄而又充分地表现出来了。

第二个故事是表现朋友之谊的。比起前一个故事来，这一篇在叙写上显得比较简省。除了简单地交代人物、地点和事情的大致原委外，基本内容主要是通过两首诗来表现的。不过这一篇的特点也正在于此。篇中的人物是唐代著名的文人，文人乃雅士，人雅，梦亦雅，两首诗就将这个梦的雅情雅致突现出来了。朋友间的真挚情谊，存于梦中，也存于诗中。

第三个故事，论者多以为殊无意味。不过，仔细读读也能多少窥见唐代民间的巫祝之风和文人的某种风貌，还是能看到梦境与现实生活的一些联系。

关于本篇是否是白行简所作，学术界有不同的意见。有人认为出于伪托，不可能是白行简所撰（如方诗铭、黄永年分别撰写的同题文章《〈三梦记〉辨伪》），有人则认为确为白行简所撰（如李剑国《唐五代志怪传奇叙录》）。各有所据，目前只能存疑。

刘幽求梦事在唐代即传闻甚广，除本篇外，如《河东记》中的《独孤遐叔》（《太平广记》卷二八一载）和《纂异记》中的《张生》（《太平广记》卷二八二载）即是。元稹与白居易的梦游诗事在孟启的《本事诗》（见《征异》第五）中亦有记载。清代蒲松龄《聊斋志异》中的《凤阳士人》，显然也是受到《三梦记》的影响而有新的创造。

（周先慎）

【作者小传】

李公佐

唐小说家。字颛蒙。陇西（今属甘肃）人。生于唐代宗时，曾任钟陵从事、杨府录事参军。作有小说《南柯太守传》《庐江冯媪传》《古〈岳渎经〉》《谢小娥传》等。

南柯太守传

李公佐

东平①淳于棼，吴楚游侠之士。嗜酒使气，不守细行。累巨产，养豪客。曾以武艺补淮南军裨将②，因使酒忤③帅，斥逐落魄，纵诞④饮酒为事。家住广陵郡⑤东十里。所居宅南有大古槐一株,枝干修密,清阴数亩。淳于生日与群豪大饮其下。

贞元[6]七年九月,因沉醉致疾。时二友人于坐扶生归家,卧于堂东庑[7]之下。二友谓生曰:“子其寝矣!余将秣马[8]濯足,俟子小愈而去。”生解巾就枕,昏然忽忽,仿佛若梦。见二紫衣使者,跪拜生曰:“槐安国王遣小臣致命奉邀。”生不觉下榻整衣,随二使至门。见青油小车,驾以四牡[9],左右从者七八,扶生上车,出大户,诣古槐穴而去。

使者即驱入穴中,生意颇甚异之,不敢致问。忽见山川风候[10]草木道路,与人世甚殊。前行数十里,有郛郭[11]城堞。车舆人物,不绝于路。生左右传车者传呼甚严,行者亦争辟[12]于左右。又入大城,朱门重楼,楼上有金书,题曰“大槐安国”。执门者趋拜奔走。旋有一骑传呼曰:“王以驸马[13]远降,令且息东华馆。”因前导而去。俄见一门洞开,生降车而入。彩槛雕楹,华木珍果,列植于庭下;几案茵褥,帘帏肴膳,陈设于庭上。生心甚自悦。复有呼曰:“右相且至[14]。”生降阶祗奉[15]。有一人紫衣象简[16]前趋,宾主之仪敬尽焉。右相曰:“寡君[17]不以弊国远僻,奉迎君子,托以姻亲。”生曰:“某以贱劣之躯,岂敢是望。”右相因请生同诣其所。行可百步,入朱门。矛戟斧钺,布列左右,军吏数百,辟易[18]道侧。生有平生酒徒周弁者,亦趋其中。生私心悦之,不敢前问。

右相引生升广殿,御卫严肃,若至尊[19]之所。见一人长大端严,居正位,衣素练服,簪[20]朱华冠。生战栗,不敢仰视。左右侍者令生拜。王曰:“前奉贤尊[21]命,不弃小国,许令次女瑶芳奉事君子。”生但俯伏而已,不敢致词。王曰:“且就宾宇,续造仪式[22]。”有顷,右相亦与生偕还馆舍。生思念之,意以为父在边将,因殁[23]虏中,不知存亡,将谓父北蕃交通[24],而致兹事[25]。心甚迷惑,不知其由。

是夕,羔雁币帛[26],威容仪度,妓乐丝竹,肴膳灯烛,车骑礼物之用,无不咸备。有群女,或称华阳姑,或称青溪姑,或称上仙子,或称下仙子,若是者数辈。皆侍从数十,冠翠凤冠,衣金霞帔,彩碧金钿[27],目不可视。遨游戏乐,往来其间,争以淳于郎为戏弄。风态妖丽,言词巧艳,生莫能对。复有一女谓生曰:“昨上巳日[28],吾从灵芝夫人过禅智寺,于天竺院观右延舞《婆罗门[29]》。吾与诸女坐北牖[30]石榻上,时君少年,亦解骑来看。君独强来亲洽,言调笑谑。吾与穷英妹结绛巾,挂于竹枝上,君独不忆念之乎?又七月十六日,吾于孝感寺侍上真子,听契玄法师讲《观音经》。吾于讲下[31]舍金凤钗两只,上真子舍水犀合子一枚。时君亦讲筵中,于师处请钗合视之。赏叹再三,嗟异良久,顾余辈曰:‘人之与物,皆非世间所有。’或问吾氏,或访吾里[32]。吾亦不答。情意恋恋,瞩盼不舍。君岂不思念之乎?”生曰:“中心藏之,何日忘之。”群女曰:“不意今日与君为眷属。”

复有三人,冠带甚伟,前拜生曰:“奉命为驸马相者[33]。”中一人与生且故[34],生指曰:“子非冯翊[35]田子华乎?”田曰:“然。”生前,执手叙旧久之。生谓曰:“子何以居此?”子华曰:“吾放游[36],获受知于右相武成侯段公,因以栖托[37]。”生复问曰:“周弁在此,知之乎?”子华曰:“周生,贵人也。职为司隶[38],权势甚盛。吾数蒙庇护。”言笑甚欢。俄传声曰:“驸马可进矣。”三子取剑佩冕服更衣之。子华曰:“不意今日获睹盛礼。无以相忘也。”

又有仙姬数十,奏诸异乐,婉转清亮,曲调凄悲,非人间之所闻听。有执烛引导者,亦数十。左右见金翠步障[39],彩碧玲珑,不断数里。生端坐车中,心意恍惚,甚不自安。田子华数言笑以解之。向者群女姑姊,各乘凤翼辇,亦往来其间。至一门,号“修仪宫”。群仙姑姊亦纷然在侧,令生降车辇拜,揖让升降,一如人间。彻障去扇[40],见一女子,云号“金枝公主”。年可十四五,俨若神仙。交欢之礼,颇亦明显。

生自尔情义日洽,荣曜日盛,出入车服,游宴宾御,次于王者。王命生与群寮备武卫,大猎于国西灵龟山。山阜峻秀,川泽广远，林树丰茂，飞禽走兽，无不蓄之。师徒[41]大获，竟夕而还。

生因他日，启王曰："臣顷结好之日，大王云奉臣父之命。臣父顷佐边将，用兵失利，陷没胡中，尔来绝书信十七八岁矣。王既知所在，臣请一往拜觐。"王遽谓曰："亲家翁职守北土，信问不绝。卿但具书状知闻，未用[42]便去。"遂命妻致馈贺之礼，一以遣之[43]。数夕还答，生验书本意，皆父平生之迹。书中忆念教诲，情意委曲，皆如昔年。复问生亲戚存亡，闾里兴废。复言路道乖远[44]，风烟阻绝。词意悲苦，言语哀伤。又不令生来觐[45]，云："岁在丁丑，当与女[46]相见。"生捧书悲咽，情不自堪。

他日，妻谓生曰："子岂不思为政乎？"生曰："我放荡不习政事。"妻曰："卿但为之，余当奉赞[47]。"妻遂白于王。累日，谓生曰："吾南柯政事不理，太守黜废，欲籍卿才，可曲屈[48]之。便与小女同行。"生敦[49]授教命。王遂敕有司[50]备太守行李。因出金玉、锦绣、箱奁、仆妾、车马，列于广衢[51]，以饯公主之行。生少游侠，曾不敢有望，至是甚悦。因上表曰：

> 臣将门余子，素无艺术[52]，猥[53]当大任，必败朝章[54]。自悲负乘[55]，坐致覆餗[56]。今欲广求贤哲，以赞不逮。伏见司隶颍川[57]周弁，忠亮刚直，守法不回[58]，有毗佐[59]之器。处士[60]冯翊田子华，清慎通变[61]，达[62]政化之源。二人与臣有十年之旧，备知才用，可托政事。周请署南柯司宪[63]，田请署司农[64]。庶使臣政绩有闻，宪章不紊[65]也。

王并依表以遣之。

其夕，王与夫人饯于国南[66]。王谓生曰："南柯国之大郡，土地丰壤[67]，人物豪盛，非惠政不能以治之。况有周、田二赞。卿其勉之，以副[68]国念。"夫人戒公主曰："淳于郎性刚好酒，加之少年，为妇之道，贵乎柔顺，尔善事之，吾无忧矣。南柯虽封境[69]不遥，晨昏有间[70]，今日睽别[71]，宁不沾巾。”生与妻拜首[72]南去，登车拥骑，言笑甚欢。

累夕达郡。郡有官吏、僧道、耆老[73]、音乐、车舆、武卫、銮铃[74]，争来迎奉。人物阗咽[75]，钟鼓喧哗不绝。十数里，见雉堞[76]台观，佳气郁郁。入大城门，门亦有大榜，题以金字，曰“南柯郡城”。入见朱轩棨户[77]，森然深邃。生下车[78]，省风俗，疗病苦，政事委以周、田，郡中大理。自守郡二十载，风化广被，百姓歌谣，建功德碑，立生祠宇。王甚重之，赐食邑[79]，锡[80]爵位，居台辅[81]。周、田皆以政治著闻，递迁大位。生有五男二女，男以门荫[82]授官，女亦娉于王族。荣耀显赫，一时之盛，代莫比之。

是岁，有檀萝国者，来伐是郡。王命生练将训师以征之。乃表周弁将兵三万，以拒贼之众于瑶台城。弁刚勇轻进，师徒败绩[83]。弁单骑裸身潜遁，夜归城，贼亦收辎重[84]铠甲而还。生因囚弁以请罪，王并舍之。是月，司宪周弁疽[85]发背，卒。生妻公主遘疾[86]，旬日又薨[87]。生因请罢郡，护丧赴国。王许之，便以司农田子华行南柯太守事。生哀恸发引[88]，威仪在途，男女叫号，人吏奠馔[89]，攀辕遮道者不可胜数。遂达于国。王与夫人素衣哭于郊，候灵舆之至。谥[90]公主曰“顺仪公主”。备仪仗羽葆[91]鼓吹，葬于国东十里盘龙冈。是月，故司宪子荣信亦护丧赴国。

生久镇外藩[92]，结好中国[93]，贵门豪族，靡不是洽。自罢郡还国，出入无恒，交游宾从，威福日盛。王意疑惮[94]之。时有国人上表云：

> **玄象谪见[95]，国有大恐。都邑迁徙，宗庙崩坏。衅起他族，事在萧墙[96]。**

时议以生侈僭[97]之应也。遂夺生侍卫，禁生游从，处之私第[98]。生自恃守郡多年，曾无败政，流言怨悖[99]，郁郁不乐。王亦知之，因命生曰：“姻亲二十余年，不幸小女夭枉[100]，不得与君子偕老，良用痛伤。”夫人因留孙自鞠育[101]之，又谓生曰：“卿离家多时，可暂归本里，一见亲族。诸孙留此，无以为念。后三年，当令迎卿。”生曰：“此乃家矣，何更归焉？”王笑曰：“卿本人间，家非在此。”生忽若惛[102]睡，瞢然[103]久之，方乃发悟前事，遂流涕请还。王顾左右以送生。生再拜而出，复见前二紫衣使者从焉。

至大户外，见所乘车甚劣，左右亲使御仆，遂无一人，心甚叹异。生上车，行可数里，复出大城。宛是昔年东来之途，山川原野，依然如旧。所送二使者，甚无威势，生逾怏怏。生问使者曰：“广陵郡何时可到？”二使讴歌自若，久乃答曰：“少顷即至。”

俄出一穴，见本里闾巷，不改往日，潸然[104]自悲，不觉流涕。二使者引生下车，入其门，升自阶，己身卧于堂东庑之下。生甚惊畏，不敢前近。二使因大呼生之姓名数声，生遂发寤[105]如初。见家之僮仆拥帚于庭，二客濯足于榻，斜日未隐于西垣，余樽尚湛[106]于东牖。梦中倏忽，若度一世矣。

生感念嗟叹，遂呼二客而语之。惊骇，因与生出外，寻槐下穴。生指曰：“此即梦中所经入处。”二客将谓狐狸木媚[107]之所为祟。遂命仆夫荷斤斧，断拥肿[108]，折查枿[109]，寻穴究源。旁可袤[110]丈，有大穴，根洞然明朗，可容一榻。上有积土壤，以为城郭台殿之状。有蚁数斛，隐聚其中。中有小台，其色若丹。二大蚁处之，素翼朱首，长可三寸。左右大蚁数十辅之，诸蚁不敢近。此其王矣，即槐安国都也。又穷一穴，直上南枝，可四丈，宛转方中[111]，亦有土城小楼，群蚁亦处其中，即生所领南柯郡也。又一穴，西去二丈，磅礴空圬[112]，嵌窞[113]异状。中有一腐龟，壳大如斗。积雨浸润，小草丛生，繁茂翳荟[114]，掩映振壳，即生所猎灵龟山也。又穷一穴，东去丈余，古根盘屈，若龙虺[115]之状。中有小土壤，高尺余，即生所葬妻盘龙冈之墓也。追想前事，感叹于怀，披阅穷迹，皆符所梦。不欲二客坏之，遽令掩塞如旧。

是夕，风雨暴发。旦视其穴，遂失群蚁，莫知所去。故先言“国有大恐，都邑迁徙”，此其验矣。复念檀萝征伐之事，又请二客访其迹于外。宅东一里有古涸涧，侧有大檀树一株，藤萝拥织，上不见日。旁有小穴，亦有群蚁隐聚其间。檀萝之国，岂非此耶？

嗟呼！蚁之灵异，犹不可穷，况山藏木伏之大者所变化乎？时生酒徒周弁、田子华并居六合县[116]，不与生过从旬日矣。生遽遣家僮疾往候之。周生暴疾已逝，田子华亦寝疾于床。生感南柯之浮虚，悟人世之倏忽，遂栖心道门[117]，绝弃酒色。后三年，岁在丁丑，亦终于家。时年四十七，将符宿契之限[118]矣。

公佐贞元十八年秋八月，自吴之洛[119]，暂泊淮浦[120]，偶觌[121]淳于生貌，询访遗迹，翻覆再三，事皆摭实[122]，辄编录成传，以资好事。虽稽神语怪，事涉非经[123]，而窃位著生[124]，冀将为戒。后之君子，幸以南柯为偶然，无以名位骄于天壤间云。

前华州参军李肇赞[125]曰：“贵极禄位，权倾国都，达人[126]视此，蚁聚何殊。”

〔注〕 ① 东平：唐郡名，治所在今山东东平。 ② 补淮南军裨将：补充缺额任淮南军队的副将。淮南道，唐道名，开元十五道之一，治所在今江苏扬州。 ③ 忤(wǔ)：冒犯。 ④ 纵诞：行为放纵荒诞。 ⑤ 广陵郡：唐郡名，治所在今江苏扬州。 ⑥ 贞元：唐德宗年号(785—805)。 ⑦ 堂东庑(wǔ)：堂东边的走廊。 ⑧ 秣(mò)马：喂马。 ⑨ 四牡：四匹公马。 ⑩ 风候：风物情状。 ⑪ 郛(fú)郭：城外之城。 ⑫ 辟：同“避”。 ⑬ 驸马：即驸(副)马都尉，官名，掌副车之马，后因公主之夫必拜此官，因用为国王之女婿的代称。 ⑭ 右相：唐代曾称中书令为右相。且至：将到。 ⑮ 祗(zhī)奉：恭敬地迎候。 ⑯ 紫衣象简：指右相的装束。身穿三品以上大官的紫色袍服，手持象牙制成的上朝时所用的手板。 ⑰ 寡君：对本国皇帝的谦称。 ⑱ 辟易：退避。 ⑲ 至尊：皇帝。 ⑳ 簪：戴。 ㉑ 贤尊：对别人父亲的尊称。 ㉒ 续造仪式：跟着就安排婚礼。 ㉓ 殁：同“没”，陷身。 ㉔ 北蕃：指当时北方少数民族政权。交通：原作“交逊”，张友鹤先生据明野竹斋沈氏抄本校改，今从。交通，指与敌国暗通。 ㉕ 兹事：指其父来书同意大槐安国公主嫁淳于棼事。 ㉖ 羔雁币帛：指举行婚礼时赠送的各种珍贵礼物。 ㉗ 钿(diàn)：用金片做成的花朵形的首饰。 ㉘ 昨上巳日：从前的三月三日那一天。上巳，古以上巳日(农历三月上旬的巳日，魏以后定为三月初三)为游乐和洗濯的节日，以为可以除病消灾，青年男女也借此机会进行联欢。 ㉙ 婆罗门：一种音乐舞蹈的名称，从婆罗门国传入，后改名为“霓裳羽衣舞”。 ㉚ 牖(yǒu)：窗户。 ㉛ 讲下：讲席之下。 ㉜ 访吾里：打听我居住的地方。 ㉝ 相者：傧相，陪伴新郎或新娘的人。 ㉞ 故：老朋友。 ㉟ 冯翊(píng yì)：唐郡名，治所在今陕西大荔。 ㊱ 放游：漫游。 ㊲ 栖托：栖

身寄托,投靠为生。 ㊳ 司隶:古官名,汉置,唐代有“京畿采访使”,负责京畿地区的治安缉捕之事,与司隶相近。 ㊴ 步障:古代贵族妇女出行时用来挡风或遮蔽尘土的屏幛。 ㊵ 扇:这里指新娘顶在头上的纱巾。 ㊶ 师徒:军队。 ㊷ 未用:未可。 ㊸ 一以遣之:派专人送去。 ㊹ 乖远:遥远。 ㊺ 覲(jìn):拜见,特指下级见上级或晚辈见长辈。 ㊻ 女:同“汝”。 ㊼ 奉赞:帮助。 ㊽ 曲屈:委屈,大材小用的一种客气的说法。 ㊾ 敦:谨慎,恭敬。 ㊿ 有司:主管官吏。 51 广衢:大路。 52 艺术:技艺学术,泛指学问。 53 猥:苟且,马虎。 54 朝章:指国家大事。 55 负乘:有负于皇帝的信任。 56 覆餗(sù):把鼎中的食品打翻,比喻因不能胜任而将事情办坏。 57 颍川:唐郡名,即许州,治所在今河南许昌。 58 不回:不屈曲。 59 毗(pí)佐:辅助。 60 处士:有才能而没有做官的人。 61 清慎通变:清廉谨慎,通晓事变。 62 达:通达,了解。 63 署:充任。司宪:掌监察刑狱的官吏。 64 司农:管理田赋、钱粮的官员。 65 宪章不紊:国家的法度章程得到很好的执行。 66 国南:京城的南门外。 67 丰壤:丰收。壤,同“穰”,五谷丰登。 68 副:符合,不辜负。 69 封境:疆域,这里指地理位置。 70 间(jiàn):阻隔,指早晚不能向父母请安。 71 睽(kuí)别:离别。 72 拜首:磕头。 73 耆(qí)老:地方上德高望重的老人。 74 銮铃:天子车上的铃,这里借指太守所乘之车。 75 阗(tián)咽:繁华热闹的样子。 76 雉堞:城上短墙。 77 棨(qí)户:挂着棨戟的大门。棨是一种木制的画戟,挂在门前以示主人官品之高和权势之大。 78 下车:到任。 79 食邑:皇帝将某个地方封赐给有功或他宠信的人,该地的赋税由受封的人收取,称为食邑,又叫“采地”。 80 锡:赐。 81 台辅:宰相。 82 门荫:封建时代,子孙依靠祖、父辈的功劳或地位,荫袭做官,称为门荫。 83 败绩:吃了败仗。 84 辎(zī)重:粮草等军需品。 85 疽(jū):背上长的一种毒疮。 86 遘疾:得病。 87 薨(hōng):古代用以称帝王、后妃、公主或大官僚之死。 88 发引:出殡。引,用来牵引灵柩的白布。 89 奠馔(zhuàn):陈设食品来祭奠。 90 谥(shì):古代帝王、后妃、大臣或其他有功、有地位的人,死后被授予的一种表示褒贬的号。 91 羽葆:用羽毛装饰的华盖,是身份极高的仪仗。 92 外藩:古时称有封地的侯王为外藩。 93 中国:国中,朝中。 94 疑惮:疑忌和畏惧。 95 玄象谪见:天象表现出谴责下方的征兆。玄象,天象。见,同“现”。 96 萧墙:屏风,喻指叛乱来自内部。 97 侈僭(jiàn):权势太盛而有非分的行为。 98 处之私第:软禁在家中。 99 怨悖:怨恨和惑乱。 100 夭枉:夭折。 101 鞠(jū)育:抚养。 102 惛:昏昏沉沉。 103 瞢(méng)然:迷迷糊糊的样子。 104 潸(shān)然:流泪的样子。 105 寤:睡醒。 106 湛:清澈平静。 107 木媚:木魅,树精。 108 拥肿:指粗大鼓胀的树根。 109 查枿(niè):同“楂蘖”,砍伐以后又新长出的枝丫。这里泛指树枝。 110 袤(mào):长度。 111 宛转方中:曲折而中呈方形。 112 磅礴:广大的样子。圬(wū):用泥涂墙。 113 嵌窞(dàn):洞穴凹陷很深。 114 翳(yì):掩映遮蔽。荟(huì):草木茂盛。 115 虺(huǐ):一种毒蛇。 116 六合县:今江苏南京市六合区。 117 栖心道门:将自己的精神寄托到道教中。 118 宿契之限:以前约定的期限。 119 自吴之洛:从吴郡到洛阳。 120 淮浦:淮水岸边。 121 觌(dí):会面。 122 摭实:据实采录。 123 非经:不合常理。 124 窃位著生:窃取高位而求得生存的人。 125 华州参军:华州,故治在今陕西渭南市华州区。参军,唐时府州地方长官的属官称为参军。李肇:唐宪宗元和时期人,官至翰林院学士,著有《翰林志》《国史补》等。赞:论赞,史传文后面的评论。 126 达人:达观的人。

《南柯太守传》见于《太平广记》,题为《淳于梦》,注“出《异闻录》”。《类说》引

《异闻集》节本则题为《南柯太守传》。宋以后又有题作《大槐国传》或《大槐宫记》的。

在唐代出现了一批以梦幻为题材的作品。大致说来,可以分为两类:一类是受到传统梦观念的影响,主要是表现梦与真实生活的感应,带有明显的神秘主义色彩,如《三梦记》(白行简)、《感梦记》(元稹)等;另一类是通过写梦来表现现实人生和抒发感慨,如《枕中记》(沈既济)、《南柯太守传》(李公佐)、《秦梦记》(沈亚之)、《樱桃青衣》(任番)等。

后一类小说以《枕中记》和《南柯太守传》为代表。这一类梦幻小说在唐代的产生,既有现实政治斗争的基础,也有佛家和道家思想的影响。历代的士人特别是唐代的士人,在政治上常常受到儒家思想的影响,富于积极的进取精神,同时也存在浓厚的追求荣华富贵的思想。但现实政治的腐败和黑暗,社会人事的不公平,却常常使他们的理想不能实现,幻想归于破灭,因此就不免到道家和佛家的思想中去寻求寄托,产生人生不过是一场梦幻的虚无思想。

以人生遭际为记梦内容的梦幻小说,一般都同时表现了两方面的内容,即一方面表现了对现实的不满和感慨,另一方面又表现了对人生的一种幻灭感。但优秀的作品,却都以"以梦写真"为艺术表现的基点。也就是说,作者的创作目的并不在梦幻本身,而是借梦幻以写真,反映现实,反映作者对现实的体验和认识,表现他对人生的感悟。

《南柯太守传》虽然写的是梦幻,实际却是一篇反映当时现实生活的具有讽刺意义的社会小说。这篇小说的命意主要表现在相互联系的两个方面:一是人生如梦的感悟。小说的艺术构思就体现了这样的寓意。把一个人的一生放到一个梦里来描写,这本身就体现了"人生如梦"的意思。作者犹恐这样的寓意不被人理解,还特意在篇中作了明确的点示:"梦中倏忽,若度一世。"这同《枕中记》的艺术构思体现"人生之适,亦如是(指梦幻)矣"的寓意是完全相同的。另外,从小说情节的安排来看,也明确地写出了主人公淳于棼在梦醒以后的人生感悟,他验证梦境,才知在梦中经历了荣华富贵的大槐安国,原来不过是院中大槐树下的一个大蚁穴,因而感"南柯之虚浮,悟人世之倏忽,遂栖心道门,绝弃酒色"。二是对"窃位著生"者(指那些靠钻营而窃居高位以求生存的人)的警戒和嘲讽。作者在讲完故事后,特意交代故事的来源并加以评论:"虽稽神语怪,事涉非经,而窃位著生,冀将为戒。后之君子,幸以南柯为偶然,无以名位骄于天壤间云。"警戒的语气是相当严峻的。最后还引李肇的赞语说:"贵极禄位,权倾国都,达人视此,蚁聚何殊。"自己醒悟了,也要点示别人醒悟。这里的"达人"就是通达之人,就是看破红尘、参透人生的人。而看破和参透，都必须是在目睹或经历了社会政治的黑暗和腐败之后才有可能的。小说显然是立足于唐代现实的政治生活，其价值当然不在“人生如梦”的思想本身，而在于揭示出“人生如梦”的思想所以产生的现实基础。这就是本篇以及这类梦幻小说的思想价值和社会价值之所在。

《南柯太守传》艺术描写的基点，是写梦幻又不在梦幻本身，而在由梦幻所映射的现实社会和现实人生。与其他纯写实的唐代传奇小说不同，这篇小说所创造的艺术境界有一个突出的特点，可以用八个字来概括，就是：似梦非梦，亦幻亦真。梦是虚幻的，但却又处处在幻中显真，展现出现实生活的画面；梦中经历的种种情景看起来如实生活一样真实，然而又处处涂上一层朦胧缥缈的虚幻色彩。

小说的艺术构思和整体框架就体现了这一特点。主人公淳于棼由进蚁穴而入梦，又因梦醒而出蚁穴，入梦、出梦构成了作品的基本框架，而主体则是写梦，写淳于棼一生的繁华梦和败落梦。不过，主人公在梦中所经历的种种情境和人事，却写得栩栩如生，如实生活般真切动人。如写大槐安国王派紫衣使者迎接淳于棼时的豪华气派、热闹情景、烜赫威势，无不与现实生活中所见相同。就是淳于棼被招为驸马，举行婚庆大典时的礼仪，赴任时官吏、僧道等“争来迎奉”的热闹情景，写来也历历如在眼前。淳于棼的兴衰际遇，在艺术处理上也是真假参半的。除了他的骤贵，即入梦就被招为驸马，使读者不得其解而疑为幻笔外，他因与皇帝的特殊关系而“荣耀日盛”，以至后来因公主的请求而从政，被皇帝委任为南柯郡太守等等，无不是现实政治生活的鲜明映射。而他的败落，也主要是由于皇帝的“疑惮”所致。这种政治上的升降浮沉，都是当时现实生活中人们司空见惯的。作者对人生虚浮的感叹，对“窃位著生”者的警示，都立足于对现实政治生活的真实描写之上。

梦境部分丰富真实的细节描写，是同类描写梦幻的小说中所罕见的，由此点染出浓厚的生活气息，增加了梦境描写的真实感。如写举行婚礼前群女“争与淳于郎为戏弄”，以及在孝感寺讲筵中听法师讲经，索求观赏上真子等所舍钗合的情景等，看似无关紧要的闲笔，却都从不经意中加强了作品的生活实感和社会讽刺效果。但梦境毕竟是梦境，在真实的生活图景中，又不忘时时点染出虚幻朦胧的氛围。入梦时这样写：“生解巾就枕，昏然忽忽，仿佛若梦。”与此相呼应，出梦前又写：“生忽若惛睡，瞢然久之，方乃发悟前事，遂流涕请还。”而在写梦境中情事时，又一路点示出种种景象，似人间又实非人间：“忽见山川、风候、草木、道路、与人世甚殊。”宫中群女，其名号“或称华阳姑，或称青溪姑，或称上仙子，或称下仙子”,“奏诸异乐,婉转清亮,曲调凄悲,非人间之所闻听”。就是同淳于棼结婚的金枝公主,也是“俨若神仙”。与此同时,同这种有异于人间的诸种景象的描绘相结合,又多处从主人公的心理感受一面进行烘染:“生意颇甚异之,不敢致问”;“心甚迷惑,不知其由”;“心意恍惚,甚不自安”。凡此种种,都意在使读者在淳于棼“荣耀显赫,一时之盛,代莫比之”的“实”中又能感受到“虚”,以达到揭示“贵极禄位,权倾国都,达人视此,蚁聚何殊”的人生感悟,并警示以名位骄人的“窃位著生”者的创作目的。

作者还时时注意沟通梦境和现实之间的联系,使读者在幻与实之间去追寻和思索。在主人公入梦前,作者在第一段就特意点明:“所居宅南有大古槐一株,枝干修密,清阴数亩。淳于生日与群豪,大饮其下。”这不仅为写入梦做准备,而且成为小说组织梦境情节发展的忽隐忽显的一条脉络。在经历了一生梦境以后,又与篇首照映,回到宅南的那棵大槐树,并不惜笔墨,用了整整一大段文字来写淳于棼与两个客人“寻槐下穴”,“追想前事,感叹于怀”。这种描写,收到了如鲁迅先生所说的“假实证幻,余韵悠然”的艺术效果。

为了加强小说的讽刺效果,对主人公的身份和性格,在入梦前和入梦后,也作了多处的照应与沟通。如一开头就介绍淳于棼是“吴、楚游侠之士。嗜酒使气,不守细行”。不仅点出他的身份,而且概括出他行为、性格的主要特征。特别是嗜酒这一点,首段短短一节文字,就三次提到:“使酒忤帅”,“纵诞饮酒为事”,“日与群豪,大饮其下”。这些都为写梦境中他与“平生酒徒”周弁和“放游”各地的田子华的特殊关系伏笔照应,而他们之间的关系及活动,又都包含着强烈的现实内容。

为了表现“感南柯之虚浮”,即富贵荣华不过如蚁穴之虚的人生感悟,小说还成功地采用了对比的手法。入穴骤贵时,是大槐安国王派二紫衣使者来迎,乘的是“青油小车,驾以四牡,左右从者七八”。一路上,“传呼甚严,行者亦争避于左右”。更不用说结婚时的豪华热闹,赴任时的气派威严了。而衰败出穴时,则是:“所乘车甚劣,左右亲使御仆,遂无一人”;“所送二使者,甚无威势”。总之,冷与热、兴与衰,形成鲜明的对照。在此基础上,小说又以主人公的内心感受作点染,归途上写“生逾怏怏”,返里时是“潸然自悲”,升阶入室后则“生甚惊畏,不敢前近”。于是最后写出他“发悟如初”,因而使得“梦中倏忽,若度一世矣”的感慨,显得既深沉而又强烈。

本篇对后世有显著的影响。“南柯一梦”成为至今仍活在人们口头上的成语。明代大戏剧家汤显祖“临川四梦”之一的《南柯记》,车任远《四梦记》之一的

《南柯梦》等，都是据此改编的。　　（周先慎）

庐江冯媪传　　李公佐

冯媪者，庐江里中啬夫[①]之妇，穷寡无子，为乡民贱弃。元和四年[②]，淮楚大歉[③]。媪逐食于舒[④]，途经牧犊墅。暝值风雨，止于桑下。

忽见路隅一室，灯烛荧荧。媪因诣求宿。见一女子，年二十余，容服美丽，携三岁儿，倚门悲泣。前又见老叟与媪，据床而坐。神气惨戚，言语呫嗫，有若征索财物，追逐之状。见冯媪至，叟媪默然舍去。女久乃止泣，入户备饩食，理床榻，邀媪食息焉。媪问其故，女复泣曰："此儿父，我之夫也。明日别娶。"媪曰："向者二老人，何人也？于汝何求而发怒？"女曰："我舅姑[⑤]也。今嗣子别娶，征我筐管刀尺祭祀旧物，以授新人。我不忍与，是有斯责。"媪曰："汝前夫何在？"女曰："我淮阴令梁倩女，适董氏七年，有二男一女。男皆随父，女即此也。今前邑中董江，即其人也。江官为鄼丞，家累巨产。"发言不胜呜咽。媪不之异，又久困寒饿，得美食甘寝，不复言。女泣至晓。

媪辞去，行二十里，至桐城县。县东有甲第，张帘帷，具羔雁[⑥]，人物纷然，云今夕有官家礼事。媪问其郎，即董江也。媪曰："董有妻，何更娶焉？"邑人曰："董妻及女亡矣。"媪曰："昨宵我遇雨，寄宿董妻梁氏舍，何得言亡？"邑人询其处，即董妻墓也。询其二老容貌，即董江之先父母也。董江本舒州人，里中之人皆得详之。有告董江者，董以妖妄罪之，令部者迫逐媪去。媪言于邑人，邑人皆为感叹。是夕，董竟就婚焉。

元和六年夏五月，江淮从事李公佐使至京，回次汉南，与渤海高钺、天水赵儹、河南宇文鼎会于传舍[⑦]。宵话征异，各尽见闻。钺具道其事，公佐因为之传。

〔注〕①庐江：即今安徽庐江。媪(ǎo)：老年妇女。啬夫：田夫。　②元和四年：元和为唐宪宗年号，元和四年是公元809年。　③歉：歉收，饥荒。　④舒：舒州，治今安徽潜山。

⑤ 舅姑：公婆。 ⑥ 羔雁：小羊及雁，是古代卿大夫相见时所执的礼品。这里泛指征聘的礼物。 ⑦ 传舍：旅店。

本篇出自《异闻集》。

描写弃妇之怨的文学作品源远流长，最早可上推至《诗经·卫风》中的《氓》。诗中那个被“氓”百计追求而又横遭遗弃的妇女，在痛定思痛中唱出哀婉的悲歌，令人心酸欲涕。唐传奇中的类似题材也有不少，如《霍小玉传》《莺莺传》等。只是这些作品所展示的，多是发生在人世间的感情纠葛；这篇《庐江冯媪传》却叙说了一个发生在阴间的弃妇故事，因而格外显得凄怆悲凉。

穷寡无子、迹近乞婆的农妇冯媪，其实只是这个凄婉故事的见证人。她在逃荒路上偶宿少妇之室，目睹了公婆向被丈夫遗弃的少妇追索“筐筥刀尺祭祀旧物”的一幕。然而冯媪对此却熟视无睹，因为在封建宗法社会，妇女遭遗弃、受虐待，是司空见惯的常事。直到冯媪得知自己所遇是鬼，故事才显露出怪诞的意味。

从礼法角度来看，鬼妇的丈夫董江丧妻再娶，本来无足非议。然而小说却以灵魂有知为前提，从已故少妇的一面，着力刻画了她对爱情的执著。她希望丈夫在她死后依然保持着爱的专一；当得知丈夫移情别向、另娶新人时，她的内心悲哀是可以想象的。更为可悯的是，女子一旦嫁作人妇，死后犹不能摆脱公婆的压迫纠缠。死鬼二老向她逼索“筐筥刀尺祭祀旧物”，意味着最终剥夺了她的主妇权力；“人死情绝”的炎凉世态，竟延伸到了阴冷的幽冥世界，真令人不寒而栗。也许小说作者如此构筑情节，只是别无深意的搜奇猎异。然而作品实质上代表饱受男性社会轻贱的广大妇女，提出维护感情尊严和人生权力的强烈要求。——如果连阴间女鬼都不能容忍丈夫感情上的背叛，那么对于生活在人世间的妇女，她们的尊严、权利不是应当得到更多的呵护和尊重吗？

小说特别善于渲染情感氛围、刻画人物形象。少妇面对丈夫的背叛、公婆的威逼，“倚门悲泣”“不胜呜咽”，乃至彻夜悲啼。其孤苦无助之态，格外令人同情。然而她又决非任人宰割的孱弱之辈：身处幽冥逆境，她修饰得“容服”美丽，表现着自尊自爱的本性；身遭不幸仍能照顾过路贫媪，又表现出天性中的善良；面对公婆的逼迫，不肯轻易放弃自己的权利，又体现了她的执著与顽强。她在赢得同情之时，也赢得了读者的尊敬。此外，小说前半幅的悲凄气氛，与后面董江别娶时“张帘帷，具羔雁，人物纷然”的热闹场面相映照，又使人在阴阳、冷热、悲喜的比照中明判是非，锁定了爱憎。至于董江，作者虽然没有直书其恶，但文中写他心中有鬼、迫逐冯媪，又描画其父母在阴间对儿媳的恶声丑态，则是以诛心之笔，侧面点明男权社会豪门势家的心地卑劣，仗势欺人。——说到底，小说写冥妇之

悲，还是要把人们憎恶的目光引向人世间的罪恶与不平！（侯　会）

古《岳渎经》　李公佐

唐贞元丁丑岁[①]，陇西李公佐泛潇湘苍梧[②]，偶遇征南从事弘农杨衡[③]，泊舟古岸，淹留佛寺。江空月浮，征异话奇。杨告公佐云："永泰[④]中，李汤任楚州刺史时，有渔人夜钓于龟山[⑤]之下。其钓因物所制，不复出。渔者健水[⑥]，疾沉于下五十丈。见大铁锁，盘绕山足，寻不知极，遂告汤。汤命渔人及能水者数十，获其锁。力莫能制，加以牛五十余头，锁乃振动，稍稍就岸。时无风涛，惊浪翻涌，观者大骇。锁之末见一兽，状有如猿，白首长鬐[⑦]，雪牙金爪，闯然上岸。高五丈许，蹲踞之状若猿猴。但两目不能开，兀若昏昧。目鼻水流如泉，涎沫腥秽，人不可近。久乃引颈伸欠，双目忽开，光彩若电。顾视人焉，欲发狂怒。观者奔走，兽亦徐徐引锁拽牛入水去，竟不复出。时楚多知名士，与汤相顾愕栗，不知其由。尔时乃渔者知锁所，其兽竟不复见。"

公佐至元和[⑧]八年冬，自常州饯送给事中孟简至朱方[⑨]，廉使薛公苹馆待礼备。时扶风马植、范阳卢简能、河东裴蘧，皆同馆之，环炉会语终夕焉。公佐复说前事，如杨所言。至九年春，公佐访古东吴，从太守元公锡泛洞庭，登包山，宿道者周焦君庐。入灵洞，探仙书。石穴间得古《岳渎经》第八卷，文字古奇，编次蠹毁，不能解。公佐与焦君共详读之：

禹理水，三至桐柏山[⑩]，惊风走雷，石号木鸣。五伯[⑪]拥川，天老肃兵，不能兴。禹怒，召集百灵，搜命夔龙。桐柏千君长稽首请命。禹因囚鸿蒙氏、章商氏、兜卢氏、犁娄氏，乃获淮涡水神，名无支祁。善应对言语，辨江淮之浅深，原隰[⑫]之远近。形若猿猴，缩鼻高额，青躯白首，金目雪牙。颈伸百尺，力逾九象，搏击腾踔疾奔，轻利倏忽，闻视不可久。禹授之章律，不能制；授之乌木由，不能制；授之庚辰，能制。鸱脾桓、木魅、水灵、山妖、石怪，奔号聚绕，以数千数。庚辰以战逐去，颈锁大索，鼻穿金铃，徙淮阴之龟山之足下，俾淮水永安流注海也。庚辰之后，皆图此形者，免淮涛风雨之难。

即李汤之见，与杨衡之说，与《岳渎经》符矣。

〔注〕 ① 贞元丁丑岁：贞元，唐德宗年号(785—805)；丁丑岁，为贞元十三年(797)。② 潇湘苍梧：潇湘指潇水和湘水；苍梧，山名，即九疑山。 ③ 从事：官名，汉以后三公及州郡长官皆自辟僚属，多称从事，至宋废除。弘农：唐郡名，在今河南灵宝县西南。杨衡：唐代诗人、隐士。 ④ 永泰：唐代宗李豫年号(765—766)。 ⑤ 龟山：山名，今江苏盱眙县，相传大禹治淮水，获水神无支祁，系于龟山之足。 ⑥ 健水：即水性好。 ⑦ 鬐(qí)：颈上的鬃毛。⑧ 元和：唐宪宗年号(806—820)。常州：地名，在今江苏省。给事中：唐谏官，审核中书省拟发的皇帝命令，有权驳回。朱方：地名，即江苏丹阳。 ⑨ 廉使薛公苹：廉使，廉访使的简称，负责考察所属官吏的政绩。薛公苹，即薛苹，公为尊称。薛苹时任浙西观察使。 ⑩ 桐柏山：山名，在河南桐柏县西南。 ⑪ 五伯：此与下文之天老、夔龙、千君长、鸿蒙氏、章商氏等等，都是神怪的名字。 ⑫ 原隰(xí)：高平的原野和低下的湿地。

本篇《太平广记》录载。

小说叙永泰年间，李汤任楚州刺史，有个渔人因钓鱼遇到大铁锁，李汤派众人加上五十余头牛一起用力，拽起铁锁，发现锁的末端有一只像猿猴一样白首、雪牙、金爪的怪兽，人不可近。过了许久，怪兽才引颈开目，拉着铁锁缓缓沉入水中，不再露面。后来作者查考古《岳渎经》第八卷，发现此怪乃淮涡水神无支祁，大禹治水时锁于淮阴龟山脚下。

这是描写淮涡水神无支祁的种种灵异、追溯大禹召集诸神灵奋力制服它的故事。从开篇作者自叙可以看出，这是当时“泊舟古岸，淹留佛寺，江空月浮，征异话奇”的产物，本来并没有明确的思想含义，甚至也没有明确的情感趋向，可以说它更多的是在表现一种奇趣，一种文趣。从接受角度看，它不希望引起读者的理性思考，也不希望激起读者的感情波澜，把读者引入某种规定的感情世界中去，它是供赏玩的，使读者直接感受到更多的是一种赏心悦目，一种愉悦满足。然而，透过水神无支祁这个神话形象的描写，我们还是可以看到一幅遥远的图景，那是神话传说中经常表现的一个原型主题：人对水的胜利。西方神话学家荣格认为水是民族记忆中最普遍的象征，它代表创造的神秘、生—死—复活、净化与赎罪、生产力与成长。诚然，在各民族神话中，我们经常可以看到英雄征服龙蛇、水神的故事，实际上它们都深含着同一个主题，重复着同一个隐喻。因此，尽管"形若猿猴"的水神无支祁神秘莫测,力大无穷,但还不足以与世人相抗衡,最后被大禹派人锁在水底,这里表现的正是一种人类征服自然的伟大精神和气魄。

这篇小说的情节比较简单,很像一篇优美的叙事散文,其价值在于作者运用丰富的想象创造了水神无支祁的形象。

作品前半段写无支祁的发现和外貌。先写水中的情况:渔人见一大铁链缠绕山脚,找不到头;几十个人拉它不动,五十多头牛拉才有些微动弹,显出一种神秘的氛围。接着写无支祁从水中浮现时的声势:"时无风涛,惊浪翻涌,观者大骇","闯然上岸,高五丈许"。然后写它奇特的外貌:"状有如猿,白首长鬐,雪牙金爪";它的动作神态:"两目不能开,兀若昏昧。目鼻水流如泉,涎沫腥秽,人不可近。久,乃引颈伸欠,双目忽开,光彩若电。顾视人焉,欲发狂怒,观者奔走"。均写得笔墨酣畅,虎虎生气,有惊心动魄之势。

作品后半段除对无支祁外貌作进一步刻画外,还增加了对其熟谙水域和神变奋迅之状的描写:"善应对言语,辨江淮之浅深,原隰之远近","颈伸百尺,力逾九象,搏击腾踔疾奔,轻利倏忽,闻视不可久"。最后,作者妙手偷天,以虚为实,插入大禹治水的记载,使这个水神的形象更加鲜明强烈,充满浓郁的神话色彩。

显然,这一形象的创造给了明代吴承恩以极大的启发,它实际上就是神魔小说《西游记》中孙行者的雏形。而大禹派庚辰降无支祁与《西游记》中二郎神降孙悟空,这两个场面之间也存在着明显的因袭和演进之迹。仅就其对《西游记》的影响而言,《古〈岳渎经〉》的价值已远远超过后代人们对小说本身的征引。

(陈惠琴)

谢小娥传　　李公佐

小娥,姓谢氏,豫章[①]人,估客[②]女也。生八岁丧母,嫁历阳[③]侠士段居贞。居贞负气重义,交游豪俊。小娥父畜巨产,隐名商贾间,常与段婿同舟货,往来江湖。时小娥年十四,始及笄[④]。父与夫俱为盗所杀,尽掠金帛。段之弟兄,谢之生侄,与童仆辈数十,悉沉于江。小娥亦伤胸折足,漂流水中,为他船所获,经夕而活。因流转乞食至上元县[⑤],依妙果寺尼净悟之室。初,父之死也,小娥梦父谓曰:"杀我者,车中猴,门东草。"又数日,复梦其夫谓曰:"杀我者,禾中走,一日夫。"小娥不自解悟，常书此语，广求智者辨之，历年不能得。

至元和[6]八年春，余罢江西从事[7]，扁舟东下，淹泊建业[8]，登瓦官寺阁。有僧齐物者，重贤好学，与余善，因告余曰："有孀妇名小娥者，每来寺中，示我十二字谜语，某不能辨。"余遂请齐公书于纸。乃凭槛书空，凝思默虑。坐客未倦，了悟其文。令寺童疾召小娥前至，询访其由。小娥呜咽良久，乃曰："我父及夫，皆为贼所杀。迩后尝梦父告曰：'杀我者，车中猴，门东草。'又梦夫告曰：'杀我者，禾中走，一日夫。'岁久无人悟之。"余曰："若然者，吾审详矣。杀汝父是申兰，杀汝夫是申春。且'车中猴'，'车'字去上下各一画，是'申'字；又'申'属猴，故曰'车中猴'。'草'下有'门'，'门'中有'东'，乃'兰(蘭)'字也。又，'禾中走'是穿田过，亦是'申'字也；'一日夫'者，'夫'上更一画，下有'日'，是'春'字也。杀汝父是申兰，杀汝夫是申春，足可明矣。"小娥恸哭再拜。书"申兰申春"四字于衣中，誓将访杀二贼，以复其冤。娥因问余姓氏官族，垂涕而去。

尔后[9]小娥便为男子服，佣保[10]于江湖间。岁余，至浔阳郡[11]，见竹户上有纸榜子[12]，云"召佣者"。小蛾乃应召诣门。问其主，乃申兰也。兰引归，娥心愤貌顺，在兰左右，甚见亲爱。金帛出入之数，无不委娥。已二岁余，竟不知娥之女人也。先是谢氏之金宝锦绣衣物器具，悉掠在兰家，小蛾每执旧物，未尝不暗泣移时。

兰与春，宗昆弟[13]也。时春一家住大江北独树浦，与兰往来密洽。兰与春同去经月，多获财帛而归。每留娥与兰妻梁氏同守家室，酒肉衣服，给娥甚丰。或一日，春携文鲤[14]兼酒诣兰，娥私叹曰："李君精悟玄鉴[15]，皆符梦言，此乃天启其心，志将就矣。"是夕，兰与春会，群贼毕至，酣饮。暨诸凶既去，春沉醉，卧于内室，兰亦露寝于庭。小娥潜锁春于内，抽佩刀先断兰首，呼号邻人并至。春擒于内，兰死于外，获赃收货，数至千万。初,兰、春有党数十,暗记其名,悉擒就戮。时浔阳太守张公,善其志行,为具其事上旌表⑯,乃得免死。时元和十二年夏岁也。

娥复父夫之仇毕,归本里,见亲属。里中豪族争求聘,娥誓心不嫁。遂剪发被褐⑰,访道于牛头山⑱,师事大士尼蒋律师⑲。娥志坚行苦,霜舂雨薪⑳,不倦筋力。十三年四月,始受具戒㉑于泗州㉒开元寺,竟以小娥为法号,不忘本也。

其年夏五月,余始归长安,途经泗滨㉓,过善义寺谒大德尼㉔令操,见新戒者数十,净发鲜帔㉕,威仪雍容,列侍师之左右。中有一尼问师曰:"此官岂非洪州李判官二十三郎㉖者乎?"师曰:"然。"曰:"使我获报家仇,得雪冤耻,是判官恩德也。"顾余悲泣。余不之识,询访其由,娥对曰:"某名小娥,顷乞食孀妇也。判官时为辨申兰、申春二贼名字,岂不忆念乎?"余曰:"初不相记,今即悟也。"娥因泣,具写记申兰、申春,复父夫之仇,志愿粗毕,经营㉗终始艰苦之状。小娥又谓余曰:"报判官恩,当有日矣。"岂徒然哉!

嗟乎!余能辨二盗之姓名,小娥又能竟复父夫之仇冤,神道不昧,昭然可知。小娥厚貌深辞,聪敏端特㉘,炼指跛足㉙,誓求真如㉚。爰㉛自入道,衣无絮帛,斋无盐酪,非律仪㉜禅理,口无所言。后数日,告我归牛头山,扁舟泛淮,云游㉝南国,不复再遇。

君子曰:"誓志不舍,复父夫之仇,节也;佣保杂处,不知女人,贞也。女子之行,唯贞与节,能终始全之而已。如小娥,足以儆天下逆道乱常之心,足以劝天下贞夫孝妇之节。"余备详前事,发明隐文,暗与冥会㉞,符于人心。知善不录,非《春秋》之义㉟也。故作传以旌美之。

〔注〕①豫章:唐郡名,治所在今江西南昌。②估客:商人。③历阳:唐郡名,治所在今安徽和县。④及笄(jī):古代女子十五岁许嫁梳髻,称及笄,未许嫁的到二十岁及笄。⑤上元县:唐县名,在今江苏南京。⑥元和:唐宪宗年号(806—820)。⑦江西从事:江西为江南西道的简称,治所在今江西南昌。从事为州郡官长的佐吏。⑧建业:三国时建,故

城在今江苏南京。 ⑨ 尔后：从此之后。 ⑩ 佣保：当雇工。 ⑪ 浔阳郡：唐郡名，故治在今江西九江。 ⑫ 纸榜子：招贴启事。 ⑬ 宗昆弟：同族兄弟。 ⑭ 文鲤：即鲤鱼，因鳞呈黑纹，故称。 ⑮ 精悟玄鉴：精深的理解，深刻的判断。 ⑯ 旌表：封建时代以建牌坊或赠匾额的形式对表现了忠、孝、节、义德行的人予以褒奖称为旌表。 ⑰ 褐(hè)：粗布衣服。 ⑱ 牛头山：在江苏南京西南。 ⑲ 大士尼蒋律师：一位姓蒋的年高德劭善解佛教戒律的尼姑。佛家称善解佛法的僧尼为律师。 ⑳ 霜舂雨薪：冒着霜雨舂米打柴，十分勤劳。 ㉑ 受具戒：佛教中成为正式僧徒的一种仪式。 ㉒ 泗州：唐州名，旧治在今江苏盱眙附近。 ㉓ 泗滨：泗水岸边。泗水发源于山东泗水县，入江苏境后入淮河。 ㉔ 大德尼：对年高有德行的尼姑的尊称。 ㉕ 帔(pèi)：披肩。 ㉖ 二十三郎：李公佐排行第二十三。 ㉗ 经营：策划追求。 ㉘ 端特：容态端庄，才华出众。 ㉙ 炼指跛足：古代僧尼以烧坏自己的手指和损伤自己的脚来表示自己对佛教崇信的虔诚与坚决。 ㉚ 真如：佛家用语，指真实的义理。 ㉛ 爰：开始。 ㉜ 律仪：佛教的戒律。 ㉝ 云游：佛教徒四处漫游。 ㉞ 暗与冥会：与天意暗合。 ㉟《春秋》之义：劝善惩恶之义。

本篇《太平广记》录载。

这是李公佐传奇创作中除《南柯太守传》以外最著名的一篇，从篇中所记时间(元和十三年之后)来看，也是他写得较晚的一篇。

小说写的是一个少女为父亲和丈夫复仇的故事。如果将谢小娥的事迹放到当时的历史条件下来考察——即在封建制度下，男尊女卑是一种普遍的社会观念，妇女的实际社会地位也非常低下——那么，谢小娥就确实称得上是一个光辉的英雄形象。

小说入题非常简洁，在简单地介绍谢小娥的身世后即迅速展开故事情节。但开头简单的介绍也有作者的匠心，每一点都同人物的思想性格和后文的故事情节相关。首先，她的身份是“估客女”，而不是一个弱不禁风的大家闺秀。这样的出身使她从小有机会常同父亲(后来加上丈夫)往来江湖经商。她的见识和生活经验，使她具备了后来女扮男装只身闯荡江湖以图复仇的生活基础。其次，她“嫁历阳侠士段居贞”，而“居贞负气重义，交游豪俊”。同气相求，丈夫的性格气质必然同她有相通的一面，至少她也会受到那种豪侠之气的影响。这是她终能实现自己复仇之志的精神品格方面的基础。第三是写她父亲和丈夫遭劫遇难时，“小娥年十四，始及笄”。交待她的年幼，是为了突出她行为的超绝不凡。有此三点，作者热情塑造和歌颂的这位少女英雄，就既带有理想化的色彩，同时又有坚实的生活基础，是真实可信的。

作者写谢小娥复仇的过程，时间、经过都写得十分清晰。她是跟父亲和丈夫同时遭难却历险而不死，“伤胸折足，漂流水中”，被人救起才活下来的。这一点很重要，因为同经劫难，亲眼看见父亲和丈夫被人杀死，因而仇恨就格外强烈，对案犯也比较了解。以后就是托梦、解谜、女扮男装、深入江湖调查等等，按时间和事件的发展写下来，直到亲手将仇人杀死，实现了自己的复仇之志。

总的看来，除了入申兰家以后的活动作为重点写得比较详细外，其他都写得比较简括，缺乏细致生动的艺术描写。不过虽然简括，作者却是抓住并突出了人物的主要性格特点，并处处启发读者自己去想象和补充的。

一是写她复仇意志的坚强和性格的坚韧。在父亲和丈夫托梦以后，“小娥不自解悟，常书此语，广求智者辨之，历年不能得”。单是破谜就经历了漫长的时间。知道了仇人的姓名，但要查出其踪迹亦非易事，“尔后小娥便为男子服，佣保于江湖间”，又历“岁余”，才于偶然间找到了申兰的下落。如此等等，都能于叙述间启发读者想象其复仇意志的坚定和性格的坚韧。

二是写她的沉稳和智慧。这方面写得稍详，因而也更加突出。她入申兰家后，小说以“心愤貌顺”四个字来概括她当时的表现，十分准确和深刻。试想，历经漫长的岁月才破译了谜语，知道杀人者是谁；又历经漫长的岁月，闯荡江湖，备尝艰苦，才找到仇人的所在。按常情常理，此时满腔的仇恨必将喷薄而出，立即有所动作。但她竟能若无其事，不动声色，竟至“在兰左右，甚见亲爱”，不仅一点没有引起对方的怀疑，反而取得对方充分的信任，“金帛出入之数，无不委娥”。甚至在贼人家里发现了自家被抢劫的“金宝锦绣，衣物器具”，“每执旧物，未尝不暗泣移时”的情况下，也没有在仇人面前泄露出丝毫仇恨之情。这该是何等刚强的意志，何等坚韧的自制力啊。沉着稳健是意志力的表现，同时也是智慧的表现，人生经验的表现。沉稳中包含着高度的机警，这一点小说也表现得非常充分。一个扮为男装的女孩子，得到主人(即仇人)的宠爱信赖，左右不离，十分亲近，竟然历“二岁余”，而“不知娥之女人也”。只此一句，就包含了多少没有写出的令人惊心动魄的斗智斗勇的情事在内。经过长期的忍耐和等待，终于等来了“春携文鲤兼酒诣兰”的大好时机，禁不住私自感叹：“此乃天启其心，志将就矣。”即使到了时机成熟的此时此刻，她仍不急不躁，从容不迫，先偷偷将醉卧在室内的申春锁于房中，然后再抽刀先断申兰之首，然后“呼号邻人并至”，将锁在房中的申春活捉。至于追随申兰兄弟的数十名党羽，她平日就“暗记其名”，这次也一网打尽。

至此，小说通过简括的叙事笔墨，突出重点，处处启发读者的想象，将一个有勇有谋、沉稳机智的少女英雄的形象凸现在我们的眼前。

后面写她誓心不嫁、出家为尼一节，有得有失。得的一面，是写她“志坚行苦，霜春雨薪，不倦筋力”，同她前面复仇时的坚强意志和不畏艰苦的思想行为是一脉相承的,从而加强了人物形象。失的一面,是宣扬她能守节,并对她对佛教虔诚到近于愚昧的表现也大加赞美,这就不能不有损于人物形象的完美了。这后一部分的处理,无论就情节的提炼和组织看,还是从思想的表现看,都显得枝蔓繁冗,近于赘疣。这显然同作者思想中的落后意识分不开,他如此出色地写出了一个为父夫复仇的少女英雄,却将此归结到封建意味极浓的贞节观念上。篇末作者引“君子曰:‘誓志不舍,复父夫之仇,节也。佣保杂处,不知女人,贞也。女子之行,唯贞与节,能终始全之而已。’”以彰他的旌美之意。故《新唐书》就据这篇小说把谢小娥的事迹写入《列女传》中。不过后人的改编还是多接受和发扬其积极的一面,如明代凌濛初《初刻拍案惊奇》中的《李公佐巧解梦中言 谢小娥智擒船上盗》以及清初王夫之的杂剧《龙舟会》等都是如此。

本篇还有一个值得提出的特点,就是作者叙事时不只是一个旁观者,而是有根有据写他的亲见亲闻亲历,作者本人也成为小说中的人物,介入情节的发展,甚至辨谜一节还成为寻找仇人和实现复仇的关键。这样写的好处,一是增强了小说的真实感,二是使叙事更带感情,让读者读来感到真切,提高了艺术感染力。当然,作者虽然有意示人他是采用的实录手法的史笔,但篇中的荒诞和奇巧之处却又透露出他实在不过是在创作小说。

(周先慎)

【作者小传】

元 稹

(779—831) 唐诗人。字微之,别字威明。洛阳(今属河南)人。贞元十八年(802)进士,历任左拾遗、监察御史、同州刺史等。与白居易并称“元白”。作有小说《莺莺传》等。

莺 莺 传

元 稹

贞元[①]中,有张生者,性温茂,美风容。内秉坚孤[②],非礼不可入。或朋从游宴,扰杂其间,他人皆汹汹拳拳[③],若将不及,张生容顺[④]而已,终不能乱。以是年二十三,未尝近女色。知者诘之,谢而言曰:“登徒子[⑤]非好色者,是有凶行[⑥]。余真好色者,而适不我值。何以言之?大凡物之尤者[⑦],未尝不留连于心,是知其非忘情者也。”诘者识[⑧]之。

无几何，张生游于蒲[9]。蒲之东十余里，有僧舍曰普救寺，张生寓焉。适有崔氏孀妇，将归长安，路出于蒲，亦止于兹寺。崔氏妇，郑女也。张出于郑[10]，绪其亲，乃异派之从母[11]。是岁，浑瑊[12]薨于蒲。有中人[13]丁文雅，不善于军，军人因丧而扰，大掠蒲人。崔氏之家，财产甚厚，多奴仆，旅寓惶骇，不知所托。先是，张与蒲将之党有善，请吏护之，遂不及于难。十余日，廉使[14]杜确将天子命以总戎节，令于军，军由是戢[15]。

郑厚张之德甚，因饰馔以命张[16]，中堂宴之。复谓张曰："姨之孤嫠未亡[17]，提携幼稚。不幸属[18]师徒大溃，实不保其身。弱子幼女，犹君之生。岂可比常恩哉！今俾以仁兄礼奉见，冀所以报恩也。"命其子曰欢郎，可十余岁，容甚温美。次命女："出拜尔兄，尔兄活尔。"久之，辞疾。郑怒曰："张兄保尔之命。不然，尔且掳矣。能复远嫌乎？"久之，乃至。常服睟容[19]，不加新饰，垂鬟接黛，双脸销红[20]而已。颜色艳异，光辉动人。张惊，为之礼。因坐郑旁，以郑之抑而见也，凝睇[21]怨绝，若不胜其体者。问其年纪。郑曰："今天子甲子岁之七月，终于贞元庚辰[22]，生年十七矣。"张生稍以词导之，不对。终席而罢。

张自是惑之，愿致其情，无由得也。崔之婢曰红娘。生私为之礼者数四，乘间遂道其衷。婢果惊沮[23]，腆然而奔。张生悔之。翌日，婢复至。张生乃羞而谢之，不复云所求矣。婢因谓张曰："郎之言，所不敢言，亦不敢泄。然而崔之姻族，君所详也。何不因其德[24]而求娶焉？"张曰："余始自孩提，性不苟合。或时纨绮间居，曾莫流盼。不为[25]当年，终有所蔽[26]。昨日一席间，几不自持。数日来，行忘止，食忘饱，恐不能逾旦暮[27]，若因媒氏而娶，纳采问名[28]，则三数月间，索我于枯鱼之肆[29]矣。尔其谓我何？"婢曰："崔之贞慎自保，虽所尊不可以非语犯之。下人之谋，固难入矣。然而善属文[30]，往往沉吟章句，怨慕者久之。君试为喻情诗以乱之。不然，则无由也。”张大喜，立缀《春词》二首以授之。

是夕，红娘复至，持彩笺以授张，曰：“崔所命也。”题其篇曰《明月三五夜》。其词曰：

待月西厢下，迎风户半开。

拂墙花影动，疑是玉人来。

张亦微喻其旨。是夕，岁二月旬有四[31]矣。崔之东有杏花一株，攀援可逾。既望[32]之夕，张因梯其树而逾焉。达于西厢，则户半开矣，红娘寝于床。生因惊之。红娘骇曰：“郎何以至?”张因绐之曰：“崔氏之笺召我也，尔为我告之。”无几，红娘复来。连曰：“至矣！至矣！”张生且喜且骇，必谓获济[33]。及崔至，则端服严容，大数[34]张曰：“兄之恩，活我之家，厚矣。是以慈母以弱子幼女见托。奈何因不令[35]之婢，致淫逸之词。始以护人之乱为义，而终掠乱[36]以求之。是以乱易乱，其去几何?诚欲寝其词[37]，则保人之奸，不义。明之于母，则背人之惠，不祥。将寄于婢仆[38]，又惧不得发其真诚。是用托短章，愿自陈启。犹惧兄之见难[39]，是用鄙靡之词，以求其必至。非礼之动，能不愧心。特愿以礼自持，无及于乱！”言毕，翻然而逝。张自失者久之。复逾而出，于是绝望。

数夕，张生临轩独寝，忽有人觉之。惊骇而起，则红娘敛衾携枕而至，抚张曰：“至矣！至矣！睡何为哉?”并枕重衾而去。张生拭目危坐[40]久之，犹疑梦寐，然而修谨以俟。俄而红娘捧崔氏而至。至则娇羞融冶，力不能运支[41]体，曩时端庄，不复同矣。是夕，旬有八日也。斜月晶莹，幽辉半床。张生飘飘然，且疑神仙之徒，不谓从人间至矣。有顷，寺钟鸣，天将晓。红娘促去，崔氏娇啼宛转，红娘又捧之而去，终夕无一言。张生辨色而兴[42]，自疑曰：“岂其梦邪?”及明，睹妆在臂，香在衣，泪光荧荧然，犹莹于茵席而已。

是后又十余日，杳不复知。张生赋《会真[43]诗》三十韵，未毕，而红娘适至，因授之，以贻崔氏。自是复容之。朝隐而出，暮隐而入，同安于曩所谓西厢者，几一月矣。张生常诘郑氏之情。则曰："知不可奈何矣。"因欲就成之。

无何，张生将之长安，先以情谕之。崔氏宛无难词[44]，然而愁怨之容动人矣。将行之再夕[45]，不可复见，而张生遂西下。

数月，复游于蒲，会于崔氏者又累月。崔氏甚工刀札[46]，善属文。求索再三，终不可见。往往张生自以文挑，亦不甚睹览。大略崔之出人者，艺必穷极，而貌若不知；言则敏辩，而寡于酬对。待张之意甚厚，然未尝以词继之[47]。时愁艳幽邃，恒若不识，喜愠之容，亦罕形见。异时独夜操琴，愁弄凄恻。张窃听之。求之，则终不复鼓矣。以是愈惑之。

张生俄以文调及期[48]，又当西去。当去之夕，不复自言其情，愁叹于崔氏之侧。崔已阴知将诀矣，恭貌怡声，徐谓张曰："始乱之，终弃之，固其宜矣。愚不敢恨。必也君乱之，君终之，君之惠也。则殁身之誓，其有终矣。又何必深感于此行？然而君既不怿，无以奉宁[49]。君常谓我善鼓琴，向时羞颜，所不能及。今且往矣，既[50]君此诚。"因命拂琴，鼓《霓裳羽衣序》，不数声，哀音怨乱，不复知其是曲也。左右皆嘘欷。崔亦遽止之，投琴，泣下流连，趋归郑所，遂不复至。明旦而张行。

明年，文战不胜，张遂止于京。因贻书于崔，以广[51]其意。崔氏缄报之词，粗载于此，曰：

> 捧览来问，抚爱过深。儿女之情，悲喜交集。兼惠花胜[52]一合，口脂五寸，致耀首膏唇之饰。虽荷殊恩，谁复为容？睹物增怀，但积悲叹耳。伏承使于京中就业，进修之道，固在便安[53]。但恨僻陋之人，永以遐弃。命也如此，知复何言！自去秋已来，常忽忽如有所失。于喧哗之下，或勉为语笑，闲宵自处，无不泪零。乃至梦寐之间，亦多感咽离忧之思。绸缪缱绻，暂若寻常，幽会未终，惊魂已断。虽半衾如暖，而

思之甚遥。一昨拜辞，倏逾旧岁。长安行乐之地，触绪牵情。何幸不忘幽微，眷念无斁[54]。鄙薄之志，无以奉酬。至于终始之盟，则固不忒[55]。鄙昔中表相因[56]，或同宴处，婢仆见诱，遂致私诚。儿女之心，不能自固。君子有援琴之挑[57]，鄙人无投梭之拒[58]。及荐寝席，义盛意深。愚陋之情，永谓终托。岂期既见君子，而不能定情[59]。致有自献之羞，不复明侍巾帻[60]。没身永恨，含叹何言！倘仁人用心，俯遂幽眇[61]，虽死之日，犹生之年。如或达士略情[62]，舍小从大，以先配为丑行，以要盟[63]为可欺。则当骨化形销，丹诚不泯，因风委露，犹托清尘[64]。存没之诚，言尽于此。临纸呜咽，情不能申。千万珍重，珍重千万！玉环一枚，是儿婴年所弄，寄充君子下体所佩。玉取其坚润不渝，环取其终始不绝。兼乱丝一絇[65]，文竹茶碾子[66]一枚。此数物不足见珍。意者欲君子如玉之真[67]，弊志如环不解。泪痕在竹，愁绪萦丝。因物达情，永以为好耳。心迩身遐，拜会无期。幽愤所钟，千里神合。千万珍重！春风多厉，强饭为嘉。慎言自保，无以鄙为深念。

张生发其书于所知，由是时人多闻之。所善杨巨源[68]好属词，因为赋《崔娘诗》一绝云：

清润潘郎[69]玉不如，中庭蕙草雪销初。
风流才子多春思，肠断萧娘[70]一纸书。

河南元稹亦续生《会真诗》三十韵，诗曰：

微月透帘栊，萤光度碧空。
遥天初缥缈，低树渐葱胧。
龙吹过庭竹，鸾歌拂井桐。
罗绡垂薄雾，环珮响轻风。
绛节随金母，云心捧玉童。

更深人悄悄，晨会雨濛濛。
珠莹光文履，花明隐绣龙。
瑶钗行彩凤，罗帔掩丹虹。
言自瑶华浦[71]，将朝碧玉宫。
因游洛城北，偶向宋家东。
戏调初微拒，柔情已暗通。
低鬟蝉影动，回步玉尘蒙。
转面流花雪，登床抱绮丛。
鸳鸯交颈舞，翡翠合欢笼。
眉黛羞偏聚，唇朱暖更融。
气清兰叶馥，肤润玉肌丰。
无力慵移腕，多娇爱敛躬。
汗流珠点点，发乱绿葱葱。
方喜千年会，俄闻五夜穷。
留连时有恨，缱绻意难终。
慢脸含愁态，芳词誓素衷。
赠环明连合，留结表心同。
啼粉流宵镜，残灯远暗虫。
华光犹苒苒，旭日渐曈曈[72]。
乘鹜还归洛，吹箫亦上嵩。
衣香犹染麝，枕腻尚残红。
幂幂[73]临塘草，飘飘思渚蓬。
素琴鸣怨鹤，清汉望归鸿。
海阔诚难渡，天高不易冲。
行云无处所，箫史在楼中。

张之友闻之者，莫不耸异之。然而张志亦绝矣。稹特与张厚，因征其词。张曰："大凡天之所命尤物也，不妖其身，必妖于人。使崔氏子遇合富贵，乘宠娇，不为云，不为雨，为蛟，为螭，吾不知其变化矣。昔殷之辛[74]，周之幽[75]，据百万之国[76]，其势甚厚。然而一女子败之。溃其众，屠其身，至今为天下僇笑[77]。予之德不足以胜妖孽，是用忍情。”于是坐者皆为深叹。

后岁余，崔已委身于人，张亦有所娶。适经所居，乃因其夫言于崔，求以外兄[78]见。夫语之，而崔终不为出。张怨念之，诚动于颜色。崔知之，潜赋一章，词曰：

自从消瘦减容光，万转千回懒下床。

不为旁人羞不起，为郎憔悴却羞郎。

竟不之见。后数日，张生将行，又赋一章以谢绝云：

弃置今何道，当时且自亲。

还将旧时意，怜取眼前人[79]。

自是绝不复知矣。

时人多许张为善补过者。予常于朋会之中，往往及此意者，夫使知者不为，为之者不惑。贞元岁九月，执事李公垂[80]宿于予靖安里第，语及于是，公垂卓然称异，遂为《莺莺歌》以传之。崔氏小名莺莺，公垂以命篇。

〔注〕 ① 贞元：唐德宗年号(785—805)。 ② 内秉坚孤：内在的性格坚强而孤僻。 ③ 汹汹拳拳：形容人的哄闹和肤浅。 ④ 容顺：表面上很随和的样子。 ⑤ 登徒子：宋玉曾作《登徒子好色赋》，后来就以登徒子为好色之徒的代称。 ⑥ 凶行：这里是淫行的意思。 ⑦ 物之尤者：人物中最突出的，这里指美丽的女子。 ⑧ 识：理解。 ⑨ 蒲：蒲州，唐改河中府，府治在今山西永济。 ⑩ 出于郑：母亲也姓郑。 ⑪ 异派之从母：别一支派的姨母。 ⑫ 浑瑊(zhēn)：唐将，西域铁勒族人，官至兵马副元帅。 ⑬ 中人：宦官。 ⑭ 廉使：官名，即观察处置使，主考察辖区官吏政绩之事。 ⑮ 戢(jí)：安定。 ⑯ 饰馔以命张：设盛宴以请张生。 ⑰ 孤嫠未亡：寡妇自称。 ⑱ 属(zhǔ)：近日。 ⑲ 睟(suì)容：面容润泽。 ⑳ 双脸销红：双颊红润。 ㉑ 凝睇：目光凝聚而斜视。 ㉒ 贞元庚辰：贞元十六年(800)。 ㉓ 惊沮(jǔ)：惊呆了。 ㉔ 德：恩德。 ㉕ 不为：同“不谓”，没想到。 ㉖ 蔽：迷惑。 ㉗ 逾旦暮：指很快会死。 ㉘ 纳采问名：指古时男女订婚的一套繁琐手续。 ㉙ 索我于枯鱼之肆：典出《庄子·外物》篇，意为远水不能救近火，这里是早已死掉的意思。 ㉚ 属(zhǔ)文：写文章。 ㉛ 旬有四：即十四日。有同“又”。 ㉜ 望：月圆之日，即阴历十五日。 ㉝ 获济：好事成功。 ㉞ 数：列举事实进行责备。 ㉟ 不令：不好。 ㊱ 掠乱：乘乱获取好处。 ㊲ 寝其词：对外声张。 ㊳ 寄于婢仆：托婢仆转告。 ㊴ 见难：为难，有顾虑。 ㊵ 危坐：端坐。 ㊶ 支：同“肢”。 ㊷ 辨色而兴：天一亮就起床。 ㊸ 会真：遇到神仙。 ㊹ 宛无难词：表面上没有难过的话。 ㊺ 再夕：前一天晚上。 ㊻ 刀札：指书信、散文。 ㊼ 以词继之：同他有酬和之作。 ㊽ 文调及期：考试日期临近。 ㊾ 奉宁：给予安慰。

㊿ 既：成全，满足。 ⑤1 广：开导，安慰。 ⑤2 花胜：古时女子的头饰。 ⑤3 便(pián)安：安静。 ⑤4 无斁(yì)：不厌。 ⑤5 不忒：不变。 ⑤6 中表相因：表兄妹的关系。 ⑤7 援琴之挑：汉代司马相如用弹琴来挑诱卓文君。 ⑤8 投梭之拒：晋代谢鲲企图调戏邻女，遭投梭拒绝。 ⑤9 定情：确定婚约。 ⑥0 明侍巾帻：指正式出嫁为妻。 ⑥1 幽眇：隐衷。 ⑥2 达士略情：通达之士把感情看得很淡。 ⑥3 要(yāo)盟：以胁迫的手段签订的盟约。 ⑥4 犹托清尘：委婉客气的说法，犹如说仍然依托在你的身边。 ⑥5 一绚(qú)：一缕。 ⑥6 文竹茶碾子：用香妃竹制成的碾茶工具。 ⑥7 真：同“贞”，坚贞。 ⑥8 杨巨源：唐诗人，与元稹、白居易为诗友，官至国子司业。 ⑥9 潘郎：指晋代著名的美男子潘岳。 ⑦0 萧娘：唐人常以萧娘为美女之代称，这里指莺莺。 ⑦1 瑶华浦：与下句的“碧玉宫”均指神仙所居之地。 ⑦2 曈曈(tóng)：晨光闪耀貌。 ⑦3 幂幂(mì)：覆盖的样子。 ⑦4 殷之辛：即殷纣王，名受辛，因宠幸妲己，遭致亡国。 ⑦5 周之幽：指周幽王，因宠幸褒姒，导致亡国。 ⑦6 百万之国：拥有百万户口的国家，言国势强大。 ⑦7 僇(lù)笑：耻笑。 ⑦8 外兄：表兄。 ⑦9 眼前人：指张生现在的妻子。 ⑧0 李公垂：即唐代诗人李绅，字公垂，与元稹、白居易都是朋友。执事：对朋友的尊称。

《莺莺传》(一名《传奇》或《会真记》)见于《太平广记》。

本篇是唐传奇中的名作，对后世影响极大，著名的金代董解元的《西厢记诸宫调》和元代王实甫的杂剧《西厢记》，都是由这一题材演变而来。研究者普遍认为，这是一篇艺术水平很高而思想上存在着明显缺陷的作品。小说写出了一个哀艳感人的爱情故事，塑造了莺莺这样一个性格鲜明、内涵丰富的女性形象；但作者却为负心忘义抛弃莺莺的张生辩护，而诬蔑被损害、被侮辱的莺莺为“尤物”和“妖孽”。鲁迅先生在《中国小说史略》中认为，它的描写“时有情致”，而“篇末文过饰非，遂堕恶趣”。

关于小说所写悲剧的成因，一种广为流行的观点是，由于门阀观念对爱情婚姻的影响，即认为张生出身高门而莺莺出自寒门，甚至有人认为莺莺可能是一个妓女。不过，从小说艺术描写的实际看，实在找不出莺莺出身寒门或甚至是妓女的根据，而认为女人是祸水的观念却表现得非常明显。张生抛弃莺莺实是由于传统的男尊女卑思想的影响，这同陈鸿在《长恨歌传》中所表现的“窒乱阶，惩尤物”的思想倾向是基本一致的。这是一种植根于悠长的历史文化土壤中的极其陈腐的观念。

作者一方面污蔑莺莺为“妖孽”和“尤物”，同时又把她写得十分优美动人，富于艺术魅力。思想和艺术矛盾的产生，同这篇小说带有作者自叙传的性质分不开。据古今学者的考证，元稹很可能是以自己的一次艳遇作为基础来创作这篇小说的。如果没有融入作者本人真切的生活体验，是不可能将这个爱情故事写得如此缠绵委曲、生动感人的。他对所经历的一段艳遇不能忘情，非写出不能得到自慰；而当时的文人对此类的风流韵事又习以为常，社会上男尊女卑的陈腐思想又非常普遍。这就使得他下笔时无所顾忌，不加掩饰；再加上元稹本人的才情和深厚的艺术修养，便成全了作者在艺术描写上表现出某种非自觉的“诚实”，不期然地如实地写出了崔张爱情发展的全过程，并创造了一个有血有肉的动人的莺莺形象。

《莺莺传》的主要成就在于它立足于真实的生活体验基础之上的艺术描写。这是一篇写情的艺术杰作，也是唐传奇中带有诗化倾向的代表作。它的最突出的艺术特色，就是诗的情韵和诗化的表现艺术。《莺莺传》是唐代小说中诗和小说融合的一个典型例证。它的诗化的审美特征可以用两个字来概括：曲和蕴。曲就是不直，蕴就是不露。不直不露，婉曲含蓄，正是中国古典诗歌最突出的审美特征。《莺莺传》的诗意特征，则主要表现在它的叙事艺术和写情艺术上：它的叙事，一波三折，曲尽其妙；它的写情，能将极难表现的人物内心的相思情状，活现纸上，让人读来如见如闻。

小说开始介绍张生的仪容、风采，才情、修养等，写他是一个好得不得了的多情种子，只有“物之尤者”才能使他留连于心。这段介绍实际上已经为这篇故事的思想（为张生开脱而诬蔑莺莺为尤物）定下了基调。紧接着以一段不算太短的文字介绍事件的背景。小说中的崔张爱情，跟其他的才子佳人故事（也包括后来据此改编的王实甫的《西厢记》）双方一见钟情的模式很不相同，张和崔的最初关系仅仅是由于特殊境遇造成的解难与报恩，开始只是张生有意而莺莺无情，爱情的发展经历了一个十分艰难曲折的过程。

情节的发展，既真实自然，又曲折生动，可谓峰回路转，一波三折。从中极其细致深入地写出了两人微妙的爱情关系，并成功地塑造了人物形象。从情节的发展看，全文可以划分为十个段落：酬宴初会、因婢致情、赴约被斥、意外欢会、事成待婚、别而复会、再别陈怀、复书诉哀、悲剧结局和尾声。一段一个层次，层层有波澜，层层有曲折。有人认为《莺莺传》在叙事艺术上是模仿《左传》的，从小说情节的组织看，确实很能体现《左传》叙事艺术的风致。但重要的还不在于曲折本身，而在于小说是在提炼和真实地表现生活中达到曲、表现曲的，因而能曲尽人情，曲尽其妙。

《莺莺传》的艺术生命力，还在于它塑造了一个有鲜明个性和独特思想意蕴的女性形象。它写莺莺写得成功，又并不在于写出她外在的仪容风采，而在于写出她丰富复杂的感情，写出她那难于捉摸、难于把握、难于表现得极其微妙的内心世界。小说真实生动、惟妙惟肖地揭示了一个有独特身份地位的封建时代的贵族少女，在一个特殊环境中追求爱情的复杂感情和微妙心理。明代的李贽曾高度赞扬《莺莺传》的写情艺术，他说："尝言吴道子、顾虎头，只画得有形象的。至如相思情状，无形无象，微之画来的的欲真，跃跃欲有。吴道子、顾虎头，又退数十舍矣。"(见《虞初志》卷五)

首先是小说很好地揭示出了莺莺内心世界的丰富性、复杂性、矛盾性。莺莺的思想性格的刻画不是表层的、单一的，而是深层的、多侧面的。她有娇羞矜持、贞慎自保的一面，也有大胆果决、敢于冲破礼教束缚的一面。两个方面相反相成、矛盾统一，构成了莺莺完整的性格内容。她在初会张生以后一直到读到他的两首《春词》，内心的斗争是很尖锐激烈的。一方面有爱情的要求，一方面又受到礼教的束缚，在矛盾斗争中又不断有所前进，在前进中又时有犹豫、后悔。特别是第一次西厢相约之后的反悔，很好地揭示了莺莺内心的矛盾冲突。而在后来两人西厢放情欢会的情境之中，作者在写她大胆、热情的同时，仍从两方面去把握她的性格，不忘点染她性格中娇羞怯弱的一面。

张生第一次去长安时，莺莺虽然内心十分忧愁怨恨，却并没有一句悲苦哀求挽留的话，很好地表现了她性格中柔弱和刚强这两方面的统一。而第二次临别时却一反故态，主动为张生鼓《霓裳羽衣序》，这又表现了她的温柔与多情。当她明确地感觉到将要永诀，但却对张生"恭貌怡声"，说出近于哀求的一段话来，又充分地表现了她性格中自卑怯弱的一面。她不是理直气壮地提出张生必须实践始终之盟，未能表现出一个大胆反抗封建礼教、热情追求爱情并努力维护自己独立人格的女性的那种气魄和胆识。这是符合她的时代、出身、地位和特定的生活环境的，是符合历史真实和生活真实的。

其次，是莺莺的性格不是静止的，而是有发展、有变化的。而其中的发展变化，最突出的是她对张生态度的转变。张生到长安应试，莺莺"阴知将诀"，预感到张生将会"始乱终弃"，却仍然热切地期待他能守始终之盟。不但语气近于哀求，而且不无自轻自贱和委曲求全的意味。但与此同时，在曲终投琴时，她又"泣下流连，趋归郑所，遂不复至"，含蓄地表现出她内心的怨愤，也是很有气性的。后来她写给张生的复信，在抒发内心悲痛的同时，也是自责多于对张生的责备，不说张生挑逗引诱她，而说"婢仆见诱，遂致私诚。儿女之心，不能自固。君子有援琴之挑，鄙人无投梭之拒"等等。这些话，虽然如信中所说，"存没之诚，言尽于此"，是表示她对张生真挚的爱和永不改变的至诚的；但同时也确实表现了她对张生的一种近于屈辱的哀求，是她性格中卑屈软弱一面的表现。到两人绝裂以后，张生一方面为自己的负义行为辩护，另一方面又不能完全忘却这段恋情，请求以表兄的身份相见，莺莺即使在丈夫允许的情况下也“终不为出”，而且赋诗一章表示她内心的怨恨和决绝的态度。这里鲜明地表现了她思想性格的转变，表现出性格中刚强、有骨气的一面得到了发展。

在莺莺内心世界的揭示上，从艺术表现的角度看，莺莺的形象有两个特点，即具有含蓄美和诗意美。

莺莺形象的含蓄美，首先是由她的性格决定的，是一种性格美的表现。不苟言辞，很少说话，说话也很少率直地吐露自己的心曲。同时，含蓄美的构成，也跟小说的艺术表现方式有关。作者采用含蓄的手法表现人物含蓄的性格和感情。

《莺莺传》全篇充满了一种诗意美，本身就像是一首哀感顽艳的抒情诗。形象的诗意美，小说的诗意美，由以下几方面的因素构成。首先是莺莺本人多情和含蓄的诗人气质。其次是莺莺表达感情的方式，诸如弹琴、赋诗等，都是风致高雅，充满诗意的。第三是莺莺的那封复信，是一篇抒情杰作，一篇优美的散文诗。内心世界表露得十分细致、含蓄、深微，文辞又是那样的优美、典雅，揭示出一个复杂的内心世界，其中有爱、有恨、有忧、有喜、有期待、有失望，从自责自悔中曲折地表现了对张生的怨恨。第四，是艺术氛围的点染。小说中没有太多的写景文字，但作者也着意为这个充满哀怨的爱情故事设置了极为优美和充满诗意的环境。他们幽会的时间是“明月三五夜”，地点是有花影拂动的西厢。在他们幽会时，小说以八个字点染环境氛围：“斜月晶莹，幽辉半床。”多么优美，多么富于诗意。这是以美景衬映欢情。在这八个字的基础上，小说写道：“张生飘飘然，且疑神仙之徒，不谓从人间至矣。”当事者“飘飘然”的感觉，不只是因为莺莺之美，同这种充满诗意的艺术氛围的营造也是分不开的。

（周先慎）

【作者小传】

李景亮

唐小说家。贞元十年(794)登详明政术可以理人科，历任翰林待诏、左司御率府长史等。作有小说《李章武传》等。

李章武传

李景亮

李章武①，字飞卿，其先中山②人。生而敏博，遇事便了③。工文学，皆得极至。虽弘道自高，恶为洁饰④，而容貌闲美,即之温然[5]。与清河崔信[6]友善。信亦雅士,多聚古物。以章武精敏,每访辨论,皆洞达玄微[7],研究原本,时人比晋之张华[8]。

贞元三年[9],崔信任华州别驾[10],章武自长安诣之。数日,出行,于市北街见一妇人,甚美。因绐[11]信云:“须州外与亲故知闻。”遂赁舍于美人之家。主人姓王,此则其子妇也。乃悦而私焉。居月余日,所[12]计用直三万余,子妇所供费倍之。既而两心克谐[13],情好弥切。

无何,章武系事[14],告归长安。殷勤叙别,章武留交颈鸳鸯绮一端,仍赠诗曰:

> □□鸳鸯绮[15],知结几千丝。
> 别后寻交颈,应伤未别时。

子妇答白玉指环一,又赠诗曰:

> 捻指环相思,见环重相忆。
> 愿君永持玩,循环无终极。

章武有仆杨果者,子妇赍[16]钱一千,以奖其敬事之勤。

既别,积八九年,章武家长安,亦无从与之相闻。至贞元十一年,因友人张元宗寓居下邽[17]县,章武又自京师与元会。忽思曩好,乃回车涉渭[18]而访之。日暝达华州,将舍于王氏之室。至其门,则阒[19]无行迹,但外有宾榻而已。章武以为下里或废业即农,暂居郊野,或亲宾邀聚,未始归复。但休止其门,将别适他舍。见东邻之妇,就而访之。乃云:“王氏之长老,皆舍业而出游,其子妇殁已再周[20]矣。”又详与之谈,即云:“某姓杨,第六,为东邻妻。”复访郎何姓。章武具语之。又云:“曩曾有傔[21]姓杨名果乎?”曰:“有之。”因泣告曰:“某为里中妇五年,与王氏相善。尝云:‘我夫室犹如传舍[22],阅人多矣。其于往来见调[23]者,皆殚财穷产,甘辞厚誓,未尝动心。顷岁有李十八郎,曾舍于我家。我初见之,不觉自失。后遂私侍枕席,实蒙欢爱。今与之别累年矣,思慕之心,或竟日不食,终夜无寝。

总我家人，亦未之知。今彼天东西[24]，不时会遇[25]。脱有至者，愿以物色[26]名氏求之。如不参差[27]，相托祗奉[28]，并语深意。但有仆夫杨果，即是。'不二三年，子妇寝疾。临终，复见托曰：'我本寒微，曾辱君子厚顾，心常感念。久以成疾，自料不治。曩所奉托，万一至此，愿申九泉衔恨，千古睽离之叹。仍乞留止此，冀神会于仿佛[29]之中。'"

章武乃求邻妇为开门，命从者市薪刍[30]食物。方将具绹席[31]，忽有一妇人持帚出房扫地。邻妇亦不之识。章武因访所从者，云是舍中人。又逼而诘之，即徐曰："王家亡妇，感郎恩情深，将见会。恐生怪怖，故使相闻。"章武许诺。云："章武所由来者，正为此也。虽显晦殊途[32]，人皆忌惮，而思念情至，实所不疑。"言毕，执帚人欣然而去，逡巡映门，即不复见。乃具饮馔，呼祭。自食饮毕，安寝。

至二更许，灯在床之东南，忽尔稍暗，如此再三。章武心知有变，因命移烛背墙，置室东南隅，旋闻西北角悉窣有声，如有人形，冉冉而至。五六步，即可辨其状。视衣服，乃主人子妇也。与昔见不异，但举止浮急，音调轻清耳。章武下床，迎拥携手，款[33]若平生之欢。自云："在冥录[34]以来，都忘亲戚。但思君子之心，如平昔耳。"章武倍与狎昵，亦无他异，但数请令人视明星[35]，若出，当须还，不可久住。每交欢之暇，即恳托在邻妇杨氏，云："非此人，谁达幽恨？"至五更，有人告可还。子妇泣下床，与章武连臂出门，仰望天汉，遂呜咽悲怨，却入室，自于裙带上解锦囊，囊中取一物以赠之。其色绀碧[36]，质又坚密，似玉而冷，状如小叶。章武不之识也。子妇曰："此所谓'靺鞨宝[37]'，出昆仑玄圃[38]中。彼亦不可得。妾近于西岳[39]与玉京夫人戏，见此物在众宝珰上，爱而访之，夫人遂假[40]以相授，云：'洞天群仙，每得此一宝，皆为光荣。'以郎奉玄道[41]，有精识，故以投献。常愿宝之，此非人间之有。"遂赠诗曰：

河汉已倾斜，神魂欲超越。

愿郎更回抱，终天从此诀。

章武取白玉宝簪一以酬之，并答诗曰：

分[42]从幽显隔，岂谓有佳期。

宁辞重重别，所叹去何之。

因相持泣，良久。子妇又赠诗曰：

昔辞怀[43]后会，今别便终天。

新悲与旧恨，千古闭穷泉。

章武答曰：

后期杳无约，前恨已相寻。

别路无行信，何因得寄心。

款曲[44]叙别讫，遂却赴西北隅。行数步，犹回顾拭泪，云："李郎无舍，念此泉下人。"复哽咽伫立，视天欲明，急趋至角，即不复见。但空室窅然[45]，寒灯半灭而已。

章武乃促装，却自下邽归长安武定堡。下邽郡官与张元宗携酒宴饮，既酣，章武怀念，因即事赋诗曰：

水不西归月暂圆，令人惆怅古城边。

萧条明早分岐路，知更相逢何岁年。

吟毕，与郡官别。独行数里，又自讽诵。忽闻空中有叹赏，音调凄恻。更审听之，乃王氏子妇也。自云："冥中各有地分[46]。今于此别，无日交会。知郎思眷，故冒阴司之责，远来奉送。千万自爱！"章武愈感之。

及至长安，与道友[47]陇西李助话，亦感其诚而赋曰：

石沉辽海阔，剑别楚天长。

会合知无日，离心满夕阳。

章武既事东平丞相府[48]，因闲召玉工视所得靺鞨宝，工亦不知，不敢雕刻。后奉使大梁[49]，又召玉工，粗能辨，乃因其形，雕作槲叶象[50]。奉使上京[51]，每以此物贮怀中。至市东街，偶见一胡僧，忽近马叩头云："君有宝玉在怀，乞一见尔。"乃引于静处开视。僧捧玩移时，云："此天上至物，非人间有也。"章武后往来华州，访遗杨六娘，至今不绝。

〔注〕 ① 李章武：孟启《本事诗·事感第二》："李章武学识好古，有名于时。"并称他曾"为成都少尹"，篇中所记可能实有其人。 ② 中山：汉郡名，治所在今河北定县一带。 ③ 了：了解，头脑清醒。 ④ 恶为洁饰：厌恶装腔作势的自命清高。 ⑤ 即之温然：同他接近感到对人十分随和。 ⑥ 清河崔信：清河，郡名。唐辖境相当于今河北清河和山东临清等市县地。崔信，人名。清河崔氏为唐代著名的七姓世族高门之一。 ⑦ 洞达玄微：深入了解事物的隐微玄妙之处。 ⑧ 张华：字茂先，方城人，博物多才，晋武帝时曾官中书令，著有《博物志》，时称"博物"。 ⑨ 贞元三年：即公元787年。 ⑩ 华州别驾：华州的副行政长官。华州，地名，故治在今陕西渭南市华州区。 ⑪ 绐(dài)：欺骗。 ⑫ 所：通"许"，大略之词。 ⑬ 克谐：达到了契合。 ⑭ 系事：为事务所牵缠。 ⑮ 鸳鸯绮：这是一首五言诗。鸳字前当缺二字。 ⑯ 赍(jī)：持赠。 ⑰ 下邽(guī)：地名，故治在今陕西渭南。 ⑱ 涉渭：渡过渭水。 ⑲ 阒：寂静无人。 ⑳ 再周：两周年。 ㉑ 傔(qiàn)：仆役。 ㉒ 传舍：旅店。 ㉓ 调：调戏，引诱。 ㉔ 东西：东跑西颠。 ㉕ 不时会遇：没有机会同他相遇。 ㉖ 物色：形貌。 ㉗ 参差(cēn cī)：差错。 ㉘ 祗奉：招待。 ㉙ 仿佛：这里指一种虚无恍惚的境界。 ㉚ 薪刍：柴草。 ㉛ 具细席：安排床铺。 ㉜ 显晦殊途：生死异路。 ㉝ 款：温柔。 ㉞ 在冥录：指死后。 ㉟ 视明星：看天色。 ㊱ 绀(gàn)碧：绿中稍泛红的颜色。 ㊲ 靺鞨(mò hé)宝：产于靺鞨国的一种名贵宝石。 ㊳ 昆仑玄圃：昆仑山之巅称玄(通写作县)圃，以产玉著名。 ㊴ 西岳：华山。玉京夫人：道教传说中的仙人。道教神话说大罗天之上有白玉京。 ㊵ 假：取。 ㊶ 玄道：指道教，因其教义玄深，故称玄道。 ㊷ 分(fèn)：认为。 ㊸ 怀：怀想，抱着一种心愿。 ㊹ 款曲：曲尽男女间亲热之情。 ㊺ 窅(yǎo)然：昏暗清寂貌。 ㊻ 地分(fèn)：界限。 ㊼ 道友：同为信奉道教的朋友。 ㊽ 东平丞相府：东平，郡名，郡治在今山东东平西北。丞相府，宰相办公的地方。当时唐王朝为了稳定各地有势力的藩镇，一般都委以"同中书门下平章事"(宰相)的虚衔。当时领东平郡的节度使李师古即得此虚衔，故云"丞相府"。 ㊾ 大梁：即今河南开封。 ㊿ 槲(xiè)叶象：槲(树名)叶形的样子。 51 上京：首都长安。

本篇在《太平广记》中原题《李章武》，篇末注"李景亮为作传"，鲁迅《唐宋传奇集》据此加"传"字，通行本均从。李章武，唐代实有其人，孟启《本事诗》中记载，他于太和末曾任成都少尹。唐人小说中人物姓名多于史可征，如《霍小玉传》中的李益等，但小说人物不可与史等同，此篇亦然。

这是一篇人鬼相恋的爱情故事。但同一般的人鬼恋爱故事不同，不是一开始就是人同鬼相爱，而是两人的爱情产生于生前，爱情的发展由生而及于死，不仅女方变成鬼以后生者与死者爱情不变，而且变得更加深挚、缠绵、执著。

小说艺术构思的一个特点是突出写人鬼恋情。虽然是从生前相爱写起，却写得十分简略，而留下主要篇幅铺展笔墨写人鬼之间"神会于仿佛之中"的动人情景。实在说来，两人生前的爱悦并无值得赞美之处，李章武见一妇人长得很美就去追求，小说只用"乃悦而私焉"五个字轻轻带过。即使两人临别时互赠信物并写诗表示伤离别和永不忘的感情，读者也还不能判定是否为好色之徒与放荡女人之间的一时苟合，因而还不能为之所动。可是在既别八九年之后，王氏子妇已经变成了鬼，人鬼再聚，其情其景就大不一样了。一则是生者历久而不变其情，专门绕道华州去寻找“王氏之室”；而死者在弥留前向邻妇吐露真情：“思慕之心，或竟日不食，终夜无寝”，以致感念成疾，命丧黄泉。而临终又托咐邻妇，当她日夜思念的情人来访时，代她转达她的一片深情，“申九泉衔恨，千古睽离之叹”，并求来访者留下以便同她幽会。这样一片深挚缠绵的情意，就十分令人感动了。

接着写人鬼相会。本来应是十分阴森恐怖的场景，却因写出了人鬼之间的一片至情而充满温馨之感。作者在写王氏子妇的鬼魂出现时，其实也是有意点染人鬼“显晦殊途”的怪异气氛的，如“执帚人”的“逡巡映门，即不复见”；“灯在床之东南，忽尔稍暗，如此再三”；以及鬼魂来时“闻西北角悉窣有声，如有人形，冉冉而至”等等，都是令人恐怖的。但李章武怀着一片深情，毫无畏惧之心，因为所产生的一切怪异现象，都说明意中人即将出现，而这正是他所急切期盼的。因此，当李章武对王氏子妇“迎拥携手，款若平生之欢”时，读者不仅为他们生死不渝的真挚爱情所感动，而且完全忘却了鬼魂的可怖和气氛的阴森。或者可以说，作者越是写出这种浓重的气氛，就越能突现出人鬼之间的恩重情深。这正是这篇小说的成功之处。

小说写的这段人鬼恋情表现出一种风雅的格调。这主要是从两方面来表现的。一是写李章武的身份和交游。一开始就交待他“生而敏博，遇事便了，工文学，皆得极至。虽弘道自高，恶为洁饰，而容貌闲美，即之温然”。一开始给我们的印象就是一个有杰出的才华，富于文学修养，性情闲雅温厚的儒雅之士，而非庸碌浅俗之辈。同时又写他的好友崔信也是一个喜欢收藏古物且能“洞达玄微”的晋代张华一流人物。二是更重要的，篇中多处写李章武与王氏子妇用诗歌来传情达意。生前两人临别时，章武留交颈鸳鸯绮一端，并赠诗曰：“□□鸳鸯绮，知结几千丝。别后寻交颈，应伤未别时。”子妇回赠白玉指环一，并赠诗云：“捻指环相思，见环重相忆。愿君永持玩，循环无终极。”所表现的感情都既真挚又含蓄且富于诗意。后面写人鬼幽会后永别，又互赠礼物并反复赠诗，更进一步表现出人鬼间依恋不舍的缠绵情意和离别时的忧伤。既别之后，章武在朋友的酒宴上因怀念子妇又即事赋诗，并在归路上“独行数里，又自讽诵”，致使王氏子妇之魂发出“音调凄恻”的叹赏。这些赋诗及其内容，都是融入到小说的情节之中的，不仅突出地表现了人物的思想感情，增强了作品的艺术感染力，而且还表现出一种诗的韵致，并进而突出了爱情本身的风雅格调。仅仅写出当事人互赠诗歌，作者仍感到意犹未足，因而又在篇末借章武的道友之名，“感其诚”而再赋诗一首，以表达对二人坚贞深挚爱情的颂扬和离别之后难于再会的哀感。这诗里传达的，实际是作者的感情，同时也是受到这真挚爱情感染的读者的感情。

小说写的是封建时代普遍为人不齿的婚外恋，但并无污秽之感和庸俗的气息，这，除了小说写出人鬼间真挚感人的爱情外，也跟这种风雅格调的创造是分不开的。

除此之外，作者为了表现他对王氏子妇的赞颂之情，创造出更加优美的形象，特意在她鬼魂身份之上赋予一种超逸的神仙特质。看她与李章武永诀时所赠的礼物，是一种"其色绀碧，质又坚密，似玉而冷，状如小叶"的出于昆仑玄圃中的"靺鞨宝"，是她在西岳从玉京夫人那里得来的，而玉京夫人赠此宝时曾说："洞天群仙，每得此一宝，皆为光荣。"这里不仅强调了她同神话人物玉京夫人的独特关系，暗示她已非一般鬼物而入了仙界，同时宝物本身就具有象征的意义，其色之纯，其质之坚，其状之美，无一不使我们联想到特赠此宝的玉京夫人，而王氏子妇同她正是同一流人物。所以后文特意写李章武在归长安的路上自诵诗作，子妇冒阴司之责，深情地赶来奉送，她闻诗后发出的叹赏之声是从"空中"传来的。鬼物属阴界，应该是在地下，而这里却写她竟然上了天。可见作者这样写不是无意的，而是自觉地要让这个形象升华到具有一种仙人的品格。

小说在艺术描写上的虚实结合也值得注意。写子妇死后对李章武的深情思念，先是由东邻妻杨氏转述，间接道出，属虚写；而后才直接写人鬼的幽会，而在子妇出现前又先写一持帚扫地的妇人（也是鬼），传达出亡妇对李章武的深切关爱和体贴，最后才直接写出子妇与李章武"款若平生之欢"，以及欢会之后的痛别。这样虚实相映，形象的塑造和人物感情的表现，便都显得丰富而具有层次感。

（周先慎）

【作者小传】

陈 鸿

唐文学家、史学家。字大亮。贞元二十一年（805）进士，历任太常博士、尚书主客郎中。作有小说《长恨歌传》等。

长恨歌传

陈 鸿

开元[①]中，泰阶平[②]，四海无事。玄宗在位岁久，倦于旰食宵衣[3]，政无大小，始委于右丞相[4]，稍深居游宴，以声色自娱。先是，元献皇后、武惠妃皆有宠，相次即世[5]。宫中虽良家子千数，无可悦目者。上心忽忽不乐。

时每岁十月，驾幸华清宫[6]，内外命妇[7]，熠耀景从，浴日[8]余波，赐以汤沐，春风灵液，澹荡其间，上必油然若有所遇，顾左右前后，粉色如土。诏高力士潜搜外宫，得弘农杨玄琰女于寿邸[9]，既笄[10]矣。鬓发腻理，纤秾中度，举止闲冶，如汉武帝李夫人。别疏汤泉，诏赐藻莹。既出水，体弱力微，若不任罗绮。光彩焕发，转动照人。上甚悦。进见之日，奏《霓裳羽衣曲》以导之；定情之夕，授金钗钿合以固之。又命戴步摇，垂金珰。明年，册为贵妃，半后服用[11]。繇是冶其容，敏其词，婉娈万态，以中上意。上益嬖[12]焉。时省风九州[13]，泥金五岳[14]，骊山雪夜，上阳[15]春朝，与上行同辇，止同室，宴专席，寝专房。虽有三夫人、九嫔、二十七世妇、八十一御妻，暨后宫才人[16]、乐府妓女，使天子无顾盼意。自是六宫无复进幸者。非徒殊艳尤态致是[17]，盖才智明慧，善巧便佞[18]，先意希旨[19]，有不可形容者。叔父昆弟皆列位清贵，爵为通侯。姊妹封国夫人，富埒[20]王宫，车服邸第，与大长公主侔[21]矣。而恩泽势力，则又过之，出入禁门不问，京师长吏为之侧目。故当时谣咏有云："生女勿悲酸，生男勿喜欢。"又曰："男不封侯女作妃，看女却为门上楣[22]。"其为人心羡慕如此。

天宝末，兄国忠盗丞相位，愚弄国柄。及安禄山引兵向阙[23]，以讨杨氏为词。潼关不守，翠华南幸[24]。出咸阳，道次马嵬亭[25]，六军徘徊，持戟不进。从官郎吏伏上马前，请诛晁错[26]以谢天下。国忠奉牦缨盘水[27]，死于道周。左右之意未快。上问之。当时敢言者，请以贵妃塞天下怨。上知不免，而不忍见其死，反袂掩面，使牵之而去。仓皇展转，竟就死于尺组之下。

既而玄宗狩成都[28]，肃宗受禅灵武[29]。明年，大凶归元[30]，大驾还都。尊玄宗为太上皇，就养南宫。自南宫迁于西内。

时移事去，乐尽悲来。每至春之日、冬之夜，池莲夏开，宫槐秋落，梨园弟子，玉琯[31]发音，闻《霓裳羽衣》一声，则天颜不怡，左右歔欷。三载一意，其念不衰。求之梦魂，杳不能得。

适有道士自蜀来，知上皇心念杨妃如是，自言有李少君之术[32]。玄宗大喜，命致其神。方士乃竭其术以索之，不至。又能游神驭气，出天界，没地府以求之，不见。又旁求四虚上下[33]，东极天海，跨蓬壶[34]。见最高仙山，上多楼阙，西厢下有洞户，东向，阖其门，署曰："玉妃太真院。"方士抽簪扣扉，有双鬟童女，出应其门。方士造次未及言，而双鬟复入。俄有碧衣侍女又至，诘其所从[35]。方士因称唐天子使者，且致其命。碧衣云："玉妃方寝，请少待之。"

于时云海沉沉，洞天日晓，琼户重阖，悄然无声。方士屏息敛足，拱手门下。久之，而碧衣延入，且曰："玉妃出。"见一人冠金莲，披紫绡，佩红玉，曳凤舄[36]，左右侍者七八人。揖方士，问："皇帝安否？"次问天宝十四载已还[37]事。言讫，悯然[38]。指碧衣取金钗钿合，各折其半，授使者曰："为我谢太上皇，谨献是物，寻旧好也。"方士受辞与信[39]，将行，色有不足。玉妃固征其意。复前跪致词："请当时一事，不为他人闻者，验于太上皇；不然，恐钿合金钗，负新垣平之诈也[40]。"玉妃茫然退立，若有所思，徐而言曰："昔天宝十载，侍辇避暑于骊山宫。秋七月，牵牛织女相见之夕，秦人风俗，是夜张锦绣，陈饮食，树瓜华[41]，焚香于庭，号为'乞巧'。宫掖[42]间尤尚之。时夜殆半，休侍卫于东西厢，独侍上。上凭肩而立，因仰天感牛女事，密相誓心，愿世世为夫妇。言毕，执手各呜咽。此独君王知之耳。"因自悲曰："由此一念，又不得居此。复堕下界，且结后缘。或为天，或为人，决再相见，好合如旧。"因言："太上皇亦不久人间，幸惟自安，无自苦耳。"使者还奏太上皇，皇心震悼，日日不豫[43]。其年夏四月，南宫晏驾[44]。

元和[45]元年冬十二月，太原白乐天自校书郎尉于盩厔[46]。

鸿与琅琊[47]王质夫家于是邑，暇日相携游仙游寺，话及此事，相与感叹。质夫举酒于乐天前曰："夫希代之事，非遇出世之才润色之，则与时消没，不闻于世。乐天深于诗，多于情者也。试为歌之，如何？"乐天因为《长恨歌》。意者[48]不但感其事，亦欲惩尤物[49]，窒乱阶，垂于将来者也。歌既成，使鸿传[50]焉。世所不闻者，予非开元遗民，不得知；世所知者，有《玄宗本纪》在。今但传《长恨歌》云尔。

〔注〕 ① 开元：唐玄宗年号(713—741)。 ② 泰阶平：泰阶指天之三阶，即上阶、中阶、下阶。泰阶平指太平盛世。 ③ 旰(gàn)食宵衣：晚吃饭，天未明就穿衣起床，指皇帝勤于政事。 ④ 右丞相：这里指李林甫，他于开元二十四年(736)任中书令；天宝元年(742)改称右丞相。 ⑤ 即世：去世。 ⑥ 驾幸华清宫：驾，原指车舆，这里借指皇帝。幸，对皇帝行动所及的敬称。华清宫，唐宫名，在陕西省西安市临潼区骊山山麓，为唐太宗所建，初名汤泉宫，天宝六年(747)改此名。 ⑦ 内外命妇：宫内宫外得到皇帝封号的妇女。 ⑧ 日：这里喻指皇帝。 ⑨ 弘农：郡名，唐虢(guó)州州治在弘农；弘农为汉代郡名，郡治在今河南省灵宝市南。寿邸：指玄宗之子寿王李瑁(mào)的府邸。 ⑩ 笄(jī)：指女子成年。 ⑪ 半后服用：指服饰用物的待遇规格，相当于皇后的一半。 ⑫ 嬖(bì)：宠爱。 ⑬ 省(xǐng)风九州：巡视全国。省风，考察民情，以观风俗。 ⑭ 泥金五岳：指皇帝祭祀天地山川。因古时皇帝祭祀天地山川的祭文写在用玉装饰起来的简版上，称为玉牒，用玉检(玉做的盖子)盖上，然后用水银和金为泥将它封起来，因而以泥金作为祭祀天地山川的代称。五岳，这里泛指名山大川。 ⑮ 上阳：唐宫名，唐高宗李治所建，在当时的东都洛阳。 ⑯ 才人：唐代管理宫中宴寝等事的女官。 ⑰ 殊艳尤态：突出的容貌和妩媚的风姿。致是：造成得到皇帝专宠这样的情况。 ⑱ 善巧便佞(nìng)：善于以花言巧语取媚于人。 ⑲ 先意希旨：不等皇帝开口，就能猜测到他的心意去迎合。 ⑳ 埒(liè)：相等。 ㉑ 大长公主：指皇帝的姑母。侔(móu)：相等。 ㉒ 门上楣：楣是门上的横梁，显贵之家门楣高大。这里是光耀门庭的意思。 ㉓ 向阙：阙，宫门的代称。向阙，向京城进发。 ㉔ 翠华南幸：皇帝向南(四川)逃跑。翠华，皇帝的乘舆。因皇帝的乘舆前面用翠羽装饰，故用翠华代指。 ㉕ 马嵬亭：即马嵬驿，又称马嵬坡，在今陕西省兴平县西。 ㉖ 请诛晁错：晁错为汉景帝时人，时任御史大夫，建议削减诸侯封地，以加强中央权力，吴楚七国以请诛晁错为借口发动叛乱。这里晁错借指权相杨国忠。 ㉗ 奉牦(máo)缨盘水：牦缨，用牦牛尾的毛做的帽缨，古时罪人所戴凶冠上的带子；盘水，以盘盛水，因水性平，有请皇帝公平处理之意。戴白冠牦缨，持盘水加剑，向皇帝请罪。 ㉘ 狩成都：指玄宗逃至成都。狩，皇帝巡视。 ㉙ 受禅：皇帝接受让位。灵武：故城在今宁夏回族自治区灵武市西北。 ㉚ 大凶归元：指叛乱首领安禄山被诛。元，首。归元，被杀头。 ㉛ 玉琯(guǎn)：玉制的管乐器，六孔，像笛。 ㉜ 李少君之术：招魂之术。李少君是汉武帝时的方士，相传他解招亡魂之术，曾将汉武帝的宠妃李夫人之魂招来，使武帝在远处望见其形。 ㉝ 四虚上下：东南西北和天地。 ㉞ 蓬壶：即蓬莱，传说中海上三座仙山之一(另外两座是方丈和瀛洲)。 ㉟ 所从：从什么地方来。 ㊱ 曳(yè)凤舄(xì)：穿着凤头鞋。 ㊲ 已还：以来。 ㊳ 悯然：忧愁悲伤的样子。 ㊴ 信：爱情的信物，指上文的金钗钿合。 ㊵ 负新垣平之诈：怕被看作新垣平的骗局。新垣

平，汉代赵人，文帝时因自称善望气得到宠信，后骗局揭穿，被夷三族。 ㊶ 树瓜华：摆上瓜果。 ㊷ 宫掖：宫，皇宫。掖，掖庭，后妃居住的地方。 ㊸ 不豫：身体不适。 ㊹ 南宫晏驾：指玄宗去世。南宫，指玄宗，他被尊为太上皇后即居于南宫（即兴庆宫）。晏驾，是皇帝去世的讳辞。 ㊺ 元和：唐宪宗年号（806—820）。 ㊻ 太原白乐天：唐代著名诗人白居易，太原人，号乐天。自校书郎尉于盩厔（zhōu zhì）：由校书郎的职务调到盩厔县任县尉。尉字在这里作动词用。盩厔，唐县名，即今陕西周至。 ㊼ 琅琊：唐郡名，治所在今山东临沂。 ㊽ 意者：揣想那意思。 ㊾ 尤物：这里是绝色的女子，常有贬意。 ㊿ 传（zhuàn）：这里作动词用，即写作传文。

本篇《文苑英华》录载。

在唐人传奇中多有传与诗写同一题材而相辅行世者，如白行简的《李娃传》和元稹的《李娃行》（全诗佚，仅存残句），元稹的《莺莺传》和李绅的《莺莺歌》（见《全唐诗》），而陈鸿的这篇《长恨歌传》与白居易的《长恨歌》则尤为著名而影响深远。

这篇作品大部分来自史实，同时也吸取民间传闻，事涉幻异。小说的思想内容并不单一，有其复杂的一面。从诗与传并题"长恨"看，显然作者意在写唐玄宗与杨贵妃生死不渝的爱情，对他们的生离死别寄予同情。但篇末作者谈到白居易《长恨歌》的创作意图时，又明确地说："意者不但感其事，亦欲惩尤物，空窒乱阶，垂于将来者也。"总结历史经验以鉴戒后来，政治上的讽谕之意也是十分明显的。后一方面从表面上看是就《长恨歌》的创作而言，但实际上"歌"较之于"传"，言情之意更加突出，所以这几句话用来概括陈鸿自己传文的作意似更为切合。

小说的揭露批判之意主要体现在小说的前半部分，即悲剧产生之前。作者的营构与艺术描写表现在几个方面。首先是将唐明皇的专宠杨贵妃，置于从开元盛世到天宝十四载的历史框架之内，以由治到乱作总的政治背景，以唐玄宗的"深居宴游，以声色自娱"作具体的生活背景，这样来描写和展示唐明皇和杨贵妃的关系，这种构想本身就揭示了杨贵妃的受宠与唐玄宗荒淫失政的关系，与唐王朝由兴到衰的关系，其寓意应是十分明显的。其次是写杨贵妃的身份和她之能得宠的过程："诏高力士潜搜外宫，得弘农杨玄琰女于寿邸。"这一句交代十分重要。一是为了满足皇帝荒淫享乐的需要，命高力士广泛搜求才得来的。二是明确揭示出杨贵妃本来的身份，是玄宗的儿子寿王李瑁的妻子。单是这两点，杨贵妃同唐玄宗的关系就跟普通百姓中的男女爱情有着根本的不同。不论作者有意无意，这样的描写本身就带有揭露和讽刺的意义。比较起来，白居易《长恨歌》的"杨家有女初长成，养在深闺人未识。天生丽质难自弃，一朝选在君王侧"。就显得隐晦含蓄多了。三是具体描写了杨玉环受宠，册为贵妃后，不仅本人享尽荣华富贵，而且泽及家人:"叔父昆弟皆列位清贵,爵为通侯。姊妹封国夫人,富埒王宫,车服邸第,与大长公主侔矣。而恩泽势力,则又过之,出入禁门不问,京师长吏为之侧目。"即使在封建时代,这种情形都是极不正常的。作者还于此引用了反映当时老百姓思想情绪的民谣:"生女勿悲酸,生男勿喜欢。""男不封侯女作妃,看女却为门上楣"。因此,马嵬之变在诛杀杨国忠之后,"左右之意未快",不杀杨贵妃不足以"塞天下怨"。应该说,这样的描写是反映了民情,也大体上符合历史真实的。

篇末"惩尤物,窒乱阶"的议论,将女人视为败国乱政的祸水,显系陈腐之论。不过在具体叙写中,并没有只是侧重于杨贵妃一方,而是从唐明皇和杨贵妃两方面着笔,都是有所讥刺和揭露的。"宫中虽良家子千数,无可悦目者",到华清宫沐浴,赐内外命妇入池,"顾左右前后,粉色如土","册(玉环)为贵妃,半后服用","自是六宫无复进幸者","天宝末,兄国忠盗丞相位,愚弄国柄",如此等等,无一不是写唐玄宗的荒淫失政。对杨贵妃的一面,写她之得宠,除了容颜气质之美艳动人,如小说所写"鬒发腻理,纤秾中度,举止闲冶,如汉武帝李夫人"者外,更重要的还写了她的有意媚上邀宠:"繇是冶其容,敏其词,婉娈万态,以中上意","非徒殊艳尤态致是,盖才智明慧,善巧便佞,先意希旨,有不可形容者"。所有这些叙写,与其说是在写男女爱情,毋宁说是在写皇帝与后妃间逸乐与取悦的特殊关系,而这一点在封建时代是具有典型意义的。

作为写情之作,真正动人之处是在后半篇悲剧发生之后,即"时移事去,乐尽悲来"的那种生死离别的悲情。作者为此极尽渲染形容,从时令、景色("每至春之日、冬之夜,池莲夏开,宫槐秋落")、旧时音乐("梨园弟子,玉琯发音,闻《霓裳羽衣》一声")等方面,写唐玄宗对杨贵妃死后的深挚怀念("三载一意,其念不衰")。

写二人生死不渝的爱情,也是从玄宗和杨贵妃两方面着笔的。玄宗一面,是着重写他对杨贵妃的思念。然而"求之梦魂,杳不能得"。于是用幻笔,请方士"竭其术以求之","游神驭气,出天界,没地府以求之,不见"。这就是《长恨歌》中所写的"上穷碧落下黄泉,两处茫茫皆不见"。深切思念中的失望和悲哀,可以想见。最后终于在最高仙山之上叩开"玉妃太真院"之门,找到了已入仙界的玉妃娘娘。杨贵妃一面,主要写她虽位列仙班而仍旧情不改,日夜思念唐玄宗,并殷切期望和他重新结合。分几层来写。第一层是取出爱情的信物金钗钿合,各折其半,以寻旧好。第二层是在方士的请求下,追忆生前与唐玄宗七夕定情之事:"上凭肩而立,因仰天感牛女事,密相誓心,愿世世为夫妇。"旧日情景,恍如眼前,言语间表现了深厚真挚的感情。第三层,是明确表示因不忘尘缘,有可能从天上仙院"复堕下界",但"或为天,或为人,决再相见,好合如旧"。这样从两个人的不同角度，表现了共同的生死不渝的坚贞爱情。

小说在艺术描写上，注意从景物描写和气氛营造上渲染悲情。如写唐玄宗对杨贵妃的思念，从春、夏、秋、冬，莲开槐落的季节变化，来表现“天颜不怡，左右歔欷”的情景，虽然比较简括，却能启发读者的想象，收到情景交融的效果。又如方士造访“太真院”时，有这样几句：“于时云海沉浮，洞天日晓，琼户重阖，悄然无声。”冷寂的气氛，烘托出玉妃内心孤寂的感情，进而有利于表现她对唐玄宗的深切思念。另外，前半部分写乐，后半部分写悲，前后的对比、照映，也是值得注意的。

小说在思想内容上存在明显的矛盾。唐玄宗重色，杨贵妃媚上，以致朝纲松弛，任用权奸，造成了严重的社会问题。虽然安史之乱的产生有着广泛复杂的社会原因，将社会的动乱归结为女色为祸的观念也极为陈腐，但不论就历史事实看，还是从本篇中的具体描写看，杨贵妃之死所造成的爱情悲剧，都可以说是他们咎由自取。但在作者的笔下，他们之间的爱情却被渲染成那样的真挚、深沉，情意缠绵，生死不渝，具有强烈的感人力量。生离死别所造成的痛苦和深切思念，也都令人同情。历代描写这一题材的各种作品，都注意到调节和统一这两方面的矛盾，但都未能取得令人满意的效果。这是因为这一矛盾是固有的，以声色享乐为主要内容的帝妃关系，虽然并不排斥也可能存在某种真挚的感情，但毕竟如小说最后所说是属于“希代之事”，同广大读者从历史中得来的一般感受是并不完全相同的。

由于《长恨歌》和本篇的流行于世，李杨故事在后世影响很大。今存有宋代乐史的《杨太真外传》两卷，元代有王伯成的《天宝遗事》诸宫调（有今人郑振铎等所辑佚曲若干套），最著名的则是元代白朴的《唐明皇秋夜梧桐雨》杂剧和清代洪昇的《长生殿》传奇。 （周先慎）

【作者小传】

陈鸿祖

唐小说家。元和间颍川（今河南许昌）人。生平事迹不详。作有小说《东城老父传》等。

东城老父传

陈鸿祖

老父，姓贾名昌，长安宣阳里①人，开元②元年癸丑生。元和[3]庚寅岁，九十八年矣。视听不衰，言甚安徐，心力不耗，语太平事历历可听。

父忠，长九尺，力能倒曳牛，以材官为中宫幕士[4]。景龙[5]四年，持幕竿随玄宗入大明宫[6]，诛韦氏[7]，奉睿宗朝群后[8]，遂为景云功臣[9]。以长刀备亲卫[10]。诏徙家东云龙门[11]。

昌生七岁，趫捷过人，能抟柱乘梁[12]，善应对，解鸟语音。玄宗在藩邸[13]时，乐民间清明节斗鸡戏[14]。及即位，治鸡坊于两宫[15]间。索长安雄鸡，金毫铁距[16]高冠昂尾千数，养于鸡坊，选六军小儿[17]五百人，使驯扰教饲。上之好之，民风尤甚。诸王世家，外戚家，贵主家，侯家，倾帑破产市鸡，以偿鸡直。都中男女，以弄鸡为事，贫者弄假鸡。帝出游，见昌弄木鸡于云龙门道旁，召入，为鸡坊小儿，衣食右龙武军[18]。

三尺童子入鸡群，如狎[19]群小，壮者，弱者，勇者，怯者，水谷之时[20]，疾病之候[21]，悉能知之。举二鸡，鸡畏而驯，使令如人。护鸡坊中谒者[22]王承恩言于玄宗。召试殿庭，皆中玄宗意。即日为五百小儿长。加之以忠厚谨密，天子甚爱幸之。金帛之赐，日至其家。开元十三年，笼鸡三百，从封东岳[23]。父忠死太山下，得子礼奉尸归葬雍州[24]。县官为葬器丧车，乘传[25]洛阳道。十四年三月，衣斗鸡服，会玄宗于温泉[26]。当时天下号为“神鸡童”。时人为之语曰：

生儿不用识文字，斗鸡走马胜读书。
贾家小儿年十三，富贵荣华代不如。
能令金距期胜负，白罗绣衫随软舆[27]。
父死长安千里外，差夫持道[28]挽丧车。

昭成皇后[29]之在相王府，诞圣[30]于八月五日。中兴[31]之后，制为千秋节。赐天下民牛酒乐三日，命之曰酺[32]。以为常也。大合乐于宫中，岁或酺于洛[33]。元会[34]与清明节，率皆在骊山。每至是日，万乐具举，六宫毕从。昌冠雕翠金华[35]冠，锦袖绣襦裤，执铎拂[36]，导群鸡叙立[37]于广场，顾眄[38]如神，指挥风生。树毛振翼，砺吻磨距，抑怒待胜，进退有期[39]，随鞭指低昂不失。昌度[40]胜负既决，强者前，弱者后，随昌雁行，归于鸡坊。角觝万夫，跳剑寻橦[41]，蹴毬踏绳，舞于竿颠者，索气沮色[42]，逡巡不敢入。岂教猱扰龙[43]之徒欤？

二十三年[44]，玄宗为娶梨园弟子潘大同女，男服珮玉，女服绣襦，皆出御府。昌男至信、至德。天宝中，妻潘氏以歌舞重幸于杨贵妃。夫妇席宠[45]四十年，恩泽不渝，岂不敏于伎，谨于心乎？

上生于乙酉鸡辰[46]，使人朝服斗鸡，兆乱[47]于太平矣。上心不悟。十四载，胡羯[48]陷洛，潼关不守。大驾幸成都，奔卫乘舆[49]。夜出便门，马踣道阱，伤足，不能进，杖入南山[50]。每进鸡之日，则向西南大哭。禄山往年朝于京师，识昌于横门[51]外。及乱二京[52]，以千金购昌长安洛阳市。昌变姓名，依于佛舍，除地[53]击钟，施力于佛。

洎太上皇[54]归兴庆宫，肃宗受命于别殿[55]，昌还旧里。居室为兵掠，家无遗物。布衣憔悴，不复得入禁门矣。明日，复出长安南门，道见妻儿于招国里，菜色黯焉。儿荷薪，妻负故絮。昌聚哭，诀于道。遂长逝息长安佛寺，学大师佛旨。

大历[56]元年，依资圣寺大德僧运平住东市海池，立陁罗尼石幢[57]。书能纪(记)姓名，读释氏经，亦能了其深义至道，以善心化市井人。建僧房佛舍，植美草甘木。昼把土拥根，汲水灌竹，夜正观[58]于禅宗。建中[59]三年，僧运平人寿尽。服礼毕，奉舍利塔于长安东门外镇国寺东偏，手植松柏百株。构小舍，居于塔下，朝夕焚香洒扫，事师如生。顺宗[60]在东宫，舍钱三十万，为昌立大师影堂[61]及斋舍。又立外层，居游民，取佣给[62]。昌因日食粥一杯，浆水一升，卧草席，絮衣。过是，悉归于佛。妻潘氏后亦不知所往。

贞元[63]中，长子至信衣并州甲[64]，随大司徒燧入觐[65]，省昌于长寿里。昌如已不生，绝之使去。次子至德归，贩缯洛阳市,来往长安间,岁以金帛奉昌,皆绝之。遂俱去,不复来。

元和中,颍川陈鸿祖携友人出春明门,见竹柏森然,香烟闻于道,下马觐昌于塔下。听其言,忘日之暮。宿鸿祖于斋舍,话身之出处,皆有条贯。遂及王制。鸿祖问开元之理乱。昌曰:"老人少时,以斗鸡求媚于上。上倡优畜之,家于外宫,安足以知朝廷之事。然有以为吾子言者。老人见黄门侍郎杜暹出为碛西[66]节度,摄[67]御史大夫,始假风宪以威远[68]。见哥舒翰[69]之镇凉州也,下石堡戍青海城,出白龙,逾葱岭,界铁关,总管[70]河左道,七命[71]始摄御史大夫。见张说[72]之领幽州也,每岁入关,辄长辕挽辐车,辇[73]河间蓟州庸调缯布,驾辖连轫[74],坌[75]入关门。输于王府,江淮绮縠[76],巴蜀锦绣,后宫玩好而已。河州敦煌道[77]岁屯田,实[78]边食,余粟转输灵州[79],漕[80]下黄河,入太原仓,备关中[81]凶年。关中粟麦,藏于百姓。天子幸五岳[82],从官千乘万骑,不食于民。老人岁时伏腊[83]得归休,行都市间,见有卖白衫白叠布[84]。行邻比鄽[85]间,有人禳病[86],法用皂布一匹,持重价不克致,竟以幞头罗[87]代之。近者,老人扶杖出门,阅街衢中,东西南北视之,见白衫者不满百,岂天下之人皆执兵乎[88]?开元十二年,诏三省[89]侍郎有缺,先求曾任刺史者。郎官缺,先求曾任县令者。及老人见四十,三省郎吏[90],有理刑才名[91],大者出刺郡,小者镇县。自老人居大道旁,往往有郡太守休马于此,皆惨然不乐朝廷沙汰使治郡[92]。开元取士,孝弟理人[93]而已。不闻进士宏词拔萃之为其得人也[94]。大略如此。"因泣下。复言曰:"上皇北臣穹庐[95],东臣鸡林[96],南臣滇池[97],西臣昆夷[98],三岁一来会[99]。朝觐之礼容,临照之恩泽,衣之锦絮,饲之酒食,使展事[100]而去,都中无留外国宾。今北胡与京师杂处,娶妻生子。长安中少年,有胡心矣。吾子视首饰靴服之制,不与向[101]同,得非物妖乎?"鸿祖默不敢应而去。

〔注〕 ① 宣阳里:唐代长安里名,在东城。 ② 开元:唐玄宗年号(713—741)。 ③ 元

和：唐宪宗年号(806—820)。 ④"以材官"句：材官指下级武职，中官指长安的太极宫，幕士指宫廷卫士。全句意思是，以下级武官的身份担任宫廷卫士。 ⑤ 景龙：唐中宗年号(707—710)。 ⑥ 幕竿：支撑幕帐的棍子。史载，李隆基领羽林军入宫诛杀篡权的韦氏时，因起事仓促，许多士兵只拿了幕竿去战斗。大明宫：唐宫名，在太极宫(大内)东北。 ⑦ 韦氏：史称"韦后"，唐中宗皇后。 ⑧ 朝群后：指即皇帝位，意为得到天下诸侯的朝拜。 ⑨ 景云功臣：景云之役的功臣。睿宗即位后改元景云，故史称诛杀韦后的这次政变为"景云之役"。 ⑩ 以长刀备亲卫：指贾忠以千牛卫(又称"千牛备身")的职位执刀为皇帝的亲近侍卫。 ⑪ 东云龙门：指大明宫门。 ⑫ 抟(tuán)柱乘梁：攀缘柱子而爬上屋梁。 ⑬ 藩邸：藩王(宗室亲王)的府邸。玄宗做皇帝前为临淄王，故云"在藩邸时"。 ⑭ 斗鸡戏：古代有清明节斗鸡的风俗。⑮ 两宫：指东内(大明宫)和西内(太极宫)。 ⑯ 铁距：雄鸡脚后坚利如铁的尖骨。 ⑰ 六军小儿：皇帝禁卫军的年轻士兵。 ⑱ 衣食右龙武军：在右龙武军得到衣食，即加入右龙武军，得到正式的编制。右龙武军，唐代皇帝禁卫军中的一部。 ⑲ 狎(xiá)：戏玩。 ⑳ 水谷之时：饮水和吃食的时间。 ㉑ 候：征候，症状。 ㉒ 中谒者：官名，唐代宫中有关机构的主管，多以宦官充任。 ㉓ 从封东岳：跟随玄宗到泰山参加封禅(祭祀天地)大典。 ㉔"得子礼"句：大意是得到皇帝的特许，贾昌以孝子的礼仪侍奉父亲的尸体归葬长安。雍州，唐代辖境包括长安及郊区。 ㉕ 乘传：由官府供应车马传送。 ㉖ 温泉：在今陕西西安市临潼区骊山。 ㉗ 软舆：皇帝在宫中乘坐的让人抬着走的一种软轿子。 ㉘ 持道：在路上照料。㉙ 昭成皇后：玄宗之母窦后。相王：指睿宗李旦，曾封为相王。 ㉚ 诞圣：这里指唐玄宗的生日 ㉛ 中兴：指韦后之乱被平定。 ㉜ 酺(pú)：封建时代皇帝令百姓合聚饮食为酺。㉝ 酺于洛：在洛阳举行大酺的仪式和表演。 ㉞ 元会：即旧历的正月初一春节。 ㉟ 雕翠金华：指冠上的饰物，包括雕和翠鸟的羽毛及金花等，均极华贵。 ㊱ 铎拂：铎，一种似铃的发声乐器。拂，尘拂。 ㊲ 叙立：犹"序立"，按顺序排列。 ㊳ 顾眄(miǎn)：斜视。 ㊴ 期：法度。 ㊵ 度：规定，指挥。 ㊶ 寻橦(zhuàng)：一种爬竿的杂技表演。 ㊷ 索气沮色：神气沮丧。 ㊸ 教猱扰龙：泛指驯兽。 ㊹ 二十三年：指开元二十三年(735)。 ㊺ 席宠：受宠。㊻ 鸡辰：即生年乙酉属鸡。 ㊼ 兆乱：预示将会发生动乱。 ㊽ 胡羯(jié)：这里指安禄山，因为他是胡人故蔑称为胡羯。 ㊾ 乘舆：皇帝乘坐的车子，又用为皇帝的代称。 ㊿ 南山：这里指终南山。 51 横门：长安城北出西头第一门。 52 二京：指长安和洛阳。 53 除地：扫地。 54 洎(jì)：等到。太上皇：这里指唐玄宗，因此时已传位给肃宗。 55 别殿：指咸阳望贤宫。 56 大历：唐代宗年号(766—779)。 57 立陁罗尼石幢：在幢形(圆筒形)的石碑上刻了一部陁罗尼经。陁罗尼为梵语的音译，意思是"总持勿失"。 58 正观：即坐禅，俗称"打坐"，佛家的一种修炼方法，即以佛法来观心，在默观中达到所追求的境界。 59 建中：唐德宗年号(780—783)。 60 顺宗：唐顺宗李诵，德宗之子。东宫，古代太子所居，因以称太子为东宫。 61 影堂：佛教徒供奉神像的厅堂。 62 取佣给：收取租金。 63 贞元：唐德宗年号(785—805)。 64 衣并州甲：在并州当兵。并州，古州名，辖境在今山西一带。 65 燧：马燧(726—795)，中唐时期著名的武将，因有功拜大司徒。入觐(jìn)：入京朝见皇帝。 66 碛(qì)西：碛，指戈壁沙漠，当时的安西都护府辖区相当于今天新疆维吾尔自治区的西部，故云碛西。67 摄：代理。 68 假风宪以威远：任命他担任御史大夫(中央司法监察机构的长官)这样的高官，以使他能威镇边疆。 69 哥舒翰：人名，突厥族，玄宗时任陇右(辖境相当今甘肃)节度副大使。在戍边、抵御吐蕃的侵扰上有功。安史之乱中守潼关，兵败被俘后遭杀害。 70 总管：一个地区的军事行政最高长官。 71 七命：七次任命。 72 张说(yuè)：字悦之，又字道济。

范阳人。睿宗时宰相，玄宗时因有功封燕国公。曾任朔方节度大使，职掌幽州、蓟州的军政事务。 ⑬ 辇：车运。 ⑭ 驾辖(huì)连轨(yuè)：许多车子接连运送。辖，车轴头；轨，车辕前连接驾牲口的横木的关键。 ⑮ 坌(bèn)：聚集。 ⑯ 绮縠(hú)：这里泛指丝绸。 ⑰ 河州敦煌道：当时为河西节度使的辖区，相当于今天的甘肃兰州和敦煌一带。 ⑱ 实：充实，充足。⑲ 灵州：唐州名，州治在今宁夏灵武西南。 ⑳ 漕：水运。 ㉑ 关中：指函谷关以西，今天的陕西一带。 ㉒ 天子幸五岳：指玄宗于开元十三年(725)到泰山(五岳之首)封禅(祭祀天地)一事。 ㉓ 岁时伏腊：逢年过节以及炎夏与寒冬。 ㉔ 白叠布：即棉布。 ㉕ 邻比：邻近。鄽：同"廛"，古代民居区域之称。 ㉖ 禳(ráng)病：由巫求神治病的一种迷信方法。 ㉗ 幞头罗：唐人常戴的一种黑色丝绢头巾。 ㉘"岂天下"句：唐代军士穿黑衣，老人见街上穿白的人少，故以为天下之人都入伍当兵了。 ㉙ 三省：指中央最高行政机关的尚书省、中书省和门下省。侍郎为这些机关的副行政长官。 ㉚ 三省郎吏：即尚书、中书、门下三省所属的郎官。㉛ 理刑才名：在理(行政)和刑(司法)两方面都具有才能和声誉的。 ㉜ 朝廷沙汰使治郡：将朝廷中才名都不好的官吏淘汰到下边去任地方官，表现了对地方官的轻视。 ㉝ 孝弟理人：唐代科举考试中由皇帝特设的考试名目之一。 ㉞"不闻进士"句：进士：唐代科举考试科目之一，是考试六科中最重要也是最难的科目，进士及第称为登龙门。宏词拔萃：唐制，进士及第后不是立即授官，而是还须通过皇帝主持的"制科"或礼部主持的考试，试文三篇的称为宏词，试判(公文的判词)三篇的称为拔萃，通过后方可授官。 ㉟ 北臣穹庐：使北方的少数民族臣服于唐朝。臣，称臣，作动词用。穹庐，北方少数民族居住的幕帐，即今称蒙古包者。 ㊱ 东臣鸡林：东边使新罗国(鸡林是它的都城)归附唐朝。唐朝曾设鸡林州，以新罗王为大都督，辖境在今朝鲜半岛东部。 ㊲ 滇池：指当时南方的南诏，相当今云南滇池一带。 ㊳ 昆夷：唐代西南地区的少数民族。 ㊴ 会：朝会。 ㊵ 展事：完成任务。 ㊶ 向：从前。

本篇《太平广记》卷四八五收录，题陈鸿撰。《宋史·艺文志》史部传记类著录，题《东城父老传》，亦题陈鸿撰。但本文中多次提到作者姓名为陈鸿祖，故现代学者多主张作者应署陈鸿祖。

小说虽然以"传"名篇，但与唐传奇中一般的"传"体作品写法很不相同。作品以贾昌为中心，实不专注于写人，而是通过人物的活动、见闻、追忆、感叹等，广泛地涉及史事，并寓讽谕之意。这种写法跟作者的作意有关。他于镇国寺东运平舍利塔下访问贾昌时，特意记述谈话内容"遂及王制。鸿祖问开元之理乱"。表明他有意探求的是社会治乱之道。

全文分为三大部分：第一部分写贾昌因善斗鸡而得荣宠；第二部分写安史之乱后贾昌因败落而皈依佛门；第三部分写陈鸿祖访问贾昌，贾昌对开元盛世的追忆，今昔对比，念古伤今。贯穿全篇的意脉和手法是：着笔于贾昌，而着眼于历史。作者将贾昌个人的穷达荣辱同唐王朝的治乱兴衰紧紧地结合起来，表达了他对社会历史的看法。

从小说艺术的角度看，写得最精彩的是第一部分。贾昌出身于一个羽林侍从者之家，聪慧而趫捷，能"解鸟语音"。他之被皇帝看中而骤贵，不是因为他有很深的文化修养，才华过人，而是因为他善斗鸡。因此写贾昌的发迹就先从玄宗的喜斗鸡写起。玄宗在未做皇帝之前就喜欢民间斗鸡之戏，即位后就将斗鸡活动引入宫中："治鸡坊于两宫间。索长安雄鸡，金毫铁距高冠昂尾千数，养于鸡坊。选六军小儿五百人，使驯扰教饲。"描述皇帝如此沉迷于嬉戏享乐，这本身就已具有揭露意义。在此基础上，作品又再加两层叙写，揭露之意就更加鲜明。一层是"上之好之，民风尤甚"。皇帝作俑，使整个社会都兴起一股斗鸡之风，以致"都中男女，以弄鸡为事"。二层是，贾昌正是在这股斗鸡之风中露了头角，被玄宗发现，召入宫中，不仅加任"为五百小儿长"，而且倍受爱幸，"金帛之赐，日至其家"。连玄宗"从封东岳"，昌也"笼鸡三百"而跟随身边。其父贾忠死后的葬仪，也因有皇帝的特许而办得格外隆重风光。由于善斗鸡而骤显，"衣斗鸡服"为皇帝表演，因而获得了"神鸡童"的称号。

这里，作者特意引录了当时的一首民谣："生儿不用识文字，斗鸡走马胜读书。贾家小儿年十三，富贵荣华代不如。能令金距期胜负，白罗绣衫随软舆。父死长安千里外，差夫持道挽丧车。"嘲讽之意就表现得更加突出了。后贾昌之妻潘氏又"以歌舞重幸于杨贵妃"，因而"夫妇席宠四十年，恩泽不渝"。

作者的叙写始终以贾昌为中心，但却以皇宫中的享乐生活为背景展开，处处写贾昌，又处处涉及皇帝，对朝政的揭露与嘲讽，虽婉曲含蓄，却暗藏锋芒。所以作者在这一部分的结尾处特别揭出此意，以为总结："上生于乙酉鸡辰，使人朝服斗鸡，兆乱于太平矣。上心不悟。"这一判断虽带有迷信的色彩，但将贾昌的得宠与皇帝的享乐腐化联系起来，并进而归结为致乱之由，这一认识是从史实中得来，因而表现不仅明确，而且有力。"兆乱于太平"五个字，可以说是这篇小说讽刺朝政的主旨；而"上心不悟"四个字，更是直指皇帝，下得极有分量。

第二部分写贾昌的败落，也是从安史之乱写起的，个人的命运仍跟朝政的治乱相结合。写昌败落后情景，极为凄清感伤：逃难时"马踣道阱，伤足"；还里后"居室为兵掠，家无遗物，布衣憔悴，不得复入禁门"；妻儿也菜色黯然，诀别于道。不得已才栖身于佛寺，最后学佛旨，读释经，皈依于佛门，过一种避世而清苦的生活："日食粥一杯，浆水一升，卧草席，絮衣。"二子至信至德对他的看望和奉养，他都一概拒绝。晚年的这种生活境遇与精神面貌，是他败落后的结果，也是他反省后的彻悟。所以下文写陈鸿祖去访问他时，他的第一句回答就说："老人少时，以斗鸡求媚于上。上倡优畜之……"悔悟之情溢于言表。

第三部分写贾昌在追忆中自叙所历、所闻、所感。他对开元盛世的回顾，同杜甫在《忆昔》一诗中的追忆是相一致的。贾昌所追忆的数事，据考不全合于史实，但言者贾昌和记录者陈鸿祖的目的，都在于忆古而伤今，尤其对中唐时的藩镇割据、兵祸接连的愤慨和伤叹，所以我们也不必当作信史来读。

总观全篇，作品立足于探求治乱之道，充满了深厚的历史感，笔法亦多重实录而少虚饰，故古今治史者多视为史传类作品。《宋史·艺文志》的著录即入于史部。而写贾昌在骊山"冠雕翠金华冠，锦袖绣襦裤"指挥斗鸡一段，描写具体生动，语言简练整饬，铺陈中能见神采，兼具散文家与小说家之笔致。

三部分间虽有共同的思想和感情加以贯穿，但在写法上却有不同。第三部分主要是贾昌本人的追忆，是口谈的记录，内容又多涉当时的政事、经济及典章等事，流于空泛抽象，就很少小说意味了，结构也因之稍显松散繁冗。　（周先慎）

【作者小传】

沈亚之

(779?—832?)　唐文学家。字下贤。吴兴(今浙江湖州)人。元和十年(815)进士及第，历任秘书省正字、栎阳尉、沧州判官等。作有小说《冯燕传》《湘中怨解》《秦梦记》等。

冯　燕　传

沈亚之

冯燕者，魏豪人，父祖无闻名。燕少以意气任，专为击球斗鸡戏。魏市有争财斗者，燕闻之往，搏杀不平，遂沉匿田间。官捕急，遂亡滑[①]。益与滑军中少年鸡球相得。相国贾公耽在滑，能燕材[②]，留属中军。

他日出行里中，见户傍妇人，翳袖而望者，色甚冶，使人熟其意，遂室之[③]。其夫，滑将张婴者也。婴闻其故，累殴妻，妻党[④]皆望[⑤]婴。会从其类[⑥]饮，燕伺得间，复偃寝中，拒寝户。婴还，妻开户纳婴。以裾蔽燕。燕卑蹐步就蔽，转匿户扇后，而巾堕枕下，与佩刀近。婴醉且瞑。燕指巾令其妻取，妻即刀授燕。燕熟视，断其妻颈，遂巾而去。

明旦婴起，见妻毁死，愕然，欲出自白。婴邻以为真婴煞[⑦]，留缚之。趋告妻党，皆来，曰："常嫉殴吾女，乃诬以过失，今复贼煞[8]之矣，安得他杀事？即其他杀，安得独存耶？"共持婴，且百余笞，遂不能言。官家收系煞人罪，莫有辨者，强伏其辜。司法官小吏持朴者数十人，将婴就市，看者团围千余人。有一人排看者来，呼曰："且无令不辜死者，吾窃其妻，而又煞之，当系我。"吏执自言人，乃燕也。司法官与俱见贾公，尽以状对。贾公以状闻，请归其印，以赎燕死。上谊之[9]。下诏，凡滑城死罪皆免。

赞曰：余尚太史言，而又好叙谊事。其宾党耳目之所闻见，而谓余道。元和中，外郎刘元鼎语余以冯燕事，得传焉。呜呼！淫惑之心，有甚水火，可不畏哉！然而燕杀不谊，白不辜，真古豪矣！

〔注〕 ① 滑：滑州，唐郡名。治所在今河南汲县。 ② 能燕材：认为冯燕有才干。③ 室之：有了恋情关系。 ④ 妻党：妻子的亲属。 ⑤ 望：怨恨。 ⑥ 类：同伴，朋友。⑦⑧ 煞：同"杀"。贼：戕害。 ⑨ 谊之：认为此事合乎道义。谊同"义"。

本篇选自《沈下贤文集》。

沈亚之的小说以情节曲折、内容奇异著称。体现了作者喜好猎奇的写作态度。像《湘中怨解》《秦梦记》等篇什，固然是由于描写了超现实题材而显得迷离恍惚，扣人心弦；而这篇《冯燕传》虽然完全写日常生活中的事件，但由于作者的匠心经营，剪裁得体，仍然营造出一派离奇意趣，堪称是一篇意气纵横的传奇之作。

故事情节的发展极富波折，冲突尖锐，每每有出人意表的描写。冯燕与张婴之妻私会，恰逢张婴醉酒归来，惶急中冯匿身门后。此时气氛颇为紧张，人们不由得为冯燕能否安然脱身而悬念。然而，由于一个意外的波折，事态竟然发生了逆转，本来一心考虑如何悄悄离去的冯燕，却于无意间面临杀机陡起的凶险局面了。酿成杀人事件的契机是那样不足道——只是因为张妻误会了冯燕的一个手势。本来，张婴进门后，并未发现家中的不速之客，很快就醉梦酣然。此时，冯燕在张妻裙裾的遮蔽下，已经轻移到门边，忽然发现自己的头巾尚在床头，忙指着它，示意张妻把头巾取过来。而张妻或许平日里备受丈夫虐待已经仇恨满心，或是早有打算弃旧图新，她循着情人的手指所看到的却是头巾旁边的佩刀。本意是想取走头巾以便不留痕迹地离开的冯燕，接过情人递过来的佩刀不由得愣住了。小说撷取了这个极富内涵的细节，表现上也非常简洁传神："燕熟视，断其妻颈”，仿佛他在这番重新审视中，才发现眼前这个女人的狠戾。在错愕之中，竟然引发了与张婴同病相怜之感——焉知将来她不需要我时，会不会也对我下如此狠手？冯燕一时间义愤填膺，不由得手起刀落，杀死了情人。接下来的事情更加出人意表：冯燕离去后，张婴被妻子家的亲属指认为杀人者，由于他无法为自己辩白，被判处死刑。然而在刑场上，冯燕突然出现了，宣布自己才是真正的杀人者。

小说通过这样一个不寻常的故事，向人们展示了社会道德与个人情感之间的冲突。两性的互相爱恋固然是出于自然本性，然而，在性爱伦理中也不能无视道德规范。冯燕能够使自己超越寻常意义上的好色之徒的地方在于，当他面临性爱要求与道德感的冲突之时，能够有所抉择，这体现出在他心中良知并未泯灭；而在保全自己和不累及无辜的矛盾中，也终究是内在的理性占了上风——尽管他杀人后一度逃匿，但在张婴被绑赴刑场的紧要关头，冯燕毕竟无法消除良心的谴责，挺身而出，承担了杀人的罪责。结局是喜剧性的：冯燕的义侠之举轰动一时，因而得到了来自皇帝的特赦。

小说的情节极富张力，把它的人物置于紧张尖锐的矛盾冲突之中，让他们各自表现出自己的内心世界。冯燕的无所顾忌、不遵礼法，张妻的怨抑幽深、为情爱所驱使而丧失理智，以及张婴的乖张粗暴，都有生动体现。在表现手法上，作品避免了平铺直叙，而是采取先抑后扬的手法，先描绘冯燕的豪纵不轨，甚至因犯杀人罪而远走他乡、匿身亡命。就是这样一个不逞之徒，当他面临是非善恶的严峻考验而做出正确抉择时，便蓦然闪现出这个人物的内心世界中的一线光明。当然，杀死张妻的行为是不可取法的，如果说是憎恶她的狠毒无情，冯燕自己的作为岂不同样狠毒无情？然而，为解救张婴的无辜枉死而挺身而出，则无疑是义无反顾的壮举了。剔除冯燕这个人物身上的男权色彩、嗜杀品性，我们仍然应该首肯他在生死是非的抉择上表现出来的勇气。（孙丽华）

湘中怨解　　沈亚之

湘中怨者，事本怪媚，为学者未尝有述。然而淫溺[1]之人，往往不寤。今欲概其论，以著诫[2]而已。从生[3]韦敖，善撰乐府，故牵而广之，以应其咏。

垂拱[4]年中，驾在上阳宫。太学[5]进士郑生，晨发铜驼里，乘晓月度洛桥。闻桥下有哭声，甚哀。生下马，循声索之。见一艳女，翳然[6]蒙袖曰："我孤，养于兄嫂。嫂恶，常苦我。今欲赴水，故留哀须臾。"生曰："能遂我归之乎？"应曰："婢御无悔！"遂与居，号曰汜人。能诵楚人《九歌》《招魂》《九辩》之书，亦常拟其调，赋为怨句，其词丽绝，世莫有属者。因撰《风光词》曰：

隆佳秀兮昭盛时，播薰绿兮淑华归。

顾室荑与处萼兮，潜重房以饰姿。

见稚态之韶羞兮，蒙长霭以为帏。

醉融光兮渺渺，迷千里兮涵洇湄。

晨陶陶兮暮熙熙，舞娇娜之秾条兮，骋盈盈以披迟。

酡游颜兮倡蔓卉，縠流旧电兮石发髓旋。

生居贫，汜人尝解箧，出轻缯一端，与卖，胡人酬之千金。居数岁，生游长安。是夕，谓生曰："我湘中蛟宫之娣也，谪而从君。今岁满，无以久留君所，欲为诀耳。"即相持啼泣。生留之，不能，竟去。

后十余年，生之兄为岳州刺史。会上巳[7]日，与家徒登岳阳楼，望鄂渚，张宴乐酣，生愁吟曰："情无垠兮荡洋洋，怀佳期兮属三湘。"声未终，有画舻浮漾而来。中为彩楼，高百余尺，其上施帏帐，栏笼画饰。帷褰[8]，有弹弦鼓吹者，皆神仙娥眉，被服烟霓，裙袖皆广长。其中一人起舞，含颦[9]凄怨，形类汜人。舞而歌曰：

溯青山兮江之隅，拖湘波兮袅绿裾。

荷拳拳兮未舒。匪同归兮将焉如！

舞毕敛袖，翔然凝望。楼中纵观方怡，须臾，风涛崩怒，遂迷所往。

元和[10]十三年，余闻之于朋中，因悉补其词，题之曰《湘中怨》，盖欲使南昭嗣《烟中之志》为偶倡[11]也。

〔注〕 ① 淫溺：沉迷，嗜好。 ② 著诚：真实记录。 ③ 从生：门人，学生。 ④ 垂拱：

武则天的年号(685—688)。 ⑤ 太学：国子监附设的学校。 ⑥ 翳然：暗昧不清。用衣袖遮着脸的样子。 ⑦ 上巳：夏历三月三日。古时人们在这一天外出游玩洗濯，祓除不洁。 ⑧ 褰：揭起。 ⑨ 含颦：皱眉。 ⑩ 元和：唐宪宗年号(806—820)。 ⑪ 南昭嗣：唐宪宗时人。著有《烟中怨》，也是写水仙故事的。偶倡：相呼应、匹配。倡：同"唱"。

本篇选自《沈下贤文集》。

世间的美好事物似乎总是那么难以持久，匆匆而逝，让人徒生无穷惆怅。正如大诗人屈原在他的美丽诗篇《九歌》中所咏叹的那位翩翩飞舞的神灵：荷衣兮蕙带，倏而来兮忽而逝。在沈亚之笔下的这个富有浪漫色彩的神话故事里，那位神秘的女主人公汜人也是这样一个倏来忽去、行踪难觅的水仙。

在一个斜月朦胧的清晓，一位姓郑的书生早起行路，在洛阳桥下邂逅一位伤心涕泣的少女。她说自己父母早亡，兄嫂不能相容；她因不堪承受这人世的风霜，正打算赴水而亡。郑生非常同情，表示愿意收留这无家可归的孤苦人儿。因为是在水边遇到的，就为她起了一个"汜人"的别名。这位姑娘秀外慧中，资质颖异，她喜爱吟咏楚辞《九歌》，自己也能拟作颇具楚辞格调的诗篇。郑生家境清贫，汜人就拿出一匹异锦让郑生去卖，竟有一个胡商出价一千两银子买去。然而老实的郑生并没有从这些奇异的迹象中察觉到汜人的不凡。直到几年后汜人忽然向他告辞，他才知道这位绝顶聪慧美丽的姑娘竟然来自龙宫仙境，因偶然的过失贬谪到人间，才把自己托付给善良的年轻书生。但现在谪期已满，尽管不情愿，她也必须离去了。临别时汜人哭成了泪人，就像她在那个月色迷离的拂晓出现在郑生面前时一样。

两人从此睽隔人天，无缘相见。十余年后的一个春日，郑生在岳阳楼上饮酒，目睹洞庭湖上的浩渺烟波，一缕愁绪袭来，不由得忆起从他生活中消失的汜人，此时该身在何方呢？他情不自禁地吟出怀念的诗句。忽然有一艘画舫从波光中驶来，船上彩楼高耸，有许多姿态美妙的古装美人在奏乐，其中一人翩然起舞，还唱着一支哀怨的歌，那凄楚的神情很像汜人。舞蹈结束，她仍然伫立不去，向岳阳楼这边凝望着。这一幕突如其来的奇景，让人们都看痴了。忽然，风涛大作，画舫很快消失在茫茫云水之中，不见了踪影。

唐人小说中有不少人神相恋故事。一般是士人邂逅仙女；结局也往往圆满——凡夫一经升格为神仙眷属，自然是坐拥富贵，长生不老。如《柳毅》《裴航》等小说均属此种类型。然而也有一些作品结局并不圆满，渲染出一种悲凉意绪——神仙眷属难遇难求，成仙之事也终属渺茫。即如郑生，于不意之中得遇汜人，然而他又无力把握这段姻缘，最终失去了她，留下了终生痛楚。应该说，在众多莺歌燕舞、风光旖旎的遇仙故事里，这篇小说所奏出的是一段凄楚的不和谐音。

《湘中怨解》在艺术表现上颇具诗情画意，格调空灵典雅。作者似乎有意将诗歌手法用在小说写作中。在唐人小说中，它那飘渺柔曼的风格堪称独具特色。不过，在这个虚幻离奇的神仙故事里，仍然寄寓着真切感人的人间情感。例如桥下孤女泣诉身世一节，分明写的就是那些备受欺凌、赴诉无门的弱者的悲苦人生，读来令人恻然；而氾人与郑生这一对佳侣的中道离别，又使人意会到美好情感的难以久驻，总会有一些不测因素来干扰破坏它。比起那些结局圆满的人神恋爱故事来，本篇对于人物命运的安排显得严苛得多，让一对感情深挚的恋人中道而别，多年后仿佛有再见之缘，但也是遥遥相望而已。总之格调颇为低沉。在这篇人神相恋的浪漫故事中，我们似乎看不到多少欢欣与幸福的流露，几乎通篇都是泪、怨、离别之苦，通过这样的笔触，当事人的那份相爱而不能相守、无力主宰自己命运的凄切情怀也就尽在不言中。虽然是虚拟的神仙故事，却也写出了现实人生中的诸多不幸与缺憾，也许正由于这样，这篇格调缠绵凄恻的遇仙小说，才会超越那些“幸运型”遇仙故事，给读者留下更为深切难忘的审美感受。

（孙丽华）

秦　梦　记　　　　沈亚之

太和初，沈亚之将之邠[①]，出长安城，客橐泉邸舍。春时，昼梦入秦。主[②]内使廖，举亚之，秦公召至殿，膝前席曰：“寡人欲强国，愿知其方。先生何以教寡人？”亚之以昆彭、齐桓对。公悦，遂试补中涓，使佐西乞术伐河西。亚之帅将卒前攻，下五城。还报，公大悦，起劳曰：“大夫良苦，休矣。”居久之，公幼女弄玉婿箫史先死。公谓亚之曰：“微大夫，晋五城非寡人有。甚德大夫。寡人有爱女，而欲与大夫备洒扫，可乎？”亚之少自立，雅不欲遇幸臣蓄之。固辞，不得请，拜左庶长，尚公主[③]，赐金二百斤。民间犹谓“箫家公主”。其日，有黄衣中贵骑疾马来，迎亚之入，宫阙甚严。呼公主出，鬒发，着偏袖衣，装不多饰。其芳姝明媚，笔不可模样。侍女祗承[④]，分立左右者数百人。召见亚之便馆，居之。亚之于宫，题其门曰“翠微宫”，宫人呼“沈郎院”。虽备位下大夫，繇公主故，出入禁卫。公主喜凤箫,每吹箫,必翠微宫高楼上,声调远逸,能悲人,闻者莫不自废。公主七月七日生,亚之尝无贶寿[⑤]。内史廖曾为秦以女乐遗西戎,戎主与廖水犀两合。亚之从廖得以献公主。公主悦受,尝结裙带之上。穆公遇亚之礼兼同列,恩赐相望于道。复一年春,秦公之始平,公主忽无疾卒。公追伤不已。将葬咸阳原,公命亚之作挽歌,应教而作曰:

泣葬一枝红,生同死不同。

金钿坠芳草,香绣满春风。

旧日闻箫处,高楼当月中。

梨花寒食夜,深闭翠微宫。

进公,公读词善之。时宫中有出声若不忍者,公随泣下。又使亚之作墓志铭,独忆其铭曰:

白杨风哭兮石甃髯莎。杂英满地兮春色烟和。

珠愁粉瘦兮不生绮罗。深深埋玉兮其恨如何!

亚之亦送葬咸阳原,宫中十四人殉之。

亚之以悼怅过戚,被病,卧在翠微宫。然处殿外特室,不入宫中矣。居月余,病良已。公谓亚之曰:"本以小女将托久要,不谓不得周奉君子而先物故。敝秦区区小国,不足辱大夫。然寡人每见子,即不能不悲悼。大夫盍适大国乎?"亚之对曰:"臣无状,肺腑公室,待罪右庶长,不能从死公主。君免罪戾,使得归骨父母国,臣不忘君恩,如今日。"

将去,公追酒高会,声秦声,舞秦舞,舞者击髆拊髀[⑥]呜呜,而音有不快,声甚怨。公执酒亚之前,曰:"寿。顾此声少善,愿沈郎赓扬[⑦]歌以塞别。"公命趣进笔砚。亚之受命,立为歌,辞曰:

击髆舞,恨满烟光无处所。泪如雨,欲拟著辞不成语。

金凤衔红旧绣衣,几度宫中同看舞。

人间春日正欢乐,日暮东归何处去?

歌卒，授舞者，杂其声而道之，四座皆泣。既，再拜辞去。公复命至翠微宫，与公主侍人别。重入殿内时，见珠翠遗碎青阶下，窗纱檀点依然。宫人泣对亚之，亚之感咽良久，因题宫门，诗曰：

君王多感放东归，从此秦宫不复期。
春景自伤秦丧主，落花如雨泪燕脂。

竟别去。公命车驾送出函谷关。出关已，送吏曰："公命尽此，且去。"亚之与别，语未卒，忽惊觉，卧邸舍。

明日，亚之与友人崔九万具道。九万，博陵人，谙古，谓余曰："《皇览》云：'秦穆公葬雍⑧橐泉祈年宫下。'非其神灵凭乎？"亚之更求得秦时地志，说如九万云。呜呼？弄玉既仙矣，恶⑨又死乎？

〔注〕 ① 邠(bīn)：地名。在今陕西。 ② 主：延接宾客，此处言被接待。 ③ 尚公主：娶公主为妻。 ④ 祗(zhī)承：恭敬地侍奉。 ⑤ 尝无贶(kuàng)寿：没有什么东西作为祝寿礼物。贶：馈赠。 ⑥ 击髆(bó)拊髀(bì)：拍打着肩膀和大腿。髆，通"膊"。 ⑦ 赓扬：延续、发挥。 ⑧ 雍：秦地名。在今陕西。 ⑨ 恶(wū)：为什么。

本篇选自《沈下贤文集》。

这篇小说在表现手法上颇有特色，它采取了"记梦体"形式，假托主人公的离奇梦境，铺叙了一个缥缈诡谲的故事。这种手法在古代小说中屡见不鲜，比较著名的有《枕中记》《南柯太守传》等，都是借梦幻写现实人生的佳作。《秦梦记》与上述小说相比略有不同，它所含寓的现实意义并不十分明显，而更侧重于感情的抒发。梦中得遇绝代佳人、国君爱女，并与之缔姻，这透射出古代士人心目中的一种人生幻想。在他们看来，这无疑是极为美满的婚姻模式。然而美梦无论怎样迷人，也终须醒来，它虽可使人怡悦一时，究竟不能取代现实。小说中饶有深意地写了弄玉的遽然夭亡，为这个浪漫的婚姻模式平添一抹虚渺悲凉的情氛。

小说中还穿插了作者的不少诗词，这未必不是出于作者借小说展示诗才的动机。通常情况下，诗歌所抒发的感情内涵自然有喜有悲，不过诗歌往往更适于抒写悲伤情怀。作者安排他笔下的绝世佳人弄玉一朝殂谢，自然就顺理成章地让身为弄玉之夫的沈亚之连作数篇深情绵邈、凄怆感人的悼亡之作。平心而论，这几首诗写得颇具幽艳哀婉格调，在悼亡诗中显然可以归入唯美一派，从诗的内容来看，它们很少有对夫妻共同生活的具体追怀，明显地缺乏生活实感，这本来是由于小说所营构的梦里情怀的特性所决定的。然而这些诗作都洋溢着对美的消失的无奈与惆怅。可以说，正是小说这种超现实的独特情境，为作者诗作的构思提供了一个自由飞翔、无拘束地舒展的精神空间。所以我们阅读这篇小说会感到很有一种不食人间烟火的空灵韵致，它充分体现了文人小说的一种美学风格——不同于描写日常生活的写实性小说的平实明确，而显得波诡云谲、闪烁不定，情调纤美感伤。在这一方面，《秦梦记》很类似于唐代诗人李贺、李商隐等人的游仙诗，想象奇诡，意境迷离幻诞，为人们提供了一份独特的审美感受。

（孙丽华）

【作者小传】

柳　理

唐小说家。河东（今山西永济）人。生平事迹不详。作有小说集《常侍言旨》《上清传》等。

上　清　传　　　　柳　理

贞元壬申春三月，相国窦公居光福里第，月夜闲步于中庭。有常所宠青衣①上清者，乃曰："今欲启事。郎须到堂前，方敢言之。"窦公亟②上堂。上清曰："庭树上有人，恐惊郎，请谨避之。"窦公曰："陆贽③久欲倾夺吾权位。今有人在庭树上，吾祸将至。且此事将奏与不奏皆受祸，必窜死④于道路。汝在辈流中，不可多得。吾身死家破，汝定为宫婢。圣君若顾问，善为我辞⑤焉。"上清泣曰："诚如是，死生以之⑥！"窦公下阶，大呼曰："树上君子，应是陆贽使来。能全老夫性命，敢不厚报！"树上人应声而下，乃衣缞粗⑦者也。曰："家有大丧。贫甚，不办葬礼。伏知相公推心济物，所以卜夜而来。幸相公无怪。"公曰："某罄所有，堂封绢千匹而已。方拟修私庙次。今且辍赠，可乎？"缞粗者拜谢。窦公答之，如礼。又曰："便辞相公。请左右赍所赐绢，掷于墙外。某先于街中俟之。"窦公依其请。命仆，使侦其绝踪且久，方敢归寝。

翌日，执金吾先奏其事。窦公得次，又奏之。德宗厉声曰："卿交通节将，蓄养侠刺。位崇台鼎，更欲何求？"窦公顿首曰："臣起自刀笔小才，官已至贵。皆陛下奖拔，实不由人。今不幸至此，抑乃仇家所为耳。陛下忽震雷霆之怒，臣便合万死。"中使下殿宣曰："卿且归私第，待候进止。"越月，贬郴州[8]别驾。会宣武节度使刘士宁通好于郴州，廉使条疏上闻[9]。德宗曰："交通节将，信而有征。"流窦于驩州[10]，没入家资，一簪不著身。竟未达流所，诏自尽。

上清果隶名掖庭[11]。后数年，以善应对，能煎茶，数得在帝左右。德宗曰："宫掖间人数不少。汝了事，从何得至此？"上清对曰："妾本故宰相窦参家女奴。窦某妻早亡，故妾得陪扫洒。及窦某家破，幸得填宫。既侍龙颜，如在天上。"德宗曰："窦某罪不止养侠刺，亦甚有赃污，前时纳官银器至多。"上清流涕而言曰："窦某自御史中丞，历度支、户部、盐铁三使，至宰相。首尾六年，月入数十万。前后非时[12]赏赐，当亦不知纪极。乃者郴州所送纳官银物，皆是恩赐。当部录日[13]，妾在郴州，亲见州县希[14]陆贽意旨刮去。所进银器上刻作藩镇官衔姓名，诬为赃物。伏乞下验之。"于是宣索窦某没官银器覆视，其刮字处，皆如上清言。时贞元十二年。德宗又问蓄养侠刺事，上清曰："本实无。悉是陆贽陷害，使人为之。"德宗怒陆贽曰："这獠奴！我脱却伊绿衫[15]，便与紫衫着。又常唤伊作陆九。我任窦参，方称意，次须教我枉杀却他。及至权入伊手，其为软弱，甚于泥团。"乃下诏雪窦参。时裴延龄探知陆贽恩衰，得恣行媒孽[16]，乘间攻之，贽竟受谴不回。

后上清特敕丹书，度为女道士，终嫁为金忠义妻。世以陆贽门生名位多显达者，世不可传说，故此事绝无人知。

〔注〕①青衣：婢女。上清的身份是婢女，实际上是窦参之妾。②亟(jí)：急忙。③陆贽：唐德宗时朝臣，与窦参先后为宰相。④窜死：流放、死亡。⑤辞：解说、辩白。⑥死生以之：舍生忘死地去做这件事。⑦缞粗：丧服。⑧郴州：地名，在湖南。⑨"廉使"句：廉使(即按察使)把节度使刘某问候郴州知州的事写成奏章报告给皇帝。

⑩ 驩州：唐代州名，在今越南安城一带。 ⑪ 掖庭：皇宫中嫔妃所住的地方。 ⑫ 非时：不按惯例，临时性的。 ⑬ 部录：御史衙门查验。 ⑭ 希：不顾事实地附和，迎合。 ⑮ 绿衫：唐朝官员五品以下服绿，绿衫是中下级官员的服装，绿衫之上为绯衫、紫衫。陆贽由绿衫直升紫衫，属超常规擢升。 ⑯ 媒孽：挑拨是非，进谗言，蓄意酿成他人的罪名。

本篇《资治通鉴考异》录载。

在素以格调绚丽奇诡著称的唐代小说中，《上清传》称得上是别具特色的一篇。它所描写的不是一个花前月下的浪漫故事，而是朝廷中那令人心惊、杀机四伏的权力之争。服从题材上的特殊性，这篇作品在表现上也别具一格。作者并不作多余的描绘，只是进行最简洁省净的叙述，在这种白描式的叙述之中，勾勒出人物的不同性格。如上清的机警明慧、窦参的老练沉着、德宗的刚愎急躁；就连那个并未出场的人物陆贽，其个性的老谋深算，也被衬托而出。作者对他笔下的每个人物并不加一语评说，只是客观地记叙他们的言行态度，就使得人物的个性、风貌跃然于纸上。可以说，这篇小说以极为简省的笔墨，获得了相当丰满生动的表现效果，它的这种表现手法应该说是颇具功力的。

小说一开始，就选取了一个充满紧张情态的切入角度——在一个宁静的春夜里，相国窦参的私宅中潜入一位神秘的不速之客，作者就这样把一桩非常事件的一个细致的侧面展示在读者面前。使读者的思想一下就进入了故事情境，为人物所面临的危险而担心。从作品的描写中，我们可以看到不同的人物对于这一异常事态的不同反应。上清堪称细心机警，是她首先发现了异常事态，而窦参此时尚毫无觉察；在这种紧急情况下，上清没有张皇，而是表现出冷静的自制力。她以得体的方式将事情通知了主人。不过，上清作为一个女子，对于宦海风波的激烈和残酷性显然还缺乏足够的感知，她所能够考虑的只是让主人设法避开这一次暗杀，却无法逆料这一暗杀行动背后的整个阴谋计划。而窦参毕竟是久经官场风波历练，颇有见微知著的眼光，他明白这是政敌陆贽为了搞垮自己、夺取相位而设置的一个处心积虑的行动。由此预见到自己已经面临覆灭的命运，于是向上清留下了自己的遗嘱。上清不意主人竟然面临如此危局，不禁为之悲泣。接下来，窦参以相当镇定的态度打发走刺客，心里明白致命打击的到来只是时间问题。果然，他很快就获罪朝廷，被流贬远地；接着又在一个周到的阴谋中进一步被加之以“交通节将”的罪名，被赐自尽了。他的家产悉数被抄没，家人奴仆也都被编隶内廷使役；一切都未出窦参生前之所料。

在窦参与他的政敌陆贽的较量中，窦参就这样败北淡出了。然而这一场较量并未最后告终，在窦参身后，斗争仍然在延续。此时，代表窦参一方的自然就是上清了。这应该说是一个富有传奇性和戏剧性的情节设置：一个身为婢妾的女子，由于某种奇特的机缘，竟成了这场潜隐的权力争夺战中的决定性因素。可以说，她就是窦参这个高明弈手所设置的一枚“过河卒子”，蕴含了窦参反败为胜、挽回窦家覆亡命运的最后一线希望。上清也果然没有辜负窦参的期望，入宫为奴之后，她的伶俐干练使她渐渐获得在皇帝身边照料茶水的机会，又利用德宗对她的好感适时进言，终于为窦参辩明冤情，使被蒙蔽的君王发觉了陆贽的阴谋，下诏为窦参平反，陆贽因此而失势，终于也步窦参的后尘获罪被流放，后来死在贬所。

窦参虽然身死，终究得到昭雪，并且令政敌最终身败名裂，这倒也称得上是败中之胜。饶有意味的是，陆贽刚一失宠，就有一个裴延龄出场，积极地罗织陆贽的罪名，这一笔，深化了小说对官场中争夺倾轧、阴谋罗织之事永无休止的无情现实的揭示。

中晚唐时期，藩镇势力的滋长壮大对中央政权已经构成严重威胁，而身居相位的权臣本来就容易成为皇帝猜忌的对象，故而德宗对窦参这样的大臣结交节度使的“事实”会有过敏反应，绝对无法容忍。陆贽正是掌握了皇帝这种疑忌心理，才专在这个问题上做文章，极力去制造窦参蓄养侠客、交结藩镇、图谋不轨的“罪证”。这一招果然有效，盛怒的皇帝哪里还听得进窦参的辩白，不容分说就将他罢相、流放、赐死。看来，陆贽是很善于利用君王的威势为自己清除政敌的。不过他没有料到玩弄权术也会危及自身，有一天，这把两刃利剑的锋芒也会戕害到他。果然，干掉窦参、荣登相位不过几年，就轮到他自己倒台。小说对于唐代这一段历史的表现是极富实感的。

这篇小说的描写虽然质朴，但并不乏生动性。小说中有大量的对话描写，更是逼肖其人口吻。如上清的沉静细致、窦参的老谋深算、刺客的言不由衷、别有用心，均得到生动表现。尤其是对德宗口吻的摹写，更见生动传神。当德宗知道自己被陆贽所蒙蔽利用以后，不禁大光其火，“这獠奴！……”数语，把皇帝那种知道自己被愚弄后的愤怒，以及对陆贽缺乏才干的不满，都惟妙惟肖地传递出来。总之，善写权力斗争、善于剪裁组织，以及善写人物对话，应该是小说《上清传》的突出特色。

（孙丽华）

刘幽求传(残文)　　柳 理

……“小子谋餐而已，此人岂享富贵者乎？”幽求闻之，拂衣而出。卢令遽下阶捉幽求衣，伸谢之，幽求竟去。卢回谓诸郎官曰:"轻笑刘生,祸从此始。"卢令竟为宗纪所排,左迁金州司马。

六月,中宗[①]晏驾,十五日酺酒[②]间,裴漼卧于私第,幽求忽来诣漼。直入卧内,戴濈耳帽子,著白襕衫,底著短绯白衫,执漼手曰:"裴三,死生一决!"言讫而去。漼大惊,不测其故,谓其妻曰:"仆竟坐与……非笑此子,恐祸在须臾。"明日中宗小祥[③],百官率慰少帝。是日,月华门至辰巳[④]后方开,传声曰:"斩决使刘相公出。"衣黄金甲,佩櫜鞬,统万骑,兵士白刃耀日。自宗纪及前时轻笑者,咸受戮于朝。又唤兵部员外郎裴漼,漼股栗而前。幽求曰:"相识否?"漼答曰:"不识。"刘曰:"幽求与公,俱以本官一例赴中书上任。"其夜凡制诰百余首,皆幽求作也。自为拜相白麻[⑤]云:

> 前朝邑[⑥]尉刘幽求忠贞贯日,义勇横秋。首建雄谋,果成大业。可中书舍人,参知机务。赐甲第一区,金银器皿十床、细婢十人、马百匹、锦彩千段,仍给铁券[⑦],特恕十死。

翌日,命金州司马卢齐卿京光少尹知府事。——载柳冲常侍所著《姓系》刘氏卷。

〔注〕 ① 中宗:李显,又名李哲,公元705—710年在位。 ② 酺(pǔ)酒:古代遇有国家庆吊,特赐臣民聚会饮酒。也指一般的聚饮。 ③ 小祥:古代皇帝、皇后等死后十二日举行小祥祭。 ④ 辰巳:当指辰、巳相交时,约为上午九点左右。 ⑤ 白麻:古代凡朝廷重要诏书,都用白麻纸草拟,简称白麻。 ⑥ 朝邑:今陕西朝邑。 ⑦ 铁券:帝王颁赐功臣授以世代享受某种特权的铁契。下文中的"特恕十死",即是铁券内容。

本篇出自柳理的《常侍言旨》。《常侍言旨》是一部笔记小说集,然原书不传,只存佚文。本篇《刘幽求传》被宋人王谠收入《唐语林》中,可惜已残缺不全。

本篇传主刘幽求是位叱咤风云的历史人物。公元710年,李唐江山面临被外戚韦氏篡夺的危险。韦后毒死中宗皇帝,立温王李重茂为傀儡,欲仿武后所为,临朝称制,并阴谋去掉一同临朝监国的相王李旦。在此危急时刻,相王之子、当时还是临淄王的李隆基毅然起兵讨韦。而刘幽求便是这次政变的襄助者之一,积极策划并参与了政变的全过程。他自己也因此由小小的前任朝邑尉,一跃成为"参知机务"的中书舍人;后来还登上尚书右仆射、尚书左丞等高位。这篇小说,就生动记述了刘幽求参与政变前后的表现。

由于传文的残缺,小说前半幅内容已不可知。据现存部分推测,残文开头部分应写朝中诸郎官非笑刘幽求,讥讽他尸位素餐、没有富贵之相;刘幽求闻言愤然离去。对他的为人禀性深有了解的卢齐卿追上去拉住他的衣襟谢罪,他不顾而去。卢氏归来警告诸郎官:“轻笑刘生,祸从此始。”

以下,小说蓦然将时、空环境切换到六月十五日的裴漼私宅。此时兵部员外郎裴漼正在宅中闲卧,刘幽求突然闯来。他握住裴漼的手,情绪激动又没头没脑地说了一句:“裴三,死生一决!”便很快离去。紧接着,未容读者喘息,小说场景又闪至翌日宫廷中的月华门前。迟迟未启的宫门一开,随着令人不寒而栗的“斩决使刘相公出”的传呼声,刚刚在宫廷政变中得手的刘幽求披甲佩箭、统领万骑,不可一世地出现在众朝臣面前。前日非笑他的朝官统统遭到杀戮。而同样参与非笑的裴漼竟幸免于难,还因祸得福、获得升迁,实在有点匪夷所思。接下去,小说又全文转录了刘幽求给自己草拟的拜相诏书,读读诏书中“忠贞贯日,义勇横秋,首建雄谋,果成大业”等句子,一张野心勃勃、狂妄无忌的面孔,非常生动地展现在我们面前。而小说最后叙写刘幽求提拔卢齐卿为“京兆少尹知府事”一事,又与前面的滥杀无辜相呼应,为我们塑造出一个刚愎自用、假公济私的野心家的完整形象。

令人眼花缭乱的场景切换,是这篇小说的突出结构特点,由此带来的阅读效果,也就格外显得惊心动魄。然而更为出色的,是小说对人物的塑造。刘幽求是个极富个性的政治投机家,有着敏锐的政治眼光,孤注一掷的勇气。伴随着这一切,他的性格中还显示着睚眦必报的阴狠、因长期压抑带来的偏执和狂暴、恬不知耻的自我膨胀、自吹自擂……小说中的描写颇有神来之笔,如他在政变前来到裴府,抛出那样一句没头没脑的话,极好地表现了风暴欲来时一名“谋反者”心中的感情狂澜;他欲言又止、欲抑还说的情态,被作者捕捉得那么准确、描绘得如此生动;即使包括后来的小说在内,也很少有把小说人物的内心波澜刻画得如此逼真的。

服饰的描绘、场景的渲染,也是本文颇为突出的艺术特点。作者特别善于使用对比手法。如刘氏私闯裴氏宅邸时的装束与充任“斩决使”时的装束,就形成鲜明对比,令人寓目难忘。而刘氏在朝堂遭人讥笑时的处境,又显然与“衣黄金甲,佩櫜鞬,统万骑,兵士白刃耀日”时不可同日而语。以小见大,通过个人的荣辱升沉,来反映一场历史上影响巨大的政治变革,这篇《刘幽求传》无疑是最成功的范例之一。 (侯 会)

【作者小传】

李　肇

唐文学家。赵州赞皇(今属河北)人。历任大理评事、监察御史、翰林学士、右补阙、沣州刺史等。作有小说集《国史补》等。

崔昭行贿事　　李　肇

裴佶[①]常话:少时姑夫为朝官,有雅望[②]。佶至宅看其姑,会其朝退,深叹曰:"崔昭何人,众口称美,此必行贿者也。如此安得不乱?"言未竟,阍者[③]报寿州崔使君[④]候谒。姑夫怒呵阍者,将鞭之。良久,束带强[⑤]出。须臾,命茶甚急,又命酒馔,又命秣马饭仆[⑥]。姑曰:"前何倨而后何恭也?"及入门,有得色[⑦],揖佶曰:"且憩学院中。"佶未下阶,出怀中一纸,乃昭赠官𫄨[⑧]千匹。

〔注〕①裴佶:唐德宗时曾任工部尚书。　②雅望:清高的声望。　③阍者:守门人。　④使君:对州郡长官的尊称。　⑤强出:不情愿地见客人。　⑥秣马饭仆:尽主人之责,饲喂客人的马,给客人的随行人员吃饭。　⑦得色:欣喜满意的神情。　⑧𫄨(shī):粗绸。

本篇出自《唐国史补》。

小说以裴佶这个人物的一段亲身经历,勾勒出一个道貌岸然的贪官的真实面目。

裴佶有个姑父在朝中做官,为人一向有清正的名声。有一次,裴佶去看姑母,适逢姑父退朝,愤愤不平地感叹着:"崔昭是什么人?竟然人人都说他好,此人一定善于行贿。这样下去,天下怎能不乱?"话音未落,守门人来通报:寿州崔使君来访。姑父很不高兴,责怪守门人为什么要给崔昭通报?姑父越说火气越旺,几乎要动鞭子打这个看门的。过了好一会儿,才很不情愿地出去见客。可是不一会儿就听见他吩咐仆人送茶,接着又命令预备酒饭,又让人给崔使君的马喂草料、招待崔家仆人用餐。姑母十分诧异,不明白为什么丈夫刚才那么倨傲不屑,现在又忽然变得如此热情恭谨?客人走后,姑父回到内室,满面春风。他先打发裴佶去书斋歇息,还没等裴佶走下台阶,姑父已急不可待地从怀里掏出一张纸,正是崔昭的礼品清单,原来,姑父从崔昭那里得到了一千匹官绸的赠礼!

小说具有浓郁的喜剧色彩，裴佶的姑父那心口不一、前后判若两人的言行举止是最为成功的世态描写。一个素有“雅望”的官员，平时也总是义正辞严地斥责行贿受贿的不良风气，然而面对千金重礼，立即按捺不住满心喜悦，对自己曾经斥责过的行贿者立即奉为座上嘉宾，热情款接，作品以这样轻倩巧妙的行文，写出人物的悖谬情态，不着一句贬语，就已经把裴佶姑父的那种伪君子面目暴露无遗。正如裴佶的姑母发出的一句疑问：“前何倨而后何恭也？”使得裴佶姑父态度大变的关键是钱财，是利益的驱动。以前的怒斥多半是由于看见别人受贿心中不忿，哪里是真心忧国忧民？一旦自己也“沾润”到不义之财，不由得心花怒放。“前倨后恭”的一百八十度大转弯，活画出一个伪君子、真小人的精神面貌。就这样，通过崔昭行贿这一中心事件活灵活现地勾勒出贪婪官吏的可笑形象，把他们那卑污的内心世界展现于人前。可谓善于写人叙事，笔法老辣。

小说通篇运用白描手法，完全是客观记叙，未加一句评判，让人物以他们自己的言行来表现个性，从裴佶姑父言行相悖的对比描写中，完成了这一特定人物形象的塑造，并且蕴涵了微妙而辛辣的嘲讽，艺术手法堪称巧妙精湛。

（孙丽华）

【作者小传】

刘 肃

唐文学家。曾任江州浔阳县主簿。作有小说集《大唐新语》等。

崔思竞

刘肃

则天朝①，或罗告驸马崔宣谋反者，敕御史张行岌按②之。告者先诱藏宣家妾，而云：“妾将发其谋，宣杀之，投尸于洛水。”行岌按无状。则天怒，令重按，行岌奏如初。则天曰：“崔宣反状分明，汝宽纵之。我令俊臣③勘当，汝无自悔。”行岌曰：“臣推事不弱④俊臣，陛下委臣，必须状实。若顺旨妄族人⑤，岂法官所守？臣必以为陛下试臣矣。”则天厉色曰：“崔宣若实杀妾，反状自然明矣。不获妾，如何自雪？更不得实，我即令俊臣推勘,汝自无悔也。”行岌惧,逼宣家访妾。

宣再从弟[⑥]思竞,乃于中桥南北,多致钱帛,募匿妾者,数日略无所闻。而其家每窃议事,则告者辄知之。思竞揣家中有同谋者,乃佯谓宣妻曰:“须绢三百匹,雇刺客杀此告者。”而侵晨微服俟于台侧。宣家有馆客姓舒,婺州[⑦]人,言行无缺,为宣家所信,委之如子弟。须臾,见其人至台侧门入,以通于告者。遽密称云:“崔家雇人刺我,请以闻。”台中惊扰。思竞素重馆客,馆客不之疑,密随之行,到天津桥[⑧],料其无由至台,乃骂之曰:“无赖险獠[⑨],崔宣破家,必引汝同谋,汝何路自雪?汝幸能出崔家妾,我遗汝五百缣[⑩],归乡足成百年之业;不然,杀汝必矣。”其人悔谢,乃引思竞于告者之党,搜获其妾,宣乃得免。

〔注〕 ① 则天朝:即武则天为帝的时代。 ② 按:审问。 ③ 俊臣:即来俊臣,唐代著名的酷吏。 ④ 推事:审案子。弱:此当即“若”字。 ⑤ 妄族人:随便地灭人一族。 ⑥ 再从弟:同一祖父的兄弟称为从兄弟,同曾祖父的兄弟称为再从。 ⑦ 婺州:地名,今浙江金华一带。 ⑧ 天津桥:洛阳城南洛水上的桥,为洛阳名胜。 ⑨ 獠:面目凶恶。 ⑩ 缣(jiān):细绢。

故事记载的是武则天朝一个案件。作品对为什么有人诬告崔宣谋反,武则天为什么要袒护告者等前因后果未作交代,而是截取案情发展过程中的关键片断来刻画人物,这是小说艺术创作的一种表现手法。御史张行岌一审“略无状”,二审“奏如初”,当武则天用酷吏来俊臣相威胁时,他说:“臣推事不弱俊臣,陛下委臣,必须实状。若顺旨妄族人,岂法官所守?”透过这些朴素平实的言行状貌,我们可以想见一个不畏君威、执法如山的法官形象。而在搜寻宣妾的叙述中,作者对崔思竞的智谋及崔家那个“言行无缺”却作奸害人的馆客的刻画,同样给人以深刻的印象。

这个故事,反映了由于武则天奖赏告密,造成人情关系的冷酷和淡薄,连平时“言行无缺”、被主人视如子弟的馆客也成了告密者。显然,作者对武则天的统治持否定的态度。

本篇选自《大唐新语》——书中主要是有关政治、道德、教化的记叙,它所蕴含的思想内容,基本上代表了进步士大夫的政治态度、伦理道德和思想情趣。此篇表现的正是其中的一个侧面。 (陈惠琴)

【作者小传】

蒋 防

唐文学家。字子微。义兴(今江苏宜兴)人。历任右拾遗、翰林学士、汀州刺史等。作有小说《霍小玉传》等。

霍小玉传 蒋 防

大历[①]中,陇西[②]李生名益,年二十,以进士擢第。其明年,拔萃[③],俟试于天官[④]。夏六月,至长安,舍于新昌里。生门族清华,少有才思,丽词嘉句,时谓无双。先达丈人,翕然[⑤]推伏。每自矜风调,思得佳偶,博求名妓,久而未谐。

长安有媒鲍十一娘者,故薛驸马家青衣[⑥]也,折券从良,十余年矣。性便辟[⑦],巧言语,豪家戚里,无不经过,追风挟策[⑧],推为渠帅。常受生诚托厚赂,意颇德之。

经数月,李方闲居舍之南亭。申未间[⑨],忽闻扣门甚急,云是鲍十一娘至。摄衣从之,迎问曰:"鲍卿今日何故忽然而来?"鲍笑曰:"苏姑子作好梦也未?有一仙人,谪在下界,不邀财货,但慕风流。如此色目[⑩],共十郎相当矣。"生闻之惊跃,神飞体轻,引鲍手且拜且谢曰:"一生作奴,死亦不惮。"因问其名居。鲍具说曰:"故霍王[⑪]小女,字小玉,王甚爱之。母曰净持。净持,即王之宠婢也。王之初薨,诸弟兄以其出自贱庶,不甚收录。因分与资财,遣居于外,易姓为郑氏,人亦不知其王女。姿质秾艳,一生未见;高情逸态,事事过人;音乐诗书,无不通解。昨遣某求一好儿郎,格调相称者。某具说十郎。他亦知有李十郎名字,非常欢惬[⑫]。住在胜业坊古寺曲[⑬],甫上车门[⑭]宅是也。已与他作期约。明日午时,但至曲头[⑮]觅桂子,即得矣。"

鲍既去,生便备行计。遂令家僮秋鸿,于从兄京兆参军[⑯]尚公处假青骊驹、黄金勒。其夕,生浣[⑰]衣沐浴,修饰容仪,喜跃交并,通夕不寐。迟明[⑱],巾帻,引镜自照,惟惧不谐也。徘徊之间，至于亭午[19]。遂命驾疾驱，直抵胜业。

至约之所，果见青衣立候，迎问曰："莫是李十郎否?"即下马，令牵入屋底，急急锁门。见鲍果从内出来，遥笑曰："何等儿郎，造次[20]入此?"生调诮未毕，引入中门。庭间有四樱桃树，西北悬一鹦鹉笼，见生入来，即语曰："有人入来，急下帘者!"生本性雅淡，心犹疑惧，忽见鸟语，愕然不敢进。逡巡[21]，鲍引净持下阶相迎，延入对坐。年可四十余，绰约多姿，谈笑甚媚。因谓生曰："素闻十郎才调风流，今又见容仪雅秀，名下固无虚士。某有一女子，虽拙教训，颜色不至丑陋，得配君子，颇为相宜。频见鲍十一娘说意旨，今亦便令永奉箕帚[22]。"生谢曰："鄙拙庸愚，不意顾盼，倘垂采录，生死为荣。"

遂命酒馔，即令小玉自堂东阁子中而出。生即拜迎。但觉一室之中，若琼林玉树，互相照耀，转盼精彩射人。既而遂坐母侧。母谓曰："汝尝爱念'开帘风动竹，疑是故人来'。即此十郎诗也。尔终日吟想，何如一见。"玉乃低鬟微笑，细语曰："见面不如闻名[23]。才子岂能无貌?"生遂连起拜曰："小娘子爱才，鄙夫重色。两好相映，才貌相兼。"母女相顾而笑，遂举酒。数巡，生起请玉唱歌。初不肯，母固强之。发声清亮，曲度精奇。

酒阑及暝，鲍引生就西院憩息。闲庭邃宇，帘幕甚华。鲍令侍儿桂子、浣沙与生脱靴解带。须臾，玉至，言叙温和，辞气宛媚。解罗衣之际，态有余妍，低帏昵枕，极其欢爱。生自以为巫山洛浦[24]不过也。中宵之夜，玉忽流涕观生曰："妾本倡家，自知非匹。今以色爱，托其仁贤。但虑一旦色衰，恩移情替，使女萝[25]无托，秋扇见捐。极欢之际，不觉悲至。"生闻之，不胜感叹。乃引臂替枕，徐谓玉曰："平生志愿，今日获从，粉骨碎身，誓不相舍。夫人何发此言！请以素缣，著之盟约。"玉因收泪，命侍儿樱桃褰幄执烛，授生笔研。玉管弦之暇，雅好诗书，筐箱笔研，皆王家之旧物。遂取绣囊，出越姬乌丝栏素缣[26]三尺以授生。生素多才思，援笔成章。引谕山河，指诚日月，句句恳切，闻之动人。染毕，命藏于宝箧之内。自尔婉娈相得[27]，若翡翠[28]之在云路也。如此二岁，日夜相从。

其后年春，生以书判拔萃登科，授郑县[29]主簿。至四月，将之官，便拜庆于东洛[30]。长安亲戚，多就筵饯。时春物尚余，夏景初丽，酒阑宾散，离恶萦怀。玉谓生曰："以君才地[31]名声，人多景慕，愿结婚媾，固亦众矣。况堂有严亲，室无冢妇[32]，君之此去，必就佳姻，盟约之言，徒虚语耳。然妾有短愿，欲辄指陈。永委君心，复能听否？"生惊怪曰："有何罪过，忽发此辞？试说所言，必当敬奉。"玉曰："妾年始十八，君才二十有二，迨君壮室之秋[33]，犹有八岁。一生欢爱，愿毕此期。然后妙选高门，以谐秦晋[34]，亦未为晚。妾便舍弃人事，剪发披缁[35]，夙昔之愿，于此足矣。"生且愧且感，不觉涕流。因谓玉曰："皎日之誓，死生以之，与卿偕老，犹恐未惬素志，岂敢辄有二三[36]。固请不疑，但端居相待。至八月，必当却到华州[37]，寻使奉迎，相见非远。"更数日，生遂诀别东去。

到任旬日，求假往东都觐亲。未至家日，太夫人已与商量表妹卢氏，言约已定。太夫人素严毅，生逡巡不敢辞让，遂就礼谢，便有近期。卢亦甲族[38]也，嫁女于他门，聘财必以百万为约，不满此数，义在不行。生家素贫，事须求贷，便托假故，远投亲知，涉历江淮，自秋及夏。生自以孤负盟约，大愆[39]回期。寂不知闻，欲断其望。遥托亲故，不遣漏言。

玉自生逾期，数访音信。虚词诡说，日日不同。博求师巫，遍询卜筮，怀忧抱恨，周岁有余，羸[40]卧空闺，遂成沉疾。虽生之书题竟绝，而玉之想望不移，赂遗亲知，使通消息。寻求既切，资用屡空，往往私令侍婢潜卖箧中服玩之物，多托于西市寄附铺侯景先家货卖。曾令侍婢浣沙将紫玉钗一只，诣景先家货之，路逢内作[41]老玉工，见浣沙所执，前来认之曰："此钗，吾所作也。昔岁霍王小女将欲上鬟[42]，令我作此，酬我万钱。我尝不忘。汝是何人,从何而得?”浣沙曰:“我小娘子即霍王女也。家事破散,失身于人。夫婿昨向东都,更无消息。悒怏成疾,今欲二年。令我卖此,赂遗于人,使求音信。”玉工凄然下泣曰:“贵人男女,失机落节[43],一至于此。我残年向尽,见此盛衰,不胜伤感。”遂引至延先公主宅,具言前事。公主亦为之悲叹良久,给钱十二万焉。

时生所定卢氏女在长安,生既毕于聘财,还归郑县。其年腊月,又请假入城就亲。潜卜[44]静居,不令人知。有明经[45]崔允明者,生之中表弟也,性甚长厚。昔岁常与生同欢于郑氏之室,杯盘笑语,曾不相间,每得生信,必诚告于玉。玉常以薪刍衣服,资给于崔。崔颇感之。生既至,崔具以诚告玉。玉恨叹曰:“天下岂有是事乎!”遍请亲朋,多方召致。生自以愆期负约,又知玉疾候沉绵,惭耻忍割,终不肯往。晨出暮归,欲以回避。玉日夜涕泣,都忘寝食,期一相见,竟无因由。冤愤益深,委顿床枕。自是,长安中稍有知者。风流之士,共感玉之多情;豪侠之伦,皆怒生之薄行。

时已三月,人多春游。生与同辈五六人诣崇敬寺[46]玩牡丹花,步于西廊,递吟诗句。有京兆韦夏卿者,生之密友,时亦同行。谓生曰:“风光甚丽,草木荣华。伤哉郑卿,衔冤空室!足下终能弃置,实是忍人。丈夫之心,不宜如此。足下宜为思之!”叹让[47]之际,忽有一豪士,衣轻黄纻衫,挟朱弹,丰神隽美,衣服轻华,唯有一剪头胡雏[48]从后,潜行而听之。俄而前揖生曰:“公非李十郎者乎?某族本山东,姻连外戚[49]。虽乏文藻,心尝乐贤。仰公声华,常思觏止。[50]。今日幸会,得睹清扬[51]。某之敝居,去此不远,亦有声乐,足以娱情。妖姬八九人,骏马十数匹,唯公所欲。但愿一过。”生之侪辈,共聆斯语,更相叹美。因与豪士策马同行,疾转数坊,遂至胜业。

生以近郑之所止,意不欲过,便托事故,欲回马首。豪士曰:“敝居咫尺,忍相弃乎?”乃挽挟其马,牵引而行。迁延之间,已及郑曲。生神情恍惚,鞭马欲回。豪士遽命奴仆数人,抱持而进。疾走推入车门,便令锁却,报云:“李十郎至也!”一家惊喜,声闻于外。

先此一夕,玉梦黄衫丈夫抱生来,至席,使玉脱鞋。惊寤而告母。因自解曰:“鞋者,谐也。夫妇再合。脱者,解也,既合而解,亦当永诀。由此征之,必遂相见,相见之后,当死矣。”凌晨,请母妆梳。母以其久病,心意惑乱,不甚信之。僶勉[52]之间,强为妆梳。妆梳才毕,而生果至。玉沉绵日久,转侧须人。忽闻生来,欻然自起,更衣而出,恍若有神。遂与生相见,含怒凝视,不复有言。羸质娇姿,如不胜致[53],时复掩袂,返顾李生。感物伤人,坐皆欷嘘。

顷之,有酒肴数十盘,自外而来。一座惊视,遽问其故,悉是豪士所致也。因遂陈设,相就而坐。玉乃侧身转面,斜视生良久,遂举杯酒,酬地[54]曰:“我为女子,薄命如斯。君是丈夫,负心若此。韶颜稚齿[55],饮恨而终。慈母在堂,不能供养。绮罗弦管,从此永休。征痛黄泉[56],皆君所致。李君李君,今当永诀!我死之后,必为厉鬼,使君妻妾,终日不安!”乃引左手握生臂,掷杯于地,长恸号哭数声而绝。母乃举尸,置于生怀,令唤之,遂不复苏矣。

生为之缟素,旦夕哭泣甚哀。将葬之夕,生忽见玉穗帷[57]之中,容貌妍丽,宛若平生。着石榴裙,紫榼裆[58],红绿帔子[59]。斜身倚帷,手引绣带,顾谓生曰:“愧君相送,尚有余情。幽冥之中,能不感叹。”言毕,遂不复见。明日,葬于长安御宿原[60]。生至墓所,尽哀而返。

后月余,就礼于卢氏。伤情感物,郁郁不乐。夏五月,与卢氏偕行,归于郑县。至县旬日,生方与卢氏寝,忽帐外叱叱作声。生惊视之,则见一男子,年可二十余,姿状温美,藏身映幔,连招卢氏。生惶遽走起,绕幔数匝,倏然不见。生自此心怀疑恶,猜忌万端,夫妻之间,无聊生[61]矣。或有亲情[62],曲相劝喻，生意稍解。后旬日，生复自外归，卢氏方鼓琴于床，忽见自门抛一斑犀钿花合子[63]，方圆一寸余，中有轻绢，作同心结[64]，坠于卢氏怀中。生开而视之，见相思子[65]二，叩头虫一，发杀觜[66]一，驴驹媚[67]少许。生当时愤怒叫吼，声如豺虎，引琴撞击其妻，诘令实告。卢氏亦终不自明。尔后往往暴加捶楚，备诸毒虐，竟讼于公庭而遣之。

卢氏既出[68]，生或侍婢媵[69]妾之属，暂同枕席，便加妒忌。或有因而杀之者。生尝游广陵[70]，得名姬曰营十一娘者，容态润媚，生甚悦之。每相对坐，尝谓营曰："我尝于某处得某姬，犯某事，我以某法杀之。"日日陈说，欲令惧己，以肃清闺门。出则以浴斛覆营于床，周回封署，归必详视，然后乃开。又畜一短剑，甚利，顾谓侍婢曰："此信州[71]葛溪铁，惟断作罪过头！"大凡生所见妇人，辄加猜忌，至于三娶，率皆如初焉。

〔注〕①大历：唐代宗年号(766—779)。②陇西：旧郡名，在今甘肃境内。③拔萃：唐代科举制度规定，进士及第以后并不马上授官，还须经过复试，复试的内容为试文三篇的称为"宏辞"，为试判(撰拟断狱判词)的称为"拔萃"。④天官：指吏部，当时主持"拔萃"考试的机构。⑤翕(xī)然：一致地。⑥青衣：婢女。⑦便(pián)辟：喜欢讨好奉承人。⑧追风挟策：这里指为撮合男女婚事而出谋划策的媒婆本领。⑨申未间：古以地支记时，未是下午一时至三时，申是下午三时至五时，申未间约指下午三时前后。⑩色目：名色，名目，指一个人的身份、容貌、才情等。⑪霍王：名李元轨，唐高祖的儿子，唐太宗的兄弟，封霍王。⑫惬(qiè)：满意。⑬曲：小巷。⑭甫：刚。车门：可容车马出入的大门。⑮曲头：巷口。⑯从兄：堂兄。京兆参军：官名，指京师所在地的京兆府所属军事机构的官吏。⑰浣：洗濯。⑱迟(zhì)明：天将亮时。⑲亭午：正午。⑳造次：冒失。㉑逡(qūn)巡：迟疑不进。㉒永奉箕帚：封建时代女子出嫁为妻的一种谦词，意为永远伺奉。㉓见面不如闻名：按文意似当作"闻名不如见面"。㉔巫山、洛浦：指巫山神女和洛水女神，典出宋玉《高唐赋》和曹植《洛神赋》。㉕女萝：松萝，多附托其他树木枝干而生长。这里喻指封建时代妇女依靠男子生活的关系。㉖越姬乌丝栏素缣：白底黑线格的绸子，为当时浙东的一种名产。㉗婉娈相得：亲热和谐地生活在一起。㉘翡翠：珍异之鸟，雄的赤色叫翡，雌的青色叫翠。㉙郑县：古县名，唐时治地在今陕西华县。主簿：县令的属官，管理文书簿籍。㉚东洛：东都洛阳。㉛才地：才情门第。㉜冢妇：正妻。㉝壮室之秋：古时有"三十而娶"的说法，这里即指到三十岁应该结婚的时候。㉞秦晋：春秋时秦晋两国互通婚姻，后因以秦晋指代联姻。㉟剪发披缁：指出家做尼姑。缁，黑色。㊱二三：三心二意，指变心。㊲华州：古郡名，故治在今陕西华县。㊳甲族：高门望族。甲，头等。卢氏在唐代为著名的望族。㊴愆(qiān)：错过，耽误。㊵羸(léi)：瘦弱。㊶内作：皇宫内的手工作坊。㊷上鬟：古时女子十五岁即算成年，将披着的头发梳起来插上簪子，又叫

及笄。 ㊸ 失机落节：失落机节，指命运不好。 ㊹ 卜：寻找。 ㊺ 明经：唐代考试科目之一，以经义为考试内容，考中者称为明经。 ㊻ 崇敬寺：唐代长安中区靖安坊的一座庙宇。 ㊼ 让：责备。 ㊽ 胡雏：当时称少数民族出身的童仆为胡雏。 ㊾ 外戚：皇帝的母党或妻党的亲戚。 ㊿ 觏(gòu)止：会见。止，语气词。 51 清扬：眉目秀美，客气话，犹如说"尊容"。 52 僶(mǐn)勉：勉强。 53 如不胜致：好像弱不胜衣的样子。致，意态。 54 酬地：将酒洒在地上，以表示某种誓言或决心。 55 韶颜稚齿：美貌年轻。 56 征痛黄泉：含恨而死。 57 穗帷：停灵的帏帐。 58 榼(kè)裆：外衣。 59 帔(pèi)子：斗篷。 60 御宿原：墓地，在长安城南。 61 无聊生：无生趣。 62 亲情：亲戚。 63 斑犀钿花盒子：杂色犀牛角雕成而又嵌花的盒子。 64 同心结：表示爱情的结子。 65 相思子：用来表示爱情和寄托相思的红豆。 66 发杀觜(zī)：未详，有人疑为一种媚药。 67 驴驹媚：僧赞宁《物类相感志》："凡驴驹初生，未坠地，口中有一物，如肉，名'媚'，妇人带之能媚。" 68 出：古时妇女被丈夫休弃叫出。 69 媵(yìng)：本指陪嫁的女子，这里指妾。 70 广陵：郡名，今江苏扬州。 71 信州：唐州名，故治在今江西上饶。

本篇《太平广记》录载，因其叙述委曲、精彩动人而世代传诵。明代胡应麟在《少室山房笔丛》中评价极高："唐人小说纪闺阁事，绰有情致。此篇尤为唐人最精彩动人之传奇，故传诵弗衰。"

这篇小说是唐人传奇中思想艺术均属第一流的名作。写的是一个"痴情女子负心郎"的爱情悲剧。这种封建社会极普遍的社会现象，在古代小说中是经常被描写的题材。《霍小玉传》的深刻动人之处，在于它通过爱情婚姻的悲剧，深刻有力地揭露了封建门阀制度的罪恶。霍小玉是长安一个才貌出众的妓女，新中进士在京中等候礼部复试授官的名门公子李益爱上了她，并海誓山盟，许诺"粉骨碎身，誓不相舍"。但后来李益授了官，就和高门望族的卢氏女订婚，遗弃了霍小玉。小玉忧思成疾，含恨而死。

这篇小说深刻的思想和动人的艺术魅力，集中反映在人物塑造上，而人物的思想性格又是深深地植根于生活的土壤之中的。作者处处从生活出发，着眼于环境与人物性格的关系，展开故事，塑造人物。小说开篇介绍人物就极具特色。它不是先介绍主人公霍小玉，而是从造成这一悲剧的主要人物李益着笔，然后才介绍霍小玉。对两个人物的介绍集中于两个方面：才貌和出身。前者两人是相当的：李益才华出众，已经中了进士，正在京中等候授官，面对着的是一片锦绣前程；霍小玉则也是仪容、风度、修养都不同凡俗。后者却悬殊极大：李益"门族清华"，出身于陇西李氏，是唐代赫赫有名的高门望族；而霍小玉却"出自贱庶"，由于是婢女所生，被同室异母的兄弟赶了出来，沦为妓女。这一开头，就表现了作者在构思结撰作品时眼光直射悲剧结局的艺术匠心。

作者笔下的霍小玉，是一个被侮辱、被迫害，但却是有思想、有识见，富于反抗斗争精神的下层妇女形象。小说首先描写了她不同于一般妓女的身份和教养。她雅好诗书，酷爱弦管，唱起歌来，“发声清亮，曲度精奇”。她对李益的爱由诗而及于人，是风雅不俗的。她同李益的初次见面，是“低鬟微笑”，“言叙温和，辞气宛媚”，显得温文尔雅，娇媚羞怯，与人们心目中那些久落风尘、老于世故的妓女迥不相同。这就暗示给读者：若论才貌教养，两人相爱应该说是“格调相称”的，悲剧的结局必是另有原因。

小说又进一步深入到人物的内心世界。她在与李益初次幽欢的“中宵之夜”，突然大放悲音，向李益说出了她在“极欢之际，不觉悲至”的内心隐忧。显得是那样的冷静、成熟。她不像某些庸俗浅薄之辈，一旦得到一个贵族公子的喜爱就心满意足，忘乎所以，而是怀着对生活的热切的爱和追求，对生活想得很深，想得很远。她对所爱的人和生活本身，都保持着极其清醒的认识。这样一番话，在这样的时刻和情景之下，一字一泪地出自一个年仅十六岁、身遭不幸却又向往于美好生活的少女之口，实在是不同凡响而具有动人心魄的力量。这段话揭示了霍小玉包含着丰富生活内容的性格内涵，是冷中见热、喜中见悲，在沉静中既洋溢着对未来生活的热切期望和向往，又渗透着对往日不幸遭遇的深沉悲哀。特别是“自知非匹”四个字，是她从不幸遭遇中得来的深刻的体验和认识，因而是十分沉重的。但另一方面，在成熟中又透出她的天真和幼稚，因为她哭诉的目的，就是希望获得李益的真爱，故事的发展证明，她不免把生活看得太简单了。小玉的这番话引来的是李益的“不胜感叹”和“海誓山盟”，而且“引谕山河，指诚日月，句句恳切，闻之动人”。此后两人过了两年“婉娈相得”的幸福生活。

十分可贵的是，即使在这种情况下，霍小玉也没有沉醉在幸福之中而丧失警惕。当李益拔萃授官时，她就本能地感到命运的重压已经向她袭来。她明确地表示，李益那些动人的“盟约之言”不过是些不足为凭的“虚语”。她在送别李益到东都去探亲之前，就对李益郑重其事地陈述了她的“短愿”：以李的才情门第，必然有很多人愿意同他缔结婚姻，此次分别，一定会另择佳姻的；因此提出在李益三十岁正式结婚以前，跟他共同生活八年，“一生欢爱，愿毕此期。然后妙选高门，以谐秦晋”，自己则在实现了这一愿望以后，就剪发为尼，了此一生。这里的所谓“短愿”，就是小小的有限的希望和要求。这是一种十分可怜而又可悲的要求。这种要求，反映了她对生活的热爱和对爱情的执着追求。她是明知不可而为之，又是不得已而求其次。

作者对霍小玉性格的把握和描写，是如此准确、真实、深刻而不失分寸。她的早熟是残酷的生活本身铸成的，因而本身就带有悲剧的意味。而更重要的，是她的成熟与幼稚，她对生活的冷与热，体现了她的追求与疑虑，勇敢与脆弱，这两个方面是这样矛盾而又统一地集中在她的身上。这是霍小玉性格的优点，也是她性格的弱点。而人物性格的这种丰富的内涵，说明这是一个从生活里概括出来的血肉丰满的有生命的艺术形象。

霍小玉形象的思想力量，还在于她并不是糊里糊涂地就作了门阀制度的牺牲品，而是从一开始就清清楚楚地看到了这种威胁，却不甘于命运的摆布，以自己独特的个性化的方式进行了抗争，而最终仍然被这种罪恶的制度所吞噬。这位善良纯洁的少女所独具的思想、识见和反抗斗争精神，赋予这个爱情故事以一种撼动人心的悲剧力量。正是在这里，表现了这篇小说的思想深度，也表现了作者现实主义艺术手法的高明。

这个形象还表现了很高的思想格调和健康的审美情趣，并充满了一种诗意美。在作者的笔下，霍小玉的生活追求是那样的美好而令人同情，志趣爱好是那样的高雅不俗，她所生活的环境是那样的优美宜人，言谈举止是那样的温婉妩媚，甚至连后面写她刚烈的反抗，在对李益背负盟约的行为进行愤怒的谴责时，也是用的诗一样的语言，爱和恨交织在一起，刚中见柔，四字一句，节奏鲜明，读来感到有一种诗一样的声情气韵充溢其中。

对作为霍小玉对立面的李益，作者并没有简单地把他写成一个举止轻浮的花花公子，而是着重发掘他在门第观念和家世利益支配下遗弃霍小玉的社会根源，发掘他性格的社会内涵。小说不仅写他对霍小玉确有一定的感情，而且在他第一次同霍小玉会面时，还特意地渲染了他“本性雅淡”，还有朴实老成的一面。他对霍小玉的海誓山盟也并非完全出于虚伪，而是确有几分“至诚”。这样的艺术处理符合生活的逻辑，也有利于人物形象的刻画，有利于表现作品的社会主题。试想，霍小玉是一个有教养、有眼光的高雅不俗的少女，如果这个人物一露面就表现得那么庸俗不堪，面目可憎，那么霍小玉的选择就很不高明，她那深挚的爱情也必将大为减色，悲剧的结局也只能体现出无知少女受骗上当一类的浅薄思想。但同时，作者又很准确、很深刻地写出他对霍小玉的爱情基础是非常薄弱的，确实存在庸俗浅陋的一面。他第一次见面就赤裸裸地对霍小玉说：“小娘子爱才，匹夫重色。两好相映，才貌相兼。”他爱小玉的不过是美色而已。这样脆弱的感情基础是经不起任何考验的。小说写他的背义负约从迫于母命开始，这一点写得非常深刻。他的行为决定于他的意志品德，而他本人的意志品德又决定于家庭和社会制度。他是在门阀观念的轨道上，考虑到家世的利益和个人的前途，才从平庸懦弱而变得绝情寡义以至于冷酷残忍的。这种变化完全符合生活和人物性格的逻辑。小说对这个人物性格描写的着眼点，放在挖掘他遗弃霍小玉的社会根源上，而并不过分看重个人的道德责任，这表现了作者的眼光和小说的现实主义深度。

小说还写了一些次要人物，如李益的中表弟和好友崔允明，李益的密友韦夏卿，还有那个不知姓名的黄衫豪客，以及宫中的老玉工等。这些人或同情小玉，或谴责李益，或行侠仗义帮助小玉，都从广泛的舆论方面将深切的同情赋予了被迫害的霍小玉，表现了作者鲜明的思想倾向和强烈的爱憎感情。

这篇小说不以情节的曲折取胜，而以叙述的委曲和描写的细致见长。作者将这个哀婉动人的悲剧故事提炼概括为几个很有特色的生活场景，集中笔力加以刻画；又善于运用对比、映衬、烘托等手法，使人物显得鲜明、丰满。

小说也存在不足之处。霍小玉死后，李益"为之缟素，旦夕哭泣甚哀"，连在冥冥之中的霍小玉的幽魂也为之大受感动。这样的描写，破坏了人物性格的统一，也破坏冲淡了尖锐的悲剧冲突。而冥报的结尾，以夸张之笔，写小玉对李益的报复，以及李益对其妻妾猜忌酷虐的种种情状，虽本意在寄寓褒贬惩戒，但过分地迁怒于个人，反而削弱了前面对门阀制度批判的力量，在艺术表现上也成了蛇足。同时，受到惩罚的妻妾本身是无辜的，残害无辜也不能取得读者的同情。

明代汤显祖据此改编为传奇剧本《紫箫记》和《紫钗记》，后者是著名的"临川四梦"之一。清人又将二剧合为一剧，删改为《紫玉记》(一名《紫玉钗》)。

（周先慎）

【作者小传】

牛僧孺

(780—848)　唐文学家。字思黯。安定鹑觚(今甘肃灵台)人。永贞元年(805)进士，历任御史中丞、户部侍郎、同中书门下平章事等。作有小说集《玄怪录》等。

郭　代　公　　　　牛僧孺

代国公郭元振①，开元②中下第，自晋之汾③，夜行阴晦失道，久而绝远有灯火之光，以为人居也，径往投之。八九里有宅，门宇甚峻。既入门，廊下及堂下灯烛辉煌，牢馔罗列，若嫁女之家，而悄无人。公系马西廊前，历阶而升，徘徊堂上，不知其何处也。俄闻堂中东阁有女子哭声，呜咽不已。公问曰："堂中泣者，人耶，鬼耶？何陈设如此，无人而独泣？"曰："妾此乡之祠有乌将军者，能祸福人，每岁求偶于乡人，乡人必择处女之美者而嫁焉。妾虽陋拙，父利乡人之五百缗，潜以应选。今夕，乡人之女并为游宴者，到是，醉妾此室，共锁而去，以适于将军者也。今父母弃之就死，而令惴惴哀惧。君诚人耶，能相救免，毕身为扫除之妇，以奉指使。"公愤曰："其来当何时？"曰："二更。"公曰："吾忝为大丈夫也，必力救之。如不得，当杀身以徇汝，终不使汝枉死于淫鬼之手也。"女泣少止。于是坐于西阶上，移其马于堂北，令一仆侍立于前，若为宾而待之。

未几，火光照耀，车马骈阗，二紫衣吏入而复出，曰："相公[④]在此。"逡巡，二黄衣吏入而出，亦曰："相公在此。"公私心独喜："吾当为宰相，必胜此鬼矣。"既而将军渐下，导吏复告之。将军曰："入。"有戈剑弓矢翼引以入，即东阶下，公使仆前曰："郭秀才见。"遂行揖。将军曰："秀才安得到此？"曰："闻将军今夕嘉礼，愿为小相[⑤]耳。"将军者喜而延坐，与对食，言笑极欢。公于囊中有利刀，思取刺之，乃问曰："将军曾食鹿腊乎？"曰："此地难遇。"公曰："某有少须珍者，得自御厨，愿削以献。"将军者大悦。公乃起，取鹿腊并小刀，因削之，置一小器，令自取。将军喜，引手取之，不疑其他。公伺其无机，乃投其脯，捉其腕而断之。将军失声而走，导从之吏，一时惊散。公执其手，脱衣缠之，令仆夫出望之，寂无所见，乃启门谓泣者曰："将军之腕已在于此矣。寻其血踪，死亦不久。汝既获免，可出就食。"泣者乃出，年可十七八，而甚佳丽，拜于公前，曰："誓为仆妾。"公勉谕焉。天方曙，开视其手，则猪蹄也。

俄闻哭泣之声渐近，乃女之父母兄弟及乡中耆老，相与舁榇[⑥]而来，将收其尸以备殡殓。见公及女，乃生人也。咸惊以问之，公具告焉。乡老共怒残其神，曰："乌将军，此乡镇神，乡人奉之久矣,岁配以女,才无他虞。此礼少迟,即风雨雷雹为虐。奈何失路之客,而伤我明神,致暴于人,此乡何负?当杀公以祭乌将军,不尔,亦缚送本县。”挥少年将令执公,公谕之曰:“尔徒老于年,未老于事。我天下之达理者,尔众听吾言。夫神,承天而为镇也,不若诸侯受命于天子而疆理天下乎?”曰:“然。”公曰:“使诸侯渔色于中国,天子不怒乎?残虐于人,天子不伐乎?诚使尔呼将军者,真神明也,神固无猪蹄,天岂使淫妖之兽乎?且淫妖之兽,天地之罪畜也,吾执正以诛之,岂不可乎!尔曹无正人,使尔少女年年横死于妖畜,积罪动天。安知天不使吾雪焉?从吾言,当为尔除之,永无聘礼之患,如何?”乡人悟而喜曰:“愿从公命。”

乃令数百人,执弓矢刀枪锹镬之属,环而自随,寻血而行。才二十里,血入大冢穴中,因围而劚之,应手渐大如瓮口,公令束薪燃火投入照之。其中若大室,见一大猪,无前左蹄,血卧其地,突烟走出,毙于围中。

乡人翻共相庆,会钱以酬公。公不受,曰:“吾为人除害,非鬻猎者。”得免之女辞其父母亲族曰:“多幸为人,托质血属,闺闱未出,固无可杀之罪。今者贪钱五十万,以嫁妖兽,忍锁而去,岂人所宜!若非郭公之仁勇,宁有今日?是妾死于父母而生于郭公也。请从郭公,不复以旧乡为念矣。”泣拜而从公,公多歧援谕,止之不获,遂纳为侧室,生子数人。

公之贵也,皆任大官之位。事已前定,虽生远地,而至于鬼神终不能害,明矣。

〔注〕 ① 郭元振:郭震(656—713),字元振,唐魏州贵乡(今河北大名东北)人。曾举进士。有战功,历任凉州都督、陇右诸军州大使、朔方军大总管等职。 ② 开元:唐玄宗年号(713—741)。 ③ 自晋之汾:晋,晋州。治所在白马城(今山西临汾)。汾,汾州。治所在西河(今山西汾阳)。“自晋之汾”,从晋州到汾州去。 ④ 相公:此指宰相。 ⑤ 小相:司仪。⑥ 舁榇:抬着棺材。

本篇选自唐代敬宗、文宗两朝宰相牛僧孺所著《玄怪录》。牛僧孺与同朝大臣李德裕在政坛上曾进行你死我活的较量,也称“牛李之争”。他们之间的斗争并不限于政治上互相攻击，而且也延伸到其他领域，包括牛僧孺写作小说以讥刺对方。

十分值得注意的是李德裕在历史上的评价比牛僧孺要好得多，而且他只是写诗写文，从未写作小说，当然更谈不上用小说去攻击对方的问题了。

牛僧孺基本上是被史学家所贬斥的人物，他的《周秦纪行》一般都认为是用来攻击李德裕的，这篇《郭代公》也难以排除这种写作动机。但是，现在进行赏析，还是从“就小说论小说”的角度出发，这样比较冷静、客观，不致偏颇。

以美少女献鬼神是自古有之的坏风俗，在老百姓处于极度愚昧状态的社会里，发生这种事情并不奇怪。因为淫棍恶霸会打种种坏主意，借以达到自己的罪恶目的。巫婆一类人也会编织这一类鬼话，为之敲诈敛财。《郭代公》的题材与构思，很可能受到了战国时魏国名臣西门豹禁止“河伯娶妇”那个故事的影响。所不同处，前者并未出现河伯的形象，《郭代公》一篇中出现了大猪的化身乌将军。

郭代公者，代国公郭元振。文中乌将军的左右对郭元振确实有些畏惧，拟人化的手法颇为成功。郭元振对乌将军亦未掉以轻心，是认真地研究了对付的策略的。作者耍弄了一点手法，乌将军被斩断手之后未死在现场，而是留下了悬念。

作者十分擅长使故事发生波折，郭代公为当地除了乌将军(大猪精)这一大害，乡中耆老不仅不感谢他，而且群起责备他“伤我明神”。而且威胁他：“当杀公以祭乌将军，不尔，亦缚送本县。”这说明耆老的愚蠢无知，可怜亦可恨。

从形式考察，《郭代公》是篇小说。但寓意很深，作者思想上感情上都颇为沉重，他殷切希望老百姓能够尽早从愚昧状态中觉醒过来。

是与非、善与恶的区别与判断是一个原则性的问题，偶一疏失，往往适得其反。为人处世不可不慎重对待。《郭代公》的作者也很可能在现实中受到了误解和委屈，借小说的形式一吐为快。

(蒋星煜)

元无有

牛僧孺

宝应[1]中，有元无有，尝以仲春末独行维扬[2]郊野。值日晚，风雨大至。时兵荒后，人户逃窜，入路旁空庄，须臾霁止，斜月自出，无有憩北轩，忽闻西廊有人行声。未几至堂中，有四人，衣冠皆异，相与谈谐，吟咏甚畅，乃云：“今夕如秋，风月如此，吾党岂不为文，以纪平生之事?”其文即曰口号联句[3]也。

吟咏既朗，无有听之甚悉。其一衣冠长人曰：

齐纨鲁缟如霜雪，寥亮高声为子发。

其二黑衣冠短陋人曰：

嘉宾良会清夜时，辉煌灯烛我能持。

其三故弊黄衣冠人，亦短陋，诗曰：

清冷之泉俟朝汲，桑绠相牵常出入。

其四黑衣冠，身亦短陋，诗曰：

爨薪贮水常煎熬，充他口腹我为劳。

无有亦不以四人为异，四人亦不虞无有之在堂隍也，递相褒赏，羡其自负，虽阮嗣宗《咏怀》[4]亦不能加耳。四人迟明方归旧所，无有就寻之，堂中惟有故杵、烛台、水桶、破铛，乃知四人即此物所为也。

〔注〕 ① 宝应：唐肃宗、代宗年号(762—763)。 ② 维扬：旧时扬州别称。《尚书·禹贡》有"淮海惟(通'维')扬，三千余里"之语，故后人别称扬州为维扬。 ③ 口号联句：口号犹口占，表示信口吟诗。联句指多人共作一诗，相联成篇。 ④ 阮嗣宗《咏怀》：阮嗣宗，名籍，字嗣宗，陈留尉氏人。三国魏诗人。曾为步兵校尉。《咏怀》，阮籍所作诗，共八十二首，表示忧生之嗟、苦闷彷徨之情，多讥刺当时黑暗现实，语义隐约。

本篇出自《玄怪录》。小说叙写元无有遇精怪的事。时逢雨霁月出之夜，元无有在扬州郊野独行，入路旁空庄，听到四人口占联句作诗，而此四人实乃故杵(旧棒槌)、烛台、水桶、破铛(破锅)所成的精怪。小说内容奇特，篇名"元无有"，即"原无有"，以示文中所叙乃是无中生有的想象。但是小说把情节故事放在"时兵荒后，人户逃窜"后的"空庄"，就使内容有反映兵乱之害的现实内容。而且，事情发生在宝应(762—763)年间，即安史之乱(755—763)时期，则故事对当时社会现实的讽刺与揭示更有了具体的指向。

与一般传奇志异不同之处是，这篇小说中的四个物精(棒槌精、烛台精、水桶精、破锅精)并不兴妖作怪，残害人类，而是只对自己被遗弃闲置的命运表示惋惜，对自己以前为人类辛苦劳作的往事深情怀念，以此表示了对战乱现实的不满。小说作如此安排，可谓是匠心独运。而且，笔者认为，四个精怪的口占诗中，对往事的回忆，还表现了劳动人民对昔日和平安宁生活的留恋。其中棒槌精的"齐纨鲁缟如霜雪，寥亮高声为子发"和烛台精的"嘉宾良会清夜时，辉煌灯烛我能持"，可以令人想象到往日生活的富足与平静，而水桶精的"清冷之泉俟朝汲，桑绠相牵常出入”和破锅精的“爨薪贮水常煎熬,充他口腹我为劳”则是劳动人民日常劳作的内容,有明显的现实性。所以,可以说,这篇小说是用志异传奇的形式表达了现实性的进步内容。读这篇小说,令笔者想起南宋大词人姜夔的名作《扬州慢》,大概是它们都描写了扬州兵乱后的荒凉的缘故。只是一个是传奇小说,一个是词,真可以说是异曲同工了。

小说叙写娓娓道来,不枝不蔓,篇末点名四种物件,使人疑窦顿开——四人乃四物之精也,亦具点睛之妙!

(韩传达)

吴全素　　牛僧孺

吴全素,苏州[①]人,举孝廉,五上不第。元和[②]十二年,寓居长安永兴里[③]。十二月十三日夜既卧,见二人白衣执简,若贡院引牌来召者,全素曰:“礼闱引试,分甲[④]有期,何烦夜引?”使者固邀,不得已而下床随行,不觉过子城[⑤],出开远门[⑥]二百步,正北行,有路阔二尺已来,此外尽目深泥。见丈夫妇人,捽之者,拽倒者,枷杻者,锁身者,连裾者,僧者,道者,囊盛其头者,面缚者,散驱行者,数百辈皆行泥中,独全素行平路。约数里。入城郭见官府,同列者千余人,军吏佩刀者分部其人,率五十人为一引,引过,全素在第三引中。其正衙有大殿,当中设床几,一人衣绯而坐,左右立吏数十人,衙吏点名,便判付司狱者,付硙狱者,付矿狱者,付汤狱者,付火狱者,付案者。闻其付狱者,方悟身死。见四十九人皆点付讫,独全素在,因问其人曰:“当衙者何官?”曰:“判官也。”遂诉曰:“全素恭履儒道,年禄未终,不合死。”判官曰:“冥司案牍,一一分明。据籍帖追,岂合妄诉!”全素曰:“审知年命未尽,今请对验命籍。”乃命取吴郡[⑦]户籍到,检得吴全素,元和十三年明经出身,其后三年衣食,亦无官禄。判官曰:“人世三年,才同瞬息,且无荣禄,何必却回!既去即来,徒烦案牍。”全素曰:“辞亲五载,得归即荣,何况成名尚余三载,伏乞哀察。”判官曰:“任归。”仍诫引者曰:“此人命薄,宜令速去。稍以延迟,即突明矣。”引者受命,即与同行。出门外,羡而泣者不可胜纪。

既出其城，不复见泥矣。复至开远门，二吏谓全素曰："君命甚薄，突明即归不得，见判官之命乎？我皆贫，各惠钱五十万，即无虑矣。"全素曰："远客又贫，如何可致？"吏曰："从母之夫，居宣阳[⑧]为户部吏者甚富，一言可致也。"既同诣其家，二吏不肯上阶，全素入告，其家方食煎饼，全素至灯前拱曰："阿姨万福！"又曰："姨夫安和！"又不应。乃以手笼灯，满堂皆暗。姨夫曰："何不抛少物？夜食香物，鬼神便合恼人。"全素既憾其不应，又目为鬼神，意颇忿之。青衣有执食者，其面正当，因以力掌之，应手而倒，家人竞来拔发喷水，呼唤良久方悟。全素既言情不得，下阶问二吏，吏曰："固然，君未还生，非鬼而何。鬼语而人不闻，笼灯行掌，诚足以骇之。"曰："然则何以言事？"曰："以吾唾涂人大门，一家睡；涂人中门，门内人睡；涂堂门；满堂人睡。可以手承吾唾而涂之。"全素掬手，二吏交唾。逡巡掬手以涂堂门。才毕，满堂欠伸，促去食器，遂入寝。二吏曰："君入，去床三尺立言之。慎勿近床，以手摇动，则魇不悟矣。"全素依其言言之，其姨惊起，泣谓夫曰："全素晚来归宿，何忽致死。今者见梦求钱，言有所遗，如何？"其夫曰："忧念外甥，偶为热梦，何足遽信！"又寝，又梦，惊起而泣，求纸于柜，适有二百幅，乃令遽剪焚之，火绝，则千缗宛在地矣。二吏曰："钱数多，某固不能胜。而君之力，生人之力也。可以尽举，请负以致寄之。"全素初以为难，试以两手上承，自肩挑之，巍巍然极高，其实甚轻，乃引行寄介公宙，主人者紫衣腰金，敕吏受之。

寄毕，二吏曰："君之还生必矣，且思便归，为亦有所见耶？今欲取一人送之受生，能略观否？"全素曰："固所愿也。"乃相引入西市[⑨]绢行南尽人家，灯火荧煌，呜呜而泣，数僧当门读经，香烟满户，二吏不敢近，乃从堂后檐上，计当寝床，有抽瓦折椽，开一大穴。穴中下视，一老人气息奄然，相向而泣者周其床。一吏出怀中绳，大如指，长二丈余，令全素安坐执之，一头垂于穴中，诫全素曰："吾寻取彼人，人来，当掣绳。"遂出绳下之，而以右手捽老人，左手掣绳。全素遽掣出之，拽于堂前，以绳囚缚。二吏更荷而出，相顾曰："何处有屠案最大？"其一曰："布政坊[10]十字街南王家案最人。"乃相与往焉。既到，投老人于案上，脱衣缠身，更上推扑，老人曰苦，其声感人，全素曰："有罪当刑，此亦非法，若无罪责，何以苦之？"二吏曰："讶君之问何迟也。凡人有善功清德，合生天堂者，仙乐彩云霓旌鹤驾来迎也，某何以见之？若有重罪及秽恶，合堕地狱者，牛头奇鬼铁叉枷杻来取，某又何以见之？此老人无生天之福，又无入地狱之罪，虽能修身，未离尘俗，但洁其身，净无瑕秽，既舍此身，只合更受男子之身。当其上计之时，其母已孕，此命既尽，彼命合生，今若不团扑，令彼妇人，何以能产？"又尽力揉扑，实觉渐小，须臾，其形才如拳大，百骸九窍，莫不依然。于是依依提行，逾子城大胜业坊[11]西南下东回第二曲北壁，入第一家，其家复有灯火荧煌，言语切切，沙门二人，当窗读《八阳经》[12]。因此不敢逼僧，直上阶，见堂门斜掩，一吏执老人于堂中，才似到床，新子已啼矣。

一吏曰："事毕矣，送君去。"又偕入永兴里旅舍，到寝房，房内尚黑，略无所见，二吏随自后，乃推全素大呼曰："吴全素！"若失足而坠，既苏，头眩苦，良久方定。而衙鼓方动，姨夫者自宣阳走马来，则已苏矣，其仆不知觉也。乘肩舆憩于宣阳，数日复故，再由子城入胜业生男之家，历历在眼。自以明经中第，不足为荣，思速侍亲。卜得行日，或头眩不果去，或驴来脚损，或雨雪连日，或亲故往来，因循之间，遂逼试日，入场而过，不复以旧日之望为意。俄而成名，笑别长安而去。乃知命当有成，弃之不可；时苟未会，躁亦何为。举此端，足可以诫其知进而不知退者。

〔注〕 ① 苏州：唐州名。治所在吴县(今江苏苏州市)。 ② 元和：唐宪宗年号(806—820)。 ③ 永兴里：唐代长安坊里名。在长安皇城延喜门外。 ④ 甲：甲科的简称，古代考试科目名；泛指科举考试。 ⑤ 子城：唐代长安城分宫城、皇城、外郭城三部分。皇城又称子

城。 ⑥开远门：唐长安城门名。唐长安每边三门，西北门为开远门。 ⑦吴郡：即苏州。唐天宝(742—755)、至德(756—757)时曾改苏州为吴郡。 ⑧宣阳：唐长安城坊里名。在长安皇城外东南。 ⑨西市：唐长安城有东西二市。西市在西中门金光门内。 ⑩布政坊：唐长安坊里名。在长安城西中门金光门内。 ⑪大胜业坊：即胜业坊。唐长安坊里名。在长安东中门春明门内。 ⑫《八阳经》：全称《八阳神咒经》。

这篇小说选自《玄怪录》；又见于《古今说海》，题作《知命录》。

小说宣扬的是人要知命的宿命论观念。正如小说篇末所言："乃知命当有成，弃之不可；时苟未会，躁亦何为。举此端，足可以戒其知进而不知退者。"就是说，命当有功名者，弃之不可，无功名者，躁亦无益；知进亦要知退，一切都是命中注定的。但是，文学作品的形象大于作者的思想，小说已经突破了作者思想局限的框框，成了一篇借讽刺鬼魅世界而揭示人世间的丑恶与黑暗的佳作。吴全素阳寿未终，而被鬼判官错判寿数已尽，进入了鬼的世界。这就首先讽刺了判官的草菅人命。问题还不仅至此，当吴全素申诉自己"恭履儒道，年禄未终，不合死"时，判官却强词夺理，说案牍分明，不会弄错，斥责全素是"妄诉"，毫无责任心。等到不得不检验户籍，查明全素确实命禄还未终时，又哄骗说，全素只有三年寿命，"人世三年，才同瞬息，且无荣禄，何必却回！既去即来，徒烦案牍"，怕麻烦，视人生命为草芥。鬼魅世界的黑暗从判官的作为中可知。特别是在对二鬼吏的描写中，对鬼魅世界的揭示更加强烈鲜明。二鬼吏奉命送全素回人世，但却要借此勒索逼贿。他们先是威胁："君命甚薄，突明即归不得，见判官之命乎？我皆贫，各惠钱五十万，即无虑矣。"并且给全素出主意，叫他去向姨父母家索要。等到全素取到这些纳贿的钱，二鬼吏又逼全素自己送至介公庙。二鬼吏的贪婪、狡诈、弄权都刻画得入木三分。鬼魅世界实际上是人世间的折射，对鬼魅世界的揭露讽刺实际上是对人世间官场、官吏黑暗的揭示。

作为一篇讽刺性的小说，它写到了许多夸张与荒诞的情节，这些情节大大强化了讽刺的强度，突出了小说的主题思想。当全素被逼贿而无钱行贿时，二鬼吏指示他去求姨父母。这一节写得恍惚迷离，如梦如幻，曲折而离奇，但真实感人，说明了鬼吏逼贿的无孔不入，增强了故事对官场黑暗的讽刺力度。另一情节，即是一老死者投生的情节，更是曲折离奇。二鬼吏先是到老者家里索命，本应由他们自己执行的鬼差事，却让吴全素去执行，暴露出他们狡猾、偷懒的嘴脸。对老者的推扑蹂躏，无所不用其极，毫无怜悯之心，这也说明了二鬼吏的残忍凶暴。总之，这些情节虽是荒诞的，但却都突出了鬼魅世界的黑暗，折射出封建社会中吏治的腐败和官吏的贪残。

在人物形象的塑造上，小说也有独特之处。从表面上看，小说似乎主要是着力于揭示二鬼吏的贪残狡诈，其实判官才是作者真正致力刻画的人物。判官是本篇中所写鬼世界中的官位最高者，他对人有生死予夺的大权，小说中写道："其正衙有大殿，当中设床几，一人衣绯而坐，左右立吏数十人，衙吏点名，便判付狱者，付硙狱者，付矿狱者，付汤狱者，付火狱者，付案者。"掌握着这样的大权，本应认真负责，廉正清明，他却马虎判狱，儿戏人命，错判了吴全素的寿命。此外，他索贿的手段也十分高明、隐晦。他在派人送全素归世时，对二鬼吏说的话很值得玩味："此人命薄，宜令速去。稍以延迟，即突明矣。"这几句话既是对吴全素的威胁，又是对二鬼吏的面授机宜。后面二鬼吏的索贿、逼贿无不是由此而来。按理说，既然时间很紧，一过天明即无法归阳，二鬼吏就应该速送人归，但他们却一再迟延、拖沓，只是用"突明即归不得"的"判官之命"威胁全素，为索贿一再拖延时间，可见"突明即归不得"是借口，索贿才是目的。也许有人说：索贿、逼贿的只是二鬼吏，不是判官。但是，小说中说到索贿一百万钱是送到介公庙，受贿者"紫衣腰金，敕吏受之"。"紫衣腰金"者当就是前面"衣绯"的判官。所以，二鬼吏的所作所为无不是判官的指使。

本文的判官是封建社会里贪官污吏形象的折射。尽管作者写本篇的目的可能在于揭示宿命论的必然，劝告人们知命戒躁，知进也要知退，但是作者在主观上宣扬宿命论时，却用形象揭示了封建社会的黑暗、吏治的腐败，这也许是作者本人没有想到的。文学用形象思维说话，形象大于作者的思想，此篇是一个生动的例子。

（韩传达）

【作者小传】

薛用弱

唐小说家。字中胜。河东（今山西永济）人。曾任光州刺史。作有小说集《集异记》等。

王涣之

薛用弱

开元①中，诗人王昌龄、高适、王涣之②齐名。时风尘未偶，而游处略同。一日天寒微雪，三诗人共诣旗亭③，贳④酒小饮。忽有梨园伶官十数人，登楼会宴。三诗人因避席隈映⑤，拥炉火以观焉。俄有妙妓四辈，寻续而至，奢华艳曳，都冶⑥颇极。旋则奏乐，皆当时之名部也。

昌龄等私相约曰："我辈各擅诗名，每不自定其甲乙⑦，今者可以密观诸伶所讴，若诗入歌词之多者，则为优矣。"俄而一伶拊节⑧而唱，乃曰：

寒雨连江夜入吴，平明送客楚山孤。

洛阳亲友如相问，一片冰心在玉壶。

昌龄则引手画壁曰："一绝句。"寻又一伶讴之曰：

开箧泪沾臆，见君前日书。

夜台何寂寞，犹是子云居⑨。

适则引手画壁曰："一绝句。"寻又一伶讴曰：

奉帚平明金殿开，强将团扇共徘徊。

玉颜不及寒鸦色，犹带昭阳日影来。

昌龄则又引手画壁曰："二绝句。"

涣之自以得名已久，因谓诸人曰："此辈皆潦倒乐官，所唱皆《巴人》《下俚》⑩之词耳，岂《阳春》《白雪》之曲，俗物敢近哉！"因指诸妓之中最佳者曰："待此子所唱，如非我诗，吾即终身不敢与子争衡⑪矣。脱是吾诗，子等当须列拜床下，奉吾为师。"因欢笑而俟之。须臾，次至双鬟发声，则曰：

黄河远上白云间，一片孤城万仞山。

羌笛何须怨杨柳，春风不度玉门关。

涣之即撒歈⑫二子曰："田舍奴，我岂妄哉？"因大谐笑。

诸伶不喻其故，皆起诣曰："不知诸郎君何此欢噱？"昌龄等因话其事。诸伶竞拜曰："俗眼不识神仙，乞降清重⑬，俯就筵席。"三子从之，饮醉竟日。

〔注〕① 开元：唐玄宗年号(713—741)。 ② 王涣之：即王之涣，与王昌龄、高适俱为盛唐诗人。 ③ 旗亭：即酒楼。 ④ 贳(shì)：赊欠。 ⑤ 避席隈映：躲在阴暗的角落里。隈，即角落。 ⑥ 都冶：都，漂亮；冶，艳丽。 ⑦ 甲乙：即评定名次之意。 ⑧ 拊节：打拍子。 ⑨ 子云居：西汉扬雄，字子云，他晚年甘于寂寞，专心著书，故以他的居所代清静之地。 ⑩《巴人》《下俚》：代指俚俗的曲子；下文中的《阳春》《白雪》代指高雅的曲子。 ⑪ 争衡：衡，即秤杆。争衡即比较高低。 ⑫ 撒歈(yé yú)：即"揶揄"。 ⑬ 降清重：请清高贵重的人物降临。

本篇采自薛用弱的《集异记》。小说叙述了著名的旗亭画壁的故事。就像一幕精彩的生活短剧，文笔清新简洁，画面风趣生动，有较强的舞台艺术效果。

在微雪轻飏的背景下，首先上场的是唐代三位"风尘未偶，而游处略同"的著名诗人王昌龄、高适、王涣之(系王之涣之误)，他们虽然生活清苦，囊中羞涩，然而诗酒之豪，丝毫未减；其次上场的是十几位梨园伶官，登楼会宴；再次上场的是四位"奢华艳曳，都冶颇极"的妙龄歌妓，所奏之乐，皆为名曲。这时的场景虽然有所变化——后上场的歌妓居于中心位置，而先到的三位诗人则移席角落，然"拥炉火以观"，就像一束强烈的舞台灯光，把人们的视线聚焦在三位诗人的身上：先是诗人私下相约的镜头，继而伶人按拍而唱，昌龄、高适先后引手画壁。王涣之见两位诗友得意之喜，形诸于色，便从容地说："这些都是不得意的歌女，只会唱一些《巴人》《下俚》的俗曲。至于高雅的《阳春》《白雪》，岂是平庸之辈所敢演唱的?"他把自己的诗比作"阳春白雪"，把别人的诗说成"下里巴人"，自信乐工和歌妓们一定会乐于歌唱自己的作品。果然，最美丽的歌女唱的就是他最美丽的篇章。最后一个场景是三位诗人的会心大笑，众歌女问知情由，皆争相拜服，邀请诗人同桌欢宴。于是，原先在角落"拥炉火以观"的诗人又移入中心场景，诗酒之豪与歌乐之美融为一个和谐欢乐的戏剧性画面。

在唐代，伶官们在宴席上喜欢歌唱当时那些脍炙人口的诗篇，而诗人们也都为自己作品能被歌妓们传唱而感到自豪。这篇小说正是通过这样一个戏剧性场面，生动而风趣地展现了唐代诗人生活的一个侧面。他们虽然生活困顿，然而他们的精神世界是丰富充实的，他们的胸襟情怀是开朗高洁的，他们的性格特征是自信乐观的。像这样的诗人，不唯让当时之歌女所景仰，亦教今日之文人所敬重。

(陈惠琴)

王 积 薪

薛用弱

玄宗南狩[①]，百司奔赴行在，翰林善围棋者王积薪从焉。蜀道隘狭，每行旅止息，道中之邮亭人舍，多为尊官有力者之所见占，积薪栖无所入，因沿溪深远，寓宿于山中孤姥之家。但有妇姑[②]，止给水火。才暝，妇姑皆阖户而休。积薪栖于檐下，夜阑不寐。

忽闻堂内姑谓妇曰："良宵无以为适，与子围棋一赌可乎?"妇曰："诺。"积薪私心奇之。况堂内素无灯烛，又妇姑各处东西室。积薪乃附耳门扉,俄闻妇曰:“起东五南九置子矣。”姑应曰:“东五南十二置子矣。”妇又曰:“起西八南十置子矣。”姑又应曰:“西九南十置子矣。”每置一子,皆良久思惟。夜将尽四更,积薪一一密记,其下止三十六。忽闻姑曰:“子已败矣,吾止胜九枰耳。”妇亦甘焉。

积薪迟明具衣冠请问,孤姥曰:“尔可率己之意而按局置子焉。”积薪即出橐中局,尽平生之秘妙而布子,未及十数,孤姥顾谓妇曰:“是子可教以常势③耳。”妇乃指示攻守杀夺救应防拒之法,其意甚略。积薪即更求其说,孤姥笑曰:“止此已无敌于人间矣。”积薪虔谢而别。行十数步再诣,则已失向室间也。

自是积薪之艺绝无其伦。既布所记妇姑对敌之势,罄竭心力,较其九枰之胜,终不得也。因名“邓艾④开蜀势”。至今棋图有焉,而世人终莫得而解矣。

〔注〕①南狩:本指到南方狩猎;此处用作唐玄宗避安史之乱南逃入蜀的委婉说法。②妇姑:儿媳和婆婆。③常势:此处指下棋的一般法则。④邓艾:三国时魏国将领,景元四年(263)率军偷渡阴平,灭掉蜀汉。

本篇采自薛用弱的《集异记》。

王积薪是唐代围棋国手,身任翰林院棋待诏,在围棋史上颇有名气。他提出的围棋“十诀”,为后世棋手所推崇,成为围棋战略战术的指导原则。据说他的棋艺出自神授,本篇就绘声绘色地讲述了他荒岭遇仙的传奇故事。李肇《唐国史补》也载有这个传说,只是文字稍显粗略。

一篇传奇色彩浓厚的小说,却是从平实的叙述中展开的。时当唐玄宗“南狩”入蜀之际,官卑职小的王积薪为追随皇上,历尽旅途艰辛,显示着可叹可悯的忠忱。他无力与权高势重的显宦争夺舒适的栖息之所,只好沿着山溪,寻到一处荒僻农舍栖身。荒山野岭,寂寂长夜,栖身矮檐之下,与孤苦婆媳为邻;这一切,构成一个远离尘世的幽渺环境。

就在这很难与高雅的弈棋活动发生联系的环境中,王积薪以耳代目、旁听了一盘以口代手的高水平对弈;而对弈双方竟是那两位貌似无识的房东村妇。以弈棋为生命的王积薪,当然不能放过这难得的机会。他“附耳门扉”“一一密记”,

不辞辛苦作了一夜“旁听生”。天不亮，又迫不及待地“具衣冠请问”，登堂作“入室弟子”。大概是他的谦恭态度打动了对方，老妇考察了他的棋艺，认为“孺子可教”，慨然允诺教以“常势”。积薪还想进一步探究，却被老妇婉言谢绝。因为老妇认为即便如此，王积薪已经具备了“无敌于人间”的能力。故事的最后一笔为人留下无尽遐思：那盘名为“邓艾开蜀势”的棋局，最终成为千古局中之秘，也象征着围棋艺术永难企及的最高境界。

小说作者特别善于以平凡衬托神奇，擅长制造突如其来的“意外”效果：掌握着局中秘技的仙人不是长髯飘飘、鹤发童颜的仙翁，而是孤苦相依、无知无识的村妇；不是住在白云缭绕、松柏滴翠的神仙洞府，而是蛰居于荒村野岭、平常人家……总之，一切传奇中惯用的浪漫笔致，在这里都被朴实平易的写实描述所代替。这使得静夜突来的弈棋声格外令人吃惊，而“行十数步再诣，则已失向之室间”的结局，也格外令人诧叹！文中的两位仙人云龙见首不见尾，给人印象颇深；而王积薪执着专一的品格，似乎更为感人。他为一艺之精，不惜放下御前国手的架子，向山野村妇躬身求教，这在等级森严的封建社会、男尊女卑的宗法制度下，是需要很大勇气的。此外，从他不畏艰险、追随君王，到放下架子、虚心求艺，再到“罄竭心力”、探索不止；其性格中有一种一以贯之的东西，被小说家以不经意的形式表达出来。而这篇以情节取胜的小说，在人物性格塑造方面，也由此显出功力。

（侯　会）

徐　佐　卿

薛用弱

明皇天宝十三载①重阳日猎于沙苑，云间有孤鹤徊翔焉。上②亲御弧矢，一发而中。其鹤则带箭徐坠，将及地丈许，欻然矫翰③西南而逝。万众极目，良久乃灭。

益州④城距郭十五里，有明月观焉，依山临水，松桂深寂。道流非修习精悫者，莫得而居。观之东廊第一院，尤为幽绝。每有自称青城道士徐佐卿者，风局清古，一岁率三四而至焉。观之耆旧，因虚其院之正堂，以俟其来，而佐卿至则栖焉。或三五日，或旬朔，言归青城，甚为道流之所倾仰。一日忽自外至，神爽不怡，谓院中人曰：“吾行山中，偶为飞矢所加，寻已无恙矣。然此箭非人间所有，吾留之于壁上，后年箭主到此，即宜付之，慎无坠失。”仍援毫记壁云：“留箭之时，则十三载九月九日也。”

及玄宗避狄幸蜀，暇日命驾行游，偶至斯观。乐其佳景，因遍幸道室。既入此堂，忽睹挂箭，则命侍臣取而玩之，盖御箭也。深异之，因询观之道士，皆以实对。即视佐卿所题，乃前岁沙苑纵畋之日也。佐卿盖中箭孤鹤耳。究其题，乃沙苑翻飞当日集于斯欤。上大奇之，因收其箭而宝焉。自后蜀人亦无复有逢佐卿者矣。

〔注〕①明皇：即唐玄宗李隆基(685—762)。天宝十三载：即公元754年。天宝，唐玄宗年号。②上：指唐玄宗。③欻(xū)然：迅疾之状。矫翰：举翅。矫，高举。翰，长而硬的羽毛。④益州：州名。其故地大部在今四川省境内，治所在今成都市。

本篇出自薛用弱的《集异记》。小说篇幅不长，但章法精妙，颇具匠心。第一段，作者叙述了发生在京城郊外的一件寻常小事：重阳节那一天，唐明皇弯弓放箭，射中云中孤鹤；孤鹤带箭而飞，消逝在西南方向的云天之中。这个开头平平淡淡，更谈不上神奇怪异。第二段，作者的笔锋一转，场景从京城郊外一下子切换到几千里之外的西南蜀地：在益州城外十五里有一座明月观，风景绝佳。有一位来自青城山的道人徐佐卿，风骨清古，行踪飘忽，不时来此观盘桓栖止。这日，他又来到明月观，自言曾被一支飞箭射中。他将那支箭挂于正堂壁上，并将留箭的时间题记于壁。——至此，作者已在娓娓的叙述中经营出一种扑朔迷离的氛围：这位中箭的青城道人与那只负伤而逝的孤鹤二者之间有无联系？那支"非人间所有"的箭究竟来自何处？还有青城道人神秘的预言：后年，此箭的主人将驾临此观……这些潜伏于平淡叙述中的一个个谜团逗惹起读者强烈的好奇心，故而被作者的描述带入一个神秘诡异的境界中。第三段，写天宝十五年避难蜀地的唐明皇果然驾幸明月观，认出壁上之箭乃御箭，而青城道人留箭之时正是"沙苑纵畋之日也"。于是，那支"非人间所有"的神秘之箭穿越时空，将当年重阳节发生在京郊与明月观——相距几千里的两个事件贯穿起来，物证(那支御箭)的认定与时间的重合，使表面上毫无关联的沙苑带箭而逝的孤鹤与"偶为飞矢所加"的青城道人合二为一：原来青城道人徐佐卿正是那只孤鹤！整个故事结构完整，线索清晰，首尾圆合。尤其是第一段中写孤鹤"欻然矫翰西南而逝，万众极目，良久乃灭"，而最后一段说："自后蜀人亦无复有逢佐卿者矣。"消逝的孤鹤与失踪的道人遥相呼应，不仅增添了故事内在的逻辑力量，更给人们留下几许悬想、几许迷惘。

小说中将云中孤鹤作为青城道人的化身，鹤之孤清与道人之"风局清古"，互

为表征，形神契合，足见作者用心之深细。 （韦凤娟）

【作者小传】

王 洙

唐小说家。字学源。琅琊（今山东青岛、诸城及临沂一带）人。元和十三年(818)进士及第。作有小说《东阳夜怪录》等。

东阳夜怪录

王 洙

前进士王洙，字学源，其先琅琊[①]人。元和十三年春擢第[②]。尝居邹鲁[③]间名山习业。洙自云，前四年时，因随籍入贡[④]。暮次荥阳逆旅[⑤]。值彭城客秀才成自虚者，以家事不得就举，言旋故里，遇洙，因话辛勤往复之意。自虚字致本，语及人间目睹之异：

是岁，自虚十有一月八日东还。翼日，到渭南县，方属阴曀[⑥]，不知时之早晚。县宰黎谓留饮数巡。自虚恃所乘[⑦]壮，乃命僮仆辎重[⑧]，悉令先于赤水店俟宿，聊踟蹰焉[⑨]。东出县郭门，则阴风刮地，飞雪雾天。行未数里，迨将昏黑。自虚僮仆既悉令前去。道上又行人已绝，无可问程，至是不知所届[⑩]矣。

路出东阳驿南，寻赤水谷口道，去驿不三四里，有下坞。林月依微，略辨佛庙。自虚启扉，投身突入。雪势愈甚。自虚窃意佛宇之居，有住僧，将求委[⑪]焉，则策马入。其后才认北横数间空屋，寂无灯烛。久之，倾听，微似有人喘息声。遂系马于西面柱，连问："院主和尚，今夜慈悲相救。"徐闻人应："老病僧智高在此。适僮仆已出使村中教化[⑫]，无从以致火烛。雪若是，复当深夜，客何为者？自何而来？四绝亲邻，何以取济？今夕脱[⑬]不恶其病秽，且此相就，则免暴露[⑭]。兼撤所藉刍藁[⑮]分用，委质可矣。"自虚他计既穷，闻此内亦颇喜。乃问："高公生缘[⑯]何乡，何故栖此？又俗姓云何？既接恩容[⑰]，当还审其出处。”曰：“贫道俗姓安，生在碛西[18]。本因舍力[19]，随缘来诣中国。到此未几，房院疏芜。秀才卒降，无以供待，不垂见怪为幸。”自虚如此问答，颇忘前倦。乃谓高公曰：“方知探宝化城[20]，如来非妄立喻。今高公是我导师矣。高公本宗[21]，固有如是降伏其心之教。”

俄则沓沓然若数人联步而至者。遂闻云：“极好雪，师丈在否？”高公未应间，闻一人云：“曹长[22]先行。”或曰：“朱八丈合先行。”又闻人曰：“路甚宽，曹长不合苦让，偕行可也。”自虚窃谓人多，私心益壮。有顷，即似悉造座隅矣。内一人谓曰：“师丈，此有宿客乎？”高公对曰：“适有客来诣宿耳。”自虚昏昏然，莫审其形质。唯最前一人俯檐映雪，仿佛若见着皂裘者，背及胁有搭白补处。其人先发问自虚云：“客何故踽踽然[23]犯雪昏夜至此？”自虚则具以实告。其人因请自虚姓名。对曰：“进士成自虚。”自虚亦从而语曰：“暗中不可悉揖清扬[24]，他日无以为子孙之旧。请各称其官及名氏。”便闻一人云：“前河阴转运巡官、试左骁卫胄曹参军卢倚马[25]。”次一人云：“桃林客、副轻车将军朱中正[26]。”次一人曰：“去文，姓敬[27]。”次一人曰：“锐金，姓奚[28]。”此时则似周坐矣。

初，因成公应举，倚马旁及论文。倚马曰：“某儿童时，即闻人咏师丈《聚雪为山》诗，今犹记得。今夜景象宛在目中。师丈，有之乎？”高公曰：“其词谓何？试言之。”倚马曰：“所记云——

谁家扫雪满庭前，万壑千峰在一拳。

吾心不觉侵衣冷，曾向此中居几年。”

自虚茫然如失，口呿眸眙[29]，尤所不测。高公乃曰：“雪山是吾家山，往年偶见小儿聚雪，屹有峰峦之状，西望故国，怅然因作是诗，曹长大聪明，如何记得贫道旧时恶句，不因曹长诚念在口，实亦遗忘。”倚马曰：“师丈骋逸步于遐荒[30]，脱尘机于维絷[31]，巍巍道德，可谓首出侪流[32]。如小子之徒，望尘奔走，曷敢窥其高远哉！倚马今春以公事到城，受性顽钝，阙下桂玉，煎迫不堪[33]。旦夕羁旅。虽勤劳夙夜，料入况[34]微，负荷非轻，常惧刑责。近蒙本院转一虚衔，意在苦求脱免。昨晚出长乐城下宿，自悲尘中劳役，慨然有山鹿野麋之志[35]。因寄同侣，成两篇恶诗。对诸作者，辄欲口占[36]，去就未敢。”自虚曰：“今夕何夕，得闻佳句。”倚马又谦曰：“不揆荒浅，况师丈文宗在此，敢呈丑拙邪？”自虚苦请曰：“愿闻，愿闻。”倚马因朗吟其诗曰：

长安城东洛阳道，车轮不息人浩浩。
争利贪前竞着鞭，相逢尽是尘中老。（其一）
日晚长川不计程，离群独步不能鸣。
赖有青青河畔草，春来犹得慰羁情。

合座咸曰：“大高作。”倚马谦曰：“拙恶，拙恶。”

中正谓高公曰：“比闻朔漠之士，吟讽师丈佳句绝多。今此是颍川[37]，况侧聆卢曹长所念，开洗昏鄙，意爽神清。新制的多，满座渴咏。岂不能见示三两首，以沃群瞩。”高公请俟他日。中正又曰：“眷彼名公悉至，何惜兔园[38]。雅论高谈，抑一时之盛事。今去市肆苦远，夜艾兴余[39]，杯觞固不可求，炮炙无由而致。宾主礼阙，惭恧[40]空多。吾辈方以观心朵颐[41]，而诸公通宵无以充腹，赧然何补？”高公曰：“吾闻嘉话可以忘乎饥渴。祇[42]如八郎，力济生人，动循轨辙，攻城犒士，为己所长。但以十二因缘，皆从触起[43]，茫茫苦海，烦恼随生。何地而可见菩提，何门而得离火宅？”中正对曰：“以愚所谓，覆辙相寻，轮回恶道，先后报应，事甚分明。引领修行，义归于此。”高公大笑，乃曰：“释氏尚其清净，道成则为正觉，觉则佛也。如八郎向来之谈，深得之矣。”倚马大笑。

自虚又曰：“适来朱将军再三有请和尚新制，在小生下情，实愿观宝。和尚岂以自虚远客，非我法中而见鄙之乎？且和尚器识非凡，岸谷深峻[44]，必当格韵才思，贯绝一时，妍妙清新，摆落俗态。岂终秘咳唾之余思[45]，不吟一两篇以开耳目乎？”高公曰：“深荷秀才苦请，事则难于固违。况老僧残疾衰羸，习读久废。章句之道本非所长，却是朱八无端挑抉吾短。然于病中，偶有两篇自述，匠石[46]能听之乎？”曰：“愿闻。”其诗曰：

拥褐藏名无定踪，流沙千里度衰容。
传得南宗心地[47]后，此身应便老双峰[48]。

为有阎浮[49]珍重因，远离西国赴咸秦。
自从无力休行道，且作头陀不系身。

又闻满座称好声，移时不定，去文忽于座内云：“昔王子猷[50]访戴安道于山阴，雪夜皎然，及门而返，遂传‘何必见戴’之论。当时皆重逸兴。今成君可谓以文会友，下视袁安、蒋诩[51]。吾少年时颇负隽气[52]，性好鹰鹯[53]。曾于此时畋[54]游驰骋。吾故林在长安之巽维[55]、御宿川之东畤。咏雪有《献曹州房》一篇，不觉诗狂所攻，辄污泥高鉴耳。因吟诗曰：

爱此飘飖六出公[56]，轻琼洽絮舞长空。
当时正逐秦丞相[57]，腾踯川原喜北风。

献诗讫，曹州房颇甚赏仆此诗。因难云：‘呼雪为公，得无检束乎？’余遂征古人尚有呼竹为君[58]，后贤以为名论，用以证之。曹州房结舌莫知所对。然曹州房素非知诗者。乌大尝谓吾曰：‘难得臭味同。’斯言不妄。今涉彼远官，参东州军事，相去数千。苗十[59]气候哑吒，凭恃群亲，索人承事。鲁无君子者，斯焉取诸[60]！”锐金曰：“安敢当。不见苗生几日？”曰：“涉旬矣。”“然则苗子何在？”去文曰：“亦应非远。知吾辈会于此，计合解来。”

居无几，苗生遽至。去文伪为喜意，拊背曰：“适我愿兮！”去文遂引苗生与自虚相揖。自虚先称名氏。苗生曰：“介立姓苗。”宾主相谕[61]之词，颇甚稠沓[62]。锐金居其侧，曰：“此时则苦吟之矣。诸公皆由老奚诗病又发,如何如何?”自虚曰:“向者承奚生眷与之分非浅,何为尚吝瑰宝,大失所望?”锐金退而逡巡,曰:“敢不贻广席一噱乎?”辄念三篇近诗云:

舞镜争鸾彩,临场定鹘拳。
正思仙杖日,翘首御楼前。

养斗形如木,迎春质似泥。
信如风雨在,何惮迹卑栖。

为脱田文难,常怀纪涓恩。
欲知疏野态,霜晓叫荒村[63]。

锐金吟讫,暗中亦大闻称赏声。高公曰:“诸贤勿以武士见待朱将军。此公甚精名理,又善属文。而乃犹无所言,皮里臧否[64]吾辈,抑将不可。况成君远客,一夕之聚,空门所谓多生有缘,宿鸟同树[65]者也。得不因此留异时之谈端哉!”中正起曰:“师丈此言,乃与中正树荆棘[66]耳。苟众情疑阻,敢不惟命是听?然卢探手作事,自贻伊戚[67],如何?”高公曰:“请诸贤静听。”中正诗曰:

乱鲁负虚名,游秦感宁生。
候惊丞相喘,用识葛卢鸣[68]。
黍稷滋农兴,轩车乏道情。
近来筋力退,一志在归耕。

高公叹曰:“朱八文华若此,未离散秩[69]。引驾[70]者又何人哉!屈甚,屈甚!”倚马曰:“扶风二兄[71]偶有所系,吾家龟兹苍文毙甚[72],乐喧厌静,好事挥霍,兴在结束,勇于前驱,此会不至,恨可知也。”去文谓介立曰:“胃家兄弟,居处匪遥,莫往莫来,安用尚志[73]?《诗》云:‘朋友攸摄[74]。’而使尚有遐[75]心,必须折简见招,鄙意颇成其美。”介立曰:“某本欲访胃大去,方以论文兴酣,不觉迟迟耳。敬君命予,今且请诸公不起。介立略到胃家即回。不然，便拉胃氏昆季同至，可乎？”皆曰：“诺。”介立乃去。

无何，去文于众前窃是非介立，曰：“蠢兹为人，有甚爪距？颇闻洁廉，善主仓库，其如蜡[76]姑之丑，难以掩于物论[77]何？”殊不知介立与胃氏相携而来，及门，瞥闻其说。介立攘袂[78]大怒曰：“天生苗介立，斗伯比之直下[79]，得姓于楚远祖棼皇[80]茹，分二十族。祀典配享，至于礼经。奈何一敬去文，盘瓠[81]之余，长细无别，非人伦所齿，只合驯狎稚子，狩守酒旗。谄同妖狐，窃脂眠灶，安敢言人之长短？我若不呈薄艺，敬子谓我咸秩无文[82]，使诸人异日藐我。今对师丈念一篇恶诗，且看如何？”诗曰：

为惭食肉主恩深，日晏蟠蜿卧锦衾。

且学至人知白黑，那将好爵动吾心。

自虚颇甚佳叹。去文曰：“卿不详本末，厚加矫诬。我实春秋向戌[83]之后，卿以我为盘瓠裔，如辰阳比房[84]，于吾殊所乖阔。”中正深以两家献酬未绝为病，乃曰：“吾愿作宜僚[85]以释二忿，可乎？昔我逢丑父[86]实与向家、棼皇，春秋时屡同盟会。今座上有名客，二子何乃互毁祖宗？语中忽有绽露，是取笑于成公齿冷也。且尽吟咏，固请息喧。”于是介立即引胃氏昆仲与自虚相见。初襜襜然[87]若白色，二人来前，长曰“胃藏瓠”，次曰“藏立”。自虚亦称姓名。藏瓠又巡座云：“令兄令弟。”介立乃于广众延誉胃氏昆弟：“潜迹草野，行著及于名族。上参列宿，亲密内达肝胆。况秦之八水，实贯天府。故林二十族，多是咸京。闻弟新有《题旧业》诗，时称甚美，如何得闻乎？”藏瓠对曰：“小子谬厕宾筵，作者云集，欲出口吻，先增惭怍。今不得已，尘污诸贤耳目。”诗曰：

鸟鼠[88]是家川，周王昔猎贤[89]。

一从离子卯，应见海桑田。

介立称好：“弟他日必负重名，公道若存，斯文不朽。”藏瓠敛躬谢曰："藏瓠幽蛰所宜[90]，幸陪群彦。兄揄扬太过，小子谬当重言，若负芒刺[91]。"座客皆笑。

时自虚方聆诸客嘉什，不暇自念己文。但曰："诸公清才绮靡，皆是目牛游刃[92]。"中正将谓有讥，潜然遁去。高公求之不得，曰："朱八不告而退，何也？"倚马对曰："朱八世与炮氏[93]为仇，恶闻发硎之说而去耳。"自虚谢不敏。此时去文独与自虚论诘，语自虚曰："凡人行藏卷舒，君子尚其达节。摇尾求食，猛虎所以见几。或为知己吠鸣，不可以主人无德而废斯义也。去文不才，亦有两篇言志奉呈。"诗曰：

事君同乐义同忧，那校糟糠满志休。
不是守株空待兔，终当逐鹿出林丘。

少年尝负饥鹰用，内愿曾无宠鹤[94]心。
秋草殴除思去宇，平原毛血兴从禽。

自虚赏激无限，全忘一夕之苦。方欲自夸旧制，忽闻远寺撞钟，则比膊[95]锵然声尽矣。注目略无所睹。但觉风雪透窗，臊秽扑鼻。唯窣飒[96]如有动者。而厉声呼问，绝无由答。自虚心神恍惚，未敢遽前扪攫。退寻所系之马，宛在屋之西隅。鞍鞯被雪，马则龁柱而立。迟疑间，晓色已将辨物矣。乃于屋壁之北，有橐驼一，贴腹跪足，儑耳齝口[97]。自虚觉夜来之异，得以遍求之。室外北轩下，俄又见一瘁瘠乌驴，连脊有磨破三处。白毛茁然将满。举视屋之北拱，微若振迅有物，乃见一老鸡蹲焉。前及设像佛宇塌座之北，东西有隙地数十步，牖下皆有彩画处，土人曾以麦䴬[98]之长者积于其间。见一大驳猫儿眠于上。咫尺又有盛饷田浆破瓠一，次有牧童所弃破笠一。自虚因蹴之，果获二刺猬，蠕然而动。自虚周求四顾，悄未有人。又不胜一夕之冻乏，乃揽辔振雪，上马而去。绕出村之北道，左经柴栏旧圃，睹一牛踣雪龁草[99]，次此不百余步，合村悉辇粪，幸此蕴崇[100]。自虚过其下，群犬喧吠。中有一犬，毛悉齐髁，其状甚异，睥睨自虚。

自虚驱马久之，值一叟，辟荆扉，晨兴开径雪。自虚驻马讯焉。对曰："此故友右军彭特进庄也。郎君昨宵何止？行李间有似迷途者。"自虚语及夜来之见，叟倚帚惊讶曰："极差，极差。昨晚天气风雪，庄家先有一病橐驼，虑其为所毙，遂覆之佛宇之北。念佛社屋下，有数日前河阴官脚过，有乏驴一头，不任前去。某哀其残命未舍，以粟斛易留之，亦不羁绊。彼栏中瘠牛，皆庄家所畜。适闻此说，不知何缘如此作怪？"自虚曰："昨夜已失鞍驮，今馁冻且甚。事有不可率话者，大略如斯，难于悉述。"遂策马奔去。至赤水店，见僮仆，方讶其主之相失，始忙于求访。自虚慨然如丧魂者数日。

〔注〕① 琅琊：地名，今山东青岛、诸城、临沂一带。 ② 元和：唐宪宗年号(806—820)。擢第：即考中。 ③ 邹鲁：均为山东之地，孔子为鲁人，孟子为邹人，故以邹鲁之间为人杰地灵之处。 ④ 随籍入贡：由原籍的学官保送入京师应进士试。 ⑤ 次：歇宿。逆旅：旅店。⑥ 方属阴曀(yì)：正遇上阴暗的天气。 ⑦ 所乘：指其所乘坐的马。 ⑧ 辎重：行李。⑨ 聊踟蹰焉：为了逗留一会儿。 ⑩ 届：到。 ⑪ 委：即寄宿。 ⑫ 教化：化缘。 ⑬ 脱：若。 ⑭ 暴露：即暴露在风雪中。 ⑮ 刍藁(gǎo)：喂牲畜的干草。 ⑯ 生缘：佛家以一切为"缘"，人的出生也是一种缘。 ⑰ 恩容：即收留之恩。 ⑱ 碛(qì)西：碛，水中的沙堆，此指沙漠的西边。 ⑲ 舍力：佛家发愿把自己的毕生精力贡献出来。此处语含双关，亦合其骆驼身份。 ⑳ 探宝化城：用佛家典故，《法华经》中说如来化为一城，供疲惫的修行者休息。其下说"如来非妄立喻"即指此。 ㉑ 高公本宗：高公，对此僧的敬称。本宗，即指其佛教。㉒ 曹长：唐代同级官员的互称。此亦谐音"槽"字，因此二人为牛与驴。 ㉓ 踽踽(jǔ)然：形容独自走路，孤零零的样子。 ㉔ 悉揖清扬：全部拜见的意思。目之美者了清，眉之美者为扬，故以"清扬"二字代称别人的面貌。 ㉕ 前河阴转运巡官、试左骁卫胄曹参军卢倚马：河阴，地名，河南荥阳附近。试，未正式授职，先行试用。卢倚马正是一个"驴"字。这个长长的官衔其实是说它本来是河阴转运司的运粮驴，而现在试用于卫戍部队拉车的左边位置。 ㉖ 桃林客、副轻车将军朱中正：桃林，地名，《尚书》有"放牛于桃林之野"的句子，所以此云"桃林客"实是说牛。"朱中正"这个名字也是说为"朱"字中间那个"牛"字。 ㉗ 去文，姓敬：即此人叫敬去文。"敬"字去"文"为"苟"，谐音"狗"。 ㉘ 锐金，姓奚：则此人叫奚锐金。奚，为繁体字"鷄"字的左偏旁；而《左传》说有人为他的斗鸡爪上装上刺(金芒)，故此处云"锐金"实亦暗指鸡。 ㉙ 口呿(qū)眸眙(chì)：目瞪口呆的样子。呿，张口；眙，直视。 ㉚ 遐荒：极远的荒凉之地。 ㉛ 维絷(zhí)：缰绳。 ㉜ 首出侪(chái)流：高出同辈一头。侪流，同辈之意。㉝ 阙下桂玉，煎迫不堪：都城物价太高，有些支撑不下去。阙下，皇宫之下，即都城。桂玉，《战国策》载苏秦到楚国，三天后才见到楚王，他说："楚国之食贵于玉，薪贵于桂，谒者难得见如鬼，王难得见若天帝。今令臣食玉炊桂，因鬼见帝。" ㉞ 况：很。 ㉟ 山鹿野麋之志：指归隐的志向，像野生动物那样没有劳役之苦。 ㊱ 口占：不用起草而随口成文，大多指当场作诗。

㊲ 颍川：古地名，辖今河南中部及南部。 ㊳ 兔园：西汉梁孝王有名园曰兔园，其中常聚集名士游乐谈宴。 ㊴ 夜艾兴余：艾，尽的意思。全句是说夜已尽，而兴致还未尽。 ㊵ 恧(nǜ)：惭愧。 ㊶ 以观心朵颐：把"观心"当作一顿美餐。观心，佛家认为世间万相皆出于心，故体察万物，需从观心开始。 ㊷ 祗(zhī)：恭敬。 ㊸ 十二因缘，皆从触起："十二因缘"为佛家用语，指众生在轮回中的十二个阶段，"触"为其中之一，而在此又语带双关。 ㊹ 岸谷深峻：喻人品端洁，气度涵弘。 ㊺ 咳唾之余思：古人称赏别人的文章常用"咳唾成珠玉"来形容，这里即用此意。 ㊻ 匠石：《庄子》中说，郢地有一人，鼻上长了一个白点，便请一个匠人帮忙，此人用一柄大斧把白点削去了。后世所谓的"斧正"等语即从此而来。此云匠石，为谦语。 ㊼ 南宗心地：佛教之禅宗自达摩一苇渡江传入中国，其五祖弘忍有二弟子：神秀传教于北方，慧能传于南方，自此禅宗分为南北二宗。而南宗讲顿悟，其师徒授受称之为"心传"。 ㊽ 双峰：禅宗四祖道信与五祖弘忍均曾在双峰山修炼，故此地成为禅宗之圣地。此句亦语义双关。㊾ 阎浮：梵语，指佛教所认为的天下四大部州中之一部。 ㊿ 王子猷：王羲之的儿子王徽之，字子猷。《世说新语》载其一夜大雪，忽忆好友戴安道，便即乘舟寻访，用了一晚才到，但到了门口却又不进去，转身回去了，人问他，他说："我乘兴而来，兴尽而返，何必见戴。" ⑤① 下视袁安、蒋诩：袁安，东汉人，没当官时住在洛阳，一天大雪，别人均出去乞食，只有他高卧不动，洛阳令见之，以为是贤才，便荐举于朝。蒋诩，西汉人，王莽专政时称病不出。此处用这两个典故来奉承成自虚。 ⑤② 隽气：豪爽的气概。 ⑤③ 鹰鹯(zhān)：都是打猎时用的猛禽。 ⑤④ 畋(tián)：即打猎。 ⑤⑤ 巽(xùn)维：巽，为八卦之一卦，在卦图之东南，故以此代指东南。⑤⑥ 六出公：指雪，因雪花为六角形。 ⑤⑦ 秦丞相：指秦朝丞相李斯。李斯被杀时曾对儿子说："吾欲与若复牵黄犬，俱出上蔡东门，逐狡兔，岂可得乎。"可见，此句亦语带双关。 ⑤⑧ 呼竹为君：上文所提到的王子猷，所住之处皆为竹，曾指竹说："何可一日无此君。" ⑤⑨ 苗十：此为猫，故以苗为姓。 ⑥⓪ 鲁无君子者，斯焉取诸：此本为孔子《论语》中的话，原本是称赞一个人，并问，若鲁国没有君子，那他又是向谁学习的呢。而这里却是对猫表示不满。 ⑥① 相谕：互相告诉。 ⑥② 稠沓：人声多而混乱。 ⑥③ 此三诗均用与鸡有关的典故：第一首说要比对镜而舞的凤凰还漂亮，在斗鸡场上要如隼一样凶狠，并希望能得到热衷斗鸡的唐玄宗观赏。第二首用了《庄子》的典故，纪渻子为齐王训练斗鸡，直到其达到"呆若木鸡"的程度才算成功。第三首是说孟尝君田文从秦国逃回，也正是有了门客学鸡叫才成功的。 ⑥④ 皮里臧否(zāng pǐ)：臧否分别是赞扬与贬斥的意思。皮里臧否就是暗中褒贬。 ⑥⑤ 多生有缘，宿鸟同树：佛家认为世间一切都是有因有果的，两只鸟同宿一树便要许多的缘法修来。 ⑥⑥ 树荆棘：荆棘是带刺的植物，故此即"给我出难题"之意。 ⑥⑦ 自贻伊戚：自找苦吃。 ⑥⑧ 此诗四句，用了四个与牛有关的典故。第一句说春秋时鲁国被一个叫竖牛的人搞乱了，但此人并非牛，所以说"负虚名"。第二句说春秋时卫国人宁戚有才而不遇，他为齐国的商人赶牛车，在夜间喂牛时敲着牛角唱歌，被齐桓公听到并起用。第三句说西汉丙吉因见牛喘而惊异于物候的不正常。第四句是说春秋时介国国君葛卢能懂牛的话，一次听到一头牛说话，知道它三世都被用来祭祀宗庙。 ⑥⑨ 散秩：没有实际事务的空官衔。 ⑦⓪ 引驾：推荐之意。在此有双关意。 ⑦① 扶风二兄：扶风是马姓的郡望，故此指成自虚所乘之马。 ⑦② 吾家龟兹(qiū cí)苍文毙甚：龟兹，汉西域国名。《汉书》云"驴非驴，马非马，若龟兹王所谓骡也"，此即指骡。毙，通弊，破败之意。 ⑦③ 莫往莫来，安用尚志：不相往来，怎么能互相励志呢。 ⑦④ 朋友攸摄：语出《诗经》，即朋友之间当互相检束。 ⑦⑤ 遐：远，此指疏远。 ⑦⑥ 蜡(zhà)：古代年终的一种祭祀。 ⑦⑦ 物论：即物议、众议。 ⑦⑧ 攘袂(rǎng mèi)：扔掉衣服。 ⑦⑨ 斗伯比之直下：斗伯比，人名，为春秋时楚国大

夫，其子曾被弃于荒野，有虎来喂养。虎与猫相似，故此云为其直下(直系子孙)。 ⑳ 棼皇：《国语》中有一人，名苗棼皇，故苗介立以其为远祖。 ㉛ 盘瓠(hù)：《后汉书》中记载高辛帝有一犬名盘瓠，因立功而娶帝之女为妻，并繁衍后代。说敬去文是“盘瓠之余”就是说他是狗。 ㉜ 咸秩无文：语出《尚书》，本义是说连典籍不载的也都祭祀了，这里仅用其字面义，当没有文采解。 ㉝ 向戌：人名，春秋时宋国大夫。“戌”字在十二属相中即为狗，故此借用。 ㉞ 辰阳比房：用辰星代房星，形容差得极远。 ㉟ 宜僚：人名，春秋时宋国大夫华费遂之侍人，他曾把其所知的一些阴谋全部供出，故此处即代指作中间人。 ㊱ 逢丑父：人名，春秋时齐国大夫。“丑”字在十二生肖为牛，故朱中正也引为祖先。 ㊲ 襜襜(chān)然：摇动的样子。 ㊳ 鸟鼠：山名，渭水之发源地。 ㊴ 周王昔猎贤：周文王曾于渭水之滨获姜子牙。此与上句均以“渭”“猬”同音而借用。 ㊵ 幽蛰所宜：本为谦语，云其应该藏起来。 ㊶ 若负芒刺：芒刺在背之意，此意双关。 ㊷ 目牛游刃：《庄子》说有一个庖丁，宰牛的技术十分高超，所以他的眼中已看不到全牛了，只看到牛肌肉骨骼间的空隙，刀刃在其间也是“游刃有余”。以此称赞别人技艺高妙。也正因此，朱八便偷偷溜了。 ㊸ 炮氏：庖丁。 ㊹ 宠鹤：春秋时卫懿公极喜鹤，给其所养之鹤大夫的俸禄。这里是说它并不奢望得到如此的礼遇。 ㊺ 比膊：即坐在一起的人。 ㊻ 窣飒(sù sà)：细碎的声音。 ㊼ 僵(àn)耳駧(chī)口：僵耳，耳朵不安地抖动。駧，即龄，反刍。 ㊽ 䴬(yì)：破碎的麦壳。 ㊾ 踣(bó)雪龁(hé)草：踣，跌倒；龁，咬。 ㊿ 蕴崇：积聚，堆积。

本篇《太平广记》录载。

《东阳夜怪录》叙彭城秀才成自虚夜行至东阳驿，风雪迷路，僮仆走散，孤身投宿佛寺，在黑暗中听到有老僧智高答语，与他应对谈论。接着先后来了客人卢倚马、朱中正、敬去文、奚锐金、苗介立、胃藏立、胃藏瓠等。众人环坐，竞相作诗论文，抒发胸臆。正在谈论之际，远寺钟声传来，人物骤然不知去向。成自虚各处寻找，先后发现了橐驼和驴、牛、狗、鸡、猫、刺猬。原来夜间所高谈雅论者，其实都是这些动物所变。

这是一篇近似寓言的传奇故事。作者竭力铺叙情节，渲染环境氛围，以巧妙的构思，诙谐的对话，构筑一部具有喜剧效果的戏中戏。

作品的开头从成自虚自叙奇遇说起，先布置一个风雪弥天、佛寺独立的舞台背景，随后，叙述者在夜幕中听到了角色一个个出场：第一个是老僧智高，接着卢倚马等四个来访，然后再来一个苗介立，再由苗介立去请胃氏兄弟，各有不同的出场方式。他们每个“人”都吟诵自己的诗，也不像联句唱和似地换着次序，而是各有不同的神情和姿态。如智高的诗，先由卢倚马替他背诵了一首，后来在成自虚的请求下又自己念了两首。胃藏瓠念诵了一首诗，藏立却没有诗。敬去文先出场，却最后一个诵诗。整个叙述过程显得错落有致，变化多端。结尾处揭开谜底，成自虚先看到橐驼，最后才发现牛和狗，和前面各个角色出场的次序也不完全相同。成自虚发现了怪物踪迹之后，再由一个老叟加以证实，吓得自虚“如丧魂者数日”。从庙中遇高公、听“人”夜表演，到钟响“人”不见、唯闻臊腥味，再到天明登前途、独与老叟别，故事由真入幻，再由幻到真，头尾完整，前后呼应，可以看出作者确是“有意为小说”，在结构安排上是很有艺术匠心的。

作者的艺术匠心还在于他创造了一种独特的意境：在虚构的超现实的环境中生活着的超现实人物，以他们的言谈举止、气质风情，让人们不知不觉地跻身于他们的环境之中，感受到这些人物、这个环境的真实存在。作品开头写雪夜环境：“去驿不三四里，有下坞。林月依微，略辨佛庙，自虚启扉，投身突入。雪势愈甚。”写景的真切，来自生活真切的感受。将生活中的感受搬到虚构的故事中，就足以使故事虚中见实，因实的感觉把虚的成分也逐渐带实了。接着便进入情节：“自虚窃意佛宇之居，有住僧，将求委焉，则策马入。其后才认北横数间空屋，寂无灯烛。久之倾听，微似有人喘息声。遂系马于西面柱，连问：‘院主和尚，今夜慈悲相救。’徐闻人应：‘老病僧智高在此。适僮仆已出使村中教化，无从以致火烛。雪若是，复当深夜，客何为者？自何而来？四绝亲邻，何以取济？今夕脱不恶其病秽，且此相就，则免暴露。兼撤所藉刍藁分用，委质可矣。’自虚他计既穷，闻此内亦颇喜。……”唯其是暗夜之中，不见形象，只闻声音，可以给人以更多的想象余地；又由于充分展开描写，在反复出现的音响效果中，一个约略在望的奇妙环境渐次成形，渐次使人感觉一个真实的存在，并为它的神秘色彩所吸引而神游其中流连忘返。小说中又出现了新的来客，新的言笑酬答，使意境愈转愈深。“俄则沓沓然若数人联步而至者。遂闻云：‘极好雪！师丈在否？’……有顷，即似悉造座隅矣。”对于这些神秘的来客，固然让“自虚昏昏然，莫审其形质”，但有的也可以微窥其形貌：“唯最前一人俯檐映雪，仿佛若见着皂裘者，背及肋有搭白补处”。而且此人先向成自虚发问：“客何故踽踽然犯雪昏夜至此？”成则以实相告。继而互通姓名，互相以诗文酬答并示之以隐语，全用幽默的笔致充分展开。高公认为：“一夕之聚，空门所谓多生有缘，宿鸟同树者也。得不因此留异时之谈端哉！”如此神秘而又真切的意境，如此谐妙而又风雅的聚会，不唯成自虚“赏激无限，全忘一夕之苦”，即令读者亦全忘它的虚幻性，仿佛也厕身于那风雪寒夜的浓浓谈兴之中了。从环境与氛围的渲染看，《东阳夜怪录》确实是唐传奇中淋漓尽致的佳作。

不过，作为寓言式的传奇小说，作者的艺术匠心更主要的还在于谐辞隐语的运用。作品中八个精怪的姓名、外形、职衔、经历都具有暗示性。智高是橐驼怪，高言其身高，驼峰俗称肉鞍，故云姓安，驼出西域沙漠，故云生于碛西。卢倚马乃驴怪，卢、马合为驴字，所谓前河阴转运巡官是说它前曾为河阴官府往返运输，所谓曹长，胃曹参军是暗示驴在食槽吃草料，依稀见它着皂裘，背及肋有搭白补处是说黑毛而有白斑。朱八乃牛怪，朱字去八即牛字，牛字居于朱字之正中，故称朱中正，副轻车将军言其职在驾车。敬去文是犬怪，敬字去文为苟，音谐狗字。还有胃氏兄弟乃刺猬，胃猬同音，二猬分别藏身于破瓠、破笠之中，故名藏瓠、藏立。另外，八怪的言谈应对和吟诵，也都巧妙地暗示着各自的原形特点和命运遭际。如卢倚马吟道："日晚长川不计程，离群独步不能鸣。赖有青青河畔草，春来犹得慰羁情。""慰"字与"喂"双关，"羁"字与"饥"谐音，河畔青草既可喂驴，又含蓄地表达了这位"转运巡官"因羁旅之苦而思归隐的思想感情。像这样的机关在作品中处处埋伏，或明或暗，或隐或显，耐人品味揣测，饶有趣味。

这种类似咏物诗的小说，是从谐隐文章发展而来的。如敦煌写卷中的《燕子赋》，就是假托燕子和雀儿的对话构成一个寓言故事的。韩愈的《毛颖传》把毛笔拟人化，虽近似小说，但缺乏故事情节。相比之下，《东阳夜怪录》结构严谨，篇幅漫长，妙语横生，形象鲜明，真正创造了传奇小说独特的一格。

当然，透过作品奇妙的构思、神秘的氛围和机警的谐趣，我们所获得的不仅仅是一种趣味感、愉悦感，我们还可以感受到作者所寄寓的感情、意蕴。

在封建社会，大部分知识分子的生活遭际并不是幸运的，他们做的是小官，常为上层统治者奔走驱使，没有自己独立的生活意志，而一旦年老有病，等待他们的往往就是被抛弃和被冷落的命运。《东阳夜怪录》借一群动物的幻化描写，真实地表现了下层知识分子的不幸感觉。

卢倚马，自谓是"前河阴转运巡官"，但他的生活却不是很如意的："煎迫不堪，旦夕羁旅；虽勤劳夙夜，料入况微；负荷非轻，常惧刑责"。他作诗道："长安城东洛阳道，车轮不息人浩浩。争利贪前竞着鞭，相逢尽是尘中老。"朱中正的诗云："乱鲁负虚名，游秦感宁生。候惊丞相喘，用识葛卢鸣。黍稷滋农兴，轩车乏道情。近来筋力退，一志在归耕。"前一首是对人们争相往京城求官谋利的一种讥讽，后一首则表达了他的厌世归隐思想，这种由求仕到求隐的思想变化，在大多数下层知识分子中带有典型性，它是人们对现实生活失望情绪的一种反映。

封建社会中的下层知识分子，既有对现实不满的牢骚，但又不能摆脱对封建统治阶级的依附之情。如敬去文就很动感情地对成自虚说："凡人行藏卷舒，君子尚达其节……或为知己吠鸣，不可以主人无德，而废斯义也。"并作诗言其志，表面上堂而皇之，实际上却反映出一种奴性心态。此外，作者还描写了当时门第观念对于文人的影响以及文人相轻的陋习。敬去文窃讥苗介立"蠢兹为人"，只配"主仓库"，苗介立则夸耀自己"得姓于楚远祖"，并反讥敬去文是"盘瓠之余，非人伦所齿”。他们竭力贬低对方，抬高自己，并且都想让他人忘掉自己不甚高贵的出身，结果却欲盖弥彰。

作者通过幻化描写，既形象又深刻地揭示了封建社会下层知识分子思想感情的复杂性。他既同情他们的不幸遭遇，又对他们身上所流露出来的某些劣根性进行了善意的讥讽，使作品不致“空戏滑稽”，而能“意归义正”。 （陈惠琴）

【作者小传】

韦 瓘

(789—862?) 唐文学家。字茂弘。元和十四年(819)进士及第，历任左拾遗、右补阙、中书舍人、楚州刺史等。作有小说《周秦行纪》等。

周秦行纪

韦 瓘

余真元[①]中举进士落第，归宛叶[②]间。至伊阙南道鸣皋山[③]下，将宿大安民舍。会暮，失道不至。更十余里，行一道，甚易。夜月始出，忽闻有异香气，因趋进行，不知近远。见火明，意谓庄家。更前驱，至一大宅。门庭若富豪家。有黄衣阍人曰：“郎君何至？”余答曰：“僧孺，姓牛，应进士落第往家。本往大安民舍，误道来此。直乞宿，无他。”中有小髻青衣出，责黄衣曰：“门外谁何？”黄衣曰：“有客。”黄衣入告。少时出曰：“请郎君入。”余问谁氏宅。黄衣曰：“第进，无须问。”

入十余门，至大殿。殿蔽以珠帘，有朱衣、紫衣人百数，立阶陛间。左右曰：“拜殿下。”帘中语曰：“妾汉文帝母薄太后[④]。此是庙，郎不当来，何辱至？”余曰：“臣家宛下。将归，失道。恐死豺虎，敢托命乞宿，太后幸听受。”太后遣轴帘，避席曰：“妾故汉文帝母，君唐朝名士，不相君臣，幸希简敬，便上殿来见。”太后着练衣，状貌瑰伟，不甚年高。劳余曰：“行役无苦乎？”召坐。

食顷间，殿内有笑声。太后曰：“今夜风月甚佳，偶有二女伴相寻。况又遇嘉宾，不可不成一会。”呼左右：“屈两个娘子出见秀才。”良久，有女二人从中至，从者数百。前立者一人，狭腰长面，多发不妆，衣青衣，仅可二十余。太后曰：“此高祖戚夫人[5]。”余下拜，夫人亦拜。更有一人，圆题柔脸稳身，貌舒态逸，光彩射远近，时时好矉，多服花绣，年低薄后。后顾指曰：“此元帝王嫱。”余拜如戚夫人，王嫱[6]复拜。各就坐。坐定，太后使紫衣中贵人曰：“迎杨家、潘家来。”

久之，空中见五色云下，闻笑语声浸近。太后曰：“杨、潘至矣。”忽车音马迹相杂，罗绮焕耀，旁视不给。有二女子从云中下。余起立于侧，见前一人纤腰身修，睟容，甚闲暇，衣黄衣，冠玉冠，年三十以来。太后顾指曰：“此是唐朝太真妃子[7]。”予即伏谒，肃拜如臣礼。太真曰：“妾得罪先帝，皇朝不置妾在后妃数中，设此礼，岂不虚乎？不敢受。”却答拜。更一人厚肌敏视，身小，材质洁白，齿极卑，被宽博衣。太后顾而指曰：“此齐潘淑妃[8]。”余拜如王昭君，妃复拜。

既而太后命进馔。少时，馔至，芳洁万端，皆不得名字。粗欲充腹，不能足食。已，更具酒。其器尽宝玉。太后语太真曰：“何久不来相看？”太真谨容对曰：“三郎数幸华清宫，扈从不暇至。”太后又谓潘妃曰：“子亦不来，何也？”潘妃匿笑不禁，不成对。太真乃视潘妃而对曰：“潘妃向玉奴说，懊恼东昏侯[9]疏狂，终日出猎，故不得时谒耳。”太后问余：“今天子为谁？”余对曰：“今皇帝名适，代宗皇帝长子。”太真笑曰：“沈婆儿[10]作天子也，大奇！”太后曰：“何如主？”余对曰：“小臣不足以知君德。”太后曰：“然无嫌，但言之。”余曰：“民间传英明圣武。”太后首肯三四。太后命进酒加乐，乐妓皆年少女子。酒环行数周，乐亦随辍。太后请戚夫人鼓琴，夫人约指以玉环，光照于手，引琴而鼓，声甚怨。太后曰：“牛秀才邂逅逆旅到此，诸娘子又偶相访，今无以尽平生欢。牛秀才固才士。盍各赋诗言志，不亦善乎？”遂各授与笺笔。逡巡诗成。太后诗曰：

月寝花宫得奉君，至今犹愧管夫人。

汉家旧日笙歌地，烟草几经秋又春。

王嫱诗曰：

雪里穹庐不见春，汉衣虽旧泪长新。

如今犹恨毛延寿，爱把丹青错画人。

戚夫人诗曰：

自别汉宫休楚舞，不能妆粉恨君王。

无金岂得迎商叟，吕氏何曾畏木强。

太真诗曰：

金钗堕地别君王，红泪流珠满御床。

云雨马嵬分散后，骊宫无复听《霓裳》。

潘妃诗曰：

秋月春风几度归，江山犹是邺宫非。

东昏旧作莲花地，空想曾拖金缕衣。

再三趣余作诗。余不得辞，遂应教作诗曰：

香风引到大罗天[11]，月地云阶拜洞仙。

共道人间惆怅事，不知今夕是何年。

别有善笛女子，短鬟，衫吴带，貌甚美，多媚，潘妃偕来，太后以接坐居之。时令吹笛，往往亦及酒。太后顾而谓曰："识此否？石家绿珠[12]也。潘妃养作妹，故潘妃与俱来。"太后因曰："绿珠岂能无诗乎？"绿珠拜谢，作诗曰：

此地原非昔日人，笛声空怨赵王伦。

红残绿碎花楼下，金谷千年更不春。

诗毕，酒既至。

太后曰："牛秀才远来，今夕谁人与伴？"戚夫人先起辞曰："如意[13]儿长成，固不可。且不宜如此，况实为非乎？"潘妃辞曰："东昏以玉儿，身死国除，玉儿不拟负他。"绿珠辞曰："石卫尉性严忌，今有死，不可及乱。"太后曰："太真今朝先帝贵妃，不可言其他。"乃顾王嫱曰："昭君始嫁呼韩单于，复为株累若鞮单于⑭妇,固自用。且苦寒地胡鬼何能为？昭君幸无辞。"昭君不对,低眉羞恨。俄各归休。余为左右送入昭君院。

会将旦,侍人告起得也。昭君泣以持别。忽闻外有太后命,余遂出见太后。太后曰:"此非郎君久留地,宜亟还。便别矣。幸无忘向来欢。"更索酒。酒再行,戚夫人、潘妃、绿珠皆泣下,竟辞去。太后使朱衣人送往大安,抵西道,旋失使人所在,时始明矣。

余就大安里,问其里人。里人云:"去此十余里有薄后庙。"余却回,望庙宇,荒毁不可入,非向者听见矣。余衣上香经十余日不歇,竟不知其如何。

〔注〕①真元:应为贞元,系唐德宗年号(785—804)。②宛、叶:古代县邑之名,在今河南南阳、叶县一带。③伊阙南道鸣皋山:伊阙又名龙门,因有龙门山与香山夹峙而得名,在河南洛阳南。鸣皋山又在其南,今河南嵩县。④薄太后:汉高祖刘邦之姬,其子刘恒继位为文帝,遂称薄太后。⑤戚夫人:汉高祖刘邦宠姬,王子如意之母。⑥王嫱:即汉元帝宫人、奉命和番的王昭君。⑦太真妃子:唐玄宗之妃杨玉环,入宫前曾出家为女冠,号太真,故名。⑧潘淑妃:南齐萧宝卷的妃子,名玉儿。⑨东昏侯:南齐明帝太子萧宝卷,明帝死,继位为帝,年少昏聩,在内乱中被杀,死后被废为东昏侯,在历史上遂以此名。⑩沈婆儿:指唐德宗,其母沈氏为代宗皇后,在安史之乱中下落不明。称她为"沈婆",以其子德宗为"沈婆儿",有轻蔑之意。⑪大罗天:道教所称三十六天中最高的一重天。⑫绿珠:晋卫尉卿石崇的爱姬,后被赵王伦所夺,石崇亦被杀。⑬如意:戚姬之子。⑭株累若鞮单(chán)于:即史书上的复株累若提单于。其父呼韩邪单于与汉和亲,娶王昭君为妻(号宁胡阏氏)。呼韩邪死后,他按匈奴制度继娶王昭君为妻。

本篇《顾氏文房小说》录载。

欣赏这篇小说,有两个方面,一是小说本身,一是其出现的背景和有关公案,尤以后者值得注意。

小说本身所写是唐人传奇常见的内容:书生的艳遇。其特别之处则在于,这个落第书生有名有姓,是后来当了宰相并卷入纷纭纠葛数十年之久的"牛李党争"的魁首牛僧孺,小说就是以他的第一人称口吻写出,全文仿佛是他的自述。而且他这回遇合的异性对象不是神仙,不是精妖,也不是妓女或一般官民家的妇女,而竟然主要是历代帝王的后妃,并且由汉代的薄太后作主,强要一人为其侍夜。所以,这可不是一次寻常的艳遇,而是一次胆大妄为的"以臣犯君"。

故事发生在一个常见的假定性环境之中,全部情节均在梦幻般的状态下进行:夜暮时分,赶路的书生来到一所大庄院问路投宿,女主人殷勤招待,并召来另外几位女子相陪，一番欢聚之后，择定一人侍宿。天将明时，宾主依依惜别，书生重登旅途，走出不远回头再望，昨夜的大庄院缈然不存，唯见一座废毁旧庙而已。

这样的情节模式，在唐传奇中屡见不鲜，明眼人当可看出，这位书生的艳遇其实是以当时文士中盛行的狎妓生活为原型的。在这一点上，本篇与早期传奇、张鷟的《游仙窟》有异曲同工之妙。

不过，《游仙窟》用秾丽的骈文写出，《周秦行纪》则是一篇成熟的散文。它写来如行云流水，文意畅达而无隐，从牛僧孺落第回乡，途经鸣皋山下，夜投薄后庙起，一路娓娓道来，叙述语言和人物对话均贴近生活，质朴精炼，灵动有味。如写僧孺之入幻境："夜月始出，忽闻有香气；因趋进行，不知近远。见火明，意谓庄家。更前驱，至一大宅，门庭若富豪家……"使读者与故事主角一同于不知不觉中由真入幻。

至于刻画人物，则能抓住各人特殊遭际着力渲染，尤于对话用力，以突出各人脾性，故虽寥寥几笔，却画出了各具风采神韵的人物小像。如戚姬史无艳名，又是被吕后害死的，死时很年轻，所以其造型是"狭腰长面，多发不妆，衣青衣，仅可二十余"。而王昭君是著名美人，又是两代单于阏氏(相当于王后)，所以是"柔肌稳身，貌舒态逸，光彩射远近，多服花绣，年低薄太后"。杨贵妃因是近人，所以刻画得尤其生动，当牛僧孺以臣礼拜谒她时，她说："妾得罪先帝，皇朝不置妾在后妃数中，设此礼，岂不虚乎？不敢受！"说话口气礼貌中含有对唐王朝的某种哀怨，接着在代潘妃回答薄太后的问话和对"今皇帝"的笑谈中，又进一步显示了她敢言甚至泼辣尖刻的性格，一句"沈婆儿作天子也，大奇"，简直使人如见其讶异不屑的神气。以下写众人欢宴，即席赋诗，诗均工整，且都很切合各人身份，说明作者的诗才和模拟本领相当高强，当然，这都是唐代文人普遍的长技。绿珠的出场，作者变了一种写法，让她先已在场，而牛并不认识，直待薄太后特意介绍，她才像演戏那样进入表演区，开始发言和动作。这就使小说的笔致多变，显得挥洒自如而不呆滞，这与前面写各人与薄太后对话，唯潘妃"匿笑不禁，不成对"而由杨妃代答的写法是同一机杼。再下面写薄太后择人为牛伴宿，各人的推辞语，也极具特色和趣味，绝不可相互替代。

综上所说，应该承认，《周秦行纪》作者的文学修养和小说技巧达到了相当的高度。可是，问题在于：究竟谁是这篇小说的作者呢？

一说就是牛僧孺，小说文本中就是这么表明的，而且牛僧孺写有小说集《玄怪录》，他确实会而且爱写小说。但如果真是这样，牛僧孺就犯下大罪了。小说拉出那么多帝王后妃供其驱遣，陪他饮酒作乐，甚至要她们陪宿。这在封建时代，岂不是“大不敬”吗？更严重的是，小说竟借杨贵妃之口称唐德宗为“沈婆儿”——沈老太婆的儿子，对他当上皇帝表示极端轻蔑。按照牛僧孺的政敌李德裕《周秦行纪论》（此论是否为德裕作尚有争议，也可能是李党人物托名而作）的分析：“太牢（指牛）以身与帝王后妃冥遇，欲证其身非人臣相也……及至戏德宗为沈婆儿，以代宗皇后为沈婆，令人骨战，可谓无礼于其君甚矣，怀异志于图谶明矣。”简言之，从《周秦行纪》可证牛僧孺“无君”，甚至想篡位当皇帝，这可是个杀头的罪名啊。也的确有人以此告了御状。当时的皇帝已是唐文宗，开成年间（836—840），他在听了举报、看了小说以后笑道：“此必假名。僧孺是贞元中进士，岂敢呼德宗为沈婆儿也。”幸好皇帝不糊涂，牛僧孺才没有陷入一场可怕的文字狱。（参宋张洎《贾氏谈录》）

既然连皇帝都不相信《周秦行纪》是牛僧孺所写，那么它的作者究竟是谁呢？于是有人怀疑是李德裕所作，因为他是牛的政敌，有可能用此办法陷害他。这就是《周秦行纪》作者的第二种说法。但这说法既无直接根据，也与李德裕的为人行事相去太远，所以不为人所信。

第三种说法是宋初人贾黄中提出的，他在同张洎的谈话中，引述了唐文宗否定牛僧孺为《周秦行纪》作者的意见，同时指出这篇小说乃是李德裕门人韦瓘所作，是韦瓘写来诬陷牛僧孺的，不过他没有申说理由。这一说法虽也并无铁证，但因为唐代朋党间用小说相攻讦的事颇多，李党就曾写了《牛羊日历》《续牛羊日历》专门丑化牛党人物，贾黄中是距唐代很近的宋初人，较有可能了解真实情况，他说是韦瓘伪作，想必有他的根据，而韦瓘也确实与李德裕关系不同一般，在没有其他线索的情况下，《周秦行纪》作者就这样暂定为韦瓘了。

《周秦行纪》作者问题还可继续研究。值得特别注意的是唐人用诗文作为朋党互攻之具的现象，远不止这一起，已造成当时文坛上的一股风气，而且对后世有相当的影响。这种风气也许能够催生出某些颇具艺术性的作品，如本篇即是，但对文艺和人心的毒害作用是不能低估的。　（董乃斌）

【作者小传】

郑还古

唐小说家。号谷神子。元和间进士及第，历任太学博士、河中从事、吉州掾。作有小说集《博异志》等。

许 汉 阳

郑还古

汉阳名商，本汝南人也。贞元中舟行于洪饶间。日暮，洪波急，寻小浦濡入。不觉行三四里，到一湖中，虽广而水才三二尺。北行一里许，见湖岸竹树森茂，乃投以泊舟。渐近，见亭宇甚盛，有二青衣双鬟方鸦[①]，素面如玉，迎舟而笑。汉阳讶之，而入以游词，又大笑，返走入宅。汉阳束带，上岸投谒，未行三数步，青衣延入内厅，揖坐。云："女郎等易服次[②]。"须臾，青衣命汉阳入中门。见满庭皆一大池，池中荷芰芬芳，四岸砌如碧玉，作两道虹桥，以通南北。北有大阁，上阶，见白金书曰"夜日宫"。四面奇花异木，森耸连云。青衣引上阁一层，又有青衣六七人，见汉阳列拜。又引上二层，方见女郎六七人，目未尝睹。相拜问来由，汉阳具述不意至此。女郎揖坐云："客中止一宵，亦有少酒，愿追欢。"揖坐讫，青衣具饮食，所用皆非人间见者。食讫，命酒。其中有一树，高数丈余，干如梧桐，叶如芭蕉。有红花满树，未吐，大如斗盎，正对饮所。一女郎执酒相揖，一青衣捧一鸟如鹦鹉，置饮前阑干上，叫一声，而树上花一时开，芳香袭人。每花中有美人长尺余，婉丽之姿，掣曳[③]之服，各称其质。诸乐弦管尽备，其鸟再拜，女郎举酒，众乐俱作，萧萧泠泠，杳[④]如神仙。才一巡，已夕，月色复明。女郎所论，皆非人间事，汉阳所不测。时因汉阳以人间事杂之，则女郎亦无所酬答。欢饮至二更已来，毕。其树花片片落池中，人亦落。便失所在。

一女郎取一卷文书，以示汉阳。览之，乃《江海赋》。女郎令汉阳读之，遂为读一遍。女郎请又自读一遍，命青衣收之。一女郎谓诸女郎兼白汉阳曰："有《感怀》一章，欲诵之。"诸女郎及汉阳曰："善。"乃言曰：

海门连洞庭，每去三千里。

十载一归来，辛苦潇湘水。

女郎命青衣取诸卷兼笔砚，请汉阳与录之。汉阳展卷，皆金花之素，上以银字扎之。卷大如拱，已半卷书过矣。观其笔，乃白玉为管，砚乃碧玉，以颇黎为匣，砚中皆研银水。写毕，令以汉阳之名押之。展向前，见数首皆有人名押署⑤，有名仲方者，有名巫者，有名朝阳者，而不见其姓。女郎遂却索卷，汉阳曰："有一篇欲奉和，拟继此可乎?"女郎曰："不可。此卷每归呈父母兄弟，不欲杂尔⑥。"汉阳曰："适以弊名押署，复可乎?"曰："事别非君子所论。"四更已来，命悉收拾，挥霍次⑦，二青衣曰："郎可归舟矣。"汉阳乃起。诸女郎曰："欣此旅泊接奉，不得郑重⑧耳。"恨恨而别。归舟忽大风，云色斗暗，寸步暗黑。而至平明⑨，方自观夜来饮所，乃空林树而已。

汉阳解缆，行至昨晚濡口江岸人家，见十数人，似有非常故。泊舟乃讯之。曰："濡口溺杀四人，至二更后，却捞出。三人已卒，其一人虽似活而若醉。有巫女以杨柳水洒拂禁咒，久而乃言曰：'昨夜海龙王诸女及姨姊妹六七人，过归洞庭，宵宴于此处，取我辈四人作酒，缘客少不多饮，所以我却得来。'"汉阳异之。乃问曰："客者谓谁?"曰："一措大⑩耳，不记姓名。"又云："青衣言诸小娘子苦爱人间文字不可得，常欲请一措大文字而无由。"又问："今在何处?""已发过也。"汉阳乃念昨宵之事，及感怀之什⑪，皆可验也。汉阳默然而归舟，觉腹中不安，乃吐出鲜血数升，方知悉以人血为酒尔，三日方平⑫。

〔注〕 ① 方鸦：指双鬟丫形。李白有诗云："黄头奴子双鸦鬟，锦囊养之怀袖间。"(《酬张司马赠墨》) ② 次：泛指所在之处。 ③ 掣曳：飘动的样子。 ④ 杳：飘渺的样子。 ⑤ 押署：签署。 ⑥ 不欲杂尔：不想把你的诗夹杂在里面。 ⑦ 挥霍次：忙碌的时候。 ⑧ 郑重：好好招待。 ⑨ 平明：天刚亮的时候。 ⑩ 措大：书呆子。 ⑪ 什：篇什。这里指诗篇。 ⑫ 平：康复。

本篇选自《博异志》。作品借书生许汉阳的遭遇，写有关水龙王诸女及姨姐妹的故事。故事叙述许汉阳舟行于一湖中。及登岸，有青衣导引，但见"亭宇甚盛"，"奇花果木"，恍若仙山琼阁。更有一群女郎，"杳如神仙"。诸女以美酒招待许汉阳,请他抄诗题名。宴饮之后,二青衣提醒许生"郎可归舟矣",许生"怅怅而别"。风起云暗,而至天明,回顾夜来饮所,乃空树林而已。江岸人家告诉许生,昨夜有四人落水。三人已经溺水而死,一人侥幸活命,说是昨夜水龙王诸女及姨姐妹过归洞庭,取他们四人的血作酒。席中所招待的客人原来就是许生。更可怕的是,许生喝的酒竟是此人的血!幸亏许生喝得不多,那人才得以生还。

许生的奇遇不同于《幽明录·刘晨阮肇》中刘晨、阮肇的天台艳遇,这篇故事中没有一点爱情的成分。作者显然并没有往这方面去渲染的意思。从书里的具体描写来看,龙女们没有一点羞涩忸怩之态,也没有一点爱慕缠绵的表示。许生面对这些如花美女,也没有飘飘然地产生什么非分之想。分手时的"怅怅而别"好像有那么一点不舍的味道,也非常淡薄。许生所遇到的龙女更不是像《柳毅传》中那位可怜可爱的女子。他所遇到的竟是一群罗刹夜叉一般的人物。她们居然用人血充作美酒来款待许生!这种人物设计当然也不是没有根据的,江河湖海是凶恶的,那里经常是风浪滔天,自古以来,不知吞吃了多少无辜的生命。有关恶龙、毒龙的形象屡见于神话故事中,同一部《博异志》中有一篇《敬元颖》,写的就是胁迫镜精化作美女、诱杀过往行人的毒龙。这也许就是作者如此设计的原因吧。但龙女又毕竟不同于一般的罗刹夜叉,在嗜血好杀之余,却又有"苦爱人间文字"的爱好。作者赋予龙女这种爱好,反映了诗歌在唐代的那种"千首诗轻万户侯"的特殊地位。她们把许生请去,殷勤款待,只是为了请他抄诗题名,并没有加害于他的意思。这种文学爱好与嗜血杀人的本性很难协调,所以后来的小说很少这样来设计人物,尤其是女神。

这篇小说值得称道的地方是它的想象力。作者对仙境的描写采用了虚实结合的手法。亭台楼阁,深宅大院,这都是人间富贵豪门可能有的气势。"奇花果木,森耸连云",已经有点玄,但也还有可能。可是,"红花满树",居然鹦鹉"叫一声而树上花一时开,芳香袭人。每花中有美人,长尺余,婉丽之姿,掣曳之服,各称其质",这就有点离奇了。这些描写明显地带有一种超现实的性质。"女郎所论,皆非人间事,汉阳所不测"。许生谈人间事,女郎"一无所酬答"。这些虚虚实实的描写造成了一种扑朔迷离的艺术效果。

(张国风)

【作者小传】

薛渔思

唐小说家。生平事迹不详。作有小说集《河东记》等。

板桥三娘子　　薛渔思

唐汴州[①]西有板桥店。店娃三娘子者，不知何从来。寡居，年三十余，无男女，亦无亲属。有舍数间，以鬻餐为业，然而家甚富贵，多有驴畜。往来公私车乘，有不逮者，辄贱其估以济之。人皆谓之有道，故远近行旅多归之。

元和[②]中，许州[③]客赵季和，将诣东都[④]，过是宿焉。客有先至者六七人，皆据便榻。季和后至，最得深处一榻。榻邻比主人房壁。既而三娘子供给诸客甚厚。夜深致酒，与诸客会饮极欢。季和素不饮酒，亦预言笑。至二更许，诸客醉倦，各就寝。三娘子归室，闭关息烛。人皆熟睡，独季和转展不寐。隔壁闻三娘子悉窣，若动物之声[⑤]。偶于隙中窥之，即见三娘子向覆器下取烛挑明之。后于巾厢中取一副耒耜[⑥]，并一木牛、一木偶人，各大六七寸，置于灶前，含水噀[⑦]之，二物便行走。小人则牵牛驾耒耜，遂耕床前一席地，来去数出。又于厢中取出一裹荞麦子[⑧]，受于小人种之。须臾生，花发麦熟，令小人收割持践，可得七八升。又安置小磨子，硙[⑨]成面。讫。却收木人子于厢中，即取面作烧饼数枚。有顷鸡鸣，诸客欲发，三娘子先起点灯，置新作烧饼于食床上，与客点心。季和心动遽辞，开门而去，即潜于户外窥之。乃见诸客围床食烧饼，未尽，忽一时踣地，作驴鸣，须臾，皆变驴矣。三娘子尽驱入店后，而尽没其货财。季和亦不告于人，私有慕其术者。

后月余日，季和自东都回，将至板桥店。预作荞麦烧饼，大小如前。既至，复寓宿焉。三娘子欢悦如初。其夕更无他客，主人供待愈厚。夜深，殷勤问所欲，季和曰："明晨发，请随事点心。"三娘子曰："此事无疑，但请稳睡。"半夜后，季和窥见之，一依前所为。天明，三娘子具盘食，果实烧饼数枚于盘中。讫，更取他物，季和乘间走下，以先有者易其一枚，彼不知觉也。季和将发，就食，谓三娘子曰："适会某自有烧饼，请撤去主人者，留待他宾。”即取己者食之。方饮次，三娘子送茶出来，季和曰：“请主人尝客一片烧饼。”乃拣所易者与啖之。才入口，三娘子据地作驴声，即立变为驴，甚壮健。季和即乘之发，兼尽收木人木牛子等。然不得其术，试之不成。季和乘策所变驴，周游他处，未尝阻失。日行百里。

后四年，乘入关。至华岳庙[10]东五六里，路傍忽见一老人，拍手大笑曰：“板桥三娘子，何得作此形骸？”因捉驴谓季和曰：“彼虽有过，然遭君亦甚矣。可怜许，请从此放之。”老人乃从驴口鼻边，以两手擘开，三娘子自皮中跳出，宛复旧身。向老人拜讫，走去，更不知所之。

〔注〕 ① 汴州：唐时州名，治所在今河南开封。 ② 元和：唐宪宗年号(806—820)。 ③ 许州：唐时州名，治所在今河南许昌市。 ④ 将诣东都：诣，去。东都，即洛阳。 ⑤ 动物之声：即搬动物品的声音。 ⑥ 耒耜(lěi sì)：耕地用的农具。 ⑦ 噀(xùn)：喷。 ⑧ 一裹荞麦子：即一包荞麦籽。 ⑨ 硙(wèi)：同磑，即磨子。 ⑩ 华岳庙：亦称西岳庙，在陕西省华阴市东。

本篇选自《河东记》。

这个人变驴的故事来源大概是近东一带。古希腊荷马史诗《奥德修纪》卷十里记载，有一个埃雅岛的巫女竭吉能把人变成猪，当时奥德修的一群伙伴路过那里，竭吉也是用麦面烧饼款待他们，他们吃完都变成了猪。公元2世纪又有一部阿蒲留斯写的小说《变形记》，其中讲一个巫女能把人变成驴。阿蒲留斯是北非地方的人，他的将人变驴的故事应该是非洲东部一带流行的传说。唐宋时代的板桥是海舶商贾所聚的要镇，所以这种故事大概是外国商人带过来的。当然，本篇《板桥三娘子》是已经被重新加工创造过的中国故事了。板桥三娘子用某种手段害人利己，而终究作茧自缚，自食其果。作者的本意可能是通过这个故事告诉人们，不论采用什么手段害人，终将为人窥破。对于那些害人的人，就要以其人之道还治其人之身，给予相应的惩罚。这显然是中国传统故事中报应思想的表现。

本篇构思巧妙，情节起伏，创作手法上同样具有中国传统特色。首先，板桥三娘子的出现就具有一种神秘感：她不知从何而来？她为何孤单一人？她哪来驴畜济人？这是一起。然而，日出日落，笑纳天下客；迎来送往，诚招八方财，俨然一个地道的生意人家。谁也没有提出任何疑问，谁也没有觉察有什么不正常的地方。这是一伏。有一天,这个寻常人物的神秘法术被赵季和发现了:木偶木牛于床前一席之地,耕种收获荞麦于一瞬之间,这真是时间和空间上的奇迹。而用这种方式生产的荞麦所作的烧饼,人食之竟然须臾变驴。这是二起。可是赵季和并没有当场揭露真相,也不告诉别人,只是心里暗暗羡慕她的这种法术。这是二伏。一个多月后,季和又到板桥店,设计骗三娘子吃了她自己做的烧饼,这是三起。三娘子果然也据地作驴声,变成了一头壮健的驴子,作为季和的乘骑,驮着季和周游四方。这是三伏。又过了四年,季和正骑着驴子入关,路旁忽然出来一位老人,拍手大笑说:"板桥三娘子,何得作此形骸?"这是四起。不想老人嘲笑一番之后,捉驴对季和说:"彼虽有过,然遭君亦甚矣。可怜许,请从此放之。"不等季和表示同意,老人就从驴口鼻边掰开驴皮,三娘子从驴皮里跳出,恢复人形,向老人拜了拜,便不知所往了。这是四伏。

短短的一篇小说,围绕着板桥娘子害人变驴又自食其果这一事件展开情节,情节的发展显然是单线贯穿式的。但作品妙就妙在这单线并非直线式地推进,而是腾挪跌宕,波浪式地推进,每次都在情节快要结束时又生发出新的情节,使故事处于似断非断的不断变化之中,而作品也就在这几起几落、回旋跌宕之中产生了"尺水兴波"之妙。

(陈惠琴)

申屠澄　　薛渔思

申屠澄者,贞元[1]九年,自布衣调补汉州什邡尉[2]。之官至真符县[3]东十里许,遇风雪大寒,马不能进。路旁茅舍中有烟火甚温煦,澄往就之,有老父、妪及处女环火而坐。其女年方十四五,虽蓬发垢衣,而雪肤花脸[4],举止妍媚。父、妪见澄来,遽起曰:"客冲雪寒甚,请前就火。"澄坐良久,天色已晚,风雪不止。澄曰:"西去县尚远,请宿于此。"父、妪曰:"苟不以蓬室为陋,敢不承命。"澄遂解鞍,旋衾帱焉。其女见客,更修容靓饰,自帷箔间复出,而闲丽之态,尤倍昔时。

有顷,妪自外挈酒壶至,于火前暖饮,谓澄曰:"以君冒寒,且进一杯,以御凝冽。"因揖让曰:"始自主人。"翁即巡行[5],澄当婪尾[6]。澄因曰:"座上尚欠小娘子。"父、妪皆笑曰:"田舍家所育,岂可备宾主?"女子即回眸斜睨曰:"酒岂足贵,谓人不宜预[7]饮也。"母即牵裾,使坐于侧。澄始欲探其所能,乃举令以观其意。澄执盏曰:“请征书语,意属目前事[8]。”澄曰:“厌厌夜饮,不醉无归[9]。”女低鬟微笑曰:“天色如此,归亦何往哉?”俄然巡至女。女复令[10]曰:“风雨如晦,鸡鸣不已[11]。”澄愕然叹曰:“小娘子明慧若此,某幸未婚,敢请自媒[12],如何?”翁曰:“某虽寒贱,亦尝娇保之。颇有过客以金帛为问[13],某先不忍别,未许。不期贵客又欲援拾[14],岂敢惜,即以为托。”澄遂修子婿之礼,祛[15]囊以遗之。妪悉无所取,曰:“但不弃寒贱,焉事资货。”明日,又谓澄曰:“此孤远无邻,又复湫溢[16],不足以久留。女既事人,便可行矣。”又一日,咨嗟而别。澄乃以所乘马载之而行。

既至官,俸禄甚薄,妻力以成其家。交结宾客,旬日之内,大获名誉。而夫妻情义益浃,其于厚亲族,抚甥侄,洎僮仆厮养,无不欢心。后秩满[17]将归,已生一男一女,亦甚明慧,澄尤加敬焉。常作赠内诗一篇曰:

一官惭梅福[18],三年愧孟光[19]。
此情何所喻,川上有鸳鸯。

其妻终日吟讽,似默有和者,然未尝出口。每谓澄曰:“为妇之道,不可不知书。倘更作诗,反似姬妾耳。”澄罢官,即罄室归秦。过利州[20],至嘉陵江畔,临泉藉草憩息。其妻忽怅然谓澄曰:“前者见赠一篇,寻即有和,初不拟奉示,今遇此景物,不能终默之。”乃吟曰:

琴瑟情虽重,山林志自深。
常忧时节变,辜负百年心。

吟罢,潸然良久,若有慕焉。澄曰:“诗则丽矣。然山林非弱质所思,倘忆贤尊,今则至矣。何用悲泣乎?人生因缘业相之事,皆由前定。”

后二十余日,复至妻家,草舍依然,但不复有人矣。澄与其妻即止其舍。妻思慕之深,尽日涕泣。于壁角故衣之下见一虎皮,尘埃积满。妻见之,忽大笑曰:“不知此物尚在耶!”披之，即变为虎，哮吼拿攫，突门而去。澄惊走避之，携二子寻其路，望林大哭数日，竟不知所之。

〔注〕①贞元：唐德宗年号(785—805)。②汉州什邡(fáng)尉：汉州，地名，州治在今四川德阳。什邡，即今四川什邡市。③真符县：地名，唐属洋州，在今陕西洋县北华阳镇。④雪肤花脸：如雪一样的肌肤，如花一样的脸。⑤巡行：即行酒令。⑥婪尾：坐于末位称之为"婪尾"。⑦预：参预。⑧征书语，意属目前事：取书上的话，合于眼前的情状。⑨厌厌夜饮，不醉无归：此语出自《诗经》。⑩复令：即对上申屠澄所出的酒令。⑪风雨如晦，鸡鸣不已：此亦为《诗经》中语，其下句为"既见君子，云胡不喜"，有向申屠澄表达爱慕之心的意味。⑫自媒：自己给自己当媒人。⑬问：问名，即求婚。⑭援拾：帮助，此为谦词，字面意思是说以娶她为妻来帮助我们。⑮祛(qū)：除去。⑯湫(jiǎo)溢：当为湫隘，湫，低下；隘，狭小。⑰秩满：秩，指俸禄。秩满即为官的日期已满。⑱梅福：人名，西汉末寿春人，曾为南阳尉，后辞官归隐。⑲孟光：东汉时，梁鸿家贫，然其妻孟光仍十分敬重他。此处以孟光比喻自己的妻子。⑳利州：地名，治今四川广元市。

本篇选自《河东记》。

这是一个人虎相恋的故事。作品虽然带有怪异性，但它的意蕴是深长的。从题材的表层意义看，作品似乎旨在表明人与人之间必须精诚相待，幸福家庭必须和谐相爱。而从题材的深层意义看，寄托的则是作者的归隐之情。作为罢官回乡的申屠澄，他何尝没有一份山林之志，然而现实的人终究为现实所羁绊，因为现实总有一些让人牵挂、让人留恋的东西。最后只有虎女这样超现实的人才能毅然割断情根："琴瑟情虽重，山林志自深"，山林之志终于战胜了琴瑟之情。于是，现实中凡人难以实现的山林之志，却由幻想中的虎女实现了。也许人生就是这样，有很多美丽，也有很多遗憾；有很多向往，也有很多牵挂。

为了表现这样一种人生意味，作者运用了最为雅丽优美的叙事语调，为我们创造了一个饱含抒情意味的艺术世界。小说写申屠澄于风雪中来到路旁茅舍中向火取暖，茅舍中乃老父、老妪和处女三口之家，环火而坐。作者通过申屠澄的视觉，渐次写出其所见所闻及相互对话，种种细节造成一种令人陶醉的温馨亲切之感。这里有聪明灵秀的女孩，有热情诚朴的翁妪；有含而不露的恋慕，有情不自禁的求婚，写得极富生活气息和抒情意味。特别是旅行渐次家乡，于途中"临泉藉草憩息"时的莫名惆怅，更是出之于浓郁的抒情语调。而当这女子终于吟出"琴瑟情虽重，山林志自深。常忧时节变，辜负百年心"的诗句，申屠澄劝慰她勿作山林之想并与她一起顺路省亲时，读者已从语调和气氛中预感到将有什么事情要发生了。果然，他们寻访到当初相识之地，已是"草舍依然，但不复有人矣"，"妻思慕之深，尽日涕泣"，一种怅然若失之感不但攫住了小说主人公，也深深感染了读者。这时，故事突然出现转折：申屠澄妻发现墙角积满尘埃的旧虎皮，大笑道："不知此物尚在耶！"披之，即变为虎，突门而去。申屠澄"携二子寻其路，望林大哭数日，竟不知所之"，作者满含感情的怅惘语调，在读者心里造成一种悠远不尽的艺术效果。

本篇构思之巧在于从男女主人公雪夜相识、爱慕成婚、生儿育女、吟诗应和的过程中，都没有暗示女子的真实身份，全然与人间聪慧灵秀、贤德美丽的女子一样。读惯传奇、志怪的敏感读者，也许会怀疑她是任氏一类的狐女，或琼英一类的仙女，不想却是一个恋慕山林、热爱自然的虎女。这里，作为一个艺术形象，虎女已荡尽了可怖的感觉，她留给读者的印象，始终是温柔善良、聪慧美丽、清雅高洁的，是美的化身、爱的天使。

（陈惠琴）

【作者小传】

李复言

唐小说家。陇西(今属甘肃)人。屡试不第，为李谅宾客。作有小说集《续玄怪录》等。

杜子春　　李复言

杜子春者，周、隋间[①]人。少落魄，不事家产，然以心气闲纵，嗜酒邪游，资产荡尽，投于亲故，皆以不事事之故见弃。方冬，衣破腹空，徒行长安中，日晚未食，彷徨不知所往，于东市西门，饥寒之色可掬，仰天长吁。有一老人策杖于前，问曰："君子何叹？"子春言其心，且愤其亲戚疏薄也，感激之气，发于颜色。老人曰："几缗[②]则丰用？"子春曰："三五万则可以活矣。"老人曰："未也，更言之。""十万。"曰："未也。"乃言："百万。"曰："未也。"曰："三百万。"乃曰："可矣。"于是袖出一缗，曰："给子今夕，明日午时俟子于西市波斯邸，慎无后期[③]。"及时，子春往，老人果与钱三百万，不告姓名而去。

子春既富，荡心复炽，自以为终身不复羁旅也，乘肥衣轻，会酒徒，征丝竹歌舞于倡楼，不复以治生为意。一二年间，稍稍而尽。衣服车马，易贵从贱，去马而驴，去驴而徒，倏忽如初。既而复无计，自叹于市门。发声而老人到，握其手曰："君复如此，奇哉！吾将复济子，几缗方可？"子春惭不对，老人因逼之，子春愧谢而已。老人曰："明日午时，来前期处。"子春忍愧而往，得钱一千万。未受之初，愤发以为从此谋生，石季伦、猗顿[4]小竖耳。钱既入手，心又翻然，纵适之情，又却如故。不三四年间，贫过旧日。复遇老人于故处，子春不胜其愧，掩面而走，老人牵裾止之，曰："嗟乎！拙谋也。"因与三千万，曰："此而不痊，则子贫在膏肓矣。"子春曰："吾落魄邪游，生涯罄尽。亲戚豪族，无相顾者，独此叟三给我，我何以当之？"因谓老人曰："吾得此，人间之事可以立，孤孀可以衣食，于名教复圆矣。感叟深惠，立事之后，惟叟所使。"老人曰："吾心也。子治生毕，来岁中元[5]，见我于老君双桧下。"子春以孤孀多寓淮南，遂转资扬州，买良田百顷，郭中起甲第，要路置邸百余间，悉召孤孀分居第中，婚嫁甥侄，迁祔旅榇[6]，恩者煦[7]之，雠者复之。既毕事，及期而往。

老人者方啸于二桧之阴，遂与登华山云台峰，入四十里余，见一居处，室屋严洁，非常人居。彩云遥覆，鸾鹤飞翔，其上有正堂，中有药炉，高九尺余，紫焰光发，灼焕窗户。玉女九人环炉而立。青龙白虎，分据前后。其时日将暮，老人者不复俗衣，乃黄冠绛帔[8]士也，持白石三丸、酒一卮遗子春，令速食之讫。取一虎皮铺于内西壁，东向而坐，戒曰："慎勿语，虽尊神、恶鬼、夜叉、猛兽、地狱，及君之亲属为所囚缚，万苦皆非真实，但当不动不语耳，安心莫惧，终无所苦。当一心念吾所言。"言讫而去。子春视庭，惟一巨瓮，满中贮水而已。

道士适去，而旌旗戈甲，千乘万骑，遍满崖谷来，呵叱之声动天，有一人称大将军，身长丈余，人马皆着金甲，光芒射人。亲卫数百人，拔剑张弓，直入堂前，呵曰："汝是何人，敢不避大将军！"左右竦剑而前，逼问姓名，又问作何物，皆不对。问者大怒，催斩，争射之，声如雷，竟不应。将军者拗怒而去。俄而猛虎、毒龙、狻猊[9]、狮子、腹蛇万计，哮吼拿攫而争前，欲搏噬，或跳过其上。子春神色不动。有顷而散。既而大雨滂澍，雷电晦暝，火轮走其左右，电光掣其前后，目不得开。须臾，庭际水深丈余，流电吼雷，势若山川开破，不可制止。瞬息之间，波及坐下。子春端坐不顾。未顷而散。将军者复来，引牛头狱卒，奇貌鬼神，将大镬汤而置子春前，长枪刃叉，四面周匝，传命曰："肯言姓名即放，不肯言，即当心叉取置之镬中。"又不应。因执其妻来，捽于阶下，指曰："言姓名免之。"又不应。乃鞭捶流血，或射或斫，或煮或烧，苦不可忍。其妻号哭曰："诚为陋拙，有辱君子。然幸得执巾栉，奉事十余年矣，今为尊鬼所执，不胜其苦。不敢望君匍匐拜乞，望君一言，即全性命矣。人谁无情，君乃忍惜一言。"雨泪庭中，且咒且骂，子春终不顾。将军曰："吾不能毒汝妻耶？"令取锉碓[10]，从脚寸寸剉之。妻叫哭愈急，竟不顾之。将军曰："此贼妖术已成，不可使久在世间。"敕左右斩之。

斩讫，魂魄被领见阎罗王，王曰："此乃云台峰妖民乎？"促付狱中，于是熔铜、铁杖、碓捣、硙磨、火坑、镬汤、刀山、剑林之苦，无不备尝。然心念道士之言，亦似可忍，竟不呻吟。狱卒告受罪毕，王曰："此人阴贼[11]，不合得作男身，宜令作女人。"配生宋州单父县丞王勤家，生而多病，针灸医药之苦，略无停日。亦尝坠火堕床，痛苦不济，终不失声。俄而长大，容色绝代，而口无声，其家目为哑女，亲戚相狎，侮之万端，终不能对。同乡有进士卢珪者，闻其容而慕之，因媒氏求焉。其家以哑辞之，卢曰："苟为妻而贤，何用言矣，亦足以戒长舌之妇。"乃许之。卢生备礼亲迎为妻，数年，恩情甚笃，生一男，仅二岁，聪慧无敌。卢抱儿与之言，不应。多方引之，终无辞。卢大怒曰："昔贾大夫之妻鄙其夫，才不笑尔。然观其射雉，尚释其憾[12]。今吾陋不及贾，而文艺非徒射雉也，而竟不言。大丈夫为妻所鄙，安用其子！”乃持两足，以头扑于石上，应手而碎，血溅数步。子春爱生于心，忽忘其约，不觉失声云：“噫！”

“噫”声未息，身坐故处，道士者亦在其前，初五更矣。其紫焰穿屋上天，火起四合，屋室俱焚。道士叹曰：“措大⑬误余乃如是！”因提其髻投水瓮中。未顷火息。道士前曰：“出。吾子之心，喜怒哀乐惧恶欲皆能忘也。所未臻者，爱而已。向使子无‘噫’声，吾之药成，子亦上仙矣。嗟乎，仙才之难得也！吾药可重炼，而子之身犹为世界所容矣。勉之哉！”遥指路使归。子春强登基观焉，其炉已坏，中有铁柱大如臂，长数尺。道士脱衣，以刀子削之。

子春既归，愧其忘誓，复自效以谢其过，行至云台峰，绝无人迹，叹恨而归。

〔注〕 ① 周、隋间：指北周到隋初之间。 ② 缗：古代铜钱计量单位。一缗为一千铜钱。③ 后期：迟到。 ④ 石季伦、猗顿：石季伦即晋代石崇，以富有名闻天下。猗顿为春秋时鲁国的富翁。 ⑤ 中元：农历七月十五日。旧时为中元节，僧寺于是日作盂兰盆会。 ⑥ 迁祔旅榇：这里指将死于异乡者迁葬故土。 ⑦ 煦：关爱，施惠。 ⑧ 黄冠绛帔：道帽道袍，是道士的装束。 ⑨ 狻猊（suān ní）：狮子的别称。或谓传说中的怪兽。这里作后一种解释。⑩ 锉碓：铡刀。 ⑪ 阴贼：阴狠残忍。 ⑫“昔贾大夫”数句：事见《左传·昭公二十八年》：“昔贾大夫恶，娶妻而美，三年不言不笑。御以如皋，射雉，获之，其妻始笑而言。” ⑬ 措大：旧时对书生的蔑称。

《杜子春》出自唐代李复言《续玄怪录》。又见于牛僧孺《玄怪录》，另有题“唐郑还古撰”者。

这是一篇情节曲折、主题复杂、风格诡秘的志异小说，在唐传奇中独树一帜、自成典型。——北周、隋初人杜子春是个游手好闲的公子哥，因不事生产、“纵酒闲游”，把好端端一份家业吃尽荡光，亲戚朋友避之唯恐不及。正在饥寒交迫、走投无路之际，他于长安市上遇到一位神秘的“策杖”老人。萍水相逢的老者极度慷慨；在嗣后的五六年间，对杜生屡施援手，资助力度由百万（缗）而千万，最终竟一掷三千万！尽管前两次因杜生积习难改，依旧征歌逐舞，不久即挥霍一空；然而事不过三，杜生终于为老人所感动，浪子回头、洗心革面，担负起振兴家族的责任，在淮扬一带买田置产、周济族人。并在完成“名教”事业后，依约来寻老人，以实践自己“感叟深惠”“惟叟所使”的诺言。

老人所求的回报其实很简单。他把杜子春引到华山云台峰的一间道室里，

杜子春

——《绘图历代神仙传》

要杜生面对一座"紫焰光发，灼焕窗户"的药炉，默坐独守；唯一的要求是"慎勿语，虽尊神、恶鬼、夜叉、猛兽、地狱，及君之亲属为所囚缚"，都不要发声。果然，杜子春在接下来的夤夜独守中，经历了种种不可思议的怪异恐怖之事：威猛将军的胁迫，龙虎虫蛇的侵袭，以及暴雨突袭、汤镬煎熬，甚至亲眼目睹妻子身受酷刑、被恶鬼"从脚寸寸剉之"，他都能牢记老人嘱托，强忍悲惧、默不作声。此后，他又亲自经历了杀身之厄、地狱之劫；并托生为哑女，嫁夫生子，领略了一切人生苦痛，却始终恪守诺言、一言不发。最终，他（她）的沉默引得丈夫暴怒，声称："大丈夫为妻所鄙，安用其子！"持儿两足，以头扑石，血溅数步。子春至此，"爱生于心，忽忘其约"，不觉失声惊叫："噫！"此声一出，顿时"紫焰穿屋上天，火起四合，屋室俱焚"；若非老人及时赶来，杜子春恐亦难逃灾厄。

这无疑是唐传奇中最为神奇、最富魅力的篇章之一。情节的跌宕起伏、想象的波谲云诡、叙述的婉转有致、描摹的生动逼真，还不足以概括其全部特点。更值得注意的，应是氤氲于篇中的异域文化氛围。即如文中那位富可敌国、行踪诡秘的策杖老人，很可能是一位来自远域绝国的胡人富商。我们注意到，他向杜子春交付钱款的所在，是"西市波斯邸"——"西市"是唐时长安城中的"国际贸易特区"，"波斯邸"则是波斯、大食商人的专营贸易场所。资金雄厚的胡商常在那里进行大宗珠宝交易。也只有他们，才有财力行此一掷万金的金钱游戏。而在唐代人眼中，胡商的骄人财富，常常与神秘的炼丹术相关联。"他们（指胡商）与宝石和一些珍奇物品结下的缘分，赋予他们中的某些人炼丹术的声誉……"（英国威廉·沃森《剑桥伊朗史·伊朗与中国》）。而本文后半幅则明确暗示：策杖老人恰恰精于炼丹术；尽管小说始终没有披露，云台峰上那座光焰灼灼的神秘药炉中，到底锻炼着何种仙丹妙药。

不错，这个故事确实有着域外文化影响的痕迹。只不过其情节框架不是来自波斯，而是源于印度。唐代僧人玄奘于贞观年间赴印度求法，归来著有记述西行见闻的《大唐西域记》。其书卷七载有"烈士池"传说，当即此篇所本。

据传印度婆罗尼斯国（故址在今印度北方邦东南部的贝拿勒斯）有一处干涸的池塘，人称"烈士池"。当地人传说，数百年前有个隐士在池边结庐隐居，修习法术，"能使瓦砾为宝、人畜易形"；只是尚不能"驭风雨，陪仙驾"。其后隐士得到一张修炼仙方：须于偏僻处筑一坛场，找一位"信勇昭著"的"烈士"作助手，才可修炼得道。隐士四方寻觅，终于找到一位苦于雇主欺凌、走投无路的穷人。隐士多次以金钱资助他，终于感动对方，答应助他守坛。神坛筑就，隐士端坐坛中，要"烈士"持刀守护，条件是"一夕不声"。一夜过去，眼看大功告成，不料将破晓时，烈士忽然大叫一声。顿时天火下降、烟焰弥天。隐士连忙拉烈士到池中避火,才躲过一劫。事后烈士陈说喊叫原因,原来他在梦中被从前的雇主杀害,又托生到南印度大婆罗门家,娶妻生子,一直不肯作声。年届六十五,一日妻子对他说:“汝可言矣,若不语者,当杀汝子!”烈士自念已经隔世,且年纪老迈、只有此子,于是急忙上前阻止,“遂发此声”。隐士闻言叹道:这是我的过错!你所说的,不过是魔障蛊惑罢了。烈士心怀愧怍,不久便含恨死去。这口水池,也因此被称作“烈士池”。

无须细按,李复言笔下的《杜子春》,应即印度传说《烈士池》的中国版本。玄奘(602—664)是公元七世纪时人,李复言则生活于八、九世纪(或以为其文作者是牛僧孺,牛与李是同时代人)。从时间先后看,二文的承袭嬗递之迹清晰可辨。只是在《杜子春》中,这位神秘的“隐士”已经充分本土化了,他一身“黄冠绛帔”的道士打扮;而小说中的宗教色彩,也由此凸显出来。

不过依笔者之见,策杖老人黄冠绛帔后面所掩藏着的,恐怕不是什么道士身份,倒是佛徒面孔。因为道教是中国本土宗教,而“烈士池”则很可能是一则经过缘饰的佛教密宗传说——印度大乘佛教在其发展后期,渐渐从婆罗门教汲取养料,形成密教宗派。密教在保留佛教信仰的同时,又吸收了婆罗门教祭祀、供奉、拜火等宗教仪轨。密教信徒常于林莽荒僻之处建造坛场,口诵咒语,进行修炼,谓之“修曼荼罗”——“曼荼罗”即坛场之意。而《烈士池》中提到的修炼之法,也正是“筑建坛场”“求仙者中坛而坐,手按长刀,口诵神咒,收视反听”;这与原始佛教的修行之法迥然有别。我们在《烈士池》与《杜子春》中还看到,两处修道炼丹的坛场,都设在偏僻无人之处。至于祭坛上的熊熊炉火,也同样透露出密教信仰的信息。密教信仰常在祭坛上设置火炉,焚烧乳香供品,以息灾祈福,谓之“护摩”(火祭)。《烈士池》中的“空中火下,烟焰云蒸”,以及《杜子春》中“高九尺余,紫焰光发,灼焕窗户”的“药炉”,其实都暗示着此种拜火仪式。

玄奘到印度取经时,正值密教在印度盛行。他耳闻目睹了密教信仰的种种活动,并在《大唐西域记》中记录下一个密教传说,是不足为奇的。不过密教正式传入我国,是在唐开元(713—741)年间。而《杜子春》作者生活的年代,又正是密教信仰(在中国称“密宗”)在中国方兴未艾之时。前有玄奘的《烈士池》提供情节框架,后有大唐君臣迷信密教、设坛祭拜的火光映照,《杜子春》作者的笔底故事,正不乏丰富的素材、摇曳的情致、诡异的气氛。

不过传奇作者对《烈士池》提供的故事原型,并非原样照搬、依样画葫芦。他不但拓展故事的想象空间,曲折其情节、增益其描摹,更对故事的主题作了改造。

在《烈士池》中，隐士总结失败原因，说是："我之过也，此魔娆也！"强调的是色即是空、一切虚幻的佛家理念。《杜子春》则通过策杖老人之口分辩说："吾子之心，喜怒哀乐惧恶欲皆能忘也；所未臻者，爱而已！"从反面道出"爱"是人性中最根本的元素、最顽强的欲念、最深湛的情感——说到底，这里已掺入华夏儒家文化的仁爱理念。而读者于掩卷之际，多半也并不因炼丹失败感到惋惜，倒是为杜生内心那份历劫犹存的人性之爱而颇感欣慰呢。

《烈士池》的影响，远不止《杜子春》一篇。唐人段成式《酉阳杂俎·中岳道士》叙中岳道士顾玄绩在市上物色一人为其守坛炼药，相约"忍一夕不言，则济吾事"。其人梦见妻子杀儿，因而"失声"，于是"鼎破如震，丹已飞矣"。这应当也是《烈士池》传说的翻版。此外，唐人薛渔思的《河东记·萧洞玄》、裴铏的《传奇·韦自东》，也都属于同型故事，且带有模仿《杜子春》的明显痕迹，应是"烈士池"的第三代异文。时至明代，又有话本《杜子春三入长安》(《醒世恒言》卷三七)问世，则是此故事的白话文本。至于据《杜子春》改编的戏曲，则有清人胡介祉的《广陵仙》传奇、岳端的《扬州梦》传奇等等——一个域外传说在中国文坛流传千年，久而不衰；作为个案研究，颇有深入探讨的价值和空间。

(侯　会)

定　婚　店　　李复言

杜陵[①]韦固，少孤，思早娶妇，多歧[②]求婚，必无成而罢。

元和[③]二年，将游清河[④]，旅次宋城[⑤]南店，客有以前清河司马[⑥]潘昉女见议者。来日先明，期于店西龙兴寺门。固以求之意切，旦往焉。斜月尚明，有老人倚布囊，坐于阶上，向月检书。固步觇之，不识其字，既非虫篆八分科斗之势，又非梵书[⑦]，因问曰："老父所寻者何书？固少小苦学，世间之字，自谓无不识者。西国梵字，亦能读之。唯此书目所未觌，如何？"老人笑曰："此非世间书，君因何得见？"固曰："非世间书，则何也？"曰："幽冥之书。"固曰："幽冥之人，何以到此？"曰："君行自早，非某不当来也。凡幽吏皆掌人生之事，掌人可不行冥中乎？今道途之行，人鬼各半，自不辨尔。"固曰："然则君又何掌？"曰："天下之婚牍耳。"固喜曰："固少孤，常愿早娶以广胤嗣。尔来十年，多方求之，竟不遂意。今者，人有期此，与议潘司马女，可以成乎？"曰："未也。命苟未合，虽降衣缨而求屠博，尚不可得，况郡佐乎？君之妇，适三岁矣，年十七当入君门。”因问：“囊中何物？”曰：“赤绳子耳，以系夫妻之足。及其生，则潜用相系，虽仇敌之家，贵贱悬隔，天涯从宦，吴楚异乡，此绳一系，终不可逭。君之脚已系于彼矣，他求何益？”曰：“固妻安在？其家何为？”曰：“此店北卖菜陈婆女耳。”固曰：“可见乎？”曰：“陈尝抱来鬻菜于市，能随我行，当即示君。”

及明，所期不至。老人卷书揭囊而行。固逐之，入菜市，有眇[8]妪抱三岁女来，弊陋亦甚。老人指曰：“此君之妻也。”固怒曰：“煞[9]之可乎？”老人曰：“此人命当食天禄，因子而食邑[10]，庸可杀乎！”老人遂隐。固骂曰：“老鬼妖妄如此！吾士大夫之家，娶妇必敌。苟不能娶，即声妓之美者，或援立[11]之，奈何婚眇妪之陋女。”磨一小刀子，付其奴曰：“汝素干事，能为我煞彼女，赐汝万钱。”奴曰：“诺。”明日，袖刀入菜行中，于众中刺之而走。一市纷扰，固与奴奔走获免。问奴曰：“所刺中否？”曰：“初刺其心，不幸才中眉间尔。”

后固屡求婚，终无所遂。又十四年，以父荫参相州军[12]。刺史王泰俾摄司户掾[13]，专鞫词狱，以为能，因妻以其女，可年十六七，容色华丽。固称惬之极。然其眉间常贴一花子，虽沐浴寝处，未尝暂去。岁余，固讶之，忽忆昔日奴刀中眉间之说，因逼问之。妻潸然曰：“妾郡守之犹子也，非其女也。畴昔父曾宰宋城，终其官。时妾在襁褓，母兄次没，唯一庄在宋城南，与乳母陈氏居，去店近，鬻蔬以给朝夕。陈氏怜小，不忍暂弃。三岁时，抱行市中，为狂贼所刺，刀痕尚在，故以花子覆之。七八年前，叔从事卢龙[14]，遂得在左右，仁念以为女嫁君耳。”固曰：“陈氏眇乎？”曰：“然。何以知之？”固曰：“所刺者固也。”乃曰：“奇也！命也！”因尽言之，相敬愈极。

后生男鲲，为雁门[15]太守，封太原郡太夫人。乃知阴骘之定，不可变也。宋城宰[16]闻之，题其店曰“定婚店”。

〔注〕 ①杜陵：古县名。县治在今陕西西安市东南。这里不是指具体的籍贯，而是指的

门第。例如博陵崔氏、太原王氏等,都是名门望族。 ② 多歧:指婚姻双方彼此挑选不一定能相互选中。 ③ 元和:唐宪宗年号(806—820)。 ④ 清河:唐时郡名,治所在今河北清河县西北。 ⑤ 宋城:今河南商丘市。 ⑥ 司马:州郡管理兵马以及缉拿盗贼的官员。 ⑦ 梵书:印度古文字。 ⑧ 眇:一只眼瞎。亦谓双目失明。 ⑨ 煞:同“杀”。 ⑩ 食邑:指爵位的品级,并非真的去收租税。万户侯,即指食邑万户的侯爵。 ⑪ 援立:把妾扶正为妻。 ⑫ 父荫:儿子继承父亲的爵位和俸禄。参相州军,即相州参军。 ⑬ 摄司户掾:代理户曹长官。 ⑭ 卢龙:唐方镇名,即范阳,今北京以北一带。 ⑮ 雁门:唐方镇名。今山西云中山以东一带。 ⑯ 宋城宰:宋城县官。

《定婚店》选自《续玄怪录》。

这是一篇结构紧凑,人物、事件都很集中的小说,虽然时间上跨度达十四年,依旧十分吸引人。因为婚姻毕竟是生命历程中的一件大事,无论对男性,还是对女性来说,都是如此。

这篇小说如果用简单化的庸俗社会学去分析,只能用宿命论三个字定性。果真如此吗?非也。

我认为古代青年男女渴望理想的对象时,不免产生种种遐想,甚至希望有一种婚姻的中介机构。这种中介机构应该是何种形式?由于时代的局限性,古代青年男女不可能设想得太具体,只能是隐隐约约的,甚至带有梦幻色彩。

再说,既然人们把寿命、穷达、有无子嗣都祈求鬼神为之解决,那么婚姻问题也向鬼神去祈求,这完全是合情合理,没有什么可以大惊小怪的。

至于这位出现于小说中的老人的身份,作者交代了,是“幽吏”,既然能“掌生人之事”,则又与神仙何异?鬼或神,都不是客观存在的事物,而是古代人类思想意识的产物。孔子说得好:“敬鬼神而远之。”他就不想去严格区分鬼与神,所以我们也不必过分追究这个老人的身份。那是书呆子的事。

这位老人说:“今道途之行,人鬼各半。”作者借讲故事的机会,发他的牢骚也。在这里,人鬼之分显然不是人之生或死之分,而是指道德境界之高下悬殊。

小说中主人翁韦固,听说他将来的妻子竟是那个瞎老太婆抱在手中的丑陋的小姑娘,很不满意,可以理解。但派人去刺死这个小姑娘当然太过分了。刺伤而未死,后来仍旧做了他的妻子,故事比较曲折离奇,但仍能自圆其说。

作者李复言固然是唐代传奇小说的主要作者,写了不少篇颇有知名度的作品。以《定婚店》而论,并非完全取之街坊闲话,或凭空想象。《汉书·张敞传》曾提到京兆尹张敞为夫人画眉之事。而在民间传说中,张敞与夫人原是青梅竹马的亲友,嬉耍时张敞无意中碰撞了她,眉间留下伤痕。当时不可能有什么美容院,所以张敞后来就只好为夫人画眉了。张敞的故事为李复言提供了一条主线,李复言使之复杂化，又增加了神怪色彩而已。

另一方面，《定婚店》也在无意中揭示了一种普遍存在的生命科学的自然法则。女孩子到十六岁前后，发育成人时，的确往往会变得比本来美丽，甚至本来丑陋不堪，此时也显出几分姿色。究竟是青春的活力让人们产生了错觉？还是真的出现了相当大的变化？我看两种因素都不能排除，或者各占一半。

老人说："赤绳子耳，以系夫妻之足。及其生，则潜用相系，虽仇敌之家，贵贱悬隔，天涯从宦，吴楚异乡，此绳一系，终不可逭。"这更不能用宿命论予以一笔抹煞。在唐代，虽然长安等大城市已出现，就全国范围而论，仍是一个"鸡犬之声相闻，老死不相往来"的封闭的封建社会，婚姻只能在十分有限的人际关系中进行。作者则希望婚姻的缔结能够超越地域的限制，超越人与人之间的积怨与仇恨。不能不说这里面蕴含着人文主义思想的萌芽。

莎士比亚时代，英国已进入资本主义初期，《罗密欧与朱丽叶》的悲剧不正是诉说氏族间的积怨毁了这一对青年男女吗？在一千多年之前，李复言已经在《定婚店》中注意到了这一类问题的严重性了。

十分有趣的是1987年7月1日上海的《消费报》，登载了一条新闻："在西德，有一家'亚摩尔的'旅馆，经营的唯一目的是为世界胆怯的男女撮合成配偶，所以又名'红娘旅馆'……"德国向来对中国古典文学很重视，都知道《西厢记》这部名剧，用红娘命名旅馆，可谓名副其实。这西方20世纪的"红娘旅馆"不正是中国唐代的定婚店新版本吗？

（蒋星煜）

李卫公靖　　李复言

卫国公李靖①，微时尝射猎霍山②中，寓食山村。村翁奇其为人，每丰馈焉，岁久益厚。忽遇群鹿，乃逐之，会暮，欲舍之不能。俄而阴晦迷路，茫然不知所归，怅怅而行，困闷益极。乃极目，有灯火光，因驰赴焉。既至，乃朱门大第，墙宇甚峻。叩门久之，一人出问，公告其迷道，且请寓宿。人曰："郎君皆已出，惟太夫人在，宿应不可。"公曰："试为咨白。"乃入告而出，曰："夫人初欲不许，且以阴黑，客又言迷，不可不作主人。"邀入厅中。有顷，一青衣出曰："夫人来。"年可五十余，青裙素襦，神气清雅，宛若士大夫家。公前拜之，夫人答拜，曰："儿子皆不在，不合奉留。今天色阴晦，归路又迷，此若不容，遣将何适？然此山野之居，儿子往还，或夜到而喧，勿以为惧。”公曰：“不敢。”既而命食，食颇鲜美，然多鱼。食毕，夫人入宅，二青衣送床席裀褥，衾被香洁，皆极铺陈，闭户系之而去。

公独念山野之外，夜到而闹者何物也，惧不敢寝，端坐听之。夜将半，闻扣门声甚急，又闻一人应之曰：“天符报，大郎子当行雨，周此山七百里，五更须足，无慢滞，无暴伤。”应者受符入呈。闻夫人曰：“儿子二人未归，行雨符到，固辞不可，违时见责。纵使报之，亦已晚矣。僮仆无任专之理，当如之何？”一小青衣曰：“适观厅中客，非常人也，盍请乎？”夫人喜，因自扣厅门曰：“郎觉否？请暂出相见。”公曰：“诺。”遂下阶见之。夫人曰：“此非人宅，乃龙宫也。妾长男赴东海婚礼，小男送妹。适奉天符，次当行雨。计两处云程，合逾万里，报之不及，求代又难，辄欲奉烦顷刻间，如何？”公曰：“靖俗客，非乘云者，奈何能行雨？有方可教，即唯命耳。”夫人曰：“苟从吾言，无有不可也。”遂敕黄头：“鞴青骢马来。”又命取雨器，乃一小瓶子，系于鞍前。诫曰：“郎乘马，无须衔勒，信其行，马躩地嘶鸣，即取瓶中水一滴滴马鬃上，慎勿多也。”于是上马，腾腾而行，倏忽渐高，但讶其稳疾，不自知其云上也。风急如箭，雷霆起于步下。于是随所躩，辄滴之，既而电掣云开，下见所憩村，思曰：“吾扰此村多矣，方德其人，计无以报。今久旱，苗稼将悴，而雨在我手，宁复惜之。”顾一滴不足濡，乃连下二十滴。俄顷雨毕，骑马复归。

夫人者泣于厅曰：“何相误之甚！本约一滴，何私感而二十之！天此一滴，乃地上一尺雨也。此村夜半平地水深二丈，岂复有人？妾已受谴，杖八十矣。”袒视其背，血痕满焉。“儿子并连坐，如何？”公惭怖，不知所对。夫人复曰：“郎君世间人，不识云雨之变，诚不敢恨。即恐龙师来寻，有所惊恐，宜速去此。然而劳烦，未有以报。山居无物，有二奴奉赠。总取亦可，取一亦可，唯意所择。”于是命二奴出来。一奴从东廊出，仪貌和悦，怡怡然。一奴从西廊出，愤气勃然，拗怒而立。公曰："我猎徒，以斗猛为事，一旦取奴而取悦者，人以我为怯乎？"因曰："两人皆取则不敢。夫人既赐，欲取怒者。"夫人微笑曰："郎之所欲乃尔。"遂揖与别，奴亦随去。出门数步，回望失宅，顾问其奴，亦不见矣。独寻路而归。

及明，望其村，水已极目，大树或露梢而已，不复有人。其后竟以兵权静寇难，功盖天下，而终不及于相，岂非悦奴之不得乎？世言："关东出相，关西出将。"岂东西而喻耶？所以言奴者，亦臣下之象。向使二奴皆取，位极将相矣。

〔注〕 ① 李靖：唐初军事家。本名药师，雍州三原（今陕西三原东北）人。李靖有军事才能，唐高祖、太宗时屡立战功，历任兵部尚书、尚书右仆射等职，以功封卫国公，故称之为"李卫公"。曾著有《李卫公兵法》。 ② 霍山：即霍太山，也称太岳山。在山西霍县东南。

本篇选自《续玄怪录》。

小说写的是唐初大军事家李靖年轻时的故事，有民间故事的色彩。李靖微贱时是个猎户，在霍山中打猎受村翁馈赠照顾。有一天打猎时追逐一群鹿而入深山，迷入龙宫，奇遇龙王之母，并且代龙王行雨。但是，他好心办了坏事，行雨中为感激村民照顾，心欲多降甘霖，却淹没了村庄。最后写他因龙王之母的照拂，做了大将，功盖天下。故事内容主要反映的是报恩思想，以及神仙的法力，这在当时是人们普遍存在的思想观念，对于今日的读者仍有一定的认识意义。

作为小说，《李卫公靖》的主要特点是情节之奇。李靖行猎深山迷路，却在"极目，有灯火光"处发现一个"朱门大第，墙宇甚峻"，深山中有大宅院，是一奇。李靖投宿大宅，看见一女主人"年可五十余，青裙素襦，神气清雅，宛若士大夫家"，这又是一奇。主人招待夜饭时"食颇鲜美，然多鱼"，特点出"多鱼"，更引动读者的好奇心，然后点出此乃龙宫。深山里出现龙宫，更奇。夜半行雨符至，而恰巧女主人儿子又不在，只好请李靖代为行雨。人而能行龙王的职任，也是奇特之极。此后，写李靖行雨二十滴乃人间二十尺，更是奇闻异事。小说就是用这些奇人奇遇、奇行奇事构成了全篇的情节，具有奇特的浪漫主义精神。

这篇小说写了两个人物：李靖和龙王太夫人。作者的重点是写李靖，但比较起来看，太夫人的性格形象似更为鲜明突出。这位太夫人是龙王之母，是神，但是，作品中塑造的这个人物却完全是人世间老太太的形象。作者既写了这个人物的外貌，又刻画了她的性格。其外貌为："年可五十余，青裙素襦，神气清雅，宛若士大夫家。”这完全是一个气度不俗的老太太形象。她的性格更是鲜明而突出。她虽是神，但却有人间的老夫人的性格，她心肠善良，热情好客。当李靖投宿时，因儿子不在家，本“不合奉留”，但想到客人夜半迷路的困难，“此若不容，遣将何适”，还是把李靖留了下来，而且关照了夜间注意事项，体现了她的热情与善良。特别是李靖行雨出了纰漏之后，她也没有疾声厉言的责备，而是“泣于厅曰：‘何相误之甚！……妾已受谴，杖八十矣。’”这委婉的怨言，更突出了她性格中善良的本性。作者在描写这个人物时，并非把她作为神，而是把她作为人，在她身上，作者注入了人世间善良的老夫人的许多性格。

应该说，主人公李靖的形象和性格都不如老夫人的亲切感人，但他毕竟是作者倾力塑造的人物，所以，他的形象和性格也有值得注意之处。首先，李靖是作为一个武人来塑造的，他追逐群鹿，深山迷路，遇上龙王一家，虽然怀疑“山野之外，夜到而闹者何物也，惧不敢寝”，但还是要“端坐听之”，实在是有一种深山探险的勇敢精神，而且还敢于代龙王行雨，体现了他勇敢的武人性格和形象。其次，他虽是武人，但还有知恩必报的善心。他受山村老翁的馈赠与照拂，当他代龙王行雨时，想到“吾扰此村多矣，方德其人，计无以报。今久旱，苗稼将悴，而雨在我手，宁复惜之”，认为行雨一滴不足解除山村久旱，于是连下雨二十滴。虽然好心办了坏事，但他本意是报恩，心地是善良的。

（韩传达）

薛　伟

李复言

薛伟者，乾元元年任蜀州青城县主簿，与丞邹滂、尉雷济、裴寮同时。其秋，伟病七日，忽奄然若往者，连呼不应，而心头微暖。家人不忍即殓，环而伺之。经二十日，忽长吁起坐，谓其人曰：“吾不知人间几日矣？”曰：“二十日矣。”曰：“即与我觇群官，方食脍[①]否？言吾已苏矣，甚有奇事，请诸公罢箸来听也。”

仆人走视群官，实欲食脍，遂以告，皆停飧[②]而来。伟曰：“诸公敕司户仆[③]张弼求鱼乎？”曰：“然。”又问弼曰：“渔人赵干藏巨鲤，以小者应命，汝于苇间得藏者携之而来。方入县也，司户吏某坐门东，纠曹吏坐门西，方弈棋，入及阶，邹、雷方博，裴啖桃实，弼言干之藏巨鱼也，裴五令鞭之。既付食工王士良者，喜而杀之，皆然乎？”递相问，诚然。众曰：“子何以知之？”

曰："向杀之鲤，我也。"众骇曰："愿闻其说。"

曰："吾初疾困，为热所逼，殆不可堪。忽闷，忘其疾，恶热求凉，策杖而去，不知其梦也。既出郭，其心欣欣然，若笼禽槛兽之得逸莫我如也。渐入山，山行益闷，遂下游于江畔。见江潭深净，秋色可爱，轻涟不动，镜涵远空。忽有思浴意，遂脱衣于岸，跳身便入。自幼狎水，成人以来，绝不复戏，遇此纵适，实契宿心。且曰：'人浮不如鱼快也，安得摄④鱼而健游乎？'傍有一鱼曰：'顾足下不愿耳，正授亦易，何况求摄？当为足下图之。'快然而去。未顷，有鱼头人长数尺，骑鲵来导，从数十鱼，宣河伯诏曰：'城居水游，浮沉异道，苟非其好，则昧通波。薛主簿意尚浮深，迹思闲旷。乐浩汗之城，放怀清江；厌巘崿之情，投簪幻世。暂从鳞化，非遽成身。可权充东潭赤鲤。呜呼！恃长波而倾舟，得罪于晦；昧纤钩而贪饵，见伤于明。无或失身，以羞其党。尔其勉之！'听而自顾，即已鱼服矣。于是放身而游，意往斯到，波上潭底，莫不从容。三江五湖，腾跃将遍。然配留东潭，每暮必复。俄而饥甚，求食不得，循舟而行，忽见赵干垂钩，其饵芳香，心亦知戒，不觉近口。曰：'我，人也，暂时为鱼，不能求食，乃吞其钩乎！'舍之而去。有顷，饥益甚，思曰：'我是官人，戏而鱼服，纵吞其钩，赵干岂杀我，固当送我归县耳。'遂吞之。赵干收纶以出，干手之将及也，伟连呼之，干不听，而以绳贯我腮，乃系于苇间。既而张弼来，曰：'裴少府⑤买鱼，须大者。'干曰：'未得大鱼。有小者十余斤。'弼曰：'奉命取大鱼，安用小者。'乃自于苇间寻得伟而提之。又谓弼曰：'我是汝县主簿，化形为鱼游江，何得不拜我！'弼不听，提之而行。骂之不已，弼终不顾。入县门，见县吏坐者弈棋，皆大声呼之，略无应者。唯笑曰：'可畏鱼，直三四斤余。'既而入阶，邹、雷方博，裴啖桃实，皆喜鱼大，促命付厨。弼言干之藏巨鱼，以小者应命，裴怒鞭之。我叫诸公曰：'我是公同官，今而见擒，竟不相舍，促杀之，仁乎哉！'大叫而泣，三君不顾而付脍手王士良者。方持刃,喜而投我于机上。我又叫曰:‘王士良,汝是我之常使脍手也,因何杀我,何不执我白于官人?’士良若不闻者,按吾颈于砧上而斩之。彼头适落,此亦醒悟,遂奉召尔。”

诸公莫不大惊,心生爱忍。然赵干之获,张弼之提,县司之弈吏,三君之临阶,王士良之将杀,皆见其口动,实无闻焉。于是三君并投脍,终身不食。伟自此平愈,后累迁华阳丞,乃卒。

〔注〕 ① 脍(kuài):细切的鱼肉。 ② 飧(sūn):夕食,约当晚餐。与饔(朝食、早餐)相对。 ③ 敕司户仆:敕,命令。司户,县里管理户籍的官吏,上文的丞、尉,下文的纠曹吏,也都是县衙的官吏。仆,仆人。司户仆指张弼。 ④ 摄:代理。 ⑤ 少府:即县尉,唐人习称县尉为少府。

这是《续玄怪录》中一篇很有特色,很能反映作者李复言创作个性的作品。约而言之,可有四奇。

幻设与结构之新颖精妙,是它的第一奇。

故事从青城县主簿薛伟生病几乎死去写起。薛伟“病七日,忽奄然若往者,连呼不应,而心头微暖”,实已处于“假死”或曰灵魂脱离状态。这个灵肉分离、似梦如死的状态持续了二十天,整篇小说所述,就是薛伟之灵在这二十天中的遭遇和感受。小说把这虚无幻设、不可思议之事描写得活灵活现,岂不是奇之又奇?因为这段经历只有薛伟本人清楚,所以,小说除开头、结尾各一小段是作者叙述外,基本上都是薛伟的第一人称叙事。让故事中人充当叙述者,而不是由作者扮演全知全能的角色,这是小说加强可信度的一种技法。薛伟的叙述又可分为两个层次。第一层,当诸同僚暂停食脍来到他病榻前,薛伟向他们提了一系列问题,所问的都是他在病中无从知晓、甚至那些同僚都不甚了了的事,奇怪的是,他却连细节都清清楚楚。而最令人们震惊的是,薛伟宣布:“向杀之鲤,我也!”——你们刚才宰了要吃的那条鲤鱼,就是我呀——这不能不使同僚们感到诧异,甚至会吓出一身冷汗。一个惊心动魄的问题提出,引出薛伟以下(即第二层)的详细陈述,从而进入小说的主体。这样的叙事安排有先声夺人之势,但又符合生活常理。一开头就抛出一个扣人心弦的悬念,然后从容不迫地解开它,作者的叙事手段相当高明。

故事的主体,薛伟化鱼,特别是他变成鱼身人心后的曲折遭遇,因人鱼时时错位(薛自以为是人,别人看他是鱼)而亦真亦幻,冲突激烈,令读者为之担忧为之焦虑,是这篇小说的第二奇,也是小说之奇的核心。

试想,明明一个大活人,仅仅因为身子发烧,心情烦闷,"恶热求凉",下水游泳,就于一念之间化身为鱼了,这当然只能是说梦,或从宗教思维中借来的想象,总之是超现实的幻想。然而,作者却一本正经地把它当作真事来讲述着,而在其假定的环境里,还尽量注意事理逻辑,注意细节的真实,从而引人入胜,令读者逐步进入他所营造的虚拟时空,心悦诚服地接受了小说情节的展开和敷演。

小说所描绘的水中世界是多么有趣呀。当薛伟自语:"人浮不如鱼快也,安得摄鱼而健游乎"时,旁边就有一鱼说,何必"摄鱼",就做条真鱼也不难,然后马上就为他安排好了一切。不一会,一个隆重的仪式举行,河伯的一道诏书,把薛伟接纳到鱼族之中。穿插诏书判文或诗歌于作品之中,是唐传奇的一大特色,可能与作者借以彰显文才的动机有关。这道拟写的骈体诏书,以庄严板正之语致诙谐幽默之效,实在很妙。文中先对薛伟愿从"城居"之民改入"水游"家族表示赞赏,继对鱼类生涯的"双重性"作了预言式描绘:鱼儿们若"恃长波"兴风作浪而使船只倾覆(这里一本正经的夸张,颇可发噱),将"得罪"于幽晦;而若误食饵钩,则自身有性命之虞(这倒是实在的危险),也是有失明智。所以诏书勉励薛伟"无或失身,以羞其党"。这话实乃双关,具有悖论意味,关键是在一个"党"字。薛伟究竟是人是鱼,属于何党,诏书故意含混。若从提醒薛伟不要"得罪于晦"或"见伤于明"来看,是把他看作了鱼党;而所谓"无或失身"又似乎仍视薛伟为人类,强调不要"失身",可理解为叫他莫变成禽鱼,人变成禽鱼毕竟可羞可怪。但这岂非废话,薛伟此时不正是因为想要化鱼才恭奉诏书的吗?这里的矛盾扞格——薛伟究竟是人是鱼,或者亦人亦鱼——作者是有意说得两可,而与前文"暂从鳞化,非遽成身"对看,便当会意,这里已暗伏薛伟最终将还原为人的结局安排。

就这样,薛伟披上了"鱼服",成了一条"东潭赤鲤",每天优游于三江五湖,而晚宿于东潭。但好日子总是短暂的,诏书提到过的"味纤钩而贪饵"这件可怕事情终于发生了。这一段也写得生动精彩。鱼身人心的薛伟在饥肠辘辘之际,看到了渔人抛下的钓饵,起初他以人心度量,不屑一顾;接着再以"鱼理"思考,他也深知贪食难免吞钩,故"心亦知戒"。可是他的明智终究抗不过饥火的烤炙,经过反复痛苦的思想斗争,竟抱着"我是官人",即使被钓,渔人也会"送我归县"的侥幸想法冒险吞饵,结果当然是被渔人逮住了。这时,他的糊涂想法彻底破灭,无论他怎样“连呼之”，那位渔人毫不理睬。这并不能怪渔人，因为他怎么会想到面前这条大鲤鱼竟是县里的薛主簿呢？这写法很有趣，也很合情理，鱼的喊叫，不管怎么拼命，人又岂能听见？这写法又富于寓意：当你失去了原来的仪形和地位，比如你本是官员现已削职为民，那谁还会再把你当作“官人”看待呢？你的呼喊当然不会有人理睬。东潭赤鲤——薛伟的腮帮子被渔人用绳子贯穿，并被掩藏到了苇叶底下，这情节真叫人又好笑又感慨不已。以下小说对鱼（比喻落魄之人）的呼喊不为人所理解这一细节渲染再三，当非无因。县里的仆役张弼前来买鱼，发现了薛伟变的这条大鲤鱼，薛伟也见到了熟人，于是再一次大声呼喊：“我是汝县主簿，化形为鱼游江，何得不拜我！”真是错位得厉害，天真而又可笑，其结果自然是“弼不听”。这一笔犹如国画的皴法，使墨色又加重了一层。

如果说薛伟变鱼是小说情节的第一个转折，那么，他的被钓则是又一个转折，这一转，气氛就从原来的悠闲从容，变得紧张肃杀起来了，因为东潭赤鲤——薛伟面临着被斩杀脍切和被原先的同僚们吃掉的危险。果然，人心鱼身的薛伟被提到县衙，他看到了同僚们，少不得又是一阵大声疾呼，可是照旧“略无应者”，只听同僚们说道：好大一条鱼，怕有三四斤哩！鱼出奇的大，使他们更迫切地想享用这条大鱼。

小说写到这里，来了一个小停顿，作者的细心充分表现出来。他要再给薛伟一次呼救的机会，也再渲染一次呼救无效的急迫感。张弼报告，那渔人起先竟把大鲤鱼藏在苇叶下，而想拿小鱼应付差事。县尉裴寮（因排行第五，故称裴五）大怒，把渔人打了一顿。从抓渔人来，到施以鞭挞，总需要一点时间，在这当口，薛伟再次“叫诸公”，而且是“大叫而泣”：“我是公同官，今而见擒，竟不相舍，促杀之，仁乎哉！”这次叫喊的寓意更明显：官场中人，一旦犯事倒霉，陷于绝境，昔日的同僚大约总是援手者少，而“促杀”者多，仁不仁，又有谁理会。这一笔推宕，使小说情节多一波折，也使对世态炎凉的揭示更其深刻。

然而，事情还没有完。直到被送上砧板，也就是断头台，鱼身的薛伟还发出过最后一次愤怒的呼喊。他对着刽子手叫道：“你本是我常使唤的做鱼佣人，为什么竟要杀我，为什么不把我的情况向官人们说明白！”可是，有什么用呢？那刽子手“若不闻者”，手起刀落，薛伟的鱼首便和身子分离了。小说再次借着人只见鱼嘴动而听不到声音，喻示呼吁无效、沟通困难，喻示人间真相无从告白、冤屈无从申雪的苦恨，以及“昨日为友，今日为仇”乃至“他人为刀俎，我为鱼肉”的无奈，凡此种种均富含悲剧意味。

幸好，这毕竟只是一个梦。鱼头落地之际，也正是人身复苏之时，而且薛伟对自己一番奇遇的陈述,终于唤醒了几位同僚的良知,使他们“心生爱忍”而“终身不食”鱼脍。这个结局显示作者还不想把世间的事看得太坏,给自己,也给读者留下一点希望,一点光明。

在一个离奇幻设的故事之中,寄寓着对当时世态人心的含蓄针砭,并且作者的深意和爱憎倾向不是直接明白地说出,而完全是通过情节的展示和人物的话语予以自然表现,从而使小说具有颇高的审美价值,显示出唐传奇创作的成熟,这应该说是《薛伟》这篇小说的第三奇。

对于本篇的寓意,我们在上面的评述中已随处点明。这里还需指出的是,这篇小说思想背景和内涵的复杂性。作者对薛伟化鱼经历的描写,使人们感到他深受佛道思想的影响。然而,佛耶,道耶,又并不是一回事。有人将小说视为道家思想之流露,明人冯梦龙创作拟话本,就把《薛伟》掺合了《神仙传》里的李八百故事写成了《薛录事鱼服证仙》,突出一个“仙”字,全篇洋溢着浓厚的道教气息。而近人汪辟疆则认为《薛伟》“此事当受佛氏轮回之说影响,李复言遂演为此篇,宣扬彼法”(《唐人小说·薛伟》篇后叙)。若从故事所含蓄显示的灵魂不灭、人鱼转生和珍惜生命、禁食荤腥(倘若杀生,就有可能害及友好甚至亲人)等意念来看,佛教气息也确乎不淡。两种看法不同,正与《薛伟》思想内涵复杂有关。依我们看,本篇思想究属谁家,或是实乃两家互融互渗的产物,不妨见仁见智,无需统一说法。而这也正是这篇小说的一个奇妙之处。

最后,李复言所作小说,还有一个奇处,就是往往采用别人写过的题材进行再创作,而能使小说的艺术境界更上一层楼。像他的《尼妙寂》取自李公佐《谢小娥传》,《杜子春》取自《大唐西域记》的烈士池故事,均能别出心裁,有所创新。《薛伟》则似乎与戴孚《广异记》的《张纵》篇有关,而内容更为丰富,笔致更为曲折,且自然妥帖地赋予小说以深刻的寓意。《续玄怪录》的这个奇特之处,以前注意得不够,却是很值得仔细研究的。

(董乃斌)

【典籍介绍】

《会昌解颐录》

亦称《会昌解颐》。笔记小说集。著者不详。《说郛》本题唐包滑作。约成书于唐会昌年间。所记为前朝与本朝之神鬼狐怪故事,然无不折射出当时之人情世态,而作者之褒贬寓焉。所收故事多结构完整,叙述有序,词采华艳。今有《说郛》本一卷,乃残本。《太平广记》及宋王铚《补侍儿小名录》收有佚文若干。

黑　叟　　　《会昌解颐录》

唐宝应[①]中，越州观察使[②]皇甫政妻陆氏，有恣容而无子息。州有寺名宝林，中有魔母神堂，越中士女求男女者，必报验焉。政暇日，率妻孥[③]入寺，至魔母堂，捻香祝曰："祈一男，请以俸钱百万贯缔构堂宇。"陆氏又曰："傥遂所愿，亦以脂粉钱[④]百万，别绘神仙。"既而寺中游，薄暮方还。

两月余，妻孕，果生男。政大喜，构堂三间，穷极华丽。陆氏于寺门外筑钱百万，募画工。自汴、滑、徐、泗、扬、润、潭、洪[⑤]，及天下画者，日有至焉，但以其偿过多，皆不敢措手。忽一人不说姓名，称剑南[⑥]来，且言善画。泊寺中月余，一日视其堂壁，数点头。主事僧曰："何不速成其事耶？"其人笑曰："请备灯油，将夜缉其事。"僧从其言。至平明，灿烂光明，俨然一壁，画人已不见矣。

政大设斋，富商来集。政又择日，率军吏州民，大陈伎乐[⑦]。至午时，有一人形容丑黑，身长八尺，荷笠莎衣[⑧]，荷锄而至。阍者[⑨]拒之，政令召入。直上魔母堂，举手锄以斸其面，壁乃颓。百万之众，鼎沸惊闹。左右武士欲擒杀之，叟无怖色。政问之曰："尔颠痫耶？"叟曰："无。""尔善画耶？"叟曰："无。"曰："缘何事而斸此也？"叟曰："恨画工之罔上也。夫人与上官舍二百万图写神仙，今比生人，尚不逮矣。"政怒而叱之，叟抚掌笑曰："如其不信，田舍老妻，足为验耳。"政问曰："尔妻何在？"叟曰："住处过湖南[⑩]三二里。"政令十人随叟召之。

叟自苇庵间，引一女子，年十五六，薄傅粉黛，服不甚奢，艳态媚人，光华动众。顷刻之间，到宝林寺，百万之众，引颈骇观，皆言所画神母，果不及耳。引至阶前，陆氏为之失色。政曰："尔一贱夫，乃蓄此妇，当进于天子。"叟曰："待归与田舍亲诀别也。"政遣卒五十，侍女十人，同诣其家。至江欲渡，叟独在小游艇中，卫卒、侍女、叟妻同一大船。将过江，不觉叟妻于急流之处，忽然飞入游艇中。人皆惶怖，疾棹趋之⑪，夫妻已出，携手而行。又追之，二人俱化为白鹤，冲天而去。

〔注〕 ① 宝应：唐肃宗年号，公元762年。 ② 观察使：官名，掌管考察州县官吏政绩。 ③ 妻孥(nú)：孥本指子，但此词只当妻讲。 ④ 脂粉钱：指妇女的私房钱。 ⑤ 汴、滑、徐、泗、扬、润、潭、洪：都是唐代州名，这里指各州所管辖的地区。 ⑥ 剑南：唐剑南道，管领十七州，大约相当于今四川及云南、贵州省的部分地区。 ⑦ 伎乐：奏乐的歌伎。 ⑧ 荷笠莎衣：戴着荷叶一样的斗笠，身穿草编的蓑衣。 ⑨ 阍者：看门人。 ⑩ 过湖南：在湖(此当为鉴湖)以南。 ⑪ 疾棹(zhào)趋之：棹，本指船桨，此用为动词。

本篇选自《会昌解颐录》。是书著者不详，《说郛》本题唐包湑作。

从故事情节看，作品似乎只是反映了唐代官员佞佛，以搜刮来的钱财大作布施之风。但有两点是值得注意的。第一，皇甫政说黑叟“尔一贱夫，乃蓄此妇，当进于天子”。平民百姓如果有美丽的妻子，便得被振振有词地公然夺去，封建统治者的荒淫无耻，巧取豪夺，竟然表现得如此直截了当，如此明目张胆。第二，黑叟的斸倒画壁，动机不明，似乎是神仙的游戏之昧，似乎是为了炫耀妻子的美丽，又似乎是不愿神画留在人间。但主要的可能是反映唐代佛道之争，因为《会昌解颐录》作于唐武宗时，而唐武宗大反佛教，或者此篇为迎合之作，亦未可知。最后黑叟夫妇化为白鹤飞去，是对皇帝或皇甫政威势的嘲弄，同时也曲折地表现了人民不满丑恶现实、向往理想乐园的思想感情：“誓将去汝，适彼乐土。”

本篇的题目叫《黑叟》，主人公当然就是黑叟，可作者却把黑叟“藏”起来，先写观察使皇甫政率妻烧香许愿，果然妻孕生子；次写皇甫政大摆筵宴以示庆贺。这时，作者才把主角推到镜头前：形容丑黑，荷笠莎衣，荷锄闯堂，斸倒画壁，可谓半路杀出个程咬金。可这“程咬金”是谁呢？区区一介乡民哪来如此胆量，哪能有此壮举？作者又巧妙地把“谜底”藏起来，接着叙写黑叟引妙龄女子与神仙图像比美，惹得“百万之众，引颈骇观”；再叙皇甫政欲献美女于天子，派卫卒、侍女送叟妻回家辞行。正当人们在为叟妻的不幸命运担忧之时，作者突然把镜头对准主角：夫妻携手而行，化为白鹤冲天而去。至此读者才恍然大悟——原来先把黑叟的神仙身份藏起来，是为了使他最后“露”得更为光彩，更加吸引人。这种欲露先藏的叙事技巧，确实能使短篇小说更具有“传奇”的艺术效果。

《黑叟》另一叙事技巧是通过人物对话来推进故事的发展。黑叟在毁了神像、搅了宴会之后，等待他的命运是什么呢？作者接着通过对话展开了意料不到的情节：

> 百万之众，鼎沸惊闹。左右武士欲擒杀之，叟无怖色。政问之曰："尔颠痫耶？"叟曰："无"。"尔善画耶？"叟曰："无。""缘何事而斵此也？"叟曰："恨画工之罔上也。夫人与上官舍二百万图写神仙，今比生人，尚不逮矣。"政怒而叱之。叟抚掌笑曰："如其不信，田舍老妻，足为验耳。"政问曰："尔妻何在？"叟曰："住处过湖南三二里。"政令十人随叟召之。

通过这样一问一答的形式，把黑叟斫毁神像的原因作了交待，并且把故事引向深入：

> 叟自苇庵间，引一女子，年十五六，薄傅粉黛，服不甚奢，艳态媚人，光华动众。顷刻之间，到宝林寺，百万之众，引颈骇观，皆言所画神母，果不及耳。引至阶前，陆氏为之失色。

这一段文字，既有叙述者对人物外貌的直接描写，又有旁观者对人物外貌的反应作间接描写，侧面衬托，可谓精彩之笔。皇甫政看到如此女子，顿起邪念，于是故事又在对话中发展：

> 政曰："尔一贱夫，乃蓄此妇，当进于天子。"叟曰："待归与田舍亲诀别也。"

最后写黑叟与女子趁回家诀别之际，二人俱化为鹤冲天而去。整个故事在对话中展开、发展、结束，一个佻脱善谑、能言善辩的形象也就跃然纸上。就像一个独幕话剧，作者尽量减少叙述语言，而主要用人物的对话来表现人物性格，推动情节发展，从而达到一种如闻其声，如见其人，如临其境的戏剧化效果。　（陈惠琴）

【作者小传】

陆　勋

唐小说家。曾任校书郎、兵部员外郎、吏部郎中。作有小说集《集异记》等。

刘　惟　清

陆　勋

平阴①北把关，南御并山滨济，空阔百里无人居。地势险阨，用兵者先据此为胜。迄今天阴日暮，鬼怪往往而出。

长庆三年②春，平庐节度使薛苹遣衙门将刘惟清使于东平③，途出于此。时日已落，忽于野次，遥见幕幄营伍，旌旗人马甚众，烟火极远。惟清少在戎旅，计其部分，可五六万人也。惟清不知，甚骇之。俄有辎重鼓角，部队纷纭，或歌或语，喧然竞进，惟清乃缓辔出于其中。忽有衣缞[4]者徒行叩惟清，将夺马。惟清与之力争，因跃马绝道，而缞者执之愈急。惟清有膂力，以所执铁鞭连捶其背。缞者不甚拒，良久舍去。惟清复路，则向之军旅已过矣。夜阑，方及前驿。会同列将浑钊，自滑[5]使还，亦馆于此。闻惟清至，迎之，则惟清冥然无所知。众扶持环视，久之乃寤，遂话此事。

不二三日，至东平，既就馆，亦不为他人道。先是东平有术士皇甫嵖者，落魄不仕，衣屩[6]蓝缕，众甚鄙之。一日，惟清出游，嵖于途中遥指曰："刘押衙。"惟清素未识，因与相款。嵖曰："本恐他人取马，故牵公避道。奈何却以铁鞭相苦？赖我金铠在身，不迩（尔），巨力坚策，岂易当哉！"笑而竟去。惟清从人辞谢，将问其故。嵖跃入稠人中，不可复见。后四年，李同捷反于沧、景[7]。时天下兵，皆由平阴以入贼境，岂阴兵先致讨欤？

〔注〕 ① 平阴：今山东平阴。 ② 长庆三年：长庆为唐穆宗年号，长庆三年是公元823年。 ③ 东平：今山东东平。 ④ 缞（cuī）：丧服。 ⑤ 滑：滑州，即今河南滑县。 ⑥ 屩（juē）：草鞋。 ⑦ 沧、景：沧即沧州，位于今河北沧州东南。景为景州，即今河北献县。

六朝至唐，以《集异记》为名的小说集有数种。这篇《刘惟清》选自唐陆勋《集异记》。其原书已佚，《太平广记》收有佚文若干则，这篇《刘惟清》据考就出于陆勋此书。

中、晚唐时期，大唐政权江河日下。各地军阀拥兵自重、各行其是；藩镇割据之势已成。文宗时据沧州以反叛朝廷的李同捷，就是分裂群丑中的一个代表人物。在此之前，其父横海军节度使李全略死，朝廷拒绝李同捷继承父任的要求，调他到兖州驻守。李同捷借口三军不肯效命，赖在沧州不走。他还暗中勾结北地少数民族，图谋抗拒中央；最终抛弃一切借口，露出叛逆者的凶恶面目。周边军阀各怀鬼胎，名义上代朝廷施行征讨，实则姑息养奸、虚报战果，以博取朝廷赏赐。战争经年历岁，直至太和三年(829)，才以李同捷的被俘授首而告结束。本篇小说主人公刘惟清遭遇阴兵的时间，恰在李同捷反叛的四年之前；而他路经的平阴古战场，又正是四年后官军进讨李同捷的必经之路。这场维护国家统一的平叛战争，也因此在小说中被蒙上一层神秘的烟云。

小说的情节并不复杂。小军官刘惟清路经平阴，在日落后的原野上，忽然见到多达五六万人的大队人马，“或歌或语，喧然竞进”。就在刘惟清骇然不知所措时，有一身著丧服的人突然出现，牵着他的马缰，把他拉向路旁。惟清以铁鞭力击，才迫使对方离开。几天后，惟清在东平遇到素昧平生、衣衫褴褛的术士皇甫嗜。皇甫嗜的一番话，愈发让刘惟清迷惑不解，他说：“我本来是怕别人抢您的马，才拉着您的马到路边回避。您为什么用铁鞭相击？幸亏我有铁甲护身，否则，又怎么敌得住您的铁鞭、神力！”——小说作者认为，刘惟清在平阴原野所见到的，正是对李同捷预作征讨的“阴兵”！

这段荒原奇遇如果真的有一点事实依据，那么刘惟清所见，很可能是一场海市蜃楼的幻影。在空阔百里、渺无人烟的旷野，出现这类自然现象，并非没有可能。只不过东平术士皇甫嗜的一番说词，纯粹是一篇“鬼话”。谁若穷究不舍、硬钻牛角尖，便只会贻笑大方。其实小说中更值得注意的，倒是隐藏在怪诞情节背后的象征意义；李同捷背叛朝廷不得人心、违反“天意”，不待人间兵马征讨，“阴兵”早已摆出了合围之势；李同捷的失败下场，是在冥冥之中早已注定了的。这一寓言式的情节又像是对图谋不轨者发出警告：大唐江山有神明护佑，任何人的分裂企图只能导致身败名裂，决难得逞。

不过小说中还渗透着一种难以把握又确实存在的情绪，即兵荒马乱年代深藏于人们心底的惶惑与不安。这种情绪贯穿小说始终，从“天阴日暮，鬼怪往往而出”的古战场，到黄昏原野上鬼影幢幢的大军，以及身著丧服、象征着死神的夺马人，直至四年后的那场旷日持久的讨逆大战……在晚唐动荡年代，金戈铁马的摩戛代替了渔舟唱晚的安宁，人们动辄与战争谋面、与狐鬼为邻，终日生活在惴惴之中。而这篇小说的特点，正在于反射出氤氲于全社会的不安氛围，以及人们对命运前途难以逆料的惶惑与恐惧。实质上，靠“阴兵”护国安民的想法，也只能是黎庶心头的一种企盼，从中折射的，则是作者对国势衰微的无奈与感喟！

（侯　会）

【作者小传】

胡　璩

唐小说家。字子温。生平事迹不详。作有小说集《谭宾录》等。

郭子仪 胡璩

郭子仪[1]为中书令，观容使[2]鱼朝恩请游章敬寺，子仪许之。丞相意其不相得，使吏讽，请君无往。邠吏自中书驰告郭公，军容将不利于公，亦告诸将。须臾，朝恩使至。子仪将行，士衷甲[3]请从者三百人。子仪怒曰："我大臣也，彼非有密旨，安敢害我？若天子之命，尔曹胡为？"独与童仆十数人赴之。朝恩候之，惊曰："何车骑之省也？"子仪以所闻对，且曰："恐劳思虑耳。"朝恩抚胸捧手，呜咽挥涕曰："非公长者，得无疑乎？"

子仪有功高不赏之惧。中贵人[4]害其功，遂使盗[5]于华州，掘公之先人坟墓。公裨将李怀光等怒，欲求物捕其党。及公入奏，对扬[6]之日，但号泣自罪。因奏曰："臣领师徒，出外征伐，动经岁年。害人之兄，杀人之父多矣。其有节夫义士，刃臣于腹中者众[7]。今构隳辱，宜当其辜[8]。但臣为国之心，虽死无悔。"由是中外翕然[9]莫测。公子弘广常于亲仁里大启其第，里巷负贩之人，上至公子簪缨之士，出入不问。或云，王夫人赵氏爱女，方妆对镜，往往公麾下将吏出镇去，及郎吏，皆被召，令汲水持帨[10]，视之不异仆隶。他日，子弟焦列启谏，公三不应。于是继之以泣曰："大人功业已成，而不自崇重，以贵以贱，皆游卧内。某等以为虽伊霍[11]不当如此也。"公笑而谓曰："尔曹固非所料，且吾官马粟者五百匹，官饩[12]者一千人。进无所往，退无所据。向使崇垣扃户，不通内外。一怨将起，构以不臣，其有贪功害能徒，成就其事，则九族齑粉[13]，噬脐[14]莫追。今荡荡无间，四门洞开，虽谗毁是兴，无所加也，吾是以尔。"诸子皆伏。永泰[15]元年，仆固怀恩[16]卒。诸蕃犯京畿，子仪统众御之。至泾阳，而虏已合。子仪率甲士二千出入，虏见而问曰："此何人也？"报曰："郭令公。"回纥曰："令公在乎？怀恩谓吾，天可汗[17]已弃四海，令公殂谢，中国无主，故某来。今令公在，天可汗在乎？"子仪报曰："皇帝万寿无疆。"回纥皆曰："怀恩欺我。”子仪使谕之,回纥曰:“令公若在,安得见之?”子仪出,诸将皆曰:“戎狄不可信也,请无往。”子仪曰:“虏有数十倍之众,今力不敌,奈何?但至诚感神,况虏乎?”诸将请选铁骑五百为从,子仪曰:“此适足为害也。”乃传呼曰:“令公来!”初疑,皆持兵注目以待之。子仪乃数十骑徐出,免胄劳之[18]曰:“安乎?久同忠义,何至于是?”回纥皆舍兵降马曰:“是吾父也。”子仪长六尺余,貌秀杰,于灵武加平章事,封汾阳王,加中书令。图形凌烟阁,加号尚父[19],配飨代宗庙庭。有子八人,婿七人,皆重官。子暧,尚升平公主。诸孙数十人,每诸生问安,颔之而已。事上诚荩,临下宽厚。每降城下邑,所至之处必得志。前后连罹幸臣程元振、鱼朝恩等,潜毁百端,时方握强兵,或临戎敌,诏命征之,未尝以危亡回顾。亦遇天幸,竟免患难。田承嗣方跋扈,狠傲无礼,子仪尝遣使至魏州,承嗣辄望拜。指其膝谓使者曰:“此膝不屈于人若干岁矣,今为公拜。”麾下老将若李怀光辈数十人,皆王侯重贵,子仪麾指进退如仆隶焉。始光弼齐名,虽威略不见,而宽厚得人过之。岁入官俸二十四万,私利不预[20]焉。其宅在亲仁里,居其地四分之一,通永巷。家人三千,相出入者,不知其居。代宗不名,呼为大臣。天下以其身存亡为安危者[21]殆二十年。校中书令考[22]二十四年,权倾天下而朝不忌,功盖一代而主不疑,侈穷人欲而君子不罪,富贵寿考,繁衍安泰,终始人伦之盛无缺焉。卒年八十五。

〔注〕 ① 郭子仪:唐代著名将领。他英勇善战又足智多谋,一生功高名重又能够善自保全,是封建士大夫心目中理想的功臣形象。 ② 观容使:即观军容使,行使对军队的监察之职,多由宦官担任。鱼朝恩曾任此职。 ③ 衷甲:在外衣里穿上铠甲。 ④ 中贵人:大宦官。⑤ 使盗:让盗贼。 ⑥ 对扬:在天子面前奏对。 ⑦ 刃臣于腹中者众:心里想杀了臣的人不少。 ⑧ 今构隳(huī)辱,宜当其辜:如今遭受毁损污辱,是应该承受的惩罚。 ⑨ 翕然:群情汹涌、议论纷纷的样子。 ⑩ 悦:疑为“帨”,佩巾。 ⑪ 伊霍:伊尹、霍光。 ⑫ 官马粟、官饩:由国家供给饲料、俸禄。 ⑬ 九族齑粉:遭受灭族之祸。 ⑭ 噬脐:追悔莫及。⑮ 永泰元年:永泰为唐代宗李豫的年号,永泰元年是公元765年。 ⑯ 仆固怀恩:唐代少数民族将领,曾隶属郭子仪部下。后叛变,引回纥、吐蕃等部入境侵扰。 ⑰ 天可汗:当时的少数民族对唐朝皇帝的称呼。此处指代宗。弃四海:天子死的婉语。 ⑱ 免胄劳之:脱下头盔问候。 ⑲ 尚父:封建王朝加给功臣、名臣的最高尊号。 ⑳ 私利不预焉:私家收入还没算

在内。 ㉑ 天下以其身存亡为安危者：国家的安危取决于郭子仪一人。 ㉒ 校中书令考：接受对中书令的职务考查，即担任中书令（中书省长官，亦称“右相”）。

本篇选自《谭宾录》。

郭子仪是唐代中期著名将领，屡立战功，威名远扬，勋业显赫。他受封汾阳王，获“尚父”尊号，数十年间出将入相，堪称国之栋梁。从小说的描写中，我们看到的郭子仪不仅仅是一个勇武过人的将军，也是一个超越流俗的智者。他的许多举止都令人不测其奥妙，只觉得有悖于常理，而往往在事后人们才认识到郭子仪这些行为的深邃用心，不由得为之惊叹。他总是那么深谋远虑，富有预见，能够以极其巧妙得体的方法化解种种潜隐的危机，可以说，他的盖世勋名能够持久不衰，与他的善于自处是分不开的。

这篇小说不独在题材上具有其独特性，从表现手法来看，也颇具特色。它有类于史传文学的纪传体，行文朴素质直，不尚夸饰，以白描笔法，写出一个杰出人物的整体形象，颇有丰满传神之效；同时，通过对人物的描绘，也点染铺叙了风云多变的政界中的明争暗斗，这就使这篇小说有别于鬼神故事的怪诞、市井逸闻的谐谑，而成为一篇充满智慧感的英雄传奇，为读者带来一种迥出常规小说格局的审美感受。

小说对郭子仪过人的智慧和勇敢，主要通过这样几件事来加以表现。

一次，大宦官鱼朝恩邀请郭子仪去游览章敬寺。丞相和郭的部下都认为鱼朝恩心怀叵测，力劝郭不要前往，如果要去的话也要多带卫兵。然而郭子仪有自己的看法。他认定鱼朝恩不会搞突然袭击来加害于他。因为他是有名望的朝臣，没有皇帝的密旨，鱼朝恩决不敢动手；反之，假如鱼朝恩真是秉持皇帝的旨意，他又焉能用拒不前往或拥兵自卫的方法来保护自己？于是他毅然轻身赴会，只带了一些仆从。鱼朝恩见郭子仪轻车简从，感到很惊讶，郭子仪坦然地说出外面的传言，以表明自己决不相疑，鱼朝恩不禁呜咽落泪，由衷地感激郭子仪的信任。

郭子仪的功绩引起宦官们的嫉恨，他们竟指使盗贼挖了远在华州的郭氏祖坟。郭子仪的部下都非常愤恨，要求搜捕案犯。郭子仪在入朝奏对时却哭泣着引咎自责，说自己率领将士多年征战，杀人不少，导致许多人失去了父兄。如今祖坟蒙难，岂非自己罪孽所致？然而自己将一如既往，为国效力，决不因个人得失而生退避之心。郭子仪这番话既沉痛又恳切，既使皇帝了解了情况，又让那些想利用这件事来激怒他的宦官出乎意料，陷于被动。

在日常生活中，郭家的风格也与其他贵介世家大不相同。郭府总是四敞大开,无论是平民百姓还是王侯贵人,都可以随意出入;夫人小姐们梳妆时,甚至随便抓那些进府公干的将领、官吏们的差,支使他们端洗脸水啦,拿手巾什么的,就像对待家里的仆人一样。郭子仪的儿子们对这种情况感到担忧,觉得父亲功高名重,怎么可以这样不自重,搞得家里全没有规矩。他们纷纷提出规劝,郭子仪笑着给他们讲了一番道理,说:你们哪儿知道,像我这样的大臣,光是由公家供应草料的马就有五百匹之多,领取国家俸禄、在我的属下效力的将吏也有一千人,我正是处在那种上前无路、后退无可守的境地。如果按照常规行事,一味拘谨,紧闭门户,一旦有人进谗,说我怀有野心、图谋不轨,再有一些贪功幸进的小人随声附和、趁风扬波,作成我的罪名,那时我们全家都难保活命。所以只有敞开门户,示人以坦荡之态,才能预防祸患,让谗言无从滋生。儿子们听了恍然大悟,都佩服父亲的远见卓识。

永泰元年,边疆少数民族入侵,郭子仪率部前往抵御。大军到处,敌军知道是郭令公来了,大为吃惊,说上了仆固怀恩的当。是仆固怀恩告诉他们唐朝皇帝去世了,郭子仪也不在人间,他们才敢率兵入境的。听到这种情况,郭子仪特意派人通告他们:不仅自己健在,皇帝也安然无恙。回纥部众还是不肯相信,要求面见郭令公。郭子仪的部下担心有诈,都劝他不要出见。然而郭子仪审时度势,决定与他们开诚相见。他轻骑简从而出,表明自己绝无防范猜疑之心,来到阵前,特意除去头盔问候对方,并温和地责备他们竟然抛弃了双方长期以来的友好关系。这样一来,回纥各部都感动敬畏,纷纷下马放下武器,向郭子仪行礼。就这样,郭子仪兵不血刃,平息了一场叛乱。

小说描述了郭子仪种种不同凡俗的举止,也概括了他那不乏艰难险阻,但终于化险为夷的平生经历。纵观他的一生,真可谓充满惊涛骇浪,然而他的功名富贵也是煊赫持久,常人无法企及。他之所以能够毕生保有自己的功业地位、威望声名,完全由于他那不同寻常的见识和智慧,小说就这样通过祸福荣辱、安危存亡的鲜明对比,为我们勾勒出郭子仪这样一位一代名臣的不凡形象。

中晚唐时期是藩镇拥兵自重、中央政权萎弱的时代,故而皇帝对于握有兵权的武臣是既倚重又心怀疑忌的,这就形成了这一时期的功臣、重臣那种荣辱交织、祸福莫测的特异处境。一旦皇帝对他们产生怀疑,感到皇权统治将要受到威胁之时,他们就会被无情剪除。所以当时一些权臣常常会动辄得咎,这些人尽管煊赫一时,终不免最终身败名裂、满门罹祸。而像郭子仪这样既建殊勋、又能机智地消解猜忌,善于自处,终其一生保持荣名的重臣,称得上是凤毛麟角了。这也是作者对郭子仪这个人物最感到不可思议之处。当然,从今天来看,它恰好反

映了濒于溃灭的封建王朝政治中特有的一重黑暗沉重的肃杀之气，这实在已经是一种无法治愈的社会痼疾了。 （孙丽华）

【作者小传】

温庭筠

(812? —866) 唐诗人、词人。本名岐，字飞卿。太原（今属山西）人。屡试不第，曾任方城尉、襄阳巡官、国子助教。与李商隐齐名。作有小说集《乾𦠆子》等。

华州参军

温庭筠

华州[①]柳参军，名族之子。寡欲，早孤，无兄弟。罢官于长安闲游。上巳日[②]，曲江[③]见一车子，饰以金碧，半立浅水之中。后帘徐褰，见掺手[④]如玉，指画令摘芙蕖。女之容色绝代，斜睨柳生良久。柳生鞭马从之，即见车子入永崇里。柳生访其姓崔氏，女亦有母。有青衣，字轻红。柳生不甚贫，多方赂轻红，竟不之受。

他日，崔氏女有疾，其舅执金吾[⑤]王因候其妹，且告之："请为子纳焉。"崔氏不乐，其母不敢违兄之命。女曰："愿嫁得前时柳生足矣。必不允，某与外兄终恐不生全。"其母念女之深，乃命轻红于荐福寺僧道省院达意。柳生为轻红所诱，又悦轻红。轻红大怒曰："君性正粗，奈何小娘子如此待于君。某一微贱，便忘前好，欲保岁寒其可得乎？某且以足下事白小娘子。"柳生再拜，谢不敏然。始曰："夫人惜小娘子情切，今小娘子不乐适王家，夫人是以偷成婚约，君可三两日内就礼事。"柳生极喜，自备数百千财礼，期内结婚。后五日，柳挈妻与轻红于金城里居。

及旬月外，金吾到永崇，其母王氏泣云："某夫亡，子女孤弱，被侄不待礼会，强窃女去矣，兄岂无教训之道?"金吾大怒，归笞其子数十。密令捕访，弥年无获。无何，王氏殂，柳生挈妻与轻红自金城里赴丧。金吾之子既见，遂告父，父擒柳生。

生云:“某于外姑王氏处纳采娶妻,非越礼私诱也,家人大小皆熟知之。”王氏既殁,无所明,遂讼于官。公断王家先下财礼,合归王家。金吾子常悦慕表妹,亦不怨前横[6]也。

经数年,轻红竟洁己处焉。金吾又亡,移其宅于崇义里。崔氏不乐事外兄,乃使轻红访柳生所在,时柳生尚居金城里。崔氏又使轻红与柳生为期,兼赍[7]看圃竖,令积粪堆与宅垣齐,崔氏女遂与轻红蹑之,同诣柳生。柳生惊喜,又不出城,只迁群贤里。后本夫终寻崔氏女,知群贤里住,复兴讼夺之。王生情深,崔氏万途求免,托以体孕,又不责而纳焉。柳生长流江陵[8],二年,崔氏女与轻红相继而殁。王生送丧,哀恸之礼至矣。轻红亦葬于崔氏坟侧。

柳生江陵闲居,春二月,繁花满庭,追念崔氏女,凝想形影,且不知存亡。忽闻扣门甚急,俄见轻红抱妆奁而进,乃曰:“小娘子且至。”闻似车马之声,比崔氏女入门,更无他见。柳生与崔氏女叙契阔,悲欢之甚。问其由,则曰:“某已与王生诀,自此可以同穴矣。人生意专,必果夙愿。”因言曰:“某少习乐,箜篌中颇有功。”柳生即时买箜篌[9],调弄绝妙。二年间,可谓尽平生矣。

无何,王生旧使苍头过柳生之门,见轻红,惊,不知其然。又疑人有相似者,未敢遽言。问闾里,又云流人柳参军,弥怪,更伺之。轻红亦知是王生家人,因具言于柳生,匿之。王生苍头却还城,具以其事言于王生。王生闻之,命驾千里而来。既至柳生之门,于隙窥之,正见柳生坦腹于临轩榻上,崔氏女新妆,轻红捧镜于其侧。崔氏匀铅黄[10]未竟。王生门外极叫,轻红镜坠地,有声如磬。崔氏与王生无憾,遂入。柳生惊,亦待如宾礼。俄又失崔氏所在。柳生与王生从容言事,二人相看不喻,大异之。相与造长安,发崔氏所葬验之,即江陵所施铅黄如新,衣服肌肉,且无损败,轻红亦然。柳与王相誓,却葬之,二人入终南山访道,遂不返焉。

〔注〕 ① 华州：即今陕西渭南市华州区。 ② 上巳日：三月初三为上巳，是古代节日，人多于此日郊游踏青。 ③ 曲江：长安县东南十里有曲江池，唐代时为游览胜地。 ④ 掺(shān)手：纤细的手。 ⑤ 执金吾：京师掌管治安的长官。 ⑥ 横：放纵，不守礼法。 ⑦ 赍：持物赠人。此处指贿赂看园人。 ⑧ 江陵：今湖北江陵。 ⑨ 箜篌：古乐器。 ⑩ 铅黄：古代化妆用品。

《华州参军》出自唐代温庭筠小说集《乾𦠆子》。《乾𦠆子》原有三卷，惜不传。从佚文看，集中多为志人性质的作品，如《窦乂》《孟妪》《陈义郎》等。此外尚有一些短小的笑话。只是多数小说文辞简略，与作者华丽的诗赋风格迥异。而这篇《华州参军》似乎是个例外，无论情节的构筑、人物的塑造、细节的描摹，都有很出色的地方。此篇收入《古今说海》时又题《柳参军传》。

柳参军在曲江池头偶遇容色绝代的崔氏女，于是打马追随，多方访求。崔氏女也对柳生一见钟情，公开表示：非柳不嫁。崔母爱女心切，拒绝了有权势的亲戚，偷偷将女儿许给柳生。——小说开篇，已显出与“儿女情深、爹娘意冷”的传奇俗套截然不同的情节模式。

然而好事多磨，崔母死后，崔氏女的舅舅王金吾终于借助官府之力，将崔氏从柳生身边夺走。而王家公子竟也是个多情男子，他爱慕表妹、不计前嫌，与崔氏另组家庭。——这又与一般小说必有一恶人拨乱其间的写法大为不同。更奇的是，官府的判断、礼教的捆绑，都不能改变崔氏女“爱情至上”的求索。她在侍婢轻红的帮助下大胆私奔，重又回到柳生身边。王生觅知踪迹，再度兴起诉讼，崔氏女又被迫回到王生身边。而一往情深的王生竟再次原谅了崔氏，“不责而纳焉”。只有柳生遭到官府责罚，被流放到江陵远郡。

两年以后，崔氏、轻红相继去世。崔、柳、王的爱情婚姻纠葛，至此似乎可以画上句号；然而故事并未完结。终日思念崔氏的柳生，竟又在千里之外的江陵与心上人重逢，度过了一段难忘的日子。若不是王家奴仆偶遇轻红，产生怀疑，柳生、崔氏的美满姻缘本可以天长地久。王生自长安闻讯而来，惊破了柳生的好梦。柳生这才知道：崔氏已死去多年，自己是与鬼魂再续鸾胶。一切得到证实之后，柳、王一对“情敌”也终于看破红尘，双双入终南山访道而去。

幽婚题材是六朝志怪中的热门话题，唐传奇中也有类似故事。这类题材反映了人类向往爱情、好生恶死的心理，带有永恒的意味。此篇的突出特点，于情节曲折之外，更有着人物塑造上的不同寻常。崔氏的形象给人印象最深，她对爱情理想的追求可谓出生入死、百折不挠；先后经历了誓嫁、偷婚、官断、私奔、再断、怅亡、魂逐等种种曲折，却一往无前，从不退缩一步。未嫁时她公开宣称“必不允，某与外兄终恐不生全”；死后魂依柳生，又谓“自此可以同穴矣，人生意专，必果夙愿”。情专意烈，我行我素，不为礼教所囿，不为生死所限。明人汤显祖评价为爱情死而复生的杜丽娘，谓“生而不可与死，死而不可复生者，皆非情之至也”。移来评说崔氏，倒也恰如其分。小说中的轻红形象也颇引人，她忠于女主人，用心呵护着崔、柳的爱情；又洁身自好，识体明理。这一形象很可能受《莺莺传》中红娘的影响，她又几乎是所有幽婚故事中唯一随主人“出生入死”的侍婢形象。

不过小说中最特殊的形象还是王生。身为世宦公子，他并未被描绘成玩弄女性、夺人所爱的衙内式恶人。他对崔氏爱慕之深，决不亚于柳生。他曾几次三番容忍妻子的“不忠”行为，表现了对崔氏的一往情深、百般尊重。两名男子虔心爱恋着同一个女子，好与坏、善与恶等评判标准在这里都失去了效用。这种人物处理手法，在唐传奇中是空前绝后的。相比之下，倒是一号男主角柳生的某些作法，让人难以接受。他对崔氏的爱慕，最初不过是惑于容貌。其追求寻访、赂以财货的方式，也是一般贵族子弟拈花逐柳的惯技。而一旦与轻红接触，他竟又想入非非、试图挑逗，更暴露其膏粱子弟的恶习。柳参军出身名族、官职不高、放浪形骸等特点，与作者温庭筠颇为相近。史称温庭筠“行无检幅”、为世所议；在小说真实细腻的情节描写中，是否有着作者的影子？

诗人写小说，总不免露出诗人的笔触。崔氏初次露面，是从柳生眼中看出的。一辆“饰以金碧”、半立浅水的香车，车帘半卷，“见掺手如玉，指画令摘芙蕖”。如此美丽的画面、动人的细节，不禁使人想起温氏“纤指殷勤伤雁弦”（《堂堂曲》）、“鬓云欲度香腮雪”（《菩萨蛮》）等极富想象张力的诗句词句。这种诗的笔法，将读者于不知不觉中带入诗化的意境，为文章增添了极为明艳的色彩，这又是其他传奇中少见的。

小说中人死化鬼也要与心上人相聚的情节，对后世文学也产生了一定影响，宋话本《碾玉观音》《闹樊楼多情周胜仙》等，就都有类似情节。宋罗烨《醉翁谈录》“烟粉”类小说中还列有《柳参军》一目，大约是直接取材于本传奇，可惜文本已佚，无可核稽。崔氏女对爱情的追求过于大胆，在唐代礼教比较松弛的人文环境中尚能见容，后世则不能被礼法社会所理解。这大概也是其未能搬上戏曲舞台的原因所在吧。

（侯　会）

窦　乂　　温庭筠

扶风①窦乂，年十三，诸姑累朝国戚，其伯检校工部尚书交，闲厩使宫苑使，于嘉会坊有庙院。乂亲识张敬立任安州②

长史，得替归城。安州土出丝履，敬立赍十数辆[3]散甥侄。竞取之，唯乂独不取。俄而所余之一辆，又稍大，诸甥侄之剩者，乂再拜而受之。敬立问其故，乂不对，殊不知殖货有端木之远志[4]。遂于市鬻之，得钱半千，密贮之，潜于锻炉作二枝小锸[5]，利其刃。

五月初，长安盛飞榆荚，乂扫聚得斛余。遂往诣伯所，借庙院习业，伯父从之。乂夜则潜寄褒义寺法安上人院止，昼则往庙中以二锸开隙地，广五寸，深五寸，密布四千余条，皆长二十余步。汲水渍之，布榆荚于其中。寻遇夏雨，尽皆滋长。比及秋，森然已及尺余，千万余株矣。及明年，榆栽已长三尺余，乂遂持斧伐其并者，相去各三寸。又选其条枝稠直者，悉留之。所间下者，二尺作围束之，得百余束。遇秋阴霖，每束鬻值十余钱。又明年，汲水于旧榆沟中。至秋，榆已有大者如鸡卵。更选其稠直者，以斧去之，又得二百余束，此时鬻利数倍矣。后五年，遂取大者作屋椽，仅千余茎，鬻之，得三四万余钱。其端大之材，在庙院者，不啻千余，皆堪作车乘之用。此时生涯已有百余，自此弊帛布裘百结，日歉食而已。

遂买蜀青麻布，百钱个匹，四尺而裁之，雇人作小袋子。又买内乡新麻鞋数百辆，不离庙中。长安诸坊小儿及金吾家小儿等，日给饼三枚，钱十五文，付与袋子一口。至冬，拾槐子实其内，纳焉。月余，槐子已积两车矣。又令小儿拾破麻鞋，每三辆以新麻鞋一辆换之。远近知之，送破鞋者云集。数日，获千余量。然后鬻榆材中车轮者，此时又得百余千。雇日佣人，于崇贤西门水涧，从水洗其破麻鞋。曝干，贮庙院中。又坊门外买诸堆弃碎瓦子，令功人于流水涧洗其泥滓，车载积于庙中。然后置石嘴碓五具、剉碓[6]三具，西市买油靛数石。雇庖人执爨[7]，广召日佣人[8]，令剉其破麻鞋，粉其碎瓦，以疏布筛之，合槐子油靛，令役人日夜加功烂捣，候相乳尺，悉看堪为挺，从臼中熟出，命工人并手团握，例长三尺已下，圆径三寸。

垛之得万余条,号为“法烛”。建中[9]初,六月,京城大雨。尺烬重桂[10],巷无车轮。乂乃取此法烛鬻之,每条百文。将燃炊爨,与薪功倍。又获无穷之利。

先是西市秤行之南,有十余亩坳下潜污之地,目曰“小海池”,为旗亭之内众秽所聚。乂遂求买之,其主不测,乂酬钱三万。既获之,于其中立标,悬幡子,绕池设六七铺,制造煎饼及团子。召小儿掷瓦砾,击其幡标,中者以煎饼团子啖。不逾月,两街小儿竞往,计万万,所掷瓦已满池矣。遂经度,造店二十间。当其要害,日收利数千,甚获其要。店今存焉,号为“窦家店”。

又尝有胡人米亮因饥寒,乂见,辄与钱帛,凡七年不之问。异日,又见亮,哀其饥寒,又与钱五千文。亮因感激而谓乂曰:“亮终有所报大郎。”乂方闲居,无何,亮且至,谓乂曰:“崇贤里有小宅出卖,直二百千文,大郎速买之。”乂西市柜坊,锁钱盈余,即依直出钱市之。书契日,亮与乂曰:“亮攻于[11]览玉,尝见宅内有异石,人罕知之。是捣衣砧,真于阗玉,大郎且立致富矣。”乂未之信,亮曰:“延寿坊召玉工观之。”玉工大惊曰:“此奇货也!攻之当得腰带铐[12]二十副。每副直钱三千贯文。”遂令琢成,果得数百千价。又得合子、执带、头尾诸色杂类,鬻之,又计获钱数十万贯。其宅并元契[13],乂遂与米亮,使居之以酬焉。

又李晟太尉宅前有一小宅,相传凶甚,直二百十千,乂买之,筑园打墙,拆其瓦木,各垛一处。就耕之后,太尉宅中傍其地,有小楼常下瞰焉。晟欲并之,为击毬之所,他日乃使人向乂,欲买之。乂确然不纳,云:“某自有所要。”候晟休沐日,遂具宅契书请见晟,语晟曰:“某本置此宅,欲与亲戚居之,恐俯逼太尉甲第,贫贱之人,固难安矣。某所见此地宽闲,其中可以为戏马。今献元契,伏惟俯赐照纳。”晟大悦,私谓乂:“不要某微力乎?”乂曰:“无敢望。犹恐后有缓急,再来投告令公。”

晟益知重。乂遂搬移瓦木，平治其地如砥，献晟。晟戏马，荷乂之所惠。乂乃于两市选大商产巨万者，得五六人，遂问之："君岂不有子弟婴⑭诸道及在京职事否？"贾客大喜，共语乂曰："大郎忽与某等致得子弟庇身之地，某等共率草粟之直⑮二万贯文。"乂因怀诸贾客子弟名谒晟，皆认为亲故，晟忻然览之，各置诸道膏腴之地重职。乂又获钱数万。

崇贤里有中郎将曹遂兴，堂下生一大树，遂兴每患其经年枝叶有碍庭宇，伐之又恐损堂室。乂因访遂兴，指其树曰："中郎何不去之？"遂兴答曰："诚有碍耳，因虑根深本固，恐损所居室宇。"乂遂请买之："仍与中郎除之，不令有损，当令树自去。"中郎大喜。乃出钱五千文以纳中郎。与斧釿匠人议伐其树，自梢及根，令各长二尺余断之，厚与其直。因选就众材及陆博局数百，鬻于本行，乂计利百余倍。其精干率是类也。

后乂年老无子，分其见在财⑯等与诸熟识亲友。至其余千产业，街西诸大市各千余贯，与常住法安上人经管，不拣日时供拟，其钱亦不计利。乂卒时年八旬余，京城和会里有邸，弟侄宗亲居焉，诸孙尚在。

〔注〕 ① 扶风：今陕西扶风。 ② 亲识：亲朋。安州：今湖北安陆。 ③ 緉(liǎng)：古代鞋的单位名称，同"双"。 ④ 有端木之远志：端木即子贡，是孔子的弟子之一，名端木赐，善于经商。"有端木之远志"即谓有经商之志。 ⑤ 锸：即锹。 ⑥ 剉碓：类似于铡刀的一种器具。 ⑦ 执爨：做饭。 ⑧ 日佣人：按日计酬的短工。 ⑨ 建中：唐德宗年号(780—784)。 ⑩ 尺烬重桂：指柴价高于贵重木料。 ⑪ 攻于：意同工于，善于。 ⑫ 銙(kuǎ)：古代附于腰带上的扣版，带有装饰作用。 ⑬ 元契：原契。 ⑭ 婴：意同"婴心"，有牵挂、希望意。 ⑮ 直：同"值"。 ⑯ 见在财：指现钱，货币。与不动产相对而言。

本篇选自温庭筠《乾䐁子》，记述了一位富商白手起家的传奇经历。

窦乂本是贵族子弟，亲戚朋友中也不乏高官显宦。然而窦乂并未凭借家族势力和裙带关系谋求升发，他完全靠着自己的智慧，白手起家，开拓了一条以实业奠定基础的经商致富之路，创造了一个经济奇迹。这篇小说不啻是一部窦乂的发家奋斗史。

窦乂实业发家的全部原始投入，只不过是一双丝履。当时窦乂只有十三岁，他得到亲友赠送的一双并不合脚的丝履，到集市上卖掉，置办了两件生产工具。

此后他借得伯父家的闲置庙院作种植场所，从长安大道扫来榆荚作为种子，开始了长达数年的种植经营。小说细致描写了整个经营过程：如何播种，如何灌溉，如何间苗；小树也从“森然已及尺余”，到“长三尺余”，再到“大者如鸡卵”，直至可为椽、可为车……在榆树种植的第二年，他已靠间苗所产生的树柴而滚动赢利了。

靠种植业积累了最初的资本，窦义并未像一般的暴发户那样疯狂享乐。他依旧“布裘百结，日歉食而已”。而他的眼睛，又盯上了另一种经营。他雇佣长安小儿捡拾槐子，又以新换旧、收取了大量破麻鞋，收购了看似无用的废弃瓦砾。经过粉碎加工、合以油靛，他制造出一种特殊的燃料——法烛。当京城天降大雨、柴薪昂贵时，他将法烛以高价出售，又获利无穷。

一块面积十余亩、垃圾遍地的低洼地，被人视为弃物。窦义独能看出它的价值，低价收购。他在洼地中央悬挂旗幡，周围设置了六七个烹制煎饼团子的摊点，以饮食为奖励，鼓励全城的孩子们到这里掷幡为戏。——不知这是否能算中国（乃至世界上）最早的儿童游乐场？而有奖游戏的客观结果是，低洼弃地被孩子们所掷的瓦砾填平，窦义在这块地处闹市的新造平地上建起店房二十间，又赢利无数。

窦义也做过“赔本买卖”。一次，他买下晟太尉宅边的一所“凶宅”，随后又连同房契恭恭敬敬地送给晟太尉，使太尉能顺利修建他的私人球场。晟太尉要报答他，他委婉谢绝，这更增加了太尉对他的敬重。暂时的赔本，其实是为了赚取更多的利润。窦义这次做的，是卖官鬻爵的“大买卖”。他替两市大贾的子弟们敲开了谋官之门，所获报酬，自然也远远超过几批货物、一块宅基地之类的小交易。

这篇窦义创业史，今天仍不乏借鉴意义。在窦义的经商秘诀中，智慧因素无疑占据了中心地位。窦义具有高度智慧及敏锐的商业眼光，他能从最平凡的事物中挖掘出商业“卖点”，常能变废为宝、化腐朽为神奇。例如他收集槐树子、旧麻鞋、碎瓦片，掺以油靛，制造法烛，就极富创造性。麻纤维可燃，油靛助燃兼防潮，槐树子则有燃烧与黏合的作用，碎瓦末起到支撑物和添加剂的作用。不知科技史研究者是否注意过这条史料，窦义应当是世界上最早的合成燃料发明家和制造者。连同前举“树幡平地”的创举，窦义至少有两项发明可以获得世界首创的专利！

窦义的智慧与眼光，在小说所举最后一例中同样令人心服口服。一棵长在庭院中的大树让主人左右为难：不伐则枝叶有碍庭宇，伐则恐怕压损居室。窦义却从祸患中看到利益，出钱买下此树。他处理难题的方法极为简单而有效：命匠人把大树一段段锯下，这就化解了树干压坏屋宇的矛盾。二尺长的木料固然不能充栋梁之材，却正好作双陆（一种赌博游戏）棋盘。窦乂之所以又能获利百余倍，靠的全是这与众不同的“一念之差”。

窦乂是一位商业活动的实践者，不见得有什么高深理论。然而他抓住商业活动的真谛，事事以经济为杠杆，结果无往而不胜。如他需要大量槐子，便以“日给饼三枚、钱十五文、付与袋子一口”的代价雇用小儿从事捡拾工作。需要填平洼地，则以煎饼团子为“诱饵”，吸引小儿来掷瓦抛砖：其中无不是经济杠杆在起作用。窦乂不但善于用物，还擅长相人。他常常周济胡人米亮，并利用米亮的商业才能、专业知识，获取更大利益。他对晟太尉的利用，同样说明他还是一位精明的心理学家。

作为一篇人物传记，小说无一笔涉及窦乂的外在形象。然而读者却能从一件件生动翔实的事例中，领略这位商业巨子、经营大师的性情风范。他的成功，不单凭借超人的智慧，也得益于脚踏实地的作风、锲而不舍的精神。例如五年植树的辛苦，就不是每个人都能承受的。把窦乂对商业操作的殚精竭虑与他对衣食享乐、利润分配的淡然态度相对照，人们不难在脑际描绘出这位大师形象，他把商业经营当作艺术和乐趣，动辄百万的赢利带给他的是一种成就感。至于在财富分配上，他却并非唯利是图、锱铢必较。他把“见在财”分给熟识亲友，又将产业交人经营，却不计较回报，便都反映了他的大家气度。

“重农抑商”是中国传统文化的偏颇与痼疾。举世公认的大史学家司马迁，就因在《史记》中单立《货殖列传》而受到后世儒者的长期疵议。其实中国的商业文明开发甚早，无数才智之士为商业文化作出杰出贡献。春秋时代的管仲、鲍叔牙、范蠡、猗顿等都有过经商的经历，然而经典文献却很少把篇幅留给他们。至少在这个意义上，《窦乂》一篇具有不可低估的价值。人们从这篇纪实小说中，能够真切感受到唐代商业活动的气氛，了解窦乂带有传奇色彩的人生经历，从一个个成功的商业策划中获得启发，而更重要的则是对中华民族的非凡创造力有着更深刻的了解体悟。由此看来，《窦乂》一篇实可看作商业文化的经典，有着超出文学以外的意义和价值。

（侯　会）

【作者小传】

段成式

（803？—863）　唐文学家。字柯古。齐州临淄（今属山东）人。以荫入官，历任秘书省郎、尚书郎、江州刺史、太常少卿。作有小说集《酉阳杂俎》等。

崔玄微 段成式

天宝[1]中，处士崔玄微洛苑东有宅，耽道，饵木伏苓三十载。因药尽，领童仆入嵩山采之。采毕方回，宅中无人，蒿莱满院。时春季夜阒，风月清朗，不睡，独处一院，家人无故辄不到。三更后，忽有一青衣人云："在苑中住，欲与一两女伴，过至上东门表姨处，暂借此歇，可乎？"玄微许之。须臾，乃有十余人，青衣引入。有绿裳者前曰："某姓杨。"指一人曰："李氏"，又一人曰"陶氏"，又指一绯衣小女曰"姓石名醋醋"。各有侍女辈。玄微相见毕，乃命坐于月下，问出行之由。对曰："欲到封十八姨，数日云欲来相看，不得，今夕众往看之。"坐未定，门外报封家姨来也，坐皆惊喜出迎。杨氏云："主人甚贤，只此从容[2]不恶，诸处亦未胜于此也。"玄微又出见，封氏言词泠泠，有林下风气。遂揖入坐，色皆殊绝，满座芳香，馥馥袭人。处士命酒，各歌以送之。玄微志其二焉。有红裳人与白衣送酒，歌曰：

皎洁玉颜胜白雪，况乃当年对芳月。
沉吟不敢怨春风，自叹容华暗消歇。

又白衣人送酒，歌曰：

绛衣披拂露盈盈，淡染燕脂一朵轻。
自恨红颜留不住，莫怨春风道薄情。

至十八姨持盏，性轻佻，翻酒污醋醋衣裳。醋醋怒曰："诸人即奉求[3]，余不奉求。"拂衣而起。十八姨曰："小女子弄酒[4]！"皆起，至门外别，十八姨南去，诸子西入苑中而别。玄微亦不至异。

明夜又来，云欲往十八姨处。醋醋怒曰："何用更去封妪舍！有事只求处士，不知可乎？"醋醋又言曰："诸女伴皆住苑中，每岁多被恶风所挠，居止不安，常求十八姨相庇。昨醋醋不能低回[5]，应难取力[6]。处士傥不阻见庇，亦有微报耳。"玄微曰："某有何力，得及诸女？"醋醋曰："但处士每岁岁日，与作一朱幡，上图日月五星之文，于苑东立之，则免难矣。今岁已过，但请至此月二十一日平旦，微有东风则立之，庶夫免于患也。"处士许之。乃齐声曰："不敢忘德！"拜谢而去，处士于月中随而送之。逾苑墙，乃入苑中，各失所在。依其言，至此日立幡。是日东风刮地，自洛南折树飞沙，而苑中繁花不动。玄微乃悟诸女曰姓杨、李、陶，及衣服颜色之异，皆众花之精也。绯衣名醋醋，即石榴也。封十八姨，乃风神也。后数夜，杨氏辈复来愧谢。各裹桃李花数斗，劝崔生服之："可延年却老。愿长于此住，卫护某等，亦可致长生。"

至元和⑦初，处士犹在，可称年三十许人。言此事于时人，得不信也。

又尊贤坊田弘正宅，中门外有紫牡丹成树，发花千万朵。花盛时，每月夜，有小人五六，长尺余，游于花上。如此七八年，人将掩之，辄失所在。

〔注〕 ① 天宝：唐玄宗年号(742—756)。 ② 从容：此处指盘桓逗留。 ③ 奉求：恳求。 ④ 弄酒：醉后使性子。 ⑤ 低回：依顺周旋。 ⑥ 取力：借力。 ⑦ 元和：唐宪宗年号(806—821)。

《崔玄微》出自段成式《酉阳杂俎》续集"支诺皋"下篇，又见郑还古《博异志》。或以为段成式此篇抄自《博异志》，也未可知。

耽于道术的处士崔玄微服食白术、茯苓三十年，过着远离尘世、近乎神仙的隐逸生活。他入嵩山采摘灵芝，一年方回。于是在月朗风清的春夜，忽有仙女降临到道骨仙风的玄微的院落中，也便不显得突兀。众女子先遣青衣向玄微请求，得到允许后才姗姗而来。众仙女酬答问讯，悉如凡间女子，举止言谈中充溢着温馨的生活气息。唯独"言词泠泠，有林下风气"的封十八姨的出现，给这和气融融的氛围增添了一丝冷意。

尽管如此，众女聚会的场面仍旧令人心驰。她们衣绿著绯，"色皆殊绝"，"满座芳香，馥馥袭人"。一时间觥筹交错，歌喉轻发："皎洁玉颜胜白雪，况乃当年对芳月……""绛衣披拂露盈盈，淡染燕脂一朵轻……"妙辞如珠，轻歌荡漾，那是众女子在交相赞美。不过细心的读者会发现，两首诗都不约而同提到了春风："沉吟不敢怨春风”,“莫怨春风道薄情”;而仔细思量,使“容华暗消歇”“红颜留不住”的,不正是那众女不敢怨的“春风”吗?

接着花园中起了一场骚乱。封十八姨“性轻佻”,打翻酒杯,染污醋醋绯衣。醋醋大约早就对她不满,作色道出“诸人即奉求,余不奉求”的决绝之言。封十八姨恶狠狠地指斥醋醋“小女子弄酒”,并示威般地起身而去。封十八姨究竟是什么人?众女子有何事奉求于她?至此,书中人物崔玄微连同小说读者还被蒙在闷葫芦中。

第二天夜晚众女又至,并当着玄微的面发生了争论。醋醋激烈反对向封十八姨低头,并提出:“有事只求处士,不知可乎?”她请玄微于指定日期在苑东树立朱幡,以护众女。玄微至此尚不知自己有何法力,只好含糊答应。直到树幡那日东风大作,折树飞沙,“而苑中繁花不动”,玄微才有所醒悟,明白诸女都是花木之精:姓杨的是杨柳,姓陶的是桃树,而醋醋姓石、著绯衣,当即石榴精。至于封十八姨,原本是风神。诸花有求于她,正是为了躲避恶风的摧残!

在充满诗情画意的迷人仙境,与美丽的仙姝共度良辰,是古代文士挥之不去的一个梦想。刘义庆笔下的《刘晨阮肇》、张鹜笔下的《游仙窟》,便都是此类题材。崔玄微的际遇似乎更加美妙,不待男主人公跋山涉水,自有仙女们登门寻求庇护。崔玄微成了名副其实的“护花使者”,他家花园也成为无须远求的人间仙境。自然,这篇小说也因崔氏的身份而染上了浓郁的道家色彩。

更为引人的是,小说中的花仙被塑造成有血肉、通人情的女子,仿佛就活动在读者的身边。尤其是石榴精醋醋,被作者以极为生动的笔墨描绘成有个性、有主张、性情刚烈的凡间女子形象。众仙子对风神大唱赞歌时,唯有她敢于当面顶撞,不怕封十八姨恼羞成怒。当众仙子准备向风神递降表时,她又独立不羁,不畏强暴,主张抗争到底——这是否传达了作者内心深处所执着的人生主张?果真如此,小说中渲染的道骨仙风、高吟出世,也还只是一种表面文章。

小说中另一个微妙人物是封十八姨。在众花仙面前,她是个权势人物;却又故作亲切,含威不露,享受着众人的奉承;有时又面露峥嵘,语带刀锋,目含霜雪,做足了权势者的威风。看日后“东风刮地”“折树飞沙”,那才是她的本来面目!有了她与众花仙的明争暗斗,一篇典型的“风花雪月”文章,遂变得精彩迭出,颇有些惊心动魄。

以花朵喻美人,是文学作品中早已有之的艺术手法。而以美人喻花朵,则要推《崔玄微》为较早范例。其影响在后来文坛极为广泛。“三言”中的《灌园叟晚逢仙女》《镜花缘》中的百花仙子形象,想来都源于《崔玄微》的最早想象。而蒲松龄笔下《香玉》《黄英》《葛巾》等描写花妖木魅的生动故事，也应溯源于此。《西游记》笔六十四回写唐僧在木仙庵与花木之精论诗，其情节框架也明显受此篇影响。至于清人堵庭棻作《卫花符》杂剧，则干脆是照搬《崔玄微》故事。由此可以想见，当这一切作品尚未问世时，《崔玄微》曾以怎样的魅力，征服着当时的读者。

（侯　会）

波斯王女　　段成式

吐火罗国[1]缚底野城，古波斯[2]王乌瑟多习之所筑也。王初筑此城，高二三尺即坏。叹曰："吾应无道，天令筑此城不成矣！"有小女名那息，见父忧恚，问曰："王有邻敌乎？"王曰："吾是波斯国王，领千余国，今至吐为罗国中，欲筑此城，垂功万代。既不遂心，所以忧耳。"女曰："愿王无忧，明旦，令匠视我所履之迹筑之，即立。"王异之。至明，女起，步西北，自截右手小指，遗血成踪，匠随血筑之，逐日转踪匝，女遂化为海神。其海神至今犹在堡子下，澄清如镜，周五百余步。

〔注〕 ① 吐火罗国：古国名，一作"睹货罗"，也称"大夏"；位置约在今阿富汗北部一带。隋大业间通中国；唐高宗时曾以吐火罗为月氏都督府，领二十五州。下文中的缚底野城位置不详。　② 波斯：古国名，我国历史上也称"安息"，即今伊朗，位于西南亚。唐时波斯正值萨桑王朝，势力强盛，及于中亚。

段成式的笔记小说《酉阳杂俎》，内容丰富奇绝，不但保存了南北朝及隋唐史料，还记载了朝廷典章制度、民间风土人情。更令人注目的，是书中记录了大量中外文化交流的珍贵资料，一向为治中外交通史者所推重。这里所选的《波斯王女》，即是其中一则传自域外的民间传说。

能征善战、统领千国的古波斯王乌瑟多习欲在吐火罗垒筑城堡，却屡建屡坏，一时无计可施。他的小女儿那息得知此事，替父分忧，在父王面前许下诺言。她毅然截断小指，洒血成迹；工匠依迹筑城，居然成功。而小女也化作海神，以一泓碧水永远守护在城堡之下。

波斯王于吐火罗构筑城堡，是出于战守的需要，要以一座坚固堡垒作为"垂功万代"、永远占有的纪念碑。而王女那息为此献出了满腔的热血。大唐初、盛期，全社会弥漫着建功立业、开疆拓土的英雄气息，据领千城、功垂万代的思想，乃是彼时士人的最高理想。可惜时至段成式生活的中晚唐，遭受安史之乱打击的唐王朝已一蹶不振;段成式在此记录一个名王父女域外称雄的故事,是否想借彼人豪情,抒自家怀抱?

小说不过二百字,却写得情节曲折,人物生动。那息虽为一介弱女,却有着建功立业的豪情、牺牲生命的勇气。看她成竹在胸、从容镇定,真有一种王裔气度。小说对这位少女的容貌并无一笔正面描写,却腾出笔墨,描绘了守护在城堡边、"澄清如镜"的一汪碧水,如同一幅风格静谧的风景写生,展示了一种异国情调,令人读之久久难忘。

(候　会)

长　须　国　　段成式

大足[①]初,有士人随新罗[②]使,风吹至一处,人皆长须,语与唐言通,号长须国。人物茂盛,栋宇衣冠,稍异中国。地曰扶桑洲,其署官品有正长、戢波、目役、岛逻等号。士人历谒数处,其国皆敬之。忽一日,有车马数十,言大王召客,行两日方至一大城,甲士守门焉。使者导士人入伏谒,殿宇高敞,仪卫如王者。见士人拜伏,小起,乃拜士人为司风长,兼驸马。其主[③]甚美,有须数十根。士人威势烜赫,富有珠玉,然每归见其妻则不悦。其王多月满夜则大会。后遇会,士人见姬嫔悉有须,因赋诗曰:

花无蕊不妍,女无须亦丑。

丈人试遣总无,未必不如总有。

王大笑曰:"驸马竟未能忘情于小女颐颔间乎?"

经十余年,士人有一儿二女。忽一日,其君臣忧戚,士人怪问之。王泣曰:"吾国有难,祸在旦夕,非驸马不能救。"士人惊曰:"苟难可弭,性命不敢辞也。"王乃令具舟,令两使随士人,谓曰:"烦驸马一谒海龙王,但言东海第三汊第七岛长须国,有难求救。我国绝微,须再三言之。"因涕泣执手而别。士人登舟,瞬息至岸。岸沙悉七宝[④],人皆衣冠长大。士人乃前,求谒龙王。龙宫状如佛寺所图天宫,光明迭激,目不能视。龙王降阶迎士人,齐级升殿,访其来意。士人具说,龙王即令速勘。良久,一人自外白曰:"境内并无此国。"士人复哀祈,言长须国在东海第三汊第七岛。龙王复叱使者细寻勘,速报。经食顷[5],使者返,曰:“此岛虾合供大王此月食料,前日已追到。”龙王笑曰:“客固为虾所魅耳。吾虽为王,所食皆禀天符,不得妄食。今为客减食。”乃令引客视之,见铁镬[6]数十如屋,满中是虾。有五六头色赤,大如臂,见客跳跃,似求救状。引者曰:“此虾王也。”士人不觉悲泣,龙王命放虾王一镬,令二使送客归中国。一夕至登州[7],回顾二使,乃巨龙也。

〔注〕 ① 大足:唐武则天的年号,只用了一年,为公元701年。 ② 新罗:朝鲜古国名,也称斯罗鸡林,首都在庆州。与高句丽、百济并立。中国隋唐时,新罗统一了朝鲜半岛大部分,为其最盛期。五代时分裂,后为高丽所灭。 ③ 主:这里指公主。 ④ 七宝:佛教说法,以金、银、琉璃、玛瑙等七种珍宝为七宝。 ⑤ 食顷:吃一顿饭的时间。 ⑥ 铁镬:铁锅。⑦ 登州:位于今山东半岛。

本篇选自《酉阳杂俎》。

一位士人随新罗使者出海,途遇风暴,被刮到扶桑洲。一个饶有趣味的传奇故事,就此在异域岛国展开。其实故事主人公身至异国、被招驸马的情节并不新鲜,比段成式年岁略长的小说家李公佐撰有《南柯太守传》,就是同类题材中很有名的一篇。只是《南柯传》极力将梦中繁华与现实的空幻作对比,有着更深的宗教劝诫意味;此篇虽然也有这层意思,但却淡薄得多。读者的兴趣,更多地被引向公主面颊上的胡须。

容貌“甚美”的公主,却长着数十根胡须,大王的妃嫔们也“悉有须”;这显然有悖人类的审美趣味。士人虽然不敢公然在大王面前表达内心的不满,却还是拐弯抹角地用一首打油诗说出了自己的意见。诗采用比兴手法,大意是:虽说红花需要绿叶扶持,但并非所有附加物都会带来美感,女子有胡须就很难看。岳父大人如果试着把女人们的胡须去掉,未必不如女人们都长着胡须强。可惜驸马爷委婉提出的意见,却被大王一阵打哈哈否决了。但留在驸马心中的遗憾和疑惑却并未消除:扶桑洲的女子为什么要长胡子?

十余年后,长须国忽然大难临头。受岳父重托,士人到龙王驾前去求救。但士人始终不知祸患从何而来,而龙王派出勘察的使者又回报“境内并无此国”。此刻读者的好奇心,也被高高吊起。幸而龙王不嫌麻烦,叱令使者仔细寻勘,谜底到底被揭了出来:原来长须国竟是虾国,全国君臣百姓合当成为龙王此月的食料!毕竟人类的面子大,龙王同意赦免虾王一族。而被捉的虾王之族此刻也露出本来面目:“色赤,大如臂,见客跳跃,似求救状。”回想十余年来的恩德情感,士人也不禁流下眼泪。

一篇小说如同一个谜面洋洋洒洒的谜语。表面上看，士人攀龙附凤的长须国与人间国度并无二致，只有女子生须这一不同寻常的特征令人疑惑，并始终困扰着士人和读者。士人的赋诗言“志”、国王的临难哀求，又都为这一谜团增加了重重迷雾。谜底直至靠近结尾处才揭示出来。作者的高明之处在于谜底揭开后，并未画蛇添足、再谈公主之须；长须冉冉是虾类的最明显特征，作者在此留下“曳白”余地，正是要读者自己去回味、联想，由此发出会心的微笑。

人与异类也能求同存异、结为良缘、同舟共济，这一情节模式在唐以前的志怪作品中就已建立。细细想来，这里面是否包含着儒家“民胞物与”(百姓都是我的兄弟，万物都是我的朋友)的仁者理念？而此种模式在清代蒲松龄的《聊斋志异》中被运用得更为普遍、纯熟，可见这种思维和情趣千百年间是怎样拨动着中华民族的审美心弦。

当然，也不能不看到，段成式的小说中还流露着不难察觉的大国之民的傲慢与自负：唐朝的普通士人一到异国，便受到举国的敬重，还被招为驸马，后来又成为该国的救世主，龙王也要降阶相迎。至于仰仗于士人的虾国，不过是处于“东海第三汊第七岛”的蕞尔小国、弹丸之邦，对此，作者在字里行间多少流露出一点傲视之意。不过即便如此，也无须苛责作者。段成式生活在唐代萎靡不振的时代，如果他的笔记中不经意地表现出一个大国国民好梦难再的自尊心，自当无须苛责。

(侯　会)

叶　限　　段成式

南人相传，秦汉前有洞主吴氏，土人呼为吴洞。娶两妻，一妻卒，有女名叶限。少惠善淘金，父爱之。末岁父卒，为后母所苦，常令樵险汲深。时尝得一鳞二寸余，赪鬐金目，遂潜养于盆水，日日长，易数器，大不能受，乃投于后池中。女所得余食，辄沉以食之。女至池，鱼必露首枕岸，他人至不复出。

其母知之，每伺之，鱼未尝见也，因诈女曰：“尔无劳乎，吾为尔新其襦。”乃易其弊衣。后令汲于他泉，计里数百也。母徐衣其女衣，袖利刃行向池呼鱼，鱼即出首，因斫杀之。鱼已长丈余，膳其肉，味倍常鱼，藏其骨于郁栖①之下。逾日，女至向池，不复见鱼矣，乃哭于野。忽有人被发粗衣，自天而降，慰女曰："尔无哭，尔母杀尔鱼矣！骨在粪下，尔归，可取鱼骨藏于室，所须第祈之，当随尔也。"女用其言，金玑衣食随欲而具。

及洞节母往，令女守庭果。女伺母行远，亦往，衣翠纺上衣，蹑金履。母所生女认之，谓母曰："此甚似姊也。"母亦疑之，女觉遽反，遂遗一只履为洞人所得。母归，但见女抱庭树眠，亦不之虑。其洞邻海岛，岛中有国名陀汗，兵强，王数十岛，水界数千里。洞人遂货其履于陀汗国，国主得之，命其左右履之，足小者履减一寸②。乃令一国妇人履之，竟无一称者。其轻如毛，履石无声。陀汗王意其洞人以非道得之，遂禁锢而拷掠之，竟不知所从来，乃以是履弃之于道旁，即遍历人家捕之，若有女履者，捕之以告。（此处疑有缺文）陀汗王怪之，乃搜其室，得叶限，令履之而信。叶限因衣翠纺衣，蹑履而进，色若天人也。始具事于王，载鱼骨与叶限俱还国。其母及女即为飞石击死，洞人哀之，埋于石坑，命曰懊女冢。洞人以为媒祀，求女必应。

陀汗王至国，以叶限为上妇。一年，王贪求，祈于鱼骨，宝玉无限。逾年，不复应。王乃葬鱼骨于海岸，用珠百斛藏之。以金为际③，至征卒叛时，将发以赡军。一夕，为海潮所沦。成式旧家人李士元所说。士元本邕州洞中人，多记得南中怪事。

〔注〕 ① 郁栖：粪堆。　② "足小"句：谓国主左右侍女脚最小者犹比鞋差一寸。③ 际：这里指外框。

段成式《酉阳杂俎》中有不少传自边陲或域外的民间故事，洋溢着颇为浓郁的异族情调，《叶限》即是其中很有名的一篇。

相传秦汉前有个南方姑娘叫叶限，父亲本是洞主（当即少数民族首领）。她父母双亡，备受后母虐待，常被派去干砍柴、汲水等重活。一次她在野外得到一尾红鳍金目的小鱼，带回家喂养。金鱼越长越大，它与叶限之间的友情也日渐深挚。只有叶限到水边投食时，鱼才肯从水池中露出头来。这一切引起后母的疯狂嫉妒，她终于设计把姑娘支开，扮作姑娘模样，将鱼骗出吃掉，又将鱼骨埋入粪堆。姑娘在失掉异类朋友伤心异常时，得到神人的指示：鱼虽不能死而复生，鱼骨却是有求必应的宝贝，应好好收藏。

一次族中欢度“洞节”，后母令叶限独守果园，自己带着亲生女儿去参加狂欢。姑娘待后母走远，便向鱼骨求得翠纺衣和金履，翩然赴会。只是她在受到怀疑、仓皇离去时，不小心将一只金鞋遗失。其洞相邻海岛上的陀汗国国主得到这只“其轻如毛、履石无声”的小巧金鞋，命国中妇人试穿，竟没有一位穿得进的。国主顺藤摸瓜，带人至洞人居住地挨户搜查，终于从叶限处找到另外的一只，并将这位美若天仙的姑娘连同她的鱼骨迎归国内。叶限嫁给陀汗王，被封为“上妇”。但那神奇的鱼骨却因国王贪求无已而失去神力，最终被海潮冲走。

故事中的叶限是个孤女，她孤苦无助、横遭凌虐，令人同情。小说对她没有作正面的着力刻画，但从她与金鱼交往等简单情节，人们仍能体会到她的温柔与爱心。而文中最令人反感的是那位后母，她对洞主的前妻之女不但实施身体摧残，还施行精神虐待。她不让叶限在孤苦环境中得到任何一点儿慰藉，连一条金鱼带给她一点点快慰也必欲剥夺而后快。反过来，在叶限的感情世界中，后母和姐姐的可亲程度，还不如一条鱼；这个故事背后隐藏的，是对人类相互仇视、不能沟通的一种哀叹。

早就有学者指出，《叶限》与欧洲民间故事《灰姑娘》如出一辙。灰姑娘与叶限境遇相同，都是遭后母奴役、虐待的孤女。当后母与两个异母姐姐到皇宫去参加舞会时，灰姑娘被单独留在家里。及时赶来的仙女为她准备了华丽的服装、水晶鞋和马车、仆役。她出现在盛大的宫廷舞会上，风度令王子倾倒。当午夜来临、她离开舞会时，匆忙中遗失了一只水晶鞋。这只鞋成为王子寻找姑娘的唯一线索。当然，在遍及全国的搜索中，只有灰姑娘能穿上这只鞋。最终她嫁给了王子，成为高高在上的贵妇人。不同的是，灰姑娘原谅了后母和异母姐姐；而叶限的后母及后母所生女则被飞石击死。

两个极为相像的故事，必定有一个共同源头。从时间上看，欧洲的灰姑娘传说是在十八、九世纪时才记录定型的，而中国的《酉阳杂俎》比它整整早了一千年！中国人当然更有资格取得这个故事的“著作权”。从地域来看，段成式称叶限故事是“邕州洞人”李士元所述。邕州即今广西南宁市邕宁区，一条邕江由此流过，直通越南。这一区域居住着壮、瑶等众多少数民族，而越南北部当时也归于唐代疆域。不少民俗学者认为，广西、广东及越南北部一带，正是这个故事的发源地。

故事反映了一个具有普遍意义的家庭伦理问题，情节又是那么曲折动人，而故事中惩恶扬善的主题，又是人类各民族普遍乐于接受的，这恐怕正是它得以广泛流传的根本原因。单是在中国疆域内，学者就已发现这一故事的壮族、彝族、苗族、藏族乃至新疆维吾永族等不同版本。除广东、广西外，同类民间传说还在四川、湖南、广大吴方言区乃至山东、东北等北方地区被发现。在国外，同题传说在越南、缅甸、柬埔寨等印度支那国家广泛传播。朝鲜、日本、俄国也有类似故事。尽管故事的细节或有出入，但失鞋、试鞋的主题却是一致的。这个故事还向西流传至中亚及南欧，这并不奇怪。在几千年的人类文明史中，中国和亚欧各国的联系颇为频繁，从未间断。只是有关这个故事的传播路径，我们今天已很难理清。例如在我国新疆流传的版本，细节上就更接近域外的传说，很可能是“出口转内销”的产物。

据笔者看来，《叶限》故事不但影响到欧洲的“灰姑娘”传说，恐怕还是俄罗斯著名民间故事《渔夫和金鱼》的先声。《叶限》中这条“赪鬐金目”、通人情、有魔力的金鱼，不正是俄罗斯传说中那个同样能“以首枕岸”、满足人类种种愿望的神奇金鱼吗？《叶限》中的鱼骨最终因人类的贪婪而失去魔力、为海潮冲去，不也与俄罗斯故事的结局相仿吗？人类文明一向是具有张力的，是互补互益、相辅相成的，这一观点，从《叶限》故事的传播演变又一次得到了印证。而当家长们给孩子讲述《灰姑娘》时，请不要忘记告诉孩子：这个美丽传说很可能起自中国。

（侯 会）

【作者小传】

李 玫

唐小说家。生平事迹不详。曾任歙州巡官。作有小说集《纂异记》等。

浮梁张令　　李 玫

浮梁张令①，家业蔓延江淮间，累金积粟，不可胜计。秩满，如京师，常先一程致顿，海陆珍美毕具。至华阴，仆夫施幄幕，陈樽垒。庖人炙羊方熟，有黄衫者，据盘而坐。仆夫连叱，神色不挠。店妪曰：“今五坊②弋罗之辈，横行关内，此其流也。不可与竞。”仆夫方欲求其帅以责之，而张令至，具以黄衫者告，张令曰：“勿叱。”召黄衫者问曰：“来自何方？”黄衫但唯唯耳。促暖酒，酒至，令以大金钟饮之。虽不谢，似有愧色。饮讫,顾炙羊,著目不移,令自割以劝之。一足尽,未有饱色。令又以奁中餤[3]十四五啖之。凡饮二斗余。酒酣,谓令曰:"四十年前,曾于东店得一醉饱,以至今日。"令甚讶,乃勤恳问姓氏。对曰:"某非人也,盖直送关中死籍之吏耳。"令惊问其由。曰:"太山[4]召人魂,将死之籍付诸岳,俾某部送耳。"令曰:"可得一观乎?"曰:"便窥亦无患。"于是解革囊,出一轴,其首云:"太山主者牒金天府[5]。"其第二行云:"贪财好杀,见利忘义人,前浮梁县令张某。"即张君也。令见名,乞告使者,曰:"修短有限,谁敢惜死。但某方强仕[6],不为死备。家业浩大,未有所付,何术得延其期?某囊橐中,计所直不下数十万,尽可以献于执事。"使者曰:"一饭之恩,诚宜报答。百万之贶,某何用焉?今有仙官刘纲,谪在莲花峰[7]。足下宜匍匐径往,哀诉奏章,舍此则无计矣。某昨闻金天王与南岳[8]博戏不胜,输二十万,甚被逼逐,足下可诣岳庙,厚数以许之,必能施力于仙官,纵力不及,亦得路遇于莲花峰下,不尔,荆榛蒙密,川谷阻绝,无能往者。"

令于是赍牲牢,驰诣岳庙,以千万许之。然后直诣莲花峰。得幽径,凡数十里,至峰下。转东南有一茅堂,见道士隐几而坐,问令曰:"腐骨秽肉,魂亡神耗者,安得来此?"令曰:"钟鸣漏尽,露晞顷刻,窃闻仙官能复精魂于朽骨,致肌肉于枯骸。既有好生之心,岂惜奏章之力?"道士曰:"吾顷为隋朝权臣一奏,遂谪居此峰。尔何德于予,欲陷吾为寒山之叟乎?"令哀祈愈切,仙官神色甚怒。俄有使者,赍一函而至,则金天王之书札也。仙官览书,笑曰:"关节既到,难为不应。"召使者反报曰:"莫又为上帝谴责否?"乃启玉函,书一通,焚香再拜以遣之。凡食顷,天府乃降,其上署"彻"字[9]。仙官复焚香再拜以启之,云:

　　张某弃背祖宗,窃假名位,不顾礼法,苟窃官荣,而又鄙僻多藏,诡诈无实。百里之任,已是叨居,千乘之富，今因苟得。令按罪已实，待戮余魂，何为奏章，求延厥命？但以扶危拯溺者，大道所尚；纾刑宥过者，玄门是宗。徇尔一氓，我全弘化。希其悛恶，庶乃自新。贪生者量延五年，奏章者不能无罪。

仙官览毕，谓令曰："大凡世人之寿，皆可致百岁，而以喜怒哀乐，汩没心源，爱恶嗜欲，伐生之根。而又扬己之能，掩彼之长，颠倒方寸，顷刻万变，神倦思怠，难全天和。如彼淡泉，汩于五味，欲致不坏，其可得乎？勉导归途，无堕吾教。"令拜辞。举首已失所在。

复寻旧路，稍觉平易。行十余里，黄衫吏迎前而贺。令曰："将欲奉报，愿知姓字。"吏曰："吾姓钟，生为宣城县脚力[10]，亡于华阴，遂为幽冥所录。递符之役，劳苦如旧。"令曰："何以勉执事之困？"曰："但酬金天王愿曰：'请置子为阍人'，则吾饱神盘子矣。天符已违半日，难更淹留，便与执事别。"入庙南柘林三五步而没。

是夕，张令驻车华阴，决东归。计酬金天王愿所费数逾二万，乃语其仆曰："二万可以赡吾十舍之资粮矣，安可受祉于上帝，而私谒于土偶人乎？"明旦，遂东至偃师[11]。止于县馆，见黄衫旧吏，赍牒排闼而进，叱张令曰："何虚妄之若是？今祸至矣。由尔偿三峰之愿不果，俾吾答一饭之恩无始终。悒悒之怀，如痛毒螫。"言讫，失所在。顷刻，张令有疾，留书遗妻子，未讫而终。

〔注〕 ① 浮梁张令：浮梁，古县名，在今江西景德镇北。张令，姓张的县令。 ② 五坊：唐代为皇帝饲养猎鹰猎犬的官署，有雕坊、鹘坊、鹞坊、鹰坊、狗坊，合称五坊。 ③ 餤(dàn)：有馅的饼。 ④ 太山：即泰山，五岳之首。 ⑤ 金天府：即华岳神所居的金天王府。唐玄宗先天二年(713)封华岳神为金天王。 ⑥ 强仕：指四十岁。《礼记·曲礼上》："四十曰强，而仕。" ⑦ 莲花峰：华山主峰。 ⑧ 南岳，衡山，五岳之一。 ⑨ 署"御"字：汉武帝名彻，这里是说天符由汉武帝签署。 ⑩ 脚力：即脚夫，靠运输或传递物事为业的人。 ⑪ 偃师：地名，在今河南。

本篇出自《纂异记》。

这是一篇以幻想的形式揭示和批判现实的小说。它的形式是幻想的，因为故事中出现了鬼和神，其全部情节就是人和鬼神的纠葛，这就必须打通人间、阴府和神仙世界，在纯属假定的、匪夷所思的框架中演出一幕幕活剧。然而在这种虚幻的情境中所展开的矛盾，却绝不虚假，而是充满了现实性。作者的爱憎态度，通过情节发展和对人物命运的安排，非常含蓄而清晰地表现出来。

浮梁张令是个大贪官，“家业蔓延江淮间，累金积粟，不可胜计”。任满后，前往京师长安。走到华阴，为他打前站的手下人在驿店遇到一个行为霸道的黄衫怪人。他们正要和此人理论，张令到了。张令例外地没有发火，反而福至心灵地请黄衫人美餐一顿，从而和他交上了朋友。谁知这个黄衫人乃是阴府一个差役，他的职责是来往各处递送死人名单。有道是吃了人家的嘴软，当张令要看他手中的死籍簿时，他只好同意。结果，张令一眼就看到自己已被以“贪财好杀，见利忘义”的罪名登录在上。这一吓非同小可，赶紧向阴吏求救。阴吏哪有那么大能耐？但情面难却，便给张令指了一条道，让他到莲花峰去找仙官刘纲，又教他如何向华岳神金天王行贿。张令依言而做，“赍牲牢，驰诣岳庙，以千万许之”，果然“得幽径，凡数十里，至峰下”，见到了刘纲。但刘纲前不久才因为给隋朝权臣说情而被贬谪到此地，所以无论张令怎样哀求也不肯答应，甚至发起怒来。正在此时，受了贿的金天王给刘纲送来了为张令疏通的信。刘纲便改口道：“关节既到，难为不应。”于是，由他出面，向上天请求。半晌，天符下降回复，虽然把张令数落了一顿，但终于准许他再延五年之寿。张令在回去的路上，又见到那位阴吏，表示要好好地感谢他。阴吏因奔波五岳递符之役太苦，要求张令代向金天王请求调换他去做看门人。张令一口答应下来。可是，张令回到华阴，竟变了卦，觉得为此再花二万钱很犯不着，就没有实践诺言，离开华阴回家乡去了。可是走出不远，才到达偃师地方，那黄衫阴吏就突然出现，叱责他道：“怎可如此虚妄，如此言而无信，你马上就要大祸临头了！”果然，张令没能离开偃师，给妻子的信没写完，就死去了。

小说最后让浮梁张令不光彩地死去，表明作者对这个大贪官的痛恨。但小说的深刻之处是在于形象地揭示出，就连天上和阴间，也一样是贪贿横行的世界。阴吏饱吃了张令一顿饭，就把死籍簿给张令看了，使他知道了自己的死期，也就引出了下面的故事。阴吏给张令出的主意，核心在于行贿，也即钱能通神。掌握生死大权的金天王之所以肯帮张令，完全是因为他赌博输了钱而张令“以千万许之”。刘纲态度的变化，表明他承认行贿和通关节的合法性，所以他宁可违背初衷，而代张令求情。由此可知，钱能通神，钱能改变一切，已成为官场办事的通行规则，大小官员们都默契而自觉地遵守着。反之，由于张令食言，金天王没能又一次得到贿赂，阴吏调职的要求就不能实现，准许张令延年的诺言，当然也就作废了。小说就是这样在看似虚幻的情境下，向晚唐腐败的现实掷出了投枪。作者之所以这样做，应当是有感而发甚至有切肤之痛的。

小说结尾设计张令食言的情节，表现了作者的幽默感和结构技巧。这个情节成立的可能性在于张令贪婪吝啬和过河拆桥的本性。他在情急之下出手千万也舍得，事成之后，就连二万也要赖账，浑然不知后果的严重。而这个情节的妙用则在于给故事造成一个落差巨大的跌宕，使其发生急转直下的变化，让读者看到一个意想不到的结局。这真是成也因钱，败也因钱，充满冷隽的揶揄讥讽意味。

这篇小说结撰之精心，还表现在有些细节和对话上。例如，小说写黄衫人与张令手下的仆夫在驿店发生矛盾，“仆夫连叱，神色不挠”，实在是霸道得很。这时，在一旁冷眼观察的店妪开口说话了：“今五坊弋罗之辈横行关内，此其流也，不可与竞！”原来，她把黄衫人错当成骄横无赖的五坊小儿了。但这闲闲的一笔，就把五坊小儿的可恶和当时人们对他们的畏惧痛恨透露出来，不啻顺手一击。小说中以天符的形式痛揭张令之罪，也很值得注意。此外，通过仙人们在天上议论刘纲为张令求情延年的情节，将这篇小说与《嵩岳嫁女》相勾连，虽属涉笔成趣之举，但也说明了作者构思的用心和巧智。

（董乃斌）

嵩岳嫁女　　李 玫

三礼①田璆者，甚有文，通熟群书。与其友邓韶博学相类，皆以人昧，不能彰其明。家于洛阳。元和癸巳岁②，中秋望夕，携觞晚出建春门，期望月于韶别墅。行二三里，遇韶亦携觞自东来，驻马道周，未决所适。有二书生乘骢复出建春门，揖璆、韶曰：“二君子挈榼，得非求今夕望月地乎？某弊庄水竹台榭，名闻洛下，东南去此三二里，傥能迂辔，冀展倾盖之分耳。”璆、韶甚惬所望，乃从而往。问其姓氏，多他语对。

行数里，桂轮已升。至一车门，始入甚荒凉。又行数百步，有异香迎前而来，则豁然真境矣。泉瀑交流，松桂夹道，奇花异草，照烛如昼，好鸟腾翥，风和月莹。璆、韶请疾马飞觞，书生曰：“足下榼中，厥味何如？”璆、韶曰：“乾和五酘③，虽上清醍醐，计不加此味也。”书生曰：“某有瑞露之酒，酿于百花之中，不知与足下五酘孰愈耳？"谓小童曰："折烛夜一花，倾与二君子尝。"其花四出而深红，圆如小瓶，径三寸余，绿叶形类杯，触之有余韵。小童折花至，于竹叶中凡飞数巡，其味甘香，不可比状。

饮讫，又东南行数里，至一门。书生揖二客下马，命以烛夜花中之余，赉诸从者，饮一杯，皆大醉，各止于户外。乃引客入，则有鸾鹤数十，腾舞来迎。步而前，花转繁，酒味尤美。其百花皆芳香，压枝于路傍。凡历池馆堂榭，率皆陈设盘筵，若有所待，但不留璆、韶坐。璆、韶饮多，行又甚倦，请暂憩盘筵。书生曰："坐以何难？但不利于君耳！"璆、韶诘其由，曰："今夕中天群仙，会于兹岳，籍君神魄，不杂腥膻，请以知礼导升降，此皆诸仙位坐，不宜尘触耳。"言讫，见直北花烛亘天，箫韶沸空，驻云母双车于金堤之上，设水晶方盘于瑶幄之内，群仙方奏《霓裳羽衣曲》。书生前进，命璆、韶拜夫人。夫人褰帷笑曰："下域之人而能知礼，然服食之气，犹然射人，不可近他贵婿，可各赐薰髓酒一杯。"璆、韶饮讫，觉肌肢温润，稍异常人，呼吸皆异香气。夫人问左右："谁人召来？"曰："卫符卿、李八百。"夫人曰："便令此二童接待。"于是二童引璆、韶于神仙之后纵目。璆问曰："相者谁？"曰："刘纲。""侍者谁？"曰："茅盈。""东邻女弹筝、击筑者谁？"曰："麻姑、谢自然。""幄中座者谁？"曰："西王母。"

俄有一人驾鹤而来，王母曰："久望。"有玉女问曰："礼生来未？"于是引璆、韶进，立于碧玉堂下左。刘君笑曰："适缘莲花峰士奏章，事须决遣。尚多未来客，何言'久望'乎？"王母曰："奏章事者，有何所为？"曰："浮梁县令求延年矣。以其人因贿赂履官，以苛虐为政，生情于案牍，忠恕之道蔑闻，唯锥于货财，巧为之计更作，自贻覆𫗧，以促余龄。但以莲花峰叟徇从于人，奏章甚恳，特纡死限，量延五年。"璆问："刘君谁？"曰："汉朝天子。"

续有一人，驾黄龙，戴黄旂，导以笙歌，从以嫔嫱，及瑶幄而下。王母复问曰："李君来何迟?"曰："为敕龙神设水旱之计，作弥淮蔡，以歼妖逆。"汉主曰："奈百姓何?"曰："上帝亦有此问，予一表断其惑矣。"曰："可得闻乎?"曰："不能悉记，略举大纲耳。其表云：

某县某，克构丕华，德洽兆庶，临履深薄，匪敢怠荒。不劳师车，平中夏、巴蜀之孽；不费天府，扫东吴、上党之妖。九有已见其廓清，一方尚屯其氛祲，伏以虺蜴肆毒，痛于淮蔡。豺狼尚惜其口喙，蝼蚁犹固其封疆。若遣时丰人安，是稔群丑；但使年饿厉作，必摇人心。如此倒戈而攻，可以席卷。祸三州之逆党，所损至微；安六合之疾氓，其利则厚。伏请神龙施水，厉鬼行灾，由此天诛，以资战力。"

汉主曰："表至嘉。弟既允许，可以前贺诛锄矣。"书生谓璆、韶："此开元、天宝太平之主也。"

未顷，闻箫韶自空而来，执绛节者前唱言："穆天子[④]来。"奏乐，群仙皆起，王母避位拜迎。二主降阶，入幄环坐而饮。王母曰："何不拉取老轩辕[⑤]来?"曰："他今夕主张月宫之宴，非不勤请耳。"王母又曰："瑶池一别后，陵谷几迁移。向来观洛阳东城，已丘墟矣。定鼎门西路，忽焉复新，市朝云改，名利如旧，可以悲叹耳。"穆王把酒，请王母歌。以珊瑚钩击盘而歌曰：

劝君酒，为君悲且吟。
自从频见市朝改，无复瑶池晏乐心。

王母持杯，穆天子歌曰：

奉君酒，休叹市朝非。
早知无复瑶池兴，悔驾骅骝草草归。

歌竟，与王母话瑶池旧事，乃重歌一章云：

八马回乘汗漫风，犹思往事憩昭宫。

宴移南圃情方洽，乐奏钧天曲未终。
斜汉露凝残月冷，流霞杯泛曙光红。
昆仑回首不知处，疑是酒酣魂梦中。

王母酬穆天子歌曰：

一曲笙歌瑶水滨，曾留逸足驻征轮。
人间甲子周千岁，灵境杯觞初一巡。
玉兔银河终不夜，奇花好树镇长春。
悄知碧海饶词句，歌向俗流疑娱人。

酒至汉武帝，王母又歌曰：

珠露金风下界秋，汉家陵树冷翛翛。
当时不得仙桃力，寻作浮尘飘陇头。

汉主上王母酒，歌以送之曰：

五十余年四海清，自亲丹灶得长生。
若言尽是仙桃力，看取神仙簿上名。

帝把酒曰："吾闻丁令威[6]能歌，命左右召来。"令威至，帝又遣子晋[7]吹笙以和。歌曰：

月照骊山露泣花，似悲仙帝早升遐。
至今犹有长生鹿，时绕温泉望翠华。

帝持杯久之，王母曰："应须召叶静能[8]来，唱一曲当时事。"静能续至，跪献帝酒，复歌曰：

幽蓟烟尘别九重，贵妃汤殿罢歌钟。
中宵扈从无全仗，大驾苍黄发六龙。
妆匣尚留金翡翠，暖池犹浸玉芙蓉。
荆榛一闭朝元路，唯有悲风吹晚松。

歌竟，帝凄惨良久，诸仙亦惨然。

于是黄龙持杯，亦于车前再拜祝曰：

上清神女[9]，玉京仙郎[10]，乐此今夕，和鸣凤凰。
凤凰和鸣，将翱将翔，与天齐休，庆流无央。

仙郎即以鲛绡五千匹、海人文锦三千端、琉璃琥珀器一百床、明月骊珠各十斛，赠奏乐仙女。乃有四鹤立于车前，载仙郎并相者、侍者，兼有宝花台。俄进法膳，凡数十味，亦沾及璆、韶。璆、韶饫饱。有仙女捧玉箱，托红笺笔砚而至，请催妆诗⑪。于是刘纲诗曰：

玉为质兮花为颜，蝉为鬓兮云为鬟。

何劳傅粉兮施渥丹，早出娉婷兮缥缈间。

于是茅盈诗云：

水晶帐开银烛明，风摇珠珮连云清。

休匀红粉饰花态，早驾双鸾朝玉京。

巢父诗曰：

三星在天银河回，人间曙色东方来。

玉苗琼蕊亦宜夜，莫使一花冲晓开。

诗既入，内有环珮声，即有玉女数十，引仙郎入帐，召璆、韶行礼。礼毕，二书生复引璆、韶辞夫人。夫人曰："非无至宝可以相赠，但尔力不任携挈耳。"各赐延寿酒一杯，曰："可增人间半甲子⑫。"复命卫符卿等引还人间："无使归途寂寞。"

于是二童引璆、韶而去，折花倾酒，步步惜别。卫君谓璆、韶曰："夫人白日上升，骖鸾驾鹤，在积习而已。未有积德累仁，抱才蕴学，卒不享爵禄者，吾未之信。傥吾子尘牢可逾，俗桎可脱，自今十五年后，待子于三十六峰。愿珍重自爱。"复出来时车门，握手告别。别讫，行四五步，杳失所在，唯有嵩山嵯峨倚天。得樵径而归，及还家，已岁余，室人招魂葬于北邙之原，坟草宿矣。于是璆、韶捐弃家室，同入少室山，今不知所在。

〔注〕①三礼：古代经典《周礼》《礼记》《仪礼》合称"三礼"，唐代国子学有专门攻读"三礼"的经生，称"三礼生"，也有为他们专设的科举考试。田璆就是"三礼生"。②元和癸巳岁：唐宪宗年号(806—820)。癸巳岁指元和八年(813)。③五酘(tóu)：酒再酿称为酘，五酘谓五次重酿的好酒。④穆天子：指周穆王。古代有他乘八骏访西王母的神话传说。⑤老轩辕：即古史传说中的中华始祖黄帝，因居于轩辕丘，故名。⑥丁令威：传说为汉辽东人，学道成仙后化鹤归来，因少年张弓射他，作歌盘旋而去。⑦子晋：周灵王太子晋，即仙人王子乔。⑧叶静能：唐代著名的道士。⑨上清神女：上清为道家所称三清境之一，上清神女即生活

于此境。⑩ 玉京仙郎：道家称天帝所居之处为玉京，生活于此的少年即玉京仙郎。⑪ 催妆诗：古代婚俗：新郎去女家迎亲，新娘化妆迟迟不出，需唱诗加以催促。这诗便叫做催妆诗。⑫ 半甲子：古代记年方法，六十年为一甲子，半甲子则是三十年。

这篇小说出于晚唐人李玫的传奇小说集《纂异记》。《新唐书・艺文志》小说家类著录此书，一卷，并注云"大中(唐宣宗年号，847—859)时人"，可能此书就成于大中年间。据康骈《剧谈录》，李玫也属于那个时代"苦心文华，厄于一第"的落魄士子。他的作品往往透露出对现实的不满与愤懑之气，或许即与此有关。

《嵩岳嫁女》是一篇幻想小说，它既写人，也写神仙，却又不是唐人小说中常见的人神婚恋故事，而是写凡人到神仙那里作客，参观神仙的生活，并在婚礼上充当赞礼的角色。所以它客观地描述仙界的环境和仙人们的言谈举止，其实表现的乃是人对于仙界生活的一种想象。

在小说作者(其实也就是唐代文人和广大民众)心目中，仙界无疑是一个比人世间美丽得多的地方。那里的自然环境完全没有人世的污秽和喧嚣，而是"泉瀑交流，松桂夹道，奇花异草，照烛如昼，好鸟腾翥，风和月莹"。那里的食品，是真正全天然的。比如酒，是"酿于百花之中"的"瑞露"，招待客人，只需摘一朵花就行。小说描写那花："四出而深红，圆如小瓶，径三寸余，绿叶形类杯，触之有余韵。小童摘花至，于竹叶中凡飞数巡，其味甘香，不可比状。"这是多么富有诗意！真可谓极尽想象之能事。

在人际关系方面，仙界只能是人世的翻版，等级之分当然还不能免。唐代的小说作者尚未想象出一个没有等级的社会，这并不奇怪。值得注意的是，李玫已有意突出了仙人之间的祥和友善关系，而尽量淡化了高下尊卑的界线。人间帝王(在本篇中是刘姓的"汉朝天子"和"李君"亦即李唐皇帝，所谓"开元天宝太平之主")在那里也是一个普通成员，而两个在下界普普通通的书生，因为"明礼"，也享受着相当的待遇。这种构想自然还不是平等观念，却颇有意思。

还有一点应该提及，就是小说虽主要写仙界生活，但并未与现实社会绝缘，有三处特意的穿插，将仙人故事与凡间状况做了有机联系。一处是浮梁县令行贿以请求延年，小说借仙人之口谴责了这个贪官的恶行；一处是汉朝天子询问百姓生计，引出李君给天帝的一篇奏章，描述了下界连年水旱兵燹之灾，呼吁天帝给予拯救；再一处是王母提议让道士叶静能来"唱一曲当时事"，叶便唱了"幽蓟烟尘别九重，贵妃汤殿罢歌钟……"把唐安史之乱中令人难忘的一幕——马嵬之变杨贵妃被缢死——编织到小说之中。由于有了这三处穿插，就使读者能够拨开弥漫于篇中的仙气，望见苦难重重的人生，从而也就增加了小说的思想容量。

这篇小说艺术上的一个明显特点是诗文的运用。唐人小说本与诗歌文赋结有不解之缘,有的笔记性质的小说(如《本事诗》《云溪友议》等)就建立在阐述某些诗歌的创作背景和本事的基础上,有些小说则本来就是为敷演或补充同题诗歌而作(如《长恨歌传》《冯燕传》之类)。《嵩岳嫁女》与它们不同,篇中出现了大量的诗文,就诗而言,有王母与周穆王的唱和,有汉家天子对王母的献诗,还有丁令威、叶静能这样的应邀而歌,甚至还有众仙人为玉京仙郎迎娶上清神女而作的催妆诗。就文而言,则有呈献上帝的一封骈体奏章。这些归于众仙名下的作品,其实都是李玫的代作,如果说这些诗文写得不错,那么,显示的也是小说作者的才华。我们不妨认为,李玫是特意构筑了这么一个故事,以便他有机会在不同场合借用不同身份来赋诗作文。

宋人赵彦卫《云麓漫钞》卷八曾说到唐代士子有用小说投献名人或主司以博声名的风气,这就是所谓"行卷"。据他说,牛僧孺的《玄怪录》、裴铏的《传奇》都与此有关,因为"此等文备众体,可以见史才、诗笔、议论",也就是便于展示自己的文才。由于缺乏直接的资料,这个说法近年受到怀疑,有的研究者甚至说唐代实际上并不存在行卷这回事。现在我们看《嵩岳嫁女》这篇小说,它不是正具备这些特点吗?李玫何以要创作这样的小说,会不会与行卷有什么关系呢?不敢贸然断定,谨存疑待考。

(董乃斌)

【作者小传】

赵 璘

唐小说家。字泽章。平原(今山东陵县)人。太和八年(834)进士,历任左补阙、金部郎中、衢州刺史等。作有小说集《因话录》等。

升平公主

赵 璘

郭暧尝与升平公主琴瑟不调①,暧骂公主:"倚乃父为天子耶?我父嫌天子不作。"公主恚啼,奔车奏之。上曰:"汝不知,他父实嫌天子不作。使不嫌,社稷岂汝家有也。"因泣下,但命公主还。尚父②拘暧,自诣朝堂待罪。上召而慰之曰:"谚云:'不痴不聋,不作阿家阿翁。'小儿女子闺帏之言,大臣安用听?"锡赉③以遣之。尚父杖暧数十而已。

〔注〕 ① 升平公主：唐代宗之女，嫁郭子仪之子郭暧。琴瑟不调：比喻夫妇不和。 ② 尚父：指郭暧之父郭子仪，尚父是皇帝对他的尊称。 ③ 锡赉(lài)：赏赐。

本篇选自唐赵璘《因话录》。《因话录》是一本史料笔记，但所载某些片断却很像素描或速写，颇有小说意味。本篇就是一例。

郭暧是平定安史之乱的大功臣郭子仪的儿子，娶了皇帝唐代宗的女儿升平公主。一个是公子哥儿，一个是皇家小姐，小两口少不得拌嘴吵架。一吵起来，就没了分寸，郭暧竟然说出"咱老子是不想做皇帝，如果想，哪还有你家的社稷"这样大逆不道的话来，被升平公主告到了代宗跟前。出人意料的是，皇帝不但不怪女婿，反而老老实实地对女儿说，事情确实如此，说完，自己先哭了，随后劝女儿别闹了，还是乖乖地回去。从这件事，我们不难看出中唐初期李氏王权是何等孱弱无力，它只能依靠手握重兵的大臣，而奈何他们不得。当然唐代宗的明智和宽厚，也给我们留下了深刻印象。

但郭子仪也并非毫无顾忌，他不愿担上悖逆的恶名，便绑了儿子上朝请罪。且看皇帝如何处置：他完全收起了皇帝架子，只以一个亲家翁的身份劝慰郭子仪，叫他眼开眼闭算了。

这件轶事虽用文言记载，但人物的声口却刻画得非常生动，郭暧和唐代宗的话，几乎使他们的形象跃然纸上。代宗引用民谚慰解郭子仪，更增添了生活气息，令人感到亲切有趣，想到在这个问题上皇帝和普通人并无两样，从而会心地一笑。不可小看这类记述的影响，这段故事在后世小说戏曲中不断地被敷演。今晋剧、汉剧、徽剧、京剧、粤剧、越剧、评剧等剧种中均有传统剧目《打金枝》，即取材于此故事而为观众所喜闻乐见。

（董乃斌）

黄幡绰 赵璘

玄宗问黄幡绰[①]："是勿儿[②]得人怜？"对曰："自家儿得人怜[③]。"上又尝登苑北楼，望渭水，见一醉人临水卧。问左右："是何人？"左右不知，将遣使问之。幡绰曰："是年满令史[④]。"上问曰："汝何以知？"对曰："更一转入流[⑤]。"上笑而止。上又与诸王会食，宁王[⑥]对御坐喷一口饭，直及龙颜。上曰："宁哥何故错喉[⑦]？"幡绰曰："此非错喉，是喷嚏。"

〔注〕 ① 黄幡绰：唐玄宗时著名优人。优人是以滑稽诙谐的语言即兴表演的艺人，常侍候在帝王贵官身边。 ② 是勿儿：即何儿。 ③ 自家儿得人怜：原注：时杨贵妃宠极中宫，

号禄山为子。肃宗在春宫,常危惧。上闻幡绰言,俯首久之。 ④ 年满令史:任职期满的令史一级小官。 ⑤ 转:此指转迁,即官吏按一定次序升迁。入流:唐时,官吏凡官阶在九品以内的叫流内,九品以外的叫流外,九品外的官员进入九品内称入流。 ⑥ 宁王:唐玄宗的哥哥李宪。 ⑦ 错喉:吃东西呛着了。

从形式上看,本篇似乎不大像小说,它只记录了优人和唐玄宗的三次对话。但如果读者能够知道这些对话的背景,根据对话的内容设想当时情状,那么一定会感到这简要记载的小说意味。我们不必完全按照近代西方的标准来界定中国古典小说,而应该看到中国古典小说发展的阶段性和多样性。像本篇,既可以视为在形态上尚不成熟的小说(它有人物、有情节,但表述上对话多于叙述,没有形成完整的故事),也不妨把它看作是文言小说的一种独特样式,此后的小说史上仍能见其流脉。

黄幡绰与唐玄宗的第一次对话,触及了当时政治上极敏感的问题。唐玄宗宠信杨贵妃,杨贵妃又宠爱安禄山,对此,当时的有识之士无不反感而忧虑。黄幡绰虽沉沦于优伶地位,没有资格上书进谏,但他显然关心国事,又有接近皇帝的机会,就利用玄宗的问话,巧妙地提醒他,别忘了自己的儿子。这是典型的“谲谏”。

第二次是纯粹的插科打诨。黄幡绰利用一字多义开了个玩笑。所谓“更一转入流”,是说再迁转一次,就可以“入流”,即做九品以内的官了,而对那个醉卧渭水之滨的人来说,再一个转身就要掉到河流里去了。迁转和转身、升官和下水两码事被黄幡绰胡乱扯在一起,显示了他的智巧,令人忍俊不禁。

第三次是对尴尬场面的化解。宁王吃呛了,玄宗有点不高兴,黄幡绰打岔道:“这叫做喷嚏,就是喷‘帝’呀。”利用谐音字,把一场可能的不愉快变成了众人的笑声。

(董乃斌)

【作者小传】

李 伉

唐小说家。曾任夏州节度掌书记、明州刺史。作有小说集《独异志》等。

女娲兄妹 李 伉

昔宇宙初开之时,只有女娲兄妹二人在昆仑山,而天下未有人民。议以为夫妇，又自羞耻。兄即与其妹上昆仑山[①]，呪曰："天若遣我兄妹二人为夫妻而烟悉合；若不，使烟散。"于是烟即合。其妹即来就[②]兄，乃结草为扇，以障其面。今时人取妇执扇，象其事[③]也。

〔注〕①昆仑山：神话里天帝下降的地方，也是众神所居之地。②就：亲近。③象其事：模仿女娲以扇障面的故事。

本篇选自《独异志》。

在我国西南少数民族中，早就流传着洪水遗民，再创人类的神话。说雷公在天下发洪水，淹灭了人类，伏羲、女娲坐在葫芦里得以逃生，后来他们只好兄妹结婚而重新繁衍人类。汉代的石刻画像和砖画中，有人首蛇身的伏羲和女娲紧紧地缠绕在一起的画像。汉末应劭的《风俗通义》里，有"女娲，伏希（羲）之妹"的记载。唐人卢仝《与马异结交》诗，有"女娲本是伏羲妇"的叙述。可见伏羲、女娲兄妹兼夫妇的传说早已形成。李伉据此在加工整理时，只截取了这一传说的后半部分，洪水遗民部分则被忽略了。故事也就变再创人类为始创人类。

女娲兄妹结婚反映了原始社会早期血亲婚配的婚姻制度，在当时是合理合法的，具有重要的史料价值和文学描写意义。但从"自羞耻"和女娲"结草为扇，以障其面"等看来，这已远非神话的原始面貌，显然深深地打上了作者的时代烙印。

（曾　良）

【作者小传】

李　隐

唐小说家。字岩士。赵郡（今河北赵县）人。曾任秘书省校书郎。作有小说集《大唐奇事记》等。

虢国夫人　　李　隐

长安有一贫僧，衣甚褴褛，卖一小猿，会人言[①]，可以驰使。虢国夫人[②]闻之，遽命僧至宅。僧既至，夫人见之，问其由。僧曰："本住西蜀，居山二十余年，偶群猿过，遗下此小猿。怜悯收养，才半载以来。此小猿识人意，又会人言语。随指顾[③]，无不应人使用，实不异一弟子耳。僧今昨至城郭，资用颇乏，无计保借得此小猿[4]，故鬻之于市。”夫人曰：“今与僧束帛，可留此猿，我当养之。”僧乃感谢，留猿而去。

其小猿旦夕在夫人左右，夫人甚爱怜之。后半载，杨贵妃遗夫人芝草[5]，夫人唤小猿令看玩。小猿对夫人面前倒地，化为一小儿，容貌端妍，年可十四五。夫人甚怪，呵而问之。小儿曰：“我本姓袁。卖我僧昔在蜀山中。我偶随父入山采药，居林下三年。我父常以药苗啖[6]我。忽一日，自不觉变身为猿。我父惧而弃我，所以被此僧收养，而至于夫人宅。我虽前日口不能言，我心中之事略不遗忘也。自受恩育，甚欲述怀抱于夫人，恨不能言。每至深夜唯自泣下。今不期却变人身，即不测尊意如何?”夫人奇之，遂命衣以锦衣，侍从随后。常秘密其事。又三年，小儿容貌甚美，贵妃曾屡顾之。复恐人见夺，因不令出，别安于小室。小儿唯嗜药物，夫人以侍婢常供饲药食。忽一日，小儿与此侍婢，俱化为猿。夫人怪异，令人射杀之，其小儿乃木人耳。

〔注〕 ① 会人言：听得懂人的话。 ② 虢(guó)国夫人：杨贵妃的姐姐封号为虢国夫人。③ 随指顾：任意指挥。 ④ 无计保借得此小猿：没有办法再保留这个小猴子。借，疑当作“惜”字，保惜，保留住。 ⑤ 芝草：即灵芝。 ⑥ 啖：本义为吃，此指喂。

本篇选自《大唐奇事记》。此书所记，近于猎奇志怪，往往不表示作者自己的看法。作者撰著的目的似亦在此，像作品中作者既不记载小猿变化的原因，也不加自己的论断。不过从《虢国夫人》的篇名看来，作者把这个“奇事”归之于虢国夫人，也许认为她为人不端，所以家中出现怪异之事，似乎带有一种讽刺的意味，只是过于隐晦，几乎使人不能察觉罢了。

本篇的可爱之处在于小猿化人的描写。一只乖巧的小猿，突然化为一个“容貌端妍”的小儿，并说出一段非凡的经历：随父采药，常啖药苗，变身为猿，父惧弃之，老僧收养，辗转至此。由人而猿，又由猿而人，终于获得了人的音容笑貌、人的形体动作、人的生存权利。然而，这个不幸的小儿最终逃不出化猿被杀的悲剧命运。这里的描写变化多端，离奇幻诞，显然是一个精怪现象，但其举止动作，声口性情，又俨然是伶俐乖巧的人间小儿，刻画宛然，栩栩如生。可见，作者不只满足于情节的离奇，而是赋予精怪以人情和可感的音容笑貌，从而使形象富于人情味和生活情趣，读来兴味盎然，给人比较丰富的审美感受。（陈惠琴）

【作者小传】

房千里

唐文学家。字鹄举。河南人。大和初年进士及第，任高州刺史。作有小说《杨娼传》等。

杨 娼 传

房千里

杨娼者，长安里中之殊色也，态度甚都，复以冶容自喜。王公巨人享客，竞邀致席上。虽不饮者，必为之引满尽欢。长安诸儿，一造其室，殆至亡生破产而不悔。由是娼之名冠诸籍中，大售于时矣。

岭南帅[①]甲，贵游子也。妻本戚里女，遇帅甚悍。先约："设有异志者，当取死白刃下。"师幼贵，喜媱[②]，内苦其妻，莫之措意。乃阴出重赂，削去娼之籍，而挈之南海[③]，馆之他舍。公余而同，夕隐而归。娼有慧性，事帅尤谨。平居以女职自守，非其理不妄发。复厚帅之左右，咸能得其欢心。故帅益嬖之。

会间岁，帅得病，且不起。思一见娼，而惮其妻。帅素与监军使[④]厚，密遣导意，使为方略。监军乃给其妻曰："将军病甚，思得善奉侍煎调者视之，瘳当速矣。某有善婢，久给事贵室，动得人意。请夫人听以婢安将军四体，如何？"妻曰："中贵人[⑤]，信人也。果然，于吾无苦耳。可促召婢来。"监军即命娼冒为婢以见帅。计未行而事泄。帅之妻乃拥健婢数十，列白梃，炽膏镬于廷而伺之矣。须其至，当投之沸鬲。帅闻而大恐，促命止娼之至。且曰："此自我意，几累于渠。今幸吾之未死也，必使脱其虎喙。不然，且无及矣。"乃大遗其奇宝，命家僮傍轻舸，卫娼北归。自是，帅之愤益深，不逾旬而物故。娼之行，适及洪[⑥]矣。问至，娼乃尽返帅之赂，设位而哭，曰："将军由妾而死。将军且死,妾安用生为?妾岂孤将军者耶?”即撤奠而死之。

夫娼,以色事人者也,非其利则不合矣。而杨能报帅以死,义也;却帅之赂,廉也。虽为娼,差足多矣。

〔注〕 ① 岭南帅:指唐岭南节度使。 ② 媱(yáo):游乐。 ③ 南海:即今广州,岭南节度使治所。 ④ 蓝军使:亦称监军,官名。唐时多由宦官担任,对节度使的职权进行监督。 ⑤ 中贵人:指皇帝宠信而显贵的宦官,此即指监军使。 ⑥ 洪:洪州,指今江西南昌。

本篇《太平广记》录载。作者房千里,于唐文宗大和(827—835)初年登进士第,随即游历岭南,《杨娼传》所写的人事,都在岭南,研究者一般认为应是作者大和中游岭南时的作品。小说的文字比较平直,没有多少渲染铺排,汪辟疆认为它“似非有意传奇之体”(《唐人小说》卷上),而文末的议论却很激切,又令人觉得它很像是有感而作。根据作者《初上第游岭徼诗序》所提供的材料,可以证实这一推测有相当的道理。

事情是这样的:房千里游岭南时,结识了进士韦滂,并通过他得到一个姓赵的小妾。房很喜欢赵,赵对房也很好。当房要离开岭南北返时,二人依依不舍极为眷恋,相约以中秋为期,再图会面。房千里行至襄州(今湖北襄阳),遇到前往岭南的朋友许浑,还托他代为照顾赵氏。可是,许浑一到岭南就听到消息,说赵氏已跟韦滂好上了。许浑感到十分意外,也十分为难,因为他和房、韦都是朋友,遇到这种情况,究竟要不要对房千里讲呢?后来,他决定写一首诗婉转地告诉房千里,房获知后,心中的难过可想而知。研究者们普遍认为,这就是房创作《杨娼传》的根本动机,也是他在小说中极力赞美杨娼的真正原因。

杨娼,就是一位姓杨的娼妓,在长安艳名极盛,为众多王公贵人所赏识。但不管怎样,如房千里在文末所说,她的身份毕竟只是“以色事人者也”。后来,她被岭南帅,也就是岭南节度使出重金购为侍妾,受到专房之宠。但由于这位岭南帅的正妻是个悍妒之人,所以她只能居于外室,岭南帅偷偷地与她来往。杨氏虽然出身娼妓,妇德却很好,不但与岭南帅感情甚笃,与周围人关系也不错。然而,最终还是不容于大妇,岭南帅凶悍的正妻发现她之后,“列白梃,炽膏镬于廷而伺之”,显然是准备要置她于死地。幸好岭南帅对她尚有真心,遂帮助她逃走。谁知这一行动使杨氏更为感激,当她行至洪州,得到岭南帅的死讯,竟认为他是为自己而死,于是退回岭南帅给她的一切财货,设奠而祭,随后殉节而亡。杨氏的行为受到房千里的高度赞赏:“夫娼,以色事人者也。非其利则不合矣。而杨能报帅以死，义也；却帅之赂，廉也。虽为娼，差足多矣。"就是说，一个娼妓能够既义且廉，很不容易了。他如此赞赏杨氏，是不是在借此发泄对那个"人一走茶就凉"的赵氏的怨恨呢？人们的联想和猜测，不是没有一点理由。

有的学者批评房千里只从"义"和"廉"的角度赞赏杨氏，而根本忽略了一个"情"字，是"以纲常名教为准绳"，是"男权社会之观念"(李剑国《唐五代志怪传奇叙录》)，这批评是深刻的。唐人不少小说明明写情而喜强调礼义，似乎唯此才能提高文章的思想境界，这同许多诗家墨客总爱把文章向政治牵扯的做法是相通的，是我国古典诗文在思想意识上一个共同特点。

从客观上看，本篇实际上涉及了一个男权社会中的普遍矛盾：男子多妻的欲望和女子为维护自身利益所作的斗争。这种斗争常常反映在女子内部，而其剧烈程度，甚至往往达到你死我活的程度。本篇作者没有谴责男子多妻的现象，而是歌颂了安于姬妾地位的女子，只是将不满倾泻在用极端手段对付同类、以此捍卫自身地位的妇女身上。这显然是不公平的，可是这种做法不但在唐代，而且在整个旧时代都颇流行，因此是值得我们认真加以分析的。　　(董乃斌)

【作者小传】

卢 肇

(820？—879？) 唐文学家。字子发。袁州宜春(今属江西)人。会昌三年(843)状元，历任著作郎、仓部员外郎、歙州刺史等。作有小说集《逸史》等。

李 謩　　卢 肇

謩①，开元中吹笛为第一部，近代无比。有故②，自教坊③请假至越州。公私更宴④，以观其妙。时州客举进士者十人，皆有资业，乃醵⑤二千文，同会镜湖，欲邀李生湖上吹之，想其风韵，尤敬人神⑥。以费多人少，遂相约各召一客。会中有一人，以日晚方记得，不遑他请。其邻居有独孤生者，年老，久处田野⑦，人事不知，茅屋数间，尝呼为独孤丈。至是遂以应命。

到会所，澄波万顷，景物皆奇。李生拂笛，渐移舟于湖心。时轻云蒙笼，微风拂浪，波澜陡起。李生捧笛，其声始发之后，昏暄齐开，水木森然，仿佛如有鬼神之来。坐客皆更赞咏之，以为钧天之乐不如也。独孤生乃无一言，会者皆怒，李生为轻己，意甚忿之。良久，又静思作一曲，更加妙绝，无不赏骇，独孤生又无言。邻居召至者甚惭悔，白于众曰："独孤村落幽处，城郭稀至。音乐之类，率所不通。"会客同诮责之，独孤生不答，但微笑而已。李生曰："公如是，是轻薄，为复是⑧好手？"独孤生乃徐曰："公安知仆不会也？"坐客皆为李生改容谢之。

独孤曰："公试吹《凉州》⑨。"至曲终，独孤生曰："公亦甚能妙，然声调杂夷乐，得无有龟兹⑩之侣乎？"李生大骇，起拜曰："丈人神绝。某亦不自知，本师实龟兹人也。"又曰："第十三叠误入《水调》，足下知之乎？"李生曰："某顽蒙，实不觉。"独孤生乃取吹之。李生更有一笛，拂试以进。独孤视之曰："此都不堪取，执者粗通耳。"乃换之曰："此至入破⑪，必裂，得无吝惜否？"李生曰："不敢。"遂吹。声发入云，四座震栗，李生蹙踖⑫不敢动。至第十三叠，揭示谬误之处，敬伏将拜。及"入破"，笛遂败裂，不复终曲。李生再拜，众皆帖息，乃散。

明旦，李生并会客皆往候之。至则唯茅舍尚存，独孤生不见矣。越人知者皆访之，竟不知其所去。

〔注〕 ① 謩(mó)：人名。 ② 有故：有事。 ③ 教坊：古代管理宫廷音乐的官署。④ 公私更宴：公家和私人都轮番宴请他。 ⑤ 醵(jù)：凑钱喝酒。 ⑥ 尤敬人神：尤其警人神智。 ⑦ 久处田野：即住乡下。 ⑧ 为复是：唐代习语，抑或是、还是之意。 ⑨ 凉州：乐曲名，唐天宝年间的乐曲，常以边地为名。 ⑩ 龟兹：古西域国名，今新疆库车县一带。⑪ 入破：唐宋时大曲均有十余遍，其中有一部分为"破"，"破"之音高而拍促。 ⑫ 蹙踖(cù jí)：即踧踖，恭敬而不安。

本篇出自《逸史》。

宫廷乐师李謩的演奏独步天下，在一次偶然的机缘中，他遇到了远比自己高明的独孤生，李謩因此不仅在艺术上百尺竿头更进一步，而且懂得了学无止境，天外有天的道理。独孤生身怀绝艺，却被社会遗忘在一个与世隔绝的角落里。只是在不得已时，他才略显身手，随即便消逝得无影无踪了。他用冷漠来对待冷落人才的现实。我们从这两个音乐家的不同境遇看来，一个普通人在事业上的春风得意，不仅仅在于不懈的追求，还在于机遇；而一个音乐家在艺术上的最高境界，则不仅仅在于机遇，更在于不懈的追求。

古人说："山欲高，尽出之则不高，烟霞锁其腰则高矣。"以"烟霞"衬"山高"，写"烟霞"即写"山高"。《李謩》的作者善于运用这种铺垫衬托的艺术手法，精心安排文字，巧妙描述情节，以"宾"衬"主"，"水"涨"船"高，用不同凡响的李謩，衬托出独孤生神妙超绝，令人叹服。

作品劈头便写次要人物李謩，称誉他"开元中吹笛为第一部，近代无比。"这无异是在读者面前陡然耸起了一座不可超越的高峰，使读者在心理上渴望看到他的表演。接下来便是叙述举子们集资邀请李謩吹笛，顺带一笔，引出了"久处田野，人事不知"的野佬独孤生。此时读者虽然并不知道独孤生是主要人物，却难免也要拭目以待，急于想瞧瞧这位"乡下人"会耍些什么"村把戏"。

接着仍是写李謩。作品这样描述他的精彩表演："李生捧笛，其声始发之后，昏噎齐开，水木森然，仿佛如有鬼神之来。坐客皆更赞咏之，以为钧天之乐不如也。"杜甫在《赠花卿》中的最高评价也只是"此曲只应天上有，人间能得几回闻"。而这里的描述似乎已经赞语用绝，描述到顶，无法超越了，正好比垫高垫得不能再垫了，拽弓拽得不能再拽了一样。然而，作者偏于此"险处"宕开一笔，使作品顿起微澜：先是让独孤生非但不"赞咏"之，反而"无一言"；继而让独孤生在李謩又即兴吹一曲、众人"无不赏骇"的情况下"又无言"，这就引起了坐客和李謩的极大不满，以至"会客同诮责之"，然而"独孤生不答，但微笑而已"。这样不急于"露底"的描述不啻是给读者的眼睛蒙上了一方"魔巾"，使读者急切要看"真相"。

再往下便是从正面写独孤生了。作者忽然挑开"魔巾"，让读者看到了突兀飞来的"山外青山楼外楼"，看到了始料未及的"强中更有强中手"。作者没有笨拙地继续描述更高妙的笛声，而是让独孤生先是指出李謩吹出的笛音中杂有"夷乐"，并断定李謩曾师事龟兹人；继而指出李謩的演奏"第十三叠误入《水调》"；然后又指出李謩的笛子都不管用，吹到入破时，必定炸裂。这种种"神机妙算"已使"李生大骇"，钦佩不已。最后才描述独孤生的演奏，不过用"声发入云，四座震栗""蹙踖不敢动"之类的套话敷衍了一下，看起来似乎未超过对李謩的描述，然而读者却分明能体味出这"震栗""不敢动"的分量，而且独孤生"吹至第十三叠"，便指出李謩的"谬误"，吹到"入破"时，笛子终于如他所料，炸裂了，竟未能吹完全曲。这一系列的表演，就像音乐学院的教授在给学生上课，边讲理论边示范，使李謩佩服得拜了又拜。这样，一个让坐客敬之如神的李謩，在独孤生面前便相形见绌了，不过是"小巫见大巫"而已。

不难看出，本篇运用的铺垫衬托法是很成功的。在如此之短的篇幅内，竟能从次到主，以实托虚，以高衬高，给读者的感觉就像作品所描述的三种境界：先是“轻云蒙笼”，继而“微风拂浪”，再而“波澜陡起”，这不能不让读者叹为观止，惊佩作者出神入化，绝处逢生的描述技巧了。

“伸手还生五色烟”，作者这种高超的描述技巧还表现在作品的意境创造之中。为了创造一个与美妙音乐相和谐的环境气氛，作者注意描绘景物，渲染氛围，写景写人，情景相生：先写镜湖全景，是“澄波万顷，景物皆奇”，继写景中之人，“李生拂笛，渐移舟于湖心”；次写湖景变化，是“轻云蒙笼，微风拂浪，波澜陡起”，继写景中之人，“李生捧笛，其声始发”；再写湖光天色，是“昏曀齐开，水木森然，仿佛如有鬼神之来”，继写景中之人，“坐客皆更赞咏之”。湖光潋滟，天色空濛，笛声悠扬，赞语如歌。在这远离市廛、宁静优美的湖光山色中，其气氛，其境界，自然而然地把我们带进画中景，去看景中人，去听笛外音：先是让我们感受到“未成曲调先有情”，“此时无声胜有声”的氛围，继而又让我们置身于“东船西舫悄无言，唯见江心秋月白”的境界之中，最后留给我们的是“曲终人不见，江上数峰青”的深深回味。

（陈惠琴）

李林甫　　　　卢　肇

唐右丞相李林甫，年二十尚未读书。在东都[①]，好游猎打毬，驰逐鹰狗。每于城下槐坛下，骑驴击毬，略无休日。既惫舍驴，以两手返据地歇。一日，有道士甚丑陋，见李公踞地，徐言曰：“此有何乐，郎君如此爱也？”李怒顾曰：“关足下何事！”道者去，明日又复言之。李公幼聪悟，意其异人，乃摄衣起谢。道士曰：“郎君虽善此，然忽有颠坠之苦，则悔不可及。”李公请自此修谨，不复为也。道士笑曰：“与郎君后三日五更会于此。”曰：“诺。”及往，道士已先至。曰：“为约何后？”李乃谢之。曰：“更三日复来！”李公夜半往，良久，道士至，甚喜，谈笑极洽。且曰：“某行世间五百年，见郎君一人，已列仙籍，合白日升天。如不欲，则二十年宰相，重权在己。郎君且归，熟思之，后三日五更，复会于此。”李公回，计之曰：“我是宗室，少豪侠。二十年宰相，重权在己，安可以白日升天易之乎？”计已决矣，及期往白。道士嗟叹咄叱，如不自持，曰：“五百始见一人，可惜，可惜。"李公悔，欲复之。道士曰："不可也，神明知矣。"与之叙别，曰："二十年宰相，生杀权在己，威振天下。然慎勿行阴贼[2]，当为阴德，广救拔人，无枉杀人。如此则三百年后，白日上升矣。官禄已至，可便入京。"李公匍匐泣拜，道士握手与别。

时李公堂叔为库部郎中[3]，在京，遂诣。叔父以其纵荡，不甚记录[4]之，频惊曰："汝何得至此？"曰："某知向前之过，今故候觐。请改节读书，愿受鞭捶。"库部甚异之，亦未令就学。每有宾客，遣监杯盘之饰，无不修洁。或谓曰："汝为吾著某事。"虽雪深没踝，亦不去也。库部益亲怜之，言于班行，知者甚众。自后以荫叙[5]，累官至赞善大夫。不十年，遂为相矣。权巧深密，能伺上旨，恩顾隆洽，独当衡轴[6]，人情所畏，非臣下矣。数年后，自固益切，乃起大狱，诛杀异己，冤死相继，都忘道士槐坛之言戒也。时李公之门，将有趋谒者，必望之而步，不敢乘马。

忽一日方午，有人扣门。吏惊候之，见一道士，甚枯瘦，曰："愿报相公。"阍者呵而逐之，外吏又鞭缚送于府。道士微笑而去。明日日中复至。门者乘间而白，李公曰："吾不记识，汝试为通。"及道士入，李公见之，醒然而悟，乃槐坛所睹也。惭悸之极，若无所措。却思二十年之事，今已至矣，所承教戒，曾不暂[7]行。中心如疾，乃拜。道士迎笑曰："相公安否？当时之请，并不见从。遣相公行阴德，今枉杀人。上天甚明，谴谪可畏。如何？"李公但揰额而已。道士留宿，李公尽除仆使，处于中堂，各居一榻。道士唯少食茶果，余无所进。至夜深，李公曰："昔奉教言，尚有升天之挈，今复遂否？"道士曰："缘相公所行，不合其道，有所窜责，又三百年。更六百年，乃如约矣。"李公曰："某人间之数将满，既有罪谴，后当如何？"道士曰："莫要知否？亦可一行。"李公降榻拜谢。曰："相公安神静虑，万想俱遣，几如枯株，即可俱也。"良久，李公曰："某都无念虑矣。”乃下招曰：“可同往。”

李公不觉便随道士去。大门及春明门到辄自开，李公援道士衣而过。渐行十数里，李公素贵，尤不善行，困苦颇甚，道士亦自知之，曰：“莫思歇否？”乃相与坐于路隅。逡巡，以数节竹授李公，曰：“可乘此，至地方止。慎不得开眼。”李公遂跨之，腾空而上。觉身泛大海，但闻风水之声。食顷止，见大郭邑，介士[8]数百，罗列城门。道士至，皆迎拜，兼拜李公。约一里，到一府署。又入门，复有甲士。升阶至大殿，帐榻华侈。李公困，欲就帐卧，道士惊牵起，曰：“未可，恐不可回耳。此是相公身后之所处也。”曰：“审如是，某亦不恨。”道士笑曰：“兹介鳞[9]之属，其间苦事亦不少。”遂却，与李公出大门，复以竹杖授之，一如来时之状。入其宅，登堂见身暝坐于床上。道士乃呼曰：“相公，相公。”李公遂觉，涕泗交流，稽首陈谢。明日别去，李公厚以金帛赠之，俱无所受，但挥手而已。曰：“勉旃，六百年后，方复见相公。”遂出门而逝，不知所在。

先是，安禄山常养道术士，每语之曰：“我对天子，亦不恐惧，唯见李相公，若无地自容。何也？”术士曰：“公有阴兵五百，皆有铜头铁额，常在左右。”“何以如此，某安得见之？”禄山乃奏请宰相宴于己宅，密遣术士于帘间窥伺。退曰：“奇也！某初见李相公，有二青衣童子捧香炉而入。仆射侍卫铜头铁额之类，皆穿屋逾墙，奔逆而走。某亦不知其故也，当是仙官暂谪在人间耳。”

〔注〕 ① 东都：唐以洛阳为东都。 ② 阴贼：阴毒残忍。 ③ 库部郎中：唐代置库部郎中，为兵部掌军器、仪仗、乘舆等。 ④ 记录：此处指记挂、忆念。 ⑤ 荫叙：指按先辈功业大小而封官。 ⑥ 衡轴：本为古代天文仪器的转轴，常用以比喻中枢要职。 ⑦ 暂行：开始做。暂，始。 ⑧ 介士：甲介之士，谓身穿盔甲、全副武装的武士。 ⑨ 介鳞：甲虫与鳞虫，古时常借喻远夷。

本篇出自唐志怪传奇小说集《逸史》。

李林甫是玄宗朝权臣，为人阴柔狡猾、“口蜜腹剑”。对上结交宦官、妃嫔，以探听动静、迎合上意。对下则大权独揽、排斥异己。在他为政的十九年中，朝政日坏。为了杜绝节度使入相的可能,他建议由少数民族将领担任边将,结果边将权势日重,导致了"安史之乱"的发生。这样一位权倾一时的"焦点"人物,自会在朝野留下褒贬不一的众多传说。这篇写于李林甫死后约百年的《外传》,就是以"升沉前定"的观点诠释李林甫宦海生涯的一篇传奇文。

李林甫年轻时不务正业,唯好游猎击毬。后经一位道士点拨,忽然有所醒悟。道士指出他是名列仙籍的人物,并提出两种前途供他选择:一是白日飞升,得道成仙;一是作二十年人间宰相,独掌大权。李林甫经过反复掂量,终于选择了人间宰相的世俗荣华。道士告诫他做官"慎勿行阴贼,当为阴德。(千万不要做暗昧违德之事,要行善积德)广救拔人,无枉杀人",如果做到这一点,三百年后还有"白日上升"的机会。

李林甫于是一改往日的"纵荡"之行,"改节读书"、投身政坛。他为自己树立起"浪子回头金不换"的形象,因此打动了他的堂叔。在堂叔的提携下,他仕途顺利,终于爬上宰相高位。然而此后他得意忘形,把道士的警告全抛脑后,干尽媚上压下、诛杀异己的坏事。二十年后,神秘的道士再次出现,李林甫这才醒悟。然而他的成仙之期,已被推迟了三百年。他还在梦中随道士来到一处通都大邑,那里有甲士护卫的殿堂、豪奢华美的陈设,据说那就是他身后将至的地方。

李林甫是安史之乱的罪魁祸首,这在唐代已成定评。当代人的笔记杂著中,对他的劣迹记述颇多。那个"口蜜腹剑"的典故,就是由他而起的。他还在朝中大搞"一言堂",曾公然威胁言官:"你们看到上朝时仪仗队中的御马了吗?它们默立朝堂,便可身披锦绣、食一品料豆;但只要长鸣一声,就再也不会有这样的待遇了!"由于他作恶太多,疑心加重,晚年时为防刺客,常常一夜换几个地方。

对这样一个巨奸大憝,《外传》却没能给以有力的抨击。在抽象否定的同时,却又无中生有地把他说成名列仙籍的谪仙,还编造了他自择前程的鬼话。这是否与那个时代的思想局限有关?李林甫虽为权奸,毕竟身为宰相,曾对一朝一代的政治产生过重大影响。人世间的"人上人",在天上也肯定不会是泛常之辈;这种原始迷信连正史中也屡见不鲜,更不用说"外传"、传奇。小说还暗示了高官显宦在"官本位"社会中的价值地位——做二十年"重权在己"的宰相,其诱惑力竟然超过白日飞升、长生不老的神仙。小说人物李林甫的选择,大概也代表了唐代士人的普遍价值观:现世荣华真实可感、有目共睹;神仙世界毕竟是水月镜花、处于虚幻的彼岸。梦想实现个人价值的唐代士子,在人生转折的路口,自然会把前者当作首选。无独有偶,《逸史》中还有一篇《太阴夫人》,叙卢杞被邀至水晶宫,上帝要他在三件事中做选择:一是常留水晶宫,二是作地仙,三是作人间宰相。卢杞沉吟良久，最终选择了人间宰相。这里所表现的世俗意识与《外传》相同，显然也隐含着作者的价值取向。

小说未将李氏劣迹作为主要叙说内容，还因其定位于稗说、“外传”，自是有别于全面记述人物生平的正史。作者用了将近一半的篇幅，重点描述李林甫“发迹变泰”的传奇经历。李氏年轻时那浪荡公子的形象，被作者描绘得尤为生动。且看他击毬时的举止神情：“既惫舍驴，以两手返据地歇”（打累了下驴，两手向后撑地、坐在那儿休息），寥寥几笔，即勾勒出这位贵族子弟玩物丧志、腆然自得的神态，颇为传神。此后作者又细写他在堂叔手下扮演“回头浪子”的角色，把监管杯盘的杂务做得无可挑剔；堂叔交给的任务，“虽雪深没踝，亦不去也”（即使大雪深及脚踝，也不离去，务必完成）。这些描写很难说是褒是贬，然客观上则揭露了李林甫“权巧深密”的虚伪人格和“忍辱负重”的阴狠品质，不妨看作是一种春秋笔法。

小说结尾补写安禄山畏惧李林甫一事，是有史实根据的。史载李林甫每见安禄山，总能预先揣知他的心思，在言谈话语中给予讥刺。因此即使在隆冬，安禄山在李林甫面前也总是汗流浃背、坐立不安。——不过小说最终把李林甫定位于谪在人间的仙官，多少流露了作者对这位本朝宰相褒贬不定的骑墙心态。鲁迅在列举本篇及《李卫公别传》《高力士外传》《安禄山事迹》等篇时评论说：“惟著述本意，或在显扬幽隐，非为传奇，特以行文枝蔓，或拾事琐屑，故后人亦每以小说视之。”（《中国小说史略》）可见《李林甫外传》本非史传，正不必以史传的爱憎分明、言必有据去苛求它。

（侯 会）

【作者小传】

柳 祥

唐小说家。生平事迹不详。作有小说集《潇湘录》等。

襄阳老叟

柳 祥

唐并华者，襄阳鼓刀之徒[①]也。尝因游春，醉卧汉水滨。有一老叟叱起，谓曰：“观君之貌，不是徒博[②]耳。我有一斧与君，君但持此造作，必巧妙通神。他日慎勿以女子为累。”华因拜受之。

华得此斧后，造飞物即飞，造行物即行，至于上栋下宇，危楼高阁，固不烦余刃③。后因游安陆④间，止一富人王枚家。枚知华机巧，乃请华临水造一独柱亭。工毕，枚尽出家人以观之。枚有一女，已丧夫而还家。容色殊丽，罕有比伦。既见，深慕之，其夜乃逾垣窃入女之室，其女甚惊。华谓女曰："不从，我必杀汝。"女荏苒同心⑤焉，其后每至夜，窃入女室中。他日枚潜知之，即厚以赂遗遣华。华察其意，谓枚曰："我寄君之家，受君之惠已多矣，而复厚赂我，我异日无以为答。我有一巧妙之事⑥，当作一物以奉君。"枚曰："何物也？我无用，必不敢留。"华曰："我能作木鹤，令飞之。或有急，但乘其鹤，即千里之外也。"枚即尝闻，因许之。华即出斧斤⑦，以木造成飞鹤一双，唯未成其目。枚怪问之，华曰："必须君斋戒，始成之能飞。若不斋戒，必不飞尔。"枚遂斋戒。其夜，华盗⑧其女，俱乘鹤而归襄阳。

至曙，枚失女，求之不获，因潜行入襄阳，以事告州牧。州牧⑨密令搜求，果擒华。州牧怒，杖杀之。所乘鹤亦不能自飞。

〔注〕①襄阳：在今湖北襄樊。鼓刀之徒：鼓刀即操刀。并华应是厨子或屠夫一类的人。②徒博：仅仅从事赌博。③不烦余刃：因技艺高超而得心应手、一气呵成，无须返工修饰。④安陆：在今湖北安陆。⑤荏苒同心：犹豫、柔弱地顺从了。⑥事：此处指技能、本领。⑦斧斤：古时称砍伐树木的工具为斧斤，此处的斧斤指并华所持有的神斧。⑧盗：拐带。⑨州牧：州的地方行政长官，即州刺史。

本篇选自《潇湘录》。

神奇的木工技艺，也像超凡的绘画技巧一样，会引起人们的惊奇和赞美，并成为传奇故事的题材。在这样的故事里，主人公的超凡技艺总是同某种神异因素有关。像传说里的"神笔马良"得到神仙赠送的一支神笔一样，本篇中的并华也获得一把神斧。人们总喜欢这样附会杰出的艺人、工匠的故事，给他们平添一重奇异色彩。这是由于那些工匠、艺人所具有的出神入化的惊人技艺，的确让人感觉到如有神助，似乎已经是人的能力所不能达到的高度了。

并华本来是个市井凡夫，但是有一天他遇到一位神奇的老人，给了他一把奇妙的斧子，从此他就具有了不可思议的木工技艺。他造的鸟雀能飞，狗马能跑，至于造屋建楼，那就更不在话下。也许是有了骄人的本领，并华的胆子也越来越大,他在安陆的富户王枚家做活时,看上了主人家的寡女,就潜入她的房间与她幽会。王枚知道了这事,就准备了丰厚的酬劳,想打发并华回去。并华也知道王的意图所在,他表示要为王造一件奇妙的东西,造好了就离开这里。结果他造了一双能飞的木鹤,趁夜晚偷偷带着王家女儿回了襄阳。王枚发觉后跟踪来到襄阳,向官府告发并华的诱拐之罪。刺史派人一查,果有其事,非常愤怒,把并华当堂打死。当初那位老人送给并华斧子时,曾告诫他不要因为女人招祸,看来他并没有认真记取,果然因为拐带妇女送了命。

这篇小说叙述了一个相当离奇怪诞的故事,富有奇特的想象力。看来,赋予出类拔萃的工艺、艺术作品以生命力,让画里的美人活起来、木头做的鸟兽能飞能跑,是人们给予那些神奇的作品的最高赞美。这种想象飞动的大胆夸张,淋漓尽致地凸显了精美绝伦的工艺品、艺术品的魅人风采。尤其本篇中并华造了木鹤带王家女儿飞回襄阳情节,在科技水平尚不发达的古代,绝对是匪夷所思的奇想。然而,在古代小说中,这种类似的借助奇异工具飞行的情节在不少作品中都有出现。可以想象,古人仰望着天空中的飞鸟时,他们胸中涌动着何等强烈的渴望,企盼自己能够像它们一样自由翱翔。然而,我们的古人思绪又是如此严谨,尽管他们赞美、崇拜神奇不凡的技艺,但还是清醒地意识到技艺虽然可以巧夺天工,人却不可以玩物丧志,无论多么奇巧不凡的技能,如果不是用来服务于社会、造福于人群,那它就决不会带来好的结果。并华称得上是一个不可多得的能工巧匠,可是他一念之差,利用自己的绝技去满足私欲,构成了对他人的侵犯,就最终使他走向毁灭。小说栩栩如生地描绘了一位优秀工匠神奇不凡的技艺,同时也树立了一个不足取法的恃能失德之徒的借鉴,表现了对于那些一味以才能骄人、而忘记了做人的道德准则的畸形人物的深切慨叹和惋惜。 (孙丽华)

焦　封

柳祥

前浚仪[①]令焦封,罢任后丧妻。开元初,客游于蜀,朝夕与蜀中富人饮博。忽一日侵夜[②],独乘骑归,逢一青衣,如旧相识,马前传语邀封。封方酒酣,遂笑而从之,心亦疑是误相邀。俄至一甲第,屋宇峥嵘。既坚请入,封乃下马入之。须臾,有十余婢仆至,并衣以罗纨,饰之珠翠,皆美丽其容质。此女仆齐称夫人欲披揖[③]。封惊疑未已,有花烛两行前引,见大扇拥蔽一女子,年约十七八,殊常仪貌。遂令开扇,引封前,拜揖于堂而坐。前后设琼浆玉馔，奏以女乐，乃劝金樽于封。夫人索红笺，写诗一首以赠。诗曰：

妾失鸳鸯伴，君方萍梗游。

小年观醉后，只恐苦相留。

封捧诗披阅，沉吟良久，方饮尽。遂复酌金樽，仍酬以一绝。诗曰：

心常名宦外，终不耻狂游。

误入桃源里，仙家争肯留？

夫人览诗，笑而言曰："谁教他误入来，要不留，亦不得也。"封亦笑而答曰："却恐不留，谁怕留千年万年。"夫人甚喜动颜色，乃徐起，佯醉归帐，命封伸伉俪之情。至曙，复开绮席，歌乐寮亮，又与封共醉。仍谓之曰："妾是都督府孙长史女，少适王茂，王茂客长安死，妾今寡居。幸见托于君子，无以妾自媒为过[4]，当念卓王孙家文君慕相如，曾若此也。"封复闻是语，转深眷恋不出。

经月余，忽自独行而语曰："我本读诗书，为名宦[5]。今日名与宦俱未称心，而沉迷于酒色，月余不出，非丈夫也。"侍婢闻者，告于夫人。夫人谓封曰："妾是簪缨家女，君是宦途中人，与君匹偶，亦不相亏耳！至于却欲以名宦荣身，足得诣金阙谒明主也。妾争敢固留君身，抑君显达乎，何伤叹若是？"封曰："幸夫人念我，无使我虚老蜀城。"夫人遂以金宝送封入关。及临岐泣别，仍赠玉环一枚，谓封曰："可珍重藏之，我阿母与我幼时所弄之物也。"复吟诗一首以送，诗曰：

鹊桥织女会，也是不多时。

今日送君处，羞言连理枝[6]。

封览诗，受玉环，怆情尤甚，不觉沾洒，留诗别曰：

但保同心结，无劳织锦诗[7]。

苏秦求富贵，自有一回时。

夫人见诗。悲哽良久，复劝金爵而别。

封虽已发志回京洛为名宦，亦常怅恨别是佳丽。方登阁道[8]，见崄巇，深所郁郁。忽回顾，遥见夫人奔逐，遂惊异以伺[9]之。遽至封前，悲泣不已，谓封曰："我不忍与君离，因潜奔赶君。不谓今日复睹君之容，幸挈我之[10]京辇。"封疑讶，复且喜，遂相携达前旅次。至昏黑，有十余猩猩来。其妻奔出见之，喜跃倍常。乃顾谓封曰："君亦不顾我东去，我今幸女伴相召归山，愿自保爱。"言讫，化为一猩猩，与同伴相遂而走，不知所之。

〔注〕 ① 浚仪：唐代县名。在今河南开封西北。 ② 侵夜：刚刚入夜。 ③ 披揖：至诚拜见。 ④ 过：过错。此句说不要把她的主动相许看作过失。 ⑤ 为名宦：为了求名、做官。 ⑥ 连理枝：喻夫妻之情。战国时宋康王强夺韩凭之妻，杀死韩凭，韩妻随即自杀。遗言希望与韩凭合葬，康王却故意将二人分开埋葬，后两坟上各生一树，枝柯相交，人遂称之为"连理枝"。 ⑦ 织锦诗：前秦女子苏蕙想念被贬到流沙的丈夫窦滔，织成"回文诗"相寄。 ⑧ 阁道：四川剑阁附近的山路，非常险峻，有些地方须架木为路，也称栈道。 ⑨ 伺：等候。 ⑩ 之：前往。

本篇出自《潇湘录》。

人们非常熟悉蒲松龄笔下那些化身为美丽女子的狐狸精，在她们身上，流溢着温馨动人的女性魅力。从中我们可以欣赏到人间女子的美丽多情、活泼慧黠，也能够感受到她们的纯朴、勤劳和坚忍执着。可以说，借助于动物来写人，这样一种"魔幻"抑或变形的手法，到了蒲松龄那里，已经达到了出神入化的地步。而回溯这种艺术笔触的渊源，则是由来已久的。在汉唐时期的小说中，就已经出现了由虎、猿、兔、水獭等异类所幻化的女子，虽然这种艺术手法此时尚不够成熟，在描写上还显得粗糙、生涩，但是我们从这些拟人形象中也不时可以感受到人类所特有的思想感情，唤起我们对于社会生活的种种联想。本篇就是这样一篇描写异类化身的女子与人相恋的"怪异型"小说，作者笔下的这个由猩猩幻化的少妇，看去活泼而热情，在与邂逅相逢的男子焦封聚散离合的感情关系上，她通情达理又不乏几分执著、任性。作为一位寡居独处的少妇形象，是塑造得颇为生动可感的，具有鲜明的个性和浓郁的生活气息。

小说中焦封这个人物也很有代表性。他像封建时代的大多数士人一样，热衷于仕宦之途。这些士人，当他们仕途失意之时，或许会暂时忘却名利的竞逐，让心灵深处的感情需求活跃起来，呼应另一颗心灵的召唤。然而一个注重名利门阀的社会环境加给士人的精神压力，功名事业的强大驱策力，又不容许他们长久地耽溺于爱情的温柔乡中。无论女子给予他们多么炽热的爱情，都无法填补他们内心那种功名不遂的巨大空虚感。或许对于女性来说，与相爱的人长相厮守就是人生的全部，然而男性显然有着不同的逻辑，他们的躁动不安的心灵恰似渴望奔腾的骏马那样，强烈地渴望着功名、事业、荣誉。这时他们会感到甜蜜的爱情已经成为自己灵魂上的羁绊、束缚，无论曾经怎样为这份感情而沉迷、陶醉，到了功名心复苏的时候，他们也会决然割舍，对情感的牵缠来个“快刀斩乱麻”。他们也许是冲出围城，展翅高飞了，却不免使沉醉于爱情的女性承受心灵的重创，品味深深的失落和痛苦。而这种存在于两性心态上的歧异，也许就是男女两性之间的永恒冲突的根源，酿成了他们的精神世界里那种难以弥合的距离感。

本篇里的焦封，在罢官闲居的无聊日子里到蜀地游历，遇到一位对他主动相邀的陌生少妇。她富有、高贵，美丽而热情，显得十分神秘。焦封在不知不觉间已经被她所吸引，由一开始的观望犹疑一变为欣然接受，并与之结为夫妇。这位少妇是一个孀妇，但在感情问题上颇有主见，以卓文君自命，这更使焦封刮目相看，将她引为知音，眷恋有加。不过他们的缘分并不长久，没过一个月，焦封就又开始惦记他的功名仕途，为自己的耽于享乐而深深自责：“……今日名与宦俱未称心，而沉迷于酒色，月余不出，非丈夫也。”他请求妻子理解自己，让他去拼搏一番。少妇很是心痛，但也表现出充分理解，自言也是出身世家门第，懂得功名仕宦的重要，决不会妨碍焦封的上进。两人于是洒泪而别。焦封离开蜀地前往长安求取功名，心中也不免为舍弃了这样一个美人而惆怅，感到闷闷不乐，这正应了孟夫子那句话：鱼与熊掌不可兼得。正在一个人闷头赶路之时，他的妻子又追了上来，流着泪说不忍分别，想跟他一起到京城去，焦封既觉得意外又很高兴，就带着她一同前行。傍晚，投宿旅店后，山间有些猩猩出没，妻子出去看到后，显得非常喜悦，告诉焦封不能跟他去长安了，因为女伴们来召唤她回到山里去。说完就变成一只猩猩，和那些同类一同跑到山里去了。

说起来，这夫妻俩真是人各有志——一个念念不忘功名，一个向往山林间的自由生活，勉强要维持两人爱情，势必造成对双方的束缚和限制，倒不如从此分手，各奔前程的好啊。

在文学作品里写到男女的恋情，一般都是极尽渲染与夸张，动辄是海枯石烂、地老天荒，这样的爱情描写美是很美了，但与实际人生总有一段距离。事实上，爱情不能成为人生的全部，有些时候，它还会成为对当事人的限制和束缚，考虑到这一点，我们不妨可以认为，像焦封和他的“山妻”这样，当两个人的追求无法互相协调时，打破旧的盟约、追寻生命中的自由境界，也不失为明智的选择。

（孙丽华）

【作者小传】

薛 调

(830—872) 唐小说家。河中宝鼎(今山西万荣西南)人。大中时擢进士第,历任右拾遗内供奉、户部员外郎、翰林旨学士等。作有小说《无双传》等。

无双传

薛 调

唐王仙客者,建中[1]中朝臣刘震之甥也。初,仙客父亡,与母同归外氏[2]。震有女曰无双,小仙客数岁,皆幼稚,戏弄相狎,震之妻常戏呼仙客为王郎子[3]。如是者凡数岁,而震奉孀姊及抚仙客尤至。一旦,王氏姊疾且重,召震约曰:"我一子,念之[4]可知也。恨不见其婚宦[5]。无双端丽聪慧,我深念之。异日无令归他族。我以仙客为托。尔诚许我,瞑目无所恨也。"震曰:"姊宜安静自颐养,无以他事自挠[6]。"其姊竟不痊。仙客护丧,归葬襄邓[7]。服阕[8],思念:"身世孤孑如此,宜求婚娶,以广[9]后嗣。无双长成矣。我舅氏岂以位尊官显,而废旧约耶?"于是饰装[10]抵京师。

时震为尚书租庸使[11],门馆赫奕[12],冠盖填塞[13]。仙客既觐[14],置于学舍[15],弟子为伍。舅甥之分,依然如故,但寂然不闻选取之议。又于窗隙间窥见无双,姿质明艳,若神仙中人。仙客发狂,唯恐姻亲之事不谐也。遂鬻囊橐[16],得钱数百万。舅氏舅母左右给使,达于厮养[17],皆厚遗之。又因复设酒馔,中门之内[18],皆得入之矣。诸表同处,悉敬事之。遇舅母生日,市[19]新奇以献,雕镂犀玉,以为首饰。舅母大喜。又旬日,仙客遣老妪,以求亲之事闻于舅母。舅母曰:"是我所愿也,即当议其事"。又数夕,有青衣告仙客曰:"娘子适以亲情事言于阿郎[20],阿郎云:'向前亦未许也。'模样[21]云云,恐是参差也。"仙客闻之,心气俱丧,达旦不寐,恐舅氏之见弃也。然奉事不敢懈怠。

一日,震趋朝,至日初出,忽然走马入宅,汗流气促,唯言:

"锁却大门,锁却大门!"一家惶骇,不测其由。良久,乃言:"泾原兵士反[22],姚令言领兵入含元殿[23],天子出苑北门,百官奔赴行在[24]。我以妻女为念,略归部署。疾召仙客与我勾当[25]家事,我嫁与尔无双。"仙客闻命,惊喜拜谢。乃装金银罗锦二十驮[26],谓仙客曰:"汝易衣服,押领此物出开远门[27],觅一深隙店[28]安下。我与汝舅母及无双出启夏门[29],绕城续至。"仙客依所教。至日落,城外店中待久不至。城门自午后扃锁,南望目断。遂乘骢,秉烛绕城至启夏门。门亦锁,守门者不一,持白棓[30],或立或坐。仙客下马,徐问曰:"城中有何事如此?"又问:"今日有何人出此?"门者曰:"朱太尉已作天子[31]。午后有一人重戴[32],领妇人四五辈,欲出此门。街中人皆识,云是租庸使刘尚书。门司不敢放出。近夜,追骑至,一时驱向北去矣。"仙客失声恸哭,却归店。三更向尽,城门忽开,见火炬如昼,兵士皆持兵挺刃,传呼斩斫使出城,搜城外朝官。仙客舍辎骑惊走,归襄阳,村居三年。

后知克复[33],京师重整,海内无事。乃入京,访舅氏消息。至新昌南街,立马彷徨之际,忽有一人马前拜。熟视之,乃旧使苍头[34]塞鸿也。鸿本王家生[35],其舅常使得力,遂留之。握手垂涕。仙客谓鸿曰:"阿舅舅母安否?"鸿云:"并在兴化[36]宅。"仙客喜极云:"我便过街去。"鸿曰:"某已得从良[37],客户有一小宅子,贩缯[38]为业。今日已夜,郎君且就客户一宿。来早同去未晚。"遂引至所居,饮馔甚备。至昏黑,乃闻报曰:"尚书受伪命官[39],与夫人皆处极刑。无双已入掖庭[40]矣。"仙客哀冤号绝,感动邻里。谓鸿曰:"四海至广,举目无亲戚,未知托身之所。"又问曰:"旧家人谁在?"鸿曰:"唯无双所使婢采蘋者,今在金吾将军[41]王遂中宅。"仙客曰:"无双固无见期。得见采蘋,死亦足矣。"由是乃刺谒[42],以从侄[43]礼见遂中,具道本末,愿纳厚价以赎采蘋。遂中深见相知[44],感其事而许之。仙客税屋,与鸿、蘋居。塞鸿每言:"郎君年渐长,合求官职。悒悒不乐,何以遣时?”仙客感其言,以情恳告遂中。遂中荐见仙客于京兆尹[45]李齐运。齐运以仙客前衔[46],为富平县[47]尹,知长乐驿[48]。

累月,忽报有中使押领内家三十人往园陵[49],以备洒扫,宿长乐驿,毡车子十乘下讫。仙客谓塞鸿曰:“我闻宫嫔选在掖庭,多是衣冠子女[50]。我恐无双在焉。汝为我一窥,可乎?”鸿曰:“宫嫔数千,岂便及无双。”仙客曰:“汝但去,人事亦未可定。”因令塞鸿假为驿吏,烹茗于帘外。仍给钱三千,约曰:“坚守茗具,无暂舍去。忽有所睹,即疾报来。”塞鸿唯唯而去。宫人悉在帘下,不可得见之,但夜语喧哗而已。至夜深,群动皆息。塞鸿涤器构火[51],不敢辄寐。忽闻帘下语曰:“塞鸿,塞鸿,汝争[52]得知我在此耶?郎健否?”言讫呜咽。塞鸿曰:“郎君见[53]知此驿。今日疑娘子在此,令塞鸿问候。”又曰:“我不久语。明日我去后,汝于东北舍阁子中紫褥下,取书送郎君。”言讫,便去。忽闻帘下极闹,云:“内家中恶[54]。”中使索汤药甚急,乃无双也。塞鸿疾告仙客,仙客惊曰:“我何得一见?”塞鸿曰:“今方修渭桥[55]。郎君可假作理桥官,车子过桥时,近车子立。无双若认得,必开帘子,当得瞥见耳。”仙客如其言,至第三车子,果开帘子,窥见,真无双也。仙客悲感怨慕,不胜其情。

塞鸿于阁子中褥下得书送仙客。花笺五幅,皆无双真迹,词理哀切,叙述周尽。仙客览之,茹恨[56]涕下:“自此永诀矣。”其书后云:“常见敕使说富平县古押衙[57],人间有心人。今能求之否?”

仙客遂申府[58],请解驿务,归本官[59]。遂寻访古押衙,则居于村墅。仙客造谒[60],见古生。生所愿,必力致之,缯彩宝玉之赠,不可胜纪。一年未开口。秩满,闲居于县。古生忽来,谓仙客曰:“洪[61]一武夫,年且老,何所用?郎君于某竭分[62]。察郎君之意,将有求于老夫。老夫乃一片有心人也。感郎君之深恩,愿粉身以答效。”仙客泣拜,以实告古生。古生仰天,以手拍脑数四,曰:“此事大不易。然与郎君试求,不可朝夕便望。”仙客拜曰：“但生前得见，岂敢以迟晚为限耶？”

半岁无消息。一日，扣门，乃古生送书。书云：“茅山使者[63]回。且来此。”仙客奔马去，见古生，生乃无一言。又启[64]使者，复云：“杀却也。且吃茶。”夜深，谓仙客曰：“宅中有女家人识无双否？”仙客以采蘋对。仙客立取而至。古生端相，且笑且喜云：“借留三五日。郎君且归。”后累日，忽传说曰：“有高品[65]过，处置[66]园陵宫人。”仙客心甚异之，令塞鸿探所杀者，乃无双也。仙客号哭，乃叹曰：“本望古生。今死矣，为之奈何！”流涕嘘欷，不能自已。是夕更深，闻叩门甚急。及开门，乃古生也。领一篼子[67]入，谓仙客曰：“此无双也。今死矣。心头微暖，后日当活，微灌汤药，切须静密。”言讫，仙客抱入阁子中，独守之。至明，遍体有暖气。见仙客，哭一声遂绝。救疗至夜，方愈。古生又曰：“暂借塞鸿于舍后掘一坑。”坑稍深，抽刀断塞鸿头于坑中。仙客惊怕。古生曰：“郎君莫怕。今日报郎君恩足矣。比[68]闻茅山道士有药术。其药服之者立死，三日却活。某使人专求，得一丸。昨令采蘋假作中使，以无双逆党[69]，赐此药令自尽。至陵下，托以亲故，百缣[70]赎其尸。凡道路邮传，皆厚赂矣，必免漏泄。茅山使者及舁[71]篼人，在野外处置讫。老夫为郎君，亦自刎。君不得更居此。门外有檐子一十人，马五匹，绢二百匹。五更挈无双便发，变姓名，浪迹以避祸。”言讫，举刀，仙客救之，头已落矣。遂并尸盖覆[72]讫。未明发，历西蜀下峡[73]，寓居于渚宫[74]。悄不闻京兆之耗[75]，乃挈家归襄邓别业[76]，与无双偕老矣，男女成群。

噫，人生之契阔[77]会合多矣，罕有若斯之比。常谓古今所无。无双遭乱世籍没[78]，而仙客之志，死而不夺。卒遇古生之奇法取之，冤死者十余人。艰难走窜，后得归故乡，为夫妇五十年，何其异哉！

〔注〕 ① 建中：唐德宗李适年号(780—783)。 ② 外氏：这里指舅家。 ③ 郎子：犹今言姑爷。 ④ 念之：爱他。 ⑤ 婚宦：结婚和做官。 ⑥ 自挠：挂念，烦恼。 ⑦ 襄邓：襄州和邓州，襄州在今湖北襄阳，邓州今属河南，当时都属山南东道，相距不远。 ⑧ 服阕(què)：

守丧三年期满。 ⑨ 广：延续。 ⑩ 饰装：整理行装。 ⑪ 尚书租庸使：唐代中央尚书省负责赋税的最高长官。 ⑫ 赫奕：显赫光耀。 ⑬ 冠盖填塞：整天都有达官贵人出入家门。冠盖，指高官所穿戴的冠服和所乘的车子。 ⑭ 觐(jìn)：进见。 ⑮ 学舍：书房。 ⑯ 鬻囊橐(tuó)：卖掉包裹行李。 ⑰ 达于厮养：一直到小厮丫头一类仆役中身份地位很低的人。 ⑱ 中门之内：一般人不能随便进去的内宅。 ⑲ 市：购买。 ⑳ 阿郎：犹言"老爷"。 ㉑ 模样：看样子。 ㉒ 泾、原兵士反：泾，泾州，原，原州，辖地均在今甘肃境内，为唐代西北边防重镇。当时因淮西节度使李希烈叛变，皇帝诏泾原节度使姚令言兴兵讨伐，姚领兵过京师时也起事叛变。这里即指这一事变。 ㉓ 含元殿：唐代大明宫的正殿。 ㉔ 行在：古时皇帝外出居住的地方。 ㉕ 勾当：处理，安置。 ㉖ 驮(duò)：指一头牲口所负载的货物。 ㉗ 开远门：长安城门名。 ㉘ 深隙店：偏僻而不易被人发现的客店。 ㉙ 启夏门：唐代长安城门。 ㉚ 棓：同"棒"。 ㉛ 朱太尉已作天子：朱泚(cǐ)，时任太尉。姚令言叛变，唐德宗逃离长安，姚奉朱泚为皇帝，号大秦，改元应天，后又立国号为汉，改元天皇。兵败被杀。 ㉜ 重戴：在头巾上加帽。 ㉝ 克复：指李晟克复京师，朱泚败亡，不久德宗还长安事。 ㉞ 苍头：仆人。 ㉟ 家生：指卖身为奴的人所生的子女。 ㊱ 兴化：长安里名。 ㊲ 从良：赎身为平民。 ㊳ 缯(zēn)：丝绸织物。 ㊴ 受伪命官：受命做了叛党的官。 ㊵ 入掖庭：遣送后宫充当宫女。 ㊶ 金吾将军：唐代皇宫的侍卫官。 ㊷ 刺谒：投递名片，请求接见。 ㊸ 从侄：堂侄。 ㊹ 深见相知：很能理解同情。 ㊺ 京兆尹：唐代京城地区的地方长官。 ㊻ 前衔：原有的官衔。 ㊼ 富平县：唐代京兆府属县之一，在今陕西富平。 ㊽ 长乐驿：长安附近的驿站，在今陕西西安东北。 ㊾ 中使：皇帝的使者。内家：官人。园陵：皇帝的陵墓。 ㊿ 衣冠子女：官僚富贵人家的子女。 (51) 构火：烧火。 (52) 争：唐时熟语，同"怎"。 (53) 见：同"现"。 (54) 中恶：得了急病。 (55) 渭桥：渭水上的桥。渭水流经长安西北。 (56) 茹恨：抱恨。 (57) 敕使：传达皇帝诏命的使者。古押衙：一位姓古的掌管皇帝仪仗和侍卫的官员。 (58) 申府：向京兆府申请。 (59) 归本官：回到富平县任原职。 (60) 造谒：登门拜见。 (61) 洪：应是古押衙的名字。 (62) 竭分(fèn)：情分很深。 (63) 茅山使者：派到茅山去的使者。茅山，在今江苏句容东南。 (64) 启：询问。 (65) 高品：品级很高的大官。 (66) 处置：处死。 (67) 篼(dōu)子：竹箱一类的器具。 (68) 比(bì)：近来。 (69) 以无双逆党：因无双是逆党(指其父降朱泚事)的女儿。 (70) 百缣(jiān)：一百匹绢绸。 (71) 舁(yú)：抬。 (72) 盖覆：埋葬。 (73) 历四蜀下峡：在四川浪迹之后下三峡出川。 (74) 渚(zhǔ)宫：春秋时代楚国别宫名，这里泛指渚宫所在地的湖北江陵一带。 (75) 耗：消息。 (76) 别业：在正式住宅之外修建的园林，略近于今所言别墅。 (77) 契阔：久别。 (78) 籍没：指被抄家而遣入宫中做奴隶。

本篇系晚唐传奇小说的代表作之一，《太平广记》录载。小说叙写一对青年男女悲欢离合的爱情故事，特点是将爱情和豪侠糅合在一起来写。此前《柳氏传》中已出现了一个豪侠之士许俊，人物形象已很鲜明突出，但比较起来，本篇人物的性格显得更丰富，更富于传奇色彩。

王仙客与刘无双是姑表兄妹关系，两人自幼相爱，也得到无双父母亲的默认，但后来遇到了阻挠和挫折，经历了种种艰难曲折，最后在豪侠之士古押衙的帮助下，终成眷属，白头偕老。小说对王仙客爱情的专一和争取爱情的坚韧精神，给予了热情的颂扬；对古押衙的机智和侠义行为以及塞鸿、采蘋的忠诚、热心，也表示了赞美。对刘震因位尊官显而废旧约的不义行为，进行了揭露和讽刺。后来刘震在遭遇危难的时候，因为要利用仙客而又一反常态地答应将女儿嫁给他，使人自然地联想到《西厢记》中那个为解白马之围而许婚，事后又悔婚的老夫人。虽然情况相反，反映的思想实质却是相似的，都是本意并不情愿，而为了解救自家的急难，出于权宜之计而在口头上敷衍。封建家长对儿女爱情婚嫁的这种态度，在旧时代具有一定的普遍性。

不过，王仙客和无双的爱情受到挫折和阻碍，主要原因并不在无双父亲刘震的反对，而是由于政治动乱造成的整个社会和家庭的不幸。当时因藩镇作乱，连皇帝都带领百官仓皇逃跑，仙客反而因祸得福，在急难中舅父托他“勾当家事”，并许“我嫁与尔无双”。但不幸因刘震夫妇受到叛党的牵连而被诛，无双亦因此没入掖庭。两个人的思念、追寻、重会，以至最后的结合，都是在这一社会政治背景之下展开的，并构成了故事的主体部分。这样，这一爱情故事所表现的，就同一般反封建家长包办婚姻的主题不完全相同，其意义也不止于描写和歌颂青年男女的爱情，它同时还反映了晚唐时期动乱的社会现实，对战乱中妇女（包括官僚家庭出身的小姐和地位低贱的奴仆）的悲惨命运作了真实的描写，并寄予了深切的同情。

小说的情节曲折多变，悬念丛生，引人入胜，这在文言小说中是不多见的。

首先是整个事件经历了一个漫长的过程，时间跨度很大。从二人“戏弄相狎”的幼年时期，经过曲曲折折的发展，终至离而复会，美满结合，整整写了两人的一生。为了表现这种漫长和曲折，作者特意处处点出时间的进程，例如：仙客母亲死后，小说写他“服阕”，点出已守孝三年；在乱中仙客与无双失散后，又点出“仙客舍辎骑惊走，归襄阳，村居三年”；在仙客做官后，又以“累月”引起下文；拜求古押衙后，也没有马上展开救助行动的描写，而是写“一年未开口。秩满，闲居于县”。而当古押衙因感恩答应要帮他救出无双时，第一句话却是：“此事大不易，然与郎君试求，不可朝夕便望。”当事人和王仙客都很着急，读者当然也跟着着急，而越着急就越想知道事情将如何发展，结果怎样。但作者却偏偏不疾不徐，闲闲叙来，有意放慢速度以调动读者的期待心理和阅读兴趣。以后又是“半岁无消息”，“借留三五日”，“后累日”，“三日却活”，等等，不断点示出时间发展的流程，在艺术表现上都给人以一种漫长和曲折的感受。小说内容的丰富复杂，加上表现上的这种注意显示时间跨度的特点，便使得这篇作品虽为短篇，却具有类似于长篇的格局。

其次是情节发展中不断出现意想不到的变化，悬念一个接着一个，读者同当事者一样，在希望与失望的交替中，被紧紧地吸引住。仙客母病逝前向刘震托孤，请求许配无双。刘震的回答是：“姊宜安静自颐养，无以他事自挠。”含糊其词，不置可否，这是最早的悬念。仙客返京至舅家，被“置于学舍，弟子为伍”，“寂然不闻选取之议”，不免令人失望。可厚赂舅母之后，向其求亲，竟欣然答应，又让人充满希望。但刘震不许，并明确说“向前亦未许也。”又令人失望。急难中刘震向仙客拜托家事，并明确许嫁无双，这是绝处逢生，美满的结局似将出现。然情节的发展陡起波澜，因兵乱，刘震夫妇被杀，无双籍入深宫，情节的发展又突然陷入绝境。接下去写遇塞鸿，谒金吾将军赎采蘋，长乐驿偶然发现无双踪迹，以及仙客假作理桥官，在桥上开帘瞥见无双等等，都又在失望之中多少给人以一丝希望。然无双书信递送到仙客手中，小说又写：“仙客览之，茹恨涕下。自此永诀矣。”至此情节（亦即二人的爱情关系）似又走入绝境。但古押衙的出现，又使情节的发展振起一笔，给人以新的希望。而古押衙救援无双的过程，更是写得扑朔迷离，让人疑窦丛生。整个这一大段文字构成一个大的悬念，古押衙是个什么样人？他能否答应帮忙救出无双？又有无能力救出无双？救援过程中，许多令人费解的言语行动，都令人迷惑生疑，不得其解，直到事件的结局，才知道他是煞费苦心，巧施妙计，为了报恩和成人之美而不惜牺牲自己的生命。悬念终于最后解开，情节的发展得到了让人满意的结局。

情节的曲折，悬念的设置，都表现出作者的艺术匠心。历时愈久，曲折愈多，愈能见出两人爱情的坚贞不渝。特别是王仙客对无双专一执著的爱情追求，以及由于爱情的波折而产生的希望、失望、忧伤、惊喜、哀痛等种种复杂的思想感情，都在故事的曲折演进中得到了充分的表现。

对人物的表现有主有从，题虽为《无双传》，但重点描写的却是王仙客。仙客为主，无双为从，对仙客是正面描写，故事情节的曲折发展直接反映了人物思想感情的变化起伏。对无双则用侧笔，只在几处略作点染和交代，如在帘下密对塞鸿所说的“塞鸿，塞鸿，汝争得知我在此耶？郎健否”，以及桥上开帘见仙客，褥下留书，“词理哀切，叙述周尽”等等，几处并不细致的描述，就将她没入宫廷后的悲惨处境和对爱情的深挚坚贞表现出来了。古押衙的形象虽只在后半出现，但也写得很鲜明。重点写他自己所说的“本夫乃一片有心人也”，所谓“有心人”，即是有侠义心肠的、受恩知报的、有智有勇的侠义之士。而最突出的是他的沉稳、机智和自我牺牲精神。写这个人物，多用夸张笔墨，富于传奇色彩。人物刻画中，对话多且传神，也是别的文言小说中不多见的。

仙客在争取爱情的过程中，多处采用赠送财帛珠玉的手段，包括对古押衙的请求，也是“（古）生所愿，必力致之，缯彩宝玉之赠，不可胜纪”。而古押衙在解救无双时也厚赂沿途邮传，这反映了当时的社会风气。但从人物塑造来看，作为正面主人公的这种行动，不免使人感受到一种庸俗的气息。而因为仙客馈赠丰厚，古押衙便"愿粉身以答效"，浓重的报恩思想也必然会冲淡救人于急难而不求回报的侠义精神。人物的性格行为和情节，也有过于夸张、离奇而不尽合理之处。为了保密而灭口，救活一人，成全一段美满的爱情，却杀死那么多善良无辜的下层百姓，也是读者难于接受的。这些都是本篇在思想艺术上的明显不足之处。

据和作者同时代的范摅《云溪友议》所载崔郊故事，无双大约是实有其人，其事在当时流传颇广，作者可能是在真人真事和民间传说的基础上加工而成，但"颇有增饰，稍乖事理"（鲁迅《唐宋传奇集·稗边小缀》）。明代剧作家陆采根据这个故事改编为《明珠纪》传奇。

（周先慎）

【作者小传】

张　读

(834—886?)　唐小说家。字圣用。深州陆泽（今河北深州）人。大中年间进士及第，历任中书舍人、礼部侍郎、尚书左丞等。作有小说集《宣室志》等。

陆　颙　　　　张　读

吴郡[①]陆颙，家于长城，其世以明经仕。颙自幼嗜面，为食愈多而质愈瘦。及长，从本郡贡于礼部，既下第，遂为生太学中。

后数月，有胡人数辈挈酒食诣其门。既坐，顾谓颙曰："吾南越[②]人，长蛮貊[③]中，闻唐天子庠罗天下英俊，且欲以文物化动四夷，故我航海梯山来中华，将观太学文物之光。唯吾子峨焉其冠，襜焉其裾，庄然其容，肃然其仪，真唐朝儒生也。故我愿与子交欢。"颙谢曰："颙幸得籍于太学，然无他才能，何足下见爱之深也？"于是相与酣宴，极欢而去。颙，信士也，以为群胡不我欺。旬余，群胡又至，持金缯为颙寿。颙至疑其有他，即固拒之。胡人曰："吾子居长安中，惶惶然有饥寒色，故持金缯为子仆马一日之费，所以交吾子欢耳。岂有他哉？幸勿疑我也。"颙不得已，受金缯。及胡人去，太学中诸生闻之，偕来谓颙曰:“彼胡率爱利不顾其身,争盐米之微,尚致相贼杀者,宁肯弃金缯为朋友寿乎? 且太学中诸生甚多,何为独厚君耶? 君匿身郊野间,以避再来也。”颙遂侨居于渭水上,杜门不出。

仅月余,群胡又诣其门。颙大惊,胡人喜曰:“比君在太学中,我未得尽言,今君退居郊野,果吾心也。”既坐,胡人挈颙手而言曰:“我之来,非偶然也。盖有求于君耳,幸望许之。且我所祈,于君固无害,于我则大惠也。”颙曰:“谨受教。”胡人曰:“吾子好食面乎?”曰:“然。”又曰:“食面者,非君也,乃君肚中一虫耳。今我欲以一粒药进君,君饵之,当吐出虫。则我以厚价从君易之,其可乎?”颙曰:“若诚有之,又安有不可耶?”已而胡人出一粒药,其色光紫,命饵之。有顷,遂吐出一虫,长二寸许,色青,状如蛙。胡人曰:“此名‘消面虫’,实天下之奇宝也。”颙曰:“何以识之?”胡人曰:“吾每旦见宝气亘天,在太学中,故我特访而取之。然自一月余,清旦望之,见其气移于渭水上,果君迁居焉。又此虫禀天地中和之气而结,故好食面。盖以麦自秋始种,至来年夏季方始成实,受天地四时之全气,故嗜其味焉。君宜以面食之,可见矣。”颙即以面斗余致其前,虫乃食之立尽。颙又问曰:“此虫安使用也?”胡人曰:“夫天下之奇宝,俱禀中和之气。此虫乃中和之粹也。执其本而取其末,其远乎哉?”既而以筒盛其虫,又金函扃之,命颙致于寝室。谓颙曰:“明日当再来。”及明旦,胡人以十两重辇,金玉缯帛约数万献于颙,共持金函而去。颙自此大富,致园屋为治生具,日食粱肉,衣鲜衣,游于长安中,号豪士。

仅岁余,群胡又来,谓颙曰:“吾子能与我偕游海中乎? 我欲探海中之奇宝以耀天下,而吾子岂非好奇之士耶?”颙既以甚富,又素用闲逸自遂,即与群胡俱至海上。胡人结宇而居,于是置油膏于银鼎中,构火其下,投虫于鼎中,炼之,七日不绝燎。忽有一童,分发,衣青襦,自海水中出,捧月盘,盘中有径寸珠甚多,来献胡人。胡人大声叱之。其童色惧,捧盘而去。

僮去食顷[4]，又有一玉女，貌极冶，衣雾绡之衣，佩玉珥珠，翩翩自海中而出，捧紫玉盘，中有珠数十，来献胡人。胡人骂之，玉女捧盘而去。俄有一仙人，戴瑶碧冠，帔霞衣，捧绛帕籍，籍中有一珠，径三寸许，奇光泛空，照数十步。仙人以珠献胡人，胡人笑而授之。喜谓颙曰："至宝来矣。"即命绝燎。自鼎中收虫，置金函中。其虫虽炼之且久，而跳跃如初。胡人吞其珠，谓颙曰："子随我入海中，慎无惧。"颙即执胡人佩带，从而入焉。其海水皆豁开数十步，鳞介之族，俱辟易回去。游龙宫，入蛟室，珍珠怪宝，惟意所择。才一夕，而获甚多。胡人谓颙曰："此可以致亿万之货矣。"已而又以珍贝数品遗于颙。货于南越，获金千镒，由是益富。其后竟不仕，老于闽越中也。

〔注〕 ① 吴郡：郡名，治所在今江苏苏州市。 ② 南越：古族名，古代南方越人的一支，也作"南粤"。 ③ 蛮貊(mò)：泛指少数民族。 ④ 食顷：一顿饭的时间，形容时间极短。

本篇出自《宣室志》。小说讲述一位贫士忽成巨富的离奇故事，在"奇"字上下足了工夫。

陆颙是一介贫士，性嗜面食，吃得越多，人却越瘦，正是这一不起眼的习性给他带来意想不到的奇遇：有几位胡人主动来与他结交；后来又馈送他金缯——这就有点"奇"了。陆颙也生怕这奇怪的交往潜藏着灾祸，便听从别人的劝告，迁居渭水边，闭门不出。没料到那些胡人居然又找上门来，说是要让他发一大笔财——天下竟有这等躲避不掉的好运，岂不令人大起好奇之心！这时，胡人才说明他们是冲着陆颙嗜好面食这一习性而来的。原来陆颙腹中有一消面虫，是天下奇宝。胡人令陆颙吞下一粒药丸，随即吐出消面虫；他们以价值数万的金玉绢帛来换取此虫。陆颙从此暴富——此番际遇，岂不是奇之又奇！

然而陆颙的奇遇还未结束。过了一年多，胡人又来邀他同游海上。胡人将消面虫置于银鼎中烧炼七天七夜，惊动了海底龙王，逼得龙王献出避水宝珠；胡人吞下宝珠，携陆颙畅游龙宫，"珍珠怪宝，惟意所择"——这更是奇上加奇！谁能想到嗜好面食这一习性竟给陆颙带来如此好运、如此巨富呢！个中缘因大概只能用"离奇"二字概括了。

值得一提的是，小说作者把陆颙的奇遇与他的诚信相联系。初识胡人，便"相与酣宴，极欢而去""以为群胡不我欺"；他与胡人结交，也无贪财之心，胡人强赠金缯，他虽不得已收下，但终以为受之不当，迁家以避。或许，作者想告诉人们：正因为陆颙是“信士”，故而好运连连降临，奇遇一再发生在他身上。若作者果有此意，则这一意图在本故事中表现得也并不明显，而是淹没在离奇的情节之中了。

（韦凤娟）

李　徵　　张　读

陇西[1]李徵，皇族子，家于虢洛[2]。徵少博学，善属文，弱冠从州府贡焉，时号名士。天宝十载春于尚书右丞杨没榜下登进士第。后数年，调补江南尉。徵性疏逸，恃才倨傲，不能屈迹卑僚，尝郁郁不乐。每同舍会，既酣，顾谓其群官曰：“生乃与君等为伍耶?”其寮佐咸嫉之。及谢秩[3]，则退归闭门，不与人通者近岁余。后迫衣食，乃具妆东游吴楚之间，以干[4]郡国长吏。吴楚人闻其声固久矣，及至，皆开馆以俟之。宴游极欢。将去，悉厚遗以实其囊橐[5]。徵在吴楚且周岁，所获馈遗甚多。

西归虢洛，未至，舍于汝坟[6]逆旅中。忽被疾发狂，鞭捶仆者。仆者不胜其苦。如是旬余，疾益甚，无何，夜狂走，莫知其适。家僮迹其去而伺之，尽一月而徵竟不回，于是仆者驱其乘马，挈其囊橐而远遁去。

至明年，陈郡袁傪以监察御史奉诏使岭南，乘传至商於[7]界。晨将发，其驿吏白曰：“道有虎，暴而食人，故过于此者，非昼而莫敢进。今尚早，愿且驻车，决不可前。”傪怒曰：“我天子使，众骑极多，山泽之兽能为害耶?”遂命驾去。

行未尽一里，果有一虎自草中突出。傪惊甚。俄而虎匿身草中，人声而言曰：“异乎哉，几伤我故人也。”傪聆其音似李徵。傪昔与徵同登进士第，分极深，别有年矣。忽闻其语，既惊且异，而莫测焉。遂问曰：“子为谁？得非故人陇西子乎?”虎呻吟数声，若嗟泣之状，已而谓傪曰：“我，李徵也。君幸少留，与我一语。”傪即降骑，因问曰：“李君，李君，何为而至是也?”虎曰：“我自与足下别，音问旷阻且久矣。幸喜得无恙乎？今又去何适？向者见君，有二吏驱而前，驿隶挈印囊以导，庸非为御史而出使乎?”傪曰：“近者幸得备御史之列，今乃使岭南。"虎曰:"吾子以文学立身,位登朝序,可谓盛矣。况宪台[8]清峻,分纠百揆[9];圣明慎择,尤异于人。心喜故人居此地,甚可贺。"傪曰:"往者吾与执事[10]同年成名,交契深密,异于常友。自声容间阻,时去如流,想望风仪,心目俱断。不意今日获君念旧之言。虽然,执事何为不我见,而自匿于草莽中?故人之分,岂当如是耶?"虎曰:"我今不为人矣,安得见君乎?"傪即诘其事。虎曰:"我前身客吴楚,去岁方还,道次汝坟,忽婴疾发狂走山谷中,俄以左右手据地而步,自是觉心愈狠,力愈倍,及视其肱髀,则有厘毛生焉。又见冕衣而行于道者、负而奔者、翼而翱者、毳而驰者,则欲得而啖之。既至汉阴南,以饥肠所迫,值一人腯然[11]其肌,因擒以咀之立尽。由此率以为常。非不念妻孥、思朋友,直以行负神祇,一日化为异兽,有靦于人,故分不见矣。嗟夫!我与君同年登第,交契素厚。今日执天宪,耀亲友。而我匿身林薮,永谢人寰,跃而吁天,俯而泣地,身毁不用,是果命乎?"因呼吟咨嗟,殆不自胜,遂泣。傪且问曰:"君今既为异类,何尚能人言耶?"虎曰:"我今形变而心甚悟,故有揨突,以愧以恨,难尽道耳。幸故人念我,深恕我无状之咎,亦其愿也。然君自南方回车,我再值君,必当昧其平生耳。此时视君之躯,犹吾机上一物。君亦宜严其警从以备之,无使成我之罪,取笑于士君子。"又曰:"我与君真忘形之友也。而我将有所托,其可乎?"傪曰:"平昔故人,安有不可哉?恨未知何如事,愿尽教之。"虎曰:"君不许我,我何敢言。今既许我,岂有隐耶?初我于逆旅中,为疾发狂,既入荒山,而仆者驱我乘马衣囊悉逃去。吾妻孥尚在虢洛,岂念我化为异类乎?君若自南回,为赍书访妻子,但云我已死,无言今日事。幸记之。"又曰:"吾于人世且无资业,有子尚稚,固难自谋。君位列周行,素秉夙义,昔日之分,岂他人能右哉?必望念其孤弱,时赈其乏,无使殍死于道途,亦恩之大者。"言已又悲泣。傪亦泣曰:"傪与足下休戚同焉,然则足下子亦傪子也。当力副厚命,又何虞其不至哉?”虎曰:“我有旧文数十篇未行于代,虽有遗稿,尽皆散落。君为我传录,诚不敢列人之阈,然亦贵传于子孙也。”傪即呼仆命笔,随其口书,近二十章,文甚高,理甚远。傪阅而叹者再三。虎曰:“此吾平生之素也,安敢望其传乎?”又曰:“君衔命乘传,当甚奔迫,今久留驿隶,兢悚万端。与君永诀,异途之恨,何可言哉!”傪亦与之叙别,久而方去。

傪自南回,遂专命持书及赗赙[12]之礼,寄于徵子。月余,徵子自虢洛来京诣傪门,求先人之柩。傪不得已,具疏其事。后傪以己俸均给徵妻子,免饥冻焉。傪后官至兵部侍郎。

〔注〕 ① 陇西:郡名,辖境在今甘肃省东南部一带。 ② 虢(guó)洛:辖境相当于今河南省西部。 ③ 谢秩:即辞职。 ④ 干:求取。 ⑤ 囊橐:口袋,袋子。 ⑥ 汝坟:汝,即汝水,上游即今河南北汝河;坟,大堤。 ⑦ 乘传:古代驿站用四匹下等马拉的车。乘,一车四马。传,古代驿站的房舍。商於:古地名,在今河南淅川县西南。 ⑧ 宪台:御史台的别称。后世用作地方官吏对知府以上长官的尊称。 ⑨ 分纠百揆:指处理诸种官事政务。百揆,百度,泛指庶政。 ⑩ 执事:这里是对李徵的尊称。 ⑪ 腯(tú)然:肥壮的样子。 ⑫ 赗赙(fèng fù):助人办丧事的财物。赗,助葬用的如车马束帛等财物。赙,以财物助丧事。

这是《宣室志》中一篇怪诞不经的故事:一位恃才傲物、风流倜傥的书生李徵,突然化为一只斑斓猛虎,出没荒山,食人为生。人化为异类,是志怪小说中常见的情节,本不足奇。如果仅止于写书生化虎,恐怕很难有值得圈点之笔。然而这篇小说将重点放在描写化为虎的书生与故人相遇时又惊又喜又悲的情景,生动刻画出隐藏于虎形之下尚未泯灭的人性人情。

首先,李徵虽然化为“暴而食人”的老虎,但是仍然保有一腔感念故旧的情意。当它一认出眼前的猎物是当年同登进士第的好友袁傪时,立即“匿身草中”,生怕惊吓故人,并且自责:“异乎哉,几伤我故人也。”它殷勤致问,关切之情溢于言表,且为故人的仕途顺达甚感欣喜。尤其令人感动的是,它自知身为食人猛虎,“视君之躯,犹吾机上一物”,生怕自己兽性难抑,伤了故人,所以提醒袁傪,要随从之人严加防备,“无使成我之罪,取笑于士君子”——其顾念故旧的心意何其诚挚!

其次,化虎的李徵仍然怀着一副眷念妻儿的柔肠。他泣求袁傪顾念旧情,接济自己的家小,使他们免于饥冻。他细心地叮嘱袁傪:不要把化虎之事告知妻儿,只说自己已死——化为异类的李徵仍不失为人之夫、为人之父的体贴爱心!

第三,化虎的李徵仍然怀着落拓书生的愤世嫉俗之情。他生性狂傲,自视甚高,却怀才不遇,心情时常郁闷不舒。化虎之后,这一块垒仍然横梗于胸,难以消解。看到当年同登进士榜的袁修位居宪台,光宗耀祖,而自已“匿身林薮,永谢人寰,跃而吁天,俯而泣地,身毁不用”,真是伤痛不已,悲情难抑。它让袁修录下自己的旧作,以便流传人世。其作“文甚高,理甚远”,令袁修“阅而叹者再三”——想李徵如此才情不为世用,不为人知,其憾恨当何其深重啊!怎不令人为化虎的李徵扼腕长叹!

小说的作者细致地刻画了化虎的李徵“形变而心甚悟”。身虽化为异类,却仍然有着狂傲书生的情分、柔肠、憾恨;人化为虎,本性迷失,却又顽固地保持着一点灵性,继续承受着人生情爱悲恨的煎熬。或许,小说作者正是想通过这个故事来试图告诉人们:人生有一些不能御却之负重、不能化解之情结,将与生命纠缠终生。化虎的李徵“形变而心甚悟”,那一份痴迷与执着,正是李徵悲剧之所在!这篇小说正是从这个角度在传统题材中拓出一片新境。　（韦凤娟）

杨　叟　　张　读

乾元[①]初,会稽[②]民有杨叟者,家以资产丰赡闻于郡中。一日,叟将死,卧而呻吟,且经数月。叟有子曰宗素,以孝行称于里人。迨其父病,罄其产以求医术。后得陈生者,究其原:“是翁之病心也。盖以财产既多,其心为利所运。故心已离去其身。非食生人心,不可以补之。而天下生人之心,焉可致耶?如是,则非吾之所知也。”宗素既闻之,以为生心,故不可得也,独修浮图氏法[③],庶可以间其疾。即召僧转经,命工图铸其像,已而自赍食,诣郡中佛寺饭僧。

一日,因挈食去,误入一山径中,见山下有石龛,龛有胡僧,貌甚老而枯瘠,衣褐毛缕成袈裟,踞于磐石上。宗素以为异人,即礼而问曰:“师,何人也?独处穷谷,以人迹不到之地为家,又无侍者,不惧山野之兽,有害于师乎?不然,是得释氏之术者耶?”僧曰:“吾本是袁氏。祖世居巴山,其后子孙,或在弋阳,散游诸山谷中,尽能绍修祖业,为林泉逸士,极得吟啸。人好为诗者,多称其善吟啸,于是稍闻于天下。有孙氏,亦族也,则多游豪贵之门,亦以善谈谑,故又以之游于市肆间,每一戏,能使人获其利焉。独吾好浮图氏,脱尘俗,栖心岩谷中不动,而在此且有年矣。常慕歌利王割截身体及菩提投崖以伺饿虎,故吾啖橡栗,饮流泉,恨未有虎狼噬吾。吾亦甘受之。”宗素因告曰:“师真至人,能舍其身而不顾,将以饲山兽,可谓仁勇俱极矣。虽然,弟子父有疾已数月,进而不瘳,某夙夜忧迫,计无所出。有医者云,是心之病也,非食生人之心,固不可得而愈矣。今师能弃身于豺虎以救其馁,岂若舍命于人以惠其生乎? 愿师详之。”僧曰:“诚如是,果吾之志也。檀越为父而求吾,吾岂有不可之意。且吾以身委于野兽,曷若惠人之生乎? 然今日尚未食,愿致一饭而后死也。”宗素且喜且谢,即以所挈食置于前。僧食之立尽,而又曰:“吾既食矣,当亦奉教,然俟吾礼四方之圣也。”于是整其衣,出龛而礼,礼东方已毕,忽跃而腾上一高树。宗素以为神通变化,殆不可测。俄召宗素,厉而问曰:“檀越向者所求何也?”宗素曰:“愿得生人心,以疗吾父疾。”僧曰:“檀越所愿者,吾已许焉。今欲先说《金刚经》之奥义,且闻乎?”宗素曰:“某素尚浮图氏,今日获遇吾师,安敢不听乎?”僧曰:“《金刚经》云:‘过去心不可得,现在心不可得,未来心不可得。’檀越若要取吾心,亦不可得矣。”言已,忽跳跃大呼,化为一猿而去。宗素惊异,惶骇而归。

〔注〕 ① 乾元:唐肃宗年号(758—760)。 ② 会稽:地名,即今浙江绍兴。 ③ 浮图氏法:即佛法。

本篇选自《宣室志》。

这篇小说篇幅不长,但情节曲折,写得波澜起伏,跌宕生姿。先是杨叟患重病,无药可治,将死;后有陈生告知:食生人心可治——似乎有了希望。然而到何处觅得生人心呢? 还是没有指望。绝望中孝子宗素转而礼佛,以求延缓病情。一日宗素在山中偶遇胡僧,胡僧慨然应诺以心相赠,但求一饭——看来事情大有希望! 不料,吃罢斋饭,那胡僧却跃上高树,化为一猿而去——唉,希望又一次破灭,生人心依然不可得! 作者如此曲曲折折地把故事讲完,先是制造出一个悬念:杨叟的病唯食生人心可治,但生人心难得;然后说胡僧自愿献出其心,给人以极大的希望;最终又将希望彻底扑灭! 让读者的情绪跟着故事的进展起伏波动,感受着那种诡秘莫测的氛围。

值得注意的是，这篇小说虽然讲述的是一个怪异的故事，但是透过那些荒诞的情节，可以看到对世俗人情的嘲弄讥讽。首先是对杨叟。富甲郡中的杨叟得了不治之症，究其病源，在于“心”——心坏了！原因是“财产既多，其心为利所运，故心已离去其身”。这就是说，杨叟为利所趋，早已人心丧尽——这岂不是对天下贪财逐利者的绝妙写照！其次是对杨叟之子宗素。宗素在山中遇见胡僧，听胡僧自言欲追步佛祖投崖饲虎的慈悲之举，便信以为真，对胡僧说：“今师能弃身于豺虎以救其馁，岂若舍命于人以惠其生乎？”他央求胡僧把心献出来以救治他的父亲。宗素号称孝子，“以孝行称于里人”，既知老父的病“非食生人心则固不可得而愈矣”，为什么不能自取其心以成孝行，却要不相干的胡僧行慈悲之举以心相赠呢？可见他的“孝心”要大打折扣！宗素自言“素尚浮图氏”，为了救自己的老父，却要眼看着另一个活生生的人剜心而死！这又算是什么佛门信徒呢！其实这个“孝子”宗素是一个很自私、很虚伪的人，他企图牺牲他人的性命来成就自己的“孝行”，活该受到胡僧的嘲弄！第三是对胡僧。胡僧本是一只老猿的化身。它自言其族人或隐居林泉，或游戏人寰，而自己独好佛法；一贯钦慕歌利王割肉饲鸽、菩提投崖饲虎的慈悲之举，只恨直至今日也没有机会实践，所以，返栖居山林，等待有朝一日被豺虎吃掉——真是一个慈悲为怀的高僧！所以当宗素请求他献心时，他慨然应诺，毫无难色。然而这些做作都是骗取蠢男愚妇信任的伎俩。有意思的是，骗吃斋饭的胡僧临去之前还套用《金刚经》将自诩尚佛的宗素大大嘲弄一番：“《金刚经》云：过去心不可得，现在心不可得，未来心不可得。檀越若要取吾心，亦不可得矣。”真令人哭笑不得！舍身饲虎、献心活人的高僧一下子变成了行走江湖、骗饭吃的无赖！小说作者的调侃、讥讽之笔可谓入木三分了！

（韦凤娟）

【作者小传】

袁　郊

唐文学家。字之乾。陈郡汝南（今河南上蔡）人。曾任祠部郎中、虢州刺史。作有小说集《甘泽谣》等。

红　线　　　　袁　郊

唐潞州①节度使薛嵩家青衣红线者，善弹阮咸②，又通经史。嵩遣掌笺表[3]，号曰“内记室[4]”。时军中大宴，红线谓嵩曰：“羯鼓之音，颇悲，调其声者必有事也。”嵩亦明晓音律，曰：“如女所言。”乃召而问之。云：“某妻昨夜亡，不敢乞假。”嵩遽遣放归。

时至德[5]之后，两河[6]未宁，初置招义军，以釜阳为镇[7]，命嵩固守，控压山东。杀伤之余[8]，军府[9]草创。朝廷复遣女嫁魏博节度使田承嗣[10]男，又遣嵩男娶滑亳节度使令狐彰[11]女。三镇互为姻娅，人使日浃[12]往来。时田承嗣尝患热毒风，遇夏增剧。每曰：“我若移镇山东，纳其凉冷，可缓数年之命。”乃命军中武勇十倍者得三千人，号“外宅男”，而厚恤养之。常令三百人常直州宅。卜选良日，将并潞州。嵩闻之，日夜忧闷，咄咄[13]自语，计无所出，时夜漏将传，辕门已闭，杖策庭除[14]，唯红线从行。红线曰：“主自一月，不遑寝食[15]。意有所属[16]，岂非邻境乎？”嵩曰：“事系安危，非尔能料。”红线曰：“某虽贱品，然亦有解主忧者。”嵩闻其语异，乃曰：“我知汝是异人，我暗[17]昧也。”嵩乃具告其事曰：“我承祖父遗业，受国家厚恩，一旦失其土疆，即数百年勋伐尽矣。”红线曰：“易尔，不足劳主忧也。乞放某一到魏郡，看其形势，观其有无。今一更首途[18]，三更可以复命。请先定一走马，兼具寒暄书，其他即俟某却回也。”嵩大惊曰：“然事若不济，反速其祸，奈何？”红线曰：“某之行，无不济者。”乃入闺房，饰其行具。梳乌蛮[19]髻，攒金凤钗，衣紫绣短袍，系青丝轻履，胸前佩龙文匕首，额上书太乙神[20]名。再拜而行，倏忽不见。

嵩乃反身闭户，背烛危坐。常时饮酒数合[21]。是夕举觞，十余不醉。忽闻晓角吟风，一叶坠露。惊而试问，即红线回矣。嵩喜而慰问曰：“事谐否？”曰：“不敢辱命。”又问曰：“无伤杀否？”曰：“不至是[22]。但取床头金合[23]为信耳。”红线曰：“某子夜前三刻[24]，即到魏郡。凡历数门，遂及寝所。闻外宅男止于房廊，睡声雷动。见军士卒，步于庭庑，传呼风生。某发其左扉，抵其寝帐。田亲家翁止[25]于帐内，鼓趺[26]酣瞑。头枕文犀[27]，髻包黄縠[28]。枕前露稾一七星剑，剑前仰开一金盒，盒内书生身甲子[29]，与北斗神名。复著名香及美珍，散覆其上。扬威玉帐[30]，但期心豁于生前[31]，同梦兰堂[32]，不觉命县于手下。宁劳禽纵[33]，祗益伤嗟。时则蜡炬光凝，炉香烬煨，侍人四布，兵器森罗。或头触屏风，鼾而軃[34]者；或手持巾拂，寝而伸者。某拔其簪珥，縻[35]其襦裳，如病如昏，皆不能寤。遂持金合。既出魏城西门，将行二百里。见铜台高揭[36]，而漳水东注，晨飙动野，斜月在林。忧往喜还，顿忘于行役[37]；感知[38]酬德，仰副于心期[39]。所以夜漏三时，往反七百余里。入危邦，经五六城，冀灭主忧，敢言其苦？"

嵩乃发使，遗承嗣书曰：

> **昨夜有客从魏中来云：自元帅头边获一合，不敢留驻，谨却封纳[40]。**

专使星驰，夜半方到。见搜捕金合，一军忧疑。使者以马挝[41]叩门，非时请见[42]。承嗣遽出，乃以金合授之。奉承之时，惊怛绝倒。遂驻使者止于宅中，狎以私宴[43]，多其赐赉[44]。明日，遣使赍[45]缯帛三万匹、名马二百匹、他物称是[46]，以献于嵩曰："某之首领，系在恩私[47]，便宜知过自新，不复更贻伊戚[48]。专膺指使[49]，敢议姻亲[50]。役当奉毂后车[51]，来则麾鞭前马。所置纪纲[52]仆号为外宅男者，本防他盗，亦非异图。今并脱其甲裳[53]，放归田亩矣。"由是一两月内，河北河南信使交至。

忽一日，红线辞去。嵩曰："汝生我家，而今欲安往？又方赖女[54]，岂可议行？"红线曰："某前世本男子，学江湖间，读神农药书，救世人灾患。时里有孕妇，忽患蛊症[55]。某以芫花下之，妇人与腹中二子俱毙，是某一举杀其三人。阴功见诛，降为女子。使身居贱隶，气禀贼星[56]。所幸生于公家，今十九年矣。使身厌罗绮，口穷甘鲜。宠待有加，荣亦甚矣。况国家建极[57]，庆且无疆[58]。此辈背违天理，当尽弭患[59]。昨往魏郡，以示报恩。两地保其城池,万人全其性命。使乱臣知惧,烈士安谋[60]。在某一妇人,功亦不小。固可赎其前罪,还其本身。便当遁迹尘中,栖心物外[61],澄清一气[62],生死常存。”嵩曰:“不然,遗尔千金为居山之所给。”红线曰:“事关来世,安可预谋?”嵩知不可驻留,乃广[63]为饯别。悉集宾客,夜宴中堂。嵩以歌送红线酒,请坐客中冷朝阳[64]为辞曰:

采菱[65]歌怨木兰舟,送客魂消百尺楼。

还似洛妃乘雾去,碧天无际水空流。

歌毕,嵩不胜悲。红线反袂且泣,因伪醉离席,遂亡其所在。

〔注〕 ① 潞州:州治在今山西长治。 ② 阮咸:琴名,相传为晋代阮咸所创。 ③ 掌笺表:主管起草文书、奏章。 ④ 内记室:相当于私人秘书。 ⑤ 至德:唐肃宗年号(756—758)。 ⑥ 两河:指河北、河中,相当于今山西、陕西一带。 ⑦ 釜(fǔ)阳:在今河北磁县。镇:驻守地。 ⑧ 杀伤之余:指安史之乱以后。 ⑨ 军府:地方军事机构。 ⑩ 魏博:魏州(今河北魏县)和博州(今山东聊城)。田承嗣:唐卢龙(今属河北)人,原为安禄山部将,后降唐,任天雄军节度使,加中书门下平章事(宰相的虚衔),封雁门郡王。 ⑪ 滑亳:滑,滑州。辖境相当于今河南滑县、延津、长垣等县。亳,亳州,唐辖境相当今安徽亳州市、涡阳、蒙城及河南鹿邑、永城等县市地。令狐彰:字伯阳,唐富平(今陕西富平)人,也是安禄山余部,降唐后封滑、亳、魏、博节度使。 ⑫ 日浃(jiā):似应为“浃日”。浃,周匝。古以干支纪日,从甲至癸一周十日为“浃日”,这里犹如说十天半月。 ⑬ 咄咄:叹息声。 ⑭ 除:台阶。 ⑮ 不遑寝食:犹言寝食不安。不遑,本是无暇意,这里可理解为无心思。 ⑯ 属(zhǔ):意思有所专注。 ⑰ 暗:糊涂。 ⑱ 首途:动身。 ⑲ 乌蛮:唐时少数民族名,居住在今云南东南部。 ⑳ 太乙神:道教所信奉的神名,亦称北极神。额上书神名有请神护佑的意思。 ㉑ 合(gě):量器单位,十合为一升。 ㉒ 不至是:不至于这样。 ㉓ 合:同“盒”。 ㉔ 子夜前三刻:古以十二地支纪时,子夜即子时,相当于今夜里二十三点到凌晨一点之间。刻,古时漏水器的计时单位,每昼夜为一百刻,与今谓一刻钟大略相近。 ㉕ 止:休息。 ㉖ 鼓趺(fū):一只脚架在另一只脚上。 ㉗ 文犀:有花纹图案的犀牛皮枕头。 ㉘ 縠(hú):绉纱。 ㉙ 生身甲子:出生年月时辰。 ㉚ 玉帐:主帅的军帐。 ㉛ 心豁于生前:在生前实现自己的野心。 ㉜ 兰堂:卧室。 ㉝ 宁劳擒纵:哪里会以抓住或放掉他为劳烦之事,意即他的生死之权稳操在我的手里。 ㉞ 亸(duǒ):低垂着头。 ㉟ 縻(mí):系,拴。 ㊱ 铜台高揭:铜雀台高高地矗立着。铜雀台,三国时曹操所建,故址在今河南安阳境内。 ㊲ 行役:这里指路途的艰辛。 ㊳ 知:知遇,因被理解而得到重用。 ㊴ 心期:内心的愿望,指报答薛嵩的知遇之恩。 ㊵ 却:送还。纳:收下。 ㊶ 马挝(zhuā):马鞭。 ㊷ 非时请见:在对方不会客的时间请求接见。 ㊸ 狎以私宴:以宴会和亲近的方法来表示(对使者)殷勤。 ㊹ 赐赉(lài):赏赐。 ㊺ 赍(jī):持物赠人。 ㊻ 他物称(chèng)是:其他的礼物也跟上面提到这些相当。 ㊼ 系在恩私:完全取决于你对我个人的感情和恩德,意即我的生死都操在你的手里。 ㊽ 不复更贻伊戚:不要再自找烦恼。 ㊾ 专膺指使:完全接受你的指挥。膺:接受。 ㊿ 敢议姻亲:不敢

因为姻亲关系就不服从指挥。 ㊿ 奉毂(gǔ)后车：跟随在车子后面侍候你。毂，车子的轮轴。 ㊾ 纪纲仆：管家的仆人，这里实指卫队。 ㊿ 甲裳：士兵的武装。 ㊿ 赖女(rǔ)：依靠你。女，通“汝”。 ㊿ 蛊症(gǔ zhēng)：肚子鼓胀的病。 ㊿ 气禀贼星：古代迷信的说法，人的气性都是禀受于上天星宿的，因红线盗合，故称“气禀贼星”。 ㊿ 国家建极：国家正施行中正之道以治理人民，意即政治清明。 ㊿ 庆且无疆：幸福的前途将是无尽的。庆，福泽。且，将。 ㊿ 弭(mǐ)患：本意是消灭祸患，这里作消灭解。 ㊿ 烈士安谋：使有志于建功立业的人(这里指薛嵩)得到万全的谋划。 ㊿ 栖心物外：寄心于尘世之外，即去除世俗的念头。 ㊿ 澄清一气：修性养气，达到(归于一)清静澄澈的境界。 ㊿ 广：盛大。 ㊿ 冷朝阳：唐代诗人，金陵(今江苏南京)人，大历四年(769)进士及第。大历十才子之一。 ㊿ 采菱：即《采菱曲》。

《红线》是唐代传奇中豪侠题材小说的代表作之一。出自传奇集《甘泽谣》。原书一卷九章，已亡，今存明人杨仪(梦羽)所辑，亦存九条。有人怀疑杨辑本是“伪本”，但九章中与《太平广记》所收的八篇相同，文字也少歧异，应该基本上是可信的。本篇见于《太平广记》和明抄本《说郛》。

这是一篇歌颂侠客的小说，带有浓厚的传奇色彩。主人公红线是一个出身微贱的婢女，却有深厚的文化修养，又有高强精绝的武艺，能只身进入“侍人四布，兵器森罗”的中军帐中，将元帅头边的金合盗走而不为人所知觉。她的行为不仅使威震一方的藩镇“惊怛绝倒”，而且因此避免了一场战乱，使“两地保其城池，万人全其性命”。在男尊女卑观念极为普遍的封建时代，能将一个受压迫最深、最被人歧视的下层妇女写得如此出类拔萃，光彩照人，应该说是表现了作者非常可贵的进步思想。

这样的人物在晚唐时期的社会中出现，并反映到传奇小说的创作中来，与当时藩镇割据、社会动乱的历史条件分不开。占地为王，各据一方，互相厮杀、吞并的藩镇，需要这种武艺高强的侠客来为他们服务；同时，久历战乱，不堪其苦的广大劳动人民，也期盼这样的人物来为他们锄暴安良，争得太平世界。因此，红线这样的侠女形象，虽然带有浓厚的神奇色彩，充满浪漫主义的想象，却有其产生的现实土壤，反映了时代生活的一个侧面。

红线的形象塑造得非常鲜明。其间对比手法的应用收到了很好的艺术效果。小说一开头就以她低贱的身份和过人的学识才智构成强烈的反差，使人获得一个初步的印象：此人以青衣的身份而能为一方藩镇“掌笺表”，必非平凡之辈。接着便在藩镇间尖锐冲突的背景下，将身为节度使的薛嵩与红线进行了对比。在魏博节度使田承嗣咄咄逼人的威胁之下，薛嵩是“日夜忧闷”，“计无所出”；而红线竟能从主子“不遑寝食”中，一眼看出是因为“邻境”不安，并表示她“虽贱品，亦有解主忧者”。当薛嵩“具告其事”以后，红线竟不以为意地说：“易尔,不足劳主忧。”并请命到魏郡,且“一更首途,三更可以复命”。在危急的形势面前,地位极其悬殊的两个人,一个无可奈何,忧心忡忡,一个从容镇静,处变不惊。这里,在身份地位的对比中,展示了两个人物在才智、胆识、勇气、魄力等方面的悬殊。小说还借薛嵩之口称红线为“异人”。在还没有展开人物行动的具体描写之前,红线的“异人”风采,就已在读者的想象之中了。

叙事视角的转换造成了叙事的波澜和生动性。用倒叙手法,先写红线盗合归来,再由她口述其经历,既避免了平直单调,又增加了真实性和亲切感。而写她的归来,是用的限知视角,从薛嵩的听觉和感受着笔:“嵩乃返身闭户,背烛危坐。……忽闻晓角吟风,一叶坠露。惊而试问,即红线回矣。”虽极为夸张,但有人物的真实感受作基础,因而显得十分真实。然后再由薛嵩的发问,自然地引入红线的自叙,写她的所见、所闻、所做,使读者恍如身历其境。

小说虽然篇幅不长,但描写相当细致,文辞也极生动。如红线行前,有一段描写她的服饰行装:“梳乌蛮髻,攒金凤钗,衣紫绣短袍,系青丝轻履。胸前佩龙文匕首,额上书太乙神名。”从外在的装束打扮,绘出了她内在的高逸不凡的丰神。而写红线入帐盗合,写帐中侍者的睡态:“时则蜡炬光凝,炉香烬煨,侍人四布,兵器森罗。或头触屏风,鼾而亸者;或手持巾拂,寝而伸者。某拔其簪珥,縻其襦裳,如病如昏,皆不能寤。”描绘逼真,历历在目,映衬出红线动作的轻捷矫健。在自叙中,又插入一段写景:“见铜台高揭,而漳水东注;晨飙动野,斜月在林。”动静结合的景色,传达出主人公从容自喜的心情,情景相生,读来颇富于抒情意味。

本篇明显地受到佛教思想的影响。佛教在唐代本来就很发达,到了晚唐时期,因为社会的不安定,佛教思想的影响就更大了。篇中的红线自叙她本是男身,因误死三人获罪而降为女子,立功赎罪后才又复原其男身。这不仅是佛家轮回思想的表现,而且还表现出男尊女卑的陈腐思想,这种思想由一个武艺才智出众的超尘拔俗的女子口中道出,不免显得荒唐而不协调,有损于人物的美好形象。

本篇对后代文学和戏剧的发展有一定影响。除诗人咏唱,并常用为典故外,宋人话本中有《红线盗合》《薛嵩重红线拔阮》;戏曲方面,明代有杂剧《红线女夜窃黄金盒》,现代有京剧《红线盗合》。

(周先慎)

【作者小传】

姚汝能

唐小说家。生平事迹不详。曾任华阴县尉。作有小说《安禄山事迹》等。

安禄山事迹(节选)　　姚汝能

六载[1]正月二十四日,加兼御史大夫。右相李林甫素与禄山交通,复屡言于玄宗,由是特加宠遇。

玄宗春秋渐高,托禄山心膂之任。禄山每探其旨,常因内宴承欢,奏云:"臣蕃戎贱臣,受主宠荣过甚,臣无异材为陛下用,愿以此身为陛下死。"玄宗不对,私甚怜之。因命皇太子见之。禄山见太子不拜,左右曰:"何为不拜?"禄山曰:"臣蕃人,不识朝仪,不知太子是何官?"玄宗曰:"是储君。朕百岁之后,传位于太子。"禄山曰:"臣愚,比者只知陛下,不知太子,臣今当万死。"左右令拜,禄山乃拜。玄宗尤嘉其纯诚。时贵妃太真宠冠六宫,禄山遂请为养儿。每对见,先拜太真,玄宗问之,奏曰:"蕃人先母后父耳。"玄宗大悦。禄山恩宠浸深,上前应对,杂以谐谑,而贵妃常在座,诏杨氏三夫人约为兄弟。由是,禄山心动。

六载,加御史大夫,封两妻康氏、段氏并为国夫人。禄山尝令麾下将刘骆谷在京伺察朝廷旨意动静,皆并代为笺表,便随所要而通之。御史中丞杨国忠中外敬惮,每禄山登降,扶翼之。右丞相李林甫专宰相柄,威权莫二,见禄山于政事堂,引坐与语。时属冬寒,脱己袍披复之,其为承恩见重也如此。晚年益肥,腹垂过膝,自秤得三百五十斤。每朝见,玄宗戏之曰:"朕适见卿腹几垂至地。"禄山每行,以肩膊左右抬挽其身,方能移步。玄宗每令作胡旋舞,其疾如风。尝夜晏禄山,禄山醉卧,化为一黑猪而龙首,左右遽言之,玄宗曰:"猪龙也,无能为者。"禄山乘驿马诣阙,每驿中闲筑台以换马,不然马辄死。驿家市禄山乘马,以五石土袋试之,能驮者,乃高价市焉,秣饲以候禄山;鞍前更连置一小鞍,以承其腹。禄山肉疾转甚,富贵之已极。每朝,常经龙尾道,未尝不南北睥睨[2],久而方进,即凶逆之萌,常在心矣。禄山旧宅在道政坊,玄宗以其陋隘,更于亲仁坊选宽爽之地，出御库钱更造宅焉。敕所司穷极华丽，不限财物，堂隍院宇，重复窈窱[3]，匼帀诘曲，窗牖绮疏，高台曲池，宛若天造，帏帐幔幕，充牣其中。至于厨厩之内，亦以金银饰其器，虽宫中服御殆不及也。玄宗尝御勤政楼，于御座东闲为设一大金鸡帐，前置一榻，坐之，卷去其帘，以示荣宠。每于楼下宴会，百僚在座，禄山或拨去御帘而出。

七载六月，赐实封三百户，并赐铁券[4]，封柳城郡开国公。诏曰："用奇材者必拔于常伦，立茂绩者亦超于彝典。骠骑大将军兼羽林大将军，员外置同正员兼御史大夫，范阳郡大都督府长史，柳城郡太守，持节范阳节度、经略、度支、营田副大使知节度兼平卢节度使，度支、营田、陆运、押两蕃、渤海、黑水四府经略处置及平卢、河北转运并管内采访等使，上柱国柳城县开国伯安禄山，河岳诞宝，雄武生材；万里长城，镇清边裔；中权决胜，喑(暗)合孙吴。自授以元戎，升之宪府，一心之节逾亮，七擒之策益章。内实军资，丰财以润国；外威戎落，稽颡[5]以输诚。加以忠竭，私诚无隐；畴之旧典，宜誓山河；长平之封，式崇井赋，可柳城郡开国公，仍赐实封三百户，并赐铁券，余如故。"

是月，又加禄山父赠使持节魏郡诸军事，魏郡太守。延偃，夙称干略，素怀节义。仁而有勇，志已慕于韬钤；忠以立身，名早雄于沙漠。克生令胤，实负长才；蕴登坛之良谋，当弄印之荣寄。作镇幽蓟，肃清丑虏，举无遗策，动见奇功。自叶流根，是光干蛊之德；饰终褒美，爰申加等之赠；宜膺宠秩，用慰泉壤。□范阳大都督。

寻进封禄山为东平郡王。制曰："寄重者位崇，勋高者礼厚。钦若古训，抑为旧章。开府仪同三司兼左羽林大将军，员外置同正员，御史大夫，范阳大都督府长史，柳城郡太守，使(持)节范阳节度、经略、度支、营田、陆运、押两蕃、渤海、黑水四府处置及平卢军、河北转运并营田采访使，上柱国柳城郡开国公安禄山，性合韬钤，气禀雄武，声威振于绝漠，捍御比于长城。战必克平,智能料敌。所以擢升台宪,仍杖旌旄。既表勤王之诚,屡伸殄寇之略。顷者,契丹负德,潜怀祸心,乃能运彼深谋,果枭渠帅。风尘攸静,边朔底宁。不示殊恩,孰彰茂绩?疆埸式遏,且殊卫霍之功;土宇斯开,宜践韩彭之秩。可封东平郡王,仍赐实封三百户,余如故。"

九载八月二日,又加〔河〕北道采访处置等使。

天长节,禄山进山石功德及幡花香炉等,命于大同殿安置,朝夕礼谒焉。又进玉石天尊一铺,请于道场所安置。玄宗命置于内暖殿。

是秋,禄山将入朝,乃令于温泉为禄山造宅。又赐永宁园充使院。禄山将及戏水,杨国忠兄弟、虢国姊妹并至新丰以来会焉。飞盖荫野,车骑云屯,所止之处,皆御赐膳,水陆毕备。至温泉赐浴。玄宗计日幸望春宫,以待十六日献俘八千人于观风楼下。赐庄宅各一所,杂彩绫罗、金银器物及声音口等。又赐契丹生女口,大小五十人。考课之日,上考,禄山又自献金银器物、婢及骓马等。

禄山同列皆尚食供馔,其余颁赐品味,备极水陆。玄宗每食一味,稍珍美,必令赐与,中贵⑥相望于道。

又赐永穆公主池亭以为游宴之地。禄山既移居亲仁坊,进表求降墨敕,请宰相至席宴会。是日,玄宗欲于楼下打毬,遂停打毬,命宰相赴焉。玄宗每于苑中〔放〕鹰鹘,所获鲜禽,多走马宣令赐尝。王铁、杨国忠选胜燕乐,必赐梨园教坊音乐,贵妃姊妹亦多在会中。驾幸温泉,必令扈从,赐马,赐衣,香囊珍宝,不知纪极。禄山时染小疾,王人御医重叠复至,煎和汤药皆在禁中。先许禄山于管内上谷郡起五炉铸钱,时又进钱样一千贯文。召禄山男庆绪及女婿归义王李献诚、禄山养儿王守忠、安忠臣等赴阙,到日并赐衣服、玉腰带、锦彩等,仍令尚食供食。其冬久无雪,至十二月十四日乃雪,禄山表贺焉。玄宗批答兼口号以赐之曰:"腊月忻三日(白),嘉平安四邻,预知天下稔,先为物华春。”其见重如此。

十载正月一日,是禄山生日,先日赐诸器物衣服,太真亦厚加赏遗。

其日,又赐陆海诸物,皆盛以金银器,并赐焉。

后三日,召禄山入内,贵妃以绣绷子⑦绷禄山,令内人以彩舆舁之,欢呼动地。玄宗使人问之,报云:“贵妃与禄山作三日洗儿,洗了又绷禄山,是以欢笑。”玄宗就观之,大悦,因加赏赐贵妃洗儿金银钱物,极乐而罢。自是,宫中皆呼禄山为禄儿,不禁其出入。又为河东节度,二月二日,遂加云中太守兼充河东节度采访使,余如故。

〔注〕 ① 六载:指天宝六年。 ② 睥睨:斜眼看人。 ③ 窅窱(yǎo tiǎo):深远貌。④ 铁券:帝王赏赐宠臣以某种特权所颁发的铁制凭据。 ⑤ 稽颡:古代的一种跪拜礼。⑥ 中贵:皇帝所宠幸的宦官。 ⑦ 绣绷子:当中用绣帛绷紧的竹木框。

历史要求真实,要求铁的事实;小说则运用虚构想象,腾挪渲染。在今人看来,两者的区分是十分明显的。可是,在古代,历史和小说则常常纠缠在一起。历史学家喜欢采择传说逸闻,甚至从小说中汲取素材,譬如《晋书》中有些内容取材于《世说新语》。小说家往往从历史著作中去寻觅素材,则更是不争的事实。历代的所谓“杂史”“野史”,大多是徘徊于历史和小说之间的作品。唐人姚汝能所著的《安禄山事迹》就是其中的一个例子。关于姚汝能的生平,宋人就已经不甚了了。我们只是从《新唐书·艺文志》的小注知道,他的身份是“华阴尉”。

《安禄山事迹》这本书分三卷。上卷写安禄山得宠。中卷写他发动叛乱。下卷写他死后余波。平心而论,这本书所记载的安禄山事迹,基本上和历史相符。虚构的成分并不是很大。可是,它又毕竟有一些小说家的笔法,所以也常常被人们看作“小说家言”。在这里,我们只是从上卷中选择了一个片段,来看看里面的“小说家言”。

安禄山这个历史人物本身就具有戏剧性,作者充分地发掘这种戏剧性,从而使安禄山这个历史人物同时又成为一个栩栩如生的文学人物。安禄山是一个没有文化的番将,骁勇能战也是事实。可是,安禄山又很有心计,并非一般的卤莽之徒。他会用金银财宝去结纳交通朝中的权贵巨奸李林甫和其他一切他认为有用的人。每次进宫,他“未尝不南北睥睨,久而方进”。他那憨厚的外表下面包藏着熊熊燃烧的政治野心。为了邀功,他居然常常引诱外族首领参加宴会,“酒中实毒,鸩杀之,动数十人,斩大首领,函以献捷”。安禄山性格的残忍由此可见。

作者的重心是写安禄山得到“圣宠”的经过。通过安禄山邀宠的种种表演,作者将安禄山憨厚其表、奸诈其里,善揣人意、曲意逢迎的性格特征描写得淋漓尽致。安禄山对唐玄宗表示:“臣蕃戎贱臣,受主宠荣过甚,臣无异材为陛下用,愿以此身为陛下死。”这本是非常笨拙的阿谀奉承,但玄宗居然也听不出来。安禄山见了太子不拜,装憨说是“不知太子是何官”,“臣愚,比者只知陛下,不知太子,臣今当万死”。“憨”则憨到连太子是什么人都不知道,“忠”则“忠”到连太子都可以得罪。好像他安禄山心目中只知道有皇上一个人!可是,安禄山的“原则”又未能贯彻到底,他居然先拜贵妃,后拜皇上。这一次他又诡辩说是“蕃人先母后父耳”。话听起来好像非常傻,其实是狡猾之极。表面上是用蕃、汉文化风俗的不同来替自己辩护,其实是一种不露声色的谄媚。孝顺母亲也是汉族提倡的美德。更重要的是,安禄山很明白,贵妃深得皇上的宠爱,奉承贵妃也就是奉承皇上。果然,玄宗不但不生气,反而非常高兴。他是被安禄山的外憨内奸蒙骗住了。安禄山其实是在愚弄玄宗,而玄宗这位太平天子则陶醉在安禄山的奉承之中。作者在形容安禄山的狡黠的同时,不动声色地写出了玄宗的昏庸糊涂。作者在文中花了大量文字不厌其详地来写玄宗对安禄山的赏赐,其目的也在这里。表面上不施褒贬,辛辣的讽刺寄寓在冷静客观的叙述之中,这就是人们常说的所谓“春秋笔法”。安禄山包藏祸心,紧锣密鼓地在准备叛乱,可玄宗却倚为心腹,今天赏赐他铁券,明天给他起造宅第。“玄宗每食一味,稍珍美,必令赐与,中贵相望于道”。诏书中嘉奖安禄山“声威振于绝漠,捍御比于长城”,“万里长城,镇清边裔”,这位抱着极大政治野心的番将竟被誉为捍卫国家安全的万里长城!我们从这些文字中不难领略到讽刺的意味。

这一片段中还有许多细节描写。譬如对于安禄山的肥胖,就写得十分生动。杨贵妃为安禄山做三日洗儿的描写也极具小说意味。至于写安禄山“醉卧,化为一黑猪而龙首”,那就更是一种小说家的笔法。“龙首”是暗示他日后居然称帝之事。“黑猪”是说他毕竟不是什么“真命天子”,当然也是在影射他的肥胖、愚蠢和不自量力。

(张国风)

【作者小传】

裴　铏

唐小说家。生平事迹不详。曾任静海节度使高骈掌书记、侍御史内供奉、成都节度副使加御史大夫。作有小说集《传奇》等。

裴航

裴铏

唐长庆[①]中，有裴航秀才[②]，因下第游于鄂渚[③]，谒故旧友人崔相国[④]。值相国赠钱二十万，远挈归于京，因佣巨舟载于湘、汉。同载有樊夫人，乃国色也。言词问接，帷帐昵洽[⑤]。航虽亲切，无计道达[⑥]而会面焉。因赂侍妾袅烟而求达诗一章，曰："同为胡越[⑦]犹怀想，况遇天仙隔锦屏。倘若玉京[⑧]朝会去，愿随鸾鹤入青云。"诗往，久而无答。航数诘袅烟。烟曰："娘子见诗若不闻，如何?"航无计，因在道求名酝珍果而献之。夫人乃使袅烟召航相识。及褰帷，而玉莹光寒，花明丽景，云低鬟鬓，月淡修眉，举止烟霞外人[⑨]，肯与尘俗为偶！航再拜揖，愕眙[⑩]良久之。夫人曰："妾有夫在汉南[⑪]，将欲弃官而幽栖岩谷，召某一诀耳。深哀草扰[⑫]，虑不及期[⑬]，岂更有情留盼他人，的不然耶[⑭]？但喜与郎君同舟共济，无以谐谑为意耳。"航曰："不敢。"饮讫而归。操比冰霜[⑮]，不可干冒。夫人后使袅烟持诗一章，曰："一饮琼浆百感生，玄霜捣尽见云英。蓝桥便是神仙窟，何必崎岖上玉清[⑯]。"航览之，空愧佩而已，然亦不能洞达诗之旨趣。后更不复见，但使袅烟达寒暄而已。遂抵襄汉[⑰]，与使婢挈妆奁，不告辞而去。人不能知其所造[⑱]。

航遍求访之，灭迹匿形，竟无踪兆。遂饰装归辇下[⑲]。经蓝桥驿[⑳]侧近，因渴甚，遂下道求浆而饮。见茅屋三四间，低而复隘。有老妪缉麻苎。航揖之，求浆。妪咄[㉑]曰："云英，擎一瓯浆来，郎君要饮。"航讶之，忆樊夫人诗有云英之句，深不自会[㉒]。俄于苇箔[㉓]之下，出双玉手，捧瓷瓯。航接饮之，真玉液也。但觉异香氤郁[㉔]，透于户外。因还瓯，遽揭箔，睹一女子，露裛琼英[㉕]，春融雪彩，脸欺腻玉[㉖]，鬓若浓云，娇而掩面蔽身，虽红兰之隐幽谷，不足比其芳丽也。航惊怛植足[㉗]，而不能去。因白妪曰："某仆马甚饥，愿憩于此，当厚答谢，幸无见阻。"妪曰："任郎君自便。"且遂饭仆秣马。良久，谓妪曰："向[㉘]睹小娘子,艳丽惊人,姿容擢世[29],所以踌躕而不能适[30]。愿纳厚礼而娶之,可乎?”妪曰:“渠[31]已许嫁一人,但时未就耳。我今老病,只有此女孙。昨有神仙遗灵丹一刀圭[32],但须玉杵臼捣之百日,方可就吞,当得后天而老[33]。君约取[34]此女者,得玉杵臼,吾当与之也。其余金帛,吾无用处耳。”航拜谢曰:“愿以百日为期,必携杵臼而至,更无[35]他许人。”妪曰:“然。”航恨恨而去。

及到京国[36],殊不以举事[37]为意。但于坊曲[38]、闹市、喧衢而高声访其玉杵臼,曾无影响[39]。或遇朋友,若不相识,众言为狂人。数月余日,或遇一货玉老翁曰:“近得虢州[40]药铺卞老书云‘有玉杵臼货之’。郎君恳求如此,此君吾当为书导达。”航愧荷珍重[41],果获杵臼。卞老曰:“非二百缗[42]不可得。”航乃泻囊,兼货仆货马,方及其数。

遂步骤[43]独挈而抵蓝桥。昔日妪大笑曰:“有如是信士乎?吾岂爱惜女子而不酬其劳哉!”女亦微笑曰:“虽然,更为吾捣药百日,方议姻好。”妪于襟带间解药,航即捣之。昼为而夜息,夜则妪收药臼于内室。航又闻捣药声,因窥之,有玉兔持杵臼,而雪光辉[44]室,可鉴毫芒[45]。于是航之意愈坚。

如此日足,妪持而吞之曰:“吾当入洞而告姻戚,为裴郎具[46]帐帏。”遂挈女入山,谓航曰:“但少留此。”逡巡[47],车马仆隶,迎航而往。别见一大第连云,珠扉晃日,内有帐幄屏帏,珠翠珍玩,莫不臻至[48],愈如[49]贵戚家焉。仙童侍女,引航入帐就礼讫。航拜妪悲泣感荷。妪曰:“裴郎自是清冷裴真人子孙[50],业当出世[51],不足深愧[52]老妪也。”及引见诸宾,多神仙中人也。后有仙女,鬟髻霓衣[53],云是妻之姊耳。航拜讫。女曰:“裴郎不相识耶?”航曰:“昔非姻好,不醒拜侍[54]。”女曰:“不忆鄂渚同舟回而抵襄汉乎?”航深惊怛,恳悃[55]陈谢。后问左右,曰:“是小娘子之姊云翘夫人,刘纲仙君[56]之妻也。已是高真[57],为玉皇之女吏。”妪遂遣航将妻入玉峰洞中,琼楼珠室而居之,饵以绛雪琼英之丹,体性清虚,毛发绀绿[58],神化自在[59],超为上仙。

至太和⑩中，友人卢颢遇之于蓝桥驿之西。因说得道之事。遂赠蓝田美玉十斤、紫府⑪云丹一粒，叙话永日，使达书于亲爱。卢颢稽颡⑫，曰："兄既得道，如何乞一言而教授？"航曰："老子曰：'虚其心，实其腹⑬。'今之人，心愈实，何由得道之理。"卢子懵然⑭。而语之曰："心多妄想，腹漏精溢，即虚实可知矣。凡人自有不死之术，还丹⑮之方，但子未便可教，异日言之。"卢子知不可请，但终宴而去。后世人莫有遇者。

〔注〕 ① 长庆：唐穆宗年号(821—824)。 ② 秀才：唐代泛称由各省选送到礼部参加进士考试的士子为"秀才"，与明清时期指举人考试前所获得的"秀才"意义不同。 ③ 鄂渚：鄂州的别称，州治在今湖北武汉。 ④ 相国：古代对宰相的别称。唐代以中书侍郎、门下侍郎或"中书门下平章事"为宰相，名额不定。 ⑤ 帷帐昵(nì)洽：连上句意思是：两人相距很近，只隔着一道帷帐，互相问答，言辞亲切。 ⑥ 道达：同"导达"，这里指传情达意。 ⑦ 同为胡越：指两人相处天南地北，距离遥远。 ⑧ 玉京：道家以为天帝居住的地方。 ⑨ 烟霞外人：尘世以外的人，即超凡拔俗的仙人。 ⑩ 愕眙(chì)：吃惊地直视。 ⑪ 汉南：县名，今湖北宜城。 ⑫ 草扰：心情烦乱不安。 ⑬ 虑不及期：担心不能如期赶到那里。 ⑭ 的不然耶：难道不是的的确确这样的吗？ ⑮ 操比冰雪：品德像冰雪般纯洁。 ⑯ 玉清：最高的仙境。 ⑰ 襄汉：泛指襄阳一带。 ⑱ 所造：所去的地方。 ⑲ 辇(niǎn)下：京城。 ⑳ 蓝桥驿：故地在今陕西西安附近蓝田县。 ㉑ 咄：呼唤。 ㉒ 深不自会：仔细思考也不能理解。 ㉓ 苇箔：用苇子编织成的帘子。 ㉔ 氤(yīn)郁：浓郁。 ㉕ 露裛(yì)琼英：如带露的鲜花那么娇艳美丽。琼英：如玉般的花朵。 ㉖ 欺：赛过。 ㉗ 惊怛(dá)植足：惊骇得发呆，站在那里一动不动。 ㉘ 向：刚才。 ㉙ 擢世：超出于尘世。 ㉚ 适：离开。 ㉛ 渠：她。 ㉜ 一刀圭：等于说一调羹，一勺。刀圭是一种量取药物的工具。 ㉝ 后天而老：比天后老，即长生不老。 ㉞ 约取：犹约娶，即订婚。 ㉟ 无：同"毋"，不要。 ㊱ 京国：京城。 ㊲ 举事：科举考试之事。 ㊳ 坊曲：犹言胡同。 ㊴ 曾无影响：竟然一点消息也没有。 ㊵ 虢(guó)州：唐州名，州治在今河南灵宝市南。 ㊶ 愧荷珍重：为受到这样热情的重视和关怀而感到惭愧。 ㊷ 二百缗(mín)：二百贯。古以丝绳串钱，故以一千文为一贯，亦称一缗。 ㊸ 步骤：快步。 ㊹ 辉：照耀。 ㊺ 可鉴毫芒：可以照见极纤细的东西。 ㊻ 具：准备。 ㊼ 逡(qūn)巡：不一会儿。 ㊽ 臻至：达到了极点。 ㊾ 愈如：超过。 ㊿ 自是：原本是。清冷：神仙的道号。真人：道教称得道成仙的人为真人。 51 业当出世：犹如说命里注定应该成仙。佛家称人的作为叫"业"，业必有果，善业得善果。 52 不足：不值得。愧：感谢。 53 霓衣：色彩鲜亮的衣服。 54 不醒拜侍：记不得在哪儿见过面。 55 悬悃(kǔn)：诚恳。 56 刘纲仙君：刘纲字伯经，三国时吴人，曾任上虞令。有道术，后挈妻子樊云翘在四明山中修炼成仙。 57 高真：道行很高的神仙。 58 清虚：这里指体性的轻盈近于无有的境界。绀(gàn)绿：碧绿。绀，一种深青而带红的颜色。 59 神化自在：能自由地变化。 60 太和：唐文宗年号(827—835)。 61 蓝田美玉：蓝田，山名，以产美玉著名，在陕西蓝田县东南。紫府：神仙居住之府。 62 稽颡(sǎng)：以额触地的磕头礼，是古时最重的敬礼。颡，额头。 63 虚其心，实其腹：指道家的一种修炼方法，即清心寡欲而保养身体。语出《老子》上篇第三

章。 ⑭ 懵然：糊里糊涂，莫名其妙的样子。 ⑮ 还丹：道家方术之一，将丹砂放入炉内炼成水银，然后又还原为丹砂，传说服后可成仙。

本篇出自传奇小说集《传奇》。

这是唐人传奇中描写人和神仙恋爱的代表作。

唐末社会，战乱频仍，当时一般人尤其是知识分子找不到出路，因而陷于空虚苦闷，以至追求幻想，信奉道教。这是神仙故事产生的现实基础。本篇作者的本意在表现一种神仙出世的思想，篇末借成了仙而有了人生彻悟的裴航之口，引用了《老子》的话："虚其心，实其腹。"(《老子》的原文是提供圣人统治百姓的方法，使人民无智无欲而能吃饱饭，与引文的意思略有不同)，实际上起到一种点题的作用。在今天看来，这种出世成仙的思想当然不可取，而像裴航那样又能得道成仙，又能娶美女为妻的好事，也只不过是一种幻想。但我们从中也可以看出当时的社会风习和人们的精神特征。单从这个角度看，这篇小说也有其一定的认识意义。不过，这个优美的爱情故事曾经吸引了历代无数的读者，其主要原因当然并不在于它表现了一种虚无缥缈的神仙思想，而在于它热情地赞扬了一种超出于世俗功利观念的美好爱情和对这种爱情的执著追求。

最初裴航只是出于对樊夫人的美的吸引而产生追慕的感情，他根本不知道樊夫人原来是个神仙，更无意于因追慕她而使自己也成为神仙。后来在蓝桥驿又因偶然的机缘为云英之美所吸引，产生爱恋之情，也只是出于对理想的情人的追求，既不顾对方不过是个居住在三四间低隘茅屋中的寒门女子的微贱身份，也不顾这种爱的追求对自己功名前程的影响。除了爱本身之外，他并没有其他的功利目的，没有其他的追求，包括得道成仙。虽然故事的结局裴航确实得道成仙，并在这一点上得到作者的肯定和赞颂，但在裴航本人，却是不期然而得到的，并非他追求的目的。

更值得注意的是，他的爱情追求的历程并非一帆风顺，而是克服了重重困难，经历了种种考验和曲折。他是个落第秀才，境遇并不好，好不容易得到朋友的慷慨赠予才有了二十万钱。但为了对理想爱情的追求，先是不惜"求名酝珍果"，"纳厚礼"于所追求的人，后来为了买玉杵臼，竟"泻囊，兼货仆货马，方及其数"。不但"殊不以举事为意"(要知道当时的士人是以举业为安身立命之基的)，而且根本不考虑钱花光以后的生活怎么过。而在仙人那一面，云英之祖母也只是看重裴航的真诚，对"其余金帛，吾无用处耳"，是毫不动心的。老妪已初步属意于裴航，但并未立即答应他要娶云英的请求，而是与云英共同设置了两重对裴航来说并不算小的考验。第一重是老妪以百日为期，要他携玉杵臼而至；第二重

裴 航

——《绘像列仙传》

是云英要他为她“捣药百日，方议姻好”。这两重考验的目的，就是要看他是否真诚。当他不顾一切牺牲，克服重重困难，在坚定不移中表现了执著与真诚，证明自己确是一个说话算话的“信士”时，他才得到了他所追求的爱情和幸福，并不期然地成了仙界中人。如果我们摒弃这个故事神仙道术的迷信外衣，又不局限于追求爱情的狭隘理解，那么，我们还能从中得到“有志者事竟成”一类的思想启示。

为了表现裴航追求爱情的执著与坚定，作者将故事情节组织得曲折多变，波澜起伏。初识樊夫人只是整个爱情故事的序幕，但已能见出作者曲折为文的笔致。裴航因爱慕之情“无计道达”而“达诗一章”，可是“诗往，久而无答”，从希望到失望；及出“褰帷”相见，惊愕之余，却得知其“有夫在汉南”，原来是个已婚女子。而且对方明告他“无以谐谑为意”，“操化冰霜，不可干冒”。简直是毫无希望了。而一“抵襄汉，与使婢挈妆奁，不告辞而去。人不能知其所造”。这时，裴航的爱慕与追求就几乎完全陷入了绝境。但临别前却又意外地赠诗一章，而“览后不能洞达诗之旨趣”。在扑朔迷离中，设置悬念，才引入到蓝桥相会的主体故事。

在主体故事中，从云英之名使裴航想起樊夫人诗句而又“深不自会”，到苇箔之下见其“出双玉手”，到求娶而得到“渠已许嫁一人”的答复，再到得玉杵臼“以百日为期”之约，直到捣药百日而实现美满的结合，入山为仙，达到“体性清虚，毛发绀绿，神化自在”的美妙境地，一路写来，极尽曲折婉转之致。

由于是写人仙恋爱故事，因而全篇充满一种高风绝尘、缥缈神逸的仙风仙气。这种气氛与情调的营构，也是作者的自觉追求。虽然樊夫人的仙女身份直到裴航入山后才明确点出，但处处都向读者暗示她的身份、容貌、行为、精神等都有超尘脱俗之处。如写裴航“褰帷”所见，是：“玉莹光寒，花明丽景，云低鬟鬓，月淡修眉，举止烟霞外人”，便已透露出她的神仙身份。后面写云英也是如此，虽居于茅屋之中，但捧瓷瓯的手是一双“玉手”，捧出的饮水是玉液琼浆。而裴航揭箔所见，又是“露裛琼英，春融雪彩，脸欺腻玉，鬓若浓云，娇而掩面蔽身，虽红兰之隐幽谷，不足比其芳丽也”。而关于玉兔捣药的描写，“雪光辉室，可鉴毫芒”，在奇幻中让人恍如进入了一个神仙世界。

小说的文笔精练而优美，文采藻丽中表现出缠绵邈远的情致，将恋爱故事渲染得十分动人。而对男主人公裴航的刻画，更注意到通过人物的行为情态，来揭示其内在的感情心理。如他初见樊夫人时是“愕眙良久之”；因急于一睹云英的风采，借还瓯之机而“遽揭箔”；可是当见到女子真容时，竟又“惊怛植足，而不能去”。在许诺老妪以百日为期后，是“恨恨而去”。在坊曲闹市多方寻求玉杵臼而不得时，竟“遇朋友若不相识，众言为狂人”。一旦得到玉杵臼，“遂步骤独挈而抵蓝桥”。用语不多，却通过外在行为情态的准确描写而深入地揭示了人物内在的精神情志。

裴航与云英的故事在后世流传甚广，旧诗词中多见题咏，“蓝桥相会”已成为人们熟知的表示爱情的典故。宋元话本有《裴航遇云英于蓝桥》《蓝桥记》等，元明戏曲则有吕天成《蓝桥记》、杨文炯《玉杵记》、龙朱陵《蓝桥记》等。（周先慎）

封陟传 裴铏

宝历[①]中，有封陟孝廉者，居于少室。貌态洁朗，性颇贞端，志在典坟[②]，僻于林薮[③]。探义而星归腐草，阅经而月坠幽窗。兀兀孜孜，俾夜作昼，无非搜索隐奥，未尝暂纵惕[④]时日也。书堂之畔，景像可窥，泉石清寒，桂兰雅淡，戏猱[⑤]每窃其庭果，唳鹤频栖于涧松。虚籁[⑥]时吟，纤埃昼阒[⑦]。烟锁阒篁[⑧]之翠节，露滋踯躅[⑨]之红葩。薜蔓衣垣[⑩]，苔茸毯砌。时夜将午，忽飘异香酷烈，渐布于庭际。俄有辎軿[⑪]自空而降，画轮轧轧，直凑檐楹。见一仙姝，侍从华丽，玉佩敲磬，罗裙曳云[⑫]，体欺皓雪之容光，脸夺芙蕖之艳冶，正容敛衽而揖陟曰：“某籍本上仙，谪居下界，或游人间五岳，或止海面三峰[⑬]。月到瑶阶，愁莫听其凤管[⑭]；虫吟粉壁，恨不寐于鸯衾。燕浪语而徘徊[⑮]，鸾虚歌而缥缈。宝瑟休泛，虬觥懒斟[⑯]。红杏艳枝，激含嚬于绮殿；碧桃芳萼，引凝睇于琼楼。既厌晓妆，渐融春思。伏见郎君坤仪濬洁[⑰]，襟量端明，学聚流萤[⑱]，文含隐豹[⑲]。所以慕其真朴，爱以孤标，特谒光容，愿持箕帚[⑳]。又不知郎君雅旨如何?”陟摄衣朗烛，正色而坐，言曰：“某家本贞廉，性唯孤介。贪古人之糟粕，究前圣之指归[㉑]。编柳苦辛，燃粕幽暗，布被粝食，烧蒿茹藜[㉒]。但自固穷，终不斯滥，必不敢当神仙降顾。断意如此，幸早回车。”姝曰：“某乍造门墙，未申悬迫，辄有诗一章奉留，后七日更来。”诗曰：

谪居蓬岛别瑶池，春媚烟花有所思。

为爱君心能洁白，愿操箕帚奉屏帏。

陟览之,若不闻。云軿既去,窗户遗芳,然陟心中不可转也。

后七日夜,姝又至,骑从如前时。丽容洁服,艳媚巧言,入白陟曰:"某以业缘遽萦,魔障欻[23]起,蓬山瀛岛,绣帐锦宫,恨起红茵,愁生翠被。难窥舞蝶于芳草,每妒流莺于绮丛,靡不双飞,俱能对跱[24]。自矜孤寝,转懵空闺。秋却银缸[25],但凝眸于片月;春寻琼圃,空抒思于残花。所以激切前时,布露丹恳,幸垂采纳,无阻精诚。又不知郎君意竟如何?"陟又正色而言曰:"某身居山薮,志已颛蒙[26],不识铅华,岂知女色。幸垂速去,无相见尤。"姝曰:"愿不贮其深疑[27],幸望容其陋质。辄更有诗一章,后七日复来。"诗曰:

弄玉[28]有夫皆得道,刘刚[29]兼室尽登仙。
君能仔细窥朝露[30],须逐云车拜洞天。

陟览之又不回意。

后七日夜,姝又至,态柔容冶,靓衣明眸。又言曰:"逝波难驻,西日易颓,花木不停,薤露非久。轻沤[31]泛水,只得逡巡;微烛当风,莫过瞬息。虚争意气,能得几时?恃此韶颜,须臾槁木。所以君夸容鬓,尚未凋零,固止绮罗,贪穷典籍。及其衰老,何以任持?我有还丹,颇能驻命。许其依托,必写襟怀。能遣君寿例三松,瞳方两目[32],仙山灵府,任意追游。莫种槿花,使朝晨而骋艳;休敲石火,尚昏黑而流光。"陟乃怒目而言曰:"我居书斋,不欺暗室。下惠为证,叔子为师[33]。是何妖精,苦相凌逼?心如铁石,无更多言。傥若迟回,必当窘辱。"侍卫谏曰:"小娘子回车!此木偶人,不足与语。况穷薄当为下鬼,岂神仙配偶耶?"姝长吁曰:"我所以恳恳者,为是青牛道士之苗裔[34]。况此时一失,又须旷居六百年,不是细事。於戏[35]!此子大是忍人。"又留诗曰:

萧郎[36]不顾凤楼人,云涩回车泪脸新。
愁想蓬瀛归去路,难窥旧苑碧桃春。

辎軿出户,珠翠响空,泠泠箫笙,杳杳云露,然陟意不易。

后三年，陟染疾而终，为太山[37]所追，束以大锁，使者驱之，欲至幽府。忽遇神仙骑从，清道甚严。使者躬身于路左，曰："上元夫人[38]游太山耳。"俄有仙骑召使者与囚俱来。陟至彼，仰窥，乃昔日求偶仙姝也，但左右弹指悲嗟。仙姝遂索追状，曰："不能于此人无情。"遂索大笔判曰："封陟性虽执迷，操惟坚洁。实由朴戆，难责风情，宜更延一纪[39]。"左右令陟跪谢，使者遂解去铁锁，曰："仙官已释，则幽府无敢追摄。"使者却引归，良久苏息。后追悔昔日之事，恸哭自咎而已。

〔注〕 ① 宝历：唐敬宗年号(825—827)。 ② 典坟：泛指古代典籍。 ③ 僻于林薮(sǒu)：隐居在丛林深处。 ④ 愒(kài)：荒废。 ⑤ 戏猱(náo)：与人嬉戏的猴子。 ⑥ 虚籁：空中的声音。 ⑦ 阒(qù)：止，息。 ⑧ 阒篁：幽静的竹子。此之"阒"字为安静之意。 ⑨ 踯躅(zhí zhú)：杜鹃的别称。 ⑩ 衣垣：此"衣"字与下之"毯"字均用为动词。 ⑪ 辎軿(zī píng)：古代贵族妇女所乘有屏帏的车。 ⑫ 玉佩敲磬，罗裙曳云：玉佩相撞，如敲磬之声，长裙飘飘，好像带了白云。 ⑬ 三峰：指传说中的蓬莱、方丈、瀛洲三仙山。 ⑭ 凤管：即凤箫。此句说月出后，她不愿听到凤箫的声音。下句说听到虫吟，她在绣了鸳鸯的被子中却因幽恨而不能入眠。 ⑮ 燕浪语而徘徊：听到燕子亲密的呢喃她惆怅地徘徊。下句同。 ⑯ 宝瑟休泛，虬觥(qiú gōng)懒斟：懒得弹琴，懒得喝酒。虬觥，一种龙形的酒杯。 ⑰ 坤仪濬(jùn)洁：坤仪本指大地，此指美丽的外表。濬洁，当为峻洁，即光明坦荡。 ⑱ 学聚流萤：学习如车胤那么勤奋。车胤小时很穷，点不起蜡，便收集萤火虫来读书。 ⑲ 文含隐豹：有隐豹那样的文采。传说豹子隐于雾中，十天不食，以使其皮毛更鲜艳亮泽。 ⑳ 箕帚：本指家内洒扫之事，后代指妻子。 ㉑ 指归：即旨归，精义。 ㉒ 烧蒿茹藜：烧的是蒿草，吃的是藜菜。 ㉓ 欻(xū)：突然而至。 ㉔ 靡不双飞，俱能对跱(zhì)：没有不一起飞的，又都能双双栖息。跱，即峙，止息之意。 ㉕ 银缸：即灯。 ㉖ 颛(zhuān)蒙：愚昧。 ㉗ 愿不贮其深疑：希望不要保持太深的成见与疑惑。 ㉘ 弄玉：相传为春秋时秦穆公的女儿，她的丈夫萧史善吹箫，一次引来了凤凰，便与弄玉一起乘凤化仙而去。 ㉙ 刘刚：汉朝人，相传他与妻子同在四明山修道，后也一起登仙。 ㉚ 君能仔细窥朝露：若你能仔细留意朝露的短暂，你就会赶着云车去拜神仙了。 ㉛ 轻沤(ōu)：水面上的水泡。 ㉜ 瞳方两目：传说仙人都是重瞳的。 ㉝ 下惠为证，叔子为师：下惠，即春秋时柳下惠，其有坐怀不乱之称。叔子，即西晋羊祜，其一生嗜读《左传》。封陟用此意在说明他既如羊祜一样好学，又如柳下惠一样方正。 ㉞ 青牛道士之苗裔：后汉方士封衡，常骑一青牛，故自号青牛道士。封陟也姓封，故说是封衡的子孙。 ㉟ 於戏：感叹词，音读为"呜呼"。 ㊱ 萧郎：即弄玉的丈夫萧史。 ㊲ 太山：指掌管泰山的神。 ㊳ 上元夫人：传说中之高仙道君弟子，位为三天真皇之母。 ㊴ 一纪：十二年。

本篇出自裴铏《传奇》。

小说讲的是仙、人相会却失之交臂的故事，就像一首提琴二重奏，大提琴坚毅深沉，小提琴清亮明快，把人们带进一个超凡脱俗的艺术世界。

这首乐曲的引子是一幅深山读书图：明月山间照，清泉石上流。轻烟笼罩着碧绿的竹林，寒露滋润着杜鹃的红花。薜荔的蔓像衣带一样，缭绕着墙垣，苔藓的芽像绒毯一样铺满了阶沿。在这美丽的世外桃源里，秀才封陟以星月为伴，猿鹤为友，研习经典，孜孜不倦。只知书中自有精义在，不知书外还有颜如玉；只知山中清风朗月不用一钱买，不知世上滚滚红尘还有情无价。幽雅的景致衬着优雅的人品，把一个性情正直端方的书生形象凸显在我们眼前。

第一乐章——仙女思春曲。枝头鲜艳的红杏，惹得仙女在绣殿中皱眉；含苞未放的碧桃，引得仙女在玉楼中凝望。身居琼楼玉宇心向人间凡尘。于是，春思渐浓，来到人间，向封陟敛袖行礼：自陈心绪，落落大方；自荐为妻，情真意切。不想封陟安贫乐道，心不为动。一个由慕人而表情，一个因爱书而绝情，这是二重奏的第一乐章。

第二乐章——仙女伤春曲。秋天吹熄银灯，只是凝望天空的明月；春天闲步琼园，空把情思寄托于落花。成双作对的莺燕蝴蝶，衬着孤独难眠的闺中仙女。于是，春愁难遣，二度人间，向封陟巧言慧语：自陈闲愁，幽怨如泣；再表诚心，深情如故。不想封陟心性愚鲁，不识粉黛。一个由孤独而渴望情，一个因愚鲁而拒绝情，这是二重奏的第二乐章。

第三乐章——仙女叹春曲。逝去的流水难以停驻，西斜的太阳容易沉落。泛水的泡沫，转眼即逝；当风的微烛，莫过瞬息。但见人世，春光易逝，人生易老；秀颜难驻，须臾枯木。于是，春恨难消，三度人间，向封陟执意相求：自陈忧虑，有理有节；自荐仙丹，共赴灵府，有情有义。不想封陟心如铁石，怒而斥之，仙女只好带着满面泪痕回车走向艰难的云程。一个由人生易逝而执著情，一个因嗜读成癖而羞辱情，这是二重奏的第三乐章。

最后尾声是一幅泰山放生图。当病死的封陟在泰山遇到仙女时，心里懊悔，弹指悲叹；而当痴情的仙女在牒文判其还生时，封陟更是恸哭自责，追悔不已。这里飘然而去的不只是仙女，而是封陟生命中不可或缺的导师；这里死而复活的不只是肉体，还有封陟生命中不可或缺的灵魂。于是，“深山读书图”中的“木头人”终于有了生机，有了灵气。而从麻木到清醒，从无情到有情，从“木头人”到真正的人，却是以死过一次为代价的。显然，这里作者所要表现的是一个与刘晨、阮肇遇仙空返一类的悲剧。然而，它给我们的启示却是对人类感情的珍惜，对生命意义的思考。

本篇最大的艺术特点就是在大提琴和小提琴的二重奏中所表现出来的反衬效果。这种效果又具体表现在故事的结构和形象的描写之中。封陟是个孝廉，读书于少室山中。仙女月夜降临，动之以人伦之情，表示"愿持箕帚"，结果被封陟骂跑了，只留下"为爱君心能洁白"之诗；过了七天仙女又来，又被封陟撵走，只留下"君能仔细窥朝露"之诗；过七天仙女再来，晓之以生命之义，结果又遭到痛斥驱赶，于是仙女只得惆怅而去，留下"萧郎不顾凤楼人"之憾。作者通过三会三别的结构形式，强调了一种不协调的品质：仙女的言谈和赠诗，有如明快清亮的小提琴奏鸣曲，贯穿的是人性和对人世幸福的向往和追求的主旋律，而封陟的言谈和行为，就像坚毅低沉的大提琴奏鸣曲，表现的是人性的窒塞和书蠹的僵硬麻木，两相对照已颇含反衬意味。三年后，封陟死去，在被拘往地府时路过泰山，恰与当日向他求爱的仙女相遇。由于仙女为之求情，遂得延长一纪之命。仙女在判状上写道："封陟性虽执迷，操惟坚洁。实由朴戆，难责风情"，"执迷"与"坚洁"，"朴戆"与"风情"，恰恰形成矛盾对立，话语之间，反衬意味显而易见。结局是封陟复活后，"追悔昔日之事，恸哭自咎不已"。不悔不咎尚是一个名副其实的正人君子，即悔即咎则自我否定了前生的"坚洁"，愈发活现出迂腐书生的可笑可鄙。于是，作者所要表达的对社会和人生的看法，便借着反衬这一构思自然而然地表现出来。

（陈惠琴）

郑德璘传

裴 铏

贞元[①]中，湘潭尉郑德璘，家居长沙，有亲表居江夏，每岁一往省焉。中间涉洞庭，历湘潭，多遇老叟，棹舟而鬻菱芡，虽白发而有少容。德璘与语，多及玄解。诘曰："舟无糗粮，何以为食？"叟曰："菱芡耳。"德璘好酒，长挈松醪春[②]过江夏，遇叟无不饮之。叟饮，亦不甚愧荷。德璘抵江夏，将返长沙，驻舟于黄鹤楼下。傍有鹾贾[③]韦生者，乘巨舟，亦抵于湘潭，其夜与邻舟告别饮酒。韦生有女，居于舟之柁舻，邻女亦来访别，二女同处笑语。夜将半，闻江中有秀才吟诗曰：

物触轻舟心自知，风恬浪静月光微。
夜深江上解愁思，拾得红蕖香惹衣。

邻舟女善笔札，因睹韦氏妆奁中有红笺一幅，取而题所闻之句，亦吟哦良久，然莫晓谁人所制也。及旦，东西而去。

德璘舟与韦氏舟同离鄂渚信宿，及暮，又同宿，至洞庭之畔，与韦生舟楫颇以相近。韦氏美而艳，琼英腻云，莲蕊莹波，露濯蕣姿，月鲜珠彩，于水窗中垂钩。德璘因窥见之，甚悦，遂以红绡一尺，上题诗曰：

纤手垂钩对水窗，红蕖秋色艳长江。
既能解珮投交甫[④]，更有明珠乞一双。

强以红绡惹其钩，女因收得，吟玩久之，然虽讽读，即不能晓其义。女不工刀札，又耻无所报，遂以钩丝而投夜来邻舟女所题红笺者。德璘谓女所制，凝思颇悦，喜畅可知，然莫晓诗之意义，亦无计遂其款曲。由是女以所得红绡系臂，自爱惜之。

明月清风，韦舟遽张帆而去。风势将紧，波涛恐人，德璘小舟不敢同越，然意殊恨恨。将暮，有渔人语德璘曰："向者贾客巨舟，已全家没于洞庭耳。"德璘大骇，神思恍惚，悲惋久之，不能排抑。将夜，为吊韦姝诗二首，曰：

湖面狂风且莫吹，浪花初绽月光微。
沉潜暗想横波泪，得共鲛人相对垂。

又曰：

洞庭风软荻花秋，新没青娥细浪愁。
泪滴白蘋君不见，月明江上有轻鸥。

诗成，酹而投之。精贯神祇，至诚感应，遂感水神，持诣水府。府君览之，召溺者数辈曰："谁是郑生所爱？"而韦氏亦不能晓其来由。有主者搜臂，见红绡而语府君。曰："德璘异日是吾邑之明宰，况曩有义相及，不可不曲活尔命。"因召主者携韦氏送郑生。韦氏视府君，乃一老叟也。逐主者疾趋而无所碍，道将尽，睹一大池，碧水汪然，遂为主者推堕其中，或沉或浮，亦甚困苦。时已三更，德璘未寝，但吟红笺之诗，悲而益苦。忽觉有物触舟，然舟人已寝，德璘遂秉炬照之，见衣服彩绣，似是人物，惊而拯之，乃韦氏也，系臂红绡尚在。德璘喜骤。良久，女苏息，及晓，方能言，乃说："府君感君而活我命。"德璘曰："府君，何人也？"终不省悟。遂纳为室。感其异也，将归长沙。

后三年,德璘当调选,欲谋醴陵⑤令。韦氏曰:“不过作巴陵⑥耳。”德璘曰:“子何以知?”韦氏曰:“向者水府君言:‘是吾邑之明宰。’洞庭乃属巴陵,此可验矣。”德璘志之。选,果得巴陵令。及到巴陵县,使人迎韦氏。舟楫至洞庭侧,值逆风不进,德璘使佣篙工者五人而迎之。内一老叟,挽舟若不为意,韦氏怒而唾之。叟回顾曰:“我昔水府活汝性命,不以为德,今反生怒?”韦氏乃悟,恐悸,召叟登舟,拜而进酒果,叩头曰:“吾之父母当在水府,可省觐否?”曰:“可。”

须臾,舟楫似没于波,然无所苦。俄到往时之水府,大小倚舟号恸。访其父母,父母居止,俨然第舍,与人世无异。韦氏询其所须,父母曰:“所溺之物,皆能至此,但无火化,所食唯菱芡耳。”持白金器数事而遗女,曰:“吾此无用处,可以赠尔,不得久停。”促其相别。韦氏遂哀恸别其父母。叟以笔大书韦氏巾曰:

昔日江头菱芡人,蒙君数饮松醪春。
活君家室以为报,珍重长沙郑德璘。

书讫,叟遂为仆侍数百辈自舟迎归府舍。俄顷,舟却出于湖畔,一舟之人咸有所睹。德璘详诗意,方悟水府老叟,乃昔日鬻菱芡者。

岁余,有秀才崔希周投诗卷于德璘,内有《江上夜拾得芙蓉》诗,即韦氏所投德璘红笺诗也。德璘疑诗,乃诘希周。对曰:“数年前,泊轻舟于鄂渚,江上月明,时当未寝,有微物触舟,芳馨袭鼻,取而视之,乃一束芙蓉也,因而制诗。既成,讽咏良久。敢以实对。”德璘叹曰:“命也!”然后更不敢越洞庭。德璘官至刺史。

〔注〕 ① 贞元:唐德宗年号(785—804)。 ② 松醪春:唐代一种名酒,唐人喜以“春”为酒命名。 ③ 鹾贾:盐商。 ④ 交甫:指郑交甫,据汉刘向《列仙传》:郑交甫在江汉之湄遇江妃二女,心悦她们的玉佩,二女解而赠之。这就是“解佩投交甫”的典故。 ⑤ 醴陵:即今湖南醴陵市。 ⑥ 巴陵:即今湖南岳阳市。

本篇是晚唐小说名家裴铏所著《传奇》中的一篇,但《太平广记》卷一五二定数类收此文，谓出《德璘传》，而不说它出自《传奇》，可见本篇在唐宋时曾作为单篇独立存在过。

《传奇》是一部小说集。裴铏是文学史上第一个用"传奇"来称小说的作家。我们习惯上称为"唐传奇"的文学体裁，原先并没有这个类名，而是每篇单独命名的，如《莺莺传》《李娃传》《南柯太守传》，用"传奇"来称这样的短篇创作小说，确实是在裴铏写了《传奇》之后的事。

《传奇》原有三卷，宋时尚存，后来有所散佚，清人和今人辑得三十余篇，大致面貌遂可窥见。综观这部小说集，人们能够发现，它的题材范围较广，涉及不少历史传说和地方风物；人物类型较多，除官吏文人、僧道处士、后妃妾侍外，还有武将侠客；有些篇章除一般演述故事外，还有较为深广的寓意，如《马拯》篇前半写人与虎僧的搏斗，已寓"虎蒙佛面，害人更剧而不觉"的警世之意，后半写大批被虎所食的伥鬼又为虎帮凶，更是对本身被毒害被欺骗又反过来害别人的愚众的当头棒喝。但是，在本书中所占比重最大、最能体现作者艺术手法和风格的，还是人神（仙、鬼）恋爱遇合故事，像《裴航》《封陟》《文箫》《萧旷》等，都是非常脍炙人口、影响深远的名篇，《郑德璘传》也是很精彩的一篇。

这篇小说写的是一个青年书生的奇遇。在往还洞庭湖的旅次，郑德璘结识了一位以卖菱芡为生、"虽白发而有少容"的老叟。而一次在江夏（今湖北武汉）黄鹤楼下泊舟时，他又与邻舟之女韦氏相悦，并题诗红绡赠之，韦氏接诗甚喜，把这段红绡系在臂上，无比地爱惜。不久，因湖上风波，韦氏女所乘的船翻沉。郑生得到消息，哀痛不已，做了两首悼诗，酹祭后投入湖中。他的一片至诚，感动了水府的使者，遂把他的悼诗呈给洞庭府君。这位府君其实就是那位卖菱芡的老头，他出于友谊，又因郑生将会担任岳阳县令，洞庭正在他的管辖之下，决定帮助郑生，就下令让韦氏复活，并将她一直送到郑生船旁。他们幸福地结合了，但始终不明白究竟是谁帮了他们。这是故事的上半段，是一个情节颇为曲折而浪漫气息浓郁的爱情传奇。

在这段故事的叙述中，作者下功夫描绘韦氏的美艳和郑生的才情，将才子佳人相悦相爱的心理与举动刻画得相当细腻，如小说写韦氏爱才而并不懂诗，收到郑生的红绡题诗后，珍爱有加却又无从回报，情急之下就用女友所抄的一首诗权作回赠。这一描叙非常贴切地画出了一个文化不高而情窦初开的少女，而又极为巧妙地留下了一条伏线，为篇末的照应作好了准备。在这一段，作者的创作功力还表现在叙事有条不紊，该叙的叙，该留的留，引导读者跟着他的叙述兴味盎然地往下读。如写洞庭府君，只说他棹舟而鬻菱芡，白发而少容，语多玄解，能饮，饮郑生好酒而并不愧谢等等。这些都很具象，究竟为何如此，作者并不急于揭晓，但能使人觉得这老头不简单，产生恐怕有些来头的疑问，而这就是一个悬念。到水府解救韦氏的一段，还是故意不把洞庭府君和卖菱老头联系起来，作者很沉得住气，读者在猜测中也增添了阅读的趣味。再者，韦氏和邻舟女同舟笑语，夜闻江上秀才吟诗，邻女将诗抄录在红笺上，既写了少女的生活和情怀，在结构上又有上述的伏线作用，同时也为韦氏对郑生的回赠作了必要的准备，可谓一举三得，作者在构思上的用心于此可见。

小说的后半，主要是各个悬念的揭晓，但有两点内容值得注意。一是对官员作威作福的警示和诫劝。二是对命运自有定数观念的渲染。这两点今天看来，似可有一正一负的评价，然而都是当初作者有意之所为。第一点，当郑生真的做了巴陵令，迎妻上任之时，船至洞庭逆风难行，韦氏作为官太太对挽船民工颇作威福，见一个老人稍有懈怠，便“怒而唾之”。但这人恰好就是洞庭府君(因为没有揭晓，韦氏起初也没看出来)，他愤怒地说：“我昔水府活汝性命，不以为德，今反生怒?”韦氏这才吓得对他改容礼拜。洞庭府君——挽船民工的这番话，在小说的特定情境中是有具体所指的，但读者却不妨将其意扩而大之，理解为是一般老百姓在对统治者说：你们靠我们的贡献而活着，不以为德，反而要来辱骂迫害我们吗？小说作者也许并无如此明确的意识，但看他让韦氏立刻感悟，改变态度的写法，则可以推知他是不满于当官的对老百姓恩将仇报，而主张对老百姓好一些的。第二点，结合故事悬念的一一揭晓，作者把小说中发生的一切都归为定数。这既是对一系列事件因果的解释，也是出于收束故事以完篇的需要。如秀才崔希周的诗被邻船之女抄在红笺上，又借韦氏之手传递到郑生那里，为他俩的定情和姻缘奠定基础，一些偶然的事件促使婚姻定数得以实现；再如郑生之结识洞庭府君，又注定要为巴陵令，而其妻之命为洞庭府君所救，且上任之际一定要在洞庭湖上相遇，等等，这些也是一种定数。定数观念也许是古人曾坚信过的，今人已很难再认同。今日我们主要是欣赏他的小说结构艺术，看他如何把散见的故事线索和悬念在篇终前一一收拢，做到滴水不漏，至于定数观念，只需付之一笑就行了。

(董乃斌)

昆仑奴

裴铏

大历①中有崔生者，其父为显僚，与盖代②之勋臣一品者熟。生是时为千牛③，其父使往省一品疾。生少年美貌如玉，性禀孤介，举止安详，发言清雅。一品命妓④轴帘召生入室。

生拜传父命。一品忻然爱慕，命坐与语。时三妓人，艳皆绝代，居前以金瓯贮含桃[⑤]而擘之，沃以甘酪而进。一品遂命衣红绡妓者，擎一瓯与生食。生少年，赧妓辈[⑥]，终不食。一品命红绡妓以匙而进之，生不得已而食。妓哂[⑦]之。遂告辞而去。一品曰："郎君闲暇，必须一相访，无间老夫也。"命红绡送出院。时生回顾，妓立三指，又反三掌[⑧]者，然后指胸前小镜子，云："记取。"余更无言。

生归，达一品意，返学院[⑨]，神迷意夺，语减容沮，怳然[⑩]凝思，日不暇食。但吟诗曰："误到蓬山[⑪]顶上游，明珰[⑫]玉女动星眸。朱扉半掩深宫月，应照琼芝雪艳[⑬]愁。"左右莫能究其意。

时家中有昆仑奴[⑭]磨勒，顾瞻郎君曰："心中有何事，如此抱恨不已。何不报老奴？"生曰："汝辈何知，而问我襟怀间事？"磨勒曰："但言，当为郎君解释。远近必能成之。"生骇其言异，遂具告知。磨勒曰："此小事耳，何不早言之，而自苦耶？"生又白其隐语。勒曰："有何难会。立三指者，一品宅中有十院歌姬，此乃第三院耳。反掌三者，数十五指，以应十五日之数。胸前小镜子，十五夜月圆如镜，令郎来耶。"生大喜，不自胜，谓磨勒曰："何计而能导达我郁结？"磨勒笑曰："后夜乃十五夜，请深青绢两匹，为郎君制束身之衣。一品宅有猛犬守歌妓院门，非常人不得辄入，入必噬杀之。其警如神，其猛如虎，即曹州[⑮]孟海之犬也。世间非老奴不能毙此犬耳。今夕当为郎君挝杀之。"遂宴犒以酒肉。至三更，携链椎而往，食顷而回曰："犬已毙讫，固无障塞耳。"

是夜三更，与生衣青衣，遂负而逾十重垣，乃入歌妓院内，止第三门。绣户不扃，金釭[⑯]微明，惟闻妓长叹而坐，若有所俟。翠环初坠，红脸才舒，玉恨无妍[⑰]，珠愁转莹[⑱]。但吟诗曰："深谷莺啼恨阮郎[⑲]，偷来花下解珠珰[⑳]。碧云飘断音书绝，空倚玉箫愁凤凰[㉑]。"侍卫皆寝，邻近阒然[㉒]。生遂缓搴[㉓]帘而入。良久，验是生。姬跃下榻执生手曰："知郎君颖悟，必能默识，所以手语耳。又不知郎君有何神术，而能至此？"生具告磨勒之谋，负荷而至。姬曰："磨勒何在？"曰："帘外耳。"遂召入，以金瓯酌酒而饮之。姬白生曰："某家本富，居在朔方[24]。主人拥旄[25]，逼为姬仆。不能自死，尚且偷生。脸虽铅华，心颇郁结。纵玉箸举馔，金炉泛香，云屏而每进绮罗，绣被而常眠珠翠，皆非所愿，如在桎梏。贤爪牙既有神术，何妨为脱狴牢[26]？所愿既申，虽死不悔。请为仆隶，愿侍光容。又不知郎君高意如何？"生愀然不语。磨勒曰："娘子既坚确如是，此亦小事耳。"姬甚喜。磨勒请先为姬负其囊橐妆奁，如此三复焉。然后曰："恐迟明。"遂负生与姬而飞出峻垣十余重。一品家之守御，无有警者。遂归学院而匿之。

及旦，一品家方觉。又见犬已毙。一品大骇曰："我家门垣，从来邃密[27]，扃锁甚严，势似飞腾，寂无形迹，此必侠士而挈之。无更声闻[28]，徒为患祸耳。"

姬隐崔生家二载，因花时驾小车而游曲江[29]，为一品家人潜志认。遂白一品。一品异之。召崔生而诘之事，惧而不敢隐，遂细言端由：皆因奴磨勒负荷而去。一品曰："是姬大罪过。但郎君驱使逾年，即不能问是非[30]。某须为天下人除害。"

命甲士五十人，严持兵仗，围崔生院，使擒磨勒。磨勒遂持匕首飞出高垣，瞥若翅翎[31]，疾同鹰隼，攒矢如雨，莫能中之。顷刻之间，不知所向。然崔家大惊愕。后一品悔惧，每夕多以家童持剑戟自卫。如此周岁方止。

后十余年，崔家有人见磨勒卖药于洛阳市，容颜如旧耳。

〔注〕 ① 大历：唐代宗年号(766—779)。 ② 盖代：功勋地位在当时无人可比。一品者：官级最高的官员。 ③ 千牛：又称"千牛备身"，唐代设左右千牛卫，为皇宫执刀禁卫军的长官。千牛为锋利之刀名，意谓割千牛而刀刃不卷。 ④ 妓：此指歌伎。 ⑤ 含桃：樱桃。 ⑥ 赧(nǎn)妓辈：在歌伎面前不好意思。赧，脸红。 ⑦ 哂(shěn)：笑。 ⑧ 反三掌：将手掌翻转三次。 ⑨ 学院：犹言书房。 ⑩ 恍然：精神恍惚的样子。 ⑪ 蓬山：即蓬莱，蓬壶，传说中海上仙山之一。这里借指一品的府第。 ⑫ 明珰：泛指闪亮的玉饰物。玉女，仙女。动星眸：闪动着明亮的眼神。 ⑬ 琼芝雪艳：比喻纯洁美丽的女子。 ⑭ 昆仑奴：唐宋时期对

昆仑地区被迫为奴隶的人的泛称。昆仑,古地区名,大约指称今天中印半岛南部及南洋诸岛,后又因以指称这一地区的人。　⑮ 曹州:唐州名,州治在今山东曹县。孟海,人名,不详,有人疑即隋末曹州农民起义领袖孟海公。　⑯ 金缸(gāng):金制的豪华灯盏。　⑰ 玉恨无妍:因愁恨而失去美艳的神采。　⑱ 珠愁转莹:也因愁恨而独具一种明丽动人的情韵。　⑲ 阮郎:指阮肇。《神仙传》载,东汉时刘晨、阮肇入天台山逢仙女,留桃源洞中半年,思归,至家时子孙已七世。　⑳ 解珠珰:解下自己的佩物赠给自己所爱的人,意指自己被引动了情思。　㉑"空倚"句:用《列仙传》中秦穆公女弄玉及其夫萧史吹玉箫引来凤凰仙去的典故,怨恨崔生不来。㉒ 阒(qù)然:形容寂静无声。　㉓ 搴(qiān):揭起。　㉔ 朔方:唐代袭用汉郡名,设朔方节度使,防卫西北边境。这里泛指北方。　㉕ 拥旄(máo):意指率军的统帅。旄,旄节,为皇帝赐给方镇统帅的符信。这里指任朔方节度使。　㉖ 狴(bì)牢:监牢。旧时监狱门上装有象征威力的狴犴(hān)形象。狴犴是传说中的一种凶猛的动物,龙所生,形似虎,凶猛有力。　㉗ 邃密:深严。　㉘ 无更声闻:不要向外声张。　㉙ 曲江:又名曲江池,唐时长安的游览胜地,每年三月三日官僚贵族及长安市民游乐宴饮于此,极为繁盛。　㉚ 不能问是非:意即不再追究问罪。　㉛ 瞥若翅翎:一闪而过,像长着翅膀一样飞去。

本篇出于裴铏《传奇》,《太平广记》录载。

这是一篇豪侠与爱情相结合的故事。小说带有浓厚的传奇色彩,却反映了非常现实的内容,它热情地歌颂了两个身处下层的人物:豪侠之士磨勒和追求自由与爱情的歌伎红绡女。

磨勒身为奴隶,却聪明机智,勇武过人,能急人之难,救人于水火之中,有一副炽热的侠义心肠。作者将一个地位低贱的奴隶写得如此超凡出众,既肯定他高强的本领,又歌颂他的侠义精神。这种态度在封建时代是很进步的。

红绡女出身富豪,却沦为歌伎。她是一个有思想,有识见,热爱自由,反抗压迫的女性形象。她鄙弃富贵,对一品府中奢侈豪华、锦衣玉食的生活,视若"狴牢",表现了她独立的人格和卓异的思想。她抓住为崔生送行的一瞬时机,用"立三指""反三掌"的手语暗约崔生,既大胆敏捷,又含蓄谨慎,表现了她的机警和聪慧。"所愿既申,虽死不悔。请为奴仆,愿侍光容。"表现了她追求自由和爱情的坚定和果决。由于她的身份地位,她对人身自由和爱情幸福的追求是紧紧地结合在一起的。她对爱情幸福的追求值得同情、肯定;磨勒对她的热情救助也值得赞美、歌颂。

崔生是一个次要人物,但也有鲜明的性格,给人留下较深刻的印象。他虽然出身于一个显赫的官僚家庭,却并没有侈奢浮浪的习性,而是"举止安详,发言清雅",甚至在艳丽绝代的歌伎面前羞涩得连美食都不敢进。对身处下贱的歌伎的情意,给以积极的真诚的回报,以至于"神迷意夺,语减容沮,恍然凝思,日不暇食",完全是一个情痴的形象。磨勒为他救出红绡妓后,他竟隐藏在家里过了两

——明万历刻本《昆仑奴》插图

年美满幸福的生活。不过值得注意的是，他的智慧、才能、勇气，都在磨勒和红绡女之下，最终也只是一个陪衬人物，作者在艺术上对人物配置和关系的处理是恰到好处的。

小说还反映了唐代大官僚阶级骄奢淫佚和凶狠残暴的罪行。篇中的“一品者”，相传是影射唐代的大功臣郭子仪的。声名昭著的功臣尚且如此，那些无恶不作的权奸佞臣，就可想而知了。

本篇在艺术表现上显得精练、简劲。篇幅不长，但磨勒神奇的本领，轩爽的豪气，写来情态活跃如画。对这个形象的刻画，作者主要从两方面着笔：一方面是通过他的言语行动，正面表现他的机警、沉着、豪爽、侠义等思想性格特点。如对崔生的吟诗和忧伤，“左右莫能究其意”，唯独磨勒能窥见他“襟怀间事”，而且出言不逊，声言不论何事都能“为郎君解释。远近必能成之”。当知道是为热恋红绡而不可得时，竟毫不经意地说：“此小事耳，何不早言之。”接着又写他解会红绡的手语，巧杀一品家的猛犬，写他负崔生“而逾十重垣”，到防守极严的歌伎院与红绡相见；又写他成全红绡追求崔生的“坚确”意愿，三次反复为她“负其囊橐妆奁”，然后“负生与姬而飞出峻垣十余重”，帮助两个有情人实现了结合，而“一品家之守御，无有警者”。如此等等，都是极写其超凡的技艺和过人的勇力。通过这一系列的正面描写，一个带有传奇色彩的豪侠人物，便虎虎有生气地出现在读者的面前。

另一方面，又采用虚写的手法，即通过别人对他武艺和勇力的评价和心理反应等加以烘托、渲染、反衬，使人物形象更加鲜明突出。开始是崔生“骇其言异”；接着是崔生与红绡女见面，女“跃下榻执生手曰：‘知郎君颖悟，必能默识，所以手语耳。’”读者知道这是称美错了对象，真正颖悟的实际是磨勒，这是借红绡之口来赞扬他；然后是红绡女在崔生面前直接称赞他：“贤爪牙既有抻术，何妨为脱狴牢？”这已经不是一般的赞扬了，而是因其术之神，竟至把自己追求自由幸福的希望寄托在他的身上；最后是事发而“一品大骇”，认为红绡之失，来者“势似飞腾，寂无形迹，此必侠士而挈之”。由“一品”之口点出他是一位武艺精绝的“侠士”，并且产生畏惧之心，嘱咐家人不要向外声张，否则“徒为患祸耳”。小说结尾更见神奇，写“一品”命甲士五十人“围崔生院，使擒磨勒”，结果是“攒矢如雨，莫能中之。顷刻之间，不知所向”。不仅“崔家大惊愕”，连“一品”也“悔惧”，“每夕多以家童持剑戟自卫”。如此虚实相间，正面描写再穿插上侧面的渲染烘托，磨勒的形象就更加丰满和突出了。

《昆仑奴》的故事，后世多改编为戏剧。元代有戏文《磨勒盗红绡》，明代杨讷有《盗红绡》、梁辰鱼有《红绡女手语传情》、梅鼎祚有《昆仑奴剑侠成仙》杂剧等。

（周先慎）

聂隐娘 裴 铏

聂隐娘者，贞元中魏博[①]大将聂锋之女也。年方十岁，有尼乞食于锋舍，见隐娘，悦之，云："问押衙[②]乞取此女教。"锋大怒，叱尼。尼曰："任押衙铁柜中盛，亦须偷去矣。"及夜，果失隐娘所向。锋大惊骇，令人搜寻，曾无影响。父母每思之，相对涕泣而已。

后五年，尼送隐娘归，告锋曰："教已成矣，子却领取。"尼欻[③]不见。

一家悲喜，问其所学。曰："初但读经念咒，余无他也。"锋不信，恳诘。隐娘曰："真说又恐不信，如何？"锋曰："但真说之。"曰："隐娘初被尼挈，不知行几里。"及明，至大石穴之嵌空[④]，数十步寂无居人。猿狖[⑤]极多，松萝益邃[⑥]。已有二女，亦各十岁。皆聪明婉丽，不食，能于峭壁上飞走，若捷猱登木，无有蹶失。尼与我药一粒，兼令长执宝剑一口，长二尺许，锋利吹毛，令刲[⑦]逐二女攀缘，渐觉身轻如风。一年后，刺猿狖百无一失；后刺虎豹，皆决其首而归；三年后能飞，使刺鹰隼，无不中。剑之刃渐减五寸，飞禽遇之，不知其来也。至四年，留二女守穴，挈我于都市，不知何处也。指其人者，一一数其过，曰：'为我刺其首来，无使知觉。定其胆[⑧]，若飞鸟之容易也。'受以羊角匕首，刀广三寸，遂白日刺其人于都市，人莫能见。以首入囊，返主人舍，以药化之为水。五年，又曰：'某大僚有罪，无故害人若干，夜可入其室，决其首来。'又携匕首入室，度其门隙，无有障碍，伏之梁上。至暝，持得其首而归。尼大怒曰：'何太晚如是？'某云：'见前人戏弄一儿，可爱，未忍便下手。'尼叱曰：'已后遇此辈，先断其所爱，然后决之。'某拜谢。尼曰：'吾为汝开脑后，藏匕首而无所伤，用即抽之。'曰：'汝术已成，可归家。'遂送还，云：'后二十年，方可一见。'锋闻语甚惧。

后遇夜即失踪，及明而返。锋已不敢诘之。因兹也不甚怜爱。

忽值磨镜少年及门，女曰："此人可与我为夫。"白父，父不敢不从，遂嫁之。其夫但能淬[9]镜，余无他能。父乃给衣食甚丰，外室而居。

数年后，父卒。魏帅稍知其异，遂以金帛署为左右吏[10]。

如此又数年。至元和[11]间，魏帅与陈许[12]节度使刘昌裔[13]不协，使隐娘贼其首。隐娘辞帅之许。刘能胜算，已知其来。召衙将，令来日早至城北，候一丈夫、一女子，各跨白黑卫[14]至门，遇有鹊前噪，丈夫以弓弹之不中，妻夺夫弹，一丸而毙鹊者，揖之云："吾欲相见，故远相祗迎[15]也。"衙将受约束[16]，遇之。隐娘夫妻曰："刘仆射[17]果神人。不然者，何以洞吾也。愿见刘公。"刘劳之。隐娘夫妻拜曰："合负仆射，万死[18]。"刘曰："不然，各亲其主，人之常事。魏今与许何异。愿请留此，勿相疑也。"隐娘谢曰："仆射左右无人，愿舍彼而就此，服公神明也。"知魏帅之不及刘。刘问其所须。曰："每月只要钱二百文足矣。"乃依所请。

忽不见二卫所之。刘使人寻之，不知所向。后潜收[19]布囊中，见二纸卫，一黑一白。

后月余，白刘曰："彼未知住[20]，必使人继至。今宵请剪发，系之以红绡，送于魏帅枕前，以表不回。"刘听之。至四更，却返曰："送其信了。后夜必使精精儿来杀某及贼仆射之首。此时亦万计杀之。乞不忧耳。"刘豁达大度，亦无畏色。是夜明烛，半宵之后，果有二幡子，一红一白，飘飘然如相击于床四隅。良久，见一人望空而踣[21]，身首异处。隐娘亦出曰："精精儿已毙。"拽出于堂之下，以药化为水，毛发不存矣。

隐娘曰："后夜当使妙手空空儿继至。空空儿之神术，人莫能窥其用，鬼莫得蹑其踪，能从空虚而入冥[22]，善无形而灭影。隐娘之艺，故不能造其境。此即系仆射之福耳[23]。但以于阗[24]玉周其颈，拥以衾，隐娘当化为蠛蠓[25]，潜入仆射肠中听伺，其余无逃避处。”刘如言。至三更，瞑目未熟，果闻项上铿然，声甚厉。隐娘自刘口中跃出，贺曰：“仆射无患矣。此人如俊鹘[26]，一搏不中，即翩然远逝，耻其不中，才未逾一更[27]，已千里矣。”后视其玉，果有匕首划处，痕逾数分。自此刘转厚礼之。

自元和八年，刘自许入觐[28]，隐娘不愿从焉。云：“自此寻山水访至人[29]。”但乞一虚给[30]与其夫。刘如约，后渐不知所之。

及刘薨于统军[31]，隐娘亦鞭驴而一至京师柩前，恸哭而去。

开成年[32]，昌裔子纵除陵州刺史，至蜀栈道，遇隐娘，貌若当时。甚喜相见，依前跨白卫如故。语纵曰：“郎君大灾，不合适此。”出药一粒，令纵吞之。云：“来年火急抛官归洛，方脱此祸。吾药力只保一年患耳。”纵亦不甚信。遗其缯彩，隐娘一无所受，但沉醉而去。

后一年，纵不休官，果卒于陵州。自此无复有人见隐娘矣。

〔注〕 ① 贞元：唐德宗年号(785—805)。魏博：唐方镇名，为魏(州)博(州)节度使军府的简称，治所在魏州(今河北大名)。 ② 押衙：本为职掌仪仗和侍卫的官名，这里泛指武将。 ③ 欻(xū)：同“欻”，很快。 ④ 嵌空(kòng)：玲珑貌。 ⑤ 狖(yòu)：长尾猿。 ⑥ 邃(suì)：深远。 ⑦ 刳(zhuān)：同“专”。 ⑧ 定其胆：犹言放大胆量。 ⑨ 淬(cuì)：把金属烧红后放入水中叫淬火，这是磨青铜镜的一道工序。 ⑩ 署为左右吏：委任他们担任近身的侍卫。 ⑪ 元和：唐宪宗年号(806—820)。 ⑫ 陈许：陈州和许州。陈州州治在今河南淮阳，许州州治在今河南许昌。 ⑬ 刘昌裔：字光后，太原阳曲人，当时任陈许节度使。 ⑭ 卫：驴子。 ⑮ 祗(zhī)迎：敬迎。 ⑯ 受约束：接受命令。 ⑰ 仆射(yè)：唐代中央政府的最高行政机关尚书省未设尚书令，而设左右仆射，为尚书省的副长官。此时刘昌裔尚未授左仆射衔，或为作者误记。 ⑱ 合负仆射，万死：意为对不起仆射，罪该万死。 ⑲ 收：同“搜”。 ⑳ 住：住手。 ㉑ 踣(bó)：倒下。 ㉒ 冥：指深幽之处。 ㉓ 系：依靠。福：福气，命运。 ㉔ 于阗(tián)：古西域国名，旧址在今新疆和田，以产美玉闻名。周：围绕。 ㉕ 蠛蠓(miè méng)：一种小飞虫，白色，头上有絮毛。 ㉖ 俊鹘(hú)：凶猛的鹰隼。 ㉗ 未逾一更：没有超过一个更次的时间。 ㉘ 入觐(jìn)：进京朝见皇帝。 ㉙ 至人：得道的高人。 ㉚ 虚给：只领薪俸而不干实事的闲职。 ㉛ 薨(hōng)于统军：死于统军的任内。元和八年(813)，宪宗以检校尚

书左仆射兼左龙武统军之职，召刘昌裔入朝，不久即死。　㉜ 开成年：唐文宗年号（836—840）。

本篇出自裴铏《传奇》，《太平广记》录载。

这是一篇带有神秘色彩的传奇故事。主人公聂隐娘是一位道术和武艺都极高的侠女，事虽奇幻，却也反映了一定的现实内容。

聂隐娘这样的侠女是晚唐时期藩镇割据、社会动乱的产物。她们有除暴安良的一面，对那些“无故害人若干”、罪行累累的大官僚，可以夜决其首，这显然在一定程度上反映了受压迫人民的愿望。但是另一方面，她们又是藩镇之间互相争夺和倾轧的工具。聂隐娘弃魏帅而就刘昌裔，作者写她是出于对刘“神明”的佩服，并未涉及这些人的政治品德和对人民的态度。因此从本质上来看，事魏和事刘，实际上都是为藩镇割据势力服务，并没有什么区别。

小说分为前后两个部分。前面部分主要写聂隐娘的得道过程和在其师父指点下诛除奸恶的活动。虽由聂隐娘转述，写得比较简略，但嫉恶如仇、除恶务尽的思想感情，还是表现得相当强烈的。特别是其中一个细节写得尤为突出：隐娘领其师之命去诛杀一有罪的大僚，决其首而归，其师竟怒斥她完成任务太晚，隐娘解释是因为其人在戏弄一可爱小儿，所以不忍立即下手。师父却叱之曰：“已（以）后遇此辈，先断其所爱，然后决之。”虽然伤及无辜不值得肯定，但对作恶多端的大僚的强烈愤恨却溢于言外，而这种感情与当时无权无力的广大被压迫者无疑是相通的。因此，聂隐娘形象的塑造在一定程度上反映了人民群众的愿望和要求。

后半部分主要写聂隐娘在魏帅和刘昌裔之间背离和投靠的关系变化。小说明确地提供了引起人物关系变化的现实的政治背景，即“魏帅与陈许节度使刘昌裔不协”，这就在客观上表现了聂隐娘为藩镇势力服务的严重局限性。起初，她因道术行为之“异”而被魏帅看重，“遂以金帛署为左右吏”，目的当然是收买她夫妻二人为自己的争权夺利服务。果然几年之后，就派她去取政治场中的对手刘昌裔之首。而隐娘之背魏而归刘，又仅仅是因为“刘能胜算”，同样是一个有道术的“神人”。虽然小说写她对刘“每月只要钱二百文足矣”，并非出于获得高报酬的功利目的，有其超出于常人的高洁的一面；但其后写她殚精竭虑为刘服务，先为其诛杀魏帅派来行刺的精精儿，后又用计击退了道术武艺都高出于己的空空儿对刘的搏击，因而得到刘对她的优厚礼遇。这些地方都表现出，她忠实地为刘卖力，只不过是藩镇手中的工具而已，读来不免使人闻到一种令人不快的奴才气息。

还有一点值得提出的是，聂隐娘的身份是一个大将军的女儿，却能主动地选择一个贫贱的磨镜工人做丈夫，作者或许是要借此表现这位得道的侠女超尘出俗、不同于世人的面目，但无疑也表现了作者在一定程度上突破了当时十分普遍的门阀观念束缚的进步思想。

本篇在艺术表现上的一个突出特点，是有意出奇，多方面地渲染浓厚的神秘气氛，为主人公的形象涂上一层传奇色彩。聂隐娘本是魏博大将聂锋之女，是一个普普通通的世俗少女，但十岁时被一乞食的神秘女尼摄走。她的失踪，就是她的得道成侠的开始，本身十分奇异，以致令其父母"大惊骇"。五年后回家，对家人自述其得道过程：从"猿狖极多，松萝益邃"的环境，到"于峭壁上飞走，若捷猱登木"，以达致"身轻如风"的训练，再到女尼授药及"锋利吹毛"的宝剑，以及终三年而"使刺鹰隼，无不中"的精绝技艺，无不神秘莫测而使人惊异。以后师父挈带她到都市诛除恶人，回家后主动选择磨镜少年为夫，以及后来同精精儿、空空儿的斗法等等一系列不同寻常的行为，都活现出一个超尘拔俗的侠女形象。但为了神化主人公，追求奇幻效果而夸饰过度，也不免使形象带上某种妖气而受到一定损害。如剪纸为黑白卫（毛驴），即可当作坐骑，用毕又可收入囊中；能为人预测吉凶，并授人仙药，服后可保一年无患等，都可以说是小说中的败笔。这些带有神秘色彩的奇异描写，对后世奇幻莫测、荒诞不经的剑侠小说，从正面和负面都产生了一定的影响。

宋人话本有《西山聂隐娘》，已佚；今存清代尤侗的杂剧《黑白卫》，都是据此改编的。

（周先慎）

后土夫人传① 佚 名

京兆韦安道，起居舍人真之子。举进士，久不第。唐大定②年中，于洛阳早出，至慈惠里西门。晨鼓初发，见中衢有兵仗，如帝者之卫。前有甲骑数十队，次有官者，持大杖，衣画袴袖，夹道前驱，亦数十辈。又见黄屋左纛，有月旗而无日旗。又有近侍、才人、宫监之属，亦数百人。中有飞伞，伞下见衣珠翠之服，乘大马，如后之饰。美丽光艳，其容动人。又有后骑，皆妇人才官，持钺，负弓矢，乘马，从亦千余人。时，天后③在洛，安道初谓天后之游幸。时天尚未明，问同行者，皆云不见。又怪衢中金吾街吏，不为静路。久之渐明，见其后骑一宫监驰马而至，安道因留问之："前所过者，非人主乎？"宫监曰："非也。"安道请问其事，宫监但指慈惠里之西门曰："公但自此去，由里门循墙而南，行百余步，有朱扉西向者，扣之问其由，当自知矣。"

安道如其言扣之。久之，有朱衣官者出应门曰："公非韦安道乎？"曰："然。"官者曰："后土夫人相候已久矣。"遂延入。见一大门如戟门者。官者入通，顷之，又延入。有紫衣宫监与安道叙语于庭，延一宫中，置汤沐。顷之，以大箱奉美服一袭，其间，有青袍、牙笏、绶及巾靴毕备，命安道服之。宫监曰："可去矣。"遂乘安道以大马，女骑道从者数人。宫监与安道联辔，出慈惠之西门，由正街西南，自通利街东行，出建春门，又东北行约二十余里，渐见夹道戍守者拜于马前而去。凡数处，乃至一大城。甲士守卫甚严，如王者之城。凡经数重，遂见飞楼连阁，下有大门，如天子之居，而多宫监。安道乘马，经翠楼朱殿而过。又十余处，遂入一门内。行百步许，复有大殿，上陈广筵重乐，罗列樽俎。九奏万舞，若钧天之乐。美妇人十数，如妃主之状，列于筵左右。前所与同行宫监，引安道自西阶而上。顷之，见殿内宫监如赞者，命安道西间东向而立。顷之，自殿后门，见卫从者先罗立殿中，乃微闻环珮之声。有美妇人，备首饰袆衣，如谒庙之服，至殿间西向，与安道对立，乃是昔于慈惠西街飞伞下所见者也。宫监乃赞曰："后土夫人乃冥数合为匹偶。"命安道拜，夫人受之；夫人拜，安道受之，如人间宾主之礼。遂去礼服，与安道对坐于筵上。前所见十数美妇人亦列坐于左右，奏乐饮馔，及昏而罢。则以其夕偶之，尚处子也。如此者盖十余日，所服御饮馔，皆如帝王之家。

夫人因谓安道曰："某为子之妻。子有父母，不告而娶，不可谓礼。愿从子而归，庙见[4]尊舅姑。得成妇之礼，幸也。"安道曰："诺。"因下令，命车驾即日告备。夫人乘黄犊之车，车有金翠瑶玉之饰，盖人间所谓库车也。上有飞伞覆之。车徒傧从，如慈惠之西街所见。安道乘马，从车而行。安道左右侍者十数人，皆材官宦者之流。行十余里，有朱幕城供帐，女吏列后，乃行宫供顿之所。夫人遂入供帐中，命安道与同处，所进饮馔华美。顷之，又去。下令命所从车骑减去十七八。相次又行三数里，复下令去从者。乃至建春门，左右才有二十骑人马，如王者之游。

既入洛阳，欲至其家。安道先入，家人怪其车服之异，安道遂见其父母。二亲惊愕久之，谓曰："不见尔者，盖月余矣，尔安适耶？"安道拜而明言曰："偶为一家迫以婚姻。"言新妇即至，故先上告。父母惊问未竟，车骑已及门矣。遂有侍婢及阉奴数十辈，自外正门传绣茵绮席，罗列于庭，及以翠屏画帷饰于堂门。左右施细绳床一，请姑舅对座。遂自门外设二锦步障，夫人衣礼服，垂珮而入。修妇礼毕，奉翠玉金瑶罗纨，盖十数箱，为人间贺遗之礼，置于姑舅之前。爰及叔伯诸姑家人，皆蒙其礼。因曰："新妇请居东院。"遂又有侍婢阉奴，持房帷供帐之饰，置于东院，修饰甚周，遂居之。

父母相与忧惧，莫知所来。是时天后朝，法令严峻，惧祸及之，乃具以事上奏请罪。天后曰："此必魅物也，卿不足忧。朕有善咒术者，释门之师九思、怀素二僧，可为卿去此妖也。"因招九思、怀素往。僧曰："此不过妖魅狐狸之属，以术去之易耳。当先命于新妇院中设馔，置坐位，请期翌日而至。"真归，具以二僧之语命之。新妇承命，具馔设位，辄无所惧。明日，二僧至。既毕馔端坐，请与新妇相见，将施其术。新妇遽至，亦致礼于二僧。二僧忽若物击之，俯伏称罪，目眦鼻口流血。又具以事上闻。天后问之，二僧对曰："某所以咒者，不过妖魅鬼物。此不知其所从来，想不能制。"天后曰："有正谏大夫明崇俨，以太一异术制录天地诸神祇，此必可使也。"遂诏崇俨。崇俨谓真曰："君可以今夕于所居堂中洁诚坐，以候新妇所居室上，见异物至而观。其胜则已，或不胜，则当更以别法制之。"真如其言,至甲夜,见有物如飞云,赤光若惊电,自崇俨之居飞跃而至。及新妇屋上,忽若为物所扑灭者,因而不见。使人候新妇,乃平安如故。乙夜,又见物如赤龙之状,拏攫喷毒,声如群鼓,乘黑云有光者,至新妇屋上,又若为物所扑,有呦然之声而灭。使人候新妇,又如故。又至子夜,见有物朱发锯牙,盘铁轮,乘飞雷,轮铓角,呼奔而至。既及其屋,又如物所杀,称罪而灭。既而质明,真怪惧,不知其所为计。又具以事告。崇俨曰:"前所为法,是太乙符箓法也,但可摄制狐魅耳。今既无效,请更赜之。"因致坛醮之箓,使征八纮厚地、山川河渎、丘墟水木、主职鬼魅之属。其数无阙,崇俨异之。翌日,又征人世上天界部八极之神,其数无阙。崇俨曰:"神祇所为魅者,则某能制之。若然,则不可得而知也,请试自见而赜之。"因命于新妇院设馔,请崇俨。崇俨至坐,请见新妇。新妇方肃答,将拜崇俨。崇俨又忽若为物所击,奄然斥倒,称罪请命,目眦鼻口流血于地。真又益惊惧,不知所为。其妻因为真曰:"此九思、怀素、明正谏所不能制也,为之奈何?闻昔安道初与偶之时,云是后土夫人。此虽人间百术,亦不能制之。今观其与安道夫妇之道亦甚相得,试使安道致词,请去之,或可也。"真即命安道谢之曰:"某寒门,新妇灵贵之神。今幸与小子伉俪,不敢称敌。又天后法严,惧因是祸及。幸新妇且归,为舅姑之计。"语未终,新妇泣涕而言曰:"某幸得配偶君子,奉事舅姑。夫为妇之道,所宜奉舅姑之命。今舅姑既有命,敢不敬从。"因以即日命驾而去,遂具礼告辞于堂下,因请曰:"新妇,女子也,不敢独归,愿得与韦郎同去。"真悦而听之,遂与安道俱行。至建春门外,其前时车徒悉至,其所都城、仆使兵卫悉如前。

至城之明日,夫人被法服,居大殿中,如天子朝见之像。遂见奇容异人之来朝。或有长丈余者,皆戴华冠长剑,被朱紫之服,云是四海之内岳渎河海之神。次有数千百人,云是诸山林树木之神而已。又乃天下诸国之王悉至。时安道于夫人坐侧置一小床，令观之。因最后通一人，云“大罗天女”。安道视之，天后也。夫人乃笑谓安道曰：“此是子之地主，少避之。”令安道入殿内小室中。既而天后拜于庭下，礼甚谨。夫人乃延天后上，天后数四辞，然后登殿，再拜而坐。夫人谓天后曰：“某以有冥数，当与天后部内一人韦安道者为匹偶。今冥数已尽，自当离异，然不能与之无情。此人苦无寿，某当在某家，本愿与延寿三百岁，使官至三品。为其尊父母压迫，不得久居人间，因不果与成其事。今天女幸至，为与之钱五百万，与官至五品。无使过此，恐不胜之，安道命薄耳。”因而命安道出，使拜天后。夫人谓天后曰：“此天女之属部人也，当受其拜。”天后进退，色若不足而受之，于是诺而去。

夫人谓安道曰：“以郎常善画，某为郎更益此艺，可成千世之名耳。”因居安道于一小殿，使垂帘设幕，召自古帝王及功臣之有名者于前，令安道图写。凡经月余，悉得其状，集成二十卷。于是安道请辞去。夫人命车驾，于所都城西，设离帐祖席，与安道诀别。涕泣执手，情若不自胜。并遗以金玉珠瑶，盈载而去。

安道既至东都，入建春门，闻金吾传令，于洛阳城中访韦安道，已将月余。既至，谒天后。坐小殿见之，且述前梦，与安道所叙同。遂以安道为魏王府长史，赐钱五百万。取安道所画帝王功臣图视之，与秘府之旧者皆验，至今行于代焉。天策⑤中，安道竟卒于官。

〔注〕 ① 后土夫人传：后土，原为古神话中的男性土地神，因在俗言中与“皇天”相对，逐渐演化为女性神，并被称为“夫人”。 ② 大定：虚拟的年号，唐年号中实无大定。 ③ 天后：指唐高宗皇后武则天。上元元年，高宗与皇后改称天皇、天后。 ④ 庙见：古代婚制：新妇入门需在宗祠行拜谒祖先和公婆之礼，称为庙见，此后方得正式为家庭成员。 ⑤ 天策：虚拟的年号。

此传作者不详，在唐代曾单行，晚唐时收入陈翰《异闻录》，《太平广记》采入神类，改名《韦安道》。

这是一篇有趣的人神婚恋故事。唐传奇中同类作品不少,但本篇在艺术上有其特色。

故事的发展可分三个段落。第一段,男主人公韦安道与女神后土夫人因冥数的安排而结婚。这一事件发生在武则天时期的洛阳,但小说一开始就用"唐大定年中"的虚拟年号向读者暗示了故事的假定性和荒诞性。果然,韦安道在晨光熹微中所见到的壮观的仪仗、美艳的宫女等等,别的行人都是看不见的。接着,他在宫监的一路指引下,渐入佳境,终于来到后土夫人的宫殿,异常顺利地与后土夫人结了婚,从此过上了帝王般的日子。这一段写人神结婚,一切都是冥冥中安排好的,主人公无须克服什么困难。这是它不同于其他许多写人神或仙凡婚恋故事的地方。此外还有两点特色。一是对事象和景物的放笔铺写。韦安道清晨所见的宏伟仪仗和后土夫人宫殿的建筑陈设,描绘得相当繁缛华丽,起到了很好的渲染烘托作用。二是通过对时空的刻意夸饰,制造了浓郁的虚幻气氛。时间上,除"大定"这个虚拟的年号外,小说特意从"天尚未明"的清晨时分写起,把一切都置于朦胧之中。"久之渐明"后,又让韦安道经历许多路程,以空间的频繁变换,把主人公和读者的视线引向那个幽远而神秘的地方,并使读者心理做好了接受一个美丽的传奇故事的准备。

小说的第二段略过韦安道和后土夫人在仙界的幸福日子,让他们回到人间,并且是回到韦安道的家中。于是风云突变,不可调和的矛盾来了。韦安道的未告而娶,先已使父母不悦。后土夫人的王者排场,更使他们惊吓不已。加上当时"法令严峻",韦家"惧祸及之",竟然"具以事上奏请罪",从而引出了武则天本人的干预。由她下令,先后派出两个和尚、一个术士去收伏被视为"妖魅"的后土夫人。然而,普通的僧道岂是后土夫人的对手,一个个狼狈地败逃了。这一小节将僧道的狂妄蠢动和屡遭惨败同后土夫人的恬然处之、安然却敌对照着写,充满了调侃谐谑意味,读时使人忍俊不禁。但从后土夫人宁愿放弃天上生活而要求回家庙见,以便做个名正言顺的媳妇,以及韦家拒不接受她的情节,可以感到传统礼法对正常人性的深重压力和无所不在——即使你是神仙,若要与人结缘,就必须按祖传规矩办。而武则天的派人捉妖,更寓言式地显示了政权对人民生活无理而强暴的干预。这是我们在欣赏小说的幽默时,应予注意的。

本段下面一小节,思想意义更值得玩味。当韦家百般无奈时,韦安道奉父母之命向后土夫人说:"我家是寒门,您是灵贵之神,咱做夫妻不般配。再说天后法严,我家怕惹祸。为了父母安心,您还是请回吧。"就这样,女子的满腔爱情最终未能逃脱被驱赶的境遇。故事的这个转折,有着深厚的悲剧意味,切不可轻轻看过。

接着，故事又来了一个意想不到的转折，从而构成小说的第三段。后土夫人在韦安道陪同下回到自己的宫殿，次日就有"诸山林树木之神"和"天下诸国之王"前来朝拜，而其中就有天上身份是"大罗天女"的武则天。武则天在人间虽是至高无上的天后，但到神界，见了后土夫人却要"拜于庭下，礼甚谨"，要"数四辞，然后登殿，再拜而坐"，可见地位比后土夫人低得多。当初恶狠狠地派僧道驱赶后土夫人，如今恭恭敬敬地拜伏在夫人脚下，这样鲜明对比的情节安排，客观上是对女皇武则天的讥讽和揶揄。小说家巧妙地运用了他的权力——通过话语宣泄对统治者的鄙视，引起人们对统治者的不恭。

后土夫人对武则天坦言与韦安道婚姻的失败，并没有追究任何人的责任，而是把这归于命运。这里透露了作者的宿命观，但也是对妇女无辜被"出"这种常见社会现象的无可奈何的解释，不足为小说之病。倒是后土夫人为韦安道的一番苦心安排，充分显示了中国妇女对所爱者的仁厚，可以说是一种触及本质的揭示。相比之下，韦安道其人就显得那样薄情而颟顸，令人感到不值得后土夫人去爱了。综观全篇，作者的同情无疑是在后土夫人一边。

这篇小说篇幅不短，主线清晰，而故事则一波三折，层层推进，所以颇能引人入胜。若论小说情节的推动力和结构的核心，那当然是后土夫人。《太平广记》将它改名为《韦安道》，并不恰当。不过，这篇小说致力于讲故事，而对后土夫人个性刻画还是弱了一些，从而使她比不上唐传奇中另一些更脍炙人口的妇女(如《柳毅传》的龙女)形象。这是它艺术上的主要不足之处。（董乃斌）

樱桃青衣　　佚　名

天宝[①]初，有范阳卢子，在都应举。频年不第，颇窘迫。尝暮乘驴游行，见一精舍[②]中有僧开讲，听徒甚众。卢子方诣讲筵，倦寝，梦至精舍门，见一青衣，携一篮樱桃在下坐。卢子访其谁家，因与青衣同餐樱桃。青衣云："娘子姓卢，嫁崔家，今孀居在城。"因访近属，即卢子再从姑[③]也。青衣曰："岂有阿姑同在一都，郎君不往起居[④]？"卢子便随之。

过天津桥，入水南一坊。有一宅，门甚高大。卢子立于门下，青衣先入。少顷，有四人出门，与卢子相见，皆姑之子也。一任户部郎中，一前任郑州司马，一任河南功曹，一任太常博士。二人衣绯,二人衣绿,形貌甚美。相见言叙,颇极欢畅。斯须,引入北堂拜姑。姑衣紫衣,年可六十许。言词高朗,威严甚肃。卢子畏惧,莫敢仰视。令坐。悉访内外,备诸氏族。遂访儿婚姻未。卢子曰:"未。"姑曰:"吾有一外甥女子姓郑,早孤,遗吾妹鞠养。甚有容质,颇有令淑[5]。当为儿平章[6],计必允遂。"卢子遽即拜谢。乃遣迎郑氏妹。有顷,一家并到,车马甚盛。遂检历择日,云后日大吉,因与卢子定议。姑云:"聘财函信礼席,儿并莫忧,吾悉与处置。儿有在城何亲故,并抄名姓,并具家第。"凡三十余家,并在台省及府县官。明日下函,其夕成结。事事华盛,殆非人间。明日拜席,大会都城亲表。拜席毕,遂入一院。院中屏帏床席,皆极珍异。其妻年可十四五,容色美丽,宛若神仙。卢生心不胜喜,遂忘家属。

俄又及秋试之时。姑曰:"礼部侍郎与姑有亲,必合极力,更勿忧也。"明春遂擢第。又应宏词[7],姑曰:"吏部侍郎与儿子弟当家连官,情分偏洽。令渠为儿必取高第。"及榜出,又登甲科,授秘书郎。姑云:"河南尹是姑堂外甥,令渠奏畿县尉。"数月,敕授王屋尉。迁监察,转殿中,拜吏部员外郎,判南曹。铨毕,除郎中,余如故。知制诰,数月即真,迁礼部侍郎。两载知举,赏鉴平允,朝廷称之。改河南尹,旋属车驾还京,迁兵部侍郎,扈从到京,除京兆尹,改吏部侍郎。三年掌铨[8],甚有美誉,遂拜黄门侍郎平章事。恩渥绸缪,赏赐甚厚。作相五年,因直谏忤旨,改左仆射,罢知政事。数月,为东都留守、河南尹兼御史大夫。自婚媾后,至是经二十年,有七男三女,婚宦俱毕,内外诸孙十人。

后因出行,却到昔年逢携樱桃青衣精舍门。复见其中有讲筵,遂下马礼谒。以故相之尊,处端揆[9]居守之重,前后导从,颇极贵盛。高自简贵,辉映左右。升殿礼佛,忽然昏醉,良久不起,耳中闻讲僧唱云:"檀越[10]何久不起?"忽然梦觉,乃见著白衫,服饰如故。前后官吏,一人亦无。回遑迷惑,徐徐出门。乃见小竖[11]捉驴执帽在门外立，谓卢曰："人驴并饥，郎君何久不出？"卢访其时，奴曰："日向午矣。"卢子罔然叹曰："人世荣华穷达，富贵贫贱，亦当然也。而今而后，不更求宦达矣。"遂寻仙访道，绝迹人世矣。

〔注〕 ① 天宝：唐玄宗年号(742—756)。 ② 精舍：道士、僧人的修炼居住之所。这里指佛寺。 ③ 再从姑：远房姑母。 ④ 起居：问安。 ⑤ 令淑：谓德行善美。 ⑥ 平章：原谓评处、商酌。这里有处理、操办的意思。 ⑦ 宏词：唐代制科名目。是一种临时设置的考试科目。 ⑧ 掌铨：掌管铨选举官事宜。 ⑨ 端揆：指相位。宰相居百官之首，总揽国政，故称。 ⑩ 檀越：梵语音译，意为施主。 ⑪ 小竖：仆人，小厮。

本篇出处不详，《太平广记》卷二八一引。或谓出《异闻集》，或谓出《梦游录》。前者为晚唐小说选本，署陈翰撰，本篇是否系陈翰作已不可考；后者为唐宋传奇集，题唐任蕃撰，显系托名。

一位生活困顿的士人在一场梦寐中飞黄腾达、享尽人生荣华，然而醒来才发现，那不过是南柯一梦。这类故事在唐传奇中并不少见，沈既济的《枕中记》、李公佐的《南柯太守传》，都是脍炙人口的佳篇熟典。而写得同样生动的《樱桃青衣》，却不大为人注意，实在是件憾事。

范阳人卢子是个背井离乡、远赴长安应试的举子，然而连年不第的遭遇，把他逼入人生困境。一次卢子到佛寺听僧人讲经，在讲筵前不觉困倦，梦中来到寺院门前，见一青衣侍女携一篮樱桃在旁闲坐。卢子与青衣同食樱桃，聊起家常，方知自己在京城中还有一位远房姑姑，青衣就是姑姑家的使女。在青衣的盛情邀请下，卢子来到姑姑家，见到几位做官的表兄弟，又拜谒了贵妇气派十足的姑姑。这位"言词高朗、威严甚肃"的姑姑不待卢子分说，就在自己亲族中替他寻下一门亲事。婚嫁之日，宾朋满座，原来卢子在京的亲眷竟有三十余家。妻子"年可十四五，容色美丽，宛若神仙"，卢子喜不自胜，连家乡的结发妻都忘记了。

有了姑姑做靠山，卢子的仕宦之途一帆风顺。无论应试还是做官，姑姑都为他嘱托亲朋、百般关照。接下来小说替卢子描画了一幅升官图，"授王屋尉、迁监察、转殿中、拜吏部员外郎……"一连罗列了十五六个职衔，官越做越大，直至"黄门侍郎平章事"，为相五年，权倾当朝。中间虽经宦海风波，毕竟有惊无险。如此二十年，卢子子孙满堂，官居显贵。一日再过当年遇到樱桃青衣的佛寺，下马到寺中听僧人讲经，"忽然昏醉"。直至被僧人唤醒，卢子才发现自己依然一介白衫平民，哪里有什么扈从侍卫？卢子顿悟荣华富贵的虚幻无凭，从此"寻仙访道，绝迹人世"。

这种梦中荣华、转瞬皆空的感慨，多半来自佛教的色空思想，大概也受到一点老庄的影响。远在唐传奇之前，南朝刘义庆《幽明录·焦湖庙祝》一条，就讲述了类似的故事。其实成书更早的《列子》（成书于晋太康年间）已有类似情节。《列子·周穆王篇》写周穆王随“西极化人”（西方远国来的善于幻化之人）到天上宫阙游玩，“居数十年不思其国”。而一旦醒悟，坐的还是老地方，侍奉者还是旧仆人；眼前斟下的酒尚未澄清，端上的菜也还没有晾干。

唐代科举竞争十分激烈，“三十老明经，五十少进士”，屡试不第是大多数士人的命运。而一旦身入官场，宦海风波之险又常令人如临深渊、如履薄冰。因此部分士人“看破红尘”、知难而退，便成为唐传奇中这类特有话题的社会思想基础。

此篇小说在情节安排上，并未脱出“邯郸梦”“南柯梦”的老套，然而在主旨中，却带有颇为深刻、冷峻的社会批判意味。现实中的卢子在都中孤苦伶仃、无人提携，自然难逃“渐窘迫”的命运。而梦中卢子却拥有了显赫的靠山，亲戚满朝，前途也自然不同。应秋试时，姑姑说：“礼部侍郎与姑有亲，必合极力，更勿忧也。”应宏词科时，姑姑又说：“吏部侍郎与儿子弟当家连官，情分偏洽。令渠为儿必取高第。”及登科授官，姑姑又说：“河南尹是姑堂外甥，令渠奏畿县尉……”同样的人物才学，有了亲党裙带的提携，便无往不利，这无疑是以游戏之笔，尖锐讽刺了官场的舞弊陋习、裙带之风。而现实中的卢子缺少的，也正是这样一张包天罗地的“关系网”。卢子最终的梦醒出走，恐怕不单是宗教式的醒悟，更有着愤世的意味。

小说的叙事手法也颇讲究，可谓笔分五色、各尽其用。那位指挥若定的姑母位居权势中心，是卢子仕途飞升的幕后操纵者。作者塑造这个人物时，极尽小说描摹之笔。且看她的出场：“姑衣紫衣，年可六十许。言词高朗，威严甚肃。卢子畏惧，莫敢仰视。”不但写出这位贵妇不可一世的神态威仪，也写出卢子对她的敬畏。后面写到卢子的官职升迁，作者则改用简洁的史笔，那些官衔的频繁转换的叙述看似枯燥无味，却给人一路飞升的印象，与前面的“频年不第、渐窘迫”的记叙形成鲜明对比。结尾又恢复了小说笔法，对卢子梦醒前后截然不同的身份地位、生活状况作了对照，令人感慨万端。而手携一篮樱桃的青衣少女虽非故事的关键人物，却以其鲜明的色彩、亲切的形象浮现在整个故事表面，给故事带来一缕飘渺的诗意，是作者点染生春的神来之笔。

据学者考证，《樱桃青衣》故事与《南柯太守传》《枕中记》等作品同时流传，也曾盛极一时。受这类故事影响，后世产生了《邯郸记》（明汤显祖传奇）、《续黄粱》

(清蒲松龄小说)等大量同类题材作品。笔者认为,《聊斋志异》中的《画壁》一则,写朱生爱慕画中人而身入壁画,经僧人召唤才回到人世,其中某些情节的处理,很可能也借鉴于本篇。

(侯 会)

灵应传

佚名

泾州[①]之东二十里,有故薛举城。城之隅有善女湫,广袤数里,蒹葭[②]丛翠,古木萧疏。其水湛然而碧,莫有测其浅深者。水族灵怪,往往见焉。乡人立祠于旁,曰九娘子神。岁之水旱祓禳,皆得祈请焉。又州之西二百余里,朝那镇之北有湫神。因地而名,曰朝那神。其肸蚃[③]灵应,则居善女之右矣。

乾符五年[④],节度使周宝在镇日,自仲夏之初,数数有云气,状如奇峰者,如美女者,如鼠,如虎者,由二湫而兴。至于激迅风、震雷电,发屋拔树,数刻而止。伤人害稼,其数甚多。宝责躬励己,谓为政之未敷,致阴灵之所谴也。至六月五日,府中视事之暇,昏然思寐,因解巾就枕。寝犹未熟,见一武士,冠鍪被铠,持钺而立于阶下,曰:"有女客在门,欲申参谒,故先听命。"宝曰:"尔为谁乎?"曰:"某即君之阍者,效役有年矣。"宝将诘其由,已见二青衣,历阶而升,长跪于前曰:"九娘子自郊墅特来告谒,故先使下执事致命于明公。"宝曰:"九娘子非吾通家亲戚,安敢造次相面乎?"言犹未终,而见祥云细雨,异香袭人。俄有一妇人,年可十七八,衣裙素淡,容质窈窕,凭空而下,立庭庑之间。容仪绰约,有绝世之貌。侍者十余辈,皆服饰鲜洁,有如妃主之仪。顾步徊翔,渐及卧所。宝将少避之,以候其意。侍者趋进而言曰:"贵主以君之高义,可申诚信之托,故将冤抑之怀,诉诸明公。明公忍不救其急难乎?"宝遂命升阶相见。宾主之礼,颇甚肃恭。登榻而坐,祥烟四合,紫气充庭,敛态低鬟,若有忧戚之貌。宝命酌醴设馔,厚礼以待之。俄而敛袂离席,逡巡而言曰:"妾以寓止郊园,绵历多祀,醉酒饱德,蒙惠诚深。虽以孤枕寒床,甘心没齿。茕嫠[⑤]有托,负荷逾多。但以显晦[⑥]殊途,行止乖互。今乃迫于情礼,岂暇缄藏。倘鉴幽情，当敢披露。”宝曰：“愿闻其说。所冀识其宗系。苟可展分[7]，安敢以幽显为辞。君子杀身以成仁，徇其毅烈，蹈赴汤火，旁雪不平，乃宝之志也。”对曰：“妾家世会稽之鄮县[8]，卜筑于东海之潭。桑榆坟陇，百有余代。其后遭世不造，瞰室贻灾。五百人皆遭庾氏焚炙之祸，纂绍[9]几绝。不忍戴天，潜遁幽岩，沉冤莫雪。至梁天监中，武帝好奇，召人通龙宫，入枯桑岛，以烧燕奇味，结好于洞庭君宝藏主第七女，以求异宝。寻闻家仇庾毗罗自鄮县白水郎弃官解印，欲承命请行，阴怀不道，因使得入龙宫，假以求货，覆吾宗嗣。赖杰公敏鉴，知渠挟私请行，欲肆无辜之害。虑其反贻伊戚[10]，辱君之命，言于武帝，武帝遂止。乃令合浦郡[11]落黎县欧越罗子春代行。妾之先宗，羞共戴天，虑其后患，乃率其族，韬光灭迹，易姓变名，避仇于新平[12]真宁县安村。披榛凿穴，筑室于兹。先人弊庐，殆成胡越[13]。今三世卜居，先为灵应君，寻受封应圣侯。后以阴灵普济，功德及民，又封普济王。威德临人，为世所重。妾即王之第九女也。笄年配于象郡[14]石龙之少子。良人以世袭猛烈，血气方刚，宪法不拘，严父不禁，残虐视事，礼教蔑闻。未及期年，果贻天谴，覆宗绝嗣，削迹除名。唯妾一身，仅以获免。父母抑遣再行，妾终违命。王侯致聘，接轸交辕。诚愿既坚，遂欲自劓[15]。父母怒其刚烈，遂遣屏居于兹土之别邑。音问不通，于今三纪。虽慈颜未复，温凊久违，离群索居，甚为得志。近年为朝那小龙，以季弟未婚，潜行礼聘。甘言厚币，峻阻复来。灭性毁形，殆将不可。朝那遂通好于家君，欲成其事。遂使其季弟权徙于王畿之西，将货于我王，以成姻好。家君知妾之不可夺，乃令朝那纵兵相逼。妾亦率其家僮五十余人，付以兵仗，逆战郊原。众寡不敌，三战三北。师徒倦弊，犄角无怙[16]。将欲收拾余烬，背城借一，而虑晋阳水急，台城火炎，一旦攻下，为顽童所辱。纵没于泉下，无面石氏之子。故《诗》云[17]：‘泛彼柏舟，在彼中河。髧彼两髦，实维我仪。之死矢靡他，母也天只，不谅人只。’此卫世子孀妇自誓之词。又云[18]：‘谁谓鼠无牙？何以穿我墉。谁谓女无家？何以速我讼。虽速我讼，亦不女从。’此邵伯听讼，衰乱之俗微，贞信之教兴，强暴之男，不能侵凌贞女也。今则公之教可以精通显，贻范古今。贞信之教，故不为姬奭之下者。幸以君之余力，少假兵锋，挫披凶狂，存其鳏寡。成贱妾终天之誓，彰明公赴难之心。辄具志诚，幸无见阻。”

宝心虽许之，讶其辨博，欲拒以他事，以观其词。乃曰：“边徼事繁，烟尘在望。朝廷以西陲陷虏，芜没者三十余州。将议举戈，复其土壤。晓夕恭命，不敢自安。匪夕伊朝[19]，前茅即举。空多愤悱，未暇承命。”对曰：“昔者楚昭王以方城为城，汉水为池，尽有荆蛮之地。借父兄之资，强国外连，三良[20]内助。而吴兵一举，鸟进云奔，不暇婴城，迫于走兔。宝玉迁徙，宗社凌夷。万乘之灵，不能庇先王之朽骨。至申胥[21]乞师于嬴氏，血泪污于秦庭，七日长号，昼夜靡息。秦伯悯其祸败，竟为出师，复楚退吴，仅存亡国。况芈氏[22]为春秋之强国，申胥乃衰楚之大夫，而以矢尽兵穷，委身折节，肝脑涂地，感动于强秦。矧[23]妾一女子，父母斥其孤贞，狂童凌其寡弱，缀旒之急，安得不少动仁人之心乎？”

宝曰：“九娘子灵宗异派，呼吸风云，蠢尔黎元[24]，固在掌握。又焉得示弱于世俗之人，而自困如是者哉？”对曰：“妾家族望，海内咸知。只如彭蠡[25]洞庭，皆外祖也。陵水罗水[26]，皆中表也。内外昆季，百有余人。散居吴越之间，各分地土。咸京八水[27]，半是宗亲。若以遣一介之使，飞咫尺之书，告彭蠡洞庭，召陵水罗水，率维扬[28]之轻锐，征八水之鹰扬。然后檄冯夷[29]，说巨灵，鼓子胥之波涛，混阳侯之鬼怪，鞭驱列缺[30]，指挥丰隆[31]，扇疾风，翻暴浪，百道俱进，六师鼓行。一战而成功，则朝那一鳞，立为齑粉。泾城千里，坐变污潴。言下可观，安敢谬矣！顷者，泾阳君与洞庭外祖世为姻戚，后以琴瑟不调，弃掷少妇，遭钱塘之一怒，伤生害稼，怀山襄陵。泾水穷鳞，寻毙外祖之牙齿。今泾上车轮马迹犹在，史传具存，固非谬也。妾又以夫族得罪于天，未蒙上帝昭雪，所以销声避影，而自困如是。君若不悉诚款[32]，终以多事为词，则向者之言，不敢避上帝之责也。"宝遂许诺。卒爵撤馔，再拜而去。宝及晡方寤，耳闻目览，恍然如在。

翼日，遂遣兵士一千五百人，戍于湫庙之侧。是月七日，鸡初鸣，宝将晨兴，疏牖尚睹。忽于帐前有一人，经行于帷幌之间，有若侍巾栉者[33]。呼之命烛，竟无酬对。遂厉而叱之。乃言曰："幽明有隔，幸不以灯烛见迫也。"宝潜知异，乃屏气息音，徐谓之曰："得非九娘子乎？"对曰："某即九娘子执事者也。昨日蒙君假以师徒，救其危患。但以幽显事别，不能驱策。苟能存其始约，幸再思之。"俄而纱窗渐白，注目视之，悄无所见。宝良久思之，方达其义。遂呼吏，命按兵籍，选亡没者名，得马军五百人，步卒一千五百人；数内选押衙孟远，充行营都虞候，牒送善女湫神。

是月十一日，抽回戍庙之卒。见于厅事之前，转旋之际，有一甲士仆地，口动目瞬，问无所应，亦不似暴卒者。遂置于廊庑之间，天明方悟。遂使人诘之。对曰："某初见一人，衣青袍，自东而来，相见甚有礼。谓某曰：'贵主蒙相公莫大之恩，拯其焚溺。然亦未尽诚款。假尔明敏，再通幽情。幸无辞，勉也。'某急以他词拒之。遂以袂相牵，懵然颠仆。但觉与青衣者继踵偕行，俄至其庙。促呼连步，至于帷薄之前。见贵主谓某云：'昨蒙相公悯念孤危，俾尔戍于弊邑。往返途路，得无劳止？余蒙相公再借兵师，深惬诚愿。观其士马精强，衣甲铦利。然都虞候孟远才轻位下，甚无机略。今月九日，有游军三千余，来掠我近郊。遂令孟远领新到将士，邀击于平原之上。设伏不密，反为彼军所败。甚思一权谋之将。俾尔速归，达我情素。'言讫。拜辞而出，昏然似醉。余无所知矣。"宝验其说，与梦相符。意欲质前事，遂差制胜关使郑承符以代孟远。

是月三日晚衙，于后球场，沥酒焚香，牒请九娘子神收管。至十六日，制胜关申云：“今月十三日夜三更已来，关使暴卒。”宝惊叹息，使人驰视之。至则果卒。唯心背不冷，暑月停尸，亦不败坏。其家甚异之。忽一夜，阴风惨冽，吹砂走石，发屋拔树，禾苗尽偃，及晓而止。云雾四布，连夕不解。至暮，有迅雷一声，划如天裂。承符忽呻吟数息，其家剖棺视之，良久复苏。是夕，亲邻咸聚，悲喜相仍，信宿[34]如故。家人诘其由。乃曰：“余初见一人，衣紫绶，乘骊驹，从者十余人。至门，下马，命吾相见。揖让周旋，手捧一牒授吾云：‘贵主得吹尘之梦[35]，知君负命世之才，欲遵南阳故事[36]，思殄邦仇。使下臣持兹礼币，聊展敬于君子，而冀再康国步[37]。幸不以三顾为劳也。’余不暇他辞，唯称不敢。酬酢之际，已见聘币罗于阶下，鞍马器甲锦彩服玩櫜鞬[38]之属，咸布列于庭。吾辞不获免，遂再拜受之。即相促登车。所乘马异常骏伟，装饰鲜洁，仆御整肃。倏忽行百余里。有甲马三百骑已来，迎候驱殿，有大将军之行李[39]，余亦颇以为得志。指顾间，望见一大城，其雉堞穹崇，沟洫深浚。余惚恍不知所自。俄于郊外备帐乐，设享。宴罢入城，观者如堵。传呼小吏，交错其间。所经之门，不记重数。及至一处，有如公署。左右使余下马易衣，趋见贵主。贵主使人传命，请以宾主之礼见。余自谓既受公文器甲临戎之具，即是臣也。遂坚辞，具戎服入见。贵主使人复命，请去櫜鞬，宾主之间，降杀[40]可也。余遂舍器仗而趋入，见贵主坐于厅上。余拜谒，一如君臣之礼。拜讫，连呼登阶。余乃再拜，升自西阶。见红妆翠眉，蟠龙髻凤而侍立者，数十余辈。弹弦握管，秾花异服而执役者，又数十辈。腰金拖紫，曳组攒簪而趋隅者，又非止一人也。轻裘大带，白玉横腰，而森罗于阶下者，其数甚多。次命女客五六人，各有侍者十数辈，差肩接迹，累累而进。余亦低视长揖，不敢施拜。坐定，有大校数人，皆令预坐。举乐进酒。酒至，贵主敛袂举觞，将欲兴词，叙向来征聘之意。俄闻烽燧四起，叫噪喧呼云：'朝那贼步骑数万人，今日平明攻破堡塞，寻已入界。数道齐进，烟火不绝。请发兵救应。'侍坐者相顾失色。诸女不及叙别，狼狈而散。及诸校降阶拜谢，伫立听命。贵主临轩谓余曰：'吾受相公非常之惠，悯其孤茕[41]，继发师徒，拯其患难。然以车甲不利，权略是思。今不弃弊陋，所以命将军者，正为此危急也。幸不以幽僻为辞，少匡不逮[42]。'遂别赐战马二匹，黄金甲一副，旌旗旄钺珍宝器用，充庭溢目，不可胜计。彩女二人，给以兵符，锡赉甚丰。余拜捧而出，传呼诸将，指挥部伍，内外响应。是夜，出城。相次探报，皆云：'贼势渐雄。'余素谙其山川地理，形势孤虚。遂引军夜出，去城百余里，分布要害。明悬赏罚，号令三军。设三伏以待之。迟明，排布已毕。贼汰[43]其前功，颇甚轻进，犹谓孟远之统众也。余自引轻骑，登高视之。见烟尘四合，行阵整肃。余先使轻兵搦战，示弱以诱之。接以短兵，且战且行。金革之声，天裂地坼。余引兵诈北，彼亦尽锐前趋。鼓噪一声，伏兵尽起。十里转战，四面夹攻。彼军败绩，死者如麻。再战再奔，朝那狡童，漏刃而去。从亡之卒，不过十余人。余选健马三十骑追之，果生置于麾下。由是血肉染草木，脂膏润原野，腥秽荡空，戈甲山积。贼帅以轻车驰送于贵主，贵主登平朔楼受之。举国士民，咸来会集，引于楼前，以礼责问。唯称'死罪'，竟绝他词。遂令押赴都市腰斩。临刑，有一使乘传，来自王所，持急诏令，促赦之。曰：'朝那之罪，吾之罪也。汝可赦之，以轻吾过。'贵主以父母再通音问，喜不自胜，谓诸将曰：'朝那妄动，即父之命也。今使赦之，亦父之命也。昔吾违命，乃贞节也。今若又违，是不祥也。'遂命解缚，使单骑送归。未及，朝那已羞而卒于路。余以克敌之功，大被宠锡。寻备礼拜平难大将军，食朔方一万三千户。别赐第宅，舆马，宝器，衣服，婢仆，园林，邸第，旌幢，铠甲。次及诸将，赏赉有差。明日，大宴，预坐者不过五六人。前者六七女皆来侍坐，风姿艳态，愈更动人。竟夕酣饮，甚欢。酒至，贵主捧觞而言曰：'妾之不幸，少处空闺。天赋孤贞，不从严父之命。屏居于此三纪矣。蓬首灰心，未得其死。邻童迫胁，几至颠危。若非相公之殊恩，将军之雄武，则息国不言之妇㊹，又为朝那之囚耳。永言斯惠，终天不忘。'遂以七宝钟酌酒，使人持送郑将军。余因避席再拜而饮。余自是颇动归心，词理恳切，遂许给假一月。宴罢，出。明日，辞谢讫，拥其麾下三十余人，返于来路。所经之处，但闻鸡犬，颇甚酸辛。俄顷到家，见家人聚泣，灵帐俨然。麾下一人，令余促入棺缝之中。余欲前，而为左右所耸。俄闻震雷一声，醒然而悟。"承符自此不事家产，唯以后事付妻孥。果经一月，无疾而终。

其初欲暴卒时，告其所亲曰："余本机钤㊺入用，效节戎行。虽奇功蔑闻，而薄效粗立。洎遭衅累，谴谪于兹。平生志气，郁而未申。丈夫终当扇长风，摧巨浪，举太山以压卵，决东海以沃萤㊻。奋其鹰犬之心，为人雪不平之事。吾朝夕当有所受。与子分襟，固不久矣。"

其月十三日，有人自薛举城晨发十余里，天初平晓，忽见前有车尘竞起，旌旗焕赫，甲马数百人。中拥一人，气概洋洋然，逼而视之，郑承符也。此人惊讶移时，因伫于路左。见瞥如风云，抵善女湫。俄顷，悄无所见。

〔注〕 ①泾州：今甘肃泾川。 ②蒹葭(jiān jiā)：芦苇。 ③肸蚃(bì xiǎng)：本指声响、气体散布、弥漫，这里用来比喻灵感通微。 ④乾符五年：乾符是唐僖宗年号，乾符五年是公元879年。 ⑤茕嫠(qióng lí)：寡妇。 ⑥显晦：指阳世与阴间。 ⑦展分：推爱，顾念情分。 ⑧鄮县：今浙江宁波。 ⑨纂绍：嗣续，子孙。 ⑩反贻伊戚：即"自贻伊戚"，语出《诗·小雅·小明》，意谓自寻烦恼。 ⑪合浦郡：即今广西合浦一带。 ⑫新平：唐新平郡，治所在今陕西彬县。下文中的真宁县今属甘肃，即今正宁。 ⑬胡越：喻相隔甚远，讯问难通。 ⑭象郡：秦置，包括广西、广东及越南各一部分。 ⑮自劓(yì)：自残毁容。 ⑯掎角无怙：指无人援助、保护。 ⑰"故诗云"句：以下所引为《诗·鄘风·柏舟》诗。 ⑱"又云"句：以下所引为《诗·召南·行露》诗。 ⑲匪夕伊朝：意同"早晚""非早即晚"。 ⑳三良：本指秦穆公的三位贤臣，这里泛指贤臣。 ㉑申胥：春秋末楚国人，伍子胥助吴破楚，他奉命往秦乞师，在秦廷痛哭七日夜，借得秦兵，援楚复国。 ㉒芈(mǐ)氏：春秋时楚国祖先的族姓。

楚庄王芈旅曾称霸诸侯。 ㉓ 矧(shěn):况且。 ㉔ 黎元:百姓。 ㉕ 彭蠡:即鄱阳湖。 ㉖ 陵水罗水:陵水发源于广西,入广东与罗水汇合,成陵罗水。 ㉗ 咸京八水:指咸阳附近的八条河流。 ㉘ 维扬:扬州。 ㉙ 冯夷:即黄河水神河伯。 ㉚ 列缺:本指天门,这里指闪电。 ㉛ 丰隆:古代神话中的雷神。 ㉜ 诚款:忠诚,真诚。 ㉝ 侍巾栉者:伺候梳洗的仆役。 ㉞ 信宿:两宿。 ㉟ 吹尘之梦:黄帝曾夜梦大风吹去天下尘垢,后得良相风后。后以此喻得良相。事见《史记・五帝本纪》注。 ㊱ 南阳故事:指三国时刘备三顾茅庐、请诸葛亮出山的故事。 ㊲ 国步:步,时运。国步即国家命运。 ㊳ 橐(tuó)鞬:也作鞬橐,指弓袋、箭袋。 ㊴ 行李:此处指导从人员,仪仗队。 ㊵ 降杀:递减、削减。 ㊶ 孤茕(qióng):孤独无依。 ㊷ 少匡不迨:稍作扶助,不要怠慢。迨同怠。 ㊸ 汏:此处有骄矜傲慢意。 ㊹ 息国不言之妇:此处用息夫人典,用以形容寡妇身份。春秋时息国为楚所灭,息侯之妻息夫人归楚文王,然终生不与文王通言语。 ㊺ 机钤:犹言机谋。 ㊻"摧太山"二句:以泰山之重压鸟卵,以东海之水灭萤火。二句都是用来形容必胜的情势和信心。

此篇原载《太平广记》,不注撰人。后来的选本《古今说海》《艳异编》《唐人说荟》《香艳丛书》等,都选有此文。有的选本题孙颜或孙揆,显系伪托。小说中的周宝实有其人,曾于乾符年间任泾原节度使,可知这篇小说是晚唐作品。

本文讲述了一个龙女拒婚的故事。泾州之东有故薛举城,城边善女湫中有九娘子神,护佑百姓,极有灵验。泾州之西二百里有湫神名朝那,也颇有灵验。乾符五年,正是周宝在镇之时,这里出现了怪异现象:不断有云气从二湫升起,于是雷电交加,风雨大作,拔木发屋,伤人毁稼,搞得百姓不安。不久,周宝梦见九娘子来向他求援,从九娘子的长篇自述中,周宝得知她的身世遭遇。

九娘子先世本为东海龙种,因避仇家,迁徙至新平;先为灵应君,又封普济王。九娘子是普济王的第九个女儿,她先嫁给象郡石龙的小儿子,不久丈夫因行为不端遭受天谴,九娘子不肯遵从家长的改嫁之命,被父母流放此地,已三年未通消息。州西的朝那小龙看上九娘子,想聘她为弟媳,遭到拒绝后不甘心,又与九娘子的父亲通好,在得到普济王的默许后,竟纵兵相逼,于是在两湫间挑起这场恶战。九娘子寡不敌众,三战三败。为了保住贞节,不为朝那所辱,九娘子于是冒昧登堂,向周宝求援。周宝很欣赏九娘子的词辩,故意引逗她多说。九娘子于是引经据典、申说大义,先举申包胥哭秦廷的例子打动周宝,又举《柳毅传》中钱塘君怒食泾川龙的故事,说明自己向周宝借兵,是因为不愿扩大事端,并非向世俗之人示弱。

周宝受了感动,发兵一千五百人前去助战。但很快得到反馈:因"幽显事别"(阴阳不能相通),派去的阳间兵马,不能为九娘子所驱使。于是周宝再从"亡没"士卒中选马步兵卒二千人,派押衙孟远率领前往。不想孟远"才轻位下,甚无机略",再次导致兵败。周宝再遣干将郑承符前往,这一次棋逢对手、将遇良才:

“忽一夜，阴风惨冽，吹砂走石，发屋拔树，禾苗尽偃，及晓而止。云雾四布，连夕不解。至暮，有迅雷一声，划如天裂。”冥间恶战终于分出胜负。郑承符从昏迷中苏醒，叙述自己转战千里、奋勇杀敌、终于获胜的辉煌业绩。其间对自己蒙受的知遇之恩尤为得意。——故事的结局是：朝那小龙兵败被俘，羞愧而死。九娘子保住贞节的同时，还得到父母的谅解。而郑承符在阴间被拜为平难大将军，在给假一月、暂归阳间处理后事之后，又重还冥界。有人见到他率领甲马数百、“气概洋洋然”从薛举城出发，消失在善女湫中。

学者认为，龙是华夏民族的远古图腾。龙又是水神，为中国传统农业社会所依赖。因此在中国传统文化中，关于龙的神话传说格外多，唐传奇中此类题材就不少。这篇《灵应传》属唐传奇晚期作品，其中就有取材其他唐传奇的内容。如九娘子自叙家世，言及原籍为会稽郡鄮县，卜居东海之潭，又谓与庾家有世仇，还提到梁武帝时的杰公等，这些内容便全是来自张说《梁四公记·震泽洞》。而她的公公“象郡石龙”，《震泽洞》中也曾提及。至于九娘子称说钱塘龙君怒毙“泾水穷麟”之事，原出《柳毅传》，更是熟在人口的传奇名篇。

《柳毅传》与《灵应传》都以不幸龙女得人类救助为主题，后者的构思显然借鉴了前者。所不同者，柳毅救助龙女是一种见义勇为的主动行为，他帮龙女摆脱了受夫家虐待的境遇，故事中始终洋溢着一种光明战胜邪恶的昂扬气息。《灵应传》则将妇女贞节等封建意识引入小说，尽管九娘子遇人不淑，她却自觉遵从封建礼法，坚持为丈夫守节，不惜违逆父母。她的行为多少沾染了一点陈腐气味，在思想层面上不及《柳毅传》清新向上。

同时，《灵应传》在艺术上也不及《柳毅传》。九娘子被塑造成礼教观念的代言人，其略带偏执的观念、滔滔不绝的词辩，淹没了人物的真情实性；读者很难将她的滔滔辩说，同她那“年可十七八，衣裙素淡，容质窈窕”的青春容貌统一起来。小说语言上也缺乏传奇文那种明快灵秀之气，作者沉迷于骈俪的句式、铺陈的笔法。从周宝“讶其（指九娘子）辨博，欲拒以他事，以观其词”等描写，还可看出作者扬己露才、刻意为文的倾向。而情节的枝蔓，也使文章显得冗长拖沓。

不过变换角度看，《灵应传》也还有一些别的传奇所不曾有的优点。最引人注目的莫过于小说叙事视角的处理。小说作者放弃了“全知全能”式的叙事视角，将自己退居到“凡人”地位。对于冥冥之中的云龙相斗，小说仅仅描画其“激迅风、震雷电、发屋拔树”以及“阴风惨冽、吹砂走石”等表面现象。至于二龙争斗的来由以及胜负始分的战斗经过，小说则分别借九娘子和郑承符的大段自白表述出来。此外，九娘子的执事，突然昏迷的士卒，也都充当了部分情节的叙述人，遂使这个冗长的故事在叙述者的不断变换中不再显得平淡。——这种以长篇对话交代情节的作法,越过后来的话本、章回小说,径与现代小说笔法相沟通,由此可见唐传奇作家创造力的无往不届、超前于时代。

至于九娘子这个形象,除去其自愿遵从人间礼教的一面,其在性格上还有着一种刚烈自重、不轻易低头的一面。她后来与朝那小龙的争斗,实际上已由贞节自守的初衷,演变为对个人意志的维护、对暴力侵入者的反击,从而带有抗暴自卫的性质。这无疑是值得肯定的。而小说对一些次要人物,也有不错的描写。如叙写那位遭受不公平待遇、"平生志气、郁而未申"的郑承符,一旦受到九娘子器重,立刻表现出"士为知己者死"的慷慨意气。小说以郑承符"气概洋洋"、到冥间赴任做结,是否是借作品中人物,抒发作者自己胸中的一段磊落之情?

从小说的神话性质可以看出,这是一篇纯粹的虚构作品。然而作者又极力把它打扮成一段历史记述,不但一些人物是真实的,多数地名、神名也都符合地志记述及民间传说。文中景物天象的描写、战争场面的叙述,也都具体生动。将假事真写,这正体现了唐人"有意为小说"(鲁迅语)的特点;而将一段虚构故事敷演到如此篇幅,既是唐人小说意识增强的一种表现,也可看作突破短篇小说简单结构的一种尝试,即便不算十分成功,也还是不无意义的。 (侯 会)

【作者小传】

孟 启

唐小说家。字初中。乾符二年(875)进士,任司勋郎中。作有小说集《本事诗》等。

崔 护

孟 启

博陵崔护,姿质甚美,而孤洁寡合。举进士下第。清明日,独游都城南,得居人庄。一亩之宫,而花木丛萃,寂若无人。扣门久之,有女子自门隙窥之,问曰:"谁耶?"以姓字对,曰:"寻春独行,酒渴求饮。"女入,以杯水至,开门,设床命坐,独倚小桃斜柯伫立,而意属殊厚,妖姿媚态,绰有余妍。崔以言挑之,不对,彼此目注者久之。崔辞去,送至门,如不胜情而入。崔亦眷盼而归。嗣后绝不复至。

及来岁清明日，忽思之，情不可抑，径往寻之。门院如故，而已锁扃[1]之。因题诗于左扉曰：

去年今日此门中，人面桃花相映红。
人面不知何处去，桃花依旧笑春风。

后数日，偶至都城南，复往寻之。闻其中有哭声，扣门问之，有老父出曰："君非崔护邪？"曰："是也。"又哭曰："君杀吾女。"护惊起，莫知所答。老父曰："吾女笄年知书，未适人，自去年以来，常恍惚若有所失。比日与之出，及归，见左扉有字，读之，入门而病，遂绝食数日而死。吾老矣，此女所以不嫁者，将求君子以托吾身。今不幸而殒，得非君杀之耶？"又持崔大哭。崔亦感恸，请入哭之。尚俨然在床。崔举其首，枕其股，哭而祝曰："某在斯，某在斯。"须臾开目，半日复活矣。父大喜，遂以女归之。

〔注〕 ① 扃(jiōng)：门窗。

《崔护》是《本事诗》中一个脍炙人口的故事。故事中的崔护是唐代的一个真实的历史人物，他的活动时期当在贞元、元和年间。官至节度使。今存七绝二首。其中《题都城南庄》："去年今日此门中，人面桃花相映红。人面不知何处去，桃花依旧笑春风"，便是本篇故事的张本。

故事可以大致分为三个部分。先是写崔护清明郊游，口渴求水，与一位可爱的少女不期而遇。两人一见钟情，但拘于礼仪，仅止眉目传情而已。接着写第二年清明，崔护"情不可抑"，满怀期望来寻故地。谁知又尝闭门羹。崔护惆怅之余，题诗门扉而去。这就是上面所引的那首脍炙人口的《题都城南庄》。故事的第三部分，写数日后，崔护心有不甘，复往寻之。谁知少女在看到崔诗以后，已伤心绝食而死。崔护悲痛欲绝，伏尸大哭。少女复活，两人终成连理。

这是一篇十分典型的唐人小说。首先，故事充满传奇色彩。少女为情而死，又因情而复活。其次，唐人的小说深受史传文学的影响，全文以崔护的行踪为线索，对少女的描写完全通过崔护的所见所闻乃至内心感受来实现。故事虽然以团圆的喜剧结束，但又充满着哀怨缠绵、惆怅悲伤的情调。那首门扉题诗恰好成为故事的主旋律。这些地方在在表现出唐人小说的特点。

虽然作者的笔头紧紧地跟定崔护，但是，故事中光彩夺目、令人掩卷难忘的形象却是那位痴情的少女。少女和崔护的相遇纯属偶然，崔护乞水，恰好就到了她家，看来他们是有一种缘分。少女先是“自门隙窥之”，然后才来开门，可见她很谨慎。崔护应邀进屋，少女“独倚小桃斜柯伫立，而意属殊厚”，可见这位小家碧玉，在一见钟情以后，有一点情不自禁。倚桃而立的描写，也正是后面的诗句“人面桃花相映红”的根据。这正是作者的细心之处。“妖姿媚态，绰有余妍”，这是借情人崔护的眼睛来写少女的妖娆，同时也就写出了崔护爱慕不能自已的心情。崔护“以言挑之”，少女“不对，彼此目注者久之”。寥寥不多文字，极写一位初恋少女的羞涩忸怩。最后，两人惆怅分别，少女“送至门，如不胜情而入”。

一年后崔护的来寻故地，乃是一个过渡的段落，但是，那首表达爱情的七绝却是令人意想不到地推动了情节的发展。这首诗进一步触发了少女的相思之苦，使这位本来就“常恍惚若有所失”的少女再也承受不起爱情的折磨，竟然“绝食数日而死”。

作者没有平铺直叙地推出这个悲剧性的情节，而是借少女父亲之口，补叙出来。“君杀吾女”一句，自然是意在造成情节的曲折，同时也加强了少女殉情而死所造成的震撼性的效果。

（张国风）

乐昌公主　　孟　启

陈太子舍人①徐德言之妻，后主叔宝②之妹，封乐昌公主，才色冠绝。时陈政方乱，德言知不相保，谓其妻曰：“以君之才容，国亡必入权豪之家，斯永绝矣。傥情缘未断，犹冀相见，宜有以信之。”乃破一镜，人执其半，约曰：“他日必以正月望③日卖于都市，我当在，即以是日访之。”及陈亡，其妻果入越公杨素④之家，宠嬖殊厚。德言流离辛苦，仅能至京，遂以正月望日访于都市。有苍头卖半镜者，大高其价，人皆笑之。德言直引至其居，设食，具言其故，出半镜以合之，仍题诗曰：

镜与人俱去，镜归人不归。
无复嫦娥影，空留明月辉。

陈氏得诗，涕泣不食。素知之，怆然改容，即召德言，还其妻，仍厚遗之。闻者无不感叹。仍与德言、陈氏偕饮，令陈氏为诗。曰：

今日何迁次，新官对旧官。

笑啼俱不敢，方验作人难。

遂与德言归江南，竟以终老。

〔注〕 ① 陈：南朝之一。公元589年为隋所灭。太子舍人：太子左右亲近的属官。② 后主叔宝：南朝陈的亡国之君。 ③ 望：即农历的十五日。 ④ 杨素：隋朝大臣。

本篇见于《本事诗》。

这是一个夫妇乱离中失散、历尽悲欢离合、终于破镜重圆的著名故事。乐昌公主本是陈国国君的妹妹，金枝玉叶，富贵至极。谁知隋军南下，建康陷落，陈国君臣如鸟兽散。乐昌公主和夫婿徐德言经历了“昔为人所妒，今为人所怜”的巨大变化。

整个故事非常富有戏剧性的色彩。徐德言无力保护自己的爱妻，他预见到战乱之中，“才色冠绝”的妻子必然为“权豪之族”所攫取。可是，他依然存在一种侥幸的心理，希望将来夫妻还有团圆的一天。于是，他将镜子破而为二以此作为夫妻重逢的信物。看了下文，我们就会知道，后面的故事都是围绕着这面镜子来展开的。镜子的破、圆，恰好象征着夫妻的离、合。也是他们夫妇伉俪之情的见证。这是一种非常巧妙的手法。

徐德言和公主约好了日后联络的方法，也给读者设下了悬念。乐昌公主果然落入权豪之家。这个权豪就是当时的越公杨素。作者对乐昌公主在杨府的境遇描写极简略，只用了四个字：“宠嬖殊厚”，一带而过。我们从这里也可以看出作者剪裁的功夫。徐德言没有放弃夫妻重逢的希望，公主也没有因为杨素的宠爱而忘记了自己和徐德言的结发之情。两人按照预先约好的方式终于联系上了。苍头故意“大高其价”，显然是为了怕镜子被别人买去。我们从这些小地方也不难看出作者的用心之细。

故事的结局是令人满意的。关键在于，杨素虽然好色，霸占了作为胜利品的公主，但是，他在得知了事情的原委以后，却能“怆然改容”，表示同情。不但同情，愿意成全他们，而且“厚遗之”。临别之时，还设宴款待。真是好说好散，这对于一个新朝的胜利者来说，也算是难能可贵的了。我们不能用今天的标准去衡量古人。在宴会上，乐昌公主奉命作诗，诗中“笑啼俱不敢，方验作人难”两句，将公主当时喜惧交并、尴尬微妙的复杂心情表达得淋漓尽致。

这篇作品中，人物的真实可信，故事的富有传奇色彩，叙事的详略得当，结构的紧凑，针脚的细密，都处处表现出作者小说家的出色才能。 （张国风）

【作者小传】

范摅

唐小说家。号五云溪人。咸通时吴县(今江苏苏州)人,后寓居会稽(今浙江绍兴)。生平事迹不详。作有小说集《云溪友议》等。

玉箫化　　范摅

西川韦相公皋,昔游江夏,止于姜使君之馆。姜氏孺子曰荆宝,已习二经,虽兄呼于韦,恭事之礼,如父叔也。荆宝有小青衣曰玉箫,年才十岁,常令祗候,侍于韦兄。玉箫亦勤于应奉。

后二载,姜使君入关求官,而家累不行。韦乃易居,止头陀寺,荆宝亦时遣玉箫往彼应奉。玉箫年稍长大,因而有情。时廉使陈常侍,得韦君季父书云:"侄皋久客贵州,切望发遣归觐。"廉察启缄,遗以舟楫服用,仍恐淹留,请不相见,泊舟江渚,俾篙工促行。昏瞑拭泪,乃书以别荆宝。宝顷刻与玉箫俱来,既悲且喜。宝命青衣从往,韦以违觐日久,不敢俱行,乃固辞之。遂为言约,少则五载,多则七年取玉箫。因留玉指环一枚,并诗一首。

五年既不至,玉箫乃静祷于鹦鹉洲。又逾二年。暨八年春,玉箫叹曰:"韦家郎君,一别七年,是不来耳。"遂绝食而殒。姜氏愍其节操,以玉指环着于中指,而同殡焉。

后韦公镇蜀,到府三日,询鞫狱情,涤其冤滥,轻重之系,近三百余人。其中一辈,五器[①]所拘,偷视厅事。私语云:"仆射是当时韦兄也。"乃厉声曰:"仆射仆射,忆得姜家荆宝否?"韦公曰:"深忆之。"姜曰:"即某是也。"公曰:"犯何罪而重羁缧?"答曰:"某辞违之后,寻以明经及第,再选青城县令。家人误爇[②]廨舍库牌印等。"韦曰:"家人之犯,固非己尤。"便与雪冤,仍归墨绶,乃奏授眉州牧。敕下,未令赴任,遣人监守。朱绂其荣,留连宾幕。属大军之后,草创事繁,经蓂荚[③]数凋,方

谓:“玉箫何在?”姜牧曰:“仆射维舟之夕,与伊留约,七载是期。逾时不至,乃绝食而殒。”因吟留赠玉环诗曰:

黄雀衔来已数春,别时难解赠佳人。

长吟不见鱼书至,为遣相思梦入秦。

韦公闻之,益增凄叹。广修经像,以报夙心。且想念之怀,无由再会。时有祖山人者,有少翁④之术,能令逝者相亲。但令府公斋戒七日。清夜,玉箫乃至,谢曰:“承仆射写经,僧佛之力,旬日便当托生。却后十二年,再为侍妾,以谢鸿恩。”临去微笑曰:“丈夫薄情,令人死生隔矣。”

后韦以陇右之功,终德宗之代,理蜀不替。是故年深,累迁中书令同平章事,天下响附,泸僰⑤归心。因作生日,节镇所贺,皆贡珍奇。独东川卢八座⑥,送一歌姬,未当破瓜之年,亦以“玉箫”为号。观之,乃真姜氏之玉箫也,其中指有肉环隐出,不异留别之玉环也。京兆公⑦曰:“吾乃知存殁之分,一往一来。玉箫之言,斯可验矣。”

〔注〕 ① 五器:即五木,古时用以束身的刑具。 ② 爇(ruò):焚烧。 ③ 蓂荚(míng jiá):古代传说中的一种瑞草。每月初一至十五,逐日结一荚,十六至月底,逐日落一荚。人们便据荚的数目推算时日。 ④ 少翁:指汉代术士李少翁,曾用幻术帮助汉武帝见到已死的李夫人。 ⑤ 泸僰(bó):指四川、云南一带的少数民族。 ⑥ 八座:唐代以六部尚书、左右仆射及令为“八座”,也用以泛指尚书之类高官。东川卢八座,指东川节度使卢某。 ⑦ 京兆公:指韦皋。京兆是韦氏的郡望,故称。

这篇小说出自晚唐范摅所著《云溪友议》。《云溪友议》是一部笔记式小说,它所载录的许多诗人和有关诗歌创作的故事,大抵得自采访和传闻,从中我们可以再一次看到中国古代小说与民间传说的密切关系,也就是看到中国古代小说的一个重要源头和一种重要形式。这是意欲了解中国小说史的人所不能不知道的。

《玉箫化》的故事很单纯,但富于传奇色彩。男主人公韦皋年轻时,曾游历江夏(今湖北武昌),住在他表兄家,因而认识了一个叫玉箫的丫环。玉箫渐渐地对他产生了感情,但韦皋在离开江夏时却不敢带她同归,只是留给她一枚玉指环和一首诗,并与她约定:少则五载,多则七年,一定前来接她。玉箫苦等了七年,绝望而死。主人可怜她,下葬时把玉指环戴在了她的中指上。多年后,韦皋当了镇守蜀中的大官,一个偶然的机会,他才获悉玉箫已经为思念他而死。他不禁追思往昔,请僧念经修像,超度亡灵,终于感动阴司,让玉箫投胎托生。十二年后,韦皋由于政绩卓著,升任宰相。在他生日之际,东川节度使送给他的礼物是一个名叫"玉箫"的歌姬,长得也和当年的玉箫一模一样。最特别的是,她的中指有一个隐隐鼓起的肉环,就像戴着韦皋送给玉箫的那个玉环似的。前世中断了的缘分,到下辈子终于还是接上了。

不一定非要从"坚贞爱情可以起死回生"的角度来解释这个传奇故事的含义,但这个故事确实表明了古人的一种愿望和信念:真诚执著、刻骨铭心的感情连冷酷无情的阴司也能打动,有缘人也终能实现重逢。这一思路在唐人小说中被以不同方式重复着,虽然大多离不开佛、道或仙家的帮助,但荒诞的形式下实在蕴含着颇浓的人情味。这种借助幻想解决矛盾的方式,为历代人们所喜闻乐见,在后世的文学创作屡屡被重演。玉箫再生而与韦皋结合的故事,在话本小说和元明杂剧传奇中都有更细致的演述。直到汤显祖的杰作《牡丹亭》,还多少可见这一思路的影响。

（董乃斌）

题红怨 范摅

明皇代,以杨妃、虢国[①]宠盛,宫娥皆愿衰悴,不备掖庭[②]。常书落叶,随御水而流云:

旧宠悲秋扇,新恩寄早春。
聊题一片叶,将寄接流人。

顾况[③]著作,闻而和之。既达宸聪[④],遣出禁内者不少。或有五使[⑤]之号焉。和曰:

愁见莺啼柳絮飞,上阳宫女断肠时。
君恩不禁东流水,叶上题诗寄与谁。

卢渥舍人应举之岁,偶临御沟,见一红叶,命仆搴来。叶上乃有一绝句。置于巾箱,或呈于同志。及宣宗既省宫人,初下诏,许从百官司吏,独不许贡举人。后亦一任范阳[⑥],获其退宫,睹红叶而吁怨久之,曰:"当时偶题随流,不谓郎君收藏巾箧。"验其书,无不讶焉。诗曰:

流水何太急,深宫尽日闲。
殷勤谢红叶,好去到人间。

〔注〕 ① 虢国：杨贵妃的姐姐虢国夫人，与唐玄宗有暧昧关系。 ② 掖庭：皇宫中的旁舍，嫔妃的住所。 ③ 顾况(约727—约820)：唐代诗人，曾任著作佐郎。 ④ 宸聪：皇帝听到。宸，帝王的代称。聪，指帝王耳闻。 ⑤ 五使：唐宋行大典时所置五官，均命大臣任之。 ⑥ 范阳：唐郡名。治所在今天津市蓟州区。

本篇选自《云溪友议》。

自汉以来，帝王嫔妃颇多，而以唐明皇(玄宗)为盛。《新唐书》所叙，开元、天宝中，宫妃大率至四万。宫女深居内苑，不但没有出宫自由，甚至连捎个信出来都不可能，因此她们常常在树叶上题诗，让它随御沟流水漂出，以聊作寄托。这种红叶题诗的故事，在唐人孟启的《本事诗》、五代孙光宪的《北梦琐言》、宋人刘斧的《青琐高议》、王铚的《补侍儿小名录》中都有记述，只是情节相类而事主各异，而范摅的《题红怨》是唐人记载中最为完整和典型的。

《题红怨》深刻反映了皇宫内苑对宫女的摧残和宫女们对自由、爱情的渴望。内苑嫔妃众多，美女如云，但唐玄宗仅宠杨贵妃和虢国夫人，正是白居易所谓"后宫佳丽三千人，三千宠爱在一身"(《长恨歌》)。即便是少数女子通过竞争而受宠，那也是短暂而靠不住的，因而也在"得宠忧移失宠愁"(李商隐《宫词》)中苦度忧伤的岁月。所以她们"常书落叶"，以发泄怨忿和寄托爱情。篇首诗句"旧宠悲秋扇"，以秋扇被抛弃比喻皇恩之中断；"新恩寄早春"，说皇帝又有了新的宠幸，补叙"悲秋扇"之原因。而篇末诗则更表现了她们被禁锢的痛苦和对人间生活的渴望。"流水何太急，深宫尽日闲"，说终日闲在深宫，美好的青春岁月像匆匆流水不断消逝，怎不叫人痛惜和悲鸣呢？"殷勤谢红叶，好去到人间"，在孤独无聊之时，她们只好将满腔怨忿倾泻在一片片红叶上，寄希望于人们的同情和理解。

此诗妙在托物寄情，曲折传意，不明写怨情，而怨情自见。据载，玄宗、德宗、宣宗、僖宗时都曾发生过红叶题诗的故事。顾况等诗人正是以充满同情的笔墨给以酬和，从不同角度描写了她们的痛苦生活，客观上也反映了封建制度对宫廷女子的摧残。

另一方面，故事叙写卢渥舍人临御沟得诗，后来又恰与题诗宫女喜结良缘，表现了有情人终成眷属的美好社会理想。

小说巧妙地选取红叶题诗、诗人和诗、卢渥舍人与宫女结成夫妻，以及宫女睹红叶而嗟叹等典型事例，将红叶作为叙写的核心，不仅首尾呼应，且与宫女的怨忿浑然一体，既突出了主题思想，又收到了巧妙而自然的艺术效果。这个故事直接影响宋人张实创作的《流红记》(刘斧《青琐高议》卷五收录)。在《流红记》里，于祐在御沟拾得一片题诗红叶，自己也题二句于红叶上，置于上流水中，流入禁苑。不想后来于祐娶的宫女韩氏，正是红叶题诗之人，而于祐和诗之红叶也恰为韩氏所得。御沟红叶的故事由此而表现得更加细致完整。（曾　良）

【作者小传】

孙　棨

唐小说家。字文威。安邑（今属山西运城）人。官至中书舍人。作有小说集《北里志》等。

张　住　住　　　孙　棨

张住住者，南曲所居卑陋，有二女兄不振[①]，是以门甚寂寞，为小铺席，货草剉姜果之类。住住，其母之腹女[②]也，少而敏慧，能辨音律。邻有庞佛奴，与之同岁，亦聪警，甚相悦慕，年六七岁，随师于众学中，归则转教住住，私有结发之契。及住住将笄，其家拘管甚切，佛奴稀得见之，又力窘不能致聘。俄而里之南有陈小凤者，欲权聘住住，盖求其元[③]，已纳薄币，约其岁三月五日。及月初，音耗不通，两相疑恨。佛奴因寒食争球，故逼其窗以伺之，忽闻住住曰："徐州子，看看日中也。"佛奴，庞勋同姓，佣书徐邸，因私呼佛奴为徐州子。日中，盖五日也。佛奴甚喜，因求。住住云："上巳日我家踏青去，我当以疾辞彼，即自为计也。"佛奴因求其邻宋媪为之地，媪许之，是日举家踏青去，而媪独留，住住亦留，住住乃键其门，伺于东墙，闻佛奴语声，遂梯而过。佛奴盛备酒馔，亦延宋媪，因为谩寝，所以遂平生。既而谓佛奴曰："子既不能见聘，今且后时矣。随子而奔，两非其便。千秋之誓，可徐图之。五日之言，其何如也？"佛奴曰："此我不能也，但愿保之他日。"住住又曰："小凤亦非娶我也，其旨可知也。我不负子矣，而子其可便负我家而辱之乎？子必为我之计！"佛奴许之。曲中素有畜斗鸡者，佛奴常与之狎，至五日，因髡其冠，取丹物[④]托宋媪致于住住。既而小凤以为获元，甚喜，又献三缗于张氏，遂往来不绝。

复贪住住之明慧，因欲嘉礼纳之。时小凤为平康富家，车服甚盛。佛奴佣于徐邸，不能给食，母兄喻之，邻里讥之，住住终不舍佛奴，指阶井曰："若逼我不已，骨董一声即了矣。"平康里中，素多轻薄小儿，遇事辄唱"住住诳小凤也"！邻里或知之。俄而复值北曲王团儿假女小福，为郑九郎主之，而私于曲中盛六子者，及诞一子，荥阳抚之甚厚。曲中唱曰："张公吃酒李公颠，盛六生儿郑九怜。舍下雄鸡伤一德，南头小凤纳三千。"久之小凤因访住住，微闻其唱，疑而未察。其与住住昵者，诘旦告以街中之辞曰："是日前佛奴雄鸡，因避斗飞上屋伤足，前曲小铁炉田小福者，卖马街头，遇佛奴父，以为小福所伤，遂殴之。"住住素有口辩，因抚掌曰："是何庞汉，打他卖马街头田小福？街头唱：'舍下雄鸡失一足，街头小福拉三拳。'且雄鸡失德，是何谓也？"小凤既不审且不喻，遂无以对，住住因大咍，递呼家人，随弄小凤，甚不自足。住住因呼宋媪，使以前言告佛奴，奴视鸡足且良，遂以生丝缠其鸡足，置街中，召群小儿共变其唱住住之言，小凤复以住住家噪弄不已，遂出街中以避之。及见鸡跛，又闻改唱，深恨向来误听，乃益市酒肉，复之张舍。一夕，宴语甚欢，至旦将归，街中又唱曰："莫将庞大作荍团⑤，庞大皮中的不干。不怕凰凰当额打，更将鸡脚用筋缠。"小凤闻此唱，不复诣住住。佛奴初佣徐邸，邸将甚怜之，为致职名，竟裨邸将，终以礼聘住住，将连大第，而小凤家事日蹙，复不侔矣。

〔注〕 ① 二女兄不振：二位姐姐处境也不好。女兄，即姐姐。 ② 腹女：遗腹女。 ③ 元：第一，开始。此处指处女的贞洁。 ④ 丹物：此处指雄鸡的鸡冠。 ⑤ 荍团：荞麦做的一种食品。

《张住住》是《北里志》中的著名篇章。《郡斋读书志》《直斋书录解题》乃至《宋史·艺文志》都一无例外地将《北里志》一书收入小说类，但是，《张住住》一篇却带有引人注目的实录性质。我们从中看不到多少虚构提炼的痕迹，作品的男女主角庞佛奴、张住住乃至辅助人物陈小凤都是相当真实的人物。

庞佛奴和张住住是相邻而住、从小一起长大的穷人家的孩子。庞佛奴"佣于徐邸，不能给食"，张家亦"所居卑陋"，住住更是沦为妓女。两人同岁，私相悦慕，乃至"私有结发之契"。作者没有说住住是什么如花似月的绝色美人，只是说她"少而敏慧，能辨音律"。庞佛奴与住住私相爱慕；与此同时，饶有资财的平康富家陈小凤看上了住住。陈小凤先是想梳拢住住，后来，"复贪住住之明慧，因欲嘉礼纳之"。住住的家长嫌贫爱富，并不想把住住嫁给为人作佣的佛奴，邻里们也对住住的选择颇不以为然。面对母兄、邻里的内外压力，面对富贵的诱惑，住住对佛奴痴心不改。她向父母指阶井表示："若逼我不已，骨董一声即了矣！"在这里，我们不难看到女主人公笃于情感、不慕富贵的品质和果断刚烈的性格侧面。

住住并非一般香艳小说中的佳人，她的爱情故事也没有遵循那种"私订终身后花园，奉旨成婚大团圆"的公式。住住虽然身为妓女，却又不乏真挚的感情。有真情却也并没有如卓文君夜奔相如那样与佛奴携手私奔。她对佛奴说："随子而奔，两非其便。千秋之誓，可徐图之。"住住虽然始终钟情于佛奴，并且在陈小凤企图占有她以前，抢先把少女的贞洁献给了佛奴，但她毕竟还得像一般妓女一样接客。更加值得注意的是，住住在爱着佛奴的同时，也在敷衍着陈小凤。作者详细描写了庞佛奴与住住一起精心策划的第一次偷情和两人贿赂里中"轻薄小儿"不再唱曲讽刺住住、设计瞒骗陈小凤的经过。从这里，我们又看到了男女主人公的狡黠。

（张国风）

【作者小传】

李　绰

唐小说家。字肩孟，号宽中子。赵郡（今河北赵县）人。历任太常博士、礼部郎中等。作有小说集《尚书故实》等。

顾　恺　之

李　绰

《清夜游西园图》顾长康[①]画。有梁朝诸王跋尾处云："图上若干人，并食天厨[②]。"贞观中褚河南[③]诸贤题处具在。本张维素家收得，传至相国张公宏靖。元和中宣维素并钟元常[④]写《道德经》，同进入内[⑤]。后中贵人崔潭峻自禁中[⑥]将出，复流传人间。维素子周封，前泾州从事，在京。一日有人将此图求售，周封惊异之，遽以绢数匹易得。经年忽闻款关[⑦]甚急，问之，见数人同称仇中尉[8]，传语评事，知《清夜图》在宅。计闲居家贫，请以绢三百匹易之。周封惮其迫胁，遂以图授使人。明日果赉绢至。后方知诈伪，乃是一豪士，求江淮大盐院时，王庶人涯判[9]盐铁，酷好书画，谓此人曰："为余访得此图，然后遂[10]公所请。"因为计取耳。及王家事起，复落在一粉铺内，郭侍郎以钱三百买得献郭公。郭公卒，又流传至令狐家。宣宗尝问相国有何名画，相国具以图对，复进入内。

〔注〕 ① 顾长康：东晋时期的著名画家顾恺之，长康为其字。 ② 天厨：星宿名。此处指掌管宫廷酒馔饮宴的光禄寺。 ③ 褚河南：褚遂良，曾封河南郡公。 ④ 钟元常：三国时代的书法家钟繇。 ⑤⑥ 内、禁中：均指皇宫内廷。 ⑦ 款关：叩门。 ⑧ 仇中尉：大宦官仇士良，当时为神策军中尉。 ⑨ 王庶人涯判：王涯，曾任宰相，后被贬、被杀，故称"庶人"。判，以高官掌低职称"判"。 ⑩ 遂：满足。

本篇出自《尚书故实》。

东晋的顾恺之是著名的大画家。他的画在当时就已经博得文人雅士的高度欣赏和赞誉，有"绝品"之誉。关于他卓越不凡的绘画技艺，史料中也留下了不少有趣传说。据说他曾经爱恋邻家的一个女子，他在墙壁上画了这女郎的像，并在心的那个部位钉了一枚钉子，这女子就得了心痛病。她把这事告诉顾恺之，顾拔掉了钉子，邻女的心痛病就痊愈了。人们津津乐道于这样的离奇故事，足见在他们的心目中，顾恺之的画已经达到出神入化的地步。

顾恺之的人物画非常精妙，但他画人像总是迟迟不画出眼眸，别人问他为什么这样？他回答说，人体四肢本无关神情，而传递精神意态，全在双眼，不经反复揣摩，是不能下笔的。

最耸人听闻的传说是他为瓦棺寺作维摩佶画像的故事。当时这寺院向官员名流募捐，别人最多捐钱十万，顾恺之一出手就认捐一百万。因为他一向清贫，所以人们认为他只是在开玩笑。过了一阵子，僧人请他交兑钱款，他告诉僧人要等一个月，然后自己关在寺内大殿作画，用了足足一个月的时间，在墙壁上画好一尊维摩佶像。吩咐僧人："第一天来参观的，要他们付出十万钱作施舍，第二天要五万，第三天以后，可以随意施舍。"这尊维摩佶像画得真是栩栩如生、光彩照人，引得人们纷纷涌来观赏，施舍的钱财很快就达到一百万(事均出唐张彦远《历代名画记》)。

本篇内容比较集中，围绕顾恺之的一幅名画《清夜游西园图》在皇室、民间辗转沉浮的曲折经历，描绘出它的众多欣赏者们对这幅名画那种爱之若狂、争相谋取的情态，既从侧面烘托了顾恺之在绘画艺术上的不凡造诣，也表现出书画艺术珍品撼动人们心灵、令人如醉如痴的那种特殊魅力，同时也写出了世事沧桑、荣枯转瞬的人生况味，所以，这篇小说行文虽然平直质朴，却具有相当内涵，读来是饶有意味的。

《清夜游西园图》原来由张惟素家收藏，上面有梁朝诸王以及唐代贞观年间褚遂良等人所作的题识。到了唐宪宗元和年间，这幅画与三国时候的大书法家钟繇所书写的《道德经》一同被征入宫廷。足见那时它已经是广为社会名流所知晓、珍视的一幅名画。这幅画后来被宦官崔某从宫中带出，又流传到民间。张惟素的儿子张周封在京城的时候，遇到一个人拿着这幅画出售，张周封很惊异，立即用几匹绢的价钱把它买了下来。过了一年光景，忽然有人登门造访，说大宦官仇士良想得到这幅画，愿出三百匹绢的高价。仇士良当时正得势，张周封不敢拒绝他的要求，当下把画交给来人带走。第二天真有人给他送来三百匹绢。不过后来他才知道自己还是受骗了，买主并不是仇士良，而是一个富豪之士，此人正在向丞相兼盐铁使王涯谋求一个官职，而王涯这个人酷爱书画，提出的条件是如果能给他弄到《清夜游西园图》，就可以满足对方的愿望。因而这人就设计骗买到张周封珍藏的这幅画。后来王涯家遭难败落，这画流落到一个店铺里，被人用三百钱买去献给郭承嘏侍郎，大为郭侍郎所珍爱。郭去世后，画又到了相国令狐绹家。有一次唐宣宗问令狐家里可有什么名画？令狐绹就说出这幅画，并把它进献给皇帝。

围绕着一幅画的起落沉浮，小说抒发了深切的人生感喟——那些帝王、官宦懂得这幅画的珍贵，他们或是强征或是巧取，一心想要将这幅名画据为己有，但是他们又都无法永久地把持它，在他们身后或失势之日，也就不得不同它分手。任凭它被生活的涡流席卷而去。小说中饶有深意地记叙了这幅画几易其主的经历，用这种事实来传递出作者心中那份深长感慨。

一幅名画似乎常常会被它的收藏者赋予不同的品性，在流传的过程中不断改变它的身份。附庸风雅的帝王想要垄断它，使它成为权威的点缀；汲汲于仕途的士大夫用它作筹码，给自己交换到渴求的官职；……在这样的时候它的“身价”会扶摇直上——帝王的赏识不消说是为它增添了无比荣宠，官员们的争相谋取更给它“炒出”一个天价。可是扪心自问，这些附加的“荣耀”能够体现几许它自身的真正价值？在权贵名流眼中的《清夜游西园图》，同作者顾恺之笔下的倾心于文人宴集的情操雅趣的《清夜游西园图》，想来应该有不小的距离吧！

我们还可以看到，每当同收藏者失散的时候，这幅画也失去了它的物值——

在民间流转之时，它的身价只是几匹绢、几百钱而已，这个时候它真有点像被人们的狂热围困得太久的明星人物，需要躲在不为人知的角落休憩，又似一位隐士的暂且韬晦，收敛了自身的光芒。不过名画自然不会长久地湮没无闻，终究不免再度出山，更易新的主人，又进入那些贵介名流、文人雅士们的关注视野。

小说借《清夜游西园图》流出宫廷之后的坎坷经历的描写，带出几许富贵权势转瞬即逝、犹如过眼云烟的感慨。饶有意味的是，在故事的结尾处，这幅画又一次进入宫廷，使读者意会到新的一轮流转迁徙又开场了，可以说作者所讲述的这个故事还远未终结。小说在这样的地方戛然而止，似是收结，又似乎在昭示一个新的开始，这种余音袅袅、不绝如缕的叙述手法是非常高妙的，它暗示着人生的故事永远在重复、延续。就这样，小说以其含蕴无穷的弦外之音为我们留下了回味不尽的悬想。

（孙丽华）

【作者小传】

皇甫枚

唐小说家。字遵美。安定三水（今陕西彬县）人。曾任鲁山县主簿等。作有小说集《三水小牍》等。

飞　烟　传

皇甫枚

临淮[①]武公业，咸通中任河南府功曹参军[②]。爱妾曰飞烟，姓步氏，容止[③]纤丽，若不胜绮罗。善秦声[④]，好文墨，尤工击瓯[⑤]，其韵与丝竹[⑥]合。公业甚嬖[⑦]之。

其比邻，天水[⑧]赵氏第也，亦衣缨之族[⑨]，不能斥言[⑩]。其子曰象，端秀有文，才弱冠[⑪]矣。时方居丧礼[⑫]。忽一日，于南垣隙中窥见飞烟，神气俱丧，废食忘寐。乃厚赂公业之阍[⑬]，以情告之。阍有难色，复为厚利所动，乃令其妻伺飞烟闲处[⑭]，具以象意言焉。飞烟闻之，但含笑凝睇而不答。

门媪尽以语象。象发狂心荡，不知所持，乃取薛涛笺[⑮]，题绝句曰：

一睹倾城[⑯]貌，尘心[⑰]只自猜。

不随萧史[18]去，拟学阿兰[19]来。

以所题密缄之，祈门媪达飞烟。

烟读毕，吁嗟良久，谓媪曰："我亦曾窥见赵郎，大好才貌。此生薄福，不得当之。"盖鄙武生麄[20]悍，非良配耳。乃复酬一篇，写于金凤笺，曰：

绿惨双蛾[21]不自持，只缘幽恨在新诗。

郎心应似琴心怨，脉脉春情更泥[22]谁。

封付门媪，令遗象。象启缄，吟讽数四，拊掌喜曰："吾事谐矣。"又以剡溪玉叶纸[23]，赋诗以谢，曰：

珍重佳人赠好音，彩笺芳翰两情深。薄于蝉翼[24]难供恨，密似蝇头未写心。疑是落花迷碧洞[25]，只思轻雨洒幽襟。百回消息千回梦，裁作长谣寄绿琴[26]。

诗去旬日，门媪不复来。象忧懑，恐事泄，或飞烟追悔。春夕，于前庭独坐，赋诗曰：

绿暗红藏起暝烟，独将[27]幽恨小庭前。

沉沉良夜与谁语，星隔银河月半天。

明日，晨起吟际，而门媪来，传飞烟语曰："勿讶旬日无信，盖以微有不安。"因授象以连蝉锦香囊[28]并碧苔笺，诗曰：

无力严妆倚绣栊，暗题蝉锦思难穷。

近来嬴得伤春病，柳弱花欹怯晓风。

象结锦香囊于怀，细读小简。又恐飞烟幽思增疾，乃剪乌丝阑[29]为回缄，曰：

春日迟迟，人心悄悄。自因窥觏[30]，长役[31]梦魂。虽羽驾尘襟[32]，难于会合；而丹诚皎日，誓以周旋[33]。昨日瑶台青鸟[34]忽来，殷勤寄语。蝉锦香囊之赠，芬馥盈怀，佩服徒增，翘恋弥切。况又闻乘春多感，芳履乖和[35]，耗冰雪之妍姿，郁蕙兰之佳气。忧抑之极，恨不翻飞。且望宽情，无至憔悴。莫孤[36]短韵，宁爽后期[37]。惝恍寸心，书岂能尽？兼持菲什[38]，仰继华篇。伏惟[39]试赐凝睇。”诗曰:“见说伤情为九春[40],想封蝉锦绿蛾颦[41]。叩头为报烟卿道,第一风流最损人[42]。

门媪既得回报,径赍诣飞烟阁中。

武生为府掾属[43],公务繁伙,或数夜一直[44],或竟日不归。此时恰值入府曹[45]。飞烟拆书,得以款曲寻绎[46]。既而长太息曰:“丈夫之志,女子之情,心契魂交,视远如近也。”于是阖户垂幌,为书曰:“下妾不幸,垂髫[47]而孤。中间为媒妁所欺,遂匹合于琐类。每至清风明月,移玉柱[48]以增怀;秋帐冬釭[49],泛金徽[50]而寄恨。岂谓公子,忽贻好音。发华缄而思飞,讽丽句而目断。所恨洛川波隔[51],贾午墙高[52];连云不及于秦台[53],荐梦尚遥于楚岫[54]。犹望天从素恳[55],神假微机,一拜清光,九殒无恨。兼题短什,用寄幽怀。伏惟特赐吟讽也。”诗曰:

画檐春燕须同宿,兰浦双鸳肯独飞?
长恨桃源诸女伴,等闲[56]花里送郎归。

封讫,召门媪,令达于象。象览书及诗,以飞烟意稍切,喜不自持,但静室焚香,虔祷以候。

忽一日,将夕,门媪促步而至,笑且拜曰:“赵郎愿见神仙否?”象惊,连问之。传飞烟语曰:“值今夜功曹府直[57],可谓良时。妾家后庭,即君之前垣也。若不渝惠好,专望来仪[58]。方寸万重[59],悉候晤语。”既曛黑,象乃乘梯而登,飞烟已令重榻于下。既下,见飞烟靓妆盛服,立于庭前。交拜讫,俱以喜极不能言。乃相携自后门入房中,遂背釭解幌,尽缱绻[60]之意焉。及晓钟初动,复送象于垣下。飞烟执象手曰:“今日相遇,乃前生姻缘耳。勿谓妾无玉洁松贞之志,放荡如斯。直以郎之风调,不能自固。愿深鉴[61]之。”象曰:“挹[62]希世之貌,见出人之心[63]。已誓幽庸[64],永奉欢洽。”言讫,象逾垣而归。

明日,托门媪赠飞烟诗曰:

十洞三清[65]虽路阻,有心还得傍瑶台[66]。

瑞香风引思深夜，知是蕊宫仙驭[67]来。

飞烟览诗微笑，复赠象诗曰：

相思只怕不相识，相见还愁却别君。

愿得化为松下鹤，一双飞去入行云。

付门媪，仍令语象曰："赖[68]值儿家有小小篇咏，不然，君作几许大才面目?"兹不盈旬，常得一期于后庭，展幽微之思，罄宿昔之心，以为鬼神不知，天人相助。或景物寓目，歌咏寄情，来往便繁，不能悉载。如是者周岁。

无何，飞烟数以细过挞其女奴，奴阴衔[69]之，乘间尽以告公业。公业曰："汝慎勿扬声！我当伺察之。"后至直日，乃伪陈状请假。迨夜，如常入直，遂潜于里门。街鼓既作，匍伏而归。循墙至后庭，见飞烟方倚户微吟，象则据垣斜睇。公业不胜其愤，挺前欲擒。象觉，跳去。公业搏之，得其半襦[70]。乃入室，呼飞烟诘之。飞烟色动声颤，而不以实告。公业愈怒，缚之大柱，鞭楚血流。但云："生得相亲，死亦何恨。"深夜，公业怠而假寐。飞烟呼其所爱女仆曰："与我一杯水。"水至，饮尽而绝。公业起，将复笞之，已死矣。乃解缚，举置阁中，连呼之，声言飞烟暴疾致殒。数日，窆之北邙[71]。而里巷间皆知其强死[72]矣。

象因变服，易名远，自窜于江、浙间。洛中才士，有崔、李二生，尝与武掾游处。崔赋诗末句云："恰似传花[73]人饮散，空床抛下最繁枝。"其夕，梦飞烟谢曰："妾貌虽不迨桃李，而零落过之。捧君佳什，愧抑无已。"李生诗末句云："艳魄香魂如有在，还应羞见坠楼人[74]。"其夕，梦飞烟戟手而詈[75]曰："士有百行[76]，君得全乎？何至务矜[77]片言，苦相诋斥？当屈君于地下面证之。"数日，李生卒。时人异焉。

远后调授汝州鲁山县主簿[78]，陇西李垣代[79]之。咸通末，予复代垣，而与远少相狎[80]，故洛中秘事，亦知之，而垣复为手记，故得以传焉。

三水人[81]曰："噫！艳冶之貌，则代有之矣；洁朗之操，则人鲜闻乎。故士矜才则德薄，女炫色则情私。若能如执盈[82]，如临深，则皆为端士淑女[83]矣。飞烟之罪，虽不可逭[84]，察其心，亦可悲矣！"

〔注〕 ①临淮：唐郡名，治所在今江苏盱眙西北。 ②咸通：唐懿宗年号(860—874)。河南府：唐府名，又称洛州，治所在洛阳(今河南洛阳东北)。功曹参军：官名，掌管祭祀、礼乐、学校、选举等事宜，在府称功曹参军，在州称司功参军，在县称司功。 ③容止：仪容举止。④秦声：秦地(今陕西、甘肃一带)的地方音乐。 ⑤瓯(ōu)：一种瓦盆，盛水后用筷子敲击，是秦地常用的乐器。 ⑥丝竹：琵琶、二胡、笛、扬琴等弦乐器。 ⑦嬖(bì)：宠爱。 ⑧天水：唐郡名，也称秦州，治所在今甘肃天水。 ⑨衣缨之族：仕宦富贵之家。 ⑩不能斥言：不便直接指出他的姓名。 ⑪弱冠：男子二十岁左右，成人加冠。 ⑫居丧礼：因父或母丧在家中守孝。 ⑬阍(hūn)：看门人。 ⑭闲处：一人独处。 ⑮薛涛笺：一种深红色的彩诗笺，传为唐代女诗人薛涛所制。 ⑯倾城：形容女子绝色。 ⑰尘心：尘俗之心，即相爱之心。 ⑱萧史：春秋时人，善吹箫，秦穆公将女儿弄玉嫁给他。他每天教弄玉吹箫作凤鸣，遂有凤飞来，秦穆公为他们筑凤台。后来萧史乘龙，弄玉乘凤，飞升成仙。 ⑲阿兰：神话中的仙女，谪降人间后嫁少年张傅。 ⑳麄：同"粗"。 ㉑蛾：蛾眉，美好的眉毛。 ㉒泥(nì)：热恋。 ㉓剡(shàn)溪玉叶纸：用浙江剡溪水所制成的藤纸，洁白如玉，故名玉叶纸。 ㉔薄于蝉翼：比喻纸很薄。 ㉕落花迷碧洞：暗用东汉时刘晨、阮肇入天台山采药遇仙女的故事。㉖绿琴：绿绮琴，司马相如的琴名，这里暗用司马相如与卓文君的爱情故事，以寄托自己的爱慕之情。 ㉗将：怀抱，带着。 ㉘连蝉锦香囊：一种用连文而薄如蝉翼的锦缎制成的香囊。㉙乌丝阑：一种有黑线格子的素绢。 ㉚觏(gòu)：看见，遇到。 ㉛役：拘牵。 ㉜羽驾：神仙的法驾，指飞烟。尘襟：尘俗的襟怀，赵象自指。 ㉝周旋：追求。 ㉞瑶台：传说中神仙居住的地方。青鸟：传说中西王母的使者。这里指飞烟派门媪传来消息。 ㉟芳履乖和：等于说玉体不适。 ㊱孤：同"辜"，辜负。 ㊲宁爽后期：怎么能失去日后的约会呢？爽，失。 ㊳菲什：等于说拙诗。什，诗的代称。 ㊴伏惟：旧时书信中表示尊敬的习惯用语。㊵九春：整个春天。 ㊶颦：皱眉。 ㊷损人：令人伤神。 ㊸掾(yuàn)属：属官。㊹直：同"值"，值班。 ㊺曹：官署。 ㊻款曲寻绎：仔细体会。 ㊼垂髫(tiáo)：指尚未束发的儿童时代。 ㊽玉柱：琴的代称。 ㊾釭(gāng)：灯。 ㊿泛金徽：弹琴。徽，古琴上的徽位，用以调节音区，贵重者常以金为饰。 51洛川波隔：用曹植《洛神赋》典，谓因洛水阻隔，不能同洛神相会。 52贾午墙高：晋时贾充之女贾午，爱上父之属官韩寿，贾府墙高，但韩寿仍逾墙与贾午幽会。事见《世说新语·韩寿》。 53连云：形容楼高。秦台：指秦穆公为萧史弄玉所筑的凤台。 54楚岫：即巫山，这里用巫山神女的典故。 55素恳：夙愿。56等闲：随便。 57府直：在府的公署里值班。 58来仪：《尚书》中有"凤凰来仪"的话，意思是凤凰来而有仪容，后"来仪"即用为欢迎别人到来的美称。 59方寸万重：心中有千言万语。 60缱绻(qiǎn quǎn)：缠绵的情意。 61鉴：体察，鉴谅。 62挹(yì)：取，这里引申为领受之意。 63出人之心：高出于一般人的心地品格。 64幽庸：冥冥中的主宰，即神灵。65十洞三清：道教认为神仙居住的地方。 66瑶台：神仙所居。 67蕊宫：蕊珠宫。仙驭：仙驾。 68赖：幸亏。 69阴衔：心中怀恨。 70襦：短衣。 71窆(biǎn)之北邙(máng)：

将她埋葬在北邙山。北邙山在洛阳东北，为贵族墓地。 ⑫ 强死：暴死，被杀而死。 ⑬ 传花：古时以击鼓传花的方式行酒令。 ⑭ 坠楼人：指晋代豪富石崇的爱妾，她忠于石崇，跳楼殉节。 ⑮ 戟手而詈(lì)：用手指着骂。 ⑯ 行：德行，人们的行为准则。 ⑰ 矜：傲慢刻薄。 ⑱ 汝州：唐州名，治所在今河南临汝。主簿：知县的佐官，主管文书簿籍。 ⑲ 代：接任。 ⑳ 狎：亲近。 ㉑ 三水人：三水，地名，今陕西彬县。作者皇甫枚为三水人，故借以自称。 ㉒ 执盈：小心谨慎。下句"如临深"意同。 ㉓ 端士淑女：品德行为端正美好，符合封建道德规范的男女。 ㉔ 逭(huàn)：逃避，推脱。

本篇出自传奇集《三水小牍》。原书本三卷，今仅存二卷。《太平广记》卷四九一收录，题为《非烟传》，未注明出处，可能当时亦曾单行。

这是一篇偷香窃玉型的爱情故事，写一个已婚女子和她所钟情的男子私相结合，但却达到了相当高的思想艺术水平。在封建时代，男女偷情是为人所不齿的。出自《孟子》的成语"逾墙钻隙"，就表示了对这种行为"父母国人皆贱之"的鄙视态度。本篇的主人公却写得很有思想光彩，她的遭遇和行为，读后令人同情。

这首先是因为作者以简练的笔法写出了步飞烟的身份、地位和不幸的身世遭遇，使她的别求所爱具有了合理的基础和深刻的社会内容。小说一开始就交代了她是官僚武公业的小老婆，在封建时代，这就表明她是一个丧失了独立地位的、可以任男人支配和处置的女子。事实正是如此，她曾以她的"容止"和文墨声乐受到武公业的宠爱，可是一旦在感情上背叛丈夫，就可以被"缚之大柱，鞭楚血流"。小说在情节的发展过程中，又通过步飞烟和她所钟情的赵象写信，交代了她在婚姻问题上的不幸："下妾不幸，垂髫而孤。中间为媒妁所欺，遂匹合于琐类。"对武公业其人，小说在描写他毒打步飞烟的场面以前，只是在叙述语言中以两个字来概括他的主要特点："粗悍"，因此认为飞烟与他并"非良配"。"粗"就是粗鲁，"悍"就是凶悍。粗鲁不足以跟飞烟的文雅相匹，凶悍却足以置"容止纤丽，若不胜绮罗"的娇弱女子于死地。单是这些简要的介绍，就使读者不难想象步飞烟在婚姻上是多么的不幸，而造成这种不幸婚姻的制度又是多么的不合理。她需要爱情，但却得不到爱情，而且还时时有受到摧残蹂躏的威胁，连生命也没有保障。有此基础，小说所描写的步飞烟与赵象的私相爱悦和幽会，就越出了一般的偷情的性质，而具有了反抗不合理的婚姻制度的积极意义。她弃武公业而爱赵象，就是追求爱情，追求幸福，就是追求妇女的独立人格，就是对不幸命运的反抗。步飞烟不是一个安分地过屈辱生活的弱者，而是一个不安分的、有所追求、敢于抗争的强者，但仅仅是一个与她的身份地位不相符的精神上的强者。因而，她的偷情，就不是淫乱，而是爱和美的追求，是值得同情的，也是应该被肯定和被歌颂的。

其次，还因为作者以同样的同情之笔写出了步飞烟的追求是一个悲剧的结局。她是被武公业毒打致死的。她的死,是不合理的婚姻制度的罪恶的表现,是她在爱情追求上的坚贞品格的表现,也是她维护自己独立人格的表现。她是以生命来抗暴,以生命来殉情的。在这里,作者写她的死,不仅仅是为了表现她的不幸,以博得读者对她的同情;而且更是为了表现出她的死也是美的追求的一部分,因而也是小说对她的反抗和追求的颂歌的一部分。

步飞烟是一个优美的艺术形象。她的主要的性格特色是外柔内刚。“容止纤丽,若不胜绮罗”,是写她体态的纤丽柔婉;“善秦声,好文墨,尤工击瓯,其韵与丝竹合”是写她的聪慧、才情、修养。这些都表现了她柔婉和文雅的一面,主要还是她的外在美;与下文要着重描写的她刚毅、坚强的内在美,表里相反相成,和谐地统一在一起,构成步飞烟外柔内刚的性格特色。而这种描写,又反过来跟她丈夫武公业的猥琐粗鄙和凶悍暴虐形成鲜明强烈的对比,从而进一步揭示出两个人在婚姻上的不相配、不合理。

在她同赵象的爱情发展过程中,两人“兼题短什,用寄幽怀”。书信来往,以诗歌传情达意的风雅方式,同时表现了双方的才情和修养。这不仅表现了两人色貌才情的相当,而且还赋予他们的爱情以风雅高洁的格调。小说着力表现的还是步飞烟的反抗斗争精神,是她内在的刚毅、果决和坚强的性格。在两人最初的爱情关系中,赵象是主动者,但随后,在经过思索一旦确定接受对方的情意时,她就表现得非常大胆、主动、热情、坚决。从酬诗、生病,接着示意对方幽会的愿望,到后来抓住机会发出幽会的邀请,再到对幽会作出种种具体的安排,以及在幽会过程中她的衣着、仪态和表情等等,都表现出她是那样主动和勇敢。而写得最有光彩的,是在她和赵象的私情暴露以后,在武公业的凶悍横暴面前,她不低头、不屈服,凛然不可侵犯,但云:“生得相亲,死亦何恨!”表现了对爱情的坚贞和执著。

总的看来,这篇小说是在以世俗观念看来不守贞操的放荡的生活形式中,表现了女主人公那种反封建礼教和反封建制度的“玉洁松贞之志”。这个形象的特点是,放荡其表,玉洁其质。小说为我们塑造了一个具有反叛色彩的、外柔内刚的艺术形象,这在妇女受压迫的封建时代是一个具有鼓舞作用的美的艺术形象。

作者在篇末发了一段议论,说:“噫!艳冶之貌,则代有之矣;洁朗之操,则人鲜闻乎。故士矜才则德薄,女炫色则情私。若能如执盈,如临深,则皆为端士淑女矣。飞烟之罪,虽不可逭,察其心,亦可悲矣!”作者明确地指出飞烟是有罪的,认为她和赵象是陷于私情而丧失了“朗洁之操”,不得称为“端士淑女”。这段议论所表现出的是一种迂腐的封建伦理道德观念,跟小说通过艺术形象所显示的思想倾向是不一致的。另外,在艺术表现上,小说的前半部分用了较多的篇幅描写两人酬赠诗篇、传书递简的情况,虽然在表现人物性格和揭示主题上都有其不可忽视的作用,但写得太多,就不免有冗沓之弊。（周先慎）

却　要　　皇甫枚

故湖南廉使李公庾,遐构兄姨夫也。李氏之女奴曰却要,美容止,善辞令。朔望通礼谒于亲姻家,惟却要主之①。李公侍婢数十,莫之偕②也。而巧媚才捷,能承顺颜色,姻党亦多怜之。李公四子,长曰延禧,次曰延范、延祚,所谓大郎、二郎、三郎、五郎也,皆年少狂夫,尽欲蒸③却要而不能。

尝遇清明节,时纤月娟娟,庭花烂发,中堂垂绣幕,皆银釭④,而大郎与却要遇于樱桃花影中,乃持之求偶。却要取叠席授之,绐曰:"可于东厅里东南留伫立相待。仆常侍郎君眠熟,当至。"大郎既去,至廊下。又逢二郎调之,却要取绮缛授之曰:"可于东厅东北角相守。"二郎既去,于堂侧又逢三郎束之,却要取青毡授之曰:"可于东厅里面西南角相待。"三郎既去,于砌下又与五郎遇,握手不可解。却要取练毯授之曰:"可于东厅里面西北角相待。"

四人皆去,延禧于角中屏息以待。厅门斜闭,见其三弟比比⑤而至,各趋一隅,心虽讶而不敢声。少顷,却要燃蜜炬,疾向所豁双扉而照之,谓延禧辈曰:"阿堵⑥乞儿,争⑦敢向这里觅宿处?"皆弃所携,掩面散走。却要大哈⑧而回。

咸通辛卯岁,予于洛师尚睹却要容华,虽三秋是怨调态,犹一顾动人情。惜其风流,聊以为序。

〔注〕 ① 主之:承担。 ② 偕:并列,等同。 ③ 蒸:同烝,古代指同母辈通奸。却要是李庾之妾,在辈分上是延禧等人的庶母。 ④ 银釭:即灯盏。 ⑤ 比比:接连不断。 ⑥ 阿堵:方言,意为"这些个"。 ⑦ 争:怎么。 ⑧ 哈(hāi):嘲笑。

本篇出自《三水小牍》。

这是一个智慧型故事。充满谐谑风味。身为奴婢的却要因为容貌资质出众而深得主人爱怜,颇加倚重;她的聪明美丽也引起李家几个儿子的垂涎,在这几个纨绔子弟眼里,却要这个漂亮的女奴不过是他家的一件附属品,应该由他们来随意摆布。然而,聪明的却要根本就没有把这四个愚蠢狂妄的子弟放在眼里,于是就上演了富有喜剧色彩的一幕活剧。

在一个花月明媚的春夜里,兄弟四个相继来纠缠却要,小说里用了很俏皮的语句来描写这四个活宝的轻狂行径。见到却要,他们一个个丑态毕露:或“持之”“调之”“束之”,或“握手不可解”,一副厚颜无耻的样子。却要则不动声色,只管把他们一一打发到厅堂的四个角落去等候,假意答应等他们的父亲睡熟后她就会来相会。正当他们傻头傻脑地等待时,却要手持灯火,忽然将厅堂门大开,照向室内,大喝一声:“这些个穷小子,怎敢到这里找睡觉的地方!”四兄弟干的原是见不得人的勾当,惟恐爹娘知晓,却要这一吵嚷,几乎吓破了他们的胆,一个个急忙抱头鼠窜。他们从此再也不敢小看却要。

聪明的却要用这种出人意料的方式捍卫了自己的尊严,也给了四个傲慢无礼的纨绔子弟一个教训。她所采用的斗争方式堪称巧妙,本来,奴婢是很难抗拒家主意志的,却要的处境更加不利——打她主意的不是一个,而是四个少爷,寻常女子遇到这样的麻烦,恐怕会采取出逃甚至自尽等极端手段,然而却要并没有被自己面临的困境难住。她太了解这些轻薄少年了,他们色胆包天,胡作非为,但又胆小如鼠,惧怕父亲知晓,只敢在背地里做手脚而已。以却要的聪明见识,对付这样的纨绔儿是绰绰有余的。对于他们的无耻纠缠,她不怒不惧、从容应对。先是饷以甘言,稳住他们,之后在他们毫无防备之时,将其暴露在灯光下,并故意大声呵斥,可以想象,这猝不及防的光照和呵斥有如惊雷,只敢在暗地里猖獗的鼠类自然心胆俱裂,只有夺路而逃了。

小说剪裁得宜,布局均衡,经过巧妙铺垫,将情节推向高潮。结尾这一突如其来的逆转,相信会给期待了解故事结局的读者们留下深刻印象,引发人们会心的微笑。

(孙丽华)

【作者小传】

杜光庭

(850—933) 五代前蜀道士、文学家。字宾至(一作宾圣、圣宾),号东瀛子、广成先生。处州缙云(今属浙江)人。唐咸通中应九经举不第,入天台山学道。后事后蜀,任金紫光禄大夫、谏议大夫、户部侍郎。作有小说集《神仙感遇传》《虬髯客传》等。

虬髯客传　　杜光庭

隋炀帝之幸江都[①]也，命司空杨素守西京[②]。素骄贵，又以时乱，天下之权重望崇者，莫我若也，奢贵自奉，礼异人臣。每公卿入言，宾客上谒，未尝不踞床而见，令美人捧出，侍婢罗列，颇僭于上。末年愈甚，无复知所负荷，有扶危持颠之心。

一日，卫公李靖以布衣上谒，献奇策。素亦踞见。公前揖曰："天下方乱，英雄竞起。公为帝室重臣，须以收罗豪杰为心，不宜踞见宾客。"素敛容而起，谢公，与语大悦，收其策而退。

当公之骋辩也，一妓有殊色，执红拂，立于前，独目公。公既去，而执拂者临轩，指吏曰："问去者处士第几？住何处？"公具以对。妓诵而去。

公归逆旅。其夜五更初，忽闻叩门而声低者，公起问焉。乃紫衣戴帽人，杖揭一囊。公问："谁？"曰："妾，杨家之红拂妓也。"公遽延入。脱衣去帽，乃十八九佳丽人也。素面画衣而拜。公惊答拜。曰："妾侍杨司空久，阅天下之人多矣，无如公者。丝萝非独生，愿托乔木，故来奔耳。"公曰："杨司空权重京师，如何？"曰："彼尸居余气，不足畏也。诸妓知其无成，去者众矣。彼亦不甚逐也。计之详矣，幸无疑焉。"问其姓，曰："张。"问其伯仲之次，曰："最长。"观其肌肤、仪状、言词、气性，真天人也。公不自意获之，愈喜愈惧，瞬息万虑不安，而窥户者足无停履[③]。数日，亦闻追访之声，意亦非峻。乃雄服[④]乘马，排闼而去。

将归太原，行次灵石[⑤]旅舍。既设床，炉中烹肉且熟。张氏以发长委地，立梳床前。公方刷马。忽有一人，中形，赤髯而虬，乘蹇驴而来。投革囊于炉前，取枕欹卧，看张梳头。公怒甚，未决，犹刷马。张熟视其面，一手握发，一手映[⑥]身摇示公，令勿怒。急急梳头毕，敛衽前问其姓。卧客答曰："姓张。"

对曰:"妾亦姓张。合是妹。"遽拜之。问第几,曰:"第三。"因问妹第几,曰:"最长。"遂喜曰:"今夕幸逢一妹。"张氏遥呼:"李郎且来见三兄!"公骤拜之。

遂环坐。曰:"煮者何肉?"曰:"羊肉,计已熟矣。"客曰:"饥。"公出市胡饼。客抽腰间匕首,切肉共食。食竟,余肉乱切送驴前,食之甚速。客曰:"观李郎之行,贫士也。何以致斯异人?"曰:"靖虽贫,亦有心者焉。他人见问,故不言。兄之问,则不隐耳。"具言其由。曰:"然则将何之?"曰:"将避地太原。"曰:"然吾故非君所能致也[7]。"曰:"有酒乎?"曰:"主人西,则酒肆也。"公取酒一斗。既巡,客曰:"吾有少下酒物,李郎能同之乎?"曰:"不敢。"于是开革囊,取一人头并心肝。却收头囊中,以匕首切心肝,共食之。曰:"此人天下负心者,衔之十年,今始获之。吾憾释矣。"又曰:"观李郎仪形器宇,真丈夫也。亦闻太原有异人乎?"曰:"尝识一人,愚谓之真人也。其余,将帅而已。"曰:"何姓?"曰:"靖之同姓。"曰:"年几?"曰:"仅[8]二十。"曰:"今何为?"曰:"州将之子。"曰:"似矣。亦须见之。李郎能致吾一见乎?"曰:"靖之友刘文静者,与之狎。因文静见之可也。然兄何为?"曰:"望气者言太原有奇气,使访之。李郎明发,何日到太原?"靖计之日。曰:"达之明日,日方曙,候我于汾阳桥[9]。"言讫,乘驴而去。其行若飞,回顾已失。公与张氏且惊且喜。久之,曰:"烈士不欺人,固无畏。"促鞭而行。

及期,入太原,果复相见。大喜,偕诣刘氏。诈谓文静曰:"有善相者思见郎君,请迎之。"文静素奇其人,一旦闻有客善相,遽致使迎之。使回而至,不衫不履,裼裘而来,神气扬扬,貌与常异。虬髯默居末坐,见之心死,饮数杯,招靖曰:"真天子也!"公以告刘,刘益喜,自负。既出,而虬髯曰:"吾得十八九矣。然须道兄见。李郎宜与一妹复入京。某日午时,访我于马行[10]东酒楼下。下有此驴及瘦驴,即我与道兄俱在其上矣。到即登焉。”又别而去。公与张氏复应之。

及期访焉，宛见二乘。揽衣登楼，虬髯与一道士方对饮，见公惊喜，召坐。围饮十数巡，曰：“楼下柜中有钱十万，择一深稳处驻[11]一妹。某日复会我于汾阳桥。”如期至，即道士与虬髯已到矣。俱谒文静。时方弈棋，揖而话心焉。文静飞书迎文皇看棋。道士对弈，虬髯与公傍侍焉。俄而文皇到来，精采惊人，长揖而坐。神气清朗，满坐风生，顾盼炜如也。道士一见惨然，下棋子曰：“此局全输矣！于此失却局哉！救无路矣！复奚言！”罢弈而请去。既出，谓虬髯曰：“此世界非公世界，他方可也。勉之。勿以为念。”因共入京。虬髯曰：“计李郎之程，某日方到。到之明日，可与一妹同诣某坊曲小宅相访。李郎相从一妹，悬然如磬。欲令新妇祗谒，兼议从容，无前却也。”言毕，吁嗟而去。

公策马而归。即到京，遂与张氏同往。乃一小版门子，叩之，有应者，拜曰：“三郎令候李郎一娘子久矣。”延入重门，门愈壮。婢四十人，罗列廷前。奴二十人，引公入东厅。厅之陈设，穷极珍异，巾箱妆奁冠镜首饰之盛，非人间之物。巾栉妆饰毕，请更衣，衣又珍异。既毕，传云：“三郎来！”乃虬髯纱帽裼裘而来，亦有龙虎之状，欢然相见。催其妻出拜，盖亦天人耳。遂延中堂，陈设盘筵之盛，虽王公家不侔也。四人对馔讫，陈女乐二十人，列奏于前，似从天降，非人间之曲。

食毕，行酒。家人自东堂舁出二十床，各以锦绣帕覆之。既陈，尽去其帕，乃文簿钥匙耳。虬髯曰：“此尽宝货泉贝[12]之数。吾之所有，悉以充赠。何者？欲于此世界求事，当或龙战三二十载，建少功业。今既有主，住亦何为？太原李氏，真英主也。三五年内，即当太平。李郎以奇特之才，辅清平之主，竭心尽善，必极人臣。一妹以天人之姿，蕴不世之艺，从夫之贵，以盛轩裳。非一妹不能识李郎，非李郎不能荣一妹。起陆之贵，际会如期，虎啸风生，龙吟云萃，固非偶然也。持余之赠，以佐真主，赞功业也，勉之哉！此后十年，当东南数千里外有异事，是吾得事之秋也。一妹与李郎可沥酒东南相贺。”因命家童列拜，曰：“李郎一妹，是汝主也！”言讫，与其妻从一奴，乘马而去。数步，遂不复见。

公据其宅，乃为豪家，得以助文皇帝之赀，遂匡天下。贞观十年，公以左仆射平章事。适南蛮入奏曰：“有海船千艘，甲兵十万，入扶余国⑬，杀其主自立。国已定矣。”公心知虬髯得事也。归告张氏，具衣拜贺，沥酒东南祝拜之。乃知真人之兴也，非英雄所冀。况非英雄者乎？人臣之谬思乱者，乃螳臂之拒走轮耳。我皇家垂福万叶，岂虚然哉。或曰：“卫公之兵法，半乃虬髯所传耳。”

〔注〕 ① 江都：即今江苏省扬州市。 ② 西京：隋建都大兴城（今陕西省西安市），炀帝以洛阳为东京，故称大兴城为西京。 ③ 瞬息万虑不安，而窥户者足无停履：一刹那间心里顾虑重重，坐立不安，脚不停步地到门口张望。 ④ 雄服：穿上男装。 ⑤ 灵石：隋县名，今属山西省。 ⑥ 映：隐。 ⑦ 然吾故非君所能致也：其实我本来就已在猜测您这样的贫士自己是不可能得到红拂女这样的佳人的。 ⑧ 仅：近，将近。 ⑨ 汾阳桥：在太原城东汾河上。 ⑩ 马行：隋大兴城中街道名。 ⑪ 驻：安置，安顿。 ⑫ 泉贝：钱财。 ⑬ 扶余国：古国名，在今辽宁、吉林一带。

本篇选自《顾氏文房小说》，署杜光庭撰。

唐代传奇中，写男女豪侠除暴安良的故事占有相当的比重。《虬髯客传》就是这类侠客小说中的代表作之一。小说叙写隋末重臣杨素的婢女红拂女不甘沉沦，慧眼结识具有将相之才的李靖，相约私遁，途中遇到豪侠虬髯客，三人意气相投，欣然结义。在隋末群雄逐鹿中原的时代风云中，李靖后佐太宗李世民兴唐，虬髯客在扶余国自立为王。作者借写“风尘三侠”的雄心豪举，较为客观地反映了当时政治黑暗腐败，天下混乱，群雄竞起，争夺政权的社会现实，在一定程度上曲折地体现了人民群众厌恶战乱，期待贤人治国安邦，要求天下太平安定的普遍愿望，具有一定的进步意义。

小说成功地塑造了被后世誉为“风尘三侠”的李靖、红拂女和虬髯客的生动形象。三人虽同为侠，但又各有特点。李靖是小说中第一个给人印象深刻的人物。他胸怀大志，性格坚毅沉着。尽管当时他还是布衣平民，然而不畏权贵，慷慨进言，具有一种乱世英雄识时务的远见卓识，又带有一种忧国忧民的深沉，胸中谋略远非貌似尊贵的达官显宦可以比拟。红拂女则是个慧眼识英雄的红颜巾帼。她原为杨司空府中的婢女，却有着不甘沦落的情怀和超越同辈的见识。她久经风月场中逢场作戏的辛酸悲凉，看透了官场的虚伪乏味，视花天酒地的奢淫生活如粪土。她热烈地追求自由，向往幸福的爱情生活，渴望享有真正的人生，毅然私奔李靖，而将杨素等视为行尸走肉，对腐朽的权贵表示出极大的蔑视。她有非凡的见识和胆略，机智果决，豪爽大方，积极地襄助李靖成就了辅国安民的大业。虬髯客更是小说着意刻写的富有传奇色彩的人物。他胸怀争王图霸的壮志，未雨绸缪而又能识时务顺人心，主动放弃逐鹿中原的打算，远走海外，另辟新径，创立大业。他性格粗犷豪爽，嫉恶如仇，大方慷慨，颇重信义。三人成为"风尘三侠"的共同点在于皆是识时务的俊杰。他们都意识到隋王朝气数已尽，新王朝即将取而代之。正是基于这种共识，红拂女弃权贵而另托乔木，李靖寻真人而一展抱负，虬髯客审时势而图霸一方。

小说以李靖、红拂女、虬髯客三侠互相结识为线索，精心安排了奇特而曲折的故事情节。小说一开头简略交代了故事发生的时代背景，说明当时皇帝纵情游乐，权臣奢贵自奉，置国计民生不顾的腐败政治形势。经过这样一番渲染和铺垫后，接着安排当时虽身为布衣，然而胸有大志，关心国事的李靖登场亮相，向权臣杨素献奇策，并直指杨素倚势踞见宾客的失礼。他的英见卓识和凛然正气使杨素为之一震，也吸引了杨素的婢女红拂女，从而引出她深夜私奔李靖的情节，进而引出两人迅速逃离杨素统治下的京城，前往太原避祸，途中巧遇虬髯客的情节。在灵石旅舍，李靖刷马，红拂女梳妆，虬髯客则取枕欹卧，毫无忌惮地看红拂女梳头。这一情节是全篇的枢纽，小说的三个主要人物至此都已相继登场。在这一情节中，红拂女再次慧眼识英雄，主动与虬髯客攀谈，三人相见恨晚，结为风尘知己，遂引出相约二访真命天子李世民，使故事情节得以进一步展开。在二访李世民中，小说巧妙地设置了对虬髯客行径的悬念，进而将故事的发展推向高潮。小说酣畅淋漓地铺写了虬髯客的巨富身份和英雄豪举，让虬髯客在将全部家财赠给李靖夫妇时作了自我表白，剖明他放弃逐鹿中原的前志和远走海外另创新业的打算，悬念至此霍然冰释。最后简单交代了三侠各自的归宿。小说情节紧凑，钩连式地一环紧套一环，前后照应，引人入胜，具有很强的故事性。

小说善于运用细节描写的表现手法来刻画人物性格。如在灵石旅舍三侠巧遇时，虬髯客一到就将行李一扔，斜躺着欣赏红拂女梳妆，给人留下粗犷潇洒和不拘礼节的印象。李靖则借刷马掩饰内心的恼怒，暂忍旁观，表现了他审慎而沉稳的性格。红拂女面对陌生男子的注视，不仅略无羞涩，而且看出虬髯客狂放不羁的奇特之处。正当李靖隐忍不发，揣测虬髯客的身份，考虑应付对策之时，红拂女及时出来打破了僵局。小说通过对她一连串动作行为的细腻描写，生动揭示了她多方面的性格特征。当虬髯客毫无顾忌地看她梳头时，她非但没有回避，反而从容自若，仔细打量虬髯客，表现出作为一个大贵族家的婢女见多识广的特点；当她与虬髯客攀谈之前，又及时用手掩在身后暗示李靖，"令勿怒"，表现出她既豪爽泼辣，又具有女性特有的细腻；当她认定虬髯客也是一位英雄时，立即主动上前攀谈，表现出她慧眼识人，机智果断的特点。小说的这些细节描写，使人物形象栩栩如生，形神毕肖，个性鲜明。

小说还运用了烘托的表现手法来塑造人物形象，如以杨素的昏聩衬托李靖对时局的清醒认识；以他的妄自尊大反衬李靖的胆识气度。又如以风尘三侠之间的互相赞赏和钦佩作为彼此之间的衬托，表现出他们作为豪杰侠士的共同特点。此外，小说对一代天骄李世民的描写着墨虽不多，但在气度超凡的虬髯客的侧面烘托下，寥寥几笔，一个叱咤风云、扭转乾坤而又风流倜傥、神采照人的英雄形象就跃然纸上，呼之欲出了。

小说结尾的议论虽然是受作者思想局限而造成的败笔，有曲终奏雅的画蛇添足之嫌，但也是为了适合当时要从一篇小说中体现出"史才、诗笔、议论"的时代风气所需。尽管有此局限，这篇传奇仍不失为我国古代小说中的佳作，它所塑造的风尘三侠，尤为后人所喜爱。明代凌濛初的《虬髯翁》杂剧、张凤翼的《红拂记》传奇等都取材于这篇小说，可见其在文学发展过程中的一定影响。

（徐时仪）

金母元君　杜光庭

金母元君[①]者，九灵太妙龟山金母也，一号太灵九光龟台金母，一号曰西王母。乃西华之至妙洞阴之极尊。在昔道炁凝寂，湛体无为。将欲启迪玄功，生化万物。先以东华至真之气，化而生木公[②]焉。木公生于碧海之上，苍灵之墟，以生阳和之气，理于东方，亦号曰王公焉。又以西华至妙之气化而生金母焉，金母生于神州伊川，厥姓缑氏。生而飞翔，以主阴灵之气，理于西方，亦号王母。皆挺质大无毓神玄奥于西方渺莽之中，分大道醇精之气，结气成形，与东王木公共理二气，而养育天地，陶钧万物矣。体柔顺之本，为极阴之元，位配西方，母养群品，天上天下，三界十方，女子之登仙得道者，咸所隶焉。所居宫阙在龟山之春山，昆仑[③]玄圃，阆风之苑，有金城千重，玉楼十二。琼华之阙，光碧之堂；九层玄台，紫翠丹房；左带瑶池，右环翠水。其山之下，弱水[④]九重，洪涛万丈，非飙车羽轮，不可到也。所谓玉阙塈天，绿台承霄，青琳之宇，朱紫之房，连琳彩帐，明月四朗。戴华胜，佩灵章，左侍仙女，右侍羽童。宝盖沓映，羽旆荫庭。轩砌之下，殖以白环之树，丹刚之林。空青万条，瑶干千寻。无风而神籁自韵，琅然皆奏八会之音也。

神州在昆仑之东南，故《尔雅》云："西王母日下是矣。"又云："王母蓬发戴胜，虎齿善啸者。"此乃王母之使金方白虎之神，非王母之真形也。元始天王授以万天之统，龟山九光之箓，使制召万灵，统括真圣，监盟证信，总诸天之羽仪。天尊上圣，朝晏之会，考校之所，王母皆临映焉。上清宝经，三洞玉书，凡所授度，咸所关与也。昔黄帝[⑤]讨蚩尤[⑥]之暴，威所未禁。而蚩尤幻化多方，征风召雨，吹烟喷雾，师众大迷。帝归息太山之阿，昏然忧寐。王母遣使，披玄狐之裘，以符授帝曰："太一在前，得之者胜，战则克矣。"符广三寸，长一尺，青莹如玉，丹血为文。佩符既毕，王母乃命一妇人，人首鸟身，谓帝曰："我九天玄女[⑦]也。"授帝以三宫五意阴阳之略，太一遁甲六壬步斗之术，阴符之机，灵宝五符五胜之文。遂克蚩尤于中冀，翦神农[⑧]之后，诛榆罔于阪泉，而天下大定，都于上谷之涿鹿。又数年，王母遣使白虎之神，乘白虎，集帝之庭，授以地图。晚年，复授帝以清静无为正真之道。其辞曰：

> 饮啄不止，身不轻；思虑不止，神不清；声色不止，心不宁。心不宁，则神不灵；神不灵，则道不成。其要妙也，不在瞻星礼斗，苦己劳形。贵在湛然方寸，无所营营。神仙之道，乃可长生。

其后虞舜摄位，王母遣使授舜白玉环，又授益地图。遂广黄帝之九州为十有二州。王母又遣使授舜皇琯，吹之以和八风。

周昭王二十五年，岁在乙卯，老君与真人尹喜，游观八弦之外，西游龟台，为西王母说《常清静经》，故太极左宫仙公葛玄序曰："吾昔受之于东华帝君，东华帝君受之于金阙帝君，金阙帝君受之于西王母，皆口口相传不记文字，吾今于世，书而录之。"逮至穆王，命驾八骏之乘，右服骅骝而左绿耳，右骖赤骥而左白㴇。主车则造父为御，𫛾𫛾为右。次车之乘，右服渠黄而左逾轮。左骖盗骊而右山子柏夭。主车参百为御，奔戎为右。驰驱千里而至巨蒐氏之国。巨蒐氏乃献白鹄之血以饮王，具牛马之湩以洗王之足及二乘之人。已饮而行道，宿于昆仑之阿，赤水之阳。别日升昆仑之丘，以观黄帝之宫而封之，以诒后世。遂宾于西王母，觞于瑶池之上。西王母为王谣，王和之，其辞哀焉。乃观日之所入，一日行万里。王乃叹曰："予一人不盈于德，后世其追数吾过乎？"又云："王持白珪重锦，以为王母寿。"歌《白云》之谣，刻石纪迹于弇山之上而还。

世之升天之仙，凡有九品。第一上仙，号"九天真王"；第二次仙，号"三天真皇"；第三号"太上真人"；第四号"飞天真人"；第五号"灵仙"；第六号"真人"；第七号"灵人"；第八号"飞仙"；第九号"仙人"。凡此品次，不可差越。然其升天之时，先拜木公，后谒金母。受事既讫，方得升九天、入三清、拜太上、觐奉元始天尊耳。故汉初有四五小儿戏于路中，一儿歌曰："著青裙，入天门，揖金母，拜木公。"时人皆莫知之，唯张子房知之，乃往拜焉。曰："此乃东王公之玉童也。仙人得道升天，当揖金母而拜木公也。自非冲虚登真之子，莫知其津矣。"

汉孝武皇帝刘彻，好长生之道，以元封元年登嵩高之岳，筑寻真之台。斋戒精思。四月戊辰，王母使墉城玉女、王子登来语帝曰:"闻子欲轻四海之禄,迁万乘之贵,以求长生真道乎,勤哉!七月七日,吾当暂来也。"帝问:"东方朔审其神应?"乃清斋百日,焚香宫中,夜二唱之后,白云起于西南,郁郁而至。径趣宫庭。渐近,则云霞九色,箫鼓震空,龙凤人马之众,乘麟驾鹿之卫,科车天马霓旗羽幢,千乘万骑光耀宫阙。天仙从官,森罗亿众,皆长丈余。既至,从官不知所在,王母乘紫云之辇,驾九色斑麟,带天真之策,佩金刚灵玺,黄锦之服,文彩明鲜,金光奕奕。腰分景之剑,结飞云大绶。头上大华髻,戴太真晨缨之冠,蹑方琼凤文之履。可年二十许,天姿腌蔼,灵颜绝世,真灵人也。下车扶侍二女,登床东向而坐。帝拜跪问寒温。立侍良久,呼帝使坐。设以天厨芳华百果,紫芝萎蕤,纷若填螺,精珍异常,非世所有,帝不能名也。又命侍女取桃,玉盘盛七枚,大如鸪子,四以与帝,母自食其三。帝食桃辄收其核。母问:"何为?"曰:"欲种之耳。"母曰:"此桃三千岁一实,中土地薄,种之不生,如何?"于是王母命侍女、王子登弹八球之璈,董双成吹云和之笙,石公子击昆庭之玉,许飞琼鼓震灵之簧,婉凌华拊吾陵之石,范成君扣洞阴之磬,段安香作九天之钧,法婴歌玄灵之曲。众声澈朗,灵音骇空。歌毕,帝下席叩头,以问长生之道。王母曰:"汝能贱荣乐,卑宫室,耽虚味,道自复佳尔。然汝情恣欲体,淫乱过甚。杀伐非法,奢侈恣其。性者,裂身之车也;淫者,破身之斧也。杀者响对,奢者心懒。积欲则神陨,聚淫则命断。以子蕞尔之身而宅灭形之贼,盈尺之材乃攻之者百刃。欲以此解脱三尸,全身永久,难可得也。有似无翅之鹦,愿鼓天池;朝生之菌,而乐春秋者哉!若能荡此众乱,拨秽易意,保神炁于绛府,闭淫宫而不开,静奢侈于寂室,爱众生而不危,守慈务施,炼气惜精,有若斯之事,岂无仿佛耶?若不尔者,譬犹抱石而济长河耳。"帝跪受王母之戒,曰:"彻不才沉沦流俗,承禅先业,遂羁世累,刑政乖谬,罪积丘山。今日之后,请事斯语矣。"

王母曰："夫养性之道，理身之要，汝固知矣，但在勤行不怠也。我师元始天王，昔于严霄之台授我要言曰：'欲长生者，先外其身。取诸身，坚守三一保灵根，玄谷华醴灌沉珍。溉长清，精入天门，金室宛转。'在中关，青白分明；适泥丸，养液闭精。具身神，三宫备卫；存绛宫，黄庭戊己无。流源彻通，五脏十二绝吐纳，六府魂魄欣却，此百疾辟热寒，保精留命永长存。此所谓呼吸太和，保守自然真要之道者也。凡人今之，皆必长生，亦可役使鬼神，游戏五岳，但不得飞空腾虚而已。汝能为之，足可度世也。夫学仙者，未有不由此而始也。至若太上灵药，上帝奇物，地下阴生，重云妙草，皆神仙之药也。得上品者，后天而老，乃太上之所服，非中仙之所宝。其中品者，有得服之，后天而逝，乃天真之所服，非下仙之所逮。其次药有九丹金液、紫华虹英、太清九转、五云之浆、玄霜绛雪、腾跃三黄、东瀛白香、玄洲飞生、八石千芝、威喜九光、西流石胆、东沧青钱、高丘余粮、积石琼田、太虚还丹、盛以金兰、长光绛草、云童飞干，有得服之，白日升天，此飞仙之所服，非地仙之所闻。其下药有松柏之膏、山姜沉精、菊花泽泻、枸杞茯苓、菖蒲门冬、巨胜黄精、灵飞赤板、桃胶木英、升麻续断、葳蕤黄连，如此下药，略举其端，草类繁多，名数有千，子得服之，可以延年。虽不能长享无期，上升青天，亦可以身生光泽，还返童颜，役使群鬼，得为地仙，求道之者，要先凭此阶，渐而能致远胜也。若能呼吸御精，保固神气，精不脱则永久，气长存则不死。不用药石之费，又无营索之劳，取之于身耳，百姓日用而不知此，故为上品之道，自然之要也。且夫人之一身，天付之以神，地付之以形，道付之以炁。炁存则生，炁去则死，万物草木亦皆如之。身以道为本，岂可不养神，固气以全尔形也。形神俱全，上圣所贵；形灭神逝，岂不痛哉！一失此身，万劫不复。子其宝焉，我之所言，乃我师元始天王所授之词也。"即敕《玉女李庆孙书》出之以付于帝："汝善修之焉。"王母命驾将去，帝下席叩头请留。王母即命侍女召上元夫人同降帝宫。良久，上元夫人至，复坐设天厨。久之，王母命夫人出八会之书，五岳、真形、五帝、六甲、灵飞之符，凡十二事。云："此书天上四万劫一传。若在人间，四十年可授有道之士。"王母乃命侍女宋灵宾开云锦之囊，取一册以授帝。王母执书起立，手以付帝。王母咒曰：

天高地卑，五岳镇形；元津激炁，大泽玄精；天回九道，六和长平；太上八会，飞天之成；真仙节信，由兹通灵；泄坠灭府，宝归长龄；彻其慎之，敢告刘生。

祝毕，帝拜受。王母曰："夫始学道受符者，宜别祭川岳诸真灵，洁斋而佩之焉。四十年后，若将传付汝之所有，董仲君、李少君可授之尔。况为帝王，可勤祭川岳，以安国家；投简真灵，以佑黎庶也。"言讫，与上元夫人命车言去。从官玄集，将欲登天。因笑指方朔曰："此我邻家小儿，性多滑稽，曾三来偷桃矣。昔为太上仙官，因沉湎玉酒，失部御之和，谪佐于汝，非流俗之夫也。"其后，武帝不能用王母之戒，为酒色惑，杀伐不休。征辽东，击朝鲜，通西南夷；筑台榭，兴土木，海内愁怨。自此失道，幸回中，临东海三祠。王母不复降焉。所受之书，置于柏梁台上，为天火所焚。李少君解形而去，东方朔飞翥不还。巫蛊事起，帝愈悔恨。元始二年，崩于五柞宫，葬于茂陵。其后茂陵所藏道书五十余卷，盛以金箱。一旦，出于抱犊山中，又玉箱玉杖出于扶风。市验茂陵，宛然如故，而箱杖出于人间。此亦得托形尸解之验也。

又大茅君[⑨]盈南治句曲之山，元寿二年八月己酉，南岳真人赤君、西城王君、方诸青童，并从王母降于茅盈之室。顷之，天皇大帝遣绣衣使者冷广、子期赐盈神玺玉章。太微帝君遣三天左宫御史管修条，赐盈八龙锦舆，紫羽华衣。太上大道君遣协晨大夫石叔门赐盈金虎真符，流金之铃。金阙圣君命太极真人使正一上玄玉郎王忠、鲍丘等赐盈以四节燕胎，流明神芝。四使者授讫，使盈食芝佩玺，服衣正冠，带符握铃而立。四使者告盈曰："食四节隐芝者，位为真卿；食金阙玉芝者，位为司命；食流明金英者，位为司禄；食长耀双飞者，位为真伯；食夜光洞草者，总主左右御史之任。子尽食之矣，寿齐天地，位居司命上真、东岳上卿，统吴越之神仙，总江左之山源矣。"言毕，使者俱去。五帝君各以方面车服降于其庭，传太帝之命，赐盈紫玉之版、黄金刻书、九锡之文，拜盈为东岳上卿、司命真君、太元真人。事毕，俱去。王母及盈师西城王君为盈设天厨酣宴，歌玄灵之曲。宴罢，王母携王君及盈省顾盈之二弟，各授道要。王母命上元夫人授茅固、茅衷《太霄隐书》《丹景道精》等四部宝经。王母执《太霄隐书》命侍女张灵子执交信之盟，以授于盈、固，以衷事讫。西王母升天而去。

其后，紫虚元君王华存夫人清斋于阳洛之山、隐元之台，西王母与金阙圣君降于台中，乘八景舆，同诣清虚上宫，传《玉清隐书》四卷，以授华存。是时，三元夫人冯双礼珠、紫阳左仙公石路成、太极高仙伯延盖、公子西城真人王方平、太虚真人南岳赤松子、桐柏真人王子乔等三十余真，各歌太极阳歌阴歌之曲，王母为之歌曰：

驾我八景舆，欻然入玉清。
龙旌拂霄上，虎旂摄朱兵。
逍遥玄津际，万流无暂停。
哀此去留会，劫尽天地倾。
当寻无中景，不死亦不生。
体彼自然道，寂观合大冥。
南岳挺真干，玉映辉颖精。
有任靡其事，虚心自受灵。
嘉会绛河曲，相与乐未央。

王母歌毕，三元夫人答歌亦竟。王母及三元夫人、紫阳左仙公、太极仙伯、清虚王君及携南岳魏华存同去东南行，俱诣天台、霍山，过句曲之金坛，宴太元茅真人于华阳洞天，留华存于霍山洞宫玉宇之下。众真皆从王母升还龟台矣。太真金母，师匠万品，校领群真，圣位导高，总绿幽显。至若，边洞玄躬朝而受道，谢自然景侍而登仙。故洞玄及自然，传谓为金母师，即王母也。玄经所证，事迹盖多，此未备录矣。

〔注〕①金母元君：即西王母，道教传说中人物。②木公：即东王公，道教传说中人物。③昆仑：山名，传说为众仙聚集地，在西藏与新疆之间。④弱水：古人称水浅或地僻不通舟楫者为弱水。古籍中所载弱水甚多。⑤黄帝：古史记黄帝，少典之子，姓公孙，居轩辕之丘，故号轩辕氏。⑥蚩尤：古九黎族部落酋长。⑦九天玄女：道教传说中人物。⑧神农：传说古帝名。古史又称炎帝、烈山氏。相传始教民为耒、耜以兴农业，尝百草为医药以治疾病。⑨茅君：汉得道者茅盈，与其弟衷固在茅山（江苏句容市东南，原名句曲山）修道，世号三茅君。

本篇载于《墉城集仙录》，《云笈七籤》本题《西王母传》。

成书于战国时期的《山海经》最早提到了西王母这个神话人物，与后世小说中的同一形象相比，《山海经》中的西王母还是个蓬发戴胜、虎齿善啸，而且拖着一条豹尾的凶神模样。随着道教思想的发展，汉魏六朝小说中的西王母形象则逐渐演变成一个姿容俏丽、风采绰约的美貌妇人，以她为中心所形成的一系列传说也不同程度地染上了艳情色彩，从而使这个人物平添了魅力，引人无限遐想。唐人杜光庭的《金母元君》在《汉武故事》《汉武帝内传》《西王母传》等汉魏小说的基础上，对西王母这一女性形象做出了更加细腻、详尽的描绘。

故事以西王母为主线，辐射开来，串联起一个个颇具文学意味的小故事。文中的西王母不再是身处幽谷、与怪兽为伴的凶神，而是沿续了汉魏小说中的美艳形象，居于昆仑之巅："有金城千重，玉楼十二。琼华之阙，光碧之堂；九层玄台，紫翠丹房；左带瑶池，右环翠水"，"左侍仙女，右侍羽童"，"母养群品，天上天下，三界十方，女子之登仙得道者，咸所隶焉"。更有人情意趣的是，这位美丽的妇人亦配有佳偶，那便是"生于碧海之上，芬灵之墟"、主阳和气理的东王公。阴气与阳气相和，王母与王公相伴，这就淡化了原本枯燥无味的道教说理，使西王母的身世极具艳丽色彩。想来民间传说中的神仙眷侣王母娘娘和玉皇大帝便是以他们为原型的吧。

据说唐人杜光庭本人亦是道士，故此他撰写的《金母元君》就总体而言，当然

明顾绣西池王母(局部)

以传道授教为宗旨，但拂开外在的仙风羽衣，文中时时流露出凡俗气息。道教诸仙中，最能吸引凡世男子眼光大概就要算上这位美艳王母了。有趣的是，文中的西王母虽已有配偶东王公，但有夫之妇的身份并没有成为她与异性往来的限制。故此，铺演西王母与黄帝、周穆王、张良、汉武帝、茅盈五位凡世男子的交往经历便成了小说的主线。虽同属人神交往，但作者写来却各具特色。在与张良、茅盈的会面时，作者刻意突出了西王母的宗教身份，传播仙道才是王母点化此二人的真正目的。但与三位人间帝王的相会却因其中感情内容的增加而产生了另一种效果。黄帝是文中西王母第一个交往的凡世对象。虽身为人间帝王，但黄帝却生来具有神性，为了部族的统一，他先后与蚩尤、神农大战，蚩尤“幻变多力，征风召雨，吹烟喷雾”，黄帝屡屡受挫，西王母遣使授符，不但帮助黄帝战胜了蚩尤，赠以地图，使其广有九州四海，而且传之以长生得道之术。后世文学屡写黄帝神异，其源则在西王母了。

另一位“驾八骏之乘”访王母于昆仑的人间帝王周穆王与西王母的相会也极具情趣。带着礼物、费尽周折的穆王终于成为西王母的座上宾，王母不但设宴款待、放歌助兴，还亲自作导游，引领穆王“观日之所入”。和黄帝相比，穆王与西王母的相会场面更有世俗气息。

从文字的分量来看，杜光庭将人神往来的重头戏放在了西王母相会汉武帝一节上了。稍作比较，就可以发现这一节文字显然来自《汉武故事》和《汉武帝内传》，但杜光庭仍然表现出对这一题材的浓厚兴趣。颇好长生之术、心向道家的汉武帝终于在七月七日牛郎织女相会之时迎来了盛装艳服的西王母。这次相会又不同于周穆王，西王母驾离昆仑，亲赴汉宫，既带来武帝叫不出名字的仙家美味果馔，又带来一个由群仙组成的乐队，尽示仙境妙音，最后又授其长生之术，虽教导之意屡现，但言语之间深情款款，留恋之意毕现。值得注意的是，此次相会，不但是西王母主动登门，而且偏偏选中了七夕这样的夜晚。较之会黄帝、会穆王的描写，在写相会汉武帝时，作者首次用了相当繁琐的句子描绘了西王母的外貌风采，强调她看上去“可年二十许，天姿腌蔼，灵颜绝世”。凡此种种，可谓寓意深焉。

西王母的传说自先秦至唐流传已久，前人著述各有亮点。杜光庭的《金母元君》从人物到题材均非独创，但在故事的重新组合中，作者重作排比，略加增删。通过比较，可以发现，作者所精致描写的内容皆是人情化、世俗化了的部分，而宗教使命和意义不过简单交待而已，足见作者之用意在于传情而非传道，作者虽身为道士，但其创作倾向却迎合了唐代道教日益世俗化的发展趋势。　（柳岳梅）

姚氏三子 杜光庭

唐御史姚生，罢官，居于蒲[①]之左邑。有子一人，外甥二人，各一姓。年皆及壮，而顽驽不肖。姚之子稍长于二生，姚惜其不学，日以诲责，而怠游不悛。遂于条山[②]之阳，结茅以居之，冀绝外事，得专艺学。林壑重深，嚣尘不到。将遣之日，姚诫之曰："每季一试汝之所能，学有不进，必槚楚[③]及汝，汝其勉焉。"及到山中，二子曾不开卷，但朴斫[④]涂塈为务。居数月，其长谓二人曰："试期至矣，汝曹都不省书，吾为汝惧。"二子曾不介意。其长攻书甚勤，忽一夕，子夜临烛，凭几披书之次，觉所衣之裘，后裾为物所牵，襟领渐下。亦不之异，徐引而袭[⑤]焉，俄而复尔，如是数四。遂回视之，见一小豚，籍[⑥]裘而伏。色甚洁白，光润如玉。因以压书界方击之，豚声骇而走。遽呼二子秉烛，索于堂中。牖户甚密，周视无隙，而莫知豚所往。明日，有苍头骑扣门，搢笏[⑦]而入。谓三人曰："夫人问讯。昨夜小儿无知，误入君衣裾，殊以为惭。然君击之过伤，今则平矣，君勿为虑。"三人俱逊词谢之，相视莫测其故。少顷，向来骑僮复至，兼抱持所伤之儿。并乳褓数人，衣襦皆绮纨，精丽非寻常所见。复传夫人语云："小儿无恙，故以相示。"逼而观之，自眉至鼻端，如丹缕焉，则界方棱所击之迹也。三子愈恐，使者及乳褓，皆甘言慰安之。又云："少顷夫人自来。"言讫而去。三子悉欲潜去避之，惶惑未决。有苍头[⑧]及紫衣宫监数十，奔波而至。前施屏帏，茵席炳焕，香气殊异。旋见一油壁车，青牛丹毂，其疾如风。宝马数百，前后导从。及门下车，则夫人也。三子趋出拜，夫人微笑曰："不意小儿至此，君昨所伤，亦不至甚。恐为君忧，故来相慰耳。"夫人年可三十余，风姿闲整，俯仰如神。亦不知何人也。问三子曰："有家室未?"三子皆以未对。曰："吾有三女，殊姿淑德，可以配三君子。"三子拜谢，夫人因留不去，为三子各创一院。指顾之间，画堂延阁，造次而具。翌日,有辎軿[9]至焉。宾从粲丽,逾于戚里[10]。车服炫晃,流光照地,香满山谷。三女自车而下,皆年十七八。夫人引三女升堂,又延三子就座。酒肴珍备,果实丰衍,非常世所有,多未之识。三子殊不自意,夫人指三女曰:"各以配君。"三子避席拜谢,复有送女数十,若神仙焉。是夕合卺,夫人谓三子曰:"人之所重者生也,所欲者贵也,但百日不泄于人,令君长生度世,位极人臣。"三子复拜谢,但以愚昧扞格为忧。夫人曰:"君勿忧,斯易耳。"乃敕地上主者,令召孔宣父[11]。须臾,孔子具冠剑而至。夫人临阶,宣父拜谒甚恭。夫人端立,微劳问之,谓曰:"吾三婿欲学,君其引之。"宣父乃命三子,指六籍[12]篇目以示之,莫不了然解悟。大义悉通,咸若素习。既而宣父谢去,夫人又命周尚父[13],示以玄女符玉璜秘诀。三子又得之无遗。复坐与言,则皆文武全才,学究天人之际矣。三子相视,自觉风度夷旷[14],神用开爽,悉将相之具矣。其后姚使家僮馈粮,至则大骇而走。姚问其故,具对以屋宇帷帐之盛,人物艳丽之多。姚惊谓所亲曰:"是必山鬼所魅也。"促召三子。三子将行,夫人戒之曰:"慎勿泄露。纵加楚挞,亦勿言之。"三子至,姚亦讶其神气秀发,占对闲雅。姚曰:"三子骤尔,皆有鬼物凭焉。"苦问其故,不言,遂鞭之数十,不胜其痛,具道本末。姚乃幽之别所。姚素馆一硕儒,因召而与语。儒者惊曰:"大异大异。君何用责三子乎?向使三子不泄其事,则必为公相,贵极人臣。今泄之,其命也夫。"姚问其故,而云:"吾见织女婺女须女星皆无光,是三女星降下人间,将福三子。今泄天机,三子免祸幸矣。"其夜,儒者引姚视三星,星无光。姚乃释三子,遣之归山。至则三女邈然[15]如不相识,夫人让[16]之曰:"子不用吾言,既泄天机,当于此诀。"因以汤饮三子,既饮则昏顽如旧,一无所知。儒谓姚曰:"三女星犹在人间,亦不远此地分。"密谓所亲言其处。或云,河东张嘉真家,其后将相三代矣。

〔注〕①蒲:蒲州。今山西永济。　②条山:即中条山。　③槚楚:笞打。　④朴斫

(zhuó)涂塈(jì)：切削材料、涂抹颜色。 ⑤ 袭：穿上。 ⑥ 籍：通“藉”。铺垫，衬着。⑦ 苍头：仆人。 ⑧ 搢(jìn)笏：把笏插在腰间。 ⑨ 辎軿(zī píng)：古时贵族妇女乘坐的带帷幕的车子。 ⑩ 戚里：皇亲贵戚。 ⑪ 孔宣父：孔子。 ⑫ 六籍：儒家的六种经典著作，通称六经，即《易》《礼》《乐》《诗》《书》《春秋》。 ⑬ 周尚父：姜太公。 ⑭ 夷旷：坦荡开朗。⑮ 邈然：疏远不相关。 ⑯ 让：责备。

本篇选自《神仙感遇传》。

这是一个充满喜剧色彩的传奇故事。三个愚蠢青年的奇遇自然是很有戏剧性的，不过故事最终调侃的是他们的家长姚某。他费尽心机，想把子侄们培养成材，然而当得到神仙点化的子侄都已经成了盖世英才时，他却无法接受这一事实，疑虑重重，结果在他的干预下，三个青年人又恢复了愚蠢的旧面目，姚某也唯有自怨自艾了。

唐人小说中有很多遇仙故事，这些故事多半是“幸运型”的——当一个凡夫俗子有幸遇到神仙时，他总会交上好运，或得高官、或成巨富、或娶美女，或者干脆连自己也成了仙。这类故事所体现出来的，完全是现实生活中人们的种种期盼，有一个圆满结局，也就成了这一类故事的共同特征。不过也偶有例外，那就是主人公从这场奇遇中并未获得什么好处，留给他的只有无穷的悔恨与沮丧。《姚氏三子》就属于这样一种“不走运”的类型。而且正是由于当事人自己的不明智、不见机，导致了好运气的丧失。例如本篇中的姚某既缺乏见识，又总是自以为是，结果把事情搞糟。从这一角度来看，这篇小说在神仙故事的外衣之下，还掩盖着一重愚人故事的品性，它通过一个貌似奇异荒诞的神仙故事，对现实生活中那些可笑可叹的愚人愚行进行了辛辣的调侃和挖苦。

姚某曾经做过御史，退职后闲居教子。不过他的一个儿子、两个外甥都冥顽不灵，不管他怎么督促，三个少年还是一味耽于游玩，不愿用功读书。姚某实在无法，就在山里造了别舍，让三人闭居山中，希望这样能够使他们摆脱外界干扰，专心向学。他告诉他们每季考查一次功课，如果成绩不好，将施以鞭笞。三人到山里以后，姚家儿子还能看点书，两个表兄弟总是把时间都花在制作各种玩意儿上，书本连摸也不摸。有一夜姚某的儿子像往常那样在灯下读书，只觉衣服老往下掉，好像有人从后面拽着似的，回头一看，不知从哪儿来了一只雪白的小猪，稳稳地趴在他那垂在坐席上的后衣襟上打盹，看样子十分惬意。他连忙挥动界尺去打，小猪尖叫一声跑掉了。他叫起两个兄弟，三人拿着灯追到门厅里，但见门窗全都紧闭着，竟不知那小猪是怎么跑出去的。

第二天就有一些仆人、保姆模样的人上门，说家里的小孩子无知，竟然钻到您的衣服里，被打得够受，不过现在伤已经好了，还把那小孩抱给他们看看，又告诉他们,过一会儿,夫人要亲自来造访。这些人走后,三个小伙子又惊又惧,不知会牵连到什么祸事,几乎打算逃走了。这时,有一位非常尊贵的夫人亲自登门慰问,说小儿子不懂事,被打了一界尺,伤势并不严重,告诉他们无须为此事担惊受怕。这位夫人看上去有三十来岁,风度极佳,带着许多仆人,服饰车马都十分精美阔气。她对三个年轻人关怀备至,问长问短,知道他们都还没成家,就表示愿意把自己的三个女儿嫁给他们。第二天又有三位妙龄女郎乘帷车到来,个个都美得难描难画,连几十位送亲的女子都美如天仙。霎时间宾客云集,喜筵大开,姚家三个子弟犹如置身云端,迷迷糊糊地与这三个姑娘拜了天地。有趣的是即使在这样美梦一样的情境中,兄弟三人还惦记着考查功课的日子迫在眉睫,担心自己届时免不了要吃皮肉之苦。在这里我们看到了幻境与现实的奇异交叉。自然,对于法力无边的神仙来说,这点儿困难不过是小事一桩,夫人立即召来孔子为三人讲授文章要义;召来姜太公给他们指点兵书秘诀。三个人很快就学贯古今,兼备了文韬武略,连气度都变得高雅隽朗了。

到此为止,一切都十分圆满。他们三人曾经为之烦恼的问题不但彻底解决,还拥有了梦想不到的幸运——美丽的妻子、青云直上的前程,还有长生不老的神仙岁月。不过这一切并不是无条件的。我们注意到,夫人在将三个女儿许嫁时,是提出了附加条件的。这条件说来也不算苛刻,只是要求他们严守秘密。不过最终导致美梦成空的也正是由于他们无法做到这一点。很快,姚某从进山送粮的仆人那儿知道了儿子和外甥那里发生的惊人事变,他认定这是鬼魅作怪,立即召回三个年轻人。三个人起初还想保守秘密缄口不言,然而挨了几十皮鞭后,实在痛不可忍,只得和盘托出。姚某就将他们锁闭房中,不让他们回到山里去了。

姚家这时正聘用着一位很有学问的老先生,姚某把这件怪事告诉了这位老先生,老先生不禁跌足叹息,连叫可惜。说近来他夜观天象,见织女、婺女、须女三星都失去光彩,表明三星已然降临人间,姚家三个子侄遇到的一定是三星之神,这本是千载难逢的好事,不过现在天机已经泄露,当然就不灵了。姚某犹存妄想,赶忙打发三个年轻人回山,可那三个女子对他们不再理睬;夫人也谴责他们不守约定,说既然天机已泄,大家只好分手了。她给三个人喝了一些汤,他们立即愚蠢如昔,那些文才武略、潇洒风度全都无影无踪。想来望子成龙的姚某会为此事痛悔不已吧。而且老先生又对他说三星并未离开人间,就在附近一带。也有人传说三星是降临到河东张嘉贞家了,因为这一家后来一连三代都出了宰相。

这小说让人联想起那个古老的寓言“叶公好龙”。囿于常规，不接受突变，是世间的凡庸之辈的共同特点。对于那些异乎寻常的事物，他们本能地抱有排斥态度。这种狭隘和短视，会导致他们与人生的意外机遇失之交臂，使他们难免于噬脐之悔。小说虽然流露出浓厚的功名富贵之想，但从一个独特的认知角度上，不也揭示出人性中的某些执迷可笑之处？姚某望子成龙心切，对愚戆子侄关心备至，为他们设想周到，堪称模范家长了。但最终恰恰是他破坏了儿子和外甥们的机遇，在这个意义上，他是比三个不肖子弟更富有喜剧色彩的人物形象。小说的描写笔调充满诙谐，姚某的弄巧成拙，与姚家三个晚辈的憨态可掬，都足以令人忍俊不禁。

（孙丽华）

【作者小传】

高彦休

(854—?) 唐小说家。号参寥子。乾符元年(874)进士，任盐铁巡官等。作有小说集《阙史》《扬州梦记》等。

崔尚书雪冤狱

高彦休

尚书博陵[①]公碣任河南尹。摘奸剪暴，为天下吏师[②]。先是有估客[③]王可久者，膏腴之室，岁鬻茗于江湖间，常获丰利而归。是年又笈贿[④]适楚，始返棹于彭门。值庞勋构逆，阱[⑤]于寇域，逾期不归。

有妻美少，且无伯仲息嗣[⑥]之属。妻常善价募人访于贼境之内，四裔竟无得其影迹者。或曰已戕于巨盗，而帑其财贿矣[⑦]。洛城有杨乾夫者，以善卜称。妻晨持一缣，决疑于彼。杨生素熟于事，且利其色，思以计中之，乃为端蓍虔祝。六位既兆，则曰：“所忧岂非伉俪耶？是人绝气久矣，象见坟墓矣。遇劫杀与身并矣。”妻号咷将去，即又勉之曰：“阳乌[⑧]已晚，幸择良辰清旭，更垂访问，当为再祝。”妻诚信之，他日复往。振策布算，宛得前卦。乃曰：“神也，异也，无复望也。”仍言：“号恸非所以成礼者，第择日举哀，缞服鬈发，绘佛饭僧，以资冥福。"妻且悲且愧,以为诚言。无巨细事,一以托之。杨生主办,雅竭其志。则又谓曰:"妇人茕独而积财贿,寇盗方炽,身之灾也。宜割爱以谋安适。"妻初不纳。夜则飞砾以惧之,昼则声寇以饵之。妻多杨之义[9],遂许嫁焉。杨生既遂志,乃悉籍所有,推据优产。又逾月,皆货旧业,挈妻卜居洛渠北。

其明年,徐州平,天子下洗兵诏。大憝[10]就擒外,胁从其间者,宥而不问。给篆为信,纵归田里。可久髡[11]裸返洛,疥痒瘠秽,丐食于路。至则访其庐舍,已易主矣。曲讯[12]妻室,不知所从。辗转饥寒,循路号叫。渐有人知者,因指其新居。见妻及杨,肆目[13]门首。欲为揖认,则诃詈诟辱,仅以身免。妻愕眙[14]以异,复制于杨。可久不胜其冤,诉于公府。及法司按劾,杨厚贿以行,取证于妻,遂诬其妄。时属尹正长厚不能辨奸,于是以诬人之罪加之,痛绳其背,肩校出疆[15]。可久冤楚相萦,殆将溘尽。

命禄未绝,洛尹改更[16]。则衔血赍冤[17],诉于新政。新政亦不能辩。其所鞫吏[18],得以肆堇毒于簧言。且曰:"以具狱讼旧政者,有汉律在。"则又列夤[19]配邑之遐者。隶执重役,可久双眦洒血,而目枯焉。

时博陵公伊水燕居[20],备聆始卒[21]。天启良便,再领三川[22],狱吏屏息,覆盆[23]举矣。揽辔观风化之三日,潜命就役所,出可久以至,仍敕吏掩[24]乾夫一家,并素鞫吏,同桎其颈。且命可久暗籍其家[25],玩物所存尚夥。而鞫吏贿赂丑迹昭焉。既捶其胁,复血其背,然后擢发折足,同弃一坎。收录家产,手授可久。时离毕[26]作源,蘙云复郁,断狱之日,阳轮洞开,通逵[27]相庆,有至出涕者。沈冤积愤,大亨畅于是日。古之循吏[28]孰能拟诸?

〔注〕 ① 博陵:唐代郡名,在今河北保定。是崔氏的"郡望"。　② 为天下吏师:成为全国官吏的楷模。　③ 估客:商贩。估,同"贾(gǔ)"。　④ 笈贿:携带资财。　⑤ 阱:陷入。唐咸通九年(868),时庞勋率部反叛,占据彭城(今徐州),历时年余。　⑥ 伯仲息嗣:兄弟子女。　⑦ 帑(tǎng):此处意为占有、掠夺。　⑧ 阳乌:太阳,古人认为太阳是三足金乌。⑨ 多:感激,赞赏。　⑩ 大憝(duì):首恶。憝:奸恶。　⑪ 髡(kūn):剃光头发。　⑫ 曲讯:

多方、反复打听。 ⑬ 肆目：纵观，闲望。 ⑭ 愕眙(chì)：惊愕地注视。 ⑮ 肩校：荷枷。 ⑯ 洛尹改更：洛阳地方长官变更。 ⑰ 赍冤：衔冤。 ⑱ 鞫(jú)：审讯。所鞫吏即原问案官。 ⑲ 列胂：列，通“裂”；胂，通“胂”(shēn)，夹脊肉。鞭打得脊背开裂。 ⑳ 燕居：闲居。 ㉑ 备聆始卒：听到这个案件的始末。 ㉒ 三川：指洛阳地方。因这一带有黄河、洛水、伊水三条河，故有此称。 ㉓ 覆盆：喻冤狱，言覆盆之下暗无天日。 ㉔ 掩：突袭，突如其来地逮捕。 ㉕ 暗籍：悄悄地检点，此处指察看被捕二人的家里。 ㉖ 离毕：毕是星宿名。离：并列、接近。古人认为月亮靠近毕宿，主阴霾多雨。 ㉗ 通逵：大路。 ㉘ 循吏：贤明严正的官吏。

本篇选自《阙史》。

小说借一桩离奇纠葛、牵缠难决的公案，赞扬了崔碣公正明察的官风。

商人王可久去湖北贩茶，不幸遭逢战乱，被掳去充当兵卒。无依无靠的妻子盼夫不归，出高价雇人四处打探，仍不知王可久的下落。她又去占卜，算卦的杨乾夫久知王家富有，见王妻貌美，更是垂涎不已，于是产生了夺妻占产的恶念。他假说从卦象上看是大凶之兆，出门的人早已命丧兵刃，资财也被劫夺。这无情的宣告击碎了王妻的希望，她号啕痛哭，不知所措。杨某假作关切，帮她营办“丧事”，接着又劝她改嫁，王妻不同意，杨某就暗地里装神弄鬼地惊扰她，又大讲战乱的可怕来吓唬她，一边又堂而皇之地派人上门提亲。几下里夹攻，果然生效。王妻既生危惧之感，又感激杨某的“相助”之情，终于嫁给了他。杨某人财两得，好不得意。

战事平息后，王可久作为胁从的士卒，被遣返回乡。此时的他，已经被折磨得憔悴不堪、形容似鬼。一路乞讨，好容易挨到家门前，却见房屋易主，妻子已不知去向。四下里打听，才知妻子已经改嫁。他找到杨家，妻子一点也认不出他，他正欲诉说底细，却被杨某呵斥赶打而出。王可久走投无路，便向官府诉冤，杨某却先行贿赂，反诬王蓄意讹诈；王妻既不知情，又受到杨某胁迫，也不能提出对王有利的证词，于是王可久身受鞭笞，又被驱逐出境。这残酷的打击使他几乎是奄奄一息了。不久，洛阳府换了新府尹，王可久满怀希望又去鸣冤，仍然未能胜诉。又被原审官报复，打得他脊背绽裂，还被流放荒僻之地去服苦役。可久真是呼天不应，惟有椎心泣血，两眼已是视物不清。

这一桩奇冤大案久已传播民间，崔碣当时罢职赋闲在家，亦颇有耳闻。也是机缘凑巧，不久，他得到了河南府尹的任命，上任三天就命令开释王可久，接着以迅雷不及掩耳之势派人捉拿杨乾夫和收受贿赂的原审官。在原审官家中，搜出许多王可久家的珍玩器物，显然是杨乾夫用来贿赂问案官的。既然证据昭彰，崔府尹就下命令将两名罪犯痛加捶楚，直打得他们一命呜呼，然后拖出去一起埋了。王可久终于申雪了冤情，收回了被非法侵夺的家产，公众都为之感到畅快。

一桩纠缠数年的案件，折射出社会生活的许多侧面。它表现了世道人情的险诈凉薄，杨乾夫乘人之危，玩弄阴谋，窃取了王可久的妻子、财产，还要把王置之于死地，正所谓心如蛇蝎；这个冤案更体现出官场的混乱暗昧，金钱到手，就可以不问是非、颠倒黑白，胡乱断案，致使罪犯逍遥法外，受害者却饱受刑罚，沉冤莫白。小说对于社会生活中的病态现象的揭示应该说是深刻有力的。

这篇小说在艺术表现上采用了先抑后扬手法，先是反复描写昏庸贪墨的官吏对王可久家产妻子被占一案的荒谬处理，直到受害者已垂垂待毙之时，才突然引出清正廉明的官员崔碣的一番作为，使这桩冤案得到彻底昭雪，奸狡之徒和贪官受到惩处，受害者终于讨回公道，这一结局无疑是大快人心的。用这种对比性极强的手法，就分外使人意会到社会上邪恶与腐败势力的嚣张气焰，同时也格外衬托出公正廉洁的官员对于社会公众的重要价值。小说也用白描手法写出了众多人物的不同个性：诸如杨某的奸狡恶毒、前任府尹的颟顸不明、问案官的贪婪酷虐，以及王可久的孤独无助、王妻的懦弱而无主见，都一一跃然纸上，予人以鲜明的印象。

（孙丽华）

扬州梦记　　高彦休

唐中书舍人杜牧，少有逸才，下笔成咏。弱冠擢进士第，复捷制科。牧少隽，性踈(疏)野放荡，虽为检刻，而不能自禁。会丞相牛僧孺出镇扬州，辟[①]节度掌书记。牧供职之外，唯以宴游为事。扬州，胜地也。每重城向夕，倡楼之上，常有绛纱灯万数，辉罗耀烈空中。九里三十步街中，珠翠填咽，邈若仙境。牧常出没驰逐其间，无虚夕。复有卒三十人，易服随后，潜护之，僧孺之密教也。而牧自谓得计，人不知之，所至成欢，无不会意[②]。如是且数年。及征拜侍御史，僧孺于中堂饯，因戒之曰："以侍御史气概达驭，固当自极夷涂[③]。然常虑风情不节，或至尊体乖和。"牧因谬曰："某幸常自检守，不至贻[④]尊忧耳。"僧孺笑而不答，即命侍儿取一小书簏[⑤]，对牧发之，乃街卒之密报也。凡数十百，悉曰："某夕杜书记过某家，无恙。""某夕宴某家"，亦如之。牧对之大惭，因泣拜致谢，而终身感焉。故僧孺之薨，牧为之志[⑥]，而极言其美，报所知也。

牧既为御史，久之分务洛阳[⑦]。时李司徒愿罢镇[⑧]闲居。

声妓豪华，为当时第一。洛中名士，咸谒见之。李乃大开宴席。当时朝客高流，无不臻赴。以牧持宪[9]，不敢邀致。牧遣座客达意，愿预斯会，李不得已驰书。方对酒独斟，亦已酣畅，闻命遽来。时会中已饮酒，女妓百余人，皆绝艺殊色。牧独坐南行，瞪目注视。引满三卮，问李云："闻有紫云者孰是？"李指示之。牧复凝睇良久曰："名不虚得，宜以见惠[10]。"李俯而笑，诸妓皆亦回首破颜[11]。牧又自饮三爵，朗吟而起曰：

华堂今日绮筵开，谁唤分司御史来。
忽发狂言惊满座，两行红粉一时回。

意气闲逸。旁若无人。

牧又自以年渐迁暮，常追赋《感旧》诗曰：

落魄江湖载酒行，楚腰纤细掌中情。
三年一觉扬州梦，赢得青楼薄幸名。

又曰：

舭船一棹百分空，十载青春不负公。
今日鬓丝禅榻伴，茶烟轻飏落花风。

大和末，牧复自侍御史出佐沈传师江西宣州幕。虽所至辄游，而终无属意[12]，咸以非其所好也。及闻湖州名郡，风物妍好，且多奇色，因甘心游之。湖州刺史某乙，牧素所厚者，颇喻其意。及牧至，每为之曲宴周游，凡优姬倡女，力所能致者，悉为出之。牧注目凝视曰："美矣，未尽善也。"乙复候其意[13]，牧曰："愿得张水嬉[14]，使州人毕观。候四面云合，某当闲行寓目。冀于此际，或有阅焉。"乙大喜，如其言。至日，两岸观者如堵。迨暮，竟无所得。将罢舟舣岸[15]，于丛人中，有里姥引鸦头女[16]，年十余岁。牧熟视曰："此真国色，向诚虚设耳。"因使语其母，将接致舟中。姥女皆惧。牧曰："且不即纳，当为后期。"姥曰："他年失信，复当何如？"牧曰："吾不十年，必守此郡。十年不来，乃从尔所适可也。"母许诺。因以重币结之，为盟[17]而别。故牧归朝，颇以湖州为念。然以官秩尚卑，殊未敢发[18]。

寻拜黄州池州，又移睦州[19]，皆非意也。牧素与周墀善，会墀为相，乃并以三笺干墀，乞守湖州。意以弟颉目疾，冀于江外疗之。大中三年，始授湖州刺史。比至郡，则已十四年矣。所约者，已从人三载。而生二子。牧既即政，函使召之。其母惧其见夺，携幼以同往。牧诘其母曰："曩既许我矣，何为反之？"母曰："向约十年。十年不来而后嫁，嫁已三年矣。"牧因取其载词视之，俯首移晷[20]曰："其词也直。强之不祥。"乃厚为礼而遣之。因赋诗以自伤曰：

自是寻春去校迟，不须惆怅怨芳时。
狂风落尽深红色，绿叶成阴子满枝。

〔注〕 ① 辟：征召，聘用。 ② 会意：合意。 ③ 夷涂：坦途。 ④ 贻：带来。 ⑤ 篚(lù)：竹箱。 ⑥ 志：墓志。 ⑦ 分务洛阳：到洛阳做官。唐代以洛阳为东都，故而官员在此任职称分务、分司。 ⑧ 罢镇：离开节度使职位。 ⑨ 持宪：指杜牧身为御史掌管法纪。 ⑩ 宜以见惠：应该把她送给我。 ⑪ 破颜：情不自禁地微笑。 ⑫ 属(zhǔ)意：凝注意念。 ⑬ 候其意：征询他的意向。 ⑭ 张水嬉：举办水上表演、竞技等娱乐活动。 ⑮ 舣岸：船靠岸。 ⑯ 有里姥引鸦头女：有个乡村老婆婆带着一个小姑娘。 ⑰ 为盟：订立婚约。 ⑱ 发：提出请求。 ⑲ 黄州、池州、睦州：分别在今湖北黄冈、安徽贵池、浙江建德一带。 ⑳ 移晷(guǐ)：晷即日影，移晷言过了很长时间。

"千里莺啼绿映红，水村山郭酒旗风。南朝四百八十寺，多少楼台烟雨中？"从这一首清丽隽永的《江南春绝句》里，人们可以感受到唐代著名诗人杜牧的潇洒才情，感受到他胸中所蕴涵着的喷薄炽热的对于美丽的自然风光的眷爱和礼赞。杜牧虽然有长期的仕途经历，不过在人们心目中，他一直就是一个风流不羁、任情率性的才子、诗人。本篇故事蓝本最早出于唐代高彦休（参寥子）的《阙史》，标题就是"杜牧"，后世的一些小说选本如《唐人说荟》《旧小说》等收选此篇，更名为"扬州梦记"，则是取自杜牧的诗句："十年一觉扬州梦，赢得青楼薄幸名。"（小说中所引此诗与世传本的词句有出入）从小说中所记事件来看，主要是描绘了诗人杜牧沉醉于恋情天地、欣赏迷恋女性美的所谓文人才子的风流韵事。可以说，它向人们揭示了诗人杜牧的另一个生活侧面。

小说行文颇具幽默感，对于风流才子的放诞举止持温和的调侃态度。例如写杜牧在牛僧孺属下任职于扬州时，沉迷于青楼风月，放纵不检，当牛僧孺向他提出善意的规劝时，他却自认为自己的个人隐私无人知晓，于是玩弄小狡猾，辩白自己行事有分寸，无须别人担心。殊不知这几年来他每晚外出，上司牛僧孺都暗中派巡街军卒跟随、保护他，对于他的行止一直是了如指掌。面对牛僧孺出示的数百份巡街密报，杜牧这才傻了眼，不禁惭愧万分。

杜牧到洛阳任职时，退休的司徒李愿也在洛阳闲居。李愿家的歌儿舞女阵容整齐，当地的文人名士都愿意去李家拜访，以求一饱眼福。李愿体察大家的心意，索性大开筵席，遍邀官员、名流，但是惟独不敢邀请杜牧——他担心这位主管官员风纪的御史大人会拒绝出席这种奢华场合。杜牧等不来请帖，只好委派一位门客去拜访李愿，转达他很想出席宴会的心思。李愿这才发出请帖，杜牧正无聊地自斟自饮，见到请帖，立即就到李家来了。他坐在向南的尊位，对李家百十个容貌技艺出众的歌妓看得目不转睛。喝过几大杯酒，他醉意酡然，向李愿打听哪个是李府最有名的歌妓紫云？李愿指给他看，他注视了好长时间，独自赞叹道："名不虚传，应该送给我。"见御史大人如此忘情，李愿忍俊不禁，低头偷笑；那些歌女也扭过头窃笑。杜牧却旁若无人，管自饮了几杯酒，又诗兴大发，吟起诗来。

杜牧后来到湖州游历，他早就听说这里风光明媚，历来出美女，因而十分向往。湖州刺史与他很有交情，非常了解这位风流御史的心思，经常为他举办宴会、陪同游玩，尽力让那些歌儿舞女都能在杜牧眼前露面。可是杜牧一直没发现特别合意的佳人。刺史见老朋友不惬意，也很抱歉，不知应该怎样帮助他才好。杜牧建议刺史举办一次龙舟竞渡，一定会有许多人来观看，那时也许在稠人广众之中会遇到绝世美人。结果那一天杜牧从早寻到晚，仍然一无所获，直到竞渡结束，大家准备回去的时候，杜牧忽然发现一位乡村老婆婆领着的一个小姑娘，竟然是国色天姿，不禁为之惊叹，马上表示愿意聘娶，不过这女孩年龄尚小，两方就相约过几年成婚，杜牧付出高额聘礼，要求女方等他十年，在这期间他一定争取来湖州做刺史。杜牧回朝后，就一心想去湖州任职，但是一直没有机会。等到他费尽心机谋到湖州刺史之职时，已经过去十四年了。那时，他的意中人已经出嫁三年，有了儿女。杜牧责怪姑娘的母亲违约，那母亲辩解说，当初约定十年，但杜牧并未如期到来，她的女儿是十年后出嫁的，不算违约。杜牧取出当年写下的婚书仔细审视，沉思了好久，叹息道：她说得有理，看来不能再强求了。于是赠送了一份厚礼，打发她们回去了。这件事让他很伤感，为此他又大写其诗，感叹自己好像一个虔诚探访春光的人，来迟一步，满树繁花已被东风吹落，自己所能够看到的只是绿叶成荫、果实累累的景象罢了。

杜牧的这些行径固然体现了文人才子风流放诞的做派，不过从本质上，他毕竟是个斯文之士，对于美，怀有一份崇拜、一份怜惜，具有真正的鉴赏力；因而与那些粗俗蛮横、只知夺取、践踏人间至美的豪门权贵是不可同日而语的。的确，爱美之心人皆有之。但问题在于我们究竟应该以什么样的态度去对待美好的人物、事物？爱不应该是把持、胁迫，更不应该是摧残、毁灭。孙秀强夺绿珠，武承嗣霸占碧玉，结果导致两名柔弱女子以死抗争、双双毙命，像这样的“爱美之心”，谁能说它不充满邪恶和罪孽？以这两人为代表，强权阶级的“爱美”不过如此，历代的权臣贵介倚势欺人，制造了数不清的人间悲剧。相比之下，文人雅士则更多了几分人性色彩，他们对美更多是持有一种赞赏、膜拜的心情，并且也没有那么强的占有欲，这应该说是一种文明和进步了。所以，杜牧作为一个官僚也许不够称职，因为他总是耽于诗酒美色，不循礼法；不过，作为一个文人、才子，他倒是蛮够水准，让世人颇生喜爱之情。小说成功地塑造了杜牧那耽溺于诗酒美人的风流才子形象，让这个人物以其才华、痴情和狂放给人留下难忘的印象。（孙丽华）

【作者小传】

苏　鹗

唐小说家。字德祥。武功(今属陕西)人。光启间进士。作有小说集《杜阳杂编》等。

卢　眉　娘　　　苏　鹗

永真①元年，南海贡奇女卢眉娘，年十四(眉娘，生而眉如绿丝长也)。称本北祖帝师之裔，自大足②中流落于岭表(后汉卢景祚、景裕、景宣、景融兄弟四人，皆为帝师，因号为帝师也)。幼而慧悟，工巧无比，能于一尺绢上，绣《法华经》③七卷，字之大小，不逾粟粒，而点画分明，细于毛发，其品题章句，无有遗阙。更善作飞仙盖，以丝一缕，分为三缕，染成五彩，于掌中结为伞盖五重，其中有十洲、三岛、天人、玉女、台殿、麟凤之象，而外列执幢捧节之童、亦不啻千数，其盖阔一丈，秤之无三数两，自煎灵香膏傅之，则虬硬不断。上叹其工，谓之神助，因令止于宫中，每日但食胡麻饭二三合。至元和④中，宪宗皇帝嘉其聪慧而奇巧，遂赐金凤环以束其腕。知眉娘不愿住禁中，遂度以黄冠⑤，放归南海，仍赐号曰逍遥。及后神迁⑥，香气满室，弟子将葬，举棺觉轻，即彻其盖，惟有藕屦⑦而已，后入海人往往见乘紫云游于海上。是时罗浮⑧处士李象先作《卢逍遥传》，而象先之名无闻，故不为世人传焉。

〔注〕 ① 永真：即"永贞"，唐顺宗年号，公元805年。 ② 大足：唐武则天年号，即公元701年。 ③ 法华经：即《妙法莲华经》，佛家主要经典之一。 ④ 元和：唐宪宗年号(806—820)。 ⑤ 度以黄冠：即度为道士，道士均带黄冠，后黄冠即成为道士的别称。 ⑥ 神迁：即去世。 ⑦ 藕屦(jù)：用藕做的鞋。 ⑧ 罗浮：山名，在广东增城博罗河源县之间。

本篇出自《杜阳杂编》。

这是一个巧女成仙的传奇故事。篇中描写眉娘的聪慧与工巧，历历在目，精彩如画：能于一尺绢上绣法华经七卷本已不易，而"点画分明，细于毛发"更不易，更何况其"品题章句，无有遗阙"，这里突出表现的是眉娘的工巧；而"更善作飞仙盖"，则突出表现的是眉娘的聪慧：先以丝钩，以色染，结为伞盖五重，再绣上十洲三岛、天人玉女、台殿麟凤之像并执幢捧节童子千数，最后再"煎灵香膏傅之，则虬硬不断"。可以看出，这不仅是一个精巧无比的工艺品，更是一幅真有灵魂的艺术品，因为她把对仙界的向往、对自由的追求都融进了飞仙盖的制作中，仿佛她已预感到有一天这飞仙盖会把她带进自由的境界。不是吗？当唐顺宗因叹其工而"令止于宫中"之时，当唐宪宗因嘉其慧而赐金环"以束其腕"之时，曾经对于神仙生活的浪漫的幻想，便成了眉娘冲破现实束缚、追求自由境界的力量。度为道士，放归南海后"神迁"，而入海人往往见其乘紫云游于海上。一个被禁于宫中的巧女，终于获得了超越生命和现实的极大自由。当然，我们不能在神仙思想和自由精神之间划上等号，但神仙思想中确有否定现实不自由的因素，起码是一种启示，一种诱发。

(陈惠琴)

【作者小传】

康 骈

唐文学家。字驾言。池州(今安徽贵池)人。乾符二年(875)进士，历任崇文馆校书郎、中书舍人。作有小说集《剧谈录》等。

李使君

康 骈

乾符①中，有李使君出牧②罢归，居在东洛。深感一贵家旧恩，欲召诸子从容③。有敬爱寺僧圣刚者，常所往来。李因以具宴为说，僧曰："某与为门徒久矣。每观其食，穷极水陆滋味。常馔必以炭炊，往往不惬其意。此乃骄逸成性，使君召之可乎？"李曰："若朱象髓白猩唇，恐未能致。止于精办小筵，亦未为难。"于是广求珍异，俾妻孥亲为调鼎。备陈绮席雕盘，选日邀致。弟兄列坐，矜持俨若冰玉。肴羞每至，曾不入口。主人揖之再三，唯沾果实而已。及至冰餐，俱置一匙于口。各相眄良久，咸若啮蘗吞针。李莫究其由，但以失饪为谢。

明日复见圣刚，备述诸子情貌。僧曰："前者所说岂谬哉！"既而造其门问之曰："李使君特备一筵，肴馔可谓丰洁，何不略领其意？"诸子曰："燔炙煎和未得法。"僧曰："他物纵不可食，炭炊之餐，又嫌何事？"乃曰："上人未知，凡以炭炊馔，先烧令熟，谓之炼炭，方可入爨。不然犹有烟气。李使君宅炭不经炼，是以难食。"僧拊掌大笑曰："此则非贫道所知也。"

及巢寇陷洛，财产剽掠俱尽。昆仲数人，乃与圣刚同窜。潜伏山谷，不食者至于三日。贼锋稍远，徒步将往河桥。道中小店始开，以脱粟④为餐而卖。僧囊中有钱数百，买于土杯同食。腹枵既甚，膏粱之美不如。僧笑而谓之曰："此非炼炭所炊，不知堪与郎君吃否？"皆低头惭觍，无复词对。

〔注〕 ① 乾符：唐僖宗年号(874—880)。 ② 使君：汉时称刺史为"使君"，也用以称州郡长官。牧：此处指作州郡长官。 ③ 从容：此处指盘桓、周旋。 ④ 脱粟：糙米，仅仅脱壳、未经精制的米。

本篇载于《剧谈录》。

退职州官李使君为了趋奉权贵人物，准备请贵人诸子吃顿饭。他唯恐对贵公子侍奉不周，事前特意请来奔走贵戚之门的和尚圣刚，向他讨教。尽管圣刚一再强调贵人诸子"骄逸成性"，饮食挑剔，李使君还是成竹在胸，认为若是象髓、猩唇之类的稀见山珍，恐怕弄不来；至于一席精致讲究的小筵，自己还是有把握弄好的。然而使君的满腔热情和一番苦心，只换来尴尬的局面。

贵家子弟一来，先摆出很不情愿的脸孔。及至菜肴上桌，诸子竟尝也不尝。主人作揖打躬地央求，各位才勉强吃一点果子。等到冰餐上桌，每人尝了一匙，相互看着,半天难以下咽,竟像是在吃苦药、吞钢针。事后,李使君托圣刚到贵家打听缘故,这伙膏粱子弟大谈"烹调经",说即使是不带木柴烟火气的"炭炊之餐",也要使用经过炼烧、没有烟气的"炼炭"方可,否则烧出来的食物便难以下咽!

小说至此,使君请客的故事本已告一段落。然而作者又平添几笔,使这篇矜夸贵族豪侈生活的文字,变成一则绝妙而犀利的讽刺小品。——黄巢攻陷洛阳,这伙贵公子窜伏山谷,饱尝了三日不食、"腹枵既甚"的滋味;此时在道边小店用"土杯"食"脱粟"之餐,竟狼吞虎咽,觉得肥肉细粮等美味也不如这个香。结尾处圣刚的一句调侃,与前文的"炼炭"高论遥相呼应,使人明白:原来诸子的高贵口味,并不是与生俱来、一成不变的。

小说在不长的篇幅里,刻画了几个极为生动的人物形象。李使君极尽谄媚,却大碰钉子,实为咎由自取。圣刚身为僧人,却热衷于奔走权门;一颦一笑之间,作者为我们画出一幅帮闲者的鲜活肖像。最值得回味的,还是贵人诸子的表现。将他们面对"绮席雕盘"及"土杯""脱粟"的不同表现对照起来看,人们得到的不仅是辛辣讽刺带来的快意,更有着关于历史、人生的深沉思考。至于文化史研究者可以从小说中得到古代饮食文化的难得资料,则又是这篇讽刺小品的额外奉献了。

（侯　会）

田膨郎偷玉枕　　康　骈

文宗皇帝[①]常持白玉枕,德宗朝于阗国[②]所献,追琢奇巧,盖希代之宝。置于寝殿帐中,一旦忽失所在。然而禁卫清密,非恩渥嫔御,莫能至者。珍玩罗列,他无所失。上惊骇移时,下诏于都城索贼。密谓枢近及左右广中尉曰:"此非外寇入之,为盗者当在禁掖。苟求之不获,且虞他变。一枕诚不足惜,卿等卫我皇宫,必使罪人斯得。不然,天子环列,自兹无用矣。"内官惶慄谢罪,请以浃旬[③]求捕。大悬金帛购求,略无寻究之迹。圣旨严切,收系者渐多。坊曲闾巷,靡不搜捕。

有龙武二蕃将军王敬弘,常蓄小仆,年甫十八九,神彩俊利,使之无往不届[④]。敬弘曾与流辈于威远军会宴,有侍儿善鼓胡琴[⑤]。四座酒酣,因请度曲。辞以"乐器非妙,须常御手者[⑥]弹之。钟漏[⑦]已传,取之不及"。因起解带,小仆曰:"若要琵琶，顷刻可至。”敬弘曰：“禁鼓才动，军门已锁，寻常汝岂不见，何言之谬也？”既而就饮数巡，小仆以绣囊将琵琶而至。座客欢笑，曰：“乐器本相随，所难者惜其妙手。”南军去左广，回复三十里，入夜且无行伍，既而倏忽往来，敬弘惊异如失。时又搜捕严紧，意以盗窃疑之。宴罢及明，遽归其第。引而问之曰：“使汝累年，不知矫捷如此。我闻世有侠士，汝莫是否？”小仆谢曰：“非有此事，但能行耳。”因言父母俱在蜀中，顷年偶至京国，今欲却归乡里，有一事欲以报恩偷枕者早知姓名，三数日当令伏罪。敬弘曰：“如此事即非等闲，因兹令活者不少，未知贼在何许，可报司存[8]掩获否？”小仆曰：“偷枕者，田膨郎也。市鄽军伍，行止不恒。勇力过人，且善超越。苟非伺便折其足，虽千兵万骑亦将奔走。自兹再宿，候之于望仙门，伺便擒之必矣，将军随某观之。此事仍须秘密。”

是时涉旬无雨，向晓埃尘颇甚。车马践踏，跬步间人不相见。膨郎与少年数辈，连臂将入军门。小仆执球杖击之，欻然[9]已折左足。仰而观之，曰：“我偷枕来，不怕他人，唯惧于尔。既此相值，岂复多言？”于是舁至左军，一款[10]而伏。上喜于得贼，又知获在禁旅，引膨郎临轩诘问，具陈常在宫掖往来。上曰：“此乃任侠之流，非常窃盗。”内外囚系数百人，于是悉令原之。小仆初得膨郎，已告敬弘归蜀。于是寻之不可，但赏敬弘而已。

〔注〕 ① 文宗皇帝：唐文宗李昂，公元 826—841 年在位。下文中的德宗名李适，公元 780—805 年在位。 ② 于阗国：西域国名，在今新疆和田一带。以所产玉石闻名。 ③ 浃旬：十天，一旬。 ④ 无往不届：没有做不到的事。 ⑤ 胡琴：即下文中的琵琶。 ⑥ 常御手者：经常使用的（乐器）。 ⑦ 钟漏：古时入夜敲钟击漏，以示宵禁开始，断绝行人。 ⑧ 司存：有司，官吏。 ⑨ 欻（xū）然：迅疾貌。 ⑩ 款：勘问。

此篇出自《剧谈录》。

小说刻画了一位隐于仆役的侠士，情节起伏，引人入胜。

田膨郎是个神偷惯窃，技艺高超，竟能偷入“禁卫清密”的皇宫，将皇帝珍爱的异域之宝白玉枕偷走。文宗皇帝怀疑盗出禁中，严令搜索，大量嫌疑人被捕。

一只玉枕的遗失，导致皇帝对整个禁卫军系统丧失信任，一时间禁军悚惧、京城骚然。小说一开篇，作者便将一件悬案推到读者面前。

正当案子茫无头绪之际，故事却偏离了盗枕案主线，场景蓦然切换到威远军的一场长夜之饮；小说的中心人物，也换成龙武军副将王敬弘的一名小仆。宴会上的将军们酒酣要听琵琶曲，擅长弹奏的侍儿借口乐器不佳，不肯演奏。此刻“钟漏已传”“军门已锁”，宵禁森严，路途遥远，去取琵琶几乎是不可能的，侍儿也“因起解带”、准备退场。——此刻小仆却出语惊人：“若要琵琶，顷刻可至。”果然，酒才数巡，小仆已奔驰三十里，以绣囊裹琵琶而回。于是举座皆欢，唯有王敬弘“惊异如失”。

令王敬弘惊惧的是，小仆矫捷善走、来去无踪的特殊本领，足以使其阑入禁中而不被察觉，他是否就是盗枕之人？善解人意的小仆不待主人诘察，便将自己掌握的盗枕者情况和盘托出，并胸有成竹地作了布置。接下来，王敬弘在尘埃蔽空的望仙门亲眼目睹了小仆出其不意掩袭田膨郎的惊险过程，并亲耳听到田膨郎被捕后心服口服的告白，小说也由此推向高潮。事情的结局是：盗枕案真相大白，数百名无辜被囚者获释，禁军重新获得信任，王敬弘也因此蒙受奖赏；只有真正的核心人物——小仆，却功高不居，飘然而去。至此，读者的心也不禁随着这位“神采俊利”“无往不届”的侠隐之士悠然神驰……

小说悬念迭起、引人入胜的出色效果，是因作者高超的叙事技巧所致。故事中皇帝、将军其实只是一伙平庸看客，侠隐小仆和神偷田膨郎，才是舞台上的真正主角。作者以一支笔同时写两侠士，颇具匠心地采用了双线并行、强弱倒错的笔法。对小仆形象的处理，是由隐到显，由弱至强，始不过是一聪明伶俐的俊仆，渐至显出超人绝技，一旦以无所不知、神勇无双的庐山真面目示人，却顷刻即逝、杳若云龙；令人一唱三叹，为之击节！而另一神奇人物田膨郎则正相反，体现了由强到弱的走向：始以“窃技”高超震惊天子、扰乱京师，未露面已建高屋之势；及被小仆揭示出真面目，神秘感顿时失去几分。最终他在军门失足，被小仆以迅雷不及掩耳之势制伏，则彻底显露出衰败之相。他在失败后所做的表白，一方面从反面烘托了小仆在侠界的显赫威名，另一方面也多少显示了田膨郎的好汉风度：赢得起也输得起，“岂复多言”！

开篇时震惊宫闱的神偷惯盗，最终束手伏法，成为一条“虫”；最初不为人重的小仆以其见识和神勇证明他的价值，成为一条“龙”。作者将两种朝着相反方向发展的价值判断叠加起来，形成独特的倒错结构，从而生发出种种悬念，展示了意想不到的结果，这正是小说能够始终吸引人的高明所在。人们对两个主角的认识，也随之经历了由外到内、由表及里的深入过程，从而最终完成小说人物在读者接受心理上的完整塑造。与小仆、田膨郎相比，皇帝和将军却又显得那样愚蠢、暴戾，糊涂可笑。尤其是文宗皇帝，贪财好货、重物轻人，临事胡乱猜疑、滥施压力，案破后又褒贬不伦、赏罚不明。——有这样的昏君在位，难怪真正的有为之士只能隐于仆役、避迹山林了。

（侯　会）

邺侯外传　　佚　名

李泌[①]，字长源，赵郡中山人[②]也。六代祖弼，唐太师。父承休，唐吴房令。休娶汝南周氏。初，周氏尚幼，有异僧僧伽泗上来，见而奇之。且曰："此女后当归李氏，而生三子，其最小者，慎勿以紫衣衣之。当起家金紫，为帝王师。"及周氏既娠泌，凡三周年方寤而生。泌生而须至于眉。先是周每产必累日困惫，唯娩泌独无恙，由是小字为"顺"。

泌幼而聪敏，书一览必能诵，六七岁学属文。开元十六年，玄宗御楼大酺，夜于楼下置高座，召三教[③]讲论。泌姑子员俶，年九岁，潜求姑备儒服，夜升高座，词辨锋起，谭者皆屈。玄宗奇之，召入楼中问姓名，乃曰："半千[④]之孙，宜其若是。"因问："外更有奇童如儿者乎？"对曰："舅子顺，年七岁，能赋敏捷。"问其宅居所在，命中人潜伺于门，抱之以入，戒勿令其家知。玄宗方与张说观棋，中人抱泌至。俶与刘晏偕在帝侧。及玄宗见泌，谓说曰："后来者与前儿绝殊，仪状真国器也。"说曰："诚然。"遂命说试为诗。即令咏方圆动静。泌曰："愿闻其状。"说应曰："方如棋局，圆如棋子。动如棋生，静如棋死。"说以其幼，仍教之曰："但可以意虚作，不得更实道棋字。"泌曰："随意即甚易耳。"玄宗笑曰："精神全大于身。"泌乃言曰："方如行义，圆如用智。动如逞才，静如遂意。"说因贺曰："圣代嘉瑞也。"玄宗大悦，抱于怀，抚其头，命果饵啖之。遂送忠王院，两月方归，仍赐衣物及彩数十。且谕其家曰："年小，恐于儿有损，未能与官。当善视之，乃国器也。"由是张说邀至其宅，令其子均、垍相与若师友，情义甚狎。张九龄、贺知章、张庭珪、韦虚心一见皆倾心爱重。贺知章尝曰:"此稚子目如秋水,必当拜卿相。"张说曰:"昨者上欲官之。某言未可,盖惜之,待其成器耳。"

当其为儿童时,身轻,能于屏风上立,薰笼上行。道者云:"年十五必白日升天。"父母保惜,亲族怜爱,闻之,皆若有甚厄也。一旦空中有异香之气及音乐之声,李公之血属必迎骂之。至其年八月十五日,笙歌在室,时有彩云挂于庭树。李公之亲爱乃多捣蒜齑,至数斛,伺其异音、奇香至,潜令人登屋,以巨杓飏浓蒜泼之,香乐遂散。自此更不复至。

后二年,赋《长歌行》曰:

天覆吾,地载吾。天地生吾有意无?
不然绝粒升天衢,不然鸣珂游帝都。
焉能不贵复不去,空作昂藏一丈夫。
一丈夫兮一丈夫,平生志气是良图。
请君看取百年事,业就扁舟泛五湖。

诗成,传写之者莫不称赏。张九龄见,独诫之曰:"早得美名,必有所折。宜自韬晦,斯尽善矣。藏器于身,古人所重,况童子耶?但当为诗以赏风景,咏古贤,勿自扬己为妙。"泌泣谢之。尔后为文,不复自言。九龄尤喜其有心,言前途不可量也。又尝以直言规讽九龄,九龄感之,遂呼为"小友"。

九龄出荆州,邀至郡,经年就于东都肄业。遂游衡山、嵩山,因遇神仙桓真人,羡门子、安期先生降之,羽车幢节流云,神光照灼山谷,将曙乃去。仍授以长生羽化服饵之道,且戒之曰:"太上有命,以国祚中危,朝廷多难。宜以文武之道佐佑人主,功及生灵,然后可登真脱屣耳。"自是多绝粒咽气,修黄光谷神之要⑤。及归京师,宁王延于第,玉真公主以弟呼之,特加敬异。常赋诗,必播于王公乐章。及丁父忧,绝食哀毁。服阕,复游嵩华、终南,不顾名禄。

天宝十载,玄宗访召入内,献《明堂九鼎议》,应制作《皇唐圣祚文》，多讲道谈经。肃宗为太子，敕与太子诸王为布衣交。为杨国忠所忌，以其所作《感遇》诗谤议时政，构而陷之。诏于蕲春郡安置。天宝十二载，母周亡，归家。太子诸王皆使吊祭。寻禄山陷潼关，玄宗、肃宗分道巡狩。泌尝窃赋诗，有匡复意。虢王巨为河洛节度使，使人求泌于嵩少间。会肃宗手札至，虢王备车马送至灵武。肃宗延于卧内，动静顾问，规画大计，遂复两都[⑥]。泌与上寝则对榻，出则联镳。代宗时为广平王，领天下兵马元帅，诏授侍谋军国天下兵马元帅府行军长史，判行军事，仍于禁中安置。崔圆、房琯自蜀至，册肃宗为皇帝，并赐泌手诏、衣马、枕被等。既立大功，而幸臣李辅国害其能，将不利之。因表乞游衡岳，优诏许之，给以三品禄俸。山居累年，夜为寇所害，投之深谷中。及明，乃攀缘他径而出。为槁叶所藉，略无所损。

初，肃宗之在灵武也，常忧诸将李、郭等皆已为三公、宰相，崇重既极，虑收复后无以复为赏也。泌对曰："前代，爵以报功，官以任能。自尧舜以至三代，皆所不易。今收复后，若赏以茅土，不过二三百户一小州，岂难制乎？"肃宗曰："甚善。"因曰："若臣之所愿，则特与他人异。"肃宗曰："何也？"泌曰："臣绝粒无家，禄位与茅土皆非所欲。为陛下帷幄运筹，收京师后，但枕天子膝睡一觉，使有司奏'客星犯帝座'，一动天文足矣。"肃宗大笑。及南幸扶风，每顿，必令泌领元帅兵先发，清行宫，收管钥奏报，然后肃宗至。至保定郡，泌稍懈，先于本院寐。肃宗来入院，不令人惊之。登床，捧泌首置于膝。良久方觉。上曰："天子膝已枕矣。克复之期当在何时？可促偿之。"泌遽起谢恩，肃宗持之不许。因对曰："是行也，以臣观之，假九庙之灵，乘一人之威，当如郡名，必保定矣。"既达扶风，旬日而西域河陇之师皆会，江淮庸调[⑦]亦相继而至。肃宗大悦。

又，肃宗尝夜坐，召颍王等三弟同于地炉罽毯上食。以泌多绝粒，肃宗每自为烧二梨以赐泌。时颖王恃恩固求，肃宗不与，曰："汝饱食肉，先生绝粒，何乃争此耶？"颖王曰："臣第试大家心，何乃偏耶？不然，三弟共乞一颗。"肃宗亦不许，别命他果以赐之。王等又曰："臣等以大家自烧，故乞，他果何用？"因曰："先生恩渥如此，臣第请联句，以为他年故事。"颖王曰："先生年几许，颜色似童儿。"其次信王曰："夜抱九仙骨，朝披一品衣。"其次益王曰："不食千钟粟，唯餐两颗梨。"既而三王请成之，肃宗因曰："天生此间气，助我化无为。"泌起谢，肃宗又不许，曰："汝之居山也，栖遁幽林，不交人事。居内也，密谋匡救，动合玄机，社稷之镇也。"

泌恩渥隆异，故元载、辅国之辈嫉之若仇。代宗即位，累有颁锡，中使旁午于道。别号天柱峰中岳先生，赐朝天玉简。已而征入翰林。元载奏以朝散大夫、检校秘书少监，为江西观察判官。载伏诛，追复京师，又为常衮所嫉，除楚州刺史。未行，改丰、朗二州团练使兼御史中丞，又改授杭州，所至称理。兴元初，征赴行在，迁左散骑常侍。寻除陕府长史，充陕虢防御使。陈许戍卒三千自京西逃归，至陕州界，泌潜师险隘，尽破之。又开三门陆运一十八里，漕米无砥柱之患，大济京师。二年六月，就拜中书侍郎平章事，加崇文馆大学士，修国史，封邺侯。时顺宗在春宫，妃萧氏母郜国公主交通于外。上疑其有他志，连坐贬黜者数人，皇储危惧。泌周旋陈奏，德宗意乃解。颇有谠正之风。

五年春，德宗以二月一日为中和节，泌奏令有司上农书、献穜稑[⑧]之种。王公戚里上春服，士庶乃各相问讯。泌又作中和酒，祭勾芒神[⑨]，以祈年谷。至今行之。泌旷达敏辨，好大言。自出入中禁，累为权臣所挤，恒由智免。终以言论纵横，上悟圣主，以跻相位。是岁三月薨，赠太子太傅。是月，中使林远于蓝关逆旅遇泌，单骑常服，言暂往衡山。话四朝之重遇，惨然久之而别。远到长安，方闻其薨。德宗闻之，尤加怆异，曰："先生自言，当匡佐四圣而复脱屣也，斯言验矣。"

泌自丁家艰，无复名宦之冀。服气修道，周游名山，诣南岳张先生受录，德宗追谥张为玄和先生。又与明瓒禅师游，著《明心论》，明瓒，释徒谓之懒残。泌尝读书衡岳寺，异其所为曰："非凡人也。"听其中宵梵唱，响彻山林。泌颇知音，能辨休戚。谓懒残经音，先凄怆而后喜悦，必谪堕之人，时至将去矣。候中夜，潜往谒之。懒残命坐，拨火出芋以啗之。谓泌曰："慎勿多言，领取十年宰相。"泌拜而退。

天宝八载，在表兄郑叔则家，已绝粒多岁。身轻，能行屏风上。引指使气，吹烛可灭。每导引，骨节皆珊然有声，时人谓之"锁子骨"。在郑家时，忽两日冥然不知人事。即寐，见身自顶踊出三二寸，傍有灵仙，挥手动目，如相勉助者。如是足将及顶，乃念言："大事未毕，复有庭闱之恋，愿终家事。"于是在傍者皆见一人，仪状甚巨，衣冠如帝王者，前有妇人礼服而跪。如帝王者责曰："情之未得，因欲令来，使劳灵仙之重。"跪者对曰："不然，且教伊近天子。"于是遂寤。后二岁，为玄宗所召。后常有隐者八人，容服甚异，来过郑家，数自言："仙法严备，事无不至。"临去叹曰："俗缘竟未尽，可惜心与骨耳。"泌求随去，曰："不可。姑与他为却宰相耳。"出门不复见。因作《八公诗》叙之。复有隐者携一男六七岁来过，云："有故须南行，旬月当还。缘此男有痢疾，既同是道者，愿且寄之。"又留一函曰："若疾不起，望以此瘗之。"既许，乃问男曰："不骄留此得乎？"曰："可。"遂去。泌求药疗之，终不愈，八九日而殂。即以函盛，瘗庭中蔷薇架下。累月，其人竟不回。试发函视之，有一黑石，天然中方，上有字如锥画，云：

神真炼形年未足，化为我子功相续。

丞相瘗之刻玄玉，仙路何长死何促！

泌每访隐选异，采怪木蟠枝持以隐居，号曰"养和"，人至今效而为之。乃作《养和篇》以献肃宗。泌去三四载，二圣登遐，代宗践祚，乃诏追至阙，舍于蓬莱殿延喜阁。由给事以上及方镇除降，代宗必令商量。军国大事，亦皆泌参决。因语及建宁王[10]灵武之功，请加赠太子。代宗感悼久之，云："吾弟之功，非先生则世人不知，岂止赠太子也？"即敕于彭原迎丧，赠承天皇帝，葬齐陵。引至城门，奏以龙輀不动，代宗自蓬莱院谓曰："吾弟似欲见先生，宜速往酹祝，兼宣朕意。且吾弟定策大功，追加大号，时人未知。可作一文以传不朽，用慰玄魂。"泌曰："已发引矣，他文不及，作挽歌词可乎？"代宗曰："可。"即于御前制之。词甚凄怆，代宗览之而泣，命中人驰授挽者。泌至，宣代宗命，祝酹歌此二章。于是龙辅行疾如风。都人观之，莫不感涕。

先是，建宁王倓有艰难定策之功，于代宗为弟，人或谮于肃宗云："有图嗣害兄之心。"遂遇害。及肃宗追悟倓无罪，泌虑复及诸王，因事言曰："昔高宗有子八人，皇祖睿宗最幼。武后生者自为行第，故皇祖第四。长曰孝敬皇帝，监国而仁明，为武后所忌而鸩之。次曰雍王，贤为太子。中宗、睿宗常所不安，晨夕忧惧。虽父母之前，无由敢言。乃作《黄台摘瓜词》，令乐人歌之，欲微悟父母之意，冀天皇天后闻之。歌曰：

种瓜黄台下，瓜熟子离离。

一摘使瓜好，再摘使瓜稀。

三摘犹尚可，四摘抱蔓归。

然太子竟亦流废，终于黔州。建宁之事，已一摘矣，慎勿再摘。"肃宗曰："先生忠于宗社，忧朕家事，言皆为国龟镜，岂可暂离朕耶？"时玄宗有诰，只要剑南一道自奉，未议北回。泌请肃宗奉表请归东宫。次作功臣表，述马嵬灵武之事，请上皇还京。初，肃宗表至，玄宗徘徊未决。及功臣表至，乃大喜曰："吾方得为天子父。"下诰定行日，且曰："必李泌也。"肃宗召泌，且泣且喜曰："上皇已下诰还京，皆卿力也。"

又，天宝末，员外郎窦庭芝分司洛邑，常敬事卜者葫芦生。每言吉凶，无不中者。一旦凌晨，生至窦门，颇甚嗟叹。庭芝请问，良久乃言："君家大祸将成。"举家啼泣，请问求生之路。生曰："若非遇中黄君，但见鬼谷子，亦可无患矣。"生乃具述形貌服饰，仍戒以浃旬求之。于是与昆弟、群从、奴仆晓夕求访，殆遍洛下。时泌居于河清，因省亲友，策蹇入洛。至中桥，遇京尹避道，所乘骡忽惊轶而走，径入庭芝所居，与仆者共造其门。车马罗列将出，忽见泌，皆惊愕而退。俄有人云："分司窦员外宅，所失骡收在马厩，请客入座，主人当愿修谒。"泌不得已，就其厅。庭芝既出，降阶载拜，延接殷勤，遂至信宿。至于妻子，咸备家人之礼。数日告去，赠遗殊厚。但云："遭遇之辰，愿以一家奉托。"时泌居于河清，信使旁午于道。庭芝初与泌相值，葫芦生适在其家，云："既遇斯人，无复忧矣。"

及朱泚构逆[11]，庭芝方廉察[12]陕西，车驾出幸奉天[13]，遂于贼庭归款。銮舆反正，德宗首令诛之。时泌自南岳征还行在[14]，便为宰相。因第臣僚罪状，遂请庭芝减死。德宗意不解，云："卿以为宁王姻懿耶？以此论之，尤为不可。然莫有他事，俾其全否？卿但言之。"于是具以前事闻，由是特原其罪。泌始奏，上密遣中使乘传于陕问之，庭芝录奏其事，德宗曰："言中黄君盖指朕耶，未知呼卿为'鬼谷子'，何也？"泌曰："泌先茔在河清谷前，鬼谷恐以此言之也。"

兴元四年二月，德宗谓泌曰："朕即位以来，宰相皆须姑息，不得与其较量理道。自用卿以来，方豁朕意。是乃天授卿于朕耳。虽夷吾骐骥[15]，傅说霖雨[16]，何可以及兹！"其军谋相业，载如国史。事迹终始，具《邺侯传》[17]。泌有集二十卷行于世。

〔注〕 ① 李泌(722—789)：唐大臣。字长源，京兆(治今陕西西安)人。历仕肃宗、代宗、德宗三朝，位至宰相，封邺侯。两《唐》书均有李泌传，分别见《旧唐书》卷一三〇，《新唐书》卷一三九。 ② 赵郡中山人：此指李泌郡望，中山在今河北中山一带。赵郡李姓为唐朝大族之一。③ 三教：指儒、道、佛三家。三教讲论是当时由政府主持的一种学术辩论活动。 ④ 半千：指

员半千，初唐著名文人。 ⑤ 黄光、谷神之要：黄光为古天象名，被认为可以预兆灾异。谷神为道家用语，《老子》有"谷神不死"之说，后用以指道家导引养生之术。这句说李泌修习观天和养生的要义。 ⑥ 两都：指唐西京长安，东都洛阳。 ⑦ 江淮庸调（diào）：唐代田赋实行租庸调制。租即稻粟等实物地租，庸指用以代替劳役的绢帛之类，调指布匹绵麻或银两。江淮庸调泛指从江南征收来的田赋。 ⑧ 穜稑（tóng lù）：两种谷类植物，先种而后熟，后种而先熟。 ⑨ 勾芒神：古代传说中主管树木的神。 ⑩ 建宁王：唐代宗同父异母弟李倓，在平定安史之乱中，被谗而死，后追赠"承天皇帝"。 ⑪ 朱泚构逆：唐德宗建中四年（783）奉调前往征讨藩镇叛乱的泾原兵路过长安，因不满犒赏哗变，拥朱泚为帅。德宗出逃，朱泚称大秦皇帝。 ⑫ 廉察：唐代对观察使或相当官员的简称，亦称廉使。 ⑬ 奉天：今陕西乾县。 ⑭ 行在：皇帝临时驻跸之所。 ⑮ 夷吾骐骥：管仲名夷吾，辅齐桓公称霸诸侯。骐骥，良马，比喻管仲。 ⑯ 傅说（yuè）霖雨：殷高宗得到贤臣傅说，有"若岁大旱，用汝作霖雨"的话（《书·说命上》）。 ⑰《邺侯传》：指两《唐书》李泌本传和李繁的《邺侯家传》。

本篇《太平广记》采录，改名《李泌》。在唐代曾单行。

李泌是中唐时代一个富于传奇色彩的人物。他经历了玄、肃、代、德四朝。在玄宗朝，是个令人刮目的神童。在肃、代两朝，虽为臣子，与帝王的关系，已似在师友之间。到了德宗朝，则成了一位被倚重的辅命大臣。范文澜《中国通史简编》对他在中唐政治中所起的作用，有具体而精彩的叙述。

这篇小说以"传"命名，是唐传奇的常见形式，而称"外传"，则意在表明所写大抵是不入正史的遗闻琐事。文末云："其军谋相业，载如国史。事迹终始，具《邺侯传》"，这等于是说，正史已载的从略，本文所述是对史传的补充。

将本文和正史对读，史文与小说确有不少差异，从中可以看到史文、小说、朝野传说之间错综复杂的关系。

《旧唐书》的《李泌传》比较简略，文字也很质木。《新唐书》本传增加了不少内容，有些就是采自李繁的《邺侯家传》。其《史臣赞》说："繁言（指《家传》）多浮侈，不可信，掇其近实者著于传。"如玄宗让张说考童年时代的李泌，要他当场赋"动静方圆"一事，就与《邺侯外传》相同。又如李泌引章怀太子《黄台瓜辞》劝说肃宗不要怀疑和滥杀皇子一事，就写入了《新唐书·李倓传》。但《外传》那些有神秘意味的情节，《新唐书》还是不予采纳的。史书和小说结有不解之缘，但也有不同，这不同就在于前者所记往往侧重政治大事，而后者则略大事而详琐闻，尤其着力于敷演奇闻异事。

《邺侯外传》文字颇长，我们将其分为四段。一段述李泌早年事，刻画出一个神童形象；二段自天宝十年叙至李泌之死，写李泌作为"帝王师"的大半生；三、四两段集中写李泌的好道与神奇，但与第二段的内容有所交叉。如果将其理顺，整篇小说对李泌形象的塑造大抵是演述了早慧的童子——仙气十足的道人——辅佐唐室的帝王师这样一个三部曲。

有的研究者认为这篇小说“内容不足议,而其纂事混杂,颇失次序,未见剪裁之工,亦不足品玩。”(李剑国《唐五代志怪传奇叙录》)这批评不无道理。《邺侯外传》确实不像《南柯太守传》《李娃传》那样精心结撰而成的完整篇章。不过它也有一些特点。

《邺侯外传》是有关李泌的一系列小故事的串联,从他母亲幼年时异僧对她的预言起,到她真的怀孕三年,李泌出生时“发至于眉”,“幼而聪敏,书一览必能诵,六七岁学属文”,直到李泌历经世事身居相位而死——实际上是化身遁去,基本上是一件事接一件事地叙述着,就像用一根线穿起来的一串珠子。这其实也是一种结构方式,古代许多篇幅较长而无中心事件的小说,往往就采用这种结构法。

这里的一些小故事,实质上大都是李泌生前身后流传于朝野的传说,有的可能是对实事的添枝加叶,有的恐怕是出于人们的想象和虚构,也有的则是早已流传的旧故事的改造和移花接木。因此,追究其真实性,意义不大。有趣的是从这些故事看唐人的生活和观念,或者看民间传说的流变。

比如,李泌儿时不但聪敏而且体轻,“能于屏风上立,薰笼上行”。于是,有道者说他“年十五必白日升天”。白日升天意味着成仙,可是也意味着死亡。李泌的父母和亲属都不愿他夭折,就非常警惕地采取了种种措施来保护他。“一旦空中有异香之气及音乐之声,李公之血属必迎骂之”,甚至捣了许多蒜泥,让人登上屋顶,用大勺舀了泼向天空以驱赶来接李泌升天的使者。这既反映了唐人的一种风俗,也反映了他们思想中迷信与理智交战的复杂状况。

又如,李泌与唐肃宗谈论平定安史之乱后对功臣的赏赐,说自己的要求与别人不同,既不要土地,也不要钱财,“但枕天子膝睡一觉,使有司奏客星犯帝座,一动天文,足矣”。他的这个想法,就有点来头。《后汉书·严光传》载:光武帝刘秀青年时与严光(字子陵)同游学,刘秀称帝后多次请严光出任官职,严光不肯,刘秀只好亲自去看望严光。一次刘秀将严光请到宫中叙旧,夜来抵足而眠,据说严光竟将腿压在了刘秀的肚皮上,次日太史惊报“客星犯御座”的报告。这是一个将高士的傲慢和君王的尊贤都推向极致,从而极端美化君臣关系的著名传说。李泌的上述理想显然脱胎于这个传说,或者也可以说是小说作者化用了这个古老传说。

《邺侯外传》最值得注意的一点,是对李泌形象的神仙化。整篇小说不但一再地写李泌“绝粒咽气”,练功有成,而且反复写他能未卜先知、料事如神。这使我们自然地想起汉代的张良和三国时的诸葛亮，他们都是在民间传说中被逐步仙化的历史人物。而文人的小说创作则肯定和加强了这种仙化趋势。把无穷的聪明智慧集中到群众所喜爱的某一个人物身上，从而使他达到几乎无所不知、无所不能的地步，最后甚至成了仙或神，这正是中国民众普遍的传统心理，值得我们注意和反思。

（董乃斌）

【作者小传】

皇甫氏

唐小说家。号洞庭子。真实名字与生平事迹均不详。作有小说集《原化记》等。

胡芦生

皇甫氏

唐刘辟[①]初登第，诣卜者胡芦生筮卦以质官禄。生双瞽，卦成，谓辟曰："自此二十年，禄在西南，然不得善终。"辟留束素与之。释褐，从韦皋于西川[②]，至御史大夫军司马。既二十年，韦病，命辟入奏，请益东川[③]，如开元初之制。诏未允，辟乃微服单骑复诣胡芦生筮之。生揲蓍成卦，谓辟曰："吾二十年前，尝为一人卜，乃得无妄之随[④]，今复前卦，得非曩贤乎？"辟闻之，即依阿唯诺。生曰："若审其人，祸将至矣！"辟甚不信，乃归蜀，果叛，宪宗皇帝擒戮之。

宰相李蕃尝漂寓东洛[⑤]，妻即庶子[⑥]崔谦女。年近三十，未有名宦，多寄托崔氏，待之亦不甚尽礼。时胡芦生在中桥。李患足疮，欲挈家居扬州，甚闷，与崔氏兄弟同往候之。生好饮酒，诣者必携一壶。李与崔各携酒，赍钱三镮[⑦]往焉。生方箕踞在幕屋，倚蒲团，已半酣矣。崔兄弟先至，生不为之起，但伸手请坐而已。曰："须臾当有贵人来。"顾小童曰："扫地。"方毕，李生至级下，芦生笑迎，执手而入曰："郎君贵人也。何问？"李公曰："某且老矣，复病，又欲以家往数千里外，何有如此贵人也？"曰："更远亦可。公在两纱笼中，岂畏此厄！"李公询纱笼之由，终不复言。

遂往扬州，居参佐桥。而李公闲谈寡合，居之左近有高员外，素相善。时李疾不出，高已来谒。至晚，又报高至。李甚怪。及见，云："朝来看公归，到家困甚就寝，梦有人召出城，荆棘中行，见旧使庄客，亡已十数年矣，谓某曰：'员外不合至此，为物所诱，且须臾急返，某送员外去。'遂即引至城门，某谓曰：'汝安得在此？'曰：'为阴吏，蒙差当直李三郎。'某曰：'何李三郎也？'曰：'住参佐桥。知员外与三郎往还，故此祗候。'某曰：'李三郎安得如此？'曰：'是纱笼中人。'诘之不肯言。因云：'饥甚，员外能赐少酒饭钱银否？此城不敢入，请于城外致之。'某曰：'就李三郎宅得否？'其人惊曰：'若如此，是杀某也。'遂觉。特奉报此好消息。"李公笑而谢之，心异纱笼之说。

后数年，张建封[8]镇徐州，奏李为巡官校书郎。会有新罗[9]僧，能相人，言张公不得为宰相，甚不快，因令使院看诸判官有得为宰相否？及至，曰："并无。"张尤不快，曰："某妙择宾僚，岂无一人至相座者？"因更问曰："莫有判官未入院否？"报李巡官，便令促召至。僧降阶迎，谓张公曰："判官是纱笼中人，仆射不及。"张大喜，因问纱笼事。曰："宰相，冥司[10]必潜以纱笼护之，恐为异物所扰，余官不得也。"方悟芦生及高公所说。李公竟为相。

荥阳郑子，少贫窭，有才学不遇，时年近四十，将献书策求禄仕，郑遂造之，请占后事。谓郑曰："此卦大吉，七日内婚禄皆达。"郑既欲干禄求婚，皆被摈斥，以卜者谬己，即告云："吾将死矣，请审之。"胡芦生曰："岂欺诳言哉！必无致疑也。"郑自度无因而致，请其由。生曰："君明日晚，自乘驴出永通门，信驴而行，不用将从者随，二十里内，的见其验。"郑依言。

明日，信驴行十七八里，因倦下驴。驴忽惊走，南去至疾，郑逐一里余，驴入一庄中。顷闻庄内叫呼云："驴踏破酱瓮！"牵驴索主，忽见郑求驴，其家奴仆诉詈，郑子巽谢[11]之。良久，日向暮，闻门内语云："莫辱衣冠。"即主人母也。遂问姓名，郑具对。因叙家族，乃郑之五从姑也。遂留宿，传语更无大子弟，姑即自出见郎君，延郑厅内。须臾，列灯火，备酒馔。夫人年五十余。郑拜谒，叙寒暄，兼言驴事，惭谢姑曰："小子隔阔，都不知闻，不因今日，何由相见！"遂与款洽，询问中外，无不识者。遂问婚姻，郑云："未婚。"初姑似喜，少顷惨容曰："姑事韦家不幸，儿女幼小，偏露一子，才十余岁，一女去年事郑郎，选授江阴尉，将赴任，至此身亡。女子孤弱，更无所依。郎即未宦，若能就此亲，便赴官任，即亦姑之幸也。"郑私喜，又思卜者之神，遂谢诺之。姑曰："赴官须及程限，五日内须成亲。郎君行李，一切我备。"果不出七日，婚宦两全。郑厚谢芦生，携妻赴任。

〔注〕 ① 刘辟：晚唐方镇之一，曾为西川节度使韦皋副手，后因不遵朝命，被捕杀。两《唐书》有传，均附于韦皋传后。 ② 韦皋：中唐著名方镇、西川节度使，其传见《旧唐书》卷一四〇、《新唐书》卷一五八。西川：唐方镇剑南西川节度使的简称，辖区以成都府为中心，扩及其西、北和雅砻江以东地区。 ③ 东川：唐方镇剑南东川节度使的简称，领梓州（今四川三台）等十二州地。 ④ 无妄之随：无妄和随都是《周易》卦名，大意是说不妄想妄行，不失时机地跟随，大吉利。 ⑤ 李蕃：即李藩，中唐宰相，其传见《旧唐书》卷一四八、《新唐书》卷一六九。东洛：指唐东都洛阳。 ⑥ 庶子：官名，有左右之分，为太子属官。 ⑦ 三镮：镮是货币，三镮，相当于三个钱。 ⑧ 张建封：中唐方镇，曾任徐州刺史、徐泗濠节度使等职。 ⑨ 新罗：唐时藩国名，在今朝鲜半岛。 ⑩ 冥司：掌管阴间事务的部门。 ⑪ 巽谢：即逊谢，道歉。

本篇出自唐传奇集《原化记》。作者皇甫氏，自号洞庭子，其名不详。书中所述内容最晚到唐文宗开成年间，研究者推测他至少生活到唐武宗时代。

胡芦生是唐宪宗元和(806—820)时一个著名的占卜家，他的预言总是极为灵验。民间关于他的传说很多，把他的占卜术描述得十分神奇；有关记载则散见于《逸史》《独异志》《酉阳杂俎》《剧谈录》等书。《原化记》的这一篇比较集中地讲了他的三个故事，其中后两个尤富情趣，《太平广记》把它收入道术类，可能《胡芦生》的题目也是其编者拟定的。

第一个故事比较简单，说的是刘辟相隔二十年、前后两次请胡芦生占卜，所得卦象相同，但所预兆的吉凶却完全两样。前一次，刘辟听了胡芦生"禄在西南"的话，果然在西川获得了高位厚禄。后一次，他没听胡芦生"祸将至矣"的话，回西川后竟发动叛乱，朝廷派兵进剿，最后他被抓到京师处死。

唐朝的西川节度使因为天高皇帝远，常怀割据不臣之心。刘辟的前任和上司韦皋就是如此，但还没有和朝廷闹翻。韦皋死后，刘辟的野心更为暴露，向朝廷提出要求兼领三川，朝廷不允，他就叛乱，结果被镇压。这些都是真实的史事。而民间传说往往是在大体符合史实的基础上添枝加叶、想象发挥，或按老百姓的理解对某些史事作出解释和演绎。这则故事就属于后者，把刘辟的失败被杀（这是事实）解释成是没听胡芦生卜言的结果。这样固然渲染了胡芦生的神奇，但却掩盖、或者说是模糊了刘辟之死的真正原因。这是民间传说的一个特点，也可以说是它的一个局限。

第二个故事概括说来并不复杂：早在李蕃（藩）未发迹前，胡芦生就算出他将来会做宰相，一个善于看相的新罗和尚也有同样的预言，后来果然如此。一个落魄潦倒的士子命中注定要做大官，比那些出身豪贵的纨绔子弟、甚至某些现任高官还要有出息，这大概是我国民间传说最津津乐道的话题之一，很能体现民众同情弱者和不安于现状的心理。而描写先知者把他识拔出来时周围人们对此事的讶异反应，则是小说作者兴趣之所在，也就自然是这篇小说的着力之处。

小说用先抑后扬和设置悬念的手法来完成它的主题。先极具体地写出李藩的困顿之状：他"漂寓东洛"，"年近三十，未有名宦"，依托妻家，颇受冷落，而又"患足疮，欲挈家居扬州，甚闷"。这正是穷士偃蹇无奈的典型状态。渲染李藩的穷困，可以说是"先抑"。接着写李藩同他的妻舅先后到胡芦生那里占卦，胡芦生对李藩的妻舅（他当时的处境远优于李藩）态度很随便，却叫小童扫地，并亲自下阶迎接贵人，而这个贵人恰恰就是李藩。这就和他对李藩妻舅的态度形成鲜明对比。这就是"后扬"。一抑一扬，故事就有了戏剧性的效果。胡芦生告诉李藩："公在两纱笼中"，这是李藩一定会富贵的原因，但当李藩追问时，他又不说了，为李藩、也为读者留下了悬念。接下来，又通过一个阴吏向李的邻居高员外托梦，证实李藩确实是受阴间护佑的"纱笼中人"。但对"纱笼中人"的含义仍未揭破。好奇的读者读到这里一定不肯罢休。

下一段故事换了一个环境，是在节度使张建封的幕府中。那里幕僚很多，都是少年才俊。可是会相面的新罗僧人肯定地说，他们没有一个能做到宰相，就连张建封本人也不行。小说在造足了势之后，才让李藩出场。于是，"僧降阶迎"，并对张建封说：他是纱笼中人，你不及他。张追问什么叫"纱笼中人"，新罗僧这才道出：凡做宰相的，在阴间都有一个纱笼护着他，以免异物骚扰，别的官则没有。所以能够看到阴间事物的术士和僧人，凭着这一点就可以知道谁会做宰相了。到此为止,悬念全部解开,所有的人(故事中人和读者)都恍然大悟。小说只用"李公竟为相"五个字就结束了李藩故事。

前两个故事是描写胡芦生卜术之灵,第三个故事又进一步,写他还知道如何达到占卜所指示的结果。

婚宦二事,亦即娶大姓之女为妻和进士及第,本是唐代士子最重视的,一个人如不能取得这两样,做多大的官、发多大的财也终为遗憾。小说写这一点,具有很强的民俗意味和时代气息。荥阳郑生久求婚宦不成,到胡芦生那儿去占卜,胡芦生算定他在七日内可"婚宦皆达"。郑生怎么也不相信,胡芦生遂教他一番,他依言而行,竟闯到他的从姑家中,攀了亲戚,娶了新寡的表妹,并顶替其前夫做上了官,"果不出七日,婚宦两全"。胡芦生占卜术的神奇至此又上了一个台阶。今日的读者也许忍不住要问:倘若郑生不去胡芦生那儿占卜,或他没按胡芦生的指示去做,情况又会如何呢?这是今人的思维,古人和许多爱听民间传说的百姓可能不会这么想。然而,问题是确实存在的,结论是:传说毕竟只是传说,我们也就只能姑妄听之而已。

《胡芦生》这篇小说不以结构精整为特色,它是一串以胡芦生占卜灵验为主线的民间传说的并列。文人所作的笔记小说在记录民间传说时,往往有此特点。当然,真正单纯的记录也很少,总会有所加工,像本篇中的抑扬造势、设计伏线悬念等等,就是作家的艺术手段。从以记为主、有所加工到完全的自主虚构,这在小说创作演进史上是具有飞跃意义的发展,这篇小说显然还处于比较初级的阶段。另外,这篇小说虽以胡芦生为题,但他在每一个故事中都并不是主角,他在占卜得到卦词之后,就隐退了,只是整个故事都在演绎他所预知的事,以他的预言实现为终结而已。这是占卜灵验类传说的特点之一。　　(董乃斌)

吴 堪　　皇甫氏

常州义兴县①有鳏夫吴堪,少孤无兄弟,为县吏,性恭顺。其家临荆溪,常于门前以物遮护,溪水不曾秽污。每县归,则临水看玩,敬而爱之。积数年,忽于水滨得一白螺,遂拾归,以水养。自县归,见家中饮食已备,乃食之。如是十余日然。堪为邻母哀其寡独,故为之执爨,乃卑谢邻母。母曰:"何必辞。君近得佳丽修事,何谢老身?"堪曰:"无。"因问其母,母曰:"子每入县后,便见一女子,可十七八,容颜端丽,衣服轻艳,具馔讫,即却入房。”堪意疑白螺所为,乃密言于母,曰:“堪明日当称入县,请于母家自隙窥之,可乎?”母曰:“可。”明旦诈出,乃见女自堪房出,入厨理爨。堪自门而入,其女遂归房不得。堪拜之,女曰:“天知君敬护泉源,力勤小职,哀君鳏独,敕余以奉媲②。幸君垂悉,无致疑阻。”堪敬而谢之。自此弥将敬洽。闾里传之,颇增骇异。

时县宰豪士闻堪美妻,因欲图之。堪为吏恭谨,不犯笞责。宰谓堪曰:“君熟于吏能久矣。今要虾蟆毛及鬼臂二物,晚衙须纳。不应此物,罪责非轻。”堪唯而走出,度人间无此物,求不可得,颜色惨沮。归述于妻,乃曰:“吾今夕殒矣。”妻笑曰:“君忧余物,不敢闻命。二物之求,妾能致矣。”堪闻言,忧色稍解。妻曰:“辞出取之,少顷而到。”堪得以纳令,令视二物,微笑曰:“且出。”然终欲害之。

后一日,又召堪曰:“我要蜗斗一枚,君宜速觅。此若不至,祸在君矣。”堪承命奔归,又以告妻。妻曰:“吾家有之,取不难也。”乃为取之。良久牵一兽至,大如犬,状亦类之。曰:“此蜗斗也。”堪曰:“何能?”妻曰:“能食火,奇兽也。君速送。”堪将此兽上宰,宰见之怒曰:“吾索蜗斗,此乃犬也。”又曰:“必何所能?”曰:“食火,其粪火。”宰遂索炭烧之,遣食。食讫,粪之于地,皆火也。宰怒曰:“用此物奚为?”令除火扫粪。方欲害堪,吏以物及粪,应手洞然。火飚暴起,焚爇墙宇,烟焰四合,弥亘城门。宰身及一家皆为煨烬。乃失吴堪及妻。其县遂迁于西数步,今之城是也。

〔注〕 ① 常州义兴县:古州县名,即今江苏宜兴。 ② 奉媲(pì):媲即匹配、配偶之意。奉媲是嫁为妻室的典雅说法。

本篇出自《原化记》。

我国古代,民间传说丰富。其中有一则田螺姑娘的故事,说的是一个忠厚老实的孤身少年,每天早出晚归地劳动,生活很是艰苦。有一天,他在河边捡到一个大白田螺,把它带回来养在水缸里。第二天他照样外出劳动,傍晚回家,发现已有人替他做好了可口的饭菜,他没多想,吃过饭就休息了。一连几天这样,他想一定是邻居老妈妈在帮助自己,就跑去感谢那位老妈妈。但老妈妈说并没有为他做饭,还告诉他,每天他一出门,就有一个美丽的姑娘出来理家做饭,邻居都以为他娶了个漂亮妻子呢。少年很奇怪,决定第二天看个究竟。第二天,他早早出门,躲在屋后静静等待。果然看到一个姑娘从水缸中出来,开始做起了家务。少年跑到水缸边一看,只见里边是一个空的田螺壳。原来这个隐身在田螺中的姑娘,乃是女仙白水素女。她发现了少年,想回到水缸里去,路被少年挡住了……这个在中国家喻户晓的民间传说,它的最早书面记录见于题名陶潜所著的《搜神后记》,上面的转述基本上就根据该书。而唐人皇甫氏《原化记》中的吴堪故事很可能是这个传说继续流传数百年后的又一个记录本。

比较吴堪故事和白水素女故事,可以看到它们在故事的基点和发展方向上,是相同的,但在若干细节上却有所不同,吴堪故事的内容要丰富得多。

白水素女故事的男主角叫谢端,他的身份是个“躬耕力作”的农夫,而吴堪却是一个县吏,是个公务人员,社会地位提高了不少。这种变化是否说明此传说由乡村向城市流传和传说者意识改变的微妙痕迹呢?不妨作此一想。

谢端和吴堪都是孤身少年,这是相同的,但《白水素女》传说有“少丧父母,无有亲属,为邻人所共养”“邻人共悯念之,规为娶妇,未得”这样的叙述,吴堪却一开始就是个鳏夫,没有特意写邻人如何照顾他,直到田螺女出现,吴堪才想到可能是“邻母”在帮他。应该说,前者的叙述要更为自然一些。另外,谢端得到天帝哀怜的原因是“少孤,恭慎自守”,吴堪则是因为“敬护水源,力勤小职”和鳏独。这里有同有不同,不同之处,是不是也多少显示了传说者们关心推重的品德在走向具体,并且侧重有所变易呢?民间传说的变异,往往就体现在这些细微之处。而这类变异的由来,既可能与故事的口传方式有关,也极有可能是出于笔录者的新创。

《吴堪》与《白水素女》最明显的不同,当然是在故事的后部:吴堪既是县吏,就自然有上司,偏偏上司县宰是个色鬼,“闻堪美妻,因欲图之”。而吴堪一向勤谨,没毛病可抓,于是,县宰就给他出难题,一旦吴堪做不到,就可以整治他——当然,醉翁之意并不在酒。谁知田螺女本是仙女,县宰以为吴堪绝对弄不来的东西,田螺女都办到了。其中最后一件,是条会吞火泻火的犬样的异兽。就在它表演完毕,县吏准备进一步找碴迫害吴堪时,引起了漫天大火,把县府和县宰一家全烧成了灰烬。至于吴堪和田螺女,则不知去向。

这一大段故事是《白水素女》所没有的。它几乎占了《吴堪》的一半篇幅,其重要性不言而喻。这段故事中出现了矛盾冲突，冲突的一方是等同于平民的小吏，另一方是号称为民父母的地方长官。很显然，这种冲突具有某种阶级斗争的意味，是统治者、压迫者在欺凌百姓。上司看中属下的妻子，千方百计要把她搞到手，遂迫害两人，直至把人害死，这种情况古已有之，在文学中也早有反映，著名的《韩凭妻》故事，就是早期的代表作。《孟姜女》传说在发展演变过程中，也逐步增添了这一内容。而《吴堪》则进一步把这一冲突写得更为尖锐激烈，矛盾的发展也极具理想和浪漫气息。作者虽没有直接谴责利用权力满足私欲的县宰，但从故事进展与结局中，已清楚地表露了他的爱憎倾向。故事后部提到人间无有的三种异物，从其名称、用途隐约可见《山海经》《博物志》的影响，也透露了一点文人追奇猎异的趣味，而最后让一把大火将县府和县宰烧得干干净净，这似乎又更多地体现了长期遭受压迫、敢怒而不敢言的百姓们一旦喷薄宣泄时的强烈心态。这些都是《吴堪》这篇与民间传说有着千丝万缕联系的小说的特色。

（董乃斌）

画琵琶　　皇甫氏

有书生欲游吴地，道经江西[①]，因风阻泊船。书生因[②]上山闲步。入林数十步，上有一坡，见僧房院开，中有床，床塌，僧已他出。房门外小廊数间，傍有笔砚。书生攻[③]画，遂把笔于房门素壁上画一琵琶，大小与真不异。画毕，风静船发。僧归，见画处，不知何人，乃告村人曰："恐是五台山[④]圣琵琶。"当亦戏言，而遂为村人传说，礼施求福甚效。

书生便到杨家[⑤]，入吴经年。乃闻人说江西路僧室有圣琵琶，灵应非一。书生心疑之，因还江西时，令船人泊船此处，上访之。僧亦不在，所画琵琶依旧，前幡花香炉供养。书生取水洗之尽，僧亦未归。书生夜宿于船中，至明日又上。僧夜已归，觉失琵琶，以告邻人，大集相与悲叹。书生故问，具言前验，今应有人背着，琵琶所以潜隐。书生大笑，为说画之因由，乃拭却之由。僧及村人信之，灵圣亦绝耳。

〔注〕①江西：长江入安徽境后，向北斜流。故习惯上称长江北岸淮水以南地区为江西。又，唐置江南西道，治所在洪州(今南昌市)。　②因：于是。　③攻：精善。　④五台山：在今山西东北部，山上多佛寺，为我国佛教四大名山之一。　⑤杨家：二字在篇中没有着落。明

抄本“家”作“州”。则“杨家”或为“扬州”之误。

本篇选自《原化记》。

“天下本无事，庸人自扰之”。是什么原因使庸人们将普通的画琵琶附会成了圣琵琶呢？心理因素是关键，它由环境而生，又推动情节，产生新的环境。

环境一：书生来到山林中的一座寺庙里，此时有大风，寺内空无一人。僧房外有笔砚，书生又善于作画，反正闲着也是闲着，便“于房门素壁上，画一琵琶”。环境二：大风过后，寺内空无一人，只素壁上多了一幅琵琶。僧人怀疑：“恐是五台山圣琵琶。”环境三：村民纷纷传言圣琵琶。僧人被潜移默化，最后相信了自己的猜测。书生闻说，“心疑之”，后还江西时复访寺庙，“取水洗之尽”。环境四：圣琵琶不翼而飞。僧人又是满腹狐疑，村民则相信“有人背着”。这样，在特定的环境中产生了特定的心理活动，特定的心理活动又产生新的环境、新的心理活动，如此循环往复，使故事螺旋形发展，曲折动人，造成了“当局者迷，旁观者清”的有趣的阅读效果，故事也发展到了高潮。最后，书生“为说画之因由，及拭却之由”，僧人前疑尽释，村民亦幡然省悟。

这个故事的两个人物：书生和僧人，虽着墨不多，却如神笔勾勒，线条简洁而生动。作者以“欲游吴地”来安排肇事者书生的出场，以“书生攻画，遂把笔”交代画琵琶的由来，这既是故事发展不可缺少的情节，又在有意无意间点染了书生的性格，再加上“书生故问”“书生大笑”，一个并非温和敦厚而是顽皮、轻浮甚至有些恶作剧的读书人的形象就跃然纸上了。与之相映成趣的是总被人牵着鼻子走的僧人。他自己的僧房任人自由进出，给书生画琵琶造成可乘之机；之后还不接受教训，又使书生人不知鬼不觉地洗掉了所画琵琶；“圣琵琶”明明是一句“戏言”，传来传去，居然连他自己也相信了。种种糊涂，着实可笑，最后不但“书生大笑”，连读者也要拊掌大笑了。

（韩怡勤）

京都儒士　　皇甫氏

近者京都有数生会宴，因说人有勇怯，必由胆气，胆气若盛，自无所惧，可谓丈夫。座中有一儒士自媒曰：“若言胆气，余实有之。”众人笑曰：“必须试，然可信之。”或曰：“某亲故有宅，昔大凶，而今已空锁。君能独宿于此宅一宵不惧者，我等酬君一局。”此人曰：“唯命。”明日便往，实非凶宅[①]，但暂空耳。遂为置酒果、灯烛，送于此宅中。众曰：“公更要何物？”曰：“仆有一剑，可以自卫，请无忧也。”众乃出宅，锁门却归。

此人实怯懦者，时已向夜，系所乘驴别屋。奴客并不得随，遂向阁宿。了不敢睡，唯灭灯抱剑而坐，惊怖不已。至三更，有月上，斜照窗隙，见衣架头有物如鸟鼓翼，翻翻而动。此人凛然强起，把剑一挥，应手落壁，磕然有声。后寂无音响，恐惧既甚，亦不敢寻究，但把剑坐。及五更，忽有一物，上阶推门。门不开，于狗窦中出头，气休休然，此人大怕，把剑前斫，不觉自倒。剑失手抛落，又不敢觅剑，恐此物入来，床下跧伏②，更不敢动。忽然困睡，不觉天明。诸奴客已开关，至阁子间，但见狗窦中血淋漓狼藉。众大惊呼，儒士方悟，开门尚自战栗。具说昨宵与物战争之状，众大骇异。遂于此壁下寻，唯见席帽半破在地，即夜所斫之鸟也。乃故帽破弊，为风所吹，如鸟动翼耳。剑在狗窦侧，众又绕堂寻血踪，乃是所乘驴，已斫口喙，唇齿缺破。乃是向晓因解，头入狗门，遂遭一剑。众大笑绝倒，扶持而归。士人惊悸，旬日方愈。

〔注〕 ① 凶宅：旧时指不吉利或闹鬼的房舍。 ② 跧(quán)伏：即蜷伏。

本篇出自《原化记》。

这是一篇绝妙的讽刺小品，把一个色雄胆荏的儒士形象刻画得跃然纸上。文章娓娓叙来，保持一种冷静的态度，在结构上不玩花样，但在细节的描述上却十分用心，该交代的地方一笔不漏地交代，每处都与故事的进展、人物的行为有关，细心读者读来必然感到极为有趣，到最后谜底揭晓时，则更要忍俊不禁，笑出声来。

文章首先推出一个自称“若言胆气，余实有之”的说大话的儒士，顺理成章地将他置于接受考验(在一个凶宅独宿一夜)和打赌的中心位置上。赌局形成，文章马上点出那所凶宅“实非凶宅，但暂空耳”，使读者知道，儒士如果真有胆量，这一夜根本不会发生什么问题，下面所闹的事儿其实乃是他胆怯自扰的结果，于是读者便会带着准备看笑话的心情来读这篇小说。

这位儒士是怎样闹笑话的呢？小说细细写来，先交代他携剑而入，再写他“系所乘驴别屋”，剑和驴是下面活剧所需的重要道具。然后是“奴客并不得随，遂向阁宿”，其他人全都下场了，舞台——凶宅——上只剩下这位儒士一个人，他不敢安然入睡,"唯灭灯抱剑而坐"。人们明白,好戏就要开场了。

小说写到这里,已作好一切铺垫,于是开始正面具体地描写书生的怯懦,两个重要情节发生了。第一个:夜深人静之时,月光斜照之下(注意:这时没点灯烛)突然"见衣架头有物,如鸟鼓翼,翻翻而动"。这景象对于一个胆小鬼来说,是可怕的,儒士勉强挥剑砍去,有什么东西被砍落了,然后是一片沉寂。第二个:儒士惊魂未定,"忽有一物,上阶推门。门不开,于狗窦中出头,气休休然"。儒士这一吓非同小可,把剑乱砍,自己跌倒了,剑也脱了手,干脆一头钻进床底下,在那儿抱头蜷伏了半夜,直到天亮被人家发现为止。

上述这些过程,跟儒士打赌的人并未看到,小说写出这一切,用的是全知视角,作者(叙述者)对这些仿佛亲眼所见,什么都知道似的。但作者在叙述中也留了一手,直等次日早晨,才把真相揭晓。原来,儒士第一次砍的是衣架上被风吹动的草帽,第二次砍的是向狗洞探头探脑的驴子,总之,是一场虚惊。"众大笑绝倒",可是儒士已经吓坏了,过了十来天才平静下来。

故事讲完了,作者未发任何议论。读者从中能够得到什么教益呢?是叫人学会沉着勇敢?还是叫人不要吹牛?抑或两者都不是,而另有别解?不妨仁者见仁,智者见智,各有会心,求同存异可也。需要指出的只有一点,那就是这篇小说的故事和写法,对后世文言小说创作颇有影响。清人蒲松龄《聊斋志异》中的《驱怪》和纪昀《阅微草堂笔记》卷十六《姑妄听之》中的"郭生夜宿凶宅"等篇章,就与它有着某种渊源关系。

(董乃斌)

【典籍介绍】

《玉泉子》

笔记。唐无名氏著。一卷。所记多为中晚唐时朝野杂事,有采自他书者,但大多数资料不见于他书,具有较高的史料价值。而其记事记人,饶有趣味,亦具较强的文学性,故清乾隆时修《四库全书》将其著录为小说家类。有明万历间刊《稗海》(清康熙、乾隆时重编补刊)本、清乾隆间《四库全书》抄本等。

邓　敞

《玉泉子》

邓敞,封敖之门生,初比随计[①],以孤寒不中第。牛蔚兄弟,僧孺之子,有气力,且富于财。谓敞曰:"吾有女弟[②],未出门,子能婚乎?当为君展力,宁一第耶?"时敞已婿李氏矣,其父常为福建从事,官至评事。有女二人,皆善书,敞之所行卷③,多二女笔迹。敞顾已寒贱,必不能致腾踔,私利其言,许之。既登第,就牛氏亲。不日,敞挈牛氏而归,将及家,绐牛氏曰:"吾久不到家,请先往俟卿可乎?"牛氏许之。洎到家,不敢泄其事。明日,牛氏奴驱其辎橐直入,即出牛氏居常所玩好幞帐杂物,列于庭庑间。李氏惊曰:"此何为者?"奴曰:"夫人将到,令某陈之。"李氏曰:"吾即妻也,又何夫人焉?"即抚膺大哭顿地。牛氏至,知其卖己也。请见李氏曰:"吾父为宰相,兄弟皆在郎省④,纵嫌不能富贵,岂无一嫁处耶?其不幸,岂唯夫人乎?今愿一与夫人同之,夫人纵憾于邓郎,宁忍不为二女计耶?"时李氏将列⑤于官,二女共牵挽其袖而止。后敞以秘书少监分司⑥,悭啬尤甚。黄巢入洛⑦,避乱于河阳,节度使罗元杲请为副使。后巢寇又来,与元杲窜焉,其金帛悉藏于地中,并为群盗所得。

〔注〕①初比随计:古称科举考试的乡试为大比,如及格,可以进京参加礼部考试,称为随计。②女弟:即妹妹。③行卷:士子将所作诗文抄成一卷投献名公巨卿以求声誉,称为行卷。④郎省:指唐时中央政府的机关。⑤列:陈述。⑥分司:唐中央政府在长安,但在东都洛阳另设一套同样的机构,称为分司。⑦黄巢入洛:指唐僖宗广明元年(880)十一月黄巢起义军攻克洛阳。

本篇出自《玉泉子》。

唐代后期科举考试弊端百出,孤寒士子没有奥援就别想及第,而贵戚权豪子弟却收贿赂、通关节,甚至把持科场,买卖科第和官爵。邓敞的遭遇就是一例。他为进士及第所承担的代价是娶牛僧孺家一个嫁不出去的女儿——试想,如果她年轻貌美,她的兄长又何须以帮人及第的条件将她出手呢?而邓敞其实是一个已婚者。这样,他实际上就同时欺骗了两个女人。

矛盾的爆发是在两个女人见面的时候。邓敞原配李氏多年含辛茹苦,养育了两个女儿,并把她们培养成有文化的人,如今丈夫突然领了个"夫人"回来,她当然不干。她抚膺大哭,她要告状,这都是情理中的事。看来,唐朝是有不许重婚的法律的,所以她才会想到告状。

牛氏夫人的态度又怎么样呢?她显然比李氏冷静,当她弄清形势后,向李氏提出：倒霉的并不是你一个，我们两个分担算了。"今愿一与夫人同之"语含双关，表层意为共同承担这不幸，次层意则为同做邓敞之妻，即古来所谓的"二女共事一夫"。她还拿为两个女儿考虑来劝李氏，恰恰女儿们也不赞成妈妈和爸爸打官司，李氏最后只好接受了现实。

一场矛盾就这样解决了。在整个过程中，我们看到了李氏、两个女儿和牛氏的态度，唯独没有见到男主人公邓敞的影子。为什么呢？我想，这不是作者的疏忽，而是他的有意安排。看邓敞既不敢向牛氏、也不敢向李氏说明真相，而听任矛盾自行揭晓、自行发展的做法，他的伪善、畏缩、孱懦是很清楚的。作者不写他出场，可以理解为暗示他在牛、李大吵时躲起来了，直等二位夫人达成协议，他才出来做他的一家之主。这可以说是不写之写，如果是有意为之，实是一种高明手法。

瞒妻再娶所造成的矛盾有多种发展方向和解决方式，勉强和平共处只是其中一种，但又是主要的一种。在封建社会，对于缺乏独立生活能力（社会没有提供必要的条件）和深受礼教束缚的女人而言，妥协忍让实在是难以避免的。邓敞们也许正因为看准这一点，所以对此类事虽然不免有所顾忌，却终于还是敢于一试吧。当然，邓敞家今后的日子将怎样过，小说没有写，我们也就不必猜测了。

作者对邓敞其人相当蔑视，这从下文的交代中可以明显感到。交代很简单，但每一句都在叙述中渗透了贬义。邓后来官至秘书少监分司，不用说是由裙带关系而来。"悭啬尤甚"，鄙视之意溢于言表。担任节度副使而"窜"，把金帛藏于地下，却仍然没有保住，这叙述中又显含嘲笑不屑之意。文言小说往往如此，在简练的叙述中包容多层次的含义，需要读者细细领会。　（董乃斌）

【作者小传】

张　固

唐小说家。清河（今属河北）人。曾任金部郎中、桂管观察使。作有小说集《幽闲鼓吹》等。

张延赏　　张　固

唐张延赏将判度支①。知一大狱颇有冤屈，每甚扼腕。及判使，召狱吏，严诫之。且曰："此狱已久，旬日须了。"明旦视事，案上有一小帖子曰："钱三万贯，乞不问此狱。"公大怒，更促之。明日，复见一帖子来曰："钱五万贯。"公益怒，令两日须毕。明旦，案上复见帖子曰："钱十万贯。"公遂止不问。子弟承间侦之②，公曰："钱至十万贯，通神矣，无不可回之事。吾恐及祸，不得不受也。"

〔注〕 ① 判：唐宋官制，以大兼小，即以高官兼较低职位的官称判。度支：官名。魏晋始置，掌财政收支。 ② 承间侦之：趁机会试探着问。间，空隙；侦，即问。

本篇选自《幽闲鼓吹》。

中唐以后的唐王朝，虽然依旧维持着大一统的称号，但是由于皇帝的昏庸、吏治的腐败，已失去了唐初蒸蒸日上的气势。在唐代小说中，有许多影射和揭露官场腐败的作品，《张延赏》摄取的就是其中的一个特写镜头。作品中的张延赏一出场就很有点正直之气，见冤狱"每甚扼腕"，一腔誓将平冤昭雪之慨。当事者行贿三万贯，"公大怒"，颇令人高兴；行贿至五万贯，"公益怒"，简直让人为之击节赞叹了；行贿数增至十万贯，读者想象这位"清官"必拍案而起，严加惩处行贿者。没想笔锋陡转，张延赏竟"遂止不问"，还厚颜无耻地说："钱至十万贯，可通神矣，无不可回之事。吾恐及祸，不得不受也。"

"钱能通神"，这本是人们用来讥讽生活中那些有权有势者不秉公办事，贪污受贿、以权谋私之行为的，但现在却变成了张延赏受贿的借口，这真是莫大的讽刺。这里，作者运用了自我暴露法，通过人物言行不一、前后矛盾的描写，让被讽刺对象在聚光灯下进行丑自炫为美、假自炫为真、恶自炫为善的喜剧性表演，从而在貌似平静的叙述中，达到了强烈的讽刺效果。（陈惠琴）

【作者小传】

严子休

唐小说家。号冯翊子，生平事迹不详。作有小说集《桂苑丛谭》等。

张 祜

严子休

进士崔涯、张祜下第后，多游江淮。常嗜酒，侮谑时辈。或乘其饮兴，即自称豪侠。二子好尚既同，相与甚洽。崔尝作侠士诗云:“太行岭上三尺雪,崔涯袖中三尺铁①。一朝若遇有心人,出门便与妻儿别。”由是往往传于人口,曰:“崔张真侠士也。”是此,人多设酒馔待之,得以互相推许。后张以诗上盐铁使②,授其子漕渠小职,得堰名冬瓜。或戏之曰:“贤郎不宜作此职。”张曰:“冬瓜合出祐子③。”戏者相与大哂。岁余,薄有资力。一夕,有非常人,妆束甚武,腰剑手囊,囊中贮一物,流血殷于外。入门谓曰:“此非张侠士居也?”曰:“然。”揖客甚谨。既坐,客曰:“有一仇人之恨,十年矣。今夜获之,喜不能已。”因指囊曰:“此其首也。”问张曰:“有酒店否?”命酒饮之。饮讫曰:“去此三四里有一义士,予欲报之,若济此夕,则平生恩仇毕矣。闻公气义,能假予十万缗否。立欲酬之,是予愿毕。此后赴蹈汤火,誓无所惮。”张深喜其说,且不吝啬,即倾囊烛下,筹其缣素中品之物,量而与焉。客曰:“快哉!无所恨也。”遂留囊首而去,期以却回④。既去,及期不至。五鼓绝声⑤,杳无踪迹。又虑囊首彰露,以为己累。客且不来,计无所出,乃遣家人开囊视之,乃豕首也。由是豪侠之气顿衰矣。

〔注〕 ① 袖中三尺铁:指宝剑。 ② 盐铁使:唐中期以后设置的官,以管理食盐专卖为主,兼管银、铜、铁、锡的开采与冶炼。 ③ 冬瓜合出祐子:“祐子”谐音“瓠子”,故云。 ④ 期以却回:约定好了立即回来。 ⑤ 五鼓绝声:唐制。大城市夜间击鼓,表示更次。五鼓绝声,指五更打完了,也即天将明。

本篇出自《桂苑丛谭》。

这是一个嘲讽唐代冒牌侠士的故事,它从一个侧面反映了唐代豪侠之风的盛行。唐朝皇帝原属西北胡化很深的贵族,他们在统一中原时带来北方少数民族尚武、豪爽的精神,对任侠的社会风气起到一定程度的推动作用。另外,唐朝政治清明,思想开放,对封建礼教的束缚相对松弛,人的主观精神昂扬奋发,它使得人们偏于高估自身的价值,强调个性自由。在这样的时代氛围中,一些按传统看来本该舞文弄墨的文人学士,也唱起了“白刃仇不义,黄金倾有无。杀人红尘里,报答在斯须”(杜甫《遣怀》)的侠义颂歌。然而,到底怎样才算真正的豪侠,有些文人学士自己也不明确。像作品中张、崔标榜的豪侠,似乎着重在济人之难、救人之危,对方是个什么样的人则全不管,结果被假侠士所骗,半生豪举,落得一场扫兴。

为了达到较强的讽刺效果，这篇作品在艺术表现上采用了"包袱式"结构，即注意写好"铺""垫""系""抖"四个环节。开头叙写崔涯、张祜下第后"自称豪侠"，这是"铺"，是将"包袱皮"迅速铺到所要表现的事物和环境上来，可以说是整个"包袱"的基础。接着，叙写崔涯醉作《侠士诗》。诗写得不怎么工巧，但粗放的字句中却透出一股豪侠英气，因此往往传于人口说："崔张真侠士也。"这是一"垫"；张祜与戏者的诙谐对话，一股豪爽之气也跃然纸上，这是二"垫"；有一"妆束英武"的非常之人夜访张侠士，张侠士倾囊相助，这是三"垫"。这三"垫"是"包袱"的情节叙述部分，作者巧妙地将笑料逐一装进了"包袱"。往下，来者留囊携钱而去，杳无踪迹，是"系"，就是将"包袱口"不知不觉地系了起来。最后"遣家人开囊视之，乃豕首也"则是"抖"，将"包袱"在读者面前完全抖开，让读者看到了这些有名无实的侠士在表面高尚、豪爽掩盖下的荒唐、愚蠢，这是作品的点睛之笔，具有顿悟的作用，从而达到出人意料之外、又在情理之中的讽刺效果。

（陈惠琴）

【作者小传】

丁用晦

唐小说家。生平事迹不详。作有小说集《芝田录》等。

吕　元　膺

丁用晦

吕元膺为东都①留守，常与处士对棋。棋次，有文薄堆拥，元膺方秉笔阅览，棋侣谓吕必不顾局矣，因私易一子以自胜。吕辄已窥之，而棋侣不悟。翼日②，吕请棋处士他适，内外人莫测，棋者亦不安，乃以束帛赆之③。如是十年许，吕寝疾将亟④，儿侄列前。吕曰："游处交友，尔宜精择。吾为东都留守，有一棋者云云，吾以他事俾⑤去。易一着棋子，亦未足介意，但心迹可畏。亟言之，即虑其忧慑；终不言，又恐汝辈灭裂⑥于知闻。"言毕，惆然长逝。

〔注〕① 东都：指洛阳。唐显庆时曾以洛阳为东都。留守：官名。　② 翼日：明日。翼同"翌"。　③ 束帛：以绳将数匹绢帛捆成一束。是一种较高规格的礼品。赆：出行时的馈赠。

④ 亟(jí):急速,此指即将去世。 ⑤ 俾:使,令。 ⑥ 灭裂:疏忽。

本篇出自《芝田录》。

吕元膺是历史人物,唐德宗、宪宗时期的一位名臣,新、旧《唐书》里都有他的传记。他还没有取得功名的时候,第一次进京参见当过宰相的齐映,给齐留下了很好的印象。后来他做官从县尉做到了吏部侍郎、太子宾客,至七十二岁去世,无论在朝中还是地方,都政绩卓荦。当时他面对的矛盾是非常多的,但他不靠阿谀逢迎、笼络迁就,都处理得很好。在朝中刚直敢言,在地方对那些桀骜不驯的方镇"秉正自将",绝不姑息。《旧唐书》评价他:"学识深远,处事得体。正色立朝,有台辅之望。"《新唐书》的评语大致相同,且说他"居官始终无訾缺"。可见他的官场声誉、民间口碑一直非常好。他的事迹除了正史记载以外,民间流传被记载在笔记野史中的也不少,有的还被收入了宋代的笔记大全《太平广记》。这里的一则是从《太平广记》收录的丁用晦《芝田录》中选出来的。

笔记和正史不同,不记载人物的重大业绩,而多写他们生活中的逸闻轶事,往往从一些有趣的小故事中生动地刻画出人物的性情和品格来。这个小故事写吕元膺怎样对待一个棋品不高、在下棋时弄虚作假的处士(当时在他手下做事的一位幕僚)。那位棋友趁他不备,偷换了一枚棋子而获取了胜利。这在一般人看来,是小事一桩,可他居然将这位处士辞退了。说明他并不认为这是一件微不足道的事。他认为此人"心迹可畏",也就是品德不好,不宜再用。但他非常注意处理的方式。他没有小题大做,将事情张扬出去,临行时还有厚礼馈赠。显然他考虑到人都是有尊严的,此人还有自己的人生道路要走,应该保全他的颜面,给他足够的尊重,也希望这位棋友通过这件事,一生记取教训。这样一件小事,费却如许深心,由此可以看出他处事是如何既坚持原则,又心存厚道的。

然而在他,事情并没有到此结束。在他心里埋藏了十多年后,临死又将此事告诉自己的子侄们,让他们引以为戒,注意交友之道。这样地重视人的品德修养,又这样地与人为善到体贴入微,实在令人感动。也可见正史所说的"处事得体",并不是指一种为人处世的世故和技巧,而是一种高尚的道德境界,人格修养。

故事不过百余字,写得也很朴实,但却把吕元膺的形象塑造得清晰鲜明,非常感人。除了道德本身的力量外,写作技巧也是值得注意的。这里且指出两个细部描写的作用。其一,故事的关键情节是那位处士偷偷地"易"了"一子"。这是怎样发生的呢?必须对此作出合情合理的交代。原来棋局旁边"有文簿堆拥",吕元膺一面下棋一面"秉笔阅览"文件去了。这一笔不仅交代了"易子"发生的条件，而且一个公务如此繁忙还有下棋的雅兴，而娱乐的时候还在勤于公事，既勤奋又娴雅的可敬的官员的形象就鲜明地显现在读者面前了。其二，结尾“惆然长逝”四字有力而含蓄。表达的只是一种情感：惆怅、遗憾。看来，事情讲述了，教训之意也表达了，但吕元膺并没有因此而轻松，他是带着一份沉甸甸的、对已经有过和还可能发生的道德沉沦的忧患，带着自己在这一事件中的尴尬和无奈，离开这个世界的。

（姚品文）

【作者小传】

黄　璞

唐小说家。生平事迹不详。作有《闽川名士传》等。

欧　阳　詹　　　　黄　璞

欧阳詹，字行周，泉州晋江[①]人。弱冠能属文，天纵[②]浩汗。贞元年登进士第。毕关试，薄游太原，于乐籍[③]中，因有所悦，情甚相得。及归，乃与之盟曰：“至都当相迎耳。”即洒泣而别，仍赠之诗曰：

驱马渐觉远，回头长路尘。
高城已不见，况复城中人。
去意既未甘，居情谅多辛。
五原东北晋，千里西南秦。
一屦不出门，一车无停轮。
流萍与系瓠[④]，早晚期相亲。

寻除国子四门助教，住京。籍中者思之不已，经年得疾且甚，乃危妆引髻，刃而匣之，顾谓女弟曰：“吾其死矣，苟欧阳生使至，可以是为信。”又遗之诗曰：

自从别后减容光，半是思郎半恨郎。
欲识旧时云髻样，为奴开取缕金箱。

绝笔而逝。及詹使至，女弟如言。径持归京，具白其事。詹启函阅之，又见其诗，一恸而卒。故孟简赋诗哭之，序曰：

闽越之英，惟欧阳生以能文擢第，爰始一命。食太学之禄，助成均[⑤]之教，有庸绩[⑥]矣。我唐贞元年己卯岁，曾献书相府，论大事，风韵清雅，词旨切直。会东方军兴，府县未暇慰荐。久之，倦游太原，还来帝京，卒官灵台[⑦]。悲夫，生于单贫，以徇名[⑧]故。心专勤俭，不识声色。及兹筮仕[⑨]，未知洞房纤腰之为蛊惑。初抵太原，居大将军宴席上有妓，北方之尤者，屡目于生。生感悦之，留赏累月，以为燕婉之乐，尽在是矣。既而南辕，妓请同行，生曰："十目所视，不可不畏。"辞焉，请待至都而来迎。许之，乃去，生竟以蹇连[⑩]，不克如约。过期，命甲遣乘，密往迎妓。妓因积望成疾，不可为也，先夭之夕，剪其云髻，谓侍儿曰："所欢应访我，当以髻为贶[⑪]。"甲至得之，以乘空归，授髻于生，生为之恸怨，涉旬而生亦殁。则韩退之作《何蕃书》，所谓"欧阳詹生"者也。河南穆玄道访予，常叹息其事。呜呼！钟爱于男女，素其效死，夫亦不蔽也。大凡以时断割，不为丽色所汩[⑫]，岂若是乎？古乐府诗有《华山畿》[⑬]，《玉台新咏》[⑭]有《庐江小吏》，更相死，或类于此。暇日，偶作诗以继之云：

有客非北逐，驱马次太原。
太原有佳人，神艳照行云。
座上转横波，流光注夫君。
夫君意荡漾，即日相交欢。
定情非一词，结念誓青山。
生死不变易，中诚无间言。
此为太学徒，彼属北府[⑮]官。
中夜欲相从，严城限军门。

白日欲同居，君畏仁人闻。
忽如陇头水，坐作东西分。
惊离肠千结，滴泪眼双昏。
本达京师回，驾期相追攀。
宿约始乖阻，彼忧已缠绵。
高髻若黄鹂，危鬓如玉蝉。
纤手自整理，剪刀断其根。
柔情托侍儿，为我遗所欢。
所欢使者来，侍儿因复前。
收泪取遗寄，深诚祈为传。
封来赠君子，愿言慰穷泉⑯。
使者回复命，迟迟蓄悲酸。
詹生喜言施，倒屣走迎门。
长跪听未毕，惊伤涕涟涟。
不饮亦不食，哀心百千端。
襟情一夕空，精爽旦日残。
哀哉浩然气，溃散归化元⑰。
短生虽别离，长夜无阻难。
双魂终会合，两剑遂蜿蜒。
大夫早通脱⑱，巧笑安能干。
防身本苦节，一去何由还。
后生莫沈迷，沈迷丧其真。

〔注〕①泉州晋江：今福建晋江。　②天纵：天所放任，意谓上天所赋予。　③乐籍：乐户的名籍。古代官伎属于乐部，故也称乐籍。　④系瓠(hù)：即系匏，喻弃置不食、散置不用。语出《论语·阳货》，在这里代指太原妓。　⑤成均：古之太学。也泛称官设学校。⑥庸绩：即功绩。　⑦灵台：此处指学官。汉光武帝曾立明堂、辟雍、灵台三宫。　⑧徇名：舍身求名。徇通"殉"。　⑨筮仕：古人将出仕，先要占卜吉凶。后遂称入仕做官为筮仕。⑩蹇连：行路艰难谓之蹇连，语出《易》。　⑪贶(kuàng)：赠与。　⑫汩：沉迷。　⑬《华山畿》：乐府吴声歌曲名，歌咏南徐士子与华山畿女子的爱情悲剧故事。　⑭《玉台新咏》：汉至梁诗歌选集，南朝梁徐陵编，十卷。下文中提到的《庐江小吏》，即著名的《古诗为焦仲卿妻作》，收此书中。　⑮北府：指军府，因太原妓隶属军中，故有"彼属北府官"之谓。　⑯愿言：思念

殷切貌。穷泉：九泉、阴间。这里指死去的人。 ⑰ 化元：造化的本原。 ⑱ 通脱：放达不拘小节。这里指超脱于感情的纠缠。

此篇选自《闽川名士传》。

初登进士第的欧阳詹到太原游历，结识了身在乐籍的太原妓。两人一见钟情、相爱甚深。洒泪而别之际，欧阳詹答应回京后马上派人来迎娶，并赋诗言情，极尽缠绵。然而约期已过，欧阳詹却没能实践诺言。太原妓相思成疾，病危时自割秀发，托女弟（乐籍中的女伴）代为转致，并写下哀婉的诗章。女弟不负重托，在欧阳詹命人迎妓时，将秀发、遗诗托来人转交欧阳詹。欧阳詹见到遗物遗诗，“一恸而卒”，以死殉情——这便是这个感人故事的全部内容。

传主欧阳詹是位真实历史人物，与著名文学家韩愈同榜中进士，但仕途并不平坦，经过四次吏部考试，才得到国子监四门助教的职位。他与韩愈是忘形之交，还曾率弟子联名荐举韩愈为国子监博士。他死后，韩愈写了《欧阳生哀辞》悼念他。不过文中没有提到太原妓，韩愈是否在有意回避朋友的死因？

文士与妓女交往，是唐人传奇中一个重要母题。《莺莺传》《霍小玉传》《李娃传》等都是此类题材中的名作。而文士一旦进士及第，更被视为“白衣公卿”“士林华选”；他们与妓女的交往不但不受礼法斥责，反被传为风流佳话。孙棨《北里志》序就说：“诸妓皆居平康里，举子新及第进士，三司幕府但未通朝籍、未直馆殿者，咸可就诣。如不吝所费，则下车水陆（水陆：山珍海味）备矣。其中诸妓，多能谈吐，颇有知书言话者。”可知进士狎妓竟成为一种约定俗成的惯例，成了为人艳羡的韵事美谈。

不过进士的高贵身份与身为“人下人”的乐籍官妓却又不可同日而语，因而进士（乃至一般文人）与妓女的暂时遇合，便成为一种不平等的爱情关系，不过是男权社会对女性的玩弄而已。前举《莺莺传》《霍小玉传》等篇，便都以艺术的形式表述了这样一个可悲的事实——唯有欧阳詹的故事是个例外。作品中虽然未用太多笔墨细写欧阳詹与太原妓的燕婉情深，然而从太原妓因情而死、欧阳詹以死殉情，正可看出他们之间的感情是何等深挚、何等真诚。这种生死之恋，早已超越了世俗的贵贱之隔。比起冷酷无情、文过饰非的张珙、李益之辈，欧阳詹的感情世界要深挚得多。他未能如约迎娶太原妓，很可能是因贫穷所致。但他的一颗心，却从未背叛过自己所爱之人。

《欧阳詹》在艺术描摹上并不很出色。在千余字的篇幅中，出自黄璞的传奇记述，只占了不到三分之一的篇幅。叙述文字也相当简约，缺乏细腻入微的渲染描摹。然而诗歌的自然穿插，又补救了文字叙述的不足。单是在黄璞记述部分，就先后引述了欧阳詹的赠别诗和太原妓的遗诗，更不用说后面对孟简长诗的全文引录。这段动人的故事也因此融入一种诗化的意境。太原妓遗诗“自从别后减容光，半是思郎半恨郎”等句，使人想到《莺莺传》中“自从消瘦减容光”“为郎憔悴却羞郎”等句子。是《莺莺传》化用太原妓，还是黄璞模拟崔莺莺？惜已无从考证。

《欧阳詹》前文后诗，实为传奇与诗歌的合体。这种诗、文互补的写法，是否借鉴了变文、说话等讲唱文学的表现手法，还有待于探讨。而这个真实的故事经过传奇的敷衍、序文的述议、长诗的吟哦赞咏，正可谓反复渲染、一唱三叹，产生了荡气回肠的艺术效果。诗序中议论部分的掺入，又体现出唐传奇“文备众体，可见史才、诗笔、议论”（宋赵彦卫《云麓漫钞》）的典型特点。此篇传奇也因此具有了文体范型的意义。

（侯　会）

【作者小传】

于　逖

唐小说家。汴州（今河南开封）人。与李白、元结等友善。相传作有小说集《闻奇录》等。

画　工　　　　于　逖

唐进士赵颜，于画工处得一软障①，图一妇人甚丽。颜谓画工曰：“世无其人也。如何令生？某愿纳为妻。”画工曰：“余神画也。此亦有名，曰真真。呼其名百日，昼夜不歇，即必应之。应则以百家彩灰酒灌之，必活。”颜如其言，遂呼之百日，昼夜不止。乃应曰：“诺。”急以百家彩灰酒灌，遂活，下步言笑饮食如常。曰：“谢君召妾，妾愿事箕帚②。”终岁，生一儿。儿年两岁，友人曰：“此妖也，必与君为患。余有神剑，可斩之。”其夕，乃遗颜剑③。剑才及颜室，真真乃泣曰：“妾，南岳地仙④也。无何⑤为人画妾之形，君又呼妾名。既不夺君愿⑥，君今疑妾，妾不可住。”言讫，携其子，却上软障。呕出先所饮百家彩灰酒。睹其障，唯添一孩子，皆是画焉。

〔注〕 ① 软障：用绸和布等材料做的屏障、围帘。 ② 事箕帚：代为执掌家务，是女子表示许嫁的自谦说法。 ③ 遗颜剑：送给赵颜一把宝剑。 ④ 南岳地仙：南岳指湖南衡阳一带。地仙是道教传说中品位比较低的一类神仙，他们有别于“天仙”，只能住在山林洞府中。 ⑤ 无何：无奈，不料。 ⑥ 不夺君愿：不愿让你失望。夺：违背、拂逆。

本篇选自《闻奇录》。

这是一篇想象奇异的神话故事。它通过“神画通灵”的奇妙构想，赞美了画师惊人的艺术造诣；也借一桩匪夷所思的神奇事件，揭示了生活中大有“叶公好龙”习性的一类人物——他们向往神奇，不甘平庸，而当不凡的事物真的降临之时，却又患得患失、疑虑重重。小说颇具潜在的幽默感，含蓄地调侃了那些总是陷溺于自我矛盾之中而无力自拔的凡夫俗子们的可笑行径。

赵颜是个读书人。一次，他从一个画工那里买到一幅绢屏风，上面画着一个美人，楚楚动人。他不禁赞叹道：“人世间哪有这样的美人？如果她是个活人多好，我就可以娶她为妻。”画工却不以为意地说：“这有何难？我的画并非凡品，画里的人是有名字的，她叫作‘真真’。连续呼唤她的名字一百天，她就会答应。这时给她喝些百家彩灰酒，她一定能活起来。”赵颜听了非常高兴，便照着实行，果然这女子活了过来，从画布上姗姗而下，说笑饮食，与平常人没有两样。她对赵颜说：“多谢你召唤我来这里，很愿意侍奉你。”两人结为夫妻，生了一个儿子。孩子两岁了，一个朋友知道了赵颜妻子的神异来历，警告他说：“这一定是个妖怪！你会受害的！我有一把神剑，你拿去把妖怪杀掉吧。”当晚，赵颜持剑刚进家门，真真就哭着说：“我本是南岳地仙，没想到被人画出容颜，你又一再呼唤，我不想让你失望，这才嫁给了你，现在你怀疑我，我不能再住下去了。”说完，带着孩子上了屏风，吐出曾经喝过的百家彩灰酒。赵颜惊愕地看着妻子又变成了原来的画中美人，不同的是她的身旁增添了一个孩子的画像。

“画中人”故事在文学作品中颇有渊源，它体现了人们对美的向往和渴求。在这样奇异的想象中，可望而不可即的美的理想化为现实，与平凡的人生相交会。可以说，这一类故事满足的是人们那种超凡脱俗的审美追求。平庸琐屑的现实生活，由于有了神奇美好事物的点缀，变得温馨可人了。然而，这超凡脱俗的美又如此难以把握，它有如电光石火，稍纵即逝，它仿佛来到人们身旁，然而转瞬之间，已经消失了踪影。而妨碍人们去追寻、把握美好事物的最大障碍还是来自人们自身的局限。就像故事里的赵颜，曾经那样热切地向往画里的真真，然而一旦拥有，却又不懂得珍惜，反而轻信人言，疑神疑鬼，誓欲剪除而后快。这一人物的塑造是含寓深意的，现实生活中确实不乏这样出尔反尔、顿改初衷的矛盾人物。他们总是在自相矛盾，自己拆自己的台；又像传说中的那位叶公，连自己也不晓得究竟想要的是什么。这位出自图画中的美人真真还算是幸运，受到猜疑和伤害时可以逃回画里，假如她是一个人间女子，等待着她的恐怕就只有悲剧命运了。

（孙丽华）

【作者小传】

王定保

(870—940)　五代文学家。南昌(今属江西)人。唐光化三年(900)进士，历任南汉刘龚宁远节度使、中书侍郎、同平章事。作有小说集《唐摭言》等。

王　播

王定保

王播①少孤贫，尝客②扬州惠昭寺木兰院，随僧斋餐。诸僧厌怠，播至，已饭矣。后二纪③，播自重位出镇是邦，因访旧游，向之题已皆碧纱幕其上。播继以二绝句曰：

二十年前此院游，木兰花发院新修。
而今再到经行处，树老无花僧白头。

上堂已了各西东，惭愧阇黎④饭后钟。
二十年来尘扑面，如今始得碧纱笼。

〔注〕①王播：扬州人。唐德宗贞元年间进士及第，宪宗时为盐铁转运使，穆宗时为宰相，出任淮南节度使(治所在扬州)。②客：寄居。③纪：古时以十二年为一纪。④阇(shé)黎：梵语阿阇黎的略称。原义为高僧，此处泛指僧人。

本篇选自《唐摭言》。

小说撷取了一个颇含意蕴的人生片断，犹如一篇特写。王播孤苦贫穷的时候，寄住在扬州的一个寺院里，跟着和尚们一起吃斋，日子长了，和尚很厌烦，就改为斋后撞钟。等到王播赶到饭堂，已经斋过人散了。这当然让他十分尴尬，心里很难过。光阴匆匆，过了二十多年，王播早已身居高位，巧的是他又到扬州做官了。故地重游，自然是百感交集。到住过的寺院看看，吃惊地发现自己当年题写在墙壁上的诗句已经被珍惜地用绿纱罩上了。这今昔两种不同的待遇，让王播倍生感慨，提笔写下“上堂已了各西东，惭愧阇黎饭后钟。二十年来尘扑面，如今始得碧纱笼”的诗句。

人情反复、趋炎附势本是世俗常情。妙的是远离红尘的僧侣也不能免俗。王播像是在人生的历程中翻过筋斗的，升沉起落的命运，让他懂得了人生的真面目。他的诗也由于生动、幽默地概括了世态冷暖，被人们广泛传诵。

不过，历代的评价也不尽倾向王播。宋代大文豪苏轼对王播这种斤斤计较的狭隘心胸就颇不以为然。他认为凡夫俗子谁又能免俗，僧人厌烦吃白饭的穷小子本是人之常情，充其量算是有失厚道；而王播把这点小隙怀恨了二十多年，不是也很没有涵容气度吗？另据史书记载，王播其人早期为官尚能清正廉洁，后来位高权重，也颇有贪污酷虐之行，这不光彩的行径，比起小气势利的僧人来，又有什么可以自炫呢？

（孙丽华）

宣慈寺门子

王定保

宣慈寺门子，不记姓氏，酌[①]其人，义侠之徒也。咸通[②]十四年，韦昭范先辈[③]登第，昭范乃度支侍郎杨严懿亲。宴席间，帟幕、器皿之类皆假[④]于计司，杨公复遣以使库供借。其年三月中，宴于曲江亭，供帐之盛，罕有伦拟。时饮兴方酣，俄睹一少年，跨驴而至，骄悖之状，旁若无人。于是俯逼筵席，张目，引颈及肩，复以巨箠振筑佐酒，谑浪之词，所不忍聆。诸君子骇愕之际，忽有于众中批其颊者，随手而坠；于是连加殴击，复夺所执箠，箠之百余，众皆致怒，瓦砾乱下，殆将毙矣。当此之际，紫云楼门轧开，有紫衣从人数辈驰告曰：“莫打！莫打！”传呼之声相续。又一中贵，驱殿[⑤]甚盛，驰马来救；门子仍操箠迎击，中者无不面仆[⑥]于地，敕使亦为所箠。既而奔马而返，左右从而俱入，门亦随闭而已。座内甚欣愧，然不测其来，仍虑事连宫禁，祸不旋踵[⑦]；乃以缗钱、束素[⑧]，召行殴者讯之曰：“尔何人？与诸郎君谁素，而能相为[⑨]如此？”对曰：“某是宣慈寺门子，亦与诸郎君无素；第[⑩]不平其下人无礼耳。”众皆嘉叹，悉以钱帛遗之。复相谓曰：“此人必须亡去[⑪]，不则当为擒矣。”后旬朔[⑫]，座中宾客多有假途[⑬]宣慈寺门者，门子皆能识之，靡[⑭]不加敬，竟不闻有追问之者。

〔注〕 ① 酌：推量、忖度。 ② 咸通：唐懿宗年号(859—873)。 ③ 先辈：科举时代人们对先于自己登第者的敬称。 ④ 假：借用。 ⑤ 驱殿：随行的前驱、后卫等。 ⑥ 面仆：向前跌倒。 ⑦ 旋踵：极言时间短。 ⑧ 缗钱束素：少量的钱、绢。缗：一贯钱；素：白色丝织品。 ⑨ 相为：相助。 ⑩ 第：只是。 ⑪ 亡去：逃走。 ⑫ 后旬朔：十天半月以后。 ⑬ 假途：借道。此处指路过。 ⑭ 靡：没有，无。

本篇选自《唐摭言》。

这篇小说称得上是一篇动感小说。全篇充满紧张的动作描写，高潮迭起，在一组组人物的富有性格特征的行动中，寄寓了故事的内涵。它的动作性强，富于视觉形象感，说它是小说，又更像是一幕街头活报剧的特写，行文聚焦于一个事件，不似通常的小说有回溯、伏笔等，而完全是即时、即事式的写真。读者仿佛目睹那一幕幕紧张场面，阅读这小说，让人产生深刻独特的视觉印象。

作者很有叙事技巧，把一件热闹纷繁的活报剧组织得有条不紊，脉络清晰。内容上看去似乎杂乱无章，由一个人闹事进展到一群人斗殴，乱作一团，但实际上叙述得层次清楚，井然有序。在表现上，小说主要是采取“烘托”手法，我们可以看到故事中人物之间的制约关系并非纷乱如麻，而是环环相扣、逐步升级，颇有“青出于蓝”的意味，给人以“强中更有强中手”的总体印象。这就是故事的内在脉络。

在小说的开端，首先出场的是新登科第的举子。他们是春风得意、锐气十足的“天子门生”，其中一人韦昭范又兼有“官亲”身份，他在曲江亭举办庆祝登科的酒宴，帷幕器皿是向身为高官的亲戚借的，连酒席费用也是从官库借支的。因此宴会的排场十分阔气，引来众多游人围观。谁知好景不长，宾主正在酣畅欢饮，忽然出现了大煞风景的变故——一个骑驴少年跑到酒席前，挤眉弄眼，胡言乱语，还用手里的大鞭子点着陪酒的歌妓，新进士们一个个惊骇不已，谁也不知道该怎么对付这个显然是喝醉了的骚扰者。围观的人虽然很多，但都不知所措，也许是看到这家伙一副骄横无忌的样子，人们觉得他似乎大有来头，故此没人敢惹他吧！正在不堪之时，救星从天而降了——只见人群中冲出一人，扭住醉汉痛击数拳，又夺下他的鞭子狠狠揍他，众人的怒火也被激发起来，大家一拥而上，一齐动手乱打，醉汉被打得几乎断气，此时皇宫御花园紫云楼的门忽然开了，一些太监模样的人骑马来相救，大喊着：“别打，别打！”那个率先痛打醉汉的勇士毫无畏惧，挥动着鞭子迎头痛击来人，触者即倒，这些救援者见势不妙，连忙策马逃回御苑，关紧大门，再也不敢出来。至此，一场天大的风波顿告平息。各位新科进士这才松了一口气。事情能有这样的结局，他们虽然感到惊喜，但对那位神秘勇士的身份来历感到莫测，又顾虑此事牵连宫禁，怕有什么后患。大家凑了几贯钱、几束绢，派人请那位壮士来攀谈。问他认识在座的哪一位？为什么如此行侠仗义？壮士的回答十分简单，说他是宣慈寺看门人，与座上诸人全无瓜葛，教训那小子只是觉得他太胡闹。进士们听了不觉肃然起敬，把钱和绢都送给他表示慰劳，又关切地建议他赶快逃走，免遭报复。不过这件事并没有什么余波，此后一直风平浪静。过了几天，一些进士们回乡，路过宣慈寺，那个看门人还认得出他们。

故事就这样一波三折，层层逆转，新进士的曲江宴何等荣耀，竟然有人跑来胡闹，可见此人来头不小；然而又有人出来打抱不平，这位侠义之士能为人之所不敢为，就显得更不同寻常；甚至行宫中有宦官来救人，这位义士也全无畏惧，竟然把太监打得落荒而逃。至此，读者与故事里的新进士们一样，急切地想要知道勇士的身份来历，此人连宦官都不怕，不知他有多大来头？然而答案却出人意外，他只是一个市井中的小人物。不过，小人物却作出了非同寻常的壮举。唐代末年，宦官气焰十分嚣张，他们把持朝政，连大臣也不敢与之抗衡。这个身份低微的寺院看门人竟能义无反顾地出手，把宦官和他们所庇护的恶徒痛打一顿，他的行为就不仅仅是个人性的，而足以代表当时的公众对于作恶多端的宦官集团侧目而视的一种普遍性的社会心态。小说就这样层层推进，在尖锐激烈的矛盾冲突中凸现了一个小人物的义勇身姿，予人以难忘印象。（孙丽华）

【作者小传】

王仁裕

(880—956)　五代文学家。字德辇。天水(今属甘肃)人。曾任秦州节度判官。后事前蜀、后唐、后晋、后汉，历任中书舍人、翰林学士、谏议大夫、兵部尚书、太子少保。作有小说集《玉堂闲话》《开元天宝遗事》等。

灌园婴女　　王仁裕

顷有一秀才，年及弱冠[①]，切于婚娶。经数十处，托媒氏求间，竟未谐偶。乃诣善《易》者以决之。卜人曰：“伉俪之道，亦系宿缘，君之室，始生二岁矣。”又问当在何州县，是何姓氏。卜人曰：“在滑州[②]郭之南，其姓某氏，父母见灌园[③]为业，只生一女，当为君嘉偶。”其秀才自以门第才望，方求华族，闻卜人之言，怀抱郁快，然未甚信也。遂诣滑质其事。至则于滑郭之南寻访，果有一蔬圃，问老圃姓氏，与卜人同。又问有息④否？则曰："生一女，始二岁矣。"秀才愈不乐。

一日，伺其女婴父母出外，遂就其家，诱引女婴使前，即以细针内于颅中而去。寻离滑台，谓其女婴之死矣。是时，女婴虽遇其酷，竟至无恙。生五六岁，父母俱丧。本乡县以孤女无主，申报廉使⑤，廉使即养育之。一二年间，廉使怜其黠慧，育为己女，恩爱备至。廉使移镇他州，女亦成长。其间卜秀才，已登科第，兼历簿官，与廉使素不相接，因行李经由，投刺谒廉使。一见慕其风采，甚加礼遇。问及婚娶，答以未婚。廉使知其衣冠子弟，且慕其为人，乃以幼女妻之。潜令道达其意，秀才欣然许之。未几成婚，廉使资送甚厚，其女亦有殊色，秀才深过所望。且忆卜者之言，颇有责其谬妄耳。

其后，每因天气阴晦，其妻辄患头痛，数年不止。为访名医，医者曰："病在顶脑间。"即以药封脑上，有顷，内溃出一针，其疾遂愈。因潜访廉使之亲旧，问女子之所出，方知圃者之女，信卜人之不绐也。襄州从事陆宪尝话此事。

〔注〕 ① 弱冠：古代男子二十岁行冠礼，即为成人，然体犹未壮，故称弱冠。后即以弱冠指二十岁左右的男子。 ② 滑州：即今河南滑县一带。 ③ 灌园：浇水种菜。 ④ 息：子嗣、后代。 ⑤ 廉使：指观察使之类地方长官。

本篇原出五代王仁裕所著《玉堂闲话》，该书已佚，赖《太平广记》等书收录多篇，后人辑成一卷，尚有一百七十多条。从辑存的遗文看，《玉堂闲话》基本上是一本具有实录性质的笔记体小说，很多篇都记明了故事来源、传说者官职姓名，而内容则相对比较简单。

《灌园婴女》是该书中篇幅较长、颇有情趣的作品，《太平广记》将其归入定数类，大体符合故事内容和作者所要宣扬的题旨。

所谓定数，就是冥冥中已经注定的命运，不管当事人怎样努力反抗，最终事情还是朝着命定的那样发生，一切人为的抗争均属徒劳。《太平广记》从卷一四六至一六〇刊载了许多证明这个道理的故事，《灌园婴女》则从男子求偶的角度演述此理。

一个青年秀才请人占卜,问自己的婚姻如何。卜者告诉他:夫妇之道是有宿缘,也就是有定数的,他的妻子是滑州城南种菜老头的独生女儿,眼下才两岁。秀才将信将疑,便跑到滑州去调查,谁知那里果然有这么个种菜老头,而且真有那么个女婴。为了改变命运,秀才竟趁女婴父母不在的时候,将一根细针插入她的颅中,企图把她弄死。做完这些,秀才以为大功告成,便放心地离开了。然而,女婴并没有死去,在长大的过程中,其父母双亡,由当地长官收为养女,并随义父迁官异地。过了多年,秀才已及第为官,被一个上司看中,决定将幼女嫁他为妻。秀才非常满意,但婚后发现其妻经常头痛,请医诊治,竟从她的脑中取出一根细针。这才说起前因,也才弄清如今的廉使千金其实就是当年的灌园婴女,秀才就此认命。

作者在文末注曰:"襄州从事陆宪尝话此事",说明这本是一个口头传说。事实上,此类传说在唐代流行甚广,李复言《续玄怪录》中《定婚店》一篇,写的就是同类故事。虽然两篇主角人名和事件发生的地点不同,但构成故事的基本要素和模式却是一样的:都是以一个士子向先知问婚为整个事件的第一推动力;都有他获知预言后加害未来的妻子、企图改变命运的情节;最后,他们娶来的都是那位命中注定的女子,也就是结局相同。只是李复言的创作意识强于王仁裕,对传说作了较多加工,因而《定婚店》的小说意味要比《灌园婴女》浓厚。比如《定婚店》中出现了为天下男女系红绳、定姻缘的鬼使——月下老人的形象,这很可能是作者汲取了另一个民间传说,把它组接到这里来了。而鬼使的一套议论,则是李复言的代言。

《灌园婴女》产生得比《定婚店》晚,但在小说艺术上却不如《定婚店》,文学史上后不如前的例子不胜枚举,这不过是又一个实例而已。这也说明小说艺术进步之路是曲折的而不是直线的。另外,《灌园婴女》的存在,还表明这个传说在晚唐五代仍以其较原始质朴的形态流传于人们口头,文人创作和民间口头传说并行不悖,有时相互交融或结合,有时又各自独立发展,就像两条江河在流动中时分时合似的,这也许就是文学史现象之所以那么错综复杂、变化多端的一个重要原因吧!

(董乃斌)

传书燕　　王仁裕

长安豪民郭行先,有女子绍兰,适巨商任宗,为贾于湘中,数年不归,复音信不达。绍兰目睹堂中有双燕戏于梁间,兰长吁而语于燕曰:"我闻燕子自海东来,往复必经由于湘中。我婿离家不归数岁，蔑[1]有音耗，生死存亡，弗可知也，欲凭尔附书投于我婿。”言讫泪下。燕子飞鸣上下，似有所诺。兰复问曰：“尔若相允，当泊我怀中。”燕遂飞于膝上。兰遂吟诗一首云：

我婿去重湖，临窗泣血书。

殷勤凭燕翼，寄与薄情夫。

兰遂小书其字系于足上，燕遂飞鸣而去。任宗时在荆州，忽见一燕飞鸣于头上，宗讶视之，燕遂泊于肩上，见有一小封书系在足上，宗解而示之，乃妻所寄之诗。宗感而泣下，燕复飞鸣而去。宗次年归，首出诗示兰。后文士张说传其事，而好事者写之。

〔注〕 ①蔑：无。

本文出自《开元天宝遗事》，是书中名篇。文末称“后文士张说传其事”，其素材当来自张说。

长安女子郭绍兰嫁给巨商任宗为妻，却饱受夫妻离别之苦。丈夫到湘地经商，数载不归。绍兰独守空房，只好向梁间栖燕哭诉衷情。不料燕子真的充当了信使，将绍兰的家书带给远在荆州的任宗。任宗归来后“出诗示兰”，证明燕子传书实有其事。

古代交通极为不便，通讯手段十分落后。家人一旦戍边、经商、宦游出仕，常令举家悬望、阖户不安。其中商人之妇的境遇更为悲惨；在古代文学作品中，“嫁作商人妇”常被当作妇女遭遇不幸的同义语，甚至含有为人抛弃的隐喻意义。绍兰的丈夫虽为“巨商”，然而金钱难以补偿离别的痛苦。夫妻分离数载之后，她不但不知丈夫的归期，甚至连丈夫的生死存亡也搞不清。当一切人世间的联络手段都失去效用时，她只好寄希望于梁间飞燕——她的祈祷居然奏效，这当然只能是人类在自造神话中作自我安慰。

这则梁燕传书的神话，与大雁传书、双鲤传书等许多古老传说一样，透露出人类对突破自身局限、改善生存环境的企盼和渴望。而小说选择燕子作信使，也不是偶然的。燕子在古代传说中是极具灵性的飞禽，与人类有着不同寻常的亲密关系。它们在檐间筑巢、依人而居，始终是人类最亲近的伴侣。在某些神话传说里，燕子甚至与人类有着某种血缘关系。《诗经·商颂·玄鸟》就记录了“天命玄鸟，降而生商”的传说，描述了简狄吞食燕卵、生下商始祖契的神话。至少在殷商人那里，燕子是他们崇拜的偶像，是殷商民族的图腾。而燕子秋去春来、迁徙万里的习性，又使人们相信它们有着践约守信的品德、传书递简的能力。这大概都是小说选择燕子充当信使的原因所在吧。总之,在华夏民族"民胞物与""天人合一"的人文心态中,燕子与人早已有着一种盟约和默契。因此我们在小说中看到燕子"飞鸣上下,似有所诺",又"飞于膝上""泊于肩上",与人亲近无猜时,实在不应感到奇怪。

(侯 会)

鹦 鹉 告 事

王仁裕

长安城中有豪民杨崇义者,家富数世,服玩之属,僭①于王公。崇义妻刘氏,有国色,与邻舍儿李弇私通,情甚于夫,遂有意欲害崇义。忽一日,醉归寝于室中,刘氏与李弇同谋而害之,埋于枯井中。其时仆妾辈并无所觉,惟有鹦鹉一只在堂前架上。洎②杀崇义之后,其妻却令童仆四散寻觅其夫,遂经府陈词,言其夫不归,窃虑为人所害。府县官吏,日夜捕贼,涉疑之人及童仆辈,经拷棰者百数人,莫究其弊。后来县官等再诣崇义家检校③,其架上鹦鹉,忽然声屈,县官遂取于臂上,因问其故。鹦鹉曰:"杀家主者刘氏、李弇也。"官吏等遂执缚刘氏及捕李弇下狱,备招情款。府尹具事案奏闻,明皇叹讶久之。其刘氏、李弇依刑处死,封鹦鹉为绿衣使者,付后宫养喂。张说后为《绿衣使者传》,好事者传之。

〔注〕 ① 僭(jiàn):超越本分。封建时代指在下者冒用在上者的名义和器物。 ② 洎(jì):到,及。 ③ 检校:检验、搜查。

本篇选自《开元天宝遗事》。文末提到张说的《绿衣使者传》,素材很可能来自张说。故事属"公案题材",讲述了一件杀人案的侦破经过,带有志怪性质。

杨崇义是长安"豪民",娶妻刘氏,堪称国色。刘氏与邻舍青年李弇私通,感情深笃,"情甚于夫"。为了摆脱家庭锁链的羁绊,刘氏与李弇合谋害死了杨崇义,并弃尸枯井。事情做得十分隐秘,府县官吏日夜缉拿凶犯,却毫无线索。最终,是一只鹦鹉透露了这个秘密;刘、李依法抵罪,这只神奇的鹦鹉则被玄宗封为"绿衣使者"。

鹦鹉自古被视作珍禽,为帝王后妃、闺中贵妇所喜爱。据说唐玄宗就养过一只号称"雪衣女"的白鹦鹉。其鸟聪慧能言,会背诵诗篇。每当玄宗与诸王下棋将输时,左右便将雪衣女放出,让它搅乱棋局,博取一笑——这就难怪玄宗对这只鹦鹉格外青睐，为它封官加号了。然而所谓鹦鹉“学舌”，实指鹦鹉对人言的一种机械模仿，它们并不具备人的识见能力。因此本篇所叙奇异情节，也只能是来自虚构；倒是鹦鹉传奇背后的那桩婚外恋故事，更能牵动人的心弦。

不难看出，这篇小说还停留在“粗陈梗概”的志怪水平，没有多少对人物形象的细腻刻画以及富于诗意的气氛渲染。对刘、李的相恋细节以及杨、刘的婚姻状况，小说也都未详述。然而我们从杨崇义“家富数世，服玩之属，僭于王公”的财势状况，可以推知他的豪强地位。杨某死后，官府日夜捕拿凶手，“经拷棰者数百人”，也证明了杨氏权势通天、死犹灼人。进一步推想，这位“豪民”很可能妻妾成群、用情不专；甚至年事已高、犹好猎色。总之，导致“有国色”的刘氏背弃丈夫、与邻舍儿私通，必定有其原因；而那原因在今天的读者看来，又常是合乎人道、无足深责的。

只是刘、李生活的时代，蔑视人权人性是其常态；少数叛逆者摆脱礼教束缚的举动，往往不能不与封建礼法产生剧烈冲突。刘、李杀人害己、被处极刑的结局，因而也带有了某种必然性和浓烈的悲剧色彩。小说作者站在封建礼教与法律的立场，又把叙事的焦点置于鹦鹉告事的神异情节上，遂使公案故事背后那个缠绵悱恻、动人心弦的爱情故事被掩盖扭曲、珠埋尘秽。——与唐代一些著名爱情传奇《飞烟传》等相比，此篇的思想性、艺术性都有不小差距。然而公案题材在唐传奇中并不多见，本篇更掺以鸟兽神异情节，故尚能引人。此外，本篇的志怪内容及简约的叙事风格，体现了早期唐传奇的特点，这可能与转述张说之作有关。张说是盛唐时人，彼时传奇创作尚未脱略六朝志怪之风。在这种情势下，《鹦鹉告事》也算得上情节曲折的鹤立之作了。

（侯　会）

【作者小传】

刘崇远

五代南唐小说家。号金华子。河南人。任文林郎、大理司直。作有小说集《耳目子》等。

墨　君　和

刘崇远

真定①墨君和，幼名三旺，世代寒贱，以屠宰为业。母怀妊之时，曾梦胡僧携一孺子，面色光黑，授之曰：“与尔为子，他日必大得力。”既生之，眉目棱岸，肌肤若铁。年十五六，赵王镕初即位，曾见之，悦而问曰：“此中何得昆仑儿[②]也？”问其姓，与形质相应，即呼为“墨昆仑”，因以皂衣赐之。

是时，常山县邑屡为并州[③]中军所侵掠，赵之将卒疲于战敌，告急于燕王李匡威，率师五万来救之。并人攻陷数城，燕王闻之，躬领[④]五万骑，径与晋师战于元氏[⑤]，晋师败绩。赵王感燕王之德，椎牛釃酒[⑥]，大犒于稿城[⑦]，辇金二十万以谢之。燕王归国，比及境上，为其弟匡俦所拒。赵人以其有德于我，遂营东圃以居之。燕主自以失国，又见赵主之方幼，乃图之。遂从下矣。上伏甲，俟赵王旦至，即使擒之。赵王请曰：“某承先代基构，主此山河，每被邻寇侵渔，困于守备，赖大王武略，累挫戎锋，获保宗祧[⑧]，实资恩力。顾惟幼懦，夙有卑诚，望不忽忽可伸交让，愿与大王同归衙署，即军府，必不拒违。”燕王以为然，遂与赵王并辔而进。俄有大风并黑云起于城上，俄而大雨，雷电震击。至东角门内，有勇夫袒臂旁来，拳殴燕之介士[⑨]，即挟负赵主，逾垣而走，遂得归公府。王问其姓名，君和恐其难记，但言曰：“砚中之物。”王心志之。左右军士既见主免难，遂逐燕王。燕王退走于东圃，赵人围而杀之。明日，赵王素服哭于庭，兼令具以礼敛，仍使告于燕主。匡俦忿其兄之见杀，即举全师伐赵之东鄙[⑩]，将释其愤气，而致十疑之书。赵王遣记室张泽以事实答之，其略曰：“营中将士，或可追呼，天上雷霆，何人计会？”词多不载。

赵主既免燕主之难，召墨生，以千金赏之，兼赐上第一区[⑪]，良田万亩，仍恕其十死，奏授光禄大夫[⑫]。终赵王之世，四十年间享其富贵。当时闾里有生子，或颜貌黑丑者，多云：“无陋，安知他日不及墨昆仑耶？”

〔注〕 ① 真定：地名，今河北正定县。 ② 昆仑儿：唐人称印度半岛及南海诸岛居民为昆仑人，这些人的最大特点就是皮肤黑，所以赵王镕以为墨君和是昆仑儿。 ③ 并州：其地包括今河北保定、正定，山西太原、大同等地。 ④ 躬领：亲自率领。 ⑤ 元氏：地名，在今河北省，因战国时为赵公子元的封地而得名。 ⑥ 椎牛釃酒：即杀牛滤酒。 ⑦ 稿城：汉置县，在

河北省中部偏西。⑧ 宗祧(tiāo)：宗与祧均指祖宗的庙。⑨ 介士：身着铁甲的武士。⑩ 东鄙：东边的边境。⑪ 兼赐上第一区：同时赐给他上好的府第一座。⑫ 光禄大夫：古官名，没有固定职守，相当于顾问。

本篇出自《耳目记》。

这是一篇英雄救主之难的传奇故事。由于篇幅较小，因此作者不去刻意表现艺术形象的丰满、形貌的逼真，而是在戏剧性场面的描写中，突出地展现了艺术形象的神态、气韵之美。当赵王被燕王挟持"并辔而进"时，"俄有大风并黑云起于城上，俄而大雨，雷电震击。至东角门内，有勇夫袒臂旁来，拳殴燕之介士，即挟负赵主，逾垣而走，遂得归公府。王问其姓名，君和恐其难记，但言曰：'砚中之物。'"写英雄出来，先写风起云涌，次写大雨倾盆，再写雷电交加，为英雄的出现渲染了一种惊心动魄的气势声威。在雷鸣电闪之际，勇夫袒臂旁来，有如横空出世；负主逾墙而走，更似迅雷闪电。而当赵王问他姓名之时，粗豪英勇的壮士竟"恐其难记"，用巧妙形象的回答使王"心志之"。这里，作者用的不是工笔画的细致描摹，而是以极其精炼的笔墨，好似绘画艺术的写意画技法，着意于最具有典型特征的环境气氛、举止言行、形神心态，寥寥数笔，就使一个黑旋风般的英雄跃然于眼前。

（陈惠琴）

破魔变文　　佚　名

降魔变神押座文

年来年去暗更移，没一个将心解觉知。

只昨日腮边红艳艳，如今头上白丝丝。

尊高纵使千人诺，逼促[1]都成一梦期。

更见老人腰背曲，驱驱[2]犹自为妻儿。

君不见生来死去，似蚁脩环，为衣为食，如蚕作茧。假使有拔山举顶(鼎)之士，终埋在三尺土中。直饶玉提[3]金绣之徒，未免于一械[4]灰烬。莫为久住，看则去时，虽论有顶之天，总到无常之地。少妻恩厚，难为与之替死之门；爱子情深，终不代君受苦。忙忙(茫茫)浊世，争恋久居；模模(漠漠)昏迷，如何拟去。不集开常意树，早折觉花，天宫快乐处，须生地狱下。波吒[5]莫去死，去了却生来。合叹伤，争[6]堪你却不思量——

一世似风灯虚没没，百年如春梦苦忙忙。

心头托手细参详，世事从来不久长。
遮莫[7]金银盈库藏，死时争岂与君将？
红颜渐渐鸡皮皱，绿鬓看看鹤发苍。
更有向前相识者，从头老病总无常。
春夏秋冬四序摧(催)，致令人世有轮回。
千山白雪分明在，万树红花暗欲开。
燕来燕去时复促，花荣花谢竞推排。
闻枕直须疾觉悟，当来必定免轮回。
"欲问若有如此事"，经题名目唱将来。

已(以)此开赞大乘所生功德。谨奉庄严我当今皇帝贵位，伏愿长悬舜日，永保尧年，延凤邑于千秋，保龙图于万岁。伏惟我府主仆射，神资直气，岳降英灵，怀济物之深仁，蕴调元[8]之盛业。门传阀阅，抚养黎民，总邦教之清规，均木(水)土之重位。自临井邑，比榁(屋)如春，皆传善政之歌，共贺升平之化。致得岁时丰稔，管境谧宁。山积粮储于川流，价卖声传于井邑。谨将称赞功德，奉用庄严我府主司徒。伏愿洪河再复，流水而绕乾坤；此(紫)绶千年，勋业长扶社稷。次将称赞功德，谨奉庄严国母圣天公主：伏愿山南朱桂，不变四时；领(岭)北寒梅，一枝独秀。又将称赞功德，奉用庄严合宅小娘子郎君贵位。儿则朱婴(缨)奉国，崖负(匡辅)圣朝，小娘子眉奇(齐)龙楼，身临帝阙。门多美玉，宅纳吉祥，千灾不降于门庭，万善咸臻于贵户。然后衙前大将，尽孝尽忠；随从公寮，惟清于(与)直。城隍社稷，土地灵坛，高峰常保于千秋，海内咸称于无事。

金仙[9]诞质，本在周朝；像法流行，元因汉代。昭王[10]之世，挟祥梦于千秋；壬午之年，弃皇宫于雪岭。六载苦行，四智周圆，破九百万之魔军，成八十庄严之好相。遂得天上天下，惟佛独尊，三界之中，竟无有比。时当青阳令节，仲景方春，是佛厌王宫之晨(辰)，合宅集休祥之日。睹佛玉毫之相，何福不臻;现金人最胜之形,何灾不殄[11]!

三代(大)僧祇愿力[12]坚,六波罗蜜[13]行周圆。

百千功德身将满,八十随形意欲全。

以向此间来救度,且于何处待几(机)缘?

当时不在诸余国,示现获居兜率天[14]。

我佛当日为度众生,弃舍王宫,雪山修道。今经六载苦修行,四至周圆。当腊月八日之晨,下山于熙莲河沐浴,洗多年之腻体,证紫磨之金身。出清净之爱河,遇吉祥之长者。广铺草座,供养殷勤。牧女献乳于此时,四王捧钵于是日。才登座上,震动魔宫。魔王当尔之时,道何言语——

苦行山中经六年,四知周圆道果坚。

下山欲救众生苦,洗浊(濯)垢腻在熙莲。

才出河来逢长者,广铺草座结良缘。

牧女献乳亲供养,四王捧钵到河边。

才座(坐)定,震天宫,故知圣力遍无穷。

魔王登时观下界,方知如来出世中。

于是魔王既观下界,又不见五(忤)逆之男[15],又不见孝顺之子,为(唯)见我南阎浮提净饭大王悉达太子成登正觉之时。魔王口中思维道:"若是交他化度众生,我等门徒,于投佛里。不如见集(机)徒众,点检魔宫,恼乱瞿昙[16],不交出世。"魔王当时道何言语——

魔王忿怒在逡巡,广点妖邪之鬼神。

睹见如来今出世,雄心叵耐使生嗔。

不了自家邪神吕(侣),擎山覆海灭今(金)人。

处分鬼神齐用命,捉将[如]来畅我身。

于是魔王击一口金钟,集百万之徒党。[当时]差马头罗刹哲为游弈将军,捷疾夜叉保作先锋大将,鸠槃吒鬼排戈戟以前行,毗舍耆神领甲兵而后拥。召阿修罗将军众为突将,则怒目扬精(睛);舍毗胁多神后随,而乃乍瞋乍喜。更有夜叉虞候，罗刹都巡，并剑[齿]戟牙，利毛铜爪，手持铁棒，腰带赤蛇。驱精魅以于前行，魍魉鬼神在后。阎罗王为都统，总管诸军，五道大神兼押衙大将，又知斩斫。唤风伯雨师作一营，呼行病鬼王别作一队。妖婆万众，有耳不闻；器械千般，何曾眼见。然后辟两阵，分四厢，右绕右遮，前驱后截。用忽雷为战鼓，披闪雷作朱旗，纵猛风以前荡，勒毒龙而向后。蚖蛇[17]盘结，遍地盈川，神鬼交横，摇精动目。更有飞天之鬼，未貌其形，或五眼六牙，三身八臂，四肩七耳，九口十头，黄发赤髭，头尖额阔。或腕粗臂细，头小脚长，跛(簸)旗弄于山川，呼吸吐其云雾，摇动日月，震撼乾坤，作啾唧声，传波吒号。魔王自领军众，来至林中。先铺叆叇[18]之云，后降泼墨之雨。方梁檑木，楅塞[19]虚空，捧石擎山，昏蔽日月。强风忽起，拔树吹沙，天地既不辩(辨)东西，昏暗岂知南北。一时号令，便下天来，逡速之间，直至菩提树下。

点检邪魔百万般，拟捉如来似等闲。
军前号令诸神鬼，瞿昙未死不归还。
魔王自为都元帅，总管诸军依指挥。
叆叇之云空里布，泼下黑雾似墨池。
雨点若着如中箭，雹子逢人似连锤。
山岳擎来安掌里，江河捻来直下倾。
空里闹，世间惊，号令唯闻唱煞声。
红旗卷处残霞起，皂纛悬处碧云飞。
鬼神云里皆勇猛，魔王时时又震威。
围绕佛身千万匝，拟捉如来畅恕(奴)情。

于是我佛菩提树下，整念思惟道："他外[道][20]等总到来，如何准拟？"遂起慈悲善根力，方便降伏邪徒，不假干戈，宁劳士马。如来所持器杖，与彼全殊：且着忍辱甲，执智慧刀，弯禅定弓，端慈悲箭，骑十力马，下精进鞭。惭愧刀而未举，鬼将惊忙；智慧剑而未轮，波旬[21]怯惧。垂烟吐炎之辈，反被自烧；戴石擎山之徒,自沉自坠。外[道]等弓欲张而弦即断,箭欲发时花自生,枪未盘而自折,剑未轮而刃落。忽雷翻为梵响[22],雹子变成珍珠。红旗出没,香风自生,猛火黑烟,栴檀[23]雾降。我佛现其定力[24],外道波旬无门怯惧,大者雾中觅走,少者云中撼战。魔王见此,却且回军,罗刹叩头,由(犹)称死罪。回戈便发,却往魔宫,毒气未亡,上生忿怒——云云

魔王神变总骋[25]了,不能摇动我如来。
宝剑才挥刃即亡,弓欲张而弦即断。
擎山撮海聘神通,方梁檑木遍虚空。
拟害如来三界主,恰似落叶遇秋风。
魔王自为都元帅,怕急潜身无处容。
遂向军前亲号令,火急抽兵却归宫。
不念自是邪神类,比并天中大世尊。
罗汉虽然是小圣,力敌天魔万万重。
鬼神类,万千般,变化如来气力滩,
任你前头多变化,如来不动一毛端。

魔王见此阵势似输,且还抽军,回归天上。不察自家力劣,辄拟恼害如来,忿怒之情,上由(尚犹)未息。然后端居正殿,及(反)据香床,扼腕扬眉,铺唇叵耐。魔王有其三女,忽见父王不乐,遂即向前启白父王——

近日恰似改形容,何故忧其情不乐?
为复诸天相恼乱?为复宫中有不安?
为复忧其国境事?为复忧念诸女身?
惟愿父王有慈愍,如今为女说来由。

父王道——云云

不是忧念诸女身,汝等自然已成长。
也不忧其国境事,天宫快乐更何忧!
吾缘净饭悉达多,近日已于成正觉[26]。
叵耐见伊今出世,应恐化尽我门徒。

若使交他教化时，化尽门徒诸弟子。

我即如今设何计，除灭不交出世间？

于是三女遂即进步向前，咨白父王——云云

瞿昙少小在深宫，色境欢娱争断得？

况是后生身美貌，整（正）是贪欢逐乐时。

我今齐愿下阎浮[27]，恼乱不交令证果[28]。

必使见伊心退后，不成无上大菩提[29]。

魔王闻说斯计，欢喜非常。库内绫罗，任奴妆束。侧抽蝉鬓，斜插凤钗，身挂绮罗，臂缠璎珞。东邻美女，实是不如；南国娉人，酌（灼）然不及。玉貌似雪，徒夸落（洛）浦[30]之容；朱脸如花，谩说巫山[31]之貌。行风行雨，倾国倾城。人漂五色之衣，日照三珠之服。仙娥从后，持宝盖以后随；织女引前，扇香风而塞路。召六宫彩女，发在左边；命一国夫人，分居右面。直从上界，来到佛前，歌舞齐施，管弦竟（竞）奏——云云

论情实是绮罗人，若说容仪独超春。

身挂天宫三珠（铢）服，足蹑巫山一行云。 云云

第一女道："世尊！世尊！人生在世，能得几时？不作荣华，虚生过日。奴家美貌，实是无双，不合自夸，人间少有。故来相事，誓尽千年。不弃卑微，永共佛为琴瑟。"女道：

劝君莫证大菩提，何必将心苦执迷？

我舍慈亲来下界，情愿将身作夫妻。

佛云：

我今愿证大菩提，说法将心化群迷。

苦海之中为船筏，阿谁要你作夫妻！

第二女道："世尊！世尊！金轮王氏，帝子王孙，把（抛）却王位，独在山中寂寞。我今来意，更无别心，欲拟伴在山中，扫地焚香取水。世尊不在之时，我解看家守舍。"女道：

奴家爱着绮罗裳，不勋（薰）沉麝自然香。

我舍慈亲来下界，誓将纤手扫金床。

佛道：

我今念念是无常，何处少有不烧香；

佛座四禅本清净，阿谁要你扫金床！

第三女道："世尊！世尊！奴家年幼，父母偏怜，端政(正)无双，聪明少有。帝释梵王，频来问讯，父母嫌伊门卑，令不交作新妇。我见世尊端整(正)，又是净饭王子，三端六艺㉜并全，文武两般双备。是以抛却父母，故来下界阎浮，不敢与佛为妻，情愿长擎座具。"女道：

阿奴身年十五春，恰似芙蓉出水宾(滨)。

帝释梵王频来问，父母嫌卑不许人。

见君文武并皆全，六艺三端又超群。

我舍慈亲来下界，不要将身作师僧。

佛道：

汝今早合舍汝身，只为从前障佛因。

火急速须归上界，更莫分云(纷纭)恼乱人。

魔女不信世尊之言，谩发强词，轻恼于佛。于是世尊垂金色臂，指魔女身，三个一时化作老母。且眼如朱盏，面似火曹，额阔头尖，胸高鼻曲，发黄齿黑，眉白口青，面皱如皮裹髑髅，项长一似筋头鎚子㉝。浑身锦绣，变成两幅布裙，头上梳钗，变作一团乱蛇。身腃项缩，恰似害冻老鸱，腰曲脚长，一似过秋谷鷂。浑身笑具㉞，甚是尸骸，三个相看，面无颜色。心中不分(忿)，把镜照看，空留百丑之形，不见千娇之貌。姊妹三个，道何言语：

不是天为孽，都缘自作灾。

娇容何处去？丑陋此时来。

眼里睛如火，胸前瘿似魁。

欲归天上去，羞见丑头腮。

魔女三人，变却㉟姮娥之貌，自惭丑陋之躯，羞见天宫，求归不得。遂即佛前蹋㊱跪，启[请]再三。当尔之时，道何言语——

不悟前生业障[37]深，直来下界诣双林[38]。

盖为父母恩义重，不料魔家力未强，

恼乱如来多罪障，容仪变却受怨沉，

惟愿释迦生慈悯，舍过莫记生念心。

佛心慈悲广大，有愿克从。舍放前愆[39]，许容忏谢。与旧时之美质，转胜于前；复婉丽之容仪，过于往日。

我佛慈悲广大愿，为法分形普流转。

魔女三人骋姿容，变却当初端正面。

殷勤礼拜告如来，暂弃魔宫心敬善。

丑女却犹端正身，口过忏除得解免。

魔女却获端正，还归本天；当去之时，道何言语——

魔女忏谢却归天，欢喜非常礼圣贤。

故知佛力垂加备，姊妹三人胜于前。

女见魔王说本情，翟(瞿)昙如来道果成。

我等三人总变却，岂合不遂再归程。

倾心礼拜求哀忏，方始来容罪障轻。

此祭(际)世尊成正觉，魔王从此没声多。

定拟说，且休却，看看日落向西斜。

念佛座前领取偈，当来必定坐莲花。

但某乙禅河滴(嫡)派，勇猛脱修，学无道化之能，谬处赞扬之位。身心战灼，悚惕何安？辄述荒芜，用申美德。

自从仆射镇一方，继统旌幢左(佐)大梁。

致孝人慈超舜禹，文萌宣略迈殷汤。

分茅烈(列)土[40]忧三面，旰食[41]临朝念一方。

经上分明亲说着，观音菩萨作仁王。

观音示现宰官身，府主唯为镇国君。

玉塞南边消殄气，黄河西面静烟尘。

封疆再政(整)还依旧，墙壁重修转更新。

君圣臣贤菩萨化，生灵尽作太平人。
圣德臣聪四海传，蛮夷向化静风烟。
邻封发使和三面，航海余深到九天。
大治生灵垂雨露，广敷释教赞花偏。
小僧愿讲经功德，更祝仆射万万年。

〔注〕①逼促：逼迫催促。②驱驱：即区区。③玉提：当为玉题，以玉为饰的椽头，泛指华丽的居室。④椷(jiān)：指杯、箧等容器。⑤波吒(zhà)：也作波咤；苦难，折磨。⑥争：怎。在下文中还多次出现。⑦遮莫：任凭，尽管。⑧调元：谓调和阴阳，执掌大权，多指为宰相。⑨金仙：此处即指释迦牟尼。⑩昭王：此处当指周昭王姬瑕，公元前1000年至前976年在位。然据考释氏当于前565年至前485年在世，约与中国孔子同时。⑪殄：灭绝，消除。⑫愿力：佛教语。誓愿的力量。多指善愿功德之力。⑬波罗蜜：梵语音译，意为到彼岸。⑭兜率天：佛教谓天分多层，其第四层叫兜率天，为弥勒菩萨净土。⑮五逆之男：即忤逆不孝之子。⑯瞿昙：释迦牟尼的姓。⑰蚖(wán)蛇：此处泛指毒蛇。⑱叆叇(ài dài)：云盛貌。⑲楅(fú)塞：四塞。楅为古代插箭的器具。⑳外道：犹言邪教。㉑波旬：魔王名，为欲界第六天之主，其义为恶者、杀者。㉒忽雷：雨中之雷。"忽"为下雨貌。梵响：念佛诵经之声。㉓栴(zhān)檀：即檀香。㉔定力：佛教语，为五力之一，伏除烦恼妄想的禅定之力。㉕骋：施展、发挥。㉖正觉：佛家语，谓证悟一切诸法之真正觉智，即成佛。㉗阎浮：阎浮提的省称，指人世间。㉘证果：即正果。佛教语。谓佛教徒经过长期修行而悟入妙道。㉙菩提：佛教名词，意译为"觉""智""道"等。佛教用以指豁然彻悟的境界，又指觉悟的智慧和觉悟的途径。㉚落浦：即洛浦，此处代指洛神，即洛水女神宓妃。㉛巫山：此处代指巫山神女。㉜三端六艺：三端指文士的笔锋，武士的剑锋，辩士的舌锋。六艺指礼、乐、射、御、书、数六种古代教育学生的科目。㉝馇(duī)子：古代饼类食品。这里所说的筋头馇子，疑为长条形面食。㉞笑具：笑料，笑柄。㉟变却：变化失却，变掉。㊱鹘(hú)跪：屈膝而跪。㊲业障：佛教语，谓妨碍修行正果的罪业。㊳双林：佛逝世于拘尸那国阿利罗拔提河边娑罗双树间，也称双林。㊴前愆：以前的罪过。㊵分茅裂土：古代帝王分封诸侯时，将社稷之土用茅草包裹赐予，象征将土地分给他。因谓帝王分封土地、建立诸侯为分茅裂土。㊶旰(gàn)食：很晚才吃饭。指事务繁忙不能按时吃饭。

本篇出自敦煌写本。

变文是唐代通俗文学形式之一，也省称为"变"。是在佛教僧侣所谓"唱导"的影响下，又继承了汉魏六朝乐府诗、志怪小说、杂赋等文学传统，逐渐发展成熟的一种文体。至于其名称的由来，有的学者认为，"变文"与"演义"的意思相近，即是把佛经故事或古典史事再演说一番、变化一番，使人容易明白。（见郑振铎《插图本中国文学史》）也有学者认为，"变文"之名来自"变相"，那是配合变文演讲而悬挂的宗教图画。例如本篇《破魔变文》的敦煌写本后面，即附有描绘精美的变相，表现了佛祖降魔的生动场面，实为后世小说插图的先声。此外还有学者认为，“变”字是从梵文音译而来，只是迄今尚未找到对应准确的梵文词汇。

有关变文的名目早就见于文献记载，但变文实物，则直至十九世纪末，才从敦煌莫高窟藏经洞发掘出来。这些变文作品大致可分两类，一类讲唱佛经故事，如《维摩诘经讲经文》《大目乾连冥间救母变文》等，这篇《破魔变文》也属此类。另一类是演说世俗故事，如《伍子胥变文》《王昭君变文》《张义潮变文》等。至于变文的体制，也不完全一致。有些是散说体，有些是赋体，但更多的是散骈结合、说唱相间的形式，本篇即是典型的例子。

《破魔变文》起首是一段押座文。所谓押座文，是指在故事宣讲之前，先吟唱一段精练的诗歌或短文，使座中听众安静下来。在这里，“押”有“压”的意思。后世话本的“入话”、杂剧的“楔子”以及弹词的“开篇”，大约都受此影响。《破魔变文》的这段押座文宣扬色空观念、劝人觉悟，是典型的宗教宣传；但所举事例具体生动，如“只昨日腮边红艳艳，如今头上白丝丝”；“尊高纵使千人诺，逼促都成一梦期”；“红颜渐渐鸡皮皱，绿鬓看看鹤发苍”等，都形象鲜明、对比强烈，能给人一种感官冲击力。后世《红楼梦》中的《好了歌》之类，很可能便是辗转导源于此。

押座文之后，又是一段祈愿文疏。那纯是一篇无关主题、歌咏升平的套语，对皇帝、仆射、司徒、公主、宅中娘子郎君、衙前大将、随从公寮乃至城隍、土地，都咏赞祝福一番，这才进入讲经正题。《破魔变文》正题所宣讲的，是佛本生故事。有关佛祖释迦牟尼修行成佛、降服魔王的宗教传说，散见于《方广大庄严经》《佛本行集经》等佛经中，而此篇变文将零散传说加以概括提炼，予以高度艺术化，使之成为一篇情节紧张、摹写生动、声情并茂、引人入胜的精彩文艺作品，显示了无名作者极为高超的文字驾驭能力和文学创造力。

释迦牟尼本为印度净饭王太子，约与中国的孔子同时。相传他对婆罗门教有所不满，于是舍弃世俗地位，入雪山修道，经六年苦修，终于觉悟。他以毕生精力在印度北部及恒河流域传布道义，广收弟子，从而为原始佛教奠定了教义基础。《破魔变文》正题部分起首，即以中国朝代为时间坐标，叙说了释迦牟尼修道成佛的经过。

当如来修成正果，出山到熙莲河沐浴时，惊动了天上的波旬魔王。魔王唯恐佛祖化度众生，自家门徒都皈依佛教，于是“先下手为强”，鸣钟召集百万徒众，点兵遣将，杀向如来。面对来势汹汹的魔界大军，如来并不惊慌。因为他具备“慈悲善根力”，足可降服邪恶。他的“器杖”与魔王完全不同，乃是“着忍辱之甲，执智慧之刀，弯禅定之弓，端慈悲之箭，骑十力马，下精进鞭”。如来刀枪未举，魔界大军已不战自溃。

魔王战败回宫，愤气难消，又听从女儿诡计，让三个女儿梳妆打扮、以美色去诱惑如来。大女儿称要与如来作夫妻，二女儿要替如来扫地焚香、看家守舍，三女儿则要为如来长擎座具，都被如来回绝。三魔女不肯离去，纠缠不休，结果被如来略展佛法，化作三个形容丑陋的老太婆。直至三人忏悔求饶，才恢复了她们的青春之貌，而“与旧时之美质，转胜于前；复婉丽之容仪，过于往日”。三女领教了佛法的伟力，于是回宫劝说魔王，皈依佛门。

变文最终以颂诗作结，祝颂观音保佑国泰民安、风调雨顺、“更祝仆射万万年”。“府主”“仆射”的称呼一再在颂辞中出现，该变文的创作者或许就是他的门客，或是他所布施、恩养的僧人，也说不定。从“继统旌幢左(佐)大梁”的诗句来看，本文当作于五代后梁时(公元907—923)。

一段情节简单、缥缈无据的佛教传说，经这位无名作者的敷演、创作，竟变得形象逼真、动人心魄，应当看作是一种文学奇迹。作者对变文形式运用得得心应手、发挥得淋漓尽致。如魔主点兵发难的一段，就敷写得铺张扬厉、气势喧阗。不但有鬼神名号的罗列，怪异形象的描述，还有对众魔“怒目扬睛”“乍嗔乍喜”神态的刻画，更有对环境气氛的渲染：“魔王……先铺叆叇之云，后降泼墨之雨。方梁榴木，楅塞虚空；捧石擎山，昏蔽日月。强风忽起，拔树吹沙，天地既不辨东西，昏暗岂知南北。”真有泰山压顶、江河倾泻之势！这种描写既吸收了赋体的铺写之长，语言上又极通俗，音调铿锵、耳听能明，适于下层听众的听闻。此类描摹手法在后世的话本、章回小说中被大量运用，凡有对人物外貌、环境风景乃至打斗交手等描写，每每采用骈体、韵文形式，成为说唱文学中最基本的表现手法之一。

风格诙谐的细腻刻画，也是本文的一大特色。如写魔女三姐妹被变为老太婆：“于是世尊垂金色臂，指魔女身，三个一时化作老母。且眼如珠盏，面似火曹，额阔头尖，胸高鼻曲，发黄齿黑，眉白口青，面皱如皮裹髑髅，项长一似筋头鎚子。浑身锦绣，变成两幅布裙，头上梳钗，变作一团乱蛇。身腱项缩，恰似害冻老鸦，腰曲脚长，一似过秋谷鷉”三个妖婆的形象，简直是呼之欲出了。这种夸张铺饰、具体生动的描写手法，已达到很高水平，就是后来的小说描摹，也很少有超越它的。

中国小说在六朝、隋唐时期主要以志怪、传奇为代表，其根本特点是以文言进行写作，内容的表现、作品的篇幅、作者及读者的范围，都受到局限。变文的出现，把小说从文人雅士的案头解放出来，极大扩展了读者面。俗言浅语的运用，也大大增强了小说的表现力。口头文学不受文字书写、纸张笔墨等条件限制，篇幅自可大大增加，甚至在不断地传唱、播讲中可以越说越长。这篇《破魔变文》的篇幅，就远远超过了同时期的文言小说。宋元以后，叙事文学的成就渐渐超过了抒情文学，话本、章回小说、诸宫调、宝卷、鼓词、弹词，都产生了大量佳作；然而追根溯源，诸般叙事文学在运用白话、说唱结合等形式上，依然还可看到变文的影子。变文也因此树立了其在叙事文学史上不可忽视的里程碑地位。（侯　会）

孔子项託相问书　　佚　名

昔者夫子东游，行至荆山[①]之下，路逢三个小儿。二小儿作戏，一小儿不作戏。夫子怪而问曰："何不戏乎？"小儿答曰："大戏相煞[②]，小戏相伤，戏而无功，衣破里空。相随掷石，不[如]归舂。上至父母，下及兄弟，只欲不报，恐受无礼。善思此事，是以不戏，何谓(为)怪乎？"

项託有(又)相[③]随拥土筑城，在内而座(坐)[④]。夫子语小儿曰："何不避车？"小儿答曰："昔闻圣人有言：上知天文，下知地里(理)，中知人情，从昔至今，只闻车避城，岂闻城避车？"夫子当时无言而对，遂乃车避城下道，遣人往问："此是谁家小儿？何姓何名？"小儿答曰："姓项名託。"夫子曰："汝年虽少，知事甚大。"小儿答曰："吾闻鱼生三日，游于江海；兔生三日，盘地三亩；马生三日，趁及其母；人生三月，知识父母。天生自然，何言大小！"

夫子问小儿曰："汝知何山无石？河水无鱼？何门无关？何车无轮？何牛无犊？何马无驹？何刀无环？何火无烟？何人无妇？何女无夫？何日不足？何日有余？何雄无雌？何树无枝？何城无使？何人无字？"小儿答曰："土山无石，井水无鱼，空门无关，舆车[⑤]无轮，泥牛无犊，木马无驹，斫刀无环，萤火无烟，仙人无妇，玉女[⑥]无夫，冬日不足，夏日有余，孤雄无雌，枯树无枝，空城无使，小儿无字。"

夫子曰："善哉！善哉！吾与汝共游天下，可得已否？"小儿答曰："吾不游也。吾有严父，当须侍之；吾有慈母，当须养之；吾有长兄，当须顺之；吾有小弟，当须教之。所以不得随君去也。”

夫子曰:“吾车中有双陆局[⑦],共汝博戏如何?”小儿答曰:“吾不博戏也。天子好博,风雨无期;诸侯好博,国事不治;吏人好博,文案稽迟[⑧];农人好博,耕种失时;学生好博,忘读书诗;小儿好博,笞挞及之。此是无益之事,何用学之!”

夫子曰:“吾与汝平却天下,可得已否?”小儿答曰:“天下不可平也。或有高山,或有江海,或有公卿,或有奴婢,是以不可平也。”

夫子曰:“吾以汝平却高山,塞却江海,除却公卿,弃却奴婢,天下荡荡,岂不平乎?”小儿答曰:“平却高山,兽无所依;塞却江海,鱼无所归;除却公卿,人作是非;弃却奴婢,君子使谁?”

夫子曰:“〔善哉!善哉〕!汝知屋上生松,户前生苇,床上生蒲,犬吠其主,妇坐使姑[⑨],鸡化为雉,狗化为狐,是何也?”小儿答曰:“屋上生松者是其椽,户前生苇者是其箔,床上生蒲者是其席。犬吠其主,为傍有客;妇坐使姑,初来花下[⑩]也;鸡化为雉,在山泽也;狗化为狐,在丘陵也。”

夫子语小儿曰:“汝知夫妇是亲,父母是亲?”小儿曰:“父母是〔亲〕。”夫子曰:“夫妇是亲。生同床枕,死同棺椁,恩爱极重,岂不亲乎?”小儿答曰:“是何言与!是何言与!人之有母,如树有根;人之有妇,如车有轮。车破更造,必得其新,妇死更娶,必得贤家。一树死,百树枯;一母死,众子孤。将妇比母,岂不逆乎?”小儿却问夫子曰:“鹅鸭何以能浮?鸿鹤何以能鸣?松柏何以冬夏常青?”夫子对曰:“鹅鸭能浮者缘脚足方,鸿鹤能鸣者缘咽项长,松柏冬夏常青〔者〕缘心中强。”小儿答曰:“不然也!蛤蟆能鸣,岂犹(由)咽项长?龟鳖能浮,岂犹(由)脚足方?胡竹冬夏常青,岂犹(由)心中强?”

夫子问小儿曰:“汝知天高几许?地厚几丈?天有几梁?地有几柱?风从何来?雨从何起?霜出何边?露出何处?”小

儿答曰："天地相却万万九千九百九十九里，其地厚薄，以天等同。风出苍吾(梧)[11]，雨出高处，霜出于天，露出百草。天亦无梁，地亦无柱，以四方云气而乃相扶，故与为柱，有何怪乎?"

夫子叹曰："善哉！善哉！方知后生实可畏也。"

夫子共项託对答，下下不如项託；夫子有心煞项託，乃为诗曰：

孙景[12]悬头而刺股，匡衡[13]凿壁夜偷光。
子路[14]为人情好勇，贪读诗书是子张。
项託七岁能言语，报答孔丘甚能强。
项託入山游学去，叉手堂前启娘娘：
"百尺树下儿学问，不须受记有何方。"
耶娘[15]年老昏迷去，寄他夫子两车草。
夫子一去经年岁，项託父母不承忘。
取他百束将烧却，余者他日餧[16]牛羊。
夫子登时却索草，耶娘面色转无光。
当时便欲酬倍价，每束黄金三铤强。
"金钱银钱总不用，婆婆项託在何方?"
"我儿一去经年岁，百尺树下学文章。"
〔夫子当时文(闻)此语，心中欢喜倍胜常。〕
夫子乘马入山去，登山蓦领(岭)甚分方[17]。
树树每量无百尺，葛蔓交脚甚能长。
夫子使人把锹镬，掘着地下有石堂：
一重门里石师子[18]，两重门外石金刚。
入到中门侧耳听，两伴读书似雁行。
夫子拔刀撩乱斫，其人两两不相伤。
化作石人总不语，铁刀割截血汪汪。
项託残气犹未尽，回头遥望启娘娘：
"将儿赤血瓮[19]盛着，擎向家中七日强。"
阿娘不忍见儿血，擎将写(泻)着粪塠(堆)旁。

一日二日竹生根，三日四日竹苍苍。

竹竿森森长百尺，节节兵马似神王。

弓刀器械沿身带，腰间宝剑白如霜。

二人登时却觅胜⑳，谁知项託在先亡。

夫子当时甚惶怕，州悬(县)分明置庙堂㉑。

〔注〕①荆山：又称荆台山，在山东诸城县东北五十里。②煞：杀，伤害性命。③相：随从，伙伴。④座：坐。⑤舆车：轿子。⑥玉女：仙女。⑦双陆局：古代一种带赌博性质的棋局游戏。⑧稽迟：指拖延。⑨妇坐使姑：妇指新媳妇，姑指婆婆。此谓新媳妇反要婆婆伺候。⑩花下：指花下子。即新婚第一夜怀孕生下的孩子。"妇坐使姑，初来花下也"是说新媳妇要婆婆伺候，是因她初来就怀孕生下了儿子，需要婆婆伺候月子。⑪苍吾：即苍梧，即湖南九疑山。⑫孙景：当为孙敬，汉朝人，学习时为了对付瞌睡，将头发拴在房梁上。⑬匡衡：汉代人，以苦学著称，因家贫，曾凿墙借光读书。⑭子路：孔子的弟子，以勇猛著称。下文中的子张也是孔子弟子。⑮耶娘：父母。⑯餧(wèi)：喂。⑰分方：纷纷。⑱师子：狮子。⑲瓷：缸。⑳觅胜：争胜。㉑"夫子"二句：谓孔子当时因杀人而惶恐，后世反而在州县立庙祭祀他。言外表达了作者的不满。

本篇出自敦煌文献，作者不详。现存同题抄本有十余件，多为晚唐、五代时所抄，分别藏于伦敦、巴黎、彼得格勒等地。据考在敦煌所有俗文中，此篇传本最多、流传最广。

孔子是中国儒家学派的祖师，历来为统治者及文人所尊崇，甚至封公封王、位近神明。然而孔子从人到神，经历了一个漫长的历史过程；在民间，他的形象并非从一开始就是道貌岸然的师尊、长者。这篇《孔子项託相问书》，就用漫画的笔墨，描绘了一位完全不同的"孔圣人"形象。

小说写孔子东游至荆山，途遇三个小儿。孔子问其中一个小儿为什么不与他儿一同游戏，对方回答：游戏过火，大则伤性命，小则伤身体，还会磨损衣裳。与其拿石子掷来掷去，不如省些力气回家舂米，也免得父母家人一同受辱。——这个与众不同的孩子，就是项託。

项託和小伙伴一同堆土筑城，在土城内安坐。孔子责问他为什么不躲避车辆。项託说：圣人应当上知天文，下知地理，中知人情。自古以来只听说车子避开城池，哪有城池躲避车子的道理？孔子只好驱车避开土城。

此后孔子又与项託进行了几番"智力竞赛"，孔子都没占到便宜。例如孔子表面上夸赞项託人小智高，实则是倚老卖老。项託毫不示弱，马上举出鱼、兔、马等动物为例，说明年岁小的不一定比年岁大的差多少。孔子又举出一连串谜语："汝知何山无石？何水无鱼？……"项託都不假思索，脱口答出。孔子改换话题，邀项託一同出游,项託列举父母在堂、兄弟在室等理由加以拒绝;实则是对孔子进行反讽。因为“父母在,不远游,游必有方”是孔子的一向主张,项託这样回答,实是讽刺孔子言行不一。与此相近,后面项託关于“夫妇是亲,父母是亲”的回答,也带有反讽的意味。

最有名的论辩词,还是那段“鹅鸭何以能浮?鸿鹤何以能鸣?松柏何以冬夏常青”;孔子面对小儿的问难,做了似是而非的答复。结果被小儿一一据理驳斥。最终孔子不得不承认“后生实可畏也”!在“智力竞赛”中远远落后的孔子恼羞成怒,不觉杀心顿起。以下作品以韵文形式述说了孔子杀害项託的经过。

项託入山游学,临行将去向告知爷娘,谓“百尺树下儿学问”。项託走后,孔子故意在他家存下两车柴草,然后一去经年,并不过问。直到项託父母忘记,将草或当烧柴、或作饲料,孔子才突然出现,索求柴草。他不要对方的金银赔偿,只是逼问项託去向。然后乘马入山,寻到百尺高树,掘出树下石室,将石室中读书的项託乱刀砍死。后项託母亲将儿血洒于粪堆,从中生出百尺长竹。孔子心中悚惧,作品也至此结束。

项託大约实有其人,《战国策·秦策》五、《史记·甘茂传》、《论衡·实知》、《淮南子·修务训》等十几种古籍中,都提到过他的名字。如《史记·甘茂传》谓甘罗十二岁时请求文信侯委以重任,就说:“夫项橐(即项託)生七岁为孔子师,今臣十二岁于兹矣!……”可见孔子师事项託的传说,由来甚早。不过详细记载项託与孔子论辩内容的作品,却只有这篇敦煌抄本《孔子项託相问书》。

项託显然是民间传说中常见的“箭垛式”人物。他年龄幼小,却有着超常的智慧,有关他聪明盖世的种种情节,恐怕是在故事长期流传中不断累积起来,攒聚到他的身上。例如那段“鹅鸭何以能浮”的精彩问答,就又见于《启颜录·山东人》,那是个早期“傻女婿”型的笑话。不过从《相问书》叙述者所流露出的主观情绪以及故事的结局,可以看出作者对孔子是抱着否定态度的。这位儒学先圣对后学不是抱鼓励、呵护的态度,而是有意刁难,大言欺人,使尽浑身解数,必欲压倒对方而后快。既缺乏君子气度,更遑论圣贤风范。在屡遭驳斥、捉襟见肘之时,口头不得不承认失败,心中却暗藏杀机,最后终于露出凶残面孔。

高唱“仁者爱人”的孔夫子,在民间竟还有这样一副面目,读来令人颇感意外。这到底是出于民间对统治者尊孔政策的反感,还是出于异教对儒家的攻击诽谤?唐代释、道、儒三教纷争激烈,互有攻讦。《孔子项託相问书》亦韵亦散的形式,体现了变文的特点;或为佛教俗讲作品,也未可知。佛教僧侣为了压倒儒家，故意借项託话题改头换面、丑诋孔子，也不是全无可能。当然，把《相问书》看作民间对儒家不带恶意的诙谐调侃，也未尝不可。学者考证，在孔夫子称王称圣的明清时代，民间尚有同题材的《小儿论》《小儿难孔子》等印刷材料出售；除了孔子杀项託的情节被删去，其他论辩内容悉皆保留，就说明了这种可能性。——老百姓对待统治者，并不总是毕恭毕敬、诚惶诚恐的；孔夫子是识文断字者的“圣人”，目不识丁的田夫野老正不妨拿他开开玩笑。

如前所说，此篇文字半文半诗，是受变文影响的结果。前一半颇类赋体，言多四、六，杂以散语。用这样的文体记述辩难内容，宜于收到音调铿锵、应对响亮的效果；其稍显滞涩的叙事节奏，也有利于读者对论辩含义的深入体会与回味。及论辩结束，转入孔子设计杀害项託的情节，文章改用七言韵文，加快叙事节奏，体现出一种急转直下的风格。这种文体的中途改变，又是对人物刻画的巧妙配合。前一段孔子毕竟还保持着圣人的伪善面目，赋体叙述有利于表现其东拉西扯、闪烁其词的特点。后一段则撕破伪装、露出本相，改用诗体叙述，更利于表现那种痛快淋漓的风格。（侯　会）

汉将王陵变　　佚　名

忆昔刘项起义争雄，三尺白刃[①]，拨乱[②]中原。东思义帝，西定强秦。鞍不离马背，甲不离将身。大陈（阵）七十二陈（阵）[③]，小陈（阵）三十三陈（阵），陈陈（阵阵）皆输他西楚霸王。惟有汉高皇帝大殿而坐，诏其张良，附近[④]殿前。张良闻诏，趋至殿前，拜舞礼中（终），叫呼万岁。汉帝谓张良曰：“三军将士，受其楚痛之声，与寡人宣其口敕。号令三军，怨寡人者，任居（其）上殿，摽[⑤]寡人首，送与西楚霸王。”三军闻语，哽噎悲啼，皆负戈甲，去汉王三十步地远下营去。夜至一更已尽，左先锋兵马使兼御史大夫王陵[⑥]，右先锋兵马使兼御史大夫灌婴[⑦]，二将商量，拟往楚家斫营[⑧]。张良谓灌婴曰：“凡人斫营，先辞他上命[⑨]。若不辞他上命，何名为斫营！”二将当时夜半越对，唬得皇帝洽背汗流。汉帝谓二人曰：“朕之无其诏命，何得夜半二人越对？”遂诏二大臣，附近殿前：“莫[⑩]朕无天分，一任上殿，摽寡人首，送与西楚霸王，亦得！”王陵奏曰：“臣缘事主，争敢如然[⑪]！臣见陛下频战频输，今夜二将拟往楚家斫营，拟切我王本情。”皇帝闻奏，龙颜大悦，开库赐雕弓两张，宝箭二百只，分付与二大臣：“事了早回，莫令朕之远忧。”二将辞王，便往斫营处，〔从此〕一铺，便是变初。

此是高皇八九年[12]，自从每每事王前。
宝剑利拔长离鞘，雕弓每每换三弦。
陵语大夫：“今夜出，楚家军号总须翻[13]。
选拣诸臣去不得，将军掼甲[14]速攀鞍。”

灌婴大夫和曰：

自从挥剑事高皇，大战曾经数十场。
小阵彭原[15]都无数，遍体浑身刀箭疮。
不但今夜斫营去，前头风火亦须汤[16]（荡）。
白羽[17]新雕一百双，龙剑[18]初磨利若霜。
傥若今夜逢项羽，斩首将来献我王。

二将辞王已讫，走出军门，摸[19]马攀鞍，人如电掣，马似流星，不经旬日之间，便到右军界首。王陵谓灌婴曰：“此双后[20]分天下之日，南去汉营二十里，北去项羽营二十里。”王陵又谓曰：“左将丁腰，右将雍氏[21]，各领马军一百余骑。且在深草潜藏。”丁腰谓雍氏曰：“料想汉将此处，敢为巡营。”二将听得此事，放过楚军，到峡路山，绊却马脚。王陵脱著体汗衫，掇一标记：“斫营，先到先待，后到后待，大夫大须审记，莫落他楚家奸便[22]。”樨紫离门探听更号[23]。玉漏相传，二更四点，临入三更，看看则是斫营时节。项羽帐中盛寝之次[24]，不觉精神恍忽，神思不安，掻[25]然惊觉，遍体汗流。人是六十万之人，营是五花之营[26]，遭遭��[27]，炜炜煌煌[28]，令（冷）人肝胆，夺人眼光。项羽遂乃高喝：“帐前莫有当直使者无？”季布握刀：“奉霸王当直！”“既是当直，与寡人领将三百将士，何不巡营一遭？”季布应声唱诺[29]，领三百将士，当时便往巡营。中军家三十将士各执阔刃蓦刀[30]，当时便喝：“来者甚人？”季布答曰：“我是季布！”“缘甚事得到此间？”“奉霸王巡营。”“既是巡营，有号也无？”季布

答曰:“有号,外示得。”中军家将士答曰:“里示合(令)惧(拒)!”马门霍地开来,放出大军。二将第四队插身楚下,并无知觉,惟有季布奉霸王巡营,营内并无动静。“今拟散却兵马,各归营幕,望大王进止[31]。”“依卿所奏!”二将勒在帐西角头立地,营已入得,号又偷得。王陵谓灌婴曰:“如何下手斫营?”灌婴答曰:“婴且不解斫营。当本[32]奏上汉高皇帝之时,大夫奏,婴且不奏,一切取[33]大夫指挥。婴解斫营?”王陵谓曰:“乍減者御使大夫官以陵作衙官以否[34],陵道捉便须捉,陵道斩便须斩。凡人斫营,捉得个知更官健[35],斩为三段,唤作压兵之法。若捉他知更官健不得,火急出营,莫洛(落)他楚家奸。”便遂乃揭却一幕,捉得知更官健,横驼(拖)竖拽,到王陵面前。陵左手揽发,右手抬刀,头随刃落,含血洒流四方。二将斫营处,谨为陈说——

羽下精兵六十万,围军下却五花营。
将士夜深浑睡着,不知汉将入偷营。
王陵抬刀南伴斫,将士初从梦里惊。
从帐下来犹未醒,乱煞何曾识姓名。
暗地行刀声劈劈,帐前死者乱纵横。
项羽领兵至北面,不那[36]南边有灌婴。
灌婴揭幕踪(纵)横斫,直拟今霄(宵)作血坑。
项羽连声唱祸事,不遣诸门乱出兵。
二将蓦营行数里,在后惟闻相煞声。

二将斫营已了,却归汉朝。王陵先到标下,灌婴不来,王陵心口思惟:“莫遭项羽独(毒)手?”道由(犹)未竟,灌婴到来。王陵谓灌婴曰:“大难过了,更有小难,如何过得?”灌婴答曰:“大夫斫营得胜,却归汉朝,何者以为小难?”王陵谓灌婴曰:“下手斫营之时,左将丁腰,右将雍氏,各领马军百骑,把却官道,水切(楔)不通,陵当有其一计,必合过得!”灌婴谓王陵曰:“请大夫说其此计。”王陵曰:“我到左右二将之前,便宣我王有敕：左将丁腰，右将雍氏，何不存心[37]觉察，放汉军入营？见有三十六人斫营，捉得三十四人，更少二人，便须捉得。更须捉得两人，便请同行，两盈（人）不知，赚下落马，踋跪蹲身，受口敕之次，便乃决鞭走过。”楚将见汉将走过，然知是斫营汉将，踏后如（而）赶[38]，无赖[39]汉将见楚将赶来，双弓背射，楚家儿郎，便见箭中，落马身死。兵马校多[40]，赶到界首，归去不得，便往却回，而为转说——

王陵二将斫营回，走马南奔却发来。
王陵拔剑先开路，灌婴从后趀龙媒[41]。
处分[42]丁腰及雍氏，横遮乱捉疾如飞。
何期汉将多奸诈，马上遥传霸王追。
二将当闻霸王令，下马存声用耳听。
谁知黑地翻为白，黑地相逢知是谁？
王陵下鞭如掣电，灌婴独过似流星。
双弓背射分分[43]中，暗地唯闻落马声。
为报北军不用赶，今夜须知汉将知[44]。
传语江东项羽道：“我是王陵及灌婴。”

其夜，西楚霸王四更已来，身穿金〔甲〕，揭上头牟[45]，返衙（牙）床如坐，诏钟离末附近帐前。钟离末蒙〔诏〕趋至帐前，叫呼万岁。楚王曰：“在夜甚人斫营？与寡人领将一百识文字人，抄录将来！”钟离末唱诺出门，顷刻之间，便到两军，抄录已了，言道：“二十万人，总著刀箭，五万人当夜身死。”霸王闻语，转加大怒：“过在甚人？”钟离末奏曰：“过在左将丁腰，右将雍氏。”“拔至帐前！”“遣卿权知南游奕[46]，何不存心觉察，放汉将入界，斫破寡人六十万军营？”二将答曰：“口称四更已来捉得。”霸王问曰：“捉得不得？”二将奏曰：“被汉将诈宣我王有敕，赚臣落马受口敕之次，决鞭走过，踏后如趁，双弓背射，损却五十余人。”霸王问曰：“甚人斫营？”奏曰：“汉家左先锋兵马使兼御史大夫王陵，右先锋兵马使兼御史大夫灌婴。临去传语我王，今夜且去，明夜还来，交王急须准备。”二将交雪罪过，过在钟离末。霸王曰：“拔至帐前！”“何不存心，放汉将斫破寡人军营？领出军门，斩为三段。”钟离末答曰：“臣启陛下，与陛下捉王陵去。”楚王曰：“王陵斫营得胜却归汉朝，甚处捉他？”钟离末奏曰：“王陵须是[47]汉将，住在绥州[48]茶城村。若见王陵，捉取王陵；若不见，捉取陵母，将来营内，苦楚蒸煮疗治[49]，待捉王陵不得之时，取死不晚。”钟离末领三百将士，人又衔媒（枚）[50]，马又勒辔，不经旬日，便到绥州茶城村，围绕陵庄，百匝千遭。新妇[51]检校田苗，见其兵马，敛袂堂前，说其本情处，若为陈说——

陵妻亦（一）见非常怪，敛袂堂前说本情。
陵母称言道：“不畏，应是我儿斫他营。”
只是江东项羽使，遂交左右出封[52]迎。
离末拔剑至街前，犀甲弯弓臂上悬。
先说王陵斫营事，然后始称霸王言。
“身是楚将钟离末，伏仕（事）霸王八九年。
何期王陵生无赖，暗听点漏至三更。
损动霸王诸将士，枉煞平人数百千。
火急西行自分雪，霸王固取莫摧（推）延。”
陵母闻言面微笑：“军将缓语徒□叫。
贱妾只生一个子，只合在家养亲老。
投书献策事高皇，日夜令吾心悄悄。
何期事主合如然，也解存身也偷号。
王陵斫营为高皇，直拟[53]项羽行无道。”

钟离末曰：“老母如何对臣前头骂詈楚主！”项上盘枷驱上马，不经旬日，便到楚国。游奕走报：“钟离末、王陵母到来！”何用谘陈，三十武士，各执刀捧（棒），驱逐陵母。霸王亲问，身穿金钾（甲），揭去头牟，搭箭弯弓，臂上悬剑，驱逐陵母，直至帐前。吓协（胁）陵母言云：“肯修书诏儿已不？”其母遂为陈说——

无道将军是项羽，步卒精神若狼虎。
汉将王陵来斫营，发使交人捉他母。
遂将生杖[54]引将来，搭箭弯弓如大怒：
"三魂[55]莫遣掌(帐)前飞，收〔拾〕精神听我语：
何得交儿仕汉王？窃盗偷纵斫营去！
如今火急要王陵，但愿修书须命取。
若不得王陵入楚来，常向此间为受苦。"
陵母天生有大贤，闻唤王陵意惨然。
须是女儿怀智节，高声便答霸王言：
"自从楚汉争天下，万姓惶惶总不安。
斫营比是[56]王陵过，无辜老母有何愆[57]？"
更欲从头知有道[58]，仰面唯称告上天：
"但愿汉存朝帝阙，老身甘奉[59]入黄泉！"

霸王闻语，转加大怒，招钟离末附近帐前："交卿绥州茶城村捉得王陵母到来，儿又不招，更出无限言语，抵忤寡人。领将陵母，髡发齐眉[60]，脱却沿身[61]衣服，与短褐衣，兼带铁钳，转火队将士解闷。各决杖五下，又与三军将士缝补衣裳。"陵母遂乃吃苦不禁，扑却，枪、枷如(而)倒，一手案身，一手按地，仰面向天哭"大夫娇子王陵"一声。应是[62]楚将闻者，可不肝肠寸断，若为陈说——

苦见陵母不招儿，遂交转队苦陵迟[63]。
扑枷卧于枪下倒，失声不觉唤娇儿：
"忆昔汝父临终日，尘莫[64]天黄物末知。
道子久后于光祖，定难安邦必有期。
阿娘长记儿心腹，一事高皇更不移。
斫营拟是传天下，万代我儿是门眉(楣)。
不见乳堂[65]朝荣贵，先死黄泉事[66]我儿。"
回头乃报楚家将："大须归家着乡土。

一朝儿郎偷得高皇号，还解捉你儿郎母。"

三三五五暗中啼，各各思家总拟归。

诸将相看泪如雨，莫怪今朝声哽噎，

盖有霸王行事虚。

汉高皇帝大殿而坐，招其张良附近殿前。张良蒙诏，趋至殿前，汉王曰："前月廿五日夜，王陵领骑将灌婴，斫破项羽营乱(垒)，并无消息。拟差一人入楚，送其战书，甚人堪往送书？"张良奏曰："卢绾堪往送书。"皇帝问曰："卢绾有何伎艺？"张良曰："其人问一答十，问十答百，问百答千，心(口)如悬河，问无不答。"皇帝闻奏，便诏卢绾，送其战书。卢绾奏曰："前后送书，万无一回，愿其陛下，造其战书，臣当敢送。"皇帝造战书已了，封在匣中，分付卢绾。卢绾辞王已讫，走出军门，摸(秣)马攀鞍，不经旬日，便到楚家界首。游奕探着，奏上霸王。霸王闻奏，诏至帐前。卢绾得对，拜舞礼讫，霸王便问："汉主来时万福[67]？"答曰："臣主来时万福！""卿等远来上帐，赐其酒饭！"霸王遂诏钟离末，领取陵母，返缚[68]，交三十武士，各执刀棒，驱至帐前，□□汉使。见卢绾帐中不问，霸王非常大怒："帐中饮酒饭卢绾，适来见驱过人否？"卢绾答曰："臣启陛下，见！"霸王谓曰："不是别人，则是前月廿五日夜，王陵领骑将灌婴，斫破寡人营乱，廿万人各著刀箭，五万人当夜身死。取谋臣钟离末一言，捉取陵母，适来驱过者便是陵母。"卢绾勃跳下阶，便奏霸王："王陵只是不知，或若王陵知了，星夜倍程入楚，救其慈母。"霸王闻奏，龙颜大悦，开库偿(赏)卢绾金拾斤。卢绾接得金拾斤，便辞楚王："臣当送书，甚有严限，望大王进止。"楚王曰："但将汉王书来，尾头标记一两行[69]，交战但战，要分但分[70]。"

辞王已了，走出军门，摸(秣)马攀鞍，人如掣电，马似流星，不经旬日，便到汉国。"卢绾送战书回！""朕要亲问。"叫呼万岁："臣敢不奏：前者二月二十五日夜，王陵领骑将灌婴，斫破项羽营乱，取得谋臣钟离末言，绥州茶城村捉得王陵母，见在营中，受其苦楚。臣不敢不奏。”皇帝闻言，拍案大惊，诏王陵附近殿前：“卿母见在营中，受其苦楚，放卿入楚，救其慈母，卿意者何？”“臣启陛下，放陵入楚，救其慈母，兼请卢绾相随。”辞王已了，走出军门，不经旬日，便到两军界首。王陵眼瞤[71]耳热，暂请卢绾入楚，探其陵母：“陵亲若在，入楚救其慈母；陵母若无，共大夫却归汉朝，伏事圣体之君。”陵母见送书卢绾，却回到来，恐怕儿来：“儿若到来，儿又死，母亦死。”交卢绾却报王陵。陵母于霸王面前，口承[72]修书招儿。霸王闻语，龙颜大悦：“陵母招儿，何用咨陈？”“不用别物，请大王腰间太阿[73]宝剑！”“但缘招儿，要寡人宝剑，作何使用？”“前后修书招儿，儿并不信，若借大王宝剑，卸下一子[74]头发，封在书中，儿见头发，星夜倍程入楚救母。”霸王闻语，拔太阿剑，度与陵母。陵母得剑，去霸王三十余步，“为报我王知！”陵母遂乃自刎，身终。其时天地失瑕无光，而为转说——

其时风云皆惨切，百鸟见之而泣血。
界首先报王陵知，然后具奏高皇说：
“我奉将军交探亲，入营重见太夫人。
闻道将军在界首，举目南占克是嗔：
‘荒忙设计如雨急，恐怕临时事不真。’
回头乃报‘传语去：却发南头事汉君。
傥若一朝拜金阙，莫忘娘娘乳哺恩！’
莫怪将哀当面报，夫人自刎楚营门。”
王陵既见使人说，肝肠寸断如刀割。
举身自扑似山崩，耳鼻之中皆洒血：
“阿娘何必到如斯，盖是逆儿行事拙。
傥若一朝汉家兴，举手先斩钟离末！”

卢绾报哀已了，却共王陵到于汉界，门家[75]奏言：“王陵救母却回。”遂乃诏至殿前，拜舞已讫，汉王曰：“放卿入楚救其慈母，救得已否？”王陵奏曰：“到界首精神恍惚，神思不安，暂请卢绾入楚，探其陵亲。陵亲见卢绾到来，拔霸王剑自刎身终。”皇帝闻奏，拍案大惊：“与寡人诏张良附近殿前，诏太史官邀[76]其夫人灵在金牌之上，对三百员战将，四十万群臣，仰酺大设[77]列馔珍羞，祭其王陵忠臣之母，赠一国太夫人[78]。”感得王陵对天子面前，披发哭其慈母。陵母从楚营内，乘一朵黑云，空中惭谢皇帝。祭礼处若为陈说——

鸣呼苦哉将军母，受气之心如辛苦[79]。
寡人何幸得如斯，常得忠臣相借助。
是时王陵哭母说，遥望楚营青郁郁[80]。
昨日投项为招儿，天下声名无数众。
王陵在后莫须忧，必拜王陵封万户。

〔注〕 ① 三尺白刃：即三尺剑。 ② 拨乱：即拨乱返正的意思。 ③ 大陈(阵)七十二陈(阵)：交战一次为一阵。此七十二，极言其多。 ④ 附近：用为动词，靠近的意思。 ⑤ 摽(biào)：击落。 ⑥ 王陵：汉时沛人，刘邦平定天下，其功劳极大，封安国侯。 ⑦ 灌婴：汉睢阳人，从刘邦后，屡立战功，封颍阴侯。 ⑧ 斫(zhuó)营：偷袭乱营。 ⑨ 辞他上命：即拜辞皇帝，并领其敕令。 ⑩ 莫：莫非。 ⑪ 如然：即如此。 ⑫ 高皇八九年：高皇，即刘邦。其实在汉高祖刘邦五年时，项羽已经兵败自刎了。 ⑬ 军号总须翻：军号指旗号。军号翻即指大败。 ⑭ 掼甲：即贯甲，披戴甲胄。 ⑮ 彭原：指汉时彭城，汉军在此曾被项羽大败。⑯ 汤：即冲闯。 ⑰ 白羽：即白羽箭。 ⑱ 龙剑：即龙泉剑，古时名剑之一，这里泛指宝剑。⑲ 摸：当为蓦，上马也。 ⑳ 双后：即两帝，指刘邦与项羽。古代皇帝与诸侯诸可称“后”。㉑ 丁腰、雍氏：此当为编造附会的人名，楚本有丁公、雍齿二人。 ㉒ 奸便：诡计，圈套。㉓ 榉：当作“至”。更号：夜间巡值时的信号。 ㉔ 盛寝之次：正在酣睡中。 ㉕ 搔(sà)：突然。 ㉖ 五花之营：按照五行之法安扎的营盘。 ㉗ 遭遭傸傸：密集的样子。傸，当为簇。㉘ 炜炜煌煌：光彩鲜明的样子。 ㉙ 唱诺：即唱喏，行礼答应之意。 ㉚ 阔刃蓦刀：即宽刀与长刀。 ㉛ 进止：下旨意的意思。 ㉜ 当本：当初。 ㉝ 取：听。 ㉞ “乍减者”句：乍，情愿。即王陵说你是否愿意降低御史大夫的官来做我的衙官。 ㉟ 知更官健：守更的兵卒。唐称军士为官健。 ㊱ 不那：无奈之意。 ㊲ 存心：小心。 ㊳ 踏后而赶：在后边紧追。㊴ 无赖：即无奈。 ㊵ 校多：极多。 ㊶ 譀(hàn)龙媒：譀，怒吼之意。龙媒，古以天马为神龙之媒，故称骏马为“龙媒”。 ㊷ 处分：吩咐。 ㊸ 分分：分，为量词，即支。 ㊹ 知：据文意与此诗韵律，此字当为“名”字。 ㊺ 头牟：即兜鍪，头盔。 ㊻ 游奕：巡逻。 ㊼ 须是：虽是。 ㊽ 绥州：地名，今陕西绥德县一带。 ㊾ 苦楚蒸煮疗治：即痛加折磨。疗治，即料治。㊿ 衔枚：行军时，士兵口中含一形如筷子的东西，以防喧哗而泄露行踪。 (51) 新妇：本指新娘，但亦泛指媳妇。 (52) 封：疆界，这里指田庄的地界。 (53) 拟：本意为以武器相逼，此指讨伐。 (54) 生杖：即绳杖，捆绑犯人的刑具。 (55) 三魂：代指精魂。即是说你不要吓得魂飞魄

散。 ㊻ 比是：本是。 ㊼ 愆(qiān)：罪过。 ㊽ 知有道："有"当为"何"，"知何道"，还有什么好说的呢。 ㊾ 甘奉：即甘分，表示甘愿的意思。 ㊿ 髡(kūn)发齐眉：剪短头发，搭在眉间，这是当时奴仆的发式。 61 沿身：全身。 62 应是：所有。 63 陵迟：折磨。 64 莫：通"漠"，弥漫。 65 乳堂：指母亲。 66 事：当为"俟"，即等待。 67 万福：问候语，唐时男女通用，后世为女子专用。 68 返缚：即反缚。 69 尾头标记一两行：在来信的末尾写一二行作为批复。 70 分：即停战而平分天下。 71 瞤(shùn)：眼跳。 72 口承：答应。 73 太阿：古宝剑名。 74 一子：一绺。 75 门家：守门人。 76 邈：即"描"。 77 仰酺(pú)大设：下令隆重地设宴。 78 国太夫人：此本为唐朝制度，一品及国公的母亲封为国太夫人。 79 受气之心如辛苦：受气，托生为人的意思。古人认为人是天地阴阳之气所生。如，即"茹"，含辛茹苦的意思。 80 郁郁：形容坟墓之气。

这是一篇历史故事变文，出自敦煌写本。作品以王陵斫楚营、项羽捉陵母、卢绾送战书、项羽辱陵母及陵母伏剑死几个富于戏剧性的场面，形象地表现了特定历史时期的历史风貌，同时，突出刻画了王陵母亲威武不屈、深明大义、成子助汉的不凡品质。

在艺术构思上，《汉将王陵变》把《史记》中不到二百字的记载变为长达八千字的篇幅，这不单是字数的增加，而是以极丰富的想象，将梗概的记载化为血肉丰满、娓娓动听的说唱故事。《史记·陈丞相世家》云："王陵者，故沛人。始为县豪。高祖微时，兄事陵。陵少文任气，好直言。及高祖起沛，入至咸阳，陵亦聚党数千人，居南阳，不肯从沛公。及汉王之还攻项藉，陵乃以兵属汉。项羽取陵母置军中，陵使至，则东向坐陵母，欲以招陵。陵母既私送使者，泣曰：为老妾语陵，谨事汉王，汉王长者也，无以老妾故持二心，妾以死送使者。遂伏剑而死。项王怒，烹陵母。陵率从汉王定天下"。显然，《史记》的记载虽首尾贯串，脉络清晰，但平铺直叙，情节简单。而变文则设置了扣人心弦的故事情节，增加了有声有色的场面描写：王陵夜袭楚营，"暗地行刀声劈劈，帐前死者乱纵横"；项羽捉陵母，"遂将生杖引将来，搭箭弯弓如大怒"；项羽辱陵母，"扑枷卧于枪下倒"，"诸将相看泪如雨"；陵母楚营自刎，"其时风云皆惨切，百鸟见之而泣血"，最后高祖盛祭陵母，感得"陵母从楚营内，乘一朵黑云，空中惭谢皇帝"。从王陵斫楚营引出项羽报斫营之恨，从项羽辱陵母引出王陵救慈母之志，又从王陵救慈母引出陵母感天地之举，整个作品波澜起伏，层层推移，使矛盾发展到非常尖锐的程度，从而完成一个忠烈悲痛的感人故事。

在形象塑造上，作品在故事的矛盾冲突、情节的展开中刻画人物性格的同时，还能注意突出人物特定性格里生发出来的言行。当陵母听说王陵偷袭楚营成功时就"面微笑"，吟道："王陵斫营为高皇，直拟项羽行无道。"而当回答霸王的责问时却又"高声便答"，历数霸王之无道、汉王之仁义、儿子之忠孝，侃侃而谈：

“但愿汉存朝帝阙，老身甘奉入黄泉。”在受项羽凌辱时她虽“扑枷卧于枪下倒，失声不觉唤娇儿”，却又“回头乃报楚家将：‘大须归家着乡土……’”而当项羽想用她引出王陵时，她口承修书招儿，巧借项羽宝剑，最后一声“为报我王知”，终于杀身助子取义，从而凸显了她那以死报汉、光照千秋的形象。

在艺术形式上，《汉将王陵变》的特点是散韵组合，说唱兼行。说是表白说讲，即艺人以第三人称的口吻铺陈情节、敷演故事。唱是行腔咏唱，用来叙述故事、抒发感情。前者是散文，后者是韵文，两者之间有“谨为陈说”“若为陈说”等过阶提示语，使得散说与唱词一气连贯而又情景相生，达到一种如歌如泣的戏曲化效果。

(陈惠琴)

秋胡变文 佚 名

“……(前阙)三公何处来？……(约阙十字)方员足。黄金何处无？我见在朝宰贵，皆从勤学□□□□□□□□。远学三二年间，若不乘轩佩即(印)，誓亦不还故乡。不依此□□□□□作粪土。”是言已讫，整顿容仪，行至堂前，叉手启娘曰：“儿闻古者司马相如，未学于□□山封达名而显；苏秦不学于鬼谷，六国之印不带不归。儿闻：‘学如牛毛，成如骈(麟)角。’陈之典告(诰)，不可一读即成；□□见家，不可一步而至。儿今辞娘，远学三二年间，愿娘赐许！”其母闻儿此语，不觉眼中流泪，唤言秋胡：“汝且近前，听娘一句之语：外书云：‘父母在堂，子不得远游，游必有方。’况汝少小失阿耶，孤单养汝，成立汝身。今舍吾求学，更须审思。念汝在外标(飘)零，子乃悔将何及！”秋胡重启阿娘曰：“儿闻曾参至孝，离背父母侍仲尼，无□懈惓，终日披寻《三史》，洞达《九经》，以显先宗，留名万代。又闻太公□(家)贫好学，卒乃得值文王，后得位至三公，前妻悔将何及。今将身求学，勤心皆于故(古)人，三二年间，定当归舍！”其母闻儿此语，泣泪重报儿曰：“吾与汝母子，恩□义重，吾不辞放汝游学。今在家习学，何愁伎艺不成？纵放汝寻师□起，即立成官宦，汝不如忍意在家，深耕浅种，广作蚕功，三余读书，岂不得达？好与娘团圆，又与汝少年新妇常相见，好即共有，恶即自知，语笑同欢，情羞作用，阻隔娘娘，孤恂寂寂，徒步含啼。纵汝在外得达，回日□(汝)岂得与吾相见？汝今再三，弃吾游学，努力勤心，早须归舍，莫遣吾忧。”秋胡辞母了手，行至妻房中，愁眉不画，顿改容仪，蓬鬓长垂，眼中泣泪。秋胡启娘子曰：“夫妻至重，礼合乾坤，上接金兰，下同棺椁。二形合一，赤体相和，附骨埋牙，共娘子俱为灰土。今蒙娘教，听从游学，未季(委)娘子赐许已不?”其妻闻夫此语，心中凄怆，语里含悲，启言道：“郎君！儿[1]生非是家人，死非家鬼，虽门望之主，不是耶娘检校[2]之人。寄养十五年，终有离心之意。女生外向，千里随夫，今日属配郎君，好恶听从处分。郎君将身求学，此快(惬)儿本情。学问得达一朝，千万早须归舍！”辞妻了首，服得十帙文书，并是《孝经》《论语》《尚书》《左传》《公羊》《谷梁》《毛诗》《礼记》《庄子》《文选》，便即登逞(程)。

不径(经)旬月，行至胜山，将身即入。此山与诸山亦不同：领(岭)峻侵霜，傍游日月；崖悬万剑(仞)，藤挂千寻；涧谷汙会(纡回)，深溪胶(交)结；鸟道不道(通)，人纵(踪)寂绝。秋胡行至此山，遂登溪入谷，绕涧巡林，道路崎岖，泉原(源)滴浍。行至深领(岭)，地居形势，山岫高明，林木万根。花药、茂树，并是白檀、乌杨，归樟、苏方(枋)，梓檀、腾(藤)女，损凡香气。桃李、橄子，含美、相思，气非益智、槟榔。秋胡行至林下，见一石堂讫，由羞一寻，仕是数千年老仙，洞达《九经》，明解《七略》，秋胡即谢，便乃祗[3]承三年，得《九经》通达。

学问晚(完)了，辞先生出山，便即不归，却头(投)魏国，意欲觅官。披发倡佯(猖狂)，佯痴放呆，上表奏进陈魏王，誓不见仕，达知臣患(忠)。列表文曰：

臣闻虎毛未霸，食麋之气一存；鸣鹄一舒，起(岂)在排云之力！度周游鲁，鲁侯召而悊[4]之。太公八十钓鱼，文王封为□(丞)相。臣即生于鲁邑，长在魏川，未习巢父[5]之功，祖(粗)知许田(由)之意[6]。

臣今离乡别国，来事大王龙庭，陛下滋(慈)润于朝廷，一片地将何惜！顿首死罪。

陈(魏)王得表，喜悦非常："朕闻有天地已(以)来，合得群臣助□。朕为元首，臣作股肛(肱)。见鲁国贤臣，今来助国，即拜便(便拜)为左相，赐户三千，锦绮绫罗，更赍十万，歌谭(弹)美女，随意简将，细壮奴婢，任情多少。"秋胡自到魏国，经历数年，煞或(馘)边戎，摧凶定寇，无怨不休，无使不朝，行路讴歌，咸称帝感。

其秋胡妻，自从夫游学已(以)后，经历六年，书信不通，阴(音)符隔绝。其妻不知夫在已不，来孝养勤心，出亦当奴，入亦当婢，冬中忍寒，忧(夏)中忍热，桑蚕织络，以事阿婆。昼夜勤心，无时暂舍。其秋胡母，愧见新妇独守空房，心无异想，遂唤新妇曰："我儿当去，元期三年，何因六载不皈(返)？不知命化零洛(落)？仰愧新妇无夫，共贫寒阿婆，不胜珍重！不可交新妇孤眠独宿，不可长守空房，任从改嫁他人。阿婆终不敢留住，未审新妇意内如何？"其新妇闻婆此语，不觉痛切于心，便即泣泪，向前启言阿婆："新妇父母匹配，本拟恭勤阿婆。婆儿游学不来，新妇只合尽形供养，何为重嫁之事，令新妇痛割于心？婆教新妇，不敢违言。于后忽尔儿来，遣妾将何申吐？"婆忽闻此语，不觉放声大哭，泣泪成行，彼此收心。

又经二(三)载，通前六秋，忽成九载。秋胡至第九载三月三日早朝，忆母泣泪含悲，叉手殿前，跪王四拜，口奏一言："臣启陛下：臣闻昊天之重，七日绝浆；纲(罔)极之劳，三年泣血。董永卖身葬父母，天女以之酬恩；郭巨埋子赐金，黄(皇)天照察。赏衣之子，不怨霜寒；巢父之男，宁辞守□而死。臣为慈父早亡，惟母独居，乳哺养臣，今得成立。臣又闻：慈乌有反哺之报恩，羊羔有跪母酬谢，牛怀舐犊之情，母子宁不眷恋？臣别家乡，以(已)经九载，慈母死活莫知。臣今忠列(烈)事王，家内无由知委。大王慈云，广布甘露，但养万人，梨(黎)元尽皆无怨。臣得重赏，由(犹)如衣锦夜行。特望天恩，放臣皈(返)国，还于故里，岂不是大王慈恩？臣得见慈母酬恩，方乃知臣是子。伏听敕旨，死罪如何？”陈(魏)王闻得此言，泣泪集会群臣，以表其臣：“朕闻有天有地，万物生焉。于君臣助借，朕为元首，作朕股肱。朕此国中，秋胡扬名才而助国，自从封为宰想(相)，有孝有忠，比于金石，威名播起于万里，其类独秀，才德居标。因忆念慈母，今欲放还，朕有恋情，宜赐黄金百铤，乱采(彩)千段，暂放归，奉谢尊堂。如乡(卿)事达，见母早来。”秋胡既奉王教，一喜一悲，起(悲)乃违背王庭，喜乃得见慈母。

拜王了手，便即登呈(程)。至采桑之时，行至本国。乘车即身着紫袍金带，随身并将从骑桑中而过，变服前行。其树赴(覆)地婆娑，伏乃枝条掩映，欲觅于人，借问家内消息如何。举头忽见贞妻，独在桑间采叶，形容变段(改)，面不曾妆，蓬鬓长垂，忧心采桑。秋胡忽见贞妻，良久占(瞻)相，容仪婉美，面如白玉，颊带红莲，腰若柳条，细眉段绝。停暂(暂停)住马，上前熟向看之，只为不识其妻，故赠诗一首：

玉面映红妆，金钩弊采桑。
眉黛条间发，罗襦叶里藏。
颊夺春桃李，身如白雪霜。

秋胡唤言道：“娘子！不闻道：采桑不如见少年，力田不如丰年！仰赐黄金二两，乱采(彩)一束，暂请娘子片时在于怀抱，未委娘子赐许以不？”其妇下树，敛容仪，不识其夫，唤言郎君：“新妇夫婿游学，经今九载，消息不通，阴(音)信隔绝。阿婆年老，独坐堂中，新妇宁可冬中忍寒，下(夏)中忍热，桑蚕织络，以事阿婆。一马不被两鞍，单牛岂有双车并驾？家中贫薄，宁可守饿而死，岂乐黄金为重？忽而一朝夫至，遣妾将何申吐？纵使黄金积到天半，乱采(彩)堕(垛)似丘山，新妇宁有恋心，可以守贫取死。”其秋胡闻说此语，面带羞容，乘车便过。

行至数步，心衷(中)叹言："我闻贞夫烈妇，自古至今耳闻，今时目前交见。谁家妇，堪上史记，万代传名。"说言未讫，行至家中。

正见慈母独坐空堂，不知儿来，遂叹言曰："秋胡汝当游学，元期三周，可(何)为去今九载？为当命化零落？为当身化黄泉，命从风化？为当逐乐不归？"语未到头，遂见其子，身着紫袍，在娘前立。恐娘不识，走入堂中，跪拜阿娘："识儿以不？儿是秋胡。今得事达，报娘汝(乳)哺之恩。"其母闻儿此语，唤言秋胡："我念子不以(已)，为言作隔生，何其面叙。娘乐子黄金缯彩，不是恋汝官荣，愢(愧)汝新妇，九年孤眠独宿。汝今得贵，不是汝学问勤劳，是我孝顺新妇功课。"使人往诣桑林中，唤其新妇。未及行至路傍，正见采桑而回，村人报曰："夫婿见至，奉婆处分，令遣唤来。"含笑即归，向家与夫相见。

忽闻夫至，喜不自胜。喜在心中，面含笑色。行至家，向北堂觅见其夫，得见慈母。新妇欲拜谢阿婆，便乃入房中，取镜台妆束容仪，与夫相见。乃画翠眉，便拂芙蓉，身着嫁时衣裳，罗扇遮面，欲似初嫁之时。行至堂前设礼，助婆欢喜。见新妇来至，愧谢九年孝养功劳，便下堂阶，哭泣唤言："新妇！我儿来至，游学必(毕)功，轩即(印)随身，身为国相，黄金缯彩，愧谢孝恩，愿新妇领受。"得婆语回面拜夫，熟向看之，乃是桑间缯(赠)金宰贵。情中不喜，面变泪下交流，结气不语。阿婆甚怪，重问新妇："我儿九年不在，新妇今得孝名，何谓(为)今见儿来，忽尔今朝不喜？新妇必有私[情]在于邻里，何不早吐实情，若无他心？不合如此！"新妇闻婆此语，泣泪交流，复(伏)愿阿婆听说不喜由绪："新妇实无私情，只恨婆儿二种事不安：一即于家不孝，二乃于国不忠。"阿婆唤言新妇："我儿于国不忠，岂得官荣归舍？若于家不孝，金彩亦不合见吾。若无他心，何故漫生言语？"新妇启言阿婆："儿若慈孝，天恩赐金，交将归舍，报娘乳哺之恩。今即来及见母，桑间已缯(赠)

于人，所以于国不忠，于家不孝。新妇父母匹配本身，承事九年，供养多门，宣少之仪，阿婆愿希慈新妇(下阙)……”

〔注〕 ① 儿：此为古代年轻女子之自称。 ② 检校：查核察看。此引申为关心、萦怀之意。 ③ 祗(zhī)：恭敬。 ④ 悊(zhé)：敬重。 ⑤ 巢父：传说为唐尧时隐士，在树上筑巢而居，时人号曰巢父。 ⑥ 许由：上古高士，隐于箕山。相传尧让以天下，不受，遁耕于箕山之下，尧又召为九州长，由不欲闻之，洗耳于颍水滨。

本篇出自敦煌文献。

“秋胡戏妻”是一个为人熟知的故事。最早的记载始见于汉代刘向的《列女传》。书载鲁国大夫秋胡新婚数日便外出求学，几年后以国卿身份返乡，途经桑园，调戏其妻，真相大白后，其妻投河自尽以示对秋胡的不齿。传末，刘向极力称赞了秋胡妻的高洁。继《列女传》后，汉乐府民歌有“秋胡行”，据题记载，此歌即为悲悯秋胡妻品行而作。晋代《西京杂记》亦叙述了这个故事。此后魏晋文人曹操、曹丕、傅玄等屡有《秋胡行》之作，有的借乐府古题写时事，如曹氏父子，有的延续秋胡故事，传扬秋胡妻的洁行，还有的借用“桑园戏妻”的框架，添加新的想象，如《陌上桑》。从唐代以前的文献来看，秋胡戏妻的故事是以其妻投河而死的悲剧而告终的。

藏于敦煌的《秋胡变文》是一个残本，首尾皆不全，行文中亦时有缺字，但其主体情节尚属完整，秋胡婚后不久外出求学，九载方重返家乡，与母妻团圆。惜其结尾残缺，无法得知秋胡妻的下落。由于篇幅加长，有充分的文字空间，因此，与前代文献中的秋胡故事相比，《秋胡变文》显得丰满而生动。

变文以十段文字塑造了秋胡与其妻的形象。在秋胡身上展示了古代读书人的复杂心态。他出身贫门，少年丧父，但胸有大志，思慕那些建功立业的达官要员。“三公何处来?”“黄金何处无?”“我见在朝宰贵，皆从勤学。”他发誓要仿效历代功成名就者改变自己的生存境遇:“远学三二年间，若不乘轩佩印，誓亦不还故乡。”尽管年迈老母与新婚妻子表现出无比眷恋之意，但依然不能扭转秋胡求取功名，“以显先宗，留名万代”的决心。数载的深山拜师苦读，造就了秋胡满腹才华，令他踏上了立身扬名的坦途。信心十足的秋胡投奔魏国，以自己出众的文采、能力为魏国立下了汗马功劳:“经历数年，煞馘边戎，摧凶定寇，无怨不休，无使不朝”，因此他赢得了魏王的赏识，随之而来的是荣华富贵。“拜为左相，赐户三千，锦绮绫罗，更赍十万，歌弹美女，随意简将，细壮奴婢，任情多少”。我们当然不能说古代士人寒窗苦读均源于对财物美色的贪恋，但是“书中自有颜如玉”“书中自有黄金屋”“一举成名天下知”的结局必然在其心目中占有相当的分量。

故而，读书求仕成为古代寒门子弟改换门庭的捷径。秋胡终于衣锦还乡了。当秋胡以金戏妻，炫耀为官者的优越时，不难看出士人建功立业心态中丑陋的一面。秋胡的腾达成为中国古代读书人的典型，随着科举制度的建立与完善，文学作品中，这类形象也越来越多，读书立名也成了小说的主题之一。即使《红楼梦》中憎恶仕途经济的贾宝玉最终也不得不博取一第，向天恩祖德做个交待。从这个方面来看，秋胡这一形象的文学意义是深远的。

与秋胡相映成辉的另一人物形象是秋胡妻。在她身上浓缩了封建社会众多女子全部的美德。她温顺善良，朴实勤劳。丈夫执意离家求学，她尽管“心中凄怆，语里含悲”，还是表现出了极为通达的胸怀：“女生外向，千里随夫，今日属配郎君，好恶听从处分。郎君将身求学，此惬儿本情。学问得达一朝，千万早须归舍！”秋胡去后，秋胡妻与婆婆相依为命，贞静自守：“来孝养勤心，出亦当奴，入亦当婢，冬中忍寒，夏中忍热，桑蚕织络，以事阿婆，昼夜勤心，无时暂舍。”她的贤良令婆婆感动、不安。眼见秋胡外出多年而杳无音信，生死不知，儿媳青春年少却形单影只，遂命新妇改嫁。对此秋胡妻断然拒绝：“婆儿游学不来，新妇只合尽形供养，何为重嫁之事，令新妇痛割于心？”她的贤良不仅体现在耐得清贫上，而且亦不惑于富贵。当一位突然出现在面前的达官贵人以黄金、锦缎挑逗她时，她表现出义无反顾的坚贞：“一马不被两鞍，单牛岂有双车并驾？家中贫薄，宁可守饿而死，岂乐黄金为重？……纵使黄金积到天半，乱彩垛似丘山，新妇宁有恋心，可以守贫取死。”秋胡妻的守节不仅仅是封建社会女子拘于礼法，更有对爱情的忠贞。秋胡们的成功离不开秋胡妻这样的女性的默默奉献，她们忍受着清贫、孤寂，承担起家庭的重任。宋元明清戏曲小说中颇多类似的贤妻良母形象，如《琵琶记》中的赵五娘、《铡美案》中的秦香莲……她们的源头当属秋胡妻。唐代诗人王昌龄的诗句“忽见陌头杨柳色，悔教夫婿觅封侯”（《闺怨》），道出了秋胡妻们的苦涩心声。

从叙述结构上看，《秋胡变文》最具戏剧性的一个场面便是“戏妻”了。九年在外的秋胡于故乡的桑园巧遇妻子，岁月荏苒，他已不复识妻；秋胡妻也没有将眼前这个衣着华丽、言语轻佻的官员与自己的丈夫联系起来。秋胡见采桑女“容仪婉美，面如白玉，颊带红莲，腰若柳条，细眉段绝”，登时心猿意马，顿生非分之念，竟以黄金锦缎相诱，欲求得“娘子片时在于怀抱”。如果说秋胡离家求学尚给读者以有志青年的感觉，那么“戏妻”秋胡则是一副置妻子于脑后的轻薄子弟的丑恶嘴脸。秋胡复与妻子相见已是在家里，秋胡妻闻听丈夫归来，欣喜若狂，变文以一连串的动作描写烘托出她的心理变化：“乃画翠眉，便拂芙蓉，身着嫁时衣裳,罗扇遮面,欲似初嫁之时。”故事在此达到了高潮,当她“熟向看之”,才发现丈夫居然就是那个欲向自己行非礼的“桑间赠金宰贵”。我们可以想象秋胡妻心中经历了怎样的落差和撞击,以至“情中不喜,面变泪下交流,结气不语”。我们从中可以体会到,此时的秋胡妻对爱情和婚姻的所有憧憬已全部化为了泡影。

变文的这一结局成为后世士子求学故事的常见模式。身登龙门,一夜成名,遂忘却前盟,“负心”类小说与戏曲对此有深刻的描绘。从王魁与敫桂英到金玉奴与莫稽,从赵五娘与蔡伯喈到陈世美与秦香莲……古代“学而优则仕”的人生价值观、夫贵妻荣的传统取向造成了封建社会无数女子心碎情灭的婚姻悲剧。

由于变文的残缺,我们无法看到故事的结局,但从文末秋胡妻对秋胡义正词严的指斥中,既可以看出她对秋胡在桑间丑陋之举的忿恨,又不难体会她人生幻灭的绝望,故而可以做出推测:他们很难走向大团圆了。

《秋胡戏妻》变文虽不全,但它显然扩大了这一故事在民间的影响,以至唐以后的剧作家多亦倾心于这个故事。元杂剧作家石君宝以此为题材创作了《秋胡戏妻》杂剧;戏曲花部崛起后,又有了京剧《桑园会》。引人注意的是,无论是元杂剧还是京剧,均将故事的悲剧结局改作喜剧收场。元杂剧插进财主逼亲一节,秋胡救下其妻,将功折罪,夫妇和好如初。《桑园会》写秋胡为验证妻子贞节与否,假作调戏,真相说出后,二人重修旧好。这类改编虽然满足了读者的大团圆心理,但就其对封建传统的批判力度而言,显然大为逊色了。

从艺术的角度来看,唐代这篇“秋胡戏妻”采用了独特的变文体裁。何为变文?简单地说,这是一种通俗文艺的体裁,以讲唱为形式,讲的部分用散文,唱的部分用韵文。它是宋代平话、诸宫调、明清宝卷、弹词、鼓词等通俗文学的源头。关于变文,胡适、郑振铎等学者均有相当精辟的论述。和唐以后的讲唱文学相比,《秋胡变文》没有唱词与说白的显著区分,但亦不同于传统的散文叙述句式。全篇六字句居多,杂以四字句、七字句、八字句,节奏感较强;涉及景物描写时,出现了后世话本小说中常见的韵文铺叙。

综上所述,在秋胡故事的演变源流中,《秋胡变文》从主题到艺术体裁均是极为重要的一环,值得我们细细探究。 (柳岳梅)

韩擒虎话本 佚 名

会昌[①]帝临朝之日,不有三宝[②],毁拆伽蓝[③],感得海内僧尼,尽总还俗回避。说其中有一僧名号法华和尚,家住邢州[④],知主上无道,遂复裹[⑤]经题,真(直)至随州[⑥]山内隐藏,权时系一茅庵。莫不朝朝转念，日日看风(讽)[7]。感得八个人，不显姓名，日日来听。或朝一日，有七人先来，一人后到。法华和尚心内有宜(疑)，发言便问："启言老人，住居何处？姓字名谁？每日八人齐来，君子因何后到？"老人答曰："某乙等不是别人，是八大海龙王。知和尚看一部《法华经义□(疏)》，回施[8]功德，与我等水族眷属，例皆同沾福利。某等眷属，别无报答，恐和尚有难，特来护助，先来莫怪后到。为随州杨坚[9]，限百日之内，合有天分[10]，为戴平天冠不稳[11]，与换脑盖骨[12]去来。和尚若也不信，使君现患生脑疼次，无人医疗。某等兄弟八人别无报答，有一合(盒)龙膏，度与和尚。若到随州使君面前，已(以)膏便涂，必得痊差(瘥)[13]。若也得教[14]，事须委嘱：限百日之内，有使臣诏来，进一日亡，退一日则伤。若已(以)后为君，事须再兴佛法，即是某等愿足。且辞和尚去也。"道游(由)言讫，忽然不见。

法华和尚见龙王去后，直到随州衙门。门司入报："外头有一僧，善有妙术，口称医疗，不感(敢)不报。"使君闻语，遂命和尚升厅而坐。发言相问："是某悴(猝)患生脑疼，检尽药方，医疗不得。知道和尚现有妙术，若也得教，必不相负。"法华和尚闻语，逐(遂)袖内取出合(盒)子，已(以)龙仙膏往顶门便涂。说此膏未到顶门一事也无，才到脑盖骨上，一似佛手捻却。使君得教，顶谒再三，启言和尚："虽自官家明有宣头[15]，不得隐藏师僧，且在某衙府回避，乞(岂)不好事。"法华和尚闻语，亿(忆)得龙王委嘱，不感(敢)久住。启言使君："限百日之内，合有天分。若有使臣诏来，进一日亡，退一日伤，即是贫道愿足。若也已(以)后为君，事须再兴佛法。且辞使君归山去也。"使君见和尚去后，心内由(犹)自有疑，遂书壁为记。

前后不经所(数)旬，裹(果)然司天太监，夜观虔(乾)象，知随州杨坚限百日之内，合有天分，具表奏闻。皇帝揽表，似大杵[16]中心,遂差殿头高品[17]直诣随州宣诏。使君蒙诏,不感(敢)久住,遂与来使登徒(途)进发,迅速不停,直至长安十里有余常乐驿安下。憩歇才定。使君忽思量得法华和尚委嘱:"限百日之内,合有天分,进一日亡,退一日伤。是我今日朝现(见),必应遭他毒手。"思量言讫,遂命天使同共商量。后来日[18]朝现(见)。天使唱喏,具表奏闻。皇帝揽表,大悦龙颜。惟有杨妃[19]满目流泪。皇帝亦(一)见,宣问皇后:"缘即罪杨坚一人,不干皇后之事。"杨妃拜谢,便来后宫,心口思量:"阿耶[20]来日朝近(觐),必应遭他毒手。我为皇后,荣得奚为!不如服毒先死,免见使君受苦。"思量言讫,香汤沐浴,改换衣装,满添一杯药酒在镜台前头。皇后重梳婵嫔(蝉鬓),载(再)画娥媚(蛾眉)。整梳装之次,镜内忽见一人,回故(顾)而趣[21],员(原)是圣人[22],从坐而起。皇帝宣问:"皇后梳装如常,要酒何用?"杨妃蒙问,系(喜)从天降,启言圣人:"但臣妾一遍梳装,须饮此酒一盏,一要软发,二要贮颜。且徒(图)供奉圣人,别无余事。"皇帝闻语,喜不自身(胜):"皇后上(尚)自贮颜,寡人饮了也莫端正。"杨妃闻语,连忙捧盏,启言陛下:"臣妾饮时,号目(曰)发装(妆)酒。圣人若饮,改却酒名,唤即甚得,号曰万岁杯。愿圣人万岁,万万岁!"皇帝不知药酒,捻得便饮。说者酒未饮之时一事无,才到口中,脑烈(裂)身死。杨妃亦(一)见,拽得灵衬(榇)[23]在龙阁底下。权时把敷壁[24]遮阑。便来前殿,遂差内使一人,宣诏杨坚。使君蒙诏,一似大杵中心,不感(敢)为(违)他宣命,当时朝现(见),直诣阁门。所司入奏,杨妃闻奏,便令赐对。使君得对,趋过箫(萧)墙,拜舞叫呼万岁。杨妃亦见,处分左右:"册[25]起使君,便赐上殿。"杨坚举目忽见皇后,心口思量:"是我今日莫逃得此难。"思量言讫,便上殿来。杨妃问言:"阿耶莫怕,主上龙归仓海,今日便作万乘军(君)王。"杨坚闻语,犹自疑或(惑)。"若也不信,行到龙床底下,见其灵榇,方可便信。"杨坚启言皇后:"某缘力微,如何即是?”皇后问言:“阿耶朝庭(廷)与甚人诉(素)善?”“某与左右金吾[26]有分。”皇后闻言:“缘二人权绾[27]总在手头,何忧大事不成!”

遂来前殿,差一人宣诏左右金吾上将军胡、朗。二人蒙诏,直至殿前,忽见杨坚,心内有疑。皇后宣问:“将军知道,与使君有分。主上已龙归仓海,今拟册立使君为军(君),卿意者何?”朗启言皇后:“册立则得,争况[28]合朝大臣,如何即是?”皇后问言:“将军今夜点检御军五百,须得阔刃陌(鉐)刀,甲幕下埋伏。阿奴[29]来日前朝,自几(己)宣问,若也册立使君为军(君),万事不言。一句参差,殿前总杀。别立一作大臣,乞(岂)不好事。”将军唱喏,遂点检御军五百,甲幕下埋伏乞(讫)。后来日前朝,应是[30]文武百寮大臣总在殿前。皇后宣问:“主上以(已)龙归仓海,今拟册立随州杨使君为乾坤之主,卿意者何?”道犹言讫,拂袖便去。应是文武百寮大臣不册(测)涯济(际)[31],心内疑或(惑),望殿而趣(觑),见一白羊身长一丈二尺,张牙利口,便下殿来,哮吼如雷,拟吞合朝大臣。众人亦(一)见,便知杨坚合有天分,一齐拜舞,叫呼万岁。遂乃册立,自称随(隋)文皇帝。感得四夷归顺,八蛮来降。

时有金璘(陵)陈王,知道杨坚为军(君),心生不负(服)。宣诏合朝大臣,总在殿前,当时宣问:“阿奴今拟兴兵,收伏狂秦[32],卿意者何?”时有镇国上将军任蛮奴越班[33]走出奏而言曰:“臣启陛下,且(臣)愿拜将,出师剪戮,后(候)收下西秦,驾[34]行便去。”陈王闻语:“衣(依)卿所奏”,遂拜萧磨呵、周罗侯二人为将,收伏狂秦。二人受宣,拜舞谢恩,领军四十余万,登途进发。不经旬日,直至锅口[35]下营憩歇。二将商量,两道行军,各二十余万。萧磨呵打宋、卞、陈、许[36],周罗侯收安、伏、唐、邓[37]。寄(既)入界守(首)。乡村百姓具表闻天[38],皇帝揽表,似大杵中心。遂锺捶(钟)击鼓,聚集文武百寮大臣,总在殿前。皇帝宣问:“阿奴无得(德),槛(滥)处为军(君),今有金璘(陵)陈叔宝便生为(违)背,不顺阿奴,今拟拜将出师剪戮,甚人去得?”时有左勒将贺若弼[39]越班走出,启言陛下:“臣愿请军去得。”贺若弼才请军之次,有一个人不恐(肯)。是甚人?是即大(绝代)名将韩熊男[40],幼失其父,自训其名号曰擒虎,心生不分(忿),越班走出:“臣启陛下:蹄觥小水[41],争福(伏)大海沧波;贾(假)饶[42]蝼蚁成堆,傩(难)能与天为患。臣愿请军,克日[43]活擒陈王进上,感(敢)不奏。”皇帝亦(一)见擒虎,年登一十三岁,奶腥未落,有日(若)大胸今(襟):“阿奴何愁社稷!”拟拜韩擒虎为将,恐为阻着贺若弼。拟二人总拜为将,殿前上(尚)自如此,领兵在外,必争人我[44]。“卿二人且归私地(第),后(候)来日前朝,别有宣至(旨)。”

乞(迄)后来日前朝,合朝大臣总在殿前,遂色(索)金铸印,拜弟杨素[45]为都招罚使,弟(第)二拜贺若弼为副知节,第三韩擒虎为行营马步使。三人受宣,拜舞谢恩,走出朝门,领军三十余万,登途进发。迅速不停,直到郑州。有先峰(锋)马掬(探)得萧磨呵领军二十余万,陈留下营,具事由回报。上将军杨素闻语,当处下营,升枨(帐)而坐。遂唤二将,总在面前,遂问二将:“隋文皇帝殿前有言,请军(君)克收金璘(陵)。如今贼军俯迫,甚人去得?若也得胜回过,具表奏闻。”将军才问,韩擒虎越班便出,启言将军:“擒虎去得。”“要军多少?”“要马步军三万五千。”便令交付。

擒虎得兵,进军便起,迅速不停。来到终谋(中牟)境上,屯军便住。擒虎升枨(帐)而坐,遂唤一官健[46]只在面前,载(再)三处分[47]:“公解探事,一取[48]将军处分,探得军机,速便早回,与公重赏。”官健唱喏。丐(改)换衣装,作一百姓装裹,担得一栲栳[49]馒头,直到萧磨呵寨内,当时便卖。探得军机,即便回来。到将军枨(帐)前唱喏便报。擒虎问言:“官健,军机若何?”官健祗对:“马军是海眼皂旗[50],步人是红旗,胜字田

(填)心,大开寨门,一任百姓,来往买卖。"擒虎闻语,便知萧磨呵不是作家战将[51]。自故(古)有言:"军慢[52]即将妖(夭),主慢即国倾。"道由言讫,处分儿郎,丐(改)换旗号,夜至黄昏,登途便起。去萧磨呵寨廿余里,偷路而过,迅速不停。来到金璘(陵)江岸,虏劫舟舡,领军便过。到得南岸,应是舟舡,溺在水中,遂却继自家旗号,显其擒虎之名。引军打劫,直到石头店[53]。

人户[54]告级(急),具表奏闻。陈王揽表,似大杵中心,遂捶钟打鼓,聚集文武百僚(寮)大臣,总在殿前。陈王宣问:"阿奴无得(德),槛(滥)处称尊,今有随(隋)驾(家)兵仕(士)到来,甚人敌得?"陈王裁问,时有三十年名将镇国任蛮奴越班走出:"臣启大王,不知随(隋)驾(家)兵事多少?缘擒虎领军三万五千,臣愿请军三万五千,不肖(消)展阵开旗,闻蛮奴之名,即便降来。"陈王闻语,便交点检,物(勿)令迟滞。

蛮奴遂领军三万五千,直到擒虎阵面,一齐簸旗[55]大喊,色(索)随(隋)驾(家)兵事(士)交战。擒虎亦(一)见,领军便来,高声便问:"上将姓字名谁,官居何为(位)?"将军祇对:"某姓任名蛮奴,官职镇国大将军。"擒虎闻言,满目泪流。亿(忆)得:"亡父委嘱:'若也已(以)后为将,到金璘(陵)之日,有一名将任蛮奴与阿耶同堂学业,传笔抄书。见面之时,切须存其父子之礼。'谁知今日相逢!"思量言讫,遂乃前来启言将军:"但擒虎三(甲)杖在身,拜跪不得,乞将军不怪。"蛮奴闻语,即次便是韩熊男,心口思量:"父不得与子交战。"问言擒虎:"收军却回,蛮奴奏上陈王差使,和同作一礼义之国,乞(岂)不好事!"擒虎闻语,心生不分(忿)。启言将军:"但某面辞随(隋)文皇帝之日,克收金璘(陵)。一事未成,回去须得三般之物,进上随(隋)文皇帝,即便却回。"蛮奴闻语:"弟(第)一要何物?"擒虎答曰:"某第一要陈家地理山河、人户数目,即便却回。"蛮奴闻语:"事(是)缘小事,后某乙奏上陈王。"蛮奴问言:

“弟(第)二要何物?”擒虎答曰:“某弟(第)二要兵马库藏,赏设三军,即便却回。”蛮奴问:“弟(第)三要何物?”擒虎答言:“某弟(第)三要陈叔宝手(首)进上随(隋)文皇帝,即便却回。”蛮奴闻言,知子无礼,忽然大怒。擒虎亦(一)见,拨(拔)剑便赫(吓),问言将军:“但擒虎手内之剑,是随(隋)文皇帝殿前宣赐,上含霜雪,临阵交丰(锋),不识亲疏。”蛮奴闻语,回马遂排一左掩右夷(移)阵,色(索)随(隋)驾(家)兵士交战。擒虎亦(一)见,破颜微笑,问言诸将:“还识此阵?”诸将例皆不识。“但擒虎虽在幼年,也曾博揽(览)亡父兵书。此是左掩右移阵,见前面津口红旗,下面总是鹿巷[56],李(里)有硇(挠)勾搭索[57],不得打着,切须既(记)。”当见右夷(移)阵上,人缘(员)教(较)多,前头总是弓弩。擒虎有令:“簸旗大喊,旗亚[58]齐入,若一人退后,斩刹(杀)诸将,莫言不道!”言讫,簸旗大喊,一齐便入。此阵一击,当时瓦解。

蛮奴领得战残兵士,便入城来。陈王闻语,大怒非常,处分左右,令交把入。横拖到(倒)拽直至殿前。责而言曰:“叵耐[59]遮(这)贼,临阵交锋,识认亲情,坏却阿奴社稷。败军之将,腰令(领)难存,亡国大夫,罪当难赦,把出军门,斩了报来。”任蛮奴不分(忿),册起头稍[60]:“合负大王万死,乞载(再)请军,与随(隋)驾(家)兵士交战。”陈王闻语,念见名将即(积)代功训(勋),处分左右,放起头稍。蛮奴拜舞谢恩,奏而言曰:“臣愿请军,敬(敢)与随(隋)驾(家)兵士交战,得胜回过,册立大王,面南称尊,不是好事?”陈王闻语,便交点检在城兵士,便令交割。

蛮奴领军,心生不分(忿),从城排一引龙出水阵,直至随(隋)驾(家)兵士阵前,簸旗大喊,便索交战。擒虎亦(一)见,破颜微笑,或遇(回语)诸将:“蛮奴是即大(绝代)名将,乍舒(输)心生不分(忿),从城排一大阵,识也不识?”诸将启言将军:“但某即知用命,不会兵书,将军若何?”擒虎闻语:“但某虽自年幼，也览亡父兵书，若逢引龙出水阵，须排五虎拟山阵。”道由言讫，此阵便圆，缘无将来头(投)，心生疑或(惑)。回睹此阵，虎无爪牙，争恐猛利，遂抽衙(压)队弓箭五百人，已(以)安爪衙(牙)。排此阵是甚时甚节？是寅年、寅月、寅日、寅时。此阵既圆，上合天地[61]。蛮奴亦(一)见，失却随(隋)驾(家)兵士，见遍野总是大虫，张牙利口，来吞金璘(陵)。蛮奴心口思微(惟)：“若逢五虎拟山之阵，须排三十六万人伦枪之阵，击十日十夜，胜败由(犹)未知。我把些子[62]兵士，似一斤之肉，入在虎牙，不蝼[63]咬嚼，博唼[64]之间，并乃倾尽。我闻公(功)成者去，未来者休，不如捣(倒)弋(戈)卸甲来降。”思量言讫，莫不草绳自缚，黄麻半(绊)肘，直到将军马前。擒虎亦(一)见，处分左右，册起蛮奴：“具狄(敌)者煞[65]，来头(投)便是一家。容某奏上随(隋)文皇帝，请作叔父恩养，即是擒虎愿足。”道由言讫，领军便入城迟(池)。陈王见随(隋)驾(家)兵士到来，遂乃波逃[66]入一枯井。神明不助，化为平地。将士亦(一)见，当下擒将，把在将军马前。责而言曰：“叵耐遮(这)贼心生为倍(违背)，效(搅)乱中圆(原)，今日把来，有甚李(理)说。”陈王备侧(被责)，度(杜)口无词。遂陷居(车)[67]而再(载)，同朝随(隋)文皇帝。

迅速不停，直到新安界守(首)。有先逢(锋)使探得周罗侯领军二十余万，疑(拟)劫本主。擒虎闻言，遂命陈王侧(责)而言曰：“是(事)君为陪(违背)，于天不佑，先斩公手(首)，在(再)居中营，后周罗侯交战。”陈王闻语，启言将军：“容某修书与周罗侯降来，乞(岂)不好事！”擒虎闻语，便令修书。陈王书曰：

> 阿奴本任金璘(陵)之日，地管五十余州，三百余县，握万里山河，权军百万，便拟横行天下，自号称尊。不知擒虎兵士到来一击，当时瓦解，当下擒将，贯(假)饶卿虽自权军，不得与随(隋)驾(家)交战。

若也心中疑或(惑),于天不佑。今陈王书到周罗侯手内开拆。

修书寄必(既毕),遂差一小将直至周罗侯寨内送书。罗侯得书,满目泪流,心口思量:"我主上由(犹)自擒将,假饶得胜回弋(戈),公(功)归何处?"思量言讫:"大凡男子,随畿(机)而变,不如降他。"先送二十万军衣甲,然后草绳自缚,直到将军马前,启而言曰:"某缘是败君(军)之将,死活二徒(途),伏乞将军一降。"擒虎闻言,或遇将军:"具狄(拒敌)者煞,来头(投)便是一家。"既得主将二人,登途进发,星夜不停,同朝随(隋)文皇帝。

皇帝览表,大悦龙颜,便令赐对。擒虎得对,先进上主将二人,然后移过萧墙,拜舞叫呼万岁。皇帝亦(一)见,大悦龙颜:"赐卿且归私地(第)憩歇。后(候)杨素到来,别有宣至。"擒虎拜舞谢恩,走出朝门,私宅憩歇。前后不经旬日,杨素战萧磨呵得胜回过,直诣阁门。所司入奏,皇帝闻奏,便令赐对。杨素得对,移过萧墙,拜舞叫呼万岁。皇帝亦(一)见,遂诏合朝大臣,总在殿前,色金铸印,遂拜韩擒虎为开国公,姚(遥)守阳(扬)州节度。第二拜杨素东凉(京)留守。第三赐贺若弼锦彩罗绫、金银器物。三将受宣,拜舞谢恩,走出朝门,各归私地(第)。

前后不经旬日,有北蕃大下(夏)单于遂差突厥守(首)领为使,直到长安,遂色(索)随(隋)文皇帝交战。皇帝闻语,聚集文武百寮大臣,总在殿前,皇帝宣问:"单于色(索)寡人交战,卿意者[何]?"皇帝才问,蕃使不识朝疑(仪),越班走出,"臣启陛下,蕃家弓箭为上,赌射只在殿前。若解[68]微臣箭得,年年送供(贡),累岁称臣。若也解箭不得,只在殿前,定其社稷。"皇帝闻奏,即在殿前,遂安社(射)堕(垛),画二鹿,便交赌射。蕃人已见,喜不自升(胜),拜谢皇帝,当时便射。箭发离弦,势同僻(劈)竹,不东不西,恰向鹿齐(脐)中箭。皇帝亦

(一)见,宣问大臣:“甚人解得?”时有左勒将贺若弼:“臣愿解箭。”皇帝闻语:“衣(依)卿所奏。”贺若弼此时臂上捻弓,腰间取箭,答(搭)阔(括)[69]齐弦,当时便射。箭起离弦,不东不西,同孔便中。皇帝亦(一)见,大悦龙颜,应是合朝大臣,一齐拜舞,叫呼万岁。时韩擒虎亦(一)见箭不解,不恐拜舞,独立殿前。皇帝宣问:“卿意者何?”擒虎奏曰:“臣愿解箭。”皇帝闻语:“衣(依)卿所奏。”擒虎拜谢,遂臂上捻弓,腰间取箭,答(搭)阔(括)当弦,当时便射。箭既离弦,世(势)同雷吼,不东不西,去蕃人箭阔(括)便中,从杆至镞,突然便过,去射堕(垛)十步有余,入土三尺。蕃人亦(一)见,惊怕非常,连忙前来,侧身便拜。擒虎亦(一)见,责而言曰:“叵耐小兽,便意生心[70],扰乱中园(原),如今殿前,有何理说。”蕃将闻语,惊怕非常,当时便辞,登徒(途)进发。随(隋)文皇帝亦(一)见,遂差韩擒虎为使和蕃。擒虎受宣,拜舞谢恩,面辞圣人,与蕃将登途进发。

前后不经旬日,便到蕃家解守(界首)。单于接得天使,升栊(帐)而坐,遂唤三十六射雕王子,总在面前处分:“缘天使在此,并无歌乐,蕃家弓箭为上,射雕洛(落)雁,供养[71]天使。”王子唱喏,一时上马,忽见一雕从北便来,王子亦(一)见,当时便射,箭既离弦,不东不西,况(向)雕前翅过。单于亦(一)见,忽然大怒,处分左右:“把下王子,便擗腹[72]取心,有挫我蕃家先祖。”天使亦(一)见,仿(方)便[73]来救,启言蕃王:“王子此度且放。但某愿请弓箭,射雕供养单于。”单于闻语,遂度与天使弓箭。擒虎接得,思微(惟)中间,忽有双雕,争食飞来。擒虎亦(一)见,喜不自胜,祇揖蕃王,当时来射。擒虎十步地走马,二十步把臂上捻弓,三十步腰间取箭,四十步搭阔(括)当弦,拽弓叫圆[74],五十步翻身倍(背)射,箭既离弦,世(势)同僻(劈)竹,不东不西,况(向)前雕咽喉中箭,突然而过,况(向)后雕擗心便著,双雕齐落马前。蕃王亦(一)见,一齐唱好。天使接

(势)便吓:“但擒虎弓箭少会些些,随(隋)文皇帝有一百二十指挥,射雁都尽总好手。”蕃王闻语,连忙下马,遥望南朝拜舞,叫呼万岁。拜舞既了,遂拣细马[75]百匹,明驼[76]千头,骨咄羱羝[77]麋鹿麝香,盘缠天使。擒虎便辞,登途进发。前后不经旬日,便达长安,直诣阁门。所司入奏,皇帝闻语,便令赐对。擒虎得对,移过萧墙,拜舞叫呼万岁。皇帝亦(一)见,喜不自升(胜),遂赐擒虎锦彩罗纨(纨),金银器物,美人一对,且归私地(第)憩歇,一月后别有进旨。擒虎拜武(舞)谢恩,便来私住(家)憩歇。

前后不经两旬,忽觉神赐(思)不安,眼[瞤]耳热。心口思量,升厅而坐,坐由(犹)未定,惚(忽)然十字地烈(裂),涌出一人,身披黄金锁甲,顶戴凤翅头(兜)毛(牟),按三丈(仗)低头高声唱喏。擒虎亦(一)见,当时便问:“是公甚人?”神人答曰:“某缘(原)是五道将军。”“何来?”“夜来三更奉天符牒下,将军合作阴司之主。”擒虎闻语,或遇五道大神:“但某请假三日,得之已府(否)?”五道大神启言将军:“缘鬼神阴司,无人主管,一时一克(刻)不得。”擒虎闻语,惚(忽)然大怒,问:“你属甚人所管。”“某属大王所管。”擒虎侧(责)言:“不缘[78]未辞本主,左肋下与一百铁棒。”五道将军闻语。□(吓)得甲(浃)贝(背)汗流:“臣启大王,莫道三日,请假一月已来总得。”擒虎处分五道将军:“速去阴司点检鬼神,后弟(第)三日祇候。”五道将军唱喏影(隐)灭身形。擒虎见五道将军去后,遂写表闻天,具事由奏上随(隋)文皇帝。皇帝揽(览)表,惊讶非常,宣诏擒虎,直到殿前:“缘朕之无得(德),滥处称尊,不知将军作阴司之主,阿奴社稷若何?”擒虎奏曰:“臣启陛下,若有大难,但知[79]启告,微臣必领阴军相助。”皇帝闻奏,遂诏合朝大臣内宴三日,只在殿前与擒虎取别。恰到第三日整(正)歌欢之此(次),忽有一人著紫,忽见一人著绯,乘一朵黑云,立在殿前,高声唱喏。擒虎亦(一)见:“殿前立者甚人? 当时祇对。”“某缘二人是天曹地府,来取大王,更无别事。”擒虎闻语:“且赐酒饭管领,且在一边。”二人唱喏,各归一面。擒虎且与圣人取别,面辞合朝大臣,来入自宅内,委嘱妻男⑳,合宅良贱,且辞去也。道由(犹)言讫,便奔床卧,才著锦被盖却,摸马攀鞍,便升云露(路),来到随(隋)文皇帝殿前:“且辞陛下去也。”皇帝亦(一)见,满目泪流,遂执盏酹酒祭而言曰:(下阙)……

〔注〕 ① 会昌:唐武宗年号(841—846)。按作者本想说北周武帝,但却错误地联系到了唐武宗。 ② 不有三宝:有,即友。三宝,佛教称佛、法、僧为三宝,即以此统称佛教。 ③ 伽蓝:梵语的音译,佛教寺庙的通称。 ④ 邢州:地名,州治治所在今河北邢台。 ⑤ 复裹:即袱裹,包裹。 ⑥ 随州:地名,今湖北省随县。 ⑦ 朝朝转念,日日看讽:转念与看讽均为佛经。 ⑧ 回施:佛教徒把自己所修功德反过来再施给其他众生。 ⑨ 随州杨坚:杨坚即隋文帝,北周时他还是随州刺史。 ⑩ 合有天分:该有当天子的命。 ⑪ 为戴平天冠不稳:平天冠,皇帝祭祀时所戴之冠,为天子专用。这里是说杨坚的天子骨相还不稳。 ⑫ 换脑盖骨:给杨坚换脑盖骨以使其能戴稳平天冠。 ⑬ 痊瘥(quàn chài):病愈。 ⑭ 教:即病愈。 ⑮ 官家:即天子。宣头:皇帝的书面谕旨。 ⑯ 杵(chǔ):擢或捅。 ⑰ 高品:品级高的宦官。 ⑱ 后来日:即来到的第二日。 ⑲ 杨妃:周宣帝皇后,为杨坚的女儿。 ⑳ 阿耶:即阿爷,称呼父亲之词。 ㉑ 回顾而趣:回头一看。趣,即觑。 ㉒ 圣人:即天子。 ㉓ 灵樑:本指棺材,此当指尸体。 ㉔ 歎壁:墙壁的帷幔。 ㉕ 册:即“策”,扶持。 ㉖ 金吾:汉代执掌京城军事的长官。 ㉗ 绾(wǎn):专掌,控制。 ㉘ 争况:怎样应付。 ㉙ 阿奴:第一人称,就是“奴”。 ㉚ 应是:所有。 ㉛ 不测涯际:不知底细。 ㉜ 狂秦:指隋朝,因隋建都于大兴(今西安市),属秦地,故以秦代指。 ㉝ 任蛮奴:陈朝大将。下文中的萧摩呵与周罗侯均为陈朝大将。越班:走出群臣行列。 ㉞ 驾:皇帝的车驾,用来指皇帝。 ㉟ 锅口:即涡口,今安徽怀远县境。 ㊱ 宋、汴、陈、许:均为州名,亦均在河南境内。 ㊲ 安、伏、唐、邓:均为州名。安州与伏州在今湖北省境内;唐州与邓州在河南境内。 ㊳ 闻天:报告给天子。 ㊴ 贺若弼:隋朝大将。 ㊵ 韩熊男:韩熊的儿子。历史记载韩擒父亲名叫韩雄。 ㊶ 蹄觥小水:牛马蹄坑或酒杯中的水,极言其少。 ㊷ 假饶:纵使。 ㊸ 克日:即约定日期。 ㊹ 人我:即争强斗胜。 ㊺ 杨素:此人并非杨坚之弟,联系下文可知,此当脱一“一”字,即“第一”拜杨素。都招讨使,唐武职,主管招降平乱等事。 ㊻ 官健:士兵。 ㊼ 处分:吩咐。 ㊽ 一取:一切听从。 ㊾ 栲栳(kǎo lǎo):一种用竹子或柳条编的盛物的器具,即笆斗。 ㊿ 海眼皂旗:画了泉水波纹的黑旗。海眼,泉眼。 51 作家战将:高明的对手。 52 慢:傲慢,骄纵。 53 石头店:金陵附近的地名。 54 人户:居民。 55 籏旗:即摇旗。 56 鹿巷:以树木等物建成的障碍物。 57 挠勾搭索:挠勾,有回刺的长钩;搭索,攀城的用具。 58 亚:放低。 59 叵耐:可恨。 60 册起头稍:撩起头发。 61 上合天地:寅为虎,此阵为五虎拟山阵,又是寅年、寅月、寅日、寅时,故曰上合天地。 62 些子:一点儿。 63 不蝼:不够。“蝼”字为俗语记音的字。 64 博唼(jiē):即咀嚼。 65 具狄者煞:即拒敌者杀。 66 波逃:即逃跑。 67 陷车:即槛车,运押犯人的车。 68 解:胜过。 69 括:箭尾搭弦的地方。 70 便意生心:即起意。 71 供养:招待。 72 擗腹:剖腹。 73 方便:想办法。 74 叫圆:发出呼喊声把弓拉圆。 75 细马:好马。 76 明驼:千里驼。 77 骨咄

豲羝(yuán dī):骨咄,野马类兽。豲羝,野羊。 ⑱ 不缘:要不是。 ⑲ 但知:只管。 ⑳ 妻男:妻子与儿子。

这是敦煌遗书中所保存下来的唐代“说话”艺人讲说故事的底本之一,当作于晚唐、五代时期,于敦煌约在张义潮叔侄及曹氏统治时期。这一时期敦煌地区的四周先后被吐蕃、回鹘等少数民族政权所占领,隔断了敦煌地区与中原朝廷的联系。这篇话本通过对历史人物韩擒虎英雄业绩的歌颂,一定程度上流露了民族感情;同时,话本所叙韩擒虎在战斗中的勇敢和智慧,也可起到鼓舞孤悬西陲之敦煌人民的斗争勇气和信心的作用。

韩擒虎是隋朝名将,他的事迹在《隋书·韩擒虎传》中有较详细的记载。《韩擒虎话本》吸收了史传材料,运用写实的手法再现了韩擒虎形象的历史风貌。与此同时,话本又运用了幻想、虚构、夸张的手法,使韩擒虎的形象具有超现实的理想色彩。

故事从法华和尚用八大海龙王送来的龙膏为随州衙门里的杨坚治好脑疼,换妥一副脑盖骨写起,继写封建统治者宫廷政变,杨妃毒死前皇帝和百官推举杨坚上台为隋文帝。金陵陈王“心里不服”,派两员大将领兵四十万来讨伐,然后导入韩擒虎请战,隋文帝决定起用这位年仅十三岁的少年将军。

在写韩擒虎之始,先略写其智勇:派探子化装探萧磨呵的军营,又出奇兵绕过萧营而直指陈王军前,一出场就突出了这位英雄的大智大勇,然后从智斗和勇斗两方面反复渲染这一性格特征:一写猛破陈将任蛮奴的“左掩右夷阵”;二写以“五虎拟山阵”破任蛮奴的“引龙出水阵”;三写活捉陈王的大胜利;四写陈王残军周罗侯二十万军队的投降。这里,作品在历史记载的基础上再现了少年将军英勇善战的风采。

然而,当历史记载还不能充分表现作者的思想感情时,作者的笔触便从现实的时空中腾挪而出,采用移花接木、虚构夸张的手法,再造一个源于历史而又异于历史的新形象。如据《隋书·贺若弼传》记载,与番邦比箭系贺若弼一人所为,话本却增加了韩擒虎比箭的情节,并且极尽夸张渲染之能事。话本中写番邦使者来到朝廷挑战,要求比赛射箭时,先写番邦使者箭术高明,一箭射中垛心所画鹿像之肚脐;次写贺若弼“同孔便中”的射技比之更为高超,再写韩擒虎更是卓然不群,不仅箭法超绝,而且力量惊人,以致箭穿垛而过十步有余,且入土三尺,因此折服了番邦使者。在写韩擒虎为使和番,与番邦王子比赛射雕时,那从容不迫的拽弓,那翻身背射的英姿,那势同劈竹的声威,竟然使得番王“连忙下马,遥望南朝拜舞,叫呼万岁”。一箭慑服大夏单于,同样是一种虚构和夸张。这就有力地突出了韩擒虎的英武绝伦，使韩擒虎成为一个能够表达人民民族自豪感、鼓舞人民斗志和勇气的英雄传奇形象。

韩擒虎故事在后世有一定影响。清代民间艺人编撰的《说唐全传》就继承了《韩擒虎话本》的主要情节，并且在这个基础上又有新的开拓。　（陈惠琴）

宋辽金元

大业拾遗记(上篇)　　佚　名

大业十二年，炀帝将幸江都，命越王侑留守东都。宫女半不随驾，争泣留帝。言辽东小国，不足以烦大驾，愿择将征之。攀车留惜，指血染鞅。帝意不回，因戏以帛题二十字赐守宫女云："我梦江南好，征辽亦偶然。但存颜色在，离别只今年。"车驾既行，师徒百万前驱。大桥未就，别命云屯将军麻叔谋，浚黄河入汴堤，使胜巨舰。叔谋衔命，甚酷，以铁脚木鹅试彼浅深，鹅止，谓浚河之夫不忠，队伍死水下。至今儿啼，闻人言"麻胡来"，即止。其讹言畏人皆若是。

帝离都旬日，幸宋何妥所进牛车。车前只轮高广，疏钉为刃，后只轮庳下[①]，以柔榆为之，使滑劲不滞，使牛御焉。自都抵汴郡，日进御车女。车幰垂鲛绡网[②]，杂缀片玉鸣铃，行摇玲珑，以混车中笑语，冀左右不闻也。长安贡御车女袁宝儿，年十五，腰肢纤堕，骇冶多态。帝宠爱之特厚。时洛阳进合蒂迎辇花，云得之嵩山坞中，人不知名。采者异而贡之。会帝驾适至，因以"迎辇"名之。花外殷紫，内素腻菲芬，粉蕊，心深红，跗争两花[③]。枝干烘翠类通草，无刺，叶圆长薄。其香秾芬馥，或惹襟袖，移日不散，嗅之令人多不睡。帝命宝儿持之，号曰"司花女"。时诏虞世南草《征辽指挥德音敕》于帝侧，宝儿注视久之。帝谓世南曰："昔传飞燕可掌上舞，朕常谓儒生饰于文字，岂人能若是乎？及今得宝儿，方昭前事。然多憨态。今注目于卿。卿才人，可便嘲之。"世南应诏为绝句曰："学画鸦黄半未成，垂肩亸袖太憨生[④]。缘憨却得君王惜，长把花枝傍辇行。"上大悦。

至汴，上御龙舟，萧妃乘凤舸，锦帆彩缆，穷极侈靡。舟前为舞台，台上垂蔽日帘。帘即蒲择国所进，以负山蚊睫纫莲根丝，贯小珠，间睫编成，虽晓日激射，而光不能透。每舟择妍丽长白女子千人，执雕板镂金楫，号为"殿脚女"。一日，帝将登凤舸,凭殿脚女吴绛仙肩。喜其柔丽,不与群辈齿,爱之甚,久不移步。绛仙善画长蛾眉。帝色不自禁,回辇召绛仙,将拜婕妤。适值绛仙下嫁为玉工万群妻,故不克谐。帝寝兴罢,擢为龙舟首楫,号曰崆峒夫人。由是殿脚女争效为长蛾眉。司宫吏日给螺子黛五斛[5],号为蛾绿。螺子黛出波斯国,每颗直十金。后征赋不足,杂以铜黛给之,独绛仙得赐螺黛不绝。帝每倚帘视绛仙,移时不去,顾内谒者云:"古人言'秀色若可餐'。如绛仙,真可疗饥矣。"因吟《持楫篇》赐之,曰:

旧曲歌桃叶,新妆艳落梅。

将身倚轻楫,知是渡江来。

诏殿脚女千辈唱之。时越溪进耀光绫,绫纹突起,时有光彩。越人乘樵风舟,泛于石帆山下,收野茧缫之。缫丝女夜梦神人告之曰:"禹穴[6]三千年一开。汝所得茧,即江淹文集中壁鱼[7]所化也。丝织为裳,必有奇文。"织成果符所梦,故进之。帝独赐司花女洎[8]绛仙,他姬莫预。萧妃恚妒不怿,由是二姬稍稍不得亲幸。帝常醉游诸宫,偶戏宫婢罗罗者。罗罗畏萧妃,不敢迎帝,且辞以有程妃之疾[9],不可荐寝[10]。帝乃嘲之曰:

个人无赖是横波,黛染隆颅簇小蛾。

幸好留侬伴成梦,不留侬住意如何?

帝自达广陵,宫中多效吴言,因有侬语也。

帝昏湎滋深,往往为妖祟所惑,尝游吴公宅鸡台[11],恍惚间与陈后主相遇,尚唤帝为殿下[12]。后主戴轻纱皂帻,青绰袖,长裾,绿锦纯缘紫纹方平履。舞女数十许,罗侍左右。中一人迥美,帝屡目之。后主云:"殿下不识此人耶?即丽华[13]也。每忆桃叶山[14]前乘战舰与此子北渡。尔时丽华最恨,方倚临春阁试东郭㕙[15]紫毫笔,书小研红绡作答江令'璧月'句[16]。诗词未终,见韩擒虎跃青骢驹,拥万甲直来冲人,都不存去就,便至今日。"俄以绿文测海蠡,酌红粱新醖劝帝。帝饮之甚欢,因请丽华舞《玉树后庭花》。丽华辞以抛掷岁久,自井中出来[17],腰肢依拒,无复往时姿态。帝再三索之,乃徐起,终一曲。后主问帝:“萧妃何如此人?”帝曰:“春兰秋菊,各一时之秀也。”后主复诗十数篇,帝不记之,独爱《小窗》诗及《寄侍儿碧玉》诗。《小窗》云:

午睡醒来晚,无人梦自惊。
夕阳如有意,偏傍小窗明。

《寄碧玉》云:

离别肠犹断,相思骨合销。
愁云若飞散,凭仗一相招。

丽华拜帝,求一章。帝辞以不能。丽华笑曰:“尝闻‘此处不留侬,会有留侬处。’安可言不能?”帝强为之操觚曰:“见面无多事,闻名亦许时。坐来生百媚,实个好相知。”丽华捧诗,嚬然不怿。后主问帝:“龙舟之游乐乎?始谓殿下致治在尧舜之上,今日复此逸游。大抵人生各图快乐,曩时何见罪之深耶?三十六封书⑱,至今使人怏怏不悦。”帝忽悟,叱之云:“何今日尚目我为殿下,复以往事讯我邪?”随叱声恍然不见。

〔注〕①庳(bì)下:低下。②车幰(xiǎn):幰,车帷,车上遮挡门窗的帷幕;鲛绡网:用鲛绡制成、极薄而坚牢的窗纱。③跗(fū)争两花:跗,花萼的底部,俗称花托。字亦作“柎”。跗争两花,谓一个花托上长着两朵花,即所谓并蒂花。④亸(duǒ)袖:袖子下垂的样子。太憨生:非常稚气娇憨。⑤黛:古时女子用以画眉的青黑色颜料。斛(hú):数量词,十斗为一斛。⑥禹穴:相传夏禹的葬地,在今浙江绍兴之会稽山。亦指会稽的宛委山,相传夏禹于此得黄帝金简书,并藏书于此。既以禹穴为藏书处,故下文云江淹文集中壁鱼化为野茧。⑦壁鱼:书或衣物中的蠹虫,银白色,亦称蠹鱼。⑧洎(jì):及,与。⑨程妃之疾:指妇女在月经期中。汉景帝一次召程妃侍寝,程因月事不去,乃饰侍女唐儿代去,后唐儿生长沙王发。事见《史记·五宗世家》。⑩不可荐寝:不能陪寝。⑪吴公宅鸡台——古江都(今江苏扬州)有吴公台,乃南朝陈将领吴明彻所建射弩之台,是否即此鸡台,待考。相传鸡台是隋炀帝在江都时常游之地。⑫殿下:对王子的尊称。⑬丽华:陈后主宠妃张丽华。⑭桃叶山:在长江边的瓜步镇,今属江苏镇江,是由建康(今南京)北上的渡口。据史,陈亡后,后主确被遣送长安,但由桃叶山乘战舰北渡则是小说家的想象之词。⑮临春阁:陈后主曾筑临春、结绮、望仙三阁,与张、孔二贵妃分住。东郭㕙(jùn):相传为奔跑迅速的狡兔,其毫毛色紫,可制良笔,韩愈《毛颖传》曾将其说成是毛颖(毛笔)的先辈。⑯砑(yà):碾压而使物体坚实光泽,此指压制得很薄的红绡纸。江令:指陈的尚书令江总,他经常陪侍后主贵妃饮宴赋诗作乐,号为“狎客”。“壁月”句:陈后主诗有“壁月夜夜满,琼树朝朝新”之句,见《南史·张丽华传》,此处误以为江总之诗,又设想张丽华曾试为和答。⑰自井中出来:隋军破陈,入建康,陈后主携张、

孔二贵妃躲进景阳殿后的井中,后三人一起被拉上来,做了俘虏。事见《资治通鉴》卷一七七《隋纪一》。 ⑱ 三十六封书:盖指隋对陈的声讨文字,三十六喻其次数繁多。史载隋开皇八年(陈祯明二年)文帝下诏数陈叔宝罪恶,散发三十万份,遍布江南,又送玺书暴陈叔宝二十罪状,为伐陈做了舆论准备。

《大业拾遗记》又名《南部烟花录》《隋遗录》,见于《说郛》。其作者曾有二说,一说是唐人颜师古,一说是唐人杜宝,其实都是伪托。鲁迅推测,真实作者可能就是在文后题跋叙述其发现和补编成书经过的那位无名氏,其时代应比颜、杜晚得多。根据文中内容及与之相关的《隋炀帝海山记》《迷楼记》《开河记》等篇交叉互见的情况综合分析,该文或非成于一时一手,而完成时代则介乎唐末宋初之间(鲁迅《中国小说史略》列为宋传奇,李剑国《唐五代志怪传奇叙录》认为作于唐大中以后)。确切的年代目前难以遽定,而本书又亟思将其选入,则以之置于唐之末尾或宋之初始,应是无奈而可取的折中办法。

与许多野史杂录性质的书(如《西京杂记》《王子年拾遗记》之类)一样,《大业拾遗记》与《海山记》等也是以为正史拾遗补阙的姿态出现,而为自宋至明的不少公私书目所认可,直到清人,才把它剔出史部,划归小说类中。而究其实质,其书内容多与民间传说有关,在此基础上加入文人的虚构杜撰,即想象编派、夸饰渲染之词,虽有的事有史之略影可寻,但往往似是而非,不耐推敲,只有视为传奇小说,倒还符合实际。

现存的《大业拾遗记》分上、下两篇,述隋炀帝大业十二年至十四年游江都事,每篇各由若干片段组成。上篇情节依次为炀帝杨广离京,作诗告别宫女;麻叔谋奉命开河,以峻法酷虐百姓;杨广乘专用牛车与御车女淫戏;来自长安的御车女袁宝儿因娇憨得宠,号"司花女",虞世南应诏为其赋诗;杨广乘龙舟,执楫的"殿脚女"吴绛仙因美被宠;杨广以吴语做诗戏宫婢罗罗;最后写杨广在梦中与陈后主、张丽华相遇,后主讥责炀帝之所为,实与自己的贪图享乐并无不同。本书所选,即止于此。下篇述炀帝与萧后于月观夜语,忆往昔情事;建造迷楼;韩俊娥侍寝,仿车之摇动为帝催眠;炀帝思念吴绛仙,赐合欢果,吴寄诗述怨,帝评为"女相如";炀帝与萧妃作拆字戏,得唐将兴之谶;末叙炀帝下诏允许卫士"分直上下""休番从便",导致"焚草之变",但未叙述事变和炀帝被杀经过,全文结束。

这不是一篇精心结构、章法严谨的小说,而更像一些传闻的有序罗列。虽内容是写隋炀帝杨广的荒淫生活,但全文基调却把他刻画成一个多情多才甚至不乏仁爱的男子,对他的行为殊少针砭批判,反多欣赏甚至同情惋惜之意。这正反映了后代民间,特别是下层文人对自己并不了解的前代帝王生活普遍好奇艳羡的心态，与他们仇恨直接压迫自己的贪官污吏不同，也与史家在正式著作中的评论不一样。故读此类文字，除可知晓若干古代帝王传说以资谈助外，尚可借以体察某些民间心理的矛盾和复杂。

作为一篇传奇，它自然少不了利用神话和地理博物资料，也少不了传述者的夸张渲染。如果说洛阳所进的“合蒂迎辇花”还不算特别神奇，那么蒲择国贡献的“蔽日帘”就令人惊叹了。此帘竟是“以负山蚊睫纫莲根丝，贯小珠，间睫编成”——蚊名“负山”，可见其巨大，已堪骇怪，而此蚊还长着睫毛，更是匪夷所思，此睫毛又可与柔长的莲根之丝缝纫，当中还可穿上小珠，编成的帘子“虽晓日激射，而光不能透”，世上是否真有此物姑且不论，说者的想象也真够离奇的了。文中又写到越溪所贡奇文异彩的“耀光绫”，那是越女用野茧丝缲织而成，而此野茧则是三千年一开的禹穴之中收藏的“江淹文集中壁鱼所化”，其来历可谓奇古不凡。这些地方显出了它与志怪体作品的联系。

最富想象力而又最有意味的，还是隋炀帝与陈后主相会的情节——这当然是作者代表并反映后世民心的一种艺术假设。文中写到，炀帝“为妖祟所惑”，“恍惚间与陈后主相遇”，这时，他们一个是已故的亡国之主，一个是当初以晋王身份带兵伐灭陈国、目前在位、不久也将被弑的昏君。这两人相遇怎能没有一场好戏？妙的是两位昏君此时所思所言，仍然离不开女人和淫靡享乐的生活。陈后主口口声声仍称杨广为“殿下”，回顾往事感慨万千，隋炀帝则只顾邀陈的宠妃张丽华舞著名的《玉树后庭花》，要知道这《玉树后庭花》乃是靡靡之音，是陈氏朝廷灭亡的前兆啊！更妙的是，舞毕，陈后主竟像民间“夸老婆”似的，问起：“萧妃何如此人(张丽华)？”俨然以拥有张丽华为骄傲，炀帝的回答亦巧：“春兰秋菊，各一时之秀也。”如一般友好文士口吻，谦而不卑，仿佛是在为两个被欣赏的美女作毫不偏倚的公允之评。接下去，两位昏君大吟其诗，后主一吟十数篇，炀帝更赠张丽华意含调谑的小诗一首。史载陈后主、隋炀帝均具文学才华，所作诗篇清丽可诵，然而，依古人之见，沉溺于诗歌乐舞，正是他们亡国的原因之一，故这与史照应的一笔，是用意颇深的。最有趣而十分辛辣的，则是本段亦即上篇的结尾。陈后主对隋炀帝说：我以为你当了皇帝，会有尧舜之治，可现在看，你也不比我高明呀！当初何必把我骂得那么惨呵。这话刺激了杨广，他忽然醒过神来：怎么到现在他还称我“殿下”，还拿往事责询于我？喝叱一声，幻景遂失。上篇故事到此结束。隋文帝杨坚灭陈后，曾骂陈叔宝(后主)“全无心肝”，看看以上情节，则他的宝贝儿子杨广难道又有什么心肝可言？这一点意思，作者虽未明说，我们倒是不难体会的。

《大业拾遗记》的下篇，本书限于篇幅未能选入。但它和文字水准稍差的《海山记》《迷楼记》《开河记》都是记述隋炀帝轶事的，它们之间有不少瓜葛牵连，又都对后世的相关小说戏剧，如冯梦龙《醒世恒言》的《隋炀帝逸游遭谴》，如无名氏的《隋炀帝艳史》、褚人获的《隋唐演义》，如金元时代的剧本《牵龙舟》《锦帆舟》等产生过影响，所以还是不妨找来一读的。

（董乃斌）

隋炀帝海山记

佚 名

余家世好蓄古书器，故炀帝事亦详备，皆他书不载之文。乃编以成记，传诸好事者，使闻其所未闻故也。

炀帝生于仁寿二年，有红光竟天，宫中甚惊，是时牛马皆鸣。帝母先是梦龙出身中，飞高十余里，龙堕地，尾辄断，以其事奏于帝。帝沉吟不答。帝三岁，戏于文帝前，文帝抱之临轩，爱玩甚久，曰："是儿极贵，恐破吾家。"文帝自兹虽爱帝，绝无易储之意。

帝十岁，好观书，古今书传，至于药方、天文、地理、技艺、术数，无不通晓。然而性偏忍，阴默疑忌，好用钩赜[①]人情深浅焉。时杨素有战功，方贵用，帝倾意结之。文帝得疾，内外莫有知者，时后亦不安，旬余不通两宫安否。帝坐便室，召素谋曰："君国之元老，能了吾家事者君也。"乃私执素手曰："使吾得志，吾亦终身报公。"素曰："待之，当自有计。"

素入问疾，文帝见素，起坐，谓素曰："吾常亲锋刃，冒矢石出入生死，与子同之，方享今日之贵。吾自维不免此疾，不能临天下，汝无立他人。吾若不讳，汝立吾儿勇为帝。汝背吾言，吾去世亦杀汝。此事吾不语之，死目不合。"帝因忿懑，乃大呼左右曰："召吾儿勇来！"力气哽塞，回面向内不言。素乃出语帝曰："事未可，更待之。"有顷，左右出报素曰："帝呼不应，喉中呦呦有声。"帝拜素："愿以终身累公。"素急入，帝已崩已，乃不发。

明日，素袖遗诏立帝。时百官犹未知，素执圭[②]谓百官曰："文帝遗诏立帝，有不从者，戮于此。"左右扶帝上殿，帝足弱欲倒者数次，不能上。素下，去左右，以手扶接帝，帝执之乃上，百官莫不嗟叹。

素归，谓家人辈曰："小儿子吾已提起，交作大家，即不知了当得否？"素恃有功，见帝多呼为郎君。侍宴内殿，宫人偶覆酒污素衣，素怒，叱左右引下殿，加挞焉。帝恶之，隐忍不发。一日，帝与素钓鱼于池，帝与素并坐，左右张伞以遮日色，帝起如厕，回见素坐赭伞下，风骨秀异，堂堂威仪，帝大疑忌。帝多欲，有所不谐，辄为素抑，由是愈有害素意。会素死，帝曰："使素不死，当夷其九族。"

素未病前，入朝，出见文帝坐车中，执金钺逐之曰："此贼！吾欲立勇，汝竟不从吾言，今必杀汝！"素惊呼入室，召子弟二人而语之，曰："吾必死，见文帝如何语之？"不移时，素死。

帝自素死，益无惮。乃辟地周二百里为西苑，役民力常百万。内为十六院，聚土石为山，凿为五湖四海，诏天下境内所有鸟兽草木，驿至京师。

铜台进梨十六种：

黄色梨　紫色梨　玉乳梨　脸色梨　甘棠梨　轻消梨　蜜味梨　堕水梨　圆梨　木唐梨　坐国梨　天下梨　水全梨　玉沙梨　沙味梨　火色梨

陈留进十色桃：

金色桃　油光桃　银桃　乌蜜桃　饼桃　粉红桃　胭脂桃　迎冬桃　昆仑桃　脱核锦纹桃

青州进十色枣：

三心枣　紫纹枣　圆爱枣　三寸枣　金槌枣　牙美枣　凤眼枣　酸味枣　蜜波枣　缺

南留进五色樱桃：

粉樱桃　蜡樱桃　紫樱桃　朱樱桃　大小木樱桃

蔡州进三种栗：

巨栗　紫栗　小栗

酸枣进十色李：

玉李　横枝李　蜜甘李　牛心李　绿纹李　半斤李　红垂李　麦熟李　紫色李　不知熟李

扬州进：

杨梅　枇杷

江南进：

银杏　榧子

湖南进三色梅：

红纹梅　弄黄梅　二圆成梅

闽中进五色荔枝：

绿荔枝　紫纹荔枝　赭色荔枝　丁香荔枝　浅黄荔枝

广南进八般木：

龙眼木　梭木　榕木　橘木　胭脂木　桂木　枨木　柑木

易州进二十相牡丹：

赭红　赭木　鞓红　坯红　浅红　飞来红　袁家红　起州红　醉妃红　起台红　云红　天外黄　一拂黄　软条黄　冠子黄　延安黄　先春红　颤风娇

天下共进花卉、草木、鸟兽、鱼虫，莫知其数，此不具载。

诏起西苑十六院：

景明一　迎晖二　栖鸾三　晨光四　明霞五　翠叶六　文安七　积珍八　影纹九　仪凤十　仁智十一　清修十二　宝林十三　和明十四　绮阴十五　绛阳十六

帝自制名，每院有二十人，皆择宫中嫔丽谨厚有容色美人实之。每一院选帝常幸御者为之首。每院有宦者主出入市易。

又凿五湖，每湖方四十里：

南曰迎阳湖　东曰翠光湖　西曰金明湖　北曰洁水湖　中曰广明湖

湖中积土为山，构亭殿，曲屈盘旋，广袤数千间，华丽。又凿北海周环四十里，中有三山，效蓬莱、方丈、瀛洲，上皆台榭回廊。水深数丈，开狭湖通五湖北海，俱通行龙凤舸，帝多泛东湖，帝因制湖上曲《望江南》八阕：

湖上月，偏照列仙家。水浸寒光铺象簟，浪摇晴影走金蛇，偏称泛灵槎。　光景好，轻彩望中斜。青露冷侵银兔影，西风吹落桂枝花，开宴思无涯。

湖上柳，烟里不胜垂。宿露洗开明媚眼，东风摇弄好腰肢，烟雨更相宜。　环曲岸，阴复画桥低。线拂行人春晚后，絮飞晴雪暖风时，幽意更依依。

湖上雪，风急堕还多。轻片有时敲竹户，素华无韵入澄波，烟外玉相磨。　湖水远，天地色相和。仰面莫思梁苑赋，朝尊且听玉人歌，不醉拟如何？

湖上草，碧翠浪通津。修带不为歌舞绶，浓铺堪作醉人茵，无意衬香衾。　晴霁后，颜色一般新。游子不归生满地，佳人远意寄青春，留咏卒难伸。

湖上花，天水浸灵葩。浸蓓水边匀玉粉，浓苞天外剪明霞，只在列仙家。　开烂熳，插鬓若相遮。水殿春寒澄冷艳，玉轩清照暖添华，清赏思何赊。

湖上女，精选正宜身。轻恨昨离金殿侣，相将今是采莲人，清唱满频频。　轩内好，嬉戏下龙津。玉琯朱弦闻昼夜，踏青斗草事青春，玉辇从群真。

湖上酒，终日助清欢。檀板轻声银线缓，醅浮香米玉蛆寒，醉眼暗相看。 春殿晚，仙艳奉杯盘。湖上风烟光可爱，醉乡天地就中宽，帝主正清安。

湖上水，流绕禁园中。斜日暖摇清翠动，落花香缓众纹红，蘋末起清风。 闲纵目，鱼跃小莲东。泛泛轻遥兰棹稳，沉沉寒影上仙宫，远意更重重。

帝常游湖上，多令宫中美人歌唱此曲。

大业[③]六年，后苑草木鸟兽繁息茂盛，桃蹊李径，翠荫交合，金猿青鹿，动辄成群。自大内厨，开为御路，通西苑，夹道植长松高柳，帝多幸苑中，无时[④]，宿御多夹道而宿，帝往往中夜即幸焉。

一夕，帝泛舟游北海，惟宫人数十辈相随。帝升海山殿，是时月初朦胧，晚风轻软，浮浪无声，万籁俱息，帝恍惚，俄见水上一小舟，只容两人，帝谓十六院中美人。泊至，首一人先登赞道唱："陈后主谒帝。"帝亦忘其死，乃起迎之。后主再拜，帝亦躬劳谢。既坐，后主曰："忆昔与帝同队戏时，情爱甚于同气[⑤]，今陛下富有四海，令人钦服不已。始者谓帝将致理于三王[⑥]之上，今乃取当时乐以快平生，亦甚美事。闻陛下已开隋渠，引洪河之水，东至维扬，因作诗来奏。"乃探怀出诗上帝。诗曰：

隋室开兹水，初心谋太奢。
一千里力役，百里民吁嗟。
水殿不复反，龙舟兴已遐。
鹢流[⑦]催陡岸，触浪喷黄沙。
两人迎客湖，三月柳飞花，

日脚沉云外，榆梢噪暝鸦。
如今投子俗，异日便无家。
且乐人间景，休寻汉上槎。
东喧舟舣岸[8]，风细锦帆斜。
莫言无后利，千古壮京华。

帝观书，怫然愠曰："死生，命也；兴亡，数也。尔安知吾开渠为后人之利？"帝怒叱之。后主曰："子之壮气能得几日？其始终更不若我。"帝乃起而逐之。后主走曰："且去且去，后一年吴公台下相见。"乃没于水际，帝方悟其已死。帝兀坐不自知，惊悸移时。

一日，明霞院美人杨夫人喜报帝曰："酸枣邑所进玉李，一夕忽长，阴横数亩。"帝沉默甚久曰："何故而忽茂？"夫人云："是夕院中人闻空中若有千百人，语言切切云：'李木当茂。'洎晓看之，已茂盛如此。"帝欲伐去，左右或奏曰："木德来助之应也。"又一日，晨光院周夫人来奏云："杨梅一夕忽尔繁盛。"帝喜问曰："杨梅之茂，能如玉李乎？"或曰："杨梅虽茂，终不敌玉李之盛。"帝自于两院观之，亦自见玉李至繁茂。后梅李同时结实，院妃来献，帝问："二果孰胜？"院妃曰："杨梅虽好，味清酸，终不若玉李之甘，苑中人多好玉李。"帝叹曰："恶梅好李，岂人情哉，天意乎？"后帝将崩扬州，一日院妃来报："杨梅已枯死。"帝果崩于扬州，异乎！

一日，洛水渔者获生鲤一尾，金鳞赤尾，鲜明可爱，帝问渔者之姓，曰："姓解，未有名。"帝以朱笔于鱼额，书"解生"字以记之，乃放之北海中。后帝幸北海，其鲤已长丈余，浮水见帝，其鱼不没。帝时与萧后同见，此鱼之额上朱字犹存，惟解字无半，尚隐隐有角字焉。萧后曰："鲤有角，乃龙也。"帝曰："朕为人主，岂不知此意？"遂引弓射之，鱼乃入沉水中。

大业四年，道州贡矮民王义，眉目浓秀，应对敏给，帝尤爱之。常从帝游，终不得入宫，帝曰："尔非宫中物。"义乃自宫。

帝由是愈加怜爱，得出入帝内寝。义多卧榻下，帝游湖海回，义多宿十六院。一夕，帝中夜潜入栖鸾院，时夏气暄烦，院妃牛庆儿卧于帘下，初月照轩颇明朗，庆儿睡中惊魇[9]，若不救者。帝使义呼庆儿，帝自扶起，久方清醒。帝曰："汝梦中何苦乃如此？"庆儿曰："妾梦中如常时，帝捏妾臂游十六院。至第十院，帝入坐殿上，俄而火发，妾乃奔走。回视帝坐烈焰中，妾惊呼人救帝，久方觉。"帝性自强，解曰："梦死得生，火有威烈之势，吾居其中，得威者也。"大业十年，隋乃亡。入第十院，帝居火中，此其应也。

龙舟为杨玄感[10]所烧，后敕扬州刺史再造，置度又华丽，仍长广于前舟。舟初来进，帝东幸维扬，后宫十六院皆随行。西苑令马守忠掌理，守忠别帝曰："愿陛下早还都辇，臣整顿西苑以待乘舆之来。西苑风景台殿如此，陛下岂不思恋，舍之而远游也？"又泣下。帝亦怆然，谓守忠曰："为我好看西苑，无令使后人笑吾不解装点景趣也。"左右闻此语亦疑讶。

帝御龙舟，中道，夜半，闻歌者甚悲。其歌曰：

我兄征辽东，饿死青山下。
今我挽龙舟，又困隋堤道。
方今天下饥，路粮无些少。
前去三十程，此身安可保。
寒骨枕荒沙，幽魂泣烟草。
悲损闺内妻，望断吾家老。
安得义男儿，悯此无主尸。
引其孤魂回，负其白骨归。

帝闻其歌，遂遣人求其歌者，至晓不得其人。帝颇徊徨，通夕不寐。扬州朝百官，天下朝贡使无一人至。有来者在路，兵夺其贡物。帝犹与群臣议，诏十三道起兵，诛不朝贡者。帝知世祚[11]已去，意欲遂幸永嘉[12]，群臣皆不愿从。

帝未遇害前数日，帝亦微识玄象，多夜起观天。乃召太史令袁充问曰:“天象如何?”充伏地涕泣曰:“星文大恶,贼星逼帝坐甚急,恐祸起旦夕,愿陛下遽修德灭之。”帝不乐,乃起。便殿抱膝,俯首不语。乃顾王义曰:“汝知天下将乱乎?汝何故省言而不告吾也?”义泣对曰:“臣远方废民,得蒙上贵幸,自入深宫,久膺圣泽,又常自宫,以近陛下。天下大乱,固非今日,履霜坚冰,其来久矣。臣料大祸,事在不救。”帝曰:“子何不早教我也?”义曰:“臣不早言,言即臣死矣。”帝乃泣下曰:“卿为我陈成败之理,朕贵知也。”翌日,义上书云:

臣本出南楚卑薄之地,逢圣明为治之时,不爱此身,愿从入贡。臣本侏儒,性尤蒙滞。出入金马[13],积有岁华,浓被圣私,皆逾素望。侍从乘舆,周旋台阁。臣虽至鄙,酷好穷经,颇知善恶之本源,少识兴亡之所自。还往民间,颇知利害,深蒙顾问,方敢敷陈。自陛下嗣守元符,体临大器,圣神独断,谏诤莫从,独发睿谋,不容人献。大兴西苑,两至辽东,龙舟逾于万艘,宫阙遍于天下。兵甲常役百万,士民穷乎山谷。征辽者百不存十,没葬者十未有一。帑藏全虚,谷粟踊贵[14]。乘舆还往,行幸无时。兵士时从常逾数万,遂令四方失望,天下为墟。方今百姓存者无几,子弟死于兵役,老弱困于蓬蒿。兵尸如岳,饿殍盈郊。狗彘厌人之肉,乌鸢食人之余,臭闻千里,骨积如山。膏涂野草,狐鼠特肥。阴风无人之墟,鬼哭寒草之下。目断平野,千里无烟。残民削落,莫保朝昏。父遗幼子,妻号故夫,孤苦何多?饥荒尤甚。乱离方始,生死孰知?人主爱人,一何如此?陛下情性毅然,孰敢上谏?或有鲠言,随令赐死。臣下相顾,缄口自全。龙逢[15]复生,安敢议奏?高位近臣,阿谀顺旨,迎合帝意,造作拒谏,皆出此途,乃逢富贵。陛下过恶,从何得闻?方今又败辽师,再幸东土,社稷危于春雪，干戈遍于四方，生民方入涂炭，官吏犹未敢言。陛下自惟，若何为计？陛下欲幸永嘉，坐延岁月，神武威严，一何消烁[16]？陛下欲兴师，则兵吏不顺；欲行幸，则侍卫莫从。帝当此时，如何自处？陛下虽欲发愤修德，特加爱民，圣慈虽切救时，天下不可复得。大势已去，时不再来。巨厦将倾，一木不能支；洪河已决，掬壤不能救。臣本远人，不知忌讳。事忽至此，安敢不言？臣今不死，后必死兵，敢献此书，延颈待尽。

帝方省义奏曰："自古安有不亡之国，不死之主乎？"义曰："陛下尚犹蔽饰己过。陛下平日常言：吾当跨三皇，超五帝，下视商周，使万世不可及。今日其势如何？能自复回都辇[17]乎？"帝乃泣下，再三加叹。义曰："臣昔不言，诚爱生也。今既具奏，愿以死谢之。天下方乱，陛下自爱。"少选报云："义自刎矣。"帝不胜悲伤，特命厚葬焉。

不数日，帝遇害。时中夜，闻外切切有声，帝急起，衣冠御内殿。坐未久，左右伏兵俱起。司马戡携刃伺帝，帝叱之曰："吾终年重禄养汝，吾无负汝，汝何负我？"帝常所幸朱贵儿在帝旁，谓戡曰："三日前，帝虑侍卫薄衣小寒，有诏：宫人悉絮袍袴。帝自临视之，数千袍两日毕工。前日赐公第，岂不知也，尔等何敢逼胁乘舆[18]！"乃大骂戡。戡曰："臣实负陛下，但见今两京已为贼据，陛下归亦无路，臣死亦无门，臣已萌逆节，虽欲复已，不可得也。愿得陛下首，以谢天下。"乃携剑上殿。帝复叱曰："汝岂不知诸侯之血入地尚大旱，况人主乎？"戡进帛，帝入内阁自绝。贵儿犹大骂不息，为乱兵所杀。

弘治乙丑岁腊月二十四日，竹野山斋谨录。

〔注〕 ① 钩赜(zé)：探求隐秘。 ② 圭：古代帝王、诸侯举行隆重仪式时所用的玉制礼器。 ③ 大业：隋炀帝杨广的年号，公元605—618年。 ④ 无时：鲁迅《唐宋传奇集·校记》指出："'无'上郭涵本有'去来'二字。" ⑤ 同气：指有血统关系的亲属。 ⑥ 三王：指夏禹王、商汤王和周文王。一说，指夏禹、商汤和周代的文王、武王。 ⑦ 鹢(yì)流：指船队。鹢，古

书中鸟名。这里是指船头画着鹢鸟的船。 ⑧ 舟舣岸：使船靠岸。 ⑨ 惊魇：梦中遇到可怕的事而惊叫。 ⑩ 杨玄感：杨素之子。 ⑪ 世祚：世代做皇帝。这里指皇位。 ⑫ 永嘉：今浙江省温州地区永嘉县。 ⑬ 金马：汉代宫门名。这里泛指宫中。 ⑭ 踊贵：物价上涨。 ⑮ 龙逢：夏代最后一个国王桀的谏臣。因进谏被桀所杀。 ⑯ 消烁：瓦解，消失。 ⑰ 都辇：京都的别称。这里代指洛阳。 ⑱ 乘舆：帝王所乘用的车舆。这里代指皇帝。

《隋炀帝海山记》(以下简称《海山记》)是一部以隋炀帝杨广阴谋篡位、荒淫亡国等史实为题材的短篇历史小说。旧题唐韩偓作，不可信。当为宋佚名撰。载宋刘斧《青琐高议》。

全文由一段小序和小说正文组成。和一般的笔记小说一样，为取信于读者，小序交待写作的缘起，说明材料的来源和可信度，同时借此引起读者的兴趣。小说的正文又分上下两篇，上篇主要讲隋炀帝阴谋篡位，以及篡位得逞后荒淫奢侈的生活；下篇则将笔触转向对炀帝亡国的下场的表现上来，最后通过矮民王义之口，深刻地揭露了炀帝荒淫亡国的历史教训。

《海山记》是在史学极为发达，民间文艺创作相对自由宽松的大背景下产生的，因此，它在艺术上既具有鲜明的史传文学的特点，又不脱民间文艺讲究神秘性趣味性的特点，是一种双重艺术因子的杂糅与融合。小说的上篇借鉴传统正史帝纪的写法，开篇即记炀帝出生时的祥瑞之迹："炀帝生于仁寿二年(602 年，此系作者误记，隋炀帝杨广生年实为 569 年)，有红光竟天，宫中甚惊，是时牛马皆鸣。帝母先是梦龙出身中，飞高十余里，龙堕地，尾辄断。"并通过乃父杨坚之口，暗示隋炀帝之登基及最终亡国的可耻结局("是儿极贵，恐破吾家")。接下来先写炀帝与杨素阴谋勾结，趁文帝暴崩之际，违背文帝旨意，矫诏立杨广为帝；次写杨素恃功弄权，杨广忌恨杨素，文帝显灵杀素，把阳间君臣与阴间君臣之间的矛盾斗争活脱呈现出来。以下通过罗列诸州所贡方物、建院、凿湖等一系列举措，凸显炀帝登极后荒淫奢侈的宫廷生活，为下文隋炀帝身死亡国作好了铺垫。这些内容除有的地方掺入了一些神秘事件、引用诗词上张冠李戴之外，主要情节皆有实据，多以正史为其蓝本。

小说的下篇以写炀帝亡国为主。在这里，作者一改上篇煞有介事的笔法，纯以道听途说的诸多传说故事入题，通过讲述七个与炀帝有关的小故事，一步步将隋炀帝推上历史的审判台。首先是"海山殿炀帝遇鬼"。炀帝一夕游海山殿，陈后主之鬼魅呈诗讽之，及其悟所遇非人，"惊悸移时"，初现将亡之兆。这一段乃全篇的一个关捩，不仅实现了小说内容上的转折，而且点明篇名所自(题名"海山记"，即以这个小故事中炀帝游海山殿兆其将亡)。此外，该段还以炀帝与陈后主相比较，指出炀帝之恶，比亡国之君陈后主有过之而无不及。次写"十六院李盛杨枯”,寓示着李唐王朝将兴而杨隋则气数将尽;次写“隋炀帝北海射鲤(实喻李姓)”,射而不中,兴致败而运颓;次写“牛庆儿月夜惊梦”,梦见炀帝被焚,寓炀帝将亡,但炀帝仍执迷不悟;次写“隋炀帝东幸维扬”,先闻歌者极意控诉,次闻诸州罢贡,炀帝知国之将亡,欲寻退路而不得,可谓已走投无路;次写“矮民王义临终上书”,借王义之口,痛斥炀帝无道,论其必亡之理;最后写“隋炀帝扬州遇弑”,身死国亡。这一部分较之上篇,虚构成分大大增加,故事性更强,于气氛的渲染亦颇用力,尤其是将亡国之君面对种种灾异、不祥时忐忑不安乃至悲涕伤感的心理状态表现得鲜明生动,与上篇中趾高气扬、阴险忌刻、荒淫无道的暴君形象形成鲜明对比,达到了较高的艺术水准。

当然,由于这篇小说所产生的特殊背景,它仍有许多不成熟之处,比如,小说的上篇在展现隋炀帝奢侈生活时,罗列了大量不必要的资料、数据,引述了太多诗词(而且是误引,所引八阕《望江南》乃唐人李德裕所作),无形中冲淡了短篇小说所需要的紧张感;小说的下篇在组织材料时也有散漫杂乱之嫌。就思想水平而言,小说也掺杂了大量谶纬迷信、因果报应等内容,这表明当时的人们还不能从根本上总结炀帝亡国的真正原因。不过,在整篇小说中,作者所流露出来的鲜明倾向性和对以炀帝为代表的统治阶级的极大愤慨,也是具有很大的批判力度的,是当时民心民意的真实流露,这种敢于表明自己的鲜明立场,敢于揭露与控诉统治阶级罪恶的批判精神,是极为可贵的。

(路成文)

迷　楼　记　　佚　名

炀帝晚年,尤沉迷女色。他日,顾谓近侍曰:“人主享天下之富,亦欲极当年之乐,自快其意。今天下安富,外内无事,此吾得以遂其乐也。今宫殿虽壮丽显敞,苦无曲房小室、幽轩短槛。若得此,则吾期老于其中也。”近侍高昌奏曰:“臣有友项昇,浙人也,自言能构宫室。”帝翌日召而问之。项昇曰:“臣乞先奏图本。”后数日进图。帝览大悦,即日诏有司,供具材木。凡役夫数万,经岁而成。楼阁高下,轩窗掩映。幽户曲室,玉栏朱楯①,互相连属,回环四合,曲屋自通。千门万牖,上下金碧。金虬伏于栋下,玉兽蹲于户傍,壁砌生光,琐窗射日。工巧之极,自古无有也。费用金玉,帑库为之一虚。人误入者,虽终日不能出。帝幸之大喜,顾左右曰:“使真仙游其中,亦当自迷也。可目之曰迷楼。”诏以五品官赐项昇，仍给内库帛千匹赏之。诏选后宫良家女数千，以居楼中。每一幸，有经月而不出。

是月，大夫何稠进御童女车。车之制度绝小，只容一人，有机处于其中，以机碍女子手足，纤毫不能动。帝以处女试之，极喜。召何稠语之曰：“卿之巧思，一何神妙如此？”以千金赠之，旌其巧也。何稠出，为人言车之机巧，有识者曰：“此非盛德之器也。”稠又进转关车，车用挽之，可以升楼阁如行平地。车中御女则自摇动，帝尤喜悦。帝语稠曰：“此车何名也？”稠曰：“臣任意造成，未有名也，愿帝赐佳名。”帝曰：“卿任其巧意以成车，朕得之，任其意以自乐，可名任意车也。”何稠再拜而去。帝令画工绘士女会合之图数十幅，悬于阁中。其年上官时自江外得替回，铸乌铜屏八面，其高五尺而阔三尺，磨以成鉴[2]，为屏，可环于寝所，诣阙投进。帝以屏内迷楼，而御女于其中，纤毫皆入于鉴中。帝大喜曰：“绘画得其象耳。此得人之真容也，胜绘画万倍矣。”又以千金赐上官时。

帝日夕沉荒于迷楼，罄竭其力，亦多倦怠。顾谓近侍曰：“朕忆初登极日，多辛苦无睡，无睡得妇人枕而藉之，方能合目。才似梦，则又觉。今睡则冥冥不知返，近女色则惫，何也？”他日，矮民王义上奏曰：“臣田野废民，作事皆不胜人。又生于辽旷绝远之域，幸因入贡，得备后宫扫除之役。陛下特加爱遇，臣常自宫以侍陛下。自兹出入卧内，周旋宫室，方今亲信，无如臣者。臣由是窃览书，殿中简编，反复玩味，微有所得。臣闻精气为人之聪明。陛下当龙潜日[3]，先帝勤俭，陛下鲜亲声色，日近善人。陛下精实于内，神清于外，故日夕无寝。陛下自数年声色无数，盈满后宫，陛下日夕游宴于其中。自非元日大辰[4]，陛下何尝临御前殿？其余多不受朝设。或引见远人，非时庆贺，亦日晏坐朝，曾未移刻，则圣躬起入后宫。夫以有限之体而投无尽之欲，臣固知其竭也。臣闻古者有老叟独歌舞于盘石之上，人询之曰：'子何独乐之多也？'叟曰：'吾有三乐，子知之乎？''何也？''人生难遇太平世，吾今不见兵革，此一乐也；人生难得支体全完，吾今不残废，此二乐也；人生难得老寿，吾今年八十矣，此三乐也。'其人叹赏而去。陛下享天下之富贵，圣貌轩逸，章龙姿凤，而不自爱重，其思虑固出于野叟之外。臣蕞尔[5]微躯，难图报效，罔知忌讳，上逆天颜。"因俯伏泣涕。帝乃命引起。翌日，召义语之曰："朕昨夜思汝言，极有深理。汝真爱我者也。"乃命义后宫择一净室，而帝居其中，宫女皆不得入。居二日，帝忿然而出曰："安能悒悒居此乎？若此，虽寿千万岁，将安用也？"乃复入迷楼。

宫女无数，不得进御者亦极众。后宫侯夫人有美色，一日自经于栋下。臂悬锦囊，中有文，左右取以进帝，乃诗也。《自感》三首云：

庭绝玉辇迹，芳草渐成窠。
隐隐闻箫鼓，君恩何处多？

欲泣不成泪，悲来翻强歌。
庭花方烂熳，无计奈春何。

春阴正无际，独步意如何？
不及闲花柳，翻承雨露多。

《看梅》二首云：

砌雪无消日，卷帘时自颦。
庭梅对我有怜意，先露枝头一点春。

香清寒艳好，谁惜是天真。
玉梅谢后阳和至，散与群芳自在春。

《妆成》云：

妆成多自惜，梦好却成悲。

不及杨花意，春来到处飞。

《遣意》云：

秘峒扃仙卉，雕房锁玉人。
毛君真可戮，不肯写昭君。

《自伤》云：

初入承明日，深深报未央。
长门七八载，无复见君王。
春寒入骨清，独卧愁空房。
飒履步庭下，幽怀空感伤。
平日新爱惜，自待聊非常。
色美反成弃，命薄何可量？
君恩实疏远，妾意徒彷徨。
家岂无骨肉，偏亲老北堂。
此身无羽翼，何计出高墙？
性命诚所重，弃割良可伤。
悬帛朱栋上，肝肠如沸汤。
引颈又自惜，有若丝牵肠。
毅然就死地，从此归冥乡！

帝见其诗，反复伤感。帝往视其尸，曰："此已死，颜色犹美如桃李。"乃急召中使许廷辅曰："朕向遣汝入后宫择女入迷楼，何故独弃此人也？"乃令廷辅就狱，赐自尽，厚礼葬侯夫人。帝日诵诗，酷好其文，乃令乐府歌之。帝又于后宫亲择女百人入迷楼。

大业八年，方士□千进大丹，帝服之，荡思愈不可制，日夕御女数十人。入夏，帝烦躁，日引饮已百杯，而渴不止。医丞莫君锡上奏曰："帝心脉烦盛，真元太虚，多饮即大疾生焉。"因进剂治之，仍乞置冰盘于前，俾帝日夕朝望之，亦治烦躁之一术也。自兹诸院美人各市冰以为盘，以望行幸，京师冰为之踊贵，藏冰之家，皆获千金。大业九年，帝将再幸江都。有迷楼宫人静夜抗歌[6]云：

河南杨柳谢，河北李花荣。

杨花飞去落何处？李花结果自然成。

帝闻其歌，披衣起听，召宫女问之云："孰使汝歌也？汝自歌之耶？"宫女曰："臣有弟，在民间因得此歌，曰道途儿童多唱此歌。"帝默然久之，曰："天启之也，天启之也！"帝因索酒，自歌云：

宫木阴浓燕子飞，兴衰自古漫成悲。

它日迷楼更好景，宫中吐艳变红辉。

歌竟，不胜其悲。近侍奏："无故而悲，又歌，臣皆不晓。"帝曰："休问。它日自知也。"后帝幸江都。唐帝提兵号令入京，见迷楼，大惊曰："此皆民膏血所为也！"乃命焚之。经月火不灭，前谣前诗皆见矣。方知世代兴亡，非偶然也。

〔注〕 ① 朱楯（shǔn）：红色栏杆。楯，栏杆的横木。 ② 鉴：镜子。 ③ 当龙潜日：尚未即位做皇帝的时候。 ④ 元日大辰：指元旦和重大节日。 ⑤ 蕞（zuì）尔：微小的。⑥ 抗歌：高声唱歌。抗，歌声高亢。

《迷楼记》见于《说郛》，宋佚名撰。一说唐代作品。

和《海山记》一样，《迷楼记》也是一篇意在批判隋炀帝荒淫亡国的短篇小说，与《海山记》着力勾勒炀帝从阴谋篡位到荒淫亡国之可耻一生的写法不同的是，《迷楼记》把刻画的重点集中到了炀帝晚年荒淫无度上，从一个侧面有力地揭示了炀帝的自取灭亡的可耻下场。

迷楼，是民间传说中隋炀帝晚年荒淫纵欲之所，其罪恶程度甚至超过秦始皇的阿房宫。这篇小说即以迷楼为线索，通过迷楼的建与毁，通过隋炀帝两度出入迷楼而国遂亡的历程，巧妙生动地再现了隋炀帝晚年荒淫无度的生活。小说以"炀帝晚年，尤沉迷女色"开篇，既直揭主题，又自然地将故事引到迷楼上来。首先讲迷楼之建。炀帝不满于宫殿的壮丽显敞，"苦无曲房小室、幽轩短槛"，近侍高昌乃迎合此意，引荐其友项昇献图筑楼。于是，"帝览大悦，即日诏有司，供具材木。凡役夫数万，经岁而成……费用金玉，帑库为之一虚"。这就将炀帝为满足私欲而不惜代价的荒唐举措表现得淋漓尽致。其次写迷楼之乐。迷楼既"工巧之极，自古无有"，"使真仙游其中，亦当自迷"，则其中之乐，自不待言。于是"诏选后宫良家女数千，以居楼中。每一幸，有经月不出"。可见沉迷之甚。而大臣何稠辈又进献淫具“任意车”，上官时又进上铜镜屏，迷楼之乐，至此无可复加。接下来写王义苦谏。炀帝毕竟是人，纵欲过度，必有不堪，困惑之际，宠侍矮民王义趁机进谏，荒淫之主一时良心发现，竟也听从劝说，出迷楼，迁入净室。然而，积习难改，“冰冻三尺，非一日之寒”，尚未安静两天的隋炀帝不堪禁欲之苦，复入迷楼。劝谏失败，表明炀帝已无可救药。次写轮不到“恩幸”的宫女，苦不堪言，而不堪者终以死抗争，“后宫侯夫人有美色，一日自经于栋下”，炀帝不以为悔，反责中使失职，误使美人早夭，变本加厉地自择宫女入楼纵乐，以致身染沉疴，救治不及。最后写隋炀帝临终悲歌，出语成谶，东幸不归；唐帝得天下，见迷楼而焚之。

这篇小说一个显著的特点就是线索清晰，笔触集中而有力，全篇紧紧围绕迷楼，处处不离迷楼，以楼的成毁象征一个王朝的毁灭，展现一个帝王的罪恶，具有很高的艺术性和很强的批判力。在写作过程中，作者力图把握事件发展的脉络，所述五个故事不仅环环相扣，引人入胜，而且逐层深入，一步步将隋炀帝荒淫无度、无可救药的形象生动地呈现出来。

《迷楼记》作为一篇具有强烈批判性的小说，除了着力于对隋炀帝的批判外，对炀帝周围的各色人等也有所表现。如迎合炀帝淫欲，引荐项昇筑迷楼的近侍高昌，逞巧作车、诱惑炀帝加倍纵欲的大夫何稠，曲意谀主、进呈铜镜的上官时，这群侍从、官僚为博得主子欢心，获取重金赏赐，挖空心思甚至不惜以主子的前途命运为筹码，完全是一群助纣为虐的罪恶帮凶；与他们相对的则是隋炀帝“倡优蓄之”却不失良心趁机进谏的矮民王义。对前者，作者极力刻画其丑恶嘴脸；对后者，作者则予以热情的歌颂。此外，作者还通过后宫侯夫人之死，对广大冷落宫中备受煎熬的后宫女子表示了极大的同情。因此，在表现的广度和深度上，《迷楼记》也是做得相当优秀的。

当然，小说在内容上也掺杂了神秘、迷信的成分，给历史的变迁、各王朝的兴替披上了一层神秘的面纱，不能从本质上认清历史的必然规律。同时，小说中有过于铺陈之处，如对迷楼的描绘，便类一篇小赋；对迷楼中的淫乐写得过于赤裸，有不健康之处。不过，小说对于炀帝荒淫亡国的揭露，却也淋漓尽致，给人留下深刻的印象，这在当时是难能可贵的，也是很有价值的。（路成文）

开 河 记　　佚 名

睢阳[1]有王气出，占天耿纯臣奏：“后五百年当有天子兴。”炀帝已昏淫，不以为信，时游木兰庭，命袁宝儿歌《柳枝诗》。

因观殿壁上有《广陵图》，帝瞪目视之，移时不能举步。时萧后在侧，谓帝曰："知他是甚图画，何消皇帝如此挂意?"帝曰："朕不爱此画，只为思旧游之处。"于是帝以左手凭后肩，右手指图上山水及人烟村落寺宇，历历皆如目前。谓后曰："朕为陈王时，守镇广陵[2]，旦夕游赏。当此之时，以云烟为美景，视荣贵若深冤。岂期久有临轩，万机在躬，使不得豁于怀抱也。"言讫，圣容惨然。后曰："帝意欲在广陵，何如一幸?"帝闻，心中豁然。

翌日与大臣议，欲泛巨舟自洛入河，自河达海入淮，方至广陵。群臣皆言似此程途，不啻万里，又孟津水紧，沧海波深，若泛巨舟，事有不测。时有谏议大夫萧怀静奏曰："臣闻秦始皇时，金陵有王气，始皇使人凿断砥柱，王气遂绝。今睢阳有王气，又陛下意在东南，欲泛孟津，又虑危险。况大梁[3]西北有故河道，乃是秦将王离畎[4]水灌大梁之处。欲乞陛下广集兵夫，于大梁起首开掘，西自河阴，引孟津水入，东至淮口，放孟津水出。此间地不过千里，况于睢阳境内过，一则路达广陵，二则凿穿王气。"帝闻奏大喜，群臣皆默。帝乃出敕，朝堂如有谏朕不开河者，斩之。诏以征北大总管麻叔谋为开河都护，以荡寇将军李渊为副使。渊称疾不赴，即以左屯卫将军令狐辛达代李渊为开渠副使都督。

自大梁起首，于乐台[5]之北建修渠所署，命之为卞渠，因名其府署为卞渠上源传舍也。诏发天下丁夫，男年十五已上、五十以下者皆至，如有隐匿者斩三族。帝以河水经于卞，乃赐卞字加水。丁夫计三百六十万人。乃更五家出一人，或老，或幼，或妇人等供馈饭食。又令少年骁卒五万人，各执杖督工为吏，如节级队长之类，共五百四十三万余人。叔谋乃令三分中取一分人，自上源而西至河阴，通连古河道，迤逦趋愁思台而至北去。又令二分丁夫，自上源驿而东去。

其年乃隋大业五年，八月上旬建功[6]。畚锸既集，东西横布数千里。才开断未及丈余，得古堂室，可数间，莹然肃净。漆灯晶煌，照耀如昼。四壁皆有彩画花竹龙鬼之像。中有棺柩，如豪家之葬。其促工吏闻于叔谋。命启棺，一人容貌如生，肌肤洁白如玉而肥。其发自头而出，覆其面，过腹胸下略其足，倒生而上，及其背下而方止。搜得一石铭，上有字如苍颉鸟迹之篆。乃召夫中有识者免其役。有一下邳[7]民，读曰：

我是大金仙，死来一千年。数满一千年，背下有流泉。得逢麻叔谋，葬我在高原。发长至泥丸。更候一千年，方登兜率天[8]。

叔谋乃自备棺椁，葬于城西隅之地。次开掘陈留。帝遣使持御署玉祝，并以白璧一双，具少牢之奠，祭于留侯[9]庙以假道。祭讫，忽有大风，出于殿内窗牖间，吹铄人面。使者退。自陈留果开掘东去，往来负担施锹者，风驰电激。远近之人，如蜂屯蚁聚。数日，达雍丘[10]。时有一夫，乃中年人，偶患伛偻之疾，不能前进，堕于队后，伶仃而行。是夜月色澄静，闻呵殿声甚严。夫鞠躬俟道左，良久，见清道继至，仪卫莫述。一贵人戴侯冠，衣王者衣，乘白马。命左右呼夫至前，谓曰："与吾言尔十二郎，还白璧一双。尔当宾于胡。"言毕，取璧以授。夫跪受讫，欲再拜，贵人跃马西去。届雍丘，以献于麻都护，熟视，乃帝献留侯物也。诘其夫，夫具道。叔谋性贪，乃匿璧。又不晓其言，虑夫泄于外，乃斩以灭口。

然后于雍丘起工。至大林，林中有小祠庙。叔谋访问村叟。曰："古老相传，呼为隐士墓，其神甚灵。"叔谋不以为信，将茔域发掘。数尺，忽凿一窍嵌空，群夫下窥，有灯火荧荧。无人敢入者。乃指使将官武平郎将狄去邪者，请入探之。叔谋喜曰："真荆聂之辈也。"命系去邪腰，下钩，约数十丈，方及地。去邪解其索，行约百步，入一石室。东北各有四石柱，铁索二条系一兽，大如牛。熟视之，一巨鼠也。须臾，石室之西有一石门洞开。一童子出，曰："子非狄去邪乎？"曰："然也。"

童子曰："皇甫君望子已久。"乃引入。见一人朱衣，顶云冠，居高堂之上。去邪再拜。其人不言，亦不答拜。绿衣吏引去邪立于堂之西阶下。良久，堂上人呼力士牵取阿麽来。武夫数人，形貌丑异魁伟，控所见大鼠至。去邪本乃廷臣，知帝小字，莫究其事，但屏气而立。堂上人责鼠曰："吾遣尔暂脱毛皮，为中国主。何虐民害物，不遵天道？"鼠但点头摇尾而已。堂上人益怒，令武士以大棒挝其脑。一击，捽然有声如墙崩，其鼠大叫若雷吼。方欲举杖再击，俄一童子捧天符而下。堂上惊跃，降阶俯伏听命。童子乃宣言曰："阿麽数本一纪，今已七年。更候五年，当以练巾系颈死。"童子去，堂上人复令系鼠于旧室中。堂上人谓去邪曰："与吾语麻叔谋：谢尔不伐吾茔，来岁奉尔二金刀，勿谓轻酬也。"言讫，绿衣吏人引去邪于他门出。约行十数里，入一林，蹑石扳藤而行。回顾，已失使者。又行三里余，见草舍，一老父坐土榻上。去邪访其处。老父曰："此乃嵩阳少室山[11]下也。"老父问去邪所至之处。去邪一一言。老父遂细解去邪。去邪知炀帝不永之事。且曰："子能免官，即脱身于虎口也。"去邪东行，回视茅屋，已失所在。时麻叔谋已至宁阳县[12]。去邪见叔谋，具白其事。元来去邪入墓后，其墓自崩。将谓去邪已死，今日却来。叔谋不信，将谓狂人。去邪乃托狂疾，隐终南山。时炀帝以患脑痛，月余不视朝。访其因，皆言帝梦中为人挝其脑，遂发痛数日。乃是去邪见鼠之日也。

叔谋既至宁陵县[13]，患风逆，起坐不得。帝令太医令巢元方往视之。曰："风入腠理，病在胸臆。须用嫩羊肥者蒸熟，糁药食之，则瘥。"叔谋取半年羊羔，杀而取腔，以和药，药未尽而病已痊。自后每令杀羊羔，日数枚。同杏酪五味蒸之，置其腔盘中，自以手脔擘[14]而食之，谓曰含酥脔。乡村献羊羔者日数千人，皆厚酬其直。宁陵下马村民陶榔儿，家中巨富，兄弟皆凶悖。以祖父茔域傍河道二丈余，虑其发掘。乃盗他人孩儿年三四岁者，杀之，去头足，蒸熟，献叔谋。咀嚼香美，迥异于羊羔，爱慕不已。召诘棚儿，棚儿乘醉泄其事。及醒，叔谋乃以金十两与棚儿，又令役夫置一河曲以护其茔域。棚儿兄弟自后每盗以献，所获甚厚。贫民有知者，竞窃人家子以献，求赐。襄邑宁陵睢阳界所失孩儿数百，冤痛哀声，旦夕不辍。虎贲郎将段达为中门使，掌四方表奏事，叔谋令家奴黄金窟将金赠与。凡有上表及讼食子者，不讯其词理，并令笞背四十，押出洛阳。道中死者，十有七八。时令狐辛达知之，潜令人收孩骨，未及数日，已盈车。于是城市村坊之民有孩儿者，家做木柜，铁裹其缝。每夜，置子于柜中锁之，全家秉烛围守。至天明，开柜见子，即长幼皆贺。

既达睢阳界，有濠寨使陈伯恭言此河道若取直路，径穿透睢阳城，如要回护，即取令旨。叔谋怒其言回护，令推出腰斩。令狐辛达救之。时睢阳坊市豪民一百八十户，皆恐掘穿其宅并茔域，乃以醵金[15]三千两，将献于叔谋，未有梯媒[16]可达。忽穿至一大林，中有墓，古老相传云宋司马华元墓。掘透一石室，室中漆灯棺柩帐幕之类，遇风皆化为灰烬。得一石铭，云："睢阳土地高，汴水可为濠。若也不回避，奉赠二金刀。"叔谋曰："此乃诈也。不足信。"是日，叔谋梦使者召至一官殿上，一人衣绛绡，戴进贤冠。叔谋再拜，王亦答拜。拜毕，曰："寡人宋襄公也。上帝命镇此方，二千年矣。倘将军借其方便，回护此城，即一城老幼皆荷恩德也。"叔谋不允。又曰："适来护城之事，盖非寡人之意。况奉上帝之命，言此地后五百年间，当有王者建万世之业。岂可偶为游逸，致使掘穿王气。"叔谋亦不允。良久，有使者入奏云："大司马华元至矣。"左右引一人，紫衣，戴进贤冠，拜觐于王前。王乃叙护城之事。其人勃然大怒曰："上帝有命匡护，叔谋愚昧之夫，不晓天命。"乃大呼左右，令置拷讯之物。王者曰："拷讯之事，何法最苦?"紫衣人曰："铜汁灌之口，烂其肠胃，此为第一。"王许之。乃有数武夫拽叔谋，脱去其衣，惟留犊鼻，缚铁柱上，欲以铜汁灌之。叔谋魂胆俱丧。殿上人连止之曰："护城之事如何？"叔谋连声言："谨依上命。"遂令解缚。与本衣冠。王令引去，将行，紫衣人曰："上帝赐叔谋金三千两，取于民间。"叔谋性贪，谓使者曰："上帝赐金，此何言也？"使者曰："有睢阳百姓献与将军，此阴注阳受也。"忽如梦觉，但觉神不住体。睢阳民果赂黄金窟而献金三千两。叔谋思梦中事，乃收之。立召陈伯恭，令自睢阳西穿渠，南去回屈，东行过刘赵村，连延而去。令狐辛达知之，累上表，亦为段达抑而不献。

至彭城[17]，路经大林中，有偃王墓。掘数尺，不可掘，乃铜铁也。四面掘去其土，唯见铁。墓旁安石门，扃锁甚严。用鄴人杨民计，撞开墓门。叔谋自入墓中，行百余步，二童子当前云："偃王颙候[18]久矣。"乃随而入。见宫殿，一人戴通天冠，衣绛绡衣，坐殿上。叔谋拜，王亦拜，曰："寡人茔域，当于河道。今奉与将军玉宝，遣君当有天下。倘然护之，丘山之幸也。"叔谋许之。王乃令使者持一玉印与叔谋。叔谋视之，印文乃古帝王受命玉宝也。叔谋大喜。王又曰："再三保惜，此刀刀之兆也。"叔谋出，令兵夫日护其墓。时炀帝在洛阳，忽失国宝，搜访宫闱，莫知所在，隐而不宣。炀帝督工甚急。叔谋乃自徐州，朝夕无暇，所役之夫已少一百五十余万，下寨之处，死尸满野。

帝在观文殿读书，因览《史记》，见秦始皇筑长城之事，谓宰相宇文达曰："始皇时至此已及千年，料长城已应摧毁。"宇文达顺帝意，奏曰："陛下偶然续秦皇之事，建万世之业，莫若修其城，坚其壁。"帝大喜。乃诏以舒国公贺若弼为修城都护，以谏议大夫高颎为副使，以江淮吴楚襄邓陈蔡并开拓诸州丁夫一百二十万修长城。诏下，若弼谏曰："臣闻始皇筑长城于绝塞，连延一万里，男死女旷，妇寡子孤，其城未就，父子俱死。陛下欲听狂夫之言，学亡秦之事，但恐社稷崩离，有同秦世。"

帝大怒,未及发言,宇文达在侧,乃叱曰:“尔武夫狂卒,有何知,而乱其大谋?”若弼怒,以象简击宇文达。帝怒,令囚若弼于家,是夜饮鸩死。高颎亦不行。宇文达乃举司农卿宇文弼为修城都护,以民部侍郎宇文恺为副使。

时叔谋开汴渠盈灌口,点检丁夫,约折二百五十万人。其部役兵士旧五万人,折二万三千人。工既毕,上言于帝。遣决汴口,注水入汴渠。帝自洛阳迁驾大渠。诏江淮诸州造大船五百只。使命至,急如星火。民间有配著造船一只者,家产破用皆尽,犹有不足,枷项笞背,然后鬻货男女,以供官用。龙舟既成,泛江沿淮而下。至大梁,又别加修饰,砌以七宝金玉之类。于是吴越间取民间女年十五六岁者五百人,谓之殿脚女。至于龙舟御楫,即每船用彩缆十条,每条用殿脚女十人,嫩羊十口,令殿脚女与羊相间而行,牵之。时恐盛暑,翰林学士虞世基献计,请用垂柳栽于汴渠两堤上。一则树根四散,鞠护河堤;二乃牵船之人,获其阴凉;三则牵舟之羊食其叶。上大喜,诏民间有柳一株,赏一缣。百姓竞献之。又令亲种,帝自种一株,群臣次第种,方及百姓。时有谣言曰:“天子先栽,然后百姓栽。”栽毕,帝御笔写赐垂杨柳姓杨,曰“杨柳”也。时舳舻相继,连接千里,自大梁至淮口,联绵不绝。

锦帆过处,香闻百里。既过雍丘,渐达宁陵界。水势渐紧,龙舟阻碍,牵驾之人,费功转甚。时有虎贲郎将鲜于俱为护缆使,上言水浅河窄,行舟甚难。上以问虞世基。曰:“请为铁脚木鹅,长一丈二尺,上流放下。如木鹅住,即是浅处。”帝依其言,乃令右翊将军刘岑验其水浅之处。自雍丘至汉口,得一百二十九处。帝大怒,令根究本处人吏姓名。应是木鹅住处,两岸地分之人皆缚之,倒埋于岸下,曰:“令教‘生为开河夫,死作抱沙鬼’。”又埋却五万余人。既达睢阳,帝问叔谋曰:“坊市人烟,所掘几何?”叔谋曰:“睢阳地灵,不可干犯。若掘之,必有不祥。臣已回护其城。”帝怒,令刘岑乘小舟根访屈曲之处，比直路较二十里。帝益怒，乃令擒出叔谋，囚于后狱。急使宣令狐辛达询问其由，辛达奏："自宁陵便为不法，初食羊脔，后啖婴儿；养贼陶榔儿，盗人之子；受金三千两，于睢阳擅易河道。"乃取小儿骨进呈。帝曰："何不奏达？"辛达曰："表章数上，为段达扼而不进。"帝令人搜叔谋囊橐间，得睢阳民所献金，又得留侯所还白璧及受命宝玉印。上惊异，谓宇文达曰："金与璧皆微物。寡人之宝，何自而得乎？"宇文达曰："必是遣贼窃取之矣。"帝瞪目而言曰："叔谋今日窃吾宝，明日盗吾首矣。"辛达在侧，奏曰："叔谋常遣陶榔儿盗人之子，恐国宝榔儿所盗也。"上益怒，遣荣国公来护儿、内使李百药、太仆卿杨义臣推鞠叔谋，置台署于睢阳。并收陶榔儿全家，令榔儿具招入内盗宝事。榔儿不胜其苦，乃具事招款。又责段达所收令狐辛达奏章即不奏之罪。案成进上，帝问丞相宇文达。曰："叔谋有大罪四条：食人之子，受人之金，遣贼盗宝，擅移开河道。请用峻法诛之。"其子孙取圣旨，帝曰："叔谋有大罪，为开河有功，免其子孙。"只令腰斩叔谋于河侧。时来护儿受敕未至间，叔谋梦一童子自天而降，谓曰："宋襄公与大司马华元遣我来，感将军护城之意，往年所许二金刀，今日奉还。"叔谋觉，曰："据此先兆，不祥。我腰领难存矣。"言未毕，护儿至，驱于河之北岸，斩为三段。榔儿兄弟五人，并家奴黄金窟并鞭死。中门使段达免死，降官为洛阳监门令。

〔注〕 ① 睢阳：即今河南省商丘市睢阳区。 ② 广陵：即今江苏省扬州市。 ③ 大梁：今河南省开封市。 ④ 畎：疏通。 ⑤ 乐台：疑即古吹台，又名禹王台，在河南开封市南郊。传系春秋时大音乐家师旷吹乐处。 ⑥ 建功：此指工程开工。 ⑦ 下邳：古地名。在今江苏省宿迁市东南。 ⑧ 兜率天：佛教用语，即欲界六天中的第四天，这里泛指天界。 ⑨ 留侯：西汉张良，封留侯。 ⑩ 雍丘：今河南省杞县。 ⑪ 嵩阳少室山：即嵩山少室山，一名季室山。在今河南省登封市城西。 ⑫ 宁阳县：即今山东省宁阳县。 ⑬ 宁陵县：今河南省宁陵县。 ⑭ 脔擘：用手把肉撕成块。 ⑮ 醵(jù)金：集资、凑钱。 ⑯ 梯媒：指能够引荐的人。 ⑰ 彭城：古地名，治今江苏徐州市。 ⑱ 颙(yóng)候：恭敬地等候。

《开河记》见于《说郛》，宋佚名撰。一说唐代作品。

小说以炀帝为游幸维扬而不惜民力开凿运河为基本题材，以在开河中犯下滔天罪行的大臣麻叔谋为主要批判对象，把炀帝时期君臣上下的罪恶，用小说的形式生动而尖锐地呈现了出来。

《开河记》在一种浓重的怀旧情绪中展开全篇。炀帝篡位之前，被封为陈王，镇守广陵（即扬州）。后“因观殿壁上有《广陵图》，帝瞪目视之，移时不能举步”，在萧后的追问下，不禁思念起广陵胜境以至“圣容惨然”。于是，萧后便劝炀帝游幸扬州，以抒其怀旧之思。怀旧本人之常情，孰料此情一生，臣子纷纷出谋划策，一个堪与秦始皇修筑长城相比并的浩大工程，重重地压在了本已苦难不堪的老百姓身上，而一班贪婪暴虐的大臣则如获至宝，在这项工程中大肆弄权，为讨好主子、满足私欲而不惜奴役百姓，残杀良民。小说的第一主人公麻叔谋原本征北大总管，有幸被任命为开河都护。其在督导开河的过程中，贪婪暴虐的本性表现得一览无余，其贪财，则先藏炀帝祭留侯庙时所献之白璧，次收运河所经诸州所献之金，最后竟连皇帝玉玺也笑而纳之；其嗜食，则不仅四面搜求嫩羊，创为“含酥脔”，而且并幼童之肉亦食之无厌，以致为获取其利或有求于他者纷纷罗致，襄邑、宁陵、睢阳等地盗孩儿成风，老百姓则闻风丧胆；其暴虐，则先杀人灭口，又遣将入墓，为赶工期更全然不顾百姓死活，所征用吏民五百四十三万余人，仅丁夫一项即损失二百五十万，五万兵士亦损失二万三千。虽奉皇帝旨意行事，但如此草菅人命，为君为臣者皆罪责难逃；其弄权，则买通中门使段达，使愤于麻叔谋者进谏无门。正是在这样一位开河都护的残暴督促下，运河终于修成。然麻都护所犯下的滔天罪行，在隋炀帝幸江南的过程中戏剧性地一一败露。贪婪暴虐的麻叔谋最终被腰斩三段，应了“奉赠二金刀”之谶。

与麻叔谋相对立的，乃是身为开渠副使都督的令狐辛达。由于麻氏弄权，令狐辛达虽极端不满，但却一直进谏无门，不过，为最终揭穿麻氏丑恶面目，令狐辛达机智地将诸多证据收集起来，趁炀帝怒于麻氏渎职之时，一举清算了麻叔谋的滔天罪恶，给小说带来了一些亮色。然而，大厦将倾，独木难支，更何况“炀帝已昏淫”，群僚腐败已极，在麻氏开河的同时，宇文达等居然还排斥忠良，怂恿隋炀帝去修筑长城。而炀帝自己则迫不及待地乘舟东幸，已经坐在火山口上了还不自知，简直荒唐透顶。

《开河记》除了在批判性方面特别有力度之外，艺术上也有颇多值得提及的地方。在结构上，作者以开凿运河为线索，以运河的修成为分水岭，将麻叔谋的成与败分为两个阶段，把麻氏前一阶段的飞扬跋扈与后一阶段的狼狈伏法作鲜明对比，从而将麻叔谋贪婪暴虐的性格表现得淋漓尽致，因而在结构上显得比较严密完整。在细节上，作者几乎处处设下伏笔，特别注意前后呼应，如暗示麻叔谋最终结局的“二金刀”，即分别在狄去邪探墓、睢阳豪民献金乏媒偶得石铭，乃至叔谋自掘奇墓并奇遇偃王之魂等三处出现；在人物安排上，作者有意设置两相对立的人物，以他们之间的矛盾斗争及此消彼长来增强小说的戏剧性，在一定程度上已包含了公案小说的许多因子。在故事性方面，作者每每打破阴阳界限，将人世间无法实现的美好愿望放到阴间去实现。比如武平郎将入墓奇遇一节，作者用辛辣的笔调，描述了阴曹地府中巨鼠阿麽（实即隋炀帝）受审的滑稽细节，并直接与阳间的帝王联系起来，不仅满足了人们审判荒淫暴君的强烈愿望，而且趣味横生，达到了很好的讽刺效果。

当然，由于小说主要是写给普通老百姓看的，为迎合读者口味，作者往往过于求奇，时时援鬼神入题，穿插一些荒诞不经的事件，有时虽离奇却有节外生枝之嫌；又由于认识水平的局限，作者每每把性格、历史发展的必然规律统统归结为因果报应，将对丑恶现实的反抗寄托于冥冥地府，无形中削弱了嘲讽和批判的力度；而作恶者在小说最后一一受到惩处的大团圆结局，则已初步显示了我国古代小说戏曲创作中程式化特点的雏形。（路成文）

【作者小传】

孙光宪

（？—968）　五代宋初文学家。字孟文，号葆光子。陵州贵平（今四川仁寿）人。唐代任陵州判官，入宋后任黄州刺史。作有小说集《北梦琐言》等。

荆十三娘　孙光宪

进士赵中行，家于温州，以豪侠为事。至苏州，旅止支山禅院僧房。有一女商荆十三娘，为亡夫设大祥斋，因慕赵，遂同载归扬州。赵以气义耗荆之财，殊不介意。其友人李正郎弟三十九，爱一妓，为其父母夺与诸葛殷[①]，李怅恨不已。时诸葛殷与吕用之[②]幻惑高太尉[③]，恣行威福，李惧祸，饮泣而已。偶话于荆娘，荆娘亦愤惋，谓李三十九郎曰：“此小事，我能为郎报仇。但请过江，于润州北固山，六月六日正午时待我。”李亦依之。至期，荆氏以囊盛妓，兼致妓之父母首归于李。后与赵进士同入浙中，不知所止。

〔注〕①诸葛殷：方士名。②吕用之：方士名。③高太尉：即高骈。唐末将领。僖宗时任淮南节度使、江淮盐铁转运使、诸道行营都统等职。他慑于黄巢起义军的声威和统治者内部的矛盾，坐守扬州，企图割据一方。后来为部将所杀。

本篇选自《北梦琐言》。

小说叙写侠女荆十三娘的故事。与一般的武侠小说不同的是，作者并没有去渲染荆十三娘的武功，而是着力刻画她的嫉恶如仇、见义勇为。故事大致可以分成两大段。前面写她和赵中行的结合，后面写她为李三十九郎夺回所爱女子的豪举。

作品的中心人物是女侠荆十三娘，但故事却从赵中行叙起。原来赵中行也是一位豪侠之士。两人在支山禅院相遇。当时荆十三娘正为亡夫做大祥斋。荆十三娘因为钦慕赵的为人，即毅然地改嫁了他。我们从这里看到这位女侠的不拘小节、凡事自己做主的风格。赵中行"以气义耗荆之财"，她也毫不在意。从这里我们又可以看出她的轻财重义。她的以身相许，完全与钱财无关。

故事的重心显然是在后面。李三十九郎的心爱之人为有力者夺走。有关诸葛殷的情况，《旧唐书》中高骈的本传提到，吕用之、诸葛殷等人，以长生之术迷惑高骈，"骈并署为牙将"，为他们"于府第别建道院"。高骈终日和他们鬼混，"宾佐罕见其面"。诸葛殷在当时的得宠和权势的炙手可热，均由此可见。难怪李三十九郎只是"惧祸，饮泣而已"。这件事本来和荆十三娘毫不相干，可是她不但为之"愤惋"，而且慷慨许诺，要为李三十九郎夺回心上之人。"此小事，我能为郎报仇。但请过江，于润州北固山，六月六日正午时待我。"她是那么自信而有把握。到了那天，她果然如约"以囊盛妓，兼致妓之父母首归于李"。至此，一个轻生死、重然诺、急人难，嫉恶如仇、见义勇为的女侠形象出现在读者的面前。作者没有像小说《昆仑奴传》那样去介绍荆十三娘深入巨宅，救出那位妓女的经过。而把这些都留给读者去加以想象。结末的"后与赵进士同入浙中，不知所止"，更是给人一种"曲终人不见，江上数峰青"的感觉。

（张国风）

【作者小传】

乐　史

(930—1007)　宋文学家、学者。字子正。抚州宜黄（今属江西）人。太平兴国五年(980)进士及第，历任著作佐郎、太常博士、知舒州。作有小说《绿珠传》《杨太真外传》等。

绿　珠　传　　　乐　史

绿珠者，姓梁，白州博白县人也。州则南昌郡，古粤地，秦象郡，汉合浦县地[①]。唐武德初，削平萧铣[②]，于此置南州，寻改为白州，取白江为名。州境有博白山、博白江、盘龙洞、房山、双角山、大荒山。山上有池，池中有婢妾鱼[③]。绿珠生双角山下，美而艳，粤俗以珠为上宝，生女为珠娘，生男为珠儿。绿珠之字，由此而称。

晋石崇为交趾采访使[④]，以真珠三斛致之。崇有别庐，在河南金谷涧[⑤]，涧中有金水，自太白源来。崇即川阜制园馆。绿珠〔能〕吹笛，又善舞《明君》。明君者，汉妃也。汉元帝时，匈奴单于入朝，诏王嫱配之，即昭君也。及将去，入辞，光彩射人。天子悔焉，重难改更。汉人怜其远嫁，为作此歌。崇以此曲教之，而自制新歌曰：

> 我本良家子，将适单于庭。辞别未及终，前驱已抗旌。仆御流涕别，辕马悲且鸣。哀郁伤五内，涕泣沾珠缨。行行日已远，遂造匈奴城。延伫于穹庐，加我阏氏[⑥]名。殊类非所安，虽贵非所荣。父子见陵辱，对之惭且惊。杀身良不易，默默以苟生。苟生亦何聊，积思常愤盈。愿假飞鸿翼，乘之以遐征。飞鸿不我顾，伫立以屏营。昔为匣中玉，今为粪上英。朝华不足欢，甘与秋草并。传语后世人，远嫁难为情。

崇又制《懊恼曲》以赠绿珠。崇之美艳者千余人，择数十人，妆饰一等，使同视之，不相分别。刻玉为倒龙佩，萦金为凤凰钗，结袖绕楹而舞。欲有所召者，不呼姓名，悉听佩声，视钗色。佩声轻者居前，钗色艳者居后，以为行次而进。

赵王伦[⑦]乱常，贼类孙秀[⑧]使人求绿珠。崇方登凉观，临清水，妇人侍侧，使者以告，崇出侍婢数十人以示之，皆蕴兰麝而披罗縠，曰："任所择。"使者曰："君侯服御，丽矣。然受命指索绿珠，不知孰是？"崇勃然曰："吾所爱，不可得也。"秀因是谮伦族之。收兵忽至，崇谓绿珠曰："我今为尔获罪。"绿珠泣曰："愿效死于君前。"崇因止之，于是坠楼而〔死〕。崇弃东市，时人名其楼曰绿珠楼。楼在步庚里，近狄泉。狄泉在王城〔之〕东。

绿珠有弟子宋韩，有国色，善吹笛，后入晋明帝宫中。今白州有一派水，自双角山出，合容州江，呼为绿珠江，亦犹归州[9]有昭君滩、昭君村、昭君场，吴有西施谷、脂粉塘，盖取美人出处为名。又有绿珠井，在双角山下。耆老传云："汲此井饮者，诞女必多美丽。里闾有识者以美色无益于时，因以巨石镇之。尔后虽有产女端妍者，而七窍四肢多不完具。"异哉！山水之使然。昭君村生女皆炙破其面，故白居易诗云："不取往者戒，恐贻来者冤。至今村女面，烧灼成瘢痕。"又以不完具而惜焉。

牛僧孺《周秦行记》[10]云："夜宿薄太后庙，见戚夫人、王嫱、太真妃、潘淑妃，各赋诗言志[11]。别有善笛女子，短鬟窄袖长带，貌甚美，与潘氏偕来。太后以接坐居之，令吹笛，往往亦及酒。太后顾而谓曰：'识此否？石家绿珠也。潘妃养作妹。'太后曰：'绿珠岂能无诗乎？'绿珠拜谢作曰：'此日人非昔日人，笛声空怨赵王伦。红残钿碎花楼下，金谷千年更不春。'太后曰：'牛秀才远来，今日谁人与伴？'绿珠曰：'石卫尉性严忌，今有死不可及乱。'"然事虽诡怪，聊以解颐。噫！石崇之败，虽自绿珠始，亦其来有渐矣。崇尝刺荆州，劫夺远使，沉杀客商，以致巨富。又遗王恺[12]鸩鸟，共为鸩毒之事。有此阴谋。加以每邀客燕集，令美人行酒，客饮不尽者，使黄门[13]斩美人。王丞相与大将军尝共访崇[14]，丞相素不能饮，辄自勉强，至于沉醉。至大将军，故不饮以观其气色，已斩三人。君子曰："祸福无门，唯人所召。"崇心不义，举动杀人，乌得无报也！非绿珠无以速石崇之诛，非石崇无以显绿珠之名。

绿珠之坠楼，侍儿之有贞节者也。比之于古，则有曰六出。六出者，王进贤侍儿〔也〕。进贤，晋愍太子妃。洛阳乱，石勒[15]掠进贤渡孟津[16]，欲妻之。进贤骂曰："我皇太子妇，司徒公女。胡羌小子，敢干我乎？"言毕投河。六出曰："大既有之，小亦宜然。"复投河中。又有窈娘者，武周时乔知之[17]宠婢也，盛有姿色，特善歌舞。知之教读书，善属文，深所爱幸。时武承嗣[18]骄贵，内宴酒酣，迫知之将金玉赌窈娘。知之不胜，便使人就家强载以归。知之怨悔，作《绿珠篇》以叙其怨。词曰：

石家金谷重新声，明珠十斛买娉婷。此日可怜无复比，此日可爱得人情。君家闺阁未曾难，尝持歌舞使人看。富贵雄豪非分理，骄矜贵势横相干。辞君去君终不忍，徒劳掩面伤红粉。百年离别在高楼，一旦红颜为君尽。

知之私属承嗣家阉奴传诗于窈娘，窈娘得诗，悲泣投井而死。承嗣令汲出，于衣中得诗，鞭杀阉奴。讽吏罗织知之，以至杀焉。悲夫！二子以爱姬示人，掇丧身之祸。所谓倒持太阿，授人以柄。《易》曰："慢藏诲盗，冶容诲淫。"其此之谓乎。其后诗人题歌舞妓者，皆以绿珠为名。庾肩吾[19]曰：

兰堂上客至，绮席清弦抚。
自作《明君辞》，还教绿珠舞。

李元操[20]云：

绛树摇歌扇，金谷舞筵开。
罗袖拂归客，留欢醉玉杯。

江总[21]云：

绿珠含泪舞，孙秀强相邀。

绿珠之没，已数百年矣，诗人尚咏之不已，其故何哉？盖一婢子不知书而能感主恩，愤不顾身，其志烈懔懔，诚足使后人仰慕歌咏也。至有享厚禄,盗高位,亡仁义之行,怀反复之情,暮四朝三,唯利是务,节操反不若一妇人,岂不愧哉！今为此传,非徒述美丽,窒祸源,且欲惩戒辜恩背义之类也。季伦死后十日,赵王伦败。左卫将军赵泉斩孙秀于中书,军士赵骏剖秀心食之。伦囚金墉城㉒,赐金屑酒。伦惭,以巾覆面曰:"孙秀误我也。"饮金屑而卒。皆夷家族。南阳生㉓曰:"此乃假天之报怨。不然,何以枭夷㉔之立见乎!"

〔注〕①"白州博白县"至"汉合浦县地"句:古代称西起广西、东至浙江的沿海地区为"百粤"。秦把南方沿海括入版图,设"象郡",辖今广东西南部、广西东南部以及越南北部地区。汉武帝元鼎六年(前111)设合浦郡,治所在今广西合浦。《汉书·地理志》载合浦郡辖五县,无博白县。《读史方舆纪要》言博白属合浦郡。南朝梁置南昌县,故治在今广西博白县南。唐高祖武德四年(621)平萧铣,设"南州",六年改为"白州",后改为"南昌郡",后又改称白州。宋初也有一段时间称此地为"白州南昌郡"。②萧铣(xiǎn):南朝梁宣帝曾孙,始任隋朝罗川县令,大业末年叛隋,唐高祖武德四年(621)被平叛。③婢妾鱼:鲫鱼的别称。④"晋石崇"句:石崇(249—300),字季伦,渤海南皮(今河北南皮县东北)人,官至卫尉卿。"八王之乱"时被赵王伦所杀。交趾:汉郡名,晋称"交州",辖境与秦象郡近似。采访使:唐代初期派朝官分赴各地访察州县吏治及民情,也称巡察使、按察使,最后定名为"观察处置使"。晋无此官,石崇没做过"交趾采访使"。⑤金谷涧:在洛阳西北。⑥阏氏(yān zhī):匈奴君主的正妻。⑦赵王伦:晋惠帝之叔司马伦,封赵王。⑧孙秀:赵王伦的属僚,与伦同谋废贾后,逼惠帝禅位。⑨归州:今湖北秭归县。⑩"牛僧孺"句:牛僧孺,唐朝宰相,著有《玄怪录》。《周秦行记》:《贾氏谈录》以为李德裕门人韦瓘所撰而嫁名牛僧孺,此处所引有缩略。⑪"夜宿薄太后庙"句:薄太后,汉高祖侍姬,生文帝,文帝立,尊为太后。戚夫人,汉高祖宠妃。王嫱,王昭君。太真妃,杨贵妃。潘淑妃,南朝宋文帝宠妃。⑫王恺:晋文帝司马昭的内弟,晋武帝之舅,曾与石崇斗富。⑬黄门:东汉以太监任黄门令等职,后世遂以之称阉人。⑭"王丞相"句:王丞相,王导,字茂弘,东晋元帝、明帝、成帝三朝宰相。大将军,王敦,字处仲,王导的堂兄,官拜大将军。⑮石勒:五胡十六国中后赵高祖,其实掠王进贤的并非石勒,而是乔属。⑯孟津:今河南孟津东北。⑰乔知之:唐朝冯翊(今陕西大荔)人。⑱武承嗣:武则天侄子,官至左相。⑲庾肩吾:字子慎,南北朝梁代诗人,南阳新野人。⑳李元操:名孝贞,赵郡柏人县(今河北隆尧西)人,历仕北齐、周、隋各朝。㉑江总:字总持,济阳考城(今河南兰考)人,陈后主时官至尚书令。㉒金墉城:在洛阳故城西北角。㉓南阳生:作者乐史自称。㉔枭夷:枭,斩首灭族,诛杀净尽。

《绿珠传》是北宋初年乐史所作的一篇传奇,见于《琳琅秘室丛书》。与唐代传奇相比,此篇已显露出文字秉质朴弃华艳、叙事重直述而力避曲折铺排的特点,这是宋代文言小说的一个特色。

本篇名为《绿珠传》,其实真正与绿珠生平事迹有关的叙述所占篇幅却不到一半,其间夹杂以地理沿革、笔记、杂录、议论等多种内容,足见作者本意并非为敷演绿珠故事,而是着重于由此引发出来的道德问题的讨论。

绿珠是豪富石崇的一名家伎,因美貌善舞而得宠。石崇亲自制歌教她,依稀有歌乐相知的意味。不料绿珠之名被孙秀所知,孙秀遂向石崇求索,被拒绝。石崇因此招致灭族之祸。绿珠遂跳楼自杀,以谢主人不舍之恩。小说还杂录了唐代小说《周秦行记》关于绿珠死后魂魄仍为石崇守贞的记载,以突出绿珠"侍儿之有贞节"的形象。

气节乃古人极力标榜追求的人生境界,而"忠"是其中被反复强调并最受重视的内容之一。绿珠是一个身份低贱的歌女,对于人生的出路,她没有任何选择的权利与可能。主人的喜怒好恶、生死沉浮直接决定着她的命运。也就是说,她属于主人可以任意处置的私有财产,根本没有人身自由。但在身遭巨变的情况下,她并没有任由命运的摆布,而是在尽可能的范围内以极端的方式——自杀保持了自己只事一主的贞节。由于以何种身份怎样生存下去是她所无法决定的事情,她只有在尽可能的范围内维护自己的尊严。主人遭难,摆在她面前的只有两条路:或者改弦易辙,投靠新主子;或者以死相抗,表明自己的忠诚。她毅然选择了后者,以生命的代价树立了忠贞不渝的榜样,赢得了后人的赞誉。

为了衬托绿珠的贞节,小说还并举了前代两位殉节侍婢,即晋愍太子妃王进贤的侍儿六出以及唐朝乔知之的侍婢窈娘的故事。她们一个在女主人殉夫之后也投河自尽,另一个则在读到男主人因将其赌输给他人所写的怨诗后投井自尽。

绿珠以及文中提及的其他女性的遭遇都反映出一个相同的问题:尽管歌姬侍妾都是封建男权文化的必然产物,她们的身份决定了她们任人宰割的命运,但"忠烈"的道德要求仍然被施加于她们的身上,迫使她们既要随时听任他人的摆布,又要努力迎合传统的妇德观而为贞妇烈女,可谓身处两难境地而无力自主自保。换句话说,女性在封建社会的实际地位是导致她们悲惨境遇的根源。"冶容诲淫""为尔获罪"之类的言论反映出男性社会对女色的基本态度,而男性对女性美貌无休止的追逐又使这一认识更得以"印证",只是颠倒了原因与结果的关系而已。

另一方面,作者也客观地指出,石崇的败亡,源自他平日的败德暴行,多行不义必自毙,绿珠事件只不过加速了他自取灭亡的进程而已。赵王司马伦、宠臣孙秀最终也落得被杀的结局。取财无道、为富不仁、肆意杀人,这是石崇的祸根;斜肩谄媚、谗言惑主,这是佞臣孙秀的祸根;僭越弑君、任人唯亲、荒淫无道,这是赵王伦的祸根。虽然他们都是绿珠事件的当事人,在这一事件中扮演着不同的角色，但是，他们的不得善终，其根源却在于他们的无德无义，因而是咎由自取。这种认识一定程度上纠正了故事前半部分所构造的女色误主的谬论，形成了本文寓意多重、立论力图深刻的特点。

篇末，作者抒发了他这篇传奇的本意。他选取绿珠这样身卑位贱的“婢子”为传主，一来是为了褒扬她的节义，向沉迷女色、炫耀所有而招惹祸患的男人们发出警告；更主要的是为了达到反衬的艺术效果。试想，一个被人轻视的婢子都可以坚守节操，如果身为读书之士，却惟利是图，那将是多么令人汗颜的事情啊！小说由此表达出作者的良苦用心：惩戒那些辜负恩德、背信弃义之徒，以达到讥刺丧德败行之士的目的。乐史一片救德倡义、重塑儒林风尚的心肠昭然若揭。

本文多用前人典籍事迹。明君事与《唐书·乐志》文字稍异，司马伦事出干宝《晋纪》，填井破相事见《岭表录异》，诸妃相会事出《周秦行记》，斩美劝酒事出《世说新语》，王进贤事见《晋书·列女传》，而“美而艳”之语出《左传》桓公元年，“祸福无门”二句出《左传》襄公二十三年，新歌出《玉台新咏》，“倒持”二句出《汉书·梅福传》，“慢藏”二句出《易·系辞》，“暮四朝三”乃《庄子·齐物论》之典，又引江总《洛阳道》诗、白居易《过昭君村》诗、庾肩吾《石崇金谷妓》诗等以抒怀证言，体现了乐史小说广征博引、排比成篇的特点。这使得其创作一方面含有丰富的史传、笔记等材料，因此内容丰富驳杂；另一方面则导致文本叙事线索的连贯性的缺乏，博而无当，削弱了小说的艺术性。

另外，由于乐史本人精通地理，所以小说开始对绿珠家乡的地理情况做了详尽的叙述，读来颇觉散漫芜杂，影响了小说叙事的紧凑性。　　（马珏玶）

杨太真外传　　乐　史

卷　上

杨贵妃，小字玉环，弘农华阴[①]人也。后徙居蒲州永乐[②]之独头村。高祖令本，金州[③]刺史。父玄琰，蜀州司户[④]。贵妃生于蜀，尝误坠池中，后人呼为落妃池。池在导江[⑤]县前。妃早孤，养于叔父河南府士曹[⑥]玄璬家。开元二十二年十一月，归于寿[⑦]邸。二十八年十月，玄宗幸温泉宫，使高力士取杨氏女于寿邸，度为女道士，号太真，住内太真宫。天宝四载七月，册左卫中郎将韦昭训女配寿邸。是月，于凤凰园册太真宫女道士杨氏为贵妃，半后服用[8]。进见之日，奏《霓裳羽衣曲》。是夕，授金钗钿合。上又自执丽水镇库紫磨金琢成步摇[9]，至妆阁亲与插鬓。上喜甚，谓后宫人曰："朕得杨贵妃，如得至宝也。"乃制曲子曰《得宝子》，又曰《得鞛子》。

先是，开元初，玄宗有武惠妃、王皇后。后无子。妃生子，又美丽，宠倾后宫。至十三年皇后废，妃嫔无得与惠妃比。二十一年十一月，惠妃即世。后庭虽有良家子，无悦上目者，上心凄然。至是得贵妃，又宠甚于惠妃。有姊三人，皆丰硕修整，工于谑浪，巧会旨趣，每入宫中，移晷方出。宫中呼贵妃为娘子，礼数同于皇后。册妃日，赠其父玄琰济阴太守，母李氏陇西郡夫人。又赠玄琰兵部尚书，李氏凉国夫人。叔玄珪为光禄卿、银青光禄大夫。再从兄[10]钊拜为侍郎，兼数使。兄铦又居朝列。堂弟锜尚太华公主，是武惠妃生，以母见遇过于诸女，赐第连于宫禁。自此杨氏权倾天下，每有嘱请，台省府县，若奉诏敕。四方奇货，僮仆、驼马，日输其门。

时安禄山为范阳[11]节度，恩遇最深，上呼之为儿。尝于便殿与贵妃同宴乐，禄山每就坐，不拜上而拜贵妃。上顾而问之："胡不拜我而拜妃子，意者何也？"禄山奏云："胡家不知其父，只知其母。"上笑而赦之。又命杨铦已下，约禄山为兄弟姊妹，往来必相宴饯。初虽结义颇深，后亦权敌，不叶[12]。

五载七月，妃子以妒悍忤旨。乘单车，令高力士送还杨铦宅。及亭午，上思之不食，举动发怒。力士探旨，奏请载还，送院中宫人衣物及司农米面酒馔百余车。诸姊及铦初则惧祸聚哭，及恩赐浸广，御馔兼至，乃稍宽慰。妃初出，上无聊，中官趋过者，或笞挞之，至有惊怖而亡者。力士因请就召，既夜，遂开安兴坊，从太华宅以入。及晓，玄宗见之内殿，大悦。贵妃拜泣谢过。因召两市杂戏以娱贵妃。贵妃诸姊进食作乐。自兹恩遇日深，后宫无得进幸矣。

七载，加钊御史大夫、权京兆尹，赐名国忠。封大姨为韩国夫人,三姨为虢国夫人,八姨为秦国夫人,同日拜命,皆月给钱十万,为脂粉之资。然虢国不施妆粉,自炫美艳,常素面朝天。当时杜甫有诗云:"虢国夫人承主恩,平明上马入宫门。却嫌脂粉涴颜色,淡扫蛾眉朝至尊。"又赐虢国照夜玑,秦国七叶冠,国忠锞子帐,盖希代之珍,其恩宠如此。铦授银青光禄大夫、鸿胪卿,将列棨戟,特授上柱国,一日三诏。与国忠五家于宣阳里,甲第洞开,僭拟宫掖,车马仆从,照耀京邑,递相夸尚。每造一堂,费逾千万计,见制度宏壮于己者,则毁之复造。土木之工,不舍昼夜。上赐御食,及外方进献,皆颁赐五宅。开元已来,豪贵荣盛,未之比也。上起动必与贵妃同行,将乘马,则力士执辔授鞭。宫中掌贵妃刺绣织锦七百人,雕镂器物又数百人,供生日及时节庆。续命杨益往岭南。长吏日求新奇以进奉。岭南节度张九章、广陵长史王翼,以端午进贵妃珍玩衣服异于他郡,九章加银青光禄大夫,翼擢为户部侍郎。

九载二月,上旧置五王帐,长枕大被,与兄弟共处其间。妃子无何窃宁王紫玉笛吹。故诗人张祜诗云:"梨花静院无人见,闲把宁王玉笛吹。"因此又忤旨放出。时吉温多与中贵人善,国忠惧,请计于温,遂入奏曰:"妃,妇人无智识,有忤圣颜,罪当死。既尝蒙恩宠,只合死于宫中。陛下何惜一席之地,使其就戮,安忍取辱于外乎?"上曰:"朕用卿,盖不缘妃也。"初,令中使张韬光送妃至宅,妃泣谓韬光曰:"请奏:妾罪合万死,衣服之外,皆圣恩所赐,唯发肤是父母所生。今当即死,无以谢上。"乃引刀剪其发一缭,附韬光以献。妃既出,上怃然。至是,韬光以发搭于肩上以奏,上大惊惋,遽使力士就召以归。自后益嬖焉。又加国忠遥领剑南节度使。

十载上元节,杨氏五宅夜游,遂与广宁公主骑从争西市门。杨氏奴挥鞭误及公主衣,公主堕马。驸马程昌裔扶公主,因及数村。公主泣奏之。上令决杀杨家奴一人,昌裔停官,不许朝谒。于是杨家转横，出入禁门不问，京师长吏，为之侧目。故当时谣曰："生女勿悲酸，生男勿喜欢。"又曰："男不封侯女作妃，君看女却是门楣。"其天下人心羡慕如此。上一旦御勤政楼，大张声乐。时教坊有王大娘，善戴百尺竿，上施木山，状瀛洲、方丈，令小儿持绛节，出入其间，而舞不辍。时刘晏以神童为秘书省正字，十岁，惠悟过人。上召于楼中，贵妃坐于膝上，为施粉黛，与之巾栉。贵妃令诸〔咏〕王大娘戴竿。晏应声曰："楼前百戏竞争新，唯有长竿妙入神。谁谓绮罗翻有力，犹自嫌轻更著人。"上与妃及嫔御皆欢笑移时，声闻于外，因命牙笏黄纹袍赐之。上又宴诸王于木兰殿，时木兰花发，皇情不悦。妃醉中舞《霓裳羽衣》一曲，天颜大悦，方知回雪流风，可以回天转地。上尝梦十仙子，乃制《紫云回》；并梦龙女，又制《凌波曲》。二曲既成，遂赐宜春院及梨园弟子并诸王。时新丰[13]初进女伶谢阿蛮，善舞。上与妃子钟念，因而受焉。就按于清元小殿，宁王吹玉笛，上羯鼓，妃琵琶，马仙期方响，李龟年觱篥，张野狐箜篌，贺怀智拍。自旦至午，欢洽异常。时唯妃女弟秦国夫人端坐观之。曲罢，上戏曰："阿瞒[14]乐籍，今日幸得供养夫人，请一缠头[15]。"秦国曰："岂有大唐天子阿姨，无钱用耶?"遂出三百万为一局焉。乐器皆非世有者，才奏而清风习习，声出天表。妃子琵琶逻娑[16]檀，寺人白季贞使蜀还献。其木温润如玉，光耀可鉴，有金缕红文，蹙成双凤。弦乃末诃弥罗国永泰元年所贡者，渌水蚕丝也，光莹如贯珠瑟瑟。紫玉笛乃姮娥所得也。禄山进三百事管色[17]，俱用媚玉为之。诸王、郡主、妃之姊妹，皆师妃，为琵琶弟子。每一曲彻，广有献遗。妃子是日问阿蛮曰："尔贫无可献师长，待我与尔为。"命侍儿红桃娘取红粟玉臂支[18]赐阿蛮。妃善击磬，拊搏之音泠泠然，多新声，虽太常梨园之妓莫能及之。上命采蓝田绿玉琢成磬，上方造簴[19]，流苏之属，以金钿珠翠饰之，铸金为二狮子以为趺，彩绘缛丽，一时无比。

先开元中，禁中重木芍药，即今牡丹也。得数本红紫浅红通白者，上因移植于兴庆池东沉香亭前。会花方繁开，上乘照夜白，妃以步辇从。诏选梨园弟子中尤者，得乐十六色。李龟年以歌擅一时之名，手捧檀板，押众乐前，将欲歌之。上曰："赏名花，对妃子，焉用旧乐词为?"遽命龟年持金花笺，宣赐翰林学士李白立进《清平乐》词三篇。承旨，犹苦宿酲，因援笔赋之。第一首：

云想衣裳花想容，春风拂槛露华浓。

若非群玉山头见，会向瑶台月下逢。

第二首：

一枝红艳露凝香，云雨巫山枉断肠。

借问汉宫谁得似？可怜飞燕倚新妆。

第三首：

名花倾国两相欢，长得君王带笑看。

解释春风无限恨，沉香亭北倚栏干。

龟年捧词进，上命梨园弟子略约词调，抚丝竹，遂促龟年以歌。妃持玻璃七宝杯，酌西凉州[20]蒲(葡)萄酒，笑领歌，意甚厚。上因调玉笛以倚曲。每曲遍将换，则迟其声以媚之。妃饮罢，敛绣巾再拜。上自是顾李翰林尤异于他学士。会力士终以脱靴为耻，异日妃重吟前词，力士戏曰："始为妃子怨李白深入骨髓，何翻拳拳如是耶?"妃子惊曰："何学士能辱人如斯?"力士曰："以飞燕指妃子，贱之甚矣。"妃深然之。上尝三欲命李白官，卒为宫中所捍而止。上在百花院便殿，因览《汉成帝内传》，时妃子后至，以手整上衣领曰："看何文书?"上笑曰："莫问，知则又殢人。"觅去，乃是汉成帝获飞燕，身轻欲不胜风。恐其飘翥，帝为造水晶盘，令宫人掌之而歌舞。又制七宝避风台，间以诸香安于上，恐其四肢不禁也。上又曰："尔则任吹多少。"盖妃微有肌也，故上有此语戏妃。妃曰："《霓裳羽衣》一曲，可掩前古。"上曰："我才弄，尔便欲嗔乎？忆有一屏风，合在,待访得,以赐尔。”屏风乃虹霓为名,雕刻前代美人之形,可长三寸许。其间服玩之器,衣服,皆用众宝杂厕而成。水精为地,外以玳瑁水犀为押,络以珍珠瑟瑟,间缀精妙,迨非人力所制。此乃隋文帝所造,赐义成公主[21],随在北胡。贞观初灭胡,与萧后同归中国,上因而赐焉。

卷 下

初,开元末,江陵[22]进乳柑橘,上以十枚种于蓬莱宫。至天宝十载九月秋,结实,宣赐宰臣曰:“朕近于宫内种柑子树数株,今秋结实一百五十余颗,乃与江南及蜀道所进无别,亦可谓稍异者。”宰臣表贺曰:“伏以自天所育者,不能改有常之性;旷古所无者,乃可谓非常之感。是知圣人御物,以元气布和;大道乘时,则殊方叶致。且橘柚所植,南北异名,实造化之有初,匪阴阳之有革。陛下玄风真纪,六合一家。雨露所均,混天区而齐被;草木有性,凭地气以潜通。故兹江外之珍果,为禁中之佳实。绿蒂含霜,芳流绮殿;金衣烂日,色丽彤庭。”乃颁赐大臣。外有一合欢实,上与妃子互相持玩。上曰:“此果似知人意,朕与卿固同一体,所以合欢。”于是促坐同食焉。因令画图,传之于后。妃子既生于蜀,嗜荔枝。南海荔枝胜于蜀者,故每岁驰驿以进。然方暑热而熟,经宿则无味,后人不能知也。上与妃采戏,将北,唯重四转败为胜,连叱之,骰子宛转而成重四,遂命高力士赐绯,风俗因而不易。广南进白鹦鹉,洞晓言词,呼为雪衣女。一朝飞上妃镜台上,自语:“雪衣女昨夜梦为鸷鸟所搏。”上令妃授以《多心经》,记诵精熟。后上与妃游别殿,置雪衣女于步辇竿上同去。瞥有鹰至,搏之而毙。上与妃叹息久之,遂瘗于苑中,呼为鹦鹉冢。交趾贡龙脑香[23],有蝉蚕之状,五十枚,波斯言老龙脑树节方有,禁中呼为瑞龙脑,上赐妃十枚。妃私发明驼[24]使持三枚遗禄山。妃又常遗禄山金平脱装具、玉合,金平脱铁面碗。

十一载,李林甫死,又以国忠为相,带四十余使。

十二载，加国忠司空[25]。长男暄，先尚延和郡主，又拜银青光禄大夫、太常卿，兼户部侍郎。小男朏，尚万春公主。贵妃堂弟秘书少监鉴，尚承荣郡主。一门一贵妃，二公主，三郡主，三夫人。

十三载，重赠玄琰太尉、齐国公。母重封梁国夫人。官为造庙，御制碑及书。叔玄珪又拜工部尚书。韩国婿秘书少监崔珣，女为代宗妃。虢国男裴徽，尚代宗女延光公主，女为让帝[26]男妻。秦国婿柳澄男钧，尚长清县主。澄弟潭，尚肃宗女和政公主。上每年冬十月幸华清宫，常经冬还宫阙，去即与妃同辇。华清有端正楼，即贵妃梳洗之所；有莲花汤，即贵妃澡沐之室。国忠赐第在宫东门之南，虢国相对。韩国、秦国，甍栋相接。天子幸其第，必过五家，赏赐燕乐。扈从之时，每家为一队，队著一色衣。五家合队，相映如百花之焕发。遗钿坠舄，瑟瑟珠翠，灿于路歧，可掬。曾有人俯身一窥其车，香气数日不绝。驼马千余头匹。以剑南旌节器仗前驱，出有饯饮，还有软脚。远近饷遗珍玩狗马，阉侍歌儿，相望于道。及秦国先死，独虢国、韩国、国忠转盛。虢国又与国忠乱焉。略无仪检，每入朝谒，国忠与韩、虢连辔，挥鞭骤马，以为谐谑。从官嬿妪百余骑，秉烛如昼，鲜装袨服而行，亦无蒙蔽。衢路观者如堵，无不骇叹。十宅诸王男女婚嫁，皆资韩、虢绍介，每一人纳一千贯，上乃许之。

十四载六月一日，上幸华清宫，乃贵妃生日。上命小部音声。小部者，梨园法部所置，凡三十人，皆十五已下。于长生殿奏新曲，未有名。会南海进荔枝，因以曲名《荔枝香》。左右欢呼，声动山谷。

其年十一月，禄山反幽陵。以诛国忠为名，咸言国忠、虢国、贵妃三罪，莫敢上闻。上欲以皇太子监国[27]，盖欲传位，自亲征。谋于国忠，国忠大惧，归谓姊妹曰："我等死在旦夕。今东宫监国，当与娘子等并命矣。"姊妹哭诉于贵妃。妃衔土请命,事乃寝。

十五载六月,潼关失守,上幸巴蜀,贵妃从。至马嵬,右龙武将军陈玄礼惧兵乱,乃谓军士曰:“今天下崩离,万乘震荡。岂不由杨国忠割剥甿庶,以至于此。若不诛之,何以谢天下?”众曰:“念之久矣。”会吐蕃和好使在驿门遮国忠诉事,军士呼曰:“杨国忠与蕃人谋叛!”诸军乃围驿四合,杀国忠并男暄等。上乃出驿门劳六军,六军不解围。上顾左右责其故。高力士对曰:“国忠负罪,诸将讨之。贵妃即国忠之妹,犹在陛下左右,群臣能无忧怖?伏乞圣虑裁断。”上回入驿,驿门内傍有小巷,上不忍归行宫,于巷中倚杖攲首而立。圣情昏嘿,久而不进。京兆司录韦锷进曰:“乞陛下割恩忍断,以宁国家。”逡巡,上入行宫,抚妃子出于厅门,至马道北墙口而别之,使力士赐死。妃泣涕呜咽,语不胜情,乃曰:“愿大家[28]好住。妾诚负国恩,死无恨矣。乞容礼佛。”帝曰:“愿妃子善地受生。”力士遂缢于佛堂前之梨树下。才绝而南方进荔枝至,上睹之,长号数息,使力士曰:“与我祭之。”祭后,六军尚未解围,以绣衾覆床,置驿庭中,敕玄礼等入驿视之。玄礼抬其首,知其死,曰:“是矣。”而围解。瘗于西郭之外一里许道北坎下。妃时年三十八,上持荔枝于马上,谓张野狐曰:“此去剑门,鸟啼花落,水绿山青,无非助朕悲悼妃子之由也。”

初,上在华清宫日,乘马出宫门,欲幸虢国夫人之宅。玄礼曰:“未宣敕报臣,天子不可轻去就。”上为之回辔。他年,在华清宫,逼上元,欲夜游。玄礼奏曰:“宫外即是旷野,须有预备。若欲夜游,愿归城阙。”上又不能违谏。及此马嵬之诛,皆是敢言之有便也。先是,术士李遐周有诗曰:“燕市人皆去,函关马不归。若逢山下鬼,环上系罗衣。”“燕市人皆去”,禄山即蓟门之士而来。“函关马不归”,哥舒翰之败潼关也。“若逢山下鬼”,嵬字,即马嵬驿也。“环上系罗衣”,贵妃小字玉环,及其死也,力士以罗巾缢焉。又妃常以假髻为首饰,而好服黄裙。天宝末,京师童谣曰:"义髻抛河里,黄裙逐水流。"至此应矣。初禄山尝于上前应对,杂以谐谑,妃常在座,禄山心动。及闻马嵬之死,数日叹惋。虽林甫养育之,国忠激怒之,然其有所自也。

是时虢国夫人先至陈仓[29]之官店,国忠诛问至,县令薛景仙率吏人追之。走入竹林下,以为贼军至,虢国先杀其男徽,次杀其女。国忠妻裴柔曰:"娘子何不借我方便乎?"遂并其女刺杀之。已而自刎不死,载于狱中,犹问人曰:"国家乎?贼乎?"狱吏曰:"互有之。"血凝其喉而死。遂并坎于东郭十余步道北杨树下。上发马嵬,行至扶风道。道傍有花,寺畔见石楠树团圆,爱玩之,因呼为端正树,盖有所思也。又至斜谷口,属霖雨涉旬,于栈道雨中,闻铃声隔山相应。上既悼念贵妃,因采其声为《雨霖铃》曲以寄恨焉。

至德[30]二年,既收复西京。十一月,上自成都还,使祭之。后欲改葬,李辅国[31]等皆不从。时礼部侍郎李揆奏曰:"龙武[32]将士以杨国忠反,故诛之。今改葬故妃,恐龙武将士疑惧。"肃宗遂止之。上皇密令中官潜移葬之于他所。妃之初瘗,以紫缛裹之。及移葬,肌肤已消释矣。胸前犹有锦香囊在焉。中官葬毕以献,上皇置之怀袖。又令画工写妃形于别殿,朝夕视之而歔欷焉。上皇既居南内,夜阑登勤政楼,凭栏南望,烟月满目。上因自歌曰:"庭前琪树已堪攀,塞外征人殊未还。"歌歇,闻里中隐隐如有歌声者。顾力士曰:"得非梨园旧人乎?迟明为我访来。"翌日,力士潜求于里中,因召与同去,果梨园弟子也。其后上复与妃侍者红桃在焉,歌《凉州》之词,贵妃所制也。上亲御玉笛,为之倚曲。曲罢相视,无不掩泣。上因广其曲,今《凉州》留传者益加焉。

至德中,复幸华清宫,从官嫔御多非旧人。上于望京楼下命张野狐奏《雨霖铃》曲。曲半,上四顾凄凉,不觉流涕,左右亦为感伤。新丰有女伶谢阿蛮,善舞《凌波曲》,旧出入宫禁,贵妃厚焉。是日诏令舞。舞罢,阿蛮因进金粟[33]装臂环,曰:“此贵妃所赐。”上持之,凄然垂涕曰:“此我祖大帝破高丽,获二宝,一紫金带,一红玉支。朕以岐王[34]所进《龙池篇》赐之金带。红玉支赐妃子。后高丽知此宝归我,乃上言‘本国因失此宝,风雨愆时,民离兵弱’。朕寻以为得此不足为贵,乃命还其紫金带。唯此不还。汝既得之于妃子,朕今再睹之,但兴悲念矣。”言讫,又涕零。

至乾元[35]元年,贺怀智又上言曰:“昔上夏日与亲王棋,令臣独弹琵琶,贵妃立于局前观之。上数抨(枰)子将输,贵妃放康国猧子[36]上局乱之,上大悦。时风吹贵妃领巾于臣巾上,良久,回身方落。及归,觉满身香气。乃卸头帻贮于锦囊中,今辄进所贮幞头。”上皇发囊,且曰:“此瑞龙脑香也。吾曾施于暖池玉莲朵,再幸,尚有香气宛然。况乎丝缕润腻之物哉。”遂凄怆不已。自是,圣怀耿耿,但吟:“刻木牵丝作老翁,鸡皮鹤发与真同。须臾舞罢寂无事,还似人生一世中。”有道士杨通幽自蜀来,知上皇念杨贵妃,自云有李少君之术。上皇大喜,命致其神。方士乃竭其术以索之,不至。又能游神驭气,出天界、入地府求之,竟不见。又旁求四虚上下,东极绝大海,跨蓬壶,忽见最高山上多楼阁。洎至,西厢下有洞户,东向,阖其门,额署曰“玉妃太真院”。方士抽簪叩扉,有双鬟童女出应问。方士造次未及言,双鬟复入。俄有碧衣侍女至,诘其所从来。方士因称天子使者,且致其命。碧衣云:“玉妃方寝,请少待之。”逾时,碧衣延入,且引曰:“玉妃出。”冠金莲,帔紫绡,佩红玉,拽凤舄,左右侍女七八人。揖方士,问皇帝安否,次问天宝十四载已还。言讫悯然,指碧衣女取金钗钿合,折其半,授使者曰:“为我谢太上皇。谨献是物,寻旧好也。”方士将行,色有不足,玉妃因征其意,乃复前跪致词:“请当时一事,不闻于他人者,验于太上皇。不然,恐金钗钿合,负新垣平之诈也。”玉妃忙然退立,若有所思,徐而言曰:“昔天宝十载,侍辇避暑骊山宫。秋七月，牵牛织女相见之夕，上凭肩而望。因仰天感牛女事，密相誓心：'愿世世为夫妇。'言毕，执手各呜咽。此独君王知之耳。"因悲曰："由此一念，又不得居此，复堕下界，且结后缘。或为天，或为人，决再相见，好合如旧。"因言："太上皇亦不久人间，幸惟自爱，无自苦耳。"使者还，具奏太上皇。皇心震悼。及至移入大内甘露殿，悲悼妃子，无日无之。遂辟谷服气，张皇后进樱桃蔗浆，圣皇并不食。常玩一紫玉笛，因吹数声，有双鹤下于庭，徘徊而去。圣皇语侍儿宫爱曰："吾奉上帝所命，为元始孔昇真人，此期可再会妃子耳。笛非尔所宝，可送大收。"即令具汤沐。"我若就枕，慎勿惊我。"宫爱闻睡中有声，骇而视之，已崩矣。妃之死日，马嵬媪得锦袎袜一只。相传过客一玩百钱，前后获钱无数。悲夫！玄宗在位久，倦于万机，常以大臣接对拘检，难徇私欲。自得李林甫，一以委成，故绝逆耳之言，恣行燕乐，衽席无别，不以为耻，由林甫之赞成矣。乘舆迁播，朝廷陷没，百僚系颈，妃王被戮，兵满天下，毒流四海，皆国忠之召祸也。

史臣曰：夫礼者，定尊卑，理家国。君不君，何以享国？父不父，何以正家？有一于此，未或不亡。唐明皇之一误，贻天下之羞，所以禄山叛乱，指罪三人。今为外传，非徒拾杨妃之故事，且惩祸阶而已。

〔注〕 ① 弘农华阴：今陕西华阴县，古属弘农郡。 ② 蒲州永乐：唐县名，在今山西永济。 ③ 金州：唐州名，治所在今陕西安康市。 ④ 蜀州：即益州，治所在今四川成都。司户：即"司户参军"，州郡掌管户口课税的官员。 ⑤ 导江：县名。在四川灌县东。唐置，属彭城，宋属永康军。元废。 ⑥ 士曹：掌管工役的府属官员。 ⑦ 寿：寿王，唐玄宗之子李瑁的封号。 ⑧ 半后服用：指待遇相当于半个皇后。 ⑨ 步摇：头饰，上有悬垂的珠子，随步而摇，故称。 ⑩ 再从兄：同曾祖的兄弟叫再从兄弟。 ⑪ 范阳：即幽州，天宝元年(742)改为范阳，治所在幽州(今北京城西南)。 ⑫ 叶：通"协"，和洽。 ⑬ 新丰：在今陕西临潼东北。 ⑭ 阿瞒：唐玄宗自称。 ⑮ 缠头：指赠送给歌舞者的布帛或财物。 ⑯ 逻娑(suō)：拉萨的古称。 ⑰ 管色：指箫类乐器。 ⑱ 玉臂支：玉镯。 ⑲ 簴(jù)：同"虡"，古代悬挂钟、磬木架两侧的柱。 ⑳ 西凉州：今甘肃武威。 ㉑ 义成公主：隋文帝时嫁给突厥启民可汗。 ㉒ 江陵：唐上元元年(760)改荆州为江陵府，治所在今湖北江陵县。 ㉓ 龙脑香：即冰片。 ㉔ 明驼：骆驼。 ㉕ 司空：唐时为荣衔。 ㉖ 让帝：唐睿宗长子李宪。 ㉗ 监国：皇帝出

外,太子留守暂理国事。 ㉘大家:汉代以来近侍对皇帝的称呼。 ㉙陈仓:古县名,治所在今陕西宝鸡。 ㉚至德:唐肃宗李亨年号(756—758)。 ㉛李辅国:唐肃宗时宦官。 ㉜龙武:唐禁军名称。 ㉝金粟:玉名。 ㉞岐王:唐睿宗之子李范。 ㉟乾元:肃宗年号(758—760)。 ㊱猧(wō)子:小狗。

本篇《顾氏文房小说》录载。

同乐史创作的其他小说一样,《杨太真外传》广采博收,录事丰赡,蕴含丰富的史料与笔记传说。作品主要取材于《明皇杂录》《开天传信记》《长恨歌传》《酉阳杂俎》《安禄山遗事》《松窗杂录》《逸史》《开元天宝遗事》等,以类似"纪事本末"的体例来进行叙事,把有关中心人物——杨玉环的前代文字以编年的顺序加以排列,并以插叙插注的方式进行相关的补充,在采编时基本保持了原来记载的风貌。小说将关于主人公的材料网罗殆尽,不少片断出自名家之手,笔力不凡。但是,由于缺乏艺术的提炼和熔铸,本文用力过于分散,缺少中心情节和清晰的叙事线索,从而削弱了小说的表现力。

李、杨爱情是古代才子佳人爱情童话的极致。作为封建社会权力宝塔的尖峰人物,唐玄宗对于天下的美女拥有绝对的优先权。换句话说,他不仅掌握着至高无上的权力,而且身边美女如云,对他都极尽巴结讨好之能事。杨贵妃能够在强手如林的激烈竞争中一跃成为佼佼者,博得皇帝的宠幸,并且长期保持专宠的绝对优势,这是身处封建社会的女性所梦寐以求的。因为她们必须依靠男性而存活,男性对她们的态度直接决定着其生活状况的质量。从这个意义上讲,唐玄宗能够对杨贵妃保持不衰的热情,以真情来对待对方;杨贵妃能够对抗无情的岁月流逝、战胜众多才貌双全的后宫佳丽,两人能够产生真正的爱情,无疑是一件非常难得的事情。他们的爱情感动了读者,也打动了文学家敏感多思的心灵。对于最高统治者来说,耽于情感的享乐必然会影响到他的政治生活。一方面会大量占用其有限的时间,从而使其荒于朝政;另一方面,也会使他爱屋及乌,滥用手中的权力,影响他的用人的正确性与公正性,损害他的政治威信及其领导力,最终损害国家机器的正常运转。因此,对于最高统治者来说,爱情与政治是不能兼顾的二难选择。唐玄宗在爱情的天地里是成功者,但是,在政治生活中却扮演了一个失败者的角色。政治生活的失败导致了他政治权力的丧失,意味着他得到爱情的前提和延续爱情的基础(即至高无上的权力)丧失,最终导致他失去了爱情。

在长篇累牍地对二人的爱情进行细腻入微的叙述后,文本出现了一个生死攸关的转折点:唐玄宗必须在政治生命与爱情之间进行选择。政治家的本性使他最后选择了牺牲爱情来使其政治生命得到苟延残喘的机会。在权力与爱情的较量中，权力获得了最后的胜利，唐玄宗又恢复到政治家的人生模式中去。杨玉环作为妃子，是一个没有退路的女性。她只能竭力讨好唐玄宗，赢得他的喜爱，以使人生得以稳定而安逸地进行。虽然她全心全意地爱着唐玄宗，但是残酷的政治斗争却使她成为斗争的牺牲品和替罪羊。唐玄宗在关键时刻抛弃了对杨玉环的保护与情感承诺，通过牺牲她的性命来保住自己的地位，暴露了封建社会政治家冷酷无情的本质。杨玉环享尽了荣华富贵，也备尝爱情的苦辣酸甜，最后又被自己的爱人背叛，落得被迫缢死的下场，委实是对封建皇权本质的写真式暴露，也是对封建社会女性真实地位与处境的深刻揭示。

那么，作者的“祸阶”指向究竟是什么呢？显然，他对杨贵妃的“女色误国”是持批判态度的，这是他写作此篇传奇的重要原因。但是，另一方面，他也不掩饰对于唐玄宗的批评。作者剖析了唐玄宗沉迷女色的原因，指出长年累月的政治生涯使唐玄宗感到厌倦，渴望私欲的释放，而李林甫的出现满足了唐玄宗的愿望，从此，大权旁落奸相之手。作者由此得出结论，正是唐玄宗的倦于政事造成了大唐帝国的动乱衰落，而唐玄宗在位时间过长，又是他无法释放私欲的根由。对于安史之乱的发生，唐玄宗负有不可推卸的责任；可是，唐玄宗作为一个正常人，长期得不到人性的正常释放，也是令人同情的。此篇小说本身的思想意义值得读者掩卷长思。

本篇传奇的艺术特色颇为鲜明。其一，它虽然是为历史上的真实人物杨玉环作传，但却以浪漫主义的手法来处理故事的结局，写实与幻想共存其中，二者的巧妙结合是小说获得艺术成功的关键所在。写实手法对于刻画人物性格是十分必要的，它使历史传奇中的人物更具真实感，增添了小说的可信度。运用浪漫主义手法处理结局是传奇故事赢得读者感动的法宝之一，它使得小说人物在历史真实的背景依托下，呈现出理想化的艺术倾向，从而增强了故事的可读性与美感。越是细腻地刻画李杨之间爱情的日益深厚，越能使二人的生离死别具有动人的悲痛，从而使二人的不复重聚充满憾恨，造成残缺的艺术美效果。如此处理，更能凸现这场帝妃之恋的悲剧性，同时又给读者以幻想的慰藉。

其二，它采用多种艺术手段刻画人物，塑造了丰满生动的艺术形象。小说采用极为简约的笔墨叙述李杨二人的结合，一来节约篇幅，二来尽量避免谈及二人的不伦之恋，以使后来的爱情描写更具纯真的美感。写贵妃得宠，采用衬托的手法，通过描写王皇后、武惠妃的先后得宠又失宠，突出了贵妃后来居上的宫廷地位。小说通过贵妃两次忤旨出宫又被召回的细节描写，不仅生动刻画出唐玄宗对杨贵妃的感情日益深厚，而且将杨贵妃工于心计、熟谙玄宗心理的性格特点暴露无遗。及至贵妃死后成仙，居于天上乐境，见到人间道士，提及唐玄宗，不免回忆前尘往事，悲伤不已。以乐境写哀情，更加突出了主人公内心的不忘旧情，从而展示出杨玉环对唐玄宗充满深情的一面，丰富了人物形象的内涵，增强了帝妃之恋的真实性。而这一天人永隔的结局，则不知赢得了多少读者的同情之心。

（马珏玶）

王 榭

佚 名

唐王榭，金陵人。家巨富，祖以航海为业。一日，榭具大舶，欲之大食国[①]。行逾月，海风大作，惊涛际天，阴云如墨，巨浪走山，鲸鳌出没，鱼龙隐现，吹波鼓浪，莫知其数。然风势益壮，巨浪一来，身若上于九天。大浪既回，舟如堕于海底。举舟之人，兴而复颠，颠而又仆。不久舟破，独榭一板之附，又为风涛飘荡。开目则鱼怪出其左，海兽浮其右，张目呀口，欲相吞噬，榭闭目待死而已。

三日，抵一洲，舍板登岸。行及百步，见一翁媪，皆皂衣服，年七十余。喜曰："此吾主人郎也。何由至此?"榭以实对。乃引到其家。坐未久，曰："主人远来，必甚馁[②]。"进食，□殽[③]皆水族。月余，榭方平复，饮食如故。翁曰："□吾国者必先见君。向以郎□倦，未可往，今可矣。"榭诺。

翁乃引行三里，过阛阓[④]民居，亦甚烦会。又过一长桥，方见宫室台榭，连延相接，若王公大人之居。至大殿门，阍者[⑤]入报。不久，一妇人出，服颇美丽。传言曰："王召君入见。"王坐大殿，左右皆女人立。王衣皂袍，乌冠。榭即殿阶。王曰："君北渡人也，礼无统制，无拜也。"榭曰："既至其国，岂有不拜乎?"王亦折躬劳谢。王喜，召榭上殿，赐坐，曰："卑远之国，贤者何由及此?"榭曰："风涛破舟，不意及此，惟祈王见矜[⑥]。"曰："君舍何处?"榭曰："见居翁家。"王令急召来。翁至。□曰："此本乡主人也。凡百无令其不如意。"王曰："有所须但论。"乃引去，复寓翁家。

翁有一女，甚美色，或进茶饵，帘牖间偷视私顾，亦无避忌。翁一日召榭饮，半酣，白翁曰："某身居异地，赖翁母存活，旅况如不失家，为德甚厚。然万里一身，怜悯孤苦，寝不成寐，食不成甘，使人郁郁，但恐成疾伏枕，以累翁也。"翁曰："方欲发言，又恐轻冒。家有小女，年十七，此主人家所生也。欲以结好，少适旅怀，如何?"榭答："甚善。"翁乃择日备礼，王亦遗酒殽采礼，助结姻好。成亲，榭细视女，俊目狭腰，杏脸绀鬓，体轻欲飞，妖姿多态。榭询其国名，曰："乌衣国也。"榭曰："翁常目我为主人郎，我亦不识者，所不役使，何主人云也?"女曰："君久即自知也。"后常饮燕，衽席[7]之间，女多泪眼畏人，愁眉蹙黛[8]。榭曰："何故?"女曰："恐不久睽别[9]。"榭曰："吾虽萍寄[10]，得子亦忘归，子何言离意?"女曰："事由阴数，不由人也。"

王召榭，宴于宝墨殿，器皿陈设俱黑，亭下之乐亦然。杯行乐作，亦甚清婉，但不晓其曲耳。王命玄玉杯劝酒，曰："至吾国者，古今止两人：汉有梅成，今有足下。愿得一篇，为异日佳话。"给笺，榭为诗曰：

基业祖来兴大舶，万里梯航惯为客。
今年岁运顿衰零，中道偶然罹此厄。
巨风迅急若追兵，千叠云阴如墨色。
鱼龙吹浪洒面腥，全舟灵葬鱼龙宅。
阴火连空紫焰飞，直疑浪与天相拍。
鲸目光连半海红，鳌头波涌掀天白。
桅樯倒折海底开，声若雷霆以分别。
随我神助不沉沦，一板漂来此岸侧。
君恩虽重赐宴频，无奈旅人自凄恻。
引领乡原涕泪零，恨不此身生羽翼!

王览诗欣然，曰："君诗甚好，无苦怀家，不久令归。虽不能羽翼，亦令君跨烟雾。"宴回，各人作□诗。女曰："末句何相讥也?"榭亦不晓。

不久，海上风和日暖，女泣曰："君归有日矣。"王遣人谓曰："君某日当回，宜与家人叙别。"女置酒，但悲泣不能发言。雨洗娇花，露沾弱柳，绿惨红愁，香消腻瘦。榭亦悲感。女作别诗曰：

从来欢会惟忧少，自古恩情到底稀。
此夕孤帏千载恨，梦魂应逐北风飞。

又曰："我自此不复北渡矣。使君见我非今形容，且将憎恶之，何暇怜爱？我见君亦有疾妒之情。今不复北渡，愿老死于故乡。此中所有之物，郎俱不可持去，非所惜也。"令侍中取丸灵丹来，曰："此丹可以召人之神魂，死未逾月者，皆可使之更生。其法用一明镜致死者胸上，以丹安于项，以东南艾[11]枝作柱，灸之立活。此丹海神秘惜，若不以昆仑玉盒盛之，即不可逾海。"适有玉盒，并付以系榭左臂，大恸而别。

王曰："吾国无以为赠。"取笺，诗曰：

昔向南溟浮大舶，漂流偶作吾乡客。
从兹相见不复期，万里风烟云水隔。

榭辞拜，王命取飞云轩来。既至，乃一乌毡兜子耳。命榭入其中，复命取化羽池水，洒之其毡乘。又召翁妪扶持。榭回，王戒榭曰："当闭目，少息即至君家。不尔即堕大海矣。"榭合目，但闻风声怒涛，既久，开目，已至其家。坐堂上，四顾无人，惟梁上有双燕呢喃。榭仰视，乃知所止之国，燕子国也。

须臾，家人出相劳问。俱曰："闻为风涛破舟死矣，何故遽归？"榭曰："独我附板而生。"亦不告所居之国。榭惟一子，去时方三岁，不见，乃问家人，曰："死已半月矣。"榭感泣。因思灵丹之言，命开棺取尸，如法灸之，果生。

至秋，二燕将去，悲鸣庭户之间。榭招之，飞集于臂，乃取纸细书一绝，系于尾，云：

误到华胥[12]国里来，玉人终日重怜才。
云轩飘去无消息，泪洒临风几百回。

来春燕来，径泊榭臂，尾有小柬，取视，乃诗也。□有一绝云：

昔日相逢真数合，而今睽隔是生离。

来春纵有相思字，三月天南无燕飞。

榭深自恨。明年，亦不来。其事流传众人口，因目榭所居处为乌衣巷。

刘禹锡《金陵五咏》有《乌衣巷》诗云：

朱雀桥边野草花，乌衣巷口夕阳斜。

旧时王榭[13]堂前燕，飞入寻常百姓家。

即知王榭之事非虚矣。

〔注〕 ① 大食国：即今天的阿拉伯国家。 ② 馁：饥饿。 ③ 殽：通“肴”。 ④ 阛阓(huán huì)：古代指市肆。 ⑤ 阍(hūn)者：守门人。 ⑥ 矜：怜惜。 ⑦ 衽(rén)席：此指酒席宴上。 ⑧ 蹙黛：愁眉之意。 ⑨ 睽(kuí)别：分离。 ⑩ 萍寄：如浮萍般漂泊。 ⑪ 艾：艾草，多年生草本植物。 ⑫ 华胥：古代寓言中的理想国。 ⑬ 榭：刘禹锡《乌衣巷》原诗中当为“谢”。

《王榭》又名《乌衣传》，宋代传奇小说，作者未详，载刘斧《青琐高议》。

唐代诗人刘禹锡《乌衣巷》诗云：“朱雀桥边野草花，乌衣巷口夕阳斜。旧时王谢堂前燕，飞入寻常百姓家。”此诗乃咏史诗，以燕子易主而居，暗寓昔日高门的衰落及人世沧桑变化。宋代有人因此而附会出一个人燕交接、终又睽别的故事，虽属随意捏合，却也写得凄恻动人，令人有扑朔迷离之感。

传叙唐人王榭，祖以航海为业。在一次去大食国的航海中，遇风浪舟破，王榭抱木板漂浮至一洲，为身穿乌衣的老夫妇救助善待，并将女儿许配给他。实际上，王榭所至之地乃燕子国，燕子全身色黑，故又名乌衣国。翁媪引王榭去拜见乌衣国王，见器皿陈设及酒杯俱是黑色。席间国王命王榭作诗，榭乃赋诗叙述自己的遭遇，并流露出了思乡盼国之情。不久，国王派人送王榭回乡。王榭与燕女二人痛哭作别，燕女作诗云：“此夕孤帏千载恨，梦魂应逐北风飞。”展示了一个温柔美丽且痴情的燕女形象。在国王及燕女的帮助下，王榭重又回到了家乡。入门，唯见双燕呢喃于梁上，始知所至之国乃燕子国。王榭与燕女的感情，并未随时间的推移及空间的阻隔而淡薄，相反，他们托飞燕传诗，互相递送思念之情。可惜，燕女寄诗中有“来春纵有相思字，三月天南无燕飞”之句。果然，第二年春天后，就再也没有燕女的消息。

故事结束了，可燕女的命运却仍然牵挂着读者的心，那有情的燕女是改适他人了，还是郁郁而终了呢？抑或是化作一只美丽的小燕子，飞到她的心上人身边了？自古以来，在男权统治社会下，男子经常行走在外，夫妇离别在所难免，造成了大量的“浮云蔽白日，游子不顾返”的情况。发妻在家中“倚栏杆处，正恁凝愁”，而游子却有机会、也有可能正在眠花宿柳，或暂时建立起新的温柔乡、安乐窝。随着游子的返乡，或开始新的漂泊，又造成新一轮的闺中愁思。游子可以不负责任地一走了之，发妻或新妇却要为他“守节情不移”，这是多么的不公平啊！王榭入乌衣国，他本有妻室，不该接受燕女的婚姻之约。在他娶了燕女之后不久，日夜思归，独自而去，又是对燕女的不负责任。在接到燕女托飞燕传来的诗篇后，王榭“深自恨”，可以想见，他的后半生将在深深的思念和自责中度过。

小说驰骋想象，虚构了王榭燕子国奇遇故事，似幻似梦，令人有扑朔迷离之感。文中穿插王榭、燕女和乌衣国王的诗篇，颇具情采。如王榭诗云：“引领乡原涕泪零，恨不此身生羽翼！”燕女诗曰：“此夕孤帏千载恨，梦魂应逐北风飞。”又，作品在描绘燕女泣别的神态时写道：“雨洗娇花，露沾弱柳，绿惨红愁，香消腻瘦。”文笔优美，大有晚唐传奇之遗风。另外，作品构思巧妙，情节波澜起伏。开篇写海难的惊险，就进入了一个新奇的世界；中间写乌衣国所见所闻，更是匪夷所思；结尾写二燕传诗，曲终人不见，余韵缭绕，令人神往。显然此篇乃小说家有意识的创作，在宋人传奇中允为佳作，因此影响很大。清代文言小说写鸟女故事的很多，不少都可以见到本篇中燕女的影子。

（白振奎）

【作者小传】

胡微之

宋小说家。生平事迹不详。作有小说《王子高遇芙蓉仙》等。

王子高遇芙蓉仙

胡微之

王君迥，字子高，家延女客。既夕，酒罢，见一女子，华冠盛服，坐厅西。君怪问之，答曰：“少顷至君寝。”君惧，不敢寝，困甚欲卧，忽有人自帐中挽其衣，乃适见之女，已脱衣欲卧。君惧欲去，女曰：“我以冥契，当侍巾栉[①]。”因强欢事，君惧不从。天明，女去。后三日，复至，君与之合，问女何族。女曰：“我周太尉之女，名琼姬。”自是朝去暮来。

一日，出药与君服，又遗诗曰："阴魄阳精宝炼成，服之一日可长生。芙蓉阙下多仙侣，休羡人间利与名。"一日，高梦琼道服而至曰："我居处幽僻，君能一往否?"君喜而从之。但觉其身飘飘然，须臾，至一殿庭，有女流道妆百余人立庭下。殿上有美丈夫，朝服而坐，命君登楼，楼额题曰"碧云"，见轩楹皆依山临水。明日，琼来，君语其梦，琼笑曰："芙蓉城也。"

〔注〕①侍巾栉(zhì)：指侍奉起居。栉，梳头发。

本篇见《绿窗新话》，未注出处，实为宋胡微之所作传奇小说《芙蓉城传》(已佚)之残文，记述了仙女周琼姬与凡夫俗子王迥(字子高，一作子乔)相爱且引其梦游仙境的故事。这一类故事是应宋代崇尚道教的时代潮流而生的，借仙凡恋情来证明神仙之确有。

值得一提的是仙女周琼姬，虽然她是宗教人物，却无冰冷面孔，"华冠盛服"之下是一颗感情丰富的尘俗之心。她既如人间女子那样有情有义，又无她们囿于礼法而呈现的扭捏、拘谨。她主动追求王迥，并告诉他："我以冥契，当侍巾栉。"她以自己的容貌和凡人的情怀打消了王迥的恐惧，二人遂进入相恋的幸福境界。临别之际，周琼姬赠王迥长生药并叮嘱他："芙蓉阙下多仙侣，休羡人间利与名。"周琼姬这种亦仙亦凡的神仙形象使得道教充满了尘俗气息：既可长生不死，又能享受人世的快乐。

道教在我国古代有着漫长的发展历史，修道之人最终结局便是肉体飞升，变为无所不能的神仙。神仙的一个使命就是度凡人成仙。秦汉以来，仙凡之遇屡屡进入各类文学体裁，其中尤以小说为多。以恋爱方式点化凡人是仙人惯用手段之一，于是仙凡相恋故事便成为道教小说最为有趣的一个题材。这方面著名的有西王母与汉武帝、刘晨阮肇与天台仙女等。当然宣扬仙人实有、修道可成是这类故事的宗旨，但其行文的字里行间，不乏生动细节，使得神仙道场之上郁结着十足的人情味。

王迥遇女仙周琼姬的传说颇盛于北宋时期，就连苏轼都曾有《芙蓉城》诗赠王子高。正因为故事饱含温情脉脉的尘俗意味，才平添了动人魅力。　(柳岳梅)

【作者小传】

夏噩

宋小说家。字公酉。越州(今浙江绍兴)人。历任明州观察推官、光禄寺丞、知长洲县。作有小说《王魁传》等。

王魁传 夏噩

王魁者，魁非其名也，以其父兄皆名宦，故不书其名。魁学行有声，因秋试触讳，为有司榜[①]，失意浩叹，遂远游山东莱州。莱之士人素闻魁名，日与之游。一日，为三四友招，过北市深巷，有小宅，遂叩扉。有一妇人出，年可二十余，姿色绝艳，言曰："昨日得好梦，今日果有贵客至。"因相邀而入。妇人开樽，酌献于魁曰："某名桂英，酒乃天之美禄[②]，使足下待桂英而饮天禄，乃来春登第之兆。"桂英谓人曰："此大壮[③]之士。"又谓魁曰："闻君誉甚久，敢请一诗。"魁乃作诗曰：

谢氏筵中闻雅唱，何人戛玉在帘帏？

一声透过秋空碧，几片行云不敢飞。

桂英乃再拜。酒罢，桂英独留魁宿。夜半，魁问："娘子何姓？颜貌若此，反居此道何也？"桂英曰："妾姓王，世本良家。"复谓魁曰："君独一身，囊无寸金，倦游闾里。君但日勉学，至于纸笔之费，四时之服，我为君办之。"由是魁宴止息于桂之馆。逾年，有诏求贤，魁乃求入京之费。桂曰："妾家所有，不下数百千，君持半为西游之用。"魁乃长吁曰："我客寓此逾岁，感君衣食之用，今又以金帛佐我西行之费，我不贵则已，若贵，誓不负汝。"魁将告行，桂曰："州北有望海神，我与君对神痛誓，各表至诚而别。"魁忻然诺之。乃共至祠下，魁先盟曰："某与桂英情好相得，誓不相负，若生离异，神当殛之。神若不诛，非灵神也，乃愚鬼耳。"桂大喜曰："君之心可见矣。"又对神解发，以彩丝合为双髻。复用小刀，各刺臂出血盈杯，以祭神之余酒和之而交饮。至暮，连骑而归。翌日，魁行，桂为祖席郊外，仍赠之以诗云：

灵沼文禽皆有匹，仙园美木尽交枝。

无情微物犹如此，因甚风流言别离？

魁览之愕然。桂曰："以君才学，当首出群公，但患不得与君偕老。”魁惊曰：“何言之薄也！盟誓明如皎日，心诚固若精金，虽死亦相从于地下。”桂曰：“但望早还，无负约也。”魁遂行，抵京师，就试，果顶高荐，乃遣介归报，书后有一〔诗〕。诗曰：

琢玉磨云输我辈，攀花折柳是男儿。
来春我若功成去，好养鸳鸯作一池。

桂得诗，大喜，乃答书贺之。魁既试南宫④，复若上游。及宸廷唱第，为天下第一。魁乃私念曰：“吾科名若此，即登显要，今被一娼玷辱，况家有严君，必不能容。”遂背其盟。自过省御试后，即绝书报。桂探闻魁擢第为龙首，大喜，乃遣人驰书贺之，兼有诗曰：

人来报喜敲门速，贱妾初闻喜可知。
天马果然先骤跃，神龙不肯后蛟螭。
海中空却云鳌窟，月里都无丹桂枝。
汉殿独成司马赋，晋庭惟许宋君诗。
身登龙首云雷疾，名落人间霹雳驰。
一榜神仙随驭出，九衢卿相尽行迟。
烟霄路稳休回首，舜禹朝清正得时。
夫贵妇荣千古事，与君才貌各相宜。

复书一绝，再寄良人，因以戏之。诗曰：

上都梳洗逐时宜，料得良人见即思。
早晚归来幽阁内，须教张敞画新眉。

魁得书，阅毕，涕下交颐，曰：“吾与桂英，事不谐矣！”乃竟无答书。桂亦不知其中变，惟闭门以俟。及闻琼林宴罢，乃复附书，又有一绝。诗曰：

上国笙歌锦绣乡，仙郎得意正疏狂。
谁知憔悴幽闺客，日觉春衣带系长。

魁得书涕泣，隐忍未决。会其父已约崔家女，与之作亲，魁不敢拒。遂授徐州签判。乃归江左觐父，回即赴任。桂闻魁授徐签,又赴上(任)了,喜曰:“徐去此不远,必使人迎我。”乃作衣一袭,为书遣仆往徐。魁方坐厅,人吏环拥,阍吏引仆见魁。魁因问之仆:“自何处来?”仆以桂英之言对之。魁当大怒,欲挞其仆,书遂掷地,并不受,遣仆还之。桂英喜迎之间,闻及此语,乃仆地大哭。久之,谓侍儿曰:“今王魁负我盟誓,必杀之而后已。然我妇人,吾当以死报之。”遂同侍儿,乃往海神祠中语其神曰:“我初来与王魁结誓于此,魁今辜恩负约,神岂不知?既有灵通,神当与英决断此事,吾即自杀以助神。”乃归家,取一剃刀,将喉一挥,就死于地,侍儿救之不及。桂英既死,数日后,忽于屏间露半身,谓侍儿曰:“我今得报魁之怨恨矣!今〔已〕得神以兵助我,我今告汝而去。”侍儿见桂英跨一大马,手持一剑,执兵者数十人,隐隐望西而去。遂至魁所,家人见桂英仗剑,满身鲜血,自空而坠,左右四走。桂曰:“我与汝辈无冤,要得无义汉负心王魁尔。”或告之曰:“魁见在南京为试官。”桂忽不见。魁正在试院中,夜深,方阅试卷,忽有人自空而来,乃见桂英披发仗剑,指骂:“王魁负义汉,我上穷碧落下黄泉,寻汝不见,汝却在此!”语言分辨,魁知理屈,乃叹之曰:“吾之罪也!我今为汝请僧课经荐拔,多化纸钱可也。”桂曰:“我只要汝命,何用佛书纸钱!”左右皆闻之与桂言语,但不见桂之形。于是魁若发强悖,乃以剪刀自刺,左右救之,不甚伤也。留守乃差人送魁还徐。魁复以刀自刺,母救之,然魁决无生意。徐有道士马守素者,设醮则有梦应。母乃召之使醮。母果梦见儿魁与一妇人以发相系,在一官府中。守素告其母曰:“魁不可救。”举家大恸哭。后数日,果自刺死。

〔注〕 ① 为有司榜:被执管此事的官员责罚。有司,官吏,这里指试官。榜,通“搒”,鞭笞。 ② 酒乃天之美禄:《汉书·食货志》:“酒者,天之美禄。”相传隋末王世充对诸臣说:“酒能辅和气,宜封天禄大夫。” ③ 大壮:本为《易》卦名,前人解卦以其为阳刚盛长之象,这里借指前程远大的意思。 ④ 试南官:应试礼部。南官,本为南方星宿名,汉人用它来比拟尚书省。后来又称礼部为南官。

本篇见于《醉翁谈录》。

王魁负桂英是民间流传久长、影响深远的故事。在《王魁传》之后，出现了宋人话本小说《王魁负心》、宋官本杂剧《王魁三分题》、宋元南戏《王魁负桂英》、元人尚仲贤《海神庙王魁负桂英》杂剧，明清传奇杂剧中也有多部作品取材于此。此外，它还是弹词、宝卷等民俗曲艺宣讲的题材。可以说《王魁传》与其后有关王魁故事的系列作品，共同构成了文学史上的文人"负心"母题，这也是它数百年来充满着魅力的原因之一。

《王魁传》为我们讲述了一个文士和妓女的恋爱故事。落拓潦倒的青年书生偶遇貌美仗义的青楼妓女，始而两情相悦，缠绵枕席之间，海誓山盟；既而妓女出资，力助书生赴试，临别两情依依；最后是书生一举成名，背弃前盟。这可以说是古代文士妓女小说一贯套路。然而，这篇小说的独特之处，在于女主人公桂英这个复仇的女性形象与大多数被侮辱和损害的女性不同，她不把自己遭受欺骗和玩弄的不幸遭遇归之于命运的安排，而是以极其惨烈的行动对负心者施以报复，直至将对方置于死地而后快。

这篇小说艺术上的成就首先体现在人物形象的塑造上。小说中的男主人公王魁堪称薄幸书生的典型。在他落魄穷愁之际，幸得妓女桂英供养扶持。起初他感恩戴德，继而许以婚姻，约以盟誓。一旦发迹升迁，即以玷辱世风、违逆父命为由，背弃婚约。更为可恨的是，他竟然鞭挞信使，借以辱没桂英，可谓良心泯灭。小说对这个负心汉的丑恶嘴脸刻画可谓淋漓尽致、入木三分。小说对桂英性格刻画也是比较成功的。在故事开端时，桂英初见王魁即断定他前程远大，表现出过人的见识；随后即以身相许，并且承担王魁的衣食和读书费用；后来又有海神祠神前发誓许愿，滴血为盟。种种异乎寻常的行为展示了桂英这个风尘侠女的刚烈性格。当王魁背信弃义后，桂英重往海神祠前祷告神灵，割喉自戕，化为厉鬼逼迫王魁自杀也就是顺理成章的事情了。小说对桂英性格的描写，符合人物性格发展的逻辑。

小说艺术上的另一特点在于它叙事结构的完整和清晰。文章采用单线索的叙述方法，依次叙述了王魁秋试落选，困游莱州，与桂英结为夫妻；王魁上京应试连中三甲，旋生变心之念；王魁签判徐州，挞罚桂英信使；桂英告知海神，割喉自杀；桂英鬼魂作祟，王魁被迫自杀。故事情节随时间顺序推移，层次井然，纹丝不乱。

与古代传统的才子佳人小说相比，《王魁传》有其独特的地方，其一，它并不专意于描写男女之间的那种两情相悦、缠绵悱恻的感情，而将描写的重点集中在相爱的双方所应承担的义务和责任上，要求双方的行为必须符合传统的伦理道德规范，讲信义、守承诺。一旦违反，即应遭受重谴，决不姑息。在小说中，桂英不以她的美貌取胜，她的动人之处主要在于她忠于爱情，矢志不渝。一当遭受抛弃，她不像《莺莺传》中的崔莺莺一样，自惭形秽，羞于见人，而是以身殉情，与负心者同归于尽。其二，小说中的海神祠中的望海神，不像其他小说中的神灵一样，只充当誓约的象征性的见证人，而是积极地介入到尘世纠葛中去，成为惩治背信者的坚强后盾。

这篇小说的缺陷在于王魁的性格变化缺乏照应和铺垫。他上京应试后，两次收到桂英的信后都有过感情的冲突，一为"魁得书，阅毕，涕下交颐"；一为"魁得书涕泣"。随后即有王魁"欲挞其仆，书遂掷地"之举动，给人一种突如其来的感觉。此外，小说将女主人公的报仇雪恨寄托在鬼神等超自然的力量上，无疑削弱了它的现实意义，给读者留下几许遗憾和感伤的情绪。（刘水云）

【作者小传】

张　实

宋小说家。字子京。魏陵人。生平事迹不详。作有小说《流红记》等。

流　红　记

张　实

唐僖宗时，有儒士于祐晚步禁衢[1]间。于时万物摇落，悲风素秋，颓阳西倾，羁怀增感。视御沟浮叶，续续而下。祐临流浣手，久之，有一脱叶差大于他叶，远视之若有墨迹载于其上，浮红泛泛，远意绵绵。祐取而视之，果有四句题于其上，其诗曰：

流水何太急？深宫尽日闲。
殷勤谢红叶，好去到人间。

祐得之，蓄于书笥[2]，终日咏味，喜其句意新美，然莫知何人作而书于叶也。因念御沟水出禁掖，此必宫中美人所作也。祐但宝之，以为念耳，亦时时对好事者说之。祐自此思念，精神俱耗。

一日，友人见之曰："子何清削如此？必有故，为吾言之。"

祐曰："吾数月来眠食俱废。"因以红叶句言之。友人大笑曰："子何愚如是也！彼书之者无意于子，子偶得之，何置念如此？子虽思爱之勤，帝禁深宫，子虽有羽翼，莫敢往也。子之愚又可笑也。"祐曰："天虽高而听卑[③]，人苟有志，天必从人愿耳。吾闻牛仙客遇无双[④]之事，卒得古生之奇计，但患无志耳，事固未可知也。"祐终不废思虑，复题二句，书于红叶上云：

曾闻叶上题红怨，叶上题诗寄阿谁？

置御沟上流水中，俾其流入宫中，人为笑之，亦为好事者称道。有赠之诗者曰：

君恩不禁东流水，流出宫情是此沟。

祐后累举不捷，迹颇羁倦，乃依河中贵人[⑤]韩泳门馆，得钱帛稍稍自给，亦无意进取。久之，韩泳召祐谓之曰："帝禁宫人三千余得罪，使各适人，有韩夫人者，吾同姓，久在宫，今出禁庭来居吾舍。子今未娶，年又逾壮，困苦一身，无所成就，孤生独处，吾甚怜汝。今韩夫人箧中不下千缗[⑥]，本良家女，年才三十，姿色甚丽，吾言之使聘子，何如？"祐避席伏地曰："穷困书生，寄食门下，昼饱夜温，受赐甚久，恨无一长，不能图报。早暮愧惧，莫知所为，安敢复望如此！"泳乃令人通媒妁，助祐进羔雁[⑦]，尽六礼之数，交二姓之欢。祐就吉之夕，乐甚。明日，见韩氏装橐甚厚，姿色绝艳，祐本不敢有此望，自以为误入仙源，神魂飞越矣。

既而韩氏于祐书笥中见红叶，大惊曰："此吾所作之句，君何故得之？"祐以实告。韩氏复曰："吾于水中亦得红叶，不知何人作也？"乃开笥取之，乃祐所题之诗，相对惊叹，感泣久之，曰："事岂偶然哉！莫非前定也。"韩氏曰："吾得叶之初，尝有诗，今尚藏箧中。"取以示祐。诗云：

独步天沟岸，临流得叶时。

此情谁会得？肠断一联诗。

闻者莫不叹异惊骇。

一日，韩泳开宴召祐洎[8]韩氏，泳曰："子二人今日可谢媒人也。"韩氏笑答曰："吾为祐之合乃天也，非媒氏之力也。"泳曰："何以言之？"韩氏索笔为诗曰：

一联佳句题流水，十载幽思满素怀；
今日却成鸾凤友，方知红叶是良媒。

泳曰："吾今知天下事无偶然者也。"

僖宗之幸蜀，韩泳令祐将家僮百人前导，韩以宫人得见帝，具言适祐事。帝曰："吾亦微闻之。"召祐，笑曰："卿乃朕门下旧客也。"祐伏地拜谢罪。帝还西都，以从驾得官，为神策军虞候[9]。

韩氏生五子三女，子以力学俱有官，女配名家。韩氏治家有法度，终身为命妇。宰相张濬[10]作诗曰：

长安百万户，御水日东注。
水上有红叶，子独得佳句。
子复题脱叶，流入宫中去。
深宫千万人，叶归韩氏处。
出宫三千人，韩氏籍中数。
回首谢君恩，泪洒胭脂雨。
寓居贵人家，方与子相遇。
通媒六礼具，百岁为夫妇。
儿女满眼前，青紫盈门户。
兹事自古无，可以传千古。

议曰：流水，无情也；红叶，无情也。以无情寓无情，而求有情，终为有情者得之，复与有情者合，信前世所未闻也。夫在天理可合，虽胡越之远，亦可合也。天理不可，则虽比屋邻居，不可得也。悦于得，好于求者，观此可以为诫也。

〔注〕 ① 禁衢：皇宫侧面的小道。 ② 书笥(sì)：书箱。笥，竹制方形盛器。 ③ 天虽高而听卑：天高高在上，但能够听到民间的声音。语出《史记·宋微子世家》。 ④ 牛仙客遇无双：唐薛调传奇《无双传》写王仙客与无双的爱情故事。男主人公仙客王姓，不作牛仙客。无双因父亲得罪没入宫禁，在驿馆遇仙客，托其寻找侠士古押衙(即下文中的古生)，在古的策划

帮助下，无双逃出，与仙客结合。牛仙客，开元时为朔方总管。后官工部尚书，封豳国公，加左相。　⑤ 河中贵人：河中籍的一位太监。河中，唐方镇之一，后升为河中府，治所在今山西永济县蒲州镇。贵人，中贵人的省称。　⑥ 缗(mín)：钱千文串作一串，称作"一缗"。　⑦ 羔雁：小羊和大雁。古代贵族用于馈赠的高级礼品。后亦用作求婚聘礼。　⑧ 洎(jì)：及。　⑨ 神策军：唐代宫中的禁军。虞候：初为藩镇军官名，后神策军亦有虞候。　⑩ 张濬：唐僖宗时河间人。累官至尚书右仆射。

本篇原载《青琐高议》，题下注云"红叶题诗娶韩氏"。作者张实，生平不详。

唐代是一个诗的时代，也是一个浪漫的时代，出了许多与诗有关的浪漫故事。这类故事发生在宫廷，更增加浪漫气息，因为宫廷美女如云而她们的命运又非常特殊。种种因缘酿造了一杯杯文学的美酒，其中最美的当然是李隆基和杨玉环的生死之恋。素材产生在宫廷，流传到了民间，再经诗人白居易的酿造，成为一杯最为醉人的醇酒——千古绝唱《长恨歌》，它醉倒了一代又一代的人们。

《长恨歌》的主人公是高贵的皇帝和贵妃，故事因而具有特殊耀眼的光芒。但是宫廷里还有成千上万的宫女们，她们是高贵门墙里的卑贱者，她们的人生不过像夏夜的萤火。但萤火也是光亮，也是生命燃烧出来的，它们也星星点点，飘忽闪烁在树间草丛，妆点了大千世界。这是历史上所有的封建王朝皆然的。但别的朝代关于宫女的故事极少，也许是这些失去了自我的女儿们身上很难有什么故事发生？可是唐代宫廷却传出了不少有关宫人的故事，有的是确切的史实，有的则是轶闻。上官婉儿、宋若昭姐妹、鲍君徽等是非常著名的了。但她们是文学家后代，会作诗，进宫以后做了女官，不是普通宫女，暂且不说。还有一些属于芸芸众生连姓名都没有留下的女孩儿。比如有一首《纩衣诗》。据说在开元时期，为了慰劳边塞的军人，发动皇宫里的宫女做寒衣。有个宫女写了一首诗：

沙场征战客，寒夜苦为眠。战袍经手作，知落阿谁边。

蓄意多添线，含情更着绵。今生已过也，重结再生缘。

绵衣到了边关，诗就传开了。主帅将此事上报皇帝，皇帝成人之美，将宫女查出，嫁给了得到绵衣的军士。

僖宗时还有一位神策军马真在塞外得到的绵袍中发现了一枚金锁，并有诗一首：

玉烛制袍衣，金刀呵手裁。锁寄千里客，锁心终不开。

僖宗在这件事上也很开明，将宫女嫁给了马真。

"红叶题诗"也发生在僖宗时期。故事则有好多个版本，情节大同小异。女主人公都是宫人韩氏，男主人公除了于祐，还有的说是顾况、卢渥、贾全虚、李茵等，分别载于《本事诗》《青琐高议》《云溪友议》《侍儿小名录》《北梦琐言》等笔记小说中。有这么多类似的故事出现，说明故事被广为传播并不断被加工，也说明人们深深地被吸引和感动了。是什么原因造成这样的吸引和感动呢？

缺少可信性的事是不可能吸引和感动人的。那么这些故事是真的吗？一个宫女在一片红叶上写了一首诗放在水里流出去，希望它被一位男士拾到，希望有什么事会发生，这当然没有什么难于理解，它是完全可能的。为什么？

数千年来无数宫女被锁在深宫，形同进入监牢，失去了家庭和亲人，失去了人身的自由，失去了做女人的基本权利，遭遇是很悲惨的。她们不可能没有摆脱禁锢、争取自由幸福的愿望，少数人一定还作过努力。虽然这些努力基本上是徒劳的，但是有希望总比没有希望要好啊！宫墙虽有门，没有一扇是为她们敞开的。这时，从宫墙外面流进来，又从宫里流出宫墙外的御沟流水唤起她们多少遐想和希望啊！这就是故事产生的坚实的基础。需要说明的是宋以后，很少听说过这样的故事，而唐代就比较多。并不是别的朝代宫女遭遇要好一些，恰恰相反，由于封建制度的强化，理学的产生发展，她们遭受的禁锢要严重得多，稍有不轨的行动甚或动机就会有杀身之祸。而且思想禁锢会使她们自身变得驯服和麻木，很少有什么浪漫的想象和追求了。而唐代相对的宽松和自由，才是有可能发生这类行为和传播这类故事的土壤。比如曾多次放宫人出宫，这是见诸史籍的。这是这类文学真实性即可信度的基础。

同一个故事发生在许多不同的人身上，那当然是不可能的。真实情况可能是故事有一个母本——也许并没有这样圆满，而是在流传的过程中不断地被加工着，被按传播者自己的理解和愿望来重新塑造着。巧得不能再巧的极其美妙的结局，正是这种理解和愿望的结果。追究其何者为真实，何者是故事原型又有多大意义呢？

红叶题诗故事的版本虽然多，但以由《青琐高议》而来的这篇传奇小说《流红记》影响最大。元白朴杂剧《韩夫人御沟流红叶》和明代的几种传奇剧本都是以《流红记》为基本素材的。《流红记》应该在写作上有其胜出之处。它对笔记提供的材料进行了艺术加工，表现力和感染力得到了丰富。

毕竟这个故事的先天不足是明显的：它太巧合了。迎合较浅层次的读者可以，对有能力稍加推敲者来说，把一个异想天开之事说成真事他们是不屑一顾的。怎么办？对这种先天不足努力弥补是首当其冲的难点。《流红记》在这方面的努力是明显的也是成功的。

小说的成功在人物塑造和情节结构方面都加强了。故事和于祐这个人物在原笔记中是很简单的，到《流红记》中，情节丰富了，于祐的性格也丰富了，而且立意也比较高。后来改编的戏剧如明祝长生的传奇《红叶记》把于祐身份定为状元，后来与宫女韩氏完婚是皇帝的恩赐，与小说大异其趣。小说中的于祐只是一个落魄长安街头的儒士。一开始写他在“禁衢”间漫步，便暗示他存在一种与富贵荣华“咫尺天涯”的失意之感。作者还用“万物摇落，悲风素秋，颓阳西倾，羁怀增感”等写景抒情的语言，来强化他的悲凉。他在流连中不自觉地欣赏起御沟续续而下的红叶，清澈的渠水吸引他把手放进去洗一洗，是再普通自然不过的。如何得见题诗的红叶，有极其生动的细节描写：“有一脱叶差大于他叶，远视之若有墨迹载于其上，浮红泛泛，远意绵绵。祐取而视之……”一片较他叶为大的叶子自然容易引起注意，然后模糊看见叶上“若有墨迹”，并且只见一团红色飘飘荡荡，并不知道是什么，怀着好奇捡起，才发现了上面的诗句。这就把发现叶子的过程写得合情合理、真实可信，在很大程度上弱化了这个故事先天的缺陷——过于巧合，使偶然中显示出某种合理性，再加上其强烈的抒情意味，一下就攫住了读者的心。

以下写他得到红叶之后的心理活动也比较细腻：因为于祐是个读书人，于是把诗叶藏在书笥，终日吟咏。“念御沟水出禁掖，此必宫中美人所作也”，这又为后面的相逢做了铺垫，使其巧合的程度减弱。因为想象是一位美人所作，作为一位男士，又是多情的诗人，“自此思念，精神俱耗”，就比写成毫无想象，毫无准备，天下掉下好事来要感人得多。

于祐既有想象，又谈不上有什么希望，所以才不避讳，“时时对好事者说之”。在没有希望时仍抱有希望，才使希望更加动人。同时也和下面于祐对友人讲说关联起来。友人的问话“子何清削如此”，再一次强化了“精神俱耗”即相思之苦。嘲笑他的“愚”这一笔作用是多方面的，也是绝妙的。它一方面又一次告诉读者，作者和读者心里想的一样：这种偶然成功的概率是极小的。所以最后的成功乃是事实，而不是作者编造的。另一方面，是刻画了男主人公的痴情。因为于祐在这样的情况下并没有放弃“天从人愿”的愿望，这种“愚”便更加动人。泼冷水没有使他“聪明”起来，他反而更热烈，有了进一步的行动：也用红叶诗作答。人物性格在这里得到发展。

后面二人成婚更加是巧合了，如何使其可信？关键是韩泳这个人物。他是个与皇宫关系密切的“贵人”——宫廷的内侍官员，所以熟悉宫女和对放宫人出宫的信息能及时掌握，为他的府里的聘用人员做媒也就是很自然的事，毫无足怪。当然这个人正是拾了红叶的于祐是一种偶然。但有一个前提条件：于祐不是一个状元或者其他已经飞黄腾达的上层人士。小说处理于祐是“累举不捷，迹颇羁倦”,所以才来到韩泳家里做门客。同时因为没有立业、发迹,所以还是单身汉,没有成家。这也顺理成章,使得巧合自然而然了。两人互示红叶,相对惊叹,也认为太巧合。作者自己说出,读者反而不必再指责作者的拙劣,而接受“天作之合”这一判断了。

皇帝接见、赏官,当然是锦上添花,但也写得不俗。僖宗并不是端起皇帝架子,官样文章地赐婚或进行赏赐,而是向于祐开了一个玩笑:“卿乃朕门下旧客也”,亲切而情趣盎然。（姚品文）

【作者小传】

秦 醇

宋小说家。字子复。谯川(今安徽亳州)人。生平事迹不详。作有小说《骊山记》《温泉记》《赵飞燕别传》《谭意歌》等。

骊山记　秦醇

大宋张俞,字才叔,又字少愚,西蜀人。幼锐于学,久而愈勤,心慕至道。应制科,辞理优赡赅博,意为必擢高等。有司罪其文讦鲠太直,不可进,俞由是不得意,尤为议者所惜,愈不乐。日与朋侪登高大醉。久乃还蜀,更不以进取为事。亦多往来京索间,所过有山水之奇,虚名之玩,未尝不往观焉。既观,未尝不吟咏,反复烂熳,终日啸傲,至有历时不能去。

俞尝命一仆荷酒肉,一仆携纸笔,一日,与三四友人游骊山,俞谓其友人曰:“吾走天下有日矣,足迹几遍于四海,而山水宜乎厌饫[①]。道也终不能使人忘情,吾之志如是也。骊山吾已数游,不须再登也,不若山下见老叟,求古遗事。”乃同友人遍历民家,皆曰:“惟田翁好蓄古书文籍,博览古今。”俞乃倩一耕者导至田翁家,翁久乃出,发鬓如雪,进趋甚有礼,视听不少衰。既坐,翁谓俞曰:“山野闲居,门无长者车骑久矣。君子惠然见过,何也?”俞曰:“余好古者也。闻翁有寿且知古,此来诚有意也。”翁始则悚而拒,终则愧而谢,且曰:“吾今年九十三矣，亦尝见大父洎吾祖言往事。晋汉时吾不知也，唐自明皇而下吾素所记。"就衣带间取铁匙，命其子："开钥，取吾柜中某书来。"

及启，乃一幅图也，即骊山宫殿图。凡二门，大小九殿，台亭六十二处。回廊屈曲，莫知其数。东曰日华门，西曰月华门。东大殿曰万寿殿，一殿曰迎阳，又一曰晨晖，又一曰紫极，又一曰宝林，又一曰宝基，又一曰明和，又一曰文庆。自日华门入，即大安殿。月华门入，即万寿殿。大安殿后三殿：一曰迎阳，一曰紫极，一曰晨晖。万寿殿后三殿：一曰宝基，一曰宝林，一曰明和。六殿后又一殿，曰文庆也。后即翠华门，乃入后宫。东即紫云阁，阁东即先春馆，西即桂香堂。西又有明华阁，阁东即惜花馆，西即载月堂。紫云阁东即碧瑶池，环池榭东即赏春台，西即御钓台、明霞阁，西乃宝积池，池北乃圣智堂，前曰清风轩也。宫中流水灌注，环绕台榭。宫外又有台殿，或架岩腹，或横危巅，皆有佳名，不知尽纪。翁按图指示，豁然在目前。俞喜曰："骊宫吾已知之矣。"

既久，翁复言曰："吾之远祖尝为守宫使，常出入禁中，故宫中事亦可得而言也。祖常言：明皇时天下无事，太平日久，常多幸骊山宫，从驾侍卫只五六千人，百官供给亦有三四千人，常不满万，皆给于宫，而不少乏。如当时府库之积丘山，茶布之货堆露不恒，民间玉帛不知纪极，斗米不满三十钱。帝又好花木，诏近郡送花赴骊宫。当时有献牡丹者，谓之杨家红，乃卫尉卿杨勉家花也。其花微红，上甚爱之。命高力士将花上贵妃，贵妃方对妆，妃用手拈花，时匀面手脂在上，遂印于花上。帝见之，问其故，妃以状对。诏其花栽于先春馆。来岁花开，花上复有指红迹。帝赏花惊叹，神异其事，开宴召贵妃，乃名其花为一捻红。后乐府中有《一捻红》曲，迄今开元钱背有甲痕焉。宫中牡丹最上品者为御衣黄，色若御服。次曰甘草黄，其色重于御衣。次曰建安黄，次皆红紫，各有佳名，终不出三花之上。他日，近侍又贡一尺黄，乃山下民王文仲所接也。花面几一尺，高数寸，只开一朵，鲜艳清香，绛帏笼日，最爱护之。一日，宫妃奏帝云：'花已为鹿衔去，逐出宫墙不见。'帝甚惊讶，谓：'宫墙甚高，鹿何由入？'为墙下水窦，因雨窦浸，野鹿是以得入也。宫中亦颇疑异，帝深为不祥。当时有佞人奏云：'释氏有鹿衔花，以献金仙。帝园有此花，佛土未有耳。'帝亦私谓侍臣曰：'野鹿游宫中非佳兆。'"翁笑曰："殊不知禄山游深宫，此其应也。"俞曰："吾尝观《唐纪》，见妃与禄山事，则未之信。夫帝禁深沉，守卫严密，宫女数千，各有掌执，门庭禁肃，示有分限，虽蜉蝣蚁蠛莫能得入，果如是乎？"翁曰："史氏书此作戒后世，当时事亦可言陈。《易》曰：'慢藏诲盗，冶容诲淫。'正为此也。妇人女子性犹水也，置于方器则方，置于圆器则圆。且宫人数千，幽之深院，绮罗珠翠，甘鲜肥脆，皆足于体，所不足者，大欲[2]耳。圣人深思此，故主宫殿用中贵人[3]也。贵妃自处子入宫，上幸倾后宫，常与游者禄山也。禄山日与贵妃嬉游，帝从观以为笑，此得不谓之上慢乎？贵妃虑其丑声落民间，乃以禄山为子。一日禄山醉戏，无礼尤甚。贵妃怒骂曰：'小鬼方一奴耳，圣上偶爱尔，今得官出入禁掖，获私于吾，尚敢尔也！'禄山曰：'臣则出微贱，惟帝王能兴废也，他皆无畏焉。臣万里无家，四海一身，死归地下，臣且不顾。'叱贵妃，复引手抓贵妃胸乳间。贵妃泣曰：'吾私汝之故也，罪在我而不在尔，尔今不思报我，尚以死胁我！'时宫女王仙音旁立，乃大言：'安禄山夷狄贱物，受恩主上，蒙爱贵妃，乃敢悖慢如此！我必奏帝。'禄山犹不止，云：'奏帝我不过流徒，极即刑诛。贵妃未必无罪，得与贵妃同受祸，我所愿也。此所谓鱼目得伴明珠入水，碔砆[4]同白玉入火，又何害焉？'会高力士赍福建绿荔枝上贵妃，禄山乃忸怩引去。力士久在屏外躬听，且知所争。力士上传帝旨，跪进荔枝乃去。贵妃使人从力士谢曰：'慎无言适来之事。'高曰：'帝非贵妃，当受黜废，出居于外，则主人不乐可知。为我谢贵妃，臣知此久矣，非今日也。臣宫中老物也，岂不知爱君父乎？愿贵妃勿忧。'贵妃虑帝见胸乳痕，乃以金为诃子[⑤]遮之。后宫中皆效之，迄今民间亦有之。"

俞复谓翁曰："玄宗据崇高之势，有天日之表，龙凤之姿，兼文武全美，禄山丑类，安能动贵妃心？"翁云："据祖言：禄山虽是胡儿，眉目疏秀，肌若凝脂。加之性灵敏慧，言语巧辩，音乐技艺往往通晓，亦涉猎书数，尤能迎合上意，上所以爱宠。禄山亦多异处。"俞曰："何异也？"翁曰："禄山手足心俱有黑子，尝自语人曰：'此王公之相也。'禄山素丰肥，盛暑酣寝，鼻声如雷，宫人多以清泉洒其身，久而方醒，率以为常。一日，禄山醉卧明霞阁下，误为宫人覆水于面。禄山俄瞑目嗔气，头上生角，体亦生鳞，骧首踠足，势欲飞跃。宫人四走，莫知所避。有报帝曰：'禄山化作龙。'时帝与妃子弈棋，帝急往视，乃曰：'不足畏也。此乃真猪龙。'少顷，禄山睡觉，帝因问禄山。禄山曰：'臣适梦中为人以水沃臣，臣梦化为龙。'异日，贵妃问帝曰：'禄山化龙之事甚可畏。'帝云：'不足畏。''何也？'帝曰：'天地之神物，莫若龙之能变化也。真龙则角长而鬃密，腹紧而尾倍，目深而鼻高，鳞厚而爪长。朱目血舌，赤须火鬐，息则人莫见其踪，动则雷雨满天下。禄山乃猪龙者，吾见精出鼻肆，腹大尾赤，鳞薄爪秃，鬃疏角短，目青不光，鬐黑无焰，但能乘水势败坏堤岸，汩没泥水中为害，非云雷之主也，故不足畏。但恐禄山异日不能善终，须死兵刃。'贵妃复曰：'莫为患乎？'帝曰：'此外非汝可知。'"

俞曰："贵妃色冠后宫，为天下第一，迄今传为绝代色，其美可得闻乎？"翁曰："观史氏所言，中人贵妃发委地，光若傅漆，目长而媚，回顾射人。眉若远山翠，脸若秋莲红。肌丰而有余，体妖而婉淑。唇非膏而自丹，鬓非烟而自黑。真香娇态，非由梳掠。乃物比之仙姬，非人间之常体。笑言巧丽，动移上意。帝对妃子论杜甫宫词，他日帝因思其诗，命宫人取其诗，为官人远去，妃子曰：'不须取，妾虽听之，尚能记忆。'乃取纸录出，不差一字，其敏慧又可知也。一日，贵妃浴出，对镜匀面，裙腰褪，微露一乳，帝以指扪弄曰：'吾有句，汝可对也。'乃指妃乳言曰：'软温新剥鸡头肉⑥。'妃未果对。禄山从旁曰：'臣有对。'帝曰：'可举之。'禄山曰：'润滑初来塞上酥。'妃子笑曰：'信是胡奴只识酥。'帝亦大笑。"翁又曰："当时西蜀有女髡⑦，解造补鬓油膏面。用白胭脂白杏仁心、梨自然汁、白龙脑相熬合和，用以调粉匀面，白而光润。用紫芝麻、胡桃油、黑松子、乌沉香合而润鬓，黑而复香。蜀中以二油进，后中贵窃鬻民间，富者亦用之。宫中呼为锦里油，民间呼西蜀油。后明皇入蜀，此亦先兆之应也。"

翁曰："禄山数失礼贵妃，贵妃私甚恨，第无计绝之耳。晚年尤不喜之。禄山之守渔阳，贵妃屡言于上曰：'渔阳天下之精兵所聚，宜用心腹臣，禄山阴贼，不可为帅。'上不答。禄山辞贵妃，贵妃开宴饯之。酒半酣，禄山曰：'臣久出入宫掖，蒙私贵妃，而中道弃之，吾之此行，深非所乐。此别复有相见之期乎？'贵妃但笑而不答。禄山复曰：'人但恨无心耳。苟有心，虽抽肠溅血，万死万生犹不顾，臣须来见娘娘。'因涕泣交下，起抱贵妃，良久不止，左右勉之，久方辞去。明日，禄山尚未行，欲再入宫见贵妃，诏不得入内。禄山既行，甚怏怏，令前骑作乐。禄山曰：'乐有离声，人多别恨，自古迄今无有也。'后杨国忠专政，深恨禄山。禄山至渔阳，多求珍异物，并私书上贵妃，尽为国忠抑而不达。顷之，禄山怨国忠，益有反意，乃兴兵问阙，言于左右曰：'吾之此行，非敢觊觎大宝，但欲杀国忠及大臣数人，并见贵妃叙吾别后数年之离索，得回住三五日，便死亦快乐也。'此言流落民间，故马嵬六军不进，指妃子而为言也。开元末童谣云：

山上一群鹿，大鹿来相逐。
啼杀涧下羊，却被猪儿触。

后果为帐下李猪儿所杀。禄山反书至，帝方食，贵妃不觉失匕箸。帝惊顾左右甚久，诏杨国忠为御营都元帅。都人惊骇，尘土四散，咫尺莫辨牛马。帝登丹凤楼置酒，楼下有人唱歌云：

不见只今汾上水，惟有年年秋雁飞。

其音甚悲，帝泣下，不终饮而止。左右奏曰：'陛下素大度，禄山虽兵变，安能遽至此也?'帝上马由承天西去，长安父老遮乘舆言曰：'陛下以重禄养禄山，禄山不以臣报陛下，天理不远，人情莫顺。禄山非久，血污锋刃，身膏草野，不日臣等复出长安，西迎銮舆之来。'帝曰：'朕已诏天下兵百道并进，必破此贼。深虑贼锋未可当，终恐为父老忧，各宜相率避之。'帝令一中贵人厉声曰：'关东皆贼也，不可往。西可以避。'竟去。由是都人多入蜀避贼。"

〔注〕①厌饫(yù)：即吃饱、吃腻。②大欲：这里指性欲。③中贵人：即太监。④碔砆(wǔ fū)：外表似玉的石头。⑤诃(hē)子：妇女所用的抹胸。⑥鸡头肉：鸡头即芡的别名，一种水生植物，鸡头肉即芡实。⑦女髡(kūn)：髡同"髡"。女髡即尼姑。

本篇原载《青琐高议》，作者秦醇。

风流天子唐明皇和绝代美女杨贵妃的故事，早在唐代就引起了文人们的兴趣。诗文作品中传说很多，而以白居易的叙事诗《长恨歌》和陈鸿的传奇《长恨传》最为著名。宋去唐不远，文人对前朝故事特别感兴趣，尤其对杨贵妃的风流韵事及其命运更是津津乐道，而探究不已。这则《骊山记》便是其中之一。

唐代曾在骊山温泉建筑宫殿，称骊宫、骊山宫或华清宫，作避暑胜地。这也是唐明皇和杨贵妃常去游玩居留的地方，留下了许多风流韵事。宋代四川才子张俞好游名胜，又慕道而富于文采，一日与友人游骊山，遂有探古访幽之举。小说如此描写，增强了张俞这一人物的可信度。张俞寻访到一位九十三岁的老翁。老翁自称自己的远祖曾当过唐代的守宫使，对唐明皇和杨贵妃的事很了解；他自己也记得祖父及其以上祖先所谈遗闻，尤其对唐明皇以来的故事记得很清楚。而且他家里还珍藏着骊宫的图纸，拿出来给张俞看。这对张俞来说，真是大开眼界，亲眼得见如此难得的历史文献。从小说描写的角度，这又增强了老翁所讲古代遗闻的可信性。虽然他所讲故事的历史真实性有许多疑点，例如"一捻红"的来由、杨贵妃入宫时是处女、她因被安禄山抓破乳房而发明金"诃子"护胸遮掩以至于流行开来、安禄山反唐只是为了再会杨贵妃等等，未必是信史；至于说安禄山是“猪龙”降世，以及其他种种征兆，则明显属杜撰，但作为小说倒确乎是“传奇”，比《长恨传》多出许多“宫闱秘事”。

安禄山与杨贵妃的关系是本篇的主要故事。为体现故事的真实性和“教训”，小说让张俞对《唐纪》所记安禄山与杨贵妃的关系表示怀疑，认为杨贵妃居于把守森严的深宫，安禄山根本不可能进入，也就根本不可能与她有染；而且，唐明皇身为皇帝，又相貌堂堂，文武双全，足以满足杨贵妃，杨贵妃又怎么可能对胡人安禄山动心呢？这种怀疑其实直到今天仍然可以成立，而在小说中，则是以理性的方式唤起读者的兴趣。

老翁的解释性叙述颇能体现宋代的思想特色。他搬出宋代被视为绝对真理的《易大传》作为理论根据。他说安禄山虽是胡人，但并不粗豪丑陋，而是肌肤洁白细腻、眉清目秀，又聪明灵巧、言辞伶俐、通晓音乐、知书识数，尤其善于迎合唐明皇，原是才貌双全又善于逢迎的人物，所以才能得到唐明皇的宠爱，以至可以自由出入后宫，常与杨贵妃一起游戏。对此，唐明皇不但不禁止，反倒乐在其中。他在杨贵妃沐浴后，竟能当着安禄山的面抚弄杨贵妃的乳房取乐，甚至还以杨贵妃的乳房为题作对联来交流淫乐的感受。这样的特殊待遇，自然为安禄山与杨贵妃发生私情大开了方便之门。如此描写，与唐代的《长恨传》相比，要通俗得多，也即更接近世情。然而，这就正落入《易大传》的告诫：“慢藏诲盗，冶容诲淫。”唐明皇既没有把杨贵妃收藏好，反让春光泄露，安禄山对这样的美女岂有不“盗”之理？这种解释的背后，还包含着更深的中国传统观念，那就是认为女人天生淫贱，稍一不慎，她就要偷汉子，杨贵妃就是一个典型的例证。老翁说杨贵妃既是绝色美女，又聪明敏捷，是唐明皇专宠的妃子。然而女人水性，流质不定，她虽有锦衣玉食，但这只能满足她人生大欲之一的食欲，至于另一大欲的性欲，却远不能满足。从而在作者的笔下，杨贵妃和安禄山成了由情欲所支配，互相需要与吸引，根本不受道德约束的一对。杨贵妃因美丽而具有比其他女人更大的魅力，才成为男人色欲的焦点，同时她自己也是一具充满淫欲的肉体。正是由于这一观念，老翁感叹古代圣人的高明，因为中国古代圣人想出了一种特别的办法，即任用阉割过的太监在后宫服役。其根据就是后宫妃嫔的性欲得不到满足，必须用既有力又阉割过的男人来严加防护。宋代的文化具有很强的礼教理性根据，在这篇小说中，中国古代野蛮的后宫太监制度的理性根据，通过老翁的解释性叙述，得到了生动的体现。

然而在中国封建社会里，杨贵妃这样的女人的堕落和奢侈只是一种现象，这种现象的背后有制度、文化和那些拥有权势的男人方面的原因，但她却必须为自己的堕落和奢侈付出代价。杨贵妃的美丽不能丝毫增加她作为人的尊严和价值,却要为她被色欲赏玩的价值负责。这一点连杨贵妃也颇明白。由于唐明皇的宠爱,也由于杨贵妃与安禄山的私情,使得安禄山竟敢当着宫女的面,不顾杨贵妃自己的意愿施以非礼,这使杨贵妃不能忍受而对他加以叱责。安禄山不但毫不收敛,反而肆无忌惮地抓弄她的胸乳,叱责这位当朝正得宠的贵妃。可见安禄山在后宫肆无忌惮地猥亵玩弄杨贵妃已习以为常。当杨贵妃面对这个野蛮的男人的肆无忌惮而愤怒时,除了哭泣,只有忍受,并且还得遮掩。因为她知道,她和安禄山的私情一旦被唐明皇所知,首先倒霉的是她自己。她的唯一的办法,就是委婉地提醒唐明皇提防安禄山。但杨贵妃的提醒无论多么明智而有根据,对于唐明皇来说,都是不好理解的,因为唐明皇正宠爱着安禄山,又根本不知道安禄山的秉性为人,和他在后宫对杨贵妃所表现出来的占有欲,也没有想到安禄山若要占有杨贵妃的最佳方法就是首先占有皇位。所以杨贵妃的提醒虽然明智,却对唐明皇不起任何作用。小说的如此描写,相当明显地表现出理性的严谨性,而杨贵妃的不幸因而也就注定了。她不但要因自己的美丽和私情而被玩弄受侮辱,还得为这种侮辱付出代价。

安禄山被调镇守渔阳,拥有一方重镇的大权,与杨贵妃分处两地而念念不忘。当他的欲望得不到满足,便利用手中的权力发动兵变。尚沉浸于自己的淫乐和对安禄山宠爱之中的唐明皇自然毫无准备,只好仓皇出逃。他的将士们相信安禄山兵变是为了杨贵妃,于是杨贵妃就成了“祸水”,不死不能平将士之愤。马嵬兵变,杨贵妃也就成了牺牲品。实际上,这篇小说就是按照女色与国家的命运之关系来构思,而以解释性叙述赋予“祸水”观念一种相当冷峻的理性。但这种理性恰好表现了礼教的脆弱和统治者对责任的推诿。（王学钧）

温泉记 秦醇

西蜀张俞再过骊山,留题二绝云:

金玉楼台插碧空,笙歌递响入天风。
当时国色并春色,尽在君王顾盼中。

其二云:

玉帝楼前锁碧霞,终年培养牡丹芽。
不防野鹿逾垣入,衔出宫中第一花[①]。

俞异日宿温汤市邸,于是衙鼓声沉,万动岑寂,客馆后夜,悲风素秋。俞少负英气，羁怀多感，高烛危坐，远意千里，强调脆管，又抚朱弦，怨流丝竹，竟不成乐，乃就枕。才合眼，见二短黄衣吏立于床下。一吏曰："召其魂也，召其梦也？"一吏曰："奉命召其魂。"吏曰："魂俱去，留一魄以守其宅。"吏于袖间出一物若银钩，以刺入胸中，亦不甚苦痛，以手执钩尾，大呼俞名姓，又小呼数声。俞或立于阶下，回顾尸于床上，俞惊叹，恨不得作书寄家人嘱后事。吏引其衣出门，又见二碧衣童，若常所见画图中神仙侍立之童也。俞久不敢问。约行十余里之远，俞乃足痛，愿得一代步者。吏曰："请君问碧衣者。"俞乃告之。一童呼吏曰："敕界吏速取马来。"有顷，驺从[②]至，俞乃上马，因询黄衣吏曰："吾死乎，吾此行何所之也？"黄衣吏曰："吾地界之吏，奉命奔走，他皆不知也。君告碧衣童，必有所明。"俞私约下马，折腰与碧衣童曰："俞蜀中书生，未尝造恶，今有此行，不识入于狱乎？能复回于世乎？愿闻其休咎。"碧衣童曰："吾乃海仙之侍者，被命召子，他皆不知。"俞曰："仙何人也？"童曰："蓬莱第一宫太真妃也。"俞曰："召仆安用？"童子曰："子骊山曾作诗否？"俞方忆其所作二绝。

又行百里，道左有大第，朱扉屹立，金兽衔镮，万户生烟，千兵守御。入门则台殿相向，金碧射人，帘挂琼钩，砌磨明玉，金门瑶池，彩楹琐窗，幕卷轻红，甃浮寒碧。童止俞曰："可伺于此，吾入报矣。"童复出呼左右备驺从，童谓俞曰："上仙召子温泉浴。"迤逦见绛旌[③]见(前)驱，翠幢双引，赭伞玲珑，仙车咿轧，彩仗鳞鳞，纹竿袅袅，霞光明灭五色云中。行少顷，又至一宫，仙妃降车，俞亦下马。

童引俞升殿，左右赞拜，仙赐坐。俞偷视仙，高髻堆云，凤钗横玉，艳服霞衣，琼环瑶珮，鸾姿凤骨，仙格清莹。俞精神眩惑，情意恐惧，虚己危坐，莫敢出言。仙笑为俞曰："君无惧，吾召子无他意，欲少询子人间一两事耳。"仙子曰："骊山所题之诗甚佳。"俞避席俛谢。仙子乃命其浴。仙乃入御浴，汤影沉沉，甃摇龙凤[4]。仙去衣先入浴，俞视若莲浮碧沼，玉泛甘泉，俞思意荡。俞因以手拂水，沸热不可近。仙笑命左右别具汤沐，侍者进金盆，为俞解衣入浴。仙与俞相去数步耳，一童以水沃仙，一童以水沃俞。俞白仙曰："俞尘骨凡体，幸遇上仙，似有宿契[5]，然何故不得共沐？"仙曰："尔未有今日之分。"浴已，次第取服。

仙与俞携手入后院，坐曲室。俞审视则白璧为楹，碧瑶甃地，绣帛蒙窗，珠丝翳户[6]，饰琼玉于虚轩，安铜龙于画栋。仙命进酒，宝器瑶杯，珍羞仙果。但俞平生不酗酒，金壶至俞，则酒辄不出。仙笑顾左右取他酒代之。童曰："已为取之。"顷间酒已至，乃人间之味。俞又自恨。仙谓俞曰："今之妇人首饰衣服如何？"俞对曰："多用白角为冠，金珠为饰。民间多用两川红紫。"仙乃顾左右："取吾旧服来。"长裙大袍，凤冠口衔珠翠玉翘，但金钗若今之常所用者也，他皆不同。

俞曰："俞少好学，虽望道未见，然于唐史见仙事迹甚熟，今见仙之姿艳，一禄山安能动仙之志，而仙自弃如此也？"仙复曰："事系天理，非子可知，幸无见诘。"俞曰："明皇蕴神圣之姿，天日之表，没当不化，今在何地？"仙曰："人主皆天之高真也。明皇乃真人下降，今住玉羽川。"俞曰："玉羽川何地也？"仙曰："在潭衡[7]之间。"

不久玉漏递响，宝灯阑珊，侍者报仙曰："鼓已三敲。"仙乃命撤去杯皿，与俞对榻寝。俞情思荡摇，不能禁。俞曰："召之来，不与之合，此系乎俞命之寡眇也。他物弗望，愿得共榻，以接佳话，虽死为幸。"仙笑曰："吾有爱子心，子有私吾意，宿契未合，终不可得。"俞乃欲升仙榻，足不可引，若有万觔系之。仙曰："子固无今日分。"俞乃就南榻，与仙对卧而语。不久鸡唱，烟中月沉，户外侍者促俞起。俞泣下别。仙曰："后二纪[8]待子于渭水之阳。"仙取百合香一小器遗俞曰："留以为忆。"系俞臂，复见前童吏引还，入门，吏推仆乃觉。

俞惊起坐，默念岂非梦邪？臂上香犹存。发器，异香袭人，非世所有。他日，俞题诗于温汤驿曰：

梦魂飞入瑶台路，九霞宫里曾相遇。
壶天好景自愁人，春水泛花何处去。

又戏为诗曰：

昨夜过温汤，梦与杨妃浴。
敢将豫让炭⑨，却对卞和玉⑩。
同欢一宵间，平生万事足。
想得唐明皇，畅哉畅哉福。

诗尚留温汤驿壁。

俞后闲步野外，有牧童持书一纸，俞开封，乃仙所为诗二首也。诗云：

虚堂壁上见清辞，似共幽人说所思。
海上风烟虽可乐，人间聚散更堪悲。

重帘透日温温煖，玉漏穿花滴滴迟。
此景此情传不尽，殷勤嘱付陇头儿。

俞询牧童曰："从何得此书？"牧儿曰："前日有妇人过此，遗我百钱，授我此书，云：'明日有衣冠独步野外，子可与之。'"俞闻之愈伤感。俞多与士君子说此事，乃笔成传。

〔注〕 ① 这两首诗是从李白《清平调》生发出来。李白在诗中以牡丹花比喻和衬托杨贵妃的美。 ② 驺(zōu)从：贵族出行时的侍从。驺，主驾车马的官吏。 ③ 绛旌：绛红色的旌旗。和下面的"翠幢(翠绿色的幡)、赭伞(赭色的伞)"都是仪仗。 ④ 汤影沉沉，甃摇龙凤：浴池中的水映出人影，池底甃瓦上的龙凤花纹随水的动荡而摇曳。甃(zhòu)：原指井壁，后广泛用以指砖瓦砌物。 ⑤ 宿契：前世的约定，缘分。 ⑥ 珠丝翳(yì)户：有珍珠装饰的丝绸遮蔽门户。翳，遮蔽。 ⑦ 潭衡：古地名。潭，潭州，治所在今湖南长沙市。衡，衡州，治所在今湖南衡阳市。 ⑧ 纪：古称十二年为一纪。 ⑨ 豫让炭：豫让，春秋末期晋国大臣智伯的家臣。智伯为赵襄子所灭，他为了刺杀赵襄子，漆身以变形貌，吞炭作哑，伏在桥下等待赵襄子。这里借以表示忠诚。 ⑩ 卞和玉：是一块著名的美玉。春秋时楚国人卞和在荆山得到一块璞玉，献给楚王，楚王不信，刖其双脚。后来终于知道是真的宝玉。这里借指杨妃。

本篇原载《青琐高议》，作者秦醇。

鲁迅在《中国小说史略》中提到了秦醇的《温泉记》这篇传奇作品，并用了百余字加以介绍，可见它作为宋代传奇的代表作之一，在文学史上是有一定的地位的。

这篇传奇写的是关于杨贵妃的故事。自唐天宝之乱以后，李杨故事就广泛流传。真正严肃的历史学家，当然并不过分看重杨玉环这个历史人物，但她进入了文学领地，却成为了一个千古不衰的题材和光彩照人的主人公。尽管如此，对杨玉环这个人物的态度与评价却是见仁见智，甚至迥异的。大致着眼历史者，多给予批评；着眼人情者多抱有同情。这实在是因为事物本身就是复杂和多方面的，杨玉环这个人物的特殊身份地位和遭际，使她更显多面性。不过大部分作品，无论褒之者或贬之者，都或隐或显以承认和尊重其为玄宗之妃和理解玄宗对她的真爱为前提。

然而这篇《温泉记》却突破了这条底线。虽然其中的玉环仍然曾经是杨妃，但那已是纯粹的过去，现在的太真在作者的眼中已经是一个可以被别的男性追逐的女人，这种追逐和接受追逐不以她曾经是李隆基的妃子来定是非，也就是并不以贬损其人格和形象为目的。或者有人觉得这不过是封建社会里某些轻薄文人——或是主人公张俞或是作者秦醇在作非非想，当不得真。但对待文学作品总要从作品本身出发，不能避开作品去推定作者的立意。我们既然是21世纪的现代人，我们就应该用，也只能用现代人的头脑去体认去思考。以这样的态度来对待，《温泉记》描写的称得上是一个美丽而浪漫的爱情故事。

先说说这个爱情故事的过程。张俞的爱意起于历史的回忆和古人诗歌的启示。他把对玉环的爱慕倾诉在诗作里。第一首绝句赞美的是历史上的玄宗之妃，第二首就是开始自己的“非非想”了。他同情寂寞天宫里的她，遂用梦鹿衔花故事，以有些野性的野鹿自比，想“逾垣”去把她“衔”出来。这并非不要勇气的。在当时正统文人的眼中，这就叫做“轻薄”。但面对这样的美人，这样动人的故事，连几分遐想都没有的文人，岂不太缺少浪漫气息吗？其实，此情此景，有这种遐想的文人恐怕不在少数，只在有没有说出来的勇气罢了。

爱情的信息得到了回应，天仙玉环的“凡心”被触动了，她在天宫生活中被冷却了的心被温暖了。可见这仍然是一颗世俗中的女人心，而不是一颗久不食人间烟火的神仙的心。真正的神仙是没有了人心人情的。而对于一个凡人来说，再美丽的天仙，如果没有了人心人情，又有什么可爱呢？我们看她不仅坦率承认爱情的存在：“吾有爱子心，子有私吾意”，而且接待张俞——和他共浴，陪他宴饮，与他对榻的过程中，显得多么温柔体贴，多么充满情意！但尽管同浴了，对榻而眠了，她仍然显得高贵、矜持，并不是一个放荡的女人。这并不在于她不答应与张俞“共榻”，因为她不是以此种行为不道德和秽邪，而是以“宿契未合”来解释这一点的。她的高贵和矜持使得这一段爱情显示出它的美学价值。杨玉环的美在作品中，比张俞的形象更重要。她，才是这篇小说的灵魂。不仅因为这是一个著名女性，而且因为这个形象在千古流传过程中，基本上是美好的。如果她的形象有损，这部以爱情为主题的作品就失去了基础，就将暗淡无光。

张俞这个人物也应该说说。尽管他在骊山敢于狂妄地作非非想，但到了天宫之后，对这位昔日的皇妃、今日的神仙却是毕恭毕敬的。从艺术处理上说，他的恭敬对保持杨妃形象的美好是必要的。但作者并没有让他总是诚惶诚恐，不敢稍稍有自己的意志。在交谈时他敢于触及恐怕是杨玉环最不愿意触及的隐私：她和安禄山的关系。还敢问玄宗现在在哪里。看来他只不过是出于好奇，而并不是考虑现在两人的关系是否是合情合理。他还敢于提出同池“共沐”和“共榻”而眠的要求——还稍有行动，不过在遭到拒绝之后就适可而止，基本上保持了君子风度。试想，和自己向慕已久的美丽女人近在咫尺，一味自卑自贱而不敢越雷池一步，这样的男人又有什么可爱呢？

这段爱情的结局不美满。“仙凡阻隔”并不是解说这种没有大团圆结局的理由，很多神话故事都有大团圆结局——这是文学作品，作者完全可以为所欲为。我以为应该从美学处理来接受它。它和《长恨歌》里的李杨爱情是不同的。尽管也是美好的，却远没有形成一个有巨大社会意义和人性精神含量的悲剧。但带着遗憾、带着惆怅的诗意的结尾余韵袅袅，故事的魅力却也正在这里。

这里我们回避了作品的文体性质——这是一个有神话成分的传奇故事。对于神话应该怎样分析评价，不是三言两语说得清的。应该说非现实的成分，使作者摆脱了现实的许多羁绊，使不合理的成为合理，不可能的成为可能。但归根结底，文学作品是作者在现实生活基础上产生的理念、情感和审美态度的产物。它们的共性是不言而喻的。

这篇传奇作品语言并非上乘，诗也未见高明，但结构是颇费匠心的。它以张俞的行动线索贯穿始终。可以大致分为仰慕、被召、见仙、入浴、饮宴、对榻、赠书几个场面；首尾皆以诗相互照应，使结构更形完整。被召的一段，铺垫的意图很清楚。张俞和黄衣吏、碧衣童的对话，以及因足痛求代步等，使召见产生悬念。魂魄被拘后，张俞的行动细节和心理活动真实而细腻：“回顾尸于床上，俞惊叹，恨不得作书寄家人嘱后事”，又问使者：“俞蜀中书生，未尝造恶，今有此行，不识入于狱乎？能复回于世乎？”等等，实在是非常合情合理的心理状态。现实手法

的运用，是这个非现实的故事取得感人效果的重要因素。（姚品文）

赵飞燕别传 秦 醇

余里有李生，世业儒。一日，家事零替，余往见之，墙角破筐中有古文数册，其间有《赵后别传》，虽编次脱落，尚可观览。余就李生乞其文以归，补正编次，以成传，传诸好事者。

赵后腰骨纤细，善踽步[①]行，若人手持荏枝[②]，颤颤然，他人莫可学也。在王家时，号为飞燕，入宫复引援其妹，得宠为昭仪[③]。昭仪尤善笑语，肌骨清滑，二人皆称天下第一，色倾后宫。

自昭仪入宫，帝亦稀幸东宫。昭仪居西宫，太后居中宫。后日夜欲求子，为自固久远计，多以小犊车载年少子与通。帝一日惟从三四人往后宫，后方与一人乱，左右急报，后惊遽出迎。帝见后冠发散乱，言语失度，帝亦疑焉。帝坐未久，复闻壁衣中有人嗽声，帝乃去。由是帝有害后意，以昭仪隐忍未发。

一日，帝与昭仪方饮，帝或攘袖瞋目直视昭仪，怒气怫然不可犯。昭仪遽起避席，伏地谢曰："臣妾族孤寒，下无强近之亲。一旦得备后庭驱使之列，不意独承幸遇，渥被圣私，立于众人之上。恃宠邀爱，众谤来集。加以不识忌讳，冒触威怒，臣妾愿赐速死，以宽圣抱。"因涕泣交下。帝自引昭仪臂曰："汝复坐，吾语汝。"帝曰："汝无罪，汝之姊吾欲枭其首，断其手足，置于溷[④]中，乃快吾意。"昭仪曰："何缘而得罪？"帝言壁衣中事。昭仪曰："臣妾缘后得填后宫，后死则妾安能独生？况陛下无故而杀一后，天下有以窥陛下也，愿得入身鼎镬，体膏斧钺[⑤]。"因大恸，以身投地。帝惊，遽起持昭仪曰："吾以汝之故，固不害后，第言之耳，汝何自恨若是。"久之昭仪方就坐，问壁衣中人。帝阴穷其迹，乃宿卫[⑥]陈崇子也。帝使人就其家杀之，而废陈崇。

昭仪见后具述帝所言，且曰："姊曾忆家贫，寒馁无聊赖，使我共邻家女为草履市米。一日得米归，遇风雨，无火可炊，饥寒甚，不能成寐，使我拥姊背同泣，此事姊岂不忆也？今日幸富贵无他人次我，而自毁如此。脱或再有过，帝复怒，事不可救，身首异地，为天下笑。今日，妾能拯救也。存殁无定，或尔妾死，姊尚谁援乎？"乃涕泣不已，后亦泣焉。

自是帝不复往后宫承幸，御昭仪一人而已。昭仪方浴，帝私觇[⑦]，侍者报昭仪。昭仪急趋烛后避，帝瞥见之，心愈眩惑。他日，昭仪浴，帝默赐侍者金钱，特令不言。帝自屏罅[⑧]觇，兰汤滟滟，昭仪坐其中，若三尺寒泉浸明玉，帝意思飞荡，若无所主。帝常语近侍曰："自古人主无二后，若有，则吾立昭仪为后矣。"

赵后知之，见昭仪益加宠幸，乃具汤浴请帝，既往后宫入浴，后裸体以水沃[⑨]帝，愈亲而帝愈不乐，不终浴而去。后泣曰："爱在一身，无可奈何。"后生日，昭仪为贺，帝亦同往。酒半酣，后欲感动帝意，乃泣数行下。帝曰："他人对酒而乐，子独悲，岂不足耶？"后曰："妾昔在后宫时，帝幸其第，妾立在后，帝时视妾不移目甚久，固知帝意，遣妾侍帝，竟承更衣之幸。下体尝污御衣，欲为浣去，帝曰：'留以为忆。'不数日，备后宫，时帝啮痕犹在妾颈，今日思之，不觉感泣。"帝勃然怀旧，有爱后意，顾视嗟叹。昭仪知帝欲留，先辞去，帝逼暮方离后宫。

后因帝幸，心为奸利，三月后乃诈托有孕，上笺奏云：

臣妾久备掖庭，先承幸御，遣赐大号，积有岁时。近因始生之日[⑩]，优加喜祝之私，特屈乘舆，俯赐东掖，久侍宴私，再承幸御。臣妾数月来，内宫盈实[⑪]，血脉不流，饮食美甘，不异常日。知圣躬之在体，辨六甲[⑫]之入怀。虹初贯日[⑬]，听是珍祥，龙据妾胸，兹为佳瑞。更期诞育神嗣，抱日趋庭，瞻望圣明，踊跃临贺，谨此以闻。

帝时在西宫,得奏喜动颜色,答云:

因阅来奏,喜气交集。夫妻之私,义均一体,社稷之重,嗣续为先。妊体方初,保绥宜厚。药有性者勿举,食无毒者可亲。有恳来上,无烦笺奏,口授宫使可矣。

两宫候问,宫使交至。

后虑帝幸,见其诈,乃与宫使王盛谋自为之计。盛谓后曰:"莫若辞以有妊者不可近人,近人则有所触,触则孕或败。"后乃遣王盛奏帝,帝不复见后,第遣使问安否。而甫及诞月,帝具浴子之仪。后召王盛及宫中人曰:"汝自黄衣郎出入禁掖,吾引汝父子复富贵。吾欲为自利长久计,托孕乃吾之私言,今已及期,子能为吾谋焉,若事成,子万世有厚利。"盛曰:"臣与后取民间才生子,携入宫为后子,但事密不可泄。"后曰:"可。"盛于都城外有生子者以百金售之,以物囊之,入宫见后。既发器,则子死矣。后惊曰:"子死,安用也?"盛曰:"臣今知矣,载子之器不泄气,子所以死也。臣今再求子,盛之器中,穴其器,使气可出入,则子不死。"盛得子,趋宫门欲入,则子惊啼尤甚,盛不敢入。少选,复携之趋门,子复如是,盛终不敢携入宫。盛来见后,具言子惊啼事。后泣曰:"为之奈何?"时已逾十二月矣。帝颇疑讶。或奏曰:"尧之母十四月而生尧,后所妊当是圣人。"后终无计,乃遣人奏帝云:"臣妾昨梦龙卧,不幸圣嗣不育。"帝但叹惋而已。昭仪知其诈,乃遣人谢后曰:"圣嗣不育,岂日月未满也?三尺童子尚不可欺,况人主乎?一日手足俱见,妾不知姊之死所也。"

时后宫掌茶宫女朱氏生子,宦者李守光奏帝,帝方与昭仪共食,昭仪怒言于帝曰:"前者帝言自中宫来,今朱氏生子,从何而得也?"乃以身投地,大恸。帝自持昭仪起坐。昭仪呼官吏祭规曰:"急为吾取此子来。"规取子上,昭仪谓规曰:"为吾杀之。"规疑虑,昭仪怒骂曰:"吾重禄养汝,将安用也?不然并戮汝。"规以子击殿础[14]死,投之后宫。后宫人凡孕子者,皆杀之。

后帝行步迟涩,气颇惫,不能幸。有方士献大丹,养于火百日乃成。先以瓮贮水,满,即置丹于水中,即沸,又易去,复以新水。如是十日,不沸方可服。帝日服一粒,颇能幸昭仪。帝一夕在太庆殿,昭仪醉进十粒。初夜绛帐中拥昭仪,帝笑声吃吃不止。及中夜,帝昏昏,知不可起,或仆或卧。昭仪急起秉烛,视帝精出如涌泉,有顷帝崩。太后遣人理昭仪,且急穷帝得疾之端,昭仪乃自缢。

后居东宫,久失御。一夕后寝,惊啼甚久,侍者呼问方觉。乃言曰:"适吾梦中见帝,帝自云中赐吾坐。帝命进茶,左右奏帝云:'向日侍帝不谨,不合啜此茶。'吾意既不足,吾又问帝:'昭仪安在?'帝曰:'以数杀吾子,今罚为巨鼋,居北海之阴水穴间,受千岁水寒之苦。'故尔大恸。"

后北鄙大月氏[15]王猎于海上,见巨鼋出于穴上,首犹贯玉钗,望波上眷眷有恋人意。大月氏王遣使问梁武帝,武帝以昭仪事答之。

〔注〕 ① 踽(jǔ)步:慢步貌。 ② 荏(rén)枝:柔弱的枝条。 ③ 昭仪:汉代女官名。位在王后夫人之下,与丞相等。爵与诸侯王同。汉以后地位有所不降。 ④ 溷(hùn):猪圈。⑤"愿得"二句:这是昭仪表示愿意自己受刑。入身鼎镬(huò):将身体放在锅里煮,即烹刑。体膏斧钺(yuè):用自己的血肉涂兵器。即杀头。 ⑥ 宿卫:宫中值夜的卫兵。 ⑦ 觇(chān):窥看。 ⑧ 屏罅(xià):屏风的空隙。 ⑨ 沃:浇。 ⑩ 始生之日:即生日。这里指前不久与成帝、昭仪一起祝贺的那一次。 ⑪ 内宫盈实:即怀孕。内宫,这里指子宫。 ⑫ 六甲:古人称怀孕为身怀六甲。 ⑬ 虹初贯日:古人将后妃怀孕附会为白虹贯日。 ⑭ 殿础:宫殿的柱石。 ⑮ 大月氏(ròu zhī):古西域城国名。初名月氏(亦作月支),在甘肃西部。汉时被匈奴进攻驱赶,一部分进入新疆,称大月氏;一部分至南山与羌族混居,称小月氏。

本篇原载《青琐高议》,作者秦醇。

赵飞燕是历史上著名的女性。她色艺双全,不仅容貌美丽、身材窈窕,而且才艺超绝、身怀绝技——能作掌上舞。这些已极为难得,她又成为天下最幸运的女人——皇后。封建社会怎么能容忍这样好运的女人生存?于是她的性格被扭曲了。她品性不端是必然的。中国古代哲学认为太满是不好的,"月满则亏",的确合乎辩证法。生活中真正美丽绝伦的女人并不多，而美丽的女人又受到良好的才艺培养的更少之又少。多才多艺的女子，多半身在下层。或在歌楼舞场献艺糊口，或进入贵族家庭，当姬妾家伎，在红氍毹上展现她们的才艺。历史上以此出名的莫过金谷园里石崇的歌妓绿珠，她后来自杀了。进入皇宫特别是作为皇帝配偶的，要“母仪天下”，德行是最重要的标准，美貌且在其次，更不要求“德艺双馨”，因为在那时，“无才便是德”嘛！赵飞燕这个人物性格及其命运，好像为这种伦理及其理论作了注脚。

“好事不出门，坏事传千里。”这是说的普通百姓生活中的现象，它不过是一般性的传播，范围有限；而皇后的坏事，却是要进入史册，遗臭万年的。赵飞燕才貌名气虽然也很大，但顶多也就是风流文人用来比喻下层女子，贵族少女是不屑与她相提并论的。好事者把她写在野史或者传奇故事里，也多半是写她的恶德。这篇《别传》同样如此。不是说这方面不可以写，也不是说她们的卑劣品行不应该批判，问题在于怎么理解它，认识它。

这篇传奇据秦醇说是从朋友李生家里得到的，似乎是来源很古。明朝人根据其中有“兰汤滟滟，昭仪坐其中，若三尺寒泉浸明玉”等句，推测其真的是汉朝人写的，这当然是无稽之谈。无论是谁写的，它都代表了对赵飞燕的一种态度——在批评之中流露同情。它在艺术处理上自有其特点。

首先，它虽名为赵飞燕的传记，实际上是她们姐妹即飞燕与昭仪赵合德的合传，甚至更加突出赵合德。小说中的这位昭仪是一个写得非常丰满的人物形象。从小说前半看，她称得上是一个讲人情、懂大义、识大体的女性。成帝宠爱她，她却并不恃宠倚骄。她对成帝既忠实又谦卑，从未忘乎所以。照说，她现在这样得宠，地位却不如姐姐。姐姐失宠了，她把姐姐排挤下去，自己当皇后，可说是轻而易举的事。但她没有对姐姐落井下石，反而在皇帝面前为犯重大错误的姐姐说情，当姐姐的面又义正辞严相规劝。飞燕引少年入宫的事败露以后，她对姐姐所说的一番话是多么入情入理！她用过去的苦难情景来唤醒姐姐的良知，警告姐姐要清醒地面对现在的处境，流露出的是真诚的骨肉姊妹之情。

但到后来，赵合德的另外一面——残忍——暴露出来了，她竟然将所有宫人生的孩子全部害死，甚至是命人当着成帝的面将孩子摔死，人性泯灭已经到了令人发指的地步。她为了自己得幸——目的和赵飞燕一样，也是为了得子，不惜摧残成帝的健康，毁灭他的生命。当然她也为此付出了自己的生命。对这个人物，作者的谴责显然超过了赵飞燕，最后编造了她变成大鼋的神话。

作品中的赵飞燕当然也是不可爱的，她的所有行为只是一个目的：夺回成帝的爱。为此,她用自己的温柔体贴,委曲求全,甚至不惜摹仿自己受宠的妹妹来献媚。这一切都不能奏效。无论她怎样做,成帝就是不喜欢她。最后她用回忆旧情和哀求唤起了成帝的一点怜悯,她知道这是极有限的。这时她想到只有生孩子,一个女人有了孩子就有了仗恃,这是一个民间妇人都懂的。何况对于皇帝,儿子就是宗庙和江山。她想,有了孩子,她就能唤回皇帝的心。但是她没有怀上孩子。没有就欺骗,先是和人私通,后来就假装怀孕,偷偷从宫外找孩子来冒充……这一切一切的行为当然显得卑劣,但确实是出于无奈,被逼的,所以有值得怜悯的一面。其后面隐藏着封建社会里所有女人都会有的不得不依附男人的苦衷。在那样的社会里,女人何所恃?才、貌、情都靠不住,男人的心是把握不住的,尤其男人是皇帝。她贵为皇后又能怎样?正如合德所说:"帝复怒,事不可救,身首异地,为天下笑。"汉武帝刘彻曾经表示过要"金屋藏娇"的陈皇后,最后不也被软禁,要请司马相如写《长门赋》吗?

对于皇帝的配偶,事情并不仅仅关乎爱情,而是关乎地位、前途甚至性命。得不到宠爱,前途渺茫而可畏。这决不是危言耸听。

据史料记载,汉成帝的宫中还有另外两个女人——为了不另生枝节,小说里没有提到她们,一个是许皇后,一个也是一位才女叫班婕妤。因为有了赵飞燕,成帝把许皇后说废就废了,欲加之罪,何患无辞?赵飞燕这才当上了皇后。班婕妤是个"女圣人",修养好,虽然有才,但决不逞才。成帝也喜欢过她,但她是个理智而冷静的人,早看透了宫廷处境的险恶,写了一首诗,以"秋扇见捐"来哀叹妇女的命运。她遇事谦退,绝没有野心。等许皇后一废,她就请求去当了一名陵园妾,过起了相对平安的生活,但终生孤独寂寞,幸福是谈不到了。虽然本篇小说里没有提起这两个人,但是这种对比对我们理解赵飞燕是有帮助的。赵飞燕是个艺术家,才艺超群,受到的赞扬必然多,进宫初期又受到宠爱,所以个性张扬甚至张狂,自我意识很强,是轻易不会甘于失败,作自我收敛的。在那样的社会里,哪里有这样的女人生存的土壤?她的性格不能正常形成和发展而变得畸形,由可爱变得很不可爱,她的命运必然是悲剧性的。生活中的她是自杀的,作品中没有写到,大约是作者对她怀有一份同情和谅解,不忍让她和狠毒的昭仪有同样的结局吧。

就是赵合德,也不是天生的没有人性,她的人生也是从一个弱者的自我保护开始的,她在成帝的天威面前的谦卑正是为了自我保护。她从姐姐的遭遇看到皇帝的权力是何等可怕。听到成帝说"汝之姊吾欲枭其首,断其手足,置于溷中,乃快吾意",能不颤栗吗?她能不想到如何自固吗?如果她不生儿子,如果别的宫人生育，姐姐就是她的前车之鉴。她的精明逐渐演变成狠毒，便一步步走向损人利己、害人害己。她的结局同样是悲剧性的。作者尽管对她有批判，但对皇帝既好声色，又凶狠残暴也是有揭露的。如果我们读了这样的小说，也只停留在对两个女性的道德批判上，而不想到宫廷制度，想到封建社会女人的整体命运，那就连千年以前的秦醇也不如了。

（姚品文）

谭意歌　　秦醇

谭意歌，小字英奴，随亲生于英州[①]。丧亲，流落长沙，今潭州也。年八岁，母又死，寄养小工张文家。文造竹器自给。

一日，官妓[②]丁婉卿过之，私念：苟得之，必丰吾屋。乃召文饮，不言而去。异日复以财帛贶文，遗颇稠叠。文告婉卿曰："文廛市贱工，深荷厚意，家贫，无以为报。不识子欲何图也？子必有告，幸请言之，愿尽愚图报，少答厚意。"婉卿曰："吾久不言，诚恐激君子之怒。今君恳言，吾方敢发。窃知意歌非君之子，我爱其容色，子能以此售我，不惟今日重酬子，异日亦获厚利。无使其君子家，徒受寒饥。子意若何？"文曰："文揣知君意久矣，方欲先白。如是，敢不从命？"是时方十岁，知文与婉卿之意，怒诘文曰："我非君之子，安忍弃于娼家乎？子能嫁我，虽贫穷家所愿也。"文竟以意归婉卿。

过门，意歌大号泣曰："我孤苦一身，流落万里，势力微弱，年龄幼小。无人怜救，不得从良人。"闻者莫不嗟恸。婉卿日以百计诱之，以珠翠饰其首，轻煖披其体，甘鲜足其口，既久益勤，若慈母之待婴儿。辰夕浸没，则心自爱夺，情由利迁，意歌忘其初志。未及笄，为择佳配。肌清骨秀，发绀眸长，荑手[③]纤纤，宫腰[④]搦搦，独步于一时。车马骈溢，门馆如市。加之性明敏慧，解音律，尤工诗笔，年少千金买笑，春风惟恐居后。郡官宴聚，控骑迎之。

时运使周公权府会客，意先至府，医博士及有故至府，升厅拜公。及美髯可爱，公因笑曰："有句子能对乎？"及曰："愿闻之。"公曰："医士拜时须拂地。"及未暇对答，意从旁曰："愿代博士对。"公曰："可。"意曰："郡侯宴处幕侵天。"公大喜。意疾既愈，庭见府官，多自称诗酒于刺。蒋田见其言，颇笑之，因令其对句，指其面曰："冬瓜霜后频添粉。"意乃执其公裳袂，对曰："木枣秋来也著绯。"公且愧且喜，众口嗡然称赏。魏谏议之镇长沙，游岳麓时，意随轩。公知意能诗，呼意曰："子可对吾句否？"公曰："朱衣吏引登青障。"意对曰："红袖人扶下白云。"公喜，因为之立名文婉，字才姬。意再拜曰："某微品也，而公为之名字，荣逾万金之赐。"刘相之镇长沙，云一日登碧湘门纳凉，幕官从焉。公呼意对，意曰："某贱品也，安敢敌公之才？公有命，不敢拒。"尔时迤逦望江外湘渚间，竹屋茅舍，有渔者携双鱼入修巷。公相曰："双鱼入深巷。"意对曰："尺素寄谁家。"公喜，赞美久之。

他日，又从公轩游岳麓，历抱黄洞望山亭吟诗，坐客毕和。意为诗以献曰：

真仙去后已千载，此构危亭四望赊。
灵迹几迷三岛[5]路，凭高空想五云车[6]。
清猿啸月千岩晓，古木吟风一径斜。
鹤驾[7]何时还古里？江城应少旧人家。

公见诗愈惊叹，坐客传观，莫不心服。公曰："此诗之妖也。"公问所从来，意歌以实对，公怆然悯之。意乃告曰："意入籍驱使迎侯之列有年矣，不敢告劳。今幸遇公，倘得脱籍，为良人箕帚之役，虽必谢。"公许其脱。异日，诣投牒，公诺其请。意乃求良匹，久而未遇。

会汝州民张正宇为潭茶官，意一见，谓人曰："吾得婿矣。"人询之，意曰："彼风调才学，皆中吾意。"张闻之，亦有意。一日，张约意会于江亭。于时亭高风怪，江空月明；陡帐垂丝，清风射牖，疏帘透月，银鸭喷香；玉枕相连，绣衾低覆；密语调簧，春心飞絮；如仙葩之并蒂，若双鱼之同泉；相得之欢，虽死未已。翌日，意尽挈其装囊归张。有情者赠之以诗曰：

才色相逢方得意，风流相遇事尤佳。

牡丹移入仙都去，从此湘东无好花。

后二年，张调官，复来见，〔意〕乃治行，饯之郊外。张登途，意把臂嘱曰："子本名家，我乃娼类，以贱偶贵，诚非佳婚。况室无主祭之妇，堂有垂白之亲，今之分袂，决无后期。"张曰："盟誓之言，皎如日月，苟或背此，神明非欺。"意曰："我腹有君之息数月矣；此君之体也，君宜念之。"相与极恸，乃舍去。意闭户不出，虽比屋莫见意面。

既久，意为书与张云：

阴[8]老春回，坐移岁月。羽伏鳞潜，音问两绝。首春气候寒热，切宜保爱。逆旅都辇，所见甚多。但幽远之人，摇心左右；企望回辕，度日如岁。因成小诗，裁寄所思。兹外千万珍重。

其诗曰：

潇湘江上探春回，消尽寒冰落尽梅。

愿得儿夫似春色，一年一度一归来。

逾岁，张尚未回，亦不闻张娶妻。意复有书曰：

相别入此新岁，湘东地煖，得春尤多。溪梅堕玉，槛杏吐红；旧燕初归，煖莺已啭。对物如旧，感事自伤。或勉为笑语，不觉泪泠。数月来颇不喜食，似病非病，不能自愈。孺子无恙，无烦流念。向尝面告，固匪自欺。君不能违亲之言，又不能废己之好，仰结高援，其无□焉。或俯就微下，曲为始终，百岁之恩，没齿何报？虽亡若存，摩顶至足，犹不足答君意。反复其心，虽秃十兔毫，罄三江楮，亦不能□兹稠叠，上浼[9]君听。执笔不觉堕泪几砚中，郁郁之意，不能自已。千万对时善育，无或以此为至念也。短唱二阕，固非君子齿牙间可吟，盖欲摅情耳。

曲名《极相思令》一首：

湘东最是得春先，和气煖如绵。清明过了，残花巷陌，犹见鞦韆。　　对景感时情绪乱，这密意，翠羽空传。　　风前月下，花时永昼，洒泪何言？

又作《长相思令》一首：

旧燕初归，梨花满院，迤逦天气融和。新晴巷陌，是处轻车轿马，褉饮笙歌。旧赏人非，对佳时，一向乐少愁多。远意沉沉，幽闺独自颦蛾。　　正消黯无言，自感凭高远意，空寄烟波。从来美事，因甚天教两处多磨？开怀强笑，向新来宽却衣罗。似凭他人怀憔悴，甘心总为伊呵！

张得意书辞，情悰久不快，亦私以意书示其所亲，有情者莫不嗟叹。张内逼慈亲之教，外为物议之非，更期月，亲已约孙贳殿丞女为姻。定问[10]已行，媒妁素定，促其吉期，不日佳赴。张回肠危结，感泪自零；好天美景，对乐成悲；凭高怅望，默然自已。终不敢为记报意。逾岁，意方知，为书云：

妾之鄙陋，自知甚明。事由君子，安敢深扣？一入闺帏，克勤妇道，晨昏恭顺，岂敢告劳？自执箕帚，三改岁□，苟有未至，固当垂诲。遽此见弃，致我失图；求之人情，似伤薄恶；揆之天理，亦所不容。业已许君，不可贻咎。有义则企，常风服于前书；无故见离，深自伤于微弱。盟顾可欺，则不复道。稚子今已三岁，方能移步，期于成人，此犹可待。妾囊中尚有数百缗，当售附郭之田亩，日与老农耕耨别穰，卧漏复毳，凿井灌园。教其子知诗书之训，礼义之重；愿其有成，终身休庇妾之此身，如此而已。其他清风馆宇，明月亭轩，赏心乐事，不致如心久矣。今有此言，君固未信，俟在他日，乃知所怀。燕尔方初，宜君子之多喜；拔葵在地，徒向日之有心。自兹弃废，莫敢凭高。思入白云，魂游天末。幽怀蕴积，不能穷极。

得官何地？因风寄声。固无他意，贵知动止。饮泣为书，意绪无极。千万自爱。

张得意书，日夕叹怅。

后三年，张之妻孙氏谢世，湖外莫通信耗。会有客自长沙替归，遇于南省书理间，张询客意歌行没，客抚掌大骂曰："张生乃木人石心也，使有情者见之，罪不容诛。"张曰："何以言之？"客曰："意自张之去，则掩户不出，虽比屋莫见其面。闻张已别娶，意之心愈坚。方买郭外田百亩以自给。治家清肃，异议纤毫不可入。亲教其子，吾谓古之李住满女，不能远过此。吾或见张，当唾其面而非之。"张惭忸久之，召客饮于肆，云："吾乃张生。子责我皆是，但子不知吾家有亲，势不得已。"客曰："吾不知子乃张君也。"久乃散。张生乃如长沙。

数日既至，则微服游于市，询意之所为。言意之美者不容刺口。默询其邻，莫有见者。门户潇洒，庭宇清肃。张固已恻然。意见张，急闭户不出。张曰："吾无故涉重河，跨大岭，行数千里之地，心固在子，子何见拒之深也？岂昔相待之薄欤？"意云："子已有室，我方端洁以全其素志。君宜去，无浼我。"张云："吾妻已亡矣。曩者之事，君勿复为念，以理推之可也。吾不得子，誓死于此矣。"意云："我向慕君，忽遽入君之门，则弃之也容易。君若不弃焉，君当通媒妁，为行吉礼，然后□敢闻命。不然，无相见之期。"竟不出。张乃如其请，纳彩问名，一如秦晋之礼焉。事已，乃挈意归京师。

意治闺门，深有礼法。处亲族皆有恩意。内外和睦，家道已成。意后又生一子，以进士登科，终身为命妇。夫妻偕老，子孙繁茂，呜呼！贤哉！

〔注〕①英州：又称英德州，州治在今广东省英德县。　②官妓：指在官府注册的妓女。下文"入籍"即指在官府注册，"脱籍"指将已注册的妓女身份注销。　③荑手：形容女子的手洁白柔嫩如茅草的嫩芽。　④官腰：即细腰。　⑤三岛：即三神山，古人相信渤海中有蓬莱、方丈、瀛洲三岛是神仙居住的地方。这里代指神仙。　⑥五云车：道教中称仙人所乘的飞车，由五色祥云托驾环绕。　⑦鹤驾：道教中所说的仙人所乘由仙鹤驾驶的车子。　⑧阴：这里

指冬季。 ⑨ 浼:同"涴",玷污。 ⑩ 定问:即定亲手续中的"问名",与下文"纳采问名"的"问名"同。这是定亲的必要手续。"问名",指男女双方互相交换姓名和生辰八字,以便弄清家世和占卜是否可以联姻;"纳采"指男方交给女方的定亲的礼物。下文"吉礼"即婚礼。

本篇原载《青琐高议》,作者秦醇。鲁迅先生认为秦醇这篇《谭意歌》模仿了唐代蒋防的传奇《霍小玉传》,而以"大团圆"为结局,从而表现出传奇由唐到宋的变化(《中国小说史略》)。但本篇在北宋传奇中仍不失为精品之一。

这篇传奇以相当严谨的结构描写了谭意歌的三次人生转折,生动而完整地表现了她一生的不幸和追求。

谭意歌自幼丧父,随母流落长沙(又称潭州);八岁时又丧母,被经营竹器的工匠张文收养。官妓丁婉卿发现她姿色美丽,便从张文那里将她买走,准备培养成官妓,作为自己的赚钱工具。那一年谭意歌才十岁。

妓女和城市手工业工人,在当时都是社会地位低贱的人,但他们都因利欲的驱使,丧失了对一个孤儿幼女最起码的同情心。谭意歌被卖时愤怒地指责并哀求张文:"我虽不是你的亲生女儿,但你就能忍心把我卖给娼家吗?你可以把我嫁出去,哪怕嫁给极贫穷的清白人家,我也愿意。"但唤不醒张文的良心。过门后,她绝望地悲号:"我孤苦零丁离乡背井,年纪幼小,可是有谁来怜悯、援救我?天啊!我注定要被推入火坑,不得成良家妇女了!"这发自一个十岁孤女之口的凄绝悲号,虽然使听到的人莫不嗟叹悲恸,但仍然得不到丁婉卿的怜悯。这一描写,生动地表现出谭意歌所生活的环境存在着已习以为常地把女孩子等同于商品进行交易的娼妓市场。谭意歌于是成了这一市场需求的牺牲品,被卖入娼门。这是在她无力自助的年纪所发生的第一次人生转折。

谭意歌被卖给丁婉卿后,丁婉卿便对她调教塑造,以至于"若慈母之待婴儿"。这一切对于丁婉卿来说都只是一种投资,并对这一投资定能获得"厚利"充满了信心。这和商人由于对利润的渴望而投资于某种商品经营的心理完全一样,且在宋代已是一种社会心理。它构成了丁婉卿之所以能够获得成功的社会前提,从而具有相应的社会心理的典型意义。而谭意歌的不幸命运正是这一社会前提和社会心理造成的。

幼小的谭意歌根本无力抗拒她所处的生活环境,只有任人操纵,终于被丁婉卿用"爱"和"利"塑造成功。"心自爱夺,情由利迁"一句,表现出作者对当时的社会心理的深刻观察和概括,相当简洁而生动地刻画出社会环境和个性生成的互相关系。一方面"爱"异化为牟"利"的工具,异化为一种以感情形式出现的商业投资;另一方面它的影响之所以巨大,也因"爱"与"利"又是谭意歌生活的需要。

谭意歌在这一环境中终于被培养成了一个“色艺”双佳、“独步于一时”的出色官妓。青年人“千金买笑”争先恐后，地方官府举办宴会也快马来迎。一时间谭意歌“门馆如市”，生意兴隆，丁婉卿果然如愿以偿。

谭意歌不仅容貌出众，而且聪明敏捷，懂音乐，尤善于吟诗。她的才貌使她成了官妓中的一个明星。小说用了四个情节来表现她的敏捷和文才。转运使周某代理郡守，会客时见下属医博士及某的胡须长得长而好看，就出了上联让他对。及某还未及对答，谭意歌就已代他对出了下联：以“郡侯”对“医士”，“宴处”对“拜时”，“幕侵天”对“须拂地”。此联不仅对仗工整，也包含了对周某的奉承。那意思是说：郡侯老爷宴会客人的地方帷幕高耸入云，好气派。周某自然大为高兴，而谭意歌的文才也出了名。谭意歌还把善于作诗饮酒的特长写在自己的名片上，在官府中应酬。在中国古代，善于“诗酒”原是士大夫自诩高雅风流的一种才能。谭意歌如此自诩，当然会引起自视甚高的士大夫的挑战。于是有蒋田出面，要难倒她，出她的丑。蒋田指着她的脸出了上联“冬瓜霜后频添粉”让她对。这是一个带有嘲讽性的上联，意思是说谭意歌的脸长得像霜打过的冬瓜，青皮上面搽了一层又一层的白粉，丑不堪言。谭意歌见蒋田穿着绯红的官服，是个官，就抓着他的衣袖对了下联：“木枣秋来也著绯。”那意思是说，木枣到了秋天也通体绯红，像是穿了官服，但其实蠢笨无比。这一下联工整巧妙而又暗含反唇相讥，使蒋田惭愧，令众人信服。谏议大夫魏某来镇守长沙，他很欣赏谭意歌的才能，就给她取名文婉，字才姬，以表彰她的文才。曾当过宰相的刘某来镇守长沙时，夸她为“诗的精灵”，并帮助她实现了“脱籍”从良的要求。从此，谭意歌的人生道路发生了第二次转折。

谭意歌办完了“脱籍”的手续后，结束了官妓耻辱的“卖笑”生涯。她希望找到一个适合自己心意的丈夫，过上正常人的家庭生活。这是她对新生活的追求。但礼教和她的官妓身世给她蒙上了浓重的阴影，而使她的追求充满了坎坷。

她对张正宇一见钟情，觉得他相貌才学都令自己满意，有心嫁给他。张正宇是汝州人，在潭州（即长沙）任管理茶民和茶叶经营的茶官。他也有意于谭意歌，便约她到江亭相会。两人郎才女貌，性情相投，就结合在一起，过起了同居生活。不料两年后张正宇调任别处，不得不和她分手。临别之际谭意歌握着张的手说：“你出自名门，我却是娼类，贵贱相配，的确不是一桩好婚姻。何况你还没有娶妻，又有白发父母在堂，你我今日分手，看来是后聚无期了。”

中国古代礼教实行一夫一妻多妾制。男子只能娶一个妻子。至于纳妾则数量不限，既可以自由选择，也可以自由买卖，且不必举行婚礼。妻子是“主祭之妇”,婚后即属于丈夫家族的正式成员和主妇,关系到家族血统的纯洁、名誉。所以按礼教娶妻是一件非常严肃隆重的家族大事,只能服从父母的选择,而且按礼教也不能娶娼妓之类的“贱人”甚至她们的女儿为妻。这一礼教直接威胁着谭意歌的婚姻理想和人生归宿,所以她才有这番包含了人生毁灭般痛苦的临别之言。张正宇当即发了誓言:“我们爱情的盟誓犹如天上的日月一样明白皎洁,如果违背这一盟誓,神明也不会轻饶。”听了他的誓言,谭意歌才又告诉他,自己已怀孕好几个月了,并委婉地提醒张正宇千万不要食言。

张正宇走后,谭意歌洁身自好,一心等待张正宇,从此闭门不出,就连她的邻居也见不到她的面。但是冬去春来,张没有回音。谭意歌便给他去了一封信,表达了自己盼望着他如期归来的心情。一年后,张仍未归来,谭意歌就又去了一封信,告诉他孩子已经两岁且身体健康,提醒他不要忘记自己的誓言。张正宇看了来信,内心难过,私下将信给自己亲近的朋友看,凡有情者看了莫不叹息。

尽管张正宇并没有忘怀自己对谭意歌的责任和爱情,但果然不出谭意歌所料,他内受父命所逼,外受舆论非议,只好束身就范。就在接到谭意歌第二封信的一个月后,他经父亲做主,与殿丞孙贯的女儿孙氏定亲并举行婚礼。新婚之夜,张正宇愁肠百结,痛苦不堪。他自知有愧于谭意歌,终于不敢把这消息告诉她。一年后,谭意歌得知张结婚的消息,再次致信,指责他违背盟誓,表达了自己的被遗弃的绝望和悲愤,同时也表明自己决心独立将已三岁的孩子培养成人。张正宇看了来信,虽然内疚,但除了惆怅叹息,也别无他法。他的精神、行为也同样受到礼教的束缚。如果他是个寡情薄义、喜新厌旧之徒,那只是他的个人品格,但他不是,所以他的痛苦其实与谭意歌一样,是源于同一的礼教压抑的不幸。这一压抑也就是文化对个人的精神、选择的规范性束缚。他因而受到三重折磨,他得忍受爱而不能的折磨、谭意歌的谴责和自身的内疚,以及舆论的非难。又过了三年,张妻孙氏去世。有人从长沙任上调回,张正宇向他询问谭意歌的情况,获知谭意歌果然按照她信中的誓言行事,在城外置田耕种谋生,抚养孩子。张正宇非常惭愧,便去长沙寻找谭意歌,决心与她破镜重圆。

曾被遗弃而绝望了的谭意歌,自然不会轻易相信前来相会的张正宇。为了维护自己的权益,她提出张必须明媒正娶。张正宇欣然照办,按照礼教的隆重仪式和她正式结婚。谭意歌终于赢得了受尊重的妻子待遇。

正所谓“苍天不负苦心人”,谭意歌以顽强的意志和自尊心,承受了种种不幸的磨难,终于争取到了自己人生的第三次转折。婚后她治家有方,内外和睦,子孙昌盛,儿子也中了进士,她自己因而成为受到皇帝诰封的官宦夫人——“命妇”。虽然她最终只是封建社会的“命妇”，然而，任何人其实都只能在身处的环境中追求自以为正当的目标和自尊。她由一个困苦的孤儿被卖为妓女而不甘堕落，由妓女“脱籍”而追求自己正当的生存地位，终于“有志者事竟成”。这里便包含着女性自尊自强的精神光彩。 （王学钧）

【作者小传】

柳师尹

宋小说家。淇上（今河南北部）人。生平事迹不详。作有小说《王幼玉记》等。

王幼玉记

柳师尹

王生，名真姬，小字幼玉，一字仙才，本京师①人，随父流落于湖外。与衡州②女弟女兄三人皆为名娼，而其颜色歌舞，角于伦辈之上，群妓亦不敢与之争高下。幼玉更出于二人之上，所与往还皆衣冠士大夫，舍此虽巨商富贾，不能动其意。

夏公酉游衡阳，郡侯开宴召之。公酉曰：“闻衡阳有歌妓名王幼玉，妙歌舞，美颜色，孰是也?”郡侯张郎中公起，乃命幼玉出拜，公酉见之嗟吁曰：“使汝居东西二京③，未必在名妓之下，今居于此，其名不得闻于天下。”顾左右取笺，为诗赠幼玉，其诗曰：

真宰④无私心，万物逞殊形。
嗟尔兰蕙质，远离幽谷青。
清风暗助秀，雨露濡其泠。
一朝居上苑，桃李让芳馨。

由是益有光。

但幼玉暇日常幽艳愁寂，寒芳未吐。人或询之，则曰：“此道非吾志也。”又询其故，曰：“今之或工、或商、或农、或贾、或道、或僧，皆足以自养。惟我侪涂脂抹粉，巧言令色，以取其财，我思之愧赧无限，逼于父母姊弟莫得脱此。倘从良人，留事舅姑，主祭祀，俾人回指曰：‘彼人妇也。’死有埋骨之地。”

会东都人柳富字润卿，豪俊之士，幼玉一见曰：“兹吾夫也。”富亦有意室之。富方倦游，凡于风前月下，执手恋恋，两不相舍。既久，其妹窃知之。一日诟富以语曰：“子若复为向时事，吾不舍子，即讼子于官府。”富从是不复往。

一日，遇幼玉于江上，幼玉泣曰：“过非我造也，君宜以理推之，异时幸有终身之约，无为今日之恨。”相与饮于江上。幼玉云：“吾之骨，异日当附子之先陇。”又谓富曰：“我平生所知，离而复合者甚众，虽言爱勤勤，不过取其财帛，未尝以身许之也。我发委地，宝之若金玉，他人无敢窥觇，于子无所惜。”乃自解鬟，剪一缕以遗富。富感悦深至，去，又羁思不得会为恨，因而伏枕。幼玉日夜怀思，遣人侍病，既愈，富为长歌赠之云：

紫府[5]楼阁高相倚，金碧户牖红晖起。
其间燕息皆仙子，绝世妖姿妙难比。
偶然思念起尘心，几年谪向衡阳市。
阿娇飞下九天来，长在娼家偶然耳。
天姿才色拟绝伦，压倒花衢众罗绮。
绀发[6]浓堆巫峡云，翠眸横剪秋江水。
素手纤长细细圆，春笋脱向青云里。
纹履鲜花窄窄弓，凤头翘起红裙底。
有时笑倚小栏杆，桃花无言乱红委。
王孙逆目似劳魂，东邻一见还羞死。
自此城中豪富儿，呼僮控马相追随。
千金买得歌一曲，暮雨朝云镇相续。
皇都年少是柳君，体段风流万事足。
幼玉一见苦留心，殷勤厚遣行人祝。
青羽飞来洞户前，惟郎苦恨多拘束。
偷身不使父母知，江亭暗共才郎宿。
犹恐恩情未甚坚，解开鬟髻对郎前。

一缕云随金剪断，两心浓更密如绵。
自古美事多磨隔，无时两意空悬悬。
清宵长叹明月下，花时洒泪东风前。
怨入朱弦危更断，泪如珠颗自相连。
危楼独倚无人会，新书写恨托谁传？
奈何幼玉家有母，知此端倪蓄嗔怒。
千金买醉嘱佣人，密约幽欢镇相误。
将刃欲加连理枝，引弓欲弹鹣鹣⑦羽。
仙山只在海中心，风逆波紧无船渡。
桃源去路隔烟霞，咫尺尘埃无觅处。
郎心玉意共殷勤，同指松筠情愈固。
愿郎誓死莫改移，人事有时自相遇。
他日得郎归来时，携手同上烟霞路。

富因久游，亲促其归。幼玉潜往别，共饮野店中。玉曰："子有清才，我有丽质，才色相得，誓不相舍，自然之理。我之心，子之意，质诸神明，结之松筠久矣。子必异日有潇湘之游，我亦待君之来。"于是二人共盟，焚香，致其灰于酒中共饮之。是夕同宿之江上。翌日，富作词别幼玉，名《醉高楼》。词曰：

人间最苦，最苦是分离。伊爱我，我怜伊。青草岸头人独立，画船东去橹声迟。楚天低，回望处，两依依。

后会也知俱有愿，未知何日是佳期？心下事，乱如丝。好天良夜还虚过，辜负我，两心知。愿伊家，衷肠在，一双飞。

富唱其曲以沽酒，音调辞意悲惋，不能终曲，乃饮酒相与大恸。富乃登舟。

富至辇下⑧，以亲年老，家又多故，不得如其约，但对镜洒涕。会有客自衡阳来，出幼玉书，但言幼玉近多病卧，富遽开其书疾读，尾有二句云：

春蚕到死丝方尽，蜡烛(炬)成灰泪始干。

富大伤感，遗书以见其意云：

忆昔潇湘之逢，令人怆然。尝欲拏舟泛江一往，复其前盟，叙其旧契，以副子念切之心，适我生平之乐。奈因亲老族重，心为事夺，倾风结想，徒自潇然。风月佳时，文酒胜处，他人怡怡，我独惚惚，如有所失。或凭酒自释，酒醒情思愈彷徨，几无生理。古之两有情者，或一如意，一不如意，则求合也易。今子与吾两不如意，则求偶也难。君更待焉，事不易知，当如所愿。不然，天理人事果不谐，则天外神姬，海中仙客，犹能相遇，吾二人独不得遂，岂非命也！子宜勉强饮食，无使真元耗散，自残其体，则子不吾见，吾何望焉。接子书尾有二句，吾为子终其篇云：

临流对月暗悲酸，瘦立东风自怯寒。
湘水佳人方告疾，帝都才子亦非安。
春蚕到死丝方尽，蜡烛(炬)成灰泪始干。
万里云山无路去，虚劳魂梦过湘滩。

一日，残阳沉西，疏帘不卷，富独立庭帏，见有半面出于屏间，富视之，乃幼玉也。玉曰："吾以思君得疾，今已化去，欲得一见，故有是行。我以平生无恶，不陷幽狱，后日当生兖州[9]西门张遂家，复为女子。彼家卖饼，君子不忘昔日之旧，可过见我焉。我虽不省前世事，然君之情当如是。我有遗物在侍儿处，君求之以为验，千万珍重！"忽不见。富惊愕，但终叹惋。异日有过客自衡阳来，言："幼玉已死，闻未死前嘱侍儿曰：'我不得见郎，死为恨。郎平日爱我手、发、眉、眼，他皆不可寄附，吾今剪发一缕，手指甲数个，郎来访我，子与之。'后数日幼玉果死。"

议曰：今之娼，去就狥[10]利，其他不能动其心，求潇女、霍生事，未尝闻也。今幼玉爱柳郎，一何厚耶？有情者观之，莫不怆然。善谐音律者，广以为曲，俾行于世，使系于牙齿之间，则幼玉虽死不死也。吾故叙述之。

〔注〕①京师：即今河南省开封市。②衡州：州名，治所在今湖南省衡阳市。③东西二京：一般指洛阳、长安；或指开封、洛阳。这里指后者。④真宰：古人想象中的宇宙主宰者。⑤紫府：这里指神仙居住的地方。⑥绀发：即"发绀"。据说佛祖释迦牟尼的毛发呈绀色。唐时佛教盛行，世人以此为美。绀，微带红的黑色。⑦鹣鹣：一种传说中的鸟，即比翼鸟，据说此鸟一目一翼，不比不飞。常以比喻夫妻相亲爱。⑧辇下：本意在皇帝辇驾之下。旧指京都。⑨兖州：治所在今山东省济宁市兖州区东北。⑩狥：通"徇"。为了，营求。

本篇原载《青琐高议》，作者柳师尹。

小说讲述了王幼玉这个久居风尘的下层妓女，在厌倦售歌卖笑、送往迎来的青楼生活后，产生了强烈的从良愿望。豪俊之士柳富的出现使她芳心荡漾，坠入情网。凭着多年来的青楼经历，首次见面幼玉就认定柳富是她可以信赖和托付终身的对象。柳富也爱慕和眷恋貌美且痴情于己的幼玉，愿意与幼玉终身厮守。然而家人的促归使得柳富不得不惜别心眷情系的幼玉。可憾南浦一别，遂成永诀。柳富返家之后，由于双亲老弱、家多变故，终不能与幼玉再会。幼玉望穿秋水，不见情郎身影，终因相思成疾，命丧黄泉，上演了一幕哀婉凄恻的爱情悲剧。

小说以文士和妓女的恋爱为题材，这在宋代小说中是屡见不鲜的。虽然恋爱的表现大多相似，但是每一个爱情都有它丰富而独特的内涵。王幼玉与柳富的爱情就是如此。小说成功地塑造了幼玉这个痴情女子的形象。文章开端部分，采用烘云托月的手法，交代了幼玉高贵脱俗的秉性，"所与往还皆衣冠士大夫，舍此虽巨商富贾，不能动其意"；接着又借名士夏公酉之口极称幼玉之色艺，奠定了幼玉令人爱怜钦慕的基础。幼玉纯洁和善良的品质还体现在她向往纯真的爱情，厌倦充当他人娱乐工具，企盼脱离欲海火宅，过正常人相夫教子的生活。她最后选中了柳富，为他倾注了全部的感情。赠之以青丝、饮之以誓酒、歌之以悲曲。由于柳富一别之后，杳无归期，幼玉终因相思成疾，生命垂危。临终托梦，复以青丝一缕、指甲数个遗赠柳富。其言谈情动，堪称风月情种。

在小说中，柳富的性格并不明显，我们只能凭藉幼玉初识他时认为他是"豪俊之士"来定位他。然而，在小说中无法捕捉到他豪俊信息。他为幼玉所做的一切也不过是做了一首诗，填了一首词，回了一封信。倒是给人一种幼玉托非其人的印象。这是小说的不足之处。

幼玉朴素善良的意愿最终被残酷的现实撕得粉碎,但她那种精诚坚贞的品质,那种以身殉情的精神,和她高洁脱俗的仪表一样,千载而下,令人怀想。

(刘水云)

张　浩　　　佚　名

张浩,字巨源,西洛人也。荫补为刊正。家财巨万,豪于里中;甲第壮丽,与王公大人侔。浩好学,年及冠,洛中士人多慕其名,贵族多与结姻好。每拒之曰:"声迹晦陋,未愿婚也。"第北构圃,为宴私之所。风轩月榭,水馆云楼,危桥曲槛,奇花异草,靡所不有。日与俊杰士游宴其间。

一日,与廖山甫闲坐。时桃李已芳,牡丹未坼[①],春意浩荡。步至轩东,有方束发小鬟引一青衣倚立。细视乃出世色:新月笼眉,秋莲著脸,垂螺压鬓,皓齿排琼,嫩玉生光,幽花未艳。见浩亦不避。浩乃告廖曰:"仆非好色者,今日深不自持,魂魄几丧,为之奈何?"廖曰:"以君才学门第,结婚于此,易若反掌。"浩曰:"待媒成好,当逾岁月,则我在枯鱼肆矣。"廖曰:"但患不得之,苟得之,何晚早为恨!君试以言谑之。"浩乃进揖之,女亦敛容致恭。浩曰:"愿闻子族望姓氏。"女曰:"某乃君之东邻也。家有严君,无故不得出,无缘见君也。"浩乃知李氏耳。曰:"敝苑幸有隟馆,欲少备酒殽,以接邻里之欢,如何?"女曰:"某之此来,诚欲见君,今日幸遇,愿无及乱即幸也。异日倘执箕帚,预祭祀之末,乃某之志。"浩曰:"若不与偭不偕老即平生之乐,不知命分如何耳?"女曰:"愿得一物为信,即某之志有所定,亦用以取信于父母。"浩乃解罗带与之。女曰:"无用也,愿得一篇亲笔即可矣。"浩喜询其年月,曰:"十三岁。"乃指未开牡丹为题,作诗曰:

迎日香苞四五枝,我来恰见未开时。
包藏春色独无语,分付芳心更待谁?
碧玉蔀中藏蜀锦,东吴宫里锁西施。
神功造化有先后,倚槛王孙休怨迟。

女阅之，益喜曰："君真有才者，生平在君，愿君留意。"乃去。

浩自兹忽忽如有所失，寝食俱废。月余，有尼至，盖常出入浩门者。曰："李氏致意。近以前事托乳母白父母，不幸坚不诺。业已许君，幸无疑焉。"

至明年，牡丹正芳，浩开轩赏之，独叹。乃剪花数枝，使人窃遗李，曰："去岁花未坼，遇君于阑畔。今岁花已开，而人未合。既为夫妻，窃□见，亦非乱也，如何?"李复遣尼曰："初夏二十日，亲族中有适人者，父母俱去，必挈同行，我托病不往，可于前苑轩中相会也。"浩大喜，严洁馆宇，预备酒醴以俟。至望后一日，前尼复至，曰："李氏遗君书。"浩开读，乃词一首，云："昨夜赏月堂前，颇有所感，因成小阕，以寄情郎。"曲名《极相思》，曰：

红疏翠密晴暄。初夏困人天。风流滋味，伤怀尽在，花下风前。　　后约已知君定，这心绪尽日悬悬。鸳鸯两处，清宵最苦，月甚先圆?

至期，浩入苑待至。不久，有红细覆墙，乃李逾而来也。生迎归馆。时街鼓声沉，万动俱息，轻幕摇风，疏帘透月。秋水盈盈，纤腰袅袅，解衣就枕，羞泪成交。浩以为巫山华胥[2]之遇，不过此也。天将晓，青衣复拥李去。浩诗戏曰：

华胥佳梦惟闻说，解佩江皋浪得声。
一夕东轩多少事? 韩郎[3]虚负窃香名。

不数月，李随父之官，李遣尼谓浩曰："俟父替回，当成秦晋之约。"李去二载，杳然无耗。及浩叔典郡替回，谓浩曰："汝年及冠未有室，吾为掌婚。"浩不敢拒。叔乃与约孙氏，亦大族也。方纳采问名，会李父替回，李知浩已约婚孙。李告父母曰："儿先已许归浩，父母若更不诺，儿有死而已。"一夕，李不见，父母急寻之，已在井中矣。使人救之，则喘然尚有余息。既苏，父曰："吾不复拒汝矣。"遣人通好。浩□□孙自。李曰："自有计。"

一日，诣府陈词曰："某已与浩结姻素定，会父赴官，洎归，则浩复约孙氏。"因泣下，陈浩诗及笺记之类。府尹乃下符召浩，曰："汝先约李而复约孙乎？"浩曰："非某本心，叔父之命，不敢拒耳！"尹曰："孙未成娶，吾为汝作伐，复娶李氏。"遂判曰："花下相逢，已有终身之约；道中而止，欲乖偕老之心。在人情深有所伤，于律文亦有所禁。宜从先约，可绝后婚。"由是浩复娶李氏，二人再拜谢府尹，归而成亲。夫妇恩爱，偕老百年。生二子，皆登科矣。

〔注〕 ① 坼(chè)：分裂，裂开。此指开放。　② 华胥：传说中的国名。《列子·黄帝》："(黄帝)寝而梦，游于华胥氏之国。……盖非舟车足力之所及，神游而已。"后用为梦境的代称。③ 韩郎：西晋人韩寿，姿容俊美，为权臣贾充之女贾午所悦，午乃盗家中西域奇香赠寿，后为充发觉，遂以午妻寿。后代以韩郎窃香喻男女两情相悦。

此篇原载《青琐高议》，作者未详。另《绿窗新话》亦收有本篇，文字略有异。

这是一篇典型的才子佳人式的爱情小说。男主角张浩出身富户，且好学，因财力与才名俱显，遂成为贵族们选婿的对象。然恃才傲物的张浩却不肯轻易俯就，常常找藉口将人家拒之门外。后遇李氏，为其超凡的美貌所震惊，李亦慕张浩才名，二人坠入情网，私订终身。后李氏随父赴任，杳无音信。再相见时，张浩已由家人做主另行议婚，情急之下，李氏一纸讼状将张浩送上公堂，最后官府出面为张浩退婚，判李氏与其为妻。

就题材而言，小说似无新意，但从人物形象来看，却又平中见奇。作者精心构思，为读者塑造了一个美丽、多情、勇敢、聪慧的女性——李氏。首先小说刻意强调李氏的出世姿容："新月笼眉，秋莲著脸，垂螺压鬓，皓齿排琼，嫩玉生光，幽花未艳。"她一出场，就令张浩傲气扫地，"深不自持"，爱慕之心使他迫切地欲向李氏畅吐衷肠，一刻也等不得："待媒成好，当逾岁月，则我在枯鱼肆矣。"

小说虽没有直接刻画李氏的文才，却巧妙地做了侧面烘托。李氏属意张浩，并非贪其"家财巨万"，而是看中他的才华。当张浩以罗带为信时，她却要以一则诗稿为凭。诗成，李氏阅后大加赞赏，毅然决定托付终身："君真有才者，生平在君，愿君留意。"这一细节暗示读者，李氏非但美貌夺人，且胸怀锦绣。

历来才子佳人小说不乏才貌俱佳的女性形象，李氏的出挑还在于她在争取婚恋幸福时所表现出的勇敢。对张浩的爱慕之情遭家人反对时，李氏一反官宦人家小姐常见的软弱，投身下井，以死明志，迫使其父答应其意愿。此种勇敢一般在市井人家的女儿身上时有闪光，因为受市民思想影响，此类女子少受封建礼教束缚，这在宋元小说中多有描写。但对李氏这样一个出身于宦门，饱受礼法熏陶的女性而言，做出如此决绝的抗争举动，则实属少见。

更令人赞叹的是，在谋求幸福的过程中，李氏不仅具有可贵的勇敢精神，还表现出令人钦佩的智慧。李氏的坚决迫使其父无奈许婚，可在李、张分别的日子里，张浩已由家人做主与孙氏约为婚姻。面对这一难题，李氏没有像以往的官宦女性那样以泪洗面，听天由命，而是冷静沉着地谋求应对之策。她以与张浩往来的信笺、诗稿为据，将张浩送上公堂，其理由是堂堂正正的："某已与浩结姻素定，会父赴官，洎归，则浩复约孙氏。"府尹结论曰："花下相逢，已有终身之约；道中而止，欲乖偕老之心。在人情深有所伤，于律文亦有所禁。宜从先约，可绝后婚。"好一个聪明的李氏！当爱情来临时，她敢于走出礼法的禁锢，自择佳偶；当爱情受到威胁时，她又巧用礼法顺理成章地保全了自己的幸福。小说结尾告诉读者：李、张二人"夫妇恩爱，偕老百年。生二子，皆登科矣"。如果说李氏的才貌为她提供了幸福的机会，那么勇敢和智慧则是她获得幸福的保障。当我们把李氏的形象还原到她的官宦家庭背景中时，我们会发现遍数历代文学作品，有才有貌的女子比比皆是，但有才有貌敢于自择情郎者且能以智慧保全良缘的宦门女子则不多见。

美丽、多才使得李氏有别于普通女子，勇敢、聪慧又令李氏格外出挑。也许正是这个原因，这篇小说颇受后人喜爱，以至明代小说家冯梦龙还将以此篇为本而改写的小说《宿香亭张浩遇李莺》收入到他所编的《警世通言》中，从而使张浩与李氏的故事得到了更广泛久远的流传。 （柳岳梅）

梅妃传 佚名

梅妃，姓江氏，莆田[①]人，父仲逊，世为医。妃年九岁，能诵二《南》[②]，语父曰："我虽女子，期以此为志。"父奇之，名之曰采蘋。开元中，高力士使闽、粤，妃笄矣。见其少丽，选归侍明皇，大见宠幸。长安大内、大明、兴庆三宫，东都大内、上阳两宫，几四万人，自得妃，视如尘土。宫中亦自以为不及。妃能属文，自比谢女[③]，尝淡妆雅服，而姿态明秀，笔不可描画。性喜梅，所居栏槛，悉植数株，上榜曰"梅亭"。梅开赋赏，至夜分尚顾恋花下不能去。上以其所好，戏名曰"梅妃"。妃有《萧兰》《梨园》《梅花》《凤笛》《玻杯》《剪刀》《绮窗》七赋。是时承平岁久，海内无事，上于兄弟间极友爱，日从燕闲，必妃侍侧。上命破橙往赐诸王。至汉邸，潜以足蹑妃履，妃登时退阁。上命连宣，报言："适履珠脱缀，缀竟当来。"久之，上亲往命妃。妃拽衣迓上，言胸腹疾作，不果前也。卒不至。其恃宠如此。后上与妃斗茶，顾诸王戏曰："此梅精也。吹白玉笛，作惊鸿舞[4]，一座光辉。斗茶今又胜我矣。"妃应声曰："草木之戏，误胜陛下。设使调和四海，烹饪鼎鼐[5]，万乘自有心法，贱妾何能较胜负也。"上大喜。会太真杨氏入侍，宠爱日夺，上无疏意。而二人相嫉，避路而行。上以方之英、皇[6]，议者谓广狭不类，窃笑之。太真忌而智，妃性柔缓，亡以胜。后竟为太真迁于上阳〔东〕宫。后上忆妃，夜遣小黄门灭烛，密以戏马[7]召妃至翠华西阁，叙旧爱，悲不自胜。继而上失寤，侍御惊报曰："妃子已届阁前，当奈何？"上披衣，抱妃藏夹幙间。太真既至，问："梅精安在？"上曰："在东宫。"太真曰："乞宣至，今日同浴温泉。"上曰："此女已放屏，无并往也。"太真语益坚，上顾左右不答。太真大怒曰："肴核狼藉，御榻下有妇人遗舄，夜来何人侍陛下寝，欢醉至于日出不视朝？陛下可出见群臣，妾止此阁以候驾回。"上愧甚，拽衾向屏复寝曰："今日有疾，不可临朝。"太真怒甚，径归私第。上顷觅妃所在，已为小黄门送令步归东宫。上怒斩之。遗舄并翠钿命封赐妃。妃谓使者曰："上弃我之深乎？"使曰："上非弃妃，诚恐太真恶情耳。"妃笑曰："恐怜我则动肥婢[8]情，岂非弃也！"妃以千金寿高力士，求词人拟司马相如为《长门赋》[9]，欲邀上意。力士方奉太真，且畏其势，报曰："无人解赋。"妃乃自作《楼东赋》，略曰：

玉鉴尘生，凤奁香殄，懒蝉鬓之巧梳，闲缕衣之轻练。苦寂寞于蕙宫，但凝思乎兰殿。信摽落之梅花[10]，隔长门而不见。况乃花心飏恨，柳眼弄愁，暖风习习，春鸟啾啾。楼上黄昏兮听风吹而回首，碧云日暮兮对素月而凝眸。温泉不到，忆拾翠[11]之旧游；长门深闭，嗟青鸾之信修。忆昔太液清波，水光荡浮，笙歌赏燕，陪从宸旒。奏舞鸾之妙曲，乘画鹢之仙舟。君情缱绻，深叙绸缪。誓山海而常在，似日月而无休。奈何嫉色庸庸，妒气冲冲，夺我之爱幸，斥我乎幽宫。思旧欢之莫得，想梦著乎朦胧。度花朝与月夕，羞懒对乎春风。欲相如之奏赋，奈世才之不工。属愁吟之未尽，已响动乎疏钟。空长叹而掩袂，踌躇步于楼东。

太真闻之，诉明皇曰："江妃庸贱，以谀词宣言怨望，愿赐死。"上默然。会岭表使归，妃问左右："何处驿使来？非梅使耶？"对曰："庶邦贡杨妃果实使来。"妃悲咽泣下。上在花萼楼，会夷使至，命封珍珠一斛密赐妃。妃不受，以诗付使者曰："为我进御前也。"曰：

柳叶双眉久不描，残妆和泪湿红绡。长门自是无梳洗，何必珍珠慰寂寥。

上览诗，怅然不乐。令乐府以新声度之，号《一斛珠》，曲名始此也。后禄山犯阙，上西幸，太真死。及东归，寻妃所在，不可得。上悲，谓兵火之后，流落他处。诏有得之，官二秩，钱百万。搜访不知所在。上又命方士飞神御气，潜经天地，亦不可得。有宦者进其画真，上言似甚，但不活耳。题诗于上曰：

忆昔娇妃在紫宸，铅华不御得天真。霜绡虽似当时态，争奈娇波不顾人。

读之泣下，命模像刊石。后上暑月昼寝，仿佛见妃隔竹间泣，含涕障袂，如花朦〔雾〕露状。妃曰："昔陛下蒙尘，妾死乱兵之手，哀妾者埋骨池东梅株傍。"上骇然流汗而寤。登时令往太液池发视之，不获。上益不乐，忽悟温泉汤池侧有梅十余株，岂在是乎？上自命驾，令发视，才数株，得尸，裹以锦裀，盛以酒槽，附土三尺许。上大恸，左右莫能仰视。视其所伤，胁下有刀痕。上自制文诔之,以妃礼易葬焉。

赞曰:明皇自为潞州别驾⑫,以豪伟闻,驰骋犬马鄠、杜⑬之间,与侠少游。用此起支庶,践尊位,五十余年,享天下之奉,穷奢极侈,子孙百数,其阅万方美色众矣,晚得杨氏,变易三纲,浊乱四海,身废国辱,思之不少悔。是固有以中其心、满其欲矣。江妃者,后先其间,以色为所深嫉,则其当人主者,又可知矣。议者谓或覆宗,或非命,均其媢⑭忌自取。殊不知明皇耄而忮忍,至一日杀三子⑮,如轻断蝼蚁之命。奔窜而归,受制昏逆,四顾嫔嫱,斩亡俱尽,穷独苟活,天下哀之。《传》曰"以其所不爱及其所爱",盖天所以酬之也。报复之理,毫忽不差,是岂特两女子之罪哉!

汉兴,尊《春秋》,诸儒持《公》《穀》角胜负,《左传》独隐而不宣,最后乃出。盖古书历久始传者极众。今世图画美人把梅者,号梅妃,泛言唐明皇时人,而莫详所自也。盖明皇失邦,咎归杨氏,故词人喜传之。梅妃特嫔御擅美,显晦不同,理应尔也。此传得自万卷朱遵度⑯家,大中二年七月所书,字亦端好。其言时有涉俗者。惜乎史逸其说。略加修润而曲循旧语,惧没其实也。惟叶少蕴⑰与予得之。后世之传,或在此本。又记其所从来如此。

〔注〕 ① 莆田:地名。在今福建省。 ② 二《南》:《诗经》十五"国风"中的《周南》《召南》之合称。其中不少作品称颂女德。下文梅妃父为梅妃取名曰采蘋,即《召南》篇名。 ③ 谢女:东晋时谢安的侄女谢道韫,女诗人。 ④ 惊鸿舞:三国时曹植《洛神赋》用"惊鸿"一词形容美女的体态。这里因用作舞蹈名称。 ⑤ 鼎:古代的烹饪工具。鼐:大鼎。古人以"调和鼎鼐"比喻治理国家。 ⑥ 英、皇:指尧的两个女儿女英、娥皇,相传都是舜的妃子。 ⑦ 戏马:一种赌具。 ⑧ 肥婢:梅妃对体态丰满的杨贵妃的蔑称。 ⑨《长门赋》:汉武帝时,司马相如为失宠谪居长门的陈皇后作的赋,抒写了美人见弃的哀怨情感。 ⑩ 信摽(biào)落之梅花:《诗经·召南》有《摽有梅》篇,大意说女子应及时嫁人,不然青春将像熟透的梅子一样容易凋落。此处梅妃借以比喻自己被弃。 ⑪ 拾翠:大明宫里有殿名拾翠。也可能有"斗草"这种游戏。 ⑫ 潞州:州名,州治在今山西省长治县境。别驾:州刺史的佐吏。李隆基当皇帝以前,曾兼任潞州别驾。 ⑬ 鄠(hù)、杜:鄠县、杜县,都在长安附近。汉武帝常在此打猎,践踏农田。这里借喻唐明皇早年的奢靡生活。 ⑭ 媢(mào):嫉妒。 ⑮ 一日杀三子:指太子瑛、鄂王瑶、光王琚因失宠于武惠妃而在同日为玄宗下令杀死。 ⑯ 万卷朱遵度:朱遵度,南唐藏书家,人称"朱万卷"。 ⑰ 叶少蕴:宋朝著名学者叶梦得。"少蕴"是他的字。

本篇取自《说郛》,撰者佚名。

在历代的帝王和后妃中,唐明皇和杨贵妃的爱情故事,最为人们所熟知。以李、杨的"钗盒情缘"为题材的各种艺术形式的作品,自中唐、五代起,直到晚清,一直备受人们的关注和欢迎。当然,历史上唐明皇和杨贵妃的宫闱情事,之所以能成为一千多年来广为流传的著名爱情故事,主要还是得力于白居易的《长恨歌》和陈鸿的《长恨歌传》。宋代佚名的《梅妃传》和乐史的《杨太真外传》,在唐代上述两部作品的基础上,极大地丰富了李、杨故事的内涵,亦值得重视。

与杨玉环作为一个历史人物不一样,梅妃之事不见史传,唐人笔记中亦未见称引。梅妃江采蘋,很可能是宋代人出于对杨妃误国的义愤而编造出来的一个人物。唐人对杨妃是充满同情的,宋人对她就严厉多了,把失国的罪过算在她的头上。从文末提到的叶少蕴为北宋末年人,可证这篇小说出于宋人之手。但《梅妃传》中所虚构的梅妃其人其事,为李、杨的爱情故事增添了新的人物和关目。明代吴世美的《惊鸿记》更以梅妃为主人公;清代洪昇的《长生殿》中,亦有主要敷演梅妃关目的第十八出《夜怨》和第十九出《絮阁》。自从梅妃进入了李、杨故事之后,一般读者和观众误以为当年唐宫中确有一位曾与杨妃争宠的梅妃。如此弄假成真,亦足见《梅妃传》中梅妃形象的艺术力量。的确,作者的艺术手腕相当高明,生动地塑造了一个"姿态明秀",温柔善感,且又自命不凡的妃子形象。

小说中的梅妃亦是高力士选入宫中的一位绝色佳人,亦曾得唐明皇的专宠。不过,她的气质、性格和爱好,却与杨妃迥然不同。文中这样写道:"妃能属文,自比谢女。尝淡妆雅服,而姿态明秀,笔不可描画。性喜梅,所居栏槛,悉植数株,上榜曰'梅亭'。梅开赋赏,至夜分尚顾恋花下不能去。上以其所好,戏名曰'梅妃'。妃有《萧兰》《梨园》《梅花》《凤笛》《玻杯》《剪刀》《绮窗》七赋。"

杨妃入宫之后,宠爱日夺,但唐明皇对梅妃仍无疏意。由于"太真忌而智,妃性柔缓,亡以胜。后竟为太真迁于上阳〔东〕宫"。明皇与梅妃在翠华西阁的幽会,被骄妒泼辣的杨妃闹得不欢而散。面对明皇的软弱无能,梅妃仿效当年司马相如为陈皇后撰《长门赋》,自作《楼东赋》,尽情地抒发了心中的寂寞和怨恨,以及对往日"君情缱绻"的怀恋。当明皇在花萼楼"命封珍珠一斛密赐妃"时,梅妃又赋诗曰:"柳叶双眉久不描,残妆和泪湿红绡。长门自是无梳洗,何必珍珠慰寂寥。"

梅妃在婉言谢绝之词中,含有无限的辛酸和幽怨。如此柔婉温良而具有诗人气质的梅妃,哪里是杨妃的对手?其悲剧遭际实在令人感伤与同情。

安史之乱中,梅妃死于乱兵之手。之后,明皇东归,寻梅妃不得,在梅妃"画真”上，题了一首情真意深的“忆昔”诗。明皇暑月昼寝，梦见了梅妃，于是寻到尸体，以妃礼易葬。这也可说是这位庸懦而又多情的帝王对于梅妃的一份真情吧。

《梅妃传》的主人公，当然是梅妃。但小说对明皇和杨妃也有画龙点睛式的成功刻画。如梅妃与明皇斗茶时，明皇“顾诸王戏曰”的几句话，把梅妃如何得宠，表现得淋漓尽致。明皇与梅妃在翠华西阁叙旧爱，被杨妃发现，杨妃与明皇的一段对话，也充分显示了杨妃的地位与性格。其中对明皇周旋于杨妃和梅妃之间的二难苦衷和神态的描写，相当真实地揭示了封建帝王的爱情特色。

篇末的议论颇精辟。在论述明皇由青年时代的豪侠之举，到登上皇位的治乱过程后，对以往女人祸水之论表示异议，其批判锋芒，直指明皇晚年的昏聩淫佚与失政误国：“……议者谓或覆宗（指杨妃），或非命（指梅妃），均其娟忌自取。殊不知明皇耄而忮忍，至一日杀三子，如轻断蝼蚁之命。奔窜而归，受制昏逆，四顾嫔嫱，斩亡俱尽，穷独苟活……是岂特两女子之罪哉！”可谓透辟入理，发前人之所未发。

此篇小说对后人的创作颇有影响，明人吴世美杂剧《惊鸿记》即根据《梅妃传》改编；《梅妃传》中的部分情节，又为清代洪昇传奇《长生殿》所采用。

（邹自振）

李师师外传　　　　佚　名

李师师者，汴京东二厢永庆坊染局匠王寅之女也。寅妻既产女而卒。寅以菽浆[①]代乳乳之，得不死，在襁褓未尝啼。汴俗凡男女生，父母爱之，必为舍身佛寺。寅怜其女，乃为舍身宝光寺。女时方知孩笑，一老僧目之曰：“此何地，尔乃来耶？”女至是忽啼。僧为摩其顶，啼乃止。寅窃喜曰：“是女真佛弟子。”为佛弟子者，俗呼为师，故名之曰师师。师师方四岁，寅犯罪系狱死。师师无所归，有倡籍李姥者收养之。比长，色艺绝伦，遂名冠诸坊曲。

徽宗帝即位，好事奢华，而蔡京、章惇、王黼[②]之徒，遂假绍述[③]为名，劝帝复行青苗诸法。长安[④]中粉饰为饶乐气象。市肆酒税，日计万缗，金玉缯帛，充溢府库。于是童贯、朱勔[⑤]辈复导以声色狗马宫室苑囿之乐。凡海内奇花异石，搜采殆遍。筑离宫于汴城之北，名曰“艮岳”[⑥]，帝般乐[⑦]其中。久而厌之，更思微行，为狎邪[8]游。内押班张迪者，帝所亲幸之寺人[9]也。未官时为长安狎客，往来诸坊曲，故与李姥善。为帝言陇西氏色艺双绝，帝艳心焉。翼日，命迪出内府紫茸二匹、霞氎二端、瑟瑟珠[10]二颗、白金廿镒，诡云：大贾赵乙，愿过庐一顾。姥利金币，喜诺。暮夜，帝易服杂内寺四十余人中，出东华门二里许，至镇安坊。镇安坊者，李姥所居之里也。帝麾止余人，独与迪翔步而入。堂户卑庳[11]，姥出迎，分庭抗礼，慰问周至。进以时果数种，中有香雪藕、水晶苹婆[12]，而鲜枣大如卵，皆大官所未供者。帝为各尝一枚。姥复款洽良久，独未见师师出拜，帝延伫以待。时迪已辞退，姥乃引帝至一小轩。棐几[13]临窗，缥缃[14]数帙，窗外新篁，参差弄影。帝翛然[15]兀坐，意兴闲适，独未见师师出侍。少顷，姥引帝到后堂，陈列鹿炙、鸡酢、鱼脍、羊签等肴，饭以香子稻米，帝为进一餐。姥侍旁款语移时，而师师终未出见。帝方疑异，而姥忽复请浴，帝辞之。姥至帝前耳语曰："儿性好洁，勿忤。"帝不得已，随姥至一小楼下湢室[16]中浴竟，姥复引帝坐后堂，肴核水陆，杯盏新洁，劝帝欢饮，而师师终未一见。良久，姥才执烛引帝至房。帝搴帷而入，一灯荧然，亦绝无师师在。帝益异之，为倚徙几榻间。又良久，见姥拥一姬珊珊而来，淡妆不施脂粉，衣绢素，无艳服，新浴方罢，娇艳如出水芙蓉。见帝意似不屑，貌殊倨，不为礼。姥与帝耳语曰："儿性颇愎，勿怪。"帝于灯下凝睇物色之，幽姿逸韵，闪烁惊眸。问其年，不答。复强之，乃迁坐于他所。姥复附帝耳曰："儿性好静坐，唐突勿罪。"遂为下帷而出。师师乃起，解玄绢褐袄，衣轻绨，卷右袂，援壁间琴，隐几端坐而鼓《平沙落雁》[17]之曲。轻拢慢捻，流韵淡远。帝不觉为之倾耳，遂忘倦。比曲三终，鸡唱矣，帝亟披帷出。姥闻，亦起，为进杏酥饮、枣糕、饦饦诸点品。帝饮杏酥杯许，旋起去。内侍从行者皆潜候于外，即拥卫还宫。时大观三年八月十七日事也。姥私语师师曰："赵人礼意不薄，汝何落落[18]乃尔？"师师怒曰："彼贾奴耳,我何为者!”姥笑曰:“儿强项[19],可令御史里行[20]。”已而长安人言籍籍[21],皆知驾幸陇西氏。姥闻大恐,日夕惟涕泣,泣语师师曰:“洵是,夷吾族矣。”师师曰:“无恐,上肯顾我,岂忍杀我。且畴昔之夜,幸不见逼,上意必怜我。惟是我所窃自悼者,实命不犹[22],流落下贱,使不洁之名,上累至尊,此则死有余辜耳。若夫天威震怒,横被诛戮,事起佚游,上所深讳,必不至此,可无虑也。”

次年正月,帝遣迪赐师师蛇跗琴[23]。蛇跗琴者,琴古而漆䵒[24],则有纹如蛇之跗,盖大内珍藏宝器也。又赐白金五十两。

三月,帝复微行如陇西氏。师师仍淡妆素服,俯伏门阶迎驾。帝喜,为执其手令起。帝见其堂户忽华厂,前所御处,皆以蟠龙锦绣覆其上。又小轩改造杰阁,画栋朱阑,都无幽趣。而李姥见帝至,亦匿避。宣至,则体颤不能起,无复向时调寒送煖情态。帝意不悦,为霁颜[25],以老娘呼之,谕以一家子无拘畏。姥拜谢,乃引帝至大楼。楼初成,师师伏地叩帝赐额。时楼前杏花盛放,帝为书“醉杏楼”三字赐之。少顷置酒,师师侍侧,姥匍匐传樽为帝寿。帝赐师师隅坐,命鼓所赐蛇跗琴,为弄《梅花三叠》。帝衔杯饮听,称善者再。然帝见所供肴馔,皆龙凤形,或镂或绘,悉如宫中式。因问之,知出自尚食房[26]厨夫手,姥出金钱倩制者。帝亦不怿,谕姥今后悉如前,无矜张显著[27]。遂不终席,驾返。

帝尝御画院,出诗句试诸画工,中式者岁间得一二。是年九月,以“金勒马嘶芳草地,玉楼人醉杏花天”名画一幅赐陇西氏。又赐藕丝灯、煖雪灯、芳苡灯、火凤衔珠灯各十盏,鸬鹚杯、琥珀杯、琉璃盏、镂金偏提各十事,月团、凤团、蒙顶等茶百斤,餢饦、寒具、银饺饼数盒。又赐黄白金各千两。时宫中已盛传其事。郑后闻而谏曰:“妓流下贱,不宜上接圣躬。且暮夜微行,亦恐事生叵测,愿陛下自爱。”帝颔之。阅岁者再,不复出,然通问、赏赐未尝绝也。

宣和二年，帝复幸陇西氏。见悬所赐画于醉杏楼，观玩久之。忽回顾，见师师，戏语曰："画中人乃呼之竟出耶?"即日，赐师师辟寒金钿、暎月珠环、舞鸾青镜、金虬香鼎。次日，又赐师师端谿凤咮砚、李廷珪墨、玉管宣毫笔、剡谿绫纹纸。又赐李姥钱百千缗。

迪私言于上曰："帝幸陇西，必易服夜行，故不能常继。今艮岳离宫东偏有官地，袤延二三里，直接镇安坊。若于此处为潜道，帝驾往还殊便。"帝曰："汝图之。"于是迪等疏言："离宫宿卫人向多露处，臣等愿捐赀若干，于官地营室数百楹，广筑围墙，以便宿卫。"帝可其奏。于是羽林巡军等布列至镇安坊止，而行人为之屏迹矣。四年三月，帝始从潜道幸陇西，赐藏阄、双陆[28]等具。又赐片玉棋盘、碧白二色玉棋子、画院宫扇、九折五花之簟、鳞文蓐叶之席、湘竹绮帘、五彩珊瑚钩。是日，帝与师师双陆不胜，围棋又不胜，赐白金二千两。嗣后师师生辰，又赐珠钿金条脱各二事，玑琲[29]一箧，毳锦[30]数端，鹭毛缯翠羽缎百匹，白金千两。后又以灭辽庆贺，大赉州郡，加恩宫府。乃赐师师紫绡绢幕、五彩流苏，冰蚕神锦被，却尘锦褥、麸金千两。良酝则有桂露、流霞、香蜜等名。又赐李姥大府钱万缗。计前后赐金银钱、缯帛、器用、食物等，不下十万。

帝尝于宫中集宫眷等宴坐，韦妃私问曰："何物李家儿，陛下悦之如此?"帝曰："无他，但令尔等百人，改艳妆，服玄素，令此娃杂处其中，迥然自别。其一种幽姿逸韵，要在色容之外耳。"

无何，帝禅位，自号为道君教主，退处太乙宫，佚游之兴于是衰矣。师师语姥曰："吾母子嘻嘻，不知祸之将及。"姥曰："然则奈何?"师师曰："汝第勿与知，唯我所欲。"是时金人方启衅，河北告急。师师乃集前后所赐金钱，呈牒开封尹，愿入官，助河北饷。复赂迪等代请于上皇，愿弃家为女冠。上皇许之，赐北郭慈云观居之。

未几，金人破汴，主帅闼嬾索师师，云："金主知其名，必欲生得之。"乃索累日不得。张邦昌等为踪迹之，以献金营。师师骂曰："吾以贱妓蒙皇帝眷，宁一死无他志。若辈高爵厚禄，朝廷何负于汝，乃事事为斩灭宗社计！今又北面事丑虏，冀得一当，为呈身之地[31]。吾岂作若辈羔雁贽[32]耶？"乃脱金簪自刺其喉，不死；折而吞之，乃死。道君帝在五国城，知师师死状，犹不自禁其涕泣之汍澜也。

论曰："李师师以娼妓下流，猥蒙异数，所谓处非其据矣。然观其晚节，烈烈有侠士风，不可谓非庸中佼佼者也。道君奢侈无度，卒召北辕之祸，宜哉。"

〔注〕 ① 菽浆：菽，豆类的总称。菽浆，即豆浆。 ② 蔡京、章惇（dūn）、王黼（fǔ）：蔡京，仙游人，字元长，徽宗时，进司空，拜太师封魏国公；章惇，浦城人，后徙居苏州，字子厚，哲宗初知枢密院事，后为尚书左仆射兼门下侍郎。引其党蔡京等，力排元祐党人；王黼，祥符人，字将明，宣和初，拜特进少宰。三人都是后人认为的奸臣。 ③ 绍述：继承，指继承与恢复宋神宗所行之新政。 ④ 长安：国都的通称，这里指汴梁。 ⑤ 童贯、朱勔（miǎn）：开封人，字道辅，一作道通，徽宗时，以供奉官主明金局。后以平方腊功，进太师封广阳郡王。握兵二十年，权倾一时；朱勔，徽宗时，以"花石纲"进防御使，豪夺渔取，流毒州郡者二十年。二人皆当时的奸臣。 ⑥ 艮（gèn）岳：宋徽宗时，为游乐在开封修建万岁山，因山在城北，故亦名艮岳。 ⑦ 般（pán）乐：游乐。《孟子·公孙丑上》："今国家闲暇，及是时，般乐殆敖，是自求祸也。" ⑧ 狎邪：也作狭邪、狭斜。原指狭路曲巷。古乐府有《长安有狭斜行》，叙少年冶游之事，后因称娼妓所居之处为狭斜，也作狭邪、狎邪。 ⑨ 寺人：指宦官太监。前面的"内押班"即太监的小头目。下言"未宫时"指其未阉割作太监时。 ⑩ 紫茸、霞氎（dié）、瑟瑟珠：紫茸，珍贵的毛皮；霞氎，氎，一种细布，霞氎当是一种彩色的细布；瑟，洁净明亮，《诗·大雅·旱麓》："瑟彼玉瓒。"瑟瑟珠指一种光洁明亮的珠。 ⑪ 庳（bì）：低矮。 ⑫ 苹婆：苹果。 ⑬ 棐（fěi）几：棐，通榧，一种木名。棐几，即棐木做的小桌子。 ⑭ 缥缃：缥，淡青色的帛；缃，浅黄色的帛。古时常用来做书囊或书衣，故用以做书卷的代称。 ⑮ 翛（xiāo）然：无拘无束，自由自在的样子。 ⑯ 湢（bì）室：浴室。 ⑰《平沙落雁》：与下面的《梅花三弄》均为古曲名。 ⑱ 落落：这里是冷落的意思。 ⑲ 强项：这里是正直不肯随便低头的意思。 ⑳ 可令御史里行：可以在御史里面行走，即可以当御史的意思。 ㉑ 籍籍：也作藉藉，纷乱貌，这里形容众口喧腾。 ㉒ 实命不犹：实在是命不如人。 ㉓ 蛇跗琴：跗，通"柎"，花萼房。《管子·地员》："朱跗黄实。"尹知章注："跗，花足也。"这里似指蛇腹下类似花萼房（花足）的鳞。蛇跗琴当即漆有蛇腹鳞纹的琴。 ㉔ 漆黦（yuè）：黦，黄黑色。漆黦，即漆成黄黑色。 ㉕ 为霁颜：霁，雨止，引申作风雪停，云雾散，天气放晴。比喻怒气消失，脸色转和。这里的"为霁颜"是装出和颜悦色的样子。 ㉖ 尚食房：主管皇帝膳食的机构。 ㉗ 矜张显著：这里有夸耀铺张，引人注目之意。 ㉘ 藏阄、双陆：藏阄，古代的一种用作游戏的工具；双陆，古代用来博戏的工具。 ㉙ 玑琲：玑，不圆的珠；琲，成串的珠。玑琲在这里就是宝珠的意思。 ㉚ 毳（cuì）锦：用鸟兽的细毛织成的锦。

㉛ 冀得一当，为呈身之地：希望得到一个机会，作为往上爬的资本。　㉜ 羔雁贽：古代卿大夫见面，以羔羊和大雁作为礼物。羔雁贽即见面礼。

本篇出自《琳琅秘室丛书》，撰者佚名。自鲁迅开始，学者们多以为系南宋人所作。大约是因为宋张端义《贵耳集》中曾经记载当时有一种《李师师小传》的小说行世。但这则小说所记，为徽宗幸李师师家，周邦彦先在，匿床下，后作《少年游》词，道君知，大怒，因遭遣；李师师往送，周又作《兰陵王》词，道君喜，复召为大晟乐正事，与今传的《外传》全不同。宋代，特别是南宋，语禁、文祸时有发生，这则《李师师外传》的"论曰"中却有"道君奢侈无度，卒召北辕之祸，宜哉"的话，决非宋人所能说，所会说的。故它很可能是由宋入元的遗民的作品，篇中透露着黍离之感。

小说中的李师师实有其人，在宋人其他笔记中也有记载。张邦基的《墨庄漫录》、孟元老的《东京梦华录》、周密的《浩然斋雅谈》、董瓮天的《瓮天脞语》、徐梦莘的《三朝北盟会编》《靖康要录》、元人的《宣和遗事》等笔记、史乘中都有，尔后又写入《水浒传》《水浒后传》《续金瓶梅》等小说中，叙述各有侧重。但除《宣和遗事》《水浒传》等通俗小说外，各书记载均很简略，也每有抵牾处，或褒或贬，借以抒怀写意，总倾向似是贬多褒少。李师师其人，可算是中国小说史上一个颇多争议的热门人物。

这篇《李师师外传》主要记李师师的出身及其数遇徽宗，至靖康之变后削发为尼，终骂贼吞金而死的故事。与其他的笔记小说不同，多系虚构故实而成，开了通俗小说中李师师这个人物形象塑造的先河。小说的主要倾向是颂扬李师师的。

这小说肯定是作者有所感而作的。他从李师师的童年写起，说她本是染工之女，方生而母卒，才四岁，父又"系狱死"，于是沦入娼籍，对李师师的遭遇充满了同情。这当中，作者有意夹写了她"方知孩笑"时，父亲怜爱她，带她到宝光寺舍身，"一老僧目之，曰'此何地，尔乃来耶?'女至是忽啼。僧为摩其顶，啼乃止"的情节，给她罩上了一层佛家因缘的神圣光圈。在中国古代小说中，小说家往往会给英雄人物的出身抹上一层与佛、神、圣相关的光圈；很显然，作者正是运用中国小说家这一常用的描写手法来写李师师这个人物的，可见他对这个人物的看重。

尔后作者又详写徽宗闻其艳名，诡言自己乃大贾赵乙，微服私幸其第，作品固然也写师师的美艳，说她"色艺双绝"，写她"淡妆不施脂粉，衣绢素……娇艳如出水芙蓉"，更着重的乃是她的"要在色容之外"的人品、识见和聪慧。比如，小说写师师初见赵乙(徽宗),以为贾奴,不为礼;鸨母知赵乙便是天子,“大恐,日夕惟涕泣”,师师却从容曰:“无恐,上肯顾我,岂忍杀我。”在写出她不为金钱所动,不为威势所迫的骨气的同时,又表现了她不同凡响的识见。接着作者详细写徽宗二幸、三幸、四幸其第,写其为帝“鼓所赐蛇跗琴,为弄《梅花三叠》”,写帝戏语师师为“画中人”;写“帝与师师双陆不胜,围棋又不胜”等等,都是在极力描绘师师的灵慧,也确实很有效地绘出了她的那种“要在色容之外”的“幽姿逸韵”。最后作者写她在金人启衅、河北告急之时,集道君所赐金钱,以助河北军饷,自己出家为女冠;金人破汴,索师师累日,“张邦昌等为踪迹之,以献金营”,她又义不受辱,骂贼自尽,充分表现出她的凛然正气、烈烈侠风,使师师这个人物形象更为光彩夺目。更值得注意的是,小说有意借李师师之口斥责张邦昌一类觍颜事寇、卖国求荣的佞臣:“吾以贱妓蒙皇帝眷,宁一死无他志。若辈高爵厚禄,朝廷何负于汝,乃事事为斩灭宗社计!今又北面事丑虏,冀得一当,为呈身之地。吾岂作若辈羔雁贽耶?”从而揭示了这篇小说的一个重要的主题:作者之所以要描写李师师这个人物,极力予以赞扬,正是要借此以形彼,批判那些媚颜事敌、不知廉耻的国贼贰臣,说他们连一个娼妓也不如!这就是作者塑造李师师这个人物的用意所在。

对于宋徽宗,作者则着意写他“好事奢华”;大兴花石纲之役;三宫六苑,嫔妃如云,尚不满足,又私幸师师;为了行幸方便,竟然修筑潜道;赐给师师财物,前后“不下十万”,暴露了他的荒淫无耻。对于蔡京、童贯、王黼、朱勔等粉饰“饶乐气象”,导徽宗“以声色狗马宫室苑囿之乐”,作者更是竭力鞭笞。正是徽宗君臣的这些作为,把大片河山断送给了金人,而且在作者看来,这也是南宋亡于蒙古人的原因。作者在对历史的兴亡作着痛苦的深沉的反思,从中我们可以感觉得出他的强烈的民族情感和爱国热忱。

《李师师外传》的作者有很高的文学素养,他很会写人,尤其善于通过场景气氛的渲染以表现人物,其中写李师师出场见徽宗一段,更是精彩异常。这段文字详细地描写徽宗从堂户到小轩、到后堂、进浴室、出而复至后堂、再到房中所见的陈设,所受的款待。然侍奉他的只是李姥而不见师师,且又特别一而再、再而三,不厌其烦地交代“独未见师师出拜”“独未见师师出侍”“而师师终未出见”“而师师终未一见”“亦绝无师师在”。这是在造势,目的是加重李师师的身份。小说还通过李姥“至帝前耳语”“与帝耳语”“复附帝耳曰”,极写师师的“好洁”“颇愎”“好静坐”,以制造出了一种颇为特异的气氛,来烘托李师师这个人物,显出她的高洁雅致,使得她确如出淤泥而不染的一支芙蓉。这一切均可见作者塑造这个人物的匠心。《红楼梦》写王熙凤出场,历来为治小说史者所重。要说这小说描写李师师出场与《红楼梦》的描写王熙凤出场各有千秋,可以媲美,大约不能算过。而且《李师师外传》通篇描写曲致细腻,词藻华美典雅,构想雍容大度,都现出一种大家风范,是难得的一篇思想内容和艺术形式完美统一的短篇世情小说,不仅在宋元正格的文言传奇世情小说中是佼佼者,即置诸唐人传奇中,也并不逊色。

（萧相恺）

苏小卿　　佚名

苏寺丞为闾江[①]知县,有女字小卿,性格妖娆,仪容俨雅,莹玉肌香,宫腰[②]难比。因游赏于花园之间,星眸四顾,见一人卧于花阴之下,女叱问曰:"何人敢至于此?"对曰:"姓双名渐,本郡吏也。少览经书,长工词赋,期跃禹门[③]之三浪,待攀仙桂[④]之一枝。柰家贫无以进身,暂为本县之厅吏。"女子悦其颜貌,默念曰:"荆山之玉,自带纤瑕,世之常理。今生精神端丽,诚为佳士,但未知其才学。"遂指厅壁山水赋诗。渐乃借意挑之曰:

涧边芳草连天碧,山下锦涛无丈尺。
莺稀燕少蝶未知,蜜意寻芳与谁惜?
我有春情方似织,万绪千头难求觅。
富贵荣华不早来,眼前光景空抛掷。

女子见诗,心加爱慕,乃曰:"昔相如有援琴之挑,文君潜附毂相逐;韩寿孤吟于窗下,贾氏窃之以香囊。此乃怜其才貌。"娇羞微笑曰:"尔能学否?"生曰:"一介末吏,非匹偶,不敢当此。"女惭曰:"妾一言已出,反不见从。迩来诗涉淫辞,汝得何罪?"生不得已而诺之。乱红深处,花为屏障,尤云殢雨[⑤],一霎欢情。生曰:"今日别后,再会何时?"女曰:"如今别后,可解职归家,深心励学,不忘劳苦,以俟搜贤取士。待折高枝,然后复令良媒求亲,可矣。我乃它托不嫁,等待亲音,更无忘也。"生方欲言,见侍婢数人走至园中,生乃遁去。

遂游远郡,访其先觉。苦志二载,功业一成。归询本县公吏，云："寺丞不禄[6]，县君[7]挈家以往扬州，投于外祖。"生乃往扬州问其亲音，有人云："小卿母又告亡，小卿落于娼道。"生乃大恸。忽契友皇甫善、刘仲修相访，云："吾兄有不乐之意?"生以它托告之。刘曰："一杯与君解闷。"遂三人同往妓陌之所。但见彩楼与翠阁相连，绣幕共珠帘对卷。刘引其青衣出请献茶，应声而趋。但见女子立于帘下，眉如柳叶，脸似桃花，玉削肌肤，百端娇美。女子揖众入，于小阁中坐茶了。众方欲起，刘遂命酒开樽，四人共饮。酒妓(始)行，女与众人曰："妾有少恳，仰干清听，近蓄一歌妓，世间罕有，愿求新词，收为家宝。得不见阻，深幸。"众皆唯唯。酒再行之后，用青纱罩罩一女子，执板筵前佐樽。各满引杯，令女子歌。女子再起曰："众中如有诗词，愿示片言。"渐乃先成其词，众不敢措手，众宾大服。双生词曰：

碧纱低映秦娥面，咫尺暗香浓。瑶池秋晚，长天共恨，烟锁芙蓉。　　夭桃再赏，流莺声巧，不待春工。樽前潜想，樱桃破处，得似香红?

女乃深谢。酒再行，且再劝之。渐于樽前顾盼，见女子容貌若小卿也。心悸魂飞，但忘所惜。其女子见渐面，默念之，依稀似双郎也。心目皆眩，情魂俱失。数杯之后，女子不免问渐曰："然平生未识高丰，敢问仙乡姓氏。"渐暗喜曰："乃閰江县人也。渐姓双，因访亲得至于斯。"女子亦曰："妾先人前任閰江县苏寺丞也，因染疾不禄。妾随母至扬州，母又厌世。不能自养，遂落于娼流，终不为乐。"语毕，唏嘘流涕，悲不自胜。是日筵散，各归所邸。渐独坐自念曰："我当日共伊花间叙别，指山为誓，永不别嫁。今已为娼!"正叹之，忽有人弹户。渐开户，见一青衣曰："适来筵娘子，别具小酌，专候官人。"渐与青衣同去。小卿再拭铅粉，别搔簪珥，出帘相引就坐，各叙间别。于小阁中具小酌。三杯之后，小卿与渐曰："自别之后，父母继亡，失身娼道。每自思君，空劳梦寐。今得自就合欢之志，我所愿也。”是夜姻缘，再逢娇态。次早，生辞，小卿曰：“是何言也！相别三载，今方得见，安可遽去？”生曰：“闻伊与司理院薛官人为亲，安可久住也？”女曰：“我宅中有一小室，尔且安止逐日，俟司理回宅，却共妾偕行。遣兴吟诗，与郎继和。”闲时促席饮乐。

荏苒二春，美任归京，官吏送至邮亭饯别。前至大江，沿[8]流而上，渐观江景寂寞，郁郁不乐。船因至钟陵浦[9]，夜泊豫章[10]城下。是夜，万里无云，月色如昼。凝情似醉，乱思如痴。一派江声，促成愁思；数点渔灯，烧断离情。浩饮长歌，不能自遣。忽闻楼橹呀呷，有一画舸将近，亦系垂杨之下，蓬窗相对。渐出视之，但见彼舟中马门[11]里，一佳人年约二十余。对坐一人，必是其夫，约五十余岁，形貌古怪。明烛举酒，左右二青衣女子。佳人抱一琵琶，品弄仙音。渐熟视之，即小卿也。渐因见佳人，遂成心感，不敢传言，遂自歌而挑之。歌云：

乐天当日浔阳渚，舟中曾遇商人妇。
坐间因感琵琶声，与托微言写深诉。
因念佳人难再得，故言何必曾相适(识)。
今日相逢相识人，青衫拭泪应无极。
我因从官临川[12]去，豫章城下风帆驻。
续有翩翩画舸来，斜阳共系垂杨树。
绿窗相近未多时，红帘半动闻私语。
认得舟中是谁氏，长自庐江佳丽地。
苏小从来字小卿，桃叶桃根[13]皆姊妹。
十岁清歌已遏云，十一朱颜如桃李，
十二能描新月眉，十三解绾乌云髻。
乱花深处偶相逢，一托深心许为婿。
翠鬟曾剪系平生，暗断金钗与盟誓。
无何官难两相忘，因病流落来天际。
扬州一梦今何处？风月深情向谁诉？

筭来争信不相逢，空感当时无限事。
昔日风光曾作主，今日风光如陌路。
肠断江头夜不眠，风帆明日东西去。

女子品弄之次，忽听歌咏，熟认其音，乃双郎也。女放琵琶而出视，见双渐立于马门之外。四目相交，各有余情，皆眷眷而不敢奉认。女入舟中，再抱琵琶品弄，其声悲噎，人不忍闻。遂乃歌以答之。歌曰：

妾家本住庐江曲，私处兰闺娇不足。
金翘[14]未绾翠云[15]低，罗裙已束尖腰玉。
回眸双派秋水清，低眉两点春山绿。
妾之名兮世所闻，钱塘苏小真仙属。
二三月兮春迟迟，邻姬行乐相追随。
小竹青丝赏何处？笑言相指乱花溪。
折花举酒未成宴，倏然有客花前转。
青骢马系绿杨阴，低鬟便与迎相见。
眼期心约情缭乱，与君一使柔肠断。
纵有西清松柏间，同心许结连枝愿。

"幸得伊救我，妾身愿以死以报君之德也。"渐曰："此不可久住，恐被舟中人见。"令得力者押行李后进，二人易衣驰骑，先往京师，参选[16]注授，显擢历任，得偕老焉。

〔注〕 ① 闾江：即庐江县，治所在今安徽省庐江。 ② 官腰：细腰。 ③ 禹门：又叫龙门，传说为大禹所开，比喻科举中第。 ④ 攀仙桂：即蟾宫折桂，也指科举登第。 ⑤ 尤云殢（tì）雨：比喻男女之间的欢爱。 ⑥ 不禄：死亡的代称。 ⑦ 县君：宋知县一级官员妻子的封号，此处指苏小卿之母。 ⑧ 沿：同"沿"。 ⑨ 钟陵浦：在今江西进贤东钟陵镇。 ⑩ 豫章：隋唐称豫章郡，宋称洪州，治所在今江西南昌。 ⑪ 马门：船舱门。 ⑫ 临川：州名，属江南西路，治所临川（今江西抚州）。 ⑬ 桃叶桃根：晋王献之的妾名桃叶，其妹名桃根，据说娼家出身。 ⑭ 金翘：金首饰。 ⑮ 翠云：头发。 ⑯ 参选：候选。

本篇取自《醉翁谈录》，撰者佚名。

苏小卿出身官宦人家，却有着追求自由爱情的勇气和决心。叙事者先以旁观者的口吻介绍了苏小卿的特点，"妖娆""俨雅"二词并用，颇耐人寻味。游赏花园的举动表明了她对生活怀抱着审美的态度，而热爱自然、向往美好生活的心理态势必然导致她对人的天性情感——爱情的期待,这就为她其后的言行埋下了伏笔。初见双渐时,她以严厉的口吻质问对方的来历,表现出对陌生男性的提防,从中也可以看出她深受封建闺范教育的影响。在交谈中,她为对方出众的颜貌所吸引,虽然知道双渐出身卑微,但却不以为意,反而暗自萌生了好感,希望对双渐有进一步的了解。比较社会上流行的门当户对的婚姻观念,这种重人不重出身的评判标准显示出苏小卿婚恋观的进步性。当她试探双渐的才学时,受到了双渐的诗挑。苏小卿对此没有丝毫的反感,而是“心加爱慕”,从而再次证实了她的少女情怀。

通观这段情缘的发起、缔结过程,细心的读者不难发现,原来一向处于叙事主动地位的男性在这里时时处于消极被动状态,而女性人物则一跃成为事件进展的主导方面,控制着局势的变化与发展。二人偶遇,由女方先发制人,追问男方的底细,接着,又从女主人公的视角对男性人物的相貌进行了侧面叙述。换句话说,这里刻画的是女性的眼光,是女性对男性的审视,而在以前的小说中,通常这一初审角色都是由男性人物来承当的。这种角色性别的转换看似平常,实际上却体现着宋代小说一个杰出的贡献,即在事件流程的控制权由男性一统天下的性别霸权叙事的传统中增添了女性人物的权力空间,从而使得中国古代小说的叙事模式发生了性别社会学意义上的变化。这种变化就是人类的文化进化成果的文本实现。随后,又是由女性人物苏小卿的立场来对双渐进行才学评估,以期对其情感期待的走向做出进一步的决定。这里强调的仍然是女性人物方面发生的情感问题。当双渐对其有意的测试做出钟情的回应时,又是从苏小卿的角度对此做出评判,由她主动提出将二人的关系深入下去。当双渐以地位非匹而有所顾虑时,苏小卿谴责了他叶公好龙式的虚伪与怯懦,最终促成了二人的结合。换句话说,就是由女性人物控制并决定着两性关系进展的时段以及相应的程度。欢合已毕,双渐对二人关系的未来提出疑问,苏小卿侃侃而谈,对此早已做出了成熟的考虑与周详的安排。

然而,封建社会的现实环境却没有因为苏小卿个人的能动性的发挥而有所改变。双渐实现了她的设想,但是,连丧考妣的苏小卿为了生计却不得不沦落为娼。这个情节的设置一方面给整个爱情故事涂抹上极度苍凉悲怆的一笔,另一方面却也使得故事更加具有现实主义的批判力,对于暴露女性这一弱势性别群体的不幸、揭发封建男权文化加于其身的无情桎梏和残酷迫害都是十分深刻有力的。在令人沮丧的现实面前,双渐停止了他的情感追求,虽然与苏小卿意外相遇于烟花之地,但面对势力强大的竞争者,他却再也没有接续前缘的勇气。在苏小卿的一力坚持下，二人方得以再续前缘。后来小卿别嫁、双渐归京，二人偶然相逢于江湖之上，遂携手逃逸，终得偕老。

小说在对二人个人情感的发掘、体认、实现、波折直至破镜重圆的叙事过程中，始终让苏小卿占据着主要的地位、发挥着主导的作用，突现出她热切追求幸福生活、百折不挠的性格特点，从而将这一女性人物形象塑造得十分成功。

（马珏玶）

【作者小传】

张齐贤

(943—1014) 宋小说家。字师亮。曹州(今山东曹县)人。太平兴国二年(977)进士，历任大理评事、兵部尚书、同中书门下平章事。作有小说集《洛阳缙绅旧闻记》等。

田太尉候神仙夜降

张齐贤

田太尉重进，始起于戎行，常为太祖皇帝前队，积劳至侍卫马步军都虞候，太宗朝移镇永兴军。重进晚年好道，酷信黄白①可成。有拣停军人②张花项，衣道士服，俗以其项多雕篆，故目之为“花项”。晚出家为道士，自言有术，黄白金可成。重进甚信重之。花项又引一道士为同志，重进与之同饮食，前后所要钱币，悉资之无少违者。久之无成，遂绐重进云：“泾州本城有一人，即某二人之师，太尉暂能召至，至则其药立就。”重进发牒诣泾州令，暂发遣至永兴军。泾州以不奉宣命③，不敢发。重进使人教之为有疾不可医者，本州上言，重进为经营之，得出军籍。泾之军既至，重进喜甚。花项曰：“得此人至，同去采所少药，今年八月必得就。”时已六月矣，前后费用重进钱物，且惧八月无成，必当及祸，遂密同设计，潜谋遁去。花项素不饮酒，一日昏黑方来归衙，田讶之，既至则已醉矣。明日怒归迟，面诘之曰：“尊师从来对重进言不解吃酒，昨晚大醉。”辞色俱厉。花项微笑徐答曰：“某从来实不饮酒，昨日街市偶见仙人。”言讫，向西望空顶礼。重进曰：“仙人是谁？即今何在？”花项肃容低声而言曰：“即吕洞宾。”时人皆知吕洞宾为神仙，故花项言见之。“既见吕洞宾，须相召于街市饮酒。某言不吃，曰：‘但饮，必不大醉。’某礼拜谢讫，凡二十余盏，仍问某何处下。某答云：‘在太尉处。’吕曰：‘某闻之久矣。太尉武人，好事如此。此人有寿，今已有微疾矣。某当暂去，与少药疗之。’”田闻言大喜曰：“重进粗人，何消神仙下降。”且曰：“何时至？”花项曰：“此月十五日，夜三更必至。吕言不欲多见人，望太尉于东位射弓处排当帐设，用新好细席，于静室燃香烛，须鲜果好酒。太尉自斋沐，换新衣，具靴笏，深夜候之，必来降矣。”重进曰：“非常时。”至期，命陈设东位，帷帐裀褥，一一新洁，焚香燃烛，斋洁披秉，瞻望星斗，拜告以俟其至。须臾报三更矣，不至。又取香燃之，望空再拜。时重进足重，兼染风恙，甚难折腰。是夕热，拜讫大喘流汗，衣皆沾湿，略无倦怠。须臾又报四更，重进虽燃香未辍，意疑讶，引颈瞻望，略无兆眹。报四更五点，重进疑怪殊甚，问花项等三人，欲责其虚诞。亲信人来白：“尊师门大开，中并无人，向来囊箧，搬运已尽。”盖花项等诳令开东边便门，揭箧俱潜遁矣。重进惭恨嗟叹，但鸣指顾左右曰：“无良[4]汉！无良汉！”自是无复求道术矣。时永兴有匿名人遗诗二首嘲之，置诗于厅事前，田命宾席读之，愈惭，乃散差人追捕，皆不获。诗本失其一首，永兴士人多能诵之。余授右仆射，判永兴军，备知其事，录之以戒贪夫云。匿名诗曰：

> 铅作黄金汞作银，爇梁奸幸转灾新。一朝诳惑田重进，半夜攀迎吕洞宾。呆汉出门时引领，黠儿得路已潜身。惟称三个无良汉，笑杀长安万万人。

〔注〕①黄白：黄金与白银。此指古代方士所谓烧炼丹药点化金银的法术。②拣停军人：经挑选勒令退伍的不合格军士。③宣命：朝廷命令。④无良：不善。

本篇作者张齐贤(943—1014)，《宋史》有传。著有《洛阳缙绅旧闻记》，凡五卷二十一篇，多记五代间洛阳故事，本篇即采自其中。

作品写太尉田重进被几个道士诈骗钱财的故事。从题材上来看，并不算新鲜，因为笔记野史中多有这类记载。值得注意的是作品那种不动声色但意味深长的写法与艺术效果。作品通篇采用冷静理性的客观描述，以人物自身的言行来显示其中的意义，没有发议论，显得很有节制，但却让人明显感觉到蕴含其中的调侃和嘲讽。

其实，从作品一开始的叙述语调中就可以知道下面要写的是骗子行骗的故事，但是作者并不直接揭穿它，而是很有耐心地交代了这一骗局的整个过程，扮演了一个和读者相同的观察者角色，仿佛大家一起坐在剧场里来看一场闹剧。读者对谜底的明晓和田太尉对骗局的执迷不悟不仅构成一个鲜明的对比，而且形成了一种颇具悬念的张力。如此低劣、漏洞百出的骗局，骗子从一人增加到两人，又增加到三人，而田太尉竟然一再上当而不察。结果，作品的悬念就从骗子转到田太尉身上，读者关心的倒不再是骗局的是否被揭穿，而是看田太尉到底上当上到什么程度。作者很善于把握作品的节奏，将行文重点放在行骗过程的详细描述上，引而不发，这种慢节奏使读者有一种阅读上的迫切感，急于知道故事结束的方式。

在前文详细铺垫的基础上，作品终于以骗子拐走财物、田太尉悔悟的结局收场，随即以一首吟咏该事的诗作结，给人留下许多想象和议论的空间。作者虽然含而不露、不动声色，但其褒贬倾向十分明确，田太尉、张花项等人的嘴脸宛然如见，读者所得到的认识当然也并非"戒贪"二字所能概括。 （苗怀明）

【作者小传】

吴 淑

(947—1002) 宋小说家。字正仪。润州丹阳(今属江苏)人。仕南唐为内史，入宋任大理评事、起居舍人、职方员外郎。作有小说集《江淮异人录》等。

洪州书生 吴 淑

成幼文为洪州①录事参军，所居临通衢而有窗。一日坐窗下，时雨霁泥泞而微有路，见一小儿卖鞋，状甚贫窭②。有一恶少年与儿相遇，绊[3]鞋坠泥中，小儿哭求其价，少年叱之不与。儿曰："吾家旦未有食，待卖鞋营食，而悉为所污。"有书生过，悯之，为偿其值。少年怒曰："儿就我求钱，汝何预焉？"因辱骂之。生甚有愠色。成嘉其义，召之与语，大奇之，因留之宿。夜共话，成暂入内，及复出，则失书生矣。外户皆闭，求之不得。少顷，复至前曰："旦来恶子，吾不能容，已断其首。"乃掷之于地。成惊曰："此人诚忤君子，然断人之首，流血在地，岂不见累乎？"书生曰："无苦。"乃出少药，傅于头上，捽[4]其发摩之，皆化为水。因谓成曰："无以奉报，愿以此术授君。"成曰："某非方外之士，不敢奉教。"书生于是长揖而去，重门皆锁闭，而失所在。

〔注〕 ① 洪州：州名。隋开皇九年(589)置，治豫章，唐改南昌，宋分置新建，即今南昌市。② 贫窭(jù)：贫困。　③ 绊(guà)：受阻；绊住。　④ 捽(zuó)：揪。

本篇作者吴淑(947—1002)，著有《江淮异人传》，凡二十五篇，记二十五人，多写侠客术士及道流一类人物，本篇即为其中之一。

这篇作品虽只有三百来字，但写得波澜起伏，悬念丛生，如同一张精致的邮票，方寸之地照样做出好文章。作品写人叙事如绘画中的速写，没有按一般小说的惯例，交代主要人物的来龙去脉，而是一开始就把矛盾摆出来，即恶少年对卖鞋小儿的欺侮。书生的出现使事情出现转机，同时也使矛盾转到恶少年与书生之间。但是小说至此一顿，以恶少年辱骂书生为结束，使读者扬善惩恶的期待落空，让人感到意外和压抑。至此，小说显得有些平淡，似乎没有继续发展的余地了。

书生在成幼文家的短暂失踪使一直平淡进展的情节陡起波澜，也撩起了读者的好奇心，既对书生的身份感到疑惑，也对其失踪本身有所期待。接下来的故事给人一种满足，也给人一份惊奇，虽然是一个似乎常见的侠客惩恶故事，但毕竟这位侠客是以文质彬彬的书生身份出现的，这在此前的小说中并不多见。书生对恶少年头颅的处理也给人一种神秘感，这在后来明清间的侠客故事中有多次重复出现。

作品的结尾也写得很有韵味，当书生准备将一般人求之不得的奇术传授给成幼文时，竟遭到了他的拒绝，让人颇感意外，这样，一直在作品中起观察者和结构功能的成幼文也不再是个抽象的龙套人物，显示出一种特别的个性。书生最后神秘的消失，给读者留下了一连串的悬念和丰富的联想。　　（苗怀明）

薛 琼 琼　　　佚 名

明皇时，乐供奉杨羔，以贵妃同姓，宠幸殊常，或谓之羔舅。天宝十三载①，节届清明，敕诸宫娥嬿②出东门，恣游赏踏青。有狂生崔怀宝，佯以避道不及，隐身树下，睹车中一宫嫔，敛容端坐，流眄于生。

忽见一人，重戴黄缘衫，乃羔舅也，斥生曰："何人在此？"生惶骇，告以窃窥之罪。羔笑曰："尔是大憨汉，识此女否？乃教坊第一筝手。尔实有心，当为尔作狂计，今晚可来永康坊东，问杨将军宅。"生拜谢而去。晚诣之，羔曰："君能作小词，方得相见。"生吟曰："平生无所愿，愿作乐中筝。得近玉人纤手子，研罗裙上放娇声，便死也为荣。"羔喜，俄而遣美人相见，曰："美人姓薛，名琼琼，本良家女，选入宫为筝长。今与崔郎奉箕帚。"因各赐薰肌酒一杯，曰："此酒千岁虆③所造，饮之白发变黑，致长生之道。"是日，宫中失筝手，敕诸道寻求之，不得。

后旬日，崔因调补荆南司录，即事行李。羔曰："琼琼好事崔郎，勿更为事本艺，恐惊人闻听也。"遂感咽叙别。自是常以唱和为乐。琼有诗云：

黄鸟翻红树，青牛卧绿苔。诸宫歌舞地，轻雾锁楼台。

后因中秋赏月，琼琼理筝弹之，声韵不常，吏辈异之，曰："近来索筝手甚切，官人又自京来。"遂闻监军，即收崔赴阙。事属内侍司，生状云："杨羔所赐。"羔求救贵妃，妃告云："是杨二舅与他，乞陛下留恩。"上赦之，下制赐琼琼与崔怀宝为妻。

〔注〕①天宝十三载：公元754年。②娥嬿(làn)：宫女。③虆(léi)：一种蔓生植物。

本篇取自《丽情集》。《郡斋读书志》卷第十三"小说类"载："《丽情集》二十卷，右皇朝张君房唐英编古今情感事。"原书已佚，《绀珠集》《类说》等书引有佚文，多辑自唐人小说。今人程毅中以为薛琼琼一则可能是宋人作品。

唐宋以来，人们对唐明皇与杨贵妃的故事津津乐道。本篇也是一则以李、杨故事为背景的爱情小说，只不过男女主人公易人，取而代之的是书生崔怀宝与贵妃宠爱的筝手薛琼琼。小说以一见钟情方式展开：宫娥薛琼琼出宫踏青，巧遇崔怀宝，相互产生爱慕之心，在乐供奉杨羔的帮助下，二人私结良缘，逃往他乡。不久，崔、薛身份暴露，官府将二人捕获至京，在杨贵妃的请求下，明皇将薛琼琼正式赐予崔怀宝，故事以皆大欢喜告终。

小说篇幅短小，却写得起伏跌宕，极具可读性。虽是文言，却能以生动的动作、神情描写塑造人物形象、展示人物心理变化。崔怀宝初遇宫娥队伍时，“佯以避道不及，隐身树下”，忘情地窥视薛氏，被杨羔发现，“生惶骇”，杨羔怜其诚实，决定助其与薛氏相见。当晚赴约时，杨羔命其赋词以试其才，此时的崔生神态坦然，朗朗道来。笔墨不多，却将一个情窦初开、朴实可爱的少年书生形象勾勒出来，小说称崔怀宝为“狂生”，不过是笑他忘情而已。薛琼琼初见崔生，虽不忘“敛容端坐”，却也忍不住“流眄于生”，眼波流转之际，电光石火交汇，一对少年男女彼此钟情的场面已跃然纸上。

故事带有鲜明的时代特色。我们知道，唐代极其崇尚道教，各种体裁的文学无不充斥着仙风道骨的意味。小说中乐供奉杨羔显然是一个通晓长生之术的人物，在崔、薛定情之夜，“各赐薰肌酒一杯，曰：‘此酒千岁藁所造，饮之白发变黑，致长生之道’。”唐代更是一个诗歌王国，故小说中的男女主人公均能出口成章。为了见到薛琼琼，崔生应杨羔要求作小词以抒情怀：“平生无所愿，愿作乐中筝。得近玉人纤手子，研罗裙上放娇声，便死也为荣。”薛琼琼虽以筝艺闻名，俨然也如薛涛、鱼玄机辈，“常以唱和为乐”，亦有诗：“黄鸟翻红树，青牛卧绿苔。诸宫歌舞地，轻雾锁楼台。”才子佳人，歌诗往还，这在唐代文学作品中屡见不鲜。

此外，小说在情节结构上善于设置悬念，平中见奇。故事开篇先叙杨羔“以贵妃同姓，宠幸殊常，或谓之羔舅”，为后文杨妃出面解危设一伏笔。崔薛二人私奔之际，杨羔为其送行，嘱薛琼琼“好事崔郎，勿更为事本艺，恐惊人闻听也”。这一叮嘱又为下文变故陡生做了铺垫。崔怀宝与薛琼琼好事既成，若遵杨羔之言，似当结局，然少年人得意之余，不免忘形，薛琼琼终因偶试筝艺，遂暴露了身份：“吏辈异之，曰：‘近来索筝手甚切，官人又自京来。’”他们因此被捕获，解回京师，且累及杨羔。读至此处，不由人不为这三人的命运担忧，幸得杨妃求情，明皇非但没有降罪，且“赐琼琼与崔怀宝为妻”。情节发展有惊无险，既出乎人意料，却又在意料之中。

三个人物中尤以乐供奉杨羔别具情趣。此人虽为贵妃亲信，却无骄横之气。他不但风趣幽默，且心地善良，乐于助人。乍见崔怀宝偷窥宫眷，他佯作呵斥，得知其意后，笑曰："尔是大憨汉……尔实有心，当为尔作狂计……"当崔生应其计而往时，他突然又出难题："君能作小词，方得相见。"崔生吟罢，"羔喜，俄而遣美人相见"，并为他们定情做见证，百般叮咛，又传二人长生酒，助他们逃走，这份情谊使得崔生与薛氏非常感动。东窗事发，又是杨羔出面"求救贵妃"。正是这个人物的表现，令小说人情味大增。

唐代笔记、野史中颇多唐明皇、杨贵妃的记载，后代各类文学创作更是延续了这一题材，本文不过是此故事体系中一朵小浪花，但却因其情趣盎然而流传后世。金院本有《月夜闻筝》，宋元戏文有《崔怀宝月夜闻筝》，元杂剧有白朴的《薛琼琼月夜银筝怨》、郑光祖的《崔怀宝月夜闻筝》等，虽然上述作品大多不存，但小说《薛琼琼》的影响却可见一斑。

（柳岳梅）

【作者小传】

欧阳修

(1007—1072) 宋文学家、史学家。字永叔，号六一居士。吉州永丰(今属江西)人。天圣八年(1030)进士，历任翰林学士、枢密副使、参知政事。作有小说集《归田录》等。

卖 油 翁

欧阳修

陈康肃公[①]善射，当世无双，公亦以此自矜。尝射于家圃，有卖油翁释担而立睨之，久而不去。见其发矢十中八、九，但微颔之。康肃问曰："汝亦知射乎？吾射不亦精乎？"翁曰："无他，但手熟尔。"康肃忿然曰："尔安敢轻吾射！"翁曰："以我酌油知之。"乃取一葫芦置于地，以钱覆其口，徐以杓酌油沥之，自钱孔入而钱不湿，因曰："我亦无他，惟手熟尔。"康肃笑而遣之。此与庄生所谓"解牛""斫轮"[②]者何异。

〔注〕 ① 陈康肃公：即陈尧咨，宋真宗时进士第一，曾为翰林学士，后拜武信军节度使。卒谥康肃。 ② 解牛：《庄子·养生主》载有"庖丁解牛"故事，谓庖丁长期从事屠宰，熟悉牛的解剖结构，宰杀时毫不费力、游刃有余。此典与下面的"斫轮"，都含有熟能生巧之意。斫轮：《庄子·天道》载"轮扁斫轮"故事，谓削制车轮的技术只能通过长期操作自己体会，难以言传。

本文选自北宋文学家欧阳修(1007—1072)的笔记《归田录》。其书共二卷，多录本朝故实及当代轶事。这篇《卖油翁》中的康肃公陈尧咨，便是一位宋代大官僚；只是故事的情节，可能带有街巷传闻的性质。

陈尧咨也算是位名人：陈家一门显赫，兄弟三人同是进士出身、官高位显。大哥陈尧叟官至枢密使，拜右仆射；二哥陈尧佐更是做到百官之首的宰相。陈尧咨的学问不及两位哥哥，却侥幸中了状元；先是替皇帝起草文书，又以龙图阁学士知开封府，最终拜武信军节度使，死谥“康肃”。史书说他“善射，尝以钱为的（的：靶子），一发贯其中”（《宋史》卷二八四《陈尧咨传》）。他也为此自鸣得意，以春秋时神射手养由基自命，自号“小由基”。——这便是这篇小说的背景了。

不过陈尧咨在小说中并不是主角，主角是那位身份微贱、连姓名也不曾留下的卖油翁。他在陈家园圃边观看陈尧咨射箭，却并不惊讶赞叹，只是“微颔”而已。这不能不引起了陈尧咨的不满，连连发问：你也懂得射箭？难道我的箭术不精？卖油翁一句“无他，但手熟尔”，更令陈尧咨火冒三丈：你怎敢小看我的箭术！

卖油翁不与他争辩，只是以“酌油”的本领来佐证自己的观点：他以杓舀油，从铜钱孔中注入葫芦里，铜钱竟不沾湿。这种本领，显然要比陈尧咨“发矢十中八、九”高明得多。事毕，当老汉再次重复“我亦无他，惟手熟尔”时，气势汹汹的陈尧咨也只好自寻台阶，“笑而遣之”了。

欧阳修不愧是一代文宗，他的文章看似平淡，其实从遣词谋篇到人物塑造，都颇为讲究。文中两个人物地位悬殊、心态各殊：陈尧咨颐指气使、居高临下；卖油翁则从容应对、不亢不卑。前者的连连逼问、“忿然”作色与后者的“睨之”“颔之”“徐以……沥之”以及声音不高却字字入耳的一两句话形成鲜明对比，二者孰高孰下，读者洞若观火。

陈尧咨在有宋一代名声不佳，他“性刚戾”，做官“嗜酒惰事”，主考则舞弊弄权；平日“豪侈不循法度”及欺凌同僚等事颇多（见《宋史》本传）。此篇小说旨在说明熟能生巧的道理，但作者的旁敲侧击之意，也是十分明显的。高高在上、倚势恃才的陈尧咨在小人物面前碰了个软钉子，从这个结局中，还可见出欧阳修对这位本朝大僚的看法与评价。

（侯　会）

【作者小传】

司马光

（1019—1086）　宋史学家、文学家。字君实。陕州夏县（今属山西）人。宝元元年（1038）进士，官至尚书左仆射兼门下侍郎。作有小说集《涑水记闻》等。

钱若水正冤狱　司马光

钱若水为同州推官，知州性褊急，数以胸臆决事，不当。若水固争不能得，辄曰："当陪奉赎铜[1]耳。"已而，果为朝廷及上司所驳，州官皆以赎论。知州愧谢，已而复然，前后如此数矣。

有富民家小女奴逃亡，不知所之。奴父母讼于州，命录事参军鞫[2]之。录事尝贷钱于富民，不获，乃劾富民父子数人共杀女奴，弃尸水中，遂失其尸。或为元谋，或从而加功，罪皆应死。富民不胜榜楚，自诬服。具上，州官审覆，无反异，皆以为得实；若水独疑之，留其狱，数日不决。录事诣若水厅事，诟之曰："若受富民钱，欲出其死罪耶？"若水笑谢曰："今数人当死，岂可不少留，熟观其狱词耶？"留之且旬日。知州屡趣之，不得。上下皆怪之。

若水一旦诣州，屏人言曰："若水所以留其狱者，密使人访求女奴，今得之矣。"知州惊曰："安在？"若水因密使人送女奴于知州所。知州乃垂帘引女奴父母问曰："汝今见汝女，识之乎？"对曰："安有不识也？"因从帘中推出示之。父母泣曰："是也。"乃引富民父子，悉破械纵之。其人号泣不肯去，曰："微[3]使君之赐，则某灭族矣！"知州曰："推官之赐也，非我也。"其人趣[4]诣若水厅事。若水闭门拒之，曰："知州自求得之，我何与焉？"其人不得入，绕垣而哭。倾家赀以饭僧，为若水祈福。

知州以若水雪冤死者数人，欲为之奏论其功，若水固辞，曰："若水但求狱事正，人不冤死耳，论功非其本心也。且朝廷若以此为若水功，当置录事于何地耶？"知州叹服曰："如此尤不可及矣。"录事诣若水叩头愧谢。若水曰："狱情难知，偶有过误，何谢也？"于是远近翕然称之。未几，太宗闻之，骤加进擢，自幕职，半岁中为知制诰，二年中为枢密副使。

〔注〕 ① 赎铜：交纳铜钱以抵偿过失，即罚款。 ② 鞫（jū）：查问、审讯。 ③ 微：无。

④ 趣：通“趋”，疾行。

这是一篇轶事小说，选自司马光《涑水记闻》卷二。

钱若水，《宋史》卷二六六有传。说他雍熙中举进士，为同州观察推官，推决明允，郡治赖之。官至右谏议大夫同枢密院事，年四十四卒，赠户部尚书。《宋史》对他的评论是：“美丰神，有器识，能断大事”，“尤轻财好施，所至推诚待物，委任僚佐，总其纲领，无不称洽”。小说《钱若水》写的便是若水为同州推官时推狱断案之事，是一篇纪实性的史补小说。小说分三个部分表现钱若水的为人。

一是概写若水平时遇知州决事不当，能够不顾情面地论争。一个“知州性褊急，数以胸臆决事”和“已而复然，前后如此数矣”的“数”字，一个“固争”的“固”字，充分表现了他的正直。当固争而不能，作者写了他的一句话：“当陪奉赎铜耳。”后果然如其所言，既表现了他前面意见的正确，也表现了他料事丝毫无差。而知州的数决事不当，则既是作者所述若水数固争等事产生的因缘，也是对若水这个人物为人处事性情的一种烘托。

二是通过若水处理一桩公案，以表现这个人物：富民家的女奴逃亡，女奴的父母告到州中，负责案狱的录事与富民有过节，劾富民父子数人杀女奴，富民因不胜榜楚，也自诬服，州官审覆，亦无反异，其他人也认为此案已经审实；只有若水持怀疑态度，“留其狱，数日不决”。终于纠正了录事和知州的错误，使富民的冤情得白，挽回了数条人命。跟一般的公案小说不同，作者并未将笔墨用在若水的审案调查方面，而是叙述这中间录事如何直诣其厅事诟之曰：“若受富民钱，欲出其死罪耶？”知州如何多次催促他，甚至“上下皆怪之”，将重点放在他“留其狱，数日不决”所顶住的压力上。都是从侧面表现这个人物。正面的描写只有一句：“若水笑谢曰：‘今数人当死，岂可不少留，熟观其狱词耶？’”但正侧两面的描述，集中起来却生动地表现了若水处狱的慎重、明决，表现他作为一个推官的责任心，表现他对民命的重视。对于破案，作者只写：“若水一旦诣州，屏人言曰：‘若水所以留其狱者，密使人访求女奴，今得之矣。’……若水因密使人送女奴于知州所。”与其他的公案小说不同在若水只做了破案的最重要的获证工作，审决全由知州进行。要不是后来知州告诉富民，他的获释是“推官之赐”，苦主连若水是他的救命恩人也不知。若水只是默默地做自己认为应该做的事，不要名，不邀功。这样的描述使得这个人物的精神进一步升华。看得出，他的顶住压力而“数日不决”，无丝毫的个人因素，完全是一种为官责任感驱动的结果，一种对民命的关爱。

第三部分进一步提升钱若水的精神境界：一写富民知道是推官使他的冤情得白，诣门相谢，而“若水闭门拒之”，而且将破案的功劳归于知州；二写知州“欲为之奏论其功”，若水固辞；三写录事“诣若水叩头愧谢”，若水逊谢。作者先用人物的语言来表现人物的精神世界：“若水但求狱事正，人不冤死耳，论功非其本心也。且朝廷若以此为若水功，当置录事于何地耶？”“狱情难知，偶有过误，何谢也？”人物的话语进一步说明他“留狱数日不决”的目的只为民命而毫不为己；联系前面他面对录事诟语的回答，也说明他为人的宽宏大度。再是写“知州叹服”“远近翕然称之”与“太宗闻之，骤加进擢”，则又从侧面表现钱若水的人品。那句“如此尤不可及矣”是知州对若水的评价，也是作者对自己小说中这一人物的评价。钱若水的人品确是常人所难及的！

这篇小说与一般的公案小说不同处还在，一般此类小说，都有正面人物和反面人物，或是清廉之官与贪婪之官对立，或是聪明之官与糊涂官员对立，或是刚愎自用、草菅人命的官员与治狱谨慎、从谏纳言官员对立，一句话，有作者歌颂的官员，便有作者谴责的官员。而这篇小说却没有所谓的反面人物。那个知州的弱点只是“性褊急”误事，当他知道自己确实错了时，他就会“愧谢”，而且能及时纠正自己过错，也不以他人之功为己功。就是那个差点造成冤狱的录事，小说虽写他因“尝贷钱于富民，不获，乃劾富民父子数人共杀女奴”，还写他“面诟”若水，但作者也未把他当作个有意报复，杀人快己的恶人。因为这富民杀奴事，在当时也并非少见；知州审覆也无反异，上下也皆以为得实，甚至反以若水的留狱不决为怪。当他确知自己断狱有误，又错怪了若水时，他即“诣若水叩头愧谢”。显然作者是想把他写成如若水所说的“狱情难知，偶有过误”的人物，对他虽有贬斥，却也未把他当成所谓反面人物。这在较少中间人物的中国古代小说中，也有其特色。另外，小说通篇采用一种朴实无华的语言来叙事，无论是正面的叙写还是侧面烘托和叙述，都体现出作者的一种欲用为“补史之遗”的写作心态，虽少唐人小说那种文采流溢、叙事委曲的特点，但文章显得庄重实在，颇与其所要表现的主题和所要叙写的人物身份相合。这也是宋人小说的普遍特色。　（萧相恺）

【作者小传】

黄休复

宋小说家。字端平。江夏人。生平事迹不详。作有小说集《茅亭客话》等。

葭萌二客 黄休复

伪蜀[①]末,利州路[②]有二客,负贩杂货,往葭萌市[③]鬻之。山程巉崄,竹树荒凉,时雨初霁,日将暮,去市十五里余,蓁林高树上有人云:"虎过溪来,行人回避。"二客惶忙,选得一树高枝叶蔽人形处登之。逡巡[④],有二虎迭来攫跃,或作人声曰:"人在树上。"一虎曰:"我须上树取之。"虎欲相及,二客悸栗,以拄杖揰之。虎叫曰:"刺着我眼。"遂下树号呼而逸。至曙,行人稍集,遂下树。赴葭萌市征之所[⑤],有一妇报云:"任拦头[⑥]夜来醉归,刺损双眼,不来检税。"二客相顾私语,众怪而问之,因说夜来以拄杖揰损虎眼,是斯人伪为虎而劫路耶?众言此处近有二虎,且暴,四远村庄犬彘驹犊,逮将食尽。市人遂相率持杖往拦头家验之。才及中路,遇一虎。虎畏人多,惶怖奔逃,越山哮吼而去。众至任拦头家,窥其篱隙之内,但见拦头倮形而坐,两目流血,呻吟不已。众乃叱之,以杖击笆篱,其拦头惊忙踉跄曳一尾突门而出,目无所见,撞落深坑,吼怒拿攫,为众人棒及大石毙之,遂舁入市。向先见者虎,即拦头妻也。休复见史传人化为猿、为鱼、为鳖、为龟、为蛇、为虎之类甚多,不可以智诘之矣。

〔注〕 ① 伪蜀:指孟知祥、孟昶在蜀中建立的王朝。 ② 利州路:宋路名,今陕西汉中县一带。 ③ 葭萌市:葭萌,古县名,今四川广元市西南;市即市集。 ④ 逡巡:稍停。 ⑤ 市征之所:征收市集税的公所。 ⑥ 拦头:同揽头,市集上征税的吏役。

本篇选自宋朝黄休复志怪小说集《茅亭客话》。晁公武《郡斋读书志》小说类著录《茅亭客话》,称:"茅亭,其所居也。暇日宾客话,言及虚无变化、谣俗卜筮,虽异端而合道旨,属惩劝者皆录之。"作者为蜀人,书中所载全是前后蜀至宋真宗时期的蜀中异闻,内容主要是征应祥验、奇品异物、神仙道士,兼及鬼神精怪等。全书总体上风格比较平实,承袭了魏晋六朝以来志怪小说"纪事存朴,广爱向奇"的艺术特色。其中也不乏叙述曲折有致的篇章。

本篇写一个税卡吏役变虎伤人的故事。唐人说部中记老虎异事的篇目极多,如唐皇甫氏《原化记》中"天宝选人""李奴""中朝子""南阳士人""张俊""浔阳猎人”“柳并”等均记录老虎事，其中“南阳士人”写南阳士人化虎食人事，与本篇情节尤为相近。唐张读《宣室志》中“李徵”条，也写到天宝中李徵化虎遇故人袁傪事。这一类题材对宋人影响较大，《茅亭客话》中写老虎内容的篇章不少，另如卷八“李吹口”条记虎不伤醉者，反被醉鬼喷嚏所震，落崖而死。而本篇较之他篇，寓意更为深厚，含有人而虎、虎而人的意思，以此反映了苛税猛于虎，人民对税吏残民的不满。

从本文的具体描写来看，不长的篇幅却能写得一波三折，引人入胜。葭萌二客是全篇的线索人物。故事由二人贩货至葭萌市而起。在经过山岭时，二人受到警告有老虎，可谓平地生起波澜。文章把二人的心理简捷传神地勾勒出来，“惶忙”上树，“悸栗”着被迫以杖揞虎自卫。而二虎能够发出人声，一开始就给本篇蒙上了一层怪异的神秘色彩。接着天明后，二人到税务所，却听到税吏眼睛被刺的消息。二人私下犯嘀咕时，引起众人的关注和询问。这是巧合，还是税吏假装成老虎抢劫行人，税吏到底是人是虎？文章在这里设下悬念，有力地推动着故事的发展和读者的阅读进程，增强了文章的张力。为了弄清究竟，众人找到税吏家，结果发现税吏是老虎化成，于是共同击毙老虎。本文的志怪色彩至此才彻底明朗。作者还嫌不足，又在文末议论说，史传中多有人、兽幻化的记载，不能以常理推测。这一段总结，把本文的重点落实在了志怪上，从而削弱了文章对社会现实的批判意味，可以说是画蛇添足之笔。

（宋莉华）

【作者小传】

沈 括

（1031—1095） 宋科学家、文学家。字存中。钱塘（今浙江杭州）人。嘉祐八年（1063）进士，知延州。作有小说集《梦溪笔谈》等。

丁晋公

沈 括

丁晋公从车驾巡幸礼成[①]，有诏赐辅臣玉带。时辅臣八人，行在祗候库[②]止有七带；尚衣[③]有带，谓之“比玉”，价直数百万，上欲以赐辅臣，以足其数。晋公心欲之，而位在七人之下，度[④]必不及己，乃谕有司不须发尚衣带，自有小私带，且可服之以谢，候还京别赐可也。有司具以此闻[⑤]。既各受赐，而晋公一带，仅如指阔。上⑥顾谓近侍曰：“丁谓带与同列大殊⑦，速求一带易之。”有司奏“唯有尚衣御带”。遂以赐之。其带熙宁中复归内府⑧。

〔注〕①丁晋公(962—1033)：字谓之，一字公言，苏州长洲(今江苏苏州市)人，宋太宗时进士，真宗景德时为右谏议大夫、权三司使。与王钦若为党，天禧三年为参知政事，次年排挤寇准为相，封晋国公，勾结宦官，独揽朝政。仁宗即位，贬为崖洲司户参军，后授秘书监，死于光州。车驾：帝王所乘的车，此用作帝王的代称。巡幸：皇帝巡历各地。礼成：指巡幸中某一项典礼完成。　②行在祗候库：皇帝行宫的供应库。　③尚衣：隋、唐、宋时宫廷制办衣物的官署。　④度：衡量。　⑤有司：官员或地方官的泛称，这里指掌管皇帝赐赉的官员。闻：奏报。　⑥上：指宋真宗。　⑦大殊：大不一样。　⑧熙宁：宋神宗年号(1068—1077)。内府：内廷、宫内。

本篇选自《梦溪笔谈》。

文章通过丁谓之处心积虑、挖空心思去获取一根御带的故事，勾画出他狡猾、虚伪的嘴脸，从而揭露封建官吏的奸诈和唯利是图。篇幅短小，文笔简约，没有复杂的情节和冗长的描述，也不加渲染夸张，而是采用漫画笔法，抓住人物的主要特征，仅用寥寥几笔，便鲜明地勾勒出一位擅长钻营、工于心计的封建官吏形象。全文没有一字评价，未加一字褒贬，而作者的思想感情尽在其中。干净利落，耐人寻味，字里行间充满了对心口不一的丁晋公的揭露和鞭挞。

史载丁晋公阴险奸诈，善于溜须拍马，趋炎附势。真宗崇尚佛道，他曲意逢迎，到处修造佛寺道观并屡次上奏，讨好皇帝，因此发迹。他排挤贤相寇准，勾结宦官，独揽朝政，臭名昭著，劣迹比比皆是。作者没有一一罗列他的丑行，而是选取其处心积虑、挖空心思去获取一根价值数百万的尚衣御带的事，勾画出丁晋公狡猾、虚伪的嘴脸。为了这根尚衣御带，在表面上他不露声色，不显痕迹，还假惺惺作出一副谦让的样子，结果既讨便宜，又留美名，可谓一举两得，名利双收。读者阅后便觉这种工于心计的人的阴险可怕，而这正是作者文章的成功之处。

(张蕊青)

【作者小传】

沈　辽

(1032—1085)　宋诗人。字睿达。钱塘(今浙江杭州)人。任审官西院主簿、太常寺奉礼郎等。作有小说《任社娘传》等。

任社娘传　　沈 辽

吴越王[①]时，有娼名社娘者，姓任氏，妙丽善歌舞。性甚巧，其以意中人，人辄不自解，盖其夭媚者出于天资。乾兴中，陶侍郎使吴越。陶文雅酝藉[②]，有不羁之名。神宗深宠眷之。王知其为人，使使谓社曰："若能为吾蛊使者，我重赐汝。"社即谢王曰："此在使者何如。然我得之，必假王宠臣使我居客馆，然后可为也。"王许诺。即诈为阍者女，居穷屋，服弊衣，就门中窥使者。使者时行屏间，社故为遗其犬者，窃出捕之，悚惧迁延户傍。陶一顾已心动。

其莫[③]，出汲水，驻立观客车骑甚久。陶复觇之。然而社未尝敢少望使者也。明日，王遣使劳客，乐作，社少为涂饰，杂群女往来乐后以纵观。陶故逸荡其怪，既数目社，因剧饮为欢笑。会且罢，使者休吏就舍。是时客使左右非北吏多知其事。吏既出，使者独望厅事上，社缪[④]为不见使者，复出汲水，方陶意已不自持，乃呼谓社曰："遗我一杯水来。"社四顾已为望见使者，乃大惊，投罂瓶，拜而走。陶疾呼谓社曰："吾渴甚，疾持入来。"社为羞涩畏人，久之方进。使者曰："汝何为乃自汲？"颏动不应。复问之，社又故作吴语曰："王令国中有敢邀使客语者，罪至死矣。"陶曰："汝必死，复何惮我也？令汝不死。"乃强持其手曰："我闺中故静，我与汝一观。"社固辞不敢，即强引入闺中，排置榻上，曰："敢动者死！"社即佯噤不敢语。陶即出呼吏，喜曰："持烛来。"吏进奉烛，烛来已具，吏引阖其门而去。社曰："我贱，不可，我归矣。"比其就寝，甚艰难。已而昼漏且下。社曰："我安从归？"陶曰："我送汝矣。然明日复来，我以金帛为好也。"社曰："我家贫，受使者金帛，是速我死。然我生平好歌，为我度曲为词，使我为好足矣。"陶许诺，乃为送至其家，然尚不知其为倡也。使者明日见王，王劳之，语甚欢。

既还馆，为作歌自歌之。歌曰：

好因缘，恶因缘。奈何天，只得邮亭几夜眠，别神仙。琵琶拨断相思调，知音少。待得鸾胶续断弦，是何年？

是夕，书以赠之。明日，王召使者曲宴于山亭，命倡进，社之班在下，其服之褒博，陶颇不能别也。王既知之，从容谓陶曰："昔称吴越之女善歌舞，今殊无之。未知燕赵之下，定何如也？"陶曰："在北时闻有任氏者，今安在？"王曰："公孰得之？"陶曰："久矣。"王乃使社出拜，陶熟视而笑，知其为王所蛊也，亦不以为意。而社遂歌其词，饮酒甚乐。社前谢王，王大悦，赐之千金。

明年，北使来，请见社于王。王命社出。使者曰："昔谓何如，今乃桃符[5]。"社应声曰："桃符正为客厉[6]所畏。"使者不悦，已而又嘲社者："社如龟筴[7]，何客不钻？"社曰："客兆得游魂，请眂[8]其文。"使者大惭。明日，王赐千金。后社之家甚富，既老矣，将嫁为人妻，乃以其所居第与其橐中金百万为佛寺在通衢中，自请其榜于王。王赐之名，所谓仁王院者也。至于今，其寺甚盛。

余初闻乐章事，云在胡中，盖不信之。然其词意可考者，宜在他国。及得仁王院近事，有客言其始终，颇异乎所闻，因为叙之。寺为沙门者多倡家，余所知凡数辈。

〔注〕 ① 吴越王：钱镠(907—978)。 ② 酝藉：同"蕴藉"，宽和有涵容。 ③ 莫：即"暮"，傍晚之意。 ④ 缪(miù)：假装。 ⑤ 桃符：指桃木板上画的神荼、郁垒二神。比喻社娘像桃符所画神怪一样丑陋难看，为谑笑之语。 ⑥ 厉：恶鬼。 ⑦ 龟筴：亦作"龟策"。原指龟甲与蓍草，古代占卜用具。此处引用有淫邪之意。 ⑧ 眂：同"视"。

本篇出自《沈氏三先生文集》。

小说叙述了江南名姬任社娘与陶侍郎之间的一段情缘，虽涉及男女之事，却算不得婚恋故事。相反，小说从侧面揭示了封建社会中女性的命运悲剧。

任社娘出身娼门，"妙丽善歌舞。性甚巧，其以意中人，人辄不自解，盖其天媚者出于天资"。然而封建社会中红颜多薄命，美貌、才艺、青春并没有给任社娘带来什么幸福归宿，相反令她沦为他人利用的工具。

为了笼络、巴结奉旨巡使吴越的神宗宠臣陶侍郎，吴越王想出了一条美人计，任社娘便被推到了这宗计谋之前。吴越王派人对她说："若能为吾蛊使者，我重赐汝。"王命沉重，远非一个歌妓所能拒绝的。没有任何选择和反抗，甚至连一点为难之色都没有流露，任社娘所拥有的青春、美貌、情感及才华便在这场性贿赂交易中被作为最佳礼物奉献出去。

带着吴越王的旨意，她开始接触陶侍郎。初时，任社娘隐瞒了自己娼门中人的身份，以贫女面目多次出现在陶侍郎的眼前，引起他的注意。在这一过程中，任社娘恰到好处地把握住分寸尺度，既展示了少女的美好姿容，又流露着良家女子的守礼与持重。果然，陶侍郎不但发现了她，而且为其所吸引，难以自持。相处数日，陶侍郎并没有弄清她的背景，临别以金帛相赠，任社娘婉言谢绝，唯求陶为她"度曲为词"。当真相大白之际，陶侍郎知道自己中了吴越王的美人计时，"亦不以为意"。陶侍郎心满意足地回京复命，吴越王媚上目的达到，而任社娘的恋情在权力与美色的交易中毁灭了，她依旧寄生娼门。

古代文艺作品多写士人与青楼相爱题材，种种姻缘，结局各异，其中不乏生死相依，也有女子藉此脱却娼籍，改换门庭。相比于任社娘的故事，它们均显得浪漫、虚幻，不尽合于现实，那些故事中更多地寄托了创作者的理想，试想真正对一个风尘女子动以真情，并有始有终的士大夫能有几人？

故事中的陶侍郎亦不例外，从始至终，他对任社娘的迷恋仅仅是因为对方的美貌，一旦思慕之心得以实现，感情也就淡薄下来，因此这是一桩谈不上相爱的情缘。虽然陶侍郎在送任社娘的词中也表达了"只得邮亭几夜眠，别神仙"的几许无奈与怅惘，但终究没有动真心，仅流于官宦要员的逢场作戏罢了。北归之际，陶侍郎眼中、心里已经没有任社娘的影子了。

小说的结局提及北使南来，"北使"为谁？文中无明示，有人认为北使即是陶侍郎，也有人提出"北使"另有其人。但笔者以为，无论"北使"是否陶侍郎，这一人物的出现均强化了任社娘的悲剧意味。此人显然知道社娘的娼妓身份，遂言词轻佻地调戏社娘，遭拒后，使者不悦，嘲笑社娘曰："社如龟筴，何客不钻？"在他看来任社娘不过是一种性的工具而已，有什么资格拒绝？故其言辞之间极具侮辱之意。社娘虽暂且保全了自己的身体，但却难以抚平精神上的创伤。后来社娘年暮色衰，嫁为人妻，倾其所有建造佛寺，也许她希望佛祖能赐她一个自由、尊严的来生吧！

小说通过任社娘的经历暴露了封建社会对女性的不公平。在那样的时代环境中，良家女子尚有薄命者，何况任社娘这样的烟花女子？不幸生于娼门，她已无人格而言；但更为不幸的是生为弱女，更无自由而想，一生命运操于他人之手，容貌与才艺仅使她们免于冻馁，至于她们的心灵感受和精神需求是无人问津的。

（柳岳梅）

【作者小传】

王辟之

(1031—1097) 宋小说家。字圣途。临淄(今山东淄博)人。治平四年(1067)进士，仕神宗、哲宗两朝。作有小说集《渑水燕谈录》等。

游 僧

王辟之

江南一县，郊外古寺，地僻山险，邑人罕至，僧徒久苦不足。一日，有僧游方至其寺，告于主僧，且将与之谋所以惊人耳目者。寺有五百罗汉，择一貌类己，衣其衣，顶其笠。策其杖，入县削发，误为刀伤其顶，解衣带白药傅①之，留杖为质，约至寺，将遗②千钱。削者如期而往，方入寺，阍者③殴之曰："罗汉亡杖已半年，乃尔盗耶！"削者述所以得杖貌，相与见主僧，更异之。共开罗汉堂，门锁生涩，尘凝坐榻，如久不开者。视亡杖罗汉，衣笠皆所见者，顶有伤处，血渍药傅如昔。前有一千皆古钱，贯④且朽。因共叹异之。传闻远近，施者日至，寺因大盛。数年，其徒有争财者，其谋稍泄。得之外氏⑤。

〔注〕 ① 傅(fū)：通"敷"。 ② 遗(wèi)：赠送。 ③ 阍者：看门人。 ④ 贯：穿铜钱的绳索。 ⑤ 外氏：外祖父母家。

本篇选自《渑水燕谈录》。

深山中的一座古寺，因游人稀少、香火不旺，于是"穷则思变"，引"贤"招财，终于采纳了一个远来和尚的妙计，一场骗局就此开场。——古往今来描述诈骗案的文章，多取两种叙述方式：或先说结果，后叙内幕；或起首便原原本本交代诈骗经过，读者可以从始至终追踪诈骗活动的全过程。本文采用的即第二种模式。

首先，这个骗术高明的游僧从山寺五百罗汉像中挑选一个与自己面貌相仿者，并照其装束打扮起来，衣衫、斗笠、拐杖，都一模一样。然后入县城中剃发，故意造成刀伤，以所携白药涂敷，并留下拐杖作抵押，要对方到山寺中以杖换取报酬。削发匠人拿着拐杖刚到寺门口，便被看门人打了一顿，还被诬："寺中罗汉的拐杖丢失半年，原来被你偷了！"待匠人讲述了拐杖的来历后，寺中方丈出现了，故作惊诧，与匠人同入罗汉堂寻觅答案。以下的细节做得十分逼真："门锁生涩，尘凝坐榻"，罗汉堂似乎久未开启；而失杖罗汉的穿戴，又与欠账僧人全同。甚至罗汉头顶的刀伤及敷药情状也都一模一样。而僧人答应的报酬，就摆在罗汉前面，只是"贯已朽"——这更令人生出"今是何世"的恍惚迷离之感。削发匠人在这里不自觉地充当了全程目击者的角色，而如此"惊人耳目"的事，自然是不胫而走，很快便收到"传闻远近，施者日至，寺因大盛"的预期效果。

小说作者王辟之(1032—?)历任州县官三十余年，从他的笔记《渑水燕谈录》可以看出，他牢牢守定儒家立场，不但鲜言"怪力乱神"，对那种假借神怪行骗的勾当还有所揭露。自然，他记录此事，大概还有述奇的目的。骗子固然可恶，但其设计下套的种种机巧，往往又有出人意表、令人诧叹之处，读之有一种智力层面的满足。此外，我们从这篇短文中还能领略到宋人的文章风格，从文字上看，此文平易畅达，绝无艰涩之处；然而文章的逻辑层次却十分细密，每进一层，读者都须前后联系，考虑骗子何以如此做，是怎样做的。一种思辨性的阅读乐趣，也便油然而生。

（侯　会）

【作者小传】

苏　轼

(1037—1101)　宋文学家、书画家。字子瞻，号东坡居士。眉州眉山(今属四川)人。嘉祐二年(1057)进士，官至礼部尚书，兼端明殿、翰林侍读两学士。作有小说集《东坡志林》等。

盗不劫幸秀才酒　　苏　轼

幸思顺，金陵老儒也。皇祐中，沽酒江州①，人无贤愚皆喜之。时劫江贼方炽，有一官人舣舟酒炉下，偶与思顺往来相善，思顺以酒十壶饷之。已而被劫于蕲、黄②间，群盗饮此酒，惊曰："此幸秀才酒邪？"官人识其意，即绐曰："仆与幸秀才亲旧。”贼相顾叹曰：“吾侪何为劫幸老所亲哉?”敛所劫还之，且戒曰：“见幸慎勿言。”思顺年七十二，日行二百里，盛夏曝日中不渴，盖尝啖物，而不饮水云。

〔注〕①江州：州、路名。宋时治所在今九江市。②蕲(qí)、黄：地名。今湖北蕲春、黄梅县。

本篇选自《东坡志林》。

这是一篇较为典型的琐谈小说，体现了传统小说源于“街谈巷议”“琐言俚语”的特点。

小说情节简单。讲一幸姓秀才以卖酒为业，“人无贤愚皆喜之”。一次，有个做官的得到他十壶酒的馈赠后，路遇盗劫。盗贼喝了酒知是幸秀才所制，又听官人说是幸秀才的“亲旧”，不仅退还财物，还恳请别对幸秀才言及此事。表面看来，作者是为了说明主人公的好人缘。析其内涵却并不单薄：幸秀才一介老儒以沽酒为业，人生是不得意的；然他的酒却让人尝一口便知非他人之酒，可见他制酒技艺超群不凡，出售的酒质量上乘而有特色，此隐写其人品之高。再观其赠酒之举，盗贼敬畏之态，不难看出他心性豪爽豁达，颇有人格魅力，绝非庸儒可比。而当官的遇盗竟靠欺哄盗贼、凭借一个平民的声名来保全身家性命，极具讽刺意味。

小说刻画人物有独到之处。主人公幸秀才是个虚写的人物。通过与他有过交往的人事，以及作者更多的主观叙述来交待人物，而在盗贼还物一事上，虚空的人物一下落到实处。在结束全篇时，特地点出七十二岁高寿的幸秀才夏日耐渴之情状，从侧面进一步烘托出主人公独特的豪气。作品仅一百多字，可人物形象仍较鲜明生动。

（曾庆雨）

【作者小传】

李献民

宋小说家。字彦文。鄜延(今河南延津)人。生平事迹不详。作有小说集《云斋广录》等。

钱塘异梦

李献民

贤良司马槱①，陕州夏台②人也。好学博艺，为世巨儒，而飘逸之材，尤为过人。元祐中，应方正贤良科，君以第三人过阁中第。天下之士，莫不想望其风采。君衣锦还乡，里人迎迓，充塞道路。翌日，君乃遍诣亲戚故旧，至于闾巷屠沽之辈，莫不往谢。乡人以此知其大度。

第一日，在私第赐书阁下昼寝，乃梦一美人翠冠珠耳，玉佩罗裙，行步虚徐，颜色艳丽，徘徊阁下，顷谓君曰："妾幼以姿色名冠天下，而身无所依，常以为恨。久欲托附君子，未敢面问，余俟他日。今辄有小词一阕，寄《蝶恋花》，浼黩[3]左右，为君讴焉。"乃命板[4]缓歌之。唱讫，复为君曰："君异日受王命守官之所，乃妾之居也，当得会遇，幸无相忘。"君欲与之语，遂飘然而去。君乃欻然[5]而觉，嗟异久之。因省其词，唯记其半，词曰：

妾本钱塘江上住。花落花开，不管流年度。燕子衔将春色去，纱窗几阵黄梅雨。

君爱其词旨幽凄，乃续其后云：

斜插犀梳云半吐[6]。檀板朱唇，唱彻《黄金缕》[7]。望断行云无觅处，梦回明月生春浦。

君后常以此梦为念。及君赴阙[8]调官，得余杭幕客。挐舟[9]东下，及过钱塘，因忆曩昔梦中美人自谓"妾本钱塘江上住"，今至于此，何所问耗[10]？君意凄恻，乃为词以思之，词寄《河传》：

银河漾漾。正桐飞露井，寒生斗帐。芳草梦惊，人忆高唐[11]惆怅。感离愁，甚情况？　春风二月桃花浪。扁舟征棹[12]，又过吴江上。人去雁回，千里风云相望。倚江楼，倍悽怆。

君讴之数四，意颇不怿。是夕君寝，复梦向之美人喜谓君曰："自别之后，睽阔千里。春风秋月，徒积悲伤。然感君不以微贱见疏，每承思念，加以新词见忆，足认君之于妾，亦以厚矣。则妾之于君，奉箕帚，荐枕席[13]，安可辞也。"君曰："昔获相遇，不暇款曲，使我愁愤。今再辱过访，幸无遽去，愿接欢爱，以慰畴昔之心。"美人微笑曰："此来妾亦愿与郎为偶，况时当谐矣，又何避焉。"乃相将就寝，虽高唐之遇，未易比也。及晓，乃留诗为别。诗曰：

长天书阔雁来尽，深院落花莺更多。
发策决科[14]君自尔，求田问舍[15]我如何。

君曰："吾方以少年中第，始食王禄，将致身于公辅[16]而后已。子何遽为此诗，以劝吾之退也?"美人曰："人之得失进退，寿夭贫富，莫不有命。君虽欲进，而奈命何。此非君所知。如妾与君遇，盖亦有缘，岂偶然哉。"美人告去，君乃觉焉。

及抵余杭，每夕无间，梦中必来。君遂与僚属言，具道其本末。众谓之曰："君公署之后有苏小[17]墓，君初梦之言，言幼以姿色名冠天下，又称君守官之所，乃妾之居，得非是乎?"坐客或谓君曰："此诚佳梦。吾虽愿之，安可得也。"君为之一笑。

君后创一画舫，颇极工巧，每与僚属登舫，游于江上。樽酒之间，吟咏景物，终日而罢。常令舟卒守之。一日昏后，舟卒行于江上，复至岸侧，见一少年，衣绿袍，携一美人同赴画舫。卒遽往止之，则舫中火发，不可向迩[18]。顷之，画舫已没。卒急以报，比至公署，则君已暴亡矣。

〔注〕 ① 贤良司马槱(yǒu)：贤良，宋代科举中有贤良方正科，这里说贤良司马槱是指司马槱系考中过贤良方正科这一功名的人。 ② 陕州夏台：今河南禹州市南。 ③ 浼黩(měi dú)：玷污。 ④ 命板：板，用来打节拍的乐器。命板就是打着板。 ⑤ 欻(xū)然：忽然。 ⑥ 云半吐：形容头发秀美柔软像云一样。 ⑦《黄金缕》：曲牌名，即《蝶恋花》。 ⑧ 赴阙：阙，官门前两边供瞭望的楼。泛指帝王的居所，这里指京城。 ⑨ 拏(ná)舟：拏，牵引。拏舟在这里是乘船的意思。 ⑩ 何所问耗：到何处打听消息。 ⑪ 高唐：宋玉有《高唐赋》，后用以泛指男女欢会的地方。 ⑫ 征棹(zhào)：棹，桨，泛指船。征棹即行船。 ⑬ 奉箕帚，荐枕席：箕，扬去米糠的器具，如簸箕；帚，扫地用的工具。奉箕帚，荐枕席，泛指做妻子。 ⑭ 发策决科：策通"册"，书筒；后考试以问题书之于策，称"策问"。发策即或答问题。发策决科，这里指追求功名。 ⑮ 求田问舍：用《三国志》许汜无心救世，只顾买田买房的典故。两句意在劝司马槱退隐。 ⑯ 公辅：王公，宰辅，即高官。 ⑰ 苏小：南齐时钱塘名妓。 ⑱ 不可向迩：迩，近。不可向迩，不能靠近的意思。

《钱塘异梦》出自《云斋广录》。《云斋广录》是北宋水平最高的文言小说集，虽也有一些小说辑录自他书，如《盈盈传》据《四库全书总目》考证：小说所记出皇祐、嘉祐间，而称“予”，与李献民的时代不相及，故“予”乃别一人。洪迈《夷坚三志》有《吴女盈盈》也记此事，注明出王山《笔奁录》等，但大多数作品，当出献民自己之手，或经他重新制作，一如他序中所说：“尝接士大夫绪余之论，得清新奇异之事颇多，今编而成集，用广其传，以资谈宴。”是根据士大夫的论讲之事作成的。即如这篇《钱塘异梦》所叙司马槱与苏小小鬼魂相恋，在北宋时便是一流传很广的故事，张耒《张右史文集》卷四十七《书司马槱事》、何薳《春渚纪闻》卷七《司马才仲遇苏小》皆是这个故事流传的余存。但《书司马槱事》《司马才仲遇苏小》只是实录这个传说中故事的大概，文皆不长，录如次：

书司马槱事

司马槱，陕人也，太师文正之侄也。制举中第，调关中一幕官，待次里中。一日昼寐，恍惚间见一美妇人，衣裳甚古，入幌中，执板歌曰：“家在钱塘江上住。花落花开，不管年华度。燕子又将春色去，纱窗一阵黄昏雨。”歌阕而去。槱因续成一曲：“斜插犀梳云半吐，坛板清歌，唱彻黄金缕。望断云行无去处，梦回明月生南浦。”后易杭州幕官。或云其官舍下乃苏小墓。而槱竟卒于官。（《张右史文集》）

司马才仲遇苏小

司马才仲初在洛下，昼寝，梦一美妇搴帷而歌曰：“妾本钱塘江上住。花落花开，不管流年度。燕子衔将春色去，纱窗几阵黄梅雨。”才仲爱其词，因询曲名，云是《黄金缕》，且曰后日相见于钱塘江上。及才仲以东坡先生荐，应制举中等，遂为钱塘幕官，其廨舍后，唐苏小墓在焉。时秦少章为钱唐尉，为续其词后云：“斜插犀梳云半吐，檀板轻笼，唱彻《黄金缕》。梦断彩云无觅处，夜凉明月升春渚。”不逾年而才仲得疾，所乘画水舆舣泊河塘，舵工遽见才仲携一丽人登舟，即前声喏。继而火起舟尾，狼忙走报，家已恸哭矣。（《春渚纪闻》）

看得出，两则故事有不同的源头。《春渚纪闻》牵合苏东坡、秦少章，似与何薳的父亲何去非受东坡赏识，并“尝以苏轼荐得官”有关。《春渚纪闻》中有一卷专收苏轼的遗闻佚事。从所叙故事而言，《钱塘异梦》与《张右史文集》中《书司马槱事》似更近。且《书司马槱事》又更近现实生活中的司马槱之事，只是真实地记梦记诗，是一则诗话。这三篇小说的作者为同时代人，我们很难说哪篇小说受了哪篇小说的影响。但有一点却可以肯定，《钱塘异梦》即使是受了上述两书中这两篇小说的影响，也是一种重新创作。一个明显的不同是，小说的篇幅大大加长，由实录式的记事，到重在写人。

《钱塘异梦》的作者是从貌、才、情三方面来展开其对小说人物的塑造的。关于这一点，我们可以从对三则小说中相同人物的比较中清楚地看出。比如对于司马槱这个人物，《书司马槱事》一则，只交待他的出身中举；《司马才仲遇苏小》则连这简单的交待也没有；《钱塘异梦》虽对其外貌也未着笔，却写了他的举止"飘逸"，又通过"天下之士，莫不想望其风采"的侧面烘托，表现他的不同凡俗；更着力写了他的"好学博艺，为世巨儒"，"以第三人过阁中第"，以表现他的过人的才气；还写了他回乡之时，乡人对他的那种"充塞道路"的迎接以及他往谢亲戚故旧以至"闾巷屠沽之辈"，见出他的风度、气量、人品。对于苏小这个人物，《书司马槱事》只"一美妇人，衣裳甚古，入幌中"等几句叙述；《司马才仲遇苏小》更只"一美妇搴帷"几字交待；在《钱塘异梦》中便有了"一美人翠冠珠耳，玉佩罗裙，行步虚徐，颜色艳丽，徘徊阁下"及"幼以姿色名冠天下"一段描绘，写出了苏小的美丽可爱，亦暗示出她的身份。这些描写，乃是司马槱梦中与苏小鬼魂吟唱，最后并与之结合的铺垫。试想，司马槱如无那种飘逸的性行、令人想望的风采，若不是好学博艺、才气过人，不要说苏小的鬼魂不会"久欲托附君子"，即苏小欲托附，怕他也没胆量接受。而苏小的鬼魂若无这美丽的姿容，则不仅与其名妓的身份不符，也难使司马槱在梦醒后心心念念，魂牵梦萦。这些描写还使得名妓苏小鬼魂与司马槱幽会吟咏，以至后来的好合，平添了几许佳人配才子的风韵。

在《书司马槱事》中，叙述苏小唱歌一阕后即行离去，司马槱在其离去后续歌。接下去用一句话交待他易官杭州，又用一句话交待他的官舍下是苏小墓，便写他卒于官，这交待不过是要暗示他被苏小的鬼魂摄去；《司马才仲遇苏小》在写苏小唱歌后，对于两人后来的事情虽有交待，如苏小与司马槱相约日后钱塘江相见、有人见他们携手登舟，而舟起火，司马槱故去等，但也极其简略，又将司马槱的续唱属之秦少章，皆看不出人物的个性特征。这两位作者的目的，不过是要记录那略带奇异色彩情况下创作出的一首词。其诗话的特点十分明显。《钱塘异梦》则详细地描叙了男女主人公的答问思念，既活绘出一个大胆、热烈、执著地追求爱情的女子形象，也写出了一个青年男子的挚恋之情，文字相当清纯典雅。作为一个"姿色名冠天下"的名妓，过的当然是灯红酒绿、金迷纸醉的日子，苏小却对这种送往迎来，"身无所依"的生活，"常以为恨"，写出了她为妓的不得已。写她"久欲托附君子"而至必欲"面问"，写她临别时特别叮咛"幸无相忘"，见出她托人的慎重和对司马槱的情深。小说写司马槱梦醒后续词，后又"常以此梦为念"，一到钱塘任所，便又忆及“曩昔梦中美人”，甚至以未见梦中美人而情意凄恻地讴词寄怀；而苏小则为其“不以微贱见疏，每承思念”所感，又来到他的梦中。倾诉了阔别的思念之情后，二人终于得谐好事。在同僚们提醒司马槱，那梦中美女可能是苏小的鬼魂后，他也只是“为之一笑”。从故事的描述之中，反映出两人的情深义重。

最后，苏小作诗劝司马槱告别官场，与她一起去“求田问舍”，司马槱虽不甚理解，发出“吾方以少年中第，始食王禄，将致身于公辅而后已。子何遽为此诗，以劝吾之退也”的疑问，但最后还是和苏小一起，告别污浊的人世，去阴间做了恩爱夫妻。他之所以这样，小说表面上是归结为“命”，但透过这淡淡的天命迷雾，我们是否也会想到，是情之一字在司马槱的身上起了作用呢？你看：

> 一日昏后，舟卒行于江上，复至岸侧，见一少年，衣绿袍，携一美人同赴画舫。卒遽往止之，则舫中火发，不可向迩。顷之，画舫已没。

他是那样潇洒地“携一美人同赴画舫”，从此便自由地遨游湖江之上。小说写得相当含蓄，一点也没有那种阴森冷冽的怕人鬼气，完全是一段淡雅的人间恋情。

李献民的这篇小说，是中国小说史很有名的一个篇章，故事多为后人援引、改作。《醉翁谈录》“说话”名目中有《钱塘佳梦》，疑即据此故事敷衍。明刊本《西厢记》后附《钱塘梦》一篇，好像是写成于元代的市人小说，又与《醉翁谈录》中所记说话名目《钱塘佳梦》似有关联。“钱塘异梦”，后来又收入《绿窗女史》《情史类略》等书中，但被改题为《司马才仲传》《司马才仲》；又被改编为戏剧，元有白朴《钱塘梦》，清则有沈沐的《芳情院》等。《钱塘异梦》情节虽然简单，但描写却相当细致，开了《聊斋志异》“以传奇法而以志怪”的先河，是宋代志怪传奇化的典型例子，在宋代小说史上具有较高的地位。

（萧相恺）

【作者小传】

王　鼎

（？—1106）　辽文学家。字虚中。涿州（今属河北）人。辽清宁五年（1059）进士，历任翰林学士、观书殿学士等。作有小说《焚椒录》等。

焚 椒 录

王 鼎

懿德皇后萧氏，为北面官南院枢密使惠之少女。母耶律氏梦月坠怀，已复东升，光辉照烂，不可仰视，渐升中天，忽为天狗所食，惊寤而后生，时重熙九年五月己未也。母以语惠，惠曰："此女必大贵而不得令终。且五日生女，古人所忌，命已定矣，将复奈何！"后幼能诵《诗》，旁及经子。及长，姿容端丽，为萧氏称首，皆以观音目之，因小字观音。

二十二年，今上在青宫，进封燕赵国王，慕后贤淑，聘纳为妃。后婉顺，善承上意，复能歌诗，而弹筝、琵琶尤为当时第一。由是爱幸，遂倾后宫。及上即位，以清宁元年十二月戊子册为皇后。后方出阁升坐，扇开帘卷，忽有白练一段自空吹至后褥位前，上有"三十六"三字。后问："此何也？"左右曰："此天书，命可敦领三十六宫也。"后大喜，宫中为语曰："孤稳压帕女古靴，菩萨唤作耕（耨）千么。"盖〔言〕以玉饰首，以金饰足，以观音作皇后也。二年八月，上猎秋山，后率妃嫔从行在所至伏虎林，上命后赋诗。后应声曰："威风万里压南邦，东去能翻鸭绿江。灵怪大千俱破胆，那教猛虎不投降。"上大喜，出示群臣曰："皇后可谓女中才子。"次日，上亲御弓矢射猎，有虎突林而出。上曰："朕射得此虎，可谓不愧后诗。"一发而殪①，群臣皆呼万岁。是岁十一月，群臣上皇帝尊号曰天祐皇帝，后曰懿德皇后。三年秋，上作《君臣同志华夷同风》诗，后应制属和曰：

虞廷开盛轨，王会合奇琛。
到处承天意，皆同捧日心。
文章通鹿蠡，声教薄鸡林。
大宇看交泰，应知无古今。

明年，后生皇子濬。皇大叔重元妃入贺，每顾影自矜，流目送媚。后语之曰："贵家妇宜以庄临下，何必如此。"妃衔之，归骂重元曰："汝是圣宗儿，岂虎斯不若，使教坊奴得以可敦加吾。汝若有志，当除此帐，笞挞此婢。"于是重元父子合定叛谋，于九年七月驾幸滦水②，聚兵作逆。须臾军溃，父子伏诛。而讨平此乱，则知北枢密院事赵王耶律乙辛与有功焉。寻进南院枢密使，威权震灼，倾动一时。惟后家不肯相下，乙辛每为怏怏。及咸雍初，皇子濬册为皇太子，益复蓄奸为图后计矣。后常慕唐徐贤妃行事，每于当御之夕，进谏得失。国俗君臣尚猎，故有四时捺钵[3]。上既擅圣藻，而尤长弓马，往往以国服先驱，所乘马号飞电，瞬息百里，常驰入深林邃谷，扈从求之不得。后患之，乃上疏谏曰："妾闻穆王[4]远驾，周德用[5]衰；太康[6]佚豫，夏社几屋[7]。此游佃之往戒，帝王之龟鉴也。顷见驾幸秋山，不闲六御，特以单骑从禽，深入不测。此虽威神所届，万灵自为拥护。倘有绝群之兽，果如东方[8]所言，则沟中之豕，必败简子[9]之驾矣。妾虽愚暗，窃为社稷忧之。惟陛下尊老氏驰骋之戒，用汉文吉行之旨，不以其言为牝鸡之晨[10]而纳之。"上虽嘉纳，心颇厌远，故咸雍之末，遂希（稀）幸御。后因作词曰《回心院》，被之管弦，以寓望幸之意。曰：

扫深殿，闭久金铺暗。游丝络网尘作堆，积岁青苔厚阶面。扫深殿，待君宴。

拂象床，凭梦借高唐。敲坏半边知妾卧，恰当天处少辉光。拂象床，待君王。

换香枕，一半无云锦。为是秋来转展多，更有双双泪痕渗。换香枕，待君寝。

铺翠被，羞杀鸳鸯对。犹忆当时叫合欢，而今独覆相思袂。铺翠被，待君睡。

装绣帐，金钩未敢上。解却四角夜光珠，不教照见愁模样。装绣帐，待君贶。

叠锦茵，重重空自陈。只愿身当出（白）玉体，不愿伊当薄命人。叠锦茵，待君临。

展瑶席，花笑三韩碧。笑妾新铺玉一床，从来妇欢不终夕。展瑶席，待君息。

剔银灯，须知一样明。偏是君来生彩晕，对妾故作青荧荧。剔银灯，待君行。

爇熏炉，能将孤闷苏。若道妾身多秽贱，自沾御香香彻肤。爇熏炉，待君娱。

张鸣筝，恰恰语娇莺。一从弹作房中曲，常和窗前风雨声。张鸣筝，待君听。

时诸伶无能奏演此曲者，独伶官赵惟一能之。而官婢单登，故重元家婢，亦善筝及琵琶，每与惟一争能，怨后不知己。后乃召登与对弹四旦二十八调，皆不及后，单愧耻拜服。于时上常召登弹筝，后谏曰："此叛家婢女中独无豫让[11]乎？安得轻近御前。"因遣直外别院。登深怨嫉之，而登妹清子，嫁为教坊朱顶鹤妻，方为耶律乙辛所昵。登每向清子诬后与惟一淫通。乙辛俱知之，欲乘此害后，以为不足证实，更命他人作《十香》淫词，用为诬案。云：

青丝七尺长，挽出内家装。
不知眠枕上，倍觉绿云香。
红绡一幅强，轻阑白玉光。
试开胸探取，尤比颤酥香。
芙蓉失新艳，莲花落故妆。
两般总堪比，可似粉腮香。
蝤蛴那足并，长须学凤凰。
昨宵欢臂上，应惹领边香。
和羹好滋味，送语出宫商。
定知郎口内，含有煖甘香。
非关兼酒气，不是口脂芳。
却疑花解语，风送过来香。
既摘上林蕊，还亲御苑桑。
归来便携手，纤纤春笋香。
凤靴抛合缝，罗袜卸轻霜。

谁将煖白玉，雕出软钩香。

解带色已战，触手心愈忙。

那识罗裙内，消魂别有香。

咳唾千花酿，肌肤百和装。

元非噉沉水，生得满身香。

乙辛阴属清子，使登乞后手书。登时虽外直，常得见后。后善书，登绐后曰："此宋国忒里蹇所作，更得御书，使称二绝。"后读而喜之，即为手书一纸。纸尾复书已所作《怀古》诗一绝云："宫中只数赵家妆，败雨残云误汉王。惟有知情一片月，曾窥飞燕入昭阳。"登得后手书，持出与清子云："老婢淫案已得。况可汗性忌，早晚见其白练挂粉脰也。"

乙辛已得书，遂构词命登与朱顶鹤赴北院陈首，伶官赵惟一私侍懿德皇后，有《十香》淫词为证。乙辛乃密奏上曰：

太康元年十月二十三日，据外直别院宫婢单登及教坊朱顶鹤陈首：本坊伶官赵惟一向要结本坊入内承直高长命，以弹筝、琵琶得召入内，沐上恩宠。乃辄干冒禁典，谋侍懿德皇后御前。忽于咸雍六年九月，驾幸木叶山，惟一公称有懿德皇后旨，召入弹筝。于时皇后以御制《回心院》曲十首，付惟一入调。自辰至酉，调成。皇后向帘下目之，遂隔帘与惟一对弹。及昏，命烛，传命惟一去官服，著绿巾金抹额、窄袖紫罗衫、珠带、乌靴，皇后亦著紫金百凤衫、杏黄金缕裙，上戴百宝花髻，下穿红凤花靴，召惟一更入内帐，对弹琵琶。命酒对饮，或饮或弹，至院鼓三下，敕内侍出帐。登时当直帐，不复闻帐内弹饮，但闻笑声，登亦心动，密从帐外听之。闻后言曰："可封有用郎君。"惟一低声言曰："奴具虽健，小蛇耳，自不敌可汗真龙。"后曰："小猛蛇却赛真懒龙。"此后但闻惺惺若小儿梦中啼而已。院鼓四下，后唤登揭帐，曰："惟一醉不起，可为我叫醒。"登叫惟一百通，始为醒状，乃起拜辞，后赐金帛一箧，谢恩而出。其后驾还，虽时召见，不敢入帐。后深怀思，因作《十香词》赐惟一。惟一持出夸示同官朱顶鹤，朱顶鹤遂手夺其词，使妇清子问登。登惧事发连坐，乘暇泣谏。后怒痛笞，遂斥外直。但朱顶鹤与登共悉此事，使含忍不言，一朝败坏，安免株坐。故敢首陈，乞为转奏，以正刑诛。臣惟皇帝以至德统天，化及无外。寡妻匹妇，莫不刑于。今宫帐深密，忽有异言。其有关治化，良非渺小。故不忍隐讳，辄据词并手书《十香词》一纸，密奏以闻。

上览奏，大怒，即召后对诘。后痛哭转辨曰："妾托体国家，已造妇人之极。况诞育储贰，近且生孙，儿女满前，何忍更作淫奔失行之人乎？"上出《十香词》曰："此非汝作手书，更复何辞？"后曰："此宋国忒里蹇所作，妾即从单登得而书赐之耳。且国家无亲蚕事，妾作那得有亲桑语。"上曰："诗正不妨以无为有，如词中合缝靴，亦非汝所著，为宋国服邪？"上怒甚，因以铁骨朵[12]击后，后几至殒。即下其事，使参知政事张孝杰与乙辛穷治之。乙辛乃系械惟一、长命等讯鞫，加以钉灼、荡错等刑，皆为诬服。狱成将奏，枢密副使萧惟信驰语乙辛、孝杰曰："懿德贤明端重，化行宫帐，且诞育储君，为国大本，此天下母也。而可以叛家仇婢一语动摇之乎？公等身为大臣，方当烛照奸宄，洗雪冤诬，烹灭此辈，以报国家，以正国体，奈何欣然以为得其情也？公等幸更为思之。"不听，遂具狱上之。上犹未决，指后《怀古》一诗曰："此是皇后骂飞燕也，如何更作十词？"孝杰进曰："此正皇后怀赵惟一耳。"上曰："何以见之？"孝杰曰："宫中只数赵家妆，惟有知情一片月，是以二句中包含赵惟一三字也。"上意遂决，即日族诛惟一，并斩长命，敕后自尽。

时皇太子及齐国诸公主,咸被发流涕,乞代母死。上曰:“朕亲临天下,臣妾亿兆,而不能防闲一妇,更何施眉目觍然南面乎?”后乞更面可汗一言而死,不许。后乃望帝所而拜,作绝命词曰:

嗟薄祐兮多幸,羌作俪兮皇家。
承昊穹兮下覆,近日月兮分华。
托后钧兮凝位,忽前星兮启耀。
虽衅累兮黄床,庶无罪兮宗庙。
欲贯鱼兮上进,乘阳德兮天飞。
岂祸生兮无朕,蒙秽恶兮宫闱。
将剖心兮自陈,冀回照兮白日。
宁庶女兮多慚,遏飞霜兮下击。
顾子女兮哀顿,对左右兮摧伤。
共西曜兮将坠,忽吾去兮椒房。
呼天地兮惨悴,恨今古兮安极。
知吾生兮必死,又焉爱兮旦夕。

遂闭宫以白练自经。上怒犹未解,命裸后尸以苇席裹还其家。春秋三十有六,正符白练之语,闻者莫不冤之。皇太子投地大叫曰:“杀吾母者耶律乙辛也。他日不门诛此贼,不为人子!”乙辛遂谋害太子无虚日矣。

嗟嗟!自古国家之祸,未尝不起于纤纤也。鼎观懿德之变,固皆成于乙辛。然其始也,由于伶官得入宫帐,其次则叛家之婢,使得近左右,此祸之所由生也。第乙辛凶惨无匹,固无论;而孝杰以儒业起家,必明于大义者,使如惟信直言,毅然诤之,后必不死。后不死则太子可保无恙,而上亦何慚于少恩骨肉哉。乃亦昧心同声,自保禄位,卒使母后储君与诸老成,一旦皆死于非辜,此史册所书未有之祸也。二人者,可谓罪通于天者乎。然懿德所以取祸者有三,曰好音乐与能诗善书耳。假令不作《回心院》,则《十香词》安得诬出后手乎？至于《怀古》一诗，则天实为之，而月食飞练，先命之矣。

〔注〕①殪(yì)：倒下。②滦(luán)水：水名，古名濡水。在河北省东北部。③捺钵：契丹语，指辽代国君的行营。④穆王：周昭王之子，名姬满，喜四处巡游，传说周穆王曾西巡，在耶路撒冷接见西王母。⑤用：由此。⑥太康：夏启之子，继承启的王位。由于他追求奢侈淫乐的生活，先发生太康兄弟五人争夺王位的斗争，后出现武观叛乱，使得夏朝的统治被削弱。⑦夏社：夏后氏的社官，指夏王朝。屋：终止。⑧东方：即东方朔(前154—前93)，西汉文学家，字曼倩，平原厌次(今山东惠民)人。长于文辞，喜诙谐滑稽，武帝时累官侍中、大中大夫等职。⑨简子：即赵鞅(？—前458)，春秋末年晋国正卿。其先祖与秦同姓。赵简子又名志父，亦称赵孟。由于其卓有成效的改革，为赵氏立国和发展奠定了基础，对春秋战国的历史进程也起了推波助澜的作用。韩子曰："王子期为赵简子御，取道争千里之表。其始发也，彘伏沟中，王子期齐辔而进之，彘突出于沟中，马惊败驾。"⑩牝(pìn)鸡之晨：即母鸡报晓。喻指女性干政。⑪豫让：春秋末战国初刺客。曾事晋大夫智伯，赵襄子灭智伯，豫让谋刺襄子为智伯复仇。⑫铁骨朵：古代的一种兵器，是一长棒，顶端缀一蒜形或蒺藜形的头，以铁制成。唐以后为刑杖，宋以后并用为仪仗，俗称金瓜。

《焚椒录》凡一卷，见于《津逮秘书》，为辽代传奇小说。辽文传世者甚少，从《辽史·文学传》所列有限的几位作者来看，皆以文辞见称，王鼎此文即颇有可观之处。

本篇记述的是辽道宗年间宫中的一件重大冤案。书叙北面官南院枢密使的小女儿萧氏，姿容端丽，擅赋诗词，兼长弹筝和琵琶，深得辽道宗喜爱，立为懿德皇后。后因谏阻道宗骑猎失宠。大臣耶律乙辛素与萧后家不和，利用叛臣家婢单登对萧氏的嫉恨，与教坊朱顶鹤勾结，诬陷萧后与伶官赵惟一私通。道宗听信谗言，令萧后自缢。

萧后的悲剧命运从小说开篇她一出生似乎就已注定。她的母亲耶律氏"梦月坠怀，已复东升，光辉照烂，不可仰视，渐升中天，忽为天狗所食，惊寤而后生"，即预示了她以后盛极而衰，不得善终的命运。她的出生日期也是时人所忌讳的。而在萧氏册封为皇后的仪式上，则有白练自天而降，吹至其座前，上面写着神秘的"三十六"三字。这些充满玄机的预兆，带着象征诗一般的密码效应，追随着我们整个的阅读过程，一一应验。鲁迅《中国小说史略》称："宋代虽云崇儒，并容释道，而信仰本根，夙在巫鬼，故徐铉、吴淑而后，仍多变怪谶应之谈。"事实上，中国自古就有灾异祯祥的天命观念，辽宋之际，谶纬之说尤盛，在诗话、词话、曲话、笔记小说中，宋人往往用诗词、歌谣、梦境等作为时代与政治盛衰及个人命运的征兆。小说中谶应的运用，既反映了一种民俗文化和心理，同时又对情节的发展、人物的命运起着暗示作用，可以说是一种特别的伏笔，增强了作品的传奇性与可读性。

此文颇有唐人小说遗韵。这首先表现在其叙述婉转，文辞华艳，人物刻画入木三分，栩栩如生。萧后的悲剧由大臣乙辛一手导演。这是一个心胸狭隘、阴险狡诈、穷凶极恶的得志小人。仅仅因为他发迹之后，萧后家不肯趋炎附势，他便与萧家结怨而竟置皇后于死地，之后又诬害太子致死。他的手段并不高明，尽管他那篇《奏懿德皇后私伶官疏》对宫闱秘事备述细节，摹绘如生，但细究起来，漏洞不是没有。可是他成功了，成功地要了皇后的命，没有别的，不外是因为辽道宗本身具有多疑、轻信的性格弱点。那个一直心怀嫉恨的婢女单登正因为抓住了道宗的性格弱点，才胜券在握："老婢淫案已得。况可汗性忌，早晚见其白练挂粉脰也。"况且此时道宗对萧后早已没有了情分，妻子的劝谏变得刺耳，端庄成了乏味，诗才与长于演奏则成为笃信不疑的罪证。他长期地将皇后搁在一边如冰箱里的一尾鱼，保留其皇后的地位在他看来已经是天大的恩赐，再生出是非便是多事，便是不识抬举。而长期以来，可怜的皇后只有在回忆中讨生活，身心的孤寂不容易排遣，心也还不肯死，于是作《回心院》，被之管弦，指望丈夫回心转意，谁知竟成了罪证之一。她太正直，且全无心机，直言不讳地批评重元妃举止轻薄曾直接导致了重元的叛乱，谏阻道宗骑猎引起道宗的不快，向道宗进谏不宜让叛臣家婢近御又使单登怀恨在心，而她对乙辛和单登的敌意懵然不察，缺乏必要的防范意识，所以一旦被诬告，根本没有还手之力。至于后来的《十香词》《怀古诗》，更是使辽道宗心中怒火如烈焰上浇油。如果说《回心院》不过使道宗厌烦讨嫌，那这两首被奸佞诬陷的诗词，直接犯了作为女人的大忌，何况贵为国母。道宗必欲置其于死地。《十香词》分咏女人的发、乳、颊、颈、舌、口、手、足、阴部、肌肤。《怀古诗》四句又恰恰含中"赵惟一"三字，皇帝认为自己被戴了绿帽子，龙威龙颜何以堪。如林冲，其妻受辱，尚要手刃仇人，反上梁山，则道宗的报复，岂不要将人剁为肉泥，化作齑粉。最后令萧后自尽，赐她全尸，似乎尚顾其身份。但后又令其裸尸裹席，叫其家人领走，则又显出道宗的残忍与无情。

此文在写作中文备众体，"可以见史才、诗笔、议论"(赵彦卫《云麓漫钞》)，也颇显唐人小说遗韵。《焚椒录》从某种意义上说是一部私家杂史，为辽代人记述辽代事，翔实可信。作者自序云："鼎妇乳媪之女蒙哥，为耶律乙辛宠婢，知其奸构最详。而萧司徒复为鼎道其始末。……观变以来，忽复数载，顷以待罪可敦城，去乡数千里，视日如岁，触景兴怀，旧感来集，乃直书其事，用俟后之良史。若夫少海翻波，变为险陆，则有司徒公之实录在。"作者再三强调其所记乃实录，材料来源可信。清代学者王士禛《居易录》中有《焚椒录跋》一文，以《辽史》《焚椒录》所记证《契丹国志》之疏："《辽史充分·宣懿皇后》虽略，而与《焚椒录》所纪同，盖《契丹国志》之疏耳。"充分肯定了此文的史料价值和作者的叙史才能。本篇直承唐传奇遗风，以大段诗词入文，骈散相间，是其行文的重要特色。其中《回心院》《十香词》等词作，皆秾艳细腻，婉媚绵密。前者充分表现了失去君王宠幸的深宫女子其苦闷的生活和幽怨的心情，同时犹存幻想，希冀君王回心转意。后者则缛采轻艳，对宫闱秘事竭尽描摹之能事，给人以感官的刺激，实为花间词之属。文末是王鼎关于懿德皇后之变的议论，作者总结了几个原因：伶官得入宫帐、叛家之婢得近左右、乙辛的凶残、孝杰不明大义未能直言相谏，甚至把皇后好音乐与能诗善书也看作她遭殃的导火索，凡此种种皆是不得要领的议论，没有一条说中要害，因为作者并不敢把矛头指向辽道宗。

本文是为懿德皇后辩诬的文章，是作者大安五年(1089)谪居时所作。作者对懿德皇后的悲剧命运寄予了深切的同情，形诸笔端，大约幽居贬所，触景兴怀，既是为皇后鸣冤，亦不无自况之意。

(宋莉华)

【作者小传】

方　勺

(1066—?)　宋小说家。字仁声，号泊宅翁。婺州金华(今属浙江)人。曾任虔州管勾常平。作有小说集《泊宅编》等。

朱　晓　容

方勺

朱临年四十以大理寺丞致仕①，居吴兴城西，取《训词》中"仰而高风"之语，作仰高亭于城上，杜门谢客。一日，晓容来谒，公欣然接之。是时，二子行中、久中秋赋②不利，皆在侍下，公强使冠带而出。容一见行中，惊起贺曰："后举状元也。老僧自此不复更阅人，往杭州六和寺求一小室寄迹，待科诏下，乃西游耳。"公初未之信，后三年春，久中偶至六和，容叩伯仲行期，久中告之，师曰："某是日亦当离杭矣。"是秋，二朱至京，舍开宝寺，容寓智海。相次行中预荐，明年省闱优等，唯殿试病作，不能执笔。是时，王氏之学士人未多得，行中独记其《诗义》最详，因信笔写以答所问，极不如意。卷上，日方午，遂经御览，神宗爱之。行中日与同舍围棋，每拈子欲下，必骂曰："贼秃!"盖恨容许之误也。未唱名前数日，有士人通谒，行中方棋，遽使人却之。须臾，谒者又至，且曰："愿见朱先辈。"行中叱其仆曰："此必省下欲出关者耳!"同舍曰："事不可知，何惜一见?"行中乃出，延之坐，不暇寒温，揖行中起，附耳而语曰："某乃梁御药门客，御药令奉报足下，卷子上已寘在魁等，他日幸相记。"行中唯唯而入，再执棋子，手颤不能自持。同舍觉而叩之，具述士人之言。行中念容，独往智海，容闻其来，迎门握手曰："非晚唱名，何为来见老僧？必是得甚消息来。"行中曰："久不相见，略来问讯尔。"师曰："胡不实告我？冯当世未唱第时，气象亦如此。"行中因道梁氏之事。师喜甚，为命酒留款，且曰："吾奉许固有素，只一人未见尔，当邀来同饮。"仍戒曰："此人蓝缕，不可倨见，亦不得发问，问即彼行矣。"烛至，师引寺廊一丐者入，见行中不甚为礼，便据上坐，相与饮酒斗余，不交一谈。师徐曰："此子当唱第，先生能一留目否?"丐者曰："尔云何?"师曰："可冠多士否?"丐者摆头曰："第二人。"师蹑行中足，使先起，密征其说，但曰："偶数多。"更无他语而散。明日，饭罢，率行中寺庭闲步，出门遥见余行老亦入寺，师不觉拊髀惊叹，谓行中曰："始吾见子，以谓天下之美尽此矣，不知乃有此人。"行中曰："此常州小余也，某识之。"师曰："子正怕此人。昨夕闻偶多之说，今又睹此人，兹事可知也。"及听胪传，行老果第一，行中次之。行中释褐了，往谢师，师劳之曰："子诚福人，今日日辰，以法推之，魁天下者官不至侍从。"其后，行老止带贴职领郡而已。

〔注〕 ① 致仕：交还官职，即辞官。 ② 秋赋：即秋贡，唐宋时州府向朝廷荐举会试人员的选拔考试。于秋季举行，故称。

本篇出自《泊宅编》。

这是一篇描述和尚朱晓容精湛的算命技巧，以及揭示封建举子在科场上复杂心态的小说。尽管行文中流露出一切天定的宿命论，但该小说在结构情节和人物形象的塑造上，均达到了较高的水平。

小说中的人物充满着一波三折的情感变化，这种变化，是在情节的起落跌宕中体现出来的。文中写宋代大理寺丞朱临年四十而告老还乡，仿佛他对红尘已经产生了厌倦，但当以前他曾相识的老和尚、相师朱晓容准备来访时，朱临便“欣然接之”，说明他对自己以及家族的命运还是非常地关注。两人相见后，朱晓容一眼就看出朱临参加秋试的大儿子朱行中将是“后举状元”，这令朱家大为欣喜和诧异，也令科场并不得意的朱行中充满了信心。

小说的这一段落，为突出朱晓容的神算做了铺垫。接着，作者描写朱行中在科场上起伏沉浮的奇异经历。先是，他一路顺风，中了举人，看来中状元希望在即，却于殿试时突然发病，连握笔都感到困难。这可说是乐极生悲！没想到，他不经意在试卷上写下了一段有关王安石阐释《诗经》义理的文字，却令批阅试卷的神宗皇帝大为欣赏，居然给他的文章审定为第一等。其中的原因，是皇帝非常重视王氏之学。这种出人意表的结局，可谓喜从天降！然而，当得知内部消息的梁御药派门客前来通报信息后，将信将疑的朱行中寻访住在智海寺的和尚朱晓容，希望其作一判断，而朱晓容则请相术更为高超的乞丐为之卜算，结果乞丐却判定他只能考取第二名即榜眼。这一判词，无疑给朱行中一个重重的打击！然而祸福难料，朱晓容根据卦法，分析今日的时辰对中状元者并不利，而对中榜眼者却极有福分。这又令朱行中感到欣慰。小说正是在这种悲喜交织的人物命运的描写中，显示出艺术构思波澜曲折的特点。

小说非常注重人物心理的揭示，特别是写朱行中乡试时连遭挫折的沮丧、中举后对前程的希望，和在殿试失望之后下棋消遣苦闷、骂朱晓容为“贼秃”的怨恨等，都非常传神细腻，人物性格的展露也颇有层次。尤其写朱行中听到自己被内定为状元的消息，下棋时手指情不自禁地颤抖这一细节，就把他“宠辱交战，不能自持”的特殊感受写得惟妙惟肖。此外，如写他始信朱晓容的推断，继之对其产生不信任和不满，后又主动找朱晓容做一分析等，非常鲜明地刻画了这一位举子内心强烈的矛盾和不安心理。

对于和尚朱晓容，作者虽用笔不多，但人物的个性还是比较突出。在这则故事之前，作者曾有一段文字写他的性格：“他人虽强之使言，终非所喜。”可见他是一位具有独立人格，并非外力所能屈致的和尚，他的为人相命，完全出于自愿。而且，他为人表现出一股热情和温情，体现出对尘世的怀恋和关注，与那些遁入空门而不问世事的和尚相比，朱晓容式的人物，更体现出生活的真实性和合理性。

（陈建华）

【作者小传】

何 薳

(1077—1145) 宋小说家。字子楚，号韩青老农。建安蒲城（今属福建）人。生平事迹不详。作有小说集《春渚纪闻》等。

磨刀劝妇

何 薳

裴亚卿言，为童稚时，侍其祖母文安君。闻语居宣城之日，邻有俗子，忘其姓名，娶妇甚都而悍于事姑[①]。每夫外归，必泣诉其凌虐之苦，夫常默然。一夕于灯下出利刃，示其妇，妇曰："将安用此。"夫好谓之曰："我每见汝，诉我以汝姑之不容，我与汝持此去之如何?"妇曰："心所愿也。"夫曰："今则未也。汝且更与我谨事之一月，令汝之勤至，而俾姑之虐暴，四邻皆知其曲，然后我与汝可密行其事，人各快其死，亦不深穷暴死之由也。"妇如其言，于是怡颜柔语，晨夕供侍，及市珍鲜以进饮馔。姑不知其然，即前抚接，顿加和悦，几月矣。复乘酒取刃玩于灯下，其气愤愤，呼其妇语之曰："汝姑日来于汝若何?"曰："日来视我非前日比也。"又一月，复扣刃问之，妇即欢然曰："姑今于我，情好倍加，前日之事，慎不可作也。"再三言之。夫徐握刃怒视之曰："汝见世间有夫杀妇者乎?"曰："有之。""复见有子杀母者乎?"曰："未闻也。"夫曰："人之生也，以孝养为先，父母之恩，杀身莫报。及长而娶妇，正为承奉舅姑，以长子息耳。汝归我家，我每察汝恃少容色，不能承顺我母，乃反令我为此大逆，天地神明其容之乎。我造此刃，实要断汝之首，以快我母之心。姑贷汝两月，使汝改过怡颜，尽为妇之道，于我母待汝之心，知曲不在母，而安受我刃也。"其妇战惧，泪如倾雨，拜于床下曰："幸恕我此死，我当毕此生前承顺汝母，常如今日，不敢更有少懈也。”久之乃许。其后妇姑交睦，播于亲党，有密知此事者，因窃语之。闻者皆谓此虽俗子而善于调御，转恶为良，虽士君子有不能处者矣。

〔注〕①都：优美、漂亮。悍：凶狠。姑：这里指丈夫的母亲。后文“承奉舅姑”句中“舅姑”，即指丈夫的父母。

本篇取自《春渚纪闻》。

从古至今，婆媳关系都是一个家庭的大问题。在这个问题上，最头疼的是做丈夫的，因为常常会受“夹板气”，两头不讨好。这篇《磨刀劝妇》的短文中却有一个凡夫俗子巧妙地解决了他们家的婆媳问题。

媳妇刚嫁过来时常向丈夫诉说受婆婆虐待的苦楚，“俗子”听到后并没有急于采取行动，而是投其所好，和颜悦色地对媳妇说可以替她杀死自己母亲，先以此赢得了媳妇的信任。之后“俗子”要求媳妇先勤谨侍奉母亲，然后等待时机再杀母亲，其实他是为了从中了解真相，媳妇也就欣然从命了。将近一个月后，媳妇和母亲的关系得到缓和，“俗子”只是愤愤地问一问，没有立刻有所表示。直到又过了一个月，媳妇很高兴地说，自己与婆婆的关系很好，并主动要求不要再杀婆婆了。“俗子”见时机成熟，这才说破了自己的良苦用心，媳妇此刻也已幡然悔悟。此后，一家人就过上了和睦、幸福的生活。

“俗子”处理事情的方法虽然奇特，但每一处转折，无不体现着人之常情。媳妇听从“俗子”的话侍奉婆婆，婆婆将心比心，报之以和颜悦色。反过来，媳妇的态度也随之转变，并且日子一长，与婆婆的感情加深，自然也就没有了怨言，更不希望杀人了。“俗子”后来教训媳妇的一段话更是说得入情入理：人生在世，孝顺父母是头等重要的，娶妻也是为了更好地侍奉父母，所以世间只见杀妻之人，从无杀母之人。虽然，这段话受封建礼教的影响，贬低了媳妇在家庭中的地位，但这是整个时代的局限。就事论事，“俗子”在说这番话时已经了解到，事情的起因是媳妇依仗自己的美貌虐待母亲，离间母子感情，过错不在母亲身上，所以这番话说出口才能对自己的媳妇产生威慑力，同时很容易引起明白事理的人们的共鸣，使天下那些不孝顺公婆的媳妇听到，也能引以为戒。

俗话说，清官难断家务事。故事中的“俗子”面对家务事却表现不俗，能深明大义，处理得冷静又果断。特别是他几次把玩利刃的紧张气氛和每一次的表情变化，使生活琐事的叙述蒙上了传奇的色彩。第一次“于灯下出利刃，示其妇”，第二次“乘酒取刃玩于灯下，其气愤愤”，第三次“扣刃问之(媳妇)”，后“徐握刃怒视之(媳妇)”，在这个过程中婆媳关系已经渐趋和睦，而“俗子”因为不断地了解到真相，内心却是波澜渐生，而推波助澜的也恰恰是人世间的亲情常理。所以整个故事从小处说是劝善惩恶，从大处说是为我们印证了人生和艺术中奇与常的辩证法。

（宁俊红）

【作者小传】

魏 泰

宋小说家。字道辅。襄阳(今属湖北)人。博览群书，恃才傲物，以隐居为生。作有小说集《东轩笔录》等。

钱文僖公

魏 泰

钱文僖公惟演[1]生贵家，而文雅乐善出天性。晚年以使相留守西京[2]，时通判谢绛、掌书记尹洙、留府推官欧阳修，皆一时文士，游宴吟咏，未尝不同。洛下多水竹奇花，凡园囿之胜，无不到者。

有郭延卿者，居水南。少与张文定公[3]、吕文穆公[4]游，累举不第，以文行称于乡闾。张、吕相继作相，更荐之，得职官，然延卿亦未尝出仕。葺幽亭，艺花卉，足迹不及城市，至是年八十余矣。

一日，文僖率僚属往游，去其居一里外，即屏骑从，腰舆张盖而访之，不告以名氏。洛下士族多，过客众，延卿未始出，盖莫知其何人也，但欣然相接，道服对谈而已。数公疏爽闿明[5]，天下之选，延卿笑曰：“陋居罕有过从，而平日所接之人，亦无若数君者。老夫甚惬，愿少留，对花小酌也。”于是以陶樽果蔌[6]而进。文僖爱其野逸，为引满不辞。既而吏报申牌，府吏牙兵满列庭中，延卿徐曰：“公等何官而从吏之多也？”尹洙指而告曰：“留守相公也。”延卿笑曰：“不图相国肯顾野人。”遂相与大笑。又曰：“尚能饮否？”文僖欣然从之，又数杯。延卿之礼数杯盘，无少加于前，而谈笑自若。

日入辞去，延卿送之门，顾曰："老病不能造谢，希勿讶也。"文僖登车，茫然自失。翌日，语僚属曰："此真隐者也，彼视富贵为何等物耶？"叹息累日不止。

〔注〕 ① 钱文僖公惟演：钱惟演(977—1034)，吴越王钱俶子，随父归宋，历任显职。谥文僖。 ② 西京：北宋以洛阳为西京。 ③ 张文定公：张齐贤(943—1014)，相宋太宗、真宗，谥文定。 ④ 吕文穆公：吕蒙正(944—1011)，相宋太宗、真宗，谥文穆。 ⑤ 阆明：乐观开朗。⑥ 蔌：蔬菜的总称。

《钱文僖公》选自魏泰的《东轩笔录》。魏泰字道辅，襄阳人，生卒年不详，曾布的妇弟。据说，他曾在试院中与主考官发生冲突，殴打了考官，因此不得应取(说见《桐江诗话》)。又有说他在场屋不得志后，喜欢冒用别人的名字著书，署名张师政的《志怪集》《括异志》《倦游录》及署名梅尧臣的《碧云騢》都是他的作品(王铚《跋范仲淹墓志》)，但均无可靠证据。而《东轩笔录》为魏泰所作则无异议。又据《别释常谈》《文献通考》所载，他还著有《临汉隐居诗话》《临汉隐居文集》。对于《东轩笔录》，据说宋时便常遭贬抑，后人多以为是魏泰的人品所致，而实际则与其作品的直呈胸臆，褒贬鲜明，又多歌颂王安石及其变法有关。

《钱文僖公》篇中所涉的人物，都是历史上实有的人物，所叙之事似也是实际发生过的事情。但却又带着传说虚饰的成分，颇像一篇写实性的小小说。

作品主要写了两个人物，一是钱文僖公惟演，一是郭延卿：一个是高官，一个是山野隐士。

写钱文僖公，作者所要表现的是他的富贵而儒雅，位尊权重却不骄。作品说他"生贵家，而文雅乐善出天性"，尹洙、欧阳修皆一时著名文士而常从其游；"洛下多水竹奇花"，而"凡园囿之胜，无不到者"，这正是他儒雅性格的写真。同僚属往郭延卿家游，"去其居一里外，即屏骑从，腰舆张盖而访之，不告以名氏"。以见他的不事张扬；与郭延卿相对，"为引满不辞"，当延卿问其："尚能饮否?"又"欣然从之"，饮"数杯"；当郭延卿知道他是"留守相公"，而仍不特别加礼，他也谈笑自若；因为爱郭的"野逸"，"辞去"时郭又明言不造谢，竟然"茫然自失"：正所以极写其"位尊权重而不骄"。"茫然自失"四字很值得细细品味，钱惟演为什么"茫然自失"？是爱其野逸爱到极处，离开他如失至宝？是觉得自己羁于官场，与这个隐者相比多了若干的污浊？是感觉到了自己的文雅乐善的天性在与这隐者相对后显得"形秽"，而动了"归去来兮"的念头？

写郭延卿则主要突出其"真隐者"的性格。作品处处为那个"真"字出色。"累举不第"，是写其隐逸前的行为，是说他思想上也有过一个强烈的希图用世的阶段,以与其后来的出世——隐逸相对。“以文行称于乡闾”。是写他的才德,为下句张、吕推荐张本。“张、吕相继作相,更荐之,得职官,然延卿亦未尝出仕”。一方面与前面所写的“累举不第”相映照,而与前一句相联,才高而不仕,正见其看破世情。“葺幽亭,艺花卉,足迹不及城市,至是年八十余矣”。是写他隐逸时间之长。这一切,都是正面写他的“真隐”。不过,这还只是写他的行迹。而叙其在不知钱惟演身份时,“但欣然相接,道服对谈”,谈得高兴,便留他“对花小酌”,进以陶樽果蔬;当“府吏牙兵满列庭中”,知道钱惟演是“留守相公”时,他依然“礼数杯盘,无少加于前”,相别时也只“送之门”,还明言“不能造谢”,而且,作者还特意写他在知道钱惟演的身份之后的几个细节:“笑曰:‘不图相国肯顾野人。’”“遂相与大笑”,“谈笑自若”。这才真正写出了这个人物的精神,使其境界进一步升华,确实画出了一个恬淡野逸,不羡富贵,不趋权势的“真隐者”形象。

两个主要人物,都是作者所要赞颂的对象,他们相互生色,相互补充。写郭延卿的恬淡野逸,不羡富贵,不趋权势,正所以映衬钱惟演的位尊权重却不骄;写钱惟演的富贵而儒雅,位尊权重却不骄,亦正映衬了郭延卿的“真隐者”的性格。

文章并没有绮丽的描写,只是娓娓地讲述着一个十分朴实的故事,却把人物写得个性鲜明。

(萧相恺)

【作者小传】

马永卿

宋小说家。字大年。扬州(今属江苏)人。大观三年(1109)进士,任永城主簿。作有小说集《懒真子》等。

司马温公

马永卿

温公之任崇福,春夏多在洛,秋冬在夏县[①]。每日与本县从学者十许人讲书,用一大竹筒,筒中贮竹签,上书学生姓名。讲后一日,即抽签,令讲;讲不通,则公微数责之。公每五日作一暖讲,一杯、一饭、一面、一肉、一菜而已。温公先陇在鸣条山[②],坟所有余庆寺。公一日省坟,止寺中,有父老五六辈上谒云:“欲献薄礼。”乃用瓦盆盛粟米饭,瓦罐盛菜羹,真饭土簋、啜土铏[3]也。公享之如太牢[4]。既毕，复前启曰："某等闻端明在县，日为诸生讲书，村人不及往听，今幸略说。"公即取纸笔，书《庶人章》讲之。既已，复前白曰："自《天子章》以下，各有《毛诗》两句，此独无有，何也？"公默然，少许，谢曰："某平生虑不及此，当思其所以奉答。"村父笑而去，每见人曰："我讲书曾难倒司马端明。"公闻之，不介意。

〔注〕 ① 夏县：今属山西，因相传夏禹在此建都而名。为温公司马光故乡。 ② 先陇：祖先的坟墓。鸣条山：古地名。即成汤败夏桀处，其地所在司马光故里陕州夏县涑水乡（今山西夏县水头乡）的鸣条岗。 ③ 土簋（guǐ）：盛饭瓦器。土铏：盛羹瓦器，又作土形，土刑。④ 太牢：古代帝王、诸侯祭祀社稷时，牛、羊、豕三牲全备为"太牢"，亦作"大牢"。

此篇出自《懒真子录》（又作《嫩真子》）。

王安石改革，司马光与之不可同时共器，于熙宁三年（1070）以端明殿学士兼翰林侍读学士集贤殿修撰出知永兴军（今陕西西安），次年始居洛阳。此篇小说记载了司马光居洛的生活片断，颇耐人咀嚼。

司马光息隐西京洛阳十五年。他不因自己为一大学者而摆学者架子，肯降身亲教故里小县城里求学者。在秋冬回故里时，每日给十余人讲学。讲课后，抽签请学生讲述学过的内容，遇上学生讲得不好，就态度和蔼地予以批评，他对教学的热衷、挚诚、务实、有法由此可见端倪。

司马光声名显赫，声价甚高，他应村野学究之求讲学。村人询问《孝经》自《天子章》以下有传释《诗经》的《毛诗》两句而司马光所讲的《庶人章》独无的原因，司马光沉默片刻，便如实承认自己不知，且表示道歉。村父事后逢人便说自己读书曾难倒司马光，他听说后亦毫不在意。司马光不装懂卖弄，不胡诌乱说，亦不恼羞迁怒。村野学究的得意扬扬，正有力地映衬出司马光的谦谦学者的不凡。皇祐元年（1049），司马光在秘阁找到《古文孝经》，探幽发微，著《古文孝经指解》，后呈皇帝，并藏于秘阁。应该说，他对《孝经》造诣颇深，但他并不以此自负，能够平心地对待学无止境这一现象，这些正是他不摆学者架子而且拥有真正的学者气度与风范的很好证明。

小说不仅再现了司马光的学者形象，它还把司马光塑造成儒家仁、义、礼、智、信的推崇者与体现者。司马光治学严谨，有德有言，生活俭朴，不摆官架，礼待从学者与村父，宽以待人，严以律己，这些均昭示了其正人君子形象。洛阳聚集众多老官僚，司马光资格不老，威望却甚高，其人格力量自然占据主要原因。

北宋一些有名的宫观多安置罢退的闲散大臣去提举即掌管，这被称为祠禄官，实则坐食俸禄而无事可管。司马光提举河南嵩山境内的崇福宫，而他居住在洛阳，当然，徒有其事，不必行事。提举宫观使三十个月一任，但司马光在此竟然连任四届，这在北宋一朝仅此一例。（戴建国）

【作者小传】

彭 乘

宋小说家。字利建。益州华阳（今四川双流）人。第进士，官至翰林学士。作有小说集《墨客挥犀》等。

郴连秀才

彭 乘

湖南之俗，好事妖神，杀人以祭之。凡得儒生为上祀[①]，僧为次，余人为下。有儒生行郴、连[②]道中，日将暮，遇耕者，问："秀才欲何往？"生告之故。耕者曰："前有猛兽为暴，不宜夜行。此村下有民居，可以托宿。"生信之，趋而前。始入一荒径，诘屈[③]，行者甚少。忽见高门大第，主人出见客，甚喜；延入一室，供帐赫然[④]，肴馔丰美。既夕，有妇人出问生所，闚[⑤]其色甚妍。生戏一言挑之，欣然而就。生由是留连数日，妇人亦比夜[⑥]而至，情意款昵，乃私谓生曰："是家将谋杀子以祭鬼，宜早自为计。我亦良家子，为其所劫至此，所以遣妾侍君者，欲以缀[⑦]君留耳。"生闻大骇，乃夜穴壁，与妇人同出。比明，行四十里，投近县。县遣吏卒捕之，尽得奸状，前后被杀者数十人。前所见指途耕者，亦其党也。于是一家尽抵极法。生用赏得官，遂与妇人偕老焉。

〔注〕 ① 上祀：上等的祭祀，即祭祀级别较高的神。郴、连一带在上古时候属于楚国，楚人信奉的鬼神很多也很杂，因此在祭祀时也要有所区别。 ② 郴、连：地名。郴，在今湖南桂阳东。连，在今广东连州一带。 ③ 诘屈：（这里指小路）弯曲。 ④ 供帐赫然：祭祀的陈设很显眼。 ⑤ 闚：即"窥"，观察。 ⑥ 比夜：等到天黑之后。 ⑦ 缀(chuò)：牵制，拖住。

本篇出自《墨客挥犀》。

这篇小短文写一个儒生误入一户人家，这家主人要杀他来祭神，后来儒生幸运地逃脱了灾难，而主人一家伏法。

故事的叙述虽然简短却很完整，故事情节本身也是“秀才落难、小姐搭救”的传统模式，可以看出作者的意图不在于铺张、渲染离奇的情节，而是要让读者了解“好事妖神、杀人以祭之”的奇异风俗。所以作者采用了传统的“全知全能”的叙事角度，突出了故事中“主人”的意图和行为，而简化了对儒生心理和思想的叙述，同时突出了儒生的浑然不觉。正因为如此，故事的叙述在客观上为读者的欣赏带来了强烈的艺术感受。

故事一开头就为读者点明湖南地方有人喜欢杀人来祭祀妖神，且以杀儒生作为最上等的祭祀，先声夺人地营造了一种紧张气氛。这时候偏偏有个儒生撞了上来，后来他碰见的每一件事都暗藏机关，他却偏偏看不透。那一天天晚了儒生还在行路，遇到了主动指路的“耕者”，“耕者”这样主动与他一贯老实巴交的形象不符，读者一定开始警觉了，但“生信之”；按照指点儒生先是走上了一条人烟稀少的小道，后来却又看见了“高门大第”，如此不相称的情景，读者已经猜到这里必定是个是非之地，且主人见到“猎物”，“甚喜”，这一切儒生竟毫不起疑；主人把他让进一间屋子，只见“供帐赫然”，这是为杀儒生祭神准备好的，又见“肴馔丰美”，可见早就准备好要招待“客人”了，如此诡异的气氛，儒生仍是浑然不觉，读者不禁为他捏了一把汗；儒生住在那里，每天天黑之后，又有妇人主动来陪伴他，他沉溺于美色，更不会多想了。读到这里，读者肯定都会摇头叹息，认为儒生必定是要成为那个上等祭祀的祭品了。然而故事叙述到此，忽然柳暗花明。可能是祭祀高级神灵是有一定的日子的，时候未到，为了让儒生在那里多住几天，主人就想出用美色来拖住他，没想到派去的美女对儒生产生好感，一语道破实情，于是双双逃走。后来儒生因揭发坏人得官，与美女白头偕老。

文章以儒生的浑然不觉来突显紧张、诡秘气氛的手法，虽不设悬念，却胜似有悬念，以及先是预想的大悲剧、后来结果是大团圆的对比手法，这些在这篇宋代文人的笔记中可能是无意的运用，但也影响到了后代笔记小说的创作，到清代《聊斋志异》的出现，这些手法的运用已经成为一种自觉，并达到了更好的艺术效果。

虽然这是个大团圆的故事，但前半部分儒生的表现还是应该引起我们的反思，儒生的“无畏”不是因为他勇敢，而是因为他的无知和自负。在宋代，文人的地位较高，所以故事中的这位儒生以为高门大第、美酒佳人，是自己生来就应该享受的，是可以不劳而获的。郴、连地方的人之所以能“捕到猎物”，可能就是利用了儒生的这种心理；而把儒生作为祭祀高级神灵的祭品，大约又是看中了他“高贵”的身份。

（宁俊红）

【作者小传】

朱 弁

（？—1144） 宋小说家。字少章。徽州婺源（今属江西）人。出使金国，被留十七年，守节不屈。作有小说集《曲洧旧闻》等。

王 荆 公

朱 弁

王荆公性简率，不事修饰、奉养，衣服垢污，饮食粗恶，一无有择，自少时则然。苏明允著《辨奸》[①]，其言衣臣虏之衣，食犬彘之食，囚首丧面，而谈《诗》《书》，以为不近人情者，盖谓是也。然少喜与吕惠穆、韩献肃兄弟[②]游。为馆职时，玉汝[③]尝率与同浴于僧寺，潜备新衣一袭易其敝衣，俟其浴出，俾其从者举以衣之，而不以告。荆公服之如固有，初不以为异也。及为执政，或言其喜食獐脯者，其夫人闻而疑之曰：“公平日未尝有择于饮食，何忽独嗜此？”因令问左右执事者，曰：“何以知公之嗜獐脯耶？”曰：“每食不顾他物，而獐脯独尽，是以知之。”复问：“食时置獐脯何所？”曰：“在近匕箸处。”夫人曰：“明日姑易他物近匕箸。”既而，果食他物尽，而獐脯固在。而后人知其特以其近故食之，而初非有所嗜也。人见其太甚，或者多疑其伪云。

〔注〕 ① 苏明允著《辨奸》：世传《辨奸论》一文，或认为非苏洵（字明允）所作，乃他人的伪托。 ② 吕惠穆、韩献肃兄弟：惠穆系吕公弼的谥号；韩献肃兄弟指韩绛、韩维、韩缜兄弟，绛谥献肃。 ③ 玉汝：韩缜的字。

为改变北宋积贫积弱的现状，荆公王安石在宋神宗的大力支持下进行了改革。围绕着改革与反改革，朝野上下闹得沸沸扬扬。《宋史》对王安石变法多诬蔑不实之辞。最早辱骂王安石的笔记小说有《瑮语》《东轩笔录》《邵氏闻见录》等。南宋朱弁《曲洧旧闻》于王安石变法、蔡京绍述、角立之政等，言之尤详，其意在申明北宋一代兴衰治乱之由。《王荆公》即为其中一则。

小说欲攻击的是王安石简朴、直率的秉性。为达此目的，作者着意刻画了王安石我行我素的形象。王安石自少就不讲究衣着、饮食。在衣着上，不精挑细拣，浴于僧寺，被人有意换去破敝衣服，他毫不在意地穿上一套新衣而不觉有异。在饮食上，就近食獐肉干，换他物就近，他仍食近物而不顾獐肉干。作品以形象化的语言将王安石质朴、随意的生活习性真切传神地显现出来了。

王安石的如此秉性，本无可厚非。官场一向讲排场，摆阔气，奢侈腐化，铺张浪费，王安石不兴这一套，却不被时人理解。反改革派还因此大做文章，视王安石的举止不近人情，其吹毛求疵、谩骂攻击实在狠毒。好事者则费神费心，试图从衣食上捕风捉影，倘不是王安石夫人排疑，好事者差些将所谓的王安石嗜好獐肉干传为不争事实。王安石身为执政重臣，仍秉性自如，然其衣着饮食特性竟被人多疑为"伪"，与事实背道而驰。不管是著文，还是传闻，其穿透力很是强大，类如猛虎，甚见人心的险恶，世态的残酷。小说加在王安石头上的其实是莫须有的罪名而已。

小说中的王安石的形象，一方面是通过对他穿衣、饮食的不拘细节来表现，另一方面是通过旁观者的言行举止来衬托。这样，一个有血有肉的、真实的君子形象就展示在我们的面前。文欲盖却弥彰，小说本身的表达原旨有时与读者认识、感受审美有悖，本篇中的王安石形象即可为例证。（戴建国）

【作者小传】

张邦基

宋小说家。字子贤。高邮（今属江苏）人。生平事迹不详。作有小说集《墨庄漫录》等。

苏子由　　张邦基

苏子由在政府，子瞻为翰苑。有一故人与子由兄弟有旧者，来干子由，求差遣，久而未遂。一日，来见子瞻，且云："某有望内翰①，以一言为助。"公徐曰："旧闻有人贫甚，无以为生，乃谋伐冢，遂破一墓，见一人裸而坐曰：'尔不闻汉世王阳孙②乎？裸葬以矫世③，无物以济汝也。'复凿一冢，用力弥艰。既入，见一王者曰：‘我汉文帝也，遗制：圹中无纳金玉，器皆陶瓦，何以济汝？’复见有二冢相连，乃穿其在左者，久之方透。见一人曰：‘我伯夷④也，瘠羸，面有饥色，饿于首阳之下，无以应汝之求。’其人叹曰：‘用力之勤，无所获，不若更穿西家，或冀有得也。’瘠羸者谓曰：‘劝汝别谋于他所。汝视我形骸如此，舍弟叔齐岂能为人也？”故人大笑而去。

〔注〕 ① 内翰：唐宋称翰林为内翰。 ② 王阳孙：当作“杨王孙”。 ③ 矫世：矫正世俗。《汉书》六七《杨王孙传》：“王孙报曰：‘盖闻古之圣主，缘人情不忍其亲，故为制礼，吾是以裸葬，将以矫世也。”杨王孙，富翁，将死时遗命裸葬。 ④ 伯夷：殷朝孤竹君之子，周武王灭殷后不肯降服，与弟叔齐，逃于首阳山，不吃周粟，甘愿饿死。

本篇选自《墨庄漫录》。

本篇题名为《苏子由》，但没有用重笔叙写苏辙（字子由），主要落笔于苏轼（字子瞻）。行文风趣幽默，构思别致。

苏轼、苏辙兄弟官居京城，两人的一位老友向苏辙求差遣，久未成功，转而托苏轼走后门，苏轼便编造一则故事轻松地打发来者。小说看似轻笔随意，却成功地状写出三个各具特色的人物形象。苏辙不愠不怒，让老友痴心许久。苏轼巧妙周旋，使故交捧腹而去。两相比较，更见苏轼的机智风趣。作为故友，也不失为一智者，他掂出重轻，依官的大小找人，先求苏辙，后找苏轼；知辙久而不决，便想到苏轼处碰碰运气，而一上门就感受苏轼温柔的一刀，听上一则开怀的故事就大笑走人。

三人玩智，着重突出苏轼的秉正无私与智慧幽默。苏轼子虚乌有地编造贫者三伐墓冢而墓中人无物可济贫者的故事，并巧妙地与自己的地位、处境联系起来。墓中三人贫而不失人格，暗喻自己的秉正无私。精巧构思，大胆想象，苏轼的一席话使得老友自然折服醒悟。

小说笔墨集中在苏轼讲的笑话，显示其人物的思想性格。苏轼喜爱佛教，在此对故友的一席谈笑，如劝世良言，令对方幡然解悟；通过墓中三人所言，褒美的是儒家倡导的君子固穷与君子安贫乐道的高风亮节；墓中三人本依自然而生死，超越世俗（如裸葬矫世，皇帝简葬等），正是道家一向的本性。一则笑话，体现出苏轼思想上的三教融合，也体现出苏轼的浪漫气质与自由个性。无半句说教，事理却平易自然地流露出来，既含有机智，更蕴含理念。整个故事也因此变得喻理深刻，涵义丰厚。

（戴建国）

【作者小传】

洪　迈

(1123—1202)　宋史学家、文学家。字景卢，号容斋、野处老人。饶州鄱阳(今属江西)人。官至端明殿学士。作有小说集《夷坚志》《容斋随笔》等。

太原意娘　　洪　迈

京师[①]人杨从善，陷虏在云中[②]，以干如燕山[③]，饮于酒楼。见壁间留题，自称“太原意娘”，又有小词，皆寻忆良人[④]之语。认其姓名字画，盖表兄韩师厚妻王氏也。自乱离暌隔[⑤]，不复相闻。细验所书，墨尚湿，问酒家人，曰：“恰数妇女来共饮，其中一人索笔而书，去犹未远。”杨便起，追蹑[⑥]及之。

数人同行，其一衣紫佩金马盂[⑦]，以帛拥项[⑧]，见杨愕然，不敢公招唤，时时举目使相送。逮夜，众散，引杨到大宅门外，立语曰：“顷与良人避地至淮泗[⑨]，为虏所掠。其酋撒八太尉者欲相逼，我义不受辱，引刀自刭不殊[⑩]。大酋之妻韩国夫人闻而怜我，亟命救疗，且以自随。苍黄[⑪]别良人，不知安往，似闻在江南为官，每念念不能释。此韩国宅也，适与女伴出游，因感而书壁，不谓叔见之。乘间[⑫]愿再访我，倘得良人音息幸见报。”杨恐宅内人出，不敢久留连，怅然告别。虽眷眷于怀，未敢复往。

它日，但之酒楼瞻玩墨迹，忽睹别壁新题字并悼亡一词，正所谓韩师厚也。惊扣此为谁，酒家曰：“南朝[⑬]遣使通和在馆，有四五人来买酒，此盖其所书。”时法禁未立，奉使官属尚得与外人相往来。杨急诣馆，果见韩，把手悲喜，为言意娘所在。韩骇曰：“忆遭掠时，亲见其自刎死，那得生？”杨固执前说，邀与俱至向一宅，则阒[⑭]无人居，荒草如织。逢墙外打线媪，试告焉。媪曰：“意娘实在此，然非生者。昨韩国夫人闵[⑮]其节义，为火骨[⑯]以来，韩国亡，因随葬此。”遂指示窆处[17]。二人逾垣入，恍然见从庑下趣[18]室中，皆惊惧。然业已至，即随之，乃韩国影堂[19]，傍绘意娘像，衣貌悉曩[20]所见。韩悲痛还馆，具酒殽，作文祭酹[21]，欲挈遗烬[22]归，拜而祝曰："愿往不愿往，当以影响[23]相告。"良久，出现曰："劳君爱念，孤魂寓此，岂不愿有归？然从君而南，得常常善视我，庶慰冥漠[24]；君如更娶妻，不复我顾，则不若不南之愈也[25]。"韩感泣，誓不再娶。于是窃发冢，裹骨归，至建康，备礼卜葬，每旬日辄往临视。

后数年，韩无以为家，竟有所娶，而于故妻墓稍益疏。梦其来，怨恚[26]甚切，曰："我在彼甚安，君强携我。今正违誓言。不忍独寂寞，须屈君同此况味[27]。"韩愧怖得病，知不可免，不数日卒。

〔注〕 ① 京师：指北宋都城汴梁，今河南开封。 ② 陷虏：为金人所掠。云中：府名，治所在今山西大同。 ③ 以干如燕山：因公事来到燕山。燕山：府名。辖今北京市及附近大兴、昌平等地。 ④ 良人：旧指丈夫。 ⑤ 暌(kuí)隔：分离远隔。 ⑥ 追蹑(niè)：追赶跟踪。 ⑦ 金马盂：一种饰物。 ⑧ 以帛拥项：用绸巾围着脖子。 ⑨ 顷：不久前。淮泗：淮河泗水一带。 ⑩ 不殊：没有成功。 ⑪ 苍黄：同"仓皇"，匆促的样子。 ⑫ 乘间：抽空。 ⑬ 南朝：指南宋王朝。 ⑭ 阒(qù)：寂静。 ⑮ 昨：以前。闵：同"悯"。 ⑯ 火骨：尸体火化。 ⑰ 窆(biǎn)处：安葬的墓地。 ⑱ 庑(wǔ)：庭堂四周的廊屋。趣：通"趋"，急走。 ⑲ 影堂：放置遗像的房屋。 ⑳ 曩(nǎng，上声)：从前。 ㉑ 祭酹(lèi)：祭奠。酹：浇酒地上。 ㉒ 遗烬：骨灰。 ㉓ 影响：此处指亡灵的身影和声响。 ㉔ 冥漠：阴间的寂寞。 ㉕ "则不若"句：那么不如不到南方去更好。 ㉖ 怨恚(huì)：怨恨。 ㉗ 况味：境况和滋味。

尽管儒家主张"敬鬼神而远之"，但在中国民间却一直存在着祭鬼祀神的传统习俗。小说家们也乐于张皇鬼神，称道灵异，借鬼神的世界来折射人世百相，通过鬼情鬼态来反映人情的真伪。因而志怪小说一直是我国古典小说中一个长盛不衰的品种。

《太原意娘》即选自志怪小说集《夷坚志》，是一篇审美内涵异常丰富的志怪小说。作品中的女主人公意娘，在金兵入侵而南行避乱的途中被金人掳去，因不愿屈从敌酋而引刀自刎。身亡化鬼之后一灵不昧，对在江南为官的丈夫念念不能释怀，于是在酒楼的墙壁上题诗寻夫，署名"太原意娘"。其夫韩师厚得知后作文祭奠，意娘魂魄显形，倾诉离别之情。韩师厚感动而泣，希望携带她的骨殖南归。意娘怕到南方后孤魂无所归依，便向丈夫提出了"得常常善视我"的要求，直到韩师厚发誓终身不娶，方才同意迁骨。数年后，韩师厚食言，另续新欢，意娘怨恚疾愤，托梦指责丈夫，并表示要让韩师厚和她一起体验阴间生活的境况和情味，韩师厚惊恐而死。小说中的意娘，是一个坚贞不屈、品行高洁的女子，对丈夫情深意笃、敢爱敢恨。她坚守节义而死，死后仍对爱情执著专一，她希望男女之间互相尊重，严厉指责忘情负约的丈夫。在小说中，意娘都是以鬼的身份出现的，但在她的身上仍然具有人的情感和心理，充分体现了没有被时代风雨剥蚀风化的美好情愫和美好人性。意娘的丈夫韩师厚，原本对亡妻也怀有深情，这从他壁间题悼亡诗、造访废宅、作文祭奠、誓不再娶、裹意娘骨灰归建康、备礼卜葬等种种行动中可以觇知。小说通过意娘与韩师厚生离死别的故事，表现了他们夫妇之间生死不渝的依依深情。《喻世明言》卷三十《金明池吴清逢爱爱》开篇引诗云："朱文灯下逢刘倩，师厚燕山逢故人。隔断死生终不泯，人间最切是深情。"小说热情歌颂了夫妻恩爱历劫难而不泯的"深情"，对读者无疑具有一种刺目锥心的情感冲击力。

对韩师厚，小说采用了先扬后抑的手法，谴责了他违誓另娶的行为。固然，夫妻双方在一方先亡的情况下，要求另一方终身不娶或不嫁，未免不近情理，但在小说作者看来，既然韩师厚已经答应意娘不再续弦，而意娘对他又是如此诚笃无私，为他守节而亡的，夫妇间的挚爱又是意娘唯一的精神支柱，他再忘情负义诚属不该。与意娘相比，韩师厚的人格尤其显得猥琐而卑微。这是小说作者所要表达的道德观念。

小说所写的悲剧以金人入侵、宋室南迁的历史动乱时期为背景，因而具有深刻的时代意义。小说展现了北方人民流离漂泊、身膏草野的悲惨画面。意娘的凄惨遭遇，只不过是千百万个家破人亡的悲剧中的一个典型事例罢了。意娘义不受辱，其凛然不可犯的节操，显示了鲜明的民族意识和民族气节；人鬼相逢、携骨南归的故事，透露了强烈的故国乡关之情。小说也寄托了作者对在民族灾难中死于非命的同胞们的哀悼和追思，有学者指出，"它是一首梦魂萦绕、作鬼也南来的招魂曲"（杨义《中国古典小说史论》），因而，整篇小说流贯着一种凄凉哀婉的氛围和基调。

《太原意娘》的情节大开大阖，颇多戏剧性场面。作者善于借助细节点缀和环境渲染来刻画人物性格，传达人物情绪。小说前半部分采用了第三者杨从善的视角，改常见的全知叙事为半知限制叙事，因杨从善不知意娘已死，这样就为读者设下了意娘是人还是鬼的疑团，故事也就更显得扑朔迷离，增色诱人。

（张蕊青）

庞安常针 洪 迈

朱新仲祖居桐城[①]时，亲识[②]间一妇人妊娠将产，七日而子不下，药饵符水[③]，无所不用，待死而已。

名医李幾道偶在朱公舍，朱邀视之。李曰："此百药无可施，惟有针法。然吾艺未至此，不敢措手[④]也。"遂还。而幾道之师庞安常[⑤]适过门，遂同谒朱。朱告之故，曰："其家不敢屈先生。然人命至重，能不惜一行救之否？"安常许诺，相与同往。

才见孕者，即连呼曰："不死。"令家人以汤温[⑥]其腰腹间。安常以手上下拊摩之。孕者觉肠胃微痛，呻吟间生一男子，母子皆无恙。其家惊喜拜谢，敬之如神，而不知其所以然。安常曰："儿已出胞[⑦]，而一手误执母肠胃，不复能脱，故虽投药而无益。适吾隔腹扪儿手所在，针其虎口，儿既痛，即缩手，所以遽生[⑧]，无他术也。"令取儿视之，右手虎口针痕存焉。其妙至此。

〔注〕 ① 朱新仲：即朱翌(1098—1167)，字新仲，南宋人，官至中书舍人。桐城：县名。今安徽桐城市。 ② 亲识：亲戚朋友。 ③ 符水：信奉迷信者用以治病的符箓、咒水。 ④ 措手：着手医治。 ⑤ 庞安常：即宋代名医庞安时(1042—1099)，字安常，蕲水(今湖北浠水)人，著有《难经解》。 ⑥ 汤：热水。温：热敷。 ⑦ 胞：胞衣，俗称"胎衣"。 ⑧ 遽生：立刻生下来。

本篇出自《夷坚志》。写宋代名医庞安常以针灸法助产，一针救活母子两人的故事，颂扬了庞安常高超的医术和针灸的神奇功效。

小说并没有让名医一开始就上场亮相，而是采用了层层铺垫的方法。先以病人情况危急来烘托：孕妇难产，七日不生，许多疗法均告无效，众医无措，母子生命危在旦夕。小说发端便渲染了一种紧张气氛，紧紧攫住了读者的注意力。

接着用另一名医来烘托。这位名医是庞安常的学生李幾道。李大夫见到病人后即指出："此百药无可施，唯有针法。"提出的救治方案与常医迥异，足见其颇通医道。然李幾道又如实告知自己的医术尚未臻化境，对孕妇的病情仍不敢措手。如此远铺近垫，终于引出了神医庞安常。

对于庞安常的治病过程，小说写得惜墨如金，藏头去尾，令人感到神奇莫测。庞神医一出场就与众不同，连呼"不死"，显得经验丰富，胸有成竹。他治病的方法，一是用热水在病人腰腹间做热敷，二是以手上下拊摩，而疗效异常显著。不一会，孕妇在“呻吟间生一男子”，且“母子皆无恙”。至此，读者不免顿生疑窦，就连小说中孕妇的家人，当时也不知其解。其实，庞安常的治疗方法已平常得不能再平常了，何以能产生如此神奇的疗效？小说中既然已说明只能用针灸疗法医治，为何却始终未见庞神医的用针呢？

小说最后借神医本人之口为读者释疑。原来，婴儿早已出了胎衣，但因一手误执母亲的肠胃，故而难产。神医用针刺小儿的虎口，小儿松手，母子也就得救。作者又用小儿手上的针痕印证神医之语，令读者叹服。

神医能隔腹摸准胎中小儿虎口的位置并果敢下针，且用针时竟连旁观者都没发觉，足见其胆大心细，技艺精湛。前文没有写针，正是为了突出神医针术之“神”，是不写之写。

小说正是以奇妙的构思，避免了平铺直叙造成的枯燥呆板，因而叙事饶有波澜，情趣盎然。

（张蕊青）

【作者小传】

王明清

(1127—?)　宋小说家。字仲言。汝阴(今安徽阜阳)人。曾任宁国军节度判官、浙江参议官等。作有小说集《投辖录》等。

茶肆还金　　王明清

京师[1]樊楼畔，有一小茶肆，甚潇洒清洁，皆一品器皿，椅桌皆济楚[2]，故卖茶极盛。熙、丰[3]间，有一士人，邵武[4]军人李氏，在肆前遇一旧相知，引就茶肆，相叙渴别之怀。先有金数十两，别为袋子系于肘腋间，以防水火盗贼之虞。时春月乍暖，士人因解卸衣服次[5]，置此金于茶桌之上，未及收拾。旧知招往樊楼会饮，遂忘记携出。饮极欢，夜深将灭灯火，方始省记。李以茶肆中往来者如织，必不可根究，遂息心，更不去询问。

后数年李复过此肆，因与同行者曰：“某往年在此曾失去一包金子，自谓狼狈冻馁，不能得回家。今日天与之幸，复能至此。”主人闻之，进相揖曰：“官人说甚么事？”李曰：“某三四年前曾在盛肆啜茶，遗下一包金子。是时以相知招饮，夜深方觉，自知其不可寻，遂一向归安于下处，更不曾拜禀。”主人徐徐思之曰：“官人彼时著毛衫，在里边坐乎？”李曰：“然。”又曰：“前面坐者著皂披袄乎？”李曰：“然。”主人曰：“此物是小人收得，彼时亦随背赶来送还，而官人行速，于稠人广众中，不可辨认，遂为收取。意官人明日必来取。某不曾为开，觉得甚重，想是黄白之物也。官人但说得片数称两同，即领去。”李曰：“果收得，吾当与你中分。”主人笑而不答。

茶肆上有一小棚楼，主人捧小梯登楼。李随至楼上，见其中收得人所遗失之物，如伞扇衣服器皿之属甚多，各有标题曰某年某月某日某色人所遗下者，僧道妇人即曰僧道妇人，其杂色人则曰其人似商贾、似官员秀才、似公吏，不知者则曰不知其人。就楼角寻得一小袱，封结如故，上标曰某年月日一官人所遗下。遂相引下楼，集众再问李片数称两。李曰计若干片，若干两。主人开之，与李所言相符，即举以付李。李分一半与之，主人曰：“官人想亦读书，何不知人如此。义利之分，古人所重。小人若重利轻义，则匿而不告，官人待如何？又不可以官法相加。所以然者，常恐有愧于心故也。”李既知其不受，但惭怍失言，加礼逊谢，请上樊楼饮酒，亦坚辞不往。时茶肆中五十余人，皆以手加额，咨嗟叹息，谓世所罕见焉。

识者谓伊尹之一介不取⑥，杨震之畏四知⑦，亦不过是。惜乎名不附于国史，附之亦卓行之流也。今邵武军光泽县乌州诸李，衣冠颇盛，乃士人之宗族子孙。高殿院之子元辅，乃李氏亲，尝与予具言其事。

〔注〕 ① 京师：指北宋的京城汴京，即今河南开封市。 ② 济楚：整齐鲜明。 ③ 熙、丰：北宋宋神宗在位时的年号。熙，熙宁（1068—1077）。丰，元丰（1078—1085）。 ④ 邵武：古地名，即今福建邵武。 ⑤ 次：中间。 ⑥ 伊尹之一介不取：伊尹，商汤的大臣。一介，介通“芥”，草芥。比喻轻微。此句是说伊尹清廉。 ⑦ 杨震之畏四知：杨震是东汉名臣，他在升任荆州刺史、东莱太守时，路过昌邑。昌邑县令王密是杨震提拔的人，他在晚上带着黄金去拜

见杨震，杨震拒绝接受。王密说现在是晚上，没有人知道。杨震说："天知、神知、我知、子知，何谓无知？"王密惭愧而去。

本篇选自《摭青杂说》。

拾金不昧的行为，无论是在哪一个社会哪一个时代都被认为是一种高尚的行为。这篇故事所记述的就是发生在北宋时期的一件非常感人的拾金不昧的故事，它充分说明了拾金不昧一直是中华民族的优秀品质和优良传统。

在中国古代，重农抑商的观念非常严重，商人被认为是好利忘义之人，而这篇故事却热情赞美了一个开茶馆的小商人的高尚行为。作者连他的名字也不知道，只是称他为"主人"，我们姑且称他为"茶馆主人"吧。这篇故事虽然很短，但时间跨度却很长，从李氏的丢金到金子的失而复得，前后经过了三四年的时间，而时间跨度越长，就越是表现出茶馆主人不贪金钱的高尚品德。李氏丢失金子后，根据常理认为不可能再找回来，于是就"不更去询问"。如果不看后面的文字，我们也会有和李氏同样的想法。可是奇迹偏偏在我们认为不可能的情况下发生了。几年之后，一个偶然的机会，李氏与朋友又来到茶馆，无意中谈起自己当年丢失金子的事。茶馆主人听到后，便动问道："官人说什么事？"从茶馆主人的行为我们不难看出，几年以来他一直在留心失金客人的情况，这就比较真实地反映出他为人的厚道。当李氏跟随茶馆主人来到小棚楼时，发现里面放着很多客人遗失的东西，而且每件东西上还写明丢失者的身份和日期。读到这里，我们不得不赞叹茶馆主人的认真、细心，并从中看到他的真诚和善良。当李氏为了表示谢意要和茶馆主人平分金子时，茶馆主人却谈出了一番义利之分的大道理，致使作为读书人的李氏也不由得"愧怍不言"。可知茶馆主人是一个深明大义的商人。最后，作者又采用侧面烘托渲染的手法，通过旁观者之口赞叹茶馆主人的侠义行为是"世所罕见"。在讲完故事之后，作者犹觉意犹未尽，又将茶馆主人与伊尹、杨震这类历史名人相比，认为茶馆主人如果载入正史，也是"卓行之流"，丝毫不比伊尹、杨震逊色。作者调动了叙述、描写、议论等多种表现手法，将茶馆主人这位小人物的形象描绘得可敬可佩，赞美之情溢于言表。敢于为小人物树碑立传，这正表现出作者的识见不凡。

善于通过细节描写表现茶馆主人的形象是这篇故事的一个特点。对于茶馆主人的语言、行为，作者虽着墨不多，写来却很丰满生动。比如，他听到李氏谈到丢失金子的事后，立即前去搭话，说明他对客人失物的关心。李氏讲明失金的经过，他"徐徐思之"，甚至还记得李氏当年穿的衣服和所坐的位置。找到李氏遗失的金子后，他并没有轻易将金子交出，而是详细问明了李氏失金的数目后，才将金子还给李氏，足以看出他的慎重细心。茶馆主人的语言行为看上去很自然，也很平凡，但他那高尚的品格正是在这自然平凡中流露出来的，使人觉得真实可信。

（魏崇新）

【作者小传】

康与之

宋诗人。字伯可，号退轩。洛阳（今属河南）人。曾任军器监丞、福建安抚司主管机宜文字。作有小说集《昨梦录》（一说为其弟康誉之著）等。

杨氏三兄弟

康与之

宣政[①]间，杨可试、可弼、可辅兄弟读书精通《易》数[②]，明风角、云祲、鸟占、孤虚[③]之术，于兵书尤邃。三人皆名将也，自燕山回，语先人曰："吾数载前在西京[④]山中遇老人语甚款[⑤]，颇相喜，劝予勿仕，隐可也。予问何地可隐，老人曰：'欲知之否？'乃引予入山，有大穴焉，老人先入，杨从之，穴渐小，扶服以入，约三四十步，即渐宽，又三四十步出穴，即田土鸡犬陶冶，居民大聚落也。至一家，其人来迎，笑谓老人曰：'久不来矣。'老人谓曰：'此公欲来，能相容否？'对曰：'此中地阔而民居鲜少，常欲人来居而不可得，敢不容耶？'乃以酒相劝饮，酒味薄而醇，其香郁烈，人间所无，且杀鸡为黍，意极欢至，语杨曰：'速来居此，不幸天下乱，以一丸泥封穴口，则人何得而至。'又曰：'此间居民虽异姓，然皆信厚和睦，同气不若也，故能同居。苟志趣不同，疑间争夺，则皆不愿其来。吾今观子神气骨相，非贵官即名士也。老人肯相引至此，则子必贤者矣。吾此间凡衣服、饮食、牛畜、丝纩、麻枲之属，皆不私藏，与众均之，故可同处。子果来，勿携金珠、锦绣、珍异等物，在此俱无用，且起争端，徒手而来可也。'指一家曰：'彼来亦未久，有绮縠珠玑之属，众共焚之。所享者惟米薪鱼肉蔬果，此不缺也，惟计口授地，以耕以蚕，不可取衣食于他人耳。'杨谢而从之，又戒曰:‘子来或迟,则封穴矣。’迫暮与老人同出。今吾兄弟皆休官以往矣,公能相从否?”于是三杨自中山归洛,乃尽捐囊箱所有,易丝与棉布绢先寄穴中人,后闻可试幅巾布袍卖卜,二弟筑室山中不出,俟天下果扰攘,则共入穴。自是声不相闻,先人遣人至筑室之地访之,则屋已易三主,三杨所向不可得而知也。及绍兴和好之成,金人归我三京[⑥],予至京师访旧居,忽有人问:“此有康通判居否?”出一书相示,则杨手札也。书中致问吾家,意极殷勤。且云:“予居于此,饮食安寝,终日无一毫事,何必更求仙乎?公能来甚善。”予报以“先人没于辛亥岁,今居宜兴,俟三京帖然[⑦],则奉老母以还。先生不忘先人,再能寄声以付诸孤,则可访先生于清净境中矣”。未几金人渝盟[⑧],予颠顿还江南,自此不复通问。

〔注〕①宣政:宋徽宗年号宣和(1119—1125)与政和(1111—1118)的合称。②《易》数:用《周易》中的卦进行占卜。③风角、云祲、鸟占、孤虚:都是占候学名词。④西京:洛阳。宋时曾以洛阳为西京。⑤款:殷勤周到。⑥三京:指洛阳、开封、商丘。三地都曾做过北宋的首都。⑦帖然:妥帖、太平。⑧渝盟:违背盟约。

《杨氏三兄弟》一文录自康与之的笔记小说《昨梦录》。

本篇是以作者自己的见闻为基础写成的,但真实性如何也难以考证。写的是原来曾经是抗金将领的杨氏三兄弟退役以后隐居的故事。故事明显受到陶渊明《桃花源记》的影响,也提到了一个类似桃花源的地方。杨氏兄弟对他的“先人”(父亲)述说的是一个老人带领他们去参观了一个洞的情形,其描述的情景,使用的语言和《桃花源记》都很类似,几有抄袭之嫌。

但是二者又有大不相同处。最大的不同有两点:一是洞里的人绝不像《桃花源记》里的居民那样古朴醇厚,“怡然自乐”,和对外来人真诚欢迎。这个洞里的人,对外来人心存警惕戒备,对他们到来提了许多条件,不许这,不许那,防范意识很强。二是他们的社会面貌并不是桃花源中那种自然状态下的返璞归真,而是人为的某种强制执行的平均主义制度。“计口授地,以耕以蚕”,一切物资都要平均分配,经济上实行严密的管理。他们以人类已经建立的物质文明和文化为敌,“金珠、锦绣、珍异”之物,不准带进来,带来的也要烧掉,免得引起争端。这是从晋宋以后数百年来,人类文明有了长足发展,也更显示出文明对人类社会的负面作用在小说中的反映。总之,把它看成是宋金时期战乱中形成的一个权宜的避难所是可以的,但不是一个像桃花源那样令人向往的理想国。

无论这个洞的存在是真是假,康与之写出这样的作品都曲折地透露出他对现实的一种态度。文中提到了绍兴和议(即所谓"绍兴和好")是在宋高宗十一年。这一年南宋在打了许多胜仗之后,却与金议和,订立了向金朝赔款割地,以求屈辱地偏安东南一隅的耻辱条约。岳飞父子也在这一年被杀。这是千古之后人们谈起时还充满愤慨的。作者没有直接表示对条约的不满,只是描写三个抗金名将不再打仗而寻求隐居避难,居住到山洞里去了。这应该说是作者借此曲折地发出的一声感叹。结尾处提到了"金人渝盟",自己也"颠顿还江南",还要过颠沛流离的生活,不能说作者是一个在国难时期真正企图置身事外,麻木不仁的人。

(姚品文)

【作者小传】

周 煇

宋小说家。字昭礼。海陵(今江苏泰州)人,寓居杭州。工文嗜学,隐居未仕。作有小说集《清波杂志》等。

李　琦

周 煇

东坡在黄冈,每用官奴侑觞[①]。群姬持纸乞歌词,不违其意而予之。有李琦者独未蒙赐,一日有请,坡乘醉书:"东坡五载黄州住,何事无言赠李琦。"后句未续,移时乃以"却似城南杜工部,海棠虽好不吟诗"足之,奖饰乃出诸人右。其人自此声价增重,殆类子美诗中黄四娘。

〔注〕 ① 侑觞:劝酒,助酒兴。

本篇出自《清波杂志》。

这是东坡逸事中颇为风趣的一则。该趣闻又见于宋陈岩肖的《庚溪诗话》及何薳的《春渚纪闻》,但后两则所表述的语言有较大出入,且所记歌妓的名字也不同,有曰"李宜"或曰"李琪"者。可见这一故事在当时士大夫中流传之广,骚人墨客对它兴致之浓。

封建士大夫喜以歌妓侑酒,从中作乐,此乃当时社会里一种普遍的现象。才华横溢、卓尔不群的苏轼,也未能免俗。在这种特定的环境中,"酒"和"色"对于提高诗人的创作灵感,似乎起到了催化剂的作用。

但苏轼与歌妓的交往,应该说更多地注重于精神上的交流,它是在尊重对方人格基础上的一种心灵之沟通,这样也就有别于以占有对方肉体为目的的淫亵之欲。而歌妓喜欢苏轼的重要原因,是苏轼具有相当深厚的文化积淀,举止儒雅、谈吐幽默,而又不失赤子之心和仁者之爱。她们把苏轼引为知音,以得到其画诗词作为一种荣耀。

这则逸事写的正是歌妓李琦如何向苏轼求取赠诗。一般说来,苏轼对于那些"乞歌"者,总是"不违其意而予之"。惟其不违求者之意,有时便难免"违己之意"。在这样的心境下作诗写字,便难免出现赶任务式的应付。但这只是"一般"而言。对于李琦,苏轼则是"特别"的:谪居黄冈,赋闲五载,每次呼朋聚饮,能无李琦?平时高谈阔论,"何事无言"及她?从这里足见李琦色之绝、艺之精、情之真、品之高!也足见她在苏轼心灵中占有的位置。因此,当这位令苏轼心仪的女子向他"乞歌"时,苏轼当然是非常乐意接受的。

苏轼之所以为苏轼,在于他所作的诗歌也显得迥异同侪。他的作诗,是在"乘醉"之时,用一种极俚俗、极平淡的语词,讲一些与古诗题不甚相干的话,以造成幽默诙谐的效果,然后才陡然语转,脱俗入雅,以出人意料的诗境,让人体会到诗人的真正用心。在一首小诗里造成波澜,可谓匠心独运。尤其值得一提的是,苏轼以海棠喻李琦,给接受者和读者留下了审美想象的空间。据说四川之海棠为天下之最奇艳者,一生最爱海棠的唐代诗人杜甫,却于避蜀时无只字说着,这显然是一种珍藏于心灵深处的高洁无言之爱。苏轼的心境,也有类于杜甫的心境,这一点,相信有相当艺术修养的李琦是能从诗里读出味道来的。若能如此,苏轼便达到了颂美致情的真正目的,李琦也不枉为苏轼的真正知音者。

另据《古今诗话》载,东坡贬黄州,住定惠院之东,时杂花满山,而海棠仅有一株,乡人不知为贵,东坡却作一长篇以记此事,并认为此乃平生最得意之作。又据《冷斋夜话》载,秦少游于黄州,饮于海棠花旁,乘兴醉卧丛边,次日酒醒,作咏海棠词,苏轼大为称赏。从这两则故事,更可见苏轼为海棠花之迷恋者,其以海棠称美李琦,用意自不待言。

（陈建华）

【作者小传】

庄季裕

宋小说家。名绰,字季裕。清源(今山西清徐)人。建炎间知鄂州。作有小说集《鸡肋编》等。

米 元 章 　庄季裕

米芾元章，或云其母本产媪，出入禁中，以劳补其子为殿侍，后登进士第。善书，尤工临模，人有古帖，假①去，率多为其模易真本。至于纸素②破污，皆能为之，卒莫辨也。有好洁之癖，任太常博士，奉祠太庙，乃洗去祭服藻火③，而坐是被黜。然亦半出不情④。其知涟水军日，先公为漕使，每传观公牍，未尝涤手。余昆弟访之，方授刺⑤，则已须盥矣。以是知其为伪也。宗室华源郡王仲御家多声妓，尝欲验之。大会宾客，独设一榻待之，使数卒解衣袒臂，奉其酒馔，姬侍环于他客，杯盘狼藉，久之，亦自迁坐于众宾之间。乃知洁疾非天性也。然人物标致可爱，故一时名士俱与之游。其作文亦狂怪。尝作诗云："饭白云留子，茶甘露有兄。"人不省"露兄"故实，叩之，乃曰："只是甘露哥哥耳。"大观中，至礼部员外郎知淮阳军卒。

〔注〕 ① 假：借。 ② 素：写字用的丝绸或纸张。 ③ 藻火：海藻、火焰，是古代官吏绣在官服上的图案。 ④ 不情：不合乎常理。 ⑤ 刺：名帖，相当于后来的名片。

本篇出自《鸡肋篇》。

米芾，字元章。《宋史》有传，记载了他三方面的事迹：一，他是宋代有名的金石书画家，对金石书画非常痴迷，见到喜欢的就会千方百计收归已有；二，在服饰和行为方面，喜欢特立独行。"冠服效唐人，风神萧散，音吐清畅，所至人聚观之。而好洁成癖，至不与人同巾器"；三，说话、作文幽默、诙谐，常常被人传笑。

这篇小短文也叙述到了米芾的这三方面的特点，其中对他"好洁"的记载比较有特色。六朝轶事小说，如《世说新语》，"记言则玄远冷峻，记行则高简瑰奇，下至谬惑，亦资一笑"（鲁迅《中国小说史略》）。总之，目的是为了突现某些言论或行为，效果多近于怪诞。而宋人的笔记多求征实，征实有时会损害文学的虚构性、形象性，但有时也恰恰增强了人物性格的丰富性、复杂性，使人物形象变得有血有肉，反而更符合艺术的真实性原则。短文中记载米芾的"好洁"正体现了这一点。米芾有洁癖，短文在记述时并没有一味地去渲染、夸张他的洁癖，而是从日常的事件中观察和证实他的"好洁"：先是记述传闻，米芾"洗去祭服藻火，而坐是被黜"，行事如此不合乎常情，使人人皆知其有洁癖，表现了他好洁的极端方面；"传观公牍，未曾涤手"，可是有人拜访他，他刚刚拿到人家的名帖，就要去洗手。大约是因为有闲暇，所以忽然想起了自己的洁癖，而伪装"好洁"。这是作者对比亲戚的见闻，说明米芾的洁癖有时是在伪装，显示了他性格中矫情、做作的一面；在酒宴上，主人为了验证米芾的洁癖，为他单独设席，但他却不知不觉混迹于姬侍和众宾中间，把"好洁之癖"抛到了九霄云外，身边杯盘狼藉也毫不介意，这又显示了其性格中自然率真的一面。通过方方面面的展示，米芾可笑又可爱、可厌而不可憎的形象便跃然纸上了。

（宁俊红）

【作者小传】

施德操

宋小说家。字彦执。盐官（今浙江海宁）人。为人力行好学。作有小说集《北窗炙輠》等。

卖 勃 荷

施德操

俞与材说：其所知史保人，家京师。有卖勃荷[①]者，其家尝买之。一日天大暑，勃荷者至，渴甚，乞水于史。史乃以尊酒饮之，其人遂感激而去。后京师被围，史缒[②]城出。时城外悉为煨烬[③]，四顾人马复寂然。史茫茫行野中，忧恐甚；俄而见茅店两间，史急趋之，则乃一人家。主人见史大惊曰："官人何为至此？此去咫尺即大兵，不可前，幸当留此。"所以慰籍[④]史者甚厚。史乃问："君为谁？"其人曰："官人忘之乎？即卖勃荷者也。异时尝蒙官人尊酒之赐，时常不忘。今官人幸至此，某报尊酒之秋也。"史曰："近京城外皆灰灭，汝独能存何也？"曰："某与一千人长[⑤]厚善，故得保全至今，然行即遁耳。"且谓史曰："此人今当至，官人当伏床下。"语未毕，所谓千人长者果至，与其人语，久之乃去。史乃出，问曰："汝何为与此人善？"曰："家本旅店，此人曩时作河北商，往来京师十余年，常馆于吾家。吾家待之甚厚，此人常德某。故今始知此人非商也，乃金人间尔。"后数日，所谓千人长者，遂卫其家出围，史因其人得免。案《金人败盟录》，言金人本小国，一旦崛起。今据其间者，乃往来京师十余年耳，则金人谋我国已久矣。所谓崛起者，非一日也。史乃独以尊酒之惠，其人感恩，遂能免于死，恩之施人，其报效乃如此！

〔注〕 ① 勃荷：即薄荷。 ② 缒(zhuì)：系在绳子上放下去。 ③ 煨(wēi)烬：灰烬。④ 籍：通"藉"。 ⑤ 千人长：军官名。金太祖始授汉人降臣为千户，千户又称千夫长，是世袭军职。千人长可能就是千夫长。

本篇选自《北窗炙锞录》。

俗话说，"无巧不成书"，这篇《卖勃荷》中所讲的故事处处都靠一个"巧"字在连缀。史保人当年无意中施舍给卖勃荷的一碗水酒，后来京城被金人围攻，史保人攀着绳子逃出城外，四顾茫然，就在他又担心又害怕的时候，碰巧遇到卖勃荷者，被卖勃荷者收留，才幸免于难。卖勃荷者当年开旅店时，无意中与一个河北商人结下了情谊，碰巧这个河北商人其实是金人的间谍，所以在宋金交战，城外被烧成一片灰烬的时节，卖勃荷者因为"河北商人"的缘故而成为幸存者。

这是一个奇巧的连环报效，种种巧遇虽出于偶然，而在巧遇背后支撑这些偶然的，是人情的必然：史保人眷顾卖勃荷者，卖勃荷者眷顾河北商人，是出于人们善良的本性；卖勃荷者诚心诚意收留史保人，河北商人解救卖勃荷者，都是因为人们懂得滴水之恩涌泉相报。人要善待他人、要知恩图报，这是作者叙述这个故事的主要意图之一。

作者另外一个主要意图是要通过"河北商人"这件事说明：金人的崛起不是一朝一夕的事情，金灭北宋也是谋划已久的结果。以此来告诫当时的人勿以大国自居，应以史为鉴，奋发图强。这本来是一个沉痛的教训，因为宋人记事较客观冷静，没有从感情和民族道义上去谴责任何人，这样做也势必与他上面一个意图产生矛盾，所以，这个教训虽然总结得没有错，但出现在一个连环报效的故事后面，多少有些让人感到意外，反思的效果就相对减弱了。 (宁俊红)

【作者小传】

郭 象

宋小说家。字伯象。和州(今安徽和县)人。由进士历知兴国军。作有小说集《睽车志》等。

刘先生　　郭象

刘先生者，河朔人，年六十余，居衡岳紫盖峰下。间出衡山县市，从人丐，得钱，则市盐酪径归，尽则更出。日携一竹篮，中贮大小笔、棕帚、麻拂数事，遍游诸寺庙，拂拭神佛塑像。鼻耳窍有尘土，即以笔捻出之，率以为常。环百里人皆熟识之。县市一富人，尝赠一衲袍，刘欣谢而去。越数日见之，则故褐①如初。问之，云："吾几为子所累。吾常日出庵，有门不掩；既归就寝，门亦不扃②。自得袍之后，不衣而出则心系念。因市一锁，出则锁之，或衣以出，夜归则牢关以备盗，数日营营，不能自决。今日偶衣至市，忽自悟以一袍故，使方寸③如此，是大可笑！适遇一人过前，即脱袍与之，吾心方坦然，无复系念。嘻！吾几为子所累矣。"

尝至上封，归路遇雨。视道边一冢有穴，遂入以避。会昏暮，因就寝。夜将半，睡觉，雨止，月明透穴，照圹中，历历可见，甓甃④甚光洁，北壁惟白骨一具，自顶至足俱全，余无一物。刘方起坐，少近视之。白骨倏然而起，急前抱刘。刘极力奋击，乃零落堕地，不复动矣。刘出，每与人谈此异。或曰：此非怪也。刘真气壮盛，足以翕附枯骨耳。今儿意拔鸡羽置之怀，以手指上下引之，随应，羽稍折断即不应，亦此类也。

〔注〕 ① 褐：古代一种麻布粗衣。 ② 扃：关。 ③ 方寸：指心。 ④ 甓甃(pì zhòu)：甓，砖。甃，以砖砌(井、池之壁)。

本文选自南宋人郭彖所撰笔记《睽车志》。该书多载南宋时事，也间录汴京旧闻。书中尤多鬼神怪异之事，书名《睽车志》，即由《易经·睽卦》"载鬼一车"之语而来。不过这里所选的《刘先生》，却带有写实的意向，尽管所叙的两个故事中，后一个仍未脱略神鬼之气。

刘先生是个小人物，身份低微，形同乞丐，靠行乞维持着最低的生活标准。然而人们却要尊称他一声"先生"，只因他与一般乞丐大不相同。一来，他并非游手好闲的寄生之辈，而是终日忙碌，以自己特有的方式——为各处寺庙的神佛塑像扫土除尘，来实现自己的价值；且坚持不懈、"率以为常"。现代读者固可嗤笑这种行为，然而其毫无功利之心的虔诚态度，也仍有感人之处。

更重要的是，刘先生还是位哲人，善于从生活琐事中提炼人生哲理。小说重点讲述了"衲袍故事"：一件富人施予的衲袍，使寄身土庵、一贫如洗的刘先生一朝成了"有产者"。然而他也因此背上有产者的心理包袱，时时挂念着这件倘来之物，一改平日不锁庵门的潇洒，徒然失去了无所系念的好心情。终于有一天，刘先生参透此理，大彻大悟，将这件鸡肋式的财物当街脱赠路人，于是"心方坦然"，又恢复了一心向善、"无复系念"的宁静心态。——小说家显然是在借衲袍故事，来肯定一种生活态度，以唤醒痴迷于利名之途的扰攘众生。文中所讲道理，虽屡见于先哲论述，并非"刘先生"的独家高见；但由乞丐之口出之，又以一件布袍为道具，却也别开生面。

至于后一个故事，作者虽然也着力描摹、绘形绘色，却远没有前一个故事隽永有味，令人颇生续貂之叹。不过读读文末这段"真气枯骨"的高论，再联系刘先生关于衲袍的感悟之言，我们发现宋人对议论的偏好，真是无所不至。宋人不但"以议论入诗"，"以议论入词"，连写小说也要雄辩滔滔。——时代好尚如絮沾泥，恐怕又是刘先生的毛笔、棕帚、麻拂所清扫难去的呢。 （侯 会）

【作者小传】

陆 游

(1125—1210) 宋文学家。字务观，号放翁。越州山阴（今浙江绍兴）人。历任宁德主簿、枢密院编修、参议官等。作有小说集《老学庵笔记》等。

马 从 一

陆 游

绍圣、元符①之间，有马从一者，监南京排岸司②。适漕使至，随众迎谒。漕一见怒甚，即叱之曰："闻汝不职，正欲按汝，何以不亟去？尚敢来见我耶！"从一皇恐，自陈湖湘人，迎亲窃禄，求哀不已。漕察其语南音也，乃稍霁威云："湖南亦有司马氏乎？"从一答曰："某姓马，监排岸司耳。"漕乃微笑曰："然则勉力职事可也。"初盖误认为温公③族人，故欲害之。自是从一刺谒，但称"监南京排岸"而已。传者皆以为笑。

〔注〕① 绍圣、元符：北宋哲宗年号，公元 1094—1100 年。 ② 排岸司：宋官署名。③ 温公：即司马光(1019—1086)。卒后赠太师、温国公，故有此称。

本篇出自《老学庵笔记》。

有宋一代，士大夫多有营帮结党之好，于是党同伐异之风盛行，其中最为著名的是以王安石为代表的改革派和以司马光为代表的保守派之间的纷争和恩怨。直至二人死后，争斗仍未停息。到了宋哲宗绍圣(1094—1097)年间，改革党再次执政，保守党魁司马光被论以“诬谤先帝”之罪，追夺赠谥及官秩。与此同时，保守党人士也因此遭受人生迫害。本文所叙述的这个有趣故事就产生在这一背景下。

小说情节围绕马从一和漕使二人矛盾展开，是一个因错误而导致的喜剧。小说主人公马从一时任“监南京排岸司”之职，而其顶头上司漕使某误将马从一所任官职的末一字“司”字，下移至其姓中。于是，马从一便成了“司马从一”，不知不觉地同漕使所仇恨的司马光成了同宗。因此灾难骤然从天而降。马从一开始就遭到漕使声色俱厉的呵斥；接着又是审判式的盘问；最后，误会消除，皆大欢喜。马从一由无端招祸到释灾弭难，情势转变之速，可谓惊心动魄。

小说充满幽默、诙谐的喜剧情调。漕使之粗鄙、蛮横，马从一之恭顺、卑微构成了鲜明的对照，构成了一幅情趣盎然的官场喜剧图。　(刘水云)

【作者小传】

元好问

(1190—1257)　金文学家。字裕之，号遗山。太原秀容(今山西忻县)人。金兴定五年(1221)进士，官至行尚书省左司员外郎。作有小说集《续夷坚志》等。

胡公去狐　　元好问

胡彦高，明昌二年以廉举为即墨[①]令。县廨[②]在古城之隅，为妖狐所据，昼伏夜出，变化狡狯，或为狱卒，纵遣囚系；或为官妓，盗驿传被褛[③]，媚惑男女，有迷乱至死者。邑人无如之何，反以香火奉之，余五十年矣。彦高到官，问知其然，顾谓同僚：“官舍所以居贤，今令不得居，而鬼物据之耶?”时室空已久，颓圮[④]殊甚，即令完葺之。明日，即厅事理务。抵暮，张烛而坐。夜半，狐鸣后圃中，一倡百和。少顷坌集[5]，周匝[6]庭内，中一大白狐，据地而吼，如欲搏噬然。卒伍散走，投避无所。彦高端坐不动，而狐亦不前，良久引退。如是者三日，遂不复来。又十许日，傅一女奴，跳踯歌笑，狂若寐语。彦高以朱书置奴钗间，逼逐之，奴即日知人。明旦，尉自巡逻还，遭群狐数百，由县东南去。狐复惑登州吏目江崇家一妇，崇就海岛中请道士行法，乘妇人狂乱，缚置车轮上，埋轴地中，令人转之，既久，妇快吐腥涎，乃是即墨狐，为胡公逐至此。即墨父老为彦高刻石，名“胡公去狐碑”，屏山李之纯之记也。彦高，武安人，仕至凤翔同知。

〔注〕 ① 即墨：地名，故地在今山东平度东南。 ② 廨(xiè)：官署，即官吏办公的地方。 ③ 驿传(zhuàn)被襆(bǔ)：驿传，驿站的客舍。被襆，铺盖卷、行李。 ④ 颓圮(pǐ)：颓败，坍塌。 ⑤ 坌(bèn)集：聚集。 ⑥ 周匝：围成一圈。

这篇短文选自《续夷坚志》。《续夷坚志》是金代的元好问模仿南宋洪迈的《夷坚志》而作的志怪小说集。清代人荣誉在《续夷坚志序》中说，“其名虽续洪氏，而所记皆中原陆沉的时事，耳闻目见，纤细毕至，可使善者劝而恶者惩，非齐谐志怪比也”。的确，《续夷坚志》虽云“志怪”，但不像六朝志怪小说专为了传播奇异之事、证明鬼神的存在，而且所记之事生活气息浓厚，多数都寄寓了现实人生的道理。这篇《胡公去狐》就说明了“邪不压正”的道理。

故事说的是成精的狐狸占据了即墨县衙，并在县城里为非作歹，县城里的人们害怕这群狐狸精，不敢驱逐它们，反而用香火供奉它们。胡彦高做了即墨县令后，凭一身胆识和正气很快驱走了这群妖邪。人们常说：“不做亏心事，不怕鬼敲门。”“鬼”来自何处？就来自人内心的软弱和惧怕。故事中的这群妖邪之所以能迷惑即墨县的人，扰乱他们的生活，就是利用了人们这种退缩的心理。而胡公身上的正气使它们无隙可乘，只好匆匆撤离，到别处去寻觅机会。这个故事和它蕴涵的道理，到今天仍然可以激励我们直面现实生活的磨难。

这篇短文对胡公去狐的过程，采用了一系列的对比进行描绘，也很值得玩味。文章开篇就渲染了一番狐狸精是多么的厉害和猖狂，而胡彦高未见狐狸精时，县城里的人“无如之何，反以香火奉之”与胡彦高的无所畏惧的斥责形成对比；与狐狸精正面较量时，群狐围满厅堂，蹲在中间的大白狐高声吼叫，好像随时都会跳起来咬人，面对这样的场面，“卒伍散走，投避无所”，而“彦高端坐不动”，这是一个鲜明的对比；彦高不动，而狐“良久引退”，又是一个有趣的对比。故事的叙述中，胡彦高的形象、语言和行为虽然着墨不多，通过对比却达到了传神的效果，这是借用了传统绘画所谓的“点染”之法；胡公的胆识和正气也通过对比表现得有声有色，淋漓尽致。（宁俊红）

【作者小传】

罗大经

宋小说家。字景纶。庐陵（今江西吉水）人。宝庆二年（1226）进士及第，历任容州法曹掾、抚州军事推官。作有小说集《鹤林玉露》等。

韩璜廉按　　罗大经

绍兴中，王铁帅番禺，有狼藉声。朝廷除司谏韩璜为广东提刑，令往廉按①。宪治在韶阳，韩才建台，即行部诣番禺。王忧甚，寝食几废。有妾故钱塘娼也，问主公何忧，王告之故。妾曰：“不足忧也，璜即韩九，字叔夏，旧游妾家，最好欢。须其来，强邀之饮，妾当有以败其守。”已而韩至，王郊迎，不见，入城乃见，岸然不交一谈。次日报谒，王宿治具于别馆，茶罢，邀游郡圃，不许，固请，乃可。至别馆，水陆毕陈，伎乐大作，韩踧踖不安。王麾去伎乐，阴命诸倡淡妆，诈作姬侍，迎入后堂剧饮。酒半，妾于帘内歌韩昔日所赠之词，韩闻之心动，狂不自制，曰：“汝乃在此耶？”即欲见之，妾隔帘故邀其满引，至再至三，终不肯出，韩心益急。妾曰：“司谏曩在妾家，最善舞，今日能为妾舞一曲，即当出也。”韩醉甚，不知所以，即索舞衫，涂抹粉墨，踉跄而起，忽跌于地。王亟命索轿，诸倡扶掖而登，归船昏然酣寝。五更酒醒，觉衣衫拘绊，索烛览镜，羞愧无以自容。即解舟还台，不敢复有所问。此声流播，旋遭弹劾。王迄善罢。夫子曰：“枨也欲，焉得刚？”韩璜之谓矣。

〔注〕 ① 廉按：查访，追究。

本篇选自《鹤林玉露》。

作者所写的是一出龌龊官场的闹剧,它发生在南宋高宗赵构绍兴(1132—1162)年间。时在广东番禺为吏的王铁,贪赃枉法,名声狼藉,深怕东窗事发,丢掉头顶的乌纱帽。而司谏韩璜此时受朝廷重托,被派往广东考察吏治。

关于韩璜其人,《宋元学案》及《宋元学案补遗》均有记述。知其为真宗时期尚书左丞韩亿之后裔。他于高宗建炎四年(1130)赐进士出身,累官广西提刑、知谏院。宋王明清《挥麈后录》曾记韩璜为司谏时,两浙漕徐康国对之无礼,遭韩弹劾而终致罢官之事,足见其为人之忌刻。

但这篇笔记小说所写的则是韩璜私生活的一个方面,暴露了其心灵的虚伪、行为的矫饰、生活的淫亵,从一个侧面揭示了当时吏治的腐败和士风的堕落。韩璜深知掌握的权力之重要,他由司谏改任广东提刑,手中那种纠弹官邪、监督官吏的职权就更为实在。诚如《宋会要·职官》所云:"天子耳目,寄与台谏。"因此,他一到广东,就令当地的官吏感到惴惴不安。

俗语云:"苍蝇不叮无缝的鸡蛋。"如果韩璜廉洁奉公,操守自持,就可以充分行使提刑的职权,达到真正整肃吏治的目的。即使对方如何使尽手段,也难有阴谋得逞之日。问题是:韩璜乃为好色之徒,昔年曾与一歌妓有染,而该歌妓现已摇身一变,成了王铁的小妾。这便为王铁打通韩璜的关节提供了一个突破口。韩璜一到,王铁即屈膝卑躬,郊外相迎,但韩璜道貌岸然、故意回避、使之扑空;入城以后,两人相见,韩仍是"不交一谈",给对方一个下马威;王在受冷落之后,仍不气馁,穷追不舍,"宿治具于别馆"。在两人喝完早茶之后,王邀韩游郡圃,希望就此拉近心理距离,但韩仍是"不许",直到王"固请",才勉强答应下来;既然郡圃可以游观,那么,"水陆毕陈,伎乐大作"的盛宴,也可以在半推半就中被韩璜痛快地享用,尽管此时的韩璜在内心深处发生强烈的交战,并充满了狐疑感。

小说最精彩的部分,是写王铁的小妾隔帘吟诵韩璜昔日赠给她的那首小词,勾起韩璜内心的强烈骚动和"狂不自制"的情感波澜。其"汝乃在此耶?"的发问,活脱脱地再现了昔日这位风流才子的万般情意。为了见歌妓一面,此时已喝得酩酊大醉的他,置尊严、体面于不顾,在歌妓的诱惑下,"即索舞衫,涂抹粉墨,踉跄而起,忽跌于地"。他的狼狈相终于得到彻底的曝光。如此一来,原本准备弹劾他人的韩璜,反而因行为不检遭到他人的弹劾;原本"忧甚,寝食几废"的王铁,则通过这一出闹剧保护了自己。

由此可见,这篇小说对社会弊端的针砭颇为深刻,对人物的心理描写也极为细腻。一方是步步为营,故设陷阱,终达目的;一方是傲岸矜持,踧踖不安,终露本相。人物的感情流露相当有层次,语言行动也很有个性。

小说结尾引用《论语·公冶长》中孔子评论其弟子申枨的话，指出“欲望太多，便不能称为刚毅之人”。这是强化主题的点睛之笔。（陈建华）

【作者小传】

刘　祁

（1203—1250）　元文学家。字京叔。浑源（今属山西）人。少有文名，屡试不第。曾任山西东路考试官。作有小说集《归潜志》等。

赵　闲　闲　　刘　祁

赵闲闲[1]本好书，以其名重也，人多求之，公甚以为苦。尝于礼部厅壁上榜云：“当职系三品官，为人书扇面失体，请诸人知。”既致仕，于宅门首书曰：“老汉不写字。”然燕居无客未尝不钞书。相识辈强请亦不能拒。若夫其心所不喜者，虽恳求竟不得也。雷希颜[2]得其书最多，凡有求，未尝拒。盖公颇惮雷，且雷善求其书。时或邀公食后，出古人墨迹使观之，又出佳研、精纸、名墨在前；或饮以一二杯，待公有书兴，引纸落笔，俄顷数幅。雷旁观，辄称叹，凡一点一画，必曰：“此颜平原[3]也。”“此米元章[4]也。”公既喜，遂书不倦。又，雷与屏山[5]皆不工书，赵公尝笑之曰：“希颜堂堂如此，而写如此字。”一日，在礼部，适公为王从之[6]书，末云：“某月日为从之天下士书，髯雷在侧，笑其不工也。”阖坐大噱。又一日，雷得郭恕先[7]篆数幅，甚珍之，以示赵公。公亦喜，雷因求跋尾，公跋云：“恕先篆不减唐人，然迄宋百余年不经诸名士发扬。”此一反雷希颜而趣售之。其鉴裁如此。然其书不减李屏山，此一反。后数日，公婿张履求书，余亦在座，公跋其尾云：“年月日，微雨中为张倩书，雷希颜欲以恕先篆相易。”雷愕然，公徐曰：“刘京叔[8]不可，乃止。”因相与大笑。又，王武叔出馆补外，未赴，甚贫，会五月麦熟，将出京求济于交友辈，持素纨扇数十，诣公求书，公拒之。武叔素嗜酒不检，既出公门，大叫呼公，公闻而遽召，为书之。然每一扇头但书古诗一联，有曰“黄花入麦稀”者，有曰“麦天晨气润”者，有曰“麦陇风来饼饵香”者，盖嘲王求麦也。然王竟以其书多所获。又一日，公在礼部，白枢判文举⑨诸人邀公饮丹阳观。公将往，先谓诸人曰：“吾今往，但不写字耳。如求字者，是吾儿。”文举曰：“先生年德俱高，某等真儿行也。”公笑，又为书之。

〔注〕 ① 赵闲闲：金朝书法家赵秉文。官至资善大夫，礼部尚书。长于草书。晚年自号“闲闲老人”，人称“赵闲闲”。 ② 雷希颜：金朝人雷渊，字希颜，官至翰林修撰。多髯，故下文赵秉文戏称其为“髯雷”。 ③ 颜平原：即唐代著名书法家颜真卿，其家琅邪临沂(今山东省临沂市)，古属平原郡，遂有“颜平原”之称。 ④ 米元章：即北宋著名书法家米芾，字元章。 ⑤ 屏山：金朝名士李纯甫，字之纯，号屏山居士。 ⑥ 王从之：金朝文学家王若虚，字从之，官至翰林直学士。 ⑦ 郭恕先：北宋艺术家郭忠恕，字恕先，善书画，尤工篆籀。 ⑧ 刘京叔：即本文作者刘祁，字京叔，金末太学生。 ⑨ 白枢判文举：金朝枢密院判官白华，字文举。

本篇选自《归潜志》，记的是一位书法家的若干趣事。

书法家的字出了名，于是大批真爱书法的，附庸风雅的、不懂书法却知道它的价值的……都来求书。这本来是件好事，书法家们对此起初也是很开心的。可是好事过了头，也就成了让人苦恼的事。被这些事弄得不胜其烦的书法家们，于是想法回避。这是古今许许多多书法家都有过的经历。有的是好朋友，关系亲密，无法拒绝；有的用尽心机，甚至以无赖手法，不达目的不罢休……所以回避太难了。其间有许多趣闻，也有难言的苦衷和让人哭笑不得的尴尬，流传出来就成为文坛书林的佳话。比如清代的笔记里就记载着大书画家郑板桥在门口贴上自己的润笔价格：“××大的斗方收银若干两”，“××大的条幅收银若干两”，有些现代人评价他的这种行动是“有超前的经济意识”，这固然不能说没有道理，且买卖字画也是文人的一条谋生之路。但我以为当时重品格的文人大凡还有一口饭吃，是不大会把自己的书画作品当商品的。郑板桥虽然两袖清风，但也还没有饿饭，他和某些书画家类似的做法，实在是为了抗干扰不得已而为之。还有一个故事是住在郑板桥隔壁的一位富人想要得到他的书画作品而屡遭拒绝，于是想了一个“请君入瓮”的计谋。他把自己的后花园敞开，又投郑板桥喜爱喝酒吃狗肉之所好，在园中摆上热腾腾的狗肉和酒，列文房四宝于案上。郑信步走入园中，见园中空无一人，不拘小节的板桥先生禁不住酒肉香味的诱惑，吃起了自助餐。酒足肉饱之余兴致勃发，泼墨挥毫，一幅或数幅作品就留下来了。求书画者的煞费苦心，板桥的天真烂漫，让人不觉莞尔。

这篇笔记小说，并没有什么贯串情节，而是以刻画人物为中心。这个人物是书法家赵闲闲。说的也就是类似上面所说的这类趣事。这些趣事包含几个方面的内容：

首先就是采取公告的方式，对各类求书者统一挡驾。他以为这样可以一劳永逸，又可以避免一个个地当面拒绝得罪人。公告的用语坦率而风趣，一则云“三品官，为人书扇面失体”，一则云“老汉不写字”(退休后)。

上面的办法对于一般慕名而来，关系疏远者应该是有效的，但“相识辈强请亦不能拒”，尤其是好朋友，像雷希颜这样的，已经得到不少他的作品了，但还时时作无餍之求。不过他对这位书法家的性格非常了解，所以“求之有道”，很讲究策略。因为接近的时候很多，就能够知道他什么时候是有作书的兴致的，从而抓住时机。他还知道有特长的人是很喜欢听奉承的，又渴求知音同好，这就是他们的弱点。于是投其所好，赵闲闲作书时他在一旁夸赞：这一笔逼真颜真卿，那一点酷似米元章……赵先生果然愈写愈来兴致了。对此绝不能以为作者是在嘲笑雷希颜用庸俗的欺骗手法，而浅薄的赵公因好吹捧而上当。因为雷希颜对赵公是真心佩服，不过是朋友之间不拘形迹，以一种轻松的噱头方式表达，彼此心照，而又气氛活跃，大家高兴罢了。雷的良苦用心，赵公怎能不知道呢？其间真正起作用的是他们长期的真诚的友谊，这只要看赵闲闲笑话雷：“希颜堂堂如此，而写如此字”，就可以知道。不是毫无芥蒂的好友，绝不能如此没有顾忌地开这种玩笑。

另一件事更加曲折而生动。雷希颜得到了数幅郭恕先的篆字，赵公慧眼识宝，肯定了它的价值。但又在题跋中开雷希颜的玩笑，说雷竟然不识货，准备卖掉它，因为他自己的字也写不好——不说不好，是说“和李屏山一样好”，前面已经说了“雷与屏山皆不工书”，其嘲谑意味自不待言。在“题跋”上写这类文字已经有点令人匪夷所思(本意在书法不在文字内容，无伤大雅)，但这些话有点使人“丈二和尚摸不着头脑”。过了数日，在给张倩书写题跋时补了一笔。原来前所谓“雷希颜而趣售之”是想以自己的作品交换郭恕先的篆字作品啊！不过又凭空杜撰出一个“刘京叔不可，乃止”。让雷希颜“化险为夷”，文章也生出波澜。于是大家意会，哈哈大笑。也许他只不过是开雷希颜一个玩笑，也许是用另一种方式表示对郭的作品的肯定，或者心里真的是有些想得到那些篆字，不过是不愿意夺人所好而放弃了。这都不重要，总之文人之间的友好气氛和赵闲闲的洒脱性情都通过这件事表达出来了。

无论如何，如上面这样的作书还是令人愉悦的，但为王武叔写字的情形就完全是迫于无奈了。王武叔求他的字仅仅是出于简单的功利目的,即拿他的字去走后门,拉关系,与欣赏他的书法艺术无关。这样的求字他当然是在不齿之数,断然拒绝的。但挡不住王氏颇有几分无赖——这是另一种性质的狂放——的做法:在他家的门外大呼小叫。赵闲闲是顾体面的文人,只得马上叫他进来给他写扇面,唯恐不速。这就真的是出于无奈了。不过在文字的内容选择上,也以一些小小的玩笑相报复:这是混饭吃的!多少发泄一些无奈的心情。好在对方丝毫不计较,并且事实上也不妨碍他的功利目的的实现。在写出众多风雅之士的同时,顺带出个别另类——无行无品的文人,这在生活当中却也并不少见。但这又以另一种形式,赞扬了赵闲闲的书法:为求他的书法,到了不顾颜面、不择手段的程度。

最后一件小事更令人喷饭。作书者云:"今天求字的是我的儿子。"有心求书者则曰:"只要能得到字,就当儿子又何妨?"用这种近乎市井无赖的粗俗语言来表达,使人物更鲜活了。这些风流倜傥的文士们也是世俗生活中的人,哪里总是那么肃然穆然,一本正经的呢?

整篇作品,充满了喜剧意味,在轻松活泼的描述中,一个真率到天真的、平易而善良的、可爱的古代文人艺术家的形象被刻画出来了。在他的背景上还有一个由和他类似的可爱的文士们组成的群体。　　(姚品文)

【作者小传】

沈 氏

宋小说家。孝光时人,真实名字与生平事迹均不详。作有小说集《鬼董》等。

金 烛

沈 氏[①]

秦桧专柄时,雅州[②]守奉生日物,甚富,为椽烛[③]百余,范[④]精金为之心,而外灌花蜡,他物称是。使衙前某与卒十辈,持走都下。至鄂州之三山,遇暴雨,休于道傍草舍。主人,书生也。窭[⑤]甚,方冬犹绨葛[⑥],卧牛衣[⑦]中,蹙然曰:"雨甚,日向暮,屋漏不可居,恐败官物。去此荒径里许,客舍甚整,盍[⑧]往憩?"众俾导以往,至则果有民居焉。其人姓鱼氏,见客喜出迎，燂汤⑨治饭，问所以来。妇侧闻之，摘语其夫："此持太师寿礼，必厚赍，可图也。"夫曰："吾宁能敌十夫哉?"妇解囊示之，盖妇能货药，常为淫尼荡女辈杀子，故蓄毒甚多。遂取杀鼠药，和诸毒，并寘酒中而饮之。中夜药发，皆昏然不知人，独衙前者饮少，不能毒。鱼运斤击之，十卒并命。他物悉藏瘗，独不知烛中有金，不甚惜，姑置榻下。会生纳妇，以两炬与之。生持归，坚不可燃，刮视而金见。遂数数乞烛于鱼。鱼疑焉，取余烛视之，始大悔惧，夜诱书生夫妇杀之。徙居汉阳，为米商。小人骤得志，买婢以居。妻曰："致尔富，我之谋也。今疏我耶? 我且告之。"鱼内不乐。又尝持珠花与娼，娼始疑其蠢而富，及得花，叶下有雅守姓名。以示他客，客告娼持告之郡，遂夫妇皆磔⑩于市。桧方盛，四方赂献山积，金不足道，又必穷索异宝，皆尚方所无，若雅守之金烛，又不足为辽东豕⑪，直芹萍耳⑫。

〔**注**〕① 沈氏：名佚，宋孝宗、光宗时太学生。　② 雅州：今四川雅安。　③ 椽烛：大蜡烛。　④ 范：以模具浇铸。　⑤ 窭(jù)：贫穷。　⑥ 絺(chī)葛：以植物纤维织成的薄织物，通常做夏装。　⑦ 牛衣：给牛御寒的蓑衣等物。　⑧ 盍：何不。　⑨ 燂(xún)汤：烧汤。⑩ 磔(zhé)：斩杀。　⑪ 辽东豕：《后汉书·朱浮传》记载寓言说：辽东人养猪，生一白头猪仔，自以为异，准备献给上官。行至河东，见群猪皆白，惭愧而还。此处用以讽刺雅州守见识浅陋。⑫ 直芹萍耳：只不过是芹萍罢了。芹萍之典出《列子·杨朱》，谓有人喜欢吃芹、萍，向乡豪推荐；乡豪取食，"蜇于口，惨于腹"；其人无地自容。

本文是一则公案小说，小说家偏重于对犯罪过程的详细描述，却不以描写破案经过为务，这类小说，似可称为罪案小说。

秦桧过生日，雅州知州借机行贿，备办了一份厚礼。寿礼中有百余根大蜡烛，实为掩人耳目、伪装成蜡烛的金条。然而寿礼没能送到秦府，半路就被开黑店的鱼氏夫妇劫夺，押送军卒也无一生还。不过这批包装成蜡烛的黄金，还真的骗过了店主的眼睛；若非一书生发现烛中隐秘，这笔巨额财富几乎被遗弃。故事的结局是，一笔不义之财，又落入凶恶残忍之徒手中，复用来买婢嫖娼、肆行不义，终于招来祸患——鱼氏夫妇双双枭首。如此结局，倒也符合一般读者的阅读心理与道德期待。

本文选自宋人笔记《鬼董》(一名《鬼董狐》)。书中多载唐、宋作品，似是抄纂众书而成，非一人一时之作。书中又以谈神说鬼的志怪题材居多；推原书名之义，董即董狐，乃是春秋时晋国史官的名字；“鬼董”意谓“忠实记录神鬼之事的史书”。

这部专写鬼神的集子里，也杂有现实题材的作品，此篇《金烛》便是其一。不过细绎此篇，恐怕也非完全纪实，其中很有些小说笔法。如穷书生“方冬犹絺葛，卧牛衣中”的落魄情状，以及店主夫妇私下商议毒杀军卒的情节，都于生动之外，露出虚构的痕迹。再如，小说中的书生也像是个虚拟人物，他先为押送军卒指路，又率先发现烛内藏金的隐秘，在推动情节发展上，他的存在似是小说家的有意安排。

不过若以为作者意在描述一个杀人越货的凶残故事，以满足某些读者品味不高的阅读心理，则又是对作者的天大误会。小说家的写作动机，恐怕意在揭露权奸弄权、贪官逐臭、上下交相为恶的丑恶现实。牧民者以民脂民膏邀官固宠，其手段千奇百怪，闻所未闻，鱼氏这类混迹于社会底层的小鱼小蟹，又何曾能够梦见？可笑的是，地处边鄙的“雅守”自以为做得机密而聪明，岂料他的厚礼即便送到秦府，在秦桧眼中，这些金银蠢物也不过是“辽东豕”乃至“芹萍”而已。小说的社会批判意义，在作者这最后一声感叹中，越发显得深重。而这篇“罪案小说”，又毋宁称之为“社会批判”小说了。

（侯　会）

【作者小传】

周　密

(1232—1298)　宋文学家。字公谨，号草窗、四水潜夫、弁阳老人、齐人、华不注山人等。湖州（今属浙江）人。宋亡后不仕，以抗节著称。作有小说集《齐东野语》等。

台妓严蕊　　周　密

天台营妓①严蕊字幼芳，善琴弈歌舞、丝竹书画，色艺冠一时。间作诗词有新语，颇通古今。善逢迎，四方闻其名，有不远千里而登门者。

唐与正守台日，酒边，尝命赋红白桃花，即成《如梦令》云：

道是梨花不是，道是杏花不是，白白与红红，别是东风情味。曾记、曾记，人在武陵微醉。

与正赏之双缣。

又七夕，郡斋开宴，坐有谢元卿者，豪士也，夙闻其名，因命之赋词，以己之姓为韵。酒方行，而已成《鹊桥仙》云：

碧梧初出，桂花才吐，池上水花微谢。穿针人在合欢楼，正月露、玉盘高泻。　　蛛忙鹊懒，耕慵织倦，空做古今佳话。人间刚道隔年期，指天上、方才隔夜。

元卿为之心醉，留其家半载，尽客囊橐馈赠之而归。

其后朱晦菴[2]以使节行部至台，欲摭与正之罪，遂指其尝与蕊为滥。系狱月余，蕊虽备受箠楚，而一语不及唐，然犹不免受杖。移籍绍兴，且复就越置狱，鞫之，久不得其情。狱吏因好言诱之曰："汝何不早认，亦不过杖罪。况已经断，罪不重科，何为受此辛苦邪?"蕊答云："身为贱妓，纵是与太守有滥，科亦不至死罪。然是非真伪，岂可妄言以污士大夫，虽死不可诬也。"其辞既坚，于是再痛杖之，仍系于狱。两月之间，一再受杖，委顿几死，然声价愈腾，至徹阜陵[3]之听。

未几，朱公改除[4]，而岳霖商卿为宪，因贺朔之际，怜其病瘁，命之作词自陈。蕊略不构思，即口占《卜算子》云：

不是爱风尘，似被前缘误。花落花开自有时，总赖东君主。　　去也终须去，住也如何住。若得山花插满头，莫问奴归处。

即日判令从良。继而宗室近属，纳为小妇以终身焉。《夷坚志》亦尝略载其事而不能详，余盖得之天台故家云。

〔注〕① 天台：县名。今属浙江台州。营妓：古时军中的官妓。　② 朱晦菴：即朱熹(1130—1200)，"晦菴"是其号。菴，"庵"的异体字。　③ 阜陵：宋孝宗墓在浙江绍兴宝山，称"永阜陵"，简称"阜陵"。当时遂以阜陵指绍兴一带。　④ 改除：调任。

本篇出自《齐东野语》。

在中国古代小说、戏剧等非正统文学样式中，妓女往往是被正面歌颂和赞美的形象。她们有的天生丽质、光彩照人，令人迷醉；有的锦心绣口、聪颖绝伦，令人心折；有的侠骨刚肠、义薄云天；令人敬畏。而才子与妓女的遇合则赋予了中国古典文学一种诗意的浪漫和迷离。本文主人公名妓严蕊就是这样一位集玉女柔情和丈夫豪气为一身的天才艺妓，她的超绝风情和才思曾使多少人为之倾倒、想慕。而她的不幸身世和遭际又不知使多少人为之感慨、悲悯。

本文吸收了才子妓女小说的传统写法，将身为妓女的女主人公严蕊定位为秀外慧中、风情万种的多情女子，“善琴弈歌舞、丝竹书画，色艺冠一时”。不过，本文并未在严蕊的多情和美丽上花费太多笔墨，而是将描写的重点集中到对她的才思和侠义的刻画，将她的独特禀赋和非凡气度表现得淋漓尽致。

才思敏捷、灵心善感是严蕊的突出品质。她下笔成章，词倾四座。在应酬的文字中寄托身世之感。如《如梦令》末句“曾记、曾记，人在武陵微醉”，表面吟咏桃花，实则感慨流年似水，人生如梦。特别是最后自陈身世的《卜算子》词，以花设喻，将花开花落的不由自主比喻妓女沦落风尘的身不由己，并将这一切归结为命中注定。道出了妓女阶层的无助和悲哀。

严蕊人格构成中最为可贵的一面是她守信重义，虽久经折磨甚至牺牲生命也不屈其志。堪称女中豪杰。　　（刘水云）

放翁钟情前室　　周 密

陆务观[①]初娶唐氏，闳之女也，于其母夫人为姑侄。伉俪相得，而弗获于其姑[②]。既出，而未忍绝之，则为别馆，时时往焉。姑知而掩之，虽先知挈去，然事不得隐，竟绝之，亦人伦之变也。

唐后改适同郡宗子士程。尝以春日出游，相遇于禹迹寺南之沈氏园。唐以语赵，遣致酒肴，翁怅然久之，为赋《钗头凤》一词，题园壁间云：

红酥手，黄縢酒，满城春色宫墙柳。东风恶，欢情薄，一怀愁绪，几年离索。错！错！错！　春如旧，人空瘦，泪痕红浥鲛绡透。桃花落，闲池阁，山盟虽在，锦书难托。莫！莫！莫[③]！

实绍兴乙亥岁也。

翁居鉴湖之三山，晚岁每入城，必登寺眺望，不能胜情。尝赋二绝云：

梦断香销四十年，沈园柳老不飞绵。
此身行作稽山土，犹吊遗踪一怅然。

又云：

城上斜阳画角哀，沈园无复旧池台。

伤心桥下春波绿，曾是惊鸿照影来。

盖庆元己未岁④也。

未久，唐氏死。至绍熙壬子岁⑤，复有诗。序云：

禹迹寺南，有沈氏小园。四十年前，尝题小词一阕壁间。偶复一到，而园已三易主，读之怅然。

诗云：

枫叶初丹槲叶黄，河阳愁鬓怯新霜。

林亭感旧空回首，泉路凭谁说断肠。

坏壁醉题尘漠漠，断云幽梦事茫茫。

年来妄念消除尽，回向蒲龛一炷香。

又至开禧乙丑岁⑥暮，夜梦游沈氏园，又两绝句云：

路近城南已怕行，沈家园里更伤情。

香穿客袖梅花在，绿蘸寺桥春水生。

城南小陌又逢春，只见梅花不见人。

玉骨久成泉下土，墨痕犹锁壁间尘。

沈园后属许氏，又为汪之道宅云。

〔注〕 ① 陆务观：即陆游。"务观"为其字。 ② 弗获于其姑：未能获得其婆婆的喜欢。姑，此指唐氏之婆婆。 ③ 莫！莫！莫：即罢了、罢了之意。 ④ 庆元己未岁：宋宁宗庆元五年(1199)。 ⑤ 绍熙壬子岁：宋光宗绍熙三年(1192)。 ⑥ 开禧乙丑岁：宋宁宗开禧元年(1205)。

本篇选自《齐东野语》。

陆游与唐琬的情爱历程及婚变遭际为古今情史之一大话题。其事迹于陆游本人诗文集和后人小说、笔记、戏剧中均可见到。而本文所叙唐、陆姻缘始末虽然未必尽属事实，但由于它的写作时间去陆、唐生活时代未远，且于材料的取择颇具灼见，所以是众多的小说、笔记中较为出色的一种。

本文在故事情节的安排上多费经营。将叙述的重点集中在陆、唐婚变后彼此的深沉眷恋和刻骨相思上，赋予了文章一种浓郁的悲剧情调。相反，对造成婚变的复杂原因,仅以“弗获于其姑”一句带过,避免了在与主题无关的问题上作无谓的纠缠,可谓深得叙事精髓。

本文在表达方式的选择上匠心独运,使简洁的叙述与诗意的描绘浑然交融,表现出高超的叙事技巧。众所周知,在陆游诗文集中有相当数量的涉及他与前妻唐琬恋情的诗词,而本文仅取择了最具悲情色彩的几首来传情写意。如陆、唐分离后沈园重逢的《钗头凤》词,上阕中“东风恶,欢情薄,一怀愁绪,几年离索”,精确地概括了天妒红颜厄运和夫妻陌路的惨恻。下阕“春如旧,人空瘦,泪痕红浥鲛绡透”,将物是人非的沧桑之感和泪尽以血的生离之恨表达得深切动人;“桃花落,闲池阁,山盟虽在,锦书难托”则抒发了落花流水、人去楼空的人生幻灭感,对夫妻被迫中道捐弃的悲剧命运表现出无限的悲哀。

诗词的合理运用,还使人物形象呈现出凄婉的诗意之美,也给全文染上了浓重的感伤情调。沈园题诗中“伤心桥下春波绿,曾是惊鸿照影来”句,借曹植《洛神赋》中洛神宓妃“翩若惊鸿”的绝美和凄艳,形容少女时期的唐琬在春波桥上漫步,影照春水的娇羞和矜持。凸显了其脱俗、多情、善感的气质。也许正是这种超俗的禀赋,酿成红颜遭嫉的悲剧命运。

“厚地高天,堪叹古今情不尽”。千秋百代道不尽陆、唐风流遭际。

(刘水云)

梦与神交　　　　佚　名

史松先辈,郑滑[①]人也,因试春官[②]下第,薄游荆州[③]。天成丁亥岁冬末,到武陵[④]谒旧亲戚,憩于丰州门外旅店。是夕灯下修刺毕,忽欠伸就枕。才寐,见一人紫衣服,髯须多,行步迅疾,入揖曰:“大王传语秀才,适览入地界状报,方知秀才特至武陵,赖便咨屈,幸希过访,无阻情诚。”松乃相随出门,遽促上马,呵殿而行。

可三十余里,路途相继传达,俄到一朱门下舆,传呼王来。见一人被王者之服,玄冠,揖而偕行,乃升殿而坐。王曰:“寡人据此土地,数百年来,况忝[⑤]正封,窃号王,近南楚国土应天顺人,致谥议安济封册,切知足下怀才抱器,识礼知书,辄□邀延,望为濡染谢让上帝表章,可否?”松曰:“小儒末学,艺寡才微,前年请解滑台,□书魏阙[⑥],穿杨箭短[⑦],点额痕深[⑧]。虽此南游，即遣西上，不读大王行状，难述上帝表章。”乃令取后汉列传及册函，前后名公祝词，一一展视松。松方悟名与王同，起□曰：“修制不敢推延，但缘名将犯讳。”王曰：“幽显殊途，且非家族。”松乃再三乞更名。王顾左右，传语文籍司，可启暂假已去登科记来。逡巡取到，检寻内有史邕成名。王曰：“松邕不离声韵，得非将来乎？”松拜而更之。乃操觚染翰[9]，表成，呈于王，同具册号：

右臣闻生为国珍，殁[10]当庙食，前文备载，往哲所标。苟非正直以流芳，曷得蒸尝[11]而受享。臣名传史籍，威袭遐陬[12]，佐汉之功业炳然，在楚之明灵著矣。一昨戊辰年，楚国王兴师取武陵日，以雷氏既违庭训，人负亲盟，臣于此时，略施阴赞。向明背暗，喜闻英杰之言；助顺摧凶，未爽古今之理。武陵寻当销解，雷氏亦许遁逃。是致南楚国王议改封册。敬陈曩事，致让于天。中谢　臣谨者别行阴骘[13]，围护封陲。使一州无鼠窃狗偷，保三楚常风调雨顺，遇过乞而专行戮剿，逢公忠而敦固行藏。自然上答穹灵，不负封册，云云。

王览讫，曰：“表虽至嘉，书谁得妙？”复言曰：“文英大师，庙见开通。”顾左右：“将寡人所乘龙驹，传语命来。”夜至三更，取到。王谓大师曰：“寡人正受封册，适命史先辈修制表章，阙[14]人缮写。且师之名号，上帝知之，有此相烦，无吝来修。”脩公稽首而白曰：“文英师号，岂敢当乎？”王曰：“师再西去，必当受之，何讶预呼也。”公遂攘臂[15]书之。毕，王览曰：“笔妙词清，光（空）前绝后。”脩公与史且昧平生，但相揖而已。

王遂令左右备盘肴于寝殿，女乐前后数部，陈设炳然，焕于人间。生遂献王《夜宴诗》曰：

妙乐佳人数步随，殿堂高敞盛威仪。
凤笙品弄檀唇散，鼍鼓喧锵锦袖垂。

宝帐珍华光煦灼，玳筵花烛影参差。

酒酣回顾清歌妓，粉面皆言某在斯。

王览，赏叹再三，遂示脩公。脩公曰："又睹先辈赠献大王高作，岂贫道不销先辈长歌，艺薄岂可称扬，作者何惜濡染。"乃作歌而赠曰：

真踪草圣今古有，脩公学得谁及否？古人今人一手书，师今书成在两手。书时须饮一斗酒，醉后埽成龙虎吼。风雨吼兮魍魉走，山岳动兮龙蛇斗。千尺松枝如蠹朽，欲折不折□岩口。张颠骨，怀素筋，筋骨一时传斯人。斯人传得□通神，攘臂纵横草复真，一身疑是两人身。

歌毕，酒遂各辞。王曰："莫讶是请，各有家国。缘吾师勿倦半□之中辛勤，还免十年之外屠割。秀才无辞吐凤，必使登龙。各欲厚遗珍华，但虑欲为祸害。将来之事，不欲明言。"辞谢出门，分路而返。

梦觉，五更初矣。生披衣待旦，携刺入城。遂至开通，且访脩公之院。公出未间，于案上书出余夜来之歌，及相见，皆话夜来会遇之事。二人便如曩契⑯，更不欲传于人矣。

〔注〕① 滑：今河南睢县西北。 ② 春官：唐代指礼部。 ③ 荆州：古"九州"之一。唐代辖境拥有今湖北松滋至石首间的长江流域。 ④ 武陵：郡名，现在湖南省常德市一带。⑤ 忝：辱；有愧于。 ⑥ 魏阙：古代宫门上的楼观。朝廷的代称。 ⑦ 穿杨箭短：比喻文章技艺不精。 ⑧ 点额痕深：指仕途失意或科场落第。 ⑨ 操觚染翰：握笔挥毫。 ⑩ 殁：通"没"。 ⑪ 蒸尝：同"蒸尝"，泛指四时祭祀。 ⑫ 遐陬(zōu)：偏远的角落。 ⑬ 阴骘(zhì)：阴德。 ⑭ 阙：通"缺"。 ⑮ 攘臂：捋衣出臂。 ⑯ 曩契：旧友、旧好。

本篇选自《灯下闲谈》。《灯下闲谈》，二卷。撰人不详。瞿镛《铁琴铜剑楼书目》云："当出宋人所作。"

这是一篇描写人神相遇的笔记小说，此类题材在古代小说中比比皆是。通常凡人遇神的方式多种多样，有的相逢于山野道旁；有的误入仙境；也有的在家中……本篇情节的展开采用了常见的"梦中遇神"的模式，将主体情节置于梦境中，这是本文的一个特色。

和同类体裁的小说一样，本文开篇交待落第书生史松夜宿于旅店之中，"忽欠伸就枕”，似睡非睡之间，即有一人口称奉冥王旨意相请。来到冥府，史松方知原来冥王看中其文才，令其撰写一份感谢上帝的表章。文成，颇得冥王欣赏。于是复从阳间又请一书法行家翛公代为抄录。为了感谢二人的帮助，冥王特设夜宴，予以款待。席间，二人赋诗以献，冥王则为他们的未来作出了暗示。梦醒后，史松依梦示找到了翛公，二人互证梦中所见，遂成莫逆之交。

很明显，提醒世人确信鬼神实有是这篇小说的宗旨，如果说仅有史松一人的说词尚有虚拟之嫌，那么翛公这个人物的引入则起到了极好的旁证作用。尽管孔子一再强调“未知生，焉知死”“子不语怪力乱神”，但事实上古代人们一直有着极强的鬼神概念。从魏晋南北朝志怪到清代的《聊斋志异》，人神相遇始终是一个热门题材。

值得一提的是，以梦境形式来作为遇神故事的情节框架是魏晋以来以《搜神记》《幽明录》为代表的志怪小说常见的表现手法，即使是后来出现的《红楼梦》，也采用宝玉梦游太虚幻境，得遇警幻仙姑，从而预知金陵十二钗结局的形式作为全书的总纲，可见“梦与神交”已成为一种历代传承的小说结构。

此外，本篇小说中的冥王虽属鬼神，但无可怖之处。就其外貌而言，“被王者之服，玄冠”，举止有礼，待人和善。而冥界的生活也无异于人世，同样的美酒珍馐，同样的歌儿舞女，凡人与神人同座一席，觥筹交错，吟咏作赋，恍如人间家宴。无疑，鬼神形象的人间化表现了人们鬼神观念的一种进步。　（柳岳梅）

【作者小传】

上官融

宋小说家。字仲川。济阴(今山东曹县)人。历任平兴县令、太子中舍等。作有小说集《友会谈丛》等。

柳　开　　　　上官融

柳如京开，与处士潘阆为莫逆交，尚气自任，潘常嗤之。端拱[①]中典州，途出睢阳，潘先卜居在彼，迎谒河涘。时正炎酷，柳云：“可偕往传舍[②]，就清凉宵话也。”洎到传舍，止于厅事，中堂扃鐍[③]甚秘。柳怒，将笞驿吏。吏曰：“此非敢靳[④]，旧传舍者多不自安，向无人居十稔矣。”柳强曰：“吾文章可以惊鬼神，胆气可以詟⑤夷夏，纵有凶怪，因而屏之。”于是启门扫除，处中坐。阆潜思曰：“古人尚不敢欺暗室，何绐我之甚。岂有人不畏神乎？”乃谓柳曰：“今夕且归制少汤饵，凌晨用藉手⑥为别。此室虚寂，请公卜宵⑦可也。”柳诺之。阆出，密谓驿吏曰：“柳公我之故人，常轻言自炫⑧。今作戏怖渠，无致讶也。”

阆薄暮方来，以黛染身，衣豹文犊鼻，吐牙披发，执巨箠，由外垣上，正据厅脊，俯视堂前。是夜月色晴霁，洞鉴毛发。柳尚不寐，或敛衣循墙而行。阆忽叱之，柳竦然举目，初不甚惧。再呵之，似觉皇恐，遽云：“某假道赴任，暂憩此馆，非意干忤，幸乞恕之。”阆遂疏柳平生幽隐不法之事，扬声曰：“阴府以汝积戾⑨如此，俾吾持符追摄，便须行也。”柳乃茫然，设拜曰：“事诚有之，其如官署未达，家事未了，盛年昭代，忽便舍焉。倘垂恩庇之，诚有厚报。”言讫再拜，继之以泣。阆徐曰：“汝识吾否？”柳曰：“尘下士不识圣者。”乃曰：“只吾便是潘阆也。”柳知其所为，不胜惭沮，再三邀阆下屋。阆曰：“公性躁暴，不奈人戏，他日必辱我以恶言矣。”于是潜遁。柳亟归舟，解缆便去。闻者为之绝倒。

河东⑩刚毅，人皆畏之。一旦为逍遥⑪所怖，几乎泣血。古人云：“虽能言之，而不能行之。”此之谓也。况其下者乎！

〔注〕 ① 端拱：宋太宗赵光义年号(988—989)。 ② 传舍：古时供行人休息住宿的处所。这里指官方的招待所。 ③ 扃鐍(jué)：闭锁。 ④ 靳：吝惜，拒绝。 ⑤ 詟(zhé)：震慑。 ⑥ 藉手：借助。此句意谓借汤饵饯别。 ⑦ 卜宵：选择夜宿之所。 ⑧ 轻言自炫：口出狂言，自我炫耀。 ⑨ 戾：罪过。 ⑩ 河东：指柳开。 ⑪ 逍遥：指潘阆。

本篇出自《友会谈丛》。

柳开(947—1000)是宋初有名的文士，积极倡导古文，以唐代韩愈、柳宗元的继承者自任，自名“肩愈”，字“绍元”；后又改名“开”，寓有“开圣道之途”的意思。身后留有《河东先生集》十六卷。他曾任如京使，故文章开头称他“柳如京开”。潘阆(？—1009)自号逍遥子，与柳开是同乡好友。本文即记录了柳、潘的一段交往轶事。

这是一场文人相轻的闹剧。柳开与潘阆同宿传舍，面对一间“凶宅”，表现出不同的心态与个性。柳开说：凭我的文章和胆气，足以惊神泣鬼、震慑中外；即便真有凶怪，也不难抵御它！潘阆却想：柳开真是公开撒谎、大言欺人！天底下哪有不怕鬼神的？——于是一个恶作剧的念头在潘阆心中顷刻生成；他借口预备饮食而溜走，经过一番精心准备，扮作厉鬼爬上传舍屋顶。

面对突如其来的恐怖，柳开的表现极足玩味：他先是“竦然举目，初不甚惧”；潘阆再度呵斥，他才“似觉皇恐”，连忙乞求宽恕。潘阆不依不饶，细数柳开平生的隐秘不法之事，并假托阴曹，厉声威胁。“柳乃茫然”，不觉下拜，哀求乞怜，涕泪交流，不复有“尚气自任”的狂妄。待潘阆披露真面目后，柳开“不胜惭沮”。此事流传开去，“闻者为之绝倒”，很有些人心大快的味道。

此文是纪实还是虚构，已不可确考。然而事出有因，却是可以肯定的。柳开是宋初文坛开风气之先的人物，个性极强。史传称他“有胆勇”，十三岁时，遇强盗入室打劫，家人惊恐万状，柳开却仗剑上前，将强盗赶走（《宋史》卷四四〇本传）。又传说他参加科举考试时，自推独轮车入场，车上装载自撰文章千轴，以壮声势。他在朝为官，力主抵御契丹，还要求亲自到朔方带兵，受到皇帝嘉许。只是他的个性不大符合儒家温良谦恭的模式，加上他“尚气自任，不顾小节”，因而在士大夫中口碑不佳。在本篇中，代表了士大夫舆论的小说家极力诋毁柳开，说他“虽能言之，而不能行之”；其实平心而论，潘阆的举动就是光明正大的吗？——力图改变现状，以推动社会进步、文明发展的人，多半会受到保守势力的攻击非议，此篇小说，正可为这种社会心态下一注脚。（侯　会）

【作者小说】

沈　徵

宋小说家。霅川（今浙江湖州）人。生平事迹不详。作有小说集《谐史》等。

我　来　也　　沈　徵

京城阛阓[①]之区，窃盗极多，踪迹诡秘，未易跟缉[②]。赵师羼尚书尹临安日，有贼每于人家作窃，必以粉书“我来也”三字于门壁，虽缉捕甚严，久而不获。“我来也”之名，哄传京邑，不曰捉贼，但云捉“我来也”。

一日，所属解一贼至，谓此即我来也，亟送狱鞫勘[3]，乃略不承服，且无赃物可证，未能竟此狱[4]。其人在京禁[5]，忽密谓守卒曰：“我固尝为贼，却不是我来也。今亦自知无脱理，但乞好好相看，我有白金若干，藏于宝叔塔上某层某处，可往取之。”卒思塔上乃人迹往来之冲，意其相侮。曰：“毋疑，但往此寺作少缘事，点塔灯一夕，盘旋终夜，便可得矣。”卒从其计，得金，大喜。次早入狱，密以酒肉与贼。越数日，又谓卒曰：“我有器物一瓮，置侍郎桥某处水内，可复取之。”卒曰：“彼处人闹，何以取？”贼曰：“令汝家人，以箩贮衣裳桥下洗濯，潜掇瓮入箩，覆以衣，舁[6]归可也。”卒从其言，所得愈丰。次日复劳以酒食。卒虽甚喜，而莫知贼意。

一夜至二更，贼低语谓卒曰：“我欲略出，四更尽即来，决不累汝。”卒曰：“不可。”贼曰：“我固不至累汝。设使我不复来，汝失囚，不过配罪，而得我遗尽可为生。苟不见从，却恐悔吝[7]有甚于此。”卒无奈，遂纵之去。卒坐以伺，正忧恼间，闻檐瓦声，已跃而下。卒喜，复桎梏[8]之。甫旦，启狱户，闻某门张府有词云：“昨夜三更被盗失物，其贼于府门上写‘我来也’三字。”师翣抚按(案)曰：“几误断此狱，宜乎其不承认也。”止以不合夜行，杖而出诸境。狱卒回，妻曰：“半夜后闻扣门，恐是汝归，亟起开门，但见一人以二布囊掷户内而去，遂藏之。”卒取视，则皆黄白器也，乃悟张府所盗之物，又以赂卒。贼竟逃命。虽以赵尹之严，而莫测其奸，可谓黠矣。卒乃以疾辞役，享从容之乐终身，没后子不能守，悉荡焉，始与人言。

〔注〕 ① 阛阓(huán huì)：街市、街道。 ② 跟缉：捕拿。 ③ 鞫(jū)勘：审讯、查问。 ④ 竟此狱：结案。 ⑤ 京禁：京城牢狱。 ⑥ 舁(yú)：扛、抬。 ⑦ 悔吝：悔恨。 ⑧ 桎梏(zhì gù)：名词，刑具。此处动用。

一般的读者会对公案小说比较感兴趣，主要是为其充满悬念的故事情节、严密的逻辑推理和一波三折的断案过程所吸引。应该说，这类小说的叙述视角，多是从正面人物的破案过程着眼的。宋人沈徵《谐史》中之《我来也》一篇，却从罪犯的视角,向我们展示了一个江湖惯偷巧妙的犯罪、脱身过程。

故事发生于南宋都城临安。主人公是一个作案手法高明、令人防不胜防的江湖惯偷,他每次行窃都在人家门上书写"我来也"三字。久而久之,"我来也"已经成了他的绰号和代名词。此事为难了临安府尹,他令手下严密缉捕。忽一日捉到一犯罪嫌疑人,据说是"我来也"。但此人拒不承认,且无证据。此人入狱之后,寻找时机贿赂狱卒。他先后二次指示狱卒去窝藏点,狱卒均大获金银器物而归。常言道:钱能通神。当然钱更能通人。此后,狱卒每以酒肉相待。终于,有一天晚上,他打通了狱卒的关节,放他出去了一会儿,并神不知鬼不觉地按时归狱。第二天一早就传闻张府夜来遭窃,且门上又出现了"我来也"三字。府尹据"理"推测,此案绝非狱中之犯罪嫌疑人所为,因为他有当时不在场的证据。于是将此人放出。可惜府尹忘记了"堡垒往往先从内部攻破"的道理,没想到此人贿赂了狱卒趁机出去作案,从而成功地制造自己并非"我来也"的证据。

这个故事结尾巧妙。它并不是以起伏跌宕的故事情节取胜,而是在结尾处才揭开谜底,满足了读者的好奇心。另外,文中"我来也"的形象比较丰满:他作案手法高明,身上充满了狡黠的智慧。他善于保护自己,非但在狱中未受折磨,还成功地逃脱了官司。而且,"我来也"并不是泯灭人性的罪犯,他信守江湖义气,本可以在打通狱卒后溜之大吉、一去不返,但他没有这样做,而是为狱卒着想,及时返回。他还知恩图报,将在张府所盗钱物,全部送到狱卒家中。确实是一个极有个性的职业小偷。

(白振奎)

【作者小传】

廉　布

宋小说家。字宣仲,号射泽老农。山阳(今江苏淮安)人。历任太常博士、处州录事参军、武学博士等。作有小说集《清尊录》等。

大桶张氏　　廉　布

大桶张氏者,以财雄长京师。凡富人以钱委人,权其出入而取其半息,谓之行钱[①]。富人视行钱,如部曲[②]也。或过行钱之家,设特位置酒,妇人出劝,主人乃立侍。富人逊谢,强令坐再三，乃敢就位。

张氏子年少，父母死，主家事，未娶。因祠州西灌口神[③]归，过其行钱孙助教家。孙置酒。酒数行，其未嫁女出劝，容色绝世。张目之曰："我欲娶为妇。"孙皇恐不可，且曰："我，公家奴也。奴为郎主丈人，邻里笑怪。"张曰："不然，烦主少钱物耳，岂敢相仆隶也！"张固豪侈，奇衣饰，即取臂上古玉条脱[④]与女，且曰："择日纳币[⑤]也。"饮罢去。孙邻里交来贺曰："有女为百万主母矣。"

其后张别议婚，孙念势不敌，不敢往问期，而张亦恃醉戏言耳，非实有意也。逾年张婚他族，而孙女不肯嫁。其母曰："张已娶矣。"女不对而私曰："岂有信约如此，而别娶乎？"其父乃复因张与妻祝神回，并邀饮其家，而使女窥之。既去，曰："汝见其有妻，可嫁矣。"女语塞，去房内蒙被，俄顷既死。

父母哀恸，呼其邻郑三者告之，使治其丧。郑以送丧为业，世所谓仵作[⑥]行者也。且曰："小口[⑦]死，勿停丧，即日穴壁出瘗之。"告郑以致死之由。郑办丧具，见其臂古玉条脱，郑心利之，乃曰："某有一园在州西。"孙谢之曰："良便。"且厚相酬。号泣不忍视，急挥去，即与亲族往送其殡而归。

夜半月明，郑发棺，欲取条脱。女蹶然起，顾见郑曰："我何故在此？"亦幼识郑。郑以言恐曰："汝之父母怒汝不肯嫁而念张氏，若辱其门户，使我生埋汝于此，我实不忍，乃私发棺而汝果生。"女曰："第送我还家。"郑曰："若归必死，我亦得罪矣。"女不得已，聊从郑，匿他处以为妻，完其殡而徙居州东。郑有母，亦喜其子之有妇，彼小人不暇究所从来也。

积数年，女每语及张氏，犹忿恚，欲往质问前约者。郑每劝阻防闲[⑧]之。崇宁元年，圣端太妃上仙[⑨]，郑当从御要[⑩]至永安。将行，祝[⑪]其母勿令妇出游。居一日，郑母昼睡，孙出僦[⑫]马，直诣张氏门，语其仆曰："孙氏第几女欲见某人。"其仆往通，张惊且怒，谓仆戏己，骂曰："贱奴！谁教汝如此？"对曰：

“实有之。”乃与其仆俱往视焉,孙氏望见张,跳踉而前,曳其衣且哭且骂。其仆以妇女不敢往解,张以为鬼也,惊走。女持之益急,乃擘其手,手破流血,推仆地立死。

僦马者恐累己,往报郑母。母诉之有司,因追郑对狱,具状。已而园陵复土,郑发冢罪该流,值赦得原。而张实伤女而杀之,杂死罪也,虽奏获贷,犹杖脊,竟忧畏死狱中。时吴兴顾道尹京云。

〔注〕①行钱:指委托代理人。②部曲:此指家仆。《唐律疏议》卷二十:“部曲、奴婢,是为家仆。”③灌口神:即二郎神。④玉条脱:大约是玉镯一类东西。⑤纳币:下定婚聘礼。⑥仵(wǔ)作:以验尸、替人家殓葬为职业的人。⑦小口:指未成年人。⑧防闲:防备、禁止。⑨上仙:道家谓升天成仙,后用作帝后死亡的婉称。⑩御翣(shà):帝、后出殡时的仪仗。⑪祝:同“嘱”。⑫僦(jiù):租赁;雇用。

《大桶张氏》选自《清尊录》。书已佚,《说郛》收一卷,冒广生编《楚州丛书》又从《说郛》辑出。《说郛》所载有元代至大改元(元武宗元年1308)三月华石山人跋,称此书系廉布所作,共有七十三则。今存仅十则。元代王东作于元统甲戌(元惠宗二年,1334)的跋却认为,此书的作者是著名诗人陆游。其理由是:王明清的《挥麈录》卷五《黄巢明马儿李顺皆能逃命于一时》条中有“近日陆务观《清尊录》载绍兴间老内侍见林灵素于蜀道”的话,而陆务观与王明清的父亲王铚有过从,“曾携文谒之”,此事陆游的《老学庵续笔记》中有记载。到底《清尊录》的作者是谁?今存的《清尊录》中有一则小说《狄氏》,里面说“狄氏者家故贵,以色名动京师”,“每灯夕及西池春游,都城士女欢集”,故事明显发生在北宋的都城汴梁,文末又说“予在太学时亲见”。陆游生于宣和七年(1125)当然不可能在“太学亲见”。书中还有一则故事,明说是作者政和初于冀州客次中听某官所说,而其时陆游尚未出生。《清尊录》的作者当然不可能是陆游。小说应该是廉布所作。

廉布字宣仲,山阳(今淮安)人。自号射泽老农。北宋末登进士第,官至武学博士。擢第后,宰相张邦昌纳为婿。邦昌降金,南渡后,廉布受牵连遭废弃。布出身于山阳富家,但避居临安时,遭遇陈通等叛乱,资产丧失殆尽。他工画,尤长于山水竹木。其画松诗曰:“独倚寒崖生意绝,任他桃李自成蹊。”反映了他绝意仕途的落寞情怀。

因做过张邦昌的女婿,廉布尝出入于上层社会,对上层人士有一定的了解;又因其南渡后常在困顿中打发时光,多出入于中下层社会,对于中下层人士的了解则更深。所以他的小说反映的社会面相当广。上至达官富人,下至盗贼奸尼、市井细民都在他的这部《清尊录》中出现过,而且多栩栩如生。这篇小说《大桶张氏》的人物中,便既有富家子弟、又有市井小民的女儿、殓尸盗墓的仵作。

《萍洲可谈》卷一有一则记载:"京师富人如大桶张家,至有三十余县主。"其家多与宗室联姻。廉布的小说《大桶张氏》写的似乎就是发生在张家的一件事。是一篇有事因的轶事小说。

"以财雄长京师"的张家少主偶然经过其"如部曲"的"行钱"孙助教家,看见出来劝酒的孙某未嫁女儿"容色绝世",便说:"我欲娶为妇。"孙助教以"我,公家奴也","皇恐不可",张却说:"烦主少钱物耳,岂敢相仆隶也!"而且取下臂上的"玉条脱"给张女,表示"择日纳币也"。这张家少主,好像是很有点平等思想也颇多情的人。但不久这个少主却又"别议婚","逾年"又"婚他族",一下子就把这个富人的不负责任,不把"部曲"当人,拿孙氏女当儿戏的态度暴露出来了。不料男主人公"恃酒戏言","实非有意",女主人公孙助教的女儿却当了真,而且动了情。得知"张婚他族"消息而"不肯嫁",也不相信:"岂有信约如此,而别娶乎?"到"张与妻祝神回",孙助教把他们邀到家中饮宴,孙氏女亲眼看见张氏夫妇,方才相信那信约的虚假,"去房内蒙被,俄顷既死"。作者并未写孙氏女此时的或愤或悲的心情,也许他觉得文字,包括"愤""悲"二字,在这里已无能为力,而"既死"两字,却留给了读者广阔的想象空间。这是在写孙氏女"情深",在写她的纯真,也是用孙氏女的情诚,以反衬张氏子的儿戏与不负责任。不料"死"去且要下葬的孙氏女,却因郑某贪财发棺而醒了过来,又被迫做了郑某的妻子。但就是这样,她心中仍然"忿恚","欲往质问前约者"。这"忿恚"自然也是一种思念的表现。终于,她在郑家百般防闲的空隙中找到了机会,"直诣张氏门"。见到张氏子,怒、悲、恋一起倾泻出来了,"曳其衣且哭且骂",以至被张"推仆地立死"。这是在进一步表现孙氏女的痴情,表现她对所谓"信约"意念的诚真。也进一步与张氏子轻言诺,不负责的态度形成对照。

小说的结尾处写张氏子"竟忧畏死狱中",写郑某因"发冢罪该流,值赦得原",这也许是这个故事的真实的结果,但其中也表明了作者对自己笔下人物的态度:对于张氏子,作者以为他恃财而把与孙氏女的婚约当儿戏,"实伤女而杀之",将他送上了不归路;对郑某,作者以为,他发冢取财,又胁女作妻,"罪该流",却让他"值赦得原"。可见他对那个"以财雄长京师"的张氏子的痛恨更胜于对那个贪财贪色的盗墓贼郑某。若拿这个结尾与由这个故事改编的市人小说《闹樊楼多情周胜仙》的结尾作一比较,可以看出,廉布的审美情趣、道德观念与市人小说家的不同。在《闹樊楼多情周胜仙》中，周胜仙与范二郎真心相爱，而胜仙的父亲不同意这桩婚事，周胜仙因之昏死。朱真盗墓，先奸了胜仙的尸体；胜仙因此还魂，在朱真的胁迫下做了他的妻子。市人小说家将朱真判了斩刑；安排范二郎坐牢，而让周胜仙的鬼魂在狱中与范二郎成就好事，且让胜仙求五通神救出范二郎。审美的重心明显地有了偏移；男主角的身份由富甲一方的张氏子变成了小酒店老板的弟弟，男主人公毁约变成了女主人公父亲阻拦婚事，于是小说主题的重心由谴责富家子儿戏许婚，不守婚约，置人于死，变成歌颂男女青年的纯真爱情。前者见出一种士人的立场和情趣，后者则是一种市井小民的观念和情趣。

值得指出的是，除了这颇为含蓄的表态外，《大桶张氏》的作者廉布，在整个小说中只是婉曲地叙述一个相当离奇的故事。从小说的角度而言，这是一种高明的态度。在宋代，小说家多喜欢于小说中明白地发表自己的意见，使得小说刻露而少含蓄。比较起来，廉布似更懂得作小说的三昧。还有一点值得一提的是，小说篇幅虽不长，情节却颇为曲折，也多出人意表。孙氏女因遭受张氏子违背婚约的打击，突然"死"去，故事到此，本该结束；不料孙氏女却又活了过来，为郑某胁迫，做了他的妻子，事情到此，又该结束；不料孙氏女总不能忘记张氏子，且借机从郑家跑了出来，让人产生孙氏女这下可遂愿的猜想；又不料张氏子以为她是鬼，在惊惧中反将她推仆而真死。真可谓一波而三折。特别值得一提的是，小说虽运用了中国古代小说家常用的巧合法来结构故事，但巧得又很合乎情理。比如说，在小说中，作者安排了这样一些细节：一是"女去房内"，"蒙被""既死"；二是在仵作的建议下，即日出丧；三是负责出丧的郑某看见了孙氏女臂上戴的玉条脱，打算开棺盗物，让孙家将其女安葬在自家的园内；四是孙女的双亲"号泣不忍视，急挥去"。这些细节正是为孙氏女还魂安排的："蒙被""既死"，并非真死，只是昏死；即日出殡，一方面说明从女死到其还魂的时间并不太长，一方面说明时间仓促，所备棺材的密封性能也许不太好；孙氏女的亲故，因"不忍视"而送殡即归，一方面还是缩短其假死的时间，一方面也暗示郑并未将女下葬；葬地在郑家的园内，孙氏女的棺材未葬不可能被人发现。其中未葬是孙氏女还魂的关键，因为假死的孙氏女在棺内还可以有少量的空气供其呼吸。这样郑发棺欲取玉条脱时，女方得"蹶然而起"。我之所以提醒大家注意这些细节，是因为，在中国古代的小说中，每到这种时候，常常会借用迷信，可廉布不入此俗套，这也是廉布的高明处。

《大桶张氏》这篇小说所述故事，在当时已流传颇广：王明清的《投辖录》中亦载此事，文字与这篇小说差不多，题作《玉条脱》；《夷坚支庚·鄂州南市女》的故事也与此相类，复改编成市人小说《闹樊楼多情周胜仙》，后收入《醒世恒言》中；又有《潘秀误了花羞女》《花羞还魂累李辛》，收入《百家公案》中。可见其影响不小。

（萧相恺）

【典籍介绍】

《湖海新闻夷坚续志》

志怪小说集。元人编。继宋洪迈《夷坚志》、金元好问《续夷坚志》而作。分前后两集，十七门，共四卷。每门下又分若干类。所收多为宋人故事，间有少数元代及前代故事。内容以神鬼佛道、怪异故事为主，也有不少野史逸文。多辑录或改写前人之书。各类故事叙事完整，语言精练，情节简直，较少铺叙。现存元刻残本两种，另较完整的有张均衡校刻《适园丛书》本。

术化月宫 《湖海新闻夷坚续志》

吉郡一仕宦子弟，遇道人与云："可与我杯酒，今夜同尔去游月宫。"子弟问云："月宫在何处？"曰："只在旧市。"灯后潜与同往，则俨然桂殿嫦娥，兔捣药，蟾吐光，且饮一觥而出。子弟识其处，而道人辞去。明日重来，乃一酒食店，天井内有树，则桂也；少年妇人居其间，则嫦娥也；人擂姜椒，则兔捣药也；犬卧灶傍，则蟾吐光也。因知道人乃幻术以化人眼耳。

"嫦娥应悔偷灵药，碧海青天夜夜心"，自战国时期后羿之妻窃药奔月化为嫦娥的故事问世，有关月宫的传说便日渐增多，想象也越来越丰富。嫦娥寄身的世界是怎样的？《酉阳杂俎·前集》卷二写道："翟天师名乾，峡中人……曾于江岸，与辫子数十玩月。或曰：'此中竟何有？'翟笑曰：'可随吾指观。'弟子中两人见月规半天，琼楼金阙满焉。数息间，不复见。"从此琼楼玉宇便成为月宫的模样，只是孤身栖于楼宇之间，纵然雕栏玉砌，嫦娥未免寂寞，随着时间的推移，月宫传说中增添了桂树、捣药玉兔、伐树人吴刚。于是，一个冰清玉洁却又金碧辉煌的宫阙定型了。

"术化月宫"这则小故事，虽不足二百字，行文却不乏曲折、幽默之处。仕宦子弟在道人“今夜同尔去游月宫”的邀请下，好奇心陡增，问及月宫在何处，道人答曰：“只在旧市。”原本高处不胜寒的月宫居然在身边旧市，不仅文中主人公，就连读者也会被这一悬念所吸引。接下来，主人公于迷离恍惚之中随道人来到一处，果然与传说中的月宫一般模样：“桂殿嫦娥，兔捣药，蟾吐光。”为了强调这种真实性，小说告诉读者，主人公还在月宫中饮了一杯酒呢！至此，小说突然转折，“明日重来”，昨宵月宫原来是一酒食店。桂树倒是有一棵，只不过长在普普通通的天井中；所遇嫦娥却是店中老板娘；不见捣药玉兔，只有砧姜椒的伙计忙得不亦乐乎。至此，读者与主人公一齐恍然大悟：原来所谓月宫，乃道人“幻术以化人眼耳”。昨宵今夜，瞬间转换，仿佛在变魔术。令人在眼花缭乱之时，面对市井月宫，民间嫦娥，不由得哑然失笑。唐宋时期，道教流行。从王侯将相到市井小民均对神仙幻术津津乐道，唐玄宗、宋太祖、李白、苏轼这样的名人更是常常成为神仙、幻术小说中的一员。“术化月宫”这则小故事不但具有一定的文学性，它还从侧面透视出时代的文化特点。

（柳岳梅）

【作者小传】

宋　远

元文学家。号梅洞。涂川（今江西樟树）人。生平事迹不详。作有小说《娇红记》等。

娇　红　记　　宋　远

申纯字厚卿，祖汴①人也。生于洛阳，而随父寓居于成都。八岁通六经，十岁能属文。天资卓越，杰出世表，风情接物，不减于斯。故贤士大夫多推誉焉。宣和间，荐而不第，归郁郁不自胜。尝登山临水以豁怀抱，食息未尝忘。家居月余，因适邻郡母舅王通判家。即日命仆起行，信宿②而至。但见门枕碧流，目断千里，波涛汹涌，景物粲然，明灭远山，特起望外，因赋词一阕，以写山川之胜。词曰：

锦城西、一区华屋，天开多少佳趣！当门绿水朝千里，何况碧山无数？堪爱处，有潇湘新篁，松桧森前路。深沉院宇。见帘幕低垂，丝簧迭奏，镇日歌

《金缕》。　　村落人间里，一水拖蓝，两山排翠。昼长人静重门闭，又过芳郊别地。小生平昔依慕幽意谁为主？诗朋酒侣。向此地嬉游，寻花问柳，须是有奇遇。（《摸鱼儿》）

生既至，因入谒舅。舅见之，尽礼。遂引生至中堂，命妗[3]出见。生进拜，就位。舅舅询问，生答应愈恭。舅有一子名善父，年七岁，一名含。舅因呼善父出拜，再命侍女飞红呼娇娘出见。良久，飞红附耳语妗，以娇娘未梳妆为言。妗因怒曰："三哥，家人也，出见何害？"生闻之，因曰："百一姐[4]无他故，姑俟日后请相见。"妗因笑曰："适方出浴未理妆，故欲少俟。三哥一家人，何事铅粉耶？"又令他侍女促之。顷刻娇自左掖[5]出拜。双发绾绿，色夺图画中人，朱粉未施而天然殊莹。生起见之，不觉自失。叙礼毕，娇因立妗右。生熟视，愈觉绝色，目摇心荡，不自禁制。妗语曰："三哥远来劳苦，宜就舍少息。"因室之于堂之东，去堂三十余步。生归馆后，功名之心顿释，日夕惟思慕娇娘而已，恨不能吐尽心事，素语浃洽，故常意属焉。舅妗皆以生久不相见，款留备至，生亦自幸其相留，冀得乘间致衷曲于娇娘也。平尝出入舅家，周旋堂庑，虽终日得与游从，未尝敢一妄言相及。生因察其动静，见娇言笑举止常有疑猜不足之状，生知其赋情[6]特甚也，求所以导情达意之便而未能得。一夕，娇晚绣红窗下，依窗视荼蘼花，久不移目。生轻步踵其后，娇不知也，因浩然长叹。生知其有所思，因低声问曰："尔何于此仰视长叹也？将有思乎？将有约乎？"娇不答，良久乃曰："兄何自来？此日晚矣，春寒迫人，兄觉之乎？"生知娇以他辞相拒，因应曰："春寒固也。"娇正视逡巡引去。生独归室无聊，乃赋一词，书于壁以寓意焉：

庭院深沉，迟迟日上荼蘼架。芳丛潇洒，妆点春无价。　　玉体香肌，好手应难画！还惊讶，春心荡也，谁共游蜂话？（《点绛唇》）

自后日间聚会，或共饮宴，或同歌笑，申生言稍涉邪，娇则凝眸正色，若将不可犯。生虽慕其美丽，然其不相领略，以谓娇年幼情简，不谙世事，因不介意。一日舅有他甥至，舅妗亦留之。至晚，舅开宴，申生预坐。酒至半，妗起酌酒，劝他甥，舅将酣，娇时陪立妗后，赞之，令溢觞。酒至生，生力辞。妗曰：“子素能饮，独不能为我开怀乎?”生辞以失志功名且病，今已醉甚，不能复加。妗未答，娇因参言其后曰：“三兄动容，似不任酒力矣，姑止此。”妗因辍瓶授觞，生再拜而饮，因喜不自胜。既毕，妗退步酌酒劝舅。申生之前烛烬长而暗，娇因促步至烛前，以手弹烛，送目语生曰：“非妾则兄醉甚矣。”生谢曰：“此恩当铭肺腑。”娇微笑曰：“此非恩乎?”生曰：“意重于此矣。”语未毕，妗因索水涤觞，娇乃引去。自此生复留意。一夕娇独坐于堂侧惜花轩内，生偶至坐侧，见娇凭栏无语，徒倚沉吟。时花槛中有牡丹数本，欲开未开，生因吟二绝以戏之，诗曰：

乱惹祥烟倚粉墙，绛罗轻卷映朝阳。
芳心一点千重束，肯念凭栏人断肠?

又

娇姿艳质不胜春，何意无言恨转深?
惆怅东君[7]不相顾，空余一片惜花心。

生援笔写此二诗以示，娇巡檐[8]展诵，倾环低面，欲言不言。正疑思间，忽听流莺睍睆[9]，如道人意中事。生又挥毫作词一章以赠之，词名《喜迁莺》：

园林过雨，问满目媚景，是谁为主?翠柳舒眉，黄鹂调舌，镇日恣狂歌舞。金衣公子，何事牵惹万千愁绪?芳草地，有香车宝马，骈阗几许。　　原无据，行乐处。好景良辰，休把空辜负！一种春风，几多描画，听绵蛮簧语。又向暗巢偷眼，欲啄花心无路。知墙外待放伊飞，向傍人低诉。

娇览之未毕，忽闻妗语声。娇乃携此词，并前二诗，藏之袖间，徐步趋归室中。生惆怅久之，归室殆无以为怀，因作一绝题于堂西之绿窗上：

日影侵阶睡正醒，篆香如缕午风平。

玉箫吹尽《霓裳》调，谁识鸾声与凤声？

后二日，生侍舅他出，娇因至生卧室。见东窗有《点绛唇》词一首，西窗有诗一绝，踌躇玩味，不忍舍去。知生之属意有在，乃濡笔和其西窗之韵，以寄意焉：

春愁压梦苦难醒，日迥风高漏正平。

魂断不堪初起处，落花枝上晓莺声。

生归，见娇所和诗，愿得之心，逾于平常，朝夕惟求间便以感动娇娘。然娇或对或否，或相亲昵，或相违背。生不测其意，莫得而图之。一日，舅妗开宴，自午至暮。酒散，舅妗起归舍。生独危坐[10]堂中，欲即外舍。俄而娇至筵所，抽左髻钿钗，匀博山[11]里余香。生因曰："夜分人寝矣，安用此？"娇曰："香贵长存，安可以夜深弃之。"生又继之曰："篆灰有心足矣。"娇不答，乃行近堂阶，开帘仰视，月色如昼，因呼侍女小蕙画月以记夜漏之深浅。乃顾生曰："月已至此，夜几许？"生亦起下阶瞻望星汉，曰："织女将斜河，夜深矣。"因曰："月白风清，如此良夜何？"娇曰："东坡钟情何厚也！"生曰："奇美特异者，情有甚于此，焉可以此诮东坡也？"娇曰："兄出此言，应彼此苦众矣，于我何独无之！"生曰："然则实有也，不然则佳句所谓'压梦'者，果何物而苦难醒乎？"言情颇狎。娇因促步下阶逼生曰："兄谓织女斜河，何在也？"生见娇娘骤近，恍然自失，未及即对，俄闻户内妗问："娇娘寝未？"娇乃遁去。次日生追忆昨夕之事，自疑有得，然每思遇事多参商[12]，愈不自足。乃作一词以记月夜之事，词名《减字木兰花》：

春宵陪宴，歌罢酒阑人正倦。危坐中堂，倏见仙娥出洞房。　　博山香烬，素手重添银漏永。织女斜河，月白风清良夜何？

次日晨起，生入揖妗，既出，遇娇于堂西小阁中。娇时对镜画眉未终。生近前谓之曰：“兰煤灯烬[13]，即烛花也？”娇曰：“灯花耳，妾用意积久，近方得之。”生曰：“若是，则愿以半丐我书家信。”娇遂肯，令生分其半。生举手分煤，油污其指，因谓娇曰：“子宜分以遗我，何重劳客耶？”娇曰：“既许君矣，宁惜此？”遂以指决煤之半以赠生，因牵生衣拭其指污处曰：“缘兄得此，可作无事人耶？”生笑曰：“敢不留以为贽？”娇因变色曰：“妾无他意，君何戏我？”生见娇色变，恐妗知之，因趋出，珍藏所分之煤于笥中。因作一词以记之，词名《西江月》：

试问兰煤灯烬，佳人积久方成。殷勤一半付多情，油污不堪自整。　　妾手分来的的，郎衣拭处轻轻。为言留取表深诚，此约又还未定！

自后生心摇荡特甚，不能顷刻少舍，伏枕对烛，夜肠九曲，思欲履危道以实娇心而未获。一日暮春小寒，娇方拥炉独坐，生自外折梨花一枝入来。娇不起，亦顾生。生乃掷花于地。娇惊视，徐起，以手拾花，询生曰：“兄何弃掷此花也？”生曰：“花泪盈晕，知其意何在？故弃之。”娇曰：“东皇故自有主，夜屏一枝以供玩好足矣，兄何索之深也？”生曰：“已荷重诺，无悔！”娇笑曰：“将何诺？”生曰：“试思之！”娇不答，因谓生曰：“风差劲，可坐此共火。”生欣然即席，与娇共坐，相去仅尺余。娇因抚生背曰：“兄衣厚否？恐寒威相凌逼也。”生恍然曰：“能念我寒，而不念我断肠耶？”娇笑曰：“何事断肠？妾当为兄谋之。”生曰：“无戏言，我自遇子之后，魂飞魄散，不能着体。夜更苦长，竟夕不寐，汝方以为戏，足见子之心也。予每见子言语态度非无情者，及予言深情味（切），则子变色以拒，果不解世事而为是沾娇[14]哉？谅孱缪[15]之迹不足以当雅意，深藏固闭，将有售也。今日一言之后，余将西骑矣，子无苦戏我！”娇因慨然良久曰：“君疑妾矣，妾敢无言。妾知兄心旧（久）矣，岂敢固自郑重以要君也。第恐不能终始,其如后患何?妾自数月以来,诸事不复措意。寝梦不安,饮食俱废,君所不得知也。”因长吁曰:“君疑甚矣,异日之事君任之,果不济,当以死谢君!”生曰:“子果有志,则(何)以策我!”娇未及答,俄然舅自外至,生因起出迎舅,娇亦反室,不可再语。生乃作一词以记其事,词名《石州引》:

懊恨东君,催趱去程,春意牢落。梨花粉泪溶溶,知是为谁轻别?冲寒向晚,特地折取归来,佳人无语从地掷。瞥见却惊猜,忍使芳尘歇! 收拾道明窗静几,瓶里一枝,便添风月。因念多才,值此严寒时节。近渐消减,料有万斛春愁,芭蕉未展丁香结。甚日把山盟,向枕前说?

又越两日,生凌晨起,揽衣向堂西绿窗下而立,背面视井檐。不知此时娇亦起,在隔窗内理妆矣。生因读坡诗曰:“为报邻鸡果惊觉,更容残梦到江南。”娇闻之,自窗内呼生曰:“君有乡间之念乎?”生因隔窗语娇曰:“衷肠断尽,无由道意,人得归矣。”娇曰:“君果诞妾耶?妾未尝慢君,何有委罪之深也?”生因笑曰:“予岂无意,第被子苦久矣。然则若何深之?”娇曰:“今日间人众无可容计,东轩抵妾寝室,轩西便门达熙春堂,透荼莓(蘼)架。君寝室外有小窗,今夕若晴霁,君自寝所逾外窗度荼蘼架,至熙春堂下。此地人罕花密,当与君合聚。”生闻之欣然自得,唯俟日暮得谐所愿。至晚,不觉暴雨大作,花阴浸润,不复可期。生怅恨不已,因作一词,援笔书之,以写怏怏之怀!词名《玉楼春》:

晓窗寂寂惊相遇,欲把芳心深意诉。低眉敛翠不胜春,娇转樱唇红半吐。 匆匆已约欢娱处,可恨无情连夜雨。枕孤衾冷不成眠,挑尽残灯天未曙。

生晨起,会娇于妗所。因共至中堂,以夜来所缀词示之。娇低笑曰:“好事多磨,理固然也。然妾既许君矣,当别图之。”是日生侍舅从邻家饮，至暮醉归。且思娇早间别图之言，疑娇之不复至也，又沉醉睡熟。娇步至窗外，低声唤生者数次，生不能知。娇怅恨而回，大疑生之诞已也，直欲要以盟誓。生剪缕发，书盟言于片纸付娇。娇亦剪发设盟，以复于生。虽是极意慕恋，然终于无便可乘。一日生收家书，以从父晋纳粟补阆州[16]武职，以生便弓马，取生归侍行。娇眷恋之极，作诗送行，诗曰：

绿叶阴浓花渐稀，声声杜宇劝春归。

相如千里悠悠去，不道文君泪湿衣！

生得诗，和韵以复娇。诗曰：

堂幄重帏舞蝶稀，相如只恐燕先归。

文君为我坚心待，且莫轻抛金缕衣！

生终以娇娘"绿叶阴浓"之语为疑。又成一词以示娇，词名《小梁州》。

展(惜)花长是惜(替)花秋(愁)，每日到西楼。如今何况抛离去也，关山千里，目断三秋，谩回头！　　殷勤分付东园柳，好为管长条！只恐重来绿成阴也，青梅如豆。辜负凉州，恨悠悠！

娇知生之疑已，作词以复之，名《卜算子》：

君去有归期，千里须回首。休道三年绿叶阴，五载花依旧。　　莫怨好音迟，两下坚心守。三只骰儿十九窝[17]，没里须教有。

娇情不已，复吟一绝以继之，诗曰：

临别殷勤私语长，云云去后早还乡！

小楼记取梅花约，目断江山几夕阳。

自后，生从父以他故不果行。生归舅家，行住坐卧饮食起居无非为娇。兴念数日，无便可乘与娇一语，至于饮食俱废，以致沉思成病。因托求医。舅妗为之皇皇，医卜踵至。但云生功名失意，劳思所致，终不能知生之心。数日病小愈。一日舅出外报谒，生因强步至外厢。方伫立，俄而娇至生后。生

——明崇祯刻本《娇红记》插图

骇然。娇曰:“左右皆发落,得便故来问兄之病。”生回顾无人,因前牵娇衣欲与语。娇曰:“此广庭也,十目所在,宜即兄室。”生与之俱反。忽值双燕争泥坠前,娇因舍生趋视。俄舅之侍女湘娥突至娇前,娇大骇。生乃引去。至暮复会中堂。娇谓生曰:“非燕坠,则湘娥见妾在君室矣,岂非天乎!”生然其言,而悒快之心见于颜色。乃作词一阕以自释,词名《撷芳词》:

娇面(日如)年,风轻扇,文园多病寻芳倦。春衫窄,庭院闲(阒)。独步回廊,体娇无力。　　如花面,亲曾见,千方百计寻方便。盟(蓝)桥隔,暮云碧。燕儿坠也,又无消息。

一日晚,娇寻便至生室,谓生曰:“向日熙春堂之约,妾尝思之,夜深园静,非安寝之地。自前日之路观之,足以达妾寝所。每夕侍妾寝者二人,今夕当以计遣去,小慧不足畏也。兄至夜分时来,妾开窗以待。”生曰:“固善也,不亦危乎?”娇变色曰:“事至此,君畏何?人生如白驹过隙,复有钟情如吾二人者乎?事败,当以死继之。”生曰:“若然,余何恨。”是夜,生于夜半乃逾外窗,绕堂后数百步至荼蘼架侧。又求门不得,生频(颇)恐。久之,寻路得至熙春堂。堂广夜深,寂无人声,生大恐,因疾趋入,见娇方开窗倚几而坐。上衣红绡,下系白练,举首而瞻明月,重有忧者,不知生之已至也。生因扶窗而入。娇忽见生,且惊且喜,曰:“君何不告?骇我甚矣!”生乃与娇并坐窗下。时正夜分,月色如昼,生视娇体态艳媚,肌莹无瑕,飘飘然不啻[18]姮娥之下临人间也。娇谓生曰:“夜漏过半,幸会难逢,可就枕矣。”欣然与娇同携素手,共入罗帐之中。解衣并枕间,娇曰:“妾年幼殊不谙世事,枕席之上,望兄见怜。”生曰:“不待多言。”两情既合,娇乃娇啼嫩语,体若不胜。雨态云踪,交颈之鸳鸯,和鸣之鸾凤,无以逾者。一晌欢娱,而娇娘千金之身自兹失矣!欢娱之际,不觉血渍生衣,娇乃剪其袖而收之曰:“留此为他日之验。”生笑而从之。有顷,鸡声催晓,虬漏将阑,娇令生归室。因视生曰:“此后日间相遇,幸无以前言为戏,惧他人之耳目长也。”因口占一词以赠生,词名《菩萨蛮》:

夜深偷展纱窗绿,小桃枝上留莺宿。花嫩不禁揉,春风卒未休。　　千金身已破,脉脉愁无那。特地嘱檀郎,人前口谨防!

生亦口占《菩萨蛮》词以复之云:

绿窗深贮倾城色,灯花送喜秋波溢。一笑入罗帐,春心不自持。　　雨云情乱散,弱体羞还颤。从此问云英,何须上玉京。

娇得生所和之词,谢曰:“妾女子也,情牵事感,殊乖礼法,幸垂明鉴,稍为秘之。妾之托君,亦无憾矣!”自后生夜必至娇室,凡月余,无自知者。岂期私欲所迷,俱无避忌。舅之侍女曰飞红,曰湘娥,皆有所觉,所不知者娇之父母而已。娇亦厚礼红,使红等缄口。第飞红辈虽觉之,而未知所因。一日,生之父母虑生在外日久,作书遣仆催归。生得父母书,不得已起行。是夜不及与娇娘诀别。次日晨起入谒舅妗,告归。舅妗见生父书来,不敢强留,命侍女治酒酌别,时娇娘在妗后,亦偷泪送行。生自抵家之后,朝夕惟娇娘是念,乃遣媒人往舅妗家求婚,以谐秦晋之约。敬修书一封,私达娇娘。书曰:

表兄申纯,顿首拜启莹卿小娘子妆次:前日进(佳)遇,倏尔旬余。魂飞杳杳,每形清夜。松竹之盟,常存记忆。面想起居,动履多福。纯无攸之迹,得自托于兰蕙之傍,为幸大矣!幽会未终,白云在念,自抵家中,无一夕不梦想洛浦[19]之风烟也!家事经书,非惟不复措念,纵亦勉强,不知所以为怀。有亲朋见怜,于舅妗大人前致一言,天启其衷,俾续秦晋再世之盟,未审舅妗雅意若何?倘不弃庸陋,则张生之于莺莺,乌足道哉!兹因媒氏有行,喜不自制,临此以布腹心，幸相与谋之！便风以俟佳音。家居无聊，偶思佳丽分别之言，缀有诗词，惟子面陈，亦所见此情之拳拳耳。新霜在候，更宜善加保卫，不宣。

生写书毕，缄封私付媒氏，父母不知也。媒既得书，即日前往舅王通判之家，计(既)见舅妗，且以申生父母告之。舅为之开宴。次日，媒申前请，舅曰："三哥才俊洒落，加以历练老成，老夫得此佳婿，深所愿也。但朝廷立法，内兄弟不许成婚，似不可违。前辱三哥惠访，留住数月，甚能为老拙分忧，老夫亦有愿婚之意，而于条有碍，以此不敢形言。"媒氏再三宛转，终不能得。至晚，再置酒款媒，舅命妗主席。娇时侍立妗侧，知亲议之不谐也，心上悒怏，但不敢形之言语耳。酒散，媒氏左右顾视无人，欲置(致)生书于娇。适娇至媒前剔烛，媒因私语娇曰："子非厚卿之情人耶？厚卿有书令我私致于子。"娇竦然微言应曰："然。"泪随言下，媒为之改颜，遂以身畔取书授娇，娇收置袖中，未敢展视。妗起，娇亦随妗入室。次早，媒再请于舅，且以言迫之。舅怒曰："此无不可，第以法制甚严，欲致老夫罪戾[20]也。尔勿复言！此决不可。"媒知其不就，因告归。舅又命妗酌酒与媒为别，娇因侍立，私语媒曰："离合缘契，乃天之为也。三兄无事宜来。妾年且长，岁月有限，无以姻事不谐为念也。"因出手书，令媒持归，以复于生。媒既归，道其舅不允之由，遂以娇书与生，生展视之乃二(新)诗二绝，娇所制也，诗曰：

云重月难见，风狂雨不成。
天(尺)书从寄意，倾泪若为情。

又

目断芳千里，情分役寸心。
藉君怜旧日，莫绝羽鳞音！

生览诵数遍，殊不胜情，每对花玩月，不觉泪下。初生与成都府角妓[21]丁怜怜者极相厚善。怜敏慧殊俊，尝得帅府顾盼。生方妙年秀丽，怜怜一见倾慕。生自秋还乡里，怜怜屡遣人招生，生托故不往。至是生之友人陈仲游，亦豪家子也，见生每置恨于临风对月之间，因拉生至成都舒怀，遂同至怜怜之家。生既入，怜怜不胜欣喜，杯酒话款曲，生但面壁，略不致意。怜怪之，委曲询生，生终不言。怜意其碍于仲游也，乃留之竟夕，令其女名伴姐侍仲游寝，而自荐于生。生不得已，因与其寝。枕边切切语生所以不见答之故。生乃自道与娇娘相遇之时（后）。怜问曰："娇娘谁家女也？"生曰："新任眉州王通判之女也。"怜又问："其质若何？"生曰："美丽清绝，西施妃子殆相千百，而丰韵过之。"怜因沉思良久曰："既名娇娘，又且美丽若此，岂非小字莹卿者乎？"生愕然曰："尔何由知之？"怜曰："向者帅府幼子将求婚，酷好美丽，不以门第高下为念，但欲殊色。常捐数千缗，命画工于近地十郡，求间伺隙绘人家美女以献。凡得九人，此其一也。色莹肌白，眼长而媚，爱作合蝉鬓，常有忧怨不足之状。常至帅府内室见之，因记其姓字，果然是否？"生曰："子如亲见其人，即是此女。"怜曰："宜子之视我若土壤，子之所遇，真天上人也！妾常入视，停目不能去，第恨不见其身。今后至彼，愿求旧鞋丐我。"生诺之。明日遂与陈仲游同归。抵家后，生因追念怜怜"天上人"之语，慨然赋诗一绝，诗曰：

自入仙源路已深，桃花与我是知心。
纷纷浪蕊迷蜂蝶，得似高山遇赏音。

生因怅恨再期杳杳，伤感成疾，因卧累日。父母惊异，因令人询问生得病之由，生乃托以梦寐绝怪，将不能免，必须求善能驱役鬼神者作法禳[22]之。父乃命良巫祈祝。生密使人厚赂巫者，令巫者向父母言："此为鬼物所侵，必当远遁，方可苟安，如其不然，生死未判。"父母闻巫言，大惊惧，以为诚然，于是议令生往舅家以避此难，择日起行。先期之二日，令人取复舅家。舅妗许之。娇时在父母傍，闻生有来期，喜慰特甚。人回报，生亦欣快，随觉病差愈。父母以为得计。及期生戒行[23]，病亦稍安。于时莺啭簧声，百花竞发，园林锦绣，夺目争妍。生至舅居，及门遇娇以(于)秀溪亭，两情四目，不能暂叙寒暄。申生欲入谒舅妗，娇止之曰："今日邻家王寺丞邀往天宁玩赏牡丹，至夜方归，姑止此少息，徐徐而入可也。"乃与娇并坐亭上。娇因谓生曰："君养摄不如平时，何故今复来此，何干也？"生疑其言，乃曰："日月未久，何故忘乎？自相离之后，坐不安席，味不适口，寝不着枕，行不重足，何止夜月屋梁[24]之思。中间请命严君，冀诸媒妁，而天不从人，竟辜宿望，春花秋月，风台雪榭，无一而非牵情惹恨之处。百计重来，以践旧约，今子乃有'复来何干'之辞，予失计甚矣。"娇愧谢曰："君心果金石不逾，妾何以谢君！"因以与欢洽，移时同步入室。生至其旧馆，窗几依然。向时所书诗曲，左顾右盼，濡染如新。生怅然自失，复作一词以记之，词名《鹧鸪天》：

甥馆暌违已隔年，重来窗几尚依然。仙房长拥瑞云烟，浮世空惊日月迁。　浓淡笔，短长篇，旧吟新诵万愁牵。春风与我浑相识，时遣流莺奏管弦。

至晚舅妗归，生拜谒甚恭。舅问生曰："闻三哥有微恙，想二竖子[25]遁矣！"生谢曰："唯舅舅怜其微恙，庶得逃免，再造之赐，没齿不忘！"舅妗劳免之，生就室。自后与娇情意周洽，逾于平昔。住数月，情意益厚。生因意丁怜怜之言，求旧鞋于娇。娇力询生曰："安用弊履为哉？"生不以实告，娇不许。舅之侍女飞红者，颜色虽美，而远出娇下。唯双弯与娇无大小之别，其写染诗词，与娇相埒，娇不在侧，亦佳丽也。以妗惟(性)妒，未尝获宠于舅，常时出入左右，生间与之语。娇则清丽瘦怯，持重少言，伫视动辄移目。每相遇，生不问，娇亦不答。戏狎一笑，则使人魂魄俱丧。飞红尤喜谑浪，善应对，快谈论，生虽不与语，亦必求事以与生言。娇每见之，则有不足之意。及生再至，红益与之亲狎，娇疑焉。生久求娇鞋不获。一日娇昼寝，生偶至其侧，因窃鞋趋出，方及寓室，以他事去，未曾收拾。飞红适尾生后，见生遗鞋，红乃疑娇所与者，因收之。生罔知所以。及归室索鞋，无有也，因怏怏于怀，遂作一词以自记，词名《青玉案》：

尖尖曲曲，紧把红绡襞。朵朵金莲夺目，衬出双钩红玉。　　华堂春睡深沉，拈来绾动春心。早被六丁收拾，芦花明月难寻。

及暮，娇问生索鞋。生曰："此诚我盗去，然随已失之，谅子得之矣，何苦索我耶？"娇乃止。盖飞红拾归，已分付娇也。然娇以此愈疑生私通于红矣。一日见飞红与生戏于窗外捉蝴蝶，因大怒，诟红，红颇憾之，欲以拾鞋事闻娇(妗)，未有间也。后遇望日，众出贺舅妗，娇在焉。因语娇所遗之鞋，扬言谓生曰："此即子前日所遗之鞋也。"娇变色，亟以他事语舅妗。会舅妗应接他语，不闻。娇因大疑生使红发其私，乃大怨望，自后非于堂中相遇，不复求便以见生。女工诸事略不措意，怨隙之心，行住坐卧皆是也。生亦无以自明。一日，生不意中漫于后园纵步。适于花下见鸾笺一幅，上题词一首。生取而视之，词名《青玉案》：

花低莺踏红英乱，春思重顿成愁懒。杨花梦散楚云收，平空惹起情无限。　　伤心渐觉成萦绊，奈愁绪寸心难管。深诚无计寄天涯，几回欲问梁间燕。

生披味良久，意谓娇词，而疑其字画颇不类娇所书。因携归置于室中书案之上，欲询娇而未果。抵暮，西窗下有金笼养能言鹦鹉一只，甚驯。娇过其侧，戏以红豆掷之，鹦鹉忽言曰："娇娘子，如何打我也！"生闻之，亟出室招娇。娇不至，生再挽之方来。娇入生室，正疑思不言，忽见案上花笺，因取视之，良久目申生，不语移时。生曰："子何时所作也？"娇不答。生又曰："何故不言？"娇亦不应。生力穷之。娇曰："此飞红词也，君自彼得之，何必诈妾？"生力辩，娇并无言，徘徊良久，长吁竟拂衣起去。生留之不可。自尔相会愈疏。娇终日熟寝,间一二日方才与生一见,见亦不交一言。凡月余,生不能直其事。一夕径造娇室,左右寂然,唯见案上有五言绝句一章:

灰篆香难炷,风月(花)影易移;

徘徊无限意,空作断肠诗。

生察诗,知娇之为己,且疑心之深也。乘间语娇曰:“再合以来,荷子厚意,视前时有加焉。迩日形似之间,不能不为子所弃,何今昔异志乎?”娇初不言,生再诘之,娇潸然涕曰:“妾自遇君之后,常恐日力不足。今者君弃妾耳,妾何敢弃君耶?君意既自有主,妾何敢忘(妄)望矣。”生曰:“苟有二心,有如此意(日)。”因指天自誓,以明无他事。且曰:“子何疑之甚也?”娇曰:“君偶遗鞋,飞红得之;飞红偶遗词,君且得之。天下偶然之事何多之甚耶?妾不敢怨君,幸爱新人,无以妾为念也。”生仰天太息曰:“有是哉!吾怪迩日见子若有忧者,人之情态岂难识哉。子若不信前誓,当剪发大誓于神明之前。”娇乃笑曰:“君果然否?”生曰:“何害!”娇曰:“若然,后园东池,正望明灵大王之祠,此神聪明正直,叩之无不响应。君能同妾对祠大誓,则甚幸也。”生曰:“如命。想明灵大王亦知我心之无他也。”娇乃约以次早与生俱游后园,临东池畔,遥望大王之祠。两人异口同声,拜手设誓。其词累千百不能备载。誓毕,携手而归,恩情有加焉。生赋一词,备述心间之事,以谢之。词名《逼(碧)牡丹》:

一片芳心被春拘管,重寻□翼(云雨)盟约。说与从前,不是我情薄。都缘燕透晴丝,风拈花蕊,便成执着。密爱堪怜处,几多寂寞。　此心只有上天知,终不成轻狂做作。纵满眼闲花媚柳,也无情摸索。后园同步,遥告神明,地久天长,更谁托?从今再与团圆,莫把是非断却!

自后娇与生情好深笃,饮食起居无不留意。生自此亦不复与飞红一语。红察之,因大憾。生因纵步至后园牡丹丛畔,忽遇娇先已在彼,遽拥抱之,必欲求会。娇却之,言曰:"丑陋之质,固不敢辞于君,但虑云雨初交,欢会方密,妾于情状俱昏迷矣,能保人之不至?若有所觉,妾无容身之地矣。"生闻其言,兴已稍阑。遂与之携手而过别圃,不觉飞红亦自后潜至。见娇与生并行,因促步抵舍语妗曰:"天气晴暄可人,后圃牡丹盛开,能一观否?"其实欲妗一行,袭败娇之踪迹也。妗可其请,遽命红侍行。至园中,瞥见生与娇并行于花亭畔,左右俱无人。妗因大疑,因呼娇,生乃狼狈反室,惆怅不已。知为飞红所卖,故致为妗所觉,无以自释。强作一词,写其悒怏云。词名《渔家傲》:

情若连环终不解,无端招引傍人怪。好事多磨成又败。应难捱,相看冷眼谁偢睬?　镇日愁眉敛翠黛,阑干倚遍无聊赖。但愿五湖明月在。且宁忍耐,终须还了鸳鸯债。

越二日,生自知其迹不宁,乃告归。舅则(妗)亦不知留。娇夜出,潜与生别曰:"天乎!得非命与!相会未几,而有是事,妾独奈何哉!兄归善自消遣,求便再来,毋以疑间,遂成永弃,使他人得计也。"因泣下沾襟,生亦掩泣而别。娇又以一词授之,且曰:"兄归时展视之,即如妾之在侧矣。"言终而去。词名《一剪梅》:

豆蔻[26]梢头春意阑,风满前山,雨满前山。杜鹃啼血五更残,花不禁寒,人不禁寒。　离合悲欢事几般,离有悲欢,合有悲欢。别时容易见时难,怕唱《阳关》,莫唱《阳关》。

申生与娇娘分袂相别,次早遂归。既达侍下,父母以生久在外,妨废经史,间岁功名之会,又复在眼前,遂令生以书斋坐卧,温习旧业。生与其兄纶虽朝夕共学,而思娇之念无时不然。夜与兄共榻而寝,怅恨之辞或形于梦寐,恨不能御风缩地，一与娇会。春尽夏终，转眼又是初秋天气，雁香鱼沉，绝无消息。至七月中旬，舅以眉州隶倅[27]及催任期，道经申生之门，因留宿于生家者累日。此时舅挈家以行，妗娇寓生家，相随不离跬步。兼飞红湘娥诸侍女杂然左右，生与娇欲一言有不可得。居三日，舅命戒行，车马喧阗[28]，送者络绎于道。妗与娇各登车，诸侍女相随先后，申生亦乘马相送。闯其便，曳帘挽车，与娇语旧。娇娘泪下如雨，不能答，徐曰："遇君之后，一日为别，不能堪处，况今动是三年，远及千里，一旦思君之切，安保其再能见君乎？但恐妾垂首瞑目，骨化形销；君将眠花卧柳，弃旧怜新。妾枕边恩爱，他人有之矣。"生曰："明灵大王在彼，吾誓不为也。"娇曰："若然，妾荷君之恩，死且不朽。"乃占诗一首赠生：

欲语狂夫促去忙，临歧分袂转情伤。

不堪千里三年别，恨说仙家日月长。

娇于袖中又出香珮一枚，上有金锁团凤，以珍珠百粒约为同心结，赠生曰："睹物思人可也，得暇可求便一来，毋以地远为辞。"言未毕，轩车催动，雾隐前山，晓月半沉，目送不及。生别舅妗辞回，凄然归于书室，闲消春日，无不泪零。晨窗夕灯，学业几废。间为词章，无非寄与娇红之语，他不暇及。一日赋一曲以示兄纶，皆陈其意于言辞之外，未尝斥言也，其词曰：

春风情性，奈少年弃负窃香名誉。记得当初绣窗私语，便倾心素。湿(雨)花阴，月移帘影，几许良宵遇。乱红飞尽，桃源从此迷路。　因念好景难留，光阴易失，算行云何处？三峡词源，谁为我写出断肠诗句？目极归鸿，秋娘声价，应念司空否？甚时觅个彩鸾，同跨归去！(《念奴娇》)

兄见其词，抚生肩背曰："厚卿！以弟之才，当取青紫[29]如拾草芥，以显二亲。夫何流连光景？此词固佳，察弟之心，必有所主。秋期在迩，且移此笔力鏖战文场可也。"生但无言。盖生词微寓与娇相会之始末，至“乱红飞尽”之句，则直指飞红媒孽[30]之事。思恨之极，作为此词，其兄不知也。申生既以《念奴娇》词示其兄，因感兄相勉功名之意，又加举问，虽不能忘情于娇，而槐黄在目，幸而有兄相与讲明，亦惧父母之督责也。及至八月，与兄俱就秋试毕，即欲言归。兄纶谓曰：“三年灯火辛勤，快以此举。揭榜在目，何不少候？”生曰：“兄学业高远，危中必矣。劣弟荒唐僝陋，孙山之外，不言可知。不欲久此，榜揭后无面目回乡也。”兄再四挽留，生不得已，从之。逾数日，秋闱拆号，生与兄纶俱在高选。兄弟联捧捷而归。父母甚喜，乡人贺客填门，有为词以庆之者，词云：

徐卿二子文章妙，秋风来应兴贤诏。双双折取桂枝归，乡闾自此增荣耀。　浪桃三月春来绕，番身并跳龙门晓。绿衣共立彩莱衣，那更是双亲年少。（《步蟾宫》）

生与兄又同赴府县谢辞毕，即日回家，治办行李，同上春官。次年春试，又与兄同及第。兄纶授绵州绵山县主簿。生以弓箭升甲，授洋州司户。兄弟归家，侍次，于时官舍亲朋毕贺，有为词以贺生者，词曰：

入手功名如拾芥，文章得力须知。蟾宫丹桂折高枝，姮娥爱年少，博换绿罗衣。　初筮民曹姑小试，骎骎相及瓜时。双亲未老十年期，飞黄腾踏去，身到凤凰池。（《临江仙》）

时有卖登科录于眉州者，舅因阅之，见生兄弟皆及第，因大喜。归谓妗曰：“二哥三哥兄弟皆及第，吾家宅相[31]得人矣。但恨相去千里，不能亲贺。”遂遣人致书为庆，耳（且）询问：“二甥荣授何官？如瓜期[32]未及，能一来款我，以慰老夫欣喜之心否？”生得书与兄谋曰：“舅有命召，兄宜以行。”纶曰：“父母在，焉可远游，委以家事？然舅妗所命，亦不可违。长孙克家，弟固当往。”于是生欣然领命，即日治行，诣舅任所。既至，舅见之且贺且谢。须臾妗、娇出见，且曰："别后喜闻吾甥兄弟俱擢危科，预有荣华。"生谦谢再三。又问："二哥何以不来?"生答兄弟不可俱出之意，舅妗等问劳尽礼。妗终以生前疑似之故，馆生于厅事之东边，去堂甚远。生亦远嫌，非呼召则不入，纵或一至堂庑，未尝与娇款狎。偶然相遇，左右森立，但彼此伫视，不能出一言。生殊无聊，住十余日，欲告归，然终念远来未尝与娇一语，闷闷不乐。徘徊久之，乃作词寓《相思会》以述怀：

脉脉惜春心，无言耿思忆。夜永如年，谁道蓝桥咫尺。缘分浅，何似旧日莫相识！试问取，柳千丝，愁怎织？　　菱花频照，两鬓为谁雪积？几番会面，见了又无信息。空追前事，把两泪偷滴，且看下稍如何是得?

一日，生晨起入谒妗，妗未起，生因忽遇娇于堂侧，时且早，左右皆未起。娇亟促步前语生曰："妾别兄久矣，思念之心未尝少息。喜审近取高第，但恨命薄一叶，不能执箕帚以观富贵，为大恨耳。兄能不弃，不以地远来临，妾何以得此！妾与飞红有隙，君所知也，今妗以年尊多病，不暇他顾，而飞红方用事，跬步动容，无所求其便。兄至此已十日矣，妾不能与兄一叙畴昔者，坐此故也。妾每见兄必清晨入谒，凡七日晨起以俟兄至，而兄每日必晚。今非兄早至，妾安能与兄一语也。"生曰："我见事变如此，终日死坐，孤苦之态，不能备言。方欲于一二日间图为归计，缘未及与子一语，故未忍去。今既若此，我虽在此千岁何益也。予将归矣。"娇曰："妾以今日之故，屈事飞红，尚未得其欢心。自今以往，当愈屈意事之，万一得回其意，则可与兄复如昔日。兄果能少留月余否?"因出袖中黄金二十两与生曰："恐兄到此或有用度，衣服有不堪者，宜令左右以工直将来，当与兄修治也。"生乃曰："若果有可谋，虽僻处鬼室千日，亦何害。"顷之人渐众，生遂出，愈无聊赖，时绕窗吟咏以写怀抱。有二诗云：

庭院深深寂不哗，午风吹梦到天涯。
出墙新竹呈霜节，匝地垂杨滚雪花。
觅句闲来消永日，遣愁聊复酌流霞。
狂蜂全不知人意，早向窗前报晚衙。

其二

簟展湘纹乱(浪)欲生，幽人自感梦难成！
倚床剩觉添风味，闭户何妨待月明。
拟倩蛙声传密意，难将萤火照离情。
遥怜织女佳期近，时看银河几曲横。

生在舅家自秋及冬，岁将暮矣，慕恋之心，终无以自遣。每以明烛倚床，独坐夜半，方就枕。所居室东边有修竹数竿，竹外有亭，前任州官有子妇美而少，因得暴疾，遂至不起，殡于亭中。经岁后移归乡里，然精诚常在亭中，每为妖祟，以迷少年。生不知其详。一夕方掩关而坐，将及二更许，忽闻窗外步履声。生意其兵吏夜起，不以怪。顷之叩窗甚急，生出视，妖变娇娘，独立窗下曰："君何不惧，候君久矣。"生不知妖，欣然拥之入室曰："子何以得此来？"答曰："舅妗熟寝，无有知者，故来。"因就枕，将旦，告去，嘱生曰："此后妾必夜至，兄无干不必至中堂。或入偶相遇，不必以言相问，恐人有所觉也。妾或与君语，幸无见答以狎斜之言。妾必有为，君宜引去不对，则人将谓君无心于妾，庶可释疑也。"生曰："子若夜必一至吾室，吾入何干？"言讫遂去，自后妖夜必至，凡月余，人莫之知。生常经数日方一入中堂，左右问之，以他事对。或遇娇，则远望引避。常独吟一词以自喜：

天赋多娇，蕙兰心性风标，怜才不减文箫。怕芸窗花馆，虚度良宵。密相掴就，长待烛暗香销。

向人前减迹，休把言语轻挑。问谁知证，唯有明月相邀。从今管取云雨，暮暮朝朝。(《于飞乐》)

娇自生再至，屈己以事飞红。平日玩好珍奇，红一开口，则举而赠之。锦绣绫罗，金银珠翠，唯红所欲，呼之为"红娘子"。红见娇之待己厚也，渐释前憾，与娇稔密[33]，娇结之愈至。时小慧年已长，见娇屈意事红，语娇曰："娘子通判女，贵人也。飞红通判妾，贱人也。奈何以贵下贱？此小慧日久所不能平者。"娇因叹曰："我之遇申生，尔所知也。红与我有隙，屡窘败我。今生远来已久，我不能与之一叙间阔者，盖梗于此耳。苟不屈己以结红心，或者与生胥会[34]，能保其无语乎？我不自爱而屈事之者，为生设也。"因吟诗一绝，诗曰：

雨勒春寒花信[35]迟，痴云〔碍〕月夜光微。

披云阁雨凭谁力？花月开圆且待时。

吟毕，因泣下。小慧曰："娘子芳年秀丽，禀性聪明，立身郑重，向时游玩花园，与湘娥并行，娥不相让，先登楼梯，娘子怒以告夫人，夫人不治，凡不食者两日。其负气有如此者。前年罢官西归，驿舍床帐不备，重以绣茵，周以罗帏，犹思其不洁，焚檀爇麝，夜半方寝，其爱身有如此者。娘子善歌，众所共知，亲族聚会，申请愿闻，再四终不肯出一声，其重言有如此者。今既委千金之躯于申生，若弃弊屣。而又下事飞红，丧尽名节。此妾之所以大不晓者！况娘子诗词清丽，文章华赡，名闻于时久矣。当今少年才子，或愿一见而不可得，苟求婚姻，岂不能得一申生也？又兼申生一第之后，视娘子颇似无情，今虽在此，呼之而不来，问之而不对，谅必有他意也。娘子何自苦执如此？"娇曰："尔勿复言，天下复有钟情如申生者乎？以生之才美，必不负我，必得而后已。"慧知娇眷恋申生之心如铁石，乃亦谄事飞红。红后感娇之结己备至，尽释前憾。喟然谓娇曰："娘子近日以来，憔悴特甚，若重有所思者，何不与红一言？红受娘子之恩厚矣，苟有效力，当以死报。"娇但流涕不言。红乃叩之。曰："我之遇申生，尔所知也，他何言。"红曰："此易事尔，妗(夫人)年尊，终日于小楼看经。堂室之事，娘子主之，果有所图，一唯命而已。"娇郑重谢之，自此红常与娇为地，求以见生。然生每夜遇妖之后，以为真娇之来，累十日余不入中堂。加以精神昏倦，终日思睡。娇以眷恋之极，常日自作诗赋，存留与生视。又《偶成情思嗟叹诗》八首：

情思萧条

情缘心曲两难忘，梦隔巫山蝶思荒。
春事懒随花片薄，愁怀偏胜柳丝长。
钏松瘦削肠堪断，珠泪阑珊意倍伤。
人自萧条春自好，少年空尔惜流芳。

绿窗写怨

晓窗睡起翠娥颦，天霁晴霞曙色新。
锦字谩题机上恨，黄鹂为唤树头春。
每怜芳草愁花悴，偏觉幽魂入梦频。
翠袖未残空染泪，闺帏寂寂暗伤神。

兰室感怀

一点芳心冷似灰，兰帏寂静锁尘埃。
几时闺思多悭涩，昨夜灯花又浪开。
梦里佳期成惨淡，镜中颜色苦疑猜。
芙蓉帐小银屏暗，一段春愁带雨来。

绣幄颦眉

春山幽恨含愁思，不慰闲情只自知。
寥落肯容成独梦，凄凉偏是蹙双眉。
那知浅笑轻颦态，不记如痴似醉时。
对面相看只如此，知他欲负此生期。

尘榻空悬

晓起西窗一半开，轻移莲步下芳阶。
流莺有恨空啼树，尘榻无情自锁埃。
薄幸动成经岁别，光阴枉负少年怀。

每朝对镜人何在？输了愁颜泪满腮。

珠 帘 不 卷

咫尺天涯一望间，重帘十二拥朱栏。
断肠芳草连天碧，作恶东风特地寒。
笼里飞禽堪再复，盆中覆水恐收难。
落花舞片春如许，下却珠帘不忍看。

空 悲 弱 质

屈指光阴又隔春，朱颜枉负一生身。
情牵相唤莺声细，肠断无端草色新。
雾帐银床初破睡，舞衫歌扇总生尘。
几回惆怅空悲叹，只为无情薄幸人。

眷 恋 多 情

瘦尽红芳绿正肥，枕中春梦不多时。
好将此日思前日，莫道佳期负后期。
镇日闲愁魂去远，残春孤恨坐来迟。
凭谁寄与多情道，憔悴阑珊怨落晖。

娇娘吟毕，付与红观曰："我别申生动经一载之余，今咫尺天涯，对面如此，我何以堪。"言已忽仆于地，红扶之而起，良久方苏。红见娇失意，惧妗有疑，乃诳妗曰："娇娘子多苦寒疾。"妗信之，故娇虽憔悴不豫也。红一夕至娇所，娇方掩泪独坐，殊不胜情。红因曰："娘子如此，而申生如彼，此岂有人心者？妾近见申生屡以私情告之，往往不顾。且其神思昏迷，况彼所居之地，名娼艳女甚多，想少年不能自持，他有所昵，宜乎寡情于娘子。"因举古词一首，以释娇娘之怀。词云：

两川自古繁华地，正芳菲景明媚。园林锦绣妆成，杂遝香车宝骑。弦管声中，绮罗丛里，盈盈多少佳丽。才子逞疏狂，不惜千金醉。　　彼此相看总留意，浮云浪雨尤殢。美甚楚馆秦楼，长是偎红倚

翠。濯足江头,恶风番雨,无情落花流水。谁念凤帏人,闲却鸳鸯被。(《昼夜乐》)

飞红又曰:"娘子何多自苦,古人词语必不虚设,试一索之,便可知生之所为矣。"娇见生之相弃甚也,因红语亦疑之。至晚遂令小慧及飞红房下小侍女兰兰,夜出伺生出处。慧与兰同至生室前,见窗内灯明。慧因穴窗细视,见生与一女子对坐,颜色态度与娇娘无异,因私相叹骇。归室则见娇与红并坐于室。慧曰:"娘子适至生室乎?"娇曰:"我与飞红同遣尔去,我二人坐此未尝动耳,安得妄言。"慧、兰同声曰:"适申生与一女子相对而坐,绝似娘子。若此,则彼为何人也?"娇、红大骇,良久红曰:"旧闻此地多鬼魅,谅必此类惑之,宜其待娘子恝然[36]也。"因欲与慧、兰等再出视之,时夜深门守甚严,不复可出,遂止。明晨娇诈以妗命召生入,生不出。再四召之,方来。小慧前导,至后室,见娇独坐,生彷徨欲去。娇即前挽生袖曰:"君勿去,将有事语君。"生不得已乃坐,娇曰:"兄近日何相弃妾之甚,妾之待兄亦至矣,若是岂平昔所望于兄者?"生不答,娇又曰:"兄每夕所遇者何人?"生曰:"无之。"娇曰:"不必隐讳。"生犹谓诈已,乃左右顾盼,切切曰:"子令我勿言,何窘我也?"娇曰:"妾有何事令君勿言?"生大骇,因曰:"左右有人乎?"娇曰:"无之。"娇又曰:"妾自别君之后,迄今将两岁矣。兄此来妾无便得与君款密,何尝嘱君勿言?"生曰:"子何反复也?子自前月以来,每夜必至我室,嘱我勿言,惧飞红之生衅也。子今乃有是说,何故?"娇曰:"妾实未尝一出,君之室所居穷僻,久闻其多怪,谅必鬼物化妾之形以惑君。妾自屈事飞红之后,已得其欢心,日夕使人召兄,兄不至,纵一来与兄谈话,兄又不答。石夕不知所谓,将谓兄有异心。夜来使小慧、兰兰伺兄出处,见一女子形状如妾,与兄对坐,此非鬼而何?故今日召兄实之耳。君不信则召红证之。"乃潜使人呼红。红至,谓生曰:"郎君何弃娘子也!"因道昨夕之事。生骇然汗下浃背,罔知所出,乃谢曰："非子眷眷不忘，则我将死于鬼手矣。第恨两月以来负子恩爱之勤，其何以为报？"因大恐，不敢出息其室，至暮犹在中堂。红乃与娇谋，止以生为鬼所惑告妗。妗疑之曰："安有是理？"红欲实其言，至一更许，令生且出室。生惧不敢去，红曰："第往彼，妾将有为也。"因戒生曰："今夜二更妾与妗来观，如彼来，妾与妗远望。恐见其类娇，则生疑矣。如索君，君亦勿言似娘子也。"生勉强许之。至二更初，鬼果来。生虽与之对坐，心惊股栗。未定然(间)，红、妗已至窗前。果见一妇人。妗欲细视，红惧其事发露，因大抚窗趋入，鬼果不见。生初闻娇之言，且信且疑，及红抚窗，鬼顿不见，生方大悟。妗因询生曰："适为何人？"生愧谢曰："不知其何鬼也，愿妗救我！"于是妗与红谋移生入中堂。舅知之，广求明师符水以与生饮，生复卧病屡日，亦寻苟安。自尔生起居皆自宅内，娇亦不为向日相弃介意，欢爱如平日。或至生室连夕，妗亦不知也。生追思鬼惑之事，深得娇红之救己，乃作一词以谢之：

从前事，今日始知空。冷落巫山十二峰，朝云暮雨竟无踪，一觉大槐宫。　　花月地，天意巧为容。不必寻常三五夜，清辉香影隔帘栊，春在画堂中。(《望江南》)

又两月余，妗以病死。娇哀毁殊甚，几不堪处。生见舅家事纷纭，乘间告归。娇因谓生曰："昔日之别，不谓复有今日，幸忻再会，奈何罹此祸变，哀毁之中，不暇与兄款曲，暂归宜再来也。"因长叹曰："数年之间，送兄者屡矣，知相别后能念妾动心否乎？"生无言，但掩泪为别。明日辞舅归，至家中，父母闻妗之亡，皆惊动(恸)嗟泣。明年六月舅美任回，再过生门，迎宿留住数日。自妗之死，飞红专宠于舅，因宛转为娇谋。因语舅曰："夫人不幸仙逝，善父年少，家事无人主持，何不拉三哥同归经理，且瓜期未及也。"舅欣然之，欲拉生去。生父不欲，生闻之，心切意喜，因乘间嘱红俾舅再三拉之。舅如言，力与生父言之，父不得已，乃令生行。遂同到舅家，住两月。舅即为再调任计，谓生曰："家中事绪繁多，小儿幼失所恃，三哥不妨在此相与维持，俟有美赴之期，当竭力助行。"生诺之，舅遂行。生厚赂舅之左右，莫不欢悦。生因与娇绝无间隔。院宇深沉，帘幕掩映，玉枕相挨，鸾凤并翼，或时朱栏共倚，举盏飞觞，嬉笑呕吟，曲尽人间之乐。逾半载，舅以举员未足，再调利州倅以归。左右得生之赂，加以事大体重，无敢言及之者。唯于舅前，为生延誉。舅归之后，见生经理其家，事事有伦，知生之才，能干有余，又妙年高第，前程未可量，遂悔昔背亲之谋。间使红委屈问生。一夕生方与娇闲坐，红趋入拜贺曰："郎君娘子，平昔之愿谐矣，敢不贺！"娇询之，红曰："舅又有结好之意，使妾审订郎君，惧郎君之不从也。"娇曰："天果不违人耶？"因大喜，明灯达旦，忘寐。生赋《内家娇》词以相庆云：

灯花何太喜，多情事，天意想从人。念子秀兰房，才高柳絮；我登仕版，世忝簪绅。堪夸处一双两好，彼此正青春。夙世姻缘，今生契合，昔时秦晋，重缔姻亲。　　殷勤谢红叶，传来佳耗，意密情真。记东池畔，要誓神明。料得从今临风对月，消除旧恨，惨雨愁云。管取团圆到底，不负深盟。

是夕红反命于舅曰："生意无不可也。"遂拉媒遣之生家，生父亦允许。且曰："此固所愿也。"遂择日遣聘毕。有丁怜怜者自申生别后，又一入帅府。至西书院，所画美人犹在壁上。帅子坐其旁，怜怜仰视久之。帅子问曰："天下果有如此妇人乎？"怜怜曰："有之。"因指娇像曰："闻此女以入画者，未能模写其一二，足极小，眉极修，词章翰墨，无以出其右。以此女实之，想其他皆然。"帅子喜曰："我将来求婚此女。"怜曰："无用也，闻此女久有外遇，恐非金(全)身。"帅子曰："得妇如此，幸已甚矣，此不足问。"其(怜)悔失言，力解不得。帅子遂令亲信恳告其父，求婚于王。王时倅眉州未回，故无言及此者。逮王再调,归家待次日,帅遂遣媒求婚。王初拒之,再四逼以威势,赂以货财,不得已,遂许之。娇夜持帅书至生室告曰:“前日姻约复败矣。帅子求婚,家君迫于权要,许之矣。兄何以为计?”曰:“事在他日,当徐图之。”娇自是见生愈密,然一相遇,则凄惨不乐。殆平生善歌,每作哀怨之音,则闻者动容,或至流涕,虽与生相遇甚厚,未尝对坐一歌。生或潜听,娇觉之则又中辍,生每以为嫌。至是,生不请自歌,词云:

世间万事转头空,何物似情浓?新情共把愁眉展,怎知道新恨重封。媒妁无凭,佳期又误,何处问流红?　　欲歌先咽意冲冲,从此各西东。愁人最怕到黄昏,窗儿外,疏雨泣梧桐。仔细思量,不如桃李,犹解嫁东风。(《一丛花》)

歌未终,独黯然,泪下如雨。生平生嗜好有不能致者,娇广用金玉,售以遗生。一夕家宴罢,至就寝。生被酒未能卧,娇秉烛侍侧坐。从容问曰:“迩来眷我何益厚也?”娇曰:“始者妾谓可托终身于君,今既不如所愿,事兄有日矣。虽殒此身,何足以谢!”生遂感恸。居数日,娇忽卧病,不得与生会者近二月。一日舅出谒,生厚赂左右,欲一见娇。左右扶娇至生室之侧,生迎与相见,呜咽不自胜。良久娇乃曰:“乐极生悲,俗语不诬。妾疾必难扶持,生愿既不谐,死亦从兄,在所不恤也。”语毕,倚生之怀,似无所主,左右惊扶而入,久之方醒。生亦自此闷闷,作事颠倒,言语无实,目前所为,旋踵而忘,舅甚怪之。秋八月帅子纳币促亲期,舅许之。娇病少瘳,因他事怒小婢绿英。英怀恨,乘间以娇平日所为告舅。舅大怒,审实于红,将治之。红绐曰:“娘子读书知义礼,岂不知失身之为大辱。且重厚少言,爱身若珠玉,择地而行,待时而动,大人所知也。况申生功名到手,举动不妄,堂庑之间,不命之入不敢入,未尝与娇一语戏狎,倘有是事,妾岂不知。或者之言未宜深信,且亲期在迩,不宜自为此不美也。”舅方宠任飞红,信其言不复问,止加防闲。生度势不可留,乃告娇曰:"今日之事,舅知之矣,行计不可缓也。子亲期去此止两月,勉事新君,我与子从此决矣。"因以词一首寓《好事近》与娇为别,词云:

一自识伊来,便许绾同心结。天意竟辜人愿,成几番虚设。 佳期近也,想新欢,遣我空悬绝。莫忘花阴深处,与西窗明月。

娇览词怒曰:"兄丈夫也,堂堂五尺之躯,乃不能谋一妇人。事已至此,更委之他人,君其忍乎!妾身不可再辱,既以与君,则君之身也。"因掩面大恸。生方悟感,去留未决。俄得家书报父有疾,令仆马促回。生使人候娇,不得已入谒舅,告别。舅时坐中堂,娇闻之出立舅后,两目伫视,不能出半语。舅曰:"子归后,府君无恙宜再来。娇娘亲礼在即,家事纷纭,慎无执干者。"生辞曰:"令爱亲期已近,纯归侍亦须累月,又瓜期将及,动是数年,重会未可知也。舅宜善自爱摄!"因以一诗谢之:

自愧驽骀不可鞭,渭阳视我子犹然。
他时家事无纤力,数载恩情有二天。
望切白云催去路,悔凭红叶欠前缘。
悠悠后会知何日?愿保全躯职九迁。

生因再拜,舅曰:"娇娘在近出室,子来期未定,未必相会。"因呼出别生。娇闻语,洒泪不能止,惧舅见之,不敢前,背面遁去,再四呼之不至。生遂别舅而归。娇自生去,日夜悲泣,未尝览镜。芳容顿改,幽艳暗消,杨柳迷烟,梨花带雨。或见梁燕双飞,征鸿独叫,则凄惨不自胜也。近半月病愈甚,将不能起。红乃潜书促生来,使与为决。生得书,以无故不敢告父母,乃夜遁,潜至娇之门,住两日,舅亦不知也。生时舣舟岸下,系待,一见娇后,即归。盖虑父母知之,必获重责。明日舅送旧守出于郊外,时红乃与娇私出,即上生舟,娇执生手大恸曰:"郎不来矣,恨无以报兄。不幸迫于父母之命,不能终身以

——明宣德刻本《娇红记》插图

相从。兄今青云万里，厚择佳配，共享荣贵，妾不敢望也。妾向时与兄拥炉，谓'事不济当以死谢'，妾敢背此言耶？兄气质弱薄，常多病，善摄养，毋以妾为念！"因出断袖还生曰："谢兄厚恩，复思此景，其可再得乎？"相哭愈恸，红亦泪下。久之，红惧有他故，乃语娇曰："舅将至矣，宜速登岸！"娇含泪口占一词以赠生云：

郎今去也抛奴去，恨共离舟留不住。扶病别江头，沾襟泪雨流。　　路远终须别，一寸肠千结。此会再难逢，相逢只梦中。（《菩萨蛮》）

又吟一绝为别云：

合欢带上真珠结，个个团圆又无缺。
当时把向堂中看，岂意今为千古别？

生得娇诗词，揖别归舟而去。红扶娇登岸，但见舟人拨棹，蘋浪番风，彩鹢急飞，征鸿易断，目力有尽，江山无穷。生归，枕席上无不流涕。娇之佳期已逼，乃托感疾佯狂，蓬头垢面，以求退亲。父迫之，娇引刀自截，左右救之，得不殒。因绝食数日不能起。红委曲开谕之曰："娘子平生俊雅，岂不谙晓世事？帅家富贵极矣，子弟端方秀拔，殆过申生，娘子不自开释，保身自重，何苦如是。且闻媒者之言，彼之欲得娘子甚如饥渴，其他皆所不问，娘子何自弃也。况申生归后，亦已议亲贵族，彼盖亦绝念于此矣。"因图帅子之貌以献曰："得婿如是，亦无负矣。"娇曰："美则美，而非我所及。事止此矣，吾志不易也。"红又诈为娇旧遗生香珮，下结以破环只钗，谓生遣遗娇。因言已结他姻之意，以相绝。娇见之泣下："相从数年，申生之心事我岂不知者？彼闻我有他故，特为此以开释我耳。"因取香珮细认，觉其虚真，因曰："我因知申生不如是也。我始以不正遇申生，终又背而之他，则我之淫荡甚矣！既不克其始，又不有其终，人谓我何？红娘子爱我厚矣，幸毋多言。我固不爱一身以谢申生也。"遂不复言。舅闻而亦怜之，但因事已成矣，无可奈何。遣红辈百端为之开释，终莫能悟。娇遂吟诗二首，寄与申生别云：

如此钟情世所稀，吁嗟好事到头非。
汪汪两眼西风泪，犹向阳台作雨飞。

其二

月有阴晴与圆缺，人有悲欢与会别。
拥炉细语鬼神知，拼把红颜为君绝。

间隔数日，娇娘竟以忧卒。生接得寄来诗章，方晓，而娇之讣音随至。茫然自失，对景伤怀，独坐则以手书空，咄咄若与人语。因赋一词，以吊娇娘，词曰：

合下相逢，千金丽质，怜才便肯分付。自念潘安容貌，无此奇遇。梨花掷处还惊起，因共我拥炉低语。拼今生两两同心，不怕傍人间阻。　此事凭谁处？对明神为誓，死也相许。徒思行云信断，听箫归去，月明谁伴孤鸾舞？细思之泪流如雨。便因丧命，甘从地下，和伊一处。（《忆瑶姬》）

生兄纶见此词尾句，知其语不祥，因再三宽慰。生悼痛无已，殆不能堪。又于壁间题诗一绝，以别父母，诗曰：

窦翁德召（劭）如椿古，蔡母年高与鹤齐。
生育恩深俱未报，此身先死奈虞兮！

又题诗一绝，以别兄，诗曰：

当年风雅蔼双鸾，拟共翱翔万里天。
今日雁行分散去，谁怜只影叫苍烟。

生题诗毕，索娇向所赠香罗帕，自缢于室窗间。为家人所觉，救免。兄纶与生之素识皆来劝解之，且曰："大丈夫志在四方，弟年少高科，青云足下，而甘死儿女子手中耶？况天下多美妇人，何必如是？"生色变气逆，不能即对，徐曰："佳人难再得。"因回顾二亲曰："二哥才学俱优，妙年取功名，且及瓜期，前程万里。显亲扬名，光吾门户，承继宗祧，一夔足矣。惟大人割不忍之恩！"又顾兄纶曰："双亲年高，赖兄侍养。纯不孝，不能酬罔极之恩，惟兄念之！"自是神思昏迷，不思饮食，日渐尫羸，竟奄奄不起。父母大恸，即日驰书告舅。舅得书，飞红辈闻之，举家号泣。舅呼红痛责之曰："往时问汝，汝何不实告我，因使今日以至于此，皆汝之咎！"红不能对，因伏地请罪。久之，舅意稍解，乃曰："事已如此，不可及矣。两违亲议，亦老夫之罪也。"因痛自悔。又谓红曰："申生丰仪如许，文才又如许，正所谓'我见汝犹怜，况老奴乎'。二人生前之愿，老夫既已违之矣，与死后之姻缘可也。"红曰："然则如之何？"舅沉吟半晌曰："我今复书，举娇娘之柩以归于生家，得合葬焉，使没者知，其快于九泉之下必矣。"红曰："大人此举，诚为美也。"于是复书以言告于生之父母，生父许焉。越月得吉日，戒严，遂舁娇柩，以归生家。舅遣书自悔责，且谢两背姻盟之非，仍遣飞红吊慰，营办丧事。又月余询谋佥同，乃合葬于濯锦江边。所谓谷则异室，死则同穴者，此也。人之年少而遭此祸，盖为父母者不为之察其心，而观其志也。岂不哀哉！岂不痛哉！葬毕，飞红告归。抵舍之明日，因与小慧过娇寝所，恍惚见娇与生在室相对笑语。娇谓红曰："丧事谢汝远来营办，吾二人死无憾矣！我自去世即归仙道，见住碧瑶之宫，相距蓬莱不远咫尺，朝饮暮宴，天上之乐，不减人间，所愿足矣。惟是亲恩未报，弟年尚幼，一家之事赖汝支吾，善事家君，无以我为念。明年寒食祭扫新坟，汝能为我一来，彼时又得相会也。"语未终，红且惊且喜，怆惶告舅，舅复与往寝所物色之，言(则)无所有矣。惟见壁间留词一阕，词云：

> 莲闺爱绝，长向碧瑶深处歇。华表来归，风物依然人事非。 月光如水，偏照鸳鸯新冢里。黄鹤催班，此去何时得再还？(《减字木兰花》)

舅见此词，不觉哀悼。所留字迹半浓半淡，寻亦灭去。舅与红辈，皆惊异嗟叹而已。越明年清明节近，舅追思红见娇之事，呼仆命骑往诣坟所，洒酒奠位际，唯见双鸳鸯飞翔上下，捕之不得，逐之不去，祭奠之毕，倏然不见。后人故名为“鸳鸯冢”云。呜呼！男女居室，人之大伦。一双两美，情之至愿。矧申生之与娇娘，乃内兄弟之亲，已有瓜葛之好。玉镜之台，温峤已下；母党之重，苏妹犹云。其父泥于执一不通，未谙男女所愿，蠢尔凡庸，无足为道。申生学问有余，识见未至，病入膏肓，蠹生骨髓。自平丁怜怜所言之日，师子求亲之隙，故知之审矣。兄弟科第联登，声名显要。相期谐老，必先以此事谋之于娇娘，然后以其实事告于二家之父母，则玉镜之台可下也，母党之重可成也。两意一情，必全千金之躯；恶死投生，不作九泉之客。舍此不务，留连光景，贪于私乐。数载之间，惶惶不暇，卒至穷迫而死，诚可哀也！事虽有不然，而理不得以不然。死之一字，娇娘断断言之曰：“以死谢君。”曰：“事败当以死继之。”非苟存之，实允之。视彼世之偷生免死者，真隔天渊矣！节义大闲，万古不易，予始虽为二子恨，终实为二子喜。故于首序，亦切切为之致叹焉！噫，死生亦大矣，岂不痛哉！知几君子，要当谋之于始也！复有挽诗一首以吊之：

厚卿天下士，弱冠已登科。
夏日辉珠玉，春风醉绮罗。
三生仿柱瑟(杜牧)，一死为娇娥。
濯锦两头暮(江边墓)，行人感叹多！

〔注〕①汴：今河南开封市。②信宿：连宿两夜。③妗(jìn)：舅母。④百一姐：百里挑一的女子。用作对年轻女子的美称。⑤左掖：左边的侧门。掖，旁门。⑥赋情：秉性多情。⑦东君：司春之神。⑧巡檐：在廊檐下来回走。⑨睍睆(xiàn huǎn)：指鸟声清亮圆转。⑩危坐：端坐。古人坐与跪相似，坐时臀着于脚掌而腰身端正，故称之。⑪博山：地名，在今山东省淄博市，以产香炉闻名。这里以博山代香炉。⑫参(shēn)商：星宿名。参星与商星一出一没，两不相见。喻指遇合之难，此引申为不如意。⑬兰煤灯烬：指烛心烧成焦煤状，古人用以画眉和调墨。⑭沽娇：娇情的意思。⑮孱缪：低劣荒唐。缪，通“谬”。⑯阆州：四川省阆中市一带。宋时为阆中郡。⑰三只骰儿十九窝：喻事情不可能办到。骰子，俗名“色子”，一种六面体赌具，六面分别刻一至六点，三只一起掷，最多只能有十八点。⑱不啻：不止于。啻，但、仅。⑲洛浦：洛水之滨。曹植在《洛神赋》中描写自己与洛水女神在水滨欢会的情景。这里借以比喻与王娇相会。⑳罪戾：犯罪。戾，罪。

㉑ 角妓：艺妓。　㉒ 禳：为消除灾祸而祭祷的迷信活动。　㉓ 戒行：登程上路。　㉔ 夜月屋梁：唐代诗人杜甫，因怀念流放夜郎（今贵州省内）的李白，写成《梦李白二首》，其中有“落月满屋梁，犹疑照颜色”之句。这里申生借以形容自己对王娇的思念。　㉕ 二竖子：病魔或疾病的代名词。据《左传·成公十年》记载：晋侯患病时，梦见两个小孩在他体内作祟。故云。　㉖ 豆蔻：本为植物名，古人常谓女子十三、四岁为“豆蔻年华”。　㉗ 倅：副职。这里指州官的副手，即通判。　㉘ 喧阗：喧闹。阗，大声。　㉙ 青紫：本为古时公卿的服饰颜色，后则借指高官显爵。　㉚ 媒孽：媒，酒母；孽，通“糵”，曲糵。取“酿醉”的谐音，比喻挑拨是非，陷人于罪。　㉛ 宅相：外甥的代称。语出《晋书·魏舒传》。　㉜ 瓜期：语本《左传·庄公八年》：“齐侯使连称、管至父戍葵丘。瓜时而往，曰：‘及瓜而代。’”谓来年瓜熟时派人去接替。后以“瓜时”或“瓜期”指任期届满、等候移交的期间。此处指申氏兄弟赴任之期。　㉝ 稔密：亲密。稔，熟悉。　㉞ 胥会：相会。胥，相、视。　㉟ 花信：花期。　㊱ 恝然：不动心，无动于衷。

《娇红记》一作《娇红传》，元代宋远（号梅洞）作，《花阵绮言》收录。

故事写祖籍汴梁的洛阳才子申纯与才貌双全之表妹王娇之爱情悲剧。飞红原为申纯舅妈之侍女，舅妈病故，王通判续娶飞红为继室，成为娇娘之继母。此人对申纯与娇娘之能否结合固能起一定作用，但构不成三角关系。小说置男主人翁申纯而不顾，取王娇、飞红二人之名用作《娇红记》为篇名，似有悖常理常情。唐宋以来，小说如此名篇者，绝无仅有。

篇幅长达一万七千余字，就文言小说而言，远远超过了唐代《莺莺传》等名篇，截至元代为止，是最长的一篇。但未分章、节，一气呵成。至于清代陈球的《燕山外史》和屠绅的《蟫史》篇幅较《娇红记》更为冗长，那是数百年以后的事了。

对于情节、结构的安排，作者宋远可能煞费苦心，设置了一重重障碍，波折迭起，悬念丛生。随之障碍逐一消失，颇有山重水复疑无路、柳暗花明又一村之情趣。最后终因王通判官卑职小，无法抗拒帅府强聘王娇之婚事，于是王娇、申纯先后以身殉情，成为一大悲剧。应该说，比之一般平铺直叙的悲剧更令人为之心碎肠断。

故事情节发展的层次也很清晰，最早是王通判对外甥申纯了解不够，就让他以“朝廷立法，内兄弟不许成婚”为由而反对此一婚事。而王娇本人对申纯也有过两次怀疑，第一次是怀疑申纯与飞红有染。第二次是女妖幻变为娇娘之形状，夜夜与之共枕席，申纯反而对生活中之真娇娘不敢多言多语，娇娘误以为申纯变心。这些情节的开展，有的又与飞红的介入而交叉进行，可谓针密线细，面面俱到。而帅府强聘之事亦非平地起风波，早有伏笔矣！

《娇红记》的故事刻意追求情节的复杂多变，力图在传奇的“奇”字上花工夫，这一目的应该说基本上达到了。而且这些情节在唐宋传奇小说中殊不多见，而

《娇红记》则把种种“奇”集中到这一篇小说中了。

小说注重塑造主人公王娇的形象。王娇不仅多情多义，而且对申纯一往情深，始终不悔。即使对申纯产生怀疑时，也从未对其他青年男子有所关注，而是将痛苦埋藏在内心深处自我折磨而已。她最后殉情，完全合乎逻辑。相比之下，申纯对爱情的忠贞远逊于王娇，当才貌双全的王娇为他献出少女的一切之后，他居然还去青楼寻欢，流连忘返。甚至奉青楼女子之命，设法寻找王娇绣鞋送交，以满足其好奇心，申纯并不可爱，最后的殉情就比较勉强了。

《娇红记》作者宋远的文学才能不仅表现在小说的结构、人物的塑造上，同时在小说中还用了大量的诗词。申纯为了抒怀、调情，写了不少诗词，有时与王娇作面对面的交流，有时书于壁或书于窗，王娇于无意之中看到，也成为事态发展过程中不可或缺的细节。至于申纯与王娇相互酬唱，的确起了共鸣作用。所填词曲，不乏佳作，如王娇与申纯相约夜间幽会之际，适逢大雨，申纯无法逾外窗之荼蘼架而往春熙堂，因此整夜难以入睡，作《玉楼春》，以写“怏怏之怀”：

晓窗寂寂惊相遇，欲把芳心深意诉。低眉敛翠不胜春，娇转樱唇红半吐。　匆匆已约欢娱处，可恨无情连夜雨。枕孤衾冷不成眠，挑尽残灯天未曙。

读来多少有一点李清照词的意境和韵味(自然缺少些男性阳刚之气)。王娇所作诗，以《偶成情思嗟叹诗》八首最为凄婉动人。例如“梦里佳期成惨淡，镜中颜色苦疑猜”“寥落肯容成独梦，凄凉偏是蹙双眉”“断肠芳草连天碧，作恶东风特地寒”等等，对仗工整，移情入景，扣人心弦。

但小说也有某些不足之处，如文中王通判所云“朝廷立法，内兄弟不许成婚”一说，似于史无据。唐代大书法家颜真卿为山东望族，祖辈连续八代与另一望族殷姓联姻，当时成为佳话。南宋陆游与表妹唐蕙仙婚姻未能如愿，不是因为朝廷有禁令，而是陆母坚决反对的缘故。就《娇红记》而言，王娇之父后来同意了这桩婚事，对申纯态度之转变，乃是因为申纯为之料理家务井井有条，产生了好感，并未提到朝廷已撤销此一法令。因此这一情节的设置，反而显得并不合理合情。同时，在运用诗词以展示人物内心世界方面也存在类似问题，有时用得不一定完全恰当。申纯、王娇这一对青年男女，均才貌双全，彼此填词吟诗，均无不可。但王通判之侍女飞红，不仅被描绘得美貌异常，而且能文能诗词，就难以令人置信，通判的职务类乎知州助理或知府助理，并不比知县高多少，家中侍女有如此之高的文学水平，恐怕万中无一。当然，后来王通判之妻病逝，侍女成为继室，乃是古今社会中常有之事，与其文学修养无关也。这些方面都是有斟酌余地的。

有人说《娇红记》的创作有借镜《莺莺传》的痕迹，不无道理。因为申纯、王娇的表亲关系与《莺莺传》完全相同，侍女名飞红，当来自《莺莺传》中的侍女红娘，王娇有幼小之弟弟，仿佛《莺莺传》中的欢郎，诸如此类例子还有一些。但相异之处也很多，申纯与王娇两个家庭成员都不少，人际关系亦头绪纷繁，对他们的爱情悲剧都有或大或小的影响。两个故事的时间跨度不同，《莺莺传》主要情节从春到秋，后面只是尾声，《娇红记》则绵延数年之久。论空间，《莺莺传》故事发生于普救寺，《娇红记》则散布于成都一带各大城市。《莺莺传》的悲剧是张生对莺莺始乱终弃，《娇红记》则双双殉情。凡此种种，均可说明《娇红记》决非照搬或改编《莺莺传》，不乏作者的创造或遐想。从另一方面说，认为《娇红记》超越了《莺莺传》，也未必确切。就中国小说史而言，《娇红记》的文学成就与影响均不及《莺莺传》也。

《娇红记》问世之后，元代王实甫、汤式等人据以改编之杂剧均已失传，今传世者仅有明初刘兑杂剧与明代孟称舜之传奇。文本之流传不等于舞台艺术之生命。明代末年，弋阳腔、青阳腔、昆腔流传最广之单出被选编成《词林一枝》《八能奏锦》《王谷调簧》《歌林拾翠(二集)》《尧天乐》《徽池雅调》《大明春》《时调青昆》《昆弋雅调》等多种选本。《娇红记》仅被选进《申生赴约》一出，一贯被认为八股文堆砌之作的《香囊记》还被选进三出之多，可见在明代末年，《娇红记》基本上已绝迹于舞台了。王季思、萧善因等编选《中国十大古典悲剧》时收进了孟称舜的《娇红记》，见仁见智，各有不同，他们的取舍也只是代表了部分古典戏曲学者的看法。

（蒋星煜）

【作者小传】

伊世珍

元时人。字席夫。生平事迹不详。作有小说集《琅嬛记》等。

石　尤　风

伊世珍

石尤风者，传闻为石氏女。嫁为尤郎妇，情好甚笃。为商远行，妻阻之不从。尤出不归，妻忆之病亡。临亡长叹曰："吾恨不能阻其行，以至于此。今凡有商旅①远行，吾当作大风，为天下妇人阻之。”自后商旅发船，值打头逆风，则曰此“石尤风”也。遂止不行。妇人以夫姓为名，故曰“石尤”。由此观之，古时仍有尤姓也。近有一榜人②，自言有奇术，恒曰：“人能与我百钱，吾能返此风。”人有与之，风果止。后人云，乃密书“我为石娘唤尤郎归也，须放我舟行”十四字沉水中。

〔注〕 ① 商旅：商人和旅客。 ② 榜人：船夫。

本篇选自《琅嬛记》。

“莫作商人妇，金钗当卜钱。朝朝江口望，错认几人船。”唐代女诗人刘采春借助诗歌的语言摹情写意，道尽了身为商人妇的悲哀和无奈。而本文作者则采取小说家传奇笔法出入人神、幽冥世界。体裁不同，而商妇恋夫之情状浑然相契，读来感人至深。

石氏女可以称得上天底下至情女子，然而“多情自古空遗恨”。石氏女虽有幸嫁得如意夫君，却无法改变商人妇孤苦的命运。丈夫的一去不归，使她陷入无尽相思和哀怨，将纤细、脆弱的心灵变成情感煎熬、驱驰的战场。终因心力枯竭，含恨长逝。

小说以传奇笔法，虚构石氏女死后阴魂不散，化为阻断商旅的逆风即“石尤风”，以实现她为天下妇人阻其丈夫离家经商之夙愿，想象奇特，颇具新意。结尾又以生花妙笔，虚构一船夫施用小技，迷惑石氏女，骗得风回浪转。笔法虽涉谐谑，然石氏女之多情和执着无不跃然纸上，深得画龙点睛之妙，令人拍案叫绝。

（刘水云）

【作者小传】

陶宗仪

元末明初小说家。字九成，号南村。黄岩(今属浙江)人。元末不仕，明初为教官，后辞官隐居松江(今属上海)。作有小说集《辍耕录》等。

妻贤致贵

陶宗仪

程公鹏举，在宋季被虏于兴元板桥张万户为奴，张以虏到宦家女某氏妻之。既婚之三日，即窃谓其夫曰："观君之才貌，非久在人后者，何不为去计，而甘心于此乎？"夫疑其试己也，诉于张，张命棰之。越三日，复告曰："君若去，必可成大器，否则终为人奴耳。"夫愈疑之，又诉于张。张命出之，遂粥[①]于市人家。妻临行，以所穿绣鞋一易程一履，泣而曰："期执此相见矣。"程感悟，奔归宋，时年十七八，以荫补入官。迨国朝统一海宇，程为陕西行省参知政事。自与妻别，已三十余年，义其为人，未尝再娶。至是，遣人携向之鞋履，往兴元访求之。市家云："此妇到吾家，执作甚勤，遇夜未尝解衣以寝。每纺绩达旦，毅然莫可犯。吾妻异之，视如己女。将半载，以所成布匹偿元粥镪物，乞身为尼。吾妻施赀以成其志。见居城南某庵中。"所遣人即往寻，见，以曝衣为由，故遗鞋履在地。尼见之，询其所从来。曰："吾主翁程参政使寻其偶耳。"尼出鞋履示之，合。亟拜曰："主母也。"尼曰："鞋履复全，吾之愿毕矣。归见程相公与夫人，为道致意。"竟不再出。告以参政未尝娶，终不出。旋报程，移文本省，遣使檄兴元路，路官为具礼委幕属李克复防护其车舆至陕西，重为夫妇焉。

〔注〕 ① 粥(yù)：同"鬻"。卖。

本篇选自《辍耕录》。

在我国封建社会道德观念中，妻子尽忠于丈夫乃天经地义之事情，也是妇女美德的基本体现。反映在文学上，即有关贤妻孝妇的事迹不仅为正统文学所关注，也是小说家津津乐道的题材。本文讲述的就是这样一个以贤妻义夫为题材的感人故事。

就一般情形而言，妻子舍己为夫并非都具有特别的称道价值。古代《列女传》中充满了诸如此类的记载。譬如在众多的地方志中，贞女、孝妇的事迹甚至多于文人、学士。而本文的女主人公程鹏举之妻为了激励丈夫摆脱为奴的命运，实现致身显贵的愿望，虽然惨遭卖身为奴的命运也心甘情愿，确实是感人至深。

小说中女主人公程鹏举妻有着过人识度和坚忍的性格。其过人识度表现在结婚三日即能辨别丈夫的贤愚；遭受卖身为奴的打击后能秉节持操，全身而退；

在得知丈夫发迹后,能不居其功,不图回报,再次赢得丈夫对自己的尊重。其坚忍品格表现在当她身陷丈夫猜疑和主人责罚之中,能执着己见、百折不回;鬻身为奴,尽尝劳作之苦,并无怨言;托身空门,面对萧寺青灯,能澄心若水。以一人之身而兼具诸般美德,实属罕见。

相比之下,程鹏举的形象比较的概念化和缺少变化,他是一个守信重义、符合封建道德标准的仁人君子。当然,能做到这一点也属不易。总之,本篇作品可以概括为是贤妻义夫,共同演绎了一段充满酸甜苦辣、离合悲欢的人生情义佳话。

(刘水云)

梁公九谏(节选)　　佚　名

第七谏

则天不豫[①],狄相入阁门问疾。则天曰:"我梦鹦鹉双翅折,其梦如何?"狄相奏曰:"武者,陛下之姓,相王、庐陵王乃陛下之双翅也。今皆远贬,遂感此梦。"时武三思在傍,怒发赤色。则天令武士撮出朝门,乃问侍臣曰:"狄相与卿等[②]意何如?"张易之奏曰:"狄相家贫,若多赐金宝,便可策立武三思为储君[③]。"则天遂赏色罗[④]十车、珠金两床、御衣百箱,排于殿前,令武士召狄相入朝。则天曰:"为子逆父,为臣逆君,只缘策立之事,卿每偏执,苦谏于朕,朕甚耻心。卿若不改见前解[⑤],只这殿前是卿死处;若改见前解,取此赏物。"狄相奏曰:"不然。忆昔太宗大帝在日,经纶[⑥]四海,勇灭大隋,收王世充,戮窦建德、八十二处草贼,鞍不离马背,甲不离将身,亲冒矢石,以定天下,皆为后世子孙,可不为李家枝叶[⑦]。臣意宏道元命[⑧]先帝临崩之夜,以爱子托陛下,以社稷嘱付大臣。臣今受此赏物,却立外姓,是臣卖却唐家社稷,臣往九泉之下,无面可见高宗大帝。臣惟守直而死,不可邪佞而生。东宫之位,合立庐陵王为储君;若立武三思,的然[⑨]不当。"

第八谏

则天令武士于殿前置油锅,宣狄相入朝。则天问狄相曰:"若改见前解,则与卿长保富贵;若不改见前解,这殿前油锅是卿死处。”狄相奏曰:“臣当年迈,佐陛下邦国不得,策立之事,便合依从,不合违敕。据臣罪愆,合当万死,容臣征古[10],死亦不迟。”则天曰:“征古之事如何?”狄相奏曰:“征古者,以太子天下根本,本一摇而天下皆动,陛下以一心之欲,轻天下之动哉!且姑之与侄孰近?子之与母更亲。宁学寒蝉洁饥,不学螳螂戏饱;乍立庐陵王而死,不立武三思而生。陛下长如今日,则万事绝言。若也万岁之后[11],将武三思为储君,只将武家宗祖,于太庙享祭,自古宗庙,无祔[12]姑之礼,陛下有何干预[13]?若立庐陵王为储君,陛下万岁之后,四时祭奠无亏。如此,姑之与侄孰近?子之与母孰亲?东宫之位,合庐陵王为储君;立武三思,终当不得。”复前奏曰:“臣既不得策立太子,即以死报先帝,复愿陛下以老臣之言熟思之,以万世无疆之计。”言讫,褰衣大步欲跳入油锅,则天连声叫武士执其裾,曰:“朕从今日起,依卿所奏。”

第　九　谏

则天因此感悟,遂遣中使往房州,密召庐陵王为嗣。庐陵王引咎韬晦,久处房陵,胜得民情,举留不放。遂佯为放鹰,队仗出城,至于南山,矫衣而入,坐于中宫,外人无有知者。又遣黄门,宣狄相入朝,赐坐于帘外。则天谓曰:“我欲立武三思,群臣无有异议者,唯卿不从,几欲致卿于死地。前日见卿所奏,朕心豁然,方见利害,已依卿所奏,遣使已召庐陵,见到中宫,与卿相见。”命左右褰帘,命庐陵王拜公。公见太子,谓二十余年,不见太子动静,虽杀身成仁,不审大位果能正否?及见太子,呜咽流涕,殒绝于地。则天命左右起之,以手拊公背曰:“岂朕之臣,乃社稷之臣也。”已而顾谓太子曰:“今日国老与汝作天子。”狄相奏曰:“未可。陛下当年贬太子往房州,天下人知,今太子归朝,宰相尚有不知者。还宫无仪,知是谁立?”则天曰:“据国老所见如何得立?”狄相奏曰:“伏请太子往龙门,望降召发亲王宗正[14],相率百官,备礼以迎,便可策立。”

则天曰:“依卿所奏。”庐陵王因狄相策立为唐家第四帝,后庙号[15]中宗。

〔注〕 ① 豫:安适。 ② 卿:古代君对臣的称谓。卿等,犹言“你们”。 ③ 策立:古代取得皇位或确立太子、皇后等都须发布诏策文书,因谓取得皇位、确立太子等为“策立”。储君:被确认为君位的继承者。多指太子。 ④ 色罗:彩色的丝织品。 ⑤ 若不改见前解:“见前”,疑作“前见”。 ⑥ 经纶:筹划、治理国家大事。 ⑦ 可不为李家枝叶:“李”疑作“武”。 ⑧ 宏道元命:宏同弘,命当为“年”之误。弘道为唐高宗年号,弘道元年,高宗崩。后文“先帝”,即指高宗。 ⑨ 的然:确实。 ⑩ 征古:引征古代之事。 ⑪ 万岁之后:对皇帝去世的敬称。 ⑫ 祔:祭祀,新死者附祭于祖庙之谓。 ⑬ 干预:关涉,关系。 ⑭ 宗正:官名。由皇族担任,掌管皇室亲族的事务。 ⑮ 庙号:皇帝死后,在太庙立室奉祀时特起的名号。

《梁公九谏》,系宋代话本,著者不详。书成约在北宋仁宗明道二年(1033)以后,有士礼居刻本。故事叙唐武则天废太子为庐陵王,而欲传位于其侄武三思,后经梁公狄仁杰九次极谏,武则天始感悟,复召还庐陵王,立其为太子。书中所叙,萃取于唐代李邕《狄梁公传》、张鷟《朝野佥载》、李肇《国史补》等笔记史料,略有增衍、润饰。全书共分九段,一段为一谏,反复说明不能传位于武三思的理由。

这里选取的是最后三谏。前六谏,狄公或以人心向背、纲常伦理来劝谏,或借解梦圆梦,仰测天意以儆诫,然皆效果不佳。第七次,狄公又谏,武后竟一改被动局面,以“色罗十车、珠金两床、御衣百箱”来利诱狄公改变主意。孰料狄公丝毫不为利诱所动,反而义正辞严地拒斥道:“臣今受此赏物,却立外姓,是臣卖却唐家社稷……臣惟守直而死,不可邪佞而生。”真可谓富贵不淫,威武不屈,气概凛凛,义无反顾,表现出对唐家天下的无比忠贞。武后听后恼羞成怒,她不信狄公真不畏死,故而令武士支起油锅,威吓狄公。不想,狄公据理力辩之后,竟“褰衣大步欲跳入油锅”,致令武后大惊失色,终于改变了念头。可见,狄公具有何等的胆识和气魄！其一言一行,俱显忠贞无畏的良相风采。

不过,细究起来,狄公能够说服武后,关键还在于他借用了儒家“家天下”的政治理念和宗庙祭祀礼制。所谓“家天下”,就是指一家一姓统治一个朝代,只要这个朝代不灭,这个家族就一直统治下去;而皇位继承则采用嫡长子嗣位的原则。至于宗庙祭祀,当然就只祭自家的宗祖,以此来抬高自己祖先和血统的神圣地位,神化和强化自己的政权,别族之人决然无权享祭。据此,武则天虽然姓武,但她既已嫁给李氏,那就不再属于武家,而是李家之人。所以,狄公反复劝谏武后,李家天下当由李家长子继承,不可另立他姓;若“将武三思为储君,只将武家宗祖于太庙享祭。自古宗庙,无祔姑之礼,陛下有何干预？若立庐陵王为储君,陛下万岁之后,四时祭奠无亏”。结果,武则天顿觉“朕心豁然,方见利害”。于此可见，封建血缘宗法政治的思想观念多么深入人心。

从艺术形式上看，《梁公九谏》基本以人物对话构成，文字朴拙，间用口语。全篇历叙九次进谏，似取鉴于汉人的《七谏》《七发》等辞赋，而语言繁复通俗，又近于敦煌变文，但只有散文的叙述，没有诗赞唱词，也许现存的只是一个删节的简本。

（纪德君）

【典籍介绍】

《大唐三藏取经诗话》

亦称《大唐三藏法师取经记》。话本小说。作者不详。上、中、下三卷共十七段。述唐三藏法师玄奘西天取经故事，其中以猴行者为主要人物，已具备后来《西游记》章回小说的雏形。但情节较简略，每段都以其中人物咏物诗作结。现存残本，书后有"中瓦子张家印"字样，或认为是宋代杭州书铺名记，但鲁迅认为可能刊于元代（见《中国小说史略》）。通行有罗振玉借日本三浦将军藏本影印的巾箱本，古典文学出版社 1954 年排印本。

过狮子林及树人国第五　《大唐三藏取经诗话》

早起，七人约行十里，猴行者启："我师前去即是狮子林。"说由未了，便到狮子林。只见麒麟迅速，狮子峥嵘[①]，摆尾摇头，出林迎接，口衔香花，皆来供养[②]。法师合掌向前，狮子举头送出。五十余里，尽是麒麟。次行又到荒野之所，法师回谢狮王迎送。猴行者曰："我师前去又是树人国。"入到国中，尽是千年枯树，万载石头，松柏如龙，顽石似虎。又见山中有一村寺，并无僧行。只见林鸡似凤，山犬如龙。门外有两道金桥，桥下尽是金线水。又睹红日西斜，都无旅店。猴行者曰："但请前行，自然不用忧虑。"又行五六十里，有一小屋，七人遂止宿于此。次早起来，七人嗟叹："夜来此处甚是蹊跷！"遂令行者前去买菜做饭。主人曰："此中人会妖法，宜早回来。"法师由尚未信。小行者去买菜至午不回。法师曰："烦恼我心，小行者出去买菜，一午不见回来，莫是被此中人妖法定也?”猴行者曰:“待我自去寻看如何?”法师曰:“甚好,甚好!”猴行者一去数里借问,见有一人家,鱼舟系树,门挂蓑衣。然小行者被他作法变作一个驴儿,吊在厅前。驴儿见猴行者来,非常叫噉[3]。猴行者便问主人:“我小行者买菜,从何去也?”主人曰:“今早有小行者到此,被我变作驴儿,见在此中。”猴行者当下怒发,却将主人家新妇——年方二八,美貌过人,行动轻盈,西施难比,被猴行者作法,化此新妇作一束青草,放在驴子口伴[4]。主人曰:“我新妇何处去也?”猴行者曰:“驴子口边青草一束,便是你家新妇。”主人曰:“然!你也会邪法?我将为[5]无人会使此法。今告师兄,放还我家新妇。”猴行者曰:“你且放还我小行者。”主人噀[6]水一口,驴子便成行者。猴行者噀水一口,青草化成新妇。猴行者曰:“我即今有僧行七人,从此经过,不得妄有妖法。如敢故使妖术,须教你一门划草除根。”主人近前拜谢:“岂敢有违。”战战兢兢,乃成诗谢曰:

行者今朝到此时,偶将妖法变驴儿。
从今拱手阿罗汉,免得家门祸及之。

猴行者乃留诗云:

莫将妖法乱施呈,我见黄河九度清。
相次[7]我师经此过,好将诚意至祇迎[8]。

〔注〕 ① 峥嵘:这里形容狮子形貌非同一般。 ② 供养:佛教称供献神佛或设饭食招待僧人为“供养”。 ③ 噉:即“喊”的俗字。 ④ 伴:边、旁。 ⑤ 将为:以为。 ⑥ 噀(xùn):含在口中喷出。 ⑦ 相次:不久,即将。 ⑧ 祇迎:“祇”当为“祗”,祗迎,恭敬地迎接。

唐代高僧玄奘到印度求法取经的故事,堪称宗教史上的盛事。这一盛事颇具传奇色彩,故唐代时就已在民间广泛流播,被人们逐渐神化。其弟子慧立、彦悰编写的《大慈恩寺三藏法师传》,也在描述玄奘西行求法的冒险经历时,穿插了不少宗教神话和历史传说,以神化玄奘,弘扬佛法。至唐五代,寺院俗讲盛行,玄奘取经故事更被用作光大佛教的难得素材,加以宣讲。如现存刊刻于南宋的《大唐三藏取经诗话》,就是保存下来的唐五代寺院俗讲的底本。该《诗话》分三卷,十七段,每段皆立标题,并以故事人物咏诗作结,故有诗话之称。

该《诗话》虽然叙述玄奘法师西行求法的故事，但已是完全脱离了史实的想象和虚构。其故事主旨虽然仍在于宣扬佛祖的至高无上，赞美天竺佛国的神奇、美好，向往证果西天，但其主角已由玄奘法师转变而为保护玄奘取经的猴行者，其叙述意趣也重在渲染猴行者的法术神通，表现他的谐谑性格。例如，这里节选的"过狮子林及树人国第五"，就是全书叙述中较有意趣神采的一段。

此段故事讲的是师徒一行经过狮子林时，发现这里的狮子非但不狰狞可怖，反而皆"摆尾摇头，出林迎接，口衔香花，皆来供养"，并且一路护送玄奘师徒出境，真让人不可思议。显然，这样描写，目的就是为了营造一种神秘的宗教氛围，宣扬佛的无处不在，法力无边，以至于凶狠的野兽都受到了佛的驯化，带上了仁慈、祥和的佛性，表现出对佛的虔诚皈依。但在今人看来，这种出于说教而作的宗教式幻想，既无生活气息，更乏艺术趣味，故无足称道。倒是接下来所写的入树人国一节读来妙趣横生。

故事写唐僧一行不去化缘，反叫小行者出去买菜做饭，而小屋主人又劝诫说："此中人会妖法，宜早回来。"这便为下文的斗法故事预先设下了悬念：究竟此中人会什么"妖法"呢？小行者此行会不会遇险呢？后来，唐僧左等右等不见小行者回来，大家方觉情况果然不妙。于是就由猴行者出面去寻找小行者。孰料小行者已被此中人作法变成了驴子，正吊在厅前，他一见猴行者就拼命叫喊，情状煞是狼狈、可笑！猴行者见状生疑，询问主人，不想主人竟直言不讳，说这正是他的"杰作"。这显然是在有意卖弄妖法，不把猴行者放在眼里。所以，猴行者闻言大怒。读者本以为他要与屋主争强斗狠了，可聪明的猴行者并非是"莽张飞"，而是以其人之道还治其人之身，竟然将主人的新妇（即妻子）变成了一束青草，放在驴子嘴边。真是匪夷所思！这充分显示了猴行者的法术高明和既机智又谐谑的个性风格。不难想象，主人不见了新妇时是多么惶急，新妇是多么惊恐，小行者见到青草时是多么兴奋，而猴行者又是多么得意！更有趣的是，猴行者面对主人的质问，也同样是直言不讳，直率得可爱，致使主人一时黔驴技穷，软语求告，甘拜下风，并接受了猴行者的警告，将妖法收起，虔心向佛。

整个故事，虽然简短、单纯，但却描述生动，情节奇异，意趣盎然，明显带有民间故事的艺术风韵。至于猴行者诙谐、风趣的个性风采，不用说也对《西游记》中孙悟空的形象塑造，产生了直接的影响，在一定程度上，也许可以说这个猴行者正是孙悟空的前身。而小说对狮子林、树人国所作的环境描绘，虽与《西游记》所写的狮子国、树精藤怪等有些差异，但后者之受前者的艺术启迪，也应是不言而喻的。

（纪德君）

【典籍介绍】

《新编五代史平话》

话本小说。作者不详。当为当时讲史家之底本。叙梁、唐、晋、汉、周五代故事，每代分上下两卷，前列细目，且各以诗起，次入正文，又以诗终。故事主要采自正史，亦加进许多民间传说，故鲁迅谓此书“大抵史上大事，即无发挥，一涉细故，便多增饰，状以骈俪，证以诗歌，又杂诨词，以博笑噱”（《中国小说史略·宋之话本》）。此书后附曹元忠跋语，称此书乃宋刻巾箱本。原书今已不存，今传本乃董康1911年据原书翻刻，载《诵芬室丛刊二编》。1954年，古典文学出版社又据以排印。

刘知远发迹变泰

《新编五代史平话·汉史平话》

且说知远姓刘氏，其先世沙陀[①]部绿柳村人氏，后居太原汾州孝义县。父名光赞，母苏氏，生知远，初名成保，为人严重[②]，不好言笑，面色紫黑，目多白睛。年方七岁，父光赞早已丧亡，家贫母寡，无以自赡。一日，苏氏与小叔刘光远商量：“咱家贫子幼，难以忍饥守志[③]，未免唤取媒人，与他评议，改事他人。所有成保幼小，叔叔若可收留，幸为养他成丁[④]，看他自去作活[⑤]如何？望觑您哥哥面皮，特为收录。”刘光远答其嫂曰：“咱每若自有家产，生计赢余，便收养这成保小的，也觑着哥哥的面，有甚要紧？但是咱亦家贫，自有几个孩儿，待咱日求升合养赡，真个是：‘一朝无饭吃，父子两分离。’怎说得这话？既是嫂嫂改适他人，只得教媒人与婚主订议，挈取成保自随，乃为便当。”苏氏曰：“咱有服制[⑥]，谁人敢为做媒？须是叔叔为我主盟始得。”刘光远曰：“您怕人说服内成亲时，何不具状告官后，召媒改嫁，几多稳当。”苏氏见说，只得依从光远的言语，具状往孝义县告官，乞行改嫁。状词云：

告状改嫁人刘阿苏，年壮无病，系本县人氏。昨嫁事刘光赞为妻，已经五载，生下男孩刘成保，年方七岁。刘光赞于今年正月十二日因病身亡。且阿苏家贫儿幼,委是贫难不济。与小叔刘光远商议,若欲持服守志,奈贫寒不能营办口食。据小叔刘光远回言,令阿苏具状告官挈带孩儿刘成保改嫁。未敢擅便,谨状告乞,孝义县判县,乞赐详状施行。长兴二年九月初五日,刘阿苏状。

孝义县知县览阿苏词状,唤集邻保并刘光远,当厅审问,取各人供指词,因与阿苏所告相同,遂判执照[7]付阿苏,召媒改嫁。阿苏得判后,召得刘洪为媒,说那卧龙村慕容三郎姻事。盟约已定,无过是着定了下个追赔财礼,选取良辰吉日,慕容三郎取那阿苏归家。与那上下亲情眷属做个筵会,宴请诸宾。笙歌聒地,鼓乐喧天。筵会罢,众宾送新郎入帐,正是:

锦帐牙床色色新,销金帐幔缀同心。

珊瑚玉枕屏山畔,交颈鸳鸯浮又沉。

慕容三郎取得浑家归后,其阿苏挈带得刘光赞的孩儿成保自随,归他义父慕容家看养,改名做刘知远,年渐长成。慕容三郎是个有田产的人,未免请先生在书院教导义男刘知远读习经书。争奈知远顽劣,不遵教诲,终日出外闲走,学习武艺,使枪使棒,吃酒赌钱,无所不作,无所不为。义父慕容三郎心下不乐。

一日,是二月八日,庆佛生辰时分,刘知远出去将钱雇倩针笔匠文身[8],左手刺个仙女,右手刺一条抢宝青龙,背脊上刺一个笑天夜叉。归家去激恼义父慕容三郎,将刘知远赶出门去。在后阿苏思忆孩儿,终日恓惶[9],泪不曾干,真是:

玉容寂寞泪阑干,梨花一枝春带雨。

慕容三郎见它浑家终日价恓惶无奈,未免使人去寻得知远回归。那时知远年登十五了。义父一日将钱三十贯文,令知远将去汾州城里纳粮。其苏氏向慕容三郎道:"休教刘知远去纳粮。奈他有三般病,怎生把钱付他去得?"慕容三郎问他有甚底病。苏氏曰:"第一病是爱赌钱,第二病爱吃酒,第三病是爱贪花。沾惹这三病,身畔怎生着得钱?您将三十贯与他去,便从断送了他头皮[⑩],使他无归路也!"慕容三郎道:"不是恁地说。人有常言:'遭一蹶[⑪]者得一便,经一事者长一智。'他前时不肖[⑫],被我赶将出去。今想老成似在先时分了,我且把这钱去令他纳粮,试他如何。若能了得这事回来,咱待把三五百贯钱与他开个解库[⑬],撰[⑭]些清闲饭吃,怎不快活?"苏氏见其夫恁地说了,不敢阻当,只得教刘知远交领上件三十贯文去纳税。

刘知远交领那钱后,辞了爷娘,离了家门奔前去。行到卧龙桥上,少歇片时,只听得骰盆内掷骰子响声,仔细去桥亭上觑时,有五个后生在桥上赌钱。刘知远心里要去厮合[⑮]赌钱,未敢开口,只得挨身向前看觑。其间有一个后生,向知远道:"有钱便将来共赌,无钱时,休得来看。"知远听得此语,心下欣然,将那纳粮的三十贯钱且把来赌:"我心下指望把这钱做本,赢得三五十贯钱将来使用。"才方出注,掷下便是个输采。眨眼间,三十贯钱一齐输了,无钱可以出注。知远向五个后生道:"您每一人将一贯钱借我出注。"那人道:"有钱可将来赌,无钱便且罢休!"知远心下焦躁,向他说:"我不赌钱,且赌个厮打。打得我赢,便将钱去;若输与我,我不还钱。"道罢,与五个郎君共斗。斗经数合,只见五个郎君腾云而去[⑯]。知远意下思忖:这是五通[⑰]菩萨济会[⑱]他,留下这三十贯钱不曾将去。担取这钱奔前去。才经半日,又撞见有六个秀才在那灌口二郎庙下赌博。刘知远又挨身去厮共博钱,不多时间,被那六个秀才一齐赢了。刘知远输了三十贯钱,身畔赤条条地正似乌鸦中弹,游鱼失波,思量纳税无钱,归家不得,无计奈何。蓦忽间听得路上往来人说道:"太原路有使命赍擎[⑲]后唐明宗皇帝圣旨到来开读,要招募强壮人充军,以备防御契丹入寇。"知远见说,人急计生,收拾些果足,待往太原府去投军。行到西河县管下地面孟石村，遇见日晚，桐阴已转，日影将斜；望远浦几片帆归，听高楼数声角响。知远未免要寻个店安歇。店家为官司行下缉捉奸细，不许停留无行止单身之人，谁人肯容受刘知远宿泊？正仓皇无措，行至前面，见一座庄舍，十分齐整。知远将身奔入那庄门，只见粉墙朱户，画阁琼楼；早上淡烟笼院宇，晚来薄雾罩池塘。知远思量这个人家是一个富豪的人家，待晚奔他庄门上一宿，才晓便去。谁知道知远在他庄门上打睡，那庄主李长者，名做李敬儒，夜后得个异梦。古人有诗说这梦：

鹿分郑相终难辨，蝶化庄周未可知。
纵使如今不是梦，能于为梦几多时？

李敬儒梦见甚底？梦见他门楼上有一条赤蛇，缠绕作一团，被敬儒将棒一驱，那赤蛇奋起头角，变成一条青龙，在雾露中露出两爪，唬得李长者大叫一声，魂梦忽觉。等到鸡鸣，李长者起来，疾忙唤门子去门下看有甚么物事，回来报说。去不多时，门子来报道："庄门上有个壮大的汉，单身在门台上打睡。"李长者听得这说，唤门子叫他入来，问他来历。门子依命出门下，喝一声道："咦！您是甚人，在此打睡？疾忙起来，去见长者，莫带累咱每吃受谴责。"知远只得随那门子入去。长者坐于厅上，知远就厅下一跪。长者问知远道："您是甚处人氏，要往何处，在这里打睡？您莫是奸细的人？今官司缉捉无行止目生异色人。可依直向咱说来！"知远启覆长者："小人不是奸细，乃是孝义县慕容三郎义子。只因父亲把那钱分付小人去纳粮，在卧龙桥上被五个后生厮合掷骰，一齐输了，被知远厮打一顿，夺得这钱回来。又行至灌口二郎庙里，又撞着六个在那献台上赌博，知远又将这钱去入头共赌，不数撷又被那六个秀才赢了。既无钱纳粮，又不敢回家。打听得太原府见奉圣旨招军，遇晚店家不肯容受单身无行止人宿泊，未免投奔使庄，权借门台上一宿，待晓便去。"长者见说："您一个人形貌堂堂，怎不别寻个生活，去投军做甚么？您不见俗语有云：'做人莫做军，做铁莫做针。'做了军时，别无活路头也！何不且在此间与我家里打篷[20]使唤，你意下如何？"知远跪谢。仔细觑时，知远文身绣体，只得教他去后槽饲马。知远将身入马坊去，逐一交点了马匹，割草浸谷，及时喂养得。

一日，只见群马嘶鸣，李长者手携藤杖，纵步到马坊看觑。但见知远在地上睡卧，有一条黄蛇，从知远鼻孔内自出自入，傍有一人身着紫袍，撑着一柄黄凉伞，将知远盖却。李长者归向他的浑家道："刘知远在马坊地上打睡，有这般物事在边，委是差异！况昨来所梦的事，似与这事符合。向后这厮必有大大发迹[21]分也！"他浑家道："既是有此等异事，休教他去养马，怎不将女孩儿三娘子招他做女婿？向后改换我家门风，也是一场好事。"次日，唤他家老院子王大去与知远说媒，知远向王大道："你休来弄我！我一穷到骨，副能[22]讨得个吃饭处，您说这般话，莫带累咱着了饭碗。"王大曰："咱是得个太君的言语，怎生是来要您？您若信从，便教您享用快活；若还不肯，您可将身出去。"知远心中大喜。李长者择取良辰吉日，招知远登门，做个入赘女婿。正是：

门阑多喜色，女婿近乘龙。

屏开金孔雀，褥隐绣芙蓉。

李长者会着内外众宾，排着大大筵会，为女孩儿三娘子招个刘知远入赘，即日成亲。刘知远与三娘子两个是夙生有缘，结成夫妇：

鸳帏同寝，共谐今日恩情；凤枕交欢，说尽当时密爱。天上深盟厚誓，难比今时；世间痛惜深怜，怎如今夜。虽然一夕夫妻，但见百年喜美。

当日刘知远与三娘子成亲之后，怎知他三娘子两个哥哥名做李洪信、李洪义的，终日肚闷，背后道："咱爷娘得恁地无见识！将个妹妹嫁与一个事马的驱口[23]，教咱弟兄好不羞了面皮。"只管憎嫌他妹夫刘知远。转眼间过了半年,李长者夫妻一两月间相继丧亡,便是那李敬儒的长孩儿李洪信管着家计,和那弟弟李洪义两个,一向僝僽[24]刘知远,要赶将他出去。三娘子为见恁地生受[25],一日向知远道:"咱两位哥哥心下不喜您在这里。咱将些钱本与您出去经商,周年半载却归来觑咱一番也好。"知远听得他妻儿言语,便就房下并叠得百十贯钱,将身出去。奈知远是个辣浪心性人,有钱便爱使,有酒便爱吃,怎生留得钱住?一日,使尽盘缠,一直奔去太原府李横冲帐下投军,号做横冲都[26]。自投军后,时通运泰,武艺过人,走马似逐电追风,放箭若流星赶月;临阵时勇如子路,决胜后谋似张良。不两月间,多立了奇功。李横冲补授知远做着偏将,与那银枪效节都军下石敬瑭两个厮合结义,做个兄弟。

却说那三娘子自知远出去经商,半年后生下一个孩儿。李洪信、洪义两个,要教那妹妹将水淹杀了:"您一身自也依傍咱每衣饭,如何更养得那穷汉的孩儿?"只管在家骂詈。三娘子不能禁受,与那叔父李敬业商量,雇觅一人,写着一封书,将这孩儿送去太原府还刘知远。知远接了书看,将那孩儿命名做承义,雇觅个乳母看养。在后刘知远根(跟)着石敬瑭军下立功,做着石敬瑭部下部将,是后唐长兴三年事也。

〔注〕 ① 沙陀:我国古代部族名。西突厥的别部。唐贞观中居金莎山南、蒲类海以东,以其地有大碛名沙陀,因以为部族名。 ② 严重:处事认真,严肃、庄重。 ③ 守志:谓女子不改嫁。 ④ 成丁:旧指男子达到服役的年龄。 ⑤ 作活:过日子。 ⑥ 服制:本意为丧服制度,此处指服丧。 ⑦ 执照:官府所发的凭证。 ⑧ 文身:即纹身。 ⑨ 恓惶:悲伤的样子。 ⑩ 头皮:指脑袋瓜。 ⑪ 蹶:跌跤,引申为失败、挫折。 ⑫ 不肖:不成材。 ⑬ 解库:押店、当铺的别称。 ⑭ 撰:同"赚"。 ⑮ 厮合:聚在一起。厮,相互。 ⑯ 腾云而去:犹言一溜烟跑了。 ⑰ 五通:鬼神名。也叫五圣、五灵公、五郎神。 ⑱ 济会:济助。 ⑲ 赍擎:捧持。 ⑳ 打麄(cū):意即干粗活。麄,指粗简的事务。 ㉑ 发迹:指由卑微而得志显达,或由贫困而富足。 ㉒ 副能:刚刚能够。"副"同"甫",刚刚。 ㉓ 驱口:金、元时期以被俘的汉人为奴,称"驱口"。五代时,尚无此称呼。此处意指仆役。 ㉔ 僝僽(chán zhòu):折磨、摆布。 ㉕ 生受:犹言痛苦、难受。 ㉖ 都:唐、五代、宋初军队编制单位,以百人或千人为都。后文"银枪效节都"之"都",亦同此意。

宋元时期,市井瓦舍里盛行一种"讲说《通鉴》、汉唐历代书史文传兴废战之事”的说书伎艺，名曰“讲史”；“讲史”一般只说不唱，故又叫“平话”。《新编五代史平话》就是迄今发现的最早的一部宋元讲史平话。

该平话主要取材于《资治通鉴》，同时也撷取了不少当时讲史艺人的口头创作成果，比较形象地反映了五代十君兴废更替，快似“传邮”的历史过程。这使它不仅可以满足当时文化程度较低的市井民众了解历史人事的需求，而且也真实地表露了市井细民的历史观念和政治愿望。因此，这部平话对于了解彼时市井细民的政治文化心理，以及市井艺人的讲史伎艺，都是有所裨益的。

不过，由于该平话过分依从《通鉴》，只作了少量的增衍，叙述语言亦始终未脱文言的调子，故总体读来，质实寡味。倒是其中撷自民间传说的部分，显得鲜活可喜，朴素清新。如书中所叙黄巢赶考落第、朱温微时无赖、石敬瑭射雁、刘知远入赘李三娘家，以及郭威脸上刺雀儿、买剑杀人等情节，就颇富市井俚俗情趣，不惟人物写得栩栩如生、呼吸可闻，而且故事情节中蕴含的思想意趣也颇堪玩味。

这里节选的就是《新编五代史平话·汉史平话》中有关刘知远的微时行径及其发迹变泰的故事片断。正史中本来无此记载，仅说知远父亲“事后唐武帝，为列校，晋赠太师”，可见其出身并不微贱。平话所述，无疑是站在市井细民的立场上，用他们的眼光来打量、描写刘知远的。这样，正史中“弱不好弄，严重寡言”，颇有几份庄严和威武的刘知远，便被大大俗化了。其外在行止，内心欲求，与市井细民并没有什么两样，甚至他生来就是一个佻佻顽劣、胡作非为的无赖。如平话就说他：“顽劣不听教诲，终日出外闲走，学习武艺，使枪弄棒，吃酒赌钱，无所不作。”连疼爱他的母亲也说他犯有三病：“第一病是爱赌钱，第二病爱吃酒，第三病是爱贪花。”不过，对于后二病，平话着墨不多，而主要写他如何嗜赌。平话说到他的义父让他持钱纳粮时写道——

> 刘知远交领了那钱后，辞了爷娘，离了家门奔前去。行到卧龙桥上，少歇片时，只听得骰盆内掷骰子响声，仔细去桥亭上觑时，有五个后生在桥上赌钱。刘知远心里要去厮合赌钱，未敢开口，只得挨身向前看觑。其间有一个后生向知远道：“有钱便将来共赌，无钱时，休得来看。”知远听得此语，心下欣然，将那纳粮的三十贯钱且把来赌：“我心下指望把这钱做本，赢得三五十贯将来使用。”

这段描写有意采用刘知远的视角，通过其耳听，目觑，“挨身向前”，“心下欣然”等细节行为，活画出了一个赌徒嗜赌的嘴脸和心理，堪称神来之笔。后来他运气不佳，输个精光，心下焦躁，说：“我不赌钱，且赌个厮打。打得我赢，便将钱去；若输与我,我不还钱。"结果,将五个后生打得四散奔逃。真是个典型的活无赖!再后来,他又与六个秀才赌博,输光后,这才跑到李家庄。侥幸入赘李三娘家后,他凑钱去经商,又很快将钱折腾一空。不得已,便去应募投军,指望再拿性命和武勇作一回赌资,在军队中博个远大前程。不想,这一"博",居然博了个"封妻荫子",赢得了至尊宝位!这就是市井平民心目中嗜赌如命,藉"赌"来改变其卑贱命运,并最终成为天下赢家的刘知远,一个赌徒式的无赖"皇帝"!

这样来描写一个皇帝的发迹,显然是颇不雅驯的。不过,它却形象地透露出市井细民的一种文化心态:帝王有什么了不起的呢?他们原先也不过是和我们类似,甚至本是个"辣浪心性"的无赖!只是他们敢于胡作非为,"拼搏"进取,才最终得以发迹变泰。平话中的其他几个皇帝如朱温、石敬瑭、郭威等,其微时的情形不也同样印证了这一点吗?应该说,这种平视帝王将相,追慕发迹变泰的思想意识是值得赞赏和肯定的,它真切地道出了宋元时代新兴市民阶层迫切希望改变其社会政治地位,渴求政治平等的心声,显示了他们蓬勃向上的朝气。也正因如此,当时的讲史艺人才那么喜欢"噇发迹话,使寒门发愤"。事实上,不惟讲史艺人,不少搬演历史人物故事的金元诸宫调、戏剧,也同样爱"噇发迹话"。如《刘知远诸宫调》、南戏《白兔记》,它们讲唱、演述的刘知远发迹变泰故事,就更为细致、活泼、朴素、动人,其中如李洪义兄弟谋害刘知远、刘知远投军后与岳小姐成婚、李三娘母子井台相会、李三娘捧金印等,在平话中尚未出现。这说明,民众不仅喜爱这个发迹故事,而且不断地进行艺术再创作,以使其更好地承载他们的思想意识。而这,也正是平话、戏曲说唱中的历史人物刘知远等,能够走出枯燥沉闷的正史典册,植根于市井民众的生活和艺术土壤,获取俚朴粗野、活蹦活跳的艺术个性,给人以刚健、清新的艺术享受的主要原因吧。

(纪德君)

【作者小传】

宣和遗事

亦称《大宋宣和遗事》。话本集。编者不详。邓绍基主编《元代文学史》断为元人作品。乃节录若干旧籍排比而成,始于称述尧舜而终以高宗之定都临安,按年演述。因故事来源不同,故文体较为杂乱。此话本直接影响《水浒传》创作。有《士礼居黄氏丛书》《丛书集成初编》等本,分两集。1954 年古典文学出版社以"金陵王氏洛川校正重刊"本为底本重新刊印,名《新刊大宋宣和遗事》,分为四集,内容与两集本同。

宋徽宗私狎李师师　　《宣和遗事》

徽宗入内，听得张梦熊、张商英二臣的奏章，常有忧色，因坐于千秋亭上。时有平章高俅、御史杨戬侍侧。帝顾高俅等曰："朕贵为天子，富有四海，适间听谏议所上章表，数朕失德，此章一出，中外咸知，一举一动，天子不得自由矣！"高俅等奏曰："陛下君也，商英臣也。君犹天而臣犹物。天能发生万物，亦可肃杀万物。商英生死之命，皆悬于陛下之手，草茅[①]之言，何足畏哉！人生如白驹过隙[②]，倘不及时行乐，则老大徒伤悲也。便如唐尧土阶三尺，茅茨不翦；夏禹躬耕稼穑；周公吐哺待贤；今又安在？且如幽王宠褒姒之色，楚王建章台之宫，明皇宠奉杨妃，汉帝嬖宠飞燕，后主有《玉树后庭》之曲，隋炀帝为锦缆长江之游：朝朝歌舞，日日管弦，也不枉了一生受用。陛下怎不闻古人有言，道是，诗曰：

人生如过隙，日月似飞梭。
百年弹指过，何不日笙歌！

陛下何不开怀行乐！何必因小臣之言，自生烦恼！前辈曾说道：'今朝有酒今朝醉，明日愁来明日当。'倘有忧危，臣等誓肝胆涂地，以报陛下恩德。"徽宗闻奏，大悦，命中官排办御宴："待朕与诸臣消愁解闷则个！"方畅饮酣歌，忽听甚处风送一派乐声嘹亮。徽宗微笑曰："朕深居九重[③]，反不如小民直恁地快活！朕欲出观市廛[④]景致，恨无其由！"有杨戬回奏云："陛下若要游玩市廛，此事甚易。"正是：

不因邪佞欺人主，怎得金兵入汴城！

杨戬奏个甚的，使徽宗游玩市廛？杨戬道："陛下若摆动銮舆，则出警入跸[⑤]，左言右史[⑥]，市井肃清，反不自由。莫若易服，装扮做个秀才儒生，臣等装为仆从，由后载门出市私行，可以恣观市廛风景。"徽宗闻言大喜，即时易了衣服：将龙衣卸却，把一领皂褙穿着，上面着一领紫道服，系一条红丝吕公条，头戴唐巾，脚下穿一双乌靴；引高俅、杨戬，私离禁阙。出后载门，留勘合[7]与监门将军郭建等，向汴京城里，穿长街，蓦[8]短槛；衹见歌台、舞榭、酒市、花楼，极是繁华花锦田地。抵暮，至一坊，名做金环巷，那风范更别：但见门安塑像，户列名花；帘儿底笑语喧呼，门儿里箫韶盈耳；一个粉颈酥胸，一个桃腮杏脸。天子观之，私喜。又前行五七步，见一座宅，粉墙鸳瓦，朱户兽镮；飞帘映绿郁郁的高槐，绣户对青森森儿瘦竹。徽宗问杨戬、高俅曰："这座宅是甚人的？直这般盖造得十分清楚[9]！"天子观看，叹羡不已。忽闻人咳嗽一声：

撑开一对重瞳子，觑著千金买笑人。

天子觑时，见翠帘高卷，绣幕低垂；帘儿下见个佳人，发亸[10]乌云，钗簪金凤；眼横秋水之波，眉拂春山之黛；腰如弱柳，体若凝脂；十指露春笋纤长，一搦[11]衬金莲稳小。待道是郑观音，不抱着玉琵琶；待道是杨贵妃，不擎着白鹦鹉。悄似嫦娥离月殿，恍然洛女下瑶阶。真个是：

亸肩鸾髻垂云碧，眼入明眸秋水溢。
凤鞋半折小弓弓，莺语一声娇滴滴。
裁云翦雾制衫穿，束素纤腰恰一搦。
桃花为脸玉为肌，费却丹青描不得。

这个佳人是两京诗酒客，烟花帐子[12]头，京师上亭行首[13]，姓李名做师师。一片心，只待求食巴谩[14]；两只手，偏会拿云握雾。便有富贵郎君，也使得七零八落；或撞着村沙[15]子弟，也坏得弃生就死；忽遇俊倬勤儿[16]，也敢交沿门教化[17]。徽宗一见之后，瞬星眸为两瞪[18]。休道徽宗直恁荒狂，便是释迦尊佛，也恼教他会下莲台。

天子见了佳人，问高俅道："这佳人非为官宦，亦是富豪之家？"高俅道："不识。"犹豫间，见街东一个茶肆，牌书：周秀茶坊。徽宗遂入茶坊坐定，将金箧内取出七十足佰长钱，撒在那桌子上。周秀便理会得，道是个使钱的勤儿。一巡茶罢，徽宗遂问周秀道:"这对门谁氏之家?帘儿下佳人姓甚名谁?"周秀闻言,上覆官人:"问这佳人,说着后话长。这个佳人,名冠天下,乃是东京角妓[19],姓李,小名师师。"徽宗见说,大喜,令高俅交周秀传示佳人,道:"俺是殿试秀才,欲就贵宅饮几杯,未知娘子雅意若何?"周秀去了,不多时,来见官人,言曰:"行首方调筝之间,见周秀说殿试所嘱之言,幽情颇喜:'不弃泼贱,专以奉迎。'"徽宗闻言,甚喜,即时同高俅、杨戬望李氏宅来。有双鬟[20]门外侍立:"请殿试稍待,容妾报知姐姐。"少刻,双鬟出道:"俺姐姐有命,请殿试相见。"师师见徽宗,施礼毕,道:"寒门寂寞,过辱临顾;无名妓者,何幸遭逢!"徽宗道:"谨谢娘子,不弃卑末,知感无限。"

那佳人让客先行。转曲曲回廊,深深院宇;红袖调筝于屋侧,青衣演舞于中庭、竹院、松亭、药栏、花槛,俄至一所,铺陈甚雅:红床设花茵绣褥,四壁挂山水翎毛。打起绿油吊窗,看修竹湖山之景。即令侍妾添茶,再去安排酒果。师师开瓶觑了,天子道与杨戬:"你与我取几瓶酒去。"不多时,令人取至,杨戬执盏于樽前,于是四人共饮。师师道:"殿试仙辈,不审何郡?敢问尊姓?"天子道:"娘子休怕。我是汴梁生,夷门[21]长。休说三省并六部,莫言御史与西台;四京十七路,五霸帝王都,皆属俺所管。咱八辈儿称孤道寡,目今住在东华门西,西华门东,后载门南,午门之北,大门楼里面。姓赵,排房第八。俺乃赵八郎也。"师师闻道,唬得魂不著体,急离坐位,说与他娘道:"咱家里有课语讹言[22]的,怎奈何?娘,你可急忙告报官司去,恐带累咱们!"李妈妈听得这话,荒(慌)忙走去告报与左右二厢捉杀使孙荣、汴京里外缉察皇城使窦监。二人闻言,急点手下巡兵二百余人,人人勇健,个个威风,腿系着粗布行缠,身穿着鸦青衲袄,轻弓短箭,手持着闷棍,腰胯着镮刀;急奔师师宅,即时把师师宅围了。

可怜风月地,番作战争场。

看这个官家怎生结束?

却有徽宗闻宅外叫闹,觑高俅;高俅会意,急出门见孙荣、窦监。高俅喝曰:"匹夫,怎敢惊御!"二人觑时,认得是平章高俅,急忙跪在地上,唬得两股不摇而自动,上告平章:"相国担惊,不干小人每事;乃是师师之母告报小人来道:他家中有讹言的,恐带累他。以此小人们提兵至此。"高俅闻言,喝退。二人既现免了本身之罪,暗暗地提兵巡掉[23],防护着圣驾。

却说子母知是官家,跪在地上,唬的魂飞天外,魄散九霄,口称:"死罪。"徽宗不能隐讳,又慕师师之色,遂言曰:"恕卿无罪。"师师得免,遂重添美酝,再备嘉肴。天子亦令二臣就坐。师师进酒,别唱新词。天子甚喜,畅怀而饮。正是:

琉璃钟,琥珀浓,小槽酒滴真珠红。烹龙炮凤玉脂泣,罗帏绣幕围香风。吹龙笛,击鼍鼓,皓齿歌,细腰舞。况是青春日将暮,桃花乱落如红雨。劝君终日酩酊醉,酒不到刘伶坟上土。

饮多时也,天子带酒观师师之貌,越越地[24]风韵。俄不觉的天色渐晚,则见,诗曰:

窗外日光弹指过,席前花影座间移。
一杯未尽笙歌送,阶下辰牌又报时。

是时红轮西坠,玉兔东生,江上鱼翁罢钓,佳人秉烛归房。酒阑宴罢,天子共师师就寝。高俅、杨戬宿于小阁。

古来贪色荒淫主,那肯平康宿妓家!

徽宗伴师师共寝,杨戬、高俅别一处眠睡。不觉铜壶催漏尽,画角报更残,惊觉高俅、杨戬二人,急起穿了衣服,走至师师卧房前,款纱窗下,高俅低低地奏曰:"陛下,天色明也。若班部来朝不见,文武察知,看相我王不好。"天子闻之,急起穿了衣服。师师亦起,系了衣服。天子洗漱了,吃了些汤药,辞师师欲去。师师紧留。天子见师师意坚,官家道:"卿休要烦恼。寡人今夜再来与尔同欢。"师师道:"何以取信?"天子道:

“恐卿不信。”遂解下龙凤鲛绡[25]直系，与了师师，道：“朕语下为敕，岂有浪舌天子脱空佛？”师师接了，收拾箱中，送天子出门。天子出的师师门，相别了，投西而去了。

忽见一人从东而来，厉声高喝师师道：“从前可惜与伊供炭米，今朝却与别人欢！”睁开杀人眼，咬碎口中牙，直奔那佳人家来。师师不躲。那汉舒猿臂，用手揪住师师之衣，问道：“恰来去者那人是谁？你与我实说！”师师不忙不惧道：“是个小大儿。”这人是谁？乃师师结发之婿也，姓贾名奕，先文后武，两科都不济事；后来为捉获襄甲县毕地龙刘千，授得右厢都巡，官带武功郎。那汉言道：“昨日是个七月七节日，我特地打将上等高酒来，待和你赏七月七则个。把个门儿关闭，闭塞也似，便是樊哙也踏不开。唤多时，悄无人应，我心内早猜管有别人取乐。果有新欢，断科[26]必恰来去者！那人敢是个近上的官员？”师师道：“你今番早子猜不着。官人，你坐么，我说与你，休心困[27]者。”

师师说到伤心处，贾奕心如万刀钻。

师师道：“恰去的那个人，也不是制置并安抚，也不是御史与平章。那人眉势[28]教大。”贾奕道：“止不过王公驸马。”师师道：“也不是。”贾奕道：“更大如王公，只除是当朝帝主也。他有三千粉黛，八百烟娇[29]，肯慕一匪人[30]？”师师道：“怕你不信！”贾奕道：“更大如王公驸马，止不是宫中帝王。那官家与天为子，与万姓为王，行止处龙凤，出语后成敕，肯慕娼女？我不信！”师师道：“我交你信。”不多时，取过那交绡直系来，交贾奕看。贾奕觑了，认的是天子衣，一声长叹，忽然倒地。不知贾奕性命如何？

三条气在千般用，一日无常万事休。

这贾奕为看了那天子龙凤之衣，想是：“天子在此行踏，我怎敢再踏这李氏之门！他动不动金瓜碎脑，是不是斧钺临身。我与师师两个胶漆之情正美，便似天淡淡云边鸾凤，水澄澄波里鸳鸯,平白涌出一条八爪金龙,把这一对鸳鸯儿拆散!”

李师师见贾奕气倒,则得傍前急救。须臾苏醒,便跳起来向着师师道前,俯伏在地,口称:“死罪,死罪!臣多有冒渎[31],望皇后娘娘宽恕!”师师道:“甚言语?他是天子,有一皇后、三夫人、二十七世妇、八十一御妻,更有三千粉黛、八百烟娇。到晚后,乘龙车凤辇,去三十六宫、二十四苑闲游,有多少天仙玉女!况凤烛龙灯之下,严妆整扮,各排绮宴,笙箫细乐,都安排接驾,那般的受用,那肯顾我来?且是暂时间厌皇宫拘倦,误至于此;一欢去后,岂肯长来宠我!你好不晓事也,直这般烦恼!”遂将出几盏儿淡酒来,与贾奕解闷。那贾奕那里吃,待吃下,又长吁气;见笔砚在侧,用手拈起笔来,拂开花笺,便写作小词一章,词寄《南乡子》:

闲步小楼前,见个家人[32]貌类仙。暗想圣情浑似梦,追欢。执手兰房恣意怜。　一夜说盟言,满掬沉檀[33]喷瑞烟。报道早朝归去晚,回銮。留下交绡当宿钱。

师师见了大惊,顺手将这曲儿收放妆盒内。贾奕道:“我从今后再不敢踏上你门儿来!咱两个瓶坠簪折[34],恩断义绝!”

日色渐晡,女奴来报:“兀的[35]夜来那高平章到来也!”师师闻之著忙,催贾奕交去不迭。说未罢,高平章早入来,贾奕不能趓[36]。高俅见,大怒,遂令左右将贾奕执了,使交送大理寺狱中去。贾奕正是:

才离阴府恓惶难,又值天罗地网灾。

看贾奕怎结束?

却有李妈妈急忙前来,上告平章:“这人是师师的一个哥哥,在西京洛阳住,多年不相见,来几日,也不曾为洗尘;今日办了几杯淡酒,与洗泥则个。恰限今日专等天子来,那里敢接别人!交人道甚来?”高俅见婆子苦苦告说,遂放了贾奕,贾奕得脱便去。

贾奕去了，天子到来，师师接着问："陛下缘何来晚？"徽宗曰："朕恐街市小民认的，看相不好，故来迟也。"

休说置酒开筵，且说二人归房，师师先寝。天子倚着懒架儿㊲暂歇坐间，忽见妆盒中一纸文书，用手取来看时，却是小词一首，末后一句道："留下交绡当宿钱。"天子看了，其中讥讽，敢破家丧国。天子是甚般聪俊，何事不理会！不觉微哂。师师佯做睡着，心中暗想："天子必不行怒。"终是宠爱师惟记于心腹，将小词收了，因而睡到天明。自此之后，朝去暮来，相近两个月，恩爱愈深，不能相舍。

〔注〕 ① 草茅：比喻鄙陋、轻微。 ② 白驹过隙：比喻时光过得飞快，像骏马在缝隙前一闪而过。 ③ 九重：指皇宫。 ④ 市廛：商店集中的处所。 ⑤ 出警入跸(bì)：古时帝王出入称警跸，左右侍卫为警，止人清道为跸，以戒止行人。 ⑥ 左言右史：即左史记言，右史记事之简称。此处意思是说史官会把徽宗的言行举止记录下来。 ⑦ 勘合：用以防止作弊和辨别真假的凭据。 ⑧ 骞(qiān)：越过。 ⑨ 清楚：清峻齐整。 ⑩ 亸(duǒ)：披垂。 ⑪ 一搦(nuò)：犹言一把，一握。 ⑫ 帐子：买卖文书；契约。 ⑬ 上亭行首：上等妓院中的首领。 ⑭ 巴谩：求取钱钞。"谩"同"镘"，钱币。 ⑮ 村沙：粗鲁、粗俗。 ⑯ 俊倬：俊秀、俊俏。勤儿：出入娼家的风流子弟，即嫖客。 ⑰ 教化：行乞，乞讨。 ⑱ 瞬星眸为两瞜(liū)：转眼间斜视了两次。瞜，斜视，扫视。 ⑲ 角妓：艺妓。 ⑳ 双鬟：指婢女。 ㉑ 夷门：开封的别称。 ㉒ 诔语讹言：多嘴多舌，胡言乱语。 ㉓ 巡掉：巡察警戒。 ㉔ 越越：愈益，越发。 ㉕ 鲛绡：手帕。 ㉖ 断科：断定。 ㉗ 心困：烦恼。 ㉘ 眉势：犹今言派头，气派。 ㉙ 烟娇：指美女。 ㉚ 匪人：行为不端正的人。 ㉛ 冒渎：冒犯，亵渎。 ㉜ 家人：指妇人。 ㉝ 沉檀：指用沉香木和檀木做的两种著名的香料。 ㉞ 瓶坠簪折：谓瓶坠入水底难觅，簪断难续。喻男女分离。 ㉟ 兀的：语言助词，表示惊异。 ㊱ 趓(duǒ)：同"躲"。 ㊲ 懒架儿：即懒几，用屈曲的树木制成的矮而小的桌子。

本篇是从宋元讲史平话《宣和遗事》中节选的故事片段。

宋徽宗赵佶是位有名的风流皇帝，他书画文学、儒释道教，样样皆精；品竹调丝、声色歌舞，无般不爱，可谓艺术禀赋、浪子习气集于一身。这样的人，若做名士，当然无可非议；但是做皇帝，则难免会怠弃国政，恣行无稽，疏斥正士，狎近奸谀。例如，他为了筑艮岳，就不惜民力，派人大肆搜刮江南的奇花怪石；后宫佳丽三千，尚不遂意，还要私幸娼妓，真是纵欲无度，玩物丧志。难怪他后来为金兵所掳，国破身死了。对于他恣欲胡为招致的恶果，早在宋元之际，就有人以讲史的艺术形式作了无情的揭批，《宣和遗事》即系彼时的讲史话本。该话本似为南宋不得志之下层文士目睹宋亡之后痛心疾首而作，其主旨即在于鞭笞宋徽宗的荒淫误国，总结宋人亡国的历史教训，故其开头即云："今日话说的也说一个无道的君主，信用小人，荒淫无度，把那祖宗浑沌的世界坏了，父子将身投北去也。全不思量祖宗创造基业时直不是容易也。"本节所选徽宗私狎李师师的故事，即是徽宗"信用小人，荒淫无度"的典型例证。

在此故事发生之前，徽宗因为穷奢极欲、荒政失德，已屡受良臣张梦雄等的忠谏，故而"常有忧色"。不过，其"忧"决非为了国计民生，而是因其行为受到了朝臣訾议，不能放纵作乐。所以，当高俅等一帮奸臣，以嬛薄巧佞之智，投其淫佚放浪之心，劝其开怀行乐时，他立即为之"大悦"，并在宴饮时不禁慨叹："朕深居九重，反不如小民直恁地快活。朕欲出观市廛景致，恨无其由。"于是，杨戬就教他假扮秀才，避人耳目，出市私行，从而引出了私狎李师师一事。

在街市上，徽宗目睹市井一片奢华、靡丽景致，按捺不住"私喜"，并对李师师的宅院"叹羡不已"。而一听说师师是"名冠天下"的妓女，更是"大喜"，并迫不及待地令人传示师师，前往寻欢。待见到师师，他又掉弄口舌，夸耀其权势，显得好不威风。师师进酒献歌，他心下"甚喜"，"带酒观师师之貌，越越地风韵"……这一连串的声情神色的奇妙反应，直将一个宠信小人，恣意寻欢，荒狂好色的浪荡天子写得活灵活现。后来臣民贾奕与他争风吃醋，并作词讥之，他就大施淫威，要夷灭贾奕三族；并宣师师入朝加宠，当面侮慢谏臣，甚至还封师师为李明妃。这又显示了他昏暴忌刻、荡无纲纪的丑恶嘴脸，使人对他荒淫纵恣、失道败政的性格行为留下了深刻的印象。

话本中的李师师形象也较鲜明，她是一个倚门卖笑的妓女，风月场中的花魁，具有超强的魅人本领，用文中的话说："便有富贵郎君，也使得七零八落；或撞着村沙子弟，也坏得弃生就死；忽遇着俊倬勤儿，也敢交沿门教化。"而宋徽宗遇到她，也照样溺色荒国。可见，在话本作者眼中，她实在是个让人破家亡国的祸根！她初受徽宗之宠，就索取徽宗绞绡以作嫖资，又在贾奕面前矫情卖弄，让他猜看嫖者是谁，其得意之情溢于言表。徽宗几日不去见她，她就当着杨戬之面，佯羞佯醉，撒娇撒痴，嗔怪徽宗无情，好让杨戬回禀。这些地方都可看出她作为"风流花月魁"的手段和本色。

至于贾奕，则是个风流痴情、执迷不悟的倒运汉，偏偏碰上徽宗私狎其心上人，欲待与之争风，毕竟没有胆量，而强吞醋水，又不免气恨难平，于是便作小词以讥之。虽然他差点因此丢掉性命，但其风趣、俏皮的话语，却巧妙地对徽宗作了辛辣的嘲讽。例如，当他得知是徽宗来嫖师师时，心里又气又急，说："天子在此行踏，我怎敢再踏这李氏之门！他动不动金瓜碎脑，是不是斧钺临身。我与师师两个胶漆之情正美，便似天淡淡云边鸾凤，水澄澄波里鸳鸯，平白涌出一条八爪金龙，把这一对鸳鸯儿拆散！”这些趣语即讥刺了徽宗的昏暴、荒淫。而“留下绞绡当宿钱”一句妙言，更写尽了皇帝微行嫖妓行为的荒唐可笑。

实际上，贾奕风趣、俏皮、夹带讽刺的话语，也正是这段话文的语言风格，如它形容师师娇媚诱人，就说：“待道是郑观音，不抱着玉琵琶；待道是杨贵妃，不擎着白鹦鹉”，“休道徽宗直恁荒狂，便是释迦尊佛，也恼教他会下莲台”。它写贾奕因徽宗嫖师师而气昏，苏醒之后，居然跳起来，俯伏在师师面前，口称：“死罪，死罪！臣多有冒渎，望皇后娘娘宽恕！”一句“皇后娘娘”，乍听趣甚，但师师后来不正是被徽宗封为“李明妃”了吗？师师说徽宗：“有一皇后、三夫人、二十七世妇、八十一御妻，更有三千粉黛、八百烟娇。到晚后，乘龙车凤辇……各排绮宴，笙箫细乐，都安排接驾，那般的受用，那肯顾我来？且是暂时间厌皇宫拘倦，误至于此；一欢去后，岂肯长来宠我！”可是徽宗却出乎师师意料，偏偏肯来顾她，偏偏常来宠她。这些貌似客观的言论，就语语含讽、句句有刺地道出了徽宗皇宫生活的淫靡奢侈和私行嫖妓的不可理喻。因此，话本风趣、俏皮而含有嘲谑的语言，与它对人物形象的勾画，对徽宗荒淫误国行为的揭批是水乳交融的，它体现了市民文艺敢说、善道、泼辣、恣肆的艺术风格，显示了它与那些温柔敦厚、讲究“美刺”的正统文学迥然不同的一种审美旨趣。

（纪德君）

杨温拦路虎传　　　　佚　名

入话：

阔含平野断云连，苇岸无穷接楚田。
翠苏苍崖森古木，坏桥危磴走飞泉。
风生谷口猿相叫，月上青林人未眠。
独倚阑干意难写，一声邻笛旧山川。

话说杨令公①之孙，重立之子，名温，排行第三，唤做杨三官人，武艺高强，智谋深粹。长成几冠②，娶左班殿值太尉冷镇之女为妻，择定良时吉日，娶那冷太尉宅院小娘子归，花烛宴会。可谓是：

箫鼓喧天，笙歌聒地。画烛照两行珠翠，星娥拥一个婵娟。鼓乐迎来，绣房深处，果谓名不虚传。这冷氏体态轻盈，俊雅仪容。楚鸣云料凤髻，上峡岫扫娥眉[3]。刘源桃[4]凝作香腮，庾岭[5]梅印成粉额。朱唇破一点樱桃，皓齿排两行碎玉。弓鞋窄小，浑如衬水金莲；腰体纤长，悄似摇风细柳。想是嫦娥离月殿，犹如仙女下瑶台。

这杨官人自娶冷氏之后，行则同行，坐则并坐，不觉过了三年五载。一日，出街市闲走，见一个卦肆，名牌上写道："未卜先知。"那杨三官人不合去买了一卦，占出许多事来，言道："作怪，作怪！"杨三官人说了年、月、日、时，这先生排下卦，大笑一声，道："这卦爻动，必然大凶。破财、失脱、口舌，件件有之。卦中主腾蛇[6]入命，白虎[7]临身，若出百里之外，方可免灾。"

这杨三官人听得先生说这话，心中不乐。度日如年，饮食无味，恹恹成病。其妻冷氏见杨三官人日夜忧闷，便启朱唇，露皓齿，问杨三官人道："日来因何忧闷？"杨三官人把那"未卜先知"先生占卦的事，说与妻子。冷氏听罢，道："这先生既说卦象不好，我丈夫不须烦恼，我同你去东岳还个香愿，祈禳此灾，便不妨。"杨三官人道："我妻说得也是。"次日，同妻禀辞父母，并丈人冷太尉，便归房中，收拾担杖，安排路费，摆布那暖轿、马匹，即时出京东门。少不得饥餐渴饮，夜住晓行，不在话下。迤逦行到一个市井，唤做仙居市，去东岳不远，但见天晚：

烦阴已转，日影将斜。遥观渔翁收缯罢钓归家，近睹处处柴扉半掩。望远浦几片帆归，听高楼数声画角。一行行塞雁，落隐隐沙汀；四五只孤舟，横潇潇野岸。路上行人归旅店，牧童骑犊转庄门。

天色已晚，杨三官人同那妻子和当直去客店，解一房歇泊[8]。到得三更，被一伙强盗劫入店来。那贼是甚么人？

大林木编成寨栅，涧下水急作泉流。霹雳火性气难当，城头上踊身便跳。刀见金时时拈弄，天河水夜夜观瞻。月黑搜寻钗钏金，风高放起山头火。

那一伙强人,劫入店来。当时杨三官人一时无准备,没军器在手,被强人捽住,用刀背剁铡,暗气一口,僻然倒地。正是:

假饶千里外,难躲一时灾。

那杨三官人,是三代将门之子,那里怕他强人?只是当下手中无随身器械,便说不得,却被那强人入房,挟了杨三官人妻子冷氏夫人,和那担杖什物,却有一千贯细软金珠富贵,都被那强人劫去。杨官人道:"我是将门之家,却被强人劫了,我如今却有何面目归去?"

当时杨三官人受这一口气,便不耐烦,没出豁[9]得,便离了这客店,来县里投奔刘家客店安歇,自思量道:"我当初夫妻二人出来,如今独自一身,交我归去不得!我要去官司下状,又没个钱!"身体觉得病起来,在店中倒了半个月。后来幸得无事。出那店来,行去市心,见一座茶坊,入去坐地。只见茶博士[10]叫道:"官人,吃茶吃汤?"那杨三官人道:"吃茶也不争[11],只是我没茶钱。"茶博士道:"官人吃茶也不妨。"茶博士点茶来。这茶是:

溪岩胜地,乘晓露剪拂云芽;玉井甘泉,汲清水烧汤烹下。赵州一碗知滋味,清入肌肤远睡魔。

那杨三官人吃茶罢,茶博士问道:"官人是那里人?"杨三官人道:"我是东京人。"茶博士道:"官人莫不病起来?"杨温道:"然也。"茶博士道:"官人,你没钱。如何将息[12]?我交官人撰百十钱把来将息,你却肯也不肯?"杨三官人道:"好也,谢你周全。"茶博士道:"我这茶坊主人却是市里一个财主,唤做杨员外,开着金银铺,又开质库[13],这茶坊也是他的,若有人来唱个喏[14]告他,便送钱与他。这员外……"将讲来,说由未了,只见员外入茶坊来。正是:

着意栽花栽不活,等闲插柳却成荫。

那杨三官人也曾做诗一首道:

财散人离后,无颜返故京。

不因茶博士，怎得显其名。

那杨员外吃饭了，过茶坊，闲坐。茶博士便努嘴。杨三官人与杨员外唱个喏，员外回头。杨官人又唱一个喏，员外还了礼。那官人是个好人，好举止，待开口则声，说不出来。那茶博士又决嘴道："你说！"那员外说："官人无甚事？"那官人半晌了才说得出来，道是："客人杨温是东京人，特来上岳烧香。病在店中，要归京去，又无盘缠，相恳尊官周全杨温回京则个。"那员外听得，便交茶博士取钱来数。茶博士抖那钱出来，数了，使索子穿了，有三贯钱，把零钱再打入竹筒去。员外把三贯钱与杨三官人做盘缠回京去。正是：

将身投虎易，开口告人难。

才人[15]有诗说得好：

求人须求大丈夫，济人须济急时无。

渴时一点如甘露，醉后添杯不若无。

那杨三官人得员外三贯钱，将梨花袋子袋着了这钱，却待要辞了杨员外与茶博士，忽然远远地望见一伙人，簇着一个十分长大汉子。那汉子生得得人怕[16]，真个是：

身长丈二，腰阔数围。青纱巾，四结带垂；金帽环，两边耀日。纻丝袍，束腰衬体；鼠腰兜，奈口慢裆。锦搭膊上尽藏雪雁，玉腰带柳串金鱼。有如五通菩萨下天堂，好似那灌口二郎离宝殿。

这汉子座下骑着一匹高头大马，前面一个拿着一条齐眉木棒，棒头挑着一个银丝笠儿，滴滴答答走到茶坊前过，一直奔上岳庙中去，朝岳帝生辰。

那杨员外对着杨三官人说不上数句，道是："明日是岳帝生辰，你每是东京人，何不去做些杂手艺？明日也去朝神，也交我那相识们大家周全你，撰二三十贯钱归去。"那杨三官人道："温是事不会。"茶博士道："官人，你好朴实头！"杨官人却问道："适来骑马的是甚么人？"员外道："这人是个使棒的，姓李名贵，浑名叫做山东夜叉。这汉上岳十年，打尽天下使棒的，一连三年无对；今年又是没对，那利物，有一千贯钱，都属他。对面壁上贴的是没对牓子[17]。”那杨温道：“覆员外，温在家，世事不会，只会使棒。告员外，周全杨温则个，肯共社头[18]说了，交杨温与他使棒，赢得他后，这一千贯钱，出赐员外。”员外道：“你会使棒？”杨温道：“温会使棒。”员外道：“你会使棒，你且共我使一合棒，试探你手段则个[19]。你赢得我，便举保你入社，与你使棒。”

员外交茶博士：“关了茶坊门，今日不开了。”茶坊茶博士即时关了。杨温随员外入来后地，推开一个固角子门，入去看，一段空地。那杨三官人道：“好也！这坡空地，只好使棒！”员外道：“你弱我健。”且唤茶博士买一角酒、二斤肉来，交杨温吃。那官人吃了酒和肉，交茶博士也吃些。员外道：“茶博士，去取棒来。”

茶博士去不多时，只见将五条杆棒来，撇在地上。员外道：“你先来拣一条。”杨官人觑一觑，把脚打一踢[20]，踢在空里，却待脱落，打一接住。员外道：“这汉为[21]，五条棒，只有这条好，被他拣了。”员外道：“要使旗鼓[22]。”那官人道：“好，使旗鼓！”员外道：“使旗来！”杨官人使了一个旗鼓。茶博士拣棒才开，两条棒起，斗不得三两合，早输了一个人。正是：

未曾伸出拿云手[23]，莫把蓝柴一样看。

那官人共员外使棒，杨温道：“我不敢打着，打着了不好看。”使两三合了，员外道：“拽破[24]，你那棒有节病[25]。”那杨温道：“覆[26]员外，如何有节病？”员外道：“你待打不打，是节病；你两节鬼使[27]，如何打得人？”杨温道：“覆员外，员外架，你棒迟，我棒快，特地棒倒；待员外隔时，棒才落。”古人所谓：

烂柯仙客妙神通，一局曾经几度春。

自出洞来无敌手，得饶人处且饶人。

员外道：“我正要你打着我。我喜欢你打来，不妨两个再使。”

杨温道："打着了不好看。"

两人正使，则听得门口有人敲门。茶博士唱个喏，马都头问道："员外在那里?"茶博士道："在里面使棒。"马都头道："你看！我道你休使棒，他却酷爱。"都头走入来，共员外厮叫了。杨官人向前来唱个喏，马都头似还不还一个喏。马都头道："员外可知道庵老[28]，元来你这般刷子[29]。"员外道："不是。他要上岳，共山东夜叉李贵使棒。我见他说，共他使看。"马都头道："这汉要共李贵使棒！嗛，你却如何赢得他？不被他打得疾患，也得你不识李贵。我兀自[30]请他，问他腾倒[31]棒法。"杨官人口里不道，肚内思量："叵耐[32]这汉忒欺负我。"马都头道："我乃使棒部署，你敢共我使一合棒，你赢得我时，我却交你共山东夜叉李贵使棒；如赢不得我，你便离了我这里去休!"杨官人道："我敢共都头使棒。"员外间棒，都头拿一条棒起，做了一个旗鼓。杨官人也做一个旗鼓，道："都头，一合使，是两合使?"都头道："只一合。"间棒起，两个不三合，不两合，只一合地使。所谓：

两条硬棒相迎敌，宁免中间无损伤；
手起不须三两合，须知谁弱与谁强。

马都头棒打杨官人，就倖则[33]一步，拦腰便打。那马都头使棒，则半步一隔，杨官人便走。都头赶上使一棒，劈头打下来，杨官人把脚侧一步，棒过和身也过，落夹背一棒，把都头打一下伏地，看见脊背上肿起来。杨官人道："都头使得好，我不是刷子!"都头起来，着了衣裳，道："好，你真个会。"正是：

好手手中呈好手，红心心里中红心。

马都头道："我去说与众社里人，交来请你!"马都头自去。

员外道："哥哥，你真个会！适才是你饶我。马都头恁地一条棒，兀自奈何你不得，我如何奈何得你？只在我茶坊里歇，我把物事来将息你，把两贯钱去还了人却来。"杨官人便出茶坊，来店中还了房钱并饭钱，却来茶坊里。茶博士道："官人，你却有恁的本事。我这员外，件件不好，只好两件：厮扑[34]、使棒。”

到明日，吃饭了，正与员外吃茶，只见二十人入茶坊来，共员外厮叫道：“我们听得，有一个要共山东夜叉李贵使棒，交他出来则个！”员外道：“在这里坐地便是。”那官人唱了喏，道：“客人杨三官便是。”数中一个道：“便是他要共山东夜叉李贵使棒。”那官人道：“都头，昨夜莫怪。”都头道：“是我欺负他了，被打了一棒，却是他会。”众社官把出三佰贯钱来，道：“杨三哥，你把来将息。”杨官人谢了，众人都去。

三月二十七日，节级部署来见员外，员外叫道：“哥哥，我去上岳。”次日，杨官人打扮朝岳。到岳庙前一观，果谓是：

> 青松影里，依稀见宝殿巍峨；老桧荫中，仿佛侵三门森耸。百花掩映，一条道路无尘；翠竹周围，两下水流金线。离楼[35]左视，望千里如在目前；师旷[36]右边，听幽做[37]直同耳畔。草参亭上，炉内焚百和名香[38]；祝献台前，案上放灵神杯筊[39]。朝闻木马频嘶，暮听泥神唱喏。

杨三官人到这岳庙烧香，参拜了献台上社司[40]部署。众社官都在献台上，社司道：“李贵今年没对。”李贵道：“唱三个喏与东岳圣帝，谢菩萨保护。”觑着本社官，唱一个喏，道：“李贵今年无对，明年不上山。不是李贵怕了不上山，及至上山又没对头，白拿这利物，惶恐[41]！惶恐！”又一个唱喏与上山下山的社官。唱喏了，那李贵遂回头勒[42]那两军使棒：“谁敢与爷爷做对？”众人不敢则声。那使棒的三上五落。李贵道：“你们不敢与我使棒，这利物属我。”李贵道：“我如今去拿了利物。”

那献台上，人丛里，喝一声道：“且住！且住！这利物不属你！”李贵吃了一惊，抬起头一看，却是一个承局[43]出来道：“我是西京杨承局，来这里烧香，特地来看使棒。你却共社官厮说要白拿这利物。你若赢得我，这利物属你；你输与我，我便拿这利物去。我要和你放对,使一合棒,你敢也不敢?”李贵道:“使棒各自闻名,西京那有杨承局会使棒?”部署道:“你要使棒,没人央考你,休絮!休絮!”社司读社毕,部署在中间间棒。这承局便是杨三官人,共部署马都头曾使棒,则瞒了李贵。李贵道:“教他出来!”

杨三官把一条棒,李贵把一条棒,两个放对使一合。杨三是行家,使棒的叫做腾倒,见了冷破[44],再使一合。那杨承局一棒,劈头便打下来,唤做大捷。李贵使一扛隔,杨官人棒待落,却不打头,入一步则半步一棒,望小腿上打着,李贵叫一声,辟然倒地。正是:

好鸡无两对,快马只一鞭。

李贵输了,杨温就那献台上说了四句诗,道是:

天下未尝无敌手,强中犹自有强人;

霸王尚有乌江难,李贵今朝折了名。

只因杨温读了四句诗后,撩拨得献台上有三十来个子弟,却是皇亲国戚,有钱财主,都是李贵师弟,看见师父输了,焦躁,一发都上来要打那承局。元来“寡不敌众,弱难胜强”,那杨温当时怎的计较?

有指爪劈开地面,为腾云飞上青霄。

若无入地升天术,目下灾殃怎地消?

众子弟正奔来要打那杨温,却见数中杨员外道:“不可打他,这四山五岳人看见,不好看!只道我这里欺他,后番难赛这社。若要打他,下山去到杨玉茶坊里了,却打他未迟。”众人道:“员外也说得是。”

这杨承局归到杨玉茶坊,把利物入茶坊后地房里去了。众子弟道:“员外,你交他出来,我们打他,与我师父报仇!”杨员外入后房里,叫杨三官人:“他们众人要打你。且说你几岁了?”杨温道:“今年二十四岁了。”杨员外道:“我却三十岁,较长六岁,我做你哥哥。你肯拜我为哥哥么?我救你这一顿拳踢。”杨温自思量道：“我要去官司下状取妻，便结识得一个财主，也不枉了。”便告员外道：“我先出去，你随我来。”员外道：“适来在献台上使棒的杨玉叔叔兄弟，且望诸位阁略[45]则个！”众人道：“你何不早说？既是令弟，请他出来与我们厮见则个。”员外叫：“杨三哥，你与众官员子弟相见。”杨官人出来，唱三个喏。众人还礼，道是：“适间莫怪。少间，师父李贵自来相谢。”不多时，李贵入茶坊来，唱了一个喏，道是：“李贵几年没对，自是一个使棒的魁手，今日却被官人赢了。官人想不是一样人，必是将门之子。真个恁的好手段！李贵情愿下拜。”杨官人道：“不消恁的。”却把些利物送与李贵。李贵谢了自去。杨玉员外道：“我弟只在我这里住。”

当日，杨员外和杨温在金银铺坐地，也是早饭罢，则见一个大汉，骑一匹马，来金银铺前下马，唱喏道：“覆员外，太公不快，交来请员外回来则个！”那汉说了，上马便去。杨温认得：当夜被劫，是这厮把着火把。欲待转身出柜，来捉那厮，三步近，两步远，那厮马快，走了。杨员外道：“兄弟，你看着铺，我回去见我爹则个，五七日便来。”杨三官人道：“覆仁兄，温要随仁兄去走一遭，叫公公则个。”员外道：“你去不得。我爹爹心烦利害人，则好休去。”杨温道：“铺中许多财物，不敢在此。”杨玉道：“我把你不妨，便有甚的要紧？”杨温道：“覆仁兄，容温同去。”员外道：“你苦苦要去时，随你去也不妨。”

两个一人一匹马，行到一个所在，三十里，是仙居市，到得一座庄子。看那庄时：

> 青烟渐散，薄雾初收。远观一座苔山，近睹千行围宝盖。团团老桧若龙形，郁郁青松如虎迹。三冬无客过，四季少人行。蓦闻一阵血腥来，元是强人居止处。盆盛人鲊酱，私盖铸香炉。小儿做戏弄人头，媳妇拜婆学劫墓。

二人到庄前下马，庄里人报：“太公，员外来也！”那大伯在草厅上坐，道："交他来见我。"杨玉入去，唱喏了。大伯道："孝顺儿子来也。这几日道路[46]如何？"杨玉道："覆爹爹，有买卖。"那大伯正说话里，见厅下一个人，问儿子道："厅下这人是谁？"杨玉道："覆爹爹，是一客人杨三哥。这汉子得上献台使棒，赢得山东夜叉李贵！"大伯见了，即时焦躁道："叫庄客与我缚了他！"当时，杨温恰似蛟龙出水，虎豹投崖。古人曾有诗云：

祸出师人口，休贪不义财。

会思天上计，难免目下灾。

大伯叫庄客缚了杨温，当时却得杨玉搭救，道："众人不动手，都退去。"杨玉道："且告爹爹：这汉会使棒，了得！"大伯道："他如何奈何得山东夜叉李贵？我后生时，共山东夜叉使棒，也赢他不得。这厮生得恁的，如何赢得李贵？想这厮必是妓弟[47]家中闲汉。你去他家，使钱不归，我叫你归，那行首[48]怕你不去，使他跟着你。"员外道："伏爹爹：此人不是闲汉，□□真个了得！"大伯将员外转上草厅上去，说与庄客："交他在客店里歇。"庄客引杨温去。

那杨温去店房里，坐定了，道："这大伯是个作怪人，这员外也不是平人。我浑家则是在这□！"□□时，见一个妇女问杨玉道："孩儿，你须知你爹是个不近道理的人，你没事带他来则甚？"员外道："告妈妈：他自要来。杨玉只交他在金银店里，他不肯，定要跟将来。"两口说到房门边，正入房中来。那妇女把些酒肉道："你且吃些酒和肉，不须烦恼，不妨事。大伯自是恁地生受[49]。"说罢，杨玉同娘都去了。

多时间，只听得有人来报道："覆公公：大王使人在这里。交传语公公，见修山寨未了，问公公那借北侃旧庄，权屯小喽啰，庄中米粮搬过，不敢动一粒。修了山寨，却还公公。一道请公公和员外过来则个。大王新近夺得一个妇女，乃是客人的老婆，且是生得好，把来做扎寨夫人。请公公员外过来则个。”大伯道：“交传与他，我明日日中过来。”小喽啰即时便去。

那杨温听得，喜从天降，笑逐颜开，道：“我这浑家却在这北侃旧庄强人处。这大伯也不是平人。”等到次日天晓。怎见得？

残灯半灭，海水初潮，窗外曙色才分，人间仪容可辨。

正是：

一声鸡叫西江月，五更钟撞满天星。

只见东方亮，灵鸡叫，天色大晓。杨玉出来客房里叫：“杨三哥，你去休。我三五日便归。”杨温道：“告仁兄：借一条棒防路。此间取县有百三十里来，路中多少事，却恁的空手，去不得。”杨员外把一条棒与杨温。那杨温接了，辞员外先去。

杨温离他庄，行个一里路，去向深草丛里去藏着身，觑着杨青大伯去庄。不多时，则见二人骑两匹马来，杨温放过去了。杨温思量道：“我又不认得北侃旧庄，则就随他去便了。”前一匹马是大伯杨青，绰号唤做秃尾虎；后面是杨员外。杨温随他行得二里来田地，见一所庄院，但见：

冷气侵人，寒风扑面。几手席屋，门前炉灶造馒头；无限作□，后厦常存刀共斧。清晨日出，油然死火荧荧；未到黄昏，古涧悲风悄悄。路僻何曾人客到，山深时听杀人声。

杨青共杨玉到庄前，下马入去。这杨温却离庄有得半里田地，寻个草中躲了。那两人入得庄中，细腰虎杨达，下首是冷氏夫人，对席是杨青，杨青下首是杨玉，分四人坐定。杨玉看这妇人，生得意态自然，必是好人家女子。怎见得？

云鬓轻梳蝉远，翠眉淡拂春山。朱唇缀一颗樱桃，皓齿排两行碎玉。花生丹脸，水剪双眸。意态自然，精神更好。

正是：

杀人壮士回头觑，入定法师着眼看。

杨玉道："好个妇人，大王也不枉了！"那杨达道："公公，员外，在此无可相待，略吃三五碗酒，一道庆贺扎寨夫人。一并说过：就借公公北侃旧庄，米谷搬过一边，不敢动一粒，修完山寨了毕，即便出还，不敢久住。"大伯道："不妨，便是一家的人一般。"

那杨温却离他庄，更远得半里来田地，思量道："我妻却在这里，我若还去告官，几时取得？不如且捉手中一条棒，去夺将来！"古人所谓：

下坡不走，快难逢[50]。

上天同□碧落[51]，入地共返黄泉。

杨温怎忍得住，只得离了深草丛中，出那大路来。忽然又遇二三十个小喽啰，拦住杨温道："你是甚人？因何到此？"杨温道："我是客人，迷路到此，得罪乞恕！"小喽啰道："这里不是你去处。你自放了手中棒，便饶你！"杨温那里肯放，便要拿起与他厮斗。不知后面几个小喽啰赶上，把一条索子，将杨温缚了，远远地前去一个庄所。这座庄：

园林掩映，茅舍周回。地肥桑枣绕篱栽，嫩草牛羊连野牧。桥下碧流寒水，门前青列奇峰。耕锄人满溪边，春播声喧屋下。

正是：

野草闲花香满路，那知不是武陵家。

杨温吃那小喽啰缚将去，到这庄前，正所谓：

脱了天罗，又逢地网。

小喽啰走报庄中大王。只见大王正坐在草厅上，卓[52]一口大刀在身边，便唤："拥他来，问它则个！"手下人便拥杨温，立于厅下。大王问道："你姓甚名谁？为何到此？直说来情，宥汝无罪！"杨温道："覆大王：我乃西京人，姓杨名温，是杨令公之曾孙，祖是杨文素，父是杨重立。今来同妻子上岳烧香，在仙居市被人劫去妻子。今却在这庄□侧北侃旧庄细腰虎杨达处。温亦探知动静，特地要去夺取妻子回归。温是将门之子，绰号拦路虎，大王曾知否？今来受擒于此，有罪请诛，无罪请恕！”大王道：“久闻大名，今幸拜识。”便令左右解了索，请上厅对坐，请罪，曰：“我乃重立舍人帐下小卒，姓陈名千，后因狼狈，不得已而落草。今见将军，乃是我恩人，却在此被劫，自当效力相助！”正是：

路见不平，拔剑相助。

那陈千便安排些酒，请杨温吃了，便带一百余人，同奔那北侃旧庄。则见那杨达和那杨青、杨玉、冷氏夫人，四位在那里吃酒，被杨温拿一条棒，突入庄去，就草厅上，将手中棒觑着杨达，劈面一棒，捌番[53]打倒杨达，叫取妻子出来。即时，杨达睁起眼来，将部下一二百人，小喽啰，赶上：

半千子路[54]，五百金刚，人人有举鼎威风，个个负拔山气概，石刃无非能锭，介胄尽使浆金。

杨温见强人赶上，他又叫取妻子在一边，抵敌未得，却荷得陈千许多人马，前来迎敌。斗经三两合，陈千人马败走。元来是杨达人多，陈千人少。杨温同妻子与陈千人马，一向奔走，后面杨达又一面赶来。杨温那时：

会思天上无穷计，难免今朝目下灾。

正奔走之间，只听得一棒锣声响来，杨温打一看时，却是县司弓手五十来人，出巡到此。为头弓手却是马都头。杨温便与马都头唱个喏，把从前事说了一遍。马都头便说与部下弓手，同陈千人马，再回身去迎敌。那细腰虎杨达当头斗敌，杨温出来与战，战不得一合，一棒打倒杨达。

自此，杨温和那妻子归京，上边□立一件大大功劳，直做到安远军节度使、检校少保。可谓是：

能将智勇安边境，自此扬名满世间。

〔注〕 ① 杨令公：杨业。 ② 几冠：古代男子长到成年则举行加冠礼，故称“几冠”，意即成年之人。 ③“楚鸣”句：比喻女子发髻秀美，犹如楚天之云；眉毛修长，犹如春山蜿蜒。④ 刘源桃：干宝《搜神记》记载，刘晨、阮肇二人入天台山遇仙女，后世把这个故事和武陵桃花源混为一谈，故称刘源桃。 ⑤ 庾岭：即大庾岭，在今江西、广东交界处。岭上多梅又名梅岭。⑥ 腾蛇：旧时相面术称口角直纹为腾蛇，命该饿死。 ⑦ 白虎：指星命迷信里的凶神。⑧ 歇泊：住宿。 ⑨ 出豁：解脱，也指出路、办法。 ⑩ 茶博士：博士本为官名，唐代江南俗称卖茶人为茶博士。 ⑪ 不争：不要紧。 ⑫ 将息：保养，养息。 ⑬ 质库：当铺。 ⑭ 唱个喏(rě)：唱喏为古代男子所行之礼，叉手行礼，同时出声致敬。 ⑮ 才人：有才学的文人，相当于“才子”。 ⑯ 得人怕：教人怕。 ⑰ 没对膀子：指上面写着李贵没有对手等字样的条幅。 ⑱ 社头：指一种群众性集会的发起人。 ⑲ 则个：语气助词，表示委婉或商量的语气。⑳ 打一踢：在动词前面加“打一”，有加强语气的作用。 ㉑ 为：会，懂行。 ㉒ 旗鼓：耍枪弄棒的架势。 ㉓ 拿云手：比喻高强的本领。 ㉔ 拽破：似指转动不灵便。 ㉕ 节病：毛病。㉖ 覆：禀告，回复。 ㉗ 鬼使：喻不由自主，好像暗中有鬼支使一般。 ㉘ 庵老：似指广泛地接纳、款待他人。 ㉙ 元来：原来。刷子：指浪子、傻瓜。 ㉚ 兀自：还，尚且。 ㉛ 腾倒：疑是一种棒法。 ㉜ 叵耐：憎恨、可恶的思想。 ㉝ 就倖：似指就势，乘机。则：同“侧”。㉞ 厮扑：即相扑，犹今之摔跤。 ㉟ 离楼：当作“离娄”，相传能远视的人。 ㊱ 师旷：春秋时晋国乐师，生而目盲，善辨音律。 ㊲ 幽做：疑当作“幽微”，即细微的声响。 ㊳ 百和名香：由各种有名的香料和成的香。 ㊴ 杯筊(jiǎo)：指占卜用具。 ㊵ 社司：指祭祀神灵的群众、团体集会的负责人。 ㊶ 惶恐：惭愧，难为情。 ㊷ 勒：统率；部署。 ㊸ 承局：宋代官府差役的名称。 ㊹ 冷破：破绽。 ㊺ 阍(hūn)略：忽略；原谅。阍，用同“忽”。 ㊻ 道路：意指生意，油水。 ㊼ 妓弟：妓女，宋元时俗称妓女为“弟子”，因有“妓弟”之称。 ㊽ 行首：妓女中的头目。 ㊾ 生受：麻烦。 ㊿ 快难逢：“快”下当补“便”字。《五代史平话·梁史平话》卷上：“下坡不走，快便难逢，只好一就攻取河东。” (51) 上天同碧落：原作“上天同壁落”，“同”字下应脱一字，“壁”为“碧”之音讹，下又衍一“壁”字，今改。 (52) 卓：直立。 (53) 捌番：戳翻。番：同“翻”。 (54) 子路：孔子弟子，姓仲名由。相传为武勇之士。

本篇为宋代话本，录自《清平山堂话本》，撰人不详。宋人罗烨《醉翁谈录·小说开辟》引有《拦路虎》名目，列杆棒类，殆即此篇。明人晁瑮《宝文堂书目》著录为《杨温拦路虎传》。

话本叙“拦路虎”杨温到东岳进香还愿，途中被一伙强人劫去妻子和财物，流落在东岳打擂，几经波折，终于救回妻子的故事。

话本开头云：“话说杨令公之孙，重立之子名温，排行第三，唤做杨三官人，武艺高强，智谋深粹。”杨令公就是杨业。《醉翁谈录》朴刀类著录有《杨令公》，杆棒类有《五郎为僧》，连同这个话本看来，杨家将故事，在宋代说话人口中，早已流传很广了。该话本结尾还赋诗称赞杨温，说他：“能将智勇安边境，自此扬名满世间。”可见话本的主旨似在歌颂将门后代的武勇和智谋，表现当时市井细民对于杨家将的喜爱和崇拜心理。

不过，联系该话本的实际描写来看，故事主要突出的乃是杨温武艺高强的一面;而杨温武艺之高强,又主要是通过东岳打擂比武来体现的。然而,杨温本是东京人,平时坐在家里享清福,没事干嘛要到东岳去呢?于是,说话人为了让杨温有事,遂别出心裁地设计了杨温街市算命,卜知灾祸即将临头,不得已而到东岳烧香还愿的情节。到东岳烧香还愿,未必就要打擂,除非穷愁落魄。为此,说话人又设计了杨温妻子、财物被抢的情节。这样就使杨温流落异地,为了赢得一千贯的利物,不得不主动要求去打擂了。

既然目的是要通过打擂来显示杨温的武艺,那么怎样才能将打擂写得精彩动人呢?说话人于是又别具匠心地采用了"一山更比一山高","强中更有强中手"的正衬手法,来层层递进地突出杨温的武艺。这也就是后来毛宗岗评论《三国演义》时所说的"写虎将者,以懦夫形之以勇,不若以勇夫形之而更觉其勇"的"相衬之法"。简括地说,说话人先是借杨员外之口,夸赞"山东夜叉"李贵"打尽天下使棒的,一连三年无对,今年又是没对"的威武,以造成开台锣鼓,先声夺人的效果。接着又写杨温与杨员外试棒,饶让对方。继而又写马都头瞧不起杨温,说:"这汉要共李贵使棒?嗏,你却如何赢得他?不被他打得疾患,也得你不识李贵。"经他再这么一夸,李贵的武艺无形中就更显得非同凡响了。可马都头转眼间就不敢小觑杨温了,因为他被杨温只一合便打翻在地,脊背当下就肿了起来。好在他并没有像《水浒传》中在柴进庄上与林冲比武的洪教头那样恼羞成怒,而是积极地推荐杨温去与李贵比武。于是,一场好戏经过层层铺垫终于正式开演了,小说这样写道:

> 杨三官把一条棒,李贵把一条棒,两个放对使一合。杨三是行家,使棒的叫做腾倒,见了冷破,再使一合。那杨承局一棒,劈头便打下来,唤做大捷。李贵使一扛隔,杨官人棒待落,却不打头,入一步则半步一棒,望小腿上打着,李贵叫一声,辟然倒地。

这一段文字摹写两人使棒的情景,与《水浒传》中"林冲棒打洪教头"一节几乎如出一辙,只是描写朴拙了些,笔力也相对较弱,不像《水浒传》写得龙腾虎跃,很有气势。所以,读起来觉得似乎不过瘾,但也还算比较真实、真切,没有一味地将英雄人物理想化、传奇化。于此也可见,该话本主要采用的是写实笔法,其所写的英雄人物是比较贴近现实生活的。这一点在杨温失妻、救妻的行动中表现得更为明显。没有武器,杨温遇到一伙强人时,只能束手就擒;而有了武器,也仍然是寡不敌众,被人捆翻在地。后来,如果不是陈千的喽啰和马都头的弓手协力相助,他恐怕也难以打败对手,夺回妻子。所以说这是一篇写实性较强的小说,不仅其所写的英雄人物真实可信,而且其所叙的北宋社会情形与实际情况也当

是十分切近的。而这,也正是该话本的社会认识价值之所在吧。（纪德君）

万秀娘仇报山亭儿[①]　佚 名

春浓花艳佳人胆,月黑风高壮士心。

讲论只凭三寸舌,秤评天下浅和深。

话说山东襄阳府,唐时唤做山南东道。这襄阳府城中,一个员外,姓万,人叫做万员外。这个员外,排行第三,人叫做万三官人。在襄阳府市心里住,一壁开着干茶铺,一壁开着茶坊。家里一个茶博士[②],姓陶,小名叫做铁僧,自从小时绾着角儿,便在万员外家中掉盏子[③],养得长成二十余岁,是个家生孩儿[④]。当日茶市罢,万员外在布帘底下,张见陶铁僧这厮,栾[⑤]四十五见钱在手里。万员外道:"且看如何?"元来茶博士市语,唤做"走州府",且如道市语[⑥]说:"今日走到余杭县",这钱一日只稍得四十五钱,余杭是四十五里;若说一声"走到平江府",早一日稍三百六十足。若还信脚走到"西川成都府",一日却是多少里田地[⑦]!万员外望见了,且道:"看这厮如何?"只见陶铁僧栾了四五十钱,鹰觑鹘望,看布帘里面,约莫没人见,把那见钱怀中便搋[⑧]。万员外慢腾腾地掀开布帘出来,柜身里凳子上坐地,则见陶铁僧舒手去怀里摸一摸,唤做"自搜",腰间解下衣带,取下布袱,两只手提住布袱角,向空一抖,拍着肚皮和腰,意思间分说:教万员外看道,我不曾偷你钱。万员外叫过陶铁僧来问道:"方才我见你栾四五十钱在手里,望这布帘里一望了,便搋了;你实对我说,钱却不计利害。是你解了布袋,空中抖一抖,真个瞒得我好!你这钱藏在那里?说与我,我到饶你;若不说,送你去官司。"陶铁僧叉大拇指不离方寸地[⑨]道:"告员外,实不敢相瞒,是有四五十钱,安在一个去处。"那厮指道:"安在挂着底浪荡灯铁片儿上。"万员外把凳子站起脚上去,果然是一垛儿,安着四五十钱。万员外复身再来凳上坐地,叫这陶铁僧来问道:"你在我家里几年?"陶铁僧道:

"从小里,随先老底[10]便在员外宅里掉茶盏抹托子,自从老底死后,罪过员外收留,养得大,却也有十四五年。"万员外道:"你一日只做偷我五十钱,十日五百,一个月一贯五百,一年十八贯,十五来年,你偷了我二百七十贯钱。如今不欲送你去官司,你且闲休!"当下发遣了陶铁僧。这陶铁僧辞了万员外,收拾了被包,离了万员外茶坊里。

这陶铁僧小后生家,寻常和啰槌不曾收拾得一个,包裹里有得些个钱物,没十日都使尽了。又被万员外分付尽一襄阳府开茶坊底行院[11]。这陶铁僧没经纪,无讨饭吃处。当时正是秋间天色,古人有一首诗道:

柄柄芰荷枯,叶叶梧桐坠。
细雨洒霏微,催促寒天气。
蛩吟败草根,雁落平沙地。
不是路迷人,怎知这滋味。

一阵价起底是秋风,一阵价下底是秋雨。陶铁僧当初只道是除了万员外不要得我,别处也有经纪处;却不知吃这万员外都分付了行院,没讨饭吃处。那厮身上两件衣裳,生绢底衣服,渐渐底都曹破了,黄草衣裳,渐渐底卷将来。曾记得建康府中二官人有一词儿,名唤做《鹧鸪天》:

黄草秋深最不宜,肩穿袖破使人悲,领单色旧褑先卷,怎奈金风早晚吹。　才挂体,皱双眉,出门羞赧见相知。邻家女子低声问,觅与奴糊隔帛儿[12]。

陶铁僧看着身上黄草布衫,卷将来,风飕飕地起,便再来周行老[13]家中来。心下自道:"万员外忒恁地[14]毒害!便做我拿了你三五十钱,你只不使我便了,'那个猫儿不偷食',直分付尽一襄阳府开茶坊底教不使我。致令我而今没讨饭吃处。这一秋一冬,却是怎地计结[15]?做甚么是得?"正恁地思量,则见一个男女来行老家中道:"行老,我问你借一条匾担。"那周行老便问道:"你借匾担做甚么?"那个哥哥道:"万三员外女儿万秀娘死了夫婿，今日归来。我问你借匾担去挑笼仗则个。”陶铁僧自道：“我若还不被赶了，今日我定是同去搬担，也有百十钱撰。”当时越思量越烦恼，转恨这万员外。陶铁僧道：“我如今且出城去，看这万员外女儿归，怕路上见他，告这小娘子则个；怕劝得他爹爹，再去求得这经纪也好。”陶铁僧拽开脚出这门去，相次[16]到五里头，独自行。身上又不齐不整，一步懒了一步，正恁地行。只听得后面一个人叫道：“铁僧，我叫你。”回头看那叫底人时，却是：

人材凛凛，掀翻地轴鬼魔王；容貌堂堂，撼动天关夜叉将。

陶铁僧唱喏道：“大官人叫铁僧做甚么？”大官人道：“我几遍在你茶坊里吃茶，都不见你。”铁僧道：“上覆大官人，这万员外不近道理，赶了铁僧多日。则恁地赶了铁僧，兀自来利害，如今直分付一襄阳府开茶坊行院，教不得与铁僧经纪。大官人看铁僧身上衣裳都破了，一阵秋风起，饭也不知在何处吃？不是今秋饿死，定是今冬冻死。”那大官人问道：“你如今却那里去？”铁僧道：“今日听得说，万员外底女儿万秀娘死了夫婿，带着一个房卧[17]，也有数万贯钱物，到晚归来，欲待拦住万小娘子，告他则个。”大官人听得，道是：

入山擒虎易，开口告人难。

大官人说：“大丈夫，告他做甚么？把似[18]告他，何似自告。”便把指头指一个去处，叫铁僧道：“这里不是说话处，随我来。”两个离了五里头大路，入这小路上来。见一个小小地庄舍寂静去处。这座庄：

前临剪径[19]道，背靠杀人冈。远看黑气冷森森，近视令人心胆丧。料应不是孟尝[20]家，只会杀人并放火。

大官人见庄门闭着，不去敲那门，就地上捉一块砖儿，撒放屋上。须刻之间，听得里面掣玷抽㩟[21]，开放门，一个大汉出来。

看这个人,兜腮卷口,面上刺着六个大字。这汉不知怎地,人都叫他做“大字焦吉”。出来与大官人厮叫了,指着陶铁僧问道:“这个是甚人?”大官人道:“他今日看得外婆家报与我,是好一拳[22]买卖。”三个都入来大字焦吉家中。大官人腰里把些碎银子,教焦吉买些酒和肉来共吃。陶铁僧吃了,便去打听消息,回来报说道:“好教大官人得知,如今笼仗什物,有二十来担,都搬入城去了。只有万员外底女儿万秀娘,与他万小员外,一个当直[23],唤做周吉,一担细软头面金银钱物笼子,共三个人,两匹马,到黄昏前后,到这五里头,要赶门入去。”大官人听得说,三人把三条朴刀,叫:“铁僧随我来。”去五里头林子前等候。

果是黄昏左右,万小员外和那万秀娘,当直周吉,两个使马的,共五个人,待要入城去。行到五里头,见一所林子,但见:

远观似突兀云头,近看似倒悬两脚。影摇千尺龙蛇动,声撼半天风雨寒。

那五个人方才到林子前,只听得林子内大喊一声,叫道:“紫金山三百个好汉,且未消[24]出来,恐怕唬了小员外共小娘子!”三个好汉,三条朴刀。唬得五个人顶门上荡了三魂,脚板下走了七魄,两个使马底都走了,只留下万秀娘,万小员外,当直周吉三人。大汉道:“不坏你性命,只多留下买路钱!”万小员外教周吉把与他。周吉取一锭二十五两银子把与这大汉。那焦吉见了道:“这厮,却不叵耐[25]你!我们却只直你一锭银子。”拿起手中朴刀,看着周吉要下手了。那万小员外和万秀娘道:“如壮士要时,都把去不妨。”大字焦吉担着笼子,却待入这林子去,只听得万小员外叫一声道:“铁僧,却是你来劫我!”唬得焦吉放了担子道:“却不利害,若放他们去,明日襄阳府下状,捉铁僧一个去,我两个怎地计结?”都赶来看着小员外,手起刀举,道声:“着!”看小员外时:

身如柳絮飘飏，命似藕丝将断。

大字焦吉一下朴刀杀了万小员外和那当直周吉，拖这两个死尸入林子里面去，担了笼仗，陶铁僧牵了小员外底马，大官人牵了万秀娘底马。万秀娘道："告壮士，饶我性命则个。"当夜都来焦吉庄上来。连夜敲开酒店门，买些个酒，买些个食，吃了。打开笼仗里金银细软头面物事，做三分：陶铁僧分了一分；焦吉分了一分，大官人也分了一分。这大官人道："物事都分了，万秀娘却是我要，待把来做个扎寨夫人。"当下只留这万秀娘在焦吉庄上。万秀娘离不得是把个甜言美语啜持[26]过来。

在焦吉庄上不则一日，这大官人无过是出路时抢金劫银，在家时饮酒食肉。一日大醉，正是：

三杯竹叶穿心过，两朵桃花上脸来。

万秀娘问道："你今日也说大官人，明日也说大官人，你如今必竟是我底丈夫。

犬马尚分毛色，为人岂无姓名。

敢问大官人姓甚名谁？"大官人乘着酒兴，就身上指出一件物事来道："是，我是襄阳府上一个好汉。不认得时，我说与你道，教你

顶门上走了三魂，脚板下荡散七魄。"

揿起两只腿上间朱刺着底文字，道："这个便是我姓名，我便唤做十条龙苗忠，我却说与你。"原来是：

壁间犹有耳，窗外岂无人。

大字焦吉在窗子外面听得，说道："你看我哥哥苗大官人，却没事说与他姓名做甚么？"走入来道："哥哥，你只好推了这牛子休！"元来强人市语，唤杀人做"推牛子"。焦吉便要教这十条龙苗忠杀了万秀娘，唤做：

斩草除根，萌芽不发；斩草若不除根，春至萌芽再发。

苗忠那里肯听焦吉说，便向焦吉道："钱物平分，我只有这一件

偏倍[27]得你们些子，你却恁地吃不得，要来害他。我也不过只要他做个扎寨夫人，又且何妨。”焦吉道：“异日却为这妇女变做个利害，却又不坏了我。”忽一日，等得苗忠转脚出门去，焦吉道：“我几回说与我这哥哥，教他推了这牛子，左右不肯。把似你今日不肯，明日又不肯，不如我与你下手推了这牛子，免致后患。”那焦吉怀里和鞘搋着一把尖长靶短、背厚刀薄八字尖刀，走入那房里来。万秀娘正在房里坐地。只见焦吉掣那尖刀，执在手中，左手捽住万秀娘，右手提起那刀，方欲下手。只见一个人从后面把他腕子一捉，捉住焦吉道：“你却真个要来坏他，也不看我面。”焦吉回头看时，便是十条龙苗忠。那苗忠道：“只消叫他离了你这庄里便了，何须只管要坏他。”当时，焦吉见他恁地说，放下了。当日天色晚了。

红轮西坠，玉兔东生。佳人秉烛归房，江上渔翁罢钓。萤火点开青草面，蟾光穿破碧云头。

到一更前后，苗忠道：“小娘子，这里不是安顿你去处，你须见他们行坐时只要坏你。”万秀娘道：“大官人，你如今怎地好！”苗忠道：“容易事。”便背了万秀娘，夜里走了一夜，天色渐渐晓，到一所庄院。苗忠放那万秀娘在地上，敲庄门。里面应道：“便来。”不移时，一个庄客出来。苗忠道：“报与庄主，说道苗大官人在门前。”庄客入去报了庄主。那庄中一个官人出来，怎地打扮？且看那官人：

背系带砖顶头巾，着斗花青罗褙子，腰系袜头裆袴，脚穿时样丝鞋。

两个相揖罢，将这万秀娘同来草堂上，三人分宾主坐定。苗忠道：“相烦哥哥，甚不合寄这个人在庄上则个。”官人道：“留在此间不妨。”苗忠向那人同吃了几碗酒，吃些个早饭，苗忠掉了自去。那官人请那万秀娘来书院里，说与万秀娘道：“你更知得一事么？十条龙苗大官人把你卖在我家中了。”万秀娘听得道，簌簌地两行泪下。有一首《鹧鸪天》，道是：

碎似真珠颗颗停，清如秋露脸边倾。洒时点尽湘江竹，感处曾摧数里城。　　思薄倖，忆多情，玉纤弹处暗销魂。有时看了鲛鮹上，无限新痕压旧痕。

万秀娘哭了，口中不说，心下寻思道："苗忠底贼！你劫了我钱物，杀了我哥哥，又杀了当直周吉，奸骗了我身己，刬地[28]把我来卖了，教我如何活得！"则好过了数日。当夜，天昏地惨，月色无光，各自都去睡了。万秀娘移步出那脚子门，来后花园里，仰面观天祷祝道："我这爹爹万员外，想是你寻常不近道理，而今教我受这折罚，有今日之事。苗忠底贼，你劫了我钱物，杀了我哥哥，杀了我当直周吉，骗了我身己，又将我卖在这里！"就身上解下抹胸[29]，看着一株大桑树上，掉将过去道："哥哥员外阴灵不远，当直周吉，你们在鬼门关下相等。我生为襄阳府人，死为襄阳府鬼。"欲待把那颈项伸在抹胸里自吊，忽然黑地里隐隐见假山子背后一个大汉，手里把着一条朴刀走出来，指着万秀娘道："不得做声，我都听得你说底话。你如今休寻死处，我救你出去，不知如何？"万秀娘道："恁地时可知道好。敢问壮士姓氏？"那大汉道："我姓尹，名宗，我家中有八十岁底老母，我寻常孝顺，人都叫做'孝顺尹宗'。当初来这里，指望偷些个物事，卖来养这八十岁底老娘，今日却限撞着你，也是'路见不平，拔刀相助'，救你出去。却无他事，不得慌。"把这万秀娘一肩肩到园墙根底，用力打一耸，万秀娘骑着墙头；尹宗把朴刀一点，跳过墙去，接这万秀娘下去。一背背了，方才待行。则见黑地里把一条笔头枪看得清，喝声道："着！"向尹宗前心便擢将来，扢折地一声响。这汉是园墙外面巡逻底，见一个大汉，把条朴刀，跳过墙来，背着一个妇女，一笔头枪擢将来。黑地里尹宗侧身躲过，一枪擢在墙上，正摇索那枪头不出。尹宗背了万秀娘，提着朴刀，拽开脚步便走。

相次走到尹宗家中。尹宗在路上说与万秀娘道："我娘却是怕人，不容物，你到我家中，实把这件事说与我娘知道。"万秀娘听得道："好。"巴得到家中，尹宗底娘听得道："儿子归来。"那婆婆开放门，便着手来接这儿子，将为道[30]儿子背上偷得甚底物事了喜欢，则见儿子背着一个妇女。婆婆不问事由，拿起一条柱杖，看着尹宗落夹背[31]便打，也打了三四柱杖，道："我教你去偷些个物事来养我老，你却没事背这妇女归来则甚?"那尹宗吃了三四柱杖，未敢说与娘道。万秀娘见那婆婆打了儿子，肚里便怕。尹宗却放下万秀娘，教他参拜了婆婆。把那前面话对着婆婆说了一遍；道谢尹宗："救妾性命。"婆婆道："何不早说。"尹宗便问娘道："我如今送他归去，不知如何?"婆婆问道："你而今怎地送他归去?"尹宗道："路上一似姊妹，解房[32]时便说是哥哥妹妹。"婆婆道："且待我来教你。"即时走入房里，去取出一件物事。婆婆提出一领千补百衲旧红衲背心，披在万秀娘身上，指了尹宗道："你见我这件衲背心，便似见娘一般，路上切不得胡乱生事，淫污这妇女。"万秀娘辞了婆婆。尹宗脊背上背着万秀娘，迤逦取路，待要奔这襄阳府路上来。

当日天色晚，见一所客店，姊妹两人解了房，讨些饭吃了。万秀娘在客店内床上睡。尹宗在床面前打铺。夜至三更前后，万秀娘在那床上睡不着，肚里思量道："荷得尹宗救我，便是我重生父母，再长爷娘一般。只好嫁与他，共做个夫妻谢他。"万秀娘移步下床，款款地摇觉尹宗道："哥哥，有三二句话与哥哥说。妾荷得哥哥相救，别无答谢，有少事拜覆，未知尊意如何?"尹宗见说，拿起朴刀在手道："你不可胡乱。"万秀娘心里道："我若到家中，正嫁与他。尹宗定不肯胡乱做些个。"得这尹宗却是大孝之人，依娘言语，不肯胡行。万秀娘见他焦躁，便转了话道："哥哥，若到襄阳府，怕你不须见我爹爹妈妈。"尹宗道："只是恁地时不妨。来日到襄阳府城中，我自回，你自归去。"到得来日，尹宗背着万秀娘走，相将到襄阳府，则有得五七里田地。正是：

遥望楼头城不远，顺风听得管弦声。

看看望见襄阳府，平白地下一阵雨：

云生东北，雾涌西南。须臾倒瓮倾盆，顷刻悬河注海。

这阵雨下了不住，却又没处躲避。尹宗背着万秀娘落路来，见一个庄舍，要去这庄里躲雨，只因来这庄里，教两人变做：

青云有路，翻为苦楚之人；白骨无坟，变作失乡之鬼。

这尹宗分明是推着一车子没兴骨头，入那千万丈琉璃井里。这庄却是大字焦吉家里。万秀娘见了焦吉那庄，目睁口痴，罔知所措。焦吉见了万秀娘，又不敢问，正恁地踌躇。则见一个人吃得八分来醉，提着一条朴刀，从外来。万秀娘道："哥哥，兀底[33]便是劫了我底十条龙苗忠！"尹宗听得道，提手中朴刀，奔那苗忠。当时苗忠一条朴刀来迎这尹宗。元来有三件事奈何尹宗不得：第一，是苗忠醉了；第二，是苗忠没心，尹宗有心；第三，是苗忠是贼人心虚。苗忠自知奈何尹宗不得，提着朴刀便走。尹宗把一条朴刀赶将来，走了一里田地，苗忠却遇着一堵墙，跳将过去。尹宗只顾赶将来，不知大字焦吉也把一条朴刀，却在后面，把那尹宗坏了性命。果谓是：

螳螂正是遭黄雀，岂解堤防挟弹人。

那尹宗一个怎抵当得两人。不多时，前面焦吉，后面苗忠，两个回来。苗忠放下手里朴刀，右手换一把尖长靶短、背厚刃薄八字尖刀，左手捽住万秀娘胸前衣裳，骂道："你这个贱人！却不是叵耐你，几乎教我吃这大汉坏了性命，你且吃取我几刀！"正是：

故将挫玉摧花手，来折江梅第一枝。

那万秀娘见苗忠刀举，生一个急计，一只手托住苗忠腕子道："且住，你好没见识，你情知道我又不识这个大汉姓甚名谁？又不知道他是何等样人？不问事由，背着我去，恰好走到这里，我便认得这里是焦吉庄上，故意教他行这路，特地来寻你。如今你倒坏了我，却不是错了。”苗忠道：“你也说得是。”把那刀来入了鞘，却来啜醋[34]万秀娘道：“我争些个错坏了你！”正恁地说，则见万秀娘左手捽住苗忠，右手打一个漏风掌，打得苗忠耳门上似起一个霹雳。那苗忠：

睁开眉下眼，咬碎口中牙。

那苗忠怒起来，却见万秀娘说道：“苗忠底贼，我家中有八十岁底老娘，你共焦吉坏了我性命，你也好休！”道罢，僻然[35]倒地。苗忠方省得是这尹宗附体在秀娘身上。即时扶起来，救得苏醒，当下都没甚话说。

却说这万员外，打听得儿子万小员外和那当直周吉被人杀了，两个死尸在城外五里头林子，更劫了一万余贯家财，万秀娘不知下落。去襄阳府城里下状，出一千贯赏钱，捉杀人劫贼，那里便捉得。万员外自备一千贯，过了几个月，没捉人处。州府赏钱和万员外赏钱，共添做三千贯，明示榜文，要捉这贼，则是没捉处。当日，万员外邻舍，一个公公，七十余岁，养得一个儿子，小名叫做合哥。大伯道：“合哥，你只管躲懒，没个长进，今日也好去上行[36]些个‘山亭儿’来卖。”合哥挑着两个土袋，搋着二三百钱，来焦吉庄里，问焦吉上行些个“山亭儿”，拣几个物事。唤做：

山亭儿，庵儿，宝塔儿，

石桥儿，屏风儿，人物儿。

买了几件了。合哥道：“更把几件好样式底‘山亭儿’卖与我。”大字焦吉道：“你自去屋角头窗子外面自拣几个。”当时合哥移步来窗子外面，正在那里拣“山亭儿”，则听得窗子里面一个人，低低地叫道：“合哥！”那合哥听得道：“这人好似万员外底女儿声响。”合哥道：“谁叫我？”应声道：“是万秀娘叫。”那合哥道：“小娘子，你如何在这里？”万秀娘说：“一言难尽，我被陶铁僧领他们劫我在这里，相烦你归去，说与我爹爹妈妈，教去下状，差人来捉这大字焦吉，十条龙苗忠，和那陶铁僧。如今与你一个执照归去。"就身上解下一个刺绣香囊，从那窗窟笼子掉出，自入去。合哥接得，贴腰搋着，还了焦吉"山亭儿"钱，挑着担子便行。焦吉道："你这厮在窗子边和甚么人说话？"唬得合哥一似：

分开八片顶阳骨，倾下半桶冰雪水。

合哥放下"山亭儿"担子，看着焦吉道："你见甚么，便说我和兀谁说话？"焦吉探那窗子里面，真个没谁。担起担子便走，一向不歇脚，直入城来，把一担"山亭儿"和担一时尽都把来倾在河里，掉臂挥拳归来。爷见他空手归来，问道："'山亭儿'在那里？"合哥应道："倾在河里了。"问道："担子呢？"应道："撺在河里。""匾担呢？"应道："撺在河里。"大伯焦躁起来道："打杀这厮！你是甚意思？"合哥道："三千贯赏钱劈面地来。"大伯道："是如何？"合哥道："我见万员外女儿万秀娘在一个去处。"大伯道："你不得胡说，他在那里？"合哥就怀里取出那刺绣香囊，教把看了，同去万员外家里。万员外见说，看了香囊，叫出他这妈妈来，看见了刺绣香囊，认得真个是秀娘手迹，举家都哭起来。万员外道："且未消得哭。"即时同合哥来州里下状。官司见说，即时差土兵㊲二十余人，各人尽带着器械，前去缉捉这场公事。当时教这合哥引着一行人，取苗忠庄上去，即时就公厅上责了限状，唱罢喏，迤逦登程而去。真个是：

个个威雄似虎，人人猛烈如龙，雨具麻鞋，行缠搭膊，手中杖牛头铛，拨互叉，鼠尾刀，画皮弓，柳叶箭。在路上饥餐渴饮，夜住晓行。才过杏花村，又经芳草渡。好似皂雕追紫燕，浑如饿虎赶黄羊。

其时合哥儿一行到得苗忠庄上，分付教众缉捕人："且休来，待我先去探问。"多时不见合哥儿回来，那众人商议道："想必是那苗忠知得这事，将身躲了。"合哥回来，与众人低低道："作一计引他，他便出来。"离不得到那苗忠庄前庄后，打一观

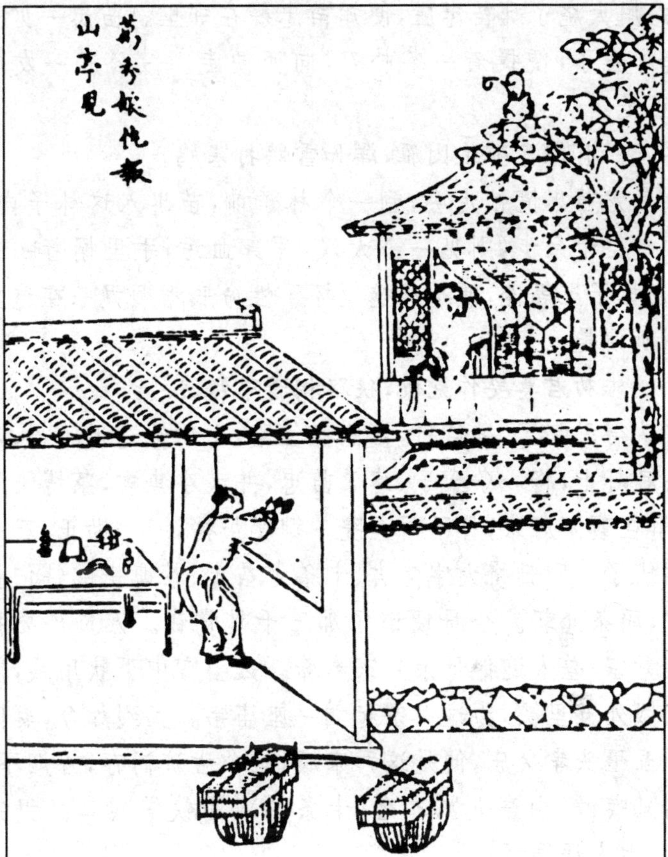

万秀娘仇报山亭儿

——明天启刻本《警世通言》插图

看，不见踪由。众做公底人道："是那苗忠每常间见这合哥儿来家中，如父母看待，这番却是如何？"别商量一计，先教差一人去，用火烧了那苗忠庄，便知苗忠躲在那里。苗忠一见土兵烧起那庄子，便提着一条朴刀，向西便走。做公底一发赶将来，正是：

有似皂雕追困雁，浑如雪鹘打寒鸠。

那十条龙苗忠慌忙走去，到一个林子前，苗忠入这林子内去，方才走得十余步，则见一个大汉，浑身血污，手里搦着一条朴刀，在林子里等他，便是那吃他坏了性命底孝顺尹宗在这里相遇。所谓是：

劝君莫要作冤仇，狭路相逢难躲避。

苗忠认得尹宗了，欲待行，被他拦住路，正恁地进退不得，后面做公底赶上，将一条索子，缚了苗忠，并大字焦吉，茶博士陶铁僧，解在襄阳府来，押下司理院。绷爬吊拷，一一勘正，三人各自招伏了。同日将大字焦吉、十条龙苗忠、茶博士陶铁僧押赴市曹，照条处斩。合哥便请了那三千贯赏钱。万员外要报答孝义尹宗，差人迎他母亲到家奉养。又去官中下状用钱，就襄阳府城外五里头，为这尹宗起立一座庙宇。直到如今，襄阳府城外五里头孝义庙，便是这尹宗底，至今古迹尚存，香烟不断。话名只唤做《山亭儿》，亦名《十条龙》《陶铁僧》《孝义尹宗事迹》。后人评得好：

万员外刻深招祸，陶铁僧穷极行凶。

生报仇秀娘坚忍，死为神孝义尹宗。

〔注〕 ① 山亭儿：泥制的小玩具，包括山亭儿、庵儿、宝塔儿。石桥儿、屏风儿、人物儿等。 ② 博士：博士本为官名，宋时俗称卖茶的伙计为茶博士，卖酒的伙计为酒博士，此外尚有花博士、磨博士等称谓。 ③ 掉盏子：送收茶杯。 ④ 家生孩儿：家人奴仆所生的子女，又称"家生子"。 ⑤ 栾：当为"挛"字，握在手中。 ⑥ 市语：某一行业的行话、隐语。 ⑦ 田地：地段、路程。 ⑧ 搋(chuāi)：今写作"揣"，意即藏、塞。 ⑨ 叉大拇指不离方寸地：即叉手放在胸口之处行礼。方寸地：指心口窝。 ⑩ 老底：即"老的"，此处指父亲。底，即"的"。 ⑪ 行院：同行，行会组织。 ⑫ 隔帛儿：用多层破布或纸糊成，用以做鞋底或衬里。 ⑬ 行老：各行业的经纪人。 ⑭ 忒恁地：太过分地。忒：太，过于。恁地：这么。 ⑮ 计结：打算；主张。

⑯ 相次：将近。 ⑰ 房卧：泛称铺盖衣饰。 ⑱ 把似：与其。 ⑲ 剪径：拦路抢劫。 ⑳ 孟尝：即孟尝君。战国时齐公子田文，以好客养士著称。 ㉑ 玷：顶门的木柱。擐(shuān)：同"闩"，门闩。 ㉒ 一拳：一笔。 ㉓ 当直：指仆人。 ㉔ 未消：不用。 ㉕ 叵耐：可恨；可恶。 ㉖ 啜持：哄骗。 ㉗ 偏倍：谓占先享用。 ㉘ 刬(chǎn)地：却，反而。 ㉙ 抹胸：古代内衣的一种。多为妇女所服。有前片，无后片，上可覆乳，下可遮肚，故称。 ㉚ 将为道：认为，想是。 ㉛ 落夹背：照着后背打下去。 ㉜ 解房：租赁住房。 ㉝ 兀底：也作"兀的"。这，这个。 ㉞ 啜醋：用酸溜溜的话哄人喜欢。 ㉟ 僻然：倾侧的样子。 ㊱ 上行：批发，进货。 ㊲ 土兵：地方上的兵丁，相当于民兵。

本篇为宋代话本，录自《警世通言》卷三十七，撰人不详。篇末云："话名只唤做《山亭儿》，亦名《十条龙》《陶铁僧》《孝义尹宗事迹》。"按宋人罗烨《醉翁谈录·小说开辟》引有《十条龙》《陶铁僧》两目，均列朴刀类，殆即此篇。

话本叙万秀娘因夫死回娘家，途中为陶铁僧、苗忠、焦吉所劫，哥哥及仆人遇害，她被奸占，复被转卖，幸得义士尹宗相救。不料，尹宗送她回家时又遇上苗忠等人，不幸被杀，秀娘再落贼手。后来，贩卖"山亭儿"的合哥为她传递信息，方使盗贼落网，秀娘获救。

话本末尾，说话人借后人之口，对故事中的人物作了四句总结性的评论："万员外刻深招祸，陶铁僧穷极行凶。生报仇秀娘坚忍，死为神孝义尹宗。"这个评论是比较确当的。因为话本所叙的抢劫、杀人案，推其案因，确是由万员外为富不仁引起的。他的家仆陶铁僧因偷拿了茶铺中三五十个小钱，被他发现，他不仅哄骗铁僧拿出钱来，而且还跟铁僧算了一笔总账，说铁僧十五年共偷了他二百七十贯钱，这显然是一种讹诈手段，活现出了一副精明、忌刻的奸商嘴脸。铁僧被他借口撵走后，他又吩咐襄阳府开茶坊的行院，都不要用铁僧，致使铁僧怀恨在心，说："万员外忒恁地毒害，便做我拿了你三五十钱，你只不使我便了，'那个猫儿不偷食'？直分付一襄阳府开茶坊底教不使我，致令我而今没讨饭吃处。这一秋一冬，却是怎地计结？"可见，说话人评论万员外是"刻深招祸"，陶铁僧是"穷极行凶"，是切中肯綮的。后来，万秀娘落难时也意识到了，这是父亲"寻常不近道理"惹的祸。

话本中的万秀娘，则是一位较富有个性光彩的女性形象，她性格"坚忍"，聪敏机智，善于应变。当哥哥、仆人遇害，她被强盗劫持时，她"离不得把个甜言美语，啜转(讨好)过来"，做了苗忠的压寨夫人，这说明她很会委曲顺从、保全自己。而且，她又颇有心计，乘苗忠酒醉时，诱他说出了真实姓名。苗忠将她转卖，她又大骂"苗忠底贼"。当苗忠杀了尹宗，再来杀她时，她又急中生计，巧言乖语地嗔怪苗忠："你好没见识！你情知我又不识这个大汉姓甚名谁，又不知道他是何等样人，不问事由，背着我去，恰好走到这里。我便认得这是焦吉庄上，故意教他行这路，特地来寻你。如今你倒来坏了我，却不是错了！”结果，骗得苗忠不由得信以为真，还自我检讨说：“我争些个错坏了你！”可见她的反应何等机敏，见识多么高明！躲过这一劫难后，她又在焦吉庄上耐心地等待时机，最终借助邻居少年合哥递出信息，由官兵赶来剿灭了这伙杀人越货的强盗，为自己和家人复了仇，也为当地百姓除了害。显而易见，像万秀娘这样性格坚忍，机智应变，敢于复仇的女性，是不大可能出自深受礼教熏陶、又且足不出户的大家闺秀之列的，只有新兴的市民阶层里才可能成长出这样坚忍不屈、富有斗争经验的新型女性，因此，这一形象也可以说在一定程度上体现了宋代市民女子的精神个性，具有一种新鲜的时代色彩。

至于义士尹宗，则可以说是市民心目中的侠义英雄。他为人孝顺，富有侠义心肠，之所以救助万秀娘，就是出于“路见不平，拔刀相助”，并没有丝毫邪心杂欲。所以，当秀娘想要以身相谢，与他做个夫妻时，他马上焦躁起来，说：“你不可胡来！”对于杀人大盗苗忠，他则嫉恶如仇，穷追不舍，虽然不幸被杀，但只要一灵不泯，就决不肯轻饶仇敌，终于他的魂灵协助捕差，将贼盗擒获。他的这种甘赴他人厄困，愤除天下恶人，丝毫不图名利的侠义行径，不能不让人心生感佩，故而市井细民为其立庙，并盛传其侠义事迹，同时这恐怕也是藉之来寄托他们对于侠客的期待吧！

话本叙事简洁明快，情节也显得紧凑曲折。尤其是主人公万秀娘，命运多舛，屡遭不测之祸：先是向苗忠告饶，讨得性命；后来又差点儿被大字焦吉“推了牛子”；苗忠将她转卖，她深夜自缢，又侥幸被尹宗救出；可谁知为了躲雨，却又主动地走回了鬼门关；本来以为脱险无望了，碰巧合哥又到焦吉庄上来批发“山亭儿”。这真是一波未平，一波又起，波澜起伏，扣人心弦，具有很强的可读性。另外，话本中的一些细节描写也颇见神采，除了上面提到的万员外对陶铁僧算总账的细节外，写合哥无意中得知万秀娘消息，赶回城来报信一节，也写得活蹦乱跳，话本这样写道：

> (合哥)担起担子便走，一向不歇脚，直入城来，把一担“山亭儿”和担一时尽都把来倾在河里，掉臂挥拳归来。爷见他空手归来，问道：“‘山亭儿’在那里?”合哥应道：“倾在河里了。”问道：“担子呢?”应道：“撺在河里。”“匾担呢?”应道：“撺在河里。”大伯焦躁起来道：“打杀这厮！你是甚意思?”合哥道：“三千贯赏钱劈面地来。”大伯道：“是如何?”合哥道：“我见万员外女儿万秀娘在一个去处。”

这一细节就将合哥的声情口吻描写得活灵活现，颇堪玩味。合哥虽然年小，却很机灵、活泛。为何他一开始不将“山亭儿”和担子扔在城外，而是“不歇脚”地挑进城里呢？显然是怕被焦吉发现而起疑心，因为焦吉已隐隐地察觉他曾“在窗子边和甚么人说话”，所以这就难保焦吉不会尾随其后，观其动静。可一旦到了城里，危险消除了，他就将担子撺在了河里，也放下了心里的“担子”，浑身轻松了，故而与父亲对话，也煞是有趣，虽是故意“气”他父亲，但主要还是因为他觉得自己干下了一件大功：既救了万秀娘，又得了三千贯赏钱，如此大功，难道还不值得卖弄一下，骄傲一番吗？因此，合哥虽是个次要角色，可由于细节描写的成功，也给读者留下了深刻的印象。（纪德君）

风月瑞仙亭　佚　名

入话：

夜静瑶台月正圆，清风淅沥满林峦。
朱弦慢促相思调，不是知音不与弹。

汉武帝元狩二年，四川成都府一秀士，司马长卿，双名为相如，自父母双亡，孤身无倚，齑盐[①]自守。贯串百家，精通经史。虽然游艺江湖，其实志在功名。出门之时，过城北七里许，曰升仙桥。相如大书于桥柱上：“大丈夫不乘驷马车，不复过此桥。”所以北抵京洛，东至齐楚。遂于梁孝王之门，与邹阳、枚皋辈为友。

不期梁王薨，相如谢病归城[②]都市上。临邛县有县令王吉，每每使人相招。一日，到彼相会，盘桓旬日。谈间，言及本处卓王孙，巨富，有亭台池馆，华美可玩。县令着人去说，交[③]他接待。

卓王孙资才巨万，童仆数百，门阑奢侈。园中有花亭一所，名曰“瑞仙”。四面芳菲，锦绣烂熳，真可游览休息。京洛名园，皆不能过此。所以游宦公子，江湖士夫，无不相访。这卓员外丧偶不娶，慕道修真。止有一女，小字文君，及笄未聘。聪慧过人，姿态出众。诗词歌赋，琴棋书画，描龙刺凤，女工针指，饮馔酒浆，无所不通。员外一应家中事务，皆与文君计较。

其日早晨,闻说县令友人司马长卿,乃文章巨儒,知员外宅上园池佳胜,特来游玩。卓员外慌忙迎接至后花园中瑞仙亭上。相如举目看那园中景致,但见:

径铺玛瑙,栏刻香檀。聚山坞风光,为园林景物。山叠岷岷怪石,槛栽西洛名花。梅开庾岭冰姿,竹染湘江愁泪。春风荡漾,上林李白桃红;秋日凄凉,夹道橙黄橘绿。池沼内,鱼跃锦鳞;花木上,禽飞翡翠。

卓员外动问姓名,相如答曰:"司马长卿。因与王县令故旧,特来相探,留连旬日,闻知名园胜景,故来拜访。"卓员外道:"先生去县中安下不便,敢邀车马于弊舍,何如?"相如遂令人唤琴童,携行李来瑞仙亭安下。倏忽半月。

且说卓文君去绣房中,每每存想:"我父亲营运家业,富之有余,岁月因循,寿年已过。奈何,奈何!况我才貌过人,性颇聪慧,选择良姻,实难其人也。此等心事,非明月残灯,安能知之?虽有侍妾,姿性狂愚,语言妄出,因此上抑郁之怀,无所倾诉。昨听春儿说:'有秀士司马长卿来望父亲,留他在瑞仙亭安下。'乃于东墙琐窗内,窥视良久,见其人俊雅风流,日后必然大贵。但不知有妻无妻?我若得如此之丈夫,平生愿足!争奈此人箪瓢屡空,若待媒证求亲,俺父亲决然不肯。倘若挫(错)过此人,再后难得。"

过了两日,女使春儿见小姐双眉愁蹙,必有所思,乃对小姐曰:"今夜三月十五日,月色光明,请小姐花园中散闷则个。"小姐口中不说,心下思量:"自见了那秀才,日夜废寝忘餐,放心不下。我今主意已定,虽然有亏妇道,是我一世前程。"收拾些金珠首饰在此,小姐分付春儿:"打点春盛食罍,灯笼。我今夜与你赏月散闷。"春儿打点完备,挑着,随小姐行来。

话中且说相如自思道:"文君小姐貌美聪慧,甚知音律。今夜月明下,交琴童焚香一炷,小生弹曲瑶琴以挑之。"

文君正行数步，只听得琴声清亮，移步将近瑞仙亭，转过花荫下，听得所弹琴音曰：

凤兮凤兮思故乡，遨游四海兮求其凰。时未遇兮无所将，何悟今夕兮升斯堂？有艳淑女在闺房，室迩人遐〔在〕我傍。何缘交颈为鸳鸯？胡颉颃乎共翱翔。

凤兮凤兮从我栖，得托孳尾永为妃。交情通体心和谐，中夜相从知者谁？双翼俱起翻高飞，无感我思使余悲。

小姐听罢，对侍女曰："秀才有心，妾亦有心。今夜既到这里，可去与秀才相见。"遂乃行到亭边。相如月下见了文君，连忙起身迎接，道："小生闻小姐之名久矣，自愧缘悭分浅，不能一见。恨无磨勒盗红绡之方，每起韩寿偷香窃玉之意。今晚既蒙光临，小生不及远接，恕罪，恕罪！"文君敛衽向前道："先生在此，失于恭敬，抑且寂寞，因此特来相见。"相如曰："不劳小姐挂意，小生有琴一张，自能消遣。"文君曰："妾早知先生如此迂阔，不来冒渎。今先生视妾有私奔之心，故乃轻言。琴中之意，妾已备知。"相如跪而告曰："小生得见花颜，死也甘心。"文君曰："请起。妾一夜到此，与先生同赏月，饮三杯。"

春儿排酒果于瑞仙亭上。文君、相如对饮。相如细视文君，果然生得：

眉如翠羽，肌如白雪。振绣衣，被桂裳。秾不短，纤不长。毛嫱鄣施袂，不足程式；西施掩面，比之无色。临溪双洛浦，对月两嫦娥。

酒行数巡，文君令春儿收拾前去："我便回来。"相如曰："小姐不嫌寒儒鄙陋，欲就枕席之欢。"文君笑曰："妾慕先生才德，欲奉箕帚，唯恐先生久后忘恩。"相如曰："小生怎敢忘小姐之恩！"文君许成夫妇。二人倒凤颠鸾，顷刻云收雨散。文君曰："只恐明日父亲知道，不经于官，必致凌辱。如今收拾此少金珠在此，不如今夜与先生且离此间，别处居住。倘后父亲想念，搬回，一家完聚，也未可知。”相如与文君同下瑞仙亭，出后园而走。却似：

鳌鱼脱却金钩去，摆尾摇头更不回。

且说春儿至天明不见小姐在房，亭子上又寻不见，报与老员外得知。寻到瑞仙亭上，和相如都不见。员外道：“相如是文学之士，为此禽兽之行！小贱人，你也自幼读书，岂不闻：‘女子出门，必拥蔽其面；夜行以烛，无则止。’事无擅为，行无独成，所以正妇道也。你不闻父命，私奔苟合，你到他家，如何见人？”欲要讼之于官，争奈家丑不可外扬，故尔中止。“且看他有何面目相见亲戚乎！”从此，隐而不出。正所谓：

含羞无语自沉吟，咫尺相思万里心。

抱布贸丝君亦误，知音尽付七弦琴。

却说相如与文君到家，相〔如〕自思：“囊箧罄然，难以度日。正是：‘君子固穷，小人穷斯滥矣！’想我浑家乃富贵之女，岂知如此寂寞！所喜者，略无愠色，颇为贤达。他料想司马长卿必有发达时分。”正愁闷间，文君至，曰：“我离家一年。你家业凌替，可将我首饰钗钏卖了，修造房屋。我见丈夫郁郁不乐，怕我有懊悔。我既委身于你，乐则同乐，忧则同忧；生同衾，死同穴。”相如曰：“深感小姐之恩。但小生殊无生意。俗语道：‘家有千金，不如日进分文；良田万顷，不如薄艺随身。’我欲开一个酒肆，如何？”文君曰：“既如此说，贱妾当〔垆〕。”

未及半年，忽一日，正在门前卖酒，只见天使捧诏道：“朝廷观先生所作《子虚赋》，文章浩烂，超越古人。官里叹赏：‘飘飘然有凌云之志气，恨不得与此人同时！’有杨得意奏言：‘此赋是臣之同里司马长卿所作，见在成都闲居。’天子大喜，特差小官来征。走马临朝，不许迟延。先生收拾行装，即时同行。”正是：

一封丹凤诏，方表丈夫才。

当夜，相如与文君言曰："朝廷今日征召，名乃是友人杨得意举荐。如今天使在驿，专等起程。"文君曰："日后富贵，则怕忘了瑞仙亭上与日前布衣时节！"相如曰："小生那时虽见小姐容德，奈深堂内院，相见如登天之难，若非小姐垂怜看顾，怎能匹配？小生怎敢忘恩负义！"文君曰："如今世情至薄，有等蹈德守礼，有等背义忘恩者。"相如曰："长卿决不为此！"文君曰："秀才每也有两般：有'君子儒'，不论贫富，志行不私；有那'小人儒'，贫时又一般，富时就忘了贫时。"长卿曰："人非草木禽兽，小姐放心！"文君又嘱："非妾心多，只怕你得志忘了我！"夫妻二人不忍相别。文君嘱曰："此时已遂题桥志，莫负当炉涤器人！"

且不说相如同天使登程，却说卓王孙听得杨得意举荐司马长卿，蒙朝廷征召去了，自言："我女儿有先见之明，为见此人才貌双全，必然显达，所以成了亲事。老夫想起来，男昏[④]女嫁，人之大伦。我女婿不得官，我先带侍女春儿，同往成都去望，乃是父子之情，无人笑我。若是他得了官时去看他，交人道我趋时棒[⑤]势。"次日，带同春儿，径到成都府，寻见卓文君。文君见了父亲，拜道："孩儿有不孝之罪，望爹爹饶恕！"员外道："我儿，你想杀我！今日送春儿来伏侍你。孩儿，你在此受寂寞，比在家亨[⑥]用不同。你不念我年老无人？"文君曰："爹爹根[⑦]前不敢隐讳。孩儿见他文章绝代，才貌双全，必有荣华之日，因此上嫁了他。"卓员外云："如今且喜朝廷征召，正称孩儿之心。"卓员外住下，待司马长卿音信，正是：

眼望旌节旗，耳听好消息。

且说司马长卿同天使至京师朝见，献《上林赋》一篇。天子大喜，即拜为著作郎，待诏金马门。近有巴蜀开通南夷诸道，用"军兴"法，转漕繁冗，惊扰夷民。官里闻知大怒，召长卿议论此事，令作谕巴蜀之檄。官里道："此一事，欲待差官，非卿不可。"乃拜长卿为中郎将，持节，拥誓剑、金牌，先斩后奏：

"卿若到彼,安抚百姓,缓骑回程,别加任用。"

长卿自思:"正是衣锦还乡,已遂平生之愿。"乃谢恩,辞天子出朝。遂车前马后,随从者甚多。一日,迤逦到彼处,劝谕巴蜀已平,蛮夷清静。不过半月,百姓安宁,衣锦还乡。正是[8]:

…………

〔注〕 ①齑(jī)盐:比喻贫穷的生活。韩愈《送穷文》:"太学四年,朝齑暮盐。" ②城:当为"成"字。 ③交:即"教"。 ④昏:通"婚"。 ⑤交:通"教"。棒:当为"奉"字。 ⑥亨:"享"字之误。 ⑦根:当为"跟"字。 ⑧正是:原书此后缺页。

本篇为宋代话本,辑存于《清平山堂话本》,撰人未详。

话本叙汉武帝时,四川成都府青年文士司马相如受临邛王知县之邀,在临邛相会。又受王知县推荐并介绍,访问当地巨富卓王孙家名园,受到卓王孙热情款待,并留住园中瑞仙亭。卓王孙之女卓文君窥相如容貌仪表"俊雅风流",又具文名,产生了爱慕之意,而相如也闻文君"貌美聪慧,甚知音律",有心于她。相如借一曲《凤求凰》表明自己的心迹,文君坦诚接受相如的求爱并随即与相如私奔,离开临邛,去往成都。卓王孙得知此事后,十分震怒,认为实是家丑,"从此隐而不出"。迫于生计,相如、文君开酒肆度日。不久,相如因作《子虚赋》而受到天子的召见,卓王孙得此消息,赶往成都与女儿和解。相如进京,拜为著作郎。后又因平抚巴蜀有功拜为中郎,得以衣锦还乡。

话本在人物个性化描写和心理活动的叙述方面颇见功力。尤其是小说所表达的思想内涵,具有较强的反封建道统的色彩。作者通过铺陈相如与文君的爱情故事,以笔传心,表述着自己对爱情的理解以及对爱的含义的诠释,即相知才能相爱,双方应互为知音,要能产生精神或曰心灵的共鸣。所以,作品在开篇就有"朱弦慢促相思调,不是知音不与弹"之诗句,阐明了"相思皆由相知生"的爱情观。在中国封建社会,人的婚姻关系中的礼法重于情感,形式重于内容。婚姻的成立在于符合封建等级观念的"门当户对",合于封建宗法制伦理道德的"父母之命,媒妁之言"的"礼"数,而对于相知相恋,兴趣相投等属人的个性范畴的情感却极其漠视,甚至根本不承认有爱情是婚姻的基础之一说。话本中描述卓文君与相如相爱时所表述的婚恋观,是对相知才会相思的强调,这本身就是对封建礼法的批判。作品中的卓文君不顾门第等级,"有亏妇道"而与人私奔,更是一种大胆的叛逆行为。作者以相当的热情赞扬歌颂这种富有反叛精神的爱情,这说明在宋代程朱理学尚未成为社会统治性意识时,人们对男女私下相恋尚能有相对理解的一面。另外，在对文君、相如开酒肆为生的赞许态度，也反映出宋人对经商并不歧视的反传统人生价值观。

话本在技巧上较为突出的是以心理活动的叙述来烘托人物性格。例如，在叙说卓文君去瑞仙亭与相如相见并向相如表白前，有一段揭示其心理活动的描写："其人(司马相如)俊雅风流，日后必然大贵。但不知有妻无妻？我若得如此之丈夫，平生愿足！争奈此人箪瓢屡空，若待媒证求亲，俺父亲决然不肯。倘若挫(错)过此人，再后难得。"这就活化了一个热情泼辣、胸襟开放，富有自主性又具决断力的才女形象。再如，在叙述卓王孙在知道相如被征召后有心与女儿和解时有一段内心独白："我女儿有先见之明。为见此人才貌双全，必然显达，所以成了亲事。老夫想起来，男昏女嫁，人之大伦。我女婿不得官，我先带侍女春儿，同往成都去望，乃是父子之情，无人笑我。若是他得了官时去看他，交人道我趋时棒(奉)势。"这段描写，显出了卓王孙的精明、为人三思而后行的性格特征，符合人物的真实性。

关于人物形象的评价，历来是较一致地褒赞卓文君和司马相如的反封建叛逆精神，称之为典型与楷模。而他们对历代的青年人也确有很大影响。并且，这两个形象历来一直是多种文艺形式所表现的主人公，可谓是家喻户晓。但对卓王孙这一人物，过去往往视之为反面人物，甚至说成是扼杀青年人追求理想与爱情的封建家长的代表，这是比较片面的。其实话本里的卓王孙基本上是个爱女儿、但不太理解女儿心思的大富商形象。在作品中，文君是他生活的全部。文君私奔，他首先想到的是"你到他家如何见人"的问题，他希望女儿能风风光光地以富家千金身份出阁，这应当说是每个做父亲的人所共有的心愿，无可厚非。对文君择相如为夫一事，他并没有表现出对自己财产的归属或自己的声名受损等的怨怼。相如被征召的消息传到他耳里时，卓王孙又颇以女儿的眼光自豪，这也是在以官本位为中心的社会中世俗人的常有心态。

应该说，话本中具有新意的情爱观和充满生活真实内涵的人物心态描写，使整部作品富有现实意义和生活气息，并产生了永久的艺术魅力。　(曾庆雨)

【作者小传】

陆显之

元杂剧、话本作家。汴梁(今河南开封)人。性滑稽，善隐语。作有话本《宋四公大闹禁魂张》等。

宋四公大闹禁魂张

陆显之

钱如流水去还来，恤寡周贫莫吝财。

试览石家金谷地，于今荆棘昔楼台。

话说晋朝有一人，姓石，名崇，字季伦。当时未发迹时，专一在大江中，驾一小船，只用弓箭射鱼为生。

忽一日，至三更，有人扣船言曰："季伦救吾则个！"石崇听得，随即推篷，探头看时，只见月色满天，照着水面。月光之下，水面上立着一个年老之人。石崇问老人："有何事故，夜间相恳?"老人又言："相救则个！"石崇当时就令老人上船，问："有何缘故?"老人答曰："吾非人也，吾乃上江老龙王。年老力衰，今被下江小龙欺我年老，与吾斗敌，累输与他，老拙无安身之地。又约我明日大战，战时，又要输与他。今特来求季伦，明日午时弯弓在江面上，江中两个大鱼相战，前走者是我，后赶者乃是小龙，但望君借一臂之力，可将后赶大鱼一箭，坏了小龙性命，老拙自当厚报重恩。"石崇听罢，谨领其命。那老人相别而回，涌身一跳，入水而去。

石崇至明日午时，备下弓箭，果然将傍午时，只见大江水面上，有二大鱼追赶将来。石崇扣上弓箭，望着后面大鱼，风地一箭，正中那大鱼腹上。但见满江红水，其大鱼死于江上。此时风浪俱息，并无他事。夜至三更，又见老人扣船来谢道："蒙君大恩，今得安迹。来日午时，你可将船泊于蒋山脚下南岸第七株杨柳树下相候，当有重报。"言罢而去。

石崇明日依言，将船去蒋山脚下杨柳树边相候。只见水面上有鬼使三人出，把船推将去。不多时，船回，满载金银珠玉等物。又见老人出水，与石崇曰："如君再要珍珠宝贝，可将空船来此相候取物。"相别而去。

这石崇每每将船于柳树下等，便是一船珍宝，因致敌国之富。将宝玩买嘱权贵，累升至太尉之职，真是富贵两全。遂买一所大宅于城中，宅后造金谷园，园中亭台楼馆。用六斛大明珠，买得一妾，名曰绿珠。又置偏房姨奶侍婢，朝欢暮乐，极其富贵。结识朝臣国戚，宅中有十里锦帐，天上人间，无比奢华。

忽一日排筵，独请国舅王恺，这人姐姐是当朝皇后。石崇与王恺，饮酒半酣，石崇唤绿珠出来劝酒，端的十分美貌。王恺一见绿珠，喜不自胜，便有奸淫之意。石崇相待宴罢，王恺谢了，自回。心中思慕绿珠之色，不能勾得会。王恺常与石崇斗宝，王恺宝物，不及石崇，因此阴怀毒心，要害石崇。每每受石崇厚待，无因为之。

忽一日，皇后宣王恺入内御宴。王恺见了姐姐，就流泪，告言："城中有一财主富室，家财巨万，宝贝奇珍，言不可尽。每每请弟，设宴斗宝，百不及他一二。姐姐可怜与弟争口气，于内库内那借奇宝，赛他则个。"皇后见弟如此说，遂召掌内库的太监，内库中借他镇库之宝，乃是一株大珊瑚树，长三尺八寸。不曾启奏天子，令人扛抬往王恺之宅。王恺谢了姐姐，便回府用蜀锦做重罩罩了。

翌日，广设珍羞美馔，使人移在金谷园中，请石崇会宴。先令人扛抬珊瑚树去园上闲空闲阁子里安了。王恺与石崇饮酒半酣，王恺道："我有一宝，可请一观，勿笑为幸。"石崇教去了锦袱，看着微笑，用杖一击，打为粉碎。王恺大惊，叫苦连天道："此是朝廷内库中镇库之宝，自你赛我不过，心怀妒恨，将来打碎了，如何是好？"石崇大笑道："国舅休虑，此亦未为至宝。"石崇请王恺到后园中，看珊瑚树，大小三十余株，有长至七八尺者。内一株一般三尺八寸，遂取来赔王恺填库。更取一株长大的送与王恺。王恺羞惭而退，自思国中之宝，敌不得他过，遂乃生计嫉妒。

一日，王恺朝于天子，奏道："城中有一富豪之家，姓石，名崇，官居太尉，家中敌国之富。奢华受用，虽我王不能及他快乐。若不早除，恐生不测。"天子准奏，口传圣旨，便差驾上人，去捉拿太尉石崇下狱，将石崇应有家资，皆没入官。王恺心中只要图谋绿珠为妾，使兵围绕其宅，欲夺之。绿珠自思道："丈夫被他诬害，性命不知存亡。今日强要夺我，怎肯随他？虽死不受其辱！"言讫，遂于金谷园中坠楼而死，深可悯哉！王恺闻之，大怒，将石崇戮于市曹。石崇临受刑时叹曰："汝辈利吾家财耳。"刽子曰："你既知财多害己，何不早散之？"石崇无言可答，挺头受刑。胡曾先生有诗曰：

一自佳人坠玉楼，晋家官阙古今愁。

惟余金谷园中树，已向斜阳叹白头。

方才说石崇因富得祸，是夸财炫色，遇了王恺国舅这个对头。如今再说一个富家，安分守己，并不惹事生非。只为一点悭吝未除，便弄出非常大事，变做一段有笑声的小说。这富家姓甚名谁？听我道来。

这富家姓张，名富，家住东京开封府，积祖开质库，有名唤做张员外。这员外有件毛病，要去那：

虱子背上抽筋，鹭鸶腿上割股，

古佛脸上剥金，黑豆皮上刮漆，

痰唾留着点灯，捋松将来炒菜。

这个员外平日发下四条大愿：

一愿衣裳不破，二愿吃食不消，

三愿拾得物事，四愿夜梦鬼交。

是个一文不使的真苦人。他还地上拾得一文钱，把来磨做镜儿，捍做磬儿，掐做锯儿，叫声我儿，做个嘴儿，放入箧儿。人见他一文不使，起他一个异名，唤做"禁魂张员外"。

当日是日中前后，员外自入去里面，白汤泡冷饭吃点心，两个主管在门前数见钱。只见一个汉，浑身赤膊，一身锦片也似文字，下面熟白绢棍拽扎着，手把着个笊篱，觑着张员外家里，唱个大喏了教化。口里道："持绳把索，为客周全。"主管见员外不在门前，把两文撇在他笊篱里。张员外恰在水瓜心布帘后望见，走将出来道："好也，主管！你做甚么把两文撇与他？一日两文，千日便两贯。"大步向前，赶上捉笊篱的，打一夺，把他一笊篱钱都倾在钱堆里，却教众当直打他一顿。路行人看见也不忿。那捉笊篱的哥哥吃打了，又不敢和他争，在门前指着了骂。

只见一个人叫道："哥哥，你来，我与你说句话。"捉笊篱的回过头来，看那个人，却是狱家院子打扮一个老儿。两个唱了喏，老儿道："哥哥，这禁魂张员外，不近道理，不要共他争。我与你二两银子，你一文价卖生萝卜，也是经纪人。"捉笊篱的得了银子，唱喏自去，不在话下。那老儿是郑州泰宁军人，姓宋，排行第四，人叫他做宋四公，是小番子闲汉。宋四公夜至三更前后，向金梁桥上，四文钱买两只焦酸馅，揣在怀里，走到禁魂张员外门前。路上没一个人行，月又黑。宋四公取出蹊跷作怪的动使，一挂挂在屋檐上，从上面打一盘盘在屋上，从天井里一跳跳将下去。两边是廊屋，去侧首见一碗灯。听着里面时，只听得有个妇女声道："你看三哥恁么早晚，兀自未来。"宋四公道："我理会得了，这妇女必是约人在此私通。"看那妇女时，生得：

黑丝丝的发儿，白莹莹的额儿，翠弯弯的眉儿，溜度度的眼儿，正隆隆的鼻儿，红艳艳的腮儿，香喷喷的口儿，平坦坦的胸儿，白堆堆的奶儿，玉纤纤的手儿，细臬臬的腰儿，弓弯弯的脚儿。

那妇女被宋四公把两只衫袖掩了面，走将上来。妇女道："三哥，做甚么遮了脸子唬我。"被宋四公向前一捽，捽住腰里，取出刀来道："悄悄地！高则声，便杀了你！"那妇女颤做一团，道："告公公，饶奴性命。"宋四公道："小娘子，我来这里做不是，我问你则个，他这里到土库有多少关闭？"妇女道："公公，出得奴房十来步，有个陷马坑，两只恶狗。过了便有五个防土库的，在那里吃酒赌钱，一家当一更，便是土库。入得那土库，一个纸人，手里托着个银球，底下做着关棙子，踏着关棙子银球脱在地下，有条合溜，直滚到员外床前，惊觉，教人捉了你。”宋四公道：“却是恁地。小娘子，背后来的是你兀谁？”妇女不知是计，回过头去，被宋四公一刀从肩头上劈将下去，见道血光倒了。那妇女被宋四公杀了。宋四公再出房门来，行十来步，沿西手走过陷马坑，只听得两个狗子吠。宋四公怀中取出酸馅，着些个不按君臣作怪的药，人在里面，觑得近了，撇向狗子身边去。狗子闻得又香又软，做两口吃了，先摆番两个狗子。又行过去，只听得人喝幺幺六六，约莫也有五六人在那里掷骰。宋四公怀中取出一个小罐儿，安些个作怪的药在中面，把魂撇火石，取些火烧着，喷鼻馨香。那五个人闻得，道：“好香！员外日早晚兀自烧香。”只管闻来闻去，只见脚在下，头在上，一个倒了又一个倒。看见那五个男女，闻那香，一霎间都摆番了。宋四公走到五人面前，见有半掇儿吃剩的酒，也有果菜之类，被宋四公把来吃了。只见五个人眼睁睁地，只是则声不得。便走到土库门前，见一具胳膊来大三簧锁，锁着土库门。宋四公怀里取个钥匙，名唤做“百事和合”，不论大小粗细锁都开得，把钥匙一斗，斗开了锁，走入土库里面去，入得门，一个纸人手里，托着个银球。宋四公先拿了银球，把脚踏过许多关棙子，觅了他五万贯锁赃物，都是上等金珠，包裹做一处。怀中取出一管笔来，把津唾润教湿了，去壁上写着四句言语，道：

宋国逍遥汉，四海尽留名。
曾上太平鼎，到处有名声。

写了这四句言语在壁上，土库也不关，取条路出那张员外门前去。宋四公思量道：“梁园虽好，不是久恋之家。”连更彻夜，走归郑州去。

且说张员外家，到得明日天晓，五个男女苏醒，见土库门开着，药死两个狗子，杀死一个妇女，走去覆了员外。员外去使臣房里下了状，滕大尹差王七殿直王遵，看贼踪由。做公的看了壁上四句言语，数中一个老成的叫做周五郎周宣，说道："告观察，不是别人，是宋四。"观察道："如何见得？"周五郎周宣道："'宋国逍遥汉'，只做着上面个'宋'字；'四海尽留名'，只做着个'四'字；'曾到太平鼎'，只做着个'曾'字；'到处有名声'，只做着个'到'字。上面四字道：'宋四曾到。'"王殿直道："我久闻得做道路的，有个宋四公，是郑州人氏，最高手段，今番一定是他了。"便教周五郎周宣，将带一行做公的，去郑州干办宋四。

众人路上，离不得饥餐渴饮，夜住晓行。到郑州，问了宋四公家里，门前开着一个小茶坊。众人入去吃茶，一个老子上灶点茶。众人道："一道请四公出来吃茶。"老子道："公公害些病未起在，等老子入去传话。"老子走进去了，只听得宋四公里面叫起来道："我自头风发，教你买三文粥来，你兀自不肯。每日若干钱养你，讨不得替心替力，要你何用？"刮刮地把那点茶老子打了几下。只见点茶的老子手把只粥碗出来，道："众上下少坐，宋四公教我买粥，吃了便来。"众人等个意休不休，买粥的也不见回来，宋四公也竟不见出来。众人不奈烦，入去他房里看时，只见缚着一个老儿。众人只道宋四公来收他。那老儿说道："老汉是宋公点茶的，恰才把碗去买粥的，正是宋四公。"众人见说，吃了一惊，叹口气道："真个是好手！我们看不仔细，却被他瞒过了。"只得出门去赶，那里赶得着？众做公的只得四散，分头各去，挨查缉获，不在话下。

原来众人吃茶时，宋四公在里面，听得是东京人声音，悄地打一望，又像个干办公事的模样，心上有些疑惑，故意叫骂埋怨。却把点茶老儿的儿子衣服，打换穿着，低着头，只做买粥，走将出来，因此众人不疑。

却说宋四公出得门来，自思量道："我如今却是去那里好？我有个师弟，是平江府①人，姓赵，名正。曾得他信道：如今在谟县。我不如去投奔他家也罢。”宋四公便改换色服，妆做一个狱家院子打扮，把一把扇子遮着脸，假做瞎眼，一路上慢腾腾地，取路要来谟县。来到谟县前，见个小酒店，但见：

云拂烟笼锦旆扬，太平时节日舒长。

能添壮士英雄胆，会解佳人愁闷肠。

三尺晓垂杨柳岸，一竿斜刺杏花傍。

男儿未遂平生志，且乐高歌入醉乡。

宋四公觉得肚中饥馁，入那酒店去，买些个酒吃。酒保安排将酒来，宋四公吃了三两杯酒。

只见一个精精致致的后生，走入酒店来。看那人时，却是如何打扮？

砖顶背系带头巾，皂罗文武带背儿，下面宽口袴，侧面丝鞋。

叫道：“公公拜揖。”宋四公抬头看时，不是别人，便是他师弟赵正。宋四公人面前，不敢师父师弟厮叫，只道：“官人少坐。”赵正和宋四公叙了间阔，就坐。教酒保添只盏来筛酒，吃了一杯。赵正却低低地问道：“师父一向疏阔。”宋四公道：“二哥，几时有道路也没？”赵正道：“是道路却也自有，都只把来风花雪月使了。闻知师父入东京去，得拳道路。”宋四公道：“也没甚么，只有得个四五万钱。”又问赵正道：“二哥，你如今那里去？”赵正道：“师父，我要上东京闲走一遭，一道赏玩则个，归平江府去做话说。”宋四公道：“二哥，你去不得。”赵正道：“我如何上东京不得？”宋四公道：“有三件事，你去不得。第一，你是浙右人，不知东京事，行院②少有认得你的，你去投奔阿谁？第二，东京百八十里罗城，唤做‘卧牛城’。我们只是草寇，常言：‘草入牛口，其命不久。’第三，是东京有五千个眼明手快做公的人，有三都捉事使臣。”赵正道：“这三件事都不妨，师父，你只放心，赵正也不到得胡乱吃输。”宋四公道：“二哥，你不信我口，要去东京时，我觅得禁魂张员外的一包儿细软，我将归客店里去，安在头边，枕着头，你觅得我的时，你便去上东京。”赵正道：“师父，恁地时不妨。”两个说罢，宋四公还了酒钱，将着赵正归客店里。店小二见宋四公将着一个官人归来，唱了喏。赵正同宋四公入房里走一遭，道了“安置”，赵正自去。当下天色晚，如何见得？

暮烟迷远岫，薄雾卷晴空。群星共皓月争光，远水与山光斗碧。深林古寺，数声钟韵悠扬；曲岸小舟，几点渔灯明灭。枝上子规啼夜月，花间粉蝶宿芳丛。

宋四公见天色晚，自思量道：“赵正这汉手高，我做他师父，若还真个吃他觅了这包细软，好吃人笑！不如早睡。”宋四公却待要睡，又怕吃赵正来后如何，且只把一包细软安放头边，就床上掩卧。只听得屋梁上知知兹兹地叫，宋四公道：“作怪！未曾起更，老鼠便出来打闹人。”仰面向梁上看时，脱些个屋尘下来，宋四公打两个喷涕。少时，老鼠却不则声，只听得两个猫儿乜凹乜凹地厮咬了叫，溜些尿下来，正滴在宋四公口里，好臊臭。宋四公渐觉困倦，一觉睡去。

到明日天晓起来，头边不见了细软包儿。正在那里没摆拨，只见店小二来说道：“公公，昨夜同公公来的官人来相见。”宋四公出来看时，却是赵正。相揖罢，请他入房里去，关上房门。赵正从怀里取出一个包儿。纳还师父。宋四公道：“二哥，我问你则个，壁落共门，都不曾动，你却是从那里来讨了我的包儿？”赵正道：“实瞒不得师父，房里床面前一带黑油纸槛窗，把那学书纸糊着，吃我先在屋上，学一和老鼠，脱下来屋尘，便是我的作怪药，撒在你眼里鼻里，教你打几个喷涕。后面猫尿，便是我的尿。”宋四公道：“畜生，你好没道理！”赵正道：“是吃我盘到你房门前，揭起学书纸，把小锯儿锯将两条窗栅下来，我便挨身而入，到你床边偷了包儿。再盘出窗外去，把窗栅再接住，把小钉儿钉着，再把学书纸糊了，恁地便没踪迹。”宋四公道：“好好！你使得，也未是你会处。你还今夜再觅得我这包儿，我便道你会。”赵正道：“不妨，容易的事。”赵正把包儿还了宋四公道：“师父，我且归去，明日再会。”漾了手自去。

宋四公口里不说，肚里思量道：“赵正手高似我，这番又吃他觅了包儿，越不好看，不如安排走休。”宋四公便叫将店小二来，说道：“店二哥，我如今要行，二百钱在这里，烦你买一百钱熬肉[③]，多讨椒盐，买五十钱蒸饼，剩五十钱，与你买碗酒吃。”店小二谢了公公，便去谟县前买了熬肉和蒸饼，却待回来。虽客店十来家，有个茶坊里，一个官人叫道：“店二哥，那里去？”店二哥抬头看时，便是和宋四公相识的官人。店二哥道：“告官人，公公要去，教男女买熬肉共蒸饼。”赵正道：“且把来看。”打开荷叶，看了一看，问道：“这里几文钱肉？”店二哥道：“一百钱肉。”赵正就怀里取出二百钱来道：“哥哥，你留这熬肉、蒸饼在这里，我与你二百钱，一道相烦，依这样与我买来，与哥哥五十钱买酒吃。”店二哥道：“谢官人！”道了便去。不多时，便买回来。赵正道：“甚劳烦哥哥，与公公再裹了那熬肉。见公公时，做我传语他，只教他今夜小心则个。”店二哥唱喏了自去。到客店里将肉和蒸饼递还宋四公。宋四公接了道：“罪过哥哥。”店二哥道：“早间来的那官人，教再三传语，今夜小心则个。”

宋四公安排行李，还了房钱，脊背上背着一包被卧。手里提着包裹，便是觅得禁魂张员外的细软，离了客店。行一里有余，取八角镇路上来。到渡头看那渡船，却在对岸，等不来。肚里又饥，坐在地上，放细软包儿在面前，解开熬肉裹儿，擘开一个蒸饼，把四五块肥底熬肉，多蘸些椒盐，卷做一卷，嚼得两口，只见天在下，地在上，就那里倒了。宋四公只见一个丞局打扮的人，就面前把了细软包儿去。宋四公眼睁睁地见他把去，叫又不得，赶又不得，只得由他。那个丞局拿了包儿，先过渡去了。

宋四公多样时苏省起来，思量道："那丞局是阿谁？捉我包儿去。店二哥与我买的熬肉里面有作怪物事！"宋四公忍气吞声走起来，唤渡船过来，过了渡，上了岸，思量那里去寻那丞局好。肚里又闷，又有些饥渴，只见个村酒店，但见：

柴门半掩，破旆低垂。村中量酒，岂知有涤器相如？陋质蚕姑，难效彼当炉卓氏。壁间大字，村中学究醉时题；架上麻衣，好饮芒郎留下当。酸醨破瓮土床排，彩画醉仙尘土暗。

宋四公且入酒店里去，买些酒消愁解闷则个。酒保唱了喏，排下酒来。一杯两盏，酒至三杯，宋四公正闷里吃酒，只见外面一个妇女入酒店来：

油头粉面，白齿朱唇。锦帕齐眉，罗裙掩地。鬓边斜插些花朵，脸上微堆着笑容。虽不比闺里佳人，也当得垆头少妇。

那个妇女入着酒店，与宋四公道个万福，拍手唱一只曲儿。宋四公仔细看时，有些个面熟，道这妇女是酒店擦卓儿的④："请小娘子坐则个。"妇女在宋四公根底坐定，教量酒添只盏儿来，吃了一盏酒。宋四公把那妇女抱一抱，撮一撮，拍拍惜惜，把手去摸那胸前道："小娘子，没有奶儿。"又去摸他阴门，只见累累垂垂一条价。宋四公道："热牢，你是兀谁？"那个妆做妇女打扮的，又手不离方寸道："告公公，我不是擦卓儿顶老，我便是苏州平江府赵正。"宋四公道："打脊的检才！我是你师父，却教我摸你爷头！原来却才丞局便是你。"赵正道："可知便是赵正。"宋四公道："二哥，我那细软包儿，你却安在那里？"赵正叫量酒道："把适来我寄在这里包儿还公公。"量酒取将包儿来，宋四公接了道："二哥，你怎地拿下我这包儿？"赵正道："我在客店隔几家茶坊里坐地，见店小二哥提一裹熬肉。我讨来看，便使转他也与我去买，被我安些汗药在里面裹了，依然教他把来与你。我妆做丞局，后面踏将你来，你吃摆番了。被我拿得包儿，到这里等你。”宋四公道：“恁地你真个会，不枉了上得东京去。”即时还了酒钱，两个同出酒店去。空野处除了花朵，溪水里洗了面，换一套男子衣裳着了，取一顶单青纱头巾裹了。

宋四公道：“你而今要上京去，我与你一封书，去见个人，也是我师弟。他家住汴河岸上，卖人肉馒头，姓侯，名兴，排行第二，便是侯二哥。”赵正道：“谢师父。”到前面茶坊里，宋四公写了书，分付赵正，相别自去。宋四公自在谟县。赵正当晚去客店里安歇，打开宋四公书来看时，那书上写道：

> 师父信上贤师弟二郎、二娘子：别后安乐否？今有姑苏贼人赵正，欲来京做买卖，我特地使他来投奔你。这汉与行院无情，一身线道，堪作你家行货使用。我吃他三次无礼，可千万剿除此人，免为我们行院后患。

赵正看罢了书，伸着舌头缩不上。“别人便怕了，不敢去。我且看他，如何对副我！我自别有道理。”再把那书折叠，一似原先封了。

明日天晓，离了客店，取八角镇。过八角镇，取板桥，到陈留县。沿那汴河行，到日中前后，只见汴河岸上，有个馒头店。门前一个妇女，玉井栏手巾勒着腰，叫道：“客长，吃馒头点心去。”门前牌儿上写着：“本行侯家，上等馒头点心。”赵正道：“这堞是侯兴家里了。”走将入去，妇女叫了万福，问道：“客长，用点心？”赵正道：“少待则个。”就脊背上取将包裹下来。一包金银钗子，也有花头的，也有连二连三的，也有素的，都是沿路上觅得的。侯兴老婆看见了，动心起来，道：“这客长，有二三百只钗子！我虽然卖人肉馒头，老公虽然做赞老子，到没许多物事。你看少间问我买馒头吃，我多使些汗火，许多钗子都是我的。”赵正道：“嫂嫂，买五个馒头来。”侯兴老婆道：“着！”楦个堞子，盛了五个馒头，就灶头合儿里多撮些物料在里面。赵正肚里道："这合儿里便是作怪物事了。"赵正怀里取出一包药来，道："嫂嫂，觅些冷水吃药。"侯兴老婆将半碗水来，放在卓上。赵正道："我吃了药，却吃馒头。"赵正吃了药，将两只箸一拨，拨开馒头馅，看了一看，便道："嫂嫂，我爷说与我道：'莫去汴河岸上买馒头吃，那里都是人肉的。'嫂嫂，你看这一块有指甲，便是人的指头。这一块皮上许多短毛儿，须是人的不便处。"侯兴老婆道："官人休要，那得这话来！"赵正吃了馒头，只听得妇女在灶前道："倒也！"指望摆番赵正，却又没些事。赵正道："嫂嫂，更添五个。"侯兴老婆道："想是恰才汗火少了，这番多把些药倾在里面。"赵正怀中又取包儿吃些个药。侯兴老婆道："官人吃甚么药？"赵正道："平江府提刑散的药，名唤做'百病安丸'。妇女家八般头风，胎前产后，脾血气痛，都好服。"侯兴老婆道："就官人觅得一服吃也好。"赵正去怀里别捌换包儿来，撮百十丸与侯兴老婆吃了，就灶前攧番了。赵正道："这婆娘要对副我，却到吃我摆番。别人漾了去，我却不走。"特骨地在那里解腰捉虱子。

不多时，见个人挑一担物事归。赵正道："这个便是侯兴，且看他如何？"侯兴共赵正两个唱了喏，侯兴道："客长吃点心也未？"赵正道："吃了。"侯兴叫道："嫂子，会钱也未？"寻来寻去，寻到灶前，只见浑家倒在地下，口边溜出痰涎，说话不真，喃喃地道："我吃摆番了。"侯兴道："我理会得了，这婆娘不认得江湖上相识，莫是吃那门前客长摆番了？"侯兴向赵正道："法兄，山妻眼拙，不识法兄，切望恕罪。"赵正道："尊兄高姓？"侯兴道："这里便是侯兴。"赵正道："这里便是姑苏赵正。"两个相揖了，侯兴自把解药与浑家吃了。赵正道："二兄，师父宋四公有书上呈。"侯兴接着，拆开看时，书上写着许多言语，末梢道："可剿除此人。"侯兴看罢，怒从心上起，恶向胆边生，道："师父兀自三次无礼，今夜定是坏他性命！"向赵正道："久闻清德，幸得相会！"即时置酒相待。晚饭过了，安排赵正在客房里睡。侯兴夫妇在门前做夜作。

赵正只闻得房里一阵臭气，寻来寻去，床底下一个大缸。采手打一摸，一颗人头，又打一摸，一只人手共人脚。赵正搬出后门头，都把索子缚了，挂在后门屋檐上。关了后门，再入房里，只听得妇女道："二哥，好下手！"侯兴道："二嫂，使未得！更等他落忽些个。"妇女道："二哥，看他今日把出金银钗子，有二三百只。今夜对副他了，明日且把来做一头戴，教人喝采则个。"赵正听得道："好也！他两个要恁地对副我性命，不妨得。"侯兴一个儿子，十来岁，叫做"伴哥"，发脾寒，害在床上。赵正去他房里，抱那小的安在赵正床上，把被来盖了，先走出后门去。

不多时，侯兴浑家把着一碗灯，侯兴把一把劈柴大斧头，推开赵正房门，见被盖着个人在那里睡，和被和人，两下斧头，砍做三段。侯兴揭起被来看了一看，叫声："苦也！二嫂，杀了的是我儿子伴哥！"两夫妻号天洒地哭起来。赵正在后门叫道："你没事自杀了儿子则甚？赵正却在这里。"侯兴听得焦燥，拿起劈柴斧赶那赵正，慌忙走出后门去，只见扑地撞着侯兴额头，看时却是人头、人脚、人手挂在屋檐上，一似闹竿儿相似。侯兴教浑家都搬将入去，直上去赶。赵正见他来赶，前头是一派溪水。赵正是平江府人，会弄水，打一跳，跳在溪水里，后头侯兴也跳在水里来赶。赵正一分一蹬，顷刻之间，过了对岸。侯兴也会水，来得迟些个。赵正先走上岸，脱下衣裳挤教干。侯兴赶那赵正，从四更前后，到五更二点时候，赶十一二里，直到顺天新郑门一个浴堂。赵正入那浴堂里洗面，一道烘衣裳。正洗面间，只见一个人把两只手去赵正两腿上打一掣，掣番赵正。赵正见侯兴来掣他，把两秃膝桩番侯兴，倒在下面，只顾打。

只见一个狱家院子打扮的老儿进前道："你门看我面放手罢。"赵正和侯兴抬头看时，不是别人，却是师父宋四公，一家唱个大喏，直下便拜。宋四公劝了，将他两个去汤店里吃盏汤。侯兴与师父说前面许多事，宋四公道："如今一切休论。则是赵二哥明朝入东京去，那金梁桥下，一个卖酸馅的，也是我门行院，姓王，名秀。这汉走得楼阁没赛，起个浑名，唤做'病猫儿'。他家在大相国寺后面院子里住。他那卖酸馅架儿上一个大金丝罐，是定州中山府窑变了烧出来的，他惜似气命。你如何去拿得他的?"赵正道："不妨。"等城门开了，到日中前后，约师父只在侯兴处。

赵正打扮做一个砖顶背系带头巾，皂罗文武带背儿，走到金梁桥下，见一抱架儿，上面一个大金丝罐，根底立着一个老儿：

郓州单青纱现顶儿头巾，身上着一领差杨柳子布衫。腰里玉井栏手巾，抄着腰。

赵正道："这个便是王秀了。"赵正走过金梁桥来，去米铺前撮几颗红米，又去菜担上摘些个叶子，和米和叶子，安在口里，一处嚼教碎。再走到王秀架子边，漾下六文钱，买两个酸馅，特骨地脱一文在地下。王秀去拾那地上一文钱，被赵正吐那米和菜在头巾上，自把了酸馅去。却在金梁桥顶上立地，见个小的跳将来，赵正道："小哥，与你五文钱，你看那卖酸馅王公头巾上一堆虫蚁屎，你去说与他，不要道我说。"那小的真个去说道："王公，你看头巾上。"王秀除下头巾来，只道是虫蚁屎，入去茶坊里揩抹了。走出来架子上看时，不见了那金丝罐。原来赵正见王秀入茶坊去揩那头巾，等他眼慢，拿在袖子里便行，一径走往侯兴家去。宋四公和侯兴看了，吃一惊。赵正道："我不要他的，送还他老婆休。"赵正去房里换了一顶搭飒头巾，底下旧麻鞋，着领旧布衫，手把着金丝罐，直走去大相国寺后院子里。见王秀的老婆，唱个喏了道："公公教我归来问婆婆取一领新布衫、汗衫、裤子、新鞋袜，有金丝罐在这里表照。"婆子不知是计，收了金丝罐，取出许多衣裳，分付赵正。赵正接得了，再走去见宋四公和侯兴道："师父，我把金丝罐去他家换许多衣裳在这里。我们三个少间同去送还他，博个笑声。我且着了去闲走一回耍子。”

赵正便把王秀许多衣裳着了，再入城里，去桑家瓦里闲走一回，买酒买点心吃了，走出瓦子外面来。却待过金梁桥，只听得有人叫：“赵二官人！”赵正回过头来看时，却是师父宋四公和侯兴。三个同去金梁桥下，见王秀在那里卖酸馅，宋四公道：“王公拜茶。”王秀见了师父和侯二哥，看了赵正，问宋四公道：“这个客长是兀谁？”宋四公恰待说，被赵正拖起去，教宋四公：“未要说我姓名，只道我是你亲戚，我自别有道理。”王秀又问师父：“这客长高姓？”宋四公道：“是我的亲戚，我将他来京师闲走。”王秀道：“如此……”即时寄了酸馅架儿在茶坊，四个同出顺天新郑门外僻静酒店，去买些酒吃。入那酒店去，酒保筛酒来，一杯两盏，酒至三巡，王秀道：“师父，我今朝呕气。方才挑那架子出来，一个人买酸馅，脱一钱在地下。我去拾那一钱，不知甚虫蚁屙在我头巾上。我入茶坊去揩头巾，出来不见了金丝罐，一日好闷！”宋四公道：“那人好大胆！在你跟前卖弄得，也算有本事了。你休要气闷，到明日间暇时，大家和你查访金丝罐。又没三件两件，好歹要讨个下落，不到得失脱。”赵正肚里，只是暗暗的笑。四个都吃得醉，日晚了，各自归。

且说王秀归家去，老婆问道：“大哥，你恰才教人把金丝罐归来？”王秀道：“不曾。”老婆取来道：“在这里，却把了几件衣裳去。”王秀没猜道是谁，猛然想起今日宋四公的亲戚身上穿一套衣裳，好似我家的。心上委决不下，肚里又闷，提一角酒，索性和婆子吃个醉，解衣卸带了睡。王秀道：“婆婆，我两个多时不曾做一处。”婆子道：“你许多年纪了，兀自鬼乱！”王秀道：“婆婆，你岂不闻：‘后生犹自可，老的急似火。’”王秀早移过共头，在婆子头边，做一班半点儿事，兀自未了当。原来赵正见两个醉，拨开门躲在床底下，听得两个鬼乱，把尿盆去房门上打一攧。王秀和婆子吃了一惊，鬼慌起来。看时，见个人从床底下趱将出来，手提一包儿。王秀就灯光下仔细认时，却是和宋四公、侯兴同吃酒的客长。王秀道："你做甚么?"赵正道："宋四公教还你包儿。"王公接了看时，却是许多衣裳。再问："你是甚人?"赵正道："小弟便是姑苏平江府赵正。"王秀道："如此，久闻清名，因此拜识。"便留赵正睡了一夜。

次日，将着他闲走。王秀道："你见白虎桥下大宅子，便是钱大王府，好一拳财。"赵正道："我们晚些下手。"王秀道："也好。"到三鼓前后，赵正打个地洞，去钱大王土库偷了三万贯钱正赃，一条暗花盘龙羊脂白玉带。王秀在外接应，共他归去家里去躲。明日，钱大王写封简子与滕大尹，大尹看了，大怒道："帝辇之下，有这般贼人!"即时差缉捕使臣马翰，限三日内要捉钱府做不是的贼人。

马观察马翰得了台旨，分付众做公的落宿，自归到大相国寺前，只见一个人背系带砖顶头巾，也着上一领紫衫，道："观察拜茶。"同入茶坊里，上灶点茶来。那着紫衫的人怀里取出一裹松子胡桃仁，倾在两盏茶里。观察问道："尊官高姓?"那个人道："姓赵，名正，昨夜钱府做贼的便是小子。"马观察听得，脊背汗流。却待等众做公的过捉他。吃了盏茶，只见天在下，地在上，吃摆番了。赵正道："观察醉也。"扶住他，取出一件作怪动使剪子，剪下观察一半衫襟，安在袖里，还了茶钱。分付茶博士道："我去叫人来扶观察。"赵正自去。

两碗饭间，马观察肚里药过了，苏醒起来，看赵正不见了。马观察走归去，睡了一夜，明日天晓，随大尹朝殿。大尹骑着马，恰待入宣德门去，只见一个人裹顶弯角帽子，着上一领皂衫，拦着马前，唱个大喏，道："钱大王有札目上呈。"滕大尹接了，那个人唱喏自去。大尹就马上看时，腰裹金鱼带不见挞尾。简上写道："姑苏贼人赵正拜禀大尹尚书：所有钱府失物，系是正偷了。若是大尹要来寻赵正家里，远则十万八千，近则只在目前。"大尹看了越焦燥，朝殿回衙，即时升厅，引放

民户词状。词状人抛箱,大尹看到第十来纸状,有状子上面也不依式论诉甚么事,去那状上只写一只《西江月》曲儿。道是:

是水归于大海,闲汉总入京都。三都捉事马司徒,衫褙难为作主。　盗了亲王玉带,剪除大尹金鱼。要知闲汉姓名无?小月傍边匹土。

大尹看罢道:“这个又是赵正,直恁地手高?”即唤马观察马翰来,问他捉贼消息。马翰道:“小人因不认得贼人赵正,昨日当面挫过。这贼委的手高,小人访得他是郑州宋四公的师弟,若拿得宋四,便有了赵正。”滕大尹猛然想起,那宋四因盗了张富家的土库,见告失状未获。即唤王七殿直王遵,分付他协同马翰,访捉贼人宋四、赵正。王殿直王遵禀道:“这贼人踪迹难定,求相公宽限时日。又须官给赏钱,出榜悬挂,那贪着赏钱的便来出首,这公事便容易了办。”滕大尹听了,立限一个月缉获,依他写下榜文,如有缉知真赃来报者,官给赏钱一千贯。马翰和王遵领了榜文,径到钱大王府中,禀了钱大王,求他添上赏钱,钱大王也注了一千贯。两个又到禁魂张员外家来,也要他出赏。张员外见在失了五万贯财物,那里肯出赏钱?众人道:“员外休得为小失大。捕得着时,好一主大赃追还你。府尹相公也替你出赏,钱大王也注了一千贯,你却不肯时,大尹知道,却不好看相。”张员外说不过了,另写个赏单,勉强写足了五百贯。马观察将去府前张挂,一面与王殿直约会,分路挨查。

那时,府前看榜的人山人海,宋四公也看了榜,去寻赵正来商议。赵正道:“可奈王道、马翰,日前无怨,定要加添赏钱,缉获我们。又可奈张员外慳吝,别的都出一千贯,偏你只出五百贯,把我们看得恁贱?我们如何去蒿恼他一番,才出得气。”宋四公也怪前番王七殿直领人来拿他,又怪马观察当官禀出赵正是他徒弟,当下两人你商我量,定下一条计策,齐声道:“妙哉!”赵正便将钱大王府中这条暗花盘龙羊脂白玉带递与宋四公。四公将禁魂张员外家金珠一包,就中检出几件有名的宝物,递与赵正。两下分别,各自去行事。

且说宋四公才转身,正遇着向日张员外门首捉笊篱的哥哥,一把扯出顺天新郑门,直到侯兴家里歇脚。便道:“我今日有用你之处。”那捉笊篱的便道:“恩人有何差使?并不敢违。”宋四公道:“作成你趁一千贯钱,养家则个。”那捉笊篱的到吃一惊,叫道:“罪过!小人没福消受。”宋四公道:“你只依我,自有好处。”取出暗花盘龙羊脂白玉带,教侯兴扮作内官模样,“把这条带去禁魂张员外解库里去解钱。这带是无价之宝,只要解他三百贯,却对他说:‘三日便来取赎,若不赎时,再加绝二百贯。你且放在铺内,慢些子收藏则个。’”侯兴依计去了。张员外是贪财之人,见了这带,有些利息,不问来由,当去三百贯足钱。侯兴取钱回覆宋四公,宋四公却教捉笊篱的到钱大王门上揭榜出首。钱大王听说获得真赃,便唤捉笊篱的面审。捉笊篱的说道:“小的去解库中当钱,正遇那主管,将白玉带卖与北边一个客人,索价一千五百两。有人说是大王府里来的,故此小的出首。”钱大王差下百十名军校,教捉笊篱的做眼,飞也似跑到禁魂张员外家,不由分说,到解库中一搜,搜出了这条暗花盘龙羊脂白玉带。张员外走出来分辩时,这些个众军校,那里来管你三七二十一,一条索子扣头,和解库中两个主管,都拿来见钱大王。钱大王见了这条带,明是真赃,首人不虚,便写个钧帖,付与捉笊篱的,库上支一千贯赏钱。钱大王打轿,亲往开封府拜滕大尹,将玉带及张富一干人送去拷问。大尹自己缉获不着,到是钱大王送来,好生惭愧,便骂道:“你前日到本府告失状,开载许多金珠宝贝。我想你庶民之家,那得许多东西?却原来放线做贼!你实说这玉带甚人偷来的?”张富道:“小的祖遗财物,并非做贼窝赃。这条带是昨日申牌时分一个内官拿来,解了三百贯钱去的。”大尹道:“钱大王府里失了暗花盘龙羊脂白玉带,你岂不晓得?怎肯不审来历,当钱与他?如今这内官何在?明明是一派胡说!”喝教狱卒,将张富和两个主管一齐用刑,都打得皮开肉绽,鲜血迸流。张富受苦不过,情愿责限三日,要出去挨获当带之人。三日获不着,甘心认罪。滕大尹心上也有些疑虑,只将两个主管监候。却差狱卒押着张富,准他立限三日回话。

张富眼泪汪汪,出了府门,到一个酒店里坐下,且请狱卒吃三杯。方才举盏,只见外面踱个老儿入来,问道:"那一个是张员外?"张富低着头,不敢答应。狱卒便问:"阁下是谁?要寻张员外则甚?"那老儿道:"老汉有个喜信要报他,特到他解库前,闻说有官事在府前,老汉跟寻至此。"张富方才起身道:"在下便是张富,不审有何喜信见报?请就此坐讲。"那老儿捱着张员外身边坐下,问道:"员外土库中失物,曾缉知下落否?"张员外道:"在下不知?"那老儿道:"老汉到晓得三分,特来相报员外。若不信时,老汉愿指引同去起赃。见了真正赃物,老汉方敢领赏。"张员外大喜道:"若起得这五万贯赃物,便赔偿钱大王,也还有余,拼些上下使用,身上也得干净。"便问道:"老丈既然的确,且说是何名姓?"那老儿向耳边低低说了几句,张员外大惊道:"怕没此事!"老儿道:"老汉情愿到府中出个首状,若起不出真赃,老汉自认罪。"张员外大喜道:"且屈老丈同在此吃三杯,等大尹晚堂,一同去禀。"当下四人饮酒半醉,恰好大尹升厅,张员外买张纸,教老儿写了首状,四人一齐进府出首。滕大尹看了王保状词,却是说马观察、王殿直做贼,偷了张富家财,心中想道:"他两个积年捕贼,那有此事?"便问王保道:"你莫非挟仇陷害么?有甚么证据?"王保老儿道:"小的在郑州经纪,见两个人把许多金珠在彼兑换。他说家里还藏得有,要换时再取来。小的认得他是本府差来缉事的,他如何有许多宝物?心下疑惑。今见张富失单,所开宝物相像,小的情愿眼同张富到彼搜寻。如若没有,甘当认罪。"滕大尹似信不信,便差李观察李顺,领着眼明手快的公人,一同王保、张富前去。

此时马观察马翰，与王七殿直王遵，俱在各县挨缉两宗盗案未归。众人先到王殿直家，发声喊，径奔入来。王七殿直的老婆，抱着三岁的孩子，正在窗前吃枣糕，引着耍子。见众人啰唣，吃了一惊，正不知甚么缘故。恐怕吓坏了孩子，把袖褶子掩了耳朵，把着进房。众人随着脚跟儿走，围住婆娘，问道："张员外家赃物，藏在那里?"婆娘只光着眼，不知那里说起。众人见婆娘不言不语，一齐掀箱倾笼，搜寻了一回。虽有几件银钗饰和些衣服，并没赃证。李观察却待埋怨王保，只见王保低着头，向床底下钻去，在贴壁床脚下，解下一个包儿，笑嘻嘻的捧将出来。众人打开看时，却是八宝嵌花金杯一对，金镶玳瑁杯十只，北珠念珠一串。张员外认得是土库中东西，还痛起来，放声大哭。连婆娘也不知这物事那里来的，慌做一堆，开了口合不得，垂了手抬不起。众人不由分说，将一条索子，扣了婆娘的头。婆娘哭哭啼啼，将孩子寄在邻家，只得随着众人走路。众人再到马观察家，混乱了一场。又是王保点点搠搠，在屋檐瓦棂内搜出珍珠一包，嵌宝金钏等物，张员外也都认得。两家妻小，都带到府前。

滕大尹兀自坐在厅上，专等回话。见众人蜂拥进来，阶下列着许多赃物，说是床脚上、瓦棂内搜出，见有张富识认是真。滕大尹大惊道："常闻得捉贼的就做贼，不想王遵、马翰真个做下这般勾当!"喝教："将两家妻小监候，立限速拿正贼。所获赃物暂寄库。首人在外听候，待赃物明白，照额领赏。"张富磕头禀道："小人是有碗饭吃的人家，钱大王府中玉带跟由，小人委实不知。今小的家中被盗赃物，既有的据，小人认了晦气，情愿将来赔偿钱府。望相公方便，释放小人和那两个主管，万代阴德。"滕大尹情知张富冤枉，许他召保在外。王保跟张员外到家，要了他五百贯赏钱去了。原来王保就是王秀，浑名"病猫儿"，他走得楼阁没赛。宋四公定下计策，故意将禁魂张员外家土库中赃物，预教王秀潜地埋藏两家床头、屋檐等处，

宋四公大闹禁魂张

——明天启刻本《古今小说》插图

却教他改名王保，出首起赃，官府那里知道。

却说王遵、马翰，正在各府缉获公事，闻得妻小吃了官司，急忙回来见滕大尹。滕大尹不由分说，用起刑法，打得希烂，要他招承张富赃物，二人那肯招认？大尹教监中放出两家的老婆来，都面面相觑，没处分辩，连大尹也委决不下，都发监候。次日又拘张富到官，劝他且将己财赔了钱大王府中失物，待从容退赃还你。张富被官府逼勒不过，只得承认了。归家思想，又恼又闷，又不舍得家财，在土库中自缢而死。可惜有名的禁魂张员外，只为"悭吝"二字，惹出大祸，连性命都丧了。那王七殿直王遵、马观察马翰，后来俱死于狱中。这一班贼盗，公然在东京做歹事，饮美酒、宿名娼，没人奈何得他。那时节东京扰乱，家家户户不得太平，直待包龙图相公做了府尹，这一班贼盗方才惧怕，各散去讫，地方始得宁静。有诗为证，诗云：

只因贪吝惹非殃，引到东京盗贼狂。
亏杀龙图包大尹，始知官好自民安。

〔注〕 ① 平江府：即今苏州。 ② 行院：此指同行、行帮。 ③ 熬肉：一种用文火慢煮的肉。 ④ 擦卓儿的：卓同"桌"。擦卓儿的又称"擦坐"。宋元时称酒肆中卖唱的歌伎。

本篇为宋元话本，录自《古今小说》，作者陆显之。作品原名《好儿赵正话本》，《古今小说》收入时改为《宋四公大闹禁魂张》。

《宋四公大闹禁魂张》是宋元话本中"明目张胆"地歌颂盗贼作品中的佳篇，在宋元公案小说中亦属特殊。一般犯罪行为都得受到道义上的谴责和法律的惩罚。而宋四公一伙盗贼四处作案，并"公然在东京做歹事，饮美酒、宿名娼，没人奈何得他"，就连捕缉他们的公差，也被他们"送"进了监牢，死于狱中。作者对其杀人的行径，也写得那样的轻松，真可谓宽容到让人难以理解的地步。作品为什么作这样的处理？这完全是时代的产物。宋元时代政治昏暗，官府腐朽无能，人民苦不堪言，又无可奈何。可谓有苦无处诉，有冤无处申。作品正是代表了人民的愿望，写出了人民的心声。再从对张员外为富不仁的打击，更是令人叫快，窃走了财宝，还在其土库墙上留下"宋国逍遥汉，四海尽留名，曾上太平鼎，到处有名声"的藏头诗，颇有武松犯事后，大书"杀人者打虎武松也"的豪气。由此可见，宋四公这伙盗贼，并非一伙谋财害命的盗贼，而是一伙为平民着想，善为细民“出气”，专给官府找麻烦的盗贼。他们贼盗行为的目的，是为了揭露黑暗的侠义之举。读来实在让人敬佩。

《宋四公大闹禁魂张》在中国古代小说史里，也是有一定影响的名篇，更重要的是它对后世公案侠义小说的创作起着示范作用。像凌濛初《二刻拍案惊奇》卷三十九《神偷寄兴一枝梅，侠盗惯行三昧戏》中的懒龙，《欢喜冤家》中《一枝梅空设鸳鸯计》里的“一枝梅”，皆是受宋四公、赵正形象的影响。就是罗贯中《平妖传》中弹子和尚东京戏弄官府，张鸾、左跷戏弄仁宗皇帝等情节，也都是受其影响的精彩之笔。

《宋四公大闹禁魂张》用喜剧的手段，设计情节，塑造人物形象，是十分成功的。全篇喜剧意味浓浓，喜剧性情节环环相扣，把一伙机警善谋的“盗贼”塑造得那么可亲可爱。尤其是赵正与师父宋四公打赌的情节，写得绝妙，很值得品味。师徒两人事先说明，让徒弟偷取师父的那包“细软”，结果徒弟先后两次搞得师父防不胜防，皆智取成功。读来让人惊喜称快。从塑造人物形象角度来看，师父出如此难题，是委以重任之前，对徒弟的测试，这样的测试，正是提供人物表现高超技艺的大好机会。结果赵正以非凡的能耐，得了“满分”，为日后的作为奠定了基础。如此师徒“横行”东京、为所欲为，那也是情理之中的事。试举两例以飨读者。如官府高金悬赏捉拿宋四公、赵正等。他们非但没有逃遁，反而在东京城内设计麻翻了缉捕使臣马翰，还剪下其一半衫襟留作证据；又如拦滕大尹马头呈简，简上写道：“姑苏贼人赵正拜禀大尹尚书：所有钱府失物，系是正偷了。若是大尹要来寻赵正家里，远则十万八千，近则只在目前。”言语间，又将大尹腰间金鱼带的挞尾摘走。如此令人捧腹的情节，其喜剧的艺术效果就不言而喻了。凡是读了作品的人，相信其将会永远记得宋四公、赵正活灵活现的形象。

豪侠神偷宋四公、赵正等如此神通广大，还有重要原因，他们始终与官府、公差、为富不仁者作对，为市井细民消气。有如此意念，就会使其胆识陡增，并为高超技艺添翼，以致达到无往而不胜的境地。这样的作品在文学史上给其一定的位置，也是理所当然的。

（张　虹）

张古老种瓜娶文女　　　　佚　名

长空万里彤云作，迤逦祥光遍斋阁。

未教柳絮舞千球，先使梅花开数萼。

入帘有韵自飕飕，点水无声空漠漠。

夜来阁向古松梢，向晓朔风吹不落。

这八句诗题雪。那雪下，相似三件物事：似盐，似柳絮，似梨花。雪怎地似盐？谢灵运曾有一句诗咏雪道："撒盐空中差可拟。"苏东坡先生有一词，名《江神子》：

黄昏犹自雨纤纤，晓开帘，玉平檐。江阔天低，无处认青帘。独坐闲吟谁伴我？呵冻手，撚衰髯。　使君留客醉恹恹，水晶盐，为谁甜？手把梅花，东望忆陶潜。雪似古人人似雪，虽可爱，有人嫌。

这雪又怎似柳絮？谢道韫曾有一句咏雪道："未若柳絮因风起。"黄鲁直有一词，名《踏莎行》：

堆积琼花，铺陈柳絮，晓来已没行人路。长空尤未绽彤云，飘摇尚逐回风舞。　对景衔杯，迎风索句，回头却笑无言语。为何终日未成吟？前山尚有青青处。

又怎见得雪似梨花？李易安夫人曾道："行人舞袖拂梨花。"晁叔用有一词，名《临江仙》：

万里彤云密布，长空琼色交加。飞如柳絮落泥沙。前村归去路，舞袖拂梨花。　此际堪描何处景？江湖小艇渔家。旋斟香醖过年华。披蓑乘远兴，顶笠过溪沙。

雪似三件物事，又有三个神人掌管。那三个神人？姑射真人、周琼姬、董双成。周琼姬掌管芙蓉城；董双成掌管贮雪琉璃净瓶，瓶内盛着数片雪。每遇彤云密布，姑射真人用黄金箸敲出一片雪来，下一尺瑞雪。当日紫府真人安排筵会，请姑射真人、董双成，饮得都醉。把金箸敲着琉璃净瓶，待要唱只曲儿，错敲破了琉璃净瓶，倾出雪来，当年便好大雪。曾有只曲儿，名做《忆瑶姬》：

姑射真人，宴紫府，双成击破琼苞。零珠碎玉，被蕊宫仙子，撒向空抛。乾坤皓彩中宵，海月流光色共交。向晓来，银压琅玕，数枝斜坠玉鞭梢。 荆山隈，碧水曲，际晚飞禽，冒寒归去无巢。檐前为爱成簪箸，不许儿童使杖敲。待效他当日袁安谢女，才词咏嘲。

姑射真人是掌雪之神。又有雪之精，是一匹白骡子，身上抖下一根毛，下一丈雪。却有个神仙是洪崖先生管着，用葫芦儿盛着白骡子。赴罢紫府真人会，饮得酒醉，把葫芦塞得不牢，走了白骡子，却在番人界里退毛。洪崖先生因走了白骡子，下了一阵大雪。

且说一个官人，因雪中走了一匹白马，变成一件跷蹊神仙的事，举家白日上升，至今古迹尚存。萧梁武帝普通六年，冬十二月，有个谏议大夫[①]姓韦，名恕，因谏萧梁武帝，奉持释教得罪，贬在滋生驷马监做判院[②]。这官人：

中心正直，秉气刚强。有回天转日之言，怀逐佞去邪之见。

这韦官人受得滋生驷马监判院，这座监在真州[③]六合县界上。萧梁武帝有一匹白马，名作“照殿玉狮子”：

蹄如玉削，体若琼妆。荡胸一片粉铺成，摆尾万条银缕散。能驰能载，走得千里程途；不喘不嘶，跳过三重阔涧。浑似狻猊[④]生世上，恰如白泽[⑤]下人间。

这匹白马，因为萧梁武帝追赶达摩禅师，到今时长芦界上有失，罚下在滋生驷马监，教牧养。当日大雪下，早晨起来，只见押槽[⑥]来禀复韦谏议道：“有件祸事。昨夜就槽头不见了那照殿玉狮子。”唬得韦谏议慌忙叫将一监养马人来，却是如何计结？就中一个押槽出来道：“这匹马容易寻，只看他雪中脚迹，便知着落。”韦谏议道：“说得是。”即时差人随着押槽，寻马脚迹。迤逦间行了数里田地，雪中见一座花园，但见：

粉妆台榭，琼锁亭轩。两边斜压玉栏杆，一径平钩银绶带。太湖石陷，恍疑蓝虎深埋；松柏枝盘，好似玉龙高耸。径里草枯难辨色，亭前梅绽只闻香。

却是一座篱园。押槽看着众人道："这匹马在这庄里。"即时敲庄门，见一个老儿出来。押槽相揖道："借问则个。昨夜雪中，滋生驷马监里走了一匹白马。这匹白马是梁皇帝骑的御马，名唤做'照殿玉狮子'，看这脚迹时，却正跳入篱园内来。老丈若还收得之时，却教谏议自备钱酒相谢。"老儿听得道："不妨，马在家里。众人且坐，老夫请你们食件物事了去。"众人坐定，只见大伯子去到篱园根中，去那雪里面，用手取出一个甜瓜来。看这瓜时，真个是：

绿叶和根嫩，黄花向顶开。
香从辛里得，甜向苦中来。

那甜瓜藤蔓枝叶都在上面。众人心中道："莫是大伯子收下的？"看那瓜，颜色又新鲜。大伯取一把刀儿，削了瓜皮，打开瓜顶，一阵异气喷人。请众人吃了一个瓜，又再去雪中取出三个瓜来，道："你们做老拙传话谏议，道张公教送这瓜来。"众人接了甜瓜。大伯从篱园后地牵出这匹白马来，还了押槽。押槽拢了马儿，谢了公公，众人都回滋生驷马监。见韦谏议，道："可煞作怪！大雪中如何种得这甜瓜？"即时请出恭人来，和这十八岁的小娘子都出来，打开这瓜，合家大小都食了。恭人道："却罪过⑦这老儿，与我收得马，又送瓜来，着个甚道理谢他？"

捻指过了两月，至次年春半，景色清明。恭人道："今日天色晴和，好去谢那送瓜的张公，谢他收得马。"谏议即时教安排酒樽食垒，暖荡撩锅⑧，办几件食次，叫出十八岁女儿来，道："我今日去谢张公，一就带你母子去游玩闲走则个。"谏议乘着马，随两乘轿子，来到张公门前，使人请出张公来。大伯连忙出来唱喏。恭人道："前日相劳你收下马，今日谏议置酒，特来相谢。"就草堂上铺陈酒器，摆列杯盘，请张公同坐。大伯再三推辞，掇条凳子，横头坐地。酒至三杯，恭人问张公道："公公贵寿？"大伯言："老挫年已八十岁。"恭人又问："公公几口？"大伯道："孑然一身。"恭人说："公公也少不得个婆婆相伴。"大伯应道："便是没恁么巧头脑。"恭人道："也是说个七十来岁的婆婆。"大伯道："年纪须老，道不得个：

百岁光阴如捻指，人生七十古来稀。"

恭人道："也是，说一个六十来岁的。"大伯道："老也。

月过十五光明少，人到中年万事休。"

恭人道："也是，说一个五十来岁的。"大伯又道："老也。

三十不荣，四十不富，五十看看寻死路。"

恭人忍不得，自道："看我取笑他。""公公，说个三十来岁的。"大伯道："老也。"恭人说："公公如今要说几岁的？"大伯抬起身来，指定十八岁小娘子道："若得此女以为匹配，足矣。"韦谏议当时听得说，怒从心上起，恶向胆边生，却不听他说话，叫那当直的都来要打那大伯。恭人道："使不得，特地来谢他，却如何打他？这大伯年纪老，说话颠狂，只莫管他。"收拾了酒器，自归去。

话里却说张公，一并三日不开门。六合县里有两个扑花的⑨，一个唤做王三，一个唤做赵四，各把着大蒲篓来寻张公打花。见他不开门，敲门叫他，见大伯一行说话，一行咳嗽，一似害痨病相思，气丝丝地。怎见得？曾有一《夜游宫》词：

四百四病人皆有，只有相思难受。不疼不痛在心头，魆魆地教人瘦。　愁逢花前月下，最怕黄昏时候。心头一阵痒将来，一两声咳嗽咳嗽。

看那大伯时，喉咙哑飒飒地出来道："罪过你们来，这两日不欢，要花时打些个去，不要你钱。有件事相烦你两个：与我去寻两个媒人婆子，若寻得来时，相赠二百足钱，自买一角酒吃。"二人打花了自去，一时之间，寻得两个媒人来。这两个媒人：

开言成匹配，举口合和谐。掌人间凤只鸾孤，管宇宙孤眠独宿。折莫三重门户，选甚十二楼中？男儿下惠也生心，女子麻姑须动意。传言玉女，用机关把手拖来；侍香金童，下说辞拦腰抱住。引得巫山偷汉子，唆教织女害想思。

叫得两个媒婆来，和公公厮叫。张公道："有头亲相烦说则个。这头亲曾相见，则是难说。先各与你三两银子，若讨得回报，各人又与你五两银子。说得成时，教你两人撰个小小富贵。"张媒、李媒便问："公公，要说谁家小娘子？"张公道："滋生驷马监里韦谏议有个女儿，年纪一十八岁，相烦你们去与我说则个。"两个媒婆含着笑笑，接了三两银子出去，行半里田地，到一个土坡上。张媒看着李媒道："怎地去韦谏议宅里说？"张媒道："容易！我两人先买一角酒吃，教脸上红拂拂地，走去韦谏议门前旋一遭，回去说与大伯，只道说了，还未有回报。"道犹未了，则听得叫道："且不得去！"回头看时，却是那张公赶来。说道："我猜你两个买一角酒，吃得脸上红拂拂地，韦谏议门前旋一遭回来，说与我道未有回报，还是恁地么？你如今要得好，急速便去，千万讨回报。"两个媒人见张公恁地说道，做着只得去。

两人同到滋生驷马监，倩人传报与韦谏议。谏议道："教入来。"张媒、李媒见了，谏议道："你两人莫是来说亲么？"两个媒人笑嘻嘻的，怕得开口。韦谏议道："我有个大的儿子，二十二岁，见随王僧辩征北，不在家中。有个女儿，一十八岁，清官家贫，无钱嫁人。"两个媒人则在阶下拜，不敢说。韦谏议道："不须多拜，有事但说。"张媒道："有件事，欲待不说，为他六两银；欲待说，恐激恼谏议，又有些个好笑。"韦谏议问如何，张媒道："种瓜的张老，没来历，今日使人来叫老媳妇两人，要说谏议的小娘子。得他六两银子，见在这里。"怀中取出那银子教谏议看，道："谏议周全时，得这银；若不周全，只得还他。"谏议道："大伯子莫是风？我女儿才十八岁，不曾要说亲。如今要我如何周全你这六两银子？"张媒道："他说来，只问谏议觅得回报，便得六两银子。"谏议听得说，用指头指着媒人婆道："做我传话那没见识的老子：要得成亲，来日办十万贯见钱为定礼，并要一色小钱，不要金钱准折。"教讨酒来劝了媒人，发付他去。

两个媒人拜谢了出来，到张公家，见大伯伸着脖项，一似望风宿鹅。等得两个媒人回来，道："且坐，生受不易！"且取出十两银子来，安在卓上道："起动你们，亲事圆备。"张媒问道："如何了？"大伯道："我丈人说，要我十万贯钱为定礼，并要小钱，方可成亲。"两个媒人道："猜着了，果是谏议恁地说。公公，你却如何对副？"那大伯取出一掇酒来开了，安在卓子上，请两个媒人各吃了四盏。将这媒人转屋山头边来，指着道："你看。"两个媒人用五轮八光左右两点瞳人，打一看时，只见屋山头堆垛着一便价十万贯小钱儿。道："你们看，先准备在此了。"只就当日，教那两个媒人先去回报谏议，然后发这钱来。媒人自去了。

这里安排车仗，从里面叫出几个人来，都着紫衫，尽戴花红银揲子[10]，推数辆太平车[11]：

> 平川如雷吼，旷野似潮奔。猜疑地震天摇，仿佛星移日转。初观形象，似秦皇塞海鬼驱山，乍见威仪，若夏奡行舟临陆地。满川寒雁叫，一队锦鸡鸣。

车子上旗儿插着，写道："张公纳韦谏议宅财礼。"众人推着车子，来到谏议宅前，唱起三声喏来，排着两行车子，使人入去报与韦谏议。谏议出来看了车子，开着口则合不得。使人入去说与恭人，却怎地对副？恭人道："你不合勒他讨十万贯见钱，不知这大伯如今那里擘划将来？待不成亲，是言而无信；待与他成亲，岂有衣冠女子，嫁一园叟乎？"夫妻二人倒断不下，恭人道："且叫将十八岁女儿前来，问这事却是如何？"女孩儿怀

中取出一个锦囊来。原来这女子七岁时,不会说话。一日,忽然间道出四句言语来:

　　天意岂人知?应于南楚畿。

　　寒灰热如火,枯杨再生稊。

自此后便会行文,改名文女。当时着锦囊盛了这首诗,收十二年。今日将来,教爹爹看道:"虽然张公年纪老,恐是天意,却也不见得。"恭人见女儿肯,又见他果有十万贯钱,此必是奇异之人,无计奈何,只得成亲。拣吉日良辰,做起亲来,张公喜欢。正是:

　　旱莲得雨重生藕,枯木无芽再遇春。

做成了亲事,卷帐回,带那儿女归去了。韦谏议戒约家人,不许一人去张公家去。

普通七年夏六月间,谏议的儿子,姓韦,名义方,文武双全,因随王僧辩北征回归,到六合县。当日天气热,怎见得?

　　万里无云驾六龙,千林不放鸟飞空。

　　地燃石裂江湖沸,不见南来一点风。

相次到家中。只见路傍篱园里,有个妇女。头发蓬松,腰系青布裙儿,脚下拖双靸鞋,在门前卖瓜。这瓜:

　　西园摘处香和露,洗尽南轩暑。莫嫌坐上适无蝇,只恐怕寒难近玉壶冰。　井花浮翠金盆小,午梦初回了。诗翁自是不归来,不是青门无地可移栽。

韦义方觉走得渴,向前要买个瓜吃。抬头一觑,猛叫一声道:"文女,你如何在这里?"文女叫:"哥哥,我爹爹嫁我在这里。"韦义方道:"我路上听得人说道,爹爹得十万贯钱,把你卖与卖瓜人张公,却是为何?"那文女把那前面的来历,对着韦义方从头说一遍。韦义方道:"我如今要与他相见如何?"文女道:"哥哥要见张公,你且少待,我先去说一声,却相见。"文女移身,已挺脚步入去房里,说与张公。复身出来道:"张公道你性如烈火,意若飘风,不肯教你相见。哥哥,如今要相见却不妨,只是勿生恶意。”说罢，文女引义方入去相见。大伯即时抹着腰出来，韦义方见了，道：“却不巨耐！恁么模样，却有十万贯钱娶我妹子，必是妖人！”一会子掣出太阿宝剑，觑着张公，劈头便剁将下去。只见剑靶揞在手里，剑却折做数段。张公道：“可惜又减了一个神仙。”文女推那哥哥出来道：“教你勿生恶意，如何把剑剁他？”韦义方归到家中，参拜了爹爹妈妈，便问如何将文女嫁与张公。韦谏议道：“这大伯是个作怪人。”韦义方道：“我也疑他。把剑剁他不着，到坏了我一把剑。”

次日早，韦义方起来，洗漱罢，系裹停当，向爹爹妈妈道：“我今日定要取这妹子归来。若取不得这妹子，定不归来见爹爹妈妈。”相辞了，带着两个当直，行到张公住处。但见平原旷，踪迹荒凉。问那当方住的人，道：“是有个张公，在这里种瓜。住二十来年，昨夜一阵乌风猛雨，今日不知所在。”韦义方大惊，抬头只见树上削起树皮，写作四句诗，道：

两枚篚袋世间无，盛尽瓜园及草庐。

要识老夫居止处，桃花庄上乐天居。

韦义方读罢了书，教当直四下搜寻。当直回来报道：“张公骑着匹蹇驴，小娘子也骑着匹蹇驴儿，带着两枚篚袋，取真州路上而去。”韦义方和当直三人，一路赶上，则见路上人都道：“见大伯骑着蹇驴，女孩儿也骑驴儿。那小娘子不肯去，哭告大伯道：‘教我归去，相辞爹妈。’那大伯把一条杖儿在手中，一路上打将这女孩儿去。好恓惶人，令人不忍见。”韦义方听得说，两条忿气，从脚板灌到顶门，心上一把无明火，高三千丈，按捺不下。带着当直，迤逦去赶。约莫去不得数十里，则是赶不上。直赶到瓜洲渡口，人道见他方过江去，韦义方教讨船渡江。直赶到茅山脚下。问人时，道他两个上茅山去。韦义方分付了当直，寄下行李，放客店中了，自赶上山去。行了半日，那里得见桃花庄？

正行之次，见一条大溪拦路，但见：

寒溪湛湛，流水泠泠。照人清影澈冰壶，极目浪花番瑞雪。垂杨掩映长堤岸，世俗行人绝往来。

韦义方到溪边，自思量道："赶了许多路，取不得妹子归去，怎地见得爹爹妈妈？不如跳在溪水里死休。"迟疑之间，着眼看时，则见溪边石壁上一道瀑布泉流将下来，有数片桃花，浮在水面上。韦义方道："如今是六月，怎得桃花片来？上面莫是桃花庄，我那妹夫张公住处？"则听得溪对岸一声哨笛儿响，看时，见一个牧童骑着蹇驴，在那里吹这哨笛儿。但见：

浓绿成阴古渡头，牧童横笛倒骑牛。

笛中一曲升平乐，唤起离人万种愁。

牧童近溪边来，叫一声："来者莫是韦义方？"义方应道："某便是。"牧童说："奉张真人法旨，教请舅舅过来。"牧童教蹇驴渡水，令韦官人坐在驴背上，渡过溪去。牧童引路，到一所庄院。怎见得？有《临江仙》为证：

快活无过庄家好，竹篱茅舍清幽。春耕夏种及秋收，冬间观瑞雪，醉倒被蒙头。　门外多栽榆柳树，杨花落满溪头。绝无闲闷与闲愁，笑他名利客，役役市廛游。

到得庄前，小童入去。从篱园里走出两个朱衣吏人来，接见这韦义方，道："张真人方治公事，未暇相待，令某等相款。"遂引到一个大四望亭子上，看这牌上写着"翠竹亭"。但见：

茂林郁郁，修竹森森。翠阴遮断屏山，密叶深藏轩槛。烟锁幽亭仙鹤唳，云迷深谷野猿啼。

亭子上铺陈酒器，四下里都种夭桃艳杏，异卉奇葩，簇着这座亭子。朱衣吏人与义方就席饮宴。义方欲待问张公是何等人，被朱衣吏人连劝数杯，则问不得。及至筵散，朱衣相辞自去，独留韦义方在翠竹轩，只教少待。

韦义方等待多时无信，移步下亭子来。正行之间，在花木之外，见一座殿屋，里面有人说话声。韦义方把舌头舔开朱红

球路亭隔看时,但见:

朱栏玉砌,峻宇雕墙。云屏与珠箔齐开,宝殿共琼楼对峙。灵芝丛畔,青鸾彩凤交飞;琪树阴中,白鹿玄猿并立。玉女金童排左右,祥烟瑞气散氤氲。

见这张公顶冠穿履,佩剑执圭,如王者之服,坐于殿上。殿下列两行朱衣吏人,或神或鬼。两面铁枷,上手枷着一个紫袍金带的人,称是某州城隍,因境内虎狼伤人,有失检举;下手枷着一个顶盔贯甲,称是某州某县山神,虎狼损害平人,部辖不前,看这张公书断,各有罪名。韦义方就窗眼内望见,失声叫道:"怪哉,怪哉!"殿上官吏听得,即时差两个黄巾力士,捉将韦义方来,驱至阶下。官吏称韦义方不合漏泄天机,合当有罪,急得韦义方叩头告罪。真人正恁么说,只见屏风后一个妇人,凤冠霞帔,珠履长裙,转屏风背后出来,正是义方妹子文女,跪告张公道:"告真人,念是妾亲兄之面,可饶恕他。"张公道:"韦义方本合为仙,不合以剑剁吾,吾以亲戚之故,不见罪。今又窥觑吾之殿宇,欲泄天机。看你妹妹面,饶你性命。我与你十万钱,把件物事与你为照去支讨。"张公移身,已挺脚步入殿里。去不多时,取出一个旧席帽儿,付与韦义方,教往扬州开明桥下,寻开生药铺申公,凭此为照,取钱十万贯。张公道:"仙凡异路,不可久留。"令吹哨笛的小童,送韦舅乘蹇驴,出这桃花庄去。到溪边,小童就驴背上把韦义方一推,头掉脚掀,撷将下去。义方如醉醒梦觉,却在溪岸上坐地。看那怀中,有个帽儿,似梦非梦,迟疑未决。且只得携着席帽儿,取路下山来。

回到昨所寄行李店中,寻两个当直不见。只见店二哥出来,说道:"二十年前,有个韦官,寄下行李,上茅山去担阁,两个当直等不得,自归去了。如今恰好二十年,是隋炀帝大业二年。"韦义方道:"昨日才过一日,却是二十年。我且归去六合县滋生驷马监,寻我二亲。"便别了店主人,来到六合县,问人时,都道二十年前,滋生驷马监里,有个韦谏议,一十三口白日上升，至今升仙台古迹尚存。道是有个直阁[12]，去了不归。韦义方听得说，仰面大哭。二十年则一日过了，父母俱不见，一身无所归。如今没计奈何，且去寻申公，讨这十万贯钱。

当时从六合县取路，迤逦直到扬州，问人寻到开明桥下，果然有个申公，开生药铺。韦义方来到生药铺前。见一个老儿：

生得形容古怪，装束清奇。颔边银剪苍髯，头上云堆白发。鸢肩龟背，有如天降明星；鹤骨松形，好似化胡老子。多疑商岭逃秦客，料是磻溪执钓人。

在生药铺里坐。韦义方道："老丈拜揖！这里莫是申公生药铺？"公公道："便是。"韦义方着眼看生药铺厨里：

四个萿荖[13]三个空，一个盛着西北风。

韦义方肚里思量道："却那里讨十万贯钱支与我？"且问"大伯，买三文薄荷。"公公道："好薄荷！《本草》上说凉头明目，要买几文？"韦义方道："回三钱。"公公道："恰恨缺。"韦义方道："回些个百药煎。"公公道："百药煎能消酒面，善润咽喉，要买几文？"韦义方道："回三钱。"公公道："恰恨卖尽。"韦义方道："回些甘草。"公公道："好甘草！性平无毒，能随诸药之性，解金石草木之毒，市语[14]叫做'国老'，要买几文？"韦义方道："问公公回五钱。"公公道："好教官人知，恰恨也缺。"韦义方对着公公道："我不来买生药，一个人传语，是种瓜的张公。"申公道："张公却没事，传语我做甚么？"韦义方道："教我来讨十万贯钱。"申公道："钱却有，何以为照？"韦义方去怀里摸索一和，把出席帽儿来。申公看着青布帘里，叫浑家出来看。青布帘起处，见个十七八岁的女孩儿出来，道："丈夫叫则甚？"韦义方心中道："却和那张公一般，爱娶后生老婆。"申公教浑家看这席帽儿，是也不是？女孩儿道："前日张公骑着蹇驴儿，打门前过，席帽儿绽了，教我缝。当时没皂线，我把红线缝着顶上。"翻过来看时，果然红线缝着顶。申公即时引韦义方入去家里，交还十万贯钱。韦义方得这项钱,把来修桥作路,散与贫人。

忽一日,打一个酒店前过,见个小童,骑只驴儿。韦义方认得是当日载他过溪的,问小童道:"张公在那里?"小童道:"见在酒店楼上,共申公饮酒。"韦义方上酒店楼上来,见申公与张公对坐,义方便拜。张公道:"我本上仙长兴张古老,文女乃上天玉女,只因思凡,上帝恐被凡人点污,故令吾托此态取归上天。韦义方本合为仙,不合杀心太重,止可受扬州城隍都土地。"道罢,用手一招,叫两只仙鹤。申公与张古老各乘白鹤,腾空而去。则见半空遗下一幅纸来,拂开看时,只见纸上题着八句诗,道是:

一别长兴二十年,锄瓜隐迹暂居廛。
因嗟世上凡夫眼,谁识尘中未遇仙。
授职义方封土地,乘鸾文女得升天。
从今跨鹤楼前景,壮观维扬尚俨然。

〔注〕 ① 谏议大夫:官名,负责向朝廷提供规劝和建议。 ② 滋生驯马监判院:判院,官名。滋生驯马监,是宫廷养马的地方。 ③ 真州:宋代的州名,所辖境地相当于今日的江苏仪征、南京市六合区一带。 ④ 狻猊(suān ní):即狮子。 ⑤ 白泽:古代传说中的一种神兽。⑥ 押槽:管理、饲养马匹的人。槽,木制的养马食具。 ⑦ 罪过:这里是得罪、打扰的意思。⑧ 酒樽食垒,暖荡撩锅:古代的餐具和酒具。 ⑨ 扑花的:指采花、卖花的人。 ⑩ 帞子:是古人的一种头巾。 ⑪ 太平车:宋代的一种大搬运车,车上有箱无盖,往往使用二十几匹驴骡或者六七头牛拉车。 ⑫ 直阁:官名。 ⑬ 莕莲:古代一种有格子的木器。 ⑭ 市语:即行话,流行于社会上某一种人之间的隐语。

本篇为宋元话本,撰人不详,原题作《种瓜张老》,冯梦龙编入《喻世明言》时题作《张古老种瓜娶文女》。《宝文堂书目》《也是园书目》都题作《种瓜张老》。《宝文堂书目》归入《子部杂类》,《也是园书目》归入《宋人词话》类。《醉翁谈录》中有一篇目为《种叟神记》,归入《神仙》类,疑亦即此故事。目前可见的只有冯梦龙编辑的版本。

这是一个迷离幻化的神仙故事。这个故事的起源很早,流传也很广泛。宋人所编《太平广记》卷十六引《续玄怪录》中《张老》一条,已经采录。冯梦龙编著的《情史》卷十九《张果老》一条,也记载着这个故事。清朝戏曲家李玉将此故事改编为《太平钱》传奇,曾经广泛流传演唱在民间的舞台上。

这个故事本来是一篇讲述神仙及其度化世人之事迹的道教故事,但经宋代说话艺人的加工改造之后,单纯进行宗教宣传的意味已经大为减弱。为了迎合说话技艺的听众——普通市民的审美趣味,说话艺人着重加以渲染的,并不是故事本身包含的严肃的宗教性,而是神仙幻化故事中特有的娱乐性和趣味性。在引导听众娱乐消遣的同时,又隐隐约约写出了仙家的许多妙用,达到了一定的宗教宣传目的。在娱乐听众和进行宗教宣传的过程中,又透露出一定的现实性,曲折隐晦地反映出那个时代中的众生心态。这就是本篇话本所蕴含的丰厚的思想内涵。

这篇话本小说最突出的艺术特色,就是它的"趣"。这是一篇趣味性很强的话本小说。其趣味性主要是通过情节中的喜剧因素,以及悬念迭出、运用反衬烘托的艺术手法等几个方面,得到了很好的表达。

这篇话本小说的主要情节中,蕴含着强烈的喜剧因素。故事的起因是谏议大夫韦恕直言遭贬,被贬去养马,而又在雪夜走失了皇帝的一匹名马"照殿玉狮子"。按照常理,这个韦恕真是倒霉透顶,而且将要大祸临头了。但是说话艺人在说话正文的头一句话中,就已经交代:"且说一个官人,因雪中走了一匹白马,变成一件跷蹊神仙的事,举家白日上升,至今古迹尚存。"这就说明,韦恕不但因祸得福,而且得到的是遇仙、成仙的人间难得的大福至福。就在这福祸相因的巨大反差之中,已经奠定了这篇小说的喜剧基调。

故事的主干是种瓜张老向韦恕的女儿文女求婚,围绕着张老求婚、娶亲、婚后受到文女哥哥韦义方的威胁等事件展开情节。故事的显性情节是种瓜张老娶文女的前后经过,故事的隐性情节则是神仙下凡度化韦恕全家的前后经过。无论是故事的显性情节,还是故事的隐性情节,都具有浓厚的喜剧意味。就其显性情节来说,老夫要娶少妻,而且是年迈力衰的一介平民要娶青春年少、出身官宦人家的"十八岁小娘子",张老这种过分的、痴愚的愿望本身就显得极为可笑。他那滑稽可笑的相思病能够治愈吗?他将以什么手段实现自己痴愚的愿望?听众在不知不觉中就坠入了说话艺人给他们预先设置下的饶有趣味的接受期待之中。就其隐性情节来说,得遇神仙度化,是世人寻常之间不可想象、不可企及的大造化、大福运。然而韦恕一家又是怎样对待这种大福运的呢?韦恕听得张老想要娶文女,他的反应是"怒从心上起,恶向胆边生,却不听他说话,叫那当直的都来要打那大伯"。张老托媒人去韦恕家求亲,韦恕的态度是戏弄和刁难,称张老是"没见识的老子",要他第二天就办齐十万贯现钱,"并要一色小钱,不要金钱准折"。待到"无计奈何,只得成亲"之时,韦恕还"戒约家人,不许一人去张公家去"。韦义方立誓追杀张老,是视此门亲事为自己家中的奇耻大辱。文女在跟随张老去往仙境的路上，也是极不情愿的。路上行人见到的情状是："那小娘子不肯去，哭告大伯""那大伯把一条杖儿在手中，一路上打将这女孩儿去。好恓惶人，令人不忍见！"表面上的受辱受难，与实际上的受助受福，形成强烈的反差，奇趣迭起，相得益彰，令人忍俊不禁，回味无穷。

这篇小说在细节描写上也是情趣盎然的。首先是雪夜走失白马，为寻马却吃到了"绿叶和根嫩，黄花向顶开""异气喷人"的反季节而生的甜瓜。这段描写意境优美，情趣盎然。接下来，韦恕夫人与种瓜张老的一段对话富有喜剧色彩。张老害相思的微妙描写也令人哑然失笑。

这篇小说还很注重对比烘托，造成艺术情趣。从大的结构方面来说，入话和正文之间的对比烘托很是巧妙。入话中引用了四首咏赞冬雪的诗词和一个有关下雪的神话传说，然后转入正文中雪夜走失白马的情节，过渡自然，天衣无缝。尤其是神话传说中因走失白骡子导致下了一场大雪的情节，与正文中因走失白马而导致遇仙、成仙的情节，相映成趣。小说结尾处申公的十万贯钱和他的十七八岁的夫人，仿佛是种瓜张老的十万贯钱及其少夫人的投影或者是化身，使小说显现出一种匀称的结构美。

这篇小说还成功地频用悬念，调动听众和读者的兴趣。为什么雪夜中会有鲜嫩的甜瓜？张老的十万贯钱是怎样在转瞬之间出现的？张老为什么要娶如此年少的夫人？为什么要强迫夫人去往真州路上？频繁出现的悬念引导听众和读者一步步走向故事的深处，走向审美愉悦的艺术境界。

在本文娱乐性很强的审美意趣中，透露、反映出来的是浓厚的市民意识。说话技艺本来就是以普通市民为主要接受对象的，在其形成和发展过程中就不可避免地受到市民意识的影响，成为市民喜好和市民心态的代言体。这篇话本小说首先反映了普通市民追求美好生活的愿望。在经济水平和科技水平都不很发达、时不时还要遭受惨烈战乱的古代，得道成仙，摆脱尘世的苦难，过富足随心的生活，是具有非凡诱惑力量的美好梦想。而谁才能够得到这样的幸运呢？本文把"举家白日上升"的美好结局，安排在一个直言遭贬的清官身上，寄寓了普通市民推崇清官、希望好人有好报的善良愿望。而张老两次奉送韦家十万贯钱的情节，也透露了宋代市民中间普遍存在着的拜金意识。津津乐道于老夫娶少妻的新异故事，也透露了普通市民的审美趣味。

这篇话本小说的第二个重要特色，就是在迷离幻化的神仙故事中，透露出了令人深思的现实生活中的某些现象。韦恕说自己十八岁的女儿没有及时出嫁，原因是"清官家贫，无钱嫁人"，道出了一部分正直官吏的艰辛生活。而本文中曲折委婉地透露出的，还有对乱世以及乱世中恃武尚力之人的不满。小说安排韦恕一家"举家白日上升"，唯独留下一个韦义方不得成仙，而且明确指出他不得成仙的原因是"不合杀心太重"。这就透露出民众对于乱世中杀心较重的人的厌恶、讥讽和诅咒。而张老居处取名"桃花庄"，对申公出场的描写是"多疑商岭逃秦客，料是磻溪执钓人"，固然不排除是小说家描写隐逸生活时常用的套语的可能性，但也可以说是反映了小说家"寻得桃源好避秦"的美好愿望。

这篇小说语言古朴生动，意境轻灵优美。诗一般的雪夜美景，迷离惝恍的神仙踪迹，洁净美好的仙家住地，共同构造了小说空灵优美的艺术境界。尤其是雪夜追马得吃甜瓜的场景描写，既显示了仙家异景，造成接受上的悬念，引发情趣盎然的接受趣味，又构造了迷离优美的意境，可以说是一处艺术的胜笔。这篇小说在佛道类的话本小说中，是一部意境优美、情趣盎然的优胜之作。（朱　萍）

西湖三塔记　　佚　名

入话：

湖光潋滟晴偏好，山色溟濛雨亦奇。

若把西湖比西子，淡妆浓抹也相宜。

此诗乃苏子瞻所作，单题西湖好处。言不尽意，又作一词，词名《眼儿媚》：

登楼凝望，酒阑，与客论征途。饶君看尽，名山胜景，难比西湖。　　春晴夏雨秋霜后，冬雪。一派湖光，四边山色，天下应无。

说不尽西湖好处，吟有一词云：

江左昔时雄胜，钱塘自古荣华。不惟往日风光，且看西湖景物：有一千顷碧澄澄波漾琉璃，有三十里青娜娜峰峦翡翠。春风郊野，浅桃深杏如妆；夏日湖中，绿盖红渠似画；秋光老后，篱边嫩菊堆金；腊雪消时，岭畔疏梅破玉。花坞相连酒市，旗亭萦绕渔村。柳州岸口，画船停棹唤游人；丰乐楼前，青布高悬沽酒帘。九里乔松青挺，六桥流水绿粼粼。晚霞遥映三天竺，夜月高升南北峰。云生在呼猿洞口，鸟飞在龙井山头。三贤堂下千浔碧，四圣祠前一镜浮。

观苏堤东坡古迹，看孤山和靖旧居。杖锡僧投灵隐去，卖花人向柳州来。

这西湖是真山真水，一年四景，皆可游玩。

真山真水，天下更有数处：

润州扬子江金山寺

滁州琅邪山醉翁亭

江州庐山瀑布泉

西川濯绵江潋滟堆

这几处虽然是真山真水，怎比西湖好处？假如：风起时，有千尺翻头浪；雨下时，有百丈滔天水。大雨一个月，不曾见满溢；大旱三个月，不曾见干涸。但见：

一镜波光青潋潋，四围山色翠重重。

生出石来浑美玉，长成草处即灵芝。

那游人行到乱云深处，听得鸡鸣犬吠，缫丝织布之声，宛然人间洞府，世上蓬瀛：

一派西湖景致奇，青山叠叠水弥弥。

隔林仿佛闻机杼，如有人家住翠微。

这西湖，晨、昏、晴、雨、月总相宜：

清晨豁目，澄〔澄〕潋滟，一派湖光；薄暮凭栏，渺渺暝朦，数重山色。遇雪时，两岸楼台铺玉屑；逢月夜，满天星斗漾珠玑。双峰相峙分南北，三竺依稀隐翠微。满寺僧从天竺去，卖花人向柳阴来。

每遇春间，有艳草、奇葩，朱英、紫萼，嫩绿、娇黄；有金林擒、玉李子、越溪桃、湘浦杏、东都芍药、蜀都海棠；有红郁李、白荼蘼、紫丁香、黄蔷薇、冠子样牡丹、耐戴的迎春；此只是花。更说那水，有蘸蘸色漾琉璃，有粼粼光浮绿腻。那一湖水，造成酒便甜，做成饭便香，作成醋便酸，洗衣裳莹白。这湖中出来之物：菱甜，藕脆，莲嫩，鱼鲜。那装銮[①]的待诏取得这水去，堆青叠绿,令别是一般鲜明。那染坊博士取得这水去,阴紫阳红,令别是一般娇艳。这湖中何啻有千百只画船往来,似箭纵横,小艇如梭,便是扇面上画出来的,两句诗云:

凿开鱼鸟忘情地,展出西湖极乐天。

这西湖不深不浅,不阔不远:

大深来难下竹竿,大浅来难摇画桨;

大阔处游玩不交,大远处往来不得。

又有小词,单说西湖好处:

都城圣迹,西湖绝景。水出深源,波盈远岸。沉沉素浪,一方千载丰登;叠叠青山,四季万民取乐。况有长堤十里,花映画桥,柳拂朱栏;南北二峰,云锁楼台,烟笼梵寺。桃溪杏坞,异草奇花;古洞幽岩,白石清泉。思东坡佳句,留千古之清名;效杜甫芳心,酬三春之媚景。王孙公子,越女吴姬,跨银鞍宝马,乘骨装花轿,丽日烘朱翠,和风荡绮罗。

若非日落都门闭,良夜追欢尚未休。

红杏枝头,绿杨影里,风景赛蓬瀛。异香飘馥郁,兰茝正芳馨。极目夭桃簇锦,满堤芳草铺茵。风来微浪白,雨过远山青。雾笼杨柳岸,花压武林城。

今日说一个后生,只因清明,都来西湖上闲玩,惹出一场事来。直到如今,西湖上古迹遗踪,传诵不绝。

是时宋孝宗淳熙年间,临安府涌金门有一人,是岳相公麾下统制官,姓奚,人皆呼为奚统制。有一子奚宣赞,其父统制弃世之后,嫡亲有四口,只有宣赞母亲,及宣赞之妻。又有一个叔叔,出家在龙虎山学道。这奚宣赞年方二十余岁,一生不好酒色,只喜闲耍。当日是清明。怎见得?

乍雨乍晴天气,不寒不暖风光。盈盈嫩绿,有如剪就薄薄轻罗;袅袅轻红,不若裁成鲜鲜丽锦。弄舌黄鹂啼别院,寻香粉蝶绕雕栏。

奚宣赞道:"今日是清明节,佳人才子俱在湖上玩赏,我也去一遭,观玩湖景,就彼闲耍,何如?"来到堂前禀复:"妈妈,今日儿欲要湖上闲玩,未知尊意若何?"妈妈道:"孩儿,你去不妨,只宜早归。"

奚宣赞得了妈妈言语,独自一个拿了弩儿,离家一直径出钱塘门,过昭庆寺,往水磨头来。行过断桥四圣观前,只见一伙人围着,闹烘烘。宣赞分开人,看见一个女儿。如何打扮?

头绾三角儿,三条红罗头须,三只短金钗,浑身上下,尽穿缟素衣服。

这女孩儿迷踪失路。宣赞见了,向前问这女孩儿道:"你是谁家女子,何处居住?"女孩儿道:"奴姓白,在湖上住。我和婆婆出来闲走,不见了婆婆,迷了路。"就来扯住了奚宣赞道:"我认得官人,在我左近住。"只是哭,不肯放。

宣赞只得领了女孩儿,搭船直到涌金门上岸,到家见娘。娘道:"我儿,你去闲耍,却如何带这女儿归来?"宣赞一一说与妈妈知道:"本这是好事,倘人来寻时,还他。"

女儿小名叫做卯奴。自此之后,留在家间。不觉十余日。宣赞一日正在家吃饭,只听得门前有人闹吵。宣赞见门前一顶四人轿,抬着一个婆婆。看那婆婆。生得:

鸡肤满体,鹤发如银。眼昏如秋水微浑,发白似楚山云淡。形如三月尽头花,命似九秋霜后菊。

这个婆婆下轿来到门前。宣赞看着婆婆身穿皂衣。卯奴却在帘儿下看着婆婆,叫声:"万福!"婆婆道:"交我忧杀!沿门问道(到)这里。却是谁救你在此?"卯奴道:"我得这官人救我在这里。"婆婆与宣赞相叫。请婆婆吃茶。婆婆道:"大难中难得宣赞救你,不若请宣赞到家,备酒以谢恩人。"婆子上轿,谢了妈妈,同卯奴上轿。奚宣赞随着轿子,直至四圣观侧首一座小门楼。奚宣赞在门楼下,看见:

金钉珠户,碧瓦盈檐。四边红粉泥墙,两下雕栏

玉砌。即如神仙洞府，王者之宫。

婆婆引着奚宣赞到里面，只见里面一个着白的妇人，出来迎着宣赞。宣赞着眼看那妇人，真个生得：

绿云堆发，白雪凝肤。眼横秋水之波，眉插春山之黛。桃萼淡妆红脸，樱珠轻点绛唇。步鞋衬小小金莲，玉指露纤纤春笋。

那妇人见了卯奴，便问婆婆："那里寻见我女？"婆婆便把宣赞救卯奴事一一说与妇人。妇人便与宣赞叙寒温，分宾主而坐。两个青衣女童，安排酒来。少顷，水陆毕陈，怎见得？

琉璃钟内珍珠滴，烹龙炮凤玉脂泣。罗帏绣幕生香风，击起鼍鼓吹龙笛。当筵尽劝醉扶归，皓齿歌兮细腰舞。正是青春白日暮，桃花乱落如红雨。

当时一杯两盏，酒至三杯。奚宣赞目视妇人，生得如花似玉，心神荡漾，却问妇人姓氏。只见一人向前道："娘娘，今日新人到此，可换旧人？"妇人道："也是。快安排来与宣赞作按酒。"只见两个力士，捉一个后生，去了巾带，解开头发，缚在将军柱上，面前一个银盆，一把尖刀。霎时间把刀破开肚皮，取出心肝，呈上娘娘。惊得宣赞魂不附体。娘娘斟热酒，把心肝请宣赞吃。宣赞只推不饮。娘娘、婆婆都吃了。娘娘道："难得宣赞救小女一命，我今丈夫又无情，愿将身嫁与宣赞。"正是：

春为花博士，酒是色媒人。

当夜，二人携手，共入兰房。

当夜已过，宣赞被娘娘留住，半月有余。奚宣赞面黄肌瘦，思归，道："娘娘，乞归家数日却来。"说由未了，只见一人禀覆："娘娘，今有新人到了，可换旧人？"娘娘道："请来！"有数个力士，拥一人至面前。那人如何打扮？

眉疏目秀，气爽神清，如三国内马超，似淮甸内关索，似西川活观音，岳殿上炳灵公。

娘娘请那人共座饮酒，交取宣赞心肝。宣赞当时三魂荡散，只得去告卯奴道："小娘子，我救你命，你可救我！"卯奴去娘娘面前道："娘娘，他曾救了卯奴，可饶他。"娘娘道："且将那件东西与我罩了。"只见一个力士取出个铁笼来，把宣赞罩了，却似一座山压住。娘娘自和那后生去做夫妻。

卯奴去笼边道："我救你。"揭起铁笼道："哥哥闭了眼，如开眼，死于非命。"说罢，宣赞闭了眼，卯奴背了。宣赞耳畔只闻风雨之声，用手摸卯奴脖项上有毛衣。宣赞肚中道："作怪！"霎时听得卯奴叫声："落地！"开眼看时，不见了卯奴，却在钱塘门城上。天色犹未明。怎见得？

北斗斜倾，东方渐白。邻鸡三唱，唤美人傅粉施妆；宝马频嘶，催人争赴利名场。几片晓霞连碧汉，一轮红日上扶桑。

慢慢依路进涌金门，行到自家门前。娘子方才开门，道："宣赞，你送女孩儿去，如何半月才回？交妈妈终日忧念。"

妈妈听得出来，见宣赞面黄肌瘦，妈妈道："缘何许久不回？"宣赞道："儿争些[②]不与妈妈相见！"便从头说与妈妈。大惊道："我儿，我晓得了。想此处乃是涌金门水口，莫非闭塞了水口，故有此事。我儿，你且将息，我自寻屋搬出了。"忽一日，寻得一闲房，在昭庆寺弯，选个吉日良时，搬去居住。

宣赞将息得好，迅速光阴，又是一年，将遇清明节至。怎见得？

家家禁火花含火，处处藏烟柳吐烟。
金勒马嘶芳草地，玉楼人醉杏花天。

奚宣赞道："去年今日闲耍，撞见这妇人，如今又是一年。"宣赞当日拿了弩儿，出屋后柳树边，寻那飞禽。只见树上一件东西叫，看时，那件物是人见了皆嫌。怎见得？

百禽啼后人皆喜，惟有鸦鸣事若何？
见者都嫌闻者唾，只为从前口嘴多。

元来是老鸦。奚宣赞搭上箭，看得清，一箭去，正射着老鸦。

老鸦落地,猛然跳几跳,去地上打一变,变成个着皂衣的婆婆,正是去年见的。婆婆道:“宣赞,你脚快,却搬在这里。”宣赞叫声:“有鬼!”回身便走。婆婆道:“宣赞那里去?”叫一声:“下来!”只见空中坠下一辆车来,有数个鬼使。婆婆道:“与我捉入车中!你可闭目!如不闭目,交你死于非命。”只见香车叶□地起,霎时间,直到旧日四圣观山门楼前坠下。

婆婆直引宣赞到殿前,只见殿上走下着白衣底妇人来,道:“宣赞,你走得好快!”宣赞道:“望娘娘恕罪!”又留住宣赞做夫妻。

过了半月余,宣赞道:“告娘娘,赞有老母在家,恐怕忧念,去了还来。”娘娘听了,柳眉倒竖,星眼圆睁道:“你尤自思归!”叫:“鬼使那里?与我取心肝!”可怜把宣赞缚在将军柱上。宣赞任叫卯奴道:“我也曾救你,你何不救我?”卯奴向前告娘娘道:“他曾救奴,且莫下手!”娘娘道:“小贱人,你又来劝我!且将鸡笼罩了,却结果他性命。”鬼使解了索,却把铁笼罩了。

宣赞叫天不应,叫地不闻,正烦恼之间,只见笼边卯奴道:“哥哥,我再救你!”便揭起铁笼道:“可闭目,抱了我。”宣赞再抱了卯奴,耳边听得风雨之声。霎时,卯奴叫声:“下去!”把宣赞撒了下来,正跌在茭白荡内,开眼叫声:“救人!”只见二人救起宣赞来。宣赞告诉一遍,二人道:“又作怪!这个后生着鬼!你家在那里住?”宣赞道:“我家在昭庆寺弯住。”二人直送宣赞到家。妈妈得知,出来见了二人。荡户说救宣赞一事。老妈大喜,讨酒赏赐了,二人自去。宣赞又说与老妈。老妈道:“我儿且莫出门便了。”

又过了数日,一日,老妈正在帘儿下立着,只见帘子走起,一个先生入来。怎的打扮?

顶分两个牧骨髻,身穿巴山短褐袍。道貌堂堂,威仪凛凛。料为上界三清客,多是蓬莱物外人。

老妈打一看,道:“叔叔,多时不见,今日如何到此?”这先生正是奚统制弟奚真人，往龙虎山方回，道："尊嫂如何在此？"宣赞也出来拜见叔叔。先生云："吾见望城西有黑气起，有妖怪缠人，特来，正是汝家。"老妈把前项事说一遍。先生道："吾侄，此三个妖怪，缠汝甚紧。"妈妈交安排素食，请真人斋毕。先生道："我明日在四圣观散符[3]，你可来告我。就写张投坛状[4]来，吾当断此怪物。"真人自去。

到明日，老妈同宣赞安排香纸，写了投坛状，关了门，分付邻舍看家，径到四圣观见真人。真人收状子看了，道："待晚，吾当治之。"先与宣赞吃了符水，吐了妖涎。天色将晚，点起灯烛，烧起香来，念念有词，书道符灯上烧了。只见起一阵风。怎见得？

风荡荡，翠飘红。忽南北，忽西东。春开杨柳，秋卸梧桐。凉入朱门户，寒穿陋巷中。嫦娥急把蟾宫闭，列子登仙叫救人。

风过处，一员神将，怎生打扮？

面色深如重枣，眼中光射流星。皂罗袍打嵌团花，红抹额销金蚩虎。手持七宝镶装剑，腰系蓝天碧玉带。

神将唱喏："告我师父，有何法旨？"真人道："与吾湖中捉那三个怪物来！"神将唱喏。去不多时，则见婆子、卯奴、白衣妇人，都捉拿到真人面前。

真人道："汝为怪物，乌敢缠害命官之子？"三个道："他不合冲塞了我水门。告我师，可饶恕，不曾损他性命。"真人道："与吾现形！"卯奴道："告哥哥，我不曾奈何哥哥，可莫现形！"真人叫天将打。不打，万事皆休，那里打了几下，只见卯奴变成了乌鸡，婆子是个獭，白衣娘子是条白蛇。奚真人道："取铁罐来，捉此三个怪物，盛在里面。"封了，把符压住，安在湖中心。

奚真人化缘，造成三个石塔，镇住三怪于湖内。至今古迹遗踪尚在。宣赞随了叔叔，与母亲在俗出家，百年而终。

只因湖内生三怪，至使真人到此间。

今日捉来藏篋内，万年千载得平安。

〔注〕① 装銮：塑造偶像的艺术。 ② 争些：即险些。 ③ 散符：符是道家用来驱役鬼神的文书。散符即散发符箓。 ④ 投坛状：投递给斋坛的文书。

本篇为宋元话本，辑存于《清平山堂话本》，撰人未详。

大宋王朝自仁宗以后，"说话"技艺空前繁荣，杭州作为偏安一方的南宋都城——临安，勾栏瓦舍的市民娱乐文化更是相当发达。根据《武林旧事》《都城纪胜》等书的记载，在临安著名的九十多个"说话人"中，相比于说经、讲史，小说阵容最大，占总人数的一半以上。无论是耐得翁的《都城纪胜》所分的小说四类，还是吴自牧《梦粱录》所分的小说七类，"灵怪"都是"小说"一家中重要的一类。《西湖三塔记》正话所讲的故事，可以说是属于"灵怪"一类。

正话之前的"入话"，占全文三分之一的篇幅，用来描述西湖美景。俗话说："上有天堂，下有苏杭。"杭州为吴越王雄霸百年，宋朝南渡百五十载，流风遗韵，古迹奇闻，自是史不胜书。"说话"技艺发达的临安艺人，身处风光秀丽的西湖之滨设坛讲座，对西湖美景自然是不会置若罔闻。本文以苏轼《饮湖上初晴后雨》一诗开篇，赞叹西湖丽质天成的自然风光，一诗收束，"言不尽意"，复和以词，一唱三叹，情趣盎然。仅叹惋西湖风光，还不足以看出"真山真水"的独特，相比于金山寺、醉翁亭、瀑布泉、潋滟堆，西湖的灵异在于"千尺翻头浪"时"不曾见满溢"，"百丈滔天水"时"不曾见干涸"，"但见一镜波光青潋潋，四围山色翠重重"。果真是人间洞府，世上蓬瀛。描述完春夏秋冬四季景致，又抒写西湖之晨、昏、雨、月。每逢春分，各种奇花异草更是荟萃一地，"那一湖水，造成酒便甜，做成饭便香，作成醋便酸，洗衣裳莹白"。湖中物产丰富，其"菱甜，藕脆，莲嫩，鱼鲜"。不仅是"都城圣迹，西湖绝景"令人耳目清新，这里更如殊方宝地，是生养作息的润泽沃土。西湖之异似乎使平实的散文难以铺陈，"入话"之末，作者连续用五首诗词再度抒情，不无炫耀辞采之嫌，韵文的接连引用，使我们不能不怀疑"说话人"在搜肠刮肚地引经据典数说西湖，这些诗词或整或散，还有"大深来难下竹竿，大浅来难摇画桨"等地方生活体验的俗语俗句。

比之明清拟话本小说的精致与雅化，《清平山堂话本》文辞略显粗糙，但本篇小说的"入话"，开篇就引入诗情，使文本增添了不少绮丽的笔墨和婉妙的意境，从而显得文采斐然。西湖秀丽的山水景物，因诗人锦心绣口的吟唱，更是卓绝不群，楚楚别具风致。在“灵怪”正话之前，“入话”以诗词的形式营造了一个雅致的叙事空间，此后上演的故事，自然是和这一叙事空间密切相关。

为了贴近“入话”营造的叙事空间，把虚构的传说附会得更近真实，作者特意点明“直到如今，西湖上古迹遗踪，传诵不绝”，小说结尾，也有类似的表述。作者以追述西湖三塔来历的形式进入小说叙事，有意识地把地方古迹名胜与志怪故事结合在一起，这是本文叙事的一大特点。根据《西湖志》记载：“东坡留意西湖，极力浚复，于湖中立塔以为标表，著令塔以内不许侵为菱荡。旧有石塔三，土人呼为‘三塔基’。南宋旧图，从南数，湖中对第三桥之左为一塔，第四桥之左为一塔，第五桥之右为一塔。塔形如瓶，浮漾水中，所谓‘三塔亭亭引碧流’是也。弘治间毁。万历……仍置三塔。”西湖三塔为北宋苏轼任职杭州时所建，初无镇怪之说。镇怪之说，应该是三塔落成后，又经过史实的淡化和古迹的神化异化之后才产生的，大抵在南宋中后期。入元，则已有杂剧《西湖三塔记》，为郗经所作。据此推测，本“话”的创作当不晚于元。

话说“一位后生”，“清明”时节来“西湖”上闲玩而惹出一场事来。宋元话本小说往往遵循写实规范，时间、地点、人物这些叙事因素一目了然。在写实的规范外，本文还有以虚证实的创作倾向。这种倾向首先体现在主角人物的社会出身上，乃史载名将岳飞麾下统制官之子，生活在宋孝宗淳熙年间的临安涌金门。由涌金门前往西湖玩赏，作者刻意详写沿途路线“径出钱塘门，过昭庆寺，往水磨头来。行过断桥四圣观前”。地理方位的确定容易引发叙事真实的幻觉。在刻画形象方面，作者也尽量虚实互证，把灵怪的天然物性与变幻后的人物形象结合描述。如卯奴本是乌鸡，初次露相则“浑身上下，尽穿缟素衣服”。婆子本是水獭，自然“身穿皂衣”“鸡肤满体”。

能够突现“灵怪”小说的类别属性的并非真实性，而是怪异性。《醉翁谈录·小说开辟》云“讲鬼怪令羽士心寒胆战”，这类描写正是为耸动刺激听众的感官而设。怪异性决定了故事情节的腾挪跌宕。奚宣赞救助迷路的卯奴，前来寻卯奴的婆子请他作客府上，卯奴之母宴请奚宣赞，并以姿色相娱。作者未及宕开笔墨渲染儿女之欢，一场食人心肝的惨烈的镜头触目惊心，令人毛骨悚然，全然抹杀了表面的宴乐承平。一句“新人到此，可换旧人”，使人疑虑宴请与留宿背后是否隐藏着杀机十足的阴谋。卯奴的知恩图报使他脱离险境。面黄肌瘦的奚宣赞康复后，来年清明故地重游，再次被婆子抓去，卯奴第二次仗义相救。最终，还是奚真人以法术收复妖异，化缘建造石塔，才镇住三怪。本文正面描写了一个人鬼杂处的血腥场面，自然界异物为妖作祟，给人带来莫测的命运，在阴郁而恐怖的人鬼世界体验中，予人以深刻的生存忧患意识和危机感。

《西湖三塔记》暗合了不无道学气的多数宋元灵怪故事的叙事模式，这一叙事模式常常是情欲使人堕入妖异的迷惑，与妖姝鬼媛的苟合使人羸弱甚至于丧命，必须凭借道士真人的法力才能得救。同样是以西湖景点引发灵怪故事，这类题材发展到明清，少了些怪异和妖气，多了点人情味，典型的如《白娘子永镇雷峰塔》，道士真人已经不再想当然地扮演拯迷救溺、除妖去怪的正义形象，而是扼杀爱欲和青春，制造情海遗恨的多事角色。人与鬼的结合不是为了延宕下一次血腥而恐怖的杀戮的到来，而是敷演一个风光旖旎的爱情故事。

《西湖三塔记》的"入话"以大量诗词铺陈西湖景致，"正话"则以西湖为叙事基点，营造了一个人鬼错综、幽明相通的艺术世界，这一叙事空间结合古迹景点，真幻互证，把历史和虚幻交融在一起。这种叙事策略在宋元话本中不独一例，如《定山三怪》《洛阳三怪记》《西山一窟鬼》都有类似情节。明周楫的《西湖二集》，清陈树基的《西湖拾遗》以及古吴墨浪子的《西湖佳话》，都是围绕西湖古迹名胜创作的短篇小说集，这些以西湖为题材的小说与《西湖三塔记》一脉相承，成为一种值得研究的特殊地域文化现象。

（王　燕）

简帖和尚　　佚　名

入话——《鹧鸪天》：

白苎千袍入嫩凉。春蚕食叶响长廊。禹门已准桃花浪，月殿先收桂子香。　鹏北海，凤朝阳，又携书剑路茫茫。明年此日青云去，却笑人间举子忙。

大国长安一座县，唤做咸阳县，离长安四十五里。一个官人，复姓宇文，名绶，离了咸阳县，来长安赴试，一连三番试不过。有个浑家王氏，见丈夫试不中归来，把复姓为题，做个词儿，专说丈夫试不中，名唤做《望江南》。词道是：

公孙恨，端木笔俱收。枉念歌馆经数载，寻思徒记万余秋，拓拔泪交流。　村仆固，闷独驾孤舟。不望手勾龙虎榜，慕容颜老一齐休。甘分守闾丘。

那王氏意不尽，看着丈夫，又做四句诗儿：

良人得得负奇才，何事年年被放回？

君面从今羞妾面，此番归后夜间来。

宇文解元从此发忿道:“试不中,定是不归!”到得来年,一举成名了,只在长安住,不归去。浑家王氏见这丈夫不归,理会得,道:“我曾做诗嘲他,可知道不归。”修一封书,叫当直王吉来:“你与我将这封书去四十五里,把与官人。”书中前面略叙寒暄,后面做只词儿,名做《南柯子》。词道是:

鹊喜噪晨树,灯开半夜花。果然音信到天涯。报到玉郎登第出京华。　旧恨消眉黛,新欢上脸霞。从前都是误疑他。将谓经年狂荡不归家。

去这词后面,又写四句诗道:

长安此去无多地,郁郁葱葱佳气浮。
良人得意正年少,今夜醉眠何处楼?

宇文绶接得书,展开看,读了词,看罢诗,道:“你前回做诗,教我从今归后夜间来,我今试过了,却要我回。”就旅邸中取出文房四宝,做了只曲儿,唤做《踏莎行》:

足蹑云梯,手攀仙桂,姓名高挂登科记。马前喝道状元来!金鞍玉勒成行缀。　宴罢归来,恣游花市,此时方显平生志。修书速报凤楼人,这回好个风流婿!

做毕这词,取张花笺,折叠成书。待要写了付与浑家,正研墨,觉得手重,惹番砚,水滴儿打湿了纸。再把一张纸折叠了,写成封家书,付与当直王吉,教分付家中孺人:“我今在长安试过了,到夜了归来。急去传语孺人:不到夜,我不归来!”王吉接得书,唱了喏,四十五里田地,直到家中。

话里且说宇文绶发了这封家书,当日天色晚,客店中无甚底事,便去睡。方才朦胧睡着,梦见归去,到咸阳县家中,见当直王吉在门前,一壁脱下草鞋洗脚。宇文绶问道:“王吉,你早归了?”再四问他,不应。宇文绶焦噪(躁),抬起头来看时,见浑家王氏把着蜡烛,入去房里。宇文绶赶上来叫:“孺人,我归了!”浑家不睬。他又说两声,浑家又不睬。宇文绶不知身是梦里，随浑家入房去，看这王氏时，放烛灯在桌子上，取早间一封书，头上取下金篦儿一剔，剔开封皮看时，却是一幅白纸。浑家含笑，就灯烛下把起笔来，就白纸上写了四句诗：

碧纱窗下启缄封，一纸从头彻底空。

知尔欲归情意切，相思尽在不言中。

写毕，换个封皮，再来封了。那妇女把金篦儿去剔那蜡烛灯，一剔剔在宇文绶脸上，吃一惊，撒然睡觉，却在客店里床上睡，灯犹未灭。桌子上看时，果然错封了一幅白纸归去，着一幅纸写这四句诗。到得明日，早饭后，王吉把那封书来，拆开看时，里面写着四句诗，便是夜来梦里见那浑家做底一般，当便安排行李，即时归家去。这便唤做"错封书"。

下来说底便是"错下书"。有个官人，夫妻两口儿正在家坐地，一个人送封简帖儿来与他浑家。只因这封简帖儿，变出一本蹊蹊作怪底小说来。正是：

尘随马足何年尽？事系人心早晚休。

淡画眉儿斜插梳，不忺拈弄绣工夫。云窗雾阁深深处，静拂云笺学草书。　　多艳丽，更清姝，神仙标格世间无。当时只说梅花似，细看梅花却不如。

东京汴州开封府枣槊巷里，有个官人，复姓皇甫，单名松。本身是左班殿直，年二十六岁。有个妻子杨氏，年二十四岁。一个十三岁的丫环，名唤迎儿：只这三口，别无亲戚。

当时，皇甫殿直官差去押衣袄上边回来，是年节第二节。去枣槊巷口，一个小小底茶坊。开茶坊人唤做王二。当日茶市方罢，相是日中，只见一个官人入来。那官人生得：

浓眉毛，大眼睛，蹶鼻子，略绰口。头上裹一顶高样大桶子头巾，着一领大宽袖斜襟褶子，下面衬贴衣裳，甜鞋净袜。

入来茶坊里坐下。开茶坊的王二拿着茶盏，进前唱喏奉茶。那官人接茶吃罢，看着王二道："少借这里等个人。"王二道："不妨。"

等多时，只见一个男女〔名叫僧儿〕，托个盘儿，口中叫："卖鹌鹑馉饳[①]儿！"官人把手打招，叫："买馉饳儿。"僧儿见叫，托盘儿入茶房内，放在桌上，将条篾篁穿那馉饳儿，捏些盐，放在官人面前，道："官人吃馉饳儿。"官人道："我吃，先烦你一件事。"僧儿道："不知要做甚么？"那官人指着枣槊巷里第四家，问僧儿："认得这人家么？"僧儿道："认得，那里是皇甫殿直家里。殿直押衣袄上边，方才回家。"官人问道："他家有几口？"僧儿道："只是殿直，一个小娘子，一个小养娘。"官人道："你认得那小娘子也不？"僧儿道："小娘子寻常不出帘儿外面，有时叫僧儿买馉饳儿，常去，认得。问他做甚么？"官人去腰里取下版金线篋儿，抖下五十来钱，安在僧儿盘子里。僧儿见了，可煞喜欢，叉手不离方寸："告官人，有何使令？"官人道："我相烦你则个。"袖中取出一张白纸，包着一对落索镮儿，两只短金钗子，一个简帖儿，付与僧儿道："这三件物事，烦你送去适间问的小娘子。你见殿直，不要送与他。见小娘子时，你只道官人再三传语，将这三件物来与小娘子，万望笑留。你便去，我只在这里等你回报。"

那僧儿接了三件物事，把盘子寄在王二茶坊柜上。僧儿托着三件物事，入枣槊巷来，到皇甫殿直门前，把青竹帘掀起，探一探。当时皇甫殿直正在前面交椅上坐地，只见卖馉饳的小厮儿掀起帘子，猖猖狂狂，探了一探便走，皇甫殿直看着那厮，震威一喝，便是：

当阳桥上张飞勇，一喝曹公百万兵。

喝那厮一声，问道："做甚么？"那厮不顾便走。皇甫殿直拽开脚，两步赶上，捽那厮回来，问道："甚意思？看我一看了便走？"那厮道："一个官人教我把三件物事与小娘子，不教把来与你。"殿直问道："甚么物事？"那厮道："你莫问，不教把与你！"皇甫殿直搭[②]得拳头没缝，去顶门上屑那厮一掿，道："好好的把出来教我看!”那厮吃了一摞,只得怀里取出一个纸裹儿,口里兀自道:“教我把与小娘子,又不教把与你!”

皇甫殿直劈手夺了纸包儿,打开看,里面一对落索镮儿,一双短金钗,一个简帖儿。皇甫殿直接得三件物事,拆开简子看时:

某皇恐再拜,上启小娘子妆前:即日孟春谨时,恭惟懿候起居万福。某外日荷蒙持杯之款,深切仰思,未尝少替。某偶以薄干,不及亲诣,聊有小词,名《诉衷情》,以代面禀,伏乞懿览。

词道是:

知伊夫婿上边回,懊恼碎情怀。落索镮儿一对,简子与金钗。　伊收取,莫疑猜,且开怀。自从别后,孤帏冷落,独守书斋。

皇甫殿直看了简帖儿,劈开眉下眼,咬碎口中牙,问僧儿道:“谁交[③]你把来?”僧儿用手指着巷口王二哥家茶坊里道:“有个粗眉毛、大眼精(睛)、蹶鼻子、略绰口的官人,教我把来与小娘子,不教我把与你!”皇甫殿直一只手捽着僧儿狗毛,出这枣槊巷,径奔王二哥茶坊前来。僧儿指着茶坊道:“恰才在㨂里面打底床铺上坐地底官人,教我把来与小娘子,又不交把与你,你却打我。”

皇甫殿直再捽僧儿回来,不由开茶坊的王二分说。当时到家里,殿直焦噪(躁),把门来关上,搌[④]来搌了,唬得僧儿战做一团。

殿直从里面叫出二十四岁花枝也似浑家出来,道:“你且看这件物事!”那小娘子又不知上件因依,去交椅上坐地。殿直把那简帖儿和两件物事度与浑家看。那妇人看着简帖儿上言语,也没理会处。殿直道:“你见我三个月日押衣袄上边,不知和甚人在家中吃酒?”小娘子道:“我和你从小夫妻。你去后,何曾有人和我吃酒!”殿直道:“既没人,这三件物从那里来?”小娘子道:“我怎知!”殿直左手指,右手举,一个漏风掌打将去。小娘子则叫得一声,掩着面哭将入去。

皇甫殿直叫将十三岁迎儿出来,去壁上取下一把箭簝子竹来,放在地上,叫过迎儿来。看着迎儿生得:

短胳膊,琵琶腿。劈得柴,打得水。会吃饭,能屙屎。

皇甫松去衣架上取下一条绦来,把妮子缚了两只手,掉过屋梁去,直下打一抽,吊将妮子起去,拿起箭簝子竹来,问那妮子道:“我出去三个月,小娘子在家中和甚人吃酒?”妮子道:“不曾有人。”皇甫殿直拿箭簝子竹,去妮子腿上便摔,摔得妮子杀猪也似叫,又问又打。那妮子吃不得打,口中道出一句来:“三个月殿直出去,小娘子夜夜和个人睡。”皇甫殿直道:“好也!”放下妮子来,解了绦,道:“你且来,我问你,是和兀谁睡?”那妮子揩着眼泪道:“告殿直,实不敢相瞒,自从殿直出去后,小娘子夜夜和个人睡,不是别人,却是和迎儿睡。”

皇甫殿直道:“这妮子却不弄我!”喝将过去,带一管锁,走出门去,拽上那门,把锁锁了。走去转弯巷口,叫将四个人来,是本地方所由,如今叫做“连手”,又叫做“巡军”:张千、李万、董霸、薛超四人。来到闩(门)前,用钥匙开了锁,推开门,从里面扯出卖馉饳的僧儿来,道:“烦上名收领这厮。”四人道:“父母官使令,领台旨。”殿直道:“未要去,还有人哩!”从里面叫出十三岁的迎儿,和二十四岁花枝的浑家,道:“和他都领去。”薛超唱喏道:“父母官,不敢收领孺人。”殿直道:“你懑(们)不敢领他,这件事干人命!”唬得四个所由,则得领小娘子和迎儿,并卖馉饳儿的僧儿三个同去,解到开封钱大尹厅下。

皇甫殿直就厅下唱了大尹喏,把那柬帖儿呈覆了。钱大尹看见,即时交押下一个所属去处,叫将山前行山定来。当时山定承了这件文字,叫僧儿问时,应道:“则是茶坊里见个粗眉毛、大眼精(睛)、蹶鼻子、略绰口的官人,交把这封柬子来与小

简帖和尚

——明天启刻本《古今小说》插图

娘子。打杀后也只是恁地供。”问这迎儿,迎儿道:“既不曾有人来同小娘子吃酒,亦不知付柬帖儿来的是何人,打死也只是恁么供招。”却待问小娘子,小娘子道:“自从小(少)年夫妻,都无一个亲戚来去,只有夫妻二人;亦不知把柬帖儿来的是何等人。”

山前行山定看着小娘子生得怎地瘦弱,怎禁得打勘,怎地讯问他?从里面交拐将过来两个狱子押出一个罪人来。看这罪人时:

面长皴轮骨,胲生渗癞腮;

有如行病鬼,到处降人灾。

小娘子见这罪人后,两只手掩着面,那里敢开眼。山前行看着静山大王,道声与狱子:“把枷梢一纽!”枷梢在上,道士头向下,拿起把荆子来,打得杀猪也似叫。山前行问道:“你曾杀人也不曾?”静山大王应道:“曾杀人。”又问:“曾放火不曾?”应道:“曾放火。”教两个狱子,把静山大王押入牢里去。山前行回转头来,看着小娘子,道:“你见静山大王,吃不得几杖子,杀人放火都认了。小娘子,你有事,只好供招了,你却如何吃得这般杖子?”小娘子簌地两行泪下,道:“告前行,到这里隐讳不得。”觅幅纸和笔,只得与他供招。小娘子供道:“自从小(少)年夫妻,都无一个亲戚来往,即不知把柬帖儿来的是甚色样人。如今看要教侍儿吃甚罪名,皆出赐大尹笔下。”见恁么说,五回三次问他,供说得一同。

似此三日,山前行正在州衙门前立,倒断不下,猛抬头看时,却见皇甫殿直在面前相揖,问及这件事:“如何三日理会这件事不下?莫是接了寄柬帖的人钱物,故意不予决这件公事?”山前行听得,道:“殿直,如今台意要如何?”皇甫松道:“只是要休离了!”当日山前行入州衙里,到晚衙,把这件文字呈了钱大尹。大尹叫将皇甫殿直来,当厅问道:“‘捉贼见赃,捉奸见双’,又无证佐,如何断得他罪?”皇甫松告钱大尹:“松如今不愿同妻子归去，情愿当官休了。”大尹台判：“听从夫便。”

殿直自归。僧儿、迎儿喝出，各自归去。只有小娘子见丈夫不要他，把他休了，哭出州衙门来。口中自道：“丈夫又不要我，又没一个亲戚投奔，教我那里安身？不若我自寻死后休！”上天汉州桥，看着金水银堤汴河，恰待要跳将下去，则见后面一个人，把小娘子衣裳一捽捽住，回转头来看时，恰是一个婆婆，生得：

眉分两道雪，髻挽一窝丝。眼昏一似秋水微浑，发白不若楚山云淡。

婆婆道：“孩儿，你却没事寻死做甚么？你认得我也不？”小娘子道：“不识婆婆。”婆婆道：“我是你姑姑。自从你嫁了老公，我家寒，攀陪你不着，到今不来往。我前日听得你与丈夫官司，我日逐在这里伺候。今日听得道休离了，你要投水做甚么？”小娘子道：“我上无片瓦，下无卓（立）锥；老公又不要我，又无亲戚投奔，不死更待何时。”婆婆道：“如今且同你去姑姑家里后如何？”妇女自思量道：“这婆子知他是我姑姑也不是。我如今没投奔处，且只得随他去了，却理会。”当时随这姑姑家去看时，家里没甚么活计，却好一个房舍，也有粉青帐儿，有交椅桌凳之类。在这姑姑家里，过了三两日。当日，方才吃罢饭，则听得外面一个官人高声大气叫道：“婆子，你把我物事去卖了，如何不把钱来还？”那婆子听得叫，失张失志，出去迎接来叫的官人：“请入来坐地。”小娘子着眼看时，见入来的人：

粗眉毛，大眼精（睛），蹶鼻子，略绰口，抹眉裹顶高装大带头巾，阔上领皂褶儿，下面甜鞋净袜。

小娘子见了，口喻心，心喻口，道：“好似那僧儿说的寄柬帖儿官人。”只见官人入来，便坐在凳子上，大惊小怪道：“婆子，你把我三百贯钱物事去卖了，经一个月日，不把钱来还。”婆子道：“物事自卖在人头，未得钱。支得时，即便付还官人。”官人道：“寻常交关钱物东西，何尝推许多日？讨得时，千万送来!”官人说了自去。

婆子入来,看着小娘子,簌地两行泪下,道:“却是怎好!”小娘子问道:“有甚么事?”婆子道:“这官人元(原)是蔡州通判,姓洪,如今不做官,却卖些珠翠头面。前日,一件物事教我把去卖,吃人交加了,到如今没这钱还他,怪他焦燥(躁)不得。他前日央我一件事,我又不曾与他干得。”小娘子问道:“却是甚么事?”婆子道:“交我讨个细人,要生得好的。若得一个似小娘子模样去嫁与他,那官人必喜欢。小娘子,你如今在这里,老公又不要你,终不为了,不若姑姑说合,你去嫁官人,不知你意如何?”小娘子沉吟半晌,不得已,只得依姑姑口,去这官人家里来。

逡巡过了一年,当是正月初一日。皇甫殿直自从休了浑家,在家中无好况,正是:

时间风火性,烧了岁寒心。

自思量道:“每年正月初一日,夫妻两人双双地上本州大相国寺里烧香。我今年却独自一个,不知我浑家那里去?”簌地两行泪下,闷闷不已,只得勉强着一领紫罗衫,手里把着银香盒,来大相国寺里烧香。到寺中烧香了,恰待出寺门,只见一个官人领着一个妇女。看那官人时,粗眉毛、大眼睛、蹶鼻子、略绰口,领着的妇女,却便是他浑家。当时丈夫看着浑家,浑家又觑着丈夫,两个四目相视,只是不敢言语。

那官人同妇女两个入大相国寺里去。皇甫松在这山门头正恁沉吟,见一个打香油钱的行者,正在那里打香油钱,看见这两人入去,口里道:“你害得我苦!你这汉如今却在这里!”大踏步赶入寺来。

皇甫殿直见行者赶这两人,当时叫住行者道:“五戒,你莫待要赶这两个人上去?”那行者道:“便是。说不得,我受这汉苦,到今日抬头不起。只是为他。”皇甫殿直道:“你认得这个妇女?”行者道:“不识。”殿直道:“便是我的浑家。”行者问:“如何却随着他?”皇甫殿直把送柬帖儿和休离的上件事,对行者说了一遍。行者道:“却是怎地?”行者却问皇甫殿直:“官人认得这个人?”殿直道:“不认得。”行者道:“这汉元(原)是州东墦台寺里一个和尚。苦行便是墦台寺里行者。我这本师却是墦台寺监院,手头有百十钱,剃度这厮做小师。一年前时,这厮偷了本师二百两银器,不见了,吃了些个情拷。如今赶出寺来,〔没〕讨饭吃处,罪过!这大相国寺里知寺厮认,留苦行在此间打化香油钱。今日撞见这厮,却怎地休得?”

方才说罢,只见这和尚将着他浑家,从寺廊下出来。行者牵衣带步,却待去捽这厮,皇甫殿直扯住行者,闪那身已在山门一壁,道:“且不得捽他。我和你尾这厮去,看那里着落,却与他官司。”两个后地尾将来。

话分两头。且说那妇人见了丈夫,眼泪汪汪,入去大相国寺里烧香了出来。这汉一路上却问这妇女道:“小娘子,你如何见了你丈夫便眼泪出?我不容易得你来!我当初从你门前过,见你在帘子下立地,见你生得好,有心在你处。今日得你做夫妻,也不通容易。”

两个说来说去,恰到家中门前,入门去。那妇人问道:“当初这个柬帖儿,却是兀谁把来?”这汉道:“好交你得知,便是我交卖馉饳儿的僧儿把来。你的丈夫中我计,真个便把你休了。”妇人听得说,捽住那汉,叫声“屈”,不知高低!那汉见那妇人叫将起来,却荒(慌),就把只手去克着他皈(脖)项,指望坏他性命。外面皇甫殿直和行者尾着他两人,来到门首,见他懑(们)入去,听得里面大惊小怪,跄(抢)将入去看时,见克着他浑家,剚囫性命。皇甫殿直和这行者两个即时把这汉来捉了,解到开封府钱大尹厅下:

出则壮士携鞭,入则佳人捧臂。

世世靴踪不断,子孙出入金门。

他是:

两浙钱王子，吴越国王孙。

大尹升厅，把这件事解到厅下。皇甫殿直和这浑家把前面说过的话对钱大尹历历从头说了一遍。钱大尹大怒，交左右索长枷把和尚枷了，当厅讯一百腿花，押下左司理院，交尽情根勘这件公事。勘正了，皇甫松责领浑家归去，再成夫妻；行者当厅给赏。和尚大情小节，一一都认了，不合设谋奸骗，后来又不合谋害这妇人性命，准杂犯断，合重杖处死。这婆子不合假装姑姑，同谋不首，亦合编管邻州。

当日推出这和尚来，一个书会先生看见，就法场上做了一只曲儿，唤做《南乡子》：

怎见一僧人，犯滥铺模受典刑。案款已成，招状了遭刑，棒杀髡囚示万民。　沿路众人听，尤(犹)念高王观世音。护法喜神，齐合掌低声，果谓金刚不坏身。

话本说彻，且作散场。

〔注〕 ① 馉饳：一种面食。一说即"馄饨"。 ② 搦(nuò)：握，捏。 ③ 交：通"教"。 ④ 撷(shuān)：同"拴"。门闩；拴住。

这是一篇宋代公案类话本小说，又名《胡姑姑》或《错下书》，辑存于《清平山堂话本》，撰人不详。钱曾的《也是园书目》中也曾著录。

小说开篇以宇文绶误将白纸当书信寄给妻子，又以"相思尽在不言中"作释的趣事点题，引出一件颇有悲剧意味的故事：北宋时的东京开封府中，有个任左班殿直的武官皇甫松，被一个和尚设计圈套，骗去妻子杨氏。和尚行骗的手法是：叫一小孩去皇甫家送物投简，让皇甫松误认为妻子有了外遇而将妻休弃，然后又与媒婆勾结布局，骗娶了举目无亲的杨氏。一年后，皇甫松去大相国寺烧香，与杨氏不期而遇，两人几经周折，才得知和尚设计骗局的全过程，他们合力捉住了这个制造悲剧的坏人送官正法，并破镜重圆。

作品在题材选择上具有开创性。宋朝因剃度的度牒形同赋税，是朝廷增加财政收入的手段，所以，剃度僧侣过滥，寺院中鱼龙混杂，甚至成为人渣无赖们的避难所。当时出家人的世俗纠缠已是屡见不鲜的事，小说作为对现实生活的反映，也就出现了描写恶僧、淫僧题材的作品。这篇小说可谓最早以公案的形式来反映这一题材的,开创了写僧侣问题的新路,也为后来以僧侣问题写男女情爱的小说提供了一种新视界。

小说最突出的艺术成就有两方面,一是制造“悬念”的手法高明,一是采用了倒叙的结构布局。小说通过送简、审妻、官讼、休妻、改嫁、重逢、识骗、团圆等情节铺陈,把一个设骗与受骗的平常公案写得此起彼伏,扣人心弦。整个篇章铺叙完整曲折,又富于生活气息。开篇扣住下书之“错”,而不交待洪和尚行骗的动机。随着情节发展,使人逐渐明白他巧布机关是为杨氏之色。但仍留下悬念——身藏深闺的杨氏怎会被和尚窥视形貌的?直到结束部分,才从洪和尚口中道出:“我当初从你门前过,见你在帘子下立地,见你生得好,有心在你处。”原来一番设计的因由全在此,以书简设骗只是为得杨氏之果。作者在布局谋篇上增强了故事的吸引力,抓住读者(听众),既能巧设事件,过渡又是十分自然,毫不矫揉做作。

小说是一部出色并具代表性的作品,其艺术成就也是多方面的。除上述两方面外,在表现手法上也充分发挥了话本长于白描的特点,刻画出一个个呼之欲出的人物形象。例如,写洪和尚的外貌是“浓眉毛,大眼睛,蹶鼻子,略绰口。头上裹一顶高样大桶子头巾,着一领大宽袖斜襟褶子,下面衬贴衣裳,甜鞋净袜”,显得整齐大方,但内心却是阴暗奸毒,充满私欲的人。内外的反差鲜明,给人以深刻印象。另外,像皇甫松的狂躁粗暴性格,僧儿的倔强朴实,杨氏的外柔内刚等,都写得极有个性。

尤其要指出,在中国古代小说中,人物往往是故事情节发展的一种载体或手段,人物既是为情节而设,就有可能会失之于单一和片面。但这部小说却比较注意揭示人物内在的丰富复杂的情感,因人而设事。例如,皇甫松虽是一介武官,行为狂躁,待人粗暴,但对妻子一往情深。他虽不明白爱就是信任的道理,却为情所驱,怀着眷念,独自去大相国寺寻找妻子的踪迹,回忆那些琴瑟和谐的岁月,写出他粗中有细的另一性格面。再如,写洪和尚为一己私欲拆散他人家庭,虽奸险阴毒,但还着笔写他多情的一面。他见杨氏因与皇甫松相遇后流泪不止时,便将隐忍了一年的谋骗之事对杨氏坦言,这不能说洪和尚对杨氏毫无情意。在写杨氏时,前面写她柔弱无依,楚楚可怜,最后才写她的拼死抗争的刚烈一面。可以说,小说中不多的人物形象里,其主要人物都不是简单划一的。

这部小说的语言也很成功。在描述性的语言上,行文流畅无滞,朴素简练,韵味淳厚;在对白上,语言简洁明了,富于生活气息。如皇甫松审丫环迎儿时,迎儿被吊打不过,便顺着皇甫松的意思说:“三个月殿直出去,小娘子夜夜和个人睡。"皇甫松听言，把她放下再细问时，迎儿说："小娘子夜夜和个人睡，不是别人，却是和迎儿睡。"读到这样的对白，迎儿的机敏与诚实，皇甫松怒火中烧又无可奈何的失望表情与心态都跃然纸上，令人忍俊不禁。这显示出作者深厚的语言功底和生活基础。

《简帖和尚》的故事流传颇广泛。宋代就有《洪和尚错下书》的戏文，明代冯梦龙将此故事编入《古今小说》，改名为《简帖僧巧骗皇甫妻》，明代还有席正吾《罗帕记》也演此故事。另外，无名氏改编的小说《僧尼孽海》中有一则《募缘僧》也讲此故事。 （曾庆雨）

碾玉观音 佚 名

（上）

山色晴岚[1]景物佳，煖烘回雁起平沙。东郊渐觉花供眼，南陌依稀草吐芽。 堤上柳，未藏鸦[2]，寻芳趁步到山家。陇头几树红梅落，红杏枝头未着花。

这首《鹧鸪天》说孟春[3]景致，原来又不如《仲春[4]词》做得好：

每日青楼醉梦中，不知城外又春浓。杏花初落疏疏雨，杨柳轻摇淡淡风。 浮画舫，跃青骢[5]，小桥门外绿阴笼。行人不入神仙地，人在珠帘第几重？

这首词说仲春景致，原来又不如黄夫人[6]做着《季春[7]词》又好：

先自春光似酒浓，时听燕语透帘栊。小桥杨柳飘香絮，山寺绯桃散落红。 莺渐老，蝶西东，春归难觅恨无穷。侵阶草色迷朝雨，满地梨花逐晓风。

这三首词，都不如王荆公[8]看见花瓣儿片片风吹下地来，原来这春归去，是东风断送的。有诗道：

春日春风有时好，春日春风有时恶。
不得春风花不开，花开又被风吹落。

苏东坡[9]道："不是东风断送春归去，是春雨断送春归去。"有诗道：

雨前初见花间蕊,雨后全无叶底花。

蜂蝶纷纷过墙去,却疑春色在邻家。

秦少游[10]道:"也不干风事,也不干雨事,是柳絮飘将春色去。"有诗道:

三月柳花轻复散,飘飏澹荡送春归。

此花本是无情物,一向东飞一向西。

邵尧夫[11]道:"也不干柳絮事,是胡蝶采将春色去。"有诗道:

花正开时当三月,胡蝶飞来忙劫劫[12]。

采将春色向天涯,行人路上添凄切。

曾两府[13]道:"也不干胡蝶事,是黄莺啼得春归去。"有诗道:

花正开时艳正浓,春宵何事老芳丛?

黄鹂啼得春归去,无限园林转首空。

朱希真[14]道:"也不干黄莺事,是杜鹃啼得春归去。"有诗道:

杜鹃叫得春归去,吻边啼血尚犹存。

庭院日长空悄悄,教人生怕到黄昏。

苏小小[15]道:"都不干这几件事,是燕子衔将春色去。"有《蝶恋花》词为证:

妾本钱塘江上住,花开花落,不管流年度。燕子衔将春色去,纱窗几阵黄梅雨。　斜插犀梳[16]云半吐,檀板轻敲,唱彻《黄金缕》。歌罢彩云无觅处,梦回明月生南浦[17]。

王岩叟[18]道:"也不干风事,也不干雨事,也不干柳絮事,也不干胡蝶事,也不干黄莺事,也不干杜鹃事,也不干燕子事;是九十日春光已过春归去。"曾有诗道:

怨风怨雨两俱非,风雨不来春亦归。

腮边红褪青梅小,口角黄消乳燕飞。

蜀魄[19]健啼花影去,吴蚕强食柘[20]桑稀。

直恼春归无觅处,江湖辜负一蓑衣。

说话的,因甚说这《春归词》?绍兴[21]年间,行在[22]有个关西延州延安府人,本身是三镇节度使咸安郡王[23]。当时怕春归去,将带着许多钧眷[24]游春。至晚回家,来到钱塘门里,车桥前面,钧眷轿子过了,后面是郡王轿子到来。只听得桥下裱褙铺[25]里一个人叫道:"我儿出来看郡王。"当时郡王在轿里看见,叫帮总虞候[26]道:"我从前要寻这个人,今日却在这里。只在你身上,明日要这个人入府中来。"当时虞候声诺[27],来寻这个看郡王的人,是甚色目人[28]?正是:

尘随车马何年尽?情系人心早晚休。

只见车桥下一个人家,门前出着一面招牌,写着"璩家装裱古今书画"。铺里一个老儿,引着一个女儿,生得如何?

云鬓轻笼蝉翼[29],蛾眉淡拂春山。

朱唇缀一颗樱桃,皓齿排两行碎玉。

莲步半折[30]小弓弓,莺啭一声娇滴滴。

便是出来看郡王轿子的人。虞候即时来他家对门一个茶坊里坐定,婆婆把茶点来,虞候道:"启请婆婆,过对门裱褙铺里请璩大夫[31]来说话。"婆婆便去请到来。两个相揖了就坐,璩待诏问:"府干[32]有何见谕?"虞候道:"无甚事,闲问则个[33]。适来叫出来看郡王轿子的人,是令爱么?"待诏道:"正是拙女,止有三口。"虞候又问:"小娘子贵庚?[34]"待诏应道:"一十八岁。"再问:"小娘子如今要嫁人,却是趋奉官员?"待诏道:"老拙家寒,那讨钱来嫁人,将来也只是献与官员府第。"虞候道:"小娘子有甚本事?"待诏说出女孩儿一件本事来。有词寄《眼儿媚》为证:

深闺小院日初长,娇女绮罗裳。不做东君[35]造化,金针刺绣群芳。 斜枝嫩叶包开蕊,唯只欠馨香。曾向园林深处,引教蝶乱蜂狂。

原来这女儿会绣作。虞候道:"适来郡王在轿里,看见令爱身上系着一条绣裹肚[36]。府中正要寻一个绣作的人,老丈何不献与郡王?"璩公归去与婆婆说了,到明日写一纸献状[37],献来府中。郡王给与身价,因此取名秀秀养娘[38]。

不则一日,朝廷赐下一领团花绣战袍,当时秀秀依样绣出一件来,郡王看了欢喜道:"主上赐与我团花战袍,却寻甚么奇巧的物事[39]献与官家?"去府库里寻出一块透明的羊脂美玉来,即时叫将门下碾玉待诏[40]道:"这块玉堪做甚么?"内中一个道:"好做一副劝杯。"郡王道:"可惜恁般一块玉,如何将来只做得一副劝杯[41]!"又一个道:"这块玉上尖下圆,好做一个摩侯罗儿。"郡王道:"摩侯罗儿[42]只是七月七日乞巧使得,寻常间又无用处。"数中一个后生,年纪二十五岁,姓崔名宁,趋事郡王数年,是升州建康府人,当时叉手[43]向前,对着郡王道:"告恩王,这块玉上尖下圆,甚是不好,只好碾一个南海观音。"郡王道:"好!正合我意。"就叫崔宁下手。不过两个月,碾成了这个玉观音。郡王即时写表进上御前,龙颜大喜。崔宁就本府增添请给[44],遭遇郡王[45]。

不则一日,时遇春天,崔待诏游春回来,入得钱塘门,在一个酒肆与三四个相知方才吃得数杯,则听得街上闹炒炒,连忙推开楼窗看时,见乱烘烘道:"井亭桥有遗漏[46]!"吃不得这酒成,慌忙下酒楼看时,只见:

> **初如萤火,次若灯火。千条蜡烛焰难当,万座糁盆[47]敌不住。六丁神[48]推倒宝天炉,八力士放起焚山火。骊山会上,料应褒姒逞娇容;赤壁矶头,想是周郎施妙策。五通神[49]牵住火葫芦,宋无忌[50]赶番赤骡子。又不曾泻烛浇油,直恁的烟飞火猛!**

崔待诏望见了,急忙道:"在我本府前不远!"奔到府中看时,已搬挈得罄尽[51],静悄悄地无一个人。崔待诏既不见人,且循着左手廊下入去。火光照得如同白日。去那左廊下,一个妇女摇摇摆摆从府堂里出来,自言自语,与崔宁打个胸厮撞[52]。崔宁认得是秀秀养娘,倒退两步,低声唱个喏。原来郡王当日尝对崔宁许道:"待秀秀满日[53],把来嫁与你。"这些众人都撺掇道:“好对夫妻!”崔宁拜谢了不则一番。崔宁是个单身,却也痴心;秀秀见恁地个后生,却也指望。当日有这遗漏,秀秀手中提着一帕子金珠富贵,从左廊下出来,撞见崔宁,便道:“崔大夫,我出来得迟了,府中养娘各自四散,管顾不得。你如今没奈何,只得将我去躲避则个。”当下崔宁和秀秀出府门,沿着河走到石灰桥。秀秀道:“崔大夫,我脚疼了,走不得。”崔宁指着前面道:“更行几步,那里便是崔宁住处。小娘子到家中歇脚,却也不妨。”到得家中坐定,秀秀道:“我肚里饥,崔大夫与我买些点心来吃。我受了些惊,得杯酒吃更好。”当时崔宁买将酒来,三杯两盏,正是:

三杯竹叶[54]穿心过,两朵桃花上脸来。

道不得个“春为花博士,酒是色媒人”。秀秀道:“你记得当时在月台上赏月,把我许你,你兀自[55]拜谢。你记得也不记得?”崔宁叉着手,只应得“喏”。秀秀道:“当日众人都替你喝采:‘好对夫妻!’你怎地到忘了?”崔宁又则应得“喏”。秀秀道:“比似[56]只管等待,何不今夜我和你先做夫妻。不知你意下何如?”崔宁道:“岂敢!”秀秀道:“你知道不敢,我叫将起来,教坏了你。你却如何将我到家中?我明日府里去说。”崔宁道:“告小娘子;要和崔宁做夫妻不妨,只一件,这里住不得了。要好趁这个遗漏人乱时,今夜就走开去,方才使得。”秀秀道:“我既和你做夫妻,凭你行。”当夜做了夫妻。四更已后,各带着随身金银物件出门。离不得饥餐渴饮,夜住晓行,迤逦[57]来到衢州[58]。崔宁道:“这里是五路总头[59],是打那条路去好?不若取信州[60]路上去。我是碾玉作,信州有几个相识,怕那里安得身。”即时取路到信州。住了几日,崔宁道:“信州常有客人到行在往来,若说道我等在此,郡王必然使人来追捉,不当稳便。不若离了信州,再往别处去。”两个又起身上路,径取潭州[61]。不则一日,到了潭州,却是走得远了。就潭州市里,讨间房屋,出面招牌,写着“行在崔待诏碾玉生活”。崔宁便对秀秀道:

"这里离行在有二千余里了,料得无事,你我安心好做长久夫妻。"潭州也有几个寄居官员,见崔宁是行在待诏,日逐[62]也有生活得做。崔宁密使人打探行在本府中事。有曾到都下的,得知府中当夜失火,不见了一个养娘,出赏钱寻了几日,不知下落。也不知道崔宁将他走了,见在潭州住。

时光似箭,日月如梭,也有一年之上。忽一日,方早开门,见两个着皂衫[63]的,一似虞候府干打扮,入来铺里坐地,问道:"本官听得说有个行在崔待诏,教请过来做生活。"崔宁分付了家中,随这两个人到湘潭县路上来。便将崔宁到宅里,相见官人,承揽了玉作生活。回路归家,正行间,只见一个汉子,头上带个竹丝笠儿,穿着一领白段子两上领布衫,青白行缠[64]扎着裤子口,着一双多耳麻鞋,挑着一个高肩担儿,正面来,把崔宁看了一看。崔宁却不见这汉面貌,这个人却见崔宁,从后大踏步尾着崔宁来。正是:

谁家稚子鸣榔板[65],惊起鸳鸯两处飞。

(下)

竹引牵牛花满街,疏篱茅舍月光筛。琉璃盏内茅柴酒[66],白玉盘中簇豆梅[67]。　休懊恼,且开怀,平生赢得笑颜开。三千里地无知己,十万军中挂印来。

这只《鹧鸪天》词是关西秦州雄武军[68]刘两府[69]所作,从顺昌[70]入战之后,闲在家中,寄居湖南潭州湘潭县。他是个不爱财的名将,家道贫寒,时常到村店中吃酒。店中人不识刘两府,欢呼啰唣[71]。刘两府道:"百万番人[72]只如等闲,如今却被他们诬罔[73]。"做了这只《鹧鸪天》,流传直到都下。当时殿前太尉是杨和王[74],见了这词,好伤感:"原来刘两府直恁孤寒!"教提辖官差人送一项钱与刘两府。今日崔宁的东人[75]郡王,听得说刘两府恁地孤寒,也差人送一项钱与他。却经由潭州路过,见崔宁从湘潭路上来,一路尾着崔宁到家,正见秀秀坐在柜身子里,便撞破他们道:"崔大夫,多时不见,你却在这里。秀秀养娘他如何也在这里？郡王教我下书来潭州，今遇着你们。原来秀秀养娘嫁了你。也好。”当时唬杀崔宁夫妻两个，被他看破。

那人是谁？却是郡王府中一个排军[76]，从小伏侍郡王，见他朴实，差他送钱与刘两府。这人姓郭，名立，叫做郭排军。当下夫妻请住郭排军，安排酒来请他，分付道：“你到府中，千万莫说与郡王知道。”郭排军道：“郡王怎知得你两个在这里，我没事却说甚么。”当下酬谢了出门。回到府中，参见郡王，纳了回书，看看郡王道：“郭立前日下书回，打潭州过，却见两个人在那里住。”郡王问：“是谁？”郭立道：“见秀秀养娘并崔待诏两个，请郭立吃了酒食，教休来府中说知。”郡王听说，便道：“叵耐[77]这两个做出这事来！却如何直走到那里？”郭立道：“也不知他仔细，只见他在那里住地，依旧挂招牌做生活。”郡王教干办[78]去分付临安府，即时差一个缉捕使臣[79]，带着做公的[80]，备了盘缠，径来湖南潭州府，下了公文，同来寻崔宁和秀秀。却似：

皂雕[81]追紫燕，猛虎啖羊羔。

不两月，捉将两个来，解到府中；报与郡王得知，即时升厅。原来郡王杀番人时，左手使一口刀，叫做“小青”；右手使一口刀，叫做“大青”。这两口刀不知剁了多少番人。那两口刀，鞘内藏着，挂在壁上。郡王升厅，众人声喏，即将这两个人押来跪下。郡王好生焦躁，左手去壁牙[82]上取下“小青”，右手一掣，掣刀在手，睁起杀番人的眼儿，咬得牙齿剥剥地响。当时唬杀夫人，在屏风背后道：“郡王！这里是帝辇之下，不比边庭上面。若有罪过，只消解去临安府施行，如何胡乱凯[83]得人？”郡王听说道：“叵耐这两个畜生逃走，今日捉将来，我恼了，如何不凯？既然夫人来劝，且捉秀秀入府后花园去，把崔宁解去临安府断治[84]。”

当下喝赐钱酒赏犒捉事人[85]。解这崔宁到临安府，一一从头供说:“自从当夜遗漏,来到府中,都搬尽了。只见秀秀养娘从廊下出来,揪住崔宁道:‘你如何安手在我怀中?若不依我口,教坏了你。’要共逃走。崔宁不得已,与他同走。只此是实。”临安府把文案呈上郡王。郡王是个刚直的人,便道:“既然恁地,宽了崔宁,且与从轻断治。崔宁不合在逃,罪杖,发遣建康府居住。”当下差人押送。方出北关门,到鹅项头,见一顶轿儿,两个人抬着,从后面叫:“崔待诏,且不得去!”崔宁认得像是秀秀的声音,赶将来又不知恁地,心下好生疑惑。伤弓之鸟,不敢揽事,且低着头只顾走。只见后面赶将上来,歇了轿子,一个妇人走出来,不是别人,便是秀秀,道:“崔待诏,你如今去建康府,我却如何?”崔宁道:“却是怎地好?”秀秀道:“自从解你去临安府断罪,把我捉入后花园,打了三十竹篦,遂便赶我出来。我知道你建康府去,赶将来同你去。”崔宁道:“恁地却好。”讨了船,直到建康府。押发人自回。若是押发人是个学舌的,就有一场是非出来。因晓得郡王性如烈火,惹着他不是轻放手的。他又不是王府中人,去管这闲事怎地。况且崔宁一路买酒买食,奉承得他好,回去时,就隐恶而扬善了。

再说崔宁两口在建康居住,既是问断[86]了,如今也不怕有人撞见,依旧开个碾玉作铺。浑家[87]道:“我两口却在这里住得好,只是我家爹妈,自从我和你逃去潭州,两个老的吃了些苦。当日捉我入府时,两个去寻死觅活。今日也好教人去行在取我爹妈来这里同住。”崔宁道:“最好。”便教人来行在取他丈人丈母。写了他地理脚色[88]与来人,到临安府寻见他住处,问他邻舍,指道:“这一家便是。”来人去门首看时,只见两扇门关着,一把锁锁着,一条竹竿封着。问邻舍:“他老夫妻那里去了?”邻舍道:“莫说它,有个花枝也似女儿,献在一个奢遮去处[89],这个女儿不受福德,却跟一个碾玉的待诏逃走了。前日从湖南潭州捉将回来,送在临安府吃官司。那女儿吃郡王捉进后花园里去。老夫妻见女儿捉去,就当下寻死觅活,至今不知下落，只恁地关着门在这里。”来人见说，再回建康府来，兀自未到家。

且说崔宁正在家中坐，只见外面有人道：“你寻崔待诏住处，这里便是。”崔宁叫出浑家来看时，不是别人，认得是璩公、璩婆。都相见了，喜欢的做一处。那去取老儿的人，隔一日才到，说如此这般，寻不见，却空走了这遭。两个老的且自来到这里了。两个老人道：“却生受[90]你。我不知你们在建康住，教我寻来寻去，直到这里。”其时四口同住，不在话下。

且说朝廷官里[91]一日到偏殿看玩宝器，拿起这玉观音来看。这个观音身上，当时有一个玉铃儿失手脱下。即时问近侍官员：“却如何修理得？”官员将玉观音反复看了，道：“好个玉观音，怎地脱落了铃儿？”看到底下，下面碾着三字“崔宁造”。“恁地容易，既是有人造，只消得宣这个人来，教他修整。”敕[92]下郡王府，宣取碾玉匠崔宁。郡王回奏：“崔宁有罪，在建康府居住。”即时使人去建康取得崔宁到行在歇泊[93]了。当时宣崔宁见驾，将这玉观音教他领去用心整理。崔宁谢了恩，寻一块一般的玉，碾一个铃儿接住了，御前交纳。破分[94]请给养了崔宁，令只在行在居住。崔宁道：“我今日遭际御前[95]，争得气，再来清湖河下，寻间屋儿开个碾玉铺，须不怕你们撞见。”可煞事有斗巧，方才开得铺三两日，一个汉子从外面过来，就是那郭排军，见了崔待诏便道：“崔大夫恭喜了！你却在这里住。”抬起头来，看柜身里却立着崔待诏的浑家。郭排军吃了一惊，拽开脚步就走。浑家说与丈夫道：“你与我叫住那排军，我相问则个。”正是：

平生不作皱眉事，世上应无切齿人。

崔待诏即时赶上扯住。只见郭排军把头只管侧来侧去，口里喃喃地道：“作怪！作怪！”没奈何，只得与崔宁回来，到家中坐地。浑家与他相见了，便问：“郭排军，前者我好意留你吃酒，你却归来说与郡王，坏了我两个的好事。今日遭际御前，却不怕你去说。”郭排军吃他相问得无言可答，只道得一声“得罪”。相别了，便来到府里，对着郡王道：“有鬼！”郡王道：“这汉则甚？”郭立道：“告恩王，有鬼！”郡王问道：“有甚鬼？”郭立道：“方才打清湖河下过，见崔宁开个碾玉铺，却见柜身里一个妇女，便是秀秀养娘。”郡王焦躁道：“又来胡说！秀秀被我打杀了，埋在后花园，你须也看见，如何又在那里？却不是取笑我。”郭立道：“告恩王，怎敢取笑。方才叫住郭立，相问了一回。怕恩王不信，勒下[96]军令状了去。”郡王道：“真个在时，你勒军令状来。”那汉也是合苦[97]，真个写一纸军令状来。郡王收了，叫两个当直的[98]轿番[99]，抬一顶轿子，教取这妮子来：“若真个在，把来凯取一刀；若不在，郭立你须替他凯取一刀。”郭立同两个轿番来取秀秀。正是：

麦穗两歧，农人难辨。

郭立是关西人，朴直，却不知军令状如何胡乱勒得。三个一径来到崔宁家里，那秀秀兀自在柜身里坐地，见那郭排军来得恁地慌忙，却不知他勒了军令状来取你。郭排军道：“小娘子，郡王钧旨[100]，教命取你则个。”秀秀道：“既如此，你们少等，待我梳洗了同去。”即时入去梳洗，换了衣服出来，上了轿，分付了丈夫。两个轿番便抬着径到府前，郭立先入去。郡王正在厅上等待。郭立唱了喏道：“已取到秀秀养娘。”郡王道：“着他入来。”郭立出来道：“小娘子，郡王教你进来。”掀起帘子看一看，便是一桶水倾在身上，开着口则合不得。就轿子里不见了秀秀养娘。问那两个轿番，道：“我不知。则见他上轿，抬到这里，又不曾转动。”那汉叫将入来道：“告恩王，恁地真个有鬼！”郡王道：“却不叵耐！”教人捉这汉，“等我取过军令状来，如今凯了一刀！”先去取下“小青”来。那汉从来伏侍郡王，身上也有十数次官了[101]，盖缘[102]是粗人，只教他做排军。这汉慌了，道：“见有两个轿番见证，乞叫来问。”即时叫将轿番来，道：“见他上轿，抬到这里，却不见了。”说得一般，想必真个有鬼。

只消得叫将崔宁来问。便使人叫崔宁来到府中，崔宁从头至尾说了一遍。郡王道："恁地，又不干崔宁事，且放他去。"崔宁拜辞去了。郡王焦躁，把郭立打了五十背花棒[103]。

崔宁听得说浑家是鬼，到家中问丈人丈母。两个面面厮觑，走出门，看着清湖河里，扑通地都跳下水去了。当下叫"救人"，打捞，便不见了尸首。原来当时打杀秀秀时，两个老的听得说，便跳在河里，已自死了。这两个也是鬼。

崔宁到家中，没情没绪，走进房中，只见浑家坐在床上。崔宁道："告姐姐，饶我性命！"秀秀道："我因为你，吃郡王打死了，埋在后花园里。却恨郭排军多口，今日已报了冤仇，郡王已将他打了五十背花棒。如今都知道我是鬼，容身不得了。"道罢起身，双手揪住崔宁，叫得一声，四肢倒地。邻舍都来看时，只见：

两部脉尽总皆沉，一命已归黄壤下。

崔宁也被扯去和父母四个一块儿做鬼去了。后人评论得好：

咸安王捺不下烈火性，郭排军禁不住闲磕牙[104]；
璩秀娘舍不得生眷属，崔待诏撇不脱鬼冤家。

〔注〕 ① 晴岚(lán)：晴天山间的雾气。 ② 未藏鸦：柳叶尚未长丰满，还不能掩藏乌鸦。 ③ 孟春：农历正月。 ④ 仲春：农历二月。 ⑤ 青骢(cōng)：青白色相杂的马。 ⑥ 黄夫人：疑指宋代女词人孙道绚，为黄铢之母。 ⑦ 季春：农历三月。 ⑧ 王荆公：北宋政治家、文学家王安石，字介甫，号半山，封荆国公。 ⑨ 苏东坡：北宋文学家苏轼，字子瞻，自号东坡居士。 ⑩ 秦少游：北宋词人秦观，字少游，号太虚。 ⑪ 邵尧夫：北宋理学家邵雍，字尧夫，号安乐先生。 ⑫ 劫劫：同"汲汲"，忙碌的样子。 ⑬ 曾两府：宋代称中书省与枢密院为两府，担任过宰相或枢密使的人，都称两府。宋代曾公亮、曾布、曾肇都做过宰相，此处难以确指。 ⑭ 朱希真：南宋文学家朱敦儒，字希真。 ⑮ 苏小小：相传为苏轼的妹妹，但历史上实无此人。 ⑯ 犀梳：犀牛角做的梳子。 ⑰ 南浦：南面的水边，常用来指送别的地方。 ⑱ 王岩叟：字彦林，北宋时曾为侍御史。 ⑲ 蜀魄：指杜鹃鸟，又名子规。相传是古代蜀帝的魂魄所化。 ⑳ 柘(zhè)：柘树，桑树的一种，叶可饲蚕。 ㉑ 绍兴：宋高宗赵构的年号。 ㉒ 行在：皇帝出行时的临时住所。此指南宋京城临安(今浙江杭州)。 ㉓ 咸安郡王：南宋抗金名将韩世忠的封爵。 ㉔ 钧眷：对官员家属的尊称。 ㉕ 裱褙铺：装裱字画的店铺。 ㉖ 帮总虞候：长官随行人员的头目。 ㉗ 声诺：唱喏，答应。 ㉘ 甚色目人：什么样的人。 ㉙ 蝉翼：古代妇女的一种发式。 ㉚ 半折：极言其短小。折：拇指和食指伸开时的距离。 ㉛ 大夫：本官名，这里是对手艺人的尊称。下文"待诏"同此，唐宋时比"大夫"用得更为普遍。

㉜ 府干：对官府差役和富豪人家仆役的敬称。 ㉝ 则个：句末语助词。 ㉞ 贵庚：对他人年龄的尊问。 ㉟ 东君：春神。 ㊱ 绣裹肚：绣花的围裙或腰巾。 ㊲ 献状：献出女儿的文书。 ㊳ 养娘：侍女。 ㊴ 物事：东西。 ㊵ 碾玉待诏：雕琢玉器的匠人。碾：磨，雕刻。 ㊶ 劝杯：敬酒、劝酒用的长颈大酒杯。 ㊷ 摩侯罗儿：梵语的音译，一种形状像小孩的玩偶。 ㊸ 叉手：拱手作揖。 ㊹ 请给：由公家供给的俸金、粮饷等。 ㊺ 遭遇郡王：受到郡王的赏识。 ㊻ 遗漏：失火的代称。 ㊼ 糁(sǎn)盆：旧时除夕祭祀祖先和神灵，用以焚烧松柴的器具。 ㊽ 六丁神：传说中的火神。 ㊾ 五通神：民间传说中会纵火作祟的妖神。 ㊿ 宋无忌：道教传说中的火仙，常骑一匹火红色的骡子。 51 搬挈得罄尽：搬拿一空。 52 打个胸厮撞：撞个满怀。厮，互相。 53 满日：指卖身合同满期。 54 竹叶：竹叶青，酒名。 55 兀自：还，尚且。 56 比似：似此。 57 迤逦(yǐ lǐ)：连绵曲折。 58 衢州：今浙江衢州。 59 五路总头：交通要道。 60 信州：今江西上饶。 61 径取：直往。潭州：今湖南长沙。 62 日逐：每天。 63 皂衫：黑衫，官府差役穿的服装。 64 青白行缠：青白两色相间的裹腿布。 65 鸣榔板：渔民捕鱼时用木板敲打船舷，惊动游鱼使其入网。 66 茅柴酒：一种味苦的劣酒。 67 豆梅：一种盐渍的梅脯，味酸咸。 68 秦州雄武军：今甘肃天水，宋为雄武军。军是宋代比州小的行政区划。 69 刘两府：指南宋抗金名将刘锜，因曾任枢密副都承旨，故称。 70 顺昌：今安徽阜阳。刘锜曾在此大破金兵。 71 啰唣(zào)：骚扰，纠缠。 72 番人：指金兵。 73 诬罔：轻蔑。 74 杨和王：名沂中，字正甫，后改名存中，以太尉领殿前都指挥使，死后追封和王。 75 东人：东家，主人。 76 排军：即牌兵，武将的亲兵卫士。 77 叵(pǒ)耐：不可忍耐，意即可恨、可恶。 78 干办：办事员。 79 缉捕使臣：逮捕犯人的公差头目。 80 做公的：公差。 81 皂雕：黑老鹰。 82 壁牙：墙上挂东西的钩子。 83 凯：砍。 84 断治：判罪。 85 捉事人：指缉捕使臣及公差。 86 问断：已审判结案。 87 浑家：妻子。 88 地理脚色：家庭住址和身份。 89 奢遮去处：了不起的地方，指富贵人家。 90 生受：受苦，为难。 91 官里：官家，指皇帝。 92 敕：皇帝的文书。 93 歇泊：住下。 94 破分：破例。 95 遭际御前：受到皇帝的赏识。 96 勒下：写下。 97 合苦：合该倒霉。 98 当直的：值班的。 99 轿番：轿夫。 100 钧旨：命令。 101 身上也有十数次官了：指本身立过功劳，有十几次做官的机会。 102 盖缘：大概因为。 103 背花棒：把背脊上打烂，重棒。 104 闲磕牙：说闲话，搬弄是非。

本篇录自宋人话本集《京本通俗小说》，撰人不详。明人晁瑮《宝文堂书目》写作《玉观音》。冯梦龙又将此篇收入《警世通言》第八卷，题目《崔待诏生死冤家》，题下注明“宋人小说，题作《碾玉观音》”。小说中写了爱情，同时也写了鬼魂，因而兼有“烟粉”和“灵怪”两类话本小说之特点。

小说写的是封建社会中处于社会最底层的青年男女的爱情悲剧。璩秀秀和崔宁，一个是郡王府邸的婢女，学得一手好绣作；一个是同一王府里的工匠，雕刻玉器是行家。他们都有出众的技艺，品貌相当，又都没有人身自由。两人趁一次失火的机会，逃出了阴森如地狱的王府。结为夫妻后，又一起辗转逃往二千里外的潭州开碾玉作坊，过着同甘共苦、自食其力的生活。他们的行为，既是对封建秩序、封建人身依附关系的一种有力反抗，也是对封建礼教、封建婚姻制度、封建伦理道德的一次有力挑战。他们的所作所为，是以咸安郡王为代表的封建统治者所绝对不能容忍的。因此，秀秀他们无论走到哪里，总摆脱不了咸安郡王的魔掌。他们出逃之初，咸安郡王派人四出搜捕，后来因郭排军告密，郡王吩咐临安府差人将秀秀和崔宁捉回府中，秀秀被活活打死，崔宁则发配建康。秀秀父母痛不欲生，投水自尽。秀秀和崔宁成为人鬼夫妻后，统治者仍然不放过他们，继续施展淫威对他们的爱情横加践踏。秀秀在人世难容的情况下，不得不告别尘世，拉着崔宁一起到阴间去做鬼夫妻。小说通过秀秀和崔宁从"人夫妻"到"人鬼夫妻"再到"鬼夫妻"的惨痛婚姻历程，揭露和控诉了封建统治者的凶残冷酷、草菅人命和灭绝人性。因此，批判封建统治者的凶暴残忍，追求人身自由与反对封建礼教的束缚，争取婚姻自由和个性解放，是这篇作品所客观具有的双重思想意蕴。这比作者在篇末提到的"崔待诏撇不脱鬼冤家""郭排军禁不住闲磕牙"要深刻、广泛得多。小说中关于鬼魂的描写，是人民群众同情秀秀、憎恨邪恶、反抗压迫的正义思想的曲折反映，也使小说增添了浪漫主义的奇光异彩。

小说中对于爱情的描写，渗透了较强的市民意识。这突出地表现在秀秀对爱情的主动而大胆的追求上。咸安郡王曾表示要将秀秀许配给崔宁，她本人也"指望"这话能够兑现。但她不愿被动等待。秀秀抓住了王府失火这一难得机遇，果断地收拾了一包贵重物品准备逃出火坑。她要求崔宁带她"躲避"，于是来到崔宁的家中歇脚，并要崔宁为她买酒压惊，乘着微醉责怪崔宁忘记了众人对他俩"好对夫妻"的喝彩，主动向崔宁提出"今夜我和你先做夫妻"，这种热烈大胆而略带野性的爱情表达方式，与以往爱情小说中贵族女子的顾虑重重、遮遮掩掩、矜持动摇、忸怩作态迥然不侔，也与故事中男主角崔宁的谨慎畏缩、欲爱不敢、欲罢不能判然有别。为了爱情，秀秀宁愿被残暴的当权者生生打死也不低头，死亡不能使她放弃对爱情的追求，化鬼后仍去与意中人厮守相聚。在这位秀外慧中的女性身上，她的大胆泼辣、热情能干，她的刚强坚毅、敢作敢为、富有韧性的斗争精神，充分体现了市民阶层的审美理想和婚姻爱情观念。秀秀是中国文学史上第一个逃奴形象。她的出现，为我国古典小说的人物画廊增添了一个富有性格深度的典型形象。

在塑造人物形象时，作者注意将人物放在矛盾冲突的焦点上，通过激动人心的故事情节和惊心动魄的场面描绘以及富有戏剧性的对话来展示人物的性格。如秀秀和崔宁逃出王府后的一段对话，声口毕肖，并与人物的神态和动作的描写相配合，将人物独具的个性鲜活饱满地展现在读者面前。

小说以玉观音和郭排军为线索，不断运用巧合法来推动故事情节的发展，情节波谲云诡，变幻莫测。作者在故事进程中常常只描写人物公开的活动，而对一些内幕性的内容往往留到后面交代，因而不时地给读者留下一些悬念。如秀秀被送到后花园以后情况如何，作者没有写；秀秀的父母在临安寻死觅活而又突然出现在建康，也令人感到蹊跷，小说直至结尾才点明真相，说明秀秀及其父母均已成鬼，使读者恍然大悟，疑团顿消。小说的情节还具有真幻交织的特点，现实性情节真实可信，幻想性情节奇特浪漫。作者采用了暗设伏笔的手法，使幻奇性情节的突然出现显得自然合理，毫无突兀之感。（张蕊青）

西山一窟鬼　　佚　名

杏花过雨，渐残红零落胭脂颜色。流水飘香，人渐远，难托春心脉脉。恨别王孙，墙阴目断，谁把青梅摘？金鞍何处，绿杨依旧南陌。　　消散云雨须臾，多情因甚有轻离轻拆。燕语千般，争解说些子伊家消息。厚约深盟，除非重见，见了方端的。而今无奈，寸肠千恨堆积。

这只词名唤做《念奴娇》，是一个赴省士人姓沈名文述所作。原来皆是集古人词章之句，如何见得？从头与各位说开。第一句道："杏花过雨。"陈子高曾有《寒食词》，寄《谒金门》：

柳丝碧，柳下人家寒食。莺语匆匆花寂寂，玉阶春草湿。　　闲凭熏笼无力，心事有谁知得？檀炷绕窗背壁，杏花残雨滴。

第二句道："渐残红零落胭脂颜色。"李易安曾有《暮春词》，寄《品令》：

零落残红，似胭脂颜色。一年春事，柳飞轻絮，笋添新竹。寂寞幽对小园嫩绿。　　登临未足，怅游子归期促。它年清梦千里，犹到城阴溪曲。应有凌波，时为故人凝目。

第三句道："流水飘香。"延安李氏曾有《春雨词》，寄《浣溪沙》：

无力蔷薇带雨低，多情胡蝶趁花飞，流水飘香乳燕啼。　　南浦魂销春不管，东阳衣减镜先知，小楼今夜月依依。

第四句道:"人渐远,难托春心脉脉。"宝月禅师曾有《春词》,寄《柳梢青》:

脉脉春心,情人渐远,难托离愁。雨后寒轻,风前香软,春在梨花。　　行人倚棹天涯,酒醒处残阳乱鸦。门外秋千,墙头红粉,深院谁家?

第五句、第六句道:"恨别王孙,墙阴目断。"欧阳永叔曾有《清明词》,寄《一斛珠》:

伤春怀抱,清明过后莺花好。劝君莫向愁人道,又被香轮辗破青青草。　　夜来风月连清晓,墙阴目断无人到。恨别王孙愁多少,犹赖春寒未放花枝老。

第七句道:"谁把青梅摘。"晁无咎曾有《春词》,寄《清商怨》:

风摇动,雨濛松,翠条柔弱花头重。春衫窄,娇无力,记得当初,共伊把青梅来摘。　　都如梦,何时共?可怜敧损钗头凤。关山隔,暮云碧,燕子来也,全然又无些子消息。

第八句、第九句道:"金鞍何处,绿杨依旧南陌。"柳耆卿曾有《春词》,寄《清平乐》:

阴晴未定,薄日烘云影。金鞍何处寻芳径,绿杨依旧南陌静。　　厌厌几许春情,可怜老去难成。看取镊残霜鬓,不随芳草重生。

第十句道:"消散云雨须臾。"晏叔原曾有《春词》,寄《虞美人》:

飞花自有牵情处,不向枝边住。晓风飘薄已堪愁,更伴东流流水过秦楼。　　消散须臾云雨怨,闲倚栏干见。远弹双泪湿香红,暗恨玉颜光景与花同。

第十一句道:"多情因甚有轻离轻拆。"魏夫人曾有《春词》,寄《卷珠帘》:

记得来时春未暮,执手攀花,袖染花梢露。暗卜春心共花语，争寻双朵争先去。　多情因甚相辜负？有轻折轻离，向谁分诉？泪湿海棠花枝处，东君空把奴分付。

第十二句道："燕语千般。"康伯可曾有《春词》，寄《减字木兰花》：

杨花飘尽，云压绿阴风乍定。帘幕闲垂，弄语千般燕子飞。　小楼深静，睡起残妆犹未整。梦不成归，泪滴斑斑金缕衣。

第十三句道："争解说些子伊家消息。"秦少游曾有《春词》，寄《夜游宫》：

何事东君又去？空满院落花飞絮。巧燕呢喃向人语，何曾解说伊家些子。　况是伤心绪，念个人儿成暌阻。一觉相思梦回处，连宵雨，更那堪闻杜宇。

第十四句、第十五句道："厚约深盟，除非重见。"黄鲁直曾有《春词》，寄《捣练子》：

梅凋粉，柳摇金，微雨轻风敛陌尘。厚约深盟何处诉？除非重见那人。

第十六句道："见了方端的。"周美成曾有《春词》，寄《滴滴金》：

梅花漏泄春消息，柳丝长，草芽碧。不觉星霜鬓边白，念时光堪惜。　兰堂把酒思佳客，黛眉颦，愁春色。音书千里相疏隔，见了方端的。

第十七句、第十八句道："而今无奈，寸肠千恨堆积。"欧阳永叔曾有词寄《蝶恋花》：

帘幕东风寒料峭，雪里梅花先报春来早。而今无奈寸肠思，堆积千愁空懊恼。　旋暖金炉薰兰澡，闷把金刀剪彩呈纤巧。绣被五更香睡好，罗帏不觉纱窗晓。

话说沈文述是一个士人，自家今日也说一个士人，因来行在临安府取选，变做十数回跷蹊作怪的小说。我且问你：这个秀才姓甚名谁？却说绍兴十年间，有个秀才是福州威武军人，姓吴，名洪。离了乡里，来行在临安府求取功名，指望：

一举首登龙虎榜，十年身到凤凰池。

争知道时运未至，一举不中。吴秀才闷闷不已，又没甚么盘缠，也自羞归故里，且只得胡乱在今时州桥下开一个小小学堂度日，等待后三年春榜动，选场开，再去求取功名。逐月却与几个小男女打交。捻指[①]开学堂后也有一年之上，也罪过，那街上人家，都把孩儿们来与他教训，颇自有些趱[②]足。

当日正在学堂里教书，只听得青布帘儿上铃声响，走将一个人入来。吴教授看那入来的人，不是别人，却是半年前搬去的邻舍王婆。元来那婆子是个撮合山，专靠做媒为生。吴教授相揖罢，道："多时不见，而今婆婆在那里住？"婆子道："只道教授忘了老媳妇。如今老媳妇在钱塘门里沿城住。"教授问："婆婆高寿？"婆子道："老媳妇犬马之年，七十有五。教授青年多少？"教授道："小子二十有二。"婆子道："教授方才二十有二，却像三十以上人。想教授每日价费多少心神。据我媳妇愚见，也少不得一个小娘子相伴。"教授道："我这里也几次问人来，却没这般头脑。"婆子道："这个不是冤家不聚会。好教官人得知，却有一头好亲在这里。一千贯钱房卧，带一个从嫁，又好人材，却有一床乐器都会，又写得算得，又是咋嗻[③]大官府第出身。只要嫁个读书官人。教授却是要也不？"教授听得说罢，喜从天降，笑逐颜开，道："若还真个有这人时，可知好哩！只是这个小娘子如今在那里？"婆子道："好教教授得知，这个小娘子从秦太师府三通判位下出来，有两个月，不知放了多少帖子，也曾有省、部、院里当职事的来说他，也曾有内诸司当差的来说他，也曾有门面铺席人来说他，只是高来不成，低来不就。小娘子道：'我只要嫁个读书官人。'更兼又没有爹娘，只有一个从嫁，名唤锦儿。因他一床乐器都会，一府里人都叫做李乐娘。见今在白雁池一个旧邻舍家里住。”两个兀自说犹未了，只见风吹起门前布帘儿来，一个人从门首过去。王婆道：“教授，你见过去的那人么？便是你有分取他做浑家。”王婆出门赶上那人，不是别人，便是李乐娘在他家住的，姓陈，唤做陈干娘。王婆厮赶着入来，与吴教授相揖罢，王婆道：“干娘，宅里小娘子说亲成也未？”干娘道：“说不得！又不是没好亲来说他，只是吃他执拗的苦，口口声声只要嫁个读书官人。却又没这般巧。”王婆道：“我却有个好亲在这里，未知干娘与小娘子肯也不？”干娘道：“却教孩儿嫁兀谁？”王婆指着吴教授道：“我教小娘子嫁这个官人。却是好也不好？”干娘道：“休取笑。若嫁得这个官人，可知好哩。”

吴教授当日一日教不得学，把那小男女早放了，都唱了喏先归去。教授却把一把锁锁了门，同着两个婆子上街。免不得买些酒相待他们。三杯之后，王婆起身道：“教授既是要这头亲事，却问干娘觅一个帖子。”干娘道：“老媳妇有在这里。”侧手从抹胸里取出一个帖子来。王婆道：“干娘，‘真人面前饶不得假话，旱地上打不得拍浮④’，你便约了一日，带了小娘子和从嫁锦儿来梅家桥下酒店里等，我便同教授来过眼则个。”干娘应允，和王婆谢了吴教授自去。教授还了酒钱归家。

把闲话提过，到那日，吴教授换了几件新衣裳，放了学生，一程走将来梅家桥下酒店里时，远远地王婆早接见了。两个同入酒店里来，到得楼上，陈干娘接着。教授便问道：“小娘子在那里？”干娘道：“孩儿和锦儿在东阁儿里坐地⑤。”教授把三寸舌尖舐破窗眼儿张一张，喝声采不知高低，道：“两个都不是人！”如何不是人？元来见他生得好了，只道那妇人是南海观音，见锦儿是玉皇殿下侍香玉女。恁地道他不是人。看那李乐娘时：

水剪双眸，花生丹脸。云鬟轻梳蝉翼，蛾眉淡拂春山。朱唇缀一颗天桃，皓齿排两行碎玉。意态自然,迥出伦辈。有如织女下瑶台,浑似嫦娥离月殿。

看那从嫁锦儿时:

眸清可爱,鬓耸堪观。新月笼眉,春桃拂脸。意态幽花未艳,肌肤嫩玉生香。金莲着弓弓扣绣鞋儿,螺髻插短短紫金钗子。如捻青梅窥少俊,似骑红杏出墙头。

自从当日插了钗,离不得下财纳礼,奠雁[6]传书。不则一日,吴教授取过那妇女来,夫妻两个好说得着:

云淡淡天边鸾凤,水沉沉交颈鸳鸯。写成今世不休书,结下来生双绾带。

却说一日是月半,学生子都来得早,要拜孔夫子。吴教授道:"姐姐,我先起去。"来那灶前过,看那从嫁锦儿时,脊背后披着一带头发,一双眼插将上去,脖项上血污着。教授看见,大叫一声,匹然[7]倒地。即时浑家来救得苏醒,锦儿也来扶起。浑家道:"丈夫你见甚么来?"吴教授是个养家人,不成说道我见锦儿恁地来,自己也认做眼花了,只得使个脱空[8]瞒过道:"姐姐,我起来时少着了件衣裳,被冷风一吹,忽然头晕倒了。"锦儿慌忙安排些个安魂定魄汤与他吃罢,自没事了。只是吴教授肚里有些疑惑。

话休絮烦,时遇清明节假,学生子却都不来。教授分付了浑家,换了衣服,出去闲走一遭。取路过万松岭,出今时净慈寺里看了一回,却待出来,只见一个人看着吴教授唱个喏。教授还礼不迭。却不是别人,是净慈寺对门酒店里量酒[9],说道:"店中一个官人,教男女来请官人。"吴教授同量酒入酒店来时,不是别人,是王七府判儿,唤做王七三官人。两个叙礼罢,王七三官人道:"适来见教授,又不敢相叫,特地叫量酒来相请。"教授道:"七三官人如今那里去?"王七三官人口里不说,肚里思量:"吴教授新娶一个老婆在家不多时,你看我消遣他则个。"道:"我如今要同教授去家里坟头走一遭。早间看坟的人来说道：'桃花发，杜酝[10]又熟。'我们去那里吃三杯。"教授道："也好。"两个出那酒店，取路来苏公堤上，看那游春的人，真个是：

　　人烟辐辏，车马骈阗。只见和风扇景，丽日增明。流莺啭绿柳阴中，粉蝶戏奇花枝上。管弦动处，是谁家舞榭歌台？语笑喧时，斜侧傍春楼夏阁。香车竞逐，玉勒争驰。白面郎敲金镫响，红妆人揭绣帘看。

南新路口讨一只船，直到毛家步上岸，迤逦过玉泉龙井。王七三官人家里坟，直在西山驼献岭下。好座高岭！下那岭去，行过一里，到了坟头，看坟的张安接见了。王七三官人即时叫张安安排些点心酒，来侧首一个小小花园内，两个入去坐地。又是自做的杜酝，吃得大醉。看那天色时，早已：

　　红轮西坠，玉兔东生。佳人秉烛归房，江上渔人罢钓。渔父卖鱼归竹院，牧童骑犊入花村。

天色却晚，吴教授要起身。王七三官人道："再吃一杯，我和你同去。我们过驼献岭，九里松路上妓弟人家睡一夜。"吴教授口里不说，肚里思量："我新娶一个老婆在家里，干颡[11]我一夜不归去，我老婆须在家等，如何是好。便是这时候去赶钱塘门，走到那里也关了。"只得与王七三官人手厮挽着上驼献岭来。你道事有凑巧，物有故然，就那岭上云生东北，雾长西南，下一阵大雨。果然是银河倒泻，沧海盆倾，好阵大雨。且是没躲处，冒着雨又行了数十步，见一个小小竹门楼。王七三官人道："且在这里躲一躲。"不是来门楼下躲雨，却是：

　　猪羊走入屠宰家，一脚脚来寻死路。

两个奔来躲雨时，看来却是一个野墓园。只那门前一个门楼儿，里面都没甚么屋宇。石坡上两个坐着，等雨住了行。正大雨下，只见一个人貌类狱子院家打扮，从隔壁竹篱笆里跳入墓园，走将去墓堆子上叫道："朱小四你这厮！有人请唤。

今日须当你这厮出头。”墓堆子里谩应道：“阿公，小四来也。”不多时，墓上土开，跳出一个人来，狱子厮赶着了自去。吴教授和王七三官人见了，背膝展展，两股不摇而自颤。看那雨却住了，两个又走。地下又滑，肚里又怕，心头一似小鹿儿跳，一双脚一似斗败公鸡，后面一似千军万马赶来，再也不敢回头。行到山顶上，侧着耳朵听时，空谷传声，听得林子里面断棒响。不多时，则见狱子驱将墓堆子里跳出那个人来。两个见了又走。岭侧首却有一个败落山神庙，入去庙里，慌忙把两扇庙门关了，两个把身躯抵着庙门，真个气也不敢喘，屁也不敢放。听那外边时，只听得一个人声唤过去道：“打杀我也！”一个人道：“打脊魍魉！你这厮许了我人情又不还，我怎的不打你？”王七三官人低低说与吴教授道：“你听得外面过去的，便是那狱子和墓堆里跳出来的人。”两个在里面颤做一团。吴教授却埋怨王七三官人道：“你没事教我在这里受惊受怕，我家中浑家却不知怎地盼望！”兀自说言未了，只听得外面有人敲门道：“开门则个！”两个问道：“你是谁？”仔细听时，却是妇女声音道：“王七三官人好也！你却将我丈夫在这里一夜，直教我寻到这里。锦儿，我和你推开门儿，叫你爹爹。”吴教授听得外面声音，不是别人，是我浑家和锦儿，怎知道我和王七三官人在这里，莫教也是鬼？两个都不敢则声。只听得外面说道：“你不开庙门，我却从庙门缝里钻入来。”两个听得恁地说，日里吃的酒都变做冷汗出来。只听得外面又道：“告妈妈，不是锦儿多口，不如妈妈且归，明日爹爹自归来。”浑家道：“锦儿，你也说得是，我且归去了，却理会。”却叫道：“王七三官人，我且归去，你明朝却送我丈夫归来则个！”两个那里敢应他。妇女和锦儿说了自去。王七三官人说：“吴教授，你家里老婆和从嫁锦儿都是鬼。这里也不是人去处，我们走休。”拔开庙门看时，约莫是五更天气，兀自未有人行。两个下得岭来，尚有一里多路，见一所林子里走出两个人来，上手的是陈干娘，下手的是王婆，道："吴教授，我们等你多时。你和王七三官人却从那里来？"吴教授和王七三官人看见道："这两个婆子也是鬼了！我们走休。"真个便是獐奔鹿跳，猿跃鹘飞，下那岭来。后面两个婆子兀自慢慢地赶来。"一夜热乱，不曾吃一些物事，肚里又饥。一夜见这许多不祥，怎地得个生人来冲一冲？"正恁地说，则见岭下一家人家，门前挂着一枝松柯儿。王七三官人道："这里多则是卖茅柴酒。我们就这里买些酒，吃了助威，一道躲那两个婆子。"恰待奔入这店里来，见个男女：

头上裹一顶牛胆青头巾，身上裹一条猪肝赤肚带，旧瞒裆裤，脚下草鞋。

王七三官人道："你这酒怎地卖？"只见那汉道："未有汤哩。"吴教授道："且把一碗冷的来。"只见那人也不则声，也不则气。王七三官人道："这个开酒店的汉子又尴尬，也是鬼了！我们走休。"兀自说未了，就店里起一阵风：

非干虎啸，不是龙吟。明不能谢柳开花，暗藏着山妖水怪。吹开地狱门前土，惹引酆都山下尘。

风过处看时，也不见了酒保，也不见有酒店，两人立在墓堆子上。唬得两个魂不附体，急急取路到九里松曲院前讨了一只船，直到钱塘门上了岸。王七三官人自取路归家。

吴教授一径先来钱塘门城下王婆家里看时，见一把锁锁着门。问那邻舍时，道："王婆自死五个月有零了。"唬得吴教授目睁口呆，罔知所措。一程离了钱塘门，取今时景灵宫贡院前，过梅家桥，到白雁池边来，问到陈干娘门首时，十字儿竹竿封着门，一碗官灯在门前，上面写着八个字道："人心似铁，官法如炉。"问那里时，陈干娘也死一年有余了。离了白雁池，取路归到州桥下，见自己屋里一把锁锁着门。问邻舍："家里拙妻和粗婢那里去了？"邻舍道："教授昨日一出门，小娘子分付了我们，自和锦儿往干娘家里去，直到如今不归。"吴教授正在那里面面厮觑，做声不得。只见一个癞道人，看看吴教授道：

"观公妖气太重,我与你早早断除,免致后患。"吴教授即时请那道人入去,安排香烛符水。那个道人作起法来,念念有词,喝声道"疾",只见一员神将出现:

黄罗抹额,锦带缠腰。皂罗袍袖绣团花,金甲束身微窄地。剑横秋水,靴踏狻猊。上通碧落之间,下彻九幽之地,业龙作祟,向海波水底擒来;邪怪为妖,入山洞穴中捉出。六丁坛畔,权为符吏之名;上帝阶前,次有天丁之号。

神将声喏道:"真君遣何方使令?"真人道:"在吴洪家里兴妖,并驼献岭上为怪的,都与我捉来。"神将领旨,就吴教授家里起一阵风:

无形无影透人怀,二月桃花被绰开。
就地撮将黄叶去,入山推出白云来。

风过处,捉将几个为怪的来:吴教授的浑家李乐娘,是秦太师府三通判小娘子,因与通判怀身产亡的鬼;从嫁锦儿,因通判夫人妒色,吃打了一顿,因恁地自割杀,他自是割杀的鬼;王婆是害水蛊病死的鬼;保亲陈干娘因在白雁池边洗衣裳,落在池里死的鬼;在驼献岭上被狱子叫开墓堆跳出来的朱小四,在日看坟害痨病死的鬼;那个岭下开酒店的,是害伤寒死的鬼。道人一一审问明白,去腰边取出一个葫芦来,人见时便道是葫芦,鬼见时便是酆都狱,作起法来。那些鬼个个抱头鼠窜,捉入葫芦中。分付吴教授,把来埋在驼献岭下。癞道人将拐杖望空一撇,变做一只仙鹤,道人乘鹤而去。吴教授直下拜道:"吴洪肉眼不识神仙,情愿相随出家,望真仙救度弟子则个!"只见道人道:"我乃上界甘真人。你原是我旧日采药的弟子,因你凡心不净,中道有退悔之意,因此堕落,今生罚为贫儒,教你备尝鬼趣,消遣色情。你今既已看破,便可离尘办道,直待一纪⑫之年,吾当度汝。"说罢,化阵清风不见了。

吴教授从此舍俗出家,云游天下。十二年后,遇甘真人于终南山中，从之而去。诗曰：

一心办道绝凡尘，鬼魅如何敢触人。

邪正尽从心剖判，西山鬼窟早翻身。

〔注〕①捻(niǎn)指：掐着指头算日子。②趱：通“攒”。积聚；聚敛。③�嗻：很；厉害。④拍浮：浮游。⑤坐地：坐着。因古代曾无凳椅，故席地而坐。⑥奠雁：古代婚礼，新郎到女方迎亲，用雁作贽(见面之礼)。“奠，取其不再偶也。”(陈澔《礼记集说》)⑦匹然：(方言)突然的意思。⑧脱空：遗漏的意思，此处指有意为之。⑨量酒：指量酒的人。即“酒保”。⑩杜酝：酝，酿酒。杜酝是指酿造杜康酒。⑪干颡(sǎng)：纠缠；胡闹。⑫一纪：古代十二年为一纪。

《西山一窟鬼》录自《京本通俗小说》，撰人不详。《警世通言》收入时题为《一窟鬼癞道人除怪》，题注：“宋人小说，旧名《西山一窟鬼》。不知撰人。”篇中提及士人沈文述，在临安府取选，变做十数回跷蹊作怪的小说，纯属伪托。

《西山一窟鬼》这类小说，大多是根据人们喜闻乐见的民间传说，伴以优美的名胜地为环境，加之诱人的小说表现手法创作而成，故作品一问世就深受听众、读者的欢迎。究《西山一窟鬼》创作素材源，可找到吴自牧的《梦粱录》，据载，临安城中有“中瓦内王妈妈家茶肆名一窟鬼茶坊”。又南宋后期《鬼董》文言小说集中，有《质库樊生》篇，其故事内容情节与《西山一窟鬼》极其相似，可以认定两者都是根据同一民间传说敷衍而成的。民间传说作为小说创作素材，在古今中外小说中比比皆是。这是因为，民间传说是人民群众的集体创作，是人类智慧的结晶，具有较强的感染力；民间传说寄托着人民的喜怒哀乐，寄托着人民善良的心愿和美好的希望，或是填膺的愤慨和刻骨的仇恨，具有较强的感召力；民间传说，植根于民众之间，是民众喜闻乐见，倍感亲切，生动活泼的文学形式，小说创作取来为自己所用，使小说作品更为生动可读。《西山一窟鬼》正是以民间传说撰写而成的话本小说。情节生动，文字也相当老练，是此类小说中的上乘之作。主人公福州威武秀才吴洪，因赴临安取选不第，又无盘缠返乡，只好就地于“时州桥下开一个小小学堂度日”。吴秀才是个本分人，只想日后“春榜动”，“选场开”，再取功名，根本没有娶妻成家之念，然在一群鬼魅的策划、撮合下，与因怀身产亡的女鬼李乐娘结为夫妻。吴秀才的形象，在作品中塑造得比较成功。他那敦厚、本分的性格，描写得生动逼真。尤其是吴秀才对爱情的笃实，读来令人难忘。如与王三七要在九里松过夜时，吴秀才焦急万分，肚里思量的是：“我新娶一个老婆在家里，干颡我一夜不归去，我老婆须在家等，如何是好。……”笔墨不多也不浓，然而却是对一个本分的新婚男子的精彩素描。相比之下，鬼魅李乐娘却是那样的无情无义，其择婚时，挑三拣四，非“读书官人”不嫁，然嫁得“写成今世不休书，结下来生双绾带”的如意郎君后，并未表现出与吴秀才相应的夫妻挚情，最后离去时，一句夫妻情分的话都没有。这与同期小说《白娘子永镇雷峰塔》里的白娘子对爱情坚贞不移的情志，是无法相比的。为什么这个民间传说作这样的处理，小说作者又作这样的选择？这正是本篇小说的宗旨所在。全篇除吴秀才、王三七等少数人以外，写了王婆、李乐娘、锦儿、陈干娘、狱子、朱小四、酒保等“一窟”的“鬼”，故事主要情节——吴秀才的婚事都是在“鬼”的操纵下办的，“鬼”在主宰着一切，可谓是一个鬼魅横行的世界。最后当癞道人——甘真人收了群鬼，吴秀才也“看破”了这个世界，遂“离尘办道”而去。这样的结尾，是情理逻辑发展的必然，对主人公形象的进一步完善又浓浓地加上了一笔。 （张 虹）

错斩崔宁

佚 名

聪明伶俐自天生，懵懂痴呆未必真。
嫉妒每因眉睫浅，戈矛时起笑谈深。
九曲黄河心较险，十重铁甲面堪憎。
时因酒色亡家国，几见诗书误好人。

这首诗单表为人难处，只因世路窄狭，人心叵测，大道既远，人情万端。熙熙攘攘，都为利来；蚩蚩蠢蠢[1]，皆纳祸去。持身保家，万千反复。所以古人云：“颦有为颦，笑有为笑。颦笑之间，最宜谨慎。”

这回书单说一个官人，只因酒后一时戏笑之言，遂至杀身破家，陷了几条性命。且先引下一个故事来，权做个得胜头回。

我朝元丰年间，有一个少年举子，姓魏名鹏举，字冲霄，年方一十八岁，娶得一个如花似玉的浑家。未及一月，只因春榜动，选场开，魏生别了妻子，收拾行囊，上京应取。临别时，浑家分付丈夫：“得官不得官，早早回来，休抛闪了恩爱夫妻。”魏生答道：“功名二字，是俺本领前程，不索贤卿忧虑。”别后登程到京，果然一举成名，榜上一甲第九名，除授京职到差，甚是华艳动人。少不得修了一封家书，差人接取家眷入京。书上先叙了寒温及得官的事，后却写下一行，道是：“我在京中早晚无人照管，已讨了一个小老婆。专候夫人到京，同享荣华。”家人收拾书程，一径到家，见了夫人，称说贺喜，因取家书呈上。夫人拆开看了，见是如此如此，这般这般，便对家人道：“官人直恁负恩！甫能得官，便娶了二夫人。”家人便道：“小人在京，并没见有此事，想是官人戏谑之言。夫人到京便知端的，休得忧虑。”夫人道：“恁地说，我也罢了。”却因人舟未便，一面收拾起身，一面寻觅便人，先寄封平安家信到京中去。那寄书人到了京中，寻问新科魏进士寓所，下了家书，管待酒饭自回。不题。

却说魏生接书，拆开来看了，并无一句闲言闲语，只说道：“你在京中娶了一个小老婆，我在家中也嫁了一个小老公，早晚同赴京师也。”魏生见了，也只道是夫人取笑的说话，全不在意。未及收好，外面报说有个同年相访。京邸寓中，不比在家宽转，那人又是相厚的同年，又晓得魏生并无家眷在内，直至里面坐下，叙了些寒温，魏生起身去解手，那同年偶翻桌上书帖，看见了这封家书，写得好笑，故意朗诵起来。魏生措手不及，通红了脸，说道：“这是没理的事。因是小弟戏谑了他，他便取笑写来的。”那同年呵呵大笑道：“这节事却是取笑不得的。”别了就去。那人也是一个少年，喜谈乐道，把这封家书一节，顷刻间遍传京邸。也有一班妒忌魏生少年登高科的，将这桩事只当做风闻言事的一个小小新闻，奏上一本，说这魏生年少不检，不宜居清要之职，降处外任。魏生懊恨无及。后来毕竟做官蹭蹬不起，把锦片也似一段美前程，等闲放过去了。这便是一句戏言，撒漫了一个美官。

今日再说一个官人，也只为酒后一时戏言，断送了堂堂七尺之躯，连累两三个人，枉屈害了性命。却是为着甚的？有诗为证：

世路崎岖实可哀，傍人笑口等闲开。

白云本是无心物，又被狂风引出来。

却说高宗时，建都临安，繁华富贵，不减那汴京故国，去那城中箭桥左侧，有个官人姓刘，名贵，字君荐。祖上原是有根基的人家，到得君荐手中，却是时乖运蹇②。先前读书，后来看看不济，却去改业做生意，便是半路上出家的一般，买卖行中一发不是本等伎俩，又把本钱消折去了。渐渐大房改换小房，赁得两三间房子。与同浑家王氏，年少齐眉。后因没有子嗣，娶下一个小娘子，姓陈，是陈卖糕的女儿，家中都呼为二姐。这也是先前不十分穷薄的时做下的勾当。至亲三口，并无闲杂人在家。那刘君荐极是为人和气，乡里见爱，都称他刘官人。"你是一时运限③不好，如此落莫，再过几时，定时有个亨通的日子。"说便是这般说，那得有些些好处。只是在家纳闷，无可奈何。

却说一日闲坐家中，只见丈人家里的老王，年近七旬，走来对刘官人说道："家间老员外生日，特令老汉接取官人、娘子去走一遭。"刘官人便道："便是我日逐愁闷过日子，连那泰山的寿诞也都忘了。"便同浑家王氏，收拾随身衣服，打叠个包儿，交与老王背了。分付二姐看守家中："今日晚了，不能转回，明晚须索来家。"说了就去。离城二十余里，到了丈人王员外家，叙了寒温。当日坐间客众，丈人、女婿不好十分叙述许多穷相。到得客散，留在客房里歇宿。直到天明，丈人却来与女婿攀话，说道："姐夫，你须不是这等算计。'坐吃山空，立吃地陷'；'咽喉深似海，日月快如梭。'你须计较一个常便。我女儿嫁了你，一生也指望丰衣足食，不成只是这等就罢了。"刘官人叹了一口气，道是："泰山在上，道不得个'上山擒虎易，开口告人难'。如今的时势，再有谁似泰山这般怜念我的？只索守困，若去求人，便是劳而无功。"丈人便道："这也难怪你说。老汉却是看你们不过，今日赍助你些少本钱，胡乱去开个柴米店，撰得些利息来过日子，却不好么？"刘官人道："感蒙泰山恩顾，可知是好。"当下吃了午饭，丈人取出十五贯钱来，付与刘官人道："姐丈，且将这些钱去收拾起店面。开张有日，我便再应付你十贯。你妻子且留在此过几日，待有了开店日子，老汉亲送女儿到你家，就来与你作贺。意下如何？"刘官人谢了又谢，驮了钱一径出门。到得城中，天色却早晚了。却撞着一个相识，顺路在他家门首经过。那人也要做经纪的人，就与他商量一会，可知是好。便去敲那人门时，里面有人应喏，出来相揖，便问："老兄下顾，有何见教？"刘官人一一说知就里④。那人便道："小弟闲在家中，老兄用得着时，便来相帮。"刘官人道："如此甚好。"当下说了些生意的勾当，那人便留刘官人在家，现成杯盘，吃了三杯两盏。刘官人酒量不济，便觉有些朦胧起来，抽身作别，便道："今日相扰，明早就烦老兄过寒家计议生理。"那人又送刘官人至路口，作别回家，不在话下。若是说话的同年生，并肩长，拦腰抱住，把臂拖回，也不见得受这般灾晦，却教刘官人死得不如：

《五代史》李存孝，《汉书》中彭越。

却说刘官人驮了钱，一步一步挨到家中敲门，已是点灯时分。小娘子二姐独自在家，没一些事做，守得天黑，闭了门，在灯下打瞌睡。刘官人打门，他那里便听见。敲了半晌，方才知觉，答应一声"来了"，起身开了门。刘官人进去，到了房中，二姐替刘官人接了钱，放在桌上，便问："官人何处挪移这项钱来？却是甚用？"那刘官人一来有了几分酒，二来怪他开得门迟了，且戏言吓他一吓，便道："说出来，又恐你见怪，不说时，又须通你得知。只是我一时无奈，没计可施，只得把你典与一个客人。又因舍不得你，只典得十五贯钱。若是我有些好处，加利赎你回来；若是照前这般不顺溜，只索罢了。"那小娘子听了，欲待不信，又见十五贯钱堆在面前；欲待信来，他平白与我没半句言语，大娘子又过得好，怎么便下得这等狠心辣手。疑狐不决，只得再问道："虽然如此，也须通知我爹娘一声。"刘官人道："若是通知你爹娘，此事断然不成。你明日且到了人家，我慢慢央人与你爹娘说通，他也须怪我不得。”小娘子又问：“官人今日在何处吃酒来？”刘官人道：“便是把你典与人，写了文书，吃他的酒才来的。”小娘子又问：“大姐姐如何不来？”刘官人道：“他因不忍见你分离，待得你明日出了门才来。这也是我没计奈何，一言为定。”说罢，暗地忍不住笑，不脱衣裳，睡在床上，不觉睡去了。那小娘子好生摆脱不下：“不知他卖我与甚色样人家？我须先去爹娘家里说知。就是他明日有人来要我，寻到我家，也须有个下落。”沉吟了一会，却把这十五贯钱，一垛儿堆在刘官人脚后边。趁他酒醉，轻轻的收拾了随身衣服，款款[5]的开了门出去，拽上了门。却去左边一个相熟的邻舍叫做朱三老儿家里，与朱三妈借宿了一夜，说道：“丈夫今日无端卖我，我须先去与爹娘说知。烦你明日对他说一声，既有了主顾，可同我丈夫到爹娘家中来讨个分晓，也须有个下落。”那邻舍道，“小娘子说得有理。你只顾自去，我便与刘官人说知就里。”过了一宵，小娘子作别去了。不题。正是：

鳌鱼脱却金钩去，摆尾摇头再不回。

放下一头。却说这里刘官人一觉直至三更方醒，见桌上灯犹未灭，小娘子不在身边，只道他还在厨下收拾家火，便唤二姐讨茶吃。叫了一回，没人答应，却待挣扎起来，酒尚未醒，不觉又睡了去。不想却有一个做不是的，日间赌输了钱，没处出豁[6]，夜间出来掏摸些东西，却好到刘官人门首。因是小娘子出去了，门儿拽上不关，那贼略推一推，豁地开了。捏手捏脚，直到房中，并无一人知觉。到得床前，灯火尚明，周围看时，并无一物可取。摸到床上，见一人朝着里床睡去，脚后却有一堆青钱，便去取了几贯。不想惊觉了刘官人，起来喝道：“你须不尽道理！我从丈人家借办得几贯钱来养身活命，不争你偷了我的去，却是怎的计结？”那人也不回话，照面一拳。刘官人侧身躲过，便起身与这人相持。那人见刘官人手脚活动，便拔步出房。刘官人不舍，抢出门来，一径赶到厨房里，恰待声张邻舍,起来捉贼。那人急了,正好没出豁,却见明晃晃一把劈柴斧头,正在手边。也是人急计生,被他绰起一斧,正中刘官人面门,扑地倒了,又复一斧,斫倒一边。眼见得刘官人不活了,呜呼哀哉,伏惟尚飨!那人便道:“一不做,二不休。却是你来赶我,不是我来寻你索命。”翻身入房,取了十五贯钱,扯条单被包裹得停当,拽扎得爽俐(利),出门,拽上了门就走。不题。

次早邻舍起来,见刘官人家门也不开,并无人声息,叫道:“刘官人,失晓了!”里面没人答应。捱将进去,只见门也不关。直到里面,见刘官人劈死在地。他家大娘子两日前已自往娘家去了,小娘子如何不见,免不得声张起来。却有昨夜小娘子借宿的邻家朱三老儿说道:“小娘子昨夜黄昏时到我家宿歇,说道刘官人无端卖了他,他一径先到爹娘家里去了。教我对刘官人说,既有了主顾,可同到他爹娘家中,也讨得个分晓。今一面着人去追他转来,便有下落;一面着人去报他大娘子到来,再作区处。”众人都道:“说得是。”先着人去到王老员外家报了凶信。老员外与女儿大哭起来,对那人道:“昨日好端端出门,老汉赠他十五贯钱,教他将来作本,如何便恁的被人杀了?”那去的人道:“好教老员外、大娘子得知,昨日刘官人归时,已自昏黑,吃得半酣,我们都不晓得他有钱没钱,归迟归早。只是今早刘官人家门儿半开,众人推将进去,只见刘官人杀死在地,十五贯钱一文也不见,小娘子也不见踪迹。声张起来,却有左邻朱三老儿出来,说道他家小娘子,昨夜黄昏时分,借宿他家。小娘子说道,刘官人无端把他典与人了,小娘子要对爹娘说一声。住了一宵,今日径自去了。如今众人计议,一面来报大娘子与老员外,一面着人去追小娘子。若是半路里追不着的时节,直到他爹娘家中,好歹追他转来,问个明白。老员外与大娘子须索去走一遭,与刘官人执命⑦。”老员外与大娘子急急收拾起身,管待来人酒饭。三步做一步,赶入城中。

不题。

却说那小娘子清早出了邻舍人家,挨上路去,行不上一二里,早是脚疼走不动,坐在路傍。却见一个后生,头带万字头巾,身穿直缝宽衫,背上驮了一个搭膊,里面却是铜钱。脚下丝鞋净袜,一直走上前来。到了小娘子面前,看了一看,虽然没有十二分颜色,却也明眉皓齿,莲脸生春,秋波送媚,好生动人。正是:

野花偏艳目,村酒醉人多。

那后生放下搭膊,向前深深作揖:"小娘子独行无伴,却是往那里去的?"小娘子还了万福道:"是奴家要往爹娘家去。因走不上,权歇在此。"因问:"哥哥是何处来?今要往何方去?"那后生叉手不离方寸:"小人是村里人,因往城中卖了丝帐,讨得些钱,要往褚家堂那边去的。"小娘子道:"告哥哥则个,奴家爹娘也在褚家堂左侧,若得哥哥带挈奴家同走一程,可知是好。"那后生道:"有何不可,既如此说,小人情愿伏侍小娘子前去。"两个厮赶着,一路正行,行不到三二里田地,只见后面两个人脚不点地赶上前来,赶得汗流气喘,衣服拽开,连叫:"前面小娘子慢走!我却有话说知。"小娘子与那后生看见赶得跷蹊,都立住了脚。后边两个赶到跟前,见了小娘子与那后生,不容分说,一家扯了一个,说道:"你们干得好事!却走往那里去?"小娘子吃了一惊,举眼看时,却是两家邻舍,一个就是小娘子昨夜借宿的主人。小娘子便道:"昨夜也须告过公公得知,丈夫无端卖我,我自去对爹娘说知。今日赶来,却有何说?"朱三老道:"我不管闲帐,只是你家里有杀人公事,你须回去对理。"小娘子道:"丈夫卖我,昨日钱已驮在家中,有甚杀人公事?我只是不去。"朱三老道:"好自在性儿!你若真个不去,叫起地方,有杀人贼在此,烦为一捉。不然,须要连累我们,你这里地方也不得清净。"那个后生见不是话头,便对小娘子道:"既如此说,小娘子只索回去。小人自家去休。"那两个赶来的邻舍,齐叫起来，说道："若是没有你在此便罢，既然你与小娘子同行同止，你须也去不得。"那后生道："却又古怪！我自半路遇见小娘子，偶然伴他行一程，路途上有甚皂丝麻线[8]，要勒掯[9]我回去？"朱三老道："他家有了杀人公事，不争放你去了，却打没对头官司。"当下怎容小娘子和那后生做主。看的人渐渐立满，都道："后生，你去不得！你日间不作亏心事，半夜敲门不吃惊，便去何妨？"那赶来的邻舍道："你若不去，便是心虚。我们却和你罢休不得！"四个人只得厮挽着一路转来。

到得刘官人门首，好一场热闹。小娘子入去看时，只见刘官人斧劈倒在地死了，床上十五贯钱分文也不见。开了口合不得，伸了舌缩不上去。那后生也慌了，便道："我恁的晦气！没来由和那小娘子同走一程，却做了干连人。"众人都和闹着。正在那里分豁不开，只见王老员外和女儿一步一攧走回家来，见了女婿尸身，哭了一场，便对小娘子道："你却如何杀了丈夫，劫了十五贯钱逃走出去？今日天理昭然，有何理说？"小娘子道："十五贯钱委是有的，只是丈夫昨晚回来，说是无计奈何，将奴家典与他人，典得十五贯身价在此，说过今日便要奴家到他家去。奴家因不知他典与甚色样人家，先去与爹娘说知。故此趁夜深了，将这十五贯钱，一垛儿堆在他脚后边，拽上门，到朱三老家住了一宵，今早自去爹娘家里说知。我去之时，也曾央朱三老对我丈夫说，既然有了主儿，便同到我爹娘家里来交割。却不知因甚杀死在此。"那大娘子道："可又来！我的父亲昨日明明把十五贯钱与他驮来作本，养赡妻小，他岂有哄你说是典来身价之理！这是你两日因独自在家，勾搭上了人，又见家中好生不济，无心守耐，又见了十五贯钱，一时见财起意，杀死丈夫，劫了钱，又使见识往邻舍家借宿一夜，却与汉子通同计较，一处逃走。现今你跟着一个男子同走，却有何理说，抵赖得过！"众人齐声道："大娘子之言，甚是有理。"又对那后生道："后生，你却如何与小娘子谋杀亲夫，却暗暗约定在僻静处等候，一同去逃奔他方，却是如何计结？”那人道：“小人自姓崔名宁，与那小娘子无半面之识。小人昨晚入城卖得几贯丝钱在这里，因路上遇见小娘子，小人偶然问起往那里去的，却独自一个行走。小娘子说起是与小人同路，以此作伴同行。却不知前后因依。”众人那里肯听他分说，搜索他搭膊中，恰好是十五贯钱，一文也不多，一文也不少。众人齐发起喊来，道是：“天网恢恢，疏而不漏！你却与小娘子杀了人，拐了钱财，盗了妇女，同往他乡，却连累我地方邻里打没头官司。”当下大娘子结扭了小娘子，王老员外结扭了崔宁，四邻舍都是证见，一哄都入临安府中来。

那府尹听得有杀人公事，即便升堂，便叫一干人犯逐一从头说来。先是王老员外上去告说：“相公在上，小人是本府村庄人氏，年近六旬，只生一女，先年嫁与本府城中刘贵为妻。后因无子，娶了陈氏为妾，呼为二姐。一向三口在家过活，并无片言。只因前日是老汉生日，差人接取女儿、女婿到家，住了一夜。次日，因见女婿家中全无活计，养赡不起，把十五贯钱与女婿作本，开店养身。却有二姐在家看守。到得昨夜，女婿到家时分，不知因甚缘故，将女婿斧劈死了。二姐却与一个后生，名唤崔宁，一同逃走，被人追捉到来。望相公可怜见老汉的女婿身死不明，奸夫淫妇，赃证见在，伏乞相公明断。”府尹听得如此如此，便叫陈氏上来：“你却如何通同奸夫，杀死了亲夫，劫了钱，与人一同逃走？是何理说？”二姐告道：“小妇人嫁与刘贵，虽是个小老婆，却也得他看承得好，大娘子又贤慧。却如何肯起这片歹心。只是昨晚丈夫回来，吃得半酣，驮了十五贯钱进门。小妇人问他来历，丈夫说道，为因养赡不周，将小妇人典与他人，典得十五贯身价在此。又不通我爹娘得知，明日就要小妇人到他家去。小妇人慌了，连夜出门，走到邻舍家里借宿一宵。今早一径先往爹娘家去。教他对丈夫说，既然卖我有了主顾，可到我爹妈家里来交割。才走得到半路，却见昨夜借宿的邻家赶来，捉住小妇人回来。却不知丈夫杀死的根由。”那府尹喝道：“胡说！这十五贯钱，分明是他丈人与女婿的，你却说是典你的身价，眼见的没巴臂的说话了。况且妇人家如何黑夜行走？定是脱身之计。这桩事须不是你一个妇人家做的，一定有奸夫帮你谋财害命。你却从实说来！”那小娘子正待分说，只见几家邻舍，一齐跪上去告道：“相公的言语，委是青天！他家小娘子，昨夜果然借宿在左邻第二家的，今早他自去了。小的们见他丈夫杀死，一面着人去赶，赶到半路，却见小娘子和那一个后生同走，苦死不肯回来，小的们勉强捉他转来；却又一面着人去接他大娘子与他丈人。到时，说昨日有十五贯钱付与女婿做生理的，今者女婿已死，这钱不知从何而去。再三问那小娘子时，说道他出门时，将这钱一堆儿堆在床上。却去搜那后生身边，十五贯钱分文不少。却不是小娘子与那后生通同谋杀！赃证分明，却如何赖得过？”府尹听他们言言有理，就唤那后生上来道：“帝辇之下，怎容你这等胡行！你却如何谋了他小老婆，劫了十五贯钱，杀死他亲夫？今日同往何处？从实招来！”那后生道：“小人姓崔，名宁，是乡村人氏。昨日往城中卖了丝，卖得这十五贯钱。今早偶然路上撞着这小娘子，并不知他姓甚名谁，那里晓得他家杀人公事。”府尹大怒，喝道：“胡说！世间不信有这等巧事，他家失去了十五贯钱，你却卖的丝恰好也是十五贯钱。这分明是支吾的说话了。况且他妻莫爱，他马莫骑，你既与那妇人没甚首尾，却如何与他同行同宿？你这等顽皮赖骨，不打如何肯招。”当下众人将那崔宁与小娘子死去活来拷打一顿。那边王老员外与女儿并一干邻右人等，口口声声咬他二人。府尹也巴不得了结这段公案。拷讯一回，可怜崔宁和小娘子受刑不过，只得屈招了。说是一时见财起意，杀死亲夫，劫了十五贯钱，同奸夫逃走是实。左邻右舍都指画了十字。将两人大枷枷了，送入死囚牢里。将这十五贯钱给还原主，也只好奉与衙门中人做使用也还不够哩。府尹叠成文案,奏过朝廷。部覆申详,倒下圣旨,说:"崔宁不合奸骗人妻,谋财害命,依律处斩。陈氏不合通同奸夫,杀死亲夫,大逆不道,凌迟示众。"当下读了招状,大牢内取出二人来,当厅判一个"斩"字,一个"剐"字,押赴市曹,行刑示众。两人浑身是口,也难分说。正是:

哑子谩尝黄蘖味,难将苦口对人言。

看官听说,这段公事,果然是小娘子与那崔宁谋财害命的时节,他两人须连夜逃走他方,怎的又去邻舍人家借宿一宵,明早又走到爹娘家去,却被人捉住了?这段冤枉,仔细可以推详出来。谁想问官糊涂,只图了事,不想捶楚[10]之下,何求不得?冥冥之中,积了阴骘[11],远在儿孙近在身,他两个冤魂也须放你不过。所以做官的切不可率意断狱,任情用刑,也要求个公平明允。道不得个死者不可复生,断者不可复续。可胜叹哉!

闲话休题。却说那刘大娘子到得家中,设个灵位守孝过日。父亲王老员外劝他转身[12],大娘子说道:"不要说起三年之久,也须到小祥之后。"父亲应允自去。

光阴迅速,大娘子在家巴巴结结,将近一年。父亲见他守不过,便叫家里老王去接他来,说:"叫大娘子收拾回家,与刘官人做了周年,转了身去罢。"大娘子没计奈何,细思父言亦是有理,收拾了包裹,与老王背了,与邻舍家作别,暂去再来。一路出城,正值秋天,一阵乌风猛雨,只得落路往一所林子去躲。不想走错了路,正是:

猪羊走屠宰之家,一脚脚来寻死路。

走入林子里去,只听他林子背后大喝一声:"我乃静山大王在此!行人住脚,须把买路钱与我。"大娘子和那老王吃那一惊不小,只见跳出一个人来:

头带乾红凹面巾,身穿一领旧战袍,腰间红绢搭膊裹肚,脚下蹬一双乌皮皂靴,手执一把朴刀。

舞刀前来。那老王该死，便道："你这剪径[13]的毛团！我须是认得你。做这老性命着，与你兑了罢！"一头撞去，被他闪过空，老人家用力猛了，扑地便倒。那人大怒道："这牛子好生无礼！"连搠一两刀，血流在地，眼见得老王养不大了。那刘大娘子见他凶猛，料道脱身不得，心生一计，叫做脱空计。拍手叫道："杀得好！"那人便住了手，睁圆怪眼，喝道："这是你甚么人？"那大娘子虚心假气的答道："奴家不幸，丧了丈夫，却被媒人哄诱，嫁了这个老儿，只会吃饭。今日却得大王杀了，也替奴家除了一害。"那人见大娘子如此小心，又生得有几分颜色，便问道："你肯跟我做个压寨夫人么？"大娘子寻思，无计可施，便道："情愿伏侍大王。"那人回嗔作喜，收拾了刀杖，将老王尸首撺入涧中，领了刘大娘子到一所庄院前来，甚是委曲。只见大王向那地上拾些土块，抛向屋上去，里面便有人出来开门。到得草堂之上，分付杀羊备酒，与刘大娘子成亲。两口儿且是说得着。正是：

明知不是伴，事急且相随。

不想那大王自得了刘大娘子之后，不上半年，连起了几主大财，家间也丰富了。大娘子甚是有识见，早晚用好言语劝他："自古道：'瓦罐不离井上破，将军难免阵中亡。'你我两人，下半世也够吃用了，只管做这没天理的勾当，终须不是个好结果。却不道是'梁园虽好，不是久恋之家'。不若改行从善，做个小小经纪，也得过养身活命。"那大王早晚被他劝转，果然回心转意，把这门道路撇了，却去城市间赁下一处房屋，开了一个杂货店。遇闲暇的日子，也时常去寺院中念佛赴斋。忽一日在家闲坐，对那大娘子道："我虽是个剪径的出身，却也晓得冤各有头，债各有主。每日间只是吓骗人东西，将来过日子。后来得有了你，一向买卖顺溜，今已改行从善。闲来追思既往，止曾枉杀了两个人，又冤陷了两个人，时常挂念，思欲做些功德超度他们，一向不曾对你说知。"大娘子便道："如何是枉杀了两个人?”那大王道:“一个是你的丈夫,前日在林子里的时节,他来撞我,我却杀了他。他须是个老人家,与我往日无仇,如今又谋了他老婆,他死也是不肯甘心的。”大娘子道:“不恁的时,我却那得与你厮守。这也是往事,休题了。”又问:“杀那一个又是甚人?”那大王道:“说起来这个人,一发天理上放不过去,且又带累了两个人无辜偿命。是一年前,也是赌输了,身边并无一文,夜间便去掏摸些东西。不想到一家门首,见他门也不闩,推进去时,里面并无一人。摸到门里,只见一人醉倒在床,脚后却有一堆铜钱,便去摸他几贯。正待要走,却惊醒了那人,起来说道:‘这是我丈人家与我做本钱的,不争你偷去了,一家人口都是饿死。’起身抢出房门,正待声张起来。是我一时见他不是话头,却好一把劈柴斧头在我脚边,这叫做人急计生,绰起斧来,喝一声道:‘不是我,便是你!’两斧劈倒。却去房中将十五贯钱尽数取了。后来打听得他,却连累了他家小老婆,与那一个后生,唤做崔宁,冤枉了他谋财害命,双双受了国家刑法。我虽是做了一世强人,只有这两桩人命是天理人心打不过去的,早晚还要超度他,也是该的。”那大娘子听说,暗暗地叫苦:“原来我的丈夫也吃这厮杀了!又连累我家二姐与那个后生无辜受戮。思量起来,是我不合当初做弄他两人偿命,料他两人阴司中也须放我不过。”当下权且欢天喜地,并无他说。明日捉个空,便一径到临安府前叫起屈来。

那时,换了一个新任府尹,才得半月。正值升厅,左右捉将那叫屈的妇人进来。刘大娘子到于阶下,放声大哭,哭罢,将那大王前后所为:“怎的杀了我丈夫刘贵,问官不肯推详,含糊了事,却将二姐与那崔宁朦胧偿命。后来又怎的杀了老王,奸骗了奴家。今日天理昭然,一一是他亲口招承,伏乞相公高抬明镜,昭雪前冤!”说罢又哭。府尹见他情词可悯,即着人去捉那静山大王到来,用刑拷讯,与大娘子口词一些不差。即时问成死罪,奏过官里。待六十日限满,倒下圣旨来:“勘得静山大王谋财害命，连累无辜，准律杀一家非死罪三人者斩加等，决不待时。原问官断狱失情，削职为民。崔宁与陈氏枉死可怜，有司访其家；量行优恤。王氏既系强徒威逼成亲，又能伸雪夫冤，着将贼人家产一半没入官，一半给与王氏，养赡终身。”刘大娘子当日往法场上看决了静山大王，又取其头去祭献亡夫并小娘子及崔宁，大哭一场。将这一半家私舍入尼姑庵中。自己朝夕看经念佛，追荐亡魂，尽老百年而终。有诗为证：

善恶无分总丧躯，只因戏语酿灾危。

劝君出语须诚实，口舌从来是祸基。

〔注〕 ① 蚩(chī)蚩蠢蠢：指又傻又笨。蚩，无知、傻。 ② 时乖运蹇(jiǎn)：时，时运、时机；乖，不顺利；蹇，一足偏废，引申为不顺利。指时运不好。也作“时乖命蹇”。 ③ 运限：限，限制。多指运气不佳。 ④ 就里：指内部情况。后文“就理”，即“就里”。 ⑤ 款款：即轻轻、慢慢意。杜甫有“穿花蛱蝶深深见，点水蜻蜓款款飞”句。 ⑥ 出豁：方言，有三种意思。即脱身、开脱、生发。这里指生发。后文“出豁”，则为脱身的意思。 ⑦ 执命：执，主持、掌管。这里引申为追查凶手偿命。 ⑧ 皂丝麻线：丝、线，皆为细微之物。这里引申为没有任何瓜葛、联系。 ⑨ 勒掯(kèn)：方言。指强迫或故意为难。 ⑩ 捶楚：杖刑。 ⑪ 阴骘：原意为默默地使安定，转指阴德。 ⑫ 转身：方言。指改嫁。 ⑬ 剪径：拦路抢劫。

《错斩崔宁》录自《京本通俗小说》，撰人未详。

本篇是宋人话本小说中的名篇，也是“公案”小说中的代表作。曾被钱曾收入《也是园书目》。冯梦龙收入《醒世恒言》，更名为《十五贯戏言成巧祸》。作品问世后，流传甚广，影响甚大。

《错斩崔宁》从表面上看，似乎是在表述一个“戏言成祸”的主题，使作品成为“戒世”之作。然而，稍加审视，就可得知作者的本来意图：借“戏言成祸”为由，实为揭露宋代官府昏聩无能，草菅人命的黑暗。一个“错”字，活生生地道出其腐朽的本质。

《错斩崔宁》的故事情节并不复杂，只是叙述小商人刘贵在丈人处借得十五贯钱作经商资本，回家后却戏对小妾陈二姐说是将其典于他人的“身价钱”。小妾信以为真，伤心万分，遂私奔娘家。是夜一盗入室，杀死刘贵，窃十五贯而去。邻人发现刘贵被杀，追上陈二姐，见与一后生崔宁同行，于是强扭送官府，恰崔宁身带十五贯，屈打成招，一斩一剐。一年后，刘贵妻王氏，被强人劫持，做了压寨夫人。强人乃杀刘贵之盗贼，王氏知情告官，盗贼被正法。

故事一开始就将罪犯的犯罪事实摆在人们的面前，然而整篇小说的情节安排却是引人入胜，这样的艺术效果，是怎样取得的呢？那是作者运用了“巧合法”，掩盖了犯罪的事实真相，让昏庸的府尹断案误入歧途，以致屈杀人命。从而激发人们对崔宁、陈二姐的无限同情，对昏聩官吏的无比憎恨。值得一提的是，该篇的“巧合法”用得那么自然，而且故事的关键处皆以“巧合”来构建。如陈二姐夜奔娘家，是夜盗贼入门杀刘贵；陈二姐归途巧遇同乡崔宁，崔宁身带十五贯恰好与被盗钱数相同；劫持王氏做压寨夫人的强人，正是杀害刘贵的盗贼；案情真相大白后，恰旧府尹换成了新府尹。作者娴熟地运用了一个接连一个的巧合，推动着故事情节的发展，激起了文章的层层波澜，展示人物性格的变化。从而增强故事的真实性，增加作品感染力，加大了文章揭露昏暗的力度。

小说中王氏的形象塑造是比较成功的。刚出场，她是制造崔宁、陈二姐悲剧的“参与”者。她一口咬定陈二姐在外面“勾搭上了人，又见家中好生不济，无心守耐，又见了十五贯钱，一时见财起意，杀死丈夫，劫了钱”，与汉子一起逃走。这是定崔、陈死罪的主要依据。然而，却是欠思考的武断，正如作者在作品中写的：“这段公事，果然是小娘子与那崔宁谋财害命的时节，他两人须连夜逃走他方，怎的……走到爹娘家去，却被人捉住了？这段冤枉，仔细可以推详出来。”这时这位“贤慧”的王氏，给读者留下了一个不明事理的印象。等到静山大王杀死老王时，她却表现出一般女子很难具备的机智，使出了“脱空计”，保全了自己。成为“压寨夫人”后，得知静山大王乃是杀死陈二姐和崔宁的真凶。这时王氏形象产生了质的飞跃。她“权且欢天喜地”，沉着应付，同时，对陈二姐、崔宁之死，感到“不合当初做弄他两人偿命”。这就让王氏当初的“贤慧”得到复苏，得到了发扬，使其变得正直刚强起来。为了弥补自己的过失，她勇敢地前往临安府告状，让罪犯伏法。由此可见，王氏形象的塑造是随情节的变化而发展的，这种发展既符合事物发展规律的逻辑，又符合王氏自身性格变化的逻辑。这种逐步完善人物形象塑造的方法，在王氏身上，是运用得相当成功的。

最后值得一提的，是《错斩崔宁》这个篇名。冯梦龙在《醒世恒言》中将其改为《十五贯戏言成巧祸》，似乎比较贴切。因为崔宁在故事中只是个“道具式”的人物，而“戏言成祸”才是贯串始终的。

（张 虹）

崔衙内白鹞招妖 佚 名

早退春朝宠贵妃，谏章争敢傍丹墀。
蓬莱殿里迎銮驾，花萼楼前进荔枝。
羯鼓未终鼙鼓动，羽衣犹在战衣追。

子孙翻作升平祸，不念先皇创业时。

这首诗，题著唐时第七帝，谥法谓之玄宗。古老相传云：天上一座星，谓之玄星，又谓之金星，又谓之参星，又谓之长庚星，又谓之太白星，又谓之启明星，世人不识，叫做晓星。初上时，东方未明，天色将晓，那座星渐渐地暗将来。先明后暗，这个谓之玄。唐玄宗自姚崇、宋璟为相，米麦不过三四钱，千里不馈行粮。自从姚、宋二相死，杨国忠、李林甫为相，教玄宗生出四件病来：

内作色荒，外作禽荒，耽酒嗜音，峻宇雕墙。

玄宗最宠爱者，一个贵妃，叫做杨太真。那贵妃又背地里宠一个胡儿，姓安，名禄山，腹重三百六十斤，坐绰飞燕，走及奔马，善舞胡旋，其疾如风。玄宗爱其骁健，因而得宠。禄山遂拜玄宗为父，贵妃为母，杨妃把这安禄山头发都剃了，搽一脸粉，画两道眉，打一个白鼻儿，用锦绣彩罗做成襁褓，选粗壮宫娥数人扛抬，绕那六宫行走。当时则是取笑，谁知浸润之间，太真与禄山为乱。一日，禄山正在太真宫中行乐。宫娥报道："驾到！"禄山矫捷非常，逾墙逃去。贵妃怆惶(仓皇)出迎，冠发散乱，语言失度，错呼圣上为郎君。玄宗驾即时起，使六宫大使高力士高珪送太真归第，使其省过。贵妃求见天子不得，涕泣出宫。

却说玄宗自离了贵妃三日，食不甘味，卧不安席。高力士探知圣意，启奏道："贵妃昼寝困倦，言语失次，得罪万岁御前。今省过三日，想已知罪。万岁爷何不召之？"玄宗命高珪往看妃子在家作何事。高珪奉旨，到杨太师私第，见过了贵妃，回奏天子，言："娘娘容颜愁惨，梳沐俱废。一见奴婢，便问圣上安否，泪如雨下。乃取妆台对镜，手持并州[①]剪刀，解散青丝，剪下一缕，用五彩绒绳结之，手自封记，托奴婢传语，送到御前。娘娘垂泪而言：'妾一身所有，皆出皇上所赐。只有身体发肤，受之父母，以此寄谢圣恩，愿勿忘七夕夜半之约。'"原来玄宗与贵妃七夕夜半，曾在沉香亭有私誓，愿生生世世，同衾同枕。此时玄宗闻知高珪所奏，见贵妃封寄青丝，拆而观之，凄然不忍。即时命高力士用香车细辇，迎贵妃入宫。自此愈加宠幸。其时四方贡献不绝，西夏国进月样琵琶，南越国进玉笛，西凉州进葡萄酒，新罗国②进白鹞子。这葡萄酒供进御前，琵琶赐与郑观音，玉笛赐与御弟宁王，新罗白鹞赐与崔丞相。后因李白学士题沉香亭牡丹诗，将赵飞燕比著太真娘娘，暗藏讥刺，被高力士奏告，贵妃泣诉天子，将李白黜贬。崔丞相元来与李白是故交，事相连累，得旨令判河北定州中山府。正是：

老龟烹不烂，遗祸及枯桑。

崔丞相来到定州中山府③，远近接入进府，交割牌印了毕。在任果然是如水之清，如秤之平，如绳之直，如镜之明。不一月之间，治得府中路不拾遗。时遇天宝春初：

春，春！柳嫩，花新。梅谢粉，草铺茵。莺啼北里，燕语南邻。郊原嘶宝马，紫陌广香轮。日暖冰消水绿，风和雨嫩烟轻。东阁广排公子宴，锦城多少赏花人。

崔丞相有个衙内，名唤崔亚，年纪二十来岁，生得美丈夫，性好畋猎。见这春间天色，宅堂里叉手向前道："告爹爹，请一日严假，欲出野外游猎。不知爹爹尊意如何?"相公道："吾儿出去，则索早归。"衙内道："领爹尊旨。则是儿有一事，欲取复慈父。"相公道："你有甚说?"衙内道："欲借御赐新罗白鹞同往。"相公道："好，把出去照管，休教失了。这件物是上方所赐，新罗国进到，世上只有这一只。万勿走失！上方再来索取，却是那里去讨?"衙内道："儿带出去无他，但只要光耀州府，教人看玩则个。"相公道："早归，少饮。"衙内借得新罗白鹞，令一个五放家④架着，果然是那里去讨！牵将闹装银鞍马过来，衙内攀鞍上马出门。若是说话的当时同年生，并肩长，劝住崔衙内，

只好休去。千不合,万不合,带这只新罗白鹞出来,惹出一场怪事。真个是亘古未闻,于今罕有!有诗为证:

外作禽荒内色荒,滥沾些子又何妨。

早晨架出苍鹰去,日暮归来红粉香。

崔衙内寻常好畋猎,当日借得新罗白鹞,好生喜欢。教这五放家架着。一行人也有把水磨角靶弹弓,雁木乌椿弩子,架眼圆铁爪嘴弯鹰,牵搭耳细腰深口犬。出得城外,穿桃溪,过梅坞,登绿杨林,涉芳草渡,杏花村高悬酒望⑤,茅檐畔低亚青帘。正是:

不暖不寒天气,半村半郭人家。

行了二三十里,觉道各人走得辛苦,寻一个酒店,衙内推鞍下马。入店问道:"有甚好酒买些个?先犒赏众人助脚力。"只见走一个酒保出来唱喏。看那人时,生得:

身长八尺,豹头燕颔,环眼骨髭,有如一个距水断桥张翼德,原水镇上王彦章。

衙内看了酒保,早吃一惊道:"怎么有这般生得恶相貌的人?"酒保唱了喏,站在一边。衙内教:"有好酒把些个来吃,就犒赏众人。"那酒保从里面掇一桶酒出来。随行自有带着底酒盏,安在桌上。筛下一盏,先敬衙内。

酒,酒!邀朋,会友。君莫待,时长久,名呼食前,礼于茶后。临风不可无,对月须教有。李白一饮一石,刘伶解酲五斗。公子沾唇脸似桃,佳人入腹眉如柳。

衙内见筛下酒色红,心中早惊:"如何恁地红!"踏著酒保脚跟,入去到酒缸前,揭开缸盖,只看了一看,吓得衙内:

顶门上不见三魂,脚底下荡散七魄。

只见血水里面浸著浮米。衙内出来,教一行人且莫吃酒。把三两银子与酒保还了酒钱。那酒保接钱,唱喏谢了。衙内攀鞍上马,离酒店,又行了一二里地,又见一座山冈。元来门外谓之郭，郭外谓之郊，郊外谓之野，野外谓之迥。行了半日，相次到北岳恒山。一座小峰在恒山脚下，山势果是雄勇。

　　山，山！突兀，回环。罗翠黛，列青蓝。洞云缥缈，涧水潺湲，峦碧千山外，岚光一望间。暗想云峰尚在，宜陪谢屐重攀。季世七贤虽可爱，盛时四皓岂宜闲。

衙内恰待上那山去，抬起头来，见山脚下立著两条木柱，柱上钉著一面版牌，牌上写着几句言语。衙内立马看了道："这条路上恁地利害！"勒住马，叫："回去休！"众人都赶上来。衙内指著版牌，教众人看。有识字的，读道：

　　"此山通北岳恒山路，名为定山。有路不可行。其中精灵不少，鬼怪极多。行路君子，可从此山下首小路来往，切不可经此山过。特预禀知。

——如今却怎地好？"衙内道："且只得回去。"待要回来，一个胳膊上架著一枚角鹰，出来道："复衙内，男女在此居，上面万千景致，生数般跷蹊作怪直钱的飞禽走兽。衙内既是出来畋猎，不入这山去？从小路上去，那里是平地，有甚飞禽走兽？可惜闲了新罗白鹞，也可惜闲了某手中角鹰。这一行架的小鹞、猎狗、弹弓、弩子都为弃物。"衙内道："也说得是。你们都听我说，若打得活的归去，到府中一人赏银三两，吃几杯酒了归。若打得死的，一人赏银一两，也吃几杯酒了归。如都打不得飞禽走兽，银子也没有，酒也没得吃。"众人各应了喏。衙内把马摔一鞭，先上山去。众人也各上山来。可煞作怪，全没讨个飞禽走兽。只见草地里掉掉地响。衙内用五轮八光左右两点神水，则看了一看，喝声采！从草里走出一只干红兔儿来。众人都向前。衙内道："若捉得这红兔儿的，赏五两银子。"去马后立著个人，手探著新罗白鹞。衙内道："却如何不去勒？"闲汉道："告衙内，未得台旨，不敢擅便。"衙内道一声："快去！"那闲汉领台旨，放那白鹞子勒红兔儿。这白鹞见放了手，一翅箭也似便去。这兔儿见那白鹞赶得紧,去浅草丛中便钻。鹞子见兔儿走的不见,一翅径飞过山嘴去。衙内道:"且与我寻白鹞子。"衙内也勒著马,转山去赶。赶到山腰,见一所松林:

松,松!节峻,阴浓。能耐岁,解凌冬。高侵碧汉,森耸青峰。偃蹇形如盖,虬蟠势若龙。茂叶风声瑟瑟,繁枝月影重重,四季常持君子操,五株曾受大夫封。

衙内手搭著水磨角靶弹弓,骑那马赶。看见白鹞子飞入林子里面去。衙内也入这林子里来。当初白鹞子脖项上带着一个小铃儿。林子背后一座峭壁悬崖,没路上去。则听得峭壁顶上铃儿响。衙内抬起头来看时,吃了一惊,道:"不曾见这般蹊蹊作怪底事!"去那峭壁顶上,一株大树底下,坐着一个一丈来长短骷髅:

头上裹著镞金蛾帽儿,身上锦袍灼灼,金甲辉辉。锦袍灼灼,一条抹额荔枝红;金甲辉辉,靴穿一双鹦鹉绿。

看那骷髅,左手架著白鹞,右手一个指头拨那鹞子的铃儿,口里啧啧地引这白鹞子。衙内道:"却不作怪!我如今去讨,又没路上得去。"只得在下面告道:"尊神,崔某不知尊神是何方神圣,一时走了新罗白鹞,望尊神见还则个!"看那骷髅,一似佯佯不采。似此告了他五七番,陪了七八个大喏。这人从又不见一个入林子来。骷髅只是不采。衙内忍不得,拿起手中弹弓,拽得满,觑得较亲,一弹子打去。一声响亮,看时,骷髅也不见,白鹞子也不见了。乘著马,出这林子前,人从都不见。著眼看那林子,四下都是青草。看看天色晚了,衙内慢慢地行,肚中又饥,下马离鞍,吊缰牵著马,待要出这山路口。看那天色,却早:

红日西沉,鸦鹊奔林高噪,打鱼人停舟罢棹,望客旅贪程,烟村缭绕。山寺寂寥,玩银灯,佛前点照。月上东郊,孤村酒旆收了。采樵人回,攀古道,过前溪，时听猿啼虎啸。深院佳人，望夫归倚门斜靠。

衙内独自一个牵著马，行到一处，却不是早起入来的路。星光之下，远远地望见数间草屋。衙内道："惭愧！这里有人家时，却是好了。"径来到跟前一看，见一座庄院：

庄，庄！临堤，傍冈。青瓦屋，白泥墙。桑麻映日，榆柳成行，山鸡鸣竹坞，野犬吠村坊。淡荡烟笼草舍，轻盈雾罩田桑，家有余粮鸡犬饱，户无徭役子孙康。

衙内把马系在庄前柳树上，便去叫那庄门。衙内道："过往行人，迷失道路，借宿一宵，来日寻路归家。"庄里无人答应。衙内又道："是见任中山府崔丞相儿子。因不见了新罗白鹞，迷失道路，问宅里借宿一宵。"敲了两三次，方才听得有人应道："来也，来也！"鞋履响，脚步鸣，一个人走将出来开门。衙内打一看时，叫声苦！那出来的不是别人，却便是早间村酒店里的酒保。衙内问道："你如何却在这里？"酒保道："告官人，这里是酒保的主人家。我却入去说了便出来。"酒保去不多时，只见几个青衣簇拥着一个著干红衫的女儿出来。

吴道子善丹青，描不出风流体段；
蒯文通能舌辨，说不尽许多精神。

衙内不敢抬头，告娘娘："崔亚迷失道路，敢就贵庄借宿一宵。来日归家，丞相爹爹却当报效。"只见女娘道："奴等衙内多时，果蒙宠访。请衙内且入敝庄。"衙内道："岂敢辄入！"再三再四，只管相请。衙内唱了喏，随着入去。到一个草堂之上，见灯烛荧煌，青衣点将茶来。衙内告娘娘："敢问此地是何去处？娘娘是何姓氏？"女娘听得问，启一点朱唇，露两行碎玉，说出数句言语来。衙内道："这事又作怪！"茶罢，接过盏托。衙内自思量道："先自肚里又饥，却教吃茶！"正恁沉吟间，则见女娘教安排酒来。道不了，青衣掇过果桌。顷刻之间，咄嗟而办。

幕天席地，灯烛荧煌。筵排异皿奇杯，席展金觥

玉罕。珠罍妆成异果,玉盘簇就珍羞。珊瑚筵上,青衣美丽捧霞觞;玳瑁杯中,粉面丫鬟斟玉液。

衙内叉手向前:"多蒙赐酒,不敢祇受。"女娘道:"不妨。屈郎少饮。家间也是勋臣贵戚之家。"衙内道:"不敢拜问娘娘,果是那一宅。"女娘道:"不必问,他日自知。"衙内道:"家间父母望我回去。告娘娘指路,令某早归。"女娘道:"不妨。家间正是五伯诸侯的姻眷,衙内又是宰相之子,门户正相当。奴家见爹爹议亲,东来不就,西来不成,不想姻缘却在此处相会!"衙内听得说,愈加心慌,却不敢抗违,则应得喏。一杯两盏,酒至数巡。衙内告娘娘:"指一条路,教某归去。"女娘道:"不妨,左右明日教爹爹送衙内归。"衙内道:"'男女不同席,不共食。'自古'瓜田不纳履,李下不整冠。'深恐得罪于尊前。"女娘道:"不妨,纵然不做夫妇,也待明日送衙内回去。"衙内似梦如醉之间,则听得外面人语马嘶。青衣报道:"将军来了。"女娘道:"爹爹来了,请衙内少等则个。"女娘轻移莲步,向前去了。衙内道:"这里有甚将军?"捏手捏脚,尾著他到一壁厢,转过一个阁儿里去,听得有人在里面声唤。衙内去黑处把舌尖舐开纸窗一望时,吓得浑身冷汗,动掸不得,道:"我这性命休了!走了一夜,却走在这个人家里。"当时衙内窗眼里,看见阁儿里两行都摆列朱红椅子,主位上坐一个一丈来长短骷髅,却便是日间一弹子打的。且看他如何说?那女孩儿见爹爹叫了万福,问道:"爹爹没甚事?"骷髅道:"孩儿,你不来看我则个!我日间出去,见一只雪白鹞子,我见他奇异,捉将来架在手里。被一个人在山脚下打我一弹子,正打在我眼里,好疼!我便问山神土地时,却是崔丞相儿子崔衙内。我若捉得这厮,将来背剪缚在将军柱上,劈腹取心,左手把起酒来,右手把着他心肝;吃一杯酒,嚼一块心肝,以报冤仇。"说犹未了,只见一个人从屏风背转将出来。不是别人,却是早来村酒店里的酒保。将军道:"班犬,你听得说也不曾?"班犬道:"才见说,却不叵耐,崔衙内早起来店中向我买酒吃,不知却打了将军的眼!”女孩儿道:“告爹爹,他也想是误打了爹爹,望爹爹饶恕他。”班犬道:“妹妹莫怪我多口!崔衙内适来共妹妹在草堂饮酒。”女孩儿告爹爹:“崔郎与奴饮酒,他是五百年前姻眷。看孩儿面,且饶恕他则个!”将军便只管焦躁,女孩儿只管劝。衙内在窗子外听得,道:“这里不走,更待何时!”走出草堂,开了院门,跳上马,摔一鞭,那马四只蹄一似翻盏撒钹,道不得个“慌不择路”,连夜胡乱走到天色渐晓,离了定山。衙内道:“惭愧!”正说之间,林子里抢出十余个人来,大喊一声,把衙内簇住。衙内道:“我好苦!出得龙潭,又入虎穴!”仔细看时,却是随从人等。衙内道:“我吃你们一惊!”众人问衙内:“一夜从那里去来?今日若不见衙内,我们都打没头恼恶官司。”衙内对众人把上项事说了一遍。众人都以手加额道:“早是不曾坏了性命!我们昨晚一夜不敢归去,在这林子里等到今日。早是新罗白鹞,元来飞在林子后面树上,方才收得。”那养角鹰的道:“复衙内,男女在此土居,这山里有多少奇禽异兽,只好再入去出猎。可惜担阁了新罗白鹞。”衙内道:“这厮又来!”众人扶策著衙内,归到府中。一行人离了犒设,却入堂里,见了爹妈,唱了喏。相公道:“一夜你不归,那里去来?忧杀了妈妈。”衙内道:“告爹妈,儿子昨夜见一件诧异的事!”把说过许多话,从头说了一遍。相公焦躁:“小后生乱道胡说。且罚在书院里,教院子看著,不得出离。”衙内只得入书院。

时光似箭,日月如梭,捻指间过了三个月。当时是夏间天气。

> 夏,夏!雨余,亭厦。纨扇轻,薰风乍。散发披襟,弹棋打马。古鼎焚龙涎,照壁名人画。当头竹径风生,两行青松暗瓦。最好沉李与浮瓜,对青樽旋开新鲊。

衙内过三个月不出书院门。今日天色却热,且离书院去后花园里乘凉。坐定，衙内道："三个月不敢出书院门，今日在此乘凉，好快活！"听那更点，早是二更。只见一轮月从东上来。

月，月！无休，无歇。夜东生，晓西灭。少见团圆，多逢破缺。偏宜午夜时，最称三秋节。幽光解敌严霜，皓色能欺瑞雪。穿窗深夜忽清风，曾遣离人情惨切。

衙内乘著月色，闲行观看。则见一片黑云起，云绽处，见一个人驾一轮香车，载着一个妇人。看那驾车的人，便是前日酒保班犬。香车里坐着干红衫女儿——衙内月光下认得是庄内借宿留他吃酒的女娘——下车来道："衙内，外日奴好意相留，如何不别而行？"衙内道："好！不走，右手把著酒，左手把著心肝做下口。告娘娘，饶崔某性命！"女孩儿道："不要怕，我不是人，亦不是鬼，奴是上界神仙。与衙内是五百年姻眷，今日特来效于飞之乐。"教班犬自驾香车去。衙内一时被他这色迷了。

色，色！难离，易惑。隐深闺，藏柳陌。长小人志，灭君子德。后主谩多才，纣王空有力。伤人不痛之刀，对面杀人之贼。方知双眼是横波，无限贤愚被沉溺。

两个同在书院里过了数日。院子道："这几日衙内不许我们入书院里，是何意故？"当夜，张见一个妖媚的妇人。院子先来复管家婆，便来复了相公。相公焦躁做一片，仗剑入书院里来。衙内见了相公，只得唱个喏。相公道："我儿，教你在书院中读书，如何引惹邻舍妇女来。朝廷得知，只说我纵放你如此！也妨我儿将来仕路！"衙内只应得喏："告爹爹，无此事。"却待再问，只见屏风后走出一个女孩儿来，叫声万福。相公见了，越添焦躁。仗手中宝剑，移步向前，喝一声道："著！"剑不下去，万事俱休，一剑下去，教相公倒退三步。看手中利刃，只剩得剑靶。吃了一惊，到去住不得。只见女孩儿道："相公休焦！奴与崔郎五百年姻契，合为夫妇。不日同为神仙。"相公

崔衙内白鹞招妖

——明天启刻本《警世通言》插图

出豁不得，却来与夫人商量，教请法官⑥。那里捉得住！正恁地烦恼，则见客将司⑦来复道："告相公，有一司法⑧，姓罗，名公适，新到任来公参。客司说：'相公不见客。'问：'如何不见客？'客将司把上件事说了一遍。罗法司道：'此间有一个修行在世神仙，可以断得。姓罗，名公远，是某家兄。'客司复相公。"相公即时请相见。茶汤罢，便问："罗真人在何所？"得了备细，便修札子⑨请将罗公远下山，到府中见了。崔丞相看那罗真人，果是生得非常。便引到书院中，与这妇人相见了。罗真人劝谕那妇人："看罗某面，放舍崔衙内。"妇人那里肯依。罗真人既再三劝谕不从，作起法来，忽起一阵怪风。

风，风！荡翠，飘红。忽南北，忽西东。春开柳叶，秋谢梧桐。凉入朱门内，寒添陋巷中。似鼓声摇陆地，如雷响振晴空。乾坤收拾尘埃净，现日移阴却有功。

那阵风过处，叫下两个道童来。一个把著一条缚魔索，一个把著一条黑柱杖。罗真人令道童捉下那妇女。妇女见道童来捉他，叫一声："班犬！"从虚空中跳下班犬来，忿忿地檠起双拳，竟来抵敌。元来邪不可以干正，被两个道童一条索子，先缚了班犬，后缚了干红衫女儿。喝教："现形！"班犬变做一只大虫，干红衫女儿变做一个红兔儿。这骷髅神，元来晋时一个将军，死葬在定山之上。岁久年深，成器了，现形作怪。罗真人断了这三怪，救了崔衙内性命。从此至今，定山一路，太平无事。这段话本，则唤做《新罗白鹞》，《定山三怪》。有诗为证：

虎奴兔女活骷髅，作怪成群山上头。
一自真人明断后，行人坦道永无忧。

〔注〕①并州：在今山西省阳曲县。②新罗国：朝鲜古国，与唐朝有密切联系。③定州中山府：定州，州名，在今河北省定州市一带。中山府，宋朝的府名，在今河北定县一带。④五放家：专门喂养和教习鹰的人。⑤酒望：即酒帘，卖酒的幌子。⑥法官：指古时有职位的道士，能作法除妖的法师。⑦客将司：古代官僚府第中管理宾客来往事务的人。⑧司法：即法官。⑨札子：古代的一种奏事文书。

本篇为宋代话本，撰人未详。《京本通俗小说》题作《定州三怪》。但缪荃孙影印《京本通俗小说》时，嫌《定州三怪》"破碎太甚，未敢传摹"，没有把它影印出来。冯梦龙编入《警世通言》时题作《崔衙内白鹞招妖》，原题下注曰："古本作《定山三怪》，又云《新罗白鹞》。"目前可见的只有经过冯梦龙编辑的版本。

本篇最成功之处就是营造了一步一奇的神秘氛围，让听众和读者追随崔衙内的脚步，进入到一个奇怪、奇谲、奇丽的艺术世界。

引导崔衙内遭遇奇事的，是一只新罗国进献给唐玄宗、玄宗又赐给崔丞相的奇物——新罗白鹞。这只白鹞，用崔丞相的话说，是"世上只有这一只"。在中国古代人的思想观念里，中庸是福，过度的漂亮和过度的财富都会招惹祸端。红颜薄命，奇物招祸，历来都是如此。崔丞相家中养着这样一件稀世之宝，就应当善加珍重，迹不外露，以绝小人的觊觎和谋取，而崔衙内偏要带新罗白鹞去打猎，招摇过市，则难免遭遇邪祟。

衙内遇到的第一个邪祟，是"生得恶相貌"的酒保，也就是成精的老虎"班犬"的化身。衙内看到此酒保拿来的酒颜色"如何恁地红"即起了戒心；待看到酒缸里"血水里面浸着浮米"时，吓得"顶门上不见了三魂，脚底下荡散七魄"。此时弥漫在崔衙内身边的，是阴森奇谲的恐怖氛围。

但崔衙内却并不就此转回家中，而是继续向前行去。并且在得知定山"精灵不少，鬼怪极多"之后，仍然坚持去往定山。在定山为追一只"干红兔儿"，放出了新罗白鹞。为讨回被山顶骷髅拿在手中的白鹞，崔衙内竟然向骷髅开口讨要，视异类如同类，讨要不成拿起弹弓就打。衙内此时的反应是大异于常人的，是奇怪的。

崔衙内因寻白鹞而在山中迷路，走入一个人家。遇到先是那个"生得恶相貌"的酒保，还不知规避逃走。遇到一个着干红衫的美丽女子。女子对他有情。而女子的父亲却是那个将崔衙内恨之入骨的骷髅将军。此时围绕在崔衙内身边的，是奇邪的。因为一个美丽多情的女子的介入，而又显得十分奇丽。

衙内遇妖归来，被父亲关在书院中不得出门。衙内亲见班犬和"干红衫女儿"月夜从云端落入自己的书院，却不忧不惧，反而与这女儿"在书院过了数日"，不许家人进入书院。这段描写是十分奇丽的。比起后来的志怪小说《聊斋志异》中的有关描写，在意境上似乎也并不逊色。

本篇中值得注意的，是对三怪性格的描述。在宋元话本"三怪"系列的作品中，《西湖三塔记》《洛阳三怪记》和本篇的三怪性格，是有发展轨迹可循的。《西湖三塔记》中的白衣娘子（白蛇）视男子的性命为儿戏，喜新厌旧，先交欢，后取命。可以说是杀人不眨眼。婆婆(獭)则是不折不扣的帮凶。而卯奴(乌鸡)却心地善良,因奚宣赞有恩于自己,两次救他出死境。《洛阳三怪记》中的玉蕊娘娘(白猫精)与《西湖三塔记》中的白衣娘子无甚差别,婆婆白圣母(白鸡精)也是不折不扣的帮凶。而那个很少露面的赤土大王(赤斑蛇)却良心未泯,不满玉蕊娘娘和白圣母的作为:"娘娘又共甚人在此饮宴?都是白圣母引惹来的,不要带累我便好!"在《洛阳三怪记》中,担任救助男主人公角色的异类,是死去不久的邻舍女儿王春春。在本篇中,三怪的性格有了进一步的发展。这里的三怪似乎都没有故意害人之心。酒保(班犬)从没有施展过对崔衙内不利的举动,反而不辞辛苦,从云端驾车送干红衫儿女儿(红兔)到衙内家中,玉成他人好事。这里说班犬不是前面两篇话本中那两个婆婆助纣为虐的形象,主要是因为这个干红衫儿女孩并没有害崔衙内之心,而只是认定自己与崔衙内"是五百年前姻眷",不但为崔衙内向骷髅将军求情,而且在与衙内共同生活之后,在客观上也没有造成如何不利于衙内的影响。这个女孩的痴情和执着颇令人同情。正因为如此,崔衙内家人和那个缚妖的罗真人,反而显得有点像许仙白蛇故事中的法海。就是那个出言要取崔衙内性命的骷髅将军,也并非是嗜食人血的恶魔。他想惩罚衙内是因见"雪白鹞子""奇异",架在手里不放,故被崔衙内打伤眼睛而后立誓报仇,都不失为人之常情。衙内逃脱之后,他也并没有继续纠缠陷害。本篇中的三怪已经全都具有一点人情味、颇有点可爱了。

在艺术手法的运用上,本篇是颇为注意人物性格的塑造的。除了对三怪的性格特征的塑造之外,崔衙内的性格也显得很丰满。崔衙内要借父亲的新罗白鹞去打猎,是官家子弟纨绔习气的一种表现。遇酒保而知警戒,并要求其从人不要喝这里的酒,显示了他的机警和干练。见定山脚下的版牌而欲绕路,听了从人的激将言语又坚决要从定山上过。明知山有虎,偏向虎山行。见到骷髅将军并不十分害怕,反而认异类为同类,向骷髅将军讨要新罗白鹞。将军不给,则愤而用弹弓射打将军,这都表现了他血气方刚、初生牛犊不怕虎的少年情怀。

就是极为次要的人物,本篇也能使用极少的言词,将人物性格塑造得栩栩如生。那个"路膊上架着一枚角鹰"的人,只说了几句话,却使得他的性格特征呼之欲出。这是一个性格急躁、不怕邪祟、而又很懂得说话技巧的人。他见到定山脚下的版牌,却不愿回去。而他首先需要说服崔衙内。他用三句简洁的话语,便成功地说服了崔衙内,并且促使衙内下了坚定的决心。第一句话,他以一个知情人的身份出现:"男女在此居",用定山"上面万千景致,生数般跷蹊作怪直钱的飞禽走兽"来引诱衙内。第二句话,用"从小路上去,那里是平地,有甚飞禽走兽?"来杜绝衙内绕道走的心意。第三句话,“可惜闲了新罗白鹞,……”更是运用了激将之法,使得崔衙内义无反顾,只有向前开赴定山。（朱 萍）

杨思温燕山逢故人　　佚 名

一夜东风,不见柳梢残雪。御楼烟煖,对鳌山彩结。箫鼓向晚,凤辇初回宫阙。千门灯火,九衢风月。

绣阁人人,乍嬉游困又歇。艳妆初试,把珠帘半揭。娇羞向人,手捻玉梅[1]低说。相逢长是,上元时节。

这一首词,名《传言玉女》,乃胡浩然先生所作。道君皇帝朝,宣和年间,元宵最盛。每年上元,正月十四日,车驾幸五岳观凝祥池,每当驾出,有红纱贴金烛笼二百对。元夕加以琉璃玉柱掌扇,快行客各执红纱珠珞灯笼。至晚还内,驾入灯山。御辇院人员,辇前唱《随竿媚》来。御辇旋转一遭,倒行观灯山,谓之“鹁鸽旋”,又谓“踏五花儿”,则辇官有赏赐矣。驾登宣德楼,游人奔赴露台[2]下。十五日,驾幸上清宫,至晚还内。上元后一日,进早膳讫,车驾登门卷帘,御座临轩,宣百姓,先到门下者,得瞻天表。小帽红袍独坐,左右侍近,帘外金扇执事之人。须臾下帘,则乐作,纵万姓游赏。华灯宝烛,月色光辉,霏霏融融,照耀远迩。至三鼓,楼上以小红纱灯缘索而至半,都人皆知车驾还内。当时御制《夹钟宫小重山》词道:

罗绮生香娇艳呈,金莲开陆海,绕都城。宝舆四望翠峰青。东风急,吹下半天星。　万井[3]贺升平。行歌花满路,月随人,纱笼一点御灯明。箫韶远,高晏在蓬瀛。

今日说一个官人,从来只在东京看这元宵,谁知时移事变,流寓在燕山[4]看元宵。那燕山元宵却如何?

虽居北地,也重元宵。未闻鼓乐喧天,只听胡笳聒耳。家家点起,应无陆地金莲;处处安排,那得玉梅雪柳[5]。小番鬓边挑大蒜，岐婆[6]头上带生葱。汉儿谁负一张琴，女们尽敲三棒鼓。

每年燕山市井，如东京制造，到己酉岁方成次第。当年那燕山装那鳌山，也赏元宵，士大夫百姓皆得观看。这个官人，本身是肃王府使臣，在贵妃位掌笺奏，姓杨，双名思温，排行第五，呼为杨五官人。因靖康年间，流寓在燕山，犹幸相逢姨夫张二官人，在燕山开客店，遂寓居焉。杨思温无可活计，每日肆前与人写文字，得些胡乱度日。忽值元宵，见街上的人皆去看灯，姨夫也来邀思温看灯，同去消遣旅况。思温情绪索然，辞姨夫道："看了东京的元宵，如何看得此间元宵，姨夫自稳便先去，思温少刻追陪。"张二官人先去了。

杨思温挨到黄昏，听得街上喧闹，静坐不过，只得也出门来看燕山元宵。但见：

莲灯灿烂，只疑吹下半天星；士女骈阗[7]，便是列成王母队。一轮明月婵娟照，半是京华流寓人。

见街上往来游人无数。思温行至昊天寺前，只见真金身铸五十三参。铜打成旛竿十丈，上有金书"敕赐昊山悯忠禅寺"。思温入寺看时，佛殿两廊，尽皆点照。信步行到罗汉堂，乃浑金铸成五百尊阿罗汉。入这罗汉堂，有一行者，立在佛座前化香油钱。道："诸位看灯檀越，布施灯油之资，祝延福寿。"思温听其语音，类东京人。问行者道："参头[8]，仙乡何处？"行者答言："某乃大相国寺河沙院行者，今在此间复为行者，请官人坐于凳上，闲话则个。"思温坐凳上，正看来往游人，睹一簇妇人，前遮后拥，入罗汉堂来。内中一个妇人与思温四目相盼，思温睹这妇人打扮，好似东京人。但见：

轻盈体态，秋水精神。四珠环胜内家妆，一字冠成宫里样。未改宣和妆束，犹存帝里风流。

思温认得是故乡之人，感慨情怀，闷闷不已。因而困倦，假寐片时。那行者叫得醒来，开眼看时，不见那妇人。杨思温嗟呀道:“我却待等他出来,恐有亲戚在其间,相认则个,又挫过了。”对行者道:“适来入院妇女何在?”行者道:“妇女们施些钱去了。临行道:‘今夜且归,明日再来做些功德⑨,追荐⑩亲戚则个。’官人莫闷,明日却来相候不妨。”思温见说,也施些油钱,与行者相辞了,离罗汉院。绕寺寻遍,忽见僧堂壁上,留题小词一首,名《浪淘沙》:

尽日倚危栏,触目凄然,乘高望处是居延。忽听楼头吹画角,雪满长川。　荏苒又经年,暗想南园,与民同乐午门前。僧院犹存宣政⑪字,不见鳌山。

杨思温看罢留题,情绪不乐。归来店中,一夜睡不着。巴到天明起来,当日无话得说。

至晚,分付姨夫,欲往昊天寺寻昨夜的妇人。走到大街上,人稠物攘,正是热闹。正行之间,忽然起一阵雷声,思温恐下雨,惊而欲回。抬头看时,只见:

银汉现一轮明月,天街点万盏华灯。宝烛烧空,香风拂地。

仔细看时,却见四围人从,拥着一轮大车,从西而来。车声动地,跟随番官,有数十人。但见:

呵殿喧天,仪仗塞路。前面列十五对红纱照道,烛焰争辉;两下摆二十柄画杆金枪,宝光交际。香车似箭,侍从如云。

车后有侍女数人,其中有一妇女穿紫者,腰佩银鱼,手持净巾,以帛拥项。思温于月光之下,仔细看时,好似哥哥国信所掌仪韩思厚妻,嫂嫂郑夫人意娘。这郑夫人,原是乔贵妃养女,嫁得韩掌仪,与思温都是同里人,遂结拜为表兄弟,思温呼意娘为嫂嫂。自后睽离,不复相问。着紫的妇人见思温,四目相睹,不敢公然招呼。思温随从车子到燕市秦楼住下,车尽入其中。贵人上楼去,番官人从楼下坐。原来秦楼最广大,便似东京白樊楼一般,楼上有六十个閤儿,下面散铺七八十副卓凳。

当夜卖酒,合堂热闹。

杨思温等那贵家入酒肆,去秦楼里面坐地,叫过卖[12]至前。那人见了思温便拜,思温扶起道:“休拜。”打一认时,却是东京白樊楼过卖陈三儿。思温甚喜,就教三儿坐。三儿再三不敢,思温道:“彼此都是京师人,就是他乡遇故知,同坐不妨。”唱喏了方坐。思温取出五两银子与过卖,分付收了银子,好好供奉数品荤素酒菜上来,与三儿一面吃酒说话。三儿道:“自丁未年至此,拘在金吾宅作奴仆。后来鼎建秦楼,为思旧日樊楼过卖,乃日纳买工钱八十,故在此做过卖,幸与官人会面。”正说话间,忽听得一派乐声,思温道:“何处动乐?”三儿道:“便是适来贵人上楼饮酒的韩国夫人宅眷。”思温问韩国夫人事体,三儿道:“这夫人极是照顾人,常常夜间将带宅眷来此饮酒,和养娘各坐。三儿常上楼供过伏事,常得夫人赏赐钱钞使用。”思温又问三儿:“适间路边遇韩国夫人,车后宅眷丛里,有一妇人,似我嫂嫂郑夫人,不知是否?”三儿道:“即要复官人。三儿每上楼供过众宅眷时,常见夫人,又恐不是,不敢厮认。”思温遂告三儿道:“我有件事相烦你:你如今上楼供过韩国夫人宅眷时,就寻郑夫人。做我传语道:‘我在楼下专候夫人下来,问哥哥详细。’”三儿应命上楼去,思温就座上等。一时,只见三儿下楼,以指住下唇,思温晓得京师人市语,恁地乃了事也。思温问:“事如何?”三儿道:“上楼得见郑夫人,说道:‘五官人在下面等夫人下来,问哥哥消息。’夫人听得,便垂泪道:‘叔叔原来也在这里。传与五官人,少刻便下楼,自与叔叔说话。’”思温谢了三儿,打发酒钱,乃出秦楼门前,伫立悬望。

不多时,只见祗候人从入去,少刻番官人从簇拥一辆车子出来。思温候车子过,后面宅眷也出来,见紫衣、佩银鱼、项缠罗帕妇女,便是嫂嫂。思温进前,共嫂嫂叙礼毕,遂问道:“嫂嫂因何与哥哥相别在此?”郑夫人揾泪道:“妾自靖康之冬,与兄赁舟下淮楚。将至盱眙,不幸箭穿驾手,刀中稍公,妾有乐昌破镜[13]之忧，汝兄被缧绁[14]缠身之苦，为虏所掠，其酋撒八太尉相逼，我义不受辱，为其执虏至燕山。撒八太尉恨妾不从，见妾骨瘦如柴，遂鬻妾身于祖氏之家。后知是娼户。自思是品官妻，命官女，生如苏小卿[15]何荣？死如孟姜女何辱？暗抽裙带自缢梁间，被人得知，将妾救了。撒八太尉妻韩夫人闻而怜我，亟令救命，留我随侍。项上疮痕，至今未愈，是故项缠罗帕。仓皇别良人，不知安往？新得良人音耗：当时更衣遁走，今在金陵，复还旧职，至今四载，未忍重婚。妾燃香炼顶，问卜求神，望金陵之有路，脱生计以无门。今从韩国夫人至此游宴，既为奴仆之躯，不敢久语。叔叔叮咛，蓦遇江南人，倩教传个音信。”杨思温欲待再问其详，俄有番官手持八稜抽攘[16]，向思温道：“我家奴婢，更夜之间，怎敢引诱？”拿起抽攘，迎脸便打。思温一见来打，连忙急走。那番官脚趶[17]行迟，赶不上。走得脱，一身冷汗，慌忙归到姨夫客店。张二官见思温走回，喘吁吁地，问道：“做甚么直恁慌张？”思温将前事一一告诉，张二官见说，嗟呀不已。安排三杯与思温嚯索[18]。思温想起哥哥韩忠翊，嫂嫂郑夫人，那里吃得酒下？

愁闷中过了元宵，又是三月。张二官向思温道：“我出去两三日即归，你与我照管店里则个。”思温问：“出去何干？”张二官人道：“今两国通和，奉使至维扬，买些货物便回。”杨思温见姨夫张二官出去，独自无聊，昼长春困，散步大街，至秦楼。入楼闲望一晌，乃见一过卖至前唱喏，便叫：“杨五官。”思温看时，好生面熟，却又不是陈三是谁？过卖道：“男女东京寓仙酒楼过卖小王。前时陈三儿被左金吾叫去，不令出来。”思温不见三儿在秦楼，心下越闷，胡乱买些点心吃。便问小王道：“前次上元夜，韩国夫人来此饮酒，不知你识韩国夫人住处么？”小王道：“男女也曾问他府中来，道是天王寺后。”说犹未了，思温抬头一看，壁上留题墨迹未干。仔细读之，题道：“昌黎韩思厚舟发金陵，过黄天荡，因感亡妻郑氏，船中作相吊之词”，名《御阶行》：

　　合和朱粉千余两，捻一个，观音样。大都却似两三分，少付玲珑五脏。等待黄昏，寻好梦底，终夜空劳攘。

　　香魂媚魄知何往？料只在，船儿上。无言倚定小门儿，独对滔滔雪浪。若将愁泪，还做水算，几个黄天荡。

杨思温读罢，骇然魂不附体："题笔正是哥哥韩思厚，恁地是嫂嫂没了。我正月十五日秦楼亲见，共我说话，道在韩国夫人宅为侍妾，今却没了。这事难明。"惊疑未决，遂问小王道："墨迹未干，题笔人何在？"小王道："不知。如今两国通和，奉使至此，在本道馆驿安歇。适来四五人来此饮酒，遂写于此。"说话的，错说了。使命入国，岂有出来闲走买酒吃之理？按《夷坚志》载，那时法禁未立，奉使官听从与外人往来。当日是三月十五日，杨思温问："本道馆在何处？"小王道："在城南。"思温还了酒钱下楼，急去本道馆寻韩思厚。到得馆道，只见苏、许二掌仪在馆门前闲看。二人都是旧日相识，认得思温，近前唱喏，还礼毕，问道："杨兄何来？"思温道："特来寻哥哥韩掌仪。"二人道："在里面会文字，容入去唤他出来。"二人遂入去，叫韩掌仪出到馆前。思温一见韩掌仪，连忙下拜，一悲一喜，便是他乡遇契友，燕山逢故人。思温问思厚："嫂嫂安乐？"思厚听得说，两行泪下，告诉道："自靖康之冬，与汝嫂顾船，将下淮楚，路至盱眙，不幸篙穿篙手，刀中稍公，尔嫂嫂有乐昌破镜之忧，兄被缧绁缠身之苦。我被虏执于野寨，夜至三鼓，以苦告得脱，然亦不知尔嫂嫂存亡。后有仆人周义，伏在草中，见尔嫂被虏撒八太尉所逼，尔嫂义不受辱，以刀自刎而死。我后奔走行在[19]，复还旧职。"思温问道："此事还是哥哥目击否？"思厚道："此事周义亲自报我。"思温道："只恐不死。今岁元宵，我亲见嫂嫂同韩国夫人出游，宴于秦楼。思温使陈三儿上楼寄信，下楼与思温相见。所说事体，前面与哥哥一同，也说道：哥哥复还旧职，到今四载，未忍重婚。”思厚听得说，理会不下。思温道：“容易决其死生。何不同往天王寺后，韩国夫人宅前打听，问个明白？”思厚道：“也说得是。”乃入馆中，分付同事，带当直[20]随后，二人同行。

倏忽之间，走至天王寺后。一路上悄无人迹，只见一所空宅，门生蛛网，户积尘埃，荒草盈阶，绿苔满地，锁着大门。杨思温道：“多是后门。”沿墙且行数十步，墙边只有一家，见一个老儿在里面打丝线，向前唱喏道：“老丈，借问韩国夫人宅那里进去？”老儿禀性躁暴，举止粗疏，全不采人。二人再四问他，只推不知。顷间，忽有一老妪提着饭篮，口中喃喃埋冤，怨畅那大伯。二人遂与婆婆唱喏。婆子还个万福，语音类东京人。二人问韩国夫人宅在那里。婆子正待说，大伯又埋怨多口。婆子不管大伯，向二人道：“媳妇是东京人，大伯是山东拗蛮。老媳妇没兴嫁得此畜生，全不晓事，逐日送些茶饭，嫌好道歹，且是得人憎。便做到[21]官人问句话，就说何妨？”那大伯口中又哓哓的不住，婆子不管他，向二人道：“韩国夫人宅，前面锁着空宅便是。”二人吃一惊，问：“韩夫人何在？”婆子道：“韩夫人前年化去了，他家搬移别处，韩夫人埋在花园内。官人不信时，媳妇同去看一看，好么？”大伯又说：“莫得入去，官府知道，引惹事端带累我。”婆子不采，同二人便行。路上就问：“韩国夫人宅内有郑义娘[22]，今在否？”婆子便道：“官人不是信国所韩掌仪，名思厚？这官人不是杨五官，名思温么？”二人大惊，问：“婆婆如何得知？”婆子道：“媳妇见郑夫人说。”思厚又问：“婆婆如何认得？拙妻今在甚处？”婆婆道：“二年前时，有撒八太尉，曾于此宅安下。其妻韩国夫人崔氏，仁慈恤物，极不可得。常唤媳妇入宅，见夫人说：撒八太尉自盱眙掠得一妇人，姓郑，小字义娘，甚为太尉所喜。义娘誓不受辱，自刎而死。夫人悯其贞节，与火化，收骨盛匣。以后韩夫人死，因随葬在此园内。虽死者与活人无异，媳妇入园内去，常见郑夫人出来。初时也有些怕，夫人道：'婆婆莫怕，不来损害婆婆，有些衷曲间告诉则个。'夫人说道是京师人，姓郑，名义娘。幼年进入乔贵妃位做养女，后出嫁忠翊郎韩思厚。有结义叔叔杨五官，名思温。一一与老媳妇说。又说盱眙事迹，'丈夫见在金陵为官，我为他守节而亡。'寻常阴雨时，我多入园中，与夫人相见闲话。官人要问仔细，见了自知。"

三人走到适来锁着的大宅，婆婆窬墙而入，二人随后也入里面去，只见打鬼净净[23]的一座败落花园。三人行步间，满地残英芳草，寻访妇人，全没踪迹。正面三间大堂，堂上有个屏风，上面山水，乃郭熙所作。思厚正看之间，忽然见壁上有数行字。思厚细看字体柔弱，全似郑义娘夫人所作，看了大喜道："五弟，嫂嫂只在此间。"思温问："如何见得？"思厚打一看，看其笔迹，乃一词，词名《好事近》：

往事与谁论？无语暗弹泪血。何处最堪怜？肠断黄昏时节。　　倚楼凝望又徘徊，谁解此情切？何计可同归雁？趁江南春色。

后写道："季春望后一日作。"二人读罢道："嫂嫂只今日写来，可煞[24]惊人。"行至侧首，有一座楼，二人共婆婆扶着栏杆登楼。至楼上，又有巨屏一座，字体如前，写着《忆良人》一篇，歌曰：

孤云落日春云低，良人窅窅[25]羁天涯。
东风蝴蝶相交飞，对景令人益惨凄。
尽日望郎郎不至，素质香肌转憔悴。
满眼韶华似酒浓，花落庭前鸟声碎。
孤帏悄悄夜迢迢，漏尽灯残香已销。
秋千院落久停戏，双悬彩索空摇摇。
眉兮眉兮春黛蹙，泪兮泪兮常满掬。
无言独步上危楼，倚遍栏杆十二曲。
荏苒流光疾似梭，滔滔逝水无回波。

良人一去不复返，红颜欲老将如何？

韩思厚读罢，以手拊壁而言："我妻不幸为人驱虏。"正看之间，忽听杨思温急道："嫂嫂来也。"思厚回头看时，见一妇人，项拥香罗而来。思温仔细认时，正是秦楼见的嫂嫂。那婆婆也道："夫人来了。"三人大惊，急走下楼来寻，早转身入后堂左廊下，趋入一阁子内去。二人惊惧，婆婆道："既已到此，可同去阁子里看一看。"婆子引二人到阁前，只见关着阁子门，门上有牌面写道："韩国夫人影堂[26]"。婆子推开槅子，三人入阁子中看时，却是安排供养着一个牌位，上写着："亡室韩国夫人之位"。侧边有一轴画，是义娘也。牌位上写着"侍妾郑义娘之位"。面前供卓，尘埃尺满。韩思厚看见影神上衣服容貌，与思温元夜所见的无二。韩思厚泪下如雨。婆子道："夫人骨匣，只在卓下，夫人常提起，教媳妇看，是个黑漆匣，有两个鍮石[27]环儿。每遍提起，夫人须哭一番，和我道：'我与丈夫守节丧身，死而无怨。'"思厚听得说，乃恳婆子同揭起砖，取骨匣归葬金陵，当得厚谢。婆婆道："不妨。"三人同掇起供卓，揭起花砖，去掇匣子。用力掇之，不能得起，越掇越牢。思温急止二人，"莫掇，莫掇！哥哥须晓得嫂嫂通灵，今既取去，也要成礼。且出此间，备些祭仪，作文以白嫂嫂，取之方可。"韩思厚道："也说得是。"三人再窬墙而去，到打线婆婆家，令仆人张谨买下酒脯、香烛之物，就婆婆家做祭文。等至天明，一同婆婆、仆人搬挈祭物，窬墙而入。在韩国夫人影堂内，铺排供养讫。

等至三更前后，香残烛尽，杯盘零落，星宿渡河汉之候，酹酒奠飨，三奠已毕。思厚当灵筵下披读祭文。读罢，流泪如倾，把祭文同纸钱烧化，忽然起一阵狂风。这风吹得烛有光以无光，灯欲灭而不灭，三人浑身汗（寒）颤。风过处，听得一阵哭声，风定烛明，三人看时，烛光之下，见一妇女，媚脸如花，香肌似玉，项缠罗帕，步蹙金莲，敛袂向前，道声："叔叔万福。"二人大惊，叙礼。韩思厚执手向前，哽咽流泪。哭罢，郑夫人向着思厚道："昨者盱眙之事，我夫今已明矣。只今元夜秦楼，与叔叔相逢，不得尽诉衷曲。当时妾若贪生，必须玷辱我夫。幸而全君清德若瑾瑜[28]，弃妾性命如土芥，致有今日生死之隔，终天之恨。"说罢，又哭一次。婆婆劝道："休哭，且理会迁骨之事。"郑夫人收哭而坐，三人进些饮馔，夫人略飧些气味。思温问："元夜秦楼下相逢嫂嫂，为韩国夫人宅眷，车后许多人，是人是鬼？"郑夫人道："太平之世，人鬼相分；今日之世，人鬼相杂。当时随车，皆非人也。"思厚道："贤妻为吾守节而亡，我当终身不娶，以报贤妻之德。今愿迁贤妻之香骨，共归金陵，可乎？"夫人不从，道："婆婆与叔叔在此，听奴说：今蒙贤夫念妾孤魂在此，岂不愿归从夫？然须得常常看我，庶几此情不隔冥漠。倘若再娶，必不我顾，则不如不去为强。"三人再三力劝，夫人只是不肯。向思温道："叔叔岂不知你哥哥心性，我在生之时，他风流性格，难以拘管。今妾已作故人，若随他去，怜新弃旧，必然之理。"思温再劝道："嫂嫂，听思温说：哥哥今来，不比往日，感嫂嫂贞节而亡，决不再娶。今哥哥来取，安忍不随回去？愿从思温之言。"夫人向二人道："谢叔叔如此苦苦相劝。若我夫果不昧心，愿以一言为誓，即当从命。"说罢，思厚以酒沥地为誓："若负前言，在路盗贼杀戮，在水巨浪覆舟。"夫人急止思厚："且住，且住，不必如此发誓。我夫既不重娶，愿叔叔为证见。"道罢，忽地又起一阵香风，香过遂不见了夫人。三人大惊讶，复添上灯烛，去供卓底下，揭起花砖，款款掇起匣子，全不费力。收拾窬墙而出，至打绦婆婆家。次晚，以白银三两，谢了婆婆。又以黄金十两，赠与思温。思温再辞方受。思厚别了思温，同仆人张谨，带骨匣归本驿。俟月余，方得回书，令奉使归。思温将酒饯别，再三叮咛："哥哥无忘嫂嫂之言！"

思厚同一行人从，负夫人骨匣，出燕山丰宜门，取路而归。月余，方抵盱眙。思厚到驿中歇泊，忽一人唱喏便拜。思厚看时，乃是旧仆人周义，今来谢天地，在此做个驿子。遂引思厚入房，只见挂一幅影神，画着个妇人，又有牌位儿，上写着："亡主母郑夫人之位"。思厚怪而问之。周义道："夫人贞节，为官人而死，周义亲见，怎的不供奉夫人？"思厚因把燕山韩夫人宅中事，从头说与周义。取出匣子，教周义看了。周义展拜啼哭。思厚是夜与周义抵足而卧。

至次日天晓，周义与思厚道："旧日二十余口，今则惟影是伴，情愿伏事官人去金陵。"思厚从其请，将带周义归金陵。思厚至本所，将回文呈纳。周义随着思厚，卜地于燕山之侧，备礼埋葬夫人骨匣毕。思厚不胜悲感，三日一诣坟所飨祭，至暮方归。遂令周义守坟茔。

忽一日，苏掌仪、许掌仪说："金陵土星观观主刘金坛，虽是个女道士，德行清高，何不同往观中，做些功德，追荐令政[29]？"思厚依从，选日，同苏、许二人到土星观来访刘金坛时，你说怎生打扮？但见：

顶天青巾，执象牙简，穿白罗袍，着翡翠履。不施先粉，分明是梅萼凝霜；淡伫[30]精神，仿佛如莲花出水。仪容绝世，标致非凡。

思厚一见，神魂散乱，目睁口呆。叙礼毕，金坛分付，一面安排做九幽醮，且请众官到里面看灵芝。三人同入去，过二清殿、翠华轩，从八卦坛房内，转入绛绡馆，原来灵芝在绛绡馆。众人去看灵芝，惟思厚独入金坛房内闲看。但见明窗净几，铺陈玩物。书案上文房四宝，压纸界方下露出些纸，信手取看时，是一幅词，上写着《浣溪沙》：

标致清高不染尘，星冠云氅紫霞裙。门掩斜阳无一事，抚瑶琴。　　虚馆幽花偏惹恨，小窗闲月最消魂。此际得教还俗去，谢天尊！

韩思厚初观金坛之貌，已动私情。后观纸上之词，尤增爱念。乃作一词名《西江月》，词道：

玉貌何劳朱粉？江梅岂类群花？终朝隐几论黄芽[31]，不顾花前月下。　　冠上星簪北斗，杖头经挂南华[32]。不知何日到仙家？曾许彩鸾同跨。

拍手高唱此词。金坛变色焦躁，说："是何道理！欺我孤弱，乱我观宇。命人取轿来，我自去见恩官，与你理会。"苏、许二人再四劝住，金坛不允。韩思厚就怀中取出金坛所作之词，教众人看。说："观主不必焦躁，这个词儿是谁做的？"唬得金坛安身无地，把怒色都变做笑容，安排筵席，请众官共坐，饮酒作乐，都不管做功德追荐之事。酒阑，二人各有其情，甚相爱慕，尽醉而散。这刘金坛原是东京人，丈夫是枢密院冯六承旨。因靖康年间同妻刘氏雇舟避难，来金陵，去淮水上，冯六承旨被冷箭，落水身亡。其妻刘氏，发愿就土星观出家，追荐丈夫，朝野知名，差做观主。此后韩思厚时常往来刘金坛处。

忽一日，苏、许二掌仪醵金备礼，在观中请刘金坛、韩思厚。酒至数巡，苏、许二人把盏劝思厚与金坛道："哥哥既与金坛相爱，乃是宿世因缘。今外议藉藉[33]，不当稳便。何不还了俗，用礼通媒，娶为嫂嫂，岂不美哉！"思厚、金坛从其言。金坛以钱买人告还俗，思厚选日下定，娶归成亲。一个也不追荐丈夫，一个也不看顾坟基。倚窗携手，惆怅论心。

成亲数日，看坟周义不见韩官人来上坟，自诣宅前探听消息。见当直在门前，问道："官人因甚这几日不来坟上？"当直道："官人娶了土星观刘金坛做了孺人，无工夫上坟。"周义是北人，性直，听说气忿忿地。恰好撞见思厚出来，周义唱喏毕，便著言语道："官人，你好负义！郑夫人为你守节丧身，你怎下得别娶孺人？"一头骂，一头哭夫人。韩思厚与刘金坛新婚，恐不好看，喝教当直们打出周义。周义闷闷不已，先归坟所。当日是清明，周义去夫人坟前，哭着告诉许多。是夜，睡至三更，郑夫人叫周义道："你韩掌仪在那里住？"周义把思厚辜恩负义，娶刘氏事一一告诉他一番："如今在三十六丈街住，夫人自去寻他理会。”夫人道：“我去寻他。”周义梦中惊觉，一身冷汗。

且说那思厚共刘氏新婚欢爱，月下置酒赏玩。正饮酒间，只见刘氏柳眉剔竖，星(杏)眼圆睁，以手捽住思厚不放，道：“你忒煞亏我，还我命来!”身是刘氏，语音是郑夫人的声气。唬得思厚无计可施，道：“告贤妻饶恕。”那里肯放。正摆拨不下，忽报苏、许二掌仪步月而来望思厚，见刘氏捽住思厚不放。二人解脱得手，思厚急走出，与苏、许二人商议，请笪桥铁索观朱法官来救治。即时遣张谨请到朱法官，法官见了刘氏道：“此冤抑不可治之，只好劝谕。”刘氏自用手打掴其口与脸上，哭着告诉法官以燕山踪迹。又道：“望法官慈悲做主。”朱法官再三劝道：“当做功德，追荐超生。如坚执不听，冒犯天条。”刘氏见说，哭谢法官：“奴奴且退。”少刻，刘氏方苏。法官书符与刘氏吃，又贴符房门上，法官辞去。当夜无事。

次日，思厚赍香纸诣笪桥谢法官。方坐下，家中人来报，说：“孺人又中恶。”思厚再告法官，同往家中救治。法官云：“若要除根好时，须将燕山坟发掘，取其骨匣，弃于长江，方可无事。”思厚只得依从所说，募土工人等，同往掘开坟墓，取出郑夫人骨匣，到扬子江边，抛放水中。自此刘氏安然。

恁地时，负心的无天理报应，岂有此理？思厚负了郑义娘，刘金坛负了冯六承旨。至绍兴十一年，车驾[34]幸钱塘，官民百姓皆从。思厚亦挈家离金陵，到于镇江。思厚因想金山胜景，乃赁舟同妻刘氏江岸下船，行到江心，忽听得舟人唱《好事近》词，道是：

> 往事与谁论？无语暗弹泪血。何处最堪怜？肠断黄昏时节。　倚门(楼)凝望又徘徊，谁解此情切？何计可同归雁？趁江南春色。

思厚审听所歌之词，乃燕山韩国夫人郑氏义娘题屏风者，大惊，遂问稍公：“此曲得自何人?”稍公答曰：“近有使命入国至燕山，满城皆唱此词，乃一打线婆婆自韩国夫人宅中屏上录出来的。说是江南一官人浑家,姓郑,名义娘,因贞节而死,后来郑夫人丈夫私挈其骨归江南,此词传播中外。"思厚听得说,如万刃攒心,眼中泪下。须臾之间,忽见江中风浪俱生,烟涛并起,异鱼出没,怪兽掀波,见水上一人波心涌出,顶万字巾,把手揪刘氏云鬟,掷入水中。侍妾高声喊叫:"孺人落水!"急唤思厚教救,那里救得!俄顷,又见一妇人,项缠罗帕,双眼圆睁,以手捽思厚,拽入波心而死。舟人欲救不能,遂惆怅而归。叹古今负义人皆如此,乃传之于人。诗曰:

一负冯君罹水厄,一亏郑氏丧深渊。
宛如孝女寻尸㉟死,不若三闾㊱为主愆。

〔注〕①玉梅:用绢、纸制的梅花。②露台:这里指用木料等搭成的戏台。③万井:千家万户。④燕山:即燕京(今北京)。⑤雪柳:用绢、纸制的花草。⑥岐婆:指金人妇女。⑦骈阗(tián):众多。⑧参头:佛教禅林中称熟习礼仪,负责指导来自四方云游僧侣之人。⑨功德:指佛事。⑩追荐:诵经礼忏,超度死者。⑪宣政:指宋徽宗政和、宣和年号。此因词律而倒序。⑫过卖:旧时酒店饭馆里招呼食客的堂倌。⑬乐昌破镜:指南朝陈乐昌公主与徐德言破镜重圆故事。此处比喻夫妻分离。⑭缧绁(léi xiè):捆绑犯人的绳索。⑮苏小卿:宋代妓女苏小卿与双渐相爱,鸨母把苏小卿嫁给薛司理,小卿私奔至双渐舟中,成为夫妻。⑯八稜抽攮:八角形的棍棒或鞭。⑰旷(kuàng):缓慢。⑱嚯(xuè)索:消闲解闷。嚯,同"谑"。⑲行在:指天子所在的地方。⑳当直:仆人。㉑做到:即使,算是。㉒郑义娘:即前文之"郑意娘",下同。㉓打鬼净净:意即连个鬼影也无。打鬼,本为喇嘛教的一种仪式,由僧人扮神驱逐鬼怪。㉔可煞:十分,非常。㉕窅(yǎo)窅:意即遥遥。㉖影堂:悬挂遗像的灵堂。㉗鍮(tōu)石:黄铜。㉘瑾瑜:二美玉名。泛指美玉。㉙令政:敬称他人的嫡妻。㉚淡伫:清新明净。㉛黄芽:道教称从铅里炼出的精华。㉜南华:指《南华真经》,即《庄子》。㉝藉藉:此处指议论纷纷。㉞车驾:帝王所乘之车,此处代指帝王。㉟孝女寻尸:后汉孝女曹娥十四岁时父亲溺死,她沿江号哭十七日,投江而死,五日后抱父尸而出。㊱三闾:三闾大夫,即屈原。

本篇为宋元话本,录自《古今小说》,撰人不详。《宝文堂书目》著录,题作《燕山逢故人郑意娘传》。本事出于《夷坚丁志》卷九《太原意娘》及《鬼董》卷一《张思厚》,演述人鬼离合故事,属宋元说话家数中的烟粉类小说。

话本叙东京人杨思温因靖康之难,流寓燕山,偶遇为金人所掳的表嫂郑意娘。不久,表兄韩思厚以宋使身份来到燕山,思温告其意娘下落,才知此前所遇实为意娘鬼魂。韩遂将意娘骨灰迁葬金陵,并发誓不娶,可很快便移情别恋,结果被意娘鬼魂索去了性命。

虽然就题材而言,这是一个比较常见的负心受惩故事,但读来还是觉得别有一番动人思绪的艺术魅力，特别是女主角郑意娘，性格贞烈，敢爱敢恨，颇有几分感发人心的灵异光彩。她是在兵荒马乱的靖康之难中与丈夫遇难离散而被金兵所掳的。为全丈夫名节，她义不受辱，自刎而死。虽死却云："我与丈夫守节丧身，死而无怨。"她对打线婆婆倾诉身世、遭遇，并作词思怀故土，赋诗忆念丈夫，这些地方都真切地披露了一个身死异国他乡，魂魄难以安宁的女子凄惶、孤苦和深情的内心世界。当丈夫来到燕山寻见她时，她自然悲喜交集，也希望丈夫携她归葬故里，但是她很清楚丈夫的心性，知其"风流性格，难以拘管"，"若随他去，怜新弃旧，必然之理"，故而觉得"不如不去为强"。只因杨思温劝慰，丈夫又信誓旦旦，她才勉强同意。可结果真的不出其所料，丈夫很快便负心另娶，置她于不顾了。想起自己为丈夫香消玉殒，受尽凄孤，到头来反为丈夫食言欺骗，她不由气忿交加，于是便魂附刘氏之体，"柳眉剔竖，星(杏)眼圆睁，以手捽住思厚不放，道：'你忒煞亏我，还我命来！'"虽然暂被法官解劝，但后来她还是将丈夫拽入波心淹死。可见其爱憎多么分明，复仇精神多么强烈！为了所爱之人，她可以奋然捐躯；而一旦所爱之人负心弃之，她又决不妥协地予以严惩。爱与恨，都是那么的痛快淋漓，这样的女子，怎能不教人肃然起敬，敬畏有加呢！而这样的形象，在以往的爱情文学中不也是很少能见得到吗？

话本中的韩思厚，虽然是个负心薄幸受谴责的对象，但平心而论，他对于意娘起初还是有点感情的。小说写他在燕山见到意娘遗容，"泪如雨下"；披读祭文，"流泪如倾"；"执手向前，哽咽流泪"，这不能说没有一点儿真诚。而他在特定的情境下向意娘发誓要终身不娶，似乎也不能说全是花言巧语。只是他对自己的风流心性太缺乏自知，也没有想过像他那样花心的男人如何能够洁身自持。实际上，如果他不是那么恬不自知地发誓终身不娶，而是向意娘坦承自己守节不娶确有难处，即使将来怜爱新人也决不会忘旧，那么意娘或许也不会执意要求他一定要鳏寡守节的，读者自然也会给予他一定程度的谅解。毕竟让一个活人为一个死者守节，有点儿不近情理，这无论对于一个男人或女人来说都是一样。但是，韩思厚不仅转眼间背弃了誓言，将为他而死的意娘完全抛于脑后，而且还责罚对他的所为感到义愤不平的周义，甚至还听信法官之言，破意娘之棺，抛意娘骨灰，全无半点情义，也不曾感到一丝儿忏悔。所以，他最后被意娘鬼魂索去性命，实乃咎由自取。还有那个女道士刘金坛，显然也是低估了守寡的难处。自古云："呷得三斗醋，做得孤孀妇。"若替刘氏计较，当初她不是发愿出家，追荐丈夫，徒务虚名，而是给自己留点余地，将来明白地改嫁个丈夫，想来也不至于弄得身死名裂吧。话本通过韩、刘两人所受的报应，有力地谴责了那些背弃盟誓，另求新欢，不念乱世中为他们而死的亲人，不能重情守节的负义之人。

至于杨思温，话本描写这个人，一方面既是要用他来衔接主要的人物和故事（意娘与韩思厚的人鬼遇合，就是靠他的牵引），做韩思厚发誓终身不娶的见证人（意娘即说："我夫既不重娶，愿叔叔为证见。"），另一方面也是要有意借助他的见闻感受，抒写一种哀痛、深切的故国之思和身世之感。话本开头即着重描写他流寓燕山，忧患飘零，追想昔年东京元宵盛况，对比燕山元宵景象，"感慨情怀，闷闷不已"，"暗想故园"，"情绪不乐"，遇到故人，或喜或悲等复杂的内心体验，字里行间都弥漫着一种悲凉、凄然的愁云薄雾。它不仅写出了沦落异国，漂泊无依的汉人，每逢佳节，倍加思念故土和亲人的无比沉痛感情，而且也为整个故事营造了一种凄切动人的悲剧氛围，使整个故事具有比较鲜明的时代色彩和异地生活气息。此外，话本对于燕山元宵灯节的描写，也饶有异域情调，这在对民俗风情比较感兴趣的读者来说，也自有一定的审美认识价值。　（纪德君）

闹樊楼多情周胜仙　　佚　名

太平时节日偏长，处处笙歌入醉乡。

闻说銮舆[①]且临幸，大家拭目待君王。

这四句诗，乃咏御驾临幸之事。从来天子建都之处，人杰地灵，自然名山胜水，凑着赏心乐事。如唐朝便有个曲江池，宋朝便有个金明池，都有四时美景，倾城士女王孙，佳人才子，往来游玩，天子也不时驾临，与民同乐。

如今且说那大宋徽宗朝年，东京金明池边，有座酒楼，唤做樊楼。这酒楼有个开酒肆的范大郎，兄弟范二郎，未曾有妻室。时值春末夏初，金明池游人赏玩作乐。那范二郎因去游赏，见佳人才子如蚁。行到了茶坊里来。看见一个女孩儿，方年二九，生得花容月貌。这范二郎立地多时，细看那女子，生得：

色色易迷难折，隐深闺，藏柳陌；足步金莲，腰肢一捻，嫩脸映桃红，香肌晕玉白。　娇姿恨惹狂童，情态愁牵艳客。芙蓉帐里做鸾凰，云雨此时何处觅？

原来情色都不由你。那女子在茶坊里，四目相视，俱各有情。这女孩儿心里暗暗地喜欢，自思量道："若还我嫁得一似这般子弟，可知好哩。今日当面挫(错)过，再来那里去讨？"正思量道："如何着个道理，和他说话，问他曾娶妻也不曾？"那跟来女使和奶子，都不知许多事。你道好巧！只听得外面水盏响，女孩儿眉头一纵，计上心来，便叫："卖水的，倾一盏甜蜜蜜的糖水来。"那人倾一盏糖水在铜盂儿里，递与那女子。那女子接得在手，才上口一呷，便把那个铜盂儿望空打一丢，便叫："好，好！你却来暗算我！你道我是兀谁？"那范二听得道："我且听那女子说。"那女孩儿道："我是曹门里周大郎的女儿，我的小名叫做胜仙小娘子，年一十八岁，不曾吃人暗算，你今却来算我！我是不曾嫁的女孩儿。"这范二自思量道："这言语蹊蹊，分明是说与我听。"这卖水的道："告小娘子，小人怎敢暗算？"女孩儿道："如何不是暗算我？盏子里有条草！"卖水的道："也不为利害。"女孩儿道："你待算我喉咙，却恨我爹爹不在家里。我爹若在家，与你打官司。"奶子在傍边道："却也叵耐这厮！"

茶博士见里面闹吵，走入来道："卖水的，你去把那水好好挑出来。"对面范二郎道："他既过话与我，〔如何〕我不过去？"随即也叫："卖水的，倾一盏甜蜜蜜糖水来。"卖水的便倾一盏糖水在手，递与范二郎。二郎接着盏子，吃一口水，也把盏子望空一丢，大叫起来道："好，好！你这个人真个要暗算人！你道我是兀谁？我哥哥是樊楼开酒店的，唤做范大郎，我便唤做范二郎，年登一十九岁，未曾吃人暗算。我射得好弩，打得好弹，兼我不曾娶浑家。"卖水的道："你不是风！是甚意思，说与我知道？指望我与你做媒？你便告到官司，我是卖水，怎敢暗算人！"范二郎道："你如何不暗算？我的盂儿里，也有一根草叶。"女孩儿听得，心里好喜欢。茶博士入来，推那卖水的出去。

女孩儿起身来道："俺们回去休。"看着那卖水的道："你敢

随我去?”这子弟思量道:“这话分明是教我随他去。”只因这一去,惹出一场没头脑官司。正是:

言可省时休便说,步宜留处莫胡行。

女孩儿约莫去得远了,范二郎也出茶坊,远远地望着女孩儿去。只见那女子转步,那范二郎好喜欢,直到女子住处。女孩儿入门去,又推起帘子出来望。范二郎心中越喜欢。女孩儿自入去了。范二郎在门前,一似失心风的人,盘旋走来走去,直到晚方才归家。

且说女孩儿自那日归家,点心也不吃,饭也不吃,觉得身体不快。做娘的慌问迎儿道:“小娘子不曾吃甚生冷?”迎儿道:“告妈妈,不曾吃甚。”娘见女儿几日只在床上不起,走到床边,问道:“我儿,害甚的病?”女孩儿道:“我觉有些浑身痛,头疼,有一两声咳嗽。”周妈妈欲请医人来看女儿,争奈员外出去未归,又无男子汉在家,不敢去请。迎儿道:“隔一家有个王婆,何不请来看小娘子?他唤做王百会,与人收生,做针线,做媒人,又会与人看脉,知人病轻重。邻里家有些事,都浼他。”周妈妈便令迎儿去请得王婆来。

见了妈妈,妈妈说女儿从金明池走了一遍,回来就病倒的因由。王婆道:“妈妈不须说得,待老媳妇与小娘子看脉自知。”周妈妈道:“好,好!”迎儿引将王婆进女儿房里。小娘子正睡里,开眼叫声“少礼”。王婆道:“稳便!老媳妇与小娘子看脉则个。”小娘子伸出手臂来,教王婆看了脉,道:“娘子害的是头疼,浑身痛,觉得恹恹地恶心。”小娘子道:“是也。”王婆道:“是否?”女娘子道:“又有两声咳嗽。”王婆不听得,万事皆休,听了道:“这病跷蹊!如何出去走了一遭,回来却便害这般病!”王婆看着迎儿奶子道:“你们且出去,我自问小娘子则个。”迎儿和奶子自出去。王婆对着女孩儿道:“老媳妇却理会得这病。”女孩儿道:“婆婆,你如何理会得?”王婆道:“你的病唤做心病。”女孩儿道:“如何是心病?”王婆道:“小娘子,莫不见了甚么人，欢喜了，却害出这病来？是也不是？”女孩儿低着头了，叫：“没。”王婆道：“小娘子，实对我说，我与你做个道理，救了你性命。”那女孩儿听得说话投机，便说出上件事来：“那子弟唤作范二郎。”王婆听了道：“莫不是樊楼开酒店的范二郎？”那女孩儿道：“便是。”王婆道：“小娘子休要烦恼。别人时，老身便不认得。若说范二郎，老身认得他的哥哥、嫂嫂，不可得的好人。范二郎好个伶俐子弟。他哥哥见教我与他说亲。小娘子，我教你嫁范二郎，你要也不要？”女孩儿笑道：“可知好哩！只怕我妈妈不肯。”王婆道：“小娘子放心，老身自有个道理，不须烦恼。”女孩儿道：“若得恁地时，重谢婆婆。”

王婆出房来，叫妈妈道：“老媳妇知得小娘子病了。”妈妈道：“我儿害甚么病？”王婆道：“要老身说，且告三杯酒，吃了却说。”妈妈道：“迎儿，安排酒来请王婆。”妈妈一头请他吃酒，一头问婆婆：“我女儿害甚么病？”王婆把小娘子说的话，一一说了一遍。妈妈道：“如今却是如何？”王婆道：“只得把小娘子嫁与范二郎。若还不肯嫁与他，这小娘子病难医。”妈妈道：“我大郎不在家，须使不得。”王婆道：“告妈妈，不若与小娘子下了定，等大郎归后，却做亲。且眼下救小娘子性命。”妈妈允了道：“好，好！怎地做个道理。”王婆道：“老媳妇就去说，回来便有消息。”

王婆离了周妈妈家，取路径到樊楼来，见范大郎正在柜身里坐。王婆叫声万福，大郎还了礼道：“王婆婆，你来得正好，我却待使人来请你。”王婆道：“不知大郎唤老媳妇做甚么？”大郎道：“二郎前日出去，归来晚饭也不吃，道：‘身体不快。’我问他：‘那里去来？’他道：‘我去看金明池。’直至今日不起，害在床上，饮食不进。我待来请你看脉。”范大娘子出来与王婆相见了。大娘子道：“请婆婆看叔叔则个。”王婆道：“大郎、大娘子不要入来，老身自问二郎这病是甚的样起？”范大郎道：“好，好！婆婆自去看，我不陪你了。”王婆走到二郎房里，见二郎睡在床上,叫声:“二郎,老媳妇在这里。”范二郎闪开眼道:“王婆婆,多时不见,我性命休也。”王婆道:“害甚病便休?”二郎道:“觉头疼,恶心,有一两声咳嗽。”王婆笑将起来。二郎道:“我有病,你却笑我。”王婆道:“我不笑别的,我得知你的病了。不害别病,你害曹门里周大郎女儿,是也不是?”二郎被王婆道着了,跳起来道:“你如何得知?”王婆道:“他家教我来说亲事。”范二郎不听得说,万事皆休,听得说,好喜欢。正是:

　　人逢喜信精神爽,话合心机意趣投。

当下同王婆厮赶着出来,见哥哥嫂嫂。哥嫂见兄弟出来,道:“你害病,却便出来?”二郎道:“告哥哥,无事了也。”哥嫂好快活。王婆对范大郎道:“曹门里周大郎家,特使我来说二郎亲事。”大郎欢喜。

话休絮烦。两下说成了,下了定礼,都无别事。范二郎闲时不着家,从下了定,便不出门,与哥哥照管店里。且说那女孩儿,闲时不做针线,从下了定,也肯做活。两个心安意乐,只等周大郎归来做亲。三月间下定,直等到十一月间。等得周大郎归,少不得邻里亲戚洗尘,不在话下。

到次日,周妈妈与周大郎说知上件事。周大郎道:“定了未?”妈妈道:“定了也。”周大郎听说,双眼圆睁,看着妈妈骂道:“打脊老贱人!得谁言语,擅便说亲!他高杀也只是个开酒店的,我女儿怕没大户人家对亲,却许着他。你倒了志气,干出这等事,也不怕人笑话!”正恁的骂妈妈,只见迎儿叫:“妈妈,且进来救小娘子!”妈妈道:“做甚?”迎儿道:“小娘子在屏风后,不知怎地气倒在地。”慌得妈妈一步一跌,走上前来,看那女孩儿倒在地下。

　　未知性命如何,先见四肢不举。

从来四百四病,惟气最重。原来女孩儿在屏风后,听得做爷的骂娘,不肯教他嫁范二郎,一口气塞上来,气倒在地。妈妈慌忙来救,被周大郎牵住,不得他救,骂道:“打脊贼娘!辱门败户的小贱人;死便教他死,救他则甚?”迎儿见妈妈被周大郎牵住,自去向前,却被大郎一个漏风掌,打在一壁厢。即时气倒妈妈。迎儿向前,救得妈妈苏醒,妈妈大哭起来。邻舍听得周妈妈哭,都走来看。张嫂、鲍嫂、毛嫂、刁嫂,挤上一屋子。原来周大郎平昔为人不近道理,这妈妈甚是和气,邻舍都喜他。周大郎看见多人,便道:“家间私事,不必相劝。”邻舍见如此说,都归去了。妈妈看女儿时,四肢冰冷。妈妈抱着女儿哭。本是不死,因没人救,却死了。周妈妈骂周大郎:“你直恁地毒害!想必你不舍得三五千贯房奁,故意把我女儿坏了性命!”周大郎听得,大怒道:“你道我不舍得三五千贯房奁,这等奚落我!”周大郎走将出去。

周妈妈如何不烦恼。一个观音也似女儿,又伶俐,又好针线,诸般都好,如何教他不烦恼!离不得周大郎买具棺木,八个人抬来。周妈妈见棺材进门,哭得好苦!周大郎看着妈妈道:“你道我割舍不得三五千贯房奁,你看女儿房里,但有的细软,都搬在棺材里。”只就当时,教件作人②等入了殓,即时使人分付管坟园张一郎、兄弟二郎:“你两个便与我砌坑子。”分付了毕。话休絮烦。功德水陆也不做,停留也不停留,只就来日便出丧。周妈妈教留几日,那里拗得过来?早出了丧。埋葬已了,各人自归。

可怜三尺无情土,盖却多情年少人。

话分两头。且说当日一个后生的,年三十余岁,姓朱,名真,是个暗行人③。日常惯与件作的做帮手,也会与人打坑子。那女孩儿入殓及砌坑,都用着他。这日葬了女儿回来,对着娘道:“一天好事投奔我。我来日就富贵了。”娘道:“我儿,有甚好事?”那后生道:“好笑。今日曹门里周大郎女儿死了,夫妻两个争竞道:‘女孩儿是爷气死了。’斗别气,约莫有三五千贯房奁,都安在棺材里。有恁地富贵,如何不去取之?”那做娘的道:“这个事,却不是要的事。又不是八棒十三的罪过,又兼你爷有样子,二十年前时,你爷去掘一家坟园,揭开棺材盖,尸首觑着你爷笑起来。你爷吃了那一惊,归来过得四五日,你爷便死了。孩儿,切不可去,不是要的事。”朱真道:“娘,你不得劝我。”去床底下拖出一件物事来,把与娘看。娘道:“休把出去罢!原先你爷曾把出去,使得一番便休了。”朱真道:“各人命运不同。我今年算了几次命,都说我该发财。你不要阻挡我。”你道拖出的是甚物事?原来是一个皮袋,里面盛着些挑刀斧头,一个皮灯盏,和那盛油的罐儿。又有一领蓑衣。娘都看了道:“这蓑衣要他做甚?”朱真道:“半夜使得着。”当日是十一月中旬,却恨雪下得大。那厮将蓑衣穿起,却又带一片,是十来条竹皮编成的一行,带在蓑衣后面。原来雪里有脚迹,走一步,后面竹片扒得平,不见脚迹。当晚约莫也是二更左侧,分付娘道:"我回来时敲门响,你便开门。”虽则京城闹热,城外空阔去处,依然冷静。况且二更时分,雪又下得大,兀谁出来。

朱真离了家,回身看后面时,没有脚迹。迤逦到周大郎〔女儿〕坟边,到萧墙[4]矮处,把脚跨过去。你道好巧,原来管坟的养只狗子,那狗子见个生人跳过墙来,从草窝里爬出来便叫。朱真日间备下一团油糕,里面藏了些药在内。见狗子来叫,便将油糕丢将去。那狗子见丢甚物过来,闻一闻,见香便吃了。只叫得一声,狗子倒了。朱真却走近坟边。

那看坟的张二郎叫道:“哥哥,狗子叫得一声,便不叫了,却不作怪!莫不有甚做不是的在这里?起去看一看。”哥哥道:“那做不是的来偷我甚么?”兄弟道:“却才狗子大叫一声,便不叫了。莫不有贼?你不起去,我自起去看一看。”那兄弟爬起来,披了衣服,执着枪在手里,出门来看。朱真听得有人声,悄悄地把蓑衣解下,捉脚步走到一株杨柳树边。那树好大,遮得正好。却把斗笠掩着身子,和腰蹭在地下,蓑衣也放在一边。望见里面开门,张二走出门外,好冷,叫声道:“畜生,做甚么叫?”那张二是睡梦里起来,被雪雹风吹,吃一惊,连忙把门闭了，走入房去，叫："哥哥，真个没人。"连忙脱了衣服，把被匹头兜了，道："哥哥，好冷！"哥哥道："我说没人！"约莫也是三更前后，两个说了半晌，不听得则声了。朱真道："不将辛苦意，难近世间财。"抬起身来，再把斗笠戴了，着了蓑衣，捉脚步到坟边。把刀拨开雪地，俱是日间安排下脚手，下刀挑开石板，下去到侧边，端正了，除下头上斗笠，脱了蓑衣，在一壁厢。去皮袋里取两个长钉，了在砖缝里，放上一个皮灯盏。竹筒里取出火种吹着了，油罐儿取油，点起那灯。把刀挑开命钉，把那盖天板丢在一壁，叫："小娘子莫怪，暂借你些个富贵，却与你做功德。"道罢，去女孩儿头上便除头面⑤。有许多金珠首饰，尽皆取下了。只有女孩儿身上衣服，却难脱。那厮好会，去腰间解下手巾，去那女孩儿脖项上阁起，一头系在自脖项上，将那女孩儿衣服脱得赤条条地，小衣也不着。那厮可霎叵耐处，见那女孩儿白净身体，那厮淫心顿起，按捺不住，奸了女孩儿。你道好怪！只见女孩儿睁开眼，双手把朱真抱住。怎地出豁⑥？正是：

曾观《前定录》，万事不由人。

原来那女儿一心牵挂着范二郎，见爷的骂娘，斗别气死了。死不多日，今番得了阳和之气，一灵儿又醒将转来。朱真吃了一惊。见那女孩儿叫声："哥哥，你是兀谁？"朱真那厮好急智，便道："姐姐，我特来救你。"女孩儿抬起身来，便理会得了。一来见身上衣服脱在一壁，二来见斧头刀仗在身边，如何不理会得。朱真欲待要杀了，却又舍不得。那女孩儿道："哥哥，你救我去见樊楼酒店范二郎，重重相谢你。"朱真心中自思："别人兀自坏钱取浑家，不能得恁地一个好女儿。救将归去，却是兀谁得知。"朱真道："且不要慌，我带你家去，教你见范二郎则个。"女孩儿道："若见得范二郎，我便随你去。"当下，朱真把些衣服与女孩儿着了，收拾了金银珠翠物事，衣服包了，把灯吹灭，倾那油入那油罐儿里，收了行头，揭起斗笠，送那女子上来。朱真也爬上来，把石头来盖得没缝，又捧些雪铺上。却教女孩儿上脊背来，把蓑衣着了，一手挽着皮袋，一手绾着金珠物事，把斗笠戴了，迤逦取路，到自家门前，把手去门上敲了两三下。

那娘的知是儿子回来，放开了门。朱真进家中，娘的吃一惊，道："我儿如何尸首都驮回来？"朱真道："娘，不要高声。"放下物件行头，将女孩儿入到自己卧房里面。朱真提起一把明晃晃的刀来，觑着女孩儿道："我有一件事和你商量，你若依得我时，我便将你去见范二郎。你若依不得我时，你见我这刀么？砍你做两段。"女孩儿慌道："告哥哥，不知教我依甚的事？"朱真道："第一，教你在房里不要则声；第二，不要出房门。依得我时，两三日内说与范二郎。若不依我，杀了你！"女孩儿道："依得，依得。"朱真分付罢，出房去，与娘说了一遍。

话休絮烦。夜间离不得伴那厮睡。一日两日，不得女孩儿出房门。那女孩儿问道："你曾见范二郎么？"朱真道："见来。范二郎为你害在家里。等病好了，却来娶你。"

自十一月二十日头，至次年正月十五日。当日晚，朱真对着娘道："我每年只听得鳌山⑦好看，不曾去看。今日去看则个。到五更前后，便归。"朱真分付了，自入城去看灯。你道好巧！约莫也是更尽前后，朱真的老娘在家，只听得叫："有火！"急开门看时，是隔四五家酒店里火起，慌杀娘的，急走入来收拾。女孩儿听得，自思道："这里不走，更待何时！"走出门首，叫婆婆来收拾。娘的不知是计，入房收拾。

女孩儿从热闹里便走，却不认得路，见走过的人问道："曹门里在那里？"人指道："前面便是。"迤逦入了门，又问人："樊楼酒店在那里？"人说道："只在前面。"女孩儿好慌。若还前面遇见朱真，也没许多话。女孩儿迤逦走到樊楼酒店，见酒博士在门前招呼，女孩儿深深地道个万福。酒博士还了喏，道："小娘子没甚事？"女孩儿道："这里莫是樊楼？"酒博士道："这里便是。"女孩儿道:"借问则个,范二郎在那里么?"酒博士思量道:"你看二郎,直引得光景上门。"酒博士道:"在酒店里的便是。"女孩儿移身直到柜边,叫道:"二郎万福。"范二郎不听得都休,听得叫,慌忙走下柜来。近前看时,吃了一惊,连声叫:"灭,灭!"女孩儿道:"二哥,我是人,你道是鬼?"范二郎如何肯信。一头叫:"灭,灭!"一只手扶着凳子。却恨凳子上有许多汤桶儿,慌忙用手提起一只汤桶儿来,觑着女子脸上丢将过去。你道好巧,去那女孩儿太阳[8]上打着。大叫一声,匹然[9]倒地。慌杀酒保,连忙走来看时,只见女孩儿倒在地上。性命如何?正是:

小园昨夜东风恶,吹折江梅就地横。

酒博士看那女孩儿时,血浸着死了。范二郎口里兀自叫"灭,灭!"范大郎见外头闹吵,急走出来看了。只听得兄弟叫"灭! 灭!"大郎问兄弟:"如何做此事?"良久定醒。问:"做甚打死她?"二郎道:"哥哥,她是鬼! 曹门里贩海周大郎的女儿。"大郎道:"她若是鬼,须没血出。如何计结[10]?"去酒店门前,哄动有二三十人看。即时,地方[11]便入来捉范二郎。范大郎对众人道:"她是曹门里周大郎的女儿,十一月已自死了。我兄弟只道她是鬼,不想是人,打杀了她。我如今也不知她是人是鬼。你们要捉我兄弟去,容我请她爷来看尸则个。"众人道:"既是恁地,你快去请他来。"范大郎急急奔到曹门里周大郎门前,见个奶子,问道:"你是兀谁?"范大郎道:"樊楼酒店范大郎在这里,有些急事,说声则个。"奶子即时入去请。不多时,周大郎出来,相见罢。范大郎说了上件事,道:"敢烦认尸则个,生死不忘。"周大郎也不肯信。范大郎闲时不是说谎的人。周大郎同范大郎到酒店前看见,也呆了,道:"我女儿已死了,如何得再活? 有这等事!"当地方不容范大郎分说,当夜将一行人拘锁,到次早,解入南衙。

开封府包大尹看了解状,也理会不下,权将范二郎送狱司监候。一面相尸,一面下文书行使臣房审实。做公的一面差人去坟上掘起看时,只有空棺材。问管坟的张一、张二,说道:“十一月间,雪下时,夜间听得狗子叫。次早开门看,只见狗子死在雪里,更不知别项因依。”把文书呈大尹。大尹焦躁,限三日要捉上件贼人。展个两三限,并无下落。好似:

金瓶落井全无信,铁枪磨针尚少功。

且说范二郎在狱司闲想:“此事好怪!若说是人,她已死过了,见有入殓的仵作及坟墓在彼可证。若说是鬼,打时有血,死后有尸,棺材又是空的。”展转寻思,委决不下。又想道:“可惜好个花枝般的女儿!若是鬼,倒也罢了。若不是鬼,可不枉害了她性命!”夜里翻来覆去,想一会,疑一会,转睡不着。直想到茶坊里初会时光景,便道:“我那日好不着迷哩!四目相视,急切不能上手。不论是鬼不是鬼,我且慢慢里商量,直恁性急,坏了她性命,好不罪过!如今陷于缧绁[12],这事又不得明白,如何是了?悔之无及!”转悔转想,转想转悔。

挨了两个更次,不觉睡去。梦见女子胜仙浓妆而至。范二郎大惊道:“小娘子原来不死!”小娘子道:“打得偏些,虽然闷倒,不曾伤命。奴两遍死去,都只为官人。今日知道官人在此,特特相寻,与官人了其心愿,休得见拒,亦是冥数当然。”范二郎忘其所以,就和她云雨起来。枕席之间,欢情无限。事毕,珍重而别。醒来方知是梦。越添了许多想悔。次夜亦复如此。

到第三夜,又来,比前愈加眷恋。临去告诉道:“奴阳寿未绝。今被五道将军[13]收用。奴一心只忆着官人,泣诉其情,蒙五道将军可怜,给假三日。如今限期满了,若再迟延,必遭呵斥。奴从此与官人永别。官人之事,奴已拜求五道将军,但耐心,一月之后,必然无事。”范二郎自觉伤感,啼哭起来。醒了记起梦中之言,似信不信。

刚刚一月三十个日头,只见狱卒奉大尹钧旨,取出范二郎赴狱司勘问。原来开封府有一个常卖⑭董贵,当日绾着一个篮儿,出城门外去。只见一个婆子在门前叫常卖,把着一件物事递与董贵。是甚的?是一朵珠子结成的栀子花。那一夜朱真归家,失下这朵珠花,婆婆私下捡得在手,不理会得值几钱,要卖一两贯钱做私房。董贵道:“要几钱?”婆子道:“胡乱。”董贵道:“还你两贯。”婆子道:“好。”董贵还了钱,径将来使臣房里,见了观察,说道恁地。即时观察把这朵栀子,径来曹门里,教周大郎、周妈妈看,认得是女儿临死带去的。即时差人捉婆子。婆子说:“儿子朱真不在。”当时搜捉朱真不见,却在桑家瓦里看耍,被做公的捉了,解上开封府。包大尹送狱司勘问上件事情。朱真抵赖不得,一一招伏。当案薛孔目初拟朱真劫坟当斩,范二郎免死,刺配牢城营。未曾呈案,其夜梦见一神,如五道将军之状,怒责薛孔目道:“范二郎有何罪过,拟他刺配?快与他出脱了。”薛孔目醒来大惊,改拟范二郎打鬼,与人命不同,事属怪异,宜径行释放。包大尹看了,都依拟。范二郎欢天喜地回家。后来娶妻,不忘周胜仙之情,岁时到五道将军庙中烧纸祭奠。有诗为证:

情郎情女等情痴,只为情奇事亦奇。
若把无情有情比,无情翻似得便宜。

〔注〕 ① 銮舆:天子的车骑。 ② 仵作人:检验尸体的小吏。 ③ 暗行人:指暗中做坏事者。 ④ 萧墙:古代宫室中用来分隔内外的当门小墙。此处指坟地的围墙。 ⑤ 头面:旧时女子头上戴的首饰。 ⑥ 出豁:脱身。 ⑦ 鳌山:用彩灯扎成鳌鱼的形状,悬挂在山棚上,为旧时节日的盛景之一。 ⑧ 太阳:此指太阳穴。 ⑨ 匹然:突然。 ⑩ 计结:意谓了结。 ⑪ 地方:即地保或里正之类的小官。 ⑫ 缧绁:本指拘系犯人的绳索。后引申为囚禁之意。 ⑬ 五道将军:旧时道教传说中执掌人间生死的神。 ⑭ 常卖:街上四处叫卖杂货的商人。

本篇为宋元时代的早期话本,录自《醒世恒言》,撰人不详。

冯梦龙在《情史》“情痴”卷《杨政》条下评论说:“人生烦恼思虑种种,因有情而起。……自达者观之,凡情皆痴也。”本篇就是痴女情郎的一则爱情故事。结尾有诗说:“情郎情女等情痴,只为情奇事亦奇。”题目亦标明“多情”,可见它的创作目的是歌颂周胜仙和范二郎的真挚爱情。话本中的周胜仙是一个“情痴”的艺术典型。她将爱情置于超越生死的至高无上地位,舍生忘死地去追求,这是一种和“存天理、灭人欲”的理学和旧礼教相对立的进步思想，表现出处于发展时期的市民心态。

周胜仙和范二郎互相爱慕，却受到周父的阻挠。在家庭冲突中，周胜仙当场昏死过去。父母怄气，将房中三、五千贯细软全部陪葬，盗墓人朱真于掘棺时乘机奸“尸”。周胜仙“得了阳和之气”苏醒过来，被迫依归朱真，受尽欺凌。两个月后，她借邻家酒店失火之乱逃奔樊楼，寻访意中人。不料，范二郎竟误以为是鬼，失手打死了周胜仙。这一对有情人终未成眷属。这是一出真正的爱情悲剧，但作者在环境、气氛和人物的心理描写等方面，不时洋溢着轻快、明朗、愉悦的基调。

小说开头写男女主人公相识在茶坊，借卖水人暗递心迹，他倾倒在铜盂里的水是“甜蜜蜜的糖水”，这就明白地昭示他们爱情的幸福和甜美。随着情节的发展，小说的喜剧色彩更浓。如周胜仙初见范二郎时，作品写“这孩儿心里暗暗地喜欢”；得知范二郎对她有意后，又写她“心里好欢喜”。范二郎领悟了周胜仙的情意后，也是心中“好喜欢，直到女郎住处”；周胜仙挑帘回眸一笑，“范二郎心中越喜欢”等等。话本反复渲染这种欢乐的气氛和主人公喜悦的情绪，表现出风格的明快。全篇从赏心悦目的良辰美景起笔，至范二郎和周胜仙欢会三日后“欢天喜地回家”结束，一反传统悲剧悱恻、凄凉、哀婉、愤激的旧套，有意点染爱情的愉悦、甜蜜，使情节洋溢着明朗、轻快、活泼的格调，具有独特的美学魅力。运用喜剧的形式写悲剧的确是作者匠心独运的大胆创造。这种反衬手法，在人的审美情绪上可以造成“欲抑先扬”的心理效果，以喜映悲，越见其悲，前面的喜是为了突出后面的悲。读者掩卷沉思，心中仍更强烈地激荡着悲切的情愫。

在情节结构上，这篇小说从生活实际出发，精巧构思，曲尽其妙。全篇以周胜仙的第一次死（假死）和第二次死（生而复死）可分为两部分。上半篇的开场就不同凡响。周胜仙和范二郎的相识和传情，均借喝糖水为契机。小说有这样一节描写：

> 那女子接得在手，才上口一呷，便把那个铜盂儿望空打一丢，便叫：“好，好！你却来暗算我！你道我是兀谁？”那范二听得道：“我且听那女子说。”那女孩儿道：“我是曹门里周大郎的女儿。我的小名叫做胜仙小娘子，年一十八岁，不曾吃人暗算，你今却来算我！我是不曾嫁的女孩儿。”

作者将妙龄怀春的周胜仙心中最隐秘的感情，在最难表达的场合，以一种异乎寻常的形式，向对方作了最微妙的倾吐。这一段描写，突出了她聪明机智的性格。

范二郎领会了这番言语中包含的丰富情意，也用同样的方式自报“家门”，交流了倾慕的感情。如果将它搬上舞台或拍成电影，又可导演出多少有声有色、妙趣横生的戏剧性场面来，真是“传神文笔足千秋”。话本几次交代周大郎的“不在家”，为以后爱情的悲剧发展预埋了伏笔。而父母为“你不舍得三、五千贯的房奁”的怄气，又为盗墓贼的上场作了非常自然的铺垫。下半篇开头横空插入朱真盗墓的大段描写，初看似繁冗侧枝，过细品赏，实是峰断云连。死而复生，生而又死，这带着浓郁浪漫主义色彩的情节曲折跌宕，把周胜仙热烈眷恋的真情描绘得惟妙惟肖，动人心魄。

话本作为口头表演的文学，向以故事情节结构的精巧擅胜：“讲论处不滞搭，不絮烦；敷演处有规模，有收拾；冷淡处提掇得有家数，热闹处敷演得越久长。”这是从市民听众的欣赏习惯和审美心理中总结的艺术经验。它一般不注重于展现人物心灵的历程，甚至摒弃人物的心理描写。但本篇在刻画人物时，却比较成功地运用心理描写方法，不仅丰富了情节的发展，还增添了故事的戏剧性，深刻地揭示出人物的性格特征，使人物形象更为活灵活现，真实感人，富有艺术魅力。如小说描写范二郎用汤桶打死周胜仙后，在狱司间有一大段“转悔转想，转想转悔”的心理描写，相当曲折、细腻、深刻，就是一个显例。类似这样的描写，在宋元其他话本中并不多见，它有利于表现人物性格和推动故事情节的发展。范二郎“展转寻思”，“想一会，疑一会，转睡不着”，“挨了两个更次，不觉睡去”。梦中与周胜仙的短暂“欢会”，不仅给这个爱情悲剧涂上了一层理想的瑰丽色彩，而且也是全篇故事结局必不可少的一个重要“关目”。（张 兵）

志诚张主管 佚 名

谁言今古事难穷，大抵荣枯总是空。
算得生前随分过，争如云外指溟鸿。
暗添雪色眉根白，旋落花光脸上红。
惆怅凄凉两回首，暮林萧索起悲风。

这八句诗，乃西川成都府华阳县王处厚，年纪将及六旬，把镜照面，见须发有几根白的，有感而作。世上之物，少则有壮，壮则有老，古之常理，人人都免不得的。原来诸物都是先白后黑，惟有髭须却是先黑后白。又有戴花刘使君，对镜中见这头发斑白，曾作《醉亭楼》词：

平生性格，随分好些春色，沉醉恋花陌。虽然年老心未老，满头花压巾帽侧，鬓如霜，须似雪，自嗟恻。

几个相知劝我染，几个相知劝我摘。染摘有何益？当初怕成短命鬼，如今已过中年客。且留些妆晚景，尽教白。

如今说东京汴州开封府界有个员外，年逾六旬，须发皤然。只因不伏老，兀自贪色，荡散了一个家计，几乎做了失乡之鬼。这员外姓甚名谁？却做出甚么事来？正是：

尘随车马何年尽？事系人心早晚休。

话说东京汴州开封府界身子里，一个开线铺的员外张士廉，年过六旬，妈妈死后，孑然一身，并无儿女。家有十万赀财，用两个主管营运。张员外忽一日拍胸长叹，对二人说："我许大年纪，无儿无女，要十万家财何用？"二人曰："员外何不取房娘子，生得一男半女，也不绝了香火。"员外甚喜，差人随即唤张媒、李媒前来。这两个媒人端的是：

开言成匹配，举口合姻缘。医世上凤只鸾孤，管宇宙单眠独宿。传言玉女，用机关把臂拖来；侍案金童，下说词拦腰抱住。调唆织女害相思，引得嫦娥离月殿。

员外道："我因无子，相烦你二人说亲。"张媒口中不道，心下思量道："大伯子许多年纪，如今说亲，说甚么人是得？教我怎地应他？"则见李媒把张媒推一推，便道："容易！"临行又叫住了道："我有三句话。"只因说出这三句话来，教员外：

青云有路，番为苦楚之人；白骨无坟，化作失乡之鬼。

媒人道："不知员外意下何如？"张员外道："有三件事说与你两人：第一件，要一个人材出众，好模好样的；第二件，要门户相当；第三件，我家下有十万贯家财，须着个有十万贯房奁①

的亲来对付我。”两个媒人肚里暗笑，口中胡乱答应道：“这三件事都容易。”当下相辞员外自去。张媒在路上与李媒商议道：“若说得这头亲事成，也有百十贯钱撰。只是员外说的话太不着人[②]。有那三件事的，他不去嫁个年少郎君，却肯随你这老头子。偏你这几根白胡须是沙糖拌的！”李媒道：“我有一头，到也凑巧，人材出众，门户相当。”张媒道：“是谁家？”李媒云：“是王招宣府里出来的小夫人。王招宣初娶时，十分宠幸；后来只为一句话破绽[③]些，失了主人之心，情愿白白里把与人。只要个有门风的便肯。随身房计，少也有几万贯。只怕年纪忒小些。”张媒道：“不愁小的忒小，还愁老的忒老。这头亲，张员外怕不中意！只是雌儿[④]心下必然不美。如今对雌儿说，把张家年纪瞒过了一二十年，两边就差不多了。”李媒道：“明日是个相合日[⑤]，我同你先到张宅讲定财礼，随到王招宣府一说便成。”是晚各归无话。

次日，二媒约会了，双双的到张员外宅里说：“昨日员外分付的三件事，老媳寻得一头亲，难得恁般凑巧。第一件，人材十分足色；第二件，是王招宣府里出来有名声的；第三件，十万贯房奁。则怕员外嫌他年小。”张员外问道：“却几岁？”张媒应道：“小如员外三四十岁。”张员外满脸堆笑道：“全仗作成则个。”

话休絮烦，当下两边俱说允了，少不得行财纳礼。奠雁[⑥]已毕，花烛成亲。次早，参拜家堂，张员外穿紫罗衫，新头巾、新靴、新袜。这小夫人着乾红销金大袖团花霞帔，销金盖头，生得：

新月笼眉，春桃拂脸。意态幽花殊丽，肌肤嫩玉生光。说不尽万种妖娆，画不出千般艳冶。何须楚峡云飞过，便是蓬莱殿里人。

张员外从下至上看过，暗暗地喝采。小夫人揭起盖头，看见员外须眉皓白，暗暗的叫苦。花烛夜过了，张员外心下喜欢，小夫人心中不乐。

过了月余，只见一人相揖道："今日是员外生辰，小道送疏在此。"原来员外但遇初一月半本命生辰，须有道疏[7]。那时小夫人开疏看时，扑簌簌两行泪下，见这员外年已六十，埋怨两个媒人将我误了。看那张员外时，这几日又添了四五件在身上：

腰便添疼，眼便添泪，耳便添聋，鼻便添涕。

一日，员外对小夫人道："出外薄干[8]，夫人耐静。"小夫人勉强应道："员外早去早归。"说了，员外自出去。小夫人自思量：我恁地一个人，许多房奁，却嫁一个白须老儿，好不生烦恼。身边立着从嫁道："夫人，今日何不门外看看消遣？"小夫人听说，便同养娘[9]到外边来看。

这张员外门首是胭脂绒线铺，两壁装着厨柜，当中一个紫绢沿边帘子。养娘放下帘钩，垂下帘子。门前两个主管：一个李庆，五十来岁；一个张胜，年纪三十来岁。二人见放下帘子，问道："为甚么？"养娘道："夫人出来看街。"两个主管躬身在帘子前参见。小夫人在帘子底下，启一点朱唇，露两行碎玉，说不得数句言语，教张胜惹场烦恼：

远如沙漠，何殊没底沧溟；重若丘山，难比无穷泰华。

小夫人先叫李主管问道："在员外宅里多少年了？"李主管道："李庆在此三十余年。"夫人道："员外寻常照管你也不曾？"李主管道："一饮一啄，皆出员外。"却问张主管。张主管道："张胜从先父在员外宅里二十余年，张胜随着先父便趁事员外，如今也有十余年。"小夫人问道："员外曾管顾你么？"张胜道："举家衣食，皆出员外所赐。"小夫人道："主管少待。"小夫人折身进去，不多时，递些物与李主管。把袖包手来接，躬身谢了。小夫人却叫张主管道："终不成与了他，不与你。这物件虽不值钱，也有好处。"张主管也依李主管接取，躬身谢了。小夫人又看了一回，自入去。两个主管各自出门前去支持买卖。原来李主管得的是十文银钱,张主管得的却是十文金钱。当时张主管也不知道李主管得的是银钱,李主管不知张主管得的是金钱。当日天色已晚,但见:

野烟四合,宿鸟归林。佳人秉烛归房,路上行人投店。渔父负鱼归竹径,牧童骑犊返孤村。

当日晚算了帐目,把文簿呈张员外,今日卖几文,买几文,人上欠几文,都佥押了。原来两个主管,各轮一个在店中当值。其日却好正轮着张主管值宿。门外是一间小房,点着一盏灯,张主管闲坐半晌,安排歇宿。忽听得有人来敲门。张主管听得,问道:"是谁?"应道:"你快开门,却说与你。"张主管开房门,那人跄将入来,闪身已在灯光背后。张主管看时,是个妇人。张主管见了一惊,慌忙道:"小娘子,你这早晚来有甚事?"那妇人应道:"我不是私来,早间与你物事的教我来。"张主管道:"小夫人与我十文金钱。想是教你来讨还?"那妇女道:"你不理会得,李主管得的是银钱。如今小夫人又教把一件物来与你。"只见那妇人背上取下一包衣服,打开来看道:"这几件把与你穿的。又有几件妇女的衣服,把与你娘。"只见妇女留下衣服,作别出门,复回身道:"还有一件要紧的到忘了。"又向衣袖里取出一锭五十两大银,撇了自去。当夜张胜无故得了许多东西,不明不白,一夜不曾睡着。

明日早起来,张主管开了店门,依旧做买卖。等得李主管到了,将铺面交割与他。张胜自归到家中,拿出衣服银子与娘看。娘问:"这物事那里来的?"张主管把夜来的话,一一说与娘知。婆婆听得,说道:"孩儿,小夫人他把金钱与你,又把衣服银子与你,却是甚么意思?娘如今六十已上年纪,自从没了你爷,便满眼只看你。若是你做出事来,老身靠谁?明日便不要去。"这张主管是个本分之人,况又是个孝顺的,听见娘说,便不往铺里去。张员外见他不去,使人来叫,问道:"如何主管不来?"婆婆应道:"孩儿感些风寒,这几日身子不快,来不得。

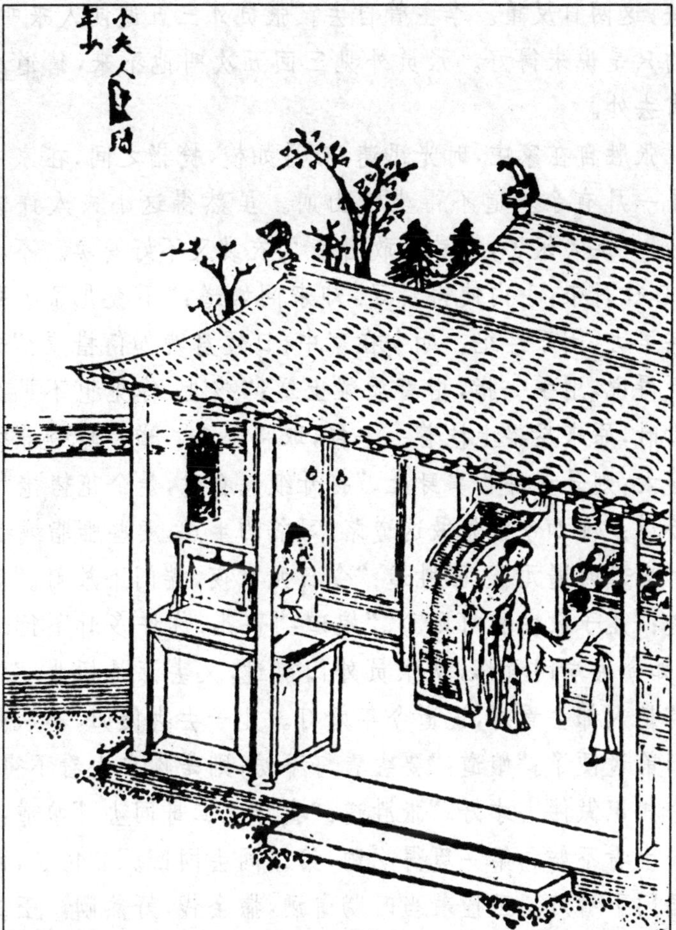

志诚张主管

——明天启刻本《警世通言》插图

传语员外得知，一好便来。”又过了几日，李主管见他不来，自来叫道：“张主管如何不来？铺中没人相帮。”老娘只是推身子不快，这两日反重。李主管自去。张员外三五遍使人来叫，做娘的只是说未得好。张员外见三回五次叫他不来，猜道必是别有去处。

张胜自在家中，时光迅速，日月如梭，捻指之间，在家中早过了一月有余。道不得坐吃山崩。虽然得这小夫人许多物事，那一锭大银子，容易不敢出笏[10]，衣裳又不好变卖。不去营运，日往月来，手内使得没了，却来问娘道：“不教儿子去张员外宅里去，闲了经纪。如今在家中，日逐盘费如何措置？”那婆婆听得说，用手一指，指着屋梁上道：“孩儿，你见也不见？”张胜看时，原来屋梁上挂着一个包，取将下来。道：“你爷养得你这等大，则是这件物事身上。”打开纸包看时，是个花栲栳[11]儿。婆婆道：“你如今依先做这道路，习爷的生意，卖些胭脂绒线。”

当日时遇元宵，张胜道：“今日元宵夜，端门下放灯。”便问娘道：“儿子欲去看灯则个。”娘道：“孩儿，你许多时不行这条路，如今去端门看灯，从张员外门前过，又去惹是招非。”张胜道：“是人都去看灯，说道今年好灯。儿子去去便归，不从张员外门前过便了。”娘道：“要去看灯不妨，则是你自去看不得，同一个相识做伴去才好。”张胜道：“我与王二哥同去。”娘道：“你两个去看不妨。第一莫得吃酒，第二同去同回。”分付了，两个来端门下看灯。正撞着当时赐御酒，撒金钱，好热闹。王二哥道：“这里难看灯。一来我们身小力怯，着甚来由吃挨吃搅？不如去一处看，那里也抓缚着一座鳌山。”张胜问道：“在那里？”王二哥道：“你到不知。王招宣府里抓缚着小鳌山[12]，今夜也放灯。”两个便复身回来，却到王招宣府前。原来人又热闹似端门下。就府门前不见了王二哥，张胜只叫得声苦：“却是怎地归去？临出门时，我娘分付道：‘你两个同去同回。’如何不见了王二哥？只我先到屋里，我娘便不焦躁。若是王二哥先回，我娘定道我那里去。”当夜看不得那灯，独自一个行来行去，猛省道：“前面是我那旧主人张员外宅里，每年到元宵夜，歇浪[13]线铺，添许多烟火。今日想他也未收灯。”迤逦信步行到张员外门前。张胜吃惊，只见张员外家门便关着，十字两条竹竿缚着皮革底钉住，一碗泡灯照着，门上一张手榜贴在。张胜看了，唬得目睁口呆，罔知所措。张胜去这灯光之下，看这手榜上写着道：“开封府左军巡院勘到百姓张士廉为不合……”方才读到“不合”二个字，兀自不知道因甚罪，则见灯笼底下一人喝声道：“你好大胆！来这里看甚的？”张主管吃了一惊，拽开脚步便走。那喝的人大踏步赶将来，叫道：“是甚么人？直恁大胆！夜晚间看这榜做甚么？”唬得张胜便走。渐次间行到巷口，待要转弯归去。相次二更，见一轮明月，正照着当空。正行之间，一个人从后面赶将来，叫道：“张主管，有人请你。”张胜回头看时，是一个酒博士。张胜道：“想是王二哥在巷口等我，置些酒吃，归去恰也好。”同这酒博士到店内，随上楼梯，到一个阁儿前面。量酒道：“在这里。”掀开帘儿，张主管看见一个妇女，身上衣服不堪齐整，头上蓬松，正是：

乌云不整，唯思昔日豪华；粉泪频飘，为忆当年富贵。秋夜月蒙云笼罩，牡丹花被土沉埋。

这妇女叫：“张主管，是我请你。”张主管看了一看，虽有些面熟，却想不起。这妇女道：“张主管，如何不认得我？我便是小夫人。”张主管道：“小夫人如何在这里？”夫人道：“一言难尽。”张胜问：“夫人如何恁地？”小夫人道：“不合信媒人口，嫁了张员外。原来张员外因烧煅假银事犯，把张员外缚去左军巡院里去，至今不知下落，家计并许多房产都封估了。我如今一身无所归着，特地投奔你。你看我平昔之面，留我家中住几时则个。”张胜道：“使不得。第一，家中母亲严谨；第二，道不得瓜田不纳履，李下不整冠。要来张胜家中，断然使不得。”小夫人听得道：“你将为[14]常言俗语道：‘呼蛇容易遣蛇难。’怕日久岁深，盘费重大。我教你看……”用手去怀里提出件物来。

闻钟始觉山藏寺，傍岸方知水隔村。

小夫人将一串一百单八颗[15]西珠数珠，颗颗大如鸡豆子，明光灿烂。张胜见了，喝采道：“有眼不曾见这宝物！”小夫人道：“许多房奁，尽被官府籍没[16]了，则藏得这物。你若肯留在家中，慢慢把这件宝物逐颗去卖，尽可过日。”张主管听得说，正是：

归去只愁红日晚，思量犹恐马行迟。
横财红粉歌楼酒，谁为三般事不迷。

当日张胜道：“小夫人要来张胜家中，也得我娘肯时方可。”小夫人道：“和你同去问婆婆。我只在对门人家等回报。”张胜回到家中，将前后事情，逐一对娘说了一遍。婆婆是个老人家，心慈，听说如此落难，连声叫道：“苦恼！苦恼！小夫人在那里？”张胜道：“见在对门等。”婆婆道：“请相见。”相见礼毕，小夫人把适来说的话，从头细说一遍：“如今都无亲戚投奔，特来见婆婆，望乞容留。”婆婆听得说道：“夫人暂住数日不妨。只怕家寒怠慢，思量别的亲戚再去投奔。”小夫人便从怀里取出数珠，递与婆婆。灯光下，婆婆看见，就留小夫人在家住。小夫人道：“来日剪颗来货卖，开起胭脂绒线铺，门前挂着花栲栳儿为记。”张胜道：“有这件宝物，胡乱卖动，便是若干钱。况且五十两一锭大银未动，正好收买货物。”

张胜自从开店，接了张员外一路买卖，其时人唤张胜做小张员外。小夫人屡次来缠张胜，张胜心坚似铁，只以主母相待，并不及乱。当时清明节候，怎见得？

清明何处不生烟，郊外微风挂纸钱。
人笑人歌芳草地，乍晴乍雨杏花天。
海棠枝上绵蛮语，杨柳堤边醉客眠。
红粉佳人争画板，彩丝摇曳学飞仙。

满城人都出去金明池游玩。张小员外也出去游玩。到晚回来，却待入万胜门，则听得后面一人叫：“张主管。”当时张胜自思道：“如今人都叫我做小张员外，甚人叫我主管？”回头看时，却是旧主人张员外。张胜看张员外面上刺着四字金印，蓬头垢面，衣服不整齐。即时邀入酒店里一个稳便阁儿坐下。张胜问道：“主人缘何如此狼狈？”张员外道：“不合成了这头亲事。小夫人原是王招宣府里出来的。今年正月初一日，小夫人自在帘儿里看街，只见一个安童[17]，托着盒儿，打从面前过去。小夫人叫住问道：‘府中近日有甚事说？’安童道：‘府里别无甚事。则是前日王招宣寻一串一百单八颗西珠数珠不见，带累得一府的人，没一个不吃罪责。’小夫人听得说，脸上或青或红。小安童自去。不多时，二三十人来家，把他房奁和我的家私都搬将去。便捉我下左军巡院拷问，要这一百单八颗数珠。我从不曾见，回说没有。将我打一顿毒棒，拘禁在监。到亏当日小夫人入去房里自吊身死，官司没决撒[18]，把我断了。则是一事，至今日那一串一百单八颗数珠，不知下落。”张胜闻言，心下自思道：“小夫人也在我家里，数珠也在我家里，早剪动几颗了。”甚是惶惑。劝了张员外些酒食，相别了。

张胜沿路思量道：“好是惑人！”回到家中，见小夫人，张胜一步退一步道：“告夫人，饶了张胜性命！”小夫人问道：“怎恁的说？”张胜把适来大张员外说的话说了一遍。小夫人听得道：“却不作怪！你看我身上衣裳有缝，一声高似一声。你岂不理会得，他道我在你这里，故意说这话，教你不留我。”张胜道：“你也说得是。”又过了数日，只听得外面道：“有人寻小员外。”张胜出来迎接，便是大张员外。张胜心中道：“家里小夫人使出来相见，是人是鬼，便明白了。”教养娘请小夫人出来。养娘入去，只没寻讨处，不见了小夫人。当时小员外既知小夫人真个是鬼，只得将前面事一一告与大张员外。问道：“这串数珠却在那里？”张胜去房中取出。大张员外叫张胜同来王招宣府中，说将数珠交纳。其余剪去数颗，将钱取赎讫。王招宣赎免张士廉罪犯，将家私给还，仍旧开胭脂绒线铺。大张员外仍请天庆观道士做醮，追荐小夫人。只因小夫人生前甚有张胜的心，死后犹然相从。亏杀张胜立心至诚，到底不曾有染，所以不受其祸，超然无累。如今财色迷人者纷纷皆是，如张胜者，万中无一。有诗赞云：

谁不贪财不爱淫？始终难染正心人。
少年得似张主管，鬼祸人非两不侵。

〔注〕 ① 房奁：指嫁妆。 ② 着人：合人心意，讨人喜欢。 ③ 破绽：这里指说话不检点。 ④ 雌儿：对青年妇女的轻薄称呼。 ⑤ 相合日：指吉日。 ⑥ 奠雁：即献雁。古婚礼，新郎至新娘家迎亲，先进雁为礼。清人胡培翚《仪礼正义》云："用雁者，取其随时南北不失其节，名不夺女子之时也；又取飞成行，止成列，明嫁娶之礼，长幼有序，不相逾越也。" ⑦ 道疏：道士拜忏时焚化的祝告文，上写主人姓名及拜忏缘由等。 ⑧ 薄干：办点小事。 ⑨ 养娘：即女佣。 ⑩ 出笏(hù)：出脱，使用。 ⑪ 栲栳(kǎo lǎo)：即用柳条或竹篾编成的盛器。 ⑫ 鳌山：指堆成巨龟形状的灯山。 ⑬ 歇浪：意指暂时停止营业。 ⑭ 将为：认为。 ⑮ 一百单八颗：即一百零八颗。宋元时用"单"字表示零数。 ⑯ 籍没：指登记所有的财产，加以没收。 ⑰ 安童：童仆。 ⑱ 决撒：败露。这里意指弄清事情真相。

本篇为宋元话本，录自《京本通俗小说》，撰人不详。《警世通言》卷十六题作《张主管志诚脱奇祸》，又作《小夫人金钱赠年少》。南戏有《志诚主管鬼情集》。篇中所叙生活习俗、语言风格，近于宋元说话。若按宋元说话四家数分类，当归入主要讲述烟花粉黛、人鬼幽期故事的烟粉类小说。

话本叙东京开封府开线铺的老头张员外，娶王招宣府遣嫁的小夫人为妻，小夫人怨苦不已，遂对店中青年主管张胜起了爱慕之心，赠其金钱衣物。张胜怕惹是非，辞职避嫌。元宵节至，张胜上街赏灯，猝见张员外家已被查封，随后又遇小夫人携西珠相投。张胜虽将其收留，却只以主母相待，不及于乱。后来，张胜于清明节外出游玩，邂逅张员外，方知小夫人因盗王府西珠，带累张家被抄，已自缢身死，躲在他家的乃是小夫人的鬼魂。

话本的主观意旨，显然是在劝诫世人要立心志诚，勿贪财色。为了表现这一意旨，作者有意将张员外与张胜进行了对比描写。张员外虽然年逾六旬，却色心不死，贪心不足，不仅想娶一个"人材出众，好模好样的"，而且还要"门当户对"，"有十万贯房奁"。真是"痴人说梦"！用媒婆嘲笑他的话说，他大概真的以为自己"这几根白胡须是白沙糖拌的"。可没料想两个天杀的媒婆居然让他美梦得以成真！尽管如此，他却从此"添"了一身毛病："腰便添疼，眼便添泪，耳便添聋，鼻便添涕。”这岂不正是贪色惹的祸！更有甚者，小夫人带来的几万贯房奁不仅没能为他增添资财，反使其遭受牵累，结果“荡散了一个家计，几乎做了失乡之鬼”。这岂不又是贪财酿的灾！相比之下，他的主管张胜却能以礼自持，立心志诚，面对小夫人的财色利诱，不是退避躲藏，就是“心坚似铁”，浑如坐怀不乱的“柳下惠”。最后，他还把小夫人赠送的稀世珍宝归还了王招宣，因此得以脱却奇祸，并做了员外。这岂非不贪财色积下的福！难怪作者要夸赞张胜：“如今财色迷人者纷纷皆是，如张胜者，万中无一。”言之不足，还赋诗赞叹：“谁不贪财不爱淫？始终难染正心人。少年得似张主管，鬼祸人非两不侵。”可见，作者是把张胜当作世人学习的榜样来加以描绘的。

不过，今天看来，这个榜样的所作所为着实让人不敢苟同。虽然，他确实有点本分、志诚，不贪美色，但到底缺少人性，麻木不仁；而且还显得比较自私、势利，只乐于接受小夫人赠送的金钱财物，而对小夫人的真挚情意却无动于衷。例如，当小夫人说“我如今一身无所归着，特地投奔你，你看我平昔之面，留我家中住几时则个”时，他立即以“家中母亲严谨”“瓜田不纳履，李下不整冠”为借口，说：“要来张胜家中，断然使不得！”可一看到小夫人掏出稀世珍宝，他马上又改变了口气，表示同意。可见，这是一个多么卑怯虚伪、势利无情的小市民！不幸的是，小夫人竟然爱上了这样一个人。而这，也可以说是其不幸的身世、遭遇导致的。这个可怜的女人，大约原是个寒门子女，身世、姓名皆不得其详，虽然身入王府，不过是王爷的玩物，所以一旦失欢，便被弃如敝屣。按说，她既然年轻貌美，私房钱颇丰，理应嫁一个如意郎君，可不料却为媒人所骗，误嫁了六旬开外的张员外。所以，她才甚不甘心，主动在狭小的生活圈子里选择了张胜，希望能藉此摆脱可悲的命运。可惜的是，她爱的却是一个卑琐、自私的小市民，因而她从未能品尝过爱情的甜美，即使变成了鬼，也仍然未能如愿。虽然如此，她不顾封建妇德，不管主仆名分，矢志不移地追求爱情，死后亦不甘休的精神，却不能不让人为之感叹唏嘘，啧啧赞赏！就连作者本人也不无动情地说：“只因小夫人生前甚有张胜的心，死后犹然相从。”而该话本的思想意义与艺术魅力，恐怕也主要体现在这里吧。

当然，话本采用的叙述技巧也是比较成功的。作者为了突出张胜的“志诚”，主要以张胜作为叙事焦点人物，基本上只写张胜的见闻感受，将叙事信息的传达局限于张胜的耳目之内，对于小夫人等则采用虚写。故而小夫人当初离开王府，偷走西珠，案发后，张员外下狱，小夫人自缢，这些变故，张胜一概不知。元宵赏灯，他猝遇张家被封，小夫人携珠相投，也浑然不知小夫人是“鬼”，更不知小夫人对自己编了谎话，读者当然与张胜一样也被蒙在鼓里。直到张员外出狱，方才真相大白。所以，读至结尾，回想前文，便觉得故事写得真幻莫测，虚实相生，奇谲曲折，饶有兴味。虽然变鬼之说，未免荒诞，但是小夫人对张胜"隔断生死终不泯"的爱情却感人至深，让人不能不哀悯她的可悲和不幸。

另外，该话本对于故事时空的选择，也是较具匠心的。它所描写的元宵节赏灯、清明节游园，都是宋代都市的风俗习尚。宋人吴自牧《梦粱录》卷一即记载，元宵灯夜，"公子王孙，五陵年少，更以纱笼喝道，将带佳人美女，遍地游赏"。孟元老《东京梦华录》卷七亦记载，清明节这天"都城之歌儿舞女，遍满园亭，抵暮而归"。可见，这两个民俗节日，乃是青年男女行动比较自由的特殊日子，特别是清明节，还被认为是鬼节，游魂野鬼时常出没。所以选择这两个节日来描写男女遇合，人鬼幽期，不仅可以营造一种真实的生活场景，而且还可以为人物的行动和故事情节的开展等，提供合理的逻辑依据，让彼时的读者倍感亲切、可信。而话本也因为对风俗民情的描写，具有了一定的民族特色。（纪德君）

冯玉梅团圆　　佚 名

帘卷水西楼，一曲新腔唱打油。宿雨眠云年少梦，休讴[①]，且尽生前酒一瓯。　明日又登舟，却指今宵是旧游。同是他乡沦落客，休愁，月子弯弯照几州。

这首词末句，乃是借用吴歌成语。吴歌云：

月子弯弯照几州，几家欢乐几家愁。

几家夫妇同罗帐，几家飘散在他州。

此歌出自我宋建炎年间，述民间离乱之苦。只为宣和失政，奸佞专权，延至建康，金虏凌城，掳了徽、钦二帝北去。康王泥马渡江，弃了汴京，偏安一隅，改元建炎。其时东京一路百姓，惧怕鞑虏[②]，都跟随车驾南渡，又被虏骑追赶，兵火之际，东逃西躲，不知拆散了几多骨肉！往往父子夫妻，终生不复相见。其中又有几个散而复合的，民间把作新闻传说。正是：

剑气分还合，荷珠碎复圆。

万般皆是命，半点尽由天。

话说陈州有一人姓徐名信,自小学得一身好武艺。娶妻崔氏,颇有容色。家道丰裕,夫妻二人正好过活。却被金兵入寇,二帝北迁,徐信共崔氏商议,此地安身不牢,收拾细软[③]家财,打做两个包裹,夫妻各背了一个,随着众百姓晓夜奔走。行至虞城,只听得背后喊声振天,只道鞑虏追来,却原来是南朝杀败的溃兵。只因武备久弛,军无纪律,教他杀贼,一个个胆寒心骇,不战自走;及至遇着平民,抢掳财帛子女,一般会扬威耀武。徐信虽然有三分本事,那溃兵如山而至,寡不敌众,舍命奔走。但闻四野号哭之声,回头不见了崔氏,乱军中无处寻觅,只得前行。

行了数日,叹了口气,没奈何只索罢了。行到睢阳,肚中饥渴,上一个村店,买些酒饭。原来离乱之时,店中也不比往昔,没有酒卖了;就是饭,也不过是粗粝之物。又怕众人抢夺,交了足钱,方才取出来与你充饥。徐信正在数钱,猛听得有妇女悲泣之声。事不关心,关心者乱。徐信且不数钱,急走出店来看,果见一妇人,单衣蓬首,露坐于地上。虽不是自己的老婆,年貌也相仿佛。徐信动了个恻隐之心,以己度人道:“这妇人想也是遭难的。”不免上前问其来历。妇人诉道:“奴家乃郑州王氏,小字进奴。随夫避兵,不意中途奔散,奴孤身被乱军所掠,行了两日一夜,到于此地,两脚俱肿,寸步难移。贼徒剥取衣服,弃奴于此。衣单食缺,举目无亲,欲寻死路,故此悲泣耳。”徐信道:“我也在乱军中不见了妻子,正是同病相怜了!身边幸有盘缠,娘子不若权时在这店里住几日,将息贵体,等在下探问荆妻消息,就便访取尊夫。不知娘子意下如何?”妇人收泪而谢道:“如此甚好!”徐信解开包裹,将几件衣服与妇人穿了,同他在店中吃了些饮食,借半间房子做一块儿安顿。徐信殷殷勤勤,每日送茶送饭。妇人感其美意,料道寻夫访妻,也是难事;今日一鳏一寡,亦是天缘,热肉相凑,不容人不成就了。又过数日,妇人脚不痛了,徐信和他做了一对夫妻上路,直到建康。正值高宗天子南渡即位,改元建炎,出榜招军。徐信去充了个军校,就于建康城中居住。

日月如流,不觉是建炎三年。一日,徐信同妻城外访亲回来,天色已晚,妇人口渴,徐信引到一个茶肆中吃茶。那肆中先有一个汉子坐下,见妇人入来,便立在一边偷看那妇人,目不转睛。妇人低眉下眼,那个在意?徐信甚以为怪。少顷,吃了茶,还了茶钱出门,那汉又远远相随。比及到家,那汉还站在门首,依依不去。徐信心头火起,问道:"甚么人?如何窥觑[4]人家的妇女?"那汉拱手谢罪道:"尊兄休怒,某有一言奉询。"徐信忍气尚未息,答应道:"有甚么话就讲罢!"那汉道:"尊兄倘不见责,权借一步,某有实情告诉。若还嗔怪,某不敢言。"徐信果然相随到一个僻静巷里。那汉临欲开口,又似有难言之状。徐信道:"我徐信也是个慷慨丈夫,有话不妨尽言。"那汉方才敢问道:"适才妇人是谁?"徐信道:"是荆妻。"那汉道:"娶过几年了?"徐信道:"三年矣。"那汉道:"可是郑州人,姓王,小字进奴么?"徐信大惊道:"足下何以知之?"那汉道:"此妇乃吾之妻也。因兵火失散,不意落于君手!"徐信闻言,甚跼蹐[5]不安,将自己虞城失妻,到睢阳村店遇见此妇始末,细细述了:"当时实是怜他孤身无倚,初不晓得是尊阃[6],如之奈何?"那汉道:"足下休疑,我已别娶浑家,旧日伉俪之盟,不必再题。但仓忙拆开,未及一言分别;倘得暂会一面,叙述悲苦,死亦无恨。"徐信亦觉心中凄惨,说道:"大丈夫腹心相照,何处不可通情?明日在舍下相候。足下既然别娶,可携新阃同来,做个亲戚,庶于邻里耳目不碍。"那汉欢喜拜谢。临别,徐信问其姓名,那汉道:"吾乃郑州刘俊卿是也。"

是夜,徐信先对王进奴述其缘由。进奴思想前夫恩义,暗暗偷泪,一夜不曾合眼。到天明,盥漱方毕,刘俊卿夫妇二人到了。徐信出门相迎,见了俊卿之妻,彼此惊骇,各各恸哭。原来俊卿之妻,却是徐信的浑家崔氏。自虞城失散,寻丈夫不着，却随个老妪同至建康，解下随身簪珥，赁屋居住。三个月后，丈夫并无消息。老妪说他终身不了，与他为媒，嫁与刘俊卿。谁知今日一双两对，恰恰相逢，真个天缘凑巧！彼此各认旧日夫妻，相抱而哭。当下徐信遂与刘俊卿八拜为交，置酒相待。至晚，将妻子兑转，各还其旧。从此通家往来不绝。有诗为证：

夫换妻兮妻换夫，这场交易好糊涂。

相逢总是天公巧，一笑灯前认故吾。

此段话题做《交互姻缘》，乃建炎三年，建康城中故事。同时又有一事，叫做"双镜重圆"，说来虽没有十分奇巧，论起夫义妇节，有关风化，到还胜似几倍。正是：

话须通俗方传远，语必关风[7]始动人。

话说高宗建炎四年，关西一位官长，姓冯名忠翊，职受福州监税。此时七闽[8]之地，尚然全盛。忠翊带领家眷赴任，一来福州凭山负海，东南都会，富庶之邦；二来中原多事，可以避难。于本年起程，到次年春间，打从建州经过。《舆地志》说建州碧水丹山，为东闽之胜地。今日合着了古语两句：

洛阳三月花如锦，偏我来时不遇春。

自古"兵""荒"二字相连，金虏渡河，两浙都被他残破；闽地不遭兵火，也就见个荒年，此乃天数。

话中单说建州饥荒，斗米千钱，民不聊生。却为国家正值用兵之际，粮饷要紧，官府只顾催征上供，顾不得民穷财尽。常言："巧媳妇煮不得没米粥。"百姓既没有钱粮交纳，又被官府鞭笞逼勒，禁受不过，三三两两逃入山间，相聚为盗。蛇无头而不行，就有个草头天子出来。此人姓范名汝为，仗义执言，救民水火。群盗从之如流，啸聚至十余万，无非是：

风高放火，月黑杀人。

无粮同饿，得肉均分。

官兵抵当不住，连败数阵。范汝为据了建州城，自称元帅，分兵四出抄掠。范氏门中子弟，都受伪号，做领兵官将。汝为族中有个侄儿，名唤范希周，年二十三岁，自小习得一件本事，能识水性，伏得在水底三四昼夜，因此起个异名唤做“范鳅儿”。原是读书君子，功名未就，被范汝为所逼，凡族人不肯从他为乱者，先将斩首示众。希周贪了性命，不得已而从之。虽在贼中，专以方便救人为务，不做劫掠勾当。贼党见他凡事畏缩，就他鳅儿的外号改做“范盲鳅”，是笑他无用的意思。

再说冯忠翊有个女儿，小名玉梅，年方二八，生得容颜清丽，情性温柔，随着父母福州之任。来到这建州相近，正遇着范贼一支游兵，劫夺行李财帛，将人口追得三零四散。冯忠翊失散了女儿，无处寻觅，嗟叹了一回，只索赴任去了。单说玉梅脚小伶俜[9]，行走不动，被贼兵掠进建州城来。玉梅啼啼哭哭，范希周中途见而怜之，问其家门，玉梅自叙乃是官家之女。希周遂叱开军士，亲解其缚，留至家中，将好言抚慰，诉以衷情：“我本非反贼，被族人逼迫在此。他日受了朝廷招安，仍做良民。小娘子若不弃卑末，结为眷属，三生有幸！”玉梅本不愿相从，落在其中，出于无奈，只得允许。次日，希周禀知贼首范汝为，汝为亦甚喜。希周送玉梅于公馆，择吉纳聘。希周有祖传宝镜，乃是两镜合扇的，清光照彻，可开可合，内铸成“鸳鸯”二字，名为“鸳鸯宝镜”，用为聘礼。遍请范氏宗族，花烛成婚。

> 一个是衣冠旧裔，一个是阀阅[10]名姝；一个儒雅丰仪，一个温柔性格。一个纵居贼党，风云之气未衰；一个虽作囚俘，金玉之姿不改。绿林此日称佳客，红粉今宵配吉人。

自此夫妻和顺，相敬如宾。自古道：“瓦罐不离井上破。”范汝为造下迷天大罪，不过乘朝廷有事，兵力不及。岂期名将张所、岳飞、张俊、张浚、吴玠、吴璘等屡败金人，国家粗定，高宗卜鼎[11]临安，改元绍兴。是年冬，高宗命韩蕲王讳世忠的，统领大军十万，前来讨捕。范汝为岂是韩公敌手？只得闭城自守。

韩公筑长围以困之。原来韩公与冯忠翊先在东京有旧，今番韩公统兵征剿反贼，知冯公在福州为监税官，必知闽中人情土俗。其时将帅专征的，都带有空头敕⑫，遇有地方人才，听凭填敕委用。韩公遂用冯忠翊为军中都提辖，同驻建州城下，指麾攻围之事。城中日夜号哭，范汝为几遍要夺门而出，都被官军杀回，势甚危急。玉梅向丈夫说道："妾闻忠臣不事二君，烈女不更二夫。妾被贼军所掠，自誓必死；蒙君救拔，遂为君家之妇，此身乃君之身也。大军临城，其势必破；城既破，则君乃贼人之亲党，必不能免。妾愿先君而死，不忍见君之就戮也。"引床头利剑，便欲自刎。希周慌忙抱住，夺去其刀，安慰道："我陷在贼中，原非本意。今无计自明，玉石俱焚，已付之于命了。你是官家儿女，掳劫在此，与你何干？韩元帅部下将士，都是北人，你也是北人，言语相合，岂无乡曲⑬之情？或有亲旧相逢，宛转闻知于令尊，骨肉团圆，尚不绝望。人命至重，岂可无益而就死地乎？"玉梅道："妾倘有再生之日，妾誓不再嫁。便恐被军校所掳，妾宁死于刀下，决无失节之理。"希周道："承娘子志节自许，吾死亦瞑目。万一为漏网之鱼，苟延残喘，亦誓愿终身不娶，以答娘子今日之心。"玉梅道："鸳鸯宝镜乃是君家行聘之物，妾与君共分一面，牢藏在身。他日此镜重圆，夫妻再合。"说罢，相对而泣。这是绍兴元年冬十二月内说的话。

到绍兴二年春正月，韩公将建州城攻破，范汝为情急，放火自焚而死。韩公竖黄旗招安余党，只有范氏一门不赦。范氏宗族，一半死于乱军之中，一半被大军擒获，献俘临安。玉梅见势头不好，料道希周必死，慌忙奔入一间荒屋中，解下罗帕自缢。正是：

宁为短命全贞鬼，不作偷生失节人。

也是阳寿未终，恰好都提辖冯忠翊领兵过去，见破屋中有人自缢，急唤军校解下，近前观之，正是女儿玉梅。那玉梅死去重苏，半晌方能言语。父子(女)重逢，且悲且喜。玉梅将贼兵打劫,及范希周救取成亲之事,述了一遍。冯提辖嘿然无语。

却说韩元帅平了建州,安民已定,同冯提辖回临安面君奏凯。天子论功升赏,自不必说。一日,冯公与夫人商议,女儿青年无偶,终是不了之事。两口双双的来劝女儿改嫁。玉梅述与丈夫交誓之言,坚意不肯。冯公又道:“好人家儿女嫁了反贼,一时无奈。天幸死了,出脱了你,你还想他怎么?”玉梅含泪而告道:“范家郎君本是读书君子,为族人所逼,实非得已。他虽在贼中,每行方便,不做伤天理的事;倘若天公有眼,此人必脱虎口。大海浮萍,或存相逢之日。孩儿如今情愿奉道在家,侍养二亲。便终身守寡,死而不冤!若必欲孩儿改嫁,不如容孩儿自尽,不失为完节之妇!”冯公见他说出一班道理,也不去逼他了。

光阴似箭,不觉已是绍兴十二年。冯公累官至都统制,领兵在封州镇守。一日,广州守将差指使贺承信,捧了公牒到封州将领司投递。冯公延于厅上,问其地方之事,叙话良久方去。玉梅在后堂帘中窃窥,等冯公入衙,问道:“适才赍公牒来的何人?”冯公道:“广州指使贺承信也。”玉梅道:“奇怪!看他言语行步,好似建州范家郎君。”冯公大笑道:“建州城破,凡姓范的都不赦,只有枉死,那有枉活?广州差官自姓贺,又是朝廷命官,并无分毫干惹[14]。这也是你妄想了!侍妾闻知,岂不可笑?”玉梅被父亲抢白了一场,满面羞惭,不敢再说。正是:

只为夫妻情爱重,致令父子语参差。

过了半年,贺承信又有军牒奉差到冯公衙门。玉梅又从帘下窥视,心中怀疑不已,对父亲说道:“孩儿今已离尘奉道,岂复有儿女之情?但再三详审,广州姓贺的,酷似范郎。父亲何不召至后堂,赐以酒食,从容叩之?范郎小名鳅儿。昔年在围城中,情知必败,有鸳鸯镜各分一面,以为表记。父亲呼其小名,以此镜试之,必得其真情。”冯公应承了。

次日,贺承信又进衙领回文。冯公延至后堂,置酒相款。

饮酒中间，冯公问其乡贯出身，承信言语支吾，似有羞愧之色。冯公道："鳅儿非足下别号乎？老夫已尽知矣，但说无妨也！"承信求冯公屏退左右，即忙下跪，口称："死罪！"冯公用手搀扶道："不须如此。"承信方敢吐胆倾心，告诉道："小将建州人，实姓范。建炎四年，宗人范汝为煽诱饥民，据城为叛，小将陷于贼中，实非得已。后因大军来讨，攻破城池，贼之宗族，尽皆诛戮。小将因平昔好行方便，有人救护，遂改姓名为贺承信，出就招安。绍兴五年，拨在岳少保部下，随征洞庭湖贼杨幺。岳家军都是西北人，不习水战；小将南人，幼通水性，能伏水三昼夜，所以有范鳅儿之号。岳少保亲选小将为前锋，每战当先，遂平幺贼。岳少保荐小将之功，得受军职，累任至广州指使。十年来，未曾泄之他人。今既承钧问，不敢隐讳。"冯公又问道："令孺人何姓，是结发还是再娶？"承信道："在贼中时，曾获一官家女，纳之为妻。逾年城破，夫妻各分散逃走，曾相约苟存性命，夫不再娶，妇不再嫁。小将后来到信州，又寻得老母。至今母子相依，止留一粗婢炊爨，未曾娶妻。"冯公又问道："足下与先孺人相约时，有何为记？"承信道："有鸳鸯宝镜，合之为一，分之为二，夫妇各留一面。"冯公道："此镜尚在否？"承信道："此镜朝夕随身，不忍少离。"冯公道："可借一观。"承信揭开衣袂，在锦裹肚系带上，解下一个绣囊，囊中藏着宝镜。冯公取观，遂于袖中亦取一镜合之，俨如生成。承信见二镜符合，不觉悲泣失声。冯公感其情义，亦不觉泪下道："足下所娶，即吾女也，吾女现在衙中。"遂引承信至中堂与女儿相见，各各大哭。冯公解劝了，且作庆贺筵席。是夜，即留承信衙门歇息。

过了数日，冯公将回文打发女婿起身，即令女儿相随到广州任所同居。后一年，承信任满，将赴临安，又领妻玉梅同过封州拜别冯公。冯公备下千金妆奁，差官护送。承信到临安，自谅前事年远，无人推剥[15]，不可使范氏无后，乃打通状[16]到礼部，复姓不复名，改名不改姓，叫做范承信。后累官至两淮留守，夫妻偕老；其鸳鸯二镜，子孙世传为至宝云。

后人评论范鳅儿在逆党中，涅而不淄[17]，好行方便，救了许多人性命。今日死里逃生，夫妻再合，乃阴德积善之报也。有诗为证：

十年分散天边鸟，一旦团圆镜里鸳。

莫道浮萍偶然事，总由阴德感皇天。

〔注〕 ① 讴(ōu)：歌唱。 ② 鞑虏：古代对北方少数民族的蔑称，这里指金兵。 ③ 细软：指首饰、贵重衣物等便于携带的东西。 ④ 窥觑：偷看。 ⑤ 跼蹐(jú jí)：拘束，不敢放纵。 ⑥ 尊阃(kǔn)：对别人妻子的敬称。阃：妇女居住的内室。 ⑦ 关风：有关风俗教化。 ⑧ 七闽：指古代居住在今福建省和浙江省南部的闽人，因分七族，故称。 ⑨ 伶俜：孤单的样子。 ⑩ 阀阅：指有功勋的世家。 ⑪ 卜鼎：选择建都之地。 ⑫ 空头敕：未填姓名的补官文凭。 ⑬ 乡曲：指同乡、故里。 ⑭ 干惹：牵连。 ⑮ 推剥：追问、查究。 ⑯ 通状：旧时下级呈送上级的一种公文。 ⑰ 涅而不淄：用墨染也染不黑。比喻品格高尚，不受坏的环境的影响。

本篇或为宋元话本，录自《京本通俗小说》，撰人未详。《警世通言》卷十二作《范鳅儿双镜团圆》。话本开头“帘卷水西楼”一词，见明人田汝成《西湖游览志余》卷二十五《委巷丛谈》，为明初瞿佑所作。头回故事名“交互姻缘”，本于宋人洪迈《夷坚志补·徐信妻》。正话原名《双镜重圆》，撷自宋无名氏《摭青杂说·范汝为》。程毅中《宋元小说家话本集·存目叙录》认为“全篇文风不似宋元作品”。

话本“头回”写的是徐信、刘俊卿在战乱中与妻子失散，后来交互重圆的故事，“正话”则写范希周与妻子冯玉梅因动乱合而复散，散而复合的悲喜剧。头回、正话皆由一连串的巧合、奇遇构成。头回故事中的徐信，与妻子崔氏被乱兵冲散后，巧遇与丈夫失散的另一女子王进奴，两人结为夫妻。三年后，徐信夫妇在茶肆中又巧遇王进奴的前夫刘俊卿。刘携后娶之妻拜访徐信，碰巧刘妻又正是徐信前妻崔氏，于是各将妻子兑转，皆大欢喜。故事奇巧、曲折，读来妙趣横生，颇富有戏剧性。而正话中的冯玉梅故事，也同样借助于巧合。冯玉梅随父到福州上任，不料被“贼兵”冲散、掠走，而巧遇范希周相救，两人结为夫妇。后来官军破城，范氏宗族多被俘斩，玉梅自料丈夫必死，遂于荒屋自缢，恰巧又被其父救下。十年后，冯父镇守封州，广州指使贺承信前来投递公文，玉梅意外发现此人竟是“范希周”，夫妻遂得破镜重圆。这三次巧合，也有效地增强了故事的传奇性和趣味性，真可谓“无巧不成书”！

冯玉梅团圆

——明天启刻本《警世通言》插图

不过,话本又并非刻意求“巧”,希图借巧合和奇遇来迎合接受者的审美口味,而是“巧”得可信,“巧”中有味,“巧”中含有比较丰富的思想意蕴。说它“巧”得可信,是因为这样的巧事,在乱世之中确有发生的可能。话本就是以真人真事为材料写成的,借用毛宗岗《读三国志法》中的话说,这就叫“天然有此妙事,助成此等妙文”,所以读此妙文,并不觉得有斧凿之痕,反觉“果有是事”。说它“巧中有味”,是因为这富有传奇色彩的巧合中寓含着乱世中身似浮萍、流离无助、骨肉离散的穷苦百姓们的辛酸悲苦,它乃是“含泪的喜剧”(篇中多次写到人物“悲泣”“悲苦”“凄惨”“偷泪”“恸哭”“啼啼哭哭”“日夜号哭”“相对而泣”“悲泣失声”“各各大哭”等痛苦情绪)。说它“巧”中含有比较丰富的思想意蕴,是因为这样的“巧”事,乃是乱世的产物,是封建统治者的昏庸无能、不恤民命一手造成的。对此,话本有一针见血的揭示。它说靖康之乱,是因“宣和失政,奸佞专权”,导致了“武备久弛,军无纪律,教他杀贼,一个个胆寒心骇,不战自走;及至遇着平民,抢掳财帛子女,一般会扬威耀武”。而建州民乱,则因灾荒年月,民不聊生,“官府只顾催征上供,顾不得民穷财尽……百姓既没有钱粮交纳,又被官府鞭笞逼勒,禁受不过,三三两两逃入山间,相聚为盗”。这些话皆相当真实,且于史有征。李心传《建炎以来系年要录》卷十二即云:“福建盗起于科敛诛剥,民不堪命。”至于话本说范汝为起义是出于“仗义执言,救民水火”,则更属公允之论,而为史家所不敢道。这些话语不仅构成了乱世夫妻悲欢离合的历史背景,而且赋予了话本以一定的真实性、时代感和思想性。

除此以外,话本耐人寻味的地方,还表现在它对人物“节义”的关注上,所谓“话须通俗方传远,语必关风始动人”。冯玉梅夫妻的离合故事就因为有关风俗教化,所以讲述者将它作为“正话”,而将“交互姻缘”故事作为“头回”。实际上,“头回”所写徐信、刘俊卿不以妻子乱世易嫁为嫌,各还旧妻的做法,虽不符合传统节烈观,但却颇有人情味,它体现了以情为重、情重节轻的婚姻观念,颇值得肯定。至于冯玉梅故事,讲述者认为他们在离散之后妇不嫁,夫不娶,节义双全,这固然有理,但感动读者的恐怕主要还是一个“情”字。虽然冯玉梅说过“忠臣不事二君,烈女不更二夫”的话,但这是她对丈夫情义深重的表现。后来,其父劝她改嫁,她就以“妇节”相抗,并争辩说丈夫是“读书君子,为族人所逼,实非得已。他虽在贼中,每行方便,不做伤天害理的事;倘若天公有眼,此人必脱虎口。大海浮萍,或存相逢之日”。这说明她对丈夫一往情深,始终心怀期待。所以,与其说她守“节”,不如说她是以“节”为武器来捍卫自己的爱情、婚姻。而其夫范希周,在失散之后十年不娶,将一面鸳鸯宝镜“朝夕随身,不忍少离”,见到另一面宝镜时不由悲泣失声,也足以说明他对妻子的深爱之情,这也不是用一个"义"字能够概括的。

总之,这篇话本借助于动人的巧合、奇遇,故事娓娓动听,内容又意味深长,确是一篇可读性较强的小说。（纪德君）

洛阳三怪记　佚　名

尽日寻春不见春,杖藜搠破岭头云。

归来点检梅梢看,春在枝头已十分。

这四句探春诗是张元所作。东坡先生有一首探春词,名《柳梢青》,却又好。词曰:

昨日出东城,试探春。墙头红杏暗如倾。槛内群芳芽未吐,草已回春。　绮陌敛香尘,点云霭前村。东君着意不辞辛。料想风光到处,吹绽梅英。

这一年四季,无过是春天最好景致。日谓之"丽日",风谓之"和风",吹柳眼,绽花心,拂香尘。天色暖谓之"暄",天色冷谓之"料峭"。骑的马谓之"宝马",坐的轿谓之"香车",行的路谓之"香径"。地下飞起土来,谓之"香尘"。应干草正发叶,花生芽蕊,谓之"春信"。春忒然(煞)好。有首词曰:

韶光淡荡,淑景融和。小桃深,妆脸妖娆;嫩柳袅,宫腰〔细〕腻。百啭黄鹂,惊回午梦;数声紫燕,说尽春愁。日舒迟暖澡鹅黄,水渺茫藕香鸭绿。隔水不知谁院落,秋千高挂绿杨阴。

春景果然是好。到春来,则那府州、县道、村乡、镇市,都有游玩去处。

且说西京河南府又名洛阳。这西京有一县,唤做寿安县,在西京罗城外。县内有一座山,唤做寿安山,其中有万种名花异草。今时临安府[①]官巷口花市,唤做寿安坊,便是这个故事。西京城官员、士庶人家,都爱栽种名花,曾有诗道:

满路公卿宰相家,收藏桃李壮芳芽。

年年三月凭高望,不见人家只见花。

西京定鼎门外，寿安县路上，有一座名园，唤做会节园，甚次第，但见：

朱栏围翠玉，宝槛嵌奇珍。红花共丽日争辉，翠柳与晴天斗碧。妆起秋千架，彩结筑球门。流杯亭侧水弯环，赏月台前花屈曲。几竿翠竹如龙，绕就太湖山，数簇香松似凤。楼台侧畔杨花舞，帘幕中间燕子飞。

每遇到春三二月间，倾城都去这园里赏玩。

说这河南府章台街上，有个开金银铺潘小员外，叫名潘松。时遇清明节，因见一城人都出去郊外赏花游玩，告父母，也去游玩。先到定鼎门里，寻相识的翁三郎。当时那潘松来到翁三郎门首，便问："三郎在家么?"只见其妻相见道："拙夫今日清明节，去门外会节园看花。却也去不多时，若是小员外行得快，便也赶得上。"潘松听得说，独自行出定鼎门外，迤逦(逦)行到这会节园时，正是：

乍雨乍晴天气，不寒不暖风和。盈盈嫩绿，有如剪就薄薄香罗；袅袅轻红，不若裁成鲜鲜蜀锦。弄舌黄鹂穿绣卉，寻香粉蝶绕雕栏。

这潘松寻不着翁三郎，独自游玩，待要归去，割舍不得于路上景致。看着那青山似画，绿水如描，行到好观看处，不觉步入一条小路，独行半亩田地。这条路游人稀少，正行之间，听得后面有人叫"小员外"，回转看时，只见路傍(傍)高柳树下，立着个婆子。看这婆婆时，生得：

鸡皮满体，鹤发盈头。眼昏似秋水微浑(浑)，体弱如九秋霜后菊。浑如三月尽头花，好似五更风里烛。

潘松道："素昧平生，不识婆婆姓氏?"婆婆道："小员外，老身便是妈妈的姐姐。"潘松沉思半晌，道："我也曾听得说有个姨姨。便是小子也疑道，婆婆面貌与家间妈妈相似。"婆婆道：

“好几年不见，你到我家吃茶。”潘松道：“甚荷姨婆见爱！”即时引到一条崎岖小径，过一条独木危桥，却到一个去处。婆婆把门推开，是个人家。随着那婆婆入去，着眼四下看时，元来是一座崩败花园。但见：

亭台倒塌，栏槛斜倾。不知何代浪游园，想是昔时歌舞地。风亭弊(敝)陋，惟存荒草绿凄凄(萋萋)；月榭崩摧，四面野花红拂拂。嚶(莺)啼绿柳，每喜尽日不逢人；鱼戏清波，自恨终朝无食饵。秋来满地堆黄叶，春去无人扫落花。

这婆婆引到亭上：“请坐。等我入去报娘娘知，我便出来。”入去不多时，只见假山背后，两个青衣女童来道：“娘娘有请！”这潘松道：“有甚么娘娘？”只见上首一个青衣女童，认得这潘松，失惊道：“小员外，如何在这里？”潘松也认得青衣女童是邻舍王家女儿，叫做王春春，数日前，时病死了。潘松道：“春春，你如何在这里？”春春道：“一言难尽。小员外，你可急急走去。这里不是人的去处。你快去休！走得迟，便坏你性命！”当时，潘松唬得一似：

分开八片顶阳骨，倾下半桶冰雪水。

潘松荒(慌)忙奔走，出那花园门来，过了独木桥，寻旧大路来，道：“惭惭愧愧(惭愧惭愧)，却才这花园，不知是谁家的？那王春春是死了的人，却在这里。白日见鬼！”迤逦取路而归，只见前面有一家村酒店。但见：

傍村酒店几多年，遍野桑麻在地边。

白板凳铺邀客坐，柴门多用棘针编。

暖烟灶前煨麦蜀，牛屎泥墙画醉仙。

潘松走到酒店门前，只见店里走出一人，却是旧结交的天应观道士徐守真，问道：“师兄如何在此？”守真道：“往会节园看花方回。”潘松道：“小子适来逢一件怪事，几乎坏了性命。”把那前事，对徐守真说了一遍。守真道：“我行天心正法，专一要捉邪祟。若与吾弟同行，看甚的鬼魅敢来相侵！”

二人饮酒毕，同出酒店。正行之次，潘松道：“师兄，你见不见？”指着矮墙上道：“两个白鹩子[②]在瓦上厮啄，一个走入瓦缝里去。你看我捉这白鹩子。”方才抬起手来，只见被人一掀，掀入墙里去。却又是前番撞见婆子的去处。守真在前走，回头不见了人，只道又有朋友邀去了，自归。不在话下。

且说潘松在亭子上坐地。婆子道：“先时好意相留，如何便走？我有些好话共你说。且在亭子上相等，我便来。”潘松心下思量，自道：“不妨再行前计。”只见婆子行得数步，再走回来：“适来娘娘相请，小员外便走去了，倒怪我。你若再走，却不利害！”只见婆子取个大鸡笼，把小员外罩住，把衣带结三个结，吹口气在鸡笼上，自去了。

潘松用力推不动；用手尽平日气力，也却推不动。不多时，只见婆子同女童来，道：“小员外在那里？”婆子道：“在客位里等待。”潘松在鸡笼里听得，道：“这个好客位里等待！”只见婆子解了衣带结，用指挑起鸡笼。青衣女童上下手一挠（挽），挠（挽）住小员外，即时撮将去，到一个去处。只见：

金丁（顶）朱户，碧瓦盈檐。四边红粉泥墙，两下雕栏玉砌。宛若神仙之府，有如王者之宫。

那婆婆引入去，只见一个着白的妇人，出来迎接。小员外着眼看，那人生得：

绿云堆鬓，白雪凝肤，眼描秋月之明，眉拂青山之黛。桃萼淡妆红脸，樱珠轻点绛唇。步鞋衬小小金莲，十指露尖尖春笋。若非洛浦神仙女，必是蓬莱阆苑人。

那婆子引那妇女与潘松相见罢，分宾主坐定，交（教）两个青衣安排酒来，但见：

广设金盘雕俎，铺陈玉盏金瓯。兽炉内高爇龙涎，盏面上波浮绿酝。筵间摆列，无非是异果蟠桃；

席上珍羞，尽总是龙肝凤髓。

那青衣童女行酒，斟过酒来。饮得一盏，潘松始问娘娘姓氏。只听得外面走将一个人入来。看那人时，生得：

面色深如重枣，眼中光射流星。

身披列(烈)火红袍，手执方天画戟。

那今个[③]怒气盈面，道："娘娘又共甚人在此饮宴？又是白圣母引惹来的，不要带累我便〔好〕。"

当时娘娘把(起)身迎接他。潘松失惊，问娘娘："来者何人？"娘娘道："他唤做赤土大王。"相揖了，同坐饮酒。少时，作辞去了。

娘娘道："婆婆费心力请得潘松到此，今夜与奴做夫妻。"唬得小员外不敢举头，也不由潘松，扯了手便走。两个便见：

共入兰房，同归鸳帐。宝香消，绣幕低垂；玉体共，香衾偎暖。揭起红绫被，一阵粉花香；掇起琵琶腿，慢慢结鸳鸯。三次亲唇情越盛，一阵酥麻体觉寒。

二人云雨，潘松终猜疑不乐。缠到三更已(以)后，只见娘娘扑身起来出去。

小员外根底立着王春春；悄悄地与小员外道："我交你走了，却如何又在这里？你且去看那件事。"引着小员外，蹑足行来，看时，见柱子上缚着一人，婆子把刀劈开了那人胸，取出心肝来。潘松看见了，唬得魂不附体，问春春道："这人为何？"春春说道："这人数日前时，被这婆婆迷将来，也和员外一般，排筵会，也共娘娘做夫妻。数日间，又别迷得人，却把这人坏了。"潘松听得，两腿不摇身自动："却是怎生奈何？"说由(犹)未了，娘娘入来了，潘松推睡着。少间，婆婆也入来，看见小员外睡着，婆子将那心肝，两个斟下酒。那婆子吃了自去，娘娘觉得醉了，便上床去睡着。只见春春蹑脚来床前，招起潘松来，道："只有一条路，我交你走。若出得去时，对与我娘说听：

多做些功德救度我。你记这座花园，唤做刘平事[④]花园，无人到此。那着白的娘娘，唤做玉蕊娘娘；那日间来的红袍大汉，唤做赤土大王；这婆子，唤做白圣母。这三个不知坏了多少人性命。我如今救你出去，你便去房里床头边，有个大窟窿。你且不得怕，便下那窟窿里去，有路只管行，行尽处却寻路归去。娘娘将次觉来，你急急走！"潘松谢了王春春，去床头看时，果然有个大窟窿。小员外荒(慌)忙下去，约行半里田地，出得路口时，只见天色渐晚。但见：

薄雾朦胧四野，残云掩映荒郊。江天晚色微分，海角残星尚照。牧牛儿未起，采桑女由(犹)眠。小寺内钟鼓初敲，高荫外猿声乍息。

正是：

大海波中红日出，世间吹起利名心。

潘松出得穴来，沿路上问采樵人，寻路归去，远远地却望见一座庙宇，但见：

朱栏临绿水，碧涧跨虹桥。依希(稀)观宝殿嵬嵬，仿佛见威仪凛凛。庙门开处，层层冷雾罩祠堂；帘幕中间，念念黑云光圣像。殿后檜松蟠异兽，阶前古桧似龙蛇。

行进数步，只见灯火灿烂，一簇人闹闹吵吵，潘松移身去看时，只见庙中黄罗帐内，泥金塑就，五彩庄(妆)成，中间里坐着赤土大王，上首玉蕊娘娘，下首坐地着白圣母，都是夜来见的三个人。惊得小员外手足无措。问众人时，元来是清明节，当地人春赛，在这庙中烧纸酌献。

小员外走出庙来，急寻归路，来到家中，见了父母，备说昨夜的事。大员外道："世上有这般作怪！"父子二人，即时同去天应观，见徐守真。潘松说："与师兄在酒店里相会出来，被婆子摄入花园里去。"把那取人心肝吃酒的事，历历说了一遍，"不是王春春交我走归，几乎不得相见！"

徐道士见说，即时登坛作法，将丈二黄绢，书一道大符，口中念念有词，把符一烧。烧过了，吹将起来，移时之间，就坛前起一阵大风。怎见得？那风：

风来穿陋巷、透玉宫。喜则吹花、谢柳，怒则折木、摧松。春来解冻，秋谢梧桐。睢河逃汉主，赤壁走曹公。解得南华天意满，何劳宋玉办(辨)雌雄！

那阵风过处，见个黄抱(袍)兜巾力士前来云："潘松该命中有七七四十九日灾厄，招此等妖怪，未可剿除。"徐守真向大员外道："令嗣有七七四十九日灾厄，只可留在弊(敝)观躲灾。"大员外谢了徐守真，自归。

小员外在观中，住了一月有余。忽一日，行到鱼池边钩(钓)鱼。放下钩子，只见水面开处，一个婆子咬着钩鱼钓(钓鱼钩)。唬得潘松丢下钓竿，大叫一声，倒地而死。急忙救起，半饷(晌)重苏。令人便去请将大员外来。

徐守真向大员外道："要捉此妖怪，除是请厶师父蒋真人下山。"大员外问："这蒋真人却在何处？"徐守真道："见在中岳嵩山修行。"大员外道："敢烦先生亲自请蒋真人来，捉此妖怪。"徐守真相别了，就行。

且说小员外同爹归到家里，只是开眼便见白圣母在书院里面。

忽一日，潘松在门前立地，只见那婆子道："娘娘交我来请你。"正说之间，却遇着徐守真请蒋真人来到潘员外门前，却被蒋真人镇威一喝，唬得那婆子抱头鼠窜，化一阵冷风，不见了。徐守真令潘松："参拜了蒋真人，救你一命！"大员外即时请蒋真人相见。叙礼毕，安排饭食。不在话下。

那蒋真人道："今夜三更三点，先诛这白圣母。"天色渐晚，但见：

金乌西坠，玉兔东生。满空薄雾照平川，几缕残霞生远浦。渔父负鱼归竹径，牧童同犊返孤村。

当夜三更前后，蒋真人作罢法，念了咒语。两员神将驱提白圣母来。蒋真人交抬过鸡笼来，把婆子一罩住，四下用柴围着。蒋真人喝声："放火烧！"移时，婆子不见了，只见一个炙干鸡在笼里。

看看天晓，蒋真人道："今卓午时，刘平事花园里去，断除那两个妖怪。"

到得日中，四人同行到花园门首。蒋真人道："交徐守真将一道灵符，将两枚大丁(钉)就花园门首地上便钉将下去。"只见起一阵大风，风过处，见四员神将出现。但见：

黄罗抹额[5]，污驂皂罗袍[6]光；袖绣团花，黄金甲束身微窄。剑横秋水，靴踏狻猫(猊)。上通碧汉之间，下彻九幽之地。业龙作过，白(自)海波水底擒来；邪祟为妖，入洞穴中捉出。六丁坛畔，权为符吏之名；玉帝阶前，走天丁名号。搜捉山前为怪鬼，拜会乾坤下二神。

四员神将领了法旨，去不多时，就花园内起一阵风。但见：

无形无影透人怀，四季能吹万物开。
就地撮将黄叶去，入山推出白云来。

风过处，只听得豁辣辣一声响亮，从花园里，神将驱将两个为祸的妖怪来。蒋真人道："与吾打杀，立交现形！"神将那时就坛前打杀，一条赤班(斑)蛇，一个白猫儿。

元来白圣母是个白鸡精，赤土大王是条赤班(斑)蛇，玉蕊娘娘是个白猫精。

神将打死了妖怪，一阵风自去了。潘员外拜谢了蒋真人、徐守真，自去了。

话名叫做洛阳三怪记。

〔注〕 ① 临安府：宋代的府名，治所在今杭州。 ② 鹈子：鸟名。 ③ 今个：当作"个人"。 ④ 平事：官名。 ⑤ 抹额：也叫抹头，古人束在额上的巾。 ⑥ 皂罗袍：黑色织物做成的袍子。

本篇为宋代话本，原刊于明朝洪楩编辑的《六十家小说》，现存于《清平山堂话本》，撰人未详。《宝文堂书目》题作《洛阳三怪》。

这是一篇讲述灵怪的故事。与宋代绝大多数灵怪故事一样，故事本身并不包含深刻的思想意义，也并不追求对民众的教育意义，而只是运用恐怖离奇的故事情节，制造神秘紧张的艺术氛围，使听众和读者获得紧张刺激的审美感受，从而达到娱乐民众的目的。

此篇话本的入话部分是咏叹春景，由众人游玩春景过渡到潘松赏春遇三怪。在游人熙熙攘攘的赏春季节，此篇话本的主人公竟然信步走入一个人迹罕至的荒僻地面，从而屡次被妖孽纠缠，几乎送掉性命。这种经历是足以骇人听闻的。

从结构上讲，此篇话本的主要情节可以概括为"潘松四遇白鸡精"。四次相遇的原因不同，导致的结果或者说是潘松逃脱的方式也不同。潘松四次遇怪，情势一次比一次紧张。四次都是那婆子，也就是白圣母、白鸡精，主动来寻潘松，而四次都没有彻底成功，都被潘松逃掉了。用我国古典小说批评的术语来说，这种结构安排是"犯而不犯"，同中有异，异中有同，显示出一种写作技法上的从容优裕，呈现出一种结构上的美感。

潘松一遇白鸡精，原因是"独自游玩"，"不觉步入一条小路"。在这条"游人稀少"的小路上，遇见"面貌与家间妈妈相似"的一个婆婆。婆婆说自己是潘松的"妈妈的姐姐"，把潘松引入"一座崩败花园"。当婆婆"入去报娘娘知"的时候，潘松认出这里的一个青衣女童是"数日前，时病死了"的"邻舍王家女儿，叫做王春春"。故事的怪异色彩从此展开。王春春警告潘松："这里不是人的去处，你快去休！走的迟，便坏你性命！"潘松此刻的感受是："唬得一似：分开八片顶阳骨，倾下半桶冰雪水。"这恐怕也是话本的听众和读者在接受中的相似体验，使他们在接受恐怖刺激的故事中体验到紧张刺激的审美愉悦，从而获得心灵的解脱和宣泄。"一遇"的结果是潘松及时逃掉，并把自己遇怪的事情告诉了天应观道士徐守真。徐守真起心捉妖，为下面的情节发展埋下伏笔。

潘松二遇白鸡精，是在"一遇"的同一天。潘松与徐守真酒毕出店，走在路上，看到矮墙上有两个白鹅子，起意去捉，"方才抬起手来，只见被人一掀，掀入墙里去。却又是前番撞见婆子的去处"。这一次，婆子用鸡笼罩住潘松，引他去见"一个着白的妇人"。潘松与妇人交欢，并在王春春的引导下，亲见婆子杀人。这一次，潘松又经王春春指点，从床头边的大窟窿里逃脱。

潘松三遇白鸡精，是在徐守真的天应观中的鱼池边。潘松为避妖孽，已在观中"住了一月有余"。这次与婆子相见的情景是潘松正在钓鱼,"只见水面开处,一个婆子咬着钓鱼钩"。这次见面的结果是潘松"大叫一声,倒地而死"。半晌才被人救起。

潘松四遇白鸡精,是在自己的家门口。从这四次遇妖相见的地点来看,妖孽对潘松的纠缠是越来越紧,越来越肆无忌惮了。第一次只是潘松误入妖地。第二次则是妖孽借白鹁子引诱,同时又用强力将潘松推入妖地。第三次,婆子竟然出现在立志要消灭它们的道士的观中。第四次,妖孽更是一不做,二不休,干脆找到潘松的家门口,直言相告:"娘娘交(教)我来请你。"与此同时,徐守真除妖的步骤也一次紧似一次。第一次,徐守真很是疏忽大意,竟然让妖孽在自己身边将潘松摄去,且没有任何警惕性。第二次,徐守真已是如临大敌,将潘松留在自己观中避难。第三次,徐守真认识到妖孽的利害,动身去中岳嵩山,请技高于自己的师傅蒋真人来除妖。第四次,徐守真已请得蒋真人到来,并成功地实现了自己除妖的心愿。

《洛阳三怪记》在宋元话本灵怪类作品中的地位是值得注意的。宋元话本中,《洛阳三怪记》《西湖三塔记》《定山三怪》这三篇之间的渊源关系比较耐人寻味。它们的情景基本相似,都是一人遇三妖,并有一妖与主人公交欢,又都有一妖较为善良,出来救助主人公。《洛阳三怪记》说的是唐朝的故事,故事发生时间比《西湖三塔记》早,但描写比后者更为曲折细腻,写定应在《西湖三塔记》之后。《定山三怪》的故事发生时间比其余两篇更早,但描写比那两篇都更为曲折细腻,写定应又在《洛阳三怪记》之后。从有着相似情节的不同故事的版本流变中,我们可以看到,宋元时期的说话艺人是相互借鉴、相互影响的。

在这一系列"三怪"故事中,有一个现象是颇有趣味的。那就是宋元人对白色这种颜色的独特感受。《西湖三塔记》中,杭州奚宣赞被容貌艳丽的"一个着白的妇人"(是白蛇变化而成)纠缠,几乎送掉性命;《洛阳三怪记》中,潘松也是被容貌艳丽的"一个着白的妇人"(玉蕊娘娘白猫精)纠缠,颇有性命之忧。在《定山三怪》中,招致崔衙内遇妖的是一只世上罕见的白鹞子;在《洛阳三怪记》中,引导潘松第二次进入妖地的是两只白鹁子。在另一篇宋代话本《种瓜张老》中,促使韦恕一家得遇神仙的是一匹雪夜走失的上好白马。由此我们可以推测:在宋元时代的人们看来,白色是不是一种不寻常的、使人们易于接近灵怪和神仙的颜色?

《洛阳三怪记》发挥了宋元话本灵怪类作品的特色,既在入话的咏春诗词中,使人们得到优美的审美愉悦感,又在正文奇谲诡异的叙述中,使人们获得毛骨悚

然、紧张刺激的审美愉悦感。（朱　萍）

陈巡检梅岭失妻记　　佚　名

入话：

独坐书斋阅史篇，三真(贞)九烈古来传。

历观天下崄岖峤，大庾梅岭不堪言。

君骑白马连云栈，汝(我)驾孤舟乱石滩。

扬鞭举棹休相笑，烟波名利大家难。

话说大宋徽宗宣和三年上春间，黄榜招贤，大开选场。云这东京汴梁城内，虎异营[①]中，一秀才姓陈，名辛，字从善，年二十岁。故父是殿前太尉。这官人不幸父母早亡，只单身独自，自小好学，学得文武双全。正是：文欺孔孟，武赛孙吴；五经三史，六韬三略，无有不晓。新娶得一个浑家，乃东京金梁桥下张待诏之女，小字如春，年方二八，生得如花似玉：比花花解语，比玉玉生香。夫妻二人，如鱼似水，且是说得着：不愿同日生，只愿同日死。

这陈辛一心向善，常好斋供僧道，一日，与妻言说："今黄榜招贤，我欲赴选，求得一官半职，改换门闾，多少是好。"如春答曰："只恐你命运不通，不得中举。"陈辛曰："我正是'学成文武艺，货与帝王家'。"不数日，去赴选场，偕众伺候挂榜。旬日之间，金榜题名，已登三甲进士。上赐琼林宴，宴罢谢恩，御笔除授广东南雄沙角镇巡检司巡检。回家，说与妻如春道："今我蒙圣恩，除做南雄巡检之职，就要走马上任。我闻广东一路，千层峻岭，万叠高山，路途难行，盗贼烟瘴及(极)多；如今便要收拾前去，如之奈何?"如春曰："奴一身嫁与官人，只得同受甘苦；如今去做官，便是路途险难，只得前去，何必忧心?"陈辛见妻如此说，心下稍宽。正是：

青龙与白虎同行，吉凶事全然未保。

天高寂没声，苍苍无处寻；

万般皆是命，半点不由人。

当日，陈巡检唤当直王吉，分付曰："我今得授广东南雄巡检之职，争奈路途险峻，好生艰难。你与我寻一个使唤的，一同前去。"王吉领命，往街市寻觅，不在话下。

却说陈巡检分付厨下使唤的："明日是四月初三日，设斋，多备斋供，不问云游全真道人，都要斋他，不得有缺。"

不说这里斋主备办。且说大罗仙界[2]有一真人，号曰紫阳真人，于仙界观见陈辛奉真斋道，好生志诚，今投南雄巡检，争奈[3]他妻有千日之灾，叫一真人，化作道童："听吾法旨，权与陈辛做伴当，护送夫妻二人。他妻若〔遇〕妖精，你可护送。"

道童听旨，同真君到陈辛宅中，与陈巡检相见。礼毕，斋罢。真君问陈辛曰："何故往日设斋欢喜，今日如何烦恼？"陈辛叉手告曰："听小生诉禀：今蒙圣恩，除南雄巡检，争奈路远，实难行程，又无兄弟，心怀千里，因此忧闷也。"真人曰："我有这个道童，唤做罗童，年纪虽小，有些能处。今日权借与斋官，送到南雄沙角镇，便着他回来。"夫妻二人拜谢曰："感蒙尊师降临，又赐道童相伴，此恩难报。"真君曰："贫道物外之人，不思荣辱，岂图报答！"拂袖而去了。

陈辛曰："且喜添得罗童做伴。"收拾琴剑书箱，辞了亲戚邻里，封锁门户，离了东京。十里长亭，五里短亭，迤逦在路道：

> **村前茅舍，庄后竹篱。村醪香透磁缸，浊酒满盛瓦瓮。架上麻衣，昨日芒郎留下当；酒帘，大字；乡中学究醉时书。李白闻言休驻马，刘伶知味且停舟。小桥曲涧野梅芳，茅舍竹篱村犬吠。**

陈巡检骑着马，如春乘着轿，王吉、罗童挑担书箱、行李，在路少不得饥餐渴饮，夜住晓行。罗童心中自忖："我是大罗仙中大慧真人，今奉紫阳真君法旨，教我跟陈巡检去南雄沙角镇去。吾故意装疯做痴，交他不识咱真相。"随乃行〔走〕不动，上前退后。如春见罗童如此嫌迟，好生心恼，再三要赶回去。

陈巡检不肯，恐误背了真人重恩。罗童正行在路，打火造饭，哭哭啼啼不吃。陈巡检与如春孺人定要赶罗童回去，罗童越要疯，叫“走不动”。王吉搀扶着行，不五里，叫“腰疼”。笑哭不止。如春说与陈巡检：“当初止(指)望得罗童用，今日不曾得他半分之力，不如教他回去。”陈巡检不合听了孺人言语，打发罗童回去，有分交如春争些个做了失乡之鬼。正是：

鹿迷郑相④应难辨，蝶梦周公未可知。

神明不肯说明言，凡夫不识大罗仙。

早知留却罗童在，免交洞内苦三年。

当日打发罗童回去，且得耳根清净。陈巡检〔夫妻〕和王吉三人〔前行〕。

且说梅岭之北，有一洞，名曰申阳洞。洞中有一怪，号曰白申公(申阳公)，乃猢狲精也。弟兄三人：一个是通天大圣，一个是弥天大圣，一个是齐天大圣。小妹便〔是〕泗州圣母。

这齐天大圣，神通广大，变化多端，能降各洞山魈，管领诸山猛兽，兴妖作法，摄偷可意佳人，啸月吟风，醉饮非凡美酒，与天地齐休，日月同长。这齐天大圣在洞中观见岭下轿中抬着一个佳人，娇嫩如花似玉，意欲取他，乃唤山神分付：“听吾号令，便化客店，你做小二哥，我做店主人。他必到此店投宿，更深夜静，摄此妇人入洞中。”山神听令，化作一店，申阳公变作店主，坐在店中。

却好至黄昏时分，陈巡检与孺人如春并王吉至梅岭下，见天色黄昏，路逢一店，唤“招商客店”。王吉向前去敲门。店小二问曰：“客长有何勾当？”王吉答道：“我主人乃南雄沙角巡检之任，到此赶不着馆驿，欲借店中一宿，来早便行。”申阳公迎接陈巡检夫妻二人入店，头房安下。申阳公说与陈巡检曰：“老夫今年八十余岁，今晚多口劝官人一句：前面梅岭，好生僻静，虎狼劫盗及(极)多，不如就老夫这里安下孺人，官人自先去到任，多差弓兵人等来取不好？”陈巡检答曰：“小官三代将门之子，通晓武艺，常怀报国之心，岂怕狼虎盗贼！”申公[5]情知难劝，便不敢言，自退去了。

且说陈巡检夫妻二人到店房中吃了些晚饭，却好一更。看看二更，陈巡检先上床脱衣而卧，只见就中起一阵风，正是：

风穿珠户透帘栊，灭烛能交蒋氏雄；

吹折地狱门前树，刮起风〔酆〕都[6]顶上尘。

那阵风过处，吹得灯半灭而复明。陈巡检大惊，急穿衣起来看时，就房中不见了孺人张如春，开房门叫得王吉。那王吉睡中叫将起来，不知头由，荒(慌)张失势。陈巡检说与王吉：“房中起一阵狂风，不见了孺人张氏！”主仆二人急叫店主人时，叫不应了，仔细看时，和店房都不见了，和王吉也吃一惊。看时，二人立在荒郊野地上，止有书箱、行李并马在面前，并无灯火；客店、店主人，皆无踪迹。只因此夜，直教陈巡检三年不见孺人之面，未知久后如何。正是：

千千丈琉璃井里，番为失脚夜行人。

雨里烟村雾里都，不分南北路程途。

多疑看罢僧繇[7]画，收起丹青一轴图。

陈巡检与王吉听谯楼更鼓，正打四更。当夜月明星光之下，主仆二人，前无客店，后无人家，惊得魂飞天外，魄散九霄。只得教王吉挑了行李，自跳上马，月光之下，依路径而行。在路，巡检知是申公妖法：“化作客店，摄了我妻去，自从古至今，不见闻此异事。”巡检一头行，一头哭：“我妻不知着落！”迤逦而行，却好天明。王吉劝官人：“且休烦恼，理会正事。前面梅岭，望着好生崄峻崎岖，凹凸难行，只得挨过此岭，且去沙角镇上了任，却来打听，寻取孺人不迟。”陈巡检听王吉之言，只得勉强而行。

且说申阳公摄了张如春，归于洞中，惊得魂飞魄散，半晌醒来，泪两行下。元来洞中先有一娘子，名唤牡丹，亦被摄在洞中日久，向前来劝如春不要烦恼。申公说与如春：“娘子，小圣与娘子前生有缘，今日得到洞中，别有一个世界。你吃了我仙桃、仙酒、胡麻饭，便是长生不死之人。你看我这洞中仙女，尽是凡间摄将来的。娘子休闷，且共你兰房同室云雨。”如春见说，哀哀痛哭，告申公曰：“奴奴不愿洞中快乐，长生不死，只求早死。若说云雨，实然不愿！”申公见他如此，自思：“我为他春心荡漾，他如今烦恼，未可归顺。其妇人性执，若逼令他，必定寻死，却不可惜了这等端妍少貌[8]之人？”乃唤一妇人，名唤金莲，洞主也是日前摄来的，在洞中多年矣。申公分付：“好好劝如春，早晚好待他，将好言语诱他，等他回心。”

金莲引如春到房中，将酒食管待。如春酒也不吃，食也不吃，只是烦恼。金莲、牡丹二妇人再三劝说：“你既被摄到此间，只得无奈何。自古道：‘在他矮檐下，怎敢不低头！’”如春告金莲云：“姐姐，你岂知我今生夫妻分离，被这老妖半夜摄将到此，强要奴家云雨，决不依随，只求快死，以表我贞洁（节）。古云：‘列（烈）女不更二夫。’奴今宁死而不受辱！”金莲：“‘要知山下事，请问过来人。’这事我也曾经来。我家在南雄府住，丈夫富贵，也被申公摄来洞中五年。你见他貌恶，当初我亦如此，后来惯熟，方才好过。你既到此，只得没奈何随顺了他罢！”如春大怒，骂云：“我不似你这等淫贱，贪生受辱，枉为人在世，泼贱之女！”金莲云：“好言不听，祸必临身！”遂自回报申公，说：“新来佳人，不肯随顺，恶言诽谤，劝他不从。”申公大怒而言：“本待将铜锤打死这个贱人，如此无礼！为他花容无比，不忍下手。如此，交付牡丹娘子，你管押着他。将这贱人，剪发齐眉，蓬头赤脚，罚去山头挑水，浇灌花木，一日与他三顿淡饭。”牡丹依言，将张如春剪发齐眉，赤脚，把一副水桶。如春自思：“我今情愿挑水守奈[9]，本欲投岩涧中而死，倘有再见丈夫之日。”不免含泪而挑水。正是：

宁可洞中挑水苦，不作贪淫下贱人。

世路山河险，石门烟雾深。

年年上高处，未肯不伤心。

不说张氏如春在洞中受苦。且说陈巡检与同王吉自离东京，在路两月余，至梅岭之北，被申阳公摄了孺人去，千方无计寻觅。王吉劝官人且去上任，巡检只得弃舍而行。乃望前面一村酒店，巡检到店门前下马，与王吉入店，买酒饭吃了，算还酒饭钱，再上马而去。见一个草舍，乃是卖卦的，在梅岭下，招牌上写："杨殿干，请仙下笔，吉凶有准，祸福无差。"陈巡检到门前，下马离鞍，入门与杨殿干相见已毕。殿干问："尊官何来？"陈巡检将昨夜遇申公之事，从头至尾，说了一遍。杨殿干焚香请圣，陈巡检跪拜，祷祝昨夜遇申公摄了孺人之事。只见杨殿干请仙至，降笔判断四句诗曰：

千日逢灾厄，佳人意自坚。

紫阳来到日，镜破再团圆。

杨殿干断曰："官人且省烦恼，孺人有千日之灾，三年之后，再遇紫阳，夫妇团圆。"陈巡检自思："东京曾遇紫阳真人借罗童为伴，因罗童呕气，打发他回去。此间相隔数千里路，如何得紫阳到此？"遂乃心中少宽，还了卦钱，谢了杨殿干，上马同王吉并众人上梅岭来。

陈巡检看那岭时，真崄峻。陈巡检并一行过了梅岭，直交陈巡检：

施呈三略六韬法，威镇南雄沙角营。

欲问世间烟瘴路，大庾梅岭苦心酸。

山中大象成群走，吐气巴蛇满地攒。

这巡检过了梅岭，岭南二十里有一小亭，名唤做接官亭。巡检下马，入亭中暂歇。忽见王吉报说："有南雄沙角镇巡检衙弓兵人等，远来迎接。"陈巡检唤入，参拜毕。过了一夜。次日同共弓兵吏卒走马上任。至于衙中，升厅，众人参贺以(已)毕。

陈巡检在沙角镇做官，且是清正严谨。光阴似箭，正是：

窗外日光弹指过，席前花影坐间移。

倏忽在任，不觉一载有余，差人打听孺人消息，并无踪迹，端的：

好似石沉东海底，犹如线断纸风筝。

陈巡检为因孺人无有消息，心中好闷，思忆浑家，终日下泪。正思念张如春之际，忽弓兵上报："相公，祸事！今有南雄府府尹府札来报军情：'有一强人，姓杨名广，绰号镇山虎，聚集五七百小喽啰，占据南林村，打家劫舍，杀人放火，百姓遭殃。札付巡检，火速带领所管一千人马，关领[10]军器，前去收捕，毋得迟误！'"陈巡检听知，火速收什(拾)军器、鞍马，披挂已了，引着一千人马，径奔南林村来。

却说那南林村镇山虎正在寨中饮酒，小喽啰报说："官军到来！"急上马持刀，一声锣响，引了五百小喽啰，前来迎敌。陈巡检与镇山虎并不打话，两马相交。那草寇怎敌得陈巡检过。斗无十合，一矛刺镇山虎于马下，枭其首级，杀散小喽啰，将首级回南雄府，当厅呈献，府尹大喜，重赏了当，自回巡检衙，办酒庆贺已毕。只因斩了镇山虎，真个是：

威名大振南雄府，武艺高强众所钦。

亭亭孤月照行舟，寂寂长江万里流。

乡国不知何处好？云山漫漫遣人愁。

这陈巡检在任，倏忽却早三年官满，新官交替。陈巡检收拾行装，与王吉离了沙角镇，两程并作一程行。相望庾岭之下，红日西沉，天色已晚，陈巡检一行人，望见远远松林间，有一座寺。王吉告官人："前面有一座寺，我们去投宿则个。"陈巡检勒马向前，看那寺时，额上有"红莲寺"三个大金字。巡检下马，同一行人入寺。元来这寺中长老，名号旃大惠禅师，佛法广大，德行清高，是个古佛出世。当日行者报与长老："有一过往官人投宿。"长老教行者相请。巡检入方丈，参见长老。礼毕，长老问："官人何来？"陈巡检备说前事："万望长老慈悲，指点陈辛寻得孺人回乡,不忘重恩。”长老曰:“官人听禀,此怪是白猿精,千年成器,变化难测。你孺人性贞烈,不肯依随,被他剪发赤脚,挑水浇花,受其苦楚。此人号曰申阳公,常到寺中,听说禅机,讲其佛法。官人若要见孺人,可在我寺中住几时,等申阳公来时,我劝化他回心,放还你妻,如何?”陈巡检见长老如此说,心中喜欢,且在寺中歇下。正是:

端的眼观旌节旗,分明耳听好消息。

五里亭亭一小峰,上分南北与西东。

世间多少迷路客,一指还归大道中。

陈巡检在红莲寺中,一住十余日。忽一日,行者报与长老:“申阳公到寺来也。”巡检闻之,躲于方丈中屏风后面。只见长老相迎,申阳公入方丈,叙礼毕,分位而坐。行者献茶。茶罢,申阳公告长老曰:“小圣无能断除爱欲,只为色心,迷恋本性,谁能虎项解金铃?”长老答曰:“尊圣要解虎项金铃,可解色心本性。色即是空,空即是色,一尘不染,万法皆明。莫怪老僧多言相劝,闻知你洞中,有一如春娘子,在洞三年。他是贞烈之妇,可放他一命还乡,此便是断却欲心也。”申阳公听罢,回言长老:“小圣心中正恨此人,罚他挑水三年,不肯回心。这等愚顽,决不轻放。”陈巡检在屏风后听得说,正是:

心头一把无明起,怒气咬碎口中牙。

陈巡检大怒,拔出所佩宝剑,劈头便砍。申阳公用手一指,其剑自着身。申阳公曰:“吾不看长老之面,将你粉骨碎身。此冤必报!”道罢,申阳公别了长老,自去了,自洞中叫张如春在面前,欲要剖腹取心,害其性命,得牡丹、金莲二人救解,依旧挑水浇花,不在话下。

且说陈巡检不知妻子下落也罢,既晓得在申阳洞中,心下倍加烦恼。在红莲寺方丈中,拜告长老:“怎生得见我妻之面?”长老曰:“要见不难,老僧指一条径路,上山去寻。”长老叫行者引巡检去山间寻访。行者自回寺。

只说陈辛去寻妻，未知寻得见寻不见。正是：

风定始知蝉在树，灯残方见月临窗。

夫妻会合是前缘，堪恨妖魔逆上天。

悲欢离合千般苦，烈女贞心万古传。

当日，陈巡检带了王吉，一同行者，到梅岭山头，不顾崎岖峻岭，走到山岩潭畔，见个赤脚挑水妇人，慌忙向前看时，正是如春。夫妻二人抱头而哭，各诉前情，莫非梦中相见，一一告诉。如春说："昨日申公回洞，几乎一命不存！"巡检乃言："谢红莲寺长老指路来寻，不想却好遇你，不如共你逃走了罢！"如春道："走不得。申公妖法广大，神通莫测，他若知我走，赶上，和官人性命不留！我闻申公平日只怕紫阳真君，与官人降仙笔诗亦同。官人可急回寺去，莫待申公知之，其祸不小。"

陈巡检只得弃了如春，归〔寺〕中拜谢长老说："已见娇妻，言申公只怕紫阳真君。他在东京曾与陈辛相会，今此间鸾远[11]，如何得他来救？"长老见他如此哀告，乃言："等我与你入定去看，便见分晓。"长老交行者焚香，入定去了；一晌，入定回来，说与陈巡检曰："当初紫阳真人与你一个道童，你到半路赶了他回去。你如今便可往，急走三日，必有报应。"陈巡检见说，依其言，急急步行出寺。迤逦行了两日，并无踪迹。

且说紫阳真人在大罗仙境，与罗童曰："吾三年前，那陈巡检去上任时，他妻合有千日之灾，今已将满。吾怜他养道修真，好生虔心。吾今与汝同下凡间，去梅岭救取其妻回乡。"罗童听旨，一同下凡，而往广东路上行来。

这日，却好陈巡检撞见真君同罗童远远而来，乃急急向前跪拜，哀告曰："真君，望救度弟子妻张如春，被申阳公妖法摄在洞中三年，受其苦楚，望真君救难则个！"真君笑曰："陈辛，你可先去红莲寺中等，我便到也。"陈辛拜别，先回寺中，备办香案，迎接真君救难。正是：

从空伸出拿云手，救出天罗地网人。

法箓持身不等闲，立身起业有多般。

千年铁树开花易，一日酆都出世难。

陈巡检在寺中等了一日，只见紫阳真君行至寺中，端的道貌非凡。长老直出寺门迎接，入方丈叙礼毕，分宾主坐定。长老看紫阳真君端的有神仪八极之表，道貌堂堂，威仪凛凛。陈巡检拜在真君面前，告曰："望真君慈悲，早救陈辛妻张如春性命还乡，自当重重拜答深恩。"真君乃于香案前，口中不知说了几句言语，只见就方丈里起一阵风，但见：

无形无影透人怀，二月桃花被绰开。

就地撮将黄叶去，入山推出白云来。

那风过处，只见两个红忔兜巾天将出现，甚是勇猛。这两员神将朝着真君声喏道："吾师有何法旨？"紫阳真君曰："快与我去申阳洞中擒拿齐天大圣前来，不可有失！"两员天将去不多时，将申公一条铁索锁着，押到真君面前。申公跪下。紫阳真君判断，喝令天将将申公押入酆都天牢问罪；交罗童入申公洞中，将众多妇女各各救出洞来，各令发付回家去讫。张如春与陈辛夫妻再得团圆，向前拜谢紫阳真人。真人别了长老、陈辛，与罗童冉冉腾空而去了。

这陈巡检将礼物拜谢了长老，与一寺僧行别了。收拾行李轿马，王吉并一行从离了红莲寺，迤逦在路。不则一日，回到东京故乡，夫妻团圆尽老，百年而终。正是：

虽为翰府名谈⑫，编作今时佳话。

话本说彻，权作散场。

〔注〕 ① 虎异营：宋代禁军的番号。"异"疑为"翼"。 ② 大罗仙界：道教所说诸天之一。大罗天指天的最高层。 ③ 争奈：怎奈，无奈。 ④ 鹿迷郑相：据《列子·周穆王》载，春秋时，郑国樵夫打死一只鹿，怕被别人看见，就把它藏在坑中，盖上蕉叶，后来他去取鹿时忘了所藏的地方，于是就以为是一场迷梦。后以"鹿迷郑相"喻得失荣辱犹如幻梦。 ⑤ 申公：即上文之"申阳公"，下同。 ⑥ 酆(fēng)都：迷信传说指阴间。 ⑦ 僧繇：指张僧繇，南北朝梁代画家，相传他画的龙点睛后破壁飞去。 ⑧ 端妍少貌：年轻美貌。 ⑨ 守奈：苦守忍耐。 ⑩ 关领：领取。 ⑪ 窎(diào)远：深远。 ⑫ 翰府名谈：北宋刘斧有《翰府名谈》一书，今存残帙，或即指此。

本篇系元人话本，录自《清平山堂话本》，撰人不详。明晁瑮《宝文堂书目》著录，无"记"字，《永乐大典》卷一三九八一载有《陈巡检妻遇白猿精》戏文，赵景深曾将戏文佚曲与话本文字缀合，基本接榫，可知话本乃是摒弃戏文唱词，联缀科白而成。

故事叙述陈从善以进士除授广东南雄沙角镇巡检，携妻张如春赴任。途中，如春被号称"齐天大圣"的猿精摄去。三年后，紫阳真人将猿精收伏，夫妻重圆。猿精劫妇故事，汉时已有。焦延寿《易林》卷一《坤之剥》云："南山大玃，盗我媚妾。怯不敢逐，退然独宿。"后来，张华《博物志》卷三《异兽》、干宝《搜神记》卷十二《猳国马化》、《太平广记》卷四百四十四《欧阳纥》，均有类似记载。本篇当出五代宋初时徐铉所撰《稽神录》中的《老猿窃妇人》条，并根据唐无名氏《补江总白猿传》加以变化、演绎而成。

该故事虽然仍以白猿劫妇为主要情节，但其意旨却似在大力渲染道教的灵异，以劝人虔心斋道。如小说中全真道教的神仙紫阳真人，就颇有神通，可以预卜先知，说张如春将有千日之灾，因见陈巡检"奉真斋道，好不忠诚"，才命大慧真人化作罗童前往护送。这虽然不脱命定论的俗调，但主要却在于证明紫阳真人确有"异能"。不料，陈巡检夫妇"肉眼不识大罗仙"，因嫌罗童痴顽，竟将其中途遣走，结果失去护佑，被白猿劫去。小说引诗道："早知留却罗童在，免交(教)洞内苦三年。"这无疑是在强调，道士乃是凡夫俗子们消灾避难时不可或缺的救星。所以，尽管陈巡检武艺高强，但他最终还得仰仗紫阳真人的神力，降妖救妻，所谓"紫阳来到日，镜破再团圆"。

有意思的是，小说在揄扬道教的同时，对佛教似也有所肯定。如白猿精就因为不听旃大慧禅师"色即空，空即色"的说教，结果罪下酆都；而陈巡检则因虔心求佛，遂得禅师指迷，见到了妻子，并寻见紫阳真人。所以，道、佛在这篇小说里一并得到了宣扬，只不过"道"为主、"佛"为宾而已。

这种宣扬宗教的意旨，当然无甚积极意义。不过，它在当时能借诸戏文、话本流播，乃是与全真教的影响分不开的。全真教兴起于金元，其主要特点是强调"识心见性，除情去欲，忍耻含垢，苦己利人"，既融佛，又融儒，甚至可以说是儒家的变种。所以这篇小说作为全真道教的宣教媒介，对佛、儒皆有肯定。而对儒的肯定，则主要表现在对张如春守贞不屈的描写、称扬上。面对淫邪凶暴的白猿精，如春坚不从其"云雨"之求，只愿早死。金莲、牡丹二女劝她不如随顺了，以免吃苦，她斩钉截铁地说："烈女不更二夫，奴今宁死而不受辱！"又对二妇骂道："我不似你这等淫贱，贪生受辱，枉为人在世，泼贱之女！"可见其性情多么贞烈！虽然她后来被罚去山头挑水，每天吃苦受罪，但仍是“宁可洞中挑水苦，不作贪淫下贱人”。很显然，如春对贞节德操的勇敢捍卫，是受了儒家“从一而终”的贞节观念的影响，不过也正是贞节观念赋予了她与邪恶势力作斗争的精神动力。所以，小说称扬如春贞烈，自有其值得肯定之处，不宜以思想陈腐视之。更何况如春夫妇本来就“如鱼似水”，“不愿同日生，只愿同日死”呢？如陈巡检失妻之后，就“思忆浑家，终日下泪”，并不畏艰险，到处寻找，这充分说明了如春的贞烈行为也是有深厚的情感基础的。再说，人不愿与异物为偶，那也属情理之常。设若再联系宋元以来异族侵扰、妇女饱受抢掠和凌辱的时代背景，则这样的故事，似也含有肯定反抗异族强暴的积极意义。

除此之外这篇小说值得注意的地方，就是它对白猿精的描写了。因为这个白猿精居然名叫“齐天大圣”，还有弟兄“通天大圣”“弥天大圣”，小妹“泗州圣母”。“这齐天大圣，神通广大，变化多端，能降各洞山魈，管领诸山猛兽，兴妖作法，摄偷可意佳人，啸月吟风，醉饮非凡美酒，与天地齐休，日月同长”。这些描写不就分明映现着《西游记》里孙悟空的影子吗？也许《西游记》写孙悟空与牛魔王等结拜，自称齐天大圣等情节，曾从这里受到过艺术启发，只是吴承恩荡除了“齐天大圣”身上的淫荡、妖邪之气，赋予了他丰富的神性和人性，所以他才最终成了一个荡邪除恶的英雄，而“齐天大圣”这个名号也才焕发出迷人的光彩。

至于说这篇小说的艺术技巧，则较平庸，无甚特色，描写亦较粗略，倒是它全文分为十个段落，每段开头都有诗四句，每段结束又用“正是”一词引出两句诗，甚至还附以“未知久后如何”等悬疑句，让人觉得颇有章回体的味道。也许当初“说话”艺人是分十回来讲说它的吧，只是每回前未立标题而已。但这对于研究章回小说的起源应有一定的参考价值。

（纪德君）

五戒禅师私红莲记　　佚　名

入话：

禅宗法教岂非凡，佛祖流传在世间。

铁树花开千载易，坠落阿鼻[①]要出难。

话说大宋英宗治平年间，去这浙江路宁海军[②]钱塘门外，南山净慈光孝禅寺[③]，乃名山古刹。本寺有两个得道高僧，是师兄、师弟，一个唤做五戒禅师，一个唤作明悟禅师。

这五戒禅师，年三十一岁，形容古怪，左边瞽一目，身不满五尺。本贯西京洛阳人，自幼聪明，举笔成文，琴棋书画，无所不通。长成出家，禅宗释教，如法了得，参禅访道。俗姓金，法名五戒。且问：何谓之五戒？

第一戒者，不杀生命。第二戒者，不偷盗财物。第三戒者，不听淫声美色。第四戒者，不饮酒茹荤④。第五戒者，不妄言绮语⑤。此谓之五戒。

忽日，云游至本寺，访大行禅师，禅师见五戒佛法晓得，留在寺中，做了上色徒弟。不数年，大行禅师圆寂，本寺僧众立他做住持⑥，每日打坐参禅。

那第二个唤做明悟禅师，年二十九岁。生得头圆耳大，面阔口方，眉清目秀，丰彩(采)精神，身长七尺，貌类罗汉。本贯河南太原府人氏，俗姓王，自幼聪慧，笔走龙蛇，自幼参禅访道，出家在本寺沙陀寺，法名明悟。后亦云游至宁海军，到净慈寺来访五戒禅师。禅师见他聪明晓事，就留于本寺做师弟。二人如一母所生，且是好。但遇着说法，二人同升法座，讲说佛经。不在话下。

忽一日，冬尽春初，天道严寒，阴云作雪，下了两日。第三日，雪霁天晴，五戒禅师清早在方丈禅椅上坐，耳内远远的听得小孩儿啼哭声，当时便叫身边一个知心腹的道人⑦，唤做清一，分付道："你可去山门外各处看有甚事，来与我说。"清一道："长老，落了两日雪，今日方晴，料无甚事。"长老道："你可快去，看了来回话。"清一推托不过，只得走到山门边。那时天未明，山门也不曾开。叫门公开了山门，清一打一看时，吃了一惊，道："善哉！善哉！"正所谓：

日日行方便，时时发道心。
但行平等事，不用问前程。

当时清一见山门开，松树根雪地上，一块破席，放一个小孩儿在那里，口里道："苦哉！苦哉！甚人家将这个孩儿丢在此间，不是冻死，便是饿死。"走向前仔细一看，却是五六个月一个女儿,将一个破衲头[8]包着,怀内揣着个纸条儿,上写生年、月、日、时辰。

清一口里不说,心下思量:“古人有云:‘救人一命,胜造七级浮屠[9]。’”连忙走回方丈,禀复长老道:“不知甚人家,将个五七个月女孩儿,破衣包着,撇在山门外松树根头。这等寒天,又无人来往,怎的做个方便,救他则个?”长老道:“善哉!善哉!清一,难得你善心。你如今抱了回房,早晚把些粥饭与他,喂养长大,把与人家,救他性命,胜做出家人。”

当时清一急急出门去,抱了回方丈中,把与长老看。道:“清一,你将那纸条儿我看。”清一递与长老,长老看上却写道:“今年六月十五日午时生,小名红莲。”长老分付清一:“好生抱去房里,养到五七岁,把与人家去,也是好事。”清一依言,抱到千佛殿后一带三间四椽平屋房中,放些火在火囤内烘他,取些粥喂了。似此日往月来,藏在空房中,无人知觉,一向长老也忘了。不觉红莲已经十岁。清一见他生得清秀,诸事见便[10],藏匿在房里,出门锁了,入门关了,且是谨慎。

光阴似箭,日月如梭,倏忽这红莲女长年一十六岁。这清一如自生的女一般看待。虽然女子,却只打扮如男子,衣服、鞋袜,头上头发,前齐眉,后齐项,一似个小头陀[11]。且是生得清楚。在房内茶饭针线。清一止(指)望寻个女婿,要他养老送终。

一日,时遇六月炎天,五戒禅师忽想十数年前之事,洗了浴,吃了晚粥,径走来千佛阁后来。清一道:“长老希行。”长老道:“我问你,那年抱的红莲,如今在那里?”清一不敢隐匿,引长老到房中,一见,吃了一惊,却是:

分开八块顶阳骨,倾下半桶冰雪来!

长老一见红莲,一时差讹[12]了念头,邪心遂起,嘻嘻笑道:“清一,你今晚可送红莲到我卧房中来,不可有误。你若依我,我自抬举你。此事切不可泄漏,只交他做个小头陀,不要交人识破他是女子。”

清一口中应允，心内想道："欲待不依长老，又难；依了长老，今夜去到房中，必坏了女身。千难！万难！"长老见清一应不爽利，便道："清一，你锁了房门，跟我去房里去。"清一跟了长老，径到房中。长老去衣箱里取出十两银子，把与清一，道："你且将这些去用。我明日与你讨道度牒[13]，剃你做徒弟。你心下如何？"清一道："多谢长老抬举。"只得收了银子，别了长老，回到房中，低低说与红莲道："我儿，却才来的，是本寺长老。他见你，心中喜爱你。今等夜静，我送你去伏事长老。你可小心仔细，不可有误！"红莲见父亲如此说，便应允了。

到晚，两个吃了晚饭。约莫二更天气，清一领了红莲，径到长老房中，门窗无些阻当。原来长老有两个行者在身边伏事，当晚分付："我要出外闲走乘凉，门窗且未要关。"因此无阻。长老自在房中，等清一送红莲来，候至三更，只见清一送小头陀来房中。长老接入房内，分付清一："你到明日此时，来领他回房去。"清一自回房中去了。

且说长老关了房门，灭了琉璃灯，携住红莲手，一将将到床前，交红莲脱了衣服。长老向前一搂搂住，搂在怀中，抱上床去。却便似：

> 戏水鸳鸯，穿花鸾凤。喜孜孜连理并生，美甘甘同心带绾。恰恰莺声，不离耳畔；津津甜唾，笑吐舌尖。杨柳腰脉脉春浓，樱桃口微微气喘。星眼朦胧，细细汗流香玉体；酥胸荡漾，涓涓露滴牡丹心。一个初侵女色，由（犹）如饿虎吞羊；一个乍遇男儿，好似渴龙得水。可惜菩提甘露水，倾入红莲两瓣中。

当日长老与红莲云收雨散，却好五更。天将明，长老思一计，怎生藏他在房中。房中有口大衣厨，长老开了锁，将厨内物件，都收拾了，却交红莲坐在厨中，分付道："饭食，我自将来与你吃，可放心宁耐则个。"红莲自是女孩儿家，初被长老淫勾，心中也喜，躲在衣厨内，把锁锁了。

少间，长老上殿诵经毕，入房，闩了房门，将厨开了锁，放出红莲，把饮食与他吃了，又放些果子在厨内，依先锁了。至晚，清一来房中，领红莲回房去了。

却说明悟禅师当夜在禅椅上入定回来，慧眼已知，五戒禅师差了念头，犯了色戒，淫了红莲，把多年清行直抛弃。“我今劝省他，不可如此”。也不说出。至次日，正是六月尽，门外撇骨池⑭内，红白莲花盛开。明悟长老令行者采一朵白莲花，将自己房中，取一枝瓶插了，交道人备杯清茶在房中，交行者去请五戒禅师：“我与他赏莲花，吟诗谈话则个。”不多时，行者请到五戒禅师。两个长老坐下。明悟道：“师兄，我今日见莲花盛开，对此美景，折一朵在瓶中，特请吾兄吟诗清话⑮。”五戒道：“多蒙清爱。”行者捧茶至。茶罢，明悟禅师道：“行者，取文房四宝来。”行者取至面前。五戒道：“将何物为题？”明悟道：“便将莲花为题。”长老捻起笔来，便写四句诗道：

一枝菡萏瓣儿张，相伴蜀葵花正芳。
红榴似火复如锦，不如翠盖芰荷香。

长老诗罢。明悟道：“师兄有诗，小僧岂得无言语乎？”落笔便写四句。诗曰：

春来桃杏柳舒张，千花万蕊斗芬芳。
夏赏芰荷真可爱，红莲争似白莲香？

明悟长老依韵诗罢，呵呵大笑。

五戒听了此言，心中一时解悟，面皮红一回，青一回，便转身辞回卧房，对行者道：“快与我烧桶汤来洗浴！”行者连忙烧汤，与长老洗浴罢，换了一身新衣服，取张禅椅到房中，将笔在手，拂一张纸开，便写八句《辞世颂》，曰：

吾年四十七，万法本归一。
只为念头差，今朝去得急。
传与悟和尚，何劳苦相逼？
幻身如雷电，依旧苍天碧。

五戒禅师私红莲记

——明天启刻本《古今小说》插图

写罢《辞世颂》，交焚一炉香在面前，长老上禅椅上，左脚压右脚，右脚压左脚，合掌坐化。

行者忙去报与明悟禅师。禅师听得，大惊，走到房中看时，见五戒师兄已自坐化去了，看了面前《辞世颂》，道："你好却好了，只可惜差了这一着。你如今虽得个男子身，长成不信佛、法、僧三宝，必然灭佛谤僧，后世却坠落苦轮[16]，不得皈依佛道。深可痛哉！真可惜哉！你道你走得快，我赶你不着不信。"当时也交道人烧汤，洗浴，换了衣服，到方丈中，上禅椅跏趺[17]而坐，分付徒众道："我今去赶五戒和尚；汝等可将两个龛子盛了，放三日，一同焚化。"嘱罢，圆寂[18]而去。

众僧皆惊："有如此异事。"城内城外听得本寺两个禅师同日坐化，各皆惊讶。来烧香礼拜、布施者，人山人海，男子妇人，不计其数。嚷了三日，抬去金牛寺焚化，拾骨撇了。

这清一遂浼[19]人说议亲事，将红莲女嫁与一个做扇子的刘待诏为妻，养了清一在家过了世。

且说明悟一灵真性，直赶至西川眉州眉山县城中，五戒已自托生在一个人家，姓苏，名洵字明允，号老泉居士，诗礼之人。院君[20]王氏夜梦一瞽目和尚走入房中，吃了一惊，明旦，分娩一子，生得眉清目秀，父母皆喜。三朝满月，百日一周，不在话下。

却说明悟一灵也托生在本处，姓谢名原，字道清。妻章氏亦梦一罗汉，手持一印，来家抄化[21]，因惊醒，遂生一子。年长，取名谢端卿。自幼不肯吃荤酒，只要吃素，一心要出家。父母见他如此心坚，送他在本处寺中做了和尚，法名佛印，参禅问道，如法聪明，是个诗僧，不在话下。

却说苏老泉的孩儿长年七岁，交他读书写字，十分聪明，目视五行书。后至十岁来，五经书史，无所不通。取名苏轼，字子瞻。年十六岁，神宗天子熙宁三年，子瞻往东京应举，一举成名，御笔除翰林院学士。不三年，升端明殿大学士。道号东坡。此人文章冠世，举笔珠玑，为官清廉公正；只是不信佛法，最不喜和尚，自言："我若一朝管了军民，定要灭了这和尚们。"

且说佛印在于开元寺中出家，闻知苏子瞻一举成名，在翰林院学士，特地到东京大相国寺来做住持。忽一日，苏学士在府中闲坐，忽见门吏报说："有一和尚要见学士相公。"相公交门吏出问："何事要见相公？"佛印见问，于门吏处借纸笔墨来，便写四句，送入府去。学士看其四字："诗僧谒见。"学士取笔来，批一笔云："诗僧焉敢谒王侯。"交门吏把与和尚。和尚又写四句诗，道：

四海尚容蛟龙隐，五湖还纳百川流。
问一答十知今古，诗僧特地谒王侯。

学士见此僧写作二者俱好，必是个诗客，遂请入。佛印到厅前问讯，学士起身叙礼，邀坐待茶。学士问："和尚，上刹何处？"佛印道："小僧大相国寺住持。久闻相公誉，欲求参拜。今日得见，大慰所望！"学士见佛印如此言语，问答如流，令院子备斋。佛印已罢，相别回寺。自此，学士与佛印，吟诗作赋，交往。

忽一日，学士被宰相王荆公寻件风流罪过[22]，把学士奏贬黄州安置去了。佛印退了相国寺，径去黄州，住持甘露寺，又与苏学士相友至厚。

后哲宗登基，取学士回朝，除做临安府太守。佛印又退了甘露寺，直到临安府灵隐寺住持，又与苏东坡为诗友。在任清闲无事，忽遇美景良辰，去请佛印到府，或吟诗，或作赋，饮酒尽醉方休。或东坡到灵隐寺，闲访终日。两个并不怠倦。

盖因是佛印监着苏子瞻，因此省悟前因，敬佛礼僧，自称为东坡居士。身上礼衣，皆用茶合布为之。在于杭州临安府，与佛印并龙井〔寺〕长老辨才、智果寺长老南轩，并朋友黄鲁直、妹夫秦少游，此人皆为诗友。

这苏东坡去西湖之上造一所书院，门栽杨柳，园种百花，至今西湖号为苏堤杨柳院。又开建西湖长堤，堤上一株杨柳一株桃。后有诗为证：

苏公堤上多佳景，惟有孤山浪里高。

西湖十里天连水，一株杨柳一株桃。

后元丰五年，神宗天子取子瞻回京，升做翰林学士、经筵讲官。不数年，升做礼部尚书、端明殿大学士。告老致仕还乡，尽老而终，得为大罗天仙。佛印禅师圆寂在灵隐寺了，亦得为至尊古佛。二人俱得善道。

虽为翰府名谈，编入《太平广记》。

〔注〕 ① 阿鼻：此处指阿鼻地狱，为佛教八大地狱中最下最苦之处。 ② 宁海军：杭州。北宋初为宁海军节度。 ③ 净慈光孝禅寺：杭州著名佛寺，在南山路。 ④ 茹荤：本指吃葱、韭等辛辣的蔬菜。后指吃鱼肉等。 ⑤ 绮语：佛教指涉及闺门、爱欲的华艳辞藻及一切杂秽语。 ⑥ 住持：佛教寺院主管僧的职务。 ⑦ 道人：这里指佛寺里打杂的工人。 ⑧ 衲头：即衲衣，用破布拼缀的僧衣。 ⑨ 浮屠：塔，梵语音释。 ⑩ 见便：机灵。 ⑪ 头陀：苦行僧。这里是说红莲头发前齐眉，后齐项，像一个未剃发的小沙弥。 ⑫ 差讹：差错，错了。⑬ 度牒：佛道出家，由官府发给凭证，称之为度牒。 ⑭ 撇骨池：宋代民间流行火葬，寺院里辟有让人撇骨灰的池塘，称为撇骨池。 ⑮ 清话：高雅不俗的言谈。 ⑯ 苦轮：苦难的轮回。⑰ 跏趺：佛教中修禅者的坐法，两足交叉置于左右股上。 ⑱ 圆寂：佛教用语，指僧尼死亡。⑲ 浼(měi)：请托。 ⑳ 院君：对富贵人家妻子的敬称。 ㉑ 抄化：募化；求乞。 ㉒ 风流罪过：无足轻重的过失。

本篇为宋代话本，辑存于《清平山堂话本》，撰人不详。

宋人的说话伎艺中有一种名曰“说经”。说经包括说参清、说浑经。它是由唐代寺僧“俗讲”演化而来。“俗讲”本意是借佛教人物故事，将佛经内容通俗化，以宣扬教义，但为了“悦俗邀布施”，适应市井细民的意识趣味，遂不免“枝词游说”，杂入一些滑稽说笑和低级趣味的内容。如唐人赵璘《因话录》即云：“有文溆僧者，公为聚众谈说，假托经论，所言无非淫秽鄙亵之事……愚夫冶妇，乐闻其说，听者填咽寺舍。”逮至宋代，寺僧讲经逐渐伎艺化，并从寺院走入瓦舍，为投流俗所好，更加舍本而逐末，在佛教故事中掺入风月情事，以佐趣味，从而发展出“说浑经”一派。

这里选录的《五戒禅师私红莲记》，即属于“灭佛谤僧”的说浑经。小说托东坡居士、佛印禅师为宾主，以参禅悟道之体，述俚谐猥亵之事，语言颇谑浪不经。其前半段写的是东坡、佛印的前生，着眼在一个“私”字。五戒禅师自幼参禅悟道,“禅宗释教,如法了得”,可是一见眉清目秀的红莲,就“一时差讹了念头,邪心遂起”,将红莲私下淫污。小说对此作了生动细致的渲染,将私红莲的过程写得委曲详尽,并有意运用了一百多字的韵文,津津乐道五戒禅师初侵女色,犹如饿虎吞羊的身心快感。可见,它藉此来媚俗悦众的用意是十分明显的。虽然小说这样写,本意似不在于谴责五戒的淫邪(因为五戒后来仍托生为人,并得成正果),但它客观上却暴露了佛教禁欲主义的虚伪和脆弱,对佛教所谓的“五戒”,特别是“不听淫声美色”之戒形成了绝妙的反讽,带有一定的喜剧意味。

至于话本后半段,这种喜剧意味更进一步地加浓了。因为五戒禅师在私红莲一事被其师弟明悟禅师作诗点破之后,自感羞愧,坐化死去,竟转世投胎为宋朝大名鼎鼎的文豪苏轼;而明悟则因担心五戒来世毁佛谤僧,也随之圆寂,投生为一代名僧佛印。佛印与苏轼形影相随,吟诗作赋,谈禅论道,终于使苏轼“省悟前因,敬佛礼僧”,最后两人同日辞世,俱得善道。很显然,话本作这样的附会,虽不脱“参禅论道”的说经之体,但其主要意图乃在于博得市井听众一笑:苏东坡的前身原来竟是个好色破戒的和尚!这对于苏东坡当然是唐突、不敬,但却正迎合了市井细民喜谈乐闻社会名贤风流情事的心理。

实际上,在这个话本产生以前,社会上就已传开了苏轼是五戒和尚转世的趣谈。如惠洪《冷斋夜话》卷七即说,苏子由在高安时,和云庵禅师等时有过往。一天晚上,他们同时发了一梦:一起去迎接五戒和尚。第二天,大家谈及此事,皆觉奇怪。不久,苏东坡有信捎至,说将到高安。他们就一起出城迎接,并对东坡说起异梦。东坡就笑说:“我八岁时,梦见自己是个和尚,来往陕右。我母亲怀孕时,曾梦见一个眇一目的和尚来家。”云庵听后惊奇地说:“五戒正是陕右人,也是失一目的,死去已五十年了。”而东坡此时正好四十九岁,岂不正是五戒转世?但这个趣谈并未言及五戒转生为东坡的因缘。而话本作者则说这是因为五戒私淫了红莲,这就使东坡、佛印两世相会、参禅悟道的趣事着染了“浑”的色彩。

如果再追溯“私红莲”故事的渊源,可知它又撷自宋人董弅所编的《侍儿小名录拾遗》。《拾遗》中引了《古今诗话》里的一段记载,说五代时有一和尚,号至聪禅师,在祝融峰上修行十年,自以为戒行具足。一日下山,遇一美女,名曰红莲。转念间淫心顿起,与之合欢,坏了清行。第二天,他便与美人一起坐化了,并遗下辞世颂一首:“有道山僧号至聪,十年不下祝融峰。腰间所积菩提水,泻向红莲一叶中。”话本作者据此将至聪禅师易名为五戒禅师,连同诗句一起化入话本之中,并借助于佛教的因果轮回观念和五戒乃苏东坡前身的传说,与后文的苏轼、佛印参禅悟道的故事焊接在一起,从而形成了这么一个妙趣横生的说浑经故事。于此可见,话本作者多么善于移花接木、捏合生发。难怪当时的讲史艺人最畏这样的“小说人”了,因为他们“能以一朝一代故事,顷刻间提破”。而像本篇作者,居然还能够以“诨话”戏谑高僧、名士,抹去他们头上神圣、可敬的光环,拉近他们与市井细民的心理距离。所以,尽管这样的话本思想意义不大,但还是能够带给市井细民轻松、快意的精神享受,赢得他们广泛的喜爱。（纪德君）

刎颈鸳鸯会　　　佚　名

入话:

眼意心期卒未休,暗中终拟约秦楼。
光阴负我难相偶,情绪牵人不自由。
遥夜定怜香蔽膝[①],闷时应弄玉搔头[②]。
樱桃花谢梨花发,肠断青春两处愁。

丈夫只手把吴钩[③],欲斩万人头;如何铁石打成心性,却为花柔?　　君看项籍并刘季[④],一怒使人愁;只因撞着虞姬戚氏,豪杰都休。

右诗、词各一首,单说着“情”“色”二字。此二字,乃一体一用也。故色绚于目,情感于心;情色相生,心目相视。虽亘古迄今,仁人君子,弗能忘之。晋人有云:“情之所钟,正在我辈。”慧远[⑤]曰:“顺觉如磁石遇针,不觉合为一处。无情之物尚尔,何况我终日在情里做活计[⑥]耶?”

如今则管说这“情”“色”二字则甚?

且说个临淮武公业,于咸通中,任河南府功曹参军。爱妾曰非烟,姓步氏,容止纤丽,弱不胜绮罗;善秦声[⑦],好诗弄笔。公业甚嬖[⑧]之。比邻乃天水赵氏第也,亦衣缨之族[⑨]。其子赵象,端秀有文学。忽一日,于南垣隙中,窥见非烟,而神气俱丧,废食思之,遂厚赂公业之阍人[⑩],以情告之。阍有难色,后为赂所动,令妻伺非烟闲处,具言象意。非烟闻之,但含笑而不答。

阍媪尽以语象。象发狂心荡,不知所如,乃取薛涛笺[⑪],题一绝于上。诗曰:

绿暗红稀起暝烟，独将幽恨小庭前。

沉沉良夜与谁语？星隔银河月半天。

写讫，密缄之，祈阍媪达于非烟。非烟读毕，吁嗟良久，向媪而言曰："我亦曾窥见赵郎，大好才貌，今生薄福，不得当之。尝嫌武生粗悍，非青云器[12]也。"乃复酬篇，写于金凤笺。诗曰：

画檐春燕须知宿，兰浦双鸳肯独飞？

长恨桃源诸女伴，等闲花里送郎归。

封付阍媪，令遗[13]象。象启缄，喜曰："吾事谐[14]矣。"但静室焚香，时时虔祷以候。越数日，将夕，阍媪促步而至，笑且拜，曰："赵郎愿见神仙否？"象惊，连问之。传非烟语曰："功曹今夜府直，可谓良时。妾家后庭，即君之前垣也。若不逾约好，专望来仪[15]，方可候晤。"语罢，既曛黑，象乘梯而登，非烟已令重榻于下[16]。既下，见非烟艳妆盛服，迎入室中，相携就寝，尽缱绻之意焉。及晓，象执非烟手，曰："接倾城之貌，挹[17]希世之人，已誓幽明[18]，永奉欢狎。"言讫，潜归。兹后不盈旬日，常得一期于后庭矣，展幽微之思，罄宿昔之情，以为鬼鸟不知，人神相助。如是者周岁。

无何，非烟数以细过，挞其女奴。奴衔之，乘间尽以告公业。公业曰："汝慎勿扬声，我当自察之。"后常至直日，乃密陈状请假。迨夜，如常入直，遂潜伏里门。俟暮鼓既作，蹑足而回，循墙至后庭，见非烟方倚户微吟，象则据垣斜睇。公业不胜其忿，挺前欲擒象。象觉，跳出。公业持之，得其半襦，乃入室，呼非烟诘之。非烟色动，不以实告。公业愈怒，缚之大柱，鞭楚血流。非烟但云："生则相亲，死亦无恨！"遂饮杯水而绝。

象乃变服易名，远窜于江湖间，稍避其锋焉。可怜：

雨散云消，花残月缺。

且如赵象知机识务，事脱虎口，免遭毒手，可谓善悔过者也。于今又有个不识窍的小二哥，也与个妇人私通，日日贪欢，朝朝迷恋，后惹出一场祸来，尸横刀下，命赴阴间，致母不得侍，妻不得顾，子号寒于严冬，女啼饥于永昼，静而思之，着何来由？况这妇人不害了你一条性命了！真个：

娥眉本是婵娟刃，杀尽风流世上人。

权做个笑耍头回。

说话的，你道这妇人住居何处？姓甚名谁？元(原)来是浙江杭州府武林门外落乡村中，一个姓蒋的生的女儿，小字淑珍。生得甚是标致，脸衬桃花，比桃花不红不白；眉分柳叶，如柳叶犹细犹弯。自小聪明，从来机巧，善描龙于刺凤，能剪雪以裁云。心中只是好些风月，又饮得几杯酒。年已及笄，父母议亲，东也不成，西也不就。每兴凿穴之私⑲，常感伤春之病。自恨芳年不偶，郁郁不乐。垂帘不卷，羞教紫燕双飞；高阁慵凭，厌听黄莺并语。

未知此女几时得偶素愿？因成商调《醋葫芦》小令十篇，系于事后，少述斯女始末之情。

奉劳歌伴，先听格律，后听芜词：

湛秋波，两剪明；露金莲，三寸小。弄春风杨柳细身腰，比红儿态度应更娇。他生的诸般齐妙，纵司空见惯也魂消。

况这蒋家女儿，如此容貌，如此伶俐，缘何豪门巨族，王孙公子，文士富商，不求行聘？却这女儿心性有些蹺蹊，描眉画眼，敷粉施朱，梳个纵鬓头儿，着件叩身衫子，做张做势，乔模乔样，或倚槛凝神，或临街献笑，因此闾里皆鄙之。所以迁延岁月，顿失光阴，不觉二十余岁。

隔邻有一儿子，名叫阿巧，未曾出幼，常来女家嬉戏。不料此女已动不正之心有日矣。况阿巧不甚长成，父母不以为怪，遂得通家，往来无间。一日，女父母他适，阿巧偶来。其女相诱入室，强合焉。忽闻扣户声急，阿巧惊遁而去。女父母至家，亦不知也。且此女欲心如炽，久渴此事，自从情窦一开，不能自已。阿巧回家，惊气冲心而殒。女闻其死，哀痛弥极，但不敢形诸颜颊。

奉劳歌伴，再和前声：

锁修眉，恨尚存；痛知心，人已亡。霎时间云雨散巫阳[20]，自别来几日行坐想。空撇下一天情况[21]，则除是梦里见才郎。

这女儿自因阿巧死后，心中好生不快活，自思量道："皆由我之过，送了他青春一命。"日逐蹀躞[22]不下。倏尔又是一个月来，女儿晨起梳妆，父母偶然视听其女颜色精神，语言恍惚。老儿因谓妈妈曰："莫非淑珍做出来了?"殊不知其女春色飘零，蝶粉、蜂黄都退了；韶华狼藉，花心、柳眼已开残。妈妈、老儿互相埋怨了一会，"只怕亲戚耻笑！常言道：'女大不中留。'留在家中，却如私盐包儿[23]，脱手方可。不然，直待事发，弄出丑来，不好看。"那妈妈和老儿说罢，央王嫂嫂作媒："将高就低，添长补短，发落了罢。"

一日，王嫂嫂来说，嫁与近村某二郎为妻。且某二郎是个农庄之人，又四十多岁，只图美貌，不计其他也。过门之后，两个颇说得着。瞬忽间十有余年，某二郎被他彻夜盘弄衰惫了，年将五十之上，此心已灰，奈何此妇正在妙龄，酷好不厌，仍与夫家西宾[24]有事。某二郎一见，病发身故。这妇人眼见断送两人性命了。

奉劳歌伴，再和前声：

结姻缘，十数年；动春情，三四番。萧墙祸起片时间，到如今反为难上难。把一对鸾凤惊散，倚栏干无语泪偷弹。

那某大郎斥退西宾，择日葬弟之柩。这妇人不免守孝三年。其家已知其非，着人防闲[25]。本妇自揣于心，亦不敢妄为矣。朝夕之间，受了多少的熬煎，或饱一顿，或缺一餐，家人咸视为敝帚也。将及一年之上，某大郎自思："留此无益，不若逐回，庶免辱门败户。"遂唤原媒，眼同将妇罄身赶回。本妇如鸟出笼，似鱼漏网，其余服饰，亦不较也。

妇抵家，父母只得收留，那有好气待他，如同使婢。妇亦甘心忍受。

一日，张二官过门，因见本妇，心甚悦之，俾[26]人说合，求为继室。女父母允诺，恨不推将出去。且张二官是个行商，多在外，少在内，不曾打听得备细，就下盒盘羊酒，涓吉[27]成亲。

这妇人不去则罢，这一去，好似：

猪羊奔屠宰之家，一步步来寻死路。

是夜，画烛摇光，粉香喷雾。绮罗筵上，依旧两个新人；锦绣衾中，各出一般旧物。

奉劳歌伴，再和前声：

喜今宵，月再圆；赏名园，花正芳。笑吟吟携手上牙床，恣交欢恍然入醉乡。不觉的浑身通畅，把断弦重续两情偿。

他两个自花烛之后，日则并肩而坐，夜则叠股而眠；如鱼藉水，似漆投胶。一个全不念先夫之恩念，一个那曾题亡室之音容。妇羡夫之殷富，夫怜妇之丰仪。两个过活了一月。一日，张二官人早起，分付虞候[28]收拾行李，要往德清取账。这妇人怎生割舍得他去？张二官人不免起身，这妇人簌簌垂下泪来。张二官道："我你既为夫妇，不须如此。"各道保重而别。

别去又早半月光景。这妇人是久旷之人，既成佳配，未尽畅怀，又值孤守岑寂，好生难遣，觉身子困倦，步至门首闲望，对门店中一后生，约三十已上年纪，资质丰粹，举止闲雅，遂问随侍阿满。阿满道："此店乃朱理秉中开的。此人和气，人称他为朱小二哥。"妇人问罢，夜饭也不吃，上楼睡了。楼外乃是官河，舟船歇泊之处。将及二更，忽闻稍人嘲歌声隐约，记得后两句，曰：

有朝一日花容退，双手招郎郎不来。

妇人自此复萌觊觎[29]之心，往往倚门独立。朱秉中时来调戏。

彼各相慕，目成眉语，但不能一叙款曲[30]为恨也。

奉劳歌伴，再和前声：

美温温，颜面肥；光油油，鬓发长。他半生花酒肆颠狂，对人前扯拽都是谎。全无有风云气象，一谜里窃玉与偷香。

这妇人羡慕朱秉中不已，只是不得辏巧。一日，张二官讨账回家，夫妇相见了，叙些间阔[31]的话。本妇似有不悦之意，只是勉强奉承，一心倒在朱秉中身上了。张二官在家，又住了一个月以上，正值仲冬天气，收买了杂货赶节，赁船装载，到彼发卖之间，不甚称意，把货都赊与人上了，旧账又讨不上手，俄然逼岁，不得归家过年，预先寄些物事回家支用不题。且说朱秉中因见其夫不在，乘机去这妇人家贺节。留饮了三五杯，意欲做些暗昧之事，奈何往来之人，应接不暇，取便约在灯宵相会。秉中领教而去。捻指间，又届十三试灯之夕。于是：

户户鸣锣击鼓，家家品竹弹丝。游人队队踏歌声，仕女翩翩垂舞袖。鳌山彩结，嵬峨百尺矗晴空；凤篆香浓，缥缈千层笼绮陌。闲庭内外，溶溶宝烛光辉；杰阁高低，烁烁华灯照耀。

奉劳歌伴，再和前声：

奏箫韶，一派鸣；绽池莲，万朵开。看六街三市闹攘攘，笑声高满城春似海。期人在灯前相待，几回家又恐燕莺猜。

其夜，秉中老早的更衣着靴，只在街上往来。本妇也在门首抛声衒俏。两个相见暗喜，准定目下成事。不期伊母因往观灯，就便探女。女扃户邀入参见，不免留宿。秉中等至夜分，闷闷归卧。次夜如前，正遇本妇，怪问如何爽约，挨身相就，止做得个“吕”字儿而散。少间，具酒奉母，母见其无情无绪，向女而曰：“汝如今迁于乔木，凡宜守分，也与父母争一口气。”岂知本妇已约秉中等了二夜了，可不是鬼门上贴卦？平旦，买两盒饼馓，雇顶轿儿，送母回了。

薄晚，秉中张个眼慢，钻进妇家，就便上楼。本妇灯也不看，解衣相抱，曲尽于飞[32]。然本妇平生相接数人，或老或少，那能造其奥处？自经此合，身酥骨软，飘飘然，其滋味不可胜言也。且朱秉中日常在花柳丛中打交，深谙十要之术。那十要？

一要滥于撒镘[33]，二要不算工夫，
三要甜言美语，四要软款温柔，
五要乜斜缠帐[34]，六要施呈枪法，
七要妆聋做哑，八要择友同行，
九要串杖[35]新鲜，十要一团和气。

若狐媚之人，缺一不可行也。

再说秉中已回，张二官又到。本妇便害些"木边之目"，"田下之心"，要好，只除相见。

奉劳歌伴，再和前声：

报黄昏，角数声；助凄凉，泪几行。论深情海角未为长，难捉摸这般心内痒。不能勾相偎相傍，恶思量萦损九回肠。

这妇人自庆前夕欢娱，直至佳境，又约秉中晚西相会，要连歇几十夜，谁知张二官家来，心中气闷，就害起病来，头疼、腹痛、骨热、身寒。张二官颙望[36]回家将息取乐，因见本妇身子不快，倒戴了一个愁帽，遂请医调治，倩巫烧献，药必亲尝，衣不解带，反受辛苦似在外了。且说秉中思想，行坐遑安，托故去望张二官，称道："小弟久疏趋侍，昨闻荣回，今特拜谒，奉请明午于蓬舍少具鸡酒，聊与兄长洗尘。幸勿他却。"翌日，张二官赴席。秉中出妻女奉劝，大醉扶归。已后还了席，往往来来。本妇但闻秉中在座，说也有，笑也有，病也无。倘或不来，就呻吟叫唤，邻壁厌闻。张二官指望便好，谁知日渐沉重。本妇病中，但瞑目，就见向日之阿巧支手某二郎偕来索命，势甚狞恶。本妇惧怕，难以实告，惟向张二官道："你可替我求问，几时脱体?"如言，径往洞虚先生卦肆，卜下卦来，判道："此病大分不好，有横死老幼阳人在命为祸。非今生，乃宿世之冤。今夜就可办备福物、酒果、冥衣各一分，用鬼宿渡河之次，向西铺设，苦苦哀求，庶有少救。不然，不可也。"

奉劳歌伴，再和前声：

挪揄来，若怨咱；朦胧着，便见他。病恹恹害的眼见花，瘦身躯怎禁没乱杀？则说不和我干罢，几时节离了两冤家！

张二官正依法祭祀之间，本妇在床又见阿巧和某二郎击手言曰："我辈已诉于天，着来取命。你央后夫张二官再四恳求，意甚虔恪[37]，我辈且容你至五五之间，待同你一会之人，却假弓长之手，与你相见。"言讫，欻然不见了。本妇当夜似觉精爽些个，后看看复旧，张二官喜甚不题。却见秉中旦夕亲近，馈送迭至，意颇疑之，尤未为信。一日，张二官入城催讨货物，回家进门，正见本妇与秉中执手联坐。张二官倒退扬声，秉中迎出相揖。他两个亦不知其见也。话说的张二官当时见他殷勤，已自生疑七八分了，今日辏个满怀，辏成十分。张二官自思量道："他两个若犯在我手里，教他死无葬身之地!"遂往德清去做买卖。到了德清，已是五月初一日，安顿了行李在店中，上街买一口刀，悬挂腰间，至初四日，连夜奔回，匿于他处，不在话下。

再提本妇渴欲一见，终日去接秉中，秉中也有些病在家里。延至初五日，阿满又来请赴鸳鸯会。秉中勉强赴之。楼上已张筵水陆矣：盛两盂煎石首，贮二器炒山鸡。酒泛菖蒲，糖浇角黍。其余肴馔蔬果，未暇尽录。两个遂相轰饮，亦不顾其他也。

奉劳歌伴，再和前声：

绿溶溶，酒满斟；红焰焰，烛半烧。正中庭花月

影儿交，直吃得玉山时自倒。他两个贪欢贪笑，不堤
防门外有人瞧。

两个正饮间，秉中自觉耳热眼跳，心惊肉战，欠身求退。本妇怒曰："怪见终日请你不来，你何轻贱我之甚！你道你有老婆，我便是无老公的？你殊不知我做鸳鸯会之主意。夫此二鸟，飞鸣宿食，镇常相守；尔我生不成双，死作一对。"昔有韩凭妻美，郡王欲夺之，夫妻自杀。王恨，两冢瘗之。后冢上二连理树，上有鸳鸯，悲鸣飞去。此两个要效鸳鸯比翼交颈，不料便成语谶。况本妇甫能闸囫[38]得病好，就便荒淫无度，正是：

偷鸡猫儿性不改，养汉婆娘死不休。

再说张二官提刀在手，潜步至门梯树窃听，见他两个戏谑歌呼，历历在耳，气得按捺不下，打一砖去。本妇就吹灭了灯，声也不则了。连打了三块，本妇教秉中先睡："我去看看便来。"阿满持烛前行，开了大门，并无人迹。本妇叫道："今日是个端阳佳节，那家不吃几杯雄黄酒？"正要骂间，张二官跳将下来，喝道："泼贱！你和甚人夤夜吃酒？"本妇唬得战做了一团，只说："不！不！不！"张二官乃曰："你同我上楼一看，如无，便罢！荒(慌)做甚么？"本妇又见阿巧、某二郎一齐都来，自分必死，延颈待尽。秉中赤条条惊下床来，匍匐，口称："死罪！死罪！情愿将家私并女奉报，哀怜小弟母老妻娇，子幼女弱！"张二官那里准他！则见刀过处：

一对人头落地，两腔鲜血冲天。

当初本妇卧病，已闻阿巧、某二郎言道："五五之间，待同你一会之人，假弓长之手，再与相见。"果至五月五日，被张二官杀死。"一会之人"，乃秉中也。

祸福未至，鬼神必先知之，可不惧欤！故知士矜才则德薄，女衒色则情放。若能如执盈[39]，如临深[40]，则为端士、淑女矣。岂不美哉？惟愿率土之民，夫妇和柔，琴瑟谐协；有过则改之，未萌则戒之，敦崇[41]风教，未为晚也。

在座看官，要备细请看叙大略，漫听秋山一本《刎颈鸳鸯会》。又调《南乡子》一阕于后。

奉劳歌伴，再和前声：

见抛砖，意暗猜；入门来，魂已惊。举青锋过处丧多情，到今朝你心还未省！送了他三条性命，果冤冤相报有神明。

词曰：

春云怨啼鹃，玉损香消事可怜。一对风流伤白刃，冤。冤。惆怅劳魂赴九泉。抵死苦留连，想是前生有业缘。景色依然人已散，天。天。千古多情月自圆。

正所谓：

当时不解恩成怨，今日方知色是空。

〔注〕① 蔽膝：围于衣服前面的大巾，用以蔽护膝盖。 ② 搔头：簪的别称。 ③ 吴钩：指利剑。 ④ 项籍、刘季：指项羽、刘邦。词中说他们两人宠爱虞姬、戚夫人，故而英雄气短。 ⑤ 慧远：东晋名僧，精通般若性空之学，被后世净土宗人推尊为初祖。 ⑥ 活计：犹工夫。 ⑦ 秦声：秦地（今陕西）的歌曲，犹如说“秦腔”。 ⑧ 嬖（bì）：宠爱。 ⑨ 衣缨之族：即衣冠门第，贵族之家。 ⑩ 阍人：看门者。 ⑪ 薛涛笺：唐代名妓薛涛曾制作一种深红色的小诗笺，当时称之为薛涛笺。 ⑫ 青云器：指胸怀旷达、志趣高远之人。 ⑬ 遗（wèi）：赠送。 ⑭ 谐：办成。 ⑮ 来仪：《书经·益稷》有“凤凰来仪”之句，意即凤凰来舞而有容仪。后来就以“来仪”为称人来到的敬辞。 ⑯ 重榻于下：指把榻椅之类重叠地叠起来放在下面。 ⑰ 扼：引。 ⑱ 已誓幽明：已经对着鬼神发过誓。 ⑲ 凿穴之私：喻指与人私通、偷情的念头。 ⑳ 巫阳：即巫山。据宋玉《高唐赋序》记述，楚怀王游高唐，昼寝，梦与巫山神女欢会。后世遂用之指代男女幽会。 ㉑ 情况：情义，恩情。 ㉒ 蹀躞（dié xiè）：来回走动，忐忑不宁。 ㉓ 私盐包儿：旧时政府垄断食盐的产制运销，禁止私煮和商贩私售，故家中藏有私盐包儿是危险的。此处喻指女儿大了，不及时出嫁，弄出丑事来，就不好收场了。 ㉔ 西宾：家塾教师。 ㉕ 防闲：防止言行不轨。 ㉖ 俾：使。 ㉗ 涓吉：选择吉祥的日子。 ㉘ 虞候：侍从，仆人。 ㉙ 觊觎：非分的希望或企图。 ㉚ 款曲：衷情，诚挚殷勤的心意。 ㉛ 间阔：离别。 ㉜ 曲尽于飞：尽情取乐。 ㉝ 撒镘：放手花钱。 ㉞ 乜斜：眯着眼睛斜视。缠帐：纠缠。 ㉟ 串杖：即穿着、打扮。 ㊱ 颙望：盼望。 ㊲ 虔恪：虔诚恭敬。 ㊳ 阐囤（chuài）：用力撑持。 ㊴ 执盈：意指守己、安分。 ㊵ 临深：意指小心谨慎。 ㊶ 敦崇：推崇、崇尚。

本篇为宋元话本，录自《清平山堂话本》，撰人未详。《警世通言》第三十八卷作《蒋淑真刎颈鸳鸯会》，文字稍有不同。

话本叙蒋淑珍犯淫被戮之事。蒋淑珍原是乡村女子，生得脸如桃花，眉分柳叶，甚是标致；又兼“自小聪明，从来机巧”，“只是好些风月”。未嫁前，即依门卖俏，并与邻家少儿阿巧偷情。嫁与某二郎后，又与家中教席私通。二郎被她气死后，她转嫁张二官，又与轻薄子弟朱秉中私通。先后害得三个男子断送了性命，因此该话本又叫《三送命》。蒋淑珍如此淫纵无行，无疑严重悖逆了“从一而终”的封建妇德，不仅伤风败俗，而且害人害己，她最后就遭阴魂索命，被张二官手刃。所以，该话本又曾被叫做《冤报冤》。

话本取名《三送命》，突出的是“色是祸媒人”的意旨。话本开头即说：“丈夫只手把吴钩，欲斩万人头，如何铁石打成心性，却为花柔？君看项籍并刘季，一怒使人愁，只因撞着虞姬戚氏，豪杰都休。”意即像项羽和刘邦这样的豪杰，都毁在美人手里，何况是凡夫俗子呢？他还说：“娥眉本是婵娟刃，杀尽风流世上人。”不仅强调女色可畏可怖，而且是苦口婆心地奉劝男人戒色。

话本取名《冤报冤》，则强调了妇人犯淫，必遭报应的观点。话本作者显然是将蒋淑珍当成“淫妇”的典型来描写的，认为三个男子贪色殒身，皆因蒋淑珍卖俏迎奸所致，所以为示惩戒，就有意让阿巧、某二郎等阴魂索命，致蒋身首异处，说这是“冤冤相报有神明”。其意是希望人们尤其是女人们能从她的败德、淫行、恶果中汲取教训，不要步其后尘。这样的思想意旨，当然带有浓厚的封建男权意识色彩。

而话本取名《刎颈鸳鸯会》，则又客观上彰显了一种生死不移之“情”。实际上，倘若抛开“女人是祸水”的成见，从女性的角度来观照蒋淑珍的性格、命运，则她的一生也不乏可悲、可怜，值得理解、同情之处。比如，就她的貌丽、聪慧来说，她本应获得美满的姻缘，可在那个时代，貌丽、爱美似乎成了罪过，性格活泼、外露竟会招致“闾里”的鄙视。为什么呢？《女论语》上说：“内外异处，男女异群，不窥壁外，不出外庭。出必掩面，窥必藏行，男非眷属，互不通名。”蒋就因为个性行为不合这扼杀少女自由的闺范，故而芳年不偶，青春蹉跎，以致为解性爱饥渴而与阿巧偷尝禁果。阿巧受惊而死，她“哀痛弥极”，“日逐蹀躞不下”，可见其生性并不邪恶。后来，她被胡乱嫁给一年老庄农，“过门之后，两个颇说得着”。可十年后，夫妇性爱严重缺失，致使她难耐寂寞，而“与夫家西宾有事”。这又可见，其夫若非年老而性无能，她也不会有越轨之举。夫死后，她“无语泪偷弹”，“朝夕之间，受了多少煎熬，或饱一顿，或缺一餐，家人咸视为敝帚”，亦可谓不幸矣！好歹易嫁张二官，不料张又时常行商在外，她成了“望门寡”，“孤守岑寂，好生难遣”，使她又对“资质丰粹，举止闲雅”的朱秉中一见倾心，并从朱身上获得了前所未有的性爱满足，如小说所写：“本妇平生相接数人，或老或少，那能造其奥处？自经此合,身酥骨软,飘飘然,其滋味不可胜言也。”也就是说,她终于找到了与她灵肉一体的“另一半”,故而她要牢牢地抓住他,她设“鸳鸯会”就是为了表明她生死以之的决心:“夫此二鸟,飞鸣宿食,镇常相守;尔我生不成双,死作一对。”也许她已意识到了私通下场的悲惨,但能“死作一对”,她就觉得无怨无憾了。

于此不难看出,这个可怜的女人,一生所梦想、追求的不过就是情投意合、灵肉一体的美满姻缘。只可惜森严苛刻的封建闺范从一开始就压抑、扭曲了她的梦想和追求,而性爱严重缺乏的婚姻,又迫使她在无法改变婚姻现状的情况下,不得不铤而走险,采用通奸这种畸形的方式以获得身心的满足。恩格斯说过,现代那种以双方互恋为前提的、强烈持久的性爱,“在古代充其量只是在通奸的场合才会发生”(《家庭、私有制和国家的起源》)。因此,她的放浪淫纵,虽不好说与她的人性弱点没有关系,但最主要的原因,恐怕还是在于她所面临的婚姻、礼教窒息了她正常的人欲和人性。设若她嫁的丈夫,不是年纪大、性无能、或长期在外,设若她拥有自主恋爱、选择配偶的权力,那么她通奸被杀的人生悲剧应该说是可以避免的。

可悲的是,她缺的正是这样的人身自由。所以,她的悲剧对于今人认识封建婚姻礼教扭曲、摧残人性的不合理一面,是有一定价值的;同时,它也使人看到了在当时的社会历史条件下,妇女欲追寻人性的舒展和性爱的满足,是多么的艰辛、不易。

（纪德君）

快嘴李翠莲记[①]　　佚　名

入话:

出口成章不可轻,开言作对动人情。

虽无子路[②]才能智,单取人前一笑声。

此四句单道:昔日东京有一员外,姓张名俊,家中颇有金银。所生二子,长曰张虎,次曰张狼。大子已有妻室,次子尚未婚配。本地有个李吉员外,所生一女,小字翠莲,年方二八。姿容出众,女红针指,书史百家,无所不通。只是口嘴快些,凡向人前,说成篇,道成溜,问一答十,问十答百。有诗为证:

问一答十古来难,问十答百岂非凡。

能言快语真奇异,莫作寻常当等闲。

话说本地有一王妈妈,与二边说合,门当户对,结为姻眷,选择吉日良时娶亲。

三日前，李员外与妈妈论议，道："女儿诸般好了，只是口快，我和你放心不下。打紧他公公难理会，不比等闲的，婆婆又兜答[3]，人家又大，伯伯、姆姆，手下许多人，如何是好?"婆婆道："我和你也须分付他一场。"只见翠莲走到爹妈面前，观见二亲满面忧愁，双眉不展，就道：

爹是天，娘是地，今朝与儿成婚配。男成双，女成对，大家欢喜要吉利。人人说道好女婿：有财有宝又豪贵；又聪明，又伶俐，双六、象棋通六艺；吟得诗，做得对，经商买卖诸般会。这门女婿要如何？愁得苦水儿滴滴地。

员外与妈妈听翠莲说罢，大怒曰："因为你口快如刀，怕到人家多言多语，失了礼节，公婆人人不欢喜，被人笑耻，在此不乐。叫你出来，分付你少则声，颠倒说出一篇来，这个苦恁[4]的好！"翠莲道：

爷开怀，娘放意。哥宽心，嫂莫虑。女儿不是夸伶俐，从小生得有志气。纺得纱，绩得苎[5]，能裁能补能绣刺。做得粗，整得细，三茶六饭一时备。推得磨，捣得碓，受得辛苦吃得累。烧卖匾食有何难，三汤两割我也会。到晚来，能仔细，大门关了小门闭；刷净锅儿掩厨柜，前后收拾自用意。铺了床，伸开被，点上灯，请婆睡，叫声安置进房内。如此伏侍二公婆，他家有甚不欢喜？爹娘且请放心宽，舍此之外直个屁！

翠莲说罢，员外便起身去打。妈妈劝住，叫道："孩儿，爹娘只因你口快了愁！今番只是少说些。古人云：'多言众所忌。'到人家只是谨慎言语，千万记着！"翠莲曰："晓得。如今只闭着口儿罢。"

妈妈道："隔壁张大公是老邻舍，从小儿看你大，你可过去作别一声。”员外道：“也是。”翠莲便走将过去，进得门槛，高声便道：

张公道，张婆道，两个老的听禀告：明日寅时我上轿，今朝特来说知道。年老爹娘无倚靠，早起晚些望顾照。哥嫂倘有失礼处，父母分上休计较。待我满月回门来，亲自上门叫聒噪。

张大公道：“小娘子放心，令尊与我是老兄弟，当得早晚照管。令堂亦当着老妻过去倍(陪)伴，不须挂意！”

作别回家，员外与妈妈道：“我儿，可收拾早睡休，明日须半夜起来打点。”翠莲便道：

爹先睡，娘先睡，爹娘不比我班辈。哥哥嫂嫂相傍我，前后收拾自理会。后生家熬夜有精神，老人家熬了打盹睡。

翠莲道罢，爹妈大恼曰：“罢，罢，说你不改了！我两口自去睡也。你与哥嫂自收拾，早睡早起。”翠莲见爹妈睡了，连忙走到哥嫂房门口高叫：

哥哥嫂嫂休推醉，思量你们忒没意。我是你的亲妹妹，止有今晚在家中，亏你两口下着得，诸般事儿都不理，关上房门便要睡。嫂嫂你好不贤惠，我在家，不多时，相帮做些道怎地？巴不得打发我出门，你们两口得零利。

翠莲道罢，做哥哥的便道：“你怎生还是这等的？有父母在前，我不好说你。你自去安歇，明日早起。凡百事，我自和嫂嫂收拾打点。”翠莲进房去睡。兄嫂二人，无多时，前后俱收拾停当，一家都安歇了。

员外、妈妈一觉睡醒，便唤翠莲问道：“我儿，不知甚么时节了？不知天晴天雨？”翠莲便道：

爹慢起，娘慢起，不知天晴是下雨。更不闻，鸡不语，街坊寂静无人语。只听得隔壁白嫂起来磨豆

腐，对门黄公舂糕米。若非四更时，便是五更矣。且
待奴家先起，烧火劈柴打下水，且把锅儿刷洗起，烧
些脸汤洗一洗，梳个头儿光光地。大家也是早起些，
娶亲的若来慌了腿。

员外妈妈并哥嫂一齐起来，大怒曰："这早晚，东方将亮了，还不梳妆完，尚兀[6]子(自)调嘴弄舌！"翠莲又道：

爹休骂，娘休骂，看我房中巧妆画。铺两鬓，黑
似鸦，调和脂粉把脸搽。点朱唇，将眉画，一对金环
坠耳下。金银珠翠插满头，宝石禁步[7]身边挂。今日
你们将我嫁，想起爹娘撇不下；细思乳哺养育恩，泪
珠儿滴湿了香罗帕。猛听得外面人说话，不由我不
心中怕；今朝是个好日头，只管都噜都噜说甚么！

翠莲道罢，妆办停当，直来到父母根(跟)前，说道：

爹拜禀，娘拜禀，蒸了馒头索了粉，果盒肴馔件
件整。收拾停当慢慢等，看看打得五更紧。我家鸡
儿叫得准，送亲从头再去请。姨娘不来不打紧，舅母
不来不打紧，可耐姑娘没道理，说的话儿全不准。昨
日许我五更来，今日鸡鸣不见影。歇歇进门没得说，
赏他个漏风的巴掌当邀请。

员外与妈妈敢怒而不敢言。妈妈道："我儿，你去叫你哥嫂及早起来，前后打点。娶亲的将次[8]来了。"翠莲见说，慌忙走去哥嫂房门口前，叫曰：

哥哥嫂嫂你不小，我今在家时候少。算来也用
起个早，如何睡到天大晓？前后门窗须开了，点些蜡
烛香花草。里外地下扫一扫，娶亲轿子将来了。误
了时辰公婆恼，你两口儿讨分晓！

哥嫂两个忍气吞声，前后俱收拾停当。员外道："我儿，家堂并祖宗面前，可去拜一拜，作别一声。我已点下香烛了。趁娶亲的未来，保你过门平安！"翠莲见说，拿了一炷，走到家堂

面前,一边拜,一边道:

家堂,一家之主;祖宗,满门先贤:今朝我嫁,未敢自专。四时八节,不段(断)香烟。告知神圣,万望垂怜!男婚女嫁,理之自然。有吉有庆,夫妇双全。无灾无难,永保百年。如鱼似水,胜蜜糖甜。五男二女,七子团圆。二个女婿,答礼通贤;五房媳妇,孝顺无边。孙男孙女,代代相传。金珠无数,米麦成仓。蚕桑茂盛,牛马挃肩。鸡鹅鸭鸟,满荡鱼鲜。丈夫惧怕,公婆爱怜。妯娌和气,伯叔忻然。奴仆敬重,小姑有缘。不上三年之内,死得一家干净,家财都是我掌管,那时翠莲快活几年!

翠莲祝罢,只听得门前鼓乐喧天,笙歌聒耳,娶亲车马,来到门首。张宅先生念诗曰:

高卷珠帘挂玉钩,香车宝马到门头。

花红利市多多赏,富贵荣华过百秋。

李员外便叫妈妈将钞来,赏赐先生和媒妈妈,并车马一干人。只见妈妈拿出钞来,翠莲接过手,便道:"等我分!"

爹不惯,娘不惯,哥哥嫂嫂也不惯。众人都来面前站,合多合少等我散。抬轿的合五贯,先生媒人两贯半。收好些,休嚷乱,吊下了时休埋怨!这里多得一贯文,与你这媒人婆买个烧饼,到家哄你呆老汉。

先生与轿夫一干人听了,无不吃惊,曰:"我们见千见万,不曾见这样口快的。"大家张口吐舌,忍气吞声,簇拥翠莲上轿。

一路上,媒妈妈分付:"小娘子,你到公婆门首,千万不要开口!"不多时,车马一到张家前门,歇下轿子,先生念诗曰:

鼓乐喧天响汴州,今朝织女配牵牛。

本宅亲人来接宝,添妆含饭古来留。

且说媒人婆拿着一碗饭,叫道:"小娘子,开口接饭。"只见翠莲在轿中大怒,便道:

老泼狗，老泼狗，交我闭口又开口。正是媒人之口无量斗，怎当你没的翻做有。你又不曾吃早酒，嚼舌嚼黄胡张口。方才跟着轿子走，分付交我休开口。甫能住轿到门首，如何又叫我开口？莫怪我今骂得丑，真是白面老母狗！

先生道："新娘子息怒。他是个媒人，出言不可太甚。自古新人无有此等道理！"翠莲便道：

先生你是读书人，如何这等不聪明？当言不言谓之讷，信这虔婆弄死人。说我婆家多富贵，有财有宝有金银，杀牛宰马做茶饭，苏木檀香做大门，绫罗段匹无算数，猪羊牛马赶成群。当门与我冷饭吃，这等富贵不如贫。可耐伊家忒恁村，冷饭将来与我吞。若不看我公婆面，打得你眼里鬼火生！

翠莲说罢，恼得那媒婆一点酒也没，一道烟先进去了，也不管他下轿，也不管他拜堂。

本宅众亲簇拥新人到了堂前，朝西站定。先生曰："请新人转身向东，今日福禄喜神在东。"翠莲便道：

才向西来又向东，休将新妇便牵笼。转来转去无定相，恼得心头火气冲。不知那个是妈妈？不知那个是公公？诸亲九眷闹丛丛，姑娘小叔乱哄哄。红纸牌儿在当中，点着几对满堂红。我家公婆又未死，如何点盏随身灯？

张员外与妈妈听得，大怒曰："当初只说娶过（个）良善人家女子，谁想娶这个没规矩、没家法、长舌顽皮村妇！"诸亲九眷面面相睹，无不失惊。先生曰："人家孩儿在家中惯了，今日初来，须慢慢的调理他。且请拜香案，拜诸亲。"合家大小俱相见毕。先生念诗赋，请新人入房，坐床撒帐：

新人挪步过高堂，神女仙郎入洞房。

花红利市多多赏，五方撒帐盛阴阳。

张狼在前，翠莲在后，先生捧着五谷，随进房中。新人坐床，先生拿起五谷，念道：

撒帐东，帘幕深围烛影红。

佳气郁葱长不散，画堂日日是春风。

撒帐西，锦带流苏四角垂。

揭开便见姮娥面，输却仙郎捉带枝。

撒帐南，好合情怀乐且耽。

凉月好风庭户爽，双双绣带佩宜男。

撒帐北，津津一点眉间色。

芙蓉帐暖度春宵，月娥苦邀蟾宫客。

撒帐上，交颈鸳鸯成两两。

从今好梦叶维熊，行见蠙珠⑨来入掌。

撒帐中，一双月里玉芙蓉。

恍若今宵遇神女，红云簇拥下巫峰。

撒帐下，见说黄金光照社。

今宵吉梦便相随，来岁生男定声价。

撒帐前，沉沉非雾亦非烟。

香里金虬相隐映，文箫金(今)遇彩鸾仙。

撒帐后，夫妇和谐长保守。

从来夫唱妇相随，莫作河东狮子吼。

说那先生撒帐未完，只见翠莲跳起身来，摸着一条面杖，将先生夹腰两面杖，便骂道："你娘的臭屁！你家老婆便是河东狮子！"一顿直赶出房门外去，道：

撒甚帐？撒甚帐？东边撒了西边样。豆儿米麦满床上，仔细思量像甚样？公婆性儿又莽撞，只道新妇不打当。丈夫若是假乖张，又道娘子垃圾相。你可急急走出门，饶你几下捍(擀)面杖。

那先生被打，自出门去了。张狼大怒曰："千不幸，万不幸，娶了这个村姑儿！撒帐之事，古来有之。"翠莲便道：

丈夫丈夫你休气，听奴说得是不是。多想那人没好气，故将豆麦撒满地。到不叫人扫出去，反说奴家不贤惠。若还恼了我心儿，连你一顿赶出去，闭了门，独自睡，晏起早眠随心意。阿弥陀佛念几声，耳伴清宁到零利(伶俐)。

张狼也无可奈何，只得出去参筵劝酒。

至晚席散，众亲都去了。翠莲坐在房中自思道："少刻丈夫进房来，必定手之舞之的，我须做个准备。"起身除了首饰，脱了衣服，上得床，将一条绵被裹得紧紧地，自睡了。

且说张狼进得房，就脱衣服，正要上床，被翠莲喝一声，便道：

堪笑乔才[10]你好差，端的是个野庄家。你是男儿我是女，尔自尔来咱自咱。你道我是你媳妇，莫言就是你浑家。那个媒人那个主？行甚么财礼，下甚么茶？多少猪羊鸡鹅酒？甚么花红到我家？多少宝石金头面？几匹绫罗几匹纱？镯缠冠钗有几副？将甚插戴我奴家？黄昏半夜三更鼓，来我床前做甚么？及早出去连忙走，休要恼了我们家！若是恼咱性儿起，揪住耳朵采头发。扯破了衣裳，抓碎了脸，漏风的巴掌顺脸括。扯碎了网巾你休要怪，擒了你四鬓怨不得咱。这里不是烟花巷，又不是小娘儿家，不管三七二十一，我一顿拳头打得你满地爬。

那张狼见妻子说这一篇，并不敢近前，声也不则，远远地坐在半边。将近三更时分，且说翠莲自思："我今嫁了他家，活是他家人，死是他家鬼。今晚若不与丈夫同睡，明日公婆若知，必然要怪。罢，罢，叫他上床睡罢。"便道：

痴乔才，休推醉，过来与你一床睡。近前来，分付你，叉手站着莫弄嘴。除网巾，摘帽子，靴袜布衫收拾起。关了门，下幔子，添些油在晏灯里。上床来，悄悄地，同效鸳鸯偕连理。休则声，慎言语，雨散云消脚后睡。束着脚，拳着腿，合着眼儿闭着嘴。若还蹬着我些儿，那时你就是个死！

那张狼果然一夜不敢则声。

睡至天明。婆婆叫言："张狼。你可交娘子早起些梳妆，外面收拾。"翠莲便道：

不要慌，不要忙，等我换了旧衣裳。菜自菜，姜自姜，各样果子各样妆；肉自肉，羊自羊，莫把鲜鱼搅白肠；酒自酒，汤自汤，腌鸡不要混腊獐。日下天色且是凉，便放五日也不妨。待我留些整齐的，三朝点茶请姨娘。总然亲戚吃不了，剩与公婆慢慢噇。

婆婆听得，半晌无言，欲待要骂，恐人知笑话，只得忍气吞声。耐到第三日，亲家母来完饭。两亲〔家〕相见毕，婆婆耐不过，从头将打先生、骂媒人、触夫主、毁公婆，一一告诉一遍。李妈妈听得，羞惭无地，径到女儿房中，对翠莲道："你在家中，我怎生分付你来？交你到人家，休要多言多语，全不听我。今朝方才三日光景，适间婆婆说你许多不是，使我惶恐千万，无言可答。"翠莲道：

母亲你且休吵闹，听我一一细禀告。女儿不是材天乐，有些话你不知道。三日媳妇要上灶，说起之时被人笑。两碗稀粥把盐蘸，吃饭无茶将水泡。今日亲家初走到，就把话儿来诉告，不问青红与白皂，一迷(味)将奴胡厮闹。婆婆性儿忒急躁，说的话儿不大妙。我的心性也不弱，不要着了我圈套。寻条绳儿只一吊，这条性命问他要！

妈妈见说，又不好骂得，茶也不吃，酒也不尝，别了亲家，上轿回家去了。

再说张虎在家叫道："成甚人家？当初只说娶个良善女子，不想讨了个五量店中过卖来家，终朝四言八句，弄嘴弄舌，

成何以看!”翠莲闻说,便道:

大伯说话不知礼,我又不曾惹着你。顶天立地男子汉,骂我是个过卖嘴!

张虎便叫张狼道:“你不闻古人云:‘教妇初来。’虽然不致乎打他,也须早晚训诲;再不然,去告诉他那老虔婆知道。”翠莲就道:

阿伯三个鼻子管[11],不曾捻着你的碗。媳妇虽是话儿多,自有丈夫与婆婆。亲家不曾惹着你,如何骂他老虔婆?等我满月回门去,到家告诉我哥哥。我哥性儿烈如火,那时交你认得我。巴掌拳头一齐上,着你早地乌龟没处躲!

张虎听了大怒,就去扯住张狼要打。只见张虎的妻施氏跑出来,道:“各人妻小各自管,干你甚事?自古道:‘好鞋不踏臭粪!’”翠莲便道:

姆姆休得要惹祸,这样为人做不过。□自伯伯和我嚷,你又走来添些言。自古妻贤夫祸少,做出事来比天大。快快夹了里面去,窝风所在坐一坐。阿姆我又不惹你,如何将我比臭污?左右百岁也要死,和你两个做一做。我若有些长和短,阎罗殿前也不放过!

女儿听得,来到母亲房中,说道:“你是婆婆,如何不管?尽着他放泼,像甚模样?被人家笑话!”翠莲见姑娘与婆婆说,就道:

小姑你好不贤良,便去房中唆调娘。若是婆婆打杀我,活捉你去见阎王!我爷平素性儿强,不和你们善商量。和尚、道士一百个,七日七夜做道场。沙板棺材罗木底,公婆与我烧钱纸。小姑姆姆戴盖头,伯伯替我做孝子。诸亲九眷抬灵车,出了殡儿从新起。大小衙门齐下状,拿着银子无处使。任你家财万万贯，弄得你钱也无来人也死！

妈妈听得，走出来道："早是你才来得三日的媳妇，若做了二三年媳妇，我一家大小俱不要开口了！"翠莲便道：

婆婆休得耍水性，做大不尊小不敬。小姑不要忒侥幸，母亲面前少言论。訾些轻事重重报，老蠢听得便就信。言三语四把吾伤，说的话儿不中听。我若有些长和短，不怕婆婆不偿命！

妈妈听了，径到房中，对员外道："你看那新媳妇，口快如刀，一家大小，逐个个都伤过。你是个阿公，便叫将出来，说他几句，怕甚么！"员外道："我是他公公，怎么好说他？也罢，待我问他讨茶吃，且看怎的。"妈妈道："他见你，一定不敢调嘴。"只见员外分付："交张狼娘子烧中茶吃！"那翠莲听得公公讨茶，慌忙走到厨下，刷洗锅儿，煎滚了茶，复到房中，打点各样果子，泡了一盘茶，托至堂前，摆下椅子，走到公婆面前，道："请公公、婆婆堂前吃茶。"又到姆姆房中道："请伯伯、姆姆堂前吃茶。"员外道："你们只说新媳妇口快，如今我唤他，却怎地又不敢说甚么？"妈妈道："这番只是你使唤他便了。"

少刻，一家儿俱到堂前，分大小坐下，只见翠莲捧着一盘茶，口中道：

公吃茶，婆吃茶，伯伯、姆姆来吃茶。姑娘、小叔若要吃，灶上两碗自去拿。两个拿着慢慢走，泡了手时哭喳喳。此茶唤作阿婆茶，名实虽村趣味佳。两个初煨黄栗子，半抄新炒白芝麻。江南橄榄连皮核，塞北胡桃去壳柤。二位大人慢慢吃，休得坏了你们牙！

员外见说，大怒曰："女人家须要温柔稳重，说话安详，方是做媳妇的道理。那曾见这样长舌妇人！"翠莲应曰：

公是大，婆是大，伯伯、姆姆且坐下。两个老的休得骂，且听媳妇来禀话：你儿媳妇也不村，你儿媳妇也不诈。从小生来性刚直,话儿说了心无挂。公婆不必苦憎嫌,十分不然休了罢。也不愁,也不怕,搭搭凤子回去罢。也不招,也不嫁,不搽胭粉不妆画。上下穿件缟素衣,侍奉双亲过了罢。记得几个古贤人:张良、蒯文通说话,陆贾、萧何快调文,子建、杨修也不亚,苏秦、张仪说六国,吴晏(晏婴)、管仲说五霸,六计陈平、李左车,十二干(甘)罗并子夏。这些古人能说话,齐家治国平天下。公公要奴不说话,将我口儿缝住罢!

张员外道:"罢,罢,这样媳妇,久后必被败坏门风,玷辱上祖!"便叫张狼曰:"孩儿,你将妻子休了罢!我别替你娶一个好的。"张狼口虽应承,心有不舍之意。张虎并妻俱劝员外道:"且从容教训。"翠莲听得,便曰:

公休怨,婆休怨,伯伯、姆姆都休劝。丈夫不必苦留恋,大家各自寻方便。快将纸墨和笔砚,写了休书随我便。不曾殴公婆,不曾骂亲眷,不曾欺丈夫,不曾打良善,不曾走东家,不曾西邻串,不曾偷人财,不曾被人骗,不曾说张三,不与李四乱,不盗不妒与不淫,身无恶疾能书算,亲操井臼与庖厨,纺织桑麻拈针线。今朝随你写休书,搬去妆奁莫要怨。手印缝中七个字:"永不相逢不见面。"恩爱绝,情意断,多写几个弘誓愿。鬼门关上若相逢,别转了脸儿不厮见!

张狼因父母做主,只得含泪写了休书,两边搭了手印,随即讨乘轿子,交人抬了嫁妆,将翠莲并休书送至李员外家。父母并兄嫂都埋怨翠莲嘴快的不是。翠莲道:

爹休嚷,娘休嚷,哥哥、嫂嫂也休嚷。奴奴不是自夸奖,从小生来志气广。今日离了他门儿,是非曲直俱休讲。不是奴家牙齿痒,挑描刺绣能绩纺。大裁小剪我都会，浆洗缝联不说谎。劈柴挑水与庖厨，就有蚕儿也会养。我今年小正当时，眼明手快精神爽。若有闲人把眼观，就是巴掌脸上响。

李员外和妈妈道："罢，罢，我两口也老了，管你不得，只怕有些一差二误，被人耻笑，可怜。可怜！"翠莲便道：

孩儿生得命里孤，嫁了无知村丈夫。公婆利害犹自可，怎当姆姆与姑姑？我若略略开得口，便去搬唆与舅姑。且是骂人不吐核，动脚动手便来拖。生出许多情切话，就写离书休了奴。止(指)望□家图自在，岂料爹娘也怪吾。夫家、娘家着不得，剃了头发做师姑。身披直裰挂葫芦，手中拿个大木鱼。白日沿门化饭吃，黄昏寺里称念佛祖念南无，吃斋把素用工夫。头儿剃得光光地，那个不叫一声小师姑。

说罢，卸下浓妆，换了一套绵布衣服，向父母前合掌闷信(问讯)拜别，转身向哥嫂也别了。哥哥曰："你既要出家，我二人送你到前街明音寺去。"翠莲便道：

哥嫂休送我自去，去了你们得伶俐。曾见古人说得好："此处不留有留处。"离了俗家门，便把头来剃。是处便为家，何但明音寺？散旦(淡)又逍遥，却不到伶俐！

不恋荣华富贵，一心情愿出家。
身披一领锦袈裟，常把数珠悬挂。
每日持斋把素，终朝酌水献花。
纵然不做得菩萨，修得个小佛儿也罢。

〔注〕 ①《快嘴李翠莲记》：选自《清平山堂话本》。"快嘴"为"口齿伶俐"的意思。 ②子路：仲由，字子路，一字季路。春秋时代鲁国人，是孔子的学生。为人勇敢，有政治才干。 ③兜答：唠叨。 ④恁(rèn)：怎么。 ⑤苎(zhù)：苎麻。多年生草本植物，可供纺织。 ⑥兀：还、仍旧。 ⑦禁步：古代妇女裙边所缀的小金铃。弓鞋上的铃也叫"禁步"。 ⑧将次：就要。 ⑨蠙珠：即蚌珠。蠙是"蚌"之别名。 ⑩乔才：宋、元时代骂人的话：坏家伙。 ⑪三个鼻子管：多管闲事。现代歇后语有"三个鼻子眼：多出一口气"。

本篇为元人话本，录自《清平山堂话本》，撰人未详。

今本《清平山堂话本》共存小说话本二十七篇，《快嘴李翠莲记》则是其中思想性、艺术性俱佳的篇目之一。

小说叙说东京李员外，有一女小字翠莲，年方二八，姿容出众，女红针指、书史百家，无所不通。经王妈妈说合，与本地张员外之子张狼定亲。翠莲父母认为女儿诸般皆好，只是嘴快，放心不下，嘱咐其到婆家少言语。翠莲终因嘴快性直，得罪媒人、公婆、丈夫、大伯、姆姆、小姑而被休。翠莲回到娘家，原指望能图个自在，不料父母兄嫂也都埋怨她嘴快的不是，翠莲没奈何卸下浓妆，出家去了。

小说塑造了李翠莲这样一个机智伶俐、能说会道、敢于向封建礼教挑战的坚强的妇女形象。李翠莲因嘴快违“礼”被休弃，遁入空门。像这样勇敢泼辣的女子形象，在中国古代小说中，怕是独一无二的。小说的情节，全由若干引人发笑的“顺口溜”叙出，但掩卷深思，苦涩又每每从那句句笑语中渗出。一个勤劳能干、多才多艺、孝顺父母公婆的女子，凡事有自己的主张，因为看不惯一些事，认为某些“礼”不合理，并顺口说出，结果违反了“女儿家须要温柔稳重，说话要安详”的“礼”，被休回家，落得个青灯古佛伴终生的下场。可见，作品写出了市民中萌生的新的伦理观念与传统观念的矛盾冲突，把矛头指向捍卫封建官僚制度和其法律意志的“礼”，对女主人公基本上是同情的。这正是该小说在思想内容上成为宋元话本小说的精粹之一的根本原因。

话本，就其本意来说，是指说话艺人讲说故事的底本。宋元时代的说话伎艺，就其讲故事这一点来说，同今天的说书相近。但今天的说书就只是“说”，而宋元说话伎艺是有说有唱，表现在书面文字上就是韵文散文相间组成，其中散文是讲说部分，韵文是吟唱部分。《快嘴李翠莲记》就是一篇典型的韵散相间的作品，全篇中如快板词一样的韵语总共有三十段，韵语的字数大大超过散文的字数。从结构上说，散文只是对韵语起串联作用，从人物形象塑造说，韵语是起决定性作用的：李翠莲的思想、观点、性格、态度、心理、意志、才能等等都从韵语中得到充分的展现。如文中有这样一段：

> 员外与妈妈听翠莲说罢，大怒曰：“因为你口快如刀，怕到人家多言多语，失了礼节，公婆人人不欢喜，被人笑耻，在此不乐。叫你出来，吩咐你少则声，颠倒说出一篇来，这个苦恁的好！”翠莲道：
>
> 爷开怀，娘放意。哥宽心，嫂莫虑。女儿不是夸伶俐，从小生得有志气。纺得纱，绩得苎，能裁能补能绣刺。做得粗，

整得细，三茶六饭一时备，推得磨，捣得碓，受得辛苦吃得累。
烧卖匾食有何难，三汤两割我也会。到晚来，能仔细，大门关
了小门闭。刷净锅儿掩橱柜，前后收拾自用意。铺了床，伸了
被，点上灯，请婆睡，叫声安置进房内。如此伏侍二公婆，他家
有甚不欢喜？爹娘且请放心宽，舍此之外直个屁。

这段韵语，表现了李翠莲对爹娘公婆孝顺之心，反映出了她的多才多艺。她是那样的聪明能干、勤快仔细，对未来充满自信，并具有超凡的口才。通过韵语，表达故事主人公的思想、观点、性格、才能，塑造栩栩如生的人物形象，是本文的主要特点，也是本文艺术形式的成功之处。

纵观全文，本作品不愧是宋元话本小说之精华，其思想观念清新进步，人物形象鲜明、具体可感，故事情节完整，语言生动且颇具个性，充满生活气息。

作者塑造的女主人公形象，既令人赞赏、同情，又令人望而生畏。人们赞赏她的聪明能干、大胆直率，敢于用伶俐的语言讥讽所谓“三从四德”，并同情她无辜遭休弃的命运；但李翠莲伶牙俐齿到了人见人怕而为世俗社会难以容忍的地步。这可能体现了作者的一种心理：强调自我、渴望摆脱封建统治者强加在普通女性身上的精神枷锁与反对封建礼教的不彻底性的矛盾。　（沈宗维）

史弘肇龙虎君臣会　　佚　名

倦压鳌头请左符，笑寻赪尾为西湖。
二三贤守去非远，六一清风今不孤。
四海共知霜鬓满，重阳曾插菊花无？
聚星堂上谁先到？欲傍金尊倒玉壶。

这一首诗，乃宋朝士大夫刘季孙寄苏子瞻自翰苑出守杭州诗。元来，东坡先生苏学士凡两次到杭州。先一次，神宗皇帝熙宁二年，通判杭州；第二次，元祐年中，知杭州军州事。所以临安府多有东坡古迹诗句。后来南渡过江，文章之士极多，惟有洪内翰才名，可继东坡之作。洪内翰曾编了《夷坚》三十二志，有一代之史才。在孝宗朝，圣眷甚隆。因在禁林，乞守外郡，累次上章，圣上方允，得知越州绍兴府。是时，淳熙年上到任，时遇春天，有首回文诗，做得极好，乃诗人熊元素所作。诗云：

融融日暖乍晴天，骏马雕鞍绣辔联。
风细落花红衬地，雨微垂柳绿拖烟。
茸铺草色春江曲，雪剪花梢玉砌前。
同恨此时良会罕，空飞巧燕舞翩翩。

若倒转念时，又是一首好诗：

翩翩舞燕巧飞空，罕会良时此恨同。
前砌玉梢花剪雪，曲江春色草铺茸。
烟拖绿柳垂微雨，地衬红花落细风。
联辔绣鞍雕马骏，天晴乍暖日融融。

这洪内翰遂安排筵席于镇越堂上，请众官宴会。那四司六局只应供过的人，都在堂下甚次第。当日果献时新，食烹异味。酒至三杯，众妓中有一妓，姓王，名英。这王英以纤纤春笋柔荑，捧着一管缠金丝龙笛，当筵品弄一曲。吹得清音嘹亮，美韵悠扬。众官听之大喜。这洪内翰令左右取文房四宝来，诸妓女供侍于面前，对众官乘兴，一时文不加点，扫一只词，唤做《虞美人》。词云：

忽闻碧玉楼头笛，声透晴空碧。宫商角羽任西东，映我奇观，惊起碧潭龙。　　数声呜咽青霄去，不舍《梁州序》。穿云裂石向无踪，惊动梅花初谢玉玲珑。

洪内翰珠玑满腹，锦绣盈肠，一只曲儿，有甚难处？做了呈众官。众官看罢，皆喜道："语意清新，果是佳作。"

方才夸羡不已，只见一个官员，在众中呵呵大笑，言曰："学士作此龙笛词，虽然奇妙，此词八句，偷了古人作的杂诗词中各一句也。"洪内翰看那官人，乃孔通判讳德明。洪内翰大惊道："孔丈既知如此，可望见教否？"孔通判乃就筵上，从头一一解之。第一句道："忽闻碧玉楼头笛。"偷了张紫微作《道隐》诗中第四句。诗道：

试问清轩可瞰青，霜天孤月照蓬瀛。

广寒宫里琴三弄，碧玉楼头笛一声。

金井辘轳秋水冷，石床茅舍暮云清。

夜来忽作瑶池梦，十二阑干独步行。

第二句道："声透晴空碧。"偷了骆解元作《王娇姿唱词》中第三句。诗道：

谢氏筵中闻雅唱，何人隔幕在帘帷？

一声点破晴空碧，遏住行云不敢飞。

第三句道："宫商角羽任西东。"偷了曹仙姑作《风向》诗中第二句。诗道：

碾玉悬丝挂碧空，宫商角羽任西东。

依稀似曲才堪听，又被风吹别调中。

第四句道："映我奇观惊起碧潭龙。"偷了东坡作《橹》诗中第三、第四句。诗道：

伊轧江心激箭冲，天涯无际去无踪。

遥遥映我奇观处，料应惊起碧潭龙。

过处第五句道："数声呜咽青霄去。"偷了朱淑真作《雁》诗中第四句。诗道：

伤怀遣我肠千缕，征雁南来无定据。

嘹嘹呖呖自孤飞，数声呜咽青霄去。

第六句道："不舍《梁州序》。"偷了秦少游作《歌舞》诗中第四句。诗道：

纤腰如舞态，歌韵如莺语。

似锦罩厅前，不舍《梁州序》。

第七句道："穿云裂石响无踪。"偷了刘两府作《水底火炮》诗中第三句。诗道：

一激轰然如霹雳，万波鼓动鱼龙息。

穿云裂石向无踪，却虏驱邪归正直。

临了第八句道："惊动梅花初谢玉玲珑。"偷了士人刘改之来谒见婺州陈侍郎作《元宵望江南》词中第四句。词道：

元宵景,天气正融融。柳线正垂金落索,梅花初谢玉玲珑,明月映高空。 贤太守,欢乐与民同。箫鼓聒残灯火市,轮蹄踏破广寒宫,良夜莫匆匆。

孔通判从头解说罢,洪内翰大喜。众官都叹道:"奇哉,奇哉!"洪内翰教左右别办一劝,劝罢,与孔通判道:"适间门下解说得甚妙,甚妙!欲求公作《龙笛词》一首,永为珍赐。"孔通判相谢罢,遂作一词,唤做《水调歌头》。词云:

玉人揎皓腕,纤手映朱唇。龙吟越调孤喷,清浊最堪听。欲度宁王一曲,莫学桓伊三弄,听答兀中丁。忆昔知音客,鉴别在柯亭。 至更深,宜月朗,称疏星。天高气爽,霜重水绿与山青。幸遇良宵佳景,轰起一声蕲州,耳畔觉泠泠。裂石穿云去,万鬼尽潜形。

兀的正是:

高才得见高才客,不枉留传纪好音。

说话的,你因甚的,头回说这《八难龙笛词》?自家今日不说别的,说两个客人将一对龙笛蕲材,来东峰东岱岳烧献。只因烧这蕲材,却教郑州奉宁军一个上厅行首,有分做两国夫人,嫁一个好汉。后来为当朝四镇令公,名标青史。直到如今,做几回花锦似话说。这未发迹的好汉,却姓甚名谁?怎地发迹变泰?直教

纵横宇宙三千里,威镇华夷四百州。

有一诗单道五代兴亡。诗云:

自从唐季坠朝纲,天下生灵被扰攘。
社稷安危悬卒伍,朝廷轻重系藩方。
深冬寒木固不脱,未旦小星犹有光。
五十三年更五姓,始知迅扫待真王。

却说是五代唐朝里,有两个客人:王一太,王二太,乃兄弟两人。获得一对蕲州出的龙笛材,不曾开成笛,天生奇异,根似

龙头之状,世所无者。特地将来兖州奉符县东峰东岱岳殿下火池内烧献。烧罢,圣帝赐与炳灵公。炳灵公遂令康、张二圣,前去郑州奉宁军,唤闻笛阎招亮来。康张二圣领命,即时到郑州,变做两个凡人,径来见阎招亮。这阎招亮正在门前开笛,只见两个人来相揖。作揖罢,道:"一个官员,有两管龙笛蕲材,欲请待诏便去开则个。这官员急性,开毕,重重酬谢,便等同去。"阎招亮即时收拾了作仗,厮赶二人来。顷刻间,到一个所在,阎招亮抬头看时,只见牌上写道:"东峰东岱岳"。但见:

　　群山之祖,五岳为尊。上有三十八盘,中有七十二司。水帘映日,天柱插空。九间大殿,瑞光罩碧瓦凝烟。四面高峰,偃仰见金龙吐雾。竹林寺有影无形,看日山藏真隐圣。

阎招亮理会不下,康、张二圣相引去,参拜了炳灵公。将至一阁子内,已安蕲材在卓上,教阎招亮就此开笛。分付道:"此乃阴间,汝不可远去。倘行远失路,难以回归。"分付毕,二圣自去。招亮片时开成龙笛,吹其声清幽可爱。等半晌,不见康、张二圣来。招亮默思量起:"既到此间,不去看些所在,也须可惜。"遂出阁子来,行不甚远,见一座殿宇。招亮走至廊下,听得静鞭声急,遂去窗缝里偷眼看时,只见:

　　虾须帘卷,雉尾扇开。冕旒升殿,一人端拱坐中间。簪笏随朝,众圣趋跄分左右。金钟响动,玉磬声频。悠扬天乐五云间,引领百神朝圣帝。

圣帝降辇升殿,众神起居毕,传圣旨:"押过公事来。"只见一个汉,项戴长枷,臂连双扭,推将来。阎招亮肚里道:"这个汉,好面熟!"一时间急省不起,他是兀谁。再传圣旨,令:"押去换铜胆铁心,却令回阳世,为四镇令公,告戒切勿妄杀人命。"招亮听得,大惊。忽然一鬼吏喝道:"凡夫怎得在此偷看公事?"当时,阎招亮听得鬼吏叫,急慌走回,来开笛处阁子里坐地。良久之间，康、张二圣来那阁子里来，见开笛了，同招亮将龙笛来呈。吹其笛，声清韵长。炳灵公大喜，道："教汝福上加福，寿上加寿。"招亮告曰："不愿加其福寿。招亮有一亲妹阎越英，见为娼妓。但求越英脱离风尘，早得从良，实所愿也。"炳灵公道："汝有此心，乃凡夫中贤人也。当令汝妹嫁一四镇令公。"招亮拜谢毕，康、张二圣送归。行至山半路高险之处，指招亮看一去处。正看里，被康、张二圣用手打一推，攧将下峭壁岩崖里去。阎待诏吃一惊，猛闪开眼，却在屋里床上，浑家和儿女都在身边。问那浑家道："做甚的你们都守着我眼泪出?"浑家道："你前日在门前，正做生活里，蓦然倒地，便死去。摸你心头时，有些温。扛你在床上两日。你去下世做甚的来?"招亮从康、张二圣来叫他去许多事，一一都说。屋里人见说，尽皆骇然。自后过了几时，没话说。

时遇冬间，雪降长空。石信道有一首《雪》诗，道得好：

> 六出飞花夜不收，朝来佳景有宸州。
> 重重玉宇三千界，一一琼台十二楼。
> 庾岭寒梅何处放? 章台飞絮几时休。
> 还思碧海银蟾畔，谁驾丹山碧凤游?

其雪转大。阎待诏见雪下，当日手冷，不做生活，在门前闲坐地。只见街上一个大汉过去。阎待诏见了，大惊道："这个人便是在东岳换铜胆铁心未发迹的四镇令公，却打门前过去。今日不结识，更待何时?"不顾大雪，撩衣大步赶将来。不多几步，赶上这大汉。进一步，叫道："官人拜揖。"那大汉却认得阎招亮是开笛的，还个喏，道："待诏没甚事?"阎待诏道："今日雪下，天色寒冷，见你过去，特赶来相请，同饮数杯。"便拉入一个酒店里去。

这个大汉，姓史，双名弘肇，表字化元，小字憨儿。开道营长行军兵。按《五代史》本传上载道："郑州荥泽人也。为人跻勇，走及奔马。"酒罢，各自归家。

明日,阎待诏到妹子阎越英家,说道:“我昨日见一个人来,今日特地来和你说。我多时曾死去两日,东岳开龙笛,见这个人换了铜胆铁心,当为四镇令公,道令你嫁这四镇令公。我日多时只省不起这个人,昨日忽然见他,我请他吃酒来。”阎越英问道:“是兀谁?”阎招亮接口道:“是那开道营有情的史大汉。”阎越英听得说是他,好场恶气:“我元(原)来合当嫁这般人?我不信!”

自后,阎待诏见史弘肇,须买酒请他,史大汉数次吃阎待诏酒食。一日路上相撞见,史弘肇遂请阎招亮去酒店里,也吃了几多酒共食。阎待诏要还钱,史弘肇那里肯:“相扰待诏多番,今日特地还席。”阎招亮相别了,先出酒店自去。史弘肇看着量酒道:“我不曾带钱来,你厮赶我去营里讨还你。”量酒只得随他去。到营门前,遂分付道:“我今日没一文,你且去。我明日自送来还你主人。”量酒厮殢①道:“归去吃骂,主人定是不肯。”史大汉道:“主人不肯后要如何?你会事时,便去。你若不去,教你吃顿恶拳。”量酒没奈何,只得且回。

这史弘肇却走去营门前卖糕糜王公处,说道:“大伯,我欠了店上酒钱,没得还。你今夜留门,我来偷你锅子。”王公只当做耍话,归去和那大姆子说:“世界上不曾见这般好笑,史憨儿今夜要来偷我锅子,先来说教我留门。”大姆子见说,也笑。

当夜二更三点前后,史弘肇真个来推大门。力气大推折了门闩,走入来。两口老的听得,大姆子道:“且看他怎地。”史弘肇大惊小怪,走出灶前,掇那锅子在地上,道:“若还破后,难折还他酒钱。”拿条棒敲得当当响。掇将起来,翻转覆在头上。不知那锅底里有些水,浇了一头一脸,和身上都湿了。史弘肇那里顾得干湿,戴着锅儿便走。王公大叫:“有贼!”披了衣服,赶将来。地方听得,也赶将来。史弘肇吃赶得慌,撇下了锅子,走入一条巷去躲避。谁知筑底巷,却走了死路。鬼慌盘上去人家萧墙,吃一滑,攧将下去。地方也赶入巷来,见他攧将下去。地方叫道："阎妈妈，你后门有贼，跳入萧墙来。"阎行首听得，教奶子[2]点蜡烛去来看时，却不见那贼，只见一个雪白异兽：

光闪烁浑疑素练，貌狰狞恍似堆银。遍身毛抖擞九秋霜，一条尾摇动三尺雪。流星眼争闪电，巨海口露血盆。

阎行首见了，吃一惊。定睛再看时，却是史大汉，弯跧蹲在东司[3]边。见了阎行首，失张失志，走起来唱个喏。这阎行首先时见他异相，又曾听得哥哥阎招亮说道他有分发迹，又道我合当嫁他。当时不叫地方捉将去，倒教他入里面藏躲。地方等了一饷，不听得阎行首家里动静，想是不在了，各散去讫。阎行首开了前门，放史弘肇出去。

当夜过了。明日饭后，阎行首教人去请哥哥阎待诏来。阎行首道："哥哥，你前番说史大汉有分发迹，做四镇令公，道我合当嫁他。我当时不信你说。昨夜后门叫有贼，跳入萧墙来。我和奶子点蜡烛去照，只见一只白大虫，蹲在地上。我定睛再看时，却是史大汉。我看见他这异相，必竟是个发迹的人。我如今情愿嫁他。哥哥，你怎地做个道理，与我说则个?"阎招亮道："不妨，我只就今日便要说成这头亲。"阎待诏知道，史弘肇是个发迹变泰底人，又见妹子又嫁他，肚里好欢喜，一径来营里寻他。史弘肇昨夜不合去偷王公锅子，日里先少了酒钱，不敢出门。阎待诏寻个恰好，遂请他出来，和他说道："有头好亲，我特来与你说。"史弘肇道："说什么亲?"阎待诏道："不是别人，是我妹子阎行首。他随身有若干房财，你意下如何?"史弘肇道："好便好，只有三件事，未敢成这头亲。"阎招亮道："有那三件事? 但说不妨。"史弘肇道："第一，他家财由吾使；第二，我入门后，不许再着人客；第三，我有一个结拜的哥哥，并南来北往的好汉若来寻我，由我留他饮食宿卧。如依得这三件事，可以成亲。"阎招亮道："既是我妹子嫁你了，是事都由你。"当日说成这头亲,回复了妹子。两相情愿了,料没甚下财纳礼,拣个吉日良时,到做一身新衣服,与史弘肇穿着了,招他归来成亲。

约过了两个月,忽上司指挥,差往孝义店,转递军期文字。史弘肇到那孝义店,过未得一个月,自押铺已下,皆被他无礼过。只是他身边有这钱。肯使,舍得买酒请人,因此人都让他。

忽一日,史弘肇去铺屋里睡。押铺道:"我没兴添这厮来蒿恼[4]人。"正埋冤哩,只见一个人面东背西而来,向前与押铺唱个喏,问道:"有个史弘肇可在这里?"押铺指着道:"见在那里睡。"只因这个人来寻他,有分教:史弘肇发迹变泰。这来底人姓甚名谁?正是:

两脚无凭寰海内,故人何处不相逢。

这个来寻史弘肇的人,姓郭,名威,表字仲文,邢州尧山县人。排行第一,唤做郭大郎。怎生模样?

抬左脚,龙盘浅水;抬右脚,凤舞丹墀。红光罩顶,紫雾遮身。尧眉舜目,禹背汤肩。除非天子可安排,以下诸侯压不得。

这郭大郎,因在东京不如意,曾扑了潘八娘子钗子。潘八娘子看见他异相,认做兄弟,不教解去官司,倒养在家中。自好了,因去瓦里看,杀了构栏里的弟子,连夜逃走。走到郑州,来投奔他结拜兄弟史弘肇。到那开道营前问人时,教来孝义店相寻。当日史弘肇正在铺屋下睡着,押铺遂叫觉他来。道:"有人寻你,等多时。"史弘肇焦躁,走将起来,问:"兀谁来寻我?"郭大郎便向前道:"吾弟久别且喜安乐。"史弘肇认得,是他结拜的哥哥,扑翻身便拜。拜毕,相问动静了。史弘肇道:"哥哥,你莫向别处去,只在我这铺屋下,权且宿卧,要钱盘缠,我家里自讨来使。"众人不敢道他甚的。由他留这郭大郎在铺屋里宿卧。郭大郎那里住得几日,□□史弘肇无礼上下。兄弟两人在孝义店上,日逐趁赌,偷鸡盗狗,一味干颡不美,蒿恼得一村疃人⑤过活不得，没一个人不嫌，没一个人不骂。

话分两头。却说后唐明宗归天，闵帝登位。应有内人，尽令出外嫁人。数中有掌印柴夫人，理会得些个风云气候，看见旺气在郑州界上，遂将带房奁，望旺气而来。来到孝义店王婆家安歇了，要寻个贵人。柴夫人住了几日，看街上往来之人，皆不入眼。看着王婆道："街上如何直恁地冷静？"王婆道："复夫人，要热闹容易。夫人放买市，这经纪人都来赶趁，街上便热闹。"夫人道："婆婆也说得是。"便教王婆四下说教人知：来日柴夫人买市。

郭大郎兄弟两人听得说，商量道："我们何自撰几钱买酒吃？明朝卖甚的好？"史弘肇道："只是卖狗肉。问人借个盘子，和架子、砧刀，那里去偷只狗子，把来打杀了，煮熟去卖，却不须去上行。"郭大郎道："只是坊佐人家，没这狗子。寻常被我们偷去煮吃尽了，近来都不养狗了。"史弘肇道："村东王保正家，有只好大狗子，我们便去对副休。"两个径来王保正门首，一个引那狗子，一个把条棒，等他出来，要一棒捍杀，打将去。王保正看见了，便把三百钱出来道："且饶我这狗子。二位自去买碗酒吃。"史弘肇道："王保正，你好不近道理！偌大一只狗子，怎地只把三百钱出来？须亏我。"郭大郎道："看老人家面上，胡乱拿去罢。"两个连夜又去别处偷得一只狗子，挦剥干净了，煮得稀烂。

明日，史弘肇顶着盘子，郭大郎驼着架子，走来柴夫人幕次前，叫声："卖肉。"放下架子，阁那盘子在上。夫人在帘子里看见郭大郎，肚里道："何处不觅？甚处不寻？这贵人却在这里。"使人从把出盘子来，教簇一盘。郭大郎接了盘子，切那狗肉。王婆正在夫人身边，道："复夫人，这个是狗肉，贵人如何吃得？"夫人道："买市为名，不成要吃！"教管钱的，支一两银子与他。郭大郎兄弟二人，接了银子，唱喏谢了自去。

少间，买市罢。柴夫人看着王婆道："问婆婆，央你一件事。”王婆道：“甚的事？”夫人道：“先时卖狗肉的两个汉子姓甚的？在那里住？”王婆道：“这两个最不近道理。切肉的姓郭，顶盘子姓史，都在孝义坊铺屋下睡卧。不知夫人问他两个做甚么？”夫人说：“奴要嫁这一个切肉姓郭的人，就央婆婆做媒，说这头亲则个。”王婆道：“夫人偌大个贵人，怕没好亲得说，如何要嫁这般人？”夫人道：“婆婆莫管，自看见他是个发迹变泰的贵人，婆婆便去说则个。”王婆既见夫人恁地说，即时便来孝义店铺屋里寻郭大郎，寻不见。押铺道：“在对门酒店里吃酒。”王婆径过来酒店门口，揭那青布帘，入来见了他弟兄两个，道：“大郎，你却吃得酒下！有场天来大喜事来投奔你，刬地坐得牢里！”郭大郎道：“你那婆子，你见我撰得些个银子，你便来要讨钱。我钱却没与你，要便请你吃碗酒。”王婆便道：“老媳妇不来讨酒吃。”郭大郎道：“你不来讨酒吃，要我一文钱也没。你会事时，吃碗〔酒〕了去。”史弘肇道：“你那婆子，忒不近道理！你知我们性也不好，好意请你吃碗酒，你却不吃。一似你先时破我的肉是狗肉，几乎教我不撰一文。早是夫人教买了。你好羞人，兀自有那面颜来讨钱。你信道我和酒也没，索性请你吃一顿拳踢去了。”王婆道：“老媳妇不是来讨酒和钱。适来夫人问了大郎，直是欢喜，要嫁大郎，教老媳妇来说。”郭大郎听得说，心中大怒，用手打王婆一个漏掌风。王婆倒在地上道：“苦也！我好意来说亲，你却打我。”郭大郎道：“兀谁调发你来厮取笑？且饶你这婆子，你好好地便去，不打你。他偌大个贵人，却来嫁我？”王婆鬼慌，走起来，离了酒店，一径来见柴夫人。夫人道：“婆婆说亲不易。”王婆道：“教夫人知，因去说亲，吃他打来。道：老媳妇去取笑他。”夫人道：“带累婆婆吃亏了！没奈何，再去走一遭。先与婆婆一只金钗子，事成了，重重谢你。”王婆道：“老媳妇不敢去，再去时吃他打杀了也没人劝。”夫人道：“我理会得。你空手去说亲，只道你去取笑他。我教你把这件物事将去为定，他不道得不肯。”王婆问道："却是把甚么物事去?"夫人取出来，教那王婆看了一看，唬杀那王婆。这件物却是甚的物?

君不见，张负有女妻陈平，家居陋巷席为门? 门外多逢长者辙，丰姿不是寻常人。又不见，单父吕公善择婿，一事樊侯一刘季? 风云际会十年间，樊作诸侯刘作帝。从此英名传万古，自然光采生门户。君看如今嫁女家，只择高楼与豪富。

夫人取出定物来，教王婆看，乃是一条二十五两金带，教王婆把去，定这郭大郎。王婆虽然适间吃了郭大郎的亏，凡事只是利动人心，得了夫人金钗子，又有金带为定，便忍脚不住。即时提了金带，再来酒店里来。王婆路上思量道："我先时不合空手去，吃他打来。如今须有这条金带，他不成又打我?"来到酒店门前，揭起青布帘，他兄弟两个兀自吃酒未了。走向前，看着郭大郎道："夫人教传语：恐怕大郎不信，先教老媳妇把这条二十五两金带来定大郎，却问大郎讨回定。"郭大郎肚里道："我又没一文，你自要来说，是与不是，我且落得拿了这条金带，却又理会。"当时叫王婆且坐地，叫酒保添只盏来，一道吃酒。吃了三盏酒，郭大郎觑着王婆道："我那里来讨物事做回定?"王婆道："大郎身边胡乱有甚物，老媳妇将去，与夫人做回定。"郭大郎取下头巾，除下一条鏖糟[6]臭油边子来，教王婆把去做回定。王婆接了边子，忍笑不住，道："你的好省事!"王婆转身回来，把这边子递与夫人。夫人也笑了一笑，收过了。

自当日定亲以后，免不得拣个吉日良时，就王婆家成这亲。遂请叔叔史弘肇，又教人去郑州请婶婶阎行首来相见了。柴夫人就孝义店嫁了郭大郎，却卷帐回到家中，住了几时。夫人忽一日看着丈夫郭大郎道："我夫若只在此相守，何时会得发迹? 不若写一书，教我夫往西京河南府去，见我母舅符令公，可求立身进步之计，若何?"郭大郎道："深感吾妻之意。"遂依其言，柴夫人修了书，安排行装择日教这贵人上路。

史弘肇龙虎君臣会

——明天启刻本《古今小说》插图

行时红光罩体，坐后紫雾随身。朝登紫陌，一条捍棒作朋俦；暮宿邮亭，壁上孤灯为伴侣。他时变豹贵非常，今日权为途路客。

这贵人路上离不得饥餐渴饮，夜住晓行。不则一日，到西京河南府，讨了个下处。这郭大郎当初来西京，指望投奔符令公，发迹变泰。怎知道却惹一场横祸，变得人命交加。正是：

未酬奋翼冲霄志，翻作连天大地囚。

郭大郎到西京河南府看时，但见：

州名豫郡，府号河南，人烟聚百万之多，形势尽一时之胜。城池广阔，六街内士女骈阗；井邑繁华，九陌上轮蹄来往。风传丝竹，谁家别院奏清音？香散绮罗，到处名园开丽景。东连巩县，西接渑池，南通洛口之饶，北控黄河之险。金城缭绕，依稀似偃月之形；雉堞巍峨，仿佛有参天之状。虎符龙节王侯镇，朱户红楼将相家。休言昔日皇都，端的今时胜地。正是：春如红锦堆中过，夏若青罗帐里行。

郭大郎在安歇处，过了一夜。明早却待来将这书去见符令公，猛自思量道："大丈夫倚着一身本事，当自立功名，岂可用妇人女子之书，以图进身乎？"依旧收了书，空手径来衙门前招人牌下，等着部署李霸遇来投见他。李霸遇问道："你曾带得来么？"贵人道："带得来。"李部署问："是甚的？"郭大郎言："是十八般武艺。"李霸遇所说，本是见面钱。见说十八般武艺，不是头了。口里答应道："候令公出厅，教你参谒。"比及令公出厅，却不教他进去。

自从当日起，日逐去俟候，担阁了两个来月，不曾得见令公。店都知见贵人许多日不曾见得符令公，多口道："官人，你枉了日逐去俟候，李部署要钱，官人若不把与他，如何得见符令公？"贵人听得说，怒从心上起，恶向胆边生："元来这贼却是如此！"当日不去衙前俟候，闷闷不已，在客店前闲坐。只见一个扑鱼的在门前叫扑鱼，郭大郎遂叫住扑。只一扑，扑过了鱼。扑鱼的告那贵人道："昨夜迫划得几文钱，买这鱼来扑，指望赢几个钱去养老娘。今日出来，不曾扑得一文，被官人一扑扑过了，如今没这钱归去养老娘。官人可以借这鱼去，前面扑赢得几个钱时，便把来还官人。"贵人见他说得孝顺，便借与他鱼去扑。分付他道："如有人扑过，却来说与我知。"

扑鱼的借得那鱼去扑，行到酒店门前，只见一个人叫："扑鱼的在那里？"因是这个人在酒店里叫扑鱼，有分郭大郎拳手相交，就酒店门前变做一个小小战场。这叫扑鱼的是甚么人？

从前积恶欺天，今日上苍报应。

酒店里叫住扑鱼的，是西京河南府部署李霸遇，在酒店里吃酒，见扑鱼的，遂叫入酒店里去扑。扑不过，输了几文钱，径硬拿了鱼。扑鱼的不敢和他争，走回来说向郭大郎道："前面酒店里，被人拿了鱼，却赢得他几文钱，男女纳钱还官人。"贵人听得说道："是甚么人？好不谙事！既扑不过，如何拿了鱼？鱼是我的，我自去问他讨。"这贵人不去讨，万事俱休。到酒店里看那人时：

仇人厮见，分外眼睁。

不是别人，却是部署李霸遇。贵人一分焦躁，变做十分焦躁。在酒店门前，看着李霸遇道："你如何拿了我的鱼？"李霸遇道："我自问扑鱼的要这鱼，如何却是你的？"贵人拍着手道："我西京投事，你要我钱，担阁我在这里两个来月，不教我见令公。你今日对我有何理说？"李霸遇道："你明日来衙门，我周全你。"贵人大骂道："你这砍头贼，闭塞贤路！我不算你，我和你就这里比个大哥二哥！"郭大郎先脱膊，众人喊一声。原来贵人幼时曾遇一道士，那道士是个异人，替他右项上刺着几个雀儿，左项上刺几根稻谷。说道："若要富贵足，直待雀衔谷。"从此人都唤他是郭雀儿。到登极之日，雀与谷果然凑在一处。此是后话。这日郭大郎脱膊，露出花项，众人喝采。正是：

近觑四川十样锦，远观洛汭一团花。

李霸遇道："你真个要厮打？你只不要走！"贵人道："你莫胡言乱语，要厮打快来！"李霸遇脱膊，露出一身乾乾韃韃的横肉。众人也喊一声。好似：

生铁铸在火池边，怪石镌来坟墓畔。

二人拳手厮打，四下人都观看。一肘二拳，三翻四合，打到分际，众人齐喊一声，一个汉子在血泺⑦里卧地。当下却是输了兀谁？

作恶欺天在世间，人人背后把眉攒。

只知自有安身术，岂畏灾来在目前？

郭大郎正打那李霸遇，直打到血流满地，听得前面头踏指约，喝道："令公来！"符令公在马上，见这贵人红光罩定，紫雾遮身，和李霸遇厮打。李霸遇那里奈何得这贵人？符令公教手下人："不要惊动，为我召来。"手下人得了钧旨⑧，便来好好地道："两人且莫厮打，令公钧旨，教来府内相见。"二人同至厅下。符令公看这人时，生得：

尧眉舜目，禹背汤肩。

令公钧旨，便问郭大郎道："那里人氏？因甚行打李霸遇？"贵人复道："告令公，郭威是邢州尧山县人氏，远来贵府投事。李霸遇要郭威钱，不令郭威参见令公钧颜，担阁在旅店两月有余。今日撞见，因此行打。有犯台颜，小人死罪死罪。"符令公问道："你既然远来投奔，会甚本事？"郭大郎复道："郭威十八般武艺尽都通晓。"令公钧旨，教李霸遇与郭威就当听使棒。李霸遇先时已被这贵人打了一顿，奈何不得这贵人，复令公道："李霸遇使棒不得。适间被郭威暗算，打损身上。"令公钧旨，定要使棒。郭威看着李霸遇道："你道我暗算你，这里比个大哥二哥。"二人把棒在手，唱了喏，部者喝教二人放对。

山东大擂，河北夹枪。山东大擂，鳖鱼口内喷来；河北夹枪，昆仑山头泻出。三转身，两撅脚。旋

风响，卧乌鸣。遮拦架隔，有如素练眼前飞，打龊支撑，不若耳边风雨过。

两人就在厅前使那棒。一上一下，一来一往，斗不得数合，令公符彦卿在厅上看见，喝采不迭。

羊祜病中推杜预，叔牙囚里荐夷吾。
堪嗟四海英雄辈，若个男儿识丈夫？

两人就厅下使棒，李霸遇那里奈何得这贵人？被郭大郎一棒打番。符令公大喜，即时收在帐前，遂差这贵人做大部署，倒在李霸遇之上。郭大郎拜谢了令公，在河南府当职役。过了几时，没话说。

忽一日，郭部署出衙门闲干事，行至市中，只见食店前一个官人，坐在店前，大惊小怪呼左右教打碎这食店。贵人一见，遂问过卖："这官人因甚的在此喧哄寻闹？"过卖扯着部署在背后去告诉道："这官人，乃是地方中有名的尚衙内。半月前见主人有个女儿，十八岁，大有颜色。这官人见了一面，归去教人来传语道：'太夫人教请小娘子过来，说话则个。若是你家缺少钱物，但请见谕。'主人道：'我家岂肯卖女儿？只割舍得死。'尚衙内见主人不肯，今日来此掀打。"贵人见说：

怒从心上起，恶向胆边生。雄威动凤眼圆睁，烈性发龙眉倒竖。两条忿气，从脚底板贯到顶门。心头一把无明(名)火，高三千丈，按捺不下。

郭部署向前，与尚衙内道："凡人要存仁义，暗室欺心，神目如电。尊官不可以女色而失正道。郭威言轻，请尊官上马若何？"衙内焦躁道："你是何人？"贵人道："姓郭，名威，乃是河南府符令公手下大部署。"衙内说："各无所辖，焉能管我？左右为我欧(殴)打这厮！"贵人大怒道："我好意劝你，却教左右打我，你不识我性！"用左手捽住尚衙内，右手就身边拔出压衣刀在手，手起刀落，尚衙内性命如何？

欲除天下不平事，方显人间大丈夫。

郭部署路见不平，杀了尚衙内。一行人从都走，贵人径来河南府内自首。符令公出厅，贵人复道："告令公，郭威杀了欺压良善之贼，特来请罪。"符令公问了起末，喝左右取长枷枷了，押下司理院问罪。怎见得司理院的利害？

古名"廷尉"，亦号"推官"。果然是事不通风，端的底令人丧胆。庞眉节级，执黄荆俨似牛头；努目押牢，持铁索浑如罗刹。枷分三等，取勘情重情轻；牢眼四方，分别当生当死。风声紧急，乌鸦鸣噪勘官厅；日影参差，绿柳遮笼萧相庙。转头逢五道，开眼见阎王。

当日，那承吏王琇承了这件公事。罪人入狱，教狱子绑[9]在廊上，一面勘问。不多时，符令公钧旨，叫王琇来偏厅上。令公见王琇，遂分付几句，又把笔去那卓子面上写四字。王琇看时，乃是"宽容郭威"。王琇道："律有明条，领钧旨。"令公焦躁，遂转屏风入府堂去。王琇急慌，唱了喏，闷闷不已。径回来司房伏案而睡，见一条小赤蛇儿，戏于案上。王琇道："作怪！"遂赶这蛇，急赶急走，慢赶慢走，赶至东乙牢，这蛇入牢眼去，走上贵人枷上，入鼻内从七窍中穿过。王琇看这个贵人时，红光罩定，紫雾遮身。理会未下，就司房里飒然睡觉。元来人困后，多是肚中不好了，有那与决不下的事，或是手头窘迫，忧愁思虑。故困字着个贫字，谓之贫困；愁字，谓之愁困；忧字，谓之忧困，不成喜困、欢困。王琇得了这一梦，肚里道："可知符令公教我宽容他，果然好人识好人。"王琇思量半晌，只是未有个由头出脱他。不知这贵人直有许多撷扑[10]：自幼便没了亲爹，随母嫁潞州常家。后来因事离了河北，筑筑磕磕[11]，受了万千不易。甫能得符令公周全做大部署，又去闲管事，惹这场横祸。

至夜，居民遗漏，王琇眉头一纵，计从心上来。只就当夜，教这贵人出牢狱。当时王琇思量出甚计来？正是：

袖中伸出拿云手，提起天罗地网人。

当夜黄昏后，忽居民遗漏。王琇急去禀令公，要就热乱里放了这贵人，只做因火狱中走了。令公大喜。元来令公日间已写下书，只要做道理放他，遂付书与王琇。王琇接了书，来狱中疏了贵人戴的枷。拿顶头巾，教贵人裹了，把符令公的书与贵人。分付道："令公教你去汴京见刘太尉，可便去，不宜迟。"贵人得放出，火尚未灭。趁那撩乱之际，急走去部署房里，收拾些钱物，当夜迤逦奔那汴京开封府路上来。

不则一日，到开封府，讨了安歇处。明日早，径往殿司衙门俟候下书。等候良久，刘太尉朝殿而回。只见：

青凉伞招飐如云，马颔下珠缨拂火。

乃是侍卫亲军左金吾卫上将军殿前都指挥使刘知远。贵人走向前应声喏，复道："西京符令公有书拜呈，乞赐台览。"刘太尉教人接了书，随入衙。刘太尉拆开书看了，教下书人来厅前参拜了。刘太尉见郭威生得清秀，是个发迹的人，留在帐前作牙将使唤。郭威拜谢讫。

自后过来得数日，刘太尉因操军回衙，打从桑维翰丞相府前过。是日，桑维翰与夫人在看街里，观着往来军民。刘知远头踏[12]，约有三百余人，真是威严可畏。夫人看着桑维翰道："相公见否？"桑维翰道："此是刘太尉。"夫人说："此人威严若此，想官大似相公。"桑维翰笑曰："此一武夫耳，何足道哉！看我呼至帘前，使此人鞠躬听命。"夫人道："果如是，妾当奉劝。如不应其言，相公当劝妾一杯酒。"桑维翰即时令左右呼召刘太尉，又令人安靴在帘里，传钧旨赶上刘太尉，取复道："相公呼召太尉。"刘知远随即到府前下马，至堂下躬身应喏。正是：

直饶百万将军贵，也须堂下拜靴尖。

刘太尉在堂下俟候，担阁了半日，不闻钧旨。桑维翰与夫人饮酒，忘了发付，又没人敢去禀复。至晚，刘太尉只得且归，到衙内焦躁道："大丈夫功名，自以弓马得之，今反被腐儒相侮！"到明日五更，至朝见处，见桑维翰下马入阁子里去。刘知远心中大怒，昨日侮我，教我看靴尖唱喏。今日有何面目相见？因此怀忿，在朝见处有犯桑维翰。晋帝遂令刘知远出镇太原府。那里是刘知远出镇太原府？则是那史弘肇合当出来，发迹变泰。正是：

特意种花栽不活，等闲携酒却成欢。

刘知远出镇太原府，为节度使。日下朝辞出国门，择了日进发赴任。刘太尉先同帐下官属带行亲随起发，前往太原府，留郭牙将在后管押钧眷。行李担仗，当日起发。

朱旗飐飐，彩帜飘飘。带行军卒，人人腰挎剑和刀；将佐亲随，个个腕悬鞭与简。晨鸡啼后，束装晓别孤村；红日斜时，策马暮登高岭。经野市，过溪桥。歇邮亭，宿旅驿。早起看浮云陪晓翠，晚些见落日伴残霞。

指那万水千山，迤逦前进。刘知远方行得一程，见一所大林：

干耸千寻，根盘百里。掩映绿阴似障，槎牙怪木如龙。下长灵芝，上巢彩凤。寻条微动，生四野寒风；嫩叶初开，铺半天云影。阔遮十里地，高拂九霄云。

刘太尉方欲待过，只见前面走出一队人马拦住路。刘太尉吃一惊，将为道是强人，却待教手下将佐安排去抵敌。只见众人摆列在前，齐唱一声喏，为首一人禀复道："侍卫司差军校史弘肇带领军兵接太尉节度使上太原府。"刘知远见史弘肇生得英雄，遂留在手下为牙将。史弘肇不则一日，随太尉到太原府。后面钧眷到，史弘肇见了郭牙将，扑翻身体便拜。兄弟两人再厮见，又都遭际刘太尉，两人为左右牙将。后因契丹灭了石晋，刘太尉起兵入汴，史、郭二人为先锋，驱除契丹，代晋家做了皇帝，国号后汉。史弘肇自此直发迹，做到单、滑、宋、汴四镇令公，富贵荣华，不可尽述。

碧油幢拥，皂纛旗开。壮士携鞭，佳人捧扇。冬眠红锦帐，夏卧碧纱厨。两行红袖引，一对美人扶。

这话本是京师老郎流传，若按欧阳文忠公所编的《五代史》正传上载道：梁末调民七户出一兵，弘肇为兵，隶开道指挥，选为禁军，汉高祖典禁军为军校。其后，汉高祖镇太原，使将武节左右指挥，领雷州刺史。以功拜忠武军节度使，侍卫步军都指挥使。再迁侍卫亲军马步军都指挥使，领归德军节度使，同中书门下平章事。后拜中书令，周太祖郭威即位之日，弘肇已死，追封郑王。诗曰：

结交须结英与豪，劝君莫结儿女曹。
英豪际会皆有用，儿女柔脆空烦劳。

〔注〕 ① 殢(tì)：纠缠。 ② 奶子：乳母。 ③ 东司：厕所。 ④ 蒿恼：打搅，吵闹。 ⑤ 疃人：指村民。 ⑥ 鏖(āo)糟：犹腌臜。污秽不洁的意思。 ⑦ 血泺(luò)：作血泊解。泺：湖泊。 ⑧ 钧旨：古代的一种敬辞，下级对上级用。区别于"圣旨"。 ⑨ 绷(bēng)：原意是"穿甲的绳"。这里指用绳索绑人。 ⑩ 攧(diān)扑：原意跌倒。这里指人生坎坷。 ⑪ 筑筑磕磕：筑，指捣土使其坚实。《释言语》："筑，坚实称也。"磕，敲击。这里指生活中的磨难。 ⑫ 头踏：指古代官员出巡时，前面的仪仗队。

《史弘肇龙虎君臣会》，录自《古今小说》卷十五。《宝文堂书目》录为《史弘肇传》。篇末叙明"这话本是京师老流传"，似系北宋艺人之作。然头回叙洪迈淳熙年知越州绍兴府事，还有"洪内翰曾编了《夷坚》三十二志，有一代之史才"的话，明系南宋人的口气。胡士莹先生认为：故事先在北宋艺人口头流传，至嘉祐以后才写定。也可能头回是南宋末人加的，而正史则是原来的。

《史弘肇龙虎君臣会》里的两个主人公都是五代时著名的历史人物。史弘肇是后汉的重臣，官至节度使；郭威是后汉的名臣，后来成为后周的开国君主。这两个历史人物都有很多非凡的英雄业绩，是可以大书特书的。然而，作者没有写这些而是选择了一个特殊视角，旨在揭示发迹变泰的主题，恰好史弘肇、郭威这两个人物在发迹变泰之前，有很多相似之处。《史弘肇龙虎君臣会》作者选择史、郭合写，大概是受到《史记》的影响。小说写史、郭两人未成名之前，也是一种取巧的办法，因为此时两人的事迹正史记载极少，这样就可以吸收有关的笔记或精彩的民间传说敷衍成有声有色的故事。

《史弘肇龙虎君臣会》之所以能成为"发迹变泰"类小说中的佼佼者，很大程度上是取决于取材的典型意义。作品中两个主要人物,发迹点、途径极其相似,乃至于相同。正如小说中写的那样:他们"两个最不近道理"。因为他们都是出身低微的人,都曾有过无赖行径,而后都得到了美满的婚姻。这美好婚姻的取得,是因为史弘肇被圣帝换上了"铜胆铁心",将荣任"四镇令公";郭威也因"红光罩顶,紫雾遮身","生得清秀,是个发迹的人"。这是其一。其二,作品的内容,多取材于笔记或民间传说。如苏辙的《龙川别志》中写郭威的妻子是唐庄宗的嫔御,庄宗驾崩后,被明宗遣之,途中遇到潦倒不堪的马铺卒郭威,嫔御见其有贵人相貌,便主动下嫁于他。小说中柴夫人嫁郭威的情节,似源于《龙川别志》。而史弘肇娶阎行首的情节,则是据史载史弘肇妻阎氏乃名酒妓的历史资料写成的。这些取材,都具有浓厚的民间传说意味,从而使小说更贴近市井细民的审美情趣。

关于郭威的形象塑造,是值得一提的。显然,小说中郭威的形象胜于史弘肇,而且更具典型意义。作者将郭威的无赖行径、豪侠义气、帝王禀赋糅合在一起写,既相互关联,又渐次展开。如柴夫人主动托媒下嫁时,郭威丝毫没有那种低声下气的"小人味"。当柴夫人以"二十五两重的金带定大郎"时,他却只"除下一条鏖糟臭油边子来,教王婆把去做回定"。这种近乎无赖的举动中还带有一分傲气,细细品来还藏有一点自信和非凡,读来产生一种不落俗套的新鲜感。又如柴夫人让郭威去找母舅符令公,"求立身进步之计",而郭威却认为:"大丈夫倚着一身本事,当自立功名,岂可用妇人女子之书以图进身乎。"这里又将郭威的"贵人"志向进一步明朗,"自信与非凡"进一步光大。后因痛打李霸遇得符令公赏识提携,奠定了发迹的基础。后来又杀了尚衙内,如果说痛打李霸遇有报复的因素,那路见不平杀尚衙内则完全出于义愤。但因杀人入狱,使"发迹"的机遇受挫,后投刘知远,英雄方得用武之地。如此坎坷的历程,正是实实在在描绘郭威"发"和"变"的历程。在这个"历程"中郭威的英雄形象得到了充分的发扬,而说打就打、说杀就杀的习性,还留有无赖的痕迹。由此可见《史弘肇龙虎君臣会》中郭威的形象塑造得极有个性。

小说"头回"中,洪迈作《虞美人》词,孔得明谓其"偷了古人作的杂诗词中各一句",还一一引证之,似有卖弄文才之嫌,这也是古典小说中常见的。 (张 虹)

张生彩鸾灯传 佚 名

入话:

致和上国逢佳姝,思厚燕山遇故人。

五夜华灯应自好，绮罗丛里竟怀春。

话说东京汴梁，宋天子徽宗放灯买市，十分富盛。且说在京一个贵官公子，姓张名生，年方十八，生得十分聪俊，未娶妻室。因元宵到乾明寺看灯，忽于殿上拾得一红绡帕子。帕角系一个香囊，细看帕上，有诗一首云：

囊里真香谁见窃，鲛绡滴血染成红。

殷勤遗下轻绡意，好与才郎置袖中。

生吟讽数次，诗尾后有细字一行云："有情者拾得此帕，不可相忘；请待来年正月十五夜于相篮后门一会，车前有鸳鸯灯是也。"生叹赏久之，乃和其诗曰：

浓麝因同琼体纤，轻绡料比杏腮红。

虽然未近来春约，已胜襄王魂梦中。

自此之后，生以时挨日，以日挨月，以月挨年，倏忽间乌飞电走，又换新正。将近元宵，思赴去年之约。乃于十四日晚，候于相篮后门。果见车一辆，灯挂双鸳鸯，呵卫甚众。生惊喜无措，无因问答。乃诵诗一律，或先或后，近车吟咏，云：

何人遗下一红绡？暗遣吟怀意气饶。

勒马住时金鞯脱，挻身亲用宝灯挑。

轻轻滴滴深深韵，慢慢寻寻紧紧瞧。

料想佳人初失去，几回纤手摸裙腰。

车中女子闻生吟讽，默念昔日遗香囊之事谐矣，遂启帘窥生。见生容貌皎洁，仪度闲雅，愈觉动情。遂令侍女金花者，通达情款，生亦会意。须臾，香车远去，已失所在。

次夜，生复伺于旧处。俄有青盖旧车，迤逦而来，更无人从，车前挂双鸳鸯灯。生睹车中非昨夜相遇之女，乃一尼耳。车夫连称："送师归院去。"生迟疑间，见尼转手而招生，生潜随之，至乾明寺。老尼迎门，谓曰："何归迟也？"尼入院，生随入小轩，轩中已张灯列宴。尼乃去包丝，则绿发堆云，脱僧衣而红裳映月。生女联坐，老尼侍傍。酒行之后，女曰："愿见去年相约之媒。”生取付女视之，女方笑曰：“京辇人物极多，惟君得之，岂非天赐尔我姻缘耶？”生曰：“当时获之，亦曾奉和。”因举其诗。女喜曰：“真我夫也！”于是推生就枕，极尽欢娱。顷而鸡鸣四起，女谓生曰：“妾处深闺，祝天求合，得成夫妇。昨日浓欢，今朝离别，从此之后，无复再会。不若以死向君，无忘此情，妾亦感恩地下矣。”生曰：“我非木石，岂肯独生！”女曰：“君有此情，我之愿也。”遂解衣带共结，与生同悬于梁间。尼急止之曰：“岂可轻生如是乎？你等要成夫妇，但恨无心耳。”生女双双跪拜，求计于尼，尼曰：“汝能远涉江湖，变更姓名于千里之外，可得尽终世之情也。”女与生俯首受计，女遂约生：“今夜三鼓后，可于城北巨柳之下，我当将黄白之资，从君之道。”生曰：“果然否？”女曰：“妾与君性命可捐，何况余事乎？”女乃告归，生亦收拾黄白之资一包，如约伺于城北柳下。仿佛夜分，其女蹑步而来，并携包裹。生女奔宿于通津邸中。次早雇舟，自汴涉淮，直至苏州平江，创第而居。两情好合，谐老百年。正是：

意似鸳鸯飞比翼，情同鸾凤舞和鸣。

今日为甚说这段话？却有个波俏的女娘子也因灯夜游玩，撞着个狂荡的小秀才，惹出一场奇奇怪怪的事来。未知久后成得夫妇也不？且听下回分解。正是：

灯初放夜人初会，梅正开时月正圆。

且道那女娘子遇着甚人？那人是越州[①]人氏，姓张双名舜美。年方弱冠，是一个轻俊标致的秀士，风流未遇的才人。偶因乡荐来杭，不能中选，遂淹留邸舍中，半年有余。正逢着上元佳节，舜美不免关闭房门，游玩则个。况杭州是个热闹去处，怎见得杭州好景？柳耆卿有首《望海潮》词，单道杭州好处。词云：

东南形胜，三吴都会，钱塘自古繁华。烟柳画桥，风帘翠幕，参差十万人家。云树绕堤沙；怒涛卷霜雪，天堑无涯。市列珠玑，户盈罗绮，竞奢华。

重湖叠巘清佳。有三秋桂子，十里荷花。弦管弄晴，菱歌泛夜，嬉嬉的钓叟莲娃。千骑拥高牙，乘时听箫鼓，吟赏烟霞。异日图将好景，归到凤池赊。

舜美观看之际，勃然兴发，遂占《如梦令》词以解怀。云：

明月娟娟筛柳，春色溶溶如酒。今夕试华灯，约伴六桥闲走。回首，回首，楼上玉人知否？

且诵且行之次，遥见灯影中一个丫鬟，肩上斜挑一盏彩鸾灯，后面一女子冉冉而来。那女子生得如何？

凤髻铺云，蛾眉扫月。一面笑共春光斗艳，双眸溜与秋水争明。檀口生风，脆脆甜甜声远振；金莲印月，弓弓小小步来轻。纵使梳装宫样，何如标格天成。媚态多端，如妒如慵。娇滴滴异香数种，非兰非蕙；软盈盈得他一些半点，令人万死千生。假饶心似铁，相见意如糖。

正是：

桃源洞里登仙女，兜率宫中稔色人。

这舜美一见了那女子，沉醉顿醒，竦然整冠，汤瓶样摇摆过来，为甚的做如此模样？元来调光的人，只在初见之时，就便使个手段，便见分晓。有几般讨探之法，说与郎君听着。做子弟的牢记在心，勿忘了《调光经》！怎见《调光经》法：

冷笑佯言，妆痴倚醉。屈身下气，俯就承迎。陪一面之虚情，做许多之假意。先称他容貌无双，次答应殷勤第一。常时节将无做有，几回价送暖偷寒。施恩于未会之前，设计在交关之际。意密致令相见少，情深番使寄书难。少不得潘驴邓耍，离不得雪月风花。往往的仓忙多误事，遭遇为大胆却成非。久玩狎乘机便稔，初相见撞下方题。得了时寻常看待，不得后老大嗟吁。日日缠望梅止渴，朝朝晃画饼充饥。吞了钓,不愁你身子正;纳降罢,且放个脚儿稀。《调光经》于中蕴奥,爱女论就里玄微。决烈妇闻呼即肯,相思病随手能医。情当好极,防更变;认不真时,莫强为。锦香囊乃偷期之本,绣罗帕乃暗约之书。撇情的中心泛滥,卖乖的外貌威仪。才待相交,情便十分之切,未曾执手,泪先两道而垂。搂一会,抱一会,温存软款;笑一回,耍一回,性格痴迷。点头会意,咳嗽知心。讪语时,口要紧;刮涎处,脸须皮。以言词为说客,凭色眼作梯媒。小丫头易惑,歪老婆难期。紧提苍,慢调雏,凡宜斟酌;济其危,怜他困,务尽扶持。入不觑,出不顾,预防物议;擦不羞,诟不答,堤备猜疑。赴幽会,多酬使婢;递消息,厚赆鸿鱼。露些子不传妙用,令儿辈没世皈依。见人时佯佯不采,没人处款款言词。如何他风情惯熟?这舜美是谑浪勤儿。

真个是:

情多转面语,妒极定睛看。

说那女娘子被舜美撩弄,禁持不住。眼也花了,心也乱了,腿也苏了,脚也麻了,痴呆了半晌,四目相睃,面面有情。那女娘子走得紧,舜美也跟得紧;走得慢,也跟得慢,但不能交接一语。不觉又到众安桥,桥上做卖做买,东来西去的,挨挤不过。过得众安桥,失却了女子所在,只得闷闷而回。开了房门,风儿又吹,灯儿又暗,枕儿又寒,被儿又冷,怎生睡得?心里丢不下那个女娘子,思量再得与他一会也好。你看,世间有这等的痴心汉子,实是好笑!正是:

半窗花影模糊月,一段春愁着摸人。

舜美甫能勾捱到天明,起来梳裹了,三餐已毕。只见街市上人,又早收拾看灯。舜美身心按捺不下,急忙关闭房门,径往夜来相遇之处。立了一会,转了一会,寻了一会,靠了一会,呆了一会，只是等不见那女娘子来。遂调《如梦令》一词消遣，云：

燕赏良宵无寐，笑倚东风残醉。未审那人儿，今夜玩游何地？留意，留意，几度欲归又滞。

吟毕，又等了多时。正尔要回，忽见小鬟挑着彩鸾灯同那女娘子从人丛中挨将出来。那女子瞥见舜美，笑容可掬。况舜美也约摸着有五六分上手，那女娘子径往盐桥，进广福庙中拈香。再拜已毕，转入后殿。舜美随于后，那女子偶尔回头，不觉失笑一声。舜美呆着老脸，陪笑起来。他两个挨挨擦擦，前前后后，不复顾忌。那女子回身，捽袖中遗下一个同心方胜儿。舜美会意，俯而拾之，就于灯下，拆开一看，乃是一幅花笺纸。不看万事全休，只因看了，直教一个秀才害了一二年鬼病相思，险些送了一条性命。你道花笺上写的甚么文字？原来也是个《如梦令》，词云：

邂逅相逢如故，引起春心追慕。高挂彩鸾灯，正是儿庭户。那步，那步，千万来宵垂顾。

词后，复书云："妾之敝居十官子巷中。明日父母兄嫂赶江干舅家灯会，十七日方归。止妾与侍儿小英在家，敢邀仙郎惠然枉驾，少慰鄙怀。妾当焚香扫门迎候翘望。妾素香拜柬。"舜美看了多时，喜出望外。那女娘子已去，及归，一夜无眠。

次早，又是十五日。天晚，舜美乘便赴约，早至其处，不敢造次突入。乃成《如梦令》一词，来往歌云：

漏滴铜龙声折，风送金猊香别。一见彩鸾灯，顿使狂心烦热。应说，应说，昨夜相逢时节。

女子听得歌声，掀帘而出，果是灯前相见可意人儿。遂迎迓到于房中，吹灭银灯，解衣就枕。他两个正是旷夫怨女，相见如饿虎逢羊、苍蝇见血，那有功夫问名叙礼，且做一班半点儿事。有首《南乡子》词单题着交欢趣向，道是：

粉汗湿罗衫，为雨为云底事忙。两只脚儿肩上阁，难当。颦蹙春山入醉乡。　　忒杀太颠狂，口口声声叫我郎。舌送丁香娇欲滴，初尝。非蜜非糖滋味长。

两个讲欢已罢，舜美躬身言曰："仆乃途路之人，荷承垂盼，以凡遇仙，自思白面书生，愧无纤毫奉报娘子。"那女子抚舜美背曰："我因爱子胸中锦绣，非图你囊里金珠。"舜美称谢不已，那女子忽然长叹，流泪而言曰："今日已过，明日父母回家，不得复相聚矣。如之奈何？"两个沉吟半晌，计上心来。女娘子曰："莫若你我私奔他所，免使两地永抱相思之苦，未知郎意何如？"舜美大喜曰："我有远族，见在镇江五条街，开个招商客店。可往依焉。"女子应允。

是夜，女子收拾了一帕子金珠，也妆做一个男儿打扮，与舜美携手迤逞而行。将及二鼓，才方行到北关门下。说话因何三四里路，走了许多时光？只为那女子小小一双脚儿，只好在屟廊缓步，芳径轻移，攀台绣阁之中，出没湘裙之下，却又穿了一双大靴，教他跋长途，登远道，心中又慌，怎地的拖得动？且又城中人要出城，城外人要入城，两下不免撒手，前后随行。出得第二重门，被人一涌，各不相顾，那女子径出城门，从半塘洪去了。

舜美虑他是个妇女，身体柔弱，挨挤不出去，还在城里不见得。急回身寻问把门军士，军士说道："适才有个少年秀士寻问同辈，回未半里多地。"舜美自思："一条路往钱塘门，一条路往师姑桥，一条路往褚家堂，三四条叉路，往那一路好？"踌躇半晌，只得依旧路赶去，至十官子巷那女子家中，门已闭了，悄无人声。急急回至北关门，门又关了。整整寻了一夜。

巴到天明，挨门而出。至新马头，见一伙人围得紧紧的，看一只绣鞋儿。舜美认得是女子脱下之鞋，不敢开声。众云："不知何人家女孩儿？为何事来，溺水而死，遗鞋在此？"舜美听罢，惊得浑身冷汗，复到城中探信，满城人喧嚷，皆说："十官巷内刘家女子被人拐去。"又说："投水死了，随处做公的缉访。"这舜美自因受了一昼夜辛苦，不曾吃些饭食，况又痛伤那女子，死于非命。回至店中，一卧不起，寒热交作，病势沉重将危。正是：

相思相见知何日？多病多愁损少年。

且不说舜美卧病在床，却说那女子自北关门失散了舜美，从二更直走到五更，方至新马头。自念："舜美好计，必先走往镇江去了。"遂暗暗地脱下一只绣花鞋在地，那女娘子惟恐家中有人追赶，故托此相示，以绝父母之念。那女娘子乘天未明，赁舟沿流而去。数日之间，虽水火之事，亦自谨慎。稍人亦不知其为女人也。比至镇江，打发舟钱登岸，随路物色，访张舜美亲族，又忘其姓名居址。问来问去，看看日落山腰，又无宿处。偶至江亭，少憩之次，此时乃是正月二十二日。况是月出较迟，是夜夜色苍然，渔灯隐映，不能辨认咫尺。那女子自思："为他抛离乡井；父母兄弟，又无消息，不若从浣纱女游于江中。"哭了多时："只恨那人不知妾之死所。"不觉半夜光景，亭隙中射下月光来。遂移步凭栏，四顾澄江，渺茫千里。正是：

一江流水三更月，两岸青山六代都。

那女子呜呜咽咽，自言自语在那里说，不觉亭角暗中走出一个尼师，向前问曰："人耶？鬼耶？何自苦如此？"女子听罢，答曰："荷承垂问，敢不实告。妾乃浙江人也。因随良人之任，前往新丰。却不思慢藏诲盗，稍子因瞰良人囊金妾貌，辄起不仁之心。良人婢仆，皆被杀害，独留妾一身。稍子欲淫污妾，妾以死誓奔而不能。次日稍子饮酒大醉，妾遂著先夫衣冠，脱身奔逃。不意延路抵此。"那女子难以私奔告，假托此一段说话。尼师闻之，愀然曰："设非昨日渡江归迟入亭，今日何能与娘子相遇？真是个大功果。娘子肯从我否？"女子曰："妾身回视家乡，千山万水。得蒙提挈，乃再生之赐。"尼师曰："出家人以慈悲方便为本，此分内事，不必虑也。”女子拜谢，天明随至大慈庵，屏去俗衣，束发簪冠，独处一室。诸品经咒，目过辄能成诵。旦夕参礼神佛，拜告白衣大士，并持大士经文，哀求再会。尼师见其贞顺，自谓得人，不在话下。

再说舜美在那店中，延医调治，日渐平复，家中父母令回去。瞬息又是上元灯夕，舜美追思去年之事，仍去十官子巷中一看。可怜景物依然，只是少个人在目前。闷闷归房，因诵秦学士所作《生查子》，词云：

去年元夜时，花市灯如昼。月在柳梢头，人约黄昏后。　今年元夜时，月与灯依旧。不见去年人，泪湿春衫袖。

舜美无情无绪，洒泪而归。惭愧物是人非，怅然绝望。誓终身而不娶，尽一世以孤眠。惟务温习经史，无复燕游花柳。

已而流光如箭，又逢大比。舜美得中首选解元，赴鹿鸣宴罢，驰书归报父母，亲友贺者填门。数日后，将带琴剑书箱，上京应试。一路风行露宿，舟次镇江江口。将欲渡江，忽狂风大作，移舟傍岸，少待风息。其风数日不止，只得停泊在彼。

且说那女子在大慈庵中，荏苒首尾三载。是夜忽梦白衣大士报云：“尔夫明日来也。”恍然惊觉，汗流如雨。自思：“平素未尝如此，真是奇怪！”不言与师。

再说舜美等了一日，又是一日，心中好生不快。遂散步独行，沿江闲看。行至一松竹林中，中有小庵，题曰大慈之庵。庵中极大，清雅可爱。趋身入内，庵主出迎，拉至中堂供茶。那女子天使其然，向窗楞中一看，唬得目睁口呆，宛如酒醒梦觉。尼师忽入换茶，女子乃具道厥由。师尼出问曰：“相公莫非越州张秀才乎？”舜美骇然曰：“不肖[②]与师，素昧平生，何缘垂识？”师尼又问曰：“曾娶妻否？”舜美簌簌泪下，乃应曰：“曾有妻刘氏素香，因三载前元宵夜，观灯失去，未知存亡下落。今生虽不才得中解元，便到京得进士，终身亦誓不再娶也。”师遂呼女子出见，两个抱头恸哭多时，收泪而言曰："不意今生再得相见。"悲喜交集，拜谢老尼。乃沐浴更衣，诣大士前，焚香百拜。次以白金百两，段绢二端，奉师尼为寿。两个相别，渡江到舟。二人缺月重圆，断弦再续，大喜不胜。

一路至京，连科进士，除授福建兴化府莆田县尹，谢恩回乡。路经镇江，二人复访大慈庵，赠尼金一笏③。回至杭州，径报十官子巷刘家，其家不知何由。少然车马临门，拜于庭下，父母兄嫂见之大惊，悲喜交集。父母道："因元宵失却我儿，闻知投水身死，我们苦得死而复生。不意今日缺月重圆，又得相会。况得此佳婿，刘门幸也。"乃大排筵会，作贺数日，令小英随去。二人别了丈人丈母，到家见了父母。舜美告知前事，令妻出拜公姑。生父母大喜过望，作宴庆贺。不数日，同妻别父母上任去讫。久后舜美得生二子，前程远大，不负了半世钟情。正所谓：

间别三年死复生，润州城下念多情。

今宵燃烛频频照，笑眼相看分外明。

话本说彻，权作散场。

〔注〕 ① 越州：州名。治会稽(今浙江绍兴市)。辖境相当于今浙江浦阳江流域、曹娥江流域及余姚市等地。南宋时升为绍兴府。 ② 不肖：旧时自称的谦词。 ③ 笏：量词。条、块。

本篇为宋代话本，录自《熊龙峰四种小说》，撰人未详。《宝文堂书目》收录为单行本《彩鸾灯记》。《古今小说》亦见该故事，题为《张舜美元宵得丽女》。

小说分为入话和正话两部分，而贯穿其始终的，便是古今中外小说中绵延不绝的"情"。在入话的部分，叙元宵之夜，贵公子张生拾帕得识佳人，女子虽是个方外之人，但仍凡心未泯，为情所困，遗帕求缘。女子在与张生相亲相爱后，两人不惜以性命为代价，只求能生死相随。后在乾明寺老尼指点下，双双远走他乡，"两情好合，谐老百年"。由此故事又引导出另一个更为曲折的爱情故事，即入正话。叙一个叫张舜美的青年公子，为应乡试，来到繁华的杭州城。也是在一个元宵夜的灯会上，张舜美与一个叫刘素香的女子一见钟情，但却被人群挤散。次日，张又在原相遇之处得与刘相见，刘并以身相许，两人遂私订终身。刘氏还提出与张舜美一同私奔。但在出城时，他们又一次被挤散，以致天各一方。刘素香流落在镇江大慈庵，张舜美则因相思成疾于杭城，险些送命。三年后，饱受相思之苦的这对恋人，终于在大慈庵重逢，有情人成了眷属，刻骨铭心的爱情有了结果。

小说在描写男女情爱上，表现出对传统封建伦理道德观念的极大叛逆性。作品热情赞颂了两个女子对爱情勇敢而执着的追求精神。入话中的女尼以题诗帕上、遗帕灯会的方式来寻找自己的意中人，完全不同于以往女性在婚恋过程中多处于被动的局面，表现了对自己命运把握的主动精神，这是极其值得称赞的。而正话中的刘素香则更为大胆，更具叛逆精神，她不遵从封建社会中男女婚姻要有“父母之命、媒妁之言”的礼法，而是自主婚姻。在她心中，最有理的婚姻应首先是最有情的。所以，她与张舜美一见钟情后，连相互的姓名都没有问明白，便以身相许，并主动提出与张舜美私奔。这些举动在封建社会里可谓惊人之举，更属大逆不道。小说不仅没有用假道学的面目来进行讽劝，还以他们的美满结局表现出对这些人物行为的欣赏，这充分体现出思想观念的进步。

小说采用了套合的结构方式，从一个故事中的情节引导出另一个故事，而两个故事既有联系，又有区别。入话与正话两部分在情节的展示、人物性格描写、细节处理等方面有许多相似之处，但又各自独立成篇，各有特点，不会相互混淆。

作品人物形象鲜明生动，各有特色。例如，入话中的张生和正话中的张舜美，虽然都具有富家公子身份，又都是风流倜傥、满腹才华的俊秀小生，可在个性性格上，张生心性优柔，他虽能同女尼共死，但当女尼告诉他不用去死，可带上钱财逃往他乡求共生时，他对女尼的话尚有迟疑不定之态。而张舜美的性格就显得比较决断，更具阳刚之气，且待人也就显得更为真诚可信赖。在他与刘素香私订终身后，便义无反顾地同意和她携手私奔；在他们失散后，他无情无绪，“唯务温习经史，无复燕游花柳”，并发誓终身不娶，表现出对爱情的忠贞不渝。

小说的叙述语言既活泼生动，又凝练传神，尤其是排比句式的运用，较好地展示了人物心理，烘托出人物个性。例如，入话中写张生拾帕后，盼望来年元宵灯节与佳人相会的心情时，即用“以时挨日，以日挨月，以月挨年”的排比句式，传达出主人公苦于长相思的心理感受，令读者感同身受。再如，在表现刘素香与张舜美一见钟情的内心活动时，话本写道：“那女娘子被舜美撩弄，禁持不住。眼也花了，心也乱了，腿也苏了，脚也麻了，痴呆了半晌，四目相睃，面面有情。”活画出少女初见心仪的异性时的情状与心态。还有，在张舜美得见佳人却苦无交谈之机，踽踽独行回房时，作者写道：“开了房门，风儿又吹，灯儿又暗，枕儿又寒，被儿又冷，怎生睡得？”接着又写他为寻佳人，第二天又“径往夜来相遇之处。立了一会，转了一会，寻了一会，靠了一会，呆了一会，只是等不见那女娘子来”。把一个坠入爱河又不知所爱之人在何方的年青人的行为和心境都刻画得栩栩如生。

不过，小说入话与正话两部分的情节、人物、事件等有雷同之嫌，结构布局与描写叙述上也有幼稚之处，但话本作为一种文体有一个发展过程，加之其主要对象是听众而非读者的具体实际，故这种情况的出现也是在所难免的。

（曾庆雨）

苏长公章台柳传　　佚　名

入话：

春城无处不飞花，寒食东风御柳斜。

日暮汉宫传蜡烛，轻烟散入五侯家。

大宋真宗朝有临安府太守，姓苏名轼，字子瞻，道号东坡居士，人皆称眉山老叟。前任翰林学士，后升端明殿大学士。此人文章冠世，下笔珠玑。为因口舌鲠直，多有伤人，恶了当朝宰相王荆公，被他寻件风流罪过，把苏学士贬去黄州安置。时人说《苏东坡风雪贬黄州》。后哲宗登基，复取回朝，除做临安太守。在任词清讼简，每日佥书公座，并无事务发落，却去西湖之上，造一所书院。门栽杨柳，圃种花木。但遇闲暇，去书院中，吟诗作赋，清闲洒落。至今西湖号为西东杨柳院，和靖老梅轩，古迹犹存。

时遇暮春天道，后园牡丹花开。那看园的园公，报与东坡知道：“牡丹花正开，请相公游玩。”东坡闻言，分付左右：“安排筵席，在四望亭上赏玩。不要请别人，汝可去请灵隐寺佛印长老来。此僧与我至交，我前任翰林院学士，他住持大相国寺，每日与我联诗酌酒。不想我贬黄州，此僧退了大相国寺，又去住甘露寺，又与我相交。今除在此做太守，他又退了甘露寺，来此住持灵隐寺，又与我交。多感他德，今令人可速请佛印长老来，共赏牡丹酌酒。”左右安排筵席已了，遂请佛印长老来。

只见那书院中绿窗朱户，小小亭轩，内排筵席。遂唤一妓者歌唱。此女生得有沉鱼落雁之容，闭月羞花之貌。体态妖娆，精神清爽，当筵祇应清唱。唱罢，佛印问东坡曰："此妓者，何人也？"东坡曰："此妓是西湖上有座酒楼，唱的唤做章台柳。那女子能文章，好歌唱，每日只是怨恨落在风尘里。今日着他唱奉长老饮酒。"佛印大喜。东坡问章台柳道："闻知汝能文章，怨落在风尘里。汝果有此意乎？我今日出个题目与你做一篇，若做得好，纳了花冠褙子，便与你从良嫁人去。敢是我就娶了你。"那女子闻言，乃上前深深地道个万福，道："妾果有此意，若得相公如此，山海之恩不忘。"东坡曰："你既有此心，便将你'柳'为题，要见从良娶你的意思，或诗或词，□□做来。只不要见'柳'字。"那女子将起笔作一词来，乃是《沁园春》：

弱质娇姿，黛眉星眼，画工怎描？自章台分散，隋堤别后，近临绿水，远映红蓼。半占官街，半侵私道，长被狂风取次摇。当今桃腮杏脸难比，好妖娆。

春朝晓露才消，暗隐黄鹂深处娇。千丝万缕，零零风拂水，随风随雨，晴雪飘飘。欲告东君，移归庭院，独对高堂舞细腰。从今后，无人折损柔条。

作罢，呈上东坡相公。东坡与佛印二人看了，言道："不枉了这女子，如此聪明！"长老又道："相公，这女子既有如此之才，何不作一首诗赠他？"东坡道："我先作一首，烦长老亦作一首诗赠他。"东坡诗云：

章台杨柳不禁风，虑恐风吹西复东。
且与移来庭院内，免教攀折路岐中。

长老诗云：

带烟和雨几多标，惹恨牵愁万种娇。
欲识章台杨柳态，请君先看柳眉腰。

长老作诗罢，递与东坡。东坡曰："绝妙好词！"叫左右交与那女子，女子深深谢了东坡，供筵唱毕，酒阑席散，女子纳还花冠褙子回家。揭去帘儿，闭了门在家里专候太守来娶他。不想东坡是醉中之言，那里记得娶他。

却说那章台柳在家专候了一年，不见来娶，只得寻个媒人，嫁与一个丹青大夫，姓李名从善去了。又过一年，忽一日，东坡相公的妹夫学士秦少游来临安访东坡。东坡留待午膳，与他在杨柳院中饮酒，不想风吹一片柳叶，落在酒杯里。那东坡猛然感上心来，记得"前年有一个妓女章台柳，我曾许去娶。不料一向失忘了，如今不知那女子在也不在?"随即写下一简帖，令左右寻问那女子消息。分付道："若寻见他，就将我这简儿与他，叫他快来。"左右奉命去寻，偶然问着，他嫁了丹青大夫李从善。遂一径到李家递那简帖儿与他，章台柳见是临安府太守差人，遂拆开看时，却是一首诗。诗云：

章台柳，章台柳，昔日青青今在否?
纵使柔条似旧垂，多应折在他人手。

章台柳看罢，乃与左右说道："多多拜上相公，妾奉命守了一年以上，不见来娶，如今已嫁了丹青大夫了。"左右闻此言，即便回府禀复东坡道："章台柳已嫁了一个丹青大夫，姓李名从善。"东坡道："是我负了他，他今已嫁了丹青大夫，汝等就将一幅纸与他丈夫李从善，叫他画一枝杨柳来与我。"左右领了言语，去着李从善画了一枝杨柳图回来，递与东坡相公。东坡乃题诗一首在上，诗曰：

翠柳依依在路傍，不堪时暂被炎光。
终身难断风狂性，无分迁移到画堂。

东坡题罢，叫左右："送将去，不要与李从善看。只将此画付与章台柳看。"左右遵命将去递与那妇人，那妇人看见画上有诗四句，况又画他本名，看了一回，亦将笔来也题四句于画上，令左右速带回与东坡看。诗曰：

昔日章台舞细腰，行人任便折枝条。
而今已落丹青手，一任风吹不动摇。

左右辞了妇人，回到府中，将画递与东坡。东坡看了，口称："难得，难得。"将来挂在书院中，安排筵席，请到佛印长老，龙井寺辨才长老，智果寺南轩长老并学士秦少游，一同饮宴。酒至数巡，将那妇人的诗词与众人看，尽称："难得，果好奇才！"东坡曰："欲求列位珠玉一首在上以纪之，可乎?"只见佛印长老道："小僧先占一词在上。"词云：

记得去年时节，春色湖光晴彻。杨柳绿依依，因甚行人折。听说，听说，已属他人风月。

辨才长老云："老僧也作一词。"词云：

春色湖光如练，杨柳依稀拂面。杨柳已离栽，向别家庭院。哀怨，哀怨，欲见无由得见。

南轩长老云："老僧亦作一词。"词云：

柳眼笑窥人送，袅娜舞腰纤弄。那更柳眉效颦，三件皆出众。尊重，尊重，已作一场春梦。

秦少游曰："小子也作一词。"词云：

传与东坡尊舅，欲作栏杆护佑。心性慢些儿，先著他人机勾。虚谬，虚谬，这段姻缘生受。

东坡曰："我亦作诗一首在上。"诗曰：

杨柳因风不自然，分明对面没姻缘。
如今落在丹青手，留与诗人作话传。

诗罢，众人大笑，尽醉而散。

至今风月江湖上，千古渔樵作话传。

本篇为宋代话本，录自《熊龙峰四种小说》，撰人未详。

小说记叙了宋代大文豪苏轼的一则风流韵事：苏东坡做临安太守时，一日宴请好友佛印长老共赏牡丹花，席间名妓章台柳因有文才，苏东坡便有意当面一试，许言只要诗词写得好，便让章台柳脱籍从良，并说自己愿娶她。章台柳果然下笔成章，出手不俗，引得苏东坡与佛印连赞"如此聪明"，并以诗相赠。之后，心实的章台柳真的脱籍闭户，专候东坡来娶。而惯于笑谈的苏东坡竟对此事"失忘"了，苦候一年的章台柳只得寻媒另嫁画家李从善。又一年过去，一日东坡饮酒时见风吹一柳叶入杯，方忆起章台柳。再寻其芳迹，最终得到的是章台柳对他决断的回答："一任风吹不动摇。"

小说的故事并不复杂，手法也较一般。但作品中以诗词来描绘人物心态方面有其过人之处。以往小说中的诗词运用多有累赘和应景，甚至有拼凑之嫌，致使出现词不附意。而这篇小说中的诗词则能紧扣情节的发展及人物的心理，无镶嵌之感。例如，苏东坡要章台柳写诗或词一首来表明心迹，章台柳有“欲告东君，移归庭院，独对高堂舞细腰。从今后，无人折损柔条”。贴切地道出了她从良的迫切愿望，且有告白于东坡，她将终身与之相守。再看东坡对她的酬答诗中便缺少了章台柳的那份真诚，他“虑恐风吹西复东”，才想到“且与移来庭院内，免教攀折路岐中”，其中不难看出苏东坡那种居高临下、救世主式的势态。而佛印长老的酬诗颇有些涉狎，属于男性对美貌女子的赏心悦目，谈不上禅理机趣，反倒充满了红尘俗世的味道。写章台柳守候东坡，显出其人言出必行、守信于人的品性，反衬出苏轼身上那种文人无状、虚对应付的病态。

两年后东坡再忆章台柳是小说情节的一个转折。聪明绝顶的苏轼早料到章台柳一定他嫁了，诗中便写“多应折在他人手”，继而知其确已适人，便说：“是我负了他。”似乎东坡真是个情圣，他在真诚地为“失忘”而内疚。接着，他让李从善画一枝杨柳图来，并题诗曰：“终身难断风狂性，无分迁移到画堂。”只此一句，即写出了苏东坡对章台柳人格上的武断。在此，高傲的苏东坡在检讨自己负人的同时，又为自己不负责的言行找了一个并不光彩的藉口，他的真诚形象也随之消失。所以，当我们读到章台柳对苏东坡柔中带刚、掷地有声的回赠之作时，感到十分畅快。章台柳恪守信义、做人有原则、勇于维护自己做人尊严的形象，给读者留下了极为深刻的印象。

小说善于运用诗词描述心性，塑造形象，并给全篇带来了浓郁的文采和浓厚的文人气息。对以苏东坡这样的文人为主体内容表现的小说来讲是再恰当不过的。或许正是由于这种过于文人化的缘故，才使作品在充溢着市民的听书说书市场上遭遇冷处理，以至在国内湮没不存。这部作品后在日本被发现，才又重归故国。

（曾庆雨）

【典籍介绍】

《武王伐纣平话》

讲史话本。作者不详。《全相平话五种》之一。邓绍基主编《元代文学史》断为元人作品。副标题作“吕望兴周”。内容叙武王伐纣故事。多依傍正史，而穿插了许多民间传说，又加入了大量荒诞情节，行文较活泼。对后来《列国志传》和《封神演义》之创作有直接影响。有1955年古典文学出版社单行排印本。

武王灭纣斩妲己 《武王伐纣平话》

甲子日，天降冲雷之声："恁可破纣也！"武王曰："有诸侯助伐朝歌。至癸亥日，有一路兵来，委的[1]投我。"令人去探，见当前一员猛将，此人身长一丈，肩担一柄大刀，披发似鬼，似擒龙捉虎之雄，却是录真山学业之人雷震子也。诣于武王面前，攀鞍下马。山呼万岁罢，武王大喜："果然来投我。"武王又曰："此城必破，愿天降三日血雨淋城，教天雷震地，城自摧破。"言罢之次，太公令教四下兵将一齐打城。三十六寨一齐发喊之次，果然天雷震城，血雨微微，天愁地惨，日月无光。癸亥日打城至夜，又至晓是甲子日早辰，于城四下兵将，一齐喊声，果然城墙自摧。三十六路打破城池，有兵将元帅，一齐入城去捉纣王。一城百姓，见城自摧破，自来搜捉纣王。纣王〔见〕兵势甚大，力不能及。纣王自点火焚烧了殿宇，仗剑冲兵便走。欲待走，被北伯侯祁杨广高声叫："众兵将捉住无道之君者！"纣王知不免难，大叫一声，自往跳入火中。才欲待跳，忽然一人拦腰挟住，不能跳入火中，令左右捉住，拥见太公，武王见了。太公高声叫曰："捉取妲己来！"兵将依令，速去宫内捉妲己。诣诸宫中，不见妲己。问宫人曰："妲己在于何处也？"宫人言曰："妲己在摘星楼上。"殷交共黄飞虎听道在摘星楼上，速去捉妲己。妲己见兵将至近，思不能脱难，望危楼[2]之下便跳。忽被一阵妖风吹向栏杆上，挂住妲己。被殷交捉住妲己，拥见太公。太公传令："教牢收者！"教取了库藏金银财宝，更尽斩了费仲、费孟家族三百口，良贱尽皆诛戮。此乃不匡谏纣王、妲己，恣纵行无道者，尽皆斩讫；行善事者，子孙受禄；行不仁者，满门遭诛。太公曰："戊午日兵临孟津，甲子日血浸朝歌。"有诗为证：

诗曰：

戊午兵临孟水桥，诸侯烈士尽来朝。

天心合与人心顺，甲子朝歌血水流。

又诗曰：

人笑姜公执钓钩，锦鳞不钓钓西周。

凤翔一道鱼和水，流到朝歌殿角头[3]。

太公、武王收兵于朝歌城外。翌日未时，武王为天下王。今已破纣也，殷交、武王共太公评议所行之事，以此拜礼祷祝天地神祇山川，并又祭纣王所害死的痛亡屈死生灵，然后斩纣〔王〕并妲己二人。武王太公并众将大小官员兵士等，焚香祷祝天地神祇名山大川。武王曰："今破无道不仁之君与死之罪如此：纣王置下酒池肉林、虿盆炮烙之刑，剖剥忠良，剔割孕妇，斫胫看髓，罗织[4]苦死，所有万般凌迟枉死生灵皆祭之。"用香食美羹泼于地土。其日，天色阴晦，顺风听得苦死痛亡灵魂，享而食之，其祭食不移时刻[5]俱尽。或有一人言曰："受有道君祭享[6]。"

太公传令，教建法场。大白旗下斩纣王，小白旗下斩妲己。帝问曰："教甚人为刽子？"问一声未罢，转过殷交来："奏陛下，小臣愿为刽子。陛下听吾诉之。"曰："纣王昔信妲己之言，逐臣到一庙中，似睡朦胧，赐臣一杯酒，饮之，力如万人；又赐臣一具百斤大斧，教斩无道之君。以此神祇所祝，臣合为刽子。"武王曰："据有此事，依卿之言。"武王并太公众文武群臣，皆带冠冕朝服，论条律："若纣王苦害生灵万余人命，合斩纣王并妲己，与寡人报仇。"武王传令，教两班文武兵士，于法场上两下排列。众文武兵将，依奉圣旨，排列了当[7]。武王传圣旨曰："推过纣王、妲己当面。"言："纣王，尔有十条大过，尔知么？"纣王无答。武王又曰："不仁无道之纣，尔囚吾父，醢吾弟身为肉酱，共妲己取乐，是一过也；虿盆、酒池、肉林、炮烙之刑，苦害宫妃，是二过也；尔去摘星楼上，撺下姜皇后撷死，山陵[8]不修，葬后宫第七个梧桐树下，是三过也；你信妲己之言，远窜[9]太子，是四过也；杀害忠臣，贬剥忠良，是五过也。"武王言讫五事，泣下。纣王目睁无言。太公曰："不仁之君，尔杀吾母，是六过也；尔醢黄飞虎之妻，有何罪名！是七过也；尔信妲己之言，剖孕妇，辨阴阳[10]，是八过也；尔信妲己之言，斫胫看髓，是九过也；尔信妲己之言，修□□(造台)阁，劳废民力；费仲谗言，自乱天下，是十过也。"太公言讫后五件大罪，纣王亦无对。武王并众文武尽言："无道不仁之君，据此，合斩万段，未报民恨。"言罢，一声响亮，于大白旗下，殷交一斧斩了纣王，万民咸乐。二声鼓响，于小白旗下，刽子待斩妲己，妲己回首戏刽子，用千娇百媚妖眼戏之，刽子堕刀于地，不忍杀之。太公大怒，令教斩了刽子。又教一刽子去斩。刽子持刀待斩妲己，妲己回首戏刽子，刽子见千娇百媚，刽子又坠刀落地，不忍斩之。太公大怒，又斩了刽子。有殷交来奏武王："臣启陛下，小臣乞斩妲己。"武王："依卿所奏。"殷交用练[11]扎了面目，不见妖容。被殷交用手举斧，去妲己项上中一斧。不斩万事俱休，既然斩着，听得一声响亮，不见了妲己，但见火光迸散。似此怎斩得妲己了？太公一手擎着降妖章，一手擎着降妖镜，向空中照见妲己，真性化为九尾狐狸，腾空而去。被太公用降妖章叱下，复坠于地。太公令殷交拿住，用七尺生绢为袋裹之，用木碓捣之。以此，妖容灭形，怪魄不见。后有诗为证：

休将方寸睐[12]神祇，祸福还同似影随。

善恶到头终有报，只争[13]来速与来迟。

〔注〕 ① 委的：的确。 ② 危楼：高楼。 ③ 角头：角落。 ④ 罗织：捏造、拼凑罪名。 ⑤ 不移时刻：顷刻之间。 ⑥ 祭享：陈列祭品奉死难者。 ⑦ 了当：完毕。 ⑧ 山陵：帝王或皇后的坟墓。 ⑨ 窜：使流亡、逃窜。 ⑩ 阴阳：此指男女。 ⑪ 练：白绢。 ⑫ 睐：斜视。 ⑬ 争：相差。

《武王伐纣平话》，别题《吕望兴周》，系元代讲史平话，不署作者姓名。书分上、中、下三卷。上卷叙妲己入宫，太子殷交反纣事；中卷叙姬昌被囚羑里，黄飞虎反纣，比干剖心，及姜尚发迹等事；下卷叙武王伐纣，斩纣王、妲己事。书中故事略见于《史记·周本纪》及今本《尚书》中的《泰誓》《牧誓》《武成》及《逸周书》等史籍。但因年代久远，传闻多讹，故所叙故事难免悠缪荒诞，较富有民间传说之俶诡趣味。如话本写苏护向纣王献女，女儿被妖狐夺占躯体，入宫魅惑纣王；纣王派去追赶殷交的将军虾吼是大耗神，佶晋是小耗神，魄鬼、魄岁是剑杀二神，荡州太守韩渥是吊客神；周兵过潼关，纣王派出迎敌的离娄是千里眼，师旷是顺风耳等等，这些怪异神奇的人物故事，就多为民间说话人的艺术创造，它们对明代《封神演义》的创作曾产生过直接影响。

不过，该话本的审美认识价值，主要还不在于它的奇诞有趣的故事情节满足了当时市井细民嗜奇好异的审美口味，而在于它始终站在市井细民的立场上，尽可能地运用他们的道德思想观念、是非善恶标准来褒贬历史人事，探索朝代兴亡的历史规律，以满足他们的理性审美欲求。如上选“武王灭纣斩妲己”一节，就体现了这一思想旨趣。在市井细民看来，像纣王这样宠幸妲己，专任奸佞，淫恶无道，残义损善的暴君，当然就不再是什么神圣不可冒犯的一国之君了，而是十恶不赦的独夫民贼。对于这样一个视臣民如草芥的人，就应该、也必须讨之以正义，伐之以刀兵，决不能愚忠愚孝，任其蹂躏。所以平话作者在写到武王、姜尚率军打入朝歌、生擒纣王之后，首先所做的艺术虚构，就是让武王、姜尚将纣王押赴刑场，当众宣布他的十大罪状，揭露他种种淫恶无道的暴虐行径，以示伐纣灭商的正义性，以及诛杀纣王的大快人心。当然，这与历史记述并不相符，《史记·殷本纪》的记载是纣王兵败后，“登鹿台，衣其宝玉衣赴火而死”。但平话作者作这样的改动，目的就是要将纣王明正典刑，以偿其暴，以快民意。而且，为了更痛快淋漓地抒泄人们诛灭独夫的快乐，平话作者还大胆地虚构了一个大义灭亲的纣王之子殷交形象，写他深恨父王摔杀其母的淫暴兽行，主动投奔武王，助周灭商，一路上屡斩商朝大将，最后打进朝歌，竟然自告奋勇，用大斧亲自劈死了父王和妲己。这在崇信儒家忠孝伦理的士大夫文人眼里，无疑是大逆不道的（如明代文人许仲琳在以平话为蓝本作《封神演义》时，就有意将殷交由商纣的逆子贰臣改变为商纣的忠臣孝子），但平话作者却大胆地虚构并肯定殷交的杀父之举。这鲜明地呈现了新兴市民阶层反对封建专制的、具有民主色彩的政治道德观念，即“君不义，臣可以不忠；父不慈，子可以不孝”。它与封建统治者一贯宣扬的“君要臣死，臣不得不死；父要子亡，子不得不亡”的愚忠愚孝之论，确实有着本质的区别。

当然，平话作者也并未完全摆脱封建意识的影响。如他在话本中所宣扬的女色祸国的思想就很明显。他认为，纣王本来也是一个文能安邦、武能定国的贤能国君，但正是由于他迷恋女色，才招来了作祟的妲己，惹出了亡国之灾，纣王的每一项暴行几乎无一不是在妲己的唆使下干出来的。尽管纣王也未尝没有意识到妲己之“邪”(如平话中卷写姬昌大胆陈辞,谏纣王重贤轻色,要求处斩妲己,纣王听后,“三思久之不言”),但他就是摆脱不了妲己的媚惑。作者认为妲己的这种媚惑能力,简直是不可思议的,几乎无人能够抵拒,所以他在平话的结尾,就别出心裁地生发出刽子手奉命处斩妲己的细节。只要妲己“用千娇百媚妖眼”戏诱一下刽子手,刽子手就堕刀于地,不忍杀之,结果一连两个刽子手都被她害得丢了性命。换上殷交行刑,也不得不用白绢蒙上眼睛。这种夸张,不正透露了作者视女色为祸水的封建意识吗?虽然它寄托了民众希望君王勿贪恋女色的朴素政治意识,但把纣王犯下的许多罪恶都转嫁在妲己身上,这无疑是极为偏颇的,在一定程度上削弱了平话反暴君、反暴政的思想意义。 (纪德君)

【典籍介绍】

《乐毅图齐七国春秋后集》

讲史话本。作者不详。《全相平话五种》之一。邓绍基主编《元代文学史》断为元人作品。叙写乐毅伐齐故事。内容以战国时期齐燕之战为线索,而虚构了许多神怪情节。对明清神魔小说创作有一定影响。有1955年古典文学出版社单行排印本。

孙膑说乐毅退师 《乐毅图齐七国春秋后集》

乐毅图齐

帝问先生曰:“燕兵又至,此是若何?”孙子言曰:“我王勿忧。臣用一计,交燕兵自退。”众官看用甚计退燕兵?是时,王曰:“和寡人亲征。”先生曰:“不须王去。”王曰:“卿无兵将少,如何退得燕兵?”先生曰:“臣有兵有将。”交四门立旗。孙子旗立起,第二日,有人报袁达、李慕、独孤陈三人,领兵三千入朝见帝。礼毕,即赐袁达为飞骑将军,次加李慕为飞骑都太尉,独孤陈左右将;马升、解信遥受本处节度使,点兵十万。问:“先生几时兴兵为帅?”先生曰:“将士在志不在勇。膑身独自去。”王曰:“莫有误失家邦?”孙子向龙床奏计,都无数句,王曰:“好强孙子,去见乐毅,看甚计回来。”孙子告曰:“我王休忧。膑单身不用片甲,手不执寸刃,只凭三寸之舌,交乐毅百万雄军自退。”先生辞帝，前去燕寨。

孙子说乐毅

忽有小军报元帅：“寨门外有一道人，着青袍，骑着青牛，提双拐，来见招讨。”乐毅闻之大怒：“正是孙子瘸汉，准备刀斧手，来者便斩。”那时先生下青牛，拄沉香木拐，入寨去见乐毅。乐毅言曰：“孙膑有何面目来见我，待说甚？”孙子至帐下，乐毅自思，两国相持，不斩来使，看孙子来者说甚么。

乐毅下帐见孙子，礼毕，乐毅曰：“仁兄先生何来？”孙子曰：“特来讲和一件事。”毅曰：“何事也？”先生曰：“交我上帐可言。”毅曰：“看有甚事。”先生上帐坐定，跌足[①]捻髯，目视乐毅。乐毅言：“何也？”孙曰：“古者燕齐为唇齿之邦，今两国不和，齐王故使膑来讲和。膑为贤士，兼次[②]齐王幼小，兵少将微，库藏空闲[③]，人民残毁。今仁弟兵雄将勇，非为之敌。看膑一面，仁弟肯回兵么？”乐毅哮吼如雷：“叵耐瘸汉，敢发此言！”喝令刀斧手：“下手者！”石丙言：“不用外人，我与你下手。”轮起石锤便打孙子。孙子性命如何？

当有乐毅扯住：“未可着[④]！孙子别有甚事。”毅又问先生曰：“待论文，待论武？会其本[⑤]是交我回兵。”膑曰：“尔非为〔将〕乎。”毅曰：“我非将乎，怕[⑥]有破绽处么？”膑曰：“你为百万之师，何向此处下寨？”毅曰：“此处何也？”膑曰：“岂不看《六韬》书云：凡将士领兵者，泽地下寨，其兵怕风；穴处下寨，其军怕水；草地下寨，其军怕火；草地下寨，其军怕贼。”乐毅无言可对。孙子曰：“仁弟，我若不存仁义，交你百万兵片甲不回。”众将皆惊：“先生真个强。”且看乐毅肯休么？

乐毅曰：“先生何以言之？”孙子曰：“膑非为大言。我观如下无水，唯一河。我若兵来，其水断流，何奈之？”毅曰：“齐兵，我已知其数，吾何惧！你有甚高强武艺，交我回兵？”膑曰：“若讲和不定，你敢放我出寨去，便起兵来捉你。”乐毅哂之，石丙大怒：“用锤打死瘸汉！”乐毅扯之：“已在咱计中矣！”毅曰：“尔一身在吾计中,不能自保,何须说大口[7]也?"膑曰:"我单身来讲和,你排刀斧杀膑性命者,非君子也,乃小人之才。"毅曰:"各佐其主图王霸业,不顾你死我活,自来如此。"膑曰:"尔就此图我一命,难成大功;取齐境七十城,何以弃之?"毅曰:"此事非我也,乃是骑劫一时之失。我今为帅兴兵,复取齐城,未为晚也。"膑曰:"既齐国有膑,尔何再收之?"毅曰:"尔一身残害[8],岂能为用?"孙子曰:"将志在谋不在勇。"毅曰:"尔有甚策出我寨去?"膑用手写计:"你试看。"毅看罢,道:"先生真个强。"写着甚计策来?

孙子曰:"膑虽残害一身,为上敌燕兵百万之众,更休道手下有强将勇士,何惧尔也。"毅曰:"此言非为患。你有袁达勇,我有石丙雄。袁达使一百斤宣花巨斧,石丙使二百斤石锤。我领百万雄兵,尔却单身至寨,更何夸强。"膑曰:"将在于计谋,你空为百万之师。尔不辱邈[9]你上祖乐羊子节概[10],交别人就身上摘了印。"毅曰:"你不辱邈你上祖孙武子十八国之师,父母皮肉不可毁伤,交人刖了两只脚。"膑曰:"刖我足时非强,庞涓仗天子之威。"毅曰:"我不仗皇帝之势,此也便杀你。"膑道:"把如[11]你先杀我,不如先杀你。"抡起沉香木拐,觑[12]着乐毅头上便打。未知性命如何? 毅曰:"自从盘古王初分,不似这瘸汉大胆。"看乐毅肯饶么?

孙子承(亟)怒,用拐便打,乐毅用手约[13]住。石丙大怒:"打杀孙膑,容易图齐。"乐毅曰:"未可。交尽词[14]者,杀它(他)未迟。"膑曰:"尔仗众杀我,非强;你敢放我出寨,取少军兵来敌你多兵,则一阵便见高低。"乐毅曰:"这汉使脱身之计。"毅曰:"我不放你出去。"膑曰:"你不放我出去,你敢做耶娘[15]养着我么? 你不放我出寨去,就此处杀你。"膑于衣底取刀与毅看。乐毅曰:"杀你可当强?"膑曰:"你不敢杀我。百万军中我杀你,万载标名;你杀我,千年骂名。你若杀我,交你一百万军,限三日,血流成河。"石丙怒曰:"你道有灵圣,打杀你,看谁来与你报仇!”抡起石锤,望孙子顶门上便打。看孙子性命如何?

其时乐毅扯住石丙曰:“不可。杀者(之)容易,恐患在后。”乐毅谓孙子曰:“你不赢我几阵,我怎肯回兵!”膑曰:“你是好汉,有将才,敢对阵相持。交我去取些小兵来,阵上捉你,如翻手耳。”乐毅言曰:“俺也不信。咱放将你出去。”石丙曰:“不如这里打杀瘸汉!”乐毅曰:“不可。看用甚计来近我。”交孙子出寨去。石丙自思,俺根[16]到没人处,打杀这瘸汉。孙子出寨,得青牛骑了,便去怀里取出两个鹁鸽放起,上带哨子响。石丙道:“孙膑有埋伏军兵。”石丙曰[17]便回。放孙子行二里之上,石丙观无伏兵,石丙大怒,言曰:“这汉使脱身计,今番捉住,不由乐元帅,我便打杀这瘸汉。”领五百军兵胜将去赶孙膑。看脱得么?孙子见石丙来赶,放青牛便走如飞。石丙赶不及,回兵归寨。

〔注〕 ① 趺足:趺,疑为“趺”(fū)。趺足:两腿盘叠而坐。 ② 兼次:加上。 ③ 空闲:空无所有。 ④ 着:句末语助词,表示命令或祈求口吻。 ⑤ 会其本:归根到底。 ⑥ 怕:疑问副词,莫非。 ⑦ 大口:大话。 ⑧ 残害:伤残;残疾。 ⑨ 辱邈:辱没;玷辱。邈,通“藐”。 ⑩ 节概:指品节、气概。 ⑪ 把如:连词,与其。 ⑫ 觑:望;照着。 ⑬ 约:遮挡;架隔。 ⑭ 尽词:把话说完。 ⑮ 耶娘:即爷娘。 ⑯ 根:同“跟”。 ⑰ 曰:当为衍文。

《乐毅图齐》系元代讲史话本,不署作者姓名,书分上中下三卷。上卷叙孙膑率齐兵伐燕救父,诛燕王脍及丞相之子。燕昭王立,以重金招贤,拜乐毅为帅,誓志伐齐。中卷叙乐毅下齐七十余城,杀死齐王。孙膑复出,用反间计使燕王召回乐毅,并教田单以火牛阵杀退燕兵。燕王复用乐毅,与孙膑斗智。下卷则叙孙膑之师鬼谷子与乐毅之师黄柏杨斗阵斗法,取得胜利。

书中所叙故事,略见于《史记》等书,但有较大出入。据史书记载,公元前314年,齐宣王命章子(而非孙膑)率兵伐燕,杀死燕王脍和丞相之子。公元前284年,燕国上将军乐毅率兵伐齐,攻下七十余城。公元前279年,燕惠王(非燕昭王)派骑劫替代乐毅,齐国田单驱赶火牛(非孙膑所教),打败了燕兵,收复齐地。可见,这些战争均发生于公元前4世纪末至公元前3世纪前期。而孙膑早在公元前4世纪中期即已死去,岂能又还魂指挥对燕的战争?原来这是因《七国春秋前集》已写了“孙庞斗智”,孙膑作为智谋的化身已经深入民心,甚受民众崇拜,于是平话作者为了迎合民心,便一厢情愿地延长了孙膑的寿命,把他说成上述战争的决定性人物，大力夸赞他的智谋。因此，这部《乐毅图齐》，从书名看好像以乐毅为主，可实际上，主角仍是孙膑；而平话的主旨，也同《七国春秋前集》一样，也依然是讴歌贤才，张扬智谋。如书中就多次提出"得贤者昌，失贤者亡"，把得贤与否看成是国家兴亡的关键。其卷首诗也说："燕邦乐毅齐孙膑，谋略纵横七国中。"压卷诗更说："纵横斗智乐孙辈，青史昭垂万世名。"

不过，孙膑、乐毅相较，孙是主，乐为宾，乐之智谋常常成为孙之智谋的奇妙烘托和反衬。这一点从孙、乐斗智的许多章节都可看出。如这里节选的"孙膑说乐毅退师"故事，就是孙、乐斗智的精彩片断之一。当时，乐毅在燕兵被田单用火牛阵打败之后，秉承燕王之命，再次兴师图齐。面对浩浩荡荡、席卷而来的百万燕兵，齐王甚感忧惧。孙膑于是挺身而出："我王休忧。膑单身不用片甲，手不执寸刃，只凭三寸之舌，交乐毅百万雄军自退。"这充满自信的话语，初步显示了他的爱国精神和不凡气度。进入燕寨后，孙膑先是"上帐坐定，趺(跌)足捻髯，目视乐毅"，然后便以"古者燕齐为唇齿之邦"，晓之以义，以"齐王幼小，兵少将微，库藏空闲，人民残毁"，不堪与燕王为敌，动之以情。这又表现出他的沉着气概和仁者风范。当乐毅不肯轻易回兵时，他又进一步示之以利害，坦言相告乐毅排兵布寨犯了兵家大忌，使燕将尽皆吃惊佩服，这再次展现了他以"仁义"为心的博大胸怀。乐毅恃勇意欲杀之，他嘲笑说："将志在谋不在勇"，"我单身来讲和，你排刀斧杀膑者，非君子也，乃小人之才"。并反激乐毅："尔仗众杀我，非强；尔敢放我出去，则一阵便见高低"，"百万军中，我杀你，万载标名；你杀我，千年骂名"。这使好强的乐毅听了不能不心存忌讳，并被激荡起一股血气之勇："俺也不信！咱放将你出去。"结果孙膑终得脱离虎穴。这充分显露出他临危不惧、大智大勇的智者风采。特别是最后他从怀中取出鹁鸽放飞，骗得石丙中计一节，更表现了他的机智、风趣，令人忍俊不禁。不过，作者也并未将孙膑完全美化。孙膑也有"气急败坏"，口出粗语的时候。面对乐毅的仗势威吓，他气急了，就嘲骂："你空为百万之师。尔不辱邈你上祖乐羊子节概，交别人就身上摘了印。"乐毅偏不放他，他又破口大骂："你不放我出去，你敢做耶娘养着我么?"并举杖弄刀，要打杀乐毅。这就揭示了孙膑粗豪不羁的一面，显得很真实，不但没有损坏他机智、仁义、沉着、刚勇的主导性格品质，反使他变得更加可敬、可爱。

相比之下，乐毅在与孙膑斗智、斗口的过程中，则明显智逊一筹，处于下风。他虽然身为大帅，但却易暴易怒，不够老沉、仁厚。孙膑甫进燕寨，他就扬言杀之。孙膑良言劝和，他又"哮吼如雷"。孙膑指出他下寨犯忌，他虽心服而口犟，并以孙膑在他手中，动辄喊打喊杀，几乎没有一点儿名将的胸襟和气度。不过，乐毅毕竟不同于他手下的莽将石丙，他还是有政治头脑的，所以石丙几次下手欲杀孙膑，都被他及时扯住。而且，他还颇有点自负，他放孙膑出寨，虽是被“激”，但也是不信邪，有意要看孙膑与之对阵“用甚计来近我”。后来，事实证明，乐毅的自负，是不明智的；他不听孙膑所劝，罢兵回国，乃是自取其辱。因此，他与孙膑的这次斗智和后来的斗阵、斗法，都成了对孙膑“智”高无上的有力陪衬和烘托。

在本节故事中，石丙的形象虽着墨较少，但也很生动、鲜明。他的鲁莽、凶暴，常使读者为孙膑的性命捏一把汗，使故事跌宕起伏，扣人心弦；同时，他的鲁莽性格也与乐毅的性格相辅相成，与孙膑的性格相映成趣，让人觉得有似张飞，也不乏可笑、可爱之处。

总之，这段话本虽然全以人物对话、动作为主，艺术描写较少，但人物富有性格色彩的对话和富有表现力的动作细节，以及由此导演的戏剧冲突，却颇为精彩、动人。读之就好像是在看一出妙趣横生的戏剧，使人据此可以想见彼时平话演说所具有的艺术魅力。

（纪德君）

【典籍介绍】

《秦并六国平话》

讲史话本。作者不详。《全相平话五种》之一。邓绍基主编《元代文学史》断为元人作品。副标题作“秦始皇传”。内容基本上依据史实，记述了秦始皇并吞六国之故事。有1955年古典文学出版社单行排印本。

六国合纵伐强秦　　《秦并六国平话》

话说李斯奏始皇帝曰：“陛下，今有荆楚襄王为招讨，合诸国兵马约二十余万，猛将数十员，兵临城下，将至濠前。取王圣旨。”秦始皇大惊曰：“朕谋天下并吞一统，岂期诸邦会兵来侵吾国。”敕问文武官僚：“谁退诸邦兵马？如有功者，必加官赏。”当有王翦出班奏曰：“陛下休虑。虽有诸国二十余万兵将，小臣乞兵二万，令李彪、伊虎为将，臣为主将，退诸国来兵，保王社稷无虞①。”始皇大悦：“全仗卿在意者！”

王翦在演武亭交兵二万出城外下寨。景耀龙先锋排下二龙争珠阵，李彪布下半天撒网阵。二将临军，施礼毕，李彪曰："秦斌，你等因甚兴兵来侵吾国？你若会事[②]之时，出阵一战，可决胜负。"秦斌答曰："奉楚王命并诸国王命，因为始皇无道，谋吞六国，遣使来投慢书[③]，胁令诸邦纳土，意图六合[④]混一，是致诸国大王合纵[⑤]兵至。"李彪言："兵临渭河，可以一战。"秦斌怒道："渭河之兵何能为？待我伐秦为荒草之地。"李彪大怒："叵耐小邦，结党侵凌大国，待教诸国一兵片甲不回。"道了，二骑便斗。

诗曰：

二马骋英豪，凌云杀气高。

非但智斗智，全凭刀斗刀。

二马挑战三十余合，秦斌败走，李彪赶将来，杀败三军。副先锋景耀龙，身穿黄金锁子甲，体挂皂罗袍；头上铁幞头，燕尾交加，黑雾缠身罩体；坐下跨一抱月乌骓，肩担一条清风利枪，腕悬一百二十斤竹节钢鞭，出阵与秦将打话。李彪喝问："来将何人，愿闻姓字。"楚将答曰："咱每[⑥]是先锋景耀龙。"那李彪道："休走！"二将场中宛转[⑦]，杀气腾空。约斗三十余合，景耀龙诈败走，李彪赶将来，不防景耀龙取出弓矢，弓开如满月，箭去似流□(星)，□(正)中李彪，金盔倒着两脚腾空。

诗曰：

金风未动□(蝉)先觉，暗送无常[⑧]总不知。

那时李彪中箭已死，小军抢得尸首，回归阵中，告复招讨。主将王翦钧旨，令伊虎出阵，高叫"索来将挑战"。楚王见副将景耀龙果是英雄难敌，再令正先锋秦斌出阵。施礼打话已毕，二人挑战。秦斌、伊虎相交，一枪来，一刀去，二人厮杀。

诗曰：

幽幽不让梨花舞，兖兖(衮衮)[⑨]难容柳絮飞。

那时二将交斗，马似北海玩珠龙，人似南山争食虎。约斗三十余合，伊虎败走，秦斌赶将来，被伊虎勒住马，后赶得快，二马相并中，一枪刺落下来。只见金盔倒着，两脚登空。小兵抢秦斌回阵后，用金疮药救得活，三军一时败走。

次早，楚王召集诸将，问曰："甚人敢出阵生擒秦将?"有张晃奏道："小人愿往。"伊虎出阵，二将交斗，伊虎大败，归于本阵。王翦打扮，耀日银盔盖顶，身穿蜀锦战袍，肩担一百二十斤三尖刀，四十八环掉刀，跨一匹赤色马出阵。张晃出阵打话，二骑相交，惹起四野愁云，震起满天杀气；人似南山虎，马若北海龙。王翦战三十合诈败，张晃赶将来，二马(相)并，王翦举刀斩落，张晃翻身，下脚捎空。王翦(回)头招起三军喊杀，楚兵大败，东砍西斫，南倾北倒，星罗云散，七断八续。楚兵退五里下寨。

秦兵具表秦始皇。始皇大悦，圣旨再令王翦退诸国兵马。王翦进兵至五里下寨。次日，布下四门斗底阵，王翦出阵索战，楚王召集诸将曰："有何人对敌秦将?"当有赵将陈申唱喏道："小人愿往。"二人战三十合，王翦诈败，陈申赶将来，王翦不用长刀，拈弓取箭，翻身背射三只(枝)连珠箭，喝声："着!"不知陈申性命怎生?

诗曰：

似虎将军还落马，如龙骁骑只空回。

那时陈申中箭，坠下马来，众兵抢归阵去。军中撞出一员猛将，鬼面[10]冯亭，肩担一柄铜斧奔将来，喝声："王翦休走，咱来与你决定输赢!"王翦与冯亭挑战五十合，并无胜负。令各收军，明日却战。

楚王召诸将问："明日何人捉获王翦，功成者千金赏，万户侯。"有周光奏曰："小人有一计，恁地恁地[11]，今夜为刺客，去刺王翦。"商议已定，楚王曰："将军在意。"周光准备，等三更时分，去刺王翦。王翦至晚，帐中忽起狂风一阵，王翦思量，今夜必有刺客来。呵传下军令，令伊虎照烛营寨，紧紧防备。伊虎令小军打动更鼓，一更，二更，不觉无事。转过三更，有韩国将周光,听得鼓已三敲,手藏匕首,纳在袖中,出寨为刺客。来至秦寨,但觉四下小兵困乏,密地偷入秦寨,次入帐前,望□□(见王)翦伏在中军桌子上困倦,面前一碗明灯。只隔□(三)四十步地,不知[12]大踏进几步,刺杀王翦。周光猛着力踏上,怎知帐前三四十步前后,有那陷马坑,使麻布绷了,将土撒在上。周光踏虚,跌落坑内,撞动绳索上铃子响,四下诸军拿钩扯上,押见招讨。招讨喝问:"你是谁人?"周光回言:"某是韩国周光,特来刺杀招讨。"招讨笑道:"你好大胆!"令小卒将囚车绑缚,解去献与始皇。未行之际,有那伊虎告招讨:"不如且将刺客周光放回楚军,令他回报楚王,使他早早退兵,免得二国干戈,多少[13]省事。"招讨道:"你这话也中。"喝令押周光到帐前,向周光道:"别人便叵耐[14]您为刺客,便教您死;咱们放你回兵。可报与楚王,休以大国为意。"分明是伊虎一言半句,救了周光。

诗曰:

临危伸出拿云手,救得天罗地网人。

周光谢了招讨,归于本阵,见楚王言前事。楚王大惊,言:"王翦放你回营,真个贤人。"楚王召诸将曰:"攻伐秦城不下,计将安出?"有那李牧奏王曰:"明日容小人一战,克日攻伐秦城。"楚王依奏,令李牧出阵。

次日,只见星沉河汉,日出扶桑[15];疏钟传紫禁之声,辽水泛红霞之影;晓烟迷岸草,寒雾湿庭芜。辰牌时分,李牧布下方字阵,肩担蘸金斧出阵,厉声高叫,索王翦打话。门旗下撞出一员将,乃王翦也。肩担一百二十斤三尖两刃刀,排下圆字阵。与李牧打话不同,交战三十合,李牧败走。王翦赶杀三军,诸国兵退十里草坂下寨。楚王见李牧走败,心中不悦。李牧虽号名将,年已六十,气力衰乏,怎生敌得那少年的王翦?楚襄王召诸将问曰:"谁人能擒获得王翦者,重赏。"魏将龙离足出班奏曰:"小人愿往。"楚王大喜,见此将身长八尺,披水磨柳叶甲，皂罗袍罩体，肩担大捍刀约重一百斤，骑匹乌骓马出阵，厉声高叫："王翦招讨，比个胜负阿!"王翦出阵，二马相交，惹起四野愁云，震起满天杀气。才三十合，龙离足败走。王翦招起人马，赶杀人兵，东西乱撞，奔走如飞。齐将邹兴撞出阵来，与秦将王翦不通名姓，挑战才三四十合，邹兴败走，王翦急追。邹兴插了枪，取出鹊面宝雕弓，三只(枝)狼尾箭，翻身射三只(枝)流星箭。王翦闪过三箭，邹兴大败，将兵亏折了五百余人，死尸遍地，鲜血坑流。王翦收兵回阵。

楚王不悦，连败数阵，若不抵拒，恐秦兵侵城。楚王召众将会议："今来攻秦不下，难以退兵，恰似骑着虎头，若不跷虎，虎有伤人之意。"有孙虎奏曰："攻秦不下，缘秦将英豪兵勇。孙虎虽怯，亦愿□(出)战。"□(因)将人马布下百胜长蛇阵。但见：亚枪来时，刀作尾叠；铠角如鳞，旌旗红耀。目中剑戟，排成口内齿；使马军盘牙，昂首纵步，人展玉舒腰。枪排布密，亘教蒋武不能当；弓弩齐施，便若高皇难闪避。阵排吞象势，马号化龙骀[16]。孙虎上阵索秦将。王翦出阵，见对阵布百胜长蛇阵，"俺布五方阵。"如何见得？东连甲乙，见一千蓝青旗；西方庚辛，现二百柄如霜斧；北为壬癸，皂纛旗下马如龙；南按丙丁，红旗影里兵似火；黄旗招飐处，戊己按中央。王翦出阵，肩担三尖两刃掉刀，与孙虎打话不同，二将交战。不上三十合，孙虎佯败，王翦赶将来，却被孙虎将黄旗一招，变成四门斗底阵，掩围下王翦。有伊虎带兵冲阵来解围，也被孙虎兵围了在荒郊田地里。齐、燕、魏、赵、韩、楚诸将，皆会兵来围定王翦、伊虎两个。小卒走去报丞相李斯，称王翦招讨已被围在城前十里荒郊田地里。李斯奏上始皇道："王翦被围，愿朝廷发兵去解围，救出王翦、伊虎两个。"那时王贲领兵一万出城，来到十里荒郊之地下寨，大喊数声。王翦在内发喊，知救兵来到，内外相攻应，杀诸国兵马大乱。乱战一场，死尸遍野，鲜血坑流。自辰时乱杀至未时，各各鸣金收兵，折了万余人。楚王收兵点检,约计折了二万余人,有胡曾诗为证。

诗曰:

诸国兵来要伐秦,反遭亏将损人兵。

思量无计回军路,秦勇刚强甚怕人。

话说楚王大惊,不合为长兴兵,伐秦不下,折将亏兵,恐敌不拒,预先祸及本邦。暗思忧虑,召项梁至,问:“伐秦不下,折将亏兵,万一不便,祸及本邦。诸将想有谋计可进谏,图安社稷?”时项梁沉吟半晌之时,奏曰:“陛下休虑。臣虽无能,不肯出秦之下,当血战以决胜败。”乃定一计杀退秦兵,密奏楚王。楚王道:“卿之计是也。”令项梁领五千兵,布下五虎离山阵。

诗曰:

三敲鼓响阵头圆,一棒锣声如捻指。

那时撞出一员猛将,肩担一口大刀,厉声高叫索打话,乃是王贲。王贲见对阵五虎离山阵,未免摆下二龙混海阵。项梁出阵,二人施礼毕,打话。王贲骂曰:“项梁,你等楚王辄敢合纵诸国兵来伐秦,罪犯弥天不小。目今汝等奏上楚王,早将楚国州郡县图献上始皇,免教荆楚人之受苦。”项梁答曰:“非我楚王合纵结横伐秦,皆是秦邦始皇无道,先遣使命赍国书来诸国,克伏纳土,意图六合,致使诸国不从,是致兵来,即非楚王之过。”王贲言:“既是楚王不肯献上□(一)十八郡经图,克日兴兵,并成荒草之地,悔之已晚。”二将打话已了,二骑来交。场中宛转,杀气腾空。一来一往,似凤翻飞;一上一下,何鹘展翅。才三十合,喝交歇,令各人归阵。卸了衣甲,权歇片时,整顿衣甲器械。拍马临军,再战二十余合,项梁奔走归阵。王贲自思,此将乃是名将,不敢赶上。项梁归阵,奏楚王曰:“臣诈败,王贲不赶,难以施计。”楚王问:“卿有何妙计施之?”项梁奏曰:“此王翦、王贲,英雄难敌,臣施一小计,聊损他兵。”楚王问曰:“尔计何如?”项梁附耳道:“恁地恁地。”楚王大悦:“依卿之言。”项梁先差李仲、韩员领兵二千，去退十五里大树林下，埋伏左右畔，等候杀秦兵人马。项梁奏楚王召请诸国大将至御前，楚王分付诸卿大将：“今日定计杀秦兵，恁地恁地。”诸将依令，准备器械，杀退秦兵。楚王令秦斌策应项梁，为引兵战。将军出阵，厉声高叫：“秦将愿来挑战！”王翦出阵与项梁施礼毕，打话不同，二将交战，才三四十合，项梁败走。王翦赶上追捉，不见项梁，却见楚王带朝天乌纱巾、盘龙绛红袍；腰缚碧玉带，脚穿干皂履。王翦直奔将来捉楚王。楚王被赶一十五里，捉住楚王。王翦令诸兵将楚王缚了。此人道：“我不是楚王，吾乃姓李名轩，将军仔细认着！”王翦一觑，果是假底楚王。回马间，只见一下锣声，喊杀连天，不知高低；左畔撞出李仲，右边撞出韩员，后面秦斌杀至，前面冯亭、周霸、田儋、孙虎、李牧、张耳、韩广杀将来，东砍四(西)斫，星罗云散，七续八断。王翦杀出，奔走回营，折了二千余兵。两下收兵，楚王大悦，问诸将道：“自临阵已来，未尝有此大捷。今秦兵退败，诸国可以乘胜回邦。”当日烹牛，犒赏诸军。项梁奏曰：“望大王回兵，诸国各差将持兵，各守本隘，免致秦兵侵犯。如有秦兵至一国，愿诸国救应。”楚王令周霸、邹阔各兵一千，把断函谷关。诸将各守本界关隘去处。楚王国书通报诸国大王，各回本所。

〔注〕 ① 虞：忧。 ② 会事：晓事；懂得事理。 ③ 慢书：对人表示傲慢的书信。④ 六合：指天地及四方。 ⑤ 合纵：战国时，苏秦游说六国诸侯联合伐秦，后泛指联合。⑥ 咱每：用作第一人称，我。 ⑦ 宛转：形容辗转往来。 ⑧ 无常：佛教称世间所有事物不能久驻，常处于生灭成坏之中，故称无常。此处指死亡。 ⑨ 衮衮：旋转翻滚的样子。 ⑩ 鬼面：形容长相丑怪。 ⑪ 恁地恁地：如此这般。 ⑫ 不知：不知不觉地。 ⑬ 多少：多么；何等。 ⑭ 叵耐：不可容忍；痛恨。 ⑮ 扶桑：传说中的神木，据说太阳从它的下方升起。⑮ 骀(tái)：劣马。化龙骀：指良马。

《秦并六国平话》，别题《秦始皇传》，系元代讲史话本，不署作者姓名。书分上、中、下三卷，主要讲述秦始皇兵吞六国，复因荒淫、残暴，不行仁义而被项羽、刘邦消灭的兴亡历程。这段兴亡历程与《史记·秦始皇本纪》所勾勒的历史轮廓大体相合。其所叙大事，也多据《史记》中的人物传记加以敷演。其开卷诗即说：“世代茫茫几聚尘，闲将《史记》细铺陈。”所以郑振铎曾指出：“这是一部‘人’的书而不是鬼怪的书，只是一部写人与人之间的争斗，却不是写仙与仙之间的玄妙的布阵斗法的。这是一部纯粹的历史小说，不参入一点神怪的分子在内的。”（《插图本中国文学史》第四十八章第四节）

不过，史书记载毕竟粗略，往往“一言而包尽良相之大功，一笔而挥全英雄之伟绩”，这就使历史事件中原有的丰富多彩的场景细节，历史人物的雄姿英风、智略武概等多半湮没难见。因此，讲史者若要将“秦并六国”这段兴废争战的历史画面具体、生动地呈献出来，将历史人物一一呵活眼前，他就不能不根据市井细民的审美接受心理，补之以虚构、想象，沃之以神采、意味，尽量将历史事件戏剧化、传奇化，以取悦于听众。如上选“六国合纵伐强秦”一节，本来据《史记》记载，不过寥寥数句，不足二十字：“六年，韩、魏、赵、卫、楚共击秦，取寿陵。秦出兵，五国兵罢。”而讲史者则据之洋洋洒洒地演绎了五千余字，可见他作了多少增衍和虚构！

而其增衍和虚构的重心和旨趣，即在于通过对两军阵前交锋厮杀、惊险热闹之斗争场面的着意渲染，来使故事情节跌宕起伏、惊险曲折，充分戏剧化，从而激起听众的好奇心、求“听”欲。如罗烨《醉翁谈录·小说开辟》所言：“说人头厮挺，令羽士快心；言两阵对圆，使雄夫壮志。”所以，这么一段话文，讲史者居然编排、导演了五场大战和一次刺杀行动。那两军阵前士兵们的摇旗呐喊、摧坚陷阵，将帅们的争雄斗狠、纵横驰突，智谋之士的出奇设伏、比阵斗智，以及刀光火影、血肉横飞的围追堵截等等，无不令人应接不暇、眼花缭乱。这的确够惊心动魄的了。再加上讲史者现场讲说必定绘声绘色，摹拟人喊马嘶又惟妙惟肖，所以这样的争战故事，足以让听众热血沸腾，为之着迷；而两阵对圆、争斗厮杀的将帅，则无疑更让他们惊羡、崇拜。如这段话文的主角王翦，就武略超凡、神猛无敌，令六国人马心惊胆丧。且看他与张晃的交锋：

> （王翦）肩担一百二十斤三尖刀，四十八环掉刀，跨一匹赤色马出阵。张晃出阵打话，二骑相交，惹起四野愁云，震起满天杀气；人似南山虎，马若北海龙。王翦战三十合诈败，张晃赶将来，二马相并，王翦举刀斩落，张晃翻身，下脚捎空。王翦回头招起三军喊杀，楚兵大败，东砍西斫，南倾北倒，星罗云散，七断八续。

仅从这个小片断，即可看出王翦是多么出众！他使用的武器竟然那么重，虽然武艺极高，但却不靠蛮勇取胜，而是使诈用巧，以拖刀计斩杀对手，真是智勇非凡！后来，六国名将陈申、冯亭、李牧、龙离足等，也都纷纷败在王翦刀下，他确实是“英雄难敌”！

当然,讲史者这样描绘王翦,是明显带有艺术夸张成分的。试想,六国兵马怎么那么不堪一击?只要王翦大刀一挥,对方就人头落地,或败下阵来,紧接着秦兵就掩杀过去,杀得六国兵马狂逃数里,尸横遍野。好像双方战斗的胜负,仅取决于王翦的一把刀,那么大批人马岂不都成了陪衬?这显然不太可信,因为主将神勇固然可以鼓励士气,增强胜利信心,但不一定就是必胜;主将打败,军心自然动摇,也不一定必然惨败。可讲史者却不顾这个基本的军事常理,只要市井细民听得过瘾、带劲,他就不惜以危辞峻语加以夸张,甚至将英雄的本领神奇化。如王翦见"帐中忽起狂风一阵",就料定"今夜必有刺客",这不是太玄乎了吗?好在六国还有一个足智多谋的项梁,他以"假楚王"诱敌深入,总算打了一次漂亮的伏击仗,为六国挽回了点面子。不过,这个项梁伏兵击秦的故事,却并不见于正史,纯属作者虚构。《史记》中只有《项羽本纪》提到过项梁,说他是项羽叔父,可并未说他在秦始皇六年领兵抗秦。讲史者大概是偏爱项梁吧,所以才提前数十年就让他抗秦建功。这些都是讲史者善于敷演捏合的惯技,图的就是"好听",似不必以悖史责之。

讲史者除了将历史人物传奇化,戏剧化,竭力夸示英雄人物的智勇武概,以增强平话的"可听性"以外,有时还以几句景物描写对战前的宁静气氛略作点染。如他讲到李牧清晨准备出战王翦,就这样写道:

> 次日,只见星沉河汉,日出扶桑;疏钟传紫禁之声,辽水泛红霞之影;晓烟迷岸草,寒雾湿庭芜。辰牌时分,李牧布下方字阵,肩担蘸金斧出阵,厉声高叫,索王翦打话。

虽说这里的景物点染似乎与战前的肃杀气氛不那么谐调,但它却为战场着染了一层柔和的色彩,缓解了一味描写厮杀给"听者"造成的紧张情绪,同时也使李牧的形象在晨光晓雾的映染下显得格外壮美动人。

而在具体描写交战场面时,讲史者还常爱穿插一些诗词赞语,或渲染战斗的激烈程度,或哀叹命殒的战将,或为刺客侥幸逃命而惊喜,或摹传败军惊恐的心理。总之,这些诗词与叙述部分相辅相成,既可以营造悲壮激烈的艺术情境,调动"听者"的情绪,使之与所叙历史人事产生精神上的沟通、感应,同时又能调节叙述速度,使情节有张有弛,有效地冲淡连续言战带来的单调、板滞之感。因此,诗词赞语,也可以说是讲史者用以增强平话感染力的必要手段。当然,诗词用多用滥,形成俗套,使情节支离,也易让人生厌;这就如同连篇累牍地描写争斗,势必陈陈相因,不能生色一样。这些正是这篇平话存在的艺术缺陷,读者自能体会,这里就无须赘言了。

(纪德君)

【典籍介绍】

《前汉书平话续集》

讲史话本。作者不详。《全相平话五种》之一。邓绍基主编《元代文学史》断为元人作品。副标题作“吕后斩韩信”。内容讲述刘邦听信吕后谗言,杀了楚王韩信等功臣后,诸王奋起灭吕之故事。话本虚构了一些神怪情节,而文字平易质朴。有1955年古典文学出版社单行排印本。

吕后斩韩信　　《前汉书平话续集》

按《汉书》云,吕后送高皇回来,常思斩韩信之计,中(终)无方便。“若高皇征陈豨回来,必见某过[①]也。”吕后终日不悦。驾去早经一月有余,左右请萧何入。吕后问丞相曰:“高皇出征,临行曾言子童[②],与丞相同谋定计,早获斩韩信,要其僽过[③]。问丞相有计么?”萧何闻言,心中大惊。暗思韩信未遇,吾曾举荐他挂印,东荡西除,亡秦灭楚,收伏天下,今一统归于刘氏。今作闲人,坐家致仕,今亦要将韩信斩首。吕后逼吾定计,不由我矣,实可伤悲。韩信好苦哉!萧何哽咽未对,吕后大怒曰:“丞相不与朝廷分忧,到与反臣出力。尔当日三荐,亦保韩信反乎?”萧何急奏曰:“告娘娘,与小臣三日暇限,于私宅中思计,如何?”太后准奏。

还于私宅,闷闷而不悦。升厅坐间,有左右人来报:“楚王下一妇人,名唤青远,言有机密事,要见相公。”萧何曰:“唤来。”青远叩厅而拜,“告相公,妾有冤屈之事。韩信教唆陈豨造反,却把妾男[④]长兴杀了。因此妾状告相公。”萧何听妇人言其事,唬得萧何失色,暗引妇人青远入内见太后。萧相言其韩信教唆陈豨谋反,吕后大惊,问:“萧相如何?”萧何言:“牢中取一罪囚,貌相陈豨,斩之,将首级与使命,于城外将来,诈言高皇捉讫陈豨斩首,教使将头入宫。韩信闻之,必然忧恐。更何说韩信入宫,将他问罪,与女人青远,对词证之。”太后曰:“此计甚妙。”

即日闻之杀了陈豨，更听有使命至，将陈豨首级入宫。韩信大怒："打脊匹夫，我教你恁的，如何却反了。"自作念之间，左右人报与韩信："有萧相门外下马。"韩信急忙接着萧相上厅，各序尊卑，礼毕而坐。数巡酒礼终，萧何言曰："今有使命到来，将陈豨首级进入宫来。太后设〔宴〕，众诸侯群臣尽要入内。楚王今日与吾相同入内，吾于太后行⑤保大王，于楚地依元（原）旧职镇守，如何？"信大悦。二人出宅，并马而相逐入内来。韩信岂知是赚他之计？至内门里，韩信到萧墙⑥左右，回头不见萧何。韩信拍马言曰："吾中萧何之计也。不能复去之。吾之命逡巡之间亡矣。"俗谚有云：

韩信将军智略多，萧何三箭（荐）定山河。

不知勋业翻成怨，成也萧何败也何。

却说吕太后令武士从一壁转过，将信擒下。那金瓜武士推拥着韩信在吕后殿前。信见吕后，执手难言，两泪交流，言声"屈死"。太后笑曰："高皇有甚亏你处，唆使陈豨雁门造反者？"韩信言曰："小臣并无此意。"吕后唤那女人青远，证言韩信。吕后不容分诉，即传令武士金瓜簇下。韩信言："等高皇回朝，臣死也未迟。且看垓下苦战之时。"吕后不从。韩信骂："无端贱婢，你宫中暗藏沈孛私通，偏无欺君之罪！"武士押信至未央宫下建法场，信问曰："谁为监斩官？"剑子答曰："萧何为监斩官。"请萧何不来，别委监官到来，言曰："大王知罪三件么？"信曰："不知三罪。"监官曰："前南梁盗官马，一也；隐藏钟离昧，二也；教唆陈豨反，三罪也。"韩信懊悔，言道："我不听蒯通之言，钟离昧之语，误我落在贱人之手。"吕后传令教疾忙下手，赐韩信而死。后有胡曾诗二首为证：

可惜淮阴侯，曾分高祖忧。

三秦如席卷，燕赵刻时收。

夜堰沙囊水，舒斩逆臣⑦头。

高祖无后幸，吕后斩诸侯。

吕后斩韩信

——元至治刻本《新刊全相平话前汉书续集》插图

大汉十年九月十一日韩信归世,其时天昏地暗,日月无光。长安无有一个不下泪,哀哉,哀哉,四方人民嗟叹不息,可惜枉坏了元帅。人皆言萧何共吕后定计。当日萧何三荐,登坛拜将,今日成败,都是萧何用机(计),人皆作念怨之。……

汉十一年三月初一日,驾征陈豨还朝,百姓香花远接,文武随驾入内,即日升殿,宣太后,问:“韩信如何?”吕后曰:“子童领圣旨,九月二十一日未央宫下斩讫韩信也。”高皇有悔之心,高皇曰:“合等寡人回程,斩之未迟。”吕后奏曰:“我王去时,教子童除之,王何悔之?”高皇闷闷不悦。再问吕后:“韩信死之日,言寡人甚来?”“信毁子童,后言道,悔当日不听蒯通之言、钟离昧之语,果然落妇人毒手。”高皇曰:“韩信多怨寡人来,想韩信谋反,都是蒯通。谁人与寡人建功寻蒯通去?”陈平奏曰:“此人往日曾言,他家住燕京东柳管(营)村人氏。欲得此人,有上大夫随何,与蒯通旧日拜友弟兄,可以得此人。”准奏。

随何持诏往燕京来。随何至驿中,燕王接圣旨,拜舞罢,请随何饮宴了,燕王差使引何至柳管(营)村蒯通庄上。随何见一老母,是通母。随何问之,母言:“我儿有风患[8],不在宅内,往于东庄上去也。”何坐于门首等候间,通从南来,引猪狗而来。何言:“大夫安乐否?”通不听,独言:“这几日将星落在长安,争知他却是死也。”道毕,通将砖瓦打随何,口中或念兵书,或笑。何将通衣服拽住:“大夫,你早来念甚来?你是何患疾?争知诈也?”何言:“大夫,今你主人韩信,于这九月二十一日未央宫被吕后斩讫。”蒯通闻之,叫一声屈,气倒在地。何扶之,一饭间苏来,垂泪,哭之不绝。何劝毕,二人请序尊卑于堂上,坐说其事。何言道:“高皇有敕宣大夫。”通曰:“吾愿往见汉王去。”通辞老母,老母曰:“今汉王来宣我儿,不争你去,必性命不保也。”通言:“您儿口中舌在,不能死矣。”

通共随何入长安来,至朝门,引通见汉王。拜舞毕,高皇赐通平身，不敢便问。通殿下多时，帝不语。通计策已在心头。通仰面儿大笑三声，却又大哭三声。高皇问通："尔笑者为何？哭者为何？"陈平搔耳，"此人不可问；若问，通必然说也。"蒯通便奏："臣一哭我十年苦战；二哭朝中无人；三哭汉大臣不与蒯通说话。"高皇问："笑者为何？""臣一笑一人无道，二笑汉家无智，三笑我王自征。"帝怒而问："卿因甚恨韩信不反？"通奏："启陛下，是臣恨信不反。此人不用臣言，故来此处受刃；韩信若听小臣之言，怎死于吕后之手？"高皇大怒，要镬内烹之。通嗟吁："是合烹小臣唆信反罪。"通点头，"臣理当时，秦朝陆沉[9]，山东大扰，异姓并起，英雄乌杂[10]。秦朝失其天下，天下共逐，高材捷足者先得之。桀犬吠尧，尧非不仁，吠之为非其主也。当彼时，小臣独知韩信，非知陛下。吾受信衣禄，岂不知恩！山东大乱，皆因秦皇无道，到处兴兵，谋臣不圣明辅佐。臣宜尽呈绝伦之才，教信反数次，不纳小臣之言，致必它家受刃，故以哀哉。可惜许[11]大车马，多争天下，任用贤士，纳谏如流，陛下百万雄兵，骁将莫知其数，皆总不及于项羽。立韩信为帅，灭项羽在乌江。如今天下太平，更要韩信则甚？是可亦斩之。臣所(数)信更有十罪，汉大臣皆可以听通所(数)信十罪：第一，陛下汉中投奔诸国，亦可拜将能定秦，陛下复有故地。其可杀也，是一罪；第二，陛下兵败睢水，夺于荥阳，韩信能提孤兵破楚王于京索之间，杀楚军二十余万，唬项羽不敢正视。其可杀也，是二罪；第三，魏豹反于河东，绝临晋地之渡，在蒲州之势逼，陛下得河东。其可杀者，是三罪；第四，困于成皋，益兵一万，信能其驱大愿、寨血阁，攻别诸侯，威擒夏悦，斩张全。其可杀之，是四罪；第五，信下井陉路，不终朝而破赵军二十万，〔成安君〕死于泜水，壬知(攻)赵四十日，收全赵之地二千里，以归陛下。其可杀者，是五罪；第六，燕连北虏，东接三齐，令信不能血刃[12]，一书归之，使齐无接。其可杀者，是六罪；第七，齐反复如楚用，时龙且〔将〕楚军二十万，与信相吞。信能不出兵,沙囊堰水,赶田横(广)归海岛,下齐七十二城。其可杀者,是七罪;第八,兵困成皋,信能展于河北,使大梁七十郡以分人之势。其可杀也,是八罪;第九,垓下聚兵百万,会天下诸侯,困羽九里山前,信定十面埋伏,逼项羽乌江自刎,万里江山,一归汉业。其可杀者,是九罪;第十,陛下出自布衣,信立九庙,置皇基,成帝业。其可杀者,是十罪也。启陛下,韩信则不有罪,更有五(三)反。臣启我王,详察信之反者。收燕破楚兵,权⑬四十万雄兵,此时好反,今为闲人,乃是反也;韩信九里山前大会垓下,权一百万大军,恁时好反,今为闲人,乃二反也;启陛下,今来天下已加信为楚王,权兵印四十万,坐独角殿,称孤道寡,顶冠执圭,恁时不反,今为闲人,乃是三反也;陛下驾出成皋,信在修武权兵印,五十员大将,掌四十万雄兵,帅有镇主之威,天下诸侯惧怕,今日犹烹小臣。我王见狐兔灭绝,不用猎,欲要烹臣。"通仰面而叫屈。高皇见通言信有大功劳,无言可答,两眼泪流。众大臣尽皆伤感。敕下免罪,赐金千两,绢帛一千匹,交通还乡侍奉老母。通又哭奏高皇:"我王可怜韩信亏死,看旧日君臣之面,可亦建墓,高筑灵台,盖一祠堂,受人祭祀。"高皇依奏,敕葬坟墓,建立祠堂。通受燕京通判⑭,谢恩辞帝归乡,"臣去,我王善保龙颜,宰国设政;安抚黎民,轻收差税;重赏三军,可亦显君臣之道。"蒯通辞帝,出长安还乡,上燕京通判赴任讫。

〔注〕 ① 见某过:怪罪于我。 ② 子童:后妃的自称。 ③ 要:察。僁(qiān)过:过失;罪责。 ④ 妾男:称自己的丈夫。 ⑤ 行:处。 ⑥ 萧墙:宫室内门起遮隔作用的小墙。 ⑦ 逆臣:指项羽。 ⑧ 风患:疯癫的疾病。 ⑨ 陆沉:喻国土沦丧。 ⑩ 乌杂:形容难分彼此。 ⑪ 许:如此,这样。 ⑫ 不能血刃:即兵不血刃,指兵器不用沾血,就取得了胜利。 ⑬ 权:操,掌握。 ⑭ 通判:宋初设置与知府知州共理政事的官,委派朝官儒臣担任。

《前汉书平话续集》,别题《吕后斩韩信》,系元代讲史平话,不署作者姓名。该平话因承续《前汉书平话正集》(已佚),由项羽败亡说起,故名"续集"。书分上、中、下三卷,以斩韩信事为主,中卷兼记高祖杀彭越、英布,吕后害赵王如意及戚夫人等事。下卷记吕后专政,诸吕得势,樊亢、刘泽诛诸吕,至文帝即位,周亚夫军细柳营而止。

该平话的主旨在于谴责刘邦、吕后阴险毒辣、谋杀功臣的罪行，表达平民百姓的正义感，替开国功臣申冤吐气。如这里节选的“吕后斩韩信”故事，就鲜明地体现了这一主旨。该故事大体依据《汉书》中有关的人物纪传写成，但又作了不少增衍和虚构，故其情节较史书所写精彩、生动多了，思想倾向也更趋鲜明。例如，据《汉书·韩信传》记载，陈豨是受了韩信的怂恿，才于雁门关举兵反汉的。后来，韩信又“阴使人之豨所，与家臣谋”，并“欲发兵袭吕后、太子”。只因“舍人得罪信，信囚，欲杀之。舍人弟上书变告信欲反状于吕后”，吕后才与萧何定计，赚杀了韩信。但平话则说韩信并未怂恿陈豨造反，当他得知陈豨造反的消息时，不由大怒，说：“打脊匹夫，我教你恁的，如何却反了！”这样，便轻轻一笔抹去了韩信谋反的罪名。

平话还说刘邦御驾亲征陈豨之前，就已暗嘱吕后，让她“罪杀韩信”。刘邦为何要“罪杀韩信”呢？原因就在于韩信本事太大了。他曾说：“项氏已灭，韩信尚执天下兵权。其信之略，威震四海，天下无敌，吾实畏之。”可见，韩信被杀，刘邦实为罪魁。故他出征之后，吕后就常思如何强加韩信以谋反罪名，以便杀之；并在无计可施的情况下，强逼萧何定谋。萧何于心不忍，“哽咽未对”，她就勃然大怒：“丞相不与朝廷分忧，倒与反臣出力！尔当日三荐，亦保韩信反乎？”出语刻毒、犀利，极富威慑力，几句话便暴露了她阴狠、毒辣的丑恶灵魂和颐指气使、不可一世的可恶嘴脸。当韩信被捉，“两泪交流，言声‘屈死’”时，吕后却得意大笑，不容韩信分诉，就“传令武士金瓜簇下”，于未央宫即刻斩之。这更显示了她的奸狡、狠毒和冷酷无情。而萧何呢，则是吕后斩韩信的具体谋划者，按史书所记，他本是自愿附和吕后，与之合谋，并亲自将韩信骗进罗网的。可平话却有意突出他慑于吕后淫威，不得已苟合取容的可悲心态，目的似乎就是为了独罪吕后。不过，韩信之死毕竟是萧何设计导致的，故他仍不脱助纣为虐的帮凶罪名，受到了人民的唾骂。

至于韩信被杀，因为是被诬陷的，死得太冤屈了，所以平话作者就不满足于《汉书》的一句简略记载——“信入，吕后使武士缚信，斩之乐钟室”，而作了不少增衍和渲染。先写萧何诳骗韩信入宫。继写吕后将韩信擒下，韩信叫屈，吕后不听，韩信大骂，说她“暗藏沈孛私通”。再写监斩官数说韩信三罪，韩信忏悔叹息。一路写得曲折动人，颇有戏剧性。特别是最后几笔渲染：“韩信归世，其时天昏，日月无光。长安无有一个不下泪。哀哉，哀哉，四方人民嗟叹不息，可惜枉坏了元帅。”这更为故事着染了一层悲剧色彩，宣泄了人民心中的悲哀和义愤。

不过，仅此几句渲染，平话作者觉得仍不能解气抒愤，所以他又摆脱了史实的羁绊，别具匠心地虚构了“蒯通雄辩”的故事，写蒯通在刘邦捉拿他的时候临危不惧，主动送上门来，在金銮殿上三哭三笑，对刘邦君臣冷嘲热讽，并且悲慨激越地陈说了韩信的“十大该杀之罪”和“三反之状”。实际上，这些全都是正话反说，目的在于为韩信评功鸣冤，从反面鞭挞刘邦、吕后等以莫须有的罪名杀害韩信的丑恶行径，所以高祖听后“无言可答”，良心有愧，不禁“两眼泪流”，而众大臣也“尽皆感伤”。蒯通的“反话”，可以说是平话作者对反讽修辞手法的成功运用，它既深刻地揭露了封建最高统治者“不许将军见太平”的残酷本质，同时又痛快淋漓地抒泄了民众对于统治者滥杀功臣的满腔激愤和深切厌恶之情。所以，这段辩辞具有撼动人心的艺术力量，而蒯通作为一个佯狂义士的形象也跃然纸上。

因此，从总体来看，“吕后斩韩信”的故事虽然取材于《汉书》等史传，但由于作者在其间灌注了平民百姓对于历史人事的认识、理解和思想情绪，并以此来指导他对原材料的加工、生发和进一步的虚构、创作，所以这段故事才较有艺术魅力，成为全书中比较精彩的章节。　（纪德君）

【典籍介绍】

《三国志平话》

讲史话本。作者不详。《全相平话五种》之一。邓绍基主编《元代文学史》断为元人作品。叙魏蜀吴三国自建立至灭亡之故事。以《三国志》所载史实为基础，又大量采用了有关民间传说，拥刘反曹倾向鲜明，直接影响到《三国演义》之创作。有《古佚小说丛刊初集》本和1955年古典文学出版社单行排印本。

莽张飞痛惩贪官　　《三国志平话》

却说张表点军，不见张宝，死在乱军中，张角大怒。又见探马至，报曰：“探得汉军至近，有先锋刘备离城一射地①下寨。”张角召诸将省会②：“来朝大军须倾城都起，前迎刘备。”

至次日天明，张角领军出。刘备分军三队，关、张二人各将一队。头至，两军相交，关公袭其甸(殿)后，张飞横胁③便撞刘备教小校高叫：“若贼军去其黄巾，弃了兵器，便在赦下；如捉住张角者，封为五霸诸侯。”道罢，有元帅军至，贼人见了，投戈弃甲，取了黄巾，拜降者匆知其数。张角、张表死在乱军之中。刘备得了扬州。汉元帅领军入扬州。元帅降令，安抚百姓，秋毫无犯，如违者依军令。百姓皆喜。元帅降令：自先锋为首，已（以）下诸将军卒，来日赴筵宴。

至次日，都赴宴。元帅言：“大小众官，破黄巾贼生受[4]！”各人赐赏毕，写表申朝，选日回军。至长安，元帅令众军在东门外下寨。元帅对刘备道：“破黄巾贼功劳，皆玄德也。我今见帝奏破黄巾一事，君王不错[5]矣。”言刘备曰：“在东门外下寨等二三日。”当日，刘备正与诸侯坐间，有一小校来报：“有汉宣使来见先锋。”刘备见道，慌出官门迎接。至中军帐坐定，刘备礼毕，问：“常侍[6]官何来？”“你不识我？我乃是十常侍中一人。”段珪让[7]道：“俺众人商议来，玄德公破黄巾贼寇，金珠宝物，多收极广，你好献三十万贯金珠与俺，便交你建节[8]封侯，腰金衣紫。”刘备曰：“但得城池营寨所得金珠段匹，皆元帅收讫，刘备并无分毫。”段珪听言，忽然便起，可离数步，回头觑定刘备，骂：“上桑村乞食饿夫，你有金珠，肯与他人！”张飞大怒，挥拳直至段珪根（跟）前。刘备、关公二人扯拽不住，拳中唇，齿绽落，打下牙两个，满口流血，段珪掩口而归。刘备道：“你带累军卒也。”至来日天晓，元帅来请刘备：“表章已奏了帝也，功劳全是你也。”分付绿袍槐简[9]：“来日朝门外听圣旨。”刘备至朝门外，约半月，不宣，却见宣诏元帅下诸将，都得官赏赴任。外有刘备，等守一月有余，并无宣唤。三人至本寨，刘备心闷，目视张飞：“一拳打中段珪，带〔累〕众军受苦。”寻思罢，杂虎旗（骑）军一齐来告刘备、辞张飞：“众将见有功不问，无功者赏，不能等守，俺各归家去。”刘备言曰：“功劳皆是咱军。无功军得赏，何况咱军！汉帝不错，须是斟量功劳大小，任（恁）便等待三五日。”

来日，刘备又去朝门外听圣旨，却早朝退，有文武都出内门来。见一辆四马银铎[10]车，金浮图[11]，茶褐伞。刘备叫冤屈三声。车内官人问："叫冤屈者何人？"刘备立在车前："某是破黄巾贼先锋刘备。""如何叫屈声冤？"刘备曰："元帅下诸将，都有赏赐，加官赴任；唯有刘备诸军，随朝月余，并无宣诏，军兵尽皆饿散。"车中者乃皇亲国舅董承，言曰："又是十常府官作乱[12]。先锋使且去内门外，等我复回奏帝。"约到两个时辰，复出内来："先锋根（跟）我前来。"至国舅宅，请刘备茶饭。刘备躬身，叉手施礼："上复国舅，不知元帅奏甚表章来？""今日已晚，来日早朝，大臣商议与你官赏。来日听圣旨。"刘备辞了，到本营中对诸军将说知，大喜。

至次日，再去朝门外听圣旨。有十常侍官将宣诏唤先锋刘备听圣。刘备拜罢，俯伏在地。"至长安多少时节不得官粮？"刘备曰："三十七日。""长安至定州几程？若到定州，打算计几日，都交打请[13]。在前抛下粮草，都交补讫。刘备赴定州附郭[14]安喜县县尉。为太〔行〕山贼寇极多，你将本部下军兵镇压。"

刘备前去，至定州，礼上安喜县，见州吏读参榜[15]："定州官员，今有安喜县县尉谨参。"至厅前，才时施礼，有太守大怒，喝云："刘备休拜！"呼左右人捉住刘备，曰："今破不尽黄巾贼，见在山野潜藏，讨掳百姓。"太守问："你这里至长安近远如何？违限半月有余，你是拖酒慢功，嫌官小，故意违慢[16]！"刘备曰："告太守，三千五百人，连小者约迭一万二千余口，尽是推车担担，抱女提男，老弱不能急进。告大人宽恕，并不曾多请官粮。"太守怒，再问："你如何〔不〕先交军兵来，老小在后？你休分说！"令左右人监下，取迟慢招伏。方欲落笔判状，有左右劝元峤："看县尉破黄巾贼功劳，权免杖罪。"令左右人："绕厅拖三遭！"左右二官又劝了。太守喝："县尉，你归本衙，在意勾当[17]！"

刘备到衙，见关、张众将，邀至前厅。置坐间，有张飞遂问："玄德哥哥，因何烦恼？"刘备曰："今某上县尉，九品官爵。

关、张众将一般军，前破黄巾贼五百余万，我为官，兄弟二人无官，以此烦恼。”张飞曰：“哥哥错矣。从长安至定州，行十日不烦恼，缘何参州回来便烦恼？必是州主有甚不好。哥哥对兄弟说。”玄德不说。张飞离了玄德，言道：“要知端的，除是根问[18]去。”去于后槽根底，见亲随二人便问，不肯实说。张飞问之，大怒。至天晚二更向后，手提尖刀，即时出尉司衙，至州衙后，越墙而过。至后花园，见一妇人，张飞问妇人：“太守那里宿睡？你若不道，我便杀你！”妇人战战兢兢，怕怖言：“太守在后堂内宿睡。”“你是太守甚人？”“我是太守拂床人。”张飞道：“你引我后堂中去来！”妇人引张飞至后堂，张飞把妇人杀了，又把太守元峤杀了。有灯下夫人忙叫道：“杀人贼！”又把夫人杀讫。以此，惊起衙内上宿兵卒，约迭三十余人，向前来拿张飞。飞独杀弓手二十余人，越后墙而出，却归本衙。

次日天晓，大小众官请县尉商议，如何捉拿杀人贼。刘备情愿根(跟)捉，即时申报朝廷得知。十常侍言：“这杀太守贼人，不是别人，多管是县尉手内人杀了。”朝廷发下使命督邮[19]，姓崔名廉，御史台走马，前至定州馆驿内安下。大小众官来见使命，问：“使命有何公事？”督邮曰：“为杀了本处太守，以此差我来问您众官人每。这里有县尉么？”“县尉在门外，不敢来见。”使命随叫县尉，县尉引兵三百余人，内有关、张、左右随尉二三十人，来见使命。使命曰：“你是县尉？”刘备曰：“然。”使命曰：“杀了太守，是你么？”刘备曰：“太守在后堂中，明有灯烛，上宿者三五十人。杀太守二十余人，灯下走脱者，须认得是刘备那不是刘备？”督邮怒曰：“往日段珪让[20]被你弟张飞打了两个大牙，是你来；今日圣旨差我来问你杀太守之贼。前者参州违限，本合断罪，看众官面，不曾断你，因此挟仇，杀了太守，你休分说。”喝左右人：“拿下者！”傍有关、张大怒，各带刀走上厅来，唬众官各皆奔走，将使命拿住，剥了衣服。被张飞扶刘备交椅上坐，于厅前系马桩上，将使命绑缚。张飞鞭督

张飞杀太守

——元至治刻本《新刊全相三国志平话》插图

邮，边胸打了一百大棒，身死，分尸六段，将头吊在北门，将脚吊在四隅角上。有刘备、关、张众将军兵，都往太〔行〕山落草。

〔注〕 ① 一射地：一箭的射程，形容不远的距离。 ② 省会：晓谕，吩咐。 ③ 横胁：拦腰。 ④ 生受：受苦；辛苦。 ⑤ 不错：对事明察。 ⑥ 常侍：官名，散骑常侍的简称，主要职责是侍从皇帝，掌管文书诏令等。 ⑦ 让：指责。 ⑧ 建节：设立旌节的简称。旌节，高官的仪仗。 ⑨ 绿袍槐简：绿色的朝袍和槐木制的手版。唐宋文官以服色和手版作为分别品位高低的标志之一。官品很低的人只能穿绿袍持槐简。 ⑩ 银铎：银铃。 ⑪ 浮图：佛塔。 ⑫ 作乱：胡作非为。 ⑬ 打请：向主管衙署申述请示意见。 ⑭ 附郭：指上一级官署附设在下一级官府的治所。 ⑮ 参榜：参拜上司时呈递的折子。 ⑯ 违慢：违背；怠慢。 ⑰ 勾当：事务。 ⑱ 除是：除非。根问：查问。 ⑲ 督邮：汉朝官名，辅佐郡守，司掌督察纠举下属诸县官员违法等事。 ⑳ 让：当为衍文。

讲说三国故事，是宋元讲史的热门话题，在当时最受平民百姓喜爱。平民百姓为何爱听喜读《三国志平话》呢？究其原因，恐怕主要即在于该平话所讴歌的反贪除暴、安民益众等义行壮举，颇能契合平民百姓的最基本的政治愿望，带有比较浓厚的平民意识。所以，作为这种平民意识的主要艺术载体的刘备、关羽、诸葛亮，特别是张飞的形象，就很受平民百姓的欢迎，在平话中占据相当重要的位置。例如《三国志平话》的前半部，讲的几乎就是张飞一个人的传奇故事。而张飞传奇故事的核心部分，也就是他的骁勇善战，勇冠天下，和痛惩贪官，为民解气。如此处节选的张飞痛惩贪官的故事片段，就是颇为精彩的例证。

在此之前，张飞曾与刘备、关羽桃园结义，接着一出场就包揽了“破黄巾”的主要战功：先是单枪匹马大战杏林庄，袭破黄巾军大本营，后又用计赚开兖州城门，率十二骑横冲直撞，杀得数十万黄巾军四散奔逃，张宝、张梁、张角也先后死在乱军丛中，差不多是一个人包打了天下。不但历史上镇压黄巾军的朱儁、皇甫嵩、曹操之流几无寸箭之功，就连刘备、关羽也成了他的陪衬，可见作者将他描述得多么骁勇善战、神威无敌！这当然与历史事实不符，因为历史上的黄巾起义声势甚大，战争遍及今山西、河北、山东、河南、安徽、湖北、江苏七省。东汉王朝费了九牛二虎之力，才勉强将黄巾军镇压下去。张飞作为当时的无名小辈，怎么可能独破黄巾呢？但宋元的讲史艺人们对于平民百姓所偏爱和追慕的草莽英雄，就是这么夸大其神勇和智谋的，它寄托了乱世民众希图藉助超群的武勇智略去克敌制胜的天真幻想。

除此之外，下层民众更希望的就是像张飞这样的英雄，能够站出来痛惩那些贪赃枉法、草菅人命、残酷暴虐、巧取豪夺、吮吸民脂民膏的贪官污吏。所以《三国志平话》的作者，也就根据这种心理愿望向民众讲述了张飞拳打段珪、怒杀太守、肢解督邮这样大快人心的故事。张飞为何要拳打段珪呢？原来段珪作为朝廷使臣，居然将荐举平寇立功之人这样的大事作为敲诈索贿的手段，一开口就向刘备索要三十万贯金珠，索贿不成，就觑定刘备大骂："上桑村乞食饿夫，你有金珠，肯与他人！"活脱脱地摆出一副权奸巨贪的嘴脸。对此，张飞如何忍得下？所以他当即"挥拳直至段珪跟前"，不管刘备、关羽扯拽，一拳将段珪打得唇绽齿落，抱头鼠窜。可见其行动之快、威力之猛、怒火之旺！虽然刘备怨其行动太莽，"带累众军受苦"，但平民百姓在听平话艺人讲说这一段故事时一定会拍手称快："打得好！"

至于怒杀太守，则起因于太守元峤擅作威福。本来刘备苦等了三十日，才好不容易得了个芥豆之微的安喜县尉，关、张还是白身，兄弟三人情绪低落，可太守却不问情由，不许分说，一味责骂刘备"拖酒慢功，嫌官小，故意违慢"。先是要将刘备"监下"、杖责，后又令左右人将刘备"绕厅拖三遭"，当众使刘备饱受屈辱。太守为何如此暴虐、专横呢？书中未言，但明眼人不难看出，这大概又是因为刘备未能奉上见面厚礼。面对这样的屈辱，一向仁柔、宽厚的刘备，固然可以忍受，以求息事宁人，但张飞却不愿妥协，一旦查明真相，就痛下杀手，决不留情，结果一口气杀了太守一家及其身边卫士二十多人。虽然这未免过火了，但张飞嫉恶如仇、除恶务尽的精神性格，却又一次得到充分表现；同时，也替那些动辄被贪官酷吏们折磨、摧残、凌辱的小百姓们大大地出了一口怨气。

而"肢解督邮"，则是因为督邮武断、专横，口口声声斥骂刘备，要将刘备拿下治罪，结果张飞胸中的火药再次被点爆。这一次威力更猛，居然"鞭督邮，边胸打了一百大棒，身死，分尸六段，将头吊在北门，将脚吊在四隅角上"。残忍否？这的确够残忍的，但残杀一贯骑在下层民众头上肆无忌惮地滥施刑讯的官吏，悬其头脚以儆其余，不也的确宣泄了下层民众心头的复仇情绪吗？所以，张飞虽然鲁莽、暴躁，甚至有点嗜杀、残忍，但他仍然是《三国志平话》中最受民众喜爱的草莽英雄，原因就在于他正直刚猛、不畏强权、惩奸除暴、直截痛快的精神性格，在很大程度上代表了平民百姓反对贪官、反对强暴的强烈意愿。

还有一点需提及的是，历史上的张飞并未痛打过段珪、怒杀太守，而痛惩督邮，本来也是刘备所为，《三国志·先主传》注引《典略》说得很清楚。该书写督邮奉诏要对那些平寇立功担任地方官的人进行考核，不合格者予以沙汰，安喜县尉刘备即在其沙汰之列。刘备知情后，想去拜访，督邮不肯接见，刘备大怒，就带人将督邮缚在郊外树上，鞭打百余，还要杀他，督邮哀求，方得释放。平话作者虚构了前两事，而对后一事则作了移花接木的艺术改造。这样做，如前所说，就是为了投合平民百姓对于英雄人物的期待心理；而从艺术效果上讲，这些事放在张飞身上又确实相当熨帖，有力地突出、丰富了张飞的精神个性，并且藉助于对比、映衬，又很能表现刘备宽忍、仁厚的思想性格。所以，作者所运用的这种带有典型化意味的写人手法，无疑也是值得取鉴的。 （纪德君）

【典籍介绍】

《薛仁贵征辽事略》

讲史话本。宋元间无名氏作。原书已佚，仅《永乐大典》卷五二四四收此书一卷。叙唐太宗时，百济国使臣来进贡，经过辽国。辽大将莫离支、葛苏文劫其贡品，并刺使臣面，侮辱唐朝。唐太宗派李世勣、尉迟敬德征辽。白袍小将薛仁贵参加征辽，连连获胜。最后唐军班师回朝。全书史实与虚构相结合，情节曲折生动而叙事紧凑。有1957年古典文学出版社排印之赵万里编注本。

薛仁贵大战莫离支 《薛仁贵征辽事略》

〔薛仁贵〕至帐下，施臣礼毕。帝①视仁贵，果然英雄之辈。虽骨骼雄威，奈容貌瘦弱。帝问曰："卿有病否？"奏曰："臣无病。"帝曰："既无病，缘何瘦？"奏曰："臣自临军以来，未尝得饱。"帝曰："为何？""臣吃一顿饱食，可待十人之飧，既为义军长行，焉有丰容？"曰："卿所食几何？"仁贵曰："臣一饭斗米，肉十斤。"帝曰："朕与御食可充十人之飧，帐下教食。"仁贵谢恩，食之如饿虎啖食，未如此猛，不遗一粒之饭也。太宗曰："有廉颇之食，亦有廉颇之勇。"帝方议官赏，人奏帝曰："今有辽兵莫离支，知唐将杀其弟葛全武，亲领大兵来也。已临城下。"仁贵闻报，不辞帝而出帐。英公②曰："真勇士也！帝赐卿食不谢，料未解其礼。"帝曰："非仁贵不辞而去，必与朕建功。"言未绝，人报薛仁贵领五百军，开城门杀莫离支去也。帝听奏，大喜："先教薛仁贵吃了茶饭，后看薛仁贵厮杀则个。"领大小众将一发出城。

英公列一字阵未圆，见辽兵早至。仁贵勒马当前，望辽兵三旗头引军前来。约二百步远，仁贵连飞三箭，射三旗头坠骑，使辽兵生恐惧之心。横戟大叫："我乃绛州③薛仁贵也！挡我者死！"独退辽兵东走。移时复回，下马见帝。帝欲赐赏，英公大怒，令左右把下者，推转斩讫。帝曰："何罪?"英公曰："吾阵未圆，不得将令，擅求征战，倘若有失，为之奈何？葛苏文，虎将也。违将令当诛。"帝曰："然如此，亦可将功折过。"帝宣仁贵直至马前，对大小总管问："卿如此骁勇，自从过海，不曾别建甚功?"仁贵自思：这里不敢唐突对帝奏，后几时再奏？目视张士贵："咱两个做不得人情，我须索奏。""启陛下：臣目前建功者，首杀混天大王董达，九龙门摆阵，上《平辽论》，至思乡城保驾，皆是臣功也。"帝大怒，令左右推转张士贵来，欲见其罪。仁贵奏曰："非张士贵不荐小臣。"帝曰："何为?"仁贵曰："臣曾言：自过海几所建功，臣皆不要，若见莫离支建功后，见帝不迟。小臣今日白衣④能见陛下，托陛下之洪福，岂待人之荐也。"帝曰："乃贤将也。"遂收兵还思乡城。

帝加薛仁贵掌兵三千，封为游击将军、三路行军先锋使，遥受并州大司马，随薛仁贵五百兵皆赏赐毕，众官设宴相庆。有人报曰："莫离支亲领兵离城不远列成坚阵，特来搦战。"仁贵立于帐下："启陛下：愿往出阵。"帝大喜，曰："壮士也！"帝谓英公曰："朕此举不称朕愿。"英公曰："当计之。"元帅遂召诸将皆至，谓曰："此思乡城东有驻跸山，于山下当擒葛苏文，诸将听令便行。东路元帅程咬金、张公谨，西路元帅马三宝、苏定方、武士彟、裴行俭、李思摩。"英公谓仁贵曰："理会得么？末后用你，待把莫离支两手分付与你。"曰："告元帅：愿从将令。"英公道："近来谈闻善战，欢喜煞太宗。"仁贵曰："这一阵唤驻跸山大战，怎生拿莫离支?"英公曰："上将之机，非尔所料。不得吾令，慎勿出阵交战，违令者斩。"仁贵不喜而退。

帝领大兵与英公出思乡城。英公排阵圆，东阵上莫离支出马，唐兵皆呐喊。辽将顶三叉紫金冠，披团花绛狮服，横青铜偃月刀，跨骨轻蹄健马，左右弓挂二鞬，身背飞刀五口。莫离支搦战，帝问诸将谁敢迎敌？李思摩出马，战数合，败。马三宝出，又败。裴行俭出，亦败。连败唐将，帝拍鞍大叫："伤哉！众将皆老，败于辽将，似此安能还国！"帝言未了，一将高叫："启陛下：诸将皆老，人丛中须有强的！"道罢，一骑马迸将出去，惊煞太宗，问："出马者谁也？"鄂国公也。敬德出马，莫离支言："总管老也，教后生的来者。"敬德大怒："昔日子牙破纣，莫非老矣？吾一臂常有千斤之力，岂为老也！"飞来取莫离支，交战十合，胜负未分，各归本阵。

莫离支又出马搦战，敬德欲出，一将高叫："总管且慢，非总管不英雄，奈昔日建功多矣，敢借这件功与薛仁贵么？虽不得将令，待活捉莫离支，亦索[5]将功折过。"言讫，一骑马出，素袍莹铠，赤马繁缨，厉声大叫："贼将莫离支，敢当薛仁贵么！"二将交马，敬德当阵喝采："我少时一当百夫，老不及仁贵，怎生建功！"莫离支言："你是谁？"仁贵言姓名，莫离支曰："无名之将。"仁贵曰："休说旧日功，今得你，可全我大功！"各言讫，交马，二将未分胜负。于辽背后，唐将诸总管却杀将来。莫离支急回阵，与唐将混战。太宗领英公、文武上驻跸山上看。仁贵恐别人夺其功，不放，只缠定莫离支，混战到驻跸山下。帝视见仁贵白袍赤马，来往军中如神，帝谓英公曰："喜得辽东，是此虎将。"忽见仁贵赶莫离支直临山下，莫离支挡不得薛仁贵之勇，只办得走。赶上，莫离支绰飞刀在手，仁贵拈弓在手，怎见得？诗曰：

　　刀撇起满空素练，箭飞来一点寒星。

向驻跸山下惊煞太宗，不转眼观个先落马的，箭先着，刀先中，一个非是先落马，一个是镫里藏身。薛仁贵闪过刀，莫离支躲过箭。再战，莫离支又败，领兵望东走，仁贵领兵赶将来。英公怕仁贵深入重地，遂鸣金收兵。仁贵不采，今番走了莫离支,几时再见?盛赶莫离支。

从山后一壁转过两骑马,张士贵在前,刘君昴在后。君昴曰:"总管见么?仁贵这汉今番再见帝,其功不小。这里使不得好心的,须索先下手。"劈转兵器,取弓箭在手,曰:"仁贵脑后无眼,兀的[6]是明枪易躲,暗箭难逃。"刘君昴弓箭发,望仁贵后心便射,道:"应弦而着。"射仁贵马后面的箭中左臂上,不曾堕骑。回视,知刘君昂发箭,张士贵在后。一箭射起仁贵心上火来:"二贼匿人之功,更伤吾之命,箭射我不死,一家吃我一戟!"便不赶莫离支,拨马的回来,迎头遂问二总管:"发箭射某者何意?"仁贵欲杀二贼,反复寻思,不如对帝辩之,一骑马奔驻跸山上。

仁贵带箭见帝。宣至仁贵,问:"元帅收军,卿何不回来?"仁贵曰:"臣将自前建功尽与张士贵,只擒莫离支,其功要建,既见此贼,臣肯放回?"帝曰:"逼贼何所?"仁贵曰:"正东十数里远近,渐得其贼。"帝曰:"何为不得其贼?"仁贵曰:"被唐将救了。"帝问:"何人救之?""臣追贼方及,背后二将发箭射臣左臂,急不堕骑,回头认得是唐将。"帝曰:"莫非张士贵、刘君昴也?"仁贵曰:"然。"帝曰:"何验也?"仁贵曰:"臣故带箭见陛下。"帝令取箭视之,上有刘君昴号帖。帝大怒,曰:"二贼怎敢如此!卿与朕擒来!"仁贵领圣旨数次,只不退。帝曰:"何为?"仁贵曰:"臣立身于张士贵、刘君昴下军,虽蒙圣旨,臣焉敢失上下之礼?"帝曰:"良将也。"遂问众总管:"卿等谁敢随仁贵捉二贼去?"有一将应声出:"启陛下:尉迟恭愿往。"敬德将仁贵欲往,英公唤敬德:"且慢去。"付耳低言这般者,敬德称善。

却说张士贵、刘君昴归寨,帐上论话。士贵问君昴:"公射仁贵一箭,那汉莫不奏帝去也?此事若何?"君昴道:"若帝见罪,和总管也休。"士贵曰:"怎奈何?"君昴曰:"不如投辽背唐。"士贵曰:"高丽君安肯纳之?"刘君昴道:"将三路都统军印来，某往平襄城去见高建藏去。"士贵遂摘印度与刘君昴，君昴曰："某先往，总管后来，恐唐兵将拿咱。"

君昴领兵出寨，往平路上来，心情恍惚，甚怯甚怕。正到峻岭岩峡处间，一喊发一队唐兵阻其去路。旗开捧一员将高叫："刘君昴略住，鄂国公在此。"敬德遂问："君昴何往？正西有卿寨，直东待那里去？"君昴曰："我奉总管命，巡绰⑦去。"敬德笑曰："尔等射仁贵一箭，正中左肩，今帝知其事，今遣兵擒尔等。今领兵东往，莫不背唐投辽乎？"君昴曰："不敢。"敬德曰："尔不反，可下马受缚见帝便休。"君昴知罪大，拨马归辽，领兵便走。敬德曰："这匹夫实反！"催军便赶。君昴却更走十数里远近，海岛一队军来，当住刘君昴。二将出马，一个雪白袍遮藏了铁铠，一个皂罗袍笼罩了虎体；一个挂孝秦怀玉，一个尉迟宝林。高叫："来将何人？"君昴觑了，不顾众军，一骑马落荒便走。背后敬德领二年少将军赶将来。盛走里，忽然听一棒锣声，有五百人截了去路。旗开捧一员将，素袍莹铠，赤马繁缨，横方天戟，按住马叫："刘君昴略住，薛仁贵在此！"便似报恨伍员逢伯嚭，两个见相怎结末？刘君昴下马告仁贵，被仁贵生致君昴，将见尉迟总管。

话说张士贵帐上道："莫不漏泄了也？"正寻思间，人报君昴领兵回。张士贵思之："何来之早？"左右道："欲去平襄城，路逢莫离支，献了三路都统军印，辽家受降，刘君昴入寨特来见总管。"张士贵令左右请来，言未了，辕门外二将腾至。面前敬德，后面是仁贵。敬德高叫："老贼，匿仁贵之功，其罪非小。敢遣刘君昴却将三路都统军印逢辽兵投降，罪当灭族。老贼下帐来！"张士贵撩衣便往帐后欲走，仁贵举步如飞，腾至扯住征袍，道："总管休走，奉圣旨特来宣总管，有折证⑧的事。"怎见得？诗曰：

往日赖功情可恕，今朝反国罪非轻。

〔注〕①帝：此处指唐太宗。②英公：指徐懋功，后易姓改名为李世勣(jì)。③绛

州：今山西省绛县。　④ 白衣：即布衣，此处指无官职。　⑤ 索：须、应。　⑥ 兀的：指示词，略同于“这”。　⑦ 巡绰：巡视、警戒。　⑧ 折证：弄清是非曲直。徐元瑞《史学指南》：“折证：分剖曲直曰折，指明事始曰证。”

《薛仁贵征辽事略》系元代讲史话本，作者不详。现存于《永乐大典》卷五二四四“辽”字部。话本叙薛仁贵以义军身份，随军征讨辽东，虽屡立战功，但皆被主将张士贵、副将刘君昴冒为己有，甚至险遭张、刘暗算。后经尉迟恭等明察，方才真相大白。薛仁贵受到太宗赏识，箭慑天山军，生擒莫离支，一举平定了辽东。

这里节选的故事片段，即形象地展示了薛仁贵否极泰来的命运转机，它构成了整个故事情节的转捩点。其上文写太宗误入思乡城被困，情况危急。薛仁贵闻讯，匹马驰救，于两军阵前，活捉了莫离支之弟葛全武，冲杀辽军无数，解除了敌围。太宗大喜，召见仁贵。本节就从这里叙起，叙述者巧借太宗的视角，采用由表及里、层层渲染、正衬反托等多种手法，对仁贵的英雄形象，作了浓墨重彩的描绘。

从外貌上看，作为英雄，仁贵无疑显得奇雄魁伟，不同凡俗。一个“果然”，即以虚写实，传达出太宗的爱赏之情。但讲述者却不肯在其相貌如何“雄威”上多费唇舌，只是拈出“瘦弱”二字，并在前面冠一“奈”字，这就使叙述话语顿具一种灵动的张力，既流泻出太宗的惜将情意，又由悬疑而自然引逗出下文对仁贵豪壮的啖食行为及其惊人食量的描绘。“有廉颇之食，亦有廉颇之勇”，太宗的这一句赞美，正巧妙地道出了讲述者有意比照廉颇来写仁贵的用意。所以，肉饭甫毕，仁贵便将他那“廉颇之勇”在太宗与众人面前有力地“抖露”了一番：三支飞箭，伴随一声怒吼，竟将前来搦战的辽兵惊得屁滚尿流。其神威真堪与长坂坡吓退曹军数十万的张飞媲美。难怪太宗于喝彩之际要惊问其曾立何功了。于此不难掂量叙述者举重若轻的艺术笔力：他写英雄绝不面面俱到，也不对其作静态式的刻画，而是抓住英雄的“食”和“勇”，结合其惊人的壮举，附之以别人的观感、赞叹，这样便轻易将英雄的粗豪性格、非凡气势，摹写得活灵活现，如在眼前。

不过，这还只是对英雄的速写。随着战事的展衍，叙述者更擅长于借助敌人的强大以及其他英雄人物的勇武，来对仁贵进行反复的渲染和陪衬。这一点，集中表现在与莫离支的对阵交锋上。当时，太宗手下名将，皆不甘示弱，奋勇向前。不料，转盼间即纷纷败在莫离支手中，就连尉迟恭也仅抵挡了十合。这样，就通过败局的难以收拾，为仁贵出场做足了铺垫，蓄满了气势。于是，伴随众人的忧急、期待，“一骑马出，素袍莹铠，赤马繁缨”，厉声断喝：“贼将莫离支，敢挡薛仁贵么！”其身姿何其潇洒，声口多么自信、雄壮！一场恶斗即刻开演。作者有意借用太宗视角，写太宗眼中的薛仁贵“来往军中如神”，写太宗喜不自禁地称赞，写太宗误以为仁贵中刀落马而“惊煞”，写太宗看见莫离支节节败退，等等，从而将战场上的争勇斗狠写得惊心动魄，将仁贵所向披靡的神威渲染得淋漓尽致。从这里也不难体会仁贵初得太宗赏识，急于要在太宗面前大显身手，争建奇功的精神亢奋状态。所以，他明知“鸣金收兵”，仍穷追不舍，没想到就在这时竟被人暗中射了一箭！这一箭虽出仁贵意外，却早在叙述者安排之内。因为仁贵现在既已春风得意，那么一向匿仁贵之功不荐而冒功受赏的张士贵、刘君昴，也就该有个了结了，等待他们的将是太宗无情的处罚。故而张、刘眼看仁贵又欲建立奇功，就不由妒火中烧，暗中狠下杀手。不用说，这一暗箭最终断送的是他们自己，因为他们在害仁贵不成，投辽兵被捉的情况下，终于一被处斩，一被递流海岛。而仁贵在遭受张、刘暗算时，多智、能忍、后发制人的“贤将”风范，也得到了真切的表露，它们从不同侧面丰富了仁贵的英雄性格。

当然，小说毕竟不同于历史，为了防止读者产生误读，这里还得再补充说上几句，因为从历史的角度看，张士贵竟被叙述者大大地冤枉了、丑化了！实际上，他并没有贪冒仁贵之功，更谈不上暗害仁贵，他的结局很风光，以军功累迁左领军大将，封虢国公，并“赠荆州都督，陪葬昭陵”，故又何来“递流海岛”一说？叙述者之所以要作这样的“捏造”，显然并非是跟历史人物过不去，而是着眼于小说叙述的艺术效果。因为他很清楚，仅靠一味地渲染薛仁贵在两军阵前如何冲锋陷阵厮杀，固然可以突出仁贵的智勇武概，暂时取悦于“听者”，但时间一长，就难免陷入陈陈相因、单调重复的境地，所以为使故事引人入胜，他就必须制造矛盾、设置悬念，有意歪曲张、刘的性格，将他们写成仁贵的对立面，写成嫉贤妒能的小人，说他们一次又一次地冒占仁贵之功，压制、妒害仁贵，这样就使得故事情节波澜迭起、紧张曲折，使仁贵命运的播迁成为听众关注的焦点，从而牢牢地抓住“听众”的注意力。因此，叙述者虽然歪曲了历史人物，使之背了黑锅，但从艺术角度看，这反倒正是这篇平话构思灵巧、反衬正面人物比较成功的地方。（纪德君）

梦斩泾河龙　　佚　名

长安城西南上，有一条河，唤作泾河。贞观十三年，河边有两个渔翁，一个唤张梢，一个唤李定。张梢与李定道：“长安西门里，有个卦铺，唤神言山人。我每日与那先生鲤鱼一尾，他便指教下网方位，依随着百下百着。”李定曰：“我来日也问先生则个。”这二人正说之间，怎想水里有个巡水夜叉，听得二人所言，“我报与龙王去。”

龙王正唤做泾河龙，此时正在水晶宫正面而坐。忽然夜叉来到，言曰：“岸边有二人，却是渔翁，说西门里有一卖卦先生，能知河中之事。若依着他算，打尽河中水族。”龙王闻之大怒，扮作白衣秀士，入城中。见一道布额[1]，写道：“神翁袁守成于斯讲命[2]”。老龙见之，就对先生坐了，乃作百端磨问[3]，难道[4]先生，问何日下雨。先生曰：“来日辰时布云，午时升雷，未时下雨，申时雨足。”老龙问：“下多少？”先生曰：“下三尺三寸四十八点。”龙笑道：“未必都由你说。”先生曰：“来日不下雨，剉[5]了时甘罚五十两银。”龙道：“好，如此来日却得厮见。”辞退，直回水晶宫。须臾，一个黄巾力士言曰：“玉帝圣旨道：你是八河都总泾河龙，教来日辰时布云，午时升雷，未时下雨，申时雨足。”力士随去。老龙言：“不想都应着先生谬说。到了时辰，少下些雨便是，向先生要了罚钱。”次日，申时布云，酉时降雨二尺。

第三日，老龙又变为秀士，入长安卦铺，向先生道：“你卦不灵，快把五十两银来。”先生曰：“我本算术无差，却被你改了天条，错下了雨也。你本非人，自是夜来降雨的龙。瞒得众人，瞒不得我。”老龙当时大怒，对先生变出真相，霎时间：

黄河摧两岸，华岳振三峰。
威雄惊万里，风雨喷长空。

那时走尽众人，唯有袁守成巍然不动。老龙欲向前伤先生，先生曰：“吾不惧死。你违了天条，刻减了甘雨，你命在须臾，剐龙台上难免一刀。”龙乃大惊悔过，复变为秀士，跪下告先生道：“果如此呵！却望先生明说与我因由。”守成曰：“来日你死，乃是当今唐丞相魏徵来日午时断你。”龙曰：“先生救咱。”守成曰：“你若要不死，除非见得唐王，与魏丞相行说劝救时节，或可免灾。”老龙感谢，拜辞先生回也。

玉帝差魏徵斩龙。天色已晚，唐王宫中睡思半酣，神魂出殿，步月闲行。只见西南上有一片黑云落地，降下一个老龙，当前跪拜。唐王惊怖曰："为何？"龙曰："只因夜来错降芒雨，违了天条，臣该死也。我王是真龙，臣是假龙，真龙必可救假龙。"唐王曰："吾怎救你？"龙曰："臣罪正该丞相魏徵来日午时断罪。"唐王曰："事若干魏徵，须救你无事。"龙拜谢去了。天子觉来，却是一梦。

次日设朝，宣尉迟敬德总管上殿，曰："夜来朕得一梦，梦见泾河龙来告寡人道：因错行了雨，违了天条，该丞相魏徵断罪。朕许救之。朕欲今日于后宫里宣丞相与朕下棋一日，须直到晚乃出，此龙必可免灾。"敬德曰："所言是矣。"乃宣魏徵至。帝曰："召卿无事，朕欲与卿下棋一日。"唐王故迟延下着，将近午，忽然魏相闭目笼睛，寂然不动。至未时却醒。帝曰："卿为何？"魏徵曰："臣暗风疾发，陛下恕臣不敬之罪。"又对帝下棋。

未至三着，听得长安市上百姓喧闹异常。帝问何为，近臣所奏："千步廊南，十字街头，云端吊下一只龙头来，因此百姓喧闹。"帝问魏徵曰："怎生来？"魏徵曰："陛下不问，臣不敢言。泾河龙违天获罪，奉玉帝圣旨，令臣斩之。臣若不从，臣罪与龙无异矣。臣适来合眼一霎，斩了此龙。"正唤作魏徵梦斩泾河龙。唐皇曰："本欲救之，岂期有此。"遂罢棋。

〔注〕 ① 布额：标语。 ② 讲命：算命。 ③ 磨问：纠缠、诘问。 ④ 难道：此处指有意为难、诘责对方。 ⑤ 剉(cuò)：错过。

本篇是古本《西游记》的残文，录自《永乐大典》。文前原有"西游记"三字。故事讲的是卖卦先生袁守成指点渔翁捕鱼，惹怒了泾河老龙。老龙为了显示守成卦术不灵，出其洋相，而有意违背天条，少降雨水，结果被玉帝差魏徵斩了首级。

这个故事，若按现实生活逻辑来读评，那它无疑是荒唐的。不过，神怪小说自有神怪小说的艺术逻辑，它的逻辑是"酌奇而不失其真"，也就是说，其想象不妨尽量奇幻多姿，只要能让人觉得"幻中有真""情有可信"，也就取得了艺术上的成功。以这个逻辑来阅读“梦斩泾河龙”的故事，便会觉得它虽然貌似奇幻，事无可稽，但也蕴涵着“极真”的情理。就拿泾河老龙来说，它虽是一条神龙，能够呼风唤雨，可其喜怒哀乐，却又分明带着凡人的特点。它的性情暴躁、易怒，一听说袁守成指点渔翁捕其族类，就怒不可遏地去找袁氏理论，并且意气用事，自作聪明，为破袁氏卦术，故意违犯天条，“剉了时辰，少下些雨”，然后洋洋自得地欲“问先生要了罚钱”。等到被袁氏揭破真相后，他立即恼羞成怒，兴风作浪，恐吓对方。而一旦意识到大祸临头，马上又惊悔不迭，跪地求救。可见其性格脾气，言行举止，与凡夫俗子并无二致，诚所谓“神魔皆有人情，精魅亦通世故”（鲁迅《中国小说史略》）。

而该故事中的袁守成，则正好与老龙相反，他虽是一个卖卦先生，可却颇具神性，人称“神言山人”。其卦术通天彻地，预知过去未来，灵验无比。故而，他面对老龙的挑衅，能够镇定自信，处变不惊，致令老龙威风扫地，摇尾乞怜。并且，他还宅心仁厚，给老龙指点了一条生路。无奈天意难违，虽然唐王慷慨允诺，救其一命，但最终老龙还是落了个身首异处的悲惨下场。可见，这种严重违法乱纪的事情，实在是做不得的，否则只能是自食其果。

该话本描写“梦斩老龙”一节，虽然用笔简略，但并不失其文学意味。作者采用的是虚实结合，避实就虚的写法，也即实写魏徵下棋打盹，虚写其梦中斩龙，而唐王则如矮子观场，不辨其妙，欲问究竟，又被魏徵随口捏造了一句“鬼话”给糊弄过去了，直到老百姓喧闹异常，近臣奏说“云端吊下一只龙头来”，唐王这才如梦方醒。这种实处落墨、虚处传神的写法，可谓化难为易，举重若轻：它留下了一大段的叙事“空白”，而这“空白”的妙处，就在于能很好地诱发读者去展开审美想象；它使人仿佛听到了作者故弄玄虚的笑声：“你要问魏徵是怎么斩龙的，自个儿想去吧！此是天机，不可泄露。”如果你实在难以想象魏徵梦中斩龙的情景，那么就去翻阅一下《西游记》中第九、十两回吧，看看吴承恩先生是怎么通过想象来补充、描写的，那两回就基本上是以这篇《梦斩泾河龙》为蓝本写成的，所以故事内容几乎完全一样，只不过是青出于蓝而胜于蓝罢了。　　（纪德君）

附录

参考书目

说　明

一、本书目择要收入历代小说目录、书目、史料、研究著作、参考资料等。一一注明书名、编撰者、卷数回数、版本。编撰者如属清以后人，不再注出时代；如属别国人，则注明国别。

二、本书目按主要存世小说目录、小说书目、小说史料、研究著作和参考资料、通论性著作等五类编排。其中主要存世小说目录按年代顺序分为先秦两汉、魏晋南北朝、隋唐五代、宋辽金元四部分。各部分先列文言小说，后列白话小说。文言小说以类相从，大致按志怪、传奇、杂俎、志人、谐谑五类编排，各类中大致以年代先后为序；白话小说大致按成书年代先后排列。

三、所收书目的版本，一般以最早刊刻的版本为准，注重名家校勘、评注本，稿本和抄本亦酌情选收。

四、同一作品的不同重要版本，以又一本的形式附列于后。

主要存世小说目录

先秦两汉

山海经　十八篇，明毛晋校宋尤袤刻本；又，清嘉庆阮氏琅环仙馆刻郝懿行《山海经笺疏》本。

穆天子传　六卷，清洪颐煊校刻本。

鬻子　一卷，《道藏》本。

青史子　三则，鲁迅《古小说钩沉》本。

宋子　［周］宋钘撰，《玉函山房辑佚书》本。

括地图　《玉函山房辑佚书补编》本。

神异经　旧题［西汉］东方朔撰　［西晋］张华注，五十八则，《广汉魏丛书》本；又，四十七则，《格致丛书》本。

十洲记　旧题［西汉］东方朔撰，一卷，《顾氏文房小说》本。

列仙传　［西汉］刘向撰，二卷，明《道藏》本。

蜀王本纪　［西汉］扬雄撰，《玉函山房辑佚书补编》本。

异闻记　［东汉］陈寔撰，二则，鲁迅《古小说钩沉》本。

汉武洞冥记　旧题［东汉］郭宪撰，四卷，

《顾氏文房小说》本。

燕丹子　三卷,《平津馆丛书》本。

汉武帝故事　一卷,鲁迅《古小说钩沉》本。

魏晋南北朝

列异传　旧题[三国魏]曹丕撰,五十一则,1988年文化艺术出版社郑学弢辑本。

笑林　[三国魏]邯郸淳撰,二十九则,王利器《历代笑话集》本。

汉武内传　一卷,《守山阁丛书》本。

东方朔传　一卷,重编《说郛》本。

博物志　[西晋]张华撰,三十九目,《稗海》本。

玄中记　[西晋]郭璞撰,一卷,《玉函山房辑佚书》本。

笑林　[西晋]陆云撰,鲁迅《古小说钩沉》本。

钱神论　[西晋]鲁褒撰,清严可均《全晋文》本。

异林　[晋]陆氏撰,一则,鲁迅《古小说钩沉》本。

搜神记　[东晋]干宝撰,二十卷,《学津讨原》本。

志怪记　[晋]殖氏撰,二则,鲁迅《古小说钩沉》本。

志怪集　四则,《北堂书钞》本。

许氏志怪　[晋]许氏撰,《太平御览》本。

杂鬼神志怪　一则,《北堂书钞》本。

神异记　[晋]王浮撰,八则,鲁迅《古小说钩沉》本。

搜神后记　旧题[晋]陶潜撰,十卷,《津逮秘书》本。

甄异传　[晋]戴祚撰,十七则,鲁迅《古小说钩沉》本。

孔氏志怪　[晋]孔约撰,十则,鲁迅《古小说钩沉》本。

志怪　[晋]祖台之撰,十五则,鲁迅《古小说钩沉》本。

神仙传　[晋]葛洪撰,九十二则,《广汉魏丛书》本。

灵鬼志　[晋]荀氏撰,二十四则,鲁迅《古小说钩沉》本。

鬼神列传　[晋]谢氏撰,一则,鲁迅《古小说钩沉》本。

西京杂记　[晋]葛洪撰,六卷,明嘉靖三十一年(1552)孔天胤刻本。

语林　[东晋]裴启撰,五卷,1988年文化艺术出版社周楞伽辑注本。

郭子　[东晋]郭澄之撰,八十四则,鲁迅《古小说钩沉》本。

拾遗记　[后秦]王嘉撰,十卷,明世德堂翻宋本。

名山记　[后秦]王嘉撰,一卷,《五朝小说》本。

录异传　二十七则,鲁迅《古小说钩沉》本。

幽明录　[南朝宋]刘义庆撰,二百七十七则,1988年文化艺术出版社郑晚晴辑注本。

宣验记　[南朝宋]刘义庆撰,三十五则,鲁迅《古小说钩沉》本。

观世音应验记　[南朝宋]傅亮撰,一卷,日本古抄本。

续观世音应验记　[南朝宋]张演撰,日本古抄本。

齐谐记　[南朝宋]东阳无疑撰,十五则,《玉函山房辑佚书》本。

异苑　[南朝宋]刘敬叔撰,十卷,《秘册汇函》本。

古异传 ［南朝宋］袁王寿撰，一则，鲁迅《古小说钩沉》本。

集异记 ［南朝宋］郭季产撰，十一则，鲁迅《古小说钩沉》本。

系观世音应验记 ［南朝齐］陆杲撰，一卷，日本古抄本。

述异记 ［南朝齐］祖冲之撰，九十则，鲁迅《古小说钩沉》本。

世说新语 ［南朝宋］刘义庆撰，三卷，南宋绍兴八年(1138)广川董棻翻刻晏殊校本；又，明嘉靖十四年(1535)袁褧刻南宋陆游校本。

妒记 ［南朝宋］虞通之撰，鲁迅《古小说钩沉》本。

冥祥记 ［南朝梁］王琰撰，一百三十一则，鲁迅《古小说钩沉》本。

述异记 ［南朝梁］任昉撰，二卷，《随庵丛书》影宋刻本。

续齐谐记 ［南朝梁］吴均撰，一卷，《古逸丛书》本。

神录 ［南朝梁］刘之遴撰，二则，鲁迅《古小说钩沉》本。

金楼子·志怪篇 ［南朝梁］萧绎撰，五十四则，《四库全书》本。

周氏冥通记 ［南朝梁］陶弘景撰，四卷，《道藏》本。

铜剑赞 ［南朝梁］江淹撰，一卷，《秘册汇函》本。

古今刀剑录 ［南朝梁］陶弘景撰，一卷，《百川学海》本。

类林 ［南朝梁］裴子野撰，七则，《琱玉集》本。

宋拾遗 ［南朝梁］谢绰撰，九则，重编《说郛》本。

俗说 ［南朝梁］沈约撰，五十二则，《玉函山房辑佚书》本。

殷芸小说 ［南朝梁］殷芸撰，一百六十三则，1984 年上海古籍出版社排印本。

祥异记 二则，鲁迅《古小说钩沉》本。

续异记 十一则，鲁迅《古小说钩沉》本。

志怪录 三则，鲁迅《古小说钩沉》本。

祥瑞记 一则，《太平广记》本。

神鬼传 九则，《太平广记》本。

后幽明录 一则，《艺文类聚》本。

冤魂志 ［北齐］颜之推撰，三十五则，《宝颜堂秘笈》本。

集灵记 ［北齐］颜之推撰，一则，鲁迅《古小说钩沉》本。

谈薮 ［北齐］阳松玠撰，八十余则，《太平广记》本。

隋唐五代

旌异记 ［隋］侯白撰，十则，鲁迅《古小说钩沉》本。

五行记 ［隋］萧吉撰，二十八则，《太平广记》本。

穷怪录 八则，《太平广记》本。

同贤记 三则，《玉函山房辑佚书补编》本。

禽经 旧题［周］师旷撰 ［晋］张华注，一卷，《百川学海》本。

启颜录 ［隋］侯白撰，四十一则，1990 年上海古籍出版社曹林娣、李泉辑注本。

搜神记 ［唐］句道兴撰，五卷，敦煌残写本。

冥报记 ［唐］唐临撰，三卷，1992 年中华书局方诗铭辑校本。

广古今五行记 ［唐］窦维鋈撰，一百八十则,《太平广记》本。

冥报拾遗　［唐］郎余令撰,四十五则,1992年中华书局方诗铭辑校本。

神仙记　［唐］张氲撰,一则,《太平广记》本。

地狱苦记　一则,《太平广记》本。

神怪志　［唐］孔慎言撰,一则,《太平御览》本。

梦书　［唐］卢重玄撰,一则,《太平广记》本。

纪闻　［唐］牛肃撰,一百二十余则,《太平广记》本。

后仙传　［唐］蔡伟撰,《太平广记》本。

广异记　［唐］戴孚撰,六卷,1992年中华书局方诗铭辑校本。

灵怪集　［唐］张荐撰,《太平广记》本。

辨疑志　［唐］陆长源撰,十则,《太平广记》本。

通幽记　［唐］陈邵撰,二十八则,《太平广记》本。

洽闻记　［唐］郑遂撰,四十则,《太平广记》本。

玄怪录　［唐］牛僧孺撰,四卷,1982年中华书局程毅中校点本。

续博物志　［唐］林登撰,一则,《太平广记》本。

续玄怪录　［唐］李复言撰,四卷,1982年中华书局程毅中校点本。

定命录　［唐］吕道生撰,六十二则,《太平广记》本。

逸史　［唐］卢肇撰,七十余则,《太平广记》本。

祥异集验　［唐］麻安石撰,五则,《太平广记》本。

戎幕闲谈　［唐］韦绚撰,十五则,《太平广记》本。

会昌解颐　十一则,《太平广记》本。

河东记　［唐］薛渔思撰,三十三则,《太平广记》本。

续定命录　［唐］温畬撰,十四则,《太平广记》本。

穷神秘苑　［唐］焦璐撰,十一则,《太平广记》本。

独异志　［唐］李伉撰,三卷,1983年中华书局排印本。

金刚经报应记　［唐］卢求撰,五十九则,《太平广记》本。

宣室志　［唐］张读撰,十一卷,明抄宋本。

广异记　［唐］王通明撰,一则,《太平广记》本。

陆氏集异记　［唐］陆勋撰,四卷,《宝颜堂秘笈》本。

树萱录　二十则,《类说》本。

梦隽　［唐］柳璨撰,八则,《太平广记》本。

报应录　［唐］王毂撰,七十一则,《太平广记》本。

原化记　［唐］皇甫氏撰,六十八则,《太平广记》本。

大唐奇事记　［唐］李隐撰,十二则,《太平广记》本。

潇湘录　［唐］柳祥撰,四十三则,《太平广记》本。

桂苑丛谭　［唐］严子休撰,二十八则,《宝颜堂秘笈》本。

闻奇录　三十六则,《太平广记》本。

异录　一则,《太平广记》本。

武陵十仙传　一则,《太平广记》本。

志怪录　一则,《太平广记》本。

沈氏惊听录　[唐]沈氏撰,三则,《太平广记》本。

野史　一则,《太平广记》本。

感通记　一则,《太平广记》本。

传信志　一则,《太平广记》本。

冥杂录　一则,《太平广记》本。

洞天集　一则,《太平广记》本。

赵飞燕外传　旧题[汉]伶玄撰,一卷,《顾氏文房小说》本。

古镜记　[唐]王度撰,《太平广记》本。

游仙窟　[唐]张鷟撰,汪辟疆《唐人小说》本。

补江总白猿传　《顾氏文房小说》本。

梁四公记　[唐]张说撰,《太平广记》本。

兰亭记　[唐]何延之撰,《法书要录》本。

杜鹏举传　[唐]萧时和撰,《太平广记》本。

高力士外传　[唐]郭湜撰,《顾氏文房小说》本。

安禄山事迹　[唐]姚汝能撰,《知不足斋丛书》本。

仙游记　[唐]顾况撰,《全唐文》本。

梁大同古铭记　[唐]李吉甫撰,《全唐文》本。

离魂记　[唐]陈玄祐撰,《太平广记》本。

枕中记　[唐]沈既济撰,《太平广记》本。

任氏传　[唐]沈既济撰,《太平广记》本。

崔少玄传　[唐]王建撰,《太平广记》本。

周广传　[唐]刘复撰,《太平广记》本。

李赤传　[唐]柳宗元撰,《文苑英华》本。

河间传　[唐]柳宗元撰,《河东先生外集》本。

魂游上清记　[唐]赵业撰,《太平广记》本。

三女星精　[唐]郑权撰,《类说》本。

李娃传　[唐]白行简撰,《太平广记》本。

三梦记　[唐]白行简撰,《说郛》本。

莺莺传　[唐]元稹撰,《太平广记》本。

李章武传　[唐]李景亮撰,《太平广记》本。

长恨传　[唐]陈鸿撰,《太平广记》本。

东城老父传　[唐]陈鸿祖撰,《太平广记》本。

柳毅传　[唐]李朝威撰,《太平广记》本。

柳氏传　[唐]许尧佐撰,《太平广记》本。

古岳渎经　[唐]李公佐撰,《太平广记》本。

南柯太守传　[唐]李公佐撰,《类说》本。

庐江冯媪传　[唐]李公佐撰,《太平广记》本。

谢小娥传　[唐]李公佐撰,《太平广记》本。

异梦录　[唐]沈亚之撰,《太平广记》本。

湘中怨解　[唐]沈亚之撰,汪辟疆《唐人小说》本。

冯燕传　[唐]沈亚之撰,《太平广记》本。

秦梦记　[唐]沈亚之撰,《太平广记》本。

感异记　《类说》本。

上清传　[唐]柳珵撰,汪辟疆《唐人小说》本。

东阳夜怪录　[唐]王洙撰,《太平广记》本。

霍小玉传　[唐]蒋防撰,《太平广记》本。

集异记　[唐]薛用弱撰,二卷,《顾氏文房小说》本。

杨娼传　[唐]房千里撰,《太平广记》本。

周秦行记　[唐]韦瓘撰,《太平广记》本。

纂异记　[唐]李玫撰,十二则,《太平广记》本。

前定录　[唐] 钟辂撰，二十四则，《百川学海》本。

博异志　[唐] 郑还古撰，一卷，《顾氏文房小说》本。

南部烟花录　旧题[唐] 颜师古撰，二卷，《百川学海》本。

无双传　[唐] 薛调撰，《太平广记》本。

华岳灵姻　《类说》本。

后土夫人传　《太平广记》本。

冥音录　《太平广记》本。

段章传　[唐] 司空图撰，《太平广记》本。

传奇　[唐] 裴铏撰，三十一则，1980 年上海古籍出版社周楞伽辑校本。

郑德璘传　[唐] 裴铏撰，《太平广记》本。

虬髯客传　[唐] 裴铏撰，《太平广记》本。

甘泽谣　[唐] 袁郊撰，《津逮秘书》本。

异闻集　[唐] 陈翰编，《太平广记》本。

剧谈录　[唐] 康軿撰，二卷，《津逮秘书》本。

三水小牍　[唐] 皇甫枚撰，《云自在龛丛书》本。

非烟传　[唐] 皇甫枚撰，《太平广记》本。

灵应传　《太平广记》本。

邺侯外传　《太平广记》本。

事始　[唐] 刘孝孙、房德懋撰，《类说》本。

教坊记　[唐] 崔令钦撰，十七则，《说郛》本。

茶经　[唐] 陆羽撰，三卷，《百川学海》本。

龙城录　旧题[唐] 柳宗元撰，二卷，《百川学海》本。

大唐传载　《守山阁丛书》本。

酉阳杂俎　[唐] 段成式撰，三十卷，明万历三十五年(1607)李云鹄刊赵琦美校补本。

杂纂　[唐] 李商隐撰，《说郛》本。

乾𦠆子　[唐] 温庭筠撰，一卷，《太平广记》本。

尚书故实　[唐] 李绰撰，《宝颜堂秘笈》本。

续事始　[唐] 刘睿撰，《类说》本。

云仙散录　旧题[唐] 冯贽撰，十卷，《随庵丛书》本。

两同书　[唐] 罗隐撰，《宝颜堂秘笈》本。

朝野佥载　[唐] 张鷟撰，六卷，《宝颜堂秘笈》本。

隋唐嘉话　[唐] 刘悚撰，三卷，《顾氏文房小说》本。

刘公嘉话录　[唐] 韦绚撰，一卷，《顾氏文房小说》本。

北里志　[唐] 孙棨撰，一卷，《古今说海》本。

大唐新语　[唐] 刘肃撰，明王世贞刻本。

国史补　[唐] 李肇撰，三卷，明汲古阁刊影宋本。

卓异记　一卷，《顾氏文房小说》本。

柳氏小说旧闻　旧题[唐] 柳公权撰，《说郛》本。

次柳氏旧闻　[唐] 李德裕撰，一卷，清青芝山堂抄本。

谭宾录　[唐] 胡璩撰，一百二十则，《太平广记》本。

明皇杂录　[唐] 郑处诲撰，二卷，《四库全书》本。

因话录　[唐] 赵璘撰，六卷，《稗海》本。

卢氏杂说　[唐] 卢言撰，六十五则，《太平广记》本。

幽闲鼓吹　[唐] 张固撰，一卷，《顾氏文房小说》本。

阙史 ［唐］高彦休撰，二卷，《知不足斋丛书》本。

松窗录 ［唐］李浚撰，一卷，《顾氏文房小说》本。

杜阳杂编 ［唐］苏鹗撰，二卷，明陈汝元校刻本。

云溪友议 ［唐］范摅撰，三卷，明刻本。

玉泉子 三卷，《稗海》本。

本事诗 ［唐］孟启撰，一卷，《顾氏文房小说》本。

南楚新闻 ［唐］尉迟枢撰，六则，《绀珠集》本。

芝田录 ［唐］丁用晦撰，三十三则，《类说》本。

小名录 ［唐］陆龟蒙撰，二卷，《稗海》本。

开天传信记 ［唐］郑棨撰，三十二则，《百川学海》本。

抒情集 ［唐］卢瑰撰，十九则，《太平广记》本。

南部烟花记 十二则，《类说》本。

徘谐集 ［唐］刘纳言撰，重编《说郛》本。

稽神录 ［五代南唐］徐铉撰，七卷，《学津讨原》本。

神仙感遇传 ［五代前蜀］杜光庭撰，五卷，《道藏》本。

录异记 ［五代前蜀］杜光庭撰，八卷，《道藏》本。

仙传拾遗 ［五代前蜀］杜光庭撰，一百三十则，《太平广记》本。

墉城集仙录 ［五代前蜀］杜光庭撰，六卷，《道藏》本。

续仙传 ［五代吴］沈汾撰，三卷，《道藏》本。

玉溪编事 ［五代后蜀］金利用撰，八则，《太平广记》本。

备忘小钞 ［五代后蜀］文谷撰，十三则，重编《说郛》本。

王氏见闻集 ［五代后晋］王仁裕撰，三十一则，《太平广记》本。

感定录 二十三则，《太平广记》本。

耳目记 ［五代南唐］刘崇远撰，十则，《太平广记》本。

角力记 ［五代］调露子撰，《琳琅秘室丛书》本。

灯下闲谈 二卷，明冯舒抄本。

唐摭言 ［五代南汉］王定保撰，十五卷，《雅雨堂丛书》本。

玉堂闲话 ［五代后唐］王仁裕撰，一百六十则，《太平广记》本。

开元天宝遗事 ［五代后唐］王仁裕撰，二卷，《顾氏文房小说》本。

钓矶立谈 旧题［五代后唐］史虚白撰，一卷，《又知不足斋丛书》本。

纪闻谈 ［五代蜀］潘远撰，十则，《绀珠集》本。

鉴诫录 ［五代后蜀］何光远撰，十卷，明刊本。

中朝故事 ［五代南唐］尉迟偓撰，二卷，《广四十家小说》本。

金华子 ［五代南唐］刘崇远撰，二卷，《四库全书》本。

庐山远公话 敦煌写本。

韩擒虎话本 敦煌写本。

唐太宗入冥记 敦煌写本。

叶净能话 敦煌写本。

秋胡话本 敦煌写本。

宋辽金元

野人闲话　[宋]景焕撰,三十一则,《太平广记》本。

牧竖闲谈　[宋]景焕撰,七则,《类说》本。

禖光录　[宋]陈纂撰,三卷,《顾氏文房小说》本。

秘阁闲谈　[宋]吴淑撰,十三则,《类说》本。

江淮异人录　[宋]吴淑撰,二卷,《函海》本。

洞微志　[宋]钱易撰,《绀珠集》本。

乘异记　[宋]张君房撰,十一则,《类说》本。

友会谈丛　[宋]上官融撰,三十则,《稽古堂丛刻》本。

茅亭客话　[宋]黄休复撰,十卷,《学津讨原》本。

祖异志　[宋]聂田撰,二则,《类说》本。

括异志　[宋]张师正撰,一百三十三则,宋抄本。

洛中记异　[宋]秦再思撰,三十四则,《类说》本。

幕府燕闲录　[宋]毕仲询撰,十三则,《类说》本。

吉凶影响录　[宋]岑象求撰,二则,《绀珠集》本。

搜神秘览　[宋]章炳文撰,三卷,《续古逸丛书》本。

分门古今类事　[宋]委心子撰,二十卷,《四库全书》本。

续博物志　[宋]李石撰,十卷,明弘治刊本。

夷坚志　[宋]洪迈撰,二百零八卷,1981年中华书局何卓点校本。

厚德录　[宋]李元纲撰,四卷,《百川学海》本。

乐善录　[宋]李昌龄撰,二卷,《稗海》本。

睽车志　[宋]郭象撰,六卷,《稗海》本。

鬼董　五卷,清乾隆刊本。

闲窗括异志　[宋]鲁应龙撰,一卷,《稗海》本。

开河记　一卷,《说郛》本。

迷楼记　一卷,《说郛》本。

海山记　一卷,《说郛》本。

梅妃传　一卷,《说郛》本。

杨太真外传　[宋]乐史撰,二卷,《说郛》本。

绿珠传　[宋]乐史撰,一卷,《说郛》本。

王榭传　《青琐高议》本。

王幼玉记　[宋]柳师尹撰,《青琐高议》本。

流红记　[宋]张硕撰,《青琐高议》本。

谭意歌传　[宋]秦醇撰,《青琐高议》本。

赵飞燕别传　[宋]秦醇撰,《青琐高议》本。

爱爱歌序　[宋]苏舜钦撰,《节孝先生文集》本。

任社娘传　[宋]沈辽撰,《云巢编》本。

子姑神记　[宋]苏轼撰,《东坡续集》本。

梦仙记　[宋]苏辙撰,《五朝小说》本。

洛阳缙绅旧闻记　[宋]张齐贤撰,五卷,《知不足斋丛书》本。

豪异秘纂　一卷,《说郛》本。

青琐高议　[宋]刘斧编,二十七卷,明万历刊本。

芙蓉城传　[宋]胡微之撰,《绿窗新话》本。

王魁传　[宋] 夏噩撰,《类说》本。

云斋广录　[宋] 李献民撰,九卷,金刻本。

投辖录　[宋] 王明清撰,一卷,《四库全书》本。

清尊录　[宋] 廉布撰,十则,《说郛》本。

昨梦录　[宋] 康与之(一说康誉之)撰,五卷,《说郛》本。

李师师外传　一卷,《琳琅秘室丛书》本。

海陵三仙传　[宋] 王禹锡撰,一卷,《古今说海》本。

醉翁谈录　[宋] 罗烨撰,二十卷,1941 年日本影印观澜阁藏孤本宋椠本。

绿窗新话　[宋] 皇都风月主人编,二卷,1991 年上海古籍出版社排印本。

疑仙录　[宋] 王简撰,三卷,《琳琅秘室丛书》本。

异闻　[宋] 何光撰,三则,《说郛》本。

清异录　[宋] 陶谷撰,一卷,《惜阴轩丛书》本。

太平广记　[宋] 李昉撰,五百卷,明嘉靖四十五年(1566)谈恺刊本。

该闻录　[宋] 李畋撰,二十一则,《类说》本。

广卓异记　[宋] 乐史撰,二十卷,《逊敏堂丛书》本。

西斋话记　[宋] 祖士衡撰,三则,《说郛》本。

鸡跖集　[宋] 宋祁撰,四十八则,《绀珠集》本。

东斋记事　[宋] 范镇撰,六卷,《四库全书》本。

谈渊　[宋] 王陶撰,八则,《说郛》本。

翰府名谈　[宋] 刘斧撰,十五则,《类说》本。

摭遗　[宋] 刘斧撰,二十三则,《类说》本。

孔氏谈苑　[宋] 孔平仲撰,四卷,《宝颜堂秘笈》本。

孙公谈圃　[宋] 孙升述　刘延世录,三卷,《百川学海》本。

湘山野录　[宋] 释文莹撰,三卷,1984 年中华书局排印本。

续湘山野录　[宋] 释文莹撰,一卷,1984 年中华书局排印本。

梦溪笔谈　[宋] 沈括撰,二十六卷,《稗海》本。

麈史　[宋] 王得臣撰,三卷,《知不足斋丛书》本。

月河所闻集　[宋] 莫君陈撰,一卷,《吴兴丛书》本。

东坡志林　[宋] 苏轼撰,五卷,明万历赵开美刊本。

渔樵闲话　[宋] 苏轼撰,二卷,明万历赵开美刊本。

后山谈丛　[宋] 陈师道撰,四卷,《宝颜堂秘笈》本。

明道杂志　[宋] 张耒撰,一卷,《顾氏文房小说》本。

泊宅编　[宋] 方勺撰,三卷,《稗海》本。

海物异名记　[宋] 陈致雍撰,十三则,《类说》本。

萍州可谈　[宋] 朱彧撰,三卷,《守山阁丛书》本。

侯鲭录　[宋] 赵令畤撰,八卷,《稗海》本。

谈助　[宋] 晁载之撰,十一则,《绀珠集》本。

冷斋夜话　[宋] 释惠洪撰,十卷,《稗海》本。

甲申杂记 [宋]王巩撰,一卷,《知不足斋丛书》本。

闻见近录 [宋]王巩撰,一卷,《知不足斋丛书》本。

随手杂录 [宋]王巩撰,一卷,《知不足斋丛书》本。

延漏录 [宋]章望之撰,七则,重编《说郛》本。

栾城遗言 [宋]苏籀撰,一卷,明刊本。

五色线 [宋]罗叔恭撰,二卷,《津逮秘书》本。

北窗炙輠 [宋]施德操撰,二卷,《学海类编》本。

张氏可书 [宋]张知甫撰,一卷,《四库全书》本。

却扫编 [宋]徐度撰,三卷,《津逮秘书》本。

南窗纪谈 [宋]徐度撰,一卷,《知不足斋丛书》本。

扪虱新话 [宋]陈善撰,十五卷,《津逮秘书》本。

续谈助 [宋]晁载之撰,《十万卷楼丛书》本。

能改斋漫录 [宋]吴曾撰,十八卷,《守山阁丛书》本。

侍儿小名录 [宋]洪炎编,重编《说郛》本。

默记 [宋]王铚撰,三卷,《学海类编》本。

补侍儿小名录 [宋]王铚编,一卷,《稗海》本。

侍儿小名录拾遗 [宋]董弅撰,一卷,《稗海》本。

续补侍儿小名录 [宋]温豫编,一卷,《稗海》本。

类说 [宋]曾慥编,六十卷,明天启六年(1626)岳钟秀刊本。

绀珠集 [宋]朱胜非撰,十三卷,宋绍兴七年(1137)刊本。

鸡肋编 [宋]庄绰撰,三卷,元钞本。

春渚纪闻 [宋]何薳撰,十卷,《津逮秘书》本。

避暑录话 [宋]叶梦得撰,二卷,《津逮秘书》本。

岩下放言 [宋]叶梦得撰,三卷,《石林遗集》本。

石林燕语 [宋]叶梦得撰,十卷,明刊本。

墨庄漫录 [宋]张邦基撰,十卷,《稗海》本。

砚冈笔志 [宋]唐稷撰,六则,重编《说郛》本。

耆旧续闻 [宋]陈鹄撰,十卷,《四库全书》本。

中吴纪闻 [宋]龚明之撰,六卷,上海古籍出版社排印本。

独醒杂志 [宋]曾敏行撰,十卷,《知不足斋丛书》本。

挥麈录 [宋]王明清撰,二十卷,《津逮秘书》本。

玉照新志 [宋]王明清撰,六卷,《宝颜堂秘笈》本。

梁溪漫志 [宋]费衮撰,十卷,《知不足斋丛书》本。

清波杂志 [宋]周辉撰,十二卷,《知不足斋丛书》本。

清波别志 [宋]周辉撰,三卷,《知不足斋丛书》本。

鹤林玉露 [宋]罗大经撰,十八卷,日本安庆本。

虚谷闲抄 [宋]方回撰,《古今说海》本。

齐东野语 [宋]周密撰,二十卷,明刊本。

癸辛杂识 [宋]周密撰,六卷,《津逮秘书》本。

养疴漫笔 [宋]赵缙撰,一卷,《学海类编》本。

北梦琐言 [宋]孙光宪撰,二十卷,《云自在龛丛书》本。

贾氏谈录 [宋]张洎撰,一卷,《四库全书》本。

南唐近事 [宋]郑文宝撰,三卷,明刊本。

南部新书 [宋]钱易撰,十卷,《四库全书》本。

野说 [宋]邵思撰,六则,《说郛》本。

传载 [宋]释赞宁撰,十则,《说郛》本。

晋公谈录 [宋]丁谓撰,一卷,《百川学海》本。

郡阁雅言 [宋]潘若冲撰,三十五则,《诗话总龟》本。

墨客挥犀 [宋]彭乘撰,十卷,《稗海》本。

续墨客挥犀 [宋]彭乘撰,十九则,《说郛》本。

闲谈录 [宋]苏耆撰,五则,《说郛》本。

国老谈苑 [宋]王君玉撰,二卷,《百川学海》本。

杨文公谈苑 [宋]宋庠撰,十一则,《说郛》本。

王文正笔录 [宋]王曾撰,一卷,《百川学海》本。

倦游杂录 [宋]张师正撰,一百则,《宋朝事实类苑》本。

碧云騢 [宋]梅尧臣撰,一卷,《百川学海》本。

儒林公议 [宋]田况撰,二卷,《稗海》本。

江邻几杂志 [宋]江休复撰,三卷,《稗海》本。

归田录 [宋]欧阳修撰,二卷,《欧阳文忠公集》本。

涑水记闻 [宋]司马光撰,十六卷,《学海类编》本。

青箱杂记 [宋]吴处厚撰,十卷,《稗海》本。

渑水燕谈录 [宋]王辟之撰,1981年中华书局排印本。

龙川略志 [宋]苏辙撰,十卷,《百川学海》本。

龙川别志 [宋]苏辙撰,一卷,《稗海》本。

玉壶清话 [宋]释文莹撰,十卷,《知不足斋丛书》本。

画墁集 [宋]张舜民撰,一卷,《稗海》本。

谈薮 [宋]庞元英撰,四十五则,《说郛》本。

续世说 [宋]孔平仲撰,十二卷,《粤雅堂丛书》本。

唐宋遗史 [宋]詹玠撰,十八则,《绀珠集》本。

东皋杂录 [宋]孙宗鉴撰,二十则,《说郛》本。

钱氏私志 [宋]钱缅撰,二十二则,《说郛》本。

珍席放谈 [宋]高晦叟撰,二卷,《函海》本。

退斋笔录 [宋]侯延庆撰,四则,《说郛》本。

唐语林 [宋]王谠撰,八卷,《四库全书》本。

道山清话 [宋]道山先生撰,一卷,《百川学海》本。

懒真子　[宋]马永卿撰,五卷,《稗海》本。

遁斋闲览　[宋]陈正敏撰,九十七则,《类说》本。

东轩笔录　[宋]魏泰撰,十六卷,明嘉靖刻本。

雅言系述　[宋]王举撰,三十则,《诗话总龟》本。

文酒清话　金刻本。

铁围山丛谈　[宋]蔡绦撰,六卷,《知不足斋丛书》本。

步里客谈　[宋]陈长方撰,二卷,《四库全书》本。

南游记旧　[宋]曾纡撰,十一则,《说郛》本。

曲洧旧闻　[宋]朱弁撰,十卷,明嘉靖三十四年(1555)宜兴沈敕刊本。

过庭录　[宋]范公偁撰,一卷,《稗海》本。

高斋漫录　[宋]曾慥撰,一卷,《四库全书》本。

邵氏闻见录　[宋]邵伯温撰,二十卷,《津逮秘书》本。

邵氏闻见后录　[宋]邵博撰,三十卷,《津逮秘书》本。

南北史续世说　[宋]李垕撰,十卷,明万历三十七年(1609)安茂卿刻蓼蓼阁重修本。

坦斋笔衡　[宋]叶置撰,二十二则,《说郛》本。

老学庵笔记　[宋]陆游撰,十卷,《宋人小说》本。

苇航纪谈　十一则,《说郛》本。

桯史　[宋]岳珂撰,十五卷,明成化十一年(1475)刊本。

贵耳集　[宋]张端义撰,二卷,《宝颜堂秘笈》本。

四朝闻见录　[宋]叶绍翁撰,五卷,《知不足斋丛书》本。

清夜录　[宋]俞文豹撰,一卷,重编《说郛》本。

谐史　[宋]沈俶撰,八则,《说郛》本。

白獭髓　[宋]张仲文撰,二十五则,《五朝小说》本。

深雪偶谈　[宋]方岳撰,一卷,《顾氏文房小说》本。

朝野遗记　三十一则,《说郛》本。

枫窗小牍　[宋]袁氏撰,二卷,《宝颜堂秘笈》本。

澄怀录　[宋]周密撰,二卷,《榕园丛书》本。

群居解颐　[宋]高怿撰,十八则,《说郛》本。

艾子　[宋]苏轼撰,一卷,《顾氏文房小说》本。

轩渠录　[宋]吕本中撰,十三则,《说郛》本。

绝倒录　[宋]朱晖撰,三则,《说郛》本。

笑苑千金　[宋]张致和撰,四卷,日本德川中期抄本。

善谑集　[宋]窦苹撰,八则,重编《说郛》本。

焚椒录　[辽]王鼎撰,一卷,《宝颜堂秘笈》本。

续夷坚志　[金]元好问撰,四卷,《得月簃丛书》本。

归潜志　[金]刘祁撰,十四卷,《知不足斋丛书》本。

湖海新闻夷坚续志　[元]吴元复撰,四卷，《适园丛书》本。

物异考 ［元］方凤撰，一卷，《广百川学海》本。

闲居录 ［元］吾丘衍撰，一卷，《学津讨原》本。

异闻总录 四卷，《稗海》本。

江湖纪闻 ［元］郭霄凤撰，元刻本。

娇红记 ［元］宋远撰，明建安郑云竹刻本。

春梦录 ［元］郑禧撰，《说郛》本。

紫竹小传 《广艳异编》本。

姚月华小传 《广艳异编》本。

绿窗纪事 《说集》本。

诚斋杂记 ［元］林坤撰，二卷，明刊本。

玉堂嘉话 ［元］王恽撰，八卷，《守山阁丛书》本。

随隐漫录 ［元］陈世崇撰，五卷，《稗海》本。

席上腐谈 ［元］俞琰撰，二卷，《宝颜堂秘笈》本。

广客谈 ［元］徐显撰，一卷，明刊本。

女红余志 ［元］龙辅、常阳撰，二卷，《香艳丛书》本。

冀越集记 ［元］熊太谷撰，二卷，明嘉靖伍氏刻本。

至正直记 ［元］孔齐撰，四卷，《粤雅堂丛书》本。

辍耕录 ［元］陶宗仪撰，三十卷，明成化刊本。

说郛 ［元］陶宗仪撰，一百卷，1927年商务印书馆排印本。

钱塘遗事 ［元］刘一清撰，十卷，《武林掌故丛编》本。

山房随笔 ［元］蒋子正撰，四十六则，《知不足斋丛书》本。

稗史 ［元］仇远撰，三十四则，《说郛》本。

三朝野史 《说郛》本。

庶斋老学丛谈 ［元］盛如梓撰，三卷，《知不足斋丛书》本。

山居新语 ［元］杨瑀撰，四卷，《四库全书》本。

遂昌杂录 ［元］郑元祐撰，一卷，《读画斋丛书》本。

乐郊私语 ［元］姚桐寿撰，一卷，《宝颜堂秘笈》本。

古杭杂记 ［元］李有撰，一卷，《古今说海》本。

砚北杂志 ［元］陆友撰，二卷，《宝颜堂秘笈》本。

吴中旧事 ［元］陆友撰，一卷，《函海》本。

隽永录 六则，《说郛》本。

拊掌录 ［元］䴙然子撰，二十四则，《说郛》本。

大唐三藏取经诗话 十七节，宋元刊本。

梁公九谏 九段，清嘉庆十一年（1806）《士礼居丛书》本。

五代史平话 十卷，1911年董康诵芬室影刊本。

宣和遗事 二集，《士礼居丛书》本。

武王伐纣书 三卷，元至治建安虞氏刊本。

乐毅图齐平话 三卷，元至治建安虞氏刊本。

秦并六国平话 三卷，元至治建安虞氏刊本。

前汉书平话 三卷，元至治建安虞氏刊本。

三国志平话 三卷，元至治建安虞氏刊本。

三分事略　三卷，元闽建坊刻本。

薛仁贵征辽事略　一卷，《永乐大典》本。

小说书目

汉书·艺文志　［汉］班固撰。

隋书·经籍志　［唐］魏徵等撰。

新唐书·艺文志　［宋］欧阳修等撰。

宝文堂书目　［明］晁瑮撰，三卷，传抄本。

百川书志　［明］高儒撰，二十卷，传抄本。

古今书刻　［明］周弘祖撰，二卷。

四库全书总目　［清］永瑢等撰，二百卷，中华书局影印本。

伦敦所见中国小说书目提要　柳存仁撰，1982 年书目文献出版社排印本。

中国通俗小说总目提要　江苏省社会科学院明清小说研究中心编，1990 年中国文联出版公司排印本。

中国文言小说总目提要　宁稼雨撰，1996 年齐鲁书社排印本。

古小说简目　程毅中撰，1981 年中华书局排印本。

戏曲小说书录解题　孙楷第撰，六卷，1990 年人民文学出版社排印本。

中国通俗小说书目　孙楷第撰，十卷，1982 年人民文学出版社排印本。

日本东京所见小说书目　孙楷第撰，六卷，1981 年人民文学出版社排印本。

增补中国通俗小说书目　［日本］大塚秀高撰，四卷，1987 年日本汲古书院本。

中国文言小说书目　袁行霈、侯忠义撰，1981 年北京大学出版社排印本。

中国古代小说百科全书　中国大百科全书出版社编辑部编，1993 年中国大百科全书出版社排印本。

小说书坊录　韩锡铎、王清原编著，1987 年春风文艺出版社本。

中国古代小说总目　石昌渝主编，2004 年山西教育出版社本。

小说史料

太平御览　［宋］李昉等撰，一千卷，宋本。

文苑英华　［宋］李昉等撰，一千卷，明刻本。

东京梦华录　［宋］孟元老撰，十卷，1982 年中国商业出版社排印本。

都城纪胜　［宋］耐得翁撰，一卷，《永乐大典》本。

西湖老人繁胜录　［宋］西湖老人撰，一卷，《永乐大典》本。

梦粱录　［宋］吴自牧撰，二十卷，《四库全书》本。

武林旧事　［宋］周密撰，十卷，《四库全书》本。

研究著作和参考资料

唐人轶事汇编　周勋初主编，四十卷，1995 年上海古籍出版社本。

唐代小说研究　刘开荣著，1956 年商务印书馆本。

唐代小说史话　程毅中著，1990 年文化艺术出版社本。

宋人轶事汇编　丁传靖辑，二十卷，1981 年中华书局本。

中国文言小说参考资料　侯忠义编，1984

年北京大学出版社本。

古典小说版本资料选编 朱一玄编，1986年山西人民出版社本。

中国小说叙事模式的转弯 陈平原著，1988年上海人民出版社本。

中国古代小说的文体独立 董乃斌著，1994年中国社会科学出版社本。

中国历代小说序跋集 丁锡根编著，1996年人民文学出版社本。

中国古代小说与宗教 孙逊著，2000年复旦大学出版社本。

中国古代小说叙事研究 王平著，2001年河北人民出版社本。

古本小说丛刊(第一辑) 古本小说丛刊编委会编，刘世德、陈庆浩、石昌渝主编，1987年中华书局本。

古本小说丛刊(第二辑至四十一辑) 古本小说丛刊编委会编，刘世德、陈庆浩、石昌渝主编，1991年中华书局本。

通论性著作

中国小说史略 鲁迅著，1973年人民文学出版社本。

中国小说史 郭箴一著，1939年商务印书馆本。

话本小说概论 胡士莹著，1980年中华书局本。

中国白话小说史 [美] P. 韩南著，尹慧珉译，1989年浙江古籍出版社本。

中国古代小说演变史 齐裕焜著，1990年敦煌文艺出版社本。

中国小说理论史 陈洪著，1992年安徽文艺出版社本。

中国古代小说艺术史 刘上生著，1993年湖南师范大学出版社本。

小说史 理论与实践 陈平原著，1993年北京大学出版社本。

中国笔记小说史 吴礼权著，1993年台湾商务印书馆本。

中国小说源流论 石昌渝著，1994年生活·读书·新知三联书店本。

中国文言小说史 吴志达著，1994年齐鲁书社本。

中国古典小说史论 杨义著，1995年中国社会科学出版社本。

中国小说学通论 宁宗一主编，1995年安徽教育出版社本。

汉魏六朝小说史 王枝忠著，1997年浙江古籍出版社本。

隋唐五代小说史 侯忠义著，1997年浙江古籍出版社本。

宋元小说史 萧相恺著，1997年浙江古籍出版社本。

传奇小说史 薛洪勣著，1998年浙江古籍出版社本。

笔记小说史 苗壮著，1998年浙江古籍出版社本。

中国分体文学史(小说卷) 李修生等编，2001年上海古籍出版社本。

(乾元编，慕池增补)

小说名词术语

小说 ① 文体名。"小说"一词始见于《庄子·外物》。至《汉书·艺文志》始将小说家列于九流十家之末,谓:"小说家者流,盖出于稗官。街谈巷语、道听途说者之所造也。"现一般将先秦两汉的神话、传说、寓言和魏晋的志怪、琐语等视作小说的萌芽。唐代的传奇有较完整的故事和人物,符合现代意义上的小说。宋代出现平话,明清盛行章回小说,近现代又有新小说。其基本特征是人物形象鲜明、故事情节完整、环境描写具体。按其语言形式可分为文言小说、白话(或通俗)小说,按其篇幅长短可分为长篇小说、中篇小说、短篇小说等。

② 宋元间说话门类名。耐得翁《都城纪胜》:"说话有四家。一者小说,谓之银字儿,如烟粉、灵怪、传奇、说公案(皆是搏刀赶棒及发迹变泰之事)、说铁骑儿(谓士马金鼓之事)。"吴自牧《梦粱录》的说法大致相同。其主要特点是内容广泛、篇幅短小。

古小说 小说的称谓。一泛指古代小说,二专指唐以前的小说。

稗官 古代小说的代称。《汉书·艺文志》说:"小说家者流,盖出于稗官。街谈巷语、道听途说者之所造也。"后世遂称小说为稗官,或连称"稗官小说",或简称"稗"。

小说家 古代目录学家划分的子部中的一家。《汉书·艺文志》著录有小说家十五家,《新唐书·艺文志》著录有一百十九家,《四库全书总目提要》著录有一百二十三家。小说家的范畴大体上涵括了文言小说作品,但忽视了唐代及后世的传奇小说,排除了宋元以来的白话小说。

寓言 文体名。《庄子·寓言》:"寓言十九。"《释文》:"寓,寄也。"《史记·老子韩非列传》:"故其著书十万余言,大抵率寓言也。"后称先秦诸子中短篇讽喻故事为寓言,视作小说的萌芽,进而将有所寄托、劝喻的简短故事均称作寓言。

虞初 小说的代称。原为西汉小说家名。《汉书·艺文志》著录小说有《虞初周说》,并注云:"河南人,武帝时以方士侍郎,号黄车使者。"张衡《西京赋》说:"小说九百,本自虞初。"后借指小说。如《虞初志》《虞初新志》《虞初续志》等,书名均取此义。

齐谐 志怪小说的代称之一。原为传说中的人名。《庄子·逍遥游》:"齐谐者,志怪者也。"后世以齐谐指志怪小说。如《齐谐记》《续齐谐记》《新齐谐》等,均取此义。

夷坚 志怪小说的代称之一。原为传说中的人名。《列子·汤问》载,溟海有鲲、鹏,"禹行而见之,伯益知而名之,夷坚闻而志之"。后世遂将夷坚指称志怪小说,如《夷坚志》《续夷坚志》等。

短书 小说称谓。桓谭《新论》说:"若其小说家,合丛残小语,近取譬论,以作短书，治身理家，有可观之辞。”这个称谓表明，在古人心目中，小说是篇幅短小、内容丛杂且列于经史之外的作品。

偏记 小说流派。唐刘知幾《史通》小说分为偏记、小录、逸事、琐言、郡书、家史、别传、杂记、地理书、都邑簿十类。其中偏记以《楚汉春秋》《山阳载记》《晋安陆记》《梁昭后略》等为代表。其内容是正史以外的关于当代史实的记述。

小录 小说流派。唐刘知幾《史通》小说分为偏记、小录、逸事、琐言、郡书、家史、别传、杂记、地理书、都邑簿十类。其中小录以《竹林名士》《汉末英雄》《怀旧志》《知己传》等为代表。其内容主要记述当代人物的事迹。

逸事 小说流派。唐刘知幾《史通》小说分为偏记、小录、逸事、琐言、郡书、家史、别传、杂记、地理书、都邑簿十类。其中逸事以《汲冢纪年》《西京杂记》《琐语》《拾遗》等为代表。其内容专门补辑正史所不及的人物事迹。

琐言 小说流派。唐刘知幾《史通》小说分为偏记、小录、逸事、琐言、郡书、家史、别传、杂记、地理书、都邑簿十类。其中琐言以《世说新语》《语林》《语录》《谈薮》等为代表。其内容主要记述人物的言论（包括辨对、嘲谑等）。

郡书 小说流派。唐刘知幾《史通》小说分为偏记、小录、逸事、琐言、郡书、家史、别传、杂记、地理书、都邑簿十类。其中郡书以《陈留耆旧》《汝南先贤》《益部耆旧》《会稽典录》等为代表。其内容主要记述地方乡贤、邦族的人物事迹。

家史 小说流派。唐刘知幾《史通》小说分为偏记、小录、逸事、琐言、郡书、家史、别传、杂记、地理书、都邑簿十类。其中家史以《家牒》《世传》《孙氏谱记》《陆宗系历》等为代表。其内容主要记述家族人物事迹。

别传 小说流派。唐刘知幾《史通》小说分为偏记、小录、逸事、琐言、郡书、家史、别传、杂记、地理书、都邑簿十类。其中别传以《列女传》《逸民》《忠臣》《孝子》等为代表。其内容主要从前史搜集素材、分门别类地编纂人物传记。

杂记 小说流派。唐刘知幾《史通》小说分为偏记、小录、逸事、琐言、郡书、家史、别传、杂记、地理书、都邑簿十类。其中杂记以《祖氏志怪》《搜神记》《幽明录》《异苑》等为代表。其内容主要记述神怪故事。

地理书 小说流派。唐刘知幾《史通》小说分为偏记、小录、逸事、琐言、郡书、家史、别传、杂记、地理书、都邑簿十类。其中地理书以《荆州记》《华阳国志》《三秦》《湘中》等为代表。其内容主要记述各地山川、物产、风俗。

都邑簿 小说流派。唐刘知幾《史通》小说分为偏记、小录、逸事、琐言、郡书、家史、别传、杂记、地理书、都邑簿十类。其中都邑簿以《关中》《洛阳》《三辅黄图》《建康宫殿》等为代表。其内容主要记述有关宫阙陵庙、街廛郭邑的情况。

志怪　古代小说种类名。明胡应麟《少室山房笔丛·九流绪论》把小说家分为志怪、传奇、杂录、丛谈、辨订、箴规六种。其中志怪以《搜神记》《述异记》《宣室志》《酉阳杂俎》等为代表。其内容多言神仙怪异，记事诙诡。

传奇　① 古代小说种类名。明胡应麟《少室山房笔丛·九流绪论》把小说家分为志怪、传奇、杂录、丛谈、辨订、箴规六种。其中传奇以《赵飞燕外传》《杨太真外传》《莺莺传》《霍小玉传》等为代表。其内容多为说灵变、谈因果、弘释典。② 宋代话本中小说的类别名。耐得翁《都城纪胜》："说话有四家。一者小说，谓之银字儿，如烟粉、灵怪、传奇、说公案（皆是搏刀赶棒及发迹变泰之事）、说铁骑儿（谓士马金鼓之事）。"此类话本故事情节奇特曲折。罗烨《醉翁谈录》著录有《莺莺传》《王魁负心》《章台柳》《李亚仙》等。

杂录　古代小说种类名。明胡应麟《少室山房笔丛·九流绪论》把小说家分为志怪、传奇、杂录、丛谈、辨订、箴规六种。其中杂录以《世说新语》《语林》《北梦琐言》《因话录》等为代表。其内容多言文人士大夫之逸闻琐语，语言简约玄澹。

丛谈　古代小说种类名。明胡应麟《少室山房笔丛·九流绪论》把小说家分为志怪、传奇、杂录、丛谈、辨订、箴规六种。其中丛谈以《梦溪笔谈》《容斋随笔》《东谷所见》《道山清话》等为代表。其内容庞杂，形式多样。

辨订　古代小说种类名。明胡应麟《少室山房笔丛·九流绪论》把小说家分为志怪、传奇、杂录、丛谈、辨订、箴规六种。其中辨订以《鼠璞》《鸡肋编》《资暇集》《辨疑志》等为代表。其内容芜杂，多考证经史疑义、名物典故之作。

箴规　古代小说种类名。明胡应麟《少室山房笔丛·九流绪论》把小说家分为志怪、传奇、杂录、丛谈、辨订、箴规六种。其中箴规以《颜氏家训》《袁氏世范》《劝善录》《省心录》等为代表。其内容多治家格言和立身处世之道。

杂事　小说流派。清《四库全书总目提要》把小说分为杂事、异闻、琐语三类。其中杂事以《西京杂记》《世说新语》《朝野佥载》《国史补》《大唐新语》《次柳氏旧闻》等为代表。其内容主要以述朝政军国者入杂史，参以里巷闲谈、词章细故。

异闻　小说流派。清《四库全书总目提要》把小说分为杂事、异闻、琐语三类。其中异闻以《山海经》《穆天子传》《神异经》《十洲记》等为代表。

琐语　小说流派。清《四库全书总目提要》把小说分为杂事、异闻、琐语三类。其中琐语以《博物志》《述异记》《酉阳杂俎》《清异录》《续博物志》等为代表。

杂传记　文言小说体裁。《隋书·经籍志》和《旧唐书·经籍志》在史部里列杂传一类，收部分人物传记，如《汉武内传》《南岳魏夫人传》等。宋《太平广记》将唐传奇《莺莺传》《李娃传》《霍小玉传》等列入杂传记类。杂传记成为这一类传记体小说的别称。南宋以后一般仍称杂传。

行卷 唐代举子投献作品的形式。举子在应进士科考试前，将自己的诗文写成卷轴，投献显贵，以求赏识，称之行卷；逾数日再送，称之温卷。宋赵彦卫《云麓漫钞》载以小说《幽怪录》《传奇》投之，近来研究者多有怀疑。唐史料仅见《南部新书》载李复言以《纂异》献纳省卷。

杂俎 文言小说体裁。起源于西晋张华《博物志》。后世汇集异闻、杂事、考证于一编的笔记，实即杂俎的流派。

变文 简称“变”。说唱文学体裁。最晚兴起于唐代。变文之得名来自配合变相图故事的解说，也有人认为“变”字从梵文音译而来。变文的体制不完全一致，有散说体，基本上是六言赋体；更多的是散骈并陈，说唱相间。变文既演说佛教故事，又演说历史故事，还可演说当代时事。

俗讲 说唱文学体裁。俗讲名称见于段成式《酉阳杂俎》。一般称作讲唱文或讲经文，系僧人对佛经所作的通俗讲解。俗讲经文有一定的格式，一般在讲经之前有押座文，正文在引唱一段佛经原文之后，有散文体的讲解词和韵文体的诗赞。流行于唐五代，至宋代演变为说经、说诨经，对明清的宝卷也有显著影响。

话本 通俗小说体裁。是唐宋以来说话人或说话艺术的底本。一说“话本”二字即是“故事”的意思，不存在说话的“底本”。流传下来的主要是“小说”和“讲史”两大类，前者多为白话短篇；后者多用浅近文言讲述历史故事，稍具长篇规模。

拟话本 通俗小说体裁。指模仿话本体裁而创作的小说。鲁迅《中国小说史略·宋元之拟话本》初次使用此名，用以指《青琐高议》《大唐三藏法师取经记》《大宋宣和遗事》等宋元作品；后其论“三言”“二拍”时又提及“明之拟宋市人小说”。近时学者大多以拟话本指称明代白话短篇小说。

诗话 宋元间说唱文学体制名。韵文(诗)与散文并用，体制类似词话。其中“诗”由书中人物自己吟唱，构成故事情节发展的一部分，非用作者叙述语言。现存最早的诗话小说有《大唐三藏取经诗话》。

词话 元明间说唱文学体制名。元人的词话相当于宋人的说话，有说有唱。或者词话是话本的早期称呼。后世往往称有说唱形式或夹有诗词、骈文的小说为词话。以词话命名的有《金瓶梅词话》《大唐秦王词话》等。

平话 通俗小说体裁名。宋元时代多指讲史小说，流行于元代。明清以后亦有人称某些小说为平话，其内容已不限于讲史，其概念几等同于通俗小说。现存最早以平话命名的有《五代史平话》。

评话 通俗小说体裁名。平话的别称。指说话人讲述历史故事时，常用叙中夹议的形式。

说话 又称“话”。宋元间说唱文学。以故事敷演说唱，略同于后世的说书。

流行于隋唐五代，源于中国古代讲故事、笑话的传统，其题材包括徘谐故事、怪异故事、因缘果报故事和历史传说。"话"即口头述说的故事，一称话本。后有"古话""小话""调话"诸称谓。

舌辩　宋元间对说话的一种称谓。吴自牧《梦粱录》说："说话者，谓之舌辩，虽有四家数，各有门庭。"

银字儿　宋代说话中小说的别称。耐得翁《都城纪胜》："说话有四家，一者小说，谓之银字儿。"此类小说，包括烟粉、灵怪、传奇、说公案、说铁骑儿等。银字乃管乐器名，多用银作字标明音色；演述小说时，用银字管吹奏相和，故称。

烟粉　宋代话本中小说的类别名。耐得翁《都城纪胜》："说话有四家。一者小说，谓之银字儿，如烟粉、灵怪、传奇、说公案（皆是搏刀赶棒及发迹变泰之事）、说铁骑儿（谓士马金鼓之事）。"此类话本演述烟花粉黛、男女爱情故事。罗烨《醉翁谈录》著录有《燕子楼》《杨舜俞》《钱塘佳梦》等。

灵怪　宋代话本中小说的类别名。耐得翁《都城纪胜》："说话有四家。一者小说，谓之银字儿，如烟粉、灵怪、传奇、说公案（皆是搏刀赶棒及发迹变泰之事）、说铁骑儿（谓士马金鼓之事）。"此类话本演述神仙鬼怪故事。罗烨《醉翁谈录》著录有《红蜘蛛》《水月仙》《人虎传》《太平钱》《芭蕉扇》等。

说公案　宋代话本中小说的类别名。耐得翁《都城纪胜》："说话有四家。一者小说，谓之银字儿，如烟粉、灵怪、传奇、说公案（皆是搏刀赶棒及发迹变泰之事）、说铁骑儿（谓士马金鼓之事）。"此类话本主要演述官吏审案故事。罗烨《醉翁谈录》著录有《石头孙立》《姜女寻夫》《三现身》《八角井》等。也有少数人认为，说公案与说铁骑儿合为说话四家之一。

说铁骑儿　宋代话本中小说的类别名。耐得翁《都城纪胜》："说话有四家。一者小说，谓之银字儿，如烟粉、灵怪、传奇、说公案（皆是搏刀赶棒及发迹变泰之事）、说铁骑儿（谓士马金鼓之事）。"此类话本主要演述金戈铁马、争雄交战的故事。也有少数人认为，说铁骑儿与小说并列同为说话四家之一，或与说公案合为说话四家之一。

朴刀　宋代话本中小说的类别名。即耐得翁《都城纪胜》"说公案，皆是搏刀赶棒及发迹变泰之事"中的"搏刀"。罗烨《醉翁谈录》把小说区分为灵怪、烟粉、传奇、公案、朴刀、杆棒、神仙、妖术八类。此类话本以人物所用兵器而得名。著录有《杨令公》《十条龙》《青面兽》等。

杆棒　宋代话本中小说的类别名。即耐得翁《都城纪胜》"说公案，皆是搏刀赶棒及发迹变泰之事"中的"赶棒"。罗烨《醉翁谈录》把小说区分为灵怪、烟粉、传奇、公案、朴刀、杆棒、神仙、妖术八类。此类话本以人物所用兵器而得名。著录有《花和尚》《武行者》《飞龙记》《拦路虎》等。

神仙 宋代话本中小说的类别名。罗烨《醉翁谈录》把小说区分为灵怪、烟粉、传奇、公案、朴刀、杆棒、神仙、妖术八类。此类话本主要演述神仙故事。著录有《种叟神记》《金光洞》《四仙斗圣》等。

妖术 宋代话本中小说的类别名。罗烨《醉翁谈录》把小说区分为灵怪、烟粉、传奇、公案、朴刀、杆棒、神仙、妖术八类。此类话本主要演述妖异法术故事。著录有《西山聂隐娘》《骊山老母》《贝州王则》《红线盗印》等。

说经 又称“谈经”。宋元间说话门类名。耐得翁《都城纪胜》:“说经,谓演说佛书。说参请,谓宾主参禅悟道等事。”其内容为演述佛经故事。也有人认为,说经与说参请合而为说话四家之一。

谈经 宋元间说话门类名。即说经。耐得翁《都城纪胜》作说经,吴自牧《梦粱录》作谈经。其内容主要是演述佛书。

说参请 宋元间说话门类名。耐得翁《都城纪胜》:“说经,谓演说佛书。说参请,谓宾主参禅悟道等事。”说参请系由禅堂说法问难发展而来。也有人认为,说参请与小说并列同为说话四家之一,或与说经合为说话四家之一。

说诨经 宋元间说话门类名。吴自牧《梦粱录》在提到说经、说参请之后,说:“又有说诨经者。”周密《武林旧事》也有“说经诨经”之目。其内容主要由人演说滑稽可笑及带有低级趣味的故事。

讲史书 亦称“平话”“说史”“演史”。宋元间说话门类名。耐得翁《都城纪胜》:“讲史书,讲说前代书史文传兴废争战之事。”其内容主要演说历史故事。后发展为演义。

说诨话 宋元间说话门类名。孟元老《东京梦华录》:“张山人说诨话。”其特色为滑稽诙谐。以北宋说诨话艺人张寿(张山人)最著名。

合生 亦作“合笙”。宋元间说话门类名。耐得翁《都城纪胜》:“合生,与起令随令相似,各占一事。”洪迈《夷坚支志乙集》卷六:“江浙间路歧伶女,有慧黠,知文墨,能于席上指物题咏应命辄成者,谓之合生。其滑稽含玩讽者,谓之乔合生,盖京都遗风也。”这和《都城纪胜》的记载基本一致。

演义 通俗小说体裁名。由话本讲史书发展而来。系用通俗语言将史传敷演成文,并作一定的艺术加工。最著名者有《三国志通俗演义》。

说话人 宋元间从事说话这种说唱文学的民间艺人。

小说人 宋元间从事小说这种说唱文学的民间艺人。耐得翁《都城纪胜》谓:“最畏小说人,盖小说者,能以一朝一代故事顷刻间提破。”

雄辩社 南宋时从事说话这种说唱艺术形式的艺人组织。

文言小说 古代小说体裁。泛指一切用文言写作的小说,如魏晋南北朝的志怪小说、唐宋的传奇小说、明清的笔记小说等。

志怪小说 文言小说体裁。大多记述神仙方术、鬼魅妖怪、殊方异物、佛法灵异，与巫觋方士、道教、佛教有密切的关系。现一般特指魏晋南北朝记载怪异故事的一类小说。“志怪”一词出自《庄子·逍遥游》。魏晋南北朝时，孔约、祖台之、曹毗等多人均以“志怪”为书名。唐段成式《酉阳杂俎》正式使用“志怪小说”作为小说分类的术语。

志人小说 文言小说体裁。大多记述人间言行、琐闻逸事，故又称“逸事小说”。现一般特指魏晋南北朝记述人间琐闻逸事的一类小说。其名始见于鲁迅《中国小说的历史的变迁》。以《世说新语》为代表。

传奇小说 文言小说体裁。主要描述人情世态和社会内容，其特点是文学性较强、故事情节委婉、人物形象鲜明、细节描写细腻。源于元稹《莺莺传》题作《传奇》。裴铏用以作为书名。现一般指唐宋人所作故事完整且描写细腻的爱情题材的文言小说。明清以后多指篇幅漫长、故事新奇、情节曲折的文言小说。

笔记小说 文言小说体裁。大多以随笔记录见闻杂感而成，其主要特点是内容驳杂、短小精悍。以“笔记”作书名始于宋代宋祁。后如《仇池笔记》《老学庵笔记》等均沿用。另有称笔谈、笔丛、笔余、随笔、杂录、杂记、杂志、漫录、谈丛、丛说等，大致均可归入此类。

市人小说 唐代民间说话艺术名。段成式《酉阳杂俎·贬误》：“予太和末因弟生日观杂戏，有市人小说呼扁鹊作褊鹊，字上声。”说明市人小说是一种杂戏。可见唐代都市已有说话艺术，为宋代说话的先声。

白话小说 古代小说体裁。指唐宋以来主要用白话写成的小说，以与“文言小说”相区别。

通俗小说 古代小说体裁。泛指用一般群众容易理解和接受的语言写成的小说。其中绝大部分是白话小说，也包括一些用浅近文言写成的小说。故不全等同于“白话小说”。

章回小说 明清长篇小说体裁。全书分回（或称“则”“节”“段”），每回有单句或呈对偶形式的双句的回目，故事连接，段落匀称。宋话本《大唐三藏取经诗话》初具雏形。明清两代长篇小说普遍采用这一形式。长篇小说回目的确立和发展，是长篇小说艺术形式日趋成熟的标志。

长篇小说 小说的一种。特点是篇幅长，容量大，情节复杂，人物众多，多方面地表现广阔的社会生活画面和重大的历史事件。在篇章结构上，有一条主线和几条副线。

中篇小说 小说的一种。特点是篇幅和容量介于长篇小说和短篇小说之间，一般着重刻画一个至几个人物形象，情节较长篇小说单纯，展示的社会生活面不如长篇小说广阔。叙事多以单线进行。

短篇小说 小说的一种。特点是篇幅短，情节简单，人物集中，结构紧凑，多选取生活中富有典型意义的片断加以集中描绘。

历史演义小说 通俗小说类别。其题材多为历史故事。另有叙一时故事，而特置一人或数人者，亦属此类。源于宋元话本中的讲史。鲁迅《中国小说的历史的变迁》概括其特点："是讲历史上底事情，及名人传记等；就是后来历史小说的起源。"《三国志通俗演义》成书后，明清两代历史演义小说的创作高潮迭起，蔚为大观。

神魔小说 通俗小说类别。其内容主要讲述神魔之争。鲁迅《中国小说史略》始标其名，并认为是明代小说创作的两大主潮之一。其代表作有《西游记》《封神演义》《四游记》《三宝太监西洋记》等。

公案小说 通俗小说类别。始自宋代说话。其内容侧重描写当权者的昏庸腐败，反映下层人物受凌辱与蹂躏的悲苦命运，歌颂清官的廉洁圣明、刚直不阿，平冤狱，纠错案，为民做主，执法如山。其代表作有《龙图公案》《海刚峰先生居官公案传》等。

世情小说 亦称"人情小说"。通俗小说类别。其主要以社会现实生活为创作题材。鲁迅《中国小说史略》总结此类小说的特点："大率为离合悲欢及发迹变泰之事，间杂因果报应，而不甚言灵怪，又缘描摹世态，见其炎凉，故或亦谓之'世情书'也。"并认为是明代小说创作的两大主潮之一。其代表作有《金瓶梅》《红楼梦》等。

才子佳人小说 通俗小说类别。其内容主要描写青年男女的爱情与婚姻。情节结构程序化：一见钟情，私订终身，拨乱离散，及第团圆。盛行于明末清初七八十年间，在世情小说的发展历程中起承前启后的作用。其代表作有《玉娇梨》《平山冷燕》《好逑传》等。

才子书 清代小说评点家、作者或书坊主对某些书的称谓。清金圣叹始用其名。以"才子书"称小说，始于贯华堂刊本《绣像第五才子书水浒传》。金圣叹曾将《庄子》《离骚》《史记》、杜诗、《水浒》《西厢》合称为"六才子书"。其后出现《天花藏七才子书》，以《玉娇梨》为三才子，以《平山冷燕》为四才子。乾隆以后又出现"十才子书"，分指八部小说和两部戏曲作品：《三国志演义》《好逑传》《玉娇梨》《平山冷燕》《水浒传》《西厢记》《琵琶记》《白圭志》《斩鬼传》《驻春园》。其后书坊随意添改，序目紊乱，但多局限于才子佳人小说。

讽刺小说 通俗小说类别。其内容多寓含讽刺，其特点是秉持公正、指摘时弊、旨微语婉。鲁迅《中国小说史略》始用此名。其代表作有《儒林外史》。

侠义小说 通俗小说类别。其内容主要是赞扬武功和豪侠义士。早在唐人传奇中已具雏形，宋元话本和某些明代历史演义小说中已有所表现。清嘉庆以后形成流派，盛行一时。此类小说有与才子佳人小说合流的，以《儿女英雄传》为代表；也有与公案小说合流的，以《三侠五义》《施公案》等为代表。

狭邪小说　通俗小说类别。狭邪即小街曲巷，指娼妓所居处，此作娼妓的代称。鲁迅《中国小说史略》始用此名，指写优伶、妓女为主的小说。其代表作有《品花宝鉴》《花月痕》《青楼梦》《海上花列传》等。

谴责小说　通俗小说类别。鲁迅《中国小说史略》始用其名，并概括其特点："揭发伏藏，显其弊恶，而于时政，严加纠弹，或更扩充，并及风俗。虽命意在于匡世，似与讽刺小说同伦，而辞气浮露，笔无藏锋，甚且过甚其辞，以合时人嗜好，则其度量技术之相去亦远矣，故别谓之谴责小说。"其代表作有《官场现形记》《二十年目睹之怪现状》《老残游记》与《孽海花》等。

政治小说　清末民初小说类别。梁启超《译印政治小说序》始用其名，认为西方"各国政界之日进，则政治小说为功最高焉"。《新小说》报社《中国唯一之文学报新小说》概括其特征："政治小说者，著者欲借以吐露其所怀抱之政治思想也。"其代表作有《新中国未来记》《自由结婚》等。

社会小说　清末民初小说类别。成之《小说丛话》："此种小说，以描写社会上腐败情形为主，使人读之而知所警戒，于趣味中兼具教训之目的。"其代表作有《儒林外史》《官场现形记》等。此系从题材分类，与鲁迅从表现手法将此类小说称之为"讽刺小说""谴责小说"不同。

拟晋唐小说　文言小说类别。鲁迅《中国小说史略》始用其名。所谓晋唐小说，指的是魏晋南北朝的志怪小说和唐代的传奇小说。清代的拟晋唐小说以《聊斋志异》《阅微草堂笔记》为代表。

（乾　元）

索引

篇目笔画索引

说　明

一、本索引收录本书中的全部篇目，篇目右边的数字表示该词目所在正文的页码。

二、本索引按篇目第一个字的笔画排列，首字画数相同的，按第一、二笔的笔形及字形结构（左右、上下、包围、整体）排列；同首字的，按篇目字数多少排列；同字数的，按第二字的笔画笔顺分先后，第二字相同的，依第三字，余类推。

三、一丨丿丶乛以外的笔形作如下处理：提（㇀）归入横（一），捺（㇏）归入点（丶），笔形带钩或曲折的（如 乛㇆𠃊乙㇈乚𠃋）等都归入折（乛）。

[乛]

六　画

[一]

[丨]

[丿]

[丶]

[乛]

七　画

[一]

［丨］

［丿］

［丶］

［乛］

八　画

［一］

小说作者笔画索引

说 明

一、本索引收录本书中有姓名的全部小说作者,小说作者右边的数字表示该小说作者所在正文的页码。

二、本索引按小说作者姓名第一个字的笔画排列,首字画数相同的,按第一、二笔的笔形及字形结构(左右、上下、包围、整体)排列;同首字的,按词目字数多少排列;同字数的,按第二字的笔画笔顺分先后,第二字相同的,依第三字,余类推。

三、一丨丿丶乛以外的笔形作如下处理:提(㇀)归入横(一),捺(㇏)归入点(丶),笔形带钩或曲折的(如 乛㇆ㄥ乙㇈㇄∠)等都归入折(乛)。

图书在版编目(CIP)数据

唐宋小说鉴赏辞典／上海辞书出版社文学鉴赏辞典编纂中心编．—上海：上海辞书出版社，2018.8（2024.5重印）
ISBN 978－7－5326－5109－2

Ⅰ.①唐… Ⅱ.①上… Ⅲ.①古典小说—鉴赏—中国—词典 Ⅳ.①I207.41－61

中国版本图书馆CIP数据核字（2018）第102113号

唐宋小说鉴赏辞典

上海辞书出版社文学鉴赏辞典编纂中心编

责任编辑 吴艳萍
装帧设计 姜 明

出版发行 上海世纪出版集团
上海辞书出版社(www.cishu.com.cn)
地 址 上海市陕西北路457号(200040)
印 刷 安徽新华印刷股份有限公司
开 本 890×1240毫米 1/32
印 张 44.25
字 数 1 586 000
版 次 2018年8月第1版 2024年5月第3次印刷
书 号 ISBN 978－7－5326－5109－2/I·391
定 价 108.00元

本书如有质量问题，请与承印厂联系。T：0551－65859128